Kompakt-Lexikon
Steuerlehre und Wirtschaftsprüfung

Springer Fachmedien Wiesbaden (Hrsg.)

Kompakt-Lexikon Steuerlehre und Wirtschaftsprüfung

2.400 Begriffe nachschlagen, verstehen, anwenden

 Springer Gabler

ISBN 978-3-658-03022-3

Die Deutsche Nationalbibliothek verzeichnet diese Publikation in der Deutschen Nationalbibliografie; detaillierte bibliografische Daten sind im Internet über http://dnb.d-nb.de abrufbar.

Springer Gabler
© Springer Fachmedien Wiesbaden 2013

Redaktion: Stefanie Brich, Claudia Hasenbalg
Layout und Satz: workformedia | Frankfurt am Main | München

Gedruckt auf säurefreiem und chlorfrei gebleichtem Papier

Springer Gabler ist eine Marke von Springer DE.
Springer DE ist Teil der Fachverlagsgruppe Springer Science+Business Media
www.springer-gabler.de

Autorenverzeichnis

Professor **Michael Bartsch**, Jade Hochschule, Wilhelmshaven/Oldenburg/Elsfleth
Sachgebiete: Steuergrundlagen, Abgabenordnung

Professor Dr. **Volker Beeck**, Fachhochschule Mainz, Mainz
Sachgebiet: Wirtschaftsprüfung

Professor Dr. **Norbert Dautzenberg**, Hochschule Rhein-Waal, Kleve
Sachgebiete: Steuergrundlagen, Ertragsteuern, Verkehrsteuern, Verbrauchsteuern, Internationales Steuerrecht

Birgitta Dennerlein, selbstständig, Freiburg
Sachgebiet: Ertragsteuern, Substanzbesteuerung

Professor Dr. **Peter Witte**, Fachhochschule des Bundes für öffentliche Verwaltung, Münster
Sachgebiet: Zollrecht

Abkürzungsverzeichnis

a.	anno (Jahr)
Abb.	Abbildung
Abk.	Abkürzung
ABl	Amtsblatt
ABl EG	Amtsblatt der Europäischen Gemeinschaften
ABl EU	Amtsblatt der Europäischen Union
Abschn.	Abschnitt
Abt.	Abteilung
a.F.	alte Fassung
AG	Aktiengesellschaft; Amtsgericht; Ausführungsgesetz
AGB	Allgemeine Geschäftsbedingungen
AktG	Aktiengesetz
allg.	allgemein
AO	Abgabenordnung
AR	Aufsichtsrat
ArbGG	Arbeitsgerichtsgesetz
ArbZG	Arbeitszeitgesetz
Art.	Artikel
AStG	Außensteuergesetz
AÜG	Arbeitnehmerüberlassungsgesetz
AWG	Außenwirtschaftsgesetz
AWV	Außenwirtschaftsverordnung
AZ	Aktenzeichen
AZO	Allgemeine Zollordnung
BAG	Bundesarbeitsgericht
BAnz	Bundesanzeiger
BauGB	Baugesetzbuch
b.a.w.	bis auf weiteres
BBergG	Bundesberggesetz
BBiG	Berufsbildungsgesetz
ber.	berichtigt
bes.	besonders(-e, -es, -er)
BetrAVG	Gesetz zur Verbesserung der betrieblichen Altersvorsorge
BetrVG	Betriebsverfassungsgesetz
BewG	Bewertungsgesetz
bez.	bezüglich
BFH	Bundesfinanzhof
BGB	Bürgerliches Gesetzbuch
BGBl	Bundesgesetzblatt (I = Teil I, II = Teil II, III = Teil III)
BGH	Bundesgerichtshof
BiRiLiG	Bilanzrichtlinien-Gesetz
BM	Bundesminister(ium)
BörsG	Börsengesetz
BPatG	Bundespatentgericht

BpO	Betriebsprüfungsverordnung
BRAGO	Bundesgebührenordnung für Rechtsanwälte
BranntwMonG	Branntweinmonopolgesetz
BSG	Bundessozialgericht
bspw.	beispielsweise
BStBl	Bundessteuerblatt
BUrlG	Bundesurlaubsgesetz
BVerfG	Bundesverfassungsgericht
BVerfGE	Amtliche Sammlungen von Entscheidungen des Bundesverfassungsgerichts
BVerwG	Bundesverwaltungsgericht
BVG	Bundesversorgungsgesetz
bzw.	beziehungsweise
ca.	circa
DepotG	Depotgesetz
d.h.	das heißt
DPMA	Deutsches Patent- und Markenamt
DVO	Durchführungsverordnung
EGGVG	Einführungsgesetz zum Gerichtsverfassungsgesetz
EGHGB	Einführungsgesetz zum Handelsgesetzbuch
EGV	Vertrag zur Gründung der Europäischen Gemeinschaft
EGVVG	Einführungsgesetz zum Versicherungsvertragsgesetz
EJG	Eurojust-Gesetz
engl.	englisch
ErbStDV	Erbschaftssteuer-Durchführungsverordnung
ErbStG	Erbschaftssteuer- und Schenkungsgesetz
EStDV	Einkommensteuer-Durchführungsverordnung
EStG	Einkommensteuer-Gesetz
EStH	Einkommensteuer-Hinweise
EStR	Einkommensteuer-Richtlinien
etc.	et cetera
EU	Europäische Union
EuGH	Europäischer Gerichtshof
e.V.	eingetragener Verein
evtl.	eventuell
EVO	Eisenbahn-Verkehrsordnung
EWGV	Vertrag über die Europäische Wirtschaftsgemeinschaft
f.	folgende(-r/-s)
FAG	Finanzausgleichsgesetz
ff.	folgende
FGG	Gesetz über die Angelegenheiten der freiwilligen Gerichtsbarkeit
FGO	Finanzgerichtsordnung

franz.	französisch
FstrG	Bundesfernstraßengesetz
FVG	Finanzverwaltungsgesetz
GbR	Gesellschaft bürgerlichen Rechts
GebrMG	Gebrauchsmustergesetz
GenG	Genossenschaftsgesetz
GeschmMG	Geschmacksmustergesetz
GewO	Gewerbeordnung
GewStDV	Gewerbesteuer-Richtlinien
GKG	Gerichtskostengesetz
ggf.	gegebenenfalls
GmbH	Gesellschaft mit beschränkter Haftung
GmbHG	Gesetz betreffend die Gesellschaften mit beschränkter Haftung
GrEStG	Grunderwerbsteuergesetz
GVG	Gerichtsverfassungsgesetz
GWB	Gesetz gegen Wettbewerbsbeschränkungen (Kartellgesetz)
GwG	Geldwäschegesetz
HAG	Heimarbeitsgesetz
HGB	Handelsgesetzbuch
Hrsg.	Herausgeber
i.Allg.	im Allgemeinen
i.d.F.	in der Fassung
i.d.R.	in der Regel
i.e.S.	im engeren Sinn
inkl.	inklusive
InsO	Insolvenzordnung
InvG	Investmentgesetz
i.V.	in Verbindung
i.w.S.	im weiteren Sinn
JGG	Jugendgerichtsgesetz
Jh.	Jahrhundert
KG	Kommanditgesellschaft
KGaA	Kommanditgesellschaft auf Aktien
KraftStG	Kraftfahrzeugsteuergesetz
KrW-/AbfG	Kreislaufwirtschafts- und Abfallgesetz
KStDV	Körperschaftsteuer-Durchführungsordnung
KStG	Körperschaftsteuergesetz
KStR	Körperschaftsteuer-Richtlinien
KWG	Gesetz über das Kreditwesen

LStDV	Lohnsteuer-Durchführungsverordnung
LStR	Lohnsteuer-Richtlinien
MarkenG	Gesetz über den Schutz von Marken und sonstigen Kennzeichen
mind.	mindestens
MinölStG	Mineralölsteuergesetz
Mio.	Millionen
MOG	Marktordnungsgesetz
Mrd.	Milliarden
MRRG	Melderechtsrahmengesetz
m.spät.Änd.	mit späteren Änderungen
MuSchG	Mutterschutzgesetz
n.F.	neue Fassung
Nr.	Nummer
o.Ä.	oder Ähnliches
OHG	offene Handelsgesellschaft
OLG	Oberlandesgericht
OWiG	Gesetz über Ordnungswidrigkeiten
p.a.	per anno (pro Jahr)
PatG	Patentgesetz
PBefG	Personenbeförderungsgesetz
PublG	Publizitätsgesetz
RGBl	Reichsgesetzblatt
RVO	Reichsversicherungsordnung
s.	siehe
S.	Seite
SchG, ScheckG	Scheckgesetz
SeemG	Seemannsgesetz
SGB	Sozialgesetzbuch
SGG	Sozialgerichtsgesetz
SigG	Signaturgesetz
sog.	sogenannte(-r, -s)
StGB	Strafgesetzbuch
StPO	Strafprozessordnung
u.a.	und andere; unter anderem
u.Ä.	und Ähnliche(-s)
UBGG	Gesetz über Unternehmensbeteiligungsgesellschaften
UmweltHG	Umwelthaftungsgesetz
UmwG	Umwandlungsgesetz

UmwStG	Umwandlungssteuergesetz
UStDV	Umsatzsteuer-Durchführungsverordnung
UStG	Umsatzsteuergesetz
UStR	Umsatzsteuer-Richtlinien
usw.	und so weiter
u.U.	unter Umständen
UWG	Gesetz gegen den unlauteren Wettbewerb
v.a.	vor allem
VAG	Versicherungsaufsichtsgesetz
VBL	Versorgungsanstalt des Bundes und der Länder
vgl.	vergleiche
VO	Verordnung
VOB	Vergabe- und Vertragsordnung für Bauleistungen
vs.	versus
VSF	Vorschriftensammlung der Bundesfinanzverwaltung
VStG	Vermögenssteuergesetz
VVG	Versicherungsvertragsgesetz
VwGO	Verwaltungsgerichtsordnung
VwVfG	Verwaltungsverfahrensgesetz
WEG	Wohneigentumsgesetz
WpHG	Wertpapierhandelsgesetz
WPO	Wirtschaftsprüferordnung
WRV	Weimarer Reichsverfassung

6b-Rücklage → Reinvestitionsrücklage.

7b-Abschreibung – Abschreibung nach § 7b EStG, der eine erhöhte Absetzung für Einfamilienhäuser, Zweifamilienhäuser und Wohnungseigentum vorsieht. Ist nur noch für Wohnungen und Häuser anzuwenden, die vor dem 1.1.1987 hergestellt oder angeschafft worden sind. Wurde zunächst ersetzt durch die 10e-Abschreibung, danach durch die Eigenheimzulage (→ Wohneigentumsförderung).

Abbruchkosten – 1. Wurde das Gebäude ohne Abbruchabsicht erworben und gehörte das Grundstück schon bei Errichtung des abgerissenen Gebäudes dem jetzigen Eigentümer, so sind im Jahr des Abbruchs die Abbruchkosten und der Restbuchwert des abgebrochenen Gebäudes sofort abziehbare → Betriebsausgaben. – 2. Hat der Steuerpflichtige das Gebäude mit Abbruchabsicht erworben und war das Gebäude technisch oder wirtschaftlich nicht verbraucht, so gehören sein Restbuchwert und die Abbruchkosten, wenn der Abbruch mit der Herstellung eines neuen Wirtschaftsgutes in einem engen wirtschaftlichen Zusammenhang steht, zu den → Herstellungskosten des neuen Wirtschaftsgutes, sonst zu den Anschaffungskosten des Grund und Bodens. War das Gebäude im letzten Fall im Zeitpunkt des Erwerbes objektiv wertlos, so entfällt der volle Anschaffungspreis und die Abbruchkosten auf den Grund und Boden. Erwerb mit Abbruchabsicht wird vermutet, wenn ein Gebäude innerhalb von drei Jahren nach dem Erwerb des Grundstücks abgebrochen wird. – 3. Wird der Abbruch eines zum Privatvermögen gehörenden Gebäudes und die Errichtung eines Gebäudes geplant, so gehören der Wert des abgebrochenen Gebäudes und die Abbruchkosten zu den Herstellungskosten des neu zu errichtenden Gebäudes.

Abfärberegelung → Abfärbetheorie.

Abfärbetheorie – *Infektionstheorie, Abfärberegelung;* die gesetzlich normierte Auffassung (§ 15 III Nr. 1 EStG), dass auch nur einige wenige gewerbliche Einkünfte bei einer Personengesellschaft dazu führen, dass die Einkünfte dieser Gesellschaft einkommen- und gewerbesteuerlich in vollem Umfang allesamt als gewerbliche Einkünfte gelten. Dabei genügen geringfügige gewerbliche Einkünfte (ca. 2 Prozent der Gesamteinkünfte sind gewerblich, BFH Urt. v. 11.8.1999) um auch alle übrigen Einkünfte zu gewerblichen umzuqualifizieren.

Abfindung – 1. *Ermittlung des Abfindungsbetrages:* Die Abfindung entspricht dem Betrag, der dem Ausscheidenden bei einer Auflösung zum Zeitpunkt des Ausscheidens zu zahlen wäre. Der Betrag dieses sog. Auseinandersetzungsguthabens kann in einer festen Summe, ggf. unter Zubilligung von Raten bzw.

in einer Rente entrichtet werden. Zur Feststellung des Wertes des Geschäftsvermögens wird eine Abschichtungsbilanz aufgestellt. Sofern nichts Gegenteiliges vereinbart ist, sind stille Reserven aufzulösen. Meist enthält der Gesellschaftsvertrag Vorschriften über Kündigungsfristen, Bewertung und Fälligkeit der Auszahlungsraten. – 2. *Erfassung der Abfindung bei Ausscheiden eines Gesellschafters in der Buchhaltung:* a) Wenn der Ausscheidende mehr erhält, als sein Kapitalkonto bisher ausweist, ist das Kapitalkonto durch Auflösung stiller Reserven (meist Erhöhung der Anlagenwerte oder des Vorratsvermögens) auf den Stand der Abfindung zu bringen (Buchwertaufstockung). – *Buchungen:* „Anlage- oder Umlaufvermögenskonten an Kapitalkonto". – b) Wenn die Abfindung dem Stand des Kapitalkontos entspricht, erfolgt der Ausgleich bei Zahlung durch Buchung „Kapitalkonto an Geldkonto". – c) Wenn die Abfindung unter dem Betrag auf dem Kapitalkonto liegt, muss das Kapitalkonto durch Abschreibung von Vermögenswerten oder Erhöhung von Rückstellungen der Abfindung angepasst werden. – 3. *Einkommensteuer:* a) Beim *Ausscheidenden* liegt eine Veräußerung eines Mitunternehmeranteils vor (§ 16 I 2 EStG). Dabei gilt die Abfindung als Veräußerungspreis. Ihm ist das steuerliche Kapitalkonto zum Zeitpunkt des Ausscheidens gegenüberzustellen. Entsteht ein → Veräußerungsgewinn, ist dieser, nach Abzug eines evtl. → Freibetrages, regulär zu besteuern; es ist jedoch eine Abschwächung von Progressionssprüngen (§ 34 I EStG) oder in seltenen Fällen sogar ein ermäßigter Steuersatz vorgesehen (§ 34 I, III EStG; → außerordentliche Einkünfte). Auf einen Veräußerungsverlust sind die Vorschriften über den → Verlustausgleich und Verlustabzug anzuwenden. – b) Bei den *verbleibenden Gesellschaftern* ergeben sich nur dann steuerliche Konsequenzen, wenn die Abfindung mehr oder weniger als das steuerliche Kapitalkonto des Ausscheidenden beträgt. Liegt die Abfindung über dem Betrag des Kapitalkontos, haben sie die anteiligen stillen Reserven der Wirtschaftsgüter einschließlich eines evtl. → Firmenwertes erworben. Der Mehrbetrag der Abfindung ist, verteilt auf die einzelnen Wirtschaftsgüter, zu aktivieren. Entsprechend sind bei einem Minderbetrag die Buchwerte abzustocken bzw. die Passivposten aufzustocken. Die Mehr- bzw. Minderbeträge sind in den Folgejahren entsprechend der Wirtschaftsgütern, denen sie zugeordnet wurden, fortzuführen (bes. abzuschreiben). Sonderfall des → lästigen Gesellschafters. – 4. *Abfindung im Fall der Verschmelzung, Umwandlung oder Spaltung:* Spaltung, → Verschmelzung, → Umwandlung.

Abflussprinzip → Zuflussprinzip.

Abgaben – I. Steuerrecht/Finanzwissenschaft: 1. *Sammelbegriff:* a) Alle auf der Finanzhoheit beruhenden öffentlichen Einnahmen der Gebietskörperschaften und bestimmter Parafisci, im Einzelnen Steuern einschließlich → Kirchensteuer, Zölle und Abschöpfungen, Gebühren, → Beiträge, Sozialabgaben („Quasisteuern") an die Träger der gesetzlichen Sozialversicherung sowie Sonderabgaben. – b) Vom Abgabepflichtigen her definiert: pflichtgemäße Geldleistungen aller Art an ein Gemeinwesen. – 2. *Einzelbegriff:* Teilweise tragen einzelne Geldleistungen direkt die Bezeichnung „*Abgabe*", z.B. bergrechtliche Förderabgabe, Vermögensabgabe und Abwasserabgabe. Art. 106 I Nr. 7 GG und Art. 108 I GG haben den Begriff der „Abgaben im Rahmen der Europäischen Gemeinschaften" 1969 neu aufgenommen; auch der AEUV-Vertrag (Vertrag über die Arbeitsweise der Europäischen Union in der Neufassung vom Fassung vom 30.3.2010 (ABl. C 83 2010, S. 47)) verwendet in Art. 28 und 110 ff. für seine bes. Regelungszwecke den Begriff der Abgaben. – 3. *Abgabenordnung:* Der umfassende Charakter des Abgabenbegriffs kommt auch darin zum Ausdruck, dass das „steuerrechtliche Grundgesetz", das die wichtigsten allg. geltenden Regelungen zusammenfasst, als → Abgabenordnung (AO) bezeichnet wird. Sie gilt für alle Abgaben, wenngleich ihr tragender Begriff der der „Steuer" ist (§ 3 AO). – 4. Aus vielen Gründen wird die Ausgestaltung eines neuen und umfassenden Abgabenbegriffs angestrebt, der die unterschiedlichen Abgabearten auch aus dem Bau- und Planungsrecht (Planungswertausgleich), dem Arbeitsmarktrecht (Arbeitsmarktförderungs-, Überstundenabgabe), der Umweltpolitik (Atommüllbeseitigungs-, Verursacherabgabe) inkorporiert. – Vgl. auch Sonderabgaben.

II. Kostenrechnung: Abgaben werden i.d.R. wie Steuern behandelt. Sie werden (da sie nur selten Produkten oder speziellen Unternehmensteilen zurechenbar sind) meist in einer Summe den Kosten des Verwaltungsbereichs (Verwaltungskosten) zugeordnet, in kleineren Betrieben werden sie auch mit den Steuern gemeinsam verrechnet. Wegen ihres stoßweisen Anfallens ist eine zeitliche Abgrenzung (Abgrenzung) vorzunehmen.

Abgabenangelegenheiten – alle mit der Verwaltung der → Abgaben einschließlich der Abgabenvergütungen oder sonst mit der Anwendung der abgabenrechtlichen Vorschriften durch die Finanzbehörden zusammenhängenden Angelegenheiten einschließlich der Maßnahmen der Bundesfinanzbehörden zur Beachtung der Verbote und Beschränkungen für den Warenverkehr über die Grenze. Den Abgabenangelegenheiten stehen die Angelegenheiten der Verwaltung der Finanzmonopole gleich (§§ 347 II AO, 33 II FGO).

Abgabenordnung (AO) – 1. *Begriff/Charakterisierung:* Gesetz vom 16.3.1976 (BGBl. I 613; ber. 1977 I 269) m.spät.Änd., bedeutendstes Gesetz des Steuerrechts, das durch die Zusammenfassung materieller und verfahrensrechtlicher Vorschriften, die für alle oder mehrere Steuergesetze gelten, die Einzelsteuergesetze entlasten soll. Als Teilkodifikation des allgemeinen Steuerrechts wird die AO als „Mantelgesetz" oder „Steuergrundgesetz" bezeichnet. Integriert wurden u.a. das Steueranpassungsgesetz vom 16.10.1934 (RGBl. I 925), das Gesetz über die Kosten der Zwangsvollstreckung nach der Reichsabgabenordnung vom 12.4.1961 (BGBl. I 429), das Steuersäumnisgesetz vom 13.7.1961 (BGBl. I 993) und die Gemeinnützigkeitsverordnung vom 24.12.1953 (BGBl. I 1952); eine Angleichung an das allgemeine Verwaltungsverfahrensrecht wurde vorgenommen. Das Einführungsgesetz zur AO vom 14.12.1976 (BGBl. I 3341, ber. 1977 I 667) regelt den Übergang von der Reichsabgabenordnung zur AO und nimmt die erforderliche Anpassung anderer Gesetze an das neue Recht vor. Der Einführungserlass zur AO erläutert die AO aus der Sicht der Finanzverwaltung. – 2. *Geltungsbereich:* Die AO gilt für alle Steuern und Steuervergütungen, die durch Bundesrecht (Art. 105 GG) oder Recht der Europäischen Gemeinschaften geregelt sind, soweit sie durch Bundes- oder Landesfinanzbehörden (Art. 108 GG) verwaltet werden (§ 1 I AO). Für → Realsteuern gilt die Abgabenordnung eingeschränkt (§ 1 II AO), für → steuerliche Nebenleistungen sinngemäß (§ 1 III AO). – 3. *Inhalt:* Entgegen ihrer Bezeichnung enthält die AO in ihren neun Teilen nicht nur das formelle Recht oder Verfahrensrecht, sondern auch einen allgemeinen Teil des materiellen Steuerrechts. Im Einzelnen: (1) „Einleitende Vorschriften" (§§ 1–32 AO): Anwendungsbereich, steuerliche Begriffsbestimmungen, Zuständigkeit der Finanzbehörden, das → Steuergeheimnis sowie Haftungsbeschränkung für Amtsträger. (2) „Steuerschuldrecht" (§§ 33–77 AO): Vorschriften über die Steuerpflichtigen, die Ansprüche aus dem → Steuerschuldverhältnis, → steuerbegünstigte Zwecke und die → Haftung. (3) „Allgemeine Verfahrensvorschriften" (§§ 78–133 AO): Verfahrensgrundsätze und Handeln der Finanzbehörden durch → Verwaltungsakte. (4) „Durchführung der Besteuerung" (§§ 134–217 AO): Vorschriften über die Erfassung der Steuerpflichtigen, die Mitwirkungspflichten, das Festsetzungs- und Feststellungsverfahren, die → Außenprüfung, die → Steuerfahndung (Zollfahndung) und die → Steueraufsicht. (5) „Erhebungsverfahren" (§§ 218–248 AO): u.a. Vorschriften über Verwirklichung, Fälligkeit und Erlöschen der Ansprüche aus dem Steuerschuldverhältnis sowie Verzinsung, → Säumniszuschläge und Sicherheitsleistungen. (6) „Vollstreckung" (§§ 249–346 AO): Allgemeine Vorschriften, Vorschriften zur Vollstreckung wegen Geldforderungen und zur Vollstreckung wegen anderer Leistungen als Geldforderungen oder Kosten. (7) „Außergerichtliches Rechtsbehelfsverfahren" (§§ 347–367 AO): Vorschriften zur Zulässigkeit sowie Verfahrensvorschriften. (8) „Straf- und Bußgeldvorschriften, Straf- und Bußgeldverfahren", bes. → Steuerstraftaten und → Steuerordnungswidrigkeiten sowie die entsprechenden Verfahrensvorschriften

(§§ 369–412 AO). (9) „Schlussvorschriften" (§§ 413 AO): die Einschränkung von Grundrechten.

Abgangsstelle → Zollstelle, die die → Zollanmeldung zur Überführung in ein Versandverfahren (→ gemeinschaftliches Versandverfahren; → gemeinsames Versandverfahren) angenommen hat. Bei der Abgangsstelle, auch Abgangszollstelle genannt, startet mithin das Zollverfahren.

Abgeltungsteuer – I. Begriff und Besteuerung: 1. *Begriff:* Für Kapitalerträge im Privatvermögen, die dem Steuerpflichtigen nach dem 31.12.2008 zufließen, gilt ein gesonderter Steuerabzug auf Kapitalerträge (§ 20 EStG). Dieser gesonderte Steuerabzug wird als Abgeltungsteuer bezeichnet, da mit der einbehaltenen Kapitalertragsteuer (KapESt) die Steuerpflicht für den Steuerpflichtigen als abgegolten gilt, d.h. die hierdurch versteuerten Kapitalerträge müssen nicht mehr in der Einkommensteuererklärung des Steuerpflichtigen aufgeführt werden. Die Abgeltungsteuer ist eine Quellensteuer. Da sich ihr Steuersatz auf einheitlich 25 Prozent beläuft, entfällt die Besteuerung mit dem individuellen Steuersatz. Im Umkehreffekt entfällt durch die Abgeltungswirkung auch grundsätzlich die Geltendmachung von Werbungskosten in diesem Zusammenhang. Die Werbungskosten mit dem Pauschbetrag von 801 Euro bzw. bei Zusammenveranlagung 1.602 Euro ab 2009 abgegolten sind. – 2. *Höhe:* Die Abgeltungsteuer beläuft sich auf 25 Prozent zzgl. 5,5 Prozent → Solidaritätszuschlag und ggf. → Kirchensteuer (8-9 Prozent der Abgeltungsteuer), § 32 d I mit § 52 a I EStG. Hieraus ergibt sich eine Gesamtsteuerbelastung von ca. 28 Prozent. Ist der persönliche Steuersatz des Steuerpflichtigen niedriger als der Steuersatz der Abgeltungsteuer, kann er die Differenz in Rahmen seiner persönlichen Einkommensteuererklärung zurückfordern. – 3. *Umfang der Besteuerung:* Der Abgeltungsteuer unterliegen seit dem 1.1.2009 grundsätzlich alle Kapitalerträge im Privatvermögen. Hierunter fallen bspw. Zinsen, Dividenden, Erträge aus Investmentfonds, aus Zertifikaten, aber auch aus Stillhaltergeschäften. Neu ist außerdem, dass Gewinne aus Anteilen von Kapitalgesellschaften im Privatvermögen, der Beteiligungshöhe unter 1 Prozent liegt, unabhängig von der Besitzzeit der Abgeltungsteuer unterliegen. Bisher wurden diese Veräußerungsgewinne im Rahmen der privaten Veräußerungsgeschäfte mit dem persönlichen Steuersatz unter Berücksichtigung des Halbeinkünfteverfahrens nur dann besteuert, wenn Anschaffung und Veräußerung innerhalb von einem Jahr stattgefunden hat, § 23 EStG a.F. – 4. *Ausnahmen:* Keine Anwendung findet die Abgeltungsteuer bei Zinsen, Dividenden und Veräußerungsgewinne bei Kapitalanlagen, welche sich im Betriebsvermögen befinden. Bei diesen ist nach wie vor Kapitalertragsteuer zu erheben, jedoch hat diese keine Abgeltungswirkung und kann auf die Einkommensteuer angerechnet werden. Darüber hinaus kommt die Abgeltungsteuer nicht zur Anwendung bei

Darlehen an sog. nahe stehende Personen, bei Gesellschafterdarlehen an eine Kapitalgesellschaft ab 10 Prozent Beteiligung und bei „Back-to-back-Finanzierungen", d.h. wenn die Kapitalanlage im Zusammenhang mit einem Darlehen an den Anleger steht. Darüber gilt die Abgeltungsteuer nicht bei Veräußerungsgewinnen (nicht jedoch bei Dividenden) von wesentlichen Beteiligungen im Sinne des § 17 EStG, d.h. bei Beteiligung von mind. 1 Prozent am Gesellschaftskapital innerhalb der letzten fünf Jahre. Diese Erträge unterliegen nunmehr dem → Teileinkünfteverfahren (Besteuerung von 60 Prozent der Erlöse). Weiterhin sind von der Abgeltungsteuer Zinsen bei Vermietung und Verpachtung und Erträge aus Kapitallebensversicherungen unter bestimmten Voraussetzungen ausgeschlossen. – 5. *Verlustabzug:* Ab dem Jahr 2009 kann ein (vertikaler) Verlustausgleich bei Einkünften aus Kapitalvermögen zwischen den Einkunftsarten grundsätzlich nicht vorgenommen werden. Auch Überschüsse aus Kapitalvermögen können grundsätzlich nicht Verlusten aus anderen Einkunftsarten verrechnet werden. Verluste aus Einkünften aus Kapitalvermögen sind unbefristet vortragsfähig und können im Vortragsjahr nur mit positiven Einkünften dieser Einkunftsart verrechnet werden. Der vortragsfähige Verlust ist gesondert festzustellen. Ein Verlustrücktrag kann nicht vorgenommen werden (§ 10 IV EStG). Neu ist, dass ab 2009 auch Verluste aus Veräußerungsverluste aus Anteilen im Privatvermögen mit laufenden Kapitaleinkünften (z.B. Zinserträge) verrechnet werden können. Bisher konnten Veräußerungsverluste nach § 23 EStG (private Veräußerungsgeschäfte) nur mit Veräußerungsgewinnen verrechnet werden. Zu beachten ist jedoch, dass Verluste aus Aktienverkäufen nur mit Gewinnen aus Aktienverkäufen verrechnet werden können, Sonderfall nach § 20 VI S. 5 EStG. – 6. *Option auf Veranlagung:* a) Der Steuerpflichtige kann nach § 32d VI EStG beantragen, dass sämtliche positive Einkünfte aus Kapitalvermögen mit anderen Einkünften verrechnet werden und diese dann dem individuellen Steuersatz unterliegen. Verluste hingegen können in diesem Fall jedoch nicht ausgeglichen werden. Der Antrag rentiert sich, wenn der Grenzsteuersatz unter 25 Prozent liegt. Das Finanzamt prüft von Amts wegen, ob die Abgeltungsteuer günstiger ist. Ist dies der Fall, gilt der Antrag als nicht gestellt. – b) Darüber hinaus kann der Steuerpflichtige für Beteiligungen ab 25 Prozent oder alternativ ab 1 Prozent, wenn der Anteilseigner gleichzeitig eine berufliche Tätigkeit für die Gesellschaft ausführt, die Freistellung von der Abgeltungsteuer beantragen – jedoch nur bezogen auf jeweilige Beteiligung - und zur Veranlagung unter Berücksichtigung des Teileinkünfteverfahrens (persönlicher Steuersatz von 60 Prozent) optieren, § 32d II Nr. 3 EStG. – c) Beide Anträge können nicht miteinander kombiniert werden, da die unter (a) genannte Option nur für sämtliche Einkünfte aus Kapitalvermögen ausgesprochen werden kann. – 7. *Steuerschuldner:* Zum Abzug der Abgeltungsteuer ist der Schuldner der Kapitalerträge, d.h. die ausschüttende Kapitalgesellschaft oder die auszahlende Stelle wie bspw. die Depotbank (§ 44 I EStG). Ab dem Jahr 2009 ist die elektronische Kapitalertragsteueranmeldung zu berücksichtigen. – 8. *Jahresbescheinigung:* Der bisherige Ausweis der Einkünfte über die Jahresbescheinigung (§ 24c EStG) wird ab dem Veranlagungszeitraum 2009 gesetzlich aufgehoben. Grund hierfür ist, dass die Banken dazu nicht mehr gesetzlich verpflichtet sind. Je nach Bank werden jedoch noch freiwillig Bescheinigungen ausgestellt oder kostenpflichtig auf Anfrage erstellt.

II. **Kritik:** Der Steuersatz der Abgeltungsteuer (25 Prozent zzgl. Solidaritätszuschlag und ggf. Kirchensteuer) ist deutlich geringer als der Spitzensteuersatz von derzeit 45 Prozent (→ Reichensteuer), sodass hierin eine Gefährdung des Prinzips der Besteuerung nach der Leistungsfähigkeit gesehen werden könnte. Durch die Einführung der Abgeltungsteuer kommt es zu einer Entlastung bei der Besteuerung von Kapitalerträgen, insbesondere wenn der Grenzsteuersatz für die übrigen Einkünfte des Steuerpflichtigen höher ist als der pauschale Steuersatz der Abgeltungsteuer. – Hingegen kommt es bei den Dividendeneinkünften durch den Wegfall des → Halbeinkünfteverfahrens zu einer Verdoppelung der Steuerbemessungsgrundlage und damit zu einem gegenläufigen Effekt. Somit sind Aktionäre die Verlierer der Reform. Die Gesamtbelastung von Unternehmen und Anteilseigner verringert sich zwar durch die Reformmaßnahmen, jedoch kommt es auf Ebene des Anteilseigners zu einer höheren Besteuerung. Darüber hinaus entfällt die Möglichkeit des Werbungskostenabzugs über dem Pauschbetrag. Zudem sind Veräußerungsgewinne auch innerhalb der Jahresfrist steuerpflichtig. – Die Einführung der Abgeltungsteuer führt zu einer steuerlichen Ungleichbehandlung von Eigenkapitalfinanzierung gegenüber Fremdkapitalfinanzierung. Hintergrund hierfür ist, dass Fremdkapitalzinsen im Unternehmen grundsätzlich steuermindernd berücksichtigt werden können. Dies führt dazu, dass Fremdkapitalzinsen nur beim Anleger mit der Abgeltungsteuer belastet werden. Eigenkapitalzinsen unterliegen im Gegensatz hierzu sowohl auf Ebene des Unternehmens als auch auf Ebene des Anlegers der Besteuerung. Diese Ungleichbehandlung wurde durch das damalige Anrechnungsverfahren und später durch das Halbeinkünfteverfahren entsprechend minimiert. Nunmehr kommt es durch die Abgeltungsteuer zu einer tatsächlichen Doppelbelastung.

abhängiges Unternehmen – 1. *Begriff:* rechtlich selbstständiges Unternehmen, auf das ein anderes (herrschendes) Unternehmen unmittelbar oder mittelbar einen beherrschenden Einfluss ausüben kann. Von einem Mehrheitsbesitz (Mehrheitsbeteiligung) stehenden Unternehmen wird vermutet, dass es von dem an ihm mit Mehrheit beteiligten Unternehmen

abhängig ist (§ 17 AktG). Zur Begründung eines Anhängigkeitsverhältnisses im Sinn des § 17 AktG muss sich die Abhängigkeit auf eine gesellschaftsrechtliche Grundlage stützen. Bei wirtschaftlicher Abhängigkeit durch Liefer- oder Kreditverhältnisse liegt kein Abhängigkeitsverhältnis im Sinn des § 17 AktG vor. Von einem abhängigen Unternehmen wird vermutet, dass es mit dem herrschenden Unternehmen einen Konzern bildet (§ 18 I AktG). – 2. *Steuerliche Behandlung:* Ein abhängiges Unternehmen kann im steuerlichen Sinn als Organgesellschaft im Rahmen einer → Organschaft mit dem (restlichen) Konzern verbunden sein (verbundenes Unternehmen), sodass das Ergebnis des abhängigen Unternehmens steuerlich der Muttergesellschaft zugerechnet wird; die steuerrechtlichen Voraussetzungen sind allerdings nicht völlig mit den aktienrechtlichen Voraussetzungen für ein abhängiges Unternehmen identisch. Im Geschäftsverkehr müssen abhängiges Unternehmen und Muttergesellschaft miteinander wie mit Dritten abrechnen (→ Verrechnungspreise, Fremdvergleichsgrundsatz), das gilt selbst dann, wenn eine Organschaftsbeziehung besteht (also keine Konsolidierung, d.h. keine echte „Konzernbesteuerung").

Abhollieferung – 1. *Begriff* aus dem Gebiet der Umsatzsteuer und aus dem Bereich der Verbrauchsteuern: eine Lieferung, bei der der (private) Kunde die Ware vom Lieferanten selbst abholt oder von dort durch einen Beauftragten abholen lässt. Die Abhollieferung ist ein Unterfall der → bewegten Lieferung (Gegensatz: Beförderungs- oder Versendungslieferung, bei der der Verkäufer für den Transport der Ware zum Kunden sorgt). – 2. *Umsatzsteuerliche Behandlung:* Innerhalb des europäischen Binnenmarktes sind Lieferungen an Privatpersonen, bei denen diese die Ware beim Verkäufer selbst abholen, im Land des Verkäufers zu versteuern. Es gilt also das → Ursprungslandprinzip, nicht – wie sonst üblich innerhalb des Binnenmarktes – das → Bestimmungslandprinzip. Da für Abhollieferungen somit nicht mehr automatisch der Steuersatz im Land des Kunden, sondern der jeweilige Steuersatz im Land des Verkäufers relevant wird, kommt es zu Wettbewerbsverzerrungen zwischen Anbietern aus verschiedenen Ländern. Daher gilt eine *Ausnahme* für → neue Fahrzeuge: Diese werden auch bei Abhollieferungen an Private stets der Umsatzsteuer im Bestimmungsland unterworfen (Kontrolle über die Zulassungsstellen). – 3. *Behandlung bei den übrigen Verbrauchsteuern:* Das Prinzip, dass Abhollieferungen im Land des Verkäufers besteuert werden sollen, gilt auch bei den übrigen indirekten Steuern. Jedoch wird, damit Privatleute die mit der Regelung für Abhollieferungen verbundenen Wettbewerbsverzerrungen nicht über das Normalmaß hinaus ausnutzen können, vorgesehen, dass die Steuer dann, wenn eine Abhollieferung mit einer „atypischen Beförderungsform" einhergeht, trotzdem dem Bestimmungsland zusteht; zur Zahlung verpflichtet ist dann ggf. der Käufer. „Atypische

Beförderungsformen" im Sinne dieser Ausnahmeregelungen sind z.B. Abholung von Mineralöl beim Verkäufer im anderen Land mit selbst gemietetem Tankwagen, Versand eingekaufter Waren per Post durch den privaten Käufer an seine eigene Adresse, etc. Als „normal" anerkannt sind dagegen v.a. Reisemitbringsel und Beförderung eingekaufter Waren im eigenen Pkw. – *Gegensatz:* → Versandhandelsregelung, → Erwerbsteuer.

abnutzbares Anlagevermögen – 1. *Begriff:* Vermögensgegenstände, die einer Unternehmung nicht zur Weiterveräußerung oder zur kurzfristigen Nutzung, sondern zur dauernden Nutzung dienen und die Wertminderungen durch Abnutzung unterworfen sind. Hierzu gehört das gesamte → Anlagevermögen mit Ausnahme des Grund und Bodens (im Regelfall), der geleisteten Anzahlungen sowie der Finanzanlagen. In der *Handelsbilanz* wird die Abnutzung durch die Abschreibungen berücksichtigt. – 2. *Wertansatz:* a) in der *Handelsbilanz* zu → Anschaffungskosten oder Herstellungskosten bzw. fortgeführten Anschaffungs- oder Herstellungskosten oder zum niedrigeren beizulegenden Wert; – b) in der *Steuerbilanz* zu → Anschaffungskosten oder → Herstellungskosten (oder einem nach steuerlichen Sondervorschriften, z.B. dem Umwandlungsteuergesetz, an deren Stelle tretenden Wert), vermindert um die steuerlichen Abschreibungen (Absetzungen für Abnutzung, Sonderabschreibung, Abzüge nach § 6b EStG und ähnliche Abzüge). Ist der → Teilwert am Bewertungsstichtag niedriger als der so ermittelte Wert und bleibt diese Wertminderung voraussichtlich auch dauerhaft bestehen, dann darf dieser niedrigere Teilwert steuerlich angesetzt werden. Allerdings sind dann im nächsten Jahr wieder die fortgeführten Anschaffungs- und Herstellungskosten anzusetzen, sofern nicht wiederum ein niedrigerer Teilwert nachgewiesen werden kann (striktes Wertaufholungsgebot). – Vgl. auch → Bewertung.

Abnutzung – 1. Abnutzung im Sinn des *wirtschaftlichen Werteverzehrs:* Abschreibung. – 2. *Steuerliche Berücksichtigung:* führt zu → Absetzung für Abnutzung (AfA). – 3. *Versicherungswirtschaft:* Abnutzung wird insofern berücksichtigt, als i.d.R. (sofern nichts anderes vereinbart) der Zeitwert entschädigt wird durch Abzug „neu für alt".

Abrechnungsbescheid – Ist zwischen dem Steuerpflichtigen und dem Finanzamt streitig, ob bzw. inwieweit ein Anspruch aus dem → Steuerschuldverhältnis verwirklicht ist, hat das Finanzamt hierüber durch einen Abrechnungsbescheid zu entscheiden (§ 218 II AO). Der Abrechnungsbescheid ist Gegenstand des Steuererhebungsverfahrens. Er wird i.d.R. nur auf Antrag erteilt. – *Inhalt:* die sowohl für den Steuerpflichtigen als auch die Finanzbehörde verbindliche Feststellung, ob ein Anspruch aus dem Steuerschuldverhältnis noch besteht oder aber bereits erloschen ist (→ Erlöschen von Ansprüchen aus dem Steuerschuldverhältnis). – Keine

Abrechnungsbescheide sind dem Steuerpflichtigen übersandte Kontoauszüge oder Kassenmitteilungen. – *Rechtsbehelf:* Einspruch (§ 347 I 1 AO).

Abrechnungslast – 1. *Begriff:* Die Verpflichtung, nach der Ausführung einer Leistung hierfür die Abrechnung darüber zu erstellen, welche Beträge zu zahlen sind. – 2. *Varianten:* Üblicherweise ist derjenige, der eine Leistung erbracht hat, auch zur Abrechnung darüber verpflichtet, wie viel er als Bezahlung einfordert. Es gibt jedoch Fälle, in denen zivilrechtlich die Pflicht, die geschuldete Vergütung zu berechnen, beim Leistungsempfänger liegen kann, z.B. wenn nur dieser über die Daten verfügt, die nötig sind, um die Anspruchshöhe überhaupt zu berechnen (z.B. im Verlagsgewerbe bei Vereinbarung einer Autorentantieme nach Zahl der abgesetzten Buchexemplare). Die Abrechnung geschieht, wenn der leistende Unternehmer die Abrechnungslast hat, durch → Rechnung, wenn der Kunde die Abrechnungslast hat, durch → Gutschrift. – 3. *Steuerliche Bedeutung:* Die Frage, bei wem zivilrechtlich die Abrechnungslast für eine Leistung liegt, hat steuerlich ihre Bedeutung verloren, seitdem (seit 2004) in allen EU-Staaten nunmehr eine Gutschrift umsatzsteuerlich immer dann als vollwertiger Ersatz für eine Rechnung anerkannt wird, wenn sich die beiden Vertragsparteien zuvor darüber einig geworden sind, dass die Abrechnung durch Gutschrift erfolgen soll; auf die Gepflogenheiten, bei wem die Abrechnungslast liegt, kommt es daher steuerlich nicht mehr an.

Abrechnungsverfügung → Anrechnungsverfügung.

Abschlag – I. Form der Auktion: Veiling.

II. Effektenmarkt: Disagio.

III. Steuerrecht: 1. *Grundsätzliches:* Im Steuerrecht wird i.d.R., wenn Schätzungen für den Wert eines Wirtschaftsgutes notwendig werden, ein Abschlag vorgesehen, um den Unsicherheiten der Schätzung Rechnung zu tragen oder um Besonderheiten im Vergleich zu Vergleichsobjekten zu berücksichtigen. – 2. *Bewertung von Grundstücken und Betriebsgrundstücken für die Grundsteuer (Einheitswert):* a) Beim Sachwertverfahren (→ Sachwert) kann zur Ermittlung des → Gebäudewerts ein Abschlag für bauliche Mängel und Schäden vorgenommen werden. Die Höhe des Abschlags richtet sich dann nach Bedeutung und Ausmaß der Schäden (§ 87 BewG). – b) Bei der Bewertung des → Erbbaurechts wird ein Abschlag vorgenommen, wenn sich der Erbbauberechtigte verpflichtet hat, bei Beendigung des Erbbaurechts das Gebäude abzubrechen (§ 92 IV BewG). – c) Abschläge finden sich sowohl beim Ertragswertverfahren als auch beim Sachwertverfahren (vgl. §§ 82, 86 und 88 BewG). – 3. *Bewertung von Grundstücken für Zwecke der Erbschaftsteuer gemäß §§ 138 ff. BewG (Bedarfswertverfahren):* Bei unbebauten Grundstücken wird ein Abschlag von 20 Pozent von den Bodenrichtwerten vorgenommen (§ 145 III BewG).

Bei bebauten Grundstücken wird dem Alter des Gebäudes durch einen Abschlag Rechnung getragen (0,5 Prozent pro Jahr, max. aber 25 Prozent, § 146 IV BewG). In Sonderfällen kann der Abschlag auf die Bodenrichtwerte 30 Prozent betragen (§ 147 II BewG). Bei der Bewertung land- und forstwirtschaftlichen Vermögens ist ein Abschlag von 15 Prozent vorgesehen für die mit der Hofstelle verbundene Betriebswohnung (§ 143 III BewG). – 4. *Bewertung des Betriebsvermögens für Zwecke der Erbschaftsteuer:* Üblicherweise wird die Höhe der Pensionsrückstellung aus dem Ertragsteuerrecht übernommen, jedoch ist das nicht möglich, wenn der Steuerpflichtige ertragsteuerlich nicht bilanziert. Dann muss die Rückstellung nach Bewertungsrecht berechnet werden.

Abschlussprüfer – 1. *Begriff:* → Prüfer, die Prüfungen von Jahresabschlüssen von Unternehmungen und Konzernen (→ Jahresabschlussprüfung, → Konzernabschlussprüfung) vornehmen (§ 316 I, II HGB). Die Prüfungen selbst werden von natürlichen Personen durchgeführt; als Abschlussprüfer auch Personenmehrheiten beauftragt. – 2. *Berufsqualifikation:* Abschlussprüfungen auf freiwilliger Basis können an beliebige Abschlussprüfer vergeben werden. Bei *gesetzlich vorgeschriebenen Abschlussprüfungen* ist dagegen festgelegt, wer Abschlussprüfer sein kann: Prinzipiell sind Jahresabschlussprüfungen für Unternehmungen und Konzerne → Wirtschaftsprüfern (WP) und → Wirtschaftsprüfungsgesellschaften vorbehalten (Vorbehaltsaufgaben); aufgrund von Sonderbestimmungen können bestimmte Organisationen, bes. → Prüfungsverbände, Abschlussprüfungen vornehmen (v.a. bei Genossenschaften; §§ 53 ff. GenG); die Prüfung darf bei Sparkassen von den → Prüfungsstellen der Sparkassen- und Giroverbände durchgeführt werden. → Vereidigte Buchprüfer und → Buchprüfungsgesellschaften können nach § 319 I HGB ebenfalls Abschlussprüfer im Rahmen einer Pflichtprüfung sein, jedoch nur für mittelgroße GmbHs (§ 267 II HGB) oder für mittelgroße Personenhandelsgesellschaften, bei denen kein persönlich haftender Gesellschafter eine natürliche Person ist (§ 264a I HGB). – 3. *Bestellung und Abberufung des Abschlussprüfers nach § 318 HGB:* Die Gesellschafter einer Unternehmung wählen den Prüfer des Jahresabschlusses, die Gesellschafter des Mutterunternehmens den Abschlussprüfer des Konzernabschlusses. – *Ausnahme:* Der Gesellschaftsvertrag bestimmt bei GmbH, OHG und KG im Sinn des 264a I HGB etwas anderes. – Wird kein anderer Konzernabschlussprüfer bestellt, gilt der Jahresabschlussprüfer des Mutterunternehmens als bestellt. Gesetzliche Vertreter müssen den *Prüfungsauftrag* unverzüglich nach der Wahl erteilen. Das Gericht hat auf Antrag nach Anhörung der Beteiligten und des gewählten Prüfers einen anderen Abschlussprüfer zu bestellen, wenn dies aus Gründen, die in der Person des gewählten Prüfers liegen, geboten erscheint; Kreis der möglichen Antragsteller nach § 318 III HGB.

Kündigung des Prüfungsauftrags von dem Abschlussprüfer nur aus wichtigem Grund und mit schriftlicher Begründung. – *Sonderregelung für Versicherungsunternehmungen* (§ 58 VAG): Abschlussprüfer werden vor Ablauf des Geschäftsjahres vom Aufsichtsrat bestimmt. – 4. *Ausschlussgründe:* Die gesetzlich beschriebenen Ausschlussgründe betreffen die *Unabhängigkeit des Abschlussprüfers* § 319 II, III HGB sieht eine detaillierte Regelung vor; sie hat zum großen Teil im Berufsrecht für Wirtschaftsprüfer vorgesehene Regelungen zum Inhalt. Die Ausschlussgründe gelten auch für Konzernabschlussprüfer (§ 319 IV HGB). – a) *Arten von Ausschlussgründen:* (1) Direkte oder indirekte Verflechtung zwischen Abschlussprüfer und zu prüfender Gesellschaft; (2) Mitwirkung des Abschlussprüfers an den zu prüfenden Unterlagen; (3) Finanzielle Abhängigkeit des Abschlussprüfers von der zu prüfenden Gesellschaft; (4) Fehlende Qualitätskontrolle (§ 57 a WPO; vgl. – externe Qualitätskontrolle); (5) Bes. Ausschlussgründe bei Unternehmen von öffentlichem Interesse (§ 319a HGB). Die Ausschließungsgründe gelten sowohl für Einzelprüfer als auch für Prüfungsgesellschaften. – b) Einzelne *Ausschlussgründe für natürliche Personen* (Wirtschaftsprüfer, vereidigte Buchprüfer) nach § 319 II HGB: Eine natürliche Person darf nicht Abschlussprüfer sein, wenn sie oder eine Person, mit der sie ihren Beruf gemeinsam ausübt, (1) Anteile an der zu prüfenden Gesellschaft besitzt; (2) gesetzlicher Vertreter, Mitglied des Aufsichtsrats oder Arbeitnehmer der zu prüfenden Gesellschaft ist oder in den letzten drei Jahren war; (3) gesetzlicher Vertreter oder Mitglied des Aufsichtsrats einer juristischen Person, Gesellschafter einer Personengesellschaft oder Inhaber eines Unternehmens ist, soweit das jeweilige Gremium mit der zu prüfenden Gesellschaft verbunden ist oder mehr als 20 Prozent der Anteile besitzt; (4) Arbeitnehmer eines Unternehmens ist, das mit der zu prüfenden Gesellschaft verbunden ist bzw. mehr als 20 Prozent der Anteile besitzt oder Arbeitnehmer einer natürlichen Person ist, die an der zu prüfenden Gesellschaft zu mehr als 20 Prozent beteiligt ist; (5) bei der Führung der Bücher oder der Erstellung des Jahresabschlusses selbst mitgewirkt hat; (6) bestimmte Bindungen (gesetzlicher Vertreter, Arbeitnehmer, Mitglied des Aufsichtsrats, Gesellschafter, Inhaber) an eine natürliche oder juristische Person, Personengesellschaft oder Einzelunternehmung hat, die bei der Führung der Bücher und der Erstellung des Jahresabschlusses selbst über die Prüfungstätigkeit hinaus mitwirkte; (7) bei der Prüfung eine Person beschäftigt, die selbst nicht Abschlussprüfer sein darf; (8) in den vergangenen fünf Jahren jeweils mehr als 30 Prozent der Gesamteinnahmen aus seiner beruflichen Tätigkeit aus der Prüfung und Beratung der zu prüfenden Gesellschaft und von Unternehmen, an denen die zu prüfende Gesellschaft mit mehr als 20 Prozent beteiligt ist, bezogen hat und dies auch im laufenden Geschäftsjahr zu erwarten ist (Ausnahmen in Härtefällen möglich). – Eine natürliche Person darf ferner nicht Abschlussprüfer sein, wenn sie (9) keine wirksame Bescheinigung über die Teilnahme an der Qualitätskontrolle besitzt und ihr zugleich keine Ausnahmegenehmigung von der → Wirtschaftsprüferkammer (WPK) erteilt wurde. – c) Einzelne *Ausschlussgründe für Prüfungsgesellschaften* (Wirtschaftsprüfungsgesellschaften, Buchprüfungsgesellschaften): Eine Prüfungsgesellschaft darf nach § 319 III HGB nicht Abschlussprüfer sein, wenn (1) sie Anteile an der zu prüfenden Gesellschaft besitzt oder mit dieser verbunden ist oder wenn ein mit ihr verbundenes Unternehmen an der zu prüfenden Gesellschaft mehr als 20 Prozent der Anteile besitzt oder mit ihr verbunden ist; (2) sie in Anwendung der relevanten Vorschriften zu den Ausschlussgründen (5) bis (8) für Einzelprüfer nicht Abschlussprüfer sein darf; (3) ein Gesellschafter oder gesetzlicher Vertreter einer Wirtschaftsprüfungsgesellschaft oder Buchprüfungsgesellschaft als juristische Person 50 Prozent oder mehr der den Gesellschaftern zustehenden Stimmrechte besitzt, der nicht Abschlussprüfer sein darf, oder ein Gesellschafter analog zu den Ausschlussgründen für Einzelprüfer (Gründe (1) bis (4)) nicht Abschlussprüfer sein darf; (4) einer der gesetzlichen Vertreter oder Gesellschafter analog zu den Ausschlussgründen für Einzelprüfer (Gründe (5) und (6)) nicht Abschlussprüfer sein darf; (5) ein Aufsichtsratsmitglied analog zu den Ausschlussgründen für Einzelprüfer (Gründe (2) und (5)) nicht Abschlussprüfer sein darf; (6) sie bei der Prüfung einer AG, deren Aktien zum amtlichen Markt zugelassen sind, einen Wirtschaftsprüfer beschäftigt, der in den vorhergehenden zehn Jahren in mehr als sechs Fällen den → Bestätigungsvermerk über die Prüfung der Jahres- oder Konzernabschlüsse der Gesellschaft gezeichnet hat; (7) sie keine wirksame Bescheinigung über die Teilnahme an der Qualitätskontrolle analog zu den Ausschlussgründen für Einzelprüfer (Grund (9)) besitzt und ihr keine Ausnahmegenehmigung von der Wirtschaftsprüferkammer erteilt wurde. – 5. *Entwicklungen:* Zur Schaffung europäischer einheitlicher Anforderungen hat die Europäische Kommission im Mai 2002 Grundprinzipien zur Unabhängigkeit gesetzlicher Abschlussprüfer veröffentlicht (Empfehlung der Kommission vom 16.5.2002, Unabhängigkeit des Abschlussprüfers in der EU, Grundprinzipien (ABl. EG Nr. L 191/2002, S. 22). Den Mitgliedsstaaten der EU wird nahegelegt, ihre nationalen Regelungen auf der Grundlage der ausgesprochenen Empfehlungen zu überprüfen und ggf. anzupassen. Auf internationaler Ebene hat die Securities and Exchange Commission im Januar 2003 neue Regelungen zur Unabhängigkeit des Abschlussprüfers in den USA unter dem Titel „Final Rule: Strengthening the Commission's Requirements Regarding Auditor Independence" veröffentlicht. Am 29.6.2006 hat die EU mit der Richtlinie 2006/43/EG neue Regelungen für die Arbeit von Wirtschaftsprüfern eingeführt. Hierdurch soll insbesondere die Unabhängigkeit der Kontrollorgane gewährleistet sein.

Abschlussprüferaufsichtskommission (APAK) – Mit Begründung der APAK im Jahr 2004 wurde die Berufsaufsicht über die → Wirtschaftsprüfer (WP) wesentlich erweitert. Als neuer Bestandteil wurde die APAK in das Aufsichtssystem eingefügt. Die Mitglieder dieser nicht rechtsfähigen Gemeinschaft natürlicher Personen (zz. zehn) werden vom Bundesministerium für Wirtschaft und Technologie (BMWi) für die Zeit von vier Jahre ernannt. Der APAK obliegt die Fachaufsicht über die → Wirtschaftsprüferkammer (WPK). Sie verfügt gegenüber der WPK über ein Weisungsrecht in den Kernbereichen der berufsständischen Selbstverwaltung. Hinsichtlich der Prüfung einschließlich Eignungsprüfung, der Bestellung, Anerkennung und des Widerrufs der Registrierung, der Berufsaufsicht und Qualitätskontrolle sowie des Erlasses von Regelungen zur Berufsausübung (Berufssatzung für Wirtschaftsprüfer/vereidigte Buchprüfer) beurteilt die APAK, ob die WPK ihre Aufgaben geeignet, angemessen und verhältnismäßig erfüllt. – Zur Erfüllung ihrer Aufgaben hat die APAK die Ausschüsse „Berufsaufsicht" und „Qualitätskontrolle" gebildet. Sie verfügt über ein eigenes Sekretariat und greift auf die Geschäftsstelle der WPK mit ihren ca. 130 Mitarbeitern zu. Finanziert wird die Arbeit der APAK über den Haushalt der WPK. Für ihre inländischen Aktivitäten liegen die Aufwendungen bei ca. 600.000 Euro im Jahr. – In ihrer praktischen Arbeit ist die APAK eng in die Tätigkeiten der WPK eingebunden. So werden ihr alle aufsichtsrelevanten Vorgänge vor Bekanntgabe der Entscheidung vorgelegt. Das Verfahren der anlassunabhängigen Sonderuntersuchungen (§ 62b I WPO) wurde von ihr maßgeblich mit gestaltet. Durch die Teilnahme an Sitzungen der Kommission für Qualitätskontrolle und Schlussbesprechungen im Rahmen der Qualitätskontrolle überwacht sie diese Teilaufgabe der WPK. Ein jährlich veröffentlichter Bericht dokumentiert Art und Umfang ihrer Kontrollaktivitäten.

Abschlussprüfung → Jahresabschlussprüfung, Ausbildungsabschlussprüfung.

Abschlusszahlung – 1. *Begriff:* Unterschiedsbetrag zwischen der bei der Veranlagung festgesetzten Steuerschuld und den schon entrichteten Vorauszahlungen und den ggf. durch Steuerabzug einbehaltenen Beträgen. 2. *Entrichtung:* a) Soweit der Unterschiedsbetrag den im Veranlagungszeitraum (bei der Gewerbesteuer: Erhebungszeitraum) fällig gewordenen, aber noch nicht geleisteten Vorauszahlungen entspricht, ist die Abschlusszahlung sofort fällig. – b) Im Übrigen innerhalb eines Monats nach Bekanntgabe des Steuerbescheids (§ 36 IV EStG, § 31 I KStG, § 20 II GewStG). – c) Bei der Umsatzsteuer gilt für die Entrichtung der Abschlusszahlung ebenfalls eine Ein-Monats-Frist. Ergibt sich eine Abschlusszahlung dadurch, dass der Unternehmer die zu entrichtende Jahressteuer abweichend von der Summe der Vorauszahlungen berechnet, so ist diese Abschlusszahlung einen Monat nach Eingang der Jahressteueranmeldung fällig; wird die zu entrichtende Jahresumsatzsteuer dagegen vom Finanzamt abweichend festgesetzt, so berechnet sich die Monatsfrist nach der Bekanntgabe des Steuerbescheids (§ 18 IV UStG).

Abschnittsbesteuerung – Prinzip, dass man bei der Besteuerung (aus rein praktischen Gründen) nicht die Leistungsfähigkeit eines Menschen über seine gesamte Lebenszeit (oder bei der eines Unternehmens über sein gesamtes Bestehen, die sog. „Totalperiode") zugrunde legen kann, sondern zeitliche Abschnitte (i.d.R. ein Kalenderjahr) bilden muss. Konsequente Anwendung des Prinzips der Abschnittsbesteuerung verlangt, dass jeder zeitliche Abschnitt auch nur für sich allein beurteilt werden darf und Umstände, die vor oder nach dem betreffenden Zeitabschnitt eingetreten sind, für die Beurteilung der Leistungsfähigkeit in diesem Zeitabschnitt auch keine Rolle spielen sollten (Grundsatz der Gleichbehandlung). Sofern das Prinzip der Abschnittsbesteuerung aus anderen Motiven durchbrochen wird, bedarf es einer gesetzlichen Sonderregelung (z.B. → Verlustvortrag). – Klassischer Anwendungsbereich für die Abschnittsbesteuerung ist die Besteuerung der Erträge (→ Einkommensteuer, → Körperschaftsteuer, → Gewerbesteuer).

Abschöpfung – 1. *Begriff:* FrühereAbgabe im Rahmen der EU-Agrarpolitik. – 2. *Rechtliche Regelungen:* a) Europarechtlich war sie geregelt durch den Vertrag zur Gründung der Europäischen Wirtschaftsgemeinschaft und das Gesetz zu den Verträgen vom 25.3.1957 zur Gründung der Europäischen Wirtschaftsgemeinschaft und der Europäischen Atomgemeinschaft (BGBl. 1957 II 753) – jeweils geändert und ergänzt durch die weiteren Beitritte zur Europäischen Gemeinschaft. b) In zahlreichen Verordnungen wurden seinerzeit verschiedene Arten der Abschöpfung für u.a. folgende Produkte geregelt: Getreide, Rindfleisch, Schweinefleisch, Zucker sowie bestimmte, aus landwirtschaftlichen Erzeugnissen hergestellte Waren. c) Die nationale Durchführung war v.a. geregelt im Gesetz zur Durchführung der gemeinsamen Marktordnung (MOG) vom 31.8.1972 (BGBl. I 1617) m.spät.Änd. – 3. *Ziele:* a) Bei der *Einfuhr* von Marktordnungswaren in die EG zum Ausgleich des Unterschieds zwischen den (niedrigen) Preisen der Erzeugnisse auf dem Weltmarkt und den (höheren) Preisen der EG, um die innergemeinschaftlichen (höheren) Preise auf dem Agrarmarkt zu halten und sie vor Schwankungen der Weltmarktpreise zu schützen. b) Bei der *Ausfuhr* für solche Agrarwaren, deren Weltmarktpreis über dem EG-Preisniveau lag, um Untersorgorgung infolge attraktiver Exportverhältnisse zu verhindern. – 4. *Höhe der Abschöpfung* wurde von der EG-Kommission für eine bestimmte Gültigkeitsperiode festgesetzt. – 5. *Agrarzölle:* Heute werden stattdessen Einfuhrzölle und/oder zumeist nur saisonale Ausfuhrzölle erhoben.

Abschreibungsgesellschaft – 1. *Begriff:* Gesellschaften, die in steuerbegünstigte Anlageprojekte

investieren. Das Ziel einer Abschreibungsgesellschaft besteht darin, den Kapitalanlegern Verluste zuzuweisen, die diese mit anderen positiven Einkünften ausgleichen können. – 2. *Einkommensteuerliche Regelungen:* § 15a EStG begrenzt die Höhe der abziehbaren Verluste für Gesellschafter auf die Höhe der geleisteten Einlage oder des Betrages, für den der Gesellschafter auch eine Haftung gegenüber den Gläubigern tragen muss. Das macht Modelle, bei denen den Anlegern rein rechnerisch Verluste von mehr als 100 Prozent ihrer Einlage zugewiesen wurden, steuerlich wirkungslos. Seit 1999 schloss § 2b EStG darüber hinaus auch die Verrechnung von Verlusten aus Anlagen in Gesellschaften oder Anlagemodellen von der Verrechnung mit positiven Einkünften aus, wenn die Rendite der Anlage wesentlich durch Steuervorteile bestimmt wird oder wenn die Kapitalanlage unter Hinweis auf Steuervorteile geworben worden ist. § 2b EStG wurde mit Gesetz vom 22.12.2005 (BGBl. I S. 3683) aufgehoben.

Abschreibungsrichtsätze → AfA-Tabellen.

Abschreibungsvergünstigung → Sonderabschreibung.

Absetzung → Sonderabschreibung.

Absetzung für Abnutzung (AfA) – 1. *Begriff:* Das steuerrechtliche Pendant zur handelsrechtlichen (planmäßigen) Abschreibung. Eine Abschreibung ist die Verteilung der → Anschaffungskosten und → Herstellungskosten des → abnutzbaren Anlagevermögens auf die Jahre der betriebsgewöhnlichen Nutzungsdauer. Im Rahmen der Einkünfteermittlung kann der Steuerpflichtige die AfA als Betriebsausgaben (§ 4 IV EStG) bzw. Werbungskosten (§ 9 I Nr. 7 EStG) abziehen. *Keine* AfA ist möglich für nicht der Abnutzung unterliegende Wirtschaftsgüter (z.B. Grund und Boden, Beteiligungen, Wertpapiere, Forderungen) oder für Umlaufvermögen; bei diesen Arten von Wirtschaftsgütern ist aber eine Teilwertabschreibung möglich. – 2. *Methoden:* a) *Regelmethode,* die stets erlaubt ist, ist die *lineare AfA,* bei der die Anschaffungs- bzw. Herstellungskosten in gleichen Jahresbeträgen auf die Nutzungsdauer verteilt werden (§ 7 I EStG). – b) Alternativ ist die *degressive AfA* (AfA in fallenden Jahresbeiträgen, § 7 II EStG) gestattet bei beweglichen Wirtschaftsgütern: Hier wird nicht ein konstanter Betrag, sondern jährlich ein konstanter Prozentsatz vom noch vorhandenen Restbuchwert abgesetzt; dadurch fallen die Jahresraten der AfA im Verlauf der Nutzungsdauer immer stärker (geometrisch-degressive AfA). Der Prozentsatz kann vom Unternehmer im Grundsatz frei gewählt werden, es ist aber das fiskalischen Gründen eine Höchstgrenze zu beachten, die gelegentlich vom Gesetzgeber verändert wird und ab 2001 bei 20 Prozent lag. Als konjunkturpolitische Maßnahme wurde für Anschaffungen im Zeitraum vom 1.1.2006 bis 31.12.2007 die degressive Abschreibung mit dem dreifachen linearen Satz, höchstens 30 Prozent, wieder eingeführt. Die degressive AfA darf maximal das Doppelte (ab dem 1.1.2006 bis zum 31.12.2007 das Dreifache) der linearen AfA betragen. Für Anschaffung und Herstellung nach dem 31.12.2007 ist die degressive AfA aufgehoben. Für die Anschaffung oder Herstellung von beweglichen Wirtschaftsgütern des Anlagevermögens nach dem 31.12.2008 wird für 2 Jahre befristet die degressive AfA von 25 Prozent eingeführt. Der Wechsel der degressiven AfA zur linearen AfA-Methode ist zulässig, um den Restbuchwert von null Euro zu erreichen (§ 7 III EStG). Für Investitionen ab dem Wirtschaftsjahr 2011 ist eine degressive Abschreibung nicht mehr zulässig. - c) *Leistungs-AfA:* Bei beweglichen Wirtschaftsgütern des Anlagevermögens kann die AfA danach bemessen werden, wie viel vom Leistungspotenzial des Wirtschaftsguts während seiner Gesamtlebensdauer im abgelaufenen Jahr verbraucht worden ist; Voraussetzung dafür ist, dass dies wirtschaftlich begründet ist und der Steuerpflichtige die auf das Jahr entfallende Leistung des Wirtschaftsguts nachweist (§ 7 I 6 EStG, → Mengenabschreibung). - d) Für die *Gebäude-AfA* gelten Sonderregelungen: (1) Für die *lineare Gebäude-AfA* sind, weil die Nutzungsdauer von Gebäuden sich schwer vorhersagen lässt, gleiche Jahresraten in Höhe eines festen Prozentsatzes der Anschaffungskosten zwingend vorgeschrieben. Welcher Prozentsatz anzuwenden ist, hängt von der Gebäudeart und vom Anschaffungsbzw. Herstellungszeitpunkt des betreffenden Gebäudes ab (für nach 1924 hergestellte Gebäude i.d.R. 2 Prozent, d.h. es wird gesetzlich eine Nutzungsdauer von 50 Jahren unterstellt). Dann, wenn die tatsächliche Nutzungsdauer geringer als 50 Jahre sein wird, kann vom vorgeschriebenen Satz abgewichen werden und der Restwert des Gebäudes auf die verbleibende Restnutzungsdauer verteilt werden (§ 7 IV 3 EStG). Damit, dass dasselbe Gebäude von einem anderen Betriebseigentümer bereits stärker abgeschrieben worden sein könnte, weil für diesen evtl. andere AfA-Regeln gelten würden, kann man keine → Teilwertabschreibung oder gar Absetzung für außergewöhnliche wirtschaftliche Absetzung (AfaA) begründen (§ 7 IV 4 EStG). (2) *Degressive Gebäude-AfA:* § 7 V EStG erlaubt bei Gebäuden im Inland, die vom Steuerpflichtigen selbst hergestellt worden sind oder ersatzweise bis Ende des Jahres der Fertigstellung angeschafft worden sind (Neubauten), die Vornahme höherer AfA-Beträge in den ersten Jahren. Die konkreten AfA-Sätze hängen stark vom Einzelfall ab, da die Staffelsätze vom Gesetzgeber aus wirtschaftspolitischen oder fiskalischen Erwägungen heraus sehr häufig geändert werden; umfangreiche Übersichten in den Einkommensteuer-Richtlinien des BMF versuchen, einen Überblick über die jeweiligen Sätze wieder herzustellen. - *Beispiel* für eine degressive Gebäude-AfA-Staffel: Für Mietwohnbauten mit Anschaffung/Herstellung ab 2004 im ersten bis zehnten Jahr der Nutzungsdauer je 4 Prozent, danach vom 11. bis 18. Jahr 2,5 Prozent und dann vom 19. bis 50. Jahr 1,25 Prozent. Zu beachten ist, dass nach einem Verkauf eines solchen Gebäudes der neue Besitzer seine AfA später linear vornehmen muss, da er nicht mehr im Jahr der Fertigstellung angeschafft hat und daher die Voraussetzungen für § 7 V EStG nicht mehr erfüllen kann. Die degressive AfA für Wohngebäude im Privatvermögen für zukünftige Baumaßnahmen, d.h. Herstellung aufgrund eines Bauantrags nach dem 31.12.2005 bzw. Anschaffung aufgrund eines nach dem 31.12.2005 abgeschlossenen obligatorischen Vertrages, wurde abgeschafft. Ab dem Veranlagungszeitraum 2010 kann die degressive Gebäudeabschreibung auch für den EU- und EWR-Raum angewendet werden. - 3. *Methodenwechsel:* Die einmal gewählte AfA-Methode ist grundsätzlich beizubehalten. Bis zum 1.1.2008 konnte lediglich von der degressiven AfA auf die lineare AfA gewechselt werden (§ 7 III EStG, § 52 XXIa EStG); das gilt aber nicht für die degressive Gebäude-AfA. - 4. *Anfangszeitpunkt der AfA:* Mit der AfA wird begonnen, wenn das Wirtschaftsgut angeschafft bzw. die Herstellung abgeschlossen ist; eine Inbetriebnahme ist nicht erforderlich. - 5. *Vorgehensweise im Erstjahr:* a) *Grundsatz:* Im ersten Jahr kann die AfA für dieses Jahr nur zeitanteilig ("pro rata temporis") vorgenommen werden. Dabei zählen angefangene Monate für die Berechnung der AfA bereits voll. - b) *Ausnahmen:* (1) *Wirtschaftsgüter mit einer Gesamtnutzungsdauer* von weniger als einem Jahr werden gar nicht abgeschrieben, sondern ihre Anschaffungskosten werden als Betriebsausgabe angesehen. (2) → *Geringwertige Wirtschaftsgüter,* deren Anschaffungs- oder Herstellungskosten bis netto 410 Euro betrugen, konnten bis einschließlich zum Veranlagungszeitraum 2007 sofort voll abgeschrieben werden. Ab dem Veranlagungszeitraum 2008 gilt für abnutzbare bewegliche Wirtschaftsgüter des Anlagevermögens, die selbständig nutzungsfähig sind, folgende Neuregelung: Betragen die Anschaffungskosten oder Herstellungskosten netto zwischen 150 Euro bis 1.000 Euro, ist für diese im Wirtschaftsjahr der Anschaffung, Herstellung oder Einlage ein "Sammelposten" zu bilden, welcher im Jahr der Bildung und in den folgenden vier Wirtschaftsjahren mit je 20 Prozent linear abzuschreiben ist. Scheidet ein Wirtschaftsgut aus dem Betriebsvermögen aus, vermindert dies nicht den Sammelposten (§ 6 IIa EStG). Für Einnahme-Überschuss-Einkünfte gelten die bisherigen Regelungen, d.h. Anschaffungs- bzw. Herstellungskosten bis zu 410 Euro können sofort abgeschrieben werden und damit im Rahmen der Werbungskosten steuermindernd berücksichtigt werden. (3) Bei der *degressiven Gebäude-AfA* muss die AfA für das Erstjahr voll berücksichtigt werden. - Vgl. auch → erhöhte Absetzungen, → Sonderabschreibungen und → Teilwertabschreibungen. - 6. *Bewertungsobergrenze* nach § 6 I Nr. 1 S. 4 EStG: Steuerrechtlich sind abnutzbare Wirtschaftsgüter des Anlagevermögens mit ihren Anschaffungskosten, vermindert um planmäßige AfA und Sonderabschreibungen anzusetzen. Dieser Wert gilt als

Bewertungsobergrenze. Dieser Wert ist steuerbilanziell auch dann fortzuführen, wenn handelsrechtlich eine Zuschreibung erfolgt ist (BFH-Urt. v. 4.6.2008, AZ I R 84/07). Die Finanzverwaltung folgt dem BMF-Schreiben vom 11.2.2009. Demnach ist die in der Einkommensteuerrichtlinie aufgeführte bisherige Regelung, die Zuschreibung auch steuerrechtlich vorzunehmen, insofern überholt.

Absetzung für außergewöhnliche technische oder wirtschaftliche Abnutzung (AfaA) – steuerlich zulässige Form der außerplanmäßigen Abschreibung (§ 7 I 7 EStG), vorausgesetzt, das Wirtschaftsgut ist in seiner Nutzungsfähigkeit beeinträchtigt. Das steuerliche Wahlrecht zur Vornahme einer AfaA wird wegen des → Maßgeblichkeitprinzips für Kaufleute zu einer Pflicht. Wenn der Grund der AfaA wieder entfällt, ist eine Zuschreibung vorzunehmen (§ 7 I S. 6 EStG). AfaA ergänzt die normale → Absetzung für Abnutzung (AfA).

Absetzung für Substanzverringerung (AfS) – nach § 7 VI EStG für den Verbrauch der Substanz (→ Substanzverringerung) bei Bergbauunternehmen, Steinbrüchen u.ä. Betrieben anzusetzender Aufwandposten. Die Höhe der AfS richtet sich nach dem Verhältnis der Fördermengen im Kalender- oder Wirtschaftsjahr zu der gesamten geschätzten Abbaumenge. Die allg. Vorschriften über die lineare Absetzung können wahlweise sinngemäß angewendet werden.

Abstimmungsprüfung – Prüfungshandlung, bei der Daten miteinander verglichen werden, die wegen systematischer Zusammenhänge zwingend übereinstimmen müssen, aber aus verschiedenen Unterlagen stammen. Die Abstimmungsprüfung richtet sich auf die richtige und vollständige Erfassung von Daten.

Abtretung von Erstattungsansprüchen – 1. *Allgemein:* Ansprüche auf Erstattung von Steuern und steuerlichen Nebenleistungen, Steuervergütungen und Haftungsbeträgen können abgetreten werden (§ 46 I AO). – 2. *Wirksamkeitsvoraussetzungen:* Die Abtretung von Erstattungsansprüchen wird (erst) wirksam, wenn sie der Gläubiger nach Entstehung des jeweiligen Anspruchs gegenüber der Finanzbehörde auf amtlich vorgeschriebenem Vordruck anzeigt (§ 46 II, III AO). Dabei sind anzugeben: Abtretender, Abtretungsempfänger, Art und Höhe des abgetretenen Anspruchs sowie der Abtretungsgrund. Die Abtretungsanzeige ist sowohl vom Abtretenden als auch vom Abtretungsempfänger zu unterzeichnen. Wird die Abtretung von Erstattungsansprüchen in dieser Form angezeigt, müssen Abtretender und Abtretungsempfänger gegenüber der Finanzbehörde die Abtretung von Erstattungsansprüchen gegen sich gelten lassen, auch wenn sie nicht erfolgt, nicht wirksam oder nichtig ist (§ 46 V AO). Die Finanzbehörde ist damit der Pflicht enthoben, die Abtretung von Erstattungsansprüchen auf ihre Wirksamkeit hin zu überprüfen. – 3. Der *geschäftsmäßige*

Erwerb von Erstattungs- oder Vergütungsansprüchen zum Zwecke der Einziehung oder sonstigen Verwertung auf eigene Rechnung ist – abgesehen von der Sicherungsabtretung durch Unternehmen, denen das Betreiben von Bankgeschäften erlaubt ist – nicht zulässig (§ 46 IV AO).

Abwicklung – *Liquidation.*

I. Allgemeines: Die Abwicklung soll nach Auflösung einer Handelsgesellschaft die persönlichen und vermögensrechtlichen Bindungen der Gesellschafter lösen, um so die Vollbeendigung einer Gesellschaft herbeizuführen. In rechtlicher Hinsicht setzt die Abwicklung einer Gesellschaft ihre Auflösung voraus. In wirtschaftlicher Hinsicht bleibt die Gesellschaft bestehen, jedoch in Änderung ihres Gegenstandes nunmehr zum Zweck der Abwicklung. Die Auflösung kann auf einem Gesellschafterbeschluss, im Zeitablauf, in Personenhandelsgesellschaften auf dem Tod eines vollhaftenden Gesellschafters, der Insolvenz der Gesellschaft oder Insolvenz über das Vermögen eines Gesellschafters beruhen, soweit der Gesellschaftsvertrag nichts Abweichendes bestimmt. Denkbar ist auch eine Abwicklung des Geschäftes eines Einzelkaufmanns; hier werden aber nur die geschäftlichen Beziehungen zu Dritten abgewickelt; das Unternehmen als solches hört bereits vor der Abwicklung auf zu bestehen.

II. Personengesellschaften: 1. Die Abwicklung nach §§ 145 ff. HGB erfolgt lediglich *im Interesse der Gesellschafter.* Es bestehen keine Gläubigerschutzvorschriften, weil der Gesellschafter einer Personengesellschaft – soweit nicht Kommanditist – den Gläubigern persönlich und meist unbeschränkt haftet. Jeder Gesellschafter hat Anspruch auf Durchführung der Abwicklung, den er notfalls im Wege der Klage durchsetzen kann. – 2. In *Ausnahmefällen* unterbleibt eine Abwicklung: (1) wenn sie gegenstandslos ist, z.B. weil kein Aktivvermögen vorhanden ist; (2) wenn über das Vermögen der Gesellschaft das → Insolvenzverfahren eröffnet ist; (3) durch Vereinbarung der Gesellschafter über eine andere Art der Auseinandersetzung. Diese kann nicht gänzlich wegfallen, wohl aber zeitlich hinausgeschoben werden, z.B. um einen günstigeren Preis für den Verkauf des Unternehmens zu erzielen. – 3. Die Abwicklung *erfolgt außergerichtlich,* wobei die Gesellschaft mit ihrer Abwicklungsfirma bestehen bleibt und lediglich ihr Zweck geändert wird. Wird das Geschäft mit der Firma noch vor Beendigung der Abwicklung veräußert, so muss die Abwicklungsgesellschaft eine neue Firma annehmen, wenn dies für die Durchführung der Abwicklung, bes. für den Verkehr mit Dritten, erforderlich ist. Hierzu ist regelmäßig die Mitwirkung aller Gesellschafter notwendig. – 4. Die Abwicklung erfolgt durch *alle Gesellschafter als* Abwickler. – 5. Durch die Abwicklung einer *Verträge,* die zwischen der Gesellschaft und Dritten geschlossen wurden, grundsätzlich nicht berührt. Die Abwicklung kann aber ein wichtiger Grund zur fristlosen Kündigung sein. – 6.

Beendigung der Abwicklung erst, wenn die laufenden Geschäfte erledigt, die Forderungen eingezogen, sämtliches Vermögen in Geld umgesetzt, die Gläubiger befriedigt sind und das übrige Gesellschaftsvermögen unter die Gesellschafter verteilt oder aber kein verteilbares Vermögen mehr vorhanden ist. – a) *Nach Beendigung der* Abwicklung ist das Erlöschen der Firma zum Handelsregister anzumelden. – b) *Die* → Aufbewahrungspflicht für Geschäftsbücher und -papiere der Gesellschaft ist gesetzlich auch für die Zeit nach der Vollbeendigung vorgeschrieben. Sie kann einem Gesellschafter oder einem Dritten auferlegt werden. Jedem Gesellschafter und dessen Erben steht ein Recht auf Einsicht und Benutzung der Bücher und Papiere zu. Die Berechtigten können sich Abschriften anfertigen.

III. Kapitalgesellschaften: 1. *AG oder KGaA:* Abwicklung findet *nach Auflösung* statt, wenn nicht Insolvenz über das Vermögen der Gesellschaft eröffnet ist (§§ 264–274 AktG). – a) Die Abwickler haben die Gläubiger unter Hinweis auf die Abwicklung der Gesellschaft durch dreimalige Bekanntmachung in den Gesellschaftsblättern aufzufordern, ihre Ansprüche anzumelden; weitere Aufgaben vgl. Abwickler. – b) *Bilanzierung:* Die Abwickler haben für den Beginn der Abwicklung eine Eröffnungsbilanz sowie für den Schluss eines jeden Jahres einen Jahresabschluss und einen Lagebericht aufzustellen (§ 270 AktG). Die Vorschriften über den Jahresabschluss (§§ 242–256a, 264–289 HGB) sind anzuwenden. Vermögensgegenstände des → Anlagevermögens sind jedoch wie Umlaufvermögen zu bewerten, soweit sie nicht mehr dem Geschäftsbetrieb dienen oder ihre Veräußerung innerhalb eines übersehbaren Zeitraums beabsichtigt ist. Das Gericht kann von der Prüfung des Jahresabschlusses und des Lageberichts durch einen → Abschlussprüfer befreien, wenn die Verhältnisse der Gesellschaft so überschaubar sind, dass eine Prüfung im Interesse der Gläubiger und Aktionäre nicht geboten erscheint. – c) Nach Ablauf eines Sperrjahres seit der letzten Aufforderung der Gläubiger kann das *Restvermögen* unter die Aktionäre *verteilt* werden. – d) Solange noch nicht mit der Verteilung des Vermögens unter die Aktionäre begonnen worden ist, kann die Hauptversammlung die *Fortsetzung* der Gesellschaft beschließen (§ 274 AktG). – e) *Der Schluss* der Abwicklung ist auf Anmeldung der Abwickler im Handelsregister einzutragen; die Gesellschaft ist zu löschen. – 2. *GmbH:* Für die Abwicklung der GmbH gelten entsprechende Vorschriften (§§ 60–77 GmbHG); das verbleibende Vermögen der Gesellschaft wird, falls der Gesellschaftsvertrag keine abweichende Regelung vorsieht, unter die Gesellschafter nach dem Verhältnis ihrer Geschäftsanteile verteilt (§ 72 GmbHG).

IV. Genossenschaft: Der Überschuss wird, soweit nicht die Satzung die Verteilung ausschließt oder anders regelt, bis zur Höhe und zum Gesamtbetrag der Geschäftsguthaben i.d.R. anteilig nach diesen, ein darüber hinausgehender Betrag nach Köpfen verteilt. – *Einzelheiten:* §§ 78–97 GenG.

V. Steuerliche Folgen: 1. *Einkommen-/Körperschaftsteuer:* a) *Einzelunternehmen und Personengesellschaften:* Es ist zu unterscheiden zwischen Betriebsabwicklung, d.h. allmählicher Veräußerung der zum Betrieb gehörenden Wirtschaftsgüter, und Betriebsaufgabe. In beiden Fällen unterliegen Veräußerungs- oder Entnahmeerfolge der Einkommensteuer. Bei der Betriebsabwicklung finden die normalen Besteuerungsregelungen unverändert Anwendung, die Entnahme der Liquidationserlöse durch den Einzelunternehmer oder die Gesellschafter einer Personengesellschaft sind → Entnahmen. Bei Betriebsaufgabe sind dagegen unter bestimmten Umständen Vergünstigungen denkbar, u.a. ein Freibetrag und Maßnahmen zur Glättung von Progressionssprüngen, die aus der geballten Auflösung stiller Reserven in einem einzelnen Jahr resultieren könnten (→ Betriebsaufgabe). – b) *Kapitalgesellschaften:* (1) Auf der Ebene der Gesellschaft unterliegen die Gewinne aus der Abwicklung der Körperschaftsteuer. Der Gewinn wird bei der Abwicklung von unbeschränkt steuerpflichtigen Kapitalgesellschaften nicht mehr für jedes Wirtschaftsjahr ermittelt, sondern für den gesamten Zeitraum der Abwicklung (§ 11 KStG), um Gewinne und Verluste aus der Abwicklung besser miteinander zu verrechnen. Infolge dieser Regelung wird der gesamte Gewinn aus der Abwicklung insgesamt erst versteuert, wenn der Abwicklungszeitraum beendet ist. Ausnahmen sind möglich, wenn die Abwicklung mehr als drei Jahre in Anspruch nimmt. (2) Auf der Ebene der Gesellschafter stellen die empfangenen Liquidationsraten Dividenden dar, soweit es sich nicht um die Rückzahlung von Einlagen handelt (→ steuerliches Einlagekonto). Dabei unterscheidet sich die Behandlung danach, ob der Gesellschafter die Anteile im Betriebs- oder Privatvermögen hält: (a) Hält der Gesellschafter die Anteile im Privatvermögen, so stellen die als Dividende eingestuften Zahlungen reguläre Einkünfte aus Kapitalvermögen dar (§ 17 EStG; → Halbeinkünfteverfahren bis Ende 2008). Ab dem Veranlagungszeitraum 2009 unterliegen Dividenden und Veräußerungsgewinne der sog. → Abgeltungsteuer mit einem einheitlichen Steuersatz von 25 Prozent. Auf die Besitzzeit kommt es dabei nicht an. Veräußerungsverluste können nur mit Gewinnen aus Aktienverkäufen im selben Jahr oder in einem Folgejahr verrechnet werden. Als Kapitalrückzahlung eingestufte Beträge werden so behandelt, als ob der Gesellschafter seine Beteiligung veräußert hätte. Diese sind steuerlich nur relevant, wenn der Gesellschafter eine → wesentliche Beteiligung hält (§ 17 EStG). Die als Kapitalrückzahlung eingestuften Beträge werden nach den Grundsätzen des Halbeinkünfteverfahrens zur Hälfte (bis einschließlich 2008) besteuert. Ab 2009 wird das Halbeinkünfteverfahren durch das → Teileinkünfteverfahren ersetzt. Damit unterliegen 60 Prozent des Gewinns der Steuerpflicht (§ 52

XXXIVa S. 1 HS 2 EStG). (b) Hält der Gesellschafter die Beteiligung in einem Betriebsvermögen, so stellen die Liquidationsraten Betriebseinnahmen dar, welche wiederum unter Berücksichtigung des Teileinkünfteverfahrens zu versteuern sind. Verlieren im Zuge der Ausschüttungen die bilanzierten Anteilsrechte an der Gesellschaft an Wert, so sind diese entsprechend abzuschreiben. Der Aufwand hieraus steht den Liquidationsraten als Betriebsausgabe gegenüber. – 2. *Gewerbesteuer:* a) Die Steuerpflicht erlischt mit Ende der Abwicklung, Abwicklungsgewinne unterliegen bei Einzelunternehmen und Personengesellschaften nicht der → Gewerbesteuer (§ 4 I GewStDV). – b) *Kapitalgesellschaften* unterliegen aufgrund ihrer Rechtsform der Gewerbesteuer. Die Steuerpflicht bleibt bestehen, wenn die Gesellschaft ihren Betrieb eingestellt hat und sich in Abwicklung befindet. Bei der Abwicklung von Kapitalgesellschaften gilt die Regelung, dass der Gewinn nicht mehr für einzelne Wirtschaftsjahre, sondern für den gesamten Abwicklungszeitraum ermittelt wird analog; dieser Gewinn ist – zur Feststellung der anzuwendenden Hebesätze – auf die Jahre des Abwicklungszeitraums zu verteilen (§ 16 I GewStDV). – c) Liegt eine *Personengesellschaft* vor, unter deren Gesellschafter (auch) Kapitalgesellschaften sind, sind nach § 7 GewStG die auf Kapitalgesellschaften entfallenden Gewinnanteile aus der Abwicklung weiterhin der Gewerbesteuer unterworfen, die auf natürliche Personen entfallenden Anteile nicht. – 3. *Umsatzsteuer:* Das Unternehmen bleibt im umsatzsteuerlichen Sinn bestehen, solange die Abwicklung andauert, da die Umsätze aus der Abwicklung zur unternehmerischen Tätigkeit gehören. Wird der Betrieb oder ein Teilbetrieb im Ganzen verkauft, dann ist dieser Vorgang in Deutschland und einigen anderen EU-Mitgliedsstaaten von der Steuerbarkeit ausgenommen (Sondervorschrift in § 1 Ia UStG; → Geschäftsveräußerung im Ganzen), wenn die Veräußerung an einen anderen Unternehmer für sein Unternehmen erfolgt. Dadurch soll vermieden werden, dass enorme Umsatzsteuerbeträge für die Gesamtveräußerung entrichtet und sofort wieder beim Käufer als Vorsteuer erstattet werden müssen.

Abwicklungsbilanz – *Liquidationsbilanz.* I. Handelsrecht: 1. *Personengesellschaften* haben eine Abwicklungseröffnungsbilanz sowie eine Abwicklungsschlussbilanz aufzustellen (§§ 154, HGB). – a) Die *Abwicklungseröffnungsbilanz* bildet die Grundlage für die Tätigkeit der Abwickler und gleichzeitig den Ausgangspunkt für die nach Beendigung der → Abwicklung zu erstellende Rechnung. Die Vermögensteile werden jedoch nicht zu dem nach den Vorschriften über den Jahresabschluss (§§ 252, 253 I HGB, bes. nach dem Anschaffungswert- und dem Realisationsprinzip) maßgebenden Wert angesetzt (Gläubigerschutz seit Gründung/Unternehmensfortführung), sondern mit ihrem mutmaßlichen Veräußerungswert (Gesichtspunkt der Liquidation). – b) Die *Abwicklungsschlussbilanz* (Schlussbilanz) dient der Vermögensverteilung

sowie der Rechnungslegung der Abwickler. Daher ist sie also auch zu erstellen, wenn kein zu verteilendes Vermögen mehr vorhanden ist. Ist noch verteilbares Vermögen vorhanden, so muss sie vor der Verteilung aufgestellt werden. – 2. Bei *Kapitalgesellschaften* haben die Abwickler für den Beginn der Abwicklung eine Bilanz (Eröffnungsbilanz) und einen die Eröffnungsbilanz erläuternden Bericht sowie für den Schluss eines jeden Jahres einen Jahresabschluss und einen Lagebericht aufzustellen. Für Eröffnungsbilanz und Abwicklungsjahresabschluss gelten die Vorschriften für den Jahresabschluss einer fortzuführenden Kapitalgesellschaft entsprechend; d.h. für die Bewertung gilt grundsätzlich das Anschaffungskostenprinzip (§ 270 AktG, § 71 GmbHG).

II. Steuerrecht: Es besteht keine Pflicht zur Aufstellung einer speziellen Abwicklungsbilanz.

Abzahlungsgeschäft – I. Bürgerliches Recht und Handelsrecht: 1. *Begriff:* Kreditvertrag, der die Lieferung einer oder mehrerer bestimmter Sachen oder anderer Leistungen gegen Teilzahlung zum Gegenstand hat, v.a. Kauf von beweglichen Sachen. – 2. *Formen:* a) *Teilzahlungsgeschäft:* Dem Käufer wird schon vor vollständiger Zahlung die Ware übergeben, der Kaufpreis ist in Teilzahlungen zu entrichtet. – b) Sukzessivlieferungsvertrag. – 3. *Rechtsfolgen:* Bei einem Abzahlungsgeschäft in der Form eines Verbrauchervertrags gelten die Schutzvorschriften (§§ 499–507 BGB). Das Teilzahlungsgeschäft (§ 501 BGB) wird weitestgehend wie ein Verbraucherdarlehen behandelt. Beim Sukzessivlieferungsvertrag hat der Verbraucher immerhin ein Widerrufsrecht (§ 505 BGB); außerdem bedarf dieser Vertrag grundsätzlich der Schriftform.

II. Buchung/Bilanzierung: Der Käufer wird auf einem Teilzahlungskonto, auch Konto „Nichtfällige Forderungen", mit dem gesamten Kaufpreis belastet (Sollbuchung) und auf einem Konto „Fällige Forderungen" für eine Anzahlung erkannt (Habenbuchung), auf das auch einzeln die jeweils fälligen Raten übertragen sowie geleistete Ratenzahlungen gebucht werden. Werden die Zahlungen abgebrochen, so wird die Restschuld auf das Konto „Fällige Forderungen" übertragen und dieses Konto für die Rückgabe und einen geleisteten Schadensersatz erkannt. Ein evtl. Differenzbetrag geht als Aufwand bzw. Ertrag in die Gewinn- und Verlustrechnung (GuV) ein.

III. Umsatzsteuerrecht: 1. Für die *Höhe der* → Umsatzsteuer ist grundsätzlich entscheidend, ob die Kreditgewährung als eigenständige sonstige Leistung des Verkäufers an den Kunden angesehen werden kann oder nur als bloße Nebenleistung (Verkaufsmodalität) im Rahmen der Hauptleistung eingestuft werden muss (wie z.B. bei → Skonto): a) Lässt sich eine eindeutige Trennung beider Leistungen durchführen, so wird die Kreditgewährung wegen § 4 Nr. 8 UStG automatisch steuerfrei. Dafür müssen jedoch die Entgelte für die Kreditgewährung gesondert vereinbart und ein Jahreszins ausgewiesen sein, sowie das Entgelt für die Kreditgewährung außerdem gesondert abgerechnet werden (Abschn. 4.8.2 UStAE). – b) Ist die Kreditgewährung nur Nebenleistung (keine eindeutige Trennung möglich), dann sind alle Kaufpreisraten in voller Höhe umsatzsteuerpflichtig. – 2. Für die *Liquiditätsbelastung durch die Umsatzsteuerschuld* ist dagegen entscheidend, ob der Verkäufer nach vereinbarten oder nach vereinnahmten Entgelten seine Steuerschuld berechnen muss. – a) Bei Versteuerung nach vereinnahmten Entgelten (→ Istversteuerung) entsteht die Umsatzsteuerschuld des Verkäufers jeweils erst mit Eingang der jeweiligen Raten; dies ist jedoch nur ein Ausnahmefall, der nur bei kleineren Unternehmen infrage kommt. – b) Üblicherweise ist die Versteuerung nach vereinbarten Entgelten (→ Sollversteuerung) Pflicht; hier entsteht die volle Steuerschuld bereits mit Ablauf des Voranmeldungszeitraums, in dem die Leistung ausgeführt worden ist, d.h. die für das Abzahlungsgeschäft zu zahlende Umsatzsteuer wird bereits zu Anfang in vollem Umfang fällig und muss daher u.U. vorfinanziert werden (z.B. durch eine höhere erste Rate).

Abzugsbetrag → Verschonungsabschlag.

Abzugsmethode – 1. *Begriff:* eine Methode zur Milderung der Wirkungen der → Doppelbesteuerung bei grenzüberschreitenden Geschäften, die dadurch gekennzeichnet ist, dass die im Ausland bezahlten Steuern bei der inländischen Gewinnermittlung als Betriebsausgaben (bzw. Werbungskosten) geltend gemacht werden können. – 2. *Betroffene Steuerarten:* in Deutschland Einkommensteuer und Körperschaftsteuer; bei der Erbschaftsteuer wird nur die – günstigere – Anrechnungsmethode praktiziert (§ 21 ErbStG). – 3. *Rechtsgrundlagen:* Dass die Abzugsmethode bei der dt. Einkommensbesteuerung erlaubt ist, ergibt sich aus § 34c II und § 34c III EStG, bei körperschaftsteuerpflichtigen Personen aus einem entsprechenden Verweis auf das EStG in § 26 KStG. Den Abzug ausländischer Steuern von der dt. Steuerbemessungsgrundlage ausdrücklich zu erlauben, ist rechtlich deswegen erforderlich, weil § 12 EStG alle Steuern vom Einkommen im Grundsatz zu nicht abzugsfähigen Kosten der persönlichen Lebensführung erklärt und auch ausländische Steuern vom Einkommen somit nicht abziehbar wäre, gäbe es nicht die entsprechende gesetzliche Sonderregelung. – 4. *Funktionsweise:* Gemäß der Abzugsmethode würde jemand, der im Ausland 100 Euro verdient und dort bereits Einkommensteuer von 60 Euro bezahlt hat, im Inland seine Einkommensteuer auf den verbliebenen Restbetrag von 40 Euro (= 100-60) bezahlen müssen. Beträge der inländische Steuersatz also z.B. nochmals 50 Prozent, wären noch 20 Euro an inländischer Einkommensteuer zu zahlen. – 5. *Wirtschaftliche Wirkung:* Die Abzugsmethode verhindert nicht, dass bei einem grenzüberschreitenden Geschäft die Gesamtbelastung mit Steuern infolge der zweifachen Besteuerung im Ausland und im Inland zu einem

wesentlich geringeren Nettogewinn führt, als wenn jemand sich nur im eigenen Land betätigt (und damit nur einer einmaligen Besteuerung unterlegen) hätte; dies zeigt das gerade genannte Beispiel deutlich. Indem sie die inländischen Steueransprüche nur auf den nach der ausländischen Steuer verbliebenen Restbetrag bezieht, verhindert sie aber immerhin, dass die Summe der in- und ausländischen Steueransprüche sich auf mehr als 100 Prozent beläuft. Somit stellt die Abzugsmethode nur einen Minimalstandard zur Milderung der Doppelbesteuerung dar, beseitigt ihre schädlichen Effekte aber keinesfalls ganz. – 6. *Anwendungsfälle:* Voraussetzung für die Anwendung der Abzugsmethode bei der ESt/KSt ist in allen Fällen, dass es sich bei der im Ausland erhobenen Steuer um eine „Steuer vom Einkommen" handelt, d.h. kein Abzug von ausländischen Vermögensteuern oder Erbschaftsteuern. Im Einzelnen gilt: a) *Wahlrecht in Fällen der Anrechnungsmethode:* Grundsätzlich kann die Abzugsmethode immer dann gewählt werden, wenn auch die Anrechnungsmethode möglich wäre (§ 34c II EStG); dieses Wahlrecht gilt sogar auch dann, wenn die Anrechnungsmethode aufgrund eines Doppelbesteuerungsabkommens vorgesehen ist (§ 34c VI Satz 2, außer für Fälle der fiktiven Anrechnung). Trotz der generellen Nachteiligkeit der Abzugsmethode gegenüber der Anrechnungsmethode ist die Entscheidung für die Abzugsmethode z.B. dann sinnvoll, wenn die inländische Steuer ohnehin Null beträgt; da sich die heutige Steuer dann ohnehin nicht weiter senken lässt, macht es dann nämlich Sinn, durch den Abzug als Betriebsausgabe/Werbungskosten z.B. einen Verlustvortrag zu schaffen, der sich im nächsten Jahr noch steuermindernd verwerten lässt. – b) *Auffangregelung in allen anderen Fällen:* Außerdem ist immer dann, wenn im Ausland eine „Steuer vom Einkommen" erhoben worden ist, für die die Anrechnungsmethode nicht möglich wäre, automatisch die Abzugsmethode anzuwenden (§ 34c III EStG). Voraussetzung ist aber in jedem Fall, dass die Steuer festgesetzt wurde, gezahlt ist und nicht ermäßigt werden konnte. – 7. *Rechtstechnische Besonderheiten:* Aus reiner Vorsicht formuliert der Gesetzgeber die Abzugsmethode so, dass die ausländischen Steuern nicht „als" Betriebsausgaben/Werbungskosten abgezogen werden können (das wäre das Eingeständnis, dass es keine Lebensführungskosten sind), sondern besteht darauf, dass sie nur „wie" Betriebsausgaben/Werbungskosten abziehbar sind; durch eine solche Formulierung wird jedenfalls verhindert, dass aus einer Anerkennung ausländischer Steuern als abziehbare Kosten noch anderweitige, vom Gesetzgeber unerwünschte Schlussfolgerungen gezogen werden könnten.

Abzugsteuern – 1. Steuerrechtlicher *Begriff* für Steuern, die nicht vom Empfänger einer Zahlung bezahlt werden, sondern von der auszahlenden Stelle direkt an die Finanzbehörde zu leisten sind. Da der Abzug zumeist an der Ertrags- bzw. Einkunftsquelle erfolgt, wird synonym von *Quellensteuern* gesprochen. – 2. *Ausgestaltung:* Unterschieden werden a) Abzugsteuern, die anrechenbar sind und somit den Charakter von Vorauszahlungen auf die endgültige Steuerschuld des Zahlungsempfänger haben (z.B. Lohnsteuer, die eine Vorauszahlungen auf die Einkommensteuerschuld darstellt); b) Abzugsteuern, bei denen der Steueranspruch mit der Abführung der Abzugsteuern *endgültig abgegolten* ist (z.B. bei Zinserträgen aus bestimmten Wertpapieren); c) Mischformen, bei denen der Steuerpflichtige wählen kann, ob die Abzugsteuern endgültig oder im Rahmen einer Steuerveranlagung auf eine nach individuellen Grundsätzen ausgerechnete Steuerschuld angerechnet werden soll (z.B. Zins- und Dividendenerträge). – 3. *Erhebung:* → Steuerabzug unter Anwendung des Quellenabzugsverfahrens. – 4. *Vorteil:* Relativ einfache Erhebung (feststehende Steuersätze, zumeist 20, 25 Prozent oder 30 Prozent) und Sicherheit des Aufkommens. – *Nachteil:* Persönliche Verhältnisse des Steuerschuldners können exakt erst im nachträglichen Ausgleichsverfahren (→ Veranlagung) berücksichtigt werden. – 5. Bis zum 31.12.2008 betrugen *Abzugsteuern auf Dividenden und ähnliche Bezüge* im Sinn des § 20 I Nr. 1, 2 EStG und § 43 I Nr. 1–3 EStG 25 Prozent, Abzugsteuern auf Zinsen und Kapitalerträge im Sinn des § 20 I Nr. 7 EStG (Zinsabschlag) 30 Prozent (bei Tafelgeschäften: 35 Prozent). – 6. Seit dem 1.1.2009 gibt es auch in Deutschland eine → Abgeltungsteuer für Kapitalerträgen für Privatanleger (§ 20 EStG) in Höhe von einheitlich 25 Prozent (Unternehmensteuerreformgesetz 2008).

Abzugsverfahren – früheres Verfahren des Umsatzsteuerrechts, durch das bei bestimmten Umsatzgeschäften dem Leistungsempfänger die Pflicht auferlegt wurde, die auf die bezogene Leistung entfallende Umsatzsteuer des leistenden Unternehmers vom Rechnungsbetrag einzubehalten und für dessen Rechnung ans Finanzamt abzuführen, sodass dem leistenden Unternehmer vom Rechnungsbetrag nur das Nettoentgelt ausgezahlt werden durfte. Rechtsgrundlage waren die §§ 51–58 UStDV. Das Abzugsverfahren wurde 2002 durch das sog. → Reverse-Charge-Verfahren ersetzt. Der entscheidende rechtliche Unterschied ist heute war, dass unter der Geltung des Abzugsverfahrens der Leistungsempfänger für die Zahlung einer Steuerschuld zu sorgen hatte, die rechtlich aber weiterhin die Schuld seines Geschäftspartners geblieben war. Dagegen ist heutzutage unter der Geltung des Reverse-Charge-Verfahrens der inländische Leistungsempfänger selbst der Steuerschuldner, der ausländische Unternehmer kann also von der dt. Finanzverwaltung nicht mehr in Anspruch genommen werden.

Accountant – *Chartered Accountant;* Berufsbezeichnung für → Wirtschaftsprüfer (WP) in Großbritannien und Irland. – *Certified Public Accountant;* Berufsbezeichnung für Wirtschaftsprüfer in den USA,

im District of Columbia, in Guam, Puerto Rico und auf den US Virgin Islands.

Adoptivkinder – durch Adoption (Annahme als Kind) angenommene Kinder. Die Adoption wird vom Familiengericht (bis zum 31.08.2009: Vormundschaftsgericht) ausgesprochen und durch Zustellung des Annahmebeschlusses an den Annehmenden rechtswirksam (§ 197 Abs. 2 FamFG, Nachfolgegesetz des FGG). – Wird das Kind adoptiert, so erlangt es die rechtliche Stellung eines ehelichen Kindes (§ 1754 BGB) und wird ein Kind i.S.d. § 32 Abs. 1 Nr. 1 EStG. Adoptivkinder sind somit → Angehörige im Sinn der Steuergesetze (§ 15 I Nr. 3 AO). – Zu unterscheiden ist die Annahme minderjähriger und volljähriger Kinder: a) Mit der Adoption eines minderjährigen Kind erlischt das Verwandtschaftsverhältnis des Kindes und seiner Abkömmlinge zu seinen leiblichen Eltern; nimmt ein Ehegatte das Kind seines Ehegatten an, erlischt das Verwandtschaftsverhältnis nur zu dem anderen Elternteil und dessen Verwandten (§ 1755 BGB). b) Wird eine volljährige Person als Kind angenommen, gilt diese ebenfalls als im ersten Grad mit der annehmenden Person verwandt. Das Verwandtschaftsverhältnis zu den leiblichen Eltern erlischt jedoch nur dann, wenn das Familiengericht der Annahme die Wirkung einer Volladoption beigelegt hat (§ 1772 BGB, H 32.1 EStH). Ansonsten bleibt das Verwandtschaftsverhältnis des adoptierten Person zu seinen leiblichen Eltern weiterhin bestehen. Um eine Doppelberücksichtigung zu vermeiden, sind bei der Einkommensteuer die → Kinderfreibeträge und die sonstigen Familienförderungsvergünstigungen jedoch vorrangig bei den Adoptiveltern zu berücksichtigen (§ 32 II EStG).

AfA – Abk. für → Absetzung für Abnutzung.

AfaA – Abk. für → Absetzung für außergewöhnliche technische oder wirtschaftliche Abnutzung.

AfA-Tabellen – (nicht gesetzesamtliche) Bezeichnung für die von der Finanzverwaltung herausgegebenen Tabellen über die → betriebsgewöhnliche Nutzungsdauer der beweglichen Wirtschaftsgüter des Anlagevermögens zur Bemessung der → Absetzung für Abnutzung (AfA). Die AfA-Tabellen sind nach Wirtschaftszweigen gegliedert und enthalten die nach den Erfahrungen der steuerlichen → Außenprüfung ermittelten durchschnittlichen Nutzungsdauern. Die AfA-Tabellen sind nicht verbindlich; i.d.R. wird die gewählte Nutzungsdauer jedoch anerkannt, wenn sie die in den AfA-Tabellen angegebene nicht unterschreitet.

AfS – Abk. für → Absetzung für Substanzverringerung.

Agrarzoll – Die EU hat zur Durchführung der gemeinsamen Agrarpolitik für Waren vieler landwirtschaftlicher Bereiche eigene rechtliche Regelungen, sog. → Marktordnungen (MO), geschaffen; diese sollen mithilfe ihrer vorrangig marktlenkenden Agrarzollsysteme den EU-Agrarmarkt in der EU regulieren. Wesentliches Merkmal ist die gemeinsame Preispolitik. Bei Einfuhr der betreffenden Waren aus einem Drittstaat gleichen die Agrarzölle den Unterschied zwischen hohem EU-Preisniveau und niedrigem Weltmarktniveau aus. In seltenen Fällen werden bei umgekehrter Konstellation → Ausfuhrzölle erhoben.

Akteneinsicht – Bezeichnung der Möglichkeit von Parteien im Rechtsleben auf Einblick in die von Amtsstellen geführten Akten.

I. **Zivilprozess:** Rechtsanspruch auf Akteneinsicht entsteht für → Parteien, für dritte Personen nur bei Glaubhaftmachung eines bes. rechtlichen Interesses. Parteien können i.d.R. auch Ausfertigungen, Auszüge und Abschriften verlangen (§ 299 ZPO). – Ebenso hinsichtlich der Akten des Gerichtsvollziehers im *Vollstreckungsverfahren* für die von der Zwangsvollstreckung betroffenen Personen (§ 760 ZPO).

II. **Freiwillige Gerichtsbarkeit:** Akteneinsicht bei Glaubhaftmachung eines berechtigten Interesses (§ 34 FGG), soweit nicht Sonderregelung, z.B. für Grundbuch und Handelsregister.

III. **Strafprozess:** Anspruch auf Akteneinsicht haben u.a.: Verteidiger (§ 147 StPO) und Sachverständige (§ 80 II StPO); bei Privatklage, Nebenklage oder für den Verletzten nur durch → Rechtsanwälte (§§ 385 III, 397 I, 406e StPO).

IV. **Verwaltungsverfahren:** 1. *Herkömmlich:* Den Beteiligten ist Akteneinsicht zu gewähren, soweit deren Kenntnis zur Geltendmachung oder Verteidigung ihrer rechtlichen Interessen erforderlich ist (§ 29 VwVfG). – 2. *Umweltinformationsrecht:* Im Gegensatz zum herkömmlichen Akteneinsichtsrecht, das stets ein rechtliches Interesse voraussetzt, gewährt das Umweltinformationsrecht seit 1990 jedermann die Einsicht in umweltrelevante Informationen der Behörden unabhängig von der Art der Speicherung. Durch die Umweltinformationsrichtlinie des Europäischen Parlaments und des Rats vom 28.1.2003 (Richtlinie 2003/4/EG) wurde der Begriff der Umweltinformationen gegenüber der aufgehobenen Richtlinie 90/313/EWG erheblich erweitert. Bund (Umweltinformationsgesetz vom 22.12.2004, BGBl. I 3704) und Länder haben entsprechende Umsetzungsgesetze erlassen. – 3. *Informationsfreiheit:* Noch weitergehender, über Umweltinformationen hinaus, ist die allg. Informationsfreiheit, die dem Bürger ohne eigenes rechtliches Interesse Akteneinsicht gegenüber der EU, dem Bund (Informationsfreiheitsgesetz – IFG – vom 5.9.2005, BGBl. I 2722) und in mehreren Ländern (Berlin, Brandenburg, Bremen, Hamburg, Mecklenburg-Vorpommern, Nordrhein-Westfalen, Rheinland-Pfalz, Saarland, Sachsen-Anhalt, Schleswig-Holstein, Thüringen) gewährt.

V. **Verwaltungsstreitverfahren:** Akteneinsicht ist zulässig; auch beigezogene Akten einer Behörde können eingesehen werden, die Behörde darf die Vorlage von Urkunden und Akten nur in Ausnahmefällen verweigern (§§ 99, 100 VwGO).

VI. **Finanzgerichtsbarkeit:** Die Beteiligten können die Gerichtsakten einsehen, ebenso die dem Gericht vorgelegten Akten, und sich durch die Geschäftsstelle auf ihre Kosten Ausfertigungen, Auszüge und Abschriften erteilen lassen (§ 78 FGO). – Kein Recht auf Akteneinsicht beim *Finanzamt*, jedoch kann Akteneinsicht nach pflichtgemäßem Ermessen gestattet werden, sofern dadurch das zugunsten Dritter bestehende → Steuergeheimnis nicht beeinträchtigt wird (AEAO zu § 364). Anders dagegen bei Zerlegungsunterlagen; hier können die steuerberechtigten Gemeinden Akteneinsicht und Auskunft über die Zerlegungsgrundlagen verlangen (§ 187 AO; → Zerlegung). – Die Gewährung einer beantragten Akteneinsicht kann insbesondere nach einem Beraterwechsel zweckmäßig sein.

VII. **Gewerblicher Rechtsschutz:** Schutzrechte setzen der wirtschaftlichen Betätigung Dritter Grenzen, woraus ein erhebliches Interesse, Informationen über Schutzrechte zu erhalten (Recherche) und Einsicht in die entsprechenden Rollen, Register und Akten zu nehmen, resultiert. Ihm wird durch im Einzelnen unterschiedliche Regelungen Rechnung getragen. – 1. *Markenrecht:* a) *National:* Einsicht in das beim Deutschen Patent- und Markenamt (DPMA) geführte Markenregister steht jedermann frei, nach Eintragung der Marke wird auch Akteneinsicht gewährt (§ 62 II, III MarkenG), vor der Eintragung nur, wenn ein berechtigtes Interesse glaubhaft gemacht wird (§ 62 I MarkenG). Gleiches gilt für geografische Herkunftsangaben und Ursprungsbezeichnungen. – b) *International:* In das beim Europäischen Markenamt geführte Register für Gemeinschaftsmarken steht die Einsicht jedermann frei (Art. 88 Verordnung (EG) Nr. 207/2009 über die Gemeinschaftsmarke). Vor der Eintragung gewährt das Markenamt Akteneinsicht, wenn die Anmeldung veröffentlicht ist oder der Antragsteller nachweist, dass der Anmelder ihn nach der Eintragung aus der Gemeinschaftsmarke in Anspruch nehmen will; Teile der Akten können von der Akteneinsicht ausgeschlossen werden. Der Schutz nach dem Madrider Markenabkommen (MMA) international registrierter Marken ist in das Markenrecht integriert (§§ 107 ff., 119 ff. MarkenG), die Vorschriften des MarkenG sind entsprechend anzuwenden (§§ 107, 119 MarkenG). Das internationale Büro übermittelt auf Antrag jedermann eine Abschrift der im internationalen Register eingetragenen Angaben. – 2. *Geschmacksmuster- und Schriftzeichenrecht:* a) *National:* Ab Bekanntmachung steht die Einsicht in das beim DPMA geführte Musterregister, die Akten und Musterdarstellungen jedermann frei (§ 22 GeschmMG i.V. mit § 22 DPMA-VO, Art. 2 SchriftzeichenG). Vor der Bekanntmachung wird Akteneinsicht nur mit Einverständnis des Inhabers oder (wenn das Einverständnis nicht oder nur beschränkt erteilt ist) bei Glaubhaftmachung eines berechtigten

Interesses gewährt (§ 22 Nr. 2, 3 GeschmMG , Art. 2 SchriftzeichenG). – b) *International:* Über international registrierte Geschmacksmuster und deren Akten erteilt das internationale Büro auf Antrag Auszüge, Kopien und Lichtbilder, Gleiches gilt für international hinterlegte typografische Schriftzeichen (Regel 24 AO zum Wiener Abkommen). Für das Gemeinschaftsgeschmacksmuster gilt, dass nach Bekanntmachung des eingetragenen Gemeinschaftsgeschmacksmusters Akteneinsicht auf Antrag gewährt wird (Art. 74 III GemeinschaftsgeschmacksmusterVO); vor Bekanntmachung ist entweder die Zustimmung des Anmelders/Rechtsinhabers erforderlich (Art. 74 I GemeinschaftsgeschmacksmusterVO) oder es muss ein legitimes Interesse glaubhaft gemacht werden (Art. 74 II GemeinschaftsgeschmacksmusterVO). – 3. *Patent-, Gebrauchsmuster-, Halbleiter- und Sortenschutzrecht:* a) *National:* Einsicht in die beim DPMA geführte Patentrolle sowie Akten, Modelle und Probestücke erteilter Patente steht jedermann ebenso frei wie die Einsicht in Akten von Beschränkungsverfahren und abgetrennten Teilen eines Patents (§ 31 I 2 PatG). Akteneinsicht in Patentanmeldungen steht jedermann frei, wenn sich der Anmelder gegenüber dem DPMA mit ihr einverstanden erklärt, den Erfinder benannt hat und der Hinweis auf die Möglichkeit der Akteneinsicht im Patentblatt veröffentlicht ist. Ferner steht die Akteneinsicht jedermann frei, wenn seit dem Anmeldetag 18 Monate verstrichen sind und der Hinweis auf die Möglichkeit der Akteneinsicht im Patentblatt veröffentlicht ist. Bes. Bestimmungen gelten für Geheimpatente (§ 31 V PatG). Im Übrigen gewähren DPMA, Bundespatentgerichte (BPatG) und Bundesgerichtshof (BGH) Akteneinsicht nur, wenn ein berechtigtes Interesse glaubhaft gemacht wird. Bei Nichtigkeitsakten hat der Patentinhaber Gelegenheit, ein entgegenstehendes Interesse darzulegen. Die Einsicht in die beim DPMA geführte Gebrauchsmusterrolle und Akten eingetragener Gebrauchsmuster einschließlich Löschungsakten steht (abgesehen von Geheimgebrauchsmustern [§ 9 GebrMG]) jedermann frei. Im *Sortenschutzrecht* steht jedermann die Einsicht in die beim Bundessortenamt (BSA) geführte Rolle und die Unterlagen eines erteilten Sortenschutzes einschließlich der Unterlagen des Nachprüfungsanbaus zu (§ 29 I SortSchG). Informationen über Erbkomponenten werden auf Antrag als Betriebsgeheimnis geschützt. – b) *International:* Einsicht in das beim Europäischen Patentamt (EPA) geführte europäische Patentregister steht jedermann frei (Art. 127 Satz 3 EPÜ), auf Antrag werden Auszüge erteilt (Regel 94 II Satz 2 AO EPÜ). In die Akten veröffentlichter Anmeldungen und erteilter Patente wird auf Antrag Einsicht gewährt, die sich bei Teil- und Nachanmeldungen auch auf die Akten der früheren Anmeldung erstreckt. Ist die Anmeldung noch nicht veröffentlicht, wird Akteneinsicht nur gewährt, wenn der Anmelder zustimmt oder der Antragsteller nachweist, dass sich der Anmelder ihm gegenüber auf die Anmeldung berufen hat. Art und Umfang der Akteneinsicht richten

sich nach den Regeln 93–95 AO EPÜ. Vor der Veröffentlichung unterliegt die internationale Anmeldung vertraulicher Behandlung durch das internationale Büro, die internationale Recherchebehörde und die nationalen Ämter. Nach der Veröffentlichung steht die Akteneinsicht jedermann frei, vor der Veröffentlichung bedarf sie der Zustimmung des Anmelders, es sei denn, die Anmeldung ist vom Anmelder oder zusammen mit dem internationalen Recherchenbericht den Bestimmungsämtern übermittelt worden. Ist der internationale vorläufige Prüfbericht erstellt, können die ausgewählten Ämter jedermann Akteneinsicht gewähren.

Aktie – **I. Begriff:** Bruchteil des Grundkapitals einer → Aktiengesellschaft (AG). Jede Aktie repräsentiert entweder einen auf volle Euro laufenden Nennwert (§ 8 II AktG, Nennwertaktie) oder ist als Stückaktie am Grundkapital beteiligt, ohne einen Nennbetrag auszuweisen (§ 8 III AktG). In diesem Fall sind alle Stückaktien am Grundkapital in gleichem Umfang beteiligt. – Die Aktie ist ein Wertpapier, das der → Beteiligungsfinanzierung dient und das Mitgliedschaftsrecht des Aktionärs verbrieft. Im Zeitalter der elektronischen Medien wird zunehmend auf effektive Stücke verzichtet und mit Sammel- oder Globalurkunden gearbeitet. Die Satzung kann die Möglichkeit des Ausschlusses oder der Einschränkung des Aktionärsanspruchs auf Verbriefung vorsehen (§ 10 V AktG).). Im Regierungsentwurf der Aktienrechtsnovelle 2012, die voraussichtlich 2013 verabschiedet wird, wird für Inhaberaktien der Einzelverbriefungsanspruch gesetzlich ausgeschlossen. Hintergrund ist die Bekämpfung von Geldwäsche, die nach den Vorstellungen der OECD, auf die die Bundesrepublik mit der Gesetzesänderung reagiert durch anonyme Inhaberaktien erleichtert wird. Bei Sammelurkunden erfolgen die Übertragungen der Anteile durch ggf. für Ermittlungsbehörden nachvollziehbare Kontenbuchungen.

II. Arten: 1. Nach der *Übertragung* unterscheidet man Inhaberaktien als auf den Inhaber lautende Aktien und Namensaktien. – *Sonderform:* vinkulierte Namensaktie (vinkulierte Aktie): Der Eigentumswechsel (Verkauf) ist genehmigungspflichtig. – 2. Nach dem *Umfang der verbrieften Rechte* gibt es Stammaktien (diese gewähren dem Aktionär alle gesetzlichen und satzungsmäßigen Aktionärsrechte) und Vorzugsaktien (das sind Aktien mit zusätzlichen Vorrechten, z.B. auf eine Mindestdividende). – 3. Nach der *Art der Beteiligung* am Grundkapital der AG gibt es Nennbetragsaktien auf eine feste Summe (Nennwert) lautende Aktien und Quotenaktien (diese verkörpern einen für alle Aktien gleichen Anteil am Grundkapital in Deutschland in Form der Stückaktie). – 4. *Sonstige:* Auf Besonderheiten weisen die Bezeichnungen von Aktien als Volksaktien oder → Belegschaftsaktien sowie junge Aktien und → Gratisaktien hin.

III. Rechtsnatur: 1. *Rechtsgrundlagen in Deutschland:* Aktiengesetz (AktG) vom 6.9.1965 (BGBl. I

1089) m.spät.Änd. und Einführungsgesetz zum Aktiengesetz (EAktG) vom 6.9.1965 (BGBl. I 1185) m.spät.Änd. – 2. Das *Grundkapital* der Aktiengesellschaft und der Kommanditgesellschaft auf Aktien ist in Aktien zerlegt (§ 1 II AktG). Der Mindestnennbetrag von Nennbetragsaktien ist ein Euro, höhere Nennbeträge müssen auf volle Euro lauten (§ 8 II AktG). Der auf die einzelne Stückaktie entfallende Anteil am Grundkapital darf einen Euro nicht unterschreiten (§ 8 III AktG). Aktien sind unteilbar (§ 8 V AktG). – 3. *Ausgabe:* Die Ausgabe von Aktien verschiedener Nennbeträge ist zulässig. Die Ausgabe von Aktien (Emission) mit Disagio (unter dem Nennwert bzw. rechnerischen Nennwert, Unterpari-Emission) ist unzulässig, mit Agio (Überpari-Emission) zulässig (§ 9 AktG). Das Agio ist in die Kapitalrücklage einzustellen. – 4. *Mitgliedschaft:* Die in der Aktie verkörperte Mitgliedschaft umfasst die Rechte und Pflichten der Aktionärs. Rechte des Aktionärs sind das Recht auf Gewinnanteil (→ Dividende) gemäß §§ 58 IV und 60 II AktG, das Recht zur Teilnahme an der Hauptversammlung sowie das Stimmrecht in der Hauptversammlung, das Bezugsrecht auf junge Aktien (§ 186 I AktG) bei → Kapitalerhöhungen bzw. auf Wandelschuldverschreibungen (Wandelanleihe), Optionsschuldverschreibungen (Optionsanleihe), Gewinnschuldverschreibungen und Genussrechte (§ 221 IV AktG) und das Recht auf quotenmäßigen Anteil am Liquidationserlös. Der Aktionär hat die Pflicht, die Kapitaleinlage zu leisten. Die Satzung kann den Aktionären Nebenverpflichtungen (wiederkehrende, nicht in Geld bestehende Leistungen) auferlegen (§ 55 AktG).

IV. Wirtschaftliche Funktionen: 1. Die Aktie als *Finanzierungsinstrument* dient der Beschaffung von Eigenkapital. – 2. Die Aktie als *Anlageinstrument* hat vorrangig für Unternehmen und private Haushalte Bedeutung. Anlegergruppen sind ausländische Investoren, Versicherungsunternehmen, Kapitalanlagegesellschaften und Kreditinstitute sowie öffentliche Haushalte. Mit einer Anlage in Aktien können verschiedene Ziele verfolgt werden: dauernde, ertragbringende Kapitalanlage (Anlagemotiv), Sachwertbeteiligung zur Vermeidung von Geldwertverlusten (Sachwertmotiv), Gewinnerzielung über Kauf und Verkauf (Spekulationsmotiv) und (für Großanleger) Einflussnahme auf die Geschäftspolitik der AG bzw. Beherrschung des Unternehmens (Mitsprache- und Beherrschungsmotiv).

V. Steuerrecht: 1. *Einkommensteuer:* a) Zur Besteuerung des aus der Aktionäre ausgeschütteten Gewinnanteils – vgl. → Gewinnausschüttung. b) Ein Veräußerungsgewinn aus der Veräußerung einer Aktie unterliegt generell der Einkommensteuer. Steuerpflichtig ist außerdem die Veräußerung von einbringungsgeborenen Anteilen im Sinn des UmwStG. Ab dem Veranlagungszeitraum 2009 unterliegen

Gewinne aus der Veräußerung von Kapitalgesellschaftsanteilen im Privatvermögen und wenn die Beteiligungshöhe unter 1 Prozent liegt, unabhängig von der Anlagedauer in vollem Umfang als Kapitaleinkünfte der 25-prozentigen → Abgeltungsteuer. Im Gegenzug können damit anfallende Veräußerungsverluste unabhängig vom Zeitraum zwischen Erwerb und Veräußerung steuerlich abgezogen werden. Die Neuregelung gilt für Veräußerungen von Anteilen, die nach dem 31.12.2008 erworben wurden. Befindet sich die Beteiligung im Betriebsvermögen oder handelt es sich um eine wesentliche Beteiligung i.S.d. § 17 EStG (Beteiligung ab 1 Prozent innerhalb der letzten fünf Jahre), erfolgt die Besteuerung der Veräußerungsgewinne unter Berücksichtigung des → Teileinkünfteverfahrens mit einem Steuersatz von 60 Prozent. – 2. *Körperschaftsteuer:* Sowohl laufende Erträge als auch Veräußerungsgewinne aus Aktien sind steuerbefreit (95 Prozent gemäß § 8b KStG), um eine doppelte Belastung der Aktien mit Körperschaftsteuer zu vermeiden. – 3. *Gewerbesteuer:* Erträge aus Aktien sind in vollem Umfang steuerbefreit, wenn die Beteiligung mind. 15 Prozent (bis zum 31.12.2007 zehn Prozent) beträgt; sie sind dagegen voll gewerbesteuerpflichtig, wenn die Beteiligung geringer als 15 Prozent (bis zum 31.12.2007 zehn Prozent) ist. Soweit der einkommen- oder körperschaftsteuerliche Gewinn von diesem gewünschten gewerbesteuerlichen Endergebnis abweicht, sind für gewerbesteuerliche Zwecke entsprechende Hinzurechnungen oder Kürzungen (§§ 8, 9 GewStG) vorzunehmen. – 4. *Substanzsteuern,* bes. *Erbschaftsteuer bis zum 31.12.2008:* Nach dem für diese Zwecke maßgeblichen Bewertungsgesetz sind: a) *Börsennotierte Aktien* mit dem Kurswert zu bewerten (§ 11 I BewG; niedrigster Kurswert an einer dt. Börse zum Stichtag). b) Bei *nicht-börsennotierten Aktien* wird der gemeine Wert aus Verkäufen des letzten Jahres vor dem Stichtag abgeleitet oder – wenn solche Daten nicht vorliegen, ist der Wert zu schätzen. Ein solches Schätzverfahren ist bspw. das so genannte → Stuttgarter Verfahren. c) Für *Aktien an ausländischen Kapitalgesellschaften,* die nicht an einer dt. Börse zum amtlichen Handel zugelassen sind, wird der gemeine Wert aus den Kursen des Emissionslandes abgeleitet werden. d) *Erbschaftsteuerreform, wirksam nach dem 31.12.2008:* Die Bewertung von Unternehmen (Personenunternehmen und Kapitalgesellschaften) für erbschaftsteuerliche Zwecke wie folgt vorgenommen: Der Unternehmenswert ist vorrangig aus Verkäufen unter fremden Dritten abzuleiten, die weniger als ein Jahr vor dem Besteuerungszeitpunkt zurückliegen. Liegen keine zeitnahen Verkäufe vor, ist der gemeine Wert unter Berücksichtigung der Ertragsaussichten oder einer anderen anerkannten Methode zu schätzen. Bspw. kann dabei die Methode angewendet werden, die ein Erwerber der Bemessung des Kaufpreises zugrunde legen würde. Als Mindestwert gilt jedoch die Summe der gemeinen Werte aller Einzelwirtschaftsgüter abzüglich der Schulden (Substanzwert).

VI. Sonstiges: Steht die Aktie *mehreren Berechtigten* zu, so können Rechte daraus nur durch einen gemeinschaftlichen Vertreter ausgeübt werden. Berechtigte haften für Leistungen auf Aktien gesamtschuldnerisch. Willenserklärungen der AG sind gegenüber gemeinschaftlichem Vertreter, ggf. gegenüber einem Berechtigten abzugeben. – Vgl. auch Emission, Sanierung.

Aktiengesellschaft (AG) – I. Charakterisierung: 1. *Rechtsstellung:* Die Aktiengesellschaft (AG) ist eine Handelsgesellschaft mit eigener Rechtspersönlichkeit (juristische Person); für die Verbindlichkeiten der AG haftet den Gläubigern nur das Gesellschaftsvermögen (§ 1 AktG). Die Gesellschafter (Aktionäre) sind i.d.r. mit → Einlagen an dem Aktienkapital beteiligt. Die AG ist eine unpersönliche Unternehmensform, eine Kapitalgesellschaft. Das Grundkapital der AG wird meist von einer größeren Zahl von Kapitalgebern aufgebracht. Der Vorteil für den Aktionär liegt darin, dass er jederzeit die Aktie an der Börse verkaufen kann. Die Banken spielen bei der Gründung einer AG und der Aktienausgabe eine große Rolle. Mittelständischen Unternehmen wurde durch das Gesetz für kleine Aktiengesellschaften und zur Deregulierung des Aktienrechts vom 2.8.1994 der Zugang zur Rechtsform der AG erleichtert (kleine Aktiengesellschaft). Ihr europäisches Pendant findet die AG in der → Societas Europaea (SE). – 2. *Gründung:* Vgl. auch → Gründung einer AG. Die Aktien können entweder als Nennbetragsaktien (Nennwertaktien) oder als Stückaktien begründet werden. Nennbetragsaktien müssen auf mind. einen Euro lauten. Stückaktien lauten auf keinen Nennbetrag. Sie sind am Grundkapital im gleichen Umfang beteiligt. Der auf eine einzelne Aktie entfallende anteilige Betrag des Grundkapitals darf einen Euro nicht unterschreiten (§ 8 AktG). Die Einzahlung des Aktionärs muss mind. 25 Prozent des Nennwerts der Aktie und bei Ausgabe der Aktien für einen höheren als den Nennbetrag auch den Mehrbetrag umfassen. Sacheinlagen sind vollständig zu leisten (§ 36a II 1 AktG). In bestimmten Fällen können die Aktionäre durch die Satzung zu regelmäßigen, nicht in Geld bestehenden Leistungen (meist gegen Vergütung) verpflichtet werden, z.B. zu Rübenlieferungen bei Zuckerfabriken (Nebenleistungsaktiengesellschaft). Bei solchen Nebenleistungen müssen die Aktien vinkuliert sein. – 3. Die *Satzung* (Statut, Gesellschaftsvertrag) muss enthalten: Firma, → Sitz, Gegenstand des Unternehmens, Grundkapital, Nennwert der Aktien bzw. Zahl der Stückaktien, Art der Zusammensetzung des Vorstandes, Form für die Bekanntmachungen der AG. – 4. Die *Firma* muss den Zusatz „Aktiengesellschaft" enthalten. – 5. *Organe:* Hauptversammlung (HV), Aufsichtsrat und Vorstand (Direktion); vgl. Abbildung „Aktiengesellschaft – Organe".

6. *Rechnungslegung:* Über jedes Geschäftsjahr ist die Jahresbilanz mit Gewinn- und Verlustrechnung (GuV) und Anhang (Jahresabschluss) und der Lagebericht vom Vorstand aufzustellen, im Regelfall (→ Jahresabschlussprüfung) von → Abschlussprüfern zu prüfen, nach Feststellung (§ 172 AktG) i.d.R. zu veröffentlichen (Publizität) und der Hauptversammlung (HV) vorzulegen. Über die Verwendung des Bilanzgewinns beschließt die HV. Zu Besonderheiten der Rechnungslegung vgl. Unterbilanz, Überschuldungsbilanz, Gründungsbilanz, → Abwicklungsbilanz. – 7. *Auflösung* der AG kann erfolgen: (1) durch Ablauf der in der Satzung vorgesehenen Zeit (selten), (2) durch Beschluss der HV mit Dreiviertelmehrheit des vertretenen Grundkapitals, (3) durch Eröffnung des → Insolvenzverfahrens. Sie hat die → Abwicklung (Liquidation) zur Folge.

II. Rechtsgrundlagen: Aktiengesetz (AktG) vom 6.9.1965 (BGBl. I 1089) m.spät.Änd. Die (Aktiengesellschaft) unterliegt der Mitbestimmung der Arbeitnehmer auf Unternehmensebene nach dem Montan-Mitbestimmungsgesetz (MontanMitbestG), Mitbestimmungsgesetz (MitbestG), Drittelbeteiligungsgesetz (DrittelbG).

III. Besteuerung: 1. *Grundsätzliches:* Bei der Besteuerung der AG ist zu unterscheiden zwischen der Besteuerung der Gewinne der AG selbst (Ebene der Gesellschaft) und der Besteuerung der Gewinne beim Aktionär (Ebene des Gesellschafters), nachdem sie als Dividenden an diesen ausgeschüttet worden sind. Ob und inwieweit es durch die zweimalige Belastung derselben Gewinne auf Gesellschafts- und Gesellschafterebene zu einer Zusatzbelastung (wirtschaftlichen Doppelbelastung) kommt, wird durch das → Körperschaftsteuersystem geregelt. – 2. *Gesellschaftsebene:* Das steuerpflichtige Einkommen der AG unterliegt der → Körperschaftsteuer. Der Gewinn ist durch Bilanzierung zu ermitteln und gilt in vollem Umfang als gewerblich; entsprechend unterliegt der Gewinn zusätzlich der Gewerbesteuer (§ 2 II GewStG). Eine Anrechnung der Gewerbesteuer auf die Körperschaftsteuer findet nicht statt, sodass die Gewerbesteuer bei der AG zu einer Zusatzbelastung führt. – 3. *Gesellschafterebene:* a) *Grundprinzip:* Der an den einzelnen Aktionär ausgeschüttete Gewinn (→ Dividende oder → verdeckte Gewinnausschüttung) ist bei diesem im Rahmen der Einkommensteuer steuerpflichtig (i.d.R. als Einkünfte aus Kapitalvermögen). Die AG hat bei der Ausschüttung der Dividende → Kapitalertragsteuer einzubehalten. – b) *Einzelheiten bei Anteilseignern, die natürliche Personen sind:* Ab 2009 entfällt mit Einführung der → Abgeltungsteuer (einheitlicher Steuersatz von 25 Prozent (zzgl. Solidaritätszuschlag und ggf. Kirchensteuer), durch die die Einkommensteuer als abgegolten gilt) für Privatanleger grundsätzlich eine Veranlagung nach dem individuellen Steuersatz. Mit dem Einbehalt der Abgeltungsteuer wird die Kapitalertragsteuer definitiv, da die bisherige Anrechnungsmöglichkeit der Kapitalertragsteuer für Privatanleger damit entfällt. Erträge aus Beteiligungen an Kapitalgesellschaften, die sich im Betriebsvermögen von Einzelunternehmen und

Aktiengesellschaft – Organe

Organe der Aktiengesellschaft

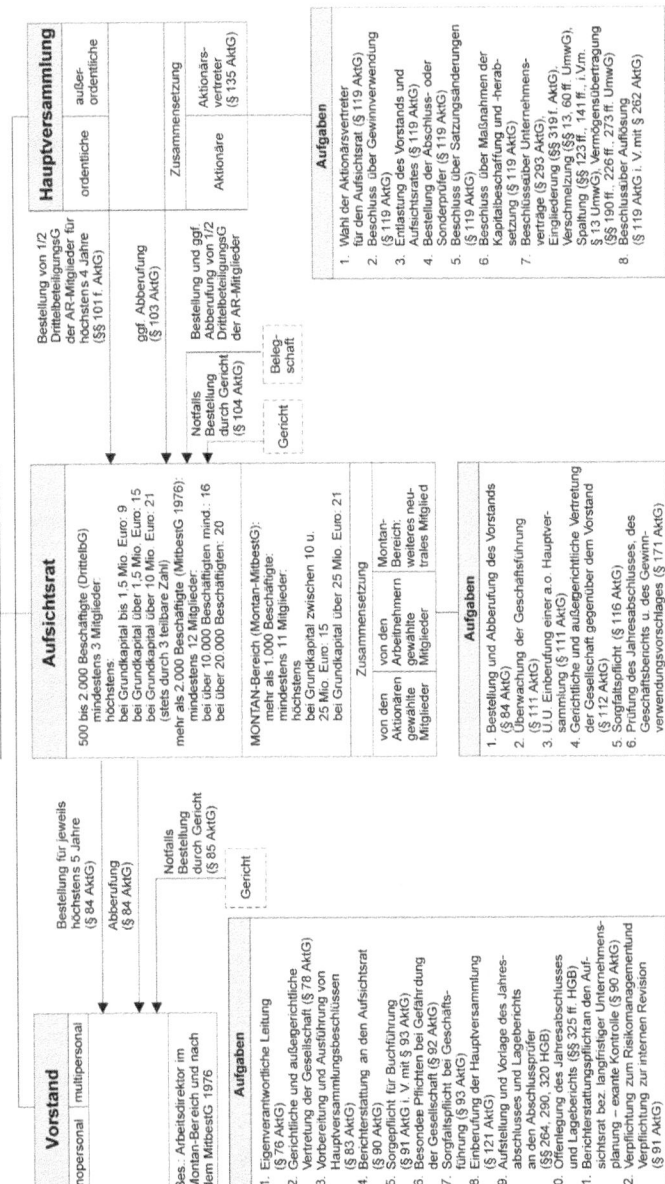

Vorstand

unpersonal | multipersonal

Bes. Arbeitsdirektor im Montan-Bereich und nach dem MitbestG 1976

Bestellung für jeweils höchstens 5 Jahre (§ 84 AktG)

Abberufung (§ 84 AktG)

Notfalls Bestellung durch Gericht (§ 85 AktG)

Aufgaben

1. Eigenverantwortliche Leitung (§ 76 AktG)
2. Gerichtliche und außergerichtliche Vertretung der Gesellschaft (§ 78 AktG)
3. Vorbereitung und Ausführung von Hauptversammlungsbeschlüssen
4. Berichterstattung an den Aufsichtsrat (§ 90 AktG)
5. Sorgepflicht für Buchführung (§ 91 AktG i. V mit § 93 AktG)
6. Besondere Pflichten bei Gefährdung der Gesellschaft (§ 92 AktG)
7. Sorgfaltspflicht bei Geschäftsführung (§ 93 AktG)
8. Einberufung der Hauptversammlung (§ 121 AktG)
9. Aufstellung und Vorlage des Jahresabschlusses und Lageberichts an den Abschlussprüfer (§§ 264, 290, 320 HGB)
10. Offenlegung des Jahresabschlusses und Lageberichts (§§ 325 ff. HGB)
11. Berichterstattungspflichten dem Aufsichtsrat bez. langfristiger Unternehmensplanung – exakte Kontrolle (§ 90 AktG)
12. Verpflichtung zum Risikomanagementund Verpflichtung zur internen Revision (§ 91 AktG)

Aufsichtsrat

500 bis 2 000 Beschäftigte (DrittelbG) mindestens 3 Mitglieder
höchstens:
bei Grundkapital bis 1,5 Mio Euro: 9
bei Grundkapital über 1,5 Mio Euro 15
bei Grundkapital über 10 Mio Euro: 21
(stets durch 3 teilbare Zahl)

mehr als 2 000 Beschäftigte (MitbestG 1976):
mindestens 12 Mitglieder:
bei über 10 000 Beschäftigten mind. 16
bei über 20 000 Beschäftigten: 20

MONTAN-Bereich (Montan-MitbestG):
mehr als 1 000 Beschäftigte
mindestens 11 Mitglieder
höchstens
bei Grundkapital zwischen 10 u.
25 Mio Euro: 15
bei Grundkapital über 25 Mio Euro: 21

Zusammensetzung

von den Aktionären gewählte Mitglieder	von den Arbeitnehmern gewählte Mitglieder	Montan-Bereich: weiteres neutrales Mitglied

Aufgaben

1. Bestellung und Abberufung des Vorstands (§ 84 AktG)
2. Überwachung der Geschäftsführung (§ 111 AktG)
3. U.U Einberufung einer a. o Hauptversammlung (§ 111 AktG)
4. Gerichtliche und außergerichtliche Vertretung der Gesellschaft gegenüber dem Vorstand (§ 112 AktG)
5. Sorgfaltspflicht (§ 116 AktG)
6. Prüfung des Jahresabschlusses, des Geschäftsberichts u. des Gewinnverwendungsvorschlages (§ 171 AktG)

Bestellung von 1/2 Drittelbeteiligungs-G der AR-Mitglieder für höchstens 4 Jahre (§§ 101f. AktG)

ggf. Abberufung (§ 103 AktG)

Bestellung und ggf Abberufung von 1/2 Drittelbeteiligungs-G der AR-Mitglieder

Notfalls Bestellung durch Gericht (§ 104 AktG)

Belegschaft

Gericht

Hauptversammlung

ordentliche	außerordentliche

Zusammensetzung

Aktionäre	Aktionärsvertreter (§ 135 AktG)

Aufgaben

1. Wahl der Aktionärsvertreter für den Aufsichtsrat (§ 119 AktG)
2. Beschluss über Gewinnverwendung (§ 119 AktG)
3. Entlastung des Vorstands und Aufsichtsrates (§ 119 AktG)
4. Bestellung der Abschluss- oder Sonderprüfer (§ 119 AktG)
5. Beschluss über Satzungsänderungen (§ 119 AktG)
6. Beschluss über Maßnahmen der Kapitalbeschaffung und -herabsetzung (§ 119 AktG)
7. Beschlüsse über Unternehmensverträge (§ 293 AktG), Eingliederung (§§ 319 f. AktG), Verschmelzung (§§ 13, 60 ff UmwG), Spaltung (§§ 123ff. 141ff. i.Vm. § 13 UmwG), Vermögensübertragung (§§ 190ff. 226ff. 273 ff. UmwG)
8. Beschluss über Auflösung (§ 119 AktG i. V mit § 262 AktG)

Personengesellschaften befinden, werden weiterhin regulär zur Einkommensteuer veranlagt. Jedoch werden diese durch die Einführung des sog. → Teileinkünfteverfahrens nunmehr mit 60 Prozent der Einkommensteuer unterworfen. Bis einschließlich 2008 galt stattdessen das → Halbeinkünfteverfahren, bei dem nur 50 Prozent der Einkünfte aus Dividenden und Veräußerungsgewinnen steuerpflichtig waren. Bei wesentlichen Beteiligungen i.S.d. § 17 EStG (ab 1 Prozent Beteiligung am Gesellschaftskapital innerhalb der letzten fünf Jahre) unterliegen die Veräußerungsgewinne ebenso dem Teileinkünfteverfahren, wohingegen die Besteuerung der Dividenden hieraus durch die Abgeltungsteuer grundsätzlich als abgegolten gilt. – c) *Einzelheiten bei Anteilseignern, die juristische Personen sind:* Ist der Anteilseigner eine Kapitalgesellschaft, sind Ausschüttungen und Veräußerungsgewinne von Anteilen an Kapitalgesellschaften in vollem Umfang steuerfrei (§ 8b KStG). Zugleich gelten dann jedoch auch die Kosten der Beteiligung als nicht-abziehbar, und es werden statt der wirklich angefallenen Beteiligungskosten jährlich pauschal 5 Prozent der erzielten steuerfreien Dividendenerträge pauschal als nichtabziehbare Kosten der Beteiligungsverwaltung angesehen. Damit sind effektiv nur 95 Prozent der Erträge steuerfrei und die wirklich angefallenen Kosten können in voller Höhe abgezogen werden. Diese Regelung findet jedoch keine Anwendung auf Veräußerungsverluste oder Teilwertabschreibungen. Seit dem 1.1.2008 sind weitere Einschränkungen bei Verlusten aus der Abschreibung von Darlehen durch das Jahressteuergesetz 2008 zu berücksichtigen.

Aktienpaket – größerer Nominalbetrag von → Aktien derselben Gesellschaft, der sich in einer Hand befindet und dem Besitzer Einfluss auf die Gesellschaft sichert. Der Besitz von 5 Prozent des Kapitals genügt, um z.B. die Einberufung einer Hauptversammlung zu erzwingen (vgl. § 122 II AktG). Nach § 21 I WpHG besteht ab 3 Prozent (5, 10, 15, 20, 25, 30, 50 oder 75 Prozent) eine Mitteilungspflicht über Stimmrechte an eine börsennotierte Gesellschaft, die an die Bundesanstalt für Finanzdienstleistungsaufsicht (BaFin) und den Emittenten zu richten ist, der diese dann veröffentlicht. Bei nicht börsennotierten Gesellschaften müssen Beteiligungen über 25 Prozent bei der AG angemeldet werden, vgl. §§ 20 ff. AktG. – Mit 25 Prozent kann in den Fällen die Beschlussfassung verhindert werden, in denen eine Drei-Viertel-Mehrheit erforderlich ist. Der Besitz von 75 Prozent sichert die völlige Beherrschung. Indessen kann in der Praxis meist mit wesentlich geringerem Aktienpaket ein entscheidender Einfluss ausgeübt werden, oft mit 30 Prozent und weniger. Dies liegt daran, dass sich ein Großteil der Aktien von börsennotierten Gesellschaften im Streubesitz befinden und an den niedrigen Hauptversammlungs-Präsenzen, die den erschienenen Aktionären faktisch eine größere Stimmrechtsmacht verleihen. – Bewertung gemäß → Bewertungsgesetz (BewG). – Vgl. auch → Paketzuschlag, → Stuttgarter Verfahren.

aktive Tätigkeit – 1. *Begriff:* im Außensteuerrecht übliche Bezeichnung für bestimmte Tätigkeiten → ausländischer Tochtergesellschaften und → ausländischer Betriebsstätten. Im Gegensatz zu Tätigkeiten, bei denen eine Verlagerung ins Ausland aus rein steuerlichen Gründen erfolgen könnte (passive Tätigkeiten), erfolgen bei aktiver Tätigkeit am Standort auch echte wirtschaftliche Aktivitäten (d.h. es liegen reale Tätigkeiten, nicht nur die Ausübung von Rechten oder Überlassung von Vermögenswerten zugrunde. – 2. *Bedeutung:* Wird von einem inländischen Steuerpflichtigen im Ausland eine aktive Tätigkeit ausgeübt, so kann zur Vermeidung der Doppelbesteuerung grundsätzlich die Freistellungsmethode für Gewinne aus der ausländischen Betriebsstätte angewendet werden. Dies gilt auch, wenn es sich um ein → Niedrigsteuerland handelt. Voraussetzung ist allerdings, dass die Freistellungsmethode dann vor der Bundesrepublik auch mit dem entsprechenden Land in einem Doppelbesteuerungsabkommen tatsächlich vereinbart wurde. Auch bei der Gründung einer ausländischen Tochterkapitalgesellschaft durch einen Steuerinländer ist auf eine → Hinzurechnungsbesteuerung zu verzichten, wenn diese Gesellschaft fast nur aktive Tätigkeiten ausführt. – Für Fälle der passiven Vornahme der passiven Tätigkeit ist – Anrechnungsmethode – oder – bei indirekter Tätigkeit über eine ausländische Tochtergesellschaft – die Hinzurechnungsbesteuerung vorgesehen. – 3. *Die Abgrenzung zwischen aktiver Tätigkeit und passiven Tätigkeiten* ist in verschiedenen Rechtsnormen von Bedeutung, im Details jedoch nicht einheitlich geregelt. Strengste und z.T. in Doppelbesteuerungsabkommen (DBA) am häufigsten übernommene Abgrenzung in § 8 I AStG: a) Danach sind alle Tätigkeiten passiv, die nicht ausdrücklich als aktiv anerkannt werden. Als aktive Tätigkeit anerkannt sind grundsätzlich uneingeschränkt anerkannt Land- und Forstwirtschaft, Produktion, Bearbeitung oder Verarbeitung von Sachen, Erzeugung von Energie, Aufsuchen und Gewinnung von Bodenschätzen sowie der Betrieb von Kreditinstituten und Versicherungsunternehmen, die für ihre Geschäfte einen in kaufmännischer Weise eingerichteten Betrieb unterhalten. – b) Nur unter erheblichen Einschränkungen als aktive Tätigkeit eingestuft sind dagegen Handelstätigkeit, Erbringung von Dienstleistung, Vermietung und Verpachtung, Aufnahme und darlehensweise Vergabe von Kapital, Gewinnausschüttungen von Kapitalgesellschaften, Veräußerung eines Anteils an einer anderen Gesellschaft sowie aus deren Auflösung oder der Herabsetzung ihres Kapitals, Umwandlungen. – 4. *Problematik:* Im Zeitalter der Globalisierung lassen sich auch die einzelne Teilschritte der Produktion oder Dienstleistung so zergliedern und auf einzelne Länder aufteilen, dass es denkbar erscheint, dass zumindest einzelne Produktionsschritte letztlich doch nur aus steuerlichen Gründen einem bestimmten Standort zugewiesen werden. Das zeigt, dass die ursprüngliche Idee, dass ein Staat bei aktiven Tätigkeiten keine steuerlich motivierten Gestaltungen fürchten muss und daher seine Gesetzgebung großzügiger gestalten kann, nicht mehr durchgängig zutrifft.

aktive Veredelung – 1. *Begriff:* Die aktive Veredelung gehört zu den bedeutendsten wirtschaftlichen Zollverfahren in der Gemeinschaft und dient der internationalen Arbeitsteilung. Im Kern handelt es sich nach Art. 114 ZK (Zollkodex) um Nichtgemeinschaftswaren, die in das → Zollgebiet der EU eingeführt, einer Behandlung (→ Veredelung) unterzogen und anschließend wieder ausgeführt werden (Art. 114–129 ZK). Das geschieht abgabenneutral. – 2. *Merkmale:* Nach Art. 114 IIc ZK gelten als Veredelungsvorgänge: (1) die Bearbeitung von Waren einschließlich ihrer Montage, Zusammensetzung und Anpassung an andere Waren; (2) die Verarbeitung von Waren; (3) die Ausbesserung von Waren, einschließlich ihrer Instandsetzung und Regulierung; (4) die Verwendung bestimmter nach dem Ausschussverfahren festgelegter Waren (sog. Produktionshilfsmittel), die nicht in die → Veredelungserzeugnisse eingehen, sondern die Herstellung von Veredelungserzeugnissen ermöglichen oder erleichtern, selbst wenn sie hierbei vollständig verbraucht werden. – 3. *Unterscheidung:* Zur Wahrung der Konkurrenzfähigkeit im internationalen Handel sind für diese Veredelungsverkehre zwei Verfahren vorgesehen: (1) das → Nichterhebungsverfahren nach Art. 114 Ia und IIa ZK, das zur Abgabenfreiheit der zu veredelnden eingeführten Waren führt. (2) Das Verfahren der Zollrückvergütung (auch Drawback-Verfahren genannt) lässt eine Erstattung oder einen Erlass der zunächst erhobenen Einfuhrabgaben für die zu veredelnden Einfuhrwaren zu, wenn die Veredelungserzeugnisse nachweislich wieder ausgeführt werden (Art. 114 Ib und IIb ZK). Diese Variante wird zukünftig (wohl zum 1.1.2015) mit dem UZK (→ Unionszollkodex) wegfallen. – 4. *Ersatzwaren:* Art. 115 ZK erlaubt den Einsatz von Ersatzwaren, die den zollrechtlichen Status von → Gemeinschaftswaren haben und die gleiche Qualität und Beschaffenheit wie die zur Veredelung bestimmten Einfuhrwaren aufweisen müssen. Die aus Ersatzwaren hergestellten Veredelungserzeugnisse können sogar vor der Einfuhr von Einfuhrwaren aus der EU ausgeführt werden (→ vorzeitige Ausfuhr). In solchen Fällen befinden sich die Einfuhrwaren in der zollrechtlichen Stellung der Ersatzwaren und diese in der zollrechtlichen Stellung der Einfuhrwaren. – 5. *Ziele:* Die Bewilligung der aktiven Veredelung (Art. 116 und 117 ZK) wird antragsgemäß (Anhang 67 ZK-DVO) natürlichen oder juristischen Personen und ähnlichen (Art. 4 Nr. 1 und 2 ZK) erteilt, die im Zollgebiet der EU ansässig sind und die Veredelungsverkehre durchführen

oder durchführen lassen. Bei nicht kommerziellen Einfuhren kann die Bewilligung auch nicht in der EU ansässigen Personen erteilt werden. Dies kann für Reparaturen und Instandsetzungen von Waren von Bedeutung sein. Sachlich muss die beantragte aktive Veredelung dazu beitragen, die günstigsten Voraussetzungen für die Ausfuhr der Veredelungserzeugnisse zu schaffen, ohne dass wesentliche Interessen von Herstellern in der EU beeinträchtigt werden (wirtschaftliche Voraussetzungen: Art. 117c ZK). Davon ist regelmäßig auszugehen. Zur Durchführung des Verfahrens setzen die → Zollbehörden nach Art. 118 ZK bestimmte Fristen fest, in denen die → Veredelungserzeugnisse eine neue zulässige zollrechtliche Bestimmung erhalten haben müssen. Die Frist beginnt im Zeitpunkt der Überführung der Nichtgemeinschaftswaren in das Verfahren der aktiven Veredelung (Abgabe der → Zollanmeldung). Aus Vereinfachungsgründen kann bestimmt werden, dass alle während eines Monats oder eines Vierteljahres beginnenden Fristen jeweils am letzten Tag eines darauf folgenden Monats oder Vierteljahres ablaufen. Bei der vorzeitigen Ausfuhr von aus Ersatzwaren hergestellten Veredelungserzeugnissen setzen die Zollbehörden die Frist fest, bis wann die Nichtgemeinschaftswaren zur Überführung in die aktive Veredelung angemeldet sein müssen. Gleichfalls setzen die Zollbehörden nach Art. 119 ZK die Ausbeute für die aus den Einfuhrwaren gewonnenen Veredelungserzeugnisse fest. Unter bestimmten Voraussetzungen (z. B. Einfuhrwaren mit gleichbleibender Eigenschaft) ist eine Pauschalierung der Ausbeutesätze möglich. – Die Bestimmungen über den Veredelungsverkehr folgen dem Grundgedanken, wonach die unveredelten Waren oder Veredelungserzeugnisse wieder ausgeführt werden müssen. Jedoch kann das Verfahren auch anderweitig beendet werden. So können am Ende des Nichterhebungsverfahrens die Waren etwa in ein Zolllagerverfahren übergeführt und im Zollgebiet der Gemeinschaft gelagert werden. Ferner kann nach Art. 120 ZK als Vereinfachung bewilligt werden, in welchen Fällen und unter welchen Voraussetzungen die unveränderten Waren oder die Veredelungserzeugnisse als in den zollrechtlich freien Verkehr überführt gelten. – Verfahrensrechtlich sind nach beendeter aktiver Veredelung die Waren der zuständigen Zollstelle für die Beendigung des Verfahrens zu gestellen und zu einem neuen Zollverfahren anzumelden oder eine anderweitige zollrechtliche Bestimmung zu veranlassen. Dabei hat der Veredeler nachzuweisen, dass die Veredelungserzeugnisse die entsprechenden Einfuhrwaren enthalten oder Ersatzwaren zu ihrer Herstellung verwendet wurden. – Für die Entstehung einer → Zollschuld gelten die Art. 121 und 122 ZK. Für die Veredelungserzeugnisse berechnet sich die Höhe der Zollschuld nach den Bemessungsgrundlagen, die für die verwendeten Einfuhrwaren maßgebend sind. Abweichungen enthält Art. 122 ZK. – Zur Feststellung, ob und in welcher Höhe eine Zollschuld entstanden ist, ist für den im Nichterhebungsverfahren bewilligten Veredelungsverkehr mit Ablauf der Frist für die Beendigung des Verfahrens regelmäßig vom Bewilligungsinhaber eine Abrechnung vorzulegen. Dabei werden auf die Einfuhrwaren die fristgerecht veredelten Waren angerechnet. Nach der Fifo-Regel (First-in-first-out) wird der jeweils älteste noch nicht erledigte Zugang bei der Abrechnung für die gesamte oder anteilige Zugangsmenge erledigt. – Wegen der Verschiebung des Zeitpunktes für die Entstehung der Zollschuld für die im Zollgebiet verbleibenden Veredelungserzeugnisse oder unveredelten Waren sind regelmäßig sog. Ausgleichszinsen nach einem von der Kommission festgelegten Zinssatz zu entrichten. – Die bes. Vorschriften über das Verfahren der Zollrückvergütung sind in den Art. 124 bis 128 ZK zusammengefasst, die die Anwendbarkeit gegenüber dem Nichterhebungsverfahren erheblich einschränken. So sind nach Art. 124 ZK Waren vom Verfahren ausgeschlossen, die im Zeitpunkt der Annahme der Anmeldung zum zollrechtlich freien Verkehr: (1) mengenmäßigen Einfuhrbeschränkungen unterliegen; (2) einer Präferenzbehandlung oder einer autonomen Aussetzungsmaßnahme im Sinn des Art. 20 IIId–f ZK im Rahmen von Kontingenten unterliegen; (3) bei der Einfuhr erhobenen Abgaben unterliegen, die im Rahmen der gemeinsamen Agrarpolitik oder aufgrund der für bestimmte landwirtschaftliche Verarbeitungserzeugnisse geltenden Sonderregelungen vorgesehen sind. – Ferner dürfen für die Veredelungserzeugnisse im Zeitpunkt der Annahme der Anmeldung der Einfuhrwaren keine Ausfuhrerstattungen festgesetzt sein. Die Möglichkeit der vorzeitigen Ausfuhr ist nicht gegeben; ebenso entfällt eine im Nichterhebungsverfahren mögliche zwischengeschaltete passive Veredelung. Bei diesem Vergütungsverfahren entfällt jedoch die Abrechnung im Veredelungsverkehr. Der Bewilligungsinhaber kann nach Art. 128 ZK die Erstattung oder den Erlass von Abgaben beantragen, wenn er nachweist, dass die aus den Einfuhrwaren gewonnenen oder hergestellten Veredelungserzeugnisse entweder unter zollamtlicher Überwachung aus dem Zollgebiet der Gemeinschaft ausgeführt oder im Hinblick auf ihre spätere Ausfuhr in das → Versandverfahren, in das → Zolllagerverfahren, in die vorübergehende Verwendung oder in die aktive Veredelung (Nichterhebungsverfahren) übergeführt oder in eine → Freizone oder ein Freilager verbracht worden sind.

Alkopopsteuer – Eine im Jahr 2004 neu eingeführte Steuer auf alkoholhaltige Süßgetränke (Alkopops), die im Gebiet der Bundesrepublik Deutschland (ohne Helgoland und Büsingen) erhoben wird. Genaue Definition der besteuerten Getränke sind in § 1 II AlkopopStG enthalten. Die Steuer bemisst sich nach der im Getränk enthaltenen Alkoholmenge und beläuft sich auf 5.500 Euro pro Hektoliter reinen Alkohol, gemessen bei 20 Grad Celsius. Die verfahrensrechtlichen Regelungen über die Besteuerung orientieren sich am Branntweinmonopolgesetz und an den

Regelungen der → Kaffeesteuer. Das Nettomehraufkommen der Steuer ist zweckgebunden zum Zweck der Suchtbekämpfung zu verwenden.

Alleinerziehende → Entlastungsbetrag für Alleinerziehende.

Alleinsteuer – *einzige Steuer, Einsteuer.* 1. Historisch immer wieder (ab dem 16. Jh.) erhobenes, angeblich rationales *Steuerideal* gegenüber jedem Vielsteuer-System (→ pluralistisches Steuersystem). Die Alleinsteuer ließe die tatsächliche Verteilung der Steuerlast erkennen und erforderte geringstmögliche Erhebungskosten. Sie müsste in hoch industrialisierten Staaten Einkommen- oder Verbrauchssteuer sein. – 2. *Praktisch* unüberwindbare Schwierigkeiten für die Alleinsteuer: (1) Der Ergiebigkeit halber müssten bislang unbesteuerte Einkommen (→ steuerfreies Existenzminimum) herangezogen werden, wobei der Steuerdruck unvergleichlich fühlbarer würde als bei einer zusätzlichen Existenz → indirekter Steuern; (2) die Steuermoral würde wegen des notwendigerweise sehr hohen Steuersatzes überfordert, es würde zu exzessiven Steuerausweichungen (Investitions- und Arbeitseinschränkung), Steuerhinterziehungen und zu ständigem Einnahmerückgang kommen; (3) der föderative Staat kann auf eigene Einnahmequellen jeweils für Bund, Länder und Gemeinden nicht verzichten (Finanzausgleich). – Vgl. auch → monistisches Steuersystem.

allgemeine Lohnsteuertabelle → Lohnsteuertabelle für Arbeitnehmer, die in der gesetzlichen Rentenversicherung versicherungspflichtig sind. Die Werte in der allgemeine Lohnsteuertabelle werden, wie die übrigen Steuertabellen, nicht mehr amtlich erstellt, sondern vom jeweiligen Herausgeber nach Maßgabe der Vorschrift EDV-technisch berechnet. – *Gegensatz:* → besondere Lohnsteuertabelle. – Der Unterschied zwischen den beiden Tabellen liegt darin, dass in der allgemeinen Lohnsteuertabelle bei der Berechnung der Steuer bereits berücksichtigt worden ist, dass die Beträge zur gesetzlichen Sozialversicherung steuerlich absetzbar sind (→ Sonderausgaben).

Allphasenumsatzsteuer – Umsatzsteuersystem (Umsatzbesteuerung), bei dem auf allen Stufen der Handels- bzw. Leistungskette → Umsatzsteuer erhoben wird. Würde auf einzelnen Handelsstufen keine Umsatzsteuer erhoben, bestünde in der Praxis das Risiko, dass bspw. bei einer Besteuerung nur der Einzelhandelsstufe Endverbraucher unerlaubt (dann unversteuerte!) Waren im Großhandel einkaufen könnten oder aber Unternehmer auch einen Teil ihres Privatbedarfs bei Großhändlern (also unversteuert) beziehen könnten und daher keine Umsatzsteuer auf ihren privaten Konsum tragen müssten. Vor diesem Hintergrund gewährleistet nur die Allphasenumsatzsteuer die volle umsatzsteuerliche Erfassung des Endverbrauchs. → Bruttoumsatzsteuer und → Nettoumsatzsteuer entsprechen dem

Allphasenumsatzsteuersystem. – *Anders:* → Mehrphasenumsatzsteuer, → Einphasenumsatzsteuer.

Altenheimbewohner – Wenn ein Steuerpflichtiger oder sein nicht dauernd getrennt lebender Ehegatte in einem Heim untergebracht ist, kann er die Kosten hierfür bis zu einer Höchstgrenze von 624 Euro im Kalenderjahr (§ 33a III 2 EStG; pro Monat 52 Euro) als steuermindernde → außergewöhnliche Belastung absetzen. Dieser Betrag erhöht sich auf 924 Euro (bzw. 77 Euro pro Monat), sofern die Unterbringung zur dauernden Pflege erfolgt. Ehegatten, die zusammen veranlagt werden, dürfen den Höchstbetrag nur einmal absetzen. Durch den Altenheim-Freibetrag sollen Personen, die in einem Heim untergebracht sind, genauso gestellt werden wie Personen, die im eigenen Heim wohnen bleiben, sich aber durch eine Haushaltshilfe helfen lassen müssen.

Altenteil – *Abschied, Ausgedinge, Austrag, Auszug, Leibgedinge, Leibzucht.*

I. Begriff: Eine v.a. bei bäuerlichen Gutsüberlassungen übliche, meist vertragliche Vereinbarung, durch die der bisherige Eigentümer dem Übernehmer Herrschaft und Eigentum an dem landwirtschaftlichen Betrieb überträgt und sich zugleich zur Sicherung des Lebensunterhalts fortdauernde Leistungen aus dem Grundstück (bes. Naturalien), eine Wohnung auf dem Hof, Dienstleistungen oder laufende Geldleistungen zusichern lässt. Altenteil-Verträge haben obligatorische Bedeutung, verpflichten aber Übernehmer zur Verschaffung eines dinglichen Rechts: Reallast (soweit Leistungen aus dem Grundstück zu erbringen sind), beschränkte persönliche Dienstbarkeit (soweit eine Wohnung zu gewähren ist).

II. Einkommensteuerrecht: 1. Beim *Verpflichteten* sind Altenteil-Leistungen als → Sonderausgaben (§ 10 I Nr. 1a EStG) abzugsfähig, und zwar die Naturalleistungen als dauernde Lasten, die regelmäßig wiederkehrenden, fest begrenzten, gleichmäßigen und erheblichen (nicht: Taschengeld) Geldleistungen als → Leibrenten. vgl. auch → Vorsorgeaufwendungen. Durch das Jahressteuergesetz 2008 sind diese nur noch unter bestimmten Voraussetzungen begünstigt (§ 10 I Nr. 1a EStG). – 2. *Der Berechtigte* hat die Altenteil-Leistungen als → sonstige Einkünfte (→ Einkünfte) zu versteuern.

Alterseinkünfte – Zu den Alterseinkünften zählen: 1. *Nachträgliche Einkünfte* aus einer ehemaligen Tätigkeit oder einem früheren Rechtsverhältnis. Diese unterliegen nach § 24 Nr. 2 EStG als laufende Einkünfte der vollen Besteuerung. Unter nachträglichen Einkünften werden Einkünfte verstanden, die in wirtschaftlichem Zusammenhang mit der ehemaligen Tätigkeit stehen bzw. ein Entgelt für die im Rahmen der ehemaligen Tätigkeit erbrachten Leistungen darstellen. Ein typisches Beispiel hierfür sind Versorgungsrenten aus früheren gewerblichen Tätigkeiten im Rahmen einer Mitunternehmerschaft. Daneben können aber auch nachträgliche Einkünfte

aus Veräußerungsrenten vorliegen, welche aus Veräußerungen eines land- und forstwirtschaftlichen Betriebs, eines Gewerbebetriebs oder eines der selbständigen Arbeit dienenden Vermögens gegen Rentenzahlungen resultieren. Sofern der Steuerpflichtige hierbei die Sofortbesteuerung wählt, kann die Leibrente alternativ mit dem Ertragsanteil (→ sonstige Einkünfte) erfolgen. – 2. *Bezüge aus früheren Dienstverhältnissen* wie Pensionen, Ruhegehälter, Witwen- und Waisengelder werden als Einkünfte aus nichtselbstständiger Arbeit (§ 19 II EStG) besteuert. Bei der Ermittlung der Einkünfte sind von den Einnahmen ein Pauschbetrag von 102 Euro bzw. bei Nachweis die tatsächlichen Werbungskosten abzuziehen. Sofern es sich um → Versorgungsbezüge handelt, wird ein Versorgungsfreibetrag von 40 Prozent der Bezüge, max. jedoch 3.072 Euro (bis zum Veranlagungszeitraum 2004) gewährt. Ab dem Veranlagungszeitraum 2005 kann neben dem Versorgungsfreitrag ein Zuschlag als absoluter Betrag zum Versorgungsfreibetrag in Anspruch genommen werden. Der Prozentsatz des Versorgungsfreibetrages und der absolute Zuschlag nimmt mit Zeitablauf kontinuierlich ab, sodass die Besteuerung der Versorgungsbezüge zunimmt. Zahlungen, welche nach dem Tod des Berechtigten erfolgen, sind vom Erben zu erfassen. – 3. → Unterhaltsleistungen. – 4. *Versorgungsleistungen* werden ab dem Veranlagungszeitraum 2008 als sonstige Einkünfte besteuert (§ 22 Nr. 1b EStG). Dies gilt jedoch nur, soweit sie beim Zahlungsverpflichteten als Sonderausgaben (§ 10 I Nr. 1a EStG) abgezogen werden können. – 5. *Einnahmen aus Altersvorsorgeverträgen, Pensionsfonds, Pensionskassen und Direktversicherungen* werden als → sonstige Einkünfte nach § 22 Nr. 5 EStG besteuert. Die Besteuerung richtet sich nach der Besteuerung in der Ansparphase, d.h. ob und inwieweit die Beiträge früher steuerfrei waren, als Sonderausgaben berücksichtigt oder als Alterszulage gefördert worden sind bzw. durch steuerfreie Zuwendungen erworben wurden. – 6. *Schuldrechtlicher Versorgungsausgleich:* Ab dem Veranlagungszeitraum 2008 werden Einkünfte aus Leistungen aufgrund eines schuldrechtlichen Versorgungsausgleichs als sonstige Einkünfte besteuert (§ 22 Nr. 1c EStG). Die Besteuerung richtet sich jedoch danach, wie der Sonderabgabenabzug beim Ausgleichsverpflichteten erfolgt ist (§ 10 I Nr. 1b EStG). – 7. *Wiederkehrende Bezüge* werden als → sonstige Einkünfte in voller Höhe besteuert, sofern sie nicht zu anderen Einkunftsarten zählen oder nicht steuerfrei (nach § 3 EStG) sind. Wiederkehrende Bezüge sind regelmäßig wiederkehrende Zahlungen, welche auf einem einheitlichen Entschluss oder einem einheitlichen Rechtsgrund beruhen, ausgenommen Kapitalrückzahlungen oder Kaufpreisraten. Ab dem Veranlagungszeitraum 2009 unterliegen wiederkehrende Bezüge unabhängig von der unbeschränkten Steuerpflicht des Gebers der Besteuerung. – 8. *Leibrenten* werden als sonstige Einkünfte mit dem Ertragsanteil nach § 22 Nr. 1 S. 3a EStG besteuert. Bei der Ermittlung des Ertragsanteils ist das bei Beginn der Rente vollendete Lebensjahr maßgebend. Leibrenten basieren auf einem Rentenstammrecht und sind von der Lebensdauer einer oder mehrerer bestimmter Personen (des Rentenberechtigten, des Rentenverpflichteten oder auch dritter Personen) abhängig. Sie stellen Leistungen in Geld oder vertretbaren Sachen dar, deren Früchte als fortlaufend wiederkehren, gleichmäßig, zahlen- oder wertmäßig festgelegt sind.

Altersentlastungsbetrag – 1. *Begriff der Einkommensteuer:* Freibetrag, der einem Steuerpflichtigen ab dem vollendeten 64. Lebensjahr gewährt wird (§ 24a EStG). Der Altersentlastungsbetrag bemisst sich bis zu einem Höchstsatz, der sich aus einem bestimmten Prozentsatz aus der Summe des Arbeitslohns und der nicht aus nichtselbständiger Arbeit erzielten positiven Einkünfte ergibt. Bestimmte Einkünfte bleiben bei der Bemessung des Betrags außer Betracht, da diese i.d.R. anderweitig begünstigt sind (§ 24a, I-V EStG). Nicht durch den Altersentlastungsbetrag begünstigt sind bspw. → Versorgungsbezüge, Leibrenten sowie ab dem Veranlagungszeitraum 2008 bestimmte sonstige Einkünfte (§§ 22 Nr. 1 S. 3a EStG und § 22 Nr. 5 S. 1 und S. 2a EStG). – 2. *Höhe:* Bis zum Veranlagungszeitraum 2004 betrug der Altersentlastungsbetrag 40 Prozent, max. jedoch 1.908 Euro. Durch die Einführung des Alterseinkünftegesetzes (AltEinkG) wurde das gesamte Systems der Besteuerung der Alterseinkünfte hinsichtlich der beabsichtigten → nachgelagerten Besteuerung umgestellt. Im Zuge dessen verliert der Altersentlastungsbetrag nach und nach an Bedeutung und wird daher bis zum Jahr 2040 stufenweise abgesenkt. Dabei werden im Rahmen der Übergangsregelung der Prozentsatz und der Höchstbetrag auf Lebenszeit festgeschrieben. So beträgt der Altersentlastungsbetrag bei Personen, die in 2009 erstmals ein Anrecht auf den Alteresentlastungsbetrag haben: 33,6 Prozent, max. jedoch 1.596 Euro; bei Personen, die erstmals im Jahr 2010 ein Anrecht darauf hieraut haben: 32,0 Prozent, max. 1.520 Euro.

Altersfreibetrag – bis 1989 vom Einkommen abzuziehender Betrag für Steuerpflichtige, die vor Beginn des Kalenderjahres das 64. Lebensjahr vollendet hatten (§ 32 VIII EStG, inzwischen aufgehoben); dann in den → Altersentlastungsbetrag einbezogen. Altersfreibeträge existierten auch bei früher erhobener Vermögensteuer.

Altersrente – früher: *Altersruhegeld;* laufende Leistung im Rahmen der Gesetzlichen Rentenversicherung (GRV) zur Sicherung des Alters. – 1. *Voraussetzungen:* Neben dem Erreichen von bestimmten Altersgrenzen sind verschiedene versicherungsrechtliche Voraussetzungen zu erfüllen: a) *Regelaltersrente* (§ 35 SGB VI): Vollendung des 67. Lebensjahres (s. aber Übergangsregelung in § 235 SGB VI) und allg. Wartezeit (fünf Jahre). – b) *Altersrente für langjährig Versicherte* (§ 36 SGB VI): Vollendung des 67. Lebensjahres (s. aber

Übergangsregelung in § 236 SGB VI) und Wartezeit von 35 Jahren. – c) *Altersrente für anerkannte schwerbehinderte Menschen* (§ 37 SGB VI): Vollendung des 65. Lebensjahres, Wartezeit von 35 Jahren, Anerkennung als schwerbehinderter Mensch im Sinn des § 2 II SGB IX. Versicherte, die von der Vertrauensschutzvorschrift des § 236a SGB VI erfasst werden, können Altersrenten nach § 37 SGB VI noch ab dem 65. Lebensjahr geltend machen. – d) (ab 1.1.2012) *Altersrente für bes. langjährig Versicherte* (§§ 33 II Nr. 3a, 38 SGB VI): Vollendung des 65. Lebensjahres und eine Wartezeit von 45 Jahren. – e) *Altersrente für Frauen* (§ 237a SGB VI): vor dem 1.1.1952 geboren, Vollendung des 60. Lebensjahres, mehr als zehn Jahre versicherungspflichtige Tätigkeit nach Vollendung des 40. Lebensjahres und eine Wartezeit von 15 Jahren. Die Anhebung der Altersgrenzen erfolgt nach § 237a II und III SGB VI. – f) *Altersrente für langjährig unter Tage beschäftigte Bergleute* (§ 40 SGB VI): Vollendung des 62. Lebensjahres und Erfüllung einer Wartezeit von 25 Jahren. Die Altersrenten können als Vollrente oder als Teilrente bezogen werden (§ 42 SGB VI). – 2. *Verdienstgrenzen:* Nach Vollendung des 67. Lebensjahres sind Einnahmen aus Erwerbstätigkeit ohne Einfluss auf die Altersrente; Altersrentner nach dem 67. Lebensjahr können uneingrenzt dazu verdienen. Für alle anderen Altersrenten gelten unterschiedliche Hinzuverdienstgrenzen (§ 34 II, III SGB VI). Bei Überschreiten der maßgeblichen Grenzen entfällt der Rentenanspruch. – 3. *Steuerliche Behandlung:* → nachgelagerte Besteuerung, → Rentenbesteuerung.

Altersruhegehalt → Ruhegehalt.

Altersvorsorge – 1. *Altersvorsorgebeiträge* in die gesetzliche Rentenversicherung und Beiträge in die sog. Riester-Rente sind als → Sonderausgaben abzugsfähig. Begünstigt sind (1) der Eigenbeitrag zu Kapital bildenden Altersvorsorgeverträgen sowie (2) die Altersvorsorgezulage. Die Begünstigung beträgt ab dem Veranlagungszeitraum 2008 bis zu 2.100 Euro (§§ 84, 85 EStG). Sofern der Sonderausgabenabzug günstiger ist als die Altersvorsorgezulage, erhöht sich der tarifliche Einkommensteuer, welche unter Berücksichtigung der entsprechenden Sonderausgaben berechnet wurde, um die Altersvorsorgezulage. Andernfalls erfolgt keine Sonderausgabenabzug. Diese Günstigerprüfung wird von Amts wegen durch das → Finanzamt vorgenommen. Zu den begünstigten Altersvorsorgebeiträgen gehören Beiträge und Tilgungsleistungen (ab 1.1.2008), die der Zulagenberechtigte auf seinen zertifizierten Altersvorsorgeverträgen erbringt. Begünstigt sind auch Tilgungsleistungen, aber auch das Darlehen nach dem 31.12.2007 für die Finanzierung selbst genutzten Wohneigentums eingesetzt wird. Weiterhin gehören zu den Beiträgen auch das aus dem individuell versteuerten Arbeitslohn des Arbeitnehmers geleisteten Beiträge an → Pensionsfonds, → Pensionskassen oder → Direktversicherungen zum

Aufbau einer kapitalgedeckten betrieblichen Altersvorsorge. – 2. *Zulagenberechtigte*: Zulagenberechtigt sind nach § 10a EStG a) Empfänger von Besoldung nach dem Bundesbesoldungs- oder dem Landesbesoldungsgesetz, b) Empfänger von Amtsbezügen mit entsprechendem Versorgungsrecht, c) versicherungsfreie oder von der Versicherungspflicht befreite Beschäftigte, auf deren Versorgungsrecht das Beamtenversorgungsgesetz angewendet wird, d) Beamte, Richter, Berufssoldaten und Soldaten auf Zeit, die ohne Besoldung beurlaubt sind, für die Zeit einer Beschäftigung, wenn während der Beurlaubung die Gewährleistung einer Versorgungsanwartschaft unter bestimmten Voraussetzungen auf diese Beschäftigung erstreckt wird e) Steuerpflichtige im oben genannten Sinne, die wegen der Erziehung eines Kindes beurlaubt sind und deshalb keine Besoldung, Amtsbezüge oder Entgelt erhalten, sofern sie eine Anrechnung von Kindererziehungszeiten in Anspruch nehmen könnten, wenn die Versicherungsfreiheit in der gesetzlichen Rentenversicherung nicht bestehen würde, f) Pflichtversicherte der Landwirte-Alterssicherung, g) Arbeitslose, gemeldet als Arbeitssuchende, die aufgrund zu hohen Einkommens oder Vermögens keine Leistungen nach dem 3. Buch SGB erhalten, h) Steuerpflichtige, die eine Rente oder Dienstunfähigkeits-Versorgung aufgrund voller Erwerbsminderung oder Erwerbsunfähigkeit beziehen und darüber hinaus das 67. Lebensjahr noch nicht vollendet haben. – 3. *Altersvorsorgezulage* besteht aus der Grund- und der Kinderzulage. Die Zulage wird in voller Höhe gewährt, wenn der Berechtigte einen Mindesteigenbeitrag leistet. Dieser Mindesteigenbeitrag hängt vom sozialversicherungsbeitragspflichtigen Arbeitsentgelt im Vorjahr ab und ist um die Zulage zu kürzen. Die Grundzulage beläuft sich ab dem Jahr 2008 auf 154 Euro bei Alleinstehenden und 308 Euro bei Verheirateten. Die Kinderzulage beträgt je Kind 185 Euro. – 4. Durch das Eigenheimrentengesetz (EigRentG) ist der sog. „*Wohn-Riester*" ab dem Veranlagungszeitraum 2008 eingeführt worden. So können Riester-Sparer ihre Vorsorgebeiträge auch in einen Bausparvertrag einzahlen oder eine Baufinanzierung tilgen. Das selbst genutzte Wohneigentum wird nach § 10a EStG gefördert. – 5. Gemäß aktueller Rechtsprechung kann die Riester-Förderung (EU-Vorgaben-Umsetzungsgesetz vom 8.4.2010, BGBl. 2010 I S. 386) auch für Immobilien in einem EU-Mitgliedsstaat sowie in den EWR-Staaten Island, Norwegen und Liechtenstein genutzt werden. Darüber hinaus ist der Kreis der begünstigten Personen erweitert worden. Es kann auch für den Ehegatten, der nicht in Deutschland wohnhaft ist, eine Zulage gewährt werden. Zieht ein Riester-Sparer ins EU/EWR-Ausland, wird die Zulage nicht zurückgefordert. – Vgl. → Altersvorsorge-Eigenheimbetrag.

Altersvorsorge-Eigenheimbetrag – 1. *Begriff:* Betrag, den der Beitragszahler vorübergehend aus dem im Altersvorsorge-Vertrag angesparten Kapital für die Finanzierung seiner eigenen im Inland belegenen Wohnung (Altersvorsorgevertrag) entnehmen darf. Im Rahmen des Eigenheimrentengesetzes vom 29.7.2008 wurde der Katalog der zulässigen Altersvorsorgeverträge ergänzt. Damit ist die Finanzierung von selbst genutztem Wohneigentum ab dem 1.1.2008 nach § 10a EStG begünstigt (vgl. auch Riester-Rente). – 2. *Voraussetzungen:* Die Verwendung des begünstigten Kapitals eines Altersvorsorgevertrages kann nach § 92a EStG unter den folgenden Bedingungen in Höhe von bis zu 75 Prozent oder 100 Prozent erfolgen: Die Verwendung muss bis zum Beginn der Auszahlungsphase unmittelbar zur Anschaffung oder Herstellung einer Wohnung, zu Beginn der Auszahlungphase zur Entschuldung einer Wohnung oder für den Erwerb von Genossenschaftsanteilen für die Selbstnutzung einer Genossenschaftswohnung erfolgen. Weitere Voraussetzung ist, dass die Wohnung den Lebensmittelpunkt des Zulagenberechtigten bildet, im Inland belegen ist und eigenen Wohnzwecken dient. Der im Vertrag vereinbarte Zeitpunkt (er muss zwischen dem 60. und dem 68. Lebensjahr liegen) gilt als Beginn der Auszahlungsphase. *Besteuerung:* Leistungen aus Altersvorsorgeverträgen unterliegen als → sonstige Einkünfte (§ 22 Nr. 5 EStG) der vollen Besteuerung. Der Steuerpflichtige hat jedoch die Wahl zwischen laufender oder einmaliger Besteuerung. Leistungen, die nicht begünstigt waren, werden nach den bisherigen Regelungen zu Altersbezügen besteuert.

Altersvorsorgevertrag – Ein Altersvorsorgevertrag (§ 80 EStG) liegt vor, wenn zwischen Anbieter und einer natürlichen Person eine Vereinbarung geschlossen wird, die den Vertragspartner eine lebenslange und unabhängig vom Geschlecht berechnete Altersversorgung vorsieht, die nicht vor Vollendung des 60. Lebensjahres oder einer vor Vollendung des 60. Lebensjahres beginnenden Leistung aus einem gesetzlichen Alterssicherungssystem des Vertragspartners gezahlt werden darf. – Anbieter i.S.d. Gesetzes sind Anbieter von Altersvorsorgeverträgen gemäß § 1 II des Altersvorsorgeverträge – Zertifizierungsgesetzes sowie die in § 82 II genannten Versorgungseinrichtungen. Dazu gehören auch Bausparkassen i.S.d. Gesetzes über Bausparkassen und Kreditinstitute. – Vgl. auch Wohn-Riester, Riester-Rente.

Altersvorsorgezulage – Zulage, die für → Altersvorsorgeverträge gezahlt wird, falls nicht der Abzug der Beiträge als Sonderausgaben günstiger ist. – Alle nach den §§ 10a bzw. 79 EStG begünstigten unbeschränkt steuerpflichtigen Personen haben Anspruch auf eine Altersvorsorgezulage (§§ 83 ff. EStG). Liegen bei Ehegatten die Voraussetzungen vor und haben beide einen Altersvorsorgevertrag, so sind beide zulagenberechtigt. Die Zulage ist abhängig von den geleisteten Altersvorsorgebeiträgen und setzt sich aus einer Grundzulage und einer → Kinderzulage zusammen. – Geförderte Altersvorsorgebeiträge sind sowohl Beiträge als auch Tilgungsleistungen, die zur Tilgung eines im Rahmen des Altersvorsorgevertrags abgeschlossenen → Darlehens verwendet werden. Tilgungsleistungen werden nur berücksichtigt wenn das zugrunde liegende Darlehen für eine nach dem 31.12.2007 vorgenommene wohnwirtschaftliche Verwendung (also nur für eigengenutzte Wohnobjekte) eingesetzt wurde. – Bei Eltern wird die Kinderzulage der Mutter zugeordnet, auf Antrag beider Eltern dem Vater. Die Zulage wird gekürzt, wenn der Zulagenberechtigte nicht den Mindestbeitrag leistet. Dieser beträgt seit dem Jahr 2008 4 Prozent der Summe der in dem Kalenderjahr vorangegangenen Kalenderjahr erzielten Einnahmen, max. jedoch 4 Prozent der Beitragsbemessungsgrenze.

Altfahrzeug – Nach der Altfahrzeug-VO i.d.F. vom 21.6.2002 (BGBl. I 2214) sind Hersteller von Fahrzeugen verpflichtet, alle Altfahrzeuge ihrer Marke vom Letzthalter zurückzunehmen (§ 3 I). – Vgl. auch Kreislaufwirtschafts- und Abfallgesetz (KrW-/AbfG).

Amtshilfe – I. Grundgesetz: gegenseitige Beistandsleistung aller Behörden des Bundes und der Länder nach Art. 35 GG z.B. durch Auskunfterteilung, Übersendung von Akten etc. Bes. geregelte Hilfe bei Naturkatastrophen und schweren Unglücksfällen durch Polizei, Bundesgrenzschutz und Streitkräfte (Art. 35 II und III GG). – Im Bereich der Gerichte als Rechtshilfe bezeichnet.

II. Steuerrecht: 1. *Allgemein:* Alle Gerichte und Behörden haben den Finanzbehörden die zur Durchführung der Besteuerung erforderliche Amtshilfe zu leisten (§ 111 I AO). – 2. *Voraussetzungen:* Eine Finanzbehörde kann um Amtshilfe u.a. dann ersuchen, wenn sie die Amtshandlung aus rechtlichen und/oder tatsächlichen Gründen nicht selbst vornehmen kann, sie auf Kenntnisse von Tatsachen angewiesen ist, die ihr unbekannt sind und die sie selbst nicht ermitteln

kann, sowie, wenn sie Urkunden oder sonstige Beweismittel zur Durchführung des Besteuerungsverfahrens benötigt, die sich im Besitz der ersuchten Behörde befinden (§ 112 AO). – 3. Die Pflicht der Amtshilfe findet ihre *Grenze,* wenn die ersuchte Behörde aus rechtlichen Gründen dazu nicht in der Lage ist, sie dem Ersuchen nur mit unverhältnismäßigem Aufwand entsprechen könnte bzw. durch die Hilfeleistung die Erfüllung ihrer eigenen Aufgaben ernstlich gefährdet würde. – 4. Soweit Gerichte und Behörden Tatsachen dienstlich erfahren, die den Verdacht auf eine → Steuerstraftat nahelegen, sind sie zur Mitteilung an die Finanzbehörden auch ohne dortiges Ersuchen verpflichtet (§ 116 AO). – 5. Daneben können die Finanzbehörden auch *zwischenstaatliche Amtshilfe* in Anspruch nehmen. Grundlage sind die Regelungen der jeweiligen → Doppelbesteuerungsabkommen (DBA) bzw. die → EG-Amtshilfe-Richtlinie, umgesetzt durch das EG-Amtshilfe-Gesetz (§ 117 AO). – Neu eingeführt und anzuwenden ab dem 26.7.2012 ist § 117a AO, der die Übermittlung personenbezogener Daten an Mitgliedstaaten der EU ermöglicht. Die Regelung wurde durch das EUStrfVerfG (Gesetz über die Vereinfachung des Austauschs von Informationen und Erkenntnissen zwischen den Strafverfolgungsbehörden der Mitgliedstaaten der Europäischen Union vom 21.07.2012, BGBl. I S. 1566) eingeführt. Auf ein Ersuchen einer für die Verhütung und Verfolgung von Straftaten zuständigen öffentlichen Stelle eines Mitgliedstaates der EU können nun die mit der Steuerfahndung betrauten Dienststellen der Finanzbehörden personenbezogene Daten, die in Zusammenhang mit den Aufgabe der Steuerfahndung (Zollfahndung) stehen, zum Zweck der Verhütung von Straftaten übermitteln. – § 117b AO schränkt die Nutzung der Daten auf Zwecke ein, für die sie übermittelt wurden, oder zur Abwehr einer gegenwärtigen und erheblichen Gefahr für die öffentliche Sicherheit (ebenfalls eingeführt durch EUStrfVerfG und anzuwenden ab dem 26.7.2012).

Amtspflicht – Begriff u.a. der Abgabenordnung (AO) für die Pflicht des Finanzamtes, die steuerpflichtigen Fälle zu erforschen und von Amts wegen die tatsächlichen und rechtlichen Verhältnisse zu ermitteln, die für die Steuerpflicht und die Bemessung der Steuer wesentlich sind (→ Untersuchungsgrundsatz, § 88 AO). Das Finanzamt hat Angaben der Steuerpflichtigen auch zu deren Gunsten zu prüfen (§§ 88 II, 199 I AO). Bei Schädigung durch schuldhafte Verletzung der Amtspflicht → Schadensersatz nach § 839 BGB und Art. 34 GG (Amtspflichtverletzung).

Amtsplatz – Begriff des Zollrechts für die Räume und Flächen, die für die zollamtliche Tätigkeit bestimmt sind. Die eingeführten Waren sind vor ihrer → Gestellung regelmäßig den Amtsplatz der zuständigen Zollstelle zu verbringen, § 4 ZollVG. Auch beim Export sind die Waren zumindest am Amtsplatz der Grenzzollstelle, Ausgangszollstelle, zu gestellen.

Anderkonto – 1. *Begriff*: Treuhandkonto; von jemandem im eigenen Namen, mit eigener Verfügungsbefugnis, für einen anderen, treuhänderisch unterhaltenes Konto. Meist als Bankkonto bei Verwaltung des Vermögens des Treugebers durch Angehörige bestimmter Berufsgruppen (→ Rechtsanwalt, → Notar, Wirtschaftsprüfer, etc.). Über das Konto allein verfügungsberechtigt ist der → Treuhänder. Die Banken haben zur Führung von Anderkonten eigene Bankbedingungen. – Die Bank kann Guthaben auf Anderkonten nicht zur Verrechnung mit ihren Forderungen gegen den Kontoinhaber heranziehen, wie auch andere Gläubiger in das Anderkonto nicht wegen persönlicher Schulden des Kontoinhabers vollstrecken können. – 2. *Steuerliche Behandlung*: Steuerpflichtig für das Vermögen und die Einkünfte aus dem Anderkonto ist derjenige, für den das Geld verwahrt wird (Treugeber), weil steuerlich nicht das formale rechtliche Eigentum, sondern das wirtschaftliche Eigentum zählt (§ 39 AO). Jedoch ist der Treuhänder verpflichtet, für die korrekte Versteuerung der von ihm verwalteten Gelder zu sorgen; er haftet für die Steuern, wenn er diese Verpflichtung nicht ordnungsgemäß erfüllt (§§ 34, 35, 69 AO). – 3. *Baufinanzierung*: Bankkonten, welche z.B. von Notaren für die treuhänderische Aufnahme von Fremdgeldern benutzt werden, die noch nicht weitergeleitet werden dürfen, da die Auszahlungsvoraussetzungen noch nicht erfüllt sind. Das Konto wird überwiegend bei der Abwicklung von Immobiliengeschäften eingesetzt. Das Geld verbleibt auf den Konten, bis der Kaufvertrag erfüllt ist. I.d.R. Löschung der Vorlasten, Eintragung der Auflassungsvormerkung, Vorlage der behördlichen Genehmigungen.

Änderungssperre – 1. *Tatbestand*: → Steuerbescheide, die aufgrund einer → Außenprüfung ergangen sind, können wegen → neuer Tatsachen oder → neuer Beweismittel nur geändert werden, wenn eine → Steuerhinterziehung oder leichtfertige → Steuerverkürzung vorliegt (§ 173 II AO). – 2. *Grund für die Regelung*: erhöhte → Bestandskraft derartiger Steuerbescheide und damit erhöhter Vertrauensschutz (Rechtsfriede). Denn eine Außenprüfung hat die umfassende Sachverhaltsermittlung und Beweiswürdigung durch die Finanzbehörde zum Ziel, dessen Erreichung der → Steuerpflichtige durch Erfüllung seiner Mitwirkungspflichten zu unterstützen hat. – 3. *Umfang und Wirkung*: Der Umfang der Änderungssperre richtet sich nach dem Inhalt der Prüfungsanordnung. Die Änderungssperre wirkt sowohl zugunsten als auch zuungunsten des Steuerpflichtigen. Sie tritt (mit Unanfechtbarkeit der aufgrund der Außenprüfung erlassenen Steuerbescheide ein.

Anfechtungsklage – I. Verwaltungsgerichtsbarkeit: auf Aufhebung eines → Verwaltungsaktes (§ 42 I VwGO) gerichtete Klage. – 1. Soweit gesetzlich nichts anderes bestimmt ist, ist sie nur *zulässig*, wenn der Kläger geltend macht, durch den Verwaltungsakt in seinen Rechten verletzt zu sein. Das ist

der Fall, wenn seine subjektiven privaten oder öffentlichen Rechte durch den Verwaltungsakt beeinträchtigt werden. Soweit die Behörde ermächtigt ist, nach ihrem Ermessen zu handeln, kann die Klage auch darauf gestützt werden, dass der Verwaltungsakt rechtswidrig ist, weil die gesetzlichen Grenzen des Ermessens überschritten sind (Ermessensüberschreitung) oder von dem Ermessen in einer dem Zweck der Ermächtigung nicht entsprechenden Weise Gebrauch gemacht ist (Ermessensmissbrauch). – 2. Die Anfechtungsklage ist zu unterscheiden von der sog. Verpflichtungsklage, die erhoben werden kann, wenn ein beantragter Verwaltungsakt nicht erlassen wird, auf den der Antragsteller ein Recht zu haben behauptet, und von der sog. Untätigkeitsklage, die erhoben werden kann, wenn über einen Widerspruch oder über einen Antrag auf Vornahme eines Verwaltungsakts in angemessener Frist sachlich nicht beschieden worden ist. – 3. Ähnliche Regelung der Anfechtungsklage im *Sozialgerichtsgesetz (SGG)*: Sozialgerichtsbarkeit.

II. Finanzgerichtsbarkeit: Anfechtungsklage ist ebenfalls vorgesehen (§§ 40 ff. FGO). Sie ist gerichtet auf die Aufhebung eines Verwaltungsaktes. Wenn die Klage gegen einen Verwaltungsakt gerichtet ist, der einen Geldbetrag festsetzt oder eine Feststellung über einen solchen trifft, kann das Gericht selbst den richtigen Geldbetrag festsetzen (§ 100 II FGO); dies ist z.B. bei Anfechtungsklage gegen einen Steuerbescheid der Fall. – 1. Die Anfechtungsklage ist nur zulässig, wenn der Kläger geltend macht, durch den angegriffenen Verwaltungsakt in seinen Rechten verletzt zu sein. Außerdem muss eine persönliche Klagebefugnis bestehen. Diese besitzen bei Bescheiden über gesonderte Feststellungen für Gesellschaften oder Gemeinschaften: (1) *vorrangig* der vertretungsberechtigte *Geschäftsführer* oder ersatzweise derjenige, der für die betreffenden Bescheide nach der Abgabenordnung der Empfangsbevollmächtigte war. (2) *Ersatzweise* ist klagebefugt jeder Gesellschafter, Gemeinschafter, Mitberechtigte, gegen den der Bescheid ergangen ist oder zu ergehen hätte. (3) *Ergänzend* kann, auch wenn ein Geschäftsführer bzw. Empfangsbevollmächtigter existiert, jeder der Beteiligten klagen, wenn er entweder in der Zwischenzeit aus der Gesellschaft, Gemeinschaft etc. ausgeschieden ist oder wenn er sich nur dagegen wendet, wie und auf wen in dem Bescheid festgestellte Betrag verteilt wird. Ferner ist außerdem jeder, den eine Feststellung persönlich berührt, berechtigt, hinsichtlich dieses Punktes Anfechtungsklage zu erheben. – 2. Aufgrund der Abgabenordnung erlassene Änderungs- oder Folgebescheide können nicht in weiterem Umfang angefochten werden, als sie in den außergerichtlichen Vorverfahren (noch) angefochten werden konnten (§ 42 FGO i.V. mit § 351 AO). – 3. *Gegenstand* der Anfechtungsklage ist der ursprüngliche Verwaltungsakt nach Durchführung des Vorverfahrens in der Gestalt, die er durch die Entscheidung über den außergerichtliche Rechtsbehelf gefunden hat (§ 44 II FGO). – 4. *Frist:* Die Anfechtungsklage ist binnen einem Monat zu erheben (§ 47 FGO).

III. **Gesellschaftsrecht** 1. *Aktienrechtliche Anfechtungsklage:* a) aa) Ein Beschluss der Hauptversammlung kann wegen Verletzung des Gesetzes oder der Satzung durch Klage angefochten werden. (§ 243 Abs. 1 AktG). Einschränkungen der Anfechtungsgründe in § 243 Abs. 3 und 4 AktG, z.B. durch technische Störung verursachte Verletzung von Rechten. ab) Die Anfechtungsbefugnis regelt § 245 AktG: u.a. jeder in der Hauptversammlung erschienene Aktionär, wenn er gegen den Beschluss Widerspruch zur Niederschrift erklärt hat, der Vorstand. ac) Die Klage muss binnen eines Monats nach der Beschlussfassung erhoben werden; sie ist gegen die Gesellschaft zu richten, die durch Vorstand und Aufsichtsrat vertreten wird. Klagt ein Vorstandsmitglied, wird die Gesellschaft durch den Aufsichtsrat, im umgekehrten Fall durch den Vorstand vertreten. Ausschließlich zuständig ist das Landgericht, in dessen Bezirk die Gesellschaft ihren Sitz hat. Die Erhebung der Klage und der Termin zur mündlichen Verhandlung ist in den Gesellschaftsblättern bekannt zu geben (§ 246 AktG). ad) Soweit der Beschluss der Hauptversammlung durch rechtskräftiges Urteil für nichtig erklärt wird, wirkt das Urteil für und gegen alle Aktionäre sowie die Mitglieder des Vorstands und Aufsichtsrats, auch wenn sie nicht Partei sind (§ 248 Abs. 1 AktG). – b) Weitere Klagegründe etwa nach § 251 AktG (Anfechtung der Wahl eines Aufsichtsratsmitglieds durch die Hauptversammlung) oder § 254 (Anfechtung bezüglich der Verwendung des Bilanzgewinns). Für das Anfechtungsverfahren gelten weitegehend die §§ 246 ff AktG. – c) Nach der Rechtsprechung des BGH (BGHZ 169,221) kann ein Aktionär, der eine Anfechtungsklage erhoben hat, dann aber seine Aktionärsstellung durch Veräußerung der Aktien freiwillig aufgegeben hat, die Anfechtungsklage analog § 265 Abs. 2 ZPO fortführen, sofern er ein rechtliches Interesse an der Verfahrensfortsetzung hat. Dasselbe gilt im Fall eines zwangsweisen „Squeeze-out" (§ 327a AktG). – 2. *Anfechtungsklage im GmbH-Recht:* Das GmbH-Recht selbst stellt keine Regelungen über die Rechtsfolgen mangelhafter Gesellschafterbeschlüsse zur Verfügung. Nach ganz herrschender Meinung und der höchstrichterlichen Rechtsprechung werden deshalb die Regelungen des Aktienrechts über die Rechtsfolgen fehlerhafter Hauptversammlungsbeschlüsse analog den Klagearten nach §§ 243, 249 AktG für die GmbH herangezogen. Wie oben unter 1. c) kann auch ein Gesellschafter, der einen Beschluss mit der Nichtigkeits- und Anfechtungsklage angegriffen hat, den Rechtsstreit nach § 265 ZPO auch nach Veräußerung des Geschäftsanteils fortsetzen, sofern er daran noch ein rechtliches Interesse hat.

Angehörige – Der Verlobte, der Ehegatte; Verwandte in gerader Linie und 2. und 3. Grades in der Seitenlinie, Verschwägerte in gerader Linie und zweiten Grades in der Seitenlinie; Adoptivkinder,

Pflegeeltern und -kinder (§ 15 I AO). Personen bleiben Angehörige auch dann, wenn das Verwandtschaftsverhältnis zwischen ihnen durch Scheidung, Adoption o.Ä. erloschen ist. Lediglich Verlobte bleiben nur während der Dauer der Verlobung Angehörige im Sinn des Steuerrechts.

Anhaltewert – früherer Begriff des Substanzsteuerrechts. Wertminderungen wegen Alters (d.h. Abschreibungen) durften niemals zu einem Wert von Null für ein noch existierendes Wirtschaftsgut führen. Es waren daher prozentuale Anhaltewerte für die Abschreibung in der Vermögensaufstellung festgelegt. – Seit dem 1.1.1993 werden die Wirtschaftsgüter des beweglichen Anlagevermögens mit den Steuerbilanzwerten angesetzt; da dort eine Abschreibung bis auf Null erfolgt sind Vorschriften über einen Anhaltewert entbehrlich.

Anlagegold – 1. *Begriff* des Umsatzsteuerrechts: Gold in Barren- oder Plättchenform mit einem von den Goldmärkten akzeptierten Gewicht und einem Feingehalt von mind. 995/1000, oder Goldmünzen mit einem Feingehalt von 900/1000, die nach dem Jahr 1800 geprägt wurden, gesetzliches Zahlungsmittel im Ursprungsland sind oder waren und üblicherweise zu einem Preis von nicht mehr als 180 Prozent des Wertes ihres Goldgehaltes (berechnet nach dem Wert am offenen Markt) verkauft werden. – 2. *Umsatzsteuerliche Behandlung:* Für Umsätze mit Anlagegold existiert seit dem Steuerbereinigungsgesetz 1999 eine Sonderregelung (§ 25c UStG) mit einer Steuerbefreiung, auf die jedoch bei einem Umsatz mit einem anderen Unternehmer verzichtet werden kann. Der Vorsteuerabzug ist für die Lieferung von Anlagegold trotz der Befreiung nicht vollständig ausgeschlossen, sondern für bestimmte Arten von Vorumsätzen gesetzlich gestattet (§ 25c IV UStG). – 3. *Steuersystematische Hintergründe:* Der Verkauf von Gold als Geldanlage wäre gegenüber Privatpersonen vollkommen unattraktiv, würde hierauf Umsatzsteuer erhoben werden, weil diese dann eine definitive Belastung darstellen würde. Außerdem würden Anbieter von Gold als Geldanlage gegenüber Anbietern aus Drittstaaten im Wettbewerb massiv benachteiligt, weil diese u.U. Gold zu Anlagezwecken nach ihrer heimatlichen Gesetzgebung steuerfrei anbieten könnten, solange der Anleger das Gold nicht körperlich in die EU transportieren würde, sondern im Drittland belässt. Der Gesetzgeber kann in dieser Situation auf die Wettbewerbsnachteile der inländischen Anbieter nicht anders reagieren, als diesen ebenfalls eine steuerlich unbelastete Tätigkeit zu ermöglichen. – 4. *Andere EU-Staaten:* Ähnliche Regelungen existieren auch in allen anderen EU-Staaten; Rechtsgrundlage sind die Art. 344-356 der → Mehrwertsteuersystemrichtlinie.

Anlagenprüfung – bei jedem prüfungspflichtigen Jahresabschluss (→ Jahresabschlussprüfung) erforderliche Prüfung des buchmäßig angewiesenen Vermögens, das dem Geschäftsbetrieb der

Unternehmung auf Dauer dienen soll (→ Anlagevermögen). Zu prüfen ist die Einhaltung der Vorschriften bez. (1) der körperlichen Bestandsaufnahme (Inventur); (2) der Aktivierung (Aktivierungspflicht, Aktivierungswahlrecht); (3) der → Bewertung und (4) der Erläuterung im Anhang. Die Berichtspflichten des → Abschlussprüfers im → Prüfungsbericht sind zu beachten.

Anlagevermögen – 1. *Steuerbilanz:* Hinsichtlich der Bewertung ist zu unterscheiden zwischen → abnutzbarem Anlagevermögen und nicht abnutzbarem Anlagevermögen (→ Bewertung und → Maßgeblichkeitsprinzip). – 2. *Erbschaftsteuer:* Das Anlagevermögen ist i.d.R. mit dem gemeinen Wert anzusetzen (§ 109 I BewG). – *Ausnahmen:* (1) Betriebsgrundstücke sind mit dem Grundbesitzwerten anzusetzen (§ 12 III ErbStG), Anteile an Kapitalgesellschaften sind nach §§ 11, 12 BewG zu bewerten (→ gemeiner Wert; → Stuttgarter Verfahren).

Anlaufhemmung → Festsetzungsverjährung.

Anlaufkosten – 1. *Begriff:* Kosten, die entstehen (1) nach Errichtung eines Betriebes durch Anlernen und Eingewöhnen der Belegschaft, Einrichten der Maschinen auf ein bestimmtes Fertigungsprogramm, Erschließung von Bezugsquellen und Absatzmärkten etc. (Lernkurven); (2) nach längerem Stillstand des Betriebes; (3) im Fall der Ausweitung des Fertigungsprogramms auf bisher nicht hergestellte Erzeugnisse. Anlaufkosten sind, wenn sie größeren Umfang annehmen, zu erfassen und auf mehrere Rechnungsabschnitte, denen die Aufwendungen zugute kommen, zu verteilen. – 2. *Handelsbilanz:* Das in § 269 HGB enthaltene Aktivierungswahlrecht, die Anlaufkosten bzw. Aufwendungen für die Ingangsetzung und Erweiterung des Geschäftsbetriebs ganz, teilweise oder gar nicht zu aktivieren, wurde durch das Bilanzrechtsmodernisierungsgesetz (BilMoG) für Geschäftsjahre, die nach dem 31.12.2009 beginnen, aufgehoben. – 3. *Steuerbilanz:* Ein Aktivposten darf in der Steuerbilanz nicht angesetzt werden.

Anlaufstelle → einzige Anlaufstelle.

Anmelder – Person, die eine → Zollanmeldung im eigenen Namen abgibt oder in deren Namen eine Zollanmeldung (direkte Stellvertretung) abgegeben wird, Art. 4 Nr. 18 ZK. Der Anmelder muss gem. Art. 64 II ZK regelmäßig im → Zollgebiet der EU ansässig sein. Ausnahmen sind allein das → Versandverfahren und die vorübergehende Verwendung sowie teilweise die Überführung in den zollrechtlich freien Verkehr. In Art. 4 Nr. 11 MZK wird auch die Person als Anmelder bezeichnet, die eine → summarische Anmeldung oder eine Wiederausfuhrmitteilung einreicht.

Anmeldung – I. *Öffentliche Register:* 1. *Handelsregister:* u.a. im HGB mehrfach ausdrücklich vorgeschrieben (z.B. Firma, Prokura etc.). – a) *Form:* Nach § 12 HGB sind Anmeldungen zur Eintragung ins Handelsregister elektronisch in öffentlich beglaubigter Form einzureichen. Der gesetzliche Vertreter

kann ohne bes. Vollmacht kraft der ihm vom Gesetz verliehenen Vertretungsmacht die Anmeldung vornehmen. Was anmeldepflichtig ist, schreibt das HGB genau vor; ebenso wer anmeldepflichtig ist (z.B. §§ 25 II, 29, 31, 53, 108, 143, 148 HGB). – b) *Anmeldezwang:* Die Anmeldung kann vom Registergericht durch Zwangsgeld erzwungen werden (§ 14 HGB, §§ 388 ff. FamFG). – c) *Ersatz der Anmeldung eines Beteiligten* ist möglich durch Vorlage der vollstreckbaren Entscheidung eines Gerichts, die die Pflicht zur Anmeldung feststellt (§ 16 I HGB). – 2. *Andere Register:* Genossenschaftsregister, Grundbuch, Güterrechtsregister, Schiffsregister, Vereinsregister, Unternehmensregister, Zentrales Testamentsregister, Zentrales Vorsorgeregister.

II. *Im Insolvenzverfahren:* Die Insolvenzforderungen sind beim Insolvenzverwalter anzumelden (§ 174 InsO). Dies kann auch elektronisch erfolgen (§ 174 IV InsO). Nur vom *Gläubiger* (oder seinem Vertreter) angemeldete Forderungen werden in die Insolvenztabelle aufgenommen. Aufstellungen des Schuldners werden nicht berücksichtigt. *Anzugeben* sind Betrag, Grund der Forderung und beanspruchtes Vorrecht. Das Insolvenzgericht bestimmt im Eröffnungsbeschluss eine *Anmeldefrist,* die aber keine → Ausschlussfrist ist. Für die Nachzügler ist ein bes. Prüfungstermin auf deren Kosten anzuberaumen (§ 177 InsO). *Versäumt* der Gläubiger die rechtzeitige Anmeldung, verliert er seine Rechte nicht und kann nach Aufhebung des Insolvenzverfahrens Befriedigung suchen, jedoch keine Berücksichtigung bei Verteilung.

III. *Straßenverkehrsrecht:* Zulassung von Kraftfahrzeugen.

IV. *Steuerrecht:* → Steueranmeldung, → Meldepflicht, → Anzeigepflicht, → Betriebseröffnung.

V. *Gewerbeordnung:* Gewerbeanmeldung, Gewerbeerlaubnis.

Annehmlichkeit – Begriff der Rechtsprechung und Finanzverwaltung für eine Aufwendung, die der Arbeitgeber im Rahmen seiner Fürsorgepflicht im betrieblichen Interesse für den Arbeitnehmer erbringt. Die jüngere Rechtsprechung des Bundesverfassungshofes hat sich vom Begriff der Annehmlichkeit gelöst und stützt sich bei der Untersuchung, ob Arbeitslohn vorliegt, auf gesetzliche Tatbestandsmerkmale. Steuerpflichtiger Arbeitslohn liegt dann nicht vor, wenn die Zuwendung des Arbeitgebers ganz überwiegend im betrieblichen Interesse, d.h. nicht mit dem Ziel der Entlohnung, erbracht wird. Im Einzelfall bleibt die Abgrenzung schwierig. Kein Arbeitslohn sind bes. die Leistungen zur Verbesserung der Arbeitsbedingungen, z.B. die Gestellung von Berufskleidung, Duschräumen und Betriebskindergärten. – Vgl. auch → Aufmerksamkeit.

Annexsteuern – *Zuschlagsteuer;* Steuern, die an die Höhe einer anderen Steuer anknüpfen. Die wichtigsten Annexsteuern im dt. Recht sind → Kirchensteuer und → Solidaritätszuschlag. Die Annexsteuern haben zwar einen fest proportionalen Satz (z.b. 5,5 Prozent beim Solidaritätszuschlag), fallen in Relation zum Einkommen aber doch progressiv aus, wenn sie an die progressive Einkommensteuer anknüpfen, da dann die Belastung durch die Annexsteuer mit hohem Einkommen ebenfalls automatisch prozentual höher ist als bei niedrigem Einkommen. – Vgl. auch → Einkommensteuer.

Anrechnungsanspruch – *Begriff* des → körperschaftsteuerlichen Anrechnungsverfahrens zur Berechnung der Körperschaftsteuerbelastung, die auf Ausschüttungen der Körperschaft an ihre Anteilseigner entfiel. Der Anrechnungsanspruch wurde Ende 2000 abgeschafft, als das → Halbeinkünfteverfahren eingeführt wurde.

Anrechnungsguthaben – Andere Bezeichnung für → Anrechnungsanspruch.

Anrechnungsmethode – *tax credit method;* 1. *Begriff:* eine Methode zur Vermeidung der → Doppelbesteuerung, bei der die im Ausland bezahlte Steuer auf die im Inland zu zahlende Steuer angerechnet wird. – 2. *Funktionsweise:* Die im Inland zu zahlende Steuer darf um den Betrag gekürzt werden, der wegen des betreffenden Vorgangs schon im Ausland an Steuer gezahlt werden musste, allerdings wird höchstens auf den Betrag an dt. Steuer verzichtet, den Deutschland für diesen Vorfall selbst fordern würde (keine Erstattung „überschießender" ausländischer Steuern und auch keine Verrechnung mit dt. Steuern auf andere Vorfälle). – 3. *Betroffene Steuerarten:* Nach dt. Recht ist die Anrechnungsmethode bei der Einkommensteuer, Körperschaftsteuer und Erbschaftsteuer (sowie früher auch bei der Vermögensteuer) anzutreffen. Rechtsgrundlage für ihre Anwendung sind teils Bestimmungen in den betreffenden nationalen Steuergesetzen (§§ 34 c, 34 d EStG, § 26 KStG, § 21 ErbStG), teils weiter reichende Regelungen in bilateralen → Doppelbesteuerungsabkommen (DBA). – 4. *Anwendungsvoraussetzungen:* a) Die Anrechnungsmethode findet *nur bei grenzüberschreitenden Sachverhalten* Anwendung; die „Gewerbesteueranrechnung" und das frühere körperschaftsteuerliche „Anrechnungsverfahren" sind etwas Anderes. – b) *Betroffene Sachverhalte:* Im dt. Recht gibt es kein allg. Prinzip, wonach man automatisch immer dann, wenn ein Sachverhalt mit ausländischen Steuern belegt wird, auch die Anrechnungsmethode nutzen könnte; ein solches Prinzip muss auch nach dem Recht der Europäischen Union gegenwärtig noch nicht geschaffen werden. Daher muss der betroffene Steuerpflichtige für jeden einzelnen Vorgang mit Auslandsberührung im dt. Recht eine Anspruchsgrundlage finden, die ihm eine Anrechnung der im Ausland schon bezahlten Steuer auf die dt. Steuer erlaubt. Solche Regelungen können einerseits im „nationalen" dt. Recht enthalten sein (EStG, KStG, ErbStG), andererseits in zwischenstaatlichen Doppelbesteuerungsabkommen. Grundsätzlich sehen die

Regelungen im „nationalen" dt. Steuerrecht (EStG, KStG, ErbStG) eine Anrechnung ausländischer Steuern nicht in allen Fällen vor, in denen ausländische Steuern erhoben werden könnten; vielmehr definiert der dt. Gesetzgeber jeweils ausdrücklich, welche Vorfälle aus seiner Sicht einen so starken Auslandsbezug haben, dass er ausländische Steueransprüche als so legitim ansieht, dass er seinerseits zu einer Einschränkung der dt. Steueransprüche durch die Anrechnungsmethode bereit ist (das erklärt sich daraus, dass der deutsche Gesetzgeber solche Einkünfte deutscher Steuerpflichtiger, die in Deutschland erwirtschaftet worden sind, für seinen eigenen Steuerzugriff reservieren möchte). Diese Festlegungen richten sich bei Einkommensteuer und Körperschaftsteuer an einer Liste „ausländischer" Einkünfte in § 34 d EStG, bei der Erbschaftsteuer nach dem Begriff des „Auslandsvermögens" in § 21 ErbStG. Ist ein Vorgang in den entsprechenden Auflistungen nicht erwähnt, ist die Anrechnungsmethode nach dt. Recht nicht nutzbar (z.B. keine Anrechnung ausländischer Steuern bei einer nur 3 Monate unterhaltenen Baustelle im Ausland oder keine Anrechnung ausländischer Erbschaftsteuern bei einem lediglich bei einer ausländischen Bank unterhaltenen Konto), es kommt dann insoweit zu einer Doppelbesteuerung. Soweit Doppelbesteuerungsabkommen mit dem ausländischen Staat existieren, richtet sich die Frage, wann die Anrechnungsmethode genutzt werden kann, jedoch nicht mehr nach den §§ 34 c EStG, 26 KStG oder 21 ErbStG, sondern nach den Bestimmungen des jeweiligen Vertrages; diese sorgen dann dafür, dass keine Lücken im Schutz vor Doppelbesteuerung verbleiben. – c) *Betroffene ausländische Steuerarten:* Die Anrechnung der ausländischen Steuer auf die dt. Steuer setzt voraus, dass es sich bei der ausländischen Steuer um eine Steuer von derselben Art wie die dt. Steuer handelt. Die Anrechnungsmethode will nämlich nur eine zusätzliche wirtschaftliche Belastung im grenzüberschreitenden Rahmen verhindern, wie sie entstehen würde, wenn ein und dieselbe Steuerart in zwei Staaten in vollem Umfang erhoben werden würde. Eine solche Zusatzbelastung, die den Einsatz der Anrechnungsmethode erfordern würde, gibt es dagegen nicht, wenn es sich um verschiedene Steuerarten handelt (z.B. keine Anrechnung ausländischer Grundsteuer auf ein Mietgrundstück auf die dt. Einkommensteuer auf die daraus bezogenen Mieten, weil auch in Deutschland das Nebeneinander dieser zwei Steuerarten normal wäre, also keiner Abhilfe bedarf). Wo es ein Doppelbesteuerungsabkommen gibt, wird die Frage, welche Steuern des ausländischen Staates einer dt. Einkommen- bzw. Körperschaftsteuer entsprechen und daher angerechnet werden können, im betreffenden Doppelbesteuerungsabkommen selbst geregelt (vgl. Art. 2 OECD-MA), fehlt ein solches DBA, klären die dt. Behörden die Frage eigenständig (vgl. Liste ausländischer Steuerarten aus Nicht-DBA-Ländern in Anlage 6 zu den EStR). – d) Die Berechnung *der dt. Steuer,* die anteilig auf die fraglichen ausländischen Einkünfte/das ausländische Vermögen entfällt (d.h. des Betrages, auf den Deutschland max. durch Anrechnung der schon im Ausland bezahlten Steuern verzichten wird), ist bei abgeltend besteuerten Kapitaleinkünften besonders einfach: dort beträgt sie 25 Prozent (§ 32d V EStG), bei allen anderen Einkünften geschieht die Ermittlung der auf sie entfallenden deutschen Steuer in der Weise, dass man einfach die fraglichen Einkünfte (Vermögenswerte) aus dem betreffenden Land zu allen vorhandenen Einkünften (Vermögenswerten) ins Verhältnis setzt; wenn z.B. die fraglichen Einkünfte ein Drittel aller in diesem Jahr bezogenen Einkünfte darstellen, wird auch ein Drittel der in diesem Jahr zu zahlenden Einkommensteuer als die dt. Steuer angesehen, die mit diesen ausländischen Einkünften zu tun hat und auf die angerechnet werden kann. Diese Vorgehensweise ist zwar einleuchtend, kann aber in Einzelfällen Effekte haben, die mit den europäischen Grundfreiheiten nicht vereinbar sind (EuGH-Urt. *de Groot*), ob sich daraus Änderungsbedarf für die deutsche Ausgestaltung der Anrechnungsmethode ergibt, wird vermutlich demnächst durch die Rechtsprechung des EuGH geklärt werden.

Anrechnungsprinzip → Internationales Steuerrecht (IStR).

Anrechnungsverfahren → körperschaftsteuerliches Anrechnungsverfahren, → Körperschaftsteuersystem.

Anrechnungsverfügung – auch Abrechnungsverfügung. Sie stellt einen eigenständigen, vollziehbaren Verwaltungsakt dar, auch wenn sie häufig mit dem Steuerbescheid (der Steuerfestsetzung) verbunden wird. Sie lässt erkennen, welche Beträge (Vorauszahlungen, Steuerabzugsbeträge, Anrechnungsbeträge) auf die festgesetzte Steuer angerechnet werden. Im Ergebnis führt sie zu einer Zahllast (→ Leistungsgebot) oder einer Erstattung. – Die Anrechnungsverfügung ist Teil des steuerlichen Erhebungsverfahrens. Sie ist selbstständig mit dem Einspruch (§ 347 I 1 AO) anfechtbar. Davon unberührt bleibt für den Steuerpflichtigen die Möglichkeit, bei Einwendungen gegen die Richtigkeit der Anrechnungsverfügung einen → Abrechnungsbescheid zu beantragen.

Anrufungsauskunft – der gesetzliche Terminus für → Lohnsteuerauskunft.

Ansammlungsrückstellung – Begriff des Steuerbilanzrechts. Rückstellungen für Verpflichtungen, für deren Entstehung wirtschaftlich der laufende Betrieb ursächlich ist (§ 6 I Nr.3a Buchstabe d EStG). Solche Rückstellungen sind steuerlich zeitanteilig in gleichen Raten anzusammeln. Dies ist insbesondere im Fall bei Verpflichtungen, die erst nach einer gewissen Zeit einzulösen sind. – *Beispiel:* Ansammlungsrückstellung für die Verpflichtung, ein Kernkraft stillzulegen und zu entsorgen.

Ansässigkeitsstaat – 1. *Begriff:* im Sprachgebrauch der → Doppelbesteuerungsabkommen (DBA)

derjenige Staat, in dem der Steuerpflichtige seinen Hauptwohnsitz hat und dem er deswegen aus der Sicht des Abkommens zugeordnet wird. – 2. *Funktion im System der Doppelbesteuerungsabkommen:* Da in den Doppelbesteuerungsabkommen die Regelungen darüber, wie die Besteuerungsrechte für die Einkünfte eines Steuerpflichtigen verteilt werden, darauf abstellen, wo der Steuerpflichtige ansässig ist und wo nicht, muss im ersten Schritt stets der Ansässigkeitsstaat eindeutig geklärt werden, bevor die Normen eines Abkommens auf einen Einzelfall überhaupt erfolgreich angewandt werden können. So ließe sich z.B. eine Regelung, wonach die Besteuerung von Lizenzeinnahmen allein dem Ansässigkeitsstaat zusteht, nicht praktizieren, wenn nicht vorab eindeutig geklärt wäre, welcher Staat dies im konkreten Einzelfall ist. – 3. *Regeln zur Festlegung des Ansässigkeitsstaates* enthält jedes Doppelbesteuerungsabkommen im Einleitungsteil (meist Art. 4). Demnach ist als Ansässigkeitsstaat meist derjenige der beiden Staaten anzusehen, in dem der Steuerpflichtige seinen Wohnsitz hat; führt dies noch zu keinem eindeutigen Ergebnis (weil z.B. in beiden Staaten ein Wohnsitz besteht), werden nach einer genau festgelegten Prüfreihenfolge weitere Kriterien solange geprüft, bis ein einziger Staat als Ansässigkeitsstaat feststeht. – 4. *Faustregeln:* Meist sind natürliche Personen an ihrem Hauptwohnsitzort ansässig, juristische Personen am Ort der Geschäftsleitung. – 5. *Unterschied zur persönlichen Steuerpflicht nach nationalem EStG/KStG:* Eine unbeschränkte Steuerpflicht bei der dt. ESt/KSt ist zwar im Regelfall Voraussetzung dafür, dass Deutschland auch als Ansässigkeitsstaat eines Steuerpflichtigen nach dem Recht eines Doppelbesteuerungsabkommens gelten kann; umgekehrt fällt die unbeschränkte Steuerpflicht aber nicht fort, wenn nach einem DBA ein anderer Staat als Deutschland als Ansässigkeitsstaat eingestuft wird. Gilt z.B. jemand mit deutschem und belgischem Wohnsitz aufgrund des maßgeblichen Abkommens als ansässig in Belgien, so wird er in Deutschland trotzdem weiterhin nach den Regeln der unbeschränkten Steuerpflicht besteuert; die Einkünfte, die das Abkommen dem anderen Staat zuspricht, werden dann lediglich im Rahmen der Veranlagung zur unbeschränkten Steuerpflicht als steuerfreie Einkünfte behandelt.

Anschaffungskosten – 1. *Definition:* Aufwendungen bzw. Kosten, die geleistet werden, um einen Vermögensgegenstand zu erwerben und ihn in einen betriebsbereiten Zustand zu versetzen, soweit sie dem Vermögensgegenstand einzeln zugeordnet werden können (§ 255 I HGB). – 2. *Bestandteile:* → Anschaffungspreis eines Vermögensgegenstands zzgl. → Anschaffungsnebenkosten (z.B. Maklergebühr, Provisionen, Eingangsfrachten einschließlich Speditionskosten, Rollgeld, Zoll, Transportkosten, bei Maschinen auch Kosten des Einbaus und der Montage, bei Grundstücken zusätzlich Vermessungs-, Notariats- und Gerichtskosten, auch

Grunderwerbsteuer). Die Anschaffungskosten mindern sich um Skonti, Rabatte, Preisnachlässe, Zahlungsabzüge (für Subventionen und nicht rückzahlbare Zuschüsse der öffentlichen Hand besteht ein Wahlrecht). – *Beispiele* für nachträgliche Anschaffungskosten, die den früheren Anschaffungskosten hinzuzurechnen sind (§ 255 HGB): Erschließungsbeiträge für Erstanlage einer Straße oder Erstanschluss an Kanalisation, Abbruchkosten. – 3. Anschaffungskosten sind *Grundlage* und Obergrenze für die Bewertung in der Handelsbilanz (§ 253 I, II HGB) und der → Steuerbilanz (§ 6 EStG). Bei abnutzbaren Wirtschaftsgütern des → Anlagevermögens sind die Anschaffungskosten Ausgangspunkt und Grundlage zur Bemessung der Abschreibungen. Werden die Anschaffungskosten um planmäßige Abschreibungen gemindert, so spricht man von fortgeführten Anschaffungskosten bzw. Anschaffungswerten.

anschaffungsnahe Herstellungskosten – anschaffungsnaher Aufwand.

Anschaffungsnebenkosten – Teil der → Anschaffungskosten. Anschaffungsnebenkosten umfassen a) Erwerbsnebenkosten: Provisionen, Verkehrsteuern, Notariatskosten; b) Bezugsnebenkosten: Zölle, Transportversicherung, Verpackung, Frachten; c) Nebenkosten der Inbetriebnahme: Fundamentierungskosten, Montagekosten u.a.

Anschaffungspreis – Bestandteil der → Anschaffungskosten; der Anschaffungspreis entspricht regelmäßig dem Kaufpreis minus abzugsfähiger Vorsteuer (§ 15 UStG).

Anschlussprüfung → Außenprüfung.

Anschreibeverfahren → vereinfachte Verfahren bei der Zollanmeldung.

Ansparabschreibung – 1. *Begriff:* Möglichkeit, auf bestimmte Wirtschaftsgüter schon vor ihrer Anschaffung steuermindernde Absetzungen vorzunehmen. Die dadurch verursachten Steuervorteile sollen dem Unternehmer die Finanzierung der Anschaffung der betreffenden Wirtschaftsgüter erleichtern. Es handelt sich nicht um eine Abschreibung, sondern um die Bildung einer steuermindernden Rücklage. Die Regelung der Ansparabschreibung nach § 7g EStG unterlag mehrfach Gesetzesänderungen. Inzwischen ist § 7g EStG durch das Unternehmensteuerreformgesetz neu gefasst (§ 52 XXIII S. 3 i.d.F. des Gesetzes vom 14.8.2007). Die Neuregelung erfolgten durch das EStG 2008 (Investitionsabzugsbetrag), welche bereits grundsätzlich ab dem Veranlagungszeitraum 2007 anzuwenden ist. Im Rahmen der Änderungen wurden insbesondere die Voraussetzungen und die Höchstsätze geändert. – 2. *Voraussetzungen:* a) I.d.R. darf der Steuerpflichtige bis zu 40 Prozent der voraussichtlichen Anschaffungs- oder Herstellungskosten des begünstigten Wirtschaftsguts in die Rücklage einstellen, wenn er dieses maximal bis zum Ende des übernächsten Wirtschaftsjahrs anschaffen oder herstellen wird. Das Wirtschaftsjahr muss neu sein, und

der Betrieb darf bestimmte Größenmerkmale nicht überschreiten; ferner dürfen die am Bilanzstichtag gebildeten Rücklagen je Betrieb des Steuerpflichtigen nicht 154.000 Euro übersteigen (§ 7g EStG). – b) Sonderregelung für Existenzgründer: Für → Existenzgründer sind die Voraussetzungen großzügiger; hier reicht es aus, wenn das Wirtschaftsgut bis zum fünften Jahr nach Bildung der Rücklage angeschafft oder hergestellt wird; der Höchstbetrag der Rücklage liegt bei 307.000 Euro. – 3. *Auflösung der Rücklage:* Sobald für das betreffende Wirtschaftsgut Abschreibungen möglich sind, muss die Rücklage aufgelöst werden (§ 7g IV EStG). Wurde eine Ansparabschreibung gebildet, das betreffende Wirtschaftsgut später aber nicht angeschafft, so wird für jedes Jahr, in dem die Rücklage bestanden hat, der Gewinn um einen Zuschlag von 6 Prozent der Rücklage je vollem Wirtschaftsjahr erhöht.

Ansparrücklage → Ansparabschreibung.

Anstalt – Eine Anstalt unterfällt nach § 1 I Nr. 5 KStG der unbeschränkten Steuerpflicht nur dann, wenn es sich um nicht-rechtsfähige Anstalt des privaten Rechts handelt. Sie gilt dann als Unterart der nicht rechtsfähigen → Zweckvermögen und ist körperschaftsteuerlich wie diese zu behandeln (§ 1 I 5 KStG). Was zum Einkommen einer solchen Anstalt gehört, bestimmt sich dann nach den normalen Regeln des EStG; die für bestimmte andere Rechtsformen geltende Bestimmung, dass alle Einkünfte als gewerblich zu behandeln sind, gilt hier nicht (vgl. § 8 II KStG). Ist eine Anstalt dagegen öffentlich-rechtlich, so kann man nur dann zu einer unbeschränkten Steuerpflicht kommen, wenn ein Betrieb gewerblicher Art vorliegt (§ 1 I Nr.6 KStG). Freilich kann es auch bei einer solchen Anstalt zu einer beschränkten von Einkünften aus Deutschland kommen, z.B. wenn solche Einkünfte einem Steuerabzug unterlegen haben (§ 2 Nr. 2 KStG; „beschränkte Steuerpflicht II").

Anstoßtarif → Kurventarif.

Anteilstausch – Begriff des Einkommen- und Körperschaftsteuerrechts: 1. I.w.S.: Tausch von Anteilen an einer Kapitalgesellschaft gegen Anteile an einer anderen Kapitalgesellschaft. Früher (1958 bis 1999) sah das sog. Tauschgutachten den Verzicht auf Gewinnrealisierung vor, wenn Artgleichheit, Funktionsgleichheit und Nämlichkeit der getauschten Anteile gegeben waren. Seit 1999 sind Tauschvorgänge auch im Rahmen eines Anteilstauschs gewinnrealisierend. Die einzige Ausnahme bildet nur noch der Anteilstausch i.e.S. – 2. I.e.S.: Austausch von Anteilen durch ihre Einbringung in eine andere Kapitalgesellschaft gegen Anteile an dieser anderen Gesellschaft (→ eine echte Fusion). Steuerlich ohne Gewinnrealisierung möglich, wenn die andere Gesellschaft durch den Anteilstausch die Mehrheit an der erstgenannten Kapitalgesellschaft erwirbt (§ 21 UmwStG; „qualifizierter Anteilstausch"). Dann freilich muss der Anteilseigner später seinen Gewinn aus der Veräußerung der neu erhaltenen Anteile auf Basis der Anschaffungskosten der alten Anteile berechnen (→ Buchwertfortführung); die stillen Reserven, die beim Anteilstausch vorhanden waren, werden also zwar nicht sofort realisiert, gehen aber der späteren Besteuerung nicht verloren. Da dieser Gedanke der „Steuerneutralität" für die Ausnahmeregelung zentral ist, gelten in Fällen, in denen aufgrund der Regelungen des internationalen Steuerrechts Deutschland nach dem Anteilstausch die stillen Reserven nach dem Anteilstausch auch später nicht mehr besteuern dürfte, bes. Regelungen: a) In Fällen, die unter die Fusionsrichtlinie der EG fallen, wird der Anteilstausch zwar nicht aktuell besteuert, später aber eine Besteuerung des Veräußerungsgewinns der neuen Anteile auch dann vorgenommen, wenn das Internationale Steuerrecht (z.B. die Doppelbesteuerungsabkommen) dies eigentlich verbieten würden. – b) In allen anderen Fällen wird dann, wenn die Gefahr besteht, dass durch einen Verzicht auf die sofortige Besteuerung eines Anteilstauschs eine spätere Steuererhebung auf die stillen Reserven nicht mehr möglich wäre, auch beim qualifizierten Anteilstausch ausnahmsweise eine Sofortversteuerung angeordnet. – 3. *Besonderheiten*: → Buchwertverknüpfung, → Buchwertfortführung

Antidumping-Verordnung – Bei → Einfuhr von gedumpten Waren in das → Gemeinschaftsgebiet kann ein → Antidumpingzoll erhoben werden, wenn die Überführung der Ware in den zollrechtlich freien Verkehr der EU eine Schädigung verursacht. Dumping liegt nach der Antidumping-Verordnung vor, wenn der Preis bei der Ausfuhr in die EU niedriger ist als der vergleichbare Preis der zum Verbrauch im Ausfuhrland bestimmten gleichartigen Ware im normalen Handelsverkehr. Das Ausfuhrland ist normalerweise das → Ursprungsland. Liegt ein solcher Verkaufspreis für Vergleichszwecke nicht vor, so kann der Normalwert der Ware anhand der Herstellungskosten zzgl. der Vertriebs-, Verwaltungs- und Gemeinkosten und eines Gewinnaufschlages bestimmt werden.

Antidumpingzoll → Einfuhrzoll, der den im Importland eintretenden negativen Wirkungen von Dumping eines Exportlands begegnen soll. Der Antidumpingzoll verteuert den Import und soll somit die → Einfuhr von Dumpingwaren vermindern. Nach dem internationalen Handelsrecht der WTO – vgl. World Trade Organization (WTO) und GATT – setzt die Einführung eines Antidumpingzolls durch das Importland die Erfüllung einiger Bedingungen voraus: (1) der Tatbestand des Antidumpingzolls im Sinne einer regionalen Preisdifferenzierung muss nachgewiesen sein; (2) im Importland muss eine signifikante Schädigung eines Wirtschaftszweiges (nicht nur eines Unternehmens) nachgewiesen werden; (3) der Zusammenhang zwischen dieser Schädigung und dem Antidumpingzoll muss nachgewiesen sein; (4) es muss auch ein volkswirtschaftliches Interesse an der Erhebung eines Antidumpingzolls bestehen.

Der Nachweis dieser Kriterien bedeutet i.d.R. einen erheblichen Zeitbedarf und Kostenaufwand für den klagenden Wirtschaftssektor. Ein Antidumpingzoll kann daher von der Europäischen Kommission auch vorläufig festgesetzt werden. Möglich ist auch die Erhebung von Sicherheiten, bis das Prüfverfahren abgeschlossen ist. Ein Antidumpingzoll darf den entstandenen Schaden nicht überkompensieren, d.h. es muss das Prinzip der Verhältnismäßigkeit zwischen Schaden und Maßnahme gewahrt bleiben. Üblicherweise wird als *Dumpingspanne* die Differenz zwischen Exportpreis und Inlandspreis im Exportland durch den Antidumpingzoll abgeschöpft. – Analog zum Antidumpingzoll kann unter ähnlichen Voraussetzungen ein sog. Ausgleichszollerhoben werden, wenn Güter aufgrund staatlicher Exportsubventionen vergleichsweise zu billig exportiert werden. Während Dumping eine private Aktivität ist, sind Exportsubventionen staatliche Maßnahmen (tarifäre Handelshemmnisse). Antidumpingzölle zählen dagegen zu den nicht tarifären Handelshemmnissen.

Antragsveranlagung – offizieller Ausdruck für den → Lohnsteuer-Jahresausgleich durch das Finanzamt.

Anwendungserlass zur Abgabenordnung (AEAO) – vom 2.1.2008 (BStBl. I 26) m.spät. Änd. – Interne Verwaltungsanweisung zur Auslegung der Abgabenordnung. Der Anwendungserlass bindet nur die Finanzverwaltung, nicht aber die Finanzgerichte und den Bundesfinanzhof. – Änderungen und Neufassungen der Verwaltungsanweisungen zu den einzelnen Vorschriften erfolgen regelmäßig mittels BMF-Schreiben.

Anzahlung – Vorauszahlung des Auftraggebers an seinen Lieferanten; Form des Handelskredits (Teilzahlung). – 1. *Bilanzierung*: a) *Geleistete Anzahlungen*: getrennt nach Anlage- und Umlaufvermögen auszuweisen. – b) *Empfangene Anzahlungen*: gesonderter Ausweis unter der Position „Verbindlichkeiten" als erhaltene Anzahlungen auf Bestellungen oder im Fall der Anzahlung auf Vorräte offene Absetzung von der Position „Vorräte" (§ 268 V HGB). – 2. *Umsatzsteuer*: Anzahlungen sind beim empfangenden Unternehmer (Leistender) stets mit dem Empfang der Zahlung der → Umsatzsteuer zu unterwerfen; Anzahlungen beim zahlenden Unternehmer ermöglichen korrespondierend dazu den → Vorsteuerabzug bereits dann, wenn eine Rechnung mit gesondertem Umsatzsteuerausweis über die Anzahlung vorliegt und die Zahlung geleistet worden ist. Bei der Endabrechnung über die Leistung ist deutlich zu machen, dass bereits eine Anzahlung berechnet wurde, damit es nicht zu einem doppelten Abzug der Umsatzsteuerbeiträge als Vorsteuer kommen kann. Auch beim Reverse-Charge-Verfahren (Steuerschuldnerschaft des Leistungsempfängers) sind Anzahlungen bereits bei Zahlung zu versteuern.

Anzeigepflicht – Verpflichtung, bestimmte für die Besteuerung erhebliche Sachverhalte der

Finanzbehörde mitzuteilen. Eine Anzeigepflicht ist u.a. vorgesehen: (1) zur Erfassung von Körperschaften, Vereinigungen und Vermögensmassen (§ 137 AO); (2) bei Eröffnung, Verlegung und Aufgabe eines Betriebs der Land- und Forstwirtschaft, eines gewerblichen Betriebes oder einer Betriebsstätte (§ 138 AO); (3) bei Aufnahme, Verlegung und Aufgabe einer freiberuflichen Tätigkeit (§ 138 AO); (4) bei Gründung und Erwerb von Betrieben und Betriebsstätten im Ausland (§ 138 II AO); (5) bei Beteiligung an ausländischen Personengesellschaften und Erwerb von größeren Beteiligungen an ausländischen Kapitalgesellschaften (§ 138 II AO); (6) für Betriebe, die verbrauchsteuerpflichtige Waren (z.B. Biersteuer, Sektsteuer, Mineralölsteuer) gewinnen oder herstellen bzw. bei denen bes. Verkehrsteuern (z.B. Versicherungsteuer, Feuerschutzsteuer) anfallen (§ 139 AO); (7) bei unrichtiger oder unvollständiger → Steuererklärung und falsch verwendeten Steuerzeichen und Steuerstemplern (§ 153 AO); (8) bei Änderung bestimmter Lohnsteuerabzugsmerkmale zu Beginn bzw. im Laufe des Kalenderjahres (§§ 39 V, VII EStG); (9) für Arbeitgeber, soweit der Arbeitgeber die vom Arbeitnehmer geschuldete Lohnsteuer nicht durch Zurückbehaltung von anderen Bezügen des Arbeitnehmers aufbringen kann und der Arbeitnehmer dem Arbeitgeber den entsprechenden Betrag nicht zur Verfügung stellt (§ 38 IV EStG) oder der Arbeitgeber von seiner Berechtigung zur nachträglichen Einbehaltung von Lohnsteuer keinen Gebrauch macht bzw. machen kann (§ 41c IV EStG); (10) für Gerichte, Behörden, Beamte und Notare (§ 34 ErbStG, § 18 GrEStG), für bestimmte, an einen erbschaftsteuerpflichtigen Erwerb oder an einen unter das Grunderwerbsteuergesetz fallenden Vorgang beteiligte Personen (§ 30 ErbStG, § 19 GrEStG) sowie für Vermögensverwahrer, Vermögensverwalter und Versicherungsunternehmen (§ 33 ErbStG).

aperiodische Steuern → nicht periodische Steuern.

Äquivalenzprinzip – I. *Besteuerung:* 1. *Begriff:* → Besteuerungsprinzip, nach dem sich die Höhe der Abgaben nach den empfangenen staatlichen Leistungen durch die Staatsbürger richtet. Für den Nutzen, den die Bürger aus öffentlichen Gütern und Diensten ziehen, sollen sie aus Gründen der optimalen Allokation ein marktpreisähnliches Entgelt zahlen. – 2. *Formen:* a) *individuelle Äquivalenz:* Äquivalenz bezogen auf einzelne Personen; kaum realisierbar, bei vielen Leistungen unbestimmbar bei Steuern nicht gewollt. – b) *gruppenmäßige Äquivalenz:* Äquivalenz bezogen auf Gruppen, v.a. regional abgegrenzte Gruppen; wichtiges Kriterium für die Bemessung öffentlicher Einnahmen und deren Verteilung im föderalen Finanzausgleich. – *Beurteilung:* Nach heutiger Meinung ist das Äquivalenzprinzip in der Besteuerung nicht praktikabel, da der Nutzen i.d.R. nicht operational messbar und individuell zurechenbar ist; bei der Bemessung aufkommensstarker Steuern widerspricht es außerdem dem fiskalischen Ziel

der Einnahmenerhebung und vielen verteilungspolitischen Zielsetzungen. – *Gegensatz:* → Leistungsfähigkeitsprinzip.

II. *Privatversicherung:* grundlegendes Kalkulationsprinzip, das die Gleichheit von Leistung und Gegenleistung fordert. Demzufolge soll für ein versicherungstechnisches Risiko eine Risikoprämie (Preis für den Versicherungsschutz) entsprechend seinem Schadenerwartungswert (erwartete Versicherungsleistung) erhoben werden. Es existieren unterschiedliche versicherungsmathematische Kalkulationsverfahren in den einzelnen Versicherungssparten.

III. *Sozialversicherung:* In den Sozialversicherungen herrscht generell eine gruppenmäßige Äquivalenz durch die Beschränkung von Beitragspflichten und Leistungsansprüchen auf im Wesentlichen durch ihren Erwerbsstatus definierte Mitglieder sowie deren Angehörige. In der gesetzlichen Rentenversicherung gilt das Äquivalenzprinzip eingeschränkt; hier bilden die sog. persönlichen Entgeltpunkte (§ 66 SGB VI) den individuellen Faktor der Rentenformel. Dies garantiert, dass die Höhe der Rente auch von der Beitragsleistung des Einzelnen abhängt. – *Beurteilung:* Angesichts der wohlfahrtsstaatlichen Zielsetzung, auch bei niedrigen Erwerbseinkommen zu einer ausreichenden Altersversorgung zu kommen, wird dieser Tatbestand kritisiert, weil eine Umverteilung von den hohen zu den niedrigen Renten möglich sein müsste. Dies geschieht auch, z.B. durch die Rente nach Mindesteinkommen und durch andere Formen „versicherungsfremder Leistungen" sowie außerhalb der Rentenversicherung durch die „Grundsicherung im Alter". – In der gesetzlichen Krankenversicherung und der sozialen Pflegeversicherung stellen die einheitlichen Ansprüche aller Mitglieder auf Sachleistungen sowie die beitragsfreie Mitversicherung von Familienangehörigen Abweichungen vom Äquivalenzprinzip dar.

IV. *Lohn und Leistung:* Grundsatz des leistungsgerechten Lohns (Lohngerechtigkeit). Bezieht sich nicht auf eine Festlegung der absoluten Lohnsumme, sondern fordert, dass die relative Lohnhöhe, also die Verhältnisse der einzelnen betrieblichen Löhne zueinander, den jeweiligen Leistungen entsprechen. – Das Äquivalenzprinzip beinhaltet: a) Forderung nach *Äquivalenz von Lohn und Anforderungsgrad* (Arbeitsschwierigkeit), errechenbar durch eine geeignete Lohnsatzdifferenzierung: Mithilfe der Arbeitsbewertung sind die Anforderungsgrade der einzelnen Arbeitstätigkeiten als Grundlage für die arbeitsplatzweise Differenzierung der Lohnsätze auf der Basis der Normalleistung zu bestimmen. – b) *Äquivalenz von Lohn und Leistungsgrad* (persönliche Leistung), erreichbar durch die Wahl einer geeigneten Lohnform: durch die Differenzierung des Lohns für einzelne Arbeitnehmer entsprechend nach dem persönlichen Arbeitsergebnis im Vergleich zur Normalleistung. Ökonomisch würde das Äquivalenzprinzip eine „marktleistungsgerechte" Entlohnung fordern, in der sich die relative

Knappheit der Arbeitsleistung und des mit ihrer Hilfe erzeugten Produktes niederschlägt.

Äquivalenztheorie – *Interessentheorie*; theoretische Rechtfertigung der Besteuerung (→ Steuerrechtfertigungslehre) als eine Gegenleistung des Einzelnen für den Nutzen, den ihm staatliche Leistungen gewähren. Die Höhe der Steuer soll vom Umfang der vom Staat erbrachten Leistungen abhängen (→ Äquivalenzprinzip). – *Vertreter:* Locke, Montesquieu, Schlözer u.a.

Arbeitgeber – I. Begriff: Arbeitgeber ist jeder, der einen → Arbeitnehmer beschäftigt. Wer Arbeitgeber ist, bestimmt sich danach, mit wem der Arbeitsvertrag geschlossen wurde. Arbeitgeber kann auch eine juristische Person sein. Unter bes. arbeitsvertraglichen Verhältnissen, in denen die Arbeit einer anderen Person zu leisten ist als dem Vertragspartner (z.B. Leiharbeitsverhältnis, mittelbares Arbeitsverhältnis) kann eine *Aufspaltung der Arbeitgeberstellung* in Betracht kommen. Beim Konzern kann je nach Vertragsgestaltung die Konzernobergesellschaft oder eine Tochtergesellschaft oder beide Arbeitgeber sein. Bei der (Außen-) Gesellschaft bürgerlichen Rechts (GbR) ist der bahnbrechenden Entscheidung des BGH, 29.1.2001 – II ZR 331/01 – die Gesellschaft Arbeitgeber; insofern hat eine Angleichung an die übrigen → Personengesellschaften (OHG, KG) stattgefunden, bei denen ebenfalls die Gesellschaft als Arbeitgeber auftritt. – Der Begriff Arbeitgeber ist arbeitsrechtlicher Natur und zu unterscheiden vom Begriff des → Unternehmers, der wirtschaftliche und wirtschaftsrechtliche Bedeutung hat.

II. Pflichten des Arbeitgebers: 1. *Hauptpflicht:* Zahlung von → Arbeitsentgelt (§ 611 BGB). Eine Vergütung gilt als stillschweigend vereinbart, wenn die Dienstleistung den Umständen nach nur gegen eine Vergütung zu erwarten ist (§ 612 BGB). – 2. *Nebenpflichten:* Wahrung schutzwürdiger Interessen des Arbeitnehmers, die Fürsorgepflicht des Arbeitgebers; Gleichbehandlung der Arbeitnehmer. – 3. *Pflichten gemäß Lohnsteuerrecht:* inländische Arbeitgeber (das sind solche, die durch einen inländischen Wohnsitz oder einige ähnliche, in § 38 EStG aufgeführte Kriterien mit dem Inland verbunden sind; insbesondere ist stets inländischer Arbeitgeber, wer hier eine Betriebsstätte unterhält) und zusätzlich auch ausländische Verleiher von Arbeitskräften (ausländische Zeitarbeitsfirmen) müssen nach dem Einkommensteuergesetz für die ordnungsgemäße Zahlung der → Lohnsteuer sorgen. Die betreffenden Regelungen finden sich in § 38ff. EStG. Bes. hervorzuheben ist, dass Arbeitgeber, welche die entsprechenden Verpflichtungen nicht beachten, dem Fiskus für einen evtl. Steuerschaden haften, der Fiskus andererseits aber auch verpflichtet ist, in lohnsteuerlichen Zweifelsfragen kostenlos Auskunft über den Stand der steuerrechtlichen Behandlung zu geben (sog. Anrufungsauskunft, § 42e EStG). Im Einzelnen sind u.a. folgende Verpflichtungen des Arbeitgebers zu erwähnen: (1)

Aufbewahrung der → Lohnsteuerkarte; bei Beendigung des Dienstverhältnisses oder nach Ablauf des Jahres Rückgabe an Arbeitnehmer (→ Lohnsteuer-Jahresausgleich) oder Finanzamt; (2) ordnungsgemäße Berechnung der → Lohnsteuer; (3) Kontenführung zum Nachweis ordnungsgemäßer Berechnung und Abführung der einbehaltenen Steuer- und Versicherungsbeträge; (4) Anmeldung und Abführung der Lohnsteuer für jeden Lohnsteuer-Anmeldungszeitraum; (5) Ausstellung von → Lohnsteuerbescheinigungen; (6) unter bestimmten Voraussetzungen (§ 42b EStG) Durchführung des Lohnsteuer-Jahresausgleichs. – Im Einzelnen unterliegen die Modalitäten des Lohnsteuerabzugs in den letzten Jahren im Detail großen Veränderungen durch Anpassungen an den technischen Fortschritt: So wurden ab 2005 die Verpflichtungen für eine Vielzahl von Arbeitgebern durch die Pflicht zur elektronischen Abwicklung der Lohnsteuer ergänzt oder ersetzt, und ab 2011 wird das bisherige System der Lohnsteuerkartenausgabe bis auf geringe Ausnahmen nahezu vollständig durch ein elektronisches Verfahren ersetzt (§ 39e IX EStG). Die Lohnsteuerkarte wird letztmals für das Jahr 2010 von den Gemeinden ausgestellt und übermittelt.

Arbeitgeberanteil – 1. *Charakterisierung:* Teil des Beitrags zur Sozialversicherung, der (i.d.R. neben dem Arbeitnehmeranteil) vom Arbeitgeber für einen versicherungspflichtigen Arbeitnehmer zu entrichten ist (Beitragssatz). In der gesetzlichen Kranken- und Rentenversicherung und in der Arbeitslosenversicherung betrug der Arbeitgeberanteil viele Jahre genau 50 Prozent des allgemeinen Beitragssatzes. Die andere Hälfte war vom Arbeitnehmer zu tragen (paritätische Finanzierung). Für die Mitglieder der gesetzlichen Krankenversicherung gilt seit dem 1.7.2005 jedoch ein zusätzlicher Beitragssatz in Höhe von 0,9 Prozent der beitragspflichtigen Einnahmen. Seit dem 1.1.2011 beläuft sich der allgemeiner Beitragssatz auf 15,5 Prozent; die Arbeitgeber tragen somit 7,3 Prozentpunkte und die Arbeitnehmer 8,2 Prozentpunkte. Individuelle Zusatzbeiträge (Gesundheitsprämie) einzelner Krankenkassen, die seit 2009 erhoben werden können, werden von den Arbeitnehmern allein getragen (Gesundheitsreform). Seit Inkrafttreten der Pflegeversicherung trägt der Arbeitgeber grundsätzlich auch dort die Hälfte des allgemeinen Beitrags der versicherungspflichtigen Beschäftigten zu zahlen, die in der gesetzlichen Krankenversicherung pflichtversichert sind (§ 58 I SGB XI). Kinderlose Versicherte haben ab dem 23. Lebensjahr jedoch einen Beitragszuschlag zu zahlen, an dem der Arbeitgeber nicht beteiligt ist (§ 55 III SGB XI). – Der Arbeitgeber hat in bestimmten Fällen bspw. geringfügiger Beschäftigung bis 450 Euro die vollen Beiträge zu übernehmen. – Werden die Beiträge aus Verschulden des Arbeitgebers verspätet entrichtet, so hat er sie in voller Höhe einschließlich des Arbeitnehmeranteils nachzuentrichten. – 2.

Steuerliche Behandlung: Nach § 3 Nr. 62 EStG sind gesetzliche Arbeitgeberanteile steuerfrei. – 3. In der *Kostenrechnung* wird der Arbeitgeberanteil als bes. Kostenart verrechnet. – 4. *Volkswirtschaftlich* handelt es sich bei den Arbeitgeberbeiträgen um Bestandteile der Lohnsumme und damit des Einkommens des Produktionsfaktors Arbeit. Die Zahlung der Beiträge durch die Arbeitgeber besagt nichts über die reale Belastung (Inzidenz) durch die Arbeitgeberbeiträge zur Sozialversicherung.

Arbeitgeberdarlehen → Darlehen eines Arbeitgebers an einen Arbeitnehmer.

I. *Ertragsteuern: Steuerliche Behandlung:* (1) Das *Kernproblem* aus steuerlicher Sicht besteht darin, dass der Arbeitgeber sich mit Hinblick auf das bestehende Arbeitsverhältnis möglicherweise mit außerordentlich günstigen Konditionen, z.B. mit einer zu geringen Verzinsung, für sein Darlehen zufrieden geben könnte (und oft auch: zufrieden geben wird). Dann spart der Arbeitgeber dem Arbeitnehmer durch dieses Verhalten Ausgaben, die dieser sonst – bei Aufnahme des Darlehens bei einem anderen, marktgerecht handelnden Darlehensgeber – tätigen müsste. In diesem Fall profitiert der Arbeitnehmer dann also finanziell von seinem bestehenden Arbeitsverhältnis, da ihm Ausgaben erspart werden; darin liegt ein geldwerter Vorteil, was nach den gesetzlichen Regeln grundsätzlich stets eine Einnahme darstellt (§ 8 I EStG). Einnahmen, die ihren Grund in einem Arbeitsverhältnis haben, sind aber grundsätzlich der Einkommensteuer zu unterwerfen(§ 19 I EStG). Bei Arbeitgeberdarlehen besteht also stets Klärungsbedarf dahingehend, ob (a) die Darlehenskonditionen marktgerecht sind oder nicht (im letzteren Fall liegt im ersparten Betrag ein geldwerter Vorteil, also eine Einnahme des Arbeitnehmers) und ggf. (b) wie hoch die betreffende Einnahme dann anzusetzen ist. (2) *Fallkonstellationen:* Bei *echten* Darlehen, bei denen eine angemessene Verzinsung und regelmäßige Rückzahlungsraten vereinbart wurden, wird demnach gar keine Lohnsteuerpflicht ausgelöst, da es an einer „Einnahme" des Arbeitnehmers aus dem Lohnverhältnis fehlt, wenn er im Rahmen des Darlehensvertrages keine Vorteile gegenüber der marktüblichen Behandlung erfährt. Um dies beurteilen zu können, muss ein Vergleich mit der marktüblichen Ausgestaltung entsprechender Darlehen vorgenommen werden. (3) Entspricht ein Darlehen nicht den marktüblichen Gegebenheiten, sind folgende Fälle denkbar: (a) die Abweichung von den Marktkonditionen erstreckt sich nur auf den festgelegten Zinssatz, d.h. ein Arbeitnehmer erhält ein Darlehen z.B. für 3 Prozent, das aber andere Darlehensnehmer gleicher Bonität 5 Prozent bezahlen müssten. Im Beispielsfall läge der geldwerte Vorteil, und damit der lohnsteuerpflichtige Betrag, offensichtlich in der Zinsersparnis von 2 Prozentpunkten. Nach allg. Prinzipien sind Einnahmen aus einem Arbeitsverhältnis bei ihrem Zufluss zu versteuern; demnach wäre die Zinsersparnis jeweils im Zeitpunkt zugeflossen, in dem die Zinszahlung üblicherweise stattfinden müsste. (b) die Abweichung von den Marktkonditionen kann aber auch darin liegen, dass der Arbeitgeber einen Betrag formal als Darlehen gewährt, mit dessen Rückzahlung er aber nicht ernsthaft rechnen kann (oder dessen Rückforderung er den Umständen nach nicht ernsthaft betreiben will). In diesem Fall besteht der geldwerte Vorteil des Arbeitnehmers in der gesamten Summe des vorgeblichen „Darlehens". Der Zufluss des Betrages – und damit die Steuerpflicht – tritt im diesem Zeitpunkt bereits in voller Höhe bei Auszahlung des „Darlehens"-Betrages an den Arbeitnehmer ein. Eine Einstufung des Darlehens als Scheindarlehen dieser Art schließt logisch übrigens aus, auch noch angebliche Zinsvorteile der Besteuerung zu unterwerfen. Wird der Darlehensbetrag später wider Erwarten dennoch tatsächlich zurückgezahlt, ist dies konsequenterweise genau so zu behandeln wie eine Rückzahlung von Einnahmen aus der nichtselbständigen Arbeit. (c) Wird ein Darlehen dagegen zunächst ernsthaft gewährt (Rückzahlung ernsthaft gewollt), der Darlehensbetrag aber später erlassen, wird der erlassene Betrag im Zeitpunkt des Erlassens zum geldwerten Vorteil und ist daher erst dann zu versteuern. (3) *Berechnung des geldwerten Vorteils:* a) Quantifizierung der Zinsvorteile: Eine frühere Regelung, wonach als marktübliche Verzinsung ein Prozentsatz von 5 Prozent anzusehen war, ist aufgehoben worden (nicht mehr enthalten in den Lohnsteuer-Richtlinien seit 2008). Seitdem ist der Vergleich mit dem marktüblichen Zinssatz individuell zu führen. Da die Überlassung von Darlehen eine Dienstleistung des Arbeitgebers darstellt, fällt die Überlassung eines Darlehens an den Arbeitnehmer möglicherweise unter die Regelung zum Rabattfreibetrag, aber nur dann, wenn der Arbeitgeber dieselbe Dienstleistung (also hier: Darlehen) nicht nur überwiegend für Arbeitnehmer anbietet – somit findet der Rabattfreibetrag hauptsächlich nur auf Arbeitgeberdarlehen an Arbeitnehmer von Kreditinstituten Anwendung. Für Arbeitnehmer anderer Branchen gilt die allg. Regelung des § 8 II EStG, wonach Sach- und Dienstleistungen des Arbeitgebers mit ihrem Marktwert zu bewerten sind. Allerdings bleiben gemäß § 8 II EStG solche Vorteile aus Vereinfachungsgründen außer Ansatz, wenn sie 44 Euro im Monat nicht übersteigen (→ Freigrenze). – b) bei einem Scheindarlehen (keine ernsthaft gewollte Rückzahlung) scheidet eine Bewertung nach diesen Grundsätzen dagegen aus; der Vorgang ist wie eine Bargeldzahlung zu sehen. (4) *Art der Versteuerung:* Ein geldwerter Vorteil aus einem Arbeitgeberdarlehen unterliegt, da verursacht durch die Tätigkeit als Arbeitnehmer, automatisch der → Lohnsteuer (Einkünfte aus nichtselbständiger Arbeit). Es handelt sich, da nicht regelmäßiger Arbeitslohn vorliegt, um → sonstige Bezüge. Deshalb kann auf Antrag, sofern solche Vergünstigungen einer größeren Zahl von Arbeitnehmern gewährt werden, eine Pauschalversteuerung durch den Arbeitgeber stattfinden (§ 40 I EStG); in diesem Fall bleibt der pauschal versteuerte geldwerte Vorteil dann bei einer Einkommensteuerveranlagung des Arbeitnehmers außer Ansatz. Wird dieser Weg nicht gewählt (oder ist er nicht gangbar, weil die Voraussetzungen des § 40 I EStG nicht erfüllt sind), ist die individuelle Versteuerung zu wählen und vom Arbeitgeber die Lohnsteuer individuell auf den jeweiligen geldwerten Vorteil aus dem Arbeitgeberdarlehen einzubehalten.

II. *Baufinanzierung: Arbeitgeberdarlehen über Bausparverträge:* Bei diesem Modell wird seitens des Arbeitgebers bei vergleichbarer Laufzeit weniger Liquidität gebunden als bei konventionellen Arbeitgeberdarlehen. Das Unternehmen wird Bausparer und zahlt das notwendige Bausparguthaben sofort ein (auch Auffüllkredite sind möglich), dabei verbleibt das Guthaben im Vermögen des Unternehmens. Durch die Sofortbesparung entsteht nach relativ kurzer Zeit ein Darlehensanspruch, der nach Zuteilung des Vertrages auf Mitarbeiter des Unternehmens zur Anschaffung von Wohneigentum verteilt werden kann. Diese erwerben damit alle Vorteile eines Bauspardarlehens, ohne die normalerweise notwendige Vorsparzeit. Die Bausparkasse übernimmt für den Arbeitgeber Bonitäts- und Objektprüfung und trägt das Kreditrisiko. Die Finanzverwaltung hat bestätigt, dass diese Zusatzleistung lohnsteuer- und sozialabgabenfrei bleibt wenn der effektive Jahreszins des Bauspardarlehens mindestens 5 Prozent p.a. beträgt.

Arbeitgeberzuschuss – 1. *Freiwillige oder private Krankenversicherung von Beschäftigten:* Zuschuss zum Krankenversicherungsbeitrag für Beschäftigte, die wegen des Überschreitens der Jahresverdienstgrenze nicht krankenversicherungspflichtig sind, wenn sie in der gesetzlichen Krankenversicherung freiwillig oder bei einem privaten Krankenversicherungsunternehmen versichert sind und Vertragsleistungen erhalten, die den Leistungen der Krankenhilfe entsprechen. – *Höhe:* Als Arbeitgeberzuschuss ist der Betrag zu zahlen, der als Arbeitgeberanteil bei Krankenversicherungspflicht der Beschäftigten zu zahlen wäre, höchstens jedoch die Hälfte des Beitrags, den Beschäftigte bei der Anwendung des allg. Beitragssatzes (§ 241 SGB V) aufzuwenden hätte (§ 257 SGB V). – Von der Steuer ist der Arbeitgeberzuschuss steuerfrei (§ 3 Nr. 62 EStG) und damit auch kein beitragspflichtiges Entgelt im Sinn der Sozialversicherung; im Fall eines höheren Arbeitgeberzuschusses ist der übersteigende Betrag steuer- und beitragspflichtig. – 2. *Private Lebensversicherung:* Die Arbeitgeberzuschüsse sind nur insoweit für die Sozialversicherung beitragspflichtiges Arbeitsentgelt, als die Arbeitgeberzuschüsse lohnsteuerpflichtiger Arbeitslohn sind. – 3. *Private Zusatzversicherung:* Der Arbeitgeberzuschuss ist grundsätzlich Arbeitsentgelt im Sinn der Sozialversicherung. – 4. *Kurzarbeitergeld:* Bei einem Zuschuss zum Kurzarbeitergeld gleicht der Arbeitgeberzuschuss meist das

Nettoarbeitsentgelt auf einen bestimmten Prozentsatz aus. Die Spitzenorganisationen der Sozialversicherungsträger vertreten die Auffassung, dass der Arbeitgeberzuschuss beitragspflichtiges Entgelt darstellt. – 5. *Krankengeld:* Arbeitgeberzuschuss zum Krankengeld *(Krankenzuschuss)* unterliegen nicht der Beitragspflicht, gleichgültig, ob Krankengeld aus der gesetzlichen Krankenversicherung auf einer Pflicht- oder freiwilligen Versicherung beruht. – 6. *Mutterschaftsgeld:* Für die Dauer der Schutzfrist nach § 14 MuSchG zu zahlender Differenzbetrag zwischen dem Mutterschaftsgeld der Krankenkasse in Höhe von 13 Euro täglich und dem täglichen Nettoarbeitsentgelt. Arbeitgeberzuschuss ist kein Arbeitsentgelt im Sinn der Sozialversicherung. – 7. *Arbeitgeberzuschuss zu Darlehnszinsen:* Zuschuss zu den tatsächlich zu zahlenden → Zinsen für ein Darlehen, das der Arbeitnehmer zur Errichtung oder zum Erwerb einer eigengenutzten Wohnung in einem im Inland gelegenen Gebäude aufnimmt, sind seit 1989 zu versteuern (→ Arbeitgeberdarlehen). – 8. *Pflegeversicherung:* Arbeitgeberzuschuss erhalten Beschäftigte, die in der gesetzlichen Krankenversicherung freiwillig versichert sind. Die Höhe des Arbeitgeberzuschusses ist begrenzt auf den Betrag, der als Arbeitgeberanteil zu zahlen wäre (§ 61 I SGB XI). – Beschäftigte, die in Erfüllung der Versicherungspflicht bei einem privaten Krankenversicherungsunternehmen versichert sind, erhalten einen Arbeitgeberzuschuss, der in der Höhe begrenzt ist auf den Betrag, der als Arbeitgeberanteil bei Versicherungspflicht in der sozialen Pflegeversicherung zu zahlen wäre, höchstens jedoch auf die Hälfte des Betrages, den der Beschäftigte für seine private Pflegeversicherung zu zahlen hat (§ 61 I SGB XI). – Beschäftigte, die nur wegen Überschreitung der Jahresentgeltgrenze in der gesetzlichen Krankenversicherung versicherungsfrei und als landwirtschaftliche Unternehmer in der Krankenversicherung der Landwirte versichert sind, erhalten als Arbeitgeberzuschuss den Betrag, den der Arbeitgeber im Fall einer Pflichtversicherung bei einer Pflegekasse zu zahlen hätte (§ 57 III SGB XI). – Auch die Bezieher von Vorruhestandsgeld haben Anspruch auf den Arbeitgeberzuschuss in Höhe der Hälfte des Beitrages, der bei Versicherungspflicht vom Vorruhestandsgeldbezieher zu zahlen wäre, der jedoch höchstens die Hälfte des z zahlenden Betrages beträgt (§ 61 IV SGB XI). – 9. *Rentenversicherung:* Beschäftigte, die aufgrund einer Versicherung in einer berufsständischen Versicherungs- oder Versorgungseinrichtung von der Versicherungspflicht in der Rentenversicherung gemäß § 6 I Nr. 1 SGB VI befreit sind, erhalten einen Arbeitgeberzuschuss in Höhe des Beitrags zu der Versorgungseinrichtung, höchstens aber die Hälfte des Beitrages, der zu zahlen wäre, wenn der Beschäftigte nicht von der Versicherungspflicht befreit worden wäre (§ 172 II SGB VI).

Arbeitnehmer – I. Begriff: 1. *Arbeitnehmer ist,* wer aufgrund eines privatrechtlichen Vertrages

(Arbeitsvertrag) unselbstständige, fremdbestimmte Dienstleistungen zu erbringen hat. Bedeutsam ist die Arbeitnehmereigenschaft u.a. dafür, ob Arbeitsrecht mit seinem spezifischen Kündigungsschutz anzuwenden ist. – 2. *Abgrenzungsmerkmale:* a) Durch die *persönliche Abhängigkeit* unterscheidet sich der Arbeitnehmer von sonstigen aufgrund eines Dienstvertrages (§§ 611 ff. BGB) zur Erbringung von Diensten verpflichteten Personen (z.B. Rechtsanwälte, Architekten, Ärzte); Dauer ist und Art der erbrachten Dienste ist nicht entscheidend. – b) *Fremdbestimmte Arbeit* (arbeitsorganisatorische Abhängigkeit): Indizien für abhängige und unselbstständige Arbeit sind die Übernahme fremdbestimmter Arbeitsleistung (vgl. § 84 I 2 HGB) und die Einbezogenheit in einen fremden Organisations- und Produktionsbereich. Kriterien sind persönliche und fachliche Weisungsgebundenheit und ausgeübte Arbeitskontrolle. Die Abgrenzung von selbstständiger Arbeit ist vielfach schwierig (→ Scheinselbstständigkeit). – c) *Formale Abgrenzungsindizien* wie die Abführung von Lohnsteuern und Sozialversicherungsbeiträgen sind für die Abgrenzung von untergeordneter Bedeutung. – 3. *Keine Arbeitnehmer:* (1) Beamte und Richter; (2) Ehegatten und Kinder, soweit sie aufgrund familienrechtlicher Grundlage Arbeit leisten; (3) Vorstandsmitglieder juristischer Personen; (4) Gesellschafter, die für die Gesellschaft tätig werden; (5) Strafgefangene (Arbeitsleistung im Rahmen eines öffentlich-rechtlichen Gewaltverhältnisses); (6) Ordensleute, deren Beschäftigung durch Gründe karitativer oder religiöser Art bestimmt ist; bei Diakonissen strittig. – Vgl. auch arbeitnehmerähnliche Personen.

II. Arbeitnehmergruppen: (1) Angestellte und Arbeiter, (2) leitende Angestellte, (3) Auszubildende. – Nach *beruflicher Gliederung:* (1) gewerbliche Arbeitnehmer, (2) kaufmännische Angestellte (Handlungsgehilfe), (3) Bergarbeiter und Angestellte des Bergbaus, (4) Schiffsbesatzungen, (5) Arbeitnehmer des öffentlichen Dienstes, (6) sonstige Arbeitnehmer. – Für diejenigen Arbeitnehmer, die keiner Sonderregelung unterliegen, gilt i.Allg. das Dienstvertragsrecht der §§ 611 ff. BGB.

III. Pflichten: 1. *Arbeitspflicht:* Der Arbeitnehmer ist zur Leistung der "versprochenen Dienste" verpflichtet (§ 611 I BGB). Inhalt und Umfang der Arbeitspflicht: Direktionsrecht. Die Leistung der versprochenen Arbeit hat der Arbeitnehmer persönlich zu erbringen (§ 613 BGB). Der Arbeitnehmer kann dem Arbeitgeber keinen Ersatzmann aufdrängen. – Verletzung der Arbeitspflicht: Vertragsbruch, Arbeitsverhinderung, Arbeitsversäumnis. – 2. *Nebenpflichten:* Treuepflicht des Arbeitnehmers.

IV. Lohnsteuerrecht: 1. *Merkmale für eine Arbeitnehmereigenschaft:* Dienstverhältnis (§ 1 II LStDV), d.h. Weisungsgebundenheit hinsichtlich Ort, Zeit und Inhalt der Tätigkeit, Erhalt fester Bezüge, Anspruch auf Urlaub und sonstige Sozialleistungen, Erhalt der Bezüge im Krankheitsfall, kein Unternehmerrisiko,

keine Unternehmerinitiative. Der Arbeitnehmer muss in den Betrieb eingegliedert sein, die Arbeitskraft und nicht einen speziellen Arbeitserfolg schulden. Für die abschließende Beurteilung ist auf das Gesamtbild der Verhältnisse abzustellen. – 2. *Steuerpflicht* des Arbeitnehmers wird nach Lohnsteuerrecht durch Einbehaltung der Steuer vom → Arbeitslohn durch den Arbeitgeber erfüllt. Erfassung der Steuerpflichtigen durch die → Lohnsteuerkarte, die der Arbeitnehmer selbst bei der für die Personenstandsaufnahme zuständigen Gemeindebehörde zu beantragen hat, wenn sie ihm nicht von Amts wegen zugestellt wurde oder wenn er bei Antritt eines Dienstverhältnisses keine Lohnsteuerkarte besitzt (noch bis 2010, danach elektronische Übermittlung; vgl. § 39e IX EStG). – 3. *Besonderheit:* Lohnsteuerlich gelten auch die Rechtsnachfolger eines Arbeitnehmers selbst als Arbeitnehmer, wenn sie wegen des früheren Arbeitsverhältnisses Bezüge erhalten; d.h. die Witwe, die vom Betrieb ihres früheren Gatten Betriebsrente erhält, ist lohnsteuerlich ebenfalls Arbeitnehmer (§ 1 I 2 LStDV).

V. Rechte an Erfindungen, Werken, Mustern und Halbleitern: Für Erfindungen eines Arbeitnehmers (Arbeitnehmererfindung) gilt das Arbeitnehmererfindungsgesetz, das eine detaillierte Regelung trifft. Im Urheberrecht gilt der Grundsatz, dass ein Arbeitnehmer, zu dessen vertraglichen Pflichten die Schaffung von Werken gehört, zwar Urheber ist und bleibt, dass aber infolge der vertraglichen Pflicht zur Schaffung von Werken (z.B. urheberrechtsschutzfähige Computerprogramme) die Nutzungsrechte an ihnen in dem durch den Zweckübertragungsgrundsatz gebotenen und begrenzten Umfang ohne weitere Vergütungspflicht auf den Arbeitgeber übergehen (§§ 43, 69b UrhG; Gegensatz: Freizeitwerke). Dadurch werden nicht eingeschränkt: Das Recht auf Urheberbezeichnung (§ 13 UrhG) und die Rückrufrechte (§§ 41, 42 UrhG; Rückruf); dagegen wird das Änderungsverbot (§ 39 UrhG) durch das Weisungsrecht des Arbeitgebers überlagert. Bei im Rahmen von Arbeitsverhältnissen geschaffenen Geschmacksmustern steht das Recht auf das Muster dem Arbeitgeber zu, falls vertraglich nichts anderes bestimmt ist (§ 7 II GeschmMG). Das Recht zur Anmeldung geht – wie im Urheberrecht das Recht zur Veröffentlichung – auf den Arbeitgeber über, Anmeldung durch den Arbeitnehmer selbst ist Anmeldung durch einen Nichtberechtigten (→ Entnahme). Persönlichkeitsrechtliche Bindungen geringeren Umfangs als im Urheberrecht bleiben erhalten (Urheberpersönlichkeitsrecht), v.a. das Änderungsverbot wird vom Weisungsrecht des Arbeitgebers überlagert.

Arbeitnehmer-Freibetrag – jetzt: → Arbeitnehmer-Pauschbetrag.

Arbeitnehmer-Pauschbetrag – Von den Einkünften aus nichtselbstständiger Arbeit (§ 19 EStG) abzuziehender → Pauschbetrag in Höhe von 1.000 Euro (ab dem VZ 2011, davor 920 Euro), soweit nicht höhere → Werbungskosten nachgewiesen werden können (§ 9a EStG). Der Arbeitnehmer-Pauschbetrag darf maximal bis zur Höhe der um den → Versorgungsfreibetrag und eines Zuschlags zum Versorgungsfreibetrag geminderten Einnahmen angesetzt werden. Der Arbeitnehmer-Pauschbetrag ist in die → Lohnsteuertabellen eingearbeitet.

Arbeitnehmer-Sparzulage – Leistung des Staates an Arbeitnehmer, die Einkünfte aus nichtselbständiger Arbeit beziehen, wenn der Arbeitgeber → vermögenswirksame Leistungen im Sinn des § 2 I 1–6, II–IV des Fünften Vermögensbildungsgesetz (VermBG) für sie anlegt und ihr → zu versteuerndes Einkommen im Kalenderjahr der vermögenswirksamen Leistungen 20.000 Euro bzw. bei Zusammenveranlagung von Ehegatten 40.000 Euro nicht übersteigt. Die Höhe der Arbeitnehmer-Sparzulage beträgt 9 Prozent eines Betrags von maximal 470 Euro pro Jahr für bestimmte Aufwendungen im Zusammenhang mit der Wohnspar- und Wohnungsbauförderung (§ 2 I Nr. 4, 5 VermBG) und 20 Prozent von maximal 400 Euro für vermögenswirksame Leistungen anderer Art (§ 2 I Nr. 1–3, II–IV VermBG). – Die Arbeitnehmer-Sparzulage wird vom Finanzamt gezahlt und gilt weder als steuerpflichtige Einnahme i.S.d. Einkommensteuergesetzes noch als Einkommen, Verdienst oder Entgelt i.S.d. Sozialversicherung oder des Arbeitsförderungsgesetzes noch arbeitsrechtlich als Bestandteil des Lohns oder Gehalts (§ 13 VermBG). – Die Arbeitnehmer-Sparzulage wird auf Antrag durch das für die Besteuerung des Arbeitnehmers nach dem Einkommen zuständige → Finanzamt festgesetzt. Die Festsetzung der Arbeitnehmer-Sparzulage ist regelmäßig mit der Einkommensteuererklärung zu beantragen. Der Arbeitnehmer hat den Antrag nach amtlich vorgeschriebenem Vordruck spätestens bis zum Ablauf des vierten Jahres nach dem Kalenderjahr zu stellen, in dem die vermögenswirksamen Leistungen angelegt worden sind und die vermögenswirksamen Leistungen durch eine Bescheinigung des Anlageinstituts nachzuweisen.

Arbeitnehmerüberlassung – *Personalleasing, Leiharbeit, Zeitarbeit;* 1. *Begriff:* Überlassung von Arbeitnehmern durch ihren Arbeitgeber (Verleiher) zur Arbeitsleistung an Dritte (Entleiher). Die Arbeitnehmerüberlassung ist im Gegensatz zu allen anderen ein dreiseitiges Beschäftigungs- bzw. Arbeitsverhältnis zwischen Arbeitnehmer, Verleih- und Entleihfirma. Sie ist für letztere ein Instrument zur externen Flexibilisierung des Personaleinsatzes. – 2. *Entwicklung:* Sie wurde erstmals im Gesetz zur Regelung der gewerbsmäßigen Arbeitnehmerüberlassungsgesetz (AÜG) von 1972 verankert. Der Verleiher unterliegt grundsätzlich der Erlaubnispflicht (§ 1 AÜG). – Wesentliche Änderungen erfuhr das AÜG durch das Erste Gesetz für moderne Dienstleistungen am Arbeitsmarkt vom 23.12.2002 (BGBl. I 4607) (Hartz-Gesetze). Mit Wirkung zum 1.1.2003 wurden das besondere Befristungsverbot (Verbot der

wiederholten Befristung eines Leiharbeitsverhältnisses, ohne dass ein sachlicher Grund in der Person des Leiharbeitnehmers vorlag), das Synchronisationsverbot (Verbot der Einstellung eines Arbeitnehmers für nur eine einzelne Überlassung an einen Entleiher), das Wiedereinstellungsverbot (desselben Arbeitnehmers innerhalb von drei Monaten) und die Beschränkung der Überlassungsdauer (auf höchstens zwei Jahre) aufgehoben. Diese Änderungen haben zu einer deutlichen Ausweitung (auf die höchste, jemals erreichte Zahl von ca. 900.000 Arbeitsverhältnissen im Jahr 2010) geführt. Fast die Hälfte aller Überlassungen endet nach weniger als drei Monaten. Allerdings ist die Mehrheit der Zeitarbeitnehmer unmittelbar vor Aufnahme ihrer Tätigkeit ohne Beschäftigung, sodass keine systematische Verdrängung von Stammbelegschaften zu erkennen ist. Hingegen treten auch „Klebeeffekte" im Sinne eines Übergangs in ein unbefristetes Arbeitsverhältnis bei dem Entleihunternehmen eher selten ein, was an der deutlich prozyklischen Entwicklung der Arbeitnehmerüberlassung liegen mag. Zugunsten der Leiharbeitnehmer wurde der Gleichstellungsgrundsatz im Gesetz verankert: Leiharbeitnehmer müssen grundsätzlich zu denselben Bedingungen beschäftigt werden wie die Stammarbeitnehmer des entleihenden Unternehmens. – Aufgrund der notwendigen Umsetzung der Europäischen Richtlinie über Leiharbeit (2008/104/ EG) (*EU-Leiharbeitsrichtlinie*) untersagt schließlich das neu gefasste AÜG seit dem 1.12.2011 einen *dauerhaften* Leiharbeitnehmereinsatz (Erstes Gesetz zur Änderung des Arbeitnehmerüberlassungsgesetzes – Verhinderung von Missbrauch der Arbeitnehmerüberlassung vom 28.4.2011 [BGBl. I 642]). Sein Anwendungsbereich wird ferner auf die *nicht gewerbsmäßige* Arbeitnehmerüberlassung ausgedehnt, mithin werden auch konzerninterne Personaldienstleistungsgesellschaften vom AÜG erfasst. – Auf Basis des § 3a AÜG trat schließlich am 1.1.2012 ein absoluter Mindestlohn (*Lohnuntergrenze*) in Höhe von 7,89 Euro im Westen und 7,01 Euro im Osten Deutschlands in Kraft, und zwar durch Verordnung des Bundesministeriums für Arbeit und Soziales (BMAS) nach Beteiligung des Tarifausschusses.

Arbeitnehmerzulage – eine frühere Förderung für Arbeitnehmer im Rahmen der ausgelaufenen → Förderung der Wirtschaft von Berlin (West). – *Anders:* → Arbeitnehmer-Sparzulage.

Arbeitsentgelt – *Entlohnung, Vergütung, Verdienst.*

I. Charakterisierung: 1. Arbeitsentgelt im Sinn des *Arbeitsrechts:* Inbegriff aller aus nichtselbstständiger Arbeit erzielten Einkünfte, d.h. aus einem Arbeits- oder Dienstverhältnis. Arbeitsentgelt ist das Bruttoentgelt, das sich aus dem an den Arbeitnehmer auszubezahlenden Nettoentgeltbetrag und den vom Arbeitgeber einbehaltenen öffentlich-rechtlichen Lohnabzügen (Lohnsteuer und Sozialversicherungsbeiträge) zusammensetzt. – *Gegensatz:* Besitzeinkommen, Einkünfte aus selbstständiger Arbeit. – Vgl. auch

→ Einkünfte. – *Grundsätze:* Für gleiche oder gleichwertige Arbeit darf nicht wegen des Geschlechts des Arbeitnehmers eine geringere Vergütung vereinbart werden (Gleichbehandlung). Die Höhe des Arbeitsentgelts sollte grundsätzlich dem Wert der geleisteten Arbeit entsprechen; Zuschläge (z.B. für Mehrarbeit, Sonn- und Feiertagsarbeit) sind unabhängig von diesem Grundsatz zu sehen. – *Regelung* i.d.R. im Arbeitsvertrag. Arbeitsentgelte, die nicht üblicherweise in den Tarifverträgen des betreffenden Wirtschaftszweiges geregelt sind, können durch Betriebsvereinbarung geregelt werden (§ 77 III BetrVG). Auch ohne bes. Abmachung ist der → Arbeitgeber zur Zahlung des Arbeitsentgelts an den → Arbeitnehmer in Höhe des ortsüblichen Lohns (§ 612 BGB) als Entgelt für geleistete Arbeit verpflichtet. – 2. Arbeitsentgelt im Sinn des *Sozialrechts:* Alle laufenden oder einmaligen Einnahmen aus einer Beschäftigung, gleichgültig, ob ein Rechtsanspruch auf die Einnahmen besteht, unter welcher Bezeichnung oder in welcher Form sie geleistet werden und ob sie unmittelbar aus der Beschäftigung oder im Zusammenhang mit ihr erzielt werden (§ 14 SGB IV). Steuerfreie Aufwandsentschädigungen gelten nicht als Arbeitsentgelt. Ist ein Netto-Arbeitsentgelt vereinbart, gelten als Arbeitsentgelt die Einnahmen des Beschäftigten einschließlich der darauf entfallenden Steuern und der seinem gesetzlichen Anteil entsprechenden Beiträge zur Sozialversicherung und seines Beitrages zur Bundesagentur für Arbeit. Nähere Einzelheiten in der Verordnung über die Bestimmung des Arbeitsentgelt in der Sozialversicherung (Sozialversicherungsentgeltverordnung vom 21.12.2006 (BGBl. I 3385) m.spät.Änd.).

II. **Formen:** 1. *Lohn:* Arbeitsentgelt des Arbeiters. – 2. *Gehalt:* Arbeitsentgelt des Angestellten. – 3. *Zusätzliche Entlohnungen:* (1) Entlohnung für bes. betriebliche Leistungen: *Prämie;* (2) Beteiligung am Gesamtumsatz: → Gratifikation, Sonderzuwendungen; (3) Beteiligung am Gesamtgewinn: *Tantiemen;* (4) Beteiligung an dem speziell durch den Arbeitnehmer veranlassten Umsatz: *Provision;* (4) Anspruch auf einen Bonus (Bonusanspruch) aufgrund einer individuellen Zielvereinbarung. (5) Entgelt für früher geleistete Arbeit: *Ruhegeld.* – 4. *Gewinnbeteiligung* (Erfolgsbeteiligung) der Belegschaft als Rechtsanspruch. – 5. *Sozialversicherung:* Zum Entgelt werden außerdem Zulagen gerechnet, nicht dagegen reine → Aufwandsentschädigungen (§ 14 SGB IV). Ob und inwieweit eine Leistung dem Arbeitsentgelt zuzurechnen ist, entscheidet über Versicherungspflicht und/oder Beitragsberechnung.

III. **Fälligkeit:** Nachträglich, wenn nichts anderes vereinbart (§ 614 BGB); Gehalt monatlich, Löhne wöchentlich, für Hilfsarbeiter evtl. auch täglich.

IV. **Zahlung:** Arbeitsentgelt ist bar oder bargeldlos (bargeldloser Zahlungsverkehr) zu zahlen. Arbeitsentgelt darf nicht in Sachleistungen ausgezahlt werden; Sachleistungen (z.B. Deputate, Mittagessen, Dienstwohnung) können nur zusätzlich gewährt

werden. Zahlungszeit, Zahlungsort und die Art und Weise der Lohnzahlung bestimmen sich nach den in Tarifverträgen und Arbeitsverträgen getroffenen Vereinbarungen. Besteht keine tarifvertragliche Regelung, kann eine Regelung aus vom Betriebsrat nach § 87 I Nr. 4 BetrVG im Rahmen des Mitbestimmungsrechts in sozialen Angelegenheiten erzwungen werden. Eine Betriebsvereinbarung kann dem Arbeitgeber die Kontoführungskosten insoweit auferlegen, als diese dadurch verursacht werden, dass das Arbeitsentgelt überwiesen wird, nicht aber die weiteren Kontoführungskosten.

V. **Verjährung/Ausschlussfristen:** Der Anspruch auf Arbeitsentgelt verjährt in drei Jahren (§ 195 BGB), gerechnet vom Ende des Jahres an, in dem der Anspruch entstanden ist (§ 199 I BGB). Die Verjährung gibt nur ein Leistungsverweigerungsrecht (§ 214 I BGB), bei Ablauf einer vereinbarten → Ausschlussfrist geht dagegen der Anspruch auf Arbeitsentgelt unter.

VI. **Lohnschutz:** Lohnbestimmungen der Tarifverträge sowie auch die der Mindestarbeitsbedingungen setzen *Mindestlöhne* fest. Der Arbeitgeber ist gegenüber dem Arbeitnehmer zum Nachweis der ordnungsgemäßen Berechnung des Arbeitsentgelts verpflichtet (Lohnbuchführung). Verbot des Trucksystems. → Aufrechnung gegen unpfändbare Lohn- und Gehaltsforderungen des Arbeitnehmers nur dann zulässig, wenn der Arbeitnehmer vorsätzlich eine unerlaubte Handlung begeht (z.B. mutwillige Beschädigung einer Betriebsmaschine). Schutz gegen Pfändung des Arbeitsentgelts durch Dritte (Lohnpfändung). Arbeitnehmer ist Vorrechtsgläubiger beim Insolvenzverfahren. Sicherung gegen Lohnausfall infolge von Kurzarbeit durch Kurzarbeitergeld (§§ 169 ff. SGB III), gewährt durch die Arbeitsverwaltung sowie durch Insolvenzgeld (§§ 183 ff. SGB III) im Fall von Insolvenz des Arbeitgebers.

VII. **Mitbestimmung des Betriebsrats:** Betriebliche Lohngestaltung, leistungsbezogene Entgelte.

VIII. **Besteuerung:** Arbeitsentgelt im Sinn des *Lohnsteuerrechts:* → Arbeitslohn; im Sinn des *Einkommensteuerrechts* gehört Arbeitsentgelt zu den → Einkünften aus nichtselbständiger Arbeit (§ 19 EStG).

IX. **Amtliche Statistik:** Verdiensterhebung, Jahresverdiensterhebung.

Arbeitsgemeinschaft – 1. *Begriff:* a) *Zusammenschluss von Einzelpersonen, Gruppen oder Institutionen* zum Erfahrungsaustausch, zur Interessenvertretung oder zur Behandlung im gemeinsamen Interesse liegender Fragen und Probleme. Abgekürzt AG. – b) *Arbeitsorganisation in Unternehmen und Verbänden,* i.d.R. eine Gesellschaft bürgerlichen Rechts (GbR). Abgekürzt ARGE. – c) *Baugewerbe:* Vertragliche Bindung (i.d.R. als Gesellschaft bürgerlichen Rechts (GbR)) mehrerer am Bau beteiligter Handwerksmeister oder Bauunternehmer (branchengleiche, -verwandte oder -fremde), einmalig oder auch auf gewisse Dauer zur gemeinsamen Durchführung größerer Bauvorhaben (übliche Bezeichnung „AR-GE"-Arbeitsgemeinschaft). – 2. *Besteuerung:* a) *Umsatzsteuer:* (1) Die *selbstständige Arbeitsgemeinschaft,* die Verträge mit den Auftraggebern abschließt, unterliegt mit der Gesamtleistung der Umsatzsteuerpflicht. Die Einzelunternehmer sind nur insoweit gesondert zur Umsatzsteuer heranzuziehen, als sie gegen → Entgelt Lieferungen und (sonstige) Leistungen an die Arbeitsgemeinschaft bewirken (z.B. Vermietung von Geräten und Maschinen, Gestellung von Arbeitnehmern), die nicht nach Art und Umfang im Gesellschaftsvertrag festgelegt sind und nicht durch anteilmäßige Beteiligung am Gewinn und Verlust abgegolten werden. Gesellschaftsvertraglich bedingte Leistungen stellen nicht umsatzsteuerbare Gesellschafterbeiträge (Leistungsvereinigung zur Erbringung von Leistungen an Dritte) dar. (2) *Nicht selbstständige Arbeitsgemeinschaften* (Interessengemeinschaften) führen Einzelverträge zwischen dem Auftraggeber und mehreren beteiligten Unternehmern aus, die jeder für sich mit den eigenen Leistungen umsatzsteuerpflichtig sind. (3) *Generalenterprise* (Vertrag zwischen Auftraggeber und einem Unternehmer, der sich zur Erfüllung des von ihm übernommenen Auftrags anderer Unternehmer (Subunternehmer) bedient): Umsatzsteuerpflichtig ist der → Generalunternehmer mit dem Gesamtentgelt, der einzelne Unternehmer mit dem Entgelt für die von ihm geleistete Teilarbeit. (4) Ein Hauptunternehmer *als Vermittler* schließt einen Vertrag mit dem Auftraggeber und beauftragt in dessen Namen Nebenunternehmer. Umsatzsteuerpflichtig ist das Hauptund Nebenunternehmern das ihnen zufließende Entgelt. – b) *Gewerbesteuer:* Arbeitsgemeinschaften sind nur als Gewerbesteuerpflichtige → Personengesellschaften zu behandeln, wenn sie für eine gewisse Dauer bestehen (§ 2a GewStG).

Arbeitsgemeinschaft für das wirtschaftliche Prüfungswesen – vom → Deutschen Industrie- und Handelskammertag (DIHK) und der → Wirtschaftsprüferkammer (WPK) gemäß § 65 WPO gebildete, nicht rechtsfähige Arbeitsgemeinschaft mit gemeinsamer Geschäftsstelle. – *Aufgaben:* Behandlung von Fragen des wirtschaftlichen Prüfungs- und → Treuhandwesens, die gemeinsame Belange der Wirtschaft und der Berufe der → Wirtschaftsprüfer (WP) und der → vereidigten Buchprüfer berühren.

Arbeitskleidung → Berufskleidung.

Arbeitslohn – I. Arbeits-/Sozialrecht: → Arbeitsentgelt.

II. Lohnsteuerrecht: 1. *Begriff:* Alle Einnahmen, die dem Arbeitnehmer aus dem Dienstverhältnis oder einem früheren Dienstverhältnis zufließen und die der → Lohnsteuer unterliegen. Einnahmen sind alle Güter, die in Geld oder Geldeswert bestehen (§ 8 I EStG), unabhängig davon, ob es sich um einmalige oder laufende Einnahmen handelt, ob ein Rechtsanspruch

auf sie besteht und unter welcher Bezeichnung oder in welcher Form sie gewährt werden; entscheidend ist einzig und allein, dass die nichtselbständige Arbeitstätigkeit Ursache für den Erhalt der jeweiligen Einnahme ist. – 2. *Bestandteile des Arbeitslohns* (§§ 2 ff. LStDV, R 19.3 LStR 2008): (1) Gehälter, Löhne, Provisionen, Gratifikationen, Tantiemen und andere Bezüge aus einem Dienstverhältnis; (2) Wartegelder, Ruhegelder, Witwen- und Waisengelder und andere Bezüge aus früherer Dienstleistung; (3) Entschädigungen, die dem Arbeitnehmer als Ersatz für entgangenen bzw. entgehenden Arbeitslohn gewährt werden; (4) Leistungen zur → Zukunftssicherung des Arbeitnehmers unter bestimmten Voraussetzungen; (5) Zuwendungen, die aufgrund des bestehenden oder eines früheren Dienstverhältnisses gewährt werden (z.B. Zuschüsse im Krankheitsfall); (6) bes. Entlohnungen für Dienste, die über die regelmäßige Arbeitszeit hinaus geleistet werden (z.B. Entlohnungen für Überstunden, Sonntagsarbeit, soweit es sich dabei nicht um gesetzliche, tarifvertraglich vereinbarte Zuschläge oder bestimmte Höchstgrenzen nicht übersteigende Zuschläge zum Grundlohn oder -gehalt handelt; § 3b EStG); (7) Lohnzuschläge, die wegen der Besonderheit der Arbeit gewährt werden; (8) Entschädigungen für Nebenämter und Nebenbeschäftigungen im Rahmen eines Dienstverhältnisses; (9) → Sachbezüge. – 3. *Kein Arbeitslohn* (H 19.3 LStR 2008) in diesem Sinn oder durch bes. Vorschriften (meist § 3 EStG) von der Einkommensteuer befreit (und damit auch befreit vom Lohnsteuereinbehalt): (1) Der Wert unentgeltlich überlassener typischer → Berufskleidung; (2) → Fehlgeldentschädigungen der Arbeitnehmer im Kassen- oder Zähldienst bis zur Höhe von 16 Euro/Monat; (3) Werkzeuggeld für die Benutzung von Werkzeugen des Arbeitnehmers im Betrieb des Arbeitgebers; (4) aus der Arbeitslosenversicherung: → Arbeitslosengeld, Kurzarbeitergeld, Winterausfallgeld; → Arbeitslosenhilfe; (5) → Kapitalabfindungen aufgrund der gesetzlichen Rentenversicherung aus Knappschaftsversicherung und Beamtenpensionsgesetzen (geändert ab Veranlagungszeitraum 2006); (6) Bezüge, die aufgrund gesetzlicher Vorschriften versorgungshalber aus öffentlichen Mitteln an Kriegsbeschädigte, Kriegshinterbliebene und ihnen gleichgestellte Personen gezahlt werden; (7) Geldrenten, Kapitalentschädigungen im Heilverfahren aufgrund gesetzlicher Vorschriften zur Wiedergutmachung nationalsozialistischen Unrechts für Schäden an Leben, Körper, Gesundheit und durch Freiheitsentzug; (8) Beihilfen und Unterstützungen aus öffentlichen Kassen; (9) gesetzliche Arbeitgeber-Beiträge zur Sozialversicherung; (10) Wohngeld; (11) bestimmte Stipendien; (12) → Aufwandsentschädigungen; → Auslösungen; (13) → Reisekosten, → durchlaufende Gelder (soweit in den Bezügen unter (1) und (2) Verpflegungsmehraufwendungen enthalten sind, gelten Höchstbeträge); (14) → Trinkgelder (§ 3 Nr. 51 EStG, seit 2002). – Aufgehoben sind frühere Steuerbefreiungen u.a. für Abfindungen und

Übergangsgelder bei Entlassung aus dem Dienstverhältnis, sodass Abfindungen heutzutage in vollem Umfang steuerpflichtig sind. – 3. *Steuersatz*: Der Arbeitslohn ist bei unbeschränkt steuerpflichtigen Arbeitnehmern nur eine Teilgröße im Rahmen der Berechnung des zu versteuernden Einkommens. Der letztendliche Steuersatz richtet sich nach der Gesamthöhe des zu versteuernden Einkommens; die beim monatlichen Lohnsteuereinbehalt zugrunde gelegten Zahlen sind im Grunde reine Prognosewerte, die auf der Annahme basieren, dass es außer dem bezogenen Lohn kein weiteres Einkommen gibt. So wie es dies auch vereinzelt bei anderen Einkunftsarten gibt, kann es jedoch auch im Fall „außerordentlicher Einkünfte" einen ermäßigten Steuersatz geben (§ 34 EStG). Bei Arbeitslohn betrifft dies v.a. Vergütungen für mehrjährige Tätigkeiten, wenn diese in geballter Form in einem einzelnen Jahr ausgezahlt werden, oder bestimmte Entschädigungen, z.b. denkbar für Abfindungen.

Arbeitslosengeld – 1. *Begriff*: wichtigste Geldleistung aus dem Bereich des im Sozialgesetzbuch III (SGB III) geregelten Arbeitsförderungsrechts, das bes. durch die 2003 und 2004 in Kraft getretenen Gesetze für moderne Dienstleistungen am Arbeitsmarkt (BGBl. I 2002, 4607; BGBl. I 2003, 2848, 2954) (Hartz-Gesetze) stark verändert wurde. Das als Leistung einer Risikoversicherung gezahlte Arbeitslosengeld I (ALG I) stellt eine Entgeltersatzleistung dar, die anstelle des Arbeitsentgelts den Lebensunterhalt sichern soll; es gehört damit zum eigentlichen Bereich der Arbeitslosenversicherung. Die Gewährung des Arbeitslosengeldes erfolgt durch die Bundesagentur für Arbeit über deren (örtliche) Agenturen für Arbeit. Daneben besteht seit 2005 das sozialhilfeähnlich ausgestaltete → Arbeitslosengeld II, welches durch Zusammenlegung der bisherige → Arbeitslosenhilfe und Sozialhilfe ablöst und z.B. nach Auslaufen der Ansprüche auf Arbeitslosengeld der im Sozialgesetzbuch II (SGB II) geregelten Grundsicherung für Arbeitssuchende dient. – 2. *Begünstigter Personenkreis*: Arbeitnehmer, die arbeitslos sind, sich bei der Agentur für Arbeit persönlich arbeitslos gemeldet (§ 141 I SGB III), die Anwartschaftszeit (Anwartschaft) erfüllt (§ 137 SGB III) und einen darauf gerichteten Antrag gestellt haben, ab dem Zeitpunkt der Antragstellung (§ 325 II SGB III). Als arbeitslos gilt (§ 16 SGB III), wer vorübergehend nicht in einem Beschäftigungsverhältnis steht und eine versicherungspflichtige Beschäftigung von mind. 15 Wochenstunden sucht (§ 138 V SGB III). Die gleichzeitige Ausübung einer insgesamt weniger als 15 Stunden wöchentlich umfassenden geringfügigen Beschäftigung oder geringfügigen selbstständigen Tätigkeit (§ 8 SGB IV) steht einer Anspruchsberechtigung nicht entgegen. – 3. *Bemessung*: a) *Höhe*: Das Arbeitslosengeld beträgt für Arbeitslose, die selbst oder deren Ehegatten mind. ein Kind im Sinn des § 32 EStG haben, wenn beide

Ehegatten unbeschränkt einkommensteuerpflichtig sind und nicht dauernd getrennt leben, 67 Prozent und für die übrigen Arbeitslosen 60 Prozent (§ 149 SGB III) des pauschalierten Nettoentgelts (Leistungsentgelt) (§ 153 SGB III). Das pauschalierte Nettoentgelt richtet sich nach der Zuordnung des Arbeitslosen zu bestimmten Leistungsgruppen, je nach der Lohnsteuerklasse, die zu Beginn des Kalenderjahres, in dem der Anspruch auf Arbeitslosengeld entstanden ist, auf der Lohnsteuerkarte eingetragen war. Die Auszahlung erfolgt nachträglich in monatlichen Abständen (§ 337 II SGB III). Nebeneinkommen aus einer weniger als 15 Stunden wöchentlich umfassenden Beschäftigung wird nach Maßgabe des § 155 SGB III teilweise angerechnet. Im Übrigen findet eine Einkommensanrechnung nicht statt. Auch die Höhe des Vermögens des Arbeitslosen ist beim Arbeitslosengeld unbeachtlich. – *Teilarbeitslosengeld* gibt es für Arbeitnehmer, die sich wegen einer noch fortbestehenden versicherungspflichtigen (Neben-)Beschäftigung nur „teilarbeitslos" gemeldet haben (§ 162 SGB III). – b) *Bemessungsgrundlage* ist das im Bemessungszeitraum durchschnittlich auf die Woche entfallende Entgelt, soweit es beitragspflichtig gewesen ist (§ 151 SGB III). *Bemessungszeitraum* sind die abgerechneten Entgeltabrechnungszeiträume des Bemessungsrahmens von einem Jahr vor der Entstehung des Anspruchs (§ 150 SGB III). – 4. *Anspruchsdauer*: Der Anspruch auf Arbeitslosengeld ist nur gegeben, wenn in der zweijährigen Rahmenfrist des § 143 SGB III eine Anwartschaft erworben wurde, also mind. eine zwölfmonatige versicherungspflichtige Beschäftigung ausgeübt wurde (§ 142 I SGB III). Bei einer Vorbeschäftigungszeit von zwölf Monaten entsteht unter bestimmten Voraussetzungen und noch bis zum 31.12.2014 ein Anspruch für die Dauer von sechs Monaten (§ 142 II SGB III). Je nach Dauer der vorangegangenen Versicherungspflicht innerhalb einer auf drei Jahre erweiterten Rahmenfrist und nach Lebensalter besteht eine Anspruchsdauer von bis zu 24 Monaten (§ 147 SGB III). Im Fall der Gewährung anderer Sozialleistungen, z.B. einer Versichertenrente wegen voller Erwerbsminderung oder einer Altersrente aus der gesetzlichen Rentenversicherung, kommt der Anspruch auf Arbeitslosengeld zum Ruhen (§ 156 SGB III). Durch die Leistung von Arbeitslosengeld darf nicht in Arbeitskämpfe eingegriffen werden, weshalb der Anspruch auf Arbeitslosengeld während eines Arbeitskampfes ebenfalls zum Ruhen kommen kann (§ 160 SGB III). Der Anspruchsbeginn kann sich durch den Eintritt einer Sperrzeit verzögern (§ 159 SGB III). Gleichfalls kann die Zahlung einer Urlaubsabgeltung (§ 157 I SGB III) zu einem späteren Beginn des ansonsten bestehenden Leistungsanspruchs führen. – 5. *Besteuerung*: Das Arbeitslosengeld gehört nicht zum steuerpflichtigen Arbeitslohn; es ist gemäß § 3 Nr. 2 EStG steuerfrei, hat aber Einfluss auf die Höhe des Steuersatzes bei der Einkommensteuer (→ Progressionsvorbehalt). – 6. *Wirtschaftspolitische Bedeutung*: Arbeitsmarktpolitik.

Arbeitslosengeld II – Für erwerbsfähige Hilfebedürftige existiert seit dem 1.1.2005 die Grundsicherung für Arbeitsuchende als neue Sozialleistung; sie wurde eingeführt durch Zusammenlegung der → Arbeitslosenhilfe, die bis zum 31.12.2004 bei fortdauernder Arbeitslosigkeit im Anschluss an die Gewährung von → Arbeitslosengeld gezahlt wurde, mit der Sozialhilfe für Erwerbsfähige; Grundlage dieses steuerfinanzierten staatlichen Unterstützungssystems ist das Vierte Gesetz für moderne Dienstleistungen am Arbeitsmarkt vom 24.12.2003 (BGBl. I 2954) (Hartz-Gesetze). – 1. *Rechtsgrundlage:* SGB II, neugefasst durch Bekanntmachung v. 13.05.2011 BGBl. I 850, 2094 m.spät.Änd., hier insbes. die §§ 19 ff. – 2. *Aufgabe:* Die Grundsicherung für Arbeitsuchende soll die Eigenverantwortung von erwerbsfähigen Hilfebedürftigen und Personen, die mit ihnen in einer sog. Bedarfsgemeinschaft leben, stärken und dazu beitragen, dass sie ihren Lebensunterhalt unabhängig von der Grundsicherung aus eigenen Mitteln und Kräften bestreiten können („Fördern und Fordern"). Sie soll erwerbsfähige Hilfebedürftige bei der Aufnahme oder Beibehaltung einer Erwerbstätigkeit unterstützen und den Lebensunterhalt sichern, soweit sie ihn nicht auf andere Weise bestreiten können (§ 1 SGB II). – Als erwerbsfähige Hilfebedürftige gelten Personen, das das 15. Lebensjahr vollendet und die gesetzliche Altersgrenze noch nicht erreicht haben, erwerbsfähig und hilfebedürftig sind (§§ 7 f. SGB II). Sie erhalten Arbeitslosengeld II und die Mitglieder ihrer Bedarfsgemeinschaft *Sozialgeld* (§ 19 I SGB II). Als erwerbsfähig gilt (§ 8 SGB II), wer gegenwärtig oder voraussichtlich innerhalb von sechs Monaten nicht wegen Krankheit oder Behinderung außerstande ist, mind. drei Stunden täglich zu arbeiten. Es ist dabei unerheblich, ob eine Erwerbstätigkeit vorübergehend unzumutbar ist (§ 10 SGB II). Bezieher von Arbeitslosengeld II haben kein Anrecht auf Leistungen nach dem SGB XII (Sozialhilfe). – 3. *Träger:* Nach den 2005 erfolgten Neuorganisation der Leistungserbringung sind Träger der Grundsicherung für Arbeitsuchende jeweils für bestimmte Leistungen grundsätzlich die Bundesagentur für Arbeit und die kreisfreien Städte und Gemeinden (§ 6 SGB II); die Träger können diese Aufgabe in sog. Arbeitsgemeinschaften (ARGEn) oder getrennt wahrnehmen. Das BVerfG sah in seinem Urteil vom 20.12.2007 aber in den ARGEn eine unzulässige Mischverwaltung, die zudem gegen den Grundsatz der Verantwortungsklarheit verstößt; die Aufgabenverteilung war daher neu zu regeln. Mit dem Gesetz zur Änderung des Grundgesetzes (Art. 91e) vom 21.7.2010 (BGBl. I 944) schuf der Gesetzgeber die Möglichkeit, eine gemeinsame Trägerschaft zuzulassen. Die bisherige Bezeichnung ARGE wird durch die Bezeichnung *Gemeinsame Einrichtung* (§ 44b SGB II) ersetzt. Gleichzeitig bleibt unter bestimmten Voraussetzungen auch die einheitliche Übernahme der Trägerschaft für alle Leistungen ausschließlich durch die Kommune (sog. Options-Kommune) erlaubt (§ 6a SGB II). Mit dem Gesetz zur Weiterentwicklung der Organisation der Grundsicherung für Arbeitssuchende vom 3.8.2010 (BGBl. I 1112) führen die neuen Träger, die gemeinsamen Einrichtungen nach § 44b SGB II und die zugelassenen kommunalen Träger nach § 6a SGB II, die Bezeichnung *Jobcenter*. Diese Regelungen sind am 1.1.2011 in Kraft getreten. – 4. *Leistungen:* Die Leistungen, die das soziokulturelle → Existenzminimum sichern sollen, setzen sich zusammen aus der Regelleistung, einem Mehrbedarf für bestimmte Personengruppen und der Übernahme von Kosten für Unterkunft und Heizung (§ 19 I SGB II). – Der *Regelbedarf* (§ 20 SGB II), der jährlich angepasst wird, beträgt ab 1.1.2013 für Alleinstehende 382 Euro, für erwachsene Partner 90 Prozent dieses Betrages, für Kinder bis zum 6. Lebensjahr 219 Euro, bis zum 14. Lebensjahr 251 Euro und für Kinder ab dem 15. Lebensjahr sowie für sonstige erwerbsfähige Mitglieder der Bedarfsgemeinschaft 287 Euro. – *Mehrbedarfe* (§ 21 SGB II) als Prozentsatz der Regelleistung stehen bspw. erwerbsfähigen werdenden Müttern (17 Prozent), Alleinerziehenden mit einem Kind unter sieben Jahren oder mit zwei oder drei Kindern unter 16 Jahren (12 Prozent je Kind, jedoch mind. 36 Prozent, höchstens 60 Prozent) und erwerbsfähigen behinderten Menschen mit Leistungen nach § 33 SGB IX (35 Prozent) zu. – Bezieher von Arbeitslosengeld II sind in der Kranken- und Pflegeversicherung sowie in der Renten- und Unfallversicherung pflichtversichert (§§ 25 f. SGB II). – Bei Aufnahme einer bezahlten Tätigkeit können zusätzlich z.B. ein *Einstiegsgeld* (§ 16b SGB II) oder Leistungen zur Eingliederung von Selbstständigen (§ 16c SGB II) gewährt werden. – 5. *Leistungsvoraussetzungen:* Die Leistungen setzen *Hilfebefürftigkeit* voraus. Bei ihrer Beurteilung sind Einkommen und Vermögen zu berücksichtigen (haushaltsbezogener Ansatz). Für eigenes Erwerbseinkommen bestehen Absetz- bzw. *Freibeträge* (§ 11b II, III SGB II): Anrechnungsfrei bleiben mind. 100 Euro. Darüber hinaus bleiben für Beträge über 100 Euro bis 800 Euro 20 Prozent und für Beträge über 800 Euro bis 1200 Euro (bei Beziehern mit minderjährigen Kindern: bis 1500 Euro) 10 Prozent anrechnungsfrei. Eigenes Vermögen mindert den Anspruch auf Arbeitslosengeld II, je vollendetem Lebensjahr bleiben jedoch 150 Euro (mind. 3.100 Euro) frei (§ 12 II SGB II). Es werden auch Einkommen und Vermögen eines Lebenspartners herangezogen. – 6. *Pflichtverletzungen:* Verletzt der Hilfebedürftige seine Pflichten, ist das Arbeitslosengeld II in verschiedenen Stufen zu kürzen (§ 31a SGB II).

Arbeitslosenhilfe – Leistung der Bundesagentur für Arbeit, die bis zum 31.12.2004 gewährt wurde (vgl. §§ 190 ff. SGB III a.F. und Arbeitslosenversicherung). Mit dem Vierten Gesetz für moderne Dienstleistungen am Arbeitsmarkt vom 1.10.2003 wurden die Arbeitslosenhilfe und die Sozialhilfe ab dem 1.1.2005 zum → Arbeitslosengeld II zusammengefasst (Hartz-Gesetze).

Arbeitspapiere – Vom Arbeitnehmer bei Beginn eines Arbeitsverhältnisses vorzuweisende Unterlagen: (1) → Lohnsteuerkarte; (2) *(Sozial-)Versicherungsnachweisheft* des Arbeitnehmers; (3) Sozialversicherungsausweis (Versicherungsausweis); (4) im Fall *ausländischer Arbeitnehmer:* Arbeitserlaubnis; (5) *Unterlagen über* → vermögenswirksame Leistungen; (6) im *Baugewerbe* zusätzlich Lohnnachweiskarte für Urlaub, Lohnausgleich und Zusatzversorgung. – Sozialversicherungsausweis, Lohnsteuerkarte und ggf. Arbeitserlaubnis sind bei Dienstantritt dem Arbeitgeber vorzulegen. Bei Ausübung einer Beschäftigung im Baugewerbe, im Gaststätten- und Beherbergungsgewerbe, im Personen- und Güterbeförderungsgewerbe, im Schau- und Gebäudereinigungsgewerbe sowie bei Unternehmen, die sich am Auf- und Abbau bei Messen und Ausstellungen beteiligen, ist der Sozialversicherungsausweis (der in diesen Fällen mit einem Lichtbild versehen ist) von den Beschäftigten mitzuführen und auf Verlangen den zuständigen Prüfbehörden vorzuzeigen (§ 18h SGB IV). Im Fall der Gewährung von → Arbeitslosengeld und Übergangsgeld ist der Sozialversicherungsausweis bei der Arbeitsagentur und beim Bezug von laufender Hilfe zum Lebensunterhalt beim zuständigen Sozialhilfeträger zu hinterlegen. Auf Wunsch des Arbeitnehmers muss der Arbeitgeber die Arbeitspapiere diesem für kurze Zeit überlassen und bei Beendigung des Arbeitsverhältnisses stets zurückgeben (kein Zurückbehaltungsrecht). – Der Arbeitgeber hat bei Beendigung der Beschäftigungsverhältnisse eine *Arbeitsbescheinigung* (§ 312 SGB III) und u.U. eine Urlaubsbescheinigung (§ 6 II BUrlG) auszustellen. – Rechtsstreite über die Ausstellung und Herausgabe der Arbeitspapiere gehören zur Zuständigkeit der Arbeitsgerichte (BAGE 69, 204). Für Klagen auf Berichtigung einer Arbeitsbescheinigung ist der Rechtsweg zu den Sozialgerichten gegeben (BSG SozR 3–4100 § 133 Nr. 1).

Arbeitsstätte – 1. *Begriff:* Grundlage für regelmäßige Arbeitsstätten ist der ortsgebundene Mittelpunkt der dauerhaft angelegten beruflichen Tätigkeit des Arbeitnehmers, also z.B. der Betrieb oder die Zweigstelle des Arbeitgebers (Definition nicht im Gesetz, sondern nur in den Lohnsteuer-Richtlinien der Finanzverwaltung, vgl. R 9.4 III LStR 2008). Ein Arbeitnehmer kann mehrere regelmäßige Arbeitsstätten gleichzeitig haben. Er muss jede aber mit einer gewissen Nachhaltigkeit immer wieder aufsuchen; bei einem Arbeitnehmer, der auch außerhalb des Betriebes tätig wird, ist der Betrieb ohne Weiteres als seine regelmäßige Arbeitsstätte anzuerkennen, wenn er dort durchschnittlich je Arbeitswoche einen Wochentag pro Arbeitswoche tätig wird. Nicht als die regelmäßige Arbeitsstätte angesehen wird eine Einrichtung des Arbeitgebers, der der Arbeitnehmer nur befristet zugeordnet ist (z.B. eine Baustelle). Die frühere Regelung, dass jede Auswärtstätigkeit von mehr als drei Monaten dazu führt, dass der betreffende Arbeitsort automatisch als eine regelmäßige Arbeitsstätte angesehen

wird, ist entfallen (R 9.4. LStR 2008). – 2. *Steuerliche Bedeutung:* Die regelmäßige Arbeitsstätte zu bestimmen, ist Grundlage für die Berechnung der → *Fahrtkosten* zwischen Wohnung und Arbeitsstätte. Dies ist wichtig, da die Kosten für Fahrten zwischen Wohnung und Arbeitsstätte gemäß einer pauschalierten Regelung angesetzt werden können (Entfernungspauschale), die Kosten für die aus anderem Anlass gefahrenen betrieblichen Kilometer aber nach anderen Regeln (denen für Auswärtstätigkeiten) berechnet werden müssen (die oft günstiger für den Arbeitnehmer sind). – 3. *Gegensatz:* Auswärtstätigkeit.

Arbeitsverhältnis – ein durch den Arbeitsvertrag auf Austausch von Arbeitsleistung und Vergütung gerichtetes Dauerschuldverhältnis, das z.T. bes. Regelungen unterliegt. Dadurch, dass der → Arbeitnehmer mit seiner Person in die Erfüllung der Vertragspflichten einbezogen ist, enthält das auf den Austausch von Arbeitsleistung und Vergütung ausgerichtete Dauerschuldverhältnis ein *personales Element. – Einkommen- und lohnsteuerrechtliche Behandlung:* → Dienstverhältnis. – Vgl. auch Beendigung des Arbeitsverhältnisses, befristeter Arbeitsvertrag, → Arbeitsverhältnis zwischen Angehörigen, faktisches Arbeitsverhältnis.

Arbeitsverhältnis zwischen Angehörigen → Arbeitsverhältnis, bei dem Arbeitgeber und Arbeitnehmer → Angehörige sind. – Ein Arbeitsverhältnis zwischen Angehörigen wird *steuerlich anerkannt,* wenn (1) zwischen den Beteiligten ein bürgerlich-rechtlich wirksamer Arbeitsvertrag besteht und (2) dieser ernsthaft gewollt und tatsächlich durchgeführt wird (z.B. Zahlung des vereinbarten Lohns laufend und zu den üblichen Zeiten und Abführung der entsprechenden Sozialversicherungsbeträge). Die Vergütung muss grundsätzlich der tatsächlichen Leistung angemessen sein und aus der wirtschaftlichen Verfügungsmacht des Unternehmers in den Einkommens- und Vermögensbereich des Arbeitnehmer-Ehegatten übergehen. – Gemäß der Rechtsprechung des Bundesfinanzhofs wird ein Arbeitsverhältnis zwischen Ehegatten auch dann anerkannt, wenn der Arbeitslohn unüblich niedrig ist; es sei denn, der Arbeitslohn ist so niedrig bemessen, dass er nicht mehr als Gegenleistung für eine begrenzte Tätigkeit des Arbeitnehmer-Ehegatten angesehen werden kann und dass angenommen werden muss, dass die Ehegatten keine rechtsgeschäftliche Bindung eingehen wollten.

Arbeitszimmer – *häusliches Arbeitszimmer;* 1. *Grundsatz:* → Aufwendungen für ein häusliches Arbeitszimmer sind bei der Einkommensteuer aufgrund einer Sonderregelung auch dann nicht abzugsfähig, wenn die normalen Voraussetzungen für das Vorliegen von → Betriebsausgaben oder → Werbungskosten eigentlich erfüllt wären (§ 4 V Nr. 6b EStG; § 9 V EStG). Lediglich dann, wenn ein häusliches Arbeitszimmer den Mittelpunkt der gesamten betrieblichen und beruflichen Betätigung bildet, bleiben die Aufwendungen abziehbar. Die Regelung betrifft nicht nur die Kosten des Arbeitszimmers selbst, sondern auch die seiner Ausstattung. – 2. *Systematischer Zusammenhang*: a) *Voraussetzung für die Anwendbarkeit der Sonderregelung* ist, dass sich die Aufwendungen für ein Arbeitszimmer nach den normalen Regelungen überhaupt als Betriebsausgaben bzw. Werbungskosten begreifen lassen könnten; wo bspw. auch eine private Mitbenutzung des betreffenden Zimmers gegeben ist, scheitert der Abzug der Kosten einkommensteuerlich schon im Vorfeld daran, dass den Kosten auch ein nicht genau identifizierbar Anteil an → Kosten der Lebensführung innewohnt und sie deshalb gar nicht erst als Betriebsausgaben oder Werbungskosten in Frage kommen (§ 12 EStG). Nur wo jede private Mitveranlassung der Kosten des Arbeitszimmers gemäß der (insoweit sehr strengen) Rechtsprechung ausgeschlossen ist, kommt es steuerlich also überhaupt auf die Sonderregelung in § 4 V Nr. 6b EStG an. – b) Die Sonderregelung ist grundsätzlich *eng auszulegen*, d.h. die dort nicht angesprochenen Fragen sind weiterhin nach den Grundregeln des EStG zu beurteilen. Dies hat z.B. zur Folge, dass die Kosten des häuslichen Arbeitszimmers im Privathaus eines Selbständigen zwar nicht abziehbar sind, das Arbeitszimmer selbst aber → Betriebsvermögen bleibt und somit bei einer Veräußerung der Immobilie der anteilig auf das Arbeitszimmer entfallende Betrag des Veräußerungspreises unabhängig von der seit Anschaffung des Hauses verstrichenen Frist ein steuerpflichtiger Gewinn aus der Veräußerung betrieblichen Vermögens bleibt. – 3. *Voraussetzungen für die Anwendung der Sonderregelung*: Wo die Voraussetzungen für die Sonderregelung nicht erfüllt sind, aber die allg. Voraussetzungen für einen Abzug als Betriebsausgaben oder Werbungskosten erfüllt sind, bleiben die Kosten eines Arbeitszimmers abziehbar. Von daher erklärt sich, warum um die genaue Bedeutung der im Gesetz verwendeten Begriffe „Arbeitszimmer", „häuslich" und „Ausstattung" zahlreiche Rechtsstreitigkeiten geführt worden sind und hierzu eine umfangreiche Rechtsprechung vorliegt. Demnach gilt in etwa Folgendes: a) „häuslich": betroffen sind nur Räumlichkeiten in eigener oder angemieteter Wohnung, nicht außerhalb des eigenen Hauses. – b) *Arbeitszimmer* ist nicht jeglicher Raum im eigenen Haus, sondern vorrangig nur ein Raum, der vorrangig der Erledigung gedanklicher, schriftlicher, verwaltungstechnischer oder organisatorischer Arbeiten dient, – c) *Ausstattung* sind Mobilar u.Ä., nicht aber Gegenstände, die auch als Arbeitsmittel begriffen werden können (z.B. im Arbeitszimmer aufbewahrte Fachbücher). – d) *Mittelpunkt der gesamten betrieblichen und beruflichen Tätigkeit* ist ein Arbeitszimmer nur dann, wenn hier der Schwerpunkt aller Aktivitäten liegt; es reicht also nicht aus für die Abziehbarkeit der Kosten wenn der Steuerpflichtige mehrere Tätigkeiten betreibt und eine davon unverzichtbar ist. – e) *Einzelfragen* sind in vielen Fällen noch ungeklärt.

Arrest – Anordnung des Arrests möglich zur Sicherung der Vollstreckung von Geldforderungen, die im Zwangsverfahren beitreibbar sind, wenn zu besorgen ist, dass sonst die Erzwingung der Leistung vereitelt oder wesentlich erschwert wird, also zur Sicherung der zukünftigen Zwangsvollstreckung. Als *dinglicher Arrest* (gegen das Vermögen des → Vollstreckungsschuldners gerichtet) gemäß § 324 AO auf Anordnung der Finanzbehörde oder als *persönlicher Sicherheitsarrest* gemäß § 326 AO auf Antrag der Finanzbehörde und Anordnung des Amtsgerichts bei gefährdeter Vollstreckung möglich.

Artfeststellung – Begriff des Bewertungsgesetzes: Die Zuordnung der Vermögensgegenstände zu den → wirtschaftlichen Einheiten (z.B. gewerblicher Betrieb) und von Grundstücken zu den → Grundstücksarten (z.B. Geschäftsgrundstück) bei der Feststellung von → Einheitswerten, also die Entscheidung darüber, zu welcher Art von Vermögen der Vermögensgegenstand gehört. Die Artfeststellung ist formeller Bestandteil im → Feststellungsbescheid; sie ist von bes. Bedeutung, weil je nach Zuordnung unterschiedliche Bewertungen und Freibetragsregelungen zum Zuge kommen können (§ 19 III Nr. 1 BewG). – Vgl. auch → Artfortschreibung.

Artfortschreibung – erneute → Artfeststellung: (1) wenn sich die *Art des Gegenstandes* nach dem letzten Feststellungszeitpunkt *geändert* ist und die Änderung steuerlich bedeutsam ist. Insbesondere geltend für die Grundsteuer (ggf. Anwendung anderer Steuermesszahl). – (2) zur *Beseitigung eines Fehlers* hinsichtlich der Art des Gegenstandes bei der letzten Artfeststellung; → Berichtigungsfortschreibung. – Die Artfortschreibung ist an Wertgrenzen nicht gebunden. Sie ist mit → Wertfortschreibung und mit → Zurechnungsfortschreibung verbunden sein. – Vgl. auch → Fortschreibung.

Assekuranzprinzip → Besteuerungsprinzip, das die Besteuerung durch den Staat als Versicherungsprämie für den von ihm gewährten Personen- und Eigentumsschutz rechtfertigt. Assekuranzprinzip ist insoweit mit dem → Äquivalenzprinzip verwandt.

Assekuranztheorie – theoretische Rechtfertigung der Besteuerung (→ Steuerrechtfertigungslehre) durch den Staat als Versicherungsprämie für den von ihm gewährten Personen- und Eigentumsschutz (→ Assekuranzprinzip). Die Höhe der Steuer soll vom Umfang des Schutzes abhängen (Grundsatz der proportionalen Besteuerung). – *Vertreter:* Hobbes, Rotteck u.a.

ATLAS – Abk. für *Automatisiertes Tarif- und Lokales Zoll-Abwicklungs-System*.Internes Informatikverfahren der dt. Zollverwaltung auf der Grundlage von Art. 4a I ZK-DVO. Mit ATLAS werden schriftliche Zollanmeldungen und Verwaltungsakte (z.B. Einfuhrabgabenbescheide) durch elektronische Nachrichten ersetzt. Dadurch wird die Zollabfertigung und Zollsachbearbeitung automatisiert, vereinfacht und beschleunigt. Sämtliche Dienststellen der dt. Zollverwaltung sind mit den für ihre Aufgabenbereiche erforderlichen ATLAS-Fachverfahren ausgestattet. Die Anmeldedaten werden an zentraler Stelle archiviert und der Zentralstelle für Risikoanalyse (Zoll), den Prüfungsdiensten, Zollfahndungsämtern und Landesfinanzverwaltungen zur Verfügung gestellt.

Audit Committee – in Deutschland spezieller (Fach-)Ausschuss des Aufsichtsrats einer Aktiengesellschaft, der sich vornehmlich mit der Rechnungslegung und der → Jahresabschlussprüfung beschäftigt. Das Audit Committee dient damit praktisch als vom Aufsichtsrat beauftragter Ansprechpartner des → Wirtschaftsprüfers (WP). – In den USA hat das Audit Committee eine ähnliche Funktion. Jedoch sind dort Mitglieder des Board sowohl Vorstände als auch Outside Directors; das Audit Committee aber besteht nur aus Letzteren. – Ziel und Funktionsweise des Prüfungsausschusses als Organ des Board: Die praktische Ausgestaltung hängt stark von Rechtsrahmen und Rechtsform ab – es wird zwischen dem Unitarian-Board-Modell und den Two-Tier-Modell unterschieden – und ist allg. in den OECD Corporate Governance Principles 2004 und im Aktionsplan Corporate Governance der EU-Kommission (COM (2003) 248 fin) umrissen.

Auditing – engl. für *revidieren, prüfen;* angloamerikanischer Fachausdruck für Revision (Prüfung) und zwar durch von dem zu prüfenden Verantwortungsbereich unabhängige Personen. – *Zu unterscheiden:* (1) Internal Auditing (→ interne Revision) und (2) Independant Auditing (externe Revision).

Aufbewahrungspflicht – Bücher und Aufzeichnungen, Inventare, Jahresabschlüsse, Lageberichte, die Eröffnungsbilanz sowie die zu ihrem Verständnis erforderlichen Arbeitsanweisungen, sonstigen Organisationsunterlagen und Buchungsbelege sowie Unterlagen, die einer mit Mitteln der Datenverarbeitung abgegebenen Zollanmeldung beizufügen sind, sofern die Zollbehörde auf die Vorlage verzichtet oder sie nach erfolgter Vorlage zurückgegeben hat, sind zehn Jahre nach Erstellung, die empfangenen Handels- oder Geschäftsbriefe, Wiedergaben der abgesandten Handels- oder Geschäftsbriefe und sonstige für die Besteuerung notwendigen Unterlagen sind sechs Jahre nach Erstellung aufzubewahren (§ 147 AO). *Kürzere Fristen* können sich aus speziellen Steuergesetzen ergeben. Bis auf Eröffnungsbilanzen, Jahres- und Konzernabschlüsse können die genannten Unterlagen auch als Wiedergabe auf einem Bildträger (z.B. Fotokopien, Mikrofilme) oder auf anderen Datenträgern (z.B. Magnetbänder, Magnetplatten, Disketten, CD-ROM) aufbewahrt werden, wenn dies den Grundsätzen ordnungsmäßiger Buchführung (GoB) entspricht und sichergestellt ist, dass die Wiedergabe mit der Urschrift übereinstimmt und die Daten während der Aufbewahrungsfrist verfügbar sind (vgl. die Mikrofilm-Grundsätze des BMF vom 1.2.1984, BStBl. I 1984 155, und die Grundsätze

ordnungsmäßiger DV-gestützter Buchführungssysteme (GOBS) gemäß BMF-Schreiben vom 7.11.1995, BStBl. I 1995 738). – Nach § 147 VI AO ist der Finanzbehörde das Recht eingeräumt, die mithilfe eines DV-Systems erstellte Buchführung des Steuerpflichtigen durch Datenzugriff zu prüfen (vgl. BMF Schreiben vom 16.7.2001, BStBl. I 2001 415). Die Finanzbehörde hat das Recht, im Rahmen einer → Außenprüfung auf Kosten des Steuerpflichtigen auf die gespeicherten Daten zuzugreifen und das Datenverarbeitungssystem zu nutzen (vgl. die Grundsätze zum Datenzugriff und zur Prüfbarkeit digitaler Unterlagen (GDPdU) gemäß BMF-Schreiben vom 16.7.2001, BStBl. I 2001, 415 und BMF-Schreiben vom 28.7.2003, BStBl. 2003 I, 421).

Aufdeckungsprüfung → Prüfung.

Aufgabe zugunsten der Staatskasse – zollrechtliche Bestimmung, die für eingeführte → Nichtgemeinschaftswaren gewählt werden kann zur Vermeidung des Entstehens von Einfuhrabgaben, soweit das nationale Recht der EU-Mitgliedsstaaten diese Möglichkeit vorsieht. In Deutschland ist das momentan nicht der Fall. Mit dem → Unionszollkodex wird wohl ab dem 1.1.2015 diese Möglichkeit im gesamten → Zollgebiet der EU bestehen.

Aufmerksamkeit – 1. *Lohnsteuer:* Grundsätzlich unterliegen der Lohnsteuer (bzw. Einkommensteuer) sämtliche Einnahmen aus dem Arbeitsverhältnis und als Einnahmen sind dicht nur Geld, sondern auch geldwerte Vorteile anzusehen (§ 8 I EStG); somit stellen Sachen oder Dienstleistungen, die vom Arbeitgeber den Arbeitnehmern gewährt werden, einen Teil des steuerpflichtigen Einkommens dar, selbst wenn dies freiwillig zum geschuldeten Lohn geschieht. Diese Betrachtungsweise ist jedoch überall dort unangemessen, wo der Arbeitnehmer Sachzuwendungen erhält, die bei vernünftiger wirtschaftlicher Betrachtung für ihn keinen wirtschaftlichen Vorteil bedeuten, sondern sich als Ausfluss bloßer Höflichkeit darstellen („Aufmerksamkeit"). Diese Betrachtungsweise bildet den Hintergrund dafür, dass Sachzuwendungen von geringem Wert, die als bloße Aufmerksamkeiten gegeben werden, z.B. Blumen oder Pralinen, nicht zum steuerpflichtigen → Arbeitslohn gehören. Die sog. Nichtbeanstandungsgrenze für Aufmerksamkeiten beträgt 40 Euro; bei höheren Zuwendungen muss geprüft werden, ob es sich um eine bloße Aufmerksamkeit oder um ein steuerpflichtiges Geschenk handelt. – Vgl. auch → Annehmlichkeit sowie R 19.6 LStR 2008. – 2. *Umsatzsteuer:* → Lieferungen und → sonstige Leistungen eines Unternehmens im Rahmen seines Unternehmens an seine Arbeitnehmer oder deren Angehörige aufgrund des Dienstverhältnisses, für die der Empfänger (Arbeitnehmer) kein bes. berechnetes → Entgelt aufwendet, sofern diese Leistung ohne rechtliche Verpflichtung gewährt wird und nach ihrem Wert im Verhältnis zum Gesamtlohn des Arbeitnehmers nicht ins Gewicht fällt (z.B. Betriebskindergärten, betriebsärztliche Versorgung). Aufmerksamkeiten sind nicht umsatzsteuerbar, da sie nicht gegen Entgelt erbracht werden und auch der Auffangtatbestand der „unentgeltlichen Lieferungen und Leistungen" (§ 3 Ib, § 3 IXa UStG) hier nicht eingreift. – Was im Rahmen der Lohnsteuer als nicht steuerpflichtige Leistungen oder → Annehmlichkeit angesehen wird oder innerhalb lohnsteuerlicher → Freibeträge oder → Freigrenzen bleibt, ist auch umsatzsteuerlich eine nicht umsatzsteuerbare Aufmerksamkeit (Einzelheiten: Abschn. 12 UStR).

Aufrechnung – I. *Allgemein:* wechselseitige Tilgung zweier sich gegenüberstehender Forderungen durch Verrechnung. Wenn zwei Personen einander gleichartige Leistungen schulden, kann jeder Teil (Schuldner) mit seiner Gegenforderung gegen die Forderung (Hauptforderung) des anderen Teils (Gläubigers) aufrechnen (§§ 387–396 BGB). – 1. *Voraussetzung* ist Fälligkeit und Vollwirksamkeit der Gegen-, nicht notwendig der Hauptforderung. Der Gegenforderung darf grundsätzlich keine Einrede der → Verjährung entgegenstehen. – 2. Die Aufrechnung *erfolgt* durch einseitige empfangsbedürftige Willenserklärung des Schuldners gegenüber dem Gläubiger. Sie bewirkt, dass die Forderungen, soweit sie sich decken, zu dem Zeitpunkt, zu dem frühestens hätte aufgerechnet werden können, als erloschen gelten (z.B. fallen seitdem etwa verwirkte Vertragsstrafen und Verzugszinsen weg). – 3. *Ausschluss* der Aufrechnung: a) Vertraglich. – b) Kraft Gesetzes ist Aufrechnung unzulässig gegen unpfändbare Forderungen und gegen Forderungen des Gläubigers aus einer vorsätzlichen unerlaubten Handlung des Schuldners. Nach der Rechtsprechung darf aber der Schuldner (z.B. Arbeitgeber) i.d.R. auch gegen den unpfändbaren Teil einer Forderung aufrechnen, wenn seine Gegenforderung aus einer vom Gläubiger begangenen vorsätzlichen unerlaubten Handlung (z.B. Unterschlagung des Angestellten) herrührt. – 4. Die Parteien können die Aufrechnung auch *vertraglich vereinbaren;* sie sind dann an die obigen Voraussetzungen nicht gebunden. – 5. Aufrechnung der *Lohnsteuer* ist nicht erlaubt; ausgenommen ist der → Lohnsteuer-Jahresausgleich durch den Arbeitgeber. Das Finanzamt kann Steuerforderungen gegen den Anspruch auf → Arbeitnehmer-Sparzulage aufrechnen.

Steuerrecht: Auch nach Steuerrecht sind die Steuerpflichtigen berechtigt, gegen Steueransprüche mit unbestrittenen oder rechtskräftig festgestellten Gegenansprüchen gegen den Steuergläubiger oder die die Steuer verwaltende Körperschaft (i.d.R. das Land) mit befreiender Wirkung (§ 47 AO) aufzurechnen (§ 226 AO). Die Aufrechnung kann auch durch die Finanzbehörde erklärt werden. Sind steuerrechtliche Ansprüche durch Verjährung oder Ablauf einer → Ausschlussfrist erloschen, kann mit ihnen nicht aufgerechnet werden.

Aufsichtsratsteuer – 1. *Begriff:* eine Erhebungsform der → Einkommensteuer in Form einer → Quellensteuer (→ Steuerabzug) auf Aufsichtsratsvergütungen an beschränkt steuerpflichtige Aufsichtsratsmitglieder oder beschränkt steuerpflichtige Mitglieder gleichartiger Überwachungsgremien inländischer Kapitalgesellschaften (§ 50a I Nr.4 EStG). – 2. *Bedeutung in der Praxis:* Die praktische Bedeutung steigt an, weil mit zunehmender internationaler Verflechtung auch häufiger im Ausland wohnende Vertreter ausländischer Muttergesellschaften in den Aufsichtsrat inländischer Unternehmen entsandt werden. – 3. *Betroffene Gremien, betroffene Unternehmen:* Da der Anfall der Steuer nicht von der bloßen Bezeichnung des betroffenen Gremiums abhängen kann, fällt die Steuer auch an, wenn es sich um einen Beirat oder eine ähnliche Einrichtung handelt; Voraussetzung ist jedoch in allen Fällen, dass es sich um ein Gremium handelt, dass nicht selbst die Geschäftsführung innehat, sondern die Geschäftsführung überwacht (also nicht lediglich unverbindlich berät). Weitere Voraussetzung ist, dass das Gremium für eine unbeschränkt steuerpflichtige Körperschaft (also keine Personengesellschaft) tätig ist. – 4. *Steuerschuldner:* Die Aufsichtsratsteuer ist formal eine Steuer, die das einzelne Aufsichtsratsmitglied zu tragen hat. Die Verpflichtung, die Steuer anzumelden und an die Finanzverwaltung abzuführen, trifft jedoch das inländische Unternehmen, für das das Aufsichtsratmitglied tätig ist; die Unternehmen müssen also bei der Auszahlung einer Aufsichtsratsvergütung an ein beschränkt steuerpflichtiges Aufsichtsratmitglied die zivilrechtlich geschuldete Zahlung aufteilen in einen Steueranteil, der an die Finanzverwaltung zu überweisen ist (Modalitäten geregelt in EStDV zu § 50a EStG), und einen Restnettobetrag, der dem Aufsichtsrat auszuzahlen ist. Sofern der Steueranteil vom Unternehmen ordnungsgemäß einbehalten worden ist, kann der Aufsichtsrat selbst nicht mehr in Anspruch genommen werden (Gegenschluss aus § 50a V Satz 5 EStG); ist der Einbehalt der Aufsichtsratsteuer dagegen unterblieben, haftet das Unternehmen der Finanzverwaltung für den Betrag der Steuer. – 5. *Berechnung der Steuer: a) Steuersatz:* Der Steuersatz der Aufsichtsratsteuer beläuft sich auf 30 Prozent (§ 50 a II Satz 1 EStG 2009). – b) *Berechnungsgrundlage: aa) Regelfall:* Berechnet wird die Steuer, anders als sonst im System der ESt üblich, nicht von einer Nettogröße „Einkünfte" (das wäre Einnahmen minus zugehörige Ausgaben), sondern von dem auszuzahlenden Betrag (das sind also lediglich die Einnahmen). Insoweit ist die Berechnungsgrundlage für die Aufsichtsratsteuer ungünstiger ausgestaltet als sonst im System der ESt üblich; das erklärt zugleich auch, warum der Steuersatz erheblich unter dem sonst für Spitzenverdiener üblichen Satz der ESt (2009: 45 Prozent) liegt. Die Berechnung der Steuer nach der Höhe des auszuzahlenden Betrages ist jedoch aus praktischen Gründen sinnvoll, da sonst nicht nur die Aufsichtsratsmitglieder dem Unternehmen ihre persönlichen Betriebsausgaben offenlegen müssten, sondern das Unternehmen gegenüber dem

Aufsichtsratsmitglied auch Stellung dazu nehmen müsste, inwieweit ein Abzug der betreffenden Ausgabenposition steuerlich tatsächlich möglich ist. – bb) *Kostenübernahme:* Übernimmt das Unternehmen Ausgaben für das Aufsichtsratsmitglied, sind diese Ausgaben grundsätzlich ebenfalls als Einnahmen des Aufsichtsratsmitgliedes anzusehen (weil geldwerte Vorteile, § 8 I EStG), sodass hierfür dann ebenfalls die Aufsichtsratsteuer abzuführen ist. Eine Ausnahme ist lediglich gegeben, wenn Reisekosten übernommen oder ersetzt worden sind: In diesem Fall darf der Einbehalt der Aufsichtsratsteuer unterbleiben. Dies gilt jedoch nur für tatsächlich nachweisbar angefallene Kosten, Pauschalbeträge dürfen also nicht nach dieser Regelung behandelt werden. Ab dem Veranlagungszeitraum 2009 dürfen Reisekosten in Höhe der für Verpflegungsmehraufwand üblichen Pauschalbeträge ausgezahlt werden, ohne dass dies eine Steuer auslöst (§ 50a II Satz 2 EStG 2009). – cc) *Sonderregelung für Personen aus der EU:* Staatsangehörige eines Staates der EU oder des übrigen EWR dürfen wegen einer Sonderregelung ihre Betriebsausgaben dem Unternehmen mitteilen. Die Differenz von Auszahlungsbetrag und nachweisbaren Kosten des Aufsichtsrates dient der Berechnungsgrundlage für die Steuer (§ 50a III Satz 1, 2 EStG). – 6. *Abgeltungswirkung der Steuer:* a) *Regelfall:* Mit der Einbehaltung und Abführung der Aufsichtsratsteuer sind die einkommensteuerlichen Verpflichtungen des betroffenen Aufsichtsrates aus diesem Geschäftsvorfall gegenüber dem dt. Staat in pauschaler Form erledigt; eine Steuererklärung ist also hierfür nicht mehr zu erstellen (§ 50 II Satz 1 EStG 2009). – b) *Sonderregelung:* Lediglich Staatsangehörige von EU und übrigem EWR, die auch dort wohnen, haben die Möglichkeit, die Aufsichtsratsbezüge trotz der Abgeltungswirkung der Aufsichtsratsteuer in die Einkommensteuerveranlagung in Deutschland mieinzubziehen (Wahlrecht, § 50 II Nr. 5 EStG). In diesem Fall gilt die Aufsichtsratsteuer als Vorauszahlung auf die Jahressteuerschuld. Ein Überschuss hieraus wird erstattet. – 7. *Ansprüche auf Senkung der Steuer nach Doppelbesteuerungsabkommen:* Weist das Doppelbesteuerungsabkommen Deutschland ein Recht auf Besteuerung bezogen auf die Aufsichtsratsvergütungen zu, erfolgt dies in der Regel ohne betragsmäßige Obergrenze (vgl. Art. 16 OECD-Musterabkommen). Damit wird ausgeschlossen, dass ein ausländischer Aufsichtsrat sich unter Berufung auf ein solches DBA Teile der Steuer erstatten lassen könnte. – 8. *Verhältnis zu anderen Steuerarten:* a) *Solidaritätszuschlag:* Auf die Aufsichtsratsteuer wird zusätzlich der Solidaritätszuschlag erhoben (5,5 Prozent der Einkommensteuer, also 1,65 Prozent der Vergütung). – b) *Umsatzsteuer:* Die Umsatzsteuer auf eine Aufsichtsratsvergütung einer Person, die nicht im Inland ansässig ist, ist nach § 13b UStG im Regelfall von dem inländischen Unternehmen (Leistungsempfänger) geschuldet. Da es für den ausländischen Aufsichtsrat keinen geldwerten Vorteil bedeuten kann, wenn das inländische Unternehmen

USt-Schulden begleicht, die gar nicht Schulden dieses Aufsichtsrats darstellen, stellt die USt also in diesen Fällen keine Einnahme des Aufsichtsratsmitglieds dar und erhöht folglich die Berechnungsgrundlage der Aufsichtsratsteuer nicht. – c) *Körperschaftsteuer:* Die Behandlung von 50 Prozent der Aufsichtsratsvergütungen als nicht-abziehbare Betriebsausgabe (§ 10 Nr. 4 KStG) ist etwas Anderes als die Aufsichtsratsteuer; jedoch liegt beiden Regelung dasselbe Verständnis des Begriffs „Aufsichtsratsvergütung" zugrunde, sodass die Erläuterungen des BMF in den KStR zu § 10 KStG als Auslegungshilfe auch für die Regelungen über die Aufsichtsratsteuer benutzt werden können.

Aufsichtsratsvergütung – 1. *Begriff:* Vergütung jeder Art, die an Mitglieder des Aufsichtsrats gewährt wird (nicht jedoch Auslagenersatz); kann in einer festen Vergütung oder in einem Anteil am Gewinn bestehen (§ 113 AktG). – Vgl. auch Tantieme. – 2. *Steuerliche Behandlung:* a) Aufsichtsratsvergütungen sind bei der Ermittlung des steuerpflichtigen Einkommens der *Körperschaft* zur Hälfte nicht abzugsfähig (§ 10 Nr. 4 KStG), die darauf entfallende Umsatzsteuer bleibt jedoch abziehbare Vorsteuer des Unternehmers. – b) Aufsichtsratsvergütungen gehören bei den *Aufsichtsratsmitgliedern* i.Allg. zu den Einkünften aus selbständiger Arbeit (§ 18 I Nr. 3 EStG). Steuerabzug nur bei beschränkt Steuerpflichtigen (→ Aufsichtsratsteuer). – Werden von den Arbeitnehmervertretern Teile der Aufsichtsratsvergütung für soziale Zwecke abgeführt, so können das u.U. → Betriebsausgaben sein. – Beamte, die auf Veranlassung ihrer vorgesetzten Behörde dem Aufsichtsrat angehören, haben ihre Aufsichtsratsvergütung an die Behörde abzuführen, mit Ausnahme eines Betrages, der ihnen als → Aufwandsentschädigung belassen wird.

Aufteilung der Steuerschuld → Gesamtschuldner, → Ergänzungsbescheid.

Aufteilungsverbot – gilt für nicht abziehbare Kosten der Lebensführung nach § 12 EStG, d.h. für Aufwendungen die sich der privaten und beruflichen Lebensführung nicht eindeutig zuordnen lassen.

Aufwandsentschädigung – 1. An *Abgeordnete,* u.U. auch an *leitende Beamte* gewährte Vergütung zum Ausgleich ihnen entstehender bzw. entstandener Auslagen persönlicher oder sachlicher Art, z.B. Geldentschädigung für Repräsentationszwecke. – *Steuerfrei:* Aufwandsentschädigung aus öffentlichen Kassen (§ 3 Nr. 12 EStG), soweit durch Gesetz oder Rechtsverordnung bestimmt, bei hauptamtlich Tätigen. – *Steuerpflichtig:* (1) Entschädigung für Verdienstausfall, Zeitverlust oder Haftungsrisiko; (2) Differenzbetrag zwischen Aufwand und Aufwandsentschädigung, soweit der Aufwand offenbar unter der Höhe der gewährten Aufwandsentschädigung liegt; (3) Aufwandsentschädigung an die in Kreis- und Gemeindeverwaltungen ehrenamtlich tätigen Personen zum Ausgleich des Aufwands an Zeit und Arbeitsleistung sowie des entgangenen Arbeitsverdienstes. Aus Vereinfachungsgründen bleibt dann, wenn jemand hauptamtlich tätig ist und der Betrag der aus einer öffentlichen Kasse gewährten Aufwandsentschädigung durch Gesetz oder Rechtsverordnung festgelegt ist, die Aufwandsentschädigung in voller Höhe steuerfrei, während bei ehrenamtlich tätigen Personen 1/3 der Aufwandsentschädigung, mind. aber 175 Euro pro Monat steuerfrei belassen werden. Ist dagegen der Anspruchsberechtigte, der Betrag oder der Höchstbetrag der Aufwandsentschädigung nicht durch Gesetz oder Rechtsverordnung bestimmt, so kann bei haupt- und ehrenamtlich tätigen Personen ohne weiteren Nachweis ein steuerlicher Aufwand von 175 Euro pro Monat unterstellt werden (R 3.12 III LStR). – Für die aus den Kassen der Berufsgenossenschaften, der Orts-, Land-, Innungs- und Ersatzkrankenkassen, der Gemeindeunfallversicherungsverbände, der Träger der gesetzlichen Rentenversicherung und der Knappschaften gewährten Aufwandsentschädigung gilt Entsprechendes. – 2. Vergütung für *nebenberufliche Tätigkeiten* als Übungsleiter, Ausbilder, Erzieher oder für eine vergleichbare nebenberufliche Tätigkeit, für nebenberufliche künstlerische Tätigkeit oder für die nebenberufliche Pflege alter, kranker oder behinderter Menschen im Dienst oder Auftrag einer inländischen juristischen Person des öffentlichen Rechts oder einer unter § 5 I Nr. 9 KStG fallenden Einrichtung zur Förderung gemeinnütziger, mildtätiger und kirchlicher Zwecke sind bis zur Höhe von insgesamt 2.100 Euro im Jahr *steuerfrei* (§ 3 Nr. 26 EStG, vgl. → Ausbildungsfreibetrag). Bestimmte andere nebenberufliche Tätigkeiten im Dienst oder im Auftrag einer juristischen Person des öffentlichen Rechts oder einer gemeinnützigen Körperschaft bleiben bis zu 500 Euro steuerfrei (§ 3 Nr. 26a EStG). Eventuelle mit diesen Tätigkeiten zusammenhängende Aufwendungen können allerdings jeweils dann ebenfalls nicht steuerlich geltend gemacht werden, es sei denn, sie übersteigen den steuerfreien Betrag der Einnahmen (§ 3 Nr. 26, 26a EStG). – 3. Mehraufwandsentschädigungen für Ein-Euro-Jobs sind steuerfrei (§ 3 Nr. 2b EStG); sie unterliegen nicht dem Progressionsvorbehalt.

Aufwendungen – I. Rechnungswesen: 1. *Begriff*: periodisierte → Ausgaben einer Unternehmung für die während einer Abrechnungsperiode verbrauchten Güter, Dienstleistungen und öffentlichen Abgaben, die in der Gewinn- und Verlustrechnung (GuV ,Erfolgsrechnung) den Erträgen gegenübergestellt werden (*anders*: Kosten). Aufwendungen können mit den *Ausgaben* des gleichen Zeitabschnitts übereinstimmen; falls nicht, ist eine Abgrenzung erforderlich. – 2. Arten: a) Aufwendungen *für den Ge- und Verbrauch von Gütern*: (1) die verwendeten Verbrauchsgüter (Roh-, Hilfs- und Betriebsstoffe); (2) Wertminderungen an Gebrauchsgütern (abnutzbarem Anlagevermögen). – b) Aufwendungen für die *Inanspruchnahme von Leistungen*: bes. Löhne und

Gehälter, auch Ausgaben für Versicherung, Zinsen, Patentgebühren und andere Entgelte für fremde Leistungen. – c) Aufwendungen für die *Außenlasten* (Steuern, öffentliche Abgaben etc.). – 3. Für Zwecke der *Gewinn- und Verlustrechnung (GuV)* sind in der Buchhaltung zu trennen: a) Aufwendungen der gewöhnlichen Geschäftstätigkeit; b) außerordentliche Aufwendungen und Steueraufwendungen (Industrie-Kontenrahmen (IKR)). – 4. Für Zwecke der *Kostenrechnung* sind zu unterscheiden: a) (1) *betriebliche Aufwendungen*, die in Erfüllung des Betriebszwecks entstehen, bei Erstellung von Gütern und Diensten; (2) *betriebsfremde Aufwendungen*, die für andere Zwecke der Unternehmung entstehen. – b) (1) *Betriebliche ordentliche Aufwendungen*, der regulären Erfüllung des Betriebszwecks dienend; (2) *betriebliche außerordentliche Aufwendungen*, in Erfüllung des Betriebszwecks anfallend, jedoch nur einmal oder so unregelmäßig, dass sie den periodischen Kostenvergleich stören würden. – *Beispiel*: außerordentliche Wagnisverluste und Verluste aus bes. Schadensfällen. – c) (1) *Betriebliche ordentliche, kalkulierbare Aufwendungen*, mit denen erstellte Leistungen zu belasten sind; (2) *betriebliche ordentliche, nicht kalkulierbare* Aufwendungen dürfen das Betriebsergebnis nicht beeinflussen (z.B. Körperschaftsteuer). – Nur die Aufwendungen unter c) (1) sind als Kosten in der Kostenrechnung zu übernehmen. Sämtliche anderen Aufwendungen werden durch Abgrenzung aus der Kostenrechnung ausgeschieden.

II. Steuerrecht: Es wird zwischen abzugsfähigen Aufwendungen und → nicht abzugsfähigen Aufwendungen unterschieden.

III. Handelsrecht: 1. Das dem *Handlungsgehilfen* und → Handelsvertreter sowie dem *Beauftragten und Geschäftsführer* zustehende Recht auf Aufwendungsersatz (§§ 675, 670 BGB). Für den Handelsvertreter kommt Ersatz nur infrage, wenn die Aufwendungen außerhalb der regelmäßigen Geschäftsbetriebes liegen oder der Ersatz handelsüblich ist. – 2. Die dem → Handelsmakler i.Allg. bei entsprechenden Vereinbarungen zu ersetzenden Aufwendungen (§ 652 II BGB). – 3. Das dem *Gesellschaftern* einer OHG oder KG gemäß § 110 HGB zustehende Recht auf Ersatz derjenigen Aufwendungen, die ein Gesellschafter bei Anwendung der Sorgfalt in eigenen Angelegenheiten den Umständen nach für erforderlich halten durfte.

Aufwendungseigenverbrauch – früherer Begriff aus dem Bereich der Umsatzsteuer; bezeichnete die Erhebung von Umsatzsteuer auf die Tätigung von nicht abziehbaren Betriebsausgaben durch einen Unternehmer. An die Stelle der Besteuerung des Aufwendungseigenverbrauchs ist seit 1999 die Versagung des → Vorsteuerabzugs für diese Aufwendungen getreten.

Aufzeichnungen – Sammlung von Daten, die alle notwendigen Angaben und Einzelheiten enthält, die den Zollbehörden die Überwachung und Kontrolle der → Zollverfahren oder der Vorgänge in → Freizonen ermöglichen.

Aufzeichnungspflicht – I. *Allgemeine Rechnungslegungspflicht:* → Buchführungspflicht.

II. *Umsatzsteuerrecht:* Nach § 22 UStG und entsprechenden Vorschriften der UStDV ist der Unternehmer verpflichtet, zur Feststellung der → Umsatzsteuer und der Grundlagen ihrer Berechnung Aufzeichnungen zu machen. – 1. *Es müssen zu ersehen sein:* (1) die vereinbarten → Entgelte für die ausgeführten → Lieferungen und → sonstigen Leistungen, getrennt nach Steuersätzen; gesonderte Erfassung der steuerfreien Umsätze und derjenigen Umsätze, für die auf Steuerbefreiung verzichtet wurde (→ Verzicht auf Steuerbefreiung); (2) die vereinnahmten Entgelte für noch nicht ausgeführte Leistungen (→ Mindest-Ist-Besteuerung); (3) die Bemessungsgrundlagen für Leistungen an Arbeitnehmer und Gesellschafter; (4) die Bemessungsgrundlagen für → unentgeltliche Wertabgaben; (5) die Entgelte für steuerpflichtige Lieferungen und sonstige Leistungen, die an den Unternehmer für sein Unternehmen ausgeführt worden sind, die vor Ausführung dieser Umsätze gezahlten Entgelte (Vorauszahlungen) sowie die auf diese Umsätze entfallende Steuer (→ Vorsteuerabzug); (6) die Bemessungsgrundlagen für die Einfuhr von Gegenständen und die entrichtete → Einfuhrumsatzsteuer (EUSt); (7) die Bemessungsgrundlagen für den innergemeinschaftlichen Erwerb von Gegenständen sowie die darauf entfallenden Steuerbeträge; (8) die Berechnungsgrundlage für eine spätere Vorsteuerberichtigung nach § 15a UStG; (9) unter bestimmten Bedingungen (§ 22 IVc UStG) die ins übrige Gemeinschaftsgebiet verbrachten Gegenstände (→ Verbringung); (10) Gegenstände, die der Unternehmer zur Bearbeitung, Verarbeitung oder Begutachtung von einem Unternehmer mit einer Umsatzsteuer-Identifikationsnummer aus dem übrigen Gemeinschaftsgebiet erhält. – 2. *Gewisse Vereinfachungen der* Aufzeichnungspflichten (§§ 63–68 UStDV) sind aus praktischen Erwägungen zugelassen worden (→ Trennung der Entgelte). Für land- und forstwirtschaftliche Betriebe (§ 24 UStG) und Kleinunternehmer (§ 19 UStG) ist die Aufzeichnungspflicht stark eingeschränkt. Zum Aufzeichnungspflicht stark eingeschränkt. Zum Aufzeichnung im → Straßenhandel hat ein Steuerheft zu führen. – 3. *Bes.* Aufzeichnungspflichten für Reiseleistungen (§ 25 UStG) und Gebrauchtwagenhändler, die die → Differenzbesteuerung (§ 25a UStG) anwenden.

Ausbesserungsverkehr – 1. *Begriff* des Zollrechts: überholte Bezeichnung für Ausbesserungen vorübergehend eingeführter drittländischer Waren im Zollgebiet der Gemeinschaft (*aktive Veredelung*) oder vorübergehend ausgeführter Gemeinschaftswaren im Drittland *(passiver Veredelung)* bei Gewährung von Zollvergünstigungen. Zum Ausbessern gehört das Wiederherstellen (z.B. Reparieren, Instandsetzen) abgenutzter oder schadhaft gewordener und das Nachbessern fehlerhaft hergestellter Waren (auch durch Auswechseln einzelner Teile), das Regulieren von Waren sowie das Reinigen verschmutzter Waren. – 2. *Voraussetzung* der Vergünstigung ist Bewilligung einer Zollstelle: a) Beim der Ausbesserung im Rahmen der → aktiven Veredelung stets vor der Einfuhr der Waren, bei einmaligem aktivem Ausbesserungsverkehr zugleich mit der Einfuhrabfertigung. – b) Bei der Ausbesserung im Rahmen der *passiven Veredelung* ist die Bewilligung regelmäßig vor der vorübergehenden Ausfuhr zu erteilen, vereinzelt, etwa bei nicht gewerblichem Warenverkehr spätestens bei Einfuhrabfertigung. Bei kostenloser Ausbesserung in Garantiefällen kommt es regelmäßig zur Einfuhrabgabenfreiheit. Im Übrigen wird auf Basis der Veredelungskosten verzollt.

Ausbildungsbeihilfe – 1. *Charakterisierung:* Leistungen des Arbeitgebers im Zusammenhang mit der Fortbildung (nicht Berufsausbildung) des Arbeitnehmers, wie z.B. Vergütungsfortzahlung, Schulkosten, Spesen. Vereinbarungen über die Erstattung der Ausbildungsbeihilfe bei Kündigung (Rückzahlungsklauseln) sind nur unter bestimmten Voraussetzungen zulässig. Sie dürfen nicht das Grundrecht der freien Arbeitsplatzwahl verletzen. Sie sind dann zulässig, wenn die Ausbildung dem Arbeitnehmer im Beruf oder auf dem Arbeitsmarkt wirtschaftliche Vorteile bringt. Unzulässig sind sie z.B., wenn die Fortbildung allein im Interesse des Arbeitgebers liegt oder zum Inhalt des Arbeitsvertrages gehört. Die Bindung darf nicht übermäßig sein, i.d.R. nicht länger als drei Jahre und muss sich in vertretbaren Grenzen halten, d.h. sich jedenfalls während der Bindungsdauer mindern. Die Rückzahlung der Ausbildungsbeihilfe darf nicht unter Druck während der Ausbildung vereinbart werden und muss klar und unmissverständlich sein. – *Anders:* → Berufsausbildungsbeihilfe. – 2. *Steuerliche Behandlung:* Von einem privaten Arbeitgeber gewährte Ausbildungsbeihilfen gehören zum steuerpflichtigen → Arbeitslohn, vorausgesetzt, dass die in Aussicht genommene spätere Tätigkeit die Merkmale eines → Arbeitsverhältnisses aufweist und dass ein Zusammenhang zwischen dem Arbeitgeberleistungen und dem in Aussicht genommenen Arbeitsverhältnis gegeben ist (BFH-Urt. v. 18.9.1964, BStBl. 1965 III 11); auch gegeben, wenn es zum Abschluss eines späteren Arbeitsverhältnisses kommt oder ein abgeschlossenes Arbeitsverhältnis tatsächlich nicht verwirklicht wird. Von *öffentlich-rechtlichen Verwaltungen* gewährte Ausbildungsbeihilfen sind steuerfrei (BFH-Urt. v. 15.6.1973, BStBl. II 734), allerdings in voller Höhe auf den → Ausbildungsfreibetrag anzurechnen.

Ausbildungsfreibetrag – 1. *Begriff* des Einkommensteuerrechts für einen Freibetrag, der die Kosten für die Berufsausbildung eines Kindes pauschal abgelten soll und bei der Ermittlung des zu versteuernden Einkommens im Rahmen der → außergewöhnlichen Belastungen abgezogen wird. Seit 2002 kann nur noch für ein sich in Berufsausbildung befindliches, auswärtig untergebrachtes volljähriges Kind, für das Anspruch auf Kinderfreibetrag oder Kindergeld besteht, der Ausbildungsfreibetrag in Höhe von 924 Euro (77 Euro pro Monat, § 33a II, IV EStG) abgezogen werden. Dieser Freibetrag vermindert sich um die eigenen Einkünfte und Bezüge des Kindes, soweit diese 1.848 Euro im Kalenderjahr übersteigen, sowie die von dem Kind direkt oder indirekt aus öffentlichen Mitteln finanzierten Ausbildungsbeihilfen. Für dasselbe Kind kann der Ausbildungsfreibetrag insgesamt nur einmal gewährt werden: Jeder Elternteil erhält den Freibetrag zur Hälfte, es sei denn, beide beantragen gemeinsam eine andere Aufteilung. – 2. *Für alle anderen Kinder* werden die Ausbildungskosten nur noch im Rahmen des → Betreuungsfreibetrags abgegolten (1.080 Euro, § 32 VI EStG; ersatzweise durch Kindergeld, vgl. → Günstigerprüfung).

Ausfuhr – *Export.*

I. Begriff: 1. *Allgemein:* entgeltliche oder unentgeltliche Abgabe der in einem Wirtschaftsgebiet produzierten Sachgüter *(Sachgüter- bzw. Warenausfuhr)* und/oder von Dienstleistungen *(Dienstleistungsausfuhr)* in fremde Wirtschaftsgebiete. Teil des Außenhandels. – *Gegensatz:* → Einfuhr. – 2. *Deutsches Außenwirtschaftsrecht:* Verbringen von Sachen und Elektrizität aus dem dt. Wirtschaftsgebiet nach fremden Wirtschaftsgebieten (§ 4 II Nr. 4 AWG). – 3. *Zollrecht:* Verbringen von → Gemeinschaftswaren aus dem (EU-) → Zollgebiet (Art. 3 ZK) im Rahmen des Ausfuhrverfahrens (Art. 161 ZK). Beim Verbringen von → Nichtgemeinschaftswaren spricht der → Zollkodex (ZK) von → Wiederausfuhr (Art. 182 ZK).

II. Arten: 1. *Direkte Ausfuhr:* Direktausfuhr; *indirekte Ausfuhr:* Ausfuhrhandel. – 2. *Sichtbare Ausfuhr:* Ausfuhr von Waren (Sachgütern der Ernährungswirtschaft, Rohstoffen, Halb- und Fertigwaren); *unsichtbare Ausfuhr:* Erbringung von Dienstleistungen für ausländische Auftraggeber (z.B. Vermittlungsleistungen inländischer Banken für Ausländer, Dienstleistungen für im Inland reisende Ausländer, Vertretertätigkeit für Ausländer, Vergabe von Lizenzen an Ausländer, Versicherungsleistungen, Transportleistungen). – Vgl. auch Auslandsgeschäft.

III. Regelungen im Außenwirtschaftsgesetz: Nach den Bestimmungen des Außenwirtschaftsgesetzes (AWG) ist die Ausfuhr grundsätzlich genehmigungsfrei (§ 1 AWG). Allerdings sieht das Gesetz Möglichkeiten vor, dieses Prinzip einzuschränken. Nach § 5 AWG dürfen außenwirtschaftliche Aktivitäten einer Beschränkung unterworfen werden, um die Erfüllung zwischenstaatlicher Vereinbarungen zu erfüllen, denen das Parlament zugestimmt hat. Darüber hinaus darf die Warenausfuhr beschränkt werden, um die Bedarfsdeckung mit lebenswichtigen Gütern im eigenen Lande sicherzustellen (§ 8 I AWG). – Vgl. auch → Ausfuhrverfahren, Boykott, Ausfuhrverbot, Embargo, Exportkontrolle.

IV. Steuerrecht: Gewinne aus der Ausfuhr von Waren werden üblicherweise nur im Land des Exporteurs den → direkten Steuern unterworfen (→ Betriebsstättenprinzip), dagegen fallen → indirekte Steuern für die ausgeführten Waren oder Dienstleistungen typischerweise im Land des Importeurs an (→ Bestimmungslandprinzip; → Ausfuhrlieferung). Ausfuhrlieferungen sind in Deutschland von der → Umsatzsteuer befreit.

Ausfuhrabfertigung – zollamtliche Behandlung einer zur Ausfuhr angemeldeten Warensendung. Diese findet regelmäßig bei der → Ausfuhrzollstelle im Binnenland am Firmensitz des Ausführers oder dem Ort, an dem sich die Ware befindet, statt. In einem zweiten Schritt erfolgt die Überwachung des tatsächlichen Verlassens des Zollgebietes der Gemeinschaft bei der Ausgangszollstelle an der Grenze. Diese Zollstelle kann ebenfalls für die Anmeldung von Waren zuständig sein, die keinen → Verboten und Beschränkungen unterliegen und deren Wert 3.000 Euro nicht überschreitet.

Ausfuhrabgaben → Abgaben, insbesondere Zölle, die bei der Ausfuhr bestimmter Waren – zumeist Marktordnungswaren in Drittländer - aufgrund von Rechtsakten des Rates der Europäischen Union oder der Europäischen Kommission erhoben werden. Ausfuhrabgaben sind für Fälle vorgesehen, in denen das Preisniveau auf dem Weltmarkt höher ist als in der EU und ein Abfließen von Waren, die für die Versorgung der Mitgliedsstaaten benötigt werden, verhindert werden soll. – Vgl. auch → Abschöpfung.

Ausfuhrabschöpfung → Abschöpfung.

Ausfuhranmeldung → Zollanmeldung, mittels derer → Gemeinschaftswaren zum → Ausfuhrverfahren anzumelden sind. Seit dem 1.7.2009 muss grundsätzlich eine elektronische Ausfuhranmeldung bei jeder → Ausfuhr in ein sog. Drittland, also nicht bei innergemeinschaftlichem EU-Handel, ab einem Warenwert von 1.000 Euro erstellt werden. Zur Abgabe der Ausfuhranmeldung ist grundsätzlich der Ausführer berechtigt. Das ist der Eigentümer der Waren oder eine Person, die zu dem Zeitpunkt der Annahme der Ausfuhranmeldung eine ähnliche Verfügungsberechtigung besitzt. Stellvertretung ist zulässig, bei indirekter Stellvertretung ist der Vertreter der Anmelder. Er muss in der Lage sein, die Ware bei der zuständigen Zollstelle zu gestellen sowie die erforderlichen Unterlagen vorzulegen. Örtlich zuständig für die Annahme der Ausfuhranmeldung ist grundsätzlich die Zollstelle, die für den Ort zuständig ist, an dem der Ausführer ansässig ist oder die Waren zur Ausfuhr verpackt oder verladen werden. Für die letztgenannte Fallgruppe ist dies regelmäßig die Zollstelle, in deren Bezirk die Beförderung ins Ausland beginnt.

Ausführer – Der Begriff des Ausführers wird uneinheitlich verwendet. Entscheidend ist der jeweilige Kontext. Ausführer ist im Außenwirtschaftsrecht grundsätzlich, wer Waren nach fremden Wirtschaftsgebieten verbringt oder verbringen lässt. Liegt der Ausfuhr ein Ausfuhrvertrag mit einem Gebietsfremden zugrunde, so ist nur der gebietsansässige Vertragspartner Ausführer. Wer lediglich als Spediteur oder Frachtführer oder in einer ähnlichen Stellung beim Verbringen von Waren tätig wird, ist nicht Ausführer. Ausführer ist die Person, die die Ausfuhrförmlichkeiten zu erfüllen hat, die Inhaber der festgesetzten Ausfuhrbewilligung/-lizenz ist oder sein muss oder andere bes. Anforderungen etwa Mitteilungs-oder Kennzeichnungspflichten erfüllen muss. Bei → Ausfuhrerstattungen gilt als Ausführer die Person, die Anspruch auf die Erstattung hat.

Ausfuhrerklärung – überholter Begriff für → Ausfuhranmeldung.

Ausfuhrerstattung – 1. *Begriff:* Im Marktordnungsrecht der EU (→ Marktordnung) werden dem Erzeuger für viele Agrarwaren Mindestpreise garantiert, zu denen staatliche Stellen (meist begrenzte) Mengen aufkaufen. Diese Preise liegen i.d.R. über den Weltmarktpreisen. Zudem werden in den Mitgliedsstaaten vielfach mehr Agrarwaren erzeugt, als in der Gemeinschaft selbst verbraucht werden können. Sofern der Erzeuger stattdessen seine Ware zum Weltmarktpreis exportiert, wird ihm die Differenz zwischen garantiertem Mindestpreis und Weltmarktpreis erstattet. – 2. *Abwicklung der Ausfuhrerstattung:* Der konkrete Warenkreis für die Ausfuhrerstattung ergibt sich aus der jeweiligen Marktorganisation, bzw. aus der Gemeinsamen Marktorganisation. Darin wird ein festgelegter EU-Binnenmarktpreis festgelegt, der höher ist als der Weltmarktpreis. Diesen Preis schützt die Marktorganisation durch die Erstattung der Differenz bei der Ausfuhr in Drittländer – die sog. *Ausfuhrerstattung.* Die Überwachung der Ausfuhr erfolgt durch die Zollverwaltung mithilfe von bes. EU-Dokumenten, den Ausfuhr-Lizenzen (AGREX), die in Deutschland auf Antrag des → Ausführers von der → Bundesanstalt für Landwirtschaft und Ernährung (BLE) erteilt werden. Erst nach dem Nachweis der tatsächlichen Ausfuhr aus dem → Zollgebiet der EU wird die Ausfuhrerstattung von der EU ausgezahlt, in Deutschland durch das Hauptzollamt Hamburg-Jonas.

Ausfuhrlieferung – 1. *Begriff im Außenwirtschaftsrecht:* Sachlich zusammengehörende Warenmenge, die über eine bestimmte → Ausfuhrzollstelle aus dem → Zollgebiet der Gemeinschaft ausgeführt und an einen bestimmten Empfänger (Importeur) im Drittland geleitet wird. – 2. *Umsatzsteuerrecht:* a) Eine Ausfuhrlieferung im Sinn des Umsatzsteuerrechts liegt nur noch vor, wenn der Gegenstand einer → Lieferung in das → Drittlandsgebiet gelangt; bei Lieferungen in die übrigen Mitgliedsstaaten der EU gelten andere, speziellere Regelungen. Bei entsprechendem Nachweis sind Ausfuhrlieferungen umsatzsteuerfrei (§ 4 Nr. 1a UStG); der → Vorsteuerabzug

für Vorleistungen, die der Unternehmer im Zusammenhang mit der ausgeführten Ware bezogen hat, bleibt erhalten, da die Ware im → Ausland komplett ohne inländische umsatzsteuerliche Vorbelastung ankommen soll. Auf diese Art und Weise wird das → Bestimmungslandprinzip realisiert (Entlastung von der Umsatzsteuer im Inland, im Regelfall dann im Bestimmungsland Herstellung der dortigen Umsatzsteuerbelastung z.B. durch Erhebung einer Einfuhrumsatzsteuer). – b) *Arten und Voraussetzungen der Steuerbefreiung* (§§ 4 ff. UStG i.V. mit §§ 6, 6a UStG): (1) Der → Unternehmer befördert oder versendet selbst in das Drittlandsgebiet (ausgenommen Zollfreigebiete): Nur → Ausfuhrnachweis erforderlich; (2) der Abnehmer befördert oder versendet in das Drittlandsgebiet: Ausfuhrnachweis sowie Nachweis, dass der Abnehmer ein → ausländischer Abnehmer ist; (3) der Unternehmer oder der Abnehmer befördert oder versendet in ein Zollfreigebiet: Ausfuhrnachweis sowie Nachweis, dass der Empfänger ein ausländischer Abnehmer oder ein im → Inland ansässiger Unternehmer ist, der den gelieferten Gegenstand für Zwecke seines Unternehmens verwendet; (4) Für Ausfuhrlieferungen muss zusätzlich ein → Buchnachweis geführt werden, d.h. die Ausfuhr muss in den Büchern des Unternehmens nachzuvollziehen sein. – c) *Bes. Vorschriften* für Ausfuhrlieferungen im → Reiseverkehr (§ 17 UStDV). – d) *Lage innerhalb der EU-Mitgliedsstaaten:* Die Regeln für Ausfuhrlieferungen sind innerhalb der EU praktisch vollständig harmonisiert, größere Unterschiede kann es lediglich noch bei der Art der Nachweise geben, die die einzelnen Staaten für das Vorliegen einer Ausfuhrlieferung verlangen können (vgl. Art. 145, 146 der Mehrwertsteuersystemrichtlinie).

Ausfuhrnachweis – *Belegnachweis;* neben dem → Buchnachweis Voraussetzung für die Gewährung der Umsatzsteuerfreiheit von → Ausfuhrlieferungen und → Lohnveredelungen. Der Ausfuhrnachweis ist vom Unternehmer durch Belege im Inland zu führen. Der Ausfuhrnachweis kann im Fall der Beförderung durch bestimmte von Zollstellen ausgestellte Bescheinigungen und im Fall der Versendung durch Versendungsbelege (Frachtbriefe, Posteinlieferungsscheine, Konnossemente etc. oder deren Doppelstücke) oder, wenn diese Dokumente nicht zur Verfügung stehen, durch andere Belege, die den Tag und Ort der Versendung eindeutig erkennen lassen, geführt werden; auch eine Übernahmebescheinigung des mit der Besorgung der Beförderung in das Ausland beauftragten Spediteurs kann als Ausfuhrnachweis anerkannt werden. Der Beleg muss bzw. soll die in den §§ 8–17 UStDV aufgeführten Angaben enthalten.

Ausfuhrsendung – Warenmenge, die ein → Ausführer gleichzeitig über dieselbe → Ausfuhrzollstelle nach demselben Bestimmungsland ausführt.

Ausfuhrverbindlichkeit – Forderungen Gebietsansässiger an Gebietsfremde.

Ausfuhrverfahren – 1. *Begriff*: Für die → Ausfuhr gelten grundsätzlich Vorschriften des Zoll- und Außenwirtschaftsrechts, der Statistik, des Umsatz- und Verbrauchsteuerrechts sowie der Verbote und Beschränkungen im Warenverkehr über die Grenze. Nach dem dt. Zollrecht galt als Ausfuhr das Verbringen von Waren aus dem dt. Zollgebiet in das Ausland (§ 1 ZG). Seit der Vollendung des Gemeinsamen Binnenmarktes muss unterschieden werden zwischen der Ausfuhr aus dem EU-Zollgebiet in Drittländer (Extra-Handel) und der Versendung von Waren (also nicht Ausfuhr) innerhalb der Gemeinschaft (Intra-Handel). – 2. *Merkmale*: Aus zollrechtlichen und sicherheitspolitischen Gründen ist eine Überwachung der Ausfuhr/Wiederausfuhr aus dem EU-Zollgebiet grundsätzlich durch Gestellung und Anmeldung der Ware bei der Ausfuhrstelle im Inland und dem anschließenden tatsächlichen Verbringen über die Ausgangszollstelle an der EU-Außengrenze erforderlich. – 3. *Ziele*: Außer den außenwirtschaftsrechtlichen Ausfuhrregelungen bestehen Verbote und Beschränkungen für den Warenverkehr über die Grenze, die dem Schutz der öffentlichen Ordnung, der Umwelt, der menschlichen Gesundheit sowie der Tier- und Pflanzenwelt, dem gewerblichen Rechtsschutz, dem Kulturguts sowie der Durchführung des Branntweinmonopols dienen; sie entsprechen i.Allg. den diesbezüglichen Einfuhrregelungen im entgegengesetzten Sinn. Wegen der Ausfuhrüberwachung aufgrund der Vorschriften der Außenhandelsstatistik, der EU-Agrarmarktorganisationen und der umsatzsteuerfreien Ausfuhrlieferung wird auf die diesbezüglichen Ausführungen verwiesen.

Ausfuhrzoll – der auf ausgeführte Waren (→ Ausfuhr) aufgrund von zollschuldrechtlichen Vorschriften zu erhebende → Zoll. Ausfuhrzoll dient u.a. der Erhöhung der Staatseinnahmen (→ Finanzzoll), dem Abbau eines Ausfuhrüberschusses oder der Drosselung des Exporte nicht regenerierbarer Rohstoffe bzw. der Begünstigung ihrer Verarbeitung im Inland (→ Schutzzoll). Bei Exporten aus der EU werden zumeist nur zeitweilig Ausfuhrzölle erhoben. – Vgl. auch → Einfuhrzoll.

Ausfuhrzollstelle → Zollstelle im Binnenland (meist am Sitz des → Ausführers, am Ort einer Zweigniederlassung bzw. einer → Betriebsstätte oder am Ort des werksmäßigen Verpackens bzw. Verladens der Ware), bei der das zweistufige → Ausfuhrverfahren nach dem → Zollkodex (ZK) beginnt und bei der die → Ausfuhranmeldung abzugeben ist (erste Stufe des zweistufigen Ausfuhrverfahrens). Zu unterscheiden ist die *Ausgangszollstelle* an der Grenze der EU (zweite Stufe des zweistufigen Ausfuhrverfahrens). Das Ausfuhrverfahren gilt für → Gemeinschaftswaren und sinngemäß bei der → Wiederausfuhr von unverzollten Waren (→ Nichtgemeinschaftswaren).

Ausgaben → Aufwendungen, Kosten.

II. Finanzwissenschaft: öffentliche Ausgabe.

III. Steuerrecht: → Aufwendungen.

Ausgabensteuer – 1. Nach *Nöll v.d. Nahmer*: eine andere Bezeichnung für Verbrauchsteuern. – 2. Nach *Kaldor*: eine Steuer, die generell an die Einkommensverwendung anknüpft, aber die Sparleistung frei lässt. Die Bemessungsgrundlage der Ausgabensteuer ist der Konsum, daher wird sie auch Konsumsteuer genannt. In dem Sinn kann sie die Einkommensteuer ersetzen und zu einer Steuer werden, die das gesamte Steuersystem bestimmt, v.a. wenn sie durch Freibeträge und eine progressive Tarifgestaltung die persönliche Leistungsfähigkeit zu berücksichtigen versucht (persönliche Ausgabensteuer).

Ausgangswert – Begriff des Steuerrechts für grundsteuerliche Zwecke bei der Bewertung des Grundbesitzes (→ Grundstücksbewertung): a) Summe aus Bodenwert, Gebäudewert und Wert der Außenanlagen zur Bestimmung des Grundstückswerts bei Anwendung des Sachwertverfahrens (§ 83 BewG; vgl. → Sachwert, → Grundstücke). – b) Der Ausgangswert wird zur Angleichung an den → gemeinen Wert mit einer Wertzahl belegt, die wertbeeinflussende Umstände berücksichtigt (§ 90 BewG).

Ausgangszollstelle – Zollstelle an der Grenze, bei der das zweistufige Ausfuhrverfahren nach dem Zollkodex (ZK) endet und die Ware aus dem Zollgebiet der EU ausgeht. Das elektronisch erstellte Ausfuhrbegleitdokument (ABD) ist vorzulegen (zweite Stufe des zweistufigen Ausfuhrverfahrens). Der Export wird von der Ausgangszollstelle der → Ausfuhrzollstelle im Binnenland (erste Stufe des zweistufigen Ausfuhrverfahrens) elektronisch bestätigt. Das Ausfuhrverfahren gilt für Gemeinschaftswaren und sinngemäß bei der Wiederausfuhr von unverzollten Waren (Nichtgemeinschaftswaren).

Ausgleichsanspruch des Handelsvertreters – 1. *Begriff*: Vergütung bei Beendigung des Vertragsverhältnisses zum Ausgleich für die Vorteile, die die Tätigkeit des → Handelsvertreters dem Unternehmer gebracht hat; z.B. Schaffung des Kundenkreises (§ 89b HGB). *Hintergrund*: Trotz Tätigkeit als selbständiger Gewerbetreibender (vgl. § 84 I HGB) wird beim Handelsvertreter zumindest partiell eine arbeitnehmerähnliche Abhängigkeit vom Unternehmer und damit eine entsprechende Schutzbedürftigkeit gesehen. – 2. *Entstehung*: a) Es muss sich um erhebliche Vorteile handeln, die auch nach Beendigung des Vertragsverhältnisses fortdauern. – b) Dem Handelsvertreter muss durch die Lösung des Vertragsverhältnisses Anspruch auf Provision entgehen, die ihm gemäß § 87 I HGB bei Fortsetzung zugestanden hätte. – c) Der Ausgleich muss der Billigkeit entsprechen. Hierbei ist die Vertragsdauer und die Schwierigkeit des Übergangs in eine neue Beschäftigung zu berücksichtigen. – 3. Die *Höhe* soll „angemessen" sein und darf die Jahresdurchschnittsprovision oder -vergütung, berechnet aus dem Durchschnitt der letzten fünf Jahre, nicht übersteigen. – 4. Ausgleichsanspruch des Handelsvertreters kann im Anstellungsvertrag oder während des Vertragsverhältnisses nicht ausgeschlossen werden, muss aber spätestens ein Jahr nach Vertragsende geltend gemacht werden. – 5. Ausgleichsanspruch des Handelsvertreters *besteht nicht*, wenn das Vertragsverhältnis von dem Unternehmer aus einem *wichtigen Grund* wegen eines schuldhaften Verhaltens des Handelsvertreters gekündigt ist oder wenn dieser, ohne dass der Unternehmer Anlass dazu gegeben hat, kündigt. – 6. Für den → Versicherungsvertreter genügt auch Abschlussvermittlung mit alten Kunden. Die Höhe des Ausgleichs kann hier höchstens bis zur dreifachen Jahresprovision gehen (§ 89b V HGB). – 7. *Einkommensteuer:* a) Ausgleichszahlungen unterliegen *beim Handelsvertreter der* Einkommensteuer (§ 24 Nr. 1c EStG); zur Vermeidung von Progressionssprüngen durch die Zahlung eines einmaligen hohen Betrags findet § 34 EStG Anwendung (→ Progressionsglättung). – b) In der Steuerbilanz der *zahlenden Unternehmung* keine → Rückstellung für künftige Ausgleichsansprüche des Handelsvertreters möglich.

Ausgleichsposten – 1. *Begriff:* alle zum Kontenausgleich auf der kleineren Seite der Konten oder einer Bilanz eingestellten Beträge, vgl. Saldo, Fehlbetrag. – 2. Ein steuerlicher Ausgleichsposten ersetzt in der Betriebsprüferbilanz das Kapitalkonto. Spezielle steuerliche Ausgleichsposten entstehen nach der Rücklagendotierung im Rahmen der körperschaftsteuerlichen → Organschaft sowie nach Einbringungen nach dem Umwandlungssteuergesetz.

Ausgleichszahlung – 1. An *Handelsvertreter:* → Ausgleichsanspruch des Handelsvertreters. – 2. Auf Aktienbeträge bezogene wiederkehrende Geldleistungen *an außen stehende Aktionäre* (Minderheitsgesellschafter), wenn zwischen der Gesellschaft und einem anderen Unternehmen ein → Gewinnabführungsvertrag oder ein Beherrschungsvertrag abgeschlossen ist (§ 304 AktG). Die Höhe der Ausgleichszahlung richtet sich u.a. nach der bisherigen Ertragslage und den zukünftigen Ertragsaussichten. – 3. *Zur steuerlichen Behandlung der Ausgleichszahlung:* → Organschaft.

Ausgleichszinsen – Bei Waren in der → aktiven Veredelung (Nichterhebungsverfahren) oder in der → vorübergehenden Verwendung sind beim Entstehen einer Zollschuld grundsätzlich sog. Ausgleichszinsen zu zahlen, um den finanziellen Vorteil auszugleichen, der durch die spätere Fälligkeit der Abgaben entstanden ist. Mit dem → Unionszollkodex (wohl ab dem 1.1.2015) fallen sie weg.

Ausgründung – 1. *Begriff:* Überführung eines Teilbetriebs oder eines Betriebsteils aus einer als Einzelfirma, Personen- oder Kapitalgesellschaft bestehenden Unternehmung in eine dafür neu gegründete Gesellschaft. – 2. *Zweck der Ausgründung:* Aufgabenteilung durch Gründung einer Doppelgesellschaft

(→ Betriebsaufspaltung), Erlangung steuerlicher Vorteile. – 3. *Steuerliche Auswirkungen:* a) Ob eine Ausgründung zur Auflösung stiller Rücklagen (stiller Reserven) führt und damit *ertragsteuerliche* Konsequenzen hat, hängt von der Gestaltung ab. Die Aufdeckung und Besteuerung der stillen Reserven führen zu einer Liquiditätsbelastung, daher wird i.d.R. versucht, für die Ausgründung die steuerneutralen Möglichkeiten des Umwandlungssteuergesetzes in Anspruch zu nehmen. – b) *Umsatzsteuerrechtlich* wird die Ausgründung als → Geschäftsveräußerung im Ganzen behandelt und unterliegt daher nicht der Umsatzsteuer (§ 1 Ia UStG).

Aushilfe → Aushilfskraft.

Aushilfskraft – *Aushilfe;* Person, die von Fall zu Fall für eine im Voraus bestimmte Arbeit von vorübergehender Dauer in ein Dienstverhältnis (Aushilfsarbeitsverhältnis) tritt. – *Lohnsteuer:* → Teilzeitbeschäftigte. – *Sozialversicherung:* → Geringfügige Beschäftigung.

Auskunft – Mitteilung über Rechtsverhältnisse eines Dritten, im Handelsverkehr üblicherweise über Kreditwürdigkeit, allg. Verhalten, Geschäftsmoral etc. Mitteilung einer Behörde über die Rechtslage.

I. Behörde: Pflicht zur Auskunftserteilung seitens einer Behörde im Rahmen der Dienstobliegenheiten. Auskunft, auch freiwillig erteilte, muss erschöpfend und richtig sein. Bei fehlerhafter Auskunft kann die Amtshaftung eingreifen. Für das Verwaltungsverfahren vgl. § 25 VwVfG; erweiterte Auskunftspflichten gegenüber der Presse nach den Landespressegesetzen. – *Sondervorschriften:* (1) Auskunftspflicht des *Finanzamtes* in Lohnsteuerfragen gemäß § 42e EStG: → Lohnsteuerauskunft, unter bestimmten Voraussetzungen Auskunft des Finanzamtes zu Rechtsfragen auch in anderen Fällen möglich (verbindliche Auskunft, § 89 II AO); gebührenpflichtig. (2) Auskunft der *Zollbehörde:* → verbindliche Ursprungsauskunft und → verbindliche Zolltarifauskunft sowie unverbindliche Auskünfte über sonstige zollrechtliche Fragen nach Art. 11 ZK.

II. Kaufleute: 1. *Pflicht* zur Auskunftserteilung besteht u.a. nach § 242 BGB bei solchen Rechtsverhältnissen, bei denen der Berechtigte in entschuldbarer Weise über bestimmte Umstände im ungewissen, der Verpflichtete aber unschwer in der Lage ist, hierüber Auskunft zu erteilen. – 2. Haftung für eine *falsche* Auskunft vor allem dann, wenn zwischen dem die Auskunft erteilenden und dem Empfänger eine dauernde oder auf die Dauer angelegte Geschäftsverbindung besteht und die Auskunfterteilung in einer inneren Beziehung zu der Geschäftsverbindung steht. – Vgl. auch → Auskunftspflicht, Auskunftsrecht, Selbstauskunft.

Auskunftsaustausch – 1. *Begriff* aus dem Gebiet des Internationalen Steuerrechts und bezeichnet den Austausch von Informationen über steuerlich relevante Sachverhalte zwischen den Finanzbehörden verschiedener Staaten. – 2. *Rechtsgrundlagen*: Die dt. Finanzbehörden dürfen mit den Finanzbehörden anderer Staaten zusammen arbeiten, wenn (1) ein Doppelbesteuerungsabkommen oder ein anderweitiger völkerrechtlicher Vertrag dies vorsieht (die meisten Verträge über zwischenstaatliche Rechts- und Amtshilfe klammern steuerliche Fragen allerdings aus, kommen hier also nur in Ausnahmefällen in Frage). – (2) Das Recht der EU, z.B. die Amtshilferichtlinie, dies verlangt oder erlaubt oder (3) auch in allen anderen Fällen, in denen sie eine Zusammenarbeit nach ihrem eigenen Ermessen für geboten halten; sie dürfen selbst andere Staaten zwar stets um Hilfe ersuchen, ihrerseits ausländischen Behörden aber nur Hilfe leisten, wenn Gegenseitigkeit verbürgt ist und der ausländische Staat gewährleistet, dass die übermittelten Informationen nur für steuerliche Zwecke verwendet werden (§117 I, 117 III AO). – 3. *Umfang der erteilten Auskünfte*: Denkbar ist sowohl, dass konkrete Anfragen zu einzelnen Steuerbürgern gestellt und beantwortet werden, als auch, dass ein Staat einem anderen ohne vorige Anfrage von sich (Spontanauskunft) aus solche Informationen übermittelt, die dieser Staat für Zwecke der Besteuerung möglicherweise benötigen könnte, z.B. wenn er von bestimmten Einkünften eines Ausländers erfährt und es ihm möglich erscheint, dass dieser diese Vorgänge in seinem Heimatstaat möglicherweise nicht den Behörden mitteilen könnte. In den Doppelbesteuerungsabkommen (DBA) sind die Vereinbarungen über den Auskunftsaustausch unterschiedlich umfangreich: es findet sich sowohl die Variante, dass die Behörden der beteiligten Staaten Informationen untereinander austauschen sollen, die für die im Abkommen geregelten Steuern von Bedeutung sind, als auch die weitergehende Variante, die den Behörden den Informationsaustausch für jegliche steuerliche Zwecke erlaubt (also auch für Steuern, die im Abkommen selbst sonst nicht angesprochen werden). – 4. *Die Bedeutung für die Besteuerung* liegt darin, dass die Finanzbehörden eines Staates selbst regelmäßig nicht im Hoheitsgebiet eines anderen Staates Ermittlungen anstellen dürfen; dies würde die Souveränität dieses anderen Landes verletzen. Sie sind also, sofern sie Gegebenheiten auf dem Gebiet eines anderen Staates nachprüfen wollen, auf die Hilfe der Behörden dieses Staates angewiesen. Gibt es Vereinbarungen über einen Auskunftsaustausch nicht, lassen sich Vorgänge im Ausland nur extrem erschwert oder gar nicht herausfinden; das erleichtert es naturgemäß denjenigen, die Steuern hinterziehen wollen, unentdeckt zu bleiben und senkt die Hemmschwelle für entsprechende Versuche erheblich. Insbesondere Steueroasen beziehen einen Großteil ihrer Attraktivität als Kapitalanlageort für Bürger der Industriestaaten bis heute daraus, dass sie traditionell mit den Finanzbehörden anderer Länder nur wenig oder gar nicht zusammen arbeiten. – 5. *Bedeutung im Hinblick auf die Auseinandersetzung mit Steueroasen*: Die Klauseln über den Auskunftsaustausch

in den Doppelbesteuerungsabkommen (DBA) gehen auf Vorschläge der OECD im OECD-Musterabkommen zurück und sind daher international mittlerweile fast zwischen allen Staaten ein üblicher Standard geworden. Vor diesem Hintergrund ergibt sich naturgemäß heute der Eindruck, dass die Steueroasen mit ihrer mangelnden Bereitschaft zum Auskunftsaustausch nicht mehr lediglich etwas tun, was ihrem Charakter als souveräner Staat entspricht (nämlich: nichts tun zu müssen, wozu sie sich nicht verpflichtet haben), sondern von einem allg. üblichen Standard des Umgangs zwischen Staaten abgehen, um die Steuerhinterziehung in anderen Ländern gezielt zu fördern und davon zu profitieren. Vor diesem Hintergrund erklärt sich die Forderung, dass auch die Steueroasen gezwungen werden sollten, am internationalen Auskunftsaustausch in Steuersachen im allg. üblichen Umfang teilzunehmen – oder aber Wirtschaftssanktionen ausgesetzt zu werden.

Auskunftpflicht – Auskunftspflicht gemäß § 93 AO für alle → Beteiligten am Besteuerungsverfahren und andere Personen über die für die Besteuerung erheblichen Sachverhalte, soweit keine Auskunftsverweigerungsrechte nach §§ 101–103 AO bestehen. Andere Personen trifft die Auskunftspflicht nur subsidiär, wenn die Sachverhaltsaufklärung durch die Beteiligten nicht zum Ziel führt oder keinen Erfolg verspricht.

Auskunftsverweigerungsrecht – 1. *Auskunftsverweigerungsrecht des Beteiligten*: Der am Besteuerungsverfahren beteiligte → Steuerpflichtige hat kein Auskunftsverweigerungsrecht. Er kann daher grundsätzlich durch → Zwangsmittel zur Auskunftserteilung bzw. Mitwirkung gezwungen werden. Unzulässig sind Zwangsmittel dann, wenn der Steuerpflichtige sich selbst wegen einer von ihm begangenen → Steuerstraftat oder → Steuerordnungswidrigkeit belasten würde (§ 393 I AO). Ebensowenig kann sein Erscheinen im Rahmen der → Erörterung des Sach- und Rechtsstands im Einspruchsverfahren erzwungen werden (§ 364a IV AO). – 2. *Auskunftsverweigerungsrecht anderer Personen*: Auskunftsverweigerungsrechte stehen den → Angehörigen eines Beteiligten (§ 101 AO), bestimmten Berufsgruppen wie Geistlichen, Mitgliedern des Bundes- oder Landtags, Verteidigern, Rechts- und Patentanwälten, Notaren, Steuerberatern und -bevollmächtigten, Wirtschaftsprüfern, vereidigten Buchprüfern, Ärzten, Zahnärzten, Psychotherapeuten sowie Apothekern und Hebammen zum Schutz der jeweils inne seit bestehenden Berufsgeheimnisse und schließlich in bestimmtem Umfang Journalisten und Reportern zu (§ 102 AO). Die Auskunft verweigern können auch Personen, die nicht Beteiligte und nicht für einen Beteiligten auskunftspflichtig sind, wenn die Gefahr besteht, dass sie sich selbst oder einen ihrer Angehörigen strafrechtlicher Verfolgung oder einer Ordnungswidrigkeit aussetzen würden (§ 103 AO). – 3. *Kein Auskunftsverweigerungsrecht* besteht für andere Behörden bzw. sonstige öffentliche Stellen und die Deutsche Bundesbank sowie deren Organe und Bedienstete. Die insoweit bestehenden Geheimhaltungspflichten sind nachrangig gegenüber dem Auskunftsrecht der Finanzbehörde, es sei denn, es besteht eine Verpflichtung dieser Stellen und Personen zur Wahrung des Brief-, Post- und Fernmeldegeheimnis (§ 105 AO).

Auslagenersatz – I. Zivilprozessrecht: Gerichtskosten, Kostentabelle für Zivilprozesse.

II. Bürgerliches Recht und Handelsrecht: Aufwendungsersatz.

III. Lohnsteuerrecht: 1. *Begriff:* Beträge, durch die in der Vergangenheit gemachte Auslagen des Arbeitnehmers für den Arbeitgeber ersetzt werden. – 2. *Steuerpflicht:* Auslagenersatz gehört nicht zum steuerpflichtigen → Arbeitslohn; er ist gemäß § 3 Nr. 50 EStG steuerfrei. Die Ausgaben können im Namen des Arbeitgebers oder im eigenen Namen erfolgen; es darf aber kein Interesse des Arbeitnehmers an diesen Ausgaben bestehen. – Vgl. auch → durchlaufende Gelder. – Ausgaben für die Lebenshaltung des Arbeitnehmers oder der Ersatz von Werbungskosten sind kein Auslagenersatz; sie sind steuerpflichtiger Arbeitslohn. – 3. *Voraussetzungen der Steuerfreiheit:* I.Allg. Einzelabrechnung; pauschaler Auslagenersatz ist nur steuerfrei, wenn er regelmäßig wiederkehrt und der Arbeitnehmer die wirklichen Aufwendungen für einen Zeitraum von zwölf Monaten einzeln nachweist (R 3.50 LStR 2008). Vereinfachungsregelungen gelten z.B. für den Ersatz von Telefonkosten, die der Arbeitnehmer aus betrieblichen Gründen auf sich nehmen muss (Einzelheiten ebenfalls in R 3.50 LStR 2008).

Auslagerung – 1. *Begriff:* Entnahme einer Ware aus einem → Umsatzsteuerlager. Als Auslagerung gilt es auch, wenn die Bedingungen für die Einlagerung von Waren in ein Umsatzsteuerlager verletzt werden, z.B. also, wenn gelagerte Waren einzelhandelstauglich aufbereitet werden. – 2. *Folgen:* Die Auslagerung führt zum Entstehen der Umsatzsteuer (§ 13a Nr. 4a UStG), weil die gelagerte Ware nunmehr den steuerfreien Bereich des Umsatzsteuerlagers wieder verlässt und daher die reguläre Steuerbelastung, die auf der Ware liegen würde, wenn sie zuletzt frei umlaufen würde, wieder hergestellt werden muss. Berechnet wird die Steuer auf der Grundlage des Kaufpreises für die letzte vor der Auslagerung vorgenommenen Lieferung (evtl. mit bestimmten korrigierenden Zuschlägen), weil auch dann, wenn die Ware niemals im Umsatzsteuerlager gewesen wäre, die Höhe der Umsatzsteuer, die aktuell noch auf der Ware liegen würde, sich allein nach dem Entgelt für die letzten Lieferung richten würde. Die Steuer schuldet derjenige Unternehmer, der die Auslagerung vornimmt (§ 13a Nr. 6 UStG); der Lagerhalter haftet der Finanzverwaltung gegenüber dafür, dass der Auslagerer korrekt identifiziert werden kann.

Ausland – G alle Gebiete, die nach den Maßstäben des jeweiligen Steuergesetzes nicht zum → Inland gehören. Bei den Ertragsteuern, der Erbschaftsteuer und der Umsatzsteuer ein wichtiges Abgrenzungskriterium zur Bestimmung von Art und/oder Umfang der Steuerpflicht von Personen bzw. der Steuerbarkeit von Sachverhalten.

III. Zollrecht: → Zollgebiet der EU.

Ausländereffekt – Begriff des Körperschaftsteuerrechts zur Bezeichnung eines früher einmal möglichen Steuereffekts für dt. Tochtergesellschaften ausländischer Mutterkapitalgesellschaften: Als es unter dem alten Körperschaftsteuerrecht unterschiedlich hohe Steuersätze für ausgeschüttete und für thesaurierte Gewinne gab (z.B. 40 Prozent für thesaurierte, 30 Prozent für ausgeschüttete), konnten inländische Tochterunternehmen ausländischer Mutterkapitalgesellschaften unter bestimmten Umständen ihre Gewinne an ihre Muttergesellschaft ausschütten (somit die Belastung auf den niedrigeren Satz senken), und diese konnten dann, ohne in ihrem Heimatland wegen der ausgeschütteten Gewinne steuerpflichtig zu werden (→ Schachtelprivileg) eine Wiedereinlage des Geldes in die dt. Tochtergesellschaft vornehmen. Im Endeffekt konnten solche Gesellschaften ihre Gewinne also zu einer niedrigeren Steuerbelastung thesaurieren als Tochtergesellschaften inländischer Anteilseigner. Folge: günstigere Selbstfinanzierung ausländisch beherrschter Unternehmen. – Die gesamte Problematik ist entfallen, als bei der Aufgabe der körperschaftsteuerlichen Anrechnungsverfahrens (2000) der Körperschaftsteuersatz für einbehaltene und ausgeschüttete Gewinne nicht mehr unterschiedlich hoch festgesetzt wurde.

ausländische Betriebsstätte – im Ausland errichtete Betriebsstätte. Abgrenzung der ausländischen Betriebsstätte für Zwecke der Besteuerung nach den gleichen Merkmalen wie inländische → Betriebsstätten. Die ausländische Betriebsstätte einer Personengesellschaft wird den Gesellschaftern (Mitunternehmern) anteilig als eigene zugerechnet. Dies gilt auch bei einer Personengesellschaft ausländischen Rechts, wenn die ausländische Personengesellschaft in ihrem im ausländischen Handelsrecht verankerten rechtlichen Aufbau und ihrer wirtschaftlichen Funktion einer Personengesellschaft entspricht. Die → Doppelbesteuerungsabkommen (DBA) enthalten i.d.R. eigenständige Definitionen für ausländische Betriebsstätten, über den Begriff gegenüber der Definition in § 12 AO eingrenzen (in diesen Fällen gilt dann: Was der Begriff „Betriebsstätte" im DBA bedeuten soll, richtet sich nach der Definition im DBA, was er in einem „nationalen" dt. Steuertext bedeuten soll, dagegen nach der AO, sofern der Kontext nicht etwas anderes erfordert). – Die ausländische Betriebsstätte hat im Außensteuerrecht eine zweifache *Bedeutung:* (1) als Steueranknüpfungspunkt für die beschränkte Steuerpflicht im Ausland. Es gilt, dass die Gewinne aus ausländischen Betriebsstätten auch bei

Bestehen eines Doppelbesteuerungsabkommens regelmäßig im Ausland (also im Land der Betriebsstätte) versteuert werden müssen; (2) als Anknüpfungspunkt für dt. Maßnahmen zur Vermeidung der Doppelbesteuerung oder für Steuervergünstigungen im Zusammenhang mit Auslandsinvestitionen (meist → Freistellungsmethode, sodass der dt. Eigentümer der ausländischen Betriebsstätte nur mit den ausländischen Steuern belastet ist, selbst wenn diese niedriger sind als die dt., dadurch wird eine Gleichstellung des deutschen Betriebsstätteninhabers mit seinen Mitbewerbern vor Ort erreicht; existiert keine ausländische Betriebsstätte, sondern werden Geschäftskontakte mit dem Ausland von deutschem Boden aus abgewickelt, ist eine solche günstige Behandlung dagegen nicht möglich). – *Ausländische Betriebsstättenverluste:* vgl. → Auslandsverluste.

ausländische Einkünfte – I. Begriff: 1. *Allgemein:* Einkünfte, die im Ausland verdient worden sind. – 2. *Fachbegriff aus dem Einkommen- und Körperschaftsteuerrecht:* Einkünfte, die unbeschränkt steuerpflichtige natürliche und juristische Personen (→ unbeschränkte Steuerpflicht) aus einem ausländischen Staat beziehen; jedoch werden nicht sämtliche Einkünfte, die in irgendeiner Verbindung mit dem Ausland stehen, vom dt. Recht auch als „ausländische" Einkünfte anerkannt. Das Vorhandensein (anerkannter) „ausländischer" Einkünfte ist Voraussetzung dafür, dass von dt. Seite einseitig Maßnahmen zur Vermeidung einer Doppelbesteuerung ergriffen werden. So sind ausländische Einkünfte Voraussetzung für die Anrechnung ausländischer Steuern in Deutschland (→ Anrechnungsmethode) sowie die Pauschalierung dt. Steuern (Pauschalierungsmethode; → Doppelbesteuerung). Günstigere Regelungen sind jedoch zu erwarten, wenn mit einem anderen Staat ein Doppelbesteuerungsabkommen abgeschlossen worden ist; dann richten sich die Maßnahmen zur Beseitigung einer Doppelbesteuerung regelmäßig nicht mehr danach, was nach nationalem Recht einseitig als „ausländische Einkünfte" anerkannt ist, sondern nach den regelmäßig günstigeren Bestimmungen des jeweiligen Abkommens. – Ein Fehlschluss wäre übrigens die Vorstellung, Einkünfte, die nicht als „ausländische Einkünfte" anerkannt seien, gehörten dann auch nicht zu den in Deutschland steuerpflichtigen Einkünften; die unbeschränkte Steuerpflicht umfasst vielmehr automatisch alle Einkünfte aus der gesamten Welt aus in den 7 Einkunftsarten des EStG aufgezählten Aktivitäten (Welteinkommensprinzip), unabhängig von ihrer geografischen Herkunft.

II. Einkommensteuerrecht: 1. *Grundlagen:* Als ausländische Einkünfte werden nur die Einkünfte aus dem (umfangreichen) Katalog des § 34d EStG betrachtet. – 2. Zu den ausländischen Einkünften zählen (*Arten*): (1) Aus einer im Ausland betriebenen Land- und Forstwirtschaft; (2) aus Gewerbebetrieb, erzielt durch → Betriebsstätte oder ständigen Vertreter im Ausland, den Betrieb von Handelsschiffen

im internationalen Verkehr, durch Bürgschafts- und Avalprovisionen, wenn der Schuldner Wohnsitz, Geschäftsleitung oder Sitz in einem ausländischen Staat hat; dabei richtet sich der Inhalt der Begriffe „Betriebsstätte" und „ständiger Vertreter" nach dt. Recht (§ 12, 13 AO); (3) aus selbstständiger Arbeit, die im Ausland ausgeübt oder verwertet wird oder worden ist; (4) aus Kapitalvermögen, wenn der Schuldner Wohnsitz, Geschäftsleitung oder Sitz im Ausland hat oder das Kapitalvermögen durch ausländischen Grundbesitz gesichert ist; (5) aus Vermietung und Verpachtung, soweit unbewegliches Vermögen oder Sachinbegriffe im Ausland belegen oder Nutzungsrechte im Ausland überlassen worden sind; (6) aus der Veräußerung von Wirtschaftsgütern, die zum Anlagevermögen eines Betriebs gehören, wenn die Wirtschaftsgüter in einem ausländischen Staat zu belegen sind, sowie aus der Veräußerung von Anteilen an ausländischen Kapitalgesellschaften; (7) sonstige Einkünfte, wenn der zur Leistung der wiederkehrenden Bezüge Verpflichtete Wohnsitz, Geschäftsleitung oder Sitz in einem ausländischen Staat hat, bei privaten Veräußerungsgeschäften die veräußerten Wirtschaftsgüter in einem ausländischen Staat belegen sind, oder bei Einkünften aus Leistungen der zur Vergütung der Leistung Verpflichtete Wohnsitz, Geschäftsleitung oder Sitz in einem ausländischen Staat hat; (8) Einkünfte aus nichtselbständiger Arbeit, die in einem ausländischen Staat ausgeübt wird oder verwertet wird, Einkünfte, die von inländischen öffentlichen Kassen mit Rücksicht auf ein gegenwärtiges oder früheres Dienstverhältnis gewährt werden, auch wenn sie im Ausland ausgeübt werden.

III. Körperschaftsteuerrecht: 1. *Grundlagen:* § 26 KStG. – 2. *Steuerermäßigung:* a) Die Darstellungen zur Einkommensteuer gelten entsprechend, zur Frage, was als „ausländische Einkünfte" bei der KSt anerkannt wird, verweist die Körperschaftsteuer auf das Einkommensteuerrecht. – b) Auch bei der KSt ist die Existenz „ausländischer" Einkünfte Voraussetzung für die Anrechnung ausländischer Steuern auf die dt. KSt-Schuld, soweit kein Doppelbesteuerungsabkommen besteht.

IV. Gewerbesteuerrecht: 1. *Gesetzliche Grundlagen:* § 2 I, § 9 Nr. 2, 3, 7 und 8 GewStG. – 2. *Grundsatz:* Bei der Gewerbesteuer ist der einkommen- und körperschaftsteuerliche Begriff der „ausländischen Einkünfte" ohne entscheidende Bedeutung. Da die Gewerbesteuer nur die *Erträge inländischer Gewerbebetriebe* belasten soll, werden hier vielmehr die Gewinne und Verluste aus ausländischen → Betriebsstätten und Anteilen an ausländischen Betrieben aus ländischer Personengesellschaften aus der Bemessungsgrundlage der Gewerbesteuer eliminiert. – 3. *Sonderfall Dividenden:* Soweit ein Unternehmen Dividenden aus dem Ausland bezieht, werden diese ebenso wie inländische Dividenden behandelt. d.h. ab einer Beteiligungsquote von aktuell 15 Prozent (ab Erhebungszeitraum 2008) von der Gewerbesteuer freigestellt, unterhalb dieser Beteiligungsquote aber erfasst. Weitere Voraussetzung ist, dass die Dividenden nach dem Doppelbesteuerungsabkommen steuerfrei sind oder dass die ausländische Gesellschaft ihre Erträge ausschließlich oder fast ausschließlich aus aktiver Tätigkeit erzielt. Hat die ausländische Tochtergesellschaft ihren Sitz in der EU, wird auf die Aktivitätsvoraussetzung verzichtet (→ Mutter-Tochter-Richtlinie); dann sind Dividendenerträge ab aktuell 15-prozentiger Beteiligung gewerbesteuerfrei, auch wenn die Gesellschaft passiven Tätigkeiten nachgeht.

V. Besonderheiten: Für den Betrieb von Handelsschiffen im internationalen Verkehr sind die früheren Steuersatzbegünstigungen seit 1999 durch eine auf Antrag mögliche bes. Form der Gewinnermittlung (→ Tonnagesteuer) ersetzt worden.

ausländische Kapitalgesellschaft – 1. *Begriff:* Eine Kapitalgesellschaft ist aus steuerlicher Sicht ausländisch, wenn sie weder Sitz noch Geschäftsleitung in Deutschland hat (→ beschränkte Steuerpflicht). – 2. Die *Qualifikation* als Kapitalgesellschaft hängt aus der Sicht des dt. Steuerrechts davon ab, ob das ausländische Gebilde nach seinem Aufbau und den für sie geltenden Regelungen des ausländischen Gesellschaftsrechts im Inland eher einer Personengesellschaft oder einer Kapitalgesellschaft gleicht (Typenvergleich zwischen der ausländischen Rechtsform und ihren inländischen Parallelen). Gesellschaften eines anderen EU- oder EWR-Staates, denen ihr Gründungsstaat die Rechte einer juristischen Personen zuerkannt hat, müssen in Deutschland als steuerrechtlich selbstständige Gebilde (d.h. als Kapitalgesellschaft oder eigenes körperschaftsteuerpflichtiges Gebilde) anerkannt werden, wenn dies nach dem Typenvergleich nicht zwingend wäre. – 3. *Steuerpflicht der ausländischen Kapitalgesellschaften in Deutschland:* Eine ausländische Kapitalgesellschaft selbst ist in Deutschland nur mit Einkünften aus dt. Quellen steuerpflichtig (§ 49 EStG, § 8 I KStG) im Rahmen der beschränkten Steuerpflicht (§ 2 Nr. 1 KStG). Dieselben Einkünfte der ausländischen Kapitalgesellschaft werden i.d.R. auch im Heimatstaat der ausländischen Kapitalgesellschaft einem Steueranspruch unterliegen (→ Welteinkommensprinzip); zur Vermeidung einer Doppelbesteuerung gelten entsprechende → Doppelbesteuerungsabkommen (DBA). – 4. *Steuerpflicht der Gesellschafter einer ausländischen Kapitalgesellschaft in Deutschland:* Ist ein Deutscher (Steuerinländer) an einer ausländischen Kapitalgesellschaft beteiligt, so unterliegt er mit den Dividenden dieser ausländischen Kapitalgesellschaft der dt. Einkommensteuer. Eine eventuelle ausländische Quellensteuer auf die Dividende der ausländischen Kapitalgesellschaft wird auf die dt. Einkommensteuer des Gesellschafters angerechnet (§ 34c EStG), maximal in der Höhe, in der die dt. Einkommensteuer anteilig auf diese Dividende entfällt. – 5. *Bekämpfung von Steuersparmodellen* durch die Hinzurechnungsbesteuerung für Einkünfte

von ausländischen Kapitalgesellschaften. – Vgl. auch → ausländische Tochtergesellschaft.

ausländische Körperschaft – 1. Ausländische Körperschaften werden hinsichtlich ihrer *Rechtsfähigkeit* im Bürgerlichen Recht nach ausländischem Recht beurteilt. – 2. *Anerkennung als Körperschaften im Steuerrecht:* Für die Frage, ob ausländische Körperschaften im Inland auch bez. der → Steuerpflicht als Körperschaften zu behandeln sind (oder vielmehr stattdessen nur als bloße Zusammenschlüsse ihrer Gesellschaften, d.h. als Personengesellschaften), muss nicht nur festgestellt werden, *dass* das nach ausländischem Recht gegründete Gebilde über irgendwelche Rechte und Pflichten verfügen kann (Rechtsfähigkeit), sondern auch, *wie weit* diese Rechtsfähigkeit nach dem maßgeblichen Recht des Heimatstaates im konkreten Fall geht. Nur so lässt sich feststellen, ob die nach ausländischem Recht gegründete Körperschaft ihrer Natur nach tatsächlich einer dt. Körperschaft vergleichbar ist (dann: Körperschaftsteuerpflicht!) oder sie vielmehr eher einer dt. Personengesellschaft ähnelt (dann: Steuerpflicht der einzelnen Gesellschafter!). Diese Entscheidung, ob eine ausländische Körperschaft tatsächlich ihrer Struktur nach einer dt. Körperschaft vergleichbar ist oder vielmehr nur einer Personengesellschaft, wird als „Typenvergleich" bezeichnet. – 3. *Beispiele:* Für die allermeisten Formen ausländischer Körperschaften ist die Einordnung nach dt. Steuerrecht durch die Rechtsprechung bereits geklärt. Insbesondere ist geklärt, dass die nach dem Recht anderer EU-Staaten oder EWR-Staaten gegründeten Kapitalgesellschaften sämtlich auch aus Sicht des dt. Steuerrechts als Körperschaften anzusehen sind. – 4. *Maßgebliche Regelungen* für die Einkommensteuerung von ausländischen Körperschaften: Betätigen sich ausländische Körperschaften in Deutschland wirtschaftlich, unterliegen sie der bundesdeutschen → Körperschaftsteuer, und zwar nach den Regeln der unbeschränkten Steuerpflicht, wenn sie entweder → Sitz oder → Geschäftsleitung im Inland haben; in allen anderen Fällen unterliegen sie in Deutschland nur der → beschränkten Steuerpflicht (§§ 1, 2 KStG).

ausländischer Abnehmer – 1. *Begriff* des Umsatzsteuerrechts. Als ausländischer Abnehmer gilt: ein Abnehmer, der seinen Wohnort oder Sitz im → Ausland hat (§ 6 UStG); eine ausländische Zweigniederlassung eines Unternehmers, der seinen Sitz im → Inland hat, wenn sie das Umsatzgeschäft im eigenen Namen abgeschlossen hat. – 2. *Umsatzsteuerliche Bedeutung:* Ob eine Ware an einen in- oder ausländischen Abnehmer verkauft worden ist, spielt bei der Frage, ob ein Exportumsatz steuerfrei sein wird, dann eine Rolle, wenn der Unternehmer die Ware nicht selbst ins Ausland befördert oder versendet, sondern der Abnehmer die Ware abholen kommt. Lieferungen an einen ausländischen Abnehmer sind dann, sofern weitere Voraussetzungen erfüllt sind (→ Ausfuhrlieferungen), steuerfrei (§ 6 I Nr.2 UStG),

Lieferungen an inländische Abnehmer dagegen nicht. – Entsprechendes gilt für *ausländische Auftraggeber* bei → Lohnveredelungen an Gegenständen der Ausfuhr (§ 7 II UStG).

ausländischer Auftraggeber → ausländischer Abnehmer.

ausländisches Vermögen – gehört bei der Erbschaftsteuer: (1) bei → unbeschränkter Steuerpflicht zum (steuerpflichtigen) → Gesamtvermögen (aufgrund sachlicher → Steuerbefreiungen oder → Doppelbesteuerungsabkommen); (2) bei → beschränkter Steuerpflicht nicht zur Besteuerungsmasse. – *Bewertung ausländischer Sachvermögen* nach den Vorschriften des ersten Teils des Bewertungsgesetzes (§ 31 BewG). Danach ist das ausländische Vermögen (auch das Grundvermögen) grundsätzlich mit dem → gemeinen Wert anzusetzen.

ausländische Tochtergesellschaft – 1. *Begriff:* Beteiligung an einer ausländischen Kapitalgesellschaft, die vom Ausmaß über eine reine Kapitalanlage hinausgeht, sodass von einem unternehmerischen Engagement des Investors ausgegangen werden kann. Im Steuerrecht wird für ausländische Tochtergesellschaften bei verschiedenen Regelungen explizit eine Beteiligungsquote festgelegt, ab der eine ausländische Gesellschaft als ausländische Tochtergesellschaft angesehen wird; dies führt dann meist zu einer steuerlichen Behandlung, die günstiger ist als bei einer reinen Kapitalanlage. Diese Beteiligungsquote ist je nach Regelung und historischem Entstehungszeitpunkt oft unterschiedlich hoch (häufig 25 Prozent oder 10 Prozent). – 2. *Behandlung von ausländischen Tochtergesellschaften im Teileinkünfteverfahren:* In- und ausländische Dividenden und Veräußerungsgewinne aus Anteilen an Kapitalgesellschaften werden nach heutigem dt. Recht gleichbehandelt; es gelten also dieselben Regeln für → Dividenden wie im Inlandsfall. Nur das Gewerbesteuerrecht sieht eine Befreiung für Dividenden aus ausländischen Tochtergesellschaften nur unter leicht abweichenden Voraussetzungen vor (aktive Tätigkeit). – 3. *Regelungen für ausländische Tochtergesellschaften in Doppelbesteuerungsabkommen* (Regelfall):Dividendeneinnahmen sind freigestellt oder es erfolgt eine indirekte Anrechnung der ausländischen Körperschaftsteuer (Beteiligungsquoten vertraglich meist 25 Prozent oder 10 Prozent). In Deutschland sind Sonderregelungen zur Verwirklichung dieser Vorgaben aufgrund des → Teileinkünfteverfahrens (Gleichbehandlung aller Dividenden) nicht erforderlich. Nur das Gewerbesteuerrecht sieht eine Sondervorschrift vor: Dividendeneinnahmen eines inländischen Gewerbebetriebs aus ausländischen Tochtergesellschaften sind von der Gewerbesteuer ausgenommen, wenn ein Doppelbesteuerungsabkommen die Freistellung vorsieht oder die Tochtergesellschaft eine aktive Tätigkeit ausübt. – 4. *Die Veräußerung einer ausländischen Tochtergesellschaft* ist i.d.R. nur in Deutschland steuerpflichtig; der Veräußerungsgewinn ist nach dem Teileinkünfteverfahren bei einer natürlichen Person nur zu einer bestimmten Quote (60 Prozent, § 3 Nr. 40 EStG; vor 2009 waren es 50 Prozent), bei einer juristischen Person gar nicht steuerpflichtig (§ 8b KStG). Nach einigen wenigen Doppelbesteuerungsabkommen ist jedoch auch für Anteile an ausländischen Tochtergesellschaften eine Steuerpflicht im Land der ausländischen Tochtergesellschaft möglich. – 5. *Sonderregelungen:* a) *Relevanz der Abgeltungsteuer für Einkünfte aus ausländischen Tochtergesellschaften:* Die seit 2009 eingeführte Abgeltungsteuer auf Dividendeneinkünfte bezieht sich nur auf Dividendeneinkünfte bezieht sich nur auf Dividendeneinkünfte aus Anteilen, die in einem Privatvermögen gehalten werden. Der Begriff der „Tochtergesellschaft" beinhaltet im Gegensatz dazu, dass ein ausländisches Unternehmen einem inländischen Mutterunternehmen untergeordnet ist. Deshalb ist davon auszugehen, dass die Dividenden und die Veräußerungsgewinne aus Anteilen an ausländischen Tochtergesellschaften i.d.R. im Betriebsvermögen anfallen und daher die Abgeltungsteuer für diesen Bereich nur höchstens theoretisch von Interesse ist. – b) *Sonderregelungen* gelten auch, wenn die Einkünfte aus der ausländischen Tochtergesellschaft beim inländischen Gesellschafter zu einem früheren Zeitpunkt schon der Hinzurechnungsbesteuerung unterlegen haben (§ 3 Nr. 41 EStG). – 6. Im Rahmen der *Erbschaftsteuer* werden Anteile an ausländischen Tochtergesellschaften mit dem gemeinen Wert bewertet. Allerdings gibt es für den Besitz von Anteilen an Gesellschaften in anderen Staaten der EU Begünstigungen (Verschonungsabschlag, § 13a, § 13b ErbStG 2009).

ausländische Unternehmungen im Inland – Unternehmungen im Wirtschaftsgebiet, an denen Gebietsfremde beteiligt sind. – 1. *Meldepflichten nach der AWV:* Ausländische Unternehmungen sind nach dem Außenwirtschaftsrecht im Wirtschaftsgebiet uneingeschränkt zulässig, es bestehen lediglich gewisse Meldepflichten gegenüber der Deutschen Bundesbank (§ 58 AWV). – 2. *Besteuerung:* Die Besteuerung ist abhängig davon, in welcher Form ausländische Unternehmungen sich im Inland betätigen. – a) Bloße Importlieferungen unterliegen keiner Ertragsbesteuerung, können aber als Einfuhr oder als innergemeinschaftlicher Erwerb von der Umsatzsteuer erfasst werden. – b) Inländische Betriebsstätten, z.B. Zweigstellen oder Zweigniederlassungen, führen zur → beschränkten Steuerpflicht in Bezug auf die Betriebsstätteneinkünfte und das Betriebsstättenvermögen. – c) Bei Beteiligung an einer inländischen Kapitalgesellschaft (Tochtergesellschaft) unterliegt diese der unbeschränkten Körperschaftsteuerpflicht. Gewinnausschüttungen an das ausländische Mutterunternehmen unterliegen grundsätzlich der Kapitalertragsteuer, ggf. kommt jedoch eine Ermäßigung aufgrund eines Doppelbesteuerungsabkommens oder nach der → Mutter-Tochter-Richtlinie in Betracht. – d) Die Beteiligung an einer inländischen

Personengesellschaft wird wie eine Betriebsstätte behandelt, soweit die Personengesellschaft im Inland tätig ist.

ausländische Werte – Rechnungsbeträge in ausländischer Währung. Ausländische Werte sind zur Berechnung der → Umsatzsteuer auf Euro-Werte umzurechnen nach dem im Bundesanzeiger bekannt gegebenen Durchschnittskurs für den Monat, in dem die Ausführung der Leistung oder die Vereinnahmung des Entgelts (→ Sollversteuerung, → Istversteuerung) erfolgt. Das Finanzamt kann zuverlässigen Unternehmern auf Antrag die Umrechnung nach dem Tageskurs gestatten, wenn die einzelnen Beträge durch Bankmitteilung oder Kurszettel belegt werden (§ 16 VI UStG).

Auslandskinder → Kinder.

Auslandsniederlassung – I. Allgemein: Grundeinheit eines grenzüberschreitend tätigen Unternehmens im Ausland, die keine eigenständige juristische Person verkörpert (internationale Mutter-Tochter-Beziehungen). Vorteile sind die geringeren formaljuristischen und steuerrechtlichen Auflagen, Nachteile u.a. der eingeschränkte Zugang zu den Kapitalmärkten und geringere Akzeptanz im Gastland im Vergleich zur rechtlich selbstständigen Auslandstochtergesellschaft. Auslandsniederlassungen können sich auf einzelne betriebliche Funktionen (z.B. Vertrieb) beschränken oder auch die gesamte betriebliche Funktionspalette (einschließlich Produktion) abdecken. – *Gegensatz:* Auslandstochtergesellschaft.

II. Außensteuerrecht: 1. *Qualifizierung:* Auslandsniederlassungen sind nach Außensteuergesetz steuerlich als → ausländische Betriebsstätten zu qualifizieren. – 2. *Meldepflicht:* Die Gründung und der Erwerb von Auslandsniederlassungen muss den Finanzbehörden mitgeteilt werden (§ 138 AO). – 3. *Einkünfte* aus Auslandsniederlassungen sowie das darin eingesetzte *Vermögen* bzw. die daran gehaltene *Beteiligung* unterliegen bei dem inländischen Stammhaus bzw. den inländischen Anteilseignern der → unbeschränkten Steuerpflicht. Für die steuerliche Berücksichtigung von → Auslandsverlusten können dabei u.U. verschärfte Anforderungen gelten. – 4. Zur *Vermeidung oder Milderung* im Zusammenhang mit der Besteuerung im Ausland auftretenden → Doppelbesteuerung greifen verschiedene Methoden zur Vermeidung der Doppelbesteuerung ein.

Auslandsreisen – Bei Auslandsreisen können folgende Aufwendungen geltend gemacht werden: 1. *Mehraufwendungen für Verpflegung:* Vorgesehen sind Pauschbeträge pro Kalendertag in Abhängigkeit davon, wie lange der Aufenthalt im betreffenden Land an diesem Tag dauert; Kategorien: 24 Stunden, mehr als 14 Stunden, mehr als 8 Stunden. – 2. *Aufwendungen für Übernachtung:* Für Übernachtungskosten können ohne bes. Nachweis bestimmte Pauschbeträge, die sich nach Länderkategorien richten geltend

gemacht werden mit den Verpflegungsmehraufwendungen festgesetzt werden, abgezogen werden. Weist der Steuerpflichtige die tatsächlichen Kosten nach, sind diese anzusetzen. Sofern die tatsächlichen Kosten für Übernachtung und Frühstück geltend gemacht werden, sind die Pauschbeträge für die Verpflegung um 20 Prozent zu kürzen. Ab dem Jahr 2008 wird der Abzug der Übernachtungskosten im Ausland als Werbungskosten bzw. als Betriebsausgaben nur noch bei Einzelnachweis anerkannt. – 3. *Rechtsgrundlagen:* § 4 V Nr. 5 EStG, R 9.6 ff. LStR 2008. – 4. Bei *gemischt veranlassten Reisen* ins Ausland ist eine Aufteilung der Kosten nunmehr möglich (BFH v. 18.8.2005 VI R 32/03). Betrieblich veranlasste Reisekosten können steuerlich geltend gemacht werden. Dazu zählen Reisekosten wie Kosten für Tagungsräume, Referenten etc. Im Gegensatz hierzu könnten privat veranlasste Kosten nicht steuerliche abgezogen werden. Hierunter fallen Aufwendungen für Ausflüge, Feiern etc. Die verbleibenden Kosten für Fahrten, Verpflegung und Unterbringung sind z.B. nach Zeitanteilen anteilig steuerlich abzugsfähig. Zu beachten ist, dass diese Neuregelung nur für Incentive Reisen anzuwenden ist, da diese insbesondere der Entlohnung des Mitarbeiters dienen.

Auslandsrente – I. Gesetzliche Rentenversicherung: Leistung aus der gesetzlichen Rentenversicherung an Berechtigte, die sich nicht nur vorübergehend im Ausland, d.h. außerhalb des Gebietes der Bundesrepublik Deutschland aufhalten, aufgrund bes. Vorschriften der §§ 110 ff. SGB VI, wobei diese Vorschriften nur gelten, soweit nicht nach über- oder zwischenstaatlichem Recht etwas anderes bestimmt ist. Leistungen zur Rehabilitation und Krankenversicherungszuschuss und Zuschuss zur Pflegeversicherung sowie Renten wegen verminderter Erwerbsfähigkeit werden an Berechtigte im Ausland eingeschränkt bzw. gar nicht gezahlt (§§ 111, 112, 220b SGB VI). Die Rentenhöhe ist nach den §§ 113, 114, 271, 272 SGB VI festzustellen.

II. Gesetzliche Unfallversicherung: In der gesetzlichen Unfallversicherung gewährt § 97 SGB VII Geldleistungen und für alle sonstigen zu erbringenden Leistungen eine angemessene Erstattung entstandener Kosten an Berechtigte (Deutsche und Ausländer), die ihren gewöhnlichen Aufenthalt im Ausland haben, in gleicher Höhe wie im Inland. Über- und zwischenstaatliches Recht geht der Vorschrift des § 97 SGB VII vor.

III. Steuerrecht: Ob eine Auslandsrente vom Empfänger in seinem ausländischen Ansässigkeitsstaat (Regelfall) oder in Deutschland nach dt. Steuerrecht zu versteuern ist, bestimmt sich aus dem jeweiligen → Doppelbesteuerungsabkommen (DBA) zwischen dem ausländischen Wohnsitzstaat des Rentenempfängers und der Bundesrepublik Deutschland. Sofern keine bes. Regelungen vereinbart sind, wird das Besteuerungsrecht dem Wohnsitzstaat zustehen (Art. 21 OECD-Musterabkommen).

Auslandstätigkeitserlass – 1. *Begriff aus dem Einkommensteuerrecht*: Erlass, wonach bestimmte Tätigkeiten von Arbeitnehmern, die in Deutschland unbeschränkt steuerpflichtig sind und von ihrem Arbeitgeber für längere Zeit in ein ausländisches Land zur Arbeit entsandt werden, in Deutschland mit den für diese Auslandstätigkeit bezogenen Vergütungen steuerfrei gestellt werden können. – 2. *Steuersystematisch* stellt der Auslandstätigkeitserlass einen Anwendungsfall für die Pauschalierungsmethode, eine recht ausgefallene Methode zur Vermeidung der Doppelbesteuerung, dar. – 3. *Rechtsgrundlage* für den Erlass ist eine Ermächtigungsregelung in § 34c V EStG. – 4. *Begünstigte Branchen*: nur ausgewählte Tätigkeiten, hauptsächlich Montage, Anlagenbau, Bodenschatzsuche, Entwicklungshilfe. – 5. *Begünstige Einsatzorte*: nur solche Länder, mit denen kein → Doppelbesteuerungsabkommen (DBA) besteht. Denn sobald ein solches Abkommen besteht, setzt es gesetzestechnisch als Spezialregelung sämtliche Regelungen außer Kraft, die sonst nach dem EStG zur Lösung der Doppelbesteuerungsproblematik heranziehen würden, also auch § 34c EStG und den darauf fußenden Auslandstätigkeitserlass. Da mit den meisten wichtigen Wirtschaftspartnerländern Deutschlands solche Doppelbesteuerungsabkommen abgeschlossen worden sind, ist die praktische Bedeutung des Auslandstätigkeitserlasses auf Randfälle begrenzt. – 6. *Steuerberechnung*: Gesetzestechnisch sind die Auslandsbezüge nicht steuerfrei, sondern der auf sie anteilig entfallende Teil der dt. Steuerforderung wird lediglich erlassen (§ 34c V EStG). Somit richtet sich die Höhe des Steuersatzes (Progression) trotz der Befreiung automatisch nach der Höhe der vorhandenen Gesamteinkommens inkl. der steuerfreien Beträge (gleicher Effekt wie → Progressionsvorbehalt). – 7. *Praktische Anwendungsprobleme*: Da der Auslandstätigkeitserlass von den Behörden und Gerichten sehr restriktiv ausgelegt wird, kann die Verletzung geringster im Erlass genannter Voraussetzungen den Verlust der Begünstigung zur Folge haben; eine sorgfältige steuerliche Beratung im Vorfeld ist daher für Betroffene unerlässlich.

Auslandsverluste – 1. *Einkommensteuer/Körperschaftsteuer*: a) *Verluste aus Nicht-EU-Ausland*: (Sämtliche) Einkünfte aus dem Ausland gehören zum zu versteuernden Einkommen (→ Welteinkommensprinzip), jedoch werden Auslandsverluste in zahlreichen Fällen durch eine Sondervorschrift (§ 2a EStG) bei der Berechnung des Welteinkommens außer Acht gelassen. Solche Auslandsverluste dürfen dann lediglich mit späteren Gewinnen aus demselben Staat und meistens derselben Art von Einkommensquelle verrechnet werden, aber nicht mit inländischen Einkünften. Wirtschaftlich hat dies den Effekt, dass Auslandsverluste aus dem bereits versteuerten Nettoeinkommen getragen werden müssen, während Inlandsverluste über die steuerliche Verrechenbarkeit mit den steuerpflichtigen Gewinnen anteilig auch vom Fiskus mitgetragen werden.

Das Abzugsverbot für Auslandsverluste macht die Investition im Ausland also weniger attraktiv als die Investition im Inland. – b) *Verluste aus der EU*: Ab 2009 erkennt der Gesetzgeber ausdrücklich an, dass Auslandsverluste aus Betätigungen aus dem Gebiet der EU nicht ungünstiger behandelt werden dürfen als Inlandsverluste; daher werden die vorgenannten Bestimmungen über Auslandsverluste für Verluste aus der EU nicht mehr angewandt, sondern diese wie inländische Verluste beurteilt. – c) *Verluste aus dem EWR*: Da nach dem EWR-Vertrag sämtliche Bestimmungen des Wirtschaftsrechts der EU auch für die übrigen Staaten des EWR (Island, Liechtenstein und Norwegen) gelten, dürfen Auslandsverluste auch bei Engagements in diesen Staaten grundsätzlich nicht schlechter behandelt werden als bei inländischen Betätigungen. Jedoch verweigert der dt. Gesetzgeber diese Gleichstellung mit dem EU-Gebiet für Betätigungen in Liechtenstein mit der Begründung, dass Liechtenstein keinen Auskunftsaustausch mit der dt. Finanzverwaltung unterhält. – 2. *Modifikationen durch DBA*: Diejenigen Auslandsverluste, die nach dem Vorgesagten gemäß den *Vorschriften des EStG* noch abzugsfähig wären, werden oft durch → Doppelbesteuerungsabkommen (DBA) von der dt. Besteuerung befreit und sind in Deutschland dann nicht mehr steuerlich abzugsfähig. – 3. *Europarechtliche Bedeutung*: Die steuerlichen Regelungen Deutschlands (und teilweise auch anderer Staaten), nach denen Auslandsverluste ungünstiger behandelt werden als Verluste aus inländischen Quellen, sind mehrmals Gegenstand einer Prüfung durch den Europäischen Gerichtshof (EuGH) gewesen. Nach der Rechtsprechung des EuGH sind Regelungen, die Auslandsverluste aus der EU bei der bloßen Berechnung des Welteinkommens bereits ignorieren wollen, nicht gerechtfertigt, Regelungen, die Auslandsverluste nur deswegen aus dem steuerpflichtigen Einkommen ausklammern, weil auch die zugehörigen Gewinne aufgrund eines Doppelbesteuerungsabkommens später steuerfrei wären, dagegen europarechtlich vertretbar. Die gegenwärtigen dt. Regelungen tragen diesen Vorgaben Rechnung; lediglich hinsichtlich der Behandlung Liechtensteins könnte man noch Zweifel bez. der Rechtmäßigkeit haben. – 4. *Andere Staaten*: Die bes., ungünstigere Behandlung von Auslandsverlusten ist keine bloß dt. Besonderheit; ähnliche Regelungen finden sich auch in anderen Ländern. Hinter den Bestimmungen steht in den allermeisten Fällen das Motiv, Steuersparkonstruktionen für Investments im Ausland zu verhindern (so verhindert die gegenwärtige dt. Regelungen z.B. relativ effektiv das Angebot von Immobilienanlagekonstruktionen mit Auslandsimmobilien auf dem dt. Markt, weil anfängliche Werbungskostenüberschüsse nicht steuersparend genutzt werden könnten).

Auslandsvermögen – 1. *Begriff*: Summe der Forderungen eines Landes gegenüber allen anderen Ländern. Durch *Saldierung* von Auslandsvermögen und

Auslandsschulden wird ersichtlich, ob das betreffende Land Nettogläubiger oder -schuldner ist. – Die *Bundesrepublik Deutschland* z.b. ist Nettogläubiger: Die Nettoauslandsposition der Deutschen Bundesbank (Währungsreserven, Reserveposition im IWF, Sonderziehungsrechte, Forderungen an die Europäische Zentralbank (EZB), Kredite und sonstige Forderungen an das Ausland abzüglich Auslandsverbindlichkeiten) sowie die Nettoforderungen inländischer Unternehmen (einschließlich Kreditinstitute) weisen einen hohen Plus-Saldo auf. – Viele *Entwicklungsländer* sind in erheblichem Maße Nettoschuldner (Auslandsverschuldung der Entwicklungsländer). – 2. *Steuerliche Behandlung:* → ausländisches Vermögen.

Auslegung – 1. *Bürgerliches Recht:* Einerseits Erforschung des wirklichen, in einer Willenserklärung zum Ausdruck gekommenen Willens (§ 133 BGB), ohne am buchstäblichen Sinn des Ausdrucks zu haften. Andererseits sind Verträge so auszulegen, wie Treu und Glauben mit Rücksicht auf die Verkehrssitte es erfordern (§ 157 BGB). Dieser Widerspruch zwischen Wille und Verkehrssitte löst sich durch die Unterscheidung nach empfangsbedürftigen und nicht empfangsbedürftigen Willenserklärungen auf: Eine nicht empfangsbedürftige Willenserklärung (z.B. Testament) ist nach dem inneren Willen des Erklärenden, eine empfangsbedürftige (z.B. Angebot und Annahme beim Abschluss eines Vertrags, Kündigung) nach dem objektivierten Horizont des Empfängers einer solchen Erklärung auszulegen. – Vgl. auch Auslegungsregeln. – 2. *Steuerrecht:* Anwendung des Steuerrechts unter Berücksichtigung der wirtschaftlichen Bedeutung der Gesetze und der Entwicklung der Verhältnisse (§§ 41, 42 AO).

Auslösungen – 1. → Trennungsentschädigung: Pauschale Zahlungen des Arbeitgebers an private Arbeitnehmer zum Ausgleich von Mehraufwendungen bei auswärtigen Arbeiten. Häufig in Tarifverträgen arbeitsrechtlich geregelt; daher arbeitsrechtlicher Begriff. – *Steuerliche Behandlung:* → Mehraufwand bei auswärtiger Tätigkeit, → doppelte Haushaltsführung. – 2. *Entlassungsentschädigungen:* → Abfindung.

Ausschließungsfrist → Ausschlussfrist.

Ausschlussfrist – 1. *Arten:* a) *Rechtsmittelfristen im Einspruchsverfahren* (→ Einspruch): (1) *Gesetzliche Grundlage:* § 364b AO. (2) *Inhalt:* Die Finanzbehörde kann dem Einspruchsführer eine Frist setzen (a) zur Angabe der Tatsachen, durch deren Berücksichtigung oder Nichtberücksichtigung er sich *beschwert* fühlt; (b) zur Erklärung über bestimmte klärungsbedürftige Punkte oder (c) zur Bezeichnung von Beweismitteln oder zur Vorlage von Urkunden, soweit er dazu verpflichtet ist. (3) *Zweck der Regelung:* Verhinderung des Missbrauchs des Einspruchsverfahrens zu rechtsschutzfremden Zwecken. Von der Möglichkeit der Fristsetzung nach § 364b AO sollte daher bes. in Einspruchsverfahren, die einen Schätzungsbescheid nach Nichtabgabe der Steuererklärung betreffen,

Gebrauch gemacht werden. (4) *Rechtsfolgen:* Erklärungen und Beweismittel, die erst nach Ablauf der vom Finanzamt – bes. unter Beachtung des Belehrungsgebots des § 364b III AO – wirksam gesetzten Frist vorgebracht werden, können im Einspruchsverfahren allenfalls im Rahmen der → Verböserung berücksichtigt werden. – Fristverlängerung ist vor Ablauf der Ausschlussfrist auf Antrag möglich. Nach Ablauf der Frist ist nur → Wiedereinsetzung in den vorigen Stand möglich. (5) *Rechtsbehelf:* Über Einwendungen gegen die Fristsetzung ist, soweit nicht abgeholfen wird, im Rahmen der Entscheidung über den Einspruch gegen den Steuerbescheid zu entscheiden. Zu den Wirkungen einer nach § 364b AO gesetzten Ausschlussfrist für ein nachfolgendes Klageverfahren s. § 76 FGO. – b) *Frist für die Antragsveranlagung zur Einkommensteuer,* bes. zur Anrechnung von Lohnsteuer auf die Einkommensteuer. – 2. Für Ausschlussfristen ist eine *Verlängerung* ausgeschlossen. – 3. Die *Versäumung* von Ausschlussfristen kann jedoch durch → Wiedereinsetzung in den vorigen Stand (antragsgebunden) rückgängig gemacht werden, wenn der Steuerpflichtige ohne eigenes Verschulden den Fristablauf versäumt hat. Der Antrag ist innerhalb eines Monats nach Wegfall des Hindernisses zu stellen; ein Jahr nach dem Ende der versäumten Frist kann die Wiedereinsetzung nicht mehr beantragt werden, außer wenn dies vor Ablauf der Jahresfrist infolge höherer Gewalt unmöglich war (§ 110 AO). – 4. Im *Finanzgerichtsverfahren* gibt es eine entsprechende Regelung (§ 56 FGO).

Ausschüttung → Gewinnausschüttung.

Ausschüttungsbelastung – 1. *Begriff* des → körperschaftsteuerlichen Anrechnungsverfahrens von 1977 bis 2000: Das Anrechnungsverfahren schrieb dem Empfänger einer Dividende die Körperschaftsteuer gut, die die ausschüttende Gesellschaft zuvor für den ausgeschütteten Betrag bezahlt hatte. Hierfür war es nötig bzw. zumindest erwünscht, dass auf den ausgeschütteten Gewinnen stets dieselbe Höhe an körperschaftsteuerlicher Vorbelastung (zuletzt 30 Prozent) ruhte, damit die Höhe der gutzuschreibenden Beträge sich technisch hinreichend einfach ermitteln ließ. Daher schrieb das System vor, dass bei der Ausschüttung von Gewinnen durch eine Kapitalgesellschaft grundsätzlich dieselbe Vorbelastung herzustellen war, die sog. Ausschüttungsbelastung. Bei geringer belasteten Gewinnen wurde also anlässlich der Ausschüttung eine Nachbelastung vorgenommen, um die Belastung auf die Höhe der Ausschüttungsbelastung anzuheben (Körperschaftsteuer-Erhöhung), bei höher vorbelasteten Gewinnen dagegen eine Absenkung der Belastung (Körperschaftsteuer-Minderung) durch Erstattung der überschießenden Belastung an die Gesellschaft vorgenommen. – 2. *Ausgenommen von der Herstellung der Ausschüttungsbelastung* waren zuletzt Ausschüttungen, die aus den Rücklagenbeständen EK 01 (in Deutschland steuerfreie Einkünfte ausländischer Herkunft) und EK 04 (ehemalige Einlagen der Eigentümer, z.b. Agio) erfolgten.

Außenanlagen – 1. *Begriff*: Grundstücksaufbauten, die weder Gebäudeteile sind noch als Betriebsvorrichtungen angesehen werden können. – *Beispiele*: Einfriedungen, Tore, Wege- und Platzbefestigungen, Entwässerungsanlagen, Gartenanlagen. – 2. *Bilanzsteuerrecht*: Außenanlagen sind eigenständige unbewegliche Wirtschaftsgüter; sie sind linear über ihre zu vermutende Nutzungsdauer abzuschreiben (§ 7 I EStG). – 3. *Grundsteuer, Bewertungsrecht*: Außenanlagen werden bei der Einheitsbewertung von bebauten Grundstücken nach dem Sachwertverfahren (→ Sachwert) gesondert berücksichtigt (§§ 83, 89 BewG).

Außengebiet – früherer Begriff des Umsatzsteuerrechts: Um das Gebiet der DDR nicht als „Ausland" bezeichnen zu müssen, wurden während der Dauer der dt. Teilung im UStG das Gebiet der Bundesrepublik als „Erhebungsgebiet" und der Rest der Welt als „Außengebiet" bezeichnet. Durch die dt. Wiedervereinigung konnten diese Begriffe dann durch die Begriffe → Inland und → Ausland ersetzt werden.

Außenprüfung – I. *Begriff und Rechtsgrundlagen*: 1. Die Außenprüfung ist ein bes. *Sachaufklärungsverfahren* der Finanzbehörden. Im Gegensatz zur älteren Bezeichnung „Betriebsprüfung" soll in der durch die → Abgabenordnung (AO) 1977 eingeführten Bezeichnung „Außenprüfung" zum Ausdruck kommen, dass das Verfahren nicht auf „Betriebe" beschränkt ist, sondern auch bei anderen Steuerpflichtigen Anwendung finden kann. – 2. Die Außenprüfung wird in den §§ 193–207 AO umfassend *gesetzlich geregelt*. Ergänzende Vorschriften enthält die Betriebsprüfungsordnung (Steuer; BpO 2000) vom 15.3.2000 (BStBl. I 368) m.spät.Änd., die jedoch als interne Verwaltungsanweisung für den Steuerpflichtigen kein materielles Recht schafft, sondern bei Ermessensentscheidungen lediglich die Verwaltung bindet.

II. *Zulässigkeit*: 1. Eine Außenprüfung ist ohne Einschränkungen zulässig bei Steuerpflichtigen, die einen gewerblichen oder land- und forstwirtschaftlichen Betrieb unterhalten oder die freiberuflich tätig sind und bei Steuerpflichtigen i.S.d. § 147a AO (§ 193 I AO). – 2. Bei anderen Steuerpflichtigen ist die Außenprüfung zulässig, soweit sie die Verpflichtung dieser Steuerpflichtigen betrifft, für Rechnung eines anderen Steuern zu entrichten oder einzubehalten und abzuführen, oder wenn die für die Besteuerung erheblichen Verhältnisse der Aufklärung bedürfen und eine Prüfung an Amtsstelle nach Art und Umfang des zu prüfenden Sachverhalts nicht zweckmäßig ist oder wenn ein Steuerpflichtiger seinen Mitwirkungspflichten nach § 90 Absatz 2 Satz 3 nicht nachkommt (§ 193 II AO). – 3. Im Rahmen der Prüfung einer Personengesellschaft ist in gewissem Umfange auch die Prüfung der Verhältnisse der Gesellschafter zulässig. – 4. Anspruch auf eine Außenprüfung besteht

nicht; die Durchführung steht im Ermessen der Behörde. Der einheitlichen Ermessensausübung dient die Einteilung der Betriebe in Größenklassen (→ Betriebsgrößenklassifikation). Anhand der von den obersten Finanzbehörden des Bundes und der Länder festgelegten Kriterien sind dabei Großbetriebe, Mittelbetriebe, Kleinbetriebe und Kleinstbetriebe zu unterscheiden.

III. *Umfang*: 1. Die *Finanzbehörde entscheidet* nach pflichtgemäßem Ermessen, ob zur Ermittlung der steuerlichen Verhältnisse der Steuerpflichtigen eine oder mehrere Steuerarten, ein oder mehrere Besteuerungszeiträume oder lediglich bestimmte Sachverhalte geprüft werden sollen. Bei einer Personengesellschaft erstreckt sich die Außenprüfung auch auf die steuerlichen Verhältnisse der Gesellschafter insoweit, als diese Verhältnisse für die zu überprüfenden einheitlichen Feststellungen von Bedeutung sind. Im Rahmen der Prüfung der Steuerentrichtungspflichtigen können auch die Verhältnisse der Personen geprüft werden, für deren Rechnung die Steuern entrichtet oder einbehalten und abgeführt werden (§ 194 AO). – 2. Der *Prüfungszeitraum* soll bei Großbetrieben an den vorhergehenden Prüfungszeitraum anschließen (sog. Anschlussprüfung), bei erstmaliger Prüfung bestimmt die Finanzbehörde, auf welchen Zeitraum sich die Prüfung erstreckt. Bei anderen Betrieben soll sich die Prüfung grundsätzlich nicht über mehr als drei Besteuerungszeiträume hinaus erstrecken. Dabei muss es sich nicht notwendigerweise um die letzten drei Prüfungszeiträume handeln, für die vor Bekanntgabe der Prüfungsanordnung → Steuererklärungen für die Ertragsteuern abgegeben wurden (§ 4 BpO 2000). – 3. Die Auswertung von Feststellungen, die im Rahmen der Außenprüfung über die steuerlichen Verhältnisse anderer Personen getroffen werden, durch → Kontrollmitteilungen ist zulässig, wenn die Kenntnis für die Besteuerung dieser Personen von Bedeutung ist oder die Feststellung einer erlaubten Hilfeleistung in Steuersachen betreffen und der geprüfte Steuerpflichtige kein → Auskunftsverweigerungsrecht (§ 102 AO) zum Schutz seines Berufsgeheimnisses hat.

IV. *Durchführung*: 1. *Prüfungsgrundsätze* (§ 199 AO): Bei der Außenprüfung sind die → Besteuerungsgrundlagen zugunsten wie zuungunsten des Steuerpflichtigen zu überprüfen. Der Steuerpflichtige ist über die festgestellten Sachverhalte und deren Auswirkungen zu unterrichten, wenn dadurch Zweck und Ablauf der Prüfung nicht beeinträchtigt werden. Die Außenprüfung hat sich auf das Wesentliche zu beschränken, ihre Dauer soll das notwendige Maß nicht überschreiten. Sie soll sich auf solche Sachverhalte beschränken, die zu endgültigen Steuerausfällen, Steuererstattungen, Steuervergütungen oder nicht unbedeutende Gewinnverlagerungen führen können (§ 7 BpO 2000). – 2. *Zuständigkeit* (§ 195 AO): Die Durchführung der Außenprüfung erfolgt grundsätzlich durch die für die Besteuerung zuständigen Finanzbehörden. Andere Finanzbehörden können jedoch mit der Durchführung beauftragt werden und dann im Namen der zuständigen Finanzbehörde die → Steuerfestsetzung vornehmen und verbindliche Zusagen erteilen. – 3. *Prüfungsanordnung* (§§ 196, 197 AO): Der Umfang der Außenprüfung ist dem Steuerpflichtigen durch eine schriftliche Prüfungsanordnung mit Rechtsbehelfsbelehrung mitzuteilen. Prüfungsanordnung sowie der voraussichtliche Prüfungsbeginn und die Namen der Prüfer sind angemessene Zeit vor Beginn der Prüfung bekanntzugeben, wenn der Prüfungszweck dadurch nicht gefährdet wird. Eine zeitliche Verlegung ist auf Antrag des Steuerpflichtigen möglich, wenn gewichtige Gründe dafür sprechen. – 4. *Prüfungsbeginn* (§ 198 AO): Die Prüfer haben sich bei Erscheinen unverzüglich auszuweisen und den Beginn der Außenprüfung unter Angabe von Datum und Uhrzeit aktenkundig zu machen. – 5. *Mitwirkungspflichten* (§ 200 AO): Der Steuerpflichtige hat während der üblichen Geschäfts- oder Arbeitszeit, grundsätzlich in seinen Geschäfts- oder Arbeitsräumen, einen geeigneten Raum zur Verfügung zu stellen (soweit ein solcher Geschäftsraum nicht vorhanden ist, hat der Steuerpflichtige die zur Außenprüfung erforderlichen Unterlagen in seinen Wohnräumen oder an Amtsstelle vorzulegen) und dem Prüfer das Betreten und die Besichtigung von Grundstücken und Betriebsräumen zu gestatten. Er ist verpflichtet, bei der Feststellung der besteuerungserheblichen Sachverhalte mitzuwirken und dabei bes. Auskünfte zu erteilen, Bücher, Geschäftspapiere und andere Aufzeichnungen vorzulegen sowie die zum Verständnis erforderlichen Erläuterungen zu geben. Er hat den Prüfern den Zugriff auf gespeicherte Daten und die Nutzung des Datenverarbeitungssystems zu gestatten (→ Aufbewahrungspflicht). – 6. *Schlussbesprechung* (§ 201 AO): Das Ergebnis der Außenprüfung wird in einer Schlussbesprechung erörtert, wenn sich eine Änderung der Besteuerungsgrundlagen ergibt und der Steuerpflichtige nicht auf die Schlussbesprechung verzichtet. Dabei sind bes. strittige Sachverhalte sowie die rechtliche Beurteilung der Prüfungsfeststellungen und ihre steuerlichen Auswirkungen zu erörtern (→ Schlussbesprechung). – 7. *Prüfungsbericht* (§ 202 AO): Das Ergebnis der Außenprüfung. wird in einem Prüfungsbericht schriftlich festgehalten. Ändern sich die Besteuerungsgrundlagen aufgrund der Prüfung nicht, so genügt eine schriftliche Mitteilung an den Steuerpflichtigen. Der Prüfungsbericht ist dem Steuerpflichtigen auf Antrag vor der Auswertung zur Stellungnahme zu übersenden.

V. Wirkungen: 1. Durch den Beginn oder die durch den Steuerpflichtigen beantragte Verschiebung einer Außenprüfung wird die → Festsetzungsverjährung gehemmt; die Festsetzungsfrist läuft für die Steuern, auf die sich die Außenprüfung erstreckt oder erstrecken sollte, nicht ab, bevor die aufgrund der Außenprüfung zu erlassenden Steuerbescheide

bestandskräftig geworden sind oder bevor drei Monate nach der Mitteilung, dass die Außenprüfung zu keiner Änderung der Besteuerungsgrundlagen geführt hat, verstrichen sind (§ 171 IV AO). – 2. Steuerbescheide, die aufgrund einer Außenprüfung ergangen sind oder die durch die Prüfung bestätigt wurden, können nur aufgehoben oder geändert werden, wenn eine → Steuerhinterziehung oder leichtfertige → Steuerverkürzung begangen wurde (sog. → Änderungssperre, § 173 II AO). – 3. Steuerfestsetzung unter dem Vorbehalt der Nachprüfung ist nicht mehr möglich; ergeben sich gegenüber einer Steuerfestsetzung unter Vorbehalt der Nachprüfung keine Änderungen, so ist der Vorbehalt aufzuheben (§ 164 III AO). – 4. Nach Erscheinen des Prüfers ist bei einer Steuerhinterziehung strafbefreiende Selbstanzeige nicht mehr möglich (§ 371 II 1a AO).

VI. Verbindliche Zusage: 1. *Voraussetzung:* Im Anschluss an die Außenprüfung soll die Finanzbehörde dem Steuerpflichtigen auf Antrag verbindlich zusagen, wie ein für die Vergangenheit geprüfter und im Prüfungsbericht dargestellter Sachverhalt in Zukunft steuerrechtlich behandelt wird, wenn die Kenntnis der zukünftigen Behandlung für die geschäftlichen Maßnahmen des Steuerpflichtigen von Bedeutung ist (§ 204 AO). – 2. *Form:* Die Zusage ist schriftlich zu erteilen und als verbindlich zu kennzeichnen. Sie muss enthalten: (1) den zugrunde gelegten Sachverhalt, (2) die Entscheidung über den Antrag und die dafür maßgebliche Begründung, (3) die Angabe der betroffenen Steuern und den Bindungszeitraum (§ 205 AO). – 3. *Bindung:* Widerspricht die Zusage nicht zungunsten des Antragstellers dem geltenden Recht, so ist sie für die Besteuerung bindend, wenn der später verwirklichte Sachverhalt mit dem der Zusage zugrunde gelegten Sachverhalt übereinstimmt (§ 206 AO). Die Zusage tritt außer Kraft, wenn die Vorschriften, auf denen sie beruht, sich ändern. Rückwirkende Aufhebung oder Änderung ist zulässig, wenn der Steuerpflichtige zustimmt, die Zusage von einer sachlich unzuständigen Behörde erlassen oder durch unlautere Mittel wie arglistige Täuschung, Drohung oder Bestechung erwirkt wurde. Aufhebung oder Änderung mit Wirkung für die Zukunft ist zulässig (§ 207 AO). – Vgl. auch → tatsächliche Verständigung, → verbindliche Auskunft.

VII. Sonderformen: 1. Bei Steuerpflichtigen, bei denen die Finanzbehörde eine turnusmäßige Außenprüfung nicht für erforderlich hält, kann eine *abgekürzte Außenprüfung* durchgeführt werden (§ 203 AO), die sich auf die wesentlichen Besteuerungsgrundlagen zu beschränken hat. Schlussbesprechung und Prüfungsbericht sind nicht erforderlich; vor Abschluss der Prüfung ist der Steuerpflichtige lediglich darauf hinzuweisen, inwiefern von der Steuererklärung abgewichen werden soll. Spätestens mit dem Steuerbescheid sind dem Steuerpflichtigen die Prüfungsfeststellungen schriftlich mitzuteilen. – Die abgekürzte Außenprüfung kommt v.a. bei

Steuerpflichtigen mit kleinen Betrieben oder ohne gewerbliche Einkünfte bzw. in den Fällen in Betracht, in denen eine Prüfung der für die Besteuerung relevanten Verhältnisse an Amtsstelle unzweckmäßig ist. – 2. *Andere gesetzliche Sonderregelungen* für die Außenprüfung sind vorgesehen in Bezug auf die → Lohnsteuer (§§ 42f EStG), die → Aufsichtsratsteuer (§ 73d EStDV) und die → Versicherungsteuer (§ 10 VersStG). 3. Sowohl die Lohnsteuer- als auch die Umsatzsteuer-Sonderprüfung stellen keine vollumfängliche Außenprüfungen dar und führen daher nicht zu einer Änderungssperre i. S. des § 173 Abs. 2 AO. 4. Daneben gibt es noch die sog. Nachschauen, die Umsatzsteuer-Nachschau § 27b UStG und die durch das Jahressteuergesetz 2013 geplante Einführung der Lohnsteuer-Nachschau in § 42g EStG – neu, die aber keine Außenprüfungen darstellen. 5. Nach der BpO 2000 sind Unternehmen, die zu einem Konzern gehören oder durch ein herrschendes Unternehmen verbunden sind, durch eine *Konzernprüfung* im Zusammenhang, unter einheitlicher Leitung und nach einheitlichen Gesichtspunkten zu prüfen, wenn die Außenumsätze der Konzernunternehmen insgesamt mind. 25 Mio. Euro im Jahr betragen (§ 13 I BpO 2000). Eine derartige Prüfung kann auch bei anderen zusammenhängenden inländischen Unternehmen und bei inländischen Unternehmen ausländischer Konzerne durchgeführt werden. Die Leitung der Konzernprüfung obliegt grundsätzlich der Finanzbehörde, die für die Prüfung des leitenden oder herrschenden Unternehmens zuständig ist. Diese Behörde regt die Konzernprüfung an, stimmt sie mit den beteiligten Finanzbehörden ab und kann Richtlinien zu ihrer Durchführung erstellen. Die Prüfungsberichte werden erst nach einer Abstimmung und der Freigabe durch die prüfungsleitende Behörde bekannt gegeben. – 4. Prüfungen zur Ermittlung von Durchschnittssätzen für Schätzungen und Verprobungen *(Richtsatzprüfungen)* oder zur Feststellung der wirtschaftlichen Verhältnisse im Zusammenhang mit Billigkeitsentscheidungen *(Liquiditätsprüfungen)* dienen bei dem geprüften Steuerpflichtigen nicht der Steuerfestsetzung. Sie sind daher keine Außenprüfungen und können nur mit dem Einverständnis des Steuerpflichtigen durchgeführt werden.

Außensteuergesetz (AStG) – 1. *Begriff:* Gesetz über die Besteuerung bei Auslandsbeziehungen (Außensteuergesetz) vom 8.9.1972 m.spät.Änd. dazu Schreiben des Bundesministers der Finanzen betreffend Grundsätze zur Anwendung des Außensteuergesetzes (sog. Außensteuererlass) vom 2.12.1994 (BStBl. I 1995, Sondernummer 1. Wichtige Gesetzesnorm des dt. Außensteuerrechts). – 2. *Zweck:* Verhinderung unangemessener Steuervorteile aus der Nutzung des internationalen Steuergefälles mit dem Ziel, die Gleichmäßigkeit der Besteuerung wieder herzustellen und steuerliche Wettbewerbsverzerrungen zu verhindern. – 3. *Inhalt:* a) *Berichtigung von Einkünften* bei Verrechnungspreisen zwischen international

verflochtenen Unternehmen, die in einem gegenseitigen Leistungsverkehr miteinander stehen und diesen zu unangemessenen Bedingungen abwickeln. Unbeschadet der bereits bestehenden Gewinnkorrekturvorschriften können die Einkünfte eines Steuerpflichtigen aus Geschäftsbeziehungen zu nahe stehenden Personen im Ausland dann berichtigt werden, wenn die vereinbarten Bedingungen von denen abweichen, die unter unabhängigen Dritten üblich sind, und dadurch der Gewinn im Inland gemindert wurde (§ 1 AStG). Zusätzlich Dokumentationspflichten dafür, dass die Geschäftsbeziehungen zwischen verbundenen Unternehmen zu marktgerechten Konditionen abgewickelt werden. – b) *Wohnsitzwechsel in niedrigbesteuernde Gebiete:* Durch die → erweiterte beschränkte Steuerpflicht (§§ 2–5 AStG) erstreckt sich die beschränkte Steuerpflicht bei der Einkommensteuer und der Erbschaftsteuer für die Dauer von zehn Jahren auf sämtliche Einkünfte, Schenkungen und Erbschaften, soweit diese nicht ausdrücklich als ausländische Einkünfte (Katalog im § 34d EStG) oder Vermögensteile anzusehen sind. Voraussetzung ist, dass der Steuerpflichtige als deutscher Staatsangehöriger mind. fünf Jahre unbeschränkt steuerpflichtig war, seinen Wohnsitz in ein niedrigbesteuerndes Land verlegt und gleichzeitig wesentliche wirtschaftliche Interessen in Deutschland behält. – c) *Besteuerung wesentlicher Beteiligungen* an Kapitalgesellschaften im Privatvermögen des Steuerpflichtigen, wenn dieser seinen Wohnsitz ins Ausland verlegt. Die in dieser Beteiligung ruhenden stillen Reserven werden bei Wegzug in das Ausland (niedrigbesteuerndes Ausland ist nicht erforderlich) auch ohne Veräußerung besteuert (§ 6 AStG), wenn die natürliche Person mind. zehn Jahre unbeschränkt einkommensteuerpflichtig war und die → unbeschränkte Steuerpflicht durch Verlegung des Wohnsitzes oder gewöhnlichen Aufenthaltes ins Ausland endet. Bei Wegzug innerhalb der EU bzw. des EWR erfolgt die Versteuerung der stillen Reserven zwar bei Wegzug, aber für den Steuerbetrag gibt es von Amts wegen eine zinslose Stundung der anfallenden Steuer, bis es im Ausland zur tatsächlichen Veräußerung der Beteiligung kommt oder der Betroffene seinen Wohnsitz in ein Land außerhalb der EU bzw. des EWR verlegt. Hintergrund ist, dass die Bestimmungen des EG-Vertrages eine sofortige Steuerzahlungsverpflichtung für einen EU-internen Umzug verbieten, da es sich um eine ungerechtfertigte Beeinträchtigung des freien Personenverkehrs innerhalb der EU handeln würde. – d) Besteuerung der Einkünfte aus ausländischen → Zwischengesellschaften: Komplizierte und in ihrer Anwendung nur schwer praktikable Vorschriften (§§ 7–14 AStG). Danach gelten die von ausländischen Zwischengesellschaften erzielten Einkünfte auch ohne Ausschüttung bei dem inländischen Gesellschafter als zugeflossen und unterliegen im Inland der Besteuerung. Dadurch wird die sog. Abschirmwirkung ausländischer Kapitalgesellschaften, wonach nur ausgeschüttete Gewinne dieser Gesellschaften der dt. Besteuerung unterliegen, aufgehoben. Der Anreiz zur Gründung von → Basisgesellschaften soll damit unter steuerlichen Aspekten weitgehend entfallen. Soweit sich die Hinzurechnungsbesteuerung auf Anteile an Kapitalgesellschaften bezieht, die in der EU oder im EWR ansässig sind, kollidieren die Bestimmungen zumindest teilweise mit den europarechtlichen Vorgaben der Niederlassungsfreiheit und der übrigen Grundfreiheiten; daher nimmt § 8 II AStG einige EU-Kapitalgesellschaften von der Hinzurechnungsbesteuerung aus. Allerdings sind die dafür aufgestellten Voraussetzungen so eng, dass weiterhin von einem fortbestehenden Konflikt zwischen der dt. Hinzurechnungsbesteuerung und den europarechtlichen Vorgaben auszugehen ist. – e) Besteuerung ausländischer *Familienstiftungen:* Eine ähnliche Zurechnungsvorschrift wie für Zwischengesellschaften enthält § 15 AStG für Stiftungen, bei denen der Stifter, seine Angehörigen und dessen Abkömmlinge zu mehr als der Hälfte bezugsberechtigt sind. Domiziliert eine solche Familienstiftung im Ausland, so wird deren Vermögen und Einkommen unabhängig von der Ausschüttung dem unbeschränkt steuerpflichtigen Stifter oder den sonst unbeschränkt steuerpflichtigen bezugsberechtigten Personen entsprechend ihrem Anteil zugerechnet. Auch hierin liegt ein Verstoß gegen die europarechtlichen Grundfreiheiten, weil ein unbeschränkt Steuerpflichtiger dann Einkommen einer solche Stiftung als eigenes versteuern muss, obwohl ihm diese Einkünfte weder zivilrechtlich noch wirtschaftlich tatsächlich selbst gehören; es liegt auf der Hand, dass solche Regelungen die Gründung einer solchen Stiftung – und damit z.B. die Freiheit des Kapitalverkehrs – effektiv einschränken. Die EU-Kommission hat die Bundesregierung aufgefordert, den durch § 15 AStG verursachten Verstoß gegen EU-Recht zu beseitigen. Das BMF nimmt mit Schreiben vom 14.5.2008 (AZ IV B 4 – S 1361/07/0001) Stellung, wie bis zur gesetzlichen Neuregelung des § 15 AStG zu verfahren ist. Es nennt die Voraussetzungen, wann von der anteiligen Zurechnung des Einkommens einer Familienstiftung an den unbeschränkt steuerpflichtigen Stifter bzw. die unbeschränkt steuerpflichtigen Personen, die bezugs- oder anfallsberechtigt sind, abzusehen ist. – 4. *Entwicklungsperspektiven:* Im Zuge des internationalen Steuerwettbewerbs ist ein Trend zur Verschärfung des Außensteuergesetzes in der Bundesrepublik ebenso wie in anderen Staaten feststellbar. Andererseits ist bei zahlreichen Einzelbestimmungen des Außensteuergesetzes immer noch fraglich, ob sie EU-rechtlich auf Dauer zu halten sein werden. Da zugleich aber auch die Rechtsprechung des EuGH gegenüber den Mitgliedsstaaten auf dem Gebiet des Steuerrechts toleranter geworden ist als früher, ist die weitere Entwicklung offen.

Außensteuerrecht (AStR) – I. Begriff: Summe der nationalen Rechtsnormen eines Staates, die die Abgrenzung der Steuergewalt im Verhältnis zum Ausland zum Inhalt haben. – 1. Im Hinblick auf ihre *Wirkung* unterscheidet man zwei Kategorien von Normen des innerstaatlichen Steuerrechts: (1) Normen, die Steueransprüche gegenüber Steuerinländern bez. der im Ausland realisierten Sachverhalte oder gegenüber Steuerausländern bez. der im Inland realisierten Sachverhalte begründen *(belastende Normen);* (2) Normen, die in erster Linie zwecks Vermeidung bzw. Milderung der → Doppelbesteuerung oder aus sonstigen Gründen die aus der internationalen Wirtschaftstätigkeit resultierenden Steueransprüche selbst oder deren Wirkungen abbauen bzw. mildern *(entlastende Normen).* – 2. Im Hinblick auf ihre *Entstehung* unterscheidet man ebenfalls zwei Kategorien von Normen des innerstaatlichen Steuerrechts: (1) Normen, die bereits ihrer *Quelle nach innerstaatliches Recht* sind; (2) Normen, die ihrer *Quelle nach zum Völkerrecht* gehören, aber durch Transformation unmittelbar anzuwendendes innerstaatliches Recht werden. Vorrangstellung dieser Normen, indem sie als Spezialregelungen i.d.R. dem sonstigen nationalen Recht vorgehen. In erster Linie gehören dazu die Doppelbesteuerungsabkommen sowie sonstige bilaterale oder multilaterale Abkommen steuerlichen Inhalts (z.B. Amts- und Rechtshilfeabkommen).

II. Abgrenzung zum internationalen Steuerrecht: Unabhängig davon, ob die Normen des AStR der Quelle nach zum Völkerrecht gehören oder nicht, sind sie ihrem Gegenstand nach stets → Internationales Steuerrecht (IStR). Auf dieser Tatsache beruht auch der Begriff des internationalen Steuerrechts i.w.S., der im Gegensatz zum internationalen Steuerrecht i.e.S. nicht nur Normen des Völkerrechts erfasst, sondern auch rein nationales Recht, das aber der Abgrenzung der Steuergewalt zum Ausland hin dient.

III. Gesetzliche Grundlagen: Das dt. AStR ist nicht in einem einheitlichen Gesetzeswerk, sondern in zahlreichen Einzelgesetzen enthalten, bes.: (1) die Vorschriften über die → unbeschränkte Steuerpflicht und die → beschränkte Steuerpflicht im EStG, KStG, VStG, ErbStG; (2) die Vorschriften über die *Anrechnung, Pauschalierung* oder *Freistellung* ausländischer Einkünfte bzw. ausländischen Vermögens im EStG, KStG, ErbStG, BewG, GewStG; (3) die Vorschriften über die *Begrenzung* der Steuerpflicht auf *inländische Verkehrs-* und *Verbrauchsvorgänge* in den verschiedenen Verkehrsteuergesetzen, bes. im UStG und in den Verbrauchsteuergesetzen; (4) dem → Außensteuergesetz (AStG); (5) den von der Bundesrepublik Deutschland mit anderen Staaten abgeschlossenen bilateralen *Doppelbesteuerungsabkommen* (→ Doppelbesteuerungsabkommen (DBA); (6) den von der Bundesrepublik Deutschland abgeschlossenen bilateralen Abkommen über *Amts-* und *Rechtshilfe* auf dem Gebiet der Steuern. Zunehmende Bedeutung als Rechtsquelle für das AStR erlangt durch die Rechtsprechung des Europäischen Gerichtshofes auch der EG-Vertrag.

IV. Ziele: 1. *Steuern vom Einkommen und Vermögen:* a) *Steuerpflicht:* (1) für *Steuerinländer* (natürliche oder juristische Personen mit Wohnsitz, gewöhnlichem Aufenthalt, Sitz oder Geschäftsleitung im Inland) nach dem *Universalitätsprinzip* (bzw. *Totalitätsprinzip*): Die aus dem weltweiten Einkommen bzw. Vermögen resultierende Leistungsfähigkeit eines Steuerpflichtigen ist bei der inländischen Besteuerung zu berücksichtigen; (2) für *Steuerausländer* (natürliche oder juristische Personen, die nicht die Voraussetzungen eines Steuerinländers erfüllen) nach dem *Territorialitätsprinzip:* Erfassung der im Inland erwirtschafteten oder im Inland belegenen Steuergüter (Besteuerungssubstanz inländischen Ursprungs) durch die inländische Besteuerung. – Da diese Grundkonzeption der Besteuerung in den meisten Staaten zugrunde liegt, wird der Steuerpflichtige bei internationaler Betätigung sowohl in seinem Wohnsitzstaat als auch in dem Staat der wirtschaftlichen Betätigung hinsichtlich derselben Einkünfte und desselben Vermögens einer mehrfachen Besteuerung unterworfen (→ Doppelbesteuerung). Durch eine nicht übereinstimmende Abgrenzung der Anknüpfungskriterien für die unbeschränkte und die beschränkte Steuerpflicht kommen ferner Fälle vor, in denen ein Steuerpflichtiger in zwei Staaten unbeschränkt oder in zwei Staaten beschränkt steuerpflichtig ist. Um die nachteiligen Folgen der Doppelbesteuerung auf die internationale Wirtschaftstätigkeit zu reduzieren, ist die *Vermeidung oder Milderung der Doppelbesteuerung* eines der wichtigsten Ziele des dt. AStR. Zur Realisierung vgl. → Doppelbesteuerung. – b) Vermeidung *steuersparender Gestaltungsmöglichkeiten*, die durch den unkoordinierten Aufbau und unterschiedliche Belastungswirkungen der einzelnen Steuersysteme entstehen: Soweit derartige Gestaltungsvorteile, bes. unter dem Aspekt der Gleichmäßigkeit der Besteuerung und der Vermeidung von Wettbewerbsverzerrungen, gesamtwirtschaftlich unerwünscht sind, ist es Ziel des AStR, diese durch kompensierende innerstaatliche Normen in ihrer Wirkung *abzuschwächen* oder *aufzuheben.* Verwirklichung v.a. durch das Außensteuergesetz. – c) Da die Vermeidung der Doppelbesteuerung häufig noch nicht ausreicht, die der internationalen Wirtschaftstätigkeit entgegenstehenden Hemmnisse zu beseitigen und/oder gesamtwirtschaftlich erwünschte Investitionsströme zu induzieren, stellen der *Abbau der verbleibenden Hemmnisse* sowie die *Förderung bestimmter Auslandsinvestitionen* eine weitere Zielsetzung des dt. AStR dar. – 2. *Verkehr- und Verbrauchsteuern:* Begrenzung des Steueranspruchs entsprechend dem *Territorialitätsprinzip* (→ Internationales Steuerrecht (IStR) → Bestimmungslandprinzip). Da die territoriale Begrenzung der Steueransprüche bei diesen Steuerarten internationale Praxis ist, kommen Doppelbesteuerungskonflikte so gut wie nicht vor. Das Grundproblem dieser Steuerarten besteht vielmehr in der *Behandlung der grenzüberschreitenden Vorgänge,* bes. beim Warenverkehr. Dabei besteht die Zielsetzung sowohl des dt. AStR wie der meisten ausländischen Rechtsordnungen darin, eine Verbrauchsteuerbelastung nach dem Niveau des *Bestimmungslandes* herzustellen. Im Rahmen der Realisierung des Europäischen Binnenmarktes soll allerdings die → Umsatzsteuer in ferner Zukunft einmal auf das Ursprungslandprinzip (IStR) übergegangen werden.

V. Prinzipien: 1. *Steuern vom Einkommen und Vermögen:* a) Die Unterscheidung in Steuerinländer und Steuerausländer regelt sich nach dem Wohnsitzstaatprinzip, in einigen Staaten (z.B. USA) zusätzlich nach dem Staatsangehörigkeitsprinzip. – b) *Steuerinländer* unterliegen entsprechend dem *Universalitätsprinzip* der unbeschränkten Steuerpflicht. (1) Existiert mit dem ausländischen Staat, aus dem Einkommen bezogen wird bzw. in dem Vermögen belegen ist, *kein Doppelbesteuerungsabkommen,* so erfolgt die Vermeidung bzw. Milderung der Doppelbesteuerung i.d.R. nach dem *Anrechnungsprinzip* mit seinen Unterformen *Pauschalierungsprinzip* und *Abzugsprinzip.* Ausnahmsweise kommt im Bereich der Gewerbesteuer für bestimmte Schachtelbeteiligungen das *Freistellungsprinzip* zur Anwendung. Zu den Prinzipien vgl. → Doppelbesteuerung. (2) Ist mit dem ausländischen Staat, aus dem Einkommen bezogen wird bzw. in dem Vermögen belegen ist, ein *Doppelbesteuerungsabkommen* abgeschlossen, so wird die Doppelbesteuerung für nicht schachtelbegünstigte Dividenden, Zins- und Lizenzeinkünfte, Einkünfte und Vermögen aus dem Betrieb von Seeschiffen und Luftfahrzeugen und für private Pensionen i.d.R. durch Anrechnung vermieden. Dagegen werden unbewegliches Vermögen, Betriebsstättenvermögen, Schachtelbeteiligungen und Vermögen unter festen Einrichtung zur Ausübung einer selbstständigen Arbeit sowie die daran erzielten Einkünfte regelmäßig unter → Progressionsvorbehalt von der Besteuerung freigestellt. – c) *Steuerausländer* unterliegen nach dem Territorialitätsprinzip der beschränkten Steuerpflicht. (1) Existiert mit dem Wohnsitzstaat des Steuerausländers *kein Doppelbesteuerungsabkommen,* so erfolgt in Deutschland *keine Begrenzung* der beschränkten Steuerpflicht. (2) Besteht mit dem Wohnsitzstaat des Steuerausländers dagegen *ein Doppelbesteuerungsabkommen,* so wird die Besteuerungsrecht i.d.R. für folgende Steuergüter aufgegeben: nicht schachtelgünstige Dividenden, Zinsen und Lizenzeinkünfte sowie Einkünfte und Vermögen aus dem Betrieb von Seeschiffen und Luftfahrzeugen. – 2. *Verkehr- und Verbrauchsteuern:* Das Besteuerungsrecht regelt sich nach dem Bestimmungslandprinzip, sodass Doppelbesteuerungskonflikte i.d.R. nicht auftreten.

äußeres Steuersystem → Steuersystem, das sich mit der Anordnung bzw. Gliederung des → Steuerrechts in formeller Hinsicht beschäftigt. – *Gegensatz:* → inneres Steuersystem.

außergemeinschaftlicher Reiseverkehr → Reiseverkehr.

außergerichtliches Rechtsbehelfsverfahren – Im Rechtsschutzverfahren gegen → Verwaltungsakte der Finanzbehörde ist zwischen gerichtlichem und außergerichtlichen Rechtsbehelfsverfahren zu unterscheiden. Das außergerichtliche Rechtsbehelfsverfahren ist ein Vorverfahren und stellt sich als „verlängertes Festsetzungsverfahren" dar. Es ist eng mit diesem Verfahren verbunden. Einheitlicher Rechtsbehelf ist der → Einspruch. Das Verfahren wird vom Finanzamt durchgeführt. Es ist u.a. als Selbstkontrolle der Verwaltung gedacht und soll die Gerichte entlasten. – Anzuwenden sind im außergerichtlichen Rechtsbehelfsverfahren die Vorschriften § 347 f. AO.

außergewöhnliche Belastungen – 1. *Steuerrechtlicher Begriff:* Zwangsläufig größere Aufwendungen eines Steuerpflichtigen im Vergleich zur überwiegenden Mehrzahl der Steuerpflichtigen gleicher Einkommens-, Vermögens- und Familienverhältnisse. Zwangsläufigkeit ist gegeben, wenn sich der Steuerpflichtige den Aufwendungen aus rechtlichen, tatsächlichen oder sittlichen Gründen nicht entziehen kann und soweit sie den Umständen nach notwendig sind und einen angemessenen Betrag nicht übersteigen. Aufwendungen, die schon zu den → Betriebsausgaben, → Werbungskosten oder → Sonderausgaben (Ausnahme: eigene → Berufsausbildungskosten nur insoweit, als sie als Sonderausgaben abgezogen werden können) gehören, bleiben dabei außer Betracht. – 2. Zu den außergewöhnlichen Belastungen gehören von den Lebenshaltungskosten u.a. Krankheitskosten, Entbindungskosten, Scheidungskosten und u.U. Aufwendungen für Beerdigung, Strafprozess und zur Schuldentilgung. – 3. *Berücksichtigung:* Auf Antrag wird die → Einkommensteuer dadurch ermäßigt, dass die außergewöhnlichen Belastungen, die die → zumutbare Belastung (Prozentsatz des Gesamtbetrags der Einkünfte abhängig von Familienstand und Kinderzahl) übersteigen, bei der → Einkommensermittlung vom → Gesamtbetrag der Einkünfte abgezogen werden (§ 33 I EStG). – 4. Zur Abgeltung bestimmter außergewöhnlicher Belastungen werden → Pauschbeträge gewährt (§§ 33b EStG), die bei Ausstellung der Lohnsteuerkarte als → Freibeträge eingetragen werden können bzw. von Amts wegen einzutragen sind (→ Pauschbetrag).

außerordentliche Einkünfte – I. Begriff: 1. *Außerordentliche Einkünfte gemäß § 34 II EStG:* a) → Veräußerungsgewinne aus der Veräußerung von Betrieben, → Teilbetriebe, Mitunternehmeranteilen, die unter die Einkunftsarten Land- und Forstwirtschaft, Gewerbebetrieb oder selbständige Arbeit fallen (§ 34 I und § 52 XLVII EStG). – b) Entschädigungen als Ersatz für entgangene und entgehende Einnahmen, für Aufgabe oder Nichtausübung einer Tätigkeit, für die Aufgabe einer Gewinnbeteiligung oder einer Anwartschaft darauf oder als → Ausgleichszahlungen an Handelsvertreter nach § 89b HGB (§ 34 II Nr. 2 EStG). – c) Bestimmte Nutzungsvergütungen und Zinsen, soweit sie für mehr als drei Jahre nachgezahlt

werden (§ 34 II Nr. 3 EStG). – d) Vergütungen für mehrjährige Tätigkeiten (§ 34 II Nr. 4 EStG). – e) Einkünfte aus Holznutzungen i.S.d § 34b I EStG.

II. Steuersatzermäßigung: In den meisten Fällen beschränken sich die Besonderheiten bei außerordentlichen Einkünften auf eine → Progressionsglättung. Für außerordentliche Einkünfte aus der Veräußerung eines Betriebs oder eines Teilbetriebs kann der Steuerpflichtige für bis zu 5 Mio. Euro die Besteuerung mit 56 Prozent des durchschnittlichen Einkommensteuersatzes (bis Veranlagungszeitraum 2003 mit dem halben durchschnittlichen Steuersatz) wählen; jedoch mind. mit dem jeweils geltenden Eingangssteuersatz (aktuell 14 Prozent). Diese Steuersatzermäßigung darf jeder Steuerpflichtige jedoch nur einmal im Leben und auf Antrag beanspruchen und auch nur, wenn er das 55. Lebensjahr vollendet hat oder wenn er dauernd berufsunfähig im Sinn des Sozialversicherungsrechts ist (§ 34 III EStG).

III. Fünftelregelung: Die Steuer auf die außerordentlichen Einkünfte beträgt im Rahmen der Fünftelregelung das Fünffache der Differenz zwischen der Einkommensteuer für das um diese Einkünfte verminderte zu versteuernde Einkommen und der Einkommensteuer für das verbleibende zu versteuernde Einkommen zzgl. 1/5 dieser Einkünfte. Bei negativ verbleibenden zu versteuernden Einkommen und positivem zu versteuernden Einkommen beträgt die Einkommensteuer das Fünffache der auf 1/5 des zu versteuernden Einkommens entfallenden Einkommsteuer.

Aussetzung – I. Gerichtsverfahren: v.a. im Zivilprozess Stillstand eines Verfahrens, durch Gericht anzuordnen: (1) wenn die Entscheidung des Prozesses ganz oder z.T. von dem Bestehen oder Nichtbestehen eines Rechtsverhältnisses abhängt, über das ein bes. Rechtsstreit anhängig ist, oder von der Entscheidung einer Verwaltungsbehörde (oder des Verwaltungsgerichts) abhängt, und zwar bis zur Entscheidung des anderen Prozesses oder der Verwaltungsbehörde; (2) wenn sich im Laufe des Rechtsstreits der Verdacht einer strafbaren Handlung ergibt, deren Ermittlung auf die Entscheidung von Einfluss ist, bis zur Erledigung des Strafverfahrens (§§ 148, 149 ZPO). Im verwaltungsgerichtlichen Verfahren vgl. § 94 VwGO, im sozialgerichtlichen Verfahren vgl. § 114 SGG. Aussetzungstatbestände gibt es auch im Strafverfahren, so z.B. in § 262 II StPO (Aussetzung der Hauptverhandlung bis zur Klärung zivilrechtlicher Vorfragen). – Die *Wirkung* der Aussetzung entspricht der der Unterbrechung.

II. Steuerrecht: 1. Aussetzung der *Steuerfestsetzung* bei Ungewissheit über Grund und Umfang der Steuerentstehung (→ vorläufige Steuerfestsetzung, § 165 AO). – 2. Aussetzung der *Vollziehung eines* → Steuerbescheids, wenn der Steuerpflichtige einen Rechtsbehelf eingelegt hat und nach einer summarischen Prüfung ernstliche Zweifel an der Rechtmäßigkeit des angegriffenen Verwaltungsakts bestehen oder die sofortige Vollziehung des Bescheids unbillig wäre (§ 361 AO). Vollziehungsaussetzung kann auch durch das Finanzgericht angeordnet werden (§ 69 FGO). U.U. → Sicherheitsleistung. – 3. Aussetzung der *Verhandlung* durch das Finanzgericht unter den Voraussetzungen wie bei I.1 (§ 74 FGO). – 4. Aussetzung des *Verfahrens*: wenn die Entscheidung ganz oder z.T. vom Bestehen oder Nichtbestehen eines Rechtsverhältnisses abhängt, das den Gegenstand eines anhängigen Rechtsstreits bildet oder von einem Gericht oder einer Verwaltungsbehörde festzustellen ist. Möglich durch die Finanzbehörde bis zur Erledigung des anderen Rechtsstreits oder bis zur Entscheidung des Gerichts oder der Verwaltungsbehörde (§ 363 I AO).

Aussetzungszinsen – 1. *Tatbestand:* Hat ein → Einspruch oder eine Klage gegen einen → Steuerbescheid, eine → Steueranmeldung oder einen → Verwaltungsakt, mit dem eine → Steuervergütung aufgehoben oder geändert wird, endgültig keinen Erfolg gehabt, ist der geschuldete Betrag, hinsichtlich dessen eine Aussetzung der Vollziehung des angefochtenen Verwaltungsakts gewährt worden war, zu verzinsen (§ 237 AO). Unerheblich ist der Grund für die Erfolglosigkeit. – 2. *Zinslauf:* Der Zinslauf beginnt grundsätzlich am Tag des Eingangs des Einspruchs bzw. der Klage. Er endet mit Ablauf der gewährten Aussetzung der Vollziehung, regelmäßig einen Monat nach Bekanntgabe der Einspruchsentscheidung, der Zustellung des Urteils bzw. nach Eingang der Erklärung der Rücknahme des Einspruchs/der Klage. – 3. *Berechnungsgrundsätze:* Die Zinsen betragen 0,5 Prozent für jeden vollen Monat des Zinslaufes; angefangene Monate bleiben außer Ansatz. Der zu verzinsende Betrag wird auf volle 50 Euro nach unten abgerundet (§ 238 AO). Eine Bagatellgrenze von zehn Euro ist zu beachten (§ 239 II AO). – *Gegensatz:* → Prozesszinsen auf Erstattungsbeträge.

Ausstellungsgut – im zollrechtlichen Sinn ein- oder ausgeführte Gegenstände, die bei Ausstellungen, Messen, Kongressen oder ähnlichen Veranstaltungen vorübergehend ausgestellt oder verwendet werden. In Ländern, die dem internationalen Zollübereinkommen über die vorübergehende Einfuhr derartiger Waren vom 8.6.1961 (BGBl. I 1967 II 745) beigetreten sind, bleibt Ausstellungsgut zollfrei, wenn es innerhalb von 24 Monaten wieder ausgeführt wird. – Vgl. auch → vorübergehende Verwendung.

Auswahlprüfung → Stichprobenprüfung.

auswärtige Tätigkeit – 1. *Begriff:* eine Tätigkeit des Steuerpflichtigen, die dieser außerhalb seiner → Arbeitsstätte (und natürlich zugleich auch: außerhalb seiner Wohnung) verrichtet. Auswärtstätigkeiten müssen vorübergehend sein, d.h. nicht auf Dauer angelegt (sonst läge eine zweite regelmäßige Arbeitsstätte vor). – 2. *Steuerliche Bedeutung:* Kosten für beruflich veranlasste Fahrten sind normalerweise Betriebsausgaben bzw. Werbungskosten (§ 9 I EStG, § 4 IV EStG), jedoch existiert nur für Fahrten zwischen Wohnung und regelmäßiger Arbeitsstätte eine Sonderregelung, wonach die Kosten nur mit einem pauschalierten Wert angesetzt werden können (die Entfernungspauschale). Aus dieser Diskrepanz folgt, dass die Fahrtkosten für alle übrigen beruflich veranlassten Fahrten (eben die Fahrten für Auswärtstätigkeiten) mit ihren wirklichen Kosten angesetzt werden können. – 3. *Gegensatz:* Fahrten zur → Arbeitsstätte, → Entfernungspauschale. – 4. *Fundstellen:* R. 9.3 LStR 2008, R 9.4 LStR 2008.

Automatensteuer → Vergnügungsteuer.

Automatenumsätze – I. Umsatzsteuer: 1. Derjenige → Unternehmer (Automatenaufsteller, Gastwirt etc.), der Warenautomaten *selbst füllt* und für eigene Rechnung und Gefahr betreibt, ist steuerpflichtig. Der Verkaufspreis stellt das Bruttoentgelt dar. Die darin enthaltene geschuldete → Umsatzsteuer ist mit dem für den Steuersatz geltenden Divisor oder Faktor herauszurechnen. – 2. Automatenlieferungen von *Speisen*, z.B. belegte Brötchen, Milch oder andere Waren der Anlage zu § 12 Nr. 1 UStG, auch in Gebäuden, z.B. Betrieben, unterliegen dem ermäßigten Steuersatz, wenn zum Verzehr an Ort und Stelle kein hierfür geeigneter Service vorhanden ist. – 3. Bei Umsätzen aus Geldspielgeräten mit Gewinnmöglichkeit stellt der Kasseninhalt (abzüglich der darin enthaltenen Umsatzsteuer) die Bemessungsgrundlage dar. Der Kasseninhalt ist mittels Zählwerk zu ermitteln.

II. Ertragsteuer: Der Gewinn des Automatenaufstellers zählt zu den Einkünften aus Gewerbebetrieb, unterliegt also der Einkommensteuer und der Gewerbesteuer.

autonome Satzungen – Rechtsnormen, die von öffentlich-rechtlichen Körperschaften, Anstalten und Stiftungen im Rahmen ihrer gesetzlich festgelegten Autonomie erlassen werden. – Die für das *Steuerrecht* relevante Autonomie der Gemeinden ist durch Art. 105 IIa und Art. 106 VI 2 GG begrenzt, sodass den Gemeinden nur das Recht eingeräumt wird, örtliche Verbrauch- und Aufwandsteuern (z.B. Zweitwohnungsteuer) und die Hebesätze der → Realsteuern im Rahmen der Gesetze festzusetzen. – Vgl. auch → Steuerrecht.

B

B – lohnsteuerlicher Kennbuchstabe für Lohnbestandteile, die nach den Regeln über die → besondere Lohnsteuertabelle der Lohnsteuer unterworfen werden.

Bandenschmuggel – Es handelt sich um ein Zoll- und Steuerdelikt (§ 373 II Nr. 3 AO). Bandenschmuggel begeht, wer als Mitglied einer Bande (mind. zwei Personen), die sich zur fortgesetzten Begehung der Hinterziehung von → Einfuhrabgaben oder → Ausfuhrabgaben oder des → Bannbruchs verbunden hat, zusammen mit einem anderen Bandenmitglied die Tat ausführt. – *Strafe:* Freiheitsstrafe von drei Monaten bis zu fünf Jahren. – Vgl. auch → Steuerhinterziehung.

Banderolensteuer – *Streifensteuer, Zeichensteuer;* mittels Verwendung von Banderolen (Papierstreifen) oder anderen Steuerzeichen erhobene Verbrauchsteuer auf ein verpacktes Konsumgut, z.B. → Tabaksteuer (auf Rauch-, Kau-, Schnupftabak, Zigarren, Zigaretten, Zigarettenpapier). Steuerschuldner ist der Hersteller.

Bankgeheimnis – 1. *Begriff:* Vertragspflicht der Bank, über sämtliche Tatsachen und Wertungen und somit über alle einen Kunden betreffenden Angelegenheiten Stillschweigen zu bewahren. Das Bankgeheimnis ist in Deutschland nicht als solches gesetzlich geschützt. Vielmehr handelt es sich um eine nebenvertragliche Pflicht im Verhältnis Bank – Kunde. Selbst Kenntnisse, die im Rahmen der Abwicklung eines Geschäftsvorfalls über einen Nichtkunden erlangt wurden, unterliegen dem Bankgeheimnis, sofern die Information in die Geheimhaltungspflicht einer anderen Bank fällt. Das Bankgeheimnis kann für Bankmitarbeiter im Zivilprozess gemäß § 383 I Nr. 6, § 384 Nr. 3 ZPO zu einem aus persönlichen oder sachlichen Gründen berechtigten Zeugnisverweigerungsrecht führen, im arbeits-, sozial-, verwaltungs- und insolvenzrechtlichen Verfahren gelten die zivilprozessualen Vorschriften entsprechend. – 2. Das Bankgeheimnis ist allerdings aufgrund *gesetzlicher Auskunftspflichten* durch zahlreiche weitere Vorschriften durchbrochen. So z.B. durch: a) die *Strafprozessordnung;* wenn strafprozessual ein Anfangsverdacht besteht, bestehen Auskunftspflichten gegenüber Staatsanwaltschaft, Ermittlungsrichter und Gericht (Aussagepflicht als Zeuge gemäß § 161a StPO); – b) das *Kreditwesengesetz (KWG)* aufgrund von Meldepflichten und Auskunftsersuchen gemäß §§ 44 ff. KWG, die alle kundenbezogenen Daten erfassen; durch die Einführung des § 24c KWG im Jahr 2003, wonach die automatisierte Abrufbarkeit von wenigen, explizit aufgeführten Kontoinformationen bei Kreditinstituten für Aufsichts- und Strafverfolgungsbehörden

vorgeschrieben wird; – c) das *Geldwäschegesetz (GwG)*, z.B. durch Verdachtsanzeigepflicht und Identifizierungspflichten – bes. des wirtschaftlich Berechtigten (§ 2 Geldwäschegesetz); – d) das *Wertpapierhandelsgesetz*, z.B. bei der Erfüllung von Meldepflichten und der laufenden Überwachung des Geschäfts in Insiderpapieren. – e) das *Steuerstrafverfahren;* Kreditinstitute sind gegenüber den Finanzbehörden auskunftspflichtig, wenn ein „hinreichender Anlass" zur Annahme von Steuerhinterziehung besteht; Umsetzung Internationaler Embargoregelungen. – f) das *Außenwirtschaftsgesetz (AWG)*; – g) → Anzeigepflicht beim Tod eines Kunden gegenüber dem für die → Erbschaftsteuer zuständigen Finanzamt, u.a. hinsichtlich der Guthabenkonten und Wertpapierdepots (§ 33 ErbStG). Bei Kenntnis vom Tode eines Kunden sind seitens der Bank alle Vermögensgegenstände dem zuständigen Finanzamt anzuzeigen, jedoch nur, sofern 1.200 Euro überschritten werden (§ 1 ErbStDV). Schrankfächer, die an den Verstorbenen vermietet waren, sowie vom Verstorbenen hereingenommene Verwahrstücke sind ebenfalls zu melden. – Aus der Auflistung wird deutlich, dass Finanzmarktaufsichts- und Ermittlungsbehörden bei der Bekämpfung der Geldwäsche und bei Strafverfahren durch das privatrechtliche Bankgeheimnis in keinem Fall behindert werden. Insofern geht die Diskussion um die Gefahr der Einschränkung oder Abschaffung des Bankgeheimnisses oft von unzutreffenden Voraussetzungen aus. – 3. Ferner ist in § 30a AO das sog. *Steuergeheimnis* normiert, welches den Steuerbehörden den systematischen Einblick in die Geschäftsbeziehungen zwischen Bank und Kunde verbietet. Auch das Steuergeheimnis unterliegt zahlreichen Durchbrechungen: a) § 30a AO hat keine Geltung im Steuerstrafverfahren und im Bußgeldverfahren wegen Steuerordnungswidrigkeiten; – b) nach § 30a i.V. mit § 93 AO sind Einzelauskunftsersuchen an Banken zulässig; – c) im Rahmen von Außenprüfungen beim Bankkunden; – d) nach §§ 93 VII, 93b AO i.V. mit § 24c KWG ist der automatisierte Abruf von gestimmten gespeicherten Kontoinformatonen zulässig (sog. → Kontenabruf).

Bankguthaben – Einlage auf einem Bankkonto; Forderungen von Bankkunden gegenüber Banken. Aktivierung zum Bilanzstichtag unter Berücksichtigung von Zinsen und Gebühren für die abgeschlossene Bilanzperiode. Ein vom Bankauszug abweichender eigener Kontostand durch zeitliche Verschiebung der Buchungsvorgänge (Laufzeit von Schecks etc.) ist möglich.

Bankumsätze – 1. *Umsatzsteuerfreie Bankumsätze* (auch wenn sie von Nichtbanken erbracht werden): (1) Gewährung, Vermittlung und Verwaltung von

Krediten sowie Verwaltung von Kreditsicherheiten; (2) Umsätze und Vermittlung der Umsätze von gesetzlichen Zahlungsmitteln; das gilt nicht, wenn die Zahlungsmittel wegen ihres Metallgehaltes oder ihres Sammlerwertes umgesetzt werden; (3) Umsätze im Geschäftsverkehr mit Geldförderungen und Vermittlung dieser Umsätze, ausgenommen die Einziehung von Forderungen; (4) Umsätze im Einlagengeschäft, im Kontokorrentverkehr, im Zahlungs- und Überweisungsverkehr und das Inkasso von Handelspapieren; (5) Umsätze im Geschäft mit Wertpapieren und die Vermittlung dieser Umsätze, ausgenommen die Verwahrung und Verwaltung von Wertpapieren; (6) Umsätze und Vermittlung von Umsätzen von Anteilen an Gesellschaften und anderen Vereinigungen; (7) Übernahme von Verbindlichkeiten, von Bürgschaften und ähnlichen Sicherheiten sowie Vermittlung dieser Umsätze; (8) Verwaltung von Sondervermögen (ab 29.12.2007: Investmentvermögen) nach dem Investmentgesetz und die Verwaltung von Versorgungseinrichtungen i.S.d. Versicherungsaufsichtsgesetzes; (9) Umsätze von inländischen amtlichen Wertzeichen zum aufgedruckten Wert (§ 4 Nr. 8 UStG). → Verzicht auf Steuerbefreiung ist für (1) bis (7) möglich (§ 9 UStG). – 2. *Umsatzsteuerpflichtige Bankumsätze:* (1) Vermietung von Schrankfächern; (2) Umsätze und Vermittlung der Umsätze von Medaillen und Münzen, die wegen ihres Metallgehaltes oder Sammlerwertes erworben werden oder keine gesetzlichen Zahlungsmittel sind.

Bannbruch → Steuerstraftat. Bannbruch begeht, wer Gegenstände entgegen einem Verbot ein-, aus- oder durchführt, ohne sie der zuständigen Zollstelle ordnungsgemäß anzuzeigen (§ 372 AO). Der Täter wird wegen → Steuerhinterziehung bestraft, wenn die Tat nicht in anderen Vorschriften als Zuwiderhandlung gegen ein Einfuhr-, Ausfuhr- oder Durchfuhrverbot mit Strafe oder mit Geldbuße bedroht ist.

Bardividende – Begriff des → körperschaftsteuerlichen Anrechnungsverfahrens, also v.a. wichtig für die ältere Fachliteratur (weil das Anrechnungsverfahren heute durch das → Halbeinkünfteverfahren und später das → Teileinkünfteverfahren bzw. die Abgeltungssteuer ersetzt worden ist). Die Bardividende entsprach dem handelsrechtlichen Dividendenbegriff (→ Dividende) und kennzeichnete den ausgeschütteten Gewinn nach Abzug der körperschaftsteuerlichen → Ausschüttungsbelastung, aber noch vor Abzug der → Kapitalertragsteuer. – Vgl. auch → Bruttodividende.

Basisgesellschaften – I. Allgemeines: 1. *Begriff:* Kapitalgesellschaften oder andere Rechtsträger in ausländischen Staaten, die als zwischengeschaltete, von der Inlandsbesteuerung losgelöste Auslandsbasen dt. Unternehmen zum verselbstständigten Träger von Einkommen und Vermögen gemacht werden (z.B. Holding-, Vermögensverwaltungs- und Finanzierungsgesellschaften etc.). – *Keine* Basisgesellschaften in diesem Sinn sind reine Betriebsgesellschaften (→ Betriebsaufspaltung), die lediglich den Standortfaktor der niedrigeren Steuern nutzen; Gesellschaften, die nur im nationalen Bereich des ausländischen Staates tätig werden, sowie Unternehmen, die ihre Erzeugnisse zwar in mehrere Länder verkaufen, aber Sitz und Geschäftsleitung in dem ausländischen Staat haben. – 2. *Bedeutung:* Funktionen der Basisgesellschaften sind sehr mannigfaltig und reichen von reinen Briefkasten- bzw. → Domizilgesellschaften über geringe eigene wirtschaftliche Geschäftstätigkeit im Basisland bis zu international bedeutsamen Koordinierungs- und Steuerungsfunktionen. – 3. *Rechtsform:* a) I.Allg. Aktiengesellschaften (AG). Diese Gesellschaftsform ist bes. in der Schweiz und Liechtenstein sehr vielseitig, mit geringer Publizität ausgestattet und lässt den Kapitalgeber weitgehend anonym. – b) Basisgesellschaften als GmbH (Gesellschaft mit beschränkter Haftung) haben offenbar wegen steuerlicher Vorteile in der Schweiz an Zahl zugenommen. – c) Die Anstalt liechtensteinischen Rechts ist selbstständige Rechtsperson, die ihre Firma i.d.R. frei wählen kann. Das Kapital bleibt ungeteilt oder ist in Anteile zerlegt. Die Anonymität des Kapitalgebers kann weitgehend gewahrt werden. – d) Seltener sind Basisgesellschaften als Trusts. Diese rechtlich selbstständigen Treuhandgesellschaften haben eigenes, allein haftendes Vermögen und werden unter eigenem Namen betrieben. – e) → Stiftungen und Familienvereine als Basisgesellschaften nur in Ausnahmefällen.

II. Steuerrecht: 1. *Geschäftsleitung im Inland:* Ausländische Basisgesellschaften unterliegen der dt. → unbeschränkten Steuerpflicht, wenn sich der tatsächliche Ort der Geschäftsleitung (§ 10 AO) im Inland befindet. – 2. *Geschäftsleitung im Ausland:* a) Liegt der Ort der Geschäftsleitung im ausländischen Sitzstaat der Basisgesellschaft und übt die Basisgesellschaft eine → aktive Tätigkeit aus, deren Risiko sie trägt, so wird die steuerliche Abschirmwirkung der ausländischen Gesellschaft anerkannt: Das Ergebnis unterliegt nur insoweit der dt. Besteuerung, als es durch eine dt. → Betriebsstätte erzielt wird. – b) Übt eine ausländische Basisgesellschaft eine → passive Tätigkeit aus, so greift unter den Voraussetzungen des Außensteuergesetzes die Hinzurechnungsbesteuerung für → Zwischengesellschaften. – Liegen trotz passiver Tätigkeit die Voraussetzungen einer Zwischengesellschaft nicht vor, kann nur im Fall eines Scheingeschäftes (§ 41 II AO) oder eines Missbrauchs (§ 42 AO) die Abschirmwirkung der Basisgesellschaften durchbrochen werden. – 3. Zu beachten ist die weit gehende Verpflichtung von Steuerpflichtigen zur *Sachverhaltsaufklärung* bei Auslandsbeziehungen (§ 90 II, III AO).

Basisrente – Die „Basis- bzw. Rürup-Rente" stellt ein staatlich geförderter privater Leibrentenvertrag dar. Die Basis- oder Rürup-Rente wird seit 2005 neben der „Riester-Rente" als weitere Form der → Altersvorsorge vom Staat gefördert und ist daher steuerlich begünstigt. Entwickelt wurde dieses „neue" Vorsorgemodell in der Kommission zur nachhaltigen Finanzierung der Sozialversicherungssysteme. Den Vorsitz hatte Prof. Dr. Dr. h. c. Bert Rürup inne. Hierauf lässt sich auch der Name „→ Rürup-Rente" zurückführen.

BASt – 1. Abk. für *Bundesanstalt für Straßenwesen.* – 2. Abk. für → Bauabzugsteuer.

Bauabzugsteuer (BASt) – 1. *Begriff:* Eine Quellensteuer (→ Abzugsteuer) zur Sicherung des Steueraufkommens im Bereich der Bauwirtschaft und zur Bekämpfung der illegalen Beschäftigung im Bau. – 2. *Rechtsgrundlage:* §§ 48 ff. EStG. – 3. *Gegenstand und Höhe der Steuer:* Die Bauabzugsteuer wird auf alle Gegenleistungen für Bauleistungen erhoben. Als Bauleistungen werden alle Leistungen angesehen, die der Herstellung, Instandsetzung, Instandhaltung, Änderung oder Beseitigung von Bauwerken dienen. Die Bauabzugsteuer beläuft sich auf 15 Prozent der Gegenleistung (Bruttoentgelt inkl. → Umsatzsteuer). – 4. *Erhebung der Bauabzugsteuer:* Diese Verpflichtung zur Einbehaltung eines Steuerabzugs von 15 Prozent und Abführung an das Finanzamt des Bauunternehmers ist dann gegeben, wenn der Auftraggeber ein Unternehmen oder eine Körperschaft des öffentlichen Rechts ist. Folglich gilt dies nicht für Eigentümer von selbstgenutzten Objekten, aber Vermieter sind betroffen, sobald sie mehr als zwei Wohnungen vermieten. Der Steuerabzug kann unterbleiben, wenn das Bauunternehmen eine Freistellungsbescheinigung nach § 48b EStG vorlegt. – 5. *Fälligkeit:* Der einbehaltene Betrag ist bis zum zehnten Tag nach Ablauf des Monats, in dem die Gegenleistung (Zahlung oder Teilzahlung) erbracht wurde, auf amtlichem Vordruck gegenüber dem für den Bauleistenden zuständigen Finanzamt zu erklären und dorthin abzuführen, falls die Leistungen für ihr Unternehmen erbracht wurden. – 6. Die *Pflicht zum Einbehalt der Bauabzugsteuer* entfällt, wenn a) der Bauleistende eine Freistellungserklärung (§ 48b I S. 1 EStG) des zuständigen Finanzamts vorlegt oder b) die Bagatellgrenze nicht überschritten wird, und zwar von 15.000 Euro im Jahr, falls der Leistungsempfänger ausschließlich steuerfrei Umsätze aus Vermietung und Verpachtung (§ 4 Nr. 12 S. 1 UStG) erbringt oder von 5.000 Euro im Jahr in allen übrigen Fällen; c) nur zwei Wohnungen vermietet werden. – 7. Die einbehaltenen und angemeldeten Bauabzugsteuerbeträge werden dem Leistenden gemäß § 48c EStG angerechnet auf a) die einbehaltene und angemeldete Lohnsteuer (§ 41a I EStG), b) auf die Vorauszahlungen zur Einkommensteuer oder Kirchensteuer bzw. c) auf Einkommensteuer oder Körperschaftsteuer des Veranlagungszeitraums, in dem die Leistungen erbracht wurden. – Beim Auftraggeber wird der Steuerabzugsbetrag als → Betriebsausgabe bzw. → Werbungskosten geltend gemacht, für den Bauunternehmer stellt er einen Anrechnungsbetrag auf die von ihm zu entrichtenden Steuern dar. Gegenüber jedem

betroffenen Bauunternehmer muss der Bauherr eine formgerechte Abrechnung über den Steuerabzug (§ 48a II EStG) erstellen. Der Auftraggeber haftet für die abzuführenden Beträge, wenn er den Steuerabzug unterlassen hat.

Baudarlehen – Baufinanzierung, → Arbeitgeberdarlehen.

Bauherrnmodell – Konzept zur steuerbegünstigten Erstellung von Immobilieneigentum durch Schaffung einkommensmindernder Buchverluste (→ Verlustzuweisungsgesellschaften). Die dem Bauherrn zuzurechnenden Aufwendungen können u.U. während der Bauphase sofort als → Werbungskosten geltend gemacht werden. Je nach der persönlichen Einkommensteuerbelastung lassen sich dadurch große Teile des Eigenkapitals durch Steuervorteile finanzieren. Seit der Verschärfung der Besteuerung von Verlustzuweisungsgesellschaften 1999 sind Bauherrnmodelle weniger von Interesse. – *Sonderformen:* Bauträgermodell, Erwerbermodell.

Baukindergeld – bis 1996 eine einkommensteuerliche Begünstigung; bei Steuerpflichtigen, die die Steuerbegünstigungen nach § 10e I–V EStG in Anspruch nahmen, Ermäßigung der tariflichen Einkommensteuer um 1.000 DM (512 Euro) für jedes Kind des Steuerpflichtigen (§ 34f EStG). Diente der Förderung des selbst geschaffenen Wohneigentums. Seit 1996 ersetzt durch die → Kinderzulage, welche sich auf 767 Euro je Kind bzw. auf 800 Euro je Kind bei Anschaffung oder Herstellung nach dem 31.12.2003 beläuft. Seit dem 1.1.2006 werden die Kinderzulagen im Rahmen der Eigenheimzulage jedoch nicht mehr neu gewährt.

Baukostenzuschuss – 1. *Wesen:* Nicht rückzahlbare (verlorene) Zuwendung, auch Sach- und Arbeitsleistung des Mieters, die zur Deckung der Gesamtbaukosten dient. Nicht hierher rechnen sonstige Finanzierungsbeiträge wie Mieterdarlehen und Mietvorauszahlungen. – 2. *Steuerliche Behandlung:* Baukostenzuschüsse werden beim Zuschussgeber nicht als → Werbungskosten anerkannt und können i.d.R. auch nicht als → außergewöhnliche Belastung geltend gemacht werden.

Bausparkassenbeiträge – im Rahmen des Bausparens an die Bausparkasse geleistete Beiträge zur Erlangung eines Baudarlehens. – *Steuerrechtliche Behandlung:* 1. *Bausparkassenbeiträge vor Erlangung eines Baudarlehens (Zuteilung):* Behandelt der Steuerpflichtige die Bausparverträge als → gewillkürtes Betriebsvermögen oder soll mit seiner Hilfe ein Gebäude errichtet werden, das ausschließlich und unmittelbar eigenbetrieblichen Zwecken dienen soll, sind die → Bausparkassenbeiträge → Betriebsausgaben, soll ein Miethaus errichtet werden, liegen Werbungskosten vor. Im typischen Fall (Eigenheimfinanzierung) liegen jedoch steuerlich nicht absetzbare Lebensführungskosten vor; eine frühere Förderung durch den Abzug als Sonderausgaben ist Ende 1995 entfallen. – 2. *Bausparkassenbeiträge nach Erlangung eines Baudarlehens (Nachzuteilung):* Hinsichtlich ihrer Abzugsfähigkeit aufzuteilen: Als → Werbungskosten oder → Betriebsausgaben sind nur die in den Bausparkassenbeiträgen enthaltenen Darlehenszinsen und Verwaltungskosten abzugsfähig, die Lebensversicherungsbeiträge gehören zu den Sonderausgaben. Nicht abzugsfähig sind die Tilgungsraten.

Bauunternehmer – Der Bauunternehmer unterhält i.d.R. einen Gewerbebetrieb und ist daher nach § 1 II HGB Istkaufmann (Kaufmann). Der Bauunternehmer wird tätig aufgrund der mit Bauherren abgeschlossenen Bauverträge (Werkvertrag), die Vorschriften der Verdingungsordnung für Bauleistungen (VOB) enthalten können; er kann die Sicherung seiner Bauforderungen vom Bauherrn verlangen. Ausführung von Bauaufträgen durch Bauunternehmer sind bis zur Bauabnahme schwebende Geschäfte. – *Besteuerung:* (1) *Einkommensteuer:* Von Zahlungen, die sich auf Bauleistungen beziehen, hat der Schuldner für Rechnung des Empfängers einen Abzug in Höhe von 15 Prozent, bezogen auf den Bruttowert, vorzunehmen (Bauabzugsteuer, § 48 ff. EStG); dieser Abschlag trifft Bauunternehmer in bes. Weise, da hierdurch 15 Prozent der Vergütung solange vorenthalten bleiben, bis die Verrechnung mit der persönlichen Einkommensteuerschuld oder mit bestimmten anderen steuerlichen Verpflichtungen des Bauunternehmers erfolgen kann (§ 48c EStG). Diese gravierende Belastung der Liquidität lässt sich (nur) vermeiden, wenn der Bauunternehmer seinem Geschäftspartner eine Freistellungsbescheinigung gemäß den Vorgaben von §48a EStG vorlegen kann, deren Echtheit dieser im Internet beim Bundeszentralamt für Steuern überprüfen kann. Liegt diese Bescheinigung nicht vor und unterlässt der Auftraggeber bei einer Zahlung den Abzug der Bauabzugsteuer, so haftet er für den nicht abgeführten Betrag. Mit Hinblick darauf ist es in der Praxis weit verbreitete Gepflogenheit, dass inländische Auftraggeber mit Rücksicht auf diese Verpflichtung einen Auftrag für eine Bauleistung erst dann definitiv erteilen, wenn ihnen eine gültige Freistellungsbescheinigung vorgelegt worden ist. (2) *Umsatzsteuer:* Die große Zahl der einzelnen Bauleistungen (Lieferung der Baumaterialien, Tätigkeit der Bauhandwerker) wird zu einer einheitlichen Werklieferung (Werklieferungsvertrag) zusammengefasst. Zuständig für die Besteuerung ist das Land, in dem die Bauleistung ausgeführt wurde (§ 3 VII UStG). (3) *Gewerbesteuer:* Wird durch Bauausführungen oder Montagen eine → Betriebsstätte begründet, was bei einer Dauer der Bauausführungen von mehr als sechs Monaten angenommen wird, so ist die betreffende Gemeinde hebeberechtigt für Gewerbesteuer nach dem Teil des Steuermessbetrages, der aufgrund Zerlegungsbescheid zuteilt (→ Zerlegung). (4) *Internationales Steuerrecht:* Besteht eine Baustelle oder Montage im Ausland, so ist nach den meisten Doppelbesteuerungsabkommen der Gewinn aus dieser Baustelle zu versteuern, wenn die Baustelle mehr als zwölf Monate besteht (Art. 5 OECD-Musterabkommen).

BdSt – Abk. für → *Bund der Steuerzahler e. V.*

Beanstandung – 1. Beim *Kauf, Werkvertrag und anderen Verträgen:* Mängelrüge, Mängelanzeige. – 2. Bei *Jahresabschlussprüfung:* → Bestätigungsvermerk. – 3. Bei *Außenprüfung:* → Schlussbesprechung.

Bedarfswert – 1. *Begriff* des Bewertungsgesetzes: so benannt, weil Bedarfswerte im Gegensatz zu den → Einheitswerten nicht turnusmäßig für alle Grundstücke erstellt werden, sondern nur bei Bedarf für das jeweilige Grundstück ermittelt werden (→ Grundstücksbewertung). Bedarfswerte sind relevant für die Bewertung von Grundbesitz für Zwecke der Erbschaftsteuer und Grunderwerbsteuer. – 2. *Rechtsgrundlagen und Verwaltungsvorschriften:* §§ 138–150 BewG; R 124–192 ErbStR. – 3. *Betroffene Grundstücke:* Bedarfswerte werden festgestellt für: a) *Land- und forstwirtschaftliches Vermögen:* Einbeziehung von Betriebsteil, Betriebswohnungen, Wohnteil, wobei der Betriebsteil mit § 142 BewG pauschalierten Ertragswerten bewertet wird und die Betriebswohnungen und der Wohnteil nach den Vorschriften für bebaute Grundstücke angesetzt werden. – b) *Unbebaute Grundstücke:* Grundstücke, auf denen sich keine benutzbaren Gebäude befinden und auch keine zur Nutzung vorgesehenen Gebäude im Bau befindlich sind, werden nach Maßgabe derjenigen Bodenrichtwerte pro Quadratmeter bewertet (§ 196 BauGB), die für den 1.1.1996 (bis zum 31.12.2006) gelten. Seit 1.1.2007 ist der Stichtag für die Festsetzung des Bedarfswertes nun auf den jeweils 1.1. des laufenden Jahres bestimmt. Von diesem Wert ist ein Sicherheitsabschlag von 20 Prozent zu machen; ersatzweise zählt der gemeine Wert, wenn er niedriger ist und vom Steuerpflichtigen nachgewiesen werden kann. In einer Entscheidung (BFH-Urt. v. 11.5.2005 – II R 21/02) hat der BFH noch einmal klargestellt, dass das Finanzamt bei der Bedarfsbewertung an den vom Gutachterausschuss veröffentlichten Bodenrichtwert gebunden ist. Dem Finanzamt ist es nicht erlaubt, diesen bei der Ermittlung des Grundbesitzwertes für die Erbschaftsteuer oder für die Grunderwerbsteuer an die Größe des zu bewertenden Grundstücks anzupassen, wenn der Gutachterausschuss hierfür keine Umrechnungsfaktoren vorgegeben hat. Auch § 145 III Satz 3 BewG ermöglicht nicht den Nachweis eines höheren Bodenrichtwerts, sondern nur den Nachweis eines niedrigeren gemeinen Werts des fiktiv unbebauten Grundstücks. Führt der Steuerpflichtige diesen Nachweis nicht, kann das Finanzgericht der Wertfeststellung nicht von sich aus einen wie auch immer ermittelten niedrigeren gemeinen Wert zugrunde legen. – c)

Bebaute Grundstücke: Alle Grundstücke, die nicht unbebaut im Sinn des vorigen Abschnittes sind, werden auf Grundlage des 12,5-fachen der erzielten Jahresmiete bewertet. Von dem Wert wird ein Abschlag für die Wertminderung des Gebäude von 0,5 Prozent pro Jahr, maximal aber 25 Prozent, gemacht. Bei bebauten Grundstücken, die ausschließlich Wohnzwecken dienen und nicht mehr als zwei Wohnungen enthalten, ist auf diesen Wert ein Zuschlag von 20 Prozent vorzunehmen. Mindestwert für das bebaute Grundstück ist jedoch der Wert desselben Grundstücks in unbebautem Zustand. Kann der Steuerpflichtige nachweisen, dass der gemeine Wert niedriger ist als der so ermittelte Wert, ist dieser als Bedarfswert anzusetzen. – d) *Sonderfälle:* Bes. Bewertungsregeln gelten für die Ermittlung des Bedarfswertes bei: (1) nicht ermittelbarer üblicher Jahresmiete, z.B. Gebäude zur Durchführung von Fertigungsverfahren, Spezialnutzung, Aufnahme bestimmter technischer Einrichtungen, wenn diese Gebäude nicht oder nur unter erheblichem Aufwand für andere Zwecke nutzbar sind (Ansatz von Bodenwertrichtlinien abzüglich 30 Prozent und des Gebäudewerts nach Steuerbilanz); (2) *Erbbaurechten* (bis zum 31.12.2006): Ansatz des 18,6-fachen des Erbbauzinses zählt als Bedarfswert des Grundstückes selbst, Wert des Erbbaurechts ist die Differenz zwischen dieser Zahl und dem nach den normalen Regeln ermittelten Wert; seit dem 1.1.2007 wurde die Regelung hierzu geändert. Die Bewertung des Erbbaurechts und des belasteten Grundstücks ist nunmehr abhängig von der Restlaufzeit des Erbbaurechts, wenn nach dem Zeitablauf (z.B. 99 Jahre) keine Entschädigung zu leisten ist. (3) Grundstücke im Zustand der Bebauung: vgl. § 149 BewG; (4) Gebäude für den Zivilschutz: bleiben unbewertet, soweit sie im Frieden nicht oder nur geringfügig für andere Zwecke nutzbar sind. – 4. *Erbschaftsteuerreform:* Vor dem Hintergrund, dass das bisherige Verfahren zur Ermittlung des Bedarfswerts nicht zu passenden Ergebnissen führte und die Bewertung nach dem Gesetz nicht dem Anspruch gerecht wurde, hat der BGH Anfang 2007 die Berechnungsgrundlagen für die Ermittlung des Bedarfswerts verworfen. Daraufhin wurden neue gesetzliche Vorschriften zur Erbschaft- und Schenkungsteuer zum 31.12.2008 erlassen. Das neue Recht kann wahlweise ab 2007 bei Erwerben von Todes wegen angewendet werden. Jedoch muss das Wahlrecht bis zur Unanfechtbarkeit der Steuerfestsetzung oder falls festgesetzt, vor Inkrafttreten des Gesetzes binnen 6 Monate nach dem Inkrafttreten, spätestens jedoch bis Ende 2008, ausgeübt werden. Die wesentlichen Änderungen umfassen die Bewertung von Grundvermögen, da hier die gleichheitsgerechte Annäherung der Bewertungsmethoden an den gemeinen Wert beabsichtigt waren. Die Bewertung soll dabei unter dem grundsätzlichen Rückgriff auf die anerkannten Verfahren der Verkehrswertermittlung nach der Wertermittlungsverordnung (WertV vom 6.12.1988, BGBl. 1988 I S. 2209, geändert durch Art. 3 des Bau- und Raumordnungsgesetzes vom 18.8.1997,

BGBl. 1997 I S. 2081) erfolgen. Je nach Grundstücksart ergibt sich folgende Zuordnung der steuerlichen Bewertungsverfahren: a) Vergleichswertverfahren für Wohnungseigentum, Teileigentum, Einfamilienhäuser, Zweifamilienhäuser, b) Ertragswertverfahren für Mietwohngrundstücke und für Geschäftsgrundstücke und gemischt genutzte Grundstücke, für die sich auf dem örtlichen Grundstücksmarkt eine übliche Miete ermitteln lässt, c) Sachwertverfahren für Wohnungseigentum, Teileigentum, Einfamilienhäuser Zweifamilienhäuser, soweit ein Vergleichswert nicht vorliegt, und für Geschäftsgrundstücke sowie gemischt genutzte Grundstücke, für die sich auf dem örtlichen Grundstücksmarkt keine übliche Miete ermitteln lässt; aber auch für sonstige bebaute Grundstücke.

Bedingung – I. Bürgerliches Recht: 1. *Begriff:* Die einer Willenserklärung eingefügte Bestimmung, die die Wirkung des Rechtsgeschäfts von einem zukünftigen ungewissen Umstand abhängig macht (§§ 158 ff. BGB). – 2. *Arten:* a) *Auflösende Bedingung:* Die Rechtswirkungen treten sofort ein, fallen aber beim Eintritt der Bedingung wieder weg. – b) *Aufschiebende Bedingung:* Das Rechtsgeschäft wird erst mit dem Eintritt der Bedingung wirksam.

II. Bewertungsgesetz: Für die Berücksichtigung von → Wirtschaftsgütern oder Lasten bei der Ermittlung von Besteuerungsgrundlagen (z.B. → Gesamtvermögen) ist die Unterscheidung wichtig, ob der Erwerb von Wirtschaftsgütern bzw. die Entstehung einer Last unter einer Bedingung steht: (1) Die unter einer *auflösenden Bedingung* (z.B. → Feststellungszeitpunkt) stehenden Sachverhalte werden wie unbedingte Bedingungen berücksichtigt (§§ 5, 7 BewG). (2) Die unter einer *aufschiebenden Bedingung* stehenden Sachverhalte sind dagegen nicht einzuziehen (§§ 4, 6 BewG). (3) Einer Bedingung sind bei der Beurteilung im Steuerrecht auch solche Fälle *gleichzustellen,* bei denen der Erwerb bzw. die Entstehung oder der Wegfall einer Last von einem sicheren Ereignis abhängt, das aber lediglich der Zeitpunkt unbestimmt ist (§ 8 BewG). Die Ungewissheit muss sich dabei auf die Entstehung eines Rechts oder einer Last, nicht aber auf den Fälligkeitszeitpunkt beziehen.

Beerdigungskosten – Bestattungskosten. 1. *Begriff:* Kosten der Bestattung einschließlich der landesüblichen kirchlichen und bürgerlichen Leichenfeierlichkeiten und Kosten eines angemessenen Grabdenkmals. – 2. *Steuerliche Behandlung:* Beerdigungskosten können von den Erben als → außergewöhnliche Belastung für die Einkommen- und Lohnsteuer geltend gemacht werden; ausgenommen: (1) Bei Ersatz der Beerdigungskosten durch eine Sterbekasse oder Krankenversicherung des Verstorbenen; (2) bei Deckung der Beerdigungskosten durch den Nachlass. Die Beerdigungskosten mindern dann als Nachlassverbindlichkeiten den erbschaftsteuerlichen Erwerb; soweit nicht höhere Kosten nachgewiesen werden, erfolgt eine pauschale Berücksichtigung in Höhe von 10.300 Euro.

Beförderungsgeschäfte – *Transportgeschäfte, Verkehrsgeschäfte.*

I. Charakterisierung: Geschäfte, die der Beförderung von Gütern oder Personen gegen Entgelt dienen. Beförderungsgeschäfte sind rechtlich Werkverträge (§§ 631–650 BGB), da sie den Erfolg der Beförderung, nämlich die Herbeiführung einer Ortsveränderung, zum Inhalt haben. Für die einzelnen Beförderungsgeschäfte meist Sonderrecht. – Zahlreiche Beförderungsgeschäfte sind *Grundhandelsgeschäfte,* z.b. alle Beförderungsgeschäfte zur See, die Beförderungsgeschäfte der Frachtführer, die Personenbeförderung zu Lande oder auf Binnengewässern bestimmten Anstalten und der Schleppschifffahrtsunternehmer (§ 1 II 5 HGB). – Das Verkehrsgewerbe ist gewerbepolizeilich, verkehrswirtschaftlich und verkehrsgeschäftlich *bes. geregelt.*

II. Rechtliche Grundlagen der Teilbereiche: 1. *Güter-Beförderungsgeschäfte (Frachtgeschäfte):* a) *Landfrachtgeschäfte:* Sonderrecht für Beförderungsgeschäfte mit Kraftfahrzeugen (Güterkraftverkehrsgesetz (GüKG)); ferner gilt die Kraftverkehrsordnung (KVO) für den Güterverkehr mit Kraftfahrzeugen. – b) *Flussfrachtgeschäft:* Binnenschiffsrecht. – c) *Seefrachtgeschäft:* In §§ 556 ff. HGB geregelt. – d) *Luftfrachtgeschäft:* Luftrecht. – 2. *Personen-Beförderungsgeschäfte:* a) Zu Lande (mit Ausnahme der Eisenbahn): Es gilt das Personenbeförderungsgesetz (PBefG). – b) Mit der Eisenbahn: ausführliche Regelung durch die Eisenbahn-Verkehrsordnung (EVO). Für den internationalen Verkehr gelten bes. Abkommen (z.B. COTIF). – c) Zur See: durch Überfahrts- oder Seepassagevertrag, geregelt in §§ 664–678 HGB, die durch das Werkvertragsrecht des BGB § 631–650 ergänzt werden. – d) Auf Binnengewässern: nach Werkvertragsrecht des BGB §§ 631–650. – e) In der Luft: Luftverkehr.

III. Umsatzsteuer: → Beförderungsleistungen.

Beförderungsleistungen – umsatzsteuerrechtlicher Begriff für → Beförderungsgeschäfte. Befördern ist jede Fortbewegung eines Gegenstandes, z.B. auch das Pumpen von Gas oder Flüssigkeiten durch eine Pipeline und die Fortbewegung eines Beförderungsmittels (z.B. Pkw) aus eigener Kraft. – 1. Beförderungsleistungen *unterliegen* als → sonstige Leistungen der → Umsatzsteuer. Ort der Beförderungsleistung (Beförderungsort) ist grundsätzlich dort, wo die Beförderung bewirkt wird (§ 3b Satz 1 UStG); bei grenzüberschreitenden Beförderungen ist daher das → Entgelt grundsätzlich aufzuteilen in den steuerbaren Teil für die Beförderungsleistungen im → Inland und den nicht steuerbaren Teil für die Beförderungsleistungen im → Ausland (Sonderregelungen in §§ 2–7 UStDV). Abweichend hiervon wird die innergemeinschaftliche Beförderung von Gegenständen grundsätzlich an dem Ort bewirkt, an dem die Beförderung

der Gegenstände beginnt. Verwendet der Leistungsempfänger allerdings die Umsatzsteuer-Identifikationsnummer eines anderen Mitgliedsstaats, so gilt die innergemeinschaftliche Beförderung ab dem Gebiet dieses Mitgliedsstaats ausgeführt (§ 3b III UStG). – 2. *Umsatzsteuerfrei* sind grenzüberschreitende Beförderungen von Gegenständen, Beförderungen im internationalen Eisenbahnfrachtverkehr und andere sonstige Leistungen, wenn sie sich unmittelbar auf Gegenstände der Aus- oder Durchfuhr beziehen oder wenn sie Gegenstände der Einfuhr in das Gemeinschaftsgebiet betreffen und die Kosten der Beförderung bei der Einfuhrumsatzsteuer erfasst werden. – 3. *Ermäßigter Steuersatz* bei der Beförderung von Personen (1) mit Schiffen oder (2) bei anderen Beförderungsmitteln unter gewissen Voraussetzungen (innerhalb einer Gemeinde oder wenn die Beförderungsstrecke nicht mehr als 50 km beträgt, § 12 II Nr. 10 UStG bis 31.12.2011). – 4. Bei Beförderungen von Personen im Gelegenheitsverkehr mit nicht im Inland zugelassenen Kraftomnibussen wird die Umsatzsteuer auf die Beförderungsleistungen beim Grenzübertritt erhoben (sog. *Einzelbesteuerung,* § 16 V UStG), wenn eine Grenze zum Drittlandsgebiet überschritten wird. Bemessungsgrundlage ist dabei das *Durchschnittsbeförderungsentgelt* von zz. 4,43 Cent je Personenkilometer (§ 10 VI UStG, § 25 UStDV). – 5. Soweit *Fahrausweise* als Rechnung dienen, gelten bes. Bestimmungen (§§ 34, 35 UStDV). – 6. *Absehbare neue Rechtsentwicklungen:* Die ab 2010 beschlossene Einführung der Regelung über innergemeinschaftliche Dienstleistungen hat an der bestehenden Regelung über Beförderungsleistungen nur wenig geändert: a) Innergemeinschaftliche Beförderungen von Gütern im Auftrag einer Privatperson sind weiterhin dort zu versteuern, wo die Beförderung beginnt, b) die bisherige Sonderregelung für innergemeinschaftliche Güterbeförderungen im Auftrag eines anderen Unternehmers fällt zwar fort, diese werden aber nach der neuen Regelung über → innergemeinschaftliche Dienstleistungen weiterhin dort versteuert, wo der Auftraggeber seine USt-Identifikationsnummer erhalten hat, c) neu ist jedoch, dass in Zukunft auch grenzüberschreitende Fahrstrecken mit Anfangs- oder Zielpunkt im Drittland formal im Land des Auftraggebers steuerbar sind, wenn dieser Auftraggeber eine USt-Identifikationsnummer hat; da diese Leistungen jedoch steuerfrei bleiben, ändert sich materiell auch insoweit nichts.

Beförderungsteuer – mit Inkrafttreten des Umsatzsteuergesetzes vom 29.5.1967 zum 1.1.1968 aufgehobene Steuer; belastete bes. die Beförderung von Personen und Gütern mittels Schienenbahn oder Kraftfahrzeug innerhalb des Bundesgebietes durch einen Unternehmer im Rahmen seines Unternehmens.

begleitendes Verwaltungsdokument (BVD) – Begleitdokument, das dazu dient, verbrauchsteuerpflichtige Waren (z.B. Schaumwein, Bier, Branntwein) unter Aussetzung der Steuer aus dem

Verbrauchsteuergebiet der EU in ein Drittland zu befördern. Das BVD ist vom Versender auszufertigen und durch den Beförderer mitzuführen (vgl. EG-Verordnung 2719/92 und EG-Verordnung 3649/92).

Begründungsfrist – 1. Nach der *Abgabenordnung* besteht für die Einlegung von Einsprüchen grundsätzlich weder eine Begründungsfrist noch ein → Begründungszwang (§ 357 III AO). Allerdings kann die zuständige Finanzbehörde dem Einspruchsführer eine Begründungsfrist als → Ausschlussfrist setzen (§ 364b AO „Präklusionsfrist"). – 2. Auch im *finanzgerichtlichen Verfahren* kann gemäß § 65 II FGO eine – indes nicht anfechtbare – Begründungsfrist als Ausschlussfrist gesetzt werden. – Vgl. auch → Revision. – 3. Im *Zivilprozess*: Berufung, → Revision.

Begründungszwang – Nach der Abgabenordnung besteht für die Einlegung von Einsprüchen kein Begründungszwang. Es sollen allerdings die Tatsachen, die zur Begründung dienen, und die Beweismittel angeführt werden (§ 357 III AO). Bei Unklarheiten ist die zuständige Finanzbehörde gehalten, den angegriffenen → Verwaltungsakt und das Einspruchsbegehren durch Rückfragen zu ermitteln (§§ 88 II, 91 AO). – Die Finanzbehörde, die über den Einspruch entscheidet, hat grds. die Sache in vollem Umfang erneut zu prüfen (§ 367 II AO). Ohne konkrete Anhaltspunkte wird allerdings über die (bereits bekannte) Aktenlage hinaus nicht ermittelt.

Begutachtung – analytischer Prozess zur Erlangung eines fundierten Urteils über gegebene oder zukünftige Tatbestände oder Mittel zur Erreichung vorgegebener Ziele, wobei in den Wirtschaftswissenschaften entwickelte Theorien heranzuziehen sind. Die Begutachtung wird üblicherweise von einem unabhängigen Sachverständigen durchgeführt. Das fehlende Merkmal des Soll-Ist-Vergleichs grenzt die Begutachtung von einer → Prüfung ab. Im Gegensatz zur → Beratung hat die Begutachtung keine Handlungsempfehlung zum Inhalt. – *Anders:* → Gutachten.

Behinderten-Pauschbetrag – → Pauschbetrag, den Behinderte mit einem Grad der Behinderung von mehr als 50 Prozent (unter zusätzlichen Bedingungen auch schon ab 25 Prozent) einkommensteuerlich ansetzen können, um die → außergewöhnlichen Belastungen aus der Behinderung steuerlich geltend zu machen. Die Höhe des Behinderten-Pauschbetrags richtet sich nach dem Grad der Behinderung (zwischen 310 und 1.420 Euro); für hilflose Personen beträgt der Behinderten-Pauschbetrag sogar 3.700 Euro. Der Behinderten-Pauschbetrag für ein Kind kann auf die Eltern des Kindes übertragen werden. Es ist möglich, anstelle des Behinderten-Pauschbetrags die tatsächlichen Aufwendungen ansetzen zu lassen (§ 33b EStG).

Beistand – 1. *Steuerrecht:* → Bevollmächtigter. – 2. *Verwaltungsverfahren:* Ein Beteiligter kann mit einem Beistand erscheinen (§ 14 VwVfG).

Beistandspflicht – Verpflichtung von Behörden und berufsständischen Vertretungen, den Finanzämtern jede zur Durchführung der Besteuerung, Prüfung und Aufsicht dienliche Hilfe zu leisten (§ 111 ff., § 93 AO). – Vgl. auch → Amtshilfe.

Beistellung – 1. *Begriff:* Auch im UStG bezeichnet Beistellung die Zurverfügungstellung bestimmter Güter oder Dienstleistungen an denjenigen, der eine Leistung erbringt, durch den Auftraggeber. – 2. *Umsatzsteuerliche Behandlung:* Die Beistellung dieser Güter oder Dienstleistungen stellt keine Lieferung oder Leistung des Auftraggebers an den Unternehmer dar, der Auftrag ausführt, weil dieser an den beigestellten Waren oder Dienstleistungen keine Verfügungsmacht erlangt; ebenso stellt die Rückgabe der beigestellten Waren durch den Auftragnehmer später keine Leistung des Unternehmers dar, weil diese ja schon immer dem Auftraggeber gehört hatten. Der Umfang des Leistungsaustauschs, d.h. der Leistung, die der Unternehmer an seinen Auftraggeber erbringt, beschränkt sich also nur auf die Güter oder Arbeitsleistungen, die dieser den beigestellten Waren oder Dienstleistungen hinzugefügt hat. – 3. *Umsatzsteuerliche Problematik:* Sobald ein Auftraggeber seinem Geschäftspartner Waren oder Dienstleistungen zur Verfügung stellt, die dieser nach eigenem Belieben einsetzen kann (also nicht nur zur Erledigung des Auftrages, sondern auch anderweitig), verschafft er dem Unternehmer daran Verfügungsmacht; dann liegt sehr wohl eine Lieferung oder Dienstleistung an den Unternehmer vor, und das gesamte Geschehen ist dann als tauschähnlicher Vorgang einzustufen (Erledigung eines umfangreichen Auftrages des Unternehmers; Zahlung durch den Auftraggeber teils durch Barzahlung, teils durch Verschaffung von Gütern oder Dienstleistungen). Insoweit ist bei Vorgängen mit Beistellung in der Praxis darauf zu achten, dass die Bedingungen für eine bloße Beistellung (= kein Übergang von Verfügungsmacht) eingehalten werden. – 4. *Formen:* → Leistungsbeistellung, → Materialbeistellung, → Personalbeistellung.

Beiträge – I. Öffentliches Recht/Finanzwissenschaft: 1. *Begriff:* → Abgaben, die von der öffentlich-rechtlichen Körperschaft aufgrund spezieller gesetzlicher Ermächtigung zur Deckung des Aufwands für die Schaffung, Erweiterung oder Erneuerung öffentlicher Einrichtungen von demjenigen erhoben werden, dem die Möglichkeit der Inanspruchnahme dieser Einrichtung nur vorübergehende Vorteile bietet (z.B. § 8 II KAG NW). Beiträge werden neben Gebühren als verhältnismäßige Kostenbeteiligung an im öffentlichen Interesse liegenden Vorhaben erhoben. Im Gegensatz zur Gebühr gilt jedoch nur eine Gruppe als Ganzes, nicht jedoch jedes Einzelmitglied der Gruppe als Leistungsempfänger; der Beitrag wird von jedem Gruppenmitglied erhoben, das die Möglichkeit der Leistungsinanspruchnahme hat, d.h. auch bei (nur) potenzieller Inanspruchnahme (gruppenmäßige Äquivalenz,

→ Äquivalenzprinzip). – 2. *Beispiele:* (1) Eine Straße in einem Wohngebiet dient der Gesamtgemeinde, da diese allgemein an einem ausgebauten kommunalen Straßensystem interessiert ist, bes. aber den Anliegern dieser Straße. (2) Ein Deich schützt das gesamte Hinterland, v.a. aber die in einem Überschwemmungsgebiet siedelnden Landwirte. – 3. *Zurechnungsmaßstäbe* können nur als Wahrscheinlichkeitsmaßstäbe formuliert werden (z.B. Frontmetermaßstab bei Straßen), weil Wirklichkeitsmaßstäbe nur unter größeren Schwierigkeiten zu finden sind. – *Anders:* Gebühren. Sie bilden eine Quelle ständiger Auseinandersetzungen zwischen Verwaltung und Bürger. – 4. *Systematik* nach Sektoren der Verwaltung; analog zur Gliederung der Gebühren.

II. **Sozialversicherung:** 1. *Begriff:* Geldbeträge, die von Arbeitnehmern (Arbeitnehmeranteil), deren Arbeitgebern (Arbeitgeberanteil) und sonstigen dazu verpflichteten Personengruppen an die Träger der Sozialversicherung gezahlt werden. – 2. *Beitragszahler:* Beiträge werden von sozialversicherungspflichtig Beschäftigten, freiwillig Versicherten sowie Arbeitgebern geleistet, wobei die Entrichtung (Quellenabzug) i. Allg. dem Arbeitgeber unterliegt. – 3. *Beitragshöhe:* Die Bemessung der Beiträge erfolgt im Fall der gesetzlichen Arbeitslosenversicherung, der gesetzlichen Rentenversicherung, der gesetzlichen Krankenversicherung und der gesetzlichen Pflegeversicherung gemäß dem allgemeinen Beitragssatz multipliziert mit dem individuellen sozialversicherungspflichtigen Einkommen bis hin zu einer bestimmten Beitragsbemessungsgrenze. Die Berechnung der Höhe des Beitragssatzes erfolgt dabei entweder nach dem Umlageverfahren (Umlagefinanzierung) oder alternativ nach dem Anwartschaftsdeckungsverfahren. Im Fall der gesetzlichen Unfallversicherung bezahlt allein der Arbeitgeber i.d.R. nach seiner Lohnsumme und Gefahrenklasse. – 4. *Bedeutung:* Beiträge sind die Hauptform der Finanzierung der Sozialversicherung.

III. **Privatversicherung:** Versicherungsentgelt bei Mitgliedern von → Versicherungsvereinen auf Gegenseitigkeit (VVaG) und den Versicherungsnehmern von öffentlich-rechtlichen Versicherungsunternehmen. Im privatwirtschaftlichen Bereich werden Beiträge auch alternativ zu Prämien verwendet.

IV. **Kostenrechnung:** Beiträge werden meist in der gleichen Weise wie Steuern und Gebühren verrechnet und über ein bes. Beitragskonto der Kontenklasse 4 (GKR) bzw. Kontenklasse 6 (IKR) verbucht, wenn Beiträge nicht primär Zwecken dienen oder wie die Arbeitnehmerbeiträge zur Sozialversicherung nur → durchlaufende Posten sind. Zeitliche Abgrenzung (Abgrenzung) für Beiträge, die für einen längeren Zeitraum im Voraus oder im Nachhinein bezahlt werden, über Kontenklasse 2 (GKR).

Beitragsrückerstattung – *Beitragsrückzahlung, in der Privatversicherung auch Beitragsrückgewähr, Prämienrückgewähr.*

I. **Privatversicherung:** 1. *Begriff:* Form der Beitragsermäßigung, bei der Versicherte einen Rückzahlungsbetrag erhalten, wenn sie (in der vergangenen Versicherungsperiode) keine Leistungen in Anspruch genommen haben. Unterschieden wird i.d.R. zwischen erfolgsabhängiger und erfolgsunabhängiger Beitragsrückerstattung. – 2. *Erfolgsabhängige Beitragsrückerstattung:* Eine vom Geschäftsergebnis des Versicherungsunternehmens abhängige Leistung. Als Arten der erfolgsabhängigen Beitragsrückerstattung werden üblicherweise praktiziert: a) Barausschüttung an diejenigen Versicherten, die in einem Jahr keine Rechnung zur Erstattung eingereicht haben. Die Höhe der einzelnen Rückerstattung bewegt sich i.d.R. zwischen einem und sechs Monatsbeiträgen. – b)Einmalbeiträge zur dauerhaften Beitragssenkung oder zur Abwendung bzw. Minderung von notwendigen Beitragsanpassungen unabhängig von der Leistungsinanspruchnahme (Beitragslimitierung), namentlich in der privaten Krankenversicherung (PKV). Dabei werden entweder Alterungsrückstellungen aufgefüllt oder die Mittel werden mit Beitragsforderungen verrechnet. – 3. *Erfolgsunabhängige Beitragsrückerstattung:* Direkter, in den allgemeinen Versicherungsbedingungen (AVB) festgeschriebener Anspruch des Versicherten auf Beitragsrückerstattung bei Nichtinanspruchnahme von Versicherungsleistungen, und zwar unabhängig vom jeweiligen Geschäftsergebnis des Versicherungsunternehmens. In der PKV stammen erfolgsunabhängige Beitragsrückerstattungen a) aus Zuführungen aufgrund vertraglicher Verpflichtungen; – b) aus Überschussmitteln aus der Pflegepflichtversicherung (soweit poolrelevant) und – c) aus Zuführungen nach § 12a III VAG, wonach die Zinserträge der Unternehmen, die über den jeweils geltenden Rechnungszins hinausgehen, zu 90 Prozent den Versicherten zu Gute kommen müssen.

II. **Sozialversicherung:** 1. *Begriff:* In der gesetzlichen Krankenversicherung (GKV) die Zahlung einer Prämie von der Krankenkasse an den Versicherten, wenn in einem Kalenderjahr keine Leistungen in Anspruch genommen wurden. Ausgenommen sind Vorsorgeaufwendungen und Leistungen an Mitversicherte unter einem Alter von 18 Jahren. – 2. *Merkmale:* Die Krankenkasse kann eine Prämienzahlung bis zu einem Zwölftel des Jahresbeitrags vorsehen. Versicherte sind an diesen Wahltarif mindestens drei Jahre gebunden. Finanziert werden müssen die Beitragsrückerstattungen aus Einsparungen und Effizienzsteigerungen im Leistungsbereich. Aus diesem Grund handelt es sich streng genommen nicht um eine echte Beitragsrückerstattung, sondern um eine Prämie aus der Leistungsersparnis der Krankenkasse.

Beitreibungskosten – Kosten, die für die Beitreibung eines geschuldeten Betrags entstehen, z.B. Kosten für einen Mahnbescheid, Gerichtskosten, Kosten der Zwangsvollstreckung. – *Steuerliche Behandlung:* Beitreibungskosten sind steuerlich abzugsfähig, wenn sie mit dem Betrieb des Steuerpflichtigen oder seinen

Einkünften zusammenhängen (→ Prozesskosten). Der spätere, vom Schuldner erlangte Ersatz der bei der Eintreibung z.b. des Verkaufspreises entstandenen Beitreibungskosten ist nicht umsatzsteuerbar, da nur Leistungsentgelte der Umsatzsteuer unterliegen. Auch die Kosten der Beitreibung abzugsfähiger Steuern (z.B. Gewerbe-, Umsatzsteuer) sind abzugsfähig.

Beitreibungsrichtlinie – Richtlinie des Rates (76/308/EWG) vom 15.3.1976 über die gegenseitige Unterstützung bei der Beitreibung von Forderungen im Zusammenhang mit Landwirtschaft, Abschöpfungen und Zöllen und bez. der Mehrwertsteuer und bestimmter Verbrauchsteuern, zuletzt geändert am 13.12.2007, ermöglicht es den Behörden der Mitgliedsstaaten, die in ihrem Gebiet ausgestellten Titel auch in einem Mitgliedsstaat vollstrecken zu lassen.

Beitritt – I. Genossenschaftsrecht: Begriff für die Beteiligung an wirtschaftlichen Zweck und Kapital einer → Genossenschaft. Der Beitritt bedarf einer schriftlichen Erklärung mit der Verpflichtung des Genossen, die im Statut bestimmten Einzahlungen auf den Geschäftsanteil zu leisten und ggf. die zur Befriedigung der Gläubiger erforderlichen Nachschüsse bis zur festgesetzten Haftsumme bzw. ohne Beschränkung auf eine bestimmte Summe zu erbringen (§§ 15, 15a, 15b GenG).

II. Zwangsversteigerungsverfahren: Der Beitritt ist für den Inhaber eines Rechts an einem Grundstück oder Schiff zur Vermeidung von Nachteilen *erforderlich*, wenn das Recht des betreibenden Gläubigers seinem Recht im Rang vorgeht und dieses damit unterzugehen droht. Der Beitritt erfolgt durch *Antrag* an das Vollstreckungsgericht; er muss die Voraussetzungen des Antrags auf Anordnung der Zwangsversteigerung erfüllen. Das Gericht entscheidet über *Zulassung* (durch Beitrittsbeschluss) oder Nichtzulassung des Beitritts.

III. Zivilprozessordnung: Intervention.

IV. Finanzgerichtsordnung: Über die Beiladung hinausgehende Möglichkeit der Beteiligung am gerichtlichen Verfahren. – *Fälle:* a) Der Bundesfinanzminister kann dem Revisionsverfahren beitreten, wenn das Verfahren eine auf Bundesrecht beruhende → Abgabe oder eine Rechtsstreitigkeit über Bundesrecht betrifft. – b) Entsprechendes gilt für die oberste Landesbehörde bei von den Länderbehörden verwalteten Abgaben oder Rechtsstreitigkeiten über Landesrecht (§ 122 FGO).

Bekanntgabe – 1. *Allgemein:* Ein → Verwaltungsakt wird mit seiner Bekanntgabe wirksam (§ 124 I AO). Die Bekanntgabe ist Voraussetzung dafür, dass der betreffende Verwaltungsakt überhaupt Rechtswirkungen entfalten kann. Dabei umfasst die Bekanntgabe mehr als nur die technische Abläufe bei der Übermittlung eines Schriftstücks. – 2. *Voraussetzungen:* Die wirksame Bekanntgabe setzt den sog. Bekanntgabewillen des für den Erlass des

Verwaltungsakts zuständigen Bediensteten voraus („mit Wissen und Wollen der Behörde"). Der Verwaltungsakt muss dem Adressaten (dem von dem Verwaltungsakt Betroffenen) zugehen, d.h. in seinen Machtbereich gelangen, sodass er die Möglichkeit der Kenntnisnahme hat (§ 122 I AO). Der Empfänger ist eindeutig und zweifelsfrei zu bezeichnen. – 3. *Bekanntgabearten:* Verwaltungsakte können schriftlich, mündlich, konkludent oder durch öffentliche Bekanntmachung bekanntgegeben werden. Schriftliche Verwaltungsakte wie z.B. Steuerbescheide gelten bei Übermittlung im Inland am dritten Tag nach Aufgabe zur Post als bekanntgegeben, es sei denn, sie sind nicht oder zu einem späteren Zeitpunkt zugegangen (Bekanntgabefiktion des § 122 II AO). Die Beweislast für Zugang und Zugangszeitpunkt trägt grundsätzlich die Finanzbehörde. Entsprechendes gilt bei elektronischer Übermittlung eines Verwaltungsakts (§ 122 IIa AO). – 4. *Folgen fehlerhafter Bekanntgabe:* Weist der Verwaltungsakt derart gravierende Mängel auf, dass er inhaltlich nicht hinreichend bestimmt ist (z.B. wird der Empfänger nicht, falsch oder so ungenau bezeichnet, dass Verwechslungen möglich sind), ist der Verwaltungsakt nichtig und unwirksam (§ 125 i.V. mit § 124 III AO). Eine Heilung des Fehlers ist nicht möglich. Es ist ein neuer Verwaltungsakt bekanntzugeben. Bei weniger schwer wiegenden inhaltlichen Mängeln ist der Verwaltungsakt grundsätzlich wirksam, aber rechtswidrig und damit lediglich anfechtbar. Unter bestimmten Voraussetzungen können Bekanntgabemängel auch geheilt werden (vgl. AEAO zu § 122 Nr. 4).

Belegenheitsfinanzamt → Lagefinanzamt.

Belegnachweis – 1. *Begriff* aus dem Steuerrecht: der Nachweis einer Tatsache durch Belege (im Unterschied zum Nachweis durch Zeugenaussagen und ähnlichen anderen Beweismitteln) – 2. *Bedeutung* v.a. im Umsatzsteuerrecht im Zusammenhang mit dem → Ausfuhrnachweis.

Belegschaftsaktien – *Mitarbeiterkapitalbeteiligung; Arbeitnehmeraktien.*

I. Begriff: → Aktien, durch die die Belegschaft am Grundkapital der arbeitgebenden Unternehmung beteiligt ist. Ausgabe von Belegschaftsaktien, um die Vermögensbildung der Arbeitnehmer zu fördern. Erwerb von Belegschaftsaktien oft durch die arbeitgebende Unternehmung erleichtert, z.B. durch Stundung des marktüblichen Kaufpreises, Umwandlung eines Gewinnanteils in Belegschaftsaktien, unentgeltliche Überlassung der Belegschaftsaktien – *Vorteile:* (1) Für die Unternehmung: Stärkung der Arbeitnehmerinteressen an den Unternehmenszielen, erhöhte Identifikation mit dem Unternehmen; (2) für den Arbeitnehmer: Erfolgsbeteiligung und Kapitalbeteiligung am Unternehmen, Reservenbildung. – *Nachteile:* (1) Für das Unternehmen: bei schlechter Ertragslage Störungen des Betriebsklimas; (2) für den Arbeitnehmer: Risikoerhöhung in Krisenzeiten.

II. Rechtliche Behandlung: 1. Nach § 71 AktG darf eine Aktiengesellschaft *eigene Aktien* bis zur Höhe von 10 Prozent des Grundkapitals erwerben, u.a. zu dem Zweck, sie den → Arbeitnehmern der Gesellschaft zum Erwerb anzubieten. – 2. Belegschaftsaktien können auch im Weg der bedingten → Kapitalerhöhung geschaffen werden durch Gewährung von Bezugsrechten an Arbeitnehmer der AG (§ 192 AktG). – 3. Ausgabe von Belegschaftsaktien durch *genehmigtes Kapital* (§§ 202 IV, 204 III AktG) möglich.

III. Steuerliche Behandlung: Werden Belegschaftsaktien ausgegeben und wird dabei den Arbeitnehmern ein Vorzugskurs eingeräumt, so ist der für den Kauf eingeräumte Preisvorteil → Arbeitslohn, weil die Preisverbilligung einen geldwerten Vorteil darstellt, der dem Arbeitnehmer aufgrund des Arbeitsverhältnisses zufließt. Eine frühere gesetzliche Sonderregelung in § 19a EStG, wonach der Preisvorteil bereits in bestimmten (geringen) Grenzen steuerfrei bleiben konnte, ist zum 1.4.2009 aufgehoben worden und durch eine Neuregelung in § 3 Nr. 39 EStG ersetzt worden. Nach dieser Neuregelung können jetzt die geldwerten Vorteile aus der unentgeltlichen oder verbilligten Überlassung von bestimmten Vermögensbeteiligungen nach dem Fünften Vermögensbildungsgesetz bis zu einer Höhe von 360 Euro (Freibetrag, nicht nur → Freigrenze) steuerfrei bleiben, soweit der Vorteil freiwillig vom Arbeitgeber zusätzlich zum ohnehin geschuldeten Arbeitslohn gewährt wird. – Vgl. auch → Mitarbeiterkapitalbeteiligung.

Belegzwang – das Recht des → Finanzamtes (§ 97 I AO), vom Steuerpflichtigen Aufzeichnungen, Bücher, Geschäftspapiere und andere Urkunden zum Nachweis geltend gemachter → Betriebsausgaben, → Werbungskosten oder → Sonderausgaben, zu verlangen. Sprechen andere Tatsachen und Umstände für die Richtigkeit des Abzugs, so entfällt insoweit der Belegzwang. – Bei *fehlenden Belegen* → Schätzung nach § 162 AO möglich. Ausstellen *unrichtiger Belege* ist → Steuergefährdung (§ 379 I AO).

Bemessungsgrundlage – **I. Steuerrecht:** Technisch-physische oder wirtschaftlich-monetäre Größe, auf die der Steuertarif angewandt wird (→ Besteuerungsgrundlage); das quantifizierbare → Steuerobjekt bildet die Bemessungsgrundlage. Bei Anknüpfung an technisch-physische Größen (z.B. kg, Kopf, Stück, Liter) ergeben sich keine Schwierigkeiten bei der Erfassung und Abgrenzung der Bemessungsgrundlage (Mengensteuer); bei wirtschaftlich-monetären Größen (d.h. mit Preisen bewertet) tritt das Problem der Inflationsabhängigkeit (Nominal- oder Realwertbesteuerung) auf (Wertsteuer), dem mit einer Deflationierung oder Indexierung begegnet werden kann. Je umfassender die Größen werden (von einem Güterpreis zu Umsätzen, zu Einkommens- und Vermögensgrößen), desto differenzierter wird die Erfassung: Einer vollständigen Erfassung des Einkommens muss eine eindeutige Abgrenzung des Begriffs zugrunde liegen, dieser ist jedoch umstritten (→ Einkommen); Ermittlung, entsprechende Periodisierung und Bewertung (bes. bei Vermögenswerten von Bedeutung) des Einkommens führen zu Schwierigkeiten bei der Beschreibung der Bemessungsgrundlage.

II. Sozialversicherungsrecht: Rentenbemessungsgrundlage, Beitragsbemessungsgrenze, → Grundlohn.

Benennungsverlangen – 1. *Allgemein:* Macht der → Steuerpflichtige Schulden und andere Lasten, Betriebsausgaben, Werbungskosten und andere Ausgaben steuermindernd geltend, kann die Finanzbehörde von ihm die Benennung der jeweiligen Gläubiger bzw. Zahlungsempfänger verlangen (§ 160 AO). – 2. *Zielsetzung:* Die Vorschrift soll Steuerausfälle verhindern, die dadurch entstehen können, dass der inländische Gläubiger bzw. Empfänger der vorgenannten Leistungen diese im Rahmen seiner Steuererklärung nicht als Einnahme deklariert. – 3. *Merkmale:* Das Benennungsverlangen ist eine Ermessensentscheidung. Es muss der Verdacht bestehen, dass die geltend gemachten Ausgaben vom Empfänger nicht ordnungsgemäß versteuert werden. Die bloße Möglichkeit einer Nichtversteuerung reicht nicht aus. Soweit Anhaltspunkte für eine straf- oder bußgeldbewehrte Vorteilszuwendung vorliegen, ist die Benennung des Gläubigers bzw. Empfängers stets zu verlangen (vgl. AEAO zu § 160 AO Nr. 1). – 4. *Rechtsfolgen der Nichtbenennung:* Die geltend gemachten Ausgaben sind steuerlich nicht zu berücksichtigen. Dabei sind sie regelmäßig in der Höhe zu kürzen, wie sie dem Steuerausfall auf seiten des Leistungsempfängers entsprechen. – 5. *Domizilgesellschaften:* Bei Leistungen an Domizilgesellschaften ist - sofern nicht schon ein → Scheingeschäft vorliegt - das Benennungsverlangen nur dann erfüllt, wenn die hinter der Gesellschaft stehenden Personen benannt werden (vgl. AEAO zu § 160 Nr. 3). – 6. *Ausländische Gläubiger bzw. Zahlungsempfänger:* Soweit die Zahlung im Rahmen eines üblichen Handelsgeschäfts erfolgte, der Geldbetrag ins Ausland abgeflossen ist und der Empfänger nicht der Steuerpflicht unterliegt, kann ein Benennungsverlangen unterbleiben. Es ist erforderlich, dass eine Steuerpflicht im Inland mit hinreichender Sicherheit ausgeschlossen werden kann (vgl. AEAO zu § 160 Nr. 4).

Beratung – Abgabe und Erörterung von Handlungsempfehlungen durch Sachverständige, wobei von den Zielsetzungen des zu Beratenden und relevanten Theorien unter Einbeziehung der individuellen Entscheidungssituation des Auftraggebers auszugehen ist. Beratung gehört auch zum Aufgabengebiet des → Wirtschaftsprüfers (WP); ein direkter Zusammenhang mit → Prüfung besteht nicht. In der Praxis sind Beratungs- und Prüfungstätigkeit gelegentlich miteinander verbunden. Das kann dazu führen, dass der Wirtschaftsprüfer aufgrund der Beratungstätigkeit seine Unbefangenheit bei der Prüfungstätigkeit verliert.

Bergschadenshaftung – 1. Gefährdungshaftung, wenn beim Bergbaubetrieb ein Mensch getötet, der Körper oder die Gesundheit verletzt oder eine Sache beschädigt wird (§ 114 BBergG). Zum Ersatz des Bergschadens sind der Bergbaubetreiber (§ 115 BBergG) und der Bergbauberechtigte (§ 116 BBergG) verpflichtet. Sie haften als Gesamtschuldner. Die Schadensersatzpflicht ist begrenzt (§ 117 BBergG). – 2. Bergschadenshaftung ist vom Bergbauunternehmen zu erstatten. – 3. *Bilanzierung:* Es sind angemessene → Rückstellungen zu bilden (1) für bereits entstandene, aber noch nicht regulierte Bergschadenshaftung; (2) für künftige, durch den Abbau bereits verursachte, aber noch nicht erkennbar zutage getretene Bergschadenshaftung. Beide Arten sind auch steuerlich zulässig.

Berichtigung – I. Buchführung: Berichtigungsposten.

II. Steuerrecht: 1. *Steuerverwaltungsakten:* → Steuerverwaltungsakte, → Steuerbescheid. – 2. *Eingereichte Bilanzen:* → Bilanzberichtigung. – 3. *Steuererklärungen:* → Anzeigepflicht. – 4. *Umsatzsteuer:* → Vorsteuerabzug. – 5. *Einheitswert:* → Berichtigungsfortschreibung, → Berichtigungsveranlagung.

Berichtigungsfeststellung → Berichtigungsveranlagung.

Berichtigungsfortschreibung – steuerliche Möglichkeit zur Beseitigung eines Fehlers, der im Rahmen der Feststellung des → Einheitswertes hinsichtlich des Wertes (→ Wertfortschreibung), der Art (→ Artfortschreibung) oder der Zurechnung (→ Zurechnungsfortschreibung) des Gegenstandes gemacht worden ist (§ 22 III BewG).

Berichtigungsveranlagung – *Berichtigungsveranlagung.* 1. *Allgemein:* Veranlagung im Anschluss an Aufhebung und Änderung von Steuerbescheiden. – 2. *Substanzsteuern:* Durch eine Berichtigungsveranlagung können Fehler im Rahmen einer Neuveranlagung korrigiert werden, die z.B. durch Mängel bei der Freibetragsgewährung, bei den Verhältnissen zur → Zusammenveranlagung oder bei der Bestimmung der Wertverhältnisse (→ Wertfortschreibung) entstanden sind (§ 17 II Nr. 2 GrStG).

Berlin-Darlehen – eine 1991 ausgelaufene Maßnahme zur Förderung von Kapitalanlagen in Berlin: Nach dem Berlinförderungsgesetz (§§ 16, 17) konnte, wer Darlehensgeber eines Berlin-Darlehens war, im Jahr der Darlehensvergabe einen bestimmten Prozentsatz der Darlehenssumme von seiner Einkommen- oder Körperschaftsteuer abziehen. Dadurch sollte die Kapitalbeschaffung für Anlagen in (West-) Berlin erleichtert bzw. verbilligt werden.

Berliner Verfahren –Aktuell nicht mehr angewendetes Verfahren zur Bewertung nicht notierter Aktien und Anteile an Kapitalgesellschaften, das durch das → Stuttgarter Verfahren ersetzt wurde. Da das Stuttgarter Verfahren nach dem Urteil des Bundesverfassungsgerichts (BVerfG, 1 BvL 10/02 vom 7.11.2006) nicht mehr mit dem Grundgesetz vereinbar ist, wurden Neuregelungen zur Bewertung von von Betriebsvermögen und Beteiligungsbesitz im Rahmen der → Erbschaftsteuerreform geschaffen.

Berlinpräferenz → Förderung der Wirtschaft von Berlin (West).

Berufsausbildungsbeihilfe – Maßnahme nach dem Sozialgesetzbuch III (SGB III). Zuschüsse oder Darlehen für die berufliche Ausbildung, gewährt von der Bundesagentur für Arbeit an Jugendliche oder Erwachsene nach §§ 56 ff. SGB III, soweit hierfür die eigenen Mittel und die Mittel der Unterhaltsverpflichteten nicht ausreichen. – *Gefördert* wird die betriebliche oder überbetriebliche Ausbildung in den nach dem Berufsbildungsgesetz (BBiG) anerkannten Berufen, soweit hierfür Eignung und Neigung des Auszubildenden gegeben sind; ggf. auch berufsvorbereitende Maßnahmen für noch nicht berufsreife Jugendliche. – *Voraussetzung für die Leistung* ist, dass dem Auszubildenden die erforderlichen Mittel zur Deckung des Bedarfs für den Lebensunterhalt, die Fahrtkosten, die sonstigen Aufwendungen und die Lehrgangskosten nicht anderweitig zur Verfügung stehen. – *Steuerliche Behandlung:* Aus öffentlichen Mitteln oder von öffentlichen Stiftungen gezahlte Beihilfen sind steuerfrei (§ 3 Nr. 11 EStG). – *Anders:* → Ausbildungsbeihilfe.

Berufsausbildungskosten – *Steuerliche Behandlung:* 1. Aufwendungen für einen später zu ergreifenden Beruf sind als → Kosten der Lebensführung, nicht als → Betriebsausgaben oder → Werbungskosten abzugsfähig, auch nicht bei Ausbildung eines bereits im Berufsleben Stehenden für einen anderen Beruf (z.B. Studienkosten eines Zahnarztes zum Überwechseln in die allg. Medizin) – 2. Berufsausbildungskosten des Steuerpflichtigen und seines Ehegatten waren bis zum Veranlagungszeitraum 2003 bis zu 920 Euro bei auswärtiger Unterbringung bis zu 1.227 Euro jährlich als → Sonderausgaben (§ 10 I Nr. 7 EStG) abzugsfähig. Seit 1.1.2004 gehören Aufwendungen für eine erstmalige Berufsausbildung oder für das Erststudium, das zugleich eine Erstausbildung vermittelt und nicht im Rahmen eines Dienstverhältnisses erfolgt, grundsätzlich zu den privaten Lebenshaltungskosten (§ 12 V EStG). Sie können jedoch bis zu 4.000 Euro im Kalenderjahr (ab dem VZ 2012 bis 6.000 Euro) als Sonderausgaben abgezogen werden. Bei Ehegatten gilt der Höchstbetrag für jeden. – 3. Berufsausbildungskosten für Personen, die gegenüber dem Steuerpflichtigen oder seinem Ehegatten gesetzlich unterhaltsberechtigt oder für die kein → Kinderfreibetrag oder Kindergeld gewährt wird, können als → außergewöhnliche Belastungen nach § 33a EStG geltend gemacht werden, höchstens jedoch bis 8.004 Euro für jede unterhaltene Person. Der Höchstbetrag erhöht sich ab dem Veranlagungszeitraum 2010 um den Betrag, der im entsprechenden Veranlagungszeitraum für die Absicherung der unterhaltsberechtigten

Person aufgewandten Beiträge (§ 10 I Nr. 3 EStG) anzusetzen ist. – 4. Berufsausbildungskosten für Kinder, für die dem Steuerpflichtigen ein Kinderfreibetrag oder Kindergeld gewährt wird, können ihrer Höhe nach abhängig vom Alter des Kindes, der Art seiner Unterbringung und der Höhe seiner eigenen Einkünfte und Bezüge als außergewöhnliche Belastung geltend gemacht werden (→ Ausbildungsfreibetrag). – *Anders*: → Fortbildungskosten. – 5. *Aktuelle Rechtsprechung*: Rückwirkend ab dem Veranlagungszeitraum 2004 können Aufwendungen eines Steuerpflichtigen für seine erstmalige Berufsausbildung oder sein Erststudium, das gleichzeitig auch eine Erstausbildung vermittelt, nicht als Betriebsausgaben und nicht als Werbungskosten berücksichtigt werden, § 9 Abs. 6 EStG, § 4 Abs. 9 EStG.

Berufsausrüstung – bestimmte Gegenstände, die in einer erläuternden Liste von der EU-Kommission zusammengestellt sind, können, wenn sie Personen außerhalb des EU-Zollgebietes gehören, abgabenfrei von außerhalb der EU ansässigen Personen zur vorübergehenden Verwendung abgefertigt und innerhalb von 24 Monaten wieder ausgeführt werden. Dazu gehören Ausrüstungsgegenstände für Presse, Funk und Fernsehen, kinematografische Ausrüstung, Werkzeuge und Ausrüstungsgegenstände von Ärzten, Archäologen, Artisten, Geschäftsleuten usw. Darüber hinaus können sowohl in der EU als auch in einer Reihe von Ländern, die dem Carnet-ATA-Abkommen beigetreten sind, Berufsausrüstungsgegenstände ohne weitere Sicherheitsleistungen bei Vorlage eines → Carnets ATA, ausgestellt im Verwendungsland, vorübergehend eingeführt werden. Beförderungsmittel fallen nicht unter den Begriff der Berufsausrüstung, sind aber als solche unter vergleichbaren Bedingungen im grenzüberschreitenden Verkehr ebenfalls abgabenfrei.

Berufsgrundsätze für Wirtschaftsprüfer – Grundsätze der Ausübung des Wirtschaftsprüferberufs, die → Wirtschaftsprüfer (WP) bei der Wahrnehmung ihrer Aufgaben zu beachten haben (allg. Berufspflichten gemäß §§ 43 ff. WPO): 1. *Grundsatz der Unabhängigkeit und Unbefangenheit*: Der Wirtschaftsprüfer ist unabhängig, wenn er weder rechtlichen noch wirtschaftlichen Bindungen an die zu prüfende Gesellschaft unterliegt. Er ist unbefangen, wenn er in seiner inneren Einstellung zu der zu prüfenden Gesellschaft frei ist. – 2. *Grundsatz der Gewissenhaftigkeit*: Der Wirtschaftsprüfer muss bei Erfüllung seiner Aufgaben Gesetze und fachliche Regeln beachten sowie nach seinem Gewissen handeln; er hat sich von dem Grundsatz der getreuen und sorgfältigen Rechenschaftslegung leiten zu lassen. – 3. *Grundsatz der Eigenverantwortlichkeit*: Der Wirtschaftsprüfer hat sein Handeln in eigener Verantwortung zu bestimmen. Auch angestellte Wirtschaftsprüfer haben eigenverantwortlich zu handeln; eigenverantwortliche Tätigkeit verlangt i.d.R., dass der Wirtschaftsprüfer bei einem anderen Wirtschaftsprüfer

zeichnungsberechtigt ist oder bei einer Wirtschaftsprüfungsgesellschaft die Rechtsstellung eines Prokuristen hat (vgl. §§ 44 ff. WPO). – 4. *Grundsatz der Verschwiegenheit*: Der Wirtschaftsprüfer hat Kenntnisse von Tatsachen und Umständen, die ihm bei seiner Berufstätigkeit anvertraut oder bekannt werden, sorgsam zu hüten; er darf sie weder für sich auswerten noch weitergeben. Mitarbeiter hat er ebenfalls zur Verschwiegenheit zu verpflichten. – 5. *Grundsatz der Unparteilichkeit*: Der Wirtschaftsprüfer hat bei Prüfungsfeststellungen und bei der Erstattung von Gutachten alle für die Beurteilung wesentlichen Tatbestände zu erfassen und sie allein aus der Sache heraus zu werten und darzustellen. Bei Gutachten für Gerichte und öffentliche Stellen sowie bei Schiedsgutachten oder bei ähnlichen Aufgaben müssen darüber hinaus gegensätzliche Auffassungen zur Sache dargestellt und gegeneinander abgewogen werden. – 6. *Grundsatz berufswürdigen Verhaltens*: Der Wirtschaftsprüfer muss sich so verhalten, dass er das bes. Vertrauen der Öffentlichkeit rechtfertigt und seine Treuepflicht gegenüber dem Auftraggeber wahrt; das gilt auch außerhalb der Berufstätigkeit. Im Verkehr mit anderen Wirtschaftsprüfern muss er sich kollegial verhalten. – 7. *Grundsatz des Verzichts auf unlautere Werbung*: Der Wirtschaftsprüfer darf sich keiner unlauteren Werbung bedienen.

Berufskleidung – *Arbeitskleidung*. 1. *Begriff*: die während der Arbeit getragene Kleidung. – 2. *Steuerliche Behandlung, Grundsätzliches*: Im Zusammenhang mit Arbeitskleidung stellt sich ertragsteuerlich hauptsächlich die Frage, inwieweit die Aufwendungen für diese Kleidung (Beschaffung, aber auch Reinigung und ähnliche Folgekosten) steuerlich als abziehbarer Aufwand geltend gemacht werden können. Nach allg. Prinzipien kommt ein Abzug von Aufwendungen als Betriebsausgaben (Betriebsinhaber) bzw. als Werbungskosten (Arbeitnehmer) nur dann in Frage, wenn ein Bezug zur privaten Lebensführung definitiv ausscheidet; denn Aufwendungen, die sowohl beruflich wie privat nutzbar sind (gemischte Aufwendungen), sind steuerlich generell nicht abzugsfähig (§ 12 EStG, Lebensführungskosten); die Beweislast dafür, dass diese Bedingungen eingehalten sind, liegt nicht beim Finanzamt, sondern beim Steuerpflichtigen, was zur Folge hat, dass ein Abzug von Aufwendungen für während der Arbeitszeit getragene Kleidung nur dann in Frage kommt, wenn nicht nur jede private Nutzbarkeit der Kleidung im konkreten Fall fehlt, sondern der Steuerpflichtige dies darüber hinaus auch wahrscheinlich machen kann. Vor diesem gesetzlichen Hintergrund haben sich die im Folgenden aufgeführten (strengen) Unterscheidungen herausgebildet. – 3. *Vom Arbeitnehmer beschaffte Kleidung*: a) Handelt es sich um normale „bürgerliche Kleidung", die auch außerhalb der Arbeitszeit getragen werden könnte, scheidet ein Abzug als Werbungskosten (bzw. Betriebsausgaben) schon deswegen aus, weil der Betreffende selbst dann, wenn er diese Kleidungsstücke tatsächlich ausschließlich während der Arbeitszeit tragen würde, nicht hinreichend beweisen kann, dass jeder private Nutzen fehlt; die mit dem Besitz einhergehende Möglichkeit, diese Kleidung im Bedarfsfall auch einmal privat zu tragen, ist nämlich nicht widerlegbar. Ist die Kleidung also zwar zweckmäßig, aber nicht auf einen bestimmten Beruf abgestellt, kann sie also nicht steuerlich abgesetzt werden. – b) Handelt es sich um eine *„typische Arbeitskleidung"* (z.B. Robe bei einem Richter, Arztkittel bei Arzt, Schwesterntracht bei Krankenschwester), ist ein Abzug als → Werbungskosten (oder, beim Betriebsinhaber, → Betriebsausgaben) dagegen möglich, da das Fehlen einer privaten Nutzbarkeit in solchen Fällen hinreichend klar auf der Hand liegt. – 4. *Vom Betrieb beschaffte und dem Arbeitnehmer überlassene Arbeitskleidung:* a) *Grundsätzliches:* Erspart ein Arbeitgeber seinem Arbeitnehmer Ausgaben, die an sich dieser tätigen müsste, stellt dies für den Arbeitnehmer nach den allg. Grundsätzen des EStG eine Einnahme (geldwerter Vorteil) dar. Steuerlich neutral kann die Zuwendung von Arbeitskleidung durch den Arbeitgeber also nur sein, wenn der Arbeitnehmer seinerseits die Aufwendungen für die betreffende Kleidung wieder steuerlich als Werbungskosten geltend machen könnte und/oder die Überlassung der betreffenden Arbeitskleidung durch gesetzliche Sonderbestimmungen zu einer steuerfreien Einnahme erklärt worden ist. – b) *Arbeitsschutzkleidung* (flammensichere Asbestanzüge, säurefeste oder wasserdichte Schürzen, Stiefel, Handschuhe, Kittel von Kaminkehrern etc.): sind steuerfreie Einnahmen. – c) *Überlassene Dienstkleidung* ist steuerfrei bei Polizisten, Soldaten und ähnlichen Berufen (§ 3 Nr. 4 ff. EStG), aber auch vom Arbeitgeber überlassene typische Berufskleidung anderer Berufsgruppen (z.B. Frack des Orchestermusikers), wenn durch Tarifvertrag oder ähnliche Regelungen die betreffenden Arbeitnehmer allg. einen Anspruch auf Gestellung dieser Kleidung haben. – d) *Vom Betrieb für Zwecke der Repräsentation* bzw. der Werbung unentgeltlich überlassene (häufig uniformierte) Arbeitskleidung: Diese Berufskleidung gehört nach den Bestimmungen des Lohn- und Sozialversicherungsrechts zu den → Sachbezügen und ist demgemäß bei Berechnung von Lohnsätzen bzw. Sozialversicherungsbeiträgen zu berücksichtigen.

Berufskrankheit – 1. *Begriff:* Krankheit, die von der Bundesregierung durch Rechtsverordnung als Berufskrankheit bezeichnet ist und die ein Versicherter bei einer unfallversicherten Tätigkeit erleidet (§ 9 SGB VII). Im Gegensatz zum Arbeitsunfall, bei dem die schädigende Einwirkung ein zeitlich begrenztes, plötzliches Ereignis erfolgt, stellt die Berufskrankheit das Ergebnis einer länger andauernden, der Gesundheit nachteiligen betrieblichen Beschäftigung dar. Als Berufskrankheit können vom Unfallversicherungsträger auch Krankheiten anerkannt werden, die nicht in der Rechtsverordnung als Berufskrankheit bezeichnet sind, sofern nach neuen

Erkenntnissen der medizinischen Wissenschaft die Voraussetzungen für eine Berufskrankheit vorliegen (§ 9 II SGB VII). – 2. *Geltendes Recht:* Die aktuelle Liste der Berufskrankheit findet sich in der Anlage 1 zur Berufskrankheiten-VO vom 31.10.1997 (BGBl. I 2623) m.spät.Änd. – 3. *Verhütung:* (1) Verpflichtung des Arbeitgebers (Gesundheitsschutz), (2) Aufgabe der Gewerbeaufsicht und der Berufsgenossenschaften durch Vorschläge und Belehrungen. – 4. *Entschädigung:* Die anerkannten Berufskrankheiten sind ein Versicherungsfall in der gesetzlichen Unfallversicherung und lösen eine Leistungspflicht des Versicherungsträgers aus.

Berufspflichten des Wirtschaftsprüfers – Die Berufspflichten aber auch die Rechte des → Wirtschaftsprüfers (WP) werden in der → Wirtschaftsprüferordnung (WPO) formuliert. Im vierten Teil der WPO (§ 57 III WPO) wird der → Wirtschaftsprüferkammer (WPK) das Recht eingeräumt, eine Satzung über die Rechte und Pflichten bei der Ausübung der Berufe des Wirtschaftsprüfers und des vereidigten Buchprüfers (Berufssatzung) zu erlassen. – Zu den Berufspflichten (Unabhängigkeit, Unparteilichkeit, Verschwiegenheit, Gewissenhaftigkeit, Eigenverantwortlichkeit, berufswürdiges Verhalten, Verzicht auf berufswidrige Werbung) nimmt das vom IDW herausgegebene WP-Handbuch (2006), das auf die WP-Ordnung Bezug nimmt, auf den Seiten 68 ff. u.a. wie folgt Stellung: – a) *Unabhängigkeit:* „Der Beruf des WP muss unabhängig ausgeübt werden. Die Unabhängigkeit ist eine Kardinaltugend für jeden Berufsangehörigen und ihre Wahrung eine elementare Pflicht. Nach der EU-Empfehlung zur Unabhängigkeit des Abschlussprüfers und dem IFAC Code of Ethics for Professional Accountants umfasst die Unabhängigkeit sowohl die innere als auch die äußere Unabhängigkeit. Innere Unabhängigkeit (= Unbefangenheit) meint die innere Einstellung, die ausschließlich die zur Erfüllung des vorliegenden Auftrags relevanten Aspekte in Betracht zieht. Die äußere Unabhängigkeit (das Nichtbestehen der Besorgnis der Befangenheit) wird aufgefasst als Vermeidung von Tatsachen und Umständen, die so schwer ins Gewicht fallen, dass ein sachverständiger und informierter Dritter die Fähigkeit des Abschlussprüfers zur objektiven Wahrnehmung seiner Aufgaben in Zweifel ziehen würde. Unabhängigkeit in einem umfassenden Sinne bedeutet, dass der WP in objektiver und subjektiver Hinsicht seine Feststellungen unbeeinflusst von sachfremden Erwägungen und ohne Rücksichtnahme auf eigene Belange oder Interessen Dritter treffen kann. – b) *Unparteilichkeit:* Der WP hat sich bei der Prüfungstätigkeit und der Erstellung von Gutachten unparteiisch zu verhalten, ein Gebot, das vom WP in seiner Funktion als Prüfer oder Gutachter unbedingte Neutralität verlangt. Die Neutralität muss in Prüfungsberichten und Gutachten auch zum Ausdruck kommen. Wesentliche Sachverhalte dürfen nicht verschwiegen werden oder im Rahmen der fachlichen Würdigung unberücksichtigt bleiben. Die fachliche Würdigung der ermittelten Fakten muss nachvollziehbar sein und darf nicht durch Sonderinteressen beeinflusst werden. –c) *Verschwiegenheit:* Die Verschwiegenheit bildet das Fundament für das Vertrauen, das dem WP entgegengebracht wird. Alle Tatsachen und Umstände, die WP bei ihrer Berufstätigkeit anvertraut oder bekannt werden, dürfen nicht unbefugt offenbart werden. – d) *Gewissenhaftigkeit:* WP sind bei der Durchführung ihrer Aufgaben an das Gesetz gebunden und haben die für die Berufsausübung geltenden Bestimmungen sowie die gesetzlichen Regeln zu beachten. Mandate dürfen nur übernommen werden, wenn der WP über die dafür erforderliche Sachkunde und die zur Bearbeitung erforderliche Zeit verfügt. –e) *Eigenverantwortlichkeit:* Der WP hat sein Handeln in eigener Verantwortung zu bestimmen, sich selbst ein Urteil zu bilden und seine Entscheidungen selbst zu treffen. Er muss die Tätigkeit seiner Mitarbeiter so überblicken und beurteilen können, dass er sich selbst eine auf Kenntnis beruhende eigene fachliche Überzeugung bilden kann. Er darf keinen fachlichen Weisungen unterliegen, die ihn verpflichten, insbesondere Prüfungsberichte und Gutachten auch dann zu unterzeichnen, wenn sich ihr Inhalt nicht mit seiner Überzeugung deckt. –f) *Berufswürdiges Verhalten:* Der WP hat sich sowohl innerhalb als auch außerhalb der Berufstätigkeit des Vertrauens und der Achtung würdig zu erweisen, die der Beruf erfordert, und sich der bes. Berufspflichten bewusst zu sein, die ihm aus der Befugnis erwachsen, gesetzlich vorgeschriebene Bestätigungsvermerke zu erteilen."

Berufsregister – bei der → Wirtschaftsprüferkammer (WPK) geführtes öffentliches Register für → Wirtschaftsprüfer (WP) und → Wirtschaftsprüfungsgesellschaften, auch für → vereidigte Buchprüfer und → Buchprüfungsgesellschaften (§§ 37 ff., 130 WPO).

Berufssystematik – I. Amtliche Statistik: Berufsklassifikation; für die Volkszählung, Arbeitsmarktstatistik, Beschäftigungsstatistik und Personalstatistik im öffentlichen Dienst angewandtes Schema zur Gliederung der Berufe. In Deutschland wird die Klassifizierung der Berufe (KldB) verwendet, die internationale Klassifikation ist die ISCO.

II. Arbeits- und Lohnsteuerrecht: → Teilzeitbeschäftigte, Aushilfsarbeitsverhältnis.

Berufsverband – 1. *Charakterisierung:* Freie und unabhängige Interessenvertretung, deren Mitglieder Angehörige desselben Berufes oder nahe verwandter Berufe sind. – *Aufgaben:* Interessenwahrnehmung auf gesellschaftlichem, wirtschaftlichem und sozialem Gebiet. – *Organisation:* Berufsverbände sind grundsätzlich fachlich bzw. branchenmäßig organisiert, so z.B. Arbeitgeberverbände und Gewerkschaften. – *Anders:* berufsständische Vereinigung. – 2. *Steuerliche Behandlung:* a) *Körperschaftsteuer:* Befreit gemäß § 5

I Nr. 5 KStG, sofern kein wirtschaftlicher Geschäftsbetrieb unterhalten wird und nur die ideellen und wirtschaftlichen Interessen des Berufsstandes wahrgenommen werden (Abschn. 8 KStR). Die Steuerbefreiung ist insgesamt ausgeschlossen, wenn ein Berufsverband Mittel von mehr als 10 Prozent seiner Einnahmen für die unmittelbare Unterstützung oder Förderung politischer Parteien verwendet. – b) *Einkommen-/Körperschaftsteuer:* Beiträge zu Berufsverbänden sind bei der Einkommen- bzw. Körperschaftsteuer der Mitglieder als → Betriebsausgaben oder → Werbungskosten abzugsfähig, nicht dagegen Aufwendungen des Steuerpflichtigen aus Anlass von gesellschaftlichen Veranstaltungen des Berufsverbandes; diese gelten als Lebenshaltungskosten.

Beschau → Zollbeschau.

beschränkte Steuerpflicht – I. Allgemein: Steuerpflicht von natürlichen Personen, die weder Wohnsitz noch → gewöhnlichen Aufenthalt im Inland haben und die auch keinen Antrag auf Behandlung als unbeschränkt steuerpflichtig nach § 1 III EStG (→ unbeschränkte Steuerpflicht) gestellt haben, und von Körperschaften, Personenvereinigungen und Vermögensmassen, die weder → Sitz noch → Geschäftsleitung im Inland haben (§ 2 KStG), mit den inländischen Einkünften zur Einkommen-, Lohn- oder Körperschaftsteuer, mit dem Inlandsvermögen ggf. zur Erbschaftsteuer.

II. Einkommensteuer: (Sondervorschriften; §§ 50, 50a EStG): 1. *Katalog* der beschränkt steuerpflichtigen → Einkünfte: § 49 EStG. – 2. Nur → Betriebsausgaben und → Werbungskosten im Zusammenhang mit inländischen Einkünften sind abzugsfähig. – 3. *Verlustabzug* ist möglich, aber nur zwischen den in Deutschland steuerpflichtigen Einkünften, und auch dann nur, wenn die Einkünfte nicht bereits bei Auszahlung einer pauschalen (abgeltenden) Besteuerung an der Quelle unterlegen haben. – 4. Steuerbegünstigungen für → außerordentliche Einkünfte sind gemäß § 34 EStG möglich, jedoch ist die frühere Einschränkung auf Spezialfälle durch das Gesetz vom 20.12.2007, BGBl. I S. 3150, aufgehoben worden. – 5. *Nicht anzuwenden sind* die übrigen Vorschriften über → Sonderausgaben und → außergewöhnliche Belastungen sowie die weiteren Bestimmungen zur Berücksichtigung persönlicher finanzieller Belastungen wie z.B. Splittingtarif oder Kinderfreibeträge (§ 50 I EStG). – 6. Bei *Einkünften*, die dem Steuerabzug unterliegen, ist die Besteuerung an der Quelle i.d.R. abgeltend, sodass diese Beträge i.d.R. nicht mehr bei der dt. Steuererklärung des beschränkt Steuerpflichtigen zu berücksichtigen sind. Ausnahmen im bestimmten Fällen, insbesondere bei Angehörigen aus EU- oder EWR-Staaten ist möglich. Die Einzelheiten hierzu sind in § 50 II EStG geregelt. – 7. Die *Einkommensteuer bemisst sich* nach § 32a EStG; sofern es nicht um Arbeitnehmereinkünfte geht, ist die Berechnung allerdings so vorzunehmen, dass der Grundfreibetrag aus der Tabelle eliminiert wird (dies geschieht – mathematisch äquivalent dazu – dadurch, dass zum vorhandenen Einkommen der Grundfreibetrag wieder hinzuaddiert wird, die Werte der Steuertabelle bei der Anwendung auf beschränkt Steuerpflichtige also quasi „nach rechts verschoben" werden). Soweit ein Abzug von Einkommensteuer an der Quelle durch → Aufsichtsratsteuer, → Kapitalertragsteuer, → Lohnsteuer oder sonstigen Steuerabzug stattfindet, ist der dt. Steueranspruch damit i.d.R. abgegolten (§ 50 II EStG). – 8. Soweit die Steuer durch *Steuerabzug* nach § 50a EStG zu erheben ist, berechnet sich die Höhe der Steuer nach Maßgabe der Einnahmen. Als Betriebsausgaben dürfen nur Reisekosten und Verpflegungsmehraufwendungen in der Höhe der einkommensteuerlich vorgegebenen Pauschalen berücksichtigt werden; ein darüber hinaus gehender Abzug von Betriebsausgaben ist nur unter bestimmten Bedingungen und nur bei Steuerpflichtigen aus EU- oder EWR-Staaten zulässig (§ 50 III EStG). Die früheren Bestimmungen für *Künstler, Berufssportler und ähnliche Personen,* welche einen darüber hinaus gehenden Betriebsausgabenabzug im Rahmen der Quellensteuerberechnung auch für Steuerpflichtige außerhalb der EU- bzw. der EWR-Staaten erlaubten (§ 50 V Nr. 3 EStG a.F.), wurden ab dem 1.1.2009 abgeschafft. – 9. *Reform 2009:* Mit Wirkung vom 1.1.2009 sind die einkommensteuerlichen Regelungen zur beschränkten Steuerpflicht umfassend geändert worden. – 10. *Einfluss der EuGH-Rechtsprechung:* Die beschränkte Steuerpflicht ist seit langem ein Thema im Rahmen von europarechtlichen Auseinandersetzungen. Der EuGH hat früh bestätigt, dass die beschränkte Steuerpflicht als bes. Besteuerungsregelung für Steuerausländer nicht grundsätzlich rechtswidrig ist. Dennoch kann es nachwievor in Einzelfällen zu unterschiedlicher Behandlung einer konkreten Situation im Rahmen der unbeschränkten und der beschränkten Steuerpflicht kommen, welche gegen das Diskriminierungsverbot der Ausländer trotz vergleichbarer steuerlicher Lage verstoßen könnte. Demnach ist auch in der Zukunft in diesen Fällen mit einer Anpassungen der geltenden Regelungen zur beschränkten Steuerpflicht aufgrund europarechtlicher Vorgaben zu rechnen.

III. Körperschaftsteuer: 1. *Arten*: Bei der Körperschaftsteuer sind, anders als bei der Einkommensteuer, zwei Unterarten der beschränkten Steuerpflicht zu unterscheiden: a) beschränkte Steuerpflicht aller Körperschaften, Personenvereinigungen und Vermögensmassen (also: aller Körperschaftsteuersubjekte), die im Inland weder ihren Sitz noch ihren Ort der Geschäftsleitung haben. Diese Form der beschränkten Steuerpflicht („Beschränkte Steuerpflicht I") umfasst die Einkünfte aus dem Inland, so wie sie sich aus § 49 EStG und einigen Ergänzungen in § 2 KStG ergeben; sie ist das Pendant zur beschränkten Steuerpflicht der natürlichen Personen bei der Einkommensteuer. – b) Eine weitere beschränkte Steuerpflicht umfasst Körperschaften,

Personenvereinigungen und Vermögensmassen, die zwar ihren Sitz und/oder ihre Geschäftsleitung im Inland haben, aber dennoch – z.B. weil es sich um Körperschaften des öffentlichen Rechts oder gemeinnützige Körperschaften handelt – nicht der unbeschränkten Steuerpflicht unterliegen. Diese Form der beschränkten Steuerpflicht („Beschränkte Steuerpflicht II") bezieht sich nicht auf alle inländischen Einkünfte nach § 49 EStG, sondern nur auf solche inländischen Einkünfte, die einem Steuerabzug unterliegen. – 2. *Steuererhebung:* Die beschränkt steuerpflichtige Körperschaft (Personenvereinigung, Vermögensmasse) ist im Grundsatz für ihre inländischen Einkünfte steuererklärungspflichtig; die Steuer beträgt 15 Prozent auf das zu versteuernde Einkommen. Soweit aber ein Steuerabzug an der Quelle erhoben wird und die Einkünfte nicht zu den Einkünften eines inländischen Betriebes gehören, ist damit der dt. Steueranspruch abgegolten (§ 32 KStG); die Berücksichtigung im Rahmen einer inländischen Steuererklärung ist dann weder nötig noch gestattet, sofern nicht spezielle Ausnahmevorschriften ausnahmsweise einschlägig sind (mit der Folge, dass es bei der „beschränkten Steuerpflicht II" grundsätzlich keine Steuererklärungspflicht geben kann). – 3. *Letzte Entwicklungen:* Auch im Rahmen der Körperschaftsteuer sind die Vorschriften über die beschränkte Steuerpflicht ab 1.1.2009 einer umfassenden Reform unterzogen worden; auch hier sind Aussagen in der Literatur, die auf den früheren Regelungen basieren, nur noch eingeschränkt verwendbar.

IV. Erbschaftsteuer: Wenn weder der Erblasser oder Schenker noch der Erwerber Inländer ist, unterliegt der Vermögensanfall, der in Inlandsvermögen (§ 121 BewG) besteht, der beschränkten Steuerpflicht (§ 2 I ErbStG).

V. EU-Recht: Soweit Unterschiede zwischen beschränkter Steuerpflicht und unbeschränkter Steuerpflicht *nur* auf fehlenden Wohnsitz und gewöhnlichen Aufenthalt im Inland zurückgehen, ohne dass eine sachliche Rechtfertigung für die Unterscheidung vorliegt, sind Regelungen der beschränkten Steuerpflicht unanwendbar (→ Diskriminierungsverbote). I.d.R. wird jedoch unterstellt, dass unbeschränkt und beschränkt Steuerpflichtige sich nicht in vergleichbarer Lage befinden. Aufgrund eines Urteils des Europäischen Gerichtshofs gelten schon seit 1996 für Staatsangehörige eines Mitgliedsstaates der EU bez. bestimmter Sonderausgaben, außergewöhnlicher Belastungen und der Veranlagung bes. Bestimmungen (§ 1a EStG). Durch die Rechtsprechung des EuGH seit 2000 ist geklärt, dass auch die Ausgestaltung der beschränkten Steuerpflicht bei der Erbschaftsteuer den Vorgaben der Diskriminierungsverbote des EG-Vertrages entsprechen muss.

beschränkte Steuerpflicht I – Im Rahmen der → Körperschaftsteuer verwendetes Schlagwort für jene Ausprägung der beschränkten Steuerpflicht, die sich auf ausländische Körperschaftsteuersubjekte bezieht, d.h. auf Körperschaften, Personenvereinigungen und Vermögensmassen, die sowohl ihren Sitz als ihren Ort der Geschäftsleitung im Inland haben (§ 2 I Nr.1 KStG; im Gegensatz zu § 2 I Nr.2 KStG). Einzelheiten vgl. → beschränkte Steuerpflicht; *Gegensatz:* → beschränkte Steuerpflicht II.

beschränkte Steuerpflicht II – Schlagwort für eine spezielle Variante der beschränkten Steuerpflicht, die sich nur bei der → Körperschaftsteuer findet, und zwar für jene Sonderform der beschränkten Steuerpflicht, die sich auf bestimmte inländische Körperschaften bezieht (§ 2 I Nr.2 KStG; vgl. → beschränkte Steuerpflicht)

beschränkt Steuerpflichtiger – Bezeichnung des Steuerrechts für natürliche oder juristische Person, bei der nur Inlandsvermögen und inländische Einkünfte der Besteuerung unterworfen werden (→ beschränkte Steuerpflicht). Beschränkt steuerpflichtig ist, wer nicht als unbeschränkt steuerpflichtig eingestuft werden kann, i.d.R. also, wer als natürliche Person im Inland weder einen Wohnsitz noch seinen gewöhnlichen Aufenthaltsort hat (§ 1 IV EStG) oder als juristische Person weder den satzungsmäßigen Sitz noch den Ort der Geschäftsleitung im Inland hat (§ 2 I Nr. 1 KStG). Auf die Staatsangehörigkeit kommt es also nicht an; die häufig synonym verwandte Bezeichnung „Steuerausländer" ist also irreführend.

Beschwer – in gerichtlichen und außergerichtlichen Verfahren Voraussetzung für die Sachentscheidung über Rechtsbehelfe und Rechtsmittel. – 1. Beschwer im *Zivilprozess*, wenn die Entscheidung dem Rechtsmittelkläger etwas versagt, was er beantragt hatte. – 2. Im Verfahren der *Verwaltungsgerichtsbarkeit* muss der Kläger geltend machen, durch rechtswidriges Tun oder Unterlassen der öffentlichen Hand beschwert (d.h. durch einen → Verwaltungsakt oder seine Ablehnung oder Unterlassung in seinen Rechten verletzt) zu sein. – 3. *Steuerrecht:* a) Im außergerichtlichen Rechtsbehelfsverfahren ist nur befugt, Einsprüche einzulegen, wer geltend macht, durch einen Verwaltungsakt oder dessen Unterlassung beschwert zu sein (§ 350 AO). Unterschieden wird die persönliche Beschwer („wer befugt ist") und die sachliche Beschwer. Im Rahmen der persönlichen Beschwer wird überhaupt berechtigt ist, rechtswirksam Einspruch einzulegen. Dies ist grds. der Inhaltsadressat (§ 122 I, § 124 I AO), dies können aber auch andere Personen sein, so z.B. der Rechtsnachfolger (§ 353). Besonderheiten gelten bei Feststellungsbescheiden (§ 179, § 352 AO). Die sachliche Beschwer bezieht sich auf den Regelungsinhalt des Steuerverwaltungsaktes. Bei Steuerverwaltungsakten ist dies die Steuerfestsetzung (Tenor), nicht die einzelnen Besteuerungsgrundlagen (§ 157 II AO). Bei Grundlagenbescheiden ist dieser Bescheid und nicht der Folgebescheid anzugreifen, da beim Folgebescheid insoweit keine Beschwer vorliegt (§ 351 II AO). Ein Einspruch gegen den falschen Bescheid führt zur Unzulässigkeit des Einspruchs. Bei einer zu

niedrigen Festsetzung kann eine Beschwer dann bestehen, wenn eine höhere Festsetzung, z.B. aufgrund des Bilanzzusammenhangs, sich in Folgejahren günstiger auswirkt oder wenn durch die begehrte höhere Steuerfestsetzung die Anrechnung von Steuerabzugsbeträgen oder von Körperschaftsteuer ermöglicht wird und aufgrund dessen ein geringerer Betrag als bisher entrichtet werden muss. Bei einer Festsetzung von null Euro besteht grundsätzlich keine Beschwer, es sei denn, es wird eine Vergütung oder eine Steuerbefreiung wegen Gemeinnützigkeit begehrt oder die der Steuerfestsetzung zugrunde liegenden Besteuerungsgrundlagen haben außersteuerliche Bindungswirkung (z.B. BAföG-Leistungen, Prämien etc.). Bei → Feststellungsbescheiden wegen Höhe der Feststellung oder Entscheidung über die Art oder die Zurechnung des Gegenstandes. – b) Die Voraussetzungen für das Vorliegen einer Beschwer sind in dem Verfahren vor den Gerichten der Finanzgerichtsbarkeit dieselben wie im außergerichtlichen Rechtsbehelfsverfahren.

Beschwerde – I. Personalwirtschaft: Antrag auf Abänderung einer Maßnahme, durch welche sich der Beschwerdeführer verletzt fühlt. Die häufigsten Gegenstände von Beschwerden im Betrieb sind ungenügende Entlohnung, schlechte Arbeitsbedingungen, unzureichende Sozialleistungen, schlechte Zusammenarbeit der Kollegen, Vorgesetztenverhalten, unbefriedigende Regelung der Arbeitszeit. Generell ist jede geäußerte subjektiv empfundene Unzufriedenheit als Beschwerde zu behandeln.

II. Zivilprozessordnung: Durch das ZPO-Reformgesetz vom 27.7.2001 (BGBl. I 1887, 3138) wurde das Beschwerderecht (§§ 567–577 ZPO) neu geregelt. Die sog. einfache, an eine Frist nicht gebundene Beschwerde wurde abgeschafft und durch die sofortige Beschwerde, die weitere Beschwerde an das nächsthöhere Gericht durch die → Rechtsbeschwerde ersetzt. Die gesetzlich nicht geregelte außerordentliche Beschwerde in Fällen *greifbarer Gesetzwidrigkeit* wird in der höchstrichterlichen Rechtsprechung nicht mehr als statthaft angesehen.

III. Strafverfahren: Beschwerde ist gegen alle von den Gerichten im ersten Rechtszug oder im Berufungsverfahren erlassenen Beschlüsse und gegen Verfügungen des Gerichts zulässig, soweit das Gesetz nicht ausdrücklich ausschließt und soweit sie nicht der Entscheidung vorausgehen (§§304, 305 StPO). Gegen Beschlüsse und Verfügungen des Bundesgerichtshofs (BGH) ist keine Beschwerde zulässig. Dasselbe gilt für die Oberlandesgerichte, allerdings nicht bei einer Reihe von Entscheidungen, die als erstinstanzliches Gericht trifft. Hilft das Gericht, dessen Entscheidung mit der Beschwerde angefochten ist, selbst nicht ab, ist sie spätestens vor Ablauf von drei Tagen dem Beschwerdegericht vorzulegen (§ 306 II StPO). In bes. Fällen sind die *weitere* und die *sofortige Beschwerde* gegeben (§§ 310, 311 StPO).

IV. Finanzgerichtsbarkeit: 1. In der *Finanzgerichtsbarkeit* (§§ 128–133 FGO) gegen (1) Entscheidungen des → Finanzgerichts, die nicht Urteile (→ Revision) oder → Vorbescheide sind; (2) gegen Entscheidungen des Vorsitzenden des Finanzgerichts oder des Berichterstatters; (3) gegen die Nichtzulassung der Revision. In Streitigkeiten über Kosten ist die Beschwerde nicht gegeben; dies gilt nicht für die Beschwerde gegen die Nichtzulassung der Revision. Die Beschwerde ist schriftlich beim Finanzgericht binnen zwei Wochen nach Bekanntgabe der Entscheidung einzulegen. Das Finanzgericht hilft der Beschwerde ab oder legt die Sache dem → Bundesfinanzhof (BFH) zur Entscheidung vor. Die Beschwerde hat nur dann aufschiebende Wirkung, wenn sie die Festsetzung eines Ordnungs- oder Zwangsmittels zum Gegenstand hat. – 2. Die Beschwerde als frühere Form des außergerichtlichen Rechtsbehelfs ist ab 1.1.1996 aufgehoben; nur noch → Einspruch ist zulässig.

V. Verwaltungsgerichtsbarkeit: 1. *Rechtsmittel* gegen Entscheidungen des Verwaltungsgerichts, des Vorsitzenden oder Berichterstatters, die nicht Urteile oder Gerichtsbescheide sind; zulässig, soweit nicht im Einzelfalle ausdrücklich ausgeschlossen (§ 146 VwGO). Die Beschwerde ist *binnen zwei Wochen* nach Bekanntgabe der Entscheidung beim Verwaltungsgericht einzulegen. Über die Beschwerde entscheidet das Oberverwaltungsgericht. Im Verfahren des vorläufigen Rechtsschutzes prüft es nur die dargelegten Gründe (§ 146 IV VwGO). – 2. Gegen Beschlüsse des *Oberverwaltungsgerichts* ist die Beschwerde an das Bundesverwaltungsgericht (BVerwG) grundsätzlich nicht zulässig (§ 152 VwGO). – 3. Die Beschwerde hat nur dann *aufschiebende Wirkung*, wenn sie die Festsetzung eines Ordnungs- oder Zwangsmittels zum Gegenstand hat. Die unter 1. Genannten können aber auch sonst bestimmen, dass die Vollziehung der angefochtenen Entscheidung einstweilen auszusetzen ist (§ 149 VwGO).

VI. Freiwillige Gerichtsbarkeit: freiwillige Gerichtsbarkeit.

VII. Öffentliches Recht: Die Beschwerde ist nur in bes., gesetzlich ausdrücklich zugelassenen Fällen möglich.

VIII. Anders: Dienstaufsichtsbeschwerde.

Besichtigung – 1. Maßnahme im Rahmen der *Öffentlichkeitsarbeit* eines Unternehmens: Betriebsbesichtigung. – 2. *Zollrechtliche Maßnahme:* → Durchsuchung, Überholung, → Zollbeschau.

Besitzgesellschaft → Betriebsaufspaltung.

Besitzsteuern – steuerjuristische und finanzstatistische Gruppierung von Steuern (→ Steuerklassifikation). Besitzsteuern sind eine Gruppe von Steuern, die an den Ertrag (→ Ertragsteuern), Einkommen (Einkommensbesteuerung) oder Vermögen (Vermögensbesteuerung) anknüpfen. – Zu den Besitzsteuern zählen u.a.: → Grundsteuer, → Gewerbesteuer,

→ Körperschaftsteuer, → Einkommensteuer, → Erbschaftsteuer, → Kirchensteuer.

besondere Lohnsteuertabelle → Lohnsteuertabelle für Arbeitnehmer, die in der gesetzlichen Rentenversicherung nicht versicherungspflichtig sind und denen daher eine geringere Vorsorgepauschale zusteht als anderen Arbeitnehmern (vgl. § 10c II, III EStG). Die Tabelle wird nicht mehr amtlich erstellt, sondern nach den gesetzlichen Formeln von den jeweiligen Herausgebern per EDV berechnet. Besondere Lohnsteuertabellen gelten für Arbeitnehmer, die (1) für den Fall ihres Ausscheidens aus der Beschäftigung Anspruch auf eine *lebenslängliche Versorgung* oder an deren Stelle auf eine Abfindung haben oder wenn sie in der *gesetzlichen Rentenversicherung nachzuversichern* sind (z.B. Beamte, Richter, Berufssoldaten); (2) im Zusammenhang mit ihrer Berufstätigkeit aufgrund vertraglicher Vereinbarungen *Anwartschaftsrechte auf eine Altersversorgung* ganz oder teilweise ohne eigene Beitragsleistungen erwerben (z.B. Vorstandsmitglieder einer AG, herrschende Gesellschafter-Geschäftsführer einer GmbH); (3) *Ruhegehälter, Witwen- oder Waisengelder, Unterhaltungsbeiträge oder gleichartige Bezüge* beziehen, die aufgrund beamtenrechtlicher oder entsprechender gesetzlicher Vorschriften oder nach beamtenrechtlichen Grundsätzen von Körperschaften gezahlt werden (z.B. pensionierte Beamte, Richter); (4) *Altersruhegeld* aus der gesetzlichen Rentenversicherung beziehen (z.B. weiterbeschäftigte Arbeitnehmer). – *Gegensatz:* → allgemeine Lohnsteuertabelle.

besondere Veranlagung – Form, die im Jahre der Eheschließung bei der Veranlagung vom → Ehegatten gewählt werden kann (§ 26c EStG). Die Ehegatten werden dabei steuerlich so behandelt, als ob sie unverheiratet wären. Ab dem Veranlagungszeitraum 2013 wird die besondere Veranlagung durch das Steuervereinfachungsgesetz 2011 aufgehoben. Die Ehegatten können nur noch zwischen der Zusammenveranlagung und getrennter Veranlagung bzw. Einzelveranlagung wählen.

Besorgungsleistung – liegt vor, wenn ein Unternehmer im eigenen Namen eine sonstige Leistung beschafft, diese Leistung aber für eine nicht genannten Auftraggeber bestimmt ist (also ein Fall des Kommissionsgeschäfts mit Dienstleistungen, und zwar Einkaufskommission). Der Fall wird so behandelt, als hätte der Unternehmer die Leistung für sich selbst bezogen und anschließend eine Leistung der gleichen Art an seinen Auftraggeber erbracht (§ 3 XI UStG). – Vgl. → Kommissionsgeschäft über sonstige Leistungen; → Leistungskommission.

Besserungsschein – 1. *Vergleichsverfahren:* Ein nach der bis 31.12.1998 geltenden VerglO abgegebenes schriftliches Versprechen des Schuldners zur Leistung weiterer Zahlungen über die Vergleichsquote hinaus. – 2. *Einkommen-* und *Körperschaftsteuerrecht:* Verbindlichkeiten auf Besserungsschein sind nicht passivierungsfähig. Zahlungen auf Besserungsschein sind aber → Betriebsausgaben.

Bestandskraft – Es wird zwischen der formellen und der materiellen Bestandskraft unterschieden. Die formelle Bestandskraft bedeutet Unanfechtbarkeit. Der → Verwaltungsakt kann nicht oder nicht mehr mit Rechtsbehelfen angefochten werden. Materielle Bestandskraft bedeutet die Verbindlichkeit eines Verwaltungsaktes (vgl. AEAO vor §§ 172–177 Nr. 1). Zumeist treten beide Formen der Bestandskraft bei einem Steuerverwaltungsakt gleichzeitig ein. Abweichungen können sich durch die Nebenbestimmungen des Vorbehalts der Nachprüfung (§ 164 AO) und der Vorläufigkeit (§ 165 AO) ergeben. Aufgrund dieser Nebenbestimmungen tritt zwar die formelle Bestandskraft mit Ablauf der Rechtsbehelfsmöglichkeit ein (siehe oben). Die materielle Bestandskraft mit ihrer erhöhten Rechtssicherheit tritt dann aber in Abweichungsfällen erst mit der späteren Aufhebung der genannten Nebenbestimmungen ein. – Hintergrund ist die Möglichkeit, einen Steuerbescheid, der unter dem Vorbehalt der Nachprüfung steht, jederzeit und in vollem Umfang bis zum Eintritt der Verjährung zu ändern, während ein materiell bestandskräftiger Steuerverwaltungsakt nur punktuell unter den Einzelvoraussetzungen der §§ 129 und 172 ff. AO geändert werden kann.

Bestandsverzeichnis – I. Grundstücksrecht: Teil des Grundbuchs, in dem das Grundstück katastermäßig bezeichnet ist.

II. Einkommensteuerrecht: Erfassung des → beweglichen Anlagevermögens für Steuerzwecke (R 5.4 EStR). Aufzustellen durch jährliche körperliche Bestandsaufnahme oder durch laufende Inventur. – *Inhalt:* Das Bestandsverzeichnis erfasst bewegliche Anlagegüter, auch voll abgeschriebene. Das Bestandsverzeichnis muss enthalten: Genaue Bezeichnung, Bilanzwert, bei permanenter Inventur zusätzlich Tag der Anschaffung oder Herstellung, Höhe der → Anschaffungskosten oder → Herstellungskosten, Tag des Abgangs. Nicht aufgenommen werden müssen: (1) → geringwertige Wirtschaftsgüter; (2) bewegliche Anlagegüter, für die zulässigerweise ein Festwert angesetzt wird. – *Zulässige Erfassungsweise:* (1) Gesamtanlagen, auf die einheitliche Absetzung für Abnutzung (AfA) vorgenommen wird, können als Einheit eingetragen werden; (2) für gleichartige Gegenstände, die im gleichen Zeitraum angeschafft und deren Anschaffungskosten, Nutzungsdauer und Abschreibungsmethode gleich sind, ist Zusammenfassung statthaft.

Bestätigungsverfahren – Verfahren, nach dem die Gültigkeit einer → Umsatzsteuer-Identifikationsnummer durch Anfrage beim Bundeszentralamt für Steuern überprüft werden kann. Bestätigt werden die Gültigkeit der Nummer, des Namens und der Anschrift der zugehörigen Person; vgl. § 18e UStG. Die Bestätigung kann auch online durchgeführt werden;

dies ermöglicht den betroffenen Wirtschaftskreisen, hinreichend schnell über die umsatzsteuerliche Unternehmereigenschaft ihrer Geschäftspartner Sicherheit zu bekommen.

Bestätigungsvermerk – *Testat.*

I. Begriff: Der Bestätigungsvermerk ist das abschließende Gesamturteil, das nach einer nach anerkannten Berufsgrundsätzen (→ Berufsgrundsätze für Wirtschaftsprüfer) durchgeführten ordnungsmäßigen → Prüfung abgegeben wird (§ 322 I 1, 2 HGB). Mit einem Bestätigungsvermerk bestätigt der → Abschlussprüfer, dass Jahresabschluss und Buchführung den gesetzlichen Vorschriften entsprechen und dass der Lagebericht keine falschen Vorstellungen von der Lage der Unternehmung erweckt. Ein unmittelbares Urteil über die wirtschaftliche Lage der Unternehmung ist mit dem Bestätigungsvermerk nicht verbunden. Ist der Bestätigungsvermerk versagt worden, so ist hierauf in einem bes. Vermerk (dem Versagungsvermerk) hinzuweisen (§ 322 IV 2 HGB). Der Bestätigungsvermerk ist Bestandteil des zu erstellenden → Prüfungsberichts.

II. Bedeutung: Durch den Bestätigungsvermerk sollen Adressaten, z.B. Gesellschafter, Gläubiger, Arbeitnehmer, Aufsichtsrat und Öffentlichkeit, über das Ergebnis einer Prüfung unterrichtet werden. Der volle Wortlaut des Bestätigungsvermerks ist in allen Veröffentlichungen und Vervielfältigungen des Jahresabschlusses wiederzugeben. – Die rechtliche Bedeutung des Bestätigungsvermerks liegt v.a. darin, dass ein Jahresabschluss nach HGB erst festgestellt werden kann, wenn die → Jahresabschlussprüfung stattgefunden hat (§ 316 I 2 HGB). – Die tatsächliche Bedeutung des Bestätigungsvermerks in der Praxis ist weitergehend. I.d.R. wird die Unternehmungsleitung an einem uneingeschränkten Bestätigungsvermerk interessiert sein; die Androhung der Einschränkung oder Versagung des Bestätigungsvermerks wird oft zur Beachtung der Rechnungslegungsvorschriften anreizen.

III. Inhalt: Der Bestätigungsvermerk beschreibt die Aufgabe des Abschlussprüfers und grenzt sie gegenüber der Verantwortung der gesetzlichen Vertreter der zu prüfenden Unternehmung für Buchführung, Jahresabschluss und Lagebericht bzw. Konzernabschluss und -lagebericht ab. Des Weiteren werden Gegenstand, Art und Umfang der Prüfung erläutert. In der abschließenden Beurteilung wird das Prüfungsergebnis formuliert. Nach § 322 II HGB soll die Beurteilung des Prüfungsergebnisses allg. verständlich und problemorientiert erfolgen; auf Risiken, die den Fortbestand des Unternehmens gefährden, ist gesondert einzugehen. – Vgl. auch → Prüfungsstandard IDW PS 400.

IV. Arten: 1. *Uneingeschränkter Bestätigungsvermerk:* Sind nach dem abschließenden Ergebnis der Prüfung keine Einwendungen zu erheben, so hat der Abschlussprüfer nach § 322 I 3 HGB im Bestätigungsvermerk zu erklären, dass die von ihm durchgeführte

Prüfung zu keinen Einwendungen geführt hat und der Jahresabschluss bzw. Konzernabschluss aufgrund der bei der Prüfung gewonnenen Erkenntnisse unter Beachtung der Grundsätze ordnungsmäßiger Buchführung ein den tatsächlichen Verhältnissen entsprechendes Bild der Vermögens-, Finanz- und Ertragslage der Gesellschaft bzw. des Konzerns gibt. Ferner ist darauf einzugehen, ob der Lagebericht bzw. Konzernlagebericht insgesamt ein zutreffendes Bild von der Lage des Unternehmens bzw. Konzerns vermittelt und Risiken der künftigen Entwicklung richtig darstellt (§ 322 III HGB). – Einwendungen sind mehr als geringfügige Beanstandungen; unwesentliche Beanstandungen stehen der Erteilung des Bestätigungsvermerks nicht entgegen. Die Trennung von Wesentlichem und Unwesentlichem kann schwierig sein. – 2. *Einschränkung und Versagung des Bestätigungsvermerks:* Sind Einwendungen zu erheben, so ist der Bestätigungsvermerk gemäß § 322 IV HGB einzuschränken bzw. zu versagen. Einschränkung und Versagung sind zu begründen; Einschränkungen müssen so dargestellt werden, dass ihre Tragweite deutlich erkennbar wird. Die Versagung ist in den Vermerk aufzunehmen; dieser darf dann nicht als Bestätigungsvermerk bezeichnet werden; stattdessen kommt die Bezeichnung „Versagungsvermerk" in Betracht. – Die Grenzziehung zwischen Einwendungen, die zur Einschränkung führen, und Einwendungen, die die Versagung des Bestätigungsvermerks zur Folge haben müssen, ist schwierig und umstritten.

Bestattungskosten → Beerdigungskosten.

Bestechung – I. Allgemein: Das Anbieten, Versprechen oder Gewähren von Geschenken oder anderen Vorteilen an einen Amtsträger oder einen für den öffentlichen Dienst bes. Verpflichteten oder einen Angestellten im Geschäftsverkehr. – *Formen:* (1) *Bestechung i.e.S.:* Vorteilsgewährung: Gewährung, Versprechen oder Anbieten von Geschenken oder anderen Vorteilen; (2) *Bestechlichkeit/Vorteilsannahme:* Gewähren- und Versprechenlassen oder Fordern von Geschenken oder Vorteilen zu bestimmten Zwecken.

Steuerrecht: 1. Wird aus betrieblichen Gründen eine Bestechung vorgenommen, sind die dadurch verursachten Betriebsausgaben nach der Sonderregelung des § 4 V Nr. 10 EStG steuerlich nicht abzugsfähig, wenn die Zuwendung der Vorteile aus Sicht des dt. Rechts eine strafbare Handlung darstellen oder mit Geldbuße bedroht sind. Die Finanzämter und die Gerichte und die Verwaltungsbehörden haben sich gegenseitig auf Verdachtsfälle hinzuweisen. Vom Abzugsverbot können auch Bestechungsgelder an ausländische Empfänger betroffen sein. – 2. Wer als Arbeitnehmer Bestechungsgelder vereinnahmt, empfängt keine Arbeitslohn, ist mit dem fraglichen Betrag aber trotzdem steuerpflichtig (§ 22 Nr.3 EStG).

Besteuerung → Besteuerungsprinzipien, Einkommensbesteuerung, → Erbschaftsbesteuerung, Ertragsbesteuerung, fiskalische Besteuerung,

Gewerbebesteuerung, → Haushaltsbesteuerung, → Kraftfahrzeugbesteuerung, nicht fiskalische Besteuerung, → Steuerarten, Steuern, → Steuerpolitik, → Steuerrecht, → Steuerrechtfertigungslehre, → Steuersystem, Steuertariftypen, Umsatzbesteuerung, Unternehmensbesteuerung, Verbrauchsbesteuerung, Vermögensbesteuerung, Wertzuwachssteuer.

Besteuerung der Renten → Rentenbesteuerung.

Besteuerungsgrundlage – tatsächliche und rechtliche Verhältnisse, die für die Steuerpflicht und für die Bemessung der Steuer maßgebend sind (§ 199 I AO). – 1. Die *Feststellung* der Besteuerungsgrundlage bildet einen mit → Rechtsbehelfen nicht selbstständig anfechtbaren Teil des → Steuerbescheides, soweit die Besteuerungsgrundlage nicht gesondert festgestellt wird (§ 157 II AO). – 2. *Gesondert* und für mehrere Beteiligte *einheitlich* von einem Finanzamt werden die Besteuerungsgrundlagen durch → Feststellungsbescheid festgestellt (§§ 179, 180 AO).

Besteuerungsprinzipien – 1. *Begriff:* steuerliche Grundsätze, die zur Realisation bestimmter Ziele bei der Ausgestaltung von → Steuersystemen zu beachten sind. Besteuerungsprinzipien ändern sich im Zeitablauf aufgrund wechselnder politischer, ökonomischer und sozialer Zielsetzungen, bes. des Verständnisses des steuerlichen Gerechtigkeitsbegriffs (→ Steuergerechtigkeit). – *Beispiele:* → Äquivalenzprinzip, → Assekuranzprinzip, → Leistungsfähigkeitsprinzip, Entscheidungsneutralität der Besteuerung. – Zu Besteuerungsprinzipien des grenzüberschreitenden Lieferungs- und Leistungsverkehrs vgl. → Bestimmungslandprinzip und → Ursprungslandprinzip. – 2. *Arten:* a) *Klassische Besteuerungsprinzipien (bzw. Smithsche Steuerregeln):* (1) Gleichmäßigkeit der Besteuerung: Gleichbehandlung der Steuerpflichtigen; (2) Bestimmtheit der Besteuerung: Vermeidung von Willkür bei der Steuererhebung; (3) Bequemlichkeit der Besteuerung (hinsichtlich der Steuerzahlungstermine und -modalitäten); (4) Billigkeit der Besteuerung: Minimierung der Steuererhebungskosten. Diese „vier Grundregeln über die Steuern i.Allg." wurden erstmals von Smith 1776 aufgestellt. – b) *Moderne Besteuerungsprinzipien:* (1) *fiskalisch-budgetäre Prinzipien:* auf eine ausreichende finanzielle Bedarfsdeckung und deckungspolitische Anpassungsfähigkeit des Steuersystems ausgerichtete Prinzipien; (2) *ethisch-soziale Prinzipien:* Die Grundsätze der Allgemeinheit, Gleichmäßigkeit und Leistungsfähigkeit beinhaltende Prinzipien (→ Leistungsfähigkeitsprinzip, → Äquivalenzprinzip, Edinburgher Regel); (3) *wirtschaftspolitische Prinzipien:* Entscheidungsneutralität der Besteuerung mit dem Ziel der Vermeidung gesamtwirtschaftlicher Wohlfahrtsverluste durch steuerbedingte Fehlallokationen, die aktive und passive Flexibilität des Steuersystems im Hinblick auf eine moderne Konjunkturpolitik und die wachstumspolitische Ausrichtung der Besteuerung gewährleistende Prinzipien; (4) *steuertechnische*

Prinzipien: die Grundsätze der Systemhaftigkeit, Transparenz, Praktikabilität, Stetigkeit und Bequemlichkeit beinhaltende Prinzipien.

bestimmte Körperschaften – Begriff des Körperschaftsteuerrechts (§ 24 KStG): Körperschaften und Personenvereinigungen, deren Leistungen beim Empfänger nicht zu Kapitaleinkünften nach § 20 I Nr.1 oder Nr.2 EStG führen, d.h. die nicht Kapitalgesellschaften, Erwerbs- und Wirtschaftsgenossenschaften, Kolonialgesellschaften oder bergbautreibende Vereinigungen mit den Rechten juristischer Personen sind. Bestimmte Körperschaften erhalten einen Freibetrag von 3.835 Euro bei der Körperschaftsteuer, maximal jedoch in Höhe des Einkommens. Die Regelung gilt nicht für Erwerbs- und Wirtschaftsgenossenschaften und Vereine, die ausschließlich Land- und Forstwirtschaft betreiben, da diese durch einen anderen Freibetrag begünstigt werden (§ 25 KStG).

Bestimmungslandprinzip – 1. *Begriff:* → Besteuerungsprinzip i.S.d. Umsatzsteuerrechts ist die Besteuerung einer Ware oder Lieferung mit der Umsatzsteuer des Bestimmungslandes. In Deutschland kommt das Bestimmungslandprinzip zur Anwendung, wenn die Lieferungen zwischen den Unternehmen der EU erfolgen. Es soll erreicht werden, dass im internationalen Wettbewerb die Steuern ihre Bedeutung als Kosten- und Preisbestandteile verlieren. – *Gegensatz:* → Ursprungslandprinzip, Herkunftslandprinzip. – 2. Bei der *Umsatzsteuer* wird in den EU-Mitgliedsstaaten bisher weitgehend am Bestimmungslandprinzip festgehalten. – → Ausfuhrlieferungen, → Einfuhrumsatzsteuer (EUSt). – Vgl. auch → innergemeinschaftlicher Verkehr.

Beteiligte am Besteuerungsverfahren – v.a. Antragsteller und Antraggegner sowie die Adressaten von Verwaltungsakten der Finanzbehörde (§ 78 AO), in erster Linie also → Steuerpflichtige im Sinne von § 33 AO.

Beteiligung – I. Charakterisierung: 1. *Begriff:* Mitgliedschaftsrecht, das durch Kapitaleinlage (Geld- oder Sacheinlage) bei einer Gesellschaft erworben wird. – Vgl. auch → Beteiligungsfinanzierung. – 2. *Formen:* a) *Beteiligung eines Einzelnen:* (1) Beteiligung ohne Gesellschaftscharakter, juristisch nach allg. Rechtsnormen zu beurteilen: → partiarische Darlehen. (2) Beteiligung mit Gesellschaftscharakter aufgrund von bes. Gesetzesnormen (insbesondere: BGB, HGB, AktG, GmbHG, GenG, PartnerschG): → Personengesellschaften, Kapitalgesellschaften. – b) *Beteiligung einer Unternehmung:* Ganze Unternehmungen sind zu einem über der einzelnen Unternehmung stehenden Organismus vereinigt: (1) Beteiligung mit dem Ziel gegenseitiger wirtschaftlicher Förderung (→ Interessengemeinschaften). (2) Beteiligung zwecks Beherrschung: (a) einfache *Beteiligung* einer Unternehmung an einer anderen (z.B. Tochtergesellschaften); (b) Verflechtung mehrerer

Unternehmungen (Konzerne). – Beherrschung bei der AG in drei *Stufen:* (1) Sperrminorität: über 25 Prozent der Stimmen (Verhindern von Hauptversammlungs-Beschlüssen, die eine 3/4-Mehrheit erfordern); (2) Majorität: über 50 Prozent (absolute Mehrheit); (3) völlige Beherrschung: 75 Prozent (Durchsetzung praktisch aller Beschlüsse der Hauptversammlung).

II. Handelsrecht: 1. *Partiarische Darlehen* werden unter Darlehen aufgeführt, die Einlage des *Stillen Gesellschafters* geht in das Vermögen des Geschäftsinhabers ein (§ 230 HGB). – 2. Beteiligung als Gesellschafter einer *Personen- oder Kapitalgesellschaft* wird als Eigen-, Stamm- oder Grundkapital ausgewiesen. – 3. *Handelsrechtlich* sind bei Kapitalgesellschaften Beteiligungen nur solche Anteile an anderen Unternehmen, die dem eigenen Geschäftsbetrieb durch Herstellung einer dauernden Verbindung zu dienen bestimmt sind; Einzelheiten in § 271 I HGB.

III. Steuerrecht: Als Beteiligung gilt der Besitz von Gesellschafts-, Bohr- und Genossenschaftsanteilen, Aktien, Einlagen etc. Als *wesentliche Beteiligung* gilt ein Anteil von mehr als 1 Prozent am Kapital einer Kapitalgesellschaft (§ 17 I EStG; ursprünglich nur 25 Prozent, dann ab 1999 10 Prozent). – 1. a) *Beteiligung an Kapitalgesellschaften* haben allg. das Problem der → Doppelbesteuerung, was dazu führt, dass in zahlreichen Staaten für Beteiligungen bes. Bestimmungen gelten, die eine vom Rest des Kapitals und der Kapitalerträge abweichende Behandlung vorsehen. – Vgl. auch → Schachtelprivileg. – b) *Beteiligungen an Personengesellschaften* werden nach dt. Steuerrecht nicht als selbstständige Wirtschaftsgüter betrachtet, sodass es hier i.d.R. keine doppelte Erfassung auf zwei Ebenen geben kann. – 2. *Einkommen- und Körperschaftsteuer:* a) Erträge aus Beteiligung an einer Kapitalgesellschaft unterlagen bisher zur Vermeidung der Doppelbelastung dem → Halbeinkünfteverfahren. Ab dem Veranlagungszeitraum 2009 kommt jedoch bei Ausschüttungen und bei Veräußerungen von Beteiligungen im Betriebsvermögen sowie bei wesentlichen Beteiligungen im Privatvermögen anstelle des Halbeinkünfteverfahrens das → Teileinkünfteverfahren zur Anwendung. Damit wird der steuerfreie Teil von 50 Prozent auf 40 Prozent abgesenkt. Analog hierzu sind Verluste in Höhe von 60 Prozent statt bisher in Höhe von 50 Prozent zu berücksichtigen. Dividenden aus Beteiligungen im Privatvermögen unterliegen als Einkünfte aus Kapitalvermögen ab 2009 grundsätzlich der → Abgeltungsteuer (25 Prozent). Sonderregelungen sind im Rahmen der → privaten Veräußerungsgeschäfte zu berücksichtigen. – b) Erträge aus Beteiligung an einer Personengesellschaft werden bei dieser gesondert festgestellt und anschließend bei dem Einkommen- bzw. Körperschaftsteuer den Einkünften der betreffenden Gesellschafter zugerechnet. – 3. *Gewerbesteuer:* Objekt der Gewerbesteuer ist idealtypisch der Ertrag des Betriebes: a) Für Erträge des Gewerbebetriebs aus *Beteiligungen an*

Kapitalgesellschaften ist eine traditionelle Mindestbeteiligungsquote von 10 Prozent (ab dem Erhebungszeitraum 2008: 15 Prozent) nötig. Beträgt die Beteiligung 10 Prozent (ab dem Erhebungszeitraum 2008: 15 Prozent) und mehr, so werden die Gewinnanteile im Betrieb des Eigentümers der Beteiligung vollständig steuerbefreit; beträgt sie dagegen weniger als 10 Prozent (bzw. 15 Prozent), so wird der Ertrag aus der Beteiligung vollständig steuerpflichtig. – b) *Gewinnanteile eines stillen Gesellschafters aus seiner Beteiligung* können einkommensteuerlich unter bestimmten Umständen Betriebsausgabe des Betriebsinhabers sein, gehören aber zur Ertragskraft des gewerblichen Betriebs. Ab dem Erhebungszeitraum 2008 wird der Gewinnanteil in Höhe von 25 Prozent hinzugerechnet. – 4. *Grunderwerbsteuer:* Wer eine Beteiligung an einer Kapitalgesellschaft direkt oder indirekt auf eine Quote von 95 Prozent oder mehr aufstockt, hat für sämtliche Grundstücke dieser Gesellschaft Grunderwerbsteuer zu entrichten (§ 1 III GrEStG). – 5. *Sonstiges:* Wer eine Beteiligung an einer ausländischen Personengesellschaft erwirbt, aufgibt oder (z.B. in Hinblick auf seine Beteiligungsquote) verändert, hat dies den Finanzbehörden anzuzeigen (§ 138 II Nr.2 AO). Ebenso ist der Erwerb einer Beteiligung an einer beschränkt steuerpflichtigen juristischen Person ab einer Beteiligungsquote meldepflichtig, wenn die erreichte Beteiligung insgesamt Anschaffungskosten von mehr als 150.000 Euro hat oder die Beteiligungsquote unmittelbar 10 Prozent oder mittelbar 25 Prozent erreicht (§ 138 II Nr. 3 AO).

Beteiligungsfinanzierung – 1. *Begriff:* Sammelbezeichnung für alle Formen gesellschaftlicher Beschaffung von Eigenkapital durch Kapitaleinlagen von Gesellschaftern der Unternehmung. Die Rechtsfolgen der Beteiligungsfinanzierung wie Mitwirkung an der Geschäftsführung, Gewinn- und Verlustbeteiligung sowie Haftung für die Verbindlichkeiten sind nach der Unternehmungsform gesetzlich geregelt oder vertraglich zu vereinbaren. – 2. *Finanzierungsmittel zur Beteiligungsfinanzierung:* (1) Einlagen, (2) Aktien, (3) Genossenschaftsanteile, (4) Bohranteile, Schiffsparts des Kapitalgebers am Gewinn (bei Kapitalgesellschaften und Genossenschaften in Form der → Dividende, sonst als → Gewinnausschüttung) und ggf. am Liquidationserlös sind vertraglicher Vereinbarung zugänglich. – 3. *Mischformen* zwischen Beteiligungsfinanzierung und Fremdfinanzierung werden in der Gewinnobligation gesehen (d.h. Schuldverschreibungen mit erfolgsabhängiger Verzinsung) sowie in der Wandelanleihe und auch in zweckgebundenen Rücklagen für soziale Zwecke. – 4. Für die Kapitalgeber gehört die → Beteiligung zum *Finanzanlagevermögen*, sofern es sich um eine dauernde Beteiligung handelt. – 5. *Steuerrechtliche Behandlung:* → Beteiligung, → Organschaft, → Schachtelprivileg.

Beteiligungsverlust – Verluste aus der → Veräußerung einer Beteiligung an einer Kapitalgesellschaft oder einer Teilwertabschreibung sind bis einschließlich 2008 nach dem Halbeinkünfteverfahren bei der Einkommensteuer zur Hälfte abzugsfähig. Ab dem Veranlagungszeitraum 2009 sind Verluste aus Veräußerungen von Beteiligungen an Kapitalgesellschaften, die sich im Betriebsvermögen befinden, sowie bei wesentlichen Beteiligungen im Privatvermögen nunmehr mit 60 Prozent (→ Teileinkünfteverfahren) zu berücksichtigen. Bei allen anderen Beteiligungen im Privatvermögen (Beteiligung unter 1 Prozent) können Veräußerungsverluste bei Erwerben ab dem Veranlagungszeitraum 2009 nur mit Gewinnen aus Aktienverkäufen ab 2009 verrechnet werden. – *Ausnahme:* Kreditinstitute und Lebensversicherungsunternehmen.

Betreuungsfreibetrag – ein → Freibetrag bei der Einkommensteuer (§ 32 VI EStG), der zusätzlich zum → Kinderfreibetrag bzw. zum Kindergeld gewährt wird, um die Aufwendungen für die notwendige Betreuung eines Kindes in pauschaler Form abzugelten. Der Betreuungsfreibetrag beträgt insgesamt 2.640 Euro (seit 2010) und wird, wenn es zwei Anspruchsberechtigte gibt, bei denen das Kind steuerlich zu berücksichtigen ist, mit je 1.320 Euro jedem Steuerpflichtigen zugerechnet. Für jeden Kalendermonat, in dem das Kind steuerlich nicht zu berücksichtigen war, verringert sich der Betreuungsfreibetrag um ein Zwölftel. Die Regelungen zur Kinderbetreuung werden in § 9c EStG zusammengefasst.

Betrieb – I. *Betriebswirtschaftslehre:* 1. *Begriff:* örtliche, technische und organisatorische Einheit zum Zwecke der Erstellung von Gütern und Dienstleistungen, charakterisiert durch einen räumlichen Zusammenhang und eine Organisation, „die auf die Regelung des Zusammenwirkens von Menschen und Menschen, Menschen und Sachen sowie von Sachen und Sachen im Hinblick auf gesetzte Ziele gerichtet ist" (Kosiol). – a) *Örtliche Einheit:* Betrieb ist insoweit der → Arbeitsstätte gleichzusetzen, als die Leistungserstellung und -verwertung in einem räumlich und technisch zusammengehörigen, überschaubaren Bereich erfolgt. – b) *Organisatorisch-technische Einheit:* Hilfs- und Nebenbetriebe (Produktionshilfsbetrieb, Produktionsnebenbetrieb) zählen im Gegensatz zur Arbeitsstätte auch dann zur organisatorischen Einheit des Betriebes, wenn sie getrennt vom Hauptbetrieb (Produktionshauptbetrieb) am gleichen Ort und unter derselben technischen Leitung arbeiten. Die organisatorische Kombination des sachlichen Betriebsvermögens mit der verfügbaren Arbeitsleistung durch den Arbeitgeber vollzieht sich im Bereich des Betriebes. – 2. *Abgrenzung zu Unternehmung:* Der Begriff „Unternehmung" bezeichnet die rechtliche und wirtschaftlich-finanzielle Einheit. – 3. *Arten:* a) nach der *Größe:* Unterscheidung nach der Beschäftigtenzahl, nach Umsätzen, Steuerleistung u.Ä. in Groß-, Mittel- und Kleinbetriebe. – Vgl. auch Betriebsgrößenklasse, → Betriebsgrößenklassifikation. – b) nach *Art der (wirtschaftlichen) Leistung:* (1) Produktionsbetriebe, wie Landwirtschafts-, Handwerks-, Industrie-,

Bergbau-Betriebe; (2) Dienstleistungsbetriebe, wie Verkehrs-, Handels-, Bank-, Versicherungs-Betriebe; (3) Verwaltungsbetriebe, wie organisatorisch selbstständige Stätten der Dienstleistung in der Gesundheitspflege (Krankenhäuser, Badeanstalten); (4) Arbeitsstätten der Verwaltung (umstritten).

II. Volkswirtschaftslehre: systemindifferenter Oberbegriff für Wirtschaftseinheiten, die mittels des Einsatzes von Produktionsfaktoren für Dritte Leistungen erstellen. Betriebe in Marktwirtschaften werden als Unternehmungen bezeichnet, wenn sie dem Autonomieprinzip, dem Prinzip des Privateigentums und dem erwerbswirtschaftlichen Prinzip gehorchen. – Der Begriff Betrieb wird umgangssprachlich oft als Synonym für *Unternehmung* gebraucht. Mit Betrieb können auch nur Teilbereiche der Unternehmung bezeichnet werden.

III. Soziologie: 1. Betrieb als soziales Gebilde ist *gekennzeichnet durch:* (1) formal festgelegte betriebliche Arbeitsteilung, d.h. Zuordnung von Positionen, Stellen und Abteilungen (formale Organisation); (2) informelle Beziehungen zwischen den Betriebsmitgliedern, die unabhängig von der formalen Organisation und den Betriebszielen bestehen; (3) vertikale Ordnung der Entscheidungskompetenzen und Verantwortung; (4) Verhältnis der Über- und Unterordnung der Positionsinhaber, die aufgrund der vertikalen Ordnung von Kompetenzen und Verantwortlichkeiten entsteht (erste hierarchische Ordnung); (5) durch die gesellschaftlich determinierten Bewertungen der einzelnen Positionen (zweite hierarchische Ordnung im Sinn von höher und niedriger (Statusorganisation). – 2. *Gegenstand* der Betriebssoziologie.

IV. Amtliche Statistik: 1. Unterschiedlich definierter *Begriff:* a) im *produzierenden Gewerbe:* örtlich getrennte Niederlassungen der Unternehmen, die sich von → *Arbeitsstätten* durch Einbeziehung von nahe gelegenen Verwaltungs-, Reparatur- und Hilfsabteilungen unterscheiden. – b) im *Baugewerbe:* örtliche Einheiten (i.d.R. nicht Baustellen) mit Schwerpunkt im Baubereich. – c) in der *Land- und Forstwirtschaft:* technisch-wirtschaftliche Einheit, die für Rechnung eines Inhabers (Betriebsinhaber) bewirtschaftet wird, einer einheitlichen Betriebsführung untersteht und land- und/oder forstwirtschaftliche Erzeugnisse hervorbringt. – 2. *Erfassung:* Je nach der im Einzelfall anzutreffenden Kombination charakteristischer Merkmale können in der tabellarischen Aufbereitung technische Einheiten oder örtlich selbstständige Einzelbetriebe dargestellt werden: Vertikal als Haupt- und Nebenbetrieb oder horizontal als Haupt- und Zweigbetriebe einander zugeordnete Einheiten. Besonderheiten sind gemeindlich oder bezirklich nach dem Belegenheitsprinzip getrennt erfasste Betriebe, wenn sie als unvollständige Betriebe (nicht nach der organisatorischen Zusammengehörigkeit der Einheiten) dargestellt werden.

V. Recht: 1. *Allgemein:* Rechtsstellung verschieden, je nach Eigenart der betrieblichen Arbeit der einzelnen Wirtschaftszweige (z.B. Handel, Landwirtschaft und Bergbau). – *Gewerbebetrieb:* allg. Vorschriften über den Betrieb eines stehenden Gewerbes in der Gewerbeordnung (GewO) geregelt. Ausgenommene Bereiche in § 6 GewO geregelt. – *öffentlich-rechtliche Unternehmen:* öffentliche Unternehmen. – 2. *Arbeitsrecht:* Betrieb ist die organisatorische Einheit, innerhalb derer der Arbeitgeber mit seinen Arbeitnehmern durch Einsatz technischer und immaterieller Mittel bestimmte arbeitstechnische Zwecke fortgesetzt verfolgt, die sich nicht in der Befriedigung von Eigenbedarf erschöpfen (Fremdbedarfsdeckung). Durch die arbeitstechnische Zweckbestimmung der organisatorischen Einheit unterscheidet sich der Betrieb von dem weiter gefassten Begriff des Unternehmens; mehrere Unternehmen können jedoch einen gemeinsamen Betrieb bilden; ein Unternehmen kann aber auch mehrere Betriebe umfassen. Arbeitsrechtliche Vorschriften und Gesetze (Betriebsverfassung, Kündigungsschutz) beziehen sich vielfach auf den Betrieb und seine Größe (Kleinbetrieb). – 3. *Steuerrecht* (v.a. BewG): a) *Allgemeines:* Der Betriebsbegriff wird in vielfältiger Form verwendet. Teilweise steht und fällt die Anwendbarkeit von bestimmten (oft: günstigen) Sondervorschriften daran, dass die Voraussetzungen für das Vorliegen eines Betriebes oder einer bestimmten Sonderform von Betrieben erfüllt sind; werden sie (ggf. knapp) verfehlt, kommen u.U. ganz andere Bestimmungen auf den Sachverhalt zur Anwendung. Das macht die genaue Kenntnis der steuerlichen Betriebsbegriffe für die Praxis bes. wichtig, können geringfügige Fehlbeurteilungen doch erhebliche steuerliche Mehrbelastungen auslösen. – b) *Im Einzelnen sind v.a. zu unterscheiden:* (1) *Land- und forstwirtschaftlicher Betrieb:* die Bearbeitung und Nutzung von Grund und Boden zur Gewinnung organischer Erzeugnisse einschließlich ihrer unmittelbaren Verwertung, steuerliche Folge: teilweise günstige Gewinnberechnungsvorschriften. (2) *Gewerblicher Betrieb:* jede selbstständige, nachhaltige Betätigung, die mit Gewinnerzielungsabsicht unternommen wird und sich als Beteiligung am allg. wirtschaftlichen Verkehr darstellt, sofern die Betätigung nicht als Land- und Forstwirtschaft oder freier Beruf anzusehen ist und keine reine Vermögensverwaltung darstellt (§ 15 EStG). Steuerliche Folge: meist auch Gewerbesteuerpflicht. (3) *Wirtschaftlicher Geschäftsbetrieb:* gemäß § 14 AO der Oberbegriff für Betriebe, Gegensatz: Vermögensverwaltung. Steuerliche Folge: Betätigungen einer steuerfreien Körperschaft sind, soweit sie einen solchen Geschäftsbetrieb bilden, grundsätzlich von der Steuerfreiheit ausgenommen. (4) V.a. im Rahmen der Regelungen über Betriebsaufgabe und im Umwandlungssteuerrecht von Bedeutung ist der Begriff des → *Teilbetriebes.* (5) → Betriebe gewerblicher Art sind der einzige Bereich, mit dem juristische Personen des öffentlichen Rechts der → *Körperschaftsteuer* unterliegen (§ 1 I Nr.6 KStG), wenn sie nicht ohnehin in bes. privatrechtliche Unternehmungsform gekleidet sind, wie z.b. Sparkassen (Die Eigenbetriebe der öffentlichen Hand in der Unternehmungsform einer Kapitalgesellschaft sind ohnehin unbeschränkt steuerpflichtig.). – c) *Umsatzsteuerlich* spricht man nicht vom „Betrieb" des Unternehmers, sondern vom „Unternehmen", in speziellen Zusammenhängen auch vom „Geschäftsbetrieb im Ganzen" (§ 1a UStG); der unterschiedliche Sprachgebrauch hebt hervor, dass die Abgrenzung, wann ein solcher Organismus vorliegt und wann nicht, im Umsatzsteuerrecht (das auf europäisch einheitliche Vorgaben zurückgreift) und im Ertragsteuerrecht (das weitgehend national autonom geprägt ist) unterschiedlich sein kann.

Betrieb gewerblicher Art – steuerrechtlicher Begriff für Einrichtungen von juristischen Personen des öffentlichen Rechts, die einer nachhaltigen wirtschaftlichen Tätigkeit zur Erzielung von Einnahmen oder anderen wirtschaftlichen Vorteilen außerhalb der → Land- und Forstwirtschaft dienen und die sich innerhalb der Gesamttätigkeit der juristischen Person wirtschaftlich herausheben. Nicht erforderlich ist Gewinnerzielungsabsicht und Beteiligung am allg. wirtschaftlichen Verkehr. – *Kein* Betrieb gewerblicher Art ist ein → Hoheitsbetrieb. – Einzelheiten: § 4 KStG, Körperschaftsteuer-Richtlinien zu § 4 KStG.

Betriebsabwicklung → Abwicklung.

Betriebsanalyse – zu einem bestimmten Zeitpunkt vorgenommene Analyse des Betriebes oder seiner Teilbereiche mit den einzelnen Funktionen auf Zustand und Zweckmäßigkeit in Ausstattung, Besetzung, Arbeitsablauf, Kostenstruktur, Wirtschaftlichkeit, Kapazität, Leistungserfolg und Konkurrenzfähigkeit sowie auf organisatorische Tatbestände (Gemeinkostenwertanalyse, Wertanalyse, Organisationsmethodik). Die Betriebsanalyse ist zusammen mit der Produktanalyse potenzieller Ausgangspunkt für die Arbeitsvorbereitung, das Organisationsmanagement sowie das Marketing. – Vgl. auch Betriebsvergleich.

Betriebsaufgabe – 1. *Begriff:* Form der Beendigung eines land- und forstwirtschaftlichen oder gewerblichen Betriebs oder der selbstständigen Tätigkeit. Eine Betriebsaufgabe ist anzunehmen, wenn (1) aufgrund eines Entschlusses des Steuerpflichtigen, den Betrieb aufzugeben, (2) die Tätigkeit endgültig eingestellt wird (sonst Betriebsunterbrechung), (3) die wesentlichen Betriebsgrundlagen (4) in einem einheitlichen Vorgang (d.h. innerhalb eines kurzen Zeitraums; sonst: → Abwicklung) (5) entweder an verschiedene Abnehmer verkauft oder ins → Privatvermögen überführt oder teilweise veräußert und teilweise ins Privatvermögen überführt werden und (6) dadurch der Betrieb als selbstständiger Organismus des Wirtschaftslebens zu bestehen aufhört. – *Gegensatz:* Betriebsveräußerung, Betriebsverlagerung. – 2. *Besonderheiten* bei Aufgabe der selbstständigen Tätigkeit (R 18.3 III EStR). – 3. *Steuerliche*

Behandlung: a) *Einkommensteuerlich* gilt Betriebsaufgabe als Betriebsveräußerung (§§ 14, 14a III, 16 III, 18 III EStG). Durch das Steuervereinfachungsgesetz 2011 gilt der Betrieb so lange als fortgeführt, bis der Steuerpflichtige die Aufgabe erklärt hat. Der im Zuge der Betriebsaufgabe erzielte Gewinn (§§ 16 und 18 III EStG i.V. mit § 34 EStG, § 52 XLVII EStG) unterliegt als → außerordentliche Einkünfte der Einkommensteuer ggf. unter Gewährung eines → Freibetrags und Anwendung eines ermäßigten Steuersatzes (→ Veräußerungsgewinn). Sowohl der Freibetrag als auch der ermäßigte Steuersatz werden jeweils nur einmal im Leben gewährt, daher ist für die Gewährung jeweils ein entsprechender Antrag erforderlich (§§ 16 IV, 34 III EStG). Zur Ermittlung des Aufgabegewinns sind veräußerte Wirtschaftsgüter mit erzielten Veräußerungspreisen, nicht veräußerte mit dem → gemeinen Wert im Zeitpunkt der Betriebsaufgabe anzusetzen und dem Buchwert des → Betriebsvermögens im Zeitpunkt der Betriebsaufgabe gegenüberzustellen. – b) Der im Zuge der Betriebsaufgabe erzielte Gewinn unterliegt bei natürlichen Personen nicht der → Gewerbesteuer, weil die Gewerbesteuer bei natürlichen Personen auf den Gewinn nur aus einem „stehenden" (= aktiven) Gewerbebetrieb erhoben wird, dies aber auf den Aufgabegewinn nicht zutrifft. Dagegen wird bei den meisten juristischen Personen der Gewinn schon aufgrund der Rechtsform als gewerblich angesehen (§ 2 III GewStG, insbesondere bei AG und GmbH), was zur Folge hat, dass auch der Gewinn aus der Aufgabe des Betriebes ebenfalls noch automatisch als gewerblich i.S.d. Gewerbesteuergesetzes gilt und daher steuerpflichtig wird. Entsprechend diesen Grundsätzen ist bei einer Personengesellschaft der Aufgabegewinn gewerbesteuerfrei nur, soweit er auf einen Gesellschafter entfällt, der eine natürliche Person ist. – c) Die im Rahmen der Betriebsaufgabe getätigten Verkäufe unterliegen als Lieferung oder sonstige Leistungen, die Überführungen von Wirtschaftsgütern in das Privatvermögen als der Lieferung gegen Entgelt gleichgestellte Entnahme (→ unentgeltliche Wertabgaben) der → Umsatzsteuer. Die Befreiungen in § 4 UStG sind zu beachten. Nicht der Umsatzsteuer unterliegt jedoch die Veräußerung eines in der Gliederung des Unternehmens gesondert geführten Betriebs, wenn sie an einen anderen Unternehmer für dessen Unternehmen erfolgt (§ 1a UStG, → Geschäftsveräußerung im Ganzen).

Betriebsaufspaltung – *Betriebsspaltung, Betriebsteilung* (Doppelgesellschaft). 1. *Begriff:* Trennung eines → Gewerbebetriebs in zwei rechtlich getrennte Unternehmungen. – 2. *Zweck:* z.B. außersteuerliche Gründe (z.B. Haftungsbeschränkung für die das Risiko tragende Besitzgesellschaft, Nachfolgeregelung). Minderung der Gewerbeertragsteuerbelastung gegenüber einer Personengesellschaft durch Abschluss schuldrechtlicher Verträge zwischen der Kapitalgesellschaft und ihren Gesellschaftern (Geschäftsführungs-, Beratungs- und

Darlehensverträge). – 3. *Formen:* a) Aufteilung in *Besitz- und Betriebsgesellschaft,* wobei letztere i.d.R. eine Kapitalgesellschaft und erstere eine Personenunternehmung ist. – b) Aufteilung in *Produktions- und Vertriebsgesellschaft.* – c) *Echte Betriebsaufspaltung:* Aufteilung eines bisher einheitlichen Unternehmens auf zwei rechtlich selbstständige Unternehmungen. – d) *Unechte Betriebsaufspaltung:* Zwei rechtlich selbstständige Unternehmungen werden durch sachliche und personelle Verflechtung verbunden. – e) *Mitunternehmerische Betriebsaufspaltung:* Besitz- und Betriebsgesellschaft sind Personengesellschaften. – 4. *Voraussetzungen:* a) *Sachliche Verflechtung:* Der Betriebsgesellschaft muss durch das Besitzunternehmen mind. eine wesentliche Betriebsgrundlage zur Nutzung überlassen werden. – b) *Personelle Verflechtung:* Die hinter beiden Unternehmungen stehenden Personen müssen einen einheitlichen geschäftlichen Betätigungswillen haben. Dieser ist gegeben, wenn die Person/Personen, die das Besitzunternehmen tatsächlich beherrschen, in der Lage sind, auch in der Betriebsgesellschaft ihren Willen durchzusetzen. – 5. *Rechtsfolgen:* a) Die Begründung der Betriebsaufspaltung erfolgt Gewinn neutral. – b) Die ihrer Art nach vermögensverwaltende (→ Vermögensverwaltung) und damit an sich nicht gewerbliche Tätigkeit der Besitzunternehmung wird als → Gewerbebetrieb qualifiziert. – c) Die Anteile an der Betriebskapitalgesellschaft sind notwendiges → Betriebsvermögen bzw. → Sonderbetriebsvermögen. – d) Veränderungen in den Voraussetzungen durch bestimmte Handlungen oder Geschehnisse (z.B. Erbfall) können zum Fortfall der Betriebsaufspaltung führen. Dieser ist als → Betriebsaufgabe, mit der Folge der Gewinnrealisierung, zu beurteilen, es sei denn, es finden anschließend die Grundsätze der Betriebsverpachtung (→ Pacht) Anwendung. – 6. Dem zwischen beiden Gesellschaften geschlossenen Pachtvertrag kann die *steuerliche Anerkennung* nur versagt werden, wenn einzelne Teile der Vereinbarung so ungewöhnlich sind, dass an der Ernsthaftigkeit der Betriebsüberlassung aufgrund des Pachtvertrages Zweifel bestehen. – Vgl. auch Spaltung von Kapitalgesellschaften.

Betriebsausgabe – 1. Einkommensteuerrechtlicher *Begriff* für Aufwendungen, die durch den Betrieb des Steuerpflichtigen veranlasst sind (§ 4 IV EStG). Keine Betriebsausgaben sind: Aufwendungen zur Förderung staatspolitischer Zwecke (§ 4 VI EStG), Aufwendungen für die Wege zwischen Wohnung und Betriebsstätte und für Familienheimfahrten (§ 5a EStG), Aufwendungen für die Gewerbesteuer und die darauf entfallenden Nebenleistungen (§ 5b EStG). Bei Schuldzinsen wird durch das Gesetz näher geregelt, welche als betrieblich anzuerkennen sind (§ 4 IVa EStG; Schuldzinsenabzug). – 2. Betriebsausgaben *mindern* bei der Gewinnermittlung den *Gewinn,* es sei denn, es handelt sich um nichtabzugsfähige Betriebsausgaben. – 3. *Nichtabzugsfähige Betriebsausgaben* (§ 4 V EStG) sind: (1) Aufwendungen für

Geschenke an Personen, die nicht Arbeitnehmer des Steuerpflichtigen sind, es sei denn, dass die Anschaffungskosten/Herstellungskosten der dem Empfänger im Wirtschaftsjahr zugewendeten Gegenstände insgesamt 35 Euro (ab Veranlagungszeitraum 2004) nicht übersteigen; (2) Aufwendungen für die Bewirtung von Personen aus geschäftlichem Anlass, soweit sie 70 Prozent der Aufwendungen übersteigen, die nach der allg. Verkehrsauffassung als angemessen anzusehen sind und deren Höhe und betriebliche Veranlassung nachgewiesen sind (→ Geschäftsfreundebewirtung); (3) Aufwendungen für Gästehäuser, die sich außerhalb des Ortes eines Betriebs des Steuerpflichtigen befinden; (4) Aufwendungen für Jagd, Fischerei, Segel- oder Motorjachten sowie für ähnliche Zwecke und für die damit zusammenhängenden Bewirtungen; (5) → Mehraufwendungen für Verpflegung, soweit sie die festgelegten Pauschbeträge übersteigen; (6) Aufwendung für ein häusliches Arbeitszimmer und dessen Ausstattung; keine Beschränkung besteht, wenn das Arbeitszimmer Mittelpunkt der gesamten betrieblichen und beruflichen Tätigkeit ist; (7) andere als die in (1) bis (6) aufgeführten Aufwendungen, die die Lebensführung des Steuerpflichtigen oder anderer Personen berühren, soweit sie nach allg. Verkehrsauffassung als unangemessen anzusehen sind; (8) von einem Gericht oder einer Behörde oder von Organen der EU festgesetzte Geldbußen, Ordnungs- und Verwarnungsgelder; (9) Zinsen auf hinterzogene Steuern; (10) Ausgleichszahlungen, die bei Bestehen einer körperschaftsteuerlichen → Organschaft an außen stehende Anteilseigner geleistet werden; (11) Zuwendung von Vorteilen, wenn eine rechtswidrige Handlung darstellt, die nach Gesetz mit einer Geldbuße geahndet wird; (12) seit dem Veranlagungszeitraum 2007 auch Zuschläge nach § 162 IV AO; (13) seit dem Veranlagungszeitraum 2008 stellt die Gewerbesteuer und die darauf entfallenden Nebenleistungen keine Betriebsausgaben mehr dar. – 4. *Pauschbeträge für Betriebsausgaben:* Sie sind für bestimmte Berufsgruppen oder Aufwendungsarten möglich (→ Pauschbeträge). – *Gegensatz:* → Betriebseinnahmen.

Betriebsausgabenpauschale – 1. *Begriff:* bei der Körperschaftsteuer ein Pauschalbetrag in Höhe von 5 Prozent der in einem Jahr von einer Körperschaft bezogenen → Dividenden (§ 8b II KStG) zzgl. 5 Prozent der in einem Jahr realisierten Gewinne aus der Veräußerung von Anteilen an einer anderen Körperschaft (§ 8b III KStG). – 2. *Steuerliche Behandlung:* Bei der Gewinnermittlung der Körperschaft werden in Höhe der fünfprozentigen Betriebsausgabenpauschale nichtabziehbare Betriebsausgaben unterstellt. – 3. *Hintergründe:* a) *Zweck der Regelung:* Nach allg. Prinzipien sind bei der Einkommensbesteuerung Ausgaben häufig nicht abzugsfähig, wenn die zugehörigen Einnahmen steuerfrei sind (vgl. § 3c EStG). Nach diesem Prinzip müssten Ausgaben einer Körperschaft, die in Zusammenhang mit dem Bezug von

Dividenden aus anderen Körperschaften stehen, eigentlich vom Abzug bei der Gewinnermittlung ausgeschlossen sein, z.b. Verwaltungskosten in Zusammenhang mit der Verwaltung der Beteiligung an den Tochtergesellschaften oder Zinskosten für die Fremdfinanzierung einer Beteiligung, anteilige Managementkosten der Obergesellschaft etc. Da die exakte Berechnung dieser Kosten jedoch aufwendig wäre, trägt das Körperschaftsteuergesetz den Zusammenhängen dadurch Rechnung, dass die Nichtabziehbarkeit dieser Kosten jedes Jahr, unabhängig von der wirklichen Höhe, durch einen Pauschalbetrag – eben durch die Betriebsausgabenpauschale – Rechnung getragen wird und im Gegenzug die wirklich angefallenen Kosten regulär abzugsfähige Kosten bleiben (§ 8b V Satz 2 KStG). – b) *Gründe für die Art der Berechnung:* Dadurch, dass sich die Pauschale sowohl auf laufende Dividenden bezieht (§ 8b II KStG) als auch auf Veräußerungsgewinne (§ 8b III KStG), wird verhindert, dass sich die Pauschalierung durch Thesaurierung der Gewinne in der Tochtergesellschaft umgehen lässt. Bei dem heutigen System der Betriebsausgabenpauschale wird nämlich für einen in der Tochter entstandenen Gewinn die fünfprozentige Pauschale in jedem Fall fällig: bei Ausschüttung sofort, bei Thesaurierung spätestens bei der Veräußerung der Anteile (weil durch eine Thesaurierung der Wert der Anteile entsprechend steigt und dadurch auch die spätere 5 Prozentpauschale auf den Veräußerungsgewinn entsprechend erhöht wird).

Betriebseinnahmen – einkommensteuerrechtlicher Begriff. Betriebseinnahmen sind alle Zugänge in Geld oder Geldeswert, die durch den Betrieb veranlasst sind. – Keine Betriebseinnahmen sind → Einlagen. – *Gegensatz:* → Betriebsausgaben.

Betriebseröffnung – *Geschäftseröffnung.* 1. *Allgemein:* Gewerbeanmeldung. – 2. *Steuerrecht:* Die Betriebseröffnung muss dem Finanzamt bzw. der Gemeinde, in dessen Bezirk die Betriebseröffnung erfolgt, nach amtlichem Vordruck angezeigt werden (§ 138 I AO). – Begründung von → Betriebsvermögen: Bewertung in der Eröffnungsbilanz nach § 6 I Nr. 6 EStG.

Betriebsfinanzamt → Finanzamt, in dessen Bezirk sich bei einem inländischen gewerblichen Betrieb die Geschäftsleitung befindet oder bei ausländischen gewerblichen Betrieben eine Betriebsstätte (bei mehreren Betriebsstätten die wirtschaftlich bedeutendste) unterhalten wird (§ 18 I 2 AO). Das Betriebsfinanzamt ist insbesondere *örtlich zuständig* für die gesonderten Feststellungen.

Betriebsgebäude – alle Baulichkeiten, die ihrer Anlage nach für Betriebszwecke erbaut wurden, wie z.B. Fabrikhallen, Werkstätten, Lagerschuppen und Verwaltungsgebäude. – *Steuerliche Behandlung:* Betriebsgebäude gehören steuerlich bei Nutzung für den eigenen Betrieb zum → Betriebsvermögen. Eigenbetrieblich genutzte Gebäudeteile, deren Wert im Verhältnis

zum ganzen Gebäude von untergeordneter Bedeutung ist, sind nicht → notwendiges Betriebsvermögen. Aufwendungen und → Absetzungen für Abnutzung (AfA) für Betriebsgebäude sind steuerlich → Betriebsausgaben. – Vgl. auch → Betriebsgrundstück, → Betriebsvorrichtungen.

Betriebsgesellschaft → Betriebsaufspaltung.

betriebsgewöhnliche Nutzungsdauer – 1. *Allgemein:* Zeitraum, in dem ein → Wirtschaftsgut voraussichtlich seiner Zweckbestimmung nach benutzt werden kann; bei gebraucht angeschafften Wirtschaftsgütern die voraussichtliche Restnutzungsdauer. Die betriebsgewöhnliche Nutzungsdauer ist unter Berücksichtigung der bes. Verhältnisse zu schätzen. Dabei ist die subjektive Ansicht der Bilanzierenden zu berücksichtigen, soweit sie nicht der allg. Erfahrung widerspricht. – 2. In der Kostenrechnung bestimmt die betriebsgewöhnliche Nutzungsdauer direkt den Abschreibungszeitraum. – 3. *Anders:* Technische Nutzungsdauer (Zeitraum bis zum körperlichen Verschleiß), wirtschaftliche Nutzungsdauer (Zeitraum der rentablen Nutzung) und rechtliche Nutzungsdauer (Zeitraum, in dem das Wirtschaftsgut genutzt werden darf). – Vgl. auch → Absetzung für Abnutzung (AfA), → AfA-Tabellen.

Betriebsgrößenklassifikation – Einteilung der steuerlichen Betriebe für die → Außenprüfung. – 1. *Rechtsgrundlage:* BMF-Schreiben vom 22.6.2012 IV A 4 – S 1450/09/10001; DOK 2012/0493846 (BStBl. I 689) gemäß § 3 BpO 2000. – 2. *Änderungen der Abgrenzungsmerkmale:* Mit Wirkung vom 1.1.2013 wurden die Abgrenzungsmerkmale aktualisiert. Es sind z.B. für die Einstufung als Kleinbetrieb 170.000 Euro statt bisher 160.000 Euro Umsatz erforderlich bzw. 36.000 Euro statt bisher 34.000 Euro Gewinn. Zu beachten ist die Einstufung als sog. Einkommensmillionär. Wird von dieser Personengruppe eine Summe von positiven Überschusseinkünften von über 500.000 Euro erwirtschaftet, werden diese als Großbetriebe eingestuft. Liegt das Jahresgehalt darunter, entscheidet die Finanzverwaltung über den Anlass einer Prüfung nach eigenem Ermessen, wenn ein Aufklärungsbedürfnis besteht. Konkrete Anhaltspunkte sind hierzu nicht erforderlich. Ausreichend ist die Vermutung, die eingereichte Steuererklärung sei nicht vollständig. Gleiches gilt, wenn die Steuererklärung einen Verweis auf eine umfangreiche Belegsammlung enthält. – 3. *Bedeutung:* Die Zuordnung entscheidet v.a. über den zeitlichen Umfang der Außenprüfung. Großbetriebe werden zeitlich (fast) lückenlos, d.h. zu 80 bis 90 Prozent, geprüft, d.h. der Prüfungszeitraum schließt an den vorangehenden an. Für die übrigen Betriebe soll der Prüfungszeitraum i.d.R. nicht drei Besteuerungszeiträume zurückreichen (§§ 3, 4 BpO 2000).

Betriebsgrundstück – Grundsätzlich stellt ein Betriebsgrundstück zwei Wirtschaftsgüter dar: → Grund und Boden und Gebäude

(→ Gebäudewert). Bebauter Grund und Boden teilt grundsätzlich das Schicksal des Gebäudes als → Betriebsvermögen oder → Privatvermögen: Grundstücke oder Grundstücksteile, die ausschließlich und unmittelbar für eigenbetriebliche Zwecke verwendet werden, gehören zum → notwendigen Betriebsvermögen. Sind noch andere Personen Miteigentümer, so sind Grundstücke und Grundstücksteile nur insoweit notwendiges Betriebsvermögen, als sie dem Betriebsinhaber gehören. Eigenbetrieblich genutzte Grundstücksteile brauchen nicht als → Betriebsvermögen behandelt zu werden, wenn ihr Wert im Verhältnis zum Wert des ganzen Grundstücks von untergeordneter Bedeutung ist (weder mehr als 1/5 des Wertes noch mehr als 20.500 Euro) (R 4.2 VIII EStR). Bei Gewinnermittlung durch → Betriebsvermögensvergleich können Grundstücke und Grundstücksteile, die nicht eigenbetrieblich genutzt werden und nicht eigenen Wohnzwecken dienen, als → gewillkürtes Betriebsvermögen behandelt werden, wenn

sie in einem objektiven Zusammenhang mit dem Betrieb stehen und ihn zu fördern bestimmt und geeignet sind.

Bewertungsgesetz: 1. *Begriff:* der zu einem gewerblichen Betrieb gehörende → Grundbesitz, soweit er, losgelöst von seiner Zugehörigkeit zu dem gewerblichen Betrieb, (1) zum Grundvermögen gehört oder (2) einen Betrieb der Land- und Forstwirtschaft bilden würde (§ 99 BewG), (nicht zu verwechseln mit → Geschäftsgrundstücken). Betriebsgrundstücke sind bei der Bewertung des → Betriebsvermögens zu erfassen (→ Einheitswert). – 2. *Zuordnung zum Betriebsvermögen:* Die Zuordnung von Grundstücken zum Betriebsvermögen folgt nach Einführung der → verlängerten Maßgeblichkeit der ertragsteuerlichen Behandlung (§ 95 I BewG). – 3. *Bewertung:* Betriebsgrundstücke werden unter Beachtung gewisser Sonderermittlungsvorschriften und grundsätzlich unter Beachtung der tatsächlichen Verhältnisse zum Besteuerungszeitpunkt bewertet. Bis zum 31.12.2006

Abgrenzungsmerkmale für den 21. Prüfungsturnus (Merkmale für den Stichtag 1.1.2013)

Betriebsart [1]	Bemessunggrundlage (€)	Größenklassen		
	Betriebsmerkmale	Großbetriebe (G)	Mittelbetriebe (M)	Kleinbetriebe (K)
Handelsbetriebe (H)	Umsatzerlöse oder steuerlicher	über 7.300.000	über 900.000	über 170.000
	Gewinn	über 280.000	über 56.000	über 36.000
Fertigungsbetriebe (F)	Umsatzerlöse oder steuerlicher	über 4.300.000	über 510.000	über 170.000
	Gewinn	über 250.000	über 56.000	über 36.000
Freie Berufe (FB)	Umsatzerlöse oder steuerlicher	über 4.700.000	über 830.000	über 170.000
	Gewinn	über 580.000	über 130.000	über 36.000
Andere Leistungsbetriebe (AL)	Umsatzerlöse oder steuerlicher	über 5.600.000	über 760.000	über 170.000
	Gewinn	über 330.000	über 63.000	über 36.000
Kreditinstitute (K)	Aktivvermögen oder steuerlicher	über 140.000.000	über 35.000.000	über 11.000.000
	Gewinn	über 560.000	über 190.000	über 46.000
Versicherungsunternehmen, Pensionskassen (V)	Jahresprämieneinnahmen	über 30.000.000	über 5.000.000	über 1.800.000
Unterstützungskassen (U)		–	–	alle
Land- und forstwirtschaftliche Betriebe (LuF)	Wirtschaftswert der selbstbewirtschafteten Fläche oder steuerlicher Gewinn	über 230.000 / über 125.000	über 105.000 / über 65.000	über 105.000 / über 65.000
sonstige Fallart (soweit nicht unter den Betriebsarten erfasst)	Erfassungsmerkmale	Erfassung als Großbetrieb		
Verlustzuweisungsgesellschaften (VZG) und Bauherrengemeinschaften (BHG)	Personenzusammenschlüsse und Gesamtobjekte i.S.d. Nrn. 1.2 und 1.3 des BMF-Schreibens vom 13.7.1992 IV A 5 - S 0361 - 19/92 (BStBl. I 404)	alle		
Bedeutende steuerbegünstigte Körperschaften und Berufsverbände (BKÖ)	Summe der Einnahmen	über 6.000.000		
Fälle mit bedeutenden Einkünften (bE)	Summe der positiven Einkünfte gem. § 2 I Nrn. 4-7 EStG (keine Saldierung mit negativen Einkünften)	über 500.000		

[1] Mittel-, Klein- und Kleinstbetriebe, die zugleich die Voraussetzungen für die Behandlung als sonstige Fallart erfüllen, sind nur dort zu erfassen.

bestand ein sog. Einheitswert, der auf den Wertverhältnissen von 1964 beruht. Die Anwendung der Einheitswerte ist wegen der Ungleichbehandlung gegenüber anderen Vermögensarten als verfassungswidrig eingestuft worden. Für die Grundsteuer können die Einheitswerte jedoch weiterhin angewendet werden. Im Einheitswert des Betriebsvermögens sind Betriebsgrundstücke aber mit 140 Prozent ihres festgestellten Einheitswertes anzusetzen (§121a BewG).

Betriebskindergarten – Stellt ein Arbeitgeber seinen Arbeitnehmern unentgeltlich einen Betriebskindergarten zur Verfügung, so liegt darin ein geldwerter Vorteil für den Arbeitnehmer, der zum Arbeitslohn hinzugezählt werden müsste. Jedoch ist die Unterbringung, Verpflegung und Betreuung von nicht schulpflichtigen Kindern in Betriebskindergärten oder ähnlichen Einrichtungen durch gesetzliche Sonderregelung steuerfrei (§ 3 Nr. 33 EStG).

Betriebsmittel – Unterschieden werden bei der Einheitsbewertung land- und forstwirtschaftlicher Betriebe nach § 33 BewG: (1) Stehende Betriebsmittel: Anlagegegenstände; (2) umlaufende Betriebsmittel: Verbrauchsgüter. Sämtliche Betriebsmittel sind im Normalfall mit der Ermittlung des Ertragswerts nach dem vergleichenden Verfahren (→ land- und forstwirtschaftliches Vermögen, → Wirtschaftswert) abgegolten.

Betriebsprüfung → Außenprüfung.

Betriebsrente – betriebliche Altersversorgung (bAV) in Form einer Alters-, Invaliden- oder Hinterbliebenenrente.

Betriebsschulden – Begriff des Bewertungsgesetzes: Geldschulden und Lasten, die eine geldwerte Verpflichtung auf Sachleistungen darstellen, auch in Form von → Rückstellungen. – Betriebsschulden sind bereits bei *Ermittlung des Einheitswerts* des gewerblichen Betriebs vom Rohvermögen abzugsfähig, wenn sie in der → Steuerbilanz ausgewiesen werden (§ 103 I BewG). – *Gegensatz:* Privatschulden (→ Schulden); diese dürfen erst bei der Ermittlung des → Gesamtvermögens abgezogen werden (§ 10 ErbStG). – Zur *Bewertung der* Betriebsschulden vgl. §§ 10, 12 BewG.

Betriebsspaltung → Betriebsaufspaltung.

Betriebsstätte – I. Allgemeines: Eine Betriebsstätte ist eine feste Geschäftseinrichtung oder Anlage, die dem Betrieb eines Unternehmens dient. Der Begriff findet sich sowohl in nationalen dt. Steuergesetzen als auch in den Doppelbesteuerungsabkommen. Was im Einzelnen gemeint ist, bestimmt sich bei nationalen dt. Gesetzen einheitlich nach einer Definition in der AO (§ 12 AO), bei den Texten der Doppelbesteuerungsabkommen dagegen nach den im Abkommen selbst vereinbarten Definitionen (Art. 5 OECD-MA und ggf. ihm entnommenen Abgrenzungen in den konkreten Doppelbesteuerungsabkommen Deutschlands mit anderen Ländern).

II. Nationales deutsches Recht: 1. *Begriff:* Jede feste Geschäftseinrichtung oder Anlage, die der Tätigkeit eines Unternehmens dient (§ 12 Satz 1 AO). Als Betriebsstätten gelten bes. (§ 12 Satz 2 AO): (1) Stätten, an denen sich die Geschäftsleitung befindet; (2) Zweigniederlassungen, Fabrikationsstätten, Warenlager, Ein- und Verkaufsstellen, Bergwerke, Steinbrüche, Bauausführungen oder Montagen, Landungsbrücken, Kontore und sonstige Geschäftseinrichtungen, die dem Unternehmer oder Mitunternehmer oder seinem ständigen Vertreter (z.B. einem Prokuristen) zur Ausübung des Gewerbes dienen. – 2. *Gewerbesteuerliche Bedeutung:* a) *Steuerpflicht:* Betriebsstätten im Inland unterliegen der → Gewerbesteuer. Bauausführungen und Montagen begründen auch gewerbesteuerrechtlich eine Betriebsstätte, wenn sie in einer Gemeinde länger als sechs Monate bestehen; entsprechend auch bei Straßen- und Kanalbauten sowie bergbaulichen Arbeiten. Die Sechsmonatsfrist kann den Erhebungszeitraum überschreiten. – b) *Zerlegung:* Der Gewerbesteuermessbetrag eines Unternehmens, das in Deutschland mehrere Betriebsstätten besitzt, wird durch Zerlegung auf die Gemeinden, in denen sich diese Betriebsstätten befinden, verteilt, Maßstab ist in den allermeisten Fällen das Verhältnis der Arbeitslöhne (§§ 28, 29 GewStG, Ausnahme für Betriebe mit Windkraftanlagen). – Vgl. auch → mehrgemeindliche Betriebsstätte, → ausländische Betriebsstätte. – 3. *Lohnsteuerliche Bedeutung:* Jeder Arbeitgeber, der im Inland eine Betriebsstätte unterhält, ist inländischer Arbeitgeber (§ 38 EStG) und unterliegt den Arbeitgeberpflichten im Lohnsteuerverfahren. Für das Lohnsteuerverfahren gilt ein eigner, weiter als § 12 AO gehender Betriebsstättenbegriff (§ 41 II EStG). Danach ist Betriebsstätte der Betrieb oder Teil des Betriebes, in dem der für die Durchführung des Lohnsteuerabzugs maßgebliche Arbeitslohn ermittelt wird. – 4. *Einkommensteuerliche Bedeutung im Rahmen der unbeschränkten Steuerpflicht:* Gewinne aus ausländischen Betriebsstätten eines gewerblichen Unternehmens sind als (hinreichend) → ausländische Einkünfte anerkannt, um zur Anrechnung ausländischer Steuern auf die inländische Steuerschuld zu berechtigen, auch wenn kein Doppelbesteuerungsabkommen existiert (§ 34c EStG, Anrechnungsmethode). Verluste aus einer Betriebsstätte eines gewerblichen Unternehmens, die in einem ausländischen Staat außerhalb der EU und des EWR unterhalten wird, sind unter bestimmten Bedingungen nicht mit dem Rest des Welteinkommens ausgleichbar und können dann nur auf zukünftige Gewinne aus demselben Staat vorgetragen werden (§ 2a EStG; → Auslandsverluste). Durch das Jahressteuergesetz 2009 gilt das Verlustverrechnungsverbot des § 2a EStG nur noch für Drittstaaten. Außerdem ist der positive und negative Progressionsvorbehalt nicht mehr bei bestimmten Einkünften aus Vermietung und Verpachtung aus EU- und EWR-Ländern anzuwenden, das kann sich in Ausnahmefällen auch einmal auf Einkünfte aus ausländischen Betriebsstätten beziehen. Die Möglichkeit, nach früherem ESt-Recht einmal steuermindernd im Inland abgezogene Betriebsstättenverluste bei zwischenzeitlich (insgesamt) positiven Einkünften wieder hinzuzurechnen (§ 2a IV EStG), ist über den Veranlagungszeitraum 2008 hinaus verlängert worden; diese Regelung kann jedoch nur noch eine begrenzte Anzahl von Fällen (Altfälle) betreffen, die früher einmal den seinerzeitigen § 2a III EStG für sich nutzen konnten. – 5. *Einkommensteuerliche Bedeutung im Rahmen der beschränkten Steuerpflicht:* Gewinne, die ein ausländisches gewerbliches Unternehmen durch Geschäfte mit dt. Kunden oder anderweitig im Inland macht, werden i.d.R. der beschränkten Steuerpflicht nur dann unterworfen, wenn dieses Unternehmen diese Geschäfte durch eine inländische Betriebsstätte macht (§ 49 I Nr. 2 a EStG).

III. Internationales Steuerrecht: Einkünfte aus gewerblichen Betrieben sind nach dem Doppelbesteuerungsabkommen i.d.R. nur dann im Quellenstaat zu versteuern, wenn dort eine Betriebsstätte besteht, aus der diese Einkünfte stammen (→ Betriebsstättenprinzip). Der Begriff der Betriebsstätte wird in diesem Zusammenhang meist enger definiert als im nationalen Recht.

Betriebsstättenfinanzamt – Finanzamt, in dessen Bezirk sich die → Betriebsstätte befindet.

Betriebsstättenprinzip – 1. *Begriff:* Der Grundsatz, dass Gewinne eines international Unternehmens aus Tätigkeiten, die mit einer Betriebsstätte in einem bestimmten Land zu tun haben, in dem Land dieser Betriebsstätte zu versteuern sind. Der Grundsatz betrifft nur die → direkten Steuern. Das Betriebsstättenprinzip impliziert zwei wesentliche Punkte: (1) dass ein Staat die Gewinne, die ein ausländisches Unternehmen in dem Gebiet dieses Staates erwirtschaftet, normalerweise *nur* besteuert, wenn das Unternehmen hier eine Betriebsstätte unterhält; (2) dass ein Staat, wenn ein ausländisches Unternehmen eine Betriebsstätte in seinem Gebiet Land unterhält, für die Gewinne aus dieser Betriebsstätte aber auch regelmäßig einen Steueranspruch erheben wird. – 2. *Rechtsgrundlagen und Hintergründe:* Da die Staaten bei ihrer Steuergesetzgebung im Grundsatz souverän sind, ist kein Staat rechtlich zwingend an das Betriebsstättenprinzip gebunden. Es hat sich jedoch als zweckmäßig herausgestellt, da es den Sachzwängen im internationalen Wirtschaftsverkehr optimal Rechnung trägt: a) Es wäre unpraktisch, von ausländischen Unternehmen zu verlangen, für den Gewinn aus einzelnen geschäftlichen Aktivitäten im Verkehr mit dem Inland die Erfüllung ertragsteuerlicher Verpflichtungen zu verlangen (z.B. für die Lieferung einzelner Waren vom Ausland aus ins Inland die Ermittlung eines steuerlichen Gewinns zu verlangen). – b) Andererseits kann sich aus wirtschaftspolitischen Gründen kein Staat leisten, feste Niederlassungen ausländischer Unternehmen in seinem Gebiet, die vor Ort in direkter Konkurrenz zu seinen heimatlichen Unternehmen stehen,

unbesteuert zu lassen, da die Unternehmen in ausländischer Hand sonst möglicherweise gravierende Wettbewerbsvorteile haben könnten. Das Betriebsstättenprinzip ist der gebotene Kompromiss zwischen diesen beiden Sachzwängen. Daher wird das Betriebsstättenprinzip auch regelmäßig in den → Doppelbesteuerungsabkommen (DBA) als Grundsatz für die Behandlung der Unternehmensgewinne vereinbart (vgl. Art. 7 → OECD-Musterabkommen → zur Vermeidung der Doppelbesteuerung). – 3. *Einzelheiten: a) Umfang des Steueranspruchs:* Der Steueranspruch des Landes, in dem eine Betriebsstätte liegt, erstreckt sich regelmäßig nur auf die Gewinne, die mit der Tätigkeit dieser Betriebsstätte zu tun haben; liefert also z.B. zusätzlich zum Stammhaus des Unternehmens vom Ausland aus Waren oder Dienstleistungen in das betreffende Land, so werden die Gewinne hieraus nach dem Betriebsstättenprinzip nicht im Land der Betriebsstätte besteuert, weil sie nichts mit der örtlichen Betriebsstätte zu tun haben. – b) Relevanter *Betriebsstättenbegriff:* Was als Betriebsstätte gilt, kann jedes Land in seiner eigenen Gesetzgebung typischerweise selbst festlegen (in Deutschland: § 12 AO). Lediglich in internationalen Verträgen, in denen es auf eine einheitliche Sichtweise zweier Vertragspartner ankommt (Doppelbesteuerungsabkommen), müssen sich die betroffenen Vertragspartner für die Anwendung des betreffenden Vertrages dann auf eine gemeinsame Sichtweise verständigen (vgl. Art. 5 OECD-MA); diese gilt dann aber auch nur für die Lektüre des jeweiligen Abkommenstextes. In der Praxis vertreten die meisten Länder jedoch einen weitgehend ähnlichen Betriebsstättenbegriff. – c) *Ausnahmen:* Wo es wirtschaftlich nötig erscheint, machen sowohl die einzelnen Staaten als auch die Doppelbesteuerungsabkommen Ausnahmen vom Betriebsstättenprinzip. So werden bspw. im dt. EStG auch einzelne Auftritte ausländischer Künstler und die zugehörigen Gewinne der Veranstalter der Steuer unterworfen, obwohl bei einem solchen Auftritt gerade keine Betriebsstätte im Inland existiert.

Betriebsstättensteuersatz – bis 1998 geltender bes. Steuersatz bei der → Körperschaftsteuer für alle Körperschaften, die nicht in das → körperschaftsteuerliche Anrechnungsverfahren einbezogen waren. Galt in der Praxis v.a. für Betriebsstätten ausländischer Kapitalgesellschaften und wurde daher inoffiziell als Betriebsstättensteuersatz bezeichnet. Grundidee des Betriebsstättensteuersatzes war ursprünglich, für Gewinne solcher Körperschaften eine Belastungssituation herzustellen, wie sie sich ergeben hätte, wenn eine anrechnungsberechtigte Körperschaft 50 Prozent der Gewinne einbehalten und die anderen 50 Prozent an ihre Gesellschafter ausgeschüttet hätte. Von dieser Grundidee entfernte man sich bei verschiedenen Steuersenkungen ganz weiter, bis sich der Betriebsstättensteuersatz dem Thesaurierungssteuersatz bei normalen Kapitalgesellschaften so weit angeglichen hatte, dass ab 1999 auf einen bes. Betriebsstättensteuersatz verzichtet wurde. Der EuGH bestätigte später (Urteil vom 23.2.2006), dass es eine Diskriminierung von ausländischen Gesellschaften aus anderen EU-Staaten darstellte, diese dem bes. Betriebsstättensteuersatz zu unterwerfen; richtig wäre es gewesen, stattdessen keinen höheren Steuersatz vorzusehen als denjenigen, der bei Gründung einer inländischen Tochterkapitalgesellschaft, die all ihre Gewinne voll ausschüttet, zu tragen gewesen wäre. Nach einer Folgeentscheidung des BFH hätte dies einem Satz von 33,5 Prozent entsprochen. Die Frage betrifft allerdings wegen des Wegfalles des Betriebsstättensteuersatzes nur noch Altfälle, und auch diese nur, soweit noch nicht Verjährung eingetreten ist.

Betriebstätte → Betriebsstätte.

Betriebsteilung → Betriebsaufspaltung.

Betriebsteuer – Die Bezeichnung wird mit zwei unterschiedlichen Inhalten verwendet: 1. *Einkommensteuergesetz*: Aus einkommensteuerlicher Perspektive sind Betriebsteuern Steuern, die durch die Existenz eines Betriebes verursacht bzw. durch die betrieblichen Aktivitäten ausgelöst werden. *Beispiele*: → Grundsteuer für betriebliche Grundstücke, → Kraftfahrzeugsteuer für betriebliche Fahrzeuge. – Betriebsteuern können daher einkommensteuerlich i.d.R. als → Betriebsausgaben geltend gemacht werden (§ 4 IV EStG). Eine Ausnahme bildet die Gewerbesteuer, die zwar eindeutig nur deswegen entsteht, weil ein Gewerbebetrieb unterhalten wird, d.h. eine Betriebsteuer darstellt, aber nach gesetzlicher Fiktion heute keine Betriebsausgabe mehr darstellt (§ 4 Vb EStG). Gegensatz zum Begriff der Betriebsteuer in diesem Sinne ist die → Personensteuer. – 2. *Betriebswirtschaftslehre*: eine Steuer, bei der der Gewinn eines Betriebes unabhängig von den persönlichen Eigenschaften seiner Eigentümer, d.h. insbesondere auch unabhängig von der Rechtsform, stets gleich hoch besteuert wird. Steuersubjekt wäre also nicht mehr der Unternehmer, sondern der Betrieb selbst. Die Umstellung der Gewinnbesteuerung auf das Konzept einer Betriebsteuer wird gefordert, weil dies Wettbewerbsneutralität sichern soll, wenn von gleichen Bruttogewinnen stets gleiche Nettoerträge verbleiben. Angesichts des gegenwärtigen → Körperschaftsteuersystems in Deutschland, bei dem der Satz der → Körperschaftsteuer erheblich unter dem Spitzensteuersatz der Einkommensteuer liegt, müsste die Einführung einer Betriebsteuer vermutlich mit niedrigen Steuersätzen in ähnlicher Höhe wie die heutigen Körperschaftsteuersätze einhergehen, und der Transfer der Gewinne aus dem betrieblichen in den privaten Bereich der Eigentümer, sei es durch Entnahme, sei es durch Dividendenausschüttungen, ebenfalls nach gleichen Regeln besteuert werden. Als Argument gegen die Einführung eines Betriebsteuerkonzepts wird meist auf steuertechnische Schwierigkeiten verwiesen; solche würden v.a. im Bereich der Personengesellschaften auftreten. Da

eine Betriebsteuer außerdem auch mit einer Steuerpflicht selbst für solche Betriebsgewinne einhergehen würde, deren Eigentümer insgesamt kein höheres Einkommen als den Grundfreibetrag erwirtschaften können, würde das Konzept auch Schwierigkeiten in Bezug auf den verfassungsrechtlichen Grundsatz der Besteuerung nach der Leistungsfähigkeit aufwerfen. Dennoch wird eine Einführung sporadisch immer wieder diskutiert. – Mit der *Unternehmensteuerreform 2008* wurde in das dt. EStG ein Modell eingeführt, bei dem Personenunternehmen ihre Gewinne vor der Ausschüttung zunächst nach einem festen Steuersatz versteuern lassen können, der einer grob geschätzten Standardbelastung der Gewinne bei einer Körperschaft entspricht, und bei einer späteren Entnahme der Gewinne ins Privatvermögen der Eigentümer muss der entnommene Betrag dann wie eine Dividende besteuert werden (§ 34a EStG). Dieses Konzept verwirklicht zwar Teile der Konzeption einer Betriebsteuer, unterscheidet sich davon aber insoweit wesentlich, als diese Form der Besteuerung für Personenunternehmen nicht zwingend ist, sondern lediglich wahlweise angeboten wird. – Vgl. auch Unternehmensbesteuerung.

Betriebs- und Geschäftsgeheimnis – Nicht offenkundiger betrieblicher Vorgang, an dem der Betriebsinhaber Geheimhaltungswillen hat, der auf einem schutzwürdigen wirtschaftlichen Interesse beruht. Dem Geheimnisschutz zugänglich sind sonderrechtlich nicht geschützte technische Leistungen (Konstruktionszeichnungen, Rezepturen, Verfahrensabläufe etc.) sowie kaufmännische Geschäftsunterlagen (Kundenlisten, Kalkulationsunterlagen, Vertragsunterlagen etc.). Sie sind nicht offenkundig, wenn sie nur einem begrenzten und verschwiegenen (ggf. zur Verschwiegenheit verpflichteten) Personenkreis zugänglich und vom Fachmann nur in mühsamer Untersuchung zu ermitteln sind. – *Betriebsgeheimnis (Dienstgeheimnis, Fabrikationsgeheimnis)*: Erfindungen jeder Art (gesetzlich geschützt oder nicht), Verfahrensmethoden, Rezeptvorschriften, bes. technische Handgriffe etc. – *Geschäftsgeheimnis*: Bezugsquellenverzeichnisse, Kunden- und Preislisten, Preisberechnungen, Kalkulationen, Umsatzzahlen, Angebote, Auskünfte, technische Daten von Maschinen etc.

Betriebsveranstaltungen – 1. *Steuerliche Problematik*: Richtet der Arbeitgeber für seine Arbeitnehmer eine Veranstaltung aus, stellt sich grundsätzlich aus steuerlichem Blickwinkel die Grundsatzfrage, ob er damit seinen Arbeitnehmern einen geldwerten Vorteil zuwendet (d.h. ob die Veranstaltung einer Bezahlung gleichsteht, indem für die Arbeitnehmer eine Dienstleistung erbracht wird) oder nicht. Es liegt dabei auf der Hand, dass von einer Lohnzahlung durch Abhaltung einer Veranstaltung jedenfalls dann keine Rede sein kann, wenn die Veranstaltung ganz überwiegend den eigenen betrieblichen Zwecken des Arbeitgebers dient. Abgrenzungsprobleme stellen sich daher insbesondere dort, wo eine Veranstaltung auch geselligen Charakter hat (Weihnachtsfeier, im Unterschied zu z.B. einer Fortbildungsveranstaltung wesentlich weniger eindeutig!). – 2. *Steuerlicher Sprachgebrauch:* Wird von „Betriebsveranstaltung" gesprochen, sind damit jene Veranstaltungen gemeint, von denen anerkannt werden kann, dass sie keine Einnahme des Arbeitnehmers darstellen, sondern vom Arbeitgeber im überwiegend eigenen Interesse ausgerichtet werden. Zuwendungen des Arbeitgebers aus Anlass von Betriebsveranstaltungen gehören daher als Leistungen im (ganz) überwiegend eigenen betrieblichen Interesse i.d.R. nicht zum → Arbeitslohn. – 3. *Anerkennung der* Betriebsveranstaltung (statt als Dienstleistung für die eigenen Arbeitnehmer) jedoch als solche nur unproblematisch, wenn: (1) Möglichkeit der Teilnahme für alle Betriebsangehörige gleichermaßen, wobei eine Durchführung nur für eine – ganze – Abteilung unschädlich ist, (2) i.d.R eintägige Dauer, (3) höchstens zwei Veranstaltungen jährlich und (4) Beschränkung auf Gewährung der üblichen Zuwendungen, z.B. Abgabe von Speisen und Getränken, Kosten für Unterhaltungsprogramm. – Betragen die Aufwendungen des Arbeitgebers inkl. USt insgesamt mehr als 110 Euro je Arbeitnehmer und Veranstaltung, so spricht dies nach Verwaltungsmeinung für eine Einstufung als Leistung an den Arbeitnehmer (geldwerten Vorteil), also sind die Aufwendungen dann dem Arbeitslohn in voller Höhe hinzuzurechnen. – *Regelung:* R 19.5 LStR 2008.

Betriebsvermögen – I. Steuerbilanzrecht: 1. Der *Begriff* Betriebsvermögen ist gesetzlich nicht definiert. Unter Betriebsvermögen wird die Summe aller dem Unternehmer zuzurechnenden → Wirtschaftsgüter verstanden, die in einem tatsächlichen oder wirtschaftlichen Förderungszusammenhang zum Betrieb gestellt sind. Die Betriebsvermögenseigenschaft ist für jedes einzelne Wirtschaftsgut gesondert zu prüfen. – 2. Das Betriebsvermögen *dient* bei den → Einkünften aus Land- und Forstwirtschaft, Gewerbebetrieb und selbständiger Arbeit als Grundlage für die Gewinnermittlung durch → Betriebsvermögensvergleich. – 3. *Zu unterscheiden:* a) → Notwendiges Betriebsvermögen: Wirtschaftsgüter, die ihrer Art und Beschaffenheit nach objektiv erkennbar zum unmittelbaren Einsatz im Betrieb bestimmt sind, z.B. Fabrikgebäude, Maschinen, Lastkraftwagen. – b) → Gewillkürtes Betriebsvermögen: Wirtschaftsgüter, die weder notwendiges Betriebsvermögen noch → notwendiges Privatvermögen sind, z.B. Grundstücke, Wertpapiere, Beteiligungen, wenn sie objektiv geeignet und bestimmt sind, den Betrieb zu fördern. Aufnahme in das Betriebsvermögen nach subjektivem Ermessen des Steuerpflichtigen durch → Einlage. Gewillkürtes Betriebsvermögen ist nach neuerer Rechtsprechung auch für Steuerpflichtige möglich, die ihren Gewinn nicht durch Bilanzierung, sondern durch → Einnahmen-Überschuss-Rechnung ermitteln (§ 4

III EStG). Dagegen entfällt die Unterscheidung bei Kapitalgesellschaften, da Kapitalgesellschaften begrifflich kein Privatvermögen haben können. – 4. Besonderheit bei *Personengesellschaften:* a) Wirtschaftsgüter im Gesamthandseigentum bzw. im Gesamthandseigentum sind stets notwendiges Betriebsvermögen – *Ausnahmen:* Wirtschaftsgüter, die ihrer Art nach nicht zur unmittelbaren betrieblichen Nutzung bestimmt sind und deren Erwerb nicht betrieblich veranlasst war, sowie Wirtschaftsgüter, die ausschließlich oder fast ausschließlich der privaten Lebensführung eines, mehrerer oder aller Gesellschafter dienen. Gewillkürtes Betriebsvermögen im Bereich des Gesellschaftsvermögens ist nicht möglich. – b) Wirtschaftsgüter im Eigentum der Gesellschafter sind notwendiges Sonderbetriebsvermögen, wenn sie bestimmt sind, dem Betrieb der Personengesellschaft oder der Beteiligung an der Personengesellschaft zu dienen. Bildung gewillkürten Sonderbetriebsvermögens ist möglich (→ Sonderbetriebsvermögen).

II. Bewertungsgesetz: 1. *Begriff:* Das Betriebsvermögen stellt eine der drei → Vermögensarten dar, die das Bewertungsgesetz unterscheidet (§ 18 Nr. 3 BewG). – 2. *Umfang:* Zum Betriebsvermögen gehören alle → Wirtschaftsgüter, die einem gewerblichen Betrieb als Hauptzweck dienen und dem Betriebsinhaber wirtschaftlich (u.U. unabhängig von der zivilrechtlichen Beurteilung, § 39 II AO) zuzuordnen sind. Bei Kapitalgesellschaften und Personengesellschaften sind die Wirtschaftsgüter auch ohne gewerbliche Nutzung dem Betriebsvermögen zuzurechnen; zum Betriebsvermögen einer Personengesellschaft gehört auch das → Sonderbetriebsvermögen der Gesellschafter (§§ 95, 97 BewG). – 3. *Bewertung:* Das Betriebsvermögen ist grundsätzlich mit dem gemeinen Wert anzusetzen (§§ 109, 11 II BewG).

Betriebsvermögensfreibetrag → Erbschaftsteuer.

Betriebsvermögensvergleich – steuerrechtlicher Begriff für eine Art der Gewinnermittlung (→ Einkünfteermittlung); vgl. § 4 I EStG. Gewinn ist der Unterschiedsbetrag zwischen dem → Betriebsvermögen am Schluss des Wirtschaftsjahres und dem Betriebsvermögen am Schluss des vorangegangen Wirtschaftsjahres, vermehrt um den Wert der → Entnahmen und vermindert um den Wert der → Einlagen. Wer nach Handelsrecht Bücher führen muss, muss den Betriebsvermögensvergleich nach den Grundsätzen ordnungsmäßiger Buchführung vornehmen (§ 5 I EStG; → Maßgeblichkeitsprinzip). Für alle anderen Steuerpflichtigen schreibt § 141 AO vor, welche Mindeststandards beim Betriebsvermögensvergleich zu beachten sind.

Betriebsvorrichtungen – 1. *Begriff:* Alle Vorrichtungen einer Betriebsanlage, die in so enger Beziehung zu einem Gewerbebetrieb stehen, dass dieser unmittelbar mit ihnen betrieben wird (z.B. Fabrikschornsteine, Arbeitsbühnen zur Bedienung von Maschinen, Ziegelbrennöfen, Öltanks einer Raffinerie,

Lastenaufzüge). – 2. *Zuordnung und Bewertung* nach BewG: a) Betriebsvorrichtungen werden, auch wenn sie wesentliche Bestandteile des Grundstücks sind, nicht in das → Grundvermögen einbezogen (§ 68 II BewG), sondern gehören i.d.R. zu den Wirtschaftsgütern des → Betriebsvermögens. Das hat zur Folge, dass Betriebsvorrichtungen nicht zur Bemessungsgrundlage der Grundsteuer gehören, bei der Erbschaftsteuer neben den → Grundbesitzwerten als → Betriebsvermögen berücksichtigt werden. – *Ausnahme:* Betriebsvorrichtungen im → land- und forstwirtschaftlichen Vermögen. – b) Die Bewertung erfolgt für das Betriebsvermögen mit dem Steuerbilanzwert (§ 109 I BewG). – Vgl. auch → verlängerte Maßgeblichkeit.

Betriebswohnung → Werkswohnung.

Bevollmächtigter – 1. *Erlaubnis:* Zu unbeschränkten, geschäftsmäßigen Hilfeleistungen in Steuersachen sind → Steuerberater, → Steuerbevollmächtigte, → Steuerberatungsgesellschaften, Rechtsanwälte, → Wirtschaftsprüfer (WP), → Wirtschaftsprüfungsgesellschaften, → Vereidigte Buchprüfer und → Buchprüfungsgesellschaften befugt (§ 3 Nr. 1 StBerG). Zu beschränkter geschäftsmäßiger Hilfeleistung in Steuersachen sind u.a. Notare, Patentanwälte, Lohnsteuerhilfevereine, → Arbeitgeber etc. befugt (§ 4 StBerG). – 2. *Bestellung:* Bevollmächtigter kann sich im Steuerveranlagungsverfahren zur Erfüllung seiner Pflichten derjenige bestellen, der durch Abwesenheit oder sonst verhindert ist, diese Pflichten zu erfüllen (§ 80 AO). Im Rechtsmittelverfahren kann sich dagegen jeder Rechtsmittelführer durch einen Bevollmächtigten vertreten lassen und sich in der mündlichen Verhandlung eines Beistandes bedienen (§ 62 FGO). Die Vollmacht ermächtigt den Bevollmächtigten nicht zum Empfang von Steuererstattungen und -vergütungen.

bewegliches Anlagevermögen – Teil des Sachanlagevermögens; erfasst im → Bestandsverzeichnis. Zum beweglichen Anlagevermögen gehören Maschinen einschließlich großer Spezialreserveteile, Betriebs- und Geschäftsausstattung. – Vgl. auch → Anlagevermögen. – Beleuchtungs- und Heizungsanlagen, Fahrstühle werden meist auf Unterkonten zu Gebäuden (unselbstständige Gebäudeteile) gebucht. – *Bilanzsteuerlich* ist die → Bewertung des beweglichen Anlagevermögens durch präzise Grundsätze geregelt (§ 6 EStG). Nur für bestimmte Personenkreise und bestimmte Teile des beweglichen Anlagevermögens besteht eine → Bewertungsfreiheit.

bewegte Lieferung – Begriff des Umsatzsteuerrechts: Lieferung, bei der der gelieferte Gegenstand im Zuge der Lieferung befördert oder versandt wird. Die Beförderung oder Versendung kann durch den Lieferanten oder durch den Abnehmer erfolgen (Abholung; dieser Fall war früher nicht unter einer bewegten Lieferung erfasst) oder im Auftrag einer dieser Personen durch einen beauftragten Dritten (z.B. Spediteur). Es spielt keine Rolle, ob sie an die Adresse des Kunden geht oder an einen anderen von ihm benannten beauftragten Empfänger (z.B. Reihengeschäft). Die bewegte Lieferung ist i.d.R. nach den Vorschriften desjenigen Staates zu versteuern, in dem die Beförderung bzw. Versendung der Ware beginnt (§ 3 VI UStG).

Bewertung – Verfahren zur Bestimmung des Werts von Gütern oder Handlungsalternativen. Die Höhe des Wertansatzes richtet sich nach dem Zweck oder Anlass der Bewertung.

I. Bewertung in der Bilanz: Je nach den mit der Aufstellung einer Bilanz verfolgten Zielen sind bei der Bewertung der einzelnen Bilanzpositionen unterschiedliche Wertansätze zu wählen. So ist z.B. bei Erstellung von sog. Sonderbilanzen, d.h. Bilanzen, die bei bestimmten Anlässen (z.B. Gründung, → Umwandlung, → Abwicklung, Überschuldung) aufgestellt werden, mit dem → Ertragswert, dem → Tageswert (Auseinandersetzungsbilanz) oder dem Veräußerungswert statt mit → Anschaffungs- oder → Herstellungskosten oder dem Nominalwert zu bewerten. 1. *Allgemeine Bewertungsgrundsätze für die Jahresbilanz* (§§ 242 ff. HGB): Sie sind bei anderen Bilanzarten unter Beachtung des jeweiligen Bilanzierungszwecks entsprechend anzuwenden. Grundsätze im Einzelnen: a) Die Bewertung hat den Grundsätzen ordnungsmäßiger Buchführung (GoB) zu entsprechen (§ 243 I). *V.a. gelten:* (1) Grundsatz der *Bilanzidentität* (§ 252 I Nr. 1); (2) Grundsatz der *Unternehmensfortführung (Going-Concern-Prinzip)*, d.h. es ist bei der Bewertung von der Fortführung der Unternehmenstätigkeit auszugehen, wenn nicht tatsächliche oder rechtliche Gegebenheiten entgegenstehen (§ 252 I Nr. 2); (3) Prinzip der *Einzelbewertung* (§ 252 I Nr. 3) zum Abschlussstichtag (Stichtagsprinzip); (4) *Wertaufhellung* (§ 252 I Nr. 4) d.h. es sind wertbeeinflussende Tatbestände, die ihre Ursache vor oder am Abschlussstichtag haben, aber erst danach bekannt werden, zu berücksichtigen; (5) *Vorsichtsprinzip*, konkretisiert als *Realisationsprinzip* und *Imparitätsprinzip* (§ 252 I Nr. 4); (6) *Abgrenzungsprinzip*, d.h. Aufwands- und Ertragsbildung nach der wirtschaftlichen Verursachung und nicht nach dem Zahlungszeitpunkt (§ 252 I Nr. 5); (7) Grundsatz der *Bewertungsmethodenstetigkeit* (s. Bewertungsstetigkeit), (§ 252 I Nr. 6). – Vgl. tabellarische Übersicht „Bewertung – § 252 I HGB". – b) Von den Grundsätzen (1) bis (7) darf nur in begründeten Ausnahmefällen abgewichen werden. – 2. *Bewertung in der handelsrechtlichen Jahresbilanz:* Für Vermögensgegenstände stellen die → Anschaffungskosten bzw. die → Herstellungskosten grundsätzlich die Wertobergrenze dar (§ 253 I HGB); eingetretene Wertsteigerungen (etwa marktbedingt) bleiben grundsätzlich außer Betracht (Anschaffungswertprinzip; Realisationsprinzip). Ausnahmen bestehen für Vermögensgegenstände, die dem Zugriff aller übrigen Gläubiger entzogen sind

Bewertung – § 252 Abs. 1 HGB

§ 252 Abs. 1 HGB	
Bilanzidentität	(Nr. 1)
Fortführung der Unternehmenstätigkeit	(Nr. 2)
Einzelbewertung	(Nr. 3)
Vorsicht	(Nr. 4)
Realisationsprinzip	(Nr. 4)
Imparitätsprinzip	(Nr. 4)
Wertaufhellung	(Nr. 4)
Periodengerechte Abgrenzung/Pagatonik	(Nr. 5)
Methodenstetigkeit	(Nr. 6)

und ausschließlich der Erfüllung von Schulden aus Altersversorgungsverpflichtungen oder vergleichbaren langfristig fälligen Verpflichtungen dienen (§ 246 II HGB) sowie für Finanzinstrumente des Handelsbestands bei Kredit- und Finanzdienstleistungsinstituten. Nach § 340 e III HGB sind diese zum beizulegenden Zeitwert abzüglich eines Risikoabschlags zu bewerten. – Bei den abnutzbaren *Anlagegegenständen* sind die Anschaffungs- oder Herstellungskosten um planmäßige Abschreibungen zu verringern. Außerplanmäßige Abschreibungen (→ Sonderabschreibungen) sind grundsätzlich bei allen Gütern des Anlagevermögens vorzunehmen, um die Gegenstände mit dem niedrigeren Wert anzusetzen, der ihnen am Abschlussstichtag beizulegen ist. Sie sind vorzunehmen bei einer voraussichtlich dauernden Wertminderung (§ 253 III HGB); nur bei den Vermögensgegenständen die Finanzanlagen sind, können außerplanmäßige Abschreibungen auch bei voraussichtlich nicht dauernder Wertminderung vorgenommen werden. – Für Gegenstände des *Umlaufvermögens* gilt das (strenge) Niederstwertprinzip, d.h. von den möglichen Wertansätzen gemäß § 253 IV HGB ist der jeweils niedrigste zu wählen. Entfällt der Grund für eine außerplanmäßige Abschreibung besteht mit

Ausnahme für den entgeltlich erworbenen Geschäfts- oder Firmenwert ein Wertaufholungsgebot (§253 V HGB). 3. *Steuerrechtliche Bewertung:* Von Bedeutung ist die Bewertung in der → Steuerbilanz für Zwecke der → Ertragsteuern und in der → Vermögensaufstellung für Zwecke der → Substanzsteuern (heute praktisch nur noch → Erbschaftsteuer). Grundsätzlich bestimmt sich die steuerliche Bewertung nach den Regelungen des Bewertungsgesetzes, soweit nicht Spezialvorschriften anderer Steuergesetze vorgehen. – a) Die *ertragsteuerlichen Bewertungsvorschriften* sind in § 6 EStG geregelt und verdrängen damit die Regelungen des Bewertungsgesetzes. Zu beachten ist, dass gemäß § 5 EStG für die Steuerbilanz grundsätzlich die GoB maßgeblich sind (→ Maßgeblichkeitsprinzip). Da dies auch für die Bewertung gilt, sind, soweit § 6 EStG nicht andere Maßstäbe bestimmt, die Wertansätze der Handelsbilanz in die Steuerbilanz zu übernehmen. Als Wertmaßstab nennt § 6 EStG neben den → Anschaffungskosten bzw. → Herstellungskosten den → Teilwert. Bei den einzelnen Bilanzpositionen sind bes. folgende steuerliche Besonderheiten zu beachten: (1) *Wirtschaftsgüter*

Bewertung – Bewertungsvorschriften des HGB	
§252	– allgemeine Bewertungsgrundsätze
§253 S. 1	– AK/HK Prinzip
§253 S. 2	– Verbindlichkeiten: Erfüllungsbetrag – Rückstellungen: vernünftige kfm. Beurteilung, notwendiger Erfüllungsbetrag
§253 III	– im AV: Grundsatz planmäßiger Abschreibung: Abschreibung auf niedrigeren beizulegenden Wert bei voraussichtlich dauernder Wertminderung, Abschreibungswahlrecht bei voraussichtlich nicht dauerhafter Wertminderung von Finanzanlagen
§253 IV	– im UV: Abschreibung – auf den niedrigeren Börsen- oder Marktpreis bzw. beizulegenden Wert
§255 I	– Umfang der AK
§255 II S. 2 u. 3	– Untergrenze der HK
§250 III S. 2	– planmäßige Tilgung des Disagio
AK = Anschaffungskosten, HK = Herstellungskosten, AV = Anlagevermögen, UV = Umlaufvermögen, VG = Vermögensgegenstand	

des Anlagevermögens, die der Abnutzung unterliegen, sind mit den Anschaffungs- und Herstellungskosten, vermindert um die → Absetzungen für Abnutzung (AfA) o.ä., anzusetzen. Ist der Teilwert aufgrund einer voraussichtlich dauernden Wertminderung niedriger, so kann dieser angesetzt werden. Fällt die Wertminderung später fort, muss eine entsprechende Zuschreibung vorgenommen werden. (2) *Andere Wirtschaftsgüter* (Grund und Boden, immaterielle Wirtschaftsgüter, Beteiligungen, Umlaufvermögen) sind mit den Anschaffungs- oder Herstellungskosten anzusetzen. Stattdessen kann der niedrigere Teilwert angesetzt werden, wenn die Wertminderung dauerhaft ist; auch hier besteht Zuschreibungspflicht bei späterem Wegfall der Wertminderung. Diese Regelung gilt sinngemäß auch für Verbindlichkeiten. Unverzinsliche Verbindlichkeiten mit einer Restlaufzeit von weniger als zwölf Monaten sind mit 5,5 Prozent abzuzinsen. (3) → Entnahmen und → Einlagen sind grundsätzlich mit dem Teilwert zu bewerten. Entsprechendes gilt für die Bewertung von *Wirtschaftsgütern bei der Eröffnung eines Betriebes*. *Wirtschaftsgüter beim entgeltlichen Erwerb eines Betriebes* sind mit dem Teilwert, höchstens jedoch mit den Anschaffungs- oder Herstellungskosten anzusetzen. – b) Die → Bewertungsmaßstäbe der Vermögensaufstellung sind im Bewertungsgesetz festgelegt. Gemäß § 109 BewG werden die zu einem → Gewerbebetrieb gehörenden Wirtschaftsgüter bei Steuerpflichtigen, die ihren Gewinn nach § 4 oder § 5 EStG ermitteln (bilanzierende Kaufleute), grundsätzlich mit dem gemeinen Wert angesetzt. Die Ermittlung des gemeinen Werts wird in § 11 II BewG normiert. – c) Neuregelungen sind im Rahmen der → Erbschaftsteuerreform zu berücksichtigen, welche auf Antrag (nur für Erbfälle) bereits ab dem 1.1.2007 angewendet werden können.

II. Bewertung in ausgewählten Sonderbilanzen: → Abwicklungsbilanz, Gründungsbilanz, Insolvenzstatus, Überschuldungsbilanz, Umwandlungsbilanzen.

III. Bewertung in der Kostenrechnung: 1. Der einem betriebszweckbezogenen Gütergebrauch oder -verbrauch zuzuordnende Kostenwert hängt grundsätzlich vom *Zweck der Verwendung der Kosteninformation* ab (Auswertungsrechnung). Der Verbrauch von auf Lager liegendem Material für einen Zusatzauftrag z.B. zieht dann keine Kosten nach sich, wenn das Material bei Nichtverarbeitung verderben würde; er ist mit Wiederbeschaffungskosten zu bewerten, wenn das Lager nach der Lagerentnahme wieder auf den ursprünglichen Bestand aufgefüllt wird. – 2. Für die *laufende Kostenerfassung* erweist sich eine derartige Bewertungsvielfalt als unpraktikabel. Als Standardwert zieht man deshalb durchweg die → Anschaffungskosten bzw. → Herstellungskosten heran (wie in der externen Rechnungslegung). Auswertungen für spezielle Rechnungszwecke erfordern dann Umbewertungen. – 3. *Bewertung als Zurechnungsproblem:* I.Allg. wird gefordert, dass Bewertung (als Zuordnung

eines Geldbetrags auf ein Gut) am jeweiligen Zweck auszurichten. Das gilt bes. für den wertmäßigen Kostenbegriff. Ein eindeutiger Zusammenhang zwischen Zweck und Bewertung besteht jedoch nur selten. Eine Objektivierung des Rechnungswesens verlangt Preiseindeutigkeit.

Bewertungsabschlag – 1. Für bestimmte → Wirtschaftsgüter des Umlaufvermögens ausländischer Herkunft, deren Preise auf dem Weltmarkt wesentlichen Schwankungen unterliegen, war bis einschließlich 1998 ein Importwarenabschlag nach § 80 EStDV vorgesehen. – 2. Bei Bewertung nach normierten Verfahren im *Bewertungsrecht* wird oft ein Bewertungsabschlag vorgenommen, um Schätzunsicherheiten Rechnung zu tragen; es soll verhindert werden, dass der Schätzwert höher ausfällt als der wirkliche Wert. – *Beispiele:* Stuttgarter Verfahren, Sachwertverfahren, Ertragswertverfahren. – Vgl. auch → Abschlag.

Bewertungsbeirat – beim Bundesminister der Finanzen (BMF) zur Durchführung der → Hauptfeststellung der Einheitswerte land- und forstwirtschaftlichen Vermögens gebildetes Organ mit der Aufgabe, dem BMF Vorschläge zu machen zur Festsetzung der → Ertragswerte, der → Vergleichszahlen und Vergleichswerte sowie der Normalwerte und Ertragswerte der forstwirtschaftlichen Nutzungen. Aufgegliedert in je eine landwirtschaftliche, forstwirtschaftliche Abteilung, Weinbau- und Gartenbauabteilung (§§ 63 ff. BewG).

Bewertungsfreiheit – *Bewertungswahlrecht.* 1. *Begriff* des Einkommensteuerrechts für die Möglichkeit, zwischen mehreren zulässigen Wertansätzen für Zwecke der steuerlichen Gewinnermittlung zu wählen. – 2. *Bewertungsfreiheiten sind bes.:* (1) die Regelung der geringwertigen Wirtschaftsgütern, wonach die → Anschaffungskosten oder → Herstellungskosten bis zu einer bestimmten Höchstgrenze im Jahr der Anschaffung, Herstellung oder Einlage des Wirtschaftsguts oder der Betriebseröffnung in voller Höhe als → Betriebsausgaben abgesetzt werden können (§ 6 II EStG); (2) Steuervergünstigungen in Form von → Sonderabschreibungen i.e.S.

Bewertungsgesetz (BewG) – 1. *Begriff:* Gesetz i.d.F. der Bekanntmachung vom 1.2.1991 mit zahlreichen späteren Änderungen. Neben der → Abgabenordnung (AO) ist das Bewertungsgesetz (BewG) früher einmal das wichtigste Steuergesetz gewesen, in dem alle steuerlichen Bewertungsfragen geregelt waren, und das nur insoweit nicht anzuwenden war, als spezielle Steuergesetze (bes. Einkommensteuergesetz) eigene Bewertungsvorschriften aufweisen. Es hat jedoch an Bedeutung verloren, weil ein Großteil der Substanzsteuern heute abgeschafft ist (z.B. Gewerbekapitalsteuer), nicht mehr erhoben wird (Vermögensteuer) oder sich bei der Wertermittlung an der → Steuerbilanz orientiert (→ verlängerte Maßgeblichkeit; → Erbschaftsteuer). Deshalb ist das Bewertungsgesetz heute fast nur noch für die → Grundsteuer von zentraler Bedeutung. Ergänzend gelten: (1) *Durchführungsverordnung* vom 2.2.1935 (BewDV) mit zahlreichen späteren Änderungen. (2) Bestimmungen zur Gewährleistung einer einheitlichen Rechtsanwendung enthielten früher Vermögensteuer-Richtlinien, heute die *Erbschaftsteuer-Richtlinien*. – 2. *Ziel/Bedeutung:* Das Bewertungsgesetz (BewG) sollte für die → Substanzsteuern einheitliche Werte festsetzen, daher der Begriff → *Einheitswert*. Bis zum Erlass des Bewertungsgesetzes (BewG) bestand die Einheitlichkeit der Steuerwerte nicht; da die neuen → Bedarfswerte für Grundvermögen bei der Grundsteuer nicht gelten, ist die Einheitlichkeit der Bewertungsregeln heute aufgegeben. – 3. *Aufbau/Inhalt:* Das Bewertungsgesetz besteht aus drei Teilen und 26 Anlagen. – a) Der erste Teil enthält *allgemeine Bewertungsvorschriften* (§§ 1–16 BewG) und gilt für alle öffentlich-rechtlichen Abgaben, die durch Bundesrecht geregelt sind, soweit sie durch Bundes- oder Landesfinanzbehörden verwaltet werden; von untergeordneter Bedeutung, wenn sich aus anderen Steuergesetzen oder aus dem zweiten Teil des Bewertungsgesetzes eine andere Bewertung ergibt (§ 1 BewG). – *Beispiele* für abweichende Bewertungsansätze: §§ 6, 7 EStG (spezielle Bewertungsvorschriften für die Bewertung in der → Steuerbilanz); § 10 IV UStG (Bewertung des Eigenverbrauchs). – b) Der zweite Teil enthält *bes. Bewertungsvorschriften* (§§ 17–203): aa) Bewertung und Erfassung der zu bewertenden Einheiten mittels der Einheitsbewertung, die für das → land- und forstwirtschaftliche Vermögen, → Grundvermögen und → Betriebsvermögen durchgeführt wird (§§ 19–109a); gilt für Grund-, Gewerbe-, Erbschaft- und Grunderwerbsteuer, soweit in den betreffenden Steuergesetzen nichts Abweichendes bestimmt ist. – Die einheitliche Bewertung für verschiedene Steuerarten erfordert ein bes. Ermittlungsverfahren (*Einheitswertverfahren*), durch das die Einheitswerte festgestellt werden. – bb) Sondervorschriften (§§ 110–124). – cc) Bewertung von Vermögen (§§ 125-137). – dd) Grundbesitzbewertung für die Grunderwerbsteuer (§§ 138–150). – ee) Vorschriften zu gesonderten Feststellungen (§§ 152-156 BewG). – ff) Bewertung von Grundbesitz, von nicht notierten Anteilen an Kapitalgesellschaften und von Betriebsvermögen für die Erbschaftsteuer (ab 1.1.2009) (§§ 157-203 BewG). – 3. Der dritte Teil enthält *Schlussbestimmungen* (§§ 204–205) und die *Anlagen zum Bewertungsgesetz:* z.B. (1) Tabellen zur Umrechnung von Tierbeständen in Vieheinheiten; (2) Vervielfältiger zur Ermittlung des Wertes von Grundstücken nach dem Ertragswertverfahren (→ *Ertragswert*), zur Berechnung von Kapitalwerten lebenslänglicher Nutzungen oder Leistungen und zur Berechnung von Pensionsverpflichtungen. – 4. Das Bewertungsgesetz ist durch die → Erbschaftsteuerreform (Gesetzesänderung vom 24.12.2008) in größerem Umfang geändert bzw. ergänzt worden. Die Änderungen betreffen insbesondere die Bewertung

von Land- und Forstwirtschaft, Betriebsvermögen, Grundvermögen. Auf Antrag können die Neuregelungen für Erbfälle bereits ab dem 1.1.2007 angewendet werden.

Bewertungsmaßstab – 1. Aufgrund des → Maßgeblichkeitsprinzips sind die zentralen handelsrechtlichen Bewertungsmaßstäbe Anschaffungs- und Herstellungskosten auch steuerrechtlich verbindlich. Allerdings ist zu beachten, dass stets einkommensteuerliche Vorschriften bzw. übergeordnete Bewertungsgrundsätze als Spezialvorschriften dem Maßgeblichkeitsgrundsatz vorangehen (Bewertungsvorbehalt). – 2. Wesentlichster sekundärer Bewertungsmaßstab ist der → *Teilwert*, der darüber hinaus im Regelfall auch für die Bewertung von Einlagen und Entnahmen zum Zuge kommt. – 3. Bei der Bewertung von Verbindlichkeiten und Rückstellungen gelten seit 1999 Besonderheiten gegenüber dem Handelsrecht, die auch mit Inkrafttreten des BilMoG grundsätzlich fortbestehen: (1) Verbindlichkeiten und Rückstellungen sind unter bestimmten Bedingungen abzuzinsen (5,5 Prozent; § 6 I Nr. 3, 3a EStG). (2) Bei gleichartigen Verpflichtungen ist zu berücksichtigen, wenn der Verpflichtete wahrscheinlich nicht für alle davon voll in Anspruch genommen wird. (3) Sachleistungsverpflichtungen sind mit Vollkosten anzusetzen. (4) Bestimmte Rückstellungen sind zeitanteilig in Raten anzusammeln (§ 6 I Nr. 3a Buchstabe d EStG).

Bewertungsstützpunkte – Begriff des Bewertungsgesetzes: Zur Sicherung einer gleichmäßigen Bewertung des → land- und forstwirtschaftlichen Vermögens werden in einzelnen typischen Betrieben mit ortsüblichen Ertragsbedingungen *(Vergleichs- bzw. Richtbetriebe)* die → Vergleichszahlen oder (für forstwirtschaftliche Nutzungen bzw. sonstige land- und forstwirtschaftliche Nutzungen unmittelbar) die → Vergleichswerte der Nutzung und Nutzungsteile ermittelt *(Hauptbewertungsstützpunkte)*, durch den → Bewertungsbeirat vorgeschlagen und durch Rechtsverordnung festgesetzt (§ 39 BewG).

Bewertungswahlrecht → Bewertungsfreiheit.

Bewirtungskosten → Geschäftsfreundebewirtung, → Betriebsausgaben.

BfF – früher gebräuchliche Abk. für → *Bundesamt für Finanzen*, also die Vorläuferinstitution des Bundeszentralamtes für Steuern.

BFH – Abk. für → Bundesfinanzhof.

Bierlager – Steuerlager für Bier i.S.d. Biersteuergesetzes.

Biersteuer – Verbrauchsteuer auf Bier. – 1. *Rechtsgrundlage:* Biersteuergesetz 1993 vom 21.12.1992 (BGBl. I 2150) m.spät.Änd. und die Verordnung zur Durchführung des Biersteuergesetzes (BierStV). Erhebung und Verwaltung liegen beim Bund (Art. 108 I 1 GG), der Ertrag steht den Ländern zu (Art. 106 II Nr. 5 GG). – 2. *Steuergegenstand:* Bier und

Mischungen von Bier mit nichtalkoholischen Getränken im Sinn der Alkoholstrukturrichtlinie. Besteuert wird die Herstellung und Einfuhr aus Drittstaaten von Bier im Gebiet der Bundesrepublik Deutschland, aber ohne Büsingen und Helgoland. Bier, das ins Ausland gelangt, ist steuerfrei. – 3. *Steuersatz:* Die Höhe der Biersteuer bestimmt sich nach dem Stammwürzegehalt des Bieres in Gramm je 100 Gramm Bier (Grad Plato); dabei werden die Nachkommastellen des gemessenen Grades Plato außer Betracht gelassen. Der reguläre Steuersatz (2008) beträgt 0,787 Euro je Grad Plato. Ermäßigte Steuersätze sind vorgesehen für kleine unabhängige Brauereien (Gesamterzeugnismenge jährlich unter 200.000 hl Bier). Die Belastung beträgt für eine Jahresproduktion von weniger als 5.000 hl nur 56 Prozent des regulären Steuersatzes, danach steigt der Steuersatz in Stufen allmählich an (bei 40.000 hl Jahresproduktion werden 84 Prozent des regulären Steuersatzes erreicht). Es gibt auf EU-Ebene Bestrebungen, die Mindeststeuer auf Bier (derzeit 0.748 Euro/Liter) anzuheben. Dieser Wert wurde im Oktober 1992 festgelegt. – 4. *Aufkommen:* 757 Mio. Euro (2007), 779 Mio. Euro (2006), 785,9 Mio. Euro (2003), 811,5 Mio. Euro (2002), 828,5 Mio. Euro (2001), 843,5 Mio. Euro (2000), 909,5 Mio. Euro (1995), 722,5 Mio. Euro (1990), 641 Mio. Euro (1985), 645 Mio. Euro (1980), 652 Mio. Euro (1975), 601 Mio. Euro (1970), 501 Mio Euro (1965), 358 Mio. Euro (1960), 225 Mio. Euro (1955), 178 Mio. Euro (1950).

Big Four – Der Berufsstand der → Wirtschaftsprüfer (WP) ist geprägt durch eine erhebliche Konzentration auf wenige weltweit agierende Prüfungsgesellschaften. Die umsatzstärksten vier Gesellschaften sind Ernst & Young, Deloitte & Touche, KPMG und Price Waterhouse Coopers.

Bilanzänderung – Bei der → Bewertung in der → Steuerbilanz der Ersatz eines zulässigen Bilanzansatzes durch einen anderen ebenfalls zulässigen Ansatz (R 4.4 EStR). Nach Einreichung der Bilanz ist eine Bilanzänderung mittlerweile nur noch möglich, um die Auswirkungen einer notwendigen → Bilanzberichtigung zu kompensieren. Voraussetzung ist allerdings, dass die Bilanzänderung in engem zeitlichem und sachlichem Zusammenhang mit der Bilanzberichtigung vorgenommen wird. Der Anfang 1999 unternommene Versuch, die Möglichkeit zur Bilanzänderung ganz abzuschaffen, ist durch das Steuerbereinigungsgesetz 1999 wieder aufgehoben worden. – *Anders:* → Bilanzberichtigung.

Bilanzberichtigung – 1. *Begriff:* der Ersatz unrichtiger Bilanzansätze durch zulässige (R 4.4 EStR). Unrichtig sind Werte, die gegen zwingende Vorschriften des Einkommensteuerrechts oder Handelsrechts oder gegen die einkommensteuerlich relevanten Grundsätze ordnungsmäßiger Buchführung (GoB) verstoßen. – Der Steuerpflichtige muss eine Bilanzberichtigung vornehmen, wenn er nachträglich erkennt, dass er falsche Bilanzansätze vorgenommen hat und

es hierdurch zu einer Verkürzung der Steuern kommen könnte (§ 153 AO). – In anderen Fällen, in denen die Bilanz unrichtig ist, darf der Steuerpflichtige auch nach Einreichung beim Finanzamt Änderungen vornehmen (§ 4 II EStG). – Bilanzberichtigungen werden außerdem notwendig, wenn nicht der Steuerpflichtige, sondern die Finanzverwaltung Werte v.a. im Rahmen einer Außenprüfung in der Bilanz als unrichtig erkennt. – Die Bilanzberichtigung erfolgt möglichst rückwirkend in dem Jahr, in dem der Fehler passiert ist; hat der Fehler Auswirkungen auf Folgejahre, so werden diese entsprechend berichtigt. Ist die Steuerfestsetzung für das Jahr, in dem der Fehler unterlaufen ist, verjährt (→ Festsetzungsverjährung), erfolgt eine Berichtigung i.d.R. in der ersten Bilanz, in der die Fehlerberichtigung sich steuerlich auswirken kann. – *Anders:* → Bilanzänderung.

Bilanzbündeltheorie – *Bündeltheorie;* ehemals herrschende Auffassung des Steuerrechts, die besagt, dass die Bilanz (Gesamtbilanz) einer Personengesellschaft als Bündel der Einzelbilanzen (Sonderbilanzen) der Mitunternehmer angesehen wird. Gewinnermittlung findet danach für jeden einzelnen Gesellschafter statt (vom BFH 1985 aufgegeben).

Bilanzmanipulation – Bilanzmanipulation meint illegale Maßnahmen (hauptsächlich in Form von Scheingeschäften), die dem Zweck dienen, Jahresabschluss und Lagebericht (i.d.R.) durch Ausschaltung des internen Kontrollsystems so zu gestalten, damit (häufig sehr früh) propagierte Ziele z.B. zu Umsatz und Ergebnis von einem unter *Erfolgsdruck* stehenden Management *unter allen Umständen* erreicht werden.

Bilanzprüfer → Abschlussprüfer.

Bilanzprüfung → Jahresabschlussprüfung.

Bilanzsteuerrecht – rechtliche Vorschriften zur Erstellung der → Steuerbilanz.

Billigkeitserlass → Steuererlass.

Blindenumsatz – 1. Soweit Blinden-Beschäftigungswerkstätten, Blindenanstalten, Blindenvereine und ähnliche *Einrichtungen der Blindenfürsorge* Sachen liefern, die die von ihnen betreuten Blinden hergestellt haben (Blindenwaren), sind diese Umsätze sowie die Lieferung von Zusatzwaren und die sonstigen durch die Blinden getätigten Leistungen umsatzsteuerfrei; desgleichen die Umsätze des Bundes der Kriegsblinden Deutschland e. V. – 2. Für die Umsatzsteuerfreiheit des *Betriebs eines Blinden* ist Voraussetzung, dass nicht mehr als zwei Arbeitnehmer beschäftigt werden. – Die Ehefrau, minderjährige Abkömmlinge und Eltern des Blinden werden als ausbildende gelten in diesem Sinn nicht als Arbeitnehmer. Ein → Verzicht auf Steuerbefreiung ist möglich (§ 9 UStG); damit kann das Recht auf den → Vorsteuerabzug erreicht werden. – 3. *Rechtsgrundlagen:* § 4 Nr. 19 UStG, Anhang X Teil B Ziff. 5 der → Mehrwertsteuersystemrichtlinie.

Bodenbonitierung – *Bodenschätzung*; Einteilung des Bodens in Bonitätsklassen (Beschaffenheit, Ertragsfähigkeit und Verwendungszweck) auf Basis des Gesetzes zur Schätzung des landwirtschaftlichen Kulturbodens bzw. Bodenschätzungsgesetzes (BodenSchätzG) von 1934 (neugefasst 2007). Man unterscheidet zwei Arten von Bodenbonitierung: (1) die *Schätzung des Ackerlandes* und (2) *die des Garten- und Grünlandes*. Die Schätzungen werden dabei nach dem Ackerschätzungsrahmen bzw. dem Schätzungsrahmen für Grünland (= Bodenbewertungstabelle zum Ablesen der durch die Bodenbeschaffenheit bedingten, relativen Reinertragsunterschiede für verschiedene Ackerböden sowie Garten- und Grünland) durchgeführt. – Die Festlegung der Bodengüte ist wichtige Grundlage für die Ermittlung des → Einheitswertes landwirtschaftlicher Betriebe sowie für die Wirtschaftspolitik und zu Kreditzwecken.

Bodenschätzung → Bodenbonitierung.

Bodenwert – 1. *Bewertungsgesetz:* Bei unbebauten Grundstücken ist der Bodenwert (§ 84 BewG) neben dem Wert der → Außenanlagen, bei bebauten Grundstücken zusätzlich neben dem Gebäudewert ein Element des nach dem Sachwertverfahren (→ Sachwert) für unbebaute bzw. bebaute Grundstücke ermittelten → Einheitswerts (→ Ausgangswert). Die Bewertung erfolgt mit dem → gemeinen Wert (→ Grundstücksbewertung). – Erlangt auch Bedeutung hinsichtlich des Mindestwertes, mit dem bebaute Grundstücke anzusetzen sind (§ 77 BewG). – 2. *Bodenschätzungsgesetz:* → Bodenbonitierung.

Bonitierung → Bodenbonitierung.

Börsenumsatzsteuer – eine → Kapitalverkehrsteuer, besteuerte bes. die dem Ersterwerb folgenden Umsätze von Gesellschaftsrechten an Kapitalgesellschaften (z.B. Aktienerwerb an Börsen, Erwerb von GmbH-Anteilen vom Vorbesitzer). Zur Beseitigung des Wettbewerbsnachteils der dt. Finanzmärkte wurde die Börsenumsatzsteuer zum 1.1.1991 abgeschafft. In den USA und in anderen Staaten besteht die Börsenumsatzsteuer weiterhin. Das Aufkommen der Börsenumsatzsteuer betrug 1990 (umgerechnet) 422,3 Mio. Euro.

Branntweinsteuer – im Rahmen des Branntweinmonopols durch die Bundesmonopolverwaltung für Branntwein festgesetzte Verbrauchsteuer, die dem Bund zufließt. Rechtsgrundlage für die Erhebung ist das Gesetz über das Branntweinmonopol. Das Branntweinsteuerrecht ist das Ergebnis des über Jahrzehnte bestehenden Branntweinmonopols in Deutschland. Die Branntweinsteuer gehört (neben der Schaumwein-, der Zwischenerzeugnis- und der Biersteuer) zu den innerhalb der EG harmonisierten Verbrauchsteuern und unterliegt der länderübergreifenden, EG-einheitlichen Überwachung. Der Regelsteuersatz für den von den Ablieferern übernommenen und an den Verwender verkauften Alkohol beträgt 1.303 Euro je hl reinen Alkohol (gemessen bei 20 °C). Ermäßigte Steuersätze u.U. für Branntwein aus Abfindungs- bzw. Verschlusskleinbrennereien (§ 131 BranntwMonG). – Keine Steuer wird erhoben auf Branntwein, der ausgeführt, zu Treibstoff verarbeitet, zu Putz-, Heizungs- und ähnlichen Zwecken verwendet oder der zur Herstellung von Arzneimitteln oder Essig benötigt wird. – *Gesetzliche Regelung:* §§ 130 ff. BranntwMonG. – *Aufkommen:* 1.900 Mio Euro (2010), rd. 2 Mrd. Euro (2007), 2.100 Mio. Euro (2005), 2.204,4 Mio. Euro (2003), 2.149,1 Mio. Euro (2002), 2.142,6 Mio. Euro (2001), 2.150,8 Mio. Euro (2000), 2.473 Mio. Euro (1995), 2.162,3 Mio. Euro (1990), 2.123 Mio. Euro (1985), 1.986 Mio. Euro (1980), 1.596 Mio. Euro (1975), 1.139 Mio. Euro (1970), 771 Mio Euro (1965), 523 Mio. Euro (1960), 296 Mio. Euro (1955), 254 Mio. Euro (1950) (bis 1970 unter der Bezeichnung Branntweinmonopol, bis 1985 Abgabe auf Branntwein).

Briefkastengesellschaft → Basisgesellschaft.

Bruttodividende – Begriff des → körperschaftsteuerlichen Anrechnungsverfahrens von 1977 bis 2000; → Dividende, die im Gegensatz zur Bardividende den körperschaftsteuerlichen Anrechnungsanspruch einschließt. Bei einer Bardividende von 70 und einem Anrechnungsanspruch von 3/7 betrug die Bruttodividende also 100.

Bruttoumsatzsteuer → Umsatzsteuer, die in einem bestimmten Prozentsatz vom gesamten Entgelt, d.h. vom kumulierten Umsatzwert (eigener Umsatz + Umsatz der Vorstufen), geschuldet wird. – *Gegensatz:* → Nettoumsatzsteuer. – Vgl. auch Umsatzbesteuerung.

Buchführungspflicht – 1. *Ertrags- und Substanzsteuern:* Buchführungspflicht für Zwecke der Besteuerung erheblich erweitert. – a) Grundsätzlich gilt, dass derjenige, der bereits nach anderen Gesetzen als den Steuergesetzen Bücher und Aufzeichnungen zu führen hat (v.a. nach § 238 HGB), diese Verpflichtung auch im Interesse der Besteuerung zu erfüllen hat (*abgeleitete* oder *derivative Buchführungspflicht;* § 140 AO). – b) *Originäre Buchführungspflicht* und Verpflichtung, regelmäßige Abschlüsse aufgrund jährlicher Bestandsaufnahmen zu erstellen, besteht darüber hinaus nach § 141 AO für alle Land- und Forstwirte sowie Gewerbetreibende, die nach der letzten Veranlagung oder folgenden Voraussetzungen erfüllen: (1) Einen Gesamtumsatz (einschließlich des steuerfreien Umsatzes) von mehr als 500.000 Euro im Kalenderjahr; (2) selbstbewirtschaftete land- und forstwirtschaftliche Flächen mit Wirtschaftswert über 25.000 Euro; (3) einen Gewinn aus Gewerbebetrieb von mehr als EUR 50.000 Euro im Wirtschaftsjahr; (4) Gewinn aus Land- und Forstwirtschaft von mehr als 50.000 Euro im Kalenderjahr. Als Mindestaufzeichnungspflicht ergibt sich für alle gewerblichen Unternehmer die Führung des → Wareneingangsbuches (§ 143 AO) und des → Warenausgangsbuches (§ 144 AO). – c) *Beginn der*

Buchführungspflicht: nach Mitteilung durch das Finanzamt ab dem folgenden Wirtschaftsjahr. – d) *Ende der Buchführungspflicht:* mit Ablauf des Wirtschaftsjahrs, das auf das Wirtschaftsjahr folgt, in dem die Finanzbehörde feststellt, dass die Voraussetzungen für eine Buchführungspflicht nicht mehr vorliegen. – 2. *Umsatzsteuer:* → Aufzeichnungspflicht.

buchmäßiger Nachweis → Buchnachweis.

Buchnachweis – 1. *Begriff:* Der Nachweis des Geschehens durch ordnungsmäßige Verbuchung in den Geschäftsbüchern. – 2. *Umsatzsteuerliche Bedeutung:* a) Buchnachweis ist neben dem → Ausfuhrnachweis (Belegnachweis) Voraussetzung für die Gewährung der Umsatzsteuerfreiheit von → Ausfuhrlieferungen und → Lohnveredelungen. Die Bücher sind im Inland zu führen, soweit gesetzlich nichts anderes erlaubt ist. I.d.R. sind aufzuzeichnen: die Menge mit handelsüblicher Bezeichnung des Liefergegenstandes oder der Umfang der Lohnveredelung, Tag der Lieferung oder Lohnveredelung, Name und Anschrift des Abnehmers oder Auftraggebers, das vereinbarte oder vereinnahmte → Entgelt sowie die Ausfuhr (§ 13 UStDV). – b) Buchnachweis ist weiterhin Voraussetzung für die Umsatzsteuerbefreiung von → innergemeinschaftlichen Lieferungen. Buchmäßig nachzuweisen sind dabei bes. die Umsatzsteuer-Identifikationsnummer des Abnehmers sowie die Beförderung oder Versendung in das übrige Gemeinschaftsgebiet; darüber hinaus Aufzeichnung entsprechend Punkt 1.

Buchprüfer → vereidigter Buchprüfer.

Buchprüfungsgesellschaft – gesetzlich geschützte Bezeichnung für die nach den Vorschriften der → Wirtschaftsprüferordnung (WPO) als Buchprüfungsgesellschaft anerkannte Prüfungsgesellschaft (§ 133 i.V. mit § 128 I 2 WPO). Eine Buchprüfungsgesellschaft hat die Bezeichnung „Buchprüfungsgesellschaft" zu führen (§ 128 II 1 WPO). Auf Buchprüfungsgesellschaften finden die Vorschriften der WPO über die Anerkennung und die berufliche Niederlassung von → Wirtschaftsprüfungsgesellschaften, die Abschnitte über Bestellung, Wirtschaftsprüfungsgesellschaften, allg. Vorschriften für das Verwaltungsverfahren, das Berufsregister und das verwaltungsgerichtliche Verfahren sowie des Teils über die Rechte und Pflichten der Wirtschaftsprüfer entsprechende Anwendung (§ 130 II WPO). Buchprüfungsgesellschaften dürfen nach Einführung der Prüfungspflicht für bestimmte GmbHs → Jahresabschlussprüfungen als → Abschlussprüfer in beschränktem Umfang vornehmen (§ 129 I WPO).

Buch- und Betriebsprüfung – v.a. früher übliche Bezeichnung für die turnusmäßige → Außenprüfung des Finanzamts.

Buchwertfortführung – 1. *Begriff* aus dem Ertragsteuerrecht: Bewertung eines Wirtschaftsgutes bei seinem Erwerb nicht mit dem Marktwert, sondern mit dem Buchwert des Rechtsvorgängers. – 2. *Zielsetzung:* Buchwertfortführung dient stets dazu,

vorhandene stille Reserven zu einem späteren Termin noch besteuern zu können, wenn bei einem Eigentumsübergang auf Aufdeckung und Versteuerung stiller Reserven verzichtet wurde. Daher nur bei bestimmten Vermögensübergängen möglich, bei denen das Gesetz diese Vorgehensweise ausdrücklich vorsieht: Erbschaft oder Schenkung (§ 6 III EStG), Umwandlung, Fusion, Einbringung, Spaltung (Umwandlungssteuergesetz, Fusionsrichtlinie). – 3. *Ähnlich:* → Buchwertverknüpfung.

Buchwertverknüpfung – 1. *Begriff* aus dem Ertragsteuerrecht, relevant v.a. im Umwandlungssteuerrecht: Die Verpflichtung, bei Hingabe eines Wirtschaftsguts gegen ein anderes für das neu erworbene Wirtschaftsgut den Buchwert anzusetzen, mit dem vorher das bisherige Wirtschaftsgut angesetzt war. – 2. *Zielsetzung:* Zielsetzung der Buchwertverknüpfung ist es regelmäßig, dafür zu sorgen, dass der Austausch des betreffenden Wirtschaftsguts gegen das andere steuerlich für den Besitzer keinen Gewinn abwirft (der Zufluss des „neuen" Wirtschaftsguts wird mit demselben Wert eingebucht wie der Abfluss des „alten"!), zugleich aber sichergestellt wird, dass die stillen Reserven, die zu diesem Zeitpunkt in dem Wirtschaftsgut vorhanden sind, später noch steuerlich erfasst werden können. – 3. *Beispiel:* Ein Wirtschaftsgut mit einem aktuellen Wert von 100 und einem steuerlichen Buchwert von 10 wird gegen ein anderes ausgetauscht. Dieses wird vernünftigerweise ebenfalls einen wirklichen Wert nahe 100 haben; es wird aber jetzt mit 10 bilanziert, weil dies der Buchwert des „Vorgänger-Wirtschaftsgutes" war. Wird das neue Wirtschaftsgut im Anschluss daran verkauft, entsteht buchhalterisch automatisch ein Gewinn von 100-10 = 90, d.h. die seinerzeit verschonten stillen Reserven werden jetzt buchhalterisch automatisch aufgedeckt und der Versteuerung zugeführt. – 4. *Anwendungsgebiete:* Eine Buchwertverknüpfung ist nur zulässig, sofern sie gesetzlich ausdrücklich zugelassen bzw. angeordnet ist. Das geschieht in einigen wenigen Fällen, einschlägig ist v.a. das Umwandlungssteuergesetz. Denkbare Anwendungsgebiete sind bspw. Einbringung (→ Einbringung in eine Kapitalgesellschaft) von Unternehmensteilen und → Anteilstausch. – 5. *Unterschied zur Buchwertfortführung:* Die Technik der Buchwertverknüpfung sichert, dass der Eigentümer des alten Wirtschaftsguts nicht durch den Ersatz des alten Wirtschaftsgutes durch das neue und anschließenden Verkauf des „neuen" Wirtschaftsgutes stille Reserven realisieren kann, ohne dass sie sich in seiner steuerlichen Gewinnermittlung zeigen und versteuert werden müssen. Eine alternative Technik, die → Buchwertfortführung, sichert dagegen, dass die stillen Reserven in dem „alten" Wirtschaftsgut nicht durch Verkauf des alten Wirtschaftsgutes bei dem neuen Eigentümer realisiert werden können, ohne dass dieser sie versteuern muss; dies geschieht dadurch, dass der neue Eigentümer den Buchwert des alten Wirschaftsgutes beim Voreigentümer übernehmen muss. Auch diese Technik ist unter bestimmten Umständen zur Verhinderung von Missbräuchen vorgeschrieben. – 6. *Problematik*: Schreibt der Gesetzgeber beide Techniken -Buchwertverknüpfung und Buchwertfortführung – kumulativ vor, um wirklich jeglichen Missbrauch auszuschließen, so werden die ursprünglich vorhandenen stillen Reserven anschließend bei zwei Steuerpflichtigen gleichzeitig erfasst; diese Verdoppelung der stillen Reserven bei gleichzeitiger Anwendung beider Techniken widerspricht dem eigentlichen Sinn beider Techniken, Vorgänge steuerneutral zu gestalten, und verstößt, wie der Europäische Gerichtshof mittlerweile bestätigt hat, in den durch die EG-Fusionsrichtlinie geregelten Fällen gegen die europäischen Vorgaben. – 7. *Abweichender Sprachgebrauch*: Teilweise verwenden einzelne Literaturquellen die Ausdrücke Buchwertfortführung und Buchwertverknüpfung im jeweils genau umgekehrten Sinne.

Bund der Steuerzahler e.V. (BdSt) – 1949 durch Karl Bräuer gegründete unpolitische, überparteiliche Vereinigung mit derzeit ca. 400.000 Mitgliedern; Sitz früher in Wiesbaden, nun in Berlin. – *Organisation*: Im Präsidium des BdSt sind fünfzehn Landesverbände zusammengefasst. Präsidium und Landesverbände sind eingetragene Vereine, durch die Finanzbehörden als gemeinnützig anerkannt. – *Ziele*: Ein einfacheres → Steuersystem, die Verringerung der und die wirtschaftliche Verwendung der Steuergelder, Wiederherstellung und Sicherung eines Vertrauensverhältnisses zwischen Staat und Steuerzahlern, Durchführung einer organischen Finanz- und Steuerverfassung der Bundesrepublik Deutschland, Zusammenarbeit mit den Fachleuten des Finanz- und Steuerwesens in den Parlamenten und Behörden. Unterrichtung der Öffentlichkeit durch Veranstaltung von Steuerforen, Herausgabe von Presseinformationen, Rundfunksendungen. Er ist jedoch nicht berechtigt, Steuerberatung zu leisten. – *Publikationen*: Zeitschrift „Der Steuerzahler" (monatlich) mit einer Auflage von ca. 450.000 Exemplaren , daneben Denkschriften, Einzeldarstellungen, eine Schriftenreihe sowie das Schwarzbuch „Die öffentliche Verschwendung". – Am 11.7.1965 wurde ein eigenes wissenschaftliches Institut gegründet, das → Karl-Bräuer-Institut.

Bündeltheorie → Bilanzbündeltheorie.

Bundesagentur für Außenwirtschaft (bfai) – *Zweck*: informierte als Servicestelle des Bundesministeriums für Wirtschaft und Arbeit über die aktuelle Situation auf ausländischen Märkten. Sie war entstanden aus der Bundesstelle für Außenhandelsinformation und unterstützte in deren Nachfolge seit 1951 dt. Unternehmen auf dem Weg ins Auslandsgeschäft. Die Zentrale war in Köln. – Wurde zum 1.1.2009 mit dem Invest in Germany GmbH fusioniert zur Germany Trade and Invest.

Bundesamt für Finanzen (BfF) – ehem. dt. Bundesoberbehörde im Geschäftsbereich des Bundesministeriums der Finanzen (BMF). Das Bundesamt für Finanzen wurde am 3.9.1971 gegründet und am 30.12.2005 aufgelöst; Sitz war in Bonn. – *Die Hauptaufgaben waren*: Mitwirkung an Außenprüfungen der Landesfinanzbehörde, die Unterstützung von Finanzämtern bei der Besteuerung von Deutschen mit Auslandseinkünften, insbesondere die Entlastung von dt. Abzugsteuern bes. aufgrund von Doppelbesteuerungsabkommen, die Entlastung bei dt. Besitz- oder Verkehrsteuern gegenüber internationalen und supranationalen Organisationen, ausländischen Missionen und deren Mitgliedern, steuerliche Auslandsbeziehungen. Vergütung von Körperschaftsteuern und Erstattung der Kapitalertragsteuer an nichtveranlagte Steuerpflichtige, Kontrolle von Freistellungsaufträgen im Rahmen der Zinsabschlagsteuer, die Vergütung von Vorsteuern an ausländische Unternehmer in bes. Fällen, die Vergabe von Umsatzsteuer-Identifikationsnummern. – *Mit Wirkung zum 1.1.2006* werden die Aufgaben des Bundesamts für Finanzen von den folgenden drei Behörden wahrgenommen: (1) dem Bundeszentralamt für Steuern (BZSt), dessen Zuständigkeit alle Aufgaben der ehemaligen Abteilungen Steuern und Bundesbetriebsprüfung des Bundesamtes für Finanzen beinhaltet; (2) dem Bundesamt für zentrale Dienste und offene Vermögensfragen (BADV), dessen Zuständigkeit alle Aufgaben der ehemaligen Abteilung Dienstleistungszentrum des Bundesamtes für Finanzen umfasst; (3) dem Zentrum für Informationsverarbeitung und Informationstechnik (ZIVIT), dessen Zuständigkeit alle Aufgaben der ehemaligen Abteilung Informationsverarbeitung des Bundesamtes für Finanzen beinhaltet. – Die Nachfolgebehörden sind wie das ehemalige Bundesamt für Finanzen direkt dem Bundesministerium unterstellt.

Bundesanstalt für Landwirtschaft und Ernährung (BLE) – Bundesoberbehörde im Geschäftsbereich des Bundesministeriums für Ernährung, Landwirtschaft und Verbraucherschutz (BMELV); bundesunmittelbare rechtsfähige Anstalt des öffentlichen Rechts; Sitz in Bonn. Zum 1.1.1995 errichtet durch das Gesetz vom 2.8.1994 (BGBl. I 2018) durch Zusammenlegung der ehemaligen Bundesanstalt für landwirtschaftliche Marktordnung (BALM) und des ehemaligen Bundesamtes für Ernährung und Forstwirtschaft (BEF). – 1. *Aufgaben*: Die Bundesanstalt für Landwirtschaft und Ernährung ist → Marktordnungsstelle für die in der EU bestehenden seit 2007 gemeinsamen Organisationen für die Agrarmärkte (Getreide, Reis, Zucker, Trockenfutter, Saatgut, Hopfen, Olivenöl und Tafeloliven, Flachs und Hanf, Obst und Gemüse, verarbeitetes Obst und Gemüse, Bananen, Wein, lebende Pflanzen und Waren des Blumenhandels, Rind-, Schweine- Schaf- und Ziegenfleisch, Milch und Milcherzeugnisse, Eier, Geflügelfleisch sowie sonstige Erzeugnisse). Als Marktordnungsstelle ist sie bes. bei der Intervention von Waren, bei der privaten

Lagerhaltung und bei Beihilfemaßnahmen tätig. Zur Finanzierung der gemeinsamen Agrarpolitik nimmt die Bundesanstalt für Landwirtschaft und Ernährung Kassenkredite auf, auch soweit sie für die Durchführung der Maßnahmen selbst nicht zuständig ist. Aufgrund des Ernährungssicherstellungsgesetzes und des Ernährungsvorsorgegesetzes wird die Bundesanstalt für Landwirtschaft und Ernährung bei der zentralen Planung und Feststellung von Erzeugung, Beständen und Verbrauch tätig. Im Rahmen einer allg. Vorratshaltung sowie der Zivilen Notfallreserve werden Vorräte an Ernährungsgütern und Futtermitteln beschafft, verwaltet und verwertet. – 2. *Lizenzen:* Als Genehmigungsstelle für den grenzüberschreitenden Waren- und Dienstleistungsverkehr mit Erzeugnissen der Ernährungs-, Land- und Forstwirtschaft erteilt die Bundesanstalt für Landwirtschaft und Ernährung Einfuhr- und Ausfuhrlizenzen sowie -genehmigungen. – 3. *Sonstiges:* Die Bundesanstalt für Landwirtschaft und Ernährung überwacht Embargomaßnahmen und die Einhaltung von Kontingentregelungen. Die Bundesanstalt für Landwirtschaft und Ernährung erhebt Abgaben nach dem Holzabsatzfondsgesetz. Darüber hinaus wird der Klärschlamm-Entschädigungsfonds verwaltet. Sie überwacht die Seefischerei außerhalb der Küstengewässer und die Einhaltung der von ihr verwalteten Fischfangquoten; nach § 3 des Seefischereigesetzes erteilt sie Fangerlaubnisse an die dt. Fischereiflotte. Die Fischereischutzboote und Fischereiforschungsschiffe des Bundes werden durch die Bundesanstalt für Landwirtschaft und Ernährung bereedert.

Bundesanteil – Anteil des Bundes am Gesamtaufkommen der → Gemeinschaftsteuern.

Bundesfinanzakademie – aufgrund eines Bund-Länder-Abkommens gegründete verwaltungsinterne Einrichtung des Bundes, die beim Bundesminister der Finanzen ressortiert, und der Ausbildung (ergänzende Studien) sowie der Fortbildung (fortführende Studien) der Beamtinnen und Beamten des höheren Dienstes der Steuerverwaltungen der Länder dient; Sitz in Brühl. – *Gesetzliche Grundlage:* §§ 5 und 7 des Steuerbeamten-Ausbildungsgesetzes i.d.F. vom 23.6.1993 BGBl. I 944.

Bundesfinanzbehörden → Finanzverwaltung.

Bundesfinanzdirektion – die Mittelbehörde der → Finanzverwaltung des Bundes für ihren Bezirk, soweit sie eingerichtet ist (§§ 1, 7, 8 FVG).

Bundesfinanzhof (BFH) – oberster Gerichtshof des Bundes für die → Finanzgerichtsbarkeit mit Sitz in München (§ 2 FGO), bestehend aus dem Präsidenten, den Vorsitzenden Richtern und weiteren Richtern. – 1. *Organisation/Entscheidungsbefugnisse:* Er entscheidet durch *Senate* in der Besetzung von fünf Richtern, bei Beschlüssen außerhalb der mündlichen Verhandlung mit drei Richtern. Neben den einzelnen Senaten besteht ein *Großer Senat,* der sich aus dem Präsidenten und sechs Richtern der einzelnen

Senate zusammensetzt. Er entscheidet, wenn (1) in einer Rechtsfrage ein Senat von der Entscheidung eines anderen Senats oder des Großen Senats abweichen will oder (2) der die betreffende Rechtssache bearbeitende Senat wegen ihrer grundsätzlichen Bedeutung die Entscheidung des Großen Senats herbeiführen möchte, weil nach seiner Auffassung die Fortbildung des Rechts oder die Sicherung einer einheitlichen Rechtsprechung es fordern (§ 11 FGO). – 2. *Sachliche Zuständigkeit:* Der Bundesfinanzhof entscheidet als Rechtsmittelinstanz über (1) die → Revision gegen Urteile der → Finanzgerichte und gegen Entscheidungen, die Urteilen der Finanzgerichte gleichstehen, (2) die → Beschwerden gegen andere Entscheidungen des Finanzgerichts oder des Vorsitzenden des Senats (§ 36 FGO). – 3. *Bedeutung:* BFH-Entscheidungen binden nur die Beteiligten und ihre Rechtsnachfolger insoweit, als über den Streitgegenstand entschieden worden ist (§ 110 I FGO). Dennoch haben sie bes. Bedeutung für die Rechtsauslegung und für die Anwendung auf parallel liegende Fälle, daher Veröffentlichung der wichtigsten Entscheidungen im → Bundessteuerblatt (BStBl), Teil II. Die Finanzbehörden halten jedoch auch nicht veröffentlichte Entscheidungen dem Steuerpflichtigen entgegen. Die Entscheidungen des früheren Reichsfinanzhofs (RFH) werden bis zur Gegenwart rechtsauslegend angewandt, soweit sie nicht durch neuere BFH-Rechtsprechung überholt sind.

Bundesknappschaft (BKN) – bundesunmittelbare rechtsfähige Körperschaft des öffentlichen Rechts mit Selbstverwaltung; Sitz der Hauptverwaltung in Bochum; seit 1.10.2005 in der Deutschen Rentenversicherung Knappschaft-Bahn-See aufgegangen. – *Aufgaben:* (1) ursprünglich nur Träger der gesetzlichen Rentenversicherung, Krankenversicherung und Pflegeversicherung der im Bergbau beschäftigten Arbeitnehmer. Seit 1.10.2005 Erweiterung der Aufgaben auch für die allg. Rentenversicherung. – (2) Seit dem Inkrafttreten des Zweiten Gesetzes für moderne Dienstleistungen am Arbeitsmarkt am 1.1.2003 ist die BKN ferner zuständige Stelle für das Meldeverfahren und den Einzug der einheitlichen Steuerpauschale für Lohnsteuer, Solidaritätszuschlag und Kirchensteuer für geringfügige Beschäftigungsverhältnisse (Mini-Jobs); zuständig ist die Verwaltungsstelle Cottbus der BKN.

Bundessteuerblatt (BStBl) – herausgegeben vom Bundesministerium der Finanzen (BMF); erscheint nach Bedarf in zwangloser Folge. – In zwei *Teile* gegliedert: *Teil I* enthält die Veröffentlichungen von steuerlichen Rechtsvorschriften und Verwaltungsanweisungen des Bundesministeriums der Finanzen und der obersten Finanzbehörden der Länder; *Teil II* ausgewählte Entscheidungen des Bundesfinanzhofs. Durch die Veröffentlichung von Urteilen und Beschlüssen des BFH im Bundessteuerblatt weist der Bundesfinanzminister die Finanzämter an, diese Entscheidungen in vergleichbaren Fällen anzuwenden. Dies ist deshalb wichtig, weil die im Verfahren vor dem BFH ergangenen Urteile grundsätzlich nur die Parteien des konkreten Rechtsstreits binden (§ 110 FGO).

Bundesverband der vereidigten Buchprüfer e. V. (BvB) – Fachorganisation und berufsständische Vertretung der → vereidigten Buchprüfer und → Buchprüfungsgesellschaften, Sitz in Berlin; 1986 wieder gegründet. – *Aufgaben:* Der Bundesverband der vereidigten Buchprüfer vertritt die beruflichen und fachlichen Interessen der vereidigten Buchprüfer und Buchprüfungsgesellschaften und hat für die fachliche Förderung seiner Mitglieder und des beruflichen Nachwuchses zu sorgen. Zudem tritt er für einheitliche Grundsätze der unabhängigen, eigenverantwortlichen und fachgerechten Berufsausübung sowie deren Einhaltung durch die Mitglieder ein. – *Zusammenarbeit mit anderen Organisationen*, v.a. mit dem → Institut der Wirtschaftsprüfer in Deutschland e. V. (IDW).

Bundeszentralamt für Steuern – ist eine Bundesoberbehörde (→ Finanzverwaltung); ersetzt seit dem 1.1.2006 das Bundesamt für Finanzen. Dem Bundeszentralamt für Steuern sind eine Vielzahl von Zuständigkeiten zugewiesen (vgl. im Einzelnen § 5 FVG), u.a. (1) die Mitwirkung an Außenprüfungen, (2) die Koordination von grenz- und länderübergreifenden Umsatzsteuerprüfungen, (3) die Entlastung von dt. Abzugsteuern (Erstattungen und Freistellungen) in den Fällen der §§ 43b, 50g EStG, (4) bestimmte Befugnisse auf dem Gebiet des Rechts- und Amtshilfeverkehrs mit ausländischen Behörden, (5) die Vergütung der Vorsteuerbeträge an nicht im Erhebungsgebiet ansässige Unternehmer, (6) die Durchführung des Familienleistungsausgleichs nach §§ 31, 62 bis 78 EStG, (7) die Gewährung der Altersvorsorgezulage nach §§ 79 ff. EStG, (8) die Vergabe und Verwaltung des → Identifikationsmerkmals nach §§ 139a bis 139c AO, (9) die Vergabe der → Umsatzsteuer-Identifikationsnummer, Steueridentifikationsnummer (IdNr), (10) die zentrale Sammlung und Auswertung verschiedener Informationen und Unterlagen (z.B. über Auslandsbeziehungen, Umsatzsteuer-Betrugsfälle, Verwaltung der

Versicherung- und Feuerschutzsteuer, branchenbezogene Kennzahlen, Konzernübersichten), (11) der → Kontenabruf nach § 93b AO, § 24c I KWG, (12) die Beobachtung des elektronischen Handels zur Unterstützung der Umsatzbesteuerung.

Butterfahrten – 1. *Begriff:* übliche Bezeichnung für die (früher häufig anzutreffende) Erscheinung, dass für Passagiere eine Ausflugsfahrt mit einem Schiff organisiert wurde und der hauptsächliche Zweck dieser Fahrt nur darin bestand, nach dem Verlassen der Hoheitsgewässer den Passagieren Waren verkaufen zu können, ohne dass dieser Verkauf im Inland steuerbar war. Dahinter stand der Gedanke, dass die Passagieren nach ihrer Rückkehr ins Inland die gekauften Waren im Rahmen bestimmter Freimengen steuerlich unbelastet als persönliches Reisegepäck einführen konnten, der Einkauf also endgültig unbelastet blieb. – 2. *Gründe für die heute geringe Bedeutung*: Die Butterfahrten verloren ihre Attraktivität, als mit der EG-weiten Einführung einer Neuregelung über den → Ort der Lieferung von Waren an Bord eines Schiffes in den 1990er-Jahren vorgeschrieben wurde, dass alle während einer Fahrt eines Schiffes ausgeführten Lieferungen in dem Land zu versteuern sind, in dem die Fahrt begonnen hat, wenn die Fahrt des Schiffes in dem Land auch wieder in der EU endet (§ 3e UStG, Art. 37 der → Mehrwertsystemrichtlinie). Seitdem brauchen nämlich Verkäufe während einer Fahrt, die in der EU beginnt und wieder in der EU endet, nur dann nicht mehr versteuert zu werden, wenn das Schiff zum Zeitpunkt des Verkaufs der Waren in einem Drittland im Hafen liegt oder sich in den Hoheitsgewässern eines Drittlandes befindet (Rechtsprechung des EuGH, vgl. Abschn. 42-L UStR). Das aber macht i.d.R. zu lange Fahrtstrecken erforderlich, als dass sich die Veranstaltung der Fahrten allein zum Zwecke des steuerlich unbelasteten Verkaufs noch lohnen könnte; außerdem besteht die Gefahr, dass bei einem Verkauf in den Hoheitsgebieten des Drittlandes das Umsatzsteuerrecht dieses Landes zu beachten wäre. – Für eine andere Gestaltung, die steuerfreies Einkaufen ermöglichen sollte, aber ebenfalls beachtlich an Attraktivität verloren hat, vgl. → Duty-Free-Shop.

Carnet ATA – 1. *Begriff:* Abk. für *Admission Temporaire und Temporary Admission.* Das Carnet ATA ist ein Vordruck, der dem internationalen Zollübereinkommen von Brüssel über das Carnet ATA für die vorübergehende Einfuhr vom 6.12.1961 (BGBl. 1965 II 948) als Anlage beigefügt ist. Mittels seiner werden verschiedene Zollverfahren rund um die Verwendung abgewickelt. Dem Abkommen gehören neben den Mitgliedsstaaten der EU mehrere Länder an, so u.a. Algerien, Andorra, Australien, Chile, VR China, Elfenbeinküste, Gibraltar, Herzegowina, Hongkong, Indien, Iran, Island, Israel, Japan, Kanada, Korea, Kroatien, Libanon, Macoa, Malaysia, Marokko, Mauritius, Mazedonien, Mexiko, Moldavien, Mongolei, Montenegro, Neuseeland, Norwegen, Pakistan, Russland, Schweiz, Senegal, Serbien, Singapur, Sri Lanka, Südafrika, Thailand, Türkei, Tunesien, Ukraine, USA, Vereinigte Arabische Emirate und Weißrussland an. – 2. *Anwendung:* Das Carnet ATA kann für vorübergehend eingeführt eingangsabgabenpflichtige Waren verwendet werden. Zulässig ist weiterhin die Verwendung als Versandpapier, nicht jedoch für zur Ausbesserung und Veredelung bestimmte Waren. Schließlich kann es zur Wiederausfuhr verwendet werden. Der Inhaber eines Carnet ATA ist verpflichtet, die eingeführten Waren bis zum Ablauf der Gültigkeitsdauer des Carnet ATA wieder auszuführen. In der Bundesrepublik Deutschland wird das Carnet ATA von den Industrie- und Handelskammern (IHK) ausgegeben. Bürgender Verband ist der → Deutsche Industrie- und Handelskammertag (DIHK).

Carnet TIR – 1. *Allgemein:* Das TIR-Verfahren (Transport International des Marchandises par la Route) ermöglicht den grenzüberschreitenden Warentransport mit Straßenfahrzeugen in vier Kontinenten. Mit einem Zollpapier, einer Nämlichkeitssicherung und einer gemeinsamen Sicherheitsleistung können Waren durch mehrere Staaten befördert werden, ohne dass sie an den Grenzzollstellen beschaut werden. Das verkürzt die Abfertigungszeiten enorm. – 2. *Rechtsgrundlage* ist das Übereinkommen über den internationalen Warentransport mit Carnet TIR („TIR-Übereinkommen 1975") vom 14.11.1975 (BGBl. 1979 II 446). 68 Vertragsparteien einschließlich der 27 Mitgliedsstaaten der Gemeinschaft sind inzwischen dem Übereinkommen beigetreten. Angewendet werden die Regelungen jedoch nur in 56 Ländern, die über national zugelassene, bürgende Verbände verfügen. Das Carnet TIR findet keine Anwendung, wenn die Warentransporte ausschließlich innerhalb des → Zollgebiets der EU stattfinden → gemeinschaftlichen Versandverfahren zu befördern. – 3. *Ausstellung und Ausgabe:* Ausgestellt werden den Carnet TIR nicht von den Zollstellen, sondern von der in Genf ansässigen internationalen Straßentransportunion (IRU-International Road Transport Union/Union Internationale des Transports Routiers). Die Wirtschaftsbeteiligten erhalten das Papier von den ihnen angeschlossenen nationalen Verbänden, die hierzu von den Zollbehörden der jeweiligen Vertragspartei ermächtigt werden. In Deutschland erfolgt die Abgabe der Carnets über die Landesorganisationen des Bundesverbandes Güterkraftverkehr, Logistik und Entsorgung (BGL) e.V. in Frankfurt a.M. und die Arbeitsgemeinschaft zur Förderung und Entwicklung des internationalen Straßenverkehrs (AIST) e.V. in Berlin. – 4. *Ablauf:* Das TIR-Verfahren wird bei der sog. Abgangszollstelle eröffnet. Hier werden auch die Verschlüsse angelegt. Den Durchgangszollstellen an den Grenzen ist das Beförderungsmittel mit der Warenladung und dem dazugehörigen Carnet TIR vorzuführen. Bei der Bestimmungszollstelle wird das Verfahren beendet. Ein Carnet TIR gilt jeweils nur für eine Beförderung. – 5. *Aktuelle Entwicklung:* Seit dem 1.1.2009 wird das Verfahren innerhalb der EU, des → Zollgebietes der EU, zusätzlich nach den Regeln des NCTS-Versandverfahrens zwingend elektronisch abgewickelt. – Vgl. auch → Versandverfahren.

Carry Back → Verlustrücktrag.

Certificate of Origin → Ursprungszeugnis.

Couponsteuer → Kapitalertragsteuer.

D

Damnum – *Darlehensabgeld.* 1. *Begriff:* Unterschiedsbetrag zwischen dem Nennbetrag eines Darlehens oder einer Forderung (Rückzahlungsbetrag) und dem tatsächlich an den Darlehensnehmer gezahlten Betrag (Verfügungsbetrag oder Nominalbetrag), bei Wechseln: in den Wechselbetrag eingerechneter → Diskont. Das Damnum kann in Form eines Abschlages bei Auszahlung des → Darlehens (Disagio), eines Zuschlages bei Rückzahlung (Agio) oder durch entsprechende Verbuchung der ersten Tilgungsraten (Tilgungsstreckung) vereinbart werden. – 2. *Buchung:* Das Damnum bei aufgenommenem Darlehen darf in der Handelsbilanz zusammen mit einem evtl. Rückzahlungsagio unter den Rechnungsabgrenzungsposten aktiviert werden und ist dann während der Laufzeit des Darlehens planmäßig abzuschreiben (vgl. § 250 III HGB), z.B. Geldkonto 196.000 und Rechnungsabgrenzung 4.000 an Hypothekenkonto 200.000, gesonderter Ausweis oder Angabe im Anhang erforderlich (§ 268 VI HGB). – 3. *Steuerliche Behandlung:* a) Damnum im *außerbetrieblichen Bereich* ist beim Darlehensnehmer unter bestimmten Voraussetzungen im Jahr der Darlehensaufnahme sofort als → Werbungskosten abziehbar. Beim Darlehensgeber gehört das Damnum als Einnahme zu den → Einkünften aus Kapitalvermögen. b) Damnum im *betrieblichen Bereich* ist als Rechnungsabgrenzungsposten zu bilanzieren (Rechnungsabgrenzung) und entsprechend der Laufzeit des Darlehens gewinnmindernd oder -erhöhend aufzulösen.

Darlehen – (alternative Schreibweise: Darlehn); 1. *Begriff:* schuldrechtlicher Vertrag, durch den einem Darlehensnehmer Geld (Gelddarlehen §§ 488-498 BGB) oder vertretbare Sachen (Sachdarlehen (§§ 607-609 BGB) auf Zeit zum Gebrauch überlassen werden. Im allg. Sprachgebrauch werden die Begriffe Darlehen und Kredit im gleichen Sinn gebraucht. Im Kreditgewerbe versteht man unter Darlehen mittel- und langfristige Kredite, die in einer Summe ausgezahlt und für die eine regelmäßige Tilgung vereinbart werden. Damit reicht der rechtliche Begriff des Darlehens weiter als die bankgeschäftliche Bezeichnung. Jedoch wird auch der Kreditbegriff rechtlich sehr weit gefasst (§ 19 KWG), so gibt es neben den vielen Kreditarten, die auch Darlehen sind, noch andere Formen wie Garantien und Bürgschaften, die keine Darlehen sind. – 2. *Gelddarlehen:* a) *Vertrag:* Mit einem Darlehensvertrag verpflichtet sich der Darlehensgeber, dem Darlehensnehmer einen Geldbetrag in vereinbarter Höhe zur Verfügung zu stellen und zur Nutzung zu überlassen (§ 488 I S. 1 BGB). Der Darlehensnehmer ist wiederum verpflichtet, den geschuldeten Zins zu entrichten und bei Fälligkeit den Geldbetrag zurückzuzahlen (§ 488 I S. 2 BGB) und sofern

vereinbart, Sicherheiten zu bestellen. Darlehensverträge kommen wie andere Verträge durch zwei übereinstimmende Willenserklärungen zustande (§§ 145 ff. BGB), für Verbraucherdarlehen ist mit Ausnahme der Überziehungskredite die Schriftform vorgeschrieben (§ 492 I S. 1 BGB). b) *Zinsen und Entgelte:* Im Regelfall hat der Darlehensnehmer für das Darlehen Zinsen zu zahlen. Allerdings kann ein Darlehen auch zinslos gewährt werden. Die Höhe der Zinsen richtet sich nach den getroffenen Vereinbarungen oder den Sätzen im Preisverzeichnis, fehlen solche, so ergibt sich der Zins aus § 246 BGB (gesetzlicher Zinssatz). Zulässig und banküblich ist es, neben den Zinszahlungen zusätzlich Entgelte zu verlangen (z.B. Bearbeitungsgebühren, Bereitstellungszinsen). Darüber hinaus ist die Angabe des effektiven Jahreszinses (Effektivzins) verpflichtend, durch den die Gesamtbelastung als Prozentsatz ausgedrückt wird. c) *Kündigung und Rückzahlung:* Das Darlehensverhältnis endet mit dem Ablauf der Zeit, für die es eingegangen ist oder durch Kündigung (§ 488 III BGB). Bei Darlehen mit unbestimmter Dauer beträgt die Kündigungsfrist für beide Seiten drei Monate, ansonsten ist eine ordentliche Kündigung nur durch den Darlehensnehmer in den in § 489 BGB geregelten Fällen möglich. Eine außerordentliche Kündigung ist sowohl seitens des Darlehensgebers als auch seitens des Darlehensnehmers (ggf. gegen Zahlung einer Vorfälligkeitsentschädigung) möglich (§ 490 BGB). d) *Sondervorschriften für Verbraucher:* Gemäß §§ 491 ff. BGB gibt es zum Schutz von Verbrauchern bes. Vorschriften für Verbraucherdarlehen, worunter entgeltliche Darlehen zwischen Unternehmern und Verbrauchern zu verstehen sind, die in erster Linie für Konsumzwecke aufgenommen werden (Ausnahme: Existenzgründer gemäß § 507 BGB, die ein Darlehen bis 50.000 Euro für eine gewerbliche oder selbstständige Tätigkeit aufnehmen.). Ein Verbraucherdarlehensvertrag kommt nur bei Einhalten der Formvorschriften und Mindestangaben wirksam zustande (§ 492 I BGB). Außerdem gilt explizit das Widerrufsrecht gemäß § 355 BGB (§ 495 I BGB). Gerät ein Verbraucher in Zahlungsverzug, ist bei Teilzahlungsdarlehen das außerordentliche Kündigungsrecht des Darlehensgeber eingeschränkt (§ 498 BGB). e) *Darlehensarten:* Nach den Tilgungsmodalitäten werden folgende Grundformen von Darlehen unterschieden: Festdarlehen (mit endfälliger Tilgung), Annuitätendarlehen (jährlich gleichbleibende Kapitaldienstleistungen, wobei der Zinsanteil während der Laufzeit sinkt und der Tilgungsanteil steigt) sowie Abzahlungs- oder Ratendarlehen (Rückzahlung in gleichbleibenden Raten, wobei für die Ermittlung der Ratenhöhe die zu zahlenden Zinsen am Anfang zur Darlehenssumme hinzugerechnet werden). Darüber hinaus gibt es noch eine Vielzahl an Varianten wie z.b. das Schuldscheindarlehen (spezielle Form eines Großdarlehens), das Forward-Darlehen (Darlehen, das für einen zukünftigen Zeitraum verbindlich vereinbart wird) oder Darlehen, die als Mischformen Fremd- und Eigenkapitalelemente kombinieren (nachrangiges Darlehen, → partiarisches Darlehen). – 3. *Sachdarlehen:* Form eines Darlehens, bei der sich der Darlehensgeber verpflichtet, dem Darlehensnehmer eine vertretbare Sache zu überlassen (§§ 607 ff. BGB). Der Darlehensnehmer ist verpflichtet, das vereinbarte Entgelt zu zahlen und die Sache in gleicher Art, Güte und Menge zurückzuerstatten (§ 607 I BGB). Die gesetzlichen Regelungen über Gelddarlehen finden keine Anwendung (§ 607 II BGB). Die Rückgabe der Sache erfolgt entweder bei Fälligkeit entsprechend einer Vereinbarung oder nach Kündigung (§ 608 BGB). Spätestens bei Rückzahlung ist das Darlehensentgelt zu zahlen. Sachdarlehen haben nur eine geringe praktische Bedeutung. – 4. *Steuerliche Behandlung:* Bei privaten Darlehensgebern führen Einnahmen aus der Vergabe von Darlehen (z.B. Zinsen, Disagio, Bearbeitungsgebühren) zu Einkünften aus Kapitalvermögen, für betriebliche Darlehensgeber zu → Betriebseinnahmen. Sie unterliegen damit der Einkommen- bzw. der Körperschaftsteuer. Bei Unternehmen gehören Darlehensforderungen zum → notwendigen Betriebsvermögen und sind mit den Anschaffungskosten (oder ggf. mit dem voraussichtlich dauerhaft niedrigeren → Teilwert) anzusetzen (§ 6 I Nr. 2 EStG). Aufgenommene Darlehen, die betrieblich veranlasst sind, sind notwendige → Betriebsschulden, die mit dem Rückzahlungsbetrag (i.d.R. der Nennbetrag oder aber ein höherer Teilwert) anzusetzen sind.

DATEV – Datenverarbeitungsorganisation für die Angehörigen der steuerberatenden Berufe in der Rechtsform einer eingetragenen Genossenschaft; Sitz in Nürnberg. DATEV bearbeitet in seinem Rechenzentrum u.a. Finanzbuchhaltung, Kostenstellenrechnung, Mahnwesen, Lohnbuchhaltung und Bilanzerstellung für die Klienten seiner Mitglieder und verfügt darüber hinaus über eine Steuerrechts-Datenbank. Die Datenkommunikation mit den speziell ausgestatteten Datenstationen der Mitglieder erfolgt über öffentliche Netze.

Dauerakte – Teil der Arbeitspapiere (→ Jahresabschlussprüfung), der für wiederkehrende Prüfungen relevant ist. Die in der Dauerakte enthaltenen Unterlagen sind grundsätzlich mehrjährig relevant, sind aber regelmäßig zu aktualisieren.

Dauerfristverlängerung – Begriff des Umsatzsteuerrechts. Auf Antrag werden die Fristen für die Voranmeldungen (→ Umsatzsteuervoranmeldung) und → Vorauszahlungen um einen Monat verlängert. Die Gewährung der Fristenverlängerung ist verbunden mit der Sondervorauszahlung von 1/11 der Summe der Vorauszahlungen des Vorjahres (§§ 46–48 UStDV). Dauerfristverlängerung wird

von vielen Unternehmen v.a. aus abrechnungstechnischen Gründen in Anspruch genommen.

Dauerschuld – 1. *Begriff der Gewerbesteuer bis einschließlich Erhebungszeitraum 2007:* Als Dauerschuld galt eine Schuld (echte Verbindlichkeit), die wirtschaftlich mit der Gründung oder dem Erwerb des Betriebs oder eines Teilbetriebs oder eines Anteils am Betrieb oder mit einer Erweiterung oder Verbesserung des Betriebs zusammenhing oder sonst wie der nicht nur vorübergehenden Verstärkung (i.d.R. länger als ein Jahr) des Betriebskapitals dient (§ 8 Nr. 1 GewStG); also geliehenes Kapital, das für längere Zeit dem Betrieb diente. – *Beispiele:* Schulden mit einer Laufzeit von mehr als einem Jahr, bes. Darlehen, Bankkredite; Hypothekenschulden, ausgenommen Sicherungshypotheken; Teilschuldverschreibungen (Anleihen, Obligationen); Wechselkredite u.U., wenn aufgrund vorheriger Vereinbarung immer wieder Prolongationen erfolgen; eine jahrelang stehen bleibende, an sich kurzfristige Schuld (z.B. von Gesellschaftern einer Kapitalgesellschaft nicht abgehobene Gewinnanteile); eine kurzfristige Schuld, wenn der Schuldner sie trotz Drängens des Gläubigers nicht zurückzahlt; auch → Steuerschulden, die ein Jahr nach der ersten Zahlungsaufforderung noch nicht gezahlt sind; ferner: Anleihen, Bankschulden, (Bankkredite), Geschäftsguthaben der Genossen, Umstellungsgrundschulden, Warenschulden. – 2. *Kontokorrentschulden:* Demgegenüber waren Kontokorrentschulden abzugrenzen. Diese galten im Allgemeinen nicht als Dauerschuld, sondern als laufende Schulden (→ laufende Verbindlichkeiten); sie waren jedoch Dauerschuld insoweit, als ein bestimmter Mindestkredit dem Unternehmen dauernd gewidmet ist (Mindestbetrag, der während des gesamten Wirtschaftsjahres bestanden hat). Um Umgehungen der Steuerpflicht für Dauerschulden zu verhindern (z.B. Tilgung des Kontokorrents für einen einzigen Tag) sind an insgesamt sieben Tagen bestehenden niedrigsten – auch positiven – Kontostände außer Acht zu lassen (Abschn. 47 VIII GewStR). – *Beispiel:* Die acht niedrigsten Kontostände lauten: (1) + 20.000; (2) 10.000; (3) 30.000; (4) 35.000; (5) 40.000; (6) 50.000; (7) 60.000; (8) 70.000. Als Mindestkredit und damit als Dauerschuld ist der Betrag von 70.000 Euro anzusetzen. – 3. *Entgelte für Dauerschulden:* In den steuerpflichtigen Gewerbeertrag wurde die Hälfte der im Veranlagungszeitraum gezahlten Entgelte für Dauerschulden einbezogen. Hierunter fielen Entgelte für Schulden, die wirtschaftlich mit Gründung, Erwerb, Erweiterung oder Verbesserung eines Betriebs zusammenhingen und nicht nur vorübergehend der Verstärkung des Betriebskapitals dienten. – 4. Im Rahmen der *Unternehmensteuerreform 2008* wurden auch Änderungen bei den gewerbesteuerlichen Vorschriften vorgenommen, welche ab dem Erhebungszeitraum 2008 greifen. Demnach werden nunmehr Finanzierungsentgelte (alle Fremdkapitalzinsen und deren Substitute) ganz unabhängig von der Laufzeit der Verbindlichkeit mit 25 Prozent und unter Berücksichtigung eines Freibetrages von 100.000 Euro bei der Ermittlung des Gewerbeertrags hinzugerechnet. Die geänderten Vorschriften resultieren aus Vereinbarungen aus dem Koalitionsvertrag der Regierungsparteien und sollen u.a. durch die Einführung des Freibetrags von 100.000 Euro den Steuervorteil durch Verlagerung von Gewinnen ins Ausland vermindern sowie eine Abwanderung von Steuersubstraten erschweren. Darüber hinaus sollen die neuen Regelungen eine Verminderung der steuerlichen Benachteiligung der eigenkapitalfinanzierten Unternehmen gegenüber den durch kurzfristiges Fremdkapital finanzierten Unternehmen bezwecken.

Dauerwohnrecht – 1. *Begriff:* auf dem Wohnungseigentumsgesetz (→ Wohnungseigentum) beruhende Belastung eines Grundstücks, die dazu berechtigt, eine bestimmte Wohnung in dem auf dem Grundstück errichteten Gebäude unter Ausschluss des Eigentümers zu bewohnen oder sonst zu nutzen (z.B. zu vermieten; § 31 I WEG). – Entsprechend bei anderen Räumen, z.B. Gewerberaum Dauernutzungsrecht. – Das Dauerwohnrecht darf nicht verwechselt werden mit dem Wohnungsrecht als beschränkte persönliche Dienstbarkeit nach § 1093 BGB; im Gegensatz zu diesem ist es veräußerlich und vererblich. – 2. *Anwendung:* Mithilfe des Dauerwohnrechts kann u.a. dem Genossen einer Baugenossenschaft ein dingliches Recht auf eine Wohnung gesichert werden. Es kann auch zur Sicherung des Mieterdarlehens etc. dienen. – 3. *Grundsteuerliche Behandlung:* Dauerwohnrecht begründet i.Allg. keine Grundsteuerpflicht.

DBA – Abk. für → Doppelbesteuerungsabkommen.

Dealing-at-Arm's-Length-Grundsatz – *Fremdvergleichsgrundsatz;* Grundsatz des Steuerrechts, nach dem miteinander verbundene Unternehmen Geschäfte miteinander zu solchen Konditionen eingehen müssen, wie sie auch untereinander fremden Dritten gewählt werden würden (→ Verrechnungspreis; → Fremdvergleichsgrundsatz). Die Bezeichnung beruht auf der Vorstellung, die betroffenen Unternehmen sollten bei Preisvereinbarungen trotz ihrer Verbundenheit noch den gewissen Mindestabstand zueinander einhalten, den auch einander sympathische, aber fremde Personen üblicherweise bei Gesprächen einhalten („Armeslänge", Arm's Length); daher die Bezeichnung Dealing-at-Arm's-Length-Grundsatz.

degressive Abschreibung – I. *Begriff:* Abschreibungsmethode (Abschreibung), mit der Anpassung des Buchwertes eines Anlagegegenstandes an seinen jeweiligen Gebrauchswert erreicht werden soll, im Hinblick darauf, dass der Veräußerungswert eines gebrauchten Gegenstandes in den ersten Nutzungsjahren schneller sinkt als in späteren (z.B. Kraftfahrzeuge). Man unterscheidet die *arithmetisch* degressive

Abschreibung *(digitale degressive Abschreibung)* von der häufiger angewendeten *geometrisch* degressiven Abschreibung *(Buchwertabschreibung).* Dabei wird der Abschreibungssatz (in Prozent) nach der betriebsgewöhnlichen Nutzungsdauer festgelegt und die Abschreibung jeweils vom Restwert des letzten Jahres berechnet. Der am Ende der Abschreibungsperiode verbleibende restliche Buchwert wird im letzten Jahr mit abgeschrieben. Die Entsprechungsverhältnisse von linearer und geometrisch degressiver Abschreibung gehen aus der Jahrestabelle hervor.

II. *Steuerrecht:* Die geometrisch degressive Abschreibung, degressive → Absetzung für Abnutzung (AfA), ist anstelle der üblichen linearen (in gleichmäßiger Jahresbeträgen) bei Anschaffung oder Herstellung von beweglichen abnutzbaren Wirtschaftsgütern ab dem 01.01.2011 in der Steuerbilanz nicht mehr zulässig. --Steuerliche Regelung bis dahin: Zulässig bei beweglichen abnutzbaren Wirtschaftsgütern des Anlagevermögens; allerdings durfte der auf den jeweiligen Buchwert (Restwert) anzuwendende Abschreibungsprozentsatz höchstens das Doppelte des bei der AfA in gleichen Jahresbeträgen (lineare Abschreibung) in Betracht kommenden Höchstsatzes betragen und 20 Prozent (ab dem Veranlagungszeitraum 2006 bis 2007: 30 Prozent) nicht übersteigen (§ 7 II EStG). Die degressiven Abschreibungen sind nicht nur nach Jahren, sondern auch nach Monaten auf die Nutzungszeiten zu verteilen. Bei Anschaffung oder Herstellung von beweglichen abnutzbaren Wirtschaftsgütern ab dem 1.1.2008 bis zum 31.12.2008 war nur noch die lineare AfA möglich. Danach wurde wiederum - für zwei Jahre befristet – die degressive Abschreibung mit einem Prozentsatz von 25 gewährt. Für Investitionen ab dem VZ 2011 ist die degressive Abschreibung nicht mehr zulässig.

Delkredere – Wertberichtigungen für voraussichtliche Ausfälle bei Forderungen. – 1. *Einzelwertberichtigung:* Nach dem Prinzip der Einzelbewertung ist das individuelle Ausfallrisiko grundsätzlich für jede einzelne Forderung zu bestimmen. Wertberichtigungen dieser Art ergeben sich aus der Kenntnis der individuellen Lage der einzelnen Schuldner. Uneinbringliche Forderungen sind auf den Erinnerungswert abzuschreiben. Zweifelhafte Forderungen sind mit ihrem wahrscheinlichen Wert, d.h. dem erwarteten Geldeingang anzusetzen. – 2. *Pauschalwertberichtigung:* a) Bei größerem Forderungsbestand, v.a. mit vielen kleinen Forderungen, kann das individuelle Ausfallrisiko aus Vereinfachungsgründen auch pauschal berücksichtigt werden. – b) Wegen des allg. Ausfallrisikos (z.B. unvorhersehbare Schwierigkeiten von Schuldnern mit bisher guter Bonität) kann der Forderungsbestand nur pauschal wertberichtigt werden. – 3. Einzelwertberichtigungen können nur *aktivisch* abgesetzt werden; gleiches gilt für Pauschalwertberichtigungen, zumindest für Kapitalgesellschaften. – 4. *Steuerliche Berücksichtigung:* Einzel- und Pauschalwertberichtigungen sind auch in der

Steuerbilanz vorzunehmen; es handelt sich insoweit um eine Abschreibung auf den niedrigeren → Teilwert.

Depotprüfung – gemäß § 29 II 2 KWG i.d.R. jährlich vorzunehmende → Prüfung (→ Wirtschaftsprüfung) bei Kreditinstituten, die das Depotgeschäft betreiben, im Rahmen der → Jahresabschlussprüfung durchzuführen. – *Prüfungsinhalte:* Alle Teilbereiche des Depotgeschäftes und ihre ordnungs- und gesetzmäßige Handhabung. Einhaltung des § 128 AktG über die Mitteilung durch Kreditinstitute und des § 135 AktG über die Ausübung des Stimmrechts durch Kreditinstitute. – *Prüfer:* Die von Kreditinstituten bestellten Depotprüfer → (Wirtschaftsprüfer (WP), → Wirtschaftsprüfungsgesellschaften, die → Prüfungsstellen der Sparkassen- und Giroverbände und die genossenschaftlichen Prüfungsverbände der Kreditgenossenschaften (→ Prüfungsverband)) sind der Bundesanstalt für Finanzdienstleistungsaufsicht (BaFin) anzuzeigen. Diese kann die Bestellung eines anderen Prüfers verlangen und nötigenfalls eine Bestellung durch das Amtsgericht (Registergericht) herbeiführen (§ 28 KWG). – Vgl. auch Wirtschaftsprüfungsmethoden.

Deputat – neben dem Barlohn gewährte, in Sachleistungen abgegoltene Gehalts- oder Lohnanteile in Form eines Naturallohns (z.B. Deputatkohle im Bergbau, Milch in der Landwirtschaft). – *Steuerliche Behandlung:* Deputate gehören als → Sachbezüge zu den einkommen- bzw. lohnsteuerpflichtigen Einkünften. Der Rabattfreibetrag (§ 8 III EStG) ist einschlägig.

Deutscher Gebrauchs-Zolltarif (DGebrZT) → Elektronischer Zolltarif (EZT).

Deutscher Industrie- und Handelskammertag (DIHK) – Spitzenorganisation der Industrie- und Handelskammern (IHK) des Bundesgebietes; Sitz in Berlin. – 1. *Aufgaben:* (1) Förderung und Sicherung der Zusammenarbeit der Industrie- und Handelskammern; (2) Wahrung und Durchsetzung der Belange der gewerblichen Wirtschaft gegenüber den Instanzen des Bundes und der Gesetzgebung; (3) Repräsentation der dt. Wirtschaft aller Stufen und Branchen und ihrer regionalen Gliederungen; (4) Zusammenarbeit mit den Industrie- und Handelskammern des Auslandes, bes. mit den Auslandshandelskammern (AHK). – 2. *Organe:* Mitgliederversammlung (Vollversammlung), deren Mitglieder alle 80 IHK sind; Vorstand, zusammengesetzt aus dem Präsidenten, der von der Vollversammlung jeweils für ein Jahr gewählt wird, und mind. 21, höchstens 24 Mitgliedern. – 3. *Geschäftsführung,* bestehend aus der Hauptgeschäftsführung und Abteilungen (Absatzwirtschaft, Mittelstand, Verkehr, Finanzen und Steuern, Recht, Berufsbildung, Volkswirtschaft, Information, Industrie, Strukturpolitik und Umweltschutz, Weiterbildung).

Deviseninland – Wirtschaftsgebiet.

DGebrZT – Abk. für *Deutscher Gebrauchs-Zolltarif,* jetzt: → Elektronischer Zolltarif (EZT).

Dienstaufwandsentschädigung – (an private Arbeitnehmer), im Sinn der Lohnsteuer grundsätzlich Teil des → Arbeitslohnes. Jedoch sind bes. Aufwendungen, die die Ausübung des Dienstes mit sich bringt, → Werbungskosten und als solche zu berücksichtigen, soweit sich ihre Trennung von den privaten Ausgaben leicht und einwandfrei durchführen lässt. Sind die Dienstaufwandsentschädigungen keine Werbungskosten, so werden sie als → Kosten der Lebensführung, die die wirtschaftliche und gesellschaftliche Stellung des Arbeitnehmers mit sich bringt, angesehen. – *Anders:* → Aufwandsentschädigung.

Dienstleistungskommission → Leistungskommission.

Dienstmädchenprivileg – bis 2001 Sonderausgabenabzug von Aufwendungen für hauswirtschaftliche Beschäftigungsverhältnisse. Dabei konnten Aufwendungen bis max. 18.000 DM (ca. 9.203 Euro) steuerlich berücksichtigt werden. Seit 2003 Steuerermäßigung bei Aufwendungen für haushaltsnahe Beschäftigungsverhältnisse und haushaltsnahe Dienstleistungen sowie für die Inanspruchnahme → haushaltsnaher Dienstleistungen; vgl. § 35a EStG.

Dienstreise – Begriff des Steuerrechts. Ein Ortswechsel aus Anlass einer vorübergehenden Tätigkeit des Arbeitnehmers an einem anderen Ort als seiner regelmäßigen → Arbeitsstätte; schließt Hin- und Rückfahrt ein (R 9.4 ff. LStR 2008). Dienstreisen werden heute generell unter dem Oberbegriff → auswärtige Tätigkeit eingeordnet. – Steuerliche Behandlung der aus Anlass der Dienstreise entstehenden und vom Arbeitgeber ersetzten *Kosten:* → Reisekosten, → Mehraufwand bei auswärtiger Tätigkeit.

Dienstverhältnis – Wer aus einem gegenwärtigen Dienstverhältnis oder aus einem früheren Dienstverhältnis oder als Rechtsnachfolger einer anderen Person aus deren früherem Dienstverhältnis → Arbeitslohn bezieht, ist → Arbeitnehmer. Die Anstellung oder Beschäftigung kann im öffentlichen oder privaten Dienst bestehen (§ 1 I LStDV). Das typische Merkmal eines Dienstvertrags ist das Schulden der Arbeitskraft. – *Weitere Merkmale:* → Arbeitnehmer. Dienstverhältnis zwischen nahen Angehörigen werden steuerlich nur anerkannt, wenn sie ernsthaft vereinbart und entsprechend der Vereinbarung tatsächlich durchgeführt werden. Die vertragliche Gestaltung und Durchführung müssen dabei den bei fremden Arbeitnehmern üblichen Bedingungen entsprechen. Wird das Dienstverhältnis steuerlich anerkannt, sind die dem Arbeitnehmer gewährten Vergütungen Arbeitslohn. Wird ein Dienstverhältnis steuerlich nicht anerkannt, stellen die zugeflossenen Leistungen keinen Arbeitslohn dar (→ Arbeitsverhältnis zwischen Angehörigen), aber beim Zahlenden auch keine Betriebsausgaben.

Dienstwohnung → Werkwohnung.

Differenzbesteuerung – Begriff des Umsatzsteuerrechts. Mit § 25a UStG ist für die Besteuerung der → Lieferung und der unentgeltlichen Wertabgaben von beweglichen Gebrauchtgegenständen eine Sonderregelung eingeführt worden, mit deren Hilfe der beim Erwerb durch einen nicht zum → Vorsteuerabzug Berechtigten regelmäßig eintretende umsatzsteuerliche Kumulationseffekt beseitigt werden soll. Realisiert wird dieses Vorhaben durch eine von § 10 UStG abweichende Bemessungsgrundlage. Die Umsatzsteuer für Umsätze im Sinn des § 25a UStG bemisst sich nicht nach dem Entgelt des Leistungsempfängers, sondern nach der Differenz zwischen Verkaufspreis und dem Einkaufspreis. Der Steuersatz beträgt immer 19 Prozent (Normalsatz). Die Anwendung der Differenzbesteuerung setzt voraus, dass der Unternehmer ein Wiederverkäufer ist, die Gegenstände an ihn im Gemeinschaftsgebiet geliefert worden sind und für diese Lieferung weder Umsatzsteuer entstanden ist noch die Differenzbesteuerung vorgenommen wurde. – *Ausnahmen:* keine Differenzbesteuerung bei Lieferung von Edelsteinen oder Edelmetallen. Auf Antrag kann die Differenzbesteuerung zudem auf bestimmte vorsteuerbelastete Gegenstände ausgeweitet werden (§ 25a II UStG). Der Wiederverkäufer kann für jeden einzelnen Umsatz auf die Anwendung der Differenzbesteuerung verzichten und anstelle dessen zur Besteuerung nach den allg. Vorschriften des UStG optieren (§ 25a VIII UStG). Kommt § 25a UStG zur Anwendung, so muss das Verbot des offenen Steuerausweises und die bes. Aufzeichnungspflicht beachtet werden (§ 25a VI UStG). – *Rechtsgrundlage im EG-Recht:* Die Regelung über die Differenzbesteuerung geht zurück auf Vorgaben aus der → Mehrwertsteuersystemrichtlinie (Art. 312ff.) und ist daher europaweit weitgehend vereinheitlicht; die dt. Regelungen sind entsprechend den europäischen Vorgaben der Richtlinie auszulegen und anzuwenden.

direkte Anrechnung – Normalform der → Anrechnungsmethode zur Vermeidung der → Doppelbesteuerung: Angerechnet werden die Steuern, die rechtlich der Steuerpflichtige selbst (= direkt) gezahlt hat. – *Anders:* 1. Anrechnung von Steuern, die der Steuerpflichtige nicht gezahlt hat, die ihn aber indirekt (wirtschaftlich) belastet haben, weil sie z.B. von einer Tochtergesellschaft gezahlt wurden (→ indirekte Anrechnung) oder 2. Anrechnung von Steuern, die in dieser Höhe gar nicht bezahlt werden müssen, sondern vom Gesetz fingiert wurden (→ fiktive Anrechnung).

direkte Methode – im Steuerrecht eine Methode, wie der Gewinn eines rechtlich einheitlichen Gesamtunternehmens steuerlich auf seine verschiedenen Niederlassungen (→ Betriebsstätten) in verschiedenen Ländern aufzuteilen ist, um festzustellen, welches Land welche Gewinne besteuern darf. Die direkte Methode besteht darin, dass jeder Unternehmensteil seinen Gewinn so ermitteln muss, als ob er eine

selbstständige Einheit gewesen wäre; der Gewinn soll durch genaue Berechnungen verursachungsgerecht auf die Orte seiner Entstehung verteilt werden. Für deutsches Einkommen- und Körperschaftsteuerrecht bedeutet die direkte Methode, dass ausländische Unternehmen für ihre dt. Betriebsstätten eine Bilanz aufzustellen haben, in der sie durch Aktivierung und Passivierung der zur Betriebsstätte gehörenden aktiven und passiven Wirtschaftsgüter und Rechnungsabgrenzungsposten sowie durch Verbuchung der durch die dt. Betriebsstätten verursachten Betriebseinnahmen und Betriebsausgaben den „Gewinn aus Gewerbebetrieb" unter Beachtung der normalen Vorschriften des EStG (§ 4 I EStG, §§ 5 ff. EStG) zu ermitteln haben (Betriebsstättenbilanz). – *Gegensatz:* → indirekte Methode. – Nach dem OECD-Musterabkommen ist die direkte Methode der indirekten Methode vorzuziehen.

direkte Prüfung → Prüfung.

direkte Steuern – Gruppe von Steuern nach der ältesten Steuereinteilung (→ Steuerklassifikation). – *Einteilungskriterien:* 1. Nach der *Steuerfestsetzungs- bzw. Veranlagungstechnik:* Die Steuerfestsetzung erfolgt im Wege der → Veranlagung bei dem Steuerpflichtigen, bei dem die Steuer vermutet wird; direkte Steuern sind → Veranlagungssteuern. Kriterium von nur noch historischer Bedeutung. – 2. Nach der *Überwälzbarkeit:* Die Steuer soll nach dem Willen des Gesetzgebers vom Steuerschuldner wirtschaftlich getragen werden, keine Überwälzung; sie sind *Tragsteuern.* Es wurde jedoch nachgewiesen, dass abhängig von der wirtschaftlichen Situation auch direkte Steuern überwälzbar sind (z.B. Überwälzung der Grundsteuer auf den Mieter). – 3. Nach der steuerlichen *Leistungsfähigkeit:* Die steuerliche Leistungsfähigkeit wird unmittelbar erfasst, wobei zwischen persönlicher (natürliche/juristische Person) und sachlicher (Gewerbebetrieb/Grundvermögen) Leistungsfähigkeit unterschieden wird, d.h. Besteuerung der Einkommenserzielung und des Ertrags, z.B. Einkommensteuer, Körperschaftsteuer, Gewerbesteuer, Grundsteuer. – *Gegensatz:* → indirekte Steuern.

Direktversicherung – Durchführungsweg der betrieblichen Altersversorgung (bAV). Lebensversicherungsvertrag, den der Arbeitgeber als Versicherungsnehmer auf das Leben des Arbeitnehmers abgeschlossen hat (vgl. § 1b II BetrAVG). Das Bezugsrecht haben – im Gegensatz zur Rückdeckungsversicherung – der Arbeitnehmer und ggf. seine Hinterbliebenen.

Direktzusage – Durchführungswege der betrieblichen Altersversorgung (baV). Dabei sagt der Arbeitgeber einem oder mehreren Arbeitnehmern oder der Gesamtheit der Arbeitnehmerschaft Versorgungsleistungen zu und verpflichtet sich, diese Versorgungsleistungen selbst zu erbringen. Die Mittelansammlung erfolgt intern. Die Finanzierung erfolgt durch die handels- und steuerrechtliche Bildung von

→ Pensionsrückstellungen gemäß § 249 HGB bzw. § 6a EStG. Direktzusagen können mit versorgungsspezifischen Mittelanlagen wie z.b. Rückdeckungsversicherungen gekoppelt werden.

Diskont – Zinsabschlag beim Ankauf von noch nicht fälligen Forderungen, insbesondere beim Ankauf von → Wechseln. Der Diskont wird für den Zeitraum zwischen Ankaufs- und Fälligkeitstag berechnet. Der Verkäufer des Wechsels enthält dann die um den Diskont gekürzte Wechselsumme ausgezahlt und kann somit bereits vor Fälligkeit über den Wechselbetrag verfügen. – Wird der Wechsel bei einem Kreditinstitut eingereicht, werden dem Einreicher außer dem Diskont noch Wechselspesen in Rechnung gestellt. Der Ankauf von Wechseln durch ein Kreditinstitut ist nicht umsatzsteuerpflichtig (gemäß § 4 Nr. 8a UStG sind Kreditgeschäfte umsatzsteuerbefreit). Erfolgt der Ankauf jedoch durch ein anderes Unternehmen, ist dieses Geschäft umsatzsteuerpflichtig. Ein Unternehmen kann den abgezogenen Diskont im Rahmen der Gewinn- und Verlustrechnung als Betriebsaufwand geltend machen, sofern ein Waren- oder Dienstleistungsgeschäft dem Wechsel zugrunde liegt.

Diskriminierungsverbot – I. Wettbewerbsrecht: Verbot sachlich nicht gerechtfertigter ungleicher Behandlung (Diskriminierung) der von marktbeherrschenden und marktstarken Unternehmen abhängigen Unternehmen durch diese in einem Geschäftsverkehr, der gleichartigen Unternehmen üblicherweise zugänglich ist (§§ 19 II 1, 20 I 1 GWB). Ein allg. Diskriminierungsverbot würde die Vertragsfreiheit in zu hohem Maß einschränken, daher die Voraussetzungen (Marktbeherrschung oder relative Marktmacht).

II. Steuerrecht: Verbot, fremde Staatsangehörige bei vergleichbarer Sachlage steuerlich schlechter zu behandeln als die des eigenen Staates. – 1. Doppelbesteuerungsabkommen (DBA): Die DBA verbieten die Benachteiligung allein aufgrund der Staatsangehörigkeit (Art. 24 OECD-MA); andere Kriterien mit ähnlichem Resultat, etwa die Unterscheidung nach Sitz oder Wohnsitz, bleiben nach dem Recht der Doppelbesteuerungsabkommen nach allgemeiner Auffassung zulässig; insoweit ist das in den DBA enthaltene Diskriminierungsverbot praktisch nur von geringer Wirkung. Allerdings bezieht sich das Verbot, nach der Staatsangehörigkeit zu diskriminieren, in den Abkommen stets umfassend auf sämtliche Steuern, d.h. auch auf Steuerarten, für die die restlichen Bestimmungen des Abkommens sonst nicht gelten. – 2. EG-Vertrag: Der EG-Vertrag verbietet in den Art. 12, 39, 43, 48, 56 die Diskriminierung der Staatsangehörigen anderer EU-Staaten nach neuerer Rechtsprechung auch mit Wirkung für das Steuerrecht (EuGH-Urteile seit 1986). Verbotene Diskriminierung ist dabei im Unterschied zum DBA-Recht jede sachlich nicht vertretbare Ungleichbehandlung, auch wenn die steuerlichen Nachteile nicht durch offenes Abstellen auf die Staatsangehörigkeit, sondern durch Orientierung an anderen Kriterien, die aber überwiegend Ausländer erfüllen (z.B. ausländischer Wohnsitz, Sitz), zustande kommen (verdeckte Diskriminierung). Zur Beurteilung, ob eine Ungleichbehandlung diskriminierend ist, wird nur die einzelne Norm selbst betrachtet; Rechtfertigung mit Systemzwängen des Steuersystems oder an anderer Stelle gewährten Vorteilen scheidet aus, jedoch können Unterscheidungen dann gerechtfertigt werden, wenn sie aus sachlichen Gründen unverzichtbar sind (z.B. → Kohärenz des Steuersystems). Weitreichende Folgen für die → beschränkte Steuerpflicht von natürlichen und juristischen Personen innerhalb der EU.

Divergenzrevision → Revision.

Dividende – 1. Begriff: der auf die einzelne → Aktie entfallende Anteil am Bilanzgewinn. Die Anteile der Aktionäre am Gewinn bestimmen sich nach ihren Anteilen am Grundkapital (§ 60 I AktG), in Euro pro Mindestnennwert oder in Prozenten des Nennwertes ausgedrückt. Die Satzung kann eine andere Form der Gewinnverteilung vorschreiben, bes. Dividendenvorrechte für Vorzugsaktien vorsehen. Die Dividende wird bei der AG aufgrund des Jahresabschlusses i.d.R. vom Vorstand und Aufsichtsrat vorgeschlagen und von der Hauptversammlung beschlossen (anders: Effektivzins). – Vgl. auch Gewinnverwendung und Abschlagsdividende. – Bei der GmbH wird die Dividende meist wie bei der AG verteilt. – 2. Die Zahlung der Dividende erfolgt gegen Aushändigung des Dividendenscheines oder seltener gegen Vorlage der Aktie. – 3. Verjährung: vier Jahre, beginnend mit dem Schluss des Fälligkeitsjahres: längere Fristen zulässig. – 4. Steuerliche Behandlung: → Gewinnausschüttung.

Dividendenstripping – Dividendenstripping ist eine Anlagestrategie unter Ausnutzung der steuerlich unterschiedlichen Behandlung von inländischen und ausländischen Aktionären. Durch die Einführung des → Halbeinkünfteverfahrens im Rahmen des körperschaftsteuerlichen Anrechnungsverfahrens (2001) sollte dieses Verfahren abgewendet werden. Ab dem Veranlagungszeitraum 2009 tritt an die Stelle des Halbeinkünfteverfahrens das → Teileinkünfteverfahren, welches im Rahmen der Unternehmensteuerreform 2008 eingeführt wurde und auf Beteiligungen im Betriebsvermögen und auf wesentliche Beteiligungen im Privatvermögen anzuwenden ist. Alle übrigen Beteiligungen im Privatvermögen unterliegen neuerdings der → Abgeltungsteuer.

Divisor-Methode – Verfahren zur Berechnung der → Gewerbesteuer-Rückstellung unter Berücksichtigung der Abzugsfähigkeit der Gewerbesteuer von der eigenen Bemessungsgrundlage. Die Anwendung der Divisor-Methode entfällt ab dem Erhebungszeitraum 2008, da die Gewerbesteuer seitdem nicht mehr von der eigenen Bemessungsgrundlage abzugsfähig ist.

Dokumentationspflicht bei Verrechnungspreisen – Im Steuervergünstigungsabbaugesetz

(StVergAbG) mit Wirkung vom 1.1.2004 wurden die Vorschriften zur Dokumentation von Verrechnungspreisen bei grenzüberschreitenden Sachverhalten gesetzlich verankert. Demnach müssen die Geschäftsbeziehungen zum Ausland mit nahe stehenden Personen gesondert aufgezeichnet werden. Einzelheiten hinsichtlich der Anforderung an den Steuerpflichtigen hat das Bundesfinanzministerium (BMF) in seinem Schreiben „Grundsätze für die Prüfung der Einkunftsabgrenzung zwischen nahestehenden Personen mit grenzüberschreitenden Geschäftsbeziehungen (Verwaltungsgrundsätze-Verfahren)" vom 12.4.2005 IV B 4 – S 1341 – 1/05 (BStBl. I 570) konkretisiert. Weitere Einzelheiten zu Art, Inhalt und Umfang der Aufzeichnungen regelt die → Gewinnabgrenzungsaufzeichnungsverordnung (GAufzV). – Hier geht es um den Fremdvergleichsgrundsatz, um eine Gewinnverlagerung über Verrechnungspreise im Konzern in Niedrigsteuerländer zu vermeiden. Aus den nach § 90 III AO zu erstellenden Aufzeichnungen muss ersichtlich sein, welchen Sachverhalt der Steuerpflichtige im Rahmen seiner Geschäftsbeziehungen i.S.d. § 1 IV AStG mit nahe stehenden Personen i.S.d. § 1 II AStG verwirklicht hat und ob und inwieweit er diesen Geschäftsbeziehungen Bedingungen einschließlich von Preisen zu Grunde gelegt hat, die erkennen lassen, dass er den Grundsatz des Fremdverhaltens (Fremdvergleichsgrundsatz) beachtet hat.

Domizilgesellschaften – üben in ihrem Sitzstaat regelmäßig keine – nennenswerte – eigene wirtschaftliche Tätigkeit (→ aktive Tätigkeit) aus, sie sind vielmehr vornehmlich im Ausland tätig. In ihrem Sitzstaat, in dessen Handelsregister sie eingetragen sind, unterliegen sie oft keiner oder nur einer niedrigen Besteuerung. Domizilgesellschaften befinden sich v.a. in der Schweiz, in Liechtenstein, auf den Kanalinseln sowie in verschiedenen kleineren exotischen Staaten. Anhaltspunkte für das Vorliegen von Domizilgesellschaften sind das Fehlen eigener Geschäftsräume, eines eigenen Telefonanschlusses sowie eigenen Personals. Denn sie domizilieren i.d.R. bei einem Treuhänder, Repräsentanten oder Angehörigen des Verwaltungsrats, der eine Vielzahl von Gesellschaften dieser Art unter einer Adresse und einer Telefonnummer vertritt. Domizilgesellschaften haben den Zweck, die hinter ihnen stehenden Personen und damit die tatsächlichen Zahlungsempfänger anonym zu halten. Sie sind sog. zwischengeschaltete Gesellschaften, weil sie vertragliche Leistungen aufgrund fehlender eigener wirtschaftlicher Betätigung gar nicht erbringen können bzw. weil sie aus anderen Gründen die erteilten Aufträge und erhaltenen Gelder an Dritte weiterleiten. Gesellschaften, deren Tätigkeit ausschließlich darin besteht, als Adresse zu fungieren, werden als *Briefkastengesellschaften* bezeichnet. – Vgl. auch → Basisgesellschaften, → Benennungsverlangen, → Steuerumgehung.

Doppelbelastung → Doppelbesteuerung, → wirtschaftliche Doppelbelastung.

Doppelbesteuerung – 1. *Begriff*: Doppelbesteuerung ist gegeben, wenn mehrere selbstständige Steuerhoheitsträger (Staaten) aufgrund desselben Steuertatbestandes dieselben Steuerpflichtigen für den gleichen Zeitraum zu einer gleichartigen Steuer heranziehen. Definitionsmerkmale sind somit: (1) Erhebung von Steuer durch verschiedene Staaten sowie die vier Identitätsmerkmale: (2) Steuerobjektidentität, (3) Steuersubjektidentität im juristischen oder wirtschaftlichen Sinn, (4) Zeitraumidentität und (5) Steuerartenidentität. – *Anders:* → wirtschaftliche Doppelbelastung. – 2. *Arten:* a) *Reale oder virtuelle Doppelbesteuerung:* (1) Reale Doppelbesteuerung ist eine tatsächlich eintretende Doppelbesteuerung. (2) Virtuelle Doppelbesteuerung ist eine theoretisch mögliche, aber aufgrund der vorhandenen Steuergesetze und/oder ihrer Auslegung nicht real eintretende Doppelbesteuerung. – b) *Juristische oder wirtschaftliche Doppelbesteuerung:* (1) Juristische Doppelbesteuerung liegt vor, wenn neben den unter 1 angeführten übrigen Merkmalen die Steuersubjektidentität im juristischen Sinn gegeben ist. (2) Wirtschaftliche Doppelbesteuerung tritt ein, wenn zwar keine Steuersubjektidentität im juristischen, wohl aber im wirtschaftlichen Sinn vorliegt (z.B. bilden die verschiedenen rechtlich selbstständigen Gesellschaften eines Konzerns ein Steuersubjekt im wirtschaftlichen Sinn). – c) *Formelle oder materielle Doppelbesteuerung:* (1) Bei der formellen Doppelbesteuerung erstreckt sich die Doppelbesteuerung auf formelle Steuerpflichten, (2) bei der materiellen Doppelbesteuerung dagegen auf die Erfüllung materieller Steuerpflichten. – 3. *Ursachen:* a) Die *Steueransprüche* der beteiligten Staaten *überschneiden* sich *objektiv*, da der juristisch oder wirtschaftlich identische Steuerpflichtige für den gleichen Zeitraum einer gleichartigen Besteuerung bzgl. des gleichen Steuerobjekts (z.B. Einkommen, Vermögen) unterliegt. Folgende *Kombinationen* von Steuerpflichten kommen vor: (1) Staat X: unbeschränkte Steuerpflicht, Staat Y: beschränkte Steuerpflicht; (2) Staat X: unbeschränkte Steuerpflicht, Staat Y: unbeschränkte Steuerpflicht; (3) Staat X: beschränkte Steuerpflicht, Staat Y: beschränkte Steuerpflicht. Die Kombination (1) tritt am häufigsten auf. – b) Die Steueransprüche der beteiligten Staaten sind zwar bei Vorhandensein eines → Doppelbesteuerungsabkommens (DBA) so gegeneinander abgegrenzt, dass *Überschneidungen nicht mehr* vorkommen sollten; dennoch kommt es in einzelnen Fällen zur Doppelbesteuerung, nämlich bei: (1) Überschneidungen bei der Ermittlung der jedem Staat zustehenden Bemessungsgrundlagen (z.B. Einkommen, Vermögen) oder (2) positiven Qualifikationskonflikten (Fälle, in denen Regeln zur Vermeidung der Doppelbesteuerung bestehen, aber beide Staaten sich aus ihrer Sicht nach diesen Regeln für qualifiziert halten, eine Besteuerung vorzunehmen). – 4. *Relevante*

Steuerarten: Doppelbesteuerungen können prinzipiell bei allen Steuerarten vorkommen. Die Staatenpraxis zeigt aber, dass Doppelbesteuerungen bei der Gruppe der Verkehrsteuern selten sind, da sich hier eine Begrenzung des Steueranspruchs auf das eigene Staatsgebiet von vornherein anbietet. Dagegen sind Doppelbesteuerungen bei den Steuern vom Einkommen und Vermögen der Regelfall. – 5. *Ökonomische Wirkungen:* a) *Betriebswirtschaftlich* verringert Doppelbesteuerung die Rentabilität einer Investition. Auslandsinvestitionen müssen daher i.d.R. eine wesentlich höhere Rentabilität vor Steuern aufweisen als vergleichbare Inlandsinvestitionen. – b) *Volkswirtschaftlich* wirkt die Doppelbesteuerung wettbewerbsverzerrend und hemmt die Mobilität der Produktionsfaktoren sowie die internationale Arbeitsteilung. Da die betriebswirtschaftlich notwendigen erhöhten Ausgangsrentabilitäten häufig nicht gegeben sind, unterbleiben dann volkswirtschaftlich wünschenswerte Direktinvestitionen im Ausland. – c) *Finanzwirtschaftlich* führt die Doppelbesteuerung bei kurzfristiger Betrachtung zu einer Erhaltung inländischer Besteuerungssubstanz. Langfristig überwiegen jedoch die negativen Aspekte in Form eines geringeren gesamtwirtschaftlichen Wachstums und damit geringerer besteuerungsfähiger Erträge. Die Finanzwissenschaft unterscheidet von der Doppelbesteuerung die Doppelbelastung (besser: Mehrfachbelastung), d.h. die mehrfache steuerliche Belastung desselben Besteuerungsgutes durch verschiedene Steuerarten desselben Hoheitsträgers. – 6. *Konsequenzen:* Die Doppelbesteuerung gehört zu den wichtigsten Hemmnissen einer internationalen wirtschaftlichen Betätigung. Da dies aus betriebswirtschaftlicher, volkswirtschaftlicher und finanzwirtschaftlicher Sicht gleichermaßen negativ zu beurteilen ist, haben nicht nur der Steuerpflichtigen, sondern auch die beteiligten Staaten ein elementares Interesse an der Vermeidung der Doppelbesteuerung durch geeignete Maßnahmen. – 7. *Vermeidung der Doppelbesteuerung:* a) *Unilaterale Maßnahmen:* autonome Maßnahmen des → Wohnsitzstaates eines Steuersubjektes, die durch einseitigen Steuerverzicht dieses Staates eine Doppelbesteuerung in juristischen und/oder wirtschaftlichen Sinn vermeiden oder mildern. In der Bundesrepublik Deutschland existieren unilaterale Maßnahmen bei allen relevanten Steuerarten. – *Methoden:* (1) *Freistellungsmethoden (Exemption Systems):* (a) *Volle Freistellung:* Das Besteuerungsrecht liegt ausschließlich beim → Quellenstaat. Im Wohnsitzstaat bleiben die ausländischen Einkünfte bzw. Vermögensteile bei der Ermittlung der Steuerbemessungsgrundlage und des Steuersatzes außer Betracht. (b) *Freistellung mit* → *Progressionsvorbehalt:* Die ausländischen Einkünfte bzw. Vermögensteile bleiben im Wohnsitzstaat nur bei der Ermittlung der Bemessungsgrundlage außer Ansatz, werden aber bei der Ermittlung des Steuersatzes berücksichtigt. (2) *Anrechnungsmethoden (Tax Credit Systems):* Die ausländischen Einkünfte bzw. Vermögensteile werden bei der Ermittlung der

inländischen Steuerbemessungsgrundlage und des Steuersatzes berücksichtigt. Auf die inländische Steuer werden allerdings die im Ausland gezahlten Steuern angerechnet. (a) *Direkte Anrechnung:* Angerechnet werden die von demselben juristischen Steuersubjekt im Ausland gezahlten Steuern: (aa) *Volle Anrechnung:* in voller Höhe, also auch über die inländische Steuer hinaus, sodass es theoretisch zu einer Erstattung ausländischer Steuer durch den inländischen Fiskus kommen kann. (ab) *Begrenzte Anrechnung:* Wie (aa), der Wohnsitzstaat rechnet jedoch nicht in unbegrenzter Höhe an, sondern begrenzt die Anrechnung auf den Steuerbetrag, der im Inland auf die ausländischen Einkünfte bzw. Vermögensteile entfällt. Die Begrenzung kann für alle ausländischen Einkünfte bzw. Vermögensteile gemeinsam gelten (Over-All-Limitation) oder pro Land, aus dem ausländische Einkünfte bezogen werden, erfolgen (Per-Country-Limitation). (ac) *Fiktive Anrechnung:* Wie (aa), jedoch wird im Wohnsitzstaat nicht die tatsächlich im Ausland entrichtete Steuer angerechnet, sondern eine fiktive Steuer. Diese Methode wird vorzugsweise zur Erhöhung des Anrechnungspotenzials bei niedrig besteuernden Quellenstaaten, bes. Entwicklungsländern, angewandt. (b) *Indirekte Anrechnung:* Angerechnet werden die vom wirtschaftlich identischen Steuersubjekt im Ausland entrichteten Steuern (z.B. die von der ausländischen Tochtergesellschaft im Ausland entrichtete Körperschaftsteuer). Die Ausgestaltung der indirekten Anrechnung kann in der gleichen Weise erfolgen wie die Ausgestaltung der direkten Anrechnung. (3) *Pauschalierungsmethode:* Die ausländischen Einkünfte bzw. Vermögensteile werden im Quellenstaat und Wohnsitzstaat voll besteuert. Der Wohnsitzstaat wendet auf die ausländischen Einkünfte bzw. Vermögensteile jedoch nicht den normalen Steuersatz an, sondern einen i.d.R. niedrigeren Pauschalsteuersatz. (4) *Abzugsmethode:* Die ausländischen Einkünfte bzw. Vermögensteile werden im Wohnsitzstaat und Quellenstaat voll besteuert. Der Wohnsitzstaat erlaubt lediglich den Abzug der im Ausland gezahlten Steuern von der inländischen Bemessungsgrundlage. – b) *Bilaterale Maßnahmen* sind Abkommen zur Vermeidung der Doppelbesteuerung, die zwischen zwei selbstständigen Staaten zur Vermeidung oder Milderung der Doppelbesteuerung abgeschlossen werden (→ Doppelbesteuerungsabkommen (DBA)). In den DBA werden je nach Einkunftsart und Vermögensart die Freistellung mit Progressionsvorbehalt oder die direkte Anrechnung, teils mit einer Begrenzung pro Land, angewandt. Im Verhältnis zu Entwicklungsländern kommt auch die direkte fiktive Anrechnung vor. – c) *Multilaterale Maßnahmen:* DBA, die nicht nur von zwei, sondern von einer Vielzahl von Staaten unterzeichnet werden. Multilaterale Abkommen sind bis heute wegen des schwierigen Interessenausgleichs und der unterschiedlichen Steuersysteme weitgehend ungebräuchlich. In Deutschland werden folgende Methoden je nach Steuerart und der Erfüllung sonstiger Bedingungen angewandt: (1) volle Freistellung (selten); (2) direkte Anrechnung mit einer Begrenzung der Anrechnung pro Land (Regelfall); (3) bei Dividendeneinkünften von Kapitalgesellschaften, die an ausländischen Tochtergesellschaften beteiligt sind, Freistellung, wenn keine Hinzurechnungsbesteuerung erfolgt; (4) unter bestimmten Voraussetzungen die Pauschalierungsmethode; (5) soweit die anderen Methoden unter (1) bis (4) nicht anwendbar sind: die Abzugsmethode.

Doppelbesteuerungsabkommen (DBA) – Kurzbezeichnung für Abkommen zur Vermeidung der Doppelbesteuerung. – 1. *Begriff:* Völkerrechtliche Verträge, die als *bilaterale* DBA zwischen zwei Staaten (→ Wohnsitzstaat und → Quellenstaat) oder als *multilaterale* Verträge zwischen mehr als zwei Staaten in der Absicht ausgehandelt werden, in einem gegenseitig geregelten System von Steuerverzichten die Steuerobjekte so gegeneinander abzugrenzen, dass eine → Doppelbesteuerung im juristischen und/oder wirtschaftlichen Sinn weitgehend oder vollständig vermieden wird. – Vgl. auch → Schachtelprivileg. – 2. *DBA als nationales Recht:* Doppelbesteuerungsabkommen werden als völkerrechtliche Verträge gemäß Art. 59 II GG in nationales Recht transformiert. Sie sind dem einfachen nationalen (Bundes-)Recht gleichrangig, gehen ihm als Spezialnormen jedoch regelmäßig vor (vgl. § 2 AO). Nach herrschender Ansicht kann dieser Vorrang durch eine ausdrücklich speziellere gesetzliche Vorschrift vom Gesetzgeber ganz oder teilweise wieder eingeschränkt werden. – 3. *Geltungsbereich:* a) *Allgemeine DBA* der Bundesrepublik Deutschland erstrecken sich i.d.R. auf die Einkommen-, Körperschaft- und Gewerbesteuer. – b) Daneben gelten *Teilabkommen,* die sich bez. der oben genannten Steuerarten auf die Vermeidung der Doppelbesteuerung bei Einkünften/Vermögen der Seeschifffahrt und/oder Luftfahrt erstrecken. – c) Ferner existieren *Spezialabkommen,* die sich auf die Erbschaft- und Schenkungsteuer erstrecken. – 4. *Aufbau und Inhalt* der von der Bundesrepublik Deutschland unterzeichneten DBA sind i.d.R. sehr eng an die → OECD-Musterabkommen zur Vermeidung der Doppelbesteuerung angelehnt. – 5. *Verpflichtung zum Abschluss von Doppelbesteuerungsabkommen: a) weltweit:* Ein Völkergewohnheitsrecht, wonach Staaten zur Vermeidung einer Doppelbesteuerung untereinander Verträge abschließen müssten, gibt es nicht. – b) *EU-intern:* Für die Staaten der EU sieht der EG-Vertrag (Art. 293 EG) eine Verpflichtung vor, untereinander Verhandlungen über einen Abschluss von Doppelbesteuerungsabkommen aufzunehmen; ein erfolgreicher Abschluss solcher Verhandlungen ist aber nicht Verpflichtung und es wird vom EuGH auch nicht sanktioniert, wenn die Mitgliedsstaaten zwar seit mehreren Jahrzehnten der EU angehören, trotzdem aber nachweislich noch nicht einmal Verhandlungen aufgenommen haben. Versuchen, eine Verpflichtung zur Vermeidung einer

Doppelbesteuerung zusätzlich auch direkt aus den Grundfreiheiten des EG-Vertrages herzuleiten, hat der EuGH in mittlerweile gefestigter Rechtsprechung eine Absage erteilt. – c) *Situation in der Bundesrepublik:* Bez. der Ertragsteuern hat die Bundesrepublik ihre EG-vertragliche Verpflichtung, DBA abzuschließen, umfassend erfüllt, da mit sämtlichen EU-Staaten solche Abkommen bestehen; darüber hinaus bestehen auch mit nahezu allen übrigen wichtigen Handelspartnerländern DBA über die Ertragsbesteuerung. Hinsichtlich der Erbschaftsteuer ist das Abkommensnetz der Bundesrepublik jedoch extrem spärlich, hier ist insbesondere auch EU-intern das Ideal, dass mit allen EU-Staaten wenigstens Verhandlungen über ein Erbschaftsteuer-DBA geführt werden müssten, noch bei weitem verfehlt. – 6. *Bestehende Abkommen:* Zum 1. Januar eines jeden Jahres wird eine Liste der für dieses Jahr anzuwendenden DBA amtlich veröffentlicht.

Doppelgesellschaft → Betriebsaufspaltung.

doppelseitige Treuhandschaft → Treuhandschaft.

doppelte Haushaltsführung – 1. *Begriff* des Einkommensteuerrechts: die aus beruflichem Anlass notwendige Begründung eines zweiten Haushalts. – 2. *Voraussetzungen:* Begrifflich setzt eine doppelte Haushaltsführung voraus, dass der Steuerpflichtige einen eigenen Hausstand hat, aber außerhalb seines Wohnorts aus beruflichen Gründen in der Nähe seines Beschäftigungsorts noch eine Zweitwohnung unterhält. Nähere Voraussetzungen regeln § 9 I Nr. 5 EStG und R 9.11 LStR 2008. – 3. *Steuerliche Behandlung:* Die Kosten für doppelte Haushaltsführung sind steuerlich abzugsfähig als → Betriebsausgabe oder → Werbungskosten; die Regelung, dass sie nach mehr als zweijähriger Dauer der doppelten Haushaltsführung als nicht-abzugsfähige Betriebsausgaben einzustufen sind, ist seit 2004 aufgehoben (§ 4 V Nr. 6a EStG a.F.); seitdem gilt, dass die Kosten für das Unterhalten eines zweiten Haushalts aus beruflichen Gründen zeitlich unbefristet als Betriebsausgaben/Werbungskosten absetzbar sind. Voraussetzung ist aber, dass die Kosten des zweiten Haushalts „notwendige" Mehraufwendungen darstellen; es wird also nicht etwa der Aufwand für eine Wohnung mit luxuriösen Ausmaßen unter dem Etikett der doppelten Haushaltsführung als akzeptiert oder die Kosten für sonstige vermeidbare, privat veranlasste Aufwendungen.

Dreiecksgeschäft – 1. *Begriff:* Bei der Umsatzsteuer eine spezielle Sonderform eines → Reihengeschäfts (§ 25b UStG), an dem drei Personen (A, B und C) beteiligt sind und die Ware von einem EU-Staat in einen anderen befördert wird. Einzelheiten s. weiter unten. – 2. *Umsatzsteuerliche Bedeutung:* Je nach Konstellation des Geschehens kann es bei einem solchen Reihengeschäft dazu kommen, dass der mittlere Beteiligte (=B) im Zielland der Ware (Land der C) Erwerbsteuer auf den Ankauf dieser Ware (Ankauf durch B vom Vorlieferanten A!) und Umsatzsteuer für eine innerstaatliche Weiterlieferung (durch B an den Endkunden C) zu zahlen hat. Dies würde diesen Beteiligten (B) dazu zwingen, sich im Bestimmungsland der Ware umsatzsteuerlich registrieren zu lassen und dort USt zu zahlen; dies ist mit erheblichen Kosten verbunden. Daher sieht der Gemeinschaftsgesetzgeber für diese Sachverhaltskonstellation eine Vereinfachungsregelung vor, die auf zwei einfachen Grundgedanken beruht: (a) da B wegen der steuerpflichtigen Weiterlieferung der Ware für die anfallende Erwerbsteuer ohnehin Vorsteuer geltend machen kann, werden Erwerbsteuer und Vorsteueranspruch gegeneinander saldiert und ihre steuerliche Anmeldung dem B erlassen; (b) die Zahlung der Steuer für die Weiterlieferung der Ware von B an C an das Land des C wird dem Endkunden C übertragen, wenn dieser in diesem Land ohnehin schon steuerpflichtig ist. Auf diese Art und Weise kann eine Steuererklärungspflicht für B in einem für ihn fremden Land vermieden werden, ohne dass es steuerlich zu irgendwelchen Steuerausfällen kommen könnte. – 3. *Die genaue Begriffsabgrenzung* des Gesetzes in § 25b UStG orientiert sich an diesen Gegebenheiten: Nach dem gesetzlichen Sprachgebrauch liegt ein Dreiecksgeschäft nur vor, wenn umsatzsteuerpflichtige Personen (mind. zwei Unternehmer; der Letzte in der Kette kann auch ein → Halbunternehmer sein), die aus drei unterschiedlichen EU-Staaten stammen, über den selben Gegenstand ein Umsatzgeschäft abschließen und der Gegenstand vom ersten Lieferer an den letzten in der Reihe befördert wird und dabei von einem EU-Staat in einen anderen gelangt. Voraussetzung ist ferner, dass der Mittlere in der Reihe (erster Abnehmer) in dem Mitgliedsstaat, in den der Gegenstand gelangt, nicht umsatzsteuerlich ansässig ist, er gegenüber den anderen Beteiligten die selbe Umsatzsteuer-Identifikationsnummer verwendet (die nicht von dem Staat stammen darf, in den der Gegenstand gelangt) und der Letzte in der Reihe eine Umsatzsteuer-Identifikationsnummer aus dem Staat verwendet, in den der Gegenstand bei dem Dreiecksgeschäft gelangt. Dann gilt bei entsprechender Rechnungsausstellung durch den mittleren in der Reihe dessen innergemeinschaftlicher Erwerb als besteuert und die Steuer auf die Lieferung von ihm an den letzten in der Reihe ist von diesem Abnehmer zu zahlen. – 4. *Nähere Einzelheiten:* § 25b UStG, Abschn. 276b UStR, Art. 141 und 197 → Mehrwertsteuersystemrichtlinie.

Drei-Objekte-Grenze – 1. *Begriff* des Einkommensteuerrechts zur Abgrenzung von gewerblichen und privaten Grundstücksverkäufen. – Die Veräußerung von Grundvermögen ist bei Privatpersonen steuerfrei, wenn sie außerhalb der sog. Spekulationsfrist erfolgt, bei Gewerbetreibenden, die mit Grundstücken handeln, ist der Gewinn aus der Veräußerung von Grundstücken steuerpflichtig. – 2. *Grundsatz:* Wenn jemand nur bis zu drei Objekte innerhalb eines Zeitraums von zehn Jahren veräußert, wird vermutet, dass dies im Rahmen privater Vermögensverwaltung erfolgt ist. Folglich bleiben die Veräußerungsgewinne steuerfrei. Werden dagegen innerhalb der Frist mehr als drei Objekte veräußert, wird gewerbliches Handeln vermutet, mit der Folge, dass der Veräußerungsgewinn aus den Veräußerungsgeschäften steuerpflichtig ist.

Drittaufwand – bei der → Einkommensteuer die Bezeichnung für Aufwendungen, die zwar mit der Erzielung von → Einkünften in Verbindung stehen, die aber nicht der Steuerpflichtige selbst, sondern ein Dritter getragen hat. Während → Wirtschaftsgüter, die dem Steuerpflichtigen unentgeltlich übereignet wurden, steuerlich bei diesem mit ihrem Wert im Zeitpunkt der Schenkung angesetzt werden können und daher die darauf entfallenden Abschreibungen als eigener Aufwand des Steuerpflichtigen berücksichtigt werden können, kann echter Drittaufwand einkommensteuerlich nicht geltend gemacht werden. Drittaufwand spielt in der Praxis oft eine Rolle, wenn Ehegatten ein Wirtschaftsgut gemeinsam besitzen und einer von ihnen ohne Vergütung das gesamte Wirtschaftsgut für seine betrieblichen oder beruflichen Zwecke nutzen darf; dann sind die auf den anderen Ehegatten entfallenden Aufwendungen echter Drittaufwand.

Drittlandsgebiet – 1. *Begriff:* Gebietsbezeichnung aus dem Umsatzsteuerrecht, für alle Territorien, die umsatzsteuerlich nicht zum Inland eines Mitgliedsstaates gezählt werden. – 2. *Umfang des Drittlandsgebiets gemäß EU-Recht:* (1) diejenigen Gebiete, die zu keinem EU-Staat gehören (mit Ausnahme von Monaco und der Insel Man); (2) die Gebiete, die zwar zum Hoheitsgebiet eines EU-Staates gehören, aber nicht Teil des Zollgebiets der Gemeinschaft sind (z.B. Helgoland, Niederländische Antillen, Färöer); (3) Gebiete, die für umsatzsteuerliche Zwecke bes. aus dem Gemeinschaftsgebiet ausgenommen sind (z.B. Kanarische Inseln, Berg Athos, überseeische franz. Departements). – 3. *Allein aus deutscher Sicht gehören zusätzlich zum Drittlandsgebiet:* die dt. → Freihäfen des Kontrolltyps I.

Drittschuldner – I. Zivilprozessordnung: Bei der Zwangsvollstreckung durch Forderungspfändung derjenige, der seinerseits dem Schuldner etwas schuldet, z.B. bei der Zwangsvollstreckung in die Lohnforderung des Schuldners der Arbeitgeber. – *Pfändung:* Zur Pfändung der gegen den Drittschuldner bestehenden Forderung des Schuldners erlässt das Amtsgericht auf Antrag des Gläubigers, wenn die sonstigen Voraussetzungen der Zwangsvollstreckung vorliegen, einen Pfändungs- und Überweisungsbeschluss, der mit Zustellung an den Drittschuldner wirksam wird (§§ 829, 835 ZPO). Der Drittschuldner darf dann an den Schuldner i.Allg. nicht mehr zahlen (bei Lohnpfändung nur die pfändungsfreien Beträge), sonst muss er etwa gezahlte Beträge nochmals an den Gläubiger abführen. – Auf Verlangen des Gläubigers muss der Drittschuldner binnen zwei Wochen nach Zustellung des Beschlusses auch über das Bestehen der

Forderung und etwaige andere Pfändungen *Auskunft* geben (§ 840 ZPO); Verweigerung kann Pflicht zu → Schadensersatz nach sich ziehen).

II. **Abgabenordnung:** Begriff des Vollstreckungsverfahrens. Der Drittschuldner ist der Schuldner des → Vollstreckungsschuldners. Die Forderung, die der Vollstreckungsschuldner gegenüber dem Drittschuldner hat, kann eine Geldforderung, ein Anspruch auf Leistung oder Herausgabe von Sachen oder ein sonstiges Vermögensrecht (z.B. Anteilsrecht, Grundpfandrecht, Nießbrauch, Grund- und Rentenschuld, Patentrecht) sein. Vollstreckt das Finanzamt in eine solche Forderung, ist zur Wirksamkeit der Maßnahme dem Drittschuldner die Pfändungs- und Einziehungsverfügung zuzustellen (§§ 309 II, 318, 321 AO). Der Drittschuldner ist zur Abgabe der sog. → Drittschuldnererklärung verpflichtet (§ 316 I AO).

Drittschuldnererklärung – Auf Verlangen der Finanzbehörde hat der Drittschuldner innerhalb von zwei Wochen ab Zustellung der Pfändungs- und Einziehungsverfügung die Drittschuldnererklärung abzugeben. Er hat zu erklären, (1) ob und inwieweit er die Forderung als begründet anerkenne und zur Zahlung bereit sei (gilt nicht als Schuldanerkenntnis), (2) ob und welche Ansprüche von dritter Seite an die Forderung erhoben werden, (3) ob und wegen welcher Ansprüche die Forderung bereits für andere Gläubiger gepfändet sei (§ 316 I AO). Die Abgabe der Drittschuldnererklärung kann erzwungen werden. Der Drittschuldner haftet der Vollstreckungsbehörde für evtl. Schäden, die aus der Nichterfüllung seiner Verpflichtung entstehen (§ 316 II AO).

Drittvergleich – *Begriff aus dem Körperschaftsteuerrecht:* Ein Begriff im Zusammenhang mit der früheren Regelung der Gesellschafterfremdfinanzierung: Überstieg ein Gesellschafterdarlehen bei einer Kapitalgesellschaft einen gesetzlich anerkannten Toleranzbereich (Safe Heaven), wurde bei der Frage, ob das Darlehen steuerlich anerkannt oder aufgrund der Sonderregelungen über die → Gesellschafterfremdfinanzierung (§ 8a KStG) als Umgehung der Gewinnbesteuerung eingestuft werden sollte, der Vergleich zu fremden Dritten herangezogen. Es wurde darauf abgestellt, ob ein fremder Dritter das Darlehen zu vergleichbaren Konditionen gegeben hätte oder ob ohne die Kreditgewährung durch den Gesellschafter Eigenkapital hätte aufgenommen werden müssen. Die Regelung ist obsolet geworden durch die neu eingeführte Regelung über die → Zinsschranke. – *Anders:* Dealing-at-Arm´s-length-Grundsatz, → Fremdvergleichsgrundsatz. – *Vgl. auch:* → verdeckte Gewinnausschüttungen, → verdeckte Einlage.

DTC – engl. für *Double Taxation Convention*, also → Doppelbesteuerungsabkommen (DBA).

DTT – engl. Abk. für *Double Taxation Treaty*, also → Doppelbesteuerungsabkommen (DBA).

dualistisches Steuersystem – Sonderform des → pluralistischen Steuersystems.

Dublin Docks → Finanzierungsgesellschaft.

Dulden oder Unterlassen – umsatzsteuerliche Behandlung: Dulden oder Unterlassen einer Handlung oder Dulden eines Zustandes durch einen Unternehmer im → Inland gegen → Entgelt kann zu den der Umsatzsteuer unterliegenden → sonstigen Leistungen (§ 3 IX UStG) gehören. – *Beispiel:* Ein ausländischer Unternehmer duldet die Nutzung seines im Inland geschützten Patents durch einen anderen Unternehmer gegen Entgelt.

Duldungsbescheid – ist das verfahrenrechtliche Mittel, mit dem die → Duldungspflicht gegenüber dem → Duldungsschuldner geltend gemacht wird (§ 191 AO). Er ist ein schriftlich zu erteilender sonstiger → Verwaltungsakt, der mit dem → Einspruch anfechtbar ist. Da es sich um einen allgemeinen Verwaltungsakt, keinen Steuerverwaltungsakt, handelt, gelten für Korrekturen hier die §§ 129 bis 131 AO.

Duldungspflicht – ergibt sich aus steuer- und privatrechtlichen Normen. – 1. *Steuerrecht:* a) Wer kraft Gesetzes verpflichtet ist, eine Steuer aus Mitteln, die seiner Verwaltung unterliegen, zu entrichten, hat die Vollstreckung in dieses Vermögen zu dulden (§ 77 I AO). Davon betroffener Personenkreis: gesetzliche Vertreter, Vermögensverwalter und Verfügungsberechtigte (§§ 34, 35 AO). – b) Der Eigentümer von Grundbesitz hat die Vollstreckung in den Grundbesitz wegen Steuern zu dulden, die als öffentliche Last auf dem Grundbesitz ruhen (§ 77 II AO). Regelmäßig hat der Eigentümer die Vollstreckung wegen rückständiger Grundsteuer des Rechtsvorgängers zu dulden. – 2. *Privatrecht:* Regelmäßig ist derjenige zur Duldung verpflichtet, der fremdes Vermögen verwaltet oder nutzt, z.B. Nießbraucher, Anfechtungsgegner, Testamentsvollstrecker und Nachlassverwalter.

Duldungsschuldner – ist, wer die Zwangsvollstreckung in ein ihm verwaltetes Vermögen hinnehmen muss. Der Duldungsschuldner hat somit die Stellung eines → Vollstreckungsschuldners und nicht die eines → Haftungsschuldners.

Durchfuhr – Beförderung von Waren aus Drittländern der fremden Wirtschaftsgebieten durch das → Zollgebiet oder Wirtschaftsgebiet, ohne dass die Waren in den zollrechtlich freien Verkehr übergeführt werden; als Durchfuhr gilt auch die Beförderung von Waren des zollrechtlich freien Verkehrs aus einem anderen EU-Mitgliedsstaat durch das Wirtschaftsgebiet (§ 4 II AWG).

durchlaufende Gelder – Begriff des Lohnsteuerrechts: Beträge, die ein Arbeitnehmer bei Ausübung seines Berufs von seinem Arbeitgeber zur Bestreitung künftiger Aufwendungen für Rechnung des Arbeitgebers erhält. Die durchlaufenden Gelder gehören nicht zum → Arbeitslohn; sie sind gemäß § 3 Nr. 50 EStG steuerfrei. - Vgl. auch → Auslagenersatz.

durchlaufende Posten – Durchlaufende Posten sind nicht zum umsatzsteuerpflichtigen → Entgelt gehörende Beträge, die der → Unternehmer (offensichtlich) im Namen und für Rechnung eines anderen vereinnahmt oder verausgabt (§ 10 I UStG). Der Unternehmer hat auf Verlangen des Finanzamts Angaben über die bei ihm durchlaufenden Posten zu machen. – *Keine* durchlaufenden Posten sind z.B. Telefongebühren, die ein Vertreter von seinem Auftraggeber ersetzt erhält, da hier keine unmittelbaren Rechtsbeziehungen zwischen Auftraggeber und Kunden entstanden sind, sondern zwischen dem Vertreter und der Post (der Vertreter schuldet der Telefongesellschaft seine Telefongebühren im eigenen Namen, nicht im Namen seines Auftraggebers, wenn er vom eigenen Telefonanschluss telefoniert hat – daran scheitert die Einstufung als „durchlaufender Posten", da der Vertreter bei Zahlung seiner Telefonrechnung nun nicht mehr Zahlungen „in fremdem Namen" leistet, die er sich ersetzen lässt, sondern eigene Kosten hat, für die er vertragsgemäß Ersatz fordern kann).

Durchschnittsätze – I. Einkommensteuer: bes. Form der Gewinnermittlung bei Land- und Forstwirten. Ziel der Durchschnittsätze ist es, Kleinbetrieben eine umfangreiche Buchhaltung zu ersparen. Voraussetzung für die Anwendung der Durchschnittsätze ist daher, dass der Steuerpflichtige nicht zur Buchführung verpflichtet ist, die selbstbewirtschaftete Nutzung ohne Sonderkulturen 20 Hektar nicht überschreitet, die Tierbestände 50 Vieheinheiten nicht überschreitet und der Wert der selbstbewirtschafteten Sondernutzungen pro Sondernutzung maximal 2.000 DM (maßgeblich sind hier in der Tat auch heute – 2009 – noch in DM ausgedrückte alte Schätzwerte; der Betrag entspricht heute ca. 1.005 Euro) beträgt. Der Durchschnittsatzgewinn wird ermittelt nach einem Grundbetrag pro Hektar, Zuschlägen für Sondernutzungen und bestimmten gesondert zu ermittelnden Gewinnbestandteilen und Absetzungen (§ 13a EStG).

II. Umsatzsteuer: Bei der Umsatzsteuer existieren Durchschnittsätze für den → Vorsteuerabzug bestimmter Berufsgruppen. Eine bes. Form der pauschalen Besteuerung, die ebenfalls in einer gewissen Weise auf einer extrem pauschalierten Durchschnittsbetrachtung basiert, gilt außerdem für → land- und forstwirtschaftliche Umsätze.

Durchschnittsbeförderungsentgelt → Beförderungsleistungen.

Durchschnittsbesteuerung → Vorsteuerabzug.

Durchschnittsbewertung – *Durchschnittspreisrechnung.* Die Durchschnittsbewertung stellt ein geeignetes Schätzungsverfahren zur Bewertung vertretbarer Wirtschaftsgüter des Vorratsvermögens dar, bei denen die → Anschaffungskosten oder → Herstellungskosten wegen schwankender Einstandspreise im Einzelnen nicht mehr einwandfrei feststellbar sind (R 6.8 EStR). Die Bewertung hat nach dem gewogenen

Mittel der im Laufe des Wirtschaftsjahres erworbenen und ggf. zu Beginn des Wirtschaftsjahres vorhandenen Wirtschaftsgüter zu erfolgen.

Durchsuchung – 1. *Begriff:* behördliches Suchen nach Personen, Sachen oder z.B. Beweismitteln wegen einer Straftat, v.a. in der Wohnung, in Geschäftsräumen oder anderen Räumen sowie Behältnissen (Haussuchung). Da Freiheit und Wohnung des Einzelnen vom Grundgesetz (Art. 13 GG) geschützt werden, kann eine Durchsuchung gegen oder ohne den Willen des Betroffenen nur bei Vorliegen gesetzlicher Voraussetzungen durch den Richter oder bes. ermächtigte Behörden angeordnet werden. – 2. Im *Strafprozess:* Anordnung durch den Richter, bei Gefahr im Verzug durch Staatsanwaltschaft und bes. ermächtigte Polizeibeamte (§ 102 StPO). – 3. In der *Zwangsvollstreckung:* Der Gerichtsvollzieher ist nach vorheriger richterlicher Genehmigung befugt, die Wohnung und die Behältnisse des Schuldners zu durchsuchen, soweit der Zweck der Vollstreckung dies erfordert (§ 758, 758a ZPO). Antragsformular für Erlass einer Durchsuchungsanordnung nach § 758a ZPO nach der Zwangsvollstreckungsformular-Verordnung vom 23.8.2012 (BGBl. I S. 1822). – 4. Nach der *Abgabenordnung* (§ 399 II AO) kann im Rahmen eines Steuerstrafverfahrens (→ Steuerstrafverfahrensrecht) unter den Voraussetzungen der Strafprozessordung durchsucht werden. Bei Gefahr im Verzug kann auch die Finanzbehörde die Anordnung treffen. Im finanzamtlichen Vollstreckungsverfahren darf der Vollziehungsbeamte die Wohn- und Geschäftsräume – ggf. aufgrund einer richterlichen Durchsuchungsermächtigung - durchsuchen (§ 287 AO). – 5. Im Rahmen *zollamtlicher Überwachung* körperliche Durchsuchungen bei Vorliegen zureichender tatsächlicher Anhaltspunkte, dass vorschriftswidrig Nichtgemeinschaftswaren, verbrauchsteuerpflichtige Waren oder Waren, die Verboten und Beschränkungen unterliegen, mitgeführt werden, an einem geeigneten Ort (§ 10 III ZollverwaltungsG). Die Grundrechte nach Art. 2 II GG sind insoweit eingeschränkt.

Duty-free-Shop – Einzelhandelsgeschäft in → Zollausschlüssen (z.B. Freihäfen, Helgoland) und auf Flughäfen jenseits der Zollkontrolle. Es werden vornehmlich Waren verkauft, deren Einfuhr zwar grundsätzlich hohen Zöllen oder Verbrauchsteuern (Tabakwaren, Alkoholika, Kosmetika) unterliegt, aber aber im nicht kommerziellen Reiseverkehr unterhalb bestimmter Mengen- oder Wertgrenzen zoll- und steuerfrei eingeführt werden können. Die Waren sind demgemäß gegenüber den Preisen im Zollgebiet verbilligt. – Das Prinzip des Duty-free-Shop wird auch beim Verkauf derartiger Waren auf Schiffen oder in Flugzeugen bei Reisen über die Zollgrenze genutzt („→ Butterfahrten"). – Für *Reisen innerhalb der EU* ist die Möglichkeit zum Einkauf in Duty-free-Shops 1999 ausgelaufen. – *Anders:* → Tax-Free Shopping.

E

EDV-Systemprüfung – 1. *Bedeutung:* Methode zur indirekten → Prüfung der Funktionsfähigkeit der Buchführung. Bei Verwendung von EDV-Anlagen in der Buchführung, u.a. aufgrund automatisierter Buchungsabläufe, resultiert eine erheblich geringere Fehlerhäufigkeit, es sei denn, das Verarbeitungsverfahren selbst ist fehlerhaft. Die EDV dient der Beurteilung, inwieweit die vom Prüfer vorgefundenen, elektronisch verarbeiteten Informationen verläßlich sind bzw. inwiefern systemimmanente fehlerhafte Verarbeitungs- und Korrekturregeln die Verläßlichkeit der ausgewiesenen Daten beeinträchtigen. Gegenstand der EDV-Systemprüfung sind die automatisierten Verarbeitungs- und Kontrollregeln. Bei fortschreitendem Einsatz von EDV-Standardanwendungen mit unternehmensindividuellen Anpassungsmöglichkeiten liegt das Prüferaugenmerk weniger auf den Kernelementen der Software als vielmehr auf den durch das zu prüfende Unternehmen vorgenommenen spezifischen Modifikationen. – 2. *Prüfungsinhalte:* a) Prüfung der *Programmdokumentation:* Ob die EDV-Dokumentation geeignet ist, die Datenverarbeitung im Unternehmung genügend nachzuweisen; ob sie über den Inhalt der Verarbeitungsprozesse informiert, damit die EDV-Buchführung unter Einbeziehung von Ein- und Ausgabedaten verständlich wird. – b) Prüfung des *Verarbeitungsverfahrens*, d.h. ob die der Verarbeitung zugrunde liegenden Regeln korrekt sind, anhand folgender Techniken: (1) *Arbeitswiederholung:* Für einzelne in sich geschlossene Arbeitsgebiete werden Programmabläufe wiederholt. Damit kann jedoch weder die Richtigkeit noch die effektive Verwendung des Programms bestätigt werden; nicht erklärbar ist auch, ob die Daten der Urbelege richtig und vollzählig auf die Datenträger übertragen wurden. Außerdem können Probleme technischer Art bedeutungsvoll sein, wenn z.B. bei integrierter Datenverarbeitung die gespeicherten Daten ohne Zwischenausdruck fortgeschrieben werden. (2) *Testfallverfahren:* Statt der tatsächlichen Eingabedaten werden konstruierte Abrechnungsdaten verarbeitet. Stimmen die dabei gewonnenen Ergebnisse mit den Ergebnissen einer Vorberechnung überein, so hat ordnungsmäßige Verarbeitung des Zahlenmaterials durch die Anlage stattgefunden. Der → Prüfer muss die konstruierten Eingabedaten so aufbauen, dass die Funktionsfähigkeit der einzelnen Programminstruktionen sowie der sachliche Inhalt eines Programms und der Zusammenhang mit anderen Programmen des gleichen Arbeitsgebiets geprüft werden. Der Beweis der vollständigen Richtigkeit des Programms kann nicht erbracht werden, sondern nur der Nachweis, dass die konstruierten Eingabedaten nicht falsch verarbeitet wurden. Nicht alle möglichen Eingabedatenkombinationen können aufgrund der großen Anzahl durch Testfälle abgedeckt werden. (3) *Sachlogische Programmprüfung:* Verfolgung von einzelnen Programmschritten in Programmablaufplänen und -listen (kodierten Programmen). Aus dem detaillierten Programmablaufplan erfolgt i.d.R. das technische Programmieren (Kodieren); deshalb führen mit hoher Wahrscheinlichkeit alle logischen Fehler auch zu Fehlern im Programm. Notwendig ist, den Programmablauf für verschiedene Eingabedatenkombinationen zu verfolgen und zu beurteilen, ob alle praktisch denkbaren Buchungsfälle berücksichtigt sind und ob der Programmablauf einen geschlossenen Kreislauf darstellt. Voraussetzung für die Anwendung dieser Technik ist, dass der Prüfer über die erforderlichen Kenntnisse verfügt und dass der Zeitaufwand nicht unangemessen hoch ist. – 3. *Prüfungszeitpunkte:* a) Prüfung *bei* Programmerstellung: Einbeziehung des Abschlussprüfers bereits bei der Konzipierung. – b) Prüfung *vor* Programmübernahme: Der Abschlussprüfer prüft vor der Übernahme eines Arbeitsgebietes in die EDV. – c) Prüfung *nach* Programmübernahme: Aufgrund eventueller Beanstandungen durch den Prüfer können bei Prüfung nach Einbeziehung eines Arbeitsgebietes in die EDV aufwendige Systemänderungen erforderlich werden. Deshalb i.d.R. weniger sinnvoll.

Ehegatten – 1. *Begriff:* Ehegatten gelten als → Angehörige im Sinn der Steuergesetze (§ 15 AO). Eingetragene Lebenspartner sind den Ehegatten steuerlich nicht gleichgestellt. – 2. *Einkommensteuer:* a) *Veranlagung:* Ehegatten, die beide unbeschränkt steuerpflichtig sind und nicht dauernd getrennt leben, können zwischen getrennter Veranlagung (ab VZ 2011 Umbenennung in Einzelveranlagung, § 26a EStG) und Zusammenveranlagung (§ 26b EStG) wählen (§ 26 I EStG). Ab dem VZ 2011 ist der besondere Veranlagung im Jahr der Eheschließung nicht mehr zulässig. Eine getrennte oder Einzelveranlagung erfolgt, wenn einer der Ehegatten diese Veranlagung wählt. Ab dem VZ 2013 ist die Wahl der Veranlagungsart mit der Abgabe der Steuererklärung für den entsprechenden VAZ zu treffen. Die erforderlichen Erklärungen sind beim Finanzamt schriftlich oder zu Protokoll abzugeben. Werden keine Erklärungen abgegeben, wird unterstellt, dass die Ehegatten die Zusammenveranlagung wählen (§ 26 III EStG). – b) *Arten der Veranlagung:* (1) *Getrennte Veranlagung:* Jeder Ehegatte hat die von ihm bezogenen → Einkünfte zu versteuern. → Sonderausgaben werden seit 1990 bei dem Ehegatten angesetzt, der sie tatsächlich geleistet hat. → Außergewöhnliche Belastungen werden je zur Hälfte bei der Veranlagung der Ehegatten abgezogen, wenn nicht die Ehegatten gemeinsam eine andere Aufteilung beantragen (§ 26a EStG). (2) *Zusammenveranlagung:* Die Einkünfte beider Ehegatten werden zusammengerechnet; die Ehegatten werden, soweit nichts anderes vorgeschrieben ist, als ein Steuerpflichtiger behandelt (§ 26b EStG). (3) *Bes. Veranlagung:* Die Ehegatten werden für den Veranlagungszeitraum der Eheschließung so behandelt, als ob sie unverheiratet wären. Die Vorschriften der getrennten Veranlagung gelten sinngemäß (§ 26c EStG). Diese Form der Veranlagung ist ab dem VZ 2011 aufgehoben. – b) *Tarif:* Bei zusammen veranlagten Ehegatten ermittelt sich die tarifliche Einkommensteuer nach dem → Splitting-Verfahren. – c) *Geschiedene Ehegatten:* → Unterhaltsleistungen an den geschiedenen Ehegatten werden beim Leistenden auf Antrag als → Sonderausgaben abgezogen. Beim empfangenden Ehegatten stellen die Leistungen dann → sonstige Einkünfte dar. – d) *Ehegatten-Verträge:* Ernstlich gemeinte und tatsächlich durchgeführte Verträge werden auch steuerlich anerkannt. – Vgl. auch → mithelfende Familienangehörige.

Ehegatten-Arbeitsverhältnis → Arbeitsverhältnis zwischen Angehörigen.

Ehegattenbesteuerung → Ehegatten.

eheliches Güterrecht – I. Begriff: gesetzliche Regelung der vermögensrechtlichen Beziehungen der Ehegatten (§§ 1363–1563 BGB). Das BGB kennt verschiedene Güterrechtsformen, und zwar den gesetzlichen Güterstand und die vertraglichen Güterstände. Da auch auf dem Gebiet des ehelichen Güterrechts Vertragsfreiheit herrscht, können Eheleute durch Ehevertrag Vereinbarungen über ihre güterrechtlichen Verhältnisse treffen oder einen vom BGB vertragsmäßigen Güterstände vereinbaren, nämlich Gütertrennung oder Gütergemeinschaft.

II. Gesetzlicher Güterstand (gilt mangels Ehevertrag): 1. Die Ehegatten leben im Güterstand der *Zugewinngemeinschaft* (§ 1363 I BGB). Dabei bleiben die Vermögen der Ehegatten rechtlich völlig getrennt. Das gilt auch für das nach der Eheschließung erworbene Vermögen. Der Zustimmung des anderen Ehegatten bedarf es nur, wenn ein Ehegatte sein Vermögen im ganzen oder Gegenstände des ehelichen Hausrats veräußern will (§§ 1363–1369 BGB). – 2. Erst bei *Beendigung* des Güterstandes wird ein Ausgleich des Zugewinns vorgenommen. – 3. *Endet* der Güterstand durch den Tod *eines Ehegatten,* wird der Ausgleich des Zugewinns ganz schematisch dadurch verwirklicht, dass sich der gesetzliche Erbteil des überlebenden Ehegatten um 1/4 der Erbschaft erhöht (§ 1371 BGB). Diese Erhöhung des Erbteils ist unabhängig vom ggf. erzielten Zugewinn (Erbfolge). – 4. *Endet* der Güterstand nicht durch Tod des Ehegatten, sondern *auf andere Weise,* z.B. durch Scheidung, so ist der Zugewinn zu errechnen: a) *Zugewinn* ist der Betrag, um den jeweils das Endvermögen eines Ehegatten das Anfangsvermögen übersteigt (§ 1373 BGB). Übersteigt der Zugewinn des

einen Ehegatten den Zugewinn des anderen, so steht die Hälfte des Überschusses dem anderen Ehegatten als Ausgleichsforderung zu (§ 1378 BGB). – b) Werte, die ein Ehegatte während der Ehe *ererbt* oder mit Rücksicht auf ein künftiges Erbrecht erhalten hat, werden ebenso wie eine *Ausstattung* bei der Berechnung des Zugewinns außer Ansatz gelassen (§ 1374 BGB). – c) Wie die *Ausgleichsforderung* zu tilgen ist, bestimmt im Streitfall das Familiengericht (§§ 1382 f. BGB). – 5. → Erbschaftsteuer: Wenn Ehegatten (oder Lebenspartner) im Güterstand der Zugewinngemeinschaft gelebt haben, wäre die Zahlung, die einer der beiden bei Beendigung der Zugewinngemeinschaft an den anderen leisten müsste, keine Schenkung, sondern nur Erfüllung eines gesetzlichen Anspruchs. Im Erbfall kann das nicht anders gesehen werden: Daher unterliegt dann, wenn durch den Tod eines Ehegatten oder Lebenspartners eine Zugewinngemeinschaft endet, auch dann derjenige Betrag, der der Ausgleichsforderung entspricht, nicht der Erbschaftsteuer, sondern nur der darüber hinausgehende Teil des Erbes (§ 5 ErbStG). Freilich übernimmt das Steuerrecht solche pauschalierenden Regelungen des BGB nicht, die steuerlich zu Missbräuchen einladen könnten: a) so gilt die Vermutung, dass beide Ehegatten zu Beginn der Ehe ein Vermögen von Null hatten, wenn nichts Anderes bewiesen wird, nicht steuerlich (man könnte sonst durch Vernichten von Unterlagen über den Vermögensbestand die Höhe der steuerfreien Ausgleichsforderung im Erbfall erhöhen!) und b) der pauschale Ansatz der Ausgleichsforderung mit 1/4 der Erbschaft wird steuerlich nicht übernommen, sondern auch in solchen Fällen muss steuerlich möglichst exakt die wirkliche Höhe der Ausgleichsforderung berechnet werden.

III. Vertragsmäßige Güterstände: Gütertrennung und Gütergemeinschaft bedürfen der Vereinbarung durch einen gerichtlichen oder notariellen Ehevertrag. – 1. *Gütertrennung:* Die Vermögen der beiden Ehegatten bleiben getrennt. Jeder Ehegatte bleibt Eigentümer seines Vermögens und haftet für die von ihm eingegangenen Verbindlichkeiten allein. Schließen die Ehegatten den gesetzlichen Güterstand (Zugewinngemeinschaft) aus oder heben sie ihn auf, so tritt Gütertrennung ein, wenn sich aus dem Ehevertrag nichts anderes ergibt. – 2. *Gütergemeinschaft* (§§ 1415–1518 BGB): a) *Arten der Gütermassen:* Fünf verschiedene Gütermassen sind denkbar: Gesamtgut, Sondergut beider Ehegatten und Vorbehaltsgut beider Ehegatten. (1) *Gesamtgut:* Sämtliches Vermögen jedes der beiden Ehegatten wird gemeinschaftliches Eigentum, ohne dass es eines bes. Übertragungsaktes bedarf. Enthält der Ehevertrag keine Bestimmung, darüber, wer das Gesamtgut verwaltet, verwalten es die Ehegatten gemeinschaftlich. Wird über das Vermögen des Ehegatten, der das Gesamtgut allein verwaltet, das → Insolvenzverfahren eröffnet, gehört das Gesamtgut zur Insolvenzmasse (§ 37 InsO); wird es von beiden Ehegatten verwaltet, ist ein selbstständiges Insolvenzverfahren über das Gesamtgut zulässig (§ 333 InsO). Zur Zwangsvollstreckung in das Gesamtgut muss ein Titel gegen den oder die verwaltenden Ehegatten erwirkt werden (§ 740 ZPO). (2) *Sondergut* der Ehegatten sind diejenigen Vermögensteile, die nicht durch Rechtsgeschäft übertragen werden können, z. B. unpfändbare Gehaltsansprüche. Sondergut bleibt Eigentum des Ehegatten, dem es gehört, und unterliegt auch dessen Verwaltung, jedoch für Rechnung des Gesamtgutes. (3) *Vorbehaltsgut* der Ehegatten (§ 1418 BGB) umfasst, was durch Ehevertrag zum Vorbehaltsgut erklärt worden ist; was einem Ehegatten von Todes wegen oder unter Lebenden mit der Bestimmung als Vorbehaltsgut unentgeltlich zugewendet wird. Vorbehaltsgut bleibt freies Eigentum der Ehegatten, jeder von ihnen kann darüber verfügen. – b) *Beendigung* der Gütergemeinschaft: durch *Aufhebungsklage*, Scheidung oder Tod. – c) *Nach Beendigung* der Gütergemeinschaft findet Auseinandersetzung über das Gesamtgut statt (§§ 1471 ff. BGB). Nach Bereinigung der Schulden wird ein Überschuss unter Eheleuten zu gleichen Teilen, bei Auseinandersetzung mit Abkömmlingen je zur Hälfte zwischen dem überlebenden Ehegatten und den Abkömmlingen geteilt. – *Erbschaftsteuer*: Bei Gütergemeinschaft gehört jedem der Ehegatten am Gesamtgut bereits vor dem Erbfall ein entsprechender Anteil (1/2), im Todesfall wird also nur die übrige Hälfte überhaupt vererbt (ist daher zu versteuern). Wird die Gütergemeinschaft mit den überlebenden Abkömmlingen fortgesetzt, erbt die Hälfte des Verstorbenen nicht der andere Ehegatte, sondern dessen Abkömmlinge; also ist dieses Vermögen dann auch erbschaftsteuerlich nicht vom Ehegatten (Lebenspartner), sondern von den Abkömmlingen zu versteuern (§ 4 ErbStG).

eidesstattliche Versicherung – Form der Beteuerung der Richtigkeit einer Erklärung. Die eidesstattliche Versicherung ist in vielen Fällen gesetzlich vorgeschrieben oder zugelassen, kann aber auch sonst in einem förmlichen Beweisverfahren vor einer Behörde als Grundlage für eine Entscheidung abgegeben werden.

I. Zivilprozess: Mittel der Glaubhaftmachung (z. B. beim Arrest, der einstweiligen Verfügung, dem Prozesskostenhilfeverfahren), jedoch ist sie i. d. R. kein zulässiges Beweismittel.

II. Zwangsvollstreckung wegen Geldforderungen: Geregelt in § 802c Abs. 3 ZPO. – 1. Der Schuldner ist zu einer eidesstattlichen Versicherung (früher: *Offenbarungseid*) gegenüber dem Gerichtsvollzieher verpflichtet, wenn der die Vermögensauskunft nach § 802c Abs. 1 und 2 ZPO erteilt. Der Schuldner muss ein Verzeichnis seines gesamten pfändbaren und unpfändbaren Vermögens vorlegen und zu Protokoll die eidesstattliche Versicherung abgeben, dass er die Angaben nach bestem Wissen und Gewissen richtig und vollständig gemacht habe. Näheres siehe Vermögensauskunft, Vermögensverzeichnis.

III. Zwangsvollstreckung wegen Herausgabe einer beweglichen Sache: Hat der Schuldner eine bestimmte bewegliche Sache herauszugeben und wird diese vom Gerichtsvollzieher nicht vorgefunden, so hat er auf Antrag des Gläubigers zu Protokoll an Eides statt zu versichern, dass er die Sache nicht besitze und auch nicht wisse, wo sie sich befinde (§ 883 ZPO).

IV. Bürgerliches Recht (§§ 259, 260 BGB): 1. Die eidesstattliche Versicherung *muss abgeben*, wer a) zur Rechnungslegung verpflichtet war, b) über einen Bestand an Gegenständen → Auskunft zu geben hatte, in beiden Fällen jedoch nur, wenn Grund zu Annahme besteht, dass Angaben über Einnahmen bzw. Auskunft nicht mit der erforderlichen Sorgfalt gegeben wurden. – 2. Die eidesstattliche Versicherung ist *bei freiwilliger Abgabe* beim Amtsgericht im Verfahren der Freiwilligen Gerichtsbarkeit (§§ 410 ff FamFG).

V. Insolvenzrecht: Der Gemeinschuldner hat auf Antrag des Insolvenzverwalters die Richtigkeit und Vollständigkeit des Inventarverzeichnisses (nur der Aktiva) an Eides statt zu versichern (§ 153 InsO). Maßgebend ist der Zeitpunkt der Insolvenzeröffnung (nicht der Abgabe der eidesstattlichen Versicherung). Keine Eintragung in das Schuldnerverzeichnis (§ 915 ZPO). Erzwingbar nach §§ 900 ff. ZPO.

VI. Steuerrecht: Nach § 284 AO kann die Behörde nach erfolglosem Vollstreckungsversuch in das bewegliche Vermögen des Vollstreckungsschuldners, nach Verweigerung der Durchsuchung durch den Vollstreckungsschuldner oder wenn der → Vollziehungsbeamten Vollstreckungsschuldner bei seinen Besuchen wiederholt nicht angetroffen hat, von dem Vollstreckungsschuldner verlangen, dass er an Eides Statt die Richtigkeit des aufzustellenden Vermögensverzeichnisses versichert. Das Finanzamt nimmt die eidesstattliche Versicherung selbst ab, wenn sich der Schuldner dazu bereit erklärt, andernfalls ersucht es das zuständige Amtsgericht um Vornahme. Eintragung der steuerlichen eidesstattlichen Versicherung in das beim Amtsgericht geführte Schuldnerverzeichnis. – Das Finanzamt kann eine eidesstattliche Versicherung auch über Tatsachen verlangen, die der Steuerpflichtige behauptet (§ 95 I AO). Die Versicherung an Eides statt kann nur von Beteiligten verlangt werden. Bei anderen Personen als Beteiligten → eidliche Vernehmung. Die eidesstattliche Versicherung ist dem Vorsteher des Finanzamts abzugeben. Auch in Ausübung der Steueraufsicht können eidesstattliche Versicherungen von den Finanzämtern verlangt werden; wird die eidesstattliche Versicherung in diesem Fall verweigert, dürfen die Finanzämter hieraus Schlüsse ziehen, die zur Änderung einer rechtskräftigen Veranlagung führen können.

VII. Freiwillige Gerichtsbarkeit: Zur Glaubhaftmachung ist die eidesstattliche Versicherung in der Freiwilligen Gerichtsbarkeit (§ 31 FamGG) ebenso wie im

Verwaltungsverfahren, so im Aufgebotsverfahren vor dem Standesamt (§ 5 III PersonenstandsG) zugelassen.

VIII. Strafbestimmungen: Die Abgabe einer falschen eidesstattlichen Versicherung vor einer zuständigen Behörde (dazu gehören auch Gerichte) ist nach §§ 156, 163 StGB strafbar; bei Vorsatz Freiheitsstrafe bis zu drei Jahren oder Geldstrafe, bei Fahrlässigkeit Freiheitsstrafe bis zu einem Jahr oder Geldstrafe. „Vor einer zuständigen Behörde" bedeutet, dass die Behörde überhaupt befugt ist, eidesstattliche Versicherung abzunehmen, und dass ferner die gesetzlichen Vorschriften die Abgabe einer eidesstattlichen Versicherung nach Gegenstand und Verfahren vorsehen. Straflosigkeit tritt bei rechtzeitiger Berichtigung ein.

eidliche Vernehmung – kommt nur bei anderen Personen (§ 33 II AO) als den Beteiligten (§ 78 AO) in Betracht (§ 94 AO). Eidliche Vernehmung kann durchgeführt werden, wenn die Behörde mit Rücksicht auf die Bedeutung der Auskunft oder zur Herbeiführung einer wahrheitsgemäßen Auskunft die Beeidigung für geboten hält. – *Anders*: → Eidesstattliche Versicherung.

Eigenanzeige → Selbstanzeige.

Eigenbesitzer – Person, die eine Sache als ihr gehörend besitzt (§ 872 BGB), d.h. die Sache wie ein Eigentümer beherrschen will. Eigenbesitzer ist auch der Dieb und der Finder, der die gefundene Sache behalten will. – Vgl. auch Besitz. – *Steuerlich* werden die Wirtschaftsgüter, die jemand in Eigenbesitz hat, dem Eigenbesitzer zugerechnet (§ 39 AO). – *Gegensatz*: Fremdbesitzer.

Eigenerzeuger – Begriff des Stromsteuergesetzes: Jemand, der Strom zum Selbstverbrauch erzeugt (§ 2 StromStG), so definiert seit 2007; zuvor gab es ausführlicher formulierte Regelungen.

Eigenhandel – Finanzdienstleistung im Sinn des § 1 Ia 2 Nr. 4 KWG, welche die Anschaffung und die Veräußerung von Finanzinstrumenten im Wege des Eigenhandels für andere zum Gegenstand hat. Der Handel in Wertpapieren und anderen Finanzinstrumenten ist jeweils einer der drei folgenden Kategorien zuzuordnen: (1) Der Handel im fremden Namen für fremde Rechnung (offene Stellvertretung) ist Finanzdienstleistung im Sinn des § 1 Ia 2 Nr. 2 KWG (Abschlussvermittlung); (2) der Handel im eigenen Namen für fremde Rechnung (verdeckte Stellvertretung) ist Bankgeschäft im Sinn des § 1 I 2 Nr. 4 KWG (Finanzkommissionsgeschäft); (3) der Handel im eigenen Namen für eigene Rechnung, ist (sofern er als Dienstleistung für andere zu begreifen ist) Finanzdienstleistung im Sinn des § 1 Ia 2 Nr. 4 KWG (Eigenhandel). – Beim Handel im Auftrag eines Kunden als Eigenhändler tritt das Institut seinem Kunden nicht als Kommissionär, sondern als Käufer oder Verkäufer gegenüber. Auch wenn es sich zivilrechtlich hierbei um einen reinen Kaufvertrag handelt, ist

das Geschäft Dienstleistung im Sinn der EG-Wertpapierdienstleistungsrichtlinie (MiFID). – *Steuerliche Behandlung*: a) *Eigenhandel der Banken*: Eigenhändler führen umsatzsteuerbare → Lieferungen und → sonstige Leistungen aus. Der Eigenhändler handelt im eigenen Namen für eigene Rechnung. Die Tätigkeit einer Bank im Eigenhandel ist allerdings umsatzsteuerfrei (§ 4 Nr. 8 UStG). – Körperschaftsteuerlich sind Gewinne und Verluste aus dem Eigenhandel mit Anteilen an Kapitalgesellschaften steuerpflichtig (§ 8b VII KStG). – Vgl. auch → Bankumsätze. – b) *Anders*: Im umsatzsteuerlichen Sprachgebrauch wird das Wort „Eigenhandel" gelegentlich auch als Gegenstück zu „Kommissionsgeschäft" und „Vermittlung" benutzt, d.h. für alle jene Umsätze, die jemand – egal, mit welchen Waren – im eigenen Namen und für eigene Rechnung tätigt.

Eigenheimzulage – 1. *Begriff*: Eigenheimzulage ist eine staatliche, steuerfreie Zulage, die für Neufälle nach dem 31.12.2005 gestrichen wurde. Das bisherige Gesetz findet nur noch Anwendung, wenn vor dem 1.1.2006 mit der Herstellung des Objekts begonnen, die Anschaffung aufgrund eines rechtswirksamen abgeschlossenen Vertrages getätigt oder einer Genossenschaft beigetreten wurde. – 2. *Anspruchsberechtigte und geförderte Objekte*: Eigenheimzulage kann in Altfällen von unbeschränkt steuerpflichtigen Personen beantragt werden, wenn sie eine Wohnung in einem im Inland belegenen Haus oder in einer im Inland belegenen eigenen Eigentumswohnung anschaffen (Erwerber) oder herstellen (Bauherr) (§§ 1,2 EigZulG). Die Förderung wird auch bei Ausbauten und bei Erweiterungen bei Nutzung zu eigenen Wohnzwecken oder bei unentgeltlicher Überlassung an einen → Angehörigen (§ 15 AO) gewährt. – 3. *Förderzeitraum*: Die Förderung wird über das Jahr der Fertigstellung/ Anschaffung und die sieben folgenden Jahre verteilt ausgezahlt. Bei Nichtausnutzung des Förderzeitraums kann die Eigenheimzulage für ein weiteres Objekt für die restliche Zeit gewährt werden. Die Förderung kann nur einmal (bei Ehegatten zweimal) in Anspruch genommen werden – 4. *Höhe der Eigenheimzulage*: Die Eigenheimzulage setzt sich seit 2003 zusammen aus einem → Fördergrundbetrag und einer → Kinderzulage. Der Fördergrundbetrag beträgt (2004) jährlich 1 Prozent der Anschaffungs- und Herstellungskosten der Wohnung und des zugehörigen Grund und Bodens sowie der innerhalb von zwei Jahren nach der Anschaffung notwendigen Instandhaltungs- und Modernisierungsaufwendungen. Maximal beträgt der Fördergrundbetrag jährlich 1.250 Euro. Die Kinderzulage beträgt für jedes Kind, für das der Antragsteller oder beide Ehegatte im fraglichen Jahr einen Kinderfreibetrag oder Kindergeld erhält, 800 Euro (seit 2004). – 5. *Einkunftsgrenze*: Inanspruchnahme ab dem Jahr (Erstjahr), in dem der Gesamtbetrag der Einkünfte des Erstjahres und des Vorjahres zusammen nicht mehr als 81.807 Euro (bei Zusammenveranlagung 163.614

Euro) und bei Bauantrag oder Kaufvertrag nach dem 31.12.1999 zzgl. 30.678 Euro je Kind beträgt. Die Einkunftsgrenze ist auf 70.000 Euro (bei Zusammenveranlagung 140.000 Euro) zzgl. 30.000 Euro je Kind bei Anschaffung oder Herstellung nach dem 31.12.2003 abgesenkt. – 6. *Die Auszahlung* erfolgt einen Monat nach Bekanntgabe des Bescheides; für jedes weitere Jahr im Förderzeitraum am 15. März. – 7. *EuGH-Recht:* Im BMF-Schreiben vom 13.3.2008 (AZ IV C 1 – EZ 1000/08/10001) wurde entschieden, dass für bestimmte unbeschränkt einkommensteuerpflichtige Anspruchsberechtigte (i.S.d. § 1 II und III EStG oder i.S.d. Artikels 14 des EG-Privilegien-Protokolls, BGBl. II 1965, 1482 und 1967, 2156) für die Herstellung oder Anschaffung eines in einem anderen EU-Mitgliedsstaat belegenen eigenen Hauses oder einer in einem anderen EU-Mitgliedsstaat belegenen Eigentumswohnung i.S.d. Eigenheimzulagengesetzes die Eigenheimzulage gewährt werden kann. Diese Begünstigung gilt auch für Häuser oder Eigentumswohnungen, die in Mitgliedsstaaten des EWR belegen sind. Die Gewährung der Eigenheimzulage ist jedoch nur der Bedingung möglich, dass zwischen der Bundesrepublik Deutschland und dem anderen Staat aufgrund der Amtshilfe-Richtlinie (77/799/EWG) in der jeweils geltenden Fassung oder einer vergleichbaren zwei- oder mehrseitigen Vereinbarung Auskünfte erteilt werden, die zur Durchführung der Besteuerung erforderlich sind. Die Kinderzulage wird nur dann gewährt, wenn das Kind im Förderzeitraum zum Haushalt des Anspruchsberechtigten gehört bzw. gehört hat. Das Schreiben ist in allen noch offenen Fällen anzuwenden (BMF-Schreiben: Eigenheimzulagengesetz; Reaktion auf das EuGH-Urt. v. 17.1.2008 in der Rechtssache C-152/05).

Eigennutz – 1. *Allgemeines Strafrecht:* Erstreben eines Vorteils unter Missachtung der gebührenden Rücksichtnahme auf die Interessen anderer (vgl. auch → Bestechung). – 2. *Wirtschafts- und Steuerstrafrecht:* Grober Eigennutz relevant u.a. beim Subventionsbetrug (§ 264 StGB) und bei der → Steuerhinterziehung (§ 370 III AO); dazu siehe im Einzelnen die AStBV 2012 (Anweisungen für das Straf- und Bußgeldverfahren (Steuer) 2012), Nummer 77. Aber auch in den §§ 15 und 15a AÜG (Gesetz zur Regelung der Arbeitnehmerüberlassung) wird der Begriff in Zusammenhang mit der Strafbemessung genannt.

Eigentum → wirtschaftliches Eigentum.

Eigenumsatz – Teil des → Umsatzes neben dem → Kundenumsatz und dem → Eigenverbrauch: Lieferungen und Leistungen innerhalb des Betriebes. Zum Eigenumsatz gehören: Verbrauch eigener Fertigfabrikate (Maschinen in Maschinenfabrik), eigene Reparaturen, eigene Neubauten etc.; Abgabe von Waren an eigene Verkaufsstellen. Eigenumsätze sind grundsätzlich im Umsatzsteuerrecht nicht steuerbar, außer im speziellen Fall der → Verbringung von Gegenständen in einen anderen Mitgliedsstaat der EU. – *Umsätze zwischen Konzernbetrieben* zählen grundsätzlich nicht zum Eigenumsatz (Ausnahme: → Organschaft), sondern zum Kundenumsatz, da Konzernbetriebe rechtlich selbstständig sind.

Eigenverbrauch – früherer, in der Literatur immer noch geläufiger Begriff aus dem Umsatzsteuerrecht, mit dem v.a. die Entnahme von Gegenständen und Leistungen aus dem Unternehmen durch den → Unternehmer zu unternehmensfremden Zwecken bezeichnet wurde. Der Eigenverbrauch wird seit 1999 unter dem neuen Sammelbegriff → unentgeltliche Wertabgabe (inzwischen: der Lieferung gegen Entgelt gleichgestellte Entnahmen) mit erfasst, ohne dass hiermit eine wesentliche Rechtsänderung gegenüber dem früheren Rechtszustand verbunden wäre.

Eigenveredelung → aktive Veredelung.

Einbringung in eine Kapitalgesellschaft – 1. *Begriff, Allgemeines:* a) Die Einbringung in eine Kapitalgesellschaft (gesellschaftsrechtlich: Sacheinlage, Ausgliederung) ist ein Vorgang, durch den jemand einer Kapitalgesellschaft Vermögen überträgt und im Gegenzug von dieser Gesellschaft dafür Anteile als Gegenleistung erhält; der Einbringende wird also durch die Einbringung der Vermögenswerte entweder zu einem neuen Gesellschafter der Kapitalgesellschaft oder er stockt eine bestehende eigene Beteiligung an der Gesellschaft durch den Vorgang auf. – b) Daraus ergibt sich zwangsläufig, dass man zu einer Analyse der steuerlichen Folgen sowohl die Behandlung des Vorgangs bei der Kapitalgesellschaft (die das einzubringende Vermögen übernimmt, daher „übernehmende Gesellschaft") als auch die Behandlung bei demjenigen, der das Vermögen vorher besaß und nunmehr zum Anteilseigner wird („Einbringender") betrachten muss. – c) Nach den allg. Grundsätzen stellt der Vorgang im Grunde einen Tausch dar: Der Einbringende übergibt sein Vermögen der Kapitalgesellschaft im Tausch gegen gleichwertige Anteile; somit hat er im Grundsatz sein Vermögen veräußert zum (wirklichen) Wert der erhaltenen Anteile, und die Kapitalgesellschaft hat das eingebrachte Vermögen zum gleichen (wirklichen) Wert erworben. Diese Behandlung nach allg. Grundsätzen würde jedoch für den Einbringenden zu einer Aufdeckung stiller Reserven führen, die jedenfalls bei einer Einbringung großer Einheiten (Betriebe, Teilbetriebe, Mitunternehme i.d.R. unterbleiben müsste; denn der Einbringende erhält ja im Gegenzug Anteilsrechte, besitzt also nicht die zur Zahlung evtl. Steuerlasten nötige Liquidität. Das erklärt die Notwendigkeit bes. Ausnahmeregeln. – d) Bes. Ausnahmeregelungen bestehen für die Einbringung von Betrieben, Teilbetrieben und Mitunternehmeranteilen, soweit das Umwandlungssteuergesetz dies im Einzelnen vorsieht (§ 1 und § 20 ff. UmwStG). – 2. *Durch Sonderregeln begünstigte Vorgänge:* Durch steuerliche Sonderregelungen erleichtert werden prinzipiell nur Einbringungen, bei denen a) die Kapitalgesellschaft, auf die Vermögen übertragen werden soll, eine Gesellschaft aus Deutschland, der EU oder dem EWR ist und b) die Person, die das

Vermögen einbringt, entweder ebenfalls eine Gesellschaft aus Deutschland/der EU/dem EWR oder wenigstens das Besteuerungsrecht der Bundesrepublik hinsichtlich der Veräußerung der Anteile nicht eingeschränkt ist (§1 UmwStG). – 3. *Prinzip der steuerlichen Vergünstigung*: Auf die sofortige Aufdeckung der stillen Reserven wird verzichtet, soweit eine Versteuerung auch später noch erfolgen könnte. Technisch wird dies dadurch gesichert, dass die bisherigen Buchwerte der eingebrachten Wirtschaftsgüter beibehalten werden, sodass bei einer späteren Veräußerung der Gewinn entsprechend höher ausfällt. Es wird also Steuerneutralität angestrebt: Der Fiskus soll durch die Einbringung keine Steuern verlangen, aber auch kein Steueraufkommen verlieren. – 4. *Behandlung der Einbringung bei der Kapitalgesellschaft*: Die Kapitalgesellschaft kann bei Wirtschaftsgütern, die sie im Zuge der Einbringung erhält, auf Antrag statt der gemeinen Werte die bisherigen Buchwerte des Einbringenden als Anschaffungskosten ansetzen und dadurch sicherstellen, dass die vorhandenen stillen Reserven auch in Zukunft weiterhin – nunmehr bei ihr statt beim Vorbesitzer der Wirtschaftsgüter – der Besteuerung unterliegen. Dementsprechend kann sie dieses Wahlrecht jedoch nur für solche Wirtschaftsgüter nutzen, bei denen eine spätere Veräußerung der eingebrachten Wirtschaftsgüter weiterhin der dt. Besteuerung unterliegt (§ 20 II UmwStG). – 5. *Behandlung des Vorgangs beim Einbringenden*: Der Einbringende muss die Anteile, die er durch die Einbringung erhält, mit dem Wert bewerten, mit dem bisher bei ihm das eingebrachte Betriebsvermögen steuerlich angesetzt war, sodass sich die bislang vorhandenen stillen Reserven in seinem Vermögen auch zukünftig weiter in der steuerlichen Bewertung seiner Anteilsrechte widerspiegeln; lediglich die stillen Reserven, auf die Deutschland ohnehin keinen Steueranspruch hätte geltend machen können, darf er aus Anlass der Einbringung auflösen (§ 20 III S.1, 2 UmwStG). Somit kommt es nach der Einbringung zu einer Verdoppelung der stillen Reserven: Sowohl in den eingebrachten Wirtschaftsgütern als auch in der Bewertung der Anteilsrechte sind die bisher vorhandenen stillen Reserven nunmehr buchhalterisch nahezu in vollem Umfang abgebildet. Dadurch soll verhindert werden, dass die Einbringung dazu benutzt wird, stille Reserven vom bisherigen Vermögensbesitzer auf die Kapitalgesellschaft zu verschieben und dadurch – z.B. wegen unterschiedlicher persönlicher Steuersätze – Steuervorteile zu erzielen. Da jedoch der Gewinn aus dem Verkauf von Anteilen an einer Kapitalgesellschaften häufig günstiger besteuert wird als die Veräußerung von anderen Wirtschaftsgütern, fürchtet der Gesetzgeber selbst unter diesen Bedingungen noch einen Missbrauch und ordnet daher an, dass die Einbringung rückwirkend nicht steuerneutral erfolgen kann, wenn die Anteile zeitnah nach der Einbringung verkauft werden: Während einer 7-Jahres-Frist nach der Einbringung sind die stillen Reserven für jedes noch nicht abgelaufene Jahr zu 1/7 zu

versteuern (§ 22 UmwStG). – 6. *Praxisprobleme*: a) Da nur die Einbringung ganz bestimmter Einheiten begünstigt ist, scheitert die Inanspruchnahme der Begünstigung in vollem Umfang, wenn sich im Nachhinein herausstellen sollte, dass die eingebrachten Wirtschaftsgüter die Voraussetzungen nicht erfüllen, um als „Betrieb" oder „Teilbetrieb" qualifiziert werden zu können; Fehler bei der Durchführung der Einbringung können hier also zu massiven steuerlichen Konsequenzen führen (mit entsprechendem Haftungsrisiko für Berater). – b) Die Regelungen sind extrem kompliziert. – c) Die Verdoppelung stiller Reserven dürfte in ihrer gegenwärtigen Form vermutlich europarechtswidrig ausgestaltet sein. – 7. *Anders* zu behandeln sind die Einbringung in eine Personengesellschaft, der → Formwechsel und der → Anteilstausch.

Einbringung in eine Personengesellschaft – 1. *Begriff/Allgemeines*: Mit dem Begriff der Einbringung von Wirtschaftsgütern in eine Personengesellschaft bezeichnet man steuerlich die Übertragung von Wirtschaftsgütern auf eine Personengesellschaft durch eine Person, die im Gegenzug dafür eine Beteiligung an dieser Personengesellschaft erhält (oder deren Beteiligung sich dadurch erhöht). Kennzeichen des Vorgangs ist jedenfalls, dass die Übertragung von Vermögenswerten auf die Personengesellschaft durch einen Gesellschafter nur gegen die Gewährung von Gesellschaftsrechten (oder sogar unentgeltlich), nicht aber gegen Zahlung eines Kaufpreises erfolgt. – 2. *Einkommensteuerliche Problematik*: Da die Personengesellschaft im Einkommensteuerrecht für Zwecke der Gewinnermittlung zwar teilweise als verselbständigte Einheit angesehen wird, aber nicht vollständig einer juristischen Person gleich gestellt ist (Mitunternehmerprinzip), muss das Gesetz eine Entscheidung darüber treffen, inwieweit die Übertragung von Vermögenswerten durch den Gesellschafter auf seine Personengesellschaft einer Veräußerung an einen Fremden gleichgestellt werden soll oder nicht; es ist also zu entscheiden, inwieweit bei der Einbringung von Vermögen in eine Personengesellschaft die im übertragenen Vermögen schon liegenden stillen Reserven aufgedeckt und der Besteuerung zugeführt werden sollen oder nicht. Dabei sieht der Gesetzgeber unterschiedliche Regelungen vor, je nachdem, ob es sich um die Übertragung einzelner Wirtschaftsgüter oder ganzer Betriebe (bzw. Teilbetriebe) handelt. – 3. *Grundsatz*: Grundsätzlich ist es möglich, dass ein Gesellschafter einer Personengesellschaft mit seiner eigenen Personengesellschaft Geschäfte macht und dadurch Gewinne realisiert; daher wird eine Übertragung von Wirtschaftsgütern immer dann gewinnrealisierend sein, wenn nicht eine Spezialregelung das Gegenteil vorsieht. Das freilich ist häufig der Fall. – 4. Werden *einzelne Wirtschaftsgüter in eine Personengesellschaft* eingebracht, ist entscheidend, ob die Wirtschaftsgüter vorher schon einem Betriebsvermögen oder im Privatvermögen des Gesellschafters gehalten wurden: a) Bei Einbringung aus einem Betriebsvermögen heraus ist zwingend der bisherige Buchwert fortzusetzen (eine Versteuerung der schon bestehenden stillen Reserven unterbleibt also), sofern die zukünftige Besteuerung der stillen Reserven nach der Einbringung weiterhin sicher gestellt ist (§ 6 V EStG). Da das Wirtschaftsgut nach der Einbringung nunmehr aber der Personengesellschaft gehört und damit auch die stillen Reserven in Zukunft nicht mehr nur dem bisherigen Eigentümer, sondern anteilig auch den anderen Gesellschaftern gehören werden, verschieben sich durch diese Regelung die stillen Reserven teilweise auf andere Steuerpflichtige als bisher. Um zu verhindern, dass dieser Effekt missbräuchlich ausgenutzt werden kann, sieht das Gesetz vor, dass entweder (a) durch Erstellung von Ergänzungsbilanzen die richtige personelle Zuordnung der stillen Reserven gesichert bleibt, oder (b) noch drei Jahre lang nach der Einbringung der Vorgang rückwirkend als gewinnrealisierend eingestuft werden kann, wenn die Gesellschaft das Wirtschaftsgut z.B. weiter veräußert und (c) immer dann, wenn ein höherer Anteil der vorhandenen stillen Reserven als bisang auf eine Kapitalgesellschaft entfallen wird, die stillen Reserven insoweit ohnehin aufgedeckt und versteuert werden müssen (§ 6 V S.4 ff. EStG). – b) Bei Einbringung einzelner Wirtschaftsgüter, die bislang in einem Privatvermögen gehalten werden, wird der Vorgang dagegen als Veräußerung durch den Gesellschafter an die Gesellschaft angesehen; die Gesellschaft „zahlt" mit dem Gesellschaftsanteil (Tausch). Das kann den Vorteil haben, dass die aufgedeckten stillen Reserven unter bestimmten Umständen beim Gesellschafter sogar steuerfrei bleiben können, sofern die Behaltefristen für private Veräußerungsgeschäfte (§ 23 EStG) abgelaufen sind. – 5. Für eine *Einbringung ganzer Betriebe oder Teilbetriebe* in eine Personengesellschaft gelten Sondervorschriften in § 20 des Umwandlungssteuergesetzes; Demnach gilt auch hier die Grundregel, dass die Übertragung auf die Personengesellschaft als gewinnrealisierende Veräußerung zu werten ist (§ 24 II S.1 UmwStG), jedoch kann die Gesellschaft auch die Fortführung der Buchwerte wählen (und so eine Versteuerung der Reserven beim einbringenden Gesellschafter vermeiden, § 24 II S.2 UmwStG), wenn auch in Zukunft die Versteuerung der stillen Reserven in Deutschland sicher gestellt ist. Es kann auch ein Wert zwischen Buchwert und aktuellem Wert gewählt werden, d.h. es ist möglich, die stillen Reserven nur teilweise aufzudecken. Sofern die gewinnrealisierende Behandlung gewählt wird (Veräußerung), erhält die einbringende Gesellschaft die steuerlichen Vergünstigungen, die für den Verkauf eines ganzen Betriebes vorgesehen sind, aber nur, wenn tatsächlich auch alle vorhandenen stillen Reserven aufgedeckt werden (§ 24 III S. 2 UmwStG). In der Praxis muss daher bei Einbringung eines ganzen Betriebes regelmäßig steuerlicher Rat eingeholt werden, da die Möglichkeiten, bei der steuerlichen Behandlung Wahlrechte ungünstig auszuüben und dadurch finanzielle Nachteile zu erleiden, erheblich sind. – 6.

Gewerbesteuerliche Behandlung: folgt der einkommensteuerlichen Würdigung. – 7. *Umsatzsteuer:* Umsatzsteuerlich werden Personengesellschaft und Gesellschafter als zwei unterschiedliche Personen angesehen; ist der Gesellschafter selbst ebenfalls umsatzsteuerlicher Unternehmer und überträgt er Gegenstände, die bisher zu seinem eigenen Unternehmensvermögen gehört haben, auf seine Personengesellschaft, ist das aus umsatzsteuerlicher Sicht also eine Lieferung oder (bei Übertragung von Rechten) eine sonstige Leistung. Für die Übertragung ganzer Unternehmen oder selbständiger Unternehmensteile können die Mitgliedsstaaten der EU vorsehen, dass der Vorgang umsatzsteuerlich aus Vereinfachungsgründen keine Besteuerung auslöst; Deutschland hat von dieser Ermächtigung Gebrauch gemacht (Geschäftsveräußerung im Ganzen, § 1 Ia UStG).

einbringungsgeborene Anteile – *Begriff des Steuerrechts:* Anteile, die der Anteilseigner als Gegenleistung für die Einbringung eines Betriebs, Teilbetriebs oder Mitunternehmeranteils in eine Kapitalgesellschaft erhalten hat, wenn die Kapitalgesellschaft das eingebrachte Betriebsvermögen unter → Teilwert ansetzt (§ 21 I, IV UmwStG a.F., §§ 20 ff. UmwStG n.F.). Einbringungsgeborene Anteile sind bei einer Veräußerung in jedem Fall einkommensteuerpflichtig, auch wenn sie nicht zu einer → wesentlichen Beteiligung gehören; dem kann der Steuerpflichtige nur dadurch ausweichen, dass er freiwillig zu einem früheren Zeitpunkt die in den einbringungsgeborenen Anteilen enthaltenen stillen Reserven versteuert. – Änderungen durch → SEStEG: Mit Einführung des SEStEG, welches am 13.12.2006 in Kraft getreten ist, hat der Gesetzgeber dem Steuerpflichtigen umfangreiche Nachweispflichten für den Zeitraum innerhalb dieser Sieben-Jahres-Frist auferlegt. Demnach hat der Steuerpflichtige innerhalb dieses Zeitraums jährlich zum 31. Mai den Nachweis zu erbringen, dass keine schädliche Anteilsübertragung oder kein der Übertragung gleichgestellter Vorgang (vgl. oben) erfolgt ist, welche zu einer rückwirkenden Besteuerung des Einbringungsgewinns führt. Zu einer rückwirkenden Besteuerung des Einbringungsgewinns kommt es nach dem Wortlaut des Gesetzes aber auch bereits dann, wenn der Einbringende den Nachweis nicht fristgerecht zum 31. Mai eines jeden Jahres erbringt und zwar ungeachtet dessen, ob die Tatbestandsvoraussetzungen für die Buchwertfortführung, insbesondere o.g. Haltedauer, erfüllt sind oder nicht (§ 22 UmwStG).

einfache Prüfung → Prüfung.

Einfamilienhaus → Grundstücksart im Sinn des Bewertungsgesetzes, von Bedeutung v.a. für die Grundsteuer. – 1. *Begriff:* Wohngrundstück, das nicht mehr als eine Wohnung enthält. Als Wohnung gilt dabei eine in sich abgeschlossene Zusammenfassung von Wohnräumen mit eigenem Zugang. Wohnungen des Hauspersonals sind nicht mitzurechnen. – Die Eigenschaft als Einfamilienhaus geht nicht verloren, wenn ein Grundstück teilweise unmittelbar eigenen oder fremden *gewerblichen oder öffentlichen Zwecken* dient und dadurch die Eigenart des Einfamilienhauses nicht wesentlich beeinträchtigt wird (§ 75 V BewG). – *Anders:* → gemischtgenutztes Grundstück. Eine weitere Wohnung (z.B. Einliegerwohnung, Notwohnung) steht der Grundstücksart Einfamilienhaus entgegen (→ Zweifamilienhaus). – 2. *Einheitswert (Grundsteuer):* Grundsätzlich nach dem Ertragswertverfahren (§§ 76 I, 78 ff. BewG; → Ertragswert), ausnahmsweise nach dem Sachwertverfahren (§§ 76 III, 83 ff. BewG; → Sachwert). Das Ergebnis der Bewertung wird in einem → Einheitswert festgestellt. – 3. Einfamilienhäuser werden zur → Grundsteuer differenziert herangezogen, denn die → Steuermesszahl (und Steuerhöhe) variiert anteilig mit der Höhe des Einheitswerts (ermäßigte Messzahl für die ersten 38.346,89 Euro des Einheitswerts; § 15 II GrStG). – 4. *Erbschaftsteuer:* a) *Bewertung:* Bisher erfolgte die Bewertung als bebautes Grundstück mit Zuschlag von 20 Prozent (→ Bedarfswert). Dieser ist jedoch nach der → Erbschaftsteuerreform nicht mehr vorgesehen. Der Wert von bebauten Grundstücken wird künftig vorrangig nach dem Vergleichswertverfahren, nachrrangig nach dem Ertragswertverfahren oder dem Sachwertverfahren bewertet. Die unterschiedlichen Verfahren sind im geänderten Bewertungsgesetz geregelt. Die Neuregelungen können auf Antrag (für Erbfälle) bereits ab dem 1.1.2007 angewendet werden. – b) *Steuerbefreiungen und -begünstigungen* bei der Erbschaftsteuer: durch §13 Nr. 4a, 4b, 4c des ErbStG sind erbschaftsteuerliche Begünstigungen in Form von Steuerbefreiungen eingeführt worden, soweit es sich bei dem betroffenen bebauten Grundstück um ein sog. Familienheim handelt. – 5. *Einkommensteuer:* (1) Bei *Fremdvermietung:* → Einkünfte aus Vermietung und Verpachtung. (2) Bei *Selbstnutzung* oder *unentgeltlicher Überlassung:* Steuerlich irrelevant, eine evtl. steuerliche Förderung des Erwerbs (zuletzt: Eigenheimzulage) ist seit 2006 nicht mehr vorgesehen.

Einfuhr – *Import.*

I. Allgemein: 1. *Begriff:* entgeltlicher und unentgeltlicher Bezug von → Waren und/oder Dienstleistungen aus dem Ausland. – 2. *Arten:* a) *direkte Einfuhr (unmittelbare Einfuhr):* für den Selbstverbraucher, z.B. der weiterverarbeitenden Industrie, die (teils durch Vermittlung von Agenten) mit den ausländischen Lieferanten direkt abschließen.*Indirekte Einfuhr (mittelbare Einfuhr):* Einfuhr durch Einfuhrhändler, die ihrerseits die nachgeordneten Handelsstufen und die weiterverarbeitenden Betriebe beliefern (Einfuhrhandel). – b) *Sichtbare Einfuhr:* Warenimporte, also Güter der Ernährungswirtschaft, Rohstoffe, Halb- u. Fertigwaren.*Unsichtbare Einfuhr:* Einfuhr von entgeltlichen Dienstleistungen, also z.B. Leistungen ausländischer Schiffe beim Transport FOB (Free on Board) gekaufter oder CIF (Costs, Insurance, Freight; ausschreiben besser, vgl.

INCOTERMS) verkaufter Waren, Vermittlungsleistungen ausländischer Banken, Dienstleistungen im Ausland für inländische Reisende etc.

II. Außenwirtschaftsgesetz: Verbringen von Waren aus fremden Wirtschaftsgebieten in das Wirtschaftsgebiet. Wenn sie aus Drittländern in eine → Freizone oder ein → Nichterhebungsverfahren übergeführt werden, liegt eine Einfuhr erst vor, wenn sie in der Freizone des Kontrolltyps I verbraucht, gebraucht, bearbeitet oder verarbeitet oder wenn sie in den zollrechtlich freien Verkehr übergeführt werden (§ 4 II Nr. 6 AWG).

III. Zollrecht: Verbringen von Waren, d.h. von allen beweglichen Sachen, sowie die Lieferung von elektrischer Energie in das → Zollgebiet der EU. Es ist ein *Realakt*, kein → Zollverfahren. Bes. bedeutet Einfuhr nicht die Überführung in ein Zollverfahren, etwa in den freien Verkehr. Das Entstehen der → Zollschuld ist bei ordnungsgemäßem Verhalten (kein Einfuhrschmuggel) nicht an den Zeitpunkt der Einfuhr geknüpft, sondern hängt von der Überführung der Ware in den zollrechtlich freien Verkehrs ab, der sich je nach dem vom *Zollbeteiligten* gewählten Zollverfahren ergibt. Das Gleiche gilt für → Einfuhrumsatzsteuer (EUSt) und die anderen nach Steuergesetzen für eingeführte Waren zu erhebenden Verbrauchsteuern, für die i.Allg. die Bestimmungen des Zollrechts sinngemäß anzuwenden sind.

IV. Umfang: Außenhandel.

Einfuhrabfertigung → Einfuhrverfahren.

Einfuhrabgaben – Sammelbegriff für alle bei der → Einfuhr von Waren in das → Zollgebiet ggf. zu entrichtenden → Abgaben. Einfuhrabgaben sind der → Zoll, die → Einfuhrumsatzsteuer (EUSt) und andere für eingeführte Waren zu erhebende Verbrauchsteuern (§ 1 III ZollVG).

Einfuhranmeldung – Zollanmeldung zur Überführung in den zollrechtlich freien Verkehr oder ein anderes Verfahren nach dem Import. – *Gegensatz:* → Ausfuhranmeldung.

Einführer – 1. *Außenwirtschaftsrecht:* Einführer ist, wer Waren in das dt. Wirtschaftsgebiet verbringt oder verbringen lässt. Liegt der Einfuhr ein Einfuhrvertrag zugrunde, so ist nur der Gebietsansässige Einführer. Wer lediglich als Spediteur oder Frachtführer oder in einer ähnlichen Stellung mit dem Verbringen der Ware tätig wird, ist nicht Einführer (§ 23 AWV). Für diesen Titel gilt der Begriff „Einführer" nach § 21b I AWV mit der Maßgabe, dass nur Einfuhren aus Drittländern erfasst werden und Gemeinschaftsansässige Gebietsansässige gleichstehen. – Vgl. auch Einfuhrhändler. – 2. *EU-Zollrecht:* → Verbringer.

Einfuhrumsatzsteuer (EUSt) – I. Grundsätzliches: Eine Verbrauchsteuer im Sinn der AO (§ 21 I UStG), die an den Tatbestand der → Einfuhr anknüpft; sie wird von der Bundeszollverwaltung erhoben (Art. 108 I GG). Ihr Aufkommen steht dem Bund und den

Ländern gemeinsam zu. Durch die Belastung der aus Drittländern eingeführten Waren mit der Einfuhrumsatzsteuer (EUSt) wird ein umsatzsteuerlicher Grenzausgleich erreicht. Das Ursprungsland (→ Ursprungslandprinzip) entlastet die Ware bei der Ausfuhr von der Umsatzsteuer; das Bestimmungsland (→ Bestimmungslandprinzip) belastet die Ware, sodass das inländische Umsatzsteuerniveau erreicht ist. – Die EUSt ist innerhalb der EU seit dem 1.1.1993 durch die Umsatzsteuer auf den innergemeinschaftlichen Erwerb (§ 1 I 5 UStG) ersetzt worden; sie wird seitdem nur noch für Einfuhren aus dem Drittlandsgebiet erhoben. – Vgl. auch → Einfuhrzoll.

II. Im Einzelnen gilt: 1. *Begriff:* Der Ausdruck „Einfuhrumsatzsteuer" (EUSt) ist Bezeichnung für eine bes. Erhebungsform der → Umsatzsteuer, nämlich für jene Umsatzsteuer, die nicht von den Finanzämtern, sondern den Zollbehörden erhoben wird, und zwar nicht bei der Lieferung von Gegenständen, sondern wenn Gegenstände ins Inland verbracht werden, die bislang noch nicht einer inländischen Umsatzsteuerbelastung unterlegen haben. EUSt wird erhoben auf die Einfuhr von Gegenständen aus dem → Drittlandsgebiet in das Zollgebiet der EU-Staaten, und zwar nach den Gesetzen desjenigen Staates, in den die Einfuhr erfolgt. Dies ist entweder der Staat, wo der Gegenstand zum ersten Mal in das Zollgebiet gelangt (Regelfall), oder der Staat, in dem er aus bes. zollrechtlichen Verfahren (z.B. externes Versandverfahren) ausscheidet und in den freien Verkehr überführt wird. – 2. *Steuerpflichtiger* kann, anders als bei der Normalform der Umsatzsteuer, jede Person sein, nicht nur ein Unternehmer. – 3. *Deutschland* erhebt EUSt für die Einfuhr in das umsatzsteuerliche → Inland und, aufgrund zollrechtlicher Verträge mit Österreich, auch in die österreichischen Gebiete von Jungholz und Mittelberg. – 4. *Steuerbefreiungen:* Von der EUSt befreit sind: (1) Bestimmte in § 5 UStG genannte Gegenstände, teilweise nur unter bestimmten bes. Voraussetzungen; (2) nach der Einfuhrumsatzsteuerbefreiungsverordnung u.a. Gegenstände, die auch nach dem → Zollkodex (ZK) abgabenfrei eingeführt werden können und nicht-gewerbliche Gelegenheitseinfuhren sowie Einfuhren von Gegenständen, die in ein Umsatzsteuerlager verbracht werden sollen. – 5. *Bemessungsgrundlage* für die EUSt ist der Zollwert, und zwar einschließlich eventueller Einfuhrabgaben, Zöllen und anderer Verbrauchsteuern; die Bemessungsgrundlage ist jedoch - wie auch sonst im Umsatzsteuerrecht üblich - aber eine Nettobemessungsgrundlage, d.h. die zu zahlende Einfuhrumsatzsteuer (EUSt) bildet keinen Teil der Bemessungsgrundlage. – 6. *Steuersatz* ist der der EUSt jeweils geltende Umsatzsteuersatz des Einfuhrlandes. – 7. *Vorsteuerabzug:* Fällt bei einem → Unternehmer EUSt für die Einfuhr von Gegenständen an, die er für umsatzsteuerpflichtige Zwecke verwendet, kann er die Einfuhrumsatzsteuer (EUSt) als Vorsteuer abziehen (→ Vorsteuerabzug); hierdurch wird

eine systemwidrige Mehrfachbelastung mit Umsatzsteuer vermieden. Welcher Unternehmer zum Abzug der EUSt berechtigt ist, bestimmt sich danach, wer im Einfuhrzeitpunkt die Verfügungsgewalt über die Ware besitzt. – 8. *Aufkommen:* 42,1 Mrd. Euro (2007), 35,4 Mrd. Euro (2006), 33.824,2 Mio. Euro (2003), 32.732, 3 Mio. Euro (2002), 34.472,1 Mio. Euro (2001), 33.731,7 Mio. Euro (2000), 18.470, 9 Mio. Euro (1995), 35.764,4 Mio. Euro (1990), 29.858 Mio. Euro (1985), 20.757 Mio. Euro (1980), 9.388 Mio. Euro (1975), 5.795 Mio. Euro (1970, gekürzt um 10,2 Mio. Euro Vergütungen an Importeure), 3.310 Mio. Euro (1968).

Einfuhrverfahren – Das Einfuhrverfahren beginnt schon vor dem Verbringen der Waren ins Zollgebiet der Gemeinschaft. Seit dem 1.1.2011 ist grundsätzlich vor jeder Einfuhr vom → Verbringer der Waren eine summarische Eingangsanmeldung (ESumA) bei der geplanten Einfuhrzollstelle abzugeben, Art. 36a ZK, Art. 181b ZK-DVO. Der Betreiber des aktiven Beförderungsmittels muss alsdann kurz vor dem Erreichen dieser Zollstelle die Ankunft melden, Arrt. 184g ZK-DVO. Grundsätzlich unterliegen sämtliche in das EU-Zollgebiet verbrachten Waren der zollamtlichen Überwachung, Art. 37 ZK. Sie sind vom → Verbringer unverzüglich zu den vorgeschriebenen Zollstellen zu befördern bzw. zu gestellen. Dabei ist auf eine zweite summarische Anmeldung zur vorübergehenden Verwahrung (VVSumA) Bezug zu nehmen. Diese muss die tatsächlich gestellten Waren auflisten. Für den See- und Luftverkehr bedeutet das, dass in dieser Anmeldung nur die entladenen Waren aufzulisten sind. Die VVSumA kann durch Erweiterung der ESumA erstellt werden. Regelmäßig wird jedoch eine neue VVSumA erstellt, die allein auf die Registrierungsnummer der ESumA Bezug nimmt. – Innerhalb von 20 Tagen (Seeverkehr 45 Tage) müssen die gestellten → Nichtgemeinschaftswaren einer der für Nichtgemeinschaftswaren zulässigen zollrechtlichen Bestimmung (z.B. Überführung in den zollrechtlich freien Verkehr, Zolllagerverfahren, aktive Veredelung, Versandverfahren, Umwandlungsverfahren usw.) erhalten. Dazu bedarf es zumeist einer → Zollanmeldung. Nach Abschluss der Prüfung und ggf. Entrichtung der Eingangsabgaben werden die Waren dem Anmelder überlassen. Damit endet das Einfuhrverfahren. Die zollamtliche Überwachung dauert in vielen Fällen jedoch weiter an. Nur beim Statuswechsel durch Überführung in den zollrechtlich freien Verkehr bedarf es zumeist keiner weiteren Überachung mehr.

Einfuhrzoll - der für eingeführte Waren (→ Einfuhr) aufgrund von zollrechtlichen Vorschriften auf Grundlage des → Zolltarifs zu erhebende → Zoll, Art. 4 Nr. 10 ZK. Dieser fällt einmal an bei Überführung in das *Zollverfahren* des *zollrechtlich freien Verkehrs*. Durch Überführung in ein → Nichterhebungsverfahren (z.B. → *aktive Veredelung*, → *Umwandlungsverfahren*, → *vorübergehende Verwendung*,

→ *Versandverfahren*, → *Zolllagerverfahren*) kann die *Zollschuldentstehung* vermieden oder herausgezögert werden. Ein Einfuhrzoll entsteht aber auch, wenn es für → Nichtgemeinschaftswaren bei oder nach der Einfuhr zu Pflichtverletzungen kommt, etwa Einfuhrschmuggel, Verstöße in Zollverfahren oder die Ware der zollamtlichen Überwachung entzogen wird. – Vgl. auch → Ausfuhrzoll.

Einfuhrzollschuld – Verpflichtung zur Entrichtung der im geltenden Gemeinschaftsrecht vorgesehenen → Einfuhrabgaben. Einfuhrzollschuld entsteht, wenn einfuhrabgabepflichtige Waren ordnungsgemäß in den zollrechtlichen freien Verkehr überführt werden bzw. wenn eine solche Ware in das Verfahren der vorübergehenden Verwendung unter teilweiser Befreiung von der Einfuhrabgabe überführt wird (Art. 201 ZK). Daneben kann es bei Unregelmäßigkeiten zur Zollschuldenstehung kommen, etwa bei Einfuhrschmuggel (Art. 202 ZK), Entziehen von Waren aus der zollamtlichen Überwachung (Art. 203 ZK) oder sonstigen Verfehlungen (Art. 204 ZK).

Eingangsabgabenbefreiung – Befreiung von der Verpflichtung, für eingeführte Waren Zölle, Einfuhrumsatzsteuer oder Verbrauchsteuern zahlen zu müssen. – Vgl. auch → Freimengen.

Eingangssteuersatz – Steuersatz, mit dem nach dem Grundfreibetrag der Einkommensteuertarif beginnt. Werte: aktuell 14 Prozent, 15 Prozent (2005), 16 Prozent (2004), 19,9 Prozent (bis 2003), 22,9 Prozent (2000).

einheitliche Gewinnfeststellung → Gewinnfeststellung.

Einheitsbewertung → Einheitswert.

Einheitspapier – 1. *Begriff:* ein für die schriftliche Zollanmeldung bei der Überführung in ein → Zollverfahren zu verwendendes Papier. Der achtfache Vordrucksatz (Anhang 11), der je nach Verfahren nur teilweise benötigt wird, weist insgesamt 54 Nummernfelder auf, die zumeist unter Benutzung eines Codeschlüssels vom Anmelder auszufüllen sind. Bes. Bedeutung kommt dabei den Feldern 1 und 37 zu. Darin wählt der der Anmelder das gewünschte Zollverfahren und macht so aus einem Blankovordruck ein Versandpapier, eine Ausfuhranmeldung usw. – 2. *Internetzollanmeldung:* In Deutschland kann das Papier auch mittels einer sog. Internetzollanmeldung erstellt werden. Dabei werden die Daten vorab der Zollstelle elektronisch übermittelt, alsdann aber schriftlich vorgelegt. – 3. *Elektronische Anmeldung:* Künftig wird die elektronische Vorlage der Zollanmeldung und des Begleitpapiers zur Regel werden. Damit soll den Veränderungen im Umfeld von Zollbehörden und Wirtschaft inbesondere mit der Einführung des elektronischen Datenaustauschs Rechnung getragen werden. Bereits seit 2004 müssen Versandzollanmeldungen und ab dem 1.7.2009 Ausfuhrzollanmeldungen elektronisch abgeben werden. Das Einheitspapier ist nur noch im Rahmen des Ausfallkonzepts zu verwenden.

Mit dem → Unionszollkodex wird die elektronische Anmeldung der Regelfall, voraussichtlich ab 2015.

Einheitswert – 1. *Begriff:* Der Einheitswert ist der nach den Vorschriften des Ersten Abschnitts des Zweiten Teils des Bewertungsgesetzes für die dort bezeichneten Bewertungsgegenstände einheitlich für mehrere Steuerarten und in einem gesonderten, von der Steuerfestsetzung unabhängigen Verfahren (§ 180 II Nr. 1 AO, § 19 BewG) ermittelte Wert für → wirtschaftliche Einheiten. Die Feststellung von Einheitswerten erfolgt unabhängig von der → Steuerfestsetzung. – *Ziel:* Harmonisierung des Zugriffs verschiedener (einheitswertabhängiger) → Steuerarten auf identische Güter (z.B. Grundstücke); es entfällt dadurch die mehrfache und u.U. unterschiedliche Bewertung für verschiedene Steuern. – 2. *Bezug/Bewertung:* a) Einheitswerte werden festgestellt für: (1) inländische *Betriebe der Land- und Forstwirtschaft* (i.d.R. → land- und forstwirtschaftliches Vermögen), mit Wirkung für → Grundsteuer und → Erbschaftsteuer; (2) inländische → Grundstücke und → Betriebsgrundstücke mit Wirkung für Grundsteuer und → Gewerbesteuer. – Vgl. auch → Einheitswertzuschlag. (3) *Einheitswerte für Betriebsvermögen* werden nicht mehr festgestellt; hier wird der substanzsteuerliche Wert nur noch bei konkretem Bedarf für Zwecke der Erbschaftsteuer oder des → Stuttgarter Verfahrens ermittelt. – b) Die wertmäßige Konkretisierung eines Einheitswertes erfolgt für die unter a) (1) und (2) aufgeführten wirtschaftlichen Einheiten (bzw. Untereinheiten) nach unterschiedlichen → Bewertungsmaßstäben und -methoden: (1) für *land- und forstwirtschaftliche Betriebe* bilden der → Wirtschaftswert und der → Wohnungswert (jeweils ermittelt nach dem Ertragswertverfahren; → Ertragswert) den Einheitswert der gesamten wirtschaftlichen Einheit (§ 48 BewG). (2) *Für Grundstücke und Betriebsgrundstücke* (sofern letztere nicht einen Betrieb der Land- und Forstwirtschaft darstellen) erfolgt die Bewertung für die Grundsteuer i.d.R. mit dem Ertragswert nach dem Ertragswertverfahren (§§ 76 I, 78 ff. BewG). Bei bestimmten → Grundstücksarten und zusätzlichen anderen Kriterien muss zur Bewertung das *Sachwertverfahren* (→ Sachwert) herangezogen werden (§§ 76 II, III, 83 ff. BewG). – Diese beiden Bewertungsverfahren bilden auch die Wertbasis für die gesondert geregelte Ermittlung (bzw. Aufteilung) von Einheitswerten bei Grundstücken im Zustand der Bebauung, → Erbbaurechten, Wohnungseigentum/Teileigentum und Gebäuden auf fremdem Grund und Boden (§§ 91–94 BewG). Für die Erbschaftsteuer und Grunderwerbsteuer gelten nicht die Einheitswerte, sondern hier werden bei Bedarf individuelle Werte festgestellt (→ Bedarfswert). – 3. *Feststellung:* a) Allgemeine → Hauptfeststellung von Einheitswerten auf den Beginn eines Kalenderjahres (§ 21 II BewG). Der zeitliche Abstand zwischen zwei Hauptfeststellungszeitpunkten sollte sechs Jahre betragen (§ 21 I BewG).

Dieser Regel-Turnus wird allerdings nicht konsequent eingehalten. Die letzte Hauptfeststellung (§ 21 BewG) wurde für den unter (1) bezeichneten → Grundbesitz mit den Wertverhältnissen vom 1.1.1964 durchgeführt und erstmals zum 1.1.1974 angewandt (→ Einheitswertzuschlag). – b) → Nachfeststellung von Einheitswerten auf den Beginn eines Kalenderjahres, wenn (1) eine → wirtschaftliche Einheit (Untereinheit) neu entsteht oder (2) eine bereits bestehende Einheit (Untereinheit) erstmals zu einer Steuer herangezogen werden soll. – *Besonderheit:* Für den Grundbesitz in den alten Bundesländern gelten zu jedem Nachfeststellungszeitpunkt die Wertverhältnisse der letzten Hauptfeststellung (d.h. 1.1.1964), während für Nachfeststellungen von Einheitswerten gewerblicher Betriebe die Bestands- und Wertverhältnisse vom Nachfeststellungszeitpunkt maßgebend sind (§§ 23, 27 BewG). – c) → Fortschreibungen: Für bereits festgestellte Einheitswerte auf einen früheren Zeitpunkt werden zu einem → Fortschreibungszeitpunkt die Einheitswerte neu festgestellt: (1) → Wertfortschreibung bei Überschreiten bestimmter Schwankungsgrenzen gemessen am letzten festgestellten Einheitswert (§ 22 I BewG). (2) → Artfortschreibung bei steuerlich bedeutsamen Änderungen hinsichtlich der bewertungsrechtlichen Einordnung der wirtschaftlichen Einheit (z.B. Grundstücksart, § 22 II BewG). (3) → Zurechnungsfortschreibung bei Wechsel der Eigentumsverhältnisse (§ 22 II BewG). (4) → Berichtigungsfortschreibung zur Beseitigung von Fehlern bei der letzten Einheitswert-Feststellung, die aus fehlerhafter Bewertung, Artenzuordnung oder Zurechnung entstanden sind; die berichtigende Fortschreibung muss einer der drei originären Fortschreibungsarten c) (1) bis (3) zugeordnet werden, sodass z.B. bei Bewertungsberichtigungen gleichfalls die Anforderungen an das Überschreiten der Wertgrenzen im Sinne einer einfachen Wertfortschreibung geknüpft sind. Es gelten dann allerdings die Bestands- und Wertverhältnisse im (fehlerbehafteten) Feststellungszeitpunkt. – d) *Aufhebung von Einheitswerten* auf den Beginn eines Kalenderjahres, wenn (1) die wirtschaftliche Einheit (Untereinheit) wegfällt oder (2) das Objekt, für das ein Einheitswert gebildet wurde, von jeglicher Besteuerung befreit wird. – Hauptfeststellung, Nachfeststellung, Fortschreibung und Aufhebung von Einheitswerten schließen sich zu einem Feststellungszeitpunkt gegenseitig aus. Wert-, Art- und Zurechnungsfortschreibung können dagegen zu einem Fortschreibungszeitpunkt nebeneinander bestehen. – e) *Aufteilung des Einheitswertes,* wenn Einheitswertfeststellung bei mehreren Beteiligten erforderlich ist. Die Höhe der Anteile am Einheitswert wird im Einheitswert-Bescheid neben der Artenzuordnung der wirtschaftlichen Einheit bekannt gegeben (§ 19 III Nr. 2 BewG). – 4. *Regelungen für die neuen Bundesländer:* a) Für das in den neuen Bundesländern gelegene land- und forstwirtschaftliche Vermögen wird kein Einheitswert, sondern ein Ersatzwirtschaftswert

festgestellt (§ 125 BewG). – b) Für Grundstücke gelten die Einheitswerte, die nach den Wertverhältnissen am 1.1.1935 festgestellt sind oder noch festgestellt werden. Anstelle der in den alten Bundesländern üblichen Bewertungsverfahren werden die entsprechenden Vorschriften des Bewertungsgesetzes der ehemaligen Deutschen Demokratischen Republik sowie der Durchführungsverordnung zum Reichsbewertungsgesetz vom 2.2.1935 angewandt (§ 129 BewG). – c) Fortschreibungen und Nachfeststellungen der Einheitswerte 1935 werden grundsätzlich erstmals auf den 1.1.1991 vorgenommen; für Mietwohngrundstücke und Einfamilienhäuser jedoch dann nicht, wenn die Einheitswerte ausschließlich für die Grundsteuer bedeutsam sind (§ 132 BewG). – d) Der Einheitswert 1935 ist mit einem Faktor zu multiplizieren, der – je nach Grundstücksart – zwischen 100 Prozent und 600 Prozent beträgt (→ Grundbesitz). – 5. *Verfassungswidrigkeit der Einheitswerte für Grundvermögen:* Durch Urteile des Bundesverfassungsgerichts vom 22.6.1995 ist die Bewertung von Grundvermögen mit den Einheitswerten von 1964 z.B. für die Erbschaftsteuer für verfassungswidrig erklärt worden. Im Gefolge dieser Entscheidungen wurde die Bewertung von Grundstücken allerdings nur für Erbschaftsteuer und Grunderwerbsteuer neu geregelt; für die Grundsteuer blieb es bei den alten Einheitswerten. Die Grundkonzeption des Bewertungsgesetzes, Einheitswerte für verschiedene Steuern festzusetzen, ist dadurch (und durch die weitgehende Abschaffung der Substanzsteuern) im Grunde zerstört. – 6. *Finanzwissenschaftliche Beurteilung:* Das bei seiner Einführung in den 1920er-Jahren als steuertechnischer Fortschritt gelobte Einheitswertverfahren wird seit Jahrzehnten scharf kritisiert. Es verstößt mehrfach gegen den Grundsatz der Gleichmäßigkeit der Besteuerung: *in zeitlicher Hinsicht,* weil Einheitswerte wegen der Zahl und der Kompliziertheit des Bewertungsverfahrens verzögert festgestellt werden (der Einheitswertzuschlag von 1974 hat hieran wenig ändern können). *In sachlicher Hinsicht,* weil Einheitswerte i.d.R. unter dem Marktwert liegen, sodass z.B. bei der Vermögensteuer der Grundbesitz im Vergleich zu anderen Vermögensarten steuerlich begünstigt ist. Das Bundesverfassungsgericht hat diesen Tatbestand moniert (Urt. v. 22.6.1995, AZ 2 BvR 552/91) und den Gesetzgeber zur Abhilfe aufgefordert. Dies hat zur Folge, dass die Vermögensteuer seit dem 1.1.1997 nicht mehr erhoben werden darf.

Einheitswertverfahren → Einheitswert.

Einheitswertzuschlag – Begriff des Bewertungsgesetzes: pauschaler Zuschlag in Höhe von 40 Prozent des festgestellten → Einheitswertes (§ 121a BewG), um die auf den 1.1.1964 festgestellten Einheitswerte von → Grundstücken, bes. → Betriebsgrundstücken, bei einer Anwendung ab 1974 den geänderten Wertverhältnissen anzupassen (→ Grundbesitz). – *Regelung für die neuen Bundesländer:* In den neuen Bundesländern beträgt der Zuschlag – je nach

Grundstücksart – bis zu 500 Prozent, allerdings bezogen auf die Einheitswerte zum 1.1.1935 (→ Einheitswert). Bedeutung hat der Einheitswertzuschlag heute nur noch für eine Kürzungsvorschrift bei der Gewerbesteuer (§ 9 Nr. 1 GewStG), nicht dagegen für die Grundsteuer.

Einkommen – 1. Einkommen als *Grundlage der Steuerpflicht* vom Standpunkt der Steuergerechtigkeit: Gesamtbetrag der einer Person in bestimmter Zeiteinheit (Woche, Monat, Jahr) zufließenden Überschüsse der Wirtschaftsführung, also auch Naturalerträge. – a) *Einkommen i.e.S.* (sog. *Quellentheorie*): Nur solche Reineinnahmen, die aus dauernden Quellen, also regelmäßig fließen; (1) → fundiertes Einkommen, (2) unfundiertes Einkommen. – b) *Einkommen i.w.S.* (sog. *Reinvermögenszugangstheorie*): Sämtliche, also auch einmalige Einnahmen, wie z.B. Lotteriegewinn. – 2. Das dt. *Einkommensteuerrecht* enthält Teile der Quellen- und der Reinvermögenszugangstheorie. Dieser *synthetische Einkommensbegriff* folgte zunächst im Grundsatz – mit Ausnahme der Heranziehung weniger privater Veräußerungsgewinne (§ 23 EStG) – dem Begriff i.e.S. Die historische Entwicklung hat dann aber, gerade in letzter Zeit (ab 2009) zu einer stärkeren Ausweitung des steuerlichen Einkommensbegriffs in Richtung auf den Begriff des Einkommens i.w.S. mit sich gebracht, da heutzutage nur noch wenige private Veräußerungsgewinne aus dem steuerlichen Einkommensbegriff ausgegrenzt bleiben (§ 20, § 23 EStG). Ausgangspunkt der → Einkommensermittlung sind die Einkünfte. Nur Bezüge und Verluste, die innerhalb einer der sieben Einkunftsarten (→ Einkünfte) anfallen, sind steuerlich relevant. Von der Summe der Einkünfte sind zur Ermittlung des Einkommens bestimmte Aufwendungen und → Freibeträge in Abzug zu bringen. Nach der herrschenden verfassungsrechtlichen Lehre hat der Einkommensteuergesetzgeber zwar bei der Ausgestaltung der steuerlichen Einkommensermittlung einen Ermessensspielraum, ist aber nicht völlig frei, sondern hat bestimmte Grundregeln, z.B. das objektive und das subjektive Nettoprinzip, zu beachten. – Vgl. auch → Einkommensermittlung, → Einkünfteermittlung. – 3. *Körperschaftsteuer:* Was als Einkommen gilt und wie es zu ermitteln ist, bestimmt sich grundsätzlich nach den Vorschriften des EStG, wenn nicht das KStG bes. Regelungen enthält (§ 8 I KStG). Damit können bei einer Körperschaft im Grundsatz alle Einkunftsarten anfallen. – *Ausnahme:* Bei Buchführungspflicht nach HGB sind alle Einkünfte als Einkünfte aus Gewerbebetrieb zu behandeln (§ 8 II KStG). Ausgangspunkt der Ermittlung ist hier das Steuerbilanzergebnis, das aufgrund einkommen- und körperschaftsteuerlicher Vorschriften zu korrigieren ist (→ Einkommensermittlung).

Einkommensermittlung – Begriff des Steuerrechts für die Berechnung des → zu versteuernden Einkommens (Bemessungsgrundlage) für die → Einkommensteuer und → Körperschaftsteuer.

I. Einkommensteuer: Die maßgebliche Größe für die Einkommensteuer ist das „zu versteuernde Einkommen". Die Vorgehensweise, in der dieses berechnet werden muss, ist nicht beliebig, sondern gesetzlich genormt. Das liegt daran, dass sich bei unterschiedlicher Reihenfolge der Abzugspositionen andere Ergebnisse einstellen könnten; denn teilweise kann die Höhe bestimmter Abzugspositionen an vorangehende Zwischensummen der Einkommensberechnung anknüpfen, oder es kann auch sein, dass einzelne Abzugspositionen, wenn sie zu einem negativen Gesamtergebnis führen würden, wirtschaftlich für den Steuerpflichtigen verloren gehen, andere dagegen nicht. So lassen sich z.B. Sonderausgaben, wenn sie zu einem negativen Gesamteinkommen führen, nicht ins Folgejahr vortragen, Verluste aus den 7 Einkunftsarten dagegen schon, und es liegt auf der Hand, dass die → Steuerpflichtigen somit am liebsten versuchen würden, zunächst die → Sonderausgaben als Abzugsposten zu berücksichtigen und dann erst ihre Verluste aus den anderen Einkunftsarten (was aber verboten ist). – Kommt es somit auf das genaue Berechnungsschema an, so ist klar, dass dieses weitgehend im Gesetz selbst festgelegt sein muss (§ 2 EStG). Soweit in diesem Schema Zwischensummen erforderlich sind, war es für den Gesetzgeber wichtig, diese eindeutig zu bezeichnen; allein der Zwang, dabei immer wieder neue Bezeichnungen zu finden, hat zu der Kuriosität geführt, dass Bezeichnungen wie „Summe der Einkünfte" und „Gesamtbetrag der Einkünfte" für unterschiedliche Größen stehen, obwohl sie vom Wortsinn her natürlich eigentlich dasselbe bezeichnen müssten. – Eine Übersicht, die alle Einzelheiten in der richtigen Reihenfolge aufzählt und dadurch nicht nur materielle Fehler vermeiden hilft, sondern auch dafür sorgt, dass keine Positionen vergessen werden, enthalten die Einkommensteuer-Hinweise üblicherweise unter H2 EStH. Die dortige Übersicht wird jährlich aktualisiert, sofern Positionen hinzukommen oder entfallen.

II. Körperschaftsteuer: Das zu versteuernde Einkommen bildet auch körperschaftsteuerlich die Bemessungsgrundlage. Auch hier ist die Berechnungsweise genormt, allerdings ist das Berechnungsschema hier in vielen Punkten anders als bei der Einkommensteuer, da insbesondere die Abzugspositionen mit subjektivem Bezug (z.B. außergewöhnliche Belastungen, Sonderausgaben etc.) bei Körperschaften fehlen. Welche einkommensteuerlichen Regelungen auch körperschaftsteuerlich gelten, findet sich in den KStR/KStH aufgelistet (zu § 8 KStG).

Einkommensgrenzen – Begriff des Steuerrechts. Verschiedene staatliche Fördermaßnahmen sollen nur denjenigen Personenkreisen offen stehen, die einer finanziellen Förderung tatsächlich bedürfen. Der Gesetzgeber knüpft dabei an das zu versteuernde Einkommen nach dem Einkommensteuergesetz an. Von Einkommensgrenzen abhängig sind z.B. die → Wohnungsbauprämie und die

→ Arbeitnehmer-Sparzulage, ferner auch die → Eigenheimzulage, die jedoch seit dem seit 1.1.2006 nur noch für Altfälle Anwendung findet.

Einkommensteuer – I. Rechtsquellen: Einkommensteuergesetz 2009 (EStG 2009) i.d.F. vom 08.10.2009 und Einkommensteuer-DurchführungsVO 2000 (EStDV 2000) i.d.F. vom 10.5.2000, jeweils mit zahlreichen späteren Änderungen.

II. Ertragshoheit: Die Einkommensteuer ist eine Gemeinschaftsteuer, d.h. ihr Aufkommen steht Bund und Ländern gemeinsam zu (Art. 106 Grundgesetz). Aus dem Aufkommen der Einkommensteuer wird vorab ein bestimmter Anteil für die Gemeinden reserviert, der durch Bundesgesetz festgelegt wird (Art. 106 V GG). Gegenwärtig beläuft sich dieser unverändert auf 15 Prozent der → Lohnsteuer und veranlagten Einkommensteuer sowie 12 Prozent des Aufkommens aus der Zinsabschlagsteuer (Gemeindefinanzreformgesetz 2001). Das restliche Aufkommen der Einkommensteuer wird zwischen Bund und Ländern hälftig geteilt.

III. Wesen: 1. Besteuerung des → Einkommens natürlicher Personen nach dem → Leistungsfähigkeitsprinzip. – Vgl. auch Einkommensbesteuerung. – 2. *Tarifgestaltung:* → Einkommensteuertarif.

IV. Steuerpflicht: Die Einkommensteuer erfasst nur natürliche Personen (Einzelpersonen und Mitunternehmer von Personengesellschaften. – a) *Unbeschränkte Steuerpflicht:* natürliche Personen, die einen Wohnsitz oder ihren gewöhnlichen Aufenthalt im Inland haben. – b) *Beschränkte Steuerpflicht:* natürliche Personen, die im Inland weder einen Wohnsitz noch einen gewöhnlichen Aufenthalt, aber inländische Einkünfte im Sinn des § 49 EStG haben. – Der Unterschied in der Theorie besteht darin, dass bei unbeschränkter Steuerpflicht das gesamte Welteinkommen in Deutschland zu versteuern ist, bei beschränkter Steuerpflicht jedoch nur das in Deutschland erzielte Einkommen. In der Praxis kann es aber wegen Sonderregelungen beim Doppelbesteuerungsabkommen dazu kommen, dass auch unbeschränkt Steuerpflichtige nur ihr inländisches Einkommen in Deutschland zu versteuern haben. – c) *Sonderfälle:* Sonderregelungen bestehen z.B. für Grenzpendler; vgl. §§ 1 II, III, 1a EStG, § 2 AStG.

V. Besteuerungsgrundlage: Das → Einkommen ermittelt sich additiv aus den → Einkünften der im Einkommensteuergesetz aufgezählten sieben Einkunftsarten, unter Abzug bestimmter → Freibeträge und persönlicher Aufwendungen des Steuerpflichtigen, die seine Leistungsfähigkeit beeinflussen. – Vgl. auch → Einkommensermittlung.

VI. Steuerhöhe und Steuertarif: Besteuerungsgrundlage ist das → zu versteuernde Einkommen (§ 2 V EStG), auf das der → Einkommensteuertarif angewendet wird: Ein Grundfreibetrag in Höhe des Existenzminimums bleibt unbelastet, danach beginnt eine untere Proportionalzone mit einem festen Steuersatz

von aktuell 14 Prozent; danach steigt der Steuersatz, allmählich an (Progressionszone), um schließlich einen Spitzensteuersatz 42 Prozent bzw. 45 Prozent (= → Reichensteuer seit 2007) ab einem Einkommen von über 250.731 Euro bzw. 501.462 Euro zu erreichen, der von da an konstant bleibt (obere Proportionalzone). – Vgl. auch → Einkommensteuer-Grundtabelle, → Einkommensteuer-Splittingtabelle, → Lohnsteuerklassen.

VII. Zuschlagsteuern: Die Einkommensteuer ist, teilweise modifiziert um bestimmte Korrekturposten, Bemessungsgrundlage für → Kirchensteuer und → Solidaritätszuschlag. Diese Annexsteuern haben proportionale Sätze (Solidaritätszuschlag: 5,5 Prozent), wirken jedoch ebenfalls progressiv, da die Einkommensteuer, auf die sie erhoben werden, mit steigendem Einkommen immer stärker ansteigt.

VIII. Steuerbefreiung: Es existieren nur sachliche Steuerbefreiungen: Katalog der steuerfreien Einnahmen in §§ 3 ff. EStG.

IX. Verfahren: 1. *Grundsätzlich:* a) Die Einkommensteuer wird nach Ablauf des Kalenderjahres (Veranlagungszeitraum) nach dem Einkommen *veranlagt*, das während dieser Zeit bezogen wurde (§ 25 I EStG). – b) Die Einkommensteuer *entsteht* mit Ablauf des Veranlagungszeitraums (§ 36 I EStG). – c) Auf die Einkommensteuer werden *angerechnet* (§ 36 II EStG): entrichtete → Vorauszahlungen, durch Steuerabzug erhobene Einkommensteuer (Lohnsteuer, Kapitalertragsteuer), anrechenbare → Körperschaftsteuer. Der sich hiernach ergebende Differenzbetrag (Abschlusszahlung oder Erstattungsbetrag) ist zu entrichten oder wird ausgezahlt (§ 36 IV EStG). – 2. *Bes. Erhebungsform:* Steuerabzug für → Einkünfte aus nichtselbständiger Arbeit (→ Lohnsteuer) und für bestimmte Kapitalerträge (→ Kapitalertragsteuer, → Abgeltungsteuer).

X. Finanzwissenschaftliche Beurteilung: 1. *Charakterisierung:* a) Die Einkommensteuer ist der Hauptpfeiler des modernen Personalsteuersystems. Sie ist diejenige Steuert, die in direkter Weise auf die persönlichen Lebensumstände des Steuerpflichtigen eingeht und seine individuelle *Leistungsfähigkeit* berücksichtigt (→ Leistungsfähigkeitsprinzip, Einkommensbesteuerung). – b) Deshalb überrascht es, dass die Einkommensteuer keinen einheitlichen und theoretisch fundierten *Einkommensbegriff* kennt: (1) Allein die Existenz von sieben Einkunftsarten mit unterschiedlichen Feststellungsmethoden (Gewinne bzw. Überschüsse) und Freibeträgen demonstriert eine „Zerklüftung" des Einkommensbegriffs (Schmölders: „Zerfall" der Einkommensteuer in ein Bündel von Sondersteuern). (2) Wegen vieler Befreiungen und Nichterfassungen (z.B. der Transfereinkommen) ist der Einkommensbegriff unvollständig (*Erosion der Bemessungsgrundlage*). Er steht formal der Quellentheorie nahe, materiell eher der Reinvermögenszugangstheorie, ohne jedoch den totalen

Einkommensbegriff des Schanz-Haig-Simons-Ansatzes zu realisieren. – Vgl. auch → Einkommen. Die Einkommensteuer besteuert das Einkommen der Nichtunternehmer sowie das bestimmter Unternehmer. Für Nichtunternehmer ist sie eine Besteuerung ihrer persönlichen Leistungsfähigkeit; für die Einzelunternehmer und Mitgesellschafter von Personengesellschaften ist sie zugleich Unternehmensbesteuerung und → Haushaltsbesteuerung. Daneben besteht für Unternehmen in der Rechtsform der Kapitalgesellschaft eine Sonderbesteuerung in Form der → Körperschaftsteuer. Demnach ist die Einkommensteuer eine *allokativ-distributive „Mischbesteuerung"* und zugleich eine partielle Unternehmensteuer. – 2. *Steuersystematik:* a) Die Einkommensteuer wird für unselbständig Beschäftigte in der Form der → Lohnsteuer erhoben; diese ist eine Gliedsteuer (mehrgliedrige Steuer) der Einkommensteuer, die zugleich Quellensteuer ist. Eine mehrgliedrige Steuer ist die Einkommensteuer aber auch deshalb, weil die → Kapitalertragsteuer ebenfalls im Quellenabzug erhoben und auf die Einkommensteuer angerechnet wird. – b) Ferner ist die Einkommensteuer die „*Maßstabsteuer*" *für die* → Kirchensteuer, da diese sich nach der Einkommensteuerschuld berechnet. – c) Die „*dualistische*" Besteuerung des Einkommensentstehungsstromes im Leistungskreislauf durch Ertragsbesteuerung und Einkommensbesteuerung führt zur *Steueraushöhlung der Einkommensteuer*. – Die neben der Einkommensbesteuerung durchgeführte Umsatzbesteuerung und Verbrauchsbesteuerung als Belastung der Einkommensverwendung erlaubt dagegen eine steuerpsychologisch schonende Besteuerung der Einkommensentstehungsphase. – 3. *Ziele und Wirkungen:* a) *Fiskalisch* ist die Einkommensteuer sowohl für den Bund als auch für die Gruppe der Länder die tragende Säule ihres Einnahmensystems. Dem Bund erbringt sie 42,5 Prozent seines Steueraufkommens, den Ländern gemeinsam ebenso 42,5 Prozent ihrer Gesamtsteuern. Eine Verbreiterung des Einkommensbegriffes könnte das Aufkommen erhöhen oder zu einer Tarifsenkung Anlass geben, um andere Ziele zu realisieren. – b) *Distributive Ziele und Wirkungen:* (1) Mithilfe der → Sonderausgaben und der *Ausgaben für* → außergewöhnliche Belastungen sollen die individuellen Notwendigkeiten einer *Existenz- und Vorsorgesicherung* steuerlich entlastend berücksichtigt werden, obwohl sie steuersystematisch als Komponenten der Einkommensverwendung nicht abzugsfähig wären. Es erhebt sich jedoch die Frage, ob die Abzugsbeträge ausreichend hoch bemessen sind, um das Ziel einer „gerechten" steuerlichen Lastverteilung zu erreichen. Ferner sind die Abzugsbeträge mit keiner Anpassung an die Geldentwertungsrate ausgestattet, sodass das Lastverteilungsziel verfehlt werden kann. (2) Eine existenzsichernde Funktion bei der Gestaltung des Tarifs (→ Einkommensteuertarif) hat der *Grundfreibetrag*, der laut Bundesverfassungsgericht das Existenzminimum abdecken muss. Aus der *Proportionalzone* des Tarifs sind viele Steuerpflichtige

kraft gestiegener Einkommen herausgewachsen, sodass sie ihre ehemals steuerschonende und Verwaltungskosten sparende Wirkung weitgehend verloren hat. Der *obere Plafond* im Tarifverlauf wird mit der leistungshemmenden und steuerfluchtauslösenden Wirkung begründet, doch lässt sich mit Blick auf seine mehrmalige Erhöhung dies nicht schlüssig nachweisen. Das Phänomen des Abwanderns in die Schattenwirtschaft wird zu einem Teil mit der Gesamtbelastung durch Steuern erklärt. Das *Splittingsystem* dient einer steuerlichen Schonung der Ehegatten, um dem im Grundgesetz verankerten Grundsatz des Schutzes von Ehe und Familie zu entsprechen. – c) *Allokative Ziele und Wirkungen:* Aufgrund der „Mischbesteuerung" von einkommensbeziehenden Personen und gewinnerzielenden Unternehmern in derselben Steuer ist die Einkommensteuer auch mit einer Vielzahl von *produktions- und strukturbeeinflussenden Abzugsregeln* versehen: (1) Der Abzug von → Betriebsausgaben und → Werbungskosten (Kosten der Einkunftserzielung) dient der Erhaltung der Erwerbsquelle (der beruflichen und unternehmerischen Tätigkeit einschließlich des Kapitaleinsatzes). (2) Im Bündel der *Sonderabschreibungen* kommt ein ganzes Strukturprogramm der Wirtschaftspolitik mithilfe der Steuerpolitik zum Ausdruck (Wohnungsbau, Umweltschutz, Krankenhausförderung, Mittelstandsförderung). (3) Ein Inflationsausgleich ist nicht vorgesehen, sodass auch *Scheingewinne* besteuert werden (Grundsatz der Nominalbesteuerung). (4) In der *Durchschnittsatz- und Richtsatzbesteuerung* sind weitere Maßnahmen für die Begünstigung bestimmter Strukturen, wie der Land- und Forstwirtschaft sowie des Kleingewerbes zu sehen. – d) *Konjunkturpolitik:* Nach dem Stabilitätsgesetz lässt sich die Einkommensteuer als nachfragesteuerndes Instrument einsetzen. Neben einer Variation der Abschreibungssätze und Bewertungsfreiheiten sind dies auch Variationen der Steuerschuld bis zu 10 Prozent. Außerdem ist in der Vergangenheit vielfach von Sondermaßnahmen Gebrauch gemacht worden, die die Erhebung der Einkommensteuer zur Voraussetzung haben: Konjunkturzuschlag, Stabilitätsabgabe (1.8.1970 – 31.6.1971); die Ergänzungsabgabe verfolgte demgegenüber fiskalische Zwecke und wurde 1975 in den Einkommensteuer-Tarif und den Körperschaftsteuertarif eingearbeitet. – 4. *Reform:* Die Diskussion um die Reform der Einkommensteuer wird unter den Aspekten der Vereinfachung, der Gerechtigkeit in der Lasterteilung, der Sparanreize und der Leistungshemmung bzw. -motivation geführt. Damit sind alle bisher relevanten steuersystematischen, distributiven und allokativen Ziele und Wirkungen relevant. – a) Die *Maßnahmen von 1986/1988* haben die → Steuerquote auf 23,0 Prozent (1988) zurückgeführt. Die Senkung der Bemessungsgrundlage und des Tarifs im ersten Reformschritt entlasten vorwiegend kleinere und mittlere Einkommensbezieher; der zweite Reformschritt von 1990 brachte eine durchschnittliche

Tarifsenkung von 5 Prozent-Punkten und sollte wegen seiner Entlastungswirkung im mittleren Bereich v.a. leistungsmotivierende Wirkung haben. Zwischenzeitlich hat sich die Steuerquote durch die Erhöhung der Verbrauchsteuern wieder erhöht. – b) Die *Reform von 1990* führte einen linear-progressiven Tarif ein, wie er im EStG seit langem vorgesehen war; dieser soll die „kalte Progression" im Bereich der unteren Proportionalzone entschärfen, die Belastungssprünge vermeiden und somit distributive und allokative Vorteile haben. – c) Seit dem 1.1.1995 erhebt der Bund, wie schon vom 1.7.1991 bis zum 30.6.1992, einen „Solidaritätszuschlag" auf die Einkommen- und Körperschaftsteuer. Diese Ergänzungsabgabe beträgt 5,5 Prozent auf den jeweils zu zahlenden Steuerbetrag. – d) Senkungen des Grenzsteuer- bzw. Spitzensteuersatzes bewirken *allg.* einen Verzicht im verteilungspolitischen Ziel, dem Gewinne im Allokationsziel gegenüberstehen. – e) In absehbarer Zeit wohl kaum durchsetzbar erscheint die *Abkoppelung der Einkommensbesteuerung von der Unternehmensbesteuerung,* d.h. die Verwirklichung der Konzepte der rechtsform- und tätigkeitsneutralen Besteuerung ohne störende distributive Nebeneffekte.

XI. Aufkommen: Lohnsteuer, veranlagte Einkommensteuer und ab 1993 Zinsabschlag: 154.560 Mio. Euro (2007), 145.340 Mio. Euro (2006), 142.720 Mio. Euro (2005), 147.430 Mio. Euro (2004), 145.290,7 Mio. Euro (2003), 148.208,4 Mio. Euro (2002), 150.358,3 Mio. Euro (2001), 155.292 Mio. Euro (2000), 158.247,2 Mio. Euro (1995), 111.253,2 Mio. Euro (1990), 90.089 Mio. Euro (1985), 75.852 Mio. Euro (1980), 50.716 Mio. Euro (1975), 26.120 Mio. Euro (1970), 16.124 Mio. Euro (1965), 8.725 Mio. Euro (1960), 4.476 Mio. Euro (1955), 1.991 Mio. Euro (1950).

Einkommensteuer-Grundtabelle – im Einkommensteuerrecht die Bezeichnung für eine → Steuertabelle, aus der sich die tarifliche (Jahres-)Einkommensteuer für einen unverheirateten Steuerpflichtigen in Abhängigkeit von dessen zu versteuerndem Einkommen ablesen lässt. – Bei der Zusammenveranlagung von Ehegatten ergibt sich die Steuerbelastung aus der Einkommensteuer-Splittingtabelle. Die für lohnsteuerliche Zwecke benötigte Höhe der monatlichen Steuerbelastung (→ Lohnsteuertabellen) wird mathematisch aus der Einkommensteuer-Grundtabelle (Lohnsteuerklassen I, II und IV) oder der Einkommensteuer-Splittingtabelle hergeleitet. – Anders als früher müssen die Einkommensteuer-Grundtabellen und die übrigen Tabellen nicht mehr amtlich berechnet und bekannt gegeben werden; im EDV-Zeitalter wird die Veröffentlichung der Berechnungsformel in § 32a I EStG für ausreichend gehalten.

Einkommensteuer-Hinweise (EStH) → Hinweise (H), → Einkommensteuer-Richtlinien (EStR).

Einkommensteuer-Richtlinien (EStR) – Verwaltungsanordnung, die in der Hauptsache

Anweisungen zur Beachtung durch die Finanzverwaltung bei Zweifelsfragen enthält. Die Finanzverwaltung ist im Gegensatz zu den Finanzgerichten und den Einkommensteuerpflichtigen an die Auslegung in den Einkommensteuer-Richtlinien gebunden. – *Derzeitige Fassung:* EStR 2008 vom 31.8.2008 mit amtlichen Bearbeitungshinweisen 2011. – *Ergänzung der Einkommensteuer-Richtlinien:* Einkommensteuer-Hinweise, → Hinweise (H).

Einkommensteuer-Splittingtabelle – eine Tabelle, aus der sich die tarifliche Einkommensteuer für das zu versteuernde Einkommen bei → Zusammenveranlagung ergibt. Zu den Voraussetzungen vgl. § 26 EStG, ferner § 32a VI EStG. – Anders als früher müssen die Einkommensteuer-Splittingtabellen nicht mehr amtlich berechnet und bekannt gegeben werden; im EDV-Zeitalter wird die Veröffentlichung der Berechnungsformel in § 32a I EStG für ausreichend gehalten.

Einkommensteuertabellen → Einkommensteuer-Grundtabelle, → Einkommensteuer-Splittingtabelle.

Einkommensteuertarif – 1. Die tarifliche → Einkommensteuer bemisst sich nach dem → zu versteuernden Einkommen (§ 32a EStG). Sie ermittelt sich ohne Berücksichtigung des → Progressionsvorbehalts, der → außerordentlichen Einkünfte und der → ausländischen Einkünfte gemäß der Steuerberechnungsformel. – Vgl. Abbildungen „Einkommensteuertarif – Steuerberechnungsformel (2008)". Als zu versteuerndes Einkommen gilt das → Einkommen nach Abzug des → Kinderfreibetrags, des → Haushaltsfreibetrags und der sonstigen vom Einkommen abzuziehenden Beträge (→ Einkommensermittlung). – 2. Für *zusammen zu veranlagende* → Ehegatten sowie für die ihnen nach § 32a VI EStG gleichgestellten Personen beträgt die tarifliche Einkommensteuer das Zweifache des Steuerbetrags, der sich für die Hälfte des zu versteuernden Einkommens ergibt (→ Splitting-Verfahren). – 3. *Aufbau:* (1) steuerfreier Grundfreibetrag bis zum zu versteuernden Einkommen von 7.664/ 15.328 Euro (bei Anwendung des Splitting-Verfahrens); der Grundfreitag beläuft sich ab dem Jahr 2010 auf 8.004/ 16.007 Euro (2) erste Progressionszone bis 13.469/ 26.938 Euro mit einem linearen Anstieg des Grenzsteuersatzes; (3) zweite Progressionsstufe bis 52.881/ 105.762 Euro mit kontinuierlich ansteigendem Grenzsteuersatz bis 42 Prozent, wobei der Verlauf der Anstiegskurve steiler als in der ersten Progressionszone ist; (4) obere Proportionalzone (ab 52.881/ 105.762 Euro) mit gleichbleibendem Steuersatz von 42 Prozent (Spitzensteuersatz). – 4. Seit dem *Veranlagungszeitraum (VZ) 2007* gibt es die sog. → Reichensteuer für Überschusseinkünfte (ab 2008 gilt diese für alle Einkunftsarten) zur Anwendung: Ab einem zu versteuernden Einkommen von 250.731 Euro (Ledige) bzw. von 501.462 Euro (Verheiratete) beträgt der Spitzensteuersatz 45 Prozent, d.h. von jedem Euro, um den sich das zu versteuernde Einkommen in dieser Zone erhöht, wird - ohne Berücksichtigung der Rundungsregelung – eine Steuer von 0,45 Euro fällig. Letztmals anzuwenden im VZ 2007 war die Regelung, dass sich für Gewinneinkünfte der Spitzensteuersatz um 3 Prozent auf 42 Prozent mindert (Entlastungsbetrag nach § 32c EStG). – 5. Die dem Einkommensteuergesetz beigefügten *Tabellen* geben die tarifliche Einkommensteuer nach den Errechnungsmethoden an. – 6. *Einstiegssteuersatz/ Spitzensteuersatz/ Höchstsatz:* Der Einstiegssteuersatz beträgt zz. 14 Prozent (seit 2009; in 2008 lag er bei 15 Prozent); der Spitzensteuersatz 42 Prozent (seit 2005; in 2004 lag er bei 45 Prozent) und der Höchstsatz (Reichensteuer) 45 Prozent (seit 2007). – Vgl. auch → Einkommensteuer-Grundtabelle, → Einkommensteuer-Splittingtabelle.

Einkommensteuer – Steuerberechnungsformel (2010)

Einkommensteuertarif	Anzuwendende Formel
0 – 8.004	0
8.005 – 13.469	(912,17 y + 1.400) y
13.470 – 52.881	(228,74 z + 2.397) z + 1.038
52.882 – 250.730	0,42 x – 8.172
ab 250.731	0,45 x – 15.694

Einkünfte – Begriff des Einkommensteuerrechts. Einkünfte sind der Gewinn (§§ 4–7k EStG) oder der Überschuss der Einnahmen über die → Werbungskosten (§§ 8–9a EStG), die der Steuerpflichtige im Rahmen der sieben Einkunftsarten erzielt (§ 2 II EStG). Danach sind zu unterscheiden: I. **Einkünfte aus Land- und Forstwirtschaft:** Dazu gehören nach den §§ 13–14a EStG: (1) Einkünfte aus dem Betrieb von Land- und Forstwirtschaft, Wein-, Garten-, Obst- und Gemüsebau, Baumschulen und aus allen Betrieben, die Pflanzen und Pflanzenteile mithilfe der Naturkräfte gewinnen; weiterhin Einkünfte aus Tierzucht und Tierhaltung, wenn im Wirtschaftsjahr die nach der landwirtschaftlich genutzten Fläche gestaffelten Höchstzahlen für Vieheinheiten nicht überschritten werden; (2) Einkünfte aus Binnenfischerei, Teichwirtschaft, Fischzucht für Binnenfischerei und Teichwirtschaft, Imkerei, Saatzucht und Wanderschäferei; (3) Einkünfte aus Jagd, wenn diese mit dem Betrieb einer Land- oder Forstwirtschaft im Zusammenhang steht; (4) Einkünfte von Hauberg-, Wald-, Forst- und Laubgenossenschaften und ähnlichen → Realgemeinden; (5) Einkünfte aus einem land- und forstwirtschaftlichen → Nebenbetrieb; (6) Gewinne aus Veräußerung oder Aufgabe eines land- oder forstwirtschaftlichen Betriebs oder → Teilbetriebs oder eines Anteils an einem land- und forstwirtschaftlichen Betriebsvermögen (→ Veräußerungsgewinn gemäß §§ 14, 14a EStG). – 2. *Gewinnermittlungszeitraum* ist das Wirtschaftsjahr (1.7. bis 30.6.; Ausnahmen für einzelne Gruppen von Land- und Forstwirten). Mit Ausnahme der Veräußerungsgewinne ist der Gewinn entsprechend dem zeitlichen Anteil aufzuteilen auf das Kalenderjahr, in dem das Wirtschaftsjahr beginnt, und auf das Kalenderjahr,

in dem das Wirtschaftsjahr endet. – 3. *Gewinnermittlungsarten:* a) Bei buchführungspflichtigen land- und forstwirtschaftlichen Betrieben durch → Betriebsvermögensvergleich nach § 4 I EStG (→ Einkünfteermittlung). Buchführungspflicht bei Umsätzen von mehr als 500.000 Euro im Kalenderjahr oder einem Gewinn von über 50.000 Euro oder einem Wirtschaftswert (§ 46 BewG) von mehr als 50.000 Euro (§ 141 AO). – b) Bei nichtbuchführungspflichtigen Betrieben nach Durchschnittssätzen (§ 13a EStG), wenn die Voraussetzungen erfüllt sind und kein Antrag auf Ermittlung des Gewinns nach § 4 I oder § 4 III EStG gestellt wurde. – c) Bei nicht buchführungspflichtigen land- und forstwirtschaftlichen Betrieben, die auch nicht unter die Regelung der Durchschnittssatzgewinnermittlung fallen, durch → Überschussrechnung nach § 4 III EStG (→ Einkünfteermittlung). – 4. Freibetrag von 670 Euro, bei → Zusammenveranlagung von Ehegatten 1.340 Euro (§ 13 III EStG), dies gilt nur, wenn die Summe der Einkünfte 30.700 Euro (bzw. 61.400 Euro) nicht übersteigt.

II. **Einkünfte aus Gewerbebetrieb:** Dazu gehören nach den §§ 15–17 EStG: (1) Einkünfte aus gewerblichen Unternehmen; (2) Gewinnanteile der Gesellschafter einer OHG, KG oder einer anderen Gesellschaft, bei der die Gesellschafter als Mitunternehmer anzusehen sind; (3) Gewinnanteile der persönlich haftenden Gesellschafter einer KGaA, soweit sie nicht auf Anteile am Grundkapital entfallen; (4) Vergütungen, die Gesellschafter einer Personengesellschaft und persönlich haftende Gesellschafter einer KGaA für ihre Tätigkeit im Dienst der Gesellschaft, für die Hingabe von Darlehen oder für die Überlassung von Wirtschaftsgütern beziehen; (5) Gewinne aus Betriebsveräußerung, → Betriebsaufgabe oder Veräußerung eines Teilbetriebs sowie Gewinne aus Veräußerung von Mitunternehmeranteilen oder des Anteils eines Komplementärs einer KGaA und bei Ausscheiden von Gesellschaftern (→ Veräußerungsgewinn); (6) Gewinne aus Veräußerung von Anteilen an einer Kapitalgesellschaft bei → wesentlicher Beteiligung. – 2. Berücksichtigung von *Verlusten:* (1) Verluste aus gewerblicher Tierzucht oder gewerblicher Tierhaltung dürfen weder mit anderen Einkünften aus Gewerbebetrieb noch mit Einkünften aus anderen Einkunftsarten ausgeglichen werden (§ 15 IV 1 EStG). Ein Verlustabzug ist ebenfalls nicht möglich, sondern lediglich ein Ausgleich mit Gewinnen aus gewerblicher Tierzucht oder gewerblicher Tierhaltung nach Maßgabe des § 10d EStG; dieselbe Verlustregelung gilt auch für Termingeschäfte. (2) Für Verluste aus Termingeschäften gilt dasselbe, soweit sie nicht der Absicherung von Geschäften des gewöhnlichen Geschäftsbetriebs dienen. (3) Verluste, die bei beschränkt haftenden Personengesellschaftern ein → negatives Kapitalkonto entstehen lassen oder erhöhen, sind bei der Einkommensermittlung nicht ausgleichs- oder abzugsfähig, sondern lediglich in späteren Wirtschaftsjahren verrechenbar

(→ negatives Kapitalkonto). – 3. *Gewinnermittlung:* (1) bei buchführungspflichtigen Betrieben (→ Buchführungspflicht) durch → Betriebsvermögensvergleich nach § 5 I EStG (→ Einkünfteermittlung); (2) bei nicht buchführungspflichtigen und nicht freiwillig Bücher führenden Betrieben durch → Überschussrechnung nach § 4 III EStG.

III. Einkünfte aus selbstständiger Arbeit: Dazu gehören nach § 18 EStG: (1) Einkünfte aus der Tätigkeit der → freien Berufe; (2) Einkünfte staatlicher Lotterieeinnehmer, wenn sie nicht Einkünfte aus Gewerbebetrieb sind; (3) Einkünfte aus sonstiger selbstständiger Arbeit (Vermögensverwaltung; Aufsichtsratstätigkeit); (4) zu ihnen gehört auch der Gewinn aus Veräußerung oder Aufgabe des der selbständigen Arbeit dienenden Vermögens (→ Veräußerungsgewinn). – *Ermittlung der Einkünfte:* Die Einkünfte aus selbständiger Arbeit können durch Bilanzierung (Betriebsvermögensvergleich) ermittelt werden, es besteht hierzu jedoch keine Pflicht, da weder das Handelsgesetzbuch noch die Abgabenordnung (§ 141 AO) für die freien Berufe eine Buchführungspflicht vorsehen. Es kann daher stets mit → Einnahmen-Überschuss-Rechnung (§ 4 III EStG) gearbeitet werden.

IV. Einkünfte aus nichtselbstständiger Arbeit: Nach § 19 EStG: 1. Hierzu gehören *Bezüge und Vorteile,* die aus einem jetzigen oder früheren Dienstverhältnis herrühren, wie Gehälter, Löhne, Provisionen, Gratifikationen, Tantiemen, Wartegelder, Ruhegelder, Witwen- und Waisengelder. – 2. Zur *Ermittlung der Einkünfte* ist von den Einnahmen der → Arbeitnehmer-Pauschbetrag in Höhe von aktuell 1.000 Euro abzuziehen, soweit nicht höhere → Werbungskosten nachgewiesen werden (§ 9a EStG). U.U. können auch ein → Versorgungsfreibetrag und ein Zuschlag angesetzt werden.

V. Einkünfte aus Kapitalvermögen: Nach § 20 EStG: 1. *Zu den Einkünften rechnen:* (1) Gewinnanteile (Dividenden), Ausbeuten und sonstige Bezüge aus Aktien, Kuxen, Genussrechten, Anteilen an GmbHs, an Erwerbs- und Wirtschaftsgenossenschaften, Kolonialgesellschaften und bergbautreibenden Vereinigungen, die die Rechte einer juristischen Person haben (seit 2001 unter Anwendung des → Halbeinkünfteverfahrens bis 2008); (2) Bezüge, die aufgrund einer → Kapitalherabsetzung oder nach der Auflösung unbeschränkt steuerpflichtiger Körperschaften oder Personenvereinigungen im Sinn von (1) anfallen, soweit es sich nicht um Nennkapital oder Teile des steuerlichen Einlagekontos der Kapitalgesellschaft handelt, (3) Zinsen aus Hypotheken und Grundschulden und Renten aus Rentenschulden. Bei Tilgungshypotheken und Tilgungsgrundschulden ist nur der Teil der Zahlung steuerpflichtig, der als Zins auf den jeweiligen Kapitalrest entfällt. (4) Zinsen aus sonstigen Kapitalforderungen jeder Art, also aus Darlehen, Anleihen, Einlagen und Guthaben bei Kreditinstituten; (5) Diskontbeträge von Wechseln und

Anweisungen einschließlich der Schatzwechsel; (6) außerrechnungsmäßige und rechnungsmäßige Zinsen aus den Sparanteilen, die in den Beiträgen zu Versicherungen auf den Erlebens- oder Todesfall enthalten sind; (7) bes. Entgelte oder Vorteile, die neben den zuvor genannten Einnahmen (1) bis (7) oder an deren Stelle gewährt werden; (8) Einnahmen aus der Veräußerung von Dividendenscheinen, Zinsscheinen und sonstigen Ansprüchen, wenn die dazugehörigen Aktien, Schuldverschreibungen oder sonstigen Anteile nicht mitveräußert werden; (9) Einnahmen aus der Veräußerung von Zinsscheinen, wenn die dazugehörigen Schuldverschreibungen mitveräußert und Stückzinsen berechnet werden, (10) Einnahmen aus der Veräußerung von abgezinsten oder aufgezinsten Kapitalforderungen, soweit sie der auf die Besitzzeit entfallenden Emissionsrendite entsprechen. (11) Durch die Unternehmensteuerreform 2008 sind für Erträge, die nach dem 31.12.2008 zufließen, weitere Tatbestandsvoraussetzungen in § 20 I EStG 2008 berücksichtigt worden. § 20 II EStG ist außerdem neu gefasst. Demnach sind Wertzuwächse von Kapitalanlagen (z.B. Verkauf von festverzinslichen Wertpapieren, Aktien oder GmbH-Anteilen unter 1 Prozent-Beteiligung) unabhängig von der Haltedauer steuerlich zu berücksichtigen. (12) Zu den Erträgen aus sonstigen Kapitalforderungen fallen nach neuem Recht auch Erträge aus Kapitalforderungen, deren Rückzahlung ungewiss ist (z.B. DAX-Zertifikate ohne Kapitalrückzahlungsgarantie). (13) Mit der Unternehmensteuerreform 2008 wurde ein gesonderter Steuertarif (§ 32 d EStG) eingeführt, wodurch bestimmte Einkünfte aus Kapitalvermögen dem einheitlichen Steuersatz von 25 Prozent unterliegen. Mit dem Einbehalt dieses Sondertarifes gilt die Einkommensteuer als abgegolten (→ Abgeltungsteuer). Kapitalerträge, die unter die Abgeltungsteuer fallen, sind nicht mehr im Rahmen der Einkommensteuerveranlagung zu berücksichtigen. Die neue Regelung gilt für Zinsen ab 2009 sowie für Kursgewinne und -verluste mit Erwerb ab 2009. – 2. Bei der *Ermittlung der Einkünfte* aus Kapitalvermögen ist nach Abzug der → Werbungskosten ein → Sparer-Freibetrag (bis Veranlagungszeitraum 2008) abzuziehen (§ 20 IV EStG). Ab dem Veranlagungszeitraum 2009 können die tatsächlichen Werbungskosten nicht mehr geltend gemacht werden. Es kommt nur der Abzug des → Sparer-Pauschbetrags zur Anwendung.

VI. Einkünfte aus Vermietung und Verpachtung: Dazu gehören nach § 21 EStG: (1) Einkünfte aus Vermietung und Verpachtung von unbeweglichem Vermögen, bes. von Grundstücken, Gebäuden, Gebäudeteilen, Schiffen und grundstücksgleichen Rechten (z.B. Erbbaurecht); (2) Einkünfte aus Vermietung und Verpachtung von Sachinbegriffen, bes. von beweglichem Betriebsvermögen; (3) Einkünfte aus zeitlich begrenzter Überlassung von Rechten (z.B. künstlerische, schriftstellerische und gewerbliche Urheberrechte); (4) Einkünfte aus Veräußerung von

Miet- und Pachtzinsforderungen, auch wenn sie im Veräußerungspreis von Grundstücken enthalten sind. – 2. Zur *Ermittlung der Einkünfte* sind von den Einnahmen die → Werbungskosten abzuziehen.

VII. Sonstige Einkünfte (§§ 22, 23 EStG): 1. Einkünfte *aus Rentenbezügen* (§ 22 Nr. 1 EStG), solange sie nicht zu einer der Einkunftsarten I – VI gehören; Hierunter fallen Renten aus der gesetzlichen Rentenversicherung, Renten aus landwirtschaftlichen Alterskassen, Renten aus berufsständigen Versorgungseinrichtungen sowie Renten aus einer privaten Rentenversicherung, die nach dem 31.12.2004 abgeschlossen worden sind (Basis- oder Rürup-Rente). Ab dem Veranlagungszeitraum 2005 werden diese Rentenleistungen nicht mehr mit dem Ertragsanteil besteuert. Der Besteuerungsanteil richtet sich nunmehr nach dem Jahr des Beginns der Rente. Der steuerfreie Teil der Rente wird vom Finanzamt als Rentenfreibetrag für die gesamte Laufzeit der Rente festgeschrieben. Renten, die in 2005 beginnen, werden einheitlich mit 50 Prozent besteuert. Der Besteuerungsanteil steigt stufenweise an auf 100 Prozent im Veranlagungszeitraum 2040, vgl. → nachgelagerte Besteuerung. Alle anderen Renten werden weiterhin mit dem Ertragsanteil besteuert. Hierunter fallen Renten aus der privaten Rentenversicherung (nicht Riester- oder → Rürup-Rente), Renten aus der Lebensversicherung, die nicht die Voraussetzungen des § 10 I Nr. 2b EStG (Basisrenten) erfüllen, Renten aus Vermögensübertragungen gegen Versorgungsleistungen zur vorweggenommenen Erbfolge, soweit es sich nicht um dauernde Lasten handelt, Veräußerungsleibrenten, Renten aus der Zusatzversicherung des Bundes und der Länder (VBL), deren Finanzierung nach dem Umlageverfahren und deren Besteuerung während der Berufstätigkeit und danach als Arbeitslohn erfolgte. Der steuerpflichtige Ertragsanteil wurde ab 2005 gesenkt. Erfolgt jedoch die Auszahlung des Kapitals nach der Vollendung des 60. Lebensjahrs und nach einer Laufzeit von 12 Jahren, sind nur 50 Prozent der Erträge steuerpflichtig. – 2. Einkünfte aus → Unterhaltsleistungen (§ 22 Nr. 1a EStG) vom geschiedenen oder dauernd getrennt lebenden Ehegatten werden als sonstige Einkünfte erfasst, wenn sie vom Geber als → Sonderausgaben abgezogen werden können. – 3. Einkünfte aus → privaten Veräußerungsgeschäften im Sinn des § 23 EStG werden als sonstige Einkünfte erfasst (§ 22 Nr. 2 EStG). Ab dem Veranlagungszeitraum 2009 wird die Besteuerung von privaten Veräußerungsgeschäften aus Kapitalanlagen nunmehr einheitlich nach § 20 EStG (Einkünfte aus Kapitalvermögen) vorgenommen. – 4. *Einkünfte aus sonstigen Leistungen* (z.B. aus gelegentlicher Vermittlung und Vermietung beweglicher Gegenstände) sind als sonstige Einkünfte zu versteuern, wenn sie die Freigrenze von 256 Euro im Kalenderjahr erreichen bzw. übersteigen (§ 22 Nr. 3 EStG). – 5. Entschädigungen, Zuschüsse zu Krankenversicherungen, Übergangsgelder oder andere Versorgungsbezüge, die *Bundestags-,*

Landtags- oder andere Abgeordnete erhalten (§ 22 Nr. 4 EStG). – 6. Leistungen aus *Altersvorsorgeverträgen* (§ 1 I AltZertG), Pensionsfonds, Pensionskassen und Direktversicherungen: Die Höhe der Besteuerung bemisst sich hierbei danach, ob und inwieweit die Beiträge in der Ansparphase steuerfrei gestellt bzw. als Sonderausgaben abzugsfähig waren, durch Alterszulage gefördert worden sind oder durch steuerfreie Zuwendung erworben wurden.

Einkünfte aus Gewerbebetrieb → Einkünfte.

Einkünfte aus Kapitalvermögen → Einkünfte.

Einkünfte aus Land- und Forstwirtschaft → Einkünfte.

Einkünfte aus nichtselbständiger Arbeit → Einkünfte.

Einkünfte aus selbständiger Arbeit → Einkünfte.

Einkünfte aus Vermietung und Verpachtung → Einkünfte.

Einkünfteermittlung – Begriff des Einkommensteuerrechts. Ermittlung des Ergebnisses (→ Einkünfte) aus den einzelnen Einkunftsarten. Die Summe der Einkünfte bildet die Ausgangsgröße bei der → Einkommensermittlung. – Es existieren *verschiedene Methoden* je nach Art der Einkünfte: (1) Bei *Überschusseinkunftsarten* ermitteln sich die → Einkünfte als Überschuss der Einnahmen über die → Werbungskosten (§ 2 II Nr. 2 EStG); anzuwenden bei Einkünften aus nichtselbständiger Arbeit, aus Kapitalvermögen, aus Vermietung und Verpachtung, sonstigen Einkünften. (2) Bei den *Gewinneinkunftsarten* (Einkünfte aus Land- und Forstwirtschaft, aus Gewerbebetrieb, aus selbständiger Arbeit) sind die Einkünfte der Gewinn (§ 2 II Nr. 1 EStG). Hinsichtlich der Gewinnermittlungsmethoden ist zu unterscheiden: (a) Ermittlung des *Überschusses der Betriebseinnahmen über die* → Betriebsausgaben nach § 4 III EStG (→ Einnahmen-Überschuss-Rechnung); angewandt von Gewerbetreibenden und Land- und Forstwirten, die gesetzlich zur Führung und Erstellung von Abschlüssen nicht verpflichtet sind und dies auch freiwillig nicht tun, sowie von Steuerpflichtigen mit Einkünften aus selbständiger Arbeit. (b) → Betriebsvermögensvergleich: Ermittlung des Unterschiedsbetrags zwischen dem → Betriebsvermögen am Schluss des Wirtschaftsjahres und dem Betriebsvermögen am Schluss des vorangegangenen Wirtschaftsjahres, vermehrt um den Wert der Entnahmen, vermindert um den Wert der Einlagen (§§ 4 I und 5 I EStG); anzuwenden von Steuerpflichtigen, die nach Handels- oder Steuerrecht verpflichtet sind, Bücher zu führen und regelmäßig Abschlüsse zu machen (§§ 140, 141 AO; → Buchführungspflicht) oder die dies freiwillig tun: Land- und Forstwirte, Selbstständige, Nichtkaufleute nach § 4 I EStG, Kaufleute nach § 5 I EStG. (c) Ermittlung des *Gewinns aus Land- und Forstwirtschaft* nach → Durchschnittssätzen. (d) Ermittlung des Gewinns aus dem Betrieb von Seeschiffen im internationalen Verkehr nach pauschalierten Sätzen vermindern. (→ Tonnagesteuer; § 5a EStG).

Einkünfteerzielungsabsicht – 1. *Begriff:* Die Absicht, mit einer Tätigkeit bzw. Kapitalanlage über eine Periode hinweg einen (steuerpflichtigen) Überschuss zu erzielen. – 2. *Steuerliche Bedeutung* hat die Einkünfteerzielungsabsicht v.a. für die Frage, ob Verluste aus einer wirtschaftlichen Betätigung steuerlich geltend gemacht werden können. Denn Einkünfteerzielungsabsicht ist Voraussetzung für die Steuerpflicht; fehlt sie, ist die Tätigkeit steuerlich ohne Bedeutung, mit der Folge, dass entsprechende Verluste nicht steuerlich abziehbar sind. – Vgl. auch → Liebhaberei.

Einkunftsarten → Einkünfte.

Einlagen – 1. *Begriff:* Einlagen sind alle Wirtschaftsgüter, die der Steuerpflichtige dem Betrieb zuführt (§§ 4 I, 5 I EStG). Hierzu gehören → Wirtschaftsgüter aller Art (z.B. Geld, Waren, Grundstücke, Forderungen, Patente), Nutzungen und Leistungen nur, wenn ein einlagenfähiges Wirtschaftsgut vorliegt (z.B. hinsichtlich des Nutzungsrechts eine gesicherte Rechtsposition). – *Nicht* einlagefähige oder andere Dienstleistungen sind die persönliche Arbeitskraft des Unternehmers (keine Wirtschaftsgüter) sowie Wirtschaftsgüter des → notwendigen Privatvermögens, da keine Nutzung im Betrieb erfolgt. – 2. *Gewinnauswirkung:* Einlagen dürfen gemäß § 4 I 1 EStG den Gewinn nicht beeinflussen. Soweit sie bei der Gewinnermittlung durch → Betriebsvermögensvergleich nach §§ 4 I, 5 I EStG das → Betriebsvermögen erhöht haben, ist der Gewinn um den Wert der Einlagen zu vermindern. – 3. *Bewertung:* Einlagen sind mit dem → Teilwert für den Zeitpunkt der Zuführung anzusetzen, jedoch höchstens mit den → Anschaffungskosten oder → Herstellungskosten, wenn das Wirtschaftsgut (1) innerhalb von drei Jahren vor der Zuführung angeschafft oder hergestellt worden oder (2) ein Anteil an einer Kapitalgesellschaft ist und der Steuerpflichtige an der Gesellschaft wesentlich beteiligt (§ 17 I EStG) ist (§ 6 I 5 EStG). – Vgl. auch → verdeckte Einlagen. – *Gegensatz:* → Entnahmen.

Einliegerwohnung – eine in einem Eigenheim, einem Kaufeigenheim oder einer Kleinsiedlung enthaltene abgeschlossene oder nicht abgeschlossene zweite Wohnung, die gegenüber der Hauptwohnung von untergeordneter Bedeutung ist. – *Steuerliche Behandlung:* → Zweifamilienhaus. – Vgl. auch → Wohnungsbau.

einmalige Bezüge → sonstige Bezüge.

einmalige Vermögensanfälle – Begriff für Schenkungen, Erbschaften, Lotteriegewinne etc. – *Steuerliche Behandlung:* – 1. *Einkommensteuer:* Einmalige Vermögensanfälle fallen unter keine Einkunftsart, unterliegen nicht der Einkommensteuer. – 2. *Körperschaftsteuer:* Einmalige Vermögensanfälle unterliegen i.d.R. auch nicht der Körperschaftsteuer; Ausnahmefall: → Betriebseinnahme bei betrieblicher Veranlassung. – 3. *Erbschaftsteuer:* Erbschaften und Schenkungen unterliegen der → Erbschaftsteuer. – 4. Für *Lotteriegewinne* → Rennwett- und Lotteriesteuer.

Einmanngesellschaft – *Einpersonengesellschaft.*

Einlagen – Arten

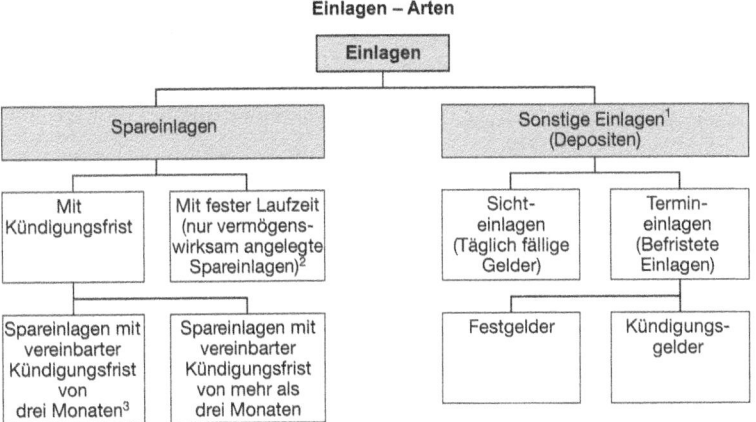

[1] Im Sparkassenrecht auch als „Andere Einlagen" bezeichnet.
[2] Mit Ablauf der im 5. VermBG geregelten Festlegungsfristen sind zwar vermögenswirksame Spareinlagen zur Rückzahlung fällig. Sie verlieren aber – soweit nichts anderes vereinbart ist – nicht ihren Spareinlagencharakter.
[3] Definition der Spareinlage ab 1.7.1993 gem. § 21 Abs. 4 RechKredV.

Quelle: Platz, S., Fachwissen Passivgeschäft, Teil 1, Stuttgart 1994, S. 32.

I. Begriff/Arten: 1. *Begriff:* Kapitalgesellschaft, bei der alle Geschäftsanteile in einer Hand vereinigt sind. – 2. *Arten:* a) *Einmann-GmbH:* Beschlussfassung anstelle der Gesellschafterversammlung durch den alleinigen Eigner sämtlicher Anteile; zumeist ist er gleichzeitig der alleinige Geschäftsführer. § 1 GmbHG lässt die Gründung einer Einmann-GmbH zu; die nach altem Recht (§ 7 II 3 GmbHG a.F.) im Zuge der Anmeldung ggf. notwendige Sicherungsleistung ist nicht mehr erforderlich, da diese Vorschrift durch das Gesetz zur Modernisierung des GmbH-Rechts und zur Bekämpfung von Missbräuchen (MoMiG) aufgehoben wurde. Für ein Insichgeschäft des Gesellschafter-Geschäftsführers bedarf es Regelung in der Satzung oder Satzungsänderung. Ein Beschluss der Einmanngesellschaft ist unverzüglich durch eine unterzeichnete Niederschrift zu beurkunden. – b) *Einmann-AG:* Form der AG, in der sich alle Aktien in der Hand einer Person befinden. Sie kann bei Gründung oder zu einem späteren Zeitpunkt durch Erwerb sämtlicher Aktien entstehen. Auch die Einmanngesellschaft ist juristische Person; den Gläubigern haftet dementsprechend nur das Gesellschaftsvermögen. Die Einmann-AG muss Vorstand und Aufsichtsrat (AR) haben, wobei der Einmann-Aktionär sich nur zum einen oder dem anderen bestellen kann. Bei der Verletzung seiner Pflichten haftet der Einmann-Aktionär u. U. den Gläubigern persönlich mit seinem sonstigen Vermögen. Gründung/Entstehung sowie Name, Vorname, Beruf und Wohnort des alleinigen Aktionärs sind unverzüglich beim Gericht anzumelden (§ 42 AktG).

II. Steuerrecht: Die Einmanngesellschaft wird trotz der Künstlichkeit in der Unterscheidung zwischen Gesellschaft und Gesellschafter mit allen Konsequenzen anerkannt, bes. im Hinblick auf Bewilligungen und Auszahlung von Gehalt an den geschäftsführenden Gesellschafter und dessen Angemessenheit (→ verdeckte Gewinnausschüttung); Einschränkungen jedoch bei Pensionszusagen (→ Pensionsrückstellung).

Einnahmen-Überschuss-Rechnung – I. Steuerrecht: Form der Gewinnermittlung nach § 4 III EStG. Anwendbar für Steuerpflichtige, die nicht aufgrund gesetzlicher Vorschriften verpflichtet sind, Bücher zu führen und Abschlüsse zu machen, und die auch nicht freiwillig Bücher führen und Abschlüsse machen (Kleingewerbetreibende, freiberuflich Tätige, nicht Buch führende Land- und Forstwirte). Gewinn ist der Überschuss der → Betriebseinnahmen über die → Betriebsausgaben. Die Einnahmen-Überschuss-Rechnung ist seit 2005 nach amtlichem Vordruck vorzunehmen. Liegen die Betriebseinnahmen jedoch unter der Grenze von 17.500 Euro, ist es nicht zu beanstanden, wenn anstelle des Vordrucks der Steuererklärung eine formlose Gewinnermittlung beigefügt wird.

II. Rechnungswesen: Teilgebiet des betriebswirtschaftlichen Rechnungswesens, das Einnahmen und → Ausgaben aufzeichnet.

Einphasenumsatzsteuer – Umsatzsteuersystem (Umsatzbesteuerung), bei dem nur auf einer Phase der Leistungskette → Umsatzsteuer erhoben wird. – *Anders:* → Einzelhandelsumsatzsteuer. – *Gegensatz:* → Allphasenumsatzsteuer, → Mehrphasenumsatzsteuer.

Ein-Prozent-Regelung – *Grundsätzliches:* Eine einkommensteuerliche Regelung, um die Kosten der privaten Nutzung eines (betrieblichen) Pkw zu schätzen. Die Regelung wird sowohl für Unternehmer als auch für Arbeitnehmer in gleicher Weise angewandt. – Dabei ist zu unterscheiden zwischen der allg. Privatnutzung und der Nutzung des Pkw für Fahrten zwischen Wohnung und Arbeitsstätte. Die allg. Privatnutzung wird gesetzlich geschätzt mit einem Wert von 1 Prozent des inländischen Bruttolistenpreises im Zeitpunkt der Erstzulassung des Kfz; zu diesem Listenpreis müssen Kosten der Sonderausstattungen etc. hinzuaddiert werden. Der Wert der Nutzung für Fahrten zwischen Wohnung und Arbeitsstätte wird geschätzt mit zusätzlichen 0,03 Prozent je Entfernungskilometer. Darüber hinaus wird auch für den Vorteil aus Familienheimfahrten ein Vorteil von 0,02 Prozent des Listenpreises zusätzlich angesetzt. – Die nach der Ein-Prozent-Regelung geschätzten Werte beziehen sich jeweils auf einen Monat, sind also aufs Jahr gerechnet zu verzwölffachen. – Bei *Arbeitnehmern* wird die Ein-Prozent-Regelung bei der Schätzung des → geldwerten Vorteils in einem einzigen Schritt verwirklicht (§ 8 II EStG), bei *Unternehmern* wird dagegen zersplittert vorgegangen: Der 1-prozentige Anteil gilt als Schätzung für die Entnahme (§ 6 I Nr. 4 EStG), die 0,03-Prozent- und 0,02-Prozent-Werte werden über die Schätzung nicht abziehbarer Betriebsausgaben umgesetzt (§ 4 V Nr. 6 EStG). – Für *Wirtschaftsjahre, die nach dem 31.12.2005 beginnen:* Beschränkung der Anwendung der 1 Prozent Regelung auf Fahrzeuge mit betrieblicher Nutzung von mehr als 50 Prozent (§ 6 I Nr. 4 EStG, BMF-Schreiben vom 7.7.2006). Ab dem Veranlagungszeitraum 2007 sind Aufwendungen für Wege zwischen Wohnung und Betriebsstätten und für Familienheimfahrten keine → Betriebsausgaben mehr. Die nicht abzugsfähigen Betriebsausgaben sind nach der bisherigen Methode mit 0,03 Prozent des inländischen Listenpreises je Monat und je Entfernungskilometer bzw. 0,002 Prozent je Entfernungskilometer zu ermitteln oder die tatsächlichen Aufwendungen maßgebend (§ 4 V Nr. 6 EStG wurde aufgehoben und durch § 4 V Nr. 5a EStG). Ab dem Veranlagungszeitraum 2007 wurde die Entfernungspauschale ursprünglich nur noch ab dem 21. Entfernungskilometer gewährt. Durch das Urteil des Bundesverfassungsgerichts ist diese Regelung jedoch als verfassungswidrig anzusehen, sodass die Pendlerpauschale wieder rückwirkend ab dem ersten Entfernungskilometer gewährt wird. Gehört ein Kraftfahrzeug dem gewillkürten Betriebsvermögen bzw. dem geduldeten Betriebsvermögen an (10 Prozent bis 50 Prozent betriebliche Nutzung), ist der private Nutzungsanteil mit den tatsächlichen Selbstkosten für diesen Anteil zu bewerten. Für Fahrten zwischen Wohnung und Betriebsstätte oder für Familienheimfahrten sind die nicht abzugsfähigen Betriebsausgaben mit den auf diese Fahrten tatsächlich entfallenden Aufwendungen zu ermitteln.

Einreihung in den Zolltarif – im Sinn des Zollrechts die Zuordnung der angemeldeten Ware zu einer Codenummer des Zolltarifs. Die Einreihung ist als Bestandteil der → Zollanmeldung zunächst vom Anmelder vorzunehmen, kann alsdann als ein Teil der Zollabfertigung von der Zollbehörden überprüft und ggf. neu vorgenommen werden. Um Rechtssicherheit zu erhalten, kann jeder Wirtschaftsbeteiligte im Vorfeld eine → verbindliche Zolltarifauskunft einholen. Sie gilt EU-weit.

Einreise-Freimengen-Verordnung → Freimengen.

Einsicht → Akteneinsicht.

Einspruch – 1. Außergerichtlicher → Rechtsbehelf: gesetzliche Grundlage §§ 347 ff. AO. Einspruch ist statthaft gegen Verwaltungsakte in → Abgabenangelegenheiten und in den sonstigen in § 347 I 2–4 AO genannten Angelegenheiten. Er ist *nicht* statthaft u.a. gegen Einspruchsentscheidungen (§ 348 Nr. 1, § 367 AO), bei Nichtentscheidung über einen Einspruch sowie gegen Verwaltungsakte der obersten Finanzbehörden des Bundes und der Länder (§ 348 Nr. 2 bis 6 AO). – 2. Zur Einlegung *ist befugt*, wer geltend macht, durch einen Verwaltungsakt oder dessen Unterlassung beschwert zu sein (§ 350 AO). Sonderregelungen gelten bei einheitlichen → Feststellungsbescheiden und bei der Rechtsnachfolge (§§ 352, 353 AO). – 3. Der Einspruch ist *binnen eines Monats* nach → Bekanntgabe des Verwaltungsakts (§ 122 AO) schriftlich oder zur Niederschrift bei der Finanzbehörde einzulegen, deren Verwaltungsakt angefochten wird oder bei der ein Antrag auf Erlass eines Verwaltungsakts gestellt worden ist (§§ 355, 357 AO). Einlegung per Telefax oder E-Mail ist formgerecht. – 4. Durch die Einlegung des Einspruchs wird die *Vollziehung* des angegriffenen Verwaltungsaktes *nicht gehemmt*; die → Aussetzung der Vollziehung ist möglich im Gegensatz zum Antrag auf schlichte Änderung. – 5. Art, Frist und Adressat des Einspruchs müssen sich bei schriftlichen Verwaltungsakten aus der *Rechtsbehelfsbelehrung* ergeben (§ 356 AO). – 6. Über den Einspruch *entscheidet* die Finanzbehörde, die den Verwaltungsakt erlassen oder den Erlass abgelehnt hat, durch Einspruchsentscheidung, wenn sie dem Einspruch nicht abhilft. Sie hat die Sache im Rahmen des Einspruchs in vollem Umfang erneut zu überprüfen. Die Einspruchsentscheidung kann den Verwaltungsakt auch zum Nachteile des Einspruchführers ändern (→ Verböserung), wenn der Steuerpflichtige zuvor auf die Möglichkeit der verbösernden

Entscheidung unter Angabe von Gründen hingewiesen und ihm Gelegenheit gegeben worden ist, sich hierzu zu äußern. Gegen die Einspruchsentscheidung ist Klage beim → Finanzgericht zulässig. – 7. *Kosten* entstehen nicht. – 8. *Rechtsfolgen:* a) Einspruch hindert den Eintritt der formellen und materiellen → Bestandskraft. – b) Er kann zur Verböserung führen; der Verböserungsgefahr kann der Steuerpflichtige grundsätzlich aber durch rechtzeitige Rücknahme des Einspruch entgehen (§§ 367 II, 362 AO). – c) Einspruch ermöglicht die Aussetzung der Vollziehung. – In Zweifelsfällen ist ein Einspruch anzunehmen, da er die Rechte des Steuerpflichtigen umfassender wahrt als ein Korrekturantrag.

Einspruchsentscheidung – 1. Die Finanzbehörde entscheidet über einen → Einspruch mittels Einspruchsentscheidung, wenn dem Einspruch nicht abgeholfen wird (§ 367 AO). Die Einspruchsentscheidung ist schriftlich zu erteilen, zu begründen, mit einer Rechtsbehelfsbelehrung zu versehen und dem oder den Beteiligten bekannt zu geben (§ 366 AO). – 2. Die Streitsache ist in vollem Umfang erneut zu prüfen. → Verböserung ist möglich. In sachdienlichen Fällen kann die Finanzbehörde nach pflichtgemäßem Ermessen vorab über Teile des Einspruchs entscheiden. Dabei ist zu bestimmen, hinsichtlich welcher Teile keine Bestandskraft eintreten soll. – 3. *Aufbau:* In Anlehnung an die Formvorschriften für Urteile (§ 105 FGO) enthält eine Einspruchsentscheidung regelmäßig die folgenden Bestandteile: (1) Rubrum (Aufschrift): Bezeichnung des Rechtsbehelfs, die die Entscheidung erlassende Finanzbehörde, Datum und Gegenstand der Entscheidung und den Beteiligten (Einspruchsführer); (2) Tenor (Entscheidungsformel): der wichtigste Teil der Einspruchsentscheidung, weil allein er Rechtswirkung entfaltet; (3) Rechtsbehelfsbelehrung: Hinweis auf die Klage und ihren Inhalt, Angabe des zuständigen Gerichts und seines Sitzes sowie der Klagefrist; (4) Begründung: Darstellung des entscheidungserheblichen Sachverhalts (Tatbestand) und seine rechtliche Würdigung (Entscheidungsgründe).

Einspruchsverfahren → Einspruch, → außergerichtliches Rechtsbehelfsverfahren.

Einsteuer → Alleinsteuer.

Einwohnersteuer – Vorschlag zur Gemeindefinanzreform, um die Steuerkraftunterschiede der Wohngemeinden gegenüber den Erwerbsgemeinden auszugleichen. Als dritte Steuersäule neben der Grund- und Gewerbesteuer sollte diese Form der Personenbesteuerung als Steueranteil auf das Einkommen oder auf die Einkommensteuer der Einwohner erhoben werden. Steuertechnisch wäre eine solche Zuschlagsteuer zur Einkommensteuer jedenfalls dann nicht einfach zu verwirklichen, wenn den Gemeinden ein Hebesatzrecht zustünde; denn dann wären entweder – wenn der Zuschlag sich für das gesamte Einkommen nach der Wohnsitzgemeinde richten würde – genaue Regeln darüber nötig, wie im Falle von Zweitwohnsitzen oder Scheinwohnsitzen zu verfahren wäre (mit allen Problemen, dies zu kontrollieren!) oder es müsste eine Zerlegung der erzielten Einkünfte auf verschiedene Gemeinden nach der Herkunft der Einkünfte stattfinden (was ebenfalls kompliziert und streitanfällig wäre). – Heute ist die gemeindliche Personenbesteuerung indirekt verwirklicht durch den 15-prozentigen Anteil der Gemeinden am Aufkommen der Lohn- und der veranlagten Einkommensteuer sowie den 12-prozentigen Anteil am Aufkommen aus dem Zinsabschlag, die ca. 40 Prozent des durchschnittlichen Gesamtsteueraufkommens der Gemeinden ausmachen (→ Gemeinschaftssteuern).

Einzelbesteuerung → Beförderungsleistungen.

Einzelhandelsumsatzsteuer – Form der → Einphasenumsatzsteuer, bei der die Steuer nur auf der letzten Stufe (Einzelhandel) erhoben wird. Wegen der benötigten Höhe des Steuersatzes besteht große Gefahr von Steuerhinterziehung. – Finanzwissenschaftlich besteht hinsichtlich der *Gesamtbelastungswirkung* – wenn man davon absieht, dass die Steuererhebung nicht auf der letzten, sondern auf sämtlichen Umsatzstufen vorgenommen wird – kein Unterschied zur heutigen → Umsatzsteuer.

Einzelkaufmann – *Einzelfirma, Einzelunternehmung*. 1. *Begriff:* Unternehmungsform mit einem das Handelsgewerbe als Alleininhaber betreibendem Kaufmann. – *Gegensatz:* Handelsgesellschaft. – 2. *Charakterisierung:* Die Firma des Einzelkaufmann muss den Zusatz „eingetragener Kaufmann (e.K.)" enthalten, § 19 HGB. Zweigniederlassung ist möglich. Auflösung durch Liquidation formlos, kein Abwickler. – 3. *Haftung:* (1) Der Einzelkaufmann haftet mit seinem gesamten, d.h. auch mit seinem privaten Vermögen; (2) der Erwerber haftet für die Verbindlichkeiten, wenn der Ausschluss nicht ins Handelsregister eingetragen wird; (3) Erben haften, wenn sie die Firma der Einzelunternehmung fortführen und die Erbschaft nicht ausschlagen. – 4. *Besteuerung:* die bloße Errichtung einer Einzelunternehmung als solche unterliegt keiner Steuer, Abgaben wie z.B. die frühere Gesellschaftsteuer, bei denen die bloße Aufbringung des Kapitals für eine Kapitalgesellschaft schon Steuern auslöste, sind hier also unbekannt; jedoch muss die Eröffnung des Unternehmens den Finanzbehörden angezeigt werden (§ 138 AO). Der laufende Geschäftsbetrieb löst dann aber anschließend infolge der anfallenden Umsätze und Gewinne i.d.R. Einkommen-, Gewerbe- und Umsatzsteuer aus. – 5. *Buchführung:* Einzelkaufmann ist von der Buchführung und Inventaraufstellung befreit, wenn er an den Abschlussstichtagen von zwei aufeinanderfolgenden Geschäftsjahren nicht mehr als 500.000 Euro Umsatz und 50.000 Euro Gewinn aufzuweisen hat.

Einzelprüfer → Prüfer.

Einziehungsverfügung – Mittel zur Befriedigung der Finanzbehörde aus einer Forderungspfändungsverfügung. Sie bewirkt, dass die gepfändete Forderung beim → Drittschuldner eingezogen werden kann (§§ 314 f. AO). Sie versetzt die vollstreckende Behörde in die Lage, die Forderung im eigenen Namen – durch Kündigung, Aufrechnung oder Leistungsklage – geltend zu machen. Der Drittschuldner hat die gepfändete Forderung im Fälligkeitszeitpunkt an den Pfändungsgläubiger auszuzahlen. Regelmäßig wird die Einziehungsverfügung mit der → Pfändungsverfügung verbunden und dem Drittschuldner zuzustellen. Der → Vollstreckungsschuldner ist zu unterrichten. Er ist verpflichtet, die zur Geltendmachung der gepfändeten Forderung erforderlichen Auskünfte zu erteilen und über die Forderung vorhandene Urkunden herauszugeben (§ 315 II AO).

einzige Anlaufstelle – 1. *Begriff* aus dem Umsatzsteuerrecht im Zusammenhang mit international tätigen Unternehmen: Das „Konzept der einzigen Anlaufstelle" bezeichnet ein System der Umsatzbesteuerung, bei dem ein Unternehmen trotz geschäftlicher Aktivität im gesamten Binnenmarkt seine umsatzsteuerlichen Verpflichtungen gegenüber allen Staaten der EU durch den Kontakt mit einer einzigen Behörde erledigen können soll. – 2. *Hintergründe:* Gegenwärtig gilt als Grundsatz, dass ein Unternehmer in einem Land, wo er steuerbare Umsätze ausführt, im Regelfall (außer wenn er infolge des → Reverse-Charge-Verfahrens nicht der Steuerschuldner ist) auch eine Steuererklärung abgeben muss. Dies kann im Extremfall zu monatlichen Steuererklärungspflichten in bis zu 27 EU-Ländern führen, ein Zustand, der allg. mittlerweile als ein massives Hindernis für das Funktionieren des Europäischen Binnenmarktes angesehen wird, zumal damit erhebliche Kommunikations- und Steuerberatungskosten verbunden sind. Das angestrebte Konzept einer „einzigen Anlaufstelle" sieht als Abhilfe für diese Situation vor, dass das Unternehmen zwar weiterhin seine Steuern an die verschiedenen EU-Staaten zahlen muss, es aber nur eine einzige, umfassende Steuererklärung erstellen soll, in der die Umsätze nach Ländern geordnet aufgeführt sind. Diese Steuererklärung soll dann von dem Finanzamt eines einzigen EU-Landes – typischerweise: dem Heimatstaat des Unternehmens – entgegengenommen und bearbeitet werden, und dieses Finanzamt soll auch die Verteilung des Geldes an die Empfängerstaaten übernehmen. Dieses Konzept hat den Vorteil, die Abgabe der Steuererklärung, ihre Berichtigung und die Beantwortung von Nachfragen naturgemäß erheblich zu erleichtern. Nachteil des Konzepts ist freilich, dass sich hierdurch die einzelnen EU-Staaten hinsichtlich eines Teils ihrer Umsatzsteuereinnahmen von der Arbeit der Steuerbeamten anderer Länder und der pünktlichen Zahlung der vereinnahmten Steuereinnahmen durch diese abhängig machen. – 3. *Gegenwärtige Einsatzgebiete:* „Konzept der einzigen Anlaufstelle" ist bislang von der EU nur getestet worden im Zusammenhang mit der Besteuerung von Dienstleistern aus dem Drittland, die elektronische Dienstleistungen an private Abnehmer in der EU anbieten und deshalb in jedem Mitgliedsstaat der Steuer unterliegen können. Für sie besteht als Wahlrecht die Möglichkeit, sich in nur einem einzigen Mitgliedsstaat umsatzsteuerlich registrieren zu lassen, der dann die Bearbeitung der Steuererklärung und die Weiterleitung der Gelder übernimmt. Ab 2015 wird sie auf alle Unternehmen ausgeweitet werden, die elektronische Dienstleistungen an Private erbringen; das hängt damit zusammen, dass auch EU-Unternehmen, die solche Dienstleistungen anbieten, ab 2015 im Land des jeweiligen Kunden steuerbar werden, möglicherweise also ebenfalls in 27 Mitgliedsstaaten. Eine Bereitschaft, das Konzept der einzigen Anlaufstelle nicht mehr nur als Pilotprojekt für diese einzelne Branche einzusetzen, sondern generell auf alle Branchen auszuweiten, bestand jedoch bislang offenbar noch nicht. – 4. *Entwicklungsperspektiven:* Das Konzept der einzigen Anlaufstelle könnte langfristig, weil die Erledigung steuerlicher Verpflichtungen gegenüber anderen Ländern wesentlich einfacher werden würde, zu weiteren Vereinfachungen im Umsatzsteuerrecht Anlass geben, z.B. würde man die → Lieferschwellen in der → Versandhandelsregelung vermutlich dann streichen können.

einzige Steuer → Alleinsteuer.

EK – früher gebräuchliche Abkürzung für die steuerrechtlichen Teilbeträge des → verwendbaren Eigenkapitals im Rahmen des alten → körperschaftsteuerlichen Anrechnungsverfahrens. Je nach der Vorbelastung, der die Eigenkapitalbeträge bei ihrer Bildung unterworfen worden waren, unterschied man EK 56 (mit 56 Prozent KSt vorbelastet), EK 50 (mit 50 Prozent vorbelastet), etc. und verschiedene Arten von EK 0 (nicht vorbelastet, aber aus unterschiedlichen Gründen). – Die EK-Einteilung wurde beim Übergang zum → Halbeinkünfteverfahren überflüssig und abgeschafft.

elektronische Dienstleistung – Dienstleistungen, die durch das Internet oder ähnliche elektronische Medien bestellt und erbracht werden, z.B. Onlinezugriff auf Datenbanken, Programmdownloads. – *Umsatzsteuerliche Behandlung:* → elektronischer Geschäftsverkehr.

elektronische Lohnsteuerbescheinigung – 1. *Begriff:* vom Arbeitgeber am Ende des Dienstverhältnisses oder am Ende des Kalenderjahres auszufertigende Bescheinigung (§ 41b EStG). Die elektronische Lohnsteuerbescheinigung muss auf elektronischem Weg an eine amtlich vorgeschriebene Stelle übermittelt werden; diese Übermittlung muss bis spätestens zum 28. Februar des Folgejahres durchgeführt worden sein. – 2. *Inhalt:* In der elektronischen Lohnsteuerbescheinigung müssen alle für die Lohnsteuererhebung wichtigen Daten übermittelt werden: a) Name, Vorname, Geburtsdatum und Anschrift des Arbeitnehmers, die auf der → Lohnsteuerkarte eingetragenen Besteuerungsmerkmale, der amtliche Gemeindeschlüssel, Bezeichnung und Nummer des Finanzamts, an das die Steuer abgeführt worden ist, und die Steuernummer des Arbeitgebers. – b) Angaben zur Dauer des Kalenderjahres und die Anzahl der U-Vermerke im Lohnkonto (Vermerk für Arbeitsperioden von mind. fünf Tagen, für die der Lohnanspruch im Wesentlichen weggefallen ist). – c) Art und Höhe des gezahlten Arbeitslohnes und ggf. den Großbuchstaben S (den Vermerk für sonstige Bezüge). – d) Höhe der einbehaltenen → Lohnsteuer, der → Solidaritätszuschlag und die → Kirchensteuer, sowie zusätzlich den Großbuchstaben, wenn das Dienstverhältnis vor Ablauf des Kalenderjahres endet und der Arbeitnehmer für einen abgelaufenen Lohnzahlungszeitraum oder -abrechnungszeitraum des Kalenderjahrs nach Maßgabe der Vorsorgepauschale nach § 10 c EStG zu besteuern war (d.h. nach der bes. Lohnsteuertabelle). – e) bezogenes Kurzarbeitergeld, Schlechtwettergeld, Winterausfallgeld, Zuschuss zum → Mutterschaftsgeld und ähnliche Bezüge. – f) auf die → Entfernungspauschale anzurechnende steuerfreie oder pauschal besteuerte Leistungen des Arbeitgebers für Fahrten zwischen → Wohnung und Arbeitsstätte. – g) die nach § 3 Nr. 63 steuerfrei gezahlten Bezüge für → Altersvorsorge (Beiträge an Pensionskasse oder Pensionsfonds). – h) der Großbuchstabe F für die Durchführung steuerfreier Sammelbeförderung nach § 3 Nr. 32 EStG. – i) die steuerfrei ausgezahlten Verpflegungszuschüsse und Vergütungen für → doppelte Haushaltsführung. – j) die steuerfrei gezahlten Zuschüsse zu freiwilligen Kranken- und Pflegeversicherungen. – k) der Arbeitnehmeranteil am Gesamtsozialversicherungsbeitrag. – 3. *Verfahren:* Neben der Übermittlung der elektronischen Lohnsteuerbescheinigung ist dem → Arbeitnehmer ein nach amtlichem Muster gefertigter Ausdruck der elektronischen Lohnsteuerbescheinigung auszuhändigen oder zum Zugriff auf elektronischem Weg bereitzustellen. – 4. *Lohnsteuerliches Ordnungsmerkmal:* Zur Datenübermittlung muss der Arbeitgeber aus Name, Vorname und Geburtsdatum des Arbeitnehmers nach amtlich festgelegter Regel ein Ordnungsmerkmal (Schlüsselzahl) für den Arbeitnehmer bilden. Dieses Merkmal darf nur verwendet werden für die Zuordnung der elektronischen Lohnsteuerbescheinigung oder für sonstige steuerliche Zwecke. Sobald die Identifikationsnummern eingeführt worden sind (§ 139b AO), werden anstelle der lohnsteuerlichen Ordnungsmerkmale (eTIN) in Zukunft dann nur noch diese verwendet werden (§ 41b II EStG). – 5. *Ausnahmen von der elektronischen Lohnsteuerbescheinigung:* Arbeitgeber, die keine maschinelle Lohnabrechnung besitzen und auch keine elektronische Lohnsteuerbescheinigung erteilen, dürfen in bestimmten Ausnahmefällen noch eine traditionelle Lohnsteuerbescheinigung auf der Lohnsteuerkarte erteilen und zwar,wenn sie ausschließlich geringfügig beschäftigte Arbeitnehmer im eigenen Privathaushalt beschäftigen (§ 41b III EStG). – Vgl. auch → elektronisches Lohnsteuerverfahren.

elektronische Rechnung → Rechnung im Sinn des Umsatzsteuergesetzes (§§ 14 ff. UStG), die nicht auf Papier erstellt und ausgedruckt, sondern auf elektronischem Wege erstellt und übermittelt wird. Die elektronische Rechnung muss mit einer qualifizierten elektronischen Signatur oder einer qualifizierten elektronischen Signatur mit Anbieter-Akkreditierung versehen sein oder bestimmten Anforderungen an den elektronischen Datenaustausch genügen (die genauen Anforderungen normiert § 14 III UStG). Sie gilt als vollwertige Rechnung, die ihrem Empfänger insbesondere den Vorsteuerabzug ermöglicht. – 2. Die Vorgaben dafür, was als elektronische Rechnung anzuerkennen ist, sind EU-weit harmonisiert (insbesondere Art. 233 der → Mehrwertsteuersystemrichtlinie). – 3. Die EU-Mitgliedstaaten können den in ihrem Hoheitsgebiet ansässigen Steuerpflichtigen zur Auflage machen, einen vollständigen Onlinezugriff auf die Daten der elektronischen Rechnung zu gewährleisten (vgl. Art. 245 Mehrwertsteuersystemrichtlinie).

elektronischer Geschäftsverkehr – 1. Zur Umsetzung der *E-Commerce-Richtlinie 2000* ist in § 312e BGB bestimmt, dass der Unternehmer, der sich zum Zwecke des Abschlusses von Verträgen über die Lieferung von Waren oder die Erbringung von Dienstleistungen eines Tele- oder Mediendienstes bedient, bestimmte Pflichten gegenüber dem Kunden hat. Er muss (1) angemessene, wirksame und zugängliche Mittel zur Verfügung stellen, damit der Kunde Eingabefehler vor der Abgabe der Bestellung korrigieren kann; (2) nach der BGB-Informationspflichten-Verordnung i.d.F. vom 5.8.2002 (BGBl. I 3002) bestimmte Informationen über Vertragsschluss, Datenspeicherung, Sprachen und Verhaltensregelwerke geben; (3) den Zugang der Bestellung unverzüglich auf elektronischem Weg bestätigen und (4) Abruf und Speicherung der Vertragsbestimmungen ermöglichen. – 2. *Umsatzsteuerliche Behandlung:Grundsätzliches:* Bei der Umsatzsteuer ist zunächst zu unterscheiden, ob lediglich der Vertragsabschluss auf elektronischem Wege erfolgt, anschließend dann aber eine Lieferung bestellter Ware auf traditionellem Wege, oder ob nicht nur die Bestellung, sondern auch die Ausführung der Leistung auf dem Wege über das Internet erfolgt (nur Letzteres ist „auf elektronischem Wege erbrachte Dienstleistung" im Sinne der Umsatzsteuer). – a) Erfolgt nur der Abschluss der Ware auf elektronischem Wege, die Auslieferung aber traditionell, gelten die ganz normalen umsatzsteuerlichen Regeln: → Lieferung, → sonstige Leistung, → Ort der Lieferung, → Ort der sonstigen Leistung. – b) Für auf elektronischem Wege erbrachte Leistungen gelten dagegen folgende Besonderheiten:aa) Es handelt sich in allen Fällen um sonstige Leistungen, nicht um Lieferungen (da über das Netz keine Verfügungsmacht über einen Gegenstand verschafft, sondern

nur Daten transferiert und Rechte eingeräumt werden können).bb) Leistungen zwischen Unternehmen werden nicht in dem Land des Anbieters, sondern im Land des Kunden der Besteuerung unterworfen (§ 3a IV UStG bis Ende 2009, danach mit gleichem Ergebnis § 3a II UStG 2010). Ist der Anbieter ein ausländischer Unternehmer, hat im Regelfall der Kunde für die Zahlung der Steuer zu sorgen, zahlt also nur einen Nettopreis, und der Anbieter darf keine Umsatzsteuer in Rechnung stellen (§ 13b UStG; → Reverse-Charge-Verfahren).cc) elektronisch erbrachte Umsätze eines privaten Abnehmer werden nach Ablauf einer Übergangsfrist (bis 2015) jeweils am Wohnort des privaten Kunden der Besteuerung unterworfen; das wird dazu führen, dass Unternehmer, die solche Dienstleistungen anbieten, relativ leicht gleichzeitig in allen 27 Mitgliedsstaaten der EU der Umsatzsteuer unterliegen können. Geplant ist, dieser Problematik im Zusammenhang mit den Steuererklärungspflichten dadurch Rechnung zu tragen, dass die betroffenen Unternehmen in einem einzigen Staat der EU eine Steuererklärung über all ihre steuerlichen Verpflichtungen gegenüber den 27 Mitgliedsstaaten abgeben können und dass dieser Mitgliedsstaat dann die weitere Bearbeitung des Falles und die Verteilung des Geldes gegenüber allen übrigen Staaten übernimmt (Konzept der → einzigen Anlaufstelle). Gegenwärtig wird diese Regelung bereits gegenüber Drittstaatenanbietern praktiziert (§ 3a IIIa UStG bis Ende 2009), während EU-Unternehmen noch für eine Übergangszeit eine Versteuerung der an privat erbrachten Umsätze in ihrem Sitzstaat durchführen können (§ 3a I UStG). Administratives Hauptproblem an der Versteuerung im Land des privaten Kunden wird für alle betroffenen Unternehmer sein, den Wohnort des Kunden überhaupt hinreichend rechtssicher feststellen zu können; das erklärt und rechtfertigt die Einräumung einer Übergangsfrist bis 2015. – 3. Bei der *Einkommen-/Körperschaftsteuer* gelten für den elektronischen Geschäftsverkehr bislang keine bes. Regelungen. Ausschlagend dafür, wo Steuern zu zahlen sind, ist also letztlich das → Betriebsstättenprinzip, und zwar sowohl für die lediglich auf elektronischem Wege angebahnten wie auch für die auch auf elektronischem Wege ausgeführten Leistungen. Allerdings ist beim elektronischen Geschäftsverkehr zu beachten, dass die Standortwahl bei Unternehmen hier kaum von den natürlichen Gegebenheiten der jeweiligen Länder abhängt; hier ist es also möglich, dass Steuerunterschiede einen erheblichen Einfluss auf die Standortwahl haben und der internationale Steuerwettbewerb deshalb erhebliche Bedeutung erlangt.

Elektronischer Zolltarif (EZT) – Die Druckausgabe des Deutschen Gebrauchs-Zolltarifs (DGebrZT) wurde eingestellt und zum 1.1.1999 durch den Elektronischen Zolltarif ersetzt. Der Elektronische Zolltarif ist eine nationale Zusammenstellung vielfältiger Rechtsquellen. Ausgangspunkt ist der gemeinsame Zolltarif der EU (s. hierzu → Einreihung in den Zolltarif). Eingearbeitet sind die vielfältigen durch Präferenzen ermäßigten Abgabensätze, Hinweise auf Verbote und Beschränkungen, Genehmigungen, Steuersätze usw. Die deutsche Zollverwaltung bietet den EZT online an.

elektronisches Lohnsteuerverfahren – Die Erhebung der Lohnsteuer wird seit etwa 2005 zunehmend auf elektronische Verfahren umgestellt. So gilt – 1. seit 2005, dass die *Lohnsteuer-Anmeldung*, also die Mitteilung des Arbeitgebers an die Finanzverwaltung über die Höhe der von ihm abzuführenden Lohnsteuerbeträge (→ Lohnsteueranmeldung) auf elektronischem Wege durchzuführen ist (§ 41a I EStG). Dabei ergibt sich das Format der Daten und die sonstige notwendige Technik aus der Steuerdaten-Übermittlungsverordnung. Nur in Härtefällen kann das Finanzamt auf eine elektronische Lohnsteueranmeldung verzichten; in diesem Fall ist die Lohnsteuer-Anmeldung vom Arbeitgeber selbst oder einer zu seiner Vertretung berechtigten Person zu unterschreiben. – 2. Die *Übermittlung aller relevanten Daten* an das Finanzamt hat durch die elektronische Lohnsteuerbescheinigung zu erfolgen; dabei hat der Arbeitgeber ein nach amtlichen Vorgaben gebildetes lohnsteuerliches Ordnungsmerkmal zu verwenden, mit dem der Arbeitnehmer identifiziert werden kann (sog. eTIN), § 41b EStG. Nach Einführung der Identifikatonsnummern fällt dieses bes. lohnsteuerliche Merkmal zugunsten der allg. Identifikationsnummer weg (§ 41b II EStG). – 3. Ab 2013 soll außerdem die bisherige Lohnsteuerkarte durch eine *elektronische Vorhaltung der Lohnsteuerabzugsmerkmale* beim Bundeszentralamt für Steuern ersetzt werden (§ 39e EStG; elektronische Lohnsteuerabzugsmerkmale), diese Merkmale soll der Arbeitgeber dann auf elektronischem Wege abrufen können (Abrufverfahren). Dem Arbeitgeber wird beim Antritt eines Dienstverhältnisses vom Arbeitnehmer dann in Zukunft – statt der bisherigen Übergabe der Lohnsteuerkarte – nur noch seine Idenfikationsnummer und sein Geburtsdatum mitgeteilt. – 4. In *Ausnahmefällen* ist es denkbar, sich als Arbeitgeber von der Teilnahme am elektronischen Verfahren befreien zu lassen; bspw. besteht diese Möglichkeit für Personen, die lediglich als Arbeitgeber von geringfügig besteuerten Arbeitnehmern im Privathaushalt lohnsteuerabzugspflichtig sind (§ 41b III EStG, § 39e EStG).

ELENA – Durch die Einführung des Elektronischen Entgeltnachweises (ELENA) mussten alle → Arbeitgeber seit 1.1.2010 monatlich die Entgeltdaten ihrer Beschäftigten elektronisch an die Zentrale Speicherstelle (ZSS), die bei der Datenstelle der Träger der Rentenversicherung (DSRV) eingerichtet war, übermitteln. – Die elektronische Übermittlung der Entgeltdaten sollte Verwaltungskosten senken und die Bewilligung von Sozialleistungen vereinfachen. – Ab 2012 sollte für die Arbeitgeber die Pflicht entfallen, für gesetzlich geregelte Bescheinigungsarten

(Sozialleistungen: zz. → Arbeitslosengeld, Elterngeld, Wohngeld) Bescheinigungen auszustellen, im Gegenzug sollten die Leistungsträger die Daten verschlüsselt direkt bei der ZSS abrufen können. – Der Leistungsempfänger erteilte seine Erlaubnis zum Datenabruf mittels einer → Signaturkarte. – Wie die erforderlichen Daten gemeldet, gespeichert und abgerufen werden, war im ELENA – Verfahrensgesetz vom 28.3.2009 geregelt. – Das ELENA-Verfahren wurde am 03.12.2011 per Gesetz aufgehoben und die bisher gespeicherten Daten wurden gelöscht. Hintergrund der Aufhebung sind die unverhältnismäßigen Kosten, die für alle Beteiligten entstehen, um das Sicherheitsniveau der Datenschutzanforderungen zu garantieren, da Probleme mit der dafür erforderlichen qualifizierten elektronischen Signatur auftraten.

ELSTER – amtliche Abk. für das Programm *Elektronische Steuererklärung* der dt. Finanzverwaltung. Ziel von ELSTER ist es, zur Verwaltungsvereinfachung die Abgabe von Steuererklärungen über das Internet zu ermöglichen.

Endrechnung → Rechnung (oder ggf. → Gutschrift) über einen Liefer- oder Leistungsvorgang, für den zuvor bereits eine Anzahlung verlangt wurde. Da auch für die Anzahlung bereits eine Rechnung mit Umsatzsteuerausweis ausgestellt werden durfte, muss in der Gestaltung der Endrechnung gesichert sein, dass der Empfänger der Endrechnung nicht irrtümlich nochmals die Vorsteuer für den gesamten Rechnungsbetrag geltend machen kann. Daher wird gesetzlich verlangt, dass in einer Endrechnung die vor Ausführung der Leistung vereinnahmten Teilentgelte und Vorsteuerbeträge offen abzusetzen sind (§ 14 V UStG). Einzelheiten, was die Finanzverwaltung als Vorgaben für die konkrete Ausgestaltung einer Endrechnung verlangt, enthält Abschn. 187 UStR.

End User Control (EUC) – *Endanwender-Kontrolle, Endverbleibs-Kontrolle, Re-Export-Kontrolle, Wiederausfuhrkontrolle;* Kontrollpflicht, bestehend bez. Waren einschließlich Fertigungsunterlagen, deren → Ausfuhr aufgrund von COCOM-Beschlüssen, UN-Embargobeschlüssen und des Vertrages über die Nichtverbreitung von Kernwaffen oder sonstiger Regelungen in bestimmte Länder genehmigungspflichtig ist. Der Endverbleib der mit einer Ausfuhrgenehmigung exportierten Waren in dem in Aussicht genommenen Empfängerland ist sicherzustellen. Das für die Beantragung einer Ausfuhrgenehmigung für Embargoware maßgebliche Verfahren richtet sich nach Bestimmungsort/-land und ggf. dem Empfänger der auszuführenden Waren. Mit festgelegten Formularen ist der Endverbleib der Genehmigungsbehörde nachzuweisen, in Deutschland nach Beteiligung der Zollbehörden dem Bundesamt für Wirtschaft und Ausfuhrkontrolle (BAFA).

Energiesteuer – 1. *Begriff:* Die Energiesteuer gehört zu den bundesgesetzlich geregelten Verbrauchsteuern und ist damit eine → indirekte Steuer. Mit ihr wird die Verwendung der unten genannten Stoffe als Kraft- und Heizstoffe innerhalb des dt. Steuergebiets (Bundesrepublik Deutschland ohne das Gebiet von Büsingen und ohne die Insel Helgoland) besteuert. – 2. *Rechtsgrundlage*: Das Energiesteuergesetz (EnergieStG) und die Energiesteuer-Durchführungsverordnung (EnergieStV). – 3. Die Steuer wird von der Zollverwaltung verwaltet, die Einnahmen stehen dem Bund zu. Die Energiesteuer gehört zu den innerhalb der EG harmonisierten Verbrauchsteuern und unterliegt der länderübergreifenden, EG-einheitlichen Überwachung. – 4. *Steuergegenstand*: Energiearten fossiler Herkunft (Mineralöle, Erdgas, Flüssiggase) sowie nachwachsende Energiearten wie Pflanzenöle oder Alkohole als Heiz- oder Kraftstoff in der Bundesrepublik Deutschland. Daneben wurden die weiteren fossilen Energieträger Steinkohle und Braunkohle sowie Koks als auch Schmierstoffe aufgenommen. Die Höhe der Steuer ist in § 2 EnergieStG für jedes der unterschiedlichen Energieerzeugnisse einzeln festgelegt; dort nicht ausdrücklich aufgeführte Energieerzeugnisse unterliegen dem Steuersatz für dasjenige Energieerzeugnis, dem sie nach Beschaffenheit und Verwendungszweck am nächsten stehen (§ 2 IV EnergieStG). Für die Verwendung in bestimmten begünstigten Anlagen fällt die Steuer geringer aus (§ 2 II, § 3, 3a EnergieStG). – 5. *Verfahren*: Energieerzeugnisse dürfen nach ihrer Herstellung solange noch steuerfrei belassen bleiben, wie sie in einem von der Finanzverwaltung zugelassenen Steuerlager (Betrieb, z.B. Großhandel, Großhandelsvertrieb etc.) verbleiben. Die Steuer fällt an, wenn sie aus einem Steuerlager ausgelagert werden, ohne erneut in ein Verfahren der Steueraussetzung überführt zu werden, oder bei anderweitiger Überführung in den freien Verkehr. Steuerschuldner ist normalerweise der Inhaber des Steuerlagers. – 6. *Grenzüberschreitende Aspekte*: Das Verfahren der Steueraussetzung (d.h. einstweiliges Nichtanfallen der Steuer) kann fortgesetzt werden, bis Energieerzeugnisse aus dem Gebiet der EU ausgeführt worden sind (§ 13), d.h. Ausfuhren können unbelastet erfolgen. Innerhalb der EU können Energieerzeugnisse unter Steueraussetzung (im Wesentlichen: nur) an die Inhaber anderer zugelassener Steuerlager und ihnen gleichgestellte Empfänger geliefert werden, d.h. grenzüberschreitende Lieferungen an Private wären zu versteuern. – 7. *Aufkommen*: 39,8 Mrd. Euro (2009). – 8. *Auswirkungen, Hintergründe*: Die Einführung der Energiesteuer geht zurück auf die Energiesteuer-Richtlinie der EU (RL 2003/96 zur Restrukturierung der gemeinschaftlichen Rahmenvorschriften zur Besteuerung von Energieerzeugnissen und elektrischem Strom (EnergieStRL). Sie hat u.a. das frühere deutsche Mineralölsteuergesetz abgelöst (seit 1.8.2006).

Energiesteuerrichtlinie – 1. *Begriff*: Richtlinie (EG) 2003/96 des Rates zur Restrukturierung der gemeinschaftlichen Rahmenvorschriften zur Besteuerung von Energieerzeugnissen und elektrischem Strom

vom 27.10.2003 (EG-Amtsblatt Nr. L 283, S. 51ff.). Eine Richtlinie der EU mit umfassenden Vorgaben darüber, wie die Mitgliedsstaaten der EU die Besteuerung von Energieerzeugnissen auszugestalten haben. Die Vorgaben dieser Richtlinie sind daher maßgeblich bei allen Zweifelsfragen, die das Energiesteuergesetz aufwerfen könnte, da im Zweifelsfall davon auszugehen ist, dass der dt. Gesetzgeber durch das Energiesteuergesetz den Vorgaben dieser Richtlinie folgen wollte (gemeinschaftsrechtskonforme Auslegung). Rechtsgrundlage ist Art. 93 EG-Vertrag, der eine Harmonisierung indirekter Steuern gestattet, wenn zu unterschiedliche Regelungen das Funktionieren des Binnenmarktes beeinträchtigen könnten. Die Richtlinie hat die früheren Richtlinien der EU über die Mineralölsteuer abgelöst. – 2. *Inhalt*: Die Richtlinie setzt voraus, dass die Energiesteuererhebung dem allg. System über die Erhebung der Verbrauchsteuern, das die EU festgelegt hat (→ Verbrauchsteuersystemrichtlinie) folgt und legt fest, was Energieerzeugnisse sind (Struktur der Steuer) und wie hoch die Mindeststeuerbelastung in den Mitgliedsstaaten sein muss. Die Mitgliedsstaaten haben jedoch die Wahl, ob sie die vorgeschriebene Mindestbelastung mit Verbrauchsteuern durch die Erhebung einer einzigen Steuer verwirklichen wollen oder ob sie verschiedene Steuerarten nebeneinander erheben wollen. – 3. *Steuerbefreiungen*: Die Richtlinie enthält Steuerbefreiungen und -begünstigungen teils obligatorisch, teils als Mitgliedsstaatenwahlrecht, teils als Übergangsregelungen für einzelne Mitgliedsstaaten. Als für alle Mitgliedsstaaten obligatorische Befreiungen sind insbesondere zu nennen: a) Verwendung als Kraftstoff für die Luftfahrt, sofern es sich nicht um nichtgewerbliche private Luftfahrt geht; – b) Verwendung als Kraftstoff für die Schifffahrt in Meeresgewässern der Gemeinschaft, wiederum mit Ausnahme der privaten nichtgewerblichen Schifffahrt. Mitgliedsstaatenwahlrechte sind dagegen Grundlage für mögliche Steuerbefreiungen oder -ermäßigungen bei Solarstrom, Kraft-Wärme-Kopplungsanlagen und bestimmten anderen umweltpolitischen förderungswürdigen Konstellationen.

Enkelgesellschaft – 1. *Begriff*: (Kapital-)Gesellschaft, die einer Tochtergesellschaft des eigenen Unternehmens gehört. – 2. *Steuerliche Behandlung*: a) *Inland*: Eine Enkelgesellschaft kann Organgesellschaft (ihrer Großmuttergesellschaft) sein, wenn finanzielle Eingliederung (über Mehrheitsbeteiligung an der Tochterkapitalgesellschaft) und Gewinnabführungsvertrag gegeben sind (steuerliche Behandlung vgl. → Organschaft). Wenn die Beteiligung an der Enkelgesellschaft über eine Tochtergesellschaft im EU-Ausland gehalten wird, ist das steuerlich unschädlich (EuGH). – b) *Ausland*: Wenn Dividenden aus einer Tochterkapitalgesellschaft in der EU einer europäischen Mutterkapitalgesellschaft in einem anderen EU-Staat zufließen und dieser Staat die empfangenen Dividenden nicht ohnehin von seiner KSt befreit, muss er neben der Vorbelastung durch Körperschaftsteuer im Staat der Tochter auch eine eventuelle Vorbelastung im Staat der hinter dieser stehenden Enkelgesellschaft auf seine eigenen Steuerforderung anrechnen, sofern auch die Enkelgesellschaft die Voraussetzungen der Mutter-Tochter-Richtlinie erfüllt (Art. 4 MTRL). – Obwohl die Hinzurechnungsbesteuerung im Grundsatz nach den Einkünften ausländischer Tochterkapitalgesellschaften inländischer Steuerpflichtiger fragt, kann gleichwohl durch die Gründung einer ausländischen Enkelgesellschaft die Hinzurechnungsbesteuerung für Zwischengesellschaften nicht umgangen werden, da die Regelungen über die Hinzurechnungsbesteuerung auch für Einkünfte aus Enkelgesellschaften, Urenkelgesellschaften etc. sinngemäß gelten (§ 14 AStG).

Entbindungsbeihilfen → Geburtsbeihilfe.

Entfernungspauschale – 1. *Begriff:* Aufwendungen des Arbeitnehmers für die Fahrten zwischen Wohnung und regelmäßiger Arbeitsstätte und für Familienfahrten können vom Arbeitnehmer durch die sog. Entfernungspauschale steuermindernd als → Werbungskosten berücksichtigt werden. Die Entfernungspauschale kann zur Abgeltung der Fahrtkosten zwischen Wohnung und regelmäßiger Arbeitsstätte je Arbeitstag, für Familienheimfahrten einmal pro Woche für jeden Entfernungskilometer zwischen dem Ort des eigenen Hausstandes und dem Beschäftigungsort geltend gemacht werden. – 2. *Höhe:* Je Entfernungskilometer wird eine Pauschale in Höhe von 0,30 Euro je Entfernungskilometer gewährt. Diese ist unabhängig davon, ob und inwieweit der Arbeitnehmer tatsächlich Aufwendungen für die betreffenden Fahrten hat (§ 9 I 4 EStG). Die Pauschale ist für die kürzeste, verkehrsgünstigste Entfernung für jeden Arbeitstag und unabhängig von dem Verkehrsmittel anzuwenden. Der maximale Pauschalbetrag beläuft sich auf 4.500 Euro pro Jahr. Die den Maximalbetrag übersteigenden Kosten sind nur abziehbar, wenn der Arbeitnehmer einen eigenen oder ihm zur Nutzung überlassenen Pkw benutzt. Mit der Entfernungspauschale sind grundsätzlich alle Fahrtkosten abgegolten. – 3. *Ausnahme:* a) Bei Beförderung des Arbeitgebers durch steuerfreie Sammelbeförderung; Eine Minderung erfolgt nicht, wenn der Arbeitgeber dem Arbeitnehmer steuerfreie Rabatte auf eigene Beförderungsdienstleistungen gewährt; b) Behinderte können statt der Pauschale die tatsächlichen Fahrtkosten ansetzen (§ 9 II EStG); c) bei der Nutzung von öffentlichen Verkehrsmitteln können ebenso die tatsächlichen Kosten berücksichtigt werden, wenn diese die Entfernungspauschale übersteigen (§ 9 II EStG); Durch das Steuervereinfachungsgesetz 2011 wurde eine neue Regelung eingeführt. Demnach ist die Vergleichsrechnung, ob die tatsächlichen Aufwendungen für die Nutzung öffentlicher Verkehrsmittel angesetzt werden können, wenn sie die Entfernungspauschale überbsteigen, jahresweise und nicht tageweise durchzuführen. d) bei Nutzung eines Flugzeuges entfällt die Begünstigung

der Entfernungspauschale (§ 9 I 2 EStG) komplett. – *Anders:* → Reisekosten.

Entgelt – 1. *Begriff:* Entgelt ist Tatbestandsmerkmal (→ Leistungsaustausch) und Bemessungsgrundlage (§ 10 UStG) der → Umsatzsteuer. Entgelt umfasst die Aufwendungen des Empfängers einer → Lieferung und → sonstigen Leistung für ihren Erhalt; dazu gehört auch das, was ein anderer als der Empfänger dem Unternehmer für diese Lieferung oder sonstige Leistung gewährt. Entgelt besteht in Geld und/oder Leistung. – 2. *Umfang:* a) *Zum Entgelt gehören* (1) Abschlusszahlungen; (2) Zuschüsse von dritter Seite, die in einem kausalen Zusammenhang mit der Leistung stehen; (3) Preis eines Pfandscheines zzgl. der Pfandsumme bei Übertragung von Pfandscheinrechten; (4) Wert einer empfangenen Leistung bei einem Tausch bzw. tauschähnlichen Umsatz. – b) *Nicht zum Entgelt gehören* → durchlaufende Posten; Auslagen eines Spediteurs oder Frachtführers an → Zoll und → Einfuhrumsatzsteuer (EuSt) für den Auftraggeber; zurückgewährte Entgelte, Preisnachlässe, Rabatte und Skonti; Säumniszuschläge und Verzugszinsen; Vertragsstrafen mit Schadensersatzcharakter; Diskont bei Weitergabe eines Wechsels, ausgenommen er wird erstattet. – c) Die → Umsatzsteuer selbst gehört nicht zum Entgelt (→ Nettoumsatzsteuer). – 3. *Die Entgelt ersetzende Bemessungsgrundlagen:* a) Beim steuerpflichtigen → Eigenverbrauch: Einkaufspreis oder Selbstkosten bzw. die entstandenen Kosten oder Aufwendungen. – b) Bei Lieferungen oder sonstigen Leistungen an *Gesellschafter, Arbeitnehmer* und dem Unternehmer nahe stehende Personen: Entgelt, mind. aber die → Mindestbemessungsgrundlage.

Entlastungsbetrag → Verschonungsabschlag.

Entlastungsbetrag für Alleinerziehende – erhalten Steuerpflichtige, die unter den Voraussetzungen für eine Zusammenveranlagung erfüllen und auch nicht mit einer anderen Person außer ihren eigenen Kindern in häuslicher Gemeinschaft leben, der Betrag beläuft sich auf 1.308 Euro im Jahr (§ 24b EStG).

Entnahme – *Privatentnahmen.*

I. *Allgemeines:* 1. *Begriff:* Entnahme von Wirtschaftsgütern (Geld, Waren, Erzeugnisse, Nutzungen und Leistungen) durch → Unternehmer oder → Mitunternehmer aus dem Betrieb für sich, seinen Haushalt oder andere betriebsfremde Zwecke. Zu den Entnahmen gehören auch die aus Betriebsmitteln gezahlten Einkommen-, Kirchen-, Erbschaftsteuern. – 2. Entnahme von Geld aus dem Gesellschaftsvermögen ist dem *Gesellschafter der OHG* sowie dem *Komplementär* der KG bis zu 4 Prozent seines Kapitalanteils gestattet (§ 122 HGB), außer im diesem Geschäftsjahr. Darüber hinaus kann er seinen diesen Betrag übersteigenden Gewinnanteil des letzten Jahres verlangen, wenn die Auszahlung der Gesellschaft nicht schadet. Weitere Entnahmen nur mit Einwilligung der anderen Gesellschafter. Die Gesellschaft ist verpflichtet, Geld zum Zwecke der gesetzlichen Entnahmen zur Verfügung zu halten. Der Anspruch auf Entnahme entfällt nach Fertigstellung der nächsten Jahresbilanz, wobei der nicht erhobene Betrag dem Kapitalanteil zuwächst. Der → Kommanditist hat nur Anspruch auf ihm zustehenden Gewinn. Er kann keine Auszahlungen verlangen, solange sein Kapitalanteil die Haftsumme nicht erreicht. – 3. *Buchung*: Entnahmen mindern den Gewinn nicht, sie werden entweder über Privatkonten, die Unterkonten der Eigenkapitalkonten sind, oder direkt über Eigenkapitalkonten gebucht.

II. *Steuerrecht*: 1. *Begriff*: Entnahmen sind alle → Wirtschaftsgüter (Geld, Waren, Erzeugnisse, Nutzungen und Leistungen), die der Steuerpflichtige dem Betrieb für sich, seinen Haushalt oder andere betriebsfremde Zwecke entnommen hat (§ 4 I 2 EStG). – 2. *Gewinnauswirkung*: Entnahmen dürfen gemäß § 4 I 1 EStG den Gewinn nicht beeinflussen. Soweit sie bei der Gewinnermittlung durch → Betriebsvermögensvergleich nach den §§ 4 I, 5 I EStG das → Betriebsvermögen vermindert haben, sind sie dem Gewinn hinzuzurechnen. – 3. *Bewertung*: Entnahmen sind gemäß § 6 I Nr. 4 EStG mit dem → Teilwert und in besonderen Fällen auch mit dem gemeinen Wert anzusetzen. – *Ausnahme*: Buchwertansatz bei unentgeltlicher Überlassung des entnommenen Wirtschaftsgutes an bestimmte Körperschaften und Vermögensmassen. Eine Sonderregelung gilt für die private Nutzung von betrieblichen Kfz (Entnahme von Nutzungen); hier kann die Entnahme entweder mit 1 Prozent des Listenpreises bei Erstzulassung oder durch genauen Nachweis der anteiligen Kosten bewertet werden (Ein-Prozent-Regelung, Fahrtenbuchmethode). – 4. *Behandlung bei der Umsatzsteuer*: → unentgeltliche Wertabgaben. – 5. *Besonderheiten*: Die Verbringung eines Wirtschaftsgutes aus Deutschland heraus in ein anderes Land, in dem die stillen Reserven zukünftig nicht mehr besteuert werden können (→ Verbringung ins Ausland), stellt zwar keine Entnahme dar, da die betreffenden Wirtschaftsgüter weiterhin Teil des betrieblichen Vermögens bleiben, wird aber einkommensteuerlich einer Entnahme gleich gestellt (§ 4 I Satz 3 EStG; die Gemeinsamkeit zur „echten" Entnahme liegt darin, dass auch bei diesem Vorgang das Wirtschaftsgut aus dem steuerpflichtigen Bereich in einen nicht mehr steuerverhafteten Bereich überführt wird).

entscheidungserhebliche Sachverhalte – Der Begriff wird u.a. auch im Bereich der Jahresabschlussprüfung verwendet. „Entscheidungserheblich" kann sowohl die Position des *Abschlussadressaten* als auch die Position des Wirtschaftsprüfers betreffen. Wenn das Unternehmen eine bestimmte Umsatz- oder Ergebnisgrenze überschritten hat (ein Vorgang, der u.U. schon frühzeitig von der Geschäftsleitung „annonciert" wurde), dann muss der Abschlussprüfer damit rechnen, dass die Abschlussadressaten bestimmte Entscheidungen von diesem Ereignis abhängig machen. Er ist demgemäß aufgefordert, sorgfältig

der Frage nachzugehen, ob die Grenze im normalen Gang der Geschäfte überschritten wurde oder ob dies nur mit bestimmten (legalen oder illegalen) Mitteln möglich war (Bilanzpolitik). – Die Prüfungsziele des Abschlussprüfers richten sich immer nach den Abschlussaussagen des Managements. Wenn dieses z.B. im Rahmen neuer Anlagen- oder Systemgeschäfte die Aussage trifft (die Behauptung aufstellt) dass Umsatz und Gewinn zu Recht realisiert wurden (Realisationsprinzip), dann benötigt der Abschlussprüfer ausreichende und angemessene Nachweise, dass diese Aussage stimmt. Für ihn ist also die Entscheidung wichtig, ein ganz bestimmtes → Prüfungsziel (hier den Bestand von Forderungen) mit Nachdruck zu verfolgen.

Entsendung von Arbeitnehmern – I. Begriff: 1. *EG-Richtlinie über die Entsendung von Arbeitnehmern* (Richtlinie 96/71/EG vom 16.12.1996 (ABl. L 18 S. 1ff vom 21.1.1997): Bezweckt, im Fall grenzüberschreitender Erbringung von Dienstleistungen den Arbeitnehmern die in wichtigen Teilbereichen gebräuchlichen Arbeitsbedingungen des Arbeitsorts als Mindestnorm zu gewährleisten und dadurch Wettbewerbsbedingungen für Unternehmen, die Dienstleistungen am gleichen Ort erbringen, tendenziell anzunähern (Produktionsort-Prinzip). – 2. *Gesetz über zwingende Arbeitsbedingungen für grenzüberschreitend entsandte und für regelmäßig im Inland beschäftigte Arbeitnehmer und Arbeitnehmerinnen* (Arbeitnehmer-Entsendegesetz – AEntG) vom 20.4.2009 (BGBl. I 799). a) Das Gesetz gilt für enumerativ aufgezählte Wirtschaftszweige mit mehr als 50 Prozent Tarifbindung. Dies sind folgende ausdrücklich genannte acht Branchen: Baugewerbe, Gebäudereinigung, Briefdienstleistung, Sicherheitsdienstleistungen, Bergbau, Wäschereibranche, Abfallwirtschaft sowie die Aus- und Weiterbildungsbranche. In diesen Branchen können Mindestlöhne eingeführt werden (zum Verfahren s. unten unter c). Die Zeitarbeitsbranche wurde nach umfangreichen Diskussionen vorerst nicht in das Gesetz aufgenommen. Dabei regelt das Gesetz nicht mehr nur Arbeitsbedingungen für entsandte, sondern für alle Arbeitnehmer. Für Wirtschaftszweige unter 50 Prozent Tarifbindung gilt das Mindestarbeitsbedingungengesetz (Mindestarbeitsbedingungen). – b) Ziel des Gesetzes ist es, angemessene Mindestarbeitsbedingungen zu schaffen und durchzusetzen, faire und funktionierende Wettbewerbsbedingungen zu gewährleisten und sozialversicherungspflichtige Beschäftigung zu erhalten und die Ordnungs- und Befriedungsfunktion der Tarifautonomie zu wahren. – c) Das Bundesministerium für Arbeit und Soziales (BMAS) kann in den im Gesetz aufgeführten 8 Branchen auf Antrag durch Rechtsverordnung folgendes bestimmen: dass die Rechtsnormen eines bundesweiten Tarifvertrags allgemeinverbindlich, also auf alle unter den Geltungsbereich fallenden Arbeitgeber und Arbeitnehmer anzuwenden ist. Dabei geht der für allgemeinverbindliche erklärte

Tarifvertrag anderen Tarifverträgen vor. – Vgl. auch Allgemeinverbindlichkeitserklärung von Tarifverträgen.

II. Steuerrecht: 1. Beim *Arbeitnehmer* ist das empfangene Gehalt i.d.R. im Tätigkeitsstaat zu versteuern, wenn der Aufenthalt im anderen Land eine bestimmte zeitliche Schwelle (meist 183 Tage innerhalb eines Jahres) überschreitet; wird der Arbeitnehmer für ein verbundenes Unternehmen im Tätigkeitsstaat oder für eine dortige Betriebsstätte seines Arbeitgebers tätig, dann ist sein Gehalt auch bei kürzeren Aufenthalten dort zu versteuern. – 2. Auf der *Unternehmensseite* ist das Gehalt des Arbeitnehmers Betriebsausgabe. Ist der Arbeitnehmer von einem Konzernunternehmen zu einem anderen entsandt worden und sein Gehaltsniveau höher als das, das vergleichbare Arbeitnehmer im Tätigkeitsstaat beziehen, kann bei dem begründeten Verdacht einer Übervorteilung des verbundenen Unternehmens (durch das entsendende Unternehmen) die Finanzverwaltung in diesem Land in der Zahlung des hohen Gehalts an den Arbeitnehmer teilweise eine verdeckte Gewinnausschüttung sehen.

Entwicklung der Verhältnisse – Begriff des Steuerrechts für Änderungen der Lebensverhältnisse, die u.a. auf technischem Fortschritt, wirtschaftlichen, soziologischen, kulturellen und politischen Erkenntnissen beruhen. Eine Berücksichtigung der Entwicklung der Verhältnisse bei der Auslegung steuerrechtlicher Normen steht mit der objektiven Auslegungstheorie im Einklang. – Vgl. auch → typische Betrachtungsweise, → wirtschaftliche Betrachtungsweise.

Entwicklungsländer-Steuergesetz – Gesetz i.d.F. vom 21.5.1979 (BGBl. I 564) zur Förderung von Kapitalanlagen in Entwicklungsländern, galt allerdings nur, wenn diese vor dem 1.1.1982 vorgenommen wurden. Die Begünstigung lag in der Bildung einer steuerfreien Rücklage bis zur Höhe von 100 Prozent der → Anschaffungskosten oder → Herstellungskosten der Kapitalanlagen der Gruppe 1 und 40 Prozent (bzw. 60 Prozent im Rohstoff- und Energiebereich) der Anschaffungs- oder Herstellungskosten der Kapitalanlagen der Gruppe 2 (Gruppierung gemäß § 6 Entwicklungsländer-Steuergesetz). Die Rücklage war grundsätzlich vom sechsten auf ihre Bildung folgenden Wirtschaftsjahr an bei Kapitalanlagen in Ländern der Gruppe 1 und bei Kapitalanlagen der Gruppe 2, die in bes. beschäftigungswirksamen Unternehmen vorgenommen werden, mind. mit einem Zwölftel, im Übrigen mit mind. einem Sechstel gewinnerhöhend aufzulösen.

Erbanfallsteuer → Erbschaftsbesteuerung.

Erbbaurecht – I. Begriff: Das vererbliche und i.d.R. veräußerliche beschränkte dingliche Recht, auf oder unter der Oberfläche eines → Grundstücks ein Bauwerk zu haben. Für das Erbbaurecht ist ein Erbbauzins an den Grundstückseigentümer zu zahlen. Als Belastung des Grundstücks bedarf das Erbbaurecht

zu seiner *Entstehung* der Einigung zwischen Grundstückseigentümer und Erbbauberechtigtem und der Eintragung im Grundbuch, und zwar nur an erster Rangstelle. Das eingetragene Erbbaurecht wird behandelt wie ein Grundstück (grundstücksgleiches Recht, Erbbaugrundbuch). Der Erbbauberechtigte wird Eigentümer des von ihm errichteten Bauwerks, das gemäß § 95 BGB kein wesentlicher Bestandteil des Grundstückes wird. – *Rechtsgrundlage: Erbbaurechtsgesetz (ErbbauRG) vom 15.1.1919 in der im BGBl. Teil III GliedNr. 403-6 veröffentlichten bereinigten Fassung m.spät.Änd.* Nach dem Sachenrechtsbereinigungsgesetz können Nutzer von Gebäuden im Beitrittsgebiet einen Anspruch auf Bestellung eines Erbbaurechts gegen den Grundstückseigentümer haben.

II. Steuerrecht: 1. *Bewertung:* a) *Einheitswert*(für die Zwecke der Grundsteuer): Das Erbbaurecht gehört als grundstücksgleiches Recht zu den → Grundstücken im Sinn des Bewertungsgesetzes. Es bildet – unabhängig von dem belasteten Grundstück – eine selbstständige → wirtschaftliche Einheit, für die ein → Einheitswert festzustellen ist. Der Gesamtwert des Grundstücks (→ Bodenwert, → Gebäudewert und → Außenanlagen) wird so ermittelt, als ob die Belastung durch ein Erbbaurecht nicht bestünde. – Beträgt die Dauer des Erbbaurecht *noch 50 Jahre oder mehr,*so entfällt der ermittelte Gesamtwert auf das Erbbaurecht und ist dem Erbbauberechtigten zuzurechnen. Bei *kürzerer Laufzeit*ist der Gesamtwert zu verteilen auf die wirtschaftliche Einheit des Erbbaurechts (grundsätzlich Gebäudewert und ein nach Restdauer des Erbbaurechts gestaffelter, prozentualer Anteil am Bodenwert) und die wirtschaftliche Einheit des belasteten Grundstücks (restlicher Bodenwert). Zum jeweiligen Anteil am Bodenwert vgl. § 92 III BewG. → Abschlag unter bes. Voraussetzungen zulässig. – b) → Bedarfswert für Erbschaftsteuerzwecke, relevant bis Ende 2008 (§ 148 BewG): Der Wert des belasteten Grundstücks wird bis zum 31.12.2006 mit dem 18,6-fachen des jährlichen Erbbauzinses multipliziert; wird dieser Betrag dann vom normalen Bedarfswert des Grundstücks abgezogen, ergibt sich der Wert des Erbbaurechts (§ 148 I BewG). *Mit Wirkung zum 1.1.2007* wurde § 148 BewG neu gefasst und die Bewertungsvorschriften entsprechend geändert. Der Wert des Grund und Bodens entfällt nunmehr auf die wirtschaftliche Einheit des belasteten Grundstücks. Für ein bebautes Grundstück wird der Wert mit 80 Prozent für das Gebäude und 20 Prozent für Grund und Boden ermittelt. Beträgt die Restlaufzeit weniger als 40 Jahre und ist eine Entschädigung ausgeschlossen, so verringert sich der Wert, auf den die wirtschaftliche Einheit des Erbbauchrechts entfällt. (§ 148 BewG n.F.). Der Erbbauzins bleibt demnach bei der Bewertung vollständig unberücksichtigt. – c) *Regelung für Erbschaftsteuerzwecke ab 2009:* Durch die Änderungen im Rahmen des Erbschaftsteuerreformgesetzes, welches mit Wirkung zum

1.1.2009 erstmalig in Kraft tritt, ist der Wert des Erbbaurechts in erster Linie nach dem Vergleichswertverfahren nach § 183 BewG zu ermitteln. Voraussetzung hierfür ist, dass für das zu bewertende Grundstück Vergleichskaufpreise oder aus Kaufpreisen abgeleitete Vergleichsfaktoren vorliegen (§ 194 I BewG). Liegen keine vergleichbaren Faktoren vor, ist der Wert nach einem Bodenwertanteil nach § 194 III BewG zu ermitteln. Der Bodenwertanteil bestimmt sich dabei nach der Summe des über die Restlaufzeit des Erbbaurechts abgezinsten Bodenwerts nach § 179 BewG und der über diesen Zeitraum kapitalisierten Erbbauzinsen. Der Abzinsungsfaktor, der hierfür zugrunde gelegt wird, ermittelt sich für den Bodenwert in Abhängigkeit vom Zinssatz (§ 193 IV BewG) und der Restlaufzeit des Erbbaurechts. In § 194 IV BewG werden die Vorschriften zum Gebäudewertanteil des Erbbaugrundstücks geregelt. Für die Ermittlung des Gebäudewertanteils ist der Gebäudeertragswert oder der Gebäudesachwert auf den Zeitpunkt des Ablaufs des Erbbaurechts maßgebend. Für die Berechnung des dem Eigentümer entschädigungslos zufallenden Werts bzw. Wertanteils ist eine Abzinsung auf den Bewertungsstichtag vorzunehmen. Hierfür ist Anlage 26 zum BewG heranzuziehen. Bei der Bestimmung des Gebäudewertanteils soll der „Wertvorteil" ermittelt werden, den der Eigentümer bei Beendigung des Erbbaurechts erlangen würde, wenn er keinen oder nur einen Teil des bestehenden Werts des Gebäudes an den Erbbauberechtigten vergüten würde. – 2. *Grundsteuer:*Erbbaurecht ist steuerpflichtiger Grundbesitz im Sinn des § 2 GrStG, d.h. selbstständiger Steuergegenstand der → Grundsteuer. – 3. *Einkommensteuer:* a) Der Erbbauzins gehört beim Grundstückseigentümer grundsätzlich zu den Einnahmen im Rahmen der → Einkünfte aus Vermietung und Verpachtung (§ 21 I Nr. 1 EStG), unabhängig von der Zahlungsweise. – b) Laufend gezahlte Erbbauzinsen sind beim *Berechtigten* ggf. als → Betriebsausgaben oder → Werbungskosten abzugsfähig, wenn er das Grundstück nicht privat nutzt, sondern z.B. vermietet oder betrieblich nutzt.

Erbersatzsteuer → Stiftung, → Erbschaftsteuer.

Erbschaft – den Erben eines Verstorbenen durch Erbfall aus dem Nachlass zugewachsenes Vermögen. – Vgl. auch → Erwerb von Todes wegen. – *Erbschaftsteuerliche Behandlung:* Die Erbschaft unterliegt der → Erbschaftsteuer. – *Einkommen- und körperschaftsteuerliche Behandlung:* → Einmalige Vermögensanfälle.

Erbschaftsbesteuerung – 1. *Begriff:* Die Erbschaftsbesteuerung ist die Erhebung von Steuern von dem Nettowert eines Nachlasses im Zusammenhang mit dem Übergang des Vermögens vom Erblasser auf die Erben. – 2. *Ausgestaltungsformen:* (1) *Nachlasssteuer:* Besteuerung der Erbmasse *vor* Aufteilung auf die Erben; (2) *Erbanfallsteuer:* Besteuerung der einzelnen Erben, d.h. *nach* der Verteilung des Erbes unter den Begünstigten. Grundlage der dt.

Erbschaftsteuergesetzes: Erbanfallsteuer; sie erfasst ferner – zur Verhinderung von Steuerumgehungen – Schenkungen unter Lebenden, Zweckzuwendungen und die periodische Besteuerung von Familienstiftungen und -vereinen (→ Erbschaftsteuer, → einmalige Vermögensanfälle). – 3. Da die Erbschaftsteuerung an einen Rechtsvorgang, den Erbfall, anknüpft, kann sie als *Verkehrsteuer* bezeichnet werden. Sie wird aber auch als eine → Besitzsteuer (und zwar → Substanzsteuer) bezeichnet, da sie auf das dem Erben durch den Erbfall zugeflossene Vermögen (bzw. bei der Nachlasssteuer: auf den vorhandenen Vermögensbestand des Erblassers unmittelbar vor dem Vermögensübergang) erhoben wird.

Erbschaftsteuer – *Schenkungsteuer.*

I. Grundsätzliches: → Erbschaftsbesteuerung.

II. Rechtsgrundlagen: Erbschaftsteuer- und Schenkungsteuergesetz (ErbStG) i.d.F. vom 27.2.1997 (BGBl. I 378) m.spät.Änd., Erbschaftsteuer-Durchführungsverordnung (ErbStDV) vom 8.9.1998 m.spät.Änd. Für die neuen Bundesländer gelten die Sondervorschriften aus Anlass der Herstellung der Einheit Deutschlands (§ 37a ErbStG). Zur Auslegung des Erbschaftsteuerrechts dienen ferner die Erbschaftsteuer-Richtlinien.

III. Steuergegenstand: Erbschaftsteuer besteuert den Übergang von Vermögenswerten (1) durch Erbfall auf den Erben, (2) durch → Schenkung unter Lebenden, (3) durch → Zweckzuwendung; (4) der Erbschaftsteuer unterliegt außerdem das Vermögen einer Familienstiftung (sog. *Ersersatzsteuer,* → Stiftung; vgl. § 1 ErbStG).

IV. Steuerpflicht: 1. → Unbeschränkte Steuerpflicht, wenn der Erblasser zz. seines Todes, der Schenker zz. seiner Schenkung oder der Erwerber zum Zeitpunkt der Entstehung der Steuer Inländer ist; der gesamte Vermögensanfall ist steuerpflichtig; vgl. § 2 ErbStG. – 2. → Beschränkte Steuerpflicht, wenn Erblasser, Schenker und Erwerber nicht Inländer sind; die Steuerpflicht erstreckt sich auf das → Inlandsvermögen im Sinn des § 121 BewG und auf das Nutzungsrecht an solchen Vermögensgegenständen. – 3. → Erweiterte beschränkte Steuerpflicht (§ 4 AStG): Erfüllt der Erblasser oder Schenker ein entsprechenden Voraussetzungen, unterliegen ihr alle Vermögensgegenstände, deren Erträge bei unbeschränkter Einkommensteuerpflicht nicht ausländische Einkünfte im Sinn des § 34c I EStG wären.

V. Steuerschuldner (§ 20 I, II ErbStG): Regelmäßig der Erwerber; bei einer Schenkung zusammen mit dem Schenker, bei einer Zweckzuwendung zusammen mit demjenigen, der zur Ausführung beschwert muss, als → Gesamtschuldner. Die Erbersatzsteuer schuldet die Stiftung bzw. der Verein. – Darüber hinaus ist in bestimmten Fällen eine dingliche oder personenbezogene Haftung vorgesehen (§ 20 III-VII ErbStG). – Die Steuerschuld entsteht (1) beim Erwerb von Todes wegen mit dem Tode des Erblasser, (2) bei

Schenkungen unter Lebenden mit dem Zeitpunkt der Ausführung der Zuwendung, (3) bei Zweckzuwendungen mit dem Zeitpunkt des Eintritts der Verpflichtung beim Beschwerten und (4) beim Vermögen einer Familienstiftung in Zeitabständen von je 30 Jahren seit dem Zeitpunkt des ersten Übergangs von Vermögen auf die Stiftung oder den Verein.

VI. **Steuerberechnung:** 1. *Bemessungsgrundlage* (§ 10 ErbStG) ist der Wert des Erwerbs (bewertet nach dem → Bewertungsgesetz (BewG); § 12 ErbStG). Erwerbe, die innerhalb von zehn Jahren von denselben Personen angefallen sind, sind zu addieren; die mehrfache Inanspruchnahme von Freibeträgen soll somit erschwert werden (§ 14 ErbStG). – 2. Nach dem persönlichen Verhältnis des Erwerbers zum Erblasser bzw. Schenker werden drei *Steuerklassen* unterschieden (§ 15 ErbStG): Steuerklasse I: Ehegatte, Kinder, Stiefkinder, Abkömmlinge der genannten Kinder und Stiefkinder, bei Erwerb von Todes wegen Eltern und Voreltern des Erblassers. Steuerklasse II: Eltern und Voreltern, sofern sie nicht zur Steuerklasse I gehören; Geschwister, Abkömmlinge ersten Grades von Geschwistern, Stiefeltern, Schwiegerkinder, Schwiegereltern und geschiedene Ehegatten. Steuerklasse III: alle übrigen Erwerber und Zweckzuwendungen. Eingetragene Lebenspartner gehören trotz Gleichstellung mit Ehegatten in einigen anderen Punkten weiterhin nur zur Steuerklasse III. – 3. Die Höhe der Erbschaftsteuer ergibt sich bei Anwendung der in Tabelle „Erbschaftsteuer – Steuersätze" genannten *Steuersätze* (§ 19 ErbStG). Ggf. sind → Progressionsvorbehalt oder Wertstufenregelung des § 19 III ErbStG zu beachten.

VII. **Steuerbefreiungen:** 1. *Sachliche Befreiungen:* (1) Hausrat, beim Erwerb durch Personen der Steuerklasse I bis 41.000 Euro, der übrigen Steuerklassen bis 12.000 Euro; (2) andere bewegliche körperliche Gegenstände beim Erwerb durch Personen der Steuerklasse I und der übrigen Steuerklassen bis 12.000 Euro, Hausrat und anderere bewegliche Gegenstände zusammen bei den übrigen Steuerklassen, soweit es sich nicht um Gegenstände des → land- und forstwirtschaftlichen Vermögens, des → Grundvermögens oder des → Betriebsvermögens, um Zahlungsmittel, Wertpapiere, Münzen, Edelmetalle, Edelsteine oder Perlen handelt; (3) Grundbesitz oder Teile von Grundbesitz, Kunstgegenstände, Kunstsammlungen, wissenschaftliche Sammlungen, Bibliotheken und Archive mit 60 Prozent oder 100 Prozent ihres Wertes unter bestimmten Voraussetzungen; (4) ab 2009 wird Betriebsvermögen zwar voll erfasst, die darauf entfallende Steuer aber fast vollständig erlassen, wenn der Betriebserbe mehrere Jahre lang bestimmte (strenge) Auflagen erfüllt; (5) weitere Befreiungen vgl. § 13 ErbStG. – 2. *Persönliche Freibeträge* (§ 16 ErbStG): (1) bei *unbeschränkter Steuerpflicht* der Erwerb (a) des Ehegatten in Höhe von 500.000 Euro; (b) der Kinder und Kinder verstorbener Kinder in Höhe von 400.000 Euro; (c) der Kinder der Kinder in Höhe von 200.000

Euro; (d) der übrigen Personen der Steuerklasse I in Höhe von 100.000 Euro; (e) der Personen der Steuerklasse II in Höhe von 20.000 Euro; (f) des Lebenspartners in Höhe von 500 000 Euro; (g) der Personen der Steuerklasse III in Höhe von 20.000 Euro. (2) Bei *beschränkter Steuerpflicht:* 2.000 Euro. – 3. Zusätzlich *bes. Versorgungsfreibeträge* (§ 17 ErbStG): Beim Erwerb von Todes wegen hat der überlebende Ehegatte einen Versorgungsfreibetrag von 256.000 Euro, die überlebenden Kinder einen nach Alter gestaffelten Betrag von 52.000 bis 10.300 Euro; dieser ist um den nach BewG ermittelten Kapitalwert der aus Anlass des Todes des Erblassers dem Erben gewährten, nicht der Erbschaftsteuer unterliegenden Versorgungsbezüge zu kürzen. – 4. Der Erbschaftsteuer unterliegt nicht der Betrag, den der überlebende Ehegatte bei güterrechtlicher Abwicklung der *Zugewinngemeinschaft* (§ 1371 II BGB) als *Ausgleichsforderung* geltend machen kann (§ 5 ErbStG). – Vgl. auch → *eheliches Güterrecht.*

VIII. **Verfahren:** Für erbschaftsteuerpflichtige Vorgänge besteht → Anzeigepflicht. Die Abgabe einer → Steuererklärung oder eine Selbstveranlagung (diese umfasst die Selbstberechnung und die Entrichtung der Erbschaftsteuer) kann verlangt werden; damit wird dem zuständigen Finanzamt die Festsetzung eines → Steuerbescheides ermöglicht. Gemäß herrschender Praxis wird die Erbschaftsteuer einen Monat nach Bekanntgabe des Steuerbescheides fällig (§ 31 ErbStG).

IX. **Finanzwissenschaftliche Beurteilung:** 1. Frühere *Begründungen* (Fundustheorie, Chancengleichheit, arbeitsloses Einkommen („Neidsteuer"), Vermögens- und Rechtsschutzgebühr etc.) gelten heute als widersprüchlich und überholt. Heute gilt ererbtes Vermögen als Indikator der Leistungsfähigkeit. – 2. Die für die Realisierung des → Leistungsfähigkeitsprinzips notwendige Voraussetzung einer *umfassenden Bemessungsgrundlage* ist nicht erfüllt, da sich alle Ungleichheiten des Bewertungsgesetzes im Erbgang wieder finden. Das Bundesverfassungsgericht hat dies in seinem Urt. v. 22.6.1995 beanstandet (2 BvR 552/91). – 3. Als Ausdruck der Leistungsfähigkeitsbesteuerung gilt der *progressive Tarif:* (1) Innerhalb jeder Steuerklasse steigen die Grenzsteuersätze. (2) Mit abnehmender Verwandtschaftsnähe zum Erblasser höhere Steuersätze in den Steuerklassen können jedoch nicht mit zunehmender Leistungsfähigkeit erklärt werden. – 4. *Ziele:* Der Verteilung der Steuer nach der Leistungsfähigkeit dient der recht hohe Freibetrag des Ehegatten mit entlastender Wirkung und die steile Progression mit belastender Wirkung. Das Umverteilungsziel wäre überzeugender, wenn eine Zweckbindung der Erbschaftsteuer vorgesehen wäre, jedoch würde das bisher noch geringe Aufkommen keine wesentliche Umverteilung herbeiführen. – 5. *Allokative Ziele und Wirkungen* können in der Höhe des Freibetrages gesehen werden, die der Erhaltung der Vermögenssubstanz dienen. – 6. *Steuersystematik:*

a) Die im Erbanfall sich ausdrückende gestiegene Leistungsfähigkeit hat keinen Ausdruck im *Einkommensbegriff* nach der Reinvermögenszugangstheorie (→ Einkommen) gefunden, vielmehr wurde eine eigene Steuer eingerichtet; dadurch wird eine bes. hohe Progressionsbelastung im Jahr des Erbanfalls vermieden. – b) Wenngleich die Erbschaftsteuer steuertechnisch als Verkehrsteuer konstruiert ist, ist sie gemäß der Bemessungsgrundlage eine → Substanzsteuer. – c) Im Jahr des Erbanfalls kommt es zu einer *Zweifachbelastung* des Vermögens mit Erbschaftsteuer und → Vermögensteuer, sofern das Vermögen am Jahresende noch vorhanden ist. – d) Steuerliche Beziehungslehre: Die Erbschaftsteuer gilt als eine (fragwürdige) Kontroll- (oder Nachhol-)Steuer der → Einkommensteuer für jene, die Einkommensteuer hinterzogen haben.

X. Betriebswirtschaftliche Beurteilung: Wegen der starken und bes. nicht zeitlich exakt vorhersehbaren Liquiditäts- und Substanzbelastung stellt die Erbschaftsteuer bes. für Personenunternehmungen eine gravierende Belastung dar, die zur Existenzbedrohung werden kann. Die Neuregelungen der Besteuerung des Betriebsvermögens mit weitgehender Verschonung vor der ErbSt ermöglichen es, solche Belastungen zu vermeiden, engen andererseits aber durch die damit verbundenen Auflagen die Flexibilität des Unternehmers bis zu 10 Jahre stark ein. Frühzeitige Planungen zur Minimierung der Erbschaftsteuer sind daher unumgänglich, z.B. mehrmalige Ausnutzung von Freibeträgen und Progressionsminderung durch wiederholte Schenkungen im Zehn-Jahres-Abstand, vorweggenommene Erbfolge, Optimierung der Vermögensstruktur unter bewertungsrechtlichen Gesichtspunkten etc. Wegen anstehendem Generationenwechsel in vielen Unternehmungen nimmt die Bedeutung der Problematik weiter zu (Zeichen dafür ist die Verdreifachung des Steueraufkommens seit 1985). Andererseits sind für den Übergang von Betriebsvermögen seit der Reform 2009 erhebliche Steuervergünstigungen geschaffen worden: So kann ein Großteil der auf betriebliches Vermögen entfallenden Steuer entfallen, wenn für eine bestimmte Zeit (7 oder 10 Jahre) bestimmte Vorgaben des Gesetzes hinsichtlich Beibehaltung der eigenen Unternehmerstellung und Beibehaltung einer bestimmten Anzahl von Arbeitsplätzen (ausgedrückt in einer Anforderung hinsichtlich der Höhe der Lohnsumme des Betriebes) eingehalten werden – dies entlastet einerseits das betriebliche Vermögen, engt allerdings andererseits die Handlungsmöglichkeiten des Erwerbers hinsichtlich des erhaltenen Betriebes für eine nicht unbeträchtliche Zeit erheblich ein.

XI. EU-rechtliche Beurteilung: Nach einer mittlerweile gefestigten Rechtsprechung des Europäischen Gerichtshofes muss die Ausgestaltung der Erbschaftsteuergesetze der Mitgliedsstaaten den Vorgaben der europäischen Grundfreiheiten genügen; insbesondere darf der Erwerb von ausländischen Vermögen in anderen Ländern der EU nicht gegenüber inländischem Vermögen diskriminiert werden. Die Neufassung des Gesetzes 2009 hat von den früheren Verstößen gegen diese Vorgabe die meisten beseitigt, aber nicht alle: Problematisch sind etwa die viel zu niedrigen Freibeträgebei beschränkter Steuerpflicht oder aber das Fehlen eines Optionsrechts zur unbeschränkten Steuerpflicht bei einem Anteil des Inlandsvermögens von mind. 90 Prozent des Gesamtvermögens.

XII. Verfassungsrechtliche Beurteilung: Nach dem das Bundesverfassungsgericht das ErbStG vor 2008 wegen Begünstigungen des Betriebsvermögens und des Grundvermögens kritisiert hatte, enthält die Neuregelung erneut Begünstigung dieser Vermögensarten, die teilweise noch weiter gehen als früher. Daher ist auch der ab 2009 gefundenen Neuregelung eine gewisse Fragwürdigkeit nicht zu abzustreiten.

XIII. Aufkommen: 4.550 Mio. Euro (2009), 4.771 Mio. Euro (2008), 4.203 Mio. Euro (2007), 3.762,6 Mio. Euro (2006), 4.096 Mio. Euro (2005), 4.283 Mio. Euro (2004), 3.372,8 Mio. Euro (2003), 3.020,7 Mio. Euro (2002), 3.068,7 Mio. Euro (2001), 2.981,6 Mio. Euro (2000), 1.814,3 Mio. Euro (1995), 1.546,3 Mio. Euro (1990), 773 Mio. Euro (1985), 520 Mio. Euro (1980), 271 Mio. Euro (1975), 267 Mio. Euro (1970), 162 Mio. Euro (1965), 103 Mio. Euro (1960), 43 Mio. Euro (1955), 12 Mio. Euro (1950).

Erbschaftsteuerklassen – Steuerklassen, in die die Erwerber nach dem persönlichen Verhältnis zum

Wert des steuerpflichtigen Erwerbs (§10) bis einschließlich ... Euro	Prozentsatz in der Steuerklasse		
	I	II	III
75.000	7	30	30
300.000	11	30	30
600.000	15	30	30
6.000.000	19	30	30
13.000.000	23	50	50
26.000.000	27	50	50
über 26.000.000	30	50	50

Erblasser bzw. Schenker eingeteilt werden. Es existieren drei Steuerklassen, die v.a. für die Höhe der anzuwendenden Steuerklassen und der zu gewährenden Freibeträge Bedeutung haben. Seit der → Erbschaftsteuerreform 2009 sind die Steuersätze für die Steuerklassen II und III angeglichen worden, sodass die Unterscheidung zwischen diesen beiden Steuerklassen hauptsächlich nur noch für die Höhe der Freibeträge von Bedeutung ist. Fundstellen: §§ 16, 19 ErbStG. – Vgl. auch → Erbschaftsteuer.

Erbschaftsteuerreform – 1. *Hintergrund:* Nach dem Beschluss des Bundesverfassungsgerichts vom 7.11.2006 (1 BvL 10/02; BVerfGE 117, 1) war die bisherige Erhebung der → Erbschaftsteuer mit einheitlichen Steuersätzen auf den Wert des Erwerbs mit dem Grundgesetz deshalb unvereinbar, weil sie an Steuerwerte anknüpft, deren Ermittlung bei → Betriebsvermögen, → Grundvermögen, Anteilen an Kapitalgesellschaften und land- und forstwirtschaftlichen Betrieben den Anforderungen des Art. 3 I des Grundgesetzes (GG) nicht genügte. Der Gesetzgeber wurde durch diesen Beschluss verpflichtet, spätestens bis zum 31.12.2008 eine Neuregelung zu finden. Die Umsetzung der neuen Vorschriften erfolgte mit dem Erbschaftsteuerreformgesetz. – 2. *Anwendung:* Die Erbschaftsteuerreform ist am 1.1.2009 in Kraft getreten (Art. 6 ErbStRG). Steuerliche Begünstigungen können auf Antrag (abgesehen von persönlichen Freibeträgen) in Erbfällen bereits ab dem 1.1.2007 angewendet werden. – 3. *Wesentliche Änderungen:* a) Die Besteuerung von Betriebsvermögen und land- und forstwirtschaftlichem Vermögen bei der Erbschaft- und Schenkungsteuer erfolgt unter Berücksichtigung einer Begünstigung in Form des sog. → Verschonungsabschlags. Demnach werden 85 Prozent bzw. 100 Prozent des begünstigten Betriebsvermögens von der Steuer befreit, wenn gewisse Voraussetzungen unter Einhaltung von gewissen Lohnsummen und Behaltensvorschriften (wie die Betriebsfortführung innerhalb von 5 bzw. 7 Jahren) erfüllt sind. Soweit der steuerpflichtige Vermögensteil 150.000 Euro nicht übersteigt, bleibt er für die Berechnung der Erbschaftsteuer außer Ansatz (Abzugsbetrag). Dieser Abzugsbetrag verringert sich, wenn der Wert dieses Vermögens insgesamt 150.000 Euro übersteigt. Er verringert sich dann um 50 Prozent des 150.000 Euro übersteigenden Betrages, sodass sich der Abzugsbetrag bei 450.000 Euro auf null Euro beläuft. Es ist zu beachten, dass die Begünstigung auch für Betriebsvermögen in EU und EWR-Ländern gilt. – b) Die persönlichen Freibeträge erhöhen sich, ebenso die Steuersätze je Steuerklasse in Prozent. – c) Eingetragene Lebenspartnerschaften werden hinsichtlich bestimmter Steuerfreistellungen, des Ehegattenfreibetrags, jedoch nicht hinsichtlich der Steuerklasse gleichgestellt. – d) Die Bewertung von Grundvermögen erfolgt nunmehr grundsätzlich mit dem gemeinen Wert. Bei vermieteten Wohnimmobilien ist ein Wertabschlag von 10 Prozent zu berücksichtigen. – e) Selbstgenutztes

Wohneigentum (Familienheim) wird bei der Übertragung an Ehegatten, Lebenspartner und Kinder bei zehnjähriger Selbstnutzung bei Erwerb von Todes wegen freigestellt. Bei Kindern gilt die Begünstigung nur bei Erwerb von Todes wegen bei einer Wohnungsgröße von maximal 200 qm. – 4. *Aktuelle Rechtsprechung:* Beim BVerfG liegen gegen das seit dem 1.1.2009 geltende Erbschaftsteuergesetz drei Beschwerden vor (1 BvR 3196/09, 1 BvR 3197/09 und 1 BvR 3198/09). Einerseits soll das Erbschaftsteuerreformgesetz formell nicht verfassungsgemäß zustande gekommen sein. Es werden u.a. die Gesetzgebungskompetenz des Bundes angezweifelt und die Mitwirkung der damals nur geschäftsführenden Regierung Hessens bei der Abstimmung im Bundesrat bemängelt. Außerdem sei die Steuerbefreiung des Familienheims mit dem Gleichheitsgrundsatz nicht vereinbar, soweit sie für Kinder auf eine maximale Wohnfläche von 200 qm beschränkt wird. Darüber hinaus werden die Begünstigung des Familienheims im Vergleich zu anderen Vermögensgegenständen und auch die unterschiedliche Behandlung im Rahmen der Erbschaftsteuer verschiedener Lebensgemeinschaften angezweifelt. Somit ist die Verfassungsmäßigkeit des derzeit geltenden Erbschaftsteuer- und Schenkungsteuergesetzes weiterhin offen.

Erbschaftsteuer-Richtlinien (ErbStR) – 1. *Begriff:* Eine allg. Verwaltungsvorschrift des Bundes zur Anwendung des Erbschaftsteuer- und Schenkungsteuerrechts, erlassen am 17.3.2003 (BStBl. I Sondernummer 1 S. 2). Mit den Erbschaftsteuer-Richtlinien weist der Bundesfinanzminister die Mitglieder der Finanzverwaltung an, wie aus seiner Sicht das Erbschaftsteuergesetz und wichtige Vorschriften dem Bewertungsgesetz zu verstehen sind, um ein gleichmäßiges Handeln der Verwaltung gegenüber Bürgern in gleicher Situation sicher zu stellen. – 2. *Inhaltsübersicht:* (1) Teil A (R 1– 90): Erläuterungen zum Erbschaftsteuer- und Schenkungsteuergesetz; (2) Teil B (R 91–123): Allgemeine Vorschriften zur Interpretation des Bewertungsgesetzes, v.a. jeweilige Regelung zum → Stuttgarter Verfahren; (3) Teil C (R 124–192): Vorschriften über die Ermittlung der → Bedarfswerte für Grundstücke. – 3. *Ergänzung zu den Erbschaftsteuer-Richtlinien:* Erbschaftsteuer-Hinweise, → Hinweise (H). – 4. *Historie:* Die Erbschaftsteuer-Richtlinien haben in weiten Teilen Inhalte der früheren → Vermögensteuer-Richtlinien (VStR) übernommen, nachdem die Vermögensteuer nicht mehr erhoben wird. *Durch das Erbschaftsteuerreformgesetz* wurde das Erbschaftsteuergesetz mit Wirkung zum 1.1.2009 neu gefasst. Die Richtlinien werden daher entsprechend überarbeitet. Hintergrund der Reform war, dass das bisherige Erbschaftsteuergesetz bei bestimmten Vorschriften gegen das Grundgesetz verstoßen hat.

ErbStG – Abk. für *Erbschaftsteuer- und Schenkungsteuergesetz* in der Fassung der Bekanntmachung vom 27.2.1974. Letztmalig und umfassend geändert im Rahmen der → Erbschaftsteuerreform durch das Erbschaftsteuerreformgesetz vom 24.12.2008 (BGBl. I S. 3018), in Kraft getreten am 1.1.2009.

Erdgassteuer – Verbrauchsteuer auf Erdgas und auf Flüssiggas. Durch Steuerreform ab 1.1.1989 eingeführt, dann Teil der → Mineralölsteuer (§ 1 II Nr. 6 MinölStG), mittlerweile – da Erdgas ein Energieerzeugnis darstellt und das Mineralölsteuergesetz durch das Energiesteuergesetz ersetzt wurde – in der → Energiesteuer aufgegangen. Laut § 2 I Nr. 7 EnergieStG beträgt heute der Regelsteuersatz für 1 Megawattstunde Erdgas 31,80 EUR; ermäßigte Sätze sind unter bestimmten Bedingungen (§ 2 II EnergieStG) denkbar. Für Flüssiggas beträgt die Steuer je nach Beschaffenheit 409 EUR oder 1217 EUR je 1000 kg (§ 2 II Nr. 8), auch hier sind ermäßigte Sätze für bestimmte Fallkonstellationen denkbar.

erdichtete Namen – Bezeichnung der Abgabenordnung für *Pseudonym*. Nach § 154 AO ist es verboten, auf einen erdichteten Namen für sich oder einen anderen ein Konto zu errichten oder Buchungen vornehmen zu lassen. – Vgl. auch → Kontenwahrheit.

ergänzende Zollanmeldung – Der Zollanmelder kann anstelle von vollständigen → Zollanmeldungen in Normalverfahren unter bestimmten Voraussetzungen unvollständige Zollanmeldungen im → vereinfachten Verfahren für Einzelsendungen abgeben. Die fehlenden Angaben oder/und Unterlagen sind danach mit einer ergänzenden Zollanmeldung nachzuliefern. Aus Vereinfachungsgründen kann einem Anmelder unter bestimmten Voraussetzungen bewilligt werden, für sämtliche Ein- oder/und Ausfuhren eines bestimmten Zeitraums, meist Kalendermonats, vereinfachte Anmeldungen abzugeben. Die dabei erforderlichen ergänzenden Angaben können periodisch in zusammenfassender Form nachgeliefert werden. Diese früher Sammelzollanmeldung genannten ergänzenden Zollanmeldungen sind regelmäßig am dritten Werktag eines Monats für den vorausgegangenen Kalendermonat vorzulegen. Der Anmelder kann verpflichtet werden, die Einfuhrabgaben selbst zu berechnen. Dann reicht die Vorlage am zehnten Werktag aus.

Ergänzungsanteil → Gemeinschaftsteuern.

Ergänzungsbescheid – 1. *Ergänzungsbescheid zum* → Feststellungsbescheid: Ist eine notwendige Feststellung in einem Feststellungsbescheid unterblieben, ist sie in einem Ergänzungsbescheid nachzuholen (§ 179 III AO). Die Nachholung kann nur innerhalb der Feststellungsfrist erfolgen. – Voraussetzung für einen Ergänzungsbescheid ist ein wirksamer, aber lückenhafter Feststellungsbescheid. Nachgeholt werden kann (nur) eine Feststellung, die im Feststellungsbescheid hätte getroffen werden müssen, tatsächlich aber nicht getroffen wurde. Der Grund hierfür ist unerheblich. – Der Ergänzungsbescheid ist kein Korrekturinstrument für evtl. inhaltliche Fehler des Feststellungsbescheids. Ansonsten würde er die

→ Bestandskraft des Feststellungsbescheids in unzulässiger Weise durchbrechen (vgl. AEAO zu § 179 Nr. 2 m. Beispielen). – 2. *Ergänzungsbescheid zum Aufteilungsbescheid:* Nach erfolgter Aufteilung einer Steuerschuld (Gesamtschuld) darf die Vollstreckung nur nach Maßgabe der auf die einzelnen Gesamtschuldner entfallenden Beträge durchgeführt werden (§ 278 I AO). Überträgt ein Gesamtschuldner dem anderen Gesamtschuldner innerhalb eines bestimmten Zeitraums unentgeltlich Vermögensgegenstände, kann der begünstigte Gesamtschuldner über den ihm im Aufteilungsbescheid zugewiesenen Betrag hinaus bis zur Höhe des gemeinen Werts der zugewendeten Vermögensgegenstände in Anspruch genommen werden (§ 278 II AO). Zwar entfällt die Vollstreckungsbeschränkung nach § 278 I AO. Indes wird der Erlass eines bes. Bescheids, mit dem Umfang und Art der (erweiterten) Inanspruchnahme bestimmt werden, als zulässig und zweckmäßig angesehen.

Ergänzungsbilanz → Steuerbilanz, die Korrekturen zu den Wertansätzen in der Steuerbilanz der Gesellschaft (Gesamthandelsbilanz) enthält. Evtl. zu erstellen nach einem Gesellschafterwechsel, bei Einbringungen und bei Inanspruchnahme personenbezogener Steuervergünstigungen durch eine Personengesellschaft für einzelne Gesellschafter. – *Anders:* Sonderbilanzen.

Ergebnisabführungsvertrag → Gewinnabführungsvertrag.

Ergebnisübernahmevertrag → Gewinnabführungsvertrag.

Erhaltungsaufwand – im Sinn des Steuerrechts Aufwendungen für die laufende Instandhaltung (vorbeugende Instandhaltung) und die Instandsetzung privater und betrieblicher Wirtschaftsgüter. Abgrenzung zu → Herstellungsaufwand notwendig. Erhaltungsaufwendungen für betriebliche Wirtschaftsgüter werden bei der → Einkünfteermittlung als → Betriebsausgaben abgezogen, Erhaltungsaufwendungen für private Wirtschaftsgüter als → Werbungskosten (z.B. bei den Einkünften aus Vermietung und Verpachtung). Die Möglichkeit, größere Erhaltungsaufwendungen für nicht zu einem → Betriebsvermögen gehörende Gebäude, die überwiegend Wohnzwecken dienen, auf zwei bis fünf Jahre gleichmäßig zu verteilen (§ 82b EStDV), ist 1999 zunächst aufgehoben und 2004 erneut wieder eingeführt worden. Durch das Steueränderungsgesetz 2003 wurde eine Regelung in das Gesetz aufgenommen, die im Wesentlichen der bisherigen Richtlinienregelung entspricht. Bei Baumaßnahmen, die nach dem 31.12.2003 begonnen werden, gehören zu den anschaffungsnahen Herstellungskosten eines Gebäudes auch Aufwendungen für Instandsetzungs- und Modernisierungsmaßnahmen, die innerhalb von zwei bis fünf Jahren nach Anschaffung eines Gebäudes durchgeführt werden, wenn diese 15 Prozent der Anschaffungskosten des Gebäudes übersteigen (§ 6 I Nr. 1a und § 9 V EStG).

Erhebungsgebiet – früherer Begriff des Umsatzsteuerrechts: In den Zeiten der dt. Teilung wollte der bundesdeutsche Gesetzgeber vermeiden, das Gebiet der DDR als Ausland oder das Gebiet der Bundesrepublik als „Inland" zu bezeichnen. Daher wurde stattdessen der Ausdruck „Erhebungsgebiet" gewählt, um das Gebiet zu bezeichnen, in dem das (west-)deutsche UStG Gültigkeit hatte. – *Gegensatz:* → Außengebiet.

erhöhte Absetzungen – steuerrechtlicher Begriff für eine bes. Form von Abschreibungen. – Vgl. auch → Sonderabschreibungen.

Erinnerung – 1. *Zwangsvollstreckung:* Nicht fristgebundenes gesetzlich geregeltes Rechtsbehelfsverfahren, das zur Überprüfung innerhalb derselben Instanz führt: a) Gegen Vorgehen des Gerichtsvollziehers (z.B. Geltendmachung der Unpfändbarkeit); b) bei Weigerung des Gerichtsvollziehers, einen Vollstreckungsauftrag auszuführen; c) u.U. auch gegen Vollstreckungsakte des Gerichts, vor deren Erlass Schuldner nicht gehört wurde (sonst sofortige Beschwerde), § 766 ZPO. – Die Erinnerung *steht* dem beschwerten Verfahrensbeteiligten, bisweilen auch Dritten *zu*, deren Rechte durch die Vollstreckung berührt werden. – *Einlegung* beim Vollstreckungsgericht, das vor der Entscheidung (durch mit sofortiger Beschwerde anfechtbaren Beschluss) die *einstweilige Einstellung* der Zwangsvollstreckung gegen oder ohne Sicherheitsleistung anordnen kann. – 2. Erinnerung i.d.R. *auch zulässig,* wo Rechtspfleger oder der Urkundsbeamte der Geschäftsstelle entscheidet (§ 573 ZPO), z.B. gegen Kostenfestsetzungsbeschluss oder den Ansatz von Gerichtskosten (§ 104 ZPO i.V. mit § 11 RpflG; § 5 GKG). – Erinnerung gegen *Kostenfestsetzungsbeschluss* nur binnen einer Notfrist von zwei Wochen seit Zustellung zulässig; fristgebunden ist auch die Erinnerung gegen gewisse weitere Entscheidungen des Rechtspflegers (§ 11 RpflG). – Die Erinnerung führt, soweit Rechtspfleger oder Urkundsbeamter nicht abhilft, zur Entscheidung des betreffenden Gerichts.

Erlass – 1. *Öffentliches Recht:* Anordnung einer höheren Behörde an eine ihr untergeordnete Dienststelle, die die innere Ordnung der Behörde oder das sachliche Verwaltungshandeln betrifft. – 2. *Bürgerliches Recht:* Forderungserlass, nur durch Vertrag zwischen Schuldner und Gläubiger (§ 397 BGB), anders vielfach bei dinglichen Rechten. Vertragliches negatives Schuldanerkenntnis ist Erlass; auch durch Quittung möglich. – 3. *Erlass von Steuern und sonstigen Geldleistungen:* → Steuererlass (Billigkeitserlass).

Erlöschen von Ansprüchen aus dem Steuerschuldverhältnis – Ansprüche aus dem Steuerschuldverhältnis erlöschen bes. durch Zahlung, → Aufrechnung, → Erlass, → Festsetzungsverjährung, → Zahlungsverjährung und durch Eintritt der Bedingung bei auflösend bedingten Ansprüchen (§ 47 AO).

Ermächtigungstreuhandschaft → Treuhandschaft.

Erörterung des Sach- und Rechtsstands im Einspruchsverfahren – 1. *Gesetzliche Grundlage:* § 364a AO. – 2. *Inhalt:* Auf Antrag des Einspruchführers soll die Finanzbehörde vor Erlass einer Einspruchsentscheidung den Sach- und Rechtsstand mündlich erörtern. Sofern die Finanzbehörde dies für sachdienlich hält, können weitere Beteiligte, die sich auch durch Bevollmächtigte vertreten lassen können, geladen werden. – 3. *Zweck der Regelung:* Förderung der einvernehmlichen Regelung der Einspruchsverfahren und Fernhalten von Streitfällen von den Finanzgerichten. Ziel einer mündlichen Erörterung kann auch eine „tatsächliche Verständigung" sein. – 4. *Konsequenzen:* Einem Antrag auf mündliche Erörterung sollte grundsätzlich entsprochen werden, es sei denn, die beantragte Erörterung dient offensichtlich nur der Verfahrensverschleppung. Keine Verpflichtung zur mündlichen Erörterung besteht, wenn das Finanzamt dem → Einspruch abhelfen will und solange das Einspruchsverfahren ausgesetzt ist oder ruht. – 5. *Formen:* Die Finanzbehörde kann auch ohne Antrag eines Einspruchführers diesen und weitere Beteiligte zu einer Erörterung laden. Das Erscheinen des Geladenen kann nicht durch → Zwangsmittel erzwungen werden. Allerdings muss sich das Finanzamt im Hinblick auf die Pflicht zur Wahrung des Steuergeheimnisses über die Identität des Gesprächspartners vergewissern (vgl. AEAO zu § 364a).

Ersatzbeschaffungsrücklage – 1. *Begriff:* steuerfreie Rücklage (R 6.6 EStR) in Höhe des Unterschieds zwischen dem Buchwert und der Entschädigung (dem Entschädigungsanspruch) für ein → Wirtschaftsgut, das infolge höherer Gewalt (z.B. Brand, Diebstahl) oder infolge oder zur Vermeidung eines behördlichen Eingriffs (z.B. drohende Enteignung) gegen Entschädigung aus dem → Betriebsvermögen ausscheidet, wenn zum Schluss des Wirtschaftsjahrs eine Ersatzbeschaffung ernstlich geplant, aber noch nicht vorgenommen worden ist. – 2. *Die Bildung* einer Ersatzbeschaffungsrücklage ist nur buchführungspflichtige Steuerpflichtigen möglich, die ihren Gewinn durch → Betriebsvermögensvergleich ermitteln. – 3. *Auflösung:* Die Rücklage ist gesondert auszuweisen und bei Ersatzbeschaffung auf die → Anschaffungskosten oder → Herstellungskosten des → Ersatzwirtschaftsgutes zu übertragen, also aufzulösen. Bei der Auflösung der Rücklage ist der Gewinn des Wirtschaftsjahres, in dem die Rücklage aufzulösen ist, für jedes volle Wirtschaftsjahr, in dem die Rücklage bestanden hat, um 6 Prozent des aufgelösten Rücklagenbetrages zu erhöhen. – 4. *Ersatzwirtschaftsgut* setzt nicht nur ein der Art nach funktionsgleiches Wirtschaftsgut voraus; es muss auch funktionsgleich genutzt werden; Rücklagen für Ersatzbeschaffungen können nur gebildet werden, wenn das Ersatzwirtschaftsgut in demselben Betrieb angeschafft oder hergestellt wird, dem auch das entzogene Wirtschaftsgut diente. Das gilt jedoch nicht, wenn die durch Enteignung oder höhere Gewalt entstandene Zwangslage zugleich den

Fortbestand des bisherigen Betriebs selbst gefährdet oder beeinträchtigt hat.

Ersatzware – 1. *Begriff:* Waren, die nach bes. Bewilligung als Ersatz für unveredelt eingeführte und zur → aktiven Veredelung zollfrei abgefertigte Einfuhrwaren bei der Herstellung der → Veredelungserzeugnisse eingesetzt werden. Im Einzelfall kann die Verwendung von Ersatzware auch im Rahmen der → passiven Veredelung bewilligt werden. Wichtig ist, dass die Ersatzwaren die gleiche Qualität und Beschaffenheit wie die Einfuhrwaren bzw. Waren der übergehenden Ausfuhr haben.

Ersatzwirtschaftsgut – Begriff des Einkommensteuerrechts (§ 6b EStG): → Wirtschaftsgut, das als funktionsgleicher Ersatz für ein aus dem → Betriebsvermögen ausgeschiedenes Wirtschaftsgut hergestellt oder angeschafft wird und auf das unter bestimmten Voraussetzungen die stillen Rücklagen des ausgeschiedenen Wirtschaftsguts übertragen werden dürfen. – Vgl. auch → Ersatzbeschaffungsrücklage.

Ersatzwirtschaftswert – steuerrechtlicher Begriff: Mit dem Ersatzwirtschaftswert wird in den neuen Bundesländern das → land- und forstwirtschaftliche Vermögen bewertet (§§ 125–128 BewG). Für die Ermittlung des Ersatzwirtschaftswertes sind die Wertverhältnisse maßgebend, die bei der Hauptfeststellung der Einheitswerte des land- und forstwirtschaftlichen Vermögens in der Bundesrepublik Deutschland auf den 1.1.1964 zugrunde gelegt worden sind. Der Sache nach handelt es sich um einen modifizierten → Einheitswert.

Ersatzzwangshaft – *Erzwingungshaft;* erfolgt auf Antrag der Finanzbehörde, wenn ein festgesetztes Zwangsgeld gegen eine natürliche Person uneinbringlich ist (§ 334 I AO). – Vgl. auch → Zwangsmittel.

Erstattung – I. Verwaltungsrecht: Schadensersatzanspruch der Behörde gegen einen Bediensteten der öffentlichen Verwaltung, z.B. bei Fehlbeträgen in öffentlichen Kassen oder Fehlbeständen in öffentlichen Lagern oder Depots gegen die verantwortlichen Personen.

II. Steuerrecht: → Steuererstattungsanspruch. → Steuervergütungsanspruch.

III. Außenwirtschaftsrecht: → Ausfuhrerstattung.

IV. Zollrecht: Erstattung = Rückzahlung der Gesamtheit oder eines Teils von entrichteten Eingangs- oder Ausfuhrabgaben, Art. 235 ZK.

V. Sozialrecht: Erstattung von Beiträgen in der Sozialversicherung (Beitragserstattung).

Erstattungsanspruch → Steuererstattungsanspruch. → Steuervergütungsanspruch.

Erstattungsverfahren – Verfahren, mit dem Steuerausländer eine in Deutschland einbehaltene Steuer zurückerhalten können, wenn ein → Doppelbesteuerungsabkommen (DBA) (oder eine andere Rechtsgrundlage) für ihren Fall eine geringere Belastung vorsieht: (1) *Allg. Erstattungsverfahren:* Generell ist vorgesehen, dass → Quellensteuern für Zahlungen an einen Steuerausländer trotz eines Doppelbesteuerungsabkommens in voller Höhe einzubehalten sind; die einbehaltene Steuer wird dann auf Antrag des betroffenen Steuerausländers vom Bundesamt für Finanzen erstattet (§ 50d EStG), wenn dieser aufgrund eines Doppelbesteuerungsabkommens, der Mutter-Tochter-Richtlinie, der EG-Richtlinie über Zinsen und Lizenzgebühren im Konzern oder einer anderen gesetzlichen Anspruchsgrundlage nur mit einer geringeren Quellensteuer belastet werden dürfte (§ 50d I EStG). Das Erstattungsverfahren kann (nur) vermieden werden, wenn der betreffende Steuerausländer seinem Geschäftspartner vor der Zahlung eine amtliche Freistellungsbescheinigung des Bundesamts für Finanzen vorlegt, die diesen ermächtigt, von der Quellensteuererhebung ganz oder teilweise abzusehen. Diese Regelung hat den Hintergrund, dass die Betroffenen selbst angesichts der Kompliziertheit des internationalen Steuerrechts, gerade auch in Hinblick auf die Prüfung missbräuchlicher Gestaltungen, das Bestehen eines Erstattungsanspruchs nicht hinreichend sicher beurteilen könnten. – (2) Ein *spezielles Erstattungsverfahren für beschränkt steuerpflichtige Künstler*, das auch ohne Bestehen eines Doppelbesteuerungsabkommens galt und eine Absenkung der Quellensteuer auf maximal 50 Prozent des Gewinns aus dem Auftritt/der Tournee vorsah, ist mit der Reform der beschränkten Steuerpflicht ab 2009 wieder entfallen. – (3) *Missbrauchsbekämpfung:* Das Erstattungsverfahren ist v.a. deshalb verfahrensrechtlich vorgeschrieben, weil die Finanzverwaltung sich vorbehalten will, zu prüfen, ob der Steuerpflichtige sich möglicherweise die Erstattungsberechtigung nur durch einen Gestaltungsmissbrauch oder ähnliche, aus fiskalischer Sicht nicht anzuerkennende Vorgehensweisen erschlichen hat. Daher finden sich sowohl in § 50d EStG selbst (v.a. in § 50d III EStG) als auch gelegentlich in Doppelbesteuerungsabkommen Regelungen, wonach die Erstattung in bestimmten Fällen verweigert werden soll. – (4) *Andere Fälle:* Soweit einem beschränkt Steuerpflichtigen im Abzugswege Steuern einbehalten worden, auf deren Erstattung er einen Anspruch hat, die aber ausnahmsweise nicht zu den in § 50d EStG aufgezählten Fällen gehören, ist der Erstattungsanspruch gemäß § 37 AO an die Finanzbehörde zu richten.

Erstattungszinsen → Vollverzinsung.

Ertragsfähigkeit – Grundlage der Bodenbewertung (→ Bodenbonitierung) hinsichtlich der durchschnittlichen mittleren Hektarerträge von Bodenarten nach Klassen und → Einheitswerten. Als „Nahrungsmittelgrundlage" ein wesentliches Datum für die Berechnung der optimalen Bevölkerungsdichte.

Ertragshundertsatz – steuerrechtlicher Begriff im Zusammenhang mit der Bewertung nicht notierter Aktien und Anteile (→ Stuttgarter Verfahren).

Ertragsteuern – I. Betriebswirtschaftslehre: Steuern, deren Steuerbemessungsgrundlage an das wirtschaftliche Ergebnis (Ertrag, → Gewinn) anknüpft, womit der Fiskus durch die Steuer am ökonomischen Erfolg des Steuerpflichtigen partizipiert; im Einzelnen: → Einkommensteuer (neben → Kirchensteuer und → Solidaritätszuschlag), → Körperschaftsteuer und Gewerbeertragsteuer (→ Gewerbesteuer).

II. Finanzwissenschaft: Objektsteuern (→ Realsteuern), die an die Erträge bes. der volkswirtschaftlichen Produktionsfaktoren Boden und Kapital anknüpfen, ohne Rücksicht darauf, wem der Ertrag im Einzelnen zufließt: Grundsteuer, Gewerbesteuer, Kapitalertragsteuer und in gewisser Weise auch der Vermögensteuer, soweit sie aus Vermögenserträgen getragen wird. In der Finanzwissenschaft gelten Ertragsteuern als für ein modernes → Steuersystem unpassend, da ihre fiskalische Ergiebigkeit begrenzt ist und die subjektive Leistungsfähigkeit (→ Leistungsfähigkeitsprinzip) des Steuerpflichtigen nicht berücksichtigt wird. – Vgl. auch Ertragsbesteuerung. – *Anders:* → Substanzsteuern, Verkehrsteuern, Verbrauchsteuern.

III. Steuerrecht: üblicherweise der Oberbegriff für → Einkommensteuer, → Körperschaftsteuer, → Gewerbesteuer und die anknüpfenden Annexsteuern (→ Solidaritätszuschlag, → Kirchensteuer).

Ertragswert – I. Unternehmungsbewertung: 1. *Begriff:* Barwert bzw. Kapitalwert zukünftiger Zahlungsüberschüsse aus einem Investitionsobjekt Unternehmung (entsprechend auch als *Zukunftserfolgswert* bezeichnet), über die der Eigentümer verfügen kann. – 2. *Ermittlung:*Die Barwertberechnung verlangt einen Zinsfuß i; ist dieser periodenunabhängig und sicher und sind die Zahlungsüberschüsse $C_t$periodenabhängig sowie sicher, so folgt:

$$C_0 = \sum_{t=1}^{T} C_t / (1+i)^t.$$

Für unendlich lange anfallende Zahlungsüberschüsse in derselben Höhe geht die Formel über in die *Rentenformel:*

$$C_0 = \frac{C}{i},$$

für unendlich lange mit der konstanten Wachstumsrate w steigende Zahlungsüberschüsse:

$$C = \frac{C_1}{(i-w)}$$

mit i > w und C_1als Zahlungsüberschuss der ersten Periode. – Da zukünftige Zahlungsüberschüsse nicht

sicher und Wahrscheinlichkeitsverteilungen unhandlich sind, erfolgt eine *Reduktion der Wahrscheinlichkeitsverteilungen auf Erwartungswerte,* diskontiert mit einem risikoangepassten Zinsfuß (landesüblichen Zinsfuß zzgl. Risikoprämie), oder eine Verdichtung der Wahrscheinlichkeitsverteilungen auf Sicherheitsäquivalente, diskontiert mit dem (quasi-sicheren) landesüblichen Zinsfuß (Unternehmungsbewertung).

II. Steuerrecht: 1. Bewertung von Grundstücken bei der Grundsteuer: Durch Anwendung des vereinfachten Reinertragsverfahrens ermittelter Wert eines bebauten → Grundstücks für Zwecke der Einheitsbewertung (§§ 78–82 BewG); → Einheitswert. – a) Anwendungsbereich: Mit dem Ertragswert sind i.d.R. zu bewerten → Mietwohngrundstücke, → Geschäftsgrundstücke, → gemischtgenutzte Grundstücke, → Einfamilienhäuser und → Zweifamilienhäuser. Dieser Einheitswert gilt nur noch für die Grundsteuer. – b) Wertermittlung: Der Grundstückswert (→ Grund und Boden, → Gebäudewert und der Wert der → Außenanlagen; → Grundstücksbewertung) ergibt sich aus gesetzlich festgelegten Vervielfältiger mal → Jahresrohmiete. Für die Bestimmung der Jahresrohmiete ist von den Wertverhältnissen zum 1.1.1964 auszugehen. – Ermäßigungen und Erhöhungen bis zu 30 Prozent bei außergewöhnlicher Grundsteuerbelastung und/oder wertmindernden oder -erhöhenden (wie ungewöhnlich starke Beeinträchtigungen durch Lärm, Rauch oder Gerüche, behebbare Baumängel und Bauschäden oder die Notwendigkeit baldigen Abbruchs) Umständen möglich. – Beim Wirtschaftsteil eines land- und forstwirtschaftlichen Betriebs ist der Ertragswert der Nutzungen oder Nutzungsteile das 18-fache des Reinertrages; er wird durch vergleichendes Verfahren (→ Vergleichswert, → Vergleichszahl, → Bewertungsstützpunkte) festgestellt (§§ 36 ff. BewG). – Vgl. auch → Abschlag, → Einheitswert. – 2. Bis zum Inkrafttreten des Erbschaftsteuerreformgesetzes geltendes pauschalierendes Ertragswertverfahren bei der Bewertung bebauter Grundstücke für Zwecke der Schenkung- und → Erbschaftsteuer (§§ 146 ff. BewG): Vom 12,5-fachen der aktuellen (seit 1.1.2007, davor war die durchschnittliche Jahresnettokaltmiete der letzten drei Jahre zugrunde zu legen) Nettokaltmiete (§ 146 II BewG) wird als Alterungsabschlag pro Jahr 0,5 Prozent (maximal 25 Prozent) abgezogen (§ 146 IV BewG) (dieser soll zukünftig nicht mehr gewährt werden) – bei Ein- und Zweifamilienhäusern erfolgt ein Zuschlag von 20 Prozent auf den so ermittelten Wert (§ 146 V BewG). Als Mindestwert ist der Wert anzusetzen, der 80 Prozent des Bodenrichtwertes des Grundstücks entspricht (§ 146 VI i.V. mit § 145 III BewG). Mit der Reform der Erbschaft- und Schenkungsteuer, die zum 1.1.2009 in Kraft getreten ist, beabsichtigte der Gesetzgeber u.a. die Umsetzung der Bewertungsmethoden von Immobilien annäherungsweise an den gemeinen Wert (§ 177 BewG). Hierfür stützt sich das neue Bewertungsrecht auf typisierende Bewertungsmethoden wie den Ertragswert. So erfolgt die neue Bewertung von Mietwohngrundstücken, von Geschäftsgrundstücken und gemischt genutzten Grundstücken, für die sich eine vergleichsübliche Miete ermitteln lässt, nach dem Ertragswertverfahren. Dabei ermittelt sich der Gebäudewert aus dem Rohertrag nach Abzug der Bewirtschaftungskosten (= Reinertrag) und der Bodenwertverzinsung der Gebäudereinertrag. Unter Berücksichtigung eines Vervielfältigers, der sich aus dem Liegenschaftszinssatz und der Restnutzungsdauer ergibt, wird der Gebäudeertragswert berechnet. Zur Ermittlung des Grundbesitzwertes wird ebenso Ertragswert zugrunde gelegt. Der Gesamtwert setzt sich aus dem Ertragswert und dem Bodenwert zusammen (§ 185 BewG ff.).

erweiterte beschränkte Steuerpflicht – 1. *Begriff:* Im Außensteuergesetz eine Steuerpflicht, der natürliche Personen unterliegen, die in den letzten zehn Jahren vor Beendigung ihrer unbeschränkten Steuerpflicht als dt. Staatsangehöriger mind. fünf Jahre unbeschränkt steuerpflichtig waren und (1) in einem ausländischen Gebiet ansässig sind, in dem sie mit ihrem Einkommen einer niedrigen Besteuerung (§ 2 II Nr. 1 und 2 AStG) unterliegen oder in keinem ausländischen Gebiet ansässig sind und (2) wesentliche wirtschaftliche Interessen im Inland haben (§ 2 III Nr. 1–3 AStG). – 2. *Anwendungsbereich:* a) *Einkommensteuer:* (1) Der erweiterten beschränkten Steuerpflicht unterliegt der Steuerpflichtige bis zum Ablauf von zehn Jahren nach Beendigung der unbeschränkten Steuerpflicht. (2) Die erweiterte beschränkte Steuerpflicht erweitert die → beschränkte Steuerpflicht mit → ausländische Einkünfte im Sinn des § 34d EStG sind. Die erweiterte beschränkte Steuerpflicht findet innerhalb des Zehn-Jahres-Zeitraumes jedoch nur für solche Veranlagungszeiträume Anwendung, in denen die erweitert beschränkt steuerpflichtigen Einkünfte mehr als 16.500 Euro betragen. (3) Auf die erweitert beschränkt steuerpflichtigen Einkünfte wird der *Steuersatz* angewandt, der sich für sämtliche (in- und ausländischen) Einkünfte des Steuerpflichtigen ergibt. (4) Ist die Steuer bei erweiterter beschränkter Steuerpflicht höher, als sie bei unbeschränkter Steuerpflicht gewesen wäre, so wird der Differenzbetrag insoweit nicht erhoben, als er die Steuer bei unbeschränkter Steuerpflicht überschreitet. – b) *Erbschaftsteuer:* (1) War bei einem Erblasser oder Schenker zz. der Entstehung der Steuerschuld die erweiterte beschränkte Einkommensteuerpflicht gegeben, so tritt die Erbschaftsteuerpflicht über das Inlandsvermögen im Sinn des § 121 II BewG hinaus für alle Teile des Erwerbs ein, deren Erträge bei unbeschränkter Einkommensteuerpflicht keine ausländischen Einkünfte im Sinn des § 34d EStG wären. (2) Dies gilt nicht, wenn auf die zusätzlich in die beschränkte Steuerpflicht einbezogenen Teile des Erwerbs im Ausland eine der dt.

Erbschaftsteuer vergleichbare Steuer erhoben wird, die mind. 30 Prozent der auf diesen Teil des Erwerbs entfallenden dt. Erbschaftsteuer beträgt. – c) Zur Vermeidung von *Umgehungstatbeständen* greift die erweiterte beschränkte Steuerpflicht mit Wirkung für die Einkommensteuer und Erbschaftsteuer auch bei der Einschaltung von → Zwischengesellschaften ein (§ 5 AStG). – 3. *Praktische Bedeutung:* Dem Vernehmen nach unterliegen in der Praxis nur außerordentlich wenige Personen tatsächlich dieser Form der Besteuerung; der Zweck der Norm liegt somit in der Lebenswirklichkeit offenbar hauptsächlich darin, dt. Steuerpflichtige vom Umzug in ein Niedrigsteuergebiet abzuschrecken, indem der Großteil der denkbaren Steuervorteile aus einem solchen Wegzug durch die Sonderregelung über die erweitert beschränkte Steuerpflicht faktisch zerstört werden.

Erwerbsbesteuerung → Erwerbsteuer.

Erwerbsschwelle – 1. *Begriff des Umsatzsteuerrechts:* eine Bagatellgrenze bei der Erwerbsbesteuerung der sog. → Halbunternehmer. – 2. *Inhalt der Regelung:* Übersteigen die Anschaffungen von Gegenständen aus anderen EU-Ländern durch einen solchen Halbunternehmer pro Jahr nicht 12.500 Euro (= der in Deutschland gültige Wert; § 1a III UStG; Liste der Erwerbsschwellen in den anderen Mitgliedstaaten jeweils aktualisiert in Abschn. 42j UStR), so wird ein Halbunternehmer nicht zur Erwerbsteuer herangezogen; die Steuer hat dann der Verkäufer zu zahlen (und zwar entweder im Bestimmungsland der Ware nach den Regeln der sog. → Versandhandelsregelung oder aber, wenn diese nicht greift, in seinem Heimatstaat). Erreicht die Summe der relevanten Einkäufe aus anderen Mitgliedstaaten bei einem Halbunternehmer aber den Schwellenwert, so sind von diesem Zeitpunkt an alle weiteren Erwerbe – inkl. desjenigen, mit dem der Schwellenwert erreicht wird – der Erwerbsteuer zu unterwerfen; ebenfalls sind dann sämtliche Einkäufe des Folgejahres von Anfang an erwerbsteuerpflichtig. – 3. *Optionsrecht:* Der Sinn der Erwerbsschwelle liegt darin, dass die sog. Halbunternehmer sämtlich Personen sind, die bisher keine reguläre Umsatzsteuererklärung abzugeben haben, weshalb die Verpflichtung, für ihre Einkäufe aus anderen Mitgliedstaaten die Erwerbsteuer zu zahlen, für diesen Personenkreis zusätzliche administrative Belastungen bedeuten würde; diese möchte man ihnen in Bagatellfällen durch die Erwerbsschwelle ersparen. Auf die Anwendung der Erwerbsschwelle kann ein Halbunternehmer daher auch verzichten (in Deutschland: § 1a IV UStG), dann gilt Erwerbsteuerpflicht auch schon bei nur geringfügigen Käufen aus anderen Mitgliedstaaten pro Jahr. – 4. *Weitere Hintergründe:* → Erwerbsteuer. – 5. *Indirekte Auswirkungen auf den Bezug von Dienstleistungen:* Hat ein Halbunternehmer die Erwerbsschwelle überschritten (oder auf ihre Anwendung verzichtet), muss der Betroffene zur Abwicklung seiner erwerbsteuerpflichtigen Einkäufe eine Umsatzsteuer-Identifikationsnummer beantragen. Der Besitz einer solchen Nummer hat dann ab 2010 automatisch auch zur Konsequenz, dass der Betroffene von da an auch für die Zahlung der Umsatzsteuer auf den Bezug von → innergemeinschaftlichen Dienstleistungen, die er als Kunde von Anbietern aus anderen EU-Staaten bezieht, zu sorgen hat. Dennoch hängt die Entscheidung, ob die Erwerbsschwelle überschritten ist oder nicht, einzig und allein vom Umfang der Wareneinkäufe, nicht auch vom Wert der aus anderen Mitgliedsstaaten bezogenen Dienstleistungen ab. – 6. *Wichtige Ausnahmen:* Die Erwerbsschwelle gilt nicht für den Erwerb verbrauchsteuerpflichtiger Waren oder neuer Fahrzeuge; diese sind vom geringfügigsten Kauf an der Erwerbsteuer zu unterwerfen. Käufe solcher Waren werden allerdings auch nicht auf die Erwerbsschwelle angerechnet.

Erwerbsteuer – *Steuer auf den innergemeinschaftlichen Erwerb von Gegenständen, Erwerbsbesteuerung.* – 1. *Begriff:* eine bes. Erhebungsform der → Umsatzsteuer, die seit 1993 bei innergemeinschaftlichen Warenlieferungen an die Stelle der → Einfuhrumsatzsteuer (EUSt) getreten ist, weil diese EU-intern mit dem Wegfall der Grenzkontrollen nicht mehr praktikabel zu erheben gewesen wäre. – 2. *Rechtsgrundlagen:* Innerhalb der EU ist die Erwerbsteuer einheitlich durch Vorgaben der → Mehrwertsteuersystemrichtlinie geregelt. Rechtsgrundlage in Deutschland ist das Umsatzsteuergesetz (§§ 1 I Nr. 5 UStG, 1a UStG, § 3d UStG). – 3. *Grundprinzip:* Gehört der Käufer eines Gegenstands zu einer Personengruppe, bei der der Gesetzgeber typischerweise die Erfüllung umsatzsteuerlicher Pflichten für zumutbar hält, wird bei innergemeinschaftlichen Warenlieferungen entgegen den sonstigen Prinzipien der Umsatzsteuer der *Käufer* der Ware verpflichtet, die Entrichtung der Umsatzsteuer zu übernehmen (innergemeinschaftlicher Erwerb). Im Gegenzug wird für den Verkäufer eine Steuerbefreiung für die betreffende Lieferung vorgesehen (→ innergemeinschaftliche Lieferung). Diese Regelung hat den Hintergrund, dass die Umsatzsteuer im Bestimmungsland der Ware entrichtet werden soll und es daher im Normalfall für alle Beteiligten einfacher ist, die Umsatzsteuer vom Kunden zu erheben als von dem in einem anderen Land ansässigen liefernden Unternehmer. – 4. *Erwerbsteuerpflichtige Personen* sind: a) alle Unternehmer, die bereits den normalen Umsatzsteuerregelungen unterliegen, unabhängig davon, wie viele Waren sie aus anderen Mitgliedsstaaten erwerben; b) bestimmte andere Personen, aber nur dann, wenn ihre Erwerbe pro Jahr eine bestimmte Bagatellgrenze überschreiten (→ Erwerbsschwelle), und zwar die sog. → Halbunternehmer, nämlich: (1) steuerbefreite Kleinunternehmer, (2) pauschal besteuerte Land- und Forstwirte, (3) Unternehmer, deren Umsätze allesamt steuerfrei sind, (4) juristische Personen, die nicht Unternehmer sind oder nicht als Unternehmer handeln. – 5. *Bemessungsgrundlage* ist das (Netto-)Entgelt zzgl. evtl. hinzukommender Verbrauchsteuern im Land des Erwerbers. – 6. *Steuersatz* ist der Steuersatz, der in dem Bestimmungsland der Ware auch für den Verkauf des betreffenden Gegenstands angewandt werden würde (→ Umsatzsteuer). – 7. *Technische Abwicklung:* Wenn ein Kunde der Erwerbsteuer unterliegt, bleibt gleichwohl der Lieferant in seinem eigenen Staat mit dem getätigten Umsatz steuerbar und muss für die Steuerbefreiung nachweisen, dass der Kunde der Erwerbsteuer unterliegt. Kontrolle der beidseitigen Angaben erfolgt durch Pflicht der Lieferanten, den Betrag der innergemeinschaftlichen Lieferanten an jeden Erwerber einzeln zu deklarieren (→ zusammenfassende Meldung) und darauf gestützten zentralen Datenaustausch zwischen den EU-Staaten. Für diese Zwecke wird jeder beteiligte Unternehmer durch Umsatzsteuer-Identifikationsnummern eindeutig identifiziert. – 8 *Alternativen zur Erwerbsbesteuerung:* Liegt bei einer innergemeinschaftlichen Warenlieferung keine Pflicht zur Erwerbsteuer vor, dann wird die Steuer für den Umsatz vom Lieferanten getragen, und zwar entweder in seinem Heimatstaat (→ Ursprungslandprinzip) oder im Bestimmungsland der Ware (sofern die sog. → Versandhandelsregelung greift). – 9. *Sonderfall:* → Verbringung. – 10. *Vorsteuerabzug:* Unternehmer, die zum → Vorsteuerabzug berechtigt sind, können die Erwerbsteuern im Voranmeldungszeitraum ihrer Entrichtung als Vorsteuer abziehen, wenn sie die erworbenen Gegenstände für unternehmerische Zwecke verwenden und kein Anlass zum vollständigen oder anteiligen Vorsteuerausschluss besteht. – 11. *Anders:* Im Nicht-EU-Staat Fürstentum Liechtenstein ist „Erwerbsteuer" die amtliche Bezeichnung für die örtliche Form der Einkommensteuer (vgl. Anlage 6 der dt. Einkommensteuer-Richtlinien).

Erwerb von Todes wegen – Begriff nach § 3 ErbStG: (1) Der Erwerb durch Erbfall, Erbersatzanspruch, → Vermächtnis oder aufgrund eines geltend gemachten Pflichtteilsanspruchs; (2) der Erwerb durch Schenkung auf den Todesfall; (3) die sonstigen Erwerbe, auf die die für Vermächtnisse geltenden Vorschriften Anwendung finden; (4) der Erwerb von Vermögensvorteilen, die aufgrund eines vom Erblasser geschlossenen Vertrags unter Lebenden von einem Dritten mit dem Tod des Erblassers unmittelbar gemacht wird (→ Lebensversicherungen). – *Steuerliche Behandlung:* → Erbschaftsteuer, → einmalige Vermögensanfälle.

Erzeugnisbestand – Bestand der im eigenen Betrieb hergestellten fertigen und unfertigen Erzeugnisse. – *Bewertung in der Steuerbilanz:* Ansatz mit den → Herstellungskosten oder mit dem niedrigeren → Teilwert.

Erzwingungshaft → Ersatzzwangshaft.

Escapeklausel – I. Außenwirtschaft / Europarecht: Schutzklausel.

II. Ertragsteuern: 1. *Begriff:* Ausnahmeregelung von der Beschränkung des Zinsabzugs im Rahmen der

Zinsschranke (vgl. Regelungen zur Zinsschranke); Zinsaufwendungen sind grundsätzlich einkommensteuerlich unbegrenzt abzugsfähig, wenn der Betrieb zwar zu einem Konzern gehört, dessen Eigenkapitalquote am Ende des vorangegangenen Abschlussstichtages mind. so hoch ist wie die Eigenkapitalquote des Konzerns ("Escapeklausel"). Ein Unterschreiten der Konzerneigenkapitalquote bis zu einem Prozentpunkt (2% bei Wirtschaftsjahren, die nach dem 31.12.2009 beginnen) führt zu keinen Beschränkungen (§ 4h II S. 1c EStG). Die Eigenkapitalquote ermittelt sich dabei aus dem Verhältnis des bilanziellen Eigenkapitals zu der Bilanzsumme. – 2. *Ermittlung der Eigenkapitalquote:* Für den Vergleich der Eigenkapitalquoten ist grundsätzlich ein bestehender Konzernabschluss zugrunde zu legen. Dies jedoch nur, wenn dieser befreiende Wirkung gemäß der §§ 291 ff. HGB hat. Für den Eigenkapitalvergleich ist i.d.R. die Eigenkapitalquote dann die für die Zinsschranke maßgebenden Rechnungslegungsstandard (grundsätzlich IFRS, nachrangig HGB und US-GAAP) heranzuziehen. Für die Ermittlung der Eigenkapitalquote sind jedoch noch Modifikationen bez. des Eigenkapitals und ggf. der Bilanzsumme vorzunehmen. Bspw. sind dazu die Anteile an anderen Konzerngesellschaften in Höhe deren Buchwerte (§ 4h II S. 1c S. 5 ff EStG) zu kürzen. Bei der Ermittlung der Eigenkapitalquote ist außerdem zu beachten, dass nur die Einlagen zu berücksichtigen sind, sofern diesen keine Ausschüttungen bzw. Entnahmen innerhalb der ersten sechs Monate nach dem maßgeblichen Abschlussstichtag gegenüberstehen (§ 4h II S. 1c S. 5 EStG). Außerdem müssen Bilanzierungs- und Bewertungswahlrechte in den zugrunde liegenden Bilanzen einheitlich ausgeübt sein. – 3. *Gesellschafterfremdfinanzierung i.S.d.* § *8a* KStG: Bei Konzernen gilt die Besonderheit, dass Kapitalgesellschaften nur dann von der Zinsschranke durch die Escapeklausel befreit sind, wenn keine schädliche Gesellschafterfremdfinanzierung nach § 8a III KStG vorliegt. Die → Gesellschafterfremdfinanzierung ist schädlich, wenn mehr als 10 Prozent des negativen Zinssaldos an zu mehr als 25 Prozent unmittelbar oder mittelbar beteiligte Anteilseigner einer Konzern-Gesellschaft, diesen nahe stehende Personen an rückgriffsberechtigte Dritten gezahlt werden. Die Körperschaft hat die Nachweispflicht, dass eine schädliche Gesellschafterfremdfinanzierung nicht vorliegt. Konzernunternehmen, die einen Eigenkapitalquotenvergleich durchführen, müssen in analoger Weise den Nachweis erbringen, dass innerhalb des gesamten steuerlichen Konzerns keine schädliche Gesellschafterfremdfinanzierung vorliegt. Dabei sind jedoch konzerninterne Finanzierungen nicht zu berücksichtigen. Diese Regelung greift analog für gewerblich tätige Personengesellschaften, die einer Kapitalgesellschaft nachgeordnet sind. Die übergeordnete Kapitalgesellschaft muss hingegen nicht zum Konzern gehören. Voraussetzung hierfür ist, dass die Mitunternehmerschaft zu einem Konzern gehört.

Essenszuschuss – vom Arbeitgeber gewährte Zuschüsse zur Verbilligung von Mahlzeiten für die Arbeitnehmer. Steuerfrei, wenn der Zuschuss direkt an die Kantine, Gaststätte etc. gegeben wird und der Kostenanteil des Arbeitnehmers mind. so hoch ist wie der amtliche Sachbezugswert (2009: Mittag- bzw. Abendessen 2,73 Euro, Frühstück 1,53 Euro). Ist der Sachbezugswert geringer, ist der Unterschiedsbetrag steuer- und beitragspflichtig. – Das Gleiche gilt für *Essensmarken,* die für verbilligte Mahlzeiten an Arbeitnehmer ausgegeben werden.

eTIN – Abk. für *electronic Taxpayer's Identification Number.* Kurzwort für das lohnsteuerliche Ordnungsmerkmal im Rahmen des → elektronischen Lohnsteuerverfahrens.

EU-Amtshilfe-Richtlinie – 1. Die EU-Amtshilfe-Richtlinie ersetzt die Richtlinie 77/799/EWG des Rates vom 19.12.1977 über die gegenseitige Amtshilfe zwischen den zuständigen Behörden der Mitgliedstaaten im Bereich der direkten Steuern (EG-Amtshilfe-Richtlinie). – 2. Um das Funktionieren des Binnenmarktes zu gewährleisten, insbesondere um die Steuern bei grenzüberschreitenden Steuersachverhalten ordnungsgemäß festsetzen zu können, wird es als erforderlich angesehen , eine effiziente Zusammenarbeit auf internationaler Ebene zwischen den Steuerbehörden der Mitgliedstaaten der Europäischen Union zu forcieren und eine neue Form der Verwaltungszusammenarbeit zu entwickeln. Mit der fortschreitenden Internationalisierung, die im speziellen durch die zunehmende grenzüberschreitende Mobilität von Unternehmen und Bürgern zum Ausdruck kommt, geht zugleich das Bedürfnis nach einem effizienten zwischenstaatlichen Informationsaustausch einher. Ein solcher Informationsaustausch soll zum einen dazu dienen, Doppelbesteuerungen ebenso wie Steuerhinterziehungen zu vermeiden. Des Weiteren hält man die Regelungen für unerlässlich, um eine gleiche Besteuerung auf nationaler Ebene gewährleisten zu können. Mit der EU-Amtshilferichtlinie soll v.a. die effiziente – in Teilbereichen auch neue – Verwaltungszusammenarbeit zwischen den Steuerbehörden der Mitgliedstaaten gestärkt werden, um Steuern bei grenzüberschreitenden Aktivitäten ordnungsgemäß festsetzen zu können. Dazu werden durch die EU-Amtshilferichtlinie gewisse Prüfungsmöglichkeiten und Mindeststandards festgelegt. Außerdem wird der OECD-Standard für Transparenz und effektiven Informationsaustausch für Besteuerungszwecke, wie er sich insbesondere aus Artikel 26 des OECD-Musterabkommens ergibt (OECD-Standard) verbindlich für alle Mitgliedstaaten implementiert. Dieser OECD-Standard verpflichtet die Mitgliedstaaten, sich auf Ersuchen alle für ein Besteuerungsverfahren oder ein Steuerstrafverfahren erforderlichen Informationen zu erteilen. Beweisausforschungen ("fishing expeditions") sind jedoch ausgeschlossen. Eine Übermittlung von Informationen kann nicht mehr deshalb abgelehnt werden, weil der übermittelnde Mitgliedstaat kein eigenes Interesse daran hat oder weil diese Informationen sich bei einer Bank, einem sonstigen Finanzinstitut, einem Bevollmächtigten, Vertreter oder Treuhänder befinden oder sich auf Eigentumsanteile einer Person beziehen. Damit wird ein in sich schlüssiges System des zwischenstaatlichen Informationsaustauschsbei grenzüberschreitenden Steuersachverhalten etabliert. – 3. Zur Umsetzung der EU-Amtshilfe-Richtlinie hat der Bundestag das EU-Amtshilfegesetz beschlossen, das das geltende EG-Amtshilfegesetz ablösen soll und im Jahr 2013 in Kraft tritt.

Europäische Wirtschaftliche Interessenvereinigung (EWIV) – I. Gesellschaftsrecht: Durch die EWIV-Verordnung vom 25.7.1985 (ABl. L 199/1 vom 31.7.1985) geschaffene (supranationale) Unternehmensform. Danach haben kleinere und mittlere Unternehmungen aus EU-Mitgliedsstaaten die Möglichkeit, grenzüberschreitende Kooperationen in Form einer EWIV zu betreiben. Die Vereinigung selbst hat nicht den Zweck der eigenen Gewinnerwirtschaftung, sondern soll die unternehmerischen Ergebnisse der rechtlich selbstständig bleibenden Mitglieder verbessern. Die EWIV ist eine juristische Person. – *Grundstruktur* ähnlich der → offenen Handelsgesellschaft (OHG). – *Mitglieder:* Gesellschaften oder andere juristische Einheiten sowie natürliche Personen. – *Organe:* Gemeinschaftlich handelnde Mitglieder, oder bzw. die Geschäftsführer; der Gründungsvertrag kann weitere Organe vorsehen. In Beschlüssen zur Verwirklichung des Unternehmensgegenstandes ist die Mitgliederversammlung unbeschränkt; ihr obliegt die Bestellung der Geschäftsführer. – Die Mitglieder der Vereinigung *haften* unbeschränkt und gesamtschuldnerisch. – *Aufgaben:* Erleichterung und Entwicklung sowie Ergebnisverbesserung der wirtschaftlichen Tätigkeit ihrer Mitglieder. Gewinne werden als Gewinne der Mitglieder betrachtet und von diesen versteuert. – *Restriktionen:* EWIV darf sich nicht an den Kapitalmarkt wenden und nicht mehr als 500 Arbeitnehmer beschäftigen.

II. Einkommen- und Körperschaftsteuerrecht: Gemäß § 40 EWIV-Verordnung wird die EWIV steuerlich wie eine Personengesellschaft behandelt. Ein evtl. erzielter Gewinn oder Verlust wird ihren Gesellschaftern anteilig zugerechnet (sog. Transparenzprinzip) und dort jeweils versteuert.

III. Gewerbesteuer: Unterhält eine EWIV in Deutschland einen Gewerbebetrieb, unterliegt dieser der Gewerbesteuer (§ 2 GewStG). Die Gewerbesteuer wird hier, entgegen der sonstigen Systematik, jedoch gegen die Gesellschaft festsetzt, da eine EWIV gemäß der EWIV-Verordnung kein Steuersubjekt sein darf. Jeder Gesellschafter ist Gesamtschuldner für die (gesamte) Gewerbesteuerschuld der EWIV (§ 5 GewStG).

IV. Internationales Steuerrecht: Nach den Doppelbesteuerungsabkommen werden eventuelle Gewinne einer grenzüberschreitend tätigen EWIV nach dem Betriebsstättenprinzip jeweils dort zu versteuern sein, wo die EWIV eine Betriebsstätte unterhält (vgl. Art.7 OECD-MA).

Euroumrechnungsrücklage – eine steuerfreie Rücklage, die im Zuge der Umstellung von DM auf Euro für bestimmte Umrechnungsgewinne gebildet werden konnte (§ 6d EStG). Die Rücklage war spätestens bis zum Schluss des fünften nach dem 31.12.1998 endenden Wirtschaftsjahrs (also spätestens dem ersten nach dem 31.12.2003 endenden Wirtschaftsjahr) gewinnerhöhend aufzulösen.

EUSt – Abk. für → *Einfuhrumsatzsteuer.*

EWIV – Abk. für → Europäische wirtschaftliche Interessenvereinigung.

Existenzgründer – 1. *Begriff im Rahmen des Bürgerlichen Rechts:* Natürliche Person, die eine gewerbliche oder selbstständige berufliche Tätigkeit aufnimmt (§ 507 BGB). Der Existenzgründer wird beim Darlehensvermittlungsvertrag und beim Verbraucherdarlehen und sonstigen Finanzierungshilfen wie ein Verbraucher und nicht wie ein Unternehmer behandelt, es sei denn der Nettodarlehensbetrag oder Barzahlungspreis übersteigt 50.000 Euro . – 2. *Begriff im Rahmen der Einkommensteuer:* Die gesonderte Behandlung von Existenzgründern per se wurde abgeschafft und in die generelle Förderung kleiner und mittlerer Betriebe überführt. – 3. *Auswirkungen:* Kleine und mittlere Betriebe können gemäß § 7g EStG einen → Investitionsabzugsbetrag steuerlich geltend machen. Dieser hat im Rahmen des Unternehmensteuerreformgesetzes 2008 die sog. → Ansparabschreibung für Existenzgründer abgelöst.

Existenzminimum – I. Volkswirtschaft: 1. *Begriff:* nach dem Lebensstandard der einzelnen Länder für den Lebensunterhalt als notwendig erachtete und anerkannte Mittel. Die Definition ist immer kulturspezifisch und relativ. – 2. *Arten:* (1) *physisches* Existenzminimum. Dieses umfasst die Mittel, die zur Befriedigung der materiellen Bedürfnisse notwendig sind, um zu überleben. Dies sind v.a. Nahrung, Kleidung, Wohnung und eine medizinische Notfallversorgung. (2) *soziokulturelles* Existenzminimum. Dieses garantiert über das physische Existenzminimum hinaus ein Recht auf Teilhabe am gesellschaftlichen (sozialen), kulturellen und politischen Leben.

II. Einkommensteuerrecht: 1. Nach der *Rechtsprechung des Bundesverfassungsgerichts* (BVerfGE 87, 153 [169]) muss dem Steuerpflichtigen nach Erfüllung seiner Einkommensteuerschuld von seinem erworbenen zumindest so viel verbleiben, wie er zur Bestreitung seines notwendigen Lebensunterhalts und (unter Berücksichtigung von Art. 6 I GG) desjenigen seiner Familie bedarf. Die Höhe des steuerlich zu verschonenden Existenzminimums hängt von den allg. wirtschaftlichen Verhältnissen und dem in der Rechtsgemeinschaft anerkannten Mindestbedarf ab. Soweit der Gesetzgeber im Sozialhilferecht den Mindestbedarf bestimmt hat, den der Staat bei einem mittellosen Bürger im Rahmen sozialstaatlicher Fürsorge durch Staatsleistungen zu decken hat, darf das von der Einkommensteuer zu verschonende Existenzminimum diesen Betrag jedenfalls nicht unterschreiten. Maßgröße für das einkommensteuerliche Existenzminimum ist demnach der im Sozialhilferecht anerkannte Mindestbedarf. Das gilt sinngemäß auch für die Ermittlung des sächlichen Existenzminimums von Kindern (BVerfGE 82, 60 [93, 94]). Da die Leistungsfähigkeit von Eltern über den existentiellen Sachbedarf und den erwerbsbedingten Betreuungsbedarf generell durch den Betreuungsbedarf und den Erziehungsbedarf gemindert wird, ist dieser im Steuerrecht von der Einkommensteuer zu verschonen. – 2. Das im Jahr 2012 steuerfrei zu stellende sächliche Existenzminimum beträgt bei Alleinstehenden 7.896 Euro, bei Ehepaaren 13.272 Euro, bei Kindern 4.272 Euro. Die steuerlichen Freibeträge belaufen sich entsprechend auf 8.004 Euro für Alleinstehende, 16.009 für Ehepaare und 4.368 für Kinder. – Vgl. auch → Grundfreibetrag.

Export → Ausfuhr, → passive Veredelung und → Wiederausfuhr.

Exportprämie Ausfuhrprämie.

externe Prüfung → Prüfung.

externe Qualitätskontrolle – Verfahren zur Sicherstellung der Qualität der Abschlussprüfung, bei dem in Deutschland der → Peer Review zur Anwendung kommt. – Jeder → Wirtschaftsprüfer (WP) muss, um gesetzlich vorgeschriebene Abschlussprüfungen durchführen zu dürfen, an der externen Qualitätskontrolle teilnehmen (Einzelheiten des Verfahrens sind in der → Wirtschaftsprüferordnung (WPO) geregelt). Der → Prüfer hat die Angemessenheit und Wirksamkeit seines Qualitätssicherungssystems (Qualitätssicherung in der Wirtschaftsprüfung)

alle drei Jahre im Rahmen einer risikoorientierten betriebswirtschaftlichen → Prüfung durch einen anderen Wirtschaftsprüfer, den sog. Prüfer für Qualitätskontrolle, überprüfen zu lassen. Verantwortlich für das System der externen Qualitätskontrolle in Deutschland ist die Kommission für Qualitätskontrolle der → Wirtschaftsprüferkammer (WPK), die die Teilnahme an der externen Qualitätskontrolle bescheinigt und bei festgestellten Mängeln ggf. auch Auflagen oder Sonderprüfungen anordnen bzw. die Bescheinigung verweigern kann. Das System wird überwacht durch einen Qualitätskontrollbeirat, der aus nichtberufsangehörigen Fachleuten besteht. – In den USA und Großbritannien wird im Rahmen der externen Qualitätskontrolle ein Monitoring durchgeführt. Die Einführung einer externen Qualitätskontrolle im Berufsstand der Wirtschaftsprüfer geht auf das Wirtschaftsprüferordnungs-Änderungsgesetz (WPOÄG) aus dem Jahr 2000 zurück. Jeder Wirtschaftsprüfer, der weiterhin gesetzlich vorgeschriebene Abschlussprüfungen durchführen wollte, war durch dieses Gesetz gezwungen, sich einer externen Qualitätskontrolle zu unterziehen. So weit er Abschlussprüfungen von börsennotierten Unternehmen vornahm, musste er dies bis spätestens zum Ende des Jahres 2002 tun. Für Berufsangehörige, die nur nicht-börsennotierten Unternehmen Abschlussprüfungen durchführten, endete die Frist erst mit dem Ende des Jahres 2005. Nach der ersten Qualitätskontrolle musste eine solche bislang spätestens alle drei Jahre wiederholt werden. Durch das Inkrafttreten des Berufsaufsichtsreformgesetzes (BARefG) am 6.9.2007 wurde dieser Zyklus für Wirtschaftsprüfer, die Abschlussprüfungen von Unternehmen des öffentlichen Interesses i.S.d. § 319a HGB durchführen, auf sechs Jahre verlängert.

EZT – Abk. für → Elektronischer Zolltarif.

F

Fabrikationsteuer – *Produktionsteuer;* bes. Erhebungsweise einer Verbrauchsteuer, sog. „innere" Verbrauchsbesteuerung. Die Erhebung der Fabrikationsteuer erfolgt im Verlauf des Produktionsprozesses und knüpft dabei an bestimmte Merkmale an, z.B. an Rohstoffe (Zuckerrüben), Herstellungsapparatur (Maischbottich-Volumen) oder Halbfabrikat (Bierwürze). – Die *Rohstoffsteuer* reizt zur Steuereinholung durch Verbesserung des Ausbeuteverhältnisses, z.B. wird die Steigerung der Zuckerausbeute aus Rübenschnitzeln von 1 : 11 auf 1 : 6 wesentlich der Zuckerrohstoffbesteuerung zugeschrieben. Die Steuergesetzgebung belohnt rationale Betriebsführung. Aus diesem Grund wurde die Zuckerrübensteuer durch eine → Fabrikatsteuer ersetzt.

Fabrikatsteuer – Art der Verbrauchsteuer; Erhebung erfolgt nach völligem Abschluss des Herstellungsprozesses, wenn das Produkt die Fabrikationsstätte verlässt, z.B. → Tabaksteuer, → Mineralölsteuer. – *Vorteile* für Finanzverwaltung: (1) betrieblicher Versand ist leicht zu kontrollieren. (2) Exportmengen sind ggf. unmittelbar von der Besteuerung auszunehmen, sodass Steuerrückvergütungsverfahren entfällt. – *Anders:* → Fabrikationsteuer.

Fabrikgebäude – Zweckbauten für industrielle Fertigung. – 1. *Bilanzierung* und *Kostenrechnung:* Fabrikgebäude sind getrennt zu erfassen von Lager-, Verwaltungs- und Wohngebäuden, mit Rücksicht auf folgende Erfordernisse: a) höherer Abschreibungsbedarf (Gebäudeabschreibungen) als bei Büro- und Wohnhäusern: (1) wegen stärkerer Beanspruchung, z.B. bei Erschütterungen durch Pressen und andere Maschinen; (2) wegen vorzeitigen Veraltens und mangelnder Anpassungsfähigkeit bei Änderung des Fabrikationsverfahrens (→ AfA-Tabellen); b) höhere → Instandhaltungskosten. – 2. *Steuerbilanz:* Bewertung von Fabrikgebäuden in der Steuerbilanz: → Anschaffungskosten oder → Herstellungskosten vermindert um → Absetzungen für Abnutzung (AfA) oder niedriger → Teilwert, falls der Wert am Bilanzstichtag dauerhaft unter den um Absetzungen verminderten Wert gesunken sein sollte.

Fachliteratur – im Gegensatz zu unterhaltendem oder allgemeinbildendem Lesestoff, Druckwerke, die geeignet sind, Aus- und Fortbildung in einem Fachgebiet zu vermitteln: Fachbücher, Fachzeitschriften, Fernkurse. – *Steuerliche Behandlung:* Fachliteraturen sind als Aufwendungen für → Betriebsausgaben oder als → Werbungskosten bei der → Einkünfteermittlung abzugsfähig.

Fachteil in der Vorschriftensammlung Bundesfinanzverwaltung (VSF) – Dienstvorschriften des Bundesministeriums der Finanzen (BMF) an die Zolldienststellen zu den Rechtsgrundlagen im Aufgabenbereich der dt. Zollverwaltung. Sie betreffen nicht nur das Zollrecht, sondern sämtliche Rechtsgebiete, bes. auch die vom Bund verwalteten Verbrauchsteuern. Der VSF hat administrativen Charakter, begründet daher grundsätzlich keine Rechte und Pflichten Dritter und bindet nicht die Gerichte. Über Art. 3 GG kann im Rahmen der Selbstbindung der Verwaltung bei der Ausübung von Ermessen ein Anspruch des Wirtschaftsbeteiligten erwachsen, Gleiches gleich und damit wie in den Dienstvorschriften vorgesehen zu behandeln. Die Kenntnis kann darüber hinaus auch deshalb von Bedeutung sein, weil so das Verhalten der Verwaltung vorhersehbar und transparenter wird. Die VSF wird praktisch nur noch in elektronischer Form erstellt als sog. eVSF.

Fahrgemeinschaft – 1. *Begriff:* Zusammenschluss von → Arbeitnehmern zur gemeinsamen Benutzung eines Kfz bei Fahrten zwischen Wohnung und → Arbeitsstätte, Familienheimfahrten, → Dienstreisen zwecks Kostenersparnis. – 2. *Arten und ihre steuerliche Behandlung:* (1) Mehrere Arbeitnehmer, die jeweils einen eigenen Pkw haben, benutzen wechselweise für einen gewissen Zeitraum einen Pkw gemeinsam für Fahrten zwischen Wohnung und Arbeitsstätte. Jedes Mitglied der Fahrgemeinschaft kann die → Entfernungspauschale als → Werbungskosten geltend machen, da diese von der tatsächlichen Benutzung eines Pkw grundsätzlich unabhängig ist. (2) Mehrere Arbeitnehmer benutzen unentgeltlich das Fahrzeug eines Arbeitskollegen. Die Beteiligten können sämtlich die Entfernungspauschale nutzen. Die Fahrten gelten für den Fahrer nicht als gewerbsmäßige Personenbeförderung; zahlen die Mitfahrer dem Fahrer allerdings eine Vergütung oder Kostenerstattung, so gehört diese zu den Einnahmen nach § 22 Nr. 3 EStG; sie werden also steuerpflichtig, wenn sie (gemeinsam mit allen anderen Einkünften aus gelegentlichen Leistungen im Veranlagungszeitraum) 256 Euro oder mehr betragen. Zugehörige Kosten könnten dann zwar gedanklich Werbungskosten sein, dürfen dann aber trotzdem vom Fahrer nur noch insoweit gegengerechnet werden, als sie nicht schon durch seine Entfernungspauschale abgegolten sind, d.h. nur für solche Strecken, die nicht zu seinem eigenen Arbeitsweg gehören (Umwege zum Abholen der Mitfahrer), denn dieselben Kosten dürfen nicht doppelt steuerlich geltend gemacht werden. – 3. *Versicherungsschutz:* Erstreckt sich auf Haftpflichtansprüche sämtlicher Fahrzeuginsassen gegen den (berechtigten) Fahrer. Ausgeschlossen sind jedoch Ansprüche aus Sach- und Vermögensschäden des Versicherungsnehmers, Halters oder Eigentümers gegen mitversicherte Personen.

Fahrtenbuchmethode → Kraftfahrzeugbesteuerung.

Fahrtkosten – Aufwendungen für Fahrten mit öffentlichen Verkehrsmitteln oder privaten Fahrzeugen. – *Steuerliche Behandlung:* (1) Kosten für Fahrten *zwischen Wohnung und Arbeitsstätte:* (a) Fahrtkosten des Arbeitnehmers bei Benutzung des eigenen Fahrzeugs werden im Einkommensteuerrecht als → Werbungskosten anerkannt. Sie werden seit 2001 durch eine → Entfernungspauschale abgegolten, die unterstellt, dass der Steuerpflichtige die Strecke an jedem Arbeitstag mit einem Pkw zurückgelegt hat. Lediglich wenn öffentliche Verkehrsmittel benutzt werden, ist ein Abzug höherer Kosten möglich. (b) Bei Übernahme der Fahrtkosten durch den Arbeitgeber kann der Arbeitgeber die dem Arbeitgeber erstatteten Beträge pauschal einer Lohnsteuer von 15 Prozent unterwerfen (§ 40 II 2 EStG), soweit der Ersatz nicht über die vom Arbeitnehmer als Werbungskosten abziehbaren Beträge hinausgeht. Findet eine solche Pauschalversteuerung statt, dann mindert sich die Entfernungspauschale des Arbeitnehmers um die betreffenden Beträge. Eine Steuerbefreiung für Zuschüsse des Arbeitgebers zur Nutzung öffentlicher Verkehrsmittel (§ 3 Nr. 34 EStG) ist 2004 aufgehoben worden. Dann, wenn der Arbeitgeber selbst eine Sammelbeförderung von Arbeitnehmern unentgeltlich oder verbilligt organisiert und diese Beförderung für den betrieblichen Einsatz des Arbeitnehmers notwendig ist, wird die Übernahme der Beförderungskosten durch den Arbeitgeber weder als steuerpflichtiger Lohnbestandteil angesehen (§ 3 Nr. 32 EStG) noch mindert sich dadurch die Entfernungspauschale. (2) Bei *Erstattung durch den Arbeitgeber* muss der Arbeitnehmer dem Arbeitgeber bei Einzelnachweis die Unterlagen über die Berechnung der tatsächlichen Kosten vorlegen. Diese sind als Belege dem Lohnkonto hinzuzufügen. Bei pauschaler Erstattung hat der Arbeitgeber nicht zu prüfen, ob dies zu einer unzutreffenden Besteuerung führen könnte. Bei zur Verfügungstellung eines Kfz für die Auswärtstätigkeit dürfen die pauschalen Kilometersätze nicht erstattet werden. (3) *Kosten für Fahrten eines Unternehmers zwischen Wohnung und Arbeitsstätte* werden im Wesentlichen nach den selben Regeln behandelt (§ 4 V Nr. 6 Satz 2 EStG). (4) *Sonderregelung für Körperbehinderte:* unter bestimmten Voraussetzungen auf Antrag Abzug der tatsächlichen Aufwendungen (§§ 4 V Nr. 6, 9 II EStG). (5) *Geschäfts- und Dienstreisen:* → Reisekosten. (6) *Privatnutzung von betrieblichen Pkw:* (a) Bei Arbeitnehmern, sofern nicht die gesamten privat veranlassten Aufwendungen exakt durch Fahrtenbuch nachgewiesen werden, ist der private Nutzungswert des Pkw mit monatlich 1 Prozent des inländischen Listenpreises anzusetzen; bei Nutzung des KFZ für Fahrten zwischen Wohnung und Arbeitsstätte bzw. für Familienheimfahrten erhöht sich dieser Wert um 0,03 Prozent bzw. 0,002 Prozent des Listenpreises, sofern ein Werbungskostenabzug ausgeschlossen ist; – (b) bei Selbstständigen, Gewerbetreibenden sowie Land- und Forstwirten: Sofern der Privatanteil nicht durch ordnungsgemäß geführtes Fahrtenbuch nachgewiesen wird, gilt als abzugsfähiger Eigenverbrauch (als Betriebsausgabe) monatlich 1 Prozent des inländischen Listenpreises im Zeitpunkt der Erstzulassung (einschließlich Umsatzsteuer); der Wert erhöht sich bei Nutzung des KFZ für Fahrten zwischen Wohnung und Arbeitsstätte und/ oder für Familienheimfahrten.

Fahrzeuglieferer – Begriff aus dem Bereich der Umsatzsteuer in den EU-Staaten: Fahrzeuglieferer ist, wer nicht als Unternehmer handelt (also: wer eine Privatperson ist oder als Unternehmer außerhalb seiner unternehmerischen Tätigkeit handelt) und ein → neues Fahrzeug von einem EU-Staat in einen anderen liefert (§ 2a UStG). Da der Kauf eines solchen Fahrzeugs beim Erwerber im anderen Staat immer der → Erwerbsteuer unterliegt, erhalten Fahrzeuglieferer trotz fehlender Unternehmereigenschaft für den Verkauf des Fahrzeugs immer einen → Vorsteuerabzug, um eine Doppelbelastung des Fahrzeugs mit Umsatzsteuer zu vermeiden (§ 15 IVa UStG). Dieser Vorsteuerabzug ist allerdings betragsmäßig so begrenzt, dass damit nicht der private Konsum (Benutzung des Pkw duch den Fahrzeuglieferer in der Zeit zwischen dem eigenen Ankauf und dem Weiterverkauf) systemwidrig von der Umsatzsteuer entlastet werden kann.

Fair Value – 1. *Allgemein:* Der an einem Stichtag einem Vermögenswert oder einer Schuld tatsächlich beizulegende Wert. – 2. *Wertpapierhandel:* Preis, zu dem ein Finanzinstrument zwischen zwei unabhängigen Parteien frei gehandelt werden würde. Der Fair Value ist die Bewertungsgrundlage für Finanzinstrumente in der Rechnungslegung. Bei einem Optionsschein kennzeichnet der Fair Value den theoretisch richtigen Preis der Option unter Einbeziehung aller preisbeeinflussenden Faktoren. – 3. *Unternehmenszusammenschlüsse:* Der Wertansatz in der Kapitalkonsolidierung, der eine vollständige Neubewertung beider betrachteten Unternehmen, ggf. mit Aufdeckung der Goodwills, voraussieht. – 4. *Rechnungslegung:* Konstituierendes Merkmal der Internationalen Rechnungslegung, wonach für diverse Bilanzpositionen die Möglichkeit der Bewertung zum beizulegenden Zeitwert besteht.

Fälligkeitsteuern – Bezeichnung für Steuern, die kraft Gesetz fällig werden, z.B. → Lohnsteuer, → Kapitalertragsteuer. – Eine → Veranlagung ist i.d.R. nicht erforderlich. – *Anders:* → Veranlagungsteuern.

Familiengesellschaften – erwerbswirtschaftliche Unternehmungen in Gesellschaftsform, bei denen zwischen den Gesellschaftern verwandtschaftliche Beziehungen bestehen. Familiengesellschaften entstehen meist durch Aufnahme von Kindern oder anderen Verwandten. – *Steuerliche Behandlung:* 1. *Familiengesellschaft als Personengesellschaft:* Voraussetzung für die steuerrechtliche Anerkennung ist eine echte → Mitunternehmerschaft. Übereinstimmung von formeller und tatsächlicher Gestaltung, keine Beschränkung der Gesellschafter bei der Ausübung ihrer Gesellschaftsrechte. Außerbetriebliche Motive (auch steuerrechtliche), die zur Gründung einer Familiengesellschaft geführt haben, stehen der Anerkennung durch Finanzbehörden nicht entgegen. Die Gewinnverteilung muss Kapitalanteile, Haftung und Tätigkeit der einzelnen Gesellschafter angemessen berücksichtigen; liegt Missbrauch von Gestaltungsmöglichkeiten des Bürgerlichen Rechts im Sinn von § 42 AO vor, so können die Finanzbehörden den Gewinn für die Besteuerung anders verteilen. Bei Verstoß gegen die Voraussetzungen keine Betriebsausgabe und keine Einnahmen (Zuwendungen nach § 12 Nr. 2 EStG). – 2. *Familiengesellschaft als Kapitalgesellschaft:* Vorwiegend GmbH, wegen Haftungsbeschränkung; Entstehen bei Erwerb der Kapital- und Stimmenmehrheit durch Familienangehörige. Die Familiengesellschaften unterliegen der → Körperschaftsteuer.

Familienheim – 1. *Begriff* des Erbschaftsteuerrechts seit der Erbschaftsteuerreform 2009, bezieht sich auf a) ein bebautes Grundstück, in dem der Erblasser bis zum Erbfall eine Wohnung zu eigenen Wohnzwecken genutzt hat oder er (nur) aus zwingenden Gründen an einer Selbstnutzung zu eigenen Wohnzwecken gehindert war, wenn die Wohnung beim Erwerber unverzüglich zur Selbstnutzung zu eigenen Wohnzwecken bestimmt ist (§ 13 Nr. 4b, 4c ErbStG 2009) und – b) das zu eigenen Wohnzwecken genutzte Wohnung, an der ein Ehegatte dem anderen Eigentum oder Miteigentum verschafft (§ 13 Nr. 4a ErbStG 2009). Die Immobilie, um die es geht, darf entweder im Inland oder im übrigen Gebiet der EU oder des EWR belegen sein. – 2. *Steuerbefreiter Erwerb:* a) Die Zuwendung von Miteigentum oder Alleineigentum von einem Ehegatten an den anderen oder einen Lebenspartner an den anderen ist steuerfrei (§ 13 Nr. 4a ErbStG); ebenso ist es steuerfrei, wenn Ehegatten (bzw. Lebenspartner) eine solche Immobilie gemeinsam als Miteigentümer erwerben, aber nur einer von ihnen die für den Ankauf aufgenommenen Schulden allein tilgt, ohne vom anderen Ersatz zu verlangen. – b) Der Erwerb von Todes wegen (also nicht die Schenkung!) eines Familienwohnheims durch den überlebenden Ehegatten oder Lebenspartner ist steuerfrei, wenn der Erwerber das Familienheim mind. zehn Jahre lang nach dem Erwerb zu Wohnzwecken selbst nutzt; unschädlich ist es, wenn er aus zwingenden Gründen an der Selbstnutzung zu eigenen Wohnzwecken gehindert ist (z.B. in ein Pflegeheim muss). Ebenso steuerfrei ist der Erwerb durch Kinder oder Kinder verstorbener Kinder, wenn der Erwerber unverzüglich die Selbstnutzung aufnimmt; hier ist die Befreiung allerdings auf Wohnungen von maximal 200 qm begrenzt (größere Immobilien werden nur anteilig freigestellt). Auch hier wird verlangt, dass die Selbstnutzung mind. zehn Jahre lang aufrechterhalten wird, wenn sie nicht aus zwingenden Gründen unterbleiben muss. – 3. *Beurteilung:* a) *Wirtschaftliche Wirkungen:* Die den Erwerbern auferlegten Beschränkungen engen die Flexibilität von Personen, die Immobilien geerbt haben oder in absehbarer Zeit erben könnten, ein und schaffen Rechtsunsicherheit hinsichtlich der Frage, was zwingende Gründe für eine fehlende Selbstnutzung sind. – b) *Verfassungsrechtliche Probleme:* Da die Neuregelung des ErbStG 2009 explizit verlangt worden war, um einer verfassungswidrigen Ungleichbehandlung von Immobilienvermögen mit übrigem Vermögen ein Ende zu setzen, die Neuregelung aber nunmehr durch die Regelungen über das Familienheim solche Begünstigungen explizit neu einführt, ist die Neuregelung in sich problematisch. Das gilt umso mehr, als das mutmaßliche Ziel der Neuregelung, nahen Angehörigen zu ersparen, ihr Familienwohnheim nach einem Todesfall verkaufen zu müssen, um Erbschaftsteuer zahlen zu müssen, offensichtlich durch eine weniger einschneidende Maßnahme, z.B. eine Stundung der geschuldeten Steuer von Amts wegen bis zu einem tatsächlichen Verkauf oder der Aufgabe der Selbstnutzung, erreichbar gewesen wäre.

Familienmitarbeit – *familienhafte Beschäftigung.* 1. Wird Arbeit aufgrund *familienrechtlicher Verpflichtung* (für Kinder gemäß § 1619 BGB) geleistet, liegt kein → Arbeitsverhältnis vor (→ Arbeitnehmer). Zwischen Eheleuten oder Eltern und Kindern kann jedoch auch ein Arbeitsverhältnis begründet werden. Fehlt eine ausdrückliche Vereinbarung, spricht für Vorliegen eines Arbeitsverhältnisses Zahlung von Lohn und Sozialabgaben, Eingliederung in den Betrieb und erhebliche Arbeitsleistung. – Zum *Schutz des Gläubigers* ist unabhängig von der Vergütung ein Arbeitsverhältnis anzunehmen, wenn die Arbeitsleistung das familiär Übliche übersteigt (§ 850h II ZPO; vgl. Lohnschiebung). – 2. Vielfach erbringen sich Eheleute, Verlobte oder Verwandte *wechselseitig Arbeitsleistungen,* ohne dass ein → Arbeitsentgelt vereinbart wurde. Streitigkeiten entstehen, wenn eine Erwartung fehlschlägt, z.B. die Ehe geschieden, die Verlobung aufgelöst oder das Kind enterbt wird. Nach der Rechtsprechung besteht ein Vergütungs- oder Nachzahlungsanspruch entsprechend § 612 BGB, wenn ein unmittelbarer Zusammenhang zwischen der unterwertigen oder fehlenden Zahlung und der Erwartung besteht, dass durch eine in Zukunft erfolgende Leistung, die in der Vergangenheit geleisteten Dienste abgegolten werden. – Vgl. auch → mithelfende Familienangehörige.

Fédération des Experts Comptables Européens (FEE) – europäischer Zusammenschluss von 43 Organisationen wirtschaftsprüfender Berufe aus 32 Ländern; Sitz in Brüssel; regionale Einrichtung im Rahmen der International Federation of Accountants (IFAC). Mitglied ist u.a. das → Institut der Wirtschaftsprüfer in Deutschland e. V. (IDW).

FEE – Abk. für → Fédération des Experts Comptables Européens.

Fehlbelegungsabgabe – im Fall der Belegung von Sozialwohnungen durch Personen, die früher eine Berechtigung zum Bezug einer Wohnung innerhalb des sozialen Wohnungsbaus haben nachweisen können, heute aber infolge von Einkommenserhöhungen und/oder Verringerung der Familiengröße die Einkommensgrenze überschreiten, erhobene → Abgabe. 1982 in der Bundesrepublik Deutschland eingeführt; es ist jedoch seit 1985 jedem Bundesland freigestellt, ob die Fehlbelegungsabgabe eingefordert wird; in den letzten Jahren in den meisten Bundesländern abgeschafft. Die Fehlbelegungsabgabe soll die Differenz zwischen Sozialmiete und der durchschnittlichen marktüblichen Miete ausgleichen. Die Fehlbelegungsabgabe ist zu zahlen von Mietern öffentlich geförderter Wohnungen, deren Einkommen die Einkommensgrenzen nach § 25 Zweites Wohnungsbaugesetz um einen bestimmten Prozentsatz (je nach Bundesland) überschreitet.

Fehlgeld → Fehlgeldentschädigung.

Fehlgeldentschädigung – *Fehlgeld, Mankogeld, Zählgeld*; an im Kassen- oder Zähldienst beschäftigte Arbeitnehmer gezahlte pauschale Entschädigung. – *Lohnsteuer*: Ist der Arbeitnehmer ausschließlich oder im Wesentlichen im Kassen- oder Zähldienst beschäftigt, so kann die Entschädigung steuerfrei gewährt werden, soweit sie für jeden Kalendermonat 16 Euro nicht übersteigt (R 19.3 I Nr. 4 LStR 2008). Wird der Arbeitnehmer mit Fehlgeldern belastet, so entstehen für ihn in dieser Höhe Werbungskosten.

Feiertagszuschlag → Zuschlag zum normalen → Arbeitsentgelt, den der Arbeitnehmer dafür erhält, dass er an gesetzlichen Feiertagen arbeitet. Gesetzlich ist diese Zahlung allein für Besatzungsmitglieder von Seeschiffen (§ 90 III SeemG) geregelt, sonst durch Tarifvertrag oder Betriebsvereinbarung geregelt. Die Höhe des Feiertagszuschlags kann bis zu 100 Prozent zum effektiven Lohn betragen; für Arbeit an hohen Feiertagen (Weihnachten, Ostern, Pfingsten, Neujahr und 1. Mai) bis zu 150 Prozent. – *Lohnsteuerliche Behandlung:* Feiertagszuschläge können bis zu 125 Prozent des Grundlohns steuerfrei sein, an den Weihnachtsfeiertagen und am 1. Mai bis zu 150 Prozent. Allerdings darf der maßgebliche Grundlohn max. mit 50 Euro pro Stunde angesetzt werden, auch wenn er tatsächlich höher sein sollte (§ 3b EStG).

Festsetzungsverjährung – 1. *Gegenstand:* Die Festsetzungsverjährung regelt, bis wann eine → Steuerfestsetzung sowie ihre Aufhebung oder Änderung zulässig ist (§ 169 I AO). – *Gegensatz:* → Zahlungsverjährung. – 2. *Frist:* Die Festsetzungsfrist beträgt grundsätzlich für Verbrauchsteuern und Verbrauchsteuervergütungen ein Jahr, für andere Steuern und Steuervergütungen vier Jahre; sie beträgt zehn Jahre soweit → Steuerhinterziehung, fünf Jahre soweit

leichtfertige → Steuerverkürzung vorliegt (§ 169 II AO). Die Frist beginnt mit Ablauf des Kalenderjahres, in dem der Anspruch entstanden ist, soweit keine Anlaufhemmung vorliegt (§ 170 AO). Das Ende der Festsetzungsverjährung wird vielfach durch Ablaufhemmung hinausgezögert (§ 171 AO), bes. durch höhere Gewalt innerhalb der letzten sechs Monate des Fristlaufes, durch → offenbare Unrichtigkeit beim Erlass eines Steuerbescheids, durch Antrag auf Steuerfestsetzung oder auf Aufhebung oder Änderung einer Steuerfestsetzung oder ihrer Berichtigung oder Anfechtung eines Steuerbescheids, durch Beginn einer → Außenprüfung oder → Steuerfahndung. Der Zeitraum der Hemmung wird bei der Berechnung des Laufs der Festsetzungsfrist nicht berücksichtigt. – 3. *Wirkung:* Durch Ablauf der Festsetzungsfrist erlischt der nicht festgesetzte Anspruch (§ 47 AO). Die Änderung oder Aufhebung einer Steuerfestsetzung ist nicht mehr möglich. Der Fristablauf ist von Amts wegen zu beachten. Ein dennoch erlassener Verwaltungsakt ist zwar rechtswidrig, aber nicht nichtig (§ 125 AO), und ist erst nach Einlegung eines Rechtsbehelfs oder nach rechtzeitiger Antragstellung (§ 172 AO) aufzuheben.

Feststellung – Teilprozess des Soll-Ist-Vergleichs im Rahmen einer → Prüfung, der der vertrauenswürdigen Ermittlung gegebener Sachverhalte dient. Feststellung erfolgt durch Anlegen eines vorgegebenen Maßstabs an den realen Tatbestand (Messen, Zählen, Wiegen oder Schätzen realer Größen) oder Einblicknahme in Dokumente.

Feststellungsbescheid – gesonderter Bescheid des Finanzamts über Feststellung von → Besteuerungsgrundlagen (§§ 179 ff. AO). – 1. Über die Feststellung der → Einheitswerte: (1) für die → wirtschaftlichen Einheiten (Betriebe der Land- und Forstwirtschaft, Grundstücke und gewerbliche Betriebe); (2) für die wirtschaftlichen Untereinheiten (→ Betriebsgrundstücke, → Mineralgewinnungsrecht). – 2. Über die Feststellung der → Einkünfte: (1) einkommen- und körperschaftsteuerpflichtige Einkünfte und mit ihnen im Zusammenhang stehende andere Besteuerungsgrundlagen, wenn an den Einkünften mehrere Personen beteiligt und die Einkünfte diesen steuerlich zuzurechnen sind; (2) in anderen als den zuvor genannten Fällen über die Einkünfte aus Land- und Forstwirtschaft, Gewerbebetrieb oder freiberuflicher Tätigkeit, wenn das für die gesonderte Feststellung zuständige Finanzamt nicht auch für die Steuern vom Einkommen zuständig ist. – 3. Über den *Wert der vermögensteuerpflichtigen Wirtschaftsgüter* (aktueller Gesetzeswortlaut) sowie der Schulden und sonstigen Abzüge, wenn sie mehreren Personen zuzurechnen sind. Der Wert wird den Beteiligten ihren Anteilen entsprechend zugerechnet. – 4. Über Besteuerungsgrundlagen, v.a. einkommen- oder körperschaftsteuerliche Einkünfte, wenn der Einkunftserzielung dienende Wirtschaftsgüter, Anlagen oder Einrichtungen von mehreren Personen betrieben, genutzt oder gehalten werden oder mehreren Personen getrennt zuzurechnen sind, die bei der Planung, Herstellung, Erhaltung oder dem Erwerb dieser Wirtschaftsgüter, Anlagen oder Einrichtungen gleichartige Rechtsbeziehungen zu Dritten hergestellt oder unterhalten haben (Gesamtobjekt); die zweite Alternative gilt auch bei Wohneigentum, das nicht der Einkunftserzielung dient, wenn die Feststellung für die Besteuerung von Bedeutung ist (V zu § 180 II AO). – Der gesonderte Feststellungsbescheid muss den Anforderungen an → Steuerbescheide entsprechen. – Entscheidungen im Feststellungsbescheid können nur durch *dessen* Anfechtung, nicht auch durch Anfechtung des Steuerbescheids (sog. → Folgebescheid) angegriffen werden, dessen Grundlage sie sind (§ 42 FGO, § 351 AO). Der Feststellungsbescheid ist selbstständig anfechtbar mit → Einspruch (§ 347 AO). – 5. Unterbliebene notwendige Feststellungen sind in einem → Ergänzungsbescheid nachzuholen (§ 179 III AO). – 6. Ein sog. *negativer* Feststellungsbescheid wird vom Finanzamt erteilt, wenn eine gesonderte Feststellung beantragt wird, die Voraussetzungen hierfür aber nicht erfüllt sind.

Feststellungszeitpunkt – Begriff des Steuerrechts. Zeitpunkt, auf den die Feststellung eines → Einheitswertes erfolgt; i.d.R. zum 1. Januar eines Jahres. – *Zu unterscheiden* nach dem Bewertungsgesetz: → Hauptfeststellungszeitpunkt, → Fortschreibungszeitpunkt und → Nachfeststellungszeitpunkt.

festzusetzende Einkommensteuer – 1. *Begriff:* Die Bezeichnung für das Endergebnis bei der Berechnung der Einkommensteuer-Jahresschuld: Bei der Berechnung der Einkommensteuer wird zunächst auf das zu versteuernde Einkommen der Einkommensteuertarif angewandt (§ 32a EStG; Ergebnis: → tarifliche Einkommensteuer), jedoch werden anschließend noch diverse Steuerermäßigungen von dieser Zwischengröße abgezogen, bis die endgültige Höhe der Steuerschuld, eben die festzusetzende Einkommensteuer, feststeht. – 2. *Weiteres:* a) Die Berechnung der festzusetzenden Einkommensteuer geschieht durch → Veranlagung, da die Einkommensteuer für eine Selbstberechnung durch den Steuerpflichtigen (→ Steueranmeldung) zu schwierig wäre. Ihre Höhe wird im Steuerbescheid bekanntgegeben. – b) Der Vergleich aus der festgesetzten (festzusetzenden) Einkommensteuer und den geleisteten Vorauszahlungen ergibt die Höhe der noch zu leistenden Abschlusszahlung bzw. der zustehenden Erstattung (Abrechnung).

Feuerschutzsteuer – 1. *Begriff:* Verbrauchsteuer (in finanzwissenschaftlicher Sicht) bzw. Verkehrsteuer (in steuerrechtswissenschaftlicher Sicht), die zur Förderung des Feuerlöschwesens und des vorbeugenden Brandschutzes erhoben wird. – *Ähnlich:* → Feuerwehrabgabe. – 2. *Rechtsgrundlage:* Feuerschutzsteuergesetz (FeuerSchStG) i.d.F. vom 10.1.1996 (BGBl. I 18) m.spät.Änd. – 3. *Steuergegenstand:* Entgegennahme des Versicherungsentgeltes aus Feuer- sowie Gebäude- und Hausratversicherungen, wenn das Versicherungsentgelt teilweise auf Gefahren entfällt, die Gegenstand einer Feuerschutzsteuer sein können. – 4. *Steuerberechnung:* a) *Bemessungsgrundlagen:* Versicherungsentgelte bzw. Feueranteile von Gebäude- (25 Prozent) und Hausratversicherung (20 Prozent). – b) Der *Steuersatz* beträgt seit 1.7.1994 einheitlich 8 Prozent (§ 4 I FeuerSchStG). – 5. *Steuerschuld/Verfahren:* Schuldner ist regelmäßig die Versicherung. Sie hat die im Monat der Entgegennahme bzw. der Anforderung der Versicherungsentgelte entstehende Feuerschutzsteuer selbst zu berechnen und im Folgemonat an das zuständige Finanzamt abzuführen (Steueranmeldung). – 6. *Finanzwissenschaftliche Beurteilung:* Die Feuerschutzsteuer ist zweckgebunden (Zweckbindung), entsprechend eine *Verwendungszwecksteuer.* Die Verwaltungs- und Ertragskompetenz liegt bei den Ländern (Landessteuer). – 7. *Aufkommen:* 319,0 Mio. Euro (2007), 321,9 Mio. Euro (2006), 327,8 Mio. Euro (2003), 305,8 Mio. Euro (2002), 293,3 Mio. Euro (2001), 288,3 Mio. Euro (2000), 389,3 Mio. Euro (1995), 201 Mio. Euro (1990), 182 Mio. Euro (1985), 124 Mio. Euro (1980), 96 Mio. Euro (1975), 49 Mio. Euro (1970), 33 Mio. Euro (1965), 19 Mio. Euro (1960), 13 Mio. Euro (1955), 10 Mio Euro (1950).

Feuerwehrabgabe – in einigen Ländern erhobene Kommunalabgabe zum Ausgleich für die Nichtleistung von Feuerwehrdienst; wird für Feuerwehrzwecke verwendet.

Fifo – I. Allgemein: Kurzbezeichnung für First-in-first-out; Prioritätsprinzip (Priorität) der Warteschlangentheorie, nach dem zuerst ankommende Transaktionen zuerst bedient werden. Angewandt u.a. bei der Reihenfolgeplanung. – Vgl. auch → Hifo, → Lifo, Lofo.

II. Handels-/Steuerrecht: Verfahren zur Bewertung gleichartiger Gegenstände des Vorratsvermögens (§ 256 HGB). Beim Fifo-Verfahren wird unterstellt, dass die zuerst gekauften Waren auch zuerst verbraucht oder weiterveräußert werden. Deshalb sind bei der Bewertung der Endbestände die Preise der letzten Einkäufe zugrunde zu legen. – *Steuerliche Anerkennung:* nur möglich, wenn Fifo der tatsächlichen Verbrauchsreihenfolge entspricht. – Vgl. auch → Steuerbilanz.

fiktive Anrechnung – 1. *Begriff* aus dem internationalen Steuerrecht für Anrechnung ausländischer Steuern auf die inländische Steuerschuld im Rahmen der Anrechnungsmethode, obwohl die entsprechenden ausländischen Steuern gar nicht bezahlt werden mussten (→ Doppelbesteuerung). Die fiktive Anrechnung wurde zeitweilig gegenüber einigen Entwicklungsländern als steuerlicher Anreiz gegenüber ausländischen Investoren vorgesehen; die ausländische Steuer wurde nicht in der wirklichen Höhe angerechnet, sondern unabhängig von der wirklichen Steuer mit einem festgelegten Betrag. – 2. *Bedeutung:* Die fiktive Anrechnung ist nach dt. Recht nur noch aufgrund einiger alter Doppelbesteuerungsabkommen möglich. Eine fiktive Anrechnung im Rahmen der indirekten Anrechnung bei Dividendenbezügen einer Kapitalgesellschaft aus Entwicklungsländern ist aufgrund des Halbeinkünfteverfahrens obsolet (§ 26 III EStG a.F.). Für die fiktive Anrechnung ist außerdem das Recht, statt der Anrechnung den Abzug der fraglichen Steuerbeträge als Betriebsausgabe zu wählen (und so Verlustvorträge zu vergrößern), abgeschafft worden (§ 34c VI Satz 2 EStG).

Financial Auditing – auf das Finanz- und Rechnungswesen bezogene Revision (→ Prüfung).

Finanzamt – die örtliche Landesfinanzbehörde (§ 2 FVG). – Vgl. auch → Finanzverwaltung.

Finanzgericht – erstinstanzliches Gericht der → Finanzgerichtsbarkeit in den Ländern (§ 2 FGO). Das Finanzgericht ist ein oberes Landesgericht. Es besteht aus dem Präsidenten, den Vorsitzenden Richtern und weiteren Richtern. – 1. *Organisation:* Bei den Finanzgerichten werden Senate gebildet. Zoll-, Verbrauchsteuer- und Finanzmonopolsachen sind in bes. Senaten zusammenzufassen (§ 5 FGO). Das Finanzgericht entscheidet, soweit nichts anderes bestimmt ist, aufgrund mündlicher Verhandlung. Entscheidungen des Gerichts, die nicht Urteile sind, können ohne mündliche Verhandlungen ergehen (§ 90 I FGO). Bei jedem Gericht wird eine Geschäftsstelle errichtet (§ 12 FGO). – 2. *Sachliche Zuständigkeit:* Das Finanzgericht entscheidet im ersten Rechtszug über alle Streitigkeiten, für die der Finanzrechtsweg gegeben ist (§ 35 FGO). Das Finanzgericht ist daher i.d.R. die einzige Tatsacheninstanz im gerichtlichen Rechtsbehelfsverfahren über → Abgabenangelegenheiten (§ 118 II FGO). – 3. *Örtliche Zuständigkeit:* Örtlich zuständig ist das Finanzgericht, in dessen Bezirk die Behörde, gegen die die Klage gerichtet ist, ihren Sitz hat. Ist dies eine oberste Finanzbehörde, so ist das Finanzgericht zuständig, in dessen Bezirk der Kläger seinen Wohnsitz, seine Geschäftsleitung oder seinen gewöhnlichen Aufenthalt hat; bei Zöllen, Verbrauchsteuern und Monopolabgaben ist das Finanzgericht zuständig, in dessen Bezirk ein Tatbestand verwirklicht wird, an den das Gesetz die Abgabe knüpft (§ 38 FGO). – Hält sich das Gericht für örtlich oder sachlich *unzuständig,* so hat es sich auf Antrag des Klägers für unzuständig zu erklären und den Rechtsstreit an das zuständige Gericht zu verweisen (§ 70 FGO). – 4. *Rechtsmittel:* Gegen Urteile des Finanzgerichts ist die → Revision zugelassen, wenn das Finanzgericht oder auf die Beschwerde gegen die Nichtzulassung der Bundesfinanzhof die Revision zugelassen hat. Gegen andere Entscheidungen des Finanzgerichts oder des Vorsitzenden des Senats ist die → Beschwerde an den Bundesfinanzhof statthaft (§§ 115–118 FGO). – 5. Alle Gerichte und Verwaltungsbehörden leisten dem Finanzgericht *Rechts- und Amtshilfe.*

Finanzgerichtsbarkeit – 1. *Begriff:* Zweig des staatlichen Rechtsschutzsystems, geregelt durch die Finanzgerichtsordnung (FGO) vom 6.10.1965 m.spät. Änd. Die Finanzgerichtsbarkeit wird ausgeübt durch unabhängige, von den Verwaltungsbehörden getrennte, bes. Verwaltungsgerichte. In den Ländern bestehen → Finanzgerichte, beim Bund der → Bundesfinanzhof (BFH); vgl. § 2 FGO. – Die Finanzgerichte sind *sachlich zuständig* für alle Streitigkeiten, für die der → Finanzrechtsweg gegeben ist. In erster Instanz entscheiden grundsätzlich die Finanzgerichte, ausnahmsweise der Bundesfinanzhof; in zweiter und letzter Instanz entscheidet stets der Bundesfinanzhof. – 2. *Klagearten:* a) → Anfechtungsklage, gerichtet auf die Aufhebung, in den Fällen des § 100 II FGO auf die Änderung eines Verwaltungsaktes (§ 40 I FGO). – b) *Verpflichtungsklage,* gerichtet auf die Verurteilung zum Erlass eines abgelehnten oder unterlassenen Verwaltungsakts oder zu einer anderen Leistung (§ 40 I FGO). – c) *Feststellungsklage,* gerichtet auf die Feststellung des Bestehens oder Nichtbestehens eines Rechtsverhältnisses oder der Nichtigkeit eines Verwaltungsakts wenn der Kläger ein berechtigtes Interesse an der baldigen Feststellung hat (§ 41 FGO). – 3. *Vorverfahren:* Soweit das Gesetz einen außergerichtlichen Rechtsbehelf (→ Beschwerde, → Einspruch) vorsieht, ist die Klage i.d.R. nur zulässig, wenn das Vorverfahren erfolglos geblieben ist (§ 44 I FGO). Ausnahmsweise ist die Klage unmittelbar zulässig: (1) in den Fällen des § 348 AO oder wenn die Behörde zustimmt (*Sprungklage;* § 45 I FGO); (2) wenn über einen außergerichtlichen Rechtsbehelf ohne Mitteilung eines zureichenden Grundes in angemessener Frist sachlich nicht entschieden worden ist (*Untätigkeitsklage;* § 46 FGO). – 4. *Gerichtliches Verfahren:* a) Die Klage ist grundsätzlich nur *zulässig,* wenn der Kläger geltend macht, durch den Verwaltungsakt oder durch die Ablehnung oder Unterlassung eines Verwaltungsakts oder einer anderen Leistung in seinen Rechten verletzt zu sein (§ 40 I FGO). Eine Popularklage ist unzulässig. – b) Die Klage ist grundsätzlich innerhalb der Klagefrist von einem Monat (§ 47 FGO) schriftlich oder zur Niederschrift bei Gericht zu *erheben.* Sie ist gegen die Behörde zu richten, die den ursprünglichen Verwaltungsakt erlassen, den beantragten Verwaltungsakt oder die andere Leistung unterlassen oder abgelehnt hat (§ 63 FGO) und muss den Kläger, den Beklagten und den Streitgegenstand, bei → Anfechtungsklage auch den angefochtenen Verwaltungsakt oder die angefochtene Entscheidung bezeichnen (§ 65 FGO). Sie soll einen Antrag enthalten. – c) Mit der Klageerhebung tritt *Rechtshängigkeit* ein; der Vollzug des angefochtenen Verwaltungsakts wird dadurch nicht gehemmt. Der Kläger kann jedoch → Aussetzung der Vollziehung beantragen (§ 69 FGO). – d) Am Verfahren sind Kläger, Beklagte, Beigeladene und die Behörde, die dem Verfahren beigetreten ist (→ Beitritt), *beteiligt* (§ 57 FGO). Die Beteiligten können sich durch Bevollmächtigte vertreten lassen und sich in der mündlichen Verhandlung eines Beistandes bedienen (§ 62 FGO).

Vor dem Bundesfinanzhof besteht Vertretungszwang (Art. 1 Nr. 1 Gesetz zur Entlastung des Bundesfinanzhofs, BGBl. 1975 I 1861). – e) Das Gericht erforscht den Sachverhalt *von Amts wegen*. Die Beteiligten sind zur Wahrheit verpflichtet, sie sollen zur Vorbereitung Schriftsätze einreichen. Das Gericht kann das persönliche Erscheinen eines Beteiligten anordnen; es erhebt in der mündlichen Verhandlung den Beweis vorbehaltlich der §§ 83–89 FGO, durch die allg. Beweismittel der ZPO. Die Beteiligten haben das Recht auf → Akteneinsicht. Finanzbehörden sind zur *Vorlage* von Akten und Urkunden und zu Auskünften verpflichtet, soweit nicht das → Steuergeheimnis eingreift oder aus anderen Gründen ein Bedürfnis nach Geheimhaltung besteht (§ 86 FGO). – f) Das Gericht entscheidet aufgrund mündlicher Verhandlung durch *Urteil*, mit Einverständnis der Beteiligten auch ohne mündliche Verhandlung. – *Weitere Ausnahme:* → Vorbescheid. Das Gericht darf über das Klagebegehren nicht hinausgehen (Verbot der → Verböserung). – Vgl. auch Grundurteil, → Rechtskraft. – g) Vor der Entscheidung kann einstweilige Anordnung ergehen. – 5. *Rechtsmittel:* Gegen Urteile der → Finanzgerichte → Revision, sonst weitgehend → Beschwerde. – Vgl. auch Wiederaufnahme des Verfahrens. – 6. *Verfahrenskosten:* Trägt grundsätzlich der unterliegende Beteiligte (§ 135 FGO). Die Regelung entspricht der für den Zivilprozess (Kostenentscheidung, Kostenfestsetzung, Kostenfestsetzungsbeschluss, → Prozesskosten, Prozesskostenhilfe). Die vom Gericht des ersten Rechtszugs angesetzten Gebühren und Auslagen des Gerichts werden vom Finanzamt erhoben. – 7. *Vollstreckung:* Vollstreckungsbehörden sind die Finanzämter. Soll zugunsten des Bundes, eines Landes, eines Gemeindeverbandes, einer Gemeinde oder einer Körperschaft, Anstalt oder Stiftung des öffentlichen Rechts als Abgabenberechtigte vollstreckt werden, richtet sich die Vollstreckung nach der AO (§ 150 FGO).

Finanzierungsgesellschaft – I. Allgemein: 1. *Wesen:* Unternehmung, deren Betriebszweck die Beschaffung von Finanzierungsmitteln, v.a. Kapitalbeschaffung, für nahe stehende Unternehmungen ist. – 2. *Abgrenzung:* Grenzen zum *Kreditinstitut* fließend; Finanzierungsgesellschaften leisten keinen Dienst im Zahlungsverkehr, sondern kaufen zwecks dauernder Übernahme (i.d.R.) oder zum Weiterverkauf Aktien oder Obligationen mit Kapital, das sie durch eigene Emission von Aktien oder Obligationen erwerben. Finanzierungsgesellschaften vereinfachen und beschleunigen die Kapitalbeschaffung und vermindern das Risiko für Kapitalgeber. – 3. *Arten:* Investment-Trust, Effektenhandelsgesellschaft (kauft Effekten meist nur zu Spekulationszwecken auf), Voting-Trust, Holdinggesellschaft oder Übernahmegesellschaft (kauft Effekten von am Kapitalmarkt unbekannten Unternehmungen auf, sog. nichtmarktfreie Effekten), Finance Company.

II. Irische Finanzierungsgesellschaft: Irland hatte früher durch eine Sondergesetzgebung einen geringeren Körperschaftsteuersatz (nur 10 Prozent statt früher regulärer 40 Prozent) für Finanzierungsgesellschaften vorgesehen, die in der früheren Hafen-Docks der Hauptstadt Dublin beheimatet sind und bestimmte zusätzliche Bedingungen erfüllen. Ziel war es, ausländische Konzerne zur Gründung einer Tochtergesellschaft in Dublin zu veranlassen. – Die Regelung war als Beihilfe für das Gebiet von Dublin EU-rechtlich zeitlich befristet genehmigt worden und ist heute ausgelaufen; statt dessen gilt nunmehr allg. ein Steuersatz für gewerbliches Einkommen von 12,5 Prozent und für passive Einkünfte von 25 Prozent

Finanzrechtsweg – Möglichkeit der Anrufung des → Finanzgerichts. – 1. Der Finanzrechtsweg *ist gegeben* (§ 33 I FGO): (1) in allen öffentlich-rechtlichen Streitigkeiten über → Abgabenangelegenheiten, soweit die Abgaben der Gesetzgebung des Bundes unterliegen und durch Bundesfinanzbehörden oder Landesfinanzbehörden verwaltet werden; (2) in öffentlich-rechtlichen Streitigkeiten über die Vollziehung von → Verwaltungsakten in anderen Angelegenheiten, soweit die Verwaltungsakte durch Bundes- oder Landesfinanzbehörden nach den Vorschriften der AO zu vollziehen sind; (3) in öffentlich-rechtlichen und berufsrechtlichen Streitigkeiten über Angelegenheiten, die durch die §§ 1–31, 35–56, 154–157b, 159 des Steuerberatungsgesetzes geregelt werden; (4) in anderen öffentlich-rechtlichen Streitigkeiten, soweit durch Bundesgesetz oder Landesgesetz der Finanzrechtsweg eröffnet ist. – 2. Der Finanzrechtsweg *ist nicht gegeben* im Steuerstraf- und Bußgeldverfahren (§ 33 III FGO).

Finanzrichter – Richter am → Finanzgericht. Für die Berufsrichter gilt das allg. Richterrecht. Die ehrenamtlichen Finanzrichter (ehrenamtliche Richter) wirken bei der mündlichen Verhandlung und Urteilsfindung mit gleichen Rechten wie die Berufsrichter mit. Sie müssen Deutsche sein und sollen das 30. Lebensjahr vollendet haben; sie werden von einem Wahlausschuss gewählt, dem u.a. der Präsident des Finanzgerichts und sieben vom Landtag durch einen Landtagsausschuss oder nach Maßgabe landesrechtlicher Bestimmungen gewählte Vertrauensleute angehören (§ 23 FGO).

Finanztransaktionssteuer (FTT) – 1. *Einführung:* Seit vielen Jahren gibt es politische Bestrebungen, die Finanzbranche mit einer Finanztransaktionssteuer (englisch: Financial Transaction Tax, FTT) an den Kosten der Finanzmarktkrise zu beteiligen, Anreize für Spekulationen zu senken und nicht zuletzt neue Steuereinnahmen zu generieren. Nachdem eine EU-weite Initiative aufgrund zahlreicher Widerstände bislang nicht umsetzbar war, hat sich Frankreich als erster EU-Staat entschieden, ab dem 1.8.2012 eine French Financial Transaction Tax (FFTT) einzuführen (siehe 3.). – 2. *EU-Finanztransaktionssteuer:* Am 28.9.2011 wurde von der Europäischen Kommission der Gesetzentwurf zur Einführung einer Finanztransaktionssteuer in der EU vorgestellt. Die EU-Kommission wies in ihrer Begründung darauf hin, dass der gering besteuerte Finanzsektor im Zuge der Finanzkrise mit 4.600 Milliarden Euro unterstützt würde. Der Steuersatz soll danach 0,1 Prozent auf den Handel von Aktien und Anleihen und 0,01 Prozent für Derivate von Aktien und Anleihen betragen. Devisengeschäfte am Spotmarkt sowie andere Derivate sollen von der Steuer befreit sein. In Summe ließen sich dadurch rund 50 Milliarden Euro einnehmen, die großteils den Mitgliedsländern zugute kommen sollen. – Im Frühjahr 2012 starteten neun EU-Länder einen neuen Vorstoß eine Finanztransaktionssteuer auf EU-Ebene einzuführen, scheiterten aber v.a. am Widerstand von Großbritannien und Schweden. Die Alternative, die Steuer nur in der Eurozone einzuführen scheiterte wiederum am Widerstand von Luxemburg und den Niederlanden. Im Juni 2012 wurde die Zielsetzung einer Einführung in der gesamten Eurozone aufgegeben. Die verbleibenden EU-Länder einigten sich darauf, die Finanztransaktionssteuer nunmehr nur in den befürworteten Ländern einzuführen. Die Basis dafür findet sich im EU-rechtlichen Rahmen einer sogenannten „verstärkten Zusammenarbeit" von mindestens neun EU-Ländern, die sich daran beteiligen. Anfang Oktober hatten mit Frankreich, Deutschland, Österreich, Belgien, Griechenland, Portugal und Slowenien jedoch erst sieben Länder ihre Beteiligung zugesagt und auch ihren diesbezüglichen schriftlichen Antrag bei der EU-Kommission eingebracht. Während des EU-Finanzministerrats in Luxemburg am 9.10.2012 sollten – um die Mindestzahl von neun zu erreichen – noch Italien und Spanien umgestimmt werden, sich an der Finanztransaktionssteuer zu beteiligen. Nicht nur wurde dieses Ziel zum Ende des Ministerrates erreicht, es schlossen sich auch noch Estland und die Slowakei an, sodass nun insgesamt elf EU-Länder die Transaktionssteuer einführen werden. Weitere Details sollten bis zum Jahresende 2012 ausgearbeitet werden. Offen sind weiterhin u.a. die Fragen danach, was konkret wie besteuert werden soll und in welche Budgets die Einnahmen aus der Finanztransaktionssteuer fließen sollen: ob die Erträge in den nationalen Budgets bleiben oder dem gemeinsamen EU-Budget zugeführt werden sollen, wobei sich bei letzterem auch die Frage stellt, ob die nationalen Zahlungsverpflichtungen der beteiligten Länder gegenüber dem EU-Haushalt um diese Beträge reduziert werden. – Im Februar 2013 wurden weitere Einzelheiten seitens der Europäischen Kommission erläutert. Den Anträgen der elf Mitgliedsstaaten entsprechend, die diese Steuer einführen werden, spiegeln Anwendungsbereich und Ziele der vorgeschlagenen Richtlinie den ursprünglichen Vorschlag für eine Finanztransaktionssteuer wider, den die Kommission im September 2011 vorgelegt hatte (IP/11/1085). Es wird erwartet, dass diese Finanztransaktionssteuer bei Anwendung durch die elf Mitgliedsstaaten nunmehr Einnahmen von jährlich 30 bis 35 Mrd. Euro generiert. Der aktuelle Vorschlag enthält im Vergleich zum ursprünglichen Vorschlag begrenzte Änderungen, um der Tatsache Rechnung zu tragen, dass die Steuer in einem kleineren geografischen Gebiet als ursprünglich vorgesehen eingeführt wird. Diese Änderungen sollen v.a. für rechtliche Klarheit sorgen und Bestimmungen zur Vermeidung von Steuerumgehung und Missbrauch verstärken. – 3. *Die Finanztransaktionssteuer in Frankreich*: Die FFTT in Höhe von 0,2 Prozent wird weltweit bei Käufen von zahlreichen französischen Aktien erhoben. Betroffen sind Aktien von Unternehmen mit Hauptsitz in Frankreich, deren Börsenwert über einer Schwelle von einer Milliarde Euro liegt. Für 2012 unterliegen nach diesen Kriterien gemäß der französischen Regierung Aktien von 116 französischen Unternehmen der FFTT. Daneben wurden aber auch Ausnahmetatbestände beschlossen, so z.B. die Handelsaktivitäten im Market-Making. Steuerfrei bleibt zunächst auch der Handel in allen anderen Aktien, Anleihen (Bonds) und sonstigen Effekten. Daneben wurde zeitgleich eine weitere neue Steuer in Höhe von 0,01 Prozent auf bestimmte Transaktionen im Hochfrequenzhandel und besondere Geschäfte mit Kreditausfallversicherungen (Credit Default Swaps – CDS) auf EU-Staatsanleihen eingeführt, die allerdings nur auf in Frankreich steuerpflichtige natürliche und juristische Personen Anwendung findet. – 4. *Ausblick*: Da die Vor- und Nachteile einer Finanztransaktionssteuer kontrovers diskutiert werden, ist mit der Einführung in Deutschland in 2013 nicht mehr zu rechnen.

Finanzverwaltung – 1. *Begriff*: Gesamtheit aller Behörden, die Einzug und Verwaltung der öffentlichen Gelder durchführen. – 2. *Gesetzliche Grundlagen*: Abschn. X GG; Finanzverwaltungsgesetz (FVG) vom 30.8.1971 (BGBl. I 1426) i.d.F. der Bekanntmachung vom 4.4.2006 (BGBl. I 846, ber. 1202) m.spät. Änd. – 3. *Gliederung*: a) *Bundesfinanzbehörden*: (1) *Oberste Behörden*: Bundesministerium der Finanzen (BMF); (2) *Oberbehörden*: Bundesmonopolverwaltung für Branntwein, Bundesausgleichsamt, → Bundeszentralamt für Steuern, Bundesamt für zentrale Dienste und offene Vermögensfragen; (3) *Mittelbehörden (soweit eingerichtet)*: → Bundesfinanzdirektionen und das Zollkriminalamt; (4) *örtliche Behörden*: Hauptzollämter einschließlich ihrer Dienststellen (Zollämter), Zollfahndungsämter. – b) *Landesfinanzbehörden*: (1) *Oberste Behörde*: die für die Finanzverwaltung zuständige oberste Landesbehörde (Landesfinanzministerium, Finanzsenator); (2) *Oberbehörden (soweit als Landesfinanzbehörden eingerichtet)*: Landesamt für Finanzen bzw. Landesamt für zentrale Dienste; (3) *Mittelbehörden (soweit eingerichtet)*: Oberfinanzdirektionen; (4) *örtliche Behörden*: Finanzämter. – 4. *Aufgaben*: Den Bundesfinanzbehörden obliegt die Verwaltung der → Zölle, Finanzmonopole, der bundesgesetzlich geregelten Verbrauchssteuern einschließlich der → Einfuhrumsatzsteuer (EUSt), die Kfz-Steuer und sonstige auf motorisierte Verkehrsmittel bezogene Verkehrssteuern und der Abgaben im Rahmen der EU. Die übrigen Steuern werden durch Landesfinanzbehörden verwaltet. In Auftragsverwaltung können von den Landesfinanzbehörden Aufgaben der Bundesverkehrswege und des Lastenausgleichs sowie auch die Steuern verwaltet werden, die ganz oder z.t.T. dem Bund zufließen; ebenso können auch staatliche Aufgaben durch die Gemeinden wahrgenommen werden. Für die den Gemeinden allein zufließenden Steuern (→ Steueraufkommen) kann die den Landesfinanzbehörden zustehende Verwaltung ganz oder z.t.T. den Gemeinden (Gemeindeverbänden) übertragen werden (Art. 108 GG).

Finanzzoll – *Fiskalzoll;* → Zoll auf Waren, bei dem die Erzielung von steuerlichen Einnahmen für den Staatshaushalt im Vordergrund steht. Finanzzoll belastet die Waren wie eine Steuer (Zölle – sog. Einfuhr- und Ausfuhrabgaben – sind in Deutschland Steuern nach § 3 III Abgabenordnung, AO). Finanzzoll ist mit der Politik der Nichteinmischung des Staates in den Außenhandel vereinbar. – Vgl. auch Erziehungszoll, → Schutzzoll, Zollzwecke.

Firmenjubiläum – Abschnittsschlussverkäufe. – *Anders:* → Jubiläumsrückstellung.

Firmenwert – *Geschäftswert, Goodwill, Façonwert, Fassonwert.* 1. Ansatz in der → Steuerbilanz: a) Der *originäre* Firmenwert ist nicht ansatzfähig, der *derivative* hingegen ansatzpflichtig; er ist mit den → Anschaffungskosten zu aktivieren (§ 6 I Nr. 1 EStG) und um → Absetzungen für Abnutzung (AfA) zu vermindern. Als → betriebsgewöhnliche Nutzungsdauer des Firmenwerts gilt ein Zeitraum von 15 Jahren (§ 7 I 3 EStG). – b) Eine *Herabsetzung* des Firmenwerts ist nur bei gesunkenem → Teilwert möglich. – 2. Regelung gemäß *Bewertungsgesetz:* Bei der Ermittlung des Werts des → Betriebsvermögens für *Zwecke der Erbschafts- und Schenkungssteuer* ist nur der *derivative* (entgeltlich erworbene) Firmenwert anzusetzen (§ 95 I BewG). Die Bewertung für das Betriebsvermögen erfolgt mit dem Wertansatz für die → Steuerbilanz (§ 109 I BewG).

Fischereisteuer→ Gemeindesteuer.

Fiskalvertreter – 1. *Begriff* aus dem Umsatzsteuerrecht der EU-Staaten: Person aus dem Inland, meist aus einem zur Steuerberatung befugten Berufsstand, die von einem ausländischen Unternehmer für Zwecke der Umsatzsteuer zu seinem Vertreter ernannt wird und infolge dieser Vertretung sämtliche steuerlichen Pflichten des vertretenen Unternehmers gegenüber der betreffenden Finanzverwaltung zu erfüllen hat. Der vertretene Unternehmer selbst wird i.d.R. durch die Bestellung des Fiskalvertreters von den betreffenden Pflichten frei. – 2. *Hintergrund der Regelung des Fiskalvertreters:* Unternehmer, die in einem anderen EU-Staat als ihrem Heimatstaat mit

Umsätzen oder Erwerben steuerbar werden, haben dort in jedem Fall Meldepflichten und Deklarationspflichten zu erfüllen, meist (außer bei steuerfreien Vorgängen) auch Steuerzahlungspflichten. Da sie sich im Umsatzsteuerrecht der betreffenden Staaten nicht auskennen und für den dortigen Fiskus nicht greifbar sind, dürfen die betroffenen Mitgliedsstaaten nach der → Mehrwertsteuersystemrichtlinie (Umsatzsteuerrichtlinien) die Benennung eines Fiskalvertreters erlauben (aber nicht mehr vorschreiben). Seit 2004 machen fast alle „alten" Mitgliedsstaaten der EU hiervon Gebrauch. – 3. *Rechtslage in Deutschland* (§ 22a–e UStG): a) *Voraussetzungen zur Bestellung eines* Fiskalvertreters: In Deutschland ist die Möglichkeit zur Bestellung eines Fiskalvertreters sehr zurückhaltend genutzt worden: (1) Sie ist lediglich ein Wahlrecht, kein Zwang, (2) die Bestellung eines Fiskalvertreters ist in Deutschland nur dann möglich, wenn der vertretene Unternehmer im Inland keinerlei Wohnsitz, Sitz oder geschäftliche Haupt- oder Zweigniederlassung hat, und (3) wenn er im Inland ausschließlich steuerfreie Umsätze bewirkt hat und auch keinerlei Vorsteuerbeträge abziehen kann (wenn lediglich Formvorschriften zu erfüllen sind; in anderen Mitgliedsstaaten ist das anders). – b) *Zur Fiskalvertretung befugte Personen:* Fiskalvertreter dürfen in Deutschland nur die zur Steuerberatung befugten Unternehmer und Speditionsunternehmen werden. – 4. *Konsequenzen der Tätigkeit als Fiskalvertreter im dt. Recht:* a) Wer als Fiskalvertreter tätig ist, erhält in dieser Eigenschaft eine gesonderte Umsatzsteuer-Identifikationsnummer, unter der er für alle von ihm vertretenen Unternehmen auftritt. – b) Der Fiskalvertreter hat die Aufzeichnungspflichten nach § 22 UStG für jeden von ihm vertretenen Unternehmer gesondert zu erfüllen, eine Steuererklärung und eine zusammenfassende Meldung abzugeben, in denen die Besteuerungsgrundlagen jedes einzelnen vertretenen Unternehmers getrennt deklariert werden. – c) Er, nicht der vertretene Unternehmer, hat die Rechnung für die von den vertretenen Unternehmen ausgeführten Umsätze auszustellen.

Fiskalzoll → Einfuhrzoll, → Finanzzoll, → Zoll, Zollzwecke.

Flaschenpfand – beim Verkauf von Getränken etc. in Flaschen vom Erwerber an den Lieferer für die Flaschen gezahlter Geldbetrag. Flaschenpfand unterliegt beim Lieferer der → Umsatzsteuer, da es zum → Entgelt (Getränkepreis plus Flaschenpfand) gehört. Wird das Flaschenpfand vom Lieferer bei Rücknahme der Flasche zurückgewährt, so ist dieser Betrag vom Entgelt abzugsfähig, da sich damit der ursprüngliche Kaufpreis durch die Rückgabe der Flasche gegen Pfand entsprechend wieder vermindert. Für die Verbuchung und Versteuerung von Flaschenpfand gelten teilweise Erleichterungen, da eine exakte Zuordnung der Pfandbeträge zu den ursprünglichen Lieferungen sehr aufwendig sein könnte (vgl. Abschn. 149 VIII UStR).

Folgebescheid – Bescheid, für den die Feststellungen in einem → Grundlagenbescheid (vgl. § 171 X AO) bindend sind. – Grds. definierend wird der Begriff insbesondere im § 182 AO in Zusammenhang mit der Bindungswirkung der Feststellungsbescheide als Grundlagenbescheide für Folgebescheide wie z.B. andere Feststellungs-, Steuermess-, Steuerbescheide und für Steueranmeldungen erwähnt. – Die Werte fließen als (selbständige) Besteuerungsgrundlage (§ 157 II AO) in die Folgebescheide ein. Die Trennung von Grundlagen- und Folgebescheid erfolgt aus verfahrensökonomischen Gründen.

Folgesteuern – Steuern, durch die Steuervermeidungswirkungen erfasst und verhindert werden sollen, z.B. Schenkungsteuer (Folge der Erbschaftsteuer). – Vgl. auch → Surrogatsteuer.

Fördergebietsgesetz – ein Gesetz mit Subventionsregelungen zur Stärkung der Wirtschaft im Beitrittsgebiet; noch relevante Einzelheiten s. → Investitionszulagen.

Fördergrundbetrag – eine der Größen zur Berechnung der → Eigenheimzulage, welche für Neufälle nach dem 31.12.2005 gestrichen wurde. Bei Anschaffung oder Herstellung nach dem 31.12.2003 beläuft sich der Fördergrundbetrag auf maximal 1.250 Euro jährlich.

Förderung der Allgemeinheit → gemeinnützige Zwecke.

Förderung der Wirtschaft von Berlin (West) – 1. *Begriff:* In der Zeit der dt. Teilung gewährte steuerliche Vergünstigungen (sog. Berlinpräferenz) mit dem Ziel, die Berliner Wirtschaftsstruktur politisch zu stabilisieren und ihre Fortentwicklung zu gewährleisten. – 2. *Gesetzliche Grundlage* war das Gesetz zur Förderung der Berliner Wirtschaft (Berlinförderungsgesetz, BerlinFG) i.d.F. vom 2.2.1990 (BGBl. I 173), geändert durch Missbrauchsbekämpfungs- und Steuerungsgesetz vom 21.12.1993 (BGBl. I 2310). Es gewährte Vergünstigungen bei der Umsatzsteuer, Ermäßigungen der Einkommen- und Körperschaftsteuer, erhöhte Absetzungen bei der Gewinnermittlung, Ermäßigungen für Darlehnsgewährung zur Förderung der Berliner Wirtschaft („Berlindarlehen"), Investitionszulagen.

formelle Maßgeblichkeit → Maßgeblichkeitsprinzip.

Formeltarif → Kurventarif.

Formwechsel – 1. *Gesellschaftliche Grundlagen:* §§ 190–304 UmwG. – 2. *Wesen:* Charakteristisch für den Formwechsel ist, dass im Rahmen des Formwechsels das Vermögen nicht auf einen anderen Rechtsträger übertragen wird. Es ändert sich nur die Rechtsform; die Identität und der Bestand des Rechtsträgers bleiben gewahrt. Durch das UmwG sind die Möglichkeiten des Formwechsels erheblich ausgeweitet worden. Nicht nur der Formwechsel von einer Personengesellschaft in eine andere Personengesellschaft oder von einer Kapitalgesellschaft in eine andere Kapitalgesellschaft ist möglich, sondern auch bei einem Formwechsel von einer Personengesellschaft in eine Kapitalgesellschaft und umgekehrt ändert sich das Rechtskleid. – 3. *Ertragsteuerliche Beurteilung:* Da Personengesellschaften und Kapitalgesellschaften ertragsteuerlich weitgehend anderen Regelungen unterworfen werden (z.B. beträgt der Körperschaftsteuersatz nur 15 Prozent, die Einkommensteuersätze dagegen reichen bis zu 45 Prozent), ändert ein Formwechsel zwischen den Rechtsformen „Personenunternehmen" (Einzelunternehmung, Personengesellschaft) einerseits und „Kapitalgesellschaft" andererseits den steuerlichen Status der betroffenen Vermögenswerte in fundamentaler Weise. Das Ertragsteuerrecht kann daher, auch wenn es normalerweise dem Zivilrecht folgen würde, im Falle eines solchen Formwechsels der zivilrechtlichen Beurteilung, dass keine Veräußerung auf eine andere Person vorliegt, nicht ohne Weiteres folgen: Der Gesetzgeber sieht vielmehr im Umwandlungssteuerrecht die Sonderregelung vor, dass der Formwechsel einer Personengesellschaft in eine Kapitalgesellschaft nach denselben Regeln zu behandeln ist, wie es bei der Einbringung des Betriebsvermögens einer Personengesellschaft in eine Kapitalgesellschaft (s. hierzu → Einbringung in eine Kapitalgesellschaft) der Fall wäre, und dass analog dazu auch der Formwechsel einer Kapitalgesellschaft in eine Personengesellschaft so zu behandeln ist, als hätte die Gesellschaft ihr Vermögen auf ihre Gesellschafter übertragen. Auf diese Art und Weise wird gesichert, dass bei einem Transfer des Vermögens von der Einkommensteuersphäre in die Körperschaftsteuersphäre (und umgekehrt) infolge des Formwechsels keine systemwidrigen ertragsteuerlichen Effekte auftreten. – 4. *Ertragsteuerliche Einzelheiten:* Da es für die vorhandenen stillen Reserven steuerliche Konsequenzen geben kann, müssen auf den Tag des Formwechsels steuerlich Bilanzen erstellt werden. – 5. *Umsatzsteuer:* Hier erübrigt sich die Frage, inwieweit ein Formwechsel als eine Veräußerung angesehen werden müsste oder nicht, deswegen, weil eine Geschäftsveräußerung im Ganzen nach der gesetzlichen Sonderregelung des § 1 Ia UStG ohnehin kein steuerbarer Vorgang sein kann.

forstwirtschaftliches Vermögen – alle Teile einer wirtschaftlichen Vermögensmasse, die dem planmäßigen An- und Abbau von Holz als Hauptzweck dient. – Vgl. auch → land- und forstwirtschaftliches Vermögen.

Fortbildungskosten – Ausgaben für den Besuch von Fortbildungslehrgängen, Vorträgen, Fachliteratur etc. – Vgl. auch → Studienreisen. – Fortbildungskosten der Steuerpflichtigen sind bei den Einkommensteuer als → Betriebsausgaben bzw. → Werbungskosten abzugsfähig. – Fortbildungskosten sind zu unterscheiden von → Berufsausbildungskosten und → Weiterbildungskosten.

fortgesetzte Gütergemeinschaft – 1. *Begriff:* bes. Vermögensgemeinschaft zur Fortsetzung eines Güterstandes bei Tod eines Ehegatten (→ eheliches Güterrecht). Bei fortgesetzter Gütergemeinschaft wird zwischen den überlebenden Ehegatten und den gemeinschaftlichen Abkömmlingen, die im Fall der gesetzlichen Erbfolge als Erben berufen wären, die Gütergemeinschaft fortgesetzt (§ 1483 BGB). – 2. *Steuerrechtliche Behandlung:* a) *Erbschaftsteuer:* Bei fortgesetzter Gütergemeinschaft wird der Anteil des verstorbenen Ehegatten am Gesamtgut so behandelt, wie wenn er ausschließlich den anteilsberechtigten Abkömmlingen zugefallen wäre (§ 4 ErbStG); der überlebende Ehegatte oder Lebenspartner muss also dann keine ErbSt auf den – ihm ja auch dann nicht zustehenden! – Anteil der Verstorbenen am Gesamtgut zahlen. – b) *Einkommensteuer:* Einkünfte, die in das Gesamtgut der Ehegatten fallen, gelten als Einkünfte des überlebenden Ehegatten (§ 28 EStG), wenn dieser unbeschränkt steuerpflichtig ist.

Fortschreibung – I. Statistik: fortlaufende Dokumentation von Veränderungen von Bestandsgesamtheiten durch Zugänge und Abgänge auf der Grundlage einer früher erfolgten Erhebung. – *Beispiel:* Ermittlung der Einwohnerzahl einer Gemeinde durch Fortschreibung unter Verwertung der Resultate einer früheren Volkszählung.

II. Lager- und Anlagenbuchführung: laufende Inventur, Skontration.

III. Steuerrecht: Fortschreibung von → Einheitswerten: 1. Im Fall einer nach dem letzten → Feststellungszeitpunkt eingetretenen und für die Besteuerung bedeutsamen Änderung der tatsächlichen Verhältnisse: (1) Bei Änderung im Wert eines Gegenstands als → Wertfortschreibung; (2) bei Änderung in der nach bewertungsrechtlichen Grundsätzen bestimmten Art eines Gegenstands als → Artfortschreibung; (3) bei Änderung in der Zurechnung (Eigentumsverhältnisse) eines Gegenstands als → Zurechnungsfortschreibung. – 2. Zur Beseitigung eines Fehlers der letzten Feststellung als → Berichtigungsfortschreibung. – Die Fortschreibungsarten bestehen selbstständig nebeneinander, können aber miteinander verbunden werden. – Vgl. auch → Fortschreibungszeitpunkt.

Fortschreibungszeitpunkt – Zeitpunkt, zu dem in bestimmten Fällen eine → Fortschreibung erfolgen muss: (1) Beginn des Kalenderjahres, das auf die Änderung folgt, in den Fällen einer Änderung der tatsächlichen Verhältnisse; (2) Beginn des Kalenderjahres, in dem der Fehler dem Finanzamt bekannt wird, bei → Berichtigungsfortschreibung; bei einer Erhöhung des Einheitswerts jedoch frühestens der Beginn des Kalenderjahres, in dem der → Feststellungsbescheid erteilt wird (§ 22 IV BewG). Maßgebend sind die Verhältnisse im Fortschreibungszeitpunkt. – 2. *Besonderheiten:* Abweichende Stichtage

für die Zugrundelegung der Bestands- und/oder Wertverhältnisse nach §§ 27, 35 II, 54, 59 BewG bleiben unberührt.

Fortwälzung von Steuern → Steuerüberwälzung.

Frachtkosten – Teil der Logistikkosten eines Unternehmens, die für die Inanspruchnahme extern erbrachter Transportleistungen (Speditionsverkehr, öffentliche Verkehrsmittel) anfallen. – 1. *Kostenrechnung:* Frachtkosten sind für Schiffs-, Luft-, Bahn- und Lastwagenfrachten nach Eingangs- und Ausgangsfrachten getrennt zu erfassen. Eingangsfrachten sind als Teil des Einstandswerts möglichst im Lager/Konto auszuweisen. Verauslagte Frachten, die zurückerstattet werden, berühren die Kostenrechnung nicht. – 2. *Bilanzierung:* Frachtkosten sind als Anschaffungsnebenkosten Teil der → Anschaffungskosten. – 3. *Umsatzsteuer:* a) *im Verhältnis zwischen Lieferant der Ware und Kunde:* Eine Vereinbarung, wonach der Kunde einem Lieferanten zusätzlich zum vereinbarten Preis auch die Frachtkosten erstattet, stellt umsatzsteuerlich keine eigenständige Leistung dar; vielmehr ist die Beförderung der verkauften Ware zum vereinbarten Übergabeort umsatzsteuerlich eine bloße Nebenleistung im Rahmen des Kaufvertrages über die Ware. Somit sind Frachtkosten selbst dann, wenn sie getrennt vom Kaufpreis offen auf der Rechnung ausgewiesen oder sogar dem Kunden getrennt vom eigentlichen Rechnungsbetrag für die Ware später erst nachbelastet werden, umsatzsteuerlich ein Teil des Entgelts für die gelieferte Ware. Sie sind daher im Verhältnis Lieferant – Kunde genauso zu behandeln wie der Kaufpreis der Ware, also z.B. bei einer innergemeinschaftlichen Lieferung als Teil des Rechnungsbetrages in der Zusammenfassenden Meldung anzugeben.–b) *im Verhältnis zwischen Frachtführer (Spediteur) und Verkäufer der Ware* stellen die Frachtkosten dagegen das Entgelt für eine Hauptleistung dar; hier sind sie nach den Regeln für → Beförderungsleistungen zu behandeln. – Frachtkosten sind Teil des → Entgelts. Als Nebenleistung sind sie dem Grundsatz der einheitlichen Leistung folgend mit der Hauptleistung zu versteuern.

Freiaktie – *Zusatzaktie.* 1. Aktie *ohne eigentliche Gegenleistung.* Die Ausgabe solcher Freiaktien ist nach dt. Aktienrecht unzulässig. – 2. Von Aktiengesellschaften an Aktionäre *gegen Aufrechnung von Forderungen* auf ihren Anteil am Bilanzgewinn oder an Rücklagen hingegebene → Gratisaktien. – 3. *Kapitalerhöhung aus Gesellschaftsmitteln* durch Ausgabe von Freiaktien ist nach den §§ 207 ff. AktG zulässig, soweit durch Gesellschaftsbeschluss Rücklagen in Nennkapital umgewandelt werden. – 4. *Steuerliche Behandlung:* Bei Punkt 2 gilt mit der Aufrechnung die Forderung als zugeflossen und ist nach den allg. Regeln zu versteuern. In Höhe der Forderung entstehen Anschaffungskosten für die Freiaktien. Bei Punkt 3 ist die Zuteilung der Freiaktien steuerfrei. – Vgl. auch Kapitalerhöhung aus Gesellschaftsmitteln.

Freibetrag – Begriff des Steuerrechts für einen von der Besteuerung freibleibenden Betrag. – *Anders:* → Freigrenze.

I. Einkommensteuerrecht: (Lohnsteuerrecht): 1. *Grundfreibetrag:* In den Tarif eingebauter Freibetrag, der das Existenzminimum des Steuerpflichtigen freilassen soll; beträgt im Jahr 2009 7.834 Euro (§ 32a EStG)(→ Einkommensteuertarif). – 2. Freibeträge bei → Einkünfteermittlung: (1) Freibeträge für → Veräußerungsgewinne; (2) Einkünfte aus nichtselbstständiger Arbeit: → Versorgungsfreibetrag; (3) Einkünfte aus Kapitalvermögen: Hier ist der frühere Sparer-Freibetrag mit der Umstellung auf die Abgeltungsteuer ausgelaufen und durch einen → Sparer-Pauschbetrag für Werbungskosten ersetzt worden. – 3. *Freibeträge bei Einkommensermittlung:* (1) → Altersentlastungsbetrag (§ 24a EStG), (2) → Entlastungsbetrag für Alleinerziehende (§ 24b EStG), (3) bes. Freibetrag für Ermittlung der Einkünfte aus Land- und Forstwirtschaft (§ 13 III EStG, für kleinere Betriebe), (4) → Kinderfreibetrag, (5) → Betreuungsfreibetrag, (6) → Ausbildungsfreibetrag, (7) Altenheim-Freibetrag. – 4. *Freibeträge im Rahmen des Lohnsteuerabzugs* (§ 39a EStG): Auf der Lohnsteuerkarte haben Freibeträge die Bedeutung, dass der Arbeitgeber den von ihm ausgezahlten Arbeitslohn um die eingetragenen Freibeträge vermindern darf und somit die Lohnsteuer nur auf die verbleibende Restgröße einbehalten muss. Durch die Eintragung eines Freibetrags auf der Lohnsteuerkarte können Arbeitnehmer erreichen, dass die Lohnsteuerbelastung sich von vornherein an der voraussichtlichen Höhe ihres steuerpflichtigen Nettoeinkommens und nicht an den Bruttoeinnahmen orientiert. Welche Freibeträge auf der Lohnsteuerkarte eingetragen werden können, regelt § 39a EStG (u.U. Freibeträge für → Werbungskosten, → Sonderausgaben, Pauschbeträge für Behinderte und Hinterbliebene).

II. Körperschaftsteuerrecht: 1. Freibeträge für kleinere Körperschaften in Höhe von 3.835 Euro, höchstens in Höhe des → Einkommens (§ 24 KStG). – 2. Freibeträge für Erwerbs- und Wirtschaftsgenossenschaften sowie land- und forstwirtschaftliche Vereine in den ersten zehn Jahren in Höhe von 13.498 Euro, höchstens in Höhe des Einkommens (§ 25 KStG).

III. Gewerbesteuerrecht: Bei der Berechnung des Gewerbesteuermessbetrages nach dem Gewerbeertrag bleiben bei Einzelgewerbetreibenden und Personengesellschaften 24.500 Euro des → Gewerbeertrags (§ 11 I 1 GewStG) unbesteuert. Bei Unternehmen von juristischen Personen des öffentlichen Rechts beträgt der Freibetrag 5.000 Euro.

IV. Erbschaftsteuerrecht: 1. Die *persönlichen Freibeträge* (§§ 15, 16 ErbStG, R 72 und 73 ErbStR) betragen nach der → Erbschaftsteuerreform 2009 bei unbeschränkter Steuerpflicht bei Erwerb (1) des Ehegatten 500.000 Euro (davor 307.000 Euro); (2) der Kinder und Kinder verstorbener Kinder, wenn sie in Steuerklasse I fallen, 400.000 Euro (davor 205.000 Euro); (3) der Kindeskinder, wenn sie in Steuerklasse I fallen, 200.000 Euro (davor 51.200 Euro) (4) der übrigen Personen der Steuerklasse I 100.000 Euro (davor 51.200 Euro), (5) der Personen der Steuerklasse II in Höhe von 20 000 Euro (davor 10.300 Euro), (6) des Lebenspartners 500 000 Euro (davor 5.200 Euro), (7) bei beschränkter Steuerpflicht einheitlich nur 2.000 Euro (davor 1.100 Euro). – 2. *Neben* den Freibeträgen aus 1. erhalten der überlebende Ehegatte und neuerdings der überlebende Lebenspartner für jeden Erwerb und Kinder im Sinn der Steuerklasse I Nr. 2 (§ 15 I ErbStG) für Erwerbe von Todes wegen die folgenden *bes. Versorgungsfreibeträge*, die um den Kapitalwert der aus Anlass des Todes des Erblassers zustehenden, nicht der Erbschaftsteuer unterliegenden Versorgungsbezüge zu kürzen sind (§ 17 ErbStG): (1) 256.000 Euro für den Ehegatten, (2) 52.000 Euro für Kinder bis zu fünf Jahren, (3) 41.000 Euro für Kinder zwischen fünf und zehn Jahren, (4) 30.700 Euro für Kinder zwischen zehn und 15 Jahren, (5) 20.500 Euro für Kinder zwischen 15 und 20 Jahren, (6) 10.300 Euro für Kinder zwischen 20 und 27 Jahren.

freie Berufe – selbstständige Berufstätigkeit, die i.d.R. wissenschaftliche oder künstlerische Vorbildung voraussetzt. – *Steuerrechtliche Behandlung:* 1. *Einkommensteuer:* Nach § 18 I Nr. 1 EStG gehören zur freiberuflichen Tätigkeit: (1) die selbstständig ausgeübte wissenschaftliche, künstlerische, schriftstellerische, unterrichtende oder erzieherische Tätigkeit; (2) die selbstständige Berufstätigkeit der Ärzte, Zahnärzte, Tierärzte, Rechtsanwälte, Notare, Patentanwälte, Vermessungsingenieure, Ingenieure, Architekten, Handelschemiker, Wirtschaftsprüfer, Steuerberater, beratenden Volks- und Betriebswirte, vereidigten Buchprüfer (vereidigten Bücherrevisoren), Steuerbevollmächtigten, Heilpraktiker, Dentisten, Krankengymnasten, Journalisten, Bildberichterstatter, Dolmetscher, Übersetzer, Lotsen und ähnlicher Berufe. Abgrenzung der einen „ähnlichen Beruf" Ausübenden gegen Gewerbetreibende meist schwierig. Maßgebend ist die Ähnlichkeit mit einem der in der Gesetzesvorschrift genannten Berufe. – Ein Angehöriger eines freien Berufs ist auch dann freiberuflich tätig, wenn er sich der Mithilfe fachlich vorgebildeter Arbeitskräfte bedient, aber aufgrund eigener Fachkenntnisse leitend und eigenverantwortlich tätig wird; Vertretung durch andere bei vorübergehender Verhinderung steht nicht entgegen. Dagegen liegt Freiberuflichkeit nicht mehr vor, wenn jemand sich nur noch darauf beschränkt, die Arbeit durch andere erledigen zu lassen, sich also auf Leitung und Organisation dermaßen beschränkt, dass man den inneren Arbeitsergebnissen nicht mehr als Ausfluss seiner eigenen Arbeit ansehen kann; denn ein solches Verhalten ist seiner Natur nach nicht mehr freiberuflich, sondern gewerblich. – 2. *Bewertungsgesetz:* Freie Berufe sind den gewerblichen Betrieben gleichgestellt (§ 96 BewG, → Betriebsvermögen). – 3. *Gewerbesteuer:*

Angehörige der freien Berufe betreiben kein Gewerbe, sind daher nicht Kaufleute und unterliegen nicht der Gewerbesteuerpflicht, die dagegen für selbstständige Handelsvertreter, Industriepropagandisten, Werbeberater und sonstige Werbefachleute besteht, die nicht Angehörige der freien Berufe, sondern Gewerbetreibende sind. – 4. *Umsatzsteuer:* Freiberufler unterliegen i.d.R. als Unternehmer der Umsatzsteuer; ihre Leistungen sind z.T. steuerbefreit (z.B. Umsätze aus der Tätigkeit als Arzt oder Zahnarzt, § 4 Nr. 14 UStG).

freier Verkehr → Freiverkehr, → Zollverfahren.

Freigabe – I. Insolvenzrecht: Erklärung des Insolvenzverwalters gegenüber dem Gemeinschuldner über die Aufhebung der Zugehörigkeit eines Gegenstandes zur Insolvenzmasse. Der Gegenstand wird freies Vermögen des Gemeinschuldners. Die Freigabe steht im pflichtmäßigen Ermessen des Insolvenzverwalters (z.B. bei Gegenständen, die sich als unverwertbar erwiesen haben oder infolge ihrer Belastung für die Masse einen Gewinn nicht erwarten lassen; Absonderung). Schmälert der Insolvenzverwalter schuldhaft die Insolvenzmasse, ist er schadensersatzpflichtig (§ 60 InsO).

II. Zollrecht: Überholter Begriff aus der Zeit des dt. Zollgesetzes. Heute spricht das EU-Zollrecht von → Überlassung der Ware durch die Zollstelle (Art. 73 ZK).

Freigrenze – 1. *Begriff* des Steuerrechts: Beträge, die nur dann steuerfrei bleiben, wenn der Grenzbetrag nicht überschritten wird. Im Gegensatz zu → Freibeträgen ist bei Überschreiten des Grenzbetrags der gesamte Betrag steuerpflichtig. – 2. *Einkommensteuer:* a) Freigrenze bei → privaten Veräußerungsgeschäften: Gewinne aus Veräußerungsgeschäften unterliegen der → Einkommensteuer nur, wenn der Gesamtgewinn im Kalenderjahr mindestens 600 Euro (ab dem Veranlagungszeitraum 2009) erreicht (§ 23 III EStG).–b) → Einkünfte aus Leistungen (→ sonstige Einkünfte): einkommensteuerfrei, wenn sie 256 Euro nicht erreichen (§ 22 Nr. 3 EStG).–c) Freigrenze bei Sachbezügen (§ 8 II EStG), Freigrenze von 44 Euro im Kalendermonat. – d) 5) der Schuldzinsenüberhang (der die Zinserträge übersteigende Zinsaufwand) eines Betriebs unter 3 Mio. Euro, finden die Beschränkungen der → Zinsschranke keine Anwendung. – 3. *Solidaritätszuschlag:* beim Lohnsteuerjahresausgleich 972 Euro (1.944 Euro bei zusammen veranlagten Ehegatten) (§ 3 SolZG). – 4. *Grunderwerbsteuer:* Der Erwerb eines Grundstücks ist steuerfrei, wenn der maßgebende Wert (§ 8 GrEStG) 2.500 Euro nicht übersteigt (§ 3 GrEStG).

Freigutveredelung – überholter Begriff für die Überführung in den zollrechtlich freien Verkehr zur bes. Verwendung.

Freihafen – Hafengebiete, die zollrechtlich und soweit sie als Freizonen des Kontrolltyps I ausgestaltet sind, umsatzsteuerlich nicht als → Inland behandelt

werden, um die Ein- und Durchfuhr von Waren nicht mit administrativen Pflichten zu belasten. Die Einrichtung von Freihäfen ist umsatzsteuerlich lediglich eine Maßnahme zur Vereinfachung der Steuererhebung im Sinn von Art. 156 der → Mehrwertsteuersystemrichtlinie; materielle Steuervorteile, die wettbewerbsverzerrend wirken könnten, werden über Sondervorschriften (§ 1 III UStG) verhindert. – Vgl. auch → Freizone.

Freihafen-Veredelung – bes. historisch bedingte Form der → aktiven Veredelung von Waren in einer → Freizone des Kontrolltyps I (Freihafen) ohne Überführung der Waren in die aktive Veredelung. – Vgl. auch → Veredelungsverkehr.

Freilager → Freizone.

Freimengen – 1. *Allgemein:* Menge von Waren, die ein Reisender ohne Abgabenverpflichtung in ein Land einführen kann. – 2. *Zollrecht:* In das → Zollgebiet der EU können Waren im persönlichen Gepäck von Reisenden bis zu bestimmten Wert- oder Mengengrenzen zoll- und steuerfrei eingeführt werden, wenn die Einfuhr nicht zu kommerziellen Zwecken erfolgt. Mengenmäßige Obergrenzen bestehen etwa bei Tabakwaren (200 Zigaretten oder 100 Zigarillos oder 50 Zigarren oder 250 g Rauchtabak), Alkohol (je nach Art 1–2 l), Schaumwein (4 l), Bier (16 l) und Arzneimitteln (persönlicher Bedarf). Ansonsten gibt es Wertgrenzen. Sie betragen bei Flug- und Seereisen 430 Euro, ansonsten 300 Euro. Für Personen unter 15 J. sind sie in einigen Mitgliedsstaaten auf 150 Euro beschränkt. Geringere Mengen für Einfuhren im grenznahen Raum, Grenzgänger und Personal von Verkehrsmitteln im grenzüberschreitenden Verkehr sind möglich. – 3. *Binnenmarkt:* Bei Reisen in der EU fallen zwar keine Zölle an und grundsätzlich wird jeder Privatreisende wie eine Bürger des Landes angesehen, in dem er Waren einkauft. Wenn aber bestimmte Richtmengen überschritten sind, besteht der Verdacht, dass die Waren gewerblich gehandelt werden. Diesen Verdacht muss der Reisende widerlegen.

Freistellungsbescheid → Steuerbescheid, durch den ein → Steuerpflichtiger aufgrund eines geprüften Sachverhalts verbindlich voll oder teilweise von einer Steuer freigestellt wird (§ 155 I AO); z.B. dann, wenn die Steuer von Einkünften durch Abzug vom Lohn- oder Kapitalertragsteuer einbehalten wurde und eine Veranlagung zur Einkommensteuer nicht in Betracht kommt. Interne Aktenvermerke der Finanzbehörde, die feststellen, dass eine Veranlagung nicht durchzuführen ist (sog. → Nichtveranlagungsverfügung), sind keine Freistellungsbescheide. – Vgl. auch → Niederschlagung von Steuern, → Nichtveranlagungsbescheinigung.

Freistellungsbescheinigung – I. Bauabzugsteuerrecht: Wer eine Bauleistung erbringt, kann sich von seinem Kunden die Gegenleistung ohne Abzug von Bauabzugsteuer auszahlen lassen, wenn er diesem eine amtliche Bescheinigung des für ihn zuständigen

Finanzamts vorlegt. Liegt keine Freistellungsbescheinigung vor und ist Bauabzugsteuereinbehalt für den Vorgang vorgeschrieben, muss die Abführung der Bauabzugsteuer auf jeden Fall vorgenommen werden (§ 48d EStG); der Leistende (Kunde) haftet sonst dem Finanzamt gegenüber für die Zahlung dieses Betrags. – *Anders:* Freistellungsauftrag.

II. Internationale Steuerfälle: Sieht das Gesetz für die Zahlung an einen ausländischen Steuerpflichtigen (→ beschränkte Steuerpflicht) einen Steuerabzug vor, so muss der Zahlende diesen Steuerabzug durchführen, auch wenn nach speziellen Vorschriften (z.B. → Doppelbesteuerungsabkommen (DBA)) Deutschland diese Zahlung an den betreffenden Ausländer eigentlich nicht besteuern dürfte. Der Ausländer muss sich die einbehaltene Quellensteuer dann vielmehr vom Bundesamt für Finanzen nachträglich erstatten lassen (§ 50d I EStG). Der Antrag auf eine Freistellungsbescheinigung kann nicht rückwirkend gestellt werden (§ 50d II EStG). Die Frist für den Antrag auf Erstattung beträgt vier Jahre nach Ablauf des Kalenderjahres, in dem die Vergütungen bezogen wurden. Die Frist endet nicht vor Ablauf von sechs Monaten nach dem Zeitpunkt der Entrichtung der Steuer. – *Vereinfachtes Verfahren*(„Kontrollmeldeverfahren"): Sofern der inländische Schuldner der Vergütungen nach den Vorgaben des Erlasses des Bundesministeriums der Finanzen (BMF) vom 18.12.2002 – IV B 4 – S 2293 – 54/02 – (BStBl. 2002 I Seite 1386) zur Teilnahme am Kontrollmeldeverfahren ermächtigt, ist ein Freistellungsantrag nicht zu stellen. Voraussetzung hierfür ist, dass die Einzelzahlung den Bruttobetrag von 5.500 Euro und die Zahlungen, die während eines Kalenderjahres insgesamt vorgenommen worden sind, den Bruttobetrag von 40.000 Euro nicht übersteigen.

Freistellungsmethode – 1. *Begriff:* eine der vier gängigen Methoden zur Vermeidung/Milderung der → Doppelbesteuerung bei internationaler Geschäftstätigkeit: Die Methode stellt Einkünfte, die im Ausland besteuert werden (bzw. werden können), von der inländischen Besteuerung frei, um eine doppelte Besteuerung zu verhindern. – 2. *Wirtschaftspolitische Hintergründe:* a) Die Freistellungsmethode sorgt dafür, dass dt. Unternehmen in ausländischen Märkten, in denen das Steuerniveau niedriger ist als in Deutschland, gleiche Wettbewerbschancen wie ihre ausländischen Konkurrenten haben, da sie von den erzielten Gewinnen nicht höhere Steuern zahlen müssen als die örtlichen Mitbewerber; auf diese Art und Weise wird ihre Fähigkeit, durch Thesaurierung erzielter Gewinne Rücklagen zu bilden und ihr weiteres Wachstum zu sichern, nicht durch zusätzliche dt. Steuerforderungen beeinträchtigt. – b) Andererseits birgt die Freistellung von in ausländischen Ländern erzielten Gewinnen von der dt. Besteuerung in sich einen gewissen Anreiz, im Ausland zu investieren und sich das niedrigere ausländische Steuerniveau anstelle eines hohen dt. Steuerniveaus zu

sichern. Daher muss die Freistellungsmethode durch zahlreiche flankierende Maßnahmen und Zusatzregelungen gegen missbräuchliche Ausnutzung geschützt und ihr Anwendungsbereich auf solche Tätigkeiten eingegrenzt werden, in denen im Ausland eine tatsächliche, schützenswerte Tätigkeit vor Ort stattfindet („aktive" Tätigkeiten). Solche Einschränkungen der Freistellungsmethode finden sich sowohl in einzelnen Doppelbesteuerungsabkommen als auch in nationalen dt. Gesetzen (§ 50d EStG, § 20 AStG). – c) *Wirtschaftlich ungünstig* ist die Freistellungsmethode im Übrigen bei → Auslandsverlusten, da hier nach dt. Rechtsansicht nicht nur Gewinne aus dem Ausland unter die Freistellungsmethode fallen, sondern ggf. auch Verluste; das bedeutet für die betroffenen Unternehmen, dass sie die unter die Freistellung fallenden Verluste steuerlich nicht geltend machen können (da sie als „steuerfrei" gelten!) und diese Verluste somit aus versteuerten Nettoeinkünften tragen müssen. – 3. *Rechtsquellen:* Deutschland verwirklicht die Freistellungsmethode im Grundsatz nur in Doppelbesteuerungsabkommen; gegenüber Ländern, mit denen kein → Doppelbesteuerungsabkommen (DBA) besteht, ist günstigstenfalls die → Anrechnungsmethode nutzbar.

Freistellungsprinzip → Internationales Steuerrecht (IStR).

Freistellungsverfahren → Freistellungsbescheinigung.

Freiverkehr – *freier Verkehr.*

I. Börsenwesen: Marktsegment der Börse, welches nicht wie der reguläre Markt (früher: amtlicher Markt und geregelter Markt) an strenge Zulassungsvoraussetzungen gebunden ist (§ 48 BörsG). Die Börsenträger dürfen seit dem Jahre 2003 im Freiverkehr spezielle Börsensegmente einrichten, die sowohl den Anforderungen von Unternehmen als auch Investoren entgegenkommen sollen, indem sie zum einen die Visibilität der im Freiverkehr gehandelten Wertpapiere meist kleinerer und mittlerer Gesellschaften steigern sollen, ohne diese mit allen Zulassungsfolgepflichten des Wertpapierhandelsgesetzes (WpHG) zu belasten. Gegenüber dem einfachen Freiverkehr schreiben die Börsenträger hier zusätzliche Veröffentlichungspflichten vor, die zum anderen den Anlegern zu Gute kommen sollen. Nicht nur die Frankfurter Wertpapierbörse (FWB), sondern auch andere Börsen haben von dieser Möglichkeit Gebrauch gemacht. So wurden bspw. in Frankfurt der „Entry Standard", in Stuttgart der „Gate-M" und in München der „M:Access" geschaffen. – Voraussetzung für die Aufnahme des Handels im Freiverkehr ist, dass die von der Geschäftsführung gebilligten Geschäftsbedingungen eine ordnungsmäßige Durchführung des Handels und der Geschäftsabwicklung gewährleisten. Die im Freiverkehr ermittelten Preise gelten als Börsenpreise. Auch der einfache Freiverkehr ist nicht gänzlich unreguliert; er ist in die Regelungen des WpHG zur Insiderüberwachung einbezogen.

II. Zollrecht: Verkehr von Waren, die sich im Gegensatz zu den im → Zollverfahren gebundenen Waren im zollrechtlich ungebundenen, also im zollrechtlich freien Verkehr befinden (→ Gemeinschaftswaren). → Nichtgemeinschaftsware wechselt durch Überführung in den freien Verkehr den Status und wird zur Gemeinschaftsware (Art. 79 ZK). Dasbei entsteht zumeist eine → Einfuhrzollschuld. Regelmäßig findet alsdann keine zollamtliche Überwachung mehr statt. Nur vereinzelt wird auch Ware des freien Verkehr weiter zollamtlich überwacht, etwa wenn die Zollbegünstigung von einer bes. Verwendung wie der industriellen Produktion abhängig ist. Im Unionszollkodex (wohl ab 2015) lautet das Zollverfahren alsdann: Überlassung zum zollrechtlich freien Verkehr.

Freizone – **I. Zollrecht:** 1. *Begriff:* Der frühere zollrechtliche Begriff Freihafen ist durch den Begriff Freizone abgelöst und um den Begriff Freilager ergänzt worden. Derartige Einrichtungen dienen generell dem Umschlag oder der zeitlich unbegrenzten Lagerung von Waren aller Art. Nach der Legaldefinition (Art. 166 ZK) sind Freizonen oder Freilager Teile des → Zollgebietes der Gemeinschaft oder in diesem Zollgebiet gelegene Räumlichkeiten, die vom übrigen Zollgebiet getrennt sind und in denen: (1) → Nichtgemeinschaftsware für die Erhebung der Einfuhrabgaben und Anwendung der handelspolitischen Maßnahmen bei der Einfuhr als nicht im Zollgebiet der Gemeinschaft angesehen werden, sofern sie nicht in den zollrechtlich freien Verkehr oder ein anderes Zollverfahren übergeführt oder unter anderen als den im Zollrecht vorgesehenen Voraussetzungen verwendet oder verbraucht werden; (2) für bestimmte Gemeinschaftswaren aufgrund des Verbringens in die Freizone oder das Freilager die Maßnahmen anwendbar werden, die grundsätzlich an die Ausfuhr der betreffenden Waren anknüpfen, sofern dies in einer bes. Gemeinschaftsregelung vorgesehen ist. Danach werden Nichtgemeinschaftsware für die Erhebung der Eingangsabgaben und auch bei der Anwendung von handelspolitischen Maßnahmen bei ihrer Einfuhr als nicht im Zollgebiet der Gemeinschaft befindlich angesehen. – 2. *Merkmale:* Die Mitgliedsstaaten erklären unter Festlegung der geografischen Abgrenzung Teile des Zollgebietes der Gemeinschaft als Freizone und bewilligen die hierfür geeigneten Räumlichkeiten als Freilager (Art. 167 ZK). In der Bundesrepublik Deutschland sind nur die Freihäfen durch Gesetz als Freizonen eingerichtet worden. Diese Einrichtungen unterliegen der zollamtlichen Überwachung sowie den möglichen Zollkontrolle von Personen und Beförderungsmitteln an den Ein- und Ausgängen der Freizonen und Freilager (Art. 168 ZK). In diese Einrichtungen können sowohl Nichtgemeinschaftswaren als auch Gemeinschaftswaren verbracht werden (Art. 169 ZK). – 3. *Kontrolltypen:* Die

Kontrolle erfolgt typenabhängig. Beim traditionellen Freihafen liegt der Kontrolltyp I vor. Er ist mittels Umzäunung abgegrenzt. An den Zu- und Ausgängen liegen Zollstellen. Das Verbringen in die Freizone und das Entfernen daraus werden dort überwacht. Beim Kontrolltyp II in Duisburg und Deggendorf knüpft die Kontrolle nicht an der Begrenzung an. Vielmehr wird dieser Typ wie ein Zolllager abgewickelt. Unter den im Zollkodex (ZK) vorgesehenen Voraussetzungen sind alle industriellen und gewerblichen Tätigkeiten sowie alle Dienstleistungen zugelassen (Art. 172 ZK); sie müssen zuvor den Zollbehörden mitgeteilt werden. → Nichtgemeinschaftswaren können während ihres Verbleibs in der Freizone oder dem Freilager den auch für Waren in Zolllagern üblichen Behandlungen unterzogen, in den zollrechtlich freien Verkehr überführt, in aktive Veredelungsverkehre verbracht werden. Eine Sonderstellung für Veredelungsvorgänge nimmt der alte Freihafen Hamburg ein, der nicht an die sonst üblichen wirtschaftlichen Voraussetzungen gebunden ist; allerdings dürfen hierdurch keine Wettbewerbsbeeinträchtigungen in der Gemeinschaft eintreten. Unter den vorgesehenen Voraussetzungen sind ebenfalls → Umwandlungsverfahren, → vorübergehende Verwendung, → Vernichtung von Waren oder Zerstörung von Waren und Wiederausfuhr zulässig (Art. 173 ZK). – 4. *Abgrenzung:* Wer in einer Freizone oder einem Freilager eine Tätigkeit im Bereich der Lagerung, der Bearbeitung oder des Kaufs oder Verkaufs von Waren ausübt, muss die von der Zollbehörde verlangten Bestandsaufzeichnungen führen, die die Warenbewegungen im Zu- und Abgang erkennen lassen (Art. 176 ZK). Waren können aus Freizonen oder Freilagern: (1) aus dem Zollgebiet der Gemeinschaft ausgeführt oder wiedereingeführt oder (2) in das übrige Zollgebiet der Gemeinschaft verbracht werden. Im letzteren Fall sind die Waren zu gestellen, anzumelden und dem jeweiligen Zollverfahren zuzuführen. Im Fall der Ausfuhr achten die Zollbehörden auf die Einhaltung ausfuhrrechtlicher Bestimmungen. – Gegenüber der früheren Regelung in Freihäfen entsteht in Freizonen des Kontrolltyps I nach Art. 205 ZK eine *Zollschuld* (→ Einfuhrzollschuld), wenn eine einfuhrabgabenpflichtige Ware in einer Freizone oder einem Freilager unter anderen als den nach der geltenden Regelung vorgesehenen Voraussetzungen verbraucht oder verwendet wird. → Zollschuldner sind Personen, die die Ware verbraucht oder verwendet haben, sowie die Personen, die an diesem Verbrauch oder bei dieser Verwendung beteiligt waren, obwohl sie wussten oder billigerweise hätten wissen müssen, dass die Ware unter anderen als den nach der geltenden Regelung vorgesehenen Voraussetzungen verbraucht oder verwendet wird. Für Agrarwaren gelten Besonderheiten, die sich aus den speziellen Bestimmungen des Marktordnungsrechts ergeben (z.B. Ausfuhrerstattungen). – 5. → Unionszollkodex: Ab 2015 werden die Freizonen Unterfall der Lagerung und gehen in das bes. Zollverfahren auf. Damit verlieren sie weiter an Bedeutung.

II. *Entwicklungspolitik:* Sonderwirtschaftszone, Freihandelszone.

Freizone des Kontrolltyps I → Freizone.

Freizonenfiktion – Bezeichnung dafür, dass sich Waren in → Freizonen des räumlich durch Zollzäune abgetrennten *Kontrolltyps I* und Freilagern zwar geografisch im → Zollgebiet der EU befinden, aber zollrechtlich als außerhalb des Zollgebiets der Gemeinschaft befindlich anzusehen sind. Die Waren in Freizonen *gelten* als nicht im Zollgebiet befindlich. Es handelt sich nach dieser rechtlichen *Fiktion* um → Nichtgemeinschaftswaren, die an der Zollgrenze beim Verlassen der Freizone zollrechtlich behandelt werden müssen. Sofern ein *Statusnachweis* über den zollrechtlichen Status einer → *Gemeinschaftsware* erbracht werden kann, ist das Verlassen ohne weitere Zollbehandlung möglich.

Fremdvergleichsgrundsatz – 1. *Allgemein:* Grundsatz, dass einander – familiär oder durch gesellschaftsrechtliche Beziehungen – nahe stehende Personen sich bei der Gestaltung ihrer Geschäfte miteinander so zu verhalten haben, wie es Personen täten, die einander fremd sind („fremde Dritte"), und dass dann, wenn die vereinbarten Konditionen für ein Geschäft zwischen nahestehenden Personen diesem Maßstab nicht entsprechen, für steuerliche Zwecke eine Berichtigung der Vertragskonditionen stattfinden darf. Die Finanzverwaltung kann, wenn der Fremdvergleichsgrundsatz verletzt worden ist, das Geschäft so behandeln, als ob die Konditionen denen zwischen fremden Dritten entsprochen hätten. – 2. *Wichtige Anwendungsbereiche:* a) bei der Gestaltung der Verrechnungspreise bei grenzüberschreitenden Geschäften (→ Dealing-at-Arm's-Length-Grundsatz). – b) Bei der Überprüfung von steuerrechtlichen Beziehungen einer Kapitalgesellschaft mit ihren Anteilseignern und den diesen nahe stehenden Personen spielt der Fremdvergleichsgrundsatz ebenfalls eine Rolle, da sich z.B. das Vorliegen einer verdeckten Gewinnausschüttung danach richtet, ob ein ordentlicher Geschäftsführer der Kapitalgesellschaft einem Geschäft wie dem vorliegenden auch zugestimmt hätte, wenn der Vertragspartner nicht ein Gesellschafter (oder eine ihm nahe stehende Person), sondern ein fremder Dritter gewesen wäre. – c) Früher spielte der Fremdvergleichsgrundsatz außerdem auch eine Rolle im Rahmen der Regelungen zur Gesellschafter-Fremdfinanzierung; dieser Aspekt ist jedoch durch die Einführung der → Zinsschranke obsolet. – 3. *Folgen einer Verletzung des Fremdvergleichsgrundsatzes:* Ist der Fremdvergleichsgrundsatz verletzt und hat deswegen ein Unternehmen weniger Gewinn gemacht, als es dies bei einem Geschäftsabschluss unter normalen Bedingungen hätte tun können, sieht das Gesetz vor, dass die Gewinnermittlung des Unternehmens steuerlich so berichtigt wird, als hätte es das Geschäft zu fremdüblichen Konditionen abgeschlossen. Dabei werden mehrere Instrumente genutzt: a) Einordnung des Vorgangs, falls möglich,

als → verdeckte Gewinnausschüttung oder → verdeckte Einlage, b) erst nachrangig: Nutzung der speziell für Auslandsfälle entwickelten Korrekturmöglichkeiten für → Verrechnungspreise nach § 1 Außensteuergesetz.

fundiertes Einkommen – Begriff der → Steuertheorie. Das auf Vermögen beruhende → Einkommen. Fundiertes Einkommen eignet sich nach der Fundustheorie für bes. Besteuerung aus folgenden Gründen: (1) Fundiertes Einkommen fließt frei ohne Risiken wie Krankheit, Arbeitslosigkeit und Kräfteverschleiß dem Steuerpflichtigen regelmäßig zu; der Bezieher braucht deshalb – anders als der Erwerbstätige – keine Rücklagen zu bilden. (2) Fundiertes Einkommen lässt die Arbeitskraft seines Beziehers oftmals ganz frei und stellt damit neben dem Arbeitseinkommen ein zusätzliches Einkommen des Steuerpflichtigen dar. – *Gegensatz:* → unfundiertes Einkommen.

Fundustheorie – Theorie zur Begründung der Besteuerung von → fundiertem Einkommen. Durch inflationäre Geld- und Vermögensentwertung sowie Ausgestaltung der sozialen Sicherheit weitgehend überholt.

Fünf-Sechstel-Methode – Vereinfachte Methode zur Berechnung der → Gewerbesteuer-Rückstellung. Die Methode ist seit dem Erhebungszeitraum 2008 nicht mehr anzuwenden, da seither die Gewerbesteuer und die darauf entfallenden Nebenleistungen nicht mehr von ihrer eigenen Bemessungsgrundlage abzugsfähig sind.

Funktionsholding – im → Außensteuergesetz (AStG) früher eine Bezeichnung für eine → Holdinggesellschaft in einem ausländischen Staat, die eine aktive Tätigkeit ausübt und im wirtschaftlichen Zusammenhang damit eine wesentliche Beteiligung an einer anderen ausländischen Gesellschaft hält, die selbst ebenfalls wieder aktiv tätig sein muss. War eine Gesellschaft Funktionsholding, so galten die Dividendeneinkünfte aus der Untergesellschaft bei ihr nicht als Einkünfte aus passiver Tätigkeit. Da nach der Reform der Hinzurechnungsbesteuerung im Zuge des Übergangs zum → Halbeinkünfteverfahren alle ausländischen Gesellschaften mit Dividendeneinkünften so behandelt werden wie früher nur die Funktionsholding und die Landesholding, ist die Regelung über die Funktionsholding (§ 8 II AStG a.F.) als überflüssig aufgehoben worden.

Funktionsverlagerung – 1. *Begriff* aus dem Internationalen Steuerrecht: die Verlagerung von betrieblichen Funktionen, die bisher im Inland ausgeübt werden, auf nahe stehende Personen im Ausland. – 2. *Steuerliche Behandlung:* Ertragsteuerlich stellt sich der dt. Gesetzgeber auf den Standpunkt, dass ein Unternehmer Teile der betrieblichen Geschehensabläufe, die gewinnbringend sind, nur dann auf einen Fremden verlagern würde, wenn dieser ihn durch Zahlung einer angemessenen Vergütung für die Überlassung dieser Gewinnchancen entschädigen würde. Da nach dem international anerkannten Fremdvergleichsgrundsatz Geschäftsbeziehungen zwischen in- und ausländischen Unternehmen desselben Konzerns (bzw: verbundenen Unternehmen) dem Fremdvergleichsgrundsatz entsprechend ausgestaltet sein müssen, verlangt der dt. Gesetzgeber daher in § 1 Außensteuergesetz (AStG), dass bei der Verlagerung betrieblicher Funktionen nicht nur angemessene Preise für die einzelnen ins Ausland ausgelagerten Wirtschaftsgüter, sondern auch eine Vergütung für das übergehende Gewinnpotenzial (also quasi für einen Teil des Firmenwertes) gezahlt werden muss (→ Verrechnungspreis). Darüber, wie nach welchen Regeln ein solcher angemessener Verrechnungspreis für eine Funktionsverlagerung bestimmt werden muss und welche Nachweise für eine Überprüfung der vom Unternehmen gewählten Preisfindung bereitgehalten werden müssen, existieren detaillierte gesetzliche Vorgaben in § 1 AStG und der Funktionsverlagerungs-Verordnung. – 3. *Praktische Auswirkungen*: Die Behandlung der Funktionsverlagerung in dieser Weise wirft die Frage auf, inwieweit das ausländische Unternehmen, das die betreffende betriebliche Funktion übernimmt, den „Kaufpreis" hierfür bei seinem Fiskus steuerlich – sei es sofort, sei es durch Abschreibung – geltend machen kann; ob das immer gelingen wird, ist fraglich. Gelingt dies jedoch nicht, droht in Höhe der vertraglich vergüteten Preise für die Funktionsverlagerung bei den betroffenen Konzern letztendlich eine Doppelbesteuerung, die den Zielen der Doppelbesteuerungsabkommen (DBA) zuwiderlaufen würde. Es wäre dann nötig, ein → Verständigungsverfahren nach den DBA oder ein Schiedsverfahren nach dem → Schiedsabkommen einzuleiten, um einer doppelten Besteuerung auszuweichen. Allein die Möglichkeit, dass es zu solchen Situationen kommen könnte, dürfte sich in der Praxis als Hindernis für die Attraktivität von Funktionsverlagerungen ins Ausland auswirken; damit wird der Globalisierung steuerlich also entgegengearbeitet. Dieser Effekt mag vom Gesetzgeber gewollt sein, verstieße aber jedenfalls innerhalb der EU und des EWR gegen die vom EG-Vertrag etablierte Rechtsordnung: Der Binnenmarkt besteht geradezu in der Idee, die Tätigkeiten eines Unternehmens frei und ungehemmt auf die einzelnen Staaten der EU verteilen zu können; daher ist die Regelung (die es erst seit 2007 gibt) gegenwärtig europarechtlich noch umstritten.

Fusionsgewinn → Verschmelzung.

Fusionsrichtlinie – 1. *Begriff:* eine der ersten EG-Richtlinien zur Harmonisierung der Körperschaftsteuer. Etabliert eine europaweit identische Behandlung bestimmter Umstrukturierungsvorgänge bei der Körperschaftsteuer (ABl. EG Nr. L 225 vom 20.8.1990). In Kraft seit 1.1.1991, später in kleineren

Einzelheiten geändert z.b. durch Beitrittsverträge neuer Staaten und durch Ausweitung auf neue Umstrukturierungsvorgänge (Sitzverlegung). – 2. *Anwendungsbereich:* Die Fusionsrichtlinie begünstigt Fusionen und Spaltungen von Kapitalgesellschaften sowie die Einbringung eines → Teilbetriebs durch eine Kapitalgesellschaft in eine andere und die Einbringung von Anteilen in eine Kapitalgesellschaft, wenn diese dadurch eine Mehrheitsbeteiligung erhält (→ Anteilstausch), sowie ab 2005 auch den Vorgang der Sitzverlegung bei den europäischen Rechtsformen „Europäische Gesellschaft" (SE) und „Europäische Genossenschaft" (SCE). Von der Fusionsrichtlinie erfasst ist sowohl die Besteuerung der beteiligten Gesellschaften als auch die ihrer Gesellschafter. Voraussetzung ist jedoch, dass die von der Umstrukturierung betroffenen Unternehmen Kapitalgesellschaften aus mehreren EU-Mitgliedsstaaten sind, die ohne Wahlmöglichkeit der Körperschaftsteuer unterliegen. – 3. *Rechtsfolgen:* Alle beschriebenen Vorgänge sind grundsätzlich Gewinnrealisierungstatbestände. Die Fusionsrichtlinie ermöglicht aber, die Realisierung der stillen Reserven zu vermeiden, sofern die Besteuerung bei einem späteren Verkauf der Wirtschaftsgüter sichergestellt bleibt (Steueraufschub). Bei Fusion oder Spaltung geschieht dies durch → Buchwertfortführung durch die Nachfolgegesellschaft; weitere Voraussetzung ist der Erhalt der Steuerhoheit des Belegenheitsstaates (Betriebsstättenbedingung). Bei Spaltung muss die Nachfolgegesellschaft außerdem Teilbetriebsqualität haben. Bei Einbringung von Teilbetrieben führt die aufnehmende Gesellschaft die Buchwerte des Teilbetriebs fort; die Anteile, die die einbringende Gesellschaft im Gegenzug dafür erhält, wird sie zum Teilwert anzusetzen haben; denn bei einer anderen Vorgehensweise käme es zu einer Verdoppelung stiller Reserven, und eine solche hat der Europäische Gerichtshof in seiner Rechtsprechung zur Fusionsrichtlinie mittlerweile bereits als mit dem Ziel der Richtlinie nicht vereinbar angesehen; dies war jedoch lange umstritten. – Bei den Gesellschaftern löst die Hergabe der Anteile an der alten Gesellschaft gegen Anteile an der neuen bei Fusion, Spaltung oder Anteilstausch ebenfalls keine Besteuerung aus (Buchwertfortführung). – 4. *Umsetzung in der Bundesrepublik Deutschland:* Regelungen teilweise ins Umwandlungssteuergesetz übertragen, andere Bestimmungen haben sich im Einkommen- und Körperschaftsteuerrecht niedergeschlagen (§ 4 I EStG, § 17 V EStG, § 12 KStG); bei Abweichung von den Vorgaben der Fusionsrichtlinie geht diese dem Umwandlungssteuergesetz vor, wenn sie für die Steuerpflichtigen günstiger ist. Die letzte Anpassung der dt. Gesetzestexte an die Vorgaben der Fusionsrichtlinie erfolgte mit Wirkung zum 1.1.2007.

G

Garagenmiete – 1. *Begriff:* Die Vermietung von Plätzen für das Abstellen von Fahrzeugen (v.a. Parkplätzen, Garagen) ist seit 1.1.1992 generell *umsatzsteuerpflichtig.* Dies gilt unabhängig von der Dauer der Vermietung (§ 4 Nr. 12 Satz 2 UStG). – 2. Die Vermietung kann jedoch – aus systematischen Gründen – steuerlich unbelastet bleiben, wenn sie umsatzsteuerlich gar nicht als eigenständige Leistung, sondern nur als ein untergeordnetes Element einer anderen Leistung (Nebenleistung) anzusehen ist; bspw. ist die Garagenmiete automatisch dann *umsatzsteuerfrei,* wenn sie als Nebenleistung zu einer steuerfreien Grundstücksvermietung (§ 4 Nr. 12a UStG) anzusehen ist, z.B. wenn zu einer vermieteten Wohnung auch ein Garagenstellplatz für ein Auto gehört. Für die Annahme, dass die Vermietung einer Garage eine bloße Nebenleistung darstellt, ist allerdings ein räumlicher Zusammenhang zwischen Stellplatz und Grundstück erforderlich. – 3. *Einkommensteuerlich* gehören die Einkünfte aus der Vermietung einer Garage zu den Einkünften aus → Vermietung und Verpachtung.

Garantierückstellung → Garantieverpflichtung.

Garantieverpflichtung – *Gewährleistungsverpflichtung.*

I. Inhalt: Pflichten aus einer Garantie im Garantiefall, z.B. Verpflichtung des Verkäufers einer Sache, innerhalb einer vereinbarten Garantiefrist wegen mangelhafter Leistung entstandene Fehler auf eigene Kosten zu beheben.

II. Handelsrecht: Erfüllte Ersatzleistungen sind auf den entsprechenden Konten der Finanzbuchhaltung zu buchen. Rückstellungen in der Handelsbilanz sind notwendig, wenn Verbindlichkeiten aus Garantieverpflichtungen am Bilanzstichtag dem Grund nach entstanden sind. Gemäß § 249 I Nr. 2 HGB besteht auch für Garantieleistungen ohne rechtliche Verpflichtung eine *Bilanzierungspflicht.* Ausweis unter „sonstige Rückstellungen".

III. Kostenrechnung: Die zu erwartenden Aufwendungen werden als kalkulatorische Wagnisse zur Jahr geschätzt und mit Monatsbeiträgen in die Kostenrechnung übernommen. Garantieverpflichtungen werden häufig unabhängig von den tatsächlichen Aufwendungen kalkulatorisch mit einem Durchschnittssatz angesetzt, der aufgrund der Inanspruchnahme der Garantieverpflichtung im Verhältnis zum Umsatz der letzten Jahre ermittelt wird. Bes. Verhältnisse der jeweiligen Produktion sind dabei zu berücksichtigen.

IV. Steuerrecht: In der Handelsbilanz angesetzte Rückstellungen für Garantieverpflichtungen sind in die Steuerbilanz zu übernehmen. Der Höhe nach sind Rückstellungen für Garantieverpflichtungen in sinngemäßer Anwendung des § 6 I Nr. 2 EStG mit den → Anschaffungskosten bzw. dem höheren → Teilwert anzusetzen (§ 6 I Nr. 3 EStG). Anzusetzen sind die Vollkosten. Dazu ist i.d.R. eine Schätzung nötig. Die Ermittlung kann im Einzelverfahren und im Pauschalverfahren vorgenommen werden. Hat die Rückstellung eine Laufzeit von mehr als zwölf Monaten, ist der Betrag abzuzinsen (§ 253 II 1 HGB).

GATT-Zollwert-Kodex – 1. *Begriff:* Im Rahmen der multilateralen Verhandlungen des GATT (Tokio-Runde) haben die Verhandlungspartner im Frühjahr 1979 neben anderen Übereinkommen und Übereinkünften auch ein Übereinkommen zur Durchführung des Art. VII des Allgemeinen Zoll- und Handelsabkommens geschlossen. Dieses, auch als GATT-Zollwert-Kodex bezeichnete Übereinkommen, soll weltweit alle bestehenden Zollwert-Bewertungssysteme durch ein einheitliches System der Zollwertermittlung ersetzen und so für die Einheitlichkeit, die Neutralität und Überschaubarkeit bei der Zollwertermittlung sorgen. Der GATT-Zollwert-Kodex trat allg. am 1.1.1981 in Kraft; die USA und die EU hatten sich verpflichtet, ihn bereits am 1.7.1980 in Kraft zu setzen. – 2. *Merkmale:* Nach dem GATT-Zollwert-Kodex ist der → Zollwert kein theoretischer Wertbegriff mehr (wie bislang im Brüsseler Zollwert-Abkommen), sondern es gibt sechs verschiedene Bewertungsmethoden, die grundsätzlich in einer bestimmten Reihenfolge anzuwenden sind. Im Vordergrund steht der Transaktionswert gemäß Art. 29 ZK, d.h. der tatsächlich gezahlte oder zu zahlende Kaufpreis, ggf. nach einer Hinzurechnung bestimmter darin nicht enthaltener Kosten etwa für die Beförderung der Waren. Möglich sind in gleicher Weise Abzüge etwa von Zöllen und Steuern, die im Kaufpreis enthalten sind. – 3. *Abgrenzung:* Der GATT-Zollwert-Kodex ist nicht unmittelbar geltendes Recht, doch hat der Rat das Übereinkommen angenommen und in unmittelbar geltendes Gemeinschaftsrecht umgesetzt.

Gebäudebesteuerung – sämtliche Besteuerungsvorgänge, die sich auf ein Bauwerk auf eigenem oder fremdem Boden beziehen, sowohl nach dem Wert (→ Gebäudewert) als auch nach dem Ertrag aus dem Gebäude (→ Einheitswert, Gebäudeabschreibungen). Zum Gesamtumfang der Gebäudebesteuerung gehören Vorgänge, die unter die → Grundsteuer, die → Einkommensteuer sowie bei Veräußerung unter die → Grunderwerbsteuer fallen. – Vgl. auch → Grundbesitz.

Gebäudenormalherstellungswert → Gebäudewert.

Gebäudesachwert → Gebäudewert.

Gebäudewert – I. *Unternehmensbewertung:* Wert von Baulichkeiten, der sich aus den Herstellungskosten (Bauwert) einerseits und den Erträgen (→ Ertragswert) andererseits unabhängig vom Wert des Grund und Bodens ergibt.

II. *Steuerrecht:* 1. *Begriff* des Bewertungsgesetzes, relevant für die Grundsteuer: Bei der Bewertung nach dem Sachwertverfahren (→ Sachwert) ausdrücklich zu ermittelnder Wert für ein Gebäude. Gebäudewert ist ein Element (neben → Bodenwert und Wert der → Außenanlagen) der → wirtschaftlichen Einheit, → Grundstück im → Grundvermögen bzw. Untereinheit → Betriebsgrundstück im → Betriebsvermögen. – Vgl. auch → Ausgangswert, → Einheitswert, → Grundstücksbewertung. – 2. *Ermittlung:* Es ist ein Wert für das Gebäude auf der Grundlage von durchschnittlichen Herstellungskosten nach den Baupreisen des Jahres 1958 zu errechnen, der nach den Baupreisverhältnissen im Hauptfeststellungszeitpunkt (1.1.1964) umzurechnen ist (*Gebäudenormalherstellungswert;* § 85 Satz 1 BewG). Dieser mindert sich ggf. wegen des Alters des Gebäudes (im Hauptfeststellungszeitpunkt; § 86 BewG) und etwa vorhandener baulicher Schäden und Mängel (§ 87 BewG); das Ergebnis ist der *Gebäudesachwert* (§ 85 Satz 2 BewG, § 88 BewG). In bes. Fällen kann dieser ermäßigt (z.B. wegen der Lage des Grundstücks, wirtschaftlicher Überalterung) oder erhöht (z.B. bei Nutzung des Grundstücks für Werbezwecke) werden. – 3. Bei der Anwendung des Ertragswertverfahrens (Regelfall) zur *Bewertung bebauter Grundstücke* wird der Gebäudewert nicht getrennt ermittelt (→ Ertragswert). Bedeutung erhält die Isolierung des Gebäudewerts von anderen Grundstücksbestandteilen bes. bei den Sondervorschriften zur Einheitsbewertung der → Baulichkeiten (§ 92 BewG) und von Gebäuden auf fremdem Grund und Boden (→ Einheitswert; § 94 BewG). – 4. Für Gebäude in den neuen Bundesländern gelten gemäß der §§ 129 ff. BewG Besonderheiten. – Vgl. auch → Einheitswert. – 5. Im Rahmen der Erbschaftsteuerreform sind Neuregelungen der Bewertungsvorschriften für Grundbesitz für die Erbschaftsteuer in den §§ 157 I und 176 ff. BewG vorgenommen worden. a) Der Bewertung ist grundsätzlich der gemeine Wert zugrunde zu legen (§ 177 BewG). – b) Der Wert unbebauter Grundstücke ergibt sich aus der Fläche und den Bodenrichtwerten (§ 179 BewG). – c) Die Bewertung bebauter Grundstücke ist nach dem → Vergleichswertverfahren (§ 182 II und § 183 BewG), dem Ertragswertverfahren (→ Ertragswert) (§ 182 III und §§ 184 ff BewG) oder nach dem Sachwertverfahren (→ Sachwert) (§ 182 IV und §§ 189 ff. BewG) durchzuführen. Auch die Bewertung des land- und forstwirtschaftlichen Vermögens (§ 158 BewG) wurde für Zwecke der Erbschaftsteuer geändert (§§ 158 ff BewG). Das Grundvermögen wird hier mit dem Verkehrswert besteuert, jedoch erfolgt eine Schonung bei vermieteten Wohnimmobilien durch einen Abschlag von 10 Prozent. Selbstgenutztes Wohneigentum wird bei der Übertragung an Ehegatten, Lebenspartner und Kinder bei zehnjähriger Selbstnutzung bei Erwerb von Todes wegen freigestellt. Die Neuregelung ist ab dem 1.1.2009 in Kraft getreten. Auf Antrag können die neuen Regelungen auch auf Erbfälle ab dem 1.1.2007 angewendet werden.

Gebrauchs-Zolltarif → Elektronischer Zolltarif (EZT).

Gebührenordnung für Rechtsanwälte – Rechtsanwaltsvergütungsgesetz

Gebührenordnung für Steuerberater → Steuerberatergebührenverordnung.

Geburtsbeihilfe – Zuwendungen des Arbeitgebers an Arbeitnehmer beiderlei Geschlechts anlässlich der Geburt eines Kindes in Geld oder Sachwerten. – *Lohnsteuer:* Geburtsbeihilfen waren früher einmal unter bestimmten Umständen steuerfrei (§ 3 Nr. 15 EStG bis Ende 2005), sind aber heute regulärer Bestandteil des steuerpflichtigen Arbeitslohns.

Gefährdung – 1. *Allgemein:* Herbeiführung eines Zustandes, bei dem die Wahrscheinlichkeit einer begründete Besorgnis des Eintritts einer Verletzung gegeben sind. – 2. *Abgabenordnung:* → Gefährdung der Abzugsteuern, → Gefährdung der Einfuhr- und Ausfuhrabgaben.

Gefährdung der Abzugsteuern → Steuerordnungswidrigkeit nach § 380 AO. Wer vorsätzlich oder leichtfertig seiner Verpflichtung, Steuerabzugsbeträge (wie z.B. Lohnsteuer, Kapitalertragsteuer) einzubehalten und abzuführen, nicht vollständig oder nicht rechtzeitig nachkommt, kann wegen Ordnungswidrigkeit mit einer Geldbuße bis zu 25.000 Euro belegt werden (§ 380 II AO), wenn die Handlung nicht nach § 378 AO geahndet werden kann (dann Geldbuße bis zu 50.000 Euro möglich, § 378 II AO).

Gefährdung der Einfuhr- und Ausfuhrabgaben → Steuerordnungswidrigkeit nach § 382 AO. Wer als Pflichtiger oder bei der Wahrnehmung der Angelegenheiten eines Pflichtigen vorsätzlich oder fahrlässig Vorschriften der Zollgesetze, der dazu erlassenen Rechtsverordnungen oder der einschlägigen Verordnungen des Rates oder der Kommission der Europäischen Gemeinschaften zuwiderhandelt, wird wegen Ordnungswidrigkeit mit Geldbuße bis zu 5.000 Euro belegt, soweit die Zollgesetze oder Rechtsverordnungen für einen bestimmten Tatbestand auf § 382 AO verweisen und wenn die Handlung nicht nach § 378 AO geahndet werden kann (dann Geldbuße bis zu 50.000 Euro möglich, § 378 II AO). – Die *Verkürzung* von Eingangsabgaben ist als → Steuerstraftat (§§ 369, 370 AO) strafbar.

Gegenstand der Lieferung – 1. *Begriff:* umsatzsteuerliche Bezeichnung für körperliche Gegenstände aller Art (§ 90 BGB) einschließlich Tiere sowie sonstige Wirtschaftgüter, die im Verkehr wie Sachen umgesetzt werden (z.B. Elektrizität und Firmenwert). Die Existenz eines Liefergegenstandes grenzt die → Lieferung von der sonstigen Lieferung ab, da eine sonstige Leistung nur vorliegt, wenn ein Vorgang nicht schon als Lieferung eingestuft werden kann (§ 3 IX UStG i.V. mit § 3 I UStG). – 2. *Unterarten:* Je nachdem, ob der Gegenstand der Lieferung bei der Ausführung der Lieferung transportiert wird oder nicht (egal, wer ggf. die Beförderung/ Versendung durchführt), unterscheidet man zwischen bewegten und unbewegten (ruhenden) Lieferungen; diese Unterscheidung hat Bedeutung für die Frage, wie der sog. → Ort der Lieferung bestimmt wird und damit für die Frage in welchem Staat die umsatzsteuerlichen Pflichten für den Lieferanten zu erfüllen sind.

Gehaltslieferung – 1. *Begriff* des Umsatzsteuerrechts, bezeichnet den Fall, dass jemand einem anderen einen Gegenstand übergibt, dieser aber nur einen Bestandteil daraus (den er noch selbst daraus extrahieren muss) behalten darf und den Rest (Nebenerzeugnisse, Abfälle) zurückgeben muss. – 2. Bei der Gehaltslieferung beschränkt sich die → Lieferung nur auf den Inhaltsstoff, den der Geschäftspartner behalten darf (den „Gehalt" des gelieferten Stoffes); die Nebenerzeugnisse oder Abfälle bleiben umsatzsteuerlich die gesamte Zeit über dem Altbesitzer zugerechnet. Umsatzsteuer fällt also nur auf das Entgelt an, dass der Empfänger der Gehaltslieferung dafür entrichtet, diesen Inhaltsstoff behalten zu dürfen. Die Bedeutung der gesetzlichen Klarstellung dieser Zusammenhänge in § 3 V UStG liegt darin, dass man ohne eine solche Regelung auch die Ansicht hätte vertreten können, es läge ein Tausch vor: der unverarbeitete Gegenstand werde getauscht gegen Bargeld und die Rückgabe der Abfälle bzw. Nebenerzeugnisse; dann wäre die Umsatzsteuerbemessungsgrundlage u.U. erheblich höher. – 3. *Beispiele:* Lieferung des Fettgehaltes der Milch bei Übergabe von Milch gegen Rückgabe der Magermilch und Zahlung eines Entgeltes ist nur eine Gehaltslieferung; ebenso Lieferung des Zuckergehaltes von Rüben gegen Rückgabe von Rübenschnitzeln und Zahlung eines Entgelts.

Geheimnisverrat → Betriebs- und Geschäftsgeheimnis.

Geldstrafe – strafrechtliche Rechtsfolge, Hauptstrafe neben der Freiheitsstrafe. Die Geldstrafe wird in Tagessätzen verhängt. Sie beträgt mind. fünf Tagessätze und, wenn das Gesetz nichts anderes bestimmt, höchstens 360 Tagessätze (§ 40 I StGB). Die Höhe des Tagessatzes bestimmt das Gericht anhand des Einkommens des Täters (i.d.R. Nettoeinkommen) des Täters. Ein Tagessatz wird auf mind. einen und höchstens 30.000 Euro festgesetzt (vgl. näher § 40 II StGB). – *Einkommen- und Lohnsteuer:* Geldstrafen sind nicht als → Betriebsausgaben oder → Werbungskosten abzugsfähig (§ 4 V EStG). In Berufsausübung entstandene und unzulässigerweise vom

Arbeitgeber übernommene Geldstrafen sind bei Arbeitnehmern steuerpflichtiger → Arbeitslohn, da eine entsprechende Zahlung dem Arbeitnehmer Aufwendungen erspart und damit für ihn einen geldwerten Vorteil, also eine „Einnahme", darstellt (§ 8 I EStG). Entsprechendes gilt für Geldbußen.

Geldumsätze → Bankumsätze.

geldwerter Vorteil – 1. *Grundsatz:* alle Güter, die in Geld- oder Geldeswert bestehen, z.B. die verbilligte oder unentgeltliche Überlassung von Waren durch den Arbeitgeber an den Arbeitnehmer (vorausgesetzt, die Vorteilsgewährung beruht auf einem Dienstverhältnis). Geldwerte Vorteile sind gemäß § 8 I EStG ebenso als Einnahme anzusehen wie eine Geldzahlung; deswegen bilden geldwerte Vorteile, die im Rahmen einer Einkunftsart zufließen, automatisch einen Teil des steuerpflichtigen Einkommens. Nach § 2 I LStDV sind geldwerte Vorteile deswegen auch grundsätzlich → Arbeitslohn. Anders als bei Bargeld muss man jedoch bei geldwerten Vorteilen erst eine Umrechnung in Geld vornehmen; außerdem stellt sich gelegentlich die Frage, ob jemand tatsächlich einem anderen einen Vorteil zuwenden will oder nur etwas im eigenen Interesse tut, was dann aber keine Zuwendung eines geldwerten Vorteils an einen anderen darstellt. (Beispiel: Sollen die den Arbeitnehmern zur Verfügung gestellten Parkplätze auf dem Firmengelände diesen Kosten sparen, oder dienen sie primär den eigenen Interessen des Arbeitgebers, indem sie Verspätungen durch Parkplatzsuche etc. verhindern?) – 2. *Steuerliche Bewertung* von geldwerten Vorteilen: Die Erfassung erfolgt zu den um übliche Preisnachlässe gemiderten üblichen Endpreisen am Abgabeort (§ 8 II EStG). Sachbezüge werden ignoriert, wenn der geldwerte Vorteil hieraus im Kalendermonat 44 Euro nicht übersteigt (§ 8 II EStG; → Freigrenze). Für die Gestellung eines Firmen-Pkw gelten Sonderregelungen (→ Ein-Prozent-Regelung). Bietet der Arbeitgeber seine Waren oder Dienstleistungen den eigenen Arbeitnehmern unentgeltlich oder verbilligt an, dann ist ein Rabatt bis zu 4 Prozent stets steuerfrei (§ 8 III EStG), für den darüber hinausgehenden Betrag gilt ein Rabattfreibetrag von 1.080 Euro.

Gelegenheitsgesellschaft – Zeitlich begrenzter Zusammenschluss einzelner Personen oder Unternehmen zu einer Gesellschaft bürgerlichen Rechts (GbR), mit dem Zweck der Durchführung einzelner Geschäfte, wie Konsortialbildung (Konsortium), Verwaltung und Verwertung gleichartiger Besitzes, einer ARGE im Baubereich oder einer Bauherrengemeinschaft. – Im *Gesellschaftsvertrag* (formlos) verpflichten sich die Gesellschafter, die Erreichung des gemeinsamen Zweckes zu fördern. Bei Konsortialverträgen ist die Bestimmung erforderlich, dass kein Gemeinschaftsgut entsteht, sondern jedem Gesellschafter das Eingebrachte als Eigentum verbleibt und nur dessen Verwaltung nach vertraglichen

Bestimmungen erfolgt (§§ 705–740 BGB). – Gelegenheitsgesellschaften sind *nicht gewerbesteuerpflichtig*.

Gemeindeanteil – Anteil der Gemeinden an der Einkommensteuer (→ Gemeinschaftsteuern), auf der Grundlage der Einkommensteuerleistungen ihrer Einwohner nach Maßgabe eines Bundesgesetzes (Art. 106 GG). Die Gemeinden erhalten 15 Prozent des Aufkommens an Lohnsteuer und an veranlagter Einkommensteuer sowie 12 Prozent am Zinsabschlag (Art. 106 III GG i.V. mit § 1 Gemeindefinanzreformgesetz). Seit dem 1.1.1998 erhalten die Gemeinden auch einen geringfügigen Anteil am Aufkommen der Umsatzsteuer (2,2 Prozent einer bestimmten Restgröße zum Ausgleich des Wegfalls der → Gewerbekapitalsteuer; Art. 106 Va GG i.V. mit § 1 FAG).

gemeiner Wert – I. Steuerrecht: 1. *Legaldefinition* (§ 9 BewG): Der gemeine Wert wird durch den Preis bestimmt, der im gewöhnlichen Geschäftsverkehr nach der Beschaffenheit des Wirtschaftsguts bei einer Veräußerung zu erzielen wäre. Dabei sind – außer ungewöhnlichen und persönlichen Verhältnissen – alle Umstände zu berücksichtigen, die den Preis beeinflussen. – 2. *Einzelne Merkmale:* a) *Preis:* Der im gewöhnlichen Geschäftsverkehr erzielbare Preis ist i.d.R. nicht mit einem einmal tatsächlich erzielten Preis gleichzusetzen. Tatsächlich erzielte Preise im maßgebenden Zeitpunkt oder kurze Zeit vorher oder nachher lassen als Anhaltspunkte nur gewisse Rückschlüsse auf den erzielbaren Preis zu. – b) *Gewöhnlicher Geschäftsverkehr* ist der Handel am freien Markt – auch wenn auf kleineren Kreis beschränkt – bei dem Angebot und Nachfrage die Preise bestimmen.–c) Zur *Beschaffenheit des Wirtschaftsguts* zählen die dem Wirtschaftsgut selbst eigenen Merkmale (z.B. Lage und Größe eines Grundstücks) und von außen kommende Momente verschiedener Art (z.B. Wegegerechtigkeiten, Bauauflagen, Abbruchverpflichtungen). – 3. *Bedeutung:* Bei der steuerlichen Bewertung ist der gemeine Wert immer dann anzusetzen, wenn nichts anderes bzw. spezielles (u.a. → Teilwert, → Ertragswert, Nennwert, → Kurswert, Steuerbilanzwert (→ verlängerte Maßgeblichkeit)) vorgeschrieben ist; Ausnahmeregelungen finden sich im BewG (z.B. § 12 IV BewG) und in anderen Steuergesetzen (z.B. § 6 EStG). Im Zuge der Erbschaftsteuerreform gewinnt die Bewertung nach dem gemeinen Wert weiterhin an Bedeutung. So wird bei der Grundstücksbewertung grundsätzlich der gemeine Wert zugrunde gelegt. Der gemeine Wert wird als → Bewertungsmaßstab auch bei einzelnen normierten Bewertungsverfahren (z.B. Sachwertverfahren, → Vergleichswertverfahren) zur Wertbemessung von Bestandteilen (z.B. Bodenwert) herangezogen. – 4. *Ermittlung:* a) Aufgrund von tatsächlich erzielten, zuverlässigen *Verkaufspreisen* (Vergleichswertmethode) am sichersten. Alternativ kann die Ermittlung auch nach dem Ertragswertverfahren oder nach dem Sachwertverfahren erfolgen.–b) Andernfalls zu *schätzen:* Für bestimmte Gruppen von Wirtschaftsgütern gelten verschiedene, v.a. Schätzungsverfahren, die von der Rechtsprechung anerkannt sind und von der Finanzverwaltung zugrunde gelegt werden.

II. Versicherungswirtschaft: 1. *Begriff:* Marktpreis, der von einem Versicherungsnehmer für eine Sache erzielt werden kann. Auf Basis des gemeinen Werts wird in der Verbundenen Wohngebäudeversicherung die Entschädigung berechnet, wenn das Gebäude zum Abbruch bestimmt ist oder wenn es so baufällig oder verwahrlost ist, dass das Gebäude nicht mehr bewohnt werden kann. – 2. *Zweck:* Die Entschädigung nach dem gemeinen Wert verhindert ungerechtfertigte hohe Entschädigungen nach dem Zeitwert oder Neuwert. Das subjektive Risiko wird dadurch eingegrenzt.

gemeinnützige Unternehmen – Bezeichnung des Steuerrechts für Unternehmen in der Rechtsform von Kapitalgesellschaften, → Genossenschaften und eingetragenen Vereinen (e. V.), mit deren Tätigkeit den unmittelbar und ausschließlich → gemeinnützige Zwecke verfolgt werden. Die gemeinnützigen Unternehmen genießen steuerliche Vergünstigungen nach §§ 51–68 AO und § 5 I Nr. 9 KStG, v.a. Befreiung von der → Körperschaftsteuer insoweit wie kein wirtschaftlicher Geschäftsbetrieb unterhalten wird. Voraussetzung für die Anerkennung als begünstigte gemeinnützige Körperschaft ist normalerweise die unbeschränkte Steuerpflicht (Sitz und/oder Geschäftsleitung der Körperschaft im Inland), jedoch kann unter bestimmten Voraussetzungen neuerdings auch eine gemeinnützige Institution aus dem Rest der EU und des Europäischen Wirtschaftsraumes sich gegenüber dem dt. Fiskus auf die Bestimmungen der dt. Gemeinnützigkeitsregeln berufen, wenn sie aus deutscher Sicht die Voraussetzungen erfüllt und Einkünfte aus Deutschland bezieht. – *Anders:* gemeinwirtschaftliche Unternehmen (Gemeinwirtschaft).

gemeinnützige Zwecke – *1. Begriff:* Aufgaben, durch deren Erfüllung ausschließlich und unmittelbar die Allgemeinheit gefördert wird. – *2. Bedingungen:* a) Eine Förderung der Allgemeinheit ist dann anzunehmen, wenn die Tätigkeit darauf gerichtet ist, die Allgemeinheit auf materiellem, geistigem oder sittlichem Gebiet selbstlos zu fördern. Hierzu zählt insbesondere die Förderung von Wissenschaft und Forschung, Bildung und Erziehung, Kunst und Kultur, Religion, Völkerverständigung, Entwicklungshilfe, Umwelt-, Landschaft- und Denkmalschutz, des Heimatgedankens, der Jugend- und Altenhilfe, des öffentlichen Gesundheitswesens, des Wohlfahrtswesens und des Sports. – b) Die Gemeinnützigkeit einer Körperschaft wird in Deutschland in § 52 Abgabenordnung (AO) definiert. – c) Die Anerkennung der Gemeinnützigkeit erfolgt durch das zuständige Finanzamt. – d) Die Förderung gemeinnütziger Zwecke unterliegt steuerlichen Vergünstigungen (Spenden, gemeinnützige Unternehmen), d.h. als gemeinnützig anerkannte Organisationen werden ganz oder teilweise von Steuern befreit.

Gemeinnützigkeit → gemeinnützige Zwecke.

Gemeinsamer-Markt-Prinzip – Schlagwort für das bei der Umsatzsteuer seit 1993 praktizierte Umsatzsteuersystem im innergemeinschaftlichen Warenhandel. In Wirklichkeit kein eigenständiges Prinzip, sondern lediglich eine Mischung aus → Bestimmungslandprinzip und (subsidiär, mit sehr untergeordneter Bedeutung) → Ursprungslandprinzip. – Vgl. auch → Erwerbsteuer, → Versandhandelsregelung, → Abhollieferung.

Gemeinsamer Zolltarif der Europäischen Gemeinschaften (GZT) – von den Mitgliedsstaaten der EU gemeinsam aufgestellter einheitlicher Außenzolltarif, in Kraft seit 1.7.1968. Der Gemeinsame Zolltarif der Europäischen Gemeinschaften gilt in allen Mitgliedsstaaten unmittelbar. Er ist notwendig für eine Zollunion. Wenn jeder Mitgliedsstaat unterschiedliche Zollsätze anwenden würde, könnten Waren aus Drittländern über den Staat mit den niedrigsten Zollsätzen importiert werden und danach vom Grundsatz des freien Warenverkehrs innerhalb des Zollgebietes der EU Gebrauch machen. – Vgl. auch → Zolltarif.

gemeinschaftliches Versandverfahren – Das gemeinschaftliche → Versandverfahren innerhalb der EU erlaubt die Beförderung unverzollter → Nichtgemeinschaftswaren im Zollgebiet. Es ist durch das gemeinsame Versandverfahren zwischen Staaten der EU und der EFTA sowie seit dem 1.7.2012 auch Kroatien und zukünftig die Türkei auf diese Staaten ausgeweitet worden. Damit können auch → Gemeinschaftswaren für die es grundsätzlich keines Versandverfahrens bedarf, aus der EU durch die Schweiz oder Norwegen zu einem anderen Ort im → Zollgebiet der EU befördert werden, ohne dass es beim Verlassen des Zollgebietes eines Ausfuhrverfahrens und beim erneuten Erreichen einer Überführung in den zollrechtlich freien Verkehr bedarf. Die Abwicklung geschieht ebenfalls elektronisch mittels NCTS.

Gemeinschaftsansässige – Begriff des § 4 AWV; im Zollgebiet der EU ansässige Personen nach Art. 4 Nr. 2 der Verordnung (EWG) Nr. 2913/92 (→ Zollkodex (ZK)).

Gemeinschaftsgebiet – I. Umsatzsteuerrecht: 1. *Begriff:* Gebietsbezeichnung aus dem Umsatzsteuerrecht; Gebiet, in dem die EG-Richtlinien über die Harmonisierung der Umsatzsteuer gelten. Der Begriff ist z.B. für die → Erwerbsteuer und die → Einfuhrumsatzsteuer (EUSt) von Bedeutung. – 2. *Umfang des Gemeinschaftsgebiets:* (1) *grundsätzlich* das gesamte Gebiet der EU-Mitgliedsstaaten, soweit es überhaupt zur EU gehört (also z.B. nicht: Niederländische Antillen, Grönland, Färöer, Aland-Inseln); (2) *zusätzlich*, aufgrund der mit Frankreich bzw. Großbritannien geschlossenen Verträge dieser Gebiete, Monaco und die Insel Man; (3) aber *abzüglich* des Gebiets von Helgoland, Büsingen (s. Inland), Ceuta, Melilla und den Kanarischen Inseln (Spanien), Livigno

und Campione d'Italia und dem italienischen Teil des Luganer Sees (Italien) sowie des Bergs Athos (Griechenland). Ebenfalls nicht zum Gemeinschaftsgebiet gehört das Gebiet von Gibraltar (so festgelegt in der Beitrittsakte Großbritanniens zur EU, 1973).

II. Außenwirtschaftsrecht: Begriff des § 4 AWG; Zollgebiet der EU nach Art. 3 ZK. – *Gegensatz:* → Drittlandsgebiet.

III. Zollrecht: → Zollgebiet der EU gemäß Art. 3 ZK.

Gemeinschaftsteuern – 1. *Begriff:* Steuern, deren Aufkommen gemäß Grundgesetz Bund und Ländern gemeinsam zustehen: → Einkommensteuer, → Körperschaftsteuer, → Umsatzsteuer, → Kapitalertragsteuer. Gemeinschaftsteuern können nach dem Verbundsystem oder Zuschlagssystem verteilt werden. – 2. *Arten:* a) Vom Aufkommen der *Lohnsteuer und der veranlagten Einkommensteuer* erhalten Bund und Länder je 42,5 Prozent, von der *Körperschaftsteuer* je 50 Prozent und vom *Zinsabschlag* je 44 Prozent. Der Länderanteil steht dem einzelnen Land insoweit zu, als die Steuern von den Finanzbehörden (→ Finanzverwaltung) in ihrem Gebiet vereinnahmt werden (örtliches Aufkommen, Art. 107 I GG). – b) Die Anteile von Bund und Ländern an der *Umsatzsteuer* (einschließlich Einfuhrumsatzsteuer) werden durch Bundesgesetz festgesetzt (Art. 106 III GG). Sie sind neu festzusetzen, wenn sich das Verhältnis zwischen den Einnahmen und Ausgaben wesentlich anders entwickelt (Art. 106 IV GG; vgl. Finanzzuweisung). Der Länderanteil steht den einzelnen Ländern nach Maßgabe ihrer Einwohnerzahl zu; ein Teil, höchstens jedoch ein Viertel dieses Länderanteils, kann als Ergänzungsanteil für die Länder vorgesehen werden, deren Einnahmen aus den Landessteuern und aus der Einkommen- und Körperschaftsteuer je Einwohner unter dem Durchschnitt der Länder liegen (Art. 107 I GG); *derzeitige Aufteilung:* vom Aufkommen der Umsatzsteuer stehen dem Bund vorab 4,45 Prozent (ab 2009) als Ausgleich für die Belastungen aufgrund der Senkung des Beitragssatzes zur Arbeitslosenversicherung zu, und vorab 5,05 Prozent (ab 2008) als Ausgleich für die Belastungen aufgrund eines zusätzlichen Bundeszuschusses an die gesetzliche Rentenversicherung. Vom verbleibenden Aufkommen der Umsatzsteuer stehen den Gemeinden 2,2 Prozent zu (ab 1998). Vom danach verbleibenden Aufkommen der Umsatzsteuer stehen dem Bund 50,5 Prozent und den Ländern 49,5 Prozent zu; jeweils abzüglich eines bestimmten Betrags (in 2009: 2.162.712.000 Euro, § 1 FAG). – 3. *Gemeindeanteil:* Von dem Länderanteil am Gesamtaufkommen der Gemeinschaftsteuern fließt den Gemeinden und Gemeindeverbänden insgesamt ein von der Landesgesetzgebung zu bestimmender Hundertsatz zu. Im Übrigen bestimmen die Landesgesetze, ob und inwieweit das Aufkommen der Landessteuern den Gemeinden (Gemeindeverbänden) zufließt (Art. 106 VII GG). – Außerdem erhalten die Gemeinden einen eigenen Gemeindeanteil am Aufkommen der

Einkommensteuer. Ihnen stehen 15 Prozent des Aufkommens an Lohnsteuer und an veranlagter Einkommensteuer sowie 12 Prozent am Zinsabschlag zu (Art 106 III GG i.V. mit § 1 Gemeindefinanzreformgesetz). Der Gemeindeanteil wird nach einem Schlüssel auf die Gemeinden aufgeteilt, der von den Ländern aufgrund der Steuerstatistik (Finanzstatistik) ermittelt wird. Außerdem stehen den Gemeinden seit 1998 2,2 Prozent vom (nach Abzügen im Sinn des § 1 I FAG) verbleibenden Aufkommen der Umsatzsteuer zu. – 4. *Sonderbelastung:* Veranlasst der Bund in einzelnen Ländern oder Gemeinden (Gemeindeverbänden) bes. Einrichtungen, die diesen Ländern oder Gemeinden unmittelbar Mehrausgaben oder Mindereinnahmen verursachen, gewährt der Bund den erforderlichen Ausgleich, wenn und soweit den Ländern oder Gemeinden nicht zugemutet werden kann, die Sonderbelastung zu tragen (Art. 106 VIII GG).

Gemeinschaftswaren – Status einer Ware nach dem Zollkodex der Europäischen Union (VO EWG 2913/92 vom 12.10.1992, ABl. EG Nr. L 302 vom 19.10.1992). Waren, die entweder vollständig im Zollgebiet der EU gewonnen oder hergestellt wurden oder aus dem Drittland kommend, in den zollrechtlich freien Verkehr überführt worden sind oder aus vorstehenden Waren hergestellt worden sind. Gemeinschaftswaren können regelmäßig ohne zollamtliche Überwachung im → Zollgebiet der EU verwendet werden. Mit Verlassen des Zollgebietes der EU geht der Status Gemeinschaftsware verloren. – *Gegensatz:* → Nichtgemeinschaftswaren.

Gemeinschaftszollrecht – 1. *Begriff:* Die Einführung eines gemeinsamen Außenzolltarifs und die Abschaffung der Binnenzölle führen allein noch zu keiner Zollunion, sondern lediglich zu einer Zolltarifunion, denn der Zolltarif sagt nur aus, wie hoch zu verzollen ist, wenn eine Zollerhebung in Betracht kommt. Ob und unter welchen Voraussetzungen dies der Fall ist, ergibt sich aus dem allg. Zollrecht. Deshalb war für die Zollunion der EG die Schaffung eines einheitlichen, gemeinschaftlichen Zollrechts unerlässlich. – 2. *Merkmale:* Der EWG-Vertrag – jetzt AEUV – setzt primär in allen Mitgliedsstaaten verbindliches Gemeinschaftszollrecht und ermächtigt sekundär den Rat der Europäischen Gemeinschaften und die Europäische Kommission, in allen Mitgliedsstaaten unmittelbar geltende Verordnungen zu erlassen. In denjenigen Fällen, in denen die Rechtsetzung auf die Organe der Gemeinschaft übergegangen ist, verbleibt den Mitgliedsstaaten die Rechtsetzung und Rechtsanwendung nur insoweit, als keine Gemeinschaftsregelungen bestehen oder gemeinschaftliche Richtlinien, Entscheidungen oder Empfehlungen in nationales Recht umzusetzen sind oder unmittelbar geltende Verordnungen der Auslegung bedürfen. – Das Gemeinschaftszollrecht war bis zur Vollendung des Einheitlichen Binnenmarktes auf eine Vielzahl von Gemeinschaftsverordnungen und -richtlinien verstreut. Es erschien deshalb im Interesse der Wirtschaftsbeteiligten der Gemeinschaft sowie auch der Zollverwaltungen geboten, die materiellen Rechtsvorschriften in einer Grundverordnung des Rates, dem → Zollkodex (ZK), zusammenzufassen und die formellen Vorschriften in eine Durchführungsverordnung der Kommission aufzunehmen. – 3. *Unterscheidung:* Der ZK vom 12.10.1992 (Ziff. 0.2.1) ersetzt in 253 Artikeln 26 Ratsverordnungen. Seine Durchführungsverordnung vom 2.7.1993 (Ziff. 0.2.2) erhielt zunächst in 925 Artikeln und 116 Anhängen Verfahrensvorschriften aus 75 aufgehobenen Kommissionsverordnungen. Das Inkrafttreten dieser beiden EWG-Verordnungen verschob sich auf den 1.1.1994. Nur die ausfuhrrelevanten ZK-Vorschriften wurden vorzeitig zusammen mit einer Interims-Durchführungsverordnung für das Jahr 1993 ab 1.1.1993 in Kraft gesetzt. Neben dem ZK und seiner Durchführungsverordnung gelten bes. folgende Grundverordnungen fort: (1) Nr. 2658/87 vom 23.7.1987 über die zolltarifliche und statistische Nomenklatur sowie den Gemeinsamen Zolltarif (Ziff. 0.2.3, 0.2.4); (2) Nr. 1186/2009 vom 16.11.2009 über das gemeinschaftliche System der Zollbefreiung (Ziff. 0.2.8); (3) Nr. 1187/71 vom 3.6.1971 zur Festlegung der Regeln für die Fristen, Daten und Termine (Ziff. 0.2.9). Darüber hinaus regeln mehrere EU-Rechtsakte im Bereich Warenursprung und Präferenzen bilaterale Abkommen. – 4. → *Modernisierter Zollkodex (MZK):* Mit der VO (EG) Nr. 450/2008 vom 23.4.2008 zur Festlegung des Zollkodex der Gemeinschaft ist der bisherige Zollkodex durch den Modernisierten Zollkodex ersetzt worden. Wahrscheinlich wird er nicht wie geplant am letztmöglichen Tag, dem 23.6.2013 in vollem Unfang gelten, sondern aufgehoben und durch den → Unionszollkodex ersetzt werden.

Gemeinschaft zur gesamten Hand – *Gesamthandsgemeinschaft.* Die einzelnen Gesamthänder sind nicht an den einzelnen Gegenständen (Gemeinschaft), sondern zu einem Bruchteil an dem gesamten Sondervermögen der Gemeinschaft zur gesamten Hand beteiligt. Sie haben daher keine Verfügungsberechtigung über einen Anteil an einzelnen Gegenständen. Rechtsgeschäfte müssen vielfach gemeinschaftlich von oder gegenüber den Gesamthändern vorgenommen werden. – *Beispiele:* Gesellschaft bürgerlichen Rechts (GbR), → offene Handelsgesellschaft (OHG), → Kommanditgesellschaft (KG), Erbengemeinschaft am ungeteilten Nachlass. – *Steuerliche Bewertung:* Bei der steuerlichen Bewertung wird Gesamthandseigentum den Beteiligten nach Bruchteilen zugerechnet, wenn die Steuer den einzelnen Gesamthänder erfasst (§ 39 II AO). Die den einzelnen Beteiligten zuzurechnenden Bruchteile richten sich entweder nach den Beteiligungsquoten am gesamten gemeinschaftlichen Vermögen oder nach den Beteiligungsquoten an der Teilungsmasse.

gemischte Tätigkeit – gewerbesteuerlich das Betreiben eines Gewerbes neben und unabhängig von der sonstigen freiberuflichen Tätigkeit. Der eine gemischte Tätigkeit Ausübende wird nur mit seinem Gewerbe zur → Gewerbesteuer herangezogen. – Übt jemand mehrere Tätigkeiten nebeneinander aus, die wirtschaftlich sind und auf einem einheitlichen Vertragswerk beruhen, so liegt ein einziger in vollem Umfang steuerpflichtiger Gewerbebetrieb vor, vorausgesetzt, dass eine der Tätigkeiten gewerblicher Natur ist. Der gewerbliche Teil gibt in diesem Fall der gesamten Tätigkeit sein Gepräge (sog. → Geprägetheorie).

gemischtgenutztes Grundstück → Grundstücksart im Sinne des Bewertungsgesetzes; relevant für Grundsteuerzwecke. – 1. *Begriff:* Bebautes Grundstück, das teils Wohnzwecken, teils unmittelbar eigenen oder fremden gewerblichen oder öffentlichen Zwecken dient; ferner weder als → Mietwohngrundstück oder → Geschäftsgrundstück, noch als → Einfamilienhaus oder → Zweifamilienhaus anzusehen ist (§ 75 IV BewG). – 2. *Bewertung* (→ Grundstücksbewertung): I.d.R. nach dem Ertragswertverfahren (§§ 76 I, 78 ff. BewG), (→ Ertragswert), ausnahmsweise nach dem Sachwertverfahren (§§ 76 III, 83 ff. BewG; → Sachwert). – 3. Für Zwecke der *Erbschaftsteuer* ist im Rahmen der Erbschaftsteuerreform eine Neuregelung der Bewertungsvorschriften für Grundbesitz vorgenommen worden. Die Bewertung wird demnach grundsätzlich unter Zugrundelegung des gemeinen Wertes erfolgen. – Vgl. auch → Gebäudewert.

General Enterprise → Arbeitsgemeinschaft, → Generalunternehmer.

Generalunternehmer – *Gesamtunternehmer.* 1. *Begriff:* Der von einem Auftraggeber mit der Ausführung eines Auftrages (meist eines Bauauftrages) betraute Unternehmer, der sich zur Erfüllung des Auftrages anderer Unternehmer (Subunternehmer) bedient. Rechtsbeziehungen entstehen nur zwischen dem Auftraggeber und dem Generalunternehmer einerseits und dem Generalunternehmer und den Subunternehmern andererseits; diese Form der Arbeitsgemeinschaft wird als *General Enterprise* bezeichnet. – *Anders:* → Hauptunternehmer. – 2. *Umsatzsteuerpflicht:* → Arbeitsgemeinschaft.

Genossenschaft – I. *Charakterisierung:* Die Genossenschaft ist eine Gesellschaft von nicht geschlossener Mitgliederzahl mit dem Zweck, den Erwerb oder die Wirtschaft ihrer Mitglieder oder deren soziale oder kulturelle Belange mittels gemeinschaftlichen Geschäftsbetriebes zu fördern (Legaldefinition des § 1 GenG). Die Genossenschaft ist damit seit Einführung der Europäischen Genossenschaft (SCE) nicht mehr nur auf wirtschaftliche Aktivitäten beschränkt (Genossenschaftsgesetz i.d.F. der Bekanntmachung vom 6.10.2006, BGBl. I 2230). Der Charakter der Genossenschaft kommt zum Ausdruck: (1) in der Gleichberechtigung der Mitglieder untereinander ohne Rücksicht auf die Höhe ihrer Kapitalbeteiligung an der Genossenschaft sowie in der Selbstverwaltung durch die Genossenschaftsorgane; (2) im gemeinschaftlich begründeten Geschäftsbetrieb, der – in Abhängigkeit vom Einzelfall – im Sinn der Förderungsaufgabe nicht unbedingt gewinnorientiert sein muss. Die dt. Genossenschaft als einer Form solidarischer Selbsthilfe hat eine privatrechtliche Erscheinungsform; sie ist eingebunden in den marktwirtschaftlichen Prozess. Im Gegensatz dazu weisen Genossenschaftsformen im Ausland oft gemeinwirtschaftliche oder halbstaatliche Formen mit ordnungspolitischem Anspruch auf. – *Rechtsgrundlage:* Genossenschaftsgesetz (GenG) und HGB.

II. **Arten:** 1. *Wirtschaftliche Arten:* a) *Förderungsgenossenschaft (Hilfs-Genossenschaft),* die als Hilfswirtschaft der auch weiterhin selbstständig bestehenden Mitgliederwirtschaften anzusehen sind. – *Arten:* (1) *Beschaffungs-Genossenschaft:* (a) Bezugs-Genossenschaft der Handwerker (Handwerkergenossenschaften), (b) Einkaufs-Genossenschaft des Handels, (c) Bezugs-Genossenschaft der Landwirte, (d) Verkehrsgenossenschaften, (e) Konsumgenossenschaft (Verbraucher-Genossenschaft); (2) *Absatz-Genossenschaft (Bezugs- und Absatzgenossenschaft):* (a) Absatz-Genossenschaft der Handwerker (Handwerkergenossenschaften), (b) landwirtschaftliche Absatz-Genossenschaft und Produktions-Genossenschaft (Molkereigenossenschaften); (3) → Kreditgenossenschaft: Gewerbliche (Volksbanken), ländliche (Raiffeisenbanken); (4) *Wohnungsbaugenossenschaft;* (5) *Nutzungs-Genossenschaft* (landwirtschaftliche Dienstleistungsgenossenschaften). – b) *Produktivgenossenschaft (Voll-Genossenschaft),* bei der neben dem Genossenschaftsbetrieb keine Mitgliederwirtschaften bestehen, weil die Mitglieder in der Genossenschaft gemeinsam arbeiten. – 2. *Kulturelle/soziale Arten:* z.B. Förderung kultureller Einrichtungen, Unterstützung notleidender Mitglieder. – 3. *Firma und Haftung für Verbindlichkeiten:* Die Firma muss den Zusatz *eingetragene Genossenschaft* (eG)oder die Abkürzung „eG" aufweisen (§ 3 I GenG). Für die Haftung von Verbindlichkeiten der Genossenschaft haftet nur das Genossenschaftsvermögen (§ 2 GenG), wobei die Satzung mit Bezug auf das Thema „Nachschusspflicht der Mitglieder zur Insolvenzmasse" ihrer in Insolvenz geratenen Genossenschaft unterschiedliche Regelungen treffen kann: (1) Genossenschaft *mit unbeschränkter Nachschusspflicht:* Die Mitglieder haften für die Schulden der Genossenschaft mit ihrem ganzen Vermögen; (2) Genossenschaft *mit beschränkter Nachschusspflicht:* Die Mitglieder haften mit der in der Satzung festgelegten Haftsumme (nicht unter dem Geschäftsanteil); (3) *Genossenschaft ohne Nachschusspflicht:* Die Mitglieder haften nur mit dem Geschäftsanteil.

III. **Rechtliche Regelungen:** 1. *Gründung* durch mind. drei Personen, die in der Satzung für die Genossenschaft aufzustellen und Vorstand und Aufsichtsrat (Genossenschaftsorgane) zu wählen haben. Auf den Aufsichtsrat kann bei Genossenschaften mit weniger als 20 Mitgliedern satzungsgemäß verzichtet werden (§ 9 I 2 GenG). Seine Aufgaben übernimmt dann die Generalversammlung. *Eintragung* der Genossenschaft in das Genossenschaftsregister durch Vorstand anzumelden unter Einreichung der von den Gründern unterzeichneten Satzung (nebst einer Abschrift derselben), von Urkunden über die Bestellung des Vorstands und des Aufsichtsrats sowie des Zulassungsbescheids zu einem → Prüfungsverband. Mit Eintragung wird die Genossenschaft *juristische Person* und gilt (ohne Rücksicht auf ihre Größe) als *Kaufmann* i.S.d. HGB (Formkaufmann, vgl. § 17 II GenG); damit ist sie neben den Vorschriften des Genossenschaftsgesetzes auch denen des Handelsgesetzbuchs (HGB) unterworfen. – 2. Kennzeichnend für die Genossenschaft ist das *Prinzip der Selbstorganschaft.* Vorstands- und Aufsichtsratsmitglieder müssen Mitglieder sein. Das Basiswissen der Mitglieder, v.a. ihre Förderungsvorstellungen, soll stets unmittelbar in der Verwaltung der Genossenschaft präsent sein. Die Genossenschaft ist eine *Selbsthilfeorganisation* von Mitgliedern für ihre Mitglieder. Das Ehrenamt im Vorstand ist typusbestimmend für die Genossenschaft; wenngleich die praktische Bedeutung des Ehrenamtes im Vorstand in den vergangenen Jahren deutlich nachgelassen hat. – 3. *Rechtsstellung der Mitglieder:* a) *Aufnahme* durch Teilnahme an Gründung oder Eintritt, der durch schriftliche Beitrittserklärung mit Zustimmung des Vorstands und Eintragung in die Mitgliederliste wirksam wird. – b) *Rechte:* (1) Recht zur Benutzung der satzungsgemäßen Einrichtungen der Genossenschaft; (2) Stimmrecht, bei Großgenossenschaften das aktive und passive Wahlrecht zur Vertreterversammlung; (3) Anspruch auf Gewinnanteil, soweit nicht durch die Satzung ausgeschlossen. – c) *Pflichten:* (1) Zahlung der Pflichteinlagen; (2) Nachschusspflicht (Genossenschaftsinsolvenz), s. dazu schon oben unter II. 3.; (3) andere durch die Satzung begründete Pflichten (z.B. Abnahmepflichten). – d) *Ausscheiden:* (1) Austritt durch schriftliche Kündigung mit Dreimonatsfrist zum Schluss des Geschäftsjahres. Die Satzung kann eine andere (höchstens fünfjährige) Kündigungsfrist vorsehen; (2) Aufkündigung durch Gläubiger des Mitgliedes; (3) Ausschließung eines Mitglieds aufgrund eines in der Satzung festgelegten Grundes (§ 68 GenG); (4) Übertragung des Geschäftsguthabens auf ein anderes Mitglied; (5) Tod des Mitgliedes; Mitgliedschaft des Erben endet mit Schluss des Geschäftsjahrs (§ 77 GenG); (6) Nach außerordentlicher Kündigung bei wesentlicher Änderung der Satzung gemäß § 67a GenG. – Eintragung des Ausscheidens in die Mitgliederliste ist gemäß § 69 GenG erforderlich. Der Ausscheidende hat Anspruch auf Auszahlung des sich nach der Bilanz ergebenden Geschäftsguthabens binnen sechs Monaten, ggf. muss er einen anteiligen Fehlbetrag einzahlen. Hatte das Mitglied seinen Geschäftsanteil voll eingezahlt, kann die Satzung ihm einen Anspruch einräumen auf Auszahlung eines Anteils an einer zu diesem Zweck aus

dem Jahresüberschuss zu bildenden Ergebnisrücklage. – 4. *Auflösung der Genossenschaft:* a) *Gründe:* (1) Beschluss der Generalversammlung, zu fassen mit Dreiviertelmehrheit der abgegebenen Stimmen (§ 78 GenG); (2) Ablauf der Zeit, wenn das Bestehen der Genossenschaft im Statut von vornherein auf eine bestimmte Zeitdauer beschränkt worden ist (§ 79 GenG); (3) Sinken der Mitgliederzahl unter drei durch gerichtliche Entscheidung (§ 80 GenG); (4) gesetzwidrige Handlungen oder Unterlassungen der Genossenschaft (§ 81 GenG); (5) Verfolgung anderer als der im Gesetz zugelassenen Zwecke; (6) Genossenschaftsinsolvenz. – b) *Verfahren:* Die Auflösung der Genossenschaft muss in das Genossenschaftsregister eingetragen und bekannt gemacht werden. Außer bei Insolvenz schließt sich an die Auflösung die Liquidation (→ Abwicklung) der Genossenschaft an. Liquidatoren sind der Vorstand oder wenigstens zwei andere dazu bestellte (auch juristische) Personen. Verteilung des Liquidationserlöses an die Mitglieder frühestens nach Ablauf eines Jahres nach Bekanntmachung der Auflösung, wobei zunächst das Verhältnis der Geschäftsguthaben zueinander zugrunde zu legen ist. Übersteigt der Liquidationserlös den Betrag der Geschäftsguthaben, so ist er nach Köpfen zu verteilen, wenn die Satzung keinen anderen Verteilungsmodus bestimmt.

IV. Steuerpflicht: 1. *Körperschaftsteuer:* Nach § 1 I Nr. 2 KStG sind alle Erwerbs- und Wirtschaftsgenossenschaften steuerpflichtig. Von der Körperschaftsteuer befreit sind Hauberg-, Wald- und Forst-Genossenschaften, wenn sie keinen → Gewerbebetrieb unterhalten oder verpachten (§ 3 II KStG) Vermietungsgenossenschaften (§ 5 I Nr. 10 KStG), → Realgemeinden sowie unter bestimmten Voraussetzungen landwirtschaftliche Betriebs-Genossenschaften. Bei Erwerbs- und Wirtschafts-Genossenschaften sind Rückvergütungen an Nichtmitglieder → Betriebsausgaben. Rückvergütungen an Mitglieder sind nur insoweit Betriebsausgaben, als die dafür verwendeten Beträge im Mitgliedergeschäft erwirtschaftet worden sind (§ 22 I KStG). – 2. *Gewerbesteuer:* Erwerbs- und Wirtschafts-Genossenschaften sind wegen ihrer Rechtsform steuerpflichtig (§ 2 II Nr. 2 GewStG). Die Vorschriften des Körperschaftsteuergesetzes, die den Gewinn der Genossenschaft ganz oder teilweise von der Besteuerung freistellen, gelten auch für die Gewerbesteuer (§ 3 Nr. 8 GewStG).

genossenschaftliche Pflichtprüfung – 1. *Begriff und rechtliche Grundlage:* Die genossenschaftliche Pflichtprüfung ist die gesetzlich vorgeschriebene → Jahresabschlussprüfung für Genossenschaften, geregelt in dem die Erwerbs- und Wirtschaftsgenossenschaften betreffenden Gesetz (Genossenschaftsgesetz). Jährliche → Prüfung bei einer Bilanzsumme über 2 Mio. Euro; andernfalls Prüfung mind. in jedem zweiten Geschäftsjahr (§ 53 I GenG). – 2. *Gegenstand:* Zu prüfen sind Einrichtungen, Vermögenslage und Geschäftsführung der Genossenschaft einschließlich der Führung der Mitgliederliste, um die wirtschaftlichen Verhältnisse und die Ordnungsmäßigkeit der Geschäftsführung feststellen zu können. Im Rahmen der genossenschaftlichen Pflichtprüfung ist der Jahresabschluss unter Einbeziehung der Buchführung und des Lageberichts zu prüfen (§ 53 II 1 GenG). – 3. *Besonderheiten:* Die genossenschaftliche Pflichtprüfung erfasst die Genossenschaft als Ganzes; sie ist nicht auf die im Rahmen einer Jahresabschlussprüfung prüfungsrelevanten Bereiche beschränkt. Bei Prüfung der genossenschaftlichen Einrichtungen erfolgt auch eine Analyse und Beurteilung der betrieblichen Organisation und Leistungsfaktoren; die Prüfung der Vermögenslage entwickelte sich zu einer umfassenden Prüfung des Jahresabschlusses bei Einbeziehung der Buchführung und des Lageberichts unter eingehender Analyse der wirtschaftlichen Verhältnisse (einschließlich derer Entwicklung; vgl. § 53 II 2 GenG, §§ 316 III, 317 I 2, 3, II HGB). Der Prüfung unterliegen in diesem Zusammenhang auch Umfang, Entwicklung und Intensität der leistungswirtschaftlichen und mitgliedschaftlichen Beziehungen zwischen der Genossenschaft und ihren Mitgliedern. Eine Überprüfung der Geschäftsführung erfolgt nicht nur auf ihre formale Ordnungsmäßigkeit, sondern auch auf die Zweckmäßigkeit der getroffenen Entscheidungen. – 4. *Probleme:* Die genossenschaftliche Pflichtprüfung soll dem Ziel dienen, ein Urteil darüber zu erlangen, ob der Vorstand seinen Grundauftrag zur bestmöglichen Förderung der Mitglieder erfüllt hat. Die Interessenwahrung der einzelnen Mitglieder stößt aber auf Probleme. Die Zielerreichung lässt sich aufgrund erheblicher Schwierigkeiten bei der Nutzenmessung und der gesetzlichen Eingrenzung des Prüfungsobjektes kaum exakt feststellen. – 5. *Prüfungsträger:* Die genossenschaftliche Pflichtprüfung wird durch einen → Prüfungsverband durchgeführt. Die Genossenschaft ist Pflichtmitglied des regionalen Genossenschaftsverbandes, dem auch die Prüfung obliegt (§ 54 GenG).

genossenschaftlicher Prüfungsverband → Prüfungsverband.

Geprägetheorie – Begriff aus dem Einkommensteuerrecht: Da es im Ertragsteuerrecht die Bestimmung gibt, dass Kapitalgesellschaften nur gewerbliche Einkünfte haben können (und daher zugleich immer auch der Gewerbesteuer unterliegen), entwickelte sich die Vorstellung, dass eine Personengesellschaft unter bestimmten Umständen von ihrer Struktur her wirtschaftlich einen ähnlichen Charakter wie eine Kapitalgesellschaft haben könne und daher von ihrer Struktur her „gewerblich geprägt" sein könnten. Das wird bes. am Beispiel der Einmann-GmbH & Co. KG deutlich. Die Geprägetheorie ist im Einkommensteuergesetz seit Mitte der 1980er-Jahre ausdrücklich festgeschrieben (§ 15 III Nr.2 EStG). Nach der gesetzlichen Regelung sind alle Einkünfte einer Personengesellschaft gewerblich, wenn eine Personengesellschaft als Vollhafter nur Kapitalgesellschaften besitzt

und keiner der übrigen Gesellschafter (i.d.R. Kommanditisten) zur Geschäftsführung in der Gesellschaft berechtigt ist.

geringfügige Beschäftigung – I. Sozialversicherungsrecht: 1. *Rechtsgrundlage:* Das Recht der geringfügigen Beschäftigungsverhältnisse ist mit Wirkung vom 1.4.2003 durch das Zweite Gesetz für moderne Dienstleistungen am Arbeitsmarkt vom 23.12.2002 (BGBl. I 4621) neu geregelt worden. – 2. *Voraussetzungen:* Eine geringfügige Beschäftigung liegt nach § 8 I SGB IV vor, wenn das → Arbeitsentgelt aus einer Beschäftigung regelmäßig im Monat 400 Euro nicht übersteigt oder die Beschäftigung auf zwei Monate bzw. 50 Arbeitstage im Kalenderjahr begrenzt ist. Die früher auf 15 Stunden in der Woche begrenzte Arbeitszeit gilt nicht mehr. – 3. *Versicherungsbeiträge:* Geringfügige Beschäftigungsverhältnisse sind grundsätzlich versicherungsfrei in der gesetzlichen Renten-, Kranken-, Pflege- und Arbeitslosenversicherung. Für eine dauerhafte geringfügige Beschäftigung hat der Arbeitgeber allerdings eine pauschale Abgabe zu leisten, und zwar in Höhe von 11 Prozent zur gesetzlichen Krankenversicherung und in Höhe von 12 Prozent auf das Bruttoarbeitsentgelt. Für eine geringfügige Beschäftigung in Privathaushalten nach § 8a SGB IV sind vom Arbeitgeber jeweils 5 Prozent auf das Bruttoarbeitsentgelt als Abgabe zur Kranken- und Rentenversicherung (nicht zur Arbeitslosen- und Pflegeversicherung) zu zahlen. Keine → Pauschalbeiträge fallen an, wenn ein kurzfristiges Beschäftigungsverhältnis im Sinn des § 8 I Nr. 2 SGB IV vorliegt. – 4. *Zusammenrechnen:* Mehrere geringfügige Beschäftigungsverhältnisse sind zusammenzurechnen und begründen ggf. Versicherungspflicht nach den allg. Regeln, wenn die Voraussetzungen des § 8 I SGB IV entfallen. Zu einer sozialversicherungspflichtigen Hauptbeschäftigung werden mehrere geringfügige Beschäftigungsverhältnisse hinzugerechnet, wobei die zeitlich zuerst aufgenommene geringfügige Beschäftigung unberücksichtigt bleibt. In der Arbeitslosenversicherung gibt es keine Zusammenrechnung der geringfügigen Beschäftigungsverhältnisse nicht. Hier bleiben alle geringfügigen Beschäftigungsverhältnisse versicherungsfrei. – 5. *Einzugsstelle:* Einzugsstelle für die Abgaben zur Kranken- und Rentenversicherung ist bei geringfügigen Beschäftigungsverhältnissen der Bundesknappschaft, Verwaltungsstelle Cottbus, als Träger der Rentenversicherung (§ 28i Satz 5 SGB IV). Sobald jedoch etwa durch das Zusammenrechnen der geringfügigen Beschäftigungsverhältnisse Versicherungspflicht eintritt, ist für die An- und Abmeldung des Beschäftigungsverhältnisses sowie für die Abführung der Beiträge die Krankenkasse zuständig. – 6. *Meldeverfahren:* Für das Meldeverfahren gelten § 28a SGB IV und § 13 Datenerfassungs- und Übermittlungsverordnung, bei geringfügigen Beschäftigungsverhältnissen in Privathaushalten §§ 28a VII und VIII, 28h III und IV SGB IV. Die Pflicht zur Führung von Lohnunterlagen besteht in Privathaushalten nicht. – Vgl. Geringfügig-keits-Richtlinien vom 25.2.2003, vereinbart von den Spitzenverbänden der Krankenkassen, dem Verband Deutscher Rentenversicherungsträger und der Bundesagentur für Arbeit.

II. Steuerrecht: Der Arbeitgeber kann seit dem 1.4.2003 für ein geringfügiges Beschäftigungsverhält-nis (400 Euro monatlich), für das er Beiträge nach § 168 I Nr. 1b, 1c oder § 172 III, IIIa SGB VI zu entrichten hat, die Lohnsteuer, den Solidaritätszuschlag und die Kirchensteuer mit einem Gesamtsteuersatz von 2 Prozent des Arbeitsentgelts pauschal abgelten. Der Arbeitnehmer muss in diesen Fällen keine Lohnsteuer vorlegen (§ 40a II EStG). Für die Erhebung der einheitlichen Pauschsteuer ist die Bundesknappschaft, Verwaltungsstelle Cottbus, zuständig (§ 40a VI EStG). – Liegt ein geringfügiges Beschäftigungsverhältnis vor, für das der Arbeitgeber keine solchen Beiträge zu entrichten hat, so kann die Lohnsteuer mit einem Satz von 2 Prozent des Arbeitsentgelts pauschal erhoben werden (§ 40a IIa EStG); eine Lohnsteuerkarte ist auch dann nicht erforderlich.

Geringstland – Begriff des Bewertungsgesetzes: land- und forstwirtschaftliche Betriebsflächen geringster Ertragsfähigkeit. Geringstland wird bei der Einheitsbewertung des land- und forstwirtschaftlichen Betriebes (→ Einheitswert) für Zwecke der Substanzsteuern dem → Wirtschaftswert gesondert hinzugerechnet (§ 46 BewG).

geringwertige Wirtschaftsgüter – abnutzbare bewegliche → Wirtschaftsgüter (des Anlagevermögens), die selbstständiger Nutzung fähig sind und deren Anschaffungs- oder Herstellungskosten (Warenpreis ohne Vorsteuer, Nettowert) oder deren Einlagewert (Sacheinlage) für das einzelne Wirtschaftsgut netto 410 Euro nicht übersteigen (§ 6 Abs. 2 EStG). – Vgl. auch Bewertungseinheit. Anschaffungs-, Herstellungskosten bzw. Einlagewert geringwertiger Wirtschaftsgüter können im Jahr der Anschaffung oder Herstellung in voller Höhe als Aufwendungen (§ 254 HGB) oder als → Betriebsausgaben abgesetzt werden (§ 6 II EStG). – Vgl. auch → Bewertungsfreiheit. – Es besteht keine *Aufzeichnungspflicht*, wenn Anschaffungs- oder Herstellungskosten des einzelnen geringwertigen Wirtschaftsguts nicht höher als 150 Euro (bis zum Veranlagungszeitraum 2007 60 Euro, R 6.13 II EStR 2005) sind. – *Sammelposten:* Seit dem Veranlagungszeitraum 2008 ist für abnutzbare bewegliche Wirtschaftsgüter des Anlagevermögens, die selbstständig nutzungsfähig sind und deren Anschaffungskosten bzw. Herstellungskosten netto mehr als 150 Euro bis 1.000 Euro betragen, ein Sammelposten zu bilden. Dieser ist ab dem Jahr der Bildung und in den vier folgenden Wirtschaftsjahren gleichmäßig mit jeweils $^1/_5$ (sog. Poolabschreibung) aufzulösen, § 6 Abs. 2a EStG. Ein Ausscheiden des Wirtschaftsguts aus dem Betriebsvermögen berührt die Höhe des Sammelpostens nicht. Für Überschusseinkünfte gilt weiterhin die Sofortabschreibung

im Rahmen der Werbungskosten für Wirtschaftsgüter bis 410 Euro. Ab dem Veranlagungszeitraum 2010 hat der Steuerpflichtige die Wahl zwischen der Sofortabschreibung für geringwertige Wirtschaftsgüter bis 410 Euro und der Poolabschreibung für alle Wirtschaftsgüter zwischen 150 Euro und 1.000 Euro. Bei Überschusseinkünften bleibt es bei der Sofortabschreibung bis 410 Euro. Das Wahlrecht ist jedoch für jedes Wirtschaftsjahr einheitlich auszuüben.

Gesamtaufrollung → Verböserung.

Gesamtbetrag der Einkünfte – Begriff des Einkommensteuerrechts: Zwischengröße bei der Ermittlung des → zu versteuernden Einkommens. Der Gesamtbetrag der Einkünfte ermittelt sich aus der Summe der → Einkünfte aus den einzelnen Einkunftsarten des Steuerpflichtigen, vermindert um den → Altersentlastungsbetrag (§ 24a EStG), den → Entlastungsbetrag für Alleinerziehende (§ 24b EStG) und den Abzug für Land- und Forstwirte (§ 13 III EStG). – *Anders:* Gesamteinkommen.

Gesamtrechtsnachfolge – Rechtsnachfolge in ein Vermögensganzes, z.B. im Erbrecht (§ 1922 BGB). – Gesamtrechtsnachfolge führt im *Steuerrecht* zum Übergang der Forderungen und Schulden aus dem Steuerschuldverhältnis des Rechtsvorgängers auf den Rechtsnachfolger, z.B. bei Erbfolge (ohne Zwangsgelder), Verschmelzung und Aufspaltung von Gesellschaften sowie der Anwachsung des Anteils am Gesellschaftsvermögen bei Ausscheiden eines Gesellschafters (§ 45 AO). – Eine Rechtsnachfolge, bei der ein Rechtsnachfolger nur in einem bestimmten Teil aller Aktiva und Passiva eintritt, nennt man *Sonderrechtsnachfolge* oder *partielle Gesamtrechtsnachfolge.* Steuerliche Behandlung wie bei echter Gesamtrechtsnachfolge, z.B. Aufspaltung von Gesellschaften.

Gesamtschuldner – Die Konstruktion der Gesamtschuld wurde im Wesentlichen aus dem Bürgerlichen Recht übernommen und damit die Pflicht zur Leistung derselben Steuerschuld auf zwei oder mehrere Personen ausgedehnt. – 1. *Gesetzliche Grundlage:* § 44 AO sowie Bestimmungen in den Einzelsteuergesetzen. – 2. *Wirkung:* Jeder Gesamtschuldner schuldet die gesamte Leistung; bis zur Entrichtung des ganzen Betrags bleiben alle Gesamtschuldner verpflichtet. Dem Finanzamt steht es in Ausübung seines pflichtgemäßen Ermessens frei, die geschuldete Leistung ganz oder teilweise von jedem Gesamtschuldner zu fordern. Die Entrichtung des geschuldeten Betrags (Zahlung, Aufrechnung, Hingabe an Zahlungs Statt, Befriedigung im Beitreibungsverfahren) durch einen Gesamtschuldner kommt den anderen Gesamtschuldner zustatten. Diese werden endgültig von der Steuerschuld befreit. Dagegen wirken → Erlass und → Verjährung nur zugunsten des Gesamtschuldners, für dessen Person ein Erlass ausgesprochen wird bzw. die Verjährung eintritt. – 3. *Fälle:* Gesamtschuldnerschaft entsteht: a) Durch *Tatbestandsverwirklichung,* wenn mehrere Personen denselben Tatbestand erfüllen, an den das Gesetz die Entstehung der Steuerschuld knüpft. *Beispiel:* Mehrere Personen, für deren Rechnung ein Gewerbe betrieben wird, sind Gesamtschuldner hinsichtlich der Gewerbesteuer (§ 5 I 4 GewStG). Miteigentümer eines Grundstücks sind Gesamtschuldner der Grundsteuer (§ 10 III GrStG); Veräußerer und Erwerber schulden die Grunderwerbsteuer (§ 13 GrEStG), Beschenkter und Schenker schulden die Schenkungssteuer (§ 20 I ErbStG). – b) Infolge *Zusammenveranlagung:* Das gilt für Ehegatten bei der Einkommensteuer (§§ 26, 26b EStG). – c) Infolge *Nebenhaftung:* Das sind die Fälle, in denen neben dem Erstschuldner die → Haftung einer weiteren Person oder mehrerer Personen hinzukommt. – 4. *Geltendmachung:* Gesamtschuldner werden durch → Steuerbescheid, Haftende durch → Haftungsbescheid in Anspruch genommen. – 5. *Aufteilung:* Die → Zusammenveranlagung benachteiligte in den Fällen 3 b) wegen der Wirkungen und Folgen der Gesamtschuldnerschaft in den meisten Fällen die betroffenen Ehegatten gegenüber anderen Steuerpflichtigen. Deshalb wurden die Wirkungen der Gesamtschuld durch §§ 268–280 AO für diese Fälle gemildert: Jeder Gesamtschuldner kann bei Einleitung der Zwangsvollstreckung beantragen, die rückständigen Steuerschulden im Verhältnis der Beträge aufzuteilen, die sich bei getrennter Veranlagung unter Berücksichtigung der bes. Aufteilungsmaßstäbe nach §§ 269–278 AO ergeben würden. Entsprechendes gilt für die Vorauszahlungen und die nachgeforderten Steuern. Ist die Tilgung der Steuerschuld gesichert, so kann auch einem Aufteilungsvorschlag der Gesamtschuldner gefolgt werden. Auf den Antrag eines der Gesamtschuldner ergeht Aufteilungsbescheid (§ 279 AO), gegen den → Einspruch gegeben ist.

Gesamtumsatz – im Sinn des Umsatzsteuerrechts (§ 19 III UStG) grundsätzlich alle steuerbaren Umsätze, also nicht innergemeinschaftliche Erwerbe und Einfuhren. Nicht zum Gesamtumsatz rechnen die meisten → Bankumsätze und die der → Grunderwerbsteuer oder → Versicherungssteuer unterliegenden Vorgänge, falls es sich um → Hilfsgeschäfte handelt, sowie eine Reihe weiterer nach § 4 Nr. 8i, 9b, 11–28 UStG steuerbefreiter Umsätze. – Von der *Höhe des* Gesamtumsatzes hängt die Besteuerung als → Kleinunternehmer und die Besteuerung nach → vereinnahmten Entgelten ab. Für die verschiedenen Anwendungsfälle wird der Gesamtumsatz jeweils leicht modifiziert berechnet.

Gesamtunternehmer → Generalunternehmer.

Gesamtvermögen – Früherer Begriff im Rahmen der Vermögensteuer; das gesamte Vermögen des → unbeschränkt Steuerpflichtigen, soweit es nicht ausdrücklich von der Vermögensteuer befreit war, d.h. inländisches und im Ausland befindliches Vermögen (§ 114 BewG).

Geschäftsfähigkeit – Fähigkeit, Willenserklärungen rechtsgültig abzugeben und entgegenzunehmen. – 1.

Unbeschränkte Geschäftsfähigkeit wird i.d.R. mit der Volljährigkeit erreicht. – 2. *Geschäftsunfähig* sind (§ 104 BGB): (1) Kinder unter sieben Jahren; (2) Personen, die sich in einem die freie Willensentscheidung ausschließenden dauernden Zustand krankhafter Störung der Geistestätigkeit befinden. Rechtsgeschäfte mit ihnen sind nichtig (§ 105 BGB), für sie handelt der gesetzliche Vertreter. Eine Ausnahme gilt für Geschäfte des täglichen Lebens volljähriger geschäftsunfähiger (§ 105a BGB). – 3. *Beschränkt geschäftsfähig* sind (§ 106–113 BGB) Personen zwischen sieben und achtzehn Jahren. Ein beschränkt Geschäftsfähiger kann ohne Zustimmung bzw. Genehmigung des gesetzlichen Vertreters nur Rechtsgeschäfte vornehmen (§§ 110–113 BGB), (1) die ihm lediglich rechtlichen Vorteil bringen, (2) die er mit seinem Taschengeld abwickelt, (3) die er im Rahmen eines Erwerbsgeschäfts eingeht, sofern er zum Betrieb eines Erwerbsgeschäftes ermächtigt ist, oder die (4) die Eingehung oder Aufhebung vom gesetzlichen Vertreter generell erlaubter Arbeitsverhältnisse betreffen. – 4. *Kaufmann* können auch geschäftsunfähige oder in der Geschäftsfähigkeit beschränkte Personen sein. Das Gewerbe können sie aber nur durch ihren gesetzlichen Vertreter betreiben. Vor dem Beginn eines neuen Erwerbsgeschäfts soll die Genehmigung des Familien- bzw. Vormundschaftsgerichts eingeholt werden (§§ 1645, 1823 BGB). – 5. Die Vorschriften des Bürgerlichen Rechts sind auch für die Geschäftsfähigkeit in *Steuersachen* maßgebend (§ 79 AO).

Geschäftsfreundebewirtung – Bewirtung von Personen, die nicht Arbeitnehmer des Steuerpflichtigen sind, aus betrieblicher Veranlassung. – Aufwendungen für Geschäftsfreundebewirtung und die Bewirtung sind → Betriebsausgaben, ihre Abzugsfähigkeit ist seit 2004 auf 70 Prozent der angemessenen Aufwendungen begrenzt. Voraussetzung für den Abzug ist, dass (1) die Aufwendungen nach der allg. Verkehrsauffassung angemessen sind; (2) die Rechnung den umsatzsteuerlichen Anforderungen genügt, maschinell erstellt und registriert ist. Bei Gaststättenbewirtung ist die Rechnung beizufügen. Außerdem sind bestimmte zusätzliche Angaben zu Ort, Tag und Teilnehmern der Bewirtung zu machen. (3) Die Aufwendungen für die Geschäftsfreundebewirtung müssen einzeln und getrennt von den sonstigen Betriebsausgaben aufgezeichnet werden. – Der restliche, über 70 Prozent hinausgehende Teil der Aufwendungen bildet nicht abzugsfähige Betriebsausgaben (§ 4 V Nr. 2 EStG). – Aufwendungen für reine Arbeitnehmermerbewirtung sind zu 100 Prozent abzugsfähig.

Geschäftsgeheimnis → Betriebs- und Geschäftsgeheimnis.

Geschäftsgrundstück → Grundstücksart im Sinn des Bewertungsgesetzes; relevant für Zwecke der Grundsteuer (→ Einheitswert). – 1. *Begriff:* Bebautes Grundstück, das zu mehr als 80 Prozent, berechnet nach der → Jahresrohmiete, eigenen oder fremden gewerblichen oder öffentlichen Zwecken dient (§ 75 III BewG), nicht zu verwechseln mit → Betriebsgrundstück. – 2. *Bewertung* (→ Grundstücksbewertung): Bisher i.d.R. nach dem Ertragswertverfahren (§§ 76 I, 78 ff. BewG; → Ertragswert), ausnahmsweise nach dem Sachwertverfahren (§§ 76 III, 83 ff. BewG; → Sachwert). Für Zwecke der Erbschaftsteuer wurden im Rahmen der → Erbschaftsteuerreform die Bewertungsvorschriften für Grundbesitz neu geregelt. Demnach gewinnt die Bedeutung des gemeinen Werts immer mehr an Bedeutung. Dennoch ist für die Bewertung von Geschäftsgrundstücken nachwievor vorrangig das Ertragswertverfahren und nachrangig das Sachwertverfahren heranzuziehen. Die Neuregelungen gelten grundsätzlich für Erwerbe ab dem 1.1.2009. Begünstigungen können auf Antrag bereits auf vorherige Erwerbe angewendet werden. – Vgl. auch → Grundstückswert

Geschäftsjubiläum – Abschnittsschlussverkäufe.

Geschäftsleitung – maßgebender Ort für die → unbeschränkte Steuerpflicht und → beschränkte Steuerpflicht juristischer Personen bei der Körperschaftsteuer. Nach § 10 AO der Mittelpunkt der geschäftlichen Oberleitung.

Geschäftsreise → Dienstreise; 1. *Begriff:* Geschäftsreisen sind berufsbedingte Ortsveränderungen außerhalb der regelmäßigen Arbeitsstätten und Wohnung des Reisenden. – 2. *Steuerrecht:* Im Steuerrecht spricht man nicht von Geschäfts- oder Dienstreise, sondern verwendet den Begriff der „beruflich veranlassten Auswärtstätigkeit". Eine berufliche veranlasste Auswärtstätigkeit liegt vor, wenn der Arbeitnehmer vorübergehend außerhalb seiner Wohnung und an keiner seiner regelmäßigen Arbeitsstätten beruflich tätig wird. Sie liegt ebenfalls vor, wenn der Arbeitnehmer bei seiner individuellen beruflichen Tätigkeit typischerweise nur an ständig wechselnden Tätigkeitsstätten oder auf einem Fahrzeug tätig wird. Zu den bei einer Auswärtstätigkeit anfallenden Reisekosten zählen Fahrtkosten, Verpflegungsmehraufwendungen, Übernachtungskosten und Reisenebenkosten. – 3. *Reiserecht:* Geschäftsreisen sind Individualreisen. Für die hier anzutreffenden Verträge gelten die Ausführungen für die Individualreise entsprechend. Verreisen Geschäftsreisende, so treffen den Arbeitgeber entsprechende Schutzpflichten. Im Übrigen sind die innerbetrieblichen Reisekostenordnungen (Reiserichtlinien, Travel Policy) und sonstigen arbeitsrechtlichen Vorschriften maßgeblich. Die Beschaffung der Reiseleistungen erfolgt über Reisebüros oder direkt beim Leistungsträger.

Geschäftsveräußerung im Ganzen – 1. *Begriff:* Übertragung eines Unternehmens oder des Betriebes eines Unternehmens im Ganzen (sog. *Share Deal* – bei Betriebsveräußerung, wenn er zuvor rechtlich verselbständigt wurde). – 2. *Allgemeine rechtliche Regelungen:* → Veräußerung. – 3. *Umsatzsteuer:* a) *innerdeutsch:* Geschäftsveräußerung im Ganzen

unterliegt seit dem 1.1.1994 nicht mehr der Umsatzsteuer, wenn sie - entgeltlich oder unentgeltlich - an einen anderen Unternehmer für dessen Unternehmen erfolgt (§ 1 Ia UStG). Eine Geschäftsveräußerung im Ganzen ist auch dann anzunehmen, wenn einzelne nicht wesentliche Wirtschaftsgüter von der Übertragung ausgeschlossen werden. Der erwerbende Unternehmer tritt an die Stelle des Veräußerers. – b) *grenzüberschreitende Fälle:* die Einstufung einer Geschäftsveräußerung im Ganzen als nicht steuerbarer Vorgang ist in der Mehrwertsteuersystemrichtlinie als ein Wahlrecht ausgestaltet; geben im Rahmen einer Geschäftsveräußerung im Ganzen also auch Vermögensteile auf den Rechtsnachfolger über, die nicht in Deutschland steuerbar wären, sondern im Ausland, so sind dort vorsichtshalber erkundigen darüber einzuziehen, ob die Geschäftsveräußerung im Ganzen dort ebenso behandelt wird wie hier in Deutschland. – 4. *Einkommensteuer:* → Veräußerungsgewinn.

Gesellschafterdarlehen – 1. *Gesellschafterdarlehen eines Mitunternehmers an eine Personengesellschaft:* a) *Grundsatz:* Da Leistungsbeziehungen zwischen einem Gesellschafter einer Personengesellschaft (Mitunternehmer) und einer Personengesellschaft einkommensteuerlich grundsätzlich nicht anzuerkennen sind (§ 15 I Nr. 2 EStG), stellen die Zahlungen der Personengesellschaft an den Gesellschafter für das Gesellschafterdarlehen aus steuerlicher Sicht keine Zinszahlung dar, sondern lediglich eine Auszahlung von Gewinnen. Handelsrechtlich ist jedoch eine Zinszahlung anzuerkennen, in der Gewinn- und Verlustrechnung zu verbuchen. Außerdem ist das Gesellschafterdarlehen in der Handelsbilanz der Personengesellschaft als Fremdkapital auszuweisen). Das Dilemma, dass einerseits die Handelsbilanz für die Steuerbilanz der Personengesellschaft maßgeblich ist, andererseits aber darin Ansätze vorkommen, die steuerlich nicht anzuerkennen sind (die Zinszahlungen), wird steuerlich durch eine Nebenrechnung, die Sonderbilanz des Gesellschafters, gelöst. Die Zinszahlungen sind in der Gesamthandelsbilanz der Gesellschaft als Betriebsausgaben zu verbuchen, aber in der Sonderbilanz des betreffenden Gesellschafters als Sonderbetriebseinnahmen zu erfassen. – b) Eine *Ausnahme* besteht lediglich für Forderungen, die ein Gesellschafter mit eigenem Betrieb aus laufenden Lieferungen oder Leistungen im Geschäftsverkehr mit seiner Personengesellschaft begründet hat (die also nicht gesellschaftsrechtliche Ursachen haben), wenn solche Verbindlichkeiten wie zwischen Fremden begründet und abgewickelt werden, werden sie auch einkommensteuerlich anerkannt. – 2. *Gesellschafterdarlehen eines Gesellschafters an seine Kapitalgesellschaft* (oder eine Untergesellschaft davon): a) *Grundsatz:* Gesellschafterdarlehen eines Gesellschafters an seine Kapitalgesellschaft werden von dt. Steuerrecht im Grundsatz (d.h. wenn keine Ausnahmevorschrift greift) anerkannt. Das Gesellschafterdarlehen stellt deshalb beim Gesellschafter eine Darlehensforderung dar, bei der Gesellschaft eine Verbindlichkeit. Die Fremdkapitalzinsen sind bei der Gesellschaft Betriebsausgaben, beim Empfänger Zinseinnahmen. Die Vereinbarung wird jedoch auf ihre Angemessenheit überprüft: Sind die gezahlten Zinsen überhöht, so werden die Zinsen nur in der angemessenen Höhe als Betriebsausgaben anerkannt. Der übersteigende Restbetrag wird dann als verdeckte Gewinnausschüttung behandelt, d.h. bei der Gesellschaft wie eine Auszahlung von Gewinnen behandelt und beim Gesellschafter wie der Erhalt einer Dividende. Sind die gezahlten Zinsen dagegen unüblich niedrig, so findet keine Korrektur statt. – b) Durch eine *Ausnahmevorschrift* (§ 8a KStG) zu den Gesellschafterdarlehen wird die Anerkennung derjenigen Zinszahlungen, die als Betriebsausgabe anzuerkennen wären, jedoch weiter eingegrenzt. Ziel der Ausnahmebestimmung ist es, zu verhindern, dass Gesellschafter ihre Kapitalgesellschaften nicht mehr mit Eigenkapital, sondern überwiegend mit Gesellschafterdarlehen finanzieren, um durch diese Form der Finanzierung die dt. Körperschaftsteuer zu sparen (da Zinsen ja als Betriebsausgabe mindern, Dividendenauszahlungen dagegen nicht). – c) Mit der *Unternehmensteuerreform 2008* ist neben den Beschränkungen nach § 8a KStG eine weitere Beschränkung des Zinsausgabenabzugs durch die Einführung der Vorschriften zur „Zinsschranke" zu beachten. Die Zinsschranke gilt für alle Rechtsformen und ist ab dem Wirtschaftsjahr 2008 bzw. 2007/2008 anzuwenden, falls das abweichende Wirtschaftsjahr nach dem 25.5.2007 beginnt (s. hierzu auch Regelungen zur Zinsschranke). Weitere Änderungen durch die Steuerreform betreffen Gewinnminderungen bei Gesellschafterdarlehen durch Teilwertabschreibung, Forderungsverzicht, Forderungsausfall oder aus der Inanspruchnahme von Sicherheiten, welche unter gewissen Voraussetzungen nicht mehr anerkannt werden (JStG 2008, § 8b III S. 4 KStG).

Gesellschafterfremdfinanzierung – 1. *Begriff:* Finanzierungsform, bei der die Gesellschafter einer Kapitalgesellschaft dieser über ein Mindestmaß an vorgeschriebenem Eigenkapital hinaus vorzugsweise nicht weiteres Eigenkapital geben, sondern ihr das benötigte Kapital in Form von Darlehen, also als Fremdkapital, zur Verfügung stellen. – 2. *Zweck* der Gesellschafterfremdfinanzierung ist meist nicht die Erzielung gesellschaftsrechtlicher Vorteile (Gesellschafterfremdfinanzierung haftet zwar anders als Eigenkapital den Gläubigern der Gesellschaft nicht, dieser Grundsatz kann aber bei sog. eigenkapitalersetzenden Darlehen durchbrochen werden). Hauptsächlicher Grund ist vielmehr die Erzielung steuerlicher Vorteile: a) *Gesellschafterfremdfinanzierung durch eine natürliche Person als Gesellschafter:* Zinszahlungen sind bei der zahlenden Kapitalgesellschaft Betriebsausgaben, auf sie fällt also anders als bei Dividendenzahlungen im Land dieser Gesellschaft keine

Körperschaftsteuer an, sondern nur die Einkommensteuer im Land des Gesellschafters. Somit wird durch Gesellschafterfremdfinanzierung eine der beiden Steuern, die bei Eigenkapitalgewährung zu zahlen wären, gespart. Dieser Effekt ist zumindest dann, wenn Zinsen und Dividenden beim Gesellschafter demselben Einkommensteuersatz unterliegen, immer vorteilhaft und wird daher gerne genutzt. Lediglich in einem Anrechnungssystem, in dem der Gesellschafter die Körperschaftsteuer voll erstattet erhält, machen Gestaltungen zur Gesellschafterfremdfinanzierung keinen Sinn. – b) *Gesellschafterfremdfinanzierung durch eine ausländische Mutterkapitalgesellschaft:* Zinszahlungen sind bei der zahlenden Kapitalgesellschaft Betriebsausgabe, bei der Muttergesellschaft Gewinnbestandteil; bei Eigenkapitalfinanzierung wären die Zahlungen an die Muttergesellschaft dagegen Dividenden und unterlägen daher im Staat der Tochtergesellschaft der Steuer, nicht aber im Land der Muttergesellschaft (→ Schachtelprivileg). Folglich macht die Gesellschafterfremdfinanzierung in diesen Fällen Sinn, wenn der Körperschaftsteuersatz im Land der Muttergesellschaft geringer ist als derjenige im Land der Tochtergesellschaft. – 3. *Abwehrmaßnahmen der Fisci:* a) *Grundsatz:* Weil durch die Gesellschafterfremdfinanzierung die Bemessungsgrundlage der Körperschaftsteuer zulasten des Fiskus verringert werden kann, sehen mittlerweile die meisten Staaten Grenzen für das Ausmaß der Gesellschafterfremdfinanzierung vor, das sie noch steuerlich anerkennen. Werden die tolerierten Grenzen überschritten, werden die Zinszahlungen steuerlich nicht mehr als abziehbare Betriebsausgabe anerkannt. Dadurch fällt dann der steuerliche Vorteil weg, der Gesellschafter hätte veranlassen könnte, Kredite statt Eigenkapital zu gewähren. – b) *Anwendbare Techniken zur Abwehr der Gesellschafter-Fremdfinanzierung:* Den Betriebsausgabenabzug für die Zinszahlungen einer Gesellschaft zu verneinen, lässt sich prinzipiell auf zwei Arten erreichen: (1) Die Zinszahlungen werden als nicht-abziehbare Betriebsausgaben eingestuft, (2) die Zinszahlungen werden wie Eigenkapitalvergütungen behandelt. Der Unterschied zwischen diesen zwei Methoden liegt darin, dass im zweiten Fall nicht nur ein Betriebsausgabenabzug ausscheidet, sondern außerdem auch noch alle anderen denkbaren Vorteile einer Ersetzung von Eigenkapital durch Fremdkapital ausgeschlossen sind. – c) *Einsatz der Abwehrtechniken in Europa:* Welche der beiden prinzipiell denkbaren Abwehrtechniken tatsächlich eingesetzt wird, entscheidet jedes Land selbst; maßgeblich ist, da es um den Betriebsausgabenabzug bei der Tochtergesellschaft geht, die Rechtslage im Land dieser Tochtergesellschaft. – d) *Toleranzschwellen:* Bisher allen bekannten Regelungen gemeinsam ist, dass die Nichtanerkennung von Zinsausgaben als Betriebsausgaben nicht generell verweigert wird, sondern solche Maßnahmen erst greifen, wenn ein bestimmtes Ausmaß der Gesellschafterfremdfinanzierung überschritten wird. Da solche Toleranzschwellen jedoch nur willkürlich festgelegt werden können, unterscheiden sich diese von Land zu Land erheblich. – 4. *Rechtslage in Deutschland:* a) *Grundsätzliche Technik:* Seit 2008 folgt das dt. Recht der Technik, Zinszahlungen als nichtabziehbare Betriebsausgaben zu behandeln (§ 4h EStG; → Zinsschranke), zuvor galt eine Regelung, bei der Zinszahlungen als Eigenkapitalvergütungen ("verdeckte Gewinnausschüttungen") behandelt werden konnten (§8a KStG a.F.). Von der Neuregelung sind jedoch prinzipiell nicht mehr nur Fälle von Gesellschafterfremdfinanzierung betroffen, sondern im Grundsatz sämtliche Zinszahlungen an jedermann; eine Rücksichtnahme auf betriebswirtschaftliche Erfordernisse der Fremdfinanzierung geschieht jetzt über die Toleranzschwellenregelungen. – b) *Toleranzschwellenwerte:* Wie viele Zinszahlungen in Deutschland noch als abziehbare Betriebsausgaben zugelassen werden, ergibt sich seit 2008 aus der sog. Zinsschranke (Richtwert: 30 Prozent des Ertrags vor Abschreibungen, Zinsen und Steuern); bestimmte Klauseln mindern eventuelle Härten ab. Für Kapitalgesellschaften, die zu einem Konzern gehören, sind die Regelungen teilweise verschärft, wenn Gesellschafterfremdfinanzierung ins Spiel kommt (§ 8a KStG n.F.). Generell gilt unter der neuen Regelung, dass Zinszahlungen, die die steuerliche Obergrenze überschreiten und deshalb nicht als Betriebsausgaben geltend gemacht werden können, in spätere Jahre vorgetragen werden können und dort geltend gemacht werden können, soweit der Betrieb die steuerliche Obergrenze (Zinsschranke) in diesen Jahren dann noch nicht anderweitig ausgeschöpft hat (→ Zinsvortrag). – Unter der alten Regelung (§ 8a KStG a.F.) gab es einen bestimmten Prozentsatz von Krediten, den eine Gesellschaft mit steuerlicher Wirkung von ihrem Gesellschafter (oder den Personen, die diesem nahe standen) aufnehmen durfte; man sprach insoweit vom "safe haven" ("sicheren Hafen"), in dem sie sich bei der Gesellschafterfremdfinanzierung dann bewegen konnte. – 5. *Andere Steuerarten:* Eine Kapitalgesellschaft als Gesellschafter teilweise mit Fremdkapital statt mit Eigenkapital auszustatten, kann theoretisch nicht nur bei der Ertragsteuer, sondern auch bei anderen Steuerarten Vorteile versprechen; daher kann es auch bei anderen Steuerarten entsprechende Abwehrmechanismen gegen solche Konstruktionen geben. Als bspw. die → Gesellschaftsteuer (→ Kapitalverkehrsteuer), die ja die Einlage von Eigenkapital in Kapitalgesellschaften besteuert, in Deutschland noch erhoben wurde, gab es auch dort das Phänomen der Gesellschafterfremdfinanzierung; in anderen Staaten Europas, wo diese Steuerart noch existiert, wird dann konsequenterweise auch heute noch ebenfalls mit Maßnahmen gegen Gesellschafterfremdfinanzierung bei dieser Steuer zu rechnen sein.

Gesellschafterverbrauch – früherer Begriff aus dem Bereich der Umsatzsteuer; seit 1999 unter dem Sammelbegriff → unentgeltliche Wertabgaben mit erfasst.

Gesellschaft mit beschränkter Haftung (GmbH) – I. Rechtsgrundlagen: Gesetz, betreffend die GmbH (GmbHG) i.d.F. vom 20.5.1898 m.spät. Änd. Von großer Bedeutung sind die Änderungen, die das GmbHG durch das Gesetz zur Modernisierung des GmbH-Rechts und zur Bekämpfung von Missbräuchen (MoMiG) erfahren hat.

II. Begriff/Haftung: Kapitalgesellschaft mit eigener Rechtspersönlichkeit, *selbst* unbeschränkt mit ihrem Vermögen *haftend*. Eine *Haftung der Gesellschafter* besteht nur gegenüber der Gesellschaft; sie ist begrenzt auf die Erbringung der Einlagen und etwaiger Nachschüsse. Bes. Verantwortlichkeit des GmbH-Geschäftsführers, der gem. §§ 43 II, 3; 64 S. 1 GmbHG speziell bei der die Kapitalsituation der GmbH betreffenden Pflichtverletzungen zur Haftung herangezogen werden kann. Zu § 64 S. 1 GmbHG und zur Haftung des GF für Zahlungen der GmbH nach Eintritt der Insolvenzreife vgl. BGH, Urt. v. 18.10.2010, II ZR 151/09. Gesellschaftsvertrag mit weitem Spielraum, mitunter Annäherung an → offene Handelsgesellschaft (OHG).

III. Stammkapital: Grundsätzlich mind. 25.000 Euro, je Stammeinlage mind. 1 Euro (§ 5 GmbHG). Nur 1 Euro Stammkapital ist notwendig bei der aufgrund des MoMiG neu eingeführten *Unternehmergesellschaft* (§ 5a GmbHG). – *Beschluss auf* → Kapitalerhöhung oder → Kapitalherabsetzung bedarf einer Drei-Viertel-Mehrheit der abgegebenen Stimmen, weil es sich um eine Änderung des Gesellschaftsvertrages handelt (vgl. § 53 II Satz 1 GmbHG). Bei Kapitalherabsetzung dreimalige Bekanntmachung in Gesellschaftsblättern mit Gläubigeraufruf, Befriedigung oder Sicherstellung der Gläubiger, Anmeldung des Herabsetzungsbeschlusses nach Ablauf des Sperrjahres seit der dritten Bekanntmachung (§ 58 GmbHG). Anders bei sog. vereinfachter → Kapitalherabsetzung.

IV. Errichtung und Übertragung von Gesellschaftsanteilen: Die Errichtung einer GmbH erfolgt durch eine oder mehrere Personen mit Abschluss eines Gesellschaftsvertrages in notarieller Form. Gewisse Gründungserleichterungen für unkomplizierte Standardgründungen bietet der mit dem MoMiG eingeführte § 2 Ia GmbH, indem das – ebenfalls beurkundungspflichtige – Musterprotokoll verwendet wird. – 25 Prozent Einzahlung aufs Kapital erforderlich, insgesamt mind. die Hälfte des Mindeststammkapitals (§ 7 GmbH). In einem *Sachgründungsbericht* ist die Angemessenheit etwaiger Sacheinlagen (solche sind bei einer Unternehmergesellschaft nicht möglich) darzulegen und beim Übergang eines Unternehmens auch der Gesellschaft das Jahresergebnis der beiden letzten Geschäftsjahre anzugeben. Erleichterungen von Vorstehendem ergeben sich für die Unternehmergesellschaft (§ 5a GmbHG), s. dazu auch unter Gesetz zur Modernisierung des GmbH-Rechts und zur Bekämpfung von Missbräuchen (MoMiG). – Die GmbH *entsteht* mit der Eintragung ins Handelsregister. Vor der Eintragung ist sie als (→ Vorgesellschaft) eine Gesellschaftsform sui generis, es besteht eine sog. Handelndenhaftung gemäß § 11 II GmbHG. Errichtung zu jedem gesetzlich zulässigen Zweck möglich; Erwerbszweck nicht notwendig. – *Gesellschaftsvertrag* muss enthalten: Firma, Sitz der Gesellschaft, Gegenstand des Unternehmens, Höhe des Stammkapitals, Stammeinlagen der Gesellschafter. Abänderungen nur mit einer Mehrheit von 3/4 der abgegebenen Stimmen. – Besonderheit bei der Firmierung der Unternehmergesellschaft: Bei ihr muss in der Firma ein Zusatz enthalten sein, der auf ihre Haftungsbeschränkung hinweist (§ 5a I GmbHG). – *Gründerhaftung* ähnlich wie bei der AG. Gesellschaft und Geschäftsführer haften als → Gesamtschuldner, wenn zum Zweck der Errichtung der Gesellschaft falsche Angaben gemacht werden. – Gesellschaftsanteile können nach den Regelungen in §§ 15, 16 GmbHG übertragen werden: Es bedarf dafür eines Notarvertrages. Mit Hinblick auf die durch das MoMiG aufgewertete Gesellschafterliste (§ 40 GmbHG) ist unter den Voraussetzungen des § 16 III GmbHG auch ein gutgläubiger Erwerb möglich.

V. Organe: 1. *Geschäftsführer* im Innenverhältnis verpflichtet durch Anstellungsvertrag. Vornahme bestimmter Geschäfte nur mit Genehmigung der Gesellschafterversammlung möglich. Nach außen mit unbeschränkbarer Vertretungsmacht. Bei mehreren Geschäftsführern Gesamtvertretung; nach Satzung etc. auch Einzelvertretung statthaft. Geschäftsführer können gleichzeitig Gesellschafter sein (→ Einmanngesellschaft). Häufig Befreiung der Geschäftsführer vom Verbot der Selbstkontrahierens nach § 181 BGB. Wenn Geschäftsführer „abhanden" kommen und es dadurch zur *Führungslosigkeit* kommt, haben die Gesellschafter als Passivvertreter einzuspringen; im Insolvenzfall sind sie sogar aktiv zur Stellung des Insolvenzantrags verpflichtet (§ 35 I Satz 2 GmbHG, § 15 a III InsO). – 2. *Gesellschafterversammlung:* a) Sie hat zu *bestimmen* über Feststellung des Jahresabschlusses und Verwendung des Ergebnisses, Einforderung von Einzahlungen auf die Stammeinlagen, Rückzahlung von Nachschüssen, Einziehung und Teilung von Geschäftsanteilen, Bestellung, Abberufung, Prüfung und Entlastung von Geschäftsführern, Bestellung von Prokuristen, Vertretung der Gesellschaft gegen die Geschäftsführer. Zuständigkeit der Gesellschafterversammlung (zwingend vorgeschrieben bei Beschlüssen über Satzungsänderung, Einforderung von Nachschüssen, Auflösung der Gesellschaft, Bestellung und Abberufung von Liquidatoren) durch Satzung auf den Geschäftsführer, einen Gesellschafter oder den Aufsichtsrat übertragbar. b) *Beschlüsse* werden grundsätzlich mit einfacher Stimmenmehrheit (Je 1 Euro eines Geschäftsanteils = 1 Stimme, § 47 II GmbHG) gefasst; anders bei Satzungsänderung (§ 53 II GmbHG: Dreiviertel-Mehrheit). – c) *Öffentliche Beurkundung* bei satzungsändernden Beschlüssen (Kapitalerhöhung, -herabsetzung, Firmenänderung,

Sitzverlegung, Liquidation) erforderlich. – d) *Einberufung* der Gesellschafterversammlung mittels eingeschriebenen Briefs unter Ankündigung der Tagesordnung; Frist, falls Satzung nichts anderes bestimmt, eine Woche. Einberufung zwingend, wenn sie von einer Minderheit von mind. 10 Prozent gefordert wird oder die Hälfte des Stammkapitals verloren ist. Bei der Unternehmergesellschaft besteht die Pflicht zur unverzüglichen Einberufung, wenn Zahlungsunfähigkeit droht (§ 5a IV GmbHG). – 3. *Aufsichtsrat, Beirat und Verwaltungsrat* bestehen nur, wenn in der Satzung vorgesehen. Hat die GmbH mehr als 500 Arbeitnehmer, muss sie jedoch einen Aufsichtsrat bilden, für den die aktienrechtlichen Vorschriften Anwendung finden (§ 1 Ziff. 3 Drittelbeteiligungs, § 6 MitbestG 1976). – 4. keine *Publikationspflicht.*

VI. Strafbestimmungen: 1. *Falsche Angaben* der Gesellschafter oder Geschäftsführer zum Zweck der Eintragung der Gesellschaft über die Übernahme der Stammeinlagen, die Leistung der Einlagen, die Verwendung eingezahlter Beträge, Sondervorteile, Gründungsaufwand, Sacheinlagen und Sicherungen für nicht voll eingezahlte Geldeinlagen der Gesellschafter im Sachgründungsbericht; falsche Angaben als Geschäftsführer zum Zwecke der Eintragung einer Erhöhung des Stammkapitals über die Zeichnung oder Einbringung des neuen Kapitals oder über Sacheinlagen oder falsche Angaben als Geschäftsführer sowie als Liquidator bei bestimmten gesetzlich vorgeschriebenen Versicherungen werden mit Freiheitsstrafe bis zu drei Jahren oder mit Geldstrafe bestraft. Ebenso wird bestraft, wer als Geschäftsführer zum Zwecke der Herabsetzung des Stammkapitals über die Befriedigung oder Sicherstellung der Gläubiger eine unwahre Versicherung abgibt oder als Geschäftsführer, Liquidator, Mitglied des Aufsichtsrats o.Ä. in einer öffentlichen Mitteilung die Vermögenslage der Gesellschaft unwahr darstellt oder verschleiert (vgl. zu allem Vorstehenden § 82 GmbHG). – 2. *Schuldhafte nicht rechtzeitige Antragstellung* auf Eröffnung des Insolvenzverfahrens durch Geschäftsführer oder Liquidatoren wird mit Freiheitsstrafe bis zu drei Jahren oder mit Geldstrafe bestraft; ebenso eine bei einem Verlust der Hälfte des Stammkapitals unterlassene Anzeige gegenüber den Gesellschaftern (§ 84 GmbHG). – 3. *Verletzung der Geheimhaltungspflicht,* unbefugte Offenbarung eines Betriebs- oder Geschäftsgeheimnisses, wird auf Antrag der Gesellschaft mit Freiheitsstrafe bis zu einem Jahr oder mit Geldstrafe und bei Bereicherungs- oder Schädigungsabsicht mit Freiheitsstrafe bis zu zwei Jahren geahndet (§ 85 GmbHG).

VII. Besteuerung: Es unterliegen aufgrund gesetzlicher Regelungen (1) stets schon allein wegen der Rechtsform GmbH (§ 2 GewStG) ein sog. Gewerbeertrag der → Gewerbesteuer und (2) das zu versteuernde Einkommen der → Körperschaftsteuer. Umsätze der GmbH unterliegen, sofern sie als

Unternehmer i.S.d. § 2 UStG einzustufen ist, außerdem der → Umsatzsteuer.

VIII. Auflösung: Auflösungsgründe geregelt in §§ 60 ff. GmbHG. – *Wichtige Auflösungsgründe:* (1) Durch Ablauf der vereinbarten Vertragsdauer; (2) durch Gesellschafterbeschluss; (3) durch gerichtliches Urteil oder durch Entscheidung der Verwaltungsbehörde; (4) durch Eröffnung des → Insolvenzverfahrens; (5) durch Löschung von Amts wegen bei Vermögenslosigkeit (§ 394 FamFG); (6) durch Urteil; (7) durch Verwaltungsbehörde bei Gemeinwohlgefährdung. Bei Liquidation dreimalige Bekanntmachung in den Gesellschaftsblättern mit Gläubigeraufruf, Verteilung des Vermögens unter die Gesellschafter nach Ablauf des Sperrjahres seit der dritten Bekanntmachung.

IX. Gewinnverteilung: (1) Nach einem im Gesellschaftsvertrag festgelegten Schlüssel; (2) nach Gesellschafterbeschluss; (3) nach dem Verhältnis der Geschäftsanteile; (4) häufig wird der Gewinn ganz oder teilweise zur Stärkung des Eigenkapitals verwendet: Gewinn- und Verlustkonto an Rücklagenkonto oder an Gewinnverteilungskonto oder an Konto Gesellschafter.

X. Mitbestimmungsrecht: Die große GmbH unterliegt der Mitbestimmung der Arbeitnehmer auf Unternehmensebene nach dem Montan-Mitbestimmungsgesetz 1976, Mitbestimmungs-Ergänzungsgesetz, Mitbestimmungsgesetz oder Drittelbeteiligungsgesetz.

Gesellschaftsleistungen – 1. *Begriff:* → Lieferungen und → sonstige Leistungen zwischen einer Gesellschaft und ihren Gesellschaftern. – 2. *Umsatzsteuerliche Behandlung:* a) Leistungen *innerhalb des Gesellschaftsverhältnisses* (z.B. die Geschäftsführung eines Gesellschafters einer Personengesellschaft ohne bes. Entgelt; *echte Gesellschafterbeiträge*) sind wegen fehlenden → Leistungsaustausches nicht umsatzsteuerbar. – b) Leistungen *außerhalb des Gesellschaftsverhältnisses*, die für ein bes. berechnetes Entgelt erbracht wird (z.B. Gesellschafter verkauft Gegenstand an Gesellschaft oder umgekehrt; *unechter Gesellschafterverbrauch*), sind steuerbar und, soweit keine Steuerbefreiung greift, steuerpflichtig, vorausgesetzt, der Gesellschafter handelt als Unternehmer im Rahmen seines Unternehmens. Allein durch eine Mitunternehmerstellung wird die Unternehmereigenschaft im Sinn des § 2 UStG nicht begründet. – c) *Einlagen* des Gesellschafters in Form von Lieferungen oder sonstigen Leistungen sind unter diesen Voraussetzungen ebenfalls steuerpflichtig. – d) *Ausscheiden eines Gesellschafters* aus einer Gesellschaft: Er erbringt regelmäßig keine steuerpflichtige Leistung (ggf. Steuerbefreiung). Besteht die Gegenleistung der Gesellschaft in einer Lieferung oder sonstigen Leistung (z.B. Sachabfindung), liegt – bei fehlender Steuerbefreiung – ein steuerpflichtiger Umsatz vor. – e) Gleiches gilt für die *Auflösung* einer Gesellschaft.

Gesellschaftsteuer – *Kapitalverkehrsteuer*; 1. In der *EU:* indirekte Steuer auf die Ansammlung von Kapital, seit 1969 vollständig durch eine EG-Richtlinie harmonisiert, die seit 1985 auch die Möglichkeit vorsieht, die Steuer in einzelnen Mitgliedsstaaten abzuschaffen. Die Gesellschaftsteuer wird in mehreren Mitgliedsstaaten noch erhoben. Steuersatz ist i.d.R. 1 Prozent. Den rechtlichen Rahmen bildet die → Kapitalverkehrsteuerrichtlinie der EG von 1969, neugefasst am 12.2.2008 (EG-Amtsblatt L 46/2008). – 2. In *Deutschland:* Die im Kapitalverkehrsteuergesetz geregelte Gesellschaftsteuer wurde mit Wirkung vom 1.1.1992 abgeschafft. Aufkommen der Gesellschaftsteuer betrug 1991 (umgerechnet) 294,2 Mio. Euro.

gesetzliche Treuhandschaft – liegt bei kraft Hoheitsakt generierten Treuhandverhältnissen vor, wenn der Inhalt des Treuhandverhältnisses wesentlich durch Rechtsvorschriften geprägt ist. – Vgl. auch → Treuhandschaft.

gesetzlich gestaltete Treuhandschaft → Treuhandschaft.

gesonderte Gewinnfeststellung → Gewinnfeststellung.

Gestaltungsmissbrauch → Steuerumgehung.

Gestellung – die in das EU-Zollgebiet verbrachten und zur zuständigen Zollstelle oder dem von ihr zugelassenen Ort beförderten Waren sind dort vom → Verbringer zu gestellen. Unter Gestellung ist die Mitteilung an die Zollstelle zu verstehen, dass die Waren bei der Zollstelle oder an dem von ihr zugelassenen Ort eingetroffen sind. Soweit eine vorzeitige summarische Eingangsanmeldung abgegeben worden ist, ist diese durch eine summarische Anmeldung zur vorübergehenden Verwahrung fortzuschreiben. Auf diese ist alsdann bei der Gestellung Bezug zu nehmen.

Gestellungsverzeichnis → summarische Anmeldung.

Gesundheitsattest – I. Sozialrecht: Attest. II. Außenhandel: Amtliche Bescheinigung für Import- oder Exportgüter, dass die Güter frei von Krankheiten sind bzw. dass sie aus unverseuchten Gebieten kommen. Gesundheitsattest wird von vielen Staaten verlangt bei der → Einfuhr (1) von Pflanzen und Tieren, (2) von bestimmten pflanzlichen und tierischen Nahrungsmitteln und anderen Erzeugnissen, bes. häufig für Fett, Fleisch und Fleischerzeugnisse, um die Einschleppung von Krankheiten und Schädlingen zu verhindern.

Gesundheitsförderung – Rückwirkend ab dem Veranlagungszeitraum 2008 bleiben Leistungen des Arbeitgebers bis 500 Euro je Kalenderjahr steuerfrei (§ 3 Nr. 34 EStG), wenn sie zusätzlich zum ohnehin geschuldeten Arbeitslohn zur Verbesserung der allg. Gesundheitszustandes und der betrieblichen Gesundheitsförderung geleistet werden. Dies gilt auch für Zuschüsse an den Arbeitnehmer für externe

Maßnahmen. Hierunter fällt jedoch nicht die Übernahme von Mitgliedsbeiträgen in Sportvereinen und Fitnessstudios.

Getränkesteuer – aufgrund der Kommunalabgabengesetze in einigen Ländern erhobene Gemeindesteuer auf die entgeltliche Abgabe bestimmter alkoholischer und nichtalkoholischer Getränke. Die Getränkesteuer wird mit einem von der Gemeinde festzusetzenden Prozentsatz (häufig 10 Prozent) vom Einzelhandelspreis berechnet; vom Getränkeabgebenden geschuldet.

getrennte Veranlagung → Ehegatten, → Veranlagung. Durch das Steuervereinfachungsgesetz 2011 ist die getrennte Veranlagung in „Einzelveranlagung" umbenannt worden.

Gewahrsam – I. Bürgerliches Recht: Die tatsächliche Sachherrschaft. Der Gerichtsvollzieher darf i.Allg. nur Sachen pfänden, an denen der Schuldner Gewahrsam hat (§ 808 ZPO).

II. Erbschaftsteuerrecht: Darüber hinausgehend nach seiner wirtschaftlichen Bedeutung ausgelegter Begriff; umfasst auch die geschäftsmäßige Verwahrung oder Verwaltung fremden Vermögens. Personen, die Vermögen des Erblassers in Gewahrsam haben, sind verpflichtet, dieses binnen einem Monat dem Finanzamt anzumelden (§ 33 ErbStG).

Gewerbebetrieb – I. Bürgerliches Recht: Ein eingerichteter und in Tätigkeit befindlicher Betrieb, der die Voraussetzungen eines Gewerbes erfüllt, ist gemäß § 823 I BGB (unerlaubte Handlung) als „sonstiges Recht" gegen rechtswidrige Eingriffe geschützt.

II. Einkommensteuerrecht: Eine selbstständige nachhaltige Betätigung, die mit Gewinnerzielungsabsicht unternommen wird und sich als Beteiligung am allg. wirtschaftlichen Verkehr darstellt, wenn die Betätigung weder als Ausübung von → Land- und Forstwirtschaft noch als Ausübung eines → freien Berufes, noch als andere selbstständige Arbeit im Sinn des Einkommensteuerrechts anzusehen ist und den Rahmen einer privaten → Vermögensverwaltung überschreitet. Als Gewerbebetrieb gilt stets die mit → Einkünfteerzielungsabsicht unternommene gewerbliche Tätigkeit einer OHG, KG, anderen Personengesellschaft sowie einer → gewerblich geprägten Personengesellschaft. Kein Gewerbebetrieb (weil nicht mit Gewinnerzielungsabsicht unternommen) ist eine Betätigung, die nur eine Minderung der Steuern vom Einkommen verursachen soll (→ Verlustzuweisungsgesellschaft).

III. Gewerbesteuerrecht: Gewerbebetrieb im Sinn des EStG ist Gegenstand der → Gewerbesteuer, wenn er im Inland als stehendes Gewerbe oder Reisegewerbe ausgeübt wird (§§ 2 I, 35a GewStG). – Nach verschiedenen Merkmalen sind *vier Arten von Gewerbebetrieb* zu unterscheiden: (1) Gewerbebetrieb kraft gewerblicher Tätigkeit (§ 2 I GewStG; Einzelgewerbetreibende); (2) bei Personengesellschaften:

Gewerbebetrieb kraft Rechtsform, sofern die Tätigkeit gewerblicher Natur ist oder gemäß § 15 III Nr. 2 EStG als gewerblich geprägt gilt; (3) bei Kapitalgesellschaften und diesen gleichgestellten juristischen Personen: Gewerbebetrieb kraft Rechtsform (§ 2 II GewStG); (4) bei sonstigen juristischen Personen des Privatrechts und bei Vereinen: Gewerbebetrieb kraft wirtschaftlichen Geschäftsbetriebs (§ 2 III GewStG; → wirtschaftlicher Geschäftsbetrieb). – Vgl. auch → mehrere Betriebe.

Gewerbeertrag – 1. *Begriff:* heute alleinige Besteuerungsgrundlage für die → Gewerbesteuer. – 2. *Ermittlung des Gewerbeertrags* (§ 7 GewStG) durch Hinzurechnungen zum (§ 8 GewStG) und Kürzungen (§ 9 GewStG) vom gewerblichen → Gewinn, der sich bei → Einkommensermittlung für den dem Erhebungszeitraum entsprechenden Veranlagungszeitraum (Kalenderjahr) nach den Vorschriften des Einkommen- bzw. Körperschaftsteuergesetzes ergibt. Gemessen werden soll die Ertragskraft des steuerpflichtigen gewerblichen Betriebes, unabhängig davon, an wen diese Erträge verteilt werden. Bei einem vom Kalenderjahr abweichenden Wirtschaftsjahr ist der Gewinn des Wirtschaftsjahres maßgebend, das in dem Erhebungszeitraum endet. Mit Einführung der Unternehmensteuerreform 2008 wurde die Gewerbesteuer in ihren Grundzügen umfassend geändert. a) *Hinzurechnungen zum gewerblichen Gewinn ab Erhebungszeitraum 2008,* soweit diese Posten bei dessen Ermittlung abgesetzt sind: (1) ein Viertel der Summe aus (a) Zinsen (Entgelte) für Schulden; (b) Renten und dauernde Lasten (ohne Pensionszuzahlungen einer unmittelbar vom Arbeitgeber erteilten Versorgungszusage); (c) Gewinnanteilen des stillen Gesellschafters; (d) 20 Prozent der → Miet- und Pachtzinsen einschließlich Leasingraten für die Nutzung von beweglichen Wirtschaftsgütern des Anlagevermögens, die im Fremdeigentum stehen; (e) 65 Prozent der Miet- und Pachtzinsen einschließlich Leasingraten für die Nutzung der unbeweglichen Wirtschaftsgüter des Anlagevermögens, die im Fremdeigentum stehen; (f) 25 Prozent der Aufwendungen für die zeitlich befristete Überlassung von Rechten (insbesondere Konzessionen und Lizenzen). Dies gilt nur soweit die Summe aus a bis e den Betrag von 100.000 Euro übersteigt. – *Weitere Hinzurechnungen:* (2) Gewinnanteile persönlich haftender Gesellschafter einer KGaA auf ihre nicht auf das Grundkapital geleistete Einlagen oder deren Vergütungen (Tantieme) für die Geschäftsführung; (3) bestimmte steuerfreie Gewinnanteile aus Dividenden, die unter das Halbeinkünfteverfahren (nach § 3 Nr. 40 EStG und § 8b KStG) fallen, nach Verrechnung mit bestimmten Betriebsausgaben; (4) Verlustanteile an einer Personengesellschaft; (5) bei körperschaftsteuerpflichtigen Gewerbebetrieben nach § 9 I 2 KStG abzugsfähigen Aufwendungen für z.B. mildtätige oder wissenschaftliche Zwecke; (6) Gewinnminderungen durch gewisse Teilwertabschreibungen oder sonstige Minderungen des Anteils an einer Körperschaft; (7) ausländische Steuern, die nach § 34c EStG bei der Ermittlung der Einkünfte abgezogen werden, soweit sie auf Gewinne entfallen, die bei der Ermittlung des Gewerbeertrags außer Ansatz gelassen oder nach § 9 GewStG gekürzt werden. – b) *Kürzungen: Die Summe aus gewerblichem Gewinn und Hinzurechnungen wird gekürzt um* (1) (a) 1,2 Prozent des Einheitswerts des zum Betriebsvermögen des Unternehmers gehörenden Grundbesitzes (→ Einheitswert), (b) an die Stelle der vorgenannten Kürzung tritt bei Grundstücksunternehmen im Sinn des § 9 Nr. 1 GewStG auf Antrag eine Kürzung um den Teil des Gewerbeertrags, der auf die Grundstücksverwaltung und -verwertung entfällt; ab dem Erhebungszeitraum 2009 gilt die Besonderheit, dass die erweiterte Grundstückskürzung bei Personengesellschaften nur in dem Umfang erfolgen kann, wie die Sondervergütungen auf die Überlassung der Grundstücke entfällt; (2) die bei der Gewinnermittlung angesetzten Anteile am Gewinn einer Personengesellschaft; (3) die bei der → Gewinnermittlung angesetzten Anteile am Gewinn einer nicht steuerbefreiten inländischen Kapitalgesellschaft, einer Kreditanstalt des öffentlichen Rechts oder einer Erwerbs- und Wirtschaftsgenossenschaft, an der das Unternehmen zu Beginn des Erhebungszeitraums mind. mit 15 Prozent beteiligt ist (gewerbeertragsteuerliches → Schachtelprivileg); (4) die nach § 8 Nr. 4 GewStG dem Gewerbeertrag einer KGaA hinzugerechneten Gewinnanteile; (5) der Teil des Gewerbeertrags des inländischen Unternehmens, der auf eine nicht im Inland gelegene Betriebsstätte entfällt; (6) Spenden i.S.d. § 10d EStG oder § 9 I 2 KStG, wobei die dort geltenden betragsmäßigen Beschränkungen auch hier anzuwenden sind; (7) (a) die bei der Gewinnermittlung angesetzten Anteile am Gewinn einer ausländischen Tochtergesellschaft, an deren Nennkapital das Unternehmen seit Beginn des Erhebungszeitraums ununterbrochen zu mind. 15 Prozent beteiligt ist und die ihre Bruttoerträge ausschließlich oder fast ausschließlich aus → aktiven Tätigkeiten bezieht (→ Schachtelprivileg); (b) das Gleiche gilt auf Antrag für Gewinnanteile, die der Muttergesellschaft aus einer über eine Tochtergesellschaft gehaltenen mittelbaren Beteiligung an einer ausländischen Enkelgesellschaft zufließen (§ 9 Nr. 7 Sätze 2 und 3 GewStG); (8) in bestimmten Fällen die Gewinne aus Anteilen an einer ausländischen Gesellschaft.

Gewerbeertragsteuerseit 1998 alleinige Form der → Gewerbesteuer. – Vgl. auch Gewerbebesteuerung, → Gewerbeertrag.

gewerbeertragsteuerlicher Staffeltarif – bes. Begünstigung bei der Ermittlung des Gewerbesteuermessbetrages für Personengesellschaften. Der gewerbesteuerliche → Staffeltarif ist ab dem Erhebungszeitraum 2008 nicht mehr anzuwenden. Die Regelung wurde im Zuge der Unternehmensteuerreform aufgehoben.

Gewerbekapital – Das Gewerbekapital war bis Ende 1997 neben dem → Gewerbeertrag eine andere Besteuerungsgrundlage für die → Gewerbesteuer. Die auf das Gewerbekapital erhobene Steuer wurde als Gewerbekapitalsteuer bezeichnet. Als Gewerbekapital galt das dem Gewerbebetrieb im Inland dienende Vermögen. Die *Ermittlung des* Gewerbekapitals erfolgte aus dem → Einheitswert des gewerblichen Betriebs, modifiziert um Hinzurechnungen (§ 12 II GewStG a.F.) und Kürzungen (§ 12 III GewStG a.F.). Gemäß § 37 Nr. 1 GewStG wurde das Gewerbekapital von Betriebsstätten im Beitrittsgebiet wie schon in den Jahren 1991 bis 1997 nicht bei der Ermittlung der Gewerbesteuer berücksichtigt. 1998 entfiel die Berücksichtigung des Gewerbekapitals infolge der Abschaffung der Gewerbekapitalsteuer flächendeckend.

Gewerbekapitalsteuer – durch das Gesetz vom 1.1.1998 aufgehobene Steuer, Gesetz zur Fortsetzung der Unternehmensteuerreform vom 29.10.1997 (BGBl. I 2590). – Vgl. auch → Gewerbekapital.

Gewerbesteuer – 1. *Grundsätzliches:* Gewerbebesteuerung. – 2. *Charakterisierung:* Die Gewerbesteuer ist eine Realsteuer (Objekt-, Sachsteuer). Steuergegenstand ist der Gewerbebetrieb und seine objektive Ertragskraft. Der Gewerbesteuer unterliegt jeder → Gewerbebetrieb, der im Inland betrieben wird. Besteuerungsgrundlage ist der → Gewerbeertrag. Hebeberechtigt sind die Gemeinden, die den Steuersatz für die Gewerbesteuer durch Beschluss selbst festlegen. Ist ein Gewerbebetrieb in mehreren Gemeinden aktiv, so wird die Bemessungsgrundlage der Gewerbesteuer durch Zerlegung anteilig auf diejenigen Gemeinden verteilt, in denen der Gewerbebetrieb über eine Betriebsstätte verfügt. Steuerschuldner ist der Inhaber des Gewerbebetriebes. – 3. *Berechnung ab dem Erhebungszeitraum 2008:* a) Der Steuermessbetrag der Gewerbesteuer ist durch Anwendung von Steuermesszahlen auf den Gewerbeertrag zu errechnen. Das Ergebnis gibt die Bemessungsgrundlage für den Erhebungszeitraum (Kalenderjahr) an: (1) Gewerbeertrag ermitteln. (2) Gewerbeertrag ist auf volle 100 Euro abzurunden und bei natürlichen Personen und Personengesellschaften um einen Freibetrag von 24.500 Euro (§ 11 I Nr. 1 GewStG) zu kürzen. Für einige Unternehmen von juristischen Personen des öffentlichen und privaten Rechts gilt ein Freibetrag von 3.900 Euro (§ 11 I Nr. 2 GewStG). (4) Der so gekürzte Gewerbeertrag ist mit einer Steuermesszahl zu multiplizieren. Die Steuermesszahl beträgt ab dem Erhebungszeitraum 2008 einheitlich 3,5 Prozent für Personen- und Kapitalgesellschaften (§ 11 II GewStG). Bei Hausgewerbebetreibenden und gleichgestellten Personen ermäßigt sich die Steuermesszahl auf 56 Prozent. – b) Der Steuermessbetrag wird vom Betriebsfinanzamt durch Steuermessbescheid (sog. Gewerbesteuermessbescheid) festgestellt. Bei mehreren Betriebsstätten eines Gewerbebetriebes in verschiedenen Gemeinden zerlegt das Betriebsfinanzamt den einheitlichen Steuermessbetrag und verteilt ihn durch Zerlegungsbescheid auf die hebeberechtigten Gemeinden (→ Zerlegung). – c) Die Gemeinden errechnen die Gewerbesteuer durch Anwendung des Hebesatzes, dessen Höhe durch die Gemeinden für jedes Rechnungsjahr selbst festgesetzt wird, auf den ihnen zustehenden einheitlichen Steuermessbetrag und erteilen den Gewerbesteuerbescheid. Der Hebesatz muss für alle in einer Gemeinde gleich sein. – 4. *Vorauszahlungen:* Am 15. Februar, 15. Mai, 15. August und 15. November in Höhe eines Viertels der Gewerbesteuer, die sich bei der letzten Veranlagung ergeben haben, sind vom Gewerbesteuerschuldner zu leisten. Änderungen der Vorauszahlungen für Körperschaft- und Einkommensteuervorauszahlungen führen zu entsprechenden Änderungen der Steuermessbeträge und schlagen daher auf die Vorauszahlungen für die Gewerbesteuer durch. Ferner kann auch die Gemeinde die Vorauszahlungsforderungen an die Gewerbesteuer anpassen, die sich für den laufenden Erhebungszeitraum voraussichtlich ergeben wird; dabei ist sie jedoch an den vom Finanzamt vorgegebenen Steuermessbetrag gebunden (19 GewStG). – 5. *Ertragsteuerliche Behandlung ab dem Veranlagungszeitraum 2008:* DieGewerbesteuer sowie steuerliche Nebenleistungen sind seit dem Veranlagungszeitraum 2008 nicht mehr als Betriebsausgabe abzugsfähig. Dennoch kann bei der Einkommensteuerberechnung eine pauschale Anrechnung der Gewerbesteuer auf die zu zahlende Einkommensteuer (§ 35 EStG) erfolgen. – 6. *Finanzwissenschaftliche Beurteilung:* a) *Einordnung:* Die Gewerbesteuer ist eine Gemeindesteuer. Trotz Gewerbesteuerumlage ist die Gewerbesteuer die tragende Säule des kommunalen Finanzsystems geblieben. – b) *Kritik:* Die Gewerbesteuer ist die meistkritisierte Steuer des Steuersystems, da beispielsweise wertschöpfende Sektoren werden *nur selektiv* erfasst, z.B. bleiben die Land- und Forstwirtschaft und die freien Berufe steuerfrei. (3) Das Aufkommen an Gewerbesteuer ist *regional äußerst unterschiedlich;* es führt zu hohem Aufkommen in industriellen Ballungsgebieten. (4) Die Gewerbesteuer führt zu *Wettbewerbsnachteilen* im Außenhandel gegenüber jenen Ländern, die keine Gewerbesteuer kennen; ein Grenzausgleich wie in der Mehrwertsteuer findet nicht statt. (5) Die große *Konjunkturempfindlichkeit* der Gewerbesteuer ist für die Gemeinden ein fiskalischer Nachteil. – c) *Reform:* Für die Akzeptanz der unterschiedlichen Reformmodelle gilt die Hebesatzautonomie als conditio sine qua non. Weitere wesentliche Punkte bilden die Kriterien für ein „optimales" Gemeindesteuersystem. Seit dem 1.1.1998 sind die Gemeinden am Aufkommen der Umsatzsteuer beteiligt (→ Gemeinschaftsteuern). – *Angedachte Reformmodelle:* (1) *Wertschöpfungsteuer:* Der Wertschöpfungsteuer gelingt die breiteste Lastverteilung; sie ist relativ konjunkturunempfindlich; wegen des niedrigen Steuersatzes (2 bis 3 Prozent) ist sie nicht sonderlich merklich. (2) *Gemeindeaufschlag auf Lohn- und Einkommensteuer:* hohe Merklichkeit, zugleich der Kreis der

Belasteten gegenüber der heutigen Gewerbesteuer erweitert. (3) Eine *Kombination der Modelle* kann die jeweiligen Vorteile miteinander verbinden und zusammen mit dem Hebesatzrecht der Gemeinden die Finanzierung der Gemeindeleistungen und die Beteiligung der Bürger daran transparenter machen. Eine „*Revitalisierung*" der Gewerbesteuer oder ihre „*Anrechnung*" auf andere, von den Betrieben zu zahlende Steuerarten kann die Nachteile der Gewerbesteuer nicht beheben. – 8. *Aufkommen* (bis 1979 einschließlich Lohnsummensteuer; bis 1997 einschließlich Gewerbekapitalsteuer): 32,4 Mrd. Euro (2009), 41,1 Mrd. Euro (2008), 40,1 Mrd. Euro (2007), 38,4 Mrd. Euro (2006), 35,1 Mrd. Euro (2005), 28,5 Mrd. Euro (2004), 24.139 Mio. Euro (2003), 23.489,3 Mio. Euro (2002), 24.533,4 Mio. Euro (2001), 27.025,5 Mio. Euro (2000), 21.551,9 Mio. Euro (1995), 19.835,9 Mio. Euro (1990), 15.727 Mio. Euro (1985), 13.851 Mio. Euro (1980), 9.151 Mio. Euro (1975), 5.485 Mio. Euro (1970), 4.781 Mio. Euro (1965), 3.467 Mio. Euro (1960), 1.682 Mio. Euro (1955), 533 Mio Euro (1950).

Gewerbesteueranrechnung – 1. *Begriff:* pauschal durchgeführte Anrechnung der Gewerbesteuerbelastung auf die Einkommensteuerschuld, geregelt in § 35 EStG. – 2. *Steuersystematische Hintergründe:* a) *Nebeneinander von Einkommen- und Gewerbesteuer:* Die Einkünfte aus Gewerbebetrieb unterliegen nicht nur der Einkommensteuer, sondern auch der Gewerbesteuer. Somit unterliegt gerade diejenige Einkunftsart, die am ehesten mit der Schaffung von Arbeitsplätzen verknüpft ist, einer zweifachen Besteuerung, die es bei anderen Einkunftsarten nicht gibt. Eine solche wirtschaftliche Doppelbelastung einer speziellen Einkunftsart ist nicht wünschenswert, jedoch kann die Gewerbesteuer aus grundsätzlichen Erwägungen nicht ersatzlos abgeschafft werden, da das Grundgesetz den Gemeinden eine Steuer mit eigenem Hebesatzrecht garantiert und daher für eine Abschaffung der Gewerbesteuer eine Verfassungsänderung erforderlich wäre. Der Bundesgesetzgeber hat daher den Ausweg gewählt, die Belastung durch die Gewerbesteuer auf indirektem Wege auszugleichen, indem er gestattet, die gezahlte Gewerbesteuer in pauschaler Form bei der Einkommensteuerschuld abzuziehen: Der Steuerpflichtige kann seit 2008 das 3,8-fache des für den jeweiligen Veranlagungszeitraum geltenden Gewerbesteuermessbetrages auf die ESt-Schuld anrechnen, höchstens allerdings die tatsächlich gezahlte Gewerbesteuer. Die Höhe der Anrechnung ist so berechnet, dass bei einem Hebesatz von 400 Prozent noch eine vollständige Entlastung des Unternehmens von der Gewerbesteuer erfolgt; bei höheren Hebesätzen bleibt dagegen ein Rest von zusätzlicher Belastung durch die Gewerbesteuer übrig. – b) *Nebeneinander von Körperschaftsteuer und Gewerbesteuer:* Die vom Gesetzgeber als Anlass für die Gewerbesteueranrechnung angesehene Zweifachbelastung existiert in gleicher Form auch im Körperschaftsteuersektor, da auch dort KSt und GewSt nebeneinander erhoben werden. Das Argument, da die KSt geringer sei als die ESt, seien Entlastungsmaßnahmen nicht notwendig, geht letztlich fehl, weil die KSt für Körperschaften nur deshalb wesentlich geringer festgesetzt ist als die Einkommensteuer, weil bei Körperschaften die Gewinne später noch – bei ihrer Ausschüttung – mit Einkommensteuer belastet werden. Bei richtiger Analyse der Zusammenhänge liegt also auch im KSt-Sektor eine Überbelastung vor. Der Gesetzgeber hat sich jedoch gleichwohl dazu entschieden, eine Gewerbesteueranrechnung auf die Körperschaftsteuer nicht vorzusehen. Dies verzerrt die Entscheidung zwischen den Rechtsformen und führt dazu, dass die Gewerbesteuer für juristische Personen zu völlig anderen Belastungswirkungen führt als für natürliche Personen.

Gewerbesteuerbescheid → Gewerbesteuer.

Gewerbesteuererklärung – Voraussetzung für die Durchführung der Veranlagung zur → Gewerbesteuer. – *Zur Abgabe einer Gewerbesteuererklärung sind verpflichtet* (§ 25 GewStDV): (1) gewerbesteuerpflichtige Unternehmen, deren → Gewerbeertrag im Erhebungszeitraum 24.500 Euro überstiegen hat; (2) Kapitalgesellschaften, soweit sie nicht von der Gewerbesteuer befreit sind; (3) Erwerbs- und Wirtschaftsgenossenschaften sowie Versicherungsvereine auf Gegenseitigkeit; sonstige juristische Personen des Privatrechts und nicht rechtsfähige Vereine insoweit, als sie einen → wirtschaftlichen Geschäftsbetrieb (außer Land- und Forstwirtschaft) unterhalten, der bestimmte Grenzen überschreitet; (4) Unternehmen juristischer Personen des öffentlichen Rechts, wenn sie als stehende Gewerbebetriebe anzusehen sind und eine gewisse Größe aufweisen; (5) Unternehmen, für die zum Schluss des vorausgegangenen Erhebungszeitraums vortragsfähige Fehlbeträge gesondert festgestellt worden sind; (6) Unternehmen, für die vom Finanzamt die Abgabe einer Steuererklärung bes. verlangt wird. Die Aufforderung liegt gewöhnlich in der Zusendung eines Erklärungsvordrucks. – Vgl. auch → Steuererklärung.

gewerbesteuerliches Schachtelprivileg → Schachtelprivileg.

Gewerbesteuermessbetrag – 1. Berechnungsgrundlage für die → Gewerbesteuer (→ Steuermessbetrag). Durch Anwendung der einheitlichen Steuermesszahlen von 3,5 Prozent auf den → Gewerbeertrag (§ 11 GewStG) ergibt sich der Steuermessbetrag. Durch Anwendung eines → Hebesatzes auf den Gewerbesteuermessbetrag wird die Gewerbesteuer berechnet (§§ 11, 14, 16 GewStG). – *Beispiel:* Steuermessbetrag nach dem Gewerbeertrag 89.500 Euro; Hebesatz 420 Prozent; Gewerbesteuerschuld 13.156 Euro. – 2. *Anrechnung auf die Einkommensteuer:* Die tarifliche Einkommensteuer ermäßigt sich bei Einzelunternehmen und Mitunternehmern von Personengesellschaften um das 3,8-fache(vor 2008: 1,8-fach) des für das Unternehmen festgesetzten Gewerbesteuermessbetrags. Voraussetzung ist, dass die

Gewerbesteuer anteilig auf im zu versteuernden Einkommen enthaltene gewerbliche Einkünfte entfällt. Bei Einkünften als Mitunternehmer erfolgt die Ermäßigung in Höhe des auf ihn entfallenden anteiligen Gewerbesteuermessbetrags. – *Beispiel:* festgesetzter Gewerbesteuermessbetrag 1.000 Euro; hiervon das 3,8-fache ergibt 3.800 Euro. Die Einkommensteuer kann sich höchstens um 3.800 Euro ermäßigen. Sie darf jedoch nicht zu einer Einkommensteuer-Erstattung führen. Das wäre dann der Fall, wenn der Gewinn sehr niedrig wäre, erzielt der Unternehmer neben seinen Einkünften aus Gewerbebetrieb noch andere Einkünfte, so kann die Gewerbesteuer nur auf den Teil der Einkommensteuer angerechnet werden, der anteilig auf die im zu versteuernden Einkommen enthaltenen gewerblichen Einkünfte entfällt.

Gewerbesteuer-Rückstellung – 1. *Begriff:* Bei ordnungsmäßiger Buchführung zulässige → Rückstellung für noch nicht fällige, das abgelaufene Wirtschaftsjahr belastende → Gewerbesteuer. – 2. *Abzugsfähigkeit:* Die Gewerbesteuer sowie steuerliche Nebenleistungen hierauf stellen ab dem Jahr 2008 keine Betriebsausgaben mehr dar. In der Handelsbilanz ist die Gewerbesteuer weiterhin als Betriebsausgabe zu behandeln und zu buchen. In diesem Bereich ist auch weiterhin eine Gewerbesteuer-Rückstellung zu passivieren. Steuerlich sind die handelsrechtlich berücksichtigten Aufwendungen bzw. Erträge aus der Gewerbesteuer außerbilanziell zu korrigieren. – 3. *Berechnung:* Die Gewerbesteuerrückstellung ermittelt sich aus dem auf volle 100 Euro abgerundeten Gewerbeertrag nach ggf. Abzug eines Freibetrags, multipliziert mit der einheitlichen Steuermesszahl von 3,5 Prozent (ab dem Erhebungszeitraum 2008) sowie dem Hebesatz der jeweiligen Gemeinde. Ist der einheitliche Gewerbesteuermessbetrag auf Gemeinden mit unterschiedlichen Hebesätzen zu zerlegen (§ 28 GewStG), ist die Gewerbesteuerrückstellung in der Handelsbilanz nach dem gewogenen Durchschnitt der in Betracht kommenden Hebesätze zu ermitteln. Die Gewerbesteuer-Rückstellung ist in Höhe der Differenz zwischen der Nettobelastung der voraussichtlich geschuldeten Gewerbesteuer und den geleisteten Vorauszahlungen anzusetzen. – 4. *Auflösung der Gewerbesteuerrückstellung:* Die Gewerbesteuerrückstellung bleibt bis zur Bezahlung der betreffenden Gewerbesteuer in der Handelsbilanz passiviert. Erst bei Bezahlung wird die Rückstellung aufgelöst. Ist die tatsächliche Gewerbesteuerzahllast höher als der zurückgestellte Gewerbesteueraufwand, entsteht in Höhe des Unterschiedsbetrags zwischen der zu zahlenden Gewerbesteuer und der bisher zurückgestellten Gewerbesteuer eine Gewerbesteueraufwand, der in der Handelsbilanz gewinnmindernd zu berücksichtigen ist. Für die Ermittlung des zu versteuernden Einkommens ist er außerbilanzmäßig hinzuzurechnen. Wurde mehr Gewerbesteuer zurückgestellt als tatsächlich zu zahlen ist, ist der zuviel zurückgestellte Betrag in der Handelsbilanz gewinnerhöhend aufzulösen. Der zu versteuernde Gewerbeertrag bleibt unberührt. – 5. Bis einschließlich zum Erhebungszeitraum 2007 war die Gewerbesteuer als → Betriebsausgabe abzugsfähig und minderte damit ihre eigene Bemessungsgrundlage und damit die Gewerbesteuer selbst. Diese Tatsache war bei der Ermittlung der Gewerbesteuer-Rückstellung entsprechend zu berücksichtigen. Daher wurden folgen *Ermittlungsmethoden* angewendet: a) Nach der *Fünf-Sechstel-Methode* wurde die Nettobelastung näherungsweise dadurch bestimmt, dass die Gewerbesteuer mit fünf Sechsteln des Betrages der Gewerbesteuer angesetzt wurde, der sich ohne Berücksichtigung der Gewerbesteuer als Betriebsausgabe ergab. – b) Nach der *Divisor-Methode* ermittelte sich die Gewerbesteuer durch Anwendung eines Divisors auf den Gewerbesteuerbetrag, der sich ohne Berücksichtigung der Abzugsfähigkeit der Gewerbesteuer ergab. Der Divisor errechnete sich nach folgender Formel: Divisor = 1 + ((Messzahl · Hebesatz) / 10.000). Bei Anwendung des → gewerbeertragsteuerlichen Staffeltarifs waren verschiedene Divisoren auf entsprechende Teilbeträge anzuwenden. – c) Die verschiedenen *mathematisch exakten Methoden* (i.d.R. Iterationsverfahren) wiesen die Nettobelastung zutreffend aus. Seit dem Erhebungszeitraum 2008 ist die Gewerbesteuer nicht mehr von ihrer eigenen Bemessungsgrundlage abzugsfähig, sodass die vorgenannten Berechnungsmethoden insoweit keine Anwendung mehr finden.

Gewerbeverlust – Begriff des Gewerbesteuerrechts: mögliches Fehlergebnis bei Ermittlung des → Gewerbeertrags für einen Erhebungszeitraum (Kalenderjahr); nicht identisch mit Verlust aus Gewerbebetrieb. Gewerbetreibende können einen Gewerbeverlust aus den vorangehenden Erhebungszeiträumen bei Ermittlung des maßgebenden Gewerbeertrags berücksichtigen, soweit die Fehlbeträge nicht in den vorhergehenden Jahren berücksichtigt wurden. Allerdings darf der Gewerbeverlust früherer Jahre nur bis zu 1 Mio. Euro den aktuellen Gewerbeertrag uneingeschränkt mindern. Darüber hinaus gehende Teile des Gewerbeertrages dürfen nur zu 60 Prozent um den Gewerbeverlust früherer Jahre gekürzt werden; nicht berücksichtigte Reste des Gewerbeverlustes sind danach auf spätere Jahre vorzutragen (§ 10a GewStG). Die Höhe der vortragsfähigen Fehlbeträge ist gesondert festzustellen (§ 10a GewStG). Vororganschaftliche Verlustvorträge werden nicht berücksichtigt. Ein Verlustrücktrag in vorangegangene Perioden ist gewerbesteuerlich nicht zulässig.

gewerblicher Betrieb → Gewerbebetrieb.

gewerblich geprägte Personengesellschaft – *Begriff* des Einkommensteuerrechts. Gewerblich geprägte Personengesellschaften sind → Personengesellschaften, die zwar nicht gewerblich tätig sind und bei denen ausschließlich ein oder mehrere Kapitalgesellschaften persönlich haftende Gesellschafter sind und

nur diese oder Nicht-Gesellschafter zur Geschäftsführung befugt sind (§ 15 III Nr. 2 EStG). Typisches Beispiel für eine gewerblich geprägte Personengesellschaft ist eine → GmbH & Co. KG, die vermietet. Gewerblich geprägte Personengesellschaften gelten als → Gewerbebetrieb (§ 15 III 2 EStG) und unterliegen grundsätzlich der → Gewerbesteuer (§ 2 I GewStG). Darüber hinaus gelten gewerblich geprägte Personengesellschaften auch dann in vollem Umfang als Gewerbebetrieb, wenn sie nur teilweise eine gewerbliche Tätigkeit ausüben (§ 15 III Nr. 1 EStG; R 15.8 V EStR und H 15.8 (5) EStH). Auch die vermögensverwaltende Tätigkeit einer gewerblich geprägten Personengesellschaft ist damit als Gewerbebetrieb anzusehen, sog. „Zebragesellschaft". – Bei nicht gewerblichen und nicht gewerblich geprägten Personengesellschaften sind die Einkünfte nach den Grundsätzen der Überschusseinkunftsarten zu ermitteln, gesondert festzustellen und den nicht betrieblich beteiligten Gesellschaftern anteilig zuzurechnen.

Gewichtszoll – der nach dem Gewicht der Ware zu bemessende → Zoll. Im → Gemeinsamen Zolltarif der Europäischen Gemeinschaften (GZT) nur noch im Ausnahmefall vorgesehen, etwa bei Bananen und Salz. – Vgl. auch Wertzoll.

gewillkürtes Betriebsvermögen – Begriff des Bilanzsteuerrechts: → Wirtschaftsgüter, die weder → notwendiges Betriebsvermögen noch → notwendiges Privatvermögen sind, vorausgesetzt, sie stehen in einem gewissen objektiven Zusammenhang mit dem Betrieb und sind ihn zu fördern geeignet oder bestimmt. Die Aufnahme in das → Betriebsvermögen erfolgt durch → Einlage. – Gewillkürtes Betriebsvermögen ist *nicht* möglich bei Kapitalgesellschaften oder Gesellschaftsvermögen von Personengesellschaften. Erlaubt ist die Bildung von gewillkürtem Betriebsvermögen seit einer Rechtsprechungsänderung (2003) auch bei Einnahmen-Überschuss-Rechnung (§ 4 III EStG). Allerdings muss dann der Entscheidung, bestimmtes Vermögen als gewillkürtes Betriebsvermögen zu behandeln, klar und deutlich dokumentiert sein (→ Betriebsvermögen).

Gewinn – I. Handelsrecht: 1. *Unternehmungsgewinn* (Jahresüberschuss): Differenz zwischen Erträgen und Aufwendungen eines Geschäftsjahres (Unternehmensergebnis). – 2. *Ermittlung des Gewinns*: Erfolgsrechnung, → Gewinnermittlung. – 3. *Behandlung des Gewinns* (der Gewinnanteile): a) bei *Personengesellschaften:* → Gewinn- und Verlustbeteiligung. – b) bei *Kapitalgesellschaften:* → Gewinnausschüttung, Gewinnverwendung.

II. Kostenrechnung: 1. *Betriebsgewinn:* Differenz zwischen Erlösen und Kosten einer Periode (Betriebsergebnis; Deckungsbeitrag). – 2. *Neutraler Gewinn:* Unternehmungsgewinn – Betriebsgewinn (neutrales Ergebnis).

III. Steuerrecht: Die Ermittlung des Gewinns kann auf unterschiedliche Weise erfolgen

(→ Einkünfteermittlung). Der steuerpflichtige Gewinn unterliegt der Einkommen- oder Körperschaftsteuer und bildet den Ausgangswert für die Errechnung des Gewerbeertrags (§ 7 GewStG).

IV. Preis- und Markttheorie: Differenz zwischen Erlös U(x) und Kosten K(x): G(x) = U(x) − K(x).

Die erste Ableitung dieser Funktion nennt man *Grenzgewinn:* G' (x)=U' (x) − K' (x).

Der Grenzgewinn ist demnach die Gewinnveränderung, die sich ergibt, wenn eine Einheit zusätzlich produziert und verkauft wird. Er muss gleich Null werden, wenn ein Maximum bestimmt werden soll

$$G' \left(\overline{x} \right) = 0 \Leftrightarrow U' \left(\overline{x} \right) = K'(\overline{x})$$

(notwendige Bedingung):

$$G''(\overline{x}) < 0, \text{ also } U'' (\overline{x}) < K''(\overline{x}).$$

Hinreichend ist die Bedingung:

Gewinnabführungsvertrag - *Ergebnisabführungsvertrag, Ergebnisübernahmevertrag.* 1. *Begriff:* Unternehmensvertrag, durch den eine AG oder KGaA sich verpflichtet, ihren ganzen Gewinn an ein anderes Unternehmen abzuführen (§ 291 I AktG). Der andere Vertragsteil hat jeden während der Vertragsdauer entstehenden Jahresfehlbetrag auszugleichen (Verlustübernahme gemäß § 302 I AktG). Als Gewinnabführungsvertrag gilt auch ein Vertrag, durch den eine AG oder KGaA es übernimmt, ihr Unternehmen für Rechnung eines anderen Unternehmens zu führen. – Der Gewinnabführungsvertrag ist schriftlich abzuschließen und bedarf – wie seine Änderungen – der Zustimmung der Hauptversammlung (grundsätzlich Dreiviertel-Mehrheit des vertretenen Kapitals), wenn der andere Vertragsteil eine AG oder KGaA ist, auch deren Hauptversammlung. Mit der Eintragung in das Handelsregister wird der Gewinnabführungsvertrag wirksam. Er kann nur zum Ende des Geschäftsjahres oder des vertraglich vereinbarten Abrechnungszeitraumes aufgehoben werden; fristlose Kündigung ist zulässig. Die Beendigung des Gewinnabführungsvertrags, deren Grund und deren Zeitpunkt sind zur Eintragung im Handelsregister anzumelden. – Sicherung der außen stehenden Aktionäre bei Bestehen eines Gewinnabführungsvertrags durch Ausgleichszahlung, Abfindung und Sondervorschriften (§§ 304–307 AktG). – Vgl. auch Teilgewinnabführungsvertrag. – 2. *Steuerliche Behandlung:* → Organschaft.

Gewinnabgrenzungsaufzeichnungsverordnung (GAufzV) - 1. Rechtsverordnung vom 13.11.2003 (BStBl. I 2296), letztmalig geändert durch *Unternehmensteuerreform 2008* vom 14.8.2007 (BGBl. 2007, 1912).–2. *Allgemeines und betroffener Personenkreis:* → Steuerpflichtige, die grenzüberschreitende Geschäftsbeziehungen zu nahe stehenden Personen im Sinn von § 1 II AStG unterhalten, unterliegen im Hinblick auf Art und Inhalt der Geschäftsbeziehung bzw. der damit in Zusammenhang stehenden Sachverhalte und Vorgänge einer bes. Dokumentationspflicht. Sie

ist Ausfluss der → Mitwirkungspflicht des Steuerpflichtigen (§ 90 III Satz 5 AO). Art, Inhalt und Umfang der Aufzeichnungen werden im Einzelnen durch die GAufzV geregelt. Sie gilt daneben auch für Geschäftsvorfälle zwischen Stammhaus und Betriebsstätte und für die Gewinnermittlung von Personengesellschaften, an denen der Steuerpflichtige beteiligt ist, soweit dabei Geschäftsbeziehungen im Sinn von § 1 AStG zu prüfen sind. – 3. *Grundsätze der Aufzeichnungspflicht:* Es muss ersichtlich sein, welcher Sachverhalt im Einzelnen verwirklicht wurde und ob bzw. inwieweit den Geschäftsbeziehungen Bedingungen einschließlich von Preisen zugrunde liegen, die die Feststellung zulassen, dass der sog. Fremdvergleichsgrundsatz beachtet wurde. Die Aufzeichnungen müssen das ernsthafte Bemühen des Steuerpflichtigen erkennen lassen, dass er seine Geschäftsbeziehungen unter Beachtung des Fremdvergleichsgrundsatzes gestaltet (hat). Dazu sind bes. die relevanten Markt- und Wettbewerbsverhältnisse darzustellen und Vergleichsdaten aufzuzeigen. – 4. *Form:* Die Aufzeichnungen können schriftlich oder elektronisch erstellt werden. – 5. Die Finanzbehörde soll sie regelmäßig nur *für Zwecke der Durchführung einer* → Außenprüfung anfordern. – 6. *Folgen bei Verletzung der Dokumentationspflicht* (fehlende, verspätete oder nicht verwertbare Aufzeichnungen): Sie gelten als nicht erstellt. Damit wird widerlegbar zulasten des Steuerpflichtigen vermutet, dass seine im Inland steuerpflichtigen Einkünfte höher als die von ihm erklärten sind. Soweit es zu einer → Schätzung der Besteuerungsgrundlagen durch die Finanzbehörde kommt, kann diese den gesamten Schätzungsrahmen zuungunsten des Steuerpflichtigen ausschöpfen (§ 162 III AO). Daneben ist ein Strafzuschlag festzusetzen. Seine Höhe richtet sich danach, welcher der Tatbestände (Nichtvorlage, Unverwertbarkeit oder verspätete Vorlage der Aufzeichnungen) gegeben ist; vgl. § 162 IV AO).

Gewinnabgrenzungsverordnung → Verrechnungspreis.

Gewinnanteil des Gesellschafters - I. Handelsrecht: Anteiliger, quotenmäßiger Anspruch des Gesellschafters auf Beteiligung am → Gewinn seiner Gesellschaft. – 1. Bei der *Gesellschaft bürgerlichen Rechts* bestimmt sich der Gewinnanteil nach dem Gesellschaftsvertrag; grundsätzlich hat jeder Gesellschafter den gleichen Gewinnanteil. Vereinbarung über Gewinnanteil oder Anteil am Verlust gilt im Zweifel für Gewinn und Verlust (§ 722 BGB). Rechnungsabschluss und Gewinnverteilung können erst nach Auflösung der Gesellschaft, bei Gesellschaften von längerer Dauer am Schluss jedes Geschäftsjahres verlangt werden (§ 721 BGB). – 2. Bei *OHG und KG:* → Gewinn- und Verlustbeteiligung. – 3. Bei der *GmbH* wird der Gewinn nach dem Verhältnis der Geschäftsanteile verteilt, wenn nicht der Gesellschaftsvertrag eine andere Regelung vorsieht (§ 29 III GmbHG). – 4. Bei *Genossenschaften:* Kapitaldividende und/oder Rückvergütung. – 5. In der *AG* wird der Gewinnanteil (1) des *Aktionärs* als → Dividende, (2) der Mitglieder des *Vorstands* und *Aufsichtsrats* als *Tantieme* bezeichnet.

II. Steuerrecht: Der Gewinnanteil unterliegt beim Empfänger der Einkommensteuer oder Körperschaftsteuer, ggf. dem Steuerabzug für Kapitalertragsteuer bzw. seit dem Veranlagungszeitraum 2009 der Abgeltungsteuer. Dabei ist hinsichtlich des Zeitpunktes der Steuerpflicht zu unterscheiden, ob es sich um den Gewinnanteil des Gesellschafters an einer Personen- oder an einer Kapitalgesellschaft handelt: a) bei einem Anteil an einer Personengesellschaft gehört dem Gesellschafter das Vermögen der Gesellschaft zivilrechtlich und steuerrechtlich von Anfang an, d.h. auch die Vermögenssteigerung (das „Einkommen") gehört ihm bereits anteilig bei seiner Entstehung; demzufolge ist der Gewinnanteil aus einer Personengesellschaft vom Gesellschafter anteilig bereits im Jahr seiner Entstehung zu versteuern, auf eine Ausschüttung oder Nichtausschüttung an den Gesellschafter kommt es nicht an. – b) bei einem Anteil an einer Kapitalgesellschaft ist das von der Kapitalgesellschaft erwirtschaftete Einkommen jedoch weder zivil- noch steuerrechtlich Eigentum des Gesellschafters, bevor es an ihn ausgeschüttet wird; dementsprechend kommt es hier zu einer Steuerpflicht des Gewinnanteils beim Gesellschafter erst dann, wenn der Gewinn ausgeschüttet (und damit in das Eigentum des Gesellschafters überführt) worden ist. – Vgl. auch → Gewinnausschüttung.

Gewinnausschüttung – Auszahlung von Gewinnanteilen (Gewinnverwendung).

I. Kapitalgesellschaften: 1. *Formen:* (1) unmittelbar an GmbH-Gesellschafter, (2) gegen Coupons an Aktionäre (→ Dividende), (3) im Wege der Kapitaldividende und/oder Rückvergütung. Rückvergütung an Genossen (→ Genossenschaft). – 2. Gewinnausschüttung erfolgt nach Beschluss über Gewinnverwendung durch die zuständigen Organe und nach Erfüllung der gesetzlich oder statutarisch erforderlichen Leistungen (Zahlung von Körperschaftsteuer und Aufsichtsratsvergütung, Zuführung zur gesetzlichen Rücklage etc.). – 3. *Besteuerung:* Die ausgeschütteten Gewinne einer Kapitalgesellschaft sind beim Empfänger steuerpflichtige Einkünfte (Dividendenerträge aus einem Gesellschaftsanteil). Zur Vermeidung oder Milderung der wirtschaftlichen Doppelbelastung durch Körperschaft- und Einkommensteuer erfolgte bis zur Einführung der *Unternehmensteuerreform 2008* die Besteuerung nach dem Halbeinkünfteverfahren: Die Dividende wird bei der Einkommensteuer zur Hälfte angesetzt, die andere Hälfte der Belastung erfolgt durch die Körperschaftsteuer. Die Kapitalgesellschaft behält bei der Gewinnausschüttung für Rechnung des Anteilseigners von der Dividende Kapitalertragsteuer ein (→ Steuerabzug, Quellenbesteuerung); bei der Einkommensteuerveranlagung des Anteilseigners wird die Kapitalertragsteuer

angerechnet und ggf. erstattet. – a) *Besteuerung der Gewinnausschüttung bei einem einkommensteuerpflichtigen Anteilseigner bis zur Unternehmensteuerreform 2008:* Ist der Anteilseigner einkommensteuerpflichtig, so ergibt sich die hälftige Befreiung der Dividende aus § 3 Nr. 40 EStG sowie die hälftige Anrechnung der zugehörigen Kosten aus § 3c II EStG. – b) *Besteuerung der Gewinnausschüttung bei einem körperschaftsteuerpflichtigen Anteilseigner:* Ist der Anteilseigner körperschaftsteuerpflichtig (z.B. Mutterkapitalgesellschaft, die Gewinnausschüttung von einer Tochtergesellschaft erhält), so bleibt die Dividende steuerfrei. Die (nicht-abziehbaren) Kosten der Beteiligung sind nicht individuell zu ermitteln, sondern werden auf 5 Prozent der bezogenen Dividenden geschätzt (§ 8b V KStG). – c) *Besonderheiten:* Für Vorgänge, die handelsrechtlich keine Gewinnausschüttung darstellen, aber steuerlich als verdeckte Gewinnausschüttung qualifiziert werden, gelten die genannten Regelung entsprechend (Gleichstellung von verdeckter Gewinnausschüttung und offener Gewinnausschüttung). – 4. *Unternehmensteuerreform 2008:* Das bisherige Halbeinkünfteverfahren wird zum Teileinkünfteverfahren (60 Prozent der Erlöse sind steuerpflichtig) und gilt nur noch für Gewinnausschüttungen, Veräußerungsgewinne etc. im Zusammenhang mit Beteiligungen an Kapitalgesellschaften, die sich im Betriebsvermögen von Einzelunternehmen oder Personengesellschaften befinden oder für Gewinne aus der Veräußerung privater Beteiligungen i.S.d. § 17 EStG (Beteiligung von mind. 1 Prozent am Gesellschaftskapital innerhalb der letzten fünf Jahre). Bei Beteiligungen, die sich im Privatvermögen befinden, wird das Halbeinkünfteverfahren durch die → Abgeltungsteuer abgelöst, d.h. mit dem Einbehalt von 25 Prozent Kapitalertragsteuer ist die Besteuerung abgegolten. Das neue Recht gilt ab dem Veranlagungszeitraum 2009.

II. Personengesellschaften: → Gewinn- und Verlustbeteiligung.

Gewinneinkünfte – Zu den Gewinneinkünften zählen Einkünfte aus Land- und Forstwirtschaft (§ 13 EStG), Einkünfte aus Gewerbebetrieb (§ 15 EStG) und Einkünfte aus selbständiger Arbeit (§ 18 EStG). Tatbestandsvoraussetzungen für Gewinneinkünfte sind Gewinnerzielungsabsicht, Nachhaltigkeit, Selbstständigkeit, Beteiligung am allg. wirtschaftlichen Verkehr und keine reine Vermögensverwaltung. Die Ermittlung des Gewinns erfolgt i.d.R. durch Betriebsvermögensvergleich. – *Anders:* → Überschusseinkünfte.

Gewinnentnahmesperre → negatives Kapitalkonto.

Gewinnermittlung – 1. *handelsrechtliche Ermittlung* des Periodengewinns einer Unternehmung (Gewinn- und Verlustrechnung (GuV) und auch kurzfristige Erfolgsrechnung, Deckungsbeitragsrechnung). – 2. Gewinnermittlung zur *Besteuerung* nach dem Einkommen (Einkommen-, Körperschaftsteuer) und nach dem Gewerbeertrag (Gewerbesteuer): → Einkünfteermittlung. – 3. *Sonderfall:* Gewinnermittlung bei Liquidation einer Körperschaft. Der Besteuerung wird der im Zeitraum der Abwicklung erzielte Gewinn zugrunde gelegt. Der Besteuerungszeitraum soll drei Jahre nicht übersteigen. Als im Abwicklungszeitraum erzielter Gewinn gilt gemäß § 11 II KStG der Unterschied zwischen dem zur Verteilung gelangenden Vermögen (Abwicklungsendvermögen) und dem Betriebsvermögen, das am Schluss des der Liquidation vorangegangenen Wirtschaftsjahres der Veranlagung zugrunde lag (Abwicklungsanfangsvermögen).

steuerliches Abwicklungs-Endvermögen
– steuerliches Abwicklungs-Anfangsvermögen

= vorläufiger steuerlicher Abwicklungsgewinn
+ Wert eigener Anteile
+ bei der Ermittlung abgezogene Spenden
+ höchstens abziehbare Spenden
  (§ 9 I Nr. 2 KStG)
– Verlustabzug (§ 10d EStG)

= steuerlicher Abwicklungsgewinn
– Freibetrag nach § 16 IV EStG

= steuerpflichtiger Abwicklungsgewinn

Gewinnfeststellung – 1. *Steuerrechtlicher Begriff:* Feststellung der Höhe und Verteilung von Einkünften durch das → Betriebsfinanzamt, das → Tätigkeitsfinanzamt oder das → Verwaltungsfinanzamt (§ 18 AO) in einem gesonderten → Feststellungsbescheid (§ 180 I Nr. 2 AO): (1) bei einkommen- und körperschaftsteuerpflichtigen Einkünften und mit ihnen im Zusammenhang stehenden anderen Besteuerungsgrundlagen, wenn mehrere Personen daran beteiligt sind; (2) bei Einkünften aus Land- und Forstwirtschaft, Gewerbebetrieb oder freiberuflicher Tätigkeit, wenn das zuständige Finanzamt nicht auch für die Einkommensteuern zuständig ist. Gewinnfeststellung bildet eine Ausnahme von dem Grundsatz, dass die → Besteuerungsgrundlagen nur ein unselbstständiger Teil des → Steuerbescheids sind. Gewinnfeststellung geschieht einheitlich und gesondert; sie verhindert, dass der gleiche Sachverhalt gegenüber den verschiedenen Beteiligten steuerlich unterschiedlich gewertet wird. Gewinnfeststellung geht i.d.R. aus von den Angaben über die Beteiligten (Gesellschafter), das Beteiligungsverhältnis und die Gewinnverteilung, die der vertretungsberechtigte Beteiligte in der Erklärung zur einheitlichen und gesonderten Gewinnfeststellung (Feststellungserklärung, vgl. → Steuererklärung) abzugeben hat. – 2. Die in dem Gewinnfeststellungsbescheid getroffenen *Feststellungen* reichen sich gegen alle Personen, die an dem Betrieb beteiligt sind, und werden u.a. den Steuerbescheiden der Beteiligten zugrunde gelegt (§ 182 I AO). – 3. Die

Gewinnfeststellungsbescheide können dem Empfangsbevollmächtigten mit Wirkung für und gegen alle Feststellungsbeteiligten bekannt gegeben werden (§ 183 AO). – 4. *Rechtsbehelf:* Gegen den Gewinnfeststellungsbescheid ist der → Einspruch gegeben. Die Befugnis zur Einlegung ergibt sich aus § 352 AO und § 48 FGO.

Gewinn-Richtsätze → Richtsätze.

Gewinn- und Verlustbeteiligung – Bei Personengesellschaften meist im Gesellschaftsvertrag eingehend geregelt. Fehlt eine Vereinbarung über Gewinn- und Verlustbeteiligung, so gilt:

I. *Personengesellschaft/stille Gesellschaft:* 1. *Gewinn- und Verlustverteilung:* a) *Offene Handelsgesellschaft:* Jedem Gesellschafter steht zunächst ein Vorzugsgewinnanteil in Höhe von 4 Prozent seines Kapitalanteils zu (§ 121 I HGB). Der dann noch verbleibende Restgewinn wird gleichmäßig verteilt (§ 121 III HGB). – Vgl. auch Verlustberechnung. – b) *Kommanditgesellschaft:* Für den Vorzugsgewinnanteil gilt gleiches (§ 168 I HGB). Der überschießende Restgewinn wird jedoch im angemessenen Verhältnis der Anteile verteilt. Dieselbe Verteilung gilt auch für die Verluste, jedoch kann der → Kommanditist nur bis zur Höhe seiner Haftsumme in Anspruch genommen werden. – c) *Stille Gesellschaft:* Es gibt keinen Vorzugsgewinnanteil. Im Übrigen gilt die angemessene Beteiligung wie bei der KG (§ 231 HGB). – 2. *Gutschrift:* a) Der Gewinnanteil des *OHG-Gesellschafters* ist seinem Kapitalanteil gutzuschreiben (§ 120 II HGB). – b) Gutschrift zugunsten des *Kommanditisten* nur bis zur Höhe der bedungenen Einlage möglich (§ 167 II HGB). – c) Dem *stillen Gesellschafter* ist der Betrag auszuzahlen oder gutzuschreiben. Nicht erhobener Gewinn erhöht hier nicht die Einlage, wenn keine bes. Vereinbarung besteht (§ 232 III HGB). – 3. *Steuerrechtliche Behandlung:* Die gewählte Gewinnverteilung wird steuerlich grundsätzlich anerkannt. – *Ausnahme:* (1) *Familiengesellschaften:* Die Gewinnverteilung wird nicht anerkannt, wenn sie offensichtlich wirtschaftlichen Leistungen der Familienmitglieder (Kapitaleinlage und Tätigkeit) nicht gerecht wird; dann liegt aus Sicht des Fiskus eine Schenkung an Familienangehörige vor. (2) *GmbH & Co. KG:* Ist die GmbH alleinige Komplementärin einer KG und sind ihre Gesellschafter zugleich Kommanditisten, so ist ein unangemessen niedriger Gewinnanteil der GmbH eine → verdeckte Gewinnausschüttung. Eine angemessene Gewinnbeteiligung der GmbH muss mind. eine Vergütung für den Kapitaleinsatz umfassen, bei fehlender Vermögenseinlage der GmbH eine Vergütung für das Haftungsrisiko.

II. *Kapitalgesellschaft/Genossenschaft:* → Gewinnausschüttung, Gewinnverwendung.

Gewohnheitsrecht – 1. *Allgemein:* Ungeschriebene Rechtsnormen, die durch ständige Übung gebildet haben und auf dem allg. Rechtsbewusstsein beruhen. – *Ähnlich:* Verkehrssitte, Handelsbrauch. – 2.

Steuerrecht: Gewohnheitsrecht ist umstritten. Aufgrund des strengen Gesetzvorbehalts im Rahmen des Eingriffsrechts besteht nach herrschender Meinung kein steuerbegründendes Gewohnheitsrecht; Steuervergünstigungen können – in Ausnahmefällen – kraft Gewohnheitsrecht anerkannt werden, z.B. Bildung steuerfreier Rücklagen für Ersatzbeschaffung.

gewöhnlicher Aufenthalt – I. Steuerrecht: Ort, wo sich jemand unter solchen Umständen aufhält, die erkennen lassen, dass er dort nicht nur vorübergehend verweilt. Gewöhnlicher Aufenthalt ist gleichbedeutend mit dauerndem, im Gegensatz zu dem nur vorübergehenden Aufenthalt. → Unbeschränkte Steuerpflicht natürlicher Personen tritt i.d.R. dann ein, wenn der Aufenthalt im Inland länger als sechs Monate ohne längere Unterbrechung dauert (§§ 9 AO, 1 I EStG).

II. Sozialrecht: Ort, an dem sich der Berechtigte oder Verpflichtete u.U. aufhält, die erkennen lassen, dass er an diesem Ort oder in diesem Gebiet nicht nur vorübergehend verweilt (§ 30 III SGB I), wobei über- oder zwischenstaatliche Regelungen unberührt bleiben (§ 30 II SGB I). – Nach der Rechtsprechung des Bundessozialgerichts haben *Asylbewerber* während der Dauer des Asylverfahrens keinen gewöhnlichen Aufenthalt im Bundesgebiet, sondern nur einen vorübergehenden Aufenthalt. Ob *Kinder ausländischer Staatsangehöriger* gewöhnlichen Aufenthalt im Bundesgebiet haben können, solange sie im Ausland eine Ausbildung durchlaufen, ist umstritten.

gleichgestellte Lieferungen und Leistungen → unentgeltliche Wertabgaben, → Verbringung.

Gleitzoll – Form des Mischzolls, bei der die Zollbelastung mit steigendem (sinkendem) Einfuhrpreis sinkt (steigt). Ziel ist eine flexible Abschirmung des Marktes vor Preisveränderungen am Weltmarkt zur Protektion der inländischen Anbieter bzw. zur Preisstabilisierung im Inland. – *Nachteile:* Technische Probleme begünstigen bei der Anpassung des → Zolltarifs an neue Einfuhrpreise die Spekulation an den Warenmärkten; Produktivitätsfortschritte im Ausland können beim Gleitzoll im Gegensatz zum Wertzoll oder zum spezifischen Zoll nicht weitergegeben werden, die internationale Arbeitsteilung wird dadurch behindert.

Globalabstimmung – Prüfungsbehandlung, die bes. solche Summen und Salden auf Identität vergleicht, die nach der Logik der doppelten Buchführung identisch sein müssen.

GmbH & Co. KG – 1. *Verfahrensrechtliche Aspekte:* Eine GmbH & Co. KG ist steuerlich eine Personengesellschaft; ihr Gewinn einheitlich und gesondert festgestellt und anteilig den Gesellschaftern zugerechnet, die ihn zu versteuern haben. – 2. *Steuerarten:* Sind die Gesellschafter natürliche Personen, unterliegt ihr Gewinnanteil der Einkommensteuer; sind die Gesellschafter körperschaftsteuerpflichtig, unterliegt ihr Gewinn der Körperschaftsteuer. – 3. Bei der

Behandlung des *Geschäftsführergehalts der GmbH* ergeben sich Unterschiede, je nachdem, ob das Gehalt von der GmbH oder unmittelbar von der KG gezahlt wird, und ob der Geschäftsführer an der KG beteiligt ist (→ Leistungsvergütungen) oder ein Fremder ist. – 4. Die GmbH & Co. KG kann wegen einer Sonderregelung steuerlich aufgrund ihrer Rechtsform zu gewerblichen Einkünften führen (gewerblich geprägte Personengesellschaft, § 15 III Nr. 2 EStG). Sind die Voraussetzungen für eine gewerblich geprägte Personengesellschaft nicht erfüllt, gelten die allg. Grundsätze. Gilt das Einkommen der GmbH & Co KG steuerlich als gewerblich und sind die Kommanditisten zugleich auch Eigentümer der Anteile an der GmbH, dann dann dienen die Anteile an der GmbH dem betrieblichen Engagement der Kommanditisten und sind daher für diese (Sonder-)Betriebsvermögen; die Dividenden aus der Vollhafter-GmbH sind dann bei den Kommanditisten Teile ihres gewerblichen Gewinns. – 5. *Gewerbesteuer:* Die GmbH & Co. KG unterliegt mit dem Gewinn der Gewerbesteuer, wenn sie einkommensteuerlich zu gewerblichen Einkünften führt. – 6. *Besonderheiten:* Ist eine GmbH & Co. KG allein aufgrund der Sonderregelung für gewerblich geprägte Personengesellschaften steuerlich als Gewerbebetrieb einzustufen und hört sie auf, diese Voraussetzungen zu erfüllen, dann sind ihre Einkünfte ab diesem Zeitpunkt nicht mehr gewerblich; ihr Vermögen ist nicht mehr Betriebsvermögen (→ Betriebsaufgabe). – 7. *Umsatzsteuerlich* ist die GmbH & Co. KG ein eigenständiges Gebilde, das Unternehmer sein und mit seinen Gesellschaftern Geschäfte abschließen kann, die umsatzsteuerlich anzuerkennen sind.

Goodwill → Firmenwert, → Praxiswert.

Gratifikation – I. Begriff: Sonderzuwendungen, die der Arbeitgeber aus bestimmten Anlässen (z.B. Weihnachten, Dienstjubiläum, Urlaub) neben dem → Arbeitsentgelt gewährt. Gratifikationen sind keine Schenkungen; sie sind i.d.R. Anerkennung für geleistete Dienste und Anreiz für weitere Dienstleistung. Abzugrenzen von solchen Sonderzuwendungen sind Ansprüche des Arbeitnehmers auf einen Bonus aufgrund einer Zielvereinbarung bestehen (Bonusanspruch, Zielvereinbarung). – Auf die Zahlung einer Gratifikation besteht weder kraft Gesetzes noch aufgrund der Fürsorgepflicht des Arbeitgebers ein Rechtsanspruch.

II. Rechtsgrundlage: Neben einer ausdrücklichen vertraglichen Zusage (Arbeitsvertrag) oder einer kollektivvereinbarung (Tarifvertrag, Betriebsvereinbarung) kommen u.a. Gleichbehandlungsgrundsatz (Gleichbehandlung) und betriebliche Übung in Betracht. – 1. *Tarifvertrag:* Im Zweifel wird mit einer im Tarifvertrag vereinbarten Sonderzahlung überwiegend im Bezugszeitraum geleistete Arbeit zusätzlich vergütet. – 2. *Betriebliche Übung:* Nach der Rechtsprechung besteht ein Anspruch auf die Gratifikation, wenn der Arbeitgeber dreimal hintereinander vorbehaltlos eine Gratifikation zahlt. Dieser Anspruch kann i.d.R. nicht durch Betriebsvereinbarung wieder beseitigt werden. – 3. *Einzelarbeitsvertrag:* Ein entsprechend begründeter Anspruch auf Gratifikation kann nur durch Abänderungsvertrag oder im Wege der Änderungskündigung beseitigt werden. – 4. *Gleichbehandlungsgrundsatz:* Es entsteht dann ein Anspruch auf Gratifikation, wenn der Arbeitgeber allg. Gratifikationen zahlt, jedoch einzelne Arbeitnehmer oder Gruppen willkürlich ausnimmt. Der Ausschluss ist aber gerechtfertigt bei Kündigungen des Arbeitsverhältnisses, häufigen unberechtigten Fehlzeiten des Arbeitnehmers und bei geringer Dauer der Betriebszugehörigkeit. Unzulässig ist ein Ausschluss bei betriebsbedingter Kündigung, es sei denn, der Tarifvertrag enthält eine entsprechende Klausel. – 5. Wird die Gratifikation freiwillig, *ohne Anerkennung einer Rechtspflicht* für die Zukunft gezahlt, so steht die Zahlung der Gratifikation im Ermessen des Arbeitgebers. Zulässig ist auch ein Widerrufsvorbehalt, allerdings müssen die Widerrufsgründe genannt werden. Vertragsklauseln mit Freiwilligkeit- und Widerrufsvorbehalt müssen AGB-fest formuliert sein (Allgemeine Geschäftsbedingungen im Arbeitsrecht). Auch bei einem wirksamen Freiwilligkeits- oder Widerrufsvorbehalt ist der Gleichbehandlungsgrundsatz zu beachten.

III. **Anspruch:** 1. *Höhe:* Richtet sich nach der ausdrücklich oder stillschweigend getroffenen Vereinbarung. – 2. *Wegfall:* Besteht das Arbeitsverhältnis am vorgesehenen Stichtag nicht mehr oder sind sonst die Voraussetzungen (z.B. keine Fehlzeiten) nicht erfüllt, entfällt der Anspruch; anders bei Leistungen mit reinem Entgeltcharakter, z.B. einem 13. Monatsgehalt.

IV. **Rückzahlungsklauseln:** 1. Der *Rückzahlungsvorbehalt* muss eindeutig vereinbart sein. Eine Rückzahlungspflicht besteht dann nicht, wenn der Arbeitgeber kündigt, ohne dass ihm der Arbeitnehmer hierfür einen Anlass gegeben hat. – 2. Die durch Rückzahlungsklauseln angestrebte Bindung des Arbeitnehmers an den Betrieb kann so stark sein, dass dem Arbeitnehmer die Freiheit zur Kündigung des Arbeitsverhältnisses genommen wird. Die Rechtsprechung hat deshalb *Regeln über das zulässige Maß der Betriebsbindung* aufgestellt. Gratifikationen bis zur Höhe von ca. 100 Euro können überhaupt nicht mit einer Rückzahlungsklausel verbunden werden. Bei einer Weihnachtsgratifikation, die ein Monatsgehalt erreicht, kann die Kündigung bis nach dem 31. März des Folgejahres ausgeschlossen werden. Erreicht die Gratifikation keine zwei Monatsgehälter, kann i.Allg. keine Bindung über den 30. Juni erfolgen. – 3. Sind Rückzahlungsklauseln wegen zu langer Bindung *unzulässig*, ist nicht die Zusage der Gratifikation überhaupt, sondern nur die zu lange Bindung nichtig. Hält der Arbeitnehmer die rechtlich zulässigen Fristen nicht ein, muss er den gesamten Betrag der Gratifikation zurückzahlen.

V. **Pfändung:** Die Weihnachtsgratifikation ist bis zur Höhe der Hälfte des monatlichen Arbeits-

einkommens, höchstens aber bis zum Betrag von 500 Euro unpfändbar (§ 850a Nr. 4 ZPO); für Unterhaltsansprüche vgl. § 850d I ZPO.

VI. **Kostenrechnung:** Gratifikationen werden zumeist gleichmäßig im Rahmen der Personalnebenkosten auf das Jahr verteilt.

VII. **Steuerrecht:** Gratifikationen, die mit einem Dienstverhältnis zusammenhängen, gehören zu den → sonstigen Bezügen, soweit sie nicht fortlaufend gezahlt werden. Werden Gratifikationen regelmäßig mit dem üblichen Arbeitslohn gezahlt, sind sie als laufender → Arbeitslohn zu versteuern.

Gratisaktie – im Rahmen einer Kapitalerhöhung aus Gesellschaftsmitteln neu ausgegebene Aktie (junge Aktien), die den alten Aktionären aus Kapitalrücklagen und Gewinnrücklagen ohne Zuzahlung zur Verfügung gestellt wird. Dabei erfolgt ohne Zufluss neuer Mittel eine Erhöhung des Grundkapitals. Für im Umlauf befindliche Stückaktien ist keine Ausgabe von Gratisaktien erforderlich, da die Kapitalerhöhung den Wert der Stückaktie entsprechend erhöht. – *Steuerliche Behandlung:* → Freiaktie.

Grenzarbeitnehmer – im Zollrecht verwendeter Ausdruck für → Grenzgänger. Die Abgabenfreiheit für Reisemitbringsel ist bei Grenzarbeitnehmern auf kleinere Mengen und reduzierte Warenwerte beschränkt, § 3 EF-VO.

Grenzaufsicht – Sicherung der Zollgrenze (→ Zollgebiet) und Überwachung des → grenznahen Raums, der Freizonengrenze beim Kontrolltyp I (→ Freizone) und der Zollflugplätze durch den Grenzaufsichtsdienst (vgl. § 14 Zollverwaltungsgesetz).

Grenzgänger – *Grenzpendler.* 1. Arbeitnehmer mit *Wohnsitz im Inland,* die sich aber normalerweise täglich von ihrem Wohnsitz über die Grenze an eine → Arbeitsstätte im Ausland begeben und täglich zu ihrem Wohnsitz zurückkehren. – *Lohnsteuer:* Ins Ausland auspendelnde Grenzgänger unterliegen der unbeschränkten Steuerpflicht: Der ausländische Arbeitslohn unterliegt der dt. Einkommensteuer, der → Lohnsteuer jedoch nur, wenn der Grenzgänger einen inländischen Arbeitgeber hat (§ 38 EStG). Anderes gilt, wenn der Lohn für die Tätigkeit im Ausland in Deutschland nach einem → Doppelbesteuerungsabkommen (DBA) von der Steuer freigestellt ist; in diesem Fall muss der Arbeitnehmer nur am ausländischen Tätigkeitsort Einkommensteuer zahlen. Auch muss der Arbeitnehmer allerdings die tatsächliche Versteuerung im Ausland nachweisen, um in Deutschland die Freistellung zu erhalten (§ 50d EStG). Arbeitet er in Ländern ohne DBA, so ist die im Ausland auf den Arbeitslohn entrichtete Steuer (falls mit der dt. Lohn-/Einkommensteuer vergleichbar) auf Antrag auf die dt. Lohnsteuer anzurechnen (§ 34c I EStG). – Vgl. auch → Steuerinländer. – *Sozialversicherung:* Grenzgänger, die i.d.R. täglich, mind. aber einmal wöchentlich an ihren Wohnort zurückkehren, unterliegen den am Arbeitsort maßgebenden

Rechtsvorschriften. Keine Grenzgänger sind Wanderarbeitnehmer, die ihren Wohnsitz in den Beschäftigungsstaat verlegen, und entsandte Arbeitnehmer, die in einem Staat beschäftigt, aber in einem anderen Staat eingesetzt werden (Entsendung ins Ausland). – 2. Arbeitnehmer mit *Wohnsitz im Ausland*, die zur Arbeit ins Inland einpendeln. – Vgl. auch → Steuerausländer. – 3. *Bes. Regelungen in den Doppelbesteuerungsabkommen*: Während normalerweise der Grundsatz verfolgt wird, dass die Doppelbesteuerungsabkommen das Besteuerungsrecht für Arbeitslohn dem Staat zusprechen, in dem der Arbeitnehmer seine Arbeit verrichtet (Tätigkeitsortprinzip), finden sich für die Aufteilung der Steueransprüche für das Gehalt von Grenzgängern auch individuelle Sonderregelungen der Staaten. So wird häufig vereinbart, dass das Gehalt bestimmter Grenzgänger nicht im Tätigkeits-, sondern im Wohnsitzland versteuert werden muss (z.B. im Verhältnis zwischen Deutschland und Frankreich), und teilweise finden sich auch differenzierte Regelungen (z.B im Verhältnis zwischen Deutschland und Belgien, wonach in Belgien wohnende Grenzgänger zwar nur in Deutschland der Einkommensteuer unterworfen werden, aber in Belgien trotzdem der dortigen Gemeindesteuer unterworfen werden können, dafür dann aber eine pauschale Ermäßigung auf die dt. Einkommensteuer zugestanden bekommen). Für die Praxis besteht die bes. Problematik der Grenzgängerregelungen darin, dass dann, wenn Grenzgänger ihre Steuern im Wohnsitzstaat zahlen müssen, Nicht-Grenzgänger aber im Tätigkeitsland, die Frage, ob jemand die – meist komplizierten – Voraussetzungen für die Einstufung als Grenzgänger im aktuellen Jahr erfüllt hat oder nicht, über die gesamte steuerliche Belastung des Betreffenden entscheidet; dementsprechend müssen Grenzgänger bei ihrer Arbeitstätigkeit oft bes. intensiv Rücksicht auf steuerliche Vorgaben nehmen, wenn gravierende Nachteile vermieden werden sollen.

grenznaher Raum – ein Gebietsstreifen bis zu einer Tiefe von 30 km längs der Zollgrenze und 50 km längs der gegenwärtigen Abgrenzung des → Zollgebiets der EU. Im grenznahen Raum bestehen bes. Kontrollrechte (§ 14 ZollVG).

Grenzpendler → Grenzgänger.

Grenzstreifen – zollrechtlich ein Streifen von drei bzw. sechs Metern Breite längs des eine Freizone umgebenden → Zollzauns, in dem einige Beschränkungen und Pflichten gelten (§ 26 ZollVO).

Grenzübergangschein – früher, vor der elektronischen Abwicklung mittels NCTS erforderlich. Ausfüllen und Abgabe durch denjenigen, der die Ware im gemeinsamen Versandverfahren befördert (z.B. Spediteur), bei der Durchgangszollstelle zwischen der EU und den EFTA-Staaten.

GrEStG – Abk. für *Grunderwerbsteuergesetz*, → Grunderwerbsteuer.

grobes Verschulden – Begriff aus der → Abgabenordnung (AO). 1. *Tatbestand*: Führt eine → neue Tatsache oder ein → neues Beweismittel zu einer für den → Steuerpflichtigen niedrigeren Steuer, kann die betreffende Steuerfestsetzung nur geändert werden, wenn den Steuerpflichtigen kein grobes Verschulden am nachträglichen Bekanntwerden der Tatsche bzw. des Beweismittels trifft (§ 173 I Nr. 2 Satz 1 AO). Die Beweis- bzw. Feststellungslast liegt beim Steuerpflichtigen. – 2. *Begriff*: Grobes Verschulden bedeutet Vorsatz bzw. grobe Fahrlässigkeit. Grob fahrlässig handelt, wer die ihm nach seinen persönlichen Verhältnissen zumutbare Sorgfalt in ungewöhnlichem Maße und in nicht entschuldbarer Weise verletzt. – 3. *Positivfälle*: Grobes Verschulden liegt regelmäßig vor, wenn der Steuerpflichtige trotz Aufforderung keine → Steuererklärung abgegeben hat, gegen allg. Grundsätze der Buchführung verstößt, ausdrückliche Hinweise in Vordrucken, Merkblättern oder sonstigen Mitteilungen der Finanzbehörde sowie in den Steuererklärungsvordrucken konkret gestellte Fragen nicht beachtet. – 4. *Negativfälle*: Die Unkenntnis steuerrechtlicher Bestimmungen kann für sich allein nicht den Vorwurf groben Verschuldens rechtfertigen. Ebensowenig gilt dies grundsätzlich für offensichtliche alltägliche Versehen wie Schreib-, Rechen-, Übertragungsfehler oder Verwechslungen. – 5. *Vertreterverschulden*: Der Steuerpflichtige hat sich ein grobes Verschulden seines steuerlichen Vertreters wie eigenes Verschulden anrechnen zu lassen (vgl. AEAO zu § 173 Nr. 5). – 6. Grobes Verschulden ist dann *unbeachtlich*, wenn die betreffenden neuen Tatsachen bzw. Beweismittel in Zusammenhang mit solchen Tatsachen oder Beweismitteln stehen, die zu einer höheren Steuer führen (§ 173 I Nr. 2 Satz 2 AO).

Grossing-up-Verfahren → Zwischengesellschaft.

Grundbesitz – Oberbegriff des Bewertungsgesetzes für land- und forstwirtschaftliche Betriebe, Grundstücke und Betriebsgrundstücke. Land- und forstwirtschaftliche Betriebe werden nach den Regeln für → land- und forstwirtschaftliches Vermögen bewertet, Grundstücke und Betriebsgrundstücke nach den Regeln für → Grundstücke. Die früher wichtige Bewertung des Grundbesitzes mit → Einheitswerten, die auf der Basis von völlig veralteten Wertverhältnissen beruhen (1964 bzw. 1935), hat heute im Wesentlichen nur noch für die → Grundsteuer Bedeutung; für andere Steuerarten sind der sog. → Bedarfswert. Durch das neue Erbschaftsteuergesetz, welches mit Wirkung zum 1.1.2009 in Kraft getreten ist, gewinnt der gemeine Wert im Rahmen der Bewertung von Grundstücken immer mehr an Bedeutung. – Vgl. → Erbschaftsteuerreform.

Grundbesitzwert – Begriff des Bewertungsgesetzes: offizieller gesetzlicher Terminus für → Bedarfswert. Im Zuge der → Erbschaftsteuerreform ist eine Neuregelung der Bewertungsvorschriften für Grundbesitzes für Erbschaftsteuerzwecke vorgenommen worden. Die Bewertung von Grundbesitz erfolgt nunmehr grundsätzlich nach dem gemeinen Wert. Die neuen Regelungen treten zum 1.1.2009 in Kraft und können jedoch auf Antrag bereits ab dem 1.1.2007 (nur für Erbfälle) angewendet werden.

Grunderwerbsteuer – Verkehrsteuer, die erhoben wird, wenn die rechtliche oder wirtschaftliche Verfügungsmacht an einem inländischen Grundstück übergeht. – 1. *Rechtsgrundlage:* GrEStG i.d.F. vom 26.2.1997 (BGBl. I 418, ber. 1804) m.spät.Änd. – 2. *Steuerbare Vorgänge* (§ 1 I–III GrEStG): Hauptfall ist der Abschluss eines Kaufvertrages über ein inländisches → Grundstück. Daneben unterliegen zahlreiche weitere tatsächliche und rechtliche Vorgänge der Grunderwerbsteuer, die eine Steuervermeidung verhindern sollen, z.B. unter bestimmten Voraussetzungen die Übertragung von Anteilen an einer Gesellschaft, zu deren Vermögen ein inländisches Grundstück gehört. – 3. *Steuerbefreiungen:* (§ 3 Nr. 1–8 GrEStG): (1) Erwerbe, deren Wert weniger als 2.500 Euro (→ Freigrenze) beträgt; (2) Schenkungen und Erwerbe von Todes wegen; (3) Erwerb eines zum Nachlass gehörenden Grundstücks durch Miterben zur Teilung des Nachlasses; (4) Erwerbe durch Ehegatten; (5) Erwerbe durch frühere Ehegatten im Rahmen der Vermögensauseinandersetzung nach Scheidung; (6) Erwerb durch Verwandte in gerader Linie, Stiefkinder sowie deren Ehegatten; (7) der Erwerb eines zum Gesamtgut gehörenden Grundstücks durch Teilnehmer an einer fortgesetzten Gütergemeinschaft zur Teilung des Gesamtguts; (8) Grundstücksrückerwerbe durch Treugeber. – 4. *Steuerberechnung:* a) *Bemessungsgrundlage:* Wert der Gegenleistung; in bestimmten Fällen der Bedarfswert (§ 8 GrEStG). – b) *Steuersatz:* 3,5 Prozent (§ 11 I GrEStG). Seit dem 1.9.2006 dürfen die Bundesländer den Steuersatz selbst festlegen. So beträgt der Steuersatz in Berlin seit dem 1.1.2007 4,5 Prozent. – 5. *Steuerschuldner:* Steuerschuldner sind regelmäßig die an einem Erwerbsvorgang beteiligten Personen (§ 13 GrEStG) als → Gesamtschuldner (§ 44 I AO). – Zum *Entstehungszeitpunkt der Grunderwerbsteuer* vgl. → Steuerschuld. – 6. *Verfahren:* Für grunderwerbsteuerbare Vorgänge besteht grundsätzlich → Anzeigepflicht. Damit wird dem zuständigen Finanzamt ermöglicht, durch einen → Steuerbescheid die Grunderwerbsteuer festzusetzen. I.d.R. wird die Steuer einen Monat nach dessen Bekanntgabe fällig (§ 15 GrEStG). – 7. *Aufkommen:* 6.952 Mio. Euro (2007), 6.125 Mio. Euro (2006), 4.840 Mio. Euro (2003), 4.837,7 Mio. Euro (2002), 5.014,7 Mio. Euro (2001), 5.241 Mio. Euro (2000), 3.253,2 Mio. Euro (1995), 2.154,4 Mio. Euro (1990), 1.562 Mio. Euro (1985), 1.201 Mio. Euro (1980), 770 Mio. Euro (1975), 539 Mio. Euro (1970), 347 Mio. Euro (1965), 189 Mio. Euro (1960), 104 Mio. Euro (1955), 43 Mio Euro (1950).

Grundfreibetrag – im → Einkommensteuertarif bereits berücksichtigter → Freibetrag in Höhe von 8.004 Euro (seit 2010) bei Einzelveranlagung und in Höhe von 16.009 Euro bei Zusammenveranlagung. Durch den Grundfreibetrag soll das Existenzminimum des Steuerpflichtigen steuerfrei belassen werden.

Grundhöchstbetrag → Vorsorgeaufwendungen.

Grundlagenbescheid – 1. *Begriff:* Grundlagenbescheide sind Bescheide, die eine Bindungswirkung für andere Bescheide – vornehmlich Steuerbescheide – entfalten. – 2. *Arten* (§ 171 X AO): a) Feststellungsbescheide (z.B. Einheitswertbescheid, Gewinnfeststellungsbescheid, → Ergänzungsbescheid), – b) Steuermessbescheide (z.B. Gewerbesteuermessbescheide, Grundsteuermessbescheid), – c) andere steuerliche und nicht steuerliche Verwaltungsakte mit Bindungswirkung (z.B. Einkommensteuerbescheid für die Bewilligung von Leistungen nach dem BAföG, Stundungsverfügung als Grundlage für die Festsetzung von → Stundungszinsen, Billigkeitsmaßnahme nach § 163 AO, Bescheinigung der zuständigen Behörde über eine Körperbehinderung). – 3. *Wirkungen auf den Folgebescheid:* Wird ein Grundlagenbescheid erlassen, aufgehoben oder geändert, ist der von ihm abhängige Steuerbescheid (Folgebescheid) entsprechend zu erlassen, aufzuheben oder zu ändern (§ 175 I Nr. 1 AO). Der Ablauf der Festsetzungsfrist für den Folgebescheid ist insoweit gehemmt (Ablaufhemmung), als sie nicht vor Ablauf von zwei Jahren nach → Bekanntgabe des Grundlagenbescheides endet.

Grundlohn – I. *Personalwirtschaft:* tariflich festgelegtes Entgelt für die übliche Arbeitsleistung in verschiedenen Lohnformen.

II. *Sozialrecht:* Seit 01.01.1989 richtet sich die Bemessung der Beiträge zur gesetzlichen Krankenversicherung nach den beitragspflichtigen Einnahmen bis zur Beitragsbemessungsgrenze (§ 223 SGB V). Bei versicherungspflichtig Beschäftigten werden die Beiträge vom → Arbeitsentgelt aus der Beschäftigung errechnet (§ 226 SGB V). Bei Beschäftigte, die freiwillig versichert sind, sieht § 240 II SGB V die Anwendung derselben Grundsätze wie für pflichtversicherte Beschäftigte vor. Als beitragspflichtige Mindesteinnahmen für freiwillige Versicherte gilt jedoch der 90. Teil der monatlichen Bezugsgröße. Für freiwillige Mitglieder, die hauptberuflich erwerbstätig sind, gilt als beitragspflichtige Einnahme für den Kalendertag der 30. Teil der monatlichen Bemessungsgrenze, bei Nachweis niedrigerer Einnahmen, jedoch mind. der vierzigste der monatlichen Bezugsgröße (§ 240 IV SGB V). Für die übrigen Versicherten (Rentner, Studenten u.a.) gelten z.T. unterschiedliche Regelungen (§§ 226 ff. SGB V).

III. *Steuerrecht:* Begriff, der zur Berechnung der steuerfreien Nachtarbeits-, Sonntags- und → Feiertagszuschläge Bedeutung hat.

Grundsätze der Ausübung des Wirtschaftsprüferberufs → Berufsgrundsätze für Wirtschaftsprüfer.

Grundsätze ordnungsmäßiger Abschlussprüfung → Grundsätze ordnungsmäßiger Prüfung.

Grundsätze ordnungsmäßiger Prüfung – Grundsätze, die zu beachten sind, um die Aufgaben im wirtschaftlichen Prüfungswesen den gegebenen Zwecken entsprechend auszuführen (→ Wirtschaftsprüfung, → Wirtschaftsprüfer (WP), → Jahresabschlussprüfung). Untergrundsätze sind u.a. die *Grundsätze ordnungsmäßiger Abschlussprüfung*, die maßgeblich vom → Institut der Wirtschaftsprüfer in Deutschland e. V. (IDW) erarbeitet wurden. – Vgl. auch → Prüfungstandard, Wirtschaftsprüfungsmethoden.

Grundsatzrevision → Revision.

Grundsteuer – erhoben als → Realsteuer mit dem Charakter einer → Substanzsteuer auf landwirtschaftliche, gewerbliche und Wohn-Grundstücken.

I. **Rechtsgrundlagen:** Grundsteuergesetz (GrStG) vom 7.8.1973 (BGBl. I 965) m.spät.Änd.

II. **Steuergegenstand:** der → Grundbesitz, also Betriebe der → Land- und Forstwirtschaft, → Grundstücke und → Betriebsgrundstücke (§ 2 GrStG). – *Befreit* sind u.a. Grundbesitz der öffentlichen Hand, Grundbesitz, der vom Bundeseisenbahnvermögen für Verwaltungszwecke genutzt wird, von Religionsgemeinschaften und Grundbesitz, der unmittelbar gemeinnützigen oder mildtätigen Zwecken oder den Zwecken der Wissenschaft, der Erziehung, des Unterrichts oder dem Zweck einer Krankenanstalt dient (§ 3 GrStG). Weitere Befreiungen gemäß § 4 GrStG. Die unter bestimmten Umständen gewährte Befreiung neu geschaffener Wohnungen in den neuen Bundesländern gemäß § 43 GrStG lief am 31.12.2001 aus.

III. **Steuerschuldner:** der wirtschaftliche Eigentümer des Steuergegenstandes bzw. bei → Erbbaurechten der Inhaber dieses Rechts für die Grundsteuer auf das belastete Grundstück. Bei mehreren wirtschaftlichen Eigentümern sind diese → Gesamtschuldner (§ 10 GrStG). – Sekundär haften ggf. der Nießbraucher und i.d.R. – zeitlich begrenzt – der Erwerber (§ 11 GrStG). Der Steuergegenstand haftet dinglich; Steuererforderungen der Steuerbehörde können ohne weiteren Titel im Wege der Zwangsvollstreckung beigetrieben werden.

IV. **Steuerberechnung:** 1. *Bemessungsgrundlage* ist der gemäß BewG für den Steuergegenstand festgestellte → Einheitswert zu Beginn des jeweiligen Kalenderjahres, in den neuen Bundesländern auch der Einheitswert des Jahres 1935, die Wohn- oder die Nutzfläche (§§ 41, 42 GrStG). – 2. Ermittlung des → Steuermessbetrages durch Anwendung eines Tausendsatzes (*Steuermesszahl*; § 13 GrStG) auf den Einheitswert oder seinen steuerpflichtigen Teil. Die → Steuermesszahlen betragen: (1) allg.: 3,5 Promille (§ 15 GrStG); (2) für Betriebe der Land- und Forstwirtschaft 6 Promille; (3) für → Einfamilienhäuser 2,6 Promille für die ersten 38.346,89 Euro, 3,5 Promille für den Rest des Einheitswertes oder sein steuerpflichtigen Teil; (4) für → Zweifamilienhäuser 3,1 Promille. Bei Bemessung der Steuer nach der Wohn- oder Nutzfläche (in den neuen

Bundesländern als Ersatzbemessungsgrundlage denkbar, s.o.) beträgt die Steuer bei einem Hebesatz von 300 Prozent für bestimmte Wohnungen 1 Euro/m², für andere 0,75 Euro/m² (§ 42 GrStG). Bei anderen Hebesätzen entsprechende Anpassung der Beträge. – 3. Ermittlung der Grundsteuer durch Anwendung eines → Hebesatzes auf den Steuermessbetrag, der von einer Gemeinde für die in ihrem Gebiet liegenden land- und forstwirtschaftlichen Betriebe (*Grundsteuer A*) und die dort liegenden Grundstücke *(Grundsteuer B)* festzusetzen ist (§ 25 GrStG). – 4. *Grundsteuererlass:* Die Grundsteuer wird wegen wesentlicher Ertragsminderung teilweise erlassen, wenn bei Betrieben der Land- und Forstwirtschaft und bei bebauten Grundstücken der normale Rohertrag um mehr als 50 Prozent gemindert ist (ohne Verschulden des Eigentümers): In diesem Fall wird die Grundsteuer in Höhe von 25 Prozent erlassen. Beträgt die Minderung des normalen Rohertrags 100 Prozent, ist die Grundsteuer in Höhe von 50 Prozent zu erlassen (§ 33 GrStG). Der Erlassantrag ist an die Gemeinde bis zum 31. März des Folgejahres zu stellen. Nach aktueller Auffassung des Bundesverwaltungsgerichts ist ein Erlass auch bei dauerhaftem, strukturellem Leerstand möglich mit Ausnahme, dass der Eigentümer den Leerstand selbst zu verantworten hat. Die Grundsteuer kann auch erlassen werden für Kulturgüter und Grünanlagen (§ 32 GrStG).

V. **Verfahren:** 1. Der Steuermessbetrag wird vom → Lagefinanzamt (§§ 18, 22 AO) durch → Steuermessbescheid festgestellt. Er gilt von dem Kalenderjahr an, das zwei Jahre nach dem → Hauptfeststellungszeitpunkt beginnt (§ 16 GrStG), grundsätzlich sechs Jahre; in der Zwischenzeit ist anknüpfend an fortgeschriebene oder nachfestgestellten Einheitswert *Neu- oder Nachveranlagung* möglich. – 2. Nach Mitteilung des Steuermessbetrages setzt die zuständige Gemeinde die Grundsteuer durch *Steuerbescheid* fest. – 3. *Entrichtung* (§ 28 GrStG): vierteljährlich jeweils am 15. Februar, 15. Mai, 15. August und 15. November; Sonderregeln für Kleinbeträge bis zu 30 Euro oder auf Antrag des Steuerschuldners. – Bis zur Bekanntgabe eines neuen Steuerbescheides sind zu den bisher maßgebenden Zahlungszeitpunkten *Vorauszahlungen* unter Zugrundelegung der zuletzt festgesetzten Jahressteuerschuld zu entrichten (§ 29 GrStG); nach Bekanntgabe eines neuen Bescheids werden diese abgerechnet (§ 30 GrStG). – 4. *Erlass:* → Grundsteuererlass.

VI. **Finanzwissenschaftliche Beurteilung:** 1. *Uneinheitlichkeit in der Steuerart:* a) Die Grundsteuer ist eine Art *Sondervermögensteuer* auf den Grundbesitz. – b) Ist sie für Grundstücke der Betriebe und des Grundvermögens im Wohnungswesen eine echte Grundsteuer, so ist sie für die Land- und Forstwirtschaft dem gegenüber eine *Gesamtbetriebsteuer*, fast in einer Art Gewerbesteuer. Sie erfasst Wohnungswert und Wirtschaftswert. – 2. *Steuertechnik* (kompliziert): a) Die zunächst erfolgende *Bildung der*

→ Einheitswerte ist für die Grundvermögensarten und Grundstücke unterschiedlich: (1) Für land- und forstwirtschaftliche Betriebe wird der Wirtschaftswert (§ 46 BewG) als Ertragswert ermittelt, der Wohnungswert nach den Bewertungsgrößen für Wohngrundstücke minus einem Abschlag von 15 Prozent (§ 47 BewG). (2) Beim Grundvermögen des Wohnungswesens werden unbebaute Grundstücke mit dem gemeinen Wert angesetzt, bebaute Grundstücke nach dem Sachwertverfahren oder Ertragswertverfahren bewertet (§ 76 BewG). In letzterem wird die „Jahresrohmiete" mit bestimmten „Vervielfältigern" multipliziert, die nach Gemeindegröße, Bauausführung, Bauart, Grundstücksart und Baujahr äußerst differenziert gestaffelt sind und zwischen den Extremen 4,5 und 13,5 liegen. (3) Betriebsgrundstücke sind nach den Bewertungsregeln zu bewerten, Fabrikgebäude nach dem Sachwertverfahren. – b) *Verwendung willkürlich gebildeter „Steuermesszahlen":* §§ 13–15 GrStG. – 3. *Generelle Unterbewertung des Grundvermögens und spezielle Unterbewertung für die land- und forstwirtschaftlichen Betriebe:* a) Noch heute werden die 1964 errechneten *Einheitswerte* angesetzt (in den neuen Bundesländern sogar Anwendung der 1935 berechneten Einheitswerte). Der 1974 verfügte Aufschlag von 40 Prozent auf die Werte von 1964 gilt für die Vermögens- und die Erbschaftsbesteuerung, nicht aber für die Grundsteuer. Diese Bevorzugung des Grundvermögens vor anderen Vermögensarten gilt als nicht allokationsneutral und hat die bekannte „Flucht ins Betongold" hervorgerufen. – b) Darüber hinaus erfolgt eine *Bevorzugung der Land- und Forstwirtschaft:* (1) Durch den 15-prozentigen Abschlag auf den Wohnwert und (2) durch das Festhalten an den Bodenwertschätzungen von 1934 für den Anbauboden; demnach liegen die für die steuerliche Bewertung maßgeblichen Reinerträge bei nur ca. 10 Prozent der Verkehrswerte. – 4. *Wohnungsbaupolitisch* motiviert ist die Begünstigung der Ein- und Zweifamilienhäuser durch Ansatz niedrigerer Steuermesszahlen. – 5. Das *Verteilungsziel* dürfte verletzt sein, wenn die Eigentümer der begünstigten Ein- und Zweifamilienhäuser den einkommensstarken Schichten angehören. – 6. Die Grundsteuer ist weitgehend eine *Sollertragsbesteuerung:* a) Bei bebauten Grundstücken wird (1) die Sollmiete statt der tatsächlich erzielten angesetzt und (2) ein Vervielfältiger verwendet, der die Grundstücke unabhängig von den erzielten Mieten klassifiziert. – b) Beim Sachwertverfahren gibt es ebenfalls normierte Berechnungen und Pauschalierungen. – 7. Eine *Steuerhäufung* ergibt sich durch die gleichzeitige Belastung von Vermögen und dessen Erträgen mit Grundsteuer und Einkommensteuer. – 8. Als *Gemeindesteuer* ist die Grundsteuer geeignet (Gemeindesteuersystem): (1) Sie ist kaum konjunkturreagibel; (2) sie ist eine örtlich radizierbare Steuer; (3) sie ist merklich und kann daher eine unmittelbare Beziehung zwischen Steuerzahler und Gemeinde herstellen; (4) zur Hebesatzautonomie: Gewerbesteuerung und → Gewerbesteuer;

(5) fiskalisch ist die Grundsteuer wegen der vielfältigen Unterbewertungen nicht sonderlich ergiebig; sie erbringt durchschnittlich 15 Prozent der Gemeindesteuern i.w.S. – 9. *Reform:* a) Sobald eine *Wertschöpfungsteuer* eingeführt werden sollte, wird die Grundsteuer abgeschafft. – b) Für eine weiter bestehende Grundsteuer ist die stets verlangte und verschleppte *Neubewertung* des gesamten Grundvermögens unabdingbar; ihre Realisierung dürfte an den politischen Widerständen und verwaltungstechnischen Schwierigkeiten vermutlich scheitern.

VII. **Aufkommen:** 10.602 Mio. Euro (2006), 9.658 Mio. Euro (2003), 9.261 Mio. Euro (2002), 9.075,8 Mio. Euro (2001), 8.848,9 Mio. Euro (2000), 7.027,2 Mio. Euro (1995), 4.460,3 Mio. Euro (1990), 3.765 Mio. Euro (1985), 2.967 Mio. Euro (1980), 2.122 Mio. Euro (1975), 1.372 Mio. Euro (1970), 1.079 Mio. Euro (1965), 834 Mio. Euro (1960), 704 Mio. Euro (1955), 598 Mio Euro (1950).

Grundsteuer A → Grundsteuer für land- und forstwirtschaftliche Betriebe.

Grundsteuer B → Grundsteuer für alle Grundstücke, die nicht der Land- und Forstwirtschaft dienen.

Grundsteuererlass – Erlass der → Grundsteuer. – 1. *Gemäß §§ 32–34 GrStG:* (1) für → Grundbesitz, dessen Erhaltung wegen seiner Bedeutung für Kunst, Geschichte, Wissenschaft oder Naturschutz im öffentlichen Interesse liegt, wenn die erzielten Einnahmen und die sonstigen Vorteile (Rohertrag) i.d.R. unter den jährlichen Kosten liegen; (2) für öffentliche Grünanlagen, Spiel- und Sportplätze, wenn die Kosten den Rohertrag übersteigen; (3) bei Betrieben der Land- und Forstwirtschaft und bei bebauten Grundstücke auf Antrag *teilweiser* Erlass, wenn der tatsächliche Rohertrag mehr als 20 Prozent vom normalen Rohertrag abweicht, ohne dass der Steuerpflichtige die Minderung zu vertreten hat. – 2. *Unberührt davon* bleibt die Befugnis der Gemeinden, nach § 227 AO den Erlass von der Grundsteuer zu bewilligen.

Grundsteuermessbescheid → Steuermessbescheid.

Grundstück – I. **Bürgerliches Recht:** Begrenzter, durch Vermessung gebildeter Teil der Erdoberfläche, der im Grundbuch als selbständiges Grundstück eingetragen ist. – *Gegensatz:* bewegliche Sache (Mobilie).

II. **Steuerrecht:** 1. *Bewertungsgesetz:* a) *Begriff:* Wirtschaftliche Einheit des → Grundvermögens; Unterfall des → Grundbesitzes. Zu den Grundstücken im Sinn des Bewertungsgesetzes gehört auch → Erbbaurecht und Teileigentum (→ Wohnungseigentum). – b) Für Grundstücke werden für Zwecke der Grundsteuer → Einheitswerte ermittelt, für die Grunderwerbsteuer sog. → Bedarfswerte, und für Erbschaftsteuerzwecke wird seit der Erbschaftsteuerreform grundsätzlich der gemeine Wert herangezogen. Die Einheitswerte werden bislang nach dem Ertragswertverfahren (→ Ertragswert) oder dem Sachwertverfahren (→ Sachwert) ermittelt (→ Grundstücksbewertung): (1) *Bebaute Grundstücke:* Bewertungsverfahren richtet sich nach → Grundstücksart, Ausstattungsmerkmalen und Verfahrensvoraussetzungen (§ 76 BewG); (2) *unbebaute Grundstücke:* Bewertung mit dem → gemeinen Wert. Die „alte" Bedarfsbewertung (§§ 138 ff. BewG) soll zukünftig nach bei der Ermittlung der Grunderwerbsteuer zugrunde gelegt werden. Bei der Bedarfsbewertung wird für unbebaute Grundstücke von den Bodenrichtwerten ausgegangen (§ 145 BewG), die um einen Abschlag von 20 Prozent ermäßigt werden. Bebaute Grundstücke werden mit dem 12,5-fachen der Jahresmiete, vermindert um einen maximal 25-prozentigen Abschlag für das Alter des Gebäudes und ggf. erhöht um einen 20-prozentigen Zuschlag für Ein- oder Zweifamilienhäuser, angesetzt (§ 146 BewG) (vgl. → Bedarfswert). – 2. *Erbschaftsteuer:* Im Rahmen der → Erbschaftsteuerreform ist eine Neuregelung der Bewertungsvorschriften für Grundbesitz für die Erbschaftsteuer in den §§ 157 I und 176 ff BewG, wirksam ab dem 1.1.2009, vorgenommen worden. Auf Antrag und nur im Erbfällen können die neuen Regelungen jedoch bereits ab dem 1.1.2007 angewendet werden. Die Bewertung von Grundbesitz erfolgt nunmehr grundsätzlich nach dem gemeinen Wert. Die Bewertung lehnt sich dabei für bebaute Grundstücke an die Wertermittlungsverordnung und die Wertermittlungsrichtlinien auf der Grundlage des § 194 BauGB an. Für Wohnungseigentum, Teileigentum sowie für Ein- und Zweifamilienhäuser basiert die Bewertung grundsätzlich auf dem sog. → Vergleichswertverfahren. Mangels Vergleichswerte kann auch für bestimmte Grundstücksgruppen eine Bewertung nach Sachwertverfahren erfolgen. Für Mietwohngrundstücke sowie Geschäfts- und gemischt genutzte Grundstücke, bei der sich eine übliche Miete ermitteln lässt, ist die Bewertung unter Berücksichtigung des Ertragswertverfahrens vorzunehmen. Fehlt es bei dieser Grundstücken an einer üblichen Miete, erfolgt die Bewertung wiederum nach dem Sachwertverfahren. Das Sachwertverfahren ist auch für sonstige bebaute Grundstücke anzuwenden. – 3. *Gewerbe-/Einkommensteuer:* a) *Vermietung und Verpachtung von Grundstücken* ist i.Allg. reine Vermögensverwaltung. Sie kann zum → Gewerbebetrieb werden und zu dementsprechenden Einkünften führen, wenn durch fortgesetzte und einer gewerblichen Tätigkeit entsprechende Betätigungen bes. Umstände hinzukommen, die über bloße Überlassung zur Nutzung hinausgehen, z.B. die Vermietung von Räumen in großen Bürohäusern, wenn bedeutsame Sonderleistungen des Vermieters, ständiger und schneller, durch die Vermietung bedingter Mieterwechsel eine Tätigkeit erfordern, die über das bei längerfristigen Vermietungen übliche Maß hinausgeht. Im Fall des Verkaufs von Grundstücken sieht die Rechtsprechung die Grenze zum Gewerbebetrieb relativ früh als überschritten an (3-Objekte-Grenze). – b) Wird das Grundstück *im Rahmen eines Gewerbebetriebes*

vermietet oder verpachtet, so fallen die Einnahmen unter die Einnahmen aus Gewerbebetrieb. Ab dem Erhebungszeitraum 2008 erfolgt eine Hinzurechnung der Mietaufwendungen unabhängig von der Gewerbesteuerpflicht des Vermieters. – Vgl. auch → Betriebsgrundstücke, → Grundstücksarten. – 4. *Grunderwerbsteuer:* Grundstücke im Sinn der → Grunderwerbsteuer (§ 2 GrEStG): (1) Grundstücke im Sinn des Bürgerlichen Rechts, ausgenommen Maschinen und sonstige Vorrichtungen aller Art, die zu einer Betriebsanlage gehören, sowie Mineralgewinnungsrechte und sonstige Gewerbeberechtigungen; (2) Erbbaurechte; (3) Gebäude auf fremdem Boden. – Vgl. auch → Grund und Boden. – 5. *Verfassungswidrigkeit:* Mit Beschluss vom 27.5.2009 (AZ II R 64/08) hat der BFH das BMF aufgefordert, zu der Frage Stellung zu nehmen, ob die nach dem Grunderwerbsteuergesetz (§ 8 II GrEStG) angeordnete Heranziehung der Grundbesitzwerte i.S.d. §§ 138 ff. BewG als Bemessungsgrundlage der Grunderwerbsteuer für Besteuerungszeiträume, die vor und nach dem 1.1.2009 liegen, verfassungsgemäß ist.

Grundstücksart – Begriff des Bewertungsgesetzes bei der Bewertung bebauter → Grundstücke bzw. → Betriebsgrundstücke. Zu unterscheiden: (1) → Mietwohngrundstück, (2) → Geschäftsgrundstück, (3) → gemischtgenutztes Grundstück, (4) → Einfamilienhaus, (5) → Zweifamilienhaus und (6) → sonstiges bebautes Grundstück (§ 75 BewG).

Grundstücksbewertung – für Zwecke der Substanzbesteuerung richtet sich bei der Grundsteuer (und für Zwecke einer Kürzungsvorschrift im Gewerbesteuergesetz, § 9 Nr. 1 GewStG) die Grundstücksbewertung nach den → Einheitswerten, für Grunderwerbsteuer nach → Bedarfswerten und für Erbschaftsteuer seit der Erbschaftsteuerreform 2008 grundsätzlich nach dem gemeinen Wert. Das neue Erbschaftsteuergesetz ist zum 1.1.2009 in Kraft getreten. Die neuen Regelungen können jedoch auf Antrag bereits (nur für Erbfälle) ab dem 1.1.2007 angewendet werden. – Vgl. auch → Grundstück.

Grundstückswert – I. Steuerrecht: → Einheitswert, → Bedarfswert, → Grundstücke.

II. Beleihung: Beleihungswert.

III. Baugesetzbuch: Nach den §§ 192–199 BBauG werden über den Grundstückswert bebauter und unbebauter Grundstücke sowie Rechten an Grundstücken durch unabhängige Gutachterausschüsse erstattet. – 1. *Der Gutachterausschuss ermittelt* als → gemeinen Wert (Verkehrswert) den Preis, der in dem Zeitpunkt, auf den sich die Ermittlung bezieht, im gewöhnlichen Geschäftsverkehr nach Eigenschaft, Beschaffenheit und Lage des Grundstücks ohne Rücksicht auf ungewöhnliche oder persönliche Verhältnisse zu erzielen wäre. – 2. *Das Gutachten können beantragen:* (1) Eigentümer; (2) Gläubiger einer Hypothek, Grund- oder Rentenschuld; (3) Behörden nach dem Baugesetzbuch; (4) Gerichte. – 3. Bei den

Gutachterausschüssen werden *Kaufpreissammlungen* eingerichtet. Die aufgrund dieser für einzelne Teile des Gemeindegebiets oder für das gesamte Gemeindegebiet ermittelten durchschnittlichen Lagewerte (Bodenrichtwerte) dürfen nur dem zuständigen Finanzamt für Zwecke der Besteuerung übermittelt werden. Vorlage an Gerichte oder Staatsanwaltschaft bleibt unberührt. Auskunft an Private bei berechtigtem Interesse nach Maßgabe des Landesrechts (§ 195 BauGB). – Vgl. auch die Immobilienwertermittlungsverordnung vom 19.5.2010 (BGBl. I 639) und die Wertermittlungsrichtlinien 2006 (WertR 2006) vom 1.3.2006 (BAnz Nr. 108a vom 10.6.2006).

Grund und Boden – 1. *Begriff:* → Grundstück. – 2. *Steuerliche Behandlung:* a) Grund und Boden, der zum → notwendigen Betriebsvermögen gehört, ist in der → Steuerbilanz als → Anlagevermögen zu aktivieren. Die Bewertung erfolgt mit den → Anschaffungskosten oder dem voraussichtlich dauerhaft niedrigeren → Teilwert, falls die Wertminderung am Stichtag noch besteht (§ 6 I Nr. 2 EStG). Bei Grund und Boden, auf den eine Rücklage nach § 6b EStG übertragen worden ist, tritt an die Stelle der Anschaffungskosten der um den Betrag der Rücklage verminderte Betrag. – b) Bei Steuerpflichtigen, die den Gewinn nach § 4 III EStG ermitteln (→ Einnahmen-Überschuss-Rechnung), sind die Anschaffungskosten des Grund und Bodens erst im Zeitpunkt der Veräußerung oder → Entnahme als → Betriebsausgaben zu berücksichtigen.

Gründung einer AG – I. Ablauf: 1. Die *Satzung* (Gesellschaftsvertrag) einer AG ist in notariell beurkundeter Form durch die Gründer festzustellen (§§ 2, 23, 28 AktG). Die Satzung muss Folgendes bestimmen: (1) Firma und Sitz der Gesellschaft; (2) Gegenstand des Unternehmens; (3) Höhe des Grundkapitals; (4) die Nennbeträge der Aktien sowie die Zahl der Aktien jeden Nennbetrags bzw. die Zahl der Stückaktien und Angaben über die Aktiengattungen; (5) ob die Aktien auf den Inhaber oder auf den Namen ausgestellt werden; (6) die Zahl der Mitglieder des Vorstands oder die Regeln zur Festlegung dieser Zahl; (7) Form der Bekanntmachungen der Gesellschaft; (8) ggf. die einzelnen Aktionären eingeräumten Sondervorteile; (9) ggf. den Gründerlohn; (10) im Fall der Sachgründung die Gegenstand der Sacheinlage bzw. Sachübernahme, die Person, von der die Gesellschaft den Gegenstand erwirbt, und den Nennbetrag der bei der Sacheinlage zu gewährenden Aktien oder die bei der Sachübernahme zu gewährende Vergütung (§§ 23, 25–27 AktG). – 2. Gleichzeitig mit der Feststellung der Satzung findet die *Übernahme der Aktien* durch die Gründer gegen → Einlagen statt (Simultangründung, Einheitsgründung). Mit Übernahme aller Aktien durch die Gründer ist die Gesellschaft *errichtet* (§ 29 AktG). Die Errichtung einer Gesellschaft ist nicht an die Voraussetzung geknüpft, dass die Einlagen geleistet sind. Bis zur Eintragung in das Handelsregister (Handelsregistereintragung) besteht die

Gesellschaft als → Vorgesellschaft der Gründer, die bereits passiv parteifähig, grundbuchfähig und insolvenzfähig ist, während ihre aktive Parteifähigkeit umstritten ist (nur teilweise Regelung in § 41 AktG). – 3. Notariell beurkundete *Bestellung* des ersten *Aufsichtsrats* (AR) und – nicht zwingend – des → *Abschlussprüfers* für das erste Geschäftsjahr durch die Gründer. – 4. Bestellung des ersten *Vorstands* durch den AR (§ 30 AktG). – 5. *Gründungsprüfung* und Erstattung des Gründungsberichts durch die Gründer und Prüfung des Hergangs der Gründung einer AG durch den Vorstand und AR, deren Ergebnisse in einem Prüfungsbericht darzulegen sind. Falls eine qualifizierte Gründung stattfindet, hat zusätzlich eine Sonderprüfung durch einen Gründungsprüfer (zumeist einen Wirtschaftsprüfer) stattzufinden (§§ 33 II–35 AktG). – 6. *Leistung der Einlagen* (§ 36a AktG): Im Fall der Bareinlage muss der eingeforderte Betrag mind. ein Viertel des Nennbetrags und bei Ausgabe der Aktien über pari auch den Mehrbetrag umfassen. Sacheinlagen sind vollständig zu leisten, die Übertragung von Vermögensgegenständen ist innerhalb von fünf Jahren nach Eintragung der Gesellschaft in das Handelsregister zu bewirken. Da die Aktien erst nach Eintragung der Gesellschaft in das Handelsregister ausgegeben werden dürfen, wird die Leistung der Einlage durch Ausgabe von Kassenscheinen quittiert. – 7. *Anmeldung* der Gesellschaft durch sämtliche Gründer, Mitglieder des Vorstands und Mitglieder des AR zur Eintragung in das Handelsregister (§§ 36, 37 AktG). Gemäß § 37 I 1 AktG sind der Betrag, zu dem die Aktien ausgegeben werden, und der darauf eingezahlte Betrag anzugeben; des Weiteren ist die Verfügbarkeit des eingezahlten Betrags durch Einzahlungsbelege nachzuweisen. Gemäß § 37 IV AktG sind der Anmeldung die Satzung und Urkunden über die Gründung einer AG, Urkunden über die Bestellung von Vorstand und AR, eine Liste der Mitglieder des AR samt Adressen und ausgeübten Berufen, der Gründungsbericht, die Prüfungsberichte von Vorstand, AR und Gründungsprüfer sowie die Verträge, die den Festsetzungen zu Sondervorteilen von Aktionären und zu Sacheinlagen und Sachübernahmen zugrunde liegen, und eine Berechnung des der Gesellschaft zur Last fallenden Gründungsaufwands beizufügen. – 8. *Prüfung des Registergerichts,* ob die Gesellschaft ordnungsgemäß errichtet und angemeldet ist (§ 38 AktG). – 9. *Eintragung in das Handelsregister,* mit der die Gesellschaft die eigene Rechtspersönlichkeit erlangt (konstitutive Wirkung der Eintragung gemäß § 6 HGB i.V. mit § 3 AktG). Vor der Eintragung besteht rechtlich eine → Vorgesellschaft. – 10. *Ausgabe der Aktien* durch Eintausch der Kassenscheine. Inhaberaktien dürfen nur ausgegeben werden, wenn das Grundkapital voll eingezahlt ist. Stehen Einlagen aus, darf die Gesellschaft nur Namensaktien ausgeben oder für den Fall einer baldigen Einzahlung der noch ausstehenden Einlagen die Kassenscheine gegen Zwischenscheine (Interimsscheine) eintauschen (§ 10 AktG).

II. Formen: 1. *Bargründung:* Sämtliche Aktien werden gegen Bareinlage übernommen, Normalfall gemäß § § 36 II, 54 II AktG. – 2. *Sachgründung:* Sämtliche Aktien werden gegen Sacheinlage übernommen. Bei einer Sachgründung muss die Satzung gemäß § 27 I AktG festsetzen: den Gegenstand der Sacheinlage, die Person, von der die Gesellschaft den Gegenstand erwirbt, und den Nennbetrag, bei Stückaktien die Zahl der bei der Sacheinlage zu gewährenden Aktien. – 3. *Gemischte Gründung:* Die Aktien werden z.T. gegen Sacheinlagen und z.T. gegen Bareinlagen übernommen. – 4. *Qualifizierte Gründung, welche in den folgenden Fällen gemäß § 33 II AktG eine Gründungsprüfung erfoderlich macht:* (1) Ein Mitglied des Vorstandes oder des AR gehört zu den Gründern; (2) bei der Gründung werden für Rechnung eines Mitglieds des Vorstands oder AR Aktien übernommen; (3) bei Zahlung von Gründerlohn; (4) Gründung mit Sacheinlagen oder -übernahmen. – 5. *Nachgründung* (§ 52 AktG): Näheres s. dort.

III. Kosten: 1. *Arten:* (1) Gebühren für die *Beurkundung* (des Gründungsvertrags, der Satzung, ggf. zusätzlicher Verträge im Rahmen der Gründung einer AG und der Beschlüsse der ersten Hauptversammlung); (2) Gebühren für die *Eintragung* in das Handelsregister, bei Einbringung von Grundstücken die Gebühren für die Umschreibung im Grundbuch; (3) ggf. Gebühren für die *Gründungsprüfung;* (4) *Druckkosten* (für den Druck z.B. der Aktien, ggf. der Zwischenscheine, der Satzung, der Einladungen zur Hauptversammlung; (5) Kosten für *Veröffentlichungen* (z.B. Gesellschaftsblätter, Bundesanzeiger). – 2. *Behandlung im Jahresabschluss:* Aufwendungen für die Gründung des Unternehmens und für die Beschaffung des Eigenkapitals dürfen nach § 248 I Nr. 1 und 2 HGB in die Bilanz nicht als Aktivposten aufgenommen werden. Dagegen durften Aufwendungen für die Ingangsetzung (und Erweiterung) des Geschäftsbetriebs als Bilanzierungshilfe vor dem 1.1.2010 aktiviert werden. Seitdem sind die entsprechenden vormaligen HGB-Vorschriften jedoch gestrichen.

IV. Buchung: 1. *Bargründung: Beispiel a):* Aktienausgabe zum Nennwert (Pari-Emission), Grundkapital 300.000, 40 Prozent Einzahlung auf Geldkonten; Buchung: Ausstehende Einlagen 180.000, Geldkonten 120.000 an gezeichnetes Kapital 300.000. – *Beispiel b):* Überpari-Emission zum Kurs von 120 Prozent, Grundkapital nominell 300.000, Einzahlung auf Geldkonten 30 Prozent des Nominalkapitals zzgl. Agio, Ausgabekosten 10.000 bezahlt über Geldkonten; Buchung: Ausstehende Einlagen 210.000, Geldkonten 150.000, Finanzaufwendungen 10.000 an gezeichnetes Kapital 300.000, Kapitalrücklage 60.000, Geldkonten 10.000. – 2. *Sachgründung: Beispiel:* Grundkapital 500.000, Ausgabekurs 200 Prozent, 200.000 nominell werden aufgebracht durch Einbringung eines Gebäudes zum Zeitwert von 400.000, der Rest von 300.000 nominell Einzahlung von 25

Prozent zzgl. Agio auf Geldkonten; Buchung: Ausstehende Einlagen 225.000, bebaute Grundstücke 400.000, Geldkonten 375.000 an gezeichnetes Kapital 500.000, Kapitalrücklage 500.000. Die Kosten der Gründung sind als Aufwand in der Gewinn- und Verlustrechnung zu erfassen.

V. Besteuerung: 1. *Beginn der Steuerpflicht:* (1) Beginn der Körperschaftsteuerpflicht mit Feststellung der Satzung, schon auch als Vorgesellschaft, wenn die Gesellschaft einen nach außen hin in Erscheinung tretenden Geschäftsbetrieb aufnimmt; (2) Beginn der Gewerbesteuerpflicht mit der Eintragung in das Handelsregister, bei Einbringung von Grundstücken die Gebühren für die Umschreibung ggf. schon mit dem Zeitpunkt der Aufnahme einer nach außen hin in Erscheinung tretenden Geschäftätigkeit. – 2. *Ertragsteuerliche Hinweise zur Einlage:* (1) Die Bareinlage löst weder auf Seiten des Leistenden noch auf Seiten der Gesellschaft Einkommen- bzw. Körperschaftsteuer oder Gewerbesteuer aus. (2) Sacheinlagen können beim Einbringen zur Auflösung stiller Rücklagen der eingebrachten Wirtschaftsgüter führen, denn die Übertragung der Wirtschaftsgüter gegen Aktien ist grundsätzlich eine Veräußerung (Tausch). Veräußerungsgewinne aus den betreffenden Wirtschaftsgütern sind einkommen-, körperschaft- und/oder gewerbesteuerpflichtig (→ Betriebsvermögen, wesentliche Beteiligungen, → private Veräußerungsgeschäfte). Sacheinlagen sind jedoch unter bestimmten Umständen nach dem Umwandlungssteuergesetz steuerneutral möglich (→ Einbringung in eine Kapitalgesellschaft). – 3. *Umsatzsteuerrechtliche Hinweise* für Gründungen mit Sacheinlagen: Falls der Einbringende Unternehmer im Sinn des § 2 UStG ist, die übrigen Voraussetzungen des § 1 I UStG erfüllt sind und keine Geschäftseinbringung im Ganzen (§ 1 Ia UStG) vorliegt, sind die Einbringung von Geldforderungen, Wertpapieren und Geschäftsanteilen sowie die Übernahme von Verbindlichkeiten gemäß § 4 Nr. 8c, f, g UStG und, soweit sie unter das Grunderwerbsteuergesetz fällt, die Einbringung von Grundstücken gemäß § 4 Nr. 9a UStG von der USt befreit, nicht jedoch die Einbringung anderer Sachen (z.B. bewegliche Anlagegegenstände, Vorräte). – 4. Die *Kosten der Ausgabe der Aktien* sind in vollem Umfang als Betriebsausgaben abzugsfähig. Die Grunderwerbsteuer gehört in diesem Rahmen nicht zu den Emissionskosten. – 5. Zur *Kapitalverkehrsteuerpflicht bei Gründung in anderen europäischen Ländern:* → Kapitalverkehrsteuer (→ Gesellschaftsteuer).

Grundvermögen – 1. *Begriff* des Bewertungsgesetzes für Zwecke der → Substanzsteuer: Grundvermögen umfasst nur den → Grundbesitz (im Sinn des BewG), der weder zum → land- und forstwirtschaftlichen Vermögen noch zum → Betriebsvermögen (konkret: → Betriebsgrundstücke) gehört. – 2. *Bewertung:* a) *Bewertungsgegenstand* des Grundvermögens sind: (1) der Grund und Boden, die Gebäude, die sonstigen Bestandteile und das Zubehör; (2) das → Erbbaurecht; (3) das Wohnungseigentum, Teileigentum,

Wohnungserbbaurecht, Teilerbbaurecht nach dem Wohnungseigentumsgesetz (§ 68 BewG). – *Nicht* dazu gehören → Betriebsvorrichtungen. – b) Jedes *selbstständige Grundstück*, für das ein → Einheitswert festzustellen ist, bildet eine → wirtschaftliche Einheit. – c) Für *Zwecke des* → Bedarfswertes werden im Wesentlichen nur land- und forstwirtschaftliches Vermögen, unbebaute und bebaute Grundstücke unterschieden. – d) Im Rahmen der *Erbschaftsteuerreform* wirksam ab dem 1.1.2009 ist eine Neuregelung der Bewertungsvorschriften für Grundbesitz für die Erbschaftsteuer eingeführt worden. Demnach richtet sich die Bewertung von Grundvermögen grundsätzlich nach dem gemeinen Wert. Für Erbfälle können die neueren Regelungen auf Antrag bereits ab dem 1.1.2007 angewendet werden.

Günstigerprüfung – Begriff aus dem Einkommensteuerrecht: (1) Die Prüfung, ob es für den Steuerpflichtigen günstiger ist, für seine Beiträge zu Altersvorsorgeverträgen (Riester-Rente) eine Zulage zu beantragen oder den Sonderausgabenabzug vorzunehmen; die Günstigerprüfung findet von Amts wegen im Rahmen der Einkommensteuerveranlagung statt, das Finanzamt hat die für den Steuerpflichtigen günstigste Behandlung vorzunehmen. (2) Die Prüfung, ob es für den Steuerpflichtigen günstiger ist, Kindergeld zu beziehen oder den Kinderfreibetrag und den Betreuungsfreibetrag in Anspruch zu nehmen (§ 31 EStG). Die Günstigerprüfung ist von Amts wegen vorzunehmen.

Gutachten – 1. *Allgemein:* Beurteilung durch Sachverständigen. – 2. Gutachten hat auf Verlangen des *Finanzamtes* oder eines *Gerichts* abzugeben: Wer zur Erstattung von Gutachten öffentlich bestellt ist oder die Wissenschaft, die Kunst oder das Gewerbe, deren Kenntnis Voraussetzung zur Begutachtung ist, öffentlich zum Erwerb ausübt (§ 96 III AO, § 407 ZPO, § 75 StPO). Das Finanzamt muss den Gutachter, den

es zu beauftragen beabsichtigt, dem betreffenden → Steuerpflichtigen mitteilen (§ 96 I AO). – 3. Gutachten über den *Wert von Grundstücken:* → Grundstückswert.

Güter mit doppeltem Verwendungszweck – Dual-Use-Güter.

Gutschrift – I. Rechnungswesen: Buchung einer Leistung zugunsten einer Person oder eines Unternehmens auf der Habenseite des betreffenden Kontos; Mitteilung an den Begünstigten von einer entsprechend vorgenommenen Buchung. – *Gegensatz:* Lastschrift.

II. Umsatzsteuerrecht: Mithilfe einer Gutschrift kann der Leistungsempfänger umsatzsteuerlich über eine bezogene Lieferung oder Leistung abrechnen, wenn dies vorher mit dem leistenden Unternehmer vereinbart wurde. Die Erteilung einer Gutschrift ist insbesondere sinnvoll, wenn nur der Leistungsempfänger, nicht jedoch der Leistende, die Abrechnungsgrundlagen kennt (z.B. bei Abhängigkeit des Entgelts für den Lieferanten von den Umsatzzahlen seines Kunden, etwa bei Provisionszahlungen). Die Gutschrift wird umsatzsteuerlich als vollgültige → Rechnung über den Vorgang anerkannt und ermöglicht insbesondere dem Leistungsempfänger auch den Vorsteuerabzug, wenn in ihr alle in § 14 UStG geforderten Bestandteile einer Rechnung enthalten sind. Sie verliert allerdings ihre umsatzsteuerliche Wirkung, wenn der leistende Unternehmer der ihm übermittelten Gutschrift widerspricht (§ 14 II UStG). Akzeptiert jemand eine Gutschrift, in der die ausgewiesene Umsatzsteuerschuld höher ist als die gesetzlich geschuldete, so schuldet er auch den Mehrbetrag (§ 14c UStG), bis die Gutschrift berichtigt worden ist; der Gutschriftaussteller (Leistungsempfänger) hat gleichwohl nur den Vorsteuerabzug in Höhe des gesetzlich richtigen Betrages.

H – Abk. für → Hinweise bei Richtlinien des Bundesfinanzministeriums.

Haftung – 1. *Grundlagen:* In Übereinstimmung mit dem Privatrecht bedeutet Haftung auch im Steuerrecht, für Schulden einstehen zu müssen, dem Zugriff der Vollstreckungsbehörde zu unterliegen. Haftung im Steuerrecht ist regelmäßig persönliche Haftung für fremde Schuld (Fremdhaftung), in Ausnahmefällen auch Sachhaftung. – 2. *Haftungstatbestände:* Steuerlich relevante Haftungstatbestände finden sich in der Abgabenordnung, den Einzelsteuergesetzen, im Zivil- und Handelsrecht. Es haften: (1) Dritte, die bei der Entrichtung der Steuer für den Schuldner kraft Gesetzes mitzuwirken haben, für die einzubehaltende und zu entrichtende Steuer (z.B. Arbeitgeber, § 42d I EStG; Kapitalgesellschaften, § 44 V EStG; Versicherungsunternehmen, § 20 VI ErbStG, § 7 I 2 VersStG; Leistungsempfänger beim Steuerabzug bei Bauleistungen, § 48a III EStG; Vergütungsschuldner für den Steuerabzug bei bestimmten Einkünften beschränkt Steuerpflichtiger, § 50a EStG; Aussteller einer unrichtigen Spendenbescheinigung, §§ 10b IV 2 EStG, 9 I 2 KStG; Abtretungsempfänger/Pfandgläubiger/Vollstreckungsgläubiger für die Umsatzsteuer bei Abtretung, Verpfändung oder Pfändung von Forderungen, § 13c UStG); (2) gesetzliche Vertreter, Geschäftsführer, Vermögensverwalter und Verfügungsberechtigte, soweit Ansprüche aus dem Steuerschuldverhältnis wegen vorsätzlicher oder grob fahrlässiger Pflichtverletzung nicht oder nicht rechtzeitig festgesetzt oder erfüllt bzw. Steuervergütungen/-erstattungen ohne rechtlichen Grund gezahlt werden (§ 69 i.V. mit §§ 34, 35 AO); (3) Vertretene unter bestimmten Voraussetzungen für durch → Steuerhinterziehung oder leichtfertige → Steuerverkürzung verkürzte Steuern oder zu Unrecht gewährte Steuervorteile (§ 70 AO); (4) Steuerhinterzieher und Steuerhehler für die verkürzten Steuern, die zu Unrecht gewährten Steuervorteile und die Hinterziehungszinsen (§ 71 AO); (5) wer vorsätzlich oder grob fahrlässig die Pflicht zur → Kontenwahrheit verletzt, soweit dadurch die Verwirklichung von Steueransprüchen beeinträchtigt wird (§ 72 AO); (6) die Organgesellschaft für bestimmte Steuern des Organträgers (§ 73 AO); (7) an einem Unternehmen wesentlich beteiligte Personen für betriebliche Steuern des Unternehmens (§ 74 AO); (8) Betriebsübernehmer für betriebliche Steuern und Steuerabzugsbeträge (§ 75 AO); (9) Sachhaftung, d.h. Waren, die einer Verbrauchsteuer oder einer Ein-/Ausfuhrabgabenpflicht unterliegen (§ 76 AO). Sie entsteht bei ein-/ausfuhrabgaben- oder verbrauchsteuerpflichtigen Waren, wenn nichts anderes vorgeschrieben ist, mit ihrem Verbringen in den Geltungsbereich dieses Gesetzes, bei verbrauchsteuerpflichtigen Waren auch mit Beginn ihrer Gewinnung oder Herstellung. (10) Erben für Nachlassverbindlichkeiten nach den Vorschriften des Bürgerlichen Rechts (§ 45 II AO). Die zivilrechtlichen und handelsrechtlichen Haftungsvorschriften bleiben unberührt, sie sind neben den steuerrechtlichen Vorschriften anwendbar. – Vgl. z.B. zur Haftung bei Geschäftserwerb § 25 HGB: → Veräußerung. – 3. *Haftungsfolgen:* a) Der Haftungsanspruch ist ein Anspruch aus dem → Steuerschuldverhältnis (§ 37 AO), er entsteht, sobald der Tatbestand verwirklicht ist, an den das Gesetz die Haftung knüpft (§ 38 AO). Der → Haftungsschuldner ist → Gesamtschuldner (§ 44 I AO). – b) Der Haftungsschuldner haftet grundsätzlich für die gesamte Steuerschuld unbeschränkt. Haftungsbeschränkungen bestehen für wesentlich Beteiligte (Haftung nur mit den eigenen Gegenständen, die dem Unternehmen dienen), Haftung nur für betriebsbedingte Steuern (Gewerbe- und Umsatzsteuer, Verbrauchsteuern; § 74 AO), Betriebsübernehmer (Haftung nur mit dem Bestand des übernommenen Vermögens), Haftung nur für betriebsbedingte Steuern (Gewerbe- und Umsatzsteuer, Verbrauchsteuern, Steuerabzugsbeträge) sowie zeitliche Beschränkungen gemäß § 74, 75 AO. – c) Der Haftungsschuldner kann durch Haftungsbescheid in Anspruch genommen werden (Opportunitätsprinzip; § 191 I 1 AO). Ein Haftungsbescheid kann grundsätzlich nicht mehr ergehen, wenn die Steuerfestsetzung nicht erfolgt ist und wegen Fristablauf nicht mehr erfolgen kann, wenn die festgesetzte Steuer verjährt ist oder erlassen wurde (§ 191 V AO). Gegen den Haftungsbescheid ist - trotz Ermessen der Finanzbehörde – der → Einspruch gegeben. – d) Der Haftungsschuldner darf auf Zahlung grundsätzlich nur dann in Anspruch genommen werden, wenn die Vollstreckung in das bewegliche Vermögen des Steuerschuldners erfolglos war oder aussichtslos erscheint (§ 219 AO), es sei denn die Haftung beruht auf → Steuerhinterziehung oder → Steuerhehlerei durch den Haftungsschuldner oder auf Verletzung seiner Verpflichtung zum Einbehalt und zur Abführung bzw. Entrichtung von Steuern zulasten eines anderen.

Haftungsbescheid → Verwaltungsakt, in dem ein Geldbetrag als Haftungsschuld für die Erfüllung einer fremden Steuerschuld gegenüber dem → Haftungsschuldner festgesetzt wird (§ 191 I AO). Der Haftungsbescheid ist ein Ermessensverwaltungsakt. Gegen den Haftungsbescheid ist der → Einspruch gegeben. Korrekturvorschriften sind die §§ 129 – 131 AO.

Haftungsschuldner – haftet neben dem Steuerschuldner persönlich mit eigenem Vermögen für eine Steuer (§ 191 I AO). – Vgl. auch → Haftung.

Halbeinkünfteverfahren – 1. *Begriff/Funktionsweise:* Körperschaftsteuersystem in Deutschland von 2001 bis 2008 zur Vermeidung einer im Vergleich zu Personengesellschaften höheren Gesamtbelastung durch Körper- und Einkommensteuer. Die Körperschaftsteuer betrug 25 Prozent, etwa die Hälfte einer historisch üblichen Spitzenbelastung der Gewinne; die auf die Dividende entfallende Einkommensteuer wurde nach einer Ausschüttung der Gewinne ebenfalls (nur) zur Hälfte erhoben. Auf jeden Gewinn wurde nur ein einziges Mal Körperschaftsteuer erhoben: Der Bezug von Dividenden durch eine Körperschaft im Halbeinkünfteverfahren war daher stets steuerfrei (§ 8b I KStG); der Gewinn, aus der die Dividende stammte, unterlag nämlich bereits im Regelfall auf einer unteren Ebene (bei der ausschüttenden Tochtergesellschaft) der Körperschaftsteuer. – 2. *Behandlung von Gewinnen aus der Veräußerung von Anteilen im Halbeinkünfteverfahren:* Gewinne aus der Veräußerung von Anteilen an Kapitalgesellschaften waren bei der natürlichen Person zur Hälfte steuerbefreit (§ 3 Nr. 40 EStG), bei der juristischen Person vollständig (§ 8b II KStG) (Grundsatz der Gleichbehandlung von Veräußerungsgewinnen und Dividenden). – 3. Für die *Kosten im Zusammenhang mit Dividendenbezug und Veräußerungsgewinnen* bedeuteten die Steuerbefreiungen durch das Halbeinkünfteverfahren ein entsprechendes Abzugsverbot: (1) Betriebsausgaben und Werbungskosten im Zusammenhang mit einer Dividende oder einem Gewinn aus Anteilsveräußerung waren bei einer einkommensteuerpflichtigen Person nur zur Hälfte abzugsfähig (§ 3c II EStG). (2) Betriebsausgaben im Zusammenhang mit den Dividendeneinkünften einer juristischen Person waren nicht abzugsfähig. Die nicht-abziehbaren Kosten der Beteiligungsverwaltung (und ab 2004 auch der Erzielung von Veräußerungsgewinnen) wurden allerdings auf 5 Prozent der in dem jeweiligen Jahr bezogenen Dividenden (oder erzielten Veräußerungsgewinne) geschätzt und angesetzt; der Ansatz der wirklichen Kostenwerte war ausgeschlossen (§ 8b V KStG, → Betriebsausgabenpauschale). – 4. *Verhältnis zum ab 2009 geltenden Teileinkünfteverfahren:* Im → Teileinkünfteverfahren haben sich die vorstehenden Regelungen praktisch nicht verändert, es hat sich lediglich die Gewichtung verschoben, mit der der Gesetzgeber die beabsichtigte Gesamtsteuerlast für die in einer Kapitalgesellschaft erwirtschafteten Gewinne auf die zwei Ebenen „Gesellschaftsebene" und „Anteilseignerebene" verteilt: Während früher die Gesamtbelastung sich etwa hälftig auf beide Ebenen verteilte, wird heute die KSt nur noch mit 15 Prozent erhoben (das entspricht typischerweise etwa 40 Prozent der beabsichtigten Gesamtbelastung) und im Gegenzug auf der Anteilseignerebene die Dividende nicht mehr nur zu 50 Prozent, sondern zu 60 Prozent für steuerpflichtig erklärt. Neu ist allerdings, dass bei privat bezogenen Dividenden (also solchen, die beim Empfänger zu den Einkünften aus Kapitalvermögen zugeordnet werden) der Vereinfachungsgedanke sogar noch weiter geführt wird und die Besteuerung der Dividenden in dieser Einkunftsart von einem Pauschalsteuersatz von 25 Prozent (auf die Gesamteinnahme, nicht nur auf 60 Prozent) erfolgt, das Teileinkünfteverfahren – also überhaupt nur noch bei solchen Dividenden zur Anwendung kommt, die in einem Betriebsvermögen vereinnahmt werden, und bei Veräußerungsgewinnen aus Anteilen, die unter § 17 EStG fallen. – *Anders:* → Halbsatzverfahren.

Halbsatzverfahren – ein spezielles → Körperschaftsteuersystem, in dem die → wirtschaftliche Doppelbelastung pauschal dadurch auf eine einfache reduziert wird, dass sowohl der Körperschaftsteuersatz etwa in halber Höhe des Einkommensteuerspitzensatzes festgesetzt wird als auch der Einkommensteuersatz für die Dividende nur die Hälfte des normalen Einkommensteuersatzes beträgt. Die Begünstigung auf der Anteilseignerebene läuft allerdings ins Leere, wenn der Anteilseigner schon aus anderen Gründen einen niedrigeren Steuersatz oder gar einen Steuersatz von Null hat (z.B. wegen Verlustvortrag). – *Anders:* → Halbeinkünfteverfahren, → Teileinkünfteverfahren.

Halbteilungsgrundsatz – 1. *Steuern:* in der verfassungsrechtlichen Diskussion aufgrund eines obiter dictum des Verfassungsgerichts lange Zeit erwogener Grundsatz, wonach die Aufteilung des Einkommens zwischen dem Staat und dem Steuerpflichtigen „in der Nähe" einer hälftigen Teilung bleiben sollte, der Steueranspruch also die 50-Prozent-Marke jedenfalls nicht erheblich und anhaltend übersteigen sollte. Die aus dem Halbteilungsgrundsatz für die Gesetzgebung zu ziehenden Konsequenzen blieben unklar; seine Geltung ist überhaupt umstritten. – 2. *Kirchensteuer:* → Kirchensteuer. – 3. Bei Einkommensteuer und Gewerbesteuer gibt es nach der Entscheidung 2 BvR 2194/99 des Bundesverfassungsgerichts vom 18.1.2006 keine absolute Belastungsobergrenze in der Nähe einer hälftigen Teilung. Das Gericht bestätigte damit eine Entscheidung des Bundesfinanzhofes, der in seiner Entscheidung NJW 1999, 3798 die Anwendung des Halbteilungsgrundsatzes auf die Einkommensteuer abgelehnt und eine Besteuerung von etwa 60 Prozent durch Einkommen- und Gewerbesteuer für verfassungsgemäß erachtet hatte. Demnach ist der Halbteilungsgrundsatz zwar möglicherweise theoretisch noch von Interesse, wird aber jedenfalls rechtlich gegenwärtig nicht als bestehend anerkannt.

Halbunternehmer – inoffizieller Begriff aus dem Bereich der Umsatzsteuer; zusammenfassende, schlagwortartige Bezeichnung für eine Gruppe von Personen, die der Erwerbsteuer nur unterliegen, wenn ihre Erwerbe aus anderen Mitgliedsstaaten der EU im Jahr eine Bagatellgrenze (→ Erwerbsschwelle) überschreiten. Es handelt sich keinesfalls nur um steuerliche → Unternehmer im Sinn des § 2 UStG, sondern auch um juristische Personen, die nicht Unternehmer sind (daher nur Schlagwortcharakter der Bezeichnung). – Vgl. auch → Erwerbsteuer.

Halte- und Bordezeichen – Zeichen, mit denen Zollboote in den Gewässern und Watten zwischen der Hoheitsgrenze bzw. der Zollgrenze an der Küste, den vom → Zollgebiet ausgeschlossenen Küstengewässern, dem → grenznahen Raum und den der → Grenzaufsicht unterworfenen Gebieten verlangen, dass Schiffsführer halten oder das Borden ermöglichen.

Handelsdokument – zugelassene Alternative zum → begleitenden Verwaltungsdokument (BVD).

Handelsmakler – I. Begriff: Derjenige, der gewerbsmäßig die Vermittlung von Verträgen über Gegenstände des Handelsverkehrs übernimmt, ohne dabei in einem ständigen Vertragsverhältnis zu seinem Auftraggeber zu stehen (§ 93 HGB). – *Beispiele:* Kauf und Verkauf von Wertpapieren, Vermittlung von Versicherungen. – *Anders:* → Handelsvertreter, Zivilmakler. – *Voraussetzungen:* (1) *Gewerbsmäßig* bedeutet eine planmäßig auf Gewinn gerichtete Tätigkeit (Gewerbe). Wer nur gelegentliche Vermittlung übernimmt, ist Zivilmakler. (2) Die Tätigkeit des Handelsmaklers erstreckt sich auf die *Vermittlung*, nicht auf den Abschluss oder lediglich den Nachweis von Gelegenheiten. – *Rechtliche Regelung:* §§ 93–104 HGB, §§ 652–655 BGB.

II. Arten: 1. *Warenmakler*. – 2. *Effektenmakler*. – 3. *Versicherungsmakler* (Assekuranzmakler). – 4. *Schiffsmakler:* Hierzu gehören v.a. auch die Makler, die in Hafenplätzen die Vermittlung von Schiffsraum betreiben u.a. – 5. *Öffentlich bestellte Makler* mit amtlichem Charakter, das sind z.B. die Kursmakler (§ 30 BörsG), die öffentlich bestellten Versteigerer (§ 383 III BGB), oder die öffentlich ermächtigten Handelsmakler nach § 385 BGB.

III. Pflichten: Der Handelsmakler ist zu seiner Vermittlungstätigkeit keiner der Parteien gegenüber verpflichtet. Übernimmt er aber den Auftrag, auch wenn er nur von einer Partei beauftragt ist, so tritt er gleichzeitig auch zu der anderen Partei in vertragliche Beziehungen. Hierdurch unterscheidet er sich von dem Handelsvertreter und dem Zivilmakler. – 1. *Sorgfaltspflicht:* Der Handelsmakler hat die Interessen beider Parteien wahrzunehmen und haftet ihnen für durch sein Verschulden entstandenen Schaden (§ 98 HGB). – 2. *Beurkundung:* Das vermittelte Geschäft ist zu beurkunden a) durch Ausstellung einer Schlussnote, die jeder Partei unverzüglich nach Abschluss des Geschäftes zuzustellen ist (§§ 94, 95 HGB); b) durch tägliche Eintragung ins Tagebuch (§ 100 HGB). – 3. *Auskunft:* Der Handelsmakler hat jeder Partei auf Verlangen mittels Auszügen aus dem Tagebuch Auskunft zu erteilen (§ 101 HGB). – 4. *Aufbewahrung von Proben* bei Kauf nach Probe bis zur Erledigung des Geschäftes (§ 96 HGB).

IV. Rechte: 1. Anspruch auf *Vergütung* (Maklerlohn). Voraussetzung ist, dass das Geschäft rechtswirksam zustande gekommen ist (§ 652 BGB), Ausführung ist nicht erforderlich. Wird der Vertrag unter einer Bedingung geschlossen, entsteht der Anspruch erst nach Eintritt der Bedingung. Der Handelsmakler kann von jeder Partei die Hälfte des Maklerlohnes fordern (§ 99 HGB). – Wird der Auftrag vorher *widerrufen*, besteht kein Anspruch auf Maklerlohn. Erfolgt Widerruf aber in der Absicht, den Abschluss mit einer von dem Handelsmakler genannten Vertragspartei direkt durchzuführen, um so den Handelsmakler um seinen Lohn zu bringen, so bleibt Anspruch auf Vergütung bestehen. Widerruf kann vorbehaltlich des wichtigen Grundes ausgeschlossen werden. – 2. *Anspruch auf Ersatz von Auslagen* besteht mangels bes. Vereinbarung nicht (§ 652 BGB). – 3. Zur *Empfangnahme von Zahlungen* ist der Handelsmakler nicht berechtigt.

V. Umsatzsteuerrecht: Die Leistungen der Handelsmakler sind umsatzsteuerbar und i.d.R. auch umsatzsteuerpflichtig. – *Ausnahmen:* Vgl. §§ 4 Nr. 2, 8 UStG. Die Umsatzsteuerschuld entsteht bei Handelsmaklern, die ihre Umsätze nach → vereinbarten Entgelten versteuern, mit Ablauf des Voranmeldungszeitraums, in dem sie ihre Vermittlungsleistungen bewirkt haben (mit Ausstellung der Schlussnote).

Handelssteuern – Steuern, die an grenzüberschreitenden Gütertransaktionen anknüpfen. Können positiv (z.B. → Einfuhrzoll) und negativ (z.B. Exportsubvention) sein.

Handelsvertreter – früher: *(Handlungs-)Agent.*

I. Begriff: Handelsvertreter ist, wer als selbstständiger Gewerbetreibender ständig damit betraut ist, für einen anderen Unternehmer Geschäfte zu vermitteln (Vermittlungsvertreter) oder in dessen Namen abzuschließen (Abschlussvertreter), § 84 I 1 HGB. – 1. *Selbstständig:* D.h., der Handelsvertreter ist nicht Angestellter des Unternehmens, für das er arbeitet. Für die Beantwortung von Abgrenzungsfragen kommt es auf die persönliche Selbstständigkeit an. Ein Handelsvertreter muss „im Wesentlichen frei seine Tätigkeit gestalten und seine Arbeitszeit bestimmen können" (§ 84 I 2 HGB). Fehlen diese Voraussetzungen, so gilt er als Angestellter (§ 84 II HGB), d.h. er ist dann ein Arbeitnehmer; wenn sein Arbeitgeber (der Unternehmer) ein Kaufmann ist, ist er Handlungsgehilfe. – 2. *Ständige Betrauung:* Dies verlangt eine auf Dauer gerichtete Vertragsbeziehung; es genügt auch für eine Saison, aber nicht nur gelegentlich. – 3. Der Unternehmer braucht *kein Handelsgewerbe* zu betreiben (§ 84 IV HGB).

II. Vertrag: Dienstvertrag über Geschäftsbesorgungen (kein Arbeitsvertrag, sondern Vertrag über selbstständige Dienste). – Die Vorschriften der §§ 611 ff., 675 BGB sind ergänzend heranzuziehen. Handelsvertreter und Unternehmer können Ausfertigung einer Vertragsurkunde verlangen (§ 85 HGB).

III. Pflichten: 1. V.a. *Vermittlung* und *Abschluss von Geschäften*. – 2. *Ferner:* a) *Wahrnehmung des Interesses des Unternehmers* (§ 86 I HGB). – b) *Sorgfaltspflicht*

(§ 86 III HGB): Das erfordert Weitergabe aller für den Unternehmer wichtigen Mitteilungen, z.B. über Kreditwürdigkeit eines Kunden, Beanstandungen und Wünsche der Kunden, Lage des Marktes im Ganzen oder für die geführten Artikel etc. Weiterhin beinhaltet die Sorgfaltspflicht die Prüfung der Zahlungsfähigkeit der Kunden. – Vgl. auch → Delkredere. – c) *Benachrichtigungspflicht:* Unverzügliche Mitteilung über jede Vermittlung und jeden Abschluss eines Geschäftes (§ 86 II HGB), auch über den Stand des Geschäfts. Ferner hat der Handelsvertreter Rechnung zu legen und herauszugeben, was er erlangt hat (§§ 675, 666, 667 BGB). – d) *Pflicht zur persönlichen Dienstleistung* (§ 613 BGB): Handelsvertreter kann aber Hilfspersonen im gewöhnlichen Maße einsetzen; Haftung nach § 278 BGB (Untervertreter). – e) *Verschwiegenheitspflicht* (§ 90 HGB): Während und nach der Vertragszeit Wahrung von Geschäfts- und Betriebsgeheimnissen. – f) *Treuepflicht* ergibt sich aus der Dauernatur des Vertrages und dem hierfür notwendigen Vertrauensverhältnis. Ein ausdrückliches Wettbewerbsverbot ist für den Handelsvertreter nicht vorgesehen, eine Tätigkeit für andere Unternehmer oder Abschluss eigener Geschäfte ist zulässig, aber es darf hierdurch keine Schädigung des einen Unternehmers eintreten. Für die Zeit nach Beendigung des Handelsvertreter-Verhältnisses kann eine Wettbewerbsklausel vereinbart werden (§ 90a HGB).

IV. **Rechte:** Sie korrespondieren zu den in § 86a HGB aufgenommenen Pflichten des Unternehmers. – 1. Der Handelsvertreter kann die für seine Tätigkeit *erforderlichen Arbeitsunterlagen* fordern, z.B. Preislisten, Muster, Werbedrucksachen. – 2. Er kann *Benachrichtigung* über Annahme oder Ablehnung eines vermittelten oder ohne Vollmacht abgeschlossenen Geschäftes sowie über Beschränkungen in der Liefermöglichkeit etc. verlangen. – 3. Insbesondere hat der Handelsvertreter das Recht auf Provision; §§ 87 ff. HGB. Diese besteht auf jeden Fall für alle während des Vertragsverhältnisses aufgrund seiner Tätigkeit mit Dritten abgeschlossenen Geschäfte, vgl. Bezirksvertreter, Kundenschutz. – 4. Erstattung der *Aufwendungen*, die im regelmäßigen Geschäftsbetrieb entstehen, kann Handelsvertreter nur verlangen, wenn dies bes. vereinbart oder handelsüblich ist (§ 87d HGB). – 5. Sonderregelung gilt für die *Vollmacht des Handelsvertreters:* a) Die dem Abschlussvertreter erteilte Handlungsvollmacht hat den gleichen gesetzlich bestimmten Umfang wie die den Handlungsreisenden; entsprechendes gilt für den Abschlussvertreter, der von einem Unternehmer bevollmächtigt ist, der Kaufmann ist (§§ 55, 91 I HGB). – b) Der Vermittlungsvertreter gilt als ermächtigt, Mängelanzeigen, die Erklärung, dass eine Ware zur Verfügung gestellt werde, sowie ähnliche Erklärungen entgegenzunehmen, auch für den Unternehmer zustehenden Rechte auf Beweissicherung geltend machen. Eine Beschränkung dieser Rechte ist Dritten gegenüber nur wirksam, wenn sie die Beschränkung kannten oder fahrlässig nicht kannten (§ 91 II HGB). – 6. *Zurückbehaltungsrechte* stehen dem Handelsvertreter nur nach den §§ 369 ff. HGB, § 273 BGB zu. Sie sind aber unverzichtbar (§ 88a HGB). – 7. *Kündigungsfristen:* a) Ist das Vertragsverhältnis auf unbestimmte Zeit eingegangen, so kann es im ersten Jahr der Vertragsdauer mit einer Frist von einem Monat, im zweiten Jahr mit einer Frist von zwei Monaten und im dritten bis fünften Jahr mit einer Frist von drei Monaten gekündigt werden (§ 89 I S. 1 HGB). Es kann nur für den Schluss eines Kalendermonats gekündigt werden, es sei denn, es wurde anders vereinbart. b) Als vereinbarte Kündigungsfristen können längere und kürzere Zeiträume bestimmt werden (vgl. näher § 89 II HGB). Kündigung aus wichtigem Grund (§ 89a HGB) ist daneben und auch für Verträge auf bestimmte Dauer möglich. – 8. Nach Beendigung des Dienstverhältnisses hat der Handelsvertreter u.U. wegen seiner bleibenden Leistung einen *Ausgleichsanspruch* (§ 89b HGB; → Ausgleichsanspruch des Handelsvertreters).

V. **Gerichtsbarkeit:** 1. Grundsätzlich liegt die Entscheidung über Ansprüche aus dem Handelsvertreter-Vertrag bei der *ordentlichen Gerichtsbarkeit*, innerhalb der Landgerichte bei den Kammern für Handelssachen. – 2. *Arbeitsgerichtsbarkeit* gilt, wenn Handelsvertreter aufgrund seiner wirtschaftlichen Unselbstständigkeit als „arbeitnehmerähnliche Person" im Sinn des § 5 ArbGG anzusehen ist. Hierunter fallen Einfirmenvertreter im Sinn des § 92a HGB, die in den letzten sechs Vertragsmonaten (bei kürzerer Vertragsdauer während dieser) durchschnittlich nicht mehr als 1.000 Euro monatlich verdient haben. Dieser Betrag kann entsprechend den jeweiligen Lohn- und Preisverhältnissen durch Rechtsverordnung geändert werden (§ 5 III ArbGG).

VI. **Steuerliche Behandlung:** 1. *Einkommensteuer:* Handelsvertreter erzielt i.d.R. → Einkünfte aus Gewerbebetrieb (§ 2 I Nr. 2 EStG), bei Unselbstständigkeit Einkünfte aus nichtselbstständiger Arbeit. – Vgl. auch Behandlung des → Ausgleichsanspruchs des Handelsvertreters. – 2. *Umsatzsteuer:* a) Handelt der Handelsvertreter, gleichgültig unter welcher Bezeichnung, *im eigenen Namen,* dann kommt es aus umsatzsteuerlicher Sicht zu Vertragsbeziehungen zwischen dem Kunden und dem Handelsvertreter und dem Handelsvertreter und seinem Auftraggeber andererseits; beide Geschäfte sind dann isoliert füreinander zu würdigen. Geht es bspw. um eine Lieferung, so sähe das UStG dann eine Lieferung vom Unternehmer an den Handelsvertreter und eine Weiterlieferung vom Handelsvertreter an den Endkunden (→ Kommissionsgeschäft, § 3 III und § 3 XI UStG). Diese Fallkonstellation ist im Vergleich eher selten. – b) Tritt er dagegen in *fremdem Namen* auf (echter Handelsvertreter), was der Regelfall ist, so entstehen Vertragsbeziehungen direkt zwischen dem Kunden und dem Auftraggeber; der Handelsvertreter selbst erbringt dann nur eine Vermittlungsleistung (sonstige Leistung § 3 IX UStG) an den Unternehmer als seinen Auftraggeber; der Handelsvertreter hat dann nur seine eigene Provision der Umsatzsteuer zu unterwerfen. In Einzelfällen, z.B. bei Versicherungsvertretern (§ 4 Nr. 11 UStG), ist die Vermittlungsleistung steuerbefreit, in allen anderen Fällen jedoch steuerpflichtig. Wird über die Provisionen durch → Gutschrift abgerechnet, wird diese Gutschrift umsatzsteuerlich wie eine Rechnung des Handelsvertreters behandelt. Ob dem Unternehmer als dem Auftraggeber des Handelsvertreter für die Umsatzsteuer auf die Provision Vorsteuerabzug zusteht, bestimmt sich nach allg. Grundsätzen. – 3. *Internationale Konstellationen:* a) *Umsatzsteuer:* Ist der Auftraggeber des Handelsvertreter ein ausländisches Unternehmen, ist ab 2010 die Provision für die erbrachte Vermittlungsleistung nicht mehr in Deutschland, sondern im Land des Auftraggebers zu versteuern (§ 3a II UStG 2010); damit ist dann bei Auftraggebern aus der restlichen EU zu → Reverse-Charge-Verfahren gekoppelt, d.h. die fragliche Umsatzsteuer auf die Provision ist vom Auftraggeber zu zahlen und der Handelsvertreter stellt eine Nettorechnung. Ggf. dann Meldepflicht als → innergemeinschaftliche Dienstleistung in der → Zusammenfassenden Meldung. – b) *Ertragsteuern:* Hier ist zu unterscheiden zwischen dem Gewinn des Handelsvertreters selbst und dem Gewinn, den der Auftraggeber durch die Einschaltung des Handelsvertreters erwirtschaften kann: Nach dem OECD-Musterabkommen kann die Einschaltung von Handelsvertretern in einem fremden Land nur dann zu einer Steuerpflicht seines Auftraggebers für alle Gewinne, die aus den vom Handelsvertreter abgeschlossenen Geschäften stammen, in diesem fremden Land führen, wenn der Handelsvertreter die bes. Voraussetzungen eines „Ständigen Vertreters" erfüllt; ansonsten versteuert der Auftraggeber seinen eigenen Gewinn nur in dem Land, in dem er sein Unternehmen unterhält (→ Betriebsstättenprinzip). Das Einkommen des Handelsvertreters selbst (die Provisionen) wird dagegen i.d.R. in dem Land zu versteuern sein, in dem dieser wohnt.

Härteausgleich – I. Einkommensteuerrecht: Milderungsregelung bei der → Veranlagung von Arbeitnehmern zur → Einkommensteuer gemäß § 46 III EStG (Abzug vom Einkommen). Voraussetzung: Die nicht in → Arbeitslohn bestehenden → Einkünfte betragen nicht mehr als 410 Euro. Für Nebeneinkünfte von mehr als 410 Euro ist eine stufenweise Kürzung vom Einkommen vorzunehmen (§ 46 V EStG i.V. mit § 70 EStDV).

II. Kriegsopferversorgung/Kriegsopferfürsorge: Selbstständiger Anspruch nach § 89 BVG. Gewährung des Härteausgleichs liegt als Kannbestimmung im Ermessen der Versorgungsbehörden, wenn sich im Einzelfall aus den Bestimmungen des BVG bes. Härten ergeben. Zustimmung des Bundesministeriums für Gesundheit (BMG) erforderlich, die auch allg. erfolgen kann (§ 89 II BVG).

Hauptfeststellung – die allg. Feststellung der → Einheitswerte auf den → Hauptfeststellungszeitpunkt. Durch die Hauptfeststellung werden die Einheitswerte überprüft und den jeweiligen tatsächlichen und wirtschaftlichen Verhältnissen angepasst.

Hauptfeststellungszeitpunkt – 1. *Begriff* des Steuerrechts (§ 21 BewG): Zeitpunkt, auf den eine → Hauptfeststellung vorzunehmen ist; der Beginn des Kalenderjahres, das für die jeweilige Hauptfeststellung maßgebend ist. Berücksichtigung finden i.d.R. die Verhältnisse im Hauptfeststellungszeitpunkt. – 2. *Besonderheiten:* (1) *abweichende Stichtage* für die Zugrundelegung der Bestands- und/oder Wertverhältnisse nach §§ 35 II, 54, 59 BewG; (2) *letzter* Hauptfeststellungszeitpunkt für die Bewertung des Grundbesitzes in den alten Bundesländern 1.1.1964, in den neuen Bundesländern 1.1.1935; seitdem keine neue Hauptfeststellung (→ Grundbesitz). – Vgl. auch → Einheitswert.

Hauptstoff → Werklieferung.

Hauptunternehmer – 1. *Begriff:* Der von einem Auftraggeber mit der Ausführung eines Bauauftrages betraute Unternehmer, der sich verpflichtet, einen Teil des Auftrages im Namen des Auftraggebers an andere Unternehmer (→ Nachunternehmer bzw. Nebenunternehmer) weiterzugeben. Es entstehen unmittelbare Rechtsbeziehungen zwischen dem Auftraggeber und den einzelnen Nachunternehmern. Nachunternehmer übernehmen damit auch dem Auftraggeber gegenüber die Gewähr für die ordnungsgemäße Ausführung ihrer Teilarbeit. Der Hauptunternehmer ist Vermittler, er kann als solcher aber dem Auftraggeber gegenüber für die Gesamtausführung neben den einzelnen Nachunternehmen haften. Er kann auch z.B. die Bauleitung (Unternehmerbauleitung) übernehmen und befugt sein, die Zahlungen für die Nachunternehmer entgegenzunehmen. – *Anders:* → Generalunternehmer. – 2. *Umsatzsteuerpflicht:* → Arbeitsgemeinschaft.

Hauptveranlagung – Begriff des Steuerrechts. – 1. Hauptveranlagung zur *Vermögensteuer* umfasste i.Allg. drei Kalenderjahre. Der Hauptveranlagung wurde der Wert des → Gesamtvermögens (unbeschränkte Steuerpflicht) im → Hauptveranlagungszeitpunkt zugrunde gelegt. – 2. Hauptveranlagung zur → Grundsteuer erfolgt im Anschluss an die Hauptfeststellung der → Einheitswerte des → Grundbesitzes (§ 16 GrStG).

Hauptveranlagungszeitpunkt – Termin der → Hauptveranlagung für die Grundsteuer (und früher auch für die Vermögensteuer); Beginn des Hauptveranlagungszeitraums, für die Vermögensteuer und Grundsteuer allg. festgesetzt werden (§ 15 VStG, § 16 GrStG). – *Letzter Hauptveranlagungszeitpunkt:* 1.1.1995.

Hauptzollamt – örtliche Bundesbehörde für die Verwaltung der → Zölle, Verbrauchsteuern sowie der Abgaben im Rahmen der Europäischen

Gemeinschaften (§ 12 FVG). Weitere wichtige Aufgaben sind die zollamtliche Überwachung des Warenverkehrs über die Grenze, die Grenzaufsicht sowie die Bekämpfung der Schwarzarbeit und der illegalen Beschäftigung. – Vgl. auch → Zollamt.

Hausgehilfin – I. Begriff: *Hausangestellte;* Arbeitnehmerin, die Hausarbeit gegen Entgelt leistet und i.d.R. zum Haushalt ihres Arbeitgebers gehört. – *Anders:* Haushaltshilfe.

II. Steuerrecht: Der Lohn der Hausgehilfin ist steuerpflichtig (Einkünfte aus nichtselbständiger Arbeit), wenn das Arbeitsverhältnis nicht als geringfügiges Beschäftigungsverhältnis behandelt und der Lohn vom Arbeitgeber pauschal versteuert wird. – Der Arbeitgeber kann für die Kosten einer Hausgehilfin die Steuerermäßigung für haushaltsnahe Beschäftigungsverhältnisse nutzen.

Hausgewerbetreibende – I. Arbeitsrecht: Nach dem Heimarbeitsgesetz (HAG) vom 14.3.1951 (BGBl. I 191) m.spät.Änd. und DVO i.d.F. vom 27.1.1976 (BGBl. I 221) m.spät.Änd. Personen, die in eigener Arbeitsstätte (Wohnung oder Betriebsstätte) wie Heimarbeiter im Auftrag von Gewerbetreibenden oder Zwischenmeistern mit nicht mehr als zwei fremden Hilfskräften Waren herstellen, bearbeiten oder verpacken und selbst wesentlich mitarbeiten, evtl. Roh- und Hilfsstoffe selbst beschaffen.

II. Sozialversicherung: Selbstständig Tätige, die in eigener Arbeitsstätte im Auftrag und für Rechnung von Gewerbetreibenden, gemeinnützigen Unternehmen oder öffentlich-rechtlichen Körperschaften gewerblich arbeiten, auch wenn sie Roh- und Hilfsstoffe selbst beschaffen oder vorübergehend für eigene Rechnung tätig sind (§ 12 I SGB IV) mit freier Bestimmung über Arbeitszeit und Arbeitsverlauf. Die Arbeitsstätte kann in der Wohnung oder in einer eigenen Betriebsstätte sein. Der Hausgewerbetreibende darf auch Mitarbeiter beschäftigen.

III. Gewerbesteuerrecht: Hausgewerbetreibende unterliegen der Gewerbesteuerpflicht. Die Steuermesszahlen für den → Gewerbeertrag ermäßigen sich gegenüber den für natürliche Personen und Gesellschaften festgesetzten Steuermesszahlen auf 56 Prozent. Betreibt ein Hausgewerbetreibender noch eine andere gewerbliche Tätigkeit und sind beide Tätigkeiten als eine Einheit anzusehen, so tritt die Ermäßigung der Steuermesszahlen nur ein, wenn die Tätigkeit als Hausgewerbetreibende überwiegt (§ 11 III 1 GewStG, § 22 GewStDV).

Haushaltsbesteuerung – I. Allgemein: 1. *Haushaltsbesteuerung i.w.S.* (kreislauftheoretisches Begriffsverständnis): a) *Begriff:* Besteuerung der im persönlichen Bereich des wirtschaftenden Menschen realisierten Steuertatbestände, die eine bes. Leistungsfähigkeit ausdrücken. Der Besteuerung der Organisationsgebilde „privater Haushalt" steht im Gegensatz und in Ergänzung zur objektiven Unternehmensbesteuerung, die die Steuertatbestände in jenen

Organisationsgebilden aufsucht, die der Kombination produktiver Faktoren dienen und die Ertragsfähigkeit dieser Organisationen ausdrücken. Private Haushalte sind diejenigen Kreislaufaggregate, denen die in den Unternehmen entstandenen Erträge als Einkommen zugehen (Einkommensentstehungsstrom des Kreislaufs). – b) Erhebung von → Personensteuern: Lohn- und Einkommensteuer, Kirchensteuer, Erbschaft- und Schenkungsteuer; das → Leistungsfähigkeitsprinzip lässt sich aber auch in der Besteuerung der Einkommensverwendung realisieren, weshalb auch die „persönliche → Ausgabensteuer" zu den Personensteuern zählt. – 2. *Haushaltsbesteuerung i.e.S.* (veranlagungstechnisches Begriffsverständnis): Gemeinsame Veranlagung aller Leistungsfähigkeitsindikatoren der gesamten Familie und aller in einem Haushalt zusammenlebenden Personen oder weniger umfassend die Zusammenveranlagung der Ehegatten. Daneben steht die Individualbesteuerung bzw. -veranlagung, bei der jedes Mitglied eines Haushalts getrennt von den anderen veranlagt und besteuert wird.

II. Haushaltsbesteuerung in der Bundesrepublik Deutschland: 1. *Begriff:* Besteuerung von → Ehegatten und von Eltern und steuerlich zu berücksichtigenden Kindern als Gemeinschaft. – 2. Die Haushaltsbesteuerung von *Ehegatten* erfolgt bei der *Einkommensteuer* nach § 26 EStG durch Zusammenveranlagung, wenn beide Ehegatten diese wählen oder keine Erklärung abgeben. Die Steuerprogression, die durch die Zusammenrechnung der Einkünfte beider Ehegatten entsteht, ist durch die bes. Gestaltung des Einkommensteuertarifs gemildert (→ Splitting-Verfahren).

Haushaltsfreibetrag – Begriff des Einkommensteuerrechts (früher § 32a VII EStG): Der Haushaltsfreibetrag war ein Freibetrag für Steuerpflichtige, die kein Anrecht auf das Splittingverfahren hatten und bei denen auch keine getrennte Veranlagung durchgeführt wurde (verheiratete Steuerpflichtige), wenn ihnen ein → Kinderfreibetrag oder Kindergeld gewährt wurde. Ziel des Haushaltsfreibetrags war es, Alleinstehenden eine steuerliche Entlastung zukommen zu lassen. Da durch den Haushaltsfreibetrag jedoch unverheiratete Paare gegenüber verheirateten Paaren mit Kindern bevorzugt wurden, bedeutete die Regelung über den Haushaltsfreibetrag eine Benachteiligung von Ehe und Familie und wurde deshalb vom Verfassungsgericht beanstandet. Der Haushaltsfreibetrag wurde deshalb bis Ende 2003 stufenweise abgeschafft und seit 2004 durch einen → Entlastungsbetrag für Alleinerziehende ersetzt (§ 24b EStG).

Haushaltsführung → doppelte Haushaltsführung.

haushaltsnahe Beschäftigungsverhältnisse – 1. *Begriff:* Beschäftigungsverhältnisse, die Tätigkeiten zum Gegenstand haben, die in einem Privathaushalt üblicherweise durch die Mitglieder des privaten Haushalts erledigt werden. – 2. *Steuerliche Begünstigung:* Ein Steuerpflichtiger kann seine

Einkommensteuerschuld in gewisser Höhe um die → Aufwendungen kürzen (§ 35a EStG), die er als Arbeitgeber eines haushaltsnahen Beschäftigungsverhältnisses hat. – a) Liegt ein geringfügiges Beschäftigungsverhältnis vor, können bis einschließlich 2008 10 Prozent, ab dem Veranlagungszeitraum 2009 20 Prozent, maximal 510 Euro, jährlich abgezogen werden. – b) Liegt ein sozialversicherungspflichtiges Beschäftigungsverhältnis vor, das nicht geringfügig ist, beträgt der Abzug 12 Prozent, maximal 2.400 Euro (bis einschließlich 2008), ab dem Veranlagungszeitraum 2009 20 Prozent, maximal 4.000 Euro. Die Höchstbeträge ermäßigen sich für Monate, in denen die Voraussetzungen nicht erfüllt waren, zeitanteilig. Ab dem Jahr 2010 gilt die Steuerermäßigung auch für die Inanspruchnahme von Pflege- und Betreuungsleistungen bei pflegebedürftigen Personen im Heim, wenn die Kosten für die Dienstleistungen mit denen einer Hilfe im Haushalt vergleichbar sind. – c) Die Begünstigung findet keine Anwendung, wenn die Aufwendungen → Betriebsausgaben oder → Werbungskosten darstellen oder als bestimmte Sonderausgaben bzw. als außergewöhnliche Belastungen berücksichtigt worden sind.

haushaltsnahe Dienstleistungen – 1. *Begriff:* Haushaltsnahe Dienstleistungen haben dieselben Tätigkeiten wie → haushaltsnahe Beschäftigungsverhältnisse zum Gegenstand; Bei haushaltsnahen Dienstleistungen wird jedoch kein Arbeitsverhältnis begründet, sondern es wird die Dienstleistung eines Selbstständigen bzw. eines Unternehmens in Anspruch genommen. – 2. *Steuerliche Behandlung:* Wer haushaltsnahe Dienstleistungen in Anspruch nimmt, kann für diejenigen Aufwendungen, die nicht als → Betriebsausgaben oder Werbungskosten berücksichtigt worden sind und auch nicht Aufwendungen für eine geringfügige Beschäftigung darstellen, 20 Prozent der Kosten, maximal 600 Euro pro Jahr, von seiner Steuerschuld abziehen (Steuerermäßigung, § 35a II EStG). Bei Leistungen eines Pflegedienstes steigt der Höchstbetrag auf 1.200 Euro unter bestimmten Voraussetzungen. Leistungen der Pflegeversicherung mindern die begünstigten Aufwendungen. – 3. Die Steuerermäßigung für *Handwerkerleistungen* beläuft sich auf 20 Prozent der Kosten für Renovierungs-, Erhaltungs- und Modernisierungsmaßnahmen, ab dem 1.1.2009 maximal 600 Euro im Jahr, ab dem 1.1.2010 maximal 1.200 Euro im Jahr. Der Abzug aus Handwerkerleistungen gilt nur für Arbeitskosten. – 4. Der Steuerabzug für → haushaltsnahe Beschäftigungsverhältnisse beträgt bei geringfügiger Beschäftigung (bis 400 Euro) 10 Prozent (bis einschließlich 2008), ab dem 1.1.2009 20 Prozent der Kosten, maximal jedoch 510 Euro jährlich. Bei versicherungspflichtiger Beschäftigung 12 Prozent der Aufwendungen, maximal jedoch 2.400 Euro (bis einschließlich 2008), ab dem 1.1.2009 20 Prozent der Kosten, maximal 4.000 Euro. – Ab 2008 ist ein vereinfachter Nachweis durch Vorlage von Rechnung und Bankbeleg nur nach Anforderung möglich.

Hausrat – 1. *Begriff:* Die zur Haushalts- und Lebensführung erforderlichen Möbel, Geräte und sonstigen Bestandteile einer Wohnungseinrichtung. – 2. *Erbschaftsteuer:* Hausrat ist erbschaftsteuerfrei bei Erwerb durch Personen der Steuerklasse I, soweit der Wert 41.000 Euro, der übrigen Steuerklassen, soweit der Wert derzeit 12.000 Euro nicht übersteigt (§ 13 I ErbStG n.F., vgl. → Erbschaftsteuerreform). – 3. *Verfügungsbeschränkungen* über Hausrat bestehen im Güterstand der Zugewinngemeinschaft; → eheliches Güterrecht.

Hebesatz – der für die Erhebung der → Grundsteuer oder → Gewerbesteuer von den Gemeinden für jedes Rechnungsjahr einheitlich festzusetzende Prozentsatz, mit dem der → Steuermessbetrag zu vervielfältigen ist, um die Höhe der Steuer zu berechnen. Der Hebesatz kann für ein Kalenderjahr oder mehrere Kalenderjahre festgesetzt werden. Der Hebesatz muss für alle in der Gemeinde vorhandenen Unternehmen der gleiche sein. Grundsätzlich kann eine Gemeinde für die Grundsteuer einen anderen Hebesatz festsetzen als für die Gewerbesteuer; durch Landesrecht können allerdings Grenzen gezogen werden (§ 16 V GewStG).

Heilung – abgabenrechtlicher Begriff: die Verletzung von Verfahrens- oder Formfehlern, die nicht zur → Nichtigkeit eines Verwaltungsakts führen, ist unbeachtlich, wenn (1) der für den → Verwaltungsakt erforderliche Antrag nachträglich gestellt wird, (2) die erforderliche Begründung nachträglich gegeben wird, (3) die erforderliche Anhörung eines Beteiligten nachgeholt wird, (4) der Beschluss eines Ausschusses, dessen Mitwirkung für den Erlass eines Verwaltungsakts erforderlich ist, nachträglich gefasst wird bzw. (5) die erforderliche Mitwirkung einer anderen Behörde nachgeholt wird (§ 126 AO). Die vorbezeichneten Handlungen können dabei (noch) bis zum Abschluss der Tatsacheninstanz eines finanzgerichtlichen Verfahrens nachgeholt werden. – Ist die rechtzeitige Anfechtung eines Verwaltungsakts deswegen versäumt worden, weil ihm die erforderliche Begründung fehlt oder die erforderliche Anhörung eines Beteiligten vor seinem Erlass unterblieben ist, gilt die Versäumung der Einspruchsfrist als nicht verschuldet. In der Folge ist regelmäßig → Wiedereinsetzung in den vorigen Stand zu gewähren (§ 126 III AO).

Heiratsbeihilfe – anlässlich der Eheschließung gewährte einmalige Zuwendung in Geld oder Sachwerten. – *Lohn- und Einkommensteuer:* Heiratsbeihilfen bis zum Betrag von 315 Euro waren bis Ende 2005 steuerfrei, sofern die Heiratsbeihilfen frühestens drei Monate vor und spätestens drei Monate nach der Eheschließung gezahlt wurden; auch neben → Geburtsbeihilfe. Bei höheren Heiratsbeihilfen unterlag nur der 315 Euro übersteigende Betrag der Einkommen- oder Lohnsteuer (§ 3 Nr. 15 EStG bis 2005). – Die Regelung wurde mit Wirkung zum 1.1.2006 aufgehoben.

Heiratsgut – Im zollrechtlichen Sinn sind Aussteuer und gebrauchter sowie neuer Hausrat einer Person, die ihren gewöhnlichen Wohnsitz aus Anlass der Eheschließung in das Zollgebiet der EU verlegt, Heiratsgut. Nicht erfasst sind Kraftfahrzeuge. Heiratsgut ist zollfrei unter der Bedingung, dass es nicht innerhalb von zwölf Monaten nach der Einfuhr veräußert wird. Zollfreiheit für Tabak, Tabakwaren und alkoholische Erzeugnisse ausgeschlossen. Dagegen sind die aus Anlass der Eheschließung überreichten Geschenke zollfrei, wenn der Wert jedes eingeführten Geschenks 1.000 Euro nicht übersteigt (Art. 82 ZK; Art. 12-16 ZollbefreiungsVO).

Heizölsteuer – zunächst ein Teil der → Mineralölsteuer, dann in der → Energiesteuer aufgegangen. Im Rahmen der Energiesteuer liegt die reguläre Steuerbelastung für Heizöl bei 130 Euro pro 1000 kg Heizöl, unter bestimmten Umständen kann Heizöl zum Verheizen jedoch auch geringer besteuert werden (§ 2 III EnergieStG). Gelangen Heizöle aus anderen Ländern ins Inland, kommt es i.d.R. hier zur Steuerentstehung. Selbst das Verbringen von flüssigem Heizöl durch Privatpersonen aus anderen Mitgliedsstaaten ist – entgegen den sonstigen Regelungen für Verbrauchsteuern in der EU – steuerpflichtig, es sei denn, es geht um Flüssiggas in Flaschen (§ 16 EnergieStG).

Hektarwert – Begriff des Steuerrechts für den Wert, mit dem die Flächeneinheit Hektar (ha) eines Betriebs der Land- und Forstwirtschaft zu bewerten ist: der auf einen Hektar bezogene → Vergleichswert (§ 40 I 3 BewG).

Herstellungsaufwand – Begriff des Einkommensteuerrechts zur Abgrenzung gegenüber → Erhaltungsaufwand. Herstellungsaufwendungen sind Aufwendungen, durch die entweder ein → Wirtschaftsgut neu beschafft oder ein vorhandenes über seinen ursprünglichen Zustand hinaus verbessert, in seinem Wesen erheblich verändert oder wesentlich in seiner Substanz erweitert wird, z.B. Anbaukosten, Umbaukosten. Aufwendungen, die für sich allein betrachtet Erhaltungsaufwand darstellen, sind steuerlich als Herstellungsaufwendungen zu behandeln, wenn sie in engem räumlichen und zeitlichen Zusammenhang mit Herstellungsaufwendungen anfallen (anschaffungsnaher Aufwand, R 6.3 EStR). Nach der Fertigstellung des Gebäudes ist Herstellungsaufwand anzunehmen, wenn Aufwendungen durch den Verbrauch von Gütern und die Inanspruchnahme von Diensten für die Erweiterung oder für die über den ursprünglichen Zustand hinausgehende wesentliche Besserung eines Gebäudes entstehen (§ 255 II S. 1 HGB). Betragen die Aufwendungen nach Fertigstellung eines Gebäudes für die einzelne Baumaßnahme nicht mehr als 4.000 Euro (Rechnungsbetrag ohne Umsatzsteuer) je Gebäude, ist auf Antrag dieser Aufwand stets als Erhaltungsaufwand zu behandeln. Auf Aufwendungen, die der endgültigen Fertigstellung eines neu errichteten Gebäudes dienen, ist die Vereinfachungsregelung jedoch nicht anzuwenden.

Herstellungskosten – I. Begriff: *Herstellungswert;* bilanzieller Begriff des Handels- und Steuerrechts; Maßstab für die Bewertung von Vermögensgegenständen (handelsrechtlich) bzw. → Wirtschaftsgütern (steuerrechtlich), die ganz oder teilweise im eigenen Betrieb erstellt worden sind. Zur Ermittlung der Herstellungskosten muss auf die Kostenrechnung des Unternehmens zurückgegriffen werden. Dabei muss auf die unterschiedlichen Kostenbegriffsinhalte geachtet werden. Kalkulatorische Kosten ohne Aufwandsentsprechung dürfen in die Herstellungskosten nicht eingerechnet werden

II. Handelsrecht: Nach § 255 II HGB sind Herstellungskosten → Aufwendungen, die durch den Verbrauch von Gütern und die Inanspruchnahme von Diensten für die Herstellung, Erweiterung oder Verbesserung entstehen. Dazu gehören die *Materialkosten,* die *Fertigungskosten* und die *Sonderkosten der Fertigung* sowie angemessene Teile der *Materialgemeinkosten,* der *Fertigungsgemeinkosten* und des *Werteverzehrs* des Anlagevermögens, soweit dieser durch die Fertigung veranlasst ist. Kosten der allg. Verwaltung sowie Aufwendungen für soziale Einrichtungen des Betriebs, für freiwillige soziale Leistungen und für betriebliche Altersversorgung dürfen einegerechnet werden, soweit diese auf den Zeitraum der Herstellung entfallen. Forschungs- und Vertriebskosten *dürfen nicht* in die Herstellungskosten einbezogen werden.

III. Steuerrecht: Die handelsrechtliche Definition stimmt inhaltlich mit der steuerrechtlichen Begriffsbestimmung überein. Diese dem Handelsrecht nachgebildete Begriffsbestimmung gilt nicht nur im betrieblichen, sondern auch im außerbetrieblichen Bereich. Als Herstellungskosten kommen nur tatsächlich angefallene Aufwendungen in Betracht. Nur kalkulatorische Kosten sowie der Wert der eigenen Arbeitskraft des Herstellers bleiben außer Ansatz. Wie im Handelsrecht, müssen steuerrechtlich auch die Materialeinzelkosten, Fertigungseinzelkosten, Materialgemeinkosten, Fertigungsgemeinkosten sowie Sondereinzelkosten bei der Ermittlung der Herstellungskosten berücksichtigt werden (R 6.3 EStR). Dazu gehört auch der Werteverzehr des Anlagevermögens (→ Absetzung für Abnutzung (AfA)), soweit er der Fertigung der Erzeugnisse gedient hat. *Fakultativ* berücksichtigt werden können Kosten für die allg. Verwaltung und Fremdkapitalzinsen für Fremdkapital, das zur Finanzierung der Herstellung eines Vermögensgegenstandes verwendet wird. – *Nicht einbezogen* werden dürfen Einkommensteuer und Vertriebskosten einschließlich Umsatzsteuer. Der Vorsteuerbetrag nach § 15 UStG gehört, soweit er bei der Umsatzsteuer abgezogen werden kann, nicht zu den Herstellungskosten des Wirtschaftsgutes, auf dessen Herstellung er entfällt (§ 9b I EStG).

Herstellungsland – I. Ein- und Ausfuhrrecht: → Ursprungsland.

II. **Einfuhrstatistik:** Land, in dem die Waren vollständig gewonnen oder hergestellt worden sind oder ihre letzte wesentliche und wirtschaftlich gerechtfertigte Be- oder Verarbeitung erfahren haben. – Vgl. auch Außenhandelsstatistik.

Hifo – Kurzbezeichnung für *Highest-in-first-out;* im Ausland sehr verbreitetes, nach dt. Handels- und Steuerrecht nicht zulässiges Verfahren zur Bewertung gleichartiger Vermögensgegenstände des Vorratsvermögens (→ Steuerbilanz). Man unterstellt, dass die am teuersten eingekauften Waren zuerst verbraucht werden; die Vorräte werden zu den niedrigsten Preisen bilanziert, die man in der Rechnungsperiode für sie bezahlen musste. – Vgl. auch → Fifo, → Lifo, Lofo.

Hilfeleistung in Steuersachen – dazu zählen: Beratung der Auftraggeber in Steuersachen, Unterstützung bei der Bearbeitung ihrer Steuerangelegenheiten und bei der Erfüllung ihrer steuerlichen Pflichten; bes. die Hilfeleistungen in Steuerstrafsachen, Bußgeldsachen, bei der Führung von Büchern und Aufzeichnungen sowie bei der Aufstellung von Abschlüssen, die für die Besteuerung von Bedeutung sind, und bei der Einziehung von → Steuererstattungsansprüchen oder Steuervergütungsansprüchen (§ 1 StBerG). Geschäftsmäßig darf die Tätigkeit nur von dazu befugten Personen und Personenvereinigungen ausgeübt werden (§ 2 StBerG). Befugt sind → Steuerberater, → Steuerbevollmächtigte, → Steuerberatungsgesellschaften, → Rechtsanwälte, Rechtsanwaltsgesellschaften, → Wirtschaftsprüfer (WP), → Wirtschaftsprüfungsgesellschaften, → vereidigte Buchprüfer und → Buchprüfungsgesellschaften (§ 3 StBerG). Zu vorübergehender und gelegentlicher Hilfeleistung in Steuersachen befugt sind auch Personen, die in einem anderen Mitgliedsstaat der Europäischen Union oder in einem anderen Vertragsstaat des Abkommens über den Europäischen Wirtschaftsraum oder in der Schweiz beruflich niedergelassen sind und dort befugt geschäftsmäßig Hilfe in Steuersachen nach dem Recht des Niederlassungsstaates leisten (§ 3a StBerG). Mit Einschränkungen sind befugt z.B. Arbeitgeber, soweit sie für ihre Arbeitnehmer Hilfe bei Einkünften aus nichtselbstständiger Arbeit und bei sonstigen Lohnsteuersachen leisten, und → Lohnsteuerhilfevereine, soweit sie für ihre Mitglieder Hilfe in Lohnsteuersachen leisten (§ 4 StBerG). Anderen Personen ist die Hilfeleistung grundsätzlich untersagt (§ 5 StBerG); Ausnahmen gelten jedoch für die Erstellung wissenschaftlicher Gutachten, unentgeltliche Tätigkeit gegenüber Angehörigen, die Durchführung mechanischer Arbeitsgänge bei der Führung von Büchern und Aufzeichnungen und das Buchen laufender Geschäftsvorfälle, die laufende Lohnabrechnung und das Fertigen der Lohnsteuer-Anmeldungen, sofern durch mind. drei Jahre

auf dem Gebiet des Buchhaltungswesens hauptberuflich tätige Person erbracht (§ 6 StBerG).

Hilfsgeschäfte – 1. *Begriff:* Gelegentliche Geschäfte, die dazu dienen, die eigentliche gewerbliche oder berufliche Tätigkeit eines Unternehmens fortzuführen oder aufrechtzuerhalten. – *Beispiel:* Ein Handelsvertreter veräußert einen unbrauchbar gewordenen Kraftwagen, um einen neuen zu kaufen. – 2. *Umsatzsteuerrecht:* Hilfsgeschäfte im umsatzsteuerlichen Sinn sind Geschäfte, die nicht den eigentlichen Gegenstand des Unternehmens bilden (z.B. die Veräußerung von Anlagevermögen). Dennoch handelt es sich um Leistungen, die im Rahmen des Unternehmens erbracht werden, sodass Hilfsgeschäfte zu steuerbaren Umsätzen führen. Ein Unternehmer, der für die Umsätze im Rahmen seiner gewerblichen oder beruflichen Tätigkeit Umsatzsteuerfreiheit oder den ermäßigten Steuersatz in Anspruch nehmen kann, muss Hilfsgeschäfte dennoch mit dem Regelsteuersatz für die betreffenden Hilfsumsätze versteuern. Soweit es um die Gewährung bestimmter steuerlicher Erleichterungen geht, die umsatzabhängig sind, werden Hilfsgeschäfte bei der Berechnung Gesamtumsatzes (→ Kleinunternehmer, → Istversteuerung) nicht berücksichtigt (§ 19 I Satz 2 UStG).

Hinterbliebenen-Pauschbetrag – Das Einkommensteuergesetz (EStG) geht davon aus, dass Hinterbliebenen typischerweise → außergewöhnliche Belastungen erwachsen. Wenn jemand laufende Hinterbliebenenbezüge bewilligt bekommen hat und die Bewilligung auf gesetzlichen Vorschriften beruht, die in § 33b IV EStG aufgezählt werden, erhält der Betreffende auf Antrag einen → Pauschbetrag von 370 Euro zur Abgeltung dieser außergewöhnlichen Belastungen zugebilligt. Steht der Hinterbliebenen-Pauschbetrag einem Kind zu, für das jemand einen Kinderfreibetrag oder Kindergeld erhält, so kann der Hinterbliebenen-Pauschbetrag auf Antrag auf diese Person übertragen werden, wenn das Kind ihn nicht selbst in Anspruch nimmt (§ 33b V EStG).

Hinterziehungszinsen – 1. *Tatbestand:* Hinterzogene Steuerbeträge sind zu verzinsen (§ 235 AO). Die Zinspflicht tritt ein, wenn sowohl der objektive als auch der subjektive Tatbestand der → Steuerhinterziehung erfüllt und die Tat vollendet ist. Sie besteht unabhängig von einem Steuerstrafverfahren und setzt v.a. keine Verurteilung wegen Steuerhinterziehung voraus. Hinterziehungszinsen fallen somit z.B. auch im Fall einer wirksam erstatteten Selbstanzeige an. – 2. *Bemessungsgrundlage:* Zu verzinsen ist der hinterzogene Steuerbetrag. Das ist regelmäßig die Differenz zwischen der richtig festzusetzenden Steuerschuld und der Steuer, wie sie die Finanzbehörde ohne Kenntnis der Steuerhinterziehung zugrunde liegenden Sachverhalts festgesetzt hat. – 3. *Zinsschuldner:* Zinsschuldner ist derjenige, zu dessen Vorteil die Steuern hinterzogen worden sind. Unerheblich ist, ob er an der Steuerhinterziehung selbst beteiligt war. – 4. *Zinslauf:* Der Zinslauf beginnt mit dem Eintritt der Verkürzung bzw. der Erlangung des Steuervorteils, d.h. sobald die Tat im strafrechtlichen Sinn vollendet ist. Er endet mit der Zahlung der hinterzogenen Steuer. Wird die Steuerfestsetzung danach geändert, aufgehoben oder wegen einer → offenbaren Unrichtigkeit berichtigt, hat dies keinen Einfluss auf die Zinsfestsetzung. – 5. *Berechnungsgrundsätze:* Die Zinsen betragen 0,5 Prozent für jeden vollen Monat des Zinslaufes; angefangene Monate bleiben außer Ansatz. Der zu verzinsende Betrag wird auf volle 50 Euro nach unten abgerundet (§ 238 AO). Eine Bagatellgrenze von zehn Euro ist zu beachten (§ 239 II AO). – 6. Hinterziehungszinsen können im Rahmen der steuerlichen Gewinnermittlung nicht als Betriebsausgabe abzogen werden (§ 4 V Nr. 8a EStG).

Hinweise (H) – in den Einkommen- und Lohnsteuerrichtlinien handelt es sich dabei um Textstellen, die anders als → Richtlinien (R) keine möglicherweise offenen Rechtsfragen regeln, um ein einheitliches Vorgehen der Verwaltung in solchen Fragen zu sichern, sondern auf schon durch gesicherte Rechtsprechung geklärte Grundsätze hinweisen.

Hinzurechnungen → Gewerbeertrag.

Hinzurechnungsbesteuerung – 1. *Begriff:* Maßnahme des dt. Steuerrechts zur Verhinderung der Einkommensverlagerung auf → ausländische Kapitalgesellschaften. Überträgt ein dt. Steuerpflichtiger eine Einkommensquelle, aus der er (z.B.) → ausländische Einkünfte bezieht, auf eine Kapitalgesellschaft, so waren diese Einkünfte vorher im Inland steuerpflichtig (inländischer Steuerpflichtiger, ausländische Einkünfte: → Welteinkommensprinzip), können nachher aber nach den normalen Grundsätzen eigentlich nicht mehr erfasst werden (sie gehören jetzt nämlich einem ausländischen Steuerpflichtigen und sind ausländische Einkünfte). Wird im Staat der ausländischen Kapitalgesellschaft keine oder nur eine vergleichsweise geringe → Körperschaftsteuer erhoben, würden also durch die Verlagerung von Einkommensquellen auf solche Zwischengesellschaften die Einnahmen der dt. Besteuerung entzogen. – 2. *Funktionsweise:* a) *Grundprinzip:* Durch die Hinzurechnungsbesteuerung wird formal das Einkommen der ausländischen Kapitalgesellschaft nicht selbst besteuert; sie bezieht jedoch in das inländische Einkommen des Anteilseigners einen fiktiven Einkommensbetrag (den sog. → Hinzurechnungsbetrag) ein, der in seiner Höhe denjenigen Einkommensteilen entspricht, für die die ausländische Gesellschaft aus Sicht des Gesetzgebers als Zwischengesellschaft benutzt worden sein könnte. Der dt. Steuerpflichtige kann somit durch die Einschaltung einer Zwischengesellschaft seine Steuerbelastung nicht mindern. – b) *Besteuerung des Hinzurechnungsbetrags:* Der Hinzurechnungsbetrag zählt zu den Einkünften aus Kapitalvermögen (§ 20 EStG) und wird in voller Höhe der → Einkommensteuer unterworfen (bzw. der Körperschaftsteuer, wenn der inländische Steuerpflichtige eine Kapitalgesellschaft ist). Da diese Besteuerung dazu dient,

Vorteile aus einer Verlagerung von Einkünften auf eine ausländische Kapitalgesellschaft in einem niedrig besteuernden Land zu verhindern, wird auf den Hinzurechnungsbetrag nicht der reduzierte Steuersatz angewandt, der normalerweise für Einkünfte aus Kapitalvermögen gilt (25 Prozent, „Abgeltungsteuer"), sondern der volle individuelle Einkommensteuersatz. Im Gegenzug wird dann aber die Dividende aus der ausländischen Zwischengesellschaft später nicht mehr besteuert (einkommensteuerlich nur, soweit sie nicht über die Beträge, die schon als Hinzurechnungsbetrag besteuert wurden, hinausgeht; vgl. § 3 Nr. 41 EStG; § 8b I KStG). Auf die dt. Steuerschuld bzw. auf den Hinzurechnungsbetrag wird die im Ausland gezahlten Steuern auf die Gewinne der → Zwischengesellschaft und die → Quellensteuern auf die Dividendenausschüttung angerechnet. – c) *Zeitpunkt:* Die Hinzurechnungsbesteuerung greift bereits in dem Jahr, in dem die ausländische Gesellschaft die Einkünfte erzielt. Sie gelten als zugeflossen, sobald das Wirtschaftsjahr der ausländischen Gesellschaft endet (also an deren Bilanzstichtag). – d) *Beurteilung:* Die Einschaltung einer Zwischengesellschaft ist durch die Hinzurechnungsbesteuerung unter jedem Gesichtspunkt ökonomisch nicht sinnvoll, sofern nicht wichtige außersteuerliche Gründe vorliegen. – e) *Europarechtliche Aspekte:* Nach der Rechtsprechung des EuGH verstößt die Hinzurechnungsbesteuerung gegen die Niederlassungsfreiheit; sie ist also gegenüber ausländischen Gesellschaften mit Sitz in der EU und im EWR nur zulässig, soweit eine ausländische Tochterkapitalgesellschaft, an der sich ein dt. Anteilseigner beteiligt hat, nicht als „Niederlassung" im europarechtlichen Sinne angesehen werden kann. Eine „Niederlassung" ist aber bereits dann gegeben, wenn eine solche Gesellschaft in ihrem Sitzland eine eigene echte wirtschaftliche Tätigkeit entfaltet. Daher wird europarechtlich die Anwendung der Hinzurechnungsbesteuerung bei Beteiligungen an europäischen Gesellschaften nur geduldet, wenn diese Beteiligung als rein künstliche Gestaltung angesehen werden kann. Was unter einer rein künstlichen Gestaltung zu verstehen ist, ist bislang nicht ausreichend geklärt. Es genügt aber jedenfalls nicht, dass die → Muttergesellschaft die Tätigkeit der → Tochtergesellschaft auch selbst hätte ausüben können; denn das würde die vom EG-Vertrag garantierte Freiheit, einen auch Tochterkapitalgesellschaften gründen zu dürfen, im Kern negieren. Der dt. Gesetzgeber hat der Problematik dadurch Rechnung getragen, dass er die Hinzurechnungsbesteuerung „insoweit" für unanwendbar erklärt, als der Anteilseigner nachweist, dass er an einer Gesellschaft in der EU oder im EWR beteiligt ist, deren Tätigkeit bestimmten Kriterien genügt (§ 8 II AStG). – f) *Entwicklungsmöglichkeiten:* Der EuGH hat sich bislang nur zur Vereinbarkeit der Hinzurechnungsbesteuerung mit der Niederlassungsfreiheit geäußert. Es ist jedoch denkbar, dass die Besteuerung die in anderen EU-Staaten gegründeten Gesellschaften auch in ihrer Kapitalverkehrsfreiheit beschränkt, wenn ihr Sitzland nun einmal ein Niedrigsteuerland sein sollte (die Nachfrage von Eigenkapital durch solche Gesellschaften in Staaten wie Deutschland wird dadurch nämlich praktisch fast vollkommen unterbunden); die Hinzurechnungsbesteuerung für solche Fälle zu akzeptieren, würde also implizieren, dass große Teile der Kapitalverkehrsfreiheit für den Großteil der juristischen Personen in diesen Staaten auf nicht absehbare Zeit suspendiert wären. Ob der EuGH dies in einem Streitfall dulden würde, ist jedenfalls fraglich; die dt. Regelung des § 8 II AStG trägt dieser Möglichkeit in keiner Weise Rechnung. Sollten auch in Hinblick auf die Kapitalverkehrsfreiheit die Bedenken gegen die Zulässigkeit der Hinzurechnungsbesteuerung durchgreifen, wäre das gesamte gesetzgeberische Konzept dieser Maßnahme auf lange Sicht kaum noch zu halten. Es besteht daher gegenwärtig unbestreitbar Bedarf nach grundsätzlich anderen Konzepten, wie man mit der zugrunde liegenden Problematik längerfristig erfolgreich umgehen könnte.

Hinzurechnungsbetrag – 1. *Außensteuerrecht:* der aufgrund der Vorschriften über die → Hinzurechnungsbesteuerung bei einem inländischen Anteilseigner ausländischer Kapitalgesellschaften als fiktives Einkommen aus Kapitalvermögen zu versteuernde Betrag, relevant v.a. für Anteilseigner von Kapitalgesellschaften in Steueroasen (Niedrigsteuerländern). – 2. *Lohnsteuer:* Ein Arbeitnehmer, dessen Jahresarbeitslohn im ersten Dienstverhältnis unterhalb des Betrages bleiben wird, der in dieser Steuerklasse (also v.a. Steuerklasse I oder III) lohnsteuerfrei bezogen werden kann, kann den Restbetrag, den er dort voraussichtlich nicht ausschöpft, auf eine andere Lohnsteuerkarte aus einem zweiten oder weiteren Dienstverhältnis übertragen lassen. Dabei gilt, dass der Arbeitgeber im ersten Dienstverhältnis für Lohnsteuerzwecke den Lohn seines Arbeitnehmers rechnerisch um genau den selben Betrag erhöhen muss, den der andere Arbeitgeber aufgrund der Eintragung auf der zweiten Lohnsteuerkarte steuerfrei belassen darf. Dieser Betrag wird dann lohnsteuerlich als Hinzurechnungsbetrag bezeichnet.

Hinzuziehung – 1. *Allgemeines:* Beteiligter an einem Einspruchsverfahren ist grundsätzlich (nur) der → Steuerpflichtige als Einspruchsführer. In bestimmten Fällen können und müssen jedoch dritte Personen wie z.B. Ehegatten und Mitgesellschafter zum Verfahren hinzugezogen werden. Der Hinzugezogene ist dann gleichfalls Verfahrensbeteiligter (§ 359 AO) und hat die gleichen Rechte wie der Einspruchsführer. Allerdings darf er den Einspruch nicht zurücknehmen. Der Steuerpflichtige als Einspruchsführer kann jedoch durch Rücknahme seines Einspruchs eine Hinzuziehung vermeiden. Ziel der Hinzuziehung ist ein einheitliches Verfahren, um abweichende Entscheidungen zu vermeiden. – 2. *Arten:* a) *Einfache Hinzuziehung:* Sie kann dann (von Amts wegen oder auf Antrag) erfolgen, wenn rechtliche Interessen des

Dritten nach den Steuergesetzen durch die Entscheidung über den Einspruch berührt sind (§ 360 I AO). Es handelt sich um eine Ermessensentscheidung der Finanzbehörde. – *Hauptanwendungsfälle:* (1) wenn der Dritte Haftender ist, (2) zusammengefasste Bescheide gegenüber Gesamtschuldnern. – b) *Notwendige Hinzuziehung:* Sie muss erfolgen, wenn an dem streitigen Rechtsverhältnis Dritte derart beteiligt sind, dass die Entscheidung auch ihnen gegenüber nur einheitlich ergehen kann (§ 360 III AO). Es besteht eine Pflicht zur Hinzuziehung. – *Hauptanwendungsfälle:* (1) einheitliche und gesonderte Feststellung von Besteuerungsgrundlagen, (2) in Fällen der → widerstreitenden Steuerfestsetzungen, (3) Aufteilungsbescheide, (4) im Zerlegungsverfahren. – 3. *Rechtsfolgen unterlassener Hinzuziehung:* a) Im Fall der *einfachen Hinzuziehung* wird der Dritte durch die in der Einspruchssache getroffene Entscheidung nicht gebunden. – b) Im Fall der *notwendigen* Hinzuziehung liegt ein schwerer Verfahrensmangel vor, der grundsätzlich zur Unwirksamkeit der in der Einspruchssache getroffenen Entscheidung führt. Heilung des Verfahrensmangels in einem anschließenden Klageverfahren durch Beiladung (§ 60 FGO) möglich.

historisches Steuersystem – ein im Zeitablauf gewachsenes → Steuersystem mit Steuern verschiedener Art, deren Unterschied i.d.R. in Entstehung, Rechtfertigung, Zweckmäßigkeit und Ergiebigkeit liegt. – *Gegensatz:* → rationales Steuersystem.

Hoheitsbetrieb – 1. *Begriff:* Betrieb von Körperschaften des öffentlichen Rechts, der überwiegend der Ausübung der öffentlichen Gewalt dient. Ausübung der öffentlichen Gewalt ist eine Tätigkeit, die der öffentlich-rechtlichen Körperschaft eigentümlich und vorbehalten ist. Dazu zählt die Erfüllung öffentlich-rechtlicher Aufgaben, die aus der Staatsgewalt abgeleitet sind und staatlichen Zwecken dienen. V.a. anzunehmen, wenn Leistungen erbracht werden, zu deren Annahme der Leistungsempfänger aufgrund gesetzlicher oder behördlicher Anordnung verpflichtet ist. Zwangs- und Monopolrechte reichen für sich allein für die Annahme eines Hoheitsbetriebs nicht aus. Hoheitsbetriebe sind z.B. Forschungsanstalten, Wetterwarten, Friedhöfe, Krematorien, Schlachthöfe, Anstalten zur Lebensmitteluntersuchung, zur Desinfektion, zur Müllbeseitigung, zur Straßenreinigung etc. – 2. *Besteuerung:* Hoheitsbetriebe sind keine → Betriebe gewerblicher Art weder Körperschaft- noch umsatzsteuerlich und unterliegen daher nicht der Besteuerung. Eine Zusammenfassung mit Betrieben gewerblicher Art ist unzulässig.

Holdinggesellschaft – *Beteiligungsgesellschaft.* 1. *Begriff:* Als Vorform des Trust, in den USA entwickelte Effektenhaltungsgesellschaft. Holdinggesellschaften produzieren nicht selbst; ihre wirtschaftliche Tätigkeit erstreckt sich auf die Verwaltung von Effekten sämtlicher von ihnen beherrschter Unternehmungen und zumeist Abstimmung von deren Produktionsprogrammen, soweit dies zur Marktbeeinflussung zweckmäßig erscheint. Die Aktionäre einzelner Gesellschaften geben der Holdinggesellschaft ihre Aktien und erhalten dafür diejenigen der Holdinggesellschaft (sog. Effektensubstitution). – Die *rechtliche* Selbstständigkeit der Unternehmungen bleibt zumindest nach außen bestehen; die *wirtschaftliche Selbstständigkeit* geht im Hinblick auf die Finanzierung völlig, bez. der Unternehmenspolitik weitgehend auf die Holdinggesellschaft über. – 2. *Arten:* a) *Reine Kontrollgesellschaft:* Das für den Fertigungsbetrieb über die Finanzierungsmacht eingeräumte allg. Weisungsrecht wird nicht sehr weit ausgenutzt. – b) *Dachgesellschaft:* Außer der wirtschaftlichen Beherrschung über die Finanzierung wird eigene Planung und Entwicklung zugunsten aller zugehörigen Unternehmungen betrieben. – 3. *Steuerliche Besonderheit:* Zur Vermeidung von Doppelbesteuerung sind Holdinggesellschaften bei der Körperschaftsteuer begünstigt durch das → Schachtelprivileg. Ihre Entstehung ist begünstigt durch die Regelungen zum → Anteilstausch, Einbringung von → Teilbetrieben in Kapitalgesellschaften und der Beteiligung an ausländischen Gesellschaften. – 4. Vgl. auch → Unternehmensbeteiligungsgesellschaft.

horizontaler Verlustausgleich → Verlustabzug.

Hundesteuer – 1. *Begriff:* Steuer auf das Halten von Hunden als Ausdruck bes. Aufwandes. – 2. *Charakterisierung:* a) eine Gemeindesteuer, die teils erhoben werden muss, teils erhoben werden kann. – b) Eine *objektive Verbrauchsteuer* in dem Sinn, dass die ökonomische Situation des Halters nicht berücksichtigt wird; aus dem Aufwand für Hunde wird auf ökonomische Leistungsfähigkeit geschlossen. Soziale und psychische Aspekte (Alleinsein älterer Menschen) finden keinen Ausdruck. Mit der Steuer soll der Anzahl der Hunde begrenzt werden. – 3. *Höhe:* Zumeist in Gemeindesatzungen festgelegte Steuerbeträge innerhalb der von den Landesgesetzen gezogenen Grenzen; höherer Steuersatz bei mehreren Hunden oder Kampfhunden. – *Befreiungen* vornehmlich aus beruflichen, polizeilichen, gesundheitlichen (Blindenhunde) etc. Gründen sowie bei Hundehaltung für wissenschaftliche Zwecke. – 4. *Aufkommen:* 236,9 Mio. Euro (2006), 211,6 Mio. Euro (2002).

Hypothek – I. *Charakterisierung:* Belastung eines Grundstücks in der Weise, dass an denjenigen, zu dessen Gunsten die Belastung erfolgt, eine bestimmte Geldsumme wegen einer ihm zustehenden Forderung aus dem Grundstück zu zahlen ist. – *Einzutragen* in Abt. III des Grundbuchs. Im Gegensatz zur Grundschuld und Rentenschuld ist das Bestehen einer persönlichen Forderung *Voraussetzung* für Entstehung der Hypothek, des dinglichen Rechts. Diese Abhängigkeit (Akzessorietät) ist nicht immer streng durchgeführt. – Der *Schuldgrund* (z.B. Darlehen, Kaufvertrag) berührt nur den *persönlichen Schuldner*, der nicht Eigentümer des belasteten Grundstücks zu sein braucht. Der *Eigentümer* des mit der Hypothek belasteten Grundstücks dagegen schuldet persönlich nichts (soweit er nicht – wie meist – gleichzeitig persönlicher Schuldner ist), sondern haftet nur mit dem Grundstück. Zahlt der Schuldner nicht, kann sich der *Gläubiger* aufgrund der Hypothek aus dem Grundstück und den mithaftenden Gegenständen (z.B. Zubehör, Miet- oder Pachtzinsforderungen) durch Verwertung im Wege der Zwangsversteigerung und Zwangsverwaltung (§ 1147 BGB) befriedigen.

II. *Arten:* 1. Regelform ist die *Verkehrshypothek:* Im Gegensatz zur Sicherungshypothek kann sich bei ihr ein gutgläubiger Erwerber auch hinsichtlich der persönlichen Forderung auf die Richtigkeit des Grundbuchs verlassen und wird durch dieses geschützt (§ 1138 BGB). – Die Verkehrshypothek kann Brief- oder Buchhypothek sein: a) Die *Briefhypothek* (Hypothekenbrief) ist die Regel (§ 1116 I BGB). – b) Bei der *Buchhypothek* ist die Erteilung eines Hypothekenbriefes dagegen ausgeschlossen (§ 1116 II BGB). Der Vorteil der Briefhypothek besteht in der größeren Verkehrsfähigkeit. Zu ihrer Übertragung bedarf es nicht der Eintragung im Grundbuch. Der Ersterwerb erfolgt durch Einigung und Übergabe des Briefes. Zur Ausübung der Rechte aus der Hypothek genügt Besitz des Briefes. – 2. Die *Sicherungshypothek* ist im Gegensatz zur Verkehrshypothek nur Buchhypothek und streng von der persönlichen Forderung abhängig, die der Gläubiger der Sicherungshypothek im Streitfall beweisen muss; er kann sich nicht auf das Grundbuch berufen. Für den Verkehr ist die Sicherungshypothek daher wenig geeignet. Im Grundbuch muss sie im Interesse der Rechtssicherheit ausdrücklich als solche bezeichnet werden (§ 1184 II BGB). – *Sonderformen:* Höchstbetragshypothek, Inhaberhypothek; ferner: Arresthypothek und Zwangshypothek. – 3. Die *Gesamthypothek (Korrealhypothek)* wird zur Sicherung einer einheitlichen Forderung an mehreren Grundstücken bestellt, wobei jedes Grundstück und jeder Bruchteil für die ganze Forderung haftet. Der Gläubiger kann sich nach Belieben aus allen oder einzelnen Grundstücken oder Bruchteilen befriedigen. – 4. Regelmäßig ist das Kapital der durch Hypothek gesicherten Forderung nach Kündigung in einer Summe fällig *(Kündigungshypothek).* Vielfach wird die Forderung in Raten abgetragen, so v.a. bei Baukredit von Banken und anderen öffentlichen Anstalten; dafür Eintragung einer *Tilgungshypothek* (Amortisationshypothek oder *Annuitätenhypothek).* Der Schuldner hat gleich bleibende Jahresleistungen zu erbringen. Da die Zinsbelastung bei zunehmender Rückzahlung der Schuldsumme verringert, wird der auf die Schuldsumme fallende Anteil der Tilgungsraten immer höher. Anders bei der Abzahlungshypothek, bei der langsam sinkende Jahresleistungen zu erbringen sind. Gleich bleibt der Betrag zur Tilgung der Schuldsumme, die Zinsleistung sinkt. – 5. Mehrere im Rang gleichstehende oder unmittelbar aufeinander folgende Hypotheken desselben Gläubigers können im Grundbuch zu einer einheitlichen Hypothek zusammengefasst werden *(Einheitshypothek).* – 6. Steht die

Hypothek einem anderen als dem Eigentümer des belasteten Grundstücks zu, spricht man von *Fremdhypothek*. Tilgt ein Eigentümer, der nicht gleichzeitig persönlicher Schuldner ist, die Forderung, so erwirbt er eine *Eigentümerhypothek*. Anders, wenn er auch persönlicher Schuldner ist. Erlischt die Forderung, so wandelt sich die Hypothek in eine Grundschuld, und zwar, da sie dem Eigentümer zusteht, in eine *Eigentümergrundschuld*. – 7. *Vertragshypothek*, Sammelbezeichnung für alle Hypotheken, die aufgrund vertraglicher Vereinbarung zustande kommen, im Gegensatz zur im Wege der Zwangsvollstreckung entstandenen *Zwangshypothek*. – 8. *Wertbeständige Hypothek:* Hypothek bei der sich der Wert an einem Inflationsindex orientiert (Wertsicherungsklausel). – 9. *Sonderform:* Schiffshypothek.

III. Begründung, Übertragung und Aufhebung: 1. Die Hypothek wird *begründet:* a) vertraglich durch Einigung zwischen Grundstückseigentümer und Gläubiger und Eintragung im Grundbuch. Zu beachten: Die Hypothek steht dem Grundstückseigentümer zu, bis die Forderung entsteht und der Hypothekenbrief übergeben ist. – b) Durch Zwangsvollstreckung als Arresthypothek und Zwangshypothek; – c) kraft Gesetzes. – 2. Die *Übertragung* der Hypothek erfolgt durch Abtretung der Forderung (Schriftform, § 1154 BGB) oder Eintragung im Grundbuch und Übergabe des Briefes bei der Briefhypothek, sonst Eintragung im Grundbuch. Gemäß § 1153 BGB geht mit der Übertragung der Forderung die Hypothek auf den neuen Gläubiger über. Mehrfache Übertragung ist zulässig. – 3. Die *Zwangsvollstreckung* in eine Hypothekenforderung erfolgt i.d.R. durch Pfändungs- und Überweisungsbeschluss mit Briefübergabe bzw. Eintragung im Grundbuch (§§ 830, 837 ZPO). – 4. Die Hypothek *erlischt:* (1) durch vertragliche Aufhebung; (2) durch Befriedigung des Gläubigers im Wege der Zwangsvollstreckung; (3) durch Ausfall in der Zwangsvollstreckung (geringstes Gebot). Sie erlischt *nicht* bei Wegfall der durch sie gesicherten persönlichen Forderung; in diesem Fall entsteht eine Eigentümergrundschuld oder auch Eigentümerhypothek.

IV. Finanzierung: Hypotheken dienen der Beschaffung von langfristigem Fremdkapital (Fremdfinanzierung). Durch die Verkehrshypothek wird Anlagevermögen zur Sicherung eines Kredites benutzt, mit dem andere Anlageteile oder Umlaufvermögen beschafft werden. – Zu *unterscheiden:* (1) *Zinshypothek* (jährliche Zinszahlung und Gesamtrückzahlung der Darlehenssumme); (2) *Tilgungshypothek* (jährliche Zinszahlung und Tilgung).

V. Bilanzierung: Hypotheken sind als Posten des Fremdkapitals einzustellen. Wird dem Darlehensnehmer nicht das volle Hypothekendarlehen, sondern mit Abzug (→ Damnum) ausgezahlt, ist die Verbindlichkeit voll zu passivieren, das Disagio zu aktivieren und während der Laufzeit der Hypothekenschuld oder der Dauer der vereinbarten Zinsfestschreibung abzuschreiben. Das Damnum kann auch als Aufwand des Kreditaufnahmejahres angesetzt werden (§ 250 III HGB).

VI. Bewertungsgesetz: Aktivhypothek und Passivhypothek sind für die steuerliche Bewertung gemäß BewG grundsätzlich mit dem Nennwert anzusetzen (→ Kapitalforderung). Hypothekenforderungen gehören bei beschränkter Steuerpflicht (Erbschaftsteuer) zum → Inlandsvermögen, wenn sie durch inländischen → Grundbesitz oder inländische grundstücksgleiche Rechte gesichert sind (§ 121 Nr. 7 BewG). Hypothekenschulden sind als → Betriebsschulden oder als sonstige Schulden vom Rohvermögen abzugsfähig. Hypotheken berühren nicht den → Einheitswert oder → Bedarfswert des Grundbesitzes. Zinsen auf durch Hypotheken an inländischen Grundstücken gesicherte Forderungen sind auch beim Ausländer (beschränkt) steuerpflichtig; auf diesen Steueranspruch wird allerdings in → Doppelbesteuerungsabkommen regelmäßig verzichtet.

Identifikationsmerkmal – 1. *Allgemeines:* Das → Bundeszentralamt für Steuern teilt jedem Steuerpflichtigen zum Zwecke der eindeutigen Identifizierung in Besteuerungsverfahren ein einheitliches und dauerhaftes Merkmal zu, das bei Anträgen, Erklärungen oder Mitteilungen gegenüber Finanzbehörden anzugeben ist. Es besteht aus einer Ziffernfolge, die nicht aus den Daten über den Steuerpflichtigen gebildet oder abgeleitet werden darf; die letzte Stelle ist eine Prüfziffer (§ 139a AO). Natürliche Personen erhalten ab Geburt eine sog. Identifikationsnummer (§ 139b AO), wirtschaftlich Tätige eine sog. Wirtschafts-Identifikationsnummer (§ 139c AO). Der Steuerpflichtige ist über die Zuteilung zu unterrichten. – 2. Die *Identifikationsnummer für natürliche Personen* (Steueridentifikationsnummer (IdNr)) wurde zum 1.7.2007 eingeführt. Sie soll die bisherige Steuernummer ersetzen und wird im Melderegister gespeichert. – 3. Die *Wirtschafts-Identifikationsnummer für wirtschaftlich Tätige* ist erforderlich, um eine Trennung der persönlichen von den betrieblichen Daten zu ermöglichen. Sie soll die bisherige → Umsatzsteuer-Identifikationsnummer ersetzen. Zu welchem Zeitpunkt sie genau eingeführt werden wird, ist gegenwärtig nicht abzusehen.

Identität – im zollrechtlichen Sinn: → Nämlichkeit. Das Gegenteil ist Äquivalenz.

IDW – Abk. für → Institut der Wirtschaftsprüfer in Deutschland e. V.

IFAC – Abk. für → International Federation of Accountants.

IKS – Abk. für → internes Kontrollsystem.

immaterieller Wert → immaterielles Wirtschaftsgut.

immaterielles Wirtschaftsgut – *immaterieller Vermögensgegenstand, immaterieller Wert.*

I. Begriff: nichtstofflicher Vermögenswert eines Unternehmens, wie (1) Standort, Kundenkreis, Firmenname, Organisation, Leitung und Mitarbeiterstamm (→ Firmenwert); (2) Konzessionen; (3) Kontingente; (4) Erfindungen; (5) verschiedene Rechte (Patente, Lizenzen, Warenzeichen- und Gebrauchsmusterrechte, Bezugs- und Belieferungsrechte, Urheberrechte, Verlagsrechte etc.). – Immaterielle Wirtschaftsgüter tragen wesentlich zur Bildung des Gesamtunternehmenswerts (Unternehmungsbewertung) bei.

II. Handelsbilanz: immaterielle Vermögensgegenstände sind in der Bilanz von Kapitalgesellschaften vor den Sachanlagen und den Finanzanlagen auszuweisen, hierzu gehören Konzessionen, gewerbliche Schutzrechte sowie Lizenzen an diesen und ähnliche Rechte und Werte, der erworbene (derivative)

Geschäfts- oder → Firmenwert sowie auf diese Vermögensgegenstände geleistete Anzahlungen. Für alle angeschafften immateriellen Wirtschaftsgüter gilt ein Aktivierungsgebot. Ein aktivierter Firmenwert muss planmäßig auf die voraussichtliche Nutzungsdauer verteilt abgeschrieben werden (§ 246 I HGB). – Für ab 2010 beginnende Geschäftsjahre besteht für selbst geschaffene immaterielle Vermögensgegenstände des Anlagevermögens ein Aktivierungswahlrecht.

III. Steuerbilanz: 1. Immaterielle Wirtschaftsgüter des → Anlagevermögens müssen aktiviert werden, wenn sie entgeltlich erworben wurden (§ 5 II EStG); selbst geschaffene immaterielle Wirtschaftsgüter dürfen nicht aktiviert werden, es sei denn, es handelt sich um Gegenstände des Umlaufvermögens. – 2. Für immaterielle Wirtschaftsgüter des *Umlaufvermögens* (z.B. Software bei Herstellern von EDV-Anlagen) besteht Aktivierungspflicht. – 3. *Bewertung:* Abnutzbare immaterielle Wirtschaftsgüter (z.B. → Firmenwert, befristetes Lizenzrecht) sind mit den → Anschaffungskosten, vermindert um → Absetzungen für Abnutzungen (AfA) anzusetzen. Immaterielle Wirtschaftsgüter, die nicht der Abnutzung unterliegen, können nicht abgeschrieben werden (außer bei Nachweis eines niedrigeren → Teilwerts). Sie sind mit den Anschaffungskosten anzusetzen (z.B. Verlagsrecht).

IV. Bewertungsgesetz: Die Behandlung der immateriellen Wirtschaftsgüter bei der Substanzbesteuerung (Erbschaftsteuer) folgt der Steuerbilanz (sog. → verlängerte Maßgeblichkeit).

Immobilienfonds – *Grundstücksfonds.* 1. *Begriff:* Art der Investmentfonds, bei denen die Kapitalanlage im Wesentlichen aus Grundstücken und Gebäuden besteht. Die Immobilienfonds geben Immobilienzertifikate aus, die einen bestimmten Anteil am Fondsvermögen repräsentieren. – 2. Bei den in der Bundesrepublik Deutschland aufgelegten Immobilienfonds unterscheidet man grundsätzlich zwei *Arten:* a) *Offener Fonds (Open End Fonds):* Die Höhe der auszugebenden Anteile ist nicht begrenzt. Die Fonds sind dem Investmentgesetz unterstellt und haben bes. Vorschriften hinsichtlich der Anlagepolitik zu beachten (§§ 66–82 InvG: Immobilien-Sondervermögen). Grundsätzlich verfolgen sie das Prinzip der Risikomischung. Der Fonds selbst, nach der gesetzlichen Definition ein Immobilien-Sondervermögen, wird von der Kapitalanlagegesellschaft verwaltet. Die Mieteinnahmen und andere Erträge werden nach Abzug der Zins- und Tilgungsleistungen, der Verwaltungs-, Instandhaltungs-, Bewirtschaftungskosten etc. sowie der → Absetzungen für Abnutzung (AfA) an die Zertifikatinhaber ausgeschüttet, sofern sie nicht in weitere Liegenschaften investiert werden. Durch die

Reinvestition findet eine ständige Wertsteigerung der einzelnen Anteile statt. Die Anteile von offenen Fonds sind übertragbar; darüber hinaus besteht eine Rücknahmeverpflichtung seitens der Anlagegesellschaft. Die Rücknahmepreise werden täglich veröffentlicht. – b) *Geschlossener Fonds (Closed End Fonds):* Das Zertifikatkapital wird zur Zeichnung durch Anleger einmalig aufgelegt. Die zu finanzierenden Liegenschaften stehen von vornherein fest; sie können aus einem oder – aus Gründen der Risikostreuung – mehreren Objekten bestehen. Die Rechtsform ist heute meistens eine GbR oder eine KG.

Importpreisprüfung → Preisprüfung.

Importverbot – Einfuhrverbot, → Verbote und Beschränkungen.

Importwarenabschlag → Bewertungsabschlag.

indirekte Anrechnung – *indirect tax credit*; ein spezielles Verfahren zur Vermeidung von → Doppelbesteuerung, relevant nur beim Empfang von Dividenden aus Tochterkapitalgesellschaften durch eine Mutterkapitalgesellschaft: Angerechnet wird die von der *Tochterkapitalgesellschaft* gezahlte (= von der Mutter also nur *indirekt* getragene) Körperschaftsteuer auf die von der Mutterkapitalgesellschaft geschuldete Körperschaftsteuer auf die Dividendeneinnahmen. In Deutschland praktisch nicht mehr von Bedeutung, seitdem Dividendeneinkünfte einer Kapitalgesellschaft aus einer Tochtergesellschaft ohnehin fast generell nicht mehr mit Steuer belastet werden (→ Schachtelprivileg, § 8b I KStG), in anderen europäischen Staaten aber teilweise durchaus noch bedeutsam. Die → Mutter-Tochter-Richtlinie der EG schreibt vor, dass Mutterkapitalgesellschaft für Dividenden aus Tochterkapitalgesellschaften in anderen Ländern der EU entweder das Schachtelprivileg oder die indirekte Anrechnung zustehen müssen.

indirekte Maßgeblichkeit → verlängerte Maßgeblichkeit.

indirekte Methode – im internationalen Steuerrecht eine Methode zur Aufteilung des Gesamtgewinns eines rechtlich einheitlichen Unternehmens auf seine Betriebsstätten in verschiedenen Staaten (Art. 7 OECD-Musterabkommen). Bei der indirekten Methode wird der Gesamtgewinn des Unternehmens durch Anwendung geeigneter Schlüsselgrößen auf die einzelnen Betriebsstätten verteilt. Diese Schlüsselgrößen sind so zu wählen, dass sie die Gewinnentstehung verursachungsgerecht abbilden und materiell zum selben Ergebnis wie bei der → direkten Methode führen. Wegen der mit der indirekten Methode verbundenen Probleme (geeignete Schlüsselgrößen, konsensfähig aus Sicht aller beteiligten Finanzverwaltungen) ist die indirekte Methode nur zulässig, wenn die direkte Methode als nicht praktikabel erscheint. – *Ähnlich:* Die (innerdeutsche) Zerlegung der Gewerbesteuerbemessungsgrundlage auf die einzelnen steuerberechtigten Gemeinden erfolgt auf einer ähnlichen Grundlage wie bei der indirekten Methode, nämlich durch Ermittlung des Gesamtgewinns und Zerlegung auf die hebeberechtigten Gemeinden; hier funktioniert das, weil – anders als im internationalen Kontext – sowohl die Grundsätze zur Ermittlung des Gesamtgewinns für ganz Deutschland einheitlich geregelt sind als auch die Schlüsselgröße einheitlich geregelt ist (Gewerbesteuergesetz!).

indirekte Prüfung → Prüfung.

indirekte Steuern – Gruppierung der Steuern (→ Steuerklassifikation), z.B. Verbrauch- und Verkehrsteuern. – *Einteilungskriterien:* (1) Nach der *Festsetzungs- und Veranlagungstechnik:* Festsetzung der indirekten Steuern aufgrund von Tarifen (auch *Tarifsteuern*), z.B. Verbrauchsteuern. Indirekte Steuern werden beim Hersteller von Waren erhoben, wobei eine Überwälzung der Steuerlast unterstellt wird. (2) Nach der *Überwälzung:* Indirekte Steuern sind in den Preisen der Fertiggüter und Dienstleistungen grundsätzlich ganz oder teilweise auf den Verbraucher bzw. Abnehmer überwälzbar. Trotz der von der Finanzwissenschaft mittlerweile nachgewiesenen Tatsache, dass sowohl direkte Steuern überwälzt werden können (Gewerbe-, Körperschaftsteuer) als auch die Überwälzung von indirekten Steuern nicht immer gelingt, wird die Einteilung in den volkswirtschaftlichen Gesamtrechnungen aus Vereinfachungsgründen beibehalten. (3) Nach der *Leistungsfähigkeit:* Sie wird nur mittelbar erfasst, d.h. es folgt eine Besteuerung der Einkommensverwendung und des Vermögensverkehrs. Maßgeblich ist das Kriterium der *Überwälzung* (→ Steuerüberwälzung). – *Gegensatz:* → direkte Steuern.

Infektionstheorie → Abfärbetheorie.

Inland – 1. *Allgemein:* das völkerrechtlich zum Gebiet eines Staates zugehörige Gebiet. – 2. *Ertragsteuerrecht/Erbschaftsteuerrecht:* wichtiges Kriterium für die Frage, ob eine Person der → unbeschränkten Steuerpflicht oder der → beschränkten Steuerpflicht unterworfen wird oder auf eine Einkunftsquelle im Rahmen der beschränkten Steuerpflicht zugegriffen wird. Zum Inland gehört aus der Sicht dieser Steuerarten nicht nur das Gebiet der Bundesrepublik, sondern zusätzlich auch der Deutschland zustehende Teil des Festlandssockels, soweit dort bestimmte wirtschaftliche Aktivitäten ausgeübt werden (§ 1 I Satz 2 EStG, § 1 III KStG, ähnlich § 2 II ErbStG). – 3. *Umsatzsteuer:* a) *Begriff:* Zum Inland zählt nach dem Umsatzsteuergesetz das Gebiet der Bundesrepublik Deutschland, aber ohne das Gebiet von Büsingen, das eine dt. Enklave in der Schweiz darstellt, ohne die Insel Helgoland, ferner ohne die Freihäfen des Kontrolltyps I und die Gewässer und Watten zwischen Hoheitsgrenze und Strandlinie und die dt. Schiffe und Luftfahrzeuge in den Gebieten, die zu keinen Zollgebieten gehören. Aus der Sicht anderer EU-Staaten und aus Sicht des Gemeinschaftsrechts gehören lediglich Helgoland und Büsingen nicht zum dt. Inland. – b) *Wirtschaftliche Bedeutung des Begriffs Inland:* Die Ausgrenzung einiger Gebiete aus dem Begriff Inland für umsatzsteuerliche Zwecke bezweckt teilweise eine Förderung von Gebieten mit bes. Problemen, da dort dann keine Umsatzsteuer erhoben werden muss (Büsingen, Helgoland). Teilweise ist aber nur eine Verwaltungsvereinfachung angestrebt, um die Durchfuhr von Waren nicht aufwendig als Einfuhren und Ausfuhrlieferungen behandeln zu müssen (Freihäfen, Gewässer und Watten). In den letztgenannten Gebieten werden daher Umsätze und innergemeinschaftliche Erwerbe dennoch der dt. Umsatzsteuer unterworfen, wenn sie nicht unternehmerischen Zwecken, sondern z.B. konsumtiven Zwecken dienen (vgl. genauen Katalog der betreffenden Tatbestände in § 1 III UStG). – c) *Andere umsatzsteuerliche Gebietsbegriffe:* → Ausland, → Gemeinschaftsgebiet, → Drittlandsgebiet.

Inlandsvermögen – Vermögen, mit dem beschränkt Steuerpflichtige zu den → Substanzsteuern herangezogen werden. Der Umfang des Inlandsvermögens ist abschließend nach § 121 BewG zu bestimmen; es dürfen nur solche Schulden zum Abzug gebracht werden, die mit dem Inlandsvermögen wirtschaftlich verbunden sind. – *Beispiele:* inländischer Grundbesitz, inländisches Betriebsvermögen. – *Gegensatz:* → Gesamtvermögen.

Innenrevision → interne Revision.

Innenumsätze – 1. *Begriff:* Umsätze zwischen Teilen ein und desselben umsatzsteuerlichen Unternehmens, v.a. zwischen Abteilungen und/oder Betrieben derselben Person oder zwischen verschiedenen Personen, die gemeinsam einen Organkreis bilden. – 2. *Umsatzsteuerliche Behandlung (Grundsatz):* Innenumsätze können, da zumindest aus umsatzsteuerlicher Sicht keine Leistung an eine andere Person vorliegt, niemals steuerbar sein. – 3. *Ausnahmen:* a) Innergemeinschaftliche → Verbringung ist zwar ein Innenumsatz, aber aufgrund der Sondervorschriften in § 1a II bzw. § 3 Ia UStG dennoch steuerbar. – b) Umsätze zwischen verschiedenen Gesellschaften desselben Konzerns gelten umsatzsteuerlich dann nicht als Innenumsatz, wenn sie grenzüberschreitend sind; die Wirkungen der Organschaft sind auf das Inland begrenzt. – 4. *Besonderheiten bei Rechnungserstellung:* Auch der irrtümliche Ausweis von Umsatzsteuer in einem unternehmensinternen Abrechnungspapier kann entgegen den allg. Regeln (§ 14b, c UStG) nicht zu einer Umsatzsteuerpflicht führen, da der Begriff der Rechnung voraussetzt, dass sie einer anderen Person ausgestellt wird, und es somit unternehmensintern keine → Rechnung im umsatzsteuerlichen Sinn geben kann, selbst wenn diese Bezeichnung verwendet worden sein sollte.

inneres Steuersystem → Steuersystem, das sich auf die zugrunde liegende Wertordnung in materieller Hinsicht bezieht. Die aus der Wertordnung resultierenden Prinzipien sind die tragenden Elemente des inneres Steuersystems. – *Gegensatz:* → äußeres Steuersystem.

innergemeinschaftliche Dienstleistungen – 1. *Begriff der Umsatzsteuer (ab 2010):* Dienstleistungen, die ein Unternehmer aus einem Land der EU an einen Kunden aus einem anderen EU-Land erbringt, der Unternehmer ist und/oder über eine Umsatzsteuer-Identifikationsnummer verfügt. Zu den innergemeinschaftlichen Dienstleistungen zählen allerdings nur solche, die nicht unter zu den in § 3a III UStG geregelten Ausnahmefällen zählen. – 2. *Steuerliche Behandlung:* Innergemeinschaftliche Dienstleistungen sind im Land des Kunden zu versteuern (§ 3a II UStG 2010), und zwar nicht durch den leistenden Unternehmer, sondern durch den Kunden (→ Reverse-Charge-Verfahren); der leistende Unternehmer stellt seine Rechnung also netto und ohne Ausweis der Umsatzsteuer, er ist verpflichtet, dabei auf die Steuerschuldnerschaft des Kunden hinzuweisen. Zwecks Kontrolle der ordnungsgemäßen Versteuerung der bezogenen Leistung durch den Kunden ist der leistende Unternehmer verpflichtet, die von ihm erbrachten innergemeinschaftlichen Dienstleistungen regelmäßig in der → zusammenfassenden Meldung anzugeben und dabei für jeden Abnehmer die Umsatzsteuer-Identifikationsnummer und den Nettowert der von diesem bezogenen Dienstleistung anzugeben. Dabei sind die innergemeinschaftlichen Dienstleistungen aus statistischen Gründen getrennt von den → innergemeinschaftlichen Lieferungen anzugeben; in der Buchhaltung ist beides also getrennt aufzuzeichnen. Ob der Kunde (Leistungsempfänger) dann für die zu zahlende Umsatzsteuer wieder einen Vorsteuerabzug geltend machen kann, bestimmt sich nach allg. Grundsätzen (vgl. § 15 I, 15 II UStG analog).

innergemeinschaftliche Lieferungen – 1. *Begriff:* Lieferung eines Gegenstands von einem Mitgliedsstaat der EU in einen anderen Mitgliedsstaat, wenn der Käufer des betreffenden Gegenstands wegen dieses Vorgangs im Zielland der → Erwerbsteuer unterliegt. Für innergemeinschaftliche Lieferungen erhält der Verkäufer eine Steuerbefreiung, wenn er nachweist, dass eine innergemeinschaftliche Lieferungen vorliegt (§ 6a UStG). – 2. *Voraussetzungen der Steuerbefreiung:* a) Erwerbsteuerpflicht des Kunden: → Erwerbsteuer. – b) Belegnachweis der innergemeinschaftlichen Lieferungen sowie entsprechender → Buchnachweis (§ 17a–c UStDV), dabei zwingend nötig: Aufzeichnung der Umsatzsteuer-Identifikationsnummer des Erwerbers. – 3. *Vorsteuerabzug* wird für innergemeinschaftliche Lieferungen gewährt, obwohl sie steuerfrei sind, weil es sich um Exportumsätze handelt (§ 15 II Nr.1, § 15 III Nr.1 UStG). – 4. Im Sonderfall der → Verbringung wird im Herkunftsland des Gegenstands stets das Vorliegen einer innergemeinschaftlichen Lieferung fingiert (§ 6a II UStG); auch die Verbringung ist deshalb (nur) steuerfrei, wenn die ordnungsgemäße Versteuerung bei der Erwerbsteuer im Zielland des Gegenstands bewiesen werden kann. – 5. *Meldepflichten:*

Innergemeinschaftliche Lieferungen müssen unter Angabe der Umsatzsteuer-Identifikationsnummern der jeweiligen Käufer in regelmäßigen Abständen (jedes Quartal, ab 2010 voraussichtlich jeden Monat) der Finanzverwaltung gemeldet werden (→ zusammenfassende Meldung), die die Datenbestände dann mit anderen Mitgliedsstaaten abgleicht, um zu kontrollieren, ob die angeblich in andere Mitgliedsstaaten gelieferten Warenbestände im Zielland auch tatsächlich der Erwerbsteuer unterworfen wurden. – 6. *Anders*: Nicht von innergemeinschaftlichen Lieferungen spricht man, wenn der Empfänger der Ware zwar in einem anderen Land der EU ist, aber nicht der Erwerbsteuer unterliegt (sondern z.B. eine Privatperson ist; → Versandhandelsregelung).

innergemeinschaftlicher Erwerb → Erwerbsteuer.

innergemeinschaftlicher Reiseverkehr → Reiseverkehr.

innergemeinschaftlicher Verkehr – *Warenbewegungen im Europäischen Binnenmarkt* – 1. *Privatpersonen:* Diese können im innergemeinschaftlichen Verkehr grundsätzlich Waren aus- und einführen, ohne dass eine Entlastung oder Belastung mit Umsatzsteuer stattfindet (→ Internationales Steuerrecht (IStR)). Ausnahmen gelten für den innergemeinschaftlichen Versandhandel sowie für die innergemeinschaftliche Lieferung neuer Fahrzeuge, für die unter bestimmten Voraussetzungen das Ursprungslandprinzip durch das → Bestimmungslandprinzip abgelöst wird. – 2. Für *vorsteuerabzugsberechtigte Unternehmer* ist eine Lieferung von Waren in ein anderes EU-Land als → innergemeinschaftliche Lieferung steuerfrei, wenn die Steuerzahlung dort im Wege der → Erwerbsteuer vom Kunden übernommen wird. Ist das nicht der Fall, wird der Lieferant entweder nach der sog. → Versandhandelsregelung (§ 3c UStG) selbst zur Zahlung der Steuer im anderen Land herangezogen, oder aber die Lieferung bleibt für den Lieferanten in seinem eigenen Heimatland steuerpflichtig. – 3. *Verbrauchsteuerlich* gilt der Grundsatz, dass die Mitgliedsstaaten zwar Verbrauchsteuern erheben, dies aber nicht mit Formalitäten beim Grenzübertritt verbunden sein darf.

innergemeinschaftliches Verbringen → Verbringung.

Insolvenzverfahren – dient der gemeinschaftlichen Befriedigung der Gläubiger (1) durch Verwertung des Vermögens und Erlösverteilung oder (2) Sanierung des Unternehmens durch einen Insolvenzplan.

I. Beteiligte: 1. *Insolvenzgericht* ist das Amtsgericht, in dessen Bezirk ein Landgericht seinen Sitz hat. Es hat alle das Verfahren betreffenden Verhältnisse aufzuklären und teils entscheidende, teils beaufsichtigende Aufgabe. – 2. *Insolvenzverwalter:* Er verwaltet, verwertet und verteilt die Insolvenzmasse und erstellt den Insolvenzplan. – 3. *Gläubigerversammlung:* Oberstes, vom Insolvenzgericht einzuberufendes Organ im Insolvenzverfahren, entscheidet

grundsätzlich mit absoluter Mehrheit. Stimmrecht haben nur Insolvenzgläubiger. Wichtigste Aufgabe: Vorschlag und Wahl des Gläubigerausschusses sowie eines anderen als den vom Insolvenzgericht bestellten Insolvenzverwalter. – 4. *Gläubigerausschuss:* Ein grundsätzlich fakultatives Organ, das den Insolvenzverwalter unterstützt und überwacht. – 5. *Insolvenzgläubiger:* Persönliche Gläubiger zz. der Insolvenzeröffnung. – 6. *Gemeinschuldner:* Der mit Insolvenzeröffnung die Verwaltung über sein Vermögen verlierende Schuldner.

II. Ablauf: 1. *Eröffnungsverfahren:* Insolvenzeröffnung. – 2. *Feststellung der Vermögens- und Schuldnermasse:* Der Insolvenzverwalter hat (1) die zur Masse gehörenden Gegenstände in Besitz zu nehmen und zu verwerten; (2) Sachen, die nicht zur Insolvenzmasse gehören, auszusondern (Aussonderung); (3) Absonderungsberechtigten Befriedigung zu gestatten (Absonderung). – Vgl. auch Insolvenzanfechtung, → Anmeldung, Prüfungstermin im Insolvenzverfahren. – 3. *Verteilung der Masse:* (1) Während des Verfahrens, soweit ausreichende Masse vorhanden ist (Abschlagsverteilung), (2) nach vollständiger Verwertung (Schlussverteilung), (3) nach deren Ausführung (Nachtragsverteilung). – Die Anordnung, Vorbereitung und Durchführung ist grundsätzlich Sache des Insolvenzverwalters. Vor den Insolvenzgläubigern sind die Massegläubiger zu befriedigen.

III. Aufhebung: Nach Abhaltung des Schlusstermins durch gerichtlichen Beschluss. Öffentliche Bekanntmachung im Bundesanzeiger und Amtsblatt. Ggf. auch Einstellung des Insolvenzverfahrens.

IV. Rechtsmittel: 1. Gegen Insolvenzeröffnung kann der Gemeinschuldner, gegen *Ablehnung* der Eröffnung der Antragsteller sofortige Beschwerde einlegen (binnen zwei Wochen beim Amts- oder Landgericht, Fristbeginn bei Zustellung oder öffentlicher Bekanntmachung). – 2. Gegen alle *anderen gerichtlichen Entscheidungen* sofortige Beschwerde eines jeden, der durch den Beschluss benachteiligt wird, sofern im Gesetz nicht ausdrücklich etwas anderes bestimmt ist.

V. Internationales Insolvenzrecht: 1. Mit der VO (EG) Nr. 1346/2000 vom 29.5.2000 über das Insolvenzverfahren ist das Insolvenzrecht in der EU in wesentlichen Teilen vereinheitlicht. Die VO (EG) Nr. 1346/2000 verfolgt das Ziel, Insolvenzverfahren grundsätzlich Wirksamkeit in der gesamten EU zu verleihen und Normen anzubieten, die Kollisionen zwischen den Rechtsordnungen der Einzelstaaten vermeiden. Die VO kennt Haupt- und Sekundärinsolvenzverfahren. Sekundärinsolvenzverfahren sind zum einen solche, die neben dem Hauptinsolvenzverfahren in einem Mitgliedsstaat nur die in einem anderen Mitgliedsstaat belegene Vermögen erfassen, zum anderen aber Partikularverfahren, die ohne Eröffnung eines Hauptinsolvenzverfahrens nur das im Eröffnungsstaat belegene Vermögen erfassen. Für die Eröffnung des Hauptinsolvenzverfahrens liegt die Zuständigkeit bei dem Mitgliedsstaat, in dessen Gebiet der Schuldner den Mittelpunkt seiner hauptsächlichen Interessen hat (Art. 3 I VO (EG)). Bei Gesellschaften und juristischen Personen ist des regelmäßig der Ort des satzungsmäßigen Sitzes. – 2. Das dt. Internationale Insolvenzrecht außerhalb der VO (EG) Nr. 1346/2000 lehnt sich an die Regelung der VO an, ist aber weniger kooperationsfreundlich, da es weltweit gilt. – Vgl. auch §§ 335–358 InsO.

VI. Steuerliche Behandlung: 1. *Einkommensteuer:* Das Insolvenzverfahren wird wie eine → Abwicklung behandelt. – 2. *Gewerbesteuer:* Die Gewerbesteuerpflicht eines Betriebes erlischt nicht durch die Eröffnung des Insolvenzverfahrens (§ 4 II GewStDV), sondern erst mit der Schließung des Geschäfts. Wenn der Insolvenzverwalter die Bestände nach und nach versilbert, bleibt die Steuerpflicht bestehen, anders als im Fall der Einstellung des Betriebes außerhalb des Insolvenzverfahrens. Die Aufhebung des Insolvenzverfahrens (§ 200 InsO) beendet die Steuerpflicht nur dann, wenn der Betrieb nicht weitergeführt wird. Eine Kapitalgesellschaft bleibt selbst dann steuerpflichtig, wenn der Insolvenzverwalter den Betrieb stilllegt. Im Insolvenzverfahren wird der vom Tag der Insolvenzeröffnung bis zur Beendigung des Verfahrens erzielte → Gewerbeertrag auf die einzelnen Jahre verteilt, und zwar in gleicher Weise wie bei der Abwicklung eines Gewerbebetriebes (§ 16 GewStDV).

Instandhaltungskosten – 1. *Begriff:* Kosten zur Erhaltung der Betriebsanlage in einsatzfähigem Zustand. – Entsprechend dem Instandhaltungsbegriff nach DIN-Norm 31051 Kosten für Wartungs- *(Wartungskosten),* Inspektions- *(Inspektionskosten)* und Instandsetzungsmaßnahmen *(Instandsetzungskosten)* bzw. nach dem Ziel der einzelnen Maßnahmenarten differenziert Kosten für anlagenbezogene Verschleißbeobachtung, Verschleißhemmung und Verschleißbeseitigung. – 2. *Arten:* a) *Fremdinstandhaltungskosten:* für von Unternehmensexternen erbrachte Instandhaltungsmaßnahmen. – b) *Eigeninstandhaltungskosten:* in Instandhaltungsbetrieben anfallende Kosten. – 3. *Kostenrechnerische Erfassung und Verrechnung:* Fremdinstandhaltungskosten werden als primäre Kostenart in der Kostenartenrechnung erfasst und zumeist den die Leistungen nachfragenden Kostenstellen direkt zugeordnet. Eigeninstandhaltungskosten werden im Rahmen der innerbetrieblichen Leistungsverrechnung instandhaltungsauftragsweise oder per Umlagen weiterverrechnet. Kosten für werterhöhende Instandsetzungsmaßnahmen sind zu aktivieren und als Abschreibungen periodenweise weiterzuverrechnen. – 4. *Handelsrechtliche/steuerliche Behandlung/Bilanzierung:* (Laufende) Instandhaltungskosten sind i.d.R. als → Erhaltungsaufwand zu qualifizieren und damit als Aufwand bzw. → Betriebsausgaben oder → Werbungskosten absetzbar. Umfangreiche Instandsetzungskosten (Großreparaturen)

sind dagegen i.d.R. als → Herstellungsaufwand zu aktivieren. – Handelsrechtlich besteht die Pflicht zur Bildung einer → Rückstellung für im Geschäftsjahr *unterlassene Instandhaltungen,* wenn sie innerhalb von drei Monaten nach dem Bilanzstichtag nachgeholt werden (ebenso steuerlich).

Institut der Wirtschaftsprüfer in Deutschland e.V. (IDW) – Fachorganisation der → Wirtschaftsprüfer (WP) und → Wirtschaftsprüfungsgesellschaften auf freiwilliger Basis; Sitz in Düsseldorf. – *Aufgaben:* Das Institut der Wirtschaftsprüfer in Deutschland fördert die Fachgebiete des Wirtschaftsprüfers und tritt für die Interessen des Wirtschaftsprüferberufes ein; es hat v.a. für die fachliche Förderung des Wirtschaftsprüfer und des beruflichen Nachwuchses zu sorgen. Mitglieder können sich in fachlichen Zweifelsfällen von grundsätzlicher Bedeutung beraten lassen. Die Fachausschüsse erstellen → Prüfungsstandards/ sonstige Standards, die die Auffassung des Berufes zu fachlichen Fragen darstellen und zur Entwicklung beitragen sollen. Das Institut der Wirtschaftsprüfer in Deutschland kann zu Fach- und Berufsfragen, die den gesamten Wirtschaftsprüferberuf betreffen, auch gutachtlich Stellung nehmen. – *Organe:* Wirtschaftsprüfertag; Verwaltungsrat; Vorstand. – *Internationale Zusammenarbeit:* Das Institut der Wirtschaftsprüfer in Deutschland ist an der internationalen Zusammenarbeit der Berufsorganisationen der wirtschaftsprüfenden Berufe beteiligt; es ist Mitglied der → International Federation of Accountants (IFAC), sowie der → Féderation des Experts Comptables Européens (FEE). – *Veröffentlichungen:* Zeitschrift „Die Wirtschaftsprüfung"; Fachnachrichten für Mitglieder; Herausgeber des Wirtschaftsprüfer-Handbuchs. – *Sonstiges:* IDW Verlag für Rechnungslegung, Wirtschaftsprüfung, Steuerrecht und Betriebswirtschaft; Wirtschaftprüfer-Akademie (WPA).

Institutionsprüfung → Prüfung.

Interessengemeinschaft – I. Begriff: 1. *Allgemein:* Zusammenschluss von mehreren Personen, Unternehmen oder Institutionen zur Interessenwahrnehmung auf vertraglicher Basis (Vertrag). – 2. *Im wirtschaftlichen Sinn:* Unternehmenszusammenschluss rechtlich selbstständig bleibender Unternehmungen zur Wahrung und Förderung gemeinsamer Interessen, häufig Gesellschaften des bürgerlichen Rechts (GbR). – Zu *unterscheiden* sind Betriebs-, Verteilungs-, Produktions-, Rationalisierungs- und Gewinngemeinschaften (Gewinnverteilung nach bestimmtem Schlüssel). Die den zusammengeschlossenen Unternehmen viel Freiheit lassenden Gewinngemeinschaften werden oft zur Finanzierungsgemeinschaft durch gemeinsame Kapitalbeschaffung für finanzschwache Mitglieder der Interessengemeinschaft. – Die Interessengemeinschaft steht in der Stufenleiter der *Konzentrationsformen* zwischen → Kartell und Konzern; Grenzen fließend. Interessengemeinschaften sind oft Vorläufer von Trusts.

II. Steuerliche Behandlung: 1. *Einkommensteuer:* Liegt eine ernsthaft gemeinte Vereinbarung über den Ausgleich von Verlusten und Gewinnen vor, so sind die Ausgleichsleistungen bei den einzelnen Unternehmen als → Betriebsausgabe abzugsfähig. Bei den empfangenden Unternehmen sind diese Ausgleichsbeträge → Betriebseinnahmen. – 2. *Umsatzsteuer:* → Arbeitsgemeinschaft.

Interessentheorie → Äquivalenztheorie.

internationales Schachtelprivileg → Schachtelprivileg.

Internationales Steuerrecht (IStR) – I. Begriff: Der Sprachgebrauch hat sich hinsichtlich des Fachbegriffs „Internationales Steuerrecht" in den letzten Jahren und Jahrzehnten erheblich verändert: a) *Heute* versteht man unter „Internationalem Steuerrecht" meist die Gesamtheit aller Normen des in Deutschland gültigen Steuerrechts, das Fallkonstellationen mit internationalem Bezug regelt (insoweit paralleler Sprachgebrauch zu Ausdrücken wie „internationales Erbrecht", „internationales Privatrecht") (Begriff *IStR i.w.S*). – b) Es findet sich in der Literatur aber auch noch ein engeres, *älteres* Begriffsverständnis, bei dem unter „internationalem" Steuerrecht nur solche Normen verstanden werden, die entweder aa) in internationalen Normen enthalten sind, die sich mit der Abgrenzung der sich überschneidenden Besteuerungsbefugnisse zwischen den Staaten befassen *(IStR i.e.S.)* oder bb) die zwar die Abgrenzung der Besteuerungsbefugnisse betreffen, aber nicht unbedingt in internationalen Normen (völkerrechtlichen Verträgen) enthalten sein müssen, sondern evtl. auch in nationalen Regelungen. – c) Der *Unterschied* zwischen den Begriffswelten liegt v.a. darin, wie man nationale Normen begrifflich einordnet, mit denen der dt. Staat die Besteuerung von Auslandssachverhalten regelt, z.B. die Hinzurechnungsbesteuerung. – d) *Stellungnahme:* Da es für die rechtliche Wirksamkeit und den rechtlichen Rang der Bestimmungen keinerlei Unterschied macht, ob eine steuerrelevante Regelung im Völkerrecht oder im nationalen Recht enthalten ist, ist das modernere Begriffsverständnis das zweckmäßigere. – e) Die Bestimmungen über Fälle mit Auslandsbezug, die in nationalen Rechtstexten enthalten sind, werden in der älteren Literatur oft auch als → Außensteuerrecht (AStR) bezeichnet. Für eine *Abgrenzung* der Begriffe IStR und Außensteuerrecht aus dieser älteren Perspektive vgl. dort.

II. Quellen: 1. das nicht kodifizierte *völkerrechtliche Gewohnheitsrecht,* soweit es für die Besteuerung von Bedeutung ist. – 2. die bilateralen oder multilateralen → Doppelbesteuerungsabkommen (DBA). – 3. andere bilaterale oder multilaterale *Abkommen* steuerlichen Inhalts, wie etwa Amts- und Rechtshilfeabkommen, die steuerlich relevanten Normen des EG-Vertrages oder des GATT etc. Steuerliche Implikationen solcher internationaler Abkommen werden, sofern es sich um allg. gültig formulierte Normen handelt, oft

erst durch höchstrichterliche Entscheidungen allg. bekannt, z.B. durch Entscheidungen des EuGH. – 4. Zum IStR (i.w.S.) gehören sachlich auch die Regelungen verschiedenster nationaler Gesetze, z.B. die Bestimmungen des Außensteuergesetzes, aber auch so grundsätzliche Bestimmungen wie die → unbeschränkte Steuerpflicht.

III. Prinzipien zur Abgrenzung der Besteuerungsbefugnisse der einzelnen Staaten im IStR: Hauptanliegen des IStR ist es, einerseits → Doppelbesteuerungen zu vermeiden oder zu mildern und andererseits aus der Sicht der beteiligten Fiski unerwünschte steuersparende Gestaltungsmöglichkeiten abzubauen. Ob Überschneidungen der gegenseitigen Steueransprüche überhaupt entstehen und inwieweit sie vermieden oder gemildert werden können, wird von den Prinzipien bestimmt, die den steuerbegründenden Ansprüchen der Staaten und den von ihnen angewandten Methoden zur Vermeidung der Doppelbesteuerung zugrunde liegen. Die wichtigsten Prinzipien des IStR: – 1. *Souveränitätsprinzip:* Grundprinzip des IStR. Es besagt, dass die souveränen Staaten in der Ausübung ihrer Steuergewalt und in der Festlegung der Steueransprüche in ihrem Hoheitsgebiet autonom sind. Die Begründung der Souveränität auf das eigene Hoheitsgebiet schließt nicht aus, dass wirtschaftliche Sachverhalte, die im Ausland begründet sind, der inländischen Besteuerung unterliegen, wenn nur eine genügende Verbindung zum Staatsgebiet besteht (Genuine Link). – 2. *Universalitäts-(bzw. Totalitäts-)prinzip und Territorialitätsprinzip:* regeln den Umfang des Steueranspruches, den ein Staat für ein bestimmtes Steuergut geltend macht. – a) Beschränkt sich der Steueranspruch auf den inländischen Teil eines Steuergutes (z.B. inländisches Einkommen, inländisches Vermögen etc.), so spricht man vom *Territorialitätsprinzip.* Es entspricht der → beschränkten Steuerpflicht. – b) Erfasst der Steueranspruch dagegen das weltweite (mondiale, universale) Steuergut (z.B. das Welteinkommen oder Weltvermögen) eines Steuerpflichtigen, so folgt dieser Steueranspruch dem *Universalitäts-* oder *Totalitätsprinzip.* Es entspricht der → unbeschränkten Steuerpflicht. – 3. *Nationalitätsprinzip und Wohnsitzstaatprinzip:* bestimmen den Kreis der Steuerpflichtigen, der der unbeschränkten Steuerpflicht und damit der Besteuerung nach dem Universalitätsprinzip unterliegt. – a) Knüpft die unbeschränkte Steuerpflicht an die Merkmale Wohnsitz oder gewöhnlichen Aufenthalt (bei natürlichen Personen) bzw. Sitz oder Ort der Geschäftsleitung (bei juristischen Personen) an, so spricht man von *Wohnsitzstaatprinzip.* – b) Ist die unbeschränkte Steuerpflicht dagegen an die Nationalität gebunden, so handelt es sich um das *Nationalitätsprinzip.* Die meisten Steuerordnungen folgen heute dem Wohnsitzstaatprinzip. – 4. *Wohnsitzprinzip und Ursprungsprinzip:* regeln die Begrenzung der Steueransprüche zwecks Vermeidung oder Milderung der Doppelbesteuerung bei den Steuern vom Einkommen und

Vermögen. – a) *Wohnsitzprinzip* bedeutet, dass die Erfassung eines Steuergutes grundsätzlich im Wohnsitzstaat erfolgt, und zwar unabhängig davon, in welchem Staat dieses Steuergut entstanden bzw. belegen ist (z.B. das weltweit erwirtschaftete Einkommen eines Steuerpflichtigen wird in seinem Wohnsitzstaat besteuert). Unterformen des Wohnsitzprinzips sind für Einkünfte und Vermögen aus dem Betrieb von Seeschiffen und Luftfahrzeugen das Schifffahrtsprinzip und für private Pensionen das Pensionenprinzip. – b) Die Begrenzung der Steueransprüche folgt dem *Ursprungsprinzip* (Quellenstaatprinzip), wenn die Erfassung des Steuergutes in dem Staat erfolgt, in dem das Steuergut entstanden ist bzw. belegen ist (z.B. das im Ausland erzielte Einkommen unterliegt in dem jeweiligen ausländischen Staat der Besteuerung, und das im Inland erzielte Einkommen unterliegt der inländischen Besteuerung). Unterformen des Ursprungsprinzips sind für unbewegliches Vermögen und Einkünfte daraus das Belegenheitsprinzip, für Betriebsstättenvermögen und -einkünfte das Betriebsstättenprinzip, für Einkünfte aus selbständiger und unselbständiger Arbeit das Tätigkeitsprinzip, für Aufsichtsratsvergütungen das Tantiemenprinzip, für Arbeitsvergütungen einschließlich Ruhegehältern aus öffentlichen Kassen das Kassenprinzip und für sonstige Einkünfte (z.B. Zinsen etc.) das Quellenprinzip. – 5. *Bestimmungslandprinzip und Ursprungslandprinzip:* regeln die Begrenzung der Steueransprüche bei den indirekten Steuern, bes. bei der Umsatzsteuer. – a) Wird bei grenzüberschreitendem Warenverkehr das Recht auf Erhebung einer allg. und/oder speziellen Verbrauchsteuer dem Bestimmungsland (Verbrauchsland) des Warenverkehrs zugewiesen, so folgt diese Zuteilung des Besteuerungsrechts dem *Bestimmungslandprinzip.* – b) Hat umgekehrt das Land, von dem der Warenverkehr ausgeht (Ursprungsland), das Besteuerungsrecht, so spricht man von *Ursprungslandprinzip.* Derzeit wird fast in allen Steuerordnungen bereits nach unilateralen Normen das Bestimmungslandprinzip angewandt, sodass Doppelbesteuerungskonflikte bei den indirekten Steuern selten bis gar nicht auftreten. Allerdings soll im Rahmen der Verwirklichung des Europäischen Binnenmarktes bei der Umsatzsteuer für innergemeinschaftliche Lieferungen und Leistungen vom Bestimmungslandprinzip langfristig auf das Ursprungslandprinzip übergegangen werden. Derzeit existiert insoweit ein Mischsystem (→ Erwerbsteuer, → Versandhandelsregelung, → Abhollieferung). – 6. *Freistellungsprinzip und Anrechnungsprinzip:* betreffen die Frage, in welcher Weise der Wohnsitzstaat eines Steuerpflichtigen die Doppelbesteuerung bei den Steuern vom Einkommen und Vermögen anstelle oder in Ergänzung zu den unter 4. genannten Prinzipien zur Begrenzung der Steueransprüche vermeiden oder zumindest mildern will. – a) *Freistellungsprinzip* bedeutet, dass der → Wohnsitzstaat die dem → Quellenstaat zugeteilten Steuergüter von der inländischen Besteuerung freistellt. – b) *Anrechnungsprinzip*

bedeutet dagegen, dass der Wohnsitzstaat zwar das Besteuerungsrecht des Quellenstaates akzeptiert, jedoch auf sein eigenes Besteuerungsrecht nicht verzichtet. Er rechnet lediglich die bereits entrichteten Steuern nach verschiedenen Verfahren an. – Unterprinzipien des Anrechnungsprinzips sind – das Pauschalierungsprinzip und das Abzugsprinzip.

IV. **Grundsätze für die nationale Gesetzgebung für Fälle mit internationalem Bezug:** Die Doppelbesteuerungsabkommen legen lediglich fest, ob ein Staat bestimmte Einkünfte und/oder Vermögensteile besteuern darf; die Entscheidung, ob er von dieser Befugnis auch Gebrauch machen möchte und in welcher Höhe und nach welchen Regeln er dies tut, muss ein Staat in seiner nationalen Gesetzgebung treffen. Er ist dabei frei in seiner Entscheidung, einzige Vorgabe ist, dass es bei der Festlegung, welche Steuern auf die Dinge, die besteuert werden dürfen, erhoben werden sollen, keine Diskriminierung nach der Staatsangehörigkeit geben darf (Art. 24 OECD-Musterabkommen); schon die Unterscheidung nach dem Wohnsitz (unbeschränkte Steuerpflicht/beschränkte Steuerpflicht) ist aber akzeptabel. Auch die Entscheidung, welchen Steuersatz ein Staat auf die Einkunftsteile, die er nach den DBA besteuern darf, zur Anwendung bringen will, ist der Staat völlig frei; nach heute herrschender Auffassung ist es daher insbesondere immer gestattet, sich bei dem Steuersatz für das steuerpflichtige Einkommen an der Höhe des insgesamt vorhandenen Einkommens zu orientieren (→ Progressionsvorbehalt).

V. **Praktische Bedeutung des IStR:** Durch die zunehmende internationale Verflechtung haben das IStR und seine Problemstellungen für die Praxis in den letzten Jahren erheblich an Bedeutung gewonnen; heute sind erheblich mehr Unternehmen auf mind. elementare Kenntnis des IStR angewiesen als früher.

internationale Zollabkommen → Zollabkommen.

International Federation of Accountants (IFAC) – Vereinigung der Verbände von Angehörigen der wirtschaftsprüfenden Berufe, weltweit tätig. Ziel ist die Schaffung eines koordinierten internationalen Berufsstandes mit harmonisierten Grundsätzen. Die International Federation of Accountants erarbeitet international gültige Leitsätze auf fachlichem und berufsethischem Gebiet und zur Aus- und Fortbildung und hält Kontakte mit regionalen Berufsorganisationen. Zu den 157 Mitgliedern gehören das → Institut der Wirtschaftsprüfer in Deutschland e.V. (IDW) und die → Wirtschaftsprüferkammer (WPK).

interne Prüfung → Prüfung, → interne Revision.

interne Revision – *interne Prüfung.* 1. *Begriff:* a) *Funktional* entspricht die interne Revision einer → Prüfung durch unternehmensangehörige (mit der Unternehmung durch arbeitsvertragliche Beziehungen verbundene), prozessunabhängige (→ Prozessabhängigkeit) Personen. – b) Im klassischen *institutionellen* Sinn ist interne Revision eine mit der

Durchführung von Prüfungsaufgaben befasste Stelle oder Stellengesamtheit (z.B. Abteilung) in der Unternehmung; oft mit der Bezeichnung *Innenrevision*. Bei Konzernen spricht man von → Konzernrevision. – 2. *Abgrenzung:* Der Aufgabenbereich der internen Revision besteht in Überwachung durch Prüfungen, nicht in → Kontrollen. – Interne Revision ist nicht mit Controlling gleichzusetzen, dessen Tätigkeitsfeld sehr viel weiter zu fassen ist. Die Grenzen zwischen interner Revision und Controlling sind fließend. Während die interne Revision schwerpunktmäßig vergangenheitsorientierte Prüfungen durchführt, widmet sich das Controlling auch und v.a. der zukunftsorientierten Überwachung. – 3. *Aufgaben:* Als organisatorische Einheit (Stelle, Stellenmehrheit) hat die interne Revision die Aufgabe, die Unternehmungsleitung in der Wahrnehmung ihrer Überwachungsfunktion zu unterstützen. Die Prüfungen dienen nicht nur der Einhaltung von Planvorgaben, sondern v.a. der *Information* von Entscheidungsträgern. Interne Prüfungen können beliebige Bereiche der Unternehmung betreffen, mit Ausnahme der Unternehmensführung, die die Prüfungsaufträge erteilt (Weisungsbindung erzeugt Abhängigkeit). – a) *Hauptaufgaben:* (1) *Prüfung im Finanz- und Rechnungswesen* (→ Financial Auditing): Im Wesentlichen Ordnungsmäßigkeitsprüfungen, einschließlich der Prüfung auf dolose Handlungen. Der traditionelle Prüfungsbereich der internen Revision; auch heute von großem Gewicht, da sich betriebliche Vorgänge im Rechnungswesen niederschlagen und dieses, einschließlich der Kostenrechnung, einen wesentlichen Teilbereich des Informationssystems der Unternehmung darstellt. (2) *Prüfung im organisatorischen Bereich* (→ Operational Auditing): Nicht nur Prüfung der Einhaltung von unternehmensinternen Regeln, sondern auch deren Wirkungsweise auf ihre Zielentsprechung hin; die Bedeutung dieser Prüfungen nimmt ständig zu. Im Wesentlichen Zweckmäßigkeitsprüfungen; zu prüfen ist die Zweckmäßigkeit der Aufbauorganisation (Organisationsstruktur) und der Ablauforganisation (Aufgabenabwicklung) im Hinblick auf die Aufgabenerfüllung, einschließlich der Verbindungen und Beziehungen verschiedener Bereiche. – b) *Nebenaufgaben:* Verschiedene Dienstleistungsaufgaben, die oft nur in sehr losem Zusammenhang mit der eigentlichen prüferischen Tätigkeit stehen oder mit ihr nichts zu tun haben, z.B. Inventurmitwirkung. – 4. *Verbindung zur Beratungs- und Begutachtungsfunktion:* → Beratung und → Begutachtung sind andere Funktionen als die Prüfung; in der Praxis werden sie jedoch häufig von der internen Revision wahrgenommen. Dadurch Nutzung der hohen fachlichen Qualifikation der Mitarbeiter der internen Revision; problematisch ist aber der Verlust an Unabhängigkeit (→ Prozessabhängigkeit). – 5. *Organisatorische Einbindung:* Abhängig von den Aufgaben der betreffenden Unternehmung. Der Unterstützungsfunktion der internen Revision entspricht die Einrichtung einer Stabsstelle bzw. -abteilung (Stab)

auf Unternehmungsleitungsebene, die einer Instanz nebengeordnet ist. Bei Zuordnung zu Zwischeninstanzen kann die notwendige Unabhängigkeit verloren gehen. Die interne Revision in Form einer Stabsteilung kann ihrerseits unterschiedlich nach Verrichtungs- und Objektkriterien organisiert sein; die konkrete Ausgestaltung muss sich wiederum an Zweckmäßigkeitsaspekten der einzelnen Unternehmung orientieren. Die interne Revision muss zur Erfüllung ihrer Aufgaben weit reichende Informationsrechte erhalten. – 6. *Beziehung zur gesetzlich vorgeschriebenen* → Jahresabschlussprüfung: Dem Prüfer eines gesetzlichen Jahresabschlusses ist es nicht gestattet, Prüfungsergebnisse und -urteile der internen Revision unreflektiert zu übernehmen oder mit ihr, z.B. im Wege der Arbeitsteilung, zusammenzuarbeiten; er würde gegen die ihm berufsrechtlich auferlegte Pflicht zur Eigenverantwortlichkeit (→ Berufsgrundsätze für Wirtschaftsprüfer) verstoßen. Der Abschlussprüfer kann die Erkenntnisse der internen Revision jedoch im Rahmen der zur Planung seiner Prüfung erforderlichen Informationsgewinnung, v.a. zur Erkundung von Schwachstellen, berücksichtigen sowie einzelne → Feststellungen aus → Systemprüfungen und aussagebezogenen Prüfungshandlungen unter bestimmten Voraussetzungen als Feststellungen Dritter übernehmen.

internes Kontrollsystem (IKS) – Die internen Kontrollen können den Arbeitsabläufen vor-, gleich- oder nachgeschaltet sein. – 1. *Aufgaben:* (1) Sicherung und Schutz des vorhandenen Vermögens vor Verlusten; (2) Erstellung genauer, aussagefähiger und zeitnaher Aufzeichnungen; (3) Verbesserung des betrieblichen Wirkungsgrades durch Auswertung von Aufzeichnungen; (4) Unterstützung der innerbetrieblichen Durchsetzung der Geschäftspolitik (Unternehmenspolitik). – 2. *Prinzipien:* a) *Funktionstrennung:* Im Arbeitsablauf sollen vollziehende sowie buchhalterische, ggf. auch sonstige verwaltende Funktionen nicht in einer organisatorischen Einheit (Stelle, Abteilung) vereint sein. – b) Angemessene *organisatorische Regelungen:* Soweit möglich und sinnvoll, sind Arbeitsabläufe zu programmieren; die Aufbauorganisation ist deutlich abzugrenzen. – c) *Automatik der Kontrolle:* Zur Ausschaltung von Unwägbarkeiten sollte das System der betrieblichen Abläufe sich selbsttätig und zwangsläufig kontrollieren. – 3. *Instrumente:* Organisationsplan, Dienst- und Arbeitsanweisungen, Kontenplan einschließlich der Kontierungsrichtlinien, sämtliche der Dokumentation durchgeführter Kontrollen dienende Aufzeichnungen und Unterlagen, mechanische Kontrollein- und -vorrichtungen (z.B. Stechuhren, kodierte Geldschränke, Mess- und Rechengeräte, EDV-Anlagen zur programmierten oder maschineninstallierten Kontrolle). – 4. *Internes Kontrollsystem (IKS) bei Anwendung computergestützter Buchführungssysteme:* In diesem Fall ist bes. wichtig die Kontrolle der Anlagenbedienung (Kontrollen des Datenzugriffs, von Programmänderungen u.Ä.), der Dateneingabe (Kontrolle der Vollständigkeit, Richtigkeit, Korrekturverfahren bei Fehlern etc.), der Datenverarbeitung (Kontrolle der Vollständigkeit der Verarbeitungssystemablaufs und bei Systemausfällen, maschinell erzeugter Buchungen u.Ä.) und der Datenausgabe (Kontrolle der Richtigkeit, Vollständigkeit, des Zugriffs und der Sicherungsmaßnahmen). Nach Möglichkeit sind solche organisatorischen Regelungen und Verfahren einzusetzen, die maschinelle, fehlerverhindernde, zwangsläufige Kontrollen zur Folge haben. – 5. *Bezug zur externen* → Jahresabschlussprüfung: Im Rahmen der Abschlussprüfung durch unternehmungsexterne → Prüfer wird die Überprüfung der Funktionsfähigkeit des interne Kontrollsystems (IKS) als Form der indirekten → Prüfung durchgeführt; dabei erfolgt im Wesentlichen eine Konzentration auf das System der Buchführung. Die Prüfung des internen Kontrollsystems (IKS) liefert wichtige Hinweise, ob die Unternehmung ihre Geschäftsvorfälle in chronologischer Reihenfolge vollständig, systematisch und rechnerisch richtig erfasst. Ausgehend von den Ergebnissen der interne Kontrollsystem-Prüfung und dem durch die Prüfung gewonnenen Vertrauen in die Fähigkeit des internen Kontrollsystems (IKS), zur Verhütung, Entdeckung und Beseitigung wesentlicher Fehler beizutragen, kann der Prüfer die weiteren Prüfungshandlungen im Rahmen der Prüfungsplanung nach Art und Umfang festlegen. Bei als gut konzipiert und gut funktionierend beurteiltem internen Kontrollsystem (IKS) sind ggf. nur noch – teilweise deutlich – reduzierte weitere Prüfungstätigkeiten erforderlich.

internes Überwachungssystem – soll möglichst die Unternehmungszielerreichung gegen zielstörende Gestaltungsmängel und Abweichungen vom Optimum sichern. Dieses Ziel erreicht man u.a. durch ein → internes Kontrollsystem (IKS) und die → interne Revision. Die Funktionsfähigkeit des nach § 91 II AktG zur Aufdeckung bestandsgefährdender Risiken einzurichtenden internen Überwachungssystems ist im Rahmen der → Jahresabschlussprüfung einer börsenorientierten Aktiengesellschaft zu überprüfen.

Inventurprüfung – Teil der jährlichen → Jahresabschlussprüfung. – 1. Die Inventurprüfung *umfasst* bes. die Prüfung der Bestände an Roh-, Hilfs- und Betriebsstoffen, Halb- und Fertigerzeugnissen sowie fertig bezogener Waren, also des gesamten Vorratsvermögens, einschließlich der Überprüfung aller Posten, die im Inventar aufgeführt sind. – 2. *Durchführung:* Im Rahmen der jährlichen Abschlussprüfung durch freiberufliche Prüfer, bei Großbetrieben u.U. vorbereitet durch die innerbetriebliche Revision (→ interne Revision). Anwesenheits- und Auskunftsrechte des Abschlussprüfers gemäß § 320 II HGB. – 3. *Umfang:* a) Feststellung der Übereinstimmung des Vorratsvermögens mit den Ergebnissen der in Urschrift aufzubewahrenden Inventur sowie der mengenmäßig und wertmäßig richtig errechneten Vorräte in Betrieben, Filialen und bei Dritten (z.B. bei Spediteuren

oder Veredlern in der Textilindustrie). Anstelle der körperlichen Bestandsaufnahme aller betrieblichen Bestände an einem Stichtag (Stichtagsinventur) kann bei ordnungsmäßiger Lagerbuchführung eine laufende Überprüfung und Berichtigung der Buchbestände (laufende Inventur) treten. – b) Prüfung der von der Unternehmung errechneten Herstellungs- und Anschaffungskosten anhand der Unterlagen (Eingangsrechnungen, Kostenrechnungen und Betriebsabrechnung) im Interesse einer gesetzentsprechenden Bilanz, Gewinn- und Verlustrechnung (GuV).

Investitionsabzugsbetrag – Die Vorschriften zur Ansparabschreibung und zur Investitionszulage wurden durch folgende Vorschriften ab dem Veranlagungszeitraum 2008 ersetzt: 1. *Investitionsabzugsbetrag*: Die Neuregelungen zum Investitionsabzugsbetrag (§ 7g I EStG) sind bereits ab dem Veranlagungszeitraum 2007 anzuwenden, sofern das Wirtschaftsjahr nach dem 18.8.2007 endet. Durch die neue Vorschrift werden die Anschaffung oder Herstellung eines abnutzbaren beweglichen Wirtschaftsguts des Anlagevermögens begünstigt. Nach § 7g EStG können 40 Prozent der voraussichtlichen Anschaffungs- oder Herstellungskosten außerbilanziell steuermindernd berücksichtigt werden. – 2. *Voraussetzungen für die Begünstigung*: Damit der Investitionsabzugsbetrag gewährt wird, sind die folgenden Punkte zu berücksichtigen: a) Das Betriebsvermögen darf bei Gewerbebetrieben oder der selbständigen Arbeit dienenden Betrieben bei Gewinnermittlung nach § 4 I oder § 5 EStG nicht 235.000 Euro überschreiten; ab dem Veranlagungszeitraum 2009 erfolgt eine zeitliche Befristung auf zwei Jahre und die Anhebung der Grenze auf 335.000 Euro; ab dem Jahr Veranlagungszeitraum 2011 beträgt die Grenze wieder 235.000 Euro;b) bei Betrieben der Land- und Forstwirtschaft darf der (Ersatz-) Wirtschaftswert von 125.000 Euro nicht überschritten werden. Ab dem Veranlagungszeitraum 2009 ist eine zeitliche Befristung auf zwei Jahre zu berücksichtigen. Außerdem wird die Grenze auf 175.000 Euro angehoben; Ab dem Veranlagungszeitraum 2011 beträgt die Grenze wieder 125.000 Euro. – c) bei Einnahme-Überschuss-Rechnern (Betrieben mit Gewinnermittlung nach § 4 III EStG) darf der Gewinn von 100.000 Euro nicht überschritten werden. Ab dem Veranlagungszeitraum 2009 ist eine zeitliche Befristung auf zwei Jahre zu berücksichtigen. Außerdem wird die Grenze auf 200.000 Euro einen Investitionsabzugsbetrag angehoben; ab dem Veranlagungszeitraum 2011 beträgt die Grenze wiederum 100.000 Euro; – d) darüber hinaus muss beabsichtigt sein, die Anschaffung oder Herstellung des begünstigten Wirtschaftsguts voraussichtlich in den folgenden drei Wirtschaftsjahren vorzunehmen; – e) außerdem muss eine fast ausschließliche betriebliche Nutzung in einer inländischen Betriebsstätte mindestens bis zum Ende des dem Wirtschaftsjahr der Anschaffung oder Herstellung folgenden Wirtschaftsjahr bezweckt sein; die Funktion des begünstigten Wirtschaftsguts muss benannt und die voraussichtlichen Anschaffungs- oder Herstellungskosten in den beim Finanzamt einzureichenden Unterlagen angegeben werden. – 3. *Maximaler Abzugsbetrag*: Die Abzugsbeträge dürfen insgesamt nicht mehr als 200.000 Euro je Betrieb betragen. Die Höchstgrenze gilt für das Wirtschaftsjahr des Abzugs und der drei vorangegangenen Wirtschaftsjahre. Die Begünstigung gilt auch, wenn hierdurch Verluste entstehen oder sich erhöhen. – 4. *Abzugsbetrag im Wirtschaftsjahr der Anschaffung* (§ 7g II EStG): Im Wirtschaftsjahr der Anschaffung bzw. Herstellung ist der Investitionsabzugsbetrag gewinnerhöhend in Höhe von 40 Prozent der tatsächlichen Anschaffungs- oder Herstellungskosten hinzuzurechnen. Die maximale Auflösung beläuft sich auf die Höhe des tatsächlich in Anspruch genommenen Betrages. Die Inanspruchnahme der gewinnmindernden Kürzung in Höhe von bis zu 40 Prozent der Anschaffungs- oder Herstellungskosten führt zu einer Verminderung der Bemessungsgrundlage für die Abschreibung. – 5. *Besonderheiten*: Soweit der Investitionsabzugsbetrag nicht bis zum Ende des dritten auf das Wirtschaftsjahr des Abzugs folgenden Wirtschaftsjahrs außerbilanziell korrigiert wurde, ist der Abzug im Wirtschaftsjahr des Abzugs rückgängig zu machen und entsprechend zu verzinsen (§ 233 AO). Bei fehlender (fast) ausschließlicher betrieblicher Nutzung des Wirtschaftsguts bis zum Ende des dem Wirtschaftsjahr der Anschaffung oder Herstellung folgenden Wirtschaftsjahres in einer inländischen Betriebsstätte des Betriebs sind sowohl der Investitionsabzugsbetrag als auch die ursprünglich vorgenommenen Gewinnminderungen bzw. -erhöhungen entsprechend zu korrigieren. Hier ist jedoch ein abweichender Zinslauf (§ 233a IIa AO) zu vernachlässigen. – 6. *Sonderabschreibung (§ 7g V, VI EStG) für Investitionen ab dem 1.1.2008*: Sonderabschreibungen bis zu insgesamt 20 Prozent der Anschaffungs- oder Herstellungskosten bei abnutzbaren beweglichen Wirtschaftsgütern des Anlagevermögens können im Wirtschaftsjahr der Anschaffung oder Herstellung sowie in den folgenden vier Wirtschaftsjahren als Sonderabschreibung geltend gemacht werden. Die Begünstigung gilt unabhängig von der Inanspruchnahme des Investitionsabzugsbetrages. Zu beachten ist, dass die Vorschrift auch für Wirtschaftsgüter anzuwenden ist, welche nicht „neu" sind. Als Voraussetzungen gelten die oben genannten Größenmerkmale. Darüber hinaus muss die Nutzung im Wirtschaftsjahr der Anschaffung oder Herstellung und im darauffolgenden Wirtschaftsjahr erfolgen.

Investitionsteuer – in der wirtschaftlichen Umgangssprache verwendete Bezeichnung für die → Umsatzsteuer auf den → Selbstverbrauch.

Investitionszulage – 1. *Begriff*: Eine staatliche Zahlung, die dem Steuerpflichtigen für bestimmte Investitionen gewährt werden kann. – 2. *Rechtsgrundlagen*: Nach dem Investitionszulagengesetz sind Erstinvestitionen in neue bewegliche Wirtschaftsgüter und in neue Wirtschaftsgebäude begünstigt, die in einem Betrieb oder in einer Betriebsstätte in den neuen Bundesländern verbleiben bzw. dort verwendet werden und damit zum Aufbau und zur Stärkung der Wirtschaft in diesem Gebiet beitragen. Gefördert werden nur bestimmte Wirtschaftszweige. Dazu gehören unverändert das verarbeitende Gewerbe und die produktionsnahen Dienstleistungen und neuerdings auch Beherbungsgewerbe. Das InvZulG 2007 setzt im Wesentlichen die bisherige Förderung nach dem InvZulG 2005 fort. – 3. *Förderfähige Investitionen*: Gefördert werden (a) die Anschaffung und Herstellung von neuen abnutzbaren beweglichen Wirtschaftsgütern des Anlagevermögens und (b) die Anschaffung neuer Gebäude, Eigentumswohnungen, in Teileigentum stehender Räume und anderer Gebäudeteile, die selbstständige unbewegliche Wirtschaftsgüter sind sowie die Herstellung neuer Gebäude. – 4. Von einer Förderung *ausgeschlossen* sind geringwertige Wirtschaftsgüter, Luftfahrzeuge und Personenkraftwagen. – 5. Förderfähig sind nur *Erstinvestitionsvorhaben*, d.h. die Anschaffung oder Herstellung von Wirtschaftsgütern, bei (a) Errichtung einer neuen Betriebsstätte, (b) Erweiterung einer bestehenden Betriebsstätte, (c) Diversifizierung der Produktion einer Betriebsstätte in neue, zusätzliche Produkte, (d) grundlegender Änderung des Gesamtproduktionsverfahrens einer bestehenden Betriebsstätte oder (e) Übernahme eines Betriebs, der geschlossen worden ist oder geschlossen worden wäre, wenn der Betrieb nicht übernommen worden wäre und wenn die Übernahme durch einen unabhängigen Investor erfolgt. – 6. *Investitionszeiträume*: Es gilt Folgendes (a) Investitionsbeginn vom 21.7.2006 bis 31.12.2006, (b) Investitionsbeginn vom 1.1.2007 bis 31.12.2009, (c) Investitionsabschluss nach dem 31.12.2006 und vor dem 1.1.2010, (d) Investitionsabschluss nach dem 31.12.2009, soweit vor dem 1.1.2010 Teilherstellungskosten entstanden bzw. Teillieferungen erfolgt sind. (e) Es ist eine Zugehörigkeits- (Zugehörigkeit zum Anlagevermögen eines Betriebs oder einer Betriebsstätte eines förderfähigen Betriebs des Anspruchsberechtigten oder eines mit diesem verbundenen Unternehmens im Fördergebiet), Verbleibens- (Verbleiben in der Betriebsstätte eines solchen Betriebs des Anspruchsberechtigten oder eines mit diesem verbundenen Unternehmens im Fördergebiet) und Nutzungsvoraussetzung (Nutzung in jedem Jahr zu nicht mehr als 10 Prozent für private Zwecke) im Bindungszeitraum vorgesehen. Der Bindungszeitraum beträgt fünf Jahre; er verringert sich auf drei Jahre für Kleinstunternehmen und kleinere und mittlere Unternehmen für nach dem 31.12.2006 begonnene Erstinvestitionsvorhaben. Der Bindungszeitraum beginnt erst mit Beendigung des gesamten Erstinvestitionsvorhabens. – 7. *Höhe der Förderung*: Die Förderung beläuft sich auf (a) 12,5 Prozent für alle Betriebe des verarbeitenden Gewerbes, der produktionsnahen Dienstleistungen bzw. des Beherbungsgewerbes; (b) 15 Prozent für begünstigte Betriebe in Randgebieten (lt. Anlage 3 zum InvZulG 2007). (c) Für kleinere und mittlere Unternehmen erhöht sich die Investitionszulage für Investitionen in bewegliche Wirtschaftsgüter auf 25 Prozent für begünstigte Betriebe und auf 27,5 Prozent für begünstigte Betriebe in Randgebieten. – 8. *Ertragsteuerliche Behandlung der Investitionszulage:* Die Investitionszulage ist steuerfrei. Der Steuerpflichtige kann von den vollen Anschaffungs- und Herstellungskosten abschreiben bzw. die vollen angefallenen Aufwendungen gewinnmindernd geltend machen (§ 9 InvZulG). – 9. Nach dem Investitions-Zulagengesetz 2010 ist eine Förderung als Folgeregelung des InvZulG 2007 ab 2010 zulässig. Die Förderung gilt für Investitionen, welche nach dem 31.12.2009 und vor dem 1.1.2014 abgeschlossen sind oder für die bis zum 31.12.2013 Teilherstellungskosten entstanden oder Teillieferungen erfolgt sind. Im Vergleich zum Investitionszulagengesetz 2007 sinken die Fördersätze. Darüber ist eine erhöhte Förderung für Randgebiete entfallen.

Irische Finanzierungsgesellschaft → Finanzierungsgesellschaft.

Isolierende Betrachtungsweise – Ein *Begriff* im Zusammenhang mit der → beschränkten Steuerpflicht: Besteuerungsmerkmale, die nur im Ausland gegeben sind, bleiben bei der Würdigung eines inländischen Sachverhalts im Rahmen der beschränkten Steuerpflicht dann außer Betracht, wenn ihre Berücksichtigung dazu führen würde, dass man keinen inländischen Steueranspruch mehr begründen könnte (§ 49 II EStG). D.h. die Subsidiarität der Einkunftsarten im Bereich der beschränkten Steuerpflicht gilt nicht. – *Beispiel:* Mieten, die ein britisches Unternehmen aus dt. Grundstücken bezieht, werden nicht zu Einkünften aus Gewerbebetrieb umqualifiziert, sondern bleiben steuerrechtlich weiterhin Einkünfte aus Vermietung und Verpachtung. Die Regelung ist vor dem Hintergrund zu sehen, dass Einkünfte aus Gewerbebetrieb eines beschränkt Steuerpflichtigen in Deutschland i.d.R. nur steuerpflichtig sind, wenn sie aus einer hiesigen Betriebsstätte stammen; eine Umqualifizierung von Miet- oder Kapitaleinkünfte in Einkünfte aus Gewerbebetrieb nur, weil diese Einkünfte einem außerhalb Deutschlands liegenden Gewerbebetrieb zufließen, würde also dazu führen, dass diese Einkünfte nicht mehr von der beschränkten Steuerpflicht erfasst wären. Da das nicht gewollt ist, schreibt der Gesetzgeber in solchen Fällen die „isolierende Betrachtungsweise" vor: Die Tatsache, dass die Mieten oder Kapitaleinkünfte im Ausland Einkünfte eines dortigen Gewerbebetriebes werden (= außerhalb Deutschlands gegebenes Besteuerungsmerkmal), wird bei der steuerlichen Beurteilung ignoriert, weil sonst eine Besteuerung gemäß § 49 EStG nicht mehr möglich wäre.

Istversteuerung – Besteuerungsart der → Umsatzsteuer. Die Steuerschuld entsteht bei dieser Besteuerungsart nicht schon mit Ausführung der Leistung, sondern davon abweichend (erst) mit Ablauf des Voranmeldungszeitraumes, in dem das Entgelt vereinnahmt wurde (§ 13 I Nr. 1b UStG). Istversteuerung gilt gemäß § 20 UStG auf Antrag für Unternehmer, (1) deren → Gesamtumsatz im Kalenderjahr nicht mehr als 250.000 Euro (der für gewerbliche Unternehmer mit Sitz in den alten Bundesländern maßgebliche Betrag wurde ab dem 1.7.2006 auf diesen Betrag verdoppelt. Für Unternehmer in den neuen Bundesländern gilt bis 31.12.2009 eine erhöhte Umsatzgrenze von 500.000 Euro) betragen hat *oder* (2) die von der Verpflichtung befreit sind, Bücher zu führen und aufgrund jährlicher Bestandsaufnahmen Abschlüsse zu machen, *oder* (3) soweit sie Umsätze im Rahmen einer freiberuflichen Tätigkeit ausführen (§ 18 UStG). (4) Istversteuerung gilt außerdem im Rahmen der → Mindest-Ist-Besteuerung, wenn es um Anzahlungen, Vorauszahlungen o.Ä. geht; hier führt die Istversteuerung allerdings nicht zu einer Verlagerung des Zahlungszeitpunkts in die Zukunft, sondern zu einer Verlagerung der Zahlungspflicht vor den normalerweise üblichen Termin. – *Wechsel zur* → Sollversteuerung: Der Unternehmer muss Entgelte, die für frühere Lieferungen oder sonstige Leistungen nachträglich eingehen (Außenstände), bei der Vereinnahmung versteuern. – *Einzelheiten:* R 254 UStR.

Jagdsteuer – Gemeindesteuer.

Jahresabschlussprüfung – *Bilanzprüfung.*

I. Inhalt: Die Jahresabschlussprüfung ist eine → Prüfung des am Ende des Geschäftsjahres aufzustellenden Jahresabschlusses durch einen → Abschlussprüfer. Bei freiwilliger Jahresabschlussprüfung hängt deren Gestaltung im Wesentlichen vom Prüfungsauftrag ab. Bei → Pflichtprüfungen sind die jeweiligen gesetzlichen Bestimmungen maßgebend. Die wichtigste Prüfungspflicht ergibt sich aus §§ 316 ff. HGB, wonach der Jahresabschluss und ggf. der Lagebericht unter Einbeziehung der Buchführung bei bestimmten Unternehmungen zu prüfen sind. Aufgrund anderer Bestimmungen können sich weitere Prüfungsnotwendigkeiten ergeben. In erster Linie ist die Jahresabschlussprüfung eine umfassende Prüfung der Ordnungsmäßigkeit der Rechnungslegung.

II. Gesetzliche Grundlagen: Gesetzliche Vorschriften zur Jahresabschlussprüfung orientieren sich im Wesentlichen an der Rechtsform, der Größe und der Branchenzugehörigkeit der Unternehmungen. – 1. *Rechtsform- und größenabhängige Prüfungspflichten bei Einzelabschlüssen:* Die Pflicht zur Jahresabschlussprüfung ist getrennt nach Kapitalgesellschaften und Nicht-Kapitalgesellschaften größenabhängig geregelt. Sie ergibt sich aus dem Handelsgesetzbuch bzw. aus dem Gesetz über die Rechnungslegung von bestimmten Unternehmen und Konzernen (§ 6 PublG). Danach ist Prüfungspflicht gegeben, wenn zwei von drei Kriterien für einen bestimmten Zeitraum erfüllt sind: (1) Für *Nicht-Kapitalgesellschaften* im Sinn von § 3 I PublG sind diese Kriterien gemäß § 1 I PublG: Bilanzsumme größer als 65 Mio. Euro, Umsatz in den zwölf Monaten vor dem Abschlussstichtag größer als 130 Mio. Euro, durchschnittliche Zahl der Arbeitnehmer in den zwölf Monaten vor dem Abschlussstichtag größer als 5000. (2) Für *Kapitalgesellschaften und haftungsbegrenzte Personengesellschaften* gilt gemäß § 267 I HGB: Bilanzsumme größer als 4,015 Mio. Euro nach Abzug eines auf der Aktivseite ausgewiesenen Fehlbetrags (§ 268 III HGB), Umsatz in den letzten 12 Monaten vor dem Abschlussstichtag größer als 8,030 Mio. Euro, jahresdurchschnittliche Zahl der Arbeitnehmer größer als 50. Aktiengesellschaften sind bei Börsennotierung unabhängig von ihrer Größe prüfungspflichtig (§ 267 III 2 HGB). – 2. *Bes. Prüfungspflichten bei Einzelabschlüssen:* Zusätzlich zu den auf Größe und Rechtsform abstellenden Prüfungsbestimmungen für den Jahresabschluss nach HGB und PublG gibt es weitere bes. Prüfungsregelungen, v.a. für Genossenschaften (§§ 53–60 GenG; → genossenschaftliche Pflichtprüfung), Versicherungsunternehmen (§ 341k HGB, §§ 57–60,

64 VAG; → Versicherungsgesellschaft) und Kredit- bzw. Finanzdienstleistungsinstitute (§ 340k HGB, §§ 28, 29 KWG; Bankbilanz). Versicherungsunternehmen und Kreditinstitute sind unabhängig von ihrer Größe prüfungspflichtig. – 3. *Prüfungspflichten für Konzerne:* → Konzernabschlussprüfung. – 4. Die Jahresabschlussprüfungen *öffentlicher Unternehmen* werden teils durch landesrechtliche Vorschriften geregelt (§ 263 HGB).

III. Prüfungsumfang: Bei gesetzlich vorgeschriebener Jahresabschlussprüfung für Einzelabschlüsse nach HGB und PublG sind der Jahresabschluss (Bilanz, Gewinn- und Verlustrechnung, ggf. Anhang) und die Buchführung nach § 317 I 1, 2 HGB daraufhin zu prüfen, ob die gesetzlichen Bestimmungen und die ergänzenden Bestimmungen des Gesellschaftsvertrages oder der Satzung beachtet wurden. § 317 II HGB verlangt die Prüfung des Lageberichts daraufhin, ob er im Einklang mit dem Jahresabschluss sowie den bei der Prüfung gewonnenen Erkenntnissen des Abschlussprüfers steht, und ob er insgesamt nicht eine falsche Vorstellung von der Lage der Unternehmung erweckt. Zu prüfen ist auch, ob die Risiken und Chancen der künftigen Entwicklung zutreffend dargestellt sind. Nach § 317 IV HGB ist im Rahmen der Jahresabschlussprüfung börsennotierter Gesellschaften zudem die Funktionsfähigkeit des nach § 91 II AktG zur Aufdeckung bestandsgefährdender Risiken einzurichtenden → internen Überwachungssystems zu prüfen.

IV. Typische Prüfungsschwerpunkte: 1. *Buchführung:* Durchzuführen sind im Wesentlichen → Abstimmungsprüfungen, Übertragungsprüfungen, rechnerische Prüfungen und Belegprüfungen. Die systematische Prüfung der Buchführung erfolgt meist in Stichproben (→ Stichprobenprüfung). Schwerpunkte sind die Prüfung der Konten des Zahlungsverkehrs, der Konten des Warenverkehrs und der Personenkonten. Ergebnisse werden in den Arbeitspapieren und im Prüfungsbericht festgehalten. – 2. *Bilanz:* Erforderlich ist die Prüfung der Existenz und Vollständigkeit der Positionen und der Einhaltung der Bilanzierungs-, Bewertungs- und Gliederungsvorschriften. Detaillierte Erläuterungen zur Prüfung von Anlage- und Umlaufvermögen sowie Passiva gibt das WP-Handbuch. – 3. *Gewinn- und Verlustrechnung (GuV):* Zu prüfen ist, ob sämtliche Aufwendungen und Erträge vollständig und periodengerecht unter den richtigen Bezeichnungen ausgewiesen wurden. Die Prüfung dient meist der Ergänzung der Bilanzprüfung. Wegen des engen Bezugs zwischen Bilanzpositionen und Positionen der GuV ist hier eine intensive Prüfung kaum noch erforderlich. Bedeutungsvoll ist aber die Prüfung von sonstigen Aufwendungen und Erträgen, die mit der Bilanzprüfung nur unzureichend erfassbar sind. – 4. *Anhang:* Zu prüfen ist, ob handelsrechtlich vorgeschriebene Erläuterungen zu Bilanz und GuV, z.b. zu den angewandten Bilanzierungs- und Bewertungsmethoden oder den Grundlagen der Währungsumrechnung, gemacht wurden. Zudem muss geprüft werden, ob den weiteren Angabepflichten des HGB und der ggf. einschlägigen Spezialgesetze, wie z.b. AktG und GmbHG, genügt wurde. – 5. *Lagebericht:* Zu prüfen ist, ob der Lagebericht den Geschäftsverlauf und die Lage der Unternehmung einschließlich der Risikosituation so darstellt, dass ein den tatsächlichen Verhältnissen entsprechendes Bild vermittelt wird, und ob er auf Vorgänge von bes. Bedeutung, die nach Geschäftsjahresschluss eingetreten sind, auf die voraussichtliche Entwicklung der Gesellschaft und auf den Bereich Forschung und Entwicklung sowie ggf. vorhandene Zweigniederlassungen eingeht. – Detaillierte Erläuterungen zu den Prüfungshandlungen im Rahmen der Jahresabschlussprüfung enthält das WP-Handbuch.

V. Bericht über die Jahresabschlussprüfung: Der → Prüfungsbericht enthält eine detaillierte schriftliche Darstellung der Art und des Umfangs sowie des Ergebnisses der Prüfung (§ 321 I 1 HGB). – Der Bericht ist vom Prüfer zu unterzeichnen und den gesetzlichen Vertretern vorzulegen; hat der Aufsichtsrat den Auftrag erteilt, muss vor Zuleitung an diesen dem Vorstand Gelegenheit zur Stellungnahme gegeben werden (§ 321 V HGB). – Details zum Prüfungsbericht regelt der → Prüfungsstandard IDW PS 450.

VI. Arbeitspapiere: 1. *Begriff:* Die Arbeitspapiere des Jahresabschlussprüfers bestehen aus den schriftlichen Aufzeichnungen des Prüfers, die im Verlauf seiner Prüfung entstanden sind, und allen beschafften Unterlagen zum Prüfungsobjekt. – 2. *Zwecke:* Die Arbeitspapiere dienen nach IDW PS 460 zur Unterstützung bei der Planung, Durchführung und Überwachung der Jahresabschlussprüfung, als Hilfsmittel bei der Beantwortung von Rückfragen und bei der Vorbereitung von Folgeprüfungen, zur Dokumentation der Prüfungshandlungen und -ergebnisse, zur Nachweissicherung in Regressfällen sowie als Grundlage für den Prüfungsbericht und für Qualitätssicherungsmaßnahmen in der Wirtschaftsprüferpraxis (Qualitätssicherung in der Wirtschaftsprüfung). Mit Datum vom 14.4.2007 wurde PS 460 neu gefasst. Weitere Details können dem IDW EPS 460 n.F. entnommen werden.

VII. Bestätigungsvermerk: → Bestätigungsvermerk.

VIII. Planung der Jahresabschlussprüfung: 1. *Notwendigkeit und Begriff:* Jahresabschlussprüfungen sind häufig so komplex, dass eine Planung unerlässlich ist. Die Prüfungsplanung besteht darin, eine allg. Strategie sowie detaillierte Prüfungsschritte der Art, dem zeitlichen Ablauf und dem Umfang nach zu entwickeln, um effizient und zeitgerecht vorgehen zu

können. Der gedankliche Entwurf einer bestimmten Ordnung, nach der sich die Durchführung einer bestimmten Prüfung in sachlicher, personeller und zeitlicher Hinsicht vollziehen soll, ist erforderlich. – Eine wichtige Besonderheit besteht im Vergleich zur Planung vieler anderer Arten von Prüfungen darin, dass die Jahresabschlussprüfung aus Termin- und Wirtschaftlichkeitsgründen keine Volluntersuchung des gesamten relevanten Stoffes ist, sondern überwiegend auf der Grundlage von Auswahlen (→ Stichprobenprüfung) stattfindet. Gleichwohl verlangt § 317 I HGB, die Prüfung so anzulegen, dass Rechnungslegungsunrichtigkeiten und -verstöße, die sich auf die Vermögens-, Finanz- und Ertragslagebeurteilung des Unternehmens wesentlich auswirken können, bei gewissenhafter Berufsausübung erkannt werden. Diese Forderung impliziert, den Prüfungsablauf von den jeweils gewonnenen Feststellungen maßgeblich weiter gestalten zu lassen. Die Planung ist somit kein der Prüfungsausführung zeitlich streng vorangehender Schritt; vielmehr greifen beide Schritte ineinander. – 2. *Sachliche Planung:* a) *Ausgangsplanung:* Die Phase der Ausgangsplanung dient der kritischen Einordnung des zu prüfenden Unternehmens; in dieser Phase werden Informationen über die wirtschaftlichen Rahmenbedingungen des Unternehmens, über dessen Geschäftstätigkeit, dessen internes Kontrollsystem und dessen Rechnungswesen gesammelt und analysiert. Primäres Ziel dieser Phase ist es, wenngleich nur orientierend und vielfach vorläufig, Risikobereiche möglicher Unrichtigkeiten und Verstöße zu erkennen. – b) *Prüfprogrammentwicklung:* Die Prüfungsobjekte sind festzulegen, d.h. es werden → Prüffelder und → Prüffeldergruppen gebildet und die durchzuführenden Prüfungshandlungen bestimmt. – Die Ausgangsplanung und die Prüfprogrammentwicklung sind Voraussetzungen für die Prüfungsdurchführung. – 3. *Personal-, Reihenfolge- und Zeitplanung:* Personell sind Prüfer unter Berücksichtigung ihrer zeitlichen Verfügbarkeit sowie ihrer Fähigkeiten und Kenntnisse auszuwählen und den Prüffeldern und Prüffeldergruppen zuzuordnen. Zeitlich sind dabei Anfangs- und Endtermin der Jahresabschlussprüfung sowie die Reihenfolge der Prüfungshandlungen einschließlich der jeweiligen Zeitvorgaben zu planen. – 4. *Planungshilfsmittel:* Zur Erleichterung der Planung benutzen die Prüfungsunternehmen in der Praxis Formblätter. In der wissenschaftlichen Literatur wurden zudem mathematische Verfahren zur Lösung des Personal-, Reihenfolge- und Zeitplanungsproblems entwickelt. Diese Verfahren haben sich in der Praxis aber v.a. deshalb nicht durchgesetzt, weil sie entweder auf sehr restriktiven Annahmen beruhen oder mathematisch nicht leicht verständlich und entsprechend schwer anzuwenden sind. Hinzu kommt, dass selbst methodisch fortgeschrittene, umfangreiche und elegant formulierte Modelle den Prüfungsprozess nur unvollkommen abbilden und meist die sachliche Prüfungsplanung nicht oder zumindest nicht umfangreich ansprechen. – Weitere Details zur Prüfungsplanung enthält der Prüfungsstandard IDW PS 240.

Jahresbescheinigung – amtlicher Ausdruck für → Jahressteuerbescheinigung. Für nach dem 31.12.2003 zufließende Kapitalerträge nach § 20 EStG und für Einkünfte aus Veräußerungsgeschäften nach § 23 I S. 1 Nr. 2 bis 4 EStG haben Kreditinstitute und Finanzdienstleistungsinstitute zusammengefasste Jahresbescheinigungen nach amtlichem Muster zu erstellen (§ 24d EStG, StÄndG 2003). Ab dem Veranlagungszeitraum 2009 wird die Jahresbescheinigung nach § 24c EStG aufgehoben. Die Angaben sind dann in der Steuerbescheinigung nach § 45a II und III EStG enthalten.

Jahresrohmiete – Begriff des Bewertungsgesetzes: der Faktor zur Ermittlung des → Ertragswerts im Ertragswertverfahren für → Mietwohngrundstücke, → Geschäftsgrundstücke, → gemischtgenutzte Grundstücke, → Einfamilienhäuser und → Zweifamilienhäuser. Jahresrohmiete ist das gesamte Entgelt, das die Mieter (Pächter) für die Benutzung des Grundstücks aufgrund vertraglicher Vereinbarungen oder gesetzlicher Bestimmungen nach dem Stand im Feststellungszeitpunkt für ein Jahr zu entrichten haben (§ 79 BewG).

Jahressteuerbescheinigung – 1. *Begriff:* Eine Bescheinigung, in der ein Kreditinstitut (oder eine vergleichbare Institution) einem Kunden sämtliche steuerpflichtigen Kapitalerträge aus allen für diesen Kunden bei ihm geführten Konten und Depots auflisten muss (§ 24d EStG, StÄndG 2003; erstmalig anzuwenden für nach dem 31.12.2003 zufließende Kapitalerträge nach § 20 EStG und für Einkünfte aus Veräußerungsgeschäften nach § 23 I S. 1 Nr. 2 bis 4 EStG). Die Jahressteuerbescheinigung muss nach einem amtlichen vorgeschriebenen Muster ausgestellt werden, und sie muss alle für die Besteuerung der Kapitalerträge und der Spekulationsgeschäfte erforderlichen Angaben enthalten. – 2. *Verpflichtete Institutionen:* Alle Kreditinstitute und Finanzdienstleistungsinstitute, die zur Ausstellung von Steuerbescheinigungen nach § 45a EStG berechtigt sind, ferner Wertpapierhandelsunternehmen und Wertpapierhandelsbanken. – 3. *Rechtsquelle:* § 24c EStG. – 4. Ab dem Veranlagungszeitraum 2009 wird die Jahresbescheinigung nach § 24c EStG aufgehoben. Die Angaben sind dann in der Steuerbescheinigung nach § 45a II und III EStG enthalten.

Journalist – Mitarbeiter von Zeitungen, Zeitschriften oder Nachrichtendiensten entweder im Angestelltenverhältnis (Schriftleiter) oder als freie Mitarbeiter. Letztere sind nach Umsatzsteuerrecht zu behandeln wie → freie Berufe (gelten als Unternehmer). Auf Antrag kann die Vorsteuer pauschal mit einem Durchschnittsatz von 4,8 Prozent des eigenen Umsatzes angesetzt werden (Anlage zu §§ 69, 70 UStDV, Ziff. IV.4). Die Leistungen der Journalisten unterliegen i.d.R. dem ermäßigten Steuersatz (§ 12 II Nr. 7 UStG).

Jubiläumsgeschenke – des Arbeitgebers an Arbeitnehmer. – 1. *Lohnsteuer:* Jubiläumsgeschenke sind, anders als früher, nicht mehr steuerfrei. – 2. *Erbschaftsteuer:* Jubiläumsgeschenke sind i.d.R. als steuerfreie Gelegenheitsgeschenke (§ 13 I Nr. 14 ErbStG) zu behandeln. – 3. *Umsatzsteuer:* Jubiläumsgeschenke sind, wenn sie nicht so geringfügig ausfallen, dass sie als bloße → Aufmerksamkeiten anzusehen sind, vom Arbeitgeber der Umsatzsteuer zu unterwerfen als unentgeltliche Lieferungen und Leistungen an das Personal (§ 3 Ib, § 3 IXa UStG).

Jubiläumsrückstellung – Begriff des Handels- und Steuerbilanzrechts. – 1. *Grundsatz:* Gewährt ein Unternehmer seinen Arbeitnehmern gewohnheitsmäßig anlässlich eines Dienstjubiläums (z.B. wegen 25-jähriger Betriebszugehörigkeit) bestimmte Prämien, so kann hierdurch arbeitsrechtlich ein Anspruch auf eine solche Prämie entstehen. – 2. *Handelsrechtlich* ist, wenn eine Verpflichtung besteht, diese als Rückstellung zu passivieren. – 3. *Steuerrechtlich* ist der Ansatz einer Jubiläumsrückstellung in der Bilanz jedoch nur dann erlaubt, wenn das Dienstverhältnis schon mind. zehn Jahre lang bestanden hat, das Dienstjubiläum eine mind. 15-jährige Betriebszugehörigkeit voraussetzt und die Zusage auf eine Jubiläumszuwendung schriftlich erteilt ist. Außerdem muss der Zuwendungsberechtigte seine Anwartschaft nach dem 31.12.1992 erworben haben.

Jubiläumszuwendung – Zuwendung des Arbeitgebers an einen Arbeitnehmer aus Anlass eines Arbeitnehmer- oder Firmenjubiläums. Die Jubiläumszuwendung soll die Dauer der Betriebszugehörigkeit des Arbeitnehmers honorieren. Die frühere Steuerbefreiung von Jubiläumszuwendungen ist seit 1999 entfallen.

Kaffeelager – Steuerlager für Kaffee im Sinn der Kaffeesteuer (§ 7 KaffeeStG).

Kaffeesteuer – 1. *Begriff:* Verbrauchsteuer auf Kaffee (Röstkaffee, löslicher Kaffee, kaffeehaltige Waren), wird erhoben im Gebiet der Bundesrepublik ohne Büsingen und Helgoland. Erhebung und Verwaltung liegen in der Hand der Zollverwaltung des Bundes (Art. 108 I 1 GG), der Ertrag steht dem Bund zu (Art. 106 I 2 GG). Kaffeesteuer ist eine Mengensteuer. – 2. *Gesetzliche Grundlage:* Kaffeesteuergesetz (KaffeeStG) vom 21.12.1992 (BGBl. I 2 2199) m.spät. Änd. zuletzt mit Wirkung zum 1.1.2007. – 3. *Besteuerungsgrundsätze:* Im Grundsatz wird Kaffeesteuer erhoben auf Kaffee, der im Steuergebiet dem Endverbrauch zugeführt wird. Die → Ausfuhr von Kaffee ist daher steuerbefreit, die → Einfuhr aus anderen Gebieten (auch im Wege des Versandhandels) führt zum Entstehen der Steuerpflicht. Ausnahmen gelten für die Einfuhr von Kaffee aus anderen EU-Mitgliedsstaaten (mengenmäßig unbegrenzt steuerfrei, sofern ein privater Endverbraucher die Einfuhr für seinen eigenen privaten Endverbrauch selbst vornimmt) oder bei der Einfuhr als Reisemitbringsel aus Drittstaaten (500 g Kaffee oder 200 g Auszüge, Essenzen oder Konzentrate bzw. Zubereitungen hieraus; bei Einfuhr durch Bewohner grenznaher Gemeinden, Grenzgänger und ähnliche Personen nur 50 g bzw. 20 g). – 4. *Steuersätze:* Für Röstkaffee 2,19 Euro/kg, für löslichen Kaffee 4,78 Euro/kg, bei kaffeehaltigen Waren gestaffelt nach dem Gehalt an Röst- oder löslichem Kaffee je kg der Ware (§3 KaffeeStG). – 5. *Steuerschuldner, Haftung und Steuerentstehung:* Kaffeesteuer entsteht bei Entnahme aus dem Steuerlager, sofern er danach in den Verbrauch gelangt oder keine weitere Steueraussetzung erfolgt. Die Kaffeesteuer wird dann vom Inhaber des Steuerlagers geschuldet. Sonderregelungen für Spezialfälle (z.B. Versandhandel). Bei Einfuhr aus Drittstaaten gilt Zollrecht (§ 13 KaffeeStG). – 6. *Steuerbefreiungen:* Außer bei Ausfuhr auch bei Vernichtung unter Steueraufsicht, Verwendung als Probe für betriebliche oder amtliche Untersuchungen, Herstellung in Privathaushalten zum Eigenverbrauch. – 7. *Steuererstattung und -vergütung:* auf Antrag, wenn Kaffee nachweislich aus dem freien Verkehr in den Steuerlager zurückgenommen wird. – 8. *Steueraufsicht:* Herstellung und Warenverkehr mit Kaffeesteuer unterliegen der Steueraufsicht. Kaffee, für den eine gewerbliche Verwendung anzunehmen ist und für den der Nachweis ordnungsmäßiger Versteuerung oder Steueraussetzung nicht geführt werden kann, kann sichergestellt werden. – 9. *Anzeigepflichten:* bei Einfuhr von Kaffee zu gewerblichen Zwecken aus anderen Mitgliedsstaaten vor Beginn der Beförderung. – 10. *Aufkommen:* rd. 1,1 Mrd.

Euro (2007), rd. 1 Mio. Euro (2006), 980,1 Mio. Euro (2003), 1.090,7 Mio. Euro (2002), 1.038,8 Mio. Euro (2001), 1.086,8 Mio. Euro (2000), 1.117,8 Mio. Euro (1995), 986 Mio. Euro (1990), 801 Mio. Euro (1985), 756 Mio. Euro (1980), 647 Mio. Euro (1975), 540 Mio. Euro (1970), 488 Mio. Euro (1965), 352 Mio. Euro (1960), 176 Mio. Euro (1955), 174 Mio. Euro (1950).

Kammer für Steuerberater- und Steuerbevollmächtigtensachen – Kammer des Landgerichtes am Sitz der → Steuerberaterkammer, die im ersten Rechtszug im berufsgerichtlichen Verfahren entscheidet (§ 95 StBerG).

Kapitalabfindung – I. Schadensersatz: Für einen dauernden Schaden wird ein einmaliger Kapitalbetrag gewährt. – *Gegensatz:* Geldrente. – Bei unerlaubten Handlungen ist für Beeinträchtigung der Erwerbstätigkeit oder Tötung des Unterhaltspflichtigen grundsätzlich Geldrente zu entrichten; der Verletzte kann jedoch bei wichtigem Grund Kapitalabfindung verlangen (§§ 843, 844 BGB).

II. Sozialleistung: 1. *Unfallversicherung:* → Abfindung. – 2. *Rentenversicherung:* → Abfindung. – 3. *Kriegsopferversorgung:* Kapitalabfindung an Beschädigte im Sinn des BVG (§§ 72 ff. BVG) und für Witwen (§ 78a BVG).

III. Beamtenrecht: Witwenabfindung bei Wiederheirat (§ 21 BeamtVG).

IV. Grundsteuervergünstigung: für Kapitalabfindung, die Kriegsbeschädigten zum Erwerb oder zur wirtschaftlichen Stärkung ihres Grundbesitzes aufgrund des Bundesversorgungsgesetzes (BVG) gewährt wird. Der Besteuerung ist der um die Kapitalabfindung verminderte → Einheitswert zugrunde zu legen, solange die Versorgungsgebührnisse wegen der Kapitalabfindung in der gesetzmäßigen Höhe gekürzt werden (§ 36 GrStG).

V. Steuerrecht: → Abfindung.

Kapitalanlagegesellschaft – 1. *Rechtsgrundlage:* Investmentsteuergesetz (InvStG). – 2. *Wertpapier-Sondervermögen:* Dies gilt als eigenständiges Körperschaftsteuersubjekt (Zweckvermögen nach § 1 I Nr. 5 KStG), ist jedoch steuerbefreit (§ 38 I KAGG). Die Ausschüttungen, die dieses Sondervermögen tätigt, sowie die Einnahmen, die es nicht zur Kostendeckung oder Ausschüttung verwendet (thesauriert), gelten beim Anteilsinhaber als Einnahmen aus Kapitalvermögen (§ 20 I Nr.1 EStG.) – *Ausnahme:* Wenn die Anteile betrieblich gehalten sind, liegen Betriebserträge vor. Zu den steuerpflichtigen Einnahmen gehören darüber hinaus auch die sog. Zwischengewinne. Diese Einnahmen sind beim Anteilseigner voll zu versteuern (§ 39 KAGG); das

→ Teileinkünfteverfahren (früher: → Halbkünfteverfahren) gilt nur, soweit in den ausgeschütteten Einnahmen Dividendenerträge enthalten sind. – Steuerfrei sind der Teil der Ausschüttungen des Wertpapier-Sondervermögens, der Gewinne aus Veräußerungsgewinnen, die bei einem Privatanleger steuerfrei wären, enthält. Diese Steuerbefreiung gilt nur, wenn der Anteilsinhaber den Anteil selbst nicht in einem Betriebsvermögen hält (§ 40 KAGG). – Für Beteiligungs-, Investmentfondsanteil-, Grundstücks- und Altersvorsorge-Sondervermögen gelten die Regelungen in ähnlicher Form. – 3. *Ausschüttungen einer Kapitalanlagegesellschaft:* Unterliegen der Kapitalertragsteuer nach KAGG.

Kapitalerhöhung – Maßnahme der Finanzierung der Unternehmung durch Erhöhung des Eigenkapitals.

I. **Personengesellschaften:** 1. *Selbstfinanzierung* (Nichtverbrauch von Reingewinnen). – 2. *Zusätzliche Kapitaleinlagen bisheriger oder neuer Gesellschafter:* Kapitalerhöhung ist nur mit Zustimmung aller Gesellschafter statthaft, soweit Vertrag oder Satzung nichts anderes bestimmt. Maßgebend für die Höhe der Kapitalerhöhung ist der Kapitalbedarf des Unternehmens.

II. **Kapitalgesellschaften:** 1. *Aktiengesellschaften:* a) *Effektive Kapitalerhöhung:* Ausgabe junger Aktien zu einem festgelegten Bezugskurs. (1) *Ordentliche Kapitalerhöhung* (§§ 182–191 AktG): Von der Hauptversammlung mit 3/4-Mehrheit oder einer anderen, in der Satzung festzuschreibenden Mehrheit zu beschließen. Die Unter-Pari-Emission ist verboten; bei Über-Pari-Emission ist der Mindestbezugskurs im Beschluss festzusetzen. Die Altaktionäre erhalten ein Bezugsrecht auf die jungen Aktien; dieses kann mit mind. Dreiviertel-Mehrheit ausgeschlossen werden. Die Kapitalerhöhung kann nur durch Ausgabe neuer Aktien ausgeführt werden. Bei Gesellschaften mit Stückaktien muss sich die Zahl der Aktien in demselben Verhältnis wie das Grundkapital erhöhen. Bei Nennwertaktien wie auch bei Stückaktien ist das Agio gemäß § 272 II HGB in die Kapitalrücklage einzustellen. (2) *Bedingte Kapitalerhöhung* (§§ 192–201 AktG): Es werden junge Aktien gebildet, die den Inhabern von Wandelschuldverschreibungen aufgrund ihres Umtausch- bzw. Bezugsrechts (Optionsanleihe) bzw. Arbeitnehmern aufgrund von Gewinnbeteiligungen zustehen. Das Bezugsrecht der Altaktionäre ist in diesen Fällen ausgeschlossen. Auch zur Vorbereitung von Unternehmenszusammenschlüssen wird die bedingte Kapitalerhöhung durchgeführt, um die Eigentümer der übernommenen Unternehmens auszuzahlen. (3) *Genehmigtes Kapital* (§§ 202–206 AktG): Ermächtigung des Vorstandes durch Satzung oder Beschluss der Hauptversammlung, eine Kapitalerhöhung durchzuführen; Durchführung erfordert dann die Zustimmung des Aufsichtsrats. – *Vorteil:* schnellere Reaktion und Anpassung von Emissionsvolumen und Bezugskurs

an Kapitalmarktgegebenheiten. – b) *Nominelle Kapitalerhöhung:* Umwandlung von Gewinnrücklagen und Kapitalrücklage in Grundkapital; kein Zufluss finanzieller Mittel, nur Angleichung des nominellen Grundkapitals, (Kapitalerhöhung aus Gesellschaftsmitteln). Aktionäre erhalten → Freiaktien. – 2. *Gesellschaften mit beschränkter Haftung:* a) *Formelle Kapitalerhöhung:* Nominelle Erhöhung des Stammkapitals durch Vergrößerung einzelner Stammanteile. – b) *Aufruf von Nachschüssen.* – c) *Kapitalerhöhung aus Gesellschaftsmitteln.*

III. **Andere Unternehmensformen:** *Genossenschaften:* a) *Unmittelbare Kapitalerhöhung:* (1) Selbstfinanzierung; (2) Aufruf von Nachschüssen; (3) Aufnahme neuer Genossen; (4) Zukauf neuer Anteile von bisherigen Genossen. – b) *Mittelbare Kapitalerhöhung:* Erhöhung der Nachschusspflicht; dient der Erweiterung des Kreditspielraums.

IV. **Steuerliche Auswirkungen:** 1. *Kapitalerhöhung durch Einlagen:* Bewertung der Bar- oder Sacheinlagen (→ Einlagen). – 2. *Bei Kapitalerhöhung durch Ausgabe von Gratisaktien:* → Freiaktie.

Kapitalerhöhungsgesetz (KapErhG) – bestimmt, dass eine Kapitalerhöhung aus Gesellschaftsmitteln nicht zu steuerpflichtigen Einkünften beim Anteilseigner führt, d.h., dass v.a. die Ausgabe der Freianteile nicht als steuerpflichtiger Sachbezug im Rahmen der Einkünfte aus Kapitalvermögen gewertet werden kann (§ 1 KapErhG). Die bisher als thesaurierte Gewinne ausgewiesenen Beträge werden nur noch als (gewöhnliches) Nennkapital ausgewiesen. – Anhand des zu führenden steuerlichen Einlagekontos ist der Ursprung der Beträge (Einlagen der Gesellschafter oder thesaurierte Gewinne) festzustellen; ein Missbrauch (steuerfreie Nennkapitalrückzahlung statt steuerpflichtige Dividendenzahlung aus thesaurierten Gewinn) ist damit ausgeschlossen. Für ausländische Kapitalgesellschaften gilt wegen dieser Missbrauchsgefahr die Regelung, dass Auszahlungen aufgrund einer Kapitalerhöhung als Dividenden anzusehen sind, wenn sie innerhalb von fünf Jahren nach einer Kapitalerhöhung aus Gesellschaftsmitteln vorgenommen wurden.

Kapitalertragsteuer – *Zinsabschlagsteuer.*

I. **Steuerrechtliche Regelungen:** 1. *Begriff:* Die Kapitalertragsteuer ist eine bes. Erhebungsform der → Einkommensteuer. Ab 2009 gilt mit dem Einbehalt der Kapitalertragsteuer die Einkommensteuer als abgegolten (§ 43 V S. 1 EStG), sofern nicht der bes. Steuersatz nach § 32d II greift oder die Einkünfte einer anderen Einkunftsart zugerechnet werden (§ 43 V S. 2 EStG), d.h. die Kapitaleinkünfte müssen nicht erklärt werden (vgl. auch → Abgeltungsteuer). Ist die Kapitalertragsteuer nicht abgezogen worden, findet der bes. Steuersatz nach § 32d I EStG Anwendung; es sei denn, es wurde zu einer Veranlagung optiert (§ 32d VI EStG). – 2. *Höhe:* Für Kapitalerträge, die nach dem 31.12.2008 zufließen, beträgt der Steuersatz der Kapitalertragsteuer grundsätzlich einheitlich 25 Prozent (§ 43a I S. 1 Nr. 1 EStG) zzgl. Solidaritätszuschlag von 5,5 Prozent und ggf. Kirchensteuer von 8 bis 9 Prozent. Der einheitliche Steuersatz wird unabhängig davon erhoben, ob der Schuldner oder der Gläubiger die Kapitalertragsteuer trägt. Der Steuersatz beträgt nur 15 Prozent für Leistungen und Gewinne von Betrieben gewerblicher Art. Für vor dem 31.12.2008 zugeflossene Erträge ergeben sich die Steuersätze aus § 43 i.V. mit § 43a EStG. Die Kapitalertragsteuer liegt hierbei zwischen 10 und 35 Prozent abhängig von der Art der Kapitaleinkünfte zzgl. Solidaritätszuschlag. Bspw. beläuft sich die Kapitalertragsteuer bei Dividenden auf 20 Prozent, bei Zinszahlungen 30 Prozent (sog. „Zinsabschlagsteuer"), bei Tafelgeschäften 35 Prozent. Bei Dividenden ist in Altfällen zu beachten, dass die Kapitalertragsteuer bereits mit Zufluss beim Anteilseigner abzuführen ist. – 3. *Erweiterung der Tatbestandsvoraussetzungen der Kapitalertragsteuer ab 2009:* Die Kapitalertragsteuer wird nunmehr auch bei ausländischen Dividenden erhoben, wenn die auszahlende Stelle im Inland belegen ist (§ 43 I Nr. 6 EStG); darüber hinaus auch bei Veräußerungen von Anteilen an einer Kapitalgesellschaft sowie bei Termingeschäften, wenn die Anschaffung der Wertpapiere nach dem 31.12.2008 vorgenommen wird (§ 43 I Nr. 9-12 EStG). Grundsätzlich unterliegen die vollen Kapitalerträge der Kapitalertragsteuer. Die Besteuerung bei Anteilsveräußerungen wird jedoch nur in Höhe des Gewinns vorgenommen, wenn die Wirtschaftsgüter von der Stelle, die die Kapitalerträge auszahlt, erworben und veräußert werden, sowie selbst verwahrt und verwaltet sind (§ 43a II S. 2 EStG). Die Übertragung eines verwalteten Wirtschaftsguts gilt bereits als Veräußerung. Dies gilt jedoch nicht, wenn die Mitteilung erfolgt, dass die Übertragung unentgeltlich war. – 4. Sofern die *Abgeltungswirkung* noch nicht greift, gilt die Kapitalertragsteuer für den unbeschränkt Steuerpflichtigen (Steuerinländer) als Vorauszahlung auf die Einkommensteuer; für den beschränkt Steuerpflichtigen hat sie grundsätzlich eine Abgeltungswirkung. – 5. *Kapitalertragsteueranmeldung:* Ab dem 1.1.2009 ist die elektronische Anmeldung der einbehaltenen Kapitalertragsteuer Pflicht.

II. Kirchensteuer auf Kapitalertragsteuer: ab dem Veranlagungszeitraum 2009 beträgt die Kirchensteuer auf Kapitalertragsteuer 8 bzw. 9 Prozent von 25 Prozent der Kapitalertragsteuer. Bei der Berechnung wird die Wirkung des Sonderausgabenabzugs der Kirchensteuer mit einbezogen, sodass sich die Kapitalertragsteuer bei einem Kirchensteuersatz von 9 Prozent von 26,375 Prozent (inkl. Solidaritätszuschlag) auf 24,45 Prozent verringert. Sofern der persönliche Einkommensteuersatz unter 25 Prozent liegt, erhält der Steuerpflichtige eine Erstattung der zu viel einbehaltenen Kirchensteuer bei Durchführung einer Veranlagung.

III. Geografische Begrenzung: Die Verpflichtung, dt. Kapitalertragsteuer einzubehalten, kann naturgemäß nur auferlegt werden, wenn sich der Gläubiger oder eine Zahlstelle im Inland befinden. Jedoch finden sich bei ausländischen Zahlungen meist auch im Ausland Bestimmungen über die Einbehaltung einer dortigen Kapitalertragsteuer; diese kann dann nur nach den Bestimmungen der Doppelbesteuerungsabkommen herabgesetzt oder bis zur Höhe der anteiligen dt. Steuer auf die dt. Einkommensteuerschuld angerechnet (aber nicht erstattet) werden. Dabei ist zu beachten, dass ausländische Steuern ab dem Veranlagungszeitraum 2009 maximal in Höhe von 25 Prozent der Kapitalerträge anrechenbar sind, sodass keine Erstattung erfolgt. Die bisherige länderbezogene Anrechnung (per country limitation) kommt in diesen Fällen nicht mehr zu Anwendung.

IV. Möglichkeiten zur Vermeidung der Kapitalertragsteuer: Sind die Kapitalerträge in Deutschland nicht steuerpflichtig, so kann die Einbehaltung dt. Kapitalertragsteuern von vornherein vermieden werden, wenn der Empfänger der Kapitalerträge dem Auszahlenden zuvor eine entsprechende amtliche Bescheinigung vorlegt (→ Nichtveranlagungsbescheinigung, § 44a II EStG), einen Freistellungsauftrag erteilt (§ 44a II EStG) oder – als Steuerausländer – eine Freistellung im Steuerabzugsverfahren (§ 50d EStG) beantragt; darüber hinaus kann im Fall der → Mutter-Tochter-Richtlinie die EU die Kapitalertragsteuer gemäß § 43b EStG vermieden werden. In bestimmten Fällen kommt auch eine nachträgliche Erstattung der Kapitalertragsteuer in Betracht (§§ 44b, 44c, 50d EStG). – Ist der Empfänger der Zahlung steuerbefreit oder ist offensichtlich, dass seine Einkünfte zu keiner Einkommensteuerschuld führen werden, so kann die Kapitalertragsteuer anstelle durch Einzelantrag des Steuerpflichtigen beim Bundesamt für Finanzen auch aufgrund eines → Sammelantrags seines Kreditinstituts vermieden werden.

V. Aufkommen: nicht veranlagte Steuern vom Ertrag (davon Zinsabschlag): 14,4 Mrd. Euro (2007, davon Zinsabschlag: 10,7 Mrd. Euro), 11,9 Mrd. Euro (2006, davon Zinsabschlag: 7,6 Mrd. Euro), 12,1 Mrd. Euro (2005, davon Zinsabschlag: 7,0 Mrd. Euro), 12,0 Mrd. Euro (2004, davon Zinsabschlag 6,8 Mrd. Euro), 11,9 Mrd. Euro (2003, davon Zinsabschlag: 7,6 Mrd. Euro), 13,7 Mrd. Euro (2002, davon Zinsabschlag: 8,5 Mrd. Euro), 12,9 Mrd. Euro (2001, davon Zinsabschlag: 6,9 Mrd. Euro), 8,4 Mrd. Euro (2000, davon Zinsabschlag: 5,4 Mrd. Euro).

Kapitalforderung – I. Begriff: Forderung, die auf Zahlung von Geld gerichtet ist (z.B. Darlehens- und Hypothekenforderung, Spar- und Bankguthaben, Geldforderung aus Warenlieferungen, Vermögenseinlage des stillen Gesellschafters, Tantiemeforderung). – *Gegensatz:* Forderung auf nichtmonetäre Leistungen (z.B. Forderung auf Waren, auf Wertpapiere, Dienstleistungen).

II. Steuerbilanz: 1. *Grundsätze:* Kapitalforderungen können nach Wahl des Bilanzierenden im Einzel-, im Pauschal- oder im gemischten Verfahren bewertet werden, soweit dies mit den Grundsätzen ordnungsmäßiger Buchführung (GoB) übereinstimmt. Das Einzelverfahren ergibt die zutreffendsten Werte. Das Pauschalverfahren darf nur angewendet werden bei Kapitalforderungen, die nach ihrer Art, der Person des Schuldners und/oder ihrer Laufzeit zusammengefasst werden können. Pauschalwertberichtigungen beruhen auf einer Schätzung des Ausfallrisikos auf der Grundlage der Erfahrungen der Vergangenheit. Kapitalforderungen sind grundsätzlich mit den → Anschaffungskosten anzusetzen (§ 6 I Nr. 2 EStG), das ist i.d.R. der Nennbetrag, der von dem Schuldner bei Fälligkeit gefordert werden kann. Ein Agio gehört zu den Anschaffungskosten. – 2. Anstelle der Anschaffungskosten können Kapitalforderungen mit dem niedrigeren → Teilwert angesetzt werden, solange dieser voraussichtlich dauerhaft ist. Die Wertminderung muss, auf objektive Verhältnisse gestützt, geschätzt werden. Gehört die Kapitalforderung, was die Regel sein dürfte, zum Umlaufvermögen und ermittelt der Steuerpflichtige seinen Gewinn durch → Betriebsvermögensvergleich (§ 5 I EStG), so besteht für den Bilanzierenden eine Verpflichtung zur → Teilwertabschreibung. Durch die Wertberichtigung können berücksichtigt werden: das allg. Ausfallwagnis bei Zahlungsunfähigkeit des Schuldners, Reklamationen, Zinsverluste durch verspäteten Geldeingang, Beitreibungskosten, Zinsverlust einer zinslosen oder unterverzinslichen Kapitalforderung, Skontoabzug durch Kunden. – 3. Kapitalforderungen in *ausländischer Währung* sind mit dem Kurs am Bilanzstichtag in Euro umzurechnen.

III. Bewertungsgesetz: 1. *Private Forderungen:* Diese sind mit dem Nennwert zu bewerten, soweit bes. Umstände einen geringeren oder höheren Wert rechtfertigen (§ 12 BewG). – *Beispiel:* Über- und Unterverzinslichkeit, Insolvenzgefahren beim Schuldner. – 2. *Betriebliche Forderungen:* Bewertung richtet sich nach der Steuerbilanz (→ verlängerte Maßgeblichkeit).

Kapitalgesellschaften, Spaltung von → Rechtsträger, Spaltung von.

Kapitalherabsetzung – Verringerung des Grund bzw. des Stammkapitals einer Kapitalgesellschaft. – Zu *unterscheiden:* 1. *Nominelle Kapitalherabsetzung:* Ausgleich von Verlusten oder Wertminderungen durch Anpassung des Eigenkapitals (Sanierung). – 2. *Effektive Kapitalherabsetzung:* Rückzahlung eines Teils des Grundkapitals oder Umwandlung von Grundkapital in Rücklagen.

I. Aktiengesellschaft: 1. *Ordentliche Kapitalherabsetzung* (§§ 222–228 AktG): a) *Voraussetzungen:* Beschluss der Hauptversammlung nur mit Dreiviertel- oder höherer Mehrheit. Im Beschluss ist der Zweck der Kapitalherabsetzung festzulegen, bes., ob Rückzahlungen an die Aktionäre erfolgen sollen. – b) *Verfahren:* Bei Nennbetragsaktien Herabsetzung des Nennbetrags pro Aktie (Aktienherabsetzung) oder

Aktienzusammenlegung. Mit der Eintragung des Beschlusses im Handelsregister ist das Grundkapital herabgesetzt. – c) Den Gläubigern, die sich binnen sechs Monaten nach Bekanntmachung der Eintragung melden, ist *Sicherheit* zu leisten, soweit sie nicht Befriedigung verlangen können. Zahlungen an Aktionäre sind erst nach Gewährung dieser Sicherheiten gestattet. – d) Eine *Kapitalherabsetzung unter den Mindestnennbetrag des Grundkapitals* (§ 228 AktG) ist nur zulässig, wenn zugleich eine → Kapitalerhöhung ohne Sacheinlage beschlossen wird. Ziel ist Verlustausgleich bei gleichzeitigem Mittelzufluss. – 2. *Vereinfachte Kapitalherabsetzung* (§§ 229–236 AktG): Es dürfen keine Zahlungen an die Aktionäre erfolgen. Die Kapitalherabsetzung ist zulässig zur Verlustdeckung, Einstellung von Beträgen in die Kapitalrücklage. Die Gewinnrücklagen sind vorher ganz aufzulösen, die gesetzliche und Kapitalrücklage insoweit, als sie 10 Prozent des nach Herabsetzung verbleibenden Grundkapitals übersteigen. Gewinne dürfen erst wieder ausgeschüttet werden, wenn die gesetzliche und die Kapitalrücklage 10 Prozent des Aktienkapitals erreichen; höhere Ausschüttung als 4 Prozent auf das Grundkapital ist erst nach Befriedigung oder Sicherstellung der Gläubiger zulässig. – 3. *Einziehung von Aktien* (§§ 237–239 AktG): Aktieneinziehung.

II. Gesellschaft mit beschränkter Haftung (GmbH): Der Beschluss auf eine Kapitalherabsetzung muss in den Geschäftsblättern bekannt gemacht werden, verbunden mit der Aufforderung an die Gläubiger, sich bei der Gesellschaft zu melden (§ 58 GmbHG). Die Ansprüche der Gläubiger, die der Kapitalherabsetzung nicht zustimmen, sind zu befriedigen oder sicherzustellen.

III. Steuerliche Auswirkungen: Im Sinn der dt. Steuerrechts ist eine Kapitalherabsetzung nur als Rückzahlung von Nennkapital anzusehen, wenn die ausgeschütteten Beträge früher von den Anteilseignern als Einlagen geführt worden sind. Stammen die im Zuge der Kapitalherabsetzung ausgekehrten Bezüge dagegen aus Gewinnen der Gesellschaft, die in der Gesellschaft angespart worden waren (Kapitalerhöhung aus Gesellschaftsmitteln o.Ä; oder auch allmählich angespartes Nennkapitals einer ursprünglich mit 1 Euro gegründeten Unternehmergesellschaft), dann wird ihre Auszahlung an die Gesellschafter auch in Form einer Kapitalherabsetzung steuerlich als Auszahlung von Gewinnen (→ Dividende) behandelt. Grund für die Einstufung und Behandlung einer Kapitalherabsetzung als Dividendenzahlung ist die Annahme, dass eine Kapitalgesellschaft vor der Rückzahlung ursprünglicher Einlagen zunächst alle ihre aus Gewinnen thesaurierten Eigenkapitalbestände zurückzahlt. – 1. *Die Besteuerung der als Dividenden eingestuften Beträge* erfolgt gegenwärtig entweder gemäß dem → Teileinkünfteverfahren (wenn die Dividendenerträge durch ein Mutterunternehmen in einem Betrieb vereinnahmt werden) oder gemäß den Grundsätzen der → Abgeltungssteuer (wenn die

Dividendenerträge als private Kapitaleinkünfte vereinnahmt werden). – 2. Die steuerlich als *Rückzahlung von Einlagen* eingestuften Zahlungen sind bei im Betriebsvermögen gehaltenen Anteilen vom Buchwert der Anteile abzusetzen; durch diese Buchungstechnik wird erreicht, dass trotz des Zuflusses von Einnahmen der Vorgang erfolgsneutral bleibt. – 3. *Besonderheiten* gelten, wenn eine ausländische Kapitalgesellschaft eine Kapitalherabsetzung vornimmt (Abgrenzung der Beträge dann schwierig oder nicht möglich), z.B. bei der Behandlung von Freiaktien.

Kapitalverkehrsteuern – Verkehrsteuern, die den Kapitalverkehr unter Lebenden erfassen. – In der *Bundesrepublik Deutschland* wurden zuletzt nur noch die → Gesellschaftsteuer und die → Börsenumsatzsteuer erhoben; beide geregelt im Kapitalverkehrsteuergesetz (KVStG) und der Kapitalverkehrsteuer-Durchführungsverordnung (KVStDV). Die Gesellschaftsteuer wurde zum 1.1.1992, die Börsenumsatzsteuer zum 1.1.1991 abgeschafft.

Kapitalverkehrsteuerrichtlinie – 1. *Begriff*: Eine Richtlinie der EG (EU) aus dem Jahre 1969 betreffend die indirekten Steuern auf die Ansammlung von Kapital (69/335/EWG vom 17.7.1969), ersetzt durch eine vollständig neu gefasste Version vom 12.2.2008 (Richtlinie 2008/7/EG). Regelt die gemeinschaftsrechtlich verbindlichen Vorgaben für die Erhebung der → Gesellschaftsteuer in den Staaten der EU. – 2. *Wichtigster Inhalt*: a) *Möglichkeit zur Abschaffung der Gesellschaftsteuer*: Die Richtlinie gibt für die Gesellschaftsteuer einen Maximalsteuersatz von 1 Prozent auf das eingebrachte Kapital vor und regelt genau, auf welche Vorgänge Gesellschaftsteuer erhoben werden darf und auf welche nicht. Sie erlaubt den Mitgliedsstaaten aber auch die Festlegung eines Steuersatzes von Null, d.h. die faktische Abschaffung der Gesellschaftsteuer; von dieser Möglichkeit hat Deutschland schon früh Gebrauch gemacht. – b) *Praktische Bedeutung durch Sperrklauseln für gleichartige Steuern*: Die Richtlinie untersagt den Mitgliedsstaaten, neben der harmonisierten Gesellschaftsteuer noch andere, gleichartige Steuern auf das bei Gründung einer Kapitalgesellschaft oder Kapitalerhöhung eingelegte Kapital beizubehalten, da sonst die Begrenzung der Abgabe auf den harmonisierten Steuersatz umgangen werden könnte. Diese Verpflichtung betrifft auch die Staaten, die die Steuer mit Null festgesetzt haben. Erhebt ein Staat also eine Abgabe, die wie eine Gesellschaftsteuer wirkt, kann der Steuerpflichtige unter Berufung darauf, dass diese Steuer im Einzelfall gegen die Vorgaben der EG verstößt und deshalb rechtswidrig ist, die Zahlung erfolgreich verweigern. Aus diesem Grund liegt der Rechtspraxis heute die hauptsächliche Bedeutung der Kapitalverkehrsteuerrichtlinie in den meisten EU-Staaten längst darin, dass die Steuerpflichtigen – häufig erfolgreich - gerichtlich geltend machen, bestimmte nationale indirekte Steuern seien mit der Kapitalverkehrsteuerrichtlinie nicht vereinbar.

Kappung – Die Begrenzung der Kirchensteuer auf einen bestimmten maximalen Prozentsatz des Einkommens, meist zwischen 2,75 und 3,5 Prozent. Die Kappung der Kirchensteuer wird in einigen Bundesländern von Amts wegen durchgeführt, in anderen ist sie nur auf Antrag möglich (in Bayern gar nicht vorgesehen). Der Hintergrund der Möglichkeit zur Kirchensteuer-Kappung liegt darin, dass verhindert werden soll, dass die Kirchensteuer einen so hohen Prozentsatz des Einkommens erreichen könnte, dass Gläubige sich allein aus wirtschaftlichem Druck (z.B. bedingt durch ihre Wettbewerbssituation im Wettbewerb mit anderen Unternehmern) nahezu gezwungen sehen könnten, aus ihrer Kirche auszutreten.

Karl-Bräuer-Institut – wissenschaftliches Institut des → Bundes der Steuerzahler e. V. (BdSt) mit Sitz in Berlin, am 11.7.1965 gegründet, nach dem Mitbegründer und langjährigen Präsidenten des Bundes der Steuerzahler, Karl Bräuer, benannt. Eingetragener Verein und gemeinnützige Vereinigung im Sinn des steuerlichen Gemeinnützigkeitsrechts. – *Arbeitsgebiet:* Öffentliches Finanz- und Abgabewesen. Durch wissenschaftliche Forschung und wissenschaftlich begründete Gutachten und Stellungnahmen fördert es v.a. Bestrebungen zur Verbesserung der öffentlichen Haushalts- und Abgabewesens und es gibt Veröffentlichungen zu steuer- und finanzpolitischen Themen heraus.

Kartell – 1. *Begriff:* gemäß Legaldefinition in § 1 GWB und Art. 101 I AEUV Vereinbarungen zwischen Unternehmen, Beschlüsse von Unternehmensvereinigungen und aufeinander abgestimmte Verhaltensweisen, die eine Verhinderung, Einschränkung oder Verfälschung des Wettbewerbs bezwecken oder bewirken. Kartelle, die zu einer spürbaren Wettbewerbsbeschränkung führen, sind grundsätzlich verboten. Ob im Einzelfall eine Freistellung vom Kartellverbot vorliegt, ist nach § 2 GWB und Art. 101 III AEUV zu beurteilen (Deutsches Kartellrecht, Europäisches Kartellrecht). – 2. *Arten:* (1) Frühstückskartell, (2) Gentlemen's Agreement, (3) abgestimmte Verhaltensweisen, (4) Preiskartell, (5) Quotenkartell, (6) Syndikat, (7) Normen- und Typenkartell, (8) Angebots- und Kalkulationsschematakartell, (9) Exportkartell, (10) Konditionenkartell, (11) Rabattkartell, (12) Spezialisierungskartell, (13) Einkaufskartell. – 3. *Steuerliche Behandlung:* Legale Kartelle unterliegen je nach Rechtsform der Einkommensteuer oder der Körperschaftsteuer sowie der Gewerbesteuer, und zwar nach den allg. Regeln.

Karussellgeschäfte – 1. *Begriff* aus dem Bereich der Umsatzsteuer, steht in Zusammenhang mit dem Phänomen des Umsatzsteuerbetrugs: Geschäfte, bei denen im Extremfall immer mit denselben Waren gehandelt wird, um Vorsteuererstattungsansprüche zu erschleichen. – 2. *Grundsätzliche Funktionsweise:* Unternehmen A verkaufte an Unternehmen B steuerpflichtig Waren für hohe Beträge; daraus ergeben sich bei B hohe Vorsteuererstattungsansprüche, die B sich von der Finanzverwaltung auszahlen lässt, während Unternehmen A seine Umsatzsteuerschuld beim Finanzamt typischerweise nicht begleicht. Um die hohen Vorsteuererstattungsansprüche des Unternehmens B gegenüber der Finanzverwaltung plausibel zu machen und dadurch die Entdeckung des Betrugsmodells zu verzögern, wurde als Tätigkeit des Unternehmens B gerne der Export gewählt: denn im Exportbereich sind Vorsteuererstattungsüberhänge auch für längere Zeit durchaus normal, gaben also nicht von vornherein zu Misstrauen und zu Überprüfungsmaßnahmen Anlass. Als Kunde des Unternehmens B wurde dann im Ausland (mind.) noch eine Unternehmung C verwendet; von dieser wurden die Waren dann oft wieder ins Inland an A (oder, nach dem Untertauchen der für A verantwortlichen Personen, eine neue, weitere Unternehmung dieser Art) zurückverkauft, und der Vorgang begann von neuem. Davon, dass sich auf diese Art und Weise Waren u.U. immer wieder im Kreis bewegten, rührte die Bezeichnung als „Karussellgeschäft". – 3. *Heutige Situation*: Als Reaktion auf die zunehmende Verbreitung solcher betrügerischer, rein auf die Erzeugung von Vorsteuererstattungen gerichteter Betrugsmodelle sind in allen Staaten der EU die Modalitäten zur Überwachung und Steuerkontrolle bei der Umsatzsteuer erheblich verschärft worden, sodass die Chancen, funktionsfähige Steuerbetrugsmodelle dieser oder ähnlicher Art heute noch praktizieren zu können, drastisch gesunken sind.

Kassenfehlbetrag → Kassenmanko.

Kassenmanko – *Kassendefizit, Kassenfehlbetrag*; Fehlbetrag der Kasse, festgestellt durch → Kassenprüfung. Kassenmanko kann entstehen (1) durch Fehler beim Buchen, (2) durch Versehen in der Annahme und Zahlung von Bargeld, (3) durch Diebstahl oder Unterschlagung. Klärt sich das Kassenmanko nicht durch Nachprüfen der Eintragungen auf und kann vom Kassierer auch nicht der Ausgleich gefordert werden, dann ist der Fehlbetrag über das Gewinn- und Verlustkonto auszubuchen. – Vgl. auch → Fehlgeldentschädigung.

Kassenprüfung – Prüfung der Übereinstimmung von Kassenkonto und dem tatsächlichen Bestand der Kasse. – 1. *Grundsätze*: Die Kassenprüfung soll möglichst überraschend durchgeführt werden und erstreckt sich auf den Vergleich der Bargeld-Istbestände mit den -Sollbeständen. Größere Posten sollten lückenlos, die Übrigen stichprobenweise geprüft werden. Bes. Aufmerksamkeit ist Vertretungszeiten (Urlaub oder Krankheit des verantwortlichen Kassierers und des Buchhalters) zu widmen. Bei grundlegender Kassenprüfung ist auch die Angemessenheit bestimmter Ausgaben zu untersuchen. – 2. *Hilfsmittel* der Kassenprüfung sind Belege, Tagesauszüge, Verkehr mit Nebenkassen (z.B. Porto-, Frachtenkasse). – Auch die *Bankbestände* sind unter Vorlage der neuesten Tagesauszüge zu prüfen. – Bei Handelsgesellschaften ist an Bilanzstichtagen für

Hauptgeschäft und Filialen ein unterschriebenes *Kassenprotokoll* anzufertigen. – Vgl. auch → Kassensturz.

Kassensturz – Zählung des tatsächlich vorhandenen Kassenbestandes zu einem bestimmten Zeitpunkt; als Maßnahme der → Kassenprüfung (→ Außenprüfung) verbunden mit anschließendem Vergleich des buchmäßigen Kassensollbestandes, um Ordnungsmäßigkeit der Kassenführung festzustellen.

Katalogleistungen – inoffizielle, schlagwortartige Bezeichnung für die in dem Katalog des § 3a IV UStG genannten Arten von → sonstigen Leistungen. – 1. *Grundsätzliche Eigenschaften*: Gemeinsam ist den Katalogleistungen, dass der Ort der sonstigen Leistung (und damit die Steuerbarkeit der Leistung) in das Land des Leistungsempfängers verlagert wird, (1) wenn dieser ein in der EU ansässiger Unternehmer ist, oder (2) wenn er seinen Wohnsitz oder Sitz im Drittlandsgebiet hat (§ 3a III UStG). Außerdem gilt in allen EU-Staaten bei allen Katalogleistungen, dass in grenzüberschreitenden Fällen der inländische Leistungsempfänger anstelle des leistenden ausländischen Unternehmers zum Abzug und Einbehalt der Steuer verpflichtet ist, wenn er ein Unternehmer ist (Art. 196 → Mehrwertsteuersystemrichtlinie). – 2. *Erfasste Leistungen*: (1) Einräumung, Übertragung und Wahrnehmung von Patenten, Urheberrechten, Markenrechten und ähnlichen Rechten oder der Verzicht auf die Ausübung eines solchen Rechts; (2) Werbung und Öffentlichkeitsarbeit; (3) Leistungen als Rechtsanwalt, Patentanwalt, Steuerberater, Steuerbevollmächtigter, Wirtschaftsprüfer, vereidigter Buchprüfer, Sachverständiger, Ingenieur, Aufsichtsratmitglied, Dolmetscher, Übersetzer und ähnliche rechtliche, wirtschaftliche und technische Beratungsleistungen; (4) Datenverarbeitung; (5) Überlassung von Informationen; (6) sonstigen Leistungen im Zusammenhang mit bestimmten Bankumsätzen; (7) Gestellung von Personal; (8) Verzicht auf Ausübung der Rechte unter (1); (9) der Verzicht, ganz oder teilweise eine gewerbliche oder berufliche Tätigkeit auszuüben; (10) Vermittlung einer Katalogleistung, (11) Vermietung beweglicher Gegenstände, ausgenommen Beförderungsmittel; (12) Telekommunikationsleistungen; (13) Rundfunk- und Fernsehdienstleistung; (14) die auf elektronischem Weg erbrachten sonstigen Leistungen; (15) die Gewährung des Zugangs zu Erdgas- und Elektrizitätsnetzen und die Fernleitung, die Übertragung oder Verteilung über diese Netze sowie die Erbringung anderer damit zusammenhängender sonstiger Leistungen. – 3. *Absehbare Rechtsentwicklungen*: Ab 2010 wird die Regelung über Katalogleistungen nur noch für Leistungsbeziehungen mit Nicht-EU-Unternehmern von Bedeutung sein; innerhalb der EU tritt dann die neue Regelung über → innergemeinschaftliche Dienstleistungen (die zum selben Ergebnis führt) an ihre Stelle.

Kaufpreisrente – auf bestimmte Zeit oder auf Lebenszeit des Rentenberechtigten laufende Rente als Entgelt für den Erwerb von Grundstücken,

Unternehmungen oder Unternehmensanteilen. Der kapitalisierte Barwert der Rente unter Berücksichtigung von Zwischenzinsen ist der Kaufpreis. – *Steuerliche Behandlung:* → Rentenbesteuerung.

Kaufpreissammlung – ein bei den Finanzämtern geführtes Verzeichnis zur Ermittlung des → gemeinen Werts von unbebauten Grundstücken. Aus tatsächlich gezahlten Preisen werden Rückschlüsse auf den gemeinen Wert gezogen.

Kfz-Besteuerung → Kraftfahrzeugbesteuerung.

Kilometerpauschale → Fahrtkosten.

Kinder – I. Begriff: 1. *Bürgerliches Recht:* eigene Abkömmlinge. – In mehrfacher rechtlicher Beziehung ihnen *gleichgestellt* etwaige → Adoptivkinder und Pflegekinder. – 2. *Einkommen- und Lohnsteuerrecht* (§ 32 I EStG): (1) im ersten Grad verwandte Kinder (leibliche Kinder, Adoptivkinder); (2) Pflegekinder. – 3. In Bezug auf das Lebensalter i.d.R. Personen, die noch nicht 14 Jahre alt sind; dann Jugendliche.

II. Steuerliche Behandlung: 1. *Unterhaltsaufwendungen:* a) Der normale Unterhalt von Kindern wird ab 1996 wahlweise durch einen erhöhten → Kinderfreibetrag (§ 32 EStG) oder ein vom Elterneinkommen unabhängiges Kindergeld (§§ 62–78 EStG) berücksichtigt. Das Bundeskindergeldgesetz vom 11.10.1995 (BGBl. I 1250) enthält nur noch Regelungen für Sonderfälle, etwa Vollwaisen und beschränkt Steuerpflichtige (→ beschränkte Steuerpflicht). – b) Steuerpflichtigen, denen ein Kinderfreibetrag zusteht, wird für Aufwendungen der Berufsausbildung des Kindes ein → Ausbildungsfreibetrag gewährt (§ 33a II EStG). – c) Aufwendungen für den Unterhalt und eine etwaige Berufsbildung von Kindern, für die weder dem Steuerpflichtigen noch einer anderen Person ein Kinderfreibetrag oder Kindergeld zusteht, sind als außergewöhnliche Belastung abzugsfähig (§ 33a I EStG). Dieser Betrag verringert sich um die 624 Euro übersteigenden Einkünfte der Bezüge des Kindes – 2. *Körperbehinderung von Kindern:* Ein von dem Kind des Steuerpflichtigen nicht in Anspruch genommener Pauschbetrag für Körperbehinderung kann auf Antrag auf den Steuerpflichtigen übertragen werden (§ 33b V EStG). – 3. Vom → Einkommen wird für jedes berücksichtigungsfähige Kind ein → Kinderfreibetrag von 2.184 Euro (bei Zusammenveranlagung 4.368 Euro) von Amts wegen berücksichtigt, sofern er günstiger ist als das Kindergeld. Zusätzlich wird jedem Elternteil ein → Betreuungsfreibetrag von 1.320 Euro (Einzelveranlagung) bzw. von 2.640 Euro (Zusammenveranlagung) pro Jahr gewährt; der Betrag kann auf Antrag auf den anderen Ehegatten übertragen werden. – 4. *Darüber hinaus* sind Kinder, soweit sie gemäß § 32 III–V EStG zu berücksichtigen sind, in folgenden Fällen von Bedeutung: (1) für die Gewährung des Entlastungsbetrages für Alleinstehende (§ 24b EStG); (2) für die Höhe der bei außergewöhnlichen Belastungen der Steuerpflichtigen

→ zumutbare Belastung; (3) für Steuern, bei denen die Einkommensteuer/Lohnsteuer als Maßstabsteuer (bes. bei der Kirchensteuer) dient; in diesem Fall gilt als Maßstabsteuer die festgesetzte Einkommensteuer unter Abzug des Kinderfreibetrags (statt Kindergeldzahlung); (4) für die Bemessung der Eigenheimzulage (→ Kinderzulage) für Altfälle bis zum 31.12.2005; (5) *Elterngeld:* wird für Kinder gewährt, die ab dem 1.1.2007 geboren sind. Das Elterngeld wird anstelle des Erziehungsgeldes gezahlt. Die Gewährung beläuft sich auf einen Zeitraum von 12 bis 14 Monate unmittelbar nach der Geburt des Kindes bzw. auf 10 bis 12 Monate nach Ende der Mutterschutzfrist. Die Höhe des Elterngeldes ist abhängig von dem Netto-Erwerbseinkommen des Elternteils. Für Eltern, die vor der Geburt erwerbslos oder arbeitslos waren, wird ein Mindestelterngeld von 300 Euro gezahlt. Ab dem 1.1.2009 ist ein Mindestbezugszeitraum von zwei Monaten für jedes Elternteil zu berücksichtigen. Der Bezugszeitraum kann jedoch ohne Angaben von Gründen einmalig geändert werden. – 5. *Tätigkeit von Kindern im elterlichen Betrieb:* Wenn alle Voraussetzungen eines echten Arbeitsverhältnisses vorliegen (wirksamer Arbeitsvertrag, regelmäßig gezahlter, nicht überhöhter Arbeitslohn, Lohnsteuerabzug, Sozialversicherungspflicht), wird dieses auch steuerlich anerkannt. – Vgl. auch → mithelfende Familienangehörige. – 6. *Neue Altersgrenze bei Kindern:* Ab dem Jahr 2007 kann sich die Altersgrenze für das Kindergeld, den Kinderfreibetrag sowie den Betreuungsfreibetrag geändert, statt wie bisher 27 Jahre gilt nun die Altersgrenze von 25 Jahren.

Kinderbetreuungskosten – Aufwendungen, die zur Betreuung eines Kindes entstehen, konnten bis 1999 nur von Alleinstehenden geltend gemacht werden. Der Abzug als → außergewöhnliche Belastung wurde infolge eines Urteils des Bundesverfassungsgerichts vom 10.11.1998 (2 BvR 1057/91; Benachteiligung von Ehe und Familie) seit 2000 durch einen einheitlichen → Betreuungsfreibetrag für jedes Kind ersetzt. – Ab dem Veranlagungszeitraum 2011 können Aufwendungen für Dienstleistungen zur Betreuung eines zum Haushalt des Steuerpflichtigen gehörenden Kindes in Höhe von zwei Drittel der Aufwendungen, höchstens 4.000 Euro je Kind, unter gewissen Voraussetzungen als Sonderausgaben geltend gemacht werden (§ 9c EStG, § 10 Abs. 1 Nr. 5 EStG). Voraussetzungen sind, dass beide Elternteile erwerbstätig sind und die Kinder zwischen 0 und 14 Jahre alt sind bzw. wegen einer vor Vollendung des 25. Lebensjahres eingetretenen körperlichen, geistigen oder seelischen Behinderung außerstande sind, sich selbst zu unterhalten. Aufwendungen für Unterricht, die Vermittlung bes. Fähigkeiten sowie für sportliche und andere Freizeitbetätigungen stellen keine abzugsfähigen Betreuungskosten dar. Voraussetzung für die steuerliche Anerkennung ist, dass die Aufwendungen durch Vorlage einer Rechnung und Zahlung auf das Konto des Erbringers nachgewiesen werden können.

Kinderfreibetrag – vom → Einkommen abzuziehender → Freibetrag, der für jedes zu berücksichtigende → Kind des Steuerpflichtigen gewährt wird, wenn nicht die Inanspruchnahme von Kindergeld günstiger ist. Der Kinderfreibetrag berücksichtigt im Rahmen des Familienleistungsausgleichs die Aufwendungen für den Unterhalt und die Berufsausbildung von Kindern (zusammen mit dem Freibetrag für den Betreuungs- und Erziehungs- oder Ausbildungsbedarf). Er beträgt 1.320 Euro für das sächliche → Existenzminimum des Kindes, bei Zusammenveranlagung von Ehegatten 2.640 Euro, wenn das Kind zu beiden Ehegatten in einem Kindschaftsverhältnis steht (§ 32 VI EStG). Der Kinderfreibetrag beläuft sich ab dem Veranlagungszeitraum 2010 auf 2.184 Euro bzw. 4.368 Euro. Bei der Veranlagung wird von Amts wegen geprüft, ob der Kinderfreibetrag für den Steuerpflichtigen günstiger ist als das Kindergeld (§§ 62–78 EStG).

Kinderzulage – I. Unfallversicherung: Leistung aus der gesetzlichen Unfallversicherung. – Kinderzulage wird seit Inkrafttreten des SGB VII zum 1.1.1997 nur noch gewährt in den Fällen, in denen Bestandschutz besteht (§ 217 III SGB VII).

II. Einkommensteuer: → Eigenheimzulage, welche für Neufälle ab dem 1.1.2006 nicht mehr gewährt wird.

Kinosteuer → Vergnügungssteuer.

Kirchensteuer – eine zur Deckung des allg. Kirchenbedarfs von steuerberechtigten Religionsgemeinschaften erhobene Steuer. – 1. *Höhe und Bemessungsgrundlage:* In den einzelnen Bundesländern verschieden; i.d.R. besteht die Kirchensteuer in einem Prozentsatz der → Einkommensteuer bzw. → Lohnsteuer (zz. 8 oder 9 Prozent, bei → Pauschalierung der Lohnsteuer 7 bis 9 Prozent) unter Berücksichtigung von Kinderfreibeträgen; höchstens jedoch ein bestimmter Prozentsatz des Einkommens (ca. 2,75-3 Prozent; sog. *Kirchensteuerkappung*). – 2. *Erhebung:* a) *Allgemein:* Von Arbeitnehmern wird die Kirchensteuer im Lohnabzugsverfahren einbehalten, überzahlte Beträge werden im → Lohnsteuer-Jahresausgleich durch den Arbeitgeber oder bei der Veranlagung zur Einkommensteuer durch das Finanzamt ausgeglichen. – b) *Glaubensverschiedene Ehen* (nur ein Ehegatte gehört einer steuererhebenden Religionsgemeinschaft an): Berechnung der Kirchensteuer nicht nach den zusammengerechneten Einkünften der Ehegatten (Grundsatz der Individualbesteuerung); maßgebend dürfen nur die tatsächlichen Einkünfte des steuerpflichtigen Ehegatten sein. Regelung in den Kirchensteuer-Gesetzen. – c) *Konfessionsverschiedene Ehen* (Ehegatten gehören verschiedenen steuererhebenden Religionsgemeinschaften an): Bei Zusammenveranlagung gilt der Halbteilungsgrundsatz, d.h. zur Errechnung der Kirchensteuer kann die gemeinsame Einkommensteuer halbiert und auf jede Hälfte der volle Kirchensteuersatz der entsprechenden Religionsgemeinschaft erhoben werden. Bei betragsmäßiger Übereinstimmung der jeweiligen Steuersätze der Religionsgemeinschaften kann die Kirchensteuer zunächst so errechnet werden, als ob beide Ehegatten der gleichen Gemeinschaft angehörten und dann auf jede der beteiligten Gemeinschaften aufgeteilt werden. – 3. *Abzugsfähigkeit:* Gezahlte Kirchensteuern sind in vollem Umfange als → Sonderausgaben abzugsfähig.

Kirchensteuerkappung → Kirchensteuer.

kirchliche Zwecke – steuerlicher Begriff für die Zweckbestimmung von → Spenden. Kirchliche Zwecke begründen (wie auch → gemeinnützige Zwecke) bei der steuerlichen → Einkommensermittlung Abzugsfähigkeit der geleisteten Beträge als → Sonderausgaben (→ Betriebsausgaben bei Körperschaften), wenn als Zweck die unmittelbare und ausschließliche Förderung einer Religionsgemeinschaft des öffentlichen Rechts erkennbar ist. Die Abzugsfähigkeit unterliegt jedoch Beschränkungen im Rahmen von Höchstbeträgen.

klassisches System → Körperschaftsteuersystem.

Kleidung → Berufskleidung.

Kleinbeleg → Kleinbetragsrechnung.

Kleinbetragsrechnung – *Rechnung für Kleinbetrag;* Begriff des Umsatzsteuerrechts für Rechnungen bis zu 150 Euro. Eine Kleinbetragsrechnung muss lediglich folgende Angaben enthalten: den vollständigen Namen und die vollständige Anschrift des liefernden oder leistenden Unternehmers, das Ausstellungsdatum, Menge und handelsübliche Bezeichnung der gelieferten Gegenstände oder Art und Umfang der sonstigen Leistungen, Entgelt und Steuerbetrag in einer Summe, sowie den Steuersatz (§ 33 UStDV). Insbesondere Name und Anschrift des Rechnungsempfängers brauchen in der Kleinbetragsrechnung also nicht angegeben zu sein.

Kleinbetragsverordnung – Rechtsverordnung vom 19.12.2000 (BGBl. I 1790, 1805; BStBl. 2001 I 18). – Die Kleinbetragsverordnung dient der Verfahrensökonomie. – 1. Festsetzungen von Steuern und Steuermessbeträgen werden nur dann geändert oder berichtigt, wenn die Abweichung von der bisherigen Festsetzung bestimmte *Mindestbeträge* überschreitet, im Einzelnen: Einkommen-, Körperschaft-, Erbschaft-, Grunderwerb- und Umsatzsteuer mind. zehn Euro (§ 1 KBV); Gewerbesteuermessbetrag mind. zwei Euro (§ 2 KBV); Investitions- oder Eigenheimzulage mind. 10 Euro (§ 4 KBV). Wohnungsbauprämie wird nur zurückgefordert, wenn die Rückforderung mind. zehn Euro beträgt (§ 5 KBV). Bei der gesonderten und einheitlichen Feststellung von Einkünften wird die Feststellung nur geändert, wenn sich die Einkünfte bei mind. einem Beteiligten um mind. 20 Euro erhöhen oder ermäßigen (§ 3 KBV). – 2. Die Regelungen gelten *sowohl zugunsten als auch zuungunsten* des Steuerpflichtigen. Sie gelten nicht für erstmalige Festsetzungen. – 3. Daneben bestehen im einzelnen gesetzliche Sonderregelungen und verschiedene Kleinbetragsregelungen für das *Erhebungsverfahren.*

Kleingewerbetreibender – 1. *Begriff:* Teilnehmer am gewerblich-industriellen Erwerbsleben, dessen Betrieb nach Art und Umfang keinen kaufmännischen Geschäftsbetrieb erfordert. Allein auf den Umsatz des Betriebes kommt es nicht an, obwohl dieser einen Anhaltspunkt geben kann. – *Weitere Anhaltspunkte:* Höhe des Betriebskapitals, Organisation des Betriebes etc. Die Landesregierungen können die Abgrenzung nach steuerlichen Gesichtspunkten oder anderen Merkmalen bestimmen. – 2. *Rechtsstellung:* Der Kleingewerbetreibende ist nur Kaufmann, sofern er im Handelsregister eingetragen ist (Kannkaufmann, § 2 HGB). – 3. *Steuerrechtliche Behandlung:* (1) *Einkommensteuerlich* ist der Kleingewerbetreibende trotz seiner geringen Betriebsgröße als regulärer Gewerbetreibender zu behandeln (Einkünfte aus Gewerbebetrieb, § 15 EStG). (2) Die *Gewerbesteuer* knüpft an diese Beurteilung an, trägt der geringen Betriebsgröße aber dadurch Rechnung, dass sie einen Freibetrag von 24.500 Euro vorsieht (§ 11 GewStG). (3) *Umsatzsteuerlich* kann ein Kleingewerbetreibender als → Kleinunternehmer zu beurteilen sein, mit der Folge, dass er sich wie ein Privatmann behandeln lassen kann; die Einstufung als Kleinunternehmer ist allerdings von exakt genormten Umsatzgrenzen abhängig (§ 19 UStG).

Kleinsendung – Waren, die nicht kommerziell aus Drittstaaten in die EU eingeführt werden. Kleinsendungen sind von Eingangsabgaben (Zoll) und der Einfuhrumsatzsteuer befreit, wenn der Gesamtbetrag der Sendung einen bestimmten Betrag nicht übersteigt. Zudem dürfen bei Tabakwaren, Alkohol und alkoholischen Getränken, Parfüms, Kaffee oder Tee bestimmte Höchstmengen nicht überschritten werden. – Zu unterscheiden von Sendungen von geringem Wert (EUSt-frei bis 22 Euro, § 1a EUStBefreiungsVO ab 2008) und von Waren, die im privaten Reiseverkehr eingeführt werden

Kleinstbetrieb → Betriebsgrößenklassifikation.

Kleinunternehmer – 1. *Begriff:* Kleinunternehmer sind Unternehmer, deren Umsatz so geringfügig ist, dass das Umsatzsteuergesetz ihnen in wesentlichen Punkten die Erfüllung der umsatzsteuerlichen Pflichten nicht zumuten will. – 2. *Umsatzsteuerliche Behandlung:* a) *Grundsatz:* Der Kleinunternehmer gilt umsatzsteuerlich weiter als Unternehmer i.S.d. § 2 UStG und ist deswegen von den umsatzsteuerlichen Verpflichtungen nur dann befreit, wenn eine spezielle Sonderbestimmung (entweder in der Regelung für Kleinunternehmen in § 19 UStG oder an einer anderen Stelle des UStG) dies ausdrücklich so vorsieht. – b) Die Steuer für *eigene Umsätze des Kleinunternehmers* wird nicht erhoben, im Gegenzug steht

dem Kleinunternehmer aber auch kein Vorsteuerabzug zu. Da die Kleinunternehmerregelung somit für den Betroffenen auch nachteilig sein kann, steht ihm ein Optionsrecht zur Regelbesteuerung zu (§ 19 II UStG); eine solche Option bindet dann für mind. fünf Jahre. Anderweitige Optionsrechte, durch die ein regelbesteuerter Unternehmer teilweise einen an sich steuerfreien Umsatz für steuerpflichtig erklären kann (z.B. Vermietung von Gebäuden an andere Unternehmer, § 9 UStG), sind für den Kleinunternehmer nachrangig, d.h. er kann solche Optionen überhaupt nur dann nutzen, wenn er zuvor auf seinen Kleinunternehmerstatus verzichtet hat. Es ist also nicht möglich, sich nur für einige ausgewählte Umsätze zur Steuerpflicht zu entscheiden und im Übrigen den Kleinunternehmerstatus zu behalten. – c) *Dennoch zu entrichtende Steuerbeträge:* Ist der Kleinunternehmer dagegen Kunde eines anderen Unternehmers bei einem Umsatz, für den die *Steuerschuldnerschaft des Leistungsempfängers* vorgesehen ist (§ 13b des Gesetzes), so ist diese Steuer dennoch zu zahlen. Ebenso gilt die Regelung, dass, wer unberechtigt Umsatzsteuer in einer Rechnung ausweist, diese auch zu entrichten hat, auch für Kleinunternehmer (§ 14c UStG). Für Zwecke der → Erwerbsteuer gelten Kleinunternehmer, sofern sie nicht auf ihren Kleinunternehmerstatus verzichtet haben, als → Halbunternehmer. Beim Bezug von → innergemeinschaftlichen Dienstleistungen aus anderen Mitgliedsstaaten haben sie reguläre Umsatzsteuer für die bezogene Dienstleistung zu entrichten (§ 13b UStG, ab 2010). Hat ein Kleinunternehmer wegen Beteiligung an solchen Vorgängen eine Umsatzsteuererklärung abzugeben, geht sein Kleinunternehmerstatus allein hierdurch nicht verloren. – 3. *Relevante Umsatzgrenzen:* Kleinunternehmer ist nur, wessen Umsatz im Vorjahr die Schwelle von 17.500 Euro nicht überstiegen hat und im laufenden Kalenderjahr seine Umsätze nicht so weit ausweitet, dass er voraussichtlich 50.000 Euro übersteigen wird. Einschlägig für die Messung dieser Grenzen ist der → Gesamtumsatz, gekürzt um die Umsätze von Wirtschaftsgütern des → Anlagevermögens einschließlich der darauf entfallenden Steuer. – 4. *Europarechtliche Grundlagen:* Der Status des Kleinunternehmers ist in Europa nicht in allen Einzelheiten harmonisiert, insbesondere nicht hinsichtlich der Betragsgrenzen. Einschlägig sind die Art. 281 ff. der Mehrwertsystemrichtlinie und bestimmte Ausnahmegenehmigungen und Sonderregelungen. Um zu verhindern, dass jemand die Vorteile aus den Kleinunternehmerregelungen mehrfach ausnutzt, indem er Umsätze geschickt auf mehrere Länder aufteilt, kann jeder den Kleinunternehmerstatus nur in dem Land in Anspruch nehmen, in dem er ansässig ist (vgl. dementsprechend den Einleitungssatz zu § 19 I UStG).

Kohärenz des Steuersystems – 1. *Begriff:* Ein Schlüsselbegriff aus dem Europarecht; der innere Zusammenhalt einer gesetzlichen Norm, gemeint v.a.: das → Steuerrecht. Die „Kohärenz des Steuersystems" ist ein zentrales Argument bei der Auseinandersetzung um die Vereinbarkeit einzelner nationaler Steuervorschriften mit dem Europarecht. – 2. *Bedeutung:* a) *zunehmende Konflikte zwischen nationalem und europäischem Recht:* Der nationale Gesetzgeber ist in der Gestaltung seines Steuergesetzes nach dem EG-Vertrag frei, soweit es nicht Vorgaben der EU gibt. Es sind jedoch in diesem Rahmen z.B. auch die allg. gehaltenen Vorgaben der europarechtlichen Grundfreiheiten zu beachten, sodass steuerliche Regelungen zwar frei gewählt werden dürfen, sie aber z.B. nicht ohne einen zwingenden Rechtfertigungsgrund die Möglichkeiten der Unternehmen, sich im Ausland niederzulassen, behindern oder weniger attraktiv machen dürfen. Die Konflikte, bei denen nationale steuerliche Vorschriften vor dem Hintergrund der Grundfreiheiten sich als rechtswidrig herausstellen, haben in den letzten Jahren und Jahrzehnten ständig zugenommen, da es infolge der zunehmenden Internationalisierung der Wirtschaft auch immer mehr praktische Fälle gibt. – b) *mögliche Rechtfertigung, Grundregeln für die Überprüfung:* Nationale Steuerregeln, die die Wirkung der Grundfreiheiten beeinträchtigen, können jedoch vom Europarecht toleriert werden, wenn sie sachlich gerechtfertigt sind. Dabei muss jede steuerliche Regelung einzeln betrachtet werden; Effekte anderer Regeln dürfen nicht in die Debatte eingeführt werden. – c) *Rolle der „Kohärenz":* In diesem Zusammenhang ist es nötig, abzugrenzen, wann mehrere steuerliche Bestimmungen/steuerliche Effekte Teil ein und desselben Ganzen bilden (= eine Regelung) oder nicht zwingend miteinander zu tun haben (= mehrere, verschiedenen Regelungen, deren gemeinsame Betrachtung sich europarechtlich verbietet). Der Grundsatz der „Kohärenz" besagt in diesem Zusammenhang, dass sachlich zwingend zusammen hängende Vorschriften auch zusammenhängend zu betrachten sind: hängt also z.B. eine Nichtabsetzbarkeit bestimmter Ausgaben (nur für Ausländer) sachlich zwingend zusammen damit, dass die zugehörigen Einnahmen ihrerseits ebenfalls (nur für Ausländer) nicht steuerpflichtig sind, kann ein Staat nicht europarechtlich gezwungen werden, einem EU-Bürger die Abzugsfähigkeit der Ausgabe zuzugestehen, ohne zugleich auch die Steuerpflicht der zugehörigen Einnahmen durchsetzen zu können. Es geht also letztlich darum, inhaltlich zusammengehörige Vorschriften auch zusammengehörend anzuwenden. – 3. *Einzelheiten:* Nachdem die Mitgliedsstaaten mehrere Jahre lang tendenziell versucht hatten, zu argumentieren, alle steuerlichen Vorschriften ihres Steuerrechts bildeten insgesamt ohnehin ein untrennbares Ganzes (was eine gerichtliche Prüfung einzelner Bestimmungen fast unmöglich gemacht hätte), hat der Europäische Gerichtshof das Wesen der „Kohärenz" einer Steuerregelung zunehmend enger definiert, z.B.: a) keine gemeinsame Betrachtung einer Ausgabe beim Steuerpflichtigen X mit ihren steuerlichen Folgen beim Empfänger Y, – b) keine Berücksichtigung pauschal unterstellter, im Einzelfall

aber nicht wirklich immer eintretender Zusammenhänge. Dementsprechend wird die im Steuerrecht übliche, europarechtlich aber auch in anderen Rechtsbereichen nicht akzeptierte Sitte, Zusammenhänge typisierend zu unterstellen, obwohl sie im Einzelfall nicht existieren, bei der Definition der Kohärenz einer Regelung nicht akzeptiert.

Kommanditgesellschaft (KG) – I. Wesen: Kommanditgesellschaft ist eine Personengesellschaft, deren Zweck auf den Betrieb eines Handelsgewerbes unter gemeinschaftlicher Firma gerichtet ist. Sie besteht aus einem oder mehreren persönlich haftenden Gesellschaftern (Komplementären) und mind. einem Gesellschafter, dessen Haftung auf die Einlage beschränkt ist (→ Kommanditist). Auch juristische Personen können Kommanditist oder Komplementär sein. Die Haftsumme des Kommanditisten ist ins Handelsregister einzutragen. – *Rechtsgrundlage:* §§ 161–177a HGB, ergänzend gelten Vorschriften über → offene Handelsgesellschaft (OHG) und Gesellschaft bürgerlichen Rechts (GbR).

II. Errichtung: Erfolgt durch Gesellschaftsvertrag, der u. a. Dauer, Kündigungsmöglichkeit und Haftsumme des Kommanditisten bestimmt. – Einlagen (auch Kommanditanteile) sind unübertragbar, sofern nicht im Gesellschaftsvertrag etwas Abweichendes bestimmt ist, z. B. Übertragbarkeit der Kommanditanteile bei Zustimmung (1) der Komplementärteile oder (2) einer Mehrheit der Gesellschafter. Herabsetzung der Kommanditeinlage(n) ist grundsätzlich möglich, jedoch gegenüber den Gesellschaftsgläubigern unwirksam, solange sie nicht im Handelsregister eingetragen und verlautbart ist. Das Innenverhältnis der Gesellschafter bestimmt sich weitgehend nach dem Kommanditvertrag, sonst gemäß §§ 163 ff. HGB. Ein gesetzliches Wettbewerbsverbot besteht nur für die Komplementäre, § 165 HGB, doch ergeben sich auch für die Kommanditisten Einschränkungen aus der Treuepflicht des Gesellschafters.

III. Firmenbezeichnung: Die Firma muss einen auf das Bestehen einer Gesellschaft hinweisenden Zusatz (§ 19 HGB) enthalten. Firmenzusätze sind, wie auch sonst, erlaubt.

IV. Geschäftsführung/Vertretung: Grundsätzlich nur durch die Komplementäre, also für Kommanditisten ausgeschlossen. Der Gesellschaftsvertrag kann Mitgeschäftsführung oder (selten) Alleingeschäftsführung vorsehen. Auch kann der Kommanditist durch Erteilung von Handlungsvollmacht oder Prokura Vertretungsmacht erhalten. Zustimmung der Kommanditisten ist zur Vornahme eines Geschäfts, das über den gewöhnlichen Betrieb des Handelsgewerbes der Gesellschaft hinausgeht, erforderlich (§ 164 HGB).

V. Stimmrecht der Kommanditisten: 1. *Gesetzliche Regelung:* Bei grundlegenden Gesellschafterbeschlüssen, wie Abänderung des Gesellschaftsvertrages, Aufnahme neuer Gesellschafter, Auflösung der Gesellschaft, hat der Kommanditist gleichberechtigt mitzuwirken. – 2. Durch *Vertrag* können dem Komplementär Vorrechte eingeräumt werden; Beschränkung der Kommanditistenrechte (z. B.: Mehrere Kommanditisten sind durch einen von ihnen zu Bestimmenden zu vertreten). – 3. Bei *größeren Kommanditgesellschaften*kann – analog zur AG – für wichtige Beschlüsse Abstimmung nach Kapitalbeteiligung mit einfacher, 3/4-, 4/5-Mehrheit vereinbart werden, mitunter bei gleichzeitiger Einräumung von Stimmrechtsvorteilen für die Komplementäre.

VI. Bilanz/Kontrollrecht: 1. *Aufstellung* der Bilanz ist Aufgabe der Komplementäre. – 2. *Kontrollrecht* der Kommanditisten: a) Nach Gesetz auf Erhalt einer Abschrift der Jahresbilanz und Prüfung ihrer Richtigkeit durch Einsicht in Bücher und Schriften. – b) Durch Vertrag (1) auf jederzeitige Einsichtnahme in das Rechnungswesen durch einen beauftragten Dritten zu erweitern, (2) Ausübung des Kontrollrechts beschränkt auf jährliche Prüfung und Berichterstattung durch Wirtschaftsprüfer oder Bücherrevisor, ggf. ergänzt durch Bestimmung über die Feststellung des Jahresabschlusses durch die Gesellschafterversammlung.

VII. Gewinn- und Verlustverteilung: 1. *Gesetzlich:*- Verzinsung des Kapitals mit 4 Prozent oder, sofern der Jahresgewinn hierzu nicht ausreicht, niedrigerem Satz (§§ 168, 121 HGB); Restgewinn bzw. Jahresverlust nach einem angemessenen Verhältnis. – 2. *Vertraglich:*a) Angemessene Gewinnbeteiligung der Komplementäre für Geschäftsführung und volles Risiko, u. U. in Form eines festen, monatlich unabhängig vom Jahresertrag zu gewährenden Bezugs oder bei Gewinnverteilung gemäß Kapitalbeteiligung durch gesonderte Tantiemen. Gewinngutschrift beim Kommanditisten auf Sonder(Darlehens-)Konto, beim Komplementär auf Privat- oder Kapitalkonto. – b) Verlustverteilung nach Anteilen; der Kommanditist nimmt am Verlust nur bis zur Höhe seines Kommanditanteils und etwaiger Rückstände auf die Einlage teil. Darüber hinausgehende Verlustanteile sind durch spätere Gewinne zu tilgen, bedeuten aber keine Schuld des Kommanditisten gegenüber der KG. – Vgl. auch → Gewinn- und Verlustbeteiligung.

VIII. Zwangsvollstreckung in das Gesellschaftsvermögen: Es ist ein Titel gegen die KG erforderlich; soll gegen einzelne Gesellschafter vollstreckt werden, bedarf es eines Titels gegen diese.

IX. Auflösung/Abwicklung: Aus den gleichen Gründen und wie bei der OHG. Ebenso gelten die Grundsätze der OHG für das Ausscheiden eines Gesellschafters oder Ausschließung aus der KG. Im Falle eines verstorbenen Kommanditisten rücken, falls der Kommanditvertrag nichts anderes bestimmt, sodann die Erben an, die ihre Haftung jedoch auf den Nachlass beschränken können (§§ 2058 ff. BGB).

X. Steuerrecht: 1. *Allgemeines:* Die Kommanditgesellschaft entsteht steuerrechtlich mit dem Geschäftsbeginn; sie gilt i.d.R. als → Mitunternehmerschaft. – 2.

Einkommensteuer: Die Kommanditgesellschaft als solche unterliegt nicht der Einkommensteuer. Die Gewinne werden einheitlich und gesondert festgestellt und bei den Gesellschaftern zur Einkommensteuer herangezogen. Der Bescheid enthält den Gewinn (Verlust) der Kommanditgesellschaft sowie die Beteiligten und die auf jeden einzelnen entfallenden Gewinn-(Verlust-)Anteile. Er bildet die bindende Grundlage für die Einkommensteuerveranlagung der Beteiligten. Die Gewinnanteile sind → Einkünfte aus Gewerbebetrieb. – *Besonderheiten:* → Negatives Kapitalkonto. – 3. *Gewerbesteuer:* Die Kommanditgesellschaft ist selbstständiges Steuersubjekt, wenn die Gesellschafter als Mitunternehmer eines → Gewerbebetriebes anzusehen sind. – 4. *Umsatzsteuer:* Die Kommanditgesellschaft ist Unternehmer und hat ihre Umsätze zu versteuern. Unentgeltliche Leistungen an die Gesellschafter oder diesen nahe stehenden Personen werden als → unentgeltliche Wertabgaben versteuert. Umsätze zwischen der Kommanditgesellschaft und ihren Gesellschaften sind umsatzsteuerbar (→ Gesellschaftsleistungen).

Kommanditgesellschaft auf Aktien (KGaA) – I. Charakterisierung: 1. *Begriff:* Handelsrechtliche Unternehmungsform, Mischform von → Kommanditgesellschaft (KG) und → Aktiengesellschaft (AG). – 2. *Rechtliche Grundlage:* §§ 278–290 AktG. – 3. *Rechtliche Gestaltung:* a) Die KGaA ist eine juristische Person. Ein oder mehrere Gesellschafter haften als Komplementäre, die Übrigen (→ Kommanditisten, Kommandit-Aktionäre) nur mit ihrer Einlage, die durch die → Aktie verbrieft ist. – b) Die Vorschriften über Gründung und Verwaltung sind mit gewissen Abweichungen die gleichen wie bei der AG. Die Beschlüsse der Hauptsammlung bedürfen der Zustimmung der Komplementäre bei Angelegenheiten, für die auch bei der KG das Einverständnis der Komplementäre und Kommanditisten erforderlich ist. Die Komplementäre haben in der Hauptversammlung nur ein Stimmrecht für ihre Aktien, keines in den Fällen des § 285 I AktG. – c) → Umwandlung in eine KG ist durch Beschluss der Hauptversammlung mit Zustimmung aller Komplementäre möglich. Soweit Sondervorschriften nichts anderes bestimmen, gelten sämtliche Bestimmungen für die AG sinngemäß, bes. bez. der Publikationspflicht, des Jahresabschlusses etc. – 4. *Wirtschaftliche Bedeutung:* Die KGaA hat nur geringe Verbreitung gefunden. Doch kann die Persönlichkeit der Komplementäre der KGaA bes. Vertrauen verschaffen.

II. Steuerliche Behandlung: Entsprechend der Mischnatur der KGaA zwischen Personen- und Kapitalgesellschaft trennen Ertrags- und Substanzbesteuerung zwischen der Behandlung des Anteils des Komplementäre und der Kommandit-Aktionäre. – 1. *Gesellschaftsebene:* Nach den allg. Grundsätzen des Ertragsteuerrechts wird die Gewinne von Personengesellschaften von jedem einzelnen Gesellschafter zu versteuern (Mitunternehmerprinzip), die Gewinne einer Kapitalgesellschaft dagegen von der Gesellschaft selbst. Da die KGaA eine Mischform von Personen- und Kapitalgesellschaft darstellt, wäre es systemgerecht, wenn der Anteil der Gesellschafter, die einem Personengesellschafter vergleichbar sind – also: der Komplementäre -, von diesen individuell versteuert werden müssten, derjenige Teil des Gewinns, der der körperschaftsteuerlich organisierten Teil der Gesellschaft zukommt, aber gemäß den Regeln der Körperschaftsteuer behandelt werden würde. So liegt der Fall in der Tat: Die KGaA unterliegt formal zwar als Kapitalgesellschaft insgesamt der Körperschaftsteuerpflicht nach den allg. Besteuerungsregeln, aber die Gewinnanteile und Geschäftsführungsvergütungen der Komplementäre sind bei der Einkommensermittlung der KGaA abzuziehen (§ 9 Nr.2 KStG) und stattdessen von den Komplementären individuell zu versteuern (§ 15 I Nr.3 EStG), sodass letztlich nur der Anteil der Kommanditaktionäre der Körperschaftsteuer unterliegt. – 2. *Gesellschafterebene:* Der Komplementär einer KGaA wird steuerlich wie der einer normalen Kommanditgesellschaft behandelt, der Gewinnanteil und die Leistungsvergütungen des persönlich Haftenden sind also Einkünfte aus Gewerbebetrieb (§ 15 I Nr.3 EStG). Die Kommanditaktionäre haben dagegen werden einem Aktionär einer Kapitalgesellschaft gleichgestellt, sie haben daher nur den ausgeschütteten Gewinn zu versteuern (Dividendeneinkünfte, bei im Privatvermögen gehaltenen Beteiligungen i.d.R. Einkünfte aus Kapitalvermögen, § 20 I Nr.1 EStG), und evtl. zwischen ihnen der KGaA abgeschlossene Verträge (z.B. Arbeitsverträge) werden steuerlich anerkannt, wenn sie den zwischen einander fremden Dritten üblichen Bedingungen entsprechen.

Kommanditist – Gesellschafter einer → Kommanditgesellschaft (KG). – 1. *Haftung des Kommanditisten:* Nur beschränkt mit seinem Vermögen, nämlich bis zur Höhe der in dem Handelsregister eingetragenen Kommanditeinlage (Haftsumme). Hat ein Kommanditist dem *Beginn der Gesellschaft vor Eintragung* zugestimmt, so haftet er für die in der Zeit vor der Eintragung begründeten Verbindlichkeiten unbeschränkt, es sei denn, der Gläubiger kannte die Beteiligung als Kommanditist (§ 176 I HGB). Bis zur Höhe seiner Einlage haftet der neueintretende Kommanditist auf jeden Fall auch für die vor seinem Eintritt begründeten Verbindlichkeiten (§ 173 HGB). – 2. *Eingeschränkte Rechtsstellung des Kommanditisten innerhalb der Gesellschaft:* Keine Befugnis zur Geschäftsführung (§ 164 HGB), auch nicht zur Vertretung (§ 170 HGB). Ihm steht lediglich ein Überwachungsrecht zu. Erteilung von Prokura gegenüber Kommanditisten ist zulässig und gebräuchlich. – 3. *Steuerliche Behandlung:* → Kommanditgesellschaft (KG).

Kommissionär – Derjenige, der es gewerbsmäßig unternimmt, Waren oder Wertpapiere für Rechnung eines anderen *(Kommittenten)* im eigenen Namen zu kaufen oder zu verkaufen (→ Kommissionsgeschäft gemäß § 383 HGB). Kommissionär ist stets Kaufmann.

I. Pflichten des Kommissionärs: 1. Beim *Ausführungsgeschäft:* a) Sorgfältige und im Zweifel persönliche Ausführung mit dem Streben nach den günstigsten Bedingungen für den Kommittenten. Übersteigt der Kaufpreis das Limit des Verkäufers oder bleibt der Ankaufspreis dahinter zurück, muss er den Unterschied dem Kommittenten vergüten (§ 387 HGB). Haftung bei Verlust und Beschädigung des Kommissionsgutes (§ 390 HGB). – b) Der Kommissionär muss grundsätzlich den Weisungen des Kommittenten folgen. Bei unberechtigtem Abweichen hat der Kommittent das Recht, Schadensersatz zu fordern und das Geschäft zurückzuweisen (§ 385 HGB). Bei Abweichung von einer Preisbegrenzung muss der Kommittent nach dem Empfang der Ausführungsanzeige unverzüglich das Geschäft zurückweisen, sonst gilt die Abweichung als genehmigt (§ 386 I HGB). Erbietet sich der Kommissionär sogleich mit der Ausführungsanzeige zur Deckung des Preisunterschieds, kann der Kommittent nicht zurückweisen; ein eventueller bes. Schaden ist ihm zu ersetzen (§ 386 II HGB). – 2. Beim *Abwicklungsgeschäft:* (1) Unverzügliche Anzeige der Ausführung des Ausführungsgeschäftes (§ 384 II HGB) und Benennung der neuen Vertragspartners, sonst haftet der Kommissionär persönlich auf Erfüllung (§ 384 III HGB). (2) Rechenschaftsablegung und Herausgabe alles aus der Geschäftsbesorgung Erlangten (§ 384 II HGB). (3) Zur Haftung für die Erfüllung der Verbindlichkeit des Vertragsgenossen vgl. → Delkredere und Delkredereprovision. (4) Über die bes. Anforderungen an die *Buchführung* des Kommissionärs zur Heraushebung des Eigentums des Kommittenten vgl. → Kommissionsgeschäft.

II. Rechte des Kommissionärs: 1. *Vergütung:* a) Der Kommissionär erhält Provision. Der Anspruch entsteht grundsätzlich erst, wenn das mit Dritten abgeschlossene Geschäft zur Ausführung gekommen ist (§ 396 I HGB). – b) Ersatz der Aufwendungen erhält der Kommissionär auch bei Nichtabschluss oder Nichtausführung des Geschäfts mit dem Dritten, sofern er schuldlos ist. Zu den Aufwendungen gehört die Vergütung für die Benutzung eigener Lagerräume und Beförderungsmittel (§ 396 II HGB). – c) Ggf. Delkredereprovision. – 2. *Sicherungsrechte:* a) Kommissionär hat ein gesetzliches Pfandrecht bzw. Befriedigungsrecht am Kommissionsgut, soweit es sich in seinem Besitz ist, wegen aller Forderungen aus laufender Rechnung in Kommissionsgeschäften (§§ 397 f. HGB). Gutgläubiger Erwerb des Pfandrechts ist möglich (§ 366 II HGB). Kommissionär darf sich wegen dieser Ansprüche bevorzugt aus den Forderungen gegen Dritte aus dem Ausführungsgeschäft befriedigen (§ 399 HGB). – b) Kaufmännisches Zurückbehaltungsrecht, wenn der Kommittent Kaufmann ist (§ 369 HGB). – 3. Bei einer *Einkaufskommission,* die beiderseitiges Handelsgeschäft ist, hat der Kommissionär wegen der abgelieferten Waren in Bezug auf die *Rüge- und Aufbewahrungspflicht* des Kommittenten die günstige Stellung eines Verkäufers (§ 391 HGB; Handelskauf). – 4. *Selbsteintritt* des Kommissionärs: Bei der Einkaufs- oder Verkaufskommission von Waren, die einen Markt- oder Börsenpreis haben oder Börsenpapieren, die einen amtlich festgestellten Börsen- oder Marktpreis haben, kann der Kommissionär durch ausdrückliche Erklärung, selbst als Käufer oder Verkäufer auftreten (§§ 400, 405 HGB). Auch bei Selbsteintritt muss der Kommissionär die Interessen des Kommittenten wahren (§ 401 I HGB). Er behält Anspruch auf die gewöhnliche Provision und Aufwendungsersatz (§ 403 HGB), ebenso auf sein Pfandrecht und das kaufmännische Zurückbehaltungsrecht (§ 404 HGB).

III. Steuerliche Behandlung: 1. *Umsatzsteuerlich* bestehen Sonderregelungen, wonach der Verkaufskommissionär nicht als Vermittler, sondern als Verkäufer der Ware gilt, also nicht nur seine Provision, sondern den gesamten Veräußerungserlös der USt zu unterwerfen hat. Ähnliche Sonderregelungen auch für Einkaufskommission und Dienstleistungskommission. – 2. *Ertragsteuerlich* ist dagegen die Provision zu versteuern; sie zählt zum Gewinn des Kommissionärs aus Gewerbebetrieb (§ 15 EStG). – Einzelheiten s. unter → Kommissionsgeschäft.

Kommissionsgeschäft – I. Begriff: die geschäftliche Betätigung eines Kaufmanns im eigenen Namen für fremde Rechnung, geregelt in den §§ 383–406 HGB. *Rechtlich* ist das Kommissionsgeschäft ein auf eine Geschäftsbesorgung im Sinn des § 675 BGB gerichteter gegenseitiger Vertrag.

II. Arten: 1. Nach dem *Objekt:* (1) *echtes Kommissionsgeschäft:* Einkaufs- oder Verkaufsgeschäft von → Waren oder Wertpapieren eines Kommissionärs; (2) *unechtes Kommissionsgeschäft:* sonstige kommissionsweise übernommene Geschäfte des Kommissionärs, z.B. Inkassokommission. – 2. Nach dem *Wirkungsbereich:* (1) Kommissionsgeschäft im *Überseehandel:* Ausführung von Exportkommissionen (Konsignationshandel) und Importkommissionen; (2) Kommissionsgeschäft im *Binnenhandel* auf dem Gebiet der Effektenkommission sowie im Kunst- und Antiquitätenhandel; bei sonstigen Wirtschaftsgütern nur ausnahmsweise.

III. Durchführung: 1. Vom Kommissionsvertrag ist zu unterscheiden der Verkauf selbst (sog. *Ausführungsgeschäft*) und das darauf folgende *Abwicklungsgeschäft*, durch das der Kommissionär dem Auftraggeber das Ergebnis des Ausführungsgeschäfts gutbringt. Da der Kommissionär das Ausführungsgeschäft in eigenem Namen abschließt, wird er im Verhältnis zu seinem Vertragspartner allein berechtigt und verpflichtet. Im Innenverhältnis geht das Geschäft aber auf Rechnung des Kommittenten. – 2. Deswegen darf

der Kommissionär von seinem Vertragspartner ggf. auch den *Schaden* des Kommittenten (Drittschaden) verlangen, den dieser durch Nicht- oder Schlechterfüllung des Ausführungsgeschäfts erleidet. – 3. Die *Forderungen* aus dem Ausführungsgeschäft stehen dem Kommissionär zu. Erst mit der Forderungsabtretung gehen sie auf den Kommittenten über (§ 392 I HGB). Um aber diese Forderungen schon vorher vor dem Zugriff der Gläubiger des Kommissionärs zu schützen, gelten nach § 392 II HGB die Forderungen des Kommissionärs aus dem Ausführungsgeschäft im Verhältnis von Kommittent zu Kommissionär und dessen Gläubiger als solche des Kommittenten, der ggf. das Recht zur Drittwiderspruchsklage und Aussonderung ausüben kann. – 4. Dagegen bleibt der Kommissionär im Verhältnis zum Vertragspartner des Ausführungsgeschäfts *Gläubiger.* Dieser kann also mit Gegenansprüchen aus anderen Geschäften, die er mit dem Kommissionär getätigt hat, aufrechnen, sodass insoweit der Kommittent nicht geschützt ist.

IV. Rechte/Pflichten: → Kommissionär.

V. Eigentumsverhältnisse am Kommissionsgut: 1. Bei dem *Verkaufs-Kommissionsgeschäft* bleibt das Eigentum beim Kommittenten, bis der Kommissionär in Ausübung seiner Ermächtigung wirksam auf den Ankäufer überträgt. Bei Insolvenz des Kommissionärs hat der Kommittent Recht auf Aussonderung, bei Vollstreckung in das Kommissionsgut Drittwiderspruchsklage. – 2. Beim *Einkaufs-Kommissionsgeschäft* wird der Kommissionär Eigentümer der im eigenen Namen gekauften Waren und Wertpapiere und bleibt es bis zur Übereignung an den Kommittenten, zu der er gemäß § 384 II HGB verpflichtet ist. – 3. Für das *Effekten-Kommissionsgeschäft* sind im Depotgesetz (DepotG) bestimmte Schutzvorschriften erlassen.

VI. Wirtschaftliche Bedeutung: bes. groß im Effektengeschäft; im Außenhandel; hier ist das Kommissionsgeschäft v.a. bei Waren üblich, deren Verkaufschancen von vornherein nicht allzu hoch veranschlagt werden können.

VII. Buchführungspflicht: bei Durchführung von Kommissionsgeschäften strengen Vorschriften unterworfen, weil das Eigentum von Kommittenten auf bes. Konten ausgewiesen werden muss, mind. dadurch, dass neben die vom Kontenplan entnommene Kontonummer das Kommissionsgeschäft gesetzt wird. – 1. Bei der *Einkaufskommission* erwirbt der Kommissionär die rechtliche Eigenart an den durch den Kommissionsauftrag erworbenen Waren. Der Kommittent wird aber sofort wirtschaftlicher Eigentümer. Jeder Kommissionsauftrag wird auf einem bes. Konto dargestellt. Die Durchführung einer Einkaufskommission wird wie in der Tabelle „Kommissionsgeschäft – Kontokorrentkonto" dargestellt gebucht.

Kommissionsgeschäft – Kontokorrentkonto

Frachten und Spesen des Kommittenten	Gutschrift für eingegangene Waren
Provision und ggf. Delkredereprovision des Kommittenten	Gutschrift der Salden aus dem Kommissions- warenkonto
Überweisung an den Kommittenten	

Der Kommittent bucht die Beträge auf einem Kontokorrentkonto des Kommissionärs entgegengesetzt. – 2. Bei *Verkaufskommission* bleibt die Ware bis zu ihrem Verkauf Eigentum des Kommittenten; Buchung des Kommissionärs erfolgt wie in Tabelle „Kommissionsgeschäft – Kommittentenkonto" und Tabelle „Kommissionsgeschäft – Komissionswarenkonto" dargestellt.

Kommissionsgeschäft – Kommittentenkonto

Einkaufsrechnung	Begleichung durch den Kommittenten
Barspesen des Kommittenten	
Provision des Kommittenten	

VIII. Umsatzsteuerrecht: 1. *Grundsatz:* Beim Kommissionsgeschäft wird das zugrunde liegende Geschäft zerlegt in zwei gleichartige Geschäfte zwischen Kommittent und Kommissionär bzw. Kommissionär und den Dritten. – 2. *Kommissionsgeschäft über Gegenstände* (§ 3 III UStG): Nach diesen Grundsätzen gilt bei einer Verkaufskommission gegenüber dem Endkunden umsatzsteuerlich der Kommissionär als der Verkäufer der Ware, und es wird unterstellt, dass der Auftraggeber (Kommittent) ihm diese Ware unmittelbar zuvor verkauft hat. Beide Geschäfte sind dann nach normalen umsatzsteuerlichen Grundsätzen zu behandeln. Zu beachten ist, dass der Kommissionär somit USt nicht nur auf seine Provision zu zahlen hat, sondern auf den gesamten Verkaufserlös, und dass er umsatzsteuerlich auch nicht seine Tätigkeit als Dienstleistung gegenüber dem Kommittenten abrechnen darf, sondern so behandelt wird, als hätte er von diesem den Gegenstand erworben (Weiterleitung des Erlöses abzgl. der Provision gilt umsatzsteuerlich als Zahlung des Kaufpreises an den Kommittenten). – 3. *Kommissionsgeschäfte über sonstige Leistungen* (§ 3 XI UStG): Seit 2004 wird bei sämtlichen Kommissionsgeschäften über sonstige Leistungen (Leistungskommission) davon ausgegangen, dass der Auftraggeber die fragliche Leistung dem

Kommissionsgeschäft – Kommissionswarenkonto

Wareneingang	Warenverkauf
Saldo zur Gutschrift auf das Konto- korrentkonto des Kommittenten	

Kommissionär erbringt und dieser eine Leistung derselben Art dann dem Dritten erbringt (bzw. umgekehrt). Jede der beiden Dienstleistungen wird dann isoliert für sich nach den Regeln über die Besteuerung sonstiger Leistungen behandelt. Auch hier kann der Kommissionär umsatzsteuerlich keine „Vermittlungsprovision" an den Auftraggeber abrechnen. – 4. *Andere Staaten der EU:* Die Regelung, dass das Kommissionsgeschäft in zwei gleichartige Geschäfte zwischen Kommissionär und Kommittent bzw. Kommissionär und Drittem aufzuspalten ist, findet sich in der Sechsten EG-Umsatzsteuerrichtlinie und ist daher im Prinzip europaweit vorgeschrieben. Allerdings dürfen Staaten, die bei ihrem Beitritt zur EU eine andere Sichtweise hatten, diese b.a.w. beibehalten.

IX. Ertragsteuern: 1. *Grundsatz:* Ertragsteuerlich gilt die umsatzsteuerliche Fiktion nicht; steuerpflichtig ist hier also die Provision des Kommissionärs, sie stellt einen Teil seines Gewinns aus Gewerbebetrieb dar. Von den steuerpflichtigen Betriebseinnahmen (Provision) können also zugehörige Betriebsausgaben in Abzug gebracht werden. – 2. *Bei internationalen Konstellationen* (ausländischer Kommittent, inländischer Verkaufskommissionär) unterliegt die Provision des Kommissionärs der Steuerpflicht im Inland, weil der Kommissionär i.d.R. jemand sein wird, der seinen Betrieb hier unterhält; der Gewinn des Auftraggebers aus dem Auftrag wird jedoch im Inland nur dann steuerpflichtig, wenn in der Vorgang eine eigene Betriebsstätte des Auftraggebers im Inland verwickelt ist oder der Kommissionär so stark in die Tätigkeit des Auftraggebers eingebunden ist, dass er als dessen ständiger Vertreter (Art. 5 OECD-MA) im Inland gilt. Dadurch sind Kommissionsgeschäfte international für Sachverhaltsgestaltungen attraktiv, da sich der Großteil des Gewinns aus einem Warenverkauf – der Anteil des Auftraggebers nämlich – der inländischen Besteuerung entziehen und ins Land des Auftraggebers verlagern lässt. – 3. *Bei Geschäften zwischen verbundenen Unternehmen im internationalen Rahmen* sind diese grundsätzlich verpflichtet, ihre Leistungen untereinander mit marktgerechten Preisen abzurechnen (Verrechnungspreisproblematik). Hinsichtlich der Festlegung dieser Preise bei der Vereinbarung von Kommissionsgeschäften zwischen einem Herstellerunternehmen und einem ihm gehörenden Vertriebsunternehmen einen administrativen Vorteil, weil sich für die Höhe der marktgerechten Provision bei einem Kommissionsgeschäft viel leichter überzeugende Vergleichswerte finden lassen, als wenn die Vertriebsgesellschaft die fraglichen Waren vom Herstellerunternehmen ankaufen würde; das liegt daran, dass der Kommissionär beim Kommissionsgeschäft nicht das Absatzrisiko trägt und daher die Provision eines Kommissionärs, anders als die Handelsspanne eines Händlers, von der konkreten Natur des gehandelten Produktes weitgehend unabhängig ist.

Kompensationssteuer – bis 1959 für Kompensationsgeschäfte erhobene Zusatzsteuer zur → Börsenumsatzsteuer.

komplexe Prüfung → Prüfung.

Konsultation – In ihrer gemeinsamen Stellungnahme (Anforderungen an die Qualitätssicherung in der WP-Praxis) haben Wirtschaftsprüferkammer und Institut der Wirtschaftsprüfer die Konsultation expressis verbis behandelt. In der sog. VO 1/2006 heißt es in Kapitel 4.6.4 (Einholung von fachlichem Rat / Konsultation) u.a.: – „In der WP-Praxis sind nach §§ 37 Abs.1, 38 Nr. 10 Berufssatzung WP/vBP Regelungen einzuführen, die mit hinreichender Sicherheit gewährleisten, dass bei für das Prüfungsergebnis bedeutsamen Zweifelsfragen eine angemessene Konsultation stattfindet (und) ausreichende Ressourcen für die erforderlichen Konsultationen zur Verfügung stehen…Bei der Konsultation handelt es sich um die Erörterung von schwierigen oder strittigen fachlichen, berufsrechtlichen und sonstigen Zweifelsfragen mit kompetenten Personen innerhalb oder außerhalb der WP-Praxis." – In Anbetracht zunehmender Komplexität (grenzüberschreitender) Geschäftsvorfälle, dynamischer technologischer Entwicklungen und u.U. langwieriger gerichtlicher Auseinandersetzungen (z.B. Bußgeldverfahren) kommt der Konsultation eine immer größere Bedeutung zu. Aber auch der von Dritten eingeholte Rat wird vor dem Tribunal der Eigenverantwortlichkeit des Wirtschaftsprüfers zu bestehen haben. Denn letztlich muss er *selbst* entscheiden, auf wen er sich aus gutem Grund verlassen kann und auf wen nicht. Im Zweifel muss er sein Urteil z.B. durch einen *eingeschränkten* Bestätigungsvermerk offen lassen.

Kontenabruf – 1. *Allgemeines:* Seit dem 1.4.2005 können die Finanzbehörden nach pflichtgemäßem Ermessen in automatisierten Wege über das → Bundeszentralamt für Steuern bestimmte bei den Kreditinstituten gespeicherte Konteninformationen abrufen (§ 93 VII i.V.m. § 93b AO). Im Einzelnen sind dies folgende *Bestandsdaten* zu Konten- oder Depotverbindungen: (1) die Nummer eines Kontos, das der Verpflichtung zur Legitimationsprüfung (→ Kontenwahrheit) unterliegt oder eines Depots, (2) der Tag der Errichtung und der Tag der Auflösung des Kontos oder Depots, (3) der Name, sowie bei natürlichen Personen der Tag der Geburt, des Inhabers und eines

Verfügungsberechtigten sowie (4) der Name und die Anschrift eines abweichend wirtschaftlich Berechtigten. Konten*bewegungen* und Konten*bestände* können auf diesem Weg indes nicht ermittelt werden. – 2. *Zulässigkeit:* Der Datenabruf ist nach der bis zum 31.12.2008 geltenden Fassung zulässig, wenn dies zur Festsetzung oder Erhebung von Steuern erforderlich ist und ein zuvor an den Steuerpflichtigen gerichtetes Auskunftsersuchen nicht zum Ziel geführt hat oder keinen Erfolg verspricht. In der ab dem 1.1.2009 geltenden Fassung ist der Kontenabruf ausdrücklich nur in den folgenden Fällen zulässig: (1) der Steuerpflichtige beantragt eine Einkommensteuerfestsetzung mit dem Ziel, die der → Abgeltungsteuer unterliegenden Kapitaleinkünfte in die Einkommensteuerveranlagung einzubeziehen; (2) der Steuerpflichtige stimmt einem Kontenabruf zu; (3) die abgeltungsteuerpflichtigen Kapitalerträge sind in den Fällen des § 2 Vb 2 EStG einzubeziehen; (4) der Kontenabruf ist zur Feststellung von Kapitaleinkünften und Einkünften aus privaten Veräußerungsgeschäften (§§ 20, 23 EStG) in Veranlagungszeiträumen bis einschließlich 2008 bzw. (5) zur Erhebung von bundesgesetzlich geregelten Steuern erforderlich. – 3. *Vorgehensweise:* Der Betroffene ist vor einem Abrufersuchen auf die Möglichkeit des Kontenabrufs hinzuweisen, wobei dies auch durch einen ausdrücklichen Hinweis in amtlichen Vordrucken und Merkblättern geschehen kann. Nach Durchführung eines Kontenabrufs ist der Betroffene zu benachrichtigen. Die Rechtmäßigkeit eines Kontenabrufs kann vom → Finanzgericht überprüft werden. – 4. *Berechtigung* zum Kontenabruf haben neben den Finanzbehörden auch die Verwaltungen der Grundsicherung für Arbeitsuchende nach dem Zweiten Buch SGB, der Sozialhilfe nach dem Zwölften Buch SGB, der Ausbildungsförderung nach dem BAföG, der Aufstiegsfortbildung nach dem Aufstiegsfortbildungsgesetz und des Wohngeldes nach dem Wohngeldgesetz, soweit dies zur Überprüfung des Vorliegens der jeweiligen Anspruchsvoraussetzungen erforderlich ist. Weitere Voraussetzung ist auch insoweit, dass ein vorheriges Auskunftsersuchen an den Betroffenen nicht zum Ziel geführt hat oder keinen Erfolg verspricht (§ 93 VIII AO).

Kontenwahrheit – steuerrechtlicher Begriff der AO (§ 154 AO): Niemand darf auf einen falschen oder erdichteten Namen für sich oder einen Dritten ein Konto errichten oder Buchungen vornehmen lassen, Wertsachen in Verwahrung geben oder verpfänden oder sich ein Schließfach geben lassen. Jeder, der für einen anderen Konten führt, Wertsachen verwahrt oder als Pfand nimmt (Kreditinstitute, aber auch andere Personen im gewöhnlichen Geschäftsverkehr) hat sich über die Person und Anschrift des Verfügungsberechtigten Gewissheit zu verschaffen. Wer gegen die Kontenwahrheit verstößt, kann für die Ansprüche aus dem Steuerschuldnis, die deswegen nicht verwirklicht werden können, haftbar gemacht werden (§ 72 AO; → Haftung).

Kontrolle – I. Charakterisierung: 1. *Begriff*: Durchführung eines Vergleichs zwischen geplanten und realisierten Größen sowie Analyse der Abweichungsursachen; nicht eingeschlossen ist die Beseitigung der festgestellten Mängel. Kontrolle ist eine Form der → Überwachung, durchgeführt von direkt oder indirekt in den Realisationsprozess einbezogenen Personen oder Organisationseinheiten. – *Abgrenzung:* a) Zum *Controlling*: Controlling (Planung, Steuerung und Kontrolle) umfasst u.a. auch die Mängelbeseitigung. – b) Zur → *internen Revision*: v.a. dadurch, dass Kontrolle ein ständiger Vorgang ist, der laufende Prozesse möglichst lückenlos überwacht und meist von (vorgesetzten) Mitarbeitern der gleichen Organisationseinheit durchgeführt wird. – c) Zur → Prüfung: Der Überwachungsträger ist in den kontrollierten Prozess einbezogen (→ Prozessabhängigkeit). – 2. *Entscheidungsprozess-Phase:* a) *I.e.S.:* letzte Phase des Entscheidungsprozesses, d.h. der Prozess der Sicherstellung, dass die Durchführung mit dem Geplanten übereinstimmt. – b) *I.w.S.:* alle Phasen des Entscheidungsprozesses, d.h. ein überlagernder Prozess der Willensbildung und -durchsetzung. – 3. *Grundsätzliche Zwecke:* (1) Kontrollinformationen können Daten für nachfolgende Planungen liefern (sachlogische Dimension); (2) Kontrollinformationen können für die Mitarbeiterbeurteilung herangezogen werden (motivationale Dimension). Aus den teilweise verschiedenen und konfliktären Kontrollanforderungen dieser Dimensionen ergeben sich die bes. Gestaltungsprobleme der Kontrolle. – 4. Kontrolle ist häufig in ein ausdifferenziertes *Planungs- und Kontrollsystem* eingebunden. Auf diese Weise wird versucht, die Kontrolle so vollständig wie möglich durchzuführen und frühzeitig in die laufenden Prozesse einzugreifen.

II. Arten: 1. *Plan-Kontrolle:* dient der Willenssicherung. Eine Kritik am Plan ist unzulässig und würde zu einer Schwächung der Plan-Unterstützung durch die Beteiligten führen. – 2. *Prämissen-Kontrolle:* Überwachung und ggf. Revision der Planannahmen. Daraus entsteht das Dilemma der Kontrolle, dass man einerseits zum Zweck der Durchsetzung am Plan festhalten und andererseits eine Planveränderung aufgrund von Lernprozessen möglich sein muss. – 3. *Strategische Kontrolle:* Überwachung der Realisierung von strategischen Programmen; stellt aufgrund der nur teilweise möglichen Quantifizierung von strategischen Plänen die Unternehmensführung vor bes. Probleme. – 4. *Operative Kontrolle:* Überwachung der operativen Programme und der entsprechenden Bereiche. – 5. *Indirekte Kontrolle* der strategischen Pläne und Prämissen erfolgt im Rahmen der aus den Strategien abgeleiteten operativen Pläne und Prämissen. So können die im Rahmen des üblichen operativen Kontrollprozesses gewonnenen Informationen gleichzeitig für eine Überprüfung der Strategien und ihrer Planannahmen herangezogen werden. – *Beispiel:* Bei der Durchsprache von Preis- oder Mengenabweichungen im Rahmen einer flexiblen Plankostenrechnung

ergeben sich Hinweise, dass die Ursachen nicht bei dem Kostenstellenleiter, sondern in den unzutreffenden Planerwartungen des strategischen Programms liegen. Es können sich Konsequenzen für die weitere Aufrechterhaltung der strategischen Planannahmen ergeben. – 6. *Direkte Kontrolle* bezieht sich dagegen explizit auf die Überwachung strategischer oder operativer Planaussagen. Dort gibt es eine autonome Kontrolle, die (laufend) kalendergesteuert oder (ad hoc) ereignisgesteuert ist. – 7. *Verfahrens-Kontrolle* überprüft, ob nach den vorgeschriebenen Richtlinien gehandelt worden ist. – 8. *Ergebnis-Kontrolle* bezeichnet dagegen den Vergleich der Plandaten mit den realisierten Daten. – 9. *Ex-Ante-Kontrolle:* Versucht wird, Soll-Wird-Abweichungen zu antizipieren. – 10. *Ex-Post-Kontrolle:* Abgestellt wird auf Soll-Ist-Abweichungen.

III. Einsatzgebiete: 1. *Buchhaltung:* a) *Zweck:* Sicherung der Ordnungsmäßigkeit des Rechnungswesens, Schutz vor Vermögensverlusten durch unbefugte Zugriffe (z.B. in Kassen-, Wertpapier- oder Materialbeständen), Falschbuchungen, Missbrauch und Fälschung von Belegen. Die Summe aller organisatorischen Kontrollmaßnahmen wird als → internes Kontrollsystem (IKS) bezeichnet. – b) Schutz gegen *formelle Buchhaltungsfehler* durch Prüfung der Richtigkeit und Vollständigkeit auf Buchungen (Kontierungsfehler, Doppelbuchungen, fehlende Buchungen), der Rechenoperationen (Additionen, Salden) und der Datentransportvorgänge (Übertragungsfehler, Konten-, Spalten- und Zahlenverwechslungen) durch Kontenkontrolle und Systemprüfungen; manuelle oder maschinelle Testläufe (z.B. bei EDV-Programmen u.Ä.), soweit nicht maschinelle oder sonstige zwangsläufige Kontrolle das Auftreten von Fehlern bereits verhindern. – c) Kontrolle der *materiellen Übereinstimmung* buchmäßig ausgewiesener Bestände mit den tatsächlich vorhandenen erfordert die Durchführung von Inventuren (z.B. → Kassenprüfung, → Kassensturz). – 2. *Strategisches Management:* strategische Kontrolle.

Kontrollmeldeverfahren – 1. Ein *Begriff* aus dem Gebiet des Internationalen Steuerrechts, genau aus dem Gebiet der Quellenbesteuerung: Ein Verfahren, nach dem derjenige, der eine Vergütung an einen beschränkt steuerpflichtigen Empfänger auszahlt, diejenigen Minderungen der Quellensteuern, die nach den Doppelbesteuerungsabkommen (DBA) oder anderen Sonderregelungen des Gesetzes einschlägig sind, von sich aus anwenden darf, ohne die Finanzverwaltung vorher in jedem Einzelfall um Zustimmung zu fragen. – 2. *Systematische Hintergründe:* Normalerweise dürfen Personen, die Zahlungen vorzunehmen haben, für die eine Quellensteuer (Steuerabzug an der Quelle) vorgesehen ist, ganz generell keinerlei Ermäßigung der gesetzlich vorgesehenen Regelbesteuerung beachten, ohne dazu im konkreten Einzelfall behördlich ermächtigt zu sein. Wer von sich aus weniger als den regulären Quellensteuersatz einbehält, wird auch dann für den Minderbetrag in Haftung genommen, wenn der Zahlungsempfänger sich das Geld ohnehin hätte erstatten lassen können; wer vorsätzlich so vorgeht, kann sogar wegen Steuerdelikten belangt werden. Von diesem Grundsatz bildet das Kontrollmeldeverfahren eine Ausnahme: Personen, die sich für ausreichend fachkundig halten, dürfen sich vom Bundeszentralamt für Steuern ermächtigen lassen, bei geringfügigen Zahlungen an beschränkt Steuerpflichtige (einzelne Zahlung < 5000 Euro, Jahresbeträge pro Empfänger < 40.000 Euro) selbst zu entscheiden, ob gesetzliche Sonderregelungen eine geringere Belastung ermöglichen. Dadurch soll eine Überbelastung der Behörden durch Erstattungs- oder Freistellungsanträge für Kleinbeträge vermieden werden. – 3. *Voraussetzungen:* Formloser Antrag an das Bundeszentralamt für Steuern, Selbstverpflichtung, alle Zahlungen, für die das Verfahren angewandt wurde, am Jahresende unter Angabe der jeweiligen Empfänger an das Bundeszentralamt zu melden (daher der Name), Haftung für alle Vorgänge, bei denen fehlerhaft zu wenig Steuern einbehalten wurden, Selbstverpflichtung, alle Zahlungsempfänger darauf hinzuweisen, dass das Bundeszentralamt von der Zahlung erfahren und seinerseits das Heimatstaatfinanzamt des Empfängers davon informieren wird. – 4. *Einzelheiten, Fundstellen:* § 50d V, VI EStG. – *Anders:* → Freistellungsbescheinigung durch das → Bundeszentralamt für Steuern.

Kontrollmitteilungen – 1. *Allgemeines:* Auswertungen von Feststellungen, die ein Außenprüfer anlässlich der → Außenprüfung über die Verhältnisse dritter Personen trifft (§ 9 BpO 2000). Kontrollmitteilungen sind insoweit zulässig, als die Feststellungen für die Besteuerung dieser Personen von Bedeutung sind oder eine unerlaubte Hilfeleistung in Steuersachen betreffen (§ 194 III AO). Sie dienen bes. zur stichprobenhaften Überwachung der Ordnungsmäßigkeit der Buchführung, der Aufdeckung nicht verbuchter und nicht versteuerter Geschäftsvorfälle. – 2. *Zur Verpflichtung* von Behörden und Rundfunkanstalten, den Finanzbehörden Kontrollmitteilungen zu übersenden, vgl. → Mitteilungsverordnung.

Kontrollsteuern – 1. *Begriff:* Kontrollsteuern dienen zur Bekämpfung illegaler Steuerzuwiderhandlungen: Eine Steuer gibt Anhaltspunkte für die Erfüllung der Steuerpflicht bei einer anderen. – 2. *Formen:* a) *Materialsteuer:* Bei ihrer Erhebung werden Tatbestände bekannt, die der Verwaltung Hinweise für die Erfüllung der Steuerpflicht bei anderen Steuern bieten. – *Beispiel:* Mehrwertsteuer gibt bes. bei Kleinunternehmen Anhaltspunkte auf den Gewinn des Unternehmens. – b) *Zangensteuern:* wirken auf grobe Formen der Steuertäuschung. So kontrolliert die → Erbschaftsteuer nachträglich die Erfüllung der Einkommensteuer des Erblassers.

Konzernabschlussprüfer → Konzernabschlussprüfung, → Abschlussprüfer.

Konzernabschlussprüfung – 1. *Bedeutung:* → Pflichtprüfung des Abschlusses und des Lageberichts (→ Jahresabschlussprüfung) eines Konzerns gemäß § 316 II HGB. – 2. *Prüfung der Rechnungslegung des Konzerns:* Die Prüfung des Konzernabschlusses hat sich darauf zu erstrecken, ob die gesetzlichen Vorschriften und ggf. Satzungsbestimmungen der Obergesellschaft über die Aufstellung des Konzernabschlusses beachtet wurden. Der Konzernlagebericht ist daraufhin zu prüfen, ob er mit dem Konzernabschluss sowie mit den bei der Prüfung gewonnenen Erkenntnissen des → Abschlussprüfers in Einklang steht und ob die Angaben im Konzernlagebericht nicht eine falsche Vorstellung von der Lage des Konzerns erwecken. – 3. *Einbeziehung der Einzelabschlüsse:* Der Abschlussprüfer des Konzernabschlusses hat im Regelfall auch die im Konzernabschluss zusammengefassten Jahresabschlüsse daraufhin zu prüfen, ob sie den Grundsätzen ordnungsmäßiger Buchführung entsprechen und ob die für die Übernahme in den Konzernabschluss maßgeblichen Vorschriften beachtet wurden (§ 317 III HGB). – 4. *Prüfung des Überwachungssystems:* Im Rahmen der Konzernabschlussprüfung ist bei börsennotierten Muttergesellschaften auch die Einrichtung und Eignung eines (konzernweiten) internen Überwachungssystems gemäß § 91 II AktG zu prüfen. – 5. *Prüfungsträger:* Der Prüfer des Konzernabschlusses wird von den Gesellschaftern des Mutterunternehmens gewählt. Falls kein anderer Prüfer bestellt wird, gilt als Konzernabschlussprüfer, wer als Prüfer des in den Konzernabschluss einbezogenen Jahresabschlusses des Mutterunternehmens bestellt worden ist. Als Konzernabschlussprüfer können nur → Wirtschaftsprüfer (WP) und → Wirtschaftsprüfungsgesellschaften fungieren.

Konzern-Klausel – Ausnahme-Regelung von der Beschränkung des Zinsabzugs im Rahmen der → Zinsschranke; ein vollständiger Betriebsausgabenabzug von Zinsaufwendungen ist möglich, wenn der Betrieb eines Einzelunternehmers, eine Personengesellschaft oder eine Kapitalgesellschaft (Betrieb) nicht oder nur anteilig zu einem Konzern gehören („Konzernklausel"). Damit soll ein Befreiung von der Beschränkungen der Zinsschranke für Kapitalgesellschaften, die sich im Streubesitz befinden, und Unternehmen, die keine weiteren Beteiligungen halten, erreicht werden. Für Zwecke der Anwendung der Zinsschranke gilt ein erweiterter Konzernbegriff. Ein Betrieb gehört demnach zu einem Konzern, wenn er nach den maßgeblichen Rechnungslegungsstandards mit einem oder mehreren anderen Betrieben konsolidiert wird; es ist jedoch ausreichend, wenn lediglich die Möglichkeit der Konsolidierung besteht. Die tatsächliche Konsolidierung ist nicht maßgebend.

Konzernprüfung → Außenprüfung.

Konzernrevision → interne Revision im Rahmen eines Konzerns, die Überwachungsaufgaben der Konzernleitung wahrnimmt. Aufgaben und Probleme sind analog der internen Revision in Unternehmungen.

Konzernrichtlinie → Mutter-Tochter-Richtlinie.

Konzernsteuerquote – das Verhältnis von Steueraufwand zum Jahresergebnis vor Steuern in der Konzernbilanz.

Kopfsteuer – in Ansatz und Wirkung primitivste Form der Steuer. Die Kopfsteuer trifft jedes erwerbsfähige Steuersubjekt ohne Rücksicht auf seine steuerliche Leistungsfähigkeit in gleicher Höhe (→ Leistungsfähigkeitsprinzip), wahrt aber das Prinzip der Entscheidungsneutralität der Besteuerung (weil die Höhe der Steuer von wirtschaftlichen Dispositionen völlig unabhängig ist).

Koppelungsvorschriften – Vorschriften, durch die festgelegt wird, dass die Hebesätze für → Gewerbesteuer und → Grundsteuer in einem bestimmten Verhältnis zueinander stehen müssen, d.h. dass die Höhe des Hebesatzes für die Gewerbesteuer an die Höhe des Hebesatzes für die Grundsteuer gekoppelt wird.

Körperbeschädigte – Gruppe von Sozialleistungsempfängern, deren Renten oder Fürsorgeanspruch auf Verletzung bzw. andere Beschädigung in der Ausübung beruflicher oder auch militärischer Pflichten gestützt wird. – Vgl. auch Kriegsopfer, Beschädigtenrente. – *Steuerliche Behandlung:* → Pauschbeträge.

körperliche Durchsuchung – I. Strafprozessrecht: Strafprozessuale Zwangsmaßnahme: Die körperliche Untersuchung des Beschuldigten darf zur Feststellung von Tatsachen angeordnet werden, die für das Verfahren von Bedeutung sind. Entnahmen von Blutproben und andere körperliche Eingriffe, vom Arzt vorgenommen, sind ohne Einwilligung des Beschuldigten zulässig, wenn kein Nachteil für die Gesundheit zu befürchten ist. Anordnung durch den Richter, bei Gefährdung des Untersuchungserfolgs auch durch die Staatsanwaltschaft und ihre Hilfsbeamten. Näheres regelt § 81a StPO. – Personen, die als Zeugen in Betracht kommen, dürfen ohne ihre Einwilligung nur untersucht werden, soweit festgestellt werden muss, ob sich an ihrem Körper eine bestimmte Spur oder Folge einer Straftat befindet. Dazu gehören auch Untersuchungen zur Feststellung der Abstammung und die Entnahme von Blutproben, wenn kein Nachteil für die Gesundheit zu befürchten ist und die Maßnahme zur Erforschung der Wahrheit unerlässlich ist (§ 81c StPO). – Vgl. auch genetischer Fingerabdruck, Leibesvisitation, Werkschutz.

II. Zollrecht 1. *Begriff:* Zu den Möglichkeiten der Zollkontrollen gehört die körperliche Durchsuchung nach § 10 III Zollverwaltungsgesetz (ZollVG). – Es geht um die Feststellung, ob Waren in oder unterhalb der Kleidung sowie in Körperöffnungen verborgen sind. Die körperliche Durchsuchung ähnelt mithin der Überholung. Sie ist abzugrenzen von der körperlichen Untersuchung nach § 81a StPO, bei der es

um Eingriffe in den Körper geht mit dem Ziel, Körperschmuggel zu entdecken. – 2. *Voraussetzungen:* Liegen zureichende tatsächliche Anhaltspunkte dafür vor, dass der zollamtlichen Überwachung unterliegende Waren vorschriftswidrig mitgeführt werden, können Personen körperlich durchsucht werden. – 3. *Durchführung:* Die körperliche Durchsuchung hat an hierfür geeigneten Orten zu erfolgen. Zulässig ist sowohl das Abtasten des bekleideten Körpers als auch das Hineingreifen in und zwischen die am Körper getragenen Bekleidungsstücke. Ferner können Körperhöhlen und Körperöffnungen (Mund, Nase, Ohren, Vagina und After) des unbekleideten Körpers betrachtet werden. Ob die Körperöffnungen im Rahmen der Durchsuchung auch auf Fremdkörper wie etwa Betäubungsmittel hin untersucht werden dürfen oder ob das bereits Gegenstand der körperlichen Untersuchung gem. § 81a StPO ist, ist umstritten. Falls die körperliche Durchsuchung das Schamgefühl verletzen kann, ist sie von Zollbediensteten gleichen Geschlechts vorzunehmen.

Körperschaft – 1. *Begriff:* Zusammenschluss, der als juristische Person eigene Rechtsfähigkeit besitzt und durch Organe vertreten wird. – 2. Zu *unterscheiden:* a) *Körperschaft des Privatrechts:* → Aktiengesellschaft (AG), → Kommanditgesellschaft auf Aktien (KGaA), → Gesellschaft mit beschränkter Haftung (GmbH), → Genossenschaft, bergrechtliche Gewerkschaft, → rechtsfähiger Verein. – b) *Körperschaft des öffentlichen Rechts:* Körperschaften des öffentlichen Rechts. – 3. *Besteuerung:* Körperschaften unterliegen der → Körperschaftsteuer. – Vgl. auch: → ausländische Körperschaft.

Körperschaftsteuer – I. Charakterisierung: Erstmals erging 1920 im Rahmen der Erzbergerschen Finanzreform (1919/1920) ein Körperschaftsteuergesetz. – *Zweck* der Körperschaftsteuer ist die Besteuerung des → zu versteuernden Einkommens der Kapitalgesellschaften oder anderer juristischer Personen und nicht-rechtsfähiger Vereine und Zweckvermögen des Privatrechts und der Betriebe gewerblicher Art von juristischen Personen des öffentlichen Rechts. → Gewinnermittlung nach den Vorschriften des EStG und des KStG. – Mit der Einführung des → körperschaftsteuerlichen Anrechnungsverfahrens (→ Körperschaftsteuersystem) zum 1.1.1977 (sog. *Körperschaftsteuerreform*) wurde das bisherige Doppelbelastung ausgeschütteter Gewinne mit Einkommen- und Körperschaftsteuer aufgehoben und durch eine Einfachbelastung entsprechend den individuellen Gegebenheiten des begünstigten Anteilseigners ersetzt. Die Körperschaftsteuer als eigenständige Steuer wurde nicht beseitigt, sondern die volle Anrechnung der Körperschaftsteuerbelastung der ausgeschütteten Gewinnanteile eingeführt. Durch das Steuersenkungsgesetz 2001 wurde sodann aus europarechtlichen Gründen auf ein neues Verfahren, das → Halbeinkünfteverfahren, umgestellt, mit dem die wirtschaftliche Doppelbelastung aus KSt und ESt auf andere Weise als bisher beseitigt wurde. Der Grundgedanke des neuen Systems bestand darin, dass die Körperschaftsteuer etwa in Höhe der halben Einkommensteuerspitzenbelastung erhoben wurde (anfänglicher KSt-Satz im neuen System 25 Prozent), und auf der Ebene der Einkommensteuer die Dividende dann nur noch zur Hälfte steuerlich erfasst wurde, sodass „im Großen und Ganzen" die Gesamtbelastung einer Investition im Bereich der Kapitalgesellschaften letztendlich einer Einmalbelastung der Gewinne im Bereich der Einzel- und Personenunternehmen in etwa entsprach. – Mit der *Unternehmensteuerreform 2008* blieb das System als solches im Grundsatz unverändert; allerdings wird seitdem die Gewichtung zwischen der KSt-Ebene und der Einkommensteuer-Ebene anders verteilt: Als Körperschaftsteuer werden seit 2008 nur noch 15 Prozent verlangt (in etwa 40 Prozent der regulären Gesamtbelastung von Gewinnen bei einkommensteuerpflichtigen Unternehmen), bei der späteren Ausschüttung der Nettogewinne als Dividende werden dann entweder 60 Prozent der Dividende noch steuerlich berücksichtigt (im Bereich von Dividenden, die zu Betriebseinkünften gehören) oder die Belastung der Dividende wird in noch stärker pauschalierter Form erhoben, indem der Steuersatz einheitlich auf 25 Prozent festgesetzt wird (im privaten Bereich, d.h. bei Erfassung unter den „Einkünften aus Kapitalvermögen"). Seitdem spricht man, wo Dividenden nicht mehr halb, sondern zu einem Anteil von 60 Prozent steuerlich erfasst werden, nicht mehr vom Halbeinkünfteverfahren, sondern vom → Teileinkünfteverfahren; für die weitergehende Vereinfachung, bei privaten Einkünften den Steuersatz auf 25 Prozent der Einnahme zu pauschalieren, hat sich der Begriff → Abgeltungsteuer durchgesetzt.

II. Geltende Körperschaftsteuer: 1. *Gesetzliche Grundlagen:* Körperschaftsteuergesetz (KStG) i.d.F. vom 15.10.2002 (BGBl. I 4144) m.spät.Änd. und die Körperschaftsteuer-Durchführungsverordnung (KStDV). – Die Körperschaftsteuer ist eine → Gemeinschaftsteuer. – 2. *Steuerpflicht:* a) beginnt und endet im Prinzip mit der Rechtsfähigkeit juristischer Personen: (1) *Beginn* mit Vertragsabschluss. (2) *Ende* mit der völligen → Abwicklung, bei Kapitalgesellschaften mit Ausschüttung des Vermögens, frühestens mit Ablauf des Sperrjahres. – b) *Umfang:* (1) → Unbeschränkte Steuerpflicht: sämtliche Einkünfte bei Kapitalgesellschaften, Erwerbs- und Wirtschaftsgenossenschaften, Versicherungsvereinen auf Gegenseitigkeit, sonstigen juristischen Personen des privaten Rechts, nicht rechtsfähigen Vereinen, Stiftungen, Anstalten, Zweckvermögen, Betrieben gewerblicher Art von juristischen Personen des öffentlichen Rechts, die Sitz oder Geschäftsleitung im Inland haben. Bei nicht rechtsfähigen Personenvereinigungen, Anstalten, Stiftungen und Zweckvermögen nur dann, wenn deren Einkommen weder nach dem KStG noch

nach dem EStG unmittelbar bei einem anderen Steuerpflichtigen zu versteuern ist. (2) → Beschränkte Steuerpflicht: inländische Einkünfte bei Körperschaften, Personenvereinigungen und Vermögensmassen, die weder ihre Geschäftsleitung noch ihren Sitz im Inland haben, bzw. die aus sonstigen Gründen nicht unbeschränkt Steuerpflichtig sind (§ 2 KStG i.V. mit § 49 EStG). – 3. *Steuerbefreiung:* a) *Subjektive:* z.B. ganz oder teilweise namentlich bei gewissen Unternehmen des Bundes, bei Staatsbanken, bei Verfolgung kirchlicher, gemeinnütziger oder mildtätiger Zwecke, bei sozialen Kassen, bei Berufsverbänden, bei öffentlich rechtlichen Versicherungs- und Versorgungseinrichtungen von Berufsgruppen (§ 5 KStG). – b) *Objektive:* Mitgliederbeiträge rechtsfähiger und nicht rechtsfähiger Personenvereinigungen (§ 8 V KStG) Dividenden und Gewinne aus der Veräußerung von Anteilen an anderen Körperschaften (§ 8b KStG). – 4. *Besteuerungsgrundlage:* a) Nach § 7 I KStG bemisst sich die Körperschaftsteuer nach dem zu versteuernden Einkommen, das sich aus dem → Einkommen, vermindert um die Freibeträge für → bestimmte Körperschaften und Erwerbs- und Wirtschaftsgenossenschaften sowie Vereine, die Land- und Forstwirtschaft betreiben, errechnet (§ 7 II KStG); das Einkommen wiederum ermittelt sich nach den Bestimmungen des EStG und den bes. Vorschriften des KStG (→ Einkommensermittlung). Für unbeschränkt steuerpflichtige Körperschaften, die nach den Vorschriften des HGB zur Führung von Büchern verpflichtet sind, gelten alle Einkünfte als Einkünfte aus Gewerbebetrieb (→ Einkommen). – b) Während einer Übergangszeit bis zum 31.12.2006 waren für die Bemessung der Körperschaftsteuer auch die → Gewinnausschüttungen relevant, soweit sie aus in der Geltungszeit des körperschaftsteuerlichen Anrechnungsverfahrens gebildeten Rücklagen vorgenommen wurden. Es kam mit Ausnahme des sog. Moratoriums zu einer Körperschaftsteuerminderung in Höhe von 1/6 der ausgeschütteten Dividenden, solange das aus der Zeit des alten Systems verbliebene Körperschaftsteuerguthaben noch zur Finanzierung dieser Minderung ausreichte (Einschränkungen: Körperschaftguthaben), bzw. zu einer Körperschaftsteuererhöhung, soweit die Gewinnausschüttungen auf das sog. EK 02 zurückgingen (Nachversteuerung der Ausschüttung; Herstellung der Körperschaftsbelastung von 30 Prozent). Letztmalig zum 31.12.2006 wurde der Bestand des EK 02 und des Körperschaftsteuerguthabens festgestellt. In 2007 wird keine KSt-Minderung bzw. KSt-Erhöhung bei Ausschüttungen vorgenommen. Seit 2008 soll nunmehr eine ratierliche Auszahlung des Körperschaftsteuerguthabens in zehn gleichen Jahresraten erfolgen. Analog hierzu ist ein pauschaler Erhöhungsbetrag aus dem EK 02 in zehn unverzinslichen Jahresraten an das zuständige Finanzamt zu zahlen. – 5. *Steuertarif:* Seit Einführung des Halbeinkünfteverfahrens existiert im Rahmen der Körperschaftsteuer nur noch ein Steuersatz, und zwar 15 Prozent (bis 31.12.2007: 25 Prozent); bes. Steuersätze wie z.B. → Betriebsstättensteuersatz und abweichender Steuersatz für → Ausschüttungsbelastung sind entfallen. – 6. *Steuerfestsetzung und -erhebung:* a) Die *festzusetzende Körperschaftsteuer* ergibt sich aus dem zu versteuernden Einkommen multipliziert mit dem Steuersatz, korrigiert um die Änderungen, die sich wegen Körperschaftsteuererhöhung und -minderung ergeben können. – b) Für die *Veranlagung und Entrichtung* der Körperschaftsteuer sind die einkommensteuerlichen Vorschriften entsprechend anzuwenden. Auf die festgesetzte Körperschaftsteuer werden angerechnet (1) die → Vorauszahlungen des Veranlagungszeitraums, (2) die einbehaltene → Kapitalertragsteuer, (3) die anzurechnende Körperschaftsteuer und (4) die anzurechnenden festgesetzten und entrichteten ausländischen Körperschaftsteuern (§ 26 I KStG).

III. Finanzwissenschaftliche Beurteilung: 1. *Charakteristik* und *Steuersystematik:* a) *Grundlegend:* Zur theoretischen Grundlegung der Körperschaftsbesteuerung vgl. Unternehmensbesteuerung. Danach ist gemäß der *Integrationstheorie* eine Körperschaftsteuer überflüssig, weil die Besteuerung der Körperschaftserträge in die Einkommensbesteuerung zu integrieren sei. Gemäß der *Separationstheorie* aber sei die Körperschaftsteuer als eine Sondersteuer auf Erträge juristischer Personen, in Sonderheit der Kapitalgesellschaften, immer zu erheben wegen ihrer bes. Leistungsfähigkeit. Die bis 2000 geltende Körperschaftsteuer von 1977 ist zwar der Separationstheorie folgend eine *Sondersteuer* auf die Rechtsform der Unternehmung, aber keine auf ökonomischen Vorstellungen beruhende *allg. Unternehmensteuer*, denn sie erfasst nicht alle in einer Wirtschaftseinheit anfallenden Gewinne und Kapitaleinkünfte; sie ist ferner keine reine Einkommensteuer. Vielmehr hält sie einen Mittelweg ein und vereinigt zwei gänzlich verschiedene Steuern in sich: eine Teilgewinn- oder Sonderunternehmungsteuer und eine Quellensteuer der Einkommensteuer. – b) *Steuersätze:* Im Anrechnungsverfahren (bis 2000) waren zwei Steuersätze unterschiedlicher Höhe Ausdruck völlig verschiedener Steuerarten: (1) Der *Regelsteuersatz* in Höhe von 40 Prozent war eine „Personensteuer" allenfalls in rechtsformaler Hinsicht, nämlich als Besteuerung der „juristischen Personen". (2) Demgegenüber war der *Ausschüttungssteuersatz* in Höhe von 30 Prozent auch ökonomisch eine Personensteuer, da das Anrechnungsverfahren die Überleitung dieser Steuer in die persönliche Einkommensteuer herstellte. Das gilt letztlich auch für Beteiligungsverhältnisse, bei denen die Körperschaftsteuer zunächst auf der Körperschaftsebene angerechnet wird. Die Ausschüttungssteuer ist letztlich eine Gliedsteuer der Einkommensteuer (mehrgliedrige Steuer), erhoben als *Quellensteuer.* – c) → *Bemessungsgrundlage:* Steuergegenstand der Körperschaftsteuer mit dem Regelsteuersatz ist der Unternehmensgewinn, bemessen

nach dem „zu versteuernden Einkommen" des Einkommensteuergesetzes. Das macht aber die Körperschaftsteuer keineswegs zur „Einkommensteuer der juristischen Personen". Ökonomisch ist die Körperschaftsteuer eine → Ertragsteuer. Das → Leistungsfähigkeitsprinzip spielt bei ihr keine Rolle. Im Ergebnis kann man die Körperschaftsteuer als *Ertragsteuer auf das zu versteuernde Einkommen des Einkommensteuergesetzes* definieren. – 2. *Wirkungen:* Die Wirkungen der Körperschaftsteuer auf die Verhaltensweisen der Wirtschaftssubjekte und auf die gesamtwirtschaftlichen Größen sind v.a. unter dem Aspekt der Reformziele zu beurteilen, die man mithilfe des Anrechnungsverfahrens und der Steuersatzfestlegung erreichen wollte: a) Die Selbstfinanzierung war wegen den hohen Steuersätzen (bis 1977: 50 Prozent) unter bestimmten Umständen teurer als bei Anwendung des Einkommensteuergesetzes. – b) *Kapitalmarktpolitisch* versprach die Beseitigung der Zweifachbelastung über die Finanzierungsstrategie der „Schütt-aus-hol-zurück-Politik" eine günstige Entwicklung der *Eigenkapitalbildung* in den Unternehmen und zugleich der vermehrten und gleichmäßigeren *Vermögensbildung* in privater Hand; dieser Erfolg hat sich nicht eingestellt, obgleich die Ausschüttungsbelastung bei einigen Anteilseignern je nach Ausschüttungsbetrag und Grenzsteuersatz günstiger war. – c) Der → *Ausländereffekt* wurde dadurch eingeschränkt, dass der Ausschüttungssteuersatz von 15 auf 36 Prozent erhöht (seit 1994 galt ein Steuersatz von 30 Prozent) wurde. Der negative Ausländereffekt erhöhte sich durch die gleichzeitig erhobene Kapitalertragsteuer. – d) Nach wie vor ist die Körperschaftsteuer keine *rechtsformneutrale* Steuer, wobei der Kapitalgesellschaft eine von vornherein höhere Ertragsfähigkeit als anderen Rechtsformen unterstellt wird. Jedoch hängt die Ertragsfähigkeit von vielen ökonomischen Faktoren ab. Dem Gebot der Allokationsneutralität der Besteuerung entspräche es, die bes. Ertragsleistung nicht durch höhere Steuern zu demotivieren. – e) Hinsichtlich der *Überwälzung* der Körperschaftsteuer in den Preisen liegen widersprüchliche Berechnungsergebnisse und Annahmen vor; tendenziell wird unterstellt, dass die Körperschaftsteuer überwälzbar ist. – f) Als Maßnahme der *Verteilungspolitik* erscheint die Körperschaftsteuer ungeeignet, da sich das Aktiensparen generell nicht durchgesetzt hat. – g) Die Körperschaftsteuer gilt wie die Einkommensteuer als Instrument der *Konjunkturpolitik* bzw. Stabilisierungspolitik. – 3. Die *Ertragshoheit* der Körperschaftsteuer besitzen Bund und Länder (→ Gemeinschaftsteuern).

IV. **Aufkommen:** 16,7 Mrd. Euro (2008), 23,7 Mrd. Euro (2007), 22,9 Mrd. Euro (2006), 16,33 Mrd. Euro (2005), 8.275,2 Mio. Euro (2003), 2.864,1 Mio. Euro (2002), – 425,6 Mio. Euro (2001), 23.574,8 Mio. Euro (2000), 9.272,7 Mio. Euro (1995), 15.384,9 Mio. Euro (1990), 16.277 Mio. Euro (1985), 10.902 Mio. Euro (1980), 5.141 Mio. Euro (1975), 4.456 Mio. Euro

(1970), 4.177 Mio. Euro (1965), 3.329 Mio. Euro (1960), 1.591 Mio. Euro (1955), 741 Mio Euro (1950).

Körperschaftsteueränderung – Begriff aus der Zeit des → körperschaftsteuerlichen Anrechnungs-verfahrens (1977 bis 2000): Damals wurde bei Ausschüttung die bisherige steuerliche Belastung der auszuschüttenden Gewinne so verändert, dass sie der → Ausschüttungsbelastung (von zuletzt 30 Prozent) angeglichen wurde. Daraus folgte, dass durch die Ausschüttung höher belasteter Rücklagen eine Körperschaftsteuerminderung ausgelöst werden musste, während es bei der Ausschüttung geringer belasteter Rücklagen zu einer Körperschaftsteuererhöhung (Hochschleusung der Belastung, i.d.R. von Null, auf die Ausschüttungsbelastung) kommen musste. Aufgrund einer Sonderbestimmung unterblieb die Körperschaftsteueränderung jedoch bei der Ausschüttung von EK 01 (steuerfreie Auslandseinkünfte) und EK 04 (frühere Einlagen der Anteilseigner). Als das Anrechnungsverfahren abgeschafft wurde, wurde die bisherige Körperschaftsteuerminderung – nach mehreren andersartigen Zwischenlösungen – schließlich durch die Auszahlung der noch verbliebenen latenten Körperschaftminderungspotenziale und die Verpflichtung zur ratierlichen Entrichtung der noch nicht realisierten latenten Erhöhungspotenziale, beides jeweils in zehn gleichen Jahresraten, ersetzt (Zeitraum 2008-2017).

Körperschaftsteuerbefreiung – eine Sonderregelung, wonach keine Körperschaftsteuer zu zahlen ist, obwohl nach den allg. Grundsätzen eigentlich steuerbare Einkünfte vorhanden sind. Anders als bei der Einkommensteuer, wo es nur sachliche Steuerbefreiungen gibt (d.h. lediglich Befreiungen für bestimmte Betätigungen einer Person, aber niemals a priori für alles, was die Person tut), gibt es bei der Körperschaftsteuer auch persönliche Steuerbefreiungen: insbesondere § 5 KStG zählt eine lange Liste von juristischen Personen auf, die umfassend von der Körperschaftsteuer ausgenommen sind (persönliche Körperschaftsteuerbefreiungen; deren Wirkung wird allerdings durch eine bestimmte Regelung zur beschränkten Steuerpflicht wirtschaftlich etwas vermindert, § 2 Nr.2 KStG). Sachliche Steuerbefreiungen bei der Einkommensteuer gelten, wenn Körperschaften ihre Voraussetzungen faktisch erfüllen können, auch bei der Körperschaftsteuer; ein Beispiel für eine zusätzliche sachliche Befreiung, die nur im Rahmen der Körperschaftsteuer gilt, ist die Behandlung von → Dividenden; ein Beispiel für eine sachliche Steuerbefreiung bei der Einkommensteuer, die nicht auch bei der Körperschaftsteuer gelten kann, ist dagegen z.B. die Befreiung für Krankengeld aus der gesetzlichen Sozialversicherung, § 3 Nr.1 EStG (denn Körperschaften können Krankengeld nun einmal nicht beziehen, also fehlt es hier an der wesentlichen Voraussetzung für die Befreiung!)- Vgl. auch → Körperschaftsteuer.

Körperschaftsteuer-Durchführungsverordnung (KStDV) – Rechtsverordnung, durch die Ermächtigungen des Körperschaftsteuergesetzes ausgefüllt werden. Die KStDV enthält im Wesentlichen formelle und materielle Ergänzungen zum Körperschaftsteuergesetz. Die KStDV 1994 beschränkt sich in ihrem materiellen Teil auf Regelungen zu den sozialen Kassen und VVaG. – Derzeitige Fassung: KStDV 1994 i.d.F. vom 22.2.1996 (BGBl. I 365).

Körperschaftsteuererhöhung → Körperschaftsteueränderung.

Körperschaftsteuerguthaben – 1. Begriff: Anspruch gegen den Fiskus, den eine unbeschränkt steuerpflichtige Kapitalgesellschaft in Zeiten des → körperschaftsteuerlichen Anrechnungsverfahrens wirtschaftlich bereits erworben haben kann, dessen Realisierung aber an die Ausschüttung von thesaurierten Gewinnen gebunden war. Nach Abschaffung des Anrechnungsverfahrens wurde dieser Anspruch, da er eigentumsähnlichen Charakter hatte, nicht ersatzlos gestrichen, sondern es wurde vorgesehen, dass er während einer Übergangszeit realisiert werden kann. Nachdem zunächst vorgesehen wurde, dass die Realisierung des Körperschaftsteuerguthabens weiterhin vom Umfang der Gewinnausschüttungen einer Gesellschaft abhängen sollte, erwies sich diese Lösung im Laufe der Zeit als wenig praktikabel bzw. fiskalisch ungünstig; daher gilt heute die Regelung, dass die noch verbliebenen Teile des KSt-Guthabens in gleichen Jahresraten vom Staat in der Zeit zwischen 2008 und 2017 zurückgezahlt werden soll. – 2. Hintergründe: Im körperschaftsteuerlichen Anrechnungsverfahren wurde bei Ausschüttungen die Belastung der auszuschüttenden Gewinne grundsätzlich auf (zuletzt) 30 Prozent gesenkt (einfache Berechnung des Anrechnungsanspruchs des Dividendenempfängers); gegenüber der bei der Entstehung von Gewinnen zu zahlenden höheren Körperschaftsteuer (zuletzt: 40 Prozent) ergab sich eine entsprechende Körperschaftsteuerminderung. Befanden sich beim Übergang zum Halbeinkünfteverfahren hoch belastete Beträge noch in den Rücklagen, erfolgt bei der Ausschüttung der entsprechenden Rücklagen auch weiterhin eine Erstattung von 10 Prozent Körperschaftsteuer an die Gesellschaft. – Vereinfachungen: (1) Die Gesamthöhe aller potenziell realisierbaren Erstattungen pro Gesellschaft wurde in einer Summe berechnet (das Körperschaftsteuerguthaben). (2) Es wurde unterstellt, dass die Ausschüttungen von Gewinnen in Zukunft zunächst immer aus den hoch belasteten Altrücklagen erfolgen. (3) Anstatt von einer Herabsetzung der alten Steuerbelastung von 40 Prozent auf 30 Prozent zu sprechen, wurde – mathematisch äquivalent – zunächst eine Erstattung von 1/6 der Ausschüttung vorgesehen, solange bis das gesamte Körperschaftsteuerguthaben aufgebracht sein würde. Danach war in der Zeit zwischen April 2003 und Ende 2005 jegliche Nutzung des Körperschaftsteuerguthabens aus fiskalischen Gründen vollständig ausgeschlossen, später kam es dann schließend zur heutigen Regelung über die Auszahlung in 10 gleichen Jahresraten über die Zeiträume 2008 bis 2017. – 3. *Bilanzielle Behandlung*: Der Anspruch auf das KSt-Guthaben ist seit 2007 in der Handelsbilanz zu aktivieren (mit dem Barwert), die Erträge aus der Aktivierung, aus der Zuschreibung infolge des im Zeitverlauf steigenden Barwerts bzw. der Vereinnahmung der jährlichen Raten sind steuerfrei. – 4. *Rechtsgrundlage:* § 37 KStG.

Körperschaftsteuergutschrift → Anrechnungsanspruch.

körperschaftsteuerliches Anrechnungsverfahren – Vollanrechnungssystem (→ Körperschaftsteuersystem), das mit der Steuerreform 2000 durch das → Halbeinkünfteverfahren (heute: → Teileinkünfteverfahren) abgelöst wurde.

I. Grundlagen: 1. *Ziel:* Mit der Einführung des körperschaftsteuerlichen Anrechnungsverfahrens verfolgte der Gesetzgeber die Zielsetzung, die Mehrfachbelastung des Einkommens von Körperschaften exakt zu beseitigen und die ausgekehrten Gewinnanteile ausschließlich mit dem individuellen Einkommensteuersatz der begünstigten Anteilseigner zur Steuer heranzuziehen. Zur Erreichung dieser Zielsetzung, die gegenüber der früheren Konzeption (KStG 1975) zu einschneidenden Änderungen auf der Gesellschafts- und Gesellschafterebene führte, hat sich der Gesetzgeber eines Systems der Vollanrechnung mit gespaltenem Steuersatz bedient. – 2. Das Anrechnungsverfahren war gekennzeichnet durch *vier Grundentscheidungen:* a) Der Steuersatz betrug im Regelfall 40 Prozent (letzter Wert; zunächst 56 Prozent, dann 50 Prozent und 45 Prozent) und war auf das zu versteuernde Einkommen anzuwenden. – b) Die Belastung ausgeschütteter Gewinne auf der Gesellschaftsebene belief sich auf 30 Prozent (zunächst 36 Prozent) vor Abzug der Körperschaftsteuer (→ Ausschüttungsbelastung). – c) Diese Ausschüttungsbelastung wurde auf der Gesellschafterebene auf die Einkommen- oder Körperschaftsteuer der Anteilseigner angerechnet, d.h. faktisch wurde die Körperschaftsteuer der Gesellschaft bei der Ausschüttung der Gewinne an die Anteilseigner dieser vom Finanzamt wieder zurückgezahlt. Dies geschah dergestalt, dass den Anteilseignern zusätzlich zur Bardividende eine Bescheinigung zur Vorlage beim Finanzamt ausgehändigt wurde, aus der sich ergab, wie hoch der zusätzlich zur Bardividende noch anzurechende KSt-Betrag ausfallen musste. – d) Es wurde jedoch von der Bardividende auch noch → Kapitalertragsteuer einbehalten und ebenfalls bei der Veranlagung vom Finanzamt angerechnet. – 3. *Wirkung:* Das körperschaftsteuerliche Anrechnungsverfahren bewirkte, dass die Körperschaftsteuer ihren eigenständigen Charakter nicht verlor und als Aufwandsposition auf der Gesellschaftsebene erhalten blieb. Die Herstellung einer einheitlichen Ausschüttungsbelastung auf der Gesellschaftsebene hatte zur Folge, dass Steuerermäßigungen oder -befreiungen nicht von der Gesellschaft an den Gesellschafter weitergereicht werden

konnten. Der Rechtsform der Kapitalgesellschaft kam insoweit eine Abschirmwirkung zu. Steuerermäßigungen und -befreiungen hatten nur noch den Effekt einer Steuerstundung, die im Ausschüttungsfall aufgehoben wurde. – 4. *Die Entlastung von Körperschaftsteuer* vollzog sich im Ausschüttungsfall in zwei Stufen: a) Die Herstellung der Ausschüttungsbelastung auf der Gesellschaftsebene machte eine Anpassung der → Tarifbelastung an die → Ausschüttungsbelastung erforderlich, was zu einer → Körperschaftsteueränderung führte, soweit die Tarifbelastung der für Ausschüttungen als verwendet geltenden Teilbeträge des verwendbaren Eigenkapitals nicht mit der Ausschüttungsbelastung übereinstimmte. – b) Die zweite Stufe der Entlastung vollzog sich auf der Gesellschafterebene durch Anrechnung der Ausschüttungsbelastung auf die Steuerschuld des begünstigten Anteilseigners. Der Anrechnungsanspruch war auf der Gesellschafterebene Einkommensbestandteil. – 5. Die *Abschaffung* des Systems war notwendig, weil es nur für innerstaatliche Verhältnisse konzipiert war; es gab (1) keine Anrechnung von ausländischen Körperschaftsteuern auf dt. Einkommensteuer der Anteilseigner, (2) keine Anrechnung dt. KSt bei der – im Ausland erfolgenden! – Besteuerung ausländischer Anteilseigner, und (3) keine Vermittlung der Anrechnung für dt. Körperschaftsteuer an dt. Anteilseigner, wenn die fragliche Körperschaft eine ausländische Gesellschaft war. Diese Aspekte sorgten nicht nur für schwere Verzerrungen im grenzüberschreitend tätigen Sektor der Wirtschaft, sondern bargen v.a. auch erhebliche Risiken, europarechtlich als diskriminierend angegriffen zu werden. Daher wurde das System vorsorglich ersetzt; spätere Gerichtsentscheidungen des EuGH bestätigten die Zweifel an der Europarechtskonformität.

II. Gesellschafterebene: 1. *Anrechnungsfähig* war ausschließlich inländische Körperschaftsteuer, die nach dem 31.12.1976 und vor dem 2001 vollzogenen Übergang zum Halbeinkünfteverfahren angefallen ist. – 2. *Anrechnungsberechtigt* waren nur Anteilseigner, bei denen die Ausschüttungen der inländischen Besteuerung unterlagen, da bei inländischen Anteilseignern nur insoweit die Notwendigkeit einer Eliminierung der Doppelbelastung mit inländischer Steuer bestand und bei ausländischen Anteilseignern eine Eliminierung der Doppelbelastung mit inländischer Körperschaft- und ausländischer Einkommensteuer ohne Einigung über einen Fiskalausgleich mit dem Ausland nicht finanzierbar war. – 3. *Nicht anrechnungsberechtigt* sind v.a.: (1) ausländische Anteilseigner, soweit sie nicht ihre Anteile in einer inländischen Betriebsstätte halten, (2) Körperschaften des öffentlichen Rechts, soweit die Anteile nicht in Betrieben gewerblicher Art gehalten werden, (3) steuerbefreite Körperschaften, soweit die Befreiung reicht. – 4. *Anrechnungsvorgang:* Der → Anrechnungsanspruch, der zuletzt 3/7 der → Bardividende ausmachte, konnte (entsprechend einer Ausschüttungsbelastung von 30 auf einen ursprünglichen Gewinn von 100, was zu einer Dividende von 70 führte) grundsätzlich unabhängig von der Zahlung der Körperschaftsteuer auf der Gesellschaftsebene geltend gemacht werden. Erforderlich war jedoch die Vorlage einer speziellen Bescheinigung, die von der ausschüttenden Körperschaft oder einem Kreditinstitut ausgestellt wurde. Um die Zahl der Veranlagungsfälle nicht unnötig aufzublähen, konnte der Anrechnungsanspruch auf Antrag auch im Vergütungsverfahren geltend gemacht werden. – 5. Für *nicht anrechnungsberechtigte Anteilseigner* erlangten grundsätzlich sowohl die Ausschüttungsbelastung als auch die einbehaltene → Kapitalertragsteuer Definitivcharakter, was zu einer erheblichen Steuerbelastung bes. der ausländischen Anteilseigner führen konnte, da auch die ausländische Steuer berücksichtigt werden muss.

III. Gesellschaftsebene: 1. *Prinzip:* Zur exakten Beseitigung der Doppelbelastung musste auf der Gesellschaftsebene sichergestellt werden, dass die ausgeschütteten Gewinnanteile exakt mit 30 Prozent des ausgeschütteten Gewinns vor Abzug der Körperschaftsteuer belastet sind. Die dazu erforderliche Angleichung der → Tarifbelastung an die → Ausschüttungsbelastung machte eine bes. Rechnung erforderlich, da die Bezugsgrößen der Tarif- und Ausschüttungsbelastung, das zu versteuernde Einkommen und die Ausschüttungen, weder in sachlicher noch in zeitlicher Hinsicht übereinstimmten. Der intertemporale Zusammenhang zwischen der Einkommensentstehung und Einkommensverwendung (Ausschüttungen) wurde durch das → verwendbare Eigenkapital hergestellt, das in seinen unterschiedlich belasteten Teilbeträgen die Vermögensmehrungen in Abhängigkeit von ihrer steuerlichen Vorbelastung aufnahm. Dem verwendbaren Eigenkapital wurden neben den belasteten Einkommensteilen auch steuerfreie Vermögensmehrungen zugeführt. – 2. Eine in § 28 III KStg a.F. enthaltene Fiktion verknüpfte die Ausschüttungen in eindeutiger Weise mit den Teilbeträgen des verwendbaren Eigenkapitals. Nach dieser *Abgangsregel* gelten die am höchsten belasteten Teilbeträge zuerst als für Ausschüttungen verwendet. Die unbelasteten Teilbeträge des verwendbaren Eigenkapitals galten erst dann als für Ausschüttungen verwendet, wenn kein belastetes verwendbares Eigenkapital vorhanden war. Die Körperschaftsteuer-Minderung galt als Bestandteil der Ausschüttungen. – 3. → Nicht abzugsfähige Aufwendungen waren Bestandteile des → zu versteuernden Einkommens und erhöhten insoweit den Bestand an verwendbarem Eigenkapital. Um eine Eliminierung der Körperschaftsteuer-Belastung dieser Einkommensteile zu vermeiden, sah § 31 KStg eine *Verrechnung der nichtabziehbaren Aufwendungen* mit den Teilbeträgen des verwendbaren Eigenkapitals vor, was bewirkte, dass die auf den nichtabziehbaren Ausgaben lastende Körperschaftsteuer Definitivcharakter erlangte. Die mit den ungemildert belasteten Einkommensteilen zu

verrechnenden sonstigen nichtabziehbaren Ausgaben wiesen eine körperschaftsteuerliche Definitivbelastung auf. Das verwendbare Eigenkapital als spezifisch steuerrechtliche Größe war nicht identisch mit dem Ausschüttungsvolumen der Gesellschaft, da (1) das Ausschüttungsvolumen nur aufgrund der Handelsbilanz bestimmt werden konnte und (2) die Körperschaftsteuer-Minderungen das Ausschüttungspotenzial erhöhten, während es durch erforderliche Körperschaftsteuer-Erhöhungen gemindert wurde. – 4. Die Herstellung der Ausschüttungsbelastung auf der Gesellschaftsebene war auch für *Kapitalrückzahlungen* und *Liquidationsraten* erforderlich, soweit im Rahmen dieser Leistungen verwendbares Eigenkapital mit Ausnahme von EK 01 und EK 04 als verwendet galt. Durch die Einbeziehung dieser Vorgänge in das Anrechnungsverfahren sollte gewährleistet werden, dass sich die körperschaftsteuerliche Entlastung in einem geschlossenen System vollzog, das in allen Fällen der Beseitigung der Doppelbelastung Rechnung trägt.

Körperschaftsteuerminderung → Körperschaftsteueränderung.

Körperschaftsteuer-Richtlinien (KStR) – i.d.F. vom 13.12.2005 (BStBl. 2005 Sonder-Nr. 2), ergänzt durch Amtliche Körperschaftsteuer-Hinweise (KStH), enthalten im Wesentlichen Verwaltungsanordnungen sowie Entscheidungen der → Finanzgerichtsbarkeit und Erörterungen von Zweifelsfragen bei der Gesetzesauslegung. Zur Vermeidung unbilliger Härten und aus Gründen der Verwaltungsvereinfachung geben sie Anweisungen an die Finanzämter, wie in bestimmten Fällen verfahren werden soll. Die KStR sind für die → Finanzverwaltung bindend, nicht jedoch für Gerichte und die Steuerpflichtigen, da es sich nicht um gesetzliche Vorschriften, sondern lediglich um Anweisungen der Finanzbehörden an ihre Mitarbeiter handelt.

Körperschaftsteuersystem – 1. *Begriff:* Gesamtheit der steuerlichen Regelungen, die das Zusammenwirken von → Körperschaftsteuer und → Einkommensteuer auf das aus einer Kapitalgesellschaft stammenden Gewinne regeln (Anfall vom Körperschaftsteuer bei Erwirtschaftung der Gewinne durch die Gesellschaft, von Einkommensteuer bei der Ausschüttung als Dividende; ergibt potenziell eine → wirtschaftliche Doppelbelastung). – 2. *Denkbare Formen:* Grundsätzlich kann die wirtschaftliche Doppelbelastung (1) hinsichtlich ihres Ausmaßes ganz, teilweise oder gar nicht beseitigt werden, (2) exakt oder in pauschaler Form, (3) auf der Ebene der Körperschaftsteuer oder bei der Einkommensteuer ansetzen, (4) als Gestaltungsparameter die Bemessungsgrundlage, den Steuersatz oder die Steuerschuld als Produkt dieser beiden Größen nutzen. Demnach ergeben sich, zumal alle diese Möglichkeiten auch kombiniert werden können, in der Theorie eine enorme Vielfalt von Körperschaftsteuersystemen. – 3. *Ausgewählte Formen von Körperschaftsteuersystemen:* a) *Keinerlei*

Milderungsmaßnahme (klassisches System): Erhebung von Körperschaftsteuer und Einkommensteuer ohne jede Milderungsmaßnahme; die Erhebung beider Steuern mit teilweise reduzierten Sätze wird gerne als klassisches System bezeichnet, ist aber in Wirklichkeit ein anderes Verfahren (Shareholder-Relief-Verfahren). – b) *Milderung durch Reduzierung der Körperschaftsteuer:* (1) Dividendenabzugssystem durch Absenkung der Bemessungsgrundlage durch Abzug der Dividenden als Betriebsausgaben der Kapitalgesellschaft; bis Anfang der 1990er-Jahre in Griechenland praktiziert. (2) Erhebung der Körperschaftsteuer mit einem reduzierten Steuersatz; technisch nicht vom klassischen System zu unterscheiden; (3) wirtschaftliche Reduzierung der Körperschaftsteuerschuld durch Vergütung der Körperschaftsteuer an den Anteilseigner: Vollanrechnungssysteme und Teilanrechnungssysteme. – *Beispiele:* → Körperschaftsteuerliches Anrechnungsverfahren in Deutschland von 1977 bis Ende 2000, Italien, Frankreich (Teilanrechnung); innerhalb der EU fast durchgehend wieder abgeschafft. – c) *Milderung durch Reduzierung der Einkommensteuer:* (1) Reduzierung bei der Bemessungsgrundlage: entweder durch vollständige Befreiung der Dividendeneinkünfte von der Einkommensteuer (neues griechisches System) oder durch Ansatz der Dividendeneinkünfte nur zu einem bestimmten Prozentsatz, z.B. nur zur Hälfte, möglich. Hier ist das seit 2001 in Deutschland praktizierte → Halbeinkünfteverfahren (Erfassung der Dividenden nur zu 50 Prozent) ebenso einzusortieren wie das ab 2009 an seine Stelle tretende → Teileinkünfteverfahren (Erfassung der Dividenden zu 60 Prozent, anwendbar nur noch bei Dividenden, die nicht im Rahmen der „Einkünfte aus Kapitalvermögen" zufließen) ersetzt. (2) Reduzierung beim Steuersatz: Versteuerung von Dividenden mit einem gegenüber der sonstigen Einkommensteuer ermäßigten Steuersatz, entweder mit einem Pauschalsatz (z.B. in Belgien) oder z.B. mit dem halben individuellen Einkommensteuersatz des Anteilseigners (Halbsatzverfahren). Hierhin gehört das ab 2009 für dt. Privatanleger (Vereinnahmung von Dividenden nicht betrieblich, sondern als „Einkünfte aus Kapitalvermögen") angewandte Verfahren der pauschalen → Abgeltungsteuer, denn es wird im Rahmen der Abgeltungsteuer auf den vollen Betrag der Dividende ein – gegenüber dem ESt-Spitzensteuersatz stark reduzierter – Pauschalsteuersatz von 25 Prozent angewandt.

Korrespondenzprinzip – 1. *Begriff* aus der Körperschaftsteuer im Zusammenhang mit der Behandlung von verdeckten Gewinnausschüttungen und verdeckten Einlagen bei Gesellschaft und Gesellschafter. – 2. Grundsätzliche Problematik: a) *Gewinnausschüttungen* stellen normalerweise bei einer Kapitalgesellschaft, die sie zahlt, keinen Aufwand dar, beim Gesellschafter, der sie erhält, werden sie dagegen oft aufgrund bes. Regelungen gar nicht, nur teilweise

oder nur mit einem reduzierten Steuersatz belastet (→ Schachtelprivileg, → Teileinkünfteverfahren, → Abgeltungsteuer). Diese vergünstigte Besteuerung basiert entscheidend auf dem Gedanken, dass der von der Gesellschaft ausgeschüttete Gewinn bei ihr schon zum steuerlichen Gewinn zählte und daher steuerlich bereits vorbelastet ist. – b) *Einlagen* stellen normalerweise erfolgsneutrale Vorgänge dar: Sie werden also typischerweise bei der Gesellschaft, die sie erhält, nicht als Gewinn, sondern als Kapitalzuführung erfasst, und beim Gesellschafter, der sie leistet, bildet die Hingabe des Geldes/Vermögenswertes im Gegenzug auch keinen steuerlich absetzbaren Aufwand, sondern einen Teil der Anschaffungskosten seiner Anteile an der Gesellschaft. – c) Finden die Vorgänge der Gewinnausschüttung oder Einlage nun verdeckt statt, werden prinzipiell auf beiden Ebenen genau dieselben Konsequenzen gezogen (→ verdeckte Gewinnausschüttung, → verdeckte Einlage): Die verdeckte Gewinnausschüttung wird also beim Empfänger ebenso ermäßigt besteuert wie eine offene Gewinnausschüttung, die verdeckte Einlage wird bei der Gesellschaft, die sie erhält, ebenso nicht als Teil des Gewinns angesehen wie eine offen vorgenommene Einlage. Wegen des verdeckten Charakters könnte es jedoch dazu kommen, dass auf einer der beiden Ebenen der Vorgang nicht als solcher bemerkt wird, auf der anderen Ebene dagegen sehr wohl; das hätte u.U. die sinnwidrige Konsequenz, dass beispielsweise der Betrag einer verdeckten Einlage beim Gesellschafter irrtümlich als Aufwand anerkannt werden würde, bei der Gesellschaft aber der Einlagencharakter erkannt und daher ebenfalls eine Besteuerung unterbleiben würde – mit der Folge, dass hier „legal unversteuerte" Beträge generiert werden könnten. Um solche Effekte zu unterbinden, sieht das KStG ab 2007 vor, dass die günstige Konsequenz einer verdeckten Gewinnausschüttung (reduzierte Besteuerung beim Gesellschafter) oder die günstige Konsequenz einer verdeckten Einlage (keine Besteuerung als Ertrag bei der Gesellschaft, die die Einlage erhält) nur gezogen werden darf, wenn auf der anderen Ebene auch die negative Konsequenz (keine Anerkennung als Aufwand bei der verdeckten Gewinnausschüttung in der Gewinnermittlung der Gesellschaft; kein Abzug als Aufwand von der Gesellschaft im Falle der verdeckten Einlage) tatsächlich gezogen worden ist. Dieser Grundsatz, der die Gewährung der positiven Folgen einer verdeckten Gewinnausschüttung/verdeckten Einlage an die korrespondierende Behandlung des Vorgangs auf der Ebene des jeweils anderen Beteiligten bindet, ist das „Korrespondenzprinzip". Da in der Praxis bei innerdeutschen Fallkonstellationen nach der Entdeckung eines solchen Vorgangs die Steuerbescheide meist aufgrund von Sondervorschriften ohnehin noch bei beiden betroffenen Personen korrigiert werden können, wird das Korrespondenzprinzip v.a. in grenzüberschreitenden Fallkonstellationen zu praktischen Konsequenzen führen.

Kostenaufschlagsmethode – *Begriff aus dem Internationalen Steuerrecht:* Eine der Standardmethoden zur Bestimmung angemessener → Verrechnungspreise zwischen verbundenen Unternehmen innerhalb eines Konzerns. Die Methode beruht auf dem Gedanken, dass ein Unternehmer, um langfristig am Markt bestehen zu können, mind. seine Kosten plus einen für diese Branche als Eigenkapitalverzinsung angemessenen Gewinnzuschlag erwirtschaften muss, da er sonst langfristig entweder insolvent werden oder seine Tätigkeit wegen mangelnder Rentabilität einstellen müsste. Daher ist die Schlussfolgerung berechtigt, dass auch innerhalb eines Konzerns ein Unternehmen von einem verbundenen Unternehmen Preise verlangen muss, die mind. seine Kosten und einen angemessenen Gewinnaufschlag enthalten; daher erklärt sich der Gedanke, dass man mit dieser Methode Schätzwerte für einen Preis, den auch fremde Dritte untereinander vereinbaren würden, selbst dann finden kann, wenn das konkrete Produkt nicht auf dem freien Markt, sondern nur zwischen den Unternehmen des Konzerns gehandelt wird. – Vgl. auch → Wiederverkaufspreismethode, → Preisvergleichsmethode.

Kosten der Lebensführung – einkommensteuerrechtlicher Begriff für Aufwendungen des täglichen Bedarfs (der Lebensführung) des Steuerpflichtigen und seiner Familienangehörigen. Kosten der Lebensführung sind grundsätzlich weder bei der → Einkünfteermittlung noch bei der → Einkommensermittlung abzugsfähig (§ 12 Nr. 1 EStG). Für die Praxis bedeutsam ist, dass Aufwendungen, bei denen sich nicht klar und deutlich trennen lässt, in welchem Umfang sie beruflich und in welchem Umfang sie privat veranlasst sind, vollständig als Kosten der Lebensführung eingestuft werden und deshalb nicht abzugsfähig sind. – *Ausnahme:* zugelassener Abzug als → Sonderausgaben, → Spenden oder → außergewöhnliche Belastungen.

Kraftfahrzeugbesteuerung – Sonderbelastung der im Straßenverkehr zugelassenen Kraftfahrzeuge (Kfz), aufgrund verkehrs-, energie- und umweltpolitischer Ziele erhoben. – 1. *Besteuerung der Kraftfahrzeuge selbst* durch → Kraftfahrzeugsteuer: Steuer auf die Haltung eines Kfz, Berechnung zunehmend an umweltpolitischen Zielen orientiert. – 2. *Besteuerung der für die Kfz benötigte Treibstoffe:* Bis 2006 → Mineralölsteuer (seit 1930 neben der Kfz-Steuer erhoben), ab 2006 dann Belastung der Treibstoffe als Energieerzeugnisse im Rahmen der → Energiesteuer. – 3. Bei der *Einkommen- und Lohnsteuer* stellt sich die Frage, inwieweit die Benutzung eines Kfz für private Zwecke für einen Unternehmer eine Entnahme bzw. für einen Arbeitnehmer einen geldwerten Vorteil darstellen kann und wie man diese Vorgänge ggf. in Geld bewertet: → Ein-Prozent-Regelung.

Kraftfahrzeugsteuer – aus steuerrechtswissenschaftlicher Sicht eine Verkehrsteuer (der Kraftfahrzeugsteuer liegt i.d.R. die Anmeldung eines Kfz als Vorgang des öffentlichen Rechtsverkehrs zugrunde) bzw. aus finanzwissenschaftlicher Sicht eine Verbrauch- und Aufwandsteuer, die auf das Halten von Fahrzeugen erhoben wird. Die Kraftfahrzeugsteuer wird von der Landesfinanzverwaltung erhoben und fließt dem Land zu. – 1. *Rechtsgrundlagen:* (1) Kraftfahrzeugsteuergesetz i.d.F. der Bekanntmachung vom 26.9.2002 (BGBl. I 3818) m.spät.Änd.; (2) Kraftfahrzeugsteuer-Durchführungsverordnung i.d.F. der Bekanntmachung vom 26.9.2002 (BGBl. I 3856) m.spät. Änd. – 2. *Steuerbare Vorgänge:* bes. das Halten von Fahrzeugen (Kraftfahrzeuge und Kraftfahrzeuganhänger). Die *Steuerpflicht* beginnt mit der Zulassung und endet mit der Abmeldung des Fahrzeugs bei der Zulassungsbehörde. – 3. *Steuerbefreiungen* oder andere steuerliche Förderungsmaßnahmen, bes.: (1) wegen *Art der Nutzung,* z.B. Feuerlösch- und Krankentransportfahrzeuge sowie Zugmaschinen eines land- und forstwirtschaftlichen oder schaustellergewerblichen Betriebes (§ 3 KraftStG); (2) wegen Bedürftigkeit des Halters Steuerbefreiung oder -ermäßigung für hilflose, blinde oder außergewöhnlich gehbehinderte Personen (§ 3a KraftStG); (3) nach *technischen Merkmalen:* Befreiungen finden sich auch aufgrund umweltpolitischer Erwägungen, z.B. für Kfz, die bes. strenge Umweltauflagen einhalten; diese Befreiungen werden dann meist zeitlich befristet (z.B. für Kfz, die vor einem bestimmten Datum zugelassen werden), denn sie dienen dazu, der Praxis einen Anreiz zu einer schnellen Umstellung auf die strengeren Normen zu geben; (4) im Zuge von *Übergangsregelungen:* Bei der Umstellung der Kfz-Steuer auf eine CO_2-orientierte Bemessungsgrundlage wird die Kfz-Steuer für bestimmte Pkw, die in der Zeit zwischen November 2008 und Juni 2009 zugelassen wurden, ein Jahr lang nicht erhoben werden, und danach wird deren Kfz-Besteuerung allmählich bis 2013 auf das neue System umgestellt werden. – Weitere noch relevante Befreiungen: Für bes. partikelreduzierte Fahrzeuge mit Selbstzündungsmotor ist die Steuerbefreiung unter bestimmten Voraussetzunge befristet. Die Befreiung gilt für Fahrzeuge, die in der Zeit vom 1.1.2006 bis zum 31.12.2009 nachträglich verbessert werden (§ 3c KraftStG); für Fahrzeuge, die oft im „Huckepackverkehr" bei der Eisenbahn befördert wurden, kommt eine völlige oder teilweise *Rückerstattung* der Steuer in Frage (§ 4 KraftStG). Elektrofahrzeuge sind ab erstmaliger Zulassung fünf Jahre lang steuerfrei (§ 3d KraftStG). – 4. *Steuerberechnung: a) Parallelität zweier Systeme während einer Übergangszeit (2009-2013):* Die Steuerberechnung erfolgt während eines Übergangszeitraums nach unterschiedlichen Kriterien, je nach dem, ob das Fahrzeug ein vor dem 1.7.2009 zugelassenes Kfz ist oder nicht. Bei älteren Altfahrzeugen (Zulassung vor 5.11.2008) gilt das alte System unverändert weiter, bei zwischen dem 5.11.2008 und 1.7.2009 zugelassenen Altfahrzeugen erfolgt ab 2010 eine Günstigerprüfung, ob die Besteuerung nach den alten oder den neuen Regeln günstiger für den Halter ist. Ab 2013 soll eine

Überführung der Altfahrzeuge ins neue System der Besteuerung erfolgen. – b) *Altfahrzeuge (Zulassung vor 1.7.2009):* → Bemessungsgrundlage ist bei Fahrzeugen mit Hubkolbenmotoren der Hubraum, bei übrigen Fahrzeugen das zulässige Gesamtgewicht. Bei Pkw werden zusätzlich die Schadstoff- und Kohlendioxidemissionen, bei den übrigen Fahrzeugen über 3.500 kg werden die Schadstoff- und Geräuschemissionen mit berücksichtigt (§ 8 KraftStG). – c) Der Steuersatz beträgt jährlich für: (1) Krafträder, die durch Hubkolbenmotoren angetrieben werden, 1,84 Euro je abgefangene 25 ccm Hubraum; (2) Pkw mit Hubkolbenmotoren pro angefangene 100 ccm je nach Zulassungsdatum, Schadstoffausstoß und Motorart zwischen 6,75 Euro und 37,58 Euro; (3) andere Kraftfahrzeuge mit einem zulässigen Gesamtgewicht bis 3,5 t für jede angefangenen 200 kg zulässiges Gesamtgewicht zwischen 6,42 Euro und 40,00 Euro (Staffelsätze, mit steigendem Gesamtgewicht steigende Grenzsteuersätze); (4) für alle übrigen Kraftfahrzeuge mit einem zulässigen Gesamtgewicht über 3,5 t für je nach Gewicht, Schadstoffklasse, Geräuschklasse gestaffelte Werte, die jeweils allerdings auf Maximalwerte pro Fahrzeug begrenzt sind (Maximalwerte je nach Fahrzeugklasse 556 Euro, 914 Euro, 1.425 Euro oder 1.681 Euro); (5) für Kraftfahrzeuganhänger pro angefangene 200 kg Gesamtgewicht 7,46 Euro, maximal jedoch 373,24 Euro. Für mit Elektromotoren angetriebene Fahrzeuge ermäßigt sich die Steuer auf die Hälfte; (6) für ausländische Fahrzeuge beträgt die Steuer für jeden ganz oder teilweise im Inland zubegrachten Kalendertag zwischen 0,51 Euro und 3,07 Euro; (7) bei Oldtimer ist eine Jahressteuer von 46,02 Euro oder 191,73 Euro zu entrichten. – d) *Fahrzeuge, die ab dem 1.7.2009 zugelassen werden:* Die Höhe der Steuer richtet sich nach dem CO_2-Ausstoß des Fahrzeugs, der amtlich festgestellt wird, zzgl. eines gewissen hubraumbezogenen Sockelbetrages. Der CO_2-bezogene Wert beträgt 2 Euro pro Gramm CO_2-Ausstoß je Fahrtkilometer; er belastet aber nur den CO_2-Ausstoß, der über einen gewissen Freibetrag hinausgeht (momentan 120g/km). Dieser Freibetrag wird in Zukunft weiter gesenkt werden; hiermit soll der Industrie ein Anreiz gegeben werden, den Schadstoffausstoß der Fahrzeuge immer weiter zu reduzieren; deshalb gilt die Senkung der steuerfrei belassenen Menge jeweils auch nur für neu zugelassene Fahrzeuge. Der hubraumbezogene Sockelbetrag beläuft sich auf 2 Euro je angefangene 100 cm³ für Pkw mit Fremdzündungsmotor (Otto und auch Wankel) und 9,50 Euro je angefangene 100 cm³ für Pkw mit Selbstzündungsmotor (Diesel und auch Elsbett). – 5. *Steuerschuldner:* i.d.R. die Person, für die ein Fahrzeug zugelassen ist. – 6. *Verfahren:* Der Halter hat der Zulassungsbehörde eine ggf. mit der Fahrzeuganmeldung identische *Steuererklärung* abzugeben. Das zuständige Finanzamt setzt die Kraftfahrzeugsteuer durch *Steuerbescheid* jährlich im Voraus fest. – 7. Steuergläubiger, Verwaltungshoheit: Seit 2009 fließt das Steueraufkommen aus der Kfz-Steuer

nicht mehr wie früher den Ländern, sondern dem Bund zu; dieser übernimmt auch die Verwaltung (dafür Grundgesetz geändert und Art. 106b GG neu eingefügt). – 8. *Aufkommen:* 7,3 Mrd. Euro (2007), 8,9 Mrd. Euro (2006), 7.335,6 Mio. Euro (2003), 7.591,9 Mio. Euro (2002), 8.376,1 Mio. Euro (2001), 7.015 Mio. Euro (2000), 7.058,6 Mio. Euro (1995), 4.306,3 Mio. Euro (1990), 3.758 Mio. Euro (1985), 3.367 Mio. Euro (1980), 2.711 Mio. Euro (1975), 1.958 Mio. Euro (1970), 1.342 Mio. Euro (1965), 754 Mio. Euro (1960), 372 Mio. Euro (1955), 178 Mio. Euro (1950).

Krankheitskosten – durch Krankheit verursachte bes. Aufwendungen. – *Steuerliche Behandlung:* Krankheitskosten sind nach Einkommensteuerrecht als Kosten der Lebensführung grundsätzlich nicht abzugsfähig, außer bei typischen → Berufskrankheiten. Bei Überschreitung der → zumutbaren Belastung können Krankheitskosten als → außergewöhnliche Belastung berücksichtigt werden.

Kreditgenossenschaft – *Genossenschaftsbank.* 1. *Begriff:* Kreditinstitute, die als Grundzweck die wirtschaftliche Förderung ihrer Mitglieder durch bankübliche Geschäfte anstreben. Sie sind Kreditinstitute im Sinne von § 1 I KWG, da sie viele der dort aufgeführten klassischen Bankgeschäfte betreiben. Sie bilden neben den privaten Banken (Kreditbanken) und den öffentlich-rechtlichen Kreditinstituten (→ Sparkassen und Landesbanken) eine der drei Universalbankengruppen im dt. Bankensystem. Historisch gehen sie zurück auf die (ländlichen) Raiffeisenbanken und (städtischen) Volksbanken, die ab Mitte des 19. Jh. in Deutschland aber auch bald in anderen Ländern Europas und weltweit entstanden sind. Zu den Kreditgenossenschaften gehören außerdem die Institute bzw. Institutsgruppen, die als Selbsthilfeeinrichtungen einzelner Berufsgruppen entstanden sind, wie z.B. die Deutsche Apotheker- und Ärztebank eG, die BBBank eG (Beamte), kirchliche Kreditgenossenschaften, die PSD Banken (Postbeschäftigte) und Sparda-Banken (Eisenbahnbeschäftigte). Seit 1974 ist einer Kreditgenossenschaft das Nichtmitgliedergeschäft erlaubt. – 2. *Aufgaben:* Geschäftspolitisch geht bei der Kreditgenossenschaft grundsätzlich die Förderung ihrer Mitglieder einer maximalen Gewinnerzielung vor. Allerdings macht inzwischen das Nichtmitgliedergeschäft einen nicht unwesentlichen Anteil am Gesamtgeschäft aus. Kreditgenossenschaften arbeiten i.d.R. als Universalbanken und werden durch einen genossenschaftlichen Finanzverbund („FinanzGruppe") unterstützt. Ein Teil der Kreditgenossenschaften betreibt nebenher das ländliche Warengeschäft. – 3. *Rechtliche Besonderheiten:* Rechtsform der Kreditgenossenschaft ist bis auf wenige Ausnahmen die eingetragene Genossenschaft (eG). Es besteht eine Sondervorschrift für die Berechnung des bankaufsichtlichen Eigenkapitals (Haftsummenzuschlag). – 4. *Steuerliche Bedeutung:* → Genossenschaft. – 5. *Bedeutung:* Die 1.139 deutschen Kreditgenossenschaften hatten 2011 über 17 Mio. Mitglieder, unterhielten 13.075 Bankstellen und beschäftigten über 188.037 Mitarbeiter (Stand Ende 2012). Die Zahl der dt. Kreditgenossenschaften nahm in den letzten Jahren weiter fusionsbedingt leicht ab. Unter den Universalbankengruppen erreichten die Kreditgenossenschaften mit einer Bilanzsumme von 736,8 Mrd. Euro (einschließlich der beiden genossenschaftlichen Zentralbanken [DZ Bank und WGZ Bank]) einen Marktanteil von rd. 17,1 Prozent (30.06.2012). Auch in anderen europäischen Ländern, z.T. mit mehreren eigenständigen Gruppen, haben Kreditgenossenschaften eine große (kredit-)wirtschaftliche Bedeutung v.a. für den Mittelstand und Privatkunden.

KStH – Abk. für *Körperschaftsteuer-Hinweise*; die amtlichen → Hinweise (H) zur richtigen Anwendung des Körperschaftsteuergesetzes, die in gängigen Textausgaben i.d.R. in unmittelbarem Zusammenhang mit den amtlichen Körperschaftsteuer-Richtlinien (KStR) veröffentlicht sind. Anders als die → Körperschaftsteuer-Richtlinien (KStR), die Regelungscharakter haben, weisen die KStH nur auf Aspekte hin, die durch Rechtsprechung oder anderweitig bereits geklärt sind und bei der Anwendung der betreffenden Vorschrift beachtet werden sollten. Aufgebaut sind die KStH – wie alle entsprechenden amtlichen Hinweise – nach Stichworten, die den entsprechenden Richtlinienstellen beigeordnet sind; zitiert werden sie, indem die Fundstelle und das Stichwort angegeben werden (*Beispiel*: H2 KStH „Beginn der Steuerpflicht").

KStR. – die allg. gebräuchliche Abk. für → *Körperschaftsteuer-Richtlinien*.

Kumulation – I. Wirtschaftstheorie: Ein sich selbstverstärkender Wirtschaftsprozess, z.B. Inflation, Deflation.

II. Zollrecht: Nach den Bestimmungen vieler Präferenzabkommen ist es zur Erfüllung der Ursprungskriterien (→ Ursprung, Ursprungsregeln) zulässig, dass auch Produktionsvorgänge außerhalb des Staates bzw. des → Zollgebietes, dessen Ursprung die Ware erhalten soll, „mitgezählt" (kumuliert) werden, sodass die meist erforderliche Mindestwertschöpfung zur Erlangung der Ursprungseigenschaft leichter erreicht wird. Je nach Ausprägung des Präferenzabkommens können bilaterale oder multilaterale Kumulationen zulässig sein.

Kumulierungsverbot – für → erhöhte Absetzungen und → Sonderabschreibungen: Liegen die Voraussetzungen für die Inanspruchnahme in beiden Fällen vor, so dürfen erhöhte Absetzungen oder Sonderabschreibungen nur aufgrund einer dieser Vorschriften in Anspruch genommen werden (§ 7a V EStG).

Kundenumsatz → Lieferungen und → sonstige Leistungen an fremde Wirtschaftseinheiten. Zusammen mit dem → Eigenumsatz bildet Kundenumsatz den → Gesamtumsatz.

Kunstgegenstand – Steuerobjekt gemäß Bewertungsgesetz. → Grundbesitz und Kunstgegenstände, deren Erhaltung im öffentlichen Interesse liegt, sind bei der Ermittlung des → Gesamtvermögens bzw. → Inlandsvermögens nur mit 40 Prozent des Wertes (unter erhöhten Anforderungen überhaupt nicht) anzusetzen, sofern (nach spezieller Ermittlung) die jährlichen Kosten die Einnahmen übersteigen (§ 13 I Nr. 2a, b ErbStG).

Kuponsteuer → Kapitalertragsteuer.

Kurswert – der aufgrund des Börsenkurses sich ergebende Wert eines Wertpapiers. Bei Stücknotierung ist der Kurs dieses Titels mit seinem Kurswert identisch. Wird der Kurs in Prozent seines Nennwertes angegeben, errechnet sich der Kurswert als: (Nennbetrag x Kurs)/100. Der Kurswert ist für die steuerliche Bewertung von → Aktien relevant, denn aus ihm ergibt sich für die Einkommen- und Körperschaftsteuer ggf. ein niedriger Teilwert (der in der Steuerbilanz statt der Anschaffungskosten angesetzt wird, wenn er dauerhaft ist) und für das Erbschaftsteuerrecht (ErbStG) gilt.

Kurventarif – 1. *Begriff*: → Steuertarifform, bei der der Steuertarif veränderliche Steigerungsquoten aufweist. Die Steuerbetragsfunktion verläuft stetig (vgl. Abbildung „Kurventarif").

Kurventarif

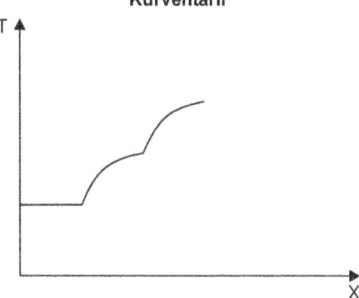

2. *Arten:* a) *Teilmengenstaffelung (Anstoßtarif):* Zuordnung eines bestimmten Steuersatzes jeweils nur zu einer bestimmten Stufe und nur auf die Steuerbemessungsgrundlage dieser Stufe (nicht auf die Gesamtmessungsgrundlage, wie beim → Stufentarif). Steuerschuld ist die Summe der Steuerbeträge in den einzelnen Stufen. *Merkmal:* Kein sprunghafter Anstieg des Steuerbetrags bei Überschreiten einer Teilmengengrenze; innerhalb eines bestimmten Bereichs bleibt der Steuersatz konstant, die großen Steuerstufen ein Mangel. Von 1934 bis 1955 für die Einkommensteuer in Deutschland geltend; 1955 mit der Neugestaltung des Einkommensteuertarifs durch den Formeltarif ersetzt. – b) *Spitzentarif:* Vereinfachung der Teilmengenstaffelung, indem jeweils die nummerierten Teilbeträge vorheriger Stufen im Tarif angegeben werden,

sodass nur noch von der letzten Stufe der „Spitzenbetrag" ermittelt werden muss. – c) *(Steuerlicher) Formeltarif:* Ermittlung der Steuerschuld mittels mathematischer Gleichungen; technische Verwirklichung der Kombination des progressiven Steuertarifs und des proportionalen Steuertarifs (Teilbereiche). Der Steuerbetrag wird mithilfe einer mathematischen Formel ermittelt, wodurch sich ein stetiger Verlauf der Steuerbetragskurve ergibt; keine sprunghaften Veränderungen der Steuerschuld; innerhalb eines progressiven Besteuerungsbereichs erhöhen sich die Grenzsteuersätze (Spitzensteuersätze) mit jedem kleinsten Zuwachs der Bemessungsgrundlage kontinuierlich.

kurzfristige Beschäftigung – 1. Zur *lohnsteuerlichen Behandlung:* → Teilzeitbeschäftigte. – 2. Zur *Sozialversicherungspflicht:* → geringfügige Beschäftigung.

Kürzungen → Gewerbeertrag.

L

Lagefinanzamt – Finanzamt, in dessen Bezirk ein land- oder forstwirtschaftlicher Betrieb, ein Grundstück, ein Betriebsgrundstück oder ein Mineralgewinnungsrecht belegen ist (§ 18 I 1 AO). – Vgl. auch → Betriebsfinanzamt.

Lagerbehandlung – 1. *Begriff:* Das → Zolllager dient hauptsächlich zur Lagerung von Waren (Bewilligungsgrund). Gleichwohl ist nicht ausgeschlossen nach Maßgabe des Art. 109 → Zollkodex (ZK) Behandlungen der Waren durchzuführen, sofern diese Vorgänge nicht im Verhältnis zur Lagerung der Waren überwiegen. – 2. *Merkmale:* Als übliche Behandlung sind Vorgänge an Waren zu verstehen, die ihrer Erhaltung, der Verbesserung ihrer Aufmachung oder Handelsgüte oder der Vorbereitung ihres Vertriebs oder Weiterverkaufs dienen (Art. 522 ZK-DVO i.V. mit Anhang 72). Allg., also ohne Einschaltung der → Zollbehörde, sind u.a. zugelassen: Prüfen, Bestandsaufnahmen, Probeentnahmen, Verpacken, Auspacken, Umpacken, einfache Sortiermaßnahmen und alle Behandlungen, die den Zustand der Waren während der Einlagerung erhalten sollen (z.B. Lüften, Trocknen, Kühlen). – 3. *Abgrenzung:* Im Einzelfall zulassungspflichtig durch die Zollbehörde wären u.a. Reinigungshandlungen, Ausbesserungen, Aussortieren, Anbringen von Merkmalen an Waren (z.B. Etiketten), Filtern, Vermischen von alkoholischen Getränken, Zerkleinern. – Ein Zusammensetzen oder Montieren von Waren ist nur insoweit zulässig, als es sich um den Einbau von für die Herstellung der Ware nicht wesentlichem Zubehör in eine fertige Ware handelt. – *Beispiel:* Einbau eines Autoradios oder von Scheibenwischern in Kraftfahrzeugen. Sofern es die Umstände rechtfertigen, können die in das → Zolllagerverfahren überführten Waren vorübergehend aus dem Zolllager entfernt werden. Dies bedarf der Bewilligung durch die Zollbehörde wie auch das Verbringen von Waren von einem Zolllager in ein anderes.

Lagerinhaber – zollrechtlich die Person, der vom zuständigen → Hauptzollamt ein privates oder öffentliches Zolllager bewilligt worden ist (Bewilligungsinhaber).

Länderanteil – Anteil der Länder am Gesamtaufkommen der → Gemeinschaftsteuern.

Landesfinanzbehörden → Finanzverwaltung.

Landesholding – im → Außensteuergesetz (AStG) bis zur Einführung des → Halbeinkünfteverfahrens die Bezeichnung für eine Gesellschaft in einem ausländischen Staat, die dort als Holding für mehrere Gesellschaften des Konzerns in diesem Staat fungiert. Eine Landesholding zu sein, war Voraussetzung dafür, dass die Vereinnahmung von Dividenden

nicht als – im Rahmen der Hinzurechnungsbesteuerung seinerzeit ungünstige – passive Tätigkeit beurteilt wurden. Die Regelungen über die Landesholding wurden aufgehoben, als die Einstufung von Dividenden als passive Einkünfte im neuen Konzept des Körperschaftsteuersystems überflüssig wurde und damit auch die Sonderregelung für Landesholdings ihren Sinn verlor. – Vgl. auch → Funktionsholding.

Land- und Forstwirtschaft – I. Begriff: alle (selbstständigen und Nebenerwerbs-)Betriebe, die sich mit der Nutzung des Bodens (Erdoberfläche) befassen, v.a. Ackerbau, Viehzucht (Landwirtschaft) und Waldwirtschaft (Forstwirtschaft). Die Land- und Forstwirtschaft ist neben Fischerei und Bergbau ein Zweig der Urproduktion.

Steuerliche Behandlung: 1. *Einkommensteuer:* → Einkünfte. – 2. *Bewertung:* → land- und forstwirtschaftliches Vermögen. – 3. *Umsatzsteuer:* → land- und forstwirtschaftliche Umsätze. – 4. *Gewerbesteuer:* a) Land- und Forstwirtschaft ist auch dann gewerbesteuerfrei, wenn der Absatz der Erzeugnisse nach kaufmännischen Grundsätzen erfolgt. Desgleichen Gärtnereien, wenn sie nicht überwiegend fremde Erzeugnisse hinzukaufen. – b) Landschaftsgärtnereien, die sich mit der Anlegung von Gärten befassen und zu diesem Zweck einen Bestand von Pflanzen halten, sind gewerbesteuerpflichtig, desgleichen Gartenarchitekten und Friedhofsgärtner.

land- und forstwirtschaftliches Vermögen – eine der → Vermögensarten nach dem Bewertungsgesetz.

I. Begriff: alle Wirtschaftsgüter, die einem Betrieb der Land- und Forstwirtschaft zu dienen bestimmt sind, bes. Grund und Boden, Wohn- und Wirtschaftsgebäude, stehende und umlaufende Betriebsmittel, aber nicht Zahlungsmittel, Geldforderungen, Wertpapiere, Überbestände an umlaufenden Betriebsmitteln (§ 33 BewG).

II. Bewertung: 1. *Grundsteuer* (§§ 34–62 BewG): a) → Wirtschaftliche Einheit, für die ein → Einheitswert festgestellt wird, ist der Betrieb der Land- und Forstwirtschaft, der beinhaltet: (1) den *Wirtschaftsteil:* (a) land- und forstwirtschaftliche (landwirtschaftliche), forstwirtschaftliche, weinbauliche, gärtnerische und sonstige land- und forstwirtschaftliche) oder Nutzungsteile; (b) bes. Wirtschaftsgüter (Abbauland, → Geringstland und → Unland); (c) → Nebenbetriebe; (2) den *Wohnteil:* Gebäude und Gebäudeteile, soweit sie dem Betriebsinhaber und zum Haushalt gehörigen Familienangehörigen und den Altenteilern (→ Altenteil) zu Wohnzwecken dienen. – b) *Verfahren:* (1) Dem Wert für den *Wirtschaftsteil* ist der → Ertragswert zugrunde zu legen, festgestellt in einem vergleichenden Verfahren: Die unterschiedliche

Ertragsfähigkeit der gleichen Nutzungen in den verschiedenen Betrieben wird durch Vergleich der Ertragsbedingungen beurteilt und durch Zahlen ausgedrückt (→ Vergleichszahlen), die dem Verhältnis der Reinerträge entsprechen. Aus dem 100 Vergleichszahlen entsprechenden Ertragswert wird der Ertragswert für die einzelne Nutzung oder den Nutzungsteil abgeleitet (→ Vergleichswert). → Zuschläge und → Abschläge sind unter bes. Voraussetzungen möglich. Gesondert zu bewerten sind Nebenbetriebe und Abbauland mit dem Einzel-Ertragswert, Geringstland mit dem → Hektarwert von 50 DM (etwa 25 Euro; vgl. § 52 BewG). Unland wird nicht erfasst. – Aus den Vergleichswerten, den Zu- und Abschlägen, den Einzelertragswerten sowie den gesondert zu bewertenden Wirtschaftsgütern ergibt sich unter Berücksichtigung der bes. Vorschriften für einzelne Nutzungen (§§ 50–62 BewG) der *Wirtschaftswert*. (2) Der *Wert für den Wohnteil* wird nach dem Ertragswertverfahren für die Bewertung der Mietwohngrundstücke unter Berücksichtigung der Lage der Gebäude und eines Abschlags von 15 Prozent ermittelt (→ Ertragswert). – c) Den *Einheitswert des Betriebes* bilden zusammen der Wirtschaftswert und der Wohnungswert. – 2. *Erbschaftsteuer* (§§ 140–144 BewG): Der Begriff des land- und forstwirtschaftlichen Vermögens ist mit dem bei der Grundsteuer identisch. Erfasst werden Betriebsteil, Betriebswohnungen und Wohnteil. Die Bewertung des Wirtschaftsteils richtet sich grundsätzlich nach dem gemeinen Wert als sog. Fortführungswert, der im Ertragswertverfahren zu ermitteln ist (§ 163 BewG). Der Regelertragswert ergibt sich aus dem maßgebenden Reinertrag multipliziert mit dem Kapitalisierungsfaktor von 18,6. Betriebswohnungen und Wohnteil werden nach den Vorschriften, die für die Bewertung von Wohngrundstücken im Grundvermögen unter Berücksichtigung der Änderungen durch die → Erbschaftsteuerreform – wirksam ab dem 1.1.2009 - gelten (→ Grundstücke), bewertet (§ 167 I, §§ 182 ff. BewG); → Abschläge sind möglich.

III. Besonderheiten: 1. Der Betrieb kann ein → Betriebsgrundstück darstellen (sofern zu einem gewerblichen Betrieb gehörig) und bildet dann → Betriebsvermögen. – 2. Für nicht als Betriebsgrundstück eingeordnete Betriebe erfolgt *kein* → Einheitswertzuschlag. – 3. *Regelung für die neuen Bundesländer:* Für das land- und forstwirtschaftliche Vermögen in den neuen Bundesländern wird kein Einheitswert, sondern ein → Ersatzwirtschaftswert angesetzt.

land- und forstwirtschaftliche Umsätze – 1. *Begriff* des Umsatzsteuerrechts für → Lieferungen und → sonstige Leistungen sowie → Eigenverbrauch von Gegenständen eines landwirtschaftlichen oder forstwirtschaftlichen Betriebs (auch Tierzuchtbetriebe u.Ä., die überwiegend eigene Erzeugnisse verwenden, sowie Nebenbetriebe). – 2. *Inhalt der Regelung:* Für land- und forstwirtschaftliche Umsätze ist eine Pauschalbesteuerung vorgesehen. Die Steuer beträgt je nach Umsatzart 5,5 Prozent, 10,7 Prozent oder 19 Prozent (ab 1.1.2007) der Bemessungsgrundlage (§ 24 UStG). Die abziehbaren Vorsteuern (→ Vorsteuerabzug) werden pauschal angesetzt, und zwar entweder in Höhe von 5,5 Prozent oder 10,7 Prozent, sodass i.d.R. keine Umsatzsteuer zu entrichten ist. (Nur) Für die Lieferung und den Eigenverbrauch der mit 19 Prozent zu belastenden Produkte, d.h. von Sägewerkserzeugnissen und Getränken, die in der Anlage 1 zum UStG nicht aufgeführt sind, sowie für alkoholische Flüssigkeiten verbleibt jedoch eine Steuerbelastung (19 Prozent Steuer minus 10,7 Prozent pauschale Vorsteuer = 8,3 Prozent). Ein Abzug der Vorsteuern in der tatsächlichen Höhe ist im Gegenzug ausgeschlossen. Daher ist eine → Option für Regelbesteuerung möglich (§§ 24, 24a UStG). Da die Pauschalbesteuerung einer Vereinfachung dient, ist die Befreiung von der → Aufzeichnungspflicht eine logische Folge. – 3. *Europarechtliche Hintergründe:* Die Sonderregelung für land- und forstwirtschaftliche Umsätze geht zurück auf die Vorgaben in Art. 295 ff. der Mehrwertsteuersystemrichtlinie und daher müssen die Bestimmungen des dt. UStG in Übereinstimmung mit diesen Vorgaben ausgelegt und angewandt werden.

landwirtschaftliche Betriebsgenossenschaften – 1. *Begriff:* zusammenfassende Bezeichnung für a) *Nutzungsgenossenschaften:* (1) Maschinengenossenschaften, (2) Elektrizitätsgenossenschaften, (3) Zuchtgenossenschaften, (4) sonstige Betriebsgenossenschaften; b) *Verwertungsgenossenschaften*, z.B. Molkerei-, Winzergenossenschaften. – 2. *Körperschaftsteuer:* a) Landwirtschaftliche Betriebsgenossenschaften sind gemäß § 5 I Nr. 14 KStG von der → Körperschaftsteuer befreit, wenn sich ihr Geschäftsbetrieb nach der Satzung auf die gemeinschaftliche Benutzung land- und forstwirtschaftlicher Betriebseinrichtungen oder Betriebsgegenstände, auf die Bearbeitung oder Verwertung der von den Mitgliedern selbst gewonnenen Erzeugnisse oder auf die Beratungen und Leistungen für die Produktion oder Verwertung land- und forstwirtschaftlicher Erzeugnisse der Betriebe der Mitglieder beschränkt. – b) Umfasst der Geschäftsbetrieb auch zu mehr als 10 Prozent der Einnahmen eine andere, nicht begünstigte Tätigkeit, so ist die Genossenschaft voll körperschaftsteuerpflichtig, sonst partiell mit dem Ergebnis der nicht begünstigten Tätigkeiten; als nicht begünstigt gilt es auch, wenn die landwirtschaftliche Betriebsgenossenschaft an einer Personengesellschaft beteiligt ist, die einen Gewerbebetrieb unterhält oder eine nicht nur geringfügige Beteiligung an einer steuerpflichtigen Kapitalgesellschaft oder Erwerbs- und Wirtschaftsgenossenschaft besitzt.

landwirtschaftliches Vermögen → land- und forstwirtschaftliches Vermögen.

lästiger Gesellschafter – Gesellschafter, der seine Gesellschafterpflichten gröblich verletzt oder durch anderweitiges Verhalten für die übrigen

Gesellschafter untragbar geworden ist. Ein lästiger Gesellschafter kann gemäß § 140 HGB (der sinngemäß auch für GmbH anzuwenden ist) *ausgeschlossen* werden (Ausschließung, Ausschließungsgrund). – Ein lästiger Gesellschafter hat *Anspruch* auf angemessene Abfindung entsprechend dem Wert seines Geschäftsanteils, der i.d.R. höher ist, als sein Kapitalkonto ausweist. – *Steuerliche Behandlung:* a) Liegt die Abfindungszahlung über dem Betrag des steuerlichen Kapitalkontos des lästigen Gesellschafters, so haben die *verbleibenden Gesellschafter* → Anschaffungskosten in Höhe der anteiligen stillen Reserven der bilanzierten und nicht bilanzierten Wirtschaftsgüter und ggf. des → Firmenwerts. Nur ein darüber hinausgehender Betrag ist bei der Gesellschaft als → Betriebsausgaben abzugsfähig. – b) *Beim lästigen Gesellschafter* liegt eine Veräußerung des Mitunternehmeranteils vor. Der Abfindungsanspruch gilt in voller Höhe als Veräußerungspreis. – Vgl. auch → Abfindung.

laufender Arbeitslohn – im Sinn des Lohnsteuerrechts der → Arbeitslohn, der dem Arbeitnehmer regelmäßig zufließt. – *Gegensatz:* → sonstige Bezüge.

laufende Schuld → laufende Verbindlichkeit.

laufende Verbindlichkeit – *laufende Schuld.* 1. *Begriff:* Schulden mit einer Laufzeit von weniger als drei Monaten (solche mit einer Laufzeit von mehr als einem Jahr werden als → Dauerschulden bezeichnet). Dient der Kredit der Finanzierung des → Anlagevermögens, so wird eine Dauerschuld vermutet, betrifft er das Umlaufvermögen, so wird eine laufende Verbindlichkeit vermutet. Bei der Abgrenzung ist allerdings immer auf die tatsächlichen Verhältnisse des Einzelfalles abzustellen. – 2. *Gewerbesteuerliche Behandlung:* Seit dem Erhebungszeitraum 2008 sind Entgelte für Schulden als Finanzierungsentgelte (z.B. Zinsen) unabhängig von der Laufzeit der Schulden gewerbesteuerlich mit 25 Prozent bei der Ermittlung des Gewerbeertrages hinzuzurechnen. Ein Freibetrag von 100.000 Euro ist dabei zu berücksichtigen. Vor dem Erhebungszeitraum 2008 waren nur Entgelte für Dauerschulden gewerbesteuerlich hälftig bei der Ermittlung des → Gewerbeertrags hinzuzurechnen. Somit unterlagen Entgelte für Dauerschulden der → Gewerbesteuer, Entgelte für laufende Verbindlichkeiten dagegen nicht.

Leasing – I. *Vertragsformen:* 1. *Vertragsbestandteile:* (1) Grundmietzeit, in der i.d.R. kein Kündigungsrecht für den Leasingnehmer zugelassen wird; (2) Vereinbarung von Verlängerungs- oder Kaufoptionen nach Ablauf der Grundmietzeit; (3) Höhe der zu entrichtenden Leasingraten; (4) Übernahme der Gefahr des zufälligen Untergangs oder der wirtschaftlichen Entwertung (Investitionsrisiko) durch Leasinggeber oder Leasingnehmer; (5) evtl. Vereinbarungen über Wartung und Pflege des Leasingobjekts. – 2. *Arten der Vertragsgestaltung:* a) *Operate Leasingverträge:* entsprechen Mietverträgen im Sinn des BGB. Die

Kündigung des Vertrags ist i.d.R. bei Einhaltung gewisser Fristen möglich. Der Leasinggeber trägt das gesamte Investitionsrisiko. – b) *Finanzierungs-Leasing-Verträge:* Eine bestimmte Grundmietzeit ist unkündbar. Nach deren Ablauf wird dem Leasingnehmer i.d.R. eine Verlängerungs- oder Kaufoption eingeräumt. Das Investitionsrisiko trägt der Leasingnehmer. Bei Finanzierungs-Leasing-Verträgen mit Verbrauchern gilt § 500 BGB. – Vgl. auch Mietkauf. – c) *Sale-and-Lease-back-Verträge:* Das Leasingobjekt wird von der Leasinggesellschaft dem Leasingnehmer erst abgekauft und anschließend wieder vermietet bzw. verpachtet.

II. *Erscheinungsformen:* Für Leasingverhältnisse besteht eine Vielzahl von Vertragstypen. Diese lassen sich nach unterschiedlichen Kriterien systematisieren. Oftmals werden Leasingverträge anhand folgender Kriterien eingeteilt: (1) Art des Leasingobjekts (z.B. Auto-, Maschinen-, Computer-Leasing); (2) Mobilität des Leasingobjekts (Mobilienleasing/Immobilienleasing); (3) Art der Vertragspartner (Privat-Leasing/gewerbliches Leasing); (4) Verhältnis des Leasinggebers zum Leasingnehmer (direktes Leasing/indirektes Leasing); (5) Verhältnis des Leasinggebers zum Hersteller (Sale-and-lease-back); (6) Kalkulation der Grundmietzeit (Vollamortisationsverträge, d.h die gezahlten Leasingraten gleichen die Anschaffungs- bzw. Herstellungskosten und entstandenen Finanzierungs- und Verwaltungskosten mind. aus/Teilamortisationsverträge, d.h. die gezahlten Leasingraten gleichen die Kosten des Leasinggebers am Ende der Grundmietzeit nicht aus und es verbleibt ein Restbetrag).

III. *Handels- und steuerrechtliche Behandlung:* 1. *Bilanzierung des Leasingobjektes:* a) *Grundsatz:* In der Handelsbilanz sind gemäß § 246 I HGB Vermögensgegenstände grundsätzlich in die Bilanz des Eigentümers aufzunehmen; ist der Vermögensgegenstand jedoch nicht dem Eigentümer, sondern einem anderen wirtschaftlich zuzurechnen, hat dieser den Vermögensgegenstand in seiner Bilanz auszuweisen. Daher ist unstreitig, dass ein Leasinggut genau dann beim Leasingnehmer zu bilanzieren ist, wenn die Vertragskonditionen in ihrer Summe dazu führen, dass das rechtliche Eigentum – das stets beim Leasinggeber verbleibt – zu einer bloßen Formalie herabsinkt. Wann genau ein Leasingvertrag jedoch so strukturiert ist, dass es zu einer so weitgehenden Aushöhlung des rechtlichen Eigentums kommt, ist verschiedenen Sichtweisen zugänglich und in der Literatur folglich umstritten. Laut Grundsatzurteil des BFH vom 26.1.1970 gelten die Leitsätze für die steuerliche Regelung prinzipiell auch für die Handelsbilanz; dem ist unter systematischen Gesichtspunkten zuzustimmen, da in der Steuerbilanz das als Betriebsvermögen anzusetzen ist, was in der Handelsbilanz als Vermögensgegenstand auszuweisen ist und eine steuerliche Ausnahmeregelung, die an dieser Grundregel etwas ändern könnte, nicht vorhanden ist. Daher lässt sich festhalten, dass nach zutreffender Rechtsprechung des BFH in der Handelsbilanz Leasinggüter nach denselben Regeln wie in der Steuerbilanz bilanziert werden müssen; wer in der Handelsbilanz von den Leasingerlassen des BMF (vgl. dazu sogleich) abweichen will, müsste also beweisen, dass die Finanzbehörden die geltende Rechtslage bislang falsch auslegen. – b) *Grundsatz: In der Steuerbilanz* gilt, dass Wirtschaftsgüter in der Bilanz desjenigen anzusetzen sind, dem das wirtschaftliche Eigentum an ihnen gehört (abgeleitet von § 5 I EStG; ferner als allg. steuerlicher Grundsatz auch in § 39 AO erwähnt). Durch Leasingerlasse des BMF wird geregelt, wann aus der Sicht der Finanzbehörden Leasingverträge so ausgestaltet sind, dass das wirtschaftliche Eigentum auf den Leasingnehmer übergeht und daher dieser die geleasten Gegenstände als eigene Wirtschaftsgüter zu bilanzieren hat. Ist keiner der dort erwähnten Fälle einschlägig, verbleibt das wirtschaftliche Eigentum beim rechtlichen Eigentümer, also dem Leasinggeber, sodass dieser das Wirtschaftsgut in seiner Bilanz anzusetzen hat. – c) *Bilanzielle Folgerungen aus dieser Fallunterscheidung*: (1) Bleibt das wirtschaftliche Eigentum beim Leasinggeber, ist der Leasingvertrag steuerlich als ein ganz normaler Mietvertrag anzusehen: Der Leasingnehmer zahlt eine Miete, die beim ihm zur Betriebsausgabe wird; der Leasinggeber hat das verleaste Wirtschaftsgut als Teil seines Betriebsvermögens zu aktivieren, schreibt es über die Nutzungsdauer ab und behandelt die Mieteinnahmen als laufende Betriebseinnahmen seines Betriebes. (2) Gilt dagegen der Leasingnehmer als wirtschaftlicher Eigentümer, so präsentiert sich der Leasingvertrag wirtschaftlich als ein Kaufvertrag, bei dem der Leasinggeber dem Leasingnehmer den Leasinggegenstand veräußert hat und dann der Kaufpreis in Raten („Leasingraten") abbezahlt. Somit hat der Leasingnehmer den Gegenstand zu Anschaffungskosten zu aktivieren (§ 253 HGB, § 6 EStG), hierfür muss er, da er in Raten zahlt, einen Barwert seiner Zahlungen berechnen. Zugleich muss er dann, da er durch den „Ankauf" auch eine Kaufpreisverbindlichkeit begründet hat, die Anschaffungskosten auch als Verbindlichkeit bilanzieren. – d) *Abgrenzung im Einzelnen:* Für *Finanzierungs-Leasing* gilt: (1) Bei *Vollamortisationsverträgen* (a) *ohne Optionsrecht* über Grund und Boden wird das Leasingobjekt dem Leasinggeber zugerechnet. Bei derartigen Verträgen über Immobilien und/oder Mobilien erfolgt die Bilanzierung beim Leasinggeber, wenn die Grundmietzeit zwischen 40 und 90 Prozent der betriebsgewöhnlichen Nutzungsdauer des Leasingobjekts beträgt, sonst beim Leasingnehmer; (b) *mit Kaufoption* über Grund und Boden und/oder Immobilien erfolgt die Bilanzierung beim Leasinggeber, wenn der Kaufpreis im Fall der Optionsausübung weder den durch die lineare Abschreibung ermittelten Buchwert noch den niedrigeren gemeinen Wert im Veräußerungszeitpunkt unterschreitet. Bei derartigen Verträgen über Mobilien, sind diese dem Leasinggeber zuzurechnen, wenn der

Kaufpreis bei Optionsausübung nicht geringer ist als der durch die lineare Abschreibung ermittelte Buchwert des Objekt oder nicht geringer als der niedrigere gemeine Wert im Veräußerungszeitpunkt und zusätzlich die Grundmietzeit mind. 40 Prozent und höchstens 90 Prozent der betriebsgewöhnlichen Nutzungsdauer beträgt. (c) Mit *Mietverlängerungsoption* über Mobilien tritt an die Stelle des Kaufpreises die Anschlussmiete. (2) Bei *Teilamortisationsverträgen* über Mobilien werden diese dem Leasinggeber zugerechnet, wenn dem Leasinggeber bei Veräußerung des Leasingobjekts am Ende der Mietzeit mind. 25 Prozent des Restamortisation übersteigenden Teils des Veräußerungserlöses zusteht. Grund und Boden sind grundsätzlich dem zuzuordnen, dem das Gebäude gehört. – Bei *Spezial-Leasingverträgen* erfolgt die Bilanzierung des Objekts grundsätzlich beim Leasingnehmer. – Werden *Operate-Leasingverträge* abgeschlossen, so ist das Leasingobjekt immer beim Leasinggeber zu bilanzieren. – 2. *Gewerbesteuer:* In die Bemessungsgrundlage für die Gewerbesteuer sind grundsätzlich mit 25 Prozent die pauschalierten Finanzierungsanteile von Mieten, Pachten und Leasingraten, bei beweglichem Anlagevermögen mit einem Finanzierungsanteil von 20 Prozent, bei unbeweglichen Vermögen mit einem Finanzierungsanteil von 75 Prozent hinzuzurechnen. Der geltende Freibetrag über 100.000 Euro ist zu beachten. – 3. *Umsatzsteuer:* Umsatzsteuerlich ist für die Beurteilung eines Leasingvertrages entscheidend, ob durch den Abschluss des Vertrages die Verfügungsmacht über den Gegenstand auf den Leasinggeber übertragen worden ist. Falls dies der Fall ist, ist der Vertrag umsatzsteuerlich als Lieferung des Leasinggegenstands an den Leasingnehmer zu würdigen (§ 3 I UStG), falls nicht, als sonstige Leistung, und zwar als Mietvertrag. Da die Verfügungsmacht im Kern dem Begriff des wirtschaftlichen Eigentums entspricht, muss die umsatzsteuerliche Beurteilung des Leasings daher konsequenterweise der ertragsteuerlichen Beurteilung folgen. Findet eine Einstufung als Lieferung statt, ist zu beachten, dass bei der Regelbesteuerung (Besteuerung nach vereinbarten Entgelten) bei Lieferungen die Umsatzsteuer sofort auf den gesamten Kaufpreis entrichtet werden muss, unabhängig davon, ob eine sofortige Zahlung oder eine Ratenzahlung stattfindet; für die umsatzsteuerliche Behandlung des Leasings hat dies zur Folge, dass bei einer solchen Vertragsstellation schon mit Übergabe des Leasinggegenstands für den Leasinggeber als dem „Verkäufer" des Leasinggegenstands die gesamte Umsatzsteuerschuld für sämtliche vereinbarten Leasingraten auf einen Schlag zu entrichten ist. Zeitgleich hat der Leasingnehmer allerdings auch bereits einen Recht auf den vollen Vorsteuerabzug; hierin unterscheidet sich der Leasingvertrag nicht von einem normalen Vertrag über den Kauf einer Ware auf Kredit. – 4. *Internationale Aspekte:* a) Nach den *Doppelbesteuerungsabkommen* muss bei grenzüberschreitenden Geschäften der Leasinggeber seinen Gewinn in seinem

Heimatland (→ Ansässigkeitsstaat) versteuern, wenn er nicht im Land des Kunden über eine Betriebsstätte aktiv geworden ist (Art. 7 OECD-MA). Der Kunde fällt dagegen mit seinem Betrieb unter die Steuergesetze seines eigenen Landes (ebenfalls Art. 7 OECD-MA). Somit sind bei grenzüberschreitenden Leasinggeschäften die Konsequenzen für die Betroffenen jeweils nach unterschiedlichen Steuergesetzen zu beurteilen. – b) *Konsequenzen für die Leasingvertragsgestaltung*: Mind. die Einzelfallregelungen, ab wann davon ausgegangen werden muss, dass durch einen Leasingvertrag das wirtschaftliche Eigentum auf den Kunden übergeht, sind nicht international harmonisiert (weder umsatzsteuerlich noch ertragsteuerlich). Befinden sich Leasinggeber und Leasingnehmer in unterschiedlichen Staaten, kann es also zu einer nicht aufeinander abgestimmten Beurteilung des Vorgangs im Steuerrecht beider Länder kommen, z.B. dass man aus Sicht des Fiskus des Leasinggebers das wirtschaftliche Eigentum beim Leasinggeber, aus der Sicht des Fiskus des Leasingnehmers aber beim Leasingnehmer sieht. Spezielle „cross-border leasing"-Gestaltungen versuchen, solche Beurteilungsdiskrepanzen gezielt so zu steuern, dass sie zum Vorteil der Betroffenen ausfallen. Da es sich jedoch um sehr spezielle Konstellationen handelt, die erheblichen Beratungsbedarf erfordern, finden sich solche Leasingmodelle in der Praxis vorrangig bei Großprojekten.

IV. Beurteilung: 1. *Allgemein:* Zur Beurteilung der Vorteilhaftigkeit des Leasings sind detaillierte Nutzen-Kosten-Analysen unter Berücksichtigung steuerlicher und bilanzieller Auswirkungen durchzuführen. Die Vorteilhaftigkeit des Leasings wird maßgeblich beeinflusst durch die im Leasingvertrag vereinbarten Rechte und Pflichten von Leasinggeber und -nehmer. – 2. *Kosten:* Die Summe der Leasingraten übersteigt die Anschaffungskosten des Leasingobjekts. Die Kosten betragen i.d.R. etwa 130 Prozent des Kaufpreises. – 3. *Liquidität:* Durch Leasing wird eine liquiditätsmäßige Anspannung, wie sie beim käuflichen Erwerb auftritt, vermieden. – 4. *Verschuldungsspielraum:* Dem Argument, die Finanzierung über Leasing sei geeignet, den Verschuldungsspielraum eines Unternehmens auszudehnen, da Leasing aus der Bilanz nicht ohne Weiteres ersichtlich ist und relevante Kennzahlen nicht beeinträchtigt sind, steht die Literatur kritisch gegenüber. Bei Beantragung eines Kredits müssen auch Zahlungsverpflichtungen aus Leasingverträgen offen gelegt werden. – 5. *Investitionsrisiko:* Wenn dem Leasingnehmer ein Recht zur vorzeitigen Kündigung eingeräumt wird, so wird das Risiko wirtschaftlicher Überalterung des Leasingobjekts auf den Leasinggeber abgewälzt. I.d.R. ist die Grundmietzeit jedoch unkündbar. – 6. *Bonitätsanforderungen* der Leasinggesellschaften sind geringer als bei Kreditinstituten. Dies wird mit der besseren Marktkenntnis für das Leasingobjekt und der besseren Verwertung des Leasingobjekts im Vergleich zu Banken begründet.

Unternehmen wird so eine „Kapitalquelle" erschlossen, die es ermöglicht, Investitionen auch dann noch durchzuführen, wenn eine Fremdfinanzierung über Kredit unmöglich ist. – 7. *Beratung:* Durch seine guten Produktkenntnisse über das Leasingobjekt kann der Leasinggeber eine Beratungsfunktion übernehmen. – 8. Für die *Hersteller* von Investitionsobjekten kann Leasing den herkömmlichen Verkauf verdrängen und die Vertriebsfunktion erfüllen (z.B. Datenverarbeitungsanlagen). – 9. Ob die Finanzierung über Leasing gegenüber den Alternativen Kauf mit Eigen- oder Fremdfinanzierung *vorteilhaft* ist, muss im Einzelfall bei gegebenen Objektdaten und Vertragsbedingungen geprüft werden. Durch Aufstellen eines Finanzplans unter vollständiger Erfassung aller Ein- und Auszahlungen der jeweiligen Alternative ist ein Vorteilhaftigkeitsvergleich möglich.

V. Leasinggesellschaften: in fast allen westeuropäischen Ländern und den USA. Größte Bedeutung in den USA, der Bundesrepublik Deutschland, Frankreich, Großbritannien. – *Verbände:* Bundesverband Deutscher Leasing-Unternehmen e.V. (BDL), Sitz in Berlin; LEASEUROPE, Sitz in Brüssel (europäischer Dachverband nationaler Leasing-Verbände).

Lebensführung → Kosten der Lebensführung.

Lebenshaltungskosten → Kosten der Lebensführung.

lebenslängliche Leistung – Leistung, die auf die Lebenszeit einer Person beschränkt ist. – 1. *Bewertungsgesetz:* Ermittlung des Kapitalwerts, der ein Vielfaches des Jahreswerts ist. Der Vervielfältiger ergibt sich aus Anlage 9 zum BewG. Ab 2009 ist der Vervielfältiger nicht mehr aus Anlage 9/9a zum BewG, sondern aus der aktuellen Sterbetafel des Statistischen Bundesamtes zu entnehmen. Die Vervielfältiger werden vom BMF im BStBl. Teil I nach Lebensjahr und Geschlecht veröffentlicht. Wegen der gestiegenen allgemeinen durchschnittlichen Lebenserwartung werden die Kapitalwerte höher als bisher sein. Der Kapitalwert ist unter Berücksichtigung des Zinssatzes von 5,5 Prozent zu ermitteln. – 2. *Einkommensteuer:* → Rentenbesteuerung.

Lebenspartnerschaft – 1. *Grundsatz:* Die Lebenspartnerschaft wird steuerlich nicht generell der Ehe gleichgestellt, zunehmend werden aber bei den einzelnen gesetzlichen Regelungen, die die Ehe betreffen, auch Lebenspartnerschaften als begünstigte Lebensformen mit erwähnt. – 2. *Einkommensteuer:* a) Unterhaltszahlungen an ehemalige Lebenspartner sind, anders als an Ehegatten, bislang nicht steuerlich wie Unterhaltszahlungen an Ehegatten absetzbar (§ 10 EStG), können aber bis zur Höhe eines dem Existenzminimum angenäherten Betrages zumindest als außergewöhnliche Belastung abgezogen werden (§ 33a I EStG). – b) Lebenspartner erhalten nicht den Splittingtarif (Zusammenveranlagung, § 26 EStG). – 3. *Erbschaftsteuer:* Lebenspartner gehören erbschaftsteuerlich zur Steuerklasse III (weil nach wie vor nicht genannt in Steuerklassen I und II, vgl. § 15 ErbStG), erhalten jedoch einen Freibetrag von 500.000 Euro ebenso wie Ehegatten, können außerdem Hausrat und andere bewegliche Wirtschaftsgüter in den gesetzlichen Grenzen des § 13 ErbStG steuerfrei vom Partner erben (§ 13 Nr.1 ErbStG), und im Todesfall erhalten überlebende Lebenspartner ebenso wie überlebende Ehegatten einen zusätzlichen Versorgungsfreibetrag in Höhe von bis zu 256.000 Euro (§ 17 ErbStG).

Lebensversicherung – I. Charakterisierung: 1. Der *Versicherungsfall* ist das Erleben eines bestimmten Zeitpunkts (Erlebensfall) oder der Tod des Versicherten während der Versicherungsdauer (Todesfall). – *Unterzweige der Lebensversicherung (mit anderen Definitionen des Versicherungsfalls):* Berufsunfähigkeitsversicherung, Berufsunfähigkeits-Zusatzversicherung (Versicherungsfall = Eintritt der Berufsunfähigkeit), Pflegerentenversicherung und Dread Disease. – 2. Die *Leistung* kann die Auszahlung eines Kapitalbetrags (Kapitalversicherung i.w.S.) oder einer Rente (Rentenversicherung) sein.

II. **Wichtige Versicherungsformen:** 1. *Risikoversicherung (abgekürzte Todesfallversicherung):* Die Versicherungsdauer ist zeitlich begrenzt. Erlebt der Versicherte das Ende der Versicherungsdauer, wird die Versicherungssumme nicht fällig. Stirbt er jedoch während dieses Zeitraums, zahlt der Versicherer die vereinbarte Versicherungssumme. Neben Risikoversicherungen mit gleichbleibender Versicherungssumme gibt es auch solche mit fallender oder steigender Versicherungssumme. – Vgl. auch Restschuldversicherung. – 2. *Lebenslängliche Todesfallversicherung:* Die vereinbarte Versicherungssumme wird mit Sicherheit fällig, und zwar beim Tod der versicherten Person. Die Prämie ist daher höher als bei Risikoversicherungen. In „reiner Form" (z.B. Sterbegeldversicherungen) nur noch selten, meistens wird die Leistung bereits gezahlt, wenn der Versicherte das Alter 85 erreicht hat. Bei laufender Prämienzahlung wird diese Versicherungsform sowohl mit Zahlungspflicht bis zum Versicherungsfall als auch mit abgekürzter Prämienzahlungsdauer (höchstens bis zum Alter 60 oder 65) angeboten. Bei Abkürzung der Prämienzahlungsdauer läuft die Versicherung nach Erreichen dieses Zeitpunkts in voller Höhe prämienfrei weiter. – 3. *Versicherung auf den Todes- und Erlebensfall (gemischte Lebensversicherung):* häufigste Form. Die Versicherungsleistung wird beim Tod des Versicherten, spätestens jedoch zum vereinbarten Ablaufzeitpunkt ausgezahlt. Es können auch mehrere Erlebensfallzeitpunkte bestimmt werden (Teilauszahlungsversicherung), z.B. jeweils ein Drittel der Versicherungssumme nach 12, 20 und 30 Jahren seit Versicherungsbeginn. Im Todesfall schuldet der Versicherer je nach Vereinbarung die volle Versicherungssumme oder eine um die bereits erfolgten Auszahlungen verminderte Leistung. – 4. *Versicherung mit festem Auszahlungstermin (Termfixversicherung):*

Sonderform der gemischten Lebensversicherung. Die Auszahlung der Versicherungssumme erfolgt auch nach einem Todesfall des Versicherten erst zum festgelegten Termin. Mit dem Tod entfällt jedoch die Pflicht zur Prämienzahlung. Vielfach sind die Versicherer bereit, im Todesfall das diskontierte Kapital auszuzahlen. – 5. *Erlebensfallversicherung:* Die Versicherungsleistung wird nur fällig, wenn der Versicherte den vereinbarten Zeitpunkt erlebt. Die Form der Versicherungsleistung kann eine Kapitalleistung oder Rente (Leibrente mit aufgeschobenem Rentenbeginn) sein. Stirbt der Versicherte vor dem bezeichneten Zeitpunkt (bei Renten: Rentenbeginn), ist in den meisten Tarifen jedoch auch dafür eine garantierte Leistung, z.B. Rückgewähr der eingezahlten Prämien, vorgesehen; ansonsten sind die eingezahlten Prämien verfallen. Rentenversicherungen bieten darüber hinaus meistens eine garantierte Mindestrentendauer von fünf oder mehr Jahren für den Fall, dass der Versicherte kurz nach dem Rentenbeginn versterben sollte, zahlbar an den Begünstigten oder die Erben. Bei Rentenversicherungen mit Kapitalwahlrecht hat der Versicherungsnehmer das Recht, innerhalb eines bestimmten Zeitraums anstelle der Rente eine einmalige Kapitalabfindung zu verlangen. Schließt sich beim Tod des Rentners nahtlos eine Hinterbliebenenrente (Witwenrente) in voller oder geringerer Höhe an, wird vom Rentenübergang gesprochen. – 6. *Zusatzversicherungen zu Lebensversicherungen:* a) Unfall-Zusatzversicherung, b) Berufsunfähigkeits-Zusatzversicherung, c) Risiko-Zusatzversicherung (zur Aufstockung der Todesfalleistung), vereinzelt auch d) Zeitrenten-Zusatzversicherung (nach dem Tod des Versicherten wird bis zum vertraglich bestimmten Zeitpunkt eine Rente gezahlt, häufig zzgl. eines einmaligen Sterbegelds). Wird die zugrunde liegende Lebensversicherung gekündigt, fällt die Zusatzversicherung weg. Die Kündigung der Zusatzversicherung beeinträchtigt dagegen die Lebensversicherung nicht. – 7. *Dread Disease.* – 8. *Sonderformen:* a) *Fondsgebundene Lebensversicherung:* (1) *Begriff:* Lebensversicherung, deren Versicherungsleistung (zumindest die Erlebensfallleistung) an die Wertentwicklung der Anteile eines besonderen Anlagestocks (Sondervermögen, Fonds) gebunden ist. Die Versicherungsverträge werden als *Fondspolicen* bezeichnet. Da die zukünftige Rendite des Fonds unsicher ist, lässt sich auch die Rendite der fondsgebundenen Lebensversicherung nicht prognostizieren. (2) *Grundmodelle:* Modell A: Die Prämien lauten auf Euro und bleiben während der Versicherungsdauer unverändert. Die in der Prämie enthaltenen Sparanteile werden in Anteilen des vereinbarten Fonds, evtl. auch in einem Fonds-Mix, angelegt. Die Höhe der Erlebensfallleistung richtet sich nach der Anzahl der bis zu diesem Zeitpunkt angesammelten Anteile und deren Kurs; für den Todesfall ist eine Mindestversicherungssumme in Euro vereinbart. *Modell B:* Die Versicherungssumme und die Prämien lauten auf Investmentanteile eines bestimmten Fonds. Die Todes- und

Erlebensfallleistung und die Prämien sind vom Wert der Anteileinheiten des Fonds zum Fälligkeitstag abhängig. Modell B ist in Deutschland nur von geringer Bedeutung. (3) *Besonderheiten:* Wahlrecht bei der Versicherungsleistung zwischen Sach- (Teile des Fondsvermögens) und Geldleistung, bei Sachleistung Abzug der Übertragungskosten; Wahlrecht zwischen verschiedenen Fonds mit der Möglichkeit des Fondswechsels (Switch) bei neueren Tarifen; Möglichkeit für den Versicherungsnehmer, die Aufteilung der Prämie in Spar- und Risikoanteil innerhalb gewisser Grenzen selbst zu bestimmen; einmalige und befristete beitragsfreie Vertragsverlängerung (Prolongation) bei Vertragsablauf ohne erneute Gesundheitsprüfung. – b) *Versicherung auf verbundene Leben:* Eine Lebensversicherung auf das Leben von zwei oder mehr Versicherten; i.d.R. Ehegatten oder Teilhaber. Üblicherweise ist die Versicherungsleistung fällig, wenn die Erste der versicherten Personen stirbt. Erleben bei Versicherungen auf den Todes- und Erlebensfall alle Versicherten den Ablauf, ist die Leistung am Ende der Versicherungsdauer fällig. Der Tarif kann aber auch vorsehen, dass die Leistung fällig wird, wenn der Letzte der versicherten Personen stirbt. – c) *Aktienindexgebundene Lebensversicherung:* Kapitalversicherung, deren Leistung an die Entwicklung eines festgelegten Aktienindex gekoppelt ist. Üblicherweise werden eine Mindesttodesfallleistung vereinbart und eine Mindestleistung im Erlebensfall garantiert. – d) *Dynamische Lebensversicherung.* – e) *Vermögenswirksame Lebensversicherung (Vermögensbildungsversicherung):* Gemischte Lebensversicherung (auch Termfixversicherungen, Versicherungen auf verbundene Leben) nach einem besonderen Geschäftsplan. Der Arbeitgeber zahlt die Prämien als vermögenswirksame Leistung aufgrund tarifvertraglicher Regelungen. Gesetzliche Auflagen durch das Fünfte Vermögensbilungsgesetz: Keine Zusatzversicherungen, nur für Arbeitnehmer, Rückkaufswert mindestens 50 Prozent der eingezahlten Prämien. – f) *Kleinlebensversicherung.* – g) *Kollektivlebensversicherung.* – h) *Berufsunfähigkeitsversicherung.* – i) *Pflegerentenversicherung.*

III. Vertrag und Beteiligte: → An einem Lebensversicherungsvertrag sind beteiligt: (1) Versicherungsnehmer, (2) Versicherer, (3) versicherte Person (Versicherter). Ist der Versicherte nicht mit dem Versicherungsnehmer (Antragsteller) identisch, so bedarf es gemäß § 150 II VVG bei Versicherungen, die auch für den Todesfall Leistungen vorsehen, grundsätzlich der Einwilligung des Versicherten. (4) Daneben kann der Versicherungsnehmer einen Begünstigten bzw. Bezugsberechtigten bezeichnen (Bezugsberechtigung).

IV. Prämie (Beitrag): → Die Prämie richtet sich nach der Versicherungsform, dem Eintrittsalter des Versicherten, der Versicherungsdauer, der Prämienzahlungsdauer, die nicht mit der Versicherungsdauer übereinstimmen muss (Einmalprämien, bei lebenslänglichen Todesfallversicherungen evtl. Abkürzung,

z.B. Ende der Prämienzahlungspflicht bei Vollendung des 60. oder 65. Lebensjahres). Sie ist auf Grundlage des Äquivalenzprinzips berechnet. Für Versicherungen auf den Todesfall bzw. auf den Todes- und Erlebensfall bedarf es vor der Annahme des Vertrags durch den Versicherer grundsätzlich einer *Gesundheitsprüfung* (Erklärung des Versicherungsnehmers und/ oder des Versicherten über den Gesundheitszustand; ab einer bestimmten Versicherungssumme ärztliche Untersuchung). Auch *anomale Risiken* (Vorerkrankung oder Krankheit des Versicherten, gefährlicher Beruf, Tropenaufenthalt u.a.) können üblicherweise für den Todesfall Versicherungsschutz erlangen, jedoch zu dem Risiko angemessenen Bedingungen (Risikozuschlag auf die Prämie mit oder ohne Rückgewähr im Erlebensfall, Wartezeit, Abkürzung der Versicherungsdauer, Staffelung der Versicherungssumme).

V. Überschussbeteiligung: *(Gewinnbeteiligung, Beitragsrückerstattung):* Die Rechnungsgrundlagen zur Kalkulation der Prämien basieren auf äußerst vorsichtigen Annahmen, damit langfristige Verträge selbst unter ungünstigen Bedingungen erfüllt werden können. Daher entstehen Überschüsse („Rohüberschuss" aus höheren Zinserträgen, geringerer Sterblichkeit, Verwaltungskostenersparnissen), die zum überwiegenden Teil an die Versicherungsnehmer zurückfließen müssen (mindestens 90 Prozent der Überzinsen, 75 Prozent der Sterblichkeitsgewinne, 50 Prozent der „Kostengewinne"). Ein Teil des für die Versicherungsnehmer bestimmten Überschusses wird unmittelbar über die *Direktgutschrift* ausgeschüttet, der verbleibende Rest zunächst der Rückstellung für Beitragsrückerstattung zugewiesen (§ 56a VAG). Daraus erhalten die Versicherungsnehmer mit zeitlicher Verzögerung von ein bis zwei Jahren jährlich einen bestimmten Anteil (laufender Überschussanteil). Zusätzlich wird in der Rückstellung für Beitragsrückerstattung meist ein *Schlussüberschussanteil* angesammelt (*Schlussüberschussanteilfonds*), aus dem bei Ablauf der Versicherung und unter bestimmten Voraussetzungen auch bei vorzeitiger Beendigung des Vertrags eine entsprechende Zusatzleistung an den Versicherten ausgezahlt wird. Art (Gewinnverteilungssysteme) und Bedingungen (z.B. Wartezeit) der Überschussbeteiligung sind bei den einzelnen Versicherern sehr unterschiedlich. – Die *laufenden Überschussanteile* werden beim Versicherer zugunsten des Versicherungsnehmers verzinslich angesammelt, als Prämie zur Erhöhung der Versicherungssumme bzw. Rente (Bonussystem: Summenzuwachs, Rentenzuwachs), oder zur Abkürzung der Versicherungsdauer (v.a. bei Versicherungen mit langer Versicherungsdauer) bzw. der Prämienzahlungsdauer verwendet. Weiterhin kommen die Barauszahlung oder die Verrechnung mit fälligen Prämien in Frage.

VI. Garantiewert: 1. *Rückkaufswert, Rückvergütung:* Betrag, der dem Versicherungsnehmer bzw. Anspruchsberechtigten bei Aufhebung des Vertrags (grundsätzlich nur auf Verlangen des Versicherungsnehmers) vor Eintritt des Versicherungsfalls zusteht. Der Garantiewert ist grundsätzlich die Obergrenze für die Beleihung einer Lebensversicherung (Policendarlehen, Vorauszahlung). – 2. *Prämienfreie Versicherungssumme:* Der Versicherungsnehmer kann jederzeit für den Schluss der laufenden Versicherungsperiode die Umwandlung in eine prämienfreie Versicherung verlangen, sofern das angesparte Deckungskapital dazu ausreicht. Der Versicherer verwendet das Deckungskapital als Einmalprämie und setzt die Versicherungssumme entsprechend herab. Die prämienfreie Summe ist höher als der Rückkaufswert. Die Kündigung des Vertrags durch den Versicherer wegen Nichtzahlung der Folgeprämien (§ 38 Abs. 2 VVG) führt grundsätzlich zur prämienfreien Versicherung (§ 175 I, § 165 Abs.1 VVG). – 3. *Garantiewerttabellen:* Die Versicherer sind verpflichtet, die Versicherungsnehmer über die Höhe dieser Werte zu unterrichten.

VII. Versicherungsfall: Der Versicherungsnehmer hat den Eintritt des Versicherungsfalls, nachdem er von ihm Kenntnis erlangt hat, dem Versicherer unverzüglich anzuzeigen. Steht das Recht auf die vertragliche Leistung des Versicherers einem Dritten zu, ist auch dieser zur Anzeige verpflichtet. (§30 Abs. 1 VVG). Dem Versicherer sind vom Anspruchsteller die in den Versicherungsbedingungen genannten Unterlagen einzureichen. Im Todesfall kann der Versicherer aufgrund der Inhaberklausel (hinkendes Inhaberpapier) den Inhaber des Versicherungsscheins als anspruchsberechtigt ansehen, es sei denn, Anschein oder Tatsachen sprechen dagegen (Bezugsrecht einer anderen Person, Abtretung etc.). Bei einer Versicherung für den Todesfall ist der Versicherer nicht zur Leistung verpflichtet, wenn sich die versicherte Person vor Ablauf von drei Jahren nach Abschluss des Versicherungsvertrags vorsätzlich selbst getötet hat. Dies gilt nicht, wenn die Tat in einem die freie Willensbestimmung ausschließenden Zustand krankhafter Störung der Geistestätigkeit begangen worden ist (§ 161 Abs.1 VVG).

VIII. Verwendungsmöglichkeiten/Besteuerung: → 1. *Für private Zwecke:* a) *Versorgung bzw. Vorsorge:* Die Leistungen der gesetzlichen Rentenversicherung (GRV) und anderer kollektiver Versorgungseinrichtungen werden durch betriebliche Altersvorsorge (bAV) und individuelle Vorsorge, v.a. durch Lebensversicherungen, ergänzt (Alters- und Hinterbliebenenversorgung). Dies ist zunehmend notwendig, um die Versorgungslücken zu schließen, die die GRV angesichts ihrer sinkenden Leistungsfähigkeit (bes. vor dem Hintergrund der demografischen Entwicklungen) hinterlässt. – b) *Einkommensteuerliche Behandlung bei Altverträgen bis 2004:* Beiträge zur Lebensversicherung sind unter bestimmten Voraussetzungen im Rahmen der Höchstbeträge für → Vorsorgeaufwendungen als Sonderausgaben im Sinn des § 10 IV EStG bis zu den Höchstbeträgen von

2.400 Euro oder 1.500 Euro abzugsfähig. Die *Zinsen* aus Sparanteilen der Lebensversicherungsbeiträge gehören grundsätzlich zu den Einkünften aus Kapitalvermögen (§ 20 I EStG). – *Ausnahmen:* Zinsen aus Lebensversicherungen, die i.S.d. § 10 I Nr. 2b EStG begünstigt sind, sowie aus fondsgebundenen Lebensversicherungen, wenn sie mit Beiträgen verrechnet oder im Versicherungsfall bzw. bei Vertragsrückkauf nach zwölf Jahren ausgezahlt werden. Die Auszahlung in Renten wird mit dem gleichbleibenden Ertragsanteil besteuert, der ab 2005 gesunken ist. – c) *Einkommensteuerliche Behandlung bei Neuverträgen ab 2005:* Mit Einführung des Alterseinkünftegesetzes wurde die Besteuerung der Renten umfassend geändert. Seither ist bei der Lebensversicherung zwischen Altverträgen (Vertragsabschluss vor dem 1.1.2005) und sog. Neuverträgen zu unterscheiden. Für Neuverträge entfallen der Sonderausgabenabzug und die Steuerfreiheit der Versicherungserträge. Die Erträge müssen aber nicht während der Vertragslaufzeit (Ansparphase), sondern erst bei Auszahlung der Ablaufleistung versteuert werden. Die Besteuerung wird in Höhe von 50 Prozent der Ablaufleistung der Versicherung abzgl. der gezahlten Beiträge vorgenommen, wenn die Mindestlaufzeit 12 Jahre beträgt und die Fälligkeit nach Vollendung des 60. Lebensjahrs liegt. – d) *Erbschaftsteuerliche Behandlung:* Im Todesfall ausgezahlte Lebensversicherungen fallen nicht in den Nachlass, sind aber beim Berechtigten unmittelbar als → Erwerb von Todes wegen (§ 3 ErbStG) zu versteuern. – 2. *Für betriebliche Zwecke:* a) *Versicherungen des Betriebs für Arbeitnehmer und freie Mitarbeiter* (→ Direktversicherung; die dort aufgezeigten steuerlichen Vorteile beziehen sich nur auf Versicherungen zugunsten von Arbeitnehmern). – b) *Versicherungen für den Betrieb:* (1) *Begriff:* Der Betrieb ist Versicherungsnehmer. Im Gegensatz zur Direktversicherung wird kein Bezugsberechtigter bezeichnet. Im Versicherungsfall steht die Leistung dem Betrieb zu. Versicherte Person ist ein Arbeitnehmer, ein freier Mitarbeiter oder auch ein Mitgesellschafter. (2) *„Echte Rückdeckungsversicherung":* Versicherungen zur Rückdeckung betrieblicher Direktzusagen. *Vollrückdeckung* bedeutet, dass die Versicherung in Art und Höhe dem Inhalt der Ruhegeldverpflichtung entspricht. Mit *Teilrückdeckung* oder partieller Rückdeckung sind Versicherungen gekennzeichnet, die sich nur auf ein bestimmtes Risiko (z.B. nur auf den Todesfall, also auf Leistungen an Hinterbliebene) oder einen Teilbetrag der Verpflichtung beziehen. Für die Teilrückdeckung eignen sich neben Risikoversicherungen u.a. lebenslängliche Todesfallversicherungen. (3) *„Unechte Rückdeckungsversicherung":* Beim Tod eines Mitarbeiters oder bei dessen Ausscheiden aus dem Betrieb entstehen neben evtl. Leistungen der betrieblichen Altersversorgung manchmal erhebliche Aufwendungen (Anstellung und Einarbeitung einer neuen Kraft) oder Ertragseinbußen (Wegfall von Kundenbeziehungen u.a.). Mit einer Versicherung auf das Leben solch einer „Schlüsselkraft" *(Keyman-Versicherung)* oder auf das Leben eines Handelsvertreters (zur Sicherung eines evtl. Ausgleichsanspruchs) wälzt der Betrieb das Risiko (Liquiditätsengpass, Gewinnausfall) ganz oder teilweise auf den Versicherer ab. (4) *Steuerliche Behandlung der Rückdeckungsversicherung:* (a) *Steuerbilanz:* Die Prämien sind Betriebsausgaben. Der Rückdeckungsanspruch ist in Höhe des geschäftsplanmäßigen Deckungskapitals der Versicherung zu aktivieren. (b) *Bewertungsgesetz:* Vor Fälligkeit der Versicherungsleistung gehört die Versicherung gemäß § 12 IV BewG mit 2/3 der eingezahlten Prämien oder dem Rückkaufswert zum Betriebsvermögen. Rentenversicherungen werden nach dem Rentenbeginn mit den in der Anlage 9 zum § 14 BewG angegebenen Barwertbeträgen bewertet. (5) *Bedeutung der Rückdeckungsversicherung:* Instrument der Risikopolitik des Betriebs. Mit ihr kann der fehlende Risikoausgleich herbeigeführt werden. Bes. wichtig ist dies für kleine Unternehmen, für Einzelzusagen und bei Kapitalverpflichtungen. – 3. *Lebensversicherung und Kredit:* a) *Kredit durch Lebensversicherung:* In Höhe des Rückkaufswerts besteht ein „Vermögenswert". Durch Abtretung oder Verpfändung der Versicherungsansprüche z.B. an ein Kreditinstitut oder an einen Lieferanten dient der Lebensversicherungsvertrag zur Sicherung oder häufig als Grundlage für einen Kredit. Grundsätzlich sind auch Versicherer bereit, *Policendarlehen* zu gewähren, das sind verzinsliche Vorauszahlungen der Versicherungsleistungen, gut geeignet zur kurz- und mittelfristigen Finanzierung. Der Darlehensnehmer ist flexibel, da er selbst die Rückzahlungstermine und -beträge bestimmt. Ist die Versicherung beim Eintritt des Versicherungsfalls noch beliehen bzw. besteht noch eine Vorauszahlung, so steht dem Versicherungsnehmer bzw. Bezugsberechtigten nur die um die Schuld verminderte Leistung zur Verfügung. – b) *Lebensversicherung bei einem Kredit:* Die auf das Leben des Schuldners abgeschlossene Todesfallversicherung gibt dessen Angehörigen und dem Gläubiger Sicherheit. Stirbt der Schuldner vor Tilgung der Schuld, so ist das Geld für die Rückzahlung vorhanden. Soll die Tilgung auf jeden Fall (sowohl im Todesfall als auch bei Erreichen des Tilgungstermins) mit der Lebensversicherungsleistung erfolgen, bedarf es einer Versicherung auf den Todes- und Erlebensfall.

Leibrente – 1. *Begriff:* Wiederkehrende Zahlung, die davon abhängig ist, ob eine oder mehrere Person(en), die vorab festgelegten Fälligkeiten erlebt (erleben). Das BGB regelt Dauer und Betrag der Rente (§ 759), die Vorauszahlung (§ 760) und die Form des Leibrentenversprechens (§ 761). – 2. *Erscheinungsformen:* a) Eine lebenslängliche Leibrente wird periodisch wiederkehrend gezahlt, solange die Person, auf die Rente abgeschlossen wurde, lebt. – b) Aufgeschobene Leibrentensehen die erste Zahlung nicht zum Zeitpunkt des Vertragsabschlusses vor, sondern erst zu einem in der Zukunft liegenden Termin. – c)

Steigende Leibrenten sehen monoton steigende Zahlungen vor. – d) Temporäre Leibrentenwerden abhängig vom Erleben einer Person geleistet, allerdings nur maximal bis zu einem vorab festgelegten Zeitpunkt. – e) Leibrente mit garantierter Beitragsrückzahlung: Stirbt die Person, auf die die Leibrente Bezug nimmt, vor einem festgelegten Zeitpunkt (i.d.R. der Rentenbeginn), werden alle bis zum Zeitpunkt des Todes erbrachten → Beiträge für die Leibrente zurückerstattet. – f) Leibrente mit Rentengarantie: Unabhängig davon, ob die Person, auf die sich die Leibrente bezieht, einen in der Zukunft liegenden Auszahlungstermin erlebt, werden sämtliche Leistungen bis zu diesem Zeitpunkt fällig.

Leistung – **I. Betriebswirtschaftslehre:** 1. *Begriff:* Das (gelungene) Ergebnis eines betrieblichen Erzeugungsprozesses. – *Begriffsfassungen:* (1) Mengenmäßiger Output, z.B. produzierte Stückzahl, bearbeitete Verwaltungsakte; (2) Wert des Prozessergebnisses, d.h. der bewertete mengenmäßige Output. Leistung ist in letzterem Sinn Gegenbegriff der Kosten, wird aber in dieser Bedeutung zunehmend durch den Terminus *Erlös* ersetzt. – 2. *Arten:* Von bes. Bedeutung für die Kostenrechnung: Unterscheidung von absatzbestimmten Leistungen (Kalkulation in der Kostenträgerrechnung) und innerbetrieblichen Leistungen (Kalkulation in der Kostenstellenrechnung).

II. Zivilrecht (§ 241 I BGB): *i.e.S.:* Handlung oder Unterlassung, zu der der Schuldner aufgrund eines Schuldverhältnisses verpflichtet ist (z.B. Übereignung der verkauften Sache etc.). – *I.w.S.:* Leistungsgegenstand, z.B. die zu übereignende Sache selbst. – *Anders:* Schutzpflicht.

III. Umsatzsteuerrecht: Der Oberbegriff für → Lieferung und → sonstige Leistungen.

Leistungsaustausch – Zusammenfassende Bezeichnung für eine → Lieferung oder → sonstige Leistung gegen → Entgelt, betrifft also den Fall, dass jemand an einen anderen eine Leistung erbringt, um damit eine gewollte, erwartete oder erwartbare Gegenleistung auszulösen. Leistung und Gegenleistung müssen also innerlich miteinander verknüpft sein. Dagegen spielt es für das Vorliegen eines Leistungsaustausches keine Rolle, ob die Gegenleistung freiwillig oder nicht gleichwertig ist. Kein Leistungsaustausch liegt vor, weil es an einer Leistung fehlt, bei: (1) Rückgängigmachung einer Lieferung (→ Rückgabe); (2) bei → Erbschaften. – An einer Leistung „gegen Entgelt" fehlt es dagegen bei (1) → Schenkungen, (2) → Schadensersatzleistungen (einschließlich Verzugs-, Fälligkeits- und Prozesszinsen, Vertragsstrafen), (3) Gesellschafterbeiträgen, (4) → Mitgliederbeiträgen, wobei es in allen diesen Fällen Abgrenzungsprobleme geben kann. Da der Leistungsaustausch im Normalfall notwendige Voraussetzung für die → Umsatzsteuer darstellt, kommt es in den genannten Fällen nicht zu einer Umsatzsteuerschuld. – In einigen, weiteren Fällen, in denen die Voraussetzungen eines

Leistungsaustausches nicht gegeben sind, fingiert das Gesetz jedoch dennoch einen Leistungsaustausch: (1) → unentgeltliche Wertabgaben; (2) → Verbringung.

Leistungsbeistellung – Begriff des Umsatzsteuerrechts für das Zurverfügungstellen von Leistungen, d.h. → Lieferungen und → sonstigen Leistungen *(Leistungsbeistellung i.w.S.)* oder ausschließlich von sonstigen Leistungen *(Leistungsbeistellung i.e.S.),* durch den Auftraggeber an den Hersteller eines Werkes. Die beigestellte (sonstige) Leistung ist nicht Bestandteil der Leistung des Werkunternehmers; denn der Werkunternehmer kann dem Auftraggeber keine „Leistung" dadurch erbringen, dass er ihm eine (beigestellte) Leistung zurückgibt, die dem Auftraggeber die gesamte Zeit über bereits gehört hat. Für die Frage, ob etwas vom Auftraggeber dem Auftragnehmer (Werkunternehmer) beigestellt wird oder nicht, kommt es auf die Eigentumsverhältnisse (wirtschaftliche Verfügungsmacht) an: Beschafft der Werkunternehmer Material oder ähnliche Produktionsfaktoren aus rechtlicher Sicht selbst (= im eigenen Namen), so gehen diese insoweit später als Bestandteil der fertigen Leistung mit auf den Auftraggeber über, haben diesem aber noch nicht vorher gehört; von einer Beistellung kann daher dann nicht gesprochen werden. Wenn dagegen rechtlich der Auftraggeber die betreffenden Materialien oder Vorleistungen beschafft – selbst wenn der Auftragnehmer bei der Beschaffung der Leistung als Agent (Einkauf im fremden Namen) oder Berater mitwirkt -, stellt der Auftraggeber diese Dinge dem Auftragnehmer zur Ausführung des Auftrages nur bei. – *Beispiel:* Werkunternehmer A berät den Auftraggeber B bei der Beschaffung der beizustellenden und von C zu bewirkenden Leistung. Beschafft hingegen A im eigenen Namen und für Rechnung des B die Leistung von C, umfasst die Leistung des A an B auch diese Leistung. – *Formen der Leistungsbeistellung (i.w.S.):* → Materialbeistellung, → Personalbeistellung.

Leistungseigenverbrauch → unentgeltliche Wertabgaben.

Leistungsfähigkeitsprinzip – *Ability to Pay Principle.* 1. *Charakterisierung:* Fundamentalprinzip der Besteuerung (→ Besteuerungsprinzipien). Anders als das → Äquivalenzprinzip, das auch als Steuerrechtfertigung verstanden wird und ein Angebot von Staatsleistungen überhaupt begründen will, ist das Leistungsfähigkeitsprinzip lediglich ein *Steuerlastverteilungsprinzip.* Das Angebot an Staatsleistungen wird vorausgesetzt; nur ihre Finanzierung wird geregelt. In der Finanzwissenschaft sowie in Steuerrecht und -politik umstritten. – 2. *Theoretische Fundierung:* a) Das Leistungsfähigkeitsprinzip ist mit den *Opfertheorien* verknüpft worden, um zu beweisen, dass mit ihm eine → Steuerprogression notwendigerweise verbunden ist. Dies musste in die Irre führen, weil die Kritik an den Opfertheorien nachweisen konnte, dass mit ihnen beliebige Tarifverläufe konstruiert werden können, weil ferner auch die

Kritik an der den Opfertheorien zugrunde liegenden Nutzentheorie die Opfertheorien selbst ad absurdum führt. – b) In der modernen Finanzwissenschaft wird daher das Leistungsfähigkeitsprinzip mit Blick auf grundlegende *Gerechtigkeitsvorstellungen und politische Wertungen* und Entscheidungen interpretiert. Notgedrungen bleibt dabei das Leistungsfähigkeitsprinzip unscharf, weil sowohl die Gerechtigkeitsauffassungen in der Gesellschaft als auch die Indikatoren einer Leistungsfähigkeit unterschiedlich interpretierbar sind. – c) (1) Grundsätzlich muss die „horizontale" Gerechtigkeit definiert werden: Soll jeder Besteuerte gleich behandelt werden, muss bereits die Bemessungsgrundlage der Steuer eindeutig und umfassend gestaltet sein. Daneben verlangt die „vertikale" Gerechtigkeit, dass jeder in dem Maße Steuern trage, wie er es könne. Wer über eine größere ökonomische Leistungsfähigkeit (Ausstattung mit Kaufkraft) verfügt, soll ein überproportional höheres Steueropfer tragen. Da dieses sich theoretisch nicht exakt bestimmen lässt, muss politisch darüber entschieden werden (Höhe der Freibeträge, Verlauf der Progressionskurve). (2) Als *Indikatoren der Leistungsfähigkeit* gelten Einkommen, Vermögen und Ausgaben (Konsum); Einkommens-, Vermögens-, aber auch eine persönliche → Ausgabensteuer sind mit dem Leistungsfähigkeitsprinzip vereinbar. In den meisten Staaten werden Einkommensteuern erhoben, oft verbunden mit Vermögensteuern. Unter dem Indikatoraspekt wird in der Finanzwissenschaft diskutiert, welche Einkommensbegriffe (Quellentheorie, Reinvermögenszugangstheorie) mit dem Leistungsfähigkeitsprinzip kompatibel sind. – 3. *Wirkungen:* In dieser Hinsicht zeigt sich die Ambivalenz des Leistungsfähigkeitsprinzips. Einerseits ist es erforderlich, ein recht hohes Progressionsmaß einzurichten, wenn man die Steuertraglast deutlich auf die höheren Einkommensschichten verlagern und dadurch Ziele der *Umverteilungspolitik* erreichen will; andererseits können hohe Progressionen den Leistungswillen der einzelnen lähmen (Disincentive-Effekt) und solchermaßen die gesamtwirtschaftliche Produktivität beeinträchtigen, was eine Verfehlung der *Allokationsziele* bedeutet.

Leistungsgebot – ist die an den Steuer- bzw. Haftungsschuldner gerichtete Aufforderung, einen bestimmten Abgabenbetrag bis zu einem bestimmten Termin an die Finanzkasse zu entrichten. Es ist ein → Verwaltungsakt, wird regelmäßig mit dem entsprechenden Steuer- bzw. Haftungsbescheid (§ 219 AO) verbunden, und ist Voraussetzung für den Beginn des Vollstreckungsverfahrens (§ 254 I AO). Eines Leistungsgebotes bedarf es nicht, wenn (1) eine aufgrund einer → Steueranmeldung geschuldete Leistung nicht erbracht worden ist, (2) bestimmte steuerliche Nebenleistungen zusammen mit der Hauptleistung beigetrieben werden (§ 254 II AO).

Leistungskommission → Kommissionsgeschäft, das nicht eine Ware, sondern eine sonstige Leistung zum

Gegenstand hat, z.B. die Vermietung von Ferienwohnungen (Ferienhaus) durch einen gewerblichen Vermieter, der gegenüber den Feriengästen im eigenen Namen auftritt, während die vermieteten Wohnungen privaten Kapitalanlegern gehören, die ihn zur Vermietung der Wohnungen lediglich beauftragt haben. Umsatzsteuerlich wird die Leistungskommission so behandelt, als hätte der Kommissionär die Leistung selbst an den Dritten erbracht und als hätte der Auftraggeber eine Leistung derselben Art zuvor an ihn erbracht. Das bedeutet v.a., dass das vom Kunden an den Kommissionär gezahlte Entgelt in vollem Umfang steuerpflichtig ist, obwohl der Eigentümer der Wohnung selbst ein Privatmann ist.

Leistungsort – 1. *Bürgerliches Recht:* Ort, an dem der Schuldner eine → Leistung zu erbringen hat (§ 269 BGB). Der Leistungsort entspricht dem Erfüllungsort. – 2. *Umsatzsteuerrecht:* Im Umsatzsteuerrecht hat der Ort der Lieferung/Ort der sonstigen Leistung nichts mit bürgerlich-rechtlichen Leistungsort zu tun, sondern ist ein künstlich definiertes Kriterium, mit dem das Gesetz festlegt, wann umsatzsteuerliche Verpflichtungen im Inland erledigt werden müssen und wann nicht. – Vgl. auch → Lieferung, → sonstige Leistung.

Leistungsvergütungen – 1. *Begriff:* Im Ertragsteuerrecht die Bezeichnung für die Beträge, die der Gesellschafter einer Personengesellschaft von seiner Personengesellschaft handelsrechtlich als Vergütung für Leistungen, die er der Gesellschaft erbracht hat, erhält, z.B. für die Vermietung von Grundstücken oder anderen Wirtschaftsgütern oder für Arbeitsleistung (als Geschäftsführer der Gesellschaft). – 2. *Steuerliche Behandlung:* Leistungsvergütungen sind ertragsteuerlich nicht abzugsfähig; sie sind als eine (Vorab-) Auszahlung von Gewinnen der Gesellschaft an den betreffenden Gesellschafter zu behandeln. – 3. *Bilanzielle Behandlung:* Da die Leistungsvergütung handelsrechtlich in der Gesellschaftsbilanz als Aufwand zu verbuchen ist und diese Behandlung für die Steuerbilanz der Gesellschaft übernommen wird (→ Maßgeblichkeitsprinzip), muss die steuerlich richtige Darstellung der Leistungsvergütung durch eine Nebenrechnung in der Sonderbilanz des betreffenden Gesellschafters gesichert werden. In dieser wird die – in der Gesellschaftsbilanz als Aufwand verbuchte – Leistungsvergütung wieder als Sonderbetriebseinnahme erfasst, sodass sich, wenn das Ergebnis aus Gesamthandelsbilanz und Sonderbilanz des einzelnen Gesellschafters zur Berechnung der gesamten aus der Gesellschaft stammenden Erträge für Zwecke der Einkommen- und Gewerbesteuer wieder zusammengeführt werden, insgesamt das zutreffende Bild ergibt.

Leuchtmittelsteuer – eine zum 1.1.1994 abgeschaffte Verbrauchsteuer auf die Herstellung oder Einfuhr von Leuchtmitteln, die unabhängig davon zu zahlen war, ob der Steuergegenstand zur Beleuchtung verwandt wurde. – Aufkommen 1993: 110 Mio. Euro.

Liebhaberei – Begriff des Einkommen- und Körperschaftsteuerrechts für eine nicht auf → Einkünfteerzielungsabsicht gerichtete Tätigkeit. Liebhaberei ist nach der Rechtsprechung nicht nur bei natürlichen Personen und Personengesellschaften möglich, sondern auch bei Kapitalgesellschaften. Liebhaberei ist ertragsteuerlich irrelevant, daher können v.a. die angefallenen Verluste nicht mit anderen, steuerpflichtigen Einkünften steuermindernd verrechnet werden.

Liefergegenstand → Gegenstand der Lieferung.

Lieferschwelle – 1. *Begriff:* eine Bagatellgrenze für die Anwendung der sog. → Versandhandelsregelung. – 2. *Betroffene Personen:* Die Lieferschwelle betrifft nur Lieferanten, die (a) Umsätze mit Kunden aus anderen EU-Staaten tätigen, wenn (b) diese Kunden Privatpersonen sind, d.h. nicht der Erwerbsteuer unterliegen, und (c) der Lieferant die betreffenden Liefergegenstände selbst in das betreffende Land befördert oder versendet hat (also keine → Abhollieferung vorliegt). – 3. *Bedeutung:* Die Lieferschwelle legt fest, ab welchem Umsatzvolumen ein Lieferant die Umsatzsteuer für Lieferungen an Privatkunden in anderen Mitgliedsstaaten im Zielland der Ware bezahlen und sich daher dort steuerlich registrieren lassen muss. Aus der Sicht des EU-Mehrwertsteuersystems kommt jeweils dem Bestimmungsland die Entscheidung darüber zu, ab wann es ausländische Lieferanten seiner Besteuerung unterwerfen will; daher zählt für die Frage, wann ein deutscher Lieferant z.B. in Spanien umsatzsteuerpflichtig wird, nicht die von Deutschland, sondern die von Spanien festgesetzte Lieferschwelle. Wird die Schwelle überschritten, ohne dass sie bereits im Vorjahr überschritten war, tritt von dem Umsatz an, mit dem der Schwellenwert überschritten wird, Steuerbarkeit des Verkäufers im anderen Land ein. – 4. *Aktuelle Lieferschwellenwerte:* werden von der dt. Finanzverwaltung für alle EU-Länder gesammelt und in Abschn. 42j UStR zur Kenntnisnahme durch die Betroffenen veröffentlicht. Aufgrund EG-rechtlicher Vorgaben beträgt die Lieferschwelle in vielen Ländern entweder 35.000 oder 100.000 Euro; den niedrigsten Lieferschwellenwert hat Italien mit etwas mehr als 29.000 Euro.

Lieferung – Tatbestandsmerkmal bei der → Umsatzsteuer. – 1. *Begriff:* Verschaffung der Verfügungsmacht über einen Gegenstand, d.h. eine Leistung eines Unternehmers, durch die dieser (oder ein von ihm beauftragter Dritter) den Abnehmer oder eine von diesem beauftragte dritte Person befähigt, im eigenen Namen über einen Gegenstand zu verfügen (§ 3 I UStG). – 2. *Voraussetzungen:* a) *Gegenstand:* Der Umsatz muss einen körperlichen Gegenstand (§ 90 BGB) bzw. Tier betreffen. Übertragung von Rechten oder Anteilsrechten ist daher keine Lieferung (sondern → sonstige Leistung). Dagegen sind Umsätze über Sachgesamtheiten oder bestimmte Wirtschaftsgüter, die im Geschäftsverkehr wie Sachen behandelt werden (Gas, Wasser, Strom, Wärme, aber auch Firmenwert und Kundenstamm), als Lieferung anzusehen. – b) *Verschaffung der Verfügungsmacht* bezeichnet die Verschaffung des wirtschaftlichen, nicht des rechtlichen Eigentums. Daher ist z.B. die bloße Sicherungsübereignung keine Lieferung, wohl aber der Verkauf gestohlener Ware oder das Leasinggeschäft, wenn der Gegenstand dadurch wirtschaftliches Eigentum des Leasingnehmers wird. – 3. *Abgrenzungen:* a) *zwischen Lieferung und sonstiger Lieferung:* Bezieht sich ein Umsatz nicht auf die Übertragung eines Gegenstands, liegt keine Lieferung, sondern eine sonstige Leistung vor. Zur speziellen Abgrenzungsproblematik bei Werkverträgen vgl. → Werklieferung und Werkleistung. – b) *Abgrenzung zwischen dem Vorliegen nur einer einheitlichen oder mehreren verschiedenen Leistungen:* Ein einheitlicher wirtschaftlicher Vorgang darf umsatzsteuerlich nicht in mehrere verschiedene Leistungen aufgespalten werden; geschieht dies in den Vereinbarungen zwischen den Beteiligten, ist dies unbeachtlich. Entscheidend ist allein die wirtschaftliche Natur der Leistungen; sind mehrere untereinander gleichwertige Faktoren so miteinander verflochten, dass sie bei natürlicher Betrachtung hinter dem Gesamten zurücktreten, so liegt eine einheitliche Leistung vor. Entscheidend für die Einstufung der Gesamtleistung als Lieferung oder sonstige Leistung ist die wichtigste Komponente (Hauptleistung). Leistungselemente, die unselbstständige → Nebenleistungen darstellen, werden nach den Regeln für die Hauptleistung behandelt. Die Frage ist entscheidend für die Bestimmung des steuerberechtigten Staates (Ort der Lieferung/ sonstigen Leistung), die Anwendung von Befreiungen, die Bestimmung von Steuersätzen. – c) *Abgrenzung des Umfangs der Leistung:* Stellt der Besteller/Kunde dem Unternehmer seinerseits (Vor-)Leistungen zur Verfügung, kann es fraglich sein, ob die Lieferung des Unternehmers nur den von ihm selbst erstellten Teil der Gesamtleistung umfasst oder ob der Vorgang so zu deuten ist, dass einerseits der Unternehmer eine Leistung erbringt, die die gesamte fertige Leistung umfasst, und andererseits der Besteller/ Kunde dem Unternehmer im Gegenzug zzgl. zur vereinbarten Barzahlung mit der Erbringung der Vorleistung bezahlt (Deutung als → tauschähnlicher Umsatz; Effekt: Höhere Bemessungsgrundlage und daher u.U. wesentlich höhere Umsatzsteuerbelastung). Lösung durch die Regelungen von Gesetz und Rechtsprechung zu den Fragenkomplexen → Gehaltslieferung, → Materialbeistellung. – 4. *Steuerberechtigter Staat:* In welchem Staat eine Lieferung steuerbar ist, bestimmt sich nach genauen gesetzlichen Bestimmungen, die zu jeder Lieferung einen *Ort der Lieferung* festlegen. Die betreffenden Regeln sind nicht zwingend an den wirklichen räumlichen Abläufen orientiert, sondern der Ort der Lieferung wird i.d.R. so definiert, dass sich das vom Gesetzgeber gewünschte Ergebnis einstellt (meist: Zuweisung der Besteuerungsbefugnisse nach dem Bestimmungslandprinzip, für Kontrollzwecke aber oft auch Steuerbarkeit nach Ursprungslandprinzip mit anschließender Steuerbefreiung des

Umsatzes vorgesehen). – a) *Grundregel:* Sofern die Ware im Zuge der Lieferung bewegt wird (befördert/ versandt, durch Lieferant, Kunde oder einen Dritten), ist der Ort der Lieferung dort, wo die Beförderung oder Versendung an den Kunden beginnt (§ 3 VI UStG). – b) Bei *ruhender Lieferung,* d.h. Vorgängen ohne Warenbewegung: Ort der Lieferung ist dort, wo der Gegenstand sich z.Z. der Verschaffung der Verfügungsmacht befindet (§ 3 VII UStG). – c) *Bes. Bestimmungen* für spezielle Fälle in § 3c UStG (→ Versandhandelsregelung), § 3e UStG, § 3f UStG sowie § 3g UStG. – 5. *Bes. Formen von Liefergeschäften:* → Kommissionsgeschäft, → Reihengeschäft (mit der Spezialform → Dreiecksgeschäft), Gebrauchtwarenhandel (→ Differenzbesteuerung). – 6. *Fiktiv als Lieferung behandelt* werden bestimmte Arten von → unentgeltlichen Wertabgaben und innergemeinschaftliche → Verbringungen.

Lieferungsort – 1. *Handelsrecht:* Erfüllungsort, → Leistungsort. – 2. *Umsatzsteuerrecht:* Der Lieferort (Ort der Lieferung) im Umsatzsteuerrecht hat keine inhaltliche Verbindung zum Lieferungsort, sondern stellt ein künstliches Kriterium dar, mit dem der Gesetzgeber steuert, ob steuerliche Pflichten im Inland zu erfüllen sein sollen oder nicht. – Vgl. auch → Lieferung, → sonstige Leistung, → Ort der Lieferung, → Ort der sonstigen Leistung.

Lifo – I. *Allgemein:* Abk. für *Last-in-first-out;* Prioritätsprinzip (Priorität) der Warteschlangentheorie, nach dem zuletzt ankommende Transaktionen zuerst bedient werden. Angewandt u.a. bei der Reihenfolgeplanung. – Vgl. auch → Fifo.

II. *Handelsbilanz:* Verfahren zur Bewertung gleichartiger Vermögensgegenstände des Vorratsvermögens, bei dem unterstellt wird, dass die zuletzt gekauften Waren zuerst verkauft bzw. verwendet werden (§ 256 HGB). In der Bilanz werden die Vorräte mit den Anschaffungskosten der zuerst beschafften Waren angesetzt; bei Preissteigerungen also der niedrigste Einstandwert der Vorräte, wodurch das Ergebnis niedriger ausgewiesen wird und stille Rücklagen gebildet werden.

III. *Steuerbilanz:* Die Lifo-Methode kann gemäß § 6 I Nr. 2a EStG grundsätzlich von *Gewerbetreibenden* in Anspruch genommen werden, die aufgrund gesetzlicher Vorschrift zur Buchführung verpflichtet sind oder freiwillig Bücher führen. – In Betracht kommen *gleichartige Wirtschaftsgüter* des Vorratsvermögens. Gleichartigkeit liegt vor bei gleichartiger Warengattung oder gleicher Funktion. Auch annähernde Preisgleichheit wird vorausgesetzt. – Die Unbestimmtheit bez. des anzuwendenden Verfahrens wird durch R 6.9 EStR 2008 eingeschränkt, wonach bei der Bewertung des Vorratsvermögens grundsätzlich von der Lifo-Methode ausgegangen ist. R 6.9 EStR 2008 unterscheidet folgende Methoden: (1) Beim *permanenten Lifo-Verfahren* werden die Zu- und Abschläge des Wirtschaftsjahres in chronologischer Reihenfolge berücksichtigt. Die Zugänge werden mit ihren tatsächlichen Anschaffungskosten angesetzt, während die Abgänge mit den Wertansätzen der letzten Zugänge bewertet werden. – (2) Beim *Perioden-Lifo-Verfahren* werden nicht alle Zu- und Abgänge während des Geschäftsjahres einzeln zugeordnet und wertmäßig fortgeschrieben. Es wird lediglich der mengenmäßige Bestand am Ende der Periode ermittelt und mit dem Anfangsbestand verglichen. Der Steuerpflichtige kann auch den Überbestand für jedes Wirtschaftsjahr als eigenen Posten (Layer) fortführen und bei einem Endbestand, der niedriger ist als der Anfangsbestand, nach der Lifo-Methode auflösen. Die Layer sind nach Lifo-Methode einer → Teilwertabschreibung zugänglich. – *Abweichungen:* Die Lifo-Methode wird im Normalfall (Perioden-Lifo) beim Jahresabschluss angewendet. Von der Lifo-Methode kann in den folgenden Wirtschaftsjahren nur mit Zustimmung des Finanzamts abgewichen werden.

lineare Steuersenkung – Begriff der wirtschafts- und finanzpolitischen Diskussion für eine Herabsetzung der Einkommen- und Körperschaftsteuer um denselben Prozentsatz. – *Gegensatz:* „Gezielte Begünstigung" einzelner Kreise oder Schichten.

lineare Subventionsverkürzung – *Rasenmähermethode;* Begriff des Steuerrechts für Kürzung der staatlichen Subventionen auf die Weise, dass alle gesetzlich vorgesehenen Subventionen in demselben Ausmaß gekürzt werden.

Liquiditätsprüfung → Außenprüfung.

Lizenzgebühren – I. **Begriff:** die aus dem Lizenzvertrag zu zahlenden Entgelte für die Verwertung bes. von Lizenzen und Patenten.

II. **Kostenrechnung:** 1. *Regelmäßig wiederkehrende,* meist mit der Beschäftigung steigende oder auffallende Zahlungen werden i.d.R. als Sondereinzelkosten der Fertigung bzw., falls nach Umsatz abgerechnet wird, als Sondereinzelkosten des Vertriebs erfasst. – 2. *Einmalige* Zahlungen werden aktiviert und die in ihrer Höhe von der Lizenzdauer abhängigen, daraus resultierenden Abschreibungsbeträge (Abschreibung) in die Kostenrechnung übernommen.

III. **Umsatzsteuerrecht:** Der Lizenzgeber erbringt mit der Überlassung eines Patents, Warenzeichens etc. zur Verwertung durch den Lizenznehmer eine → sonstige Leistung im Sinn des Umsatzsteuergesetzes. Sie ist steuerpflichtig, sofern sie im Inland erbracht wird; der Ort der sonstigen Leistung ist i.d.R. dort, wo der Empfänger sein Unternehmen betreibt. – Mit der Lizenz verbundene, entgeltliche Nebenleistungen, wie z.B. die sachgemäße Erteilung von Rat- und Verbesserungsvorschlägen, werden wie die Hauptleistung behandelt. I.d.R. steht dem Lizenznehmer in Höhe der in der gezahlten Lizenzgebühr enthaltenen Umsatzsteuer auch der Vorsteuerabzug zu.

IV. **Ertragsteuerrecht:** 1. *Behandlung beim Zahlenden:* Lizenzgebühren stellen bei dem, der sie zahlt, abzugsfähige Betriebsausgaben dar (§ 4 IV EStG). Sie werden bei der Gewerbesteuer zu einem Viertel wieder dem Gewerbeertrag hinzugerechnet, also zu einem bestimmten Umfang mit Gewerbesteuer belastet (§ 8 Nr. 1 Buchstabe f GewStG ab 2008). – 2. *Behandlung beim Empfänger:* Beim Empfänger können Lizenzgebühren steuerpflichtige Einkünfte aus selbständiger Arbeit sein, § 18 I EStG, sofern es sich um einen Einzelerfinder handelt, der seine Erfindung selbst verwertet. Der Regelfall ist jedoch, dass es sich um Betriebseinnahmen eines gewerblichen Betriebes handelt (wenn die Lizenzgebühren einer Einzelunternehmung oder einer Kapitalgesellschaft zufließen) oder dass es sich um Einkünfte aus Vermietung und Verpachtung von Rechten handelt (§ 21 EStG; sofern das lizenzierte Recht z.B. Patent geerbtes privates Vermögen darstellt). – 3. *Besonderheiten:* Sind Zahlender und Empfänger durch bes. Beziehungen miteinander verbunden, muss geprüft werden, ob die Konditionen für die Lizenzgebühren angemessen sind. Ist das nicht der Fall, werden allerdings nur die unangemessenen Teile der gezahlten Lizenzgebühr als verdeckte Gewinnausschüttung oder verdeckte Einlage angesehen, der angemessene Teil der Zahlung bleibt steuerlich anerkannt.

V. **Steuerliche Besonderheiten bei grenzüberschreitenden Fallkonstellationen:** 1. Die *Umsatzsteuer* für die Lizenzzahlung an einen Lizenzgeber, der nicht im Inland ansässig ist, ist durch den Kunden zu entrichten (Steuerschuldnerschaft des Leistungsempfängers, § 13b UStG). Der an den Lizenzgeber ausgezahlte Betrag ist also nur ein Nettobetrag; der Lizenzgeber darf umsatzsteuerlich auch nur eine Nettorechnung stellen und keinesfalls den Empfang von Umsatzsteuer quittieren. Diese Regelung ist auch in anderen EU-Staaten dieselbe (seit 2010: Einstufung als innergemeinschaftliche Dienstleistung). – 2. *Doppelbesteuerungsabkommen:* Bei den *Ertragsteuern* sehen die Doppelbesteuerungsabkommen vor, dass die Versteuerung der Lizenzgebühren i.d.R. nur im Staat des Lizenzgebers erfolgt (Art. 12 OECD-MA). In einigen selteneren Fällen wird dem Staat, aus dem die Lizenzgebühren stammen, das Recht zugestanden, eine geringfügige Quellensteuer zu erheben (oft: 5 Prozent der Lizenzzahlung). Eine Regelung des EU-Rechts, wonach eine Besteuerung im Herkunftsstaat bei grenzüberschreitenden Lizenzzahlungen von einem EU-Mitgliedstaat in einen anderen hinein untersagt ist, gilt nur für Zahlungen zwischen direkt miteinander verbundenen Mutter-, Tochter- und Schwesterkapitalgesellschaften, aber schon nicht mehr für Zahlungen von Enkelgesellschaften. – 3. *Nationales dt. Recht:* Auf die Zahlung von Lizenzgebühren an einen Empfänger, der nur beschränkt steuerpflichtig ist, sieht das dt. Steuerrecht die Einbehaltung einer Quellensteuer von 15 Prozent zzgl. eines 5,5-prozentigen Solidaritätszuschlages vor (in der Summe 15,825 Prozent), § 50a I EStG. Mit der Einbehaltung dieser Abzugsteuer sind die steuerlichen Verpflichtungen des ausländischen Zahlungempfängers gegenüber dem dt. Staat dann abgegolten (§ 50 II EStG, § 32 KStG). Der Steuerabzug ist jedoch auch dann von der zahlenden Person zwingend vorzunehmen, wenn nach einem Doppelbesteuerungsabkommen der Empfänger an sich das Recht hätte, in Deutschland gar nicht der Besteuerung unterworfen zu werden (§ 50d EStG). Die nach dem Abkommen eigentlich gebotene Steuerfreiheit wird vielmehr in solchen Fällen erst dadurch hergestellt, dass das Bundeszentralamt für Steuern auf Antrag des Empfängers vom einbehaltenen Steuerabzugsbetrag den Betrag erstattet, der nach dem Doppelbesteuerungsabkommen (oder anderen Sonderregelungen) nicht einbehalten werden darf. Hält der Zahlende dieses Verfahren nicht ein und verzichtet er eigenmächtig auf den Einbehalt der vorgeschriebenen Steuer, haftet er für die nicht abgeführte Steuer; hat er vorsätzlich gehandelt, ist auch eine Bestrafung wegen Steuerhinterziehung denkbar (da die Bestrafung wegen Nichtanmeldung einer Steuer generell nicht davon abhängt, ob diese Steuer später erstattet werden könnte).

Lohnabrechnungszeitraum – Zeitraum, für den die Lohnabrechnung vorgenommen wird (Lohnbuchführung). – *Anders:* → Lohnzahlungszeitraum.

Lohnabzüge – Minderung des Bruttoarbeitsentgelts. – 1. Lohnabzüge durch *öffentlich-rechtliche Vorschriften* (Steuergesetze und Sozialversicherungsvorschriften) angeordnet; der Arbeitgeber ist zur Vornahme des Abzuges verpflichtet, z.B. Abzug der Lohnsteuer, ggf. der Kirchensteuer und des Arbeitnehmeranteils an der Sozialversicherung. – 2. Abzüge aufgrund *vertraglicher Abmachungen* der Parteien über das Arbeitsverhältnis und der sie ergänzenden gesetzlichen oder tariflichen Bestimmungen (privatrechtliche Lohnabzüge):(1) Lohnabzüge wegen Schlechtleistung oder Schädigung. Der Arbeitgeber rechnet mit Lohnabzügen seine Schadensersatzforderungen gegen die Lohnforderung auf; (2) Lohnabzüge kraft Zurückbehaltungsrechts des Arbeitgebers in Fällen, in denen ihm eine Gegenforderung gegen den Arbeitnehmer zusteht (z.B. Erzwingung der Rückgabe von Sachen); (3) Lohnabzüge wegen Abtretung der Lohnforderung durch den Arbeitnehmer an einen Dritten (Forderungsabtretung) bzw. wegen Verpfändung (Lohnpfändung); (4) Lohnabzüge bei Vertragsstrafen.

Lohnkonto – zur Erleichterung der Nachprüfung des Lohnsteuerabzugs am Ort der Betriebsstätte, in der der Lohn vom Arbeitgeber ermittelt wird, für jeden Arbeitnehmer zu führendes Konto (§ 41 I EStG, § 4 LStDV). Ist durch die Lohnbuchführung zu führen. Das Lohnkonto ist auch im Interesse der Berufsgenossenschaft (Unfallversicherung) zu führen. – 1. *Angaben:* a) *Allg. Angaben zur Person des Arbeitnehmers* (§ 4 I LStDV): Die im Lohnkonto zu notierenden Angaben werden in § 4 LStDV ausführlich aufgeführt. U.a. sind zu notieren: Name, Geburtstag, Wohnort,

Wohnung des Arbeitnehmers, der amtliche Gemeindeschlüssel der Gemeinde, die die Lohnsteuerkarte ausgestellt hat, das Finanzamt, in dessen Bezirk die Lohnsteuerkarte oder die entsprechende Bescheinigung (für Steuerausländer, die mangels Wohnsitzgemeinde keine Lohnsteuerkarte bekommen können) ausgestellt worden ist, sowie die auf der Lohnsteuerkarte oder der entsprechenden Bescheinigung eingetragenen Besteuerungsmerkmale. Wird die → besondere Lohnsteuertabelle angewandt, ist außerdem der Großbuchstabe B einzutragen. Ändern sich im Laufe des Jahres die Merkmale auf der Lohnsteuerkarte, ist auch der Zeitpunkt der Änderung im Lohnkonto zu vermerken. Ferner sind zu notieren Jahres-, Monats- und Wochenbeträge von auf der Lohnsteuerkarte eingetragenen Freibeträgen und der Geltungszeitraum dieser Freibeträge, sowie ggf. ein Hinweis auf das Vorliegen einer Freistellungsbescheinigung mit näheren Angaben zu deren Inhalt. – b) *Angaben zu den gezahlten Bezügen* (§ 4 II LStDV): der Tag der Lohnzahlung und der Lohnzahlungszeitraum, der Großbuchstabe U, wenn der Lohnanspruch während der Dauer des Dienstverhältnisses für mehr als fünf Arbeitstage im Wesentlichen weggefallen ist, der Arbeitslohn, getrennt nach Barbeträgen und Sachbezügen, und die davon einbehaltene Lohnsteuer. Ferner sind steuerfreie Bezüge zu vermerken mit Ausnahme der nach § 3 Nr. 45 EStG steuerfreien Vorteile und der Trinkgelder. Aufzuzeichnen sind außerdem nach einem DBA steuerfreie oder sonst wie unter Progressionsvorbehalt von der Lohnsteuer freigestellte Bezüge, darüber hinaus auch außerordentliche Einkünfte nach § 34 EStG und die davon einbehaltene Lohnsteuer. Zu vermerken sind auch pauschal besteuerte Bezüge. Das Lohnkonto ist spätestens Ende des Jahres aufzurechnen. – 2. *Aufbewahrungspflicht* besteht für sechs Jahre. – 3. *Führung und Aufbewahrung auf Datenträgern:* Die nach steuerlichen Vorschriften erforderlichen Aufzeichnungen können auf Datenträgern geführt werden, soweit diese Form der Buchführung einschließlich des dabei angewandten Verfahrens den Grundsätzen ordnungsmäßiger Buchführung (GoB) entspricht (§ 146 V AO). Die Unterlagen können auf Datenträgern aufbewahrt werden, wenn die Daten während der Dauer der Aufbewahrungsfrist verfügbar sind und jederzeit innerhalb angemessener Frist lesbar gemacht werden können (§ 147 II AO). Das Betriebsfinanzamt kann Erleichterungen bei der Führung des Lohnkontos bewilligen (§ 4 III LStDV).

Lohnperiode → Lohnzahlungszeitraum.

Lohnrückstand – Rückstand an → Arbeitslohn. – Lohnrückstände werden bei der Berechnung der *Gewerbesteuer* des betreffenden Betriebes als regelmäßig → laufende Verbindlichkeiten behandelt; ebenso Bankschulden, die zur Bezahlung von Löhnen aufgenommen werden. Seit dem Erhebungszeitraum 2008 sind Finanzierungsentgelte unabhängig von der Laufzeit der damit verbundenen Verbindlichkeit für Gewerbesteuerzwecke mit 25 Prozent hinzuzurechnen. Ein Freibetrag von 100.000 Euro ist dabei zu berücksichtigen.

Lohnsteuer – die bei Einkünften aus nichtselbständiger Arbeit durch Abzug vom Arbeitslohn erhobene → Einkommensteuer.

I. Rechtsgrundlagen: §§ 19, 19a, 38–42f EStG; Lohnsteuer-Durchführungs-VO (LStDV), Lohnsteuer-Richtlinien (LStR) und → Lohnsteuertabellen.

II. Ertragshoheit: → Einkommensteuer.

III. Aufgabe: Erfassung des steuerpflichtigen Einkommens bei natürlichen Personen, wenn es ihnen bei unselbständiger Beschäftigung als Arbeitsentgelt zufließt. Grundlage des fiskalischen Anspruchs sind Bestehen und Inhalt eines vertraglichen Arbeitsverhältnisses.

IV. Wesen: keine Sondersteuer, sondern eine Erhebungsform der → Einkommensteuer in Form des Abzuges unmittelbar an der Einkommensquelle; zunächst nach Maßstab, Höhe und Durchführung weitgehend von der Einkommensteuer gelöst, durch → Lohnsteuer-Jahresausgleich jedoch wieder angeglichen. – Diese Erhebungsform verlagert die Pflicht zur Erhebung und Abführung der Lohnsteuer vom Arbeitnehmer (Steuerschuldner; § 38 II 1 EStG) auf den Arbeitgeber.

V. Lohnsteuerpflicht: Die Lohnsteuer ist bei Arbeitnehmern mit Einkünften aus nichtselbständiger Arbeit (lohnsteuerpflichtige Einkünfte) einzubehalten, die (1) im Inland einen Wohnsitz oder gewöhnlichen Aufenthalt haben (*unbeschränkte Steuerpflicht*) oder (2) im Inland keinen Wohnsitz oder gewöhnlichen Aufenthalt haben, wenn sie entweder im Inland als Arbeitnehmer tätig sind oder ihre ausländische Tätigkeit im Inland verwertet wird (→ beschränkte Steuerpflicht). Zur Einbehaltung verpflichtet sind alle Arbeitgeber, die im Inland einen Betrieb, eine Betriebsstätte, einen ständigen Vertreter oder einen Wohnsitz oder gewöhnlichen Aufenthalt (bzw. Sitz oder Geschäftsleitung) haben; ferner ausländische Arbeitgeber, die gewerbsmäßige → Arbeitnehmerüberlassung betreiben (§ 38 EStG).

VI. Pflichten des Arbeitgebers: (1) Durchführung und Kontrolle des ordnungsgemäßen Lohnsteuerabzugs (Lohnsteuerberechnung) und der Abführung ans Finanzamt; Lohnsteueranmeldungszeitraum ist grundsätzlich der Kalendermonat. Hat die Lohnsteuer für das vorangegangene Jahr zwischen 800 und 3.000 Euro betragen, ist Anmeldezeitraum das Quartal, bei weniger als 800 Euro das Kalenderjahr (§ 41a II EStG). (2) Abgabe von Lohnsteueranmeldungen bei Beginn eines Dienstverhältnisses; (3) Führung des Lohnkontos; (4) Ausfüllung von Lohnsteuerbescheinigungen; (5) Duldung von Lohnsteueraußenprüfungen und Mitwirkungspflicht (§§ 42 ff. EStG).

VII. Pflichten des Arbeitnehmers: (1) Duldung des Lohnsteuerabzugs; (2) Abgabe der Lohnsteuerkarte zu Jahresanfang, ggf. deren Beantragung, v.a.

in Fällen, in denen ein zweites oder mehrere Arbeitsverhältnisse eingegangen werden; (3) rechtzeitige Bekanntgabe bei Änderung steuerrelevanter Verhältnisse. Im Fall der schuldhaften Nichtvorlage einer Steuerkarte treten für ihn Nachteile ein: Anwendung der Lohnsteuertabelle nach Steuerklasse VI (§ 39c I EStG).

VIII. Durchführung des Lohnsteuerabzugs beim Arbeitnehmer: 1. Einbehaltung der Lohnsteuer vom *laufenden Arbeitslohn:* Nach Feststellung der Höhe des laufenden Arbeitslohns sind davon abzuziehen: der auf den Lohnzahlungszeitraum entfallende Anteil des → Versorgungsfreibetrags und des → Altersentlastungsbetrags sowie ein etwaiger auf der Lohnsteuerkarte eingetragener Freibetrag (Lohnsteuer-Ermäßigungsverfahren). Der Arbeitslohn des Lohnzahlungszeitraums ist auf einen Jahresarbeitslohn hochzurechnen, der um → Pauschbeträge (je nach Steuerklasse) vermindert wird. Dies ergibt den zu versteuernden Jahresbetrag, auf den der → Einkommensteuertarif (§ 32a EStG) angewendet wird. – 2. Einbehaltung der Lohnsteuer von *sonstigen Bezügen:* Der Arbeitgeber hat den voraussichtlichen Jahresarbeitslohn ohne sonstige Bezüge festzustellen und auf diesen, um die in 1. genannten Freibeträge und evtl. um einen Jahresfreibetrag gekürzt, den Einkommensteuertarif nach Minderung durch Pauschbeträge anzuwenden. Außerdem ist der Lohnsteuer für den maßgebenden Jahresarbeitslohn unter Einbeziehung der sonstigen Bezüge festzustellen. Der Unterschiedsbetrag zwischen den ermittelten Jahreslohnsteuerbeträgen ist die von den sonstigen Bezügen einzubehaltende Lohnsteuer. – Hinsichtlich der *Feststellung des voraussichtlichen Jahresarbeitslohns* ist wie folgt zu verfahren: Ermittlung des Arbeitslohns, der bis zur Zahlung des sonstigen Bezugs bereits zugeflossen ist; Schätzung des bis zum Ablauf des Kalenderjahrs noch zu erwartenden Arbeitslohns; Zusammenrechnung der ermittelten Größen; künftige sonstige Bezüge, mit deren Zufließen bis Ende des Jahres zu rechnen ist, bleiben außer Betracht; künftiger zu erwartender höherer laufender Arbeitslohn (z.B. Gehaltserhöhung) ist zu berücksichtigen, wenn dieser feststeht. – *Ausnahmen von der generellen Besteuerung sonstiger Bezüge:* (1) Sonstige Bezüge, die 150 Euro nicht übersteigen, sind als laufender Arbeitslohn zu behandeln; (2) außerordentliche Einkünfte im Sinn des § 34 I und II Nr. 2 (Entschädigungen) und Nr. 4 (Vergütungen für mehrjährige Tätigkeiten) EStG führen zu einer Ermäßigung der Lohnsteuer (§ 39b III 9 EStG). (3) In einigen Fällen Möglichkeit einer Pauschalierung der Lohnsteuer.

IX. Anmeldung und Abführung: Der Arbeitgeber hat spätestens am zehnten Tag nach Ablauf eines jeden Lohnsteuer-Anmeldungszeitraums (i.d.R. eines Kalendermonats): (1) dem Betriebsstättenfinanzamt eine Steuererklärung anzugeben über die Summe der im betreffenden Zeitraum einzubehaltenden und zu übernehmenden Lohnsteuer angibt

(→ Lohnsteueranmeldung), (2) die insgesamt einbehaltene und übernommene Lohnsteuer an das Betriebsstättenfinanzamt abzuführen.

X. Haftung: 1. Der *Arbeitgeber* haftet a) für die Lohnsteuer, die er einzubehalten und abzuführen hat, b) für die Lohnsteuer, die er beim Lohnsteuer-Jahresausgleich zu Unrecht erstattet hat, c) für die aufgrund fehlerhafter Angaben im Lohnkonto, in der Lohnsteuer-Bescheinigung oder im Lohnzettel verkürzte Lohnsteuer. Bei Arbeitnehmerüberlassungen kann der Entleiher unter bestimmten Voraussetzungen haftungsweise für die Lohnsteuer der geliehenen Arbeitnehmer in Anspruch genommen werden (§ 42d EStG). – 2. Der *Arbeitnehmer* kann im Rahmen der Gesamtschuldnerschaft nur in Anspruch genommen werden, wenn a) der Arbeitgeber die Lohnsteuer nicht vorschriftsmäßig vom Arbeitslohn einbehalten hat, b) der Arbeitnehmer weiß, dass der Arbeitgeber die einbehaltene Lohnsteuer nicht vorschriftsmäßig angemeldet hat. – 3. Gegen Arbeitgeber oder Arbeitnehmer werden, wenn sie in Anspruch genommen werden, *Haftungsbescheide* vom Finanzamt erlassen, es sei denn, der Zahlungsverpflichtete hatte die Haftung schriftlich anerkannt oder der Arbeitgeber eine Lohnsteueranmeldung abgegeben.

XI. Lohnsteuer-Jahresausgleich: Erstattung der im Laufe des Jahres zu viel erhobenen Lohnsteuer an die Arbeitnehmer nach Ablauf des Jahres. Er ist von einem Arbeitgeber, der am 31. Dezember des Ausgleichsjahrs mind. zehn Arbeitnehmer beschäftigt, regelmäßig durchzuführen oder durch den Arbeitnehmer beim Finanzamt zu beantragen. Eine → Veranlagung zur Einkommensteuer ist für Arbeitnehmer in bestimmten Fällen zwingend vorgeschrieben, z.B. wenn der Arbeitnehmer neben seinem Arbeitslohn noch andere Einkünfte bezogen hat oder ein Freibetrag auf der Lohnsteuerkarte eingetragen wurde (§ 46 EStG); zu viel einbehaltene Steuern werden erstattet, zu wenig erhobene Steuern nachgefordert. – Vgl. auch → Lohnsteuer-Jahresausgleich.

XII. Elektronisches Verfahren: → Elektronisches Lohnsteuerverfahren.

XIII. Aufkommen: 176.760 Mio. Euro (2008), 167.006 (2007), 122.612,1 Mio. Euro (2006), 133.090, 2 Mio. Euro (2003), 132.189,8 Mio. Euro (2002), 132.625,9 Mio. Euro (2001), 135.733,1 Mio. Euro (2000), 144.542,5 Mio. Euro (1995), 92.581,1 Mio. Euro (1990), 75.482 Mio. Euro (1985), 57.039 Mio. Euro (1980), 36.399 Mio. Euro (1975), 17.939 Mio. Euro (1970), 8.558 Mio. Euro (1965), 4.142 Mio. Euro (1960), 2.251 Mio. Euro (1955), 924 Mio Euro (1950).

Lohnsteueranmeldung – 1. *Begriff:* Eine Steueranmeldung ist eine Steuererklärung, in der der Steuerpflichtige die Steuer selbst auszurechnen hat (§ 150 I AO); entsprechend ist die Lohnsteueranmeldung die Steuererklärung über die vom Arbeitgeber einbehaltene und anzumeldende Lohnsteuer; ferner bezeichnet man damit auch das Einreichen der Erklärung. – 2. *Fundstellen:* Die Pflicht des Arbeitgebers zur Anmeldung der einbehaltenen → Lohnsteuer regelt § 41a EStG. – 3. *Verpflichtete Personen:* Grundsätzlich jeder Arbeitgeber. Befreit von der Einreichungspflicht sind Arbeitgeber, die keine Arbeitnehmer beschäftigen und dies dem Finanzamt mitteilen. – 4. *Einzureichen* ist die Lohnsteueranmeldung auf elektronischem Weg; die technischen Einzelheiten ergeben sich aus der Steuerdaten-Übermittlungsverordnung. Nur in Härtefällen, in denen die elektronische Übermittlung nicht zumutbar erscheint, kann das Finanzamt auf die elektronische Übermittlung der Lohnsteueranmeldung verzichten. In diesem Fall darf dann der Arbeitgeber die Lohnsteueranmeldung auf amtlichen Vordruck übermitteln; sie ist dann von ihm oder von einer zu seiner Vertretung berechtigten Person zu unterschreiben (§ 41a I EStG). – 5. *Lohnsteuer-Anmeldezeitraum:* I.d.R. ein Kalendermonat; ein Kalendervierteljahr, wenn die im vorangegangenen Kalenderjahr abzuführende Lohnsteuer mehr als 1000 Euro, aber nicht mehr als 4000 Euro betragen hat; ein Kalenderjahr, wenn sie nicht mehr als 1000 Euro betragen hat. – Ein → Verspätungszuschlag bis zu 10 Prozent der endgültig festgestellten Lohnsteuer kann bei nicht rechtzeitiger Abgabe festgesetzt werden; die Abgabe der Lohnsteueranmeldung kann durch Auferlegung eines *Zwangsgeldes* erzwungen werden.

Lohnsteuerauskunft – *Anrufungsauskunft;* Auskunft des → Betriebsstättenfinanzamtes auf Antrag eines Beteiligten darüber, ob und inwieweit im einzelnen Fall die Vorschriften über die → Lohnsteuer (nicht: → Kirchensteuer) anzuwenden sind (§ 42e EStG). Auf die Erteilung einer solchen Auskunft besteht ein Anrecht. Die erteilte Auskunft ist gegenüber dem Arbeitgeber bindend; allerdings zählt sie nur für die Lohnsteuer, nicht auch für die spätere Einkommensteuer-Veranlagung des betroffenen Arbeitnehmers durch dessen Wohnsitzfinanzamt. – Anders: → Verbindliche Auskunft (§ 89 II AO).

Lohnsteueraußenprüfung – *Lohnsteuerprüfung;* planmäßig, also nicht nur bei unregelmäßiger Abführung der Lohnsteuer, vom → Betriebsstättenfinanzamt im bestimmten zeitlichen Turnus (i.d.R. zwei Jahre) durchgeführte Prüfung über die ordnungsmäßige Abführung der → Lohnsteuer bei privaten und öffentlichen Arbeitgebern (→ Außenprüfung). – *Prüfungsumfang:* Feststellung der für eine Lohnsteuer in Frage kommenden Arbeitnehmer; Höhe des gezahlten Arbeitslohns einschließlich gezahlter Sachbezüge. Zu wenig gezahlte Lohnsteuer wird durch → Haftungsbescheid nachgefordert. – Neben dem Arbeitgeber ist auch der Arbeitnehmer auf Verlangen bei der Lohnsteueraußenprüfung *mitwirkungspflichtig* (§ 42f EStG).

Lohnsteuerberechnung – Errechnung der einzubehaltenden und abzuführenden → Lohnsteuer vom → Arbeitslohn, durchzuführen nach einer in § 36 II EStG vorgeschriebenen Berechnungsweise. Die

Praxis vereinfacht diese Berechnung durch die Benutzung entsprechender → Lohnsteuertabellen oder Computerprogramme. – Gesetzliche, tarifliche oder freiwillige Zuschläge für Mehrarbeit, Sonntagsarbeit etc. sind bis zu bestimmten Höchstbeträgen steuerfrei (§ 3b EStG). – Vgl. auch → Mehrarbeitszuschlag. – *Vereinfachte Lohnsteuerberechnung:* → Pauschalierung der Lohnsteuer.

Lohnsteuerbescheinigung – vom Arbeitgeber für die am Ende des Kalenderjahres bei ihm beschäftigten und für solche Arbeitnehmer, die im Laufe des Jahres bei ihm ausgeschieden sind, auszustellende Bescheinigung (§ 41b EStG). Vordruck einer Lohnsteuerbescheinigung auf der → Lohnsteuerkarte, aber die Bescheinigung erfolgt im Regelfall nicht mehr dort, sondern elektronisch, vgl. unten. – *Anzugeben* sind: (1) Beschäftigungszeit des Arbeitnehmers im Kalenderjahr, (2) Höhe des entsprechenden → Arbeitsentgelts (einschließlich → Sachbezüge), (3) Höhe der abgeführten → Lohnsteuer (ggf. nach der → besonderen Lohnsteuertabelle), (4) Angabe des ausgezahlten Kurzarbeiter- und Schlechtwettergelds sowie die diesen Leistungen entsprechenden Beträge im Sinn des § 32 b II Nr. 1 EStG. – *Befreiung* bei → Teilzeitbeschäftigten oder Arbeitnehmern, bei denen gemäß § 40 oder § 40b EStG in bes. Fällen der Arbeitslohn pauschal besteuert wurde. Ab 2005 ist die klassische Lohnsteuerbescheinigung ersetzt durch die elektronische Lohnsteuerbescheinigung, seitdem händigt der Arbeitgeber dem Arbeitnehmer nur noch einen Ausdruck der elektronischen Lohnsteuerbescheinigung aus; die Lohnsteuerkarte wird dagegen an das Finanzamt übergeben oder vernichtet; das klassische Verfahren wird nur noch in Ausnahmefällen angewandt (§ 41b III EStG). – Vgl. auch Verdienstbescheinigung, → Lohnsteuerüberweisungsblatt.

Lohnsteuer-Durchführungsverordnung (LStDV 1990) – Steuerrechtsverordnung i.d.F. der Bekanntmachung vom 10.10.1989 m.spät.Änd. Die LStDV enthält Vorschriften über die Besteuerung der Einkünfte aus nichtselbständiger Tätigkeit und die Durchführung des Steuerabzugs vom Arbeitslohn. – Vgl. auch → Lohnsteuer.

Lohnsteuer-Ermäßigungsverfahren – I. Begriff: Das Lohnsteuer-Ermäßigungsverfahren ist ein Teil des Lohnsteuer-(abzug)verfahrens (→ Lohnsteuer), durch das der Bezieher der Einkünfte aus nichtselbständiger Arbeit das Recht erhält, bestimmten Voraussetzungen einen Freibetrag auf der → Lohnsteuerkarte eintragen zu lassen (§ 39a EStG). Der Steuerpflichtige braucht somit nicht den → Lohnsteuer-Jahresausgleich abzuwarten, um seine individuell abzugsfähigen Beträge geltend zu machen, sondern kann seine regelmäßig zu zahlende Lohnsteuer schon während des laufenden Kalenderjahrs durch einen förmlichen Antrag beim zuständigen Wohnsitzfinanzamt ermäßigen lassen.

II. Zielsetzung: → Werbungskosten und → Sonderausgaben gehen ohne Vorliegen eines bes. Antrags nur in Form von Pauschalen in die Berechnung der Lohnsteuer ein. Dies führt bei tatsächlich höheren Werbungskosten oder Sonderausgaben oder bei der Existenz von → außergewöhnlichen Belastungen eines steuerpflichtigen Arbeitnehmers zu *Nachteilen im Vergleich zu Beziehern anderer Einkunftsarten*, die Ausgaben im Rahmen ihrer Einkommensteuervorauszahlungen geltend machen können. Durch das Lohnsteuer-Ermäßigungsverfahren können die während des Kalenderjahrs zu entrichtenden Lohnsteuerbeträge der sich voraussichtlich durch den → Lohnsteuer-Jahresausgleich bzw. durch die Veranlagung zur Einkommensteuer ergebenden Jahressteuer der Höhe nach angepasst werden. – Bei der Ausstellung der Lohnsteuerkarte durch die zuständige Gemeinde werden *von Amts wegen* nach Anweisung des Finanzamts Pauschbeträge für Körperbehinderte und Pauschbeträge für Hinterbliebene (s. hierzu allg. → Pauschbeträge) in einer Summe eingetragen.

III. Berücksichtigungsfähige Beträge: 1. *Einen Mindestbetrag voraussetzende Eintragungen:* Auf Antrag des Arbeitnehmers kann die Eintragung eines Freibetrags auf der Lohnsteuerkarte erfolgen, wenn die Werbungskosten, die bei den Einkünften aus nichtselbständiger Arbeit anfallen, bestimmte Sonderausgaben und außergewöhnliche Belastungen die jeweiligen Pauschbeträge und insgesamt 600 Euro übersteigen. – 2. *Keinen Mindestbetrag voraussetzende Eintragungen:* Ohne Voraussetzung eines Mindestbetrags kann ein Freibetrag auf der Lohnsteuerkarte eingetragen werden bei nicht ausgeglichenen Verlusten, bei selbstbewohntem Wohneigentum, bei der Inanspruchnahme der Steuervergünstigung der § 34f EStG, § 35a EStG sowie bei negativer Summe der Einkünfte aus Kapitalvermögen und bei negativen Einkünften aus Kapitalvermögen (wobei letztere seit Einführung der Abgeltungssteuer kaum noch vorkommen können, im Gesetzestext aber noch genannt sind).

IV. Verfahrensrechtliche Grundsätze: Ein Antrag auf Lohnsteuerermäßigung kann bis zum 30. November des Kalenderjahres gestellt werden, für das die Lohnsteuerkarte gilt. – Bei der Freibetragseintragung auf der Lohnsteuerkarte handelt es sich um eine *gesonderte Feststellung einer Besteuerungsgrundlage* im Sinn des § 179 I AO, die unter dem Vorbehalt der Nachprüfung steht. D.h., dass auch eine rückwirkende Änderung ohne Vorliegen der Voraussetzungen gemäß §§ 172 ff. AO möglich ist.

Lohnsteuerhilfeverein – 1. *Begriff:* Selbsthilfeeinrichtung von Arbeitnehmern zur Hilfeleistung in Lohnsteuersachen für ihre Mitglieder (§ 13 I StBerG). – 2. *Anerkennung* (§§ 14–20 StBerG): erfolgt bei Erfüllung der satzungsmäßigen Voraussetzungen und Abschluss einer Haftpflichtversicherung auf Antrag durch die Oberfinanzdirektion, in deren Bezirk der Verein seinen Sitz hat. Die Anerkennung erlischt durch Auflösung des Vereins, Verzicht auf Anerkennung und Verlust der Rechtsfähigkeit. Die Oberfinanzdirektion kann die Anerkennung unter den Voraussetzungen des § 20 StBerG zurücknehmen oder widerrufen. – 3. *Pflichten* (§§ 21–26 StBerG): Der Lohnsteuerhilfeverein hat Aufzeichnungen zu führen und diese Aufzeichnungen jährlich durch Geschäftsprüfer prüfen zu lassen. Die Hilfeleistung ist sachgemäß, gewissenhaft, verschwiegen und unter Verzicht auf Werbung auszuüben. Die Beratungsstellen des Lohnsteuerhilfevereins müssen durch eine sachgemäße Person geleitet werden. – 4. *Aufsicht* (§§ 27–30 StBerG): Die Mitglieder des Vorstandes und Personen, denen sich der Lohnsteuerhilfeverein bei der Hilfeleistung bedient, haben der Oberfinanzdirektion als Aufsichtsbehörde u.a. Auskunft zu geben und Akten vorzulegen. Die Aufsichtsbehörde kann in den Geschäftsräumen Prüfungen vornehmen.

Lohnsteuer-Jahresausgleich – I. Begriff: Das einkommensteuerliche Verfahren, mit dem Arbeitnehmer überschüssige einbehaltene Lohnsteuern erstattet bekommen können. Der Begriff „Lohnsteuerjahresausgleich" deckt im Grunde zwei Verfahrensarten ab: den Lohnsteuer-Jahresausgleich durch den Arbeitgeber (§ 42b EStG, insoweit noch offizielle Bezeichnung) und den Lohnsteuer-Jahresausgleich durch das Finanzamt (insoweit ist Lohnsteuer-Jahresausgleich zwar auch heute noch die allg. übliche Bezeichnung, war aber nur bis Anfang der 1990er-Jahre die offizielle Bezeichnung des Verfahrens; seitdem wird dieser Vorgang offiziell als Antragsveranlagung bezeichnet).

II. Allgemeiner Hintergrund der Regelung: 1. *Ausnahme von der allg. Steuererklärungspflicht für zahlreiche Arbeitnehmer:* Grundsätzlich sind alle unbeschränkt steuerpflichtigen Personen verpflichtet, jährlich eine Steuererklärung abzugeben (§ 26 EStG). Für unbeschränkt steuerpflichtige Arbeitnehmer, d.h. für alle Personen, bei denen das steuerpflichtige Einkommen ganz oder teilweise aus Einkünften aus nichtselbständiger Arbeit besteht, ist dieser Grundsatz jedoch durchbrochen: Arbeitnehmer müssen eine Jahressteuererklärung nur in bestimmten Sonderfällen abgeben, die in § 46 EStG im Einzelnen aufgeführt sind und, da sie sehr technischer Natur sind, dort bei Bedarf nachgeschlagen werden sollten. Ziel dieser Regelung ist es, der Verwaltung (und den betroffenen Arbeitnehmern, für die das Ausfüllen einer Steuererklärung oft ja erheblichen Aufwand bedeutet) „überflüssige" Verwaltungsarbeit zu ersparen in Fällen, in denen die während des Jahres einbehaltene Lohnsteuer normalerweise die gesamte geschuldete Einkommensteuerschuld ohnehin im Wesentlichen abdecken müsste. Wird somit eine Steuererklärung nicht verlangt und eine Jahressteuerschuld nicht mehr durch Veranlagung berechnet, bleibt die während des Jahres vereinnahmte Lohnsteuer folglich endgültig, und die ESt ist damit pauschal erledigt (§ 46 IV EStG). – 2. *Grund für ein Wahlrecht auf*

Veranlagung: Weil der Gesetzgeber nur deshalb auf die Veranlagung verzichtet, weil er davon ausgeht, dass es nur um unwesentliche Beträge geht, könnte es Arbeitnehmer benachteiligen, wenn die Veranlagung für sie außer in den in § 46 EStG genannten Fällen zwangsweise ausgeschlossen würde. Es sind z.B. Fälle ohne Weiteres denkbar, bei denen die während des Jahres einbehaltene Lohnsteuer die gesetzlich geschuldete Jahreseinkommensteuer durchaus auch deutlich übersteigen könnte; für diese Fälle wäre es unangemessen, die Durchführung einer Veranlagung zu verweigern. Daher räumt der Gesetzgeber allen Arbeitnehmern, die nicht schon von § 46 II Nr. 1-7 EStG ausnahmsweise zur Abgabe einer Steuererklärung verpflichtet sind, das Recht ein, freiwillig eine Jahressteuererklärung abzugeben und die gesetzlich geschuldete Jahressteuerschuld bestimmen zu lassen; überschüssige Lohnsteuer-Beträge werden dann erstattet (offizielle Bezeichnung: Antragsveranlagung; § 46 II Nr. 8 EStG).

III. Lohnsteuer-Jahresausgleich durch den Arbeitgeber: 1. *Grundprinzip:* In einer erheblichen Vielzahl von Fällen ergeben sich Überzahlungen der Lohnsteuer über die gesetzlich geschuldete Höhe der Jahreseinkommensteuer zwangsläufig dadurch, dass die Höhe der monatlichen Bezüge während des Kalenderjahrs geschwankt hat, z.B. infolge von Lohnerhöhungen oder ähnlichen Effekten; denn weil die monatliche Lohnsteuer stets auf der Annahme beruht, der in diesem Monat bezogene Lohn sei auch in allen anderen Monaten des Jahres bezogen worden, ist die Progression, die dem Lohnsteuerabzug zugrunde liegt, in solchen Fällen immer im Vergleich zum wirklich angefallenen Jahreseinkommen zu hoch. Um in diesen einfach gelagerten Fällen der Finanzverwaltung und auch den betroffenen Arbeitnehmern unnötige Arbeit zu ersparen, sieht das Gesetz vor, dass der Arbeitgeber in einigen Fällen von sich aus einen Lohnsteuerjahresausgleich vorzunehmen hat. Dieser führt zwar schon den Abbau der genannten progressionsbedingten Überzahlungen herbei, hat aber insoweit keinen endgültigen Charakter, als das Wahlrecht der betroffenen Arbeitnehmer, eine reguläre Einkommensteuerveranlagung durch das Finanzamt zu beantragen, bestehen bleibt. – 2. *Durchführung:* Der Arbeitgeber, der einen Lohnsteuerjahresausgleich durchführt, tut dies ohne bes. Antrag des Arbeitnehmers von sich aus und zahlt den Erstattungsbetrag dadurch an den Arbeitnehmer aus, er ihm vom laufenden Lohn in der Zeit vom letzten Lohnzahlungszeitraum des auszugleichenden Jahres bis einschließlich Monat März des folgenden Jahres in Höhe des Differenzbetrags weniger an Lohnsteuer einbehält und auch nur diesen geringen Betrag an die Finanzbehörden abführt (Aufrechnung). Innerbetriebliche Verrechnung mit Lohnsteuerbeträgen anderer Arbeitnehmer und Barzahlung ist bei entsprechender Buchung auf dem → Lohnkonto zulässig. – 3. *Durchführungspflicht:* Arbeitgeber mit mind. zehn Arbeitnehmern am 31. Dezember des Ausgleichjahrs müssen den Ausgleich durchführen; bei weniger als zehn Beschäftigten und bei unständiger Beschäftigung, wenn die beschäftigungslose Zeit nicht durch amtliche Unterlagen (z.B. Arbeitslosen-Meldekarte) nachgewiesen wird, kann der Arbeitnehmer an das zuständige Finanzamt verwiesen werden. § 42b EStG. – 4. *Keine Durchführung* durch den Arbeitgeber ist in Fällen erlaubt, in denen ein Lohnsteuer-Jahresausgleich aus der Sicht des Gesetzes unerwünscht erscheint, z.b. weil der Fall komplex gelagert ist oder zur Berechnung der Jahressteuerschuld Daten erforderlich sind, über die der Arbeitgeber nicht verfügt. Demnach hat ein Lohnsteuer-Jahresausgleich durch den Arbeitgeber zu unterbleiben, wenn: (1) der Arbeitnehmer es beantragt, (2) der Arbeitnehmer im Ausgleichsjahr ständig oder zeitweise nach den Steuerklassen II, III, IV, V oder VI zu besteuern war oder das Faktorverfahren anzuwenden war, (3) auf der Lohnsteuerkarte des Arbeitnehmers ein Freibetrag oder ein Hinzurechnungsbetrag eingetragen ist oder (4) der Arbeitnehmer im Ausgleichsjahr Kurzarbeiter-, Schlechtwetter- oder Winterausfallgeld, Zuschuss zum Mutterschaftsgeld oder bestimmte andere Bezüge erhalten hat (Einzelheiten s. § 42b I Nr. 4 EStG), (5) im Lohnkonto oder der LST-Karte mind. einmal der Buchstabe „U" eingetragen worden ist oder (6) es Besonderheiten bei der Vorsorgepauschale gegeben hatte, – (7) der Arbeitnehmer im Ausgleichsjahr ausländische Einkünfte aus nichtselbständiger Arbeit bezogen hat, die nach einem Doppelbesteuerungsabkommen (DBA) oder unter Progressionsvorbehalt nach § 34c V EStG von der Lohnsteuer freigestellt waren. Ferner ist der Lohnsteuer-Jahresausgleich ausgeschlossen, wenn der Arbeitnehmer während des Jahres teilweise rentenversicherungspflichtig und teilweise rentenversicherungsfrei beschäftigt war (Konkurrenz von → allgemeiner Lohnsteuertabelle und bes. Lohnsteuertabelle). Ein Lohnsteuer-Jahresausgleich hat außerdem stets zu unterbleiben bei → Steuerausländern.

IV. Lohnsteuer-Jahresausgleich durch das Finanzamt (Antragsveranlagung, § 46 II Nr. 8 EStG):

Der Lohnsteuer-Jahresausgleich durch das Finanzamt, offiziell nur noch als „Antragsveranlagung" bezeichnet, entspricht der Abgabe einer ganz normalen Einkommensteuerjahreserklärung mit anschließendem Erhalt eines Einkommensteuerbescheides. Dabei werden die einbehaltenen Lohnsteuern auf die Jahreseinkommensteuerschuld angerechnet und evtl. Überschüsse werden dem Arbeitnehmer erstattet. Der Antrag wird einfach dadurch gestellt, dass der Arbeitnehmer nach der Veranlagungszeitraum eine Einkommensteuererklärung abgibt; hierbei muss darauf geachtet werden, dass die Fristen für die Festsetzung der Einkommensteuer noch nicht abgelaufen sind. Frühere bes. Fristen für die Antragsveranlagung sind aufgehoben worden.

V. **Pfändung:** Bei Pfändung des Lohnsteuer-Erstattungsanspruchs ist nach Auffassung der Finanzverwaltung der sonst für die Lohnpfändung geltende Pfändungsschutz nicht anzuwenden, die Forderung ist ohne Beschränkung pfändbar.

VI. Beschränkt steuerpflichtige Arbeitnehmer (Steuerausländer mit Lohneinkünften aus dem Inland):

1. *Grundregel:* Bei beschränkt steuerpflichtigen Arbeitnehmern gilt als Grundregel, dass der Lohnsteuerabzug durch den Arbeitgeber endgültig ist und die dt. Einkommensteuerschuld für die betreffenden Einkünfte aus nichtselbständiger Arbeit dadurch auf pauschale Weise erledigt ist (§ 50 II Satz 1 EStG). Diese Regelung ist zwingend, und die betreffenden Lohneinkünfte würden auch selbst dann nicht mehr vom Finanzamt berücksichtigt werden, wenn der Betroffene aus anderen Gründen doch noch eine Steuererklärung in Deutschland abzugeben hätte; vielmehr würde er dann nur noch mit den Einkünften veranlagt, die noch nicht der Lohnsteuer unterlegen haben. *Beispiel:* Ein beschränkt steuerpflichtiger Arbeitnehmer, der in Deutschland Lohneinkünfte von 60.000 Euro erzielt hatte und außerdem auch noch Mieteinkünfte aus einer dt. Immobilie in Höhe von 10.000 Euro hatte, muss wegen der Mieteinkünfte zwar noch eine dt. ESt-Erklärung abgeben, es werden bei der Veranlagung jedoch die Lohneinkünfte nicht berücksichtigt, da deren Besteuerung durch den Lohnsteuerabzug bereits erledigt ist (§ 50 II Satz 1 EStG). – 2. Der Lohnsteuer-*Jahresausgleich durch den Arbeitgeber* ist bei beschränkt steuerpflichtigen Arbeitnehmern generell verboten. – 3. *Ausnahmen, in denen eine Veranlagung mit den Lohneinkünften durch das Finanzamt dennoch möglich ist:* Ein allg. Wahlrecht auf einen Lohnsteuer-Jahresausgleich bzw. eine Antragsveranlagung gibt es nicht, wenn der Steuerpflichtige nur beschränkt steuerpflichtig ist. Es bedarf daher in allen Fällen, in denen ein beschränkt Steuerpflichtige eine Veranlagung erreichen will, einer ausdrücklichen gesetzlichen Sonderregelung. Im Einzelnen gilt: Die Abgabe einer Jahreseinkommensteuererklärung mit anschließender Veranlagung durch das Finanzamt ist *zwingend,* wenn (1) zwar eine Arbeitstätigkeit im Inland ausgeübt wurde, es aber keinen Lohnsteuereinbehalt gegeben hat, weil die Tätigkeit nicht für einen inländischen Arbeitgeber ausgeführt wurde, oder (2) wenn der Betroffene im Kalenderjahr von der unbeschränkten Steuerpflicht zur beschränkten Steuerpflicht gewechselt hat oder umgekehrt (§ 2 VII EStG, § 50 II Nr. 3 EStG), oder (3) beim Lohnsteuereinbehalt *irrtümlich* davon ausgegangen worden war, der Arbeitnehmer sei unbeschränkt steuerpflichtig; das gilt allerdings nur dann, wenn diese Annahme sich auf eine unbeschränkte Steuerpflicht nach den Sonderregeln der § 1 II, § 1 III oder § 1a EStG bezieht (§ 50 II Satz 2 Nr. 2 EStG) oder (4) das Finanzamt auf den beschränkt Steuerpflichtigen erteilten Bescheinigung für Lohnsteuerzwecke einen Freibetrag oder einen Hinzurechnungsbesteuerung oder

ähnliche Eintragungen vorgenommen hat (§ 39d II EStG). – b) Die Einbeziehung der Lohneinkünfte in die Veranlagung eines beschränkt steuerpflichtigen Arbeitnehmers ist außerdem dann möglich, wenn dieser ein Staatsangehöriger eines Mitgliedsstaates der EU oder des übrigen Europäischen Wirtschaftsraums (EWR; Island, Liechtenstein und Norwegen) ist und zum Gebiet eines dieser Staaten wohnt, sofern er die Veranlagung beantragt (§ 50 II Nr. 4b EStG); diese Regelung ist aus EG-rechtlichen Gründen zwingend, da der Steuergesetzgeber ansonsten gegen das Diskriminierungsverbot im EG-Vertrag und EWR-Vertrag verstoßen würde. – 4. *Terminologisches:* Bei einem Antrag eines beschränkt Steuerpflichtigen auf Veranlagung mit seinen Lohneinkünften ist es bisher allg. eher unüblich, von „Lohnsteuer-Jahresausgleich" oder „Antragsveranlagung" zu sprechen. – 5. *Zu unterscheiden* von einem Antrag eines beschränkt Steuerpflichtigen auf Veranlagung mit seinen Lohneinkünften (z.B. nach § 50 I Nr.4b EStG, s.oben) ist der Antrag eines beschränkt Steuerpflichtigen, als unbeschränkt Steuerpflichtiger behandelt zu werden, ein Antrag, der unter den Voraussetzungen der §§ 1 III, 1a EStG gestellt werden kann; denn dieser Antrag verändert den Status des Steuerpflichtigen grundlegend, sodass er gemäß den Regelungen für die unbeschränkte Steuerpflicht veranlagt wird, während die Berechnung der Jahreseinkommensteuerschuld in den sogenannten Fällen (Antrag auf Veranlagung als beschränkt Steuerpflichtiger) nach den Regeln für die beschränkte Steuerpflicht erfolgt. Die Bedeutung der Unterscheidung liegt darin, dass bei der Veranlagung als beschränkt Steuerpflichtiger die persönlichen Verhältnisse nicht steuermindernd berücksichtigt werden.

Lohnsteuerkarte – Der Vorläufer der heutigen elektronischen Lohnsteuerabzugsmerkmale, ein Papierdokument, wurde letztmalig für das Kalenderjahr 2010 ausgestellt, behielt aber teilweise bis ins Jahr 2013 ihre Gültigkeit infolge von technischen Problemen bei der Einführung des neuen Verfahrens. Die Lohnsteuerkarte wurde für jeden Arbeitnehmer von der Gemeinde ausgestellt und enthielt Angaben zu den steuerlich relevanten Merkmalen wie Familienstand, Religionszugehörigkeit, etc. Besondere Freibeträge z.B. für erhöhte Werbungskosten konnten auf Antrag durch die Finanzbehörden eingetragen werden. Die Lohnsteuerkarte musste dem Arbeitgeber bei Beginn eines Dienstverhältnisses oder zu Beginn eines Kalenderjahres vorgelegt werden; geschah das nicht, so war die Lohnsteuer auf Grundlage der (ungünstigsten) Lohnsteuerklasse VI zu erheben. Bei mehrfachen Dienstverhältnissen musste zusätzlich eine weitere Lohnsteuerkarte beantragt werden. – In der Übergangszeit zwischen letzter Ausstellung der Lohnsteuerkarten (2010) und endgültiger Einführung des neuen Systems der elektronischen Steuerabzugsmerkmale wurde für Personen, deren Lohnsteuerkarte verloren gegangen war oder die aus anderen Gründen keine besaßen, bei Bedarf von den Finanzämtern eine *Bescheinigung* ausgestellt, die die Karte ersetzt.

Lohnsteuerklassen – Einordnung der unbeschränkt einkommensteuerpflichtigen Arbeitnehmer in sechs Lohnsteuerklassen (§ 38b EStG): *Steuerklasse I:* Arbeitnehmer, die (1) ledig oder (2) verheiratet, verwitwet oder geschieden sind und bei denen die Voraussetzungen für die Steuerklassen III oder IV nicht erfüllt sind. – *Steuerklasse II:* Die unter Steuerklasse I bezeichneten Arbeitnehmer, wenn bei ihnen ein → Entlastungsbetrag für Alleinerziehende (§ 24b EStG) zu berücksichtigen ist. – *Steuerklasse III:* Arbeitnehmer, die verheiratet sind, wenn beide Ehegatten unbeschränkt einkommensteuerpflichtig sind, nicht dauernd getrennt leben und (1) der Ehegatte des Arbeitnehmers keinen Arbeitslohn bezieht oder (2) der Ehegatte des Arbeitnehmers auf Antrag beider Ehegatten in die Steuerklasse V eingereiht wird. Verwitwete Arbeitnehmer für das Kalenderjahr, das dem Kalenderjahr folgt, in dem der Ehegatte verstorben ist. Arbeitnehmer, deren Ehe aufgelöst ist, unter bestimmten Voraussetzungen für das Kalenderjahr, in dem die Ehe aufgelöst worden ist. – *Steuerklasse IV:* Arbeitnehmer, die verheiratet sind, wenn beide Ehegatten unbeschränkt einkommensteuerpflichtig sind, nicht dauernd getrennt leben und der Ehegatte des Arbeitnehmers ebenfalls Arbeitslohn bezieht. – *Steuerklasse V:* Die unter Steuerklasse IV bezeichneten Arbeitnehmer, wenn der Ehegatte des Arbeitnehmers auf Antrag beider Ehegatten in die Steuerklasse III eingereiht wird. – *Steuerklasse VI:* Arbeitnehmer, die nebeneinander von mehreren Arbeitgebern Arbeitslohn beziehen (→ mehrere Dienstverhältnisse), für die Einbehaltung der Lohnsteuer vom Arbeitslohn aus dem zweiten und jedem weiteren Dienstverhältnis.

lohnsteuerliches Ordnungsmerkmal – *eTIN;* eine Kennzahl, die nach einem amtlichen Verfahren für die Durchführung des → elektronischen Lohnsteuerverfahrens aus dem Namen, Vornamen und Geburtsdatum des Arbeitnehmers gebildet werden musste. Das lohnsteuerliche Ordnungsmerkmal durfte nur verwendet werden für die Zuordnung der → elektronischen Lohnsteuerbescheinigung zu dem betreffenden Arbeitnehmer und für sonstige Zwecke des Besteuerungsverfahrens (§ 41b II EStG). Ab Vergabe der steuerlichen Identifikationsnummern nach § 139b AO ist nur noch die Verwendung der Steueridentiikationsnummer erlaubt; dieser Zeitpunkt hat sich durch technische Schwierigkeiten länger verzögert als ursprünglich geplant (bis Oktober 2010).

Lohnsteuerpauschalierung → Pauschalierung der Lohnsteuer.

Lohnsteuerpflicht – 1. *In subjektiver Hinsicht:* Die Pflicht, vom Arbeitslohn der Arbeitnehmer → Lohnsteuer einzubehalten; sie trifft inländische Arbeitgeber (§ 38 EStG) und ausländische Firmen, die

Leiharbeiter ins Inland überlassen. – 2. *In sachlicher Hinsicht* bezeichnet man als lohnsteuerpflichtig auch diejenigen Bezüge (Zahlungen), für die ein Arbeitgeber die Lohnsteuer einzubehalten hat; in diesem Sprachgebrauch geht es also um die Frage, ob Zahlungen überhaupt nicht der Lohnsteuer unterliegen (z.B. Zahlungen an selbstständige Geschäftspartner) oder ausnahmsweise von der Lohnsteuerpflicht befreit sind (z.B. aufgrund von Steuerbefreiungen oder anderen Sonderregelungen).

lohnsteuerpflichtige Einkünfte – alle in Geld oder Geldeswert bestehenden Einnahmen, die einem Arbeitnehmer aus einem → Dienstverhältnis oder einem früheren Dienstverhältnis zufließen. – Vgl. auch → Arbeitslohn.

Lohnsteuerprüfung → Lohnsteueraußenprüfung.

Lohnsteuer-Richtlinien (LStR) – Verwaltungsanordnungen zum Lohnsteuerrecht, die hauptsächlich Entscheidungen der → Finanzgerichte sowie Erörterungen von Zweifelsfragen zur Beachtung durch die → Finanzverwaltung, die an diese Anweisungen (im Gegensatz zu den Gerichten) gebunden ist, enthalten. Lohnsteuer-Richtlinien können für die richtige Anwendung des Lohnsteuerrechts auch für die Vergangenheit herangezogen werden. – Die Lohnsteuerpflichtigen selbst sind an die in den LStR geäußerten Rechtsmeinungen nicht gebunden; sie können vielmehr gegen eine Entscheidung der Verwaltung, die auf einer solchen Meinung beruht, mit Einspruch und später auch Klage vorgehen. – *Derzeitige Fassung:* LStR 2011 vom 23.11.2010. – *Ergänzung der Lohnsteuer-Richtlinien:* Lohnsteuer-Hinweise. *Zu beachten* ist, dass sich weitere Erläuterungen des Bundesfinanzministeriums zum Inhalt des Einkommensteuergesetzes auch in den Einkommensteuer-Richtlinien finden können (EStR).

Lohnsteuertabelle – Tabelle, in der für jede Höhe des Arbeitslohns unter Berücksichtigung der → Lohnsteuerklassen und → Kinderfreibeträge die entsprechende → Lohnsteuer abzulesen ist. Mit Wegfall des § 38c EStG ist das Bundesministerium der Finanzen (BMF) seit dem 1.1.2001 nicht mehr verpflichtet, Lohnsteuertabellen aufzustellen, heutzutage zu erwerbende Tabellen sind also nicht mehr amtlich. – *Abgeleitet aus den Einkommensteuertabellen* (→ Einkommensteuer-Grundtabelle, → Einkommensteuer-Splittingtabelle): Die Beträge, die für einen bestimmten Zeitraum zu zahlen sind, werden auf einen Jahreslohn hochgerechnet und anhand dessen, unter Berücksichtigung bestimmter Freibeträge und Pauschalbeträge, die von der Jahressteuer auf die auf den Lohnzahlungszeitraum anteilig entfallende Steuer geschlossen. Da je nach persönlichen Verhältnissen der Steuerpflichtigen unterschiedliche Frei- und Pauschalbeträge Anwendung finden und auch die Steuerprogression von den persönlichen Verhältnissen abhängig ist (→ Zusammenveranlagung oder

nicht), werden zur Vereinfachung Steuerklassen gebildet.

Lohnsteuerüberweisungsblatt – Erteilung einer → Lohnsteuerbescheinigung nach einem entsprechenden amtlich vorgeschriebenen Vordruck, wenn dem Arbeitgeber keine → Lohnsteuerkarte vorliegt.

Lohnsummensteuer – Die Lohnsummensteuer war bis einschließlich 1979 eine Erhebungsform der → Gewerbesteuer. Die Lohnsumme konnte unter Zustimmung der Landesregierung von den Gemeinden als Besteuerungsgrundlage gewählt werden. Durch das Steueränderungsgesetz 1979 wurde die Lohnsummensteuer ab 1.1.1980 abgeschafft.

Lohnveredelung – Die Lohnveredelung unterliegt grundsätzlich der Umsatzsteuer. Bemessungsgrundlage ist das → Entgelt. – Lohnveredelung an Gegenständen der → Ausfuhr liegt vor, wenn bei einer Be- oder Verarbeitung eines Gegenstandes der Auftraggeber diesen zum Zweck der Be- oder Verarbeitung in das → Gemeinschaftsgebiet eingeführt hat oder zu diesem Zweck in diesem Gebiet erworben hat und der be- oder verarbeitete Gegenstand (wieder) ausgeführt wird (§ 7 UStG). Sie ist steuerfrei, wenn die Voraussetzungen einer steuerfreien → Ausfuhrlieferung vorliegen, wobei an die Stelle des → ausländischen Abnehmers der ausländische Auftraggeber tritt. Die Steuerfreiheit schließt den → Vorsteuerabzug nicht aus.

Lohnzahlungszeitraum – I. Allgemein: → Arbeitsentgelt.

II. Lohnsteuerrecht: 1. *Begriff:* der (einen Monat, zwei Wochen, sieben Tage oder andere Zeitabschnitte umfassende) Zeitraum, für den der → Arbeitslohn gezahlt, also zwischen Arbeitnehmer und Arbeitgeber regelmäßig abgerechnet wird. Kann der Lohnzahlungszeitraum ausnahmsweise wegen bes. Entlohnungsart nicht festgestellt werden, so gilt als Lohnzahlungszeitraum die tatsächlich aufgewendete Arbeitszeit. – 2. Der Arbeitgeber hat die → Lohnsteuer nach diesem Lohnzahlungszeitraum unter Zugrundelegung der amtlichen → Lohnsteuertabellen zu berechnen und i.d.R. bis zum zehnten des folgenden Monats abzuführen. Ist der Arbeitnehmer während des Lohnzahlungszeitraumes bei seinem Arbeitgeber voll beschäftigt, dann sind, solange das Arbeitsverhältnis andauert, auch solche Arbeitstage mitzuzählen, an denen der Arbeitnehmer keinen Lohn erhält, z.B. wegen Kurzarbeit oder infolge Betriebseinschränkung. Werden nur Abschlagszahlungen geleistet und erst im üblichen Lohnzahlungszeitraum abgerechnet, wird der Lohnsteuer auch erst mit dieser Abrechnung fällig; das gilt nicht, wenn der Lohnabrechnungszeitraum fünf Wochen übersteigt oder die Lohnabrechnung nicht innerhalb von drei Wochen nach dessen Ablauf erfolgt (§ 39b V EStG).

Lotterie – 1. *Begriff:* Veranstaltung durch Ausspielung von Geldgewinnen, wobei aufgrund eines Ziehungsplans der Zufall über Gewinn oder Verlust des

Einsatzes entscheidet, durchgeführt von Privatpersonen oder öffentlichen Körperschaften. – 2. *Hauptarten:* Neben der Klassenlotterie heute v.a. Fußballtoto, Zahlenlotto, Rennwette, Tombola. – 3. *Rechtlich* ist der Lotterievertrag maßgebend. – 4. *Besteuerung* durch → Rennwett- und Lotteriesteuer. Lotteriegewinne sind als → einmalige Vermögensanfälle steuerfrei.

Lotteriesteuer → Rennwett- und Lotteriesteuer.

lückenlose Prüfung → Prüfung.

Lustbarkeitsteuer – ältere, nichtamtliche Bezeichnung für → Vergnügungsteuer.

Luxusbesteuerung – steuerliche Belastung einer gehobenen Lebenshaltung. – *Formen:* 1. *Luxusbesitzsteuer* (hauptsächlich in Großbritannien): wird auf männliche Dienstboten, Reitpferde, Pferde und Wagen, Wappen, Haarpuder, neuerdings auf Hunde, Kraftwagen, Wohnraum, erhoben. – 2. *Luxusumsatzsteuer* in Deutschland zeitweise bis 1926 in Form erhöhter Umsatzsteuersätze auf gewisse Luxusgüter; Ertrag unbefriedigend. – 3. Der Sache nach Luxusumsatzsteuern i.w.S. sind bzw. waren → Kaffeesteuer, → Schaumweinsteuer, Spielkartensteuer, → Leuchtmittelsteuer, Jagdsteuer, → Vergnügungsteuer.

Luxussteuer – eine in Form einer bes. Luxussteuer oder in Form erhöhter Sätze anderer Steuerarten (Umsatzsteuer, Verbrauchsteuern) erhobene Steuer. – Vgl. auch → Luxusbesteuerung.

Mahlzeiten – Behandlung im Lohnsteuerrecht: Mahlzeiten, die ein Arbeitgeber seinen Arbeitnehmern gewährt, gehören als geldwerter Vorteil zum steuerpflichtigen → Arbeitslohn, wenn sie unentgeltlich oder verbilligt abgegeben werden, etwa in Form von Barzuschüssen zur Verbilligung von Mahlzeiten oder von Essensmarken, die zur Einnahme von Mahlzeiten innerhalb oder außerhalb des Betriebes berechtigen. Zuwendungen des Arbeitgebers dieser Art und solche, die nicht dem Arbeitnehmer, sondern einer Kantine oder Gaststätte gezahlt werden, werden grundsätzlich der Lohnsteuer unterworfen. Zur Ermittlung des Vorteils ist vom entsprechenden Sachbezugswert (§ 8 II 2 EStG; Sozialversicherungsentgeltverordnung) der Mahlzeiten auszugehen; von diesem Wert ist die Zahlung des Arbeitnehmers abzuziehen. Für die Ausgabe von Essensmarken gelten vonseiten der Finanzverwaltung bes. Regeln, wie der dem Arbeitnehmer dadurch zugewendete geldwerte Vorteil bewertet werden soll (R 8 LStR 2008).

Mahnung – I. Bürgerliches Recht: Aufforderung des Gläubigers an den Schuldner, die geschuldete Leistung zu erbringen. Ist die Schuld fällig, kommt der Schuldner durch erfolglose Mahnung in Schuldnerverzug (§ 286 BGB). Mahnung kann auch durch konkludente Handlungen, v.a. durch Klageerhebung, Zustellung eines Mahnbescheids, Übersendung einer quittierten Rechnung oder einer Zahlkarte erfolgen. Übersendung unquittierter Rechnung ist i.d.R. keine Mahnung (anders, wenn mehrfach kurz hintereinander). – Durch Allgemeine Geschäftsbedingungen (AGB) ist eine Bestimmung unwirksam, durch die der Verwender von der gesetzlichen Obliegenheit freigestellt wird, den anderen Vertragsteil zu mahnen (§ 309 Nr. 4 BGB).

II. Steuerrecht: Die Mahnung soll dem Vollstreckungsschuldner i.d.R. vor der Vollstreckung mit Zahlungsfrist von einer Woche verschlossen zugesandt werden (§ 259 AO). Sie ist keine unerlässliche Voraussetzung für den Beginn der Vollstreckung. Sie ist kein → Verwaltungsakt und daher nicht mit dem → Einspruch anfechtbar. Für Mahnungen werden keine Kosten erhoben (§ 337 II 1 AO); Kosten durch einen Postnachnahmeauftrag trägt jedoch der Schuldner (§ 337 II 2 AO).

Management Audit – Prüfung und Beurteilung unternehmerischer Abläufe und Entscheidungen. Ziel ist die Erkennung von Schwachstellen mit Verbesserungsmöglichkeiten sowie die Gewährleistung einer reibungslosen Koordination der Funktionen und Tätigkeiten.

Management Letter – abschließender Bericht über entdeckte Schwachstellen, Verbesserungsmöglichkeiten etc. für die Geschäftsleitung, den der → Wirtschaftsprüfer (WP) als Ergebnis seiner Arbeit neben der → Prüfung (mit → Prüfungsbericht und → Bestätigungsvermerk) verfasst (als Zusatznutzen für das geprüfte Unternehmen).

Mängel – I. Bürgerliches Recht: Rechtsmängelhaftung, Sachmängelhaftung.

II. Steuerrecht: Mängel in der Buchführung können steuerrechtlich u.a. zur vollständigen oder teilweisen Schätzung des Gewinns führen, v.a. wenn die Angaben und Aufzeichnungen unzureichend sind (§§ 158, 162 II AO). – Vgl. auch Grundsätze ordnungsmäßiger Buchführung (GoB).

Mankogeld → Fehlgeldentschädigung.

Mantel – 1. *Mantel bei Wertpapieren:* Urkunde, in der bei → Aktien das Anteilsrecht bzw. bei Anleihen die Forderung verbrieft ist. Auf dem Mantel sind u.a. Wertpapiernummer, Firma, bei Nennwertaktien der Nennbetrag sowie Ausstellungsdatum und Ort, bei Schuldverschreibungen zusätzlich Zinstermin und Zinssatz sowie Teile der Anleihebedingungen zu vermerken. – Außer dem Mantel gehören zum Wertpapier die Coupons; nur beide zusammen sind verkäuflich. – *Ausnahme:* Stripped Bonds. – 2. *Aktienmantel* bzw. *GmbH-Mantel:* Die *gesamten* Anteilsrechte einer Kapitalgesellschaft (Aktien, GmbH-Anteile), die ohne den ursprünglichen Geschäftsbetrieb verkauft werden (sog. Mantelkauf). Die den Mantel kaufenden Unternehmer umgehen eine formelle Gründung, um Kosten zu sparen oder eine bes. Konzessionierung zu vermeiden. Die Wiederverwendung eines leeren Gesellschaftsmantels ist wie eine Neugründung zu behandeln. Es sind die Gründungsvorschriften des GmbHG entsprechend anzuwenden (Mantelgründung). – 3. *Steuerliche Behandlung:* Körperschaftsteuerlich sind durch den Kauf eines GmbH- oder AG-Mantels steuerliche Vorteile im Wesentlichen nur in Hinblick auf Verlustvorträge (und ggf. Zinsvorträge) denkbar; in allen anderen Punkten unterscheiden sich eine Neugründung einer Gesellschaft und der Erwerb einer Mantelgesellschaft nicht wesentlich in den zukünftigen steuerlichen Belastungen der Gewinne. Ließe man freilich die Nutzung alter Verlustvorträge nach einem Mantelkauf weiter zu, könnten Unternehmensgründer die Verluste fremder Personen für sich wirtschaftlich verwenden, indem sie beim Mantelkauf die juristisch formal fortbestehende Identität der Gesellschaft ausnutzen würden; darin läge nicht nur ein fiskalischer Schaden, sondern auch eine unangemessene Subvention solcher Neugründungen gegenüber Wettbewerbern. Daher muss es ein Anliegen des Fiskus sein, die fiskalischen Vorteile eines Mantelkaufs zu unterbinden; das gebotene Mittel hierfür scheint zu sein, die Verlustvorträge (bzw. auch Zinsvorträge) einer juristischen Person nach einem Mantelkaufsvorgang ersatzlos zu streichen, die Gesellschaft also faktisch wie eine Neugründung zu behandeln. Allerdings hat der Gesetzgeber hierbei stets eine Güterabwägung zu treffen, weil ein Fortfall bestehender Verlustvorträge aus Anlass eines Gesellschafterwechsels stets auch ein Hindernis für eine echte Sanierung des alten Unternehmens durch Aufnahme neuer Gesellschafter bilden kann. Daher erklärt es sich, dass die Regelung über die Behandlung von Verlustvorträgen beim Anteilseignerwechsel in einer Kapitalgesellschaft vom Gesetzgeber nicht zu allen Zeiten gleich geregelt war. Gegenwärtig (ab 2008) schreibt § 8c KStG einen anteiligen Untergang der Verlustvorträge einer Gesellschaft bereits vor, wenn mehr als 25 Prozent der Anteile an der Gesellschaft den Eigentümer wechseln, und ein völliger Untergang der Verlustvorträge ist vorgesehen, wenn ein Anteilseignerwechsel mehr als 50 Prozent der Anteile an einer Gesellschaft umfasst, gerechnet jeweils innerhalb in 5 Jahren. Dabei werden Erwerber mit gleichgerichteten Interessen zusammengerechnet.

Mantelkauf → Mantel.

Marktordnung – gemäß Marktordnungsgesetz (MOG) ein System von Maßnahmen, durch das Angebot und Nachfrage sowie die Preisentwicklung in einer bestimmten Richtung beeinflusst oder gelenkt werden sollen. – Im Einzelnen: 1. *totale Regelung der Angebotsmengen und Bezugsberechtigungen durch zentrale Verwaltungsmaßnahmen* (z.B. Einfuhrkontingentierung, Produktionslenkung mittels Herstell- und Verwendungsverboten): verwirklicht (1) theoretisch in der staatlichen Zentralverwaltungswirtschaft; (2) praktisch im Bereich der sowjetischen Wirtschaftsverfassung (auch in der ehem. DDR) und in der Kriegs- und Rüstungswirtschaft. – 2. *Staatliche oder andere behördliche Beeinflussung des Marktgeschehens* (z.B. Festsetzung von Marktzeiten, Höchst- und Mindestpreisen, Qualitätsnormen): in der Bundesrepublik Deutschland Marktstützungspolitik zugunsten der Landwirtschaft mittels Einfuhrkontingentierung bzw. Unterhaltung von Marktordnungsstellen, Zollpolitik, Preisbindung für Inlandsprodukte etc. – 3. *Landwirtschaftliche Marktordnung für bestimmte Produkte:* Diese dient dazu, die Existenzfähigkeit der Erzeuger, eine gleichmäßige Versorgung der Bevölkerung und einen gewissen Selbstversorgungsgrad zu sichern. Ferner soll die Preisentwicklung auf den Märkten vor übermäßigen Schwankungen bewahrt bleiben. Die Marktordnung der EU wird auch als gemeinsame Marktorganisationen bezeichnet. – *Gegensatz:* Marktregelung. – *Anders:* Wirtschaftsordnung.

Marktordnungsgesetz (MOG) – Gesetz zur Durchführung der gemeinsamen Marktorganisationen. Es schafft die innerstaatliche Rechtsgrundlage für die Durchführung der gemeinsamen

Marktorganisationen der EU für landwirtschaftliche Erzeugnisse in der Bundesrepublik Deutschland.

Marktordnungsstelle – ist gemäß § 3 MOG die → Bundesanstalt für Landwirtschaft und Ernährung (BLE). Einzelne Aufgaben können dem Bundesamt für Wirtschaft und Ausfuhrkontrolle (BAFA) übertragen werden.

Marktsteuern → indirekte Steuern, die in das Kosten- und Preisgefüge der Unternehmen eingehen und bei freier Preisbildung auf dem anonymen Markt überwälzt werden. Marktsteuern sind im Gegensatz zu → Maßsteuern leichter überwälzbar. → Steuerklassifikation nach dem Kriterium Überwälzbarkeit.

Marktwert – wird aus dem Marktpreis abgeleitet (§ 253 IV HGB). Der Marktpreis ist der Preis, der an einem Handelsplatz für Waren einer bestimmten Gattung von durchschnittlicher Qualität zu einem bestimmten Zeitpunkt im Durchschnitt bezahlt wurde. Der Marktwert dient der Realisierung des strengen Niederstwertprinzips im Umlaufvermögen, d.h. der Sicherstellung des Ausweises nicht realisierter, am Bilanzstichtag aber bereits drohender Verluste (Verlustantizipation). Im Rahmen der Internationalisierung der Rechnungslegung kommt der Bilanzierung zum Marktwert bes. bei der bilanziellen Abbildung von Finanzinstrumenten eine bes. Bedeutung zu. Dabei dient dieser → Bewertungsmaßstab nicht nur der Verlustantizipation, sondern auch der Realisierung von Buchgewinnen. Letztere Vorgehensweise findet seit dem Bilanzrechtsmodernisierungsgesetz (BilMoG) auch auf den Handelsbestand von Kredit- und Finazdienstleistungsinstituten Anwendung. – *Zu unterscheiden:* → Tageswert, Zeitwert. – Vgl. auch → Fair Value.

Maßgeblichkeitsprinzip – 1. *Begriff:* Das Maßgeblichkeitsprinzip überträgt die handelsrechtlichen Vorschriften, denen der Jahresabschluss sowohl formal als auch inhaltlich entsprechen muss (Handelsbilanz), in den Bereich der → Steuerbilanz. Somit werden durch das Maßgeblichkeitsprinzip die handelsrechtlichen Grundsätze ordnungsmäßiger Buchführung (GoB) zu einem integralen Bestandteil des Bilanzsteuerrechts. – 2. *Arten:* a) *Materielle Maßgeblichkeit:* Für die steuerliche Gewinnermittlung ist grundsätzlich das Betriebsvermögen anzusetzen, das nach dem handelsrechtlichen GoB auszuweisen ist. Kodifizierte und nicht kodifizierte abstrakte handelsrechtliche Normen hinsichtlich der Bilanzierung und Bewertung haben steuerliche Relevanz (§ 5 I S. 1 EStG a.F.). Mit Inkrafttreten des Bilanzrechtsmodernisierungsgesetzes (BilMoG) wird § 5 I EStG um einen Halbsatz ergänzt (§ 5 I S. 1 Hs. 2 EStG n.F.), wodurch an der materiellen Maßgeblichkeit festgehalten wird. Allerdings wird die Maßgeblichkeit auf eine subsidiäre Maßgeblichkeit reduziert, sodass diese nur zur Anwendung kommt, wenn keine steuerlichen Sonderregelungen vorgehen (s. hierzu c) Durchbrechung der Maßgeblichkeit). – b)

Formelle bzw. umgekehrte Maßgeblichkeit: Nach § 5 I S. 2 EStG a.f. sind steuerrechtliche Wahlrechte bei der Gewinnmittlung in Übereinstimmung mit der handelsrechtlichen Jahresbilanz auszuüben. Das gilt für die Ausübung sowohl der Bilanzierungs- als auch der Bewertungswahlrechte. Bei Inanspruchnahme eines steuerlichen Vorteils, war es somit erforderlich in der Handelsbilanz den gleichen Wert anzusetzen (sog. umgekehrte Maßgeblichkeit). Mit dem BilMoG wurde mit der Streichung des § 5 I S. 2 EStG die formelle und folglich auch die umgekehrte Maßgeblichkeit abgeschafft. Die Wirtschaftsgüter, die nicht mit dem handelsrechtlich maßgeblichen Wert in der steuerlichen Gewinnmittlung ausgewiesen werden, sind in bes., laufend zu führende Verzeichnisse aufzunehmen. In den Verzeichnissen sind der Tag der Anschaffung oder Herstellung, die Anschaffungs- oder Herstellungskosten, die Vorschrift des ausgeübten steuerlichen Wahlrechts und die vorgenommenen Abschreibungen nachzuweisen. – c) *Durchbrechung der Maßgeblichkeit:* steuerliche Sonderregelungen für die Steuerbilanz, z.B.: Für Aktivierungswahlrechte in der Handelsbilanz besteht ein Aktivierungsgebot in der Steuerbilanz; für Passivierungswahlrechte der Handelsbilanz besteht ein Passivierungsverbot in der Steuerbilanz. – 3. *Perspektiven:* Die Zahl der Durchbrechungen der Maßgeblichkeit durch zwingende, vom Handelsrecht abweichende steuerliche Regelungen nimmt zu. Die Maßgeblichkeit wird nicht zuletzt durch das BilMoG zunehmend in Frage gestellt. Denkbar ist die Einführung eines eigenständigen Steuerbilanzrechts oder eine europäische Lösung.

Maßsteuern – Steuern, die den individuellen Verhältnissen des Steuerpflichtigen genau angepasst sind, z.B. Teile der Einkommensteuer. Im Gegensatz zu Marktsteuern sind Maßsteuern i.d.R. nicht überwälzbar, da durch die Anpassung die individuellen Verhältnisse des Steuerpflichtigen zur Identität von Steuerzahler und -träger in den meisten Fällen gegeben ist. → Steuerklassifikation nach dem Kriterium Überwälzbarkeit (→ Steuerüberwälzung).

Materialbeistellung – Begriff des Umsatzsteuerrechts für das Zurverfügungstellen von Material durch den Auftraggeber an den Hersteller eines Werkes. Das beigestellte Material ist nicht Bestandteil der Leistung des Werkunternehmers, auch wenn er bei der Materialbeschaffung als Agent oder Berater mitwirkt. Materialbeistellung ist eine Form der → Leistungsbeistellung (i.w.S.).

materielle Maßgeblichkeit → Maßgeblichkeitsprinzip.

Mehrarbeitszuschlag – 1. *Begriff:* Zuschlag auf → Grundlohn oder -gehalt, der für Mehrarbeit (Sonntags-, Feiertags- und Nachtarbeit) oder Überstunden gezahlt wird; beinhaltet: (1) Auf gesetzlicher oder tariflicher Grundlage; (2) auf sonstigen Vereinbarungen. – Vgl. auch Mehrarbeitsvergütung. – 2. *Lohnsteuer:* Mehrarbeitszuschläge sind bis

zu folgenden Grenzen steuerfrei (§ 3b EStG): (1) 50 Prozent des Grundlohns für Sonntagsarbeit; (2) 125 Prozent für Arbeiten an gesetzlichen Feiertagen, auch wenn diese auf einen Sonntag fallen, und am 31.12. ab 14.00h; 150 Prozent für Arbeiten an den Weihnachtsfeiertagen und am 1. Mai; (3) für Nachtarbeit 25 Prozent (in der Zeit von 20 Uhr bis 6 Uhr); wenn die Nachtarbeit vor 0 Uhr begonnen wird, steigt der Satz für die Arbeit zwischen 0 Uhr und 4 Uhr auf 40 Prozent. Dabei darf als Grundlohn ein Stundenlohn von max. 50 Euro angesetzt werden.

Mehraufwand bei auswärtiger Tätigkeit – 1. *Begriff:* Aufwendungen des Arbeitnehmers, die ihm aufgrund einer Tätigkeit an einem auswärtigen Ort (→ Arbeitsstätte) entstehen. Für diese Aufwendungen spielt es oft eine Rolle, ob diese Kosten steuerfrei ersetzt werden können (dann steht die Verpflegungskostenpauschale von 920 Euro dem Arbeitnehmer ungekürzt weiterhin zur Verfügung) oder ob eine Erstattung der Kosten durch den Arbeitgeber aus steuerlicher Sicht zu Einnahmen führt (dann können die Kosten als Werbungskosten geltend gemacht werden, das wirkt sich aber nicht steuersparend aus, soweit der Arbeitnehmer die Werbungskostenpauschale nicht überschreitet) – 2. *Einzelheiten* regeln die Lohnsteuer-Richtlinien und Lohnsteuer-Hinweise in der jeweils gültigen Fassung. ~ Vgl. auch → doppelte Haushaltsführung, → Reisekosten.

Mehraufwendungen – steuerrechtlicher Begriff. 1. Zusätzliche Aufwendungen, die normalerweise privater Natur sein könnten, hier aber aufgrund beruflicher Veranlassung zusätzlich über das Normalmaß entstehen und daher steuerlich berücksichtigungsfähig sind; relevant vor allem bei *auswärtiger Tätigkeit* (→ Mehraufwand bei auswärtiger Tätigkeit). – 2. Durch → doppelte Haushaltsführung entstehen Aufwendungen für Unterkunft, Verpflegung und Familienheimfahrt. – 3. Verpflegung ist bei Dienstreisen, Einsatzwechseltätigkeit und Fahrtätigkeit mit den in § 4 V Nr. 5 EStG gesetzlich festgesetzten Pauschalen anzusetzen.

mehrere Arbeitsverhältnisse – verschiedene, zeitlich nicht kollidierende → Arbeitsverhältnisse eines Arbeitnehmers. Der Arbeitnehmer darf dadurch nicht gegen die Pflichten aus dem ersten Arbeitsverhältnis verstoßen; er muss in der Lage sein, den übernommenen Verpflichtungen nachzukommen. Das Arbeitszeitgesetz (ArbZG) muss eingehalten werden (Arbeitszeit). – *Lohnsteuer:* → mehrere Dienstverhältnisse. – *Sozialversicherung:* Mehrfachbeschäftigte.

mehrere Betriebe – 1. *Gewerbesteuer:* Mehrere Betriebe desselben Inhabers erfordern gewerbesteuerlich für jeden Betrieb bes. → Gewerbesteuererklärung; auch die Veranlagung zur → Gewerbesteuer erfolgt getrennt. Abgrenzung mitunter schwierig: Mehrere Betriebe können durch gemeinsame Buchführung u.a. organisatorische Maßnahmen zu einem einzigen Betrieb vereinigt sein. Bei gleichartigen

Betrieben, zumal am selben Ort, besteht eine gewisse Vermutung für die Einheitlichkeit; bei ungleichartigen und wesensverschiedenen Gewerbebetrieben, für die verschiedene Betriebsstätten bestehen, spricht die Vermutung für die Selbstständigkeit der Betriebe. – Vgl. auch → gemischte Tätigkeit. – 2. *Umsatzsteuer:* Auch bei mehreren Betrieben gilt stets der Grundsatz der → Unternehmenseinheit.

mehrere Dienstverhältnisse – bei mehreren Arbeitgebern eingegangene Dienstverhältnisse, v.a. nebenberufliche abhängige Tätigkeit eines Arbeitnehmers (→ mehrere Arbeitsverhältnisse). – 1. *Lohnsteuer:* Bezieht ein Arbeitnehmer aus mehreren Dienstverhältnissen Arbeitslohn, wird die anfallende Lohnsteuer aus jedem Dienstverhältnis unter Vorlage einer jeweils gesonderten → Lohnsteuerkarte zunächst getrennt berechnet: Der Inhalt der Lohnsteuerkarte ist zu berücksichtigen. Auf der ersten Lohnsteuerkarte ist die sich nach den individuellen Verhältnissen des Arbeitnehmers ergebende Steuerklasse (→ Lohnsteuerklassen) bescheinigt, auf jeder weiteren Lohnsteuerkarte die Steuerklasse VI. Der Arbeitnehmer kann wählen, auf welcher Lohnsteuerkarte erhöhte → Werbungskosten und erhöhte → Sonderausgaben eingetragen werden. – Bezieht der Steuerpflichtige aus mehreren Dienstverhältnissen Arbeitslohn, ist seit 1990 in jedem Fall eine Einkommensteuer-Veranlagung durchzuführen. – Bei Zahlung aus gleichen öffentlichen Kassen bedarf es keiner zweiten Lohnsteuerkarte. – 2. *Sozialversicherung:* Mehrfachbeschäftigte.

Mehrfachbelastung → Doppelbesteuerung.

mehrgemeindliche Betriebsstätte – Begriff des Gewerbesteuerrechts: → Betriebsstätte, die sich auf mehrere Gemeinden erstreckt. Der einheitliche → Gewerbesteuermessbetrag oder Zerlegungsanteil (→ Zerlegung) ist auf die Gemeinden zu zerlegen, auf die sich die Betriebsstätte erstreckt, und zwar nach Lage der örtlichen Verhältnisse unter Berücksichtigung der durch das Vorhandensein der Betriebsstätte erwachsenden Gemeindelasten (§ 30 GewStG).

Mehrmütterorganschaft – Organschaftsverhältnis zwischen einer Kapitalgesellschaft als Organgesellschaft und mehreren Unternehmen als sog. Obergesellschaften. – Voraussetzung der steuerlichen Organschaft ist es, dass das Mutterunternehmen an der Organgesellschaft die Mehrheit der Stimmrechte besitzen muss; ein Organschaftsverhältnis mit mehreren Obergesellschaften (die Mehrmütterorganschaft) ist im Grundsatz damit ausgeschlossen. Das Mutterunternehmen kann zwar jede Rechtsform haben, auch die einer Personengesellschaft. Nach Rechtslage wird eine Mehrmütterorganschaft jedoch nur noch anerkannt, wenn die als Mutterunternehmen auftretende Personengesellschaft eine echte eigene gewerbliche Tätigkeit ausführt, also tatsächlich in wirtschaftlicher Hinsicht ein eigenständiges Mutterunternehmen darstellt (§ 14 I Nr. 2 KStG). Dass sich mehrere Anteilseigner, die jeder für sich ein eigenständiges Unternehmen betreiben, lediglich zur Verwaltung ihrer Anteile in einer Personengesellschaft zusammenschließen und das Organunternehmen somit „mehrere Muttergesellschaften" hat (klassische Mehrmütterorganschaft), reicht also nicht mehr aus, um eine Organschaftsbeziehung steuerlich anerkennen zu lassen.

Mehrphasenumsatzsteuer – Umsatzsteuersystem (Umsatzbesteuerung), bei dem auf mehreren, aber nicht allen Phasen der Leistungskette → Umsatzsteuer erhoben wird. – *Gegensatz:* → Allphasenumsatzsteuer, → Einphasenumsatzsteuer.

Mehr- und Wenigerrechnung – *Differenzprobe, Plus-Minus-Rechnung, Ergebnisrechnung.* 1. *Begriff/Anwendungsbereich:* ein Verfahren zur Ermittlung der erfolgsmäßigen Auswirkungen von → Bilanzberichtigungen und → Bilanzänderungen sowie zur Abstimmung von Handelsbilanz und → Steuerbilanz. Sie wird bei der → Außenprüfung zur sachlich differenzierten Darstellung und Kontrolle der erfolgsmäßigen Abweichungen von eingereichter Steuerbilanz und Prüferbilanz eingesetzt; bei Betrieben, die für steuerliche Zwecke keine gesonderten Bücher führen, dient sie zur Ableitung der Steuerbilanz aus der Handelsbilanz. – 2. *Verfahren:* Wertansätze der einzelnen Bilanzpositionen werden schematisch gegenübergestellt und Abweichungen festgehalten. Zum Ausgleich von Aktiva und Passiva der abgeleiteten Steuerbilanz wird ein → Steuerausgleichskonto oder Steuerausgleichsposten gebildet; diese Position zählt zum Eigenkapital.

Mehrwertsteuer – im allg. Sprachgebrauch und v.a. von der EU auch amtlich verwendete Bezeichnung für die seit dem 1.1.1968 eingeführte → Umsatzsteuer mit Vorsteuerabzug. Nach der Einkommensteuer ist die Mehrwertsteuer die wichtigste Einnahmequelle für den Staat. Mit dem Haushaltsbegleitgesetz 2006 wurde der Normalsatz von 16 Prozent auf 19 Prozent (ab 2007) angehoben. Der ermäßigte Satz (v.a. für Lebensmittel und existenzielle Güter, Zeitschriften, Bücher) beträgt unverändert 7 Prozent.

Mehrwertsteuerbefreiungs-Richtlinie – EG-Richtlinie, die regelt, welche Gegenstände bei der Einfuhr aus Drittstaaten von der Einfuhrumsatzsteuer befreit werden müssen. Die Mehrwertsteuerbefreiungs-Richtlinie regelt nicht die Einfuhren von Reisenden in ihrem Reisegepäck oder die private Versendung von Waren in → Kleinsendungen. – *Davon zu unterscheiden:* die Steuerbefreiungsvorschriften, die festlegen, welche Dinge bei der „normalen" Umsatzsteuer steuerfrei geliefert werden können. Diese Steuerbefreiungen sind in der → Mehrwertsteuersystemrichtlinie und ihren Anhängen geregelt.

Mehrwertsteuerbetrug → Umsatzsteuerbetrug.

Mehrwertsteuersystemrichtlinie – *EG-Umsatzsteuerrichtlinie;* 1. *Begriff:* die im Jahre 2006 in Kraft getretene, umfassende Neufassung der früheren 6.

EG-Richtlinie über die Umsatzsteuern von 1977 und einiger anderer europarechtlicher Richtlinien über die Umsatzsteuer. – 2. *Inhalt und Funktion*: Die Mehrwertsteuersystemrichtlinie fasst in etwa 400 Artikeln die geltenden Vorgaben der EU über die Ausgestaltung der nationalen Umsatzsteuergesetze zusammen. Die USt-Gesetze der Mitgliedsstaaten müssen entsprechend der Richtlinie gestaltet und ihre Bestimmungen im Zweifel entsprechend den Vorgaben der Richtlinie ausgelegt werden (gemeinschaftskonforme Auslegung); damit ist die Richtlinie praktisch ein mehrwertsteuerrechtliches Grundgesetz in der EU. Das in der Richtlinie enthaltene System wird laufend durch Änderungen im Detail weiterentwickelt. – 3. *Rechtsgrundlage* ist Art. 93 EG-Vertrag; die Verabschiedung der Richtlinienbestimmungen und evtl. Änderungsbeschlüsse muss einstimmig im Rat der EG-Finanzminister erfolgen. Damit diese ihrerseits überhaupt Beschluss fassen können, muss zuvor die EU-Kommission einen entsprechenden Vorschlag unterbreitet haben. – Vgl. auch → Steuerharmonisierung in der EU.

Meldepflicht – I. Verwaltungsrecht: gesetzlich geregelt durch das Melderechtsrahmengesetz (MRRG) i.d.F. vom 19.4.2002 (BGBl. I 1342) m.spät.Änd. und landesrechtliche Vorschriften. Zukünftig wird der Bund aufgrund seiner nunmehr (Föderalismusreform I) ausschließlichen Gesetzgebungskompetenz für das Meldewesen ein Meldegesetz erlassen, das die landesrechtlichen Regelungen ablöst. – 1. *Allgemein:* Meldepflicht besteht beim Bezug in eine und beim Auszug aus einer Wohnung. Der Wohnungsgeber ist zur Mitwirkung verpflichtet. Durch Landesrecht können Ausnahmen von der Meldepflicht zugelassen werden. – 2. *Sonderregelungen* für die Meldepflicht von Binnenschiffern und Seeleuten, für die Unterkunft in Beherbergungsstätten sowie für Personen in Gemeinschaftsunterkünften, Krankenhäusern, Pflegeheimen u.Ä. – 3. Die Meldebehörden führen ein *Melderegister* und unterstehen dem *Meldegeheimnis*.

II. Steuerrecht: 1. Für die Begründung eines steuerlichen Wohnsitzes ist die Erfüllung der verwaltungsrechtlichen Meldepflicht nur ein Indiz, aber nicht notwendige Voraussetzung. – 2. *Meldepflicht gegenüber dem Finanzamt* besteht u.a. für die Eröffnung eines Betriebs; auch nachträgliche Erkenntnis unrichtiger steuerverkürzender Steuererklärungen muss dem Finanzamt gemeldet werden (§§ 138, 153 AO). – Vgl. auch → Anzeigepflicht.

Mengenabschreibung – *verbrauchsbedingte, leistungsbedingte oder technische Abschreibung;* Form der Abschreibung, deren Bemessung sich nach Beanspruchung in Form der voraussichtlichen Mengenleistung (ausgedrückt in Stück, m, kg etc.) einer Anlage richtet. – 1. *Berechnung:* a) Die *Abschreibungsquote* je Leistungseinheit errechnet sich aus:

$$\frac{\text{Anschaffungswert - Schrottwert}}{\text{Gesamtheit der Erzeugnisse (Stück, kg, hl)}}.$$

b) Die *Abschreibungssumme* je Jahr: Abschreibungsquote je Stück = x Anzahl der Leistungseinheiten im Jahr. – Vgl. auch Abschreibung. – 2. *Anwendung:* Mengenabschreibung ist nur sinnvoll, wenn einzige bzw. vorherrschende Entwertungsursache der Gebrauch ist und die totale Mengenleistung einer Anlage genau feststeht oder abschätzbar ist (Proportionalisierung der Abschreibung); gebrochene Abschreibung. – *Gegensatz:* lineare Abschreibung oder → degressive Abschreibung – 3. *Steuerlich* zulässig bei beweglichen Wirtschaftsgütern des Anlagevermögens, bei denen sie wirtschaftlich begründet ist; der Umfang der Leistung pro Jahr ist nachzuweisen (§ 7 I S. 5 EStG). – Vgl. auch → Absetzung für Abnutzung (AfA).

Merkmalsbesteuerung – Besteuerung der äußeren Merkmale des Steuerobjekts. – *Vorteil:* Eindringen in persönliche Verhältnisse wird vermieden. – *Nachteil:* ungenaue Erfassung des Objekts. – Vgl. auch → Objektbesteuerung, Ertragsbesteuerung.

Merkpostenmethode – 1. *Begriff:* Eine Methode zur buchhalterischen Behandlung von stillen Reserven, die vor allem in solchen Wirtschaftsgütern, die über die Grenze in einen ausländischen Staat verbracht werden (→ Verbringung), im Zeitpunkt des Ausscheidens aus der dt. Steuerhoheit vorhanden sind. – 2. *Systematische Hintergründe:* Nach den Grundregeln des Internationalen Steuerrechts können Veräußerungsgewinne (und damit auch stille Reserven) aus Wirtschaftsgütern dann nicht in Deutschland besteuert werden, wenn die Wirtschaftsgüter zu einer ausländischen Betriebsstätte gehören und Deutschland – was der Regelfall ist – mit diesem anderen Land ein → Doppelbesteuerungsabkommen (DBA) geschlossen hat (→ Betriebsstättenprinzip, → Freistellungsmethode). Somit können stille Reserven in einem Wirtschaftsgut, die sich in Deutschland gebildet haben, nur so lange besteuert werden, wie sich dieses Wirtschaftsgut hier befindet; aus diesem Grund ordnet das Gesetz an, dass vorhandene stille Reserven unmittelbar vor dem Ausscheiden aus der dt. Steuerhoheit festzustellen und zu versteuern sind (§ 4 I Satz 3 EStG; fiktive Entnahme). Jedoch führt das dazu, dass das betroffenen Unternehmen Gewinne (die stillen Reserven) versteuern müsste, obwohl noch gar keine entsprechende Liquidität zugeflossen ist. Es besteht daher wirtschaftlich ein Bedarf, die Versteuerung der stillen Reserven zeitlich in die Zukunft zu verschieben. Die Merkpostenmethode ist das Instrument hierzu. – 3. *Funktionsweise:* a) *Grundprinzip:* Nach der grundsätzlichen Idee der Merkpostenmethode werden stille Reserven in dem Wirtschaftsgut bei der Verbringung ins Ausland zwar aufgedeckt (steuerliche Zuschreibung des Buchwertes auf den aktuellen gemeinen Wert), der daraus resultierende Gewinn aber neutralisiert durch Bildung eines Passivpostens in gleicher Höhe („Ausgleichsposten", „Merkposten", quasi eine steuerfreie Rücklage; der durch die Einbuchung des Passivpostens entstehende Aufwand kompensiert den Ertrag aus der Aufdeckung der stillen Reserven). Dieser Passivposten wird dann allmählich so aufgelöst, wie sich die stillen Reserven tatsächlich realisieren – sei es durch tatsächlichen Verkauf, sei es durch Mehrabschreibungen im Ausland (wo man das Wirtschaftsgut bei Einlage in die dortige Betriebsstätte üblicherweise mit dem aktuellen Wert ansetzen kann und daher mehr abschreiben kann, als man es bei einem Verbleib hier in Deutschland getan haben könnte). Auf diese Art und Weise werden die stillen Reserven zwar für Deutschland gesichert, zugleich aber eine unverhältnismäßige Mehrbelastung des Unternehmens durch Liquiditätsnachteile vermieden. – b) *Regelung in Deutschland:* Seit 2007 ist die Merkpostenmethode gesetzlich geregelt in § 4g EStG, der zahlreiche vereinfachende Vorgaben für ihre Durchführung enthält. So darf bei der Auflösung des Merkpostens nur von einer maximalen Restnutzungsdauer von 5 Jahren ausgegangen werden (zu jedem Bilanzstichtag müssen mind. 20 Prozent des Postens aufgelöst werden), der Merkposten darf überhaupt nur bei Verbringung von Wirtschaftsgütern innerhalb der EU gebildet werden, und es bedarf zu seiner Bildung eines unverzüglichen Antrags an die Finanzbehörden. – 4. *Würdigung:* Da mit jeder anteiligen Auflösung des Passivpostens (Merkpostens) buchhalterisch Ertrag entsteht, ist die Merkpostenmethode nichts anderes als eine steuerfreie Rücklage, die es ermöglicht, die steuerliche Realisation aufgedeckter stiller Reserven technisch über mehrere Jahre zu verteilen und dadurch Steuerstundungseffekte zu nutzen. – 5. Im *Handelsrecht* stellt sich die Frage nach der Zulässigkeit der Merkpostenmethode nicht, weil es handelsrechtlich bei einer Verbringung eines Gegenstands oder eines Rechts von einer inländischen Betriebsstätte in eine ausländische Betriebsstätte desselben Rechtsträgers gar keine Aufdeckung der stillen Reserven geben darf (kein Umsatzakt, kein sonstiger Realisationstatbestand). Die Merkpostenmethode ist also ein rein steuerliches Phänomen.

Messegut → Ausstellungsgut.

Metageschäft – Geschäft zwischen zwei Partnern, bei dem Gewinn und Verlust geteilt (Gelegenheitsgeschäft) werden. Die Beteiligten heißen *Metisten*. Sie werden im eigenen Namen, aber für Rechnung der Meta tätig. Die Funktionen der Partner sind i.d.R. unterschiedlich. – *Umsatzsteuerpflichtig* sind bei der Warenmeta-Verbindung die Innengeschäfte zwischen den Metisten mit dem Einkaufspreis und der Hälfte des erzielten Gewinns.

Miete → Einkünfte, → Miet- und Pachtzinsen, → Vermietung und Verpachtung.

Mieterzuschüsse – Aufwendungen des Mieters für Aufbau und Ausbau von Mieträumen in Form von Baukostenzuschüssen oder Mieterdarlehen. – *Steuerliche Behandlung:* (1) *Beim Vermieter:* Mietvorauszahlungen oder verlorene Zuschüsse (→ Baukostenzuschüsse) zählen zu den Einnahmen aus Vermietung und Verpachtung in dem Jahr, in dem sie zufließen. Billigkeitshalber können sie auf die Laufzeit des Mietvertrages verteilt werden (R 21.5 III EStR). – (2) *Beim gewerblichen Mieter* sind Mieterzuschüsse für Geschäftsräume auf die Dauer des Mietvertrags zu verteilen, sodass sie nicht sofort, sondern während dieser Jahre anteilmäßig den Gewinn mindern.

Mietsteuer – Steuer, die an die Höhe der Miete als Bemessungsgrundlage anknüpft. Von einigen Finanzwissenschaftlern als Ersatz für die → Grundsteuer B vorgeschlagen, weil die Mieten genauere Bemessungsgrundlagen bieten als Einheitswerte.

Miet- und Pachtzinsen – I. Allgemein: Vergütung für die vertragsmäßige Gebrauchs- oder Nutzungsüberlassung der vermieteten Sachen oder Räume bzw. der verpachteten Gegenstände (→ Miete, Mietpreisrecht, Mietpreisüberhöhung, Mietwucher, → Pacht). – Im kaufmännischen Sprachgebrauch auch *Mieten und Pachten.*

II. Gewinn- und Verlustrechnung: Als Aufwendungen für Geschäfts- und Betriebsräume bzw. Betriebsgrundstücke sind Miet- und Pachtzinsen in der Gewinn- und Verlustrechnung (GuV) ebenso wie Miet- und Pachtzinsen für nicht betrieblich, aber im Rahmen der gewöhnlichen Geschäftstätigkeit genutzte Räume bzw. Grundstücke als „sonstige betriebliche Aufwendungen" auszuweisen (Miet- und Pachtzinsen als Erträge entsprechend). Werden Miet- und Pachtzinsen für einen bestimmten Zeitraum nach dem Bilanzstichtag im Voraus bezahlt, sind sie als aktive Rechnungsabgrenzungsposten angesetzt; werden sie für eine bestimmte Zeit vor dem Bilanzstichtag nachträglich bezahlt, sind sie als sonstige Verbindlichkeiten abzugrenzen (Rechnungsabgrenzung).

III. Kostenrechnung: Werden Miet- und Pachtzinsen für einen längeren Zeitraum im Voraus oder nachträglich bezahlt, so sind sie auf einem Aufwandsausgleichskonto zeitlich abzugrenzen. – Mietaufwendungen und -erträge für nicht betrieblich genutzte Räume sind keine Kosten und werden über Kontenklasse 2 (betriebsfremde Aufwendungen) verbucht.

IV. Bewertungsgesetz: → Jahresrohmiete.

V. Gewerbesteuerrecht: 1. *Ab dem Erhebungszeitraum 2008* sind Miet- und Pachtzinsen unabhängig von der Gewerbesteuerpflicht des Vermieters mit 25 Prozent der Summe aus (a) 20 Prozent der Miet- und Pachtzinsen inkl. Leasingraten für die Benutzung der im fremden Eigentum stehenden beweglichen Wirtschaftsgütern des Anlagevermögens; (b) 65 Prozent der Miet- und Pachtzinsen inkl. Leasingraten für die Benutzung der im fremden

Eigentum stehenden unbeweglichen Wirtschaftsgütern des Anlagevermögens und – (c) 25 Prozent der Aufwendungen für die zeitlich befristete Überlassung von Rechten (hierunter fallen vor allem Konzessionen und Lizenzen ohne Weiterberechtigungslinzenzen) bei der Ermittlung des Gewerbeertrages hinzuzurechnen. Die Hinzurechnung von 25 Prozent aus der Summe erfolgt jedoch nur, soweit die Summe der Miet- und Pachtzinsen den Freibetrag von 100.000 Euro übersteigt. – 2. *Bis zum Erhebungszeitraum 2007 gilt für Miet- und Pachtzinsen für die Benutzung der in fremdem Eigentum stehenden, nicht aus Grundbesitz bestehenden Wirtschaftsgüter des Anlagevermögens:* Bei der Ermittlung des steuerpflichtigen → Gewerbeertrags ist die Hälfte der Miet- und Pachtzinsen dem steuerpflichtigen Betrag hinzuzurechnen. Eine Hinzurechnung zum Gewinn für die Festsetzung des Steuermessbetrages erfolgt dann nicht, wenn die Miet- und Pachtzinsen beim Empfänger zur Gewerbesteuer heranzuziehen sind, außer wenn es sich um Miet- und Pachtzinsen für einen Betrieb oder Teilbetrieb handelt und der Betrag der Vergütungen 125.000 Euro übersteigt. Maßgebend ist jeweils der Betrag, den Mieter oder Pächter für die Benutzung der zu den → Betriebsstätten eines Gemeindebezirks gehörenden fremden Wirtschaftsgüter an den Überlassenden zu zahlen haben. Im Fall einer Hinzurechnung der Miet- und Pachtzinsen zum Gewerbeertrag eines anderen Gewerbebetriebs erfolgt beim Empfänger Kürzung des Gewinns. Eine Hinzurechnung der Miet- und Pachtzinsen darf außerdem dann nicht erfolgen, wenn der Empfänger der Miet- und Pachtzinsen ein Unternehmer aus einem anderen EU-Staat oder des Europäischen Wirtschaftsraumes ist.

Mietwohngrundstücke → Grundstücksart im Sinn des Bewertungsgesetzes; relevant bei der Einheitsbewertung für Zwecke der Grundsteuer. Bebaute → Grundstücke, die zu mehr als 80 Prozent (berechnet nach der → Jahresrohmiete) Wohnzwecken dienen und weder → Einfamilienhaus noch → Zweifamilienhaus sind (§ 75 II BewG). – *Bewertung für Grundsteuer:* Grundsätzlich nach dem Ertragswertverfahren (§ 76 I, §§ 78 ff. BewG; vgl. → Ertragswert); ausnahmsweise nach dem Sachwertverfahren (§ 76 III, §§ 83 ff. BewG; vgl. → Sachwert; → Grundstücksbewertung). – Für Grunderwerbsteuerzwecke ist der *Bedarfswert* bei der Bewertung von Mietwohngrundstücken heranzuziehen. Für Erbschaftsteuerzwecke ist nach der → Erbschaftsteuerreform – wirksam ab dem 1.1.2009 – grundsätzlich der gemeine Wert zugrunde zu legen. – Vgl. → Grundstücksbewertung.

mildtätige Zwecke – 1. *Begriff:* Tätigkeit, die ausschließlich und unmittelbar auf die Unterstützung hilfsbedürftiger Personen gerichtet ist; bedürftig sind Personen, die wegen ihres geistigen, seelischen oder körperlichen Zustands oder ihrer wirtschaftlichen Lage der Hilfe bedürfen. – 2. *Besteuerung:* Mildtätige Körperschaften sind von der → Körperschaftsteuer befreit. → Spenden für mildtätige Zwecke sind bei der

Einkommensteuer als → Sonderausgaben und bei der Körperschaftsteuer als → Aufwendungen abzugsfähig.

Mindestbedarf → Existenzminimum.

Mindestbemessungsgrundlage – 1. *Begriff des Umsatzsteuerrechts:* diejenige Bemessungsgrundlage, die zur Berechnung der Umsatzsteuer verwendet wird, wenn ein Entgelt entweder nicht vorhanden ist oder ein Geschäft zwischen nahe stehenden Personen vorliegt, bei denen ein Entgelt unterhalb des üblichen Marktpreises vereinbart worden ist. – 2. *Definition:* Die Mindestbemessungsgrundlage ist unterschiedlich definiert, je nachdem, ob es sich um → Lieferungen oder → sonstige Leistungen handelt: a) Bei Lieferungen entspricht die Mindestbemessungsgrundlage dem Einkaufspreis eines gleichartigen Gegenstands zzgl. der Nebenkosten zum Zeitpunkt des aktuellen Geschehens ("zum Zeitpunkt des Umsatzes"), also dem Wiederbeschaffungspreis, den das Unternehmen aktuell für den Gegenstand aufwenden müsste (nicht also dem historischen Einkaufspreis!) – b) bei sonstigen Leistungen, die in der Verwendung eines Gegenstands bestehen, werden als Mindestbemessungsgrundlage (nur) alle diejenigen Kosten berücksichtigt, die zuvor zu einem Vorsteuerabzug berechtigt hatten, – c) bei anderen sonstigen Leistungen bilden alle Kosten die Mindestbemessungsgrundlage. – d) gesetzliche Fundstelle: § 10 IV Nr. 1-3 UStG. – e) In anderen Staaten der EU kann die Mindestbemessungsgrundlage teilweise durchaus anders definiert sein. – 3. *Ziel* der Mindestbemessungsgrundlage ist es, unbelasteten privaten Konsum eines Unternehmers und der ihm nahe stehenden Kreise zu verhindern, insbesondere auch eine missbräuchliche Ausnutzung des Vorsteuerabzugs durch Unternehmer zur Entlastung ihres privaten Konsums von der Umsatzsteuer schon im Ansatz unmöglich zu machen. – 4. *Anwendung* der Mindestbemessungsgrundlage in zwei Fallkonstellationen: a) bei einer → unentgeltlichen Wertabgabe, – b) bei Leistungen eines Unternehmers an nahe stehene Personen, Angehörige, Arbeitnehmer oder Gesellschafter; dann ist die Mindestbemessungsgrundlage nur als Mindestbetrag anzusetzen, d.h. wenn das tatsächlich vereinbarte Entgelt nicht höher ist. – 5. *Gemeinschaftsrechtliche Rechtsgrundlagen:* Die Regelungen über die Mindestbemessungsgrundlage beruhen insbesondere auf den Art. 74 ff. und 80 der → Mehrwertsteuersystemrichtlinie.

Mindestbesteuerung – Begriff aus der Einkommensteuer: (1) *I.w.S.:* Bezeichnung für Maßnahmen zur Einschränkung der Nutzung von Verlusten zum Zwecke der Steuerersparnis. – (2) *I.e.S.:* Bezeichnung für eine Einschränkung der Verrechnung von Verlusten zwischen den Einkunftsarten. Das Verfahren wurde zwischen 1999 und 2003 angewandt (§ 2 III EStG a.F.) und 2004 durch eine Neuregelung des → Verlustabzugs ersetzt.

Mindest-Ist-Besteuerung – Begriff des Umsatzsteuerrechts. Bei Anzahlungen (Vorauszahlungen) entsteht die Steuerschuld auch bei → Sollversteuerung, unabhängig vom Zeitpunkt der Ausführung der Leistung, bereits mit Ablauf des Voranmeldungszeitraumes, in dem das Entgelt vereinnahmt wurde. Gleichzeitig kann der → Vorsteuerabzug geltend gemacht werden.

Mindestkredit → Dauerschuld.

Mindeststeuersatz – I. EU-Recht: 1. *Begriff:* EU-rechtlich festgelegter Steuersatz, der bei bestimmten Steuern mind. erhoben werden muss. Die Wahl eines höheren Steuersatzes steht, sofern nicht weitere Schranken (Steuersatzspanne, Zielsteuersätze) gesetzt sind, jedem Mitgliedsstaat frei. Ziel der Mindeststeuersätze ist es, beim allmählichen Übergang der Verbrauchs- und Umsatzbesteuerung im Binnenmarkt auf das Ursprungslandprinzip einem ruinösen Steuersenkungswettbewerb vorzubeugen. – 2. *Umsatzsteuer:* Mindeststeuersatz für normale Umsätze ist ein Satz von 15 Prozent; allerdings wird dieser Satz regelmäßig nur für einige Jahre befristet vorgeschrieben, eine Verlängerung muss jeweils einstimmig im EG-Ministerrat beschlossen werden. Für den ermäßigten Steuersatz ist unbefristet ein Mindeststeuersatz von 5 Prozent vorgeschrieben, hier existieren jedoch Ausnahmen infolge von Übergangsregelungen für einzelne Länder. – 3. *Verbrauchsteuern:* Mindeststeuersätze für Tabak-, Mineralöl- und Biersteuer sind durch EG-Richtlinien vorgegeben und sollen regelmäßig angepasst werden. Bei den übrigen Verbrauchsteuern sind keine Mindeststeuersätze vorgesehen, hier wird eine allmähliche Senkung der Sätze bis hin zur Abschaffung der betreffenden Steuern infolge des Wettbewerbs der Steuersysteme bewusst in Kauf genommen.

II. **Einkommensteuerrecht:** Bei beschränkter Steuerpflicht wurde für Steuerausländer, die in Deutschland zur Einkommensteuer veranlagt wurden, lange Zeit ein Mindeststeuersatz von 25 Prozent vorgeschrieben (§ 50 III EStG bis Ende 2008), diese Regelung wurde jedoch ab 2009 abgeschafft, da sie als Verstoß gegen das Gemeinschaftsrecht (EG-Recht) angesehen wurde.

Mineralgewinnungsrecht – 1. *Begriff:* das verliehene oder aufgrund staatlicher Erlaubnis zur Ausübung überlassene Recht, Bodenschätze aufzusuchen und zu gewinnen. – 2. *Steuerrechtliche Behandlung:* Das Mineralgewinnungsrecht war bis zum 31.12.1992 als selbstständiges → Wirtschaftsgut mit dem → gemeinen Wert zu bewerten. Für Mineralgewinnungsrecht wurde ein → Einheitswert festgestellt, der i.d.R. als Untereinheit dem → Betriebsvermögen zuzuordnen war. – *Ausnahme:* z.B. verpachtetes Mineralgewinnungsrecht ohne gewerblichen Betrieb im → sonstigen Vermögen. Heute werden die ertragsteuerlichen Werte angesetzt.

Mineralöllager – Steuerlager für Mineralöle im Sinn des Mineralölsteuergesetzes, in dem Mineralöl unter Steueraussetzung gelagert werden darf. Führung eines Mineralöllagers ist erlaubnispflichtig (§ 7 MinölStG).

Mineralölsteuer – I. Charakterisierung: eine von der Bundeszollverwaltung erhobene und dem Bund zufließende frühere Verbrauchsteuer auf eingeführte und im Erhebungsgebiet hergestellte Mineralöle. Die Umsetzung der Energiesteuer-Richtlinie der Europäischen Union in nationales Recht machte es erforderlich, das dt. Mineralölsteuerrecht grundlegend neu zu gestalten. Das Mineralölsteuergesetz galt daher nur bis zum 31.7.2006 und wurde danach von dem Energiesteuergesetz abgelöst (→ Energiesteuer). Die Mineralölsteuer nahm unter den Verbrauchsteuern den ersten Rang ein. Dieses Aufkommen wurde überwiegend aus der Besteuerung von Kraftstoffen erzielt (89 Prozent), kaum dagegen aus Erdgas (6,6 Prozent) und leichtem Heizöl (4,5 Prozent).

II. Aufkommen: 40.036 Mio. Euro (2011), 38.955,0 Mio. Euro (2007) (Energiesteuer), 39.916 Mio. EUR (2006), 40.101,0 Mio. Euro (2005), 43.187,7 Mio. Euro (2003), 42.192,5 Mio. Euro (2002), 40.490 Mio. Euro (2001), 37.826,3 Mio. Euro (2000), 33.176,6 Mio. Euro (1995), 17.701,6 Mio. Euro (1990), 12.537 Mio. Euro (1985), 10.917 Mio. Euro (1980), 8.754 Mio. Euro (1975), 5.886 Mio. Euro (1970), 3.798 Mio. Euro (1965), 1.362 Mio. Euro (1960), 581 Mio. Euro (1955), 37 Mio. Euro (1950).

Mineralölsteuerrichtlinien – Frühere Richtlinien der EG mit Vorgabe zur Besteuerung von Mineralöl, wurden 2003 durch die neue → Energiesteuerrichtlinie abgelöst, die die bisherigen Vorgaben systematischer und übersichtlicher fasste. Im Zelnen handelte es sich um: 1. Die *Mineralölsteuerstrukturrichtlinie* des Rates der EG (92/81/EWG) vom 19.10.1992 (ABl. EG Nr. L 316, S. 12) m.spät.Änd., regelte einheitlich den Steuergegenstand und die Bemessungsgrundlagen für die → Mineralölsteuer im gesamten Gebiet der EU. – 2. Die *Mineralölsteuersatzrichtlinie:* Richtlinie des Rates der EG (92/82/EWG) zur Annäherung der Verbrauchsteuersätze für Mineralöl (ABl. EG Nr. L 316, S. 19) m.spät.Änd., legte für die in der oben genannten Richtlinie vorgeschriebenen Steuerarten Mindeststeuersätze fest.

Mineralölsteuersatzrichtlinie → Mineralölsteuerrichtlinien.

Mischraum – Raum, der nicht in seiner Gesamtheit zu einem einzigen Zweck, sondern teils als Wohnung, teils zu anderen Zwecken (z.B. geschäftlichen Zwecken) genutzt wird. Für die Frage, ob Wohnraummietrecht oder Geschäftsraummietrecht anzuwenden ist, ist die überwiegende Nutzung maßgeblich. – *Bewertungsgesetz:* → gemischtgenutzte Grundstücke.

Mitarbeiterkapitalbeteiligung – Der Vorteil des Arbeitnehmers im Rahmen eines gegenwärtigen Dienstverhältnisses aus der unentgeltlichen oder verbilligten Überlassung von Vermögensbeteiligungen am Unternehmen des Arbeitgebers ist ab dem 1.4.2009 steuerfrei, soweit der Vorteil 360 Euro pro Kalenderjahr nicht übersteigt (§ 3 Nr. 39 EStG). Voraussetzungen hierfür sind a) freiwillige Zuzahlung zusätzlich zum ohnehin geschuldeten Arbeitslohn und b) die Beteiligung muss allen Arbeitnehmern offen stehen.

Mitgliederbeiträge – 1. *Begriff*: Beiträge, die Mitglieder einer Personenvereinigung nach den Satzungen zu entrichten verpflichtet sind. – 2. *Körperschaftsteuer*: Mitgliederbeiträge bleiben bei der Ermittlung des Einkommens außer Ansatz (§ 8 VI KStG). Sie sind steuerpflichtig, wenn sie Gegenleistung für eine bes. Leistung des Vereins an das Mitglied darstellen. – 3. *Umsatzsteuer*: Soweit eine Vereinigung zur Erfüllung ihrer den Gesamtbelangen sämtlicher Mitglieder dienenden satzungsgemäßen Gemeinschaftszwecke tätig wird und dafür Mitgliederbeiträge erhebt, die für alle Mitglieder gleich hoch sind oder nach einem für alle Mitglieder verbindlichen Bemessungsmaßstab gleichmäßig errechnet werden, fehlt es an einem umsatzsteuerbaren → Leistungsaustausch *(echte Mitgliederbeiträge)*. Werden die Mitgliederbeiträge jedoch als Gegenleistung für eine Leistung der Vereinigung an die Mitglieder gezahlt *(unechte Mitgliederbeiträge)*, liegt ein Leistungsaustausch vor, für den Umsatzsteuer anfällt. Das ist der Fall, wenn die Vereinigung ihre Beiträge nach tatsächlicher oder vermuteter Inanspruchnahme staffelt. Es ist aber bereits auch dann der Fall, wenn die Mitglieder die Mitgliederbeiträge deswegen zahlen, weil der Verein ihnen ein Leistungsangebot macht, z.B. die Mitglieder eines Sportvereins aufgrund ihrer Mitgliedschaft die Möglichkeit haben, die vom Verein angebotenen Leistungen zu nutzen. Folglich sind echte Mitgliederbeiträge im Wirtschaftsleben eher selten.

mithelfende Familienangehörige – Begriff für die im Betrieb mitarbeitenden Familienangehörigen. – 1. *Vergütungen* (Lohn oder Gehalt) an mithelfende Familienangehörige sind grundsätzlich als → Betriebsausgaben abzugsfähig. – 2. Ein *Arbeitsverhältnis zwischen Ehegatten* wird steuerlich anerkannt, wenn es ernsthaft vereinbart und entsprechend der Vereinbarungen tatsächlich durchgeführt wird, z.B. der mitarbeitende Ehegatte im Betrieb keine wesentlich andere Stellung als ein fremder Arbeitnehmer einnimmt. Das gilt auch, wenn der Ehegatte als Arbeitgeber → Mitunternehmer einer → Personengesellschaft ist. Bei *Mitarbeit von Kindern* wird ein Arbeitsverhältnis i.d.R. anerkannt, wenn das Kind angemessene Bezüge erhält, die auf klaren und eindeutigen Vereinbarungen beruhen. – 4. Sind *Kinder Arbeitgeber der Eltern*, gelten die gleichen Voraussetzungen wie bei Arbeitsverhältnissen zwischen Eltern und Kindern. Ein Arbeitsverhältnis liegt i.d.R. nicht vor, wenn der Arbeit nur gering ist und es sich um eine verdeckte Unterhaltsleistung handelt. – 5. *Zwischen Geschwistern* wird ein Arbeitsverhältnis, vorausgesetzt, dass es

ernstlich gewollt ist und angemessene Bezüge vorliegen, grundsätzlich anerkannt. – Vgl. auch → Familienmitarbeit.

Mitteilungspflicht – Die MItteilungspflichten im Steuer- und weiteren Recht sind vielfältig. Sie ergeben sich z. B. aus der AltvDV (Verordnung zur Durchführung der steuerlichen Vorschriften des Einkommensteuergesetzes zur Altersvorsorge und zum Rentenbezugsmitteilungsverfahren sowie zum weiteren Datenaustausch mit der zentralen Stelle), aus § 102 IV AO (Anzeigepflichten der Notare und die Mitteilungspflichten nach der Zinsinformationsverordnung vom 26.1.2004 [BGBl. I S. 128]), § 31 AO (Mitteilung von Besteuerungsgrundlagen), § 31a AO (Mitteilungen zur Bekämpfung der illegalen Beschäftigung und des Leistungsmissbrauchs), 31b AO (Mitteilungen zur Bekämpfung der Geldwäsche und der Terrorismusfinanzierung), § 93a AO (Allgemeine Mitteilungspflichten), § 138 AO (Anzeigen über die Erwerbstätigkeit), § 29 BewG (Auskünfte, Erhebungen und Mitteilungen des Eigentümer von Grundbesitz an die Finanzbehörde, im EStG z. B. im § 22a EStG (Rentenbezugsmitteilungen an die zentrale Stelle) und im § 39e EStG (Verfahren zur Bildung und Anwendung der elektronischen Lohnsteuerabzugsmerkmale), § 14 GewO (Gewerbeordnung vom 22.2.1999 [BGBl. Teil I 1999, S. 202]; Verordnungsermächtigung) u.w. – Es gilt nach § 379 AO als Steuergefährdung, wenn der Steuerpflichtige der Mitteilungspflicht nach § 138 II AO nicht, nicht vollständig oder nicht rechtzeitig nachkommt. Folge ist die Möglichkeit einer Geldbuße bis zu fünftausend Euro, wenn die Handlung nicht nach § 378 AO geahndet werden kann. Dazu siehe auch → Anzeigepflicht; → Mitteilungsverordnung.

Mitteilungsverordnung – 1. *Begriff*: Rechtsverordnung vom 7.9.1993 (BStBl. I 799), in Kraft seit 1.1.1994 – 1. *Grundlage* ist § 93a AO (→ Mitwirkungspflicht), wonach die Bundesregierung zur Sicherung der Besteuerung ermächtigt ist, durch Rechtsverordnung Behörden zu verpflichten, Verwaltungsakte, die der Versagung oder Einschränkung einer steuerlichen Vergünstigung zur Folge haben oder den Betroffenen steuerpflichtige Einnahmen ermöglichen, Subventionen und ähnliche Förderungsmaßnahmen gewähren sowie Anhaltspunkte für Schwarzarbeit, unerlaubte Arbeitnehmerüberlassung oder unerlaubte Ausländerbeschäftigung bieten, den Finanzbehörden mitzuteilen. – 2. *Tatbestand*: Die Behörden haben Zahlungen mitzuteilen, wenn der Zahlungsempfänger nicht im Rahmen einer land- und forstwirtschaftlichen, gewerblichen oder freiberuflichen Haupttätigkeit gehandelt hat, oder soweit die Zahlung nicht auf das Geschäftskonto des Zahlungsempfängers erfolgt. Zahlungen sind auch mitzuteilen, wenn zweifelhaft ist, ob der Zahlungsempfänger im Rahmen der Haupttätigkeit gehandelt hat oder die Zahlung auf das Geschäftskonto erfolgt. Eine Mitteilungspflicht besteht nicht, wenn ein Steuerabzug (z.B.

Lohnsteuerabzug) vorgenommen wird. Bei fehlender oder geringer steuerlicher Bedeutung der Zahlungen kann ausnahmsweise von einer Mitteilung abgesehen werden. Daneben sind *öffentlich-rechtliche Rundfunkanstalten* verpflichtet, regelmäßig die Honorare freier Mitarbeiter den Finanzbehörden mitzuteilen, die in unmittelbarem Zusammenhang mit der Vorbereitung, Herstellung oder Verbreitung von Hörfunk- und Fernsehsendungen erbracht werden. – 3. *Inhalt:* Es sind anzugeben: anordnende Stelle, Aktenzeichen, Bezeichnung (Name, Vorname, Firma) und Anschrift des Zahlungsempfängers sowie sein Geburtsdatum, Grund der Zahlung (Art des Anspruchs), Tag der Zahlung oder Zahlungsanordnung. – 4. *Empfänger* der Mitteilungen ist das Finanzamt, in dessen Bezirk der Zahlungsempfänger seinen Wohnsitz hat (natürliche Person) bzw. sich die Geschäftsleitung befindet (Körperschaften, Personenvereinigungen und Vermögensmassen). Die Mitteilungen sind i.d.R. einmal pro Jahr bis zum 30. April des Folgejahrs zu übersenden. Der Betroffene ist von der mitteilungspflichtigen Behörde oder Rundfunkanstalt über die bestehende Mitteilungspflicht als solche und über die tatsächlich erfolgten Mitteilungen zu unterrichten.

Mittelbetrieb → Betriebsgrößenklassifikation.

Mittelstands-Sonderabschreibung → Ansparabschreibung.

Mitunternehmer – 1. *Begriff:* Die Gesellschafter einer Personengesellschaft, die Mitunternehmerrisiko tragen und Mitunternehmerinitiative entfalten. – a) *Mitunternehmerrisiko* bedeutet Teilhabe am Erfolg oder Misserfolg des Betriebs, i.d.R. durch Beteiligung am Gewinn und Verlust sowie an den stillen Reserven einschließlich eines Geschäftswertes. – b) *Mitunternehmerinitiative* beinhaltet die Teilnahme an unternehmerischen Entscheidungen, d.h., die Möglichkeit zur Ausübung von Rechten, die über die eines bloßen Darlehensgebers hinausgehen. – 2. *Steuerliche Behandlung:* Die Mitunternehmer unterliegen der → Einkommensteuer bzw. → Körperschaftsteuer (bei Kapitalgesellschaften als Mitunternehmer), und zwar mit ihren Gewinnanteilen und den Vergütungen, die aus Leistungsbeziehungen mit der Gesellschaft resultieren (§ 15 I Nr. 2 EStG). – Vgl. auch → Sonderbetriebsvermögen, → Mitunternehmerschaft.

Mitunternehmerschaft – Mehrheit von Mitunternehmern. – 1. *Einkommensteuer:* Die Mitunternehmerschaft selbst ist nicht steuerpflichtig, sondern die → Mitunternehmer. – 2. Die Feststellung der *Gewinnanteile* der einzelnen Mitunternehmer erfolgt nach einheitliche und gesonderte → Gewinnfeststellung (§§ 179 f. AO). – 3. *Bewertung:* Alle Wirtschaftsgüter, die einer Mitunternehmerschaft gehören, bilden eine → wirtschaftliche Einheit und sind dem → Betriebsvermögen zuzurechnen (§ 97 BewG).

Mitwirkungspflicht – 1. Die am Besteuerungsverfahren Beteiligten sind gesetzlich zur Mitwirkung bei der Ermittlung des Sachverhalts verpflichtet. Ihrer Mitwirkungspflicht kommen sie bes. dadurch nach, dass sie die für die Besteuerung erheblichen Tatsachen vollständig und wahrheitsgemäß darlegen und die (nur) ihnen bekannten Beweismittel angeben (§ 90 I AO). Die Erfüllung der Mitwirkungspflicht kann erzwungen werden (→ Zwangsmittel). – 2. *Erhöhte Mitwirkungspflicht* besteht bei Auslandssachverhalten (§ 90 II AO), für die Einkünfteabgrenzung bei international tätigen Konzernen bzw. Gewinnabgrenzung zwischen Stammhaus und Betriebsstätte (§ 90 III AO; vgl. → Gewinnabgrenzungsaufzeichnungsverordnung (GAufzV)) und im Rahmen einer → Außenprüfung (§ 200 AO). – 3. Bei *Nichterfüllung der Mitwirkungspflicht:* Schlussfolgerungen zulasten des Beteiligten zulässig, z.B. bei Nichtbenennung von Gläubigern und Zahlungsempfängern (§ 160 AO), soweit die Finanzbehörde nicht von sich aus zu weiterer Ermittlungstätigkeit verpflichtet ist.

modernisierter Zollkodex – Abk. *MZK*; 1. *Begriff:* wurde am 4.6.2008 mittels VO (EG) Nr. 450/2008 vom 23.4.2008, ABl. 2008 Nr. 145/1 veröffentlicht. Er sollte spätestens am 24.6.2013 mit der bis dahin noch zu schaffenden Durchführungsverordnung (DVO) in vollem Umfang gelten. In Kraft getreten ist er zwar am 24.6.2008, anwendbar sind zunächst aber nur die Ermächtigungsgrundlagen für die DVO. Spätestens am 23.6.2013 sollte er in vollem Umfang angewendet werden. Anfang 2012 legte die Kommisson einen Entwurf für einen → Unionszollkodex vor. Dieser sieht eine Neufassung des MZK vor, die wohl 2015 in vollem Umfang gelten soll – 2. *Inhalt:* Zielsetzung des MZK ist eine stärkere Vereinheitlichung der → Zollverfahren und Zollverwaltungsabläufe. Dabei geht es v.a. darum, die e-government-Initiative auch für den Bereich des Zolls zu implementieren, die bisherigen Regeln einfacher und übersichtlicher zu strukturieren, das Betrugsrisiko zu verringern, Sicherheit und Schutz an den Außengrenzen zu verstärken, die Wettbewerbsfähigkeit der in der Gemeinschaft tätigen Unternehmen sowie der mit solchen Unternehmen Geschäftsverbindungen pflegenden Nichtgemeinschaftsunternehmen zu stärken und damit das wirtschaftliche Wachstum zu fördern, die Kohärenz mit der Gemeinschaftspolitik in anderen Bereichen wie den indirekten Steuern, Landwirtschaft, Handel etc. zu verbessern.

monistisches Steuersystem → Steuersystem, das auf dem Gedanken der Besteuerung durch die Erhebung einer → Alleinsteuer basiert. – *Gegensatz:* → pluralistisches Steuersystem.

Mustersteuerordnung – von den Ländern erlassene Rahmenbestimmungen für den Erlass und die Ausgestaltung von Steuersatzungen durch die Gemeinden. Zwar steht den Gemeinden kein originäres Recht zur Auferlegung von Steuern zu, doch wird allg. angenommen, dass die Länder ihr begrenztes Steuerfindungsrecht (Art. 105 IIa GG) auf die Gemeinden delegieren können. Die Mustersteuerordnungen sind keine Rechtsnormen; sie dienen aber den Genehmigungsbehörden der Länder als Richtlinien für die Genehmigung gemeindlicher Steuersatzungen.

Muster und Proben von geringem Wert – Sendungen, die aufgrund zollamtlicher Entscheidung als Warenmuster und -proben ohne Handels- bzw. Weiterveräußerungswert angesehen werden. Sie dienen dazu, Aufträge für Waren entsprechender Art zu beschaffen. Die Waren bleiben zollfrei. Wirtschaftlich geht ihr Wert in den später importierten Waren auf, die bei Überführung in den zollrechtlich freien Verkehr zu verzollen sind. Die Zollbehörden können die Befreiung davon abhängig machen, dass die Waren auf Dauer unbrauchbar gemacht werden. Das kann durch bes. Entwertung (Zerreißen, Lochen, Winkelschnitt in Feder, Stanzlöcher in Schuhsohle, aufgeschnittenes Gehäuse etc.) geschehen. – Vgl. auch → Warenmuster.

Muttergesellschaft – *Obergesellschaft.*

I. Begriff: Gesellschaft (Kapital- oder Personengesellschaft), die kapitalmäßig (aufgrund von → Beteiligungen) oder sonst unmittelbar oder mittelbar einen beherrschenden Einfluss auf eine oder mehrere andere Unternehmen (→ Tochtergesellschaft) ausüben kann, vgl. § 290 I 1 HGB. § 290 HGB wurde durch das Bilanzrechtsmodernisierungsgesetz (BilMoG) geändert, u.a. durch Einführung der bloß faktischen Beherrschungsmöglichkeit nach Absatz 1. –– Es liegt eine Beherrschung stets vor (unwiderlegliche Vermutung), wenn die Fälle des § 290 II HGB gegeben sind, so z.B. wenn Stimmrechtsmehrheit besteht (§ 290 II Nr. 1 HGB). Welches Maß der Einflußnahme für eine beherrschende Stellung erforderlich ist, lässt sich mitunter nur im Einzelfall bestimmen. – Vgl. auch → Holdinggesellschaft, Konzern, internationale Mutter-Tochter-Beziehungen.

II. Steuerrecht: 1. *Im Zusammenhang mit der Konzernbesteuerung (Organschaft):* Das Unternehmen, das Organträger (Obergesellschaft) des Organkreises ist. – 2. *Im Zusammenhang mit der Besteuerung von Dividenden:* (1) *Doppelbesteuerungsabkommen:* Meist eine Kapitalgesellschaft, die zu mind. 20 Prozent (oder 10 Prozent) an einer anderen Kapitalgesellschaft beteiligt ist. (2) *Mutter-Tochter-Richtlinie:* Eine Kapitalgesellschaft mit Sitz in einem EU-Mitgliedsstaat, die mind. 10 Prozent (vor 2005: 25 Prozent, danach allmähliche Senkung der Schwelle auf die heutigen 10 Prozent) an einer Tochterkapitalgesellschaft in einem anderen EU-Staat beteiligt ist. (3) *Gewerbesteuer:* Ein Unternehmen (jeglicher Rechtsform), das an einer Kapitalgesellschaft zu mind. 15 Prozent (vor Erhebungszeitraum 2008: 10 Prozent) beteiligt ist. (4) *Körperschaftsteuer:* Jede Körperschaft, die Dividenden empfängt, unabhängig von der Beteiligungsquote. – In allen genannten Fällen ist vorgesehen, dass es durch die Besteuerung der Dividenden bei der Muttergesellschaft nicht zu einer überhöhten Gesamtbelastung der von der Tochtergesellschaft erwirtschafteten Gewinne kommen darf; dies wird von Deutschland i.d.R. durch eine Befreiung dieser Dividenden bei der Muttergesellschaft (→ Schachtelprivileg) gesichert.

Mutterschaftsgeld – 1. *Begriff:* Geldleistung an Frauen während der Mutterschutzfristen durch die Krankenkasse oder den Bund (§ 13 des Mutterschutzgesetzes [MuSchG] i.d.F. vom 20.6.2002 [BGBl. I 2318] m.spät.Änd.). – 2. *Mutterschutzgeld in Höhe des Netto-Arbeitsentgelts:* a) *Voraussetzung:* Laufendes Mutterschutzgeld erhalten Mitglieder einer gesetzlichen Krankenkasse, die bei Beginn der Schutzfrist nach § 3 II MuSchG (sechs Wochen vor dem voraussichtlichen Tag der Entbindung) in einem Arbeitsverhältnis stehen oder Heimarbeit beschäftigt sind oder deren Arbeitsverhältnis während ihrer Schwangerschaft vom Arbeitgeber zulässig aufgelöst worden ist, sofern sie in der Zeit vom Beginn des zehnten bis zum Ende des vierten Monats vor der Entbindung mind. zwölf Wochen pflichtversichert waren und in einem Arbeitsverhältnis gestanden haben oder der gesetzlichen Krankenkasse. Ist zu Beginn der Schutzfrist nach § 3 II MuSchG kein Versicherungsverhältnis gegeben, so richtet sich der Anspruch auf Mutterschutzgeld nach § 13 II MuSchG und die Leistung geht in voller Höhe zulasten des Bundes. – b) *Dauer:* Mutterschutzgeld wird für sechs Wochen vor der Entbindung und für acht Wochen, bei Früh- und Mehrlingsgeburten für zwölf Wochen nach der Entbindung gezahlt; anschließend Elternzeit mit Elterngeld (vgl. Bundeselterngeld- und Elternzeitgesetz [BEEG] vom 2.12.2006 [BGBl. I, 2748] m.spät.Änd.). Der Anspruch auf Mutterschutzgeld endet mit dem Tod der Versicherten. – c) *Höhe:* Als Mutterschutzgeld wird das um die gesetzlichen Abzüge verminderte durchschnittliche kalendertägliche Arbeitsentgelt der letzten drei abgerechneten Kalendermonate vor Beginn der Schutzfrist gewährt. Es beträgt höchstens 13 Euro für den Kalendertag. Einmalige Zuwendungen sowie Tage, an denen infolge Kurzarbeit, Arbeitsausfällen oder unverschuldeter Arbeitsversäumnis kein oder ein vermindertes Arbeitsentgelt erzielt wurde, bleiben außer Betracht. – Ist danach eine Berechnung nicht möglich, so ist das durchschnittliche kalendertägliche Arbeitsentgelt einer gleichartig Beschäftigten zugrunde zu legen. – d) *Zuschuss zum Mutterschaftgeld (§ 14 MuSchG):* Das Mutterschutzgeld für versicherte Arbeitnehmerinnen und nichtversicherte Arbeitnehmerinnen ist auf höchstens 13 Euro für den Kalendertag begrenzt. Sofern das durchschnittliche kalendertägliche Netto-Arbeitsentgelt den Betrag von 13 Euro übersteigt, erhalten diese Frauen den übersteigenden Betrag als Zuschuss von ihrem Arbeitgeber. Diese Regelung verstieß wie das Bundesverfassungsgericht mit Beschluss vom 18.11.2003 festgestellt hat gegen den Grundsatz der Gleichbehandlung der Geschlechter (Art. 3 II GG). Der Gesetzgeber hatte bis zum Ende des Jahres 2005 eine grundgesetzkonforme Regelung zu treffen. Bis dahin blieb § 14 I MuSchG weiterhin anwendbar. Der Entscheidung des Bundesverfassungsgerichts hat der Gesetzgeber ab 1.1.2006 dadurch Rechnung getragen, dass er das Umlageverfahren für die Arbeitgeberaufwendungen bei Schwangerschaft und Mutterschaft auf alle Arbeitgeber (ausgenommen landwirtschaftliche Unternehmungen mit ausschließlich mitarbeitenden Familienangehörigen und Dienststellen sowie diesen gleichgestellte militärische Einrichtungen nach genauerer Bestimmung nach § 11 II des Aufwendungsausgleichsgesetzes vom 22.12.2005 [BGBl. I 3686] m.spät.Änd.) ausgedehnt hat. Frauen, deren Arbeitsverhältnis während der Schwangerschaft vom Arbeitgeber zulässig aufgelöst wurde, erhalten den Zuschuss zulasten des Bundes von der für die Zahlung des Mutterschaftsgeld zuständigen Krankenkasse. – 3. *Mutterschaftgeld in Höhe des Krankengeldes:* a) *Voraussetzung:* Nach § 200 II Satz 6 RVO erhalten andere Versicherte Mutterschaftsgeld in Höhe des Krankengeldes. Hierzu gehören z.b. versicherungspflichtige Selbstständige, freiwillig versicherte Frauen mit Anspruch auf Krankengeld, die in keinem Arbeitsverhältnis stehen, sowie arbeitslose Frauen. – b) *Dauer:* analog zu 1 a). – c) *Höhe:* Mutterschaftsgeld nach § 200 II Satz 6 RVO wird in Höhe des Krankengeldes gewährt. – 4. *Sonstiges:* a) Anspruch auf laufendes Mutterschaftsgeld entsteht mit jedem Tag, an dem die Voraussetzungen erfüllt sind, frühestens mit Beginn der Schutzfrist nach § 3 II MuSchG. Für die Dauer des Anspruchs auf laufendes Mutterschaftsgeld wird Krankengeld nicht gewährt; das als einmalige Leistung zu gewährende Mutterschaftsgeld hat diese Wirkung nicht. Der Anspruch auf laufendes Mutterschutzgeld ruht, wenn und soweit Arbeitsentgelt gezahlt wird. – b) Mutterschaftsgeld nach dem Mutterschutzgesetz ist steuerfrei (§ 3 Nr. 1d EStG), unterliegt aber dem → Progressionsvorbehalt (§ 32b I c EStG).

Mutter-Tochter-Richtlinie – *Richtlinie über das gemeinsame Steuersystem der Mutter- und Tochtergesellschaften verschiedener Mitgliedsstaaten,* auch: *Konzernrichtlinie; EG-Richtlinie* (ABl. EG Nr. L 225 vom 20.8.1990, geändert durch ABl. EU L 13 vom Januar 2004) zur Harmonisierung der Besteuerung von Gewinnausschüttungen, die von einer Tochtergesellschaft an ihre Muttergesellschaft vorgenommen werden. Die Mutter-Tochter-Richtlinie ist gemeinsam mit der → Fusionsrichtlinie die erste im Rahmen der Harmonisierung der Steuerpolitik verabschiedete Regelung zu den → direkten Steuern. Ziel der Richtlinie ist die Vermeidung der Doppel- oder Mehrfachbesteuerung der diesen Dividenden zugrunde liegenden Gewinne. – *Regelungen:* a)

Die von der Tochtergesellschaft ausgeschüttete Dividende wird im Staat der Muttergesellschaft entweder gar nicht besteuert (→ Schachtelprivileg), oder die von der Tochtergesellschaft bei der Erwirtschaftung der Dividende schon bezahlte Körperschaftsteuer wird auf die Steuer angerechnet, sodass im Endeffekt der Gewinn im Konzern wirtschaftlich nur einmal besteuert wird. – b) Auf die ausgeschütteten Gewinne darf keinerlei Quellensteuer erhoben werden (Art. 5 und 6 Mutter-Tochter-Richtlinie). – *Voraussetzungen:* Zwischen Mutter- und Tochtergesellschaft muss eine Beteiligung von mindestens 10 Prozent (ab 2009, zuvor galten höhere Schwellenwerte, anfangs sogar 25 Prozent) bestehen, die beiden Gesellschaften müssen Kapitalgesellschaften und in unterschiedlichen EU-Staaten ansässig sein. – *Ausnahmen:* Bei Ausschüttungen anlässlich einer Liquidation darf der Staat der Muttergesellschaft von den Regeln der Mutter-Tochter-Richtlinie abweichen. – *Umsetzung in nationales deutsches Recht:* a) Bei *Gewinnausschüttungen einer dt. Tochterkapitalgesellschaft* an eine ausländische Muttergesellschaft im Sinne der Mutter-Tochter-Richtlinie wird die einzubehaltende Kapitalertragsteuer (§§ 43, 43a EStG) der ausländischen Muttergesellschaft entweder auf Antrag erstattet oder – wenn ein entsprechender Antrag bereits vor einer Ausschüttung gestellt wird – nach Erteilung einer Freistellungsbescheinigung durch das Bundeszentralamt für Steuern gar nicht erst erhoben. Es wird in beiden Fällen allerdings kontrolliert, ob die ausländische EU-Muttergesellschaft nicht möglicherweise lediglich missbräuchlich in die Beteiligungskette eingeschaltet worden ist, um die Kapitalertragsteuer zu sparen und die Mutter-Tochter-Richtlinie zu nutzen. Nationale Vorschriften, die präzisieren, wann ein Missbrauch vermutet wird, sind in § 50d III niedergelegt, in diesen Fällen besteht nach Ansicht der dt. Finanzverwaltung dann kein Anspruch auf Anwendung der Richtlinie zugunsten der ausländischen Gesellschaft. – b) Beim *Erhalt von Dividenden ausländischer Tochtergesellschaften* durch ihre inländischen Mutterkapitalgesellschaften werden die Vorgaben der Mutter-Tochter-Richtlinie im KStG durch § 8b KStG umgesetzt, indem die Dividenden bei der dt. Muttergesellschaft von der Besteuerung freigestellt werden. Dabei werden allerdings 5 Prozent der erhaltenen Dividenden im Rahmen der Ermittlung des zu versteuernden Einkommens als nicht abzugsfähige Betriebsausgaben angesehen, eine Maßnahme, die die Mutter-Tochter-Richtlinie ausdrücklich erlaubt. Im Rahmen der Gewerbesteuer werden die Vorgaben durch eine Kürzungsvorschrift in § 9 GewStG umgesetzt.

Nacherbe – der durch Verfügung von Todes wegen eingesetzte Erbe, der Erbe werden soll, nachdem zunächst ein anderer Erbe (Vorerbe) geworden war (§§ 2100–2146 BGB). Der Nacherbe ist im Zweifel auch Ersatzerbe des Vorerben. Bis zum Eintritt der Nacherbfolge (Nacherbfall) besteht eine *Anwartschaft*, die Erbschaft künftig zu erwerben, die im Grundbuch eingetragen werden kann und vererblich ist. Die Frist der Ausschlagung beginnt erst mit dem Nacherbfall. – *Erbschaftsteuerliche Behandlung*: Der Übergang des Erbes vom Vorerben auf den Nacherben unterliegt als eigenständiger Erwerb von Todes wegen der Erbschaftsteuer, wenn die Nacherbschaft durch Tod des Vorerben eintritt. Hinsichtlich der Steuerklasse kann der Nacherbe wählen, ob das Verhältnis zum Vorerben oder das Verhältnis zum ursprünglichen Erblasser der Besteuerung zugrunde gelegt werden soll (§ 6 ErbStG).

Nacherhebungs-VO – im → Zollkodex (ZK) aufgegangene Verordnung.

Nachfeststellung – die nachträgliche, erstmalige Feststellung eines → Einheitswerts auf einen anderen (späteren) Zeitpunkt als den Hauptfeststellungszeitpunkt gemäß § 23 BewG; (→ Hauptveranlagung). – Nachfeststellung ist *vorzunehmen*, wenn nach dem Hauptfeststellungszeitpunkt (1) eine → wirtschaftliche Einheit (Untereinheit) neu entsteht; (2) eine bereits bestehende wirtschaftliche Einheit (Untereinheit) erstmals zu einer Steuer herangezogen werden soll; (3) für eine bereits bestehende wirtschaftliche Einheit (Untereinheit) ein bes. Einheitswert nach § 91 II BewG festzustellen ist. – Der Nachfeststellung werden die Verhältnisse im → Nachfeststellungszeitpunkt *zugrunde gelegt*, bei Nachfeststellung der Einheitswerte für → Grundbesitz jedoch die des → Hauptfeststellungszeitpunkts. Auf Nachfeststellung folgt i.d.R. → Nachveranlagung. – *Anders*: → Fortschreibung.

Nachfeststellungszeitpunkt – 1. *Begriff* des Steuerrechts: Termin der → Nachfeststellung: a) Bei der *Entstehung einer* → wirtschaftlichen Einheit (Untereinheit) der Beginn des Kalenderjahres, das auf die Entstehung der wirtschaftlichen Einheit (Untereinheit) folgt. – b) In den Fällen, dass eine bestehende *wirtschaftliche Einheit (Untereinheit) erstmals zu einer Steuer herangezogen* werden soll oder für sie ein bes. Einheitswert nach § 91 II BewG festzustellen ist, der Beginn des Kalenderjahres, in dem der Einheitswert erstmals der Besteuerung zugrunde gelegt wird (§ 23 II BewG). – 2. *Besonderheiten*: Abweichende Stichtage für die Zugrundelegung der Bestands- und/oder Wertverhältnisse nach §§ 27, 35 II, 54, 59 BewG bleiben unberührt.

Nachforderungszinsen → Vollverzinsung.

nachgelagerte Besteuerung – 1. *Begriff*: Prinzip das vorsieht, die Beiträge zur Altersvorsorge im Zeitpunkt der Zahlung als steuerlich abzugsfähig zu berücksichtigen und im Gegensatz hierzu die spätere Auszahlung der Rentenleistungen in voller Höhe „nachgelagert" zu versteuern. Die nachgelagerte Besteuerung wurde im Rahmen des Alterseinkünftegesetzes eingeführt, welches zum 1.1.2005 in Kraft getreten ist. – 2. *Schrittweise Umsetzung*: Basierend auf dem Alterseinkünftegesetz (AltEinkG) erfolgt ab 2005 bis 2040 die schrittweise Umsetzung zur nachgelagerten Besteuerung der Rentenleistungen und Steuerfreistellung der Altersvorsorgeaufwendungen. Ziel der schrittweisen Umsetzung war bzw. ist die Vermeidung hoher Steuerausfälle für den Staat, die bei sofortiger Umsetzung zu erwarten waren. Außerdem sollte eine Doppelbesteuerung vermieden werden. – 3. *Hintergründe für die Umsetzung zur nachgelagerten Besteuerung*: a) Bis zum Jahr 2004 unterlagen Renten aus der gesetzlichen Rentenversicherung, aus berufsständischen Versorgungswerken und der Alterssicherung der Landwirte nur mit dem sog. Ertragsanteil der Besteuerung, wohingegen Beamtenpensionen und Pensionen aus betrieblicher Altersvorsorge nahezu in vollem Höhe von der Einkommensteuererbesteuerung erfasst wurden. Außerdem wurden Arbeitnehmer-Rentenbeiträge bereits bei Zahlung einkommensteuerlich berücksichtigt, sodass eine Besteuerung der späteren Rentenleistungen zu einer Doppelbesteuerung des Arbeitnehmeranteils führte. Das Bundesverfassungsgericht hat aufgrund einer Klage entschieden, dass die Besteuerung der Pensionen in voller Höhe und die Nichtbesteuerung von Renten gegen das Grundgesetz verstieß und nicht mit dem Gleichbehandlungsgrundsatz vereinbar war. – b) Im Rahmen der nachgelagerten Besteuerung sollte u.a auch der Umsetzung des Nettoprinzips dienen, welches der Einkommensteuer zugrunde liegt. – c) Das Alterseinkünftegesetz wurde im Rahmen der steuerlichen Begünstigung der privaten kapitalgedeckten → Altersvorsorge (sog. Rürup-Rente) eingeführt, welches der Umsetzung von Reformmaßnahmen diente. – 4. *Besteuerung*: Für Renten aus der gesetzlichen Rentenversicherung, aus berufsständischen Versorgungseinrichtungen, aus landwirtschaftlichen Alterskassen und für Renten aufgrund einer privaten kapitalgedeckten Leibrentenversicherung (nach § 10 I Nr. 2 EStG, → Basisrente) erfolgt ab dem Veranlagungszeitraum 2005 die schrittweise Umsetzung der nachgelagerten Besteuerung. Die Bestandsrenten sowie die im Jahr 2005 neu gewährten Renten werden in Höhe von 50 Prozent dem zu versteuernden Einkommen hizugerechnet.

Mit der schrittweisen Umsetzung zur nachgelagerten Besteuerung wird der steuerpflichtige Rentenanteil in 2-Prozent-Schritten von 50 Prozent im Jahr 2005 auf 80 Prozent im Jahr 2020 und in 1-Prozent-Schritten ab dem Jahr 2021 bis 100 Prozent im Jahre 2040 hochgestuft. So beläuft sich bspw. der steuerpflichtige Rentenanteil bei Rentenbeginn bis 2005 auf 50 Prozent, bei Rentenbeginn 2006 auf 52 Prozent etc., bis er letztendlich bei Rentenbeginn ab 2040 100 Prozent erreicht. Der bei Rentenbeginn ermittelte Teil der Rente, der nicht der Besteuerung unterliegt (im Jahr 2005 bspw. 50 Prozent), wird betragsmäßig festgeschrieben. Dies führt dazu, dass der Erhöhungsbetrag voll besteuert wird, wenn eine Rentenerhöhung vorgenommen wird. Zu beachten ist, dass Leibrenten aus privaten Rentenversicherungsverträgen, die weder Riester- noch Basisrenten darstellen, sowie Leistungen aus Direktversicherungen nach § 40 EStG wie bisher mit dem Ertragsanteil besteuert werden.

Nachhaltigkeit – 1. *Umsatzsteuerrecht:* → Unternehmer. – 2. *Einkommensteuerrecht:* → Gewerbebetrieb.

Nachholverbot – Begriff des Steuerrechts: 1. Verbot, der → Pensionsrückstellung jährlich andere Beträge zuzuführen als die sich aus der versicherungsmathematischen Berechnung ergebenden gleichmäßigen Unterschiedsbeträge zwischen den Gegenwartswerten am Anfang und am Ende des Wirtschaftsjahres (vgl. § 6a IV 1 EStG). – 2. Grundsätzlich Verbot, absichtlich unterlassene → Absetzungen für Abnutzungen (AfA) oder → Sonderabschreibungen nachzuholen. – *Anders:* Rückwirkungsverbot (Rückwirkung).

Nachlassbesteuerung – eine in der Bundesrepublik Deutschland nicht gebräuchliche, meist progressiv gestaltete Form der → Erbschaftsbesteuerung als → Objektbesteuerung. – *Bemessungsgrundlage* ist der um Schulden und Lasten gekürzte, unverteilte Nachlass („letzte Vermögensteuer des Erblassers"). Die Erben selbst empfangen ihren Anteil steuerfrei.

Nachlassverbindlichkeiten – 1. *Begriff:* Schulden des Erblassers (Erblasserschulden) und die aus Anlass des Erbfalls entstehenden Verbindlichkeiten (Erbfallschulden) sowie die Kosten der Verwaltung des Nachlasses. Für Nachlassverbindlichkeiten haftet der Erbe (Erbenhaftung). – 2. Für die Berechnung der *Erbschaftsteuer* können die Nachlassverbindlichkeiten von dem maßgebenden Wert abgezogen werden (§ 10 V ErbStG). Im Einzelnen werden erbschaftsteuerlich als Nachlassverbindlichkeiten anerkannt: a) die vom Erblasser herrührenden Schulden, b) Verbindlichkeiten aus Vermächtnissen, Auflagen, Pflichtteilen, Erbersatzansprüchen, die der Erbe zu erfüllen hat, c) Beerdigungskosten (ohne speziellen Nachweis Abzug eines Betrages von 10.300 Euro). Erbschaftsteuerlich ausdrücklich nicht vom Erbe abzugsfähig sind dagegen Kosten für die Verwaltung des Nachlasses. – 3. Wenn Nachlassverbindlichkeiten höher sind als das Erbe, können sie u.U. als → außergewöhnliche

Belastungen bei der → Einkommensteuer geltend gemacht werden.

Nachnahme – Der vom Empfänger entrichtete Nachnahmebetrag gehört zum → Entgelt, ungeachtet einer Kürzung durch die Post um die Zahlkarten- oder Postanweisungsgebühr für die Rücküberweisung.

Nachschau – Verfahren im Rahmen der → Steueraufsicht. Die von der Finanzbehörde mit der Steueraufsicht beauftragten Amtsträger sind berechtigt, auf Grundstücken, in Räumen und Fahrzeugen von Personen, die eine gewerbliche oder berufliche Tätigkeit selbstständig ausüben und denen ein der Steueraufsicht unterliegender Sachverhalt zuzurechnen ist, während der Geschäfts- und Arbeitszeit Prüfungen vorzunehmen und sonstige besteuerungserhebliche Feststellungen zu treffen (§ 210 I AO). Nachschau ist jederzeit zulässig, wenn der Verdacht besteht, dass Verstöße gegen Zoll- und Verbrauchsteuergesetze, v.a. dass sich in den betreffenden Räumen Schmuggelwaren oder nicht ordnungsgemäß versteuerte verbrauchsteuerpflichtige Waren befinden, aufgedeckt werden können; bei Gefahr im Verzug darf eine → Durchsuchung von Wohn- und Geschäftsräumen ohne richterliche Anordnung erfolgen (§ 210 II AO). Übergang zur → Außenprüfung ist möglich (§ 210 IV AO).

Nachtarbeitszuschlag → Mehrarbeitszuschlag.

Nachunternehmer – *Nebenunternehmer;* der vom → Hauptunternehmer im Auftrag des Auftraggebers zur Ausführung von Nebenarbeiten beauftragte Unternehmer.

Nachveranlagung – Nachveranlagung des → Steuermessbetrages im Fall einer → Nachfeststellung des Einheitswertes (§ 18 GrStG).

Nachversteuerung – spätere Versteuerung von gewährten Abzugsbeträgen bei der Einkommensteuer, wenn die Bedingungen, unter denen der Abzug gewährt wurde, nicht erfüllt werden. – 1. Nachversteuerung von den als Sonderausgaben abgezogenen Lebensversicherungsbeiträgen, wenn die Versicherungsansprüche der Tilgung oder Sicherung eines Darlehens dienen, dessen Finanzierungskosten Betriebsausgaben oder Werbungskosten sind (§ 10 I 1 EStG, § 29 EStDV). – 2. *Nachversteuerung von als* → Sonderausgaben *abgezogenen Prämien bei Rentenversicherungen* (Altfälle bis 2004)gegen Einmalbetrag, wenn vor Ablauf von zwölf Jahren seit Vertragsabschluss die Versicherungssumme ganz oder teilweise ausgezahlt, der Einmalbetrag ganz oder z.T. zurückgezahlt oder die Ansprüche aus dem Versicherungsvertrag ganz oder z.T. abgetreten oder beliehen werden (§§ 10 V Nr. 2 EStG, 30 EStDV). Seit Einführung des Alterseinkünftegesetzes vgl. → nachgelagerte Besteuerung. – 3. *Nachversteuerung von als Sonderausgaben abgezogenen* → Bausparkassenbeiträgen (für Altfälle bis 2004), wenn vor Ablauf von zehn Jahren seit Vertragsabschluss die Bausparsumme ganz oder

z.T. ausgezahlt, geleistete Beiträge ganz oder z.T. zurückgezahlt oder Ansprüche aus dem Bausparvertrag
abgetreten oder beliehen werden (§§ 10 V Nr. 3 EStG,
31 EStDV). – 4. *Nachversteuerung bei* → negativem
Kapitalkonto, das durch Einlagen- und Haftungsmin-
derung entsteht oder sich erhöht (§ 15a III EStG). – 5.
*Nachversteuerung bei schädlicher Verfügung über Ver-
mögensbeteiligungen* vor Ablauf der Sperrfrist von
sechs Jahren (§ 19a II EStG) durch → Pauschbesteuerung. – 6. *Nachversteuerung unter bestimmten Voraussetzungen*, wenn ein nachversteuerungspflichtiger Betrag im vorangegangenen Wirtschaftsjahr nach § 34a
EStG (→ Thesaurierungsrücklage) festgestellt wurde.

Nachzahlung → Abschlusszahlung.

Nämlichkeit – Identität bes. von Waren, die in einem
→ Zollverfahren vorübergehend ein- oder ausgeführt
oder die im Zollgebiet der Gemeinschaft unter Zollkontrolle befördert werden. Sicherung der Nämlichkeit durch Nämlichkeitsmittel (→ Nämlichkeitssicherung). Die Zollbehörden treffen die geeigneten Maßnahmen um die Nämlichkeit der Waren zu sichern,
wenn eine solche Sicherung erforderlich ist.

Nämlichkeitsmittel – Mittel der → Nämlichkeitssicherung. Nämlichkeitsmittel sind der Zollverschluss
(Raum- oder Packstückverschluss) und Nämlichkeitszeichen wie Plomben, Raumverschluss, Siegel
und Stempel, ferner zollamtliche Bewachung oder
Begleitung, aber auch Muster, Abbildungen, Beschreibungen der Waren, Festhalten bes. Kennzeichen, Fabrik- oder Lagernummern, Fahrgestell- und
Motornummern etc. – Nämlichkeitszeichen dürfen
ohne zollamtliche Mitwirkung nur von Personen entfernt werden, wenn diese bes. zugelassen sind oder es
zur Abwendung eines Schadens etwa an Waren oder
Beförderungsmitteln erforderlich ist.

Nämlichkeitssicherung – im → Zollverfahren alle
Vorkehrungen, um die → Nämlichkeit (v.a. Menge,
Gattung, Beschaffenheit) der Waren durch Nämlichkeitsmittel festzuhalten, die es ermöglichen, sie wie-
derzuerkennen und die Einhaltung der Voraussetzungen des Zollverfahrens, zu dem die Ware angemeldet wurde, zu gewährleisten (Art. 72 ZK).

Nationales Zollrecht – 1. *Begriff:* Der → Zollkodex
(ZK) und seine Durchführungsverordnung sehen
außer der weiteren Anwendung bisheriger Gemeinschaftsregelungen für bestimmte Bereiche die Fort-
geltung des nationalen Rechts der Mitgliedsstaaten
auf ihrem Gebiet vor. Es handelt sich hierbei u.a. um
spezielle Vorschriften bes. hinsichtlich der Zuständigkeiten, einzelner Zollbefreiungen, über die Erfassung des Warenverkehrs, die Befugnisse der Zollverwaltung, den grenznahen Raum an der EU-Außengrenze (früher Zollgrenzbezirk), Beistandspflichten
anderer Behörden, die Pauschalverzollung, die Ermächtigung für Verfahrensregelungen sowie Zollord-
nungswidrigkeiten und Zollstraftaten. Diese materiellen und formellen Rechtsvorschriften sind v.a. aus
dem Zollgesetz (ZG) von 1961 und der Allgemeinen

Zollordnung (AZO) entnommen und im Zollverwaltungsgesetz vom 21.12.1993 und in der Zollverordnung vom 31.12.1993 m.spät.Änd. zusammengefasst worden; ZG und AZO wurden aufgehoben. – 2. *Dienstvorschriften:* Hinzu kommen die
Dienstvorschriften des Bundesministerium der Finanzen (BMF). Sie sind zwar an die Organe der Zollverwaltung gerichtet und für diese verbindlich, enthalten jedoch eine Reihe von Bestimmungen, die
eine unmittelbare Bedeutung auch für die Personen
haben, die zollrechtliche Pflichten erfüllen müssen.
Über Art. 3 GG und den Grundsatz der Selbstbindung der Verwaltung entfalten sie bei Ermessensausübung der Zollstellen gegenüber dem Wirtschaftsbeteiligten unmittelbare Geltung. – 3. *Marktordnungsrecht:* Auf → Agrarzölle (früher Abschöpfungen), die
in den EU-Mitgliedsstaaten aufgrund der gemeinsamen Marktorganisationen für landwirtschaftliche Erzeugnisse erhoben werden, finden die für Zölle geltenden Vorschriften Anwendung. Ergänzend treten
die Vorschriften im → Marktordnungsgesetz (MOG)
hinzu. – 4. *Außenwirtschaft:* Inhaltlich stimmt das
Zollrecht stark mit dem Außenwirtschaftsrecht überein, das national im Außenwirtschaftsgesetz (AWG),
der Außenwirtschaftsverordnung (AWV) und den
diesbezüglichen Dienstvorschriften seinen Niederschlag gefunden hat. Die materiellen außenwirtschaftsrechtlichen Vorschriften wurden in der EU
sukzessiv harmonisiert oder auch unmittelbar durch
Ratsverordnung geregelt, während das Verfahrensrecht in der nationalen Kompetenz verblieb. Die Vorschriften über die Überwachung der Ausfuhr wurden
sodann in den ZK und in die ZK-Durchführungsver-
ordnung aufgenommen. Für die Einfuhr verweist der
ZK jedoch lediglich auf die Anwendung der „handelspolitischen Maßnahmen", im Übrigen enthalten er
und seine Durchführungsverordnung keine speziellen Regelungen. – 5. *Umsatzsteuer:* Die Vorschriften
der Mehrwertsteuer für Ein- und Ausfuhren beruhen
auf EG-Richtlinien und wurden ab 1.1.1993 an den
Einheitlichen Binnenmarkt angepasst.

Nationalitätsprinzip → Internationales Steuerrecht
(IStR).

Nebenbetrieb – I. Betriebswirtschaftslehre: Produktionsnebenbetrieb.

II. Steuerrecht: Betrieb, der einem Hauptbetrieb zu
dienen bestimmt ist. – 1. *Einheitsbewertung:* Land-
und forstwirtschaftliche Nebenbetriebe gehören
als unselbstständige Teile zum Wirtschaftswert des
land- und forstwirtschaftlichen Betriebs. Nebenbetriebe sind gesondert mit dem Einzelertragswert zu
bewerten (§§ 42, 46 BewG; vgl. → Ertragswert). – 2.
Bedarfsbewertung: Der betreffende Ertragswert ist
auch relevant für den → Bedarfswert (→ Erbschaftsteuer). – 3. *Einkommensteuer:* Einkünfte aus einem
land- und forstwirtschaftlichen Nebenbetrieb gehören zu den → Einkünften aus Land- und Forstwirtschaft, wenn der Nebenbetrieb nicht einen selbstständigen → Gewerbebetrieb darstellt. Im Wesentlichen

ist zu unterscheiden zwischen Be- oder Verarbeitungs- und Substanzbetrieben. – a) Ein Be- oder Verarbeitungsbetrieb ist als Nebenbetrieb anzusehen, wenn die be- oder verarbeiteten Erzeugnisse des Hauptbetriebs überwiegend für den Verkauf bestimmt sind, z.B. Brennereien, Mühlen, Molkereien. – b) Substanzbetriebe sind als Nebenbetriebe zu qualifizieren, wenn die gewonnenen Substanzen im landwirtschaftlichen Betrieb Verwendung finden, z.B. Kies-, Ton- und Lehmgruben, Steinbrüche.

Nebeneinkünfte – steuerrechtlicher Begriff. Nebeneinkünfte sind grundsätzlich einkommen-/lohnsteuerpflichtig. – *Ausnahme:* (1) Aufwandsentschädigungen für bestimmte nebenberufliche Tätigkeiten (z.B. als Übungsleiter, Betreuer, Pfleger o.Ä.) in Höhe von 2.100 Euro (§ 3 Nr. 26 EStG). Allerdings dürfen zugehörige Aufwendungen nur als Betriebsausgaben oder Werbungskosten abgezogen werden, wenn sie die steuerfreien Einnahmen übersteigen. – (2) Sonderregelung bei Bezug von → Einkünften aus nichtselbständiger Arbeit, von denen ein Steuerabzug vorgenommen wurde: Nebeneinkünfte, die nicht der → Lohnsteuer unterliegen, werden zur → Einkommensteuer nur insoweit herangezogen, als sie 410 Euro übersteigen (§ 46 II Nr. 1, III EStG). Betragen sie mehr als 410 Euro, aber nicht mehr als 820 Euro, ist vom → Einkommen ein Betrag in Höhe des Unterschiedbetrages zu 820 Euro abzuziehen (§ 70 EStDV). – Vgl. auch → Härteausgleich.

Nebengeschäfte – *kaufmännische Nebengeschäfte;* Geschäfte eines Kaufmanns, die nicht unmittelbar zu seinem Betrieb gehören. Auch solche Nebengeschäfte sind Handelsgeschäfte, sofern nur ein Zusammenhang mit einem kaufmännischen Betrieb denkbar ist (§ 344 HGB). – *Umsatzsteuer:* Nebengeschäfte gehören, da sie im Zuge der gesamten beruflichen bzw. gewerblichen Tätigkeit vorkommen, zum Rahmen des Unternehmens und unterliegen daher ebenso wie Hilfsgeschäfte der Umsatzsteuer.

Nebenleistungen – Eine Leistung, die wirtschaftlich von einer anderen, wichtigeren Leistung nicht getrennt werden kann. Nebenleistungen werden daher als Teil der Hauptleistung besteuert. – Vgl. auch → Lieferungen.

Nebentätigkeit – Berufstätigkeit, die von Erwerbspersonen neben ihrem Hauptberuf ausgeübt wird.

I. Arbeitsrecht: Grundrecht der Berufsfreiheit (Art. 12 GG) schützt auch die Freiheit, mehrere Arbeitsplätze (→ mehrere Arbeitsverhältnisse) gleichzeitig zu haben. – *Beschränkungen:* a) Nebentätigkeit darf nicht so weit gehen, dass Pflichten aus dem ersten Arbeitsverhältnis verletzt werden; b) Gesamtarbeitszeit bei mehreren Arbeitgebern darf die Höchstgrenze des Arbeitszeitgesetzes nicht übersteigen; c) während des Urlaubs ist eine dem Urlaubszweck widersprechende Erwerbstätigkeit nicht zulässig (§ 8 BUrlG); d) gleichzeitige Tätigkeit bei einem anderen Unternehmen im Geschäftsbereich des Arbeitgebers setzt dessen

Zustimmung voraus (§ 60 I HGB; Wettbewerbsverbot). Bes. Regelungen gelten für die Nebentätigkeit der Beamten nach dem Beamtengesetz.

II. Steuerrechtliche Behandlung: → Nebeneinkünfte.

III. Sozialversicherung: → geringfügige Beschäftigung.

Nebenunternehmer → Nachunternehmer.

negatives Kapitalkonto – I. Begriff und Bedeutung: 1. Das negative Kapitalkonto wird auf der Aktivseite der Bilanz ausgewiesen. Seine *Entstehung* hängt mit Veränderungen zusammen, denen bei Einzelfirmen (→ Einzelkaufmann) und → Personengesellschaften das Kapital i.Allg. unterliegt. Verluste und → Entnahmen können die Verbindlichkeiten des Unternehmens höher werden lassen als die positiven Vermögenswerte, sodass sich ein Kapitalkonto auf der Aktivseite der Bilanz ergibt (Unterbilanz). Bei Personengesellschaften wird der Kapitalanteil eines jeden Gesellschafters getrennt ausgewiesen, sodass negative und positive Kapitalkonten in einer Bilanz nebeneinander zu finden sind. – 2. Mit dem negativen Kapitalkonto sind sowohl handels- und gesellschaftsrechtliche als auch steuerrechtliche *Wirkungen* verbunden. Bei Personengesellschaften ist dabei die haftungsrechtliche Position des Gesellschafters von großer Bedeutung 1. *Bewertungsrecht:* Bei der Bewertung des → Betriebsvermögens von Einzelfirmen und Personengesellschaften muss das negative Kapitalkonto des Unternehmens oder eines Gesellschafters nicht mit dem jeweiligen Anteil am Betriebsvermögen identisch sein, der bei Anwendung der bewertungsrechtlichen Vorschriften niedriger, gleich oder höher liegen kann. – a) Das negative Kapitalkonto eines Einzelunternehmers führt i.d.R. zu einem negativen Wert des Betriebs, es sei denn, dass durch die Wertansätze nach dem Bewertungsgesetz für Grundstücke des Betriebes, Beteiligungen an Personen- oder Kapitalgesellschaften der Wert des negativen Kapitalkontos ausgeglichen oder überschritten wird. – b) Verbleibt bei Personengesellschaften für einen oder mehrere unbeschränkt haftende Gesellschafter ein negativer Anteil am Betriebsvermögen, so kann er mit positiven Werten aus anderen Vermögensarten verrechnet werden. – 2. *Einkommensteuer:* Einkommensteuerlich relevant können sowohl die *Bildung* als auch die *Auflösung* negativer Kapitalkonten sein, die aus einer nach steuerlichen Vorschriften erstellten Bilanz (→ Steuerbilanz) der Unternehmung hervorgehen. – a) *Unbeschränkt haftende Gesellschafter:* Einkommensteuerliche Wirkungen sind bei erfolgswirksamer Entstehung negativer Kapitalkonten zu beachten, mithin bei Verlusten. Diese Verluste sind ausgleichs- und abzugsfähig (§ 10d EStG), wenn die Gesellschaft nicht als → Verlustzuweisungsgesellschaft angesehen wird (§ 2b EStG). Entsprechend sind bei denen das negative Kapitalkonto in Folgejahren aufgefüllt wird, als steuerpflichtige → Einkünfte zu erfassen. Scheidet ein Gesellschafter aus und übernehmen die anderen Gesellschafter seinen Anteil, so erzielt der Ausscheidende einen → Veräußerungsgewinn (§ 16 I EStG), wenn die → Abfindung den Buchwert des Kapitalkontos übersteigt. Dies gilt grundsätzlich auch bei negativen Kapitalkonten. Erhält der Ausscheidende keine Auszahlung, wohl aber seinen Gegenwert an den stillen Reserven dadurch, dass die übernehmenden Gesellschafter auf ihren Ausgleichsanspruch verzichten und Haftungsfreistellung gewähren, so entspricht der Veräußerungsgewinn dem negativen Kapitalkonto; kein Veräußerungsgewinn ist dann anzunehmen, wenn trotz Freistellung von Betriebsschulden aufgrund der Lage des Betriebs mit einer Inanspruchnahme durch die Gläubiger der Gesellschaft zu rechnen ist. Ist der ausscheidende Gesellschafter auf Dauer nicht in der Lage, sein negatives Kapitalkonto auszugleichen, entsteht ein Veräußerungsgewinn, da er von der Ausgleichsverpflichtung endgültig befreit ist. In diesem Fall haben die verbleibenden Gesellschafter den Forderungsausfall wie einen Verlust zu behandeln. – b) *Beschränkt haftende Gesellschafter:* Die Kritik an der Zulässigkeit negativer Kapitalkonten für Kommanditisten wurde von der Rechtsprechung des BFH zurückgewiesen, der das negative Kapitalkonto auch für Kommanditisten einer gewerblichen Personengesellschaft für zulässig erklärt hat, es sei denn, am Bilanzstichtag steht fest, dass ein Ausgleich des negativen Kapitalkontos mit künftigen Gewinnanteilen wahrscheinlich nicht mehr möglich ist. Entsteht oder erhöht sich das negative Kapitalkonto des Kommanditisten durch Verluste, wird die sofortige Verlustverrechnung durch § 15a EStG begrenzt. Nach dieser Vorschrift sind die einem Kommanditisten oder einem Gesellschafter mit vergleichbarem Haftungsstatus zugewiesenen Anteile am Verlust der Personengesellschaft nur noch insoweit ausgleichs- oder abzugsfähig nach § 10d EStG, als durch sie kein negatives Kapitalkonto entsteht oder erhöht wird oder eine über das vereinbarte Kapitalkonto hinausgehende Haftung im Handelsregister eingetragen ist. Darüber hinausgehende Verluste bleiben zeitlich unbegrenzt mit künftigen Gewinnanteilen des Gesellschafters verrechenbar. Zum Zeitpunkt der Verrechenbarkeit von Verlustanteilen beschränkt haftender Gesellschafter hängt somit u.a. auch vom Stand des Kapitalkontos ab. Dabei sind in das für Zwecke des § 15a EStG festzustellende Kapitalkonto das Konto aus der Steuerbilanz der Personengesellschaft und das Konto der → Ergänzungsbilanz, nicht jedoch das Konto der Sonderbilanz des Gesellschafters einzubeziehen. Wird das so definierte Kapitalkonto negativ, ist ein sofortiger → Verlustausgleich oder -abzug nicht mehr möglich, es sei denn, der Kommanditist haftet laut Handelsregister mit einem über sein Kapitalkonto hinausgehenden Betrag. Scheidet der Kommanditist aus der Gesellschaft aus und hat er seine Einlage in voller Höhe geleistet, so entsteht für ihn in Höhe des negativen Kapitalkontos ein Veräußerungsgewinn; er kann um die noch nicht verrechneten, nach § 15a EStG verrechenbaren

Verluste gekürzt werden, sodass im Ergebnis nur der Teil des negativen Kapitalkontos einer → Nachversteuerung unterliegt, der nicht durch Verluste entstanden ist, die unter die Verlustbeschränkungen des § 15a EStG gefallen sind.

negative Wirtschaftsgüter – im Gegensatz zu den (positiven) → Wirtschaftsgütern in der → Steuerbilanz alle passivierungsfähigen Lasten, wie Verbindlichkeiten, Garantieverpflichtungen, Pensionsanwartschaften, noch nicht fällige Miet- und Zinsschulden (passive Rechnungsabgrenzungsposten) etc.

Nettodividende – der Betrag einer Dividende, den der Anteilseigner netto ausgezahlt bekommt, also die Dividende (früher: → Bardividende) abzüglich der Kapitalertragsteuer. Bei Personen, die der Abgeltungsteuer unterliegen, entspricht die Nettodividende ab 2009 neuerdings tatsächlich dem Betrag, der den Betroffenen nach Abzug ihrer persönlichen Einkommensteuerbelastung netto verbleibt.

Nettolohn – 1. Der *Nettolohn* bzw. das *Nettogehalt* bezeichnet den Teil des Lohns, der an den Arbeitnehmer ausgezahlt wird und damit für den Lebensunterhalt verfügbar ist. Nettolohnrechnung ist Aufgabe der Lohnbuchführung. – 2. Nettolohn als *vereinbartes Arbeitsentgelt (Nettolohnvereinbarung):* Lohnsteuer und Beiträge zur Sozialversicherung werden nach dem entsprechenden Bruttolohn berechnet; sie sind in voller Höhe durch den Arbeitgeber abzuführen.

Nettoumsatzsteuer → Umsatzsteuer, die in einem bestimmten Prozentsatz vom umsatzsteuerlichen Entgelt ohne Umsatzsteuer geschuldet wird. Die seit dem 1.1.1968 erhobene Umsatzsteuer ist eine Nettoumsatzsteuer, die wegen der Möglichkeit, die auf den Vorleistungen lastende Umsatzsteuer abzuziehen (→ Vorsteuerabzug), regelmäßig nicht kumulativ wirkt (Kumulativwirkung), d.h. bei der Weitergabe von Leistungen in der Unternehmerkette entsteht keine „Steuer auf die Steuer". – *Gegensatz:* → Bruttoumsatzsteuer. – Vgl. auch → Mehrwertsteuer.

neue Beweismittel – steuerrechtliche Behandlung: Neue Beweismittel führen zu einer Korrektur von → Steuerverwaltungsakten gemäß § 173 AO, da sie die dort als Tatbestandsmerkmal genannten (neuen) Tatsachen beweisen. Eine Korrektur zugunsten des Steuerpflichtigen ist nur möglich, wenn ihn kein → grobes Verschulden am nachträglichen Bekanntwerden trifft. Beweismittel sind alle zur Aufklärung eines Sachverhaltes dienenden Erkenntnismittel, die geeignet sind, das Vorliegen oder Nichtvorliegen von Tatsachen zu beweisen, wie Urkunden (Verträge, Geschäftspapiere u.a.) und Auskünfte von Auskunftspersonen. Neu ist ein Beweismittel, wenn es „nachträglich bekannt" wird. Das ist dann der Fall, wenn es dem für die Steuerfestsetzung zuständigen Bediensteten erst bekannt wird, nachdem der Willensbildung über die Steuerfestsetzung abgeschlossen ist. – Vgl. auch → neue Tatsachen.

neue Fahrzeuge – 1. *Begriff aus dem Bereich der Erwerbsteuer:* Zu den neuen Fahrzeugen zählen umsatzsteuerlich: (1) *motorbetriebene Landfahrzeuge* mit einem Hubraum von mehr als 48 ccm oder einer Leistung von mehr als 7,2 kW, die weniger als 6.000 km zurückgelegt haben oder deren erste Inbetriebnahme nicht mehr als sechs Monate zurückliegt; (2) *Wasserfahrzeuge* mit einer Länge über 7,5 m, wenn sie weniger als 100 Betriebsstunden auf dem Wasser haben oder die erste Inbetriebnahme nicht mehr als drei Monate zurückliegt; (3) *Luftfahrzeuge* mit einer Starthöchstmasse über 1.550 kg, wenn sie weniger als 40 Betriebsstunden genutzt worden sind oder die erste Inbetriebnahme weniger als drei Monate zurückliegt. – 2. *Umsatzsteuerliche Bedeutung:* Der Erwerb eines neuen Fahrzeugs aus einem anderen Mitgliedsstaat der EU unterliegt, selbst wenn der Verkauf durch einen Nichtunternehmer erfolgt (→ Fahrzeuglieferant), immer der → Erwerbsteuer, unabhängig davon, zu welcher Personengruppe der Käufer gehört. Hierdurch sollen bei diesen hochpreisigen und sehr leicht transportierbaren Gütern Wettbewerbsverzerrungen innerhalb des europäischen Binnenmarktes vermieden werden. – 3. *Kontrolle* der richtigen Versteuerung erfolgt unter Einschaltung der jeweiligen Zulassungsstellen.

neue Tatsachen – steuerrechtliche Behandlung: Neue Tatsachen führen zu einer Korrektur von → Steuerverwaltungsakten gemäß § 173 AO zuungunsten des Steuerpflichtigen oder zu seinen Gunsten, wenn ihn kein grobes Verschulden am nachträglichen Bekanntwerden trifft. Tatsache ist alles, was Merkmal oder Teilstück eines gesetzlichen Steuertatbestandes sein kann, wie Zustände, Vorgänge, Beziehungen und Eigenschaften materieller oder immaterieller Art. Demgegenüber sind Rechtsnormen und Schlussfolgerungen aller Art, bes. steuerrechtliche Bewertungen keine Tatsachen im Sinn von § 173 AO. Neu ist eine Tatsache, wenn sie „nachträglich bekannt" wird. Das ist dann der Fall, wenn sie dem für die Steuerfestsetzung zuständigen Bediensteten bekannt wird, nachdem die Willensbildung über die Steuerfestsetzung abgeschlossen ist.

Neujahrszuwendung – Zuwendung des Arbeitgebers an seine Arbeitnehmer aus Anlass des Jahreswechsels. – *Lohnsteuer:* → Sonstige Bezüge.

nicht abziehbare Schuldzinsen → Schuldzinsen.

nicht abzugsfähige Aufwendungen – 1. *Begriff:* Im Einkommensteuerrecht (§ 12 EStG) und im Körperschaftsteuerrecht (§ 10 KStG) verwendeter Begriff für → Ausgaben des Steuerpflichtigen, die bei der → Einkommensermittlung nicht abzugsfähig sind. – 2. Zu den nicht abzugsfähigen Aufwendungen *gehören* neben den nicht abzugsfähigen → Betriebsausgaben und → Spenden: a) im *Einkommensteuerrecht:* (1) die für den Haushalt des Steuerpflichtigen und den Unterhalt seiner Familienangehörigen

aufgewendeten Beträge einschließlich solcher Kosten der Lebensführung, die die wirtschaftliche oder gesellschaftliche Stellung des Steuerpflichtigen mit sich bringt; (2) freiwillige Zuwendungen, Zuwendungen aufgrund einer freiwillig begründeten Rechtspflicht und Zuwendungen an eine gegenüber dem Steuerpflichtigen oder seinem Ehegatten gesetzlich unterhaltsberechtigte Person oder deren Ehegatten, auch wenn diese Zuwendungen auf einer bes. Vereinbarung beruhen; (3) die Steuern vom Einkommen und sonstige Personensteuern sowie die Umsatzsteuer für den Eigenverbrauch und für Lieferungen oder sonstige Leistungen, die Entnahmen sind (→ nicht abzugsfähige Steuern); (4) → Geldstrafen. – b) im *Körperschaftsteuerrecht:* (1) Aufwendungen zur Erfüllung von Zwecken des Steuerpflichtigen, die durch Stiftungsgeschäft, Satzung oder sonstige Verfassung vorgeschrieben sind; (2) Steuern vom Einkommen und sonstige Personensteuern sowie die Umsatzsteuer für den Eigenverbrauch (→ nicht abzugsfähige Steuern); (3) in einem Strafverfahren festgesetzte Geldstrafen und Leistungen zur Erfüllung von Auflagen oder Weisungen; (4) die Hälfte der Vergütungen an Mitglieder des Aufsichtsrats, Verwaltungsrats, Grubenvorstands oder andere mit der Überwachung der Geschäftsführung beauftragte Personen. – Vgl. auch → nicht abzugsfähige Betriebsausgaben.

nicht abzugsfähige Betriebsausgaben – Begriff im Einkommensteuerrecht: Bestimmte Ausgaben werden, obwohl sie betrieblich veranlasst sind, nicht zum Abzug von der Bemessungsgrundlage der Einkommensteuer zugelassen, weil der Gesetzgeber der Auffassung ist, solche Ausgaben sollten aus versteuertem Nettoeinkommen beglichen werden. – *Im Einzelnen:* (1) *Aufwendungen für Geschenke* an Personen, die nicht Arbeitnehmer des Unternehmers sind, dürfen nur abgezogen werden, wenn ihre Anschaffungs- oder Herstellungskosten 35 Euro nicht übersteigen. (2) *Bewirtungsaufwendungen* für Bewirtungen aus geschäftlichem Anlass dürfen nur in Höhe von 70 Prozent der angemessenen Aufwendungen abgezogen werden. (3) *Aufwendungen für Gästehäuser* des Steuerpflichtigen sind nicht abzugsfähige Betriebsausgaben, wenn der Steuerpflichtige nicht gerade einen solchen Betrieb unterhält. (4) Jagd und Fischerei, Segeljachten, Motorjachten u.ä. (5) Verpflegungsmehraufwendungen, soweit sie die gesetzlichen Pauschalen (§ 4 V Nr. 5 EStG) überschreiten. (6) Aufwendungen für Fahrten zwischen Wohnung und Arbeitsstätte, soweit sie die gesetzlichen Pauschalen überschreiten (7) Aufwendungen für ein häusliches → Arbeitszimmer. (8) Andere Aufwendungen, die die Lebensführung berühren und nach allgemeiner Verkehrsauffassung als unangemessen anzusehen sind. (9) Von einem Gericht oder einer Behörde festgesetzte Geldbußen, Ordnungsgelder und Verwarnungsgelder. (10) Zinsen auf hinterzogene Steuern. (11) Ausgleichszahlungen an außen stehende Anteilseigner einer Organschaft. (12) → Schmiergelder.

nicht abzugsfähige Steuern – 1. *Begriff:* Steuern, die als → nicht abzugsfähige Aufwendungen gelten. – 2. Zu den nicht abzugsfähigen Steuern gehören: a) Im *Einkommensteuerrecht* (§ 12 Nr. 3 EStG): (1) Die Steuern vom Einkommen, (2) sonstige Personensteuern, (3) Umsatzsteuer für Lieferungen oder sonstige Leistungen, die → Entnahmen sind. – b) Im *Körperschaftsteuerrecht* (§ 10 Nr. 2 KStG): (1) Körperschaftsteuer; Solidaritätszuschlag; (2) Kapitalertragsteuer; (3) Erbschaft- und Schenkungsteuer, bes. bei Stiftungen; (4) Umsatzsteuer für Lieferungen und sonstige Leistungen, die Entnahmen oder verdeckte Gewinnausschüttungen sind, und Vorsteuerbeträge für Aufwendungen, bei denen der Vorsteuerabzug ausgeschlossen ist, weil sie Repräsentationszwecken und ähnlichen Zwecken dienen (§ 15 Abs.1a UStG).

Nichterhebungsverfahren – Zollverfahren, in die → Nichtgemeinschaftswaren bei der Einfuhr übergeführt werden können, ohne dass Einfuhrabgaben erhoben werden. Für Nichterhebungsverfahren sieht der Zollkodex (ZK) bei ordnungsgemäßen Verhalten keinen Zollschuldentstehungstatbestand vor. – *Einzelverfahren:* (1) → Aktive Veredelung: Das Nichterhebungsverfahren bezeichnet zum einen aktiven Veredelungsverkehr gemäß Art 114 IIa ZK, bei dem bei Überführung von Nichtgemeinschaftswaren in dieses Verfahren keine Einfuhrabgaben erhoben oder handelspolitische Maßnahmen angewendet werden. (2) *Weitere Zollverfahren:* Ferner werden als Nichterhebungsverfahren gemäß Art. 84 ZK das → Versandverfahren, das → Zolllagerverfahren, das → Umwandlungsverfahren und die → vorübergehende Verwendung bezeichnet. Bei der vorübergehenden Verwendung kann es auch zur Teilverzollung kommen. – Die *Zusammenfassung* der genannten Zollverfahren unter einem Begriff ist v.a. aus gesetzestechnischen Gründen erfolgt. So gelten für Nichterhebungsverfahren gemeinsame Regelungen, z.B. die Möglichkeit, Sicherheitsleistungen gemäß Art. 88 ZK zu erheben.

Nichtgemeinschaftswaren – nach Art. 4 Nr. 8 ZK andere als → Gemeinschaftswaren. In aller Regel handelt es sich hierbei zunächst bei der Einfuhr um unverzollte Drittlandswaren, die einem Zollverfahren zugeführt werden müssen. Mit Überführung in den zollrechtlich freien Verkehr werden sie Gemeinschaftswaren. Ansonsten bleibt der Status Nichtgemeinschaftsware erhalten. Gemeinschaftswaren verlieren mit dem Verlassen des Zollgebietes ihren Status und müssen bei Rückkehr erneut zoll- und müssen bei Rückkehr erneut, dann aber als Rückwaren regelmäßig zollfrei, in den freien Verkehr übergeführt werden. Die im früheren dt. Zollrecht verwendeten Begriffe wie Zollgut und Freigut sind dem EU-Recht fremd.

Nichtigkeit – I. Nichtigkeit eines Rechtsgeschäfts: 1. *Begriff:* Vollständige rechtliche Wirkungslosigkeit eines Rechtsgeschäfts (v.a. eines Vertrages). – 2. Nichtigkeit *tritt* ein, wenn das Rechtsgeschäft gegen ein gesetzliches Verbot (§ 134 BGB) oder die guten Sitten

(§ 138 BGB) verstößt (v.a. wucherisch ist, Wucher), der gesetzlich vorgeschriebenen oder vereinbarten Form ermangelt (§ 125 BGB) oder wirksam angefochten ist (§ 142 BGB, Anfechtung).

II. Nichtigkeit eines Verwaltungsakts: 1. *Begriff:* Ein → Verwaltungsaktist nichtig, wenn er an einem bes. schwerwiegenden und offenkundigen Fehler leidet (Evidenztheorie; § 125 I AO, § 44 I VwVfG) oder die in § 125 II AO, § 44 II VwVfG aufgeführten Nichtigkeitsgründe erfüllt werden. Bes. schwerwiegend ist ein Fehler nach ständiger Rechtsprechung dann, wenn der Verwaltungsakt die an eine ordnungsgemäße Verwaltung zu stellenden Anforderungen in einem so erheblichen Maß verletzt, dass von niemandem erwartet werden kann, ihn als verbindlich anzuerkennen. Offenkundig ist ein Fehler, wenn er von einem Nichtrechtskundigen bei summarischer Überblick über die Sach- und Rechtslage erkannt werden kann. – Betrifft die Nichtigkeit nur einen Teil des Verwaltungsakts, so ist er im Ganzen nichtig, wenn der nichtige Teil so wesentlich ist, dass die Finanzbehörde den Verwaltungsakt ohne den nichtigen Teil nicht erlassen hätte (§ 125 IV AO). – 2. *Rechtsfolgen:* Ein nichtiger Verwaltungsakt ist unwirksam (§ 124 III AO) und kann nicht geheilt werden (§§ 126, 127 AO, §§ 45, 46 VwVfG).

III. Nichtigkeit einer Rechtsnorm (Rechtssatz): Normen, die gegen höherrangiges Recht verstoßen, sind grundsätzlich nichtig. Die Nichtigkeit einer Satzung oder Verordnung kann von jedem Gericht festgestellt werden; die Nichtigkeit von Gesetzen wird ausschließlich vom Bundesverfassungsgericht bzw. von den Verfassungsgerichten der Länder festgestellt. Die Vereinbarkeit einer Rechtsnorm mit dem Europarecht ist ausschließlich vom Europäischen Gerichtshof zu überprüfen; die Unvereinbarkeit führt nicht zur Nichtigkeit der nationalen Norm, sondern zum Anwendungsvorrang des Europarechts.

nicht periodische Steuern – *aperiodische Steuern;* Steuern, die unter normalen Verhältnissen nicht regelmäßig entstehen (z.B. Erbschaftsteuern). → Steuerklassifikation nach dem Kriterium der Regelmäßigkeit der Entstehung der Steuer. – *Gegensatz:* → periodische Steuern (z.B. Einkommensteuer).

nichtselbstständige Arbeit – 1. *Begriff:* Eine der 7 Einkunftsarten des Einkommensteuerrechts. Einkünfte aus nichtselbstständiger Arbeit haben Personen, die Gelder für geleistete Dienste beziehen; das gilt selbst dann, wenn diese Dienste nicht selbst, sondern von jemand anders geleistet worden sind (so gehört z.B. die Betriebsrente, die an Hinterbliebene des Arbeitnehmers gezahlt wird, zu den Einkünften aus nichtselbstständiger Arbeit, weil sie wegen der früheren Arbeitstätigkeit des verstorbenen Arbeitnehmers gezahlt wird). – 2. *Rechtsquellen:* Was zu den Einkünften aus nichtselbstständiger Arbeit gehört, regelt § 19 EStG, wer „Arbeitnehmer" ist, bestimmt § 1 LStDV. – 3. *Steuerliche Behandlung:* Einkünfte aus nichtselbstständiger Arbeit unterliegen der Einkommensteuer, und zwar bei unbeschränkt steuerpflichtigen Personen gemäß § 2 I Nr. 4 EStG, bei beschränkt steuerpflichtigen Personen nach § 49 I Nr. 4 EStG. Die Einkommensteuer für Einkünfte aus nichtselbstständiger Arbeit hat der Arbeitgeber vom Arbeitslohn einzubehalten und an das Finanzamt abzuführen, wenn er ein inländischer Arbeitgeber ist (→ Lohnsteuer, § 38 EStG). Die Bemessungsgrundlage setzt sich zusammen aus den für die Arbeit erhaltenen Einnahmen (= Geld und geldwerte Vorteile) und → Werbungskosten. – *Anders:* Die Bezeichnung für Einkünfte aus Arbeitstätigkeit in den Doppelbesteuerungsabkommen (DBA) lautet „unselbstständige Arbeit" (um hervorzuheben, dass dort – in einem völkerrechtlichen Vertrag, dessen Inhalt die dt. Seite nicht alleine vorgeben kann! – der Begriffsinhalt nicht automatisch in allen Einzelheiten identisch sein muss mit dem, was das dt. EStG unter nichtselbstständiger Arbeit versteht).

Nichtveranlagungsbescheinigung – *Nichtveranlagungsbescheinigung (auch NV-Bescheinigung)* ist eine nach außen gerichtete Bestätigung der Finanzbehörde, wonach eine Steuerveranlagung nicht in Betracht kommt. Eine NV-Bescheinigung erhält jede natürliche Person auf Antrag, die voraussichtlich nicht zur Einkommensteuer veranlagt wird (z. B. weil nur geringe Einkünfte erzielt werden). Die NV-Bescheinigung wird beim zuständigen Finanzamt beantragt und gilt für maximal drei Jahre. Die NV-Bescheinigung wird typischerweise zur Vorlage bei einem Kreditinstitut ausgestellt, damit dieses vom Kapitalertragsteuerabzug absehen kann (§ 44a II Nr. 2 EStG). Damit erübrigt sich ein Freistellungsauftrag. Zu beachten ist, dass die NV-Bescheinigung kein → Freistellungsbescheid darstellt. Im Gegensatz zum Freistellungsauftrag ist sie hinsichtlich der Höhe der Erträge, welche vom Steuerabzug freigestellt sind, nicht begrenzt. Bei Aufforderung durch das Finanzamt ist die Bescheinigung zurückzugeben. Außerdem hat die Rückgabe zu erfolgen, wenn der Inhaber erkennt, dass die Voraussetzungen für ihre Erteilung nicht mehr vorliegen (§ 44a EStG). Darüber hinaus befreit die NV-Bescheinigung nicht von der Steuerpflicht.

Nichtveranlagungsverfügung – *NV-Verfügung;* ein innerdienstlicher Aktenvermerk der Finanzbehörde. Mit ihm wird festgestellt, dass eine Steuerveranlagung nicht durchzuführen ist, nachdem die Prüfung im Ermittlungsverfahren ergeben hat, dass die gesetzlichen Voraussetzungen nicht erfüllt sind. Wegen der regelmäßig fehlenden Rechtswirkung nach außen ist die Nichtveranlagungsverfügung kein → Verwaltungsakt, es sei denn, sie wird dem Betroffenen schriftlich bekannt gegeben und ist mit einer Rechtsbehelfsbelehrung versehen.– *Gegensatz:* → Freistellungsbescheid.

Niederlassung im Ausland → Auslandsniederlassungen.

Niederschlagung von Steuern – eine innerdienstliche Anordnung, dass vorläufig von (weiteren) Beitreibungsversuchen abgesehen wird. Niederschlagung von Steuern wird i.d.R. dann verfügt, wenn feststeht, dass die Beitreibung keinen Erfolg haben wird oder die Kosten der Einziehung außer Verhältnis zu dem zu vollstreckenden Betrag stehen (§ 261 AO). Als rein verwaltungsinterne Maßnahme ist sie kein → Verwaltungsakt. Der Anspruch bleibt weiterhin bestehen und fällig (kein Erlöschen). Die Maßnahme ist kein → Steuererlass.

niedrige Besteuerung – Begriff aus dem → Außensteuergesetz (AStG): Eine niedrige Besteuerung liegt vor, wenn die Einkünfte einer ausländischen Kapitalgesellschaft einer Belastung mit Ertragsteuern von weniger als 25 Prozent unterliegen (§ 8 III AStG). Liegt eine niedrige Besteuerung vor, so kommt, wenn passive Einkünfte vorliegen, für dt. Anteilseigner, die an einer solchen Gesellschaft mittelbar oder unmittelbar in einem bestimmten Ausmaß beteiligt sind, eine Anwendung der → Hinzurechnungsbesteuerung in Frage. – *Anders:* → Niedrigsteuerland.

Niedrigsteuerland – Begriff des dt. Außensteuergesetzes: Land, in dem das Steuerniveau für einen Steuerpflichtigen mit einem bestimmten Referenzeinkommen um mehr als 25 Prozent unter der in Deutschland zu zahlenden Steuerbelastung liegt. Ein Deutscher, der in ein Niedrigsteuerland umzieht und nicht nur völlig unerhebliche wirtschaftliche Verbindungen mit Deutschland aufrecht erhält, unterliegt mit seinen dt. Einkünften einer verschärften Form der Besteuerung (sog. erweiterte beschränkte Steuerpflicht). – *Analog:* Umzug in einen ausländischen Staat, der kein Niedrigsteuerland ist, ihm persönlich aber eine niedrige Vorzugsbehandlung einräumt (§ 2 II Nr. 2 AStG).

Nießbrauch – 1. *Begriff:* Höchstpersönliches, nicht veräußerliches und nicht vererbliches Recht, alle Nutzungen eines Gegenstandes zu ziehen (§§ 1030 ff. BGB). Die Ausübung des Nießbrauchs kann einem anderen überlassen werden. Die Substanz wird vom Nießbrauch nicht berührt. – 2. Der Nießbrauch kann *bestellt werden* an (1) beweglichen Sachen, (2) → Grundstücken (Einigung und Eintragung im Grundbuch), (3) Rechten, (4) den einzelnen Sachen und Rechten eines ganzen Vermögens, (5) in Ausnahmefällen auch an im Schiffsregister eingetragenen Schiffen. – Der Sachnießbrauch ist ein dingliches Recht mit Schutz gegen den Eigentümer der Sache und Dritte. – 3. *Handelsrecht:* Bes. hinsichtlich der Firmenfortführung wird die Übernahme eines Unternehmens aufgrund eines Nießbrauchs wie die → Veräußerung des Unternehmens behandelt. – 4. *Steuerliche Behandlung:* Abhängig von der Art des Nießbrauchs (Vorbehaltsnießbrauch, Zuwendungsnießbrauch, Vermächtnisnießbrauch, Sicherungsnießbrauch, Obligatorische Nutzungsrecht oder „fehlgeschlagener Nießbrauch", Bruttonießbrauch, Nettonießbrauch, Quoten- und Bruchteilsnießbrauch) und der Art der Bestellung (entgeltlicher bzw. teilentgeltlicher Nießbrauch, unentgeltlicher Nießbrauch). Steuerrechtlich ist der Nießbrauch insbesondere deshalb von Bedeutung, weil sich mit ihm Einkünfte verlagern lassen, wodurch die Steuerprogression vermieden werden kann. Trotz aller steuerlichen Risiken werden in der Praxis auch heute – insbesondere zwischen Familienangehörigen – noch häufig Nießbrauchsgestaltungen eingesetzt. Zum einen können über einen Nießbrauch „Einkunftsquellen" verlagert werden, z.B. von hoch besteuerten Eltern auf ihre bisher nicht besteuerten Kinder, zum anderen kann im Rahmen der vorweggenommenen Erbfolge Vermögen zwischen den Generationen übertragen werden, ohne die Übertragenden ganz von der Nutzung oder Fruchtziehung auszuschließen (Vorweggenommene Erbfolge). Der größte Nachteil von Nießbrauchsgestaltungen kann darin liegen, dass u.U. alle Abschreibungen und im Einzelfall auch die Werbungskosten oder Betriebsausgaben steuerlich verloren gehen. In der Besteuerungspraxis sind Nießbrauchsgestaltungen insbesondere im Bereich vermieteter Privatgrundstücke anzutreffen. Hierzu hat die Finanzverwaltung mit BMF-Schreiben v. 24.7.1998 umfangreiche Regelungen zur steuerlichen Behandlung getroffen.

Normalpreis – I. Kostenrechnung: der bei der Bewertung innerbetrieblicher Leistungen zugrunde gelegte feste Verrechnungspreis.

II. Zollrecht: der nach dem Brüsseler Normalpreissystem früher der Verzollung zugrunde gelegte Preis frei Grenze bei einem Verkauf unter den Bedingungen des freien Wettbewerbs im Zollgebiet zum Zeitpunkt der Zollabfertigung. Er ist seit langem abgelöst durch den Transaktionswert einer Ware. Dieser basiert nicht auf einem theoretischen Normalpreis, sondern auf dem tatsächlich gezahlten oder zu zahlenden Kaufpreis zur Ausfuhr in das Zollgebiet der Gemeinschaft (Art. 29 ZK), vgl. → Zollwert.

Normalsatz – ein Begriff aus dem Bereich der Umsatzsteuer; Gegensatz zum ermäßigten Steuersatz und zu Sondersteuersätzen. – Vgl. auch → Umsatzsteuer.

Notar – unabhängiger Träger eines öffentlichen Amtes auf dem Gebiet der vorsorgenden Rechtspflege (§ 1 BNotO); meist freiberuflich Tätiger mit Befähigung zum Richteramt, von der Justizverwaltung öffentlich bestellt zur Vornahme von Akten der freiwilligen Gerichtsbarkeit, bes. zur öffentlichen Beurkundung, öffentlichen Beglaubigung von Unterschriften, Wechselprotesten etc. Der Notar erhält für seine Tätigkeit Gebühren nach der Kostenordnung und untersteht der Dienstaufsicht des zuständigen Landgerichtspräsidenten. In mehreren Ländern der Bundesrepublik ist Notar gleichzeitig → Rechtsanwalt (Anwaltsnotar), im Gegensatz zum Nur-Notar oder Amtsnotar. – Die Notare sind auch zur Vertretung eines → Steuerpflichtigen berechtigt (§ 80 V AO). – Eingehende Regelung der Rechtsverhältnisse, der Pflichten und der Berufsgerichtsbarkeit

der Notare in der Bundesnotarordnung i.d.F. vom 24.2.1961 (BGBl. I 98) m.spät.Änd.

Notstandsbeihilfe → Unterstützungsbeihilfe.

notwendiges Betriebsvermögen – alle Wirtschaftsgüter, die ausschließlich und unmittelbar dazu bestimmt sind, dem Betriebszweck zu dienen (→ Steuerbilanz, → Betriebsvermögen). – *Anders:* → gewillkürtes Betriebsvermögen, → notwendiges Privatvermögen.

notwendiges Privatvermögen – Zum notwendigen Privatvermögen gehören alle Wirtschaftsgüter, die nicht (notwendiges, gewillkürtes oder geduldetes) Betriebsvermögen sein können, z.B. weil sie ausschließlich privaten Zwecken dienen. Dazu gehört z.B. das privat genutzte Einfamilienhaus einschließlich Grund und Boden, Hausrat, Möbel und Kleidung. Wirtschaftsgüter, die nicht Grundstücke oder Grundstücksteile sind und die zu mehr als 90 Prozent privat genutzt werden, gehören in vollem Umfang zum Privatvermögen. Die zum notwendigen Privatvermögen gehörenden Wirtschaftsgüter dürfen nicht in das steuerliche Betriebsvermögen aufgenommen und in der → Steuerbilanz ausgewiesen werden, selbst wenn es in der Handelsbilanz aufgeführt ist.

Nullregelung → Abzugsverfahren.

Nullsatz – Steuersatz in Höhe von Null Prozent für bestimmte, an sich einer Steuer unterliegende Waren. Die Festlegung eines Nullsatzes dient im Gegensatz zur Steuerbefreiung dazu, die Anwendbarkeit der übrigen steuerlichen Vorschriften formeller (Nachweispflichten, Steuerüberwachung) oder materieller Art (z.B. Vorsteuerabzugsrecht) sicherzustellen. – *Beispiele:* (1) Umsatzsteuer: Nullsatz für verschiedene Waren des täglichen Bedarfs z.B. in Großbritannien; (2) Verbrauchsteuern: Nullsatz bei der Weinsteuer in Deutschland für alle steuerpflichtigen Waren mit Ausnahme von Schaumwein (Weinsteuer, Schaumweinsteuer).

Nutzungen und Leistungen – *wiederkehrende Nutzungen und Leistungen;* können auf bestimmte Zeit beschränkt, von unbestimmt Dauer, immer während oder lebenslänglich sein, z.B. Renten, Altenteilsleistungen etc. – *Steuerliche Bewertung* unterschiedlich für zeitlich beschränkte und zeitlich unbeschränkte Nutzungen und Leistungen. Ermittlung des Gesamtwerts durch Vervielfachung der Jahresleistung (Vervielfacher, vgl. → lebenslängliche Leistung). Beschränkung des Jahreswerts der Nutzung eines → Wirtschaftsguts beim Berechtigten auf 1/18,6 des Wertes des genutzten Wirtschaftsguts (§ 16 BewG). Der Vervielfältiger ergibt sich nunmehr aus der aktuellen Sterbetafel des Statistischen Bundesamtes und wird vom BMF im BStBl. Teil I veröffentlicht. Im Zuge der gestiegenen allg. durchschnittlichen Lebenserwartung sind die Kapitalwerte entsprechend gestiegen. Für Bewertungsstichtage ab dem Jahr 2010 ist die am 24.9.2009 veröffentlichte Sterbetafel 2006/ 2008 zugrunde zu legen.

Nutzungswert der Wohnung im eigenen Haus – seit 1987 keine steuerliche Erfassung mehr. Die auf die Wohnung entfallenden Kosten können nicht mehr als → Werbungskosten abgezogen werden. – Wohneigentumsförderung: Eigenheimzulage (→ Wohneigentumsförderung) inkl. Kindergeld, welche jedoch wird nicht mehr für Neufälle ab dem 1.1.2006 gewährt wird.

Oasenländer → Steueroasen.

Oberfinanzdirektion – die Mittelbehörde der → Finanzverwaltung des Landes für ihren Bezirk (§§ 1, 2, 2a, 8a FVG), soweit sie eingerichtet ist.

Objektbesteuerung – *Realbesteuerung, Sachbesteuerung;* eine die Steuerlast rein nach bestimmten äußeren Merkmalen eines Steuergegenstands bemessende Form der Besteuerung; subjektive Verhältnisse des Schuldners bleiben unberücksichtigt. – Vgl. auch → Merkmalsbesteuerung, → Ertragsteuern, → Realsteuern.

Objektsteuern → Realsteuern.

Objektverbrauch → Wohneigentumsförderung.

OECD-Kommentar – Eine offizielle Stellungnahme der OECD dazu, welche Schlussfolgerungen aus den von ihr vorgeschlagenen Formulierungen für die Doppelbesteuerungsabkommen ihrer Ansicht nach für bestimmte, komplizierte Einzelproblematiken zu ziehen sind. Dient also als Auslegungshilfe zum OECD-Musterabkommen und trägt dadurch zu einer internationalen Standardisierung der Ansichten der Staaten über die Abgrenzung der Steuerhoheiten und die Maßnahmen zur Beseitigung der Doppelbesteuerung bei.

OECD-MA – verbreitete Abk. für → OECD-Musterabkommen zur Vermeidung der Doppelbesteuerung.

OECD-Musterabkommen zur Vermeidung der Doppelbesteuerung – 1. *Begriff:* vom Steuerausschuss der OECD erarbeitetes Muster für → Doppelbesteuerungsabkommen (DBA), die die Mitgliedsstaaten untereinander oder mit Drittstaaten abschließen, um trotz der vielfältigen Sonderregelungen in den Steuerrechtsordnungen der einzelnen Staaten größtmögliche Vereinheitlichung der bilateralen Doppelbesteuerungsabkommen zu erzielen. Zwar nur als Empfehlung ausgesprochen, aber weitgehend als Verhandlungsgrundlage bei konkreten Verhandlungen angewandt, auch von der Bundesrepublik Deutschland. – 2. *Musterabkommen existieren:* a) für die *Steuern vom Einkommen und Vermögen:* erste Fassung: Bericht des Steuerausschusses der OECD von 1963, in deutscher Übersetzung veröffentlicht vom Bundesministerium der Finanzen (BMF), Bonn 1965; überarbeitete Fassung: Bericht des Steuerausschusses der OECD vom 11.4.1977, in deutscher Übersetzung veröffentlicht vom Bundesministerium der Finanzen 1979; seit 1992: laufende Überarbeitung der einzelnen Artikel des Musterabkommens und Veröffentlichung in Loseblattform. – b) Für die *Besteuerung der Nachlässe und Erbschaften:* Bericht des Steuerausschusses der OECD von 1966, in deutscher Übersetzung veröffentlicht vom Bundesministerium der Finanzen, Bonn 1970, m.spät.Änd. – 3. Die *Bedeutung des Musterabkommens für die Praxis* liegt darin, dass es zwar zahllose verschiedene völkerrechtliche Verträge über die Doppelbesteuerung gibt (allein Deutschland hat für die Ertragsteuern ca. 80 Abkommen geschlossen), es aber normalerweise ausreicht, sich in das OECD-Musterabkommen einzuarbeiten, um anschließend mit nahezu allen Abkommenstexten zurecht zu kommen. Es gilt nämlich die Vermutung, dass Staaten, die einen Formulierungsvorschlag der OECD in ihr Abkommen übernehmen, damit auch genau das ausdrücken wollen, was die OECD vorschlägt; das bedeutet, dass man immer dann, wenn eine Standardformulierung der OECD in einem konkreten DBA wiederkehrt, die Rechtslage unkompliziert erkennen kann. Die (wenigen) Abweichungen von den Empfehlungen der OECD pflegen außerdem dann so deutlich formuliert zu werden, dass deren Bedeutung ebenfalls leicht verständlich wird. Übernommen wird aus dem Text der OECD bspw. auch schon der Aufbau oder die Begriffswelt der Abkommenstexte, was die Einarbeitung ebenfalls sehr erleichtert. – 4. *Rolle des OECD-Musterkommentars als Auslegungshilfe*: Seit einiger Zeit veröffentlicht die OECD zusätzlich zu ihren Textvorschlägen auch eine offizielle Kommentierung, wo sie angibt, welche Schlussfolgerungen aus den von ihr gewählten Formulierungen ihrer Ansicht nach für Spezialfälle zu ziehen sind. Dieser offizielle Kommentar gilt ebenfalls als Auslegungshilfe, um die Doppelbesteuerungsabkommen richtig zu verstehen, denn von juristischer Seite wird unterstellt, dass ein Staat, der einen Textvorschlag der OECD übernimmt, sich damit auch zu den von der OECD publizierten Erläuterungen bekennt (sofern diese bei Abschluss des Vertrages schon bekannt sind), da er sich sonst vernünftigerweise von dieser Auslegungsmöglichkeit distanziert hätte.

offenbare Unmöglichkeit des Buchführungsergebnisses – Begriff des Steuerwesens für ein Buchführungsergebnis, das in auffallendem Missverhältnis zu den Ergebnissen anderer vergleichbarer Unternehmen der gleichen Branche steht. Offenbare Unmöglichkeit des Buchführungsergebnisses berechtigt die Finanzbehörde, die Besteuerungsgrundlage zu schätzen (→ Schätzung), obwohl die Buchführung formell in Ordnung erscheint.

offenbare Unrichtigkeiten – Schreibfehler, Rechenfehler und ähnliche offenbare Unrichtigkeiten, so u.a. auf mechanischem Versehen beruhender Fehler in Verwaltungsakten und Urteilen. Derartige offenbare Unrichtigkeiten können jederzeit von Amts wegen durch die Behörden bzw. das Gericht berichtigt werden (§ 319 ZPO, § 118 VwGO, § 107 FGO, § 138 SGG,

§ 129 AO). Eine Berichtigungsmöglichkeit ist zu verneinen, soweit auch nur die Möglichkeit eines Rechtsirrtums besteht. Unrichtige Tatsachenwürdigung sowie Auslegung oder Nichtanwendung einer Gesetzesnorm sowie fehlende Sachverhaltsermittlung sind regelmäßig kein mechanisches Versehen.

offene Handelsgesellschaft (OHG) – I. Begriff: Die OHG ist eine → Personengesellschaft, deren Zweck auf den Betrieb eines Handelsgewerbes unter gemeinschaftlicher Firma gerichtet ist und deren Gesellschafter den Gläubigern unmittelbar und unbeschränkt mit ihrem vollen Vermögen (Privat- und Gesellschaftsvermögen) für die Gesellschaftsschulden haften. – *Rechtsgrundlage:* §§ 105–160 HGB; ergänzend gelten die §§ 705 ff. BGB über die Gesellschaft bürgerlichen Rechts (GbR). – *Rechtsstellung:* Die OHG ist eine Gesellschaft, die nach Organisation und Rechtszuständigkeit als Gemeinschaft zur gesamten Hand ausgestaltet ist; keine juristische Person. Sie hat aber gegenüber ihren Gesellschaftern eine gewisse Verselbstständigung und kann im Rechtsverkehr unter ihrer Firma Rechte erwerben, Verbindlichkeiten eingehen, Eigentum und andere dingliche Rechte an Grundstücken erwerben, vor Gericht klagen und verklagt werden (§ 124 HGB). § 31 BGB über die Haftung des Vereins für *unerlaubte Handlungen* seiner Organe findet entsprechende Anwendung.

II. Errichtung: 1. Durch *Gesellschaftsvertrag* erfolgend. – 2. Die Gesellschaft ist stets bei dem Amtsgericht, in dessen Bezirk sie ihren Sitz hat, zur Eintragung in das *Handelsregister* anzumelden. Die → Anmeldung hat zu enthalten: a) Namen, Vornamen und Wohnort jedes Gesellschafters; b) Firma und der Ort, wo sie ihren Sitz hat; c) Vertretungsmacht der Gesellschafter. Alle Gesellschafter haben die Anmeldung beim Gericht zu „bewirken" (§ 108 HGB). – 3. Das *Innenverhältnis* der Gesellschafter bestimmt sich weitgehend nach dem Gesellschaftsvertrag, der Höhe und Art der Gesellschaftsbeiträge, Dauer, Kündigungsfristen, → Gewinn- und Verlustbeteiligung, Berechnung des Abfindungsguthabens eines ausscheidenden Gesellschafters etc. zu regeln pflegt. – Auch juristische Personen können Gesellschafter der OHG sein. – 4. Die Gesellschaftsanteile sind i.Allg. nicht übertragbar. – 5. Jeder Gesellschafter ist Kaufmann.

III. Gesellschaftsanteil: Anteil eines Gesellschafters an dem Gesellschaftsvermögen. – 1. Der Gesellschaftsanteil beteiligt den Gesellschafter an jedem Gegenstand unmittelbar mit, ist jedoch für den *einzelnen Gegenstand* nicht übertragbar (§ 719 BGB) und auch nicht pfändbar (§ 859 ZPO). Eine Übertragung der Anteile an den einzelnen Gegenständen widerspräche dem Grundsatz der Gesamthandsbindung der OHG. – 2. Für den Anteil *als Ganzes* kann der Gesellschaftsvertrag Abweichendes bestimmen, z. B. die Übertragungsmöglichkeit mit dem Zustimmung der anderen Gesellschafter. – *Zwangsvollstreckung* in den Gesellschaftsanteil durch einen Privatgläubiger ist zulässig (§ 859 ZPO); sie erfolgt durch

Pfändungs- und Überweisungsbeschluss. → Drittschuldner sind die geschäftsführenden Gesellschafter.

IV. Firmenbezeichnung: Sie ist weitgehend freigestellt. Wenn aber keine natürliche Person persönlich haftet, muss die Firma eine Bezeichnung enthalten, die die Haftungsbeschränkung kennzeichnet, § 19 II HGB.

V. Geschäftsführung/Vertretung: 1. *Geschäftsführung:* Obliegt allen Gesellschaftern, und zwar als Einzelgeschäftsführung. Der Gesellschaftsvertrag kann eine abweichende Regelung vorsehen, z. B. Gesamtgeschäftsführung anordnen oder einzelne Gesellschafter von der Geschäftsführung ausschließen. – 2. Zur *Vertretung der Gesellschaft nach außen* ist jeder Gesellschafter allein berechtigt. Ein Ausschluss der Befugnis oder die Anordnung von Gesamtvertretung im Gesellschaftsvertrag ist möglich. Derartige *Beschränkungen* müssen aber im Handelsregister eingetragen werden. Die Befugnis zur Geschäftsführung und Vertretung kann einem Gesellschafter bei wichtigem Grund auf Antrag (Klage) der übrigen Gesellschafter durch gerichtliche Entscheidung entzogen werden. – Das den Gesellschaftern obliegende gesetzliche *Wettbewerbsverbot* gilt auch für die von der Geschäftsführung und Vertretung ausgeschlossenen Gesellschafter.

VI. Stimmrecht: Stimmrecht der Gesellschafter wird in wichtigen Angelegenheiten ausgeübt. Gesellschafterbeschlüsse bedürfen der Zustimmung aller zur Mitwirkung bei der Beschlussfassung berufenen Gesellschafter. Soll nach dem Gesellschaftsvertrag Stimmenmehrheit bei der Abstimmung entscheiden, wird mangels anderer Abrede die Mehrheit nach der Zahl der Gesellschafter berechnet.

VII. Bilanz und Kontrollrecht: 1. *Aufstellung der Bilanz:* Obliegt jährlich den geschäftsführenden Gesellschaftern; festgestellt wird sie von allen Gesellschaftern, von diesen ist sie auch zu unterzeichnen. Der Gesellschaftsvertrag kann Feststellung durch Gesellschaftsversammlung und Prüfung durch Buch- oder Wirtschaftsprüfer etc. vorschreiben. – 2. *Kontrollrecht der Gesellschafter:* Jeder Gesellschafter kann, auch wenn er von der Geschäftsführung ausgeschlossen ist, sich über die Angelegenheiten der Gesellschaft persönlich unterrichten, die Handelsbücher und die Papiere der Gesellschaft einsehen und sich aus ihnen ggf. unter Beiziehung eines Sachverständigen, einen Jahresabschluss anfertigen (§ 118 HGB).

VIII. Gewinn und Verlust: 1. *Gesetzlich* gebührt jedem Gesellschafter ein Vorzugsgewinnanteil in Höhe von 4 Prozent seines Kapitalanteils. Der 4 Prozent der Kapitalanteile übersteigende Gewinn wird nach Köpfen verteilt. Kopfteilung gilt auch für Verluste (§ 121 HGB). – Vgl. auch → Gewinn- und Verlustbeteiligung; steuerlich: → Verlustfeststellung. Gewinn und Verlust werden dem Kapitalanteil des Gesellschafters gut- bzw. abgeschrieben (§ 120 HGB). – 2. Zumeist eingehende abweichende Regelung im

Gesellschaftsvertrag, z.B. Vorwegnahme eines Tätigkeitsentgelts, Geschäftsführergehalts, Ansatz von Aufwendungen oder festen prozentualen Gewinnanteilen je nach der Mitverantwortung oder beides kombiniert. Häufig erfolgt die Gewinngutschrift auf Sonderkonto, damit die Kapitalkonten unverändert bleiben. – 3. *Entnahmen:* Jeder Gesellschafter kann aus der Gesellschaftskasse Geld bis zu 4 Prozent seines für das letzte Geschäftsjahr festgestellten Kapitalanteils entnehmen und auch die Auszahlung seines diesen Betrag übersteigenden Gewinnanteils des letzten Jahres verlangen (§ 122 HGB). – Häufig vertraglich vereinbart: Monatliche Entnahme, jedoch nach oben begrenzt und unter Beachtung der steuerlichen Verpflichtungen der einzelnen Gesellschafter. – Vgl. auch → Entnahmen.

IX. **Zwangsvollstreckung:** Zur Zwangsvollstreckung in das Gesellschaftsvermögen bedarf es eines Titels gegen die OHG (§ 124 HGB). Soll in das Privatvermögen einzelner Gesellschafter vollstreckt werden, bedarf es eines Titels gegen diese.

X. **Besonderheiten:** Ist im Gesellschaftsvertrag bestimmt, dass im Fall des Todes eines Gesellschafters die Gesellschaft mit dem Erben fortgesetzt werden soll, kann jeder Erbe verlangen, dass ihm die Stellung eines → Kommanditisten eingeräumt und der auf ihn entfallende Teil der Einlagen des Erblassers als Kommanditeinlage anerkannt wird. Sind die anderen Gesellschafter nicht einverstanden, kann der betreffende Erbe fristlos sein Ausscheiden aus der Gesellschaft erklären. Das dem Erben eingeräumte → Wahlrecht kann nur binnen drei Monaten ausgeübt werden. Wird die Gesellschaft innerhalb der Frist aufgelöst oder scheidet der Erbe aus, trifft ihn nur die bürgerlich-rechtliche Erbenhaftung (§ 139 HGB). Anderenfalls haftet er, wie auch sonst bei Firmenfortführung, als OHG-Gesellschafter bzw. Kommanditist. – Vgl. auch Auflösung und → Abwicklung der Gesellschaft, Ausscheiden eines Gesellschafters, Ausschließung und Übernahmerecht eines Gesellschafters.

XI. **Steuerliche Behandlung:** 1. Die OHG *entsteht* mit Geschäftsbeginn. – 2. Die OHG ist steuerlich als → Mitunternehmerschaft zu qualifizieren, die einzelnen Gesellschafter sind → Mitunternehmer. Die Gesellschaft selbst ist nicht einkommensteuerpflichtig. Der Gewinn der Gesellschaft wird einheitlich und gesondert festgestellt und unterliegt der Einkommensteuer bei den Gesellschaftern. – 3. Bei der *Erbschaftsteuer* kann für den Anteil an einer OHG der Betriebsvermögensfreibetrag und der Bewertungsabschlag nach § 13 a ErbStG genutzt werden. Durch die → Erbschaftsteuerreform, welche ab dem 1.1.2009 wirksam wurde, wurden die Vorschriften für die Bewertung von Anteilen an Personengesellschaften analog der Bewertung von Anteilen an Kapitalgesellschaften umfassend geändert. Die Bewertung erfolgt zukünftig grundsätzlich nach dem Unternehmenswert aus Verkäufen unter fremden Dritten. Alternativ kann der Wert nach dem Ertragswert erfolgen.

Als Mindestwert ist der Substanzwert (Summe der gemeinen Werte aller Einzelwirtschaftsgüter abzüglich der Schulden). Statt der bisherigen Begünstigung nach § 13 a ErbStG wird ein sog. → Verschonungsabschlag gewährt. – 4. Darüber hinaus ist ab dem Veranlagungszeitraum 2008 die sog. Thesaurierungsmodell für Personenunternehmen im Rahmen der *Unternehmensteuerreform 2008* anzuwenden, wonach nicht entnommene Gewinne wie Gewinne von Kapitalgesellschaften auf Antrag begünstigt besteuert werden können. – Vgl. auch → Thesaurierungsrücklage.

öffentliche Zolllager – stehen jedermann für die Lagerung von Waren zur Verfügung. Sie können als Typ A oder B mit unterschiedlicher Verantwortung von Privatpersonen nach vorheriger Bewilligung durch das zuständige Hauptzollamt betrieben werden (vgl. Art. 525 ZK-DVO). – Typische öffentliche Zolllager sind die Kühlhäuser, die Lagerungsmöglichkeiten für jedermann anbieten. Öffentliche Zolllager des Typs F unterstehen der Inhaberschaft der Zollbehörde und kommen in der Bundesrepublik Deutschland praktisch nicht mehr vor.

öffentlich-rechtliche Treuhandschaft – kann sowohl durch öffentlich-rechtlichen Vertrag als auch durch staatlichen Hoheitsakt begründet werden. – Vgl. auch → Treuhandschaft.

ÖffnungszeitenLadenöffnungszeiten, → Zollstunden.

Öffnungszeitenzwang → Zollstundenzwang.

Ökosteuer – 1. *Allgemein:* Die Bezeichnung für eine Form einer → Abgabe, die dazu dienen soll, über den Preis als marktkonformes Regulativ eine Verringerung der Umweltbelastungen zu erreichen. Durch Internalisierung externer Kosten (bewusste Veränderung der relativen Preise) entsteht ein Lenkungseffekt beim Verbraucher. Die Ökosteuer ist Anreiz für Unternehmen, durch „höheren Preis" ihre Kosten durch Einsatz des technischen Fortschritts zu senken. Durch „künstliche" Anhebung der Preise soll das Verhalten der Produzenten/Konsumenten indirekt so beeinflusst werden, dass Umweltbelastungen vermieden werden. – 2. *In Deutschland:* Abk. für „ökologische Steuerreform", ein Steuerreformprojekt, mit dem von 1999-2003 schrittweise die Regelungen insbesondere über die Verbrauchsteuern so umgebaut wurden, dass sie stärkere Lenkungsanreize zu einem ökologisch sinnvollen Verhalten geben. Eine eigenständige Steuer namens „Ökosteuer" gibt es also, anders als selbst offizielle Verlautbarungen es manchmal nahelegen, in Deutschland nicht.

Operational Auditing – Aufgabengebiet der → internen Revision, auf den organisatorischen Bereich (Aufbau- und Ablauforganisation) bezogen.

Option – Recht des Unternehmers, die Regelbesteuerung zu wählen. Wegen Optionen bei Steuerbefreiungen vgl. → Verzicht auf Steuerbefreiungen; wegen Optionen des Kleinunternehmers vgl.

→ Kleinunternehmer. Auch der nach Pauschsätzen versteuernde Land- und Forstwirt kann durch Optionen die Regelbesteuerung wählen. Eine Optionsmöglichkeit bietet sich auch im Rahmen der → Differenzbesteuerung. – *Zweck* der Option ist, die tatsächlich angefallenen Vorsteuern (→ Vorsteuerabzug) voll abziehen zu können. – *Voraussetzung* für eine wirtschaftlich sinnvolle Option ist die Überwälzung der durch die Option geschuldeten Umsatzsteuer.

ordnungsmäßige Prüfung → Grundsätze ordnungsmäßiger Prüfung.

Ordnungsmäßigkeitsprüfung → Prüfung, ob vorgegebene Ordnungsgrundsätze (z.B. Grundsätze ordnungsmäßiger Buchführung und Bilanzierung, gesetzliche oder innerbetriebliche Vorschriften) eingehalten wurden. Die → Jahresabschlussprüfung ist u.a. eine Ordnungsmäßigkeitsprüfung.

Organgesellschaft – steuerrechtlicher *Begriff:* Kapitalgesellschaft, die finanziell, wirtschaftlich und organisatorisch in ein anderes Unternehmen (→ Organträger) eingegliedert ist. – *Haftung:* Da formal nicht die Organgesellschaft ihr Einkommen zu versteuern hat, sondern die Obergesellschaft, hat das Finanzamt theoretisch nur einen Steueranspruch gegen diese. Damit es hierdurch nicht zu Steuerausfällen kommen kann, sodass auch insoweit der Konzern steuerlich als Einheit behandelt werden kann, haftet die Organgesellschaft jedoch für die gesamten Betriebssteuern des Organträgers (bes. Gewerbe-, Umsatzsteuer, u.U. Verbrauch-, Versicherung-, Beförderung- und Kraftfahrzeugsteuer; § 73 AO). Inanspruchnahme durch → Haftungsbescheid. – Vgl. auch → Organschaft.

organischer Wert – im Gegensatz zum isolierten Wert eines einzelnen Vermögensbestandteils der Wert, den ein Gegenstand im Rahmen eines Vermögenskomplexes besitzt. – *Wichtigste Erscheinungsform:* → Teilwert.

Organkreis – Gesamtheit der zu einer → Organschaft gehörenden Personen.

Organlehre – *Organtheorie; steuerrechtliche Lehre* von der wirtschaftlichen Einheit rechtlich selbstständiger Unternehmen, die zueinander im Verhältnis der Unter- und Überordnung stehen. – Vgl. auch → Organschaft.

Organschaft – I. Begriff: Rechtliches und tatsächliches Unterordnungsverhältnis aufgrund der Eingliederung einer oder mehrerer rechtlich selbstständiger, wirtschaftlich aber unselbstständiger Kapitalgesellschaften (→ Organgesellschaft; hinter dem Namen steht die Vorstellung, dass sie nur noch ein "ausführendes Organ" eines Anderen ist) in ein übergeordnetes Unternehmen (→ Organträger). Die Organschaft wird in manchen Teilen des Steuerrechts völlig unbeachtet gelassen; so stellte die → Vermögensteuer allein auf die rechtliche Selbstständigkeit ab. Anders bei der Umsatzsteuer, der Gewerbesteuer und der Körperschaftsteuer.

II. Umsatzsteuer: 1. *Rechtsgrundlage:* § 2 II Nr. 2 UStG, Abschn. 21 UStR. – 2. *Voraussetzungen:* a) *Organgesellschaft* ist juristische Person (bes. Kapitalgesellschaft). – b) *Organträger* kann jeder inländische Unternehmer im Sinn des § 2 I UStG sein. Hat der Organträger seine Geschäftsleitung im Ausland, gilt der wirtschaftlich bedeutendste Unternehmensteil im Inland als Unternehmer. – c) Die Organgesellschaft ist nach dem Gesamtbild der tatsächlichen Verhältnisse finanziell, wirtschaftlich und organisatorisch in das Unternehmen des Organträgers eingegliedert: (1) Eine *finanzielle Eingliederung* ist gegeben, wenn der Organträger an der Organgesellschaft – ggf. auch mittelbar – zu mehr als 50 Prozent beteiligt ist. (2) *Wirtschaftliche Eingliederung* bedeutet, dass die Organgesellschaft gemäß dem Willen des Unternehmers im Rahmen des Gesamtunternehmens, und zwar in engem wirtschaftlichem Zusammenhang mit diesem, es fördernd und ergänzend, wirtschaftlich tätig ist. (3) Die *organisatorische Eingliederung* liegt vor, wenn der Organträger durch organisatorische Maßnahmen sicherstellt, dass in der Organgesellschaft sein Wille auch tatsächlich ausgeführt wird, wie dies z.B. bei Personalunion der Geschäftsführer in beiden Gesellschaften der Fall ist. (4) Maßgebend ist das *Gesamtbild* der tatsächlichen Verhältnisse; deshalb kann eine Organschaft auch vorliegen, wenn die Eingliederung auf einem dieser Gebiete nicht ganz vollständig, aber auf den anderen Gebieten umso eindeutiger ist. – 3. *Rechtsfolgen:* Wirkungen der Organschaft sind auf Innenleistungen zwischen inländischen Unternehmensteilen beschränkt (Umsätze mit ausländischen Unternehmensteilen versteht also jede handelnde Gesellschaft für sich selbst). Die in dem Organkreis zusammengeschlossenen inländischen Unternehmensteile sind als ein Unternehmen im Sinn des § 2 UStG zu behandeln. Umsätze innerhalb der Organschaft sind daher als reine Innenumsätze nicht steuerbar. – Steuerschuldner ist allein der Organträger, der auch Voranmeldungen und Jahreserklärungen – für den Organkreis – abzugeben hat.

III. Gewerbesteuer: Die Organgesellschaft gilt als Betriebsstätte des Organträgers. Der Gewerbeertrag der Organgesellschaft wird dem Gewerbeertrag des Organträgers hinzugerechnet. Die einzelnen Gewerbeerträge werden wie bei der Körperschaftsteuer zu errechnen, als seien die Organgesellschaften selbstständig. Zur Vermeidung doppelter steuerlicher Belastungen unterbleiben bei der Ermittlung des Gewerbeertrags jedoch alle Hinzurechnungen nach § 8 GewStG, soweit die dort genannten Beträge schon in einem der Gewerbeerträge des Organkreises erfasst sind. Das gewerbesteuerliche Gesamtergebnis der Organschaft wird dann auf die einzelnen berechtigten Gemeinden verteilt. – 1. *Voraussetzungen:* entsprechen denen der körperschaftsteuerlichen Organschaft. – 2. *Gestaltungsmöglichkeiten:* Die gewerbesteuerliche Organschaft kann vermieden werden, indem man in den Konzernaufbau eine Personengesellschaft einbaut (z.B. → GmbH & Co. KG). Da eine solche gewerbesteuerlich immer als selbstständige Einheit angesehen wird und niemals Organgesellschaft sein kann, ist der unterhalb der Personengesellschaft stehende Teilkonzern dann vor einer Zusammenfassung mit dem Rest des Konzerns geschützt, ohne dass die einkommen- und körperschaftsteuerliche Zusammenrechnung der Gewinne und Verluste verloren geht.

IV. Körperschaftsteuer: 1. *Grundsätzliches:* Die körperschaftsteuerliche Organschaft sieht eine konsolidierte Ermittlung der Gewinne und Verluste des Konzerns vor. Die Ergebnisse der Untergesellschaften (Organgesellschaften) und des Mutterunternehmens (Organträger) sind insgesamt vom Mutterunternehmen zu versteuern. Ein Ausgleich von Gewinnen und Verlusten im Konzern wird ermöglicht, indem diese auf der Ebene des Mutterunternehmens miteinander saldiert werden. Die einzelnen Gesellschaften innerhalb der Organschaft müssen ihre Ergebnisse jedoch steuerlich eigenständig ermitteln, d.h. Geschäfte einer Organgesellschaft mit einer anderen Gesellschaft desselben Organkreises führen zu einer Gewinnrealisierung. – 2. *Voraussetzungen für eine Organschaft:* a) *Eine Kapitalgesellschaft* kann bereits Organgesellschaft eines anderen Unternehmens sein, wenn der Organträger an ihr seit Beginn des Wirtschaftsjahres ununterbrochen mit Mehrheit der Stimmrechte beteiligt war (finanzielle Eingliederung; § 14 I Nr.1 KStG), und wenn sie mit dem Organträger einen Gewinnabführungsvertrag über eine Laufzeit von mind. fünf Jahren abgeschlossen hat (§ 14 I Nr. 3 KStG). Wirtschaftliche und organisatorische Eingliederung werden, anders als bei der Umsatzsteuer, bei der Körperschaftsteuer nicht mehr verlangt. Als Organträger kommen eine unbeschränkt einkommen- oder körperschaftsteuerpflichtige Person ebenso in Frage wie eine inländische Zweigniederlassung eines ausländischen Unternehmens (§§ 14 I Nr. 2, 17, 18 KStG); bei Personengesellschaften als Organträger gelten Besonderheiten (§ 14 I Nr. 2 KStG; — Mehrmütterorganschaft als steuerliches Gestaltungsmodell jetzt praktisch nicht mehr möglich). – b) Die *Organgesellschaft* darf Beträge aus dem Jahresüberschuss nur insoweit in ihre Rücklagen einstellen, als dies bei vernünftiger kaufmännischer Betrachtung wirtschaftlich begründet ist, d.h. im Übrigen müssen die Gewinne an den Organträger ausgeschüttet werden (§ 14 I Nr.4 KStG). – 3. *Folgen der Organschaft:* Das Einkommen der Organgesellschaft wird nach normalen Maßstäben ermittelt und danach vom Organträger versteuert. Dabei sind einige Bestimmungen, die nur bei körperschaftsteuerpflichtigen Institutionen sinnvoll sind, nicht anzuwenden, wenn der Organträger einkommensteuerpflichtig ist (§ 15 KStG). Muss die Organgesellschaft Ausgleichszahlungen an außenstehende Anteilseigner leisten, so werden diese bei der Organgesellschaft selbst versteuert, d.h.

insoweit bleibt die Organgesellschaft selbst steuerpflichtig (§ 16 KStG).

Organschaftsvertrag – *Organvertrag;* Begriff der Organlehre. – Vgl. auch → Organschaft, → Organlehre, → Organgesellschaft, Unternehmensverträge.

Organtheorie → Organlehre.

Organträger – steuerrechtlicher Begriff für ein Unternehmen mit beliebiger Rechtsform (z.B. Kapitalgesellschaft, → Personengesellschaft, → Einzelkaufmann), in das eine → Organgesellschaft wirtschaftlich, finanziell und organisatorisch eingegliedert ist. – Vgl. auch → Organschaft.

Organvertrag → Organschaftsvertrag.

originärer Firmenwert → Firmenwert.

Ort der Lieferung – 1. *Begriff* des Umsatzsteuerrechts: das Kriterium, das festlegt, in welchem Staat der Lieferant eines Gegenstands steuerliche Verpflichtungen zu erledigen hat. Steuerbarkeit einer Lieferung, die ein Unternehmer ausgeführt hat, tritt deswegen nur dann in Deutschland ein, wenn der „Ort der Lieferung" hier liegt. – 2. *Nähere Bestimmungen des Orts der Lieferung:* a) *Grundsatz:* Der „Ort der Lieferung" wird vom Gesetzgeber zweckorientiert definiert: Ist gewollt, dass steuerliche Verpflichtungen in Deutschland entstehen, wird der Ort der Lieferung vom Gesetz als in Deutschland belegen definiert, wenn das dagegen nicht gewollt ist, wird der Ort der Lieferung als ausländisch definiert. – b) *Harmonisierung* in der EU: Die Regeln über den Ort der Lieferung sind innerhalb der EU vollständig harmonisiert (→ Mehrwertsteuersystemrichtlinie). – c) *Grundregeln:* Das UStG unterscheidet im Normalfall zwischen „bewegten" und „unbewegten" (ruhenden) Lieferungen. Bei der bewegten Lieferung ist nach der gesetzlichen Grundregel der Ort der Lieferung dort, wo die Beförderung der Ware an den Abnehmer beginnt (§ 3 VI UStG), bei der unbewegten Lieferung ist der Lieferort dort, wo sich die Ware zu dem Zeitpunkt befindet, an dem die Lieferung erfolgt (= die Verfügungsmacht übergeht, § 3 VII UStG). – d) Für Importe aus dem Drittland wird aus steuersystematischen Gründen der Ort der Lieferung ins Inland gelegt (§ 3 VIII UStG), allerdings nur dann, wenn der Lieferant an der Grenze der Schuldner der Einfuhrumsatzsteuer war; das liegt daran, dass ohne diese Regelung ansonsten eine Besteuerungslücke entstehen könnte. – e) Für weitere *Spezialfälle* (→ Versandhandelsregelung, ferner auch für: unentgeltliche Lieferungen, Lieferung an Bord eines Schiffes während einer Fahrt durch das Gemeinschaftsgebiet, etc.) existieren weitere, abweichende Regelungen.

Ort der sonstigen Leistung – 1. *Begriff* aus dem Umsatzsteuerrecht: das Kriterium, mit dem der Gesetzgeber festlegt, in welchem Land steuerliche Verpflichtungen für eine von einem Unternehmer erbrachte → sonstige Leistung (Dienstleistung) zu erbringen sind; Steuerbarkeit in Deutschland tritt nur ein, wenn der Ort der sonstigen Leistung hier belegen ist. – 2. *EU-rechtliche Rahmenbedingungen:* Die Bestimmungen darüber, in welchem Land der Ort der sonstigen Leistung belegen ist, sind europarechtlich harmonisiert, um die Abgrenzung der Zuständigkeiten zwischen den EU-Ländern einheitlich zu gestalten. Die Entscheidung, welchem Land eine bestimmte Dienstleistung steuerlich zugeordnet wird, wird nicht nach dem Gesichtspunkt getroffen, wo diese Dienstleistung ausgeführt wurde, sondern mehr nach dem Aspekt, wo die Versteuerung der betreffenden Dienstleistung aus der Sicht des Umsatzsteuersystems am sinnvollsten ist. Grundsätzlich gibt es für zahlreiche Arten von Dienstleistungen Spezialregelungen über den Ort der sonstigen Leistungen, zusätzlich noch Grundregeln, die gelten, sofern für eine Dienstleistung keine ausdrückliche Spezialregelung existiert. – 3. *Grundregeln:* Ab 2010 wird bei der Grundregel danach unterschieden werden, ob der Kunde (Leistungsempfänger), an den eine sonstige Leistung erbracht wird, ein Unternehmer (oder eine juristische Person, die eine Umsatzsteuer-Identifikationsnummer besitzt) ist oder nicht (also v.a.: eine Privatperson). – a) *sonstige Leistungen an andere Unternehmer:* Bei sonstigen Leistungen an andere Unternehmer ordnet der (EU-)Gesetzgeber den Ort der sonstigen Leistung dem Land zu, in dem dieser andere Unternehmer als Kunde sein Unternehmen betreibt (§ 3a II UStG 2010); das hängt damit zusammen, dass es in einer solchen Konstellation wegen des Vorsteuerabzugs, den der Kunde (meist) bekommen wird, fiskalisch ohnehin egal ist, welches Land die Umsatzsteuer vereinnahmt; die Regelung, dass der Ort der sonstigen Leistung in dem Land ist, in dem der Kunde, der Unternehmer ist, sein Unternehmen betreibt, ermöglicht aber eine einfache technische Abwicklung der Besteuerung. – b) für sonstige Leistungen an Privatpersonen liegt der Ort der sonstigen Leistung dagegen dort, wo der leistende Unternehmer (Anbieter) sein Unternehmen betreibt (§ 3a I UStG 2010); dies hat für diesen ebenfalls den Vorteil der Einfachheit, da alle Leistungen an Private nur im eigenen Land versteuert werden müssen. – 4. *Sonderregeln* gelten u.a. für künstlerische, unterhaltende und ähnliche Leistungen, Leistungen in Zusammenhang mit einem Grundstück, Arbeiten an beweglichen körperlichen Gegenständen, Vermittlungsleistungen, auf elektronischem Wege erbrachte sonstige Leistungen, sonstige Leistungen in Form der Abgabe von Speisen und Getränken zum Verzehr an Ort und Stelle in bestimmten Beförderungsmitteln während einer Fahrt durch die EU, ferner für einige weitere sonstige Leistungen, wenn am Vorgang auch jemand aus dem Drittlandsgebiet beteiligt ist (vgl. § 3a III – VII UStG 2010).

P

Pacht – 1. Einnahmen aus Pacht sind steuerpflichtige Einkünfte aus Vermietung und Verpachtung (§ 21 EStG), wenn unbewegliches Vermögen, Betriebe oder bestimmte Rechte, z.B. Urheberrechte, verpachtet werden. – 2. Dem Verpächter eines ganzen Betriebes steht im Rahmen der Betriebsverpachtung im Ganzen ein Wahlrecht zu, wenn nicht ausgeschlossen ist, dass er oder einer seiner Erben den Gewerbebetrieb später erneut selbst wieder aufnimmt. Er kann den Betrieb ohne Realisierung der stillen Reserven fortführen oder die → Betriebsaufgabe erklären. Im letzten Fall sind die stillen Reserven aufzulösen und zu versteuern und die zukünftigen Pachteinnahmen innerhalb der → Einkünfte aus Vermietung und Verpachtung zu erfassen.

Paketzuschlag – 1. *Allgemein:* Von der Börsennotierung abweichender, höherer Preis für → Aktienpakete. – 2. *Steuerrecht:* Ein bei der Bewertung von Aktienpaketen (R 95 VI ErbStR) zu der Summe der amtlichen → Kurswerte oder der Summe der aus Verkäufen von Kleinanteilen abgeleiteten → gemeinen Werte der einzelnen Anteile hinzuzurechnender Betrag (bis 25 Prozent), der den Mehrwert aus dem Besitz einer großen Zahl von Aktien (mehr als 25 Prozent) derselben Kapitalgesellschaft berücksichtigen soll. Es ergibt sich der gemeine Wert der gesamten Beteiligung (§ 11 III BewG). – Der Paketzuschlag kommt regelmäßig in Betracht, wenn der gemeine Wert der Beteiligung tatsächlich höher ist als die Summe der Kurswerte oder der gemeinen Werte der einzelnen Anteile. Der Paketzuschlag bleibt außer Ansatz, wenn der volle Vermögenswert und der volle Ertragswert bereits bei der Bewertung der einzelnen Aktien berücksichtigt waren.

Partei – I. Staatsrecht: 1. *Begriff:* Vereinigung von Bürgern, die dauernd oder für längere Zeit für den Bereich des Bundes oder eines Landes auf die politische Willensbildung Einfluss nehmen und an der Vertretung des Volkes im Deutschen Bundestag oder einem Landtag mitwirken wollen, wenn sie eine ausreichende Gewähr für die Ernsthaftigkeit dieser Zielsetzung bietet.Wird eine Vereinigung für die Wahl zum Bundestag nicht als Partei anerkannt, kann sie dagegen das Bundesverfassungsgericht anrufen (vgl. Art. 93 Abs. 1 Nr. 4c GG). – 2. *Rechtsgrundlage:* Art. 21 GG und das Parteiengesetz i.d.F. vom 31.1.1994 (BGBl. I 149) m.spät.Änd. – 3. *Verfassung:* Die Gründung einer Partei ist frei, ihre innere Ordnung muss jedoch demokratischen Grundsätzen entsprechen. – 4. Die Parteien müssen über die *Herkunft und Verwendung der Mittel* sowie über ihr Vermögen öffentlich Rechnung geben (Art. 21 I 4 GG). Dabei sind gesondert auszuweisen, Mitgliedsbeiträge, Beiträge der Fraktionsmitglieder, Einnahmen aus Vermögen, Veranstaltungen, Spenden, Kredite, Erstattungsbeiträge. – 5. Die im Parteiengesetz geregelte *staatliche Parteienfinanzierung* sieht vor, dass die Parteien für jede bei Bundestags-, Europa- und Landtagswahl gewonnene Stimme 0,85 Euro bis zu vier Mio gewonnener Stimmen und 0,70 Euro für darüber hinaus gehende Stimmen jährlich erhalten. Zusätzlich erhalten sie 0,38 Euro für jeden Euro eingezahlter Mitglieder- oder Mandatsträgerbeitrag oder rechtmäßig erlangter Spende , gedeckelt für Zuwendungen bis 3300 Euro pro Person (§ 18 III ParteienG). Das allen Parteien jährlich höchstens auszahlbare Gesamtvolumen staatlicher Mittel beträgt 2012 Euro 150,8 Mio. (absolute Obergrenze). Die steuerliche Abzugsfähigkeit von Spenden und Mitgliedsbeiträgen ist auf 1.650 Euro für Ledige und 3.300 Euro für Verheiratete festgesetzt (§§ 10b II 1, 34g EStG); von Körperschaften geleistete Spenden sind nicht mehr abzugsfähig. – 6. Die *Verfassungswidrigkeit* einer Partei kann nur durch das Bundesverfassungsgericht festgestellt werden (Art. 21 2 GG). – 7. *Besteuerung:* a) *Besteuerung der Parteien selbst:* Politische Parteien sind nach § 5 I Nr. 7 KStG persönlich von der Körperschaftsteuer befreit, soweit kein → wirtschaftlicher Geschäftsbetrieb unterhalten wird. – b) *steuerliche Förderungen der Parteienfinanzierung durch Private:* Zuwendungen einer natürlichen Person an eine politische Partei können gemäß § 34g EStG bis zu 825 EUR (bei Zusammenveranlagung bis zu 1650 Euro) von der Steuerschuld abgezogen werden; außerdem können darüber Zuwendungen, soweit sie nicht schon nach § 34g EStG geltend gemacht wurden, noch bis zu insgesamt 1650 Euro (3300 Euro bei Zusammenveranlagung) als Sonderausgaben geltend gemacht werden (§ 10b II EStG).

II. Zivilprozess: Derjenige, der klagt, und derjenige, gegen den geklagt wird, ohne Rücksicht darauf, ob es sich für den geltend gemachten Anspruch um den richtigen Kläger (Aktivlegitimation) und den richtigen Beklagten (Passivlegitimation) handelt. Setzt Parteifähigkeit voraus. – Eine Partei kann i.d.R. nicht Zeuge sein.

Partenreederei – Rechtsform des Seehandelsrechts (§§ 489 ff. HGB). Die Partenreederei tritt unter dem Namen eines Schiffes auf und ist ein Gesellschaftsverhältnis der Personen (*Mitreeder*) mit Eigentumsanteilen (*Schiffsparten*) an diesem Schiff. Sie haften persönlich mit ihrem gesamten Vermögen und sind zur Geschäftsführung berechtigt. – *Steuerliche Behandlung:* Die Partenreederei ist als → Mitunternehmerschaft zu qualifizieren.

partiarisches Darlehen – 1. *Begriff/Charakterisierung:* langfristiges → Darlehen an ein Unternehmen, bei dem der Gläubiger anstelle von Zinsen einen bestimmten Anteil vom Gewinn oder Umsatz erhält. Partiarische Darlehen ähneln der stillen Gesellschaft, Gläubiger und Schuldner sind aber nicht zu einer wirklichen Gesellschaft zusammengeschlossen. Da die Parteien den Vertrag beliebig gestalten und auch ein Überwachungsrecht des Gläubigers vereinbaren können, ist Abgrenzung im Einzelfall oft schwierig. – 2. *Einkommensteuerliche Behandlung:* Einnahmen aus partiarischen Darlehen sind im Rahmen der → Einkünfte aus Kapitalvermögen anzusetzen (§ 20 EStG), wenn der Darlehensgeber nicht als → Mitunternehmer anzusehen ist oder das partiarische Darlehen nicht zu einem → Betriebsvermögen gehört. – 3. Bei der *Körperschaftsteuer* werden die Zinszahlungen, die eine Kapitalgesellschaft auf ein partiarisches Darlehen eines Anteilseigners oder anderer Personen leistet, unter bestimmten Umständen nicht als → Betriebsausgabe der Gesellschaft anerkannt, sondern nach der Regelung über → Gesellschafterfremdfinanzierung in → verdeckte Gewinnausschüttungen umgedeutet.

passive Tätigkeit – 1. *Begriff:* im Außensteuerrecht übliche Bezeichnung für diejenigen Tätigkeiten → ausländischer Tochtergesellschaften und → ausländischer Betriebsstätten, die nicht unter die → aktiven Tätigkeiten fallen. Hinter dem Leitbild der passiven Tätigkeit steht die Vorstellung, dass es sich um Tätigkeiten handelt, für die ein Tätigwerden im Ausland an sich unter wirtschaftlichen Gesichtspunkten nicht nötig wäre. Es gilt die Regel, dass alle Tätigkeiten als passiv gelten, die nicht ausdrücklich vom Gesetzgeber als aktiv anerkannt sind (§ 8 III AStG); im Detail abweichende Begriffsabgrenzungen in Doppelbesteuerungsabkommen sind möglich. – 2. *Ertragsteuerliche Behandlung:* Liegen passive Tätigkeiten vor, besteht eine gewisse Gefahr, dass die Wahl des Auslands als Standort für diese Tätigkeiten hauptsächlich aus steuerlichen Gründen erfolgt sein könnte. Sofern an dem ausländischen Standort nur eine → niedrige Besteuerung herrscht, bringt der Gesetzgeber daher Sonderregelungen zur Anwendung, um die Steuervorteile des ausländischen Standortes für den inländischen Investor vorsorglich zu beseitigen: a) Bei Anteilseignern, die an Tochtergesellschaften beteiligt sind, die passive Tätigkeiten ausführen, werden die Gewinne dieser Gesellschaft (schon vor der Ausschüttung) im Wege der → Hinzurechnungsbesteuerung erfasst und dadurch auf die Belastung mit das im Inland für den Anteilseigner übliche Einkommensteuerniveau angehoben (§ 7 ff. AStG), – b) bei Personen, die über eine ausländische Betriebsstätte passive Tätigkeiten ausführen, wird die geringe ausländische Belastung durch Anwendung auch der inländischen unbeschränkten Steuerpflicht auf das im Inland übliche Niveau angehoben. In diesen Fällen wird dann eine drohende Doppelbesteuerung auch dann nur durch die → Anrechnungsmethode vermieden, über evtl. entgegenstehende günstigere

Regeln in einem Doppelbesteuerungsabkommen setzt sich das Gesetz bewusst hinweg (§ 20 AStG).

passive Veredelung – Zollverfahren zur Bearbeitung, Verarbeitung oder Ausbesserung von Waren, die aus dem zollrechtlich freien Verkehr des Zollgebiets der Gemeinschaft in ein Drittland verbracht worden sind. Bei (Wieder-)Einfuhr der → Veredelungserzeugnisse und ihrer Überführung in den zollrechtlich freien Verkehr wird die vorübergehende Ausfuhr der Vorprodukte Zoll mindernd berücksichtigt. Das geschieht nach der Methode der Mehrwertverzollung oder der Differenzverzollung. Die Wiedereinfuhr nach passiver Veredelung bedarf in einzelnen Fällen, insbesondere nach passiver Lohnveredelung im Textilbereich einer Einfuhrgenehmigung.

Pauschalbesteuerung → Pauschbesteuerung.

pauschale Lohnsteuer → Pauschalierung der Lohnsteuer.

pauschalierter Abgabensatz – durch Rechtsverordnung (ZollV) festgesetzter Pauschsatz zur Abgeltung sämtlicher → Einfuhrabgaben für weder zum Handel noch zur gewerblichen Verwendung bestimmter Waren, deren abgabenpflichtiger Wert je Sendung oder je Reisender insgesamt nicht mehr als 700 Euro beträgt. Anwendung nur, wenn der Zollanmelder nicht Verzollung nach dem Zolltarif und Versteuerung nach den in Betracht kommenden Steuergesetzen beantragt (§ 29 ZollV). Durch pauschalierten Abgabensatz Vereinfachung und Beschleunigung der Zollabfertigung.

Pauschalierung – I. Einkommensteuer: Eine Pauschalierung der Einkommensteuer ist bei Kundenbindungsprogrammen und bei Sachzuwendungen möglich. – 1. *Kundenbindungsprogramme:* Auf Antrag des Unternehmens kann der nicht steuerfreie Teil der Sachprämie aus Kundenbindungsprogrammen (z.B. Miles-and-more) ab dem Veranlagungszeitraum 2004 mit 2,25 Prozent pauschal besteuert werden. Die Bemessungsgrundlage ist dabei der gesamte Wert der Prämien, die im Inland ansässigen Steuerpflichtigen zufließen. Das Unternehmen hat die Prämienempfänger von der Steuerübernahme zu unterrichten. – 2. *Sachzuwendungen:* Seit dem Veranlagungszeitraum 2007 können Sachzuwendungen des Arbeitgebers an den Arbeitnehmer und an Geschäftspartner sowie deren Arbeitnehmer pauschal besteuert werden. Der Pauschalierungssatz beträgt 30 Prozent (zzgl. Solidaritätszuschlag und Kirchensteuer). Die Vorschriften hierzu sind in § 37b EStG geregelt. Voraussetzung für die Anwendung der Pauschalierung ist, dass der Empfänger hierüber informiert wird. Die Zuwendungen werden beim Empfänger steuerlich nicht berücksichtigt. Die Pauschalsteuer ist als Lohnsteuer abzuführen. Eine Pauschalierung ist nicht zulässig, wenn die Einzelaufwendung bzw. die Summe der Aufwendungen je Empfänger und Wirtschaftsjahr 10.000 Euro übersteigen. Das Pauschalierungswahlrecht bei Sachzuwendungen an Arbeitnehmer gilt nicht für Tatbestände wie Firmenwagen, Durchschnittsbewertungen, Rabattgewährungen, Vermögensbeteiligungen etc. sowie nicht für Sachzuwendungen, die der pauschalen Besteuerung nach § 40 I EStG unterliegen.

II. Lohnsteuer: vgl. → Lohnsteuer.

Pauschalierung der Lohnsteuer – 1. *Begriff*: Vereinfachtes Verfahren zur Berechnung der Lohnsteuer für die Bezüge von Arbeitnehmern in bestimmten Fällen. Bei der Pauschalierung wird die Lohnsteuer vom Arbeitgeber nicht mit dem individuellen Steuersatz des Arbeitnehmers erhoben, sondern nach einem durchschnittlichen oder gesetzlich vorgegebenen Steuersatz; zugleich ist die pauschale Steuer endgültig (§§ 40 III, 40a V, 40b IV EStG). Der Arbeitnehmer braucht somit die pauschal besteuerten Bezüge auch in seiner Steuererklärung nicht mehr anzugeben. Allerdings muss der Arbeitgeber zu Kontrollzwecken die Fälle, in denen für Bezüge des Arbeitnehmers eine Pauschalierung der Lohnsteuer durchgeführt worden ist, im Lohnkonto aufzeichnen (§ 4 II 8 LStDV). – 2. *Fälle, in denen die Pauschalierung der Lohnsteuer zugelassen ist*: a) *Allgemein* (§ 40 I EStG): (1) wenn der Arbeitgeber sonstige Bezüge in einer größeren Zahl von Fällen gewährt, (2) wenn in einer größeren Zahl von Fällen Lohnsteuer nachzufordern ist, weil der Arbeitgeber die Lohnsteuer nicht vorschriftsmäßig einbehalten hat. – Voraussetzung für die Anwendung der Pauschalierung der Lohnsteuer ist in beiden Fällen, dass das Betriebsstättenfinanzamt die Pauschalierung der Lohnsteuer genehmigt, nachdem der Arbeitgeber einen entsprechenden Antrag gestellt hat; für sonstige Bezüge eines Arbeitnehmers von insgesamt mehr als 1.000 Euro im Kalenderjahr ist die Pauschalierung der Lohnsteuer stets ausgeschlossen. – b) *Pauschalierung bei ganz bestimmten Arten von Zahlungen oder Sachleistungen an die Belegschaft* (§ 40 I EStG): Mit einem gesetzlich festgelegten Pauschsteuersatz von 25 Prozent kann der Arbeitgeber die Lohnsteuer erheben für (1) Mahlzeiten, die verbilligt oder unentgeltlich abgegeben werden, und entsprechende Zuschüsse an das Gastronomie-Unternehmen, das die Arbeitnehmer beköstigt; (2) Arbeitslohn aus Anlass von Betriebsveranstaltungen, (3) Erholungsbeihilfen für den Arbeitnehmer, seinen Ehegatten oder seine Kinder, wenn sicher gestellt ist, dass bestimmte – bescheidene – Obergrenzen pro Kalenderjahr nicht überstiegen werden (aktuell 156 Euro für den Arbeitnehmer selbst, 104 Euro für eine Ehegatten, 52 Euro für jedes Kind, § 40 II EStG), (4) Vergütungen für Verpflegungsmehraufwendungen, die über die gesetzlich als Werbungskosten absetzbaren Beträge hinaus gezahlt werden, allerdings nur bis zu maximum 100 Prozent dieser gesetzlichen Grenzbeträge, (5) für die unentgeltliche oder verbilligte Überlassung von Personalcomputern, Zubehör und Internetzugang an Arbeitnehmer (Das betrifft allerdings nur die Übereignung solcher Anlagen, nicht die Erlaubnis zur bloßen privaten Mitbenutzung, weil diese schon nach § 3 Nr.

45 EStG steuerfrei ist). – 3. *Pauschalierung für die unentgeltliche oder verbilligte Beförderung eines Arbeitnehmers zwischen Wohnung und Arbeitsstätte und für Zuschüsse für Aufwendungen zu Fahrten zwischen Wohnung und Arbeitsstätte*: Der Arbeitgeber kann die Lohnsteuer in diesen Fällen mit 15 Prozent pauschal erheben, wenn die Zuschüsse bzw. Vorteile zusätzlich zum ohnehin geschuldeten Arbeitslohn geleistet werden und die Zuschüsse den Betrag nicht übersteigen, den der Arbeitnehmer als Werbungskosten geltend machen könnte. – 4. *Pauschalierung der Lohnsteuer für Teilzeitbeschäftigte und geringfügig Beschäftigte*: Zur steuerlichen Förderung geringfügiger Beschäftigungsverhältnisse kann der Arbeitgeber bei bestimmten Fällen die Lohnsteuer auf das reguläre Gehalt seiner Arbeitnehmer pauschal erheben. Hier sind unterschiedliche Fälle zu unterscheiden: (1) *Kurzfristige Beschäftigung* (gelegentliche Tätigkeit, keine regelmäßige Wiederkehr der Arbeitstätigkeit, nicht mehr als 18 zusammenhängende Arbeitstage): Sofern der Arbeitslohn 62 Euro pro Arbeitstag im Durchschnitt nicht übersteigt oder sofern die Beschäftigung zu einem unvorhersehbaren Zeitpunkt sofort erforderlich wird, kann der Lohn mit einem Pauschsteuersatz von 25 Prozent pauschal versteuert werden. Die Lohnsteuerkarte muss nicht vorgelegt werden (§ 40a I EStG). In diesem Fall darf der Arbeitslohn allerdings durchschnittlich pro Stunde 12 Euro nicht übersteigen, und der Arbeitnehmer darf außerdem nicht zu demselben Arbeitgeber schon in einem regulären Arbeitsverhältnis stehen. (2) *Geringfügige Beschäftigungen* im Sinne des Vierten Buches Sozialgesetzbuch können, unabhängig davon ob sie versicherungspflichtige oder versicherungsfreie geringfügige Beschäftigungsverhältnisse darstellen, pauschal versteuert werden. Hier wird, je nach sozialversicherungsrechtlicher Lage, entweder für Lohnsteuer, Solidaritätszuschlag und Kirchensteuer dann ein einheitlicher Pauschalsteuersatz von 2 Prozent gebildet (§ 40a II EStG) oder die Lohnsteuer mit einem Pauschsteuersatz von 20 Prozent erhoben (dann zzgl. der übrigen Steuern; § 40a IIa EStG). Die Vorlage einer Lohnsteuerkarte ist in beiden Fällen nicht erforderlich. Für *Aushilfskräfte im Bereich der Land- und Forstwirtschaft* sind abweichende Pauschalierungen vorgesehen (§ 40a III EStG). Auch für diese Aushilfskräfte gelten die von den kurzfristigen Beschäftigungsverhältnissen bekannten Begrenzungen, dass der Stundenlohn max. 12 Euro betragen und der Arbeitnehmer nicht beim selben Arbeitgeber auch noch in einem regulären Arbeitsverhältnis stehen darf. – 5. *Pauschalierung der Lohnsteuer bei bestimmten Zukunftssicherungsleistungen* (§ 40b EStG): a) Für Zahlungen an eine → Pensionskasse zugunsten des Arbeitnehmers kann der Arbeitgeber bis zum Betrag von 1.752 Euro im Kalenderjahr die Lohnsteuer mit 20 Prozent pauschalieren. Voraussetzung ist, dass diese Maßnahmen der Altersvorsorge des Arbeitnehmers dienen. Darüber hinaus ist die Pauschalierung der Lohnsteuer ausgeschlossen, wenn die fraglichen

Beträge für den Arbeitnehmer 1.752 Euro pro Kalenderjahr übersteigen. Um Doppelförderungen zu vermeiden, wird die Pauschalierung der Lohnsteuer außerdem nur für Beträge erlaubt, die für das erste Dienstverhältnis des Arbeitnehmers gezahlt werden (also keine Pauschalierung der Lohnsteuer solcher Leistungen bei Steuerklasse VI), vgl. § 40b II EStG. – b) Schließt der Arbeitgeber für seine Arbeitnehmer eine Gruppenunfallversicherung ab, so kann er die Lohnsteuer für die Beiträge mit 20 Prozent pauschal versteuern, wenn sie anteilig pro Arbeitnehmer nicht mehr als 62 Euro im Kalenderjahr betragen. – c) Von Sonderzahlungen, die der Arbeitgeber neben den laufenden Beiträgen an eine Versorgungseinrichtung wie z.B. einen Pensionsfonds, eine Pensionskasse oder eine Direktversicherung leistet, ist die Lohnsteuer pauschal mit 15 Prozent der Sonderzahlungen zu erheben (§ 40b III EStG; § 19 I Nr. 3 Satz 2 EStG). – 6. *Pauschalierung der Einkommensteuer bei Sachzuwendungen:* a)Die Einkommensteuer für Zuwendungen, die nicht in Geld bestehen und zusätzlich zu einer ohnehin geschuldeten Gegenleistung erbracht werden, und für Geschenke an Personen, die nicht Arbeitnehmer des Steuerpflichtigen sind (entsprechend der Definition in § 4 V Nr. 1 EStG), dürfen mit einem Pauschsteuersatz von 30 Prozent der betreffenden Aufwendungen inkl. Umsatzsteuer abgegolten werden. Diese Pauschalierung betrifft nicht Fälle, in denen die Empfänger Arbeitnehmer des Steuerpflichtigen sind, jedoch gilt diese Pauschalsteuer ebenfalls als Lohnsteuer, und die Pauschalversteuerung hat ebenso wie die pauschale Lohnsteuer den Effekt, dass die Einkommensteuer auf die betreffenden Beträge für den Empfänger der Zuwendungen damit abgegolten ist (§ 37b III, IV EStG). Da es sich um Wahlrecht handelt, muss der Empfänger von einer evtl. Pauschalversteuerung durch die zuwendende Person unterrichtet werden, da er sonst hinsichtlich seiner eigenen steuerlichen Lage keine Rechtssicherheit haben könnte (§ 37b III EStG). – b) Die Einkommensteuer für Sachprämien, die einem Steuerpflichtigen im Rahmen einer beliebigen Einkunftsart zufließen, kann ebenfalls unter bestimmten Bedingungen vom Geber der Sachprämien in pauschaler Form abgegolten werden (§ 37a EStG). Auch in diesem Fall liegt nicht oder jedenfalls zwangsläufig ein lohnsteuerlicher Fall vor, jedoch gilt (=Fiktion!) auch hier die bezahlte Pauschalsteuer als Lohnsteuer, und der Empfänger der Sachprämien ist von der Pauschalbesteuerung zu unterrichten.

Pauschalierung der Vorsteuer → Vorsteuerabzug.

Pauschalierungsmethode – Ermäßigung der inländischen Steuer auf bestimmte ausländische Einkünfte in pauschaler Form; Methode zur Vermeidung der → Doppelbesteuerung. Da durch die Pauschalierungsmethode eine Doppelbesteuerung nicht vollständig abgebaut wird oder Milderungen die Steuerbelastung stärker als notwendig senken, wird die

Pauschalierungsmethode in → Doppelbesteuerungsabkommen (DBA) grundsätzlich nicht verwendet; lediglich gegenüber Ländern, mit denen kein Doppelbesteuerungsabkommen besteht, wird sie vom dt. Einkommensteuergesetz (§§ 34c, 34d EStG) jedoch unter Einhaltung bestimmter Voraussetzungen zugelassen. Bundes- und Länderfinanzminister müssen sich gemeinsam in einem Erlass darauf verständigen, unter welchen Bedingungen welche Steuerpflichtige in welchem Umfang von einer pauschalen Ermäßigung der Steuern Gebrauch machen können. – *Beispiel:* Auslandtätigkeiterlass mit Regelungen für ausländische Einkünfte unbeschränkt steuerpflichtiger Arbeitnehmer in bestimmten begünstigten Branchen; Pauschalierungserlass für bestimmte ausländische Einkünfte von Unternehmen.

Pauschbesteuerung – *Pauschalbesteuerung;* in bes. Ausnahmefällen zulässige Form der Besteuerung in Form der Festsetzung eines vom Steuerpflichtigen zu zahlenden → Pauschbetrages. – 1. *Einkommen- und Körperschaftsteuer:* Pauschbesteuerung ist nach den gesetzlichen Regeln möglich für die → ausländischen Einkünfte unbeschränkt Steuerpflichtiger, wenn es aus volkswirtschaftlichen Gründen zweckmäßig oder die Anrechnung ausländischer Steuern bes. schwierig ist (§ 34c V EStG, § 26 VI KStG; vgl. auch: → Pauschalierungsmethode; Methoden zur Beseitigung der → Doppelbesteuerung). Pauschbesteuerung ist außerdem möglich für die inländischen Einkünfte → beschränkt Steuerpflichtiger, wenn dies in einem bes. öffentlichen Interesse liegt, insbesondere bei Einkünften in Zusammenhang mit bedeutenden kulturellen oder sportlichen Ereignissen, um deren Vergabe ein internationaler Wettbewerb stattfindet, oder bestimmten kulturellen Veranstaltungen, die aus öffentlichen Mitteln gefördert werden (§ 50 IV EStG). – 2. *Lohnsteuer:* (1) Pauschbesteuerung im Rahmen der → Nachversteuerung von Vermögensbeteiligungen der Arbeitnehmer (§ 19a II EStG; § 7 I LStDV); (2) → Pauschalierung der Lohnsteuer.

Pauschbeträge – I. Pauschbeträge für Werbungskosten: Einkommensteuerlich bei der Ermittlung der Einkünfte (→ Einkünfteermittlung) abziehbare → Werbungskosten, wenn nicht höhere Werbungskosten nachgewiesen werden. – *Höhe:* (1) von den Einnahmen aus nichtselbständiger Arbeit: 920 Euro (sog. → Arbeitnehmer-Pauschbetrag), ab dem Veranlagungszeitraum 2011 1.000 Euro; (2) von den Einnahmen aus wiederkehrenden Bezügen und Unterhaltsleistungen: 102 Euro (§ 9a EStG).

II. Pauschbeträge für Betriebsausgaben: Anders als § 9a zu den Werbungskosten sieht das EStG keine allg. Pauschbeträge für Betriebsausgaben vor. Die Verwaltung lässt jedoch aus Gründen der Vereinfachung bei einzelnen Berufsgruppen oder Aufwendungsarten pauschale Abzüge zu. – *Beispiele:* doppelte Haushaltsführung, Reisekosten etc.

III. Pauschbeträge für Einnahmen: Einnahmen aus nichtselbständiger Arbeit werden z.T. pauschal angesetzt, z.b. wenn sie unter die Sachbezugsverordnung fallen, wie etwa die Gewährung von freier Kost und Wohnung (§ 8 II EStG, §§ 1 ff. SachBezVO). Auch die Nutzung eines betrieblichen Kfz zu privaten Fahrten oder Fahrten zwischen Wohnung und Arbeitsstätte führt zu pauschalierten Einnahmen (§ 8 II EStG).

IV. Pauschbeträge für Sonderausgaben: Einkommensteuerlich festgesetzte Mindestbeträge für → Sonderausgaben, die zur Anwendung gelangen, wenn keine höheren Aufwendungen nachgewiesen werden. Zu unterscheiden sind der → Sonderausgaben-Pauschbetrag und die Vorsorgepauschale (§ 10c EStG).

V. Pauschbeträge für außergewöhnliche Belastungen: Zur Abgeltung bestimmter → außergewöhnlicher Belastungen werden Pauschbeträge gewährt (vgl. §§ 33b, 33c EStG), die bei Ausstellung der Lohnsteuerkarte als → Freibeträge eingetragen werden können bzw. von Amts wegen einzutragen sind (§ 39a EStG). – 1. *Behinderten-Pauschbetrag:* zur Abgeltung der außergewöhnlichen Belastungen, die den Körperbehinderten unmittelbar aus ihrer Körperbehinderung erwachsen. – a) *Begünstigter Personenkreis:* (1) behinderte Menschen, deren Grad der Behinderung auf mind. 50 festgestellt ist; (2) behinderte Menschen, deren Grad der Behinderung auf weniger als 50, aber mind. auf 25 festgestellt ist, wenn dem behinderten Menschen wegen seiner Behinderung nach gesetzlichen Vorschriften Renten oder andere laufende Bezüge zustehen, und zwar auch dann, wenn das Recht auf die Bezüge ruht oder der Anspruch auf die Bezüge durch Zahlung eines Kapitals abgefunden worden ist bzw. behinderte Menschen, deren Behinderung zu einer dauernden Einbuße der körperlichen Beweglichkeit geführt hat oder auf einer typischen Berufskrankheit beruht. – b) *Die Höhe des Pauschbetrages* richtet sich nach dem Grad der dauernden Behinderung und beträgt zwischen 310 und 3.700 Euro. – c) Steht der Pauschbetrag einem *Kind des Steuerpflichtigen* zu, für das er einen → Kinderfreibetrag erhält, so wird der Pauschbetrag auf Antrag auf den Steuerpflichtigen übertragen, wenn ihn das Kind nicht in Anspruch nimmt. – 2. *Hinterbliebenen-Pauschbetrag:* a) *begünstigter Personenkreis:* Personen, denen laufende Hinterbliebenenbezüge gewährt worden sind, wenn die Bezüge nach dem Bundesversorgungsgesetz und ähnlichen Gesetzen, nach den Vorschriften über die gesetzliche Unfallversicherung, nach den beamtenrechtlichen Vorschriften an Hinterbliebene eines an Folgen eines Dienstunfalls verstorbenen Beamten oder nach den Vorschriften des Bundesentschädigungsgesetzes geleistet werden, auch wenn das Recht auf die Bezüge ruht oder der Anspruch auf die Bezüge durch Zahlung eines Kapitals abgefunden wurde. – b) Die *Höhe des Pauschbetrages* beträgt 370 Euro. – c) Übertragung des Pauschbetrages analog zum Behinderten-Pauschbetrag. – 3. *Pflege-Pauschbetrag:* a)

begünstigter Personenkreis: Steuerpflichtige, denen Aufwendungen für eine Person erwachsen, die nicht nur vorübergehend so hilflos ist, dass sie für die gewöhnlichen und regelmäßig wiederkehrenden Verrichtungen im Ablauf des täglichen Lebens in erheblichem Umfang fremder Hilfe bedürfen, falls der Steuerpflichtige die Pflege im Inland entweder in seiner Wohnung oder in der Wohnung des Pflegebedürftigen persönlich durchführt und er dafür keine Einnahmen erhält. – b) Die *Höhe des Pauschbetrages* beträgt 924 Euro. – 4. *Berufsausbildungs-Pauschbetrag:* → Ausbildungsfreibetrag, Ausbildungskosten.

Pauschsteuersatz – pauschaler Prozentsatz, nach dem in bestimmten Fällen die Steuer bemessen werden kann. – Vgl. auch → Pauschbesteuerung.

Peer Review – I. Wirtschaftsprüfung: Verfahren zur → Überwachung der → Wirtschaftsprüfer (WP) in Gestalt einer → Prüfung der → Prüfer durch andere (unabhängige) Wirtschaftsprüfer mit dem Ziel der Qualitätssicherung in der Wirtschaftsprüfung. Im Gegensatz dazu wird beim Monitoring eine Überprüfung durch Berufsorganisationen oder Behörden durchgeführt. Der Peer Review wird in Deutschland im Rahmen der externen Qualitätskontrolle der Wirtschaftsprüfer angewendet. – Bis zur Verabschiedung des Sarbanes-Oxley-Acts of 2002 (SOA) nutzten auch die Wirtschaftsprüfer in den USA (Certified Public → Accountants) den Peer Review als Qualitätskontrollverfahren; dies war Vorbild für dessen Etablierung in Deutschland. Durch den SOA wurde in den USA nunmehr jedoch ein Monitoring-System eingerichtet.

II. Internationale Wirtschaftsbeziehungen: Element der NEPAD-Initiative (NEPAD) zur gegenseitigen Bewertung der afrikanischen Staaten; wird in diesem Fall von der UN-Wirtschaftskommission für Afrika in Addis Abeba durchgeführt. Peer Reviews werden auch in anderen Bereichen als Evaluierungsprinzip verwendet. Im Grundsatz geht es dabei stets um die Bewertung eines Projekts, einer Unternehmung oder einer Organisation durch Gleichrangige bzw. Gleichgestellte.

Pendlerpauschale → Entfernungspauschale.

Pensionsfonds – 1. *Begriff:* Rechtlich selbstständiger Versorgungsträger in der Rechtsform der Aktiengesellschaft oder des → Versicherungsvereins auf Gegenseitigkeit (VVaG), der auf seine im Wege der Kapitaldeckung durch Beiträge finanzierten Leistungen einen Rechtsanspruch gewährt. Durchführungsweg der betrieblichen Altersversorgung (bAV). Zur Legaldefinition des Pensionsfonds siehe § 112 VAG. – 2. *Merkmale:* Ein Pensionsfonds ist eine rechtsfähige Versorgungseinrichtung, die a) über das Kapitaldeckungsverfahren Leistungen der bAV erbringt, – b) die Höhe der Leistungen und Beiträge nicht für alle vorgesehenen Leistungsfälle durch versicherungsförmige Garantien zusagen darf, – c) den Arbeitnehmern einen eigenen Anspruch auf Leistung gegen den Pensionsfonds einräumt und – d) verpflichtet ist, die Altersversorgungsleistungen als lebenslange Zahlungen zu erbringen. Pensionsfonds unterliegen der Aufsicht durch die Bundesanstalt für Finanzdienstleistungsaufsicht (BaFin). Sie sind durch eine große Freiheit in der Kapitalanlage gekennzeichnet. Durch die einschlägigen steuerlichen Regelungen – insbesondere § 3 Nr. 66 EStG – sind Pensionsfonds besonders für die Übernahme zuvor intern finanzierter Versorgungsverpflichtungen geeignet. – 3. *Aufsicht und anzuwendende Vorschriften:* Pensionsfonds werden vom Gesetzgeber nicht als Versicherungsunternehmen angesehen, aber weitgehend wie solche behandelt. Sie unterliegen wie Versicherer der Aufsicht nach § 1 I VAG. Für die Aufsicht gelten im Wesentlichen die Vorschriften über die Lebensversicherungsunternehmen; für den Pensionsfonds auf Gegenseitigkeit gelten die den VVaG betreffenden Vorschriften entsprechend. (Wegen der Abweichungen vgl. im Einzelnen § 113 VAG.) Die Anforderungen an die Kapitalausstattung lehnen sich an die für die Lebensversicherung geltenden Vorschriften an (vgl. die Verordnung über die Kapitalausstattung von Pensionsfonds, PFKAustV). Wegen der Anforderungen an die Kapitalanlagen vgl. § 115 VAG i.V.m. der Verordnung über die Anlage des gebundenen Vermögens von Pensionsfonds, PFKapAV. Bei der Berechnung der Deckungsrückstellung und bei der Rechnungslegung sind die Pensionsfonds-Aktuarverordnung und die Pensionsfonds-Berichterstattungsverordnung zu beachten. – 4. *Rechnungslegung:* Für die Kapitalanlagen der Pensionsfonds gilt die gleiche Unterteilung wie bei Versicherungsunternehmen: a) Kapitalanlagen auf eigene Rechnung und b) Kapitalanlagen auf Rechnung und Risiko von Arbeitgebern (Versicherungsnehmern). Die Einordnung in die beiden Klassen ist jedoch schwieriger. – 5. *Gesetzliche Grundlagen:* §§ 112-118 VAG. Zudem gelten die Vorschriften für Versicherungsunternehmen und Pensionsfonds nach §§ 341-341p HGB (ausgenommen, wegen fehlender Anwendungsvoraussetzungen, § 341d HGB) sowie die (weiteren) Vorschriften des VAG. Zusätzlich sind Ausweisfragen sowie der Ansatz und die Bewertung versicherungstechnischer Rückstellungen in der Verordnung über die Rechnungslegung von Pensionsfonds (RechPensV) geregelt. – 6. *Abgrenzungen:* Für Pensionsfonds gilt ähnliches wie für die → Pensionskasse. Der Unterschied zwischen Pensionsfonds und Pensionskassen besteht v.a. darin, dass in Pensionsfonds die Anlage bis zu 90 % des Vermögens in Aktien zulässig ist. Die Investition in Anleihen, Investmentfonds, Immobilien und Schuldverschreibungen ist unbegrenzt möglich. Damit besteht eine höhere Renditemöglichkeit, aber auch ein höheres Risiko.

Pensionskasse – I. Charakterisierung: Rechtlich selbstständige Einrichtung, die ihren Mitgliedern einen Rechtsanspruch auf Leistungen der betrieblichen Altersversorgung (bAV) gewährt; wird errichtet und getragen von Einzelunternehmen *(Einzelkasse)*

oder von mehreren wirtschaftlich verbundenen oder nicht verbundenen Unternehmen *(Konzernkasse* oder *Gruppenkasse); neben Unternehmen auch Verbände. – *Mitglieder:* Derzeitige oder auch frühere Zugehörige der Trägerunternehmens, evtl. auch deren Angehörige. – *Mitbestimmung* des Betriebsrates nach § 87 I Nr. 8 BetrVG (Sozialeinrichtung) gegeben. – Die Pensionskasse betreibt *Versicherungsgeschäfte* im Sinn des Versicherungsaufsichtsgesetzes (VAG) und unterliegt damit der Versicherungsaufsicht (VA). – *Rechtsform:* → Versicherungsverein auf Gegenseitigkeit (VVaG) oder → Aktiengesellschaft (AG). – *Zulassung* zum Geschäftsbetrieb durch die Aufsichtsbehörde. Ihr ist auch die Rechnungslegung nachzuweisen. Vorgeschrieben ist ferner die Aufstellung eines technischen Geschäftsplans in festen Zeitabständen. Zum 1.1.2006 wurden die Pensionskassen durch Änderung des Versicherungsaufsichtsgesetzes (VAG) dereguliert und unterliegen seitdem weitgehend den gleichen Anforderungen an Rechnungszins und Kalkulation wie normale Lebensversicherungsunternehmen. Auf Antrag gemäß § 118b III des VAG kann jedoch der Zustand der Regulierung wieder hergestellt werden, eine Möglichkeit, die viele der bereits vor dem Jahr 2006 existierenden Alt-Pensionskassen auch genutzt haben.

II. Besteuerung der Pensionskasse: 1. *Steuerbefreiung:* a) *Voraussetzungen* (§ 5 I Nr. 3 KStG): (1) Die Kasse muss rechtsfähig sein (VVaG oder AG) und einen Rechtsanspruch auf die Leistungen einräumen. (2) Sie muss sich auf derzeitige oder frühere Zugehörige (einschließlich deren Angehörigen) einzelner oder mehrerer wirtschaftlicher Geschäftsbetriebe, der Spitzenverbände der freien Wohlfahrt oder auf Arbeitnehmer sonstiger Körperschaften, Personenvereinigungen und Vermögensmassen beschränken. (3) Die ausschließliche und unmittelbare Verwendung des Vermögens und die Einkünfte der Pensionskasse muss satzungsgemäß und tatsächlich für die Zwecke der Kasse dauernd gesichert sein. (4) Das nach Grundsätzen ordnungsmäßiger Buchführung (GoB) unter Berücksichtigung des von der Versicherungsaufsichtsbehörde genehmigten Geschäftsplans auszuweisende Vermögen darf nicht höher sein als die Verlustrücklage (VVaG) bzw. der dieser Rücklage entsprechende Teil des Vermögens. (5) Der Betrieb der Pensionskasse muss nach dem Geschäftsplan und nach Art und Höhe der Leistungen eine soziale Einrichtung darstellen. Rechtsfähige Pensionskassen sind nur dann soziale Einrichtungen, wenn die drei folgenden Voraussetzungen (§ 1 KStDV) erfüllt sind: Die Leistungsempfänger dürfen sich in der Mehrzahl nicht aus den Unternehmern oder bei Gesellschaften in der Mehrzahl nicht aus den Gesellschaftern nebst Angehörigen zusammensetzen. Bei Auflösung der Pensionskasse darf das Vermögen satzungsgemäß nur den Leistungsempfängern oder deren Angehörigen zugute kommen oder ausschließlich für → gemeinnützige Zwecke oder → mildtätige

Zwecke verwendet werden. Außerdem dürfen die Rechtsansprüche der Leistungsempfänger bestimmte Höchstgrenzen nicht übersteigen (§ 2 KStDV). – b) *Kleinere Versicherungsunternehmen* (§ 5 I Nr. 4 KStG): VVaG sind von der Körperschaftsteuer befreit, wenn (1) ihre Beitragseinnahmen im Durchschnitt der letzten drei Wirtschaftsjahre einschließlich des im Veranlagungszeitraum endenden Wirtschaftsjahres bei Lebens- oder Krankenversicherern 797.615 Euro, ansonsten 306.775 Euro nicht überstiegen haben, oder (2) sich der Geschäftsbetrieb auf die Sterbegeldversicherungen beschränkt und die Voraussetzungen als soziale Einrichtung erfüllt sind. – 2. *Steuerpflicht:* a) *Partielle Steuerpflicht:* Tritt ein, wenn das höchstzulässige Kassenvermögen überschritten ist, d.h. wenn das Vermögen der Pensionskasse höher ist als die für einen VVaG zu bildende Verlustrücklage. Pensionskasse ist entsprechend der Überdotierung anteilig steuerpflichtig (§ 6 I KStG). Die partielle Steuerpflicht entfällt rückwirkend, wenn das überdotierte Vermögen innerhalb von 18 Monaten zu bestimmten Zwecken verwendet wird namentlich zur Leistungserhöhung, zur Auszahlung an das Trägerunternehmen, zur Verrechnung mit Zuwendungen des Trägerunternehmens, zur gleichmäßigen Herabsetzung künftiger Zuwendungen des Trägerunternehmens oder zur Verminderung der Beiträge der Leistungsempfänger (§ 6 II KStG). – b) *Besteuerung beim Arbeitnehmer und Pensionär bei Altverträgen bis 2004:* In der Ansparphase werden bis 4 Prozent der Beitragsbemessungsgrenze in der gesetzlichen Rentenversicherung (§ 3 Nr. 63 EStG) freigestellt. Beiträge in die Pensionskassen, die über dem Freibetrag liegen, können bis 1.752 Euro mit 20 Prozent pauschal versteuert werden (§ 40b EStG). Bei Auszahlung werden die Leistungen als sonstige Einkünfte (§ 22 EStG) folgendermaßen besteuert: (1) soweit die Beiträge steuerfrei waren, erfolgt eine Besteuerung in vollem Umfang (2) bei Pauschalversteuerung erfolgt eine Besteuerung mit dem gleichbleibenden Ertragsanteil. Eine Kapitalauszahlung ist jedoch steuerfrei, (3) In Mischfällen erfolgt eine Aufteilung (→ Rentenbesteuerung). – Vgl. auch → Direktversicherung. – c) *Besteuerung beim Arbeitnehmer und Pensionär bei Neuverträgen ab 2005:* Mit der Einführung des Alterseinkünftegesetzes wurde eine umfassende Änderung bei der Rentenbesteuerung vorgenommen. Wie bisher werden in der Ansparphase bis zur Höhe von 4 Prozent der Beitragsbemessungsgrenze der gesetzlichen Rentenversicherung von der Einkommensteuer sowie von der Sozialversicherung befreit. Neu ist, dass der steuerfreie Betrag bis um weitere 1.800 Euro erhöht werden kann. Dies gilt jedoch nur für Direktversicherung nach § 3 Nr. 63 EStG, wenn die Beiträge nicht pauschal nach § 40b EStG besteuert werden. Beiträge zur Pensionskasse, die aus individuell versteuertem oder aus einem Einkommen resultiert, welches der Sozialversicherung unterliegt, können nach § 10a EStG als Sonderausgaben steuermindernd berücksichtigt werden oder nach §§ 79 ff EStG durch eine Altersvorsorgezulage gefördert werden. Die späteren Rentenleistungen in der Auszahlungsphase sind dann in vollem Umfang als sonstige Einkünfte zu besteuern (→ nachgelagerte Besteuerung, § 22 Nr. 5 S. 1 EStG), – d) *Abgrenzung von Neu- und Altverträgen:* Bei Zusage, die arbeitgeberfinanziert ist, ist der Zeitpunkt der Versorgungszusage entscheidend. Bei Zusagen durch Betriebsvereinbarung oder Tarifvertrag bis 2004 ist der Zeitpunkt des Eintritts des Arbeitnehmers in den Betrieb maßgebend. Bei Entgeltumwandlung kommt es auf den Zeitpunkt der Gehaltsänderungsvereinbarung an, nicht jedoch, wenn die erstmalige Umwandlung mehr als 12 Monate nach der Vereinbarung vorgenommen wird. – e) *Zuwendungen des Arbeitgebers* aus dem ersten Dienstverhältnis an eine Pensionskasse, welche zum Aufbau einer nicht kapitalgedeckten betrieblichen Altersversorgung dienen und bei denen die Versorgung in Form einer Rente oder eines Auszahlungsplans vorgesehen ist, sind nach dem 31.12.2007 steuerfrei (§ 3 Nr. 56 EStG), soweit die Zuwendung im Kalenderjahr 1 Prozent der Beitragsbemessungsgrenze der allg. Rentenversicherung nicht übersteigt. Der Höchstsatz steigt stufenweise ab dem 1.1.2014 auf 2 Prozent an, ab dem 1.1.2020 auf 3 Prozent und ab dem 1.1.2025 auf 4 Prozent. Die Beiträge sind um steuerfreie Beiträge zur betrieblichen Altersversorgung zu mindern (nach § 3 Nr. 63 EStG).

Pensionsrückstellungen –Bilanzausweis für eine ungewisse Verpflichtung, die aus einer → Direktzusage im Rahmen der betrieblichen Altersversorgung (bAV) resultiert. Der steuerlich relevante Berechnungsmodus ist in § 6a EStG geregelt.

Pensionsverpflichtungen – Verpflichtungen (i.d.R.) eines Unternehmers oder eines Unternehmens aus der Zusage einer bestimmten Alters-(Invaliden-) und/oder Hinterbliebenenversorgung (Alters- und Hinterbliebenenversorgung, betriebliche Altersversorgung (bAV)). – 1. *Rechtsgrundlagen:* In Betracht kommen Vertrag, Betriebsvereinbarung, Tarifvertrag, Besoldungsordnung, betriebliche Übung oder der Grundsatz der Gleichbehandlung. Begünstigt werden können nicht nur die Arbeitnehmer des Unternehmens (im arbeitsrechtlichen Sinn), sondern alle, die in einem Mitarbeiterverhältnis zum Unternehmer oder Unternehmen stehen und bei denen die Versorgung als Leistungsentgelt gewährt wird. – Die Pensionsanwartschaft setzt regelmäßig eine längere Tätigkeit im Betrieb voraus. – 2. *Leistungen:* Gegenstand der Pensionsverpflichtungen können sein: (1) laufende, gleichbleibende oder steigende Leistungen in Form von Geld oder Sachwerten; (2) eine einmalige Kapitalabfindung. – 3. *Steuerrecht:* Es dürfen nur für bestimmte Pensionsverpflichtungen Rückstellungen gebildet werden. Passivierungsfähig sind nur Lasten aus solchen Pensionsverpflichtungen, die auf einer rechtsverbindlichen, vorbehaltslosen oder allenfalls mit einem steuerunschädlichen Vorbehalt versehen Versorgungszusage beruhen. – Vgl. auch → Pensionsrückstellungen.

periodische Steuern – Steuern, die unter normalen Verhältnissen regelmäßig entstehen. → Steuerklassifikation nach dem Kriterium der Regelmäßigkeit der Entstehung der Steuer (z.B. Einkommensteuer). – *Gegensatz:* → nicht periodische Steuern.

Personalbeistellung – 1. *Begriff* aus dem Umsatzsteuerrecht: die Zurverfügungstellung von eigenem Personal des Kunden, das einem Unternehmer, den der Kunde beauftragt hat, bei der Erledigung von dessen Auftrag hilft. – 2. *Beispiel:* Hilfskräfte eines Bauunternehmers helfen dem Unternehmer, der ein Baugerüst an den Bauunternehmer vermietet, beim Aufbau des fraglichen Gerüsts mit. – 3. *Umsatzsteuerliche Bedeutung, umsatzsteuerliche Behandlung:* Die umsatzsteuerliche Behandlung liegt in der Abgrenzung zur tauschähnlichen Leistung: Könnte man die Abordnung eigenen Personals zur Mithilfe bei der Tätigkeit des anderen Unternehmers als sonstige Leistung an diesen begreifen, so läge ein tauschähnlicher Umsatz vor, mit der Folge, dass der Arbeitgeber der Arbeitskräfte die Überlassung des Personals als sonstige Leistung zu versteuern hätte und der beauftragte Unternehmer nicht mit dem vereinbarten Preis, sondern auch zusätzlich noch mit dem Wert der Personalüberlassung bezahlt worden wäre. Jedenfalls solange derjenige, der sein Personal bei der Erledigung eines Auftrages mithelfen lässt, die Weisungsbefugnis über sein Personal behält und die fraglichen Arbeitskräfte auch nur bei denjenigen Angelegenheiten mithelfen, die der Kunde für sich selbst ausführen lassen will, tut der Kunde jedoch durch den Einsatz der beigestellten Arbeitskräfte jedoch „für" den beauftragten Unternehmer, sondern erledigt lediglich seine eigenen Angelegenheiten; das steht der Annahme einer sonstigen Leistung an den beauftragten Unternehmer entgegen. Wird dagegen dem beauftragten Unternehmer Personal zur Verfügung gestellt, dass dieser auch für die Erledigung von anderen Aufträgen einsetzt, so läge keine Personalbeistellung mehr vor, sondern tatsächlich ein tauschähnlicher Umsatz, weil dann der Kunde sein Personal „für" den anderen Unternehmer arbeiten lassen würde und damit an diesen eine sonstige Leistung erbringen würde.

Personengesellschaft – *Personalgesellschaft, Personenunternehmung.*

I. Allgemeines: 1. *Begriff:* Zusammenschluss von mind. zwei Personen zur Verwirklichung eines bestimmten Zweckes in der Rechtsform der Gesellschaft. – Personengesellschaften sind: Gesellschaft bürgerlichen Rechts (GbR), Partnerschaftsgesellschaft (PartG), → offene Handelsgesellschaft (OHG), → Kommanditgesellschaft (KG), nicht aber die typische → stille Gesellschaft, wenn ein gesellschaftlicher Zusammenschluss nur im Innenverhältnis vorhanden ist. – 2. *Rechtsstellung/Charakterisierung:* Im Gegensatz zur Kapitalgesellschaft ist die Personengesellschaft keine juristische Person, hat also keine eigene juristische Persönlichkeit wie jene. Sie ist der juristischen Person teilweise aber angenähert, so hat sie als Trägerin eines Gesamtvermögens gewisse selbstständige Rechte und Pflichten. Ganz offenbar ist das z.B. bei der OHG, vgl. § 124 I HGB. Auch bei der BGB-Gesellschaft ist dies für die Außengesellschaft anerkannt. Grundsätzlich arbeiten die Gesellschafter persönlich mit und haften persönlich mit ihrem Vermögen. Eine Kapitalbeteiligung ist bei den Personengesellschaften nicht erforderlich, wenn auch üblich. Die Abstimmung innerhalb der Personengesellschaft findet nach der Zahl der Gesellschafter, nicht nach dem Verhältnis der Kapitalbeteiligung statt. Die Gesellschafter sind stärker an die Gesellschaft gebunden als die Gesellschafter der Kapitalgesellschaft: De Gesellschaftsbeteiligung ist regelmäßig nicht übertragbar; das Gesellschaftsvermögen steht den Gesellschaftern in → Gemeinschaft zur gesamten Hand zu. – 3. *Ausgestaltung:* Im Einzelfall hängt die Ausgestaltung der Personengesellschaft vom Gesellschaftsvertrag ab, der auch Personengesellschaften noch weitergehend kapitalistische Züge verleihen kann (Kapitalgesellschaften).

II. Steuerliche Behandlung: 1. *Grundsätzliches:* Die steuerliche Behandlung von Personengesellschaften unterscheidet sich je nach Steuerart; entscheidend ist, ob man bei der betreffenden Steuerart die Personengesellschaften selbst als das steuerpflichtige Subjekt ansieht oder ob die Personengesellschaften als Zusammenschluss ihrer Gesellschafter angesehen wird, mit der Folge, dass Vermögen und Gewinne der Gesellschaft anteilig den Gesellschaftern entsprechend ihrer Beteiligungsquote zugerechnet werden. – 2. Bei der *Umsatzsteuer* werden Personengesellschaften als eigenständige Gebilde angesehen; die Personengesellschaft wird zum steuerpflichtigen Unternehmer (§ 2 UStG), während ihre Gesellschafter umsatzsteuerlich von der Personengesellschaft zu unterscheidende Dritte bleiben. – 3. Bei der *Einkommensteuer* sind Personengesellschaften dagegen keine eigenständigen Steuersubjekte. Dort wird das Einkommen der Personengesellschaft anteilig den Personengesellschaftern (→ Mitunternehmern) zugerechnet. – 4. Für die → Erbschaftsteuer werden bisher die einkommensteuerlichen Ansichten übernommen; hier gilt ein Anteil an einer Personengesellschaft als ein (anteiliger) Betrieb (Mitunternehmeranteil) des Gesellschafters und wurde bei dieser der Vermögensart „Betriebsvermögen" zugeordnet. Durch die → Erbschaftsteuerreform, welche seit dem 1.1.2009 wirksam ist, sind die Vorschriften für die Bewertung von Anteilen an Peronengesellschaften analog der Bewertung von Anteilen an Kapitalgesellschaften umfassend geändert worden. Die Bewertung erfolgt zukünftig grundsätzlich nach dem Unternehmenswert, abgeleitet aus Verkäufen unter fremden Dritten. Alternativ kann der Wert nach der Ertragswertmethode (→ Ertragswert) ermittelt werden, jedoch gilt als Mindestwert der Substanzwert, d.h. die Summe der gemeinen Werte aller Einzelwirtschaftsgüter abzüglich der Schulden. Statt der bisherigen Begünstigung für Betriebsvermögen nach § 13 a ErbStG (Freibetrag und Bewertungsabschlag) wird nunmehr ein sog. → Verschonungsabschlag gewährt. – 5. Bei der *Gewerbesteuer* mischen sich die Konzepte, da die Personengesellschaft gewerbesteuerlich als selbständiger steuerpflichtiger Betrieb angesehen wird, zugleich aber die Regeln zur Gewinnermittlung aus dem Einkommensteuerrecht übernommen werden. – 6. In den *Doppelbesteuerungsabkommen* ist meistens vereinbart, dass jeder Staat die Vorteile aus dem Abkommen demjenigen gewährt, der aus seiner Sicht steuerlich für die Ergebnisse der Personengesellschaft zur Steuer herangezogen wird, sodass Deutschland die Abkommensvorteile den Gesellschaftern gewährt, der Vertragsstaat aber, wenn er bei sich die Personengesellschaft selbst zur Einkommensteuer oder Körperschaftsteuer heranzieht, die Vergünstigungen aus dem Abkommen der Personengesellschaft einräumt. – 7. *Ab dem Veranlagungszeitraum 2008* ist das sog. Thesaurierungsmodell für Personenunternehmen im Rahmen der Unternehmensteuerreform 2008 anzuwenden. Nach der neuen Vorschrift können auf Antrag nicht entnommene Gewinne wie Gewinne von Kapitalgesellschaften begünstigt besteuert werden. – Vgl. auch → Thesaurierungsrücklage.

Personensteuern – *Subjektsteuern, Personalsteuern.* 1. *Begriff:* Steuern, mit denen die wirtschaftliche Leistungsfähigkeit von natürlichen und juristischen Personen erfasst werden soll (→ Leistungsfähigkeitsprinzip). – *Aus steuerjuristischer Sicht* gelten Einkommen- einschließlich Lohnsteuer, Körperschaft-, Vermögen- und Kirchensteuer, *aus finanzwissenschaftlicher Sicht* Einkommen- (einschließlich Lohnsteuer), Vermögen-, Erbschaft- und Schenkungsteuer sowie persönliche Ausgabensteuer (nicht Körperschaftsteuer) als Personensteuern; → Steuerklassifikation nach dem Kriterium der Verknüpfung von Steuersubjekt und -objekt. – *Gegensatz:* → Realsteuern. – 2. *Merkmale:* (1) Berücksichtigung der persönlichen Verhältnisse der Steuerpflichtigen, z.B. Familienstand und Kinderzahl; (2) Berücksichtigung der wirtschaftlichen Leistungsfähigkeit, z.B. durch einen progressiv gestalteten Einkommensteuer-Tarif, Steuerermäßigung bei außergewöhnlichen Belastungen. – 3. *Bedeutung hinsichtlich der Abzugsfähigkeit* bei der Ermittlung des steuerpflichtigen Einkommens: Im Gegensatz zu den → Realsteuern sind die Personensteuern nicht abzugsfähige Steuern (§ 12 Nr. 3 EStG). – *Ausnahme:* Die tatsächlich gezahlte Kirchensteuer, die als → Sonderausgabe abzugsfähig ist (§ 10 I Nr. 4 EStG).

Pfändungsverfügung – 1. *Allgemein:* Die Pfändungsverfügung ist das verfahrensrechtliche Mittel zur Pfändung einer Geldforderung, eines Herausgabe- oder Leistungsanspruchs oder eines sonstigen Vermögensrechts (z.B. Anteilsrecht,

Grundpfandrecht, Nießbrauch, Grund- und Rentenschuld, Patentrecht). Sie bewirkt die Beschlagnahme der Forderung zugunsten der Finanzbehörde, die in die Rechtsposition des → Vollstreckungsschuldners eintritt. – 2. *Inhalt* (§§ 309, 318, 321 AO): a) Verbot an den → Drittschuldner, an den Vollstreckungsschuldner zu zahlen (sog. arrestatorium) bzw. im Fall der Pfändung eines Herausgabe- oder Leistungsanspruchs Aufforderung, die Sache an den → Vollziehungsbeamten herauszugeben. – b) Gebot an den Vollstreckungsschuldner, sich jeder Verfügung über die Forderung, bes. ihrer Einziehung, zu enthalten (sog. inhibitorium). – c) Zweifelsfreie Bezeichnung der gepfändeten Forderung sowie des zu vollstreckenden Anspruchs (Angabe von Schuldgrund und Betrag). – 3. *Wirksamkeit:* Die Pfändungsverfügung wird mit förmlicher Zustellung an den Drittschuldner wirksam. Der Vollstreckungsschuldner ist zu unterrichten. Der Erlass einer Pfändungsverfügung in elektronischer Form ist ausgeschlossen. – 4. Der Drittschuldner ist zur Abgabe der → Drittschuldnererklärung verpflichtet.

Pfändung von Erstattungsansprüchen – Ansprüche auf Erstattung von Steuern und steuerlichen Nebenleistungen, Steuervergütungen und Haftungsbeträgen können gepfändet werden (§ 46 I AO). Die Pfändung erfolgt durch Pfändungs- und Überweisungsbeschluss des zuständigen Vollstreckungsgerichts bzw. durch → Pfändungsverfügung und → Einziehungsverfügung der zuständigen Finanzbehörde und wird mit der Zustellung an das für den Anspruch zuständige Finanzamt (→ Drittschuldner; § 46 VII AO) wirksam. Der Pfändungs- und Überweisungsbeschluss bzw. die Pfändungs- und Einziehungsverfügung darf erst nach Entstehung des Erstattungsanspruchs erlassen werden. Andernfalls ist die Pfändung nichtig (§ 46 VI AO).

Pflegekind – Zwischen einem Pflegekind und seinen Pflegeeltern besteht ein auf längere Dauer angelegtes Pflegeverhältnis, das dadurch gekennzeichnet ist, dass das Pflegekind und seine Pflegeeltern in häuslicher Gemeinschaft wie Eltern und Kind miteinander verbunden sind. Pflegekinder sind → Angehörige im Sinn der Steuergesetze (§ 15 I Nr. 8 AO). Der einkommensteuerliche → Kinderfreibetrag ist bei den Pflegeltern zu berücksichtigen (§ 32 I Nr. 2 EStG).

Pflege-Pauschbetrag – → außergewöhnliche Belastungen, → Pauschbeträge.

Pflichtprüfung – gesetzlich vorgeschriebene, periodisch oder aperiodisch (bei Eintritt eines bestimmten Anlasses) durchzuführende → Prüfung (→ Wirtschaftsprüfung). Die bedeutendste Pflichtprüfung ist die → Jahresabschlussprüfung.

Pflichtteilsanspruch – Befugnis der Abkömmlinge, Eltern und des Ehegatten des Erblassers, die durch Verfügung von Todes wegen von der gesetzlichen Erbfolge ausgeschlossen sind, von den eingesetzten Erben den Pflichtteil zu verlangen (§§ 2303–2338

BGB). Der Pflichtteilanspruch entsteht auch, wenn dem Pflichtteilberechtigten ein Erbteil hinterlassen ist, das kleiner ist als die Hälfte des gesetzlichen Erbteils (§ 2305 BGB). Der Pflichtteilanspruch entsteht mit dem Tode des Erblassers. – *Verjährung:* I.d.R. in drei Jahren seit Kenntnis des Berechtigten vom Eintritt des Erbfalls und der ihn beeinträchtigenden Verfügung. – *Erbschaftsteuer:* Der Pflichtteil ist von demjenigen, der den Pflichtteil erhält, zu versteuern (als Erwerb von Todes wegen, § 3 ErbStG), und kann bei demjenigen, der ihn aus seinem Erbe zu zahlen hat, als Nachlassverbindlichkeit von seinem steuerpflichtigen Erwerb abgezogen werden (§ 10 ErbStG). Verzichtet ein Pflichtteilsberechtigter darauf, seinen Pflichtteil gegen einen Erben geltend zu machen, obwohl ihm ein solcher Anspruch eigentlich zustände, wird darin nicht etwa eine Zuwendung des Pflichtteilsberechtigten an den von seinem Verzicht begünstigten Erben gesehen; es ist also möglich, auf einen Pflichtteil zu verzichten, ohne dadurch zusätzliche Erbschaftsteuerbelastungen auszulösen. Der Pflichtteilanspruch wird erbschaftsteuerlich daher erst (bzw. nur) berücksichtigt, wenn er geltend gemacht worden ist (§ 3 ErbStG).

pluralistisches Steuersystem – *Vielsteuer-System;* → Steuersystem, das auf dem Prinzip der Besteuerung durch Erhebung mehrerer Steuerformen basiert. Die zu erhebenden Steuern können unter dem Aspekt des zu erzielenden Steueraufkommens gleich oder unterschiedlich gewichtet sein. – *Sonderform:* dualistisches Steuersystem (zwei Steuerformen). – *Gegensatz:* → monistisches Steuersystem.

Plus-Minus-Rechnung → Mehr- und Wenigerrechnung.

Policendarlehen – 1. *Begriff:* Ein vom Lebensversicherungsunternehmen gewährtes Darlehen an einen Versicherungsnehmer maximal in Höhe des Rückkaufwerts der → Lebensversicherung. – 2. *Hintergründe:* Grundsätzlich dürfen Lebensversicherungsunternehmen keine versicherungsfremden Geschäfte tätigen und damit auch keine Kreditgeschäfte betreiben (§ 7 VAG). Policendarlehen sind hiervon allerdings ausgenommen, da der Versicherungsnehmer ohnedies bis zur Höhe des Rückkaufwerts einen Anspruch auf Leistung aus dem Lebensversicherungsvertrag hat.

Poolabschreibung – auch Sammelposten genannt. Seit dem Veranlagungszeitraum 2008 ist für abnutzbare bewegliche Wirtschaftsgüter des Anlagevermögens, die selbstständig nutzungsfähig sind und deren Anschaffungskosten bzw. Herstellungskosten netto mehr als 150 Euro bis 1.000 Euro betragen, ein Sammelposten zu bilden, § 6 Abs. 2a EStG. Dieser ist ab dem Jahr der Bildung und in den vier folgenden Wirtschaftsjahren gleichmäßig mit jeweils / (sog. Poolabschreibung) aufzulösen. Der Tag des Zugangs bleibt hierbei unberücksichtigt. Ein Ausscheiden des Wirtschaftsguts aus dem Betriebsvermögen

berührt die Höhe des Sammelpostens nicht. Für Überschusseinkünfte gilt weiterhin die Sofortabschreibung im Rahmen der Werbungskosten für Wirtschaftsgüter bis 410 Euro. Ab dem Veranlagungszeitraum 2010 hat der Steuerpflichtige die Wahl zwischen der Sofortabschreibung für geringwertige Wirtschaftsgüter bis 410 Euro und der Poolabschreibung für alle Wirtschaftsgüter zwischen 150 Euro und 1.000 Euro. Bei Überschusseinkünften bleibt es bei der Sofortabschreibung bis 410 Euro. Das Wahlrecht ist jedoch für jedes Wirtschaftsjahr einheitlich auszuüben. Vgl. auch geringwertige Wirtschaftsgüter.

Präferenzspanne – Unterschied zwischen der Höhe des → Präferenzzolls und dem höheren Zollsatz nach dem Meistbegünstigungsprinzip des GATT (Drittlandszollsatz), der auf Waren aus anderen Länder, die nicht in das Präferenzsystem einbezogen sind, angewandt wird.

Präferenzzoll – *Vorzugszoll;* → Zoll auf Einfuhrwaren aus bestimmten Ländern, der niedriger ist als der Zoll auf die betreffende Ware bei Importen aus anderen Ländern; *Gegenteil:* Drittlandszollsatz. Präferenzzölle verstoßen eigentlich gegen das Prinzip der Meistbegünstigung, werden vom GATT bzw. World Trade Organization (WTO) aber trotzdem in großem Umfang zugelassen. Präferenzzölle ergeben sich zum einen aus bi- oder multilateralen Abkommen. So hat z.B. die Europäische Union (EU) gleich oder ähnlich lautende Abkommen u.a. mit den EFTA-Staaten (EFTA), Mittelmeeranrainern, Mexiko, Chile, Südafrika und Südkorea geschlossen. Zum anderen gewährt die EU einseitig Entwicklungsländern (den AKP-Staaten) Präferenzen für die Einfuhr deren Waren in die EU.

Präklusion → Ausschlussfrist.

Präklusionsfrist → Ausschlussfrist.

Prämienprogramm – Verfahren, durch das ein Unternehmen seinen Kunden Sachprämien als Belohnung für in Anspruch genommene Leistungen gewährt. – Nimmt ein Unternehmen eine Dienstleistung in Anspruch, für das es ein Prämienprogramm gibt (z.B. Flugreisen, Hotelübernachtungen etc.), sieht § 3 Nr. 38 EStG für solche Sachprämien eine Steuerbefreiung vor – allerdings nur, wenn die Sachprämie für die Inanspruchnahme von Dienstleistungen gilt und soweit der Wert der Prämien nicht 1.080 Euro im Kalenderjahr übersteigt. In allen anderen Fällen liegt ein geldwerter Vorteil an den Arbeitnehmer durch den Arbeitgeber vor (Duldung der Prämiengewährung).

Praxiswert – ideeller Wert, den der Name eines im → freien Beruf Stehenden verkörpert und der sich aufgrund der ausschließlichen Personenbezogenheit vom Geschäftswert (→ Firmenwert) eines Unternehmens unterscheidet. Für den *originär* geschaffenen Praxiswert besteht ein Bilanzierungsverbot (§ 248 II HGB, § 5 II EStG); der beim Erwerb einer Praxis bezahlte *(derivative)* Praxiswert ist aktivierungspflichtig und über die Nutzungsdauer (zwischen zwei und fünf Jahren) abzuschreiben. – *Bewertungsgesetz:* Bei der Ermittlung des → Betriebsvermögens nach dem Bewertungsgesetz ist der Praxiswert nach ertragsteuerlichen Grundsätzen zu erfassen und zu bewerten.

Preisänderungsrücklage → Preissteigerungsrücklage.

Preisprüfung – Prüfung der Importpreise seitens der EU-Kommission, um Dumpingpreise (Dumping) zu verhindern. Die EU-Kommission prüft von Amts wegen oder auf Antrag gebietsansässiger Unternehmen, die über ein zu niedriges Preisniveau importierter Ware Klage führen, ob durch diese Einfuhren aufgrund überhöhter Mengen zu solchen Preisen ein erheblicher Schaden für die Erzeugung gleichartiger oder zum gleichen Zweck verwendbarer Waren in der EU eintritt oder einzutreten droht und ob dieser Schaden im Interesse der Allgemeinheit abgewendet werden muss. Folge kann die Erhebung von → Antidumpingzöllen sein.

Preissteigerungsrücklage – steuerfreie Rücklage in der Steuerbilanz zur Milderung der Besteuerung von → Scheingewinnen (§ 74 EStDV). Sie durfte – ohne Bindung an die Handelsbilanz – letztmals für Wirtschaftsjahre gebildet werden, die vor dem 1.1.1990 endeten.

Preisvergleichsmethode – Eine Methode der Standardmethoden zur Bestimmung angemessener → Verrechnungspreise für Geschäfte zwischen verbundenen Unternehmen. Die Methode basiert darauf, nach dem Preis zu fragen, der für dasselbe Produkt zwischen fremden Dritten verlangt wird; dieser Preis soll dann auch zwischen den Konzernunternehmen verlangt werden, da diese sich steuerlich wie einander fremd gegenüber stehende Dritte verhalten sollen. Sofern es zwischen den Verhältnissen, unter denen sich am Markt ein Preis zwischen fremden Dritten bildet, und den konkreten Verhältnissen bei der Geschäftsbeziehung im Konzern wichtige Unterschiede gibt (Qualität der gehandelten Produkte, Mengenrabatte, Fristigkeit der Lieferverträge etc.), wird man diesen Unterschieden durch Zu- oder Abschläge zu dem am freien Markt beobachtbaren Marktpreis Rechnung tragen müssen; daher erschöpft sich die Preisvergleichsmethode keinesfalls nur in einem einfachen Beobachten des Marktes. – Man unterscheidet mehrere Spielarten der Preisvergleichsmethode, je nachdem, mit welchen Preisen man vergleicht: (1) Vergleich mit dem Verhalten desselben Unternehmens, wenn es Geschäfte nicht mit dem eigenen Konzern, sondern mit Außenstehenden macht (interner Preisvergleich), (2) Vergleich mit dem Verhalten, das ein fremder Anbieter gegenüber einem fremden Nachfrager zeigt (externer Preisvergleich), (3) Vergleich mit dem Verhalten, das ein theoretischer Anbieter nach betriebswirtschaftlichen Grundsätzen gegenüber einem fremden Nachfrager zeigen müsste (hypothetischer Fremdvergleich). – Vgl.

auch → Wiederverkaufspreismethode, → Kostenaufschlagsmethode.

Privatentnahmen → Entnahmen. – *Umsatzsteuerliche Behandlung:* → Unentgeltliche Wertabgaben.

privates Veräußerungsgeschäft – frühere Bezeichnung „Spekulationsgeschäfte". Als privates Veräußerungsgeschäft wird ein Vorgang bezeichnet, bei dem Wirtschaftsgüter des → Privatvermögens innerhalb kurzer Zeit nach der Anschaffung wieder verkauft werden. Die offizielle Bezeichnung seit 1999 lautet private Veräußerungsgeschäfte (§ 22 Nr. 2 i.V.m. § 23 EStG). Gewinne aus den privaten Veräußerungsgeschäften innerhalb der sog. Spekulationsfrist unterliegen der → Einkommensteuer. Dabei werden nach der Gesetzeslage bis zum 31.12.2008 folgende Fälle unterschieden: – *Veräußerungsgeschäfte bei Grundstücken* und grundstücksgleichen Rechten, wenn der Zeitraum zwischen Anschaffung und Veräußerung nicht mehr als zehn Jahre beträgt *(→* Spekulationsfrist). Ausnahme hiervon sind Wirtschaftsgüter, die im Zeitraum zwischen Anschaffung oder Fertigstellung und Veräußerung ausschließlich zu eigenen Wohnzwecken oder im Jahr der Veräußerung und in den beiden vorangegangenen Jahren zu eigenen Wohnzwecken genutzt wurden. – *Veräußerungsgeschäfte bei anderen Wirtschaftsgütern,* insbesondere bei Wertpapieren, die keine wesentliche Beteiligung darstellen, wenn der Zeitraum zwischen Anschaffung und Veräußerung nicht mehr als ein Jahr (*Spekulationsfrist*) beträgt. Unter die Regelung fallen nicht Veräußerungen von Gegenständen des täglichen Gebrauchs. – *Veräußerungsgeschäfte,* bei denen die Veräußerung eines Wirtschaftsguts früher erfolgt als der Erwerb. – *Termingeschäfte.* – Ein Spekulationsgeschäft liegt ebenfalls vor, wenn Wirtschaftsgüter nach der Entnahme aus einem Betrieb innerhalb von einem bzw. zehn Jahren veräußert werden. Spekulationsgewinne sind als → sonstige Einkünfte (§ 22 EStG) einkommensteuerpflichtig, bleiben aber *steuerfrei,* wenn der Gesamtgewinn im Kalenderjahr geringer als 600 Euro ist. Hierbei handelt es sich um eine sog. → Freigrenze. Eine Verrechnung von Verlusten aus anderen Spekulationsgeschäften ist möglich. Eine Verrechnung von Verlusten mit positiven Einkünften aus anderen Einkunftsarten ist jedoch ausgeschlossen. Ist nicht verrechenbaren Verluste sind gesondert festzustellen. Sie dürfen in das vorangegangene Jahr zurück- oder in das folgende Jahr vorgetragen werden. – Im Rahmen der Unternehmensteuerreform und unter Berücksichtigung der Einführung der → Abgeltungsteuer ab dem 1.1.2009 sind private Veräußerungsgeschäft bei Wertpapieren generell unabhängig von der Haltedauer steuerpflichtig (vgl. hierzu → Einkünfte aus Kapitalvermögen, § 20 II EStG). Die Regelungen zu den privaten Veräußerungsgeschäften wurde durch das EStG 2008 neu gefasst. Die Regelungen des § 23 EStG betreffen daher nur noch Grundstücke und „andere Wirtschaftsgüter". Die Spekulationsfrist bei Grundstücken und grundstücksgleichen

Rechten beläuft sich unverändert auf zehn Jahre. Bei den sonstigen Wirtschaftsgütern beträgt sie nunmehr ein Jahr (§ 23 I Nr. 2 Satz 2 EStG n.F.). Erfolgt jedoch eine Nutzung der Wirtschaftsgüter als Einkunftsquelle innerhalb von zehn Jahren nach Anschaffung, verlängert sich die Frist auf zehn Jahre.

private Zolllager → Zolllager, die zur Einlagerung von unverzollten → Nichtgemeinschaftswaren durch den Lagerhalter selbst bestimmt sind. Im Gegensatz zu → öffentlichen Zolllagern kann also nicht jeder einlagern, sondern nur der Bewilligungsinhaber. Er kann jedoch fremde Waren auf seine Verantwortung in das Zolllagerverfahren überführen und einlagern. Das private Zolllager gibt es als Typ C, Typ D und Typ E (vgl. Art. 525 ZK-DVO). Sie unterscheiden sich in der Abwicklung, nicht jedoch in den Zollvorteilen. Das in der Bundesrepublik Deutschland früher übliche offene Zolllager entspricht dem Typ D. – Vgl. auch → Lagerbehandlung.

Privatvermögen – 1. *Begriff:* zusammenfassende betriebswirtschaftliche und handelsrechtliche Bezeichnung für privaten Zwecken dienendes Vermögen. Privatvermögen darf in der Handelsbilanz des Kaufmanns nicht ausgewiesen werden. – 2. Im *Einkommensteuerrecht* ist Privatvermögen die Bezeichnung für das Vermögen, das nicht → Betriebsvermögen darstellt. Die Zuordnung zu Betriebsvermögen oder Privatvermögen entscheidet sich danach, wie das Vermögen verwendet wird. In Zweifelsfällen, in denen Vermögenswerte privat und betrieblich genutzt werden oder aber ein Wirtschaftsgut objektiv geeignet wäre, dem Betrieb zu dienen (z.B. zur Verstärkung der Kapitalausstattung), kann der Steuerpflichtige über die Zuordnung entscheiden (→ gewillkürtes Betriebsvermögen); das geht nicht, wenn die Nutzung zu privaten Zwecken eindeutig ist oder die denkbare betriebliche Verwendung völlig untergeordnete Bedeutung hat (→ notwendiges Privatvermögen).

Produktionsteuer → Fabrikationsteuer.

Produktivitätsklausel → Verlustausgleich.

Progression → Steuerprogression, → versteckte Progression, progressive Kosten, → Progressionsvorbehalt.

Progressionsglättung – 1. *Begriff:* Maßnahme, um zu verhindern, dass durch die Zusammenballung bes. hoher, wirtschaftlich auf mehrere Jahre bezogener Einkünfte in einem einzigen Jahr der Steuerpflichtige bei der → Einkommensteuer einer ungerecht hohen Progression unterworfen wird. – 2. *Technik:* Die Progressionsglättung wird gegenwärtig dadurch erreicht, dass bei → außerordentlichen Einkünften (§ 34 EStG) verglichen wird, wie hoch die Steuer auf das Einkommen ohne diese Einkünfte ausfallen würde und wie hoch sie wird, wenn ein Fünftel dieser Einkünfte hinzugerechnet wird. Dieser so festgestellte Unterschiedsbetrag wird dann mit 5 multipliziert und der Steuer auf das übrige Einkommen hinzugerechnet. Hierdurch wird angestrebt, dass die

Progression auf die außerordentlichen Einkünfte so berechnet wird, als ob diese Einkünfte nicht während eines, sondern während fünf verschiedener Jahre angefallen wären.

Progressionsvorbehalt – I. Begriff: eine Regelung, wonach steuerfreie Einkünfte zwar nicht besteuert werden, ihre Existenz aber berücksichtigt wird, wenn es darum geht, die Höhe des angemessenen Steuersatzes für diejenigen übrigen Einkünfte des Betreffenden zu bestimmen, die weiterhin steuerpflichtig bleiben. Ziel ist es, dass Personen mit einem hohen Einkommen, von dem allerdings einige Teile steuerfrei sind, die steuerpflichtigen Reste ihres Einkommens nicht nur mit einem Steuersatz versteuern, der eigentlich für Geringverdiener gedacht ist. Angewendet wird der Progressionsvorbehalt bei Einkünften, die aufgrund des nationalen Steuerrechts steuerfrei belassen werden (z.B. Arbeitslosengeld, Kurzarbeitergeld, Wintergeld, Winterausfallgeld, Schlechtwettergeld, Erziehungsgeld u.Ä.), als auch bei Einkünften aus dem Ausland, die aufgrund eines Doppelbesteuerungsabkommens oder eines ähnlichen völkerrechtlichen Vertrages steuerfrei gestellt sind. Erforderlich ist jedoch in allen Fällen, dass gesetzlich ausdrücklich angeordnet wird, dass der Progressionsvorbehalt auf die fraglichen steuerbefreiten Einkünfte angewandt werden soll (Fundstelle: § 32 b EStG).

II. Technik: 1. Die ausländischen Einkünfte und Vermögensteile bzw. die bezogenen Lohnersatzleistungen *scheiden aus* der inländischen Steuerbemessungsgrundlage vollständig und endgültig aus. – 2. Sie werden jedoch für die *Berechnung* des auf die übrigen inländischen Einkünfte bzw. Vermögensteile des Steuerpflichtigen anzuwendenden *progressiven Steuersatzes* in der Weise berücksichtigt, dass zunächst berechnet wird, wie hoch die Steuerschuld ausgefallen *wäre*, wenn die fraglichen Einkünfte steuerpflichtig gewesen *wären*. Daraus berechnet man dann, wie hoch der durchschnittliche Steuersatz ausgefallen wäre, wenn das gesamte Einkommen steuerpflichtig gewesen wäre. Dieser so bestimmte Steuersatz wird dann angewandt auf das Einkommen, das noch steuerpflichtig geblieben ist. – *Beispiel:* Ein Steuerpflichtiger habe insgesamt Einkünfte von 100.000 Euro, von denen aber 95.000 Euro aufgrund eines Doppelbesteuerungsabkommens steuerfrei bleiben sollen. Dann beliefe sich sein zu versteuerndes Einkommen auf 5.000 Euro (von Sonderausgaben, außergewöhnlichen Belastungen etc. wird zur Vereinfachung abgesehen). Die Steuer für 5.000 Euro beträgt nach Grundtabelle normalerweise Null Euro; dem liegt aber die Annahme zugrunde, dass jemand mit einem Jahreseinkommen von 5.000 Euro ein Geringstverdiener ist – diese Annahme ist hier offensichtlich unangemessen. Daher ordnet das Gesetz hier den Progressionsvorbehalt an: Es ist zunächst auszurechnen, dass die Steuer bei 100.000 Euro sich auf 34.086 Euro belaufen würde (Wert 2008). Das entspräche einem Steuersatz von 34,086 Prozent. Also ist daraus die

Schlussfolgerung zu ziehen, dass jemand mit einem „Wohlstand" wie der Steuerpflichtige im Beispielsfall nach den Wertungen des Gesetzgebers eine Belastung von 34 Prozent tragen sollte – folglich wird von dem Betrag, der noch in Deutschland steuerpflichtig bleibt (5.000 Euro) eine Steuer von 34 Prozent verlangt, nicht 0 Prozent (also 1.700 Euro).

III. Wirkungen: Der Progressionsvorbehalt wird i.d.R. zu einer Erhöhung des Steuersatzes führen, weil sich der Wohlstand und damit der Steuersatz des Betreffenden i.d.R. aufgrund der Berücksichtigung der steuerfreien Einkünfte höher darstellt, als wenn man nur die steuerpflichtige Einkommensteile zur Kenntnis nähme. In Ausnahmefällen kann er aber auch zu einer Senkung des Steuersatzes führen, nämlich dann, wenn die als „steuerfrei" außer acht gelassenen Beträge ausnahmsweise negativ sein sollten *(negativer Progressionsvorbehalt). – Beispiel:* Ein Steuerpflichtiger hat steuerpflichtige Einkünfte von 200.000, aber zugleich ausländische Verluste aus Frankreich von 190.000 Euro, die lediglich aufgrund eines Doppelbesteuerungsabkommens hier nicht steuerlich relevant sind. Die Betrachtung des Gesamteinkommens ergibt, dass hier nicht der Steuersatz für 200.000, sondern der durchschnittliche Steuersatz für 10.000 Euro angemessen ist (400 Euro = 4 Prozent). Somit würde hier die Steuer auf die it. Einkünfte mit einem Steuersatz von nur 4 Prozent festgesetzt werden (8.000 Euro). „Negativ" heißt der Progressionsvorbehalt in diesem Zusammenhang lediglich deshalb, weil er sich hier für die Finanzverwaltung ausnahmsweise negativ auswirkt.

IV. Anwendungsbereich: 1. *Auslandseinkünfte:* Der Progressionsvorbehalt ist von den → Doppelbesteuerungsabkommen (DBA) gestattet, wenn diese ihn nicht ausdrücklich verbieten; das ist jedoch niemals der Fall. Voraussetzung ist allerdings die Anwendbarkeit der → Freistellungsmethode. Nicht in Frage kommt der Progressionsvorbehalt nämlich, wenn für ausländische Einkünfte nach dem DBA nur die → Anrechnungsmethode angewandt wird, denn dann sind die betreffenden Auslandseinkünften in Deutschland gar nicht steuerfrei, somit bei der Berechnung des Steuersatzes ohnehin schon berücksichtigt. Die Anwendbarkeit des Progressionsvorbehalts erstreckt sich zwar formal auf alle Steuerarten, die im Doppelbesteuerungsabkommen erfasst sind. – 2. Praktische *Auswirkungen* treten aber i.d.R. nur bei den Steuern ein, die einen progressiven Tarif aufweisen, in der Bundesrepublik Deutschland im Wesentlichen nur die Einkommensteuer und die Erbschaft- und Schenkungsteuer. Auch dann bedarf es jedoch einer ausdrücklichen gesetzlichen Anordnung, dass der Progressionsvorbehalt gelten soll; in betreffenden Gesetz. – 3. Im *nationalen Bereich* wird der Progressionsvorbehalt v.a. bei Bezug von Lohnersatzleistungen (→ Arbeitslosengeld, Kurzarbeitergeld, Wintergeld, Winterausfallgeld, → Arbeitslosenhilfe u.Ä.) oder → ausländischen Einkünften

angeordnet. – 4. Im Zuge der *Unternehmensteuerreform 2008* wurde eine Meldepflicht für Lohnersatzleistungen mit Progressionsvorbehalt eingeführt (§ 32 b III EStG, § 52 XLIII a S. 2 EStG). – 5. *Beschränkte Steuerpflicht:* Gegenüber Steuerausländern ist eine Anwendung des Progressionsvorbehalts nicht üblich. Wird von dem ausländischen Steuerpflichtigen die freiwillige Veranlagung seiner aus Deutschland bezogenen Einkünfte gewählt, kann es jedoch in bestimmten Fällen auch zum Progressionsvorbehalt kommen (vgl. § 32b EStG).

Progressionszone → Einkommensteuertarif.

progressive Abschreibung – Form der Abschreibung mit von Jahr zu Jahr steigenden Beträgen, wobei die Progression arithmetisch oder geometrisch verlaufen kann. – 1. *Handelsrecht:* Die progressive Abschreibung ist in der Praxis nahezu bedeutungslos, da sie i.d.R. dem Vorsichtsprinzip und damit auch den Grundsätzen ordnungsmäßiger Buchführung (GoB) widerspricht. – *Beispiel für eine Ausnahme:* Eine Anlage, deren Kapazität anfänglich nicht ausgelastet ist und die erst sukzessive in die Vollbeschäftigung hineinwächst. Aber auch in einem solchen Fall ist sorgfältig zu prüfen, ob nicht technische oder wirtschaftliche Gründe an anderes Abschreibungsverfahren erforderlich machen (Abschreibung). – 2. *Steuerrecht:* Die progressive Abschreibung ist unzulässig (vgl. die abschließende Regelung der Abschreibungsmethoden durch § 7 EStG). – *Gegensatz:* → degressive Abschreibung.

progressive Prüfung → Prüfung eines Vorgangs, ausgehend vom wirtschaftlichen Tatbestand bis zur Letzterfassung im Rechnungswesen, über eine → Prüfungskette.

progressiver Steuertarif – ein Steuertarif, bei dem der Steuersatz von der Höhe der Bemessungsgrundlage abhängt (z.B. die Einkommens) und mit steigender Höhe der Bemessungsgrundlage (z.B. also mit steigendem Einkommen) auch der Steuersatz steigt. Zwar ist es üblich, dass man im Steuertarif bei einem jeweiligen Einkommen die gesamte Steuerschuld ausweist und damit der Durchschnittssteuersatz vorrangig ins Auge fällt; für die Wirkungen eines progressiven Steuertarifs auf das wirtschaftliche Verhalten ist aber weniger der Durchschnittssteuersatz als der Grenzsteuersatz entscheidend, da dieser die Entscheidungen der Betroffenen stärker beeinflusst. Vgl. auch → Steuerprogression.

proportionaler Steuertarif – ein Steuertarif, bei dem nur ein einziger, gleichbleibender Steuersatz existiert, sodass die Höhe der Steuer direkt proportional zur Höhe des Einkommens ist („flat-rate"). Der Grenzsteuersatz steigt also nicht an, sondern bleibt gleich. Wird unter dem Gesichtspunkt der Besteuerung nach der wirtschaftlichen Leistungsfähigkeit als gerade noch tolerierbar angesehen, da hieraus hergeleitet wird, dass der Grenzsteuersatz mit steigendem Einkommen jedenfalls nicht fallen dürfte (sondern nach der verbreitetesten Lehrmeinung sogar steigen müsste). – Die Eigenschaft eines Tarifs, einen proportionalen Steuersatz zu besitzen, wird auch als → Steuerproportionalität bezeichnet.

Proportionalsteuern – Steuern mit einem proportionalen Steuertarif (→ Steuerproportionalität).

Proportionalzone → Einkommensteuertarif.

Prozess – I. Allgemein: Unter Prozess versteht man die Gesamtheit aufeinander einwirkender Vorgänge innerhalb eines Systems. So werden mittels Prozessen Materialien, Energien oder auch Informationen zu neuen Formen transformiert, gespeichert oder aber allererst transportiert.

II. Recht: Gerichtliches Verfahren zur Gewährleistung staatlichen Rechtsschutzes; v.a. das Verfahren zwischen zwei oder mehreren Parteien mit entgegenstehenden Interessen. – Arten: Zivilprozess; Strafprozess; verwaltungs-, sozial-, arbeits- und finanzgerichtliches Verfahren.

III. Produktions- und Kostentheorie: Produktionsprozess.

IV. Wirtschaftsprüfung: Es wird bewusst (insbesondere in den Prüfungsstandards des IDW, z.B. in PS 261) zwischen Unternehmensebene (Abschlussebene) und Prozessebene (Aussageebene) unterschieden. Die Risikobetrachtung erfolgt nämlich auf zwei Stufen, und zwar auf der obersten Führungsebene und auf der Abteilungsebene, d.h. auf einer Stufe, die der Geschäftsleitung untergeordnet ist. Diese wird deshalb auch als Prozess-Ebene bezeichnet. Prinzip: Da die einzelnen Abteilungen einen individuellen Beitrag zur Erreichung der Unternehmensziele leisten sollen, müssen sie ihre eigenen Teil-Ziele (Prozess-Ziele) verfolgen. Diese Ziele können durch spezifische Risiken (Risiken auf Prozess-Ebene genannt) beeinträchtigt oder sogar vereitelt werden. Unternehmerische Kontrollen dienen also konsequenterweise dazu, den Einfluss dieser Risiken, die ihre Wurzeln in den allg. Geschäftsrisiken haben, wenn auch nicht völlig auszuschließen, so doch sinnvoll zu begrenzen. – Wird die Unternehmensebene vernachlässigt, fehlt den Prüfungshandlungen des Abschlussprüfers die erforderliche Präzision, weil er nicht erkennt, dass sein Katalog von Risiken auf Prozess-Ebene unvollständig ist. Was nützt es z.B. dem Abschlussprüfer, wenn er Schwachstellen in der Kreditkontrolle entdeckt, aber ein Währungsrisiko übersieht, weil er es auf dieser Ebene gar nicht vermutet. – Eine bes. Problematik besteht darin, wenn Risiken auf Prozess-Ebene mit Kontroll-Risiken verwechselt werden. So hat z.B. das auf der Unternehmensebene angesiedelte „Kreditrisiko" auf der Prozess-Ebene „Verkauf" die Ausprägung „Risiko von Verlusten an Forderungen aus Lieferungen und Leistungen". Dieses spezifische Kreditrisiko wird von der konjunktur- und branchenabhängigen Zahlungsfähigkeit der Kunden bestimmt. Das Kontroll-Risiko auf Prozess-Ebene besteht darin, dass das Kriterium der Kreditfähigkeit bei

Auswahl und Überwachung der Kunden nicht sorgfältig genug beachtet wird.

Prozessabhängigkeit – (des Trägers der → Überwachung), Abgrenzungskriterium für die Überwachungsformen → Prüfung (→ Revision) und → Kontrolle. Prozessabhängigkeit ist gegeben bei psychischer Bindung an das Überwachungsobjekt; hieraus kann Befangenheit resultieren.

Prozesskosten – die durch die Führung eines Rechtsstreits, bes. eines Zivilprozesses, entstehenden Kosten. – 1. Die *Prozesskosten* umfassen Gerichtskosten (Gebühren, Auslagen bes. für Zeugen) und außergerichtliche Kosten (Rechtsanwalts- und Gerichtsvollzieherkosten u.Ä.). – 2. *Es ist zu unterscheiden*, welche Partei a) dem Gericht, Rechtsanwalt etc. gegenüber und b) gemäß der Kostenentscheidung der anderen Partei gegenüber *Kostenschuldner* ist. – 3. *Die Höhe* der Prozesskosten richtet sich, soweit die Gebühren infrage stehen, nach dem Streitwert des Prozesses. Sämtliche Gebühren sind sog. Aktgebühren, die in jeder Instanz nur einmal und ohne Rücksicht auf Dauer des Prozesses oder die Zahl der Termine anfallen und bestimmte Tätigkeiten des Gerichts, des Rechtsanwalts etc. pauschal abgelten. – Vgl. auch Kostentabelle für Zivilprozesse. Die Prozesskosten für Prozesse mit anderem Streitwert können durch Einfügung der aus der Kostentabelle ersichtlichen Werte durch das folgende Beispiel errechnet werden. In der *Berufungsinstanz* und der *Revisionsinstanz* entstehen erneut und zusätzlich entsprechende Gebühren für die einzelnen Tätigkeiten (z.B. betragen die Gerichtsgebühren 4,0 statt 3,0 Gebühren und die Verfahrensgebühr für einen Rechtsanwalt 1,6 statt 1,3 Gebühren). – Vgl. Abbildung „Prozesskosten (Beispiel)" – 4. *Verbuchung:* Prozesskosten sind Aufwendungen. Bildung einer → Rückstellung in geschätzter Höhe in der Verursachungsperiode, wenn die Prozesskosten mit Wahrscheinlichkeit anfallen (schwebende sowie zu erwartende Prozesse). – 5. *Kostenrechnerische Erfassung:* Prozesskosten werden meist in der Kostenartenrechnung in einer eigenen Kostenart erfasst und (1) dem Verwaltungsbereich oder (2) dem Vertriebsbereich (Fertigungskostenstellen, Vertriebskostenstellen), falls im Einzelfall zweckmäßiger erscheint, z.B. bei den Kosten aus Rechtsstreitigkeiten mit Kunden, zugerechnet. Im Fall unregelmäßigen Anfalls werden sie üblicherweise auf einem speziellen Abgrenzungskonto gesammelt und gleichmäßig auf die einzelnen Abrechnungsperioden verteilt. – In der *Gewinn- und Verlustrechnung* rechnen die Prozesskosten i.d.R. zu den sonstigen betrieblichen Aufwendungen. – 6. *Steuerrechtliche Behandlung:* Prozesskosten sind bei der → Einkommensermittlung als → Betriebsausgaben oder → Werbungskosten abzugsfähig, soweit sie durch den Betrieb oder Beruf veranlasst sind, wie bei Prozessen mit Lieferanten, Kunden, mit Gesellschaftern, Prozesskosten von Mietstreitigkeiten bei → Einkünften aus Vermietung und Verpachtung etc. Prozesskosten für Streitigkeiten im privaten

Prozesskosten (Beispiel)

Beispiel: A klagt gegen B auf Zahlung von 500 Euro (2.000 Euro) wegen nicht gezahlten Kaufpreises und obsiegt. Bei einem Streitwert vonn 500 Euro (2.000 Euro) hat zu unterliegende Partei zu zahlen:

	Euro	Euro
Gerichtskosten		
1. Prozessgebühr	3 × 35,- = 105,-	(3 × 73,- = 219,-)
2. Auslagen (im Allg. nur geringfügige Schreib- und Postgebühren, aber mitunter erhebliche Beträge für Zeugen und Sachverständige)	7,50	(7,50)
	112,50	(226,50)

	Euro	Euro
Außergerichtliche Kosten Soweit die Partei sich selbstvertritt: Portoauslagen, Reisekosten u.Ä. – Bei Zuziehung eines Rechtsanwaltes:		
1. Verfahrensgebühr (für die Übernahme des Prozesses, einschließlich der Information)	1,3 × 45,- = 58,50	(1,3 × 133,- = 172,90)
2. Termingebühr (für die mundliche Verhandlung)	1,2 × 45,- = 54,-	(1,2 × 133,- = 159,60)
3. Auslagenpauschale (20% der Gebührensumme, maximal 20 Euro)	20,-	(20,-)
5. Mehrwertsteuer aus der Gebührensumme (16%)	25,17	(56,40)
	157,67	(408,90)

	Euro	Euro
Gerichts- und Anwaltskosten insgesamt	270,17	(678,-)
Hat sich auch der siegreiche Gegner durch einen Rechtsanwalt vertreten lassen, entstehen weiter	153,70	(451,50)
Die P. ohne Kosten der → Zwangsvollstreckung betragen demnach für B:	427,84	(1.129,50)

Sektor sind nicht abzugsfähige → Kosten der Lebensführung; sie werden i.d.R. auch nicht als → außergewöhnliche Belastung anerkannt. – *Ausnahme:* z.B. Prozesskosten bei Scheidung.

Prozesszinsen – I. Bürgerliches Gesetzbuch: Zinsen für eine Geldforderung, die von der Rechtshängigkeit an (nach Klageerhebung) auch dann zu entrichten sind, wenn die Forderung an sich nicht verzinslich ist und der Schuldner sich nicht im Verzug befindet (§ 291 BGB). – *Zinssatz:* 5 Prozentpunkte über dem Basiszinssatz, wenn ein Verbraucher beteiligt ist, 8 Prozentpunkte über dem Basiszinssatz bei einem Rechtsgeschäft, an dem kein Verbraucher beteiligt ist, sofern kein höherer Zinssatz vereinbart ist oder sich aus dem Gesichtspunkt des Verzugsschadens ergibt.

II. Abgabenordnung: 1. *Tatbestand:* Wird eine → Steuerfestsetzung aufgrund rechtskräftiger gerichtlicher Entscheidung herabgesetzt oder eine → Steuervergütung gewährt bzw. erhöht, ist der Erstattungsbetrag gegenüber dem Steuerpflichtigen zu verzinsen (§ 236 AO). Der Grund für die Steuerherabsetzung bzw. Gewährung/Erhöhung der

Steuervergütung ist unerheblich. Die Zinsen sind von Amts wegen zu zahlen (kein Antrag des Steuerpflichtigen erforderlich). Prozesszinsen kann der Steuerpflichtige nur im gerichtlichen Verfahren (nicht aber im außergerichtlichen Einspruchsverfahren) beanspruchen. – 2. *Entstehung und Zinslauf:* Der Zinsanspruch entsteht regelmäßig mit der Rechtskraft der gerichtlichen Entscheidung. Der Zinslauf beginnt grundsätzlich mit dem Tag der Rechtshängigkeit, frühestens jedoch mit dem Tag der Zahlung des Steuerbetrags. Er endet mit der Auszahlung des zu verzinsenden Steuer- bzw. Steuervergütungsbetrags. – 3. *Bemessungsgrundlage und Berechnungsgrundsätze:* Zu verzinsen ist nur der zuviel entrichtete Steuerbetrag bzw. die zu wenig gewährte Steuervergütung. Die Zinsen betragen 0,5 Prozent für jeden vollen Monat des Zinslaufes; angefangene Monate bleiben außer Ansatz. Der zu verzinsende Betrag wird auf volle 50 Euro nach unten abgerundet (§ 238 AO). Eine Bagatellgrenze von zehn Euro ist zu beachten (§ 239 II AO). Wird die Steuerfestsetzung nach Abschluss des Rechtsbehelfsverfahrens geändert, aufgehoben oder wegen einer → offenbaren Unrichtigkeit berichtigt, hat dies keinen Einfluss auf die Zinsfestsetzung. – *Gegensatz:* → Aussetzungszinsen.

Prüfer – natürliche Person, die eine → Prüfung durchführt. Prüfer können Einzelprüfer (z.b. selbstständige → Wirtschaftsprüfer (WP), → vereidigte Buchprüfer) oder Mitarbeiter eines Prüfungsorgans (z.b. → Prüfungsverband, → Wirtschaftsprüfungsgesellschaft, → Buchprüfungsgesellschaft) sein. Prüfer benötigen bes. Qualifikation. – Für *gesetzlich vorgeschriebene* → Pflichtprüfungen wird der Kreis möglicher Prüfer eingegrenzt; die konkret aufgestellten Qualifikationsanforderungen müssen erfüllt werden. *Andere Prüfungen* können auch sonstige Prüfer durchführen, die der Auftraggeber frei wählen kann.

Prüferbilanz – *Prüfungsbilanz, Betriebsprüferbilanz;* die nach einer steuerlichen → Außenprüfung des Finanzamts abgeänderte → Steuerbilanz der geprüften Unternehmung, meist als Anlage dem → Prüfungsbericht beigegeben.

Prüferrichtlinie – Achte EG-Richtlinie.

Prüffeld – Prüfungskomplex, der aus Teil-Prüfungsobjekten besteht. Prüffelder entstehen durch Aufteilung des Prüfungsstoffes in einzelne Prüfungsgebiete und dienen der Strukturierung einer → Prüfung. Abgrenzungskriterien sind z.b. sachlicher Zusammenhang von bestimmten Bilanzposten, Homogenität der Prüffelder im Hinblick auf mögliche Fehler gleichen Ursprungs, anzuwendende Prüfungstechnik, Schwierigkeitsgrad der Prüfungsgebiete. – *Zusammenfassung von Prüffeld:* → Prüffeldergruppe.

Prüffeldergruppe – gruppenweise Zusammenfassung von → Prüffeldern bei der Vorbereitung der Durchführung einer → Prüfung.

Prüfung – **I. Begriff:** Ein von einer natürlichen Person (Prüfer) durchzuführender Überwachungsprozess (Überwachung), bei dem Tatbestände, Sachverhalte, Eigenschaften oder Aussagen über diese (Istobjekte) mit geeigneten Bezugsgrößen (Sollobjekten) verglichen und eventuelle Abweichungen beurteilt werden; der Prüfer darf an der Herbeiführung der Istobjekte nicht selbst direkt oder indirekt beteiligt gewesen sein (Prozessunabhängigkeit); darin liegt der Unterschied zu Kontrolle. Prüfung ist stets zweckgerichtet. – *Gegensatz:* → Prozessabhängigkeit.

II. Grundelemente: **1.** *Istobjekt:* Das Prüfungsobjekt, auf das sich der Vergleich mit dem Sollobjekt bezieht und das jeweils näher konkretisiert werden muss; Gegenstand der Prüfung können einzelne Istobjekte oder ein Komplex von Prüfungsobjekten (→ Prüffeld, → Prüffeldergruppe) sein. Einzelne Istobjekte sind z.b. Nummern eines bestimmten Belegs, Angaben eines Buchungskontos, vorhandene Unterschriften auf einem Beleg; komplexe Prüfungsgebiete sind z.b. Jahresabschlüsse. – **2.** *Sollobjekt:* Vergleichsmaßstab zur Beurteilung des Istobjekts. Sollobjekte müssen i.d.R. ermittelt werden, indem für

einen rekonstruierten Tatbestand relevante Normen herangezogen werden. Dies ist u.U. problematisch, weil Normen oft nicht konkret genug sind und Normenkonkurrenz bestehen kann. – **3.** *Soll-Ist-Vergleich:* In einem Vergleichs- oder Fehlerfeststellungsprozess werden eventuelle Differenzen zwischen Ist- und Sollobjekt aufgedeckt. Die Feststellung des Ausmaßes einer Abweichung kann Messprobleme aufwerfen. Voraussetzung einer Messung ist die Abbildungsfähigkeit von Merkmalsausprägungen des Ist- und Sollobjekts auf derselben Skala. – **4.** *Urteil:* An den Soll-Ist-Vergleich schließt sich der Urteilsbildungsprozess, eine Abweichungsanalyse, an. Das Urteil hat das Ergebnis der Prüfung zum Inhalt und nimmt zur Fehlerhaftigkeit bzw. Fehlerlosigkeit des Prüfungsobjekts Stellung. Nicht jede im Vergleichsprozess festgestellte Abweichung stellt einen Fehler dar; zu berücksichtigen sind Toleranzen, die aus den jeweiligen Normen resultieren, und Unschärfebereiche, die sich ergeben, wenn die Merkmale von Ist- und Sollobjekten nicht ausreichend erfasst werden können. Die genaue Beurteilung eines festgestellten Fehlers hängt von den Messmöglichkeiten ab. Der Urteilsbildung folgen die Formulierung des Prüfungsergebnisses und der Urteilsmitteilungsprozess (bes. → Bestätigungsvermerk und → Prüfungsbericht).

III. Arten: **1.** *Unternehmungszugehörigkeit des Prüfungsträgers:* a) *Externe Prüfung:* Der Prüfer ist ein nicht der Unternehmung angehörender Dritter, z.B. → Wirtschaftsprüfer (WP). – b) *Interne Prüfung:* Der Prüfer ist Mitarbeiter der Unternehmung. – Vgl. auch → interne Revision. – **2.** *Rechtsnatur der Prüfungsgrundlage:* a) *Gesetzlich vorgeschriebene Prüfung:* Es besteht gesetzlicher Prüfungszwang. – b) *Gesetzlich vorgesehene Prüfung:* Es gibt Prüfungsrechte, von denen kein Gebrauch gemacht werden muss. Zulässiger Höchstumfang der Prüfungsrechte sowie zur Vornahme und Veranlassung der Prüfung. Berechtigte werden gesetzlich bestimmt. Innerhalb der gesetzlich fixierten Grenzen ist die Gestaltung der Prüfung den Prüfungsberechtigten überlassen. – c) *Vertraglich ausbedungene Prüfung:* Grundlage ist eine vertragliche Übereinkunft zwischen Prüfungsberechtigten und zu Prüfenden. I.d.R. wird im Vertrag der Höchstumfang der Prüfungsrechte festgelegt; sie müssen nicht zwingend ausgeschöpft werden. – d) *Freie Prüfung:* Prüfungsgrundlage ist allein der Prüfungsauftrag, der von der veranlassenden Stelle der zu prüfenden Unternehmung erteilt wird. Prüfungsobjekt, Prüfer (extern oder intern) und zugrunde zu legende Prüfungsnormen sind durch den Auftraggeber festlegbar. – **3.** *Häufigkeit:* (1) *Periodische (laufende) Prüfung;* (2) *aperiodische* (einmalige, aber auf bes. Anlass beruhende) *Prüfung,* oft auch Sonderprüfung genannt – **4.** *Ziel der Prüfung:* (1) *Ordnungsmäßigkeitsprüfung:* Prüfung der Einhaltung gesetzlicher Bestimmungen oder innerbetrieblicher Anweisungen; (2) *Zweckmäßigkeitsprüfung:* Prüfung der Zweckmäßigkeit betrieblicher Strukturen und

Prozesse. – 5. *Art der Prüfungsobjekte:* Eine Vielzahl von Prüfungsobjekten ist denkbar – *Beispiele* für eine Differenzierung der Prüfung nach Prüfungsobjekten sind: (1) *Situationsprüfung:* Prüfung zur wirtschaftlichen Lage, bei der die allg. Situation der Unternehmung oder ihrer Teile ermittelt werden soll, z.B. Rentabilitätsprüfung, Liquiditätsprüfung; (2) *Institutionsprüfung/Organisationsprüfung:* Prüfung der Organisation der Unternehmung oder ihrer organisatorischen Einheiten; auf die Zweckmäßigkeit betrieblicher Strukturen und Prozesse gerichtet; (3) *Aufdeckungsprüfung* soll Unterschlagungen und Veruntreuungen aufdecken. – 6. *Art der Prüfungshandlung:* Eine Vielzahl von Prüfungshandlungen ist denkbar, z.B. *Abstimmungsprüfung, Übertragungsprüfung, rechnerische Prüfung.* – 7. *Komplexität des Prüfungsobjekts:* a) *Einfache Prüfung:* Das abzugebende Prüfungsurteil beruht auf nur einem Soll-Ist-Vergleich; dies ist jedoch nicht der Regelfall. – b) *Komplexe Prüfung:* Die Abgabe eines Urteils beruht auf einer Mehrzahl von einzelnen Soll-Ist-Vergleichen. – *Möglichkeiten der Verdichtung zu einem Gesamturteil:* (1) *Zusammenfassung unverbundener Einzelurteile:* Einzelurteile werden ohne Berücksichtigung von Interdependenzen zwischen den einzelnen prüfungsrelevanten Merkmalen isoliert gefällt. Durch geeignete Verfahren (z.B. Durchschnittsbildung, Anwendung von Gewichtungssystemen) werden sie zum Gesamturteil zusammengefasst. (2) *Bildung von* → Prüfungsketten: Ist ein komplexes Urteil über mehrere miteinander in Verbindung stehende Istobjekte erforderlich, wird eine Verkettung von Einzelurteilen in Form von zeitlich nacheinander geschalteten Primärvergleichen vorgenommen, wobei Sollobjekte aus den geprüften Istobjekten des vorhergehenden Primärvergleichs abgeleitet werden. (a) *Progressive Prüfungskette,* z.B. bei einer Jahresabschlussprüfung: Prüfung ausgehend vom wirtschaftlichen Tatbestand, um letztlich ein Urteil über eine Bilanzposition zu fällen. (b) *Retrograde Prüfungskette* mit umgekehrter Prüfungsrichtung. (c) Prüfungsketten können verzweigt oder unverzweigt sein; eine Verzweigung resultiert aus der Verflechtung von Ausgangsdaten und Zwischen- oder Endurteilen. – 8. *Prüfungsintensität:* a) *Lückenlose Prüfung:* Sämtliche zum Prüfungskomplex gehörenden Istobjekte werden geprüft. – b) → *Stichprobenprüfung.* – 9. *Angewandte Methoden des Soll-Ist-Vergleichs:* a) *Direkte Prüfung* liegt vor, wenn die Zuordnung von Messwerten zu einzelnen Maßgrößen unmittelbar und direkt erfolgt. – b) *Indirekte Prüfung:* Prüfung aufgrund indirekter Messung. Es werden Ersatzobjekte herangezogen und hieraus Rückschlüsse für die zu beurteilende Objekte gezogen; z.B. wird der Niederschlag von Tatbeständen in Dokumenten statt der Tatsachen selbst betrachtet. Voraussetzung ist ein funktionaler Zusammenhang, weil nur in diesem Falle eine Verknüpfung sinnvoll vorgenommen werden kann. *Wahlweise* indirekte Messung liegt vor, wenn der Prüfer auch eine direkte Messung hätte vornehmen können. Bei *zwangsweise* indirekter Messung

gibt es keine wirtschaftlich vertretbare Möglichkeit einer Abbildung ohne Zuhilfenahme einer Ersatzgröße. Bei der indirekten Ermittlung des Sollobjekts (z.B. → Globalabstimmung, → Verprobung) wird nur ein Bestandteil des Soll-Ist-Vergleichs indirekt ermittelt; bei der indirekten Ermittlung der Soll-Ist-Abweichung aus der Prüfung eines Ersatztatbestandes wird auf die Qualität des eigentlichen Prüfungsobjekts rückgeschlossen (z.B. im Bereich der → Jahresabschlussprüfung Prüfung mithilfe des → internen Kontrollsystems (IKS) oder → EDV-Systemprüfung).

Prüfungsbericht – 1. *Begriff:* Berichterstattung über Gegenstand, Art und Umfang sowie das Ergebnis einer → Prüfung. – 2. *Rechtsgrundlagen:* Bei nicht gesetzlich vorgeschriebenen Prüfungen regelt der Prüfungsauftrag den Prüfungsbericht. Nach gesetzlichen Bestimmungen ist ein schriftlicher Prüfungsbericht vorgeschrieben bei Prüfungen von Jahresabschlüssen von Gesellschaften nach dem HGB und PublG. Außerdem bei Konzernabschlüssen, Jahresabschlüssen von Kreditinstituten, von Versicherungsunternehmungen, von Genossenschaften und bei verschiedenen Sonderprüfungen (→ Wirtschaftsprüfung), bes. bei der Gründungsprüfung. Der Abschlussprüfer hat den Prüfungsbericht zu unterzeichnen und den gesetzlichen Vertretern vorzulegen (→ Jahresabschlussprüfung). Bei Auftragserteilung durch den Aufsichtsrat ist der Prüfungsbericht diesem vorzulegen. – 3. *Aufgaben:* (1) Informationsfunktion: Information der Adressaten über Prüfungsgegenstände und Gang der Prüfung sowie Bericht über das Ergebnis der Prüfung; (2) Unterstützungsfunktion: Fundierung des Prüfungsurteils; (3) Nachweisfunktion: Urkundlicher Nachweis über die Art und Weise der Erfüllung des Prüfungsauftrags durch den → Prüfer. – 4. *Berichtsgrundsätze:* a) *Grundsatz der Wahrheit:* Der Prüfungsbericht muss nach der Auffassung des Prüfers den tatsächlichen Gegebenheiten entsprechen. – b) *Grundsatz der Vollständigkeit:* Alle geforderten Prüfungsfeststellungen müssen enthalten sein und über wesentliche Tatsachen, die sich aus der Prüfung ergeben haben, berichtet werden. – c) *Grundsatz der Unparteilichkeit:* Alle Sachverhalte sind unter Berücksichtigung der verfügbaren Informationen sachgerecht zu werten; auf abweichende Auffassungen gesetzlicher Vertreter des Unternehmens ist hinzuweisen. – d) *Grundsatz der Klarheit:* Die Darstellung muss verständlich, eindeutig und problemorientiert sein. – 5. *Inhalt und Aufbau:* Der Inhalt und Aufbau des Prüfungsberichts ist nach § 321 HGB normiert. Der IDW PS 450 „Grundsätze ordnungsmäßiger Berichterstattung bei Abschlussprüfungen" empfiehlt unter Berücksichtigung der gesetzlichen Vorgaben folgende Gliederung: a) *Bericht:* (1) Prüfungsauftrag; (2) Grundsätzliche Feststellungen (Lage des Unternehmens, Unregelmäßigkeiten); (3) Gegenstand, Art und Umfang der Prüfung; (4) Feststellungen und Erläuterungen zur Rechnungslegung (Buchführung und weitere geprüfte Unterlagen,

Jahresabschluss, Lagebericht); (5) Feststellungen zum Risikofrüherkennungssystem; (6) Feststellungen aus Erweiterungen des Prüfungsauftrags; (7) → Bestätigungsvermerk. – b) *Anlagen zum Prüfungsbericht:* Obligatorische Anlagen zu Bilanz, GuV, Anhang, Lagebericht und Auftragsbedingungen sowie fakultative Anlagen z.B. rechtliche und/oder steuerliche Verhältnisse, wirtschaftliche Grundlagen.

Prüfungsbilanz → Prüferbilanz.

Prüfungskette – Abfolge von Soll-Ist-Vergleichen zur Gewinnung von Prüfungsurteilen, wobei nachfolgende Soll-Ist-Vergleiche jeweils auf vorhergehenden Soll-Ist-Vergleichen aufbauen (→ Prüfung).

Prüfungskonzept – 1. *Begriff:* Das Prüfungskonzept stellt die (in einem Strategie- und Planungsmemorandum schriftlich erfassten und dem Prüfungsteam rechtzeitig zur Verfügung gestellten) → Prüfungsziele dar und artikuliert unter bes. Berücksichtigung der Lage des Unternehmens die → Prüfungstechnik, mit der nach Beurteilung des Abschlussprüfers diese Ziele zu erreichen sind. – 2. *Hintergrund:* Jahresabschluss und Lagebericht sind Spiegelbilder von Geschäftsvorfällen, die in den einzelnen Bereichen des Unternehmens stattfinden und von Geschäftsrisiken, denen diese Bereiche ausgesetzt sind. Geschäftsvorfälle müssen ordnungsgemäß abgewickelt, Geschäftsrisiken muss angemessen Rechnung getragen werden. Das setzt Ziele und kontrollierte Abläufe voraus, die auch dazu dienen, die unterschiedlichen Elemente vollständig und korrekt im Jahresabschluss abzubilden. Das Prüfungskonzept beruht also auf der Erwartung, dass durch Geschäftsvorfälle und Geschäftsrisiken geschaffene Daten eine Reihe von Kontrollen durchlaufen haben, bis sie endlich an den einzelnen Stellen des Jahresabschlusses bzw. Lageberichtes ihren Niederschlag finden. Diesen Weg, der auch ein unrechtmäßiger sein kann, muss der Prüfer erkennen, um Jahresabschluss und Lagebericht – ihre Zusammensetzung und ihr Ergebnis – in der Weise beurteilen zu können, wie sie der Gesetzgeber vorschreibt. Die Pflicht zum Urteil bedeutet aber zugleich die Notwendigkeit, sich über den Inhalt derjenigen Daten eine Meinung zu bilden, die auf ihrem Weg angehalten und vergessen wurden und denen der Zutritt zu Jahresabschluss oder Lagebericht in unzulässiger Weise verwehrt wurde.

Prüfungsplanung → Jahresabschlussprüfung.

Prüfungsstandard – In Deutschland werden Prüfungsstandards vom → Institut der Wirtschaftsprüfer in Deutschland e. V. (IDW) entwickelt. Sie stellen die Berufsauffassung der → Wirtschaftsprüfer (WP) zu bestimmten prüferischen Fragestellungen und Themen dar und gelten als Grundsätze ordnungsmäßiger Abschlussprüfung (→ Grundsätze ordnungsmäßiger Prüfung). Sie sind daher von Wirtschaftsprüfern bei der Durchführung von → Abschlussprüfungen grundsätzlich zu beachten. Die Prüfungsstandards des IDW werden als IDW Prüfungsstandards (IDW

PS) bezeichnet und besitzen jeweils eine dreistellige Nummerierung und einen Titel, z.B. IDW PS 200 „Ziele und allgemeine Grundsätze der Durchführung von Abschlussprüfungen", IDW PS 450 „Grundsätze ordnungsmäßiger Berichterstattung bei Abschlussprüfungen" etc. Bei der Formulierung seiner Prüfungsstandards orientiert sich das IDW weitgehend an den von der → International Federation of Accountants (IFAC) herausgegebenen internationalen Prüfungsstandards, den International Standards on Auditing (ISA). Die ISA werden in analoger Weise wie die IDW PS nummeriert und betitelt, z.B. ISA 550 „Prüfung des Einflusses von Geschäften zwischen verbundenen Parteien auf den Abschluss", ISA 240 „Verantwortlichkeit des Abschlussprüfers, betrügerische Handlungen und Fehler bei Abschlussprüfungen in Betracht zu ziehen" etc.

Prüfungsstellen der Sparkassen- und Giroverbände – Prüfungsorgane, die bei Sparkassen bes. die → Jahresabschlussprüfung, Sonderprüfungen und die → Depotprüfung durchführen können (→ Prüfungsverband).

Prüfungstechnik – Der Begriff Prüfungstechnik beinhaltet die sachgerechte Anwendung von Instrumenten (Vergleich, Augenscheinnahme, Befragung, Beobachtung, Bestätigung, Einsichtnahme und Nachrechnen), die dazu dienen, die → Prüfungsziele (auch unter Beachtung einer wirtschaftlichen Betrachtungsweise) zu erreichen.

Prüfungsverband – Verband, dem das Prüfungsrecht übertragen worden ist. – 1. *Genossenschaftlicher Prüfungsverband:* Verband, dem das Prüfungsrecht über die Feststellung der wirtschaftlichen Verhältnisse und die Ordnungsmäßigkeit der → Genossenschaft verliehen ist (§ 54 GenG). Er soll die Rechtsform des eingetragenen Vereins haben. Mitglieder des Prüfungsverbands können nur eingetragene Genossenschaften oder Unternehmungen sein, die sich ganz oder überwiegend in der Hand von Genossenschaften befinden oder dem Genossenschaftswesen dienen (§ 63b GenG). Verleihung des Prüfungsrechts durch die zuständige oberste Landesbehörde (§ 63 GenG). Näheres in den §§ 53–64c GenG. – 2. → Prüfungsstellen der Sparkassen- und Giroverbände sind organisatorisch selbstständige Bereiche, rechtlich den Verbänden zuzuordnen. In Bezug auf ihre Prüfungstätigkeit und Berichterstattung über die Prüfung sind sie nicht weisungsgebunden (§ 340k III 3 HGB). Der Prüfungsstellenleiter muss Wirtschaftsprüfer oder → vereidigter Buchprüfer sein (§ 340k III 2 HGB) und die sonstigen Voraussetzungen des § 319 II HGB erfüllen.

Prüfungsvermerk – Vermerk über eine erfolgte betriebswirtschaftliche → Prüfung. – Vgl. auch → Bestätigungsvermerk.

Prüfungsziele – *Prüfungsziele* entsprechen bestimmten *Erklärungen* des Managements. Wenn dieses einen ungeprüften Jahresabschluss vorlegt, dann behauptet es, dass *alle Positionen* erfasst wurden, dem Unternehmen unter rechtlichen oder wirtschaftlichen Gesichtspunkten gehören, tatsächlich existieren, den gesetzlichen Bestimmungen entsprechend richtig bewertet, korrekt ausgewiesen und genau ermittelt wurden. Mit der Formulierung der Prüfungsziele, die nach Entwicklung und Lage des Unternehmens entsprechend zu *gewichten sind*, gibt der Abschlussprüfer zu erkennen, dass er den Auftrag hat, ausreichende und angemessene *Nachweise* dafür zu finden, dass die Erklärungen zur Vollständigkeit, zum Eigentum, zum Bestand, zur Bewertung, zum Ausweis und zur Genauigkeit stimmen.

Psychological Breaking Point – Bezeichnung für den Höchstbelastungssatz einer progressiven Einkommensteuer, der aus psychologischer Sicht noch als sinnvoll gelten kann, ohne dass der Leistungswille des Steuerpflichtigen zerstört wird.

Qualifikationskonflikt – 1. *Begriff* des Außensteuerrechts für eine → Doppelbesteuerung oder doppelte Nichtbesteuerung in zwei Staaten wegen abweichender Qualifikation desselben Rechtsgebildes bzw. desselben rechtlichen Sachverhalts nach den Steuerrechten der beteiligten Staaten. – 2. *Arten* nach Auswirkung für den Steuerpflichtigen: (1) *positiver Qualifikationskonflikt*, wenn sich die unterschiedliche Auslegung zulasten des Steuerpflichtigen im Sinn einer Doppelbesteuerung auswirkt; (2) *negativer* wenn sich die unterschiedliche Auslegung dahingehend auswirkt, dass eine Besteuerung in beiden beteiligten Staaten unterbleibt. – 3. *Reaktionen im dt. Einkommensteuerrecht:* a) Im Falle eines negativen Qualifikationskonfliktes darf Deutschland schon nach dem Text des DBA trotzdem weiterhin besteuern, wenn dort eine Freistellung der ausländischen Einkünfte unter dem Vorbehalt steht, dass im Ausland tatsächlich Steuern erhoben werden (→ Rückfallklausel). Seit einigen Jahren sieht § 50d IX EStG außerdem ganz generell vor, dass in all denjenigen Fällen Steuern in Deutschland gezahlt werden müssen, wenn nach deutscher Ansicht die Einkünfte nach dem Abkommen eigentlich zwar in Deutschland nicht besteuert werden dürfen, der andere Staat aber davon ausgeht, dass sie nicht bei ihm (und also wohl nur in Deutschland) besteuert werden dürfen. Der Gesetzgeber reagiert auf die Möglichkeit eines negativen Qualifikationskonflikts also dadurch, dass er in einem solchen Fall einseitig eine Besteuerung auch entgegen dem Text des Abkommens befiehlt. – b) Im Falle eines positiven Qualifikationskonflikts (beide Staaten beanspruchen das Recht auf Besteuerung) bleibt dem Steuerpflichtigen nur die Beantragung eines → Verständigungsverfahrens, um das Problem lösen zu lassen.

Quellenstaat – *Ursprungsstaat;* Begriff des Außensteuerrechts für den Staat, aus dem der Steuerpflichtige Einkommen bezieht oder in dem er Vermögen besitzt, obwohl er dort nicht seinen Wohnsitz oder Hauptwohnsitz unterhält. Der Quellenstaat unterwirft den Steuerpflichtigen i.d.R. mit den Einkünften und mit dem Vermögen in diesem Staat der → beschränkten Steuerpflicht. – Besteht zwischen dem Wohnsitzstaat des Steuerpflichtigen und dem Quellenstaat seiner Einkünfte ein Doppelbesteuerungsabkommen, so gibt es gewöhnlich für die einzelnen denkbaren Formen von Einkünften, wann der Quellenstaat ein Besteuerungsrecht hat und wann nicht. – *Gegensatz:* → Wohnsitzstaat.

Quellenstaatprinzip – 1. *Finanzwissenschaft:* Besteuerung von Einkünften durch den Staat, aus dem die Einkünfte fließen. – 2. *Einkommen- und Körperschaftsteuerrecht:* vorrangiges Ordnungsprinzip der meisten Doppelbesteuerungsabkommen: Das Recht zur Besteuerung wird dem Staat zugesprochen, aus dem die Einkünfte stammen, der Wohnsitzstaat verzichtet entweder ganz auf eine Besteuerung (Freistellungsmethode) oder kürzt seinen eigenen Steueranspruch um die schon im Ausland entstandene Vorbelastung (→ Anrechnungsmethode). Die Besteuerung erfolgt nur im Ausnahmefall im → Wohnsitzstaat des Empfängers, z.B. bei Zinsen, Dividenden und Lizenzgebühren. – Eine der Ausprägungen des Quellenstaatprinzips ist bspw. das → Betriebsstättenprinzip.

Quellensteuern – I. **Außensteuerrecht:** 1. *Begriff:* a) Quellensteuern i.w.S. sind alle Steuern, die vom → Quellenstaat von Steuerausländern im Rahmen der → beschränkten Steuerpflicht direkt vom Ertrag erhoben werden. – b) Quellensteuern i.e.S. sind alle Steuern, die vom Quellenstaat im Rahmen der beschränkten Steuerpflicht von den Einnahmen ohne Veranlagung durch → Steuerabzug einbehalten werden. – 2. *Quellensteuern i.e.S.* werden in den meisten Staaten erhoben auf Dividenden, Zinsen und Lizenzgebühren. – 3. Im Rahmen von → Doppelbesteuerungsabkommen (DBA) werden die *Quellensteuersätze für Dividenden* i.d.R. gesenkt, die *Quellensteuersätze für Zinsen* und *Lizenzgebühren* dagegen häufig aufgehoben.

II. **Allgemeines Steuerrecht:** Synonym für → Abzugsteuern.

III. **Wirtschaftliche Bedeutung, Anwendungsfälle:** 1. *Haftungsrisiko:* Quellensteuern sind für die Wirtschaftspraxis insofern von bes. Bedeutung, als derjenige, der eine Vergütung ohne Abzug auszahlt, wenn ein Steuerabzug (Quellensteuer) angeordnet ist, regelmäßig für den Betrag der Quellensteuer dem Finanzamt gegenüber haftet. Wer den Einbehalt von Quellensteuer bewusst unterlässt, begeht sogar Steuerhinterziehung. Von daher ist es für die Wirtschaftspraxis wichtig, alle mit der Vornahme von Zahlungen befassten Personen regelmäßig in der Gesetzeslage hinsichtlich der Quellensteuern schulen zu lassen. – 2. *Anwendungsfälle:* In Deutschland relevant sind a) unabhängig vom Aufenthaltsort des Zahlungsempfängers: Lohnsteuer, Kapitalertragsteuer, Bauabzugsteuer (§§ 38ff., 44ff. EStG) – b) nur bei Zahlungen an beschränkt steuerpflichtige Zahlungsempfänger zu beachten: → Aufsichtsratsteuer (§ 50a I Nr. 4 EStG 2009), Zahlungen an ausländische Künstler, Sportler etc. für Auftritte in Deutschland (§ 50 I Nr. 1, 2 EStG 2009), Zahlungen für Lizenzrechte und bestimmte andere Rechte (§ 50 I Nr. 3 EStG 2009). – 3. *Verhältnis zu Doppelbesteuerungsabkommen und anderen Sonderregelungen:* Beim Einbehalt von Quellensteuern dürfen Ermäßigungsansprüche, die sich aus bes. Vorschriften ergeben (z.B. aus Doppelbesteuerungsabkommen), üblicherweise vom Zahlenden nur dann beachtet werden, wenn die Finanzbehörden amtlich bestätigt haben, dass der verminderte Steuerabzug im Einzelfall genehmigt ist (§ 48d EStG, § 50d EStG); die eigenständige Beachtung von Quellensteuerermäßigungsvorschriften durch die Betroffenen ist i.d.R. also strikt untersagt.

Quotitätsteuern – Steuern, bei denen die Steuersätze gesetzlich festgelegt sind, während das Aufkommen in Abhängigkeit von der → Bemessungsgrundlage schwankt. – *Gegensatz:* → Repartitionsteuern.

R

R – Abk. für → Richtlinie.

Rabatt – I. **Begriff:** Preisnachlass für Waren und Leistungen, der angewendet wird, wenn ein formell einheitlicher Angebotspreis gegenüber verschiedenen Abnehmern, unter verschiedenen Umständen oder zu verschiedenen Zeiten differenziert werden soll. Rabatt als absoluter Betrag oder in einem Prozentsatz des Angebotspreises. Kein Rabatt sollte ohne Grund gegeben werden. Neben hohen Einkaufsmengen kann z.B. auch die Übernahme der Lagerhaltungsfunktion ein solcher Grund sein.

II. **Arten:** 1. Nach dem *Grund der Rabattgabe:* a) *Barzahlungsrabatt:* Vergütung für schnelle Zahlung (im gleichen Sinn wie → Skonto verwendet). – b) *Warenrabatt:* Berechnungsart des endgültigen Kaufpreises; hierbei bedeutet *Mengenrabatt* (Konsumrabatt) ein Preisnachlass für die Abnahme von größeren Mengen in einer Lieferung oder in einem bestimmten Zeitraum (meist ein Jahr); im letzten Fall vielfach als Umsatzbonus oder Jahresbonus bezeichnet. – c) *Funktionsrabatt:* dem Abnehmer gewährte Vergütung für die Übernahme eines Teils der Handelsfunktionen im Distributionssystem. – d) *Frühbezugsrabatt:* Preisnachlass für vorzeitige Abnahme von Saisonartikeln. – e) *Treuerabatt:* gewährt für langdauernde Geschäftsbeziehungen; i.e.S. auch Rabatte unter der Bedingung, dass der Kunde in einem bestimmten Zeitraum bestimmte Artikel nur von einem Lieferanten einer Lieferantengruppe bezieht. – f) *Kundenrabatt:* an den letzten Verbraucher gewährter Preisnachlass; oft als (zu eng) *Einzelhandelsrabatt* bezeichnet. Der Kundenrabatt tritt durchweg in der Form des Barzahlungsrabatts auf (nach Aufhebung des Rabattgesetzes im Jahre 2001 nicht mehr auf 3 Prozent begrenzt). – g) Viele Arten von *Sonderrabatt,* z.B. der Preisnachlass an im Betrieb Beschäftigte (Personalrabatt) und der an bestimmte Personengruppen (z.B. Beamten- oder Vereinsrabatt) oder Berufsgruppen (z.B. Weiterverarbeitungsrabatt) gewährte Rabatt. – 2. Nach dem *Zeitpunkt* der Rabattgewährung zu unterscheiden: *Sofortrabatt* und *nachträglich vergüteter Rabatt* (z.B. meist der Umsatzbonus).

III. **Bruttopreissystem:** Den Händlern wird die Ware zum Bruttopreis (gleich Verbraucherpreis) in Rechnung gestellt, die gewährte Spanne kommt als Handelsrabatt in Abzug. Dabei treten oft mehrere Rabattarten nebeneinander auf, z.B. neben dem Funktionsrabatt noch ein Mengenrabatt. Rabattsätze auch vielfach gestaffelt (Berechnung des Gesamtrabatts meist wie folgt: 40 Prozent Funktionsrabatt vom Bruttopreis, vom Restbetrag noch 10 Prozent Mengenrabatt, von diesem Restbetrag noch 5 Prozent

Treuerabatt. Das bedeutet dann nicht 55 Prozent Gesamtrabatt, sondern 48,7 Prozent).

IV. **Rabattgesetz:** Das Rabattgesetz (RabattG) vom 25.11.1933 ist 2001 zusammen mit der Zugabe-Verordnung aufgehoben worden. Seither ist die Gewährung von Rabatten als solche auch dann wettbewerbsrechtlich nicht zu beanstanden, wenn die Höhe des Rabatts das bisherige zulässige Limit (§ 2 RabattG) von 3 Prozent übersteigt, der Unternehmer bestimmte Kundenkreise (z.B. Inhaber von Kundenkarten) bevorzugt oder verschiedene Rabattarten miteinander kombiniert. Unberührt von der Aufhebung des Rabattgesetzes bleibt jedoch die Unzulässigkeit einer Werbung mit Rabatten, die den Tatbestand des Kundenfangs erfüllt, etwa weil der Rabatt übertrieben hoch ist oder auf den Kunden ein unangemessener zeitlicher Druck ausgeübt wird.

V. **Buchung:** 1. *Sofortrabatte* werden nicht gebucht, da diese Beträge von vornherein nicht als Zahlungen infrage kommen; gebucht werden die Nettobeträge. – 2. Buchung *nachträglicher Rabatte* (z.B. *4 Prozent*) beim Verkäufer: (1) Forderungen 11.900 an Umsatzerlöse 10.000, Umsatzsteuer 1.900; (2) Bank 11.424, Erlösschmälerung 400, USt-Korrektur 76 an Forderungen 11.900. – Die Erlösschmälerungen werden saldiert mit den Umsatzerlösen als Nettoumsatzerlöse zur Gewinn- und Verlustrechnung abgeschlossen. – 3. Beim *Käufer* mindern Rabatte als Nachlässe den Einstandswert (Einstandspreis) der Materialien bzw. Handelswaren. Die Anschaffungskosten sind daher die saldierten Beträge.

VI. **Umsatzsteuer:** Rabatte mindern die umsatzsteuerliche Bemessungsgrundlage, das → Entgelt. Jeder im Voraus vereinbarte Rabatt muss auf der Rechnung vermerkt werden (§ 14 IV Nr. 7 UStG).

Rabattfreibetrag – 1. *Begriff* aus der Lohnsteuer: Für → Rabatte, die ein Arbeitnehmer aufgrund seines Dienstverhältnisses beim Bezug von Waren oder Dienstleistungen von seinem Arbeitgeber erhält, bleiben 4 Prozent vom üblichen Endpreis der Ware oder Dienstleistung von vornherein steuerfrei, und vom Restbetrag wird ein Rabattfreibetrag von 1.080 Euro abgezogen (§ 8 III EStG). Dieser Freibetrag aus 4 Prozent und die zusätzlichen 1.080 Euro pro Jahr bilden den Rabattfreibetrag. – 2. *Systematische Hintergründe:* Der Rabattfreibetrag ist erforderlich bzw. sinnvoll, weil unter dem Begriff der steuerpflichtigen „Einnahmen" nicht nur Geld selbst, sondern auch geldwerte Vorteile verstanden werden. Aufgrund seines Arbeitsverhältnisses einen Rabatt auf bestimmte Waren zu erhalten, ist also unter systematischen Gesichtspunkten eindeutig eine „Einnahme" aus dem Arbeitsverhältnis, die als solche gemäß § 19 EStG als

Einkünfte aus → nichtselbständiger Arbeit versteuert werden müsste. Um dies praktikabler zu gestalten und Härten vorzubeugen, ist der Rabattfreibetrag sinnvoll. Freilich verhindert der Rabattfreibetrag nicht, dass aus praktischen Gründen über die den Arbeitnehmern gewährten Rabatte wohl Aufzeichnungen geführt werden müssen.

Rasenmähermethode → lineare Subventionskürzung.

rationales Steuersystem → Steuersystem, das die Besteuerung einer einheitlichen Konzeption unterordnet, d.h. unter Vermeidung von Lücken und Überschneidungen hinsichtlich der verschiedenen gesteckten Zielsetzungen ein logisch abgestimmtes Ganzes bildet. – Kriterien zur Messung der Rationalität von Steuersystemen (Haller): Erhebungs- und Entrichtungsbilligkeit, Lastenleichterung, Neutralität, konjunktur- und verteilungspolitische Effizienz, Berücksichtigung der Privatsphäre und innere Geschlossenheit. – *Gegensatz:* → historisches Steuersystem.

Realbesteuerung → Objektbesteuerung.

Realgemeinde – 1. Steuerrechtlicher *Begriff:* Personenzusammenschlüsse, die land- oder forstwirtschaftlich genutzte Grundstücke besitzen und bei denen die Mitglieder zu Nutzungen an diesen Grundstücken berechtigt sind. – 2. *Besteuerung:* a) Von der → Körperschaftsteuer befreit sind gemäß § 3 II KStG Hauberg-, Wald-, Forst- und Laubgenossenschaften sowie ähnliche Realgemeinden, unabhängig davon, ob sie Körperschaften des öffentlichen oder des privaten Rechts sind. – b) Die Einkünfte aus der Realgemeinde unterliegen unmittelbar bei den Beteiligten der *Einkommensteuer* als Einkünfte aus Land- und Forstwirtschaft (§ 3 II KStG, § 13 I Nr. 4 EStG). – c) Unterhalten oder verpachten Realgemeinden einen Gewerbebetrieb, der über den Rahmen eines → Nebenbetriebes hinausgeht, so sind sie insoweit selbst körperschaftsteuerpflichtig.

Realsplitting – Begriff des Einkommensteuerrechts. Nach § 10 I Nr. 1 EStG können → Unterhaltsleistungen an den geschiedenen oder dauernd getrennt lebenden, unbeschränkt einkommensteuerpflichtigen Ehegatten beim Unterhaltsverpflichteten bis zu 13.805 Euro im Kalenderjahr als → Sonderausgaben abgezogen werden. – Beim Unterhaltsberechtigten werden gemäß § 22 Nr. 1a EStG die Unterhaltsleistungen, soweit sie beim Geber abgezogen werden können, als → sonstige Einkünfte erfasst. – Werbungskosten können in nachgewiesener Höhe bzw. in Höhe des → Pauschbetrages von 102 Euro abgezogen werden (§ 9a Nr. 3 EStG). – Voraussetzung des Realsplittings ist ein Antrag des Unterhaltsverpflichteten mit Zustimmung des Berechtigten. Die Zustimmung für das jeweilige Jahr gilt bis auf Widerruf. Der Antrag ist auch für mehrere Jahre möglich. – Lebt der geschiedene Ehegatte im EU-Ausland, ist ein Realsplitting unter bestimmten Bedingungen

ebenfalls möglich (§ 1a EStG). – Ab dem Veranlagungszeitraum 2010 ist zu beachten, dass sich der Höchstbetrag von 13.805 Euro um die in dem jeweiligen Veranlagungszeitraum für die Absicherung des geschiedenen oder dauernd getrennt lebenden, unbeschränkt einkommensteuerpflichtigen Ehegatten aufgewandten Beiträge (nach § 10 I Nr. 3 EStG) erhöht. Werden Unterhaltsleistungen an mehrere Empfänger geleistet, können Unterhaltsleistungen bei jeden Empfänger bis zum Höchstbetrag geltend gemacht werden, R 10.2 Abs. 3 EStR.

Realsteuern – *Objektsteuern, Sachsteuern.* 1. *Begriff:* Steuern, die an Steuerobjekte anknüpfen, ohne die Berücksichtigung der persönlichen Verhältnisse des Eigentümers oder sonst Berechtigten. Die Realsteuern stellen deshalb im Grundsatz nicht auf die persönliche Leistungsfähigkeit (→ Leistungsfähigkeitsprinzip) des Berechtigten ab. Realsteuern sind → Grundsteuer und → Gewerbesteuer (§ 3 II AO). → Steuerklassifikation nach dem Kriterium der Verknüpfung von Steuersubjekt und -objekt. – 2. *Bedeutung hinsichtlich der Abzugsfähigkeit* bei der Ermittlung des steuerpflichtigen Einkommens: Die Realsteuern sind als → Betriebsausgaben oder → Werbungskosten abzugsfähig. – *Gegensatz:* → Personensteuern.

Realteilung – 1. Realteilung einer → Personengesellschaft liegt vor, wenn jeder Gesellschafter bei deren Auflösung und Beendigung einen Teil des Gesellschaftsvermögens übernimmt und mit diesem ein Einzelunternehmen eröffnet bzw. fortführt. Bei Kapitalgesellschaften spricht man bei dem vergleichbaren Vorgang heute nicht mehr von Realteilung, sondern von der Spaltung von Kapitalgesellschaften. – 2. *Steuerliche Konsequenzen:* Die Realteilung einer Personengesellschaft führt seit dem 1.4.1999 als Aufgabe eines Mitunternehmeranteils zu einem steuerpflichtigen Gewinn. Das gilt allerdings nicht, soweit einer der Realteiler einen intakten Betrieb, Teilbetrieb oder Mitunternehmeranteil übernimmt. Dann sind zwingend die stillen Reserven in diesem Vermögen nicht aufzudecken (§§ 16 III, 6 III EStG). – Vgl. auch → Buchwertfortführung.

Rechenfehler → offenbare Unrichtigkeit.

Rechnung – *Faktura;* Mitteilung des aufgrund des Kaufvertrags etc. fälligen Entgelts.

I. Bestandteile: 1. *Kopf:* Empfängeranschrift, Zeichen und Datum der Bestellung, eigenes Zeichen des Auftrags, Nummer und Datum der Rechnung. – 2. *Kern:* Bezeichnung der Leistung bzw. der Ware mit Stückzahl oder sonstiger Mengenbezeichnung; Positionsnummern; Einzel-, Gesamt- und Endpreis sowie die Zahlungsbedingungen und andere Vorschriften.

II. Umsatzsteuerrecht: 1. *Begriff:* Urkunde, mit der ein Unternehmer über Lieferungen und sonstige Leistungen gegenüber dem Leistungsempfänger abrechnet, gleichgültig, wie diese Urkunde im Geschäftsverkehr bezeichnet wird (z.B. Angaben in einem Vertrag). Als Rechnung zählt auch eine Gutschrift, wenn sie den Formvorschriften entspricht und der leistende Unternehmer dem Inhalt der Gutschrift nicht widerspricht. – 2. *Form:* Eine Rechnung ist auf Papier oder als → elektronische Rechnung zu übermitteln (§ 14 I UStG). – 3. Eine Rechnung im Sinn des UStG muss bestimmte *Pflichtbestandteile* enthalten; ist dies nicht der Fall, hat der Leistungsempfänger keinen Anspruch auf → Vorsteuerabzug (§ 15 I Nr. 1 UStG). Diese sind: a) Leistender Unternehmer und Leistungsempfänger müssen beide mit vollständigem Namen und vollständiger Anschrift genannt sein; b) dt. Umsatzsteuer-Identifikationsnummer oder Steuernummer des leistenden Unternehmers, c) Ausstellungsdatum, d) fortlaufende Rechnungsnummer, e) Menge und Art der in handelsüblicher Weise bezeichneten gelieferten Gegenstände oder Art und Umfang der erbrachten sonstigen Leistung, f) Zeitpunkt der Lieferung oder sonstigen Leistung oder Zeitpunkt der Vereinnahmung des Entgelts, wenn dieser feststeht, g) Nettoentgelte, Steuersätze bzw. Steuerbefreiungen für jede einzelne Leistung, sowie jede im Voraus vereinbarte Minderung des Entgelts, h) in bes. Fällen Hinweis auf die Aufbewahrungspflicht des Leistungsempfänger. Erleichterungen bestehen für → Kleinbetragsrechnungen. – 4. *Sonderregelungen* verlangen teilweise auch die Angabe der Umsatzsteuer-Identifikationsnummer des Leistungsempfängers auf der Rechnung (§ 14a UStG). Geht die Pflicht zur Zahlung der Steuer nach Sonderregelungen auf den Kunden über (z.B. bei Dreiecksgeschäft oder bei Reverse-Charge-Verfahren), so ist nur der Nettobetrag auszuweisen und ein Hinweis auf die Steuerschuldnerschaft des Kunden auf der Rechnung anzubringen; vgl. § 14a UStG. – 5. Eine *Pflicht zur Ausstellung einer* Rechnung im umsatzsteuerlichen Sinn besteht immer dann, wenn der Kunde ein Unternehmer und/oder eine juristische Person ist (§ 14 II Satz 2 UStG); auch in den übrigen Fällen ist der Unternehmer zur Ausstellung einer Rechnung berechtigt. – 6. *Folgen einer falschen Rechnung:* Wer eine Rechnung im umsatzsteuerlichen Sinn ausstellt und hierauf eine zu hohe Steuer ausweist, gefährdet hierdurch das Steueraufkommen, weil die Rechnung vom Empfänger potenziell zum Vorsteuerabzug benutzt werden könnte. Er schuldet deshalb gegenüber der Finanzbehörde den ausgewiesenen Mehrbetrag, bis er die Rechnung berichtigt (und in einigen Fällen auch das eingetretene fiskalische Risiko beseitigt hat; §§ 14b, 14c UStG). Zugleich jedoch steht einem Leistungsempfänger, der die Rechnung akzeptiert hat, in der die Umsatzsteuer zu hoch ausgewiesen ist, aus dieser Rechnung kein Vorsteuerabzug für diesen Mehrbetrag zu (§ 15 I Nr.1 UStG); er muss vielmehr auf Rechnungsberichtigung und Erstattung der zu viel bezahlten Umsatzsteuer durch seinen Geschäftspartner bestehen.

Rechnungsprüfung – Prüfung des Rechnungswesens z.B. eines Vereins, ggf. auch einer Unternehmung. – Vgl. auch → Jahresabschlussprüfung,

→ Wirtschaftsprüfung, Wirtschaftsprüfungsmethoden.

rechtliches Gehör – 1. *Allgemein:* Anspruch eines jeden auf rechtliches Gehör vor Gericht (Art. 103 I GG), d.h. der Betroffene muss vor Erlass einer ihm nachteiligen Entscheidung Gelegenheit haben, sich zur Sache zu äußern. Das Gericht trifft die Pflicht, das Vorbringen des Betroffenen zur Kenntnis zu nehmen und zu erwägen. Dieser Grundsatz gilt bei allen Gerichten. – *Bei Verletzung* nach Erschöpfung des Rechtsweges: Verfassungsbeschwerde. Wird das rechtliche Gehör in entscheidungserheblicher Weise verletzt, ist die Möglichkeit eröffnet, einen Fortgang des Verfahrens mit der *Anhörungsrüge* (Gehörsrüge) zu erreichen (§ 321a ZPO, §§ 33a,356a StPO, § 55 Abs. 4 JGG, § 78 ArbGG, § 152a VwGO, § 133 FGO, § 178a SGG). – 2. Nach *Verwaltungsrecht* gilt der Grundsatz i.d.R. auch für alle einen einzelnen belastenden Entscheidungen der Verwaltungsbehörden (vgl. § 28 VwVfG). – 3. *Steuerrecht:* a) Bevor ein belastender → Verwaltungsakt erlassen wird, soll dem → Steuerpflichtigen Gelegenheit gegeben werden, sich zu den entscheidungserheblichen Tatsachen zu äußern. Dies bes. dann, wenn von den Angaben in der → Steuererklärung zu seinen Ungunsten abgewichen werden soll (§ 91 AO). Bei geringfügigen Abweichungen ist ein Hinweis im Rahmen einer Anlage zum → Steuerbescheid ausreichend. – b) Ist rechtliches Gehör versehentlich *unterblieben,* kann die Anhörung nach Erlass des Steuerbescheids nachgeholt werden, wodurch seine Fehlerhaftigkeit geheilt wird (§ 126 I Nr. 3 AO). – c) Soweit der Steuerpflichtige durch eine unterlassene Anhörung eine rechtzeitige Anfechtung des Verwaltungsakts versäumt hat, ist ihm → Wiedereinsetzung in den vorigen Stand zu gewähren, es sei denn, die Abweichungen wurden in dem betreffenden Steuerbescheid oder einer Anlage dazu erläutert (AEAO zu § 91 Nr. 3). – d) Ein generelles Recht auf *Akteneinsicht* im Steuerfestsetzungsverfahren besteht grundsätzlich nicht.

Rechtsanwalt – unabhängiger Vertreter und Berater in allen Rechtsangelegenheiten. – *Rechtsgrundlage:* Bundesrechtsanwaltsordnung vom 1.8.1959 (BGBl. I 565) m.spät.Änd.

I. Berufsstand: 1. Der Rechtsanwalt übt als *unabhängiges Organ* der Rechtspflege einen → freien Beruf aus und betreibt kein Gewerbe. Sein Recht, in allen Rechtsangelegenheiten vor Gerichten, Schiedsgerichten oder Behörden aufzutreten, kann nur durch Bundesgesetz beschränkt werden. Jedermann hat i.Allg. das Recht, sich in Rechtsangelegenheiten durch einen Rechtsanwalt beraten und vertreten zu lassen. In manchen Fällen besteht die Notwendigkeit, sich durch einen Rechtsanwalt vertreten zu lassen (Anwaltszwang). – 2. Die Tätigkeit als Rechtsanwalt setzt eine *Zulassung durch die Landesjustizverwaltung* voraus. Nur wer die Befähigung zum Richteramt hat, kann zugelassen werden. Die Zulassung kann nur aus ausdrücklich aufgeführten Gründen versagt werden.

Hiergegen Anrufung des Ehrengerichts möglich. – 3. Der Rechtsanwalt muss bei einem bestimmten Gericht der ordentlichen Gerichtsbarkeit *zugelassen* sein. Er kann in Prozessen vor jedem dt. Gericht auftreten, vor dem BGH allerdings nur, wenn er dort zugelassen ist. – 4. Der Rechtsanwalt ist i.d.R. *nicht verpflichtet, eine Sache zu übernehmen*. Einen Auftrag, den er nicht übernehmen will, muss er unverzüglich ablehnen. Er darf *nicht tätig werden,* (1) wenn ihm ein standeswidriges Verhalten zugemutet wird, (2) wenn er in eine Interessenkollision gerät, (3) für einen Auftraggeber, zu dem er in einem ständigen Dienstverhältnis steht (Syndikusanwalt). – 5. Zwischen dem Rechtsanwalt und seinem Auftraggeber (Mandanten) besteht ein *Dienstvertrag* (Geschäftsbesorgungsvertrag). – 6. Die bei Gelegenheit eines Prozesses oder einer Beratung entstandenen *Handakten* hat der Rechtsanwalt fünf Jahre aufzubewahren, wenn er nicht vorher den Mandanten zur Empfangnahme auffordert. Der Rechtsanwalt hat an den Handakten ein Zurückbehaltungsrecht. Schadensersatzansprüche gegen den Rechtsanwalt verjähren in drei Jahren. – 7. Das *Vertrauensverhältnis* zwischen Rechtsanwalt und Mandant ist geschützt durch Aussageverweigerungsrecht (§ 383 ZPO, § 53 StPO), Geheimhaltungspflicht (§ 203 StGB) und Strafvorschrift gegen Parteiverrat (§ 356 StGB). – 8. Fachanwalt.

II. **Vergütung:** 1. Für jede Tätigkeit hat der Rechtsanwalt Anspruch auf Gebühren und Ersatz seiner Auslagen, die grundsätzlich im Pauschalsystem nach dem Streitwert berechnet werden. – *Höhe:* Rechtsanwaltsvergütungsgesetz (RVG) vom 5.5.2004 (BGBl. I 788). – 2. Der Rechtsanwalt kann einen *Vorschuss* (üblich vielfach zwei Gebühren) verlangen. – 3. Die Gebühren werden stets von dem Auftraggeber *geschuldet,* gleich, wem das Gericht die Prozesskosten auferlegt.

III. **Standesrecht:** Die Rechtsanwälte im Bezirk eines Oberlandesgerichts (OLG) sind in einer *Rechtsanwaltskammer* als öffentlich-rechtliche Selbstverwaltungskörperschaft, die einzelnen Rechtsanwaltskammern in der Bundesrechtsanwaltskammer zusammengeschlossen. Die Rechtsanwälte unterliegen einer bes. *Ehrengerichtsbarkeit* vor dem Ehrengericht und dem Ehrengerichtshof, die für jeden Bezirk einer Rechtsanwaltskammer gebildet sind.

IV. **Arbeitsgerichtsbarkeit:** Vor den Arbeitsgerichten können sich die Parteien durch Rechtsanwalt vertreten lassen; vor den Landesarbeitsgerichten ist die Vertretung nicht auf Rechtsanwälte beschränkt. Beim Bundesarbeitsgericht (BAG) besteht Anwaltszwang.

V. **Finanzgerichtsbarkeit:** Rechtsanwälte sind auch ohne bes. Erlaubnis befugt, in Steuer- und Steuerstrafsachen die Vertretung zu übernehmen (→ Bevollmächtigter).

VI. **Verwaltungsgerichtsbarkeit:** Vor dem Verwaltungsgericht können Rechtsanwälte auftreten; vor dem Oberverwaltungsgericht und dem Bundesverwaltungsgericht besteht grundsätzlich Anwaltszwang.

VII. **Sozialgerichtsbarkeit:** Vor den Sozialgerichten können Rechtsanwälte auftreten, vor dem Bundessozialgericht (BSG) ist der Vertretungszwang (§ 73 I SGG) nicht nur auf die Vertretung durch Rechtsanwälte beschränkt.

Rechtsanwaltsgebührenordnung – Die Bundesgebührenordnung für Rechtsanwälte (BRAGO) ist mit Wirkung vom 1.7.2004 abgelöst worden durch das Rechtsanwaltsvergütungsgesetz (RVG).

Rechtsauskunft → Lohnsteuerauskunft, → verbindliche Ursprungsauskunft, → verbindliche Zolltarifauskunft, → Auskunft.

Rechtsbehelfe – 1. *Begriff:* a) *i.e.S.:* außerhalb der eigentlichen → Rechtsmittel prozessual eröffnete Möglichkeiten zur Herbeiführung einer Nachprüfung ergangener Entscheidungen. – b) *I.w.S.:* Bezeichnung für Rechtsmittel. – 2. *Arten:* a) förmliche Rechtsbehelfe, meist an eine bestimmte Frist und Form gebunden, z.B. die Erinnerung, der → Einspruch oder im Bußgeldverfahren der Antrag auf gerichtliche Entscheidung über den Bußgeldbescheid; ferner die Gehörsrüge nach § 321a ZPO, § 78a ArbGG, § 152a VwGO, § 128 FGO, § 178a SGG. – b) Ein unvollkommener, aber nicht frist- oder formgebundener Rechtsbehelf ist – auch im Bereich des Strafverfahrens – die Dienstaufsichtsbeschwerde; ferner die Gegenvorstellung. – 3. Das *Verwaltungsverfahrensgesetz* enthält für das Verwaltungsverfahren eine allg. Regelung. Förmlicher Rechtsbehelf ist hier der Widerspruch (§§ 68 ff. VwGO). – 4. Für das *Steuerrecht* regelt die Abgabenordnung (AO) die Zulässigkeit des → Einspruchs als außergerichtlicher Rechtsbehelf (§ 347 AO).

Rechtsbeschwerde – Der → Revision ähnlicher Rechtsbehelf, mit dem nur Rechtsverletzungen gerügt werden können.

I. **Verfahren wegen Ordnungswidrigkeiten:** Zulässig gegen Entscheidung des Amtsgerichts im Bußgeldverfahren, (1) wenn Geldbuße mehr als 250 Euro beträgt, (2) eine Nebenfolge angeordnet wurde, (3) ein → Einspruch als unzulässig verworfen, (4) ein Freispruch oder eine Einstellung erfolgt ist oder kein Fahrverbot verhängt ist und im Bußgeldbescheid oder Strafurteil eine Geldbuße von mehr als 600 Euro festgesetzt oder von der Staatsanwaltschaft beantragt war, (5) gegen den Widerspruch des Betroffenen das Gericht durch Beschluss entschieden hat oder (6) die Rechtsbeschwerde zugelassen wurde (§§ 79–80 OWiG). – 1. *Einlegung* binnen einer Woche seit Zustellung des Beschlusses oder Verkündung des Urteils zu Protokoll der Geschäftsstelle oder durch Schriftsatz. Es gelten die Grundsätze einer Revision. – 2. Es *entscheidet* das Oberlandesgericht durch Beschluss. – 3. Die Rechtsbeschwerde hat *keine aufschiebende Wirkung,* jedoch kann Vollstreckung ausgesetzt werden.

II. Steuerrecht: → Beschwerde, → Rechtsmittel.

III. Zivilprozess: Durch das ZPO-Reformgesetz vom 27.7.2001 (BGBl. I 1887, 3138) wurde die Rechtsbeschwerde in das Zivilprozessrecht neu eingeführt (§§ 574–577 ZPO). Sie ist zulässig gegen Gerichtsbeschlüsse, wenn dies im Gesetz ausdrücklich vorgesehen ist oder das Beschwerdegericht, das Berufungsgericht oder das Oberlandesgericht im ersten Rechtszug sie in dem Beschluss zugelassen hat (Zulassungsbeschwerde, § 574 I ZPO). Die Rechtsbeschwerde ist zur zuzulassen, wenn der Rechtssache grundsätzliche Bedeutung zukommt oder aber zur Fortbildung des Rechts oder zur Sicherung einer einheitlichen Rechtsprechung eine Entscheidung des Rechtsbeschwerdegerichts erforderlich ist (§ 574 II, III ZPO). Die Rechtsbeschwerde ist innerhalb einer Notfrist von einem Monat nach Zustellung des Beschlusses durch Einreichen einer Beschwerdeschrift bei dem Rechtsbeschwerdegericht einzulegen und binnen einer – verlängerbaren – Frist von einem Monat zu begründen (§ 575 I, II, III ZPO). Der Gegner der Rechtsbeschwerde kann sich der Rechtsbeschwerde anschließen; die Anschlussrechtsbeschwerde ist entsprechend in der Anschlussrevision geregelt.

rechtsfähige Vereine → Vereine mit Rechtsfähigkeit, erworben durch Eintragung in das Vereinsregister des zuständigen Amtsgerichts oder staatliche Verleihung (§§ 21 ff. BGB). – *Steuerliche Behandlung:* Rechtsfähige Vereine sind kraft ihrer Rechtsform unbeschränkt steuerpflichtig (§ 1 I Nr. 4 KStG, wenn sie ihren Sitz und/oder ihre Geschäftsleitung in Deutschland haben. Sie unterscheiden sich dadurch von den nicht rechtsfähigen Vereinen und Zweckvermögen (§ 1 I Nr. 5 KStG), die nach § 3 KStG nur dann unbeschränkt steuerpflichtig sind, wenn ihr Einkommen weder nach dem KStG noch nach dem EStG unmittelbar bei einem anderen Steuerpflichtigen zu versteuern ist. – Unbeschränkt steuerpflichtige Vereine können in vollem Umfang steuerbefreit sein, wenn sie gemeinnützig sind (§ 5 I Nr. 9 KStG).

rechtsgeschäftlich gestaltete Treuhandschaft → Treuhandschaft.

Rechtskraft – Rechtsbegriff für die grundsätzliche Unanfechtbarkeit einer Entscheidung.

I. Zivilprozessordnung: 1. *Formelle Rechtskraft:* Eine gerichtliche Entscheidung kann nicht mehr durch ein → Rechtsmittel angefochten werden. Die formelle Rechtskraft tritt ein bei Urteilen und Beschlüssen, gegen die kein Rechtsmittel zulässig ist, oder bei Verzicht auf dieses, bei Ablauf der Rechtsmittelfrist, d.h. zulässigem Einspruch oder der Gehörsrüge nach § 321a ZPO oder Erschöpfung des Instanzenzuges (§705 ZPO). – 2. *Materielle Rechtskraft:* Das streitige Rechtsverhältnis zwischen den Parteien ist endgültig geregelt; keine abweichende Entscheidung kann mehr ergehen. Zweck ist die Förderung der Rechtssicherheit und die Wahrung des Rechtsfriedens. Sachlich beschränkt auch den betreffenden Klageanspruch;

maßgebend ist die Urteilsformel, ergänzend zur Auslegung die Entscheidungsgründe. – 3. Ist nur über den *Teilbetrag* einer Forderung entschieden, wirkt Rechtskraft nur hinsichtlich des Teilbetrages. – 4. Möglichkeit einer *Wiederaufnahme des Verfahrens* zwecks Beseitigung der Rechtskraft besteht nur bei groben Verstößen (Abänderungsklage). – 5. In einigen Fällen wird die Wirkung der Rechtskraft *über die Parteien hinaus ausgedehnt* (§§ 325–327 ZPO), v.a. nach dem Eintritt der Rechtshängigkeit auf den Rechts- oder Besitznachfolger der streitbefangenen Forderung oder Sache sowie den Rechtsnachfolger einer Partei, ferner bei Prozessführung für Rechnung eines Dritten und für und gegen diesen (z.B. wirkt die Rechtskraft bei einem vom Insolvenzverwalter geführten Prozess für und gegen den Gemeinschuldner). Die Rechtskraft eines gegen eine OHG oder KG ergangenen Urteils erstreckt sich auf die einzelnen Gesellschafter; die Feststellung, dass eine Gesellschaftsschuld vorliegt oder nicht, wirkt aber auch gegen die später in Anspruch genommenen Gesellschafter (§§ 129, 161 HGB). – 6. *Beschlüsse* sind nur insoweit der Rechtskraft fähig, als sie Rechtsbeziehungen der Parteien abschließend regeln, z.B. Kostenfestsetzungsbeschluss, Zuschlagsbeschluss im Zwangsversteigerungsverfahren.

II. Strafrecht: 1. Die *formelle Rechtskraft* erstreckt sich nicht nur auf die gerichtliche Entscheidung, sondern z.B. auch auf einen von der Verwaltung erlassenen Bußgeldbescheid. – 2. Die *materielle Rechtskraft* bedeutet, dass der einer formell rechtskräftigen Entscheidung zugrunde liegende Sachverhalt nicht mehr gegen dieselbe Person zum Gegenstand eines auf ihre Verfolgung gerichteten weiteren Verfahrens gemacht werden darf (sog. Strafklageverbrauch). Dieser Grundsatz („ne bis in idem") hat in Art. 103 III GG Niederschlag gefunden. – 3. *Wiederaufnahme des Verfahrens* ist möglich.

III. Verwaltungsgerichtsbarkeit: 1. *Formelle Rechtskraft* tritt ein, wenn die Frist für die Einlegung eines → Rechtsmittels ungenutzt verstrichen ist bzw. nach Abschluss aller Instanzen der Verwaltungsgerichtsbarkeit. – 2. *Materielle Rechtskraft:* An das Urteil sind die Beteiligten und ihre Rechtsnachfolger gebunden, soweit über den Streitgegenstand entschieden worden ist (§ 121 VwGO).

IV. Finanzgerichtsbarkeit: 1. *Formelle Rechtskraft:* Diese tritt ein, wenn ein → Rechtsmittel gegen eine gerichtliche Entscheidung nicht mehr gegeben oder die Rechtsmittelfrist ungenutzt verstrichen ist. – 2. *Materielle Rechtskraft:* Rechtskräftige Urteile der Finanzgerichte binden die Beteiligten und deren Rechtsnachfolger insoweit, als über den Streitgegenstand entschieden worden ist. Im Übrigen bleiben die allg. Vorschriften über die Zurücknahme, Ersetzung oder Änderung von Verfügungen sowie über die Nachforderung von Steuern unberührt (§ 110 FGO). – 3. *Verfügungen der Finanzbehörden:* Verfügung.

Rechtsmittel – förmliche, gesetzlich zugelassene → Rechtsbehelfe mit dem Ziel der Überprüfung der Entscheidung durch eine höhere Instanz.

I. Zivilrecht: ein Rechtsbehelf, durch dessen Einlegung die benachteiligte Partei eine ihr ungünstige, noch nicht rechtskräftige Entscheidung zur Nachprüfung durch ein übergeordnetes Gericht stellt. – *Rechtsmittel sind:* (1) Berufung, (2) → Revision und (3) sofortige Beschwerde. Die Rechtsmittel i.e.S. sind gekennzeichnet durch den Suspensiveffekt (Hemmung des Eintritts der Rechtskraft) und den Devolutiveffekt (nur das übergeordnete Gericht kann entscheiden). – *Keine Rechtsmittel i.e.S. sind:* (1) einfache → Beschwerde, (2) → Einspruch gegen ein Versäumnisurteil oder einen Vollstreckungsbescheid, (3) Widerspruch gegen einen Mahnbescheid (Mahnverfahren), (4) → Erinnerung, (5) Gehörsrüge nach § 321a ZPO, § 152a VwGO, § 128 FGO, § 172 SGG . – Die *Einlegung* des Rechtsmittels muss in bestimmter *Form* innerhalb bestimmter Frist erfolgen: Anfechtbar ist i.d.R. nur eine Entscheidung, die dem Einleger gegen seinen Antrag etwas versagt.

II. Strafrecht: Die Rechtsmittel gegen gerichtliche Entscheidungen sind die einfache (§304 StPO), sofortige (§ 311 StPO) und weitere Beschwerde (§ 310 StPO), die Berufung(§§ 312 ff StPO) und die → Revision (§§ 333 ff. StPO) und führen zur Nachprüfung eines Urteils durch ein übergeordnetes Gericht (§§ 296 ff. StPO).

III. Arbeitsrecht: Arbeitsgerichtsbarkeit, Berufung, → Revision.

IV. Öffentliches Recht: Verwaltungsgerichtsbarkeit.

V. Steuerrecht: 1. gegen *Verfügungen* der Finanzbehörden grundsätzlich der Rechtsbehelf des → Einspruchs (Vorverfahren). – Vgl. auch → Finanzgerichtsbarkeit. – 2. *gegen die Rechtsbehelfsentscheidungen* (oder, soweit gesetzlich ein Vorverfahren nicht vorgeschrieben ist, unmittelbar) Klage im Finanzrechtsweg vor den Gerichten der → Finanzgerichtsbarkeit.

VI. Kartellrecht: § 63 (Beschwerde gegen Verfügungen der Kartellbehörde) und § 74 GWB (Rechtsbeschwerde gegen den Beschluss des Oberlandesgerichts).

Rechtsträger, Spaltung von – **I. Gesellschaftsrecht:** 1. *Grundsätzliches:* Ein Rechtsträger kann ohne Abwicklung durch Übertragung des Vermögens auf zwei oder mehrere Nachfolgegesellschaften umgewandelt werden (*Spaltung* als Form der Umwandlung) und dadurch eine Sonderrechtsnachfolge herbeiführen. Zweck der Spaltung sind u.a. Trennung bisheriger Gesellschafterparteien, Erbteilung, aber auch Umstrukturierung von Konzernteilen. – Geregelt im Umwandlungsgesetz (UmwG) vom 28.10.1994 (BGBl. I 3210) m.spät.Änd., insbesondere in den §§ 123 ff. – 2. *Formen:* Die Spaltung ist möglich: (1) Durch Aufspaltung unter Auflösung des Vermögens eines Rechtsträgers ohne Abwicklung

zur Aufnahme bzw. Neugründung durch gleichzeitige Übertragung der Vermögensteile jeweils als Gesamtheit auf andere bestehende bzw. von ihm dadurch neu gegründete Rechtsträger gegen Gewährung von Anteilen oder Mitgliedschaften dieser Rechtsträger an die Anteilsinhaber des übertragenden Rechtsträgers *(Aufspaltung);* (2) durch Abspaltung eines oder mehrerer Teile des Vermögens eines Rechtsträgers zu dem unter 2 (1) genannten Zweck gegen Gewährung von Anteilen oder Mitgliedschaften dieses Rechtsträgers oder dieser Rechtsträger an die Anteilsinhaber des übertragenden Rechtsträgers *(Abspaltung);* (3) durch Ausgliederung eines oder mehrerer Teile des Vermögens eines Rechtsträgers zu dem unter 2 (1) genannten Zweck gegen Gewährung von Anteilen oder Mitgliedschaften dieses Rechtsträgers oder dieser Rechtsträger an den übertragenden Rechtsträger *(Ausgliederung;* vgl.§ 123 UmwG). – 3. *Spaltungsfähige Rechtsträger:* (1) Die in § 3 I UmwG genannten Rechtsträger (→ Verschmelzung); (2) als übertragende Rechtsträger weiter → Stiftungen, Gebietskörperschaften oder Zusammenschlüsse von Gebietskörperschaften, die nicht Gebietskörperschaften sind (z.B. Zweckverbände) (§ 124 UmwG). – 4. *Allg. Voraussetzungen:* a) *Abschluss eines Spaltungs- und Übernahmevertrages* (§ 126 UmwG), im Fall der Spaltung zur Neugründung die Aufstellung eines Spaltungsplans (§ 136 UmwG). Inhalt des Spaltungsvertrages vgl. → Verschmelzung. – b) Darüber hinaus genaue *Bezeichnung und Aufteilung der Gegenstände des Aktiv- und Passivvermögens,* die an jeden der übernehmenden Rechtsträger übertragen werden, sowie der übergehenden Betriebe und Betriebsteile unter Zuordnung zu den übernehmenden Rechtsträgern, bei Aufspaltung und Abspaltung die Aufteilung der Anteile oder Mitgliedschaften jedes der übernehmenden Rechtsträger auf die Anteilsinhaber des übertragenden Rechtsträgers sowie der Maßstab der Aufteilung. – c) Hinsichtlich des Spaltungsberichtes (§ 127 UmwG), der Beteiligung des Betriebsrates sowie der Gläubigerschutzvorschriften entsprechen die Regelungen denen der → Verschmelzung. – d) Bei der Beteiligung von Gesellschaften mit beschränkter Haftung an der Spaltung ist stets ein Sachgründungsbericht, bei Beteiligung von Aktiengesellschaften ein Gründungsbericht und eine Gründungsprüfung erforderlich (§§ 123–173 UmwG). – 5. *Gesetzlich geregelte Arten der Spaltung nach dem Umwandlungsgesetz:* Vgl. Abbildung „Spaltung von Kapitalgesellschaften".

II. Steuerrecht: Zivilrechtliche Formen für alle Kapitalgesellschaften: (1) Aufspaltung: (a) Zur Aufnahme, (b) zur Neugründung; (2) Abspaltung: (a) Zur Aufnahme, (b) zur Neugründung; (3) Ausgliederung: (a) Zur Aufnahme, (b) zur Neugründung. – 1. *Gesetzliche Grundlage für Spaltung auf eine andere Körperschaft* (bis zur *Einführung des SEStEG):* § 15 UmwStG, der die sinngemäße Anwendung der §§ 11–13 UmwStG vorsieht. § 15 UmwStG regelt die Aufspaltung, Abspaltung und Vermögensübertragung als Teilübertragung auf eine andere Körperschaft. Ausgliederung wird nach § 20 UmwStG behandelt (Einbringung). – 2. *Tatbestandsvoraussetzungen:* Liegen die Voraussetzungen des § 15 UmwStG vor, sind die Vorschriften der §§ 11–13 UmwStG sinngemäß anzuwenden. Überträgerin und Übernehmerin(nen) müssen unbeschränkt körperschaftsteuerpflichtig sein. Auf die Übernehmerinnen muss ein Teilbetrieb übertragen werden. Im Fall der Abspaltung oder Teilübertragung muss auch das zurückbleibende Vermögen bei der übertragenden Körperschaft einen Teilbetrieb bilden. Als Teilbetrieb gilt auch ein Mitunternehmeranteil oder eine 100-prozentige Beteiligung an einer Kapitalgesellschaft. Allerdings ist die steuerneutrale Spaltung nach § 15 II UmwStG (vormals § 15 III UmwStG) nicht möglich, sofern Übertragungsobjekt Mitunternehmeranteile oder Beteiligungen sind, die innerhalb eines Zeitraums von drei Jahren vor dem steuerlichen Übertragungsstichtag durch Übertragung von Wirtschaftsgütern, die keinen Teilbetrieb bildeten, erworben oder aufgestockt worden sind. Die steuerneutrale Behandlung wird ebenfalls versagt, sofern durch die Spaltung die Veräußerung an außen stehende Personen vollzogen wird oder die Voraussetzungen für eine Veräußerung geschaffen werden. Diese gilt bei Verkauf von 20 Prozent der Anteile innerhalb von fünf Jahren als gegeben. Ist mit der Spaltung die Trennung von Gesellschafterstämmen beabsichtigt, so muss die Beteiligung an der übertragenden Körperschaft mind. fünf Jahre vor dem steuerlichen Übertragungsstichtag

Spaltung von Rechtsträgern

Rechtsträger übertragender	übernehmender oder neuer							
	Personenhandelsgesellschaften	Partnerschaftsges.	GmbH	AG/KGaA	e. Genossenschaft	e.V./ wirtschaftliche Vereine	Gen. Prüfungsverbände	VVaG
Personenhandelsgesellschaften (OHG, KG)	§§ 125, 135	§§ 125, 135	§§ 125, 135; 138-140	§§ 125, 135; 141-146	§§ 125, 135; 147, 148	–		
Partnerschaftsges.	§§ 125, 135	§§ 125, 135	§§ 125, 135; 138-140	§§ 125, 135; 141-146	§§ 125, 135; 147, 148	–	–	
GmbH	§§ 125, 135; 138-140	§§ 125, 135; 138-140	§§ 138-140	§§ 125, 135; 141-146	§§ 138-140; 147, 148	–		
AG/KGaA	§§ 125, 135; 141-146	§§ 125, 135; 141-146	§§ 138-140; 141-146	§§ 141-146	§§ 141-146; 147, 148	–		
e. Genossenschaft	§§ 125, 135; 147, 148	§§ 125, 135; 147, 148	§§ 138-140; 1417, 148	§§ 141-146; 147, 148	§§ 147, 148	–		
e.V./wirtschaftl. Vereine	§§ 125, 135, 149	§§ 125, 135, 149	§§ 138-140; 149	§§ 141-146; 149	§§ 147, 148; 149	§§ 149	–	
Gen. Prüfungsverbände	–	–	nur Ausgliedg. §§ 138-140; 150	nur Ausgliedg. §§ 141-146; 150	–		§ 150	
VVaG	–	–	nur Ausgliedg. keine Übertrag. v. Vers.-vetr. §§ 138-140; 151	nur Vers. AG nur Auf-/ Abspaltung §§ 141-146; 151	–	–	–	Auf-/Abspaltung §§ 151
Einzelkaufmann	§§ 125, 135; 152-160	–	nur Ausgliedg. §§ 138-140; 152-160	nur Ausgliedg. §§ 141-146; 152-160	nur Ausgliedg. §§ 147, 148; 152-160	–	–	–
Stiftungen	nur Ausgliedg. §§ 125, 135; 161-167	–	nur Ausgliedg. §§ 138-140; 161-167	nur Ausgliedg. §§ 141-146; 161-167	–	–	–	–
Gebietskörperschaften	nur Ausgliedg. §§ 125, 135; 168-173	–	nur Ausgliedg. §§ 138-140; 168-173	nur Ausgliedg. §§ 141-146; 168-173	nur Ausgliedg. §§ 147, 148; 168-173	–	–	–

bestanden haben. – 3. *Rechtsfolgen:* Bei der übertragenden Körperschaft entsteht, wenn das übergehende Vermögen mit dem Buchwert angesetzt wird, kein Übertragungsgewinn. Sofern der Ansatz zum Teilwert oder zu einem Zwischenwert erfolgt, entsteht insoweit ein steuerpflichtiger Übertragungsgewinn. Bei der übernehmenden Körperschaft bleiben ein sich in der Steuerbilanz ergebender Übernahmegewinn bzw. -verlust grundsätzlich außer Ansatz (auch bei der Gewerbesteuer). Bei den Anteilseignern gelten die Anteile an der übertragenden Körperschaft gemäß § 13 UmwStG als zum Buchwert bzw. zu ihren Anschaffungskosten veräußert. Die an ihre Stelle tretenden Anteile bleiben steuerverhaftet und gelten als zum gleichen Wert angeschafft. Auf den Spaltungsstichtag muss die übertragende Körperschaft eine Steuerbilanz erstellen. – 4. *Aufspaltung oder Abspaltung auf eine Personengesellschaft:* Die Vorschriften zum Vermögensübergang von einer Körperschaft auf eine Personengesellschaft oder natürliche Person sind entsprechend anzuwenden (§ 16 UmwStG). – 5. *Persönlicher Anwendungsbereich:* Seit dem Jahr 2007 sind die Vorschriften des dt. Umwandlungssteuergesetzes über die Spaltung von Kapitalgesellschaften auch dann anwendbar, wenn die zu spaltende Kapitalgesellschaft oder eine der Nachfolgegesellschaften keine dt., sondern eine EU-ausländische Gesellschaft ist; vorher war das nicht der Fall. – 6. *Rechtslage in anderen europäischen Staaten:* Dass Kapitalgesellschaften möglichst steuerneutral gespalten werden können, ist für grenzüberschreitende Fälle in allen Staaten der EU durch die Fusionsrichtlinie zwingend vorgeschrieben. In „innerstaatlichen" Fällen, d.h. Fällen, bei denen der ursprüngliche Gesellschaft und ihre Nachfolgegesellschaften allesamt im selben Staat gegründet sind, kann jeder EU-Staat für sich entscheiden, wie er die Spaltung regelt, allerdings darf er z.B. dt. Gesellschaften, die gespalten werden und Vermögen auf seinem Gebiet haben, dann nicht ungünstiger behandeln als seine eigenen Gesellschaften, wenn diese eine Spaltung durchführen würden (Diskriminierungsverbot).

Redepflicht – Verpflichtung des → Abschlussprüfers gemäß § 321 I 3 HGB. Er hat im → Prüfungsbericht über bei Wahrnehmung seiner Aufgaben festgestellte Unrichtigkeiten oder Verstöße gegen gesetzliche Vorschriften sowie Tatsachen zu berichten, die den Bestand eines geprüften Unternehmung gefährden, ihre Entwicklung wesentlich beeinträchtigen können oder die schwerwiegende Verstöße der gesetzlichen Vertreter oder von Arbeitnehmern gegen Gesetz, Gesellschaftsvertrag oder Satzung erkennen lassen.

Re-Export → Wiederausfuhr.

Re-Export-Kontrolle → End User Control (EUC).

Regelbewertung → Stuttgarter Verfahren.

regressiver Steuertarif → Steuerregression.

Reichensteuer – 1. *Begriff:* Die sog. „Reichensteuer" bezeichnet die erhöhte Einkommensbesteuerung für

bes. hohe → Einkommen. Der Spitzensteuersatz beträgt ab einem zu versteuernden Einkommen von 250.731 Euro für Ledige bzw. 501.462 Euro für Verheiratete grundsätzlich 45 Prozent. Damit liegt der Spitzensteuersatz um 3 Prozentpunkte über dem „normalen" Spitzensteuersatz von 42 Prozent. – 2. *Besonderheit:* Für den Veranlagungszeitraum 2007 gilt die Besonderheit, dass Gewinneinkünfte einer Entlastung von 3 Prozentpunkten unterliegen (§ 32c II EStG). Diese Begünstigung ist jedoch nur für den Anteil der Gewinneinkünfte am zu versteuernden Einkommen anzuwenden. Die Begünstigung basiert auf Reformmaßnahmen im Rahmen der Unternehmensteuerreform 2008.

Reihengeschäfte – 1. *Begriff:* Umsatzgeschäfte mehrerer Unternehmer über denselben Liefergegenstand, bei denen der Gegenstand auf direktem Wege vom ersten Unternehmer an den letzten Abnehmer in der Reihe befördert oder versendet wird (§ 3 VI UStG). Die Beförderung/Versendung kann auch durch einen Abnehmer erfolgen, d.h. die Ware kann auch durch den Letztabnehmer beim ersten Unternehmer abgeholt werden oder von einem Unternehmer innerhalb der Reihe beim ersten Unternehmer abgeholt und von dort zum letzten Abnehmer transportiert werden. – 2. *Umsatzsteuerliche Behandlung:* Beim Reihengeschäft ist die Beförderung/Versendung der Ware von einem Unternehmer nur zu einem der betreffenden Liefergeschäfte zuzuordnen. Demzufolge ist nur diese Lieferung als „bewegte" Lieferung anzusehen, für die sich der Ort der → Lieferung nach § 3 VI UStG bestimmt. Für die davor und dahinter liegenden Liefergeschäfte in der Kette wird der Ort der Lieferung als Ort von → ruhenden Lieferungen gemäß § 3 VII UStG am Anfangsort bzw. Endort der Warenbewegung bestimmt; zugrunde liegt die Vorstellung, dass diese Lieferungen zeitlich in logischen Sekunden vor bzw. hinter der bewegten Lieferung stattfinden und die Ware daher bei diesen Lieferungen noch keine Bewegung bzw. keine Bewegung mehr aufweisen kann. Holt ein Unternehmer innerhalb der Unternehmerkette die Ware beim ersten Unternehmer ab und bringt sie zum letzten Abnehmer, dann existiert ein faktisches Wahlrecht: Die Warenbewegung wird der Lieferung an diesen Unternehmer zugeordnet, es sei denn, er weist nach, dass er die Beförderung der Ware in seiner Eigenschaft als Lieferant seines Kunden ausgeführt hat. – 3. *Sonderregelungen* existieren für ein innergemeinschaftliches → Dreiecksgeschäft (§ 25b UStG).

Re-Import – 1. *Begriff:* Wiedereinfuhr von Waren, die zuvor in ein fremdes Wirtschaftsgebiet ausgeführt wurden. Reimporte werden z.T. zur Umgehung von Preisbindungs- oder Preisempfehlungssystemen (Preisbindung der zweiten Hand, Preisempfehlung) vorgenommen. Problematisch für Hersteller sind Reimporte, wenn damit eine regionale Preisdifferenzierung unterwandert wird. – 2. *Zollrecht:* Werden ehemalige → Gemeinschaftswaren wiedereingeführt, ist regelmäßig → Zollfreiheit gegeben, → Rückwaren gem. Art. 185 ff. Zollkodex (ZK).

Reinheitsgebot – auf das 16. Jh. zurückgehende Vorschrift, nach der Bier in Deutschland mit wenigen Ausnahmen nur aus Gerstenmalz, Hopfen, Hefe und Wasser gebraut werden darf, heute geregelt im Vorläufigen Biergesetz vom 29.7.1993, geändert 1998. Auf anderen Bestandteilen gebrautes Bier darf jedoch aus anderen Mitgliedsstaaten der EU nach Deutschland eingeführt werden; die frühere gegenseitige Regelung ist als Verstoß gegen die Warenverkehrsfreiheit vom EuGH (Europäischen Gerichtshof) aufgehoben worden. – Vgl. auch → Biersteuer.

Reinvermögen → Gesamtvermögen.

Reinvestitionsrücklage – I. Rechnungswesen: 1. *Begriff:* Die Regelungen zur Reinvestitionsrücklage (§ 6b EStG) sollen der Wirtschaft die ökonomisch sinnvolle Anpassung an strukturelle Veränderungen erleichtern. Daher ermöglicht diese Vorschrift, stille Reserven aus der Veräußerung eines Wirtschaftsguts steuerneutral in eine Rücklage einzustellen und diese später mit den Kosten der Neuinvestition zu verrechnen. Nach § 6b III EStG ist es zulässig, am Schluss des Wirtschaftsjahres der Veräußerung in Höhe des → Veräußerungsgewinns eine steuerfreie Rücklage zu bilden. Diese sog. Reinvestitionsrücklage neutralisiert zunächst den Veräußerungsgewinn. Die Rücklage muss in der Handelsbilanz als Sonderposten mit Rücklageanteil und in der → Steuerbilanz erscheinen. Nach Ablauf der vorgesehenen Reinvestitionsfrist ist sie gewinnerhöhend aufzulösen. – 2. *Voraussetzungen:* Begünstigt übertragbar sind Gewinne (stille Reserven) aus der Veräußerung von Grund und Boden, von Aufwuchs eines land- und forstwirtschaftlichen Betriebs sowie von Gebäuden oder Binnenschiffen auf die Anschaffungs- oder Herstellungskosten von (a) Grund und Boden, soweit der Gewinn bei der Veräußerung von Grund und Boden entstanden ist, (b) Aufwuchs, soweit der Gewinn bei der Veräußerung von Grund und Boden oder Aufwuchs entstanden ist, (c) Gebäuden, soweit der Gewinn bei der Veräußerung von Grund und Boden, Aufwuchs oder Gebäuden entstanden ist, oder (d) Binnenschiffen, soweit der Gewinn bei der Veräußerung von Binnenschiffen entstanden ist. (e) Der Anschaffung oder Herstellung von Gebäuden steht ihre Erweiterung, ihr Ausbau oder ihr Umbau gleich. (f) Darüber hinaus muss die Gewinnermittlung nach § 4 I EStG oder nach § 5 EStG erfolgen. (g) Die veräußerten Wirtschaftsgüter müssen mind. sechs Jahre zum Anlagevermögen einer inländischen Betriebsstätte gehört haben; (h) neue Wirtschaftsgüter müssen entweder einem anderen Betrieb oder einem Sonderbetriebsvermögen des Steuerpflichtigen angehören. – 3. *Anteile an Kapitalgesellschaften (§ 6b X EStG):* Gewinne aus der Veräußerung von Anteilen an Kapitalgesellschaften sind bis zu einem Betrag von 500.000 Euro begünstigt. Diese Begünstigung gilt jedoch nur für natürliche Personen. Die Gewinne sind

übertragbar auf die Anschaffungs- bzw. Herstellungskosten von (a) Anteilen an Kapitalgesellschaften, soweit diese im Wirtschaftsjahr der Veräußerung oder in den folgenden zwei Wirtschaftsjahren neu angeschafft werden; (b) abnutzbaren beweglichen Wirtschaftsgütern unter denselben Voraussetzungen; (c) Gebäuden, soweit diese in den folgenden vier Wirtschaftsjahren neu angeschafft werden. (d) Sind die Ersatzwirtschaftsgüter Anteile an Kapitalgesellschaften, wird der volle Betrag des erzielten Gewinns übertragen; handelt es sich dagegen um Gebäude oder bewegliche Wirtschaftsgüter, umfasst der zu übertragende Betrag nur den nach dem → Halbeinkünfteverfahren noch steuerpflichtigen Teil des Veräußerungsgewinns. – 4. *Bildung und Verwendung:* Es besteht die Möglichkeit, die bei der Veräußerung aufgedeckten stillen Reserven entweder sofort im Wirtschaftsjahr der Veräußerung mit den Anschaffungs- oder Herstellungskosten der Ersatzwirtschaftsgüter zu verrechnen oder sie in der Bilanz zum Ende des Wirtschaftsjahres in eine Rücklage einzustellen. Die Rücklage kann auch noch im Wege einer Bilanzänderung nachgeholt werden. – 5. *Frist:* Nach Ablauf der vorgesehenen Reinvestitionsfrist ist die Rücklage gewinnerhöhend aufzulösen. Die Frist beträgt regelmäßig vier Jahre, bei neu zu errichtenden Gebäuden hingegen sechs Jahre, sofern mit der Herstellung vor dem Schluss des vierten Wirtschaftsjahres, das auf die Rücklagenbildung folgt, begonnen wird (§ 6b III EStG). Im Fall der Veräußerung im Rahmen städtebaulicher Sanierungs- und Entwicklungsmaßnahmen verlängert sich die Frist jeweils um weitere drei Jahre (§ 6b VIII EStG). Dem Beginn der Herstell.ung steht die Einreichung eines Bauantrags gleich. Gewinne aus der Veräußerung von Anteilen an Kapitalgesellschaften können in den folgenden zwei Jahren auf die Anschaffungskosten von neu angeschafften Anteilen an Kapitalgesellschaften oder abnutzbaren Wirtschaftsgütern bzw. innerhalb von vier Wirtschaftsjahren auf Gebäude übertragen werden. – 6. *Auflösung:* Die Reinvestitionsrücklage ist gewinnerhöhend aufzulösen: (1) in Höhe des abgezogenen Betrags; (2) am Schluss des vierten, bei neu hergestellten Gebäuden spätestens am Schluss des sechsten, auf ihre Bildung folgenden Wirtschaftsjahres. Dabei wird der durch die Steuerstundung erreichte Zinsvorteil ausgeglichen, indem der Gewinn bei Auflösung der Auflösung für jedes volle Wirtschaftsjahr, in dem die Rücklage bestanden hat, um 6 Prozent des aufzulösen Rücklagenbetrags erhöht wird (§ 6b VII EStG). – 7. *Rechtsprechung:* Deutschland wurde von der EU-Kommission aufgefordert, Änderungen bezüglich der Regelung des Inlandsbezugs bei der Übertragung stiller Reserven vorzunehmen. Begründet wird dies mit dem Verstoß gegen die Niederlassungsfreiheit (EU-Pressemitteilung vom 29.09.2011).

II. Handelsrecht: Der Ausweis einer Reinvestitionsrücklage in der Handelsbilanz als Sonderposten mit Rücklageanteil gemäß § 247 III HGB a.F. ist mit

Inkrafttreten des Bilanzrechtsmodernisierungsgesetzes (BilMoG) so wie der einhergehenden Abschaffung der umgekehrten Maßgeblichkeit nicht länger zulässig.

Reise – 1. *Steuerrecht:* → Reisekosten. – 2. *Zollrecht:* → Reisender.

Reisebedarf → Reiseverkehr.

Reisegerät → Reiseverkehr.

Reisegewerbesteuer – früher: *Wandergewerbesteuer;* Erhebungsform der → Gewerbesteuer für das Reisegewerbe (§§ 2 I, 35a GewStG). Wird im Rahmen eines einheitlichen Gewerbebetriebes sowohl ein stehendes Gewerbe als auch ein Reisegewerbe betrieben, so ist der Betrieb in vollem Umfang als stehendes Gewerbe zu behandeln (z.B. Herstellung von Haushaltsartikeln im stehenden Gewerbebetrieb, Absatz durch Hausierhandel). – *Hebeberechtigt* ist die Gemeinde, von der aus die gewerbliche Tätigkeit überwiegend ausgeübt wird (i.d.R. also die Wohnsitzgemeinde des Reisegewerbetreibenden); eine auswärtige Gemeinde nur, wenn die gewerbliche Tätigkeit von einem dort befindlichen Büro oder Warenlager aus überwiegend ausgeübt wird. Ist der Mittelpunkt der gewerblichen Tätigkeit nicht feststellbar, so ist die Gemeinde hebeberechtigt, in der der Unternehmer polizeilich gemeldet oder meldepflichtig ist (§ 35 GewStDV). Falls im Laufe des Erhebungszeitraums der Mittelpunkt der gewerblichen Tätigkeit verlegt wird, hat das Finanzamt den einheitlichen Steuermessbetrag nach zeitlichen Anteilen (Kalendermonaten) auf die beteiligten Gemeinden zu zerlegen (§ 35a IV GewStG; → Zerlegung).

Reisekosten – I. Steuerrecht: 1. *Begriff:* Abzugsfähig sind grundsätzlich die Reisekosten, die bei einer beruflich veranlassten Auswärtstätigkeit anfallen (LStR 2011). Die bisherige Unterscheidung in Dienstreise, Fahrtätigkeit und Einsatzwechseltätigkeit wurde mit der Neuregelung aufgehoben. Ab dem Jahr 2008 gilt einheitlich der Begriff Auswärtstätigkeit. – a) Eine beruflich veranlasste Auswärtstätigkeit liegt vor, wenn der Arbeitnehmer vorübergehend außerhalb der Wohnung und an keiner seiner regelmäßigen Arbeitsstätte beruflich tätig wird. Es handelt sich außerdem um eine Auswärtstätigkeit, wenn der Arbeitnehmer bei seiner individuellen beruflichen Tätigkeit typischerweise nur an ständig wechselnden Tätigkeitsstätten oder auf einem Fahrzeug tätig ist. – b) Zu den abzugsfähigen *Reisekosten* zählen Fahrtkosten (R 9.5 LStR), Verpflegungsmehraufwendungen (R 9.6 LStR), Übernachtungskosten (R 9.7 LStR) und Reisenebenkosten (R 9.8 LStR), die fast ausschließlich beruflich veranlasste Auswärtstätigkeit des Arbeitnehmers entstanden sind. – c) Ist die Auswärtstätigkeit *zum Teil privat veranlasst,* sind die Aufwendungen grundsätzlich durch Schätzung zu trennen und nur die beruflich veranlassten Kosten sind abzugsfähig. Ist eine Trennung zwischen privat und beruflich veranlassten

Reisekosten nicht möglich, sind die gesamten Aufwendungen der privaten Lebensführung zuzuordnen und sind daher nicht abzugsfähig. Für Kosten, die fast ausschließlich privat veranlasst sind (z.B. Bekleidung), entfällt ein Steuerabzug. – d) *Aufzeichnungspflicht:* Die Kosten sind nur dann steuerlich abzugsfähig, wenn der Aufzeichnungspflicht nachgekommen wird. Somit hat beispielsweise eine Aufzeichnung von Anlass, Reisedauer und Reiseweg zu erfolgen. Außerdem ist ein Nachweis wie Fahrtenbuch, Tankbelege etc. zu führen. – 2. *Ertragsteuern:* Reisekosten gelten als → Betriebsausgaben bzw. können im Rahmen der Einkommensteuer als Werbungskosten des Arbeitnehmers berücksichtigt werden, wenn sie durch den → Arbeitgeber nicht steuerfrei ersetzt werden. – 3. *Höhe der abzugsfähigen Reisekosten:* a) Fahrtkosten sind in Höhe der tatsächlichen Aufwendungen bei persönlicher Benutzung eines Beförderungsmittels abzugsfähig; bei öffentlichen Verkehrsmitteln kann der Fahrpreis einschließlich Zuschläge abgezogen werden; bei Benutzung eines eigenen Fahrzeugs kann bei Einzelnachweis der Kilometerersatz aus jährlichen Gesamtkosten angesetzt werden. Alternativ kann eine Pauschale bei Benutzung von Kraftwagen von 0,30 Euro pro km, bei Benutzung von Motorrad/Motorroller von 0,13 Euro pro km, bei Benutzung von Moped/Mofa von 0,08 Euro pro km und bei Benutzung von Fahrrad von 0,05 Euro pro km geltend gemacht werden. Für jede Person, die bei der Dienstreise mitgenommen wird, wird der pauschale Kilometersatz von 0,30 Euro um weitere 0,02 Euro und der Kilometersatz von 0,13 Euro um weitere 0,01 Euro erhöht. Ab dem Veranlagungszeitraum ist die Begrenzung der Drei-Monatsfrist bei Fahrtkosten entfallen. – b) *Verpflegungsmehraufwendungen:* Bei Mehraufwendungen für Verpflegung ist die Abzugsfähigkeit der Kosten für Geschäfts- und Dienstreisen nur in Höhe gewisser Pauschalen möglich. Für jeden Kalendertag sind anzusetzen: (1) bei 24-stündiger Abwesenheit 24 Euro; (2) bei mind. 14-stündiger Abwesenheit 12 Euro; (3) bei mind. 8-stündiger Abwesenheit 6 Euro. Für tagesübergreifende Tätigkeiten und Auslandstätigkeiten gelten bes. Regelungen (§ 4 V Nr. 5 EStG; § 9 V EStG). – c) *Übernachtungskosten:* Die Erstattung der Übernachtungskosten durch den Arbeitgeber bei Dienstreise eines Arbeitnehmers ist steuerfrei (§ 3 Nr. 16 EStG), soweit die Erstattung in Höhe der sonst abzugsfähigen Betriebsausgaben oder Werbungskosten erfolgt. Für jede Übernachtung im Inland ist die Gewährung eines Pauschbetrages von 20 Euro durch den Arbeitgeber steuerfrei zulässig, wenn der Arbeitnehmer die Unterkunft nicht aus dienstlichen Gründen unentgeltlich oder verbilligt erhält (R 9.7 LStR). Für Übernachtungskosten anlässlich einer Dienstreise werden mit Ausnahme von Auslandsreisen keine Pauschbeträge gewährt. Ist der Verpflegungsanteil bei den Übernachtungskosten nicht gesondert ausgewiesen, kann die Erstattung nur in Höhe eines geminderten Gesamtpreises erfolgen. Der Gesamtpreis für Frühstück ist um 20 Prozent, für Mittag- und Abendessen um 40 Prozent des für den Unterkunftsort maßgebenden Verpflegungspauschbetrages für eine mind. 24-stündige Abwesenheit zur kürzen (R 9.6 I S. 4 LStR). – d) Reisenebenkosten: Hierunter fallen die tatsächlichen Aufwendungen für Beförderung und Aufbewahrung von Gepäck, Kosten für Parkplatz, aber auch für Schadenersatz bei einem Verkehrsunfall; dies jedoch nur, wenn die Fahrtkosten als Reisekosten anzusetzen sind. Eine Erstattung durch den Arbeitgeber ist steuerfrei zulässig, wenn die tatsächlichen Aufwendungen nicht überschritten werden. – e) Betreffend Aufwendungen für Unterbringung und Mehraufwendungen für Verpflegung bei → Auslandsreisen s. dort. Ab dem Jahr 2008 wird der Abzug als Werbungskosten bzw. als Betriebsausgaben nur noch bei Einzelnachweis anerkannt.

II. Kostenrechnung: Reisekosten werden überwiegend den Verwaltungs- und Vertriebskostenstellen zugerechnet; sie können aber auch für andere Kostenstellen (Einkauf, Betrieb) anfallen. I.d.R. werden sie direkt anhand der Reiseabrechnungen verteilt; auftragsweise Verrechnung als Sonderkosten ist möglich. – Für *Vertreterkosten* bes. Kostenart des Vertriebsbereichs.

Reisemitbringsel → Reiseverkehr.

Reisender – 1. *Handelsrecht:* Häufig verwendete Bezeichnung für reisende Angestellte, Handlungsgehilfen. – 2. *Zollrecht:* gemäß Art. 236 ZK-DVO ist Reisender (1) eine Person, die vorübergehend in das Zollgebiet der EU gelangt und es nach der vorübergehenden Aufenthalt wieder verlässt, (2) eine Person, die vorübergehend das Zollgebiet der EU verlässt, wo sie ihren gewöhnlichen Wohnsitz hat und die nach einem vorübergehenden Aufenthalt im Drittland in das Zollgebiet der EU zurückkehrt.

Reiseverkehr – I. Allgemein: 1. *Begriff:* a) Häufig synonyme Bezeichnung für *Tourismus*. – b) Unter Reiseverkehr werden alle Formen und Arten des Reisens – so auch die nichttouristischen Reiseverkehr-Aspekte – wie die schwerpunktmäßige Beschäftigung mit allg. Transport- und Verkehrsaspekten und deren -problemen verstanden. – 2. *Abgrenzung:* Dabei bleibt offen, inwieweit sich Reiseverkehr auf Personenverkehr beschränkt oder auch Güterverkehr umfasst.

II. Internationale Wirtschaftsbeziehungen: Internationaler Reiseverkehr ist für einige Länder ein wichtiger Aktivposten der Zahlungsbilanz; er wird für das leistende Land als Dienstleistungsexport angesehen und verbessert die Leistungsbilanz.

III. Umsatzsteuerrecht: Für → Ausfuhrlieferungen im Reiseverkehr bes. Drittlandsgebiet gilt § 17 UStDV: Ausfuhren im sog. nicht kommerziellen außergemeinschaftlichen Reiseverkehr (ein → ausländischer Abnehmer mit Wohnort im Drittlandsgebiet erwirbt einen Gegenstand im Inland für private Zwecke und führt ihn im persönlichen Reisegepäck in das Drittlandsgebiet aus): Steuerfrei, wenn der

→ Ausfuhrnachweis zusätzliche Angaben zu Name und Anschrift des ausländischen Abnehmers und den Identitätsnachweis durch eine Grenzzollstelle enthält.

IV. Zollrecht: Zahlreiche Besonderheiten und Vereinfachungen gelten für die Zollabwicklung des Reiseverkehrs, z.B. Zollanmeldungen beim Durchschreiten des roten oder grünen Kanals auf einem Flughafen oder die sog. *Reisefreimenge*, die zollfrei bleibt. Eine rechtliche Definition des Reisenden wird in der Verordnung (EG) Nr. 2454/93 (sog. Zollkodex-Durchführungsverordnung, ZK-DVO) getroffen.

religiöse Zwecke → gemeinnützige Zwecke.

Rennwett- und Lotteriesteuer – 1. *Rechtsgrundlagen:* Rennwett- und Lotteriegesetz vom 8.4.1922 (RGBl. I 1393) m.spät.Änd.; Ausführungsbestimmungen (Rennw-LottAB) vom 16.6.1922 m.spät. Änd. – 2. *Steuerarten:* a) *Rennwettsteuer* erfasst Einsätze, die aus Anlass von Pferderennen beim Totalisator oder beim Buchmacher gemacht werden; Steuersatz: 16,66 Prozent vom Einsatz. Die Steuer ist vom Unternehmer aufgrund von Nachweisungen im Abrechnungsverfahren zu entrichten, ohne dass der Wetter haftet. In der Praxis werden die Gewinne oft um den Steuerbetrag gekürzt (Steuerüberwälzung). – b) *Lotteriesteuer* ist von Lotterien und (Sach-)Ausspielungen vor Beginn des Verkaufs durch den Veranstalter im Abrechnungsverfahren zu entrichten; Höhe bei inländischen Losen 20 Prozent des Preises ohne Steuer, 16,66 Prozent des Preises mit Steuer; bei ausländischen Losen 0,25 Euro für je einen Euro vom planmäßigen Preise (was gegenüber ausländischen Betreibern einer Lotterie aus anderen EU-Staaten übrigens diskriminierend sein dürfte und diese in ihrer Dienstleistungsfreiheit tangiert). Steuerschuldner ist der Veranstalter bzw. bei ausländischen Losen derjenige, der die Lose in das Inland verbracht hat; der Käufer des Loses haftet. – Steuerfrei sind (1) nicht-gewerbliche Ausspielungen, bei denen Ausweise nicht erteilt werden, oder bei denen der Gesamtwert der Lose einer Ausspielung nicht mehr als 650 Euro beträgt, (2) von den zuständigen Behörden genehmigte Lotterien, bei denen der Gesamtpreis der Lose einer Lotterie oder Ausspielung entweder (bei Lotterien zu ausschließlich gemeinnützigen, mildtätigen oder kirchlichen Zwecken) nicht höher ist als 40.000 Euro oder (bei sonstigen Zwecken) nicht höher ist als 240 Euro. – 3. *Aufkommen:* 1.420 Mio. Euro (2011), 1.813 Mio. Euro (2005), 1.861,5 Mio. Euro (2003), 1.944,4 Mio. Euro (2002), 1.917,7 Mio. Euro (2001), 1.801,2 Mio. Euro (2000), 1.424 Mio. Euro (1995), 1.063,8 Mio. Euro (1990), 801 Mio. Euro (1985), 655 Mio. Euro (1980), 429 Mio. Euro (1975), 289 Mio. Euro (1970), 204 Mio. Euro (1965), 141 Mio. Euro (1960), 73 Mio. Euro (1955), 43 Mio Euro (1950).

Rente – 1. *Begriff:* periodisch wiederkehrende gleichbleibende Leistungen in Geld oder vertretbaren Sachen, die ihren Rechtsgrund in einem einheitlich nutzbaren, selbstständigen Rentenstammrecht haben und auf das Leben eines Menschen oder auf die Dauer von mind. zehn Jahren gewährt werden. Renten sind zu unterscheiden von anderen dauernden Lasten, anderen dauernden Bezügen und Kaufpreisraten. – 2. *Einzelregelungen:* → Rentenbesteuerung.

Rentenbesteuerung – I. Einkommensteuer: 1. *Gegenleistungsrenten:* Die Rentenzahlung ist Gegenleistung für die Übertragung von Vermögenswerten. – a) Beim *Rentenverpflichteten* stellt der Rentenbarwert die Anschaffungskosten der angeschafften Wirtschaftsgüter dar. Die Zins- bzw. Ertragsanteile der Rente können – je nach Verwendung der Wirtschaftsgüter – → Betriebsausgaben, → Werbungskosten oder → Sonderausgaben sein. – b) Beim *Rentenberechtigten* ist danach zu differenzieren, ob Wirtschaftsgüter des → Privatvermögens oder des → Betriebsvermögens veräußert wurden: (1) Ein entstehender Veräußerungsgewinn oder -verlust im Privatvermögen ist grundsätzlich unbeachtlich. – *Ausnahmen:* Veräußerung einer → wesentlichen Beteiligung; sog. private Veräußerungsgeschäfte (ehem. Spekulationsgeschäfte). Bei Veräußerung einer wesentlichen Beteiligung gelten die Grundsätze unter (2). (2) Im *Betriebsvermögen* erhöht (mindert) der Veräußerungsgewinn (-verlust) grundsätzlich den laufenden Gewinn. Bei einer Veräußerung des gesamten Betriebs, eines Teilbereichs oder eines Mitunternehmeranteils hat der Veräußerer ein Wahlrecht: entweder sofortige begünstigte Versteuerung der Differenz zwischen dem Rentenbarwert und der Summe der Buchwerte, oder Verrechnung aller empfangenen Rentenzahlungen gegen den Buchwert bzw. die Verrechnung des veräußerten Objekts; sobald die Summe der laufenden Zahlungen den Buchwert bzw. die Anschaffungskosten übersteigt, gelten die Renten in voller Höhe als nachträgliche (Betriebs-) Einnahmen der zugehörigen Einkunftsart. Freibeträge oder Maßnahmen zur Glättung der Progression werden dann nicht gewährt (→ Veräußerungsgewinn). – 2. *Private Veräußerungsrenten:* (1) *Zuwendungsrenten:* Die Rentenzahlung soll der Versorgung einer Person dienen. – a) Beim *Rentenverpflichteten* stellen die Zahlungen in voller Höhe Betriebsausgaben dar, wenn die Zuwendung betrieblich veranlasst ist. Fehlt ein betrieblicher Anlass, so stellen die gesamten Rentenzahlungen (bei Leibrenten: Ertragsanteile) Sonderausgaben dar. – b) Beim *Berechtigten* sind betrieblich veranlasste Rentenzahlungen in voller Höhe Betriebseinnahmen, andernfalls in voller Höhe (bei Leibrenten in Höhe des Ertragsanteils) sonstige Einkünfte, ggf. Einkünfte aus nichtselbstständiger Arbeit. (2) *Besonderheiten bei Renten zwischen unterhaltsberechtigten Personen und bei freiwilligen Renten:* Nach § 12 Nr. 2 EStG dürfen Zuwendungen ohne rechtliche Zahlungsverpflichtung, aufgrund einer freiwillig begründeten Rechtspflicht und an eine gegenüber dem Verpflichteten oder seinem Ehegatten gesetzlich unterhaltsberechtigte Person oder

deren Ehegatten weder von einzelnen Einkunftsarten noch vom → Gesamtbetrag der Einkünfte abgezogen werden, auch wenn diese Zuwendungen auf einer bes. Vereinbarung beruhen. Zuwendungen sind Renten oder rentenähnliche Leistungen ohne eine ins Gewicht fallende Gegenleistung. Die aus dem möglichen Zusammentreffen von verwandtschaftlichen (Versorgungs-) und kommerziellen (Veräußerungs-) Gesichtspunkten entstehenden Probleme sind wie folgt zu lösen: a) Bei Ausgewogenheit von Leistung und Gegenleistung gelten die unter Punkt 1 dargestellten Grundsätze. – b) Beträgt der Wert der Gegenleistung bei überschlägiger Berechnung nicht wenigstens die Hälfte des Wertes der Rentenverpflichtung, so darf der (Renten- und z.B. Unterhalts-) Verpflichtete gemäß § 12 Nr. 2 EStG diese Rentenzahlung bei der Einkommensermittlung nicht abziehen, der Berechtigte braucht sie nicht zu versteuern (§ 22 Nr. 1 Satz 2 EStG). – c) Übersteigt der Wert des übertragenen Vermögens bei überschlägiger Berechnung die Hälfte des Wertes der Rentenverpflichtung, so darf der Rentenverpflichtete eine Zeitrente voll, eine Leibrente mit deren Ertragsanteil als Sonderausgabe abziehen; der Rentenberechtigte hat die Zeitrente voll, die Leibrente mit ihrem Ertragsanteil als → sonstige Einkünfte zu versteuern. Den Ertragsanteil der Leibrente hat der Gesetzgeber bei den Ertragsanteil pauschal festgelegt. Ab 2005 ist zwischen zwei Tabellen zu unterscheiden: Eine Tabelle ist maßgebend für die Besteuerung von lebenslangen Leibrenten, die andere Tabelle für die gekürzte Leibrente mit unterschiedlich hohen Ertragsanteilen. Die Ertragsanteile wurden ab 2005 im Vergleich zu früher deutlich abgestuft. (3) *Die Rechtsänderungen 2008* umfassen u.a. die Besteuerung der Vermögensübertragung gegen Versorgungsrenten sowie die Unterhaltsleistungen und Versorgungsrenten an beschränkt Steuerpflichtige. Voraussetzung eines in Deutschland unbeschränkt Steuerpflichtigen, der Staatsangehöriger eines EU- oder EWR-Staates ist, können als Sonderausgabe steuermindernd berücksichtigt werden, wenn der Empfänger der Leistungen seinen Wohnsitz in einem EU- oder EWR-Staat hat (§ 1a I Nr. 1a EStG). Versorgungsleistungen sind nach dem Jahressteuergesetz 2008 nur noch bei Übertragung eines Betriebs oder Teilbetriebs, Mitunternehmeranteils oder GmbH-Anteils unter bestimmten Voraussetzungen begünstigt. Darüber hinaus entfällt die Unterscheidung zwischen dauernder Last und Leibrente (§ 22 Nr. 1b EStG). Die Änderungen sind anzuwenden auf Vermögensübertragungen gegen Versorgungsleistung, die ab dem 1.1.2008 vereinbart sind. Für die sog. Altfälle gilt die bisherige Rechtslage. (4) Steuerfreie Renten sind a) Renten aus der gesetzlichen Unfallversicherung (§ 3 Nr. 1a EStG), unabhängig davon, ob sie an den ursprünglich Berechtigten oder an Hinterbliebene gezahlt werden; – b) Kinderzuschüsse zur Altersrente sowie die Renten wegen Berufs- und Erwerbsunfähigkeit, die allerdings nur noch als „Altrenten" gewährt werden (§ 3 Nr. 1b EStG); – c) Renten, wenn sie aufgrund gesetzlicher Vorschriften aus öffentlichen Mitteln versorgungshalber an Wehr- und Zivildienstgeschädigte oder Kriegsgeschädigte gezahlt werden (§ 3 Nr. 6 EStG); – d) Geldrenten, Kapitalentschädigungen und Leistungen im Heilverfahren, die aufgrund gesetzlicher Vorschriften zur Wiedergutmachung nationalsozialistischen Unrechts gewährt werden (§ 3 Nr. 8 EStG); – e) bedarfsorientierte Grundsicherung im Alter und bei Erwerbsminderung nach dem Grundsicherungsgesetz (§ 3 Nr. 11 EStG); – f) der Abfindungsbetrag bei Witwen- und Witwerrenten wegen Wiederheirat des Berechtigten (§ 3 Nr. 3a EStG). – (5) Zur Besteuerung der Rentenarten, welche ab 2005 der → nachgelagerten Besteuerung unterliegen vgl. → sonstige Einkünfte.

II. Bewertungsgesetz: 1. *Allgemeines:* Unterscheidung zwischen betrieblichen und privaten Renten ist von untergeordneter Bedeutung; Bestimmung des Rentengrundes ist unbeachtlich. Renten sind auch dann zu erfassen, wenn einklagbarer Anspruch fehlt, aber fortdauernder Bezug sichergestellt ist. – *Jahreswert der Rente:* Wert der jährlich zu erbringenden Leistung. Ungewisse Änderungen der Rentenhöhe sind erst mit ihrem Eintritt zu berücksichtigen, von vornherein feststehende Änderungen dagegen schon an den vorangehenden Stichtagen. Bei schwankender Rentenhöhe ist der Betrag zugrunde zulegen, der im Durchschnitt der Jahre voraussichtlich erzielt wird. – 2. *Bewertung:* Einheitlich mit dem Kapitalwert (§§ 13 ff. BewG). – a) *Leibrente* (§ 14 BewG): Der Kapitalwert bestimmt sich (1) nach dem Jahreswert der Rente, (2) nach der Höhe des Vervielfältigers (§ 14 BewG). Die maßgeblichen Vervielfältiger sind in der Anlage 9/9a zum Bewertungsgesetz zusammengestellt; die Anlage unterscheidet nach dem Geschlecht und dem vollendeten Lebensalter der Person, auf deren Leben die Rente abgestellt ist. – Individuelle Verhältnisse bleiben bei dieser Bewertung unberücksichtigt. Ansatz eines abweichenden Werts nur dann, wenn dieser nachweislich (aufgrund von Erfahrungssätzen oder Denkgesetzen zwingend) geringer oder höher als der vorgeschriebene Kapitalwert ist (→ lebenslängliche Leistung). Ab dem Jahr 2009 sind die Vervielfältiger für lebenslängliche Nutzungen und Leistungen nicht mehr aus Anlage 9 zum BewG, sondern aus der aktuellen Sterbetafel des Statistischen Bundesamtes zu entnehmen (§ 14 I BewG). Die Vervielfältiger werden vom BMF im BStBl. Teil I veröffentlicht. Wegen der gestiegenen allg. durchschnittlichen Lebenserwartung steigen die Kapitalwerte. – b) *Zeitrente* (§ 13 BewG): Der Kapitalwert wird ermittelt als Summe der einzelnen Jahresleistungen unter Berücksichtigung von Zinsen und Zinseszinsen; dabei darf der Barwert höchstens das 18,6-fache des Jahreswertes betragen. Vorgeschriebener Zinssatz: 5,5 Prozent; Hilfstafel mit den entsprechenden Kapitalisierungsfaktoren in einem Erlass der Länderfinanzminister aus 2001 (BStBl. I 1041). – c) *Höchstzeitrente (abgekürzte Leibrente):* Zu berechnen sind Leibrenten und Zeitrente, davon ist der jeweils niedrigste

Wert anzusetzen. – d) *Mindestzeitrente (verlängerte Leibrente):* Auch hier sind Leibrente und Zeitrente getrennt zu ermitteln; anzusetzen ist grundsätzlich der höhere von beiden Werten. – e) *Immer während Rente:* Eine Rente, bei der ein Ende der Laufzeit überhaupt nicht abzusehen ist oder deren Ende von Ereignissen abhängt, bei denen ungewiss ist, ob sie jemals eintreten, ist mit dem 18,6-fachen Jahreswertes anzusetzen (§ 13 II BewG). – f) *Rente von unbestimmter Dauer:* Eine Rente, deren Ende zwar in absehbarer Zeit sicher, bei der aber der genaue Zeitpunkt des Wegfalls ungewiss ist, wird mit dem 9,3-fachen ihres Jahreswertes angesetzt (§ 13 II BewG). – g) *Noch nicht fällige Ansprüche aus Lebens-, Kapital- oder Rentenversicherungen:* Ab 2009 werden diese Ansprüche nur mit ihrem Rückkaufswert und nicht wie früher alternativ mit 2/3 der eingezahlten Prämien bewertet (§ 12 IV BewG). Die Berechnung des Rückkaufswerts kann durch Rechtsverordnung bestimmt werden. Im Zivilrecht gibt es bereits Regeln zur Berechnung, die durch den BGH zugunsten der Versicherungsnehmer verschärft worden sind. Insbesondere gegen Ende der Laufzeit der betreffenden Versicherung ergeben sich durch die Gesetzesänderungen teilweise deutlich höhere Werte. – 4. *Behandlung beim Berechtigten:* nach Wegfall der Vermögensteuer weitgehend irrelevant geworden. Spielt der Wert eines Rentenanspruchs im Einzelfall dennoch eine Rolle (z.B. als Vermächtnis ausgesetzte Rente bei der Erbschaftsteuer), ermittelt sich der Kapitalwert wie beim Verpflichteten nach den genannten Regeln des Bewertungsgesetzes. – 5. *Behandlung beim Verpflichteten* (§ 104 BewG): a) Renten, die mit einem gewerblichen Betriebe oder der Ausübung eines freien Berufs in wirtschaftlichem Zusammenhang stehen, sind grundsätzlich bei der Ermittlung des Einheitswerts des Betriebsvermögens mit dem Steuerbilanzwert (→ verlängerte Maßgeblichkeit) als Betriebsschuld zu berücksichtigen. – b) Andere Renten sind bei der Ermittlung des Gesamtvermögens mit dem Kapitalwert abzuziehen, sofern die Verpflichtung nicht in Zusammenhang mit dem Erwerb steuerfreien Vermögens eingegangen wurde.

III. Gewerbesteuerrecht: Renten beeinflussen unter bestimmten Voraussetzungen den → Gewerbeertrag als Bemessungsgrundlage der → Gewerbesteuer. – 1. *Behandlung beim Berechtigten:* a) *Gewerbeertrag:* Soweit die Rente sich auf den nach einkommensteuerlichen Vorschriften ermittelten Gewinn auswirkt, schlägt sie im Regelfall auf den Gewerbeertrag durch (§ 7 GewStG). Ausnahme bildet eine betriebliche (Veräußerungs- oder Versorgungs-) Rente, die im Zusammenhang mit der Veräußerung eines Teilbetriebs oder eines Mitunternehmeranteils durch natürliche Personen oder Personengesellschaften begründet worden ist. Weiterhin werden in den Gewerbeertrag Einfallrenten nicht einbezogen. – 2. *Behandlung beim Verpflichteten:* Soweit die Rentenverpflichtung zum Betriebsvermögen gehört, wirkt sie sich auf den Gewinn und damit auch auf den

Gewerbeertrag aus. Renten und dauernde Lasten sind seit dem Erhebungszeitraum 2008 mit 25 Prozent des variablen Zinsanteils bei der Ermittlung des Gewerbeertrags hinzuzurechnen, jedoch unabhängig davon, ob aus Gründung, Erwerb oder Erweiterung stammend. Ausgenommen hiervon sind jedoch Pensionszahlungen an Arbeitnehmer. Unter Berücksichtigung von weiteren Hinzurechnungstatbeständen kommt bei der Ermittlung des Hinzurechnungsbetrages für Renten und dauernde Lasten ein Freibetrag von 100.000 Euro zum Tragen.

Repartitionsteuern – Steuern, bei denen die Steuersätze im Hinblick auf einen vorweg festgelegten Gesamtertrag festgesetzt werden, der entsprechend der jeweiligen Zahl der Steuerpflichtigen umgelegt wird (Repartitionsprinzip). Heute ungebräuchlich und durch → Quotitätsteuern ersetzt.

Repräsentationsaufwendungen – durch die wirtschaftliche und gesellschaftliche Stellung eines Steuerpflichtigen bedingte Aufwendungen. – 1. Repräsentationsaufwendungen werden steuerlich *grundsätzlich* als → Kosten der Lebensführung behandelt. – 2. Dienen derartige Repräsentationsaufwendungen außerhalb des Hauses des Steuerpflichtigen ausschließlich *betrieblichen oder beruflichen Zwecken* des Steuerpflichtigen, so sind sie bei der → Einkünfteermittlung abzugsfähig. Teilweise betrieblich bzw. beruflich veranlasste Aufwendungen können, wenn sie von Ausgabe, die der privaten Lebensführung gedient haben, leicht und einwandfrei zu trennen sind, insoweit als → Betriebsausgaben oder Werbungskosten berücksichtigt werden. Unangemessene Repräsentationsaufwendungen stellen in Höhe des unangemessenen Teils nicht abzugsfähige Betriebsausgaben dar (§ 4 V Nr. 7 EStG) und berechtigen soweit nicht zum Vorsteuerabzug (§ 15 Ia Nr. 1 UStG).

Restnutzungsdauer – die nach Ablauf einer bestimmten Zeit (meist für die Zeit nach dem aktuellen Bilanzstichtag) noch verbleibende Nutzungsdauer eines Anlagegutes. Die Restnutzungsdauer ist maßgeblich bei → Absetzungen für Abnutzung (Afa) nach §§ 7 und 7a EStg.

Retouren – 1. *Allgemein:* beanstandete oder unverkäufliche, an den Verkäufer zurückgesandte Waren. – 2. *Außenhandel:* Waren, die der Exporteur von seinen Niederlassungen oder Geschäftspartnern im Ausland zur Verrechnung von Exportsendungen zugesandt werden; zu registrieren in einem Retourenbuch. – 3. *Zollrecht:* → Rückwaren. – 4. *Bankverkehr:* nicht eingelöste Wechsel *(Retourwechsel)*, Schecks *(Retourscheck)* und Lastschriften.

retrograde Prüfung → Prüfung eines Vorgangs über eine → Prüfungskette, ausgehend von der Letzterfassung im Jahresabschluss und zurückgehend bis zum wirtschaftlichen Tatbestand. Prüfungsrichtung und Richtung der Fehlerentstehung und Fehlerfortpflanzung sind gegenläufig.

Reue – Rücktritt, → Selbstanzeige.

Reverse-Charge-Verfahren – 1. *Begriff:* Umsatzsteuerliche Regelung, nach der in bestimmten Fällen nicht der leistende Unternehmer, sondern sein Kunde (Leistungsempfänger) die Umsatzsteuer schuldet. – 2. *Folgen:* Der leistende Unternehmer darf dem Kunden in diesen Fällen also nur das Nettoentgelt in Rechnung stellen. Der Kunde hat für den Bezug der fraglichen Leistung eine eigene Umsatzsteuer erschuld an das Finanzamt zu entrichten (ähnlich wie bei der → Erwerbsteuer). Er kann jedoch, soweit er vorsteuerabzugsberechtigt ist, diese Umsatzsteuer auch selbst wieder als Vorsteuer geltend machen. Insoweit besteht hinsichtlich der wirtschaftlichen Belastungswirkungen kein Unterschied zwischen dem Reverse-Charge-Verfahren und der normalen Umsatzsteuer. Das Verfahren führt lediglich zu einer Vereinfachung für den Fiskus und für den leistenden Unternehmer (weil er den Vorgang nicht beim Finanzamt deklarieren muss). V.a. in grenzüberschreitenden Fällen wird dadurch erheblicher Verwaltungsaufwand gespart, weil das Reverse-Charge-Verfahren einem ausländischen Unternehmer erspart, sich an ein dt. Finanzamt wenden zu müssen, und dem dt. Fiskus jede Gefahr nimmt, Steueransprüche im Ausland vollstrecken lassen zu müssen. – 3. *Anwendungsbereich:* a) Das Reverse-Charge-Verfahren ist EG-rechtlich v.a. für *grenzüberschreitende Fälle* vorgesehen: (1) In den Fällen von grenzüberschreitenden Katalogleistungen (§ 3a IV UStG) und grenzüberschreitenden innergemeinschaftlichen Beförderungsleistungen (§ 3b III Satz 2 UStG), Vermittlungsleistungen (§ 3a II Nr. 4 Satz 2 UStG) und Werkleistungen (§ 3a II Nr. 3c UStG) ist es unter bestimmten Umständen allen Mitgliedstaaten zwingend vorgeschrieben. (2) In allen übrigen Fällen grenzüberschreitender Geschäfte ist seine Einführung den Mitgliedsstaaten gestattet (Art. 21 der Sechsten EG-Richtlinie von 1977). (3) Seine Anwendung auf weitere Fallkonstellationen ist EG-rechtlich nur gestattet, wenn es hierfür als Maßnahme zur Verhinderung von Steuerumgehung oder Steuerhinterziehung oder als Maßnahme zur Steuervereinfachung von der EG genehmigt worden ist (Art. 27 der 6. Richtlinie). – b) In *Deutschland* ist das Reverse-Charge-Verfahren vorgesehen für: (1) Werklieferungen und sonstige Leistungen eines im Ausland ansässigen Unternehmers, naturgemäß allerdings nur dann, wenn diese Vorgänge in Deutschland steuerbar sind (§ 13b I Nr.1 UStG); (2) Lieferungen sicherungsübereigneter Gegenstände durch den Sicherungsgeber an den Sicherungsnehmer außerhalb des Insolvenzverfahrens (§ 13b I Nr. 2 UStG); (3) Lieferungen von Grundstücken (§ 13b I Nr. 3 UStG), (4) Werklieferungen und sonstige Leistungen, die der Herstellung, Instandsetzung und -haltung, Änderung oder Beseitigung von Bauwerken dienen, mit Ausnahme von Planungs- und Überwachungsleistungen (§ 13b I Nr. 4 UStG); (5) Lieferungen von Gas und Elektrizität eines im Ausland ansässigen Unternehmers nach § 3g UStG (§ 13b I Nr. 5 UStG).Das Reverse-Charge-Verfahren gilt allerdings in allen diesen Fällen nur dann, wenn der Leistungsempfänger (1) ein Unternehmer ist oder (2) eine juristische Person des öffentlichen Rechts; ist das nicht der Fall, bleibt der leistende Unternehmer Steuerschuldner und muss die Steuer an das dt. Finanzamt abführen.

Revision – I. Unternehmungsüberwachung: Revision wird i.d.R. gleichgesetzt mit → Prüfung. Wird eine betriebswirtschaftliche Prüfung von unternehmensinternen (mit der Unternehmung durch Arbeitsvertrag verbundenen) Mitarbeitern durchgeführt, wird hierfür i.d.R. der Terminus → interne Revision verwendet.

II. Zivilverfahren: Rechtsmittel, mit dem die rechtliche Überprüfung eines Berufungsurteils des Landgerichts oder des Oberlandesgerichts durch den Bundesgerichtshof begehrt wird (§§ 542–566 ZPO). – 1. *Umfang:* Die Nachprüfung beschränkt sich darauf, ob eine Gesetzesbestimmung nicht oder nicht richtig angewendet ist (Revisionsgrund; §§ 545–547 ZPO), und zwar auf der Grundlage des vom Berufungsgericht festgestellten Tatbestandes. – 2. Zulässig ist die Revision, wenn das Berufungsgericht die Revision im Urteil zugelassen hat oder wenn das Revisionsgericht auf Beschwerde gegen die Nichtzulassung die Revision zugelassen hat. Die Revision ist zuzulassen, wenn die Rechtssache grundsätzliche Bedeutung hat oder eine Entscheidung des Revisionsgerichts zur Rechtsfortbildung oder zur Sicherung einer einheitlichen Rechtsprechung erforderlich ist (Zulassungsrevision, § 543 II ZPO). Eine Mindestbeschwerdesumme ist nicht mehr erforderlich. – 3. Die Revision kann *wahlweise* gegen ein erstinstanzliches Endurteil des Landgerichts statt der Berufung eingelegt werden, soweit sie ohne bes. Zulassung statthaft ist, lediglich eine Verletzung des materiellen Rechts gerügt wird und der Gegner einwilligt (*Sprungrevision,* § 566). – 4. *Einlegung* und *Verfahren* entsprechen weitgehend der Berufung (§§ 548–551 ZPO).

III. Strafverfahren: das gegen die erstinstanzlichen Urteile des Landgerichts (Strafkammer, Schwurgericht) und des Oberlandesgerichts sowie die Berufungsurteile der Strafkammer des Landgerichts gegebene Rechtsmittel (§§ 333–358 StPO). – 1. Ausnahmsweise ist auch eine Revision gegen Urteile des Amtsgerichts statt der Berufung zulässig, wenn anstelle der Berufung unmittelbar Revision (*Sprungrevision*) eingelegt wird (§ 335 i.V. mit § 312 StPO). – 2. Revision muss i.d.R. innerhalb einer Woche nach Verkündung des Urteils *eingelegt* und binnen einem weiteren Monats *begründet* werden. War das Urteil noch nicht zugestellt, beginnt die Frist mit der Zustellung. Der Angeklagte muss sich zur Begründung der Revision eines Verteidigers oder Rechtsanwalts bedienen oder sie bei der Geschäftsstelle des Gerichts, dessen Entscheidung angefochten ist, zu Protokoll geben. Die Revision führt nur zu einer rechtlichen Überprüfung des Urteils. – 3. Über die Revision *entscheidet* das Oberlandesgericht, wenn erstinstanzlich das Amtsgericht entschieden hat, sonst der Bundesgerichtshof.

IV. Verwaltungsgerichtliches Verfahren: (§§ 132–145 VwGO). Rechtsmittel gegen Urteile und Normenkontrollbeschlüsse der Oberverwaltungsgerichte (oder Sprungrevision gegen Urteile der Verwaltungsgerichte; § 134 VwGO). – 1. *Zulassung:* Revision muss vom Oberverwaltungsgericht zugelassen werden. Bei Nichtzulassung muss das Bundesverwaltungsgericht die Revision auf Beschwerde zugelassen haben. Die Revision ist nur zuzulassen, wenn (1) die Rechtssache grundsätzliche Bedeutung hat, (2) das Urteil von einer Entscheidung des Bundesverwaltungsgerichts, des Gemeinsamen Senats der Obersten Gerichtshöfe des Bundes oder des Bundesverfassungsgerichts abweicht und hierauf beruht, (3) ein Verfahrensmangel geltend gemacht wird und vorliegt, auf dem die Entscheidung beruhen kann. Die Revision darf nur darauf gestützt werden, dass Bundesrecht oder eine Vorschrift des Verwaltungsverfahrensgesetzes eines Landes, die mit der des Bundes übereinstimmt, verletzt ist. Gegen Beschlüsse in Verfahren betreffend einstweilige Anordnungen ist die Revision nicht zulässig. – 2. Die Revision ist *binnen eines Monats* nach Zustellung des Urteils schriftlich *einzulegen* und spätestens innerhalb eines weiteren Monats zu begründen. Hierbei ist Vertretung durch einen Rechtsanwalt oder Hochschullehrer notwendig (§ 67 I 2 VwGO; Anwaltszwang).

V. Finanzgerichtliches Verfahren: (§§ 115–127 FGO): Rechtsmittel gegen Urteile der Finanzgerichte an den Bundesfinanzhof. – 1. *Zulässigkeit:* Die Revision ist nur möglich, wenn sie vom Finanzgericht zugelassen worden ist. Die Revision ist vom Finanzgericht zuzulassen: (1) bei grundsätzlicher Bedeutung der Rechtssache *(Grundsatzrevision),* (2) bei Abweichung von einer Entscheidung des Bundesfinanzhofs oder des Bundesverfassungsgerichts *(Divergenzrevision)* oder bei Verfahrensmängeln (allg. *Verfahrensrevision).* Die Nichtzulassung der Revision kann durch Nichtzulassungsbeschwerde binnen eines Monats seit Zustellung des Urteils angefochten werden (§ 116 I FGO), der Eintritt der Rechtskraft wird dadurch gehemmt. – 2. Die Revision kann grundsätzlich nur darauf *gestützt* werden, dass das angefochtene Urteil auf der Verletzung von Bundesrecht beruht. Der Bundesfinanzhof (BFH) ist an die in dem angefochtenen Urteil getroffenen Feststellungen grundsätzlich gebunden, es sei denn, dass in Bezug auf diese Feststellungen zulässige und begründete Revisionsgründe vorgebracht sind (§ 118 II FGO). – 3. Die Revision ist beim Finanzgericht innerhalb eines Monats nach Zustellung des vollständigen Urteils oder nach Zustellung des Beschlusses über die Zulassung der Revision schriftlich *einzulegen* und spätestens innerhalb eines weiteren Monats zu *begründen* (§ 116 I und II FGO). Die Frist kann auf Antrag verlängert werden. Vor dem Bundesfinanzhof besteht Vertretungszwang, d.h. der Betroffene kann nur durch einen beauftragten Steuerberater, Rechtsanwalt o.ä. handeln.

VI. Arbeitsgerichtliches Verfahren: (§§ 72 ff. ArbGG): Rechtsmittel gegen Urteile der Landesarbeitsgerichte (oder unter bestimmten Voraussetzungen als Sprungrevision gegen Endurteile der Arbeitsgerichte). – 1. *Zulässig:* (1) wenn das Landesarbeitsgericht die Revision aus einem der in § 72 II ArbGG aufgeführten Gründe im Urteil zugelassen hat; (2) wenn das Bundesarbeitsgericht die Revision auf eine Nichtzulassungsbeschwerde hin in dem Beschluss nach § 72a V 2 ArbGG zugelassen hat (§ 72 I ArbGG). – 2. Die *Revisionsfrist* beträgt einen Monat und die *Revisionsbegründungsfrist* zwei Monate ab Zustellung des Urteils, spätestens fünf Monate ab Verkündung. – 3. Die Revision kann nur darauf *gestützt* werden, dass das Urteil des Landesarbeitsgerichts auf der Verletzung einer Rechtsnorm beruht. – 4. Vertretung durch *Rechtsanwalt* erforderlich (§ 11 II ArbGG).

VII. Sozialgerichtsbarkeit: gegen Urteile der Landessozialgerichte (§ 160 SGG). Revision muss im angegriffenen Urteil zugelassen sein. Sie wird beim BSG eingelegt (§ 164 I 1 SGG). Revisionsfrist beträgt einen Monat (§ 164 I SGG), die Revisions-Begründungsfrist zwei Monate nach Zustellung des Urteils (§ 164 II SGG).

Revisor – Person, die → Revisionen im Rahmen der Unternehmensüberwachung durchführt.

Richtbetriebe → Bewertungsstützpunkte.

Richtlinie (R) – 1. *Begriff:* Richtlinien (R) sind Verwaltungsanordnungen, die von übergeordneten Behörden kraft deren Organisations- und Geschäftsleitungsgewalt erlassen werden. Sie binden die nachgeordneten Finanzbehörden, sind aber keine für alle Bürger verbindlichen Rechtsnormen. Richtlinie sind zu den umfangreichen → Steuergesetzen erlassen worden, z.B. EStR, KStR, GewStR, ErbStR und UStR. – 2. *Ziel:* Einheitliche Anwendung des Steuerrechts durch die Finanzverwaltung, um den Grundsatz der Gleichmäßigkeit der Besteuerung seitens der Verwaltung zu gewährleisten. – 3. *Auswirkungen auf den Steuerpflichtigen:* Keine Bindung für den Steuerpflichtigen. Er kann sich gegen Richtlinien wenden, soweit gegen ihn ein darauf gestützter → Verwaltungsakt erlassen worden ist; kommt es zu einer gerichtlichen Überprüfung zählt allein das Gesetz. – Vgl. auch → Steuergesetze, → Steuerrechtsverordnungen.

Richtsätze – Begriff des Steuerrechts. – 1. *Gewinn-Richtsätze:* Verhältniszahlen zur Ermittlung des → Gewinns nicht buchführungspflichtiger Gewerbetreibender und Land- und Forstwirte sowie derjenigen Steuerpflichtigen, die zwar gesetzlich verpflichtet sind, Bücher zu führen, die dieser Verpflichtung jedoch nicht nachkommen; Hilfsmittel für die Finanzverwaltung zur Ermittlung der → Einkünfte bei Fehlen geeigneter Unterlagen. Den Richtsätzen liegen Ergebnisse von → Außenprüfungen zugrunde; sie werden als Rahmensätze mit einem Mittelsatz aufgestellt. Richtsätze sind unterteilt in Roh-,

Halbrein- und Reingewinnsätze in Prozenten des wirtschaftlichen Umsatzes. – 2. Für *Abschreibungen:* → Afa-Tabellen.

Richtsatzprüfung → Außenprüfung, → Schätzung.

Risikoprofil – Versteht man unter Risiko die Möglichkeit ungünstiger künftiger Entwicklungen, dann erfasst der Begriff des Risikoprofils deren *ausgeprägte* Merkmale. Hierbei spielen unter bes. Berücksichtigung von *Eintrittswahrscheinlichkeit* und *Wirkung* Belastungen durchgeringere Einnahmen und/oder durch höhere Ausgabeneine wesentliche Rolle. Aus dem Risikoprofil lassen sich auch die Bedingungen ableiten, unter denen die Existenz eines Unternehmens gefährdet ist.

Risikovernetzung – Eine Risikovernetzung liegt vor, wenn sich durch den Eintritt eines Ereignisses mehrere Risiken *gleichzeitig* konkretisieren. So kann ein konjunkturbedingter Umsatzrückgang (mit entsprechendem Liquiditätsengpass) z.B. auch Strukturschwächen bei Fertigungsprozessen oder der IT-Ausstattung offenlegen. Vernetzung führt i.d.R. also zu *kumulativen* Wirkungen.

Rohstoffsteuer → Fabrikatsteuer.

Rohvermögen → Gesamtvermögen.

Rückfall → Vermögensrückfall.

Rückfallklausel – *Subject-to-Tax-Klausel.* 1. *Begriff:* Klausel in Doppelbesteuerungsabkommen, wonach eine dort vereinbarte Freistellung ausländischer Einkünfte nur dann vorgenommen werden muss, wenn diese Einkünfte im Ausland tatsächlich einer Besteuerung unterliegen. Motiv für die Vereinbarung von Rückfallklauseln ist die Verhinderung von Steuersparmodellen (doppelte Nichtbesteuerung; „weiße Einkünfte"). Es ist jedoch keine Höhe (Mindesthöhe) des Steuersatzes angegeben, mit der eine ausländische Besteuerung stattfinden müsste; daher sind solche Klauseln leicht umgehbar. Daher werden Rückfallklauseln in neueren Abkommen durch die sog. → Switch-over-Klausel ersetzt oder ergänzt. – 2. Für die nach einem Doppelbesteuerungsabkommen steuerfrei zu belassenden Einkünfte in Deutschland unbeschränkt steuerpflichtigen Arbeitnehmers wird eine der Rückfallklausel vergleichbare Regelung im *nationalen Steuerrecht* (§ 50d EStG) mit allgemeiner Wirkung vorgesehen: Demnach sind solche Einkünfte aus nichtselbständiger Arbeit in Deutschland erst dann freizustellen, wenn der Arbeitnehmer nachweist, dass sie im ausländischen Staat besteuert worden sind. Ist der Nachweis der Besteuerung erst möglich, wenn die Einkommensteuerveranlagung in Deutschland schon stattgefunden hat, ist der Steuerbescheid nachträglich zu ändern (§ 50d VIII EStG). Mit § 50d IX EStG wurde außerdem eine Regelung in das EStG aufgenommen, die in bestimmten Fällen der Freistellung aufgrund eines DBA ausschließt, wenn die Einkünfte in einem anderen Staat nicht besteuert werden. Die Steuerbefreiung der Dividenden soll allerdings grundsätzlich erhalten bleiben, es sei denn, die Dividenden sind bei der Ermittlung des Gewinn der ausschüttenden Gesellschaft abgezogen worden.

Rückgabe – umsatzsteuerrechtlich: (1) die Rücksendung von Bestandteilen einer vom Verkäufer an den Käufer gelieferten Ware nach deren Verarbeitung, wenn die Bestandteile von vornherein nicht an den Käufer übertragen werden sollten, z.B. die Rückgabe von Magermilch an die Bauern, der Vollmilch an die Molkerei lieferte; (2) die Rückgängigmachung einer → Lieferung. – Die Rückgabe unterliegt nicht der → Umsatzsteuer; bei (1) wegen § 3 V UStG, bei (2) wegen fehlendem → Leistungsaustausch. – *Anders:* → Rücklieferung.

Rücklage für Ersatzbeschaffung → Ersatzbeschaffungsrücklage.

Rücklieferung – umsatzsteuerrechtlich der Rückkauf einer verkauften Ware oder eines Teils davon oder Rücklieferung von Abfällen oder Nebenerzeugnissen an den Verkäufer, der dem Käufer Waren zur Verarbeitung lieferte. Es liegen jeweils zwei → Lieferungen vor, die der → Umsatzsteuer unterliegen. – *Anders:* → Rückgabe.

rückstandsunterbindende Maßnahmen – Die Finanzbehörde hat im Vollstreckungsverfahren nicht nur den Auftrag, rückständige Abgabenbeträge durch Zwangsmaßnahmen einzuziehen, sondern ist darüber hinaus befugt und verpflichtet, durch geeignete Maßnahmen das Entstehen weiterer Abgabenrückstände zu verhindern. Im Einzelnen kann das Finanzamt bei den zuständigen Verwaltungsbehörden (1) die Löschung von Gesellschaften und Genossenschaften im Handels- bzw. Genossenschaftsregister, (2) die Gewerbeuntersagung bzw. die Rücknahme des Widerrufs einer gewerberechtlichen Erlaubnis, (3) ein berufsrechtliches Verfahren (nur bei bestimmten Berufsgruppen), (4) die Ausweisung eines ausländischen Vollstreckungsschuldners, (5) die Entziehung von Pass bzw. Personalausweis bzw. den Erlass eines Ausreiseverbots sowie (6) die Abmeldung von Kraftfahrzeugen von Amts wegen beantragen bzw. anregen (Abschn. 65–67 VollstrA). – Daneben ist es befugt, beim zuständigen Gericht einen Antrag auf Eröffnung des Insolvenzverfahrens über das Vermögen des → Vollstreckungsschuldners zu stellen (Abschn. 58 VollstrA).

Rückstellung – I. Begriff: Rückstellungen sind nach Handelsrecht → Verbindlichkeiten, Verluste oder → Aufwendungen, die hinsichtlich ihrer Entstehung oder Höhe ungewiss sind. Durch die Bildung der Rückstellungen sollen die später zu leistenden Ausgaben der Periode ihrer Verursachung zugerechnet werden. – *Buchung:* Aufwandskonto an Rückstellung – Nach der *statischen Bilanztheorie* sollten nur Rückstellungen gebildet werden, denen Ansprüche Dritter zugrunde liegen (sog. Verbindlichkeitenrückstellungen). Bei den *dynamischen Bilanzauffassungen* geht es bei der Bilanzierung in erster Linie um die

Vergleichbarkeit der Periodenergebnisse und damit um Zurechnung der Ausgaben als Aufwand zu denjenigen Perioden, in denen sie wirtschaftlich verursacht wurden. Rückstellungen sind danach auch Aufwendungen, denen keine Verpflichtung Dritten gegenüber zugrunde liegt (sog. *Aufwandsrückstellungen*).

II. Handelsrecht: 1. *Passivierungspflicht* gemäß § 249 I HGB: a) für alle *Verbindlichkeitsrückstellungen.* Dazu gehören ungewisse Verbindlichkeiten, d.h. alle rechtlich entstandenen oder wirtschaftlich verursachten Verbindlichkeiten (z.B. Prozessrückstellung, → Garantieverpflichtung, Rückstellung für latente Steuern, aber auch → Pensionsrückstellung für die nach dem 31.12.1986 zugesagten unmittelbaren Pensionszusagen, für Altverpflichtungen gemäß Art. 28 EGHGB lediglich Rückstellungs-Wahlrecht) und drohende Verluste aus schwebenden Geschäften (bilanziert wird der Verpflichtungsüberschuss, wenn der Wert der eigenen Leistung den Wert der Gegenleistung übersteigt); – b) für folgende *Aufwandsrückstellungen:* Aufwendungen für unterlassene Instandhaltung, die in den ersten drei Monaten des folgenden Geschäftsjahres nachgeholt werden, Aufwendungen für unterlassene Abraumbeseitigung, die innerhalb von zwölf Monaten nachgeholt werden, und Aufwendungen für Gewährleistungen ohne rechtliche Verpflichtung (*Kulanzgewährleistungen*). – 2. *Passivierungsverbot:* Andere Rückstellungen dürfen gemäß § 249 II HGB nicht gebildet werden. – 3. *Auflösung:* Alle Rückstellungen sind aufzulösen bei Inanspruchnahme oder Wegfall des Grundes (§ 249 II HGB). – 4. *Bewertung und Ausweis:* Rückstellungen sind in Höhe des nach vernünftiger kaufmännischer Beurteilung notwendigen Erfüllungsbetrages anzusetzen. Rückstellungen mit einer Restlaufzeit von mehr als einem Jahr sind mit dem ihrer Restlaufzeit entsprechenden durchschnittlichen Marktzinssatz der vergangenen sieben Geschäftsjahre abzuzinsen (§253 I und II HGB). Der entsprechende Zinssatz wird von der Deutschen Bundesbank bekannt gegeben. Rückstellungen sind gesondert zwischen dem Eigenkapital und den Verbindlichkeiten auszuweisen; für Kapitalgesellschaften ist eine Aufgliederung nach Pensions-, Steuer- und sonstigen Rückstellungen vorgesehen.

III. Steuerrecht: Grundsätzlich werden handelsrechtlich zu bildende Rückstellungen in der Steuerbilanz berücksichtigt. Die Abzinsung von Rückstellungen erfolgten grundsätzlich mit dem Zinssatz von 5,5%. Kostenpreissteigerungen, die handelsrechtlich berücksichtigt werden können, sind steuerlich herauszurechnen. – Vgl. → Steuerbilanz.

Rücküberwälzung von Steuern → Steuerüberwälzung.

Rückwaren – zollrechtlicher Begriff für Waren, die aus dem freien Verkehr des → Zollgebietes der EU ausgeführt und wiedereingeführt werden. Rückwaren sind zollfrei, wenn sie unverändert sind und zwischen → Ausfuhr und Wiedereinfuhr bei

Marktordnungswaren nicht mehr als sechs Monate, bei anderen Waren nicht mehr als drei Jahre liegen. Zum Nachweis der Rückwareneigenschaft bei der erneuten Überführung in den freien Verkehr sind Belege, z.B. Ausfuhrpapiere, Schriftwechsel, Kassenbelege, vorzulegen.

Rückzahlung – Rückerstattung einer früher erfolgten Zahlung.

I. Rückzahlung von Arbeitslohn: Rückzahlung von bereits versteuerten → Arbeitsentgelten; Möglichkeiten der *steuerlichen Behandlung*: (1) Abzug als → Werbungskosten des Jahres, in dem die Rückzahlung erfolgt, und zwar ohne Kürzung um den allg. Pauschbetrag (→ Arbeitnehmer-Pauschbetrag); (2) Steuerverrechnung für den Rückzahlungsbetrag im Weg des → Lohnsteuer-Jahresausgleichs.

II. Rückzahlung von Spareinlagen: Spareinlagen weisen eine Kündigungsfrist von mind. drei Monaten auf. Darüber hinaus können beliebig lange Kündigungsfristen vereinbart werden. Kreditinstitute können in ihren Sparbedingungen Vereinbarungen treffen, die dem Kunden das Recht einräumen, ohne Kündigung über einen Teil seiner Spareinlagen zu verfügen, und zwar bis zu einem bestimmten Betrag, der pro Sparkonto maximal 2.000 Euro nicht übersteigen darf, der nur für Spareinlagen mit dreimonatiger Kündigungsfrist vereinbart werden darf und jeweils für einen Kalendermonat gilt.

III. Rückzahlung von Schuldverschreibungen: Tilgung, Rückzahlungsagio.

IV. Rückzahlung von Steuern: → Steuererstattungsanspruch.

Ruhegehalt – 1. Begriff des *Beamtenrechts* für die Gewährung von Pensionsbezügen an Beamte. Die Höhe des Ruhegehalts richtet sich nach der ruhegehaltsfähigen Dienstzeit und den ruhegehaltsfähigen Dienstbezügen. Das Ruhegehalt beträgt für jedes Jahr ruhegehaltsfähiger Dienstzeit 1,79375 Prozent der ruhegehaltsfähigen Dienstbezüge, d.h. der dem Beamten zuletzt gezahlten Bezüge, insgesamt jedoch höchstens 71,75 Prozent. Das Ruhegehalt beträgt mind. 35 Prozent der ruhegehaltsfähigen Dienstbezüge (§ 14 BeamtVG). – 2. Die Bezeichnung Ruhegehalt wird gelegentlich auch für Leistungen der *betrieblichen Alters- und Hinterbliebenenversorgung* verwendet, die sich in vielen Fällen kaum mehr von den beamtenrechtlichen Versorgungsbezügen unterscheiden. – 3. *Steuerliche Behandlung:* Besteuerung als Einkünfte aus nichtselbständiger Arbeit unter Berücksichtigung des Arbeitnehmerfreibetrags von 102 Euro; falls → Versorgungsbezüge beträgt der Freibetrag 40 Prozent der Bezüge, maximal jedoch 3.072 Euro. Ab dem Veranlagungszeitraum 2005 wird neben dem Versorgungsfreibetrag auch ein absoluter

Betrag von maximal 900 Euro (Zuschlag zum Versorgungsfreibetrag) gewährt. Seit 2005 senken sich sich Prozentsätze sowie der absolute Betrag stufenweise, sodass sich die Besteuerung der Versorgungsbezüge schrittweise erhöht. Zahlungen nach dem Tod des Berechtigten sind vom Erwerber zu erfassen.

ruhende Lieferung → Lieferung, bei der der gelieferte Gegenstand im Zuge der Lieferung nicht befördert oder versendet wird. Fälle von ruhenden Lieferungen sind z.b. der Bau eines Hauses durch einen Bauunternehmer (→ Werklieferung), die Lieferung eines Grundstücks oder auch die Lieferung der Ware vom Kommittenten an den Kommissionär in der logischen Sekunde unmittelbar vor dem Verkauf der Kommissionsware vom Kommissionär an den Endkunden. Von Bedeutung für die Bestimmung des Orts der Lieferung.

Ruhen des Verfahrens – steuerrechtlicher Begriff aus dem Einspruchsverfahren (→ Einspruch). – *Gesetzliche Grundlage:* § 363 II 1 AO. Die Finanzbehörde kann das Verfahren mit schriftlicher Zustimmung des Einspruchsführers ruhen lassen, wenn das aus wichtigen Gründen zweckmäßig erscheint. Ist wegen der Verfassungsmäßigkeit einer Rechtsnorm oder wegen einer Rechtsfrage ein Verfahren bei dem Europäischen Gerichtshof, dem Bundesverfassungsgericht oder einem obersten Bundesgericht anhängig und wird der Einspruch hierauf gestützt, ruht das Einspruchsverfahren insoweit.

Rumpfabschnitte → Rumpfwirtschaftsjahr.

Rumpfwirtschaftsjahr – steuerrechtlicher Begriff: der der Besteuerung zugrunde liegende Zeitraum, falls er zwölf Monate (übliches Wirtschaftsjahr) unterschreitet. Bes. bei Betriebsgründung oder Einstellung und bei Umstellung von einem abweichenden Wirtschaftsjahr auf das Kalenderjahr gilt das Rumpfwirtschaftsjahr als Gewinnermittlungszeitraum. Im Rumpfwirtschaftsjahr darf stets gebildet werden, wenn dadurch in Zukunft die Bilanzstichtag auf das Ende des Kalenderjahrs fällt; ansonsten bedarf die Einschaltung eines Rumpfwirtschaftsjahres der Zustimmung der Finanzbehörde, die üblicherweise gewährt werden wird, wenn die Maßnahme nicht der Erzielung eines steuerlichen Vorteils dient, sondern einen anderweitig beachtlichen wirtschaftlichen Grund hat.

Rürup-Rente – 1. *Begriff*: Steuerlich geförderte, private, kapitalgedeckte → Altersvorsorge (seit 2005). – 2. *Merkmale*: Die Beiträge zur Rürup-Rente können über Sonderausgaben steuerlich abgesetzt werden, gleichzeitig unterliegen die ausgezahlten Renten in gleichem Umfang der Besteuerung. Förderbar sind nur Verträge auf eine Leibrente. Prämien bzw. Renten verfallen mit dem Tod des Versicherten.

S

S – seit 2004 ein Vermerk für lohnsteuerliche Zwecke. Seitdem das elektronische Lohnsteuerverfahren praktiziert wird, erfährt ein Arbeitgeber, bei dem ein Arbeitnehmer während des Jahres seine Stelle neu antritt, nicht mehr automatisch die Höhe der bisherigen Vergütungen dieses Arbeitnehmers während des Jahres, denn die Lohnsteuerbescheinigung wird i.d.R. nicht mehr auf der Lohnsteuerkarte angebracht. Bei der Berechnung der Lohnsteuer für → sonstige Bezüge muss ein Arbeitgeber also nicht vom wirklichen bisherigen Jahreslohn ausgehen, sondern eine Hochrechnung auf den Jahreslohn vornehmen. Sofern dies notwendig war, ist im Lohnkonto und in der Lohnsteuerbescheinigung der Großbuchstabe „S" zu vermerken.

Sachbesteuerung → Objektbesteuerung.

Sachbezüge – Leistungen, die einem Arbeitnehmer vom Arbeitgeber als Teil des → Arbeitsentgelts zugewendet werden, einen Geldwert besitzen, aber nicht in Barmitteln bestehen, z.B. Gewährung von freier Kleidung, freier Wohnung, Heizung, Beleuchtung, Kost von Deputaten und sonstigen Bezügen. Sie können vereinbart werden, wenn dies dem Interesse des Arbeitnehmers oder der Eigenart des Arbeitsverhältnisses entspricht (§ 107 II GewO). – 1. Sachbezüge gehören zu den *einkommen- bzw. lohnsteuerpflichtigen* Einkünften (§ 2 LStDV) und sind bei der Berechnung der *Sozialversicherungsbeiträge* zu berücksichtigen (vgl. dazu die Sozialversicherungsentgelt-Verordnung vom 21.12.2006 (BGBl. I 3385) m.spät.Änd. – 2. Bei der *Bewertung* der Sachbezüge sind die üblichen Endpreise am Abgabeort zugrunde zu legen, nicht der vom Arbeitgeber aufgewendete Preis. Zur Vereinfachung und Vereinheitlichung, sowohl regional als auch für die verschiedenen Rechtsgebiete (Steuer- und Sozialversicherungsrecht), sind bei Arbeitnehmern, für deren Sachbezüge nach § 17 I Nr. 4 SGB IV Werte bestimmt sind, diese Werte auch für die steuerrechtliche Bewertung maßgebend (§ 8 II 2 EStG). In der Sachbezugsverordnung sind u.a. auch Werte für freie und verbilligte Kost und Wohnung festgesetzt; der Wert der Sachbezüge gilt dabei jeweils für einen Monat, für kürzere Zeiträume sind Bruchteile festgelegt. Die in der Sachbezugsverordnung angegebenen Werte sind dann nicht anwendbar, wenn ihre Anwendung zu einer offensichtlich unzutreffenden Besteuerung führt. Diese kann z.B. angenommen werden, wenn als Dienstwohnung ein aufwendiges Einfamilienhaus zur Verfügung gestellt wird, wobei der reale Wert der Dienstwohnung ein Mehrfaches des Sachbezugswerts beträgt. – Seit 2007 werden grundsätzliche Sachzuwendungen an Dritte und an Arbeitnehmer pauschal mit 30 Prozent (der Aufwendungen mit Umsatzsteuer zzgl. Kirchensteuer und

Solidaritätszuschlag) besteuert (§ 37b I EStG, JStG 2007). Bezahlt der Schenker die pauschale Einkommensteuer, muss der Empfänger das Geschenk nicht versteuern (§ 40 III EStG). Mit aktuellem Schreiben vom 29.4.2008 (IV B 2 – S 2297-b/07/0001) hat das BMF Stellung hierzu genommen. Demnach kann die Pauschalierung grundsätzlich nur einheitlich für alle innerhalb des Wirtschaftsjahres gewährten Sachbezüge in Anspruch genommen werden. Es sieht jedoch vor, dass für Zuwendungen an Geschäftsfreunde und an eigene Arbeitnehmer die Pauschalierung nach § 37b EStG jeweils gesondert angewendet werden kann. Darüber hinaus wird klar gestellt, dass sich die Abziehbarkeit der Pauschalsteuer als Betriebsausgabe danach richtet, ob die Aufwendungen für die Zuwendung als Betriebsausgabe abziehbar sind.

Sachbezugsverordnung (SachBezV) – 1. *Begriff:* ehem. Verordnung der dt. Bundesregierung. Verordnungsermächtigung war § 17 Absatz 1 Satz 1 Nummer 4 Viertes Buch Sozialgesetzbuch. Die Verordnung wurde zum 1.1.2007 aufgehoben und deren Regelungen in der Sozialversicherungsentgeltverordnung erfasst. – 2. *Bedeutung:* Die Sachbezugsverordnung wurde v.a. für die Bewertung von Sachbezügen von Arbeitnehmern herangezogen. Der SachBezV konnte entnommen werden, mit welchem Wert bestimmte geldwerte Vorteile lohnsteuerlich anzusetzen sind, die ein Arbeitgeber seinen Arbeitnehmern zuwendet. Typischerweise fand die SachBezV Anwendung für die Bewertung von freier Verpflegung, Unterkunft und Wohnung und sonstigen Bezügen.

Sachprämie → Prämienprogramm.

Sachsteuern → Realsteuern.

Sachwert – I. *Begriff:* 1. Synonym für *Reproduktionswert.* 2. *Im übertragenen Sinn:* Von Geldwertschwankungen unabhängiges (die Inflation im Wert kompensierendes) Gut.

II. *Bewertungsgesetz* (§§ 83 ff. BewG): 1. *Anwendungsbereich* (→ Einheitswert für die Grundsteuer): Mit dem Sachwert werden bewertet (→ Grundstücksbewertung): (1) *Einfamilienhäuser und Zweifamilienhäuser,* die durch bes. Gestaltung oder Ausstattung wesentlich von den nach dem Ertragswertverfahren (→ Ertragswert) zu bewertenden Ein- und Zweifamilienhäusern abweichen; (2) *Geschäftsgrundstücke* (und in Einzelfällen Mietwohngrundstücke und gemischtgenutzte Grundstücke), für die weder eine → Jahresrohmiete ermittelt noch die übliche Miete geschätzt werden kann. Hierunter fallen i.d.R. Fabrikgrundstücke, Warenhäuser, Lichtspielhäuser etc.; (3) *Grundstücke mit Behelfsbauten* oder mit Bauten, für die ein zur Anwendung des Ertragswertverfahrens notwendiger Vervielfältiger in den Anlagen 3 bis 8 zum Bewertungsgesetz nicht bestimmt ist; (4) die *sonstigen bebauten Grundstücke* wie z.B. Sporthallen, Bootshäuser etc. – 2. *Wertermittlung:* Zur Ermittlung des Grundstückswerts wird zunächst ein → Ausgangswert errechnet, der den Bodenwert, den Gebäudewert und den Wert der → Außenanlagen umfasst; dieser wird durch Anwendung einer Wertzahl an den → gemeinen Wert angeglichen. Die Werte der einzelnen Bestandteile des Ausgangswerts sind dabei getrennt zu ermitteln. (a) Als *Bodenwert* ist der Wert anzusetzen, der sich für den → Grund und Boden ergeben würde, wenn das Grundstück unbebaut wäre. (b) Bei Ermittlung des *Gebäudewerts* ist nicht von den tatsächlichen → Herstellungskosten, sondern von den Herstellungskosten nach den Baupreisverhältnissen des Jahres 1958 auszugehen (Baupreisgrundlage 1958; Baupreisindex 100). Durch Umrechnung dieses Werts nach den Baupreisverhältnissen im → Hauptfeststellungszeitpunkt (1.1.1964) ergibt sich der sog. Gebäudenormalherstellungswert. Von diesem können nen Wertminderungen wegen Alters (bis höchstens 70 Prozent) abgesetzt sowie → Abschläge wegen baulicher Mängel und Schäden gemacht werden. Der sich ergebende sog. Gebäudesachwert kann wegen bes. Umstände ermäßigt (z.B. bei unorganischem Aufbau, wirtschaftlicher Überalterung) oder erhöht (z.B. wenn das Gebäude nachhaltig und entgeltlich für Reklamezwecke genutzt wird) werden. (c) Der *Wert der Außenanlagen* wird ähnlich dem Gebäudewert unter Ansatz der Herstellungskosten nach den Baupreisverhältnissen 1958 und Umrechnung auf den Wert im Hauptfeststellungszeitpunkt unter Berücksichtigung von Wertminderungen, Ermäßigungen und Erhöhungen ermittelt. (d) Der nach diesen Grundsätzen gefundene Ausgangswert stimmt i.Allg. nicht mit dem gemeinen Wert des Grundstücks überein. Er muss ihm durch Anwendung von *Wertzahlen* angeglichen werden. Die Wertzahlen drücken das Verhältnis zwischen dem Sachwert und dem gemeinen Wert aus. Sie berücksichtigen die den Wert des Grundstücks beeinflussenden Umstände (Zweckbestimmung und Verwendbarkeit des Grundstücks innerhalb verschiedener Wirtschaftszweige unter Berücksichtigung der Gemeindegröße), liegen im Rahmen von 85 bis 50 Prozent des Ausgangswerts und sind durch eine Rechtsverordnung festgesetzt. (e) *Mindestwert:* Der Grundstückswert darf grundsätzlich nicht geringer sein als die Hälfte des Wertes, mit dem der Grund und Boden allein als unbebautes Grundstück zu bewerten wäre (gemeiner Wert des Grund und Bodens). – *Ausnahme:* Kosten, die wegen des baulichen Zustandes von Gebäuden oder Gebäudeteilen für deren Abbruch entstehen, sind zu berücksichtigen. Sie können auch zu einer Unterschreitung des Mindestwerts führen. – 3. *Regelung für die neuen Bundesländer:* Für Grundstücke in den neuen Bundesländern gelten die Einheitswerte, die nach den Wertverhältnissen am 1.1.1935 festgestellt worden sind oder noch festgestellt werden (§ 129 I BewG).

III. *Erbschaftsteuerreform:* 1. Die *Bewertung* von bebauten Grundstücken wurde für Erbschaftsteuerzwecke im Rahmen der → Erbschaftsteuerreform, wirksam seit dem 1.1.2009, neu geregelt. Demnach erfolgt eine Bewertung für bebaute Grundstücke nach dem Sachwertverfahren, wenn kein Vergleichswert vorliegt bzw. die übliche Miete nicht feststellbar ist sowie bei sonstigen Grundstücken. Beim Sachwertverfahren sind der Bodenwert und der Gebäudesachwert getrennt zu ermitteln. Die Summe hieraus und die Berücksichtigung gewisser Marktanpassungsfaktoren ergibt den Grundbesitzwert (§§ 192 ff. BewG). – 2. Die *Anwendungsbereiche* sind in § 182 IV BewG geregelt und umfassen (1) das → Wohnungseigentum, (2) das Teileigentum, (3) Ein- und Zweifamilienhäuser, wenn ein Vergleichswert nicht vorliegt, (4) Geschäftsgrundstücke und (5) gemischt genutzte Grundstücke, für die sich auf dem örtlichen Grundstücksmarkt keine übliche Miete ermitteln lässt sowie (6) sonstige bebaute Grundstücke. – 3. *Bewertung:* Die Bewertung des sog. Gebäudesachwerts (§ 190 BewG) ist getrennt vom Bodenwert (§ 179 BewG) vorzunehmen. Der *Gebäudesachwert* ergibt sich aus den Regelherstellungskosten des Gebäudes pro qm multipliziert mit der Bruttogrundfläche des Gebäudes nach Abzug eines Alterswertminderungsabschlags (§ 190 II Satz 1 BewG). Die Alterswertminderung richtet sich grundsätzlich nach dem Alter des Gebäudes zum Bewertungsstichtag und der typisierten Gesamtnutzungsdauer (Anlage 22 zum BewG). Bei der Alterswertminderung wird eine gleichmäßige jährliche (lineare) Wertminderung unterstellt. Eine Regelung zum Restwert ist in § 190 II Satz 4 BewG bestimmt. Der *Bodenwert* ermittelt sich unter Zugrundelegung der Bodenrichtwerte (§ 189 II BewG). Der Wert der sonstigen baulichen Anlagen (insbesondere Außenanlagen) und der Wert der sonstigen Anlagen sind grundsätzlich durch den Gebäude- und dem Bodenwert abgegolten. Daher kommt es nur in Ausnahmefällen, z.B. bei bes. werthaltigen Außenanlagen und sonstigen Anlagen, zu gesonderten Wertansätze unter Berücksichtigung der durchschnittlichen Herstellungskosten. Sonstige wertbeeinflussende Umstände wie Belastungen privatrechtlicher oder öffentlich-rechtlicher Art werden im Rahmen des standardisierten Sachwertverfahrens nicht berücksichtigt. – 4. *Mindestwert:* Der unter Berücksichtigung der Alterswertminderung ermittelte Gebäudewert ist mind. mit 40 Prozent des Gebäuderegelherstellungswerts anzusetzen. Dabei wird ggf. ein fiktives Baujahr zugrunde gelegt. Je nach Bezugsfertigkeit des Gebäudes oder durch Veränderungen, welche die gewöhnliche Nutzungsdauer des Gebäudes verändern, ändert sich damit auch die Restnutzungsdauer, sodass es zu Modifikationen bei der Berechnung kommen kann. – 5. *Gemeiner Wert* (= → Grundbesitzwert): Die Summe aus dem Bodenwert und dem Gebäudesachwert ergeben den vorläufigen Sachwert des Grundstücks (§ 189 III Satz 1 BewG). Da dieser Wert i.d.R. sehr vom gemeinen Wert abweicht, wird eine Anpassung den gemeinen Wert mittels Wertzahlen vorgenommen (§ 191 BewG). – 6. *Marktanpassungsfaktoren*: Im Rahmen des Sachwertverfahrens sind auch Marktanpassungsfaktoren zur berücksichtigen, die der Verkehrswertermittlung dienen sollen. Meist können geeignete Marktanpassungsfaktoren von Gutachterausschüssen zur Verfügung gestellt werden. Die Anwendung der Marktanpassungsfaktoren erfolgt vorrangig als Wertzahlen. Liegen für das zu bewertende Grundstück keine geeigneten Faktoren vor, sind alternativ Wertzahlen aus Anlage 25 zum BewG bei der Berechnung zu berücksichtigen, § 191 II BewG.

Sachwertabfindung – 1. *Begriff*: Die einkommensteuerliche Bezeichnung für das Ausscheiden eines Gesellschafters aus einer Personengesellschaft (Mitunternehmerschaft), wenn der ausscheidende Gesellschafter für seinen Anteil am Gesellschaftsvermögen von den übrigen, verbleibenden Gesellschaftern nicht mit Geld abgefunden wird, sondern mit Sachwerten. Bei Sachwertabfindung besteht die ursprüngliche Gesellschaft unter den restlichen Gesellschaftern fort; der ausscheidende Gesellschafter überträgt lediglich seinen Anteil an der Gesellschaft an die übrigen Mitgesellschafter. – *Anders*: → Realteilung. – 2. *Steuerliche Behandlung*: a) Da die Gegenstände, die der ausscheidende Gesellschafter als Abfindung erhält, ihm im Austausch gegen eine Minderung seiner Gesellschaftsrechte übergeben werden, unterbleibt nach der Sondervorschrift des § 6 V 3 Nr. 1 EStG eine Gewinnrealisierung, wenn der Gesellschafter die erhaltenen Wirtschaftsgüter in ein eigenes Betriebsvermögen überführt und somit die in den Wirtschaftsgütern liegenden stillen Reserven weiter für die Einkommensbesteuerung gesichert sind. Dies gilt nicht, wenn die betreffenden Wirtschaftsgüter innerhalb einer bestimmten Sperrfrist veräußert werden. – b) Erhält der ausscheidende Gesellschafter dagegen nicht einzelne Wirtschaftsgüter, sondern einen gesamten → Teilbetrieb der Gesellschaft, so wird der Vorgang nach den Regeln über die → Realteilung behandelt.

Sachwertverfahren → Sachwert.

Safe Haven – bis zur Geltung der Unternehmenssteuerreform 2008 geltender Begriff aus dem Steuerrecht für den Umfang an Fremdkapital, den ein Gesellschafter seiner Kapitalgesellschaft steuerlich unbeanstandet zur Verfügung stellen konnte, ohne eine Umqualifizierung der Zinszahlungen in Gewinnausschüttungen befürchten zu müssen. Der Begriff spielte darauf an, dass man sich, solange man diesen zugelassenen Umfang an Gesellschafterkrediten nicht überschritt, steuerlich in einem „sicheren Hafen" (safe haven) bewegte, während man bei höherer Kreditgewährung durch einen Gesellschafter mit steuerlichen Problemen zu rechnen hatte. – Vgl. auch → Gesellschafterfremdfinanzierung.

Saisonbetrieb – 1. *Begriff*: Betrieb, dessen Produktions- oder Absatzprogramm während eines bestimmten Zeitraums größeren, regelmäßig wiederkehrenden Schwankungen, ursächlich im Zusammenhang mit Jahreszeit oder Verbrauchsgewohnheiten, unterliegt, z.B. Eisdielen, Pensionen in Kur- und Fremdenverkehrsorten. – 2. *Arbeitsrecht*: Es bestehen arbeitsrechtliche Ausnahmebestimmungen. – a) *Anzeigepflicht bei Entlassungen*: §§ 17–21 KSchG (Regelung anzeigepflichtiger Entlassungen) finden auf Saisonbetrieben im Fall von in der Eigenart dieser Betriebe bedingte Entlassungen keine Anwendung. Keine Saisonbetriebe in diesem Sinn sind Betriebe des Baugewerbes, deren ganzjährige Beschäftigung gemäß Arbeitsförderungsgesetz gefördert wird (Wintergeld und Winterausfallgeld). – b) *Arbeitszeit*: Für Saisonbetrieb kann die Aufsichtsbehörde (i.d.R. Gewerbeaufsichtsamt, Amt für Arbeitsschutz) längere tägliche Arbeitszeiten bewilligen, wenn die Verlängerung der Arbeitszeit über acht Stunden werktäglich durch eine entsprechende Verkürzung der Arbeitszeit zu anderen Zeiten ausgeglichen wird. – 3. *Gewerbesteuerrecht*: Das zwischenzeitliche, saisonbedingte Ruhen des Geschäftsbetriebes ist aus gewerbesteuerlicher Sicht irrelevant (§ 2 IV GewStG).

Saison-Reserven – selten verwendete Bezeichnung für → Schwankungsrückstellungen.

Salzsteuer – Steuer auf Salzherstellung oder -einfuhr. Vermutlich älteste, zugleich problematischste Verbrauchsteuer, da sie lebensnotwendigen Bedarf erfasst und angesichts gleicher individueller Verbrauchsmengen als → Kopfsteuer anzusehen ist. Da die körperlich Arbeitenden wegen des physiologisch bedingten Kochsalzverbrauchs geradezu auf die Schwere ihrer täglichen Arbeitsanstrengungen belastet werden und diese Menschen i.d.R. nicht zu den oberen Einkommensschichten gehören, kann man die Salzsteuer als das „Schulbeispiel für eine unsoziale Steuer" bezeichnen (Schmölders). In der Bundesrepublik Deutschland seit 1.1.1993 abgeschafft; Aufkommen 1992: 27,8 Mio. Euro.

Sammelantrag – Begriff des Einkommensteuerrechts: Ein Antrag beim Bundeszentralamt für Steuern auf Erstattung von Kapitalertragsteuer auf Dividendenerträge und bestimmte Zinsen, den ein inländisches Kreditinstitut oder eine inländische Zweigniederlassung gesammelt zugunsten der von ihm vertretenen Kunden stellen kann (R 45 b H 45c EStR).

Sammelposten → geringwertige Wirtschaftsgüter und Poolabschreibung.

Sammelzollanmeldung – jetzt: → ergänzende Zollanmeldung.

Sammelzollverfahren – veralteter, dem dt. Zollgesetz (ZG) entnommener Begriff für → vereinfachtes Verfahren bei der Zollanmeldung, wenn die fehlenden Angaben oder Unterlangen monatlich gesammelt vorzulegen sind.

Sammlung – I. *Öffentliche Sammlung*: 1. *Begriff*: Aufforderung zu Geld- oder Sachspenden oder zu

Spenden geldwerter Leistungen auf Straßen oder Plätzen, in Gastwirtschaften oder anderen jedermann zugänglichen Räumen *(Straßensammlung)* oder von Haus zu Haus, bes. mit Sammellisten *(Haussammlung)*, oder durch Spendenbriefe *(Briefsammlung)*. – 2. Das Recht der öffentlichen Sammlung ist durch Gesetze der Länder geregelt. Danach bedarf eine Sammlung der *Erlaubnis*, die je nach dem Gebiet, auf das sie sich erstrecken soll, das Ministerium (des Innern), die höhere oder Kreisverwaltungsbehörde erteilt. Erlaubnisfrei sind nur Haus- und Briefsammlungen, die eine Vereinigung unter ihren Angehörigen oder ein sonstiger Veranstalter innerhalb eines mit ihm durch persönliche Beziehungen verbundenen Personenkreises durchführt.

II. **Erbschaftsteuerrecht:** 1. *Begriff:* Zusammenfassung von Gegenständen, die nicht dem Verkauf oder wirtschaftlichen Gebrauch dienen, sondern künstlerischen oder wissenschaftlichen Interessen. – 2. *Befreiungen für wissenschaftliche* Sammlungen, bei denen die Ausgabe zur Erhaltung i.d.R. die Einnahmen übersteigen (mind. zu 60 Prozent befreit; bei zusätzlichen Voraussetzungen zu 100 Prozent; § 13 I Nr. 2 ErbStG). – Vgl. auch → Kunstgegenstand.

III. **Entsorgungswirtschaft:** Sammel- und Trennverfahren.

Satellitensteuern – Steuern, die in Verbindung mit einer anderen Steuer erhoben werden, z.B. Kirchensteuer und Solidaritätszuschlag mit der Einkommensteuer als Bemessungsgrundlage. – *Anders:* → Trabantensteuern.

Säumniszuschlag – 1. *Begriff:* Zuschlag auf Steuern, wenn die Steuer nicht bis zum Ablauf des Fälligkeitstages entrichtet wird (§ 240 AO). Säumniszuschlag ist eine → steuerliche Nebenleistung (§ 3 IV AO). – 2. Die *wirksame Zahlung* gilt als entrichtet: (1) bei Übergabe oder Übersendung von Zahlungsmitteln am Tag des Eingangs, bei Hingabe oder Übersendung von Schecks jedoch drei Tage nach dem Eingangstag; (2) bei Überweisung oder Einzahlung auf ein Konto der Finanzbehörde und bei Einzahlung mit Zahlschein oder Postanweisung am Tag der Gutschrift; (3) bei Vorliegen einer Einzugsermächtigung grundsätzlich am Fälligkeitstag (§ 224 II AO). – 3. Säumniszuschlag *beträgt* vom Fälligkeitstag an 1 Prozent des rückständigen (auf volle 50 Euro nach unten abgerundeten) Steuerbetrages für jeden angefangenen Monat. – 4. Säumniszuschlag *entsteht* verwirklichungsfähig durch Tatbestandserfüllung; er wird nicht festgesetzt (§ 218 AO). *Gegen* die Anforderung von Säumniszuschlag ist Einspruch gegeben. – 5. Wird die Steuerfestsetzung aufgehoben, geändert oder wegen offenbarer Unrichtigkeit im Sinn von § 129 AO berichtigt, bleiben die bis dahin verwirkten Säumniszuschlag unberührt. – 6. Von der Erhebung wird bei verspäteter Zahlung *bis zu drei Tagen* abgesehen. Dies gilt jedoch nicht bei Übergabe oder Übersendung von Zahlungsmitteln und Schecks (§ 240 III AO; Schonfrist).

Auf die Schonfrist besteht – im Gegensatz zum Verspätungszuschlag – ein Anspruch. – 7. Säumniszuschlag und → Verspätungszuschlag (§ 152 AO) sind zu unterscheiden.

SCE – Abk. für *Societas Cooperativa Europaea*, Europäische Genossenschaft.

Schachteldividende – 1. *Begriff* des Steuerrechts für den Gewinnanteil eines Unternehmens aus einer Kapitalgesellschaft, an der es beteiligt ist (→ Schachtelprivileg). Mit dem Bezug einer Schachteldividende ist meist eine steuerliche bes. Behandlung verbunden, oft dahingehend, dass der Bezug bei der Muttergesellschaft steuerfrei belassen wird in Hinblick darauf, dass die Tochtergesellschaft bereits Steuern zahlen musste. – 2. *Einzelne Steuerarten:* a) bei der *Körperschaftsteuer:* Eine bes. Behandlung für Schachteldividenden findet sich hier nur noch in seltenen Ausnahmefällen (§ 8b IX KStG), weil körperschaftsteuerlich heutzutage praktisch alle Dividendenbezüge einer Kapitalgesellschaft, die von einer anderen Kapitalgesellschaft bezogen werden, ohnehin steuerfrei belassen werden (Ausnahmen: § 8b VII, VIII KStG). – b) Bei der *Einkommensteuer* hat der Begriff Schachteldividende in Deutschland seit langem schon ebenfalls keine Bedeutung mehr, da eine doppelte Belastung der Gewinne auf der Ebene der zahlenden Kapitalgesellschaft und der die Dividende erhaltenden natürlichen Person ebenfalls bereits ganz allg., und zwar durch das → Körperschaftsteuersystem, vermieden wird. – 3. Bei der *Gewerbesteuer* werden Dividendeneinkünfte aus einer Untergesellschaft (deren Gewinne ja schon der Gewerbesteuer oder einem ähnlichen, ausländischen Äquivalent unterlegen haben) allerdings bei der Obergesellschaft im Grundsatz erneut der Besteuerung unterworfen (§ 8 Nr. 5 GewStG). Hier wird eine Steuerfreiheit von Dividenden bei der Obergesellschaft in der Tat auch heute noch an das Vorliegen einer Mindestbeteiligung geknüpft (15 Prozent, die frühere Quote von nur 10 Prozent gilt heute nur noch in Anwendungsfällen der → Mutter-Tochter-Richtlinie, § 9 Nr. 7 GewStG), sodass der Begriff der Schachteldividende (im Vergleich zur normalen Dividende) in diesem Bereich noch steuerlich Bedeutung hat. – 4. In vielen *anderen Staaten* werden Dividenden traditionell erst ab einer Beteiligungsquote von 25 Prozent als Schachteldividende behandelt, allerdings ist auch international eine Tendenz zu beobachten, den Schwellenwert in Richtung auf 10 Prozent zu senken.

Schachtelgesellschaft – Kapitalgesellschaft als Beteiligungsgesellschaft, bei der ein inländisches Unternehmen mind. zu einem Zehntel beteiligt ist. Auch beim Bund, bei Ländern, Gemeinden, Gemeindeverbänden, Betrieben von inländischen Körperschaften des öffentlichen Rechts finden sich Schachtelgesellschaften. – *Steuerliche Vergünstigung:* → Schachtelprivileg. – Vgl. auch → Schachteldividenden, → Organschaft.

Schachtelprivileg – I. Begriff: Instrument zur Vermeidung ertrag- oder substanzsteuerlicher Mehrfach- oder Doppelbelastungen, die sich bei der Verschachtelung von Kapitalgesellschaften ergeben. Im Fall von → Schachtelgesellschaften werden die Gewinne bzw. die Beteiligungswerte aus der Bemessungsgrundlage der jeweiligen Steuerart ausgenommen. Es handelt sich nicht um ein für die begünstigten Gesellschaften geschaffenes Privileg, sondern um eine notwendige Korrektur zur Vermeidung von Mehrfachbesteuerungen.

II. Inländisches Schachtelprivileg: 1. *Körperschaftsteuerliches Schachtelprivileg* besteht darin, dass Dividendeneinkünfte bei der Körperschaftsteuer steuerfrei sind (§ 8b I KStG), weil die der Dividendenausschüttung zugrunde liegenden Gewinne bei der Gesellschaft, die diese erwirtschaftet hat, der Körperschaftsteuer unterliegen. Das sog. erweiterte körperschaftsteuerliche Schachtelprivileg stellt auch Gewinne aus der Veräußerung von Anteilen an einer Kapitalgesellschaft von der Körperschaftsteuer frei, weil im Halbeinkünfteverfahren Veräußerungsgewinne aus Anteilen und Dividenden aus den entsprechenden Anteilen gleich behandelt werden (§ 8b II KStG). Voraussetzung der Regelungen ist, dass eine körperschaftsteuerpflichtige Institution (meist eine Mutterkapitalgesellschaft) an einer anderen Gesellschaft (meist eine Tochterkapitalgesellschaft) beteiligt ist, nicht jedoch, dass der Dividendenempfänger oder Veräußerer eine natürliche Person ist. Eine bestimmte Mindestbeteiligungsquote zwischen Mutter- und Tochtergesellschaft ist seit der Einführung des Halbeinkünfteverfahrens nicht mehr notwendig. – 2. *Gewerbesteuerliches Schachtelprivileg* steht jedem Gewerbebetrieb zu, der Dividenden aus einer anderen Kapitalgesellschaft bezieht. Allerdings nur, wenn die Beteiligungsquote am Anfang des Jahres mind. 15 Prozent (vor Erhebungszeitraum 2008: 10 Prozent) beträgt (§ 9 Nr. 2a GewStG) und – bei ausländischen Tochtergesellschaften – die Tochtergesellschaft entweder fast ausschließlich aktiven Tätigkeiten nachgeht oder sie unter die Mutter-Tochter-Richtlinie fällt (§ 9 Nr. 7 GewStG; im letzteren Fall auch heute noch eine Beteiligungsquote von 10 Prozent ausreichend). Falls laut Doppelbesteuerungsabkommen eine niedrigere Grenze als 15 Prozent geregelt ist, so kommt diese zum Tragen. Wird das gewerbesteuerliche Schachtelprivileg nicht gewährt, so sind Dividenden bei der Gewerbesteuer voll zu erfassen (§ 8 Nr. 5 GewStG).

III. Grenzüberschreitende Schachtelprivileg: Das Schachtelprivileg wird in Deutschland innerstaatlich wie grenzüberschreitend nach den oben genannten Regeln gewährt.

IV. Andere Steuern: 1. *Vermögensteuerliches Schachtelprivileg* bestand darin, den Wert der Anteile an der Untergesellschaft bei der Vermögensteuer der Obergesellschaft steuerfrei zu stellen. Da die Vermögensteuer nicht mehr erhoben wird, ist das

Schachtelprivileg ohne Bedeutung. – 2. *Erbschaftsteuerliches Schachtelprivileg:* nicht möglich, weil eine gleichzeitige Erbschaftsteuerbelastung desselben Vermögens auf der Ebene einer Mutter- und einer Tochterkapitalgesellschaft nicht vorliegen kann.

V. Vergleichbare ausländische Regelungen: Wie in Deutschland, so sind mittlerweile bei den Ertragsteuern auch in vielen anderen EU-Staaten neben den Dividenden auch die Veräußerungsgewinne vom Schachtelprivileg erfasst (z.B. Luxemburg, Niederlande, Dänemark).

VI. Regelung auf EU-Ebene: → Mutter-Tochter-Richtlinie.

VII. Steuerpolitik: Bei den zahlreichen Voraussetzungen der Schachtelprivilege zielen steuerpolitische Maßnahmen vorwiegend auf die Verwirklichung eines begünstigten Sachverhalts ab. Sachverhaltsgestaltungen sind sowohl darauf gerichtet, die Bedingungen für die Gewährung des Schachtelprivilege zu schaffen, als auch die mit der Steuerfreiheit der Dividenden und Gewinne verbundene Nichtabzugsfähigkeit der damit zusammenhängenden Kosten (z.B. Zinskosten für den Erwerb der Beteiligung, aus der die steuerfreien Dividenden stammen) zu vermeiden. Diesen Gestaltungsüberlegungen wurde jedoch die ab 2004 für das körperschaftsteuerliche Schachtelprivileg geltende Regelung, dass die nichtabziehbaren Kosten der steuerfreien Einkünfte stets pauschal mit 5 Prozent der bezogenen Dividende bzw. des erzielten Veräußerungsgewinns angesetzt und im Gegenzug die tatsächlichen Kosten unbeanstandet verbucht werden dürfen (§ 8b V KStG), entgegengesetzt.

Schachtelstrafe – 1. *Vermögensteuer:* Bezeichnung dafür, dass im Rahmen der (früher erhobenen) Vermögensteuer bei einer steuerfreien Schachtelbeteiligung (aufgrund des → Schachtelprivilegs) auch die dazugehörigen Schulden nicht angesetzt werden konnten. – 2. *Körperschaftsteuerrecht:* gelegentlich anzutreffende Übertragung des Begriffs auf das Ertragsteuerrecht: Schachtelstrafe ist die Regelung, dass die Aufwendungen für eine aufgrund des Schachtelprivilegs steuerbefreite Dividende, die eine Kapitalgesellschaft aus einer Tochterkapitalgesellschaft bezieht, ebenfalls nicht abziehbar sind (→ Betriebsausgabenpauschale).

Schadensersatz → Schadensersatzleistungen.

Schadensersatzleistungen – 1. *Begriff:* Aufwendungen zur Erfüllung einer Verpflichtung zum Schadensersatz aufgrund einer Verletzung des Steuerpflichtigen auf → Schadenersatz. – 2. *Steuerliche Behandlung:* a) *Einkommensteuer:* Schadensersatzleistungen sind beim Schädiger als → Betriebsausgaben oder → Werbungskosten abzugsfähig, wenn die Verpflichtung zum Schadenersatz durch den Betrieb oder Beruf veranlasst wurde. Ist noch keine Zahlung erfolgt, sondern droht lediglich die Inanspruchnahme auf Schadensersatzleistungen, z.B. weil ein Betrieb Patentrechte eines anderen verletzt hat, so dürfen Rückstellungen erst gebildet werden, wenn mit einer Inanspruchnahme ernstlich zu rechnen ist oder Ansprüche auf Schadensersatzleistungen schon angemeldet worden sind (§ 5 III EStG). – Beim Geschädigten können Schadensersatzleistungen im privaten Vermögen (nicht steuerbar) oder im Einkünftebereich (steuerbar) liegen. – b) *Umsatzsteuer:* Echte Schadensersatzleistungen unterliegen nicht der → Umsatzsteuer, weil das Merkmal des entgeltlichen Leistungsaustausches fehlt. Stellt jedoch der Geschädigte im Auftrag des Schädigers eine Sache im eigenen Unternehmen wieder her, ist das von dem Schädiger hierfür gezahlte Entgelt umsatzsteuerbar, da die Reparaturleistung im Rahmen eines Leistungsaustausches erbracht wird.

Schadensreserven – versicherungstechnische → Rückstellungen für im Laufe des Wirtschaftsjahres eingetretene, aber am Schluss des Jahres noch nicht erledigte Schadensfälle. Bilanziell handelt es sich um ungewisse Verbindlichkeiten, da der Gesellschaft die Verpflichtung zur Zahlung für diese Schäden bereits entstanden und lediglich die Höhe der Verbindlichkeiten noch unsicher ist; daher ist für die noch nicht erledigten Schadensfälle die Bildung einer Rückstellung erforderlich (allg. Grundsätze; § 249 HGB). Da es sich um eine große Zahl von Fällen handelt, wäre es bei der Bewertung einer solchen Rückstellung nicht vertretbar, jede für sich mit dem denkbaren Höchstwert anzusetzen; es ist vielmehr zu berücksichtigen, dass sich nach statistischen Grundsätzen bei einer großen Menge von Fällen nicht immer der pessimistischste Wertansatz realisieren wird (ebenfalls allg. Regelung; § 6 I Nr. 3a EStG). Diese gemeinsame Beurteilung einer Gruppe von Fällen hat für jeden Versicherungszweig getrennt zu erfolgen, soweit für jeden Zweig eine gesonderte GuV aufzustellen ist (§ 20 I KStG). – Liegt der nach diesen Grundsätzen ermittelte Stand der Schadensrückstellungen über dem Stand des Vorjahr, entsteht durch die Erhöhung dieses Postens buchhalterisch Aufwand; dieser mindert den steuerpflichtigen Gewinn. – Vgl. auch → Schwankungsrückstellungen.

Schankerlaubnissteuer – nur noch in wenigen Ländern erhobene Gemeindesteuer, einmalige Besteuerung der Erlaubniserteilung (Erlaubnispflicht nach § 1 GastG) zur Eröffnung, zur Erweiterung oder zur Übernahme einer schon bestehenden Gast- und Schankwirtschaft, eines Branntwein-Kleinhandels oder eines Ausschankes alkoholfreier Getränke. – *Steuersatz* (landesrechtlich verschieden): 2 bis 30 Prozent des Jahresumsatzes. – *Aufkommen:* 0,6 Mio. Euro (2006), also eher eine Bagatellsteuer.

Schätzstichproben → Stichprobenprüfung.

Schätzung – zulässiges Verfahren zur Ermittlung der → Besteuerungsgrundlagen durch das Finanzamt (§ 162 AO). – 1. *Zur Schätzung kommt es,* wenn der Steuerpflichtige seinen Erklärungs- und Mitwirkungspflichten nicht nachkommt, also v.a. Steuererklärungen und -anmeldungen nicht abgibt, Bücher

nicht oder nicht ordnungsmäßig führt, die Vorlage der Bücher und sachdienliche Auskunft verweigert, über seine Angaben nicht ausreichend Aufklärung geben kann oder wenn das Ergebnis der Buchführung nach der Sachlage offensichtlich unrichtig ist. – 2. *Formen:* innerer und äußerer Betriebsvergleich, bes. (1) Schätzung des Rohgewinns aufgrund der Umsätze, der Beschäftigtenzahlen u.Ä., (2) Festlegung der Besteuerungsgrundlagen nach den von der Finanzverwaltung aufgestellten → Richtsätzen, (3) Vermögenszuwachsrechnung (→ Verprobungsmethoden), (4) Kassenfehlbetragsrechnung und (5) Geldverkehrsrechnung. – 3. Als *Rechtsbehelf* gegen den auf Schätzung beruhenden Steuerbescheid ist der Einspruch gegeben (§ 347 I AO).

Schaumweinsteuer – Verbrauchsteuer mit reinem Finanzcharakter auf Schaumweinherstellung. – 1. *Rechtsgrundlagen:* Gesetz zur Besteuerung von Schaumwein und Zwischenerzeugnissen (SchaumwZwStG) vom 21.12.1992 m.spät.Änd.; Durchführungsbestimmungen vom 17.3.1994 m.spät.Änd. Die Verwaltung erfolgt durch die Bundesfinanzbehörde (Art. 108 I Satz 1 GG); der Ertrag steht dem Bund zu (Art. 106 I Nr. 2 GG). – 2. *Steuergegenstand:* Schaumwein, Zwischenerzeugnisse. – 3. *Steuerbefreiung:* a) Proben zu betrieblichen oder amtlichen Untersuchungen und Qualitätsprüfungen. – b) Einfuhren von Privatpersonen zu privaten Zwecken aus anderen Mitgliedstaaten, sofern diese die Waren selbst abholen. – c) Versand unter Steueraussetzung in andere Mitgliedstaaten oder Export in Drittlandsgebiet. – d) Schaumwein, der unter Steueraufsicht vernichtet wird. – 4. *Steuersätze:* (1) Regelsatz für Schaumwein: 136 Euro/hl; (2) bei Schaumwein mit weniger als 6 Prozent vol.: 51 Euro/hl; (3) Regelsatz für Zwischenerzeugnisse: 153 Euro/hl; (4) für Zwischenerzeugnisse mit weniger als 15 Prozent vol.: 102 Euro/hl; (5) in bes. Fällen für Zwischenerzeugnisse: 136 Euro/hl (§ 24 SchaumwZwStG). – 5. *Steueraussetzung,* solange Schaumwein sich in einem Steuerlager befindet oder unter Steueraufsicht befördert wird, Entstehung der Steuer bei Entfernung aus dem Steuerlager, wenn sich kein weiteres Steueraussetzungs- oder Zollverfahren anschließt (Entnahme in den freien Verkehr), bei unerlaubter Herstellung Entstehung mit der Herstellung. Steuerschuldner ist der Inhaber des Steuerlagers, ansonsten der Hersteller. – 6. *Verfahren:* Der Steuerschuldner hat die Steuer bis spätestens zum 15. Tag des Monats nach der Entstehung anzumelden und bis zum 25. Tag des zweiten Monats nach der Steuerentstehung zu entrichten. – 7. *Steuererlass oder -erstattung:* bei Ausfuhr in andere Mitgliedstaaten zu gewerblichen Zwecken oder Rücknahme in ein Steuerlager im Inland. – 8. *Steueraufsicht* für Hersteller und Inhaber eines Steuerlagers. – 9. *Aufkommen:* 448 Mio. Euro (2011), ca. 400 Mio. Euro (2007), 421 Mio. Euro (2006), 432,3 Mio. Euro (2003), 420,2 Mio. Euro (2002), 457,2 Mio. Euro (2001), 477,5 Mio. Euro (2000), 553,9 Mio. Euro (1995), 494,1 Mio. Euro

(1990), 350 Mio. Euro (1985), 274 Mio. Euro (1980), 179 Mio. Euro (1975), 119 Mio. Euro (1970), 69 Mio. Euro (1965), 33 Mio. Euro (1960), 13 Mio. Euro (1955), 10 Mio. Euro (1950).

Scheingeschäft – 1. *Charakterisierung:* Rechtsgeschäft, das einem anderen gegenüber mit dessen Einverständnis nur zum Schein vorgenommen wird. Das Scheingeschäft ist nichtig; soll damit ein anderes Rechtsgeschäft verdeckt werden, so ist das letztere gültig, sofern die etwa vorgeschriebene Form (z.B. bei Scheinkaufvertrag anstelle Schenkung öffentliche Beurkundung des Schenkungsversprechens) gewahrt ist (§ 117 BGB). – 2. Auch *steuerlich* ist das Scheingeschäft ohne Bedeutung; für die Besteuerung ist ggf. das verdeckte Rechtsgeschäft maßgebend (§ 41 II AO; → Steuerumgehung).

Scheingewinn → Gewinn, der in Zeiten sinkenden Geldwertes dadurch entsteht, dass aufgrund steigender Wiederbeschaffungskosten das Vermögen in Geld gemessen zunimmt, während es substanzmäßig gleichbleibt oder sich sogar vermindert. – *Unlösbares Problem:* Trennung von geldwertbedingten und marktbedingten (z.B. Verknappung des Angebots) Preissteigerungen. – *Beispiel:* Warenbestand zu Beginn des Jahres 1.000 Stück à 6 Euro = 6.000 Euro wird veräußert zu 7,50 Euro/Stück = 7.500 Euro. Die Wiederbeschaffung der 1.000 Stück erfordert 8 Euro = 8.000 Euro; es ist ein Scheingewinn von 1.500 Euro (nominale Kapitalerhaltung) entstanden, während substanziell ein Verlust von 500 Euro vorliegt (substanzielle Kapitalerhaltung). – *Vermeidung* von Scheingewinnen theoretisch durch Bewertung zum → Tageswert der organischen Tageswertbilanz. In der Handelsbilanz kann der Entstehung von Scheingewinnen durch die Bildung stiller Rücklagen, bes. durch Bewertung nach den Methoden → Lifo, → Hifo entgegengewirkt werden. – *Besteuerung:* Die Besteuerung von Scheingewinnen wird durch die heutigen steuerlichen Bestimmungen (Nominalwertprinzip) nicht ausgeschlossen. Milderung durch steuerliche Sondervorschriften, z.B. Zulässigkeit der Lifo-Methode gemäß (§ 6 I Nr. 2a EStG) und → Reinvestitionsrücklagen.

Scheinselbstständigkeit – Die Einstufung einer Person als → Unternehmer oder Nicht-Unternehmer ist steuerlich generell nicht an die arbeits- und sozialrechtliche Einstufung gebunden. Es zählt vielmehr das Gesamtbild, das sich unter Berücksichtigung der gesamten Verhältnisse des Einzelfalls ergibt. Es besteht also ein Beurteilungsspielraum; das Vorliegen von Scheinselbstständigkeit kann möglicherweise jedoch ein Indiz darstellen. Es empfiehlt sich daher für Personen mit Nähe zur Scheinselbstständigkeit, ihren Status als Unternehmer oder Nicht-Unternehmer möglichst eindeutig zu gestalten, um steuerliche Risiken zu vermeiden. Bei Einkommen-/Lohnsteuer, Umsatzsteuer und Gewerbesteuer gelten im Kern die gleichen Beurteilungskriterien, auch wenn zur Umschreibung jeweils andere Formulierungen benutzt

werden (R 17 I und II UStR). – 1. *Lohnsteuer:* Lohnsteuerlich entscheidend ist die Frage, ob nach dem Gesamtbild des Einzelfalls unternehmerisches Risiko und unternehmerische Initiative vorliegen (§ 15 EStG) oder ob der Betreffende einem anderen seine Arbeitskraft in der Weise schuldet, dass er in der Betätigung seines geschäftlichen Willens unter der Leitung des Arbeitgebers steht oder im geschäftlichen Organismus des Arbeitgebers dessen Weisungen zu folgen verpflichtet ist (§ 1 LStDV). – 2. *Umsatzsteuer:* Umsatzsteuerlich hier ist ein Steuerpflichtiger als selbstständig und damit als potenzieller Unternehmer einzustufen, wenn er die Tätigkeit auf eigene Rechnung und Verantwortung ausübt (Abschn. 17 UStR). – 3. *Gewerbesteuer:* Die einkommensteuerliche Einstufung als Unternehmer oder Nichtunternehmer schlägt auch auf die Gewerbesteuer durch, da das Gewerbesteuergesetz gewerbliche Tätigkeiten „im Sinn des Einkommensteuergesetzes" (§ 1 I 2 GewStG) erfasst.

Schenkung – I. Begriff: unentgeltliche vertragliche Vermögenszuwendung (§§ 516–534 BGB). – Zu *unterscheiden:* 1. Die sog. *Handschenkung,* die sofort (z.B. durch Übereignung der verschenkten Sache) erfüllt wird, ist formfrei. – 2. Wird eine (künftige) Leistung schenkweise versprochen, ist der Vertrag nur gültig, wenn die Erklärung des Schenkers *(Schenkungsversprechen)* in Form der öffentlichen Beurkundung vorgenommen ist. – Im BGB *Einzelheiten* u.a. über Haftung des Schenkers, Auflagen, Rückforderungsrecht wegen Bedürftigkeit und Widerruf wegen groben Undanks.

II. Steuerliche Behandlung: 1. *Einkommen- und Körperschaftsteuer:* Eine Schenkung unterliegt als → einmaliger Vermögensanfall nicht der Einkommen- und Körperschaftsteuer. – 2. *Erbschaftsteuer:* im Rahmen der für die → Erbschaftsbesteuerung maßgebenden Vorschriften sind Schenkungen erbschaftsteuerpflichtig (§ 1 I Nr. 2, § 7 ErbStG). – 3. *Umsatzsteuer:* Schenkung unterliegt wegen fehlendem → Entgelt grundsätzlich nicht der Umsatzsteuer, wenn es sich nicht um einen Fall von steuerbaren → unentgeltlichen Wertabgaben handelt. – 4. *Betriebliche Aufwendungen* für Geschenke an (natürliche oder juristische) Personen, die nicht Arbeitnehmer des Steuerpflichtigen sind, sind als → Betriebsausgaben nur abzugsfähig, wenn: (1) die Anschaffungs-/Herstellungskosten dem Empfänger jeweils die Freigrenze von 35 Euro im Wirtschaftsjahr nicht übersteigen und (2) die Aufwendungen für Geschenke einzeln und getrennt von den anderen Betriebsausgaben aufgezeichnet werden (§ 4 V 1 Nr. 1 und VII EStG).

Schenkungsteuer → Erbschaftsteuer.

Schiedsabkommen – 1. *Begriff:* ein völkerrechtlicher Vertrag zwischen allen EG-Mitgliedsstaaten zur Regelung eines speziellen Problems bei der Beseitigung der Doppelbesteuerung infolge von unterschiedlichen Ansichten über die angemessene Höhe von unternehmens- bzw. konzerninternen Verrechnungspreisen. – 2. *Inhalt:* a) *die zu lösende Problematik:* Die → Doppelbesteuerungsabkommen (DBA) sehen zwar vor, dass jeder Staat nur diejenigen Teile des Einkommens eines Unternehmens/Konzerns besteuern darf, die in Betriebsstätten auf seinem Gebiet erwirtschaftet worden sind (→ Betriebsstättenprinzip); sofern aber mehrere Betriebsstätten/Tochtergesellschaften an der Erstellung einer Leistung gemeinsam beteiligt waren, hängt die Frage, wie viel Gewinne jeweils die einzelnen Betriebsstätten/Tochtergesellschaften erwirtschaftet haben (d.h. wie viel vom gesamt erzielten Gewinn jeder Staat steuerlich für sich beanspruchen darf), entscheidend davon ab, wie die firmeninternen Leistungen verrechnet werden (→ Verrechnungspreise). Dafür gibt es zwar rechtlich die klare Vorgabe, dass diese Verrechnungspreise den Preisen entsprechen müssen, die einander fremd gegenüber stehende Marktteilnehmer gewählt hätten (→ Fremdvergleichsgrundsatz), aber wie hoch unter diesen Bedingungen der Preis anzusetzen gewesen wäre, lässt sich in den meisten Fällen keinesfalls eindeutig bestimmen. Es ist daher nicht nur denkbar, sondern sogar wahrscheinlich, dass die Behörden verschiedener Staaten bei der Beurteilung dieser Frage zu unterschiedlichen Ansichten kommen; in der Folge könnten also trotz klarer Regeln in der Praxis durchaus Teile des Konzerngewinns von verschiedenen Ländern gleichzeitig beansprucht (und deshalb doppelt besteuert) werden. – b) *Lösungsansatz des Schiedsabkommens:* Diese Problematik lässt sich nur lösen, wenn eine Instanz geschaffen wird, die die Befugnis erhält, verbindlich für alle im Einzelfall betroffenen Staaten eine Entscheidung zu treffen. Das Schiedsabkommen vermeidet jedoch die Einrichtung eines ständigen Gerichts für solche Fragen, sondern sieht stattdessen vor, dass in jedem Einzelfall eine Schiedskommission gebildet wird, deren Entscheidung letztendlich für alle betroffenen Behörden verbindlich ausfällt. – c) *Ablauf des Schiedsverfahrens:* Das Schiedsverfahren wird nur gestartet, wenn ein betroffener Steuerpflichtiger dies bei einer der betroffenen Behörden beantragt; der Antrag ist nur möglich, wenn es um Streitigkeiten hinsichtlich der Verrechnungspreise geht (andere Fälle, in denen die Regeln eines DBA im Einzelfall in zwei Staaten widersprüchlich angewandt werden, lassen sich hiermit also nicht lösen). Die betroffenen Finanzbehörden erhalten nach dem Antrag jedoch zunächst bis zu 2 Jahre lang Zeit, ihre Meinungsverschiedenheit gütlich zu lösen und sich auf eine gemeinsame Sichtweise des Geschehens zu einigen oder anderweitig ein Vorgehen zu entwickeln, dass eine Doppelbesteuerung vermeidet. Erst wenn diese Einigungsbemühungen scheitern, tritt die Schiedskommission zusammen, die innerhalb von 6 Monaten einen Vorschlag erarbeitet. Liegt dieser vor, haben die Behörden noch weitere 6 Monate Zeit, sich auf eine einheitliche Sichtweise zu einigen, erst dann tritt der Vorschlag der Schiedskommission in Kraft. Das Schiedsverfahren kann also bis zu 3 Jahre lang dauern, bevor Rechtsklarheit geschaffen ist. – d) *Rechtsschutz:* Gegen die Entscheidung der Schiedskommission sind Rechtsmittel nicht möglich. – e) *Voraussetzungen für den Antrag:* Die Behörden können die Durchführung des Schiedsverfahrens verweigern, wenn der Steuerpflichtige im Zusammenhang mit den fraglichen Verrechnungspreisen ein Steuerdelikt begangen oder auf andere, näher geregelte Weise sich nicht korrekt verhalten hat. Dadurch soll verhindert werden, dass Steuerpflichtige ein Schiedsverfahren provozieren, in der Hoffnung, durch die Entscheidung der Schiedskommission möglicherweise profitieren zu können. – f) *Kosten:* Die Kosten des Verfahrens hat die Finanzverwaltung zu tragen. – 3. *Geltung, Geltungsdauer:* Das Schiedsabkommen bedarf als völkerrechtlicher Vertrag der Ratifikation durch jeden Mitgliedsstaat. Da dies ein langwieriger Prozess ist, trat das Abkommen erstmals zum 1.1.1995 in Kraft. Mit der Erweiterung der EG um neue Mitgliedsstaaten konnte das Abkommen im Verhältnis zu diesen erst in Kraft treten, sobald alle betroffenen Staaten die Änderung des Abkommens (Beitritt eines neuen Staates) ebenfalls ratifiziert hatten; dies ist bis heute nicht in allen EU-Staaten vollständig erfolgt. Das Abkommen gilt in diesen Fällen jedoch wenigstens im wechselseitigen Verhältnis zwischen allen denjenigen Staaten, die es bereits ratifiziert haben. – 4. *Zu unterscheiden* ist das Schiedsabkommen vom klassischen Verständigungsverfahren der Doppelbesteuerungsabkommen (wo kein Einigungszwang für die Behörden besteht) und von einzelnen Schiedsklauseln in ausgewählte DBA, die sich mit derselben Problematik beschäftigen, im Einzelfall aber andere Regeln enthalten.

Schiedskonvention → Schiedsabkommen.

Schiedsverfahren – I. Internationales Steuerrecht: im Internationalen Steuerrecht jedes Verfahren, durch das Streitigkeiten über die korrekte Anwendung eines → Doppelbesteuerungsabkommens (DBA) auf einen Einzelfall von einer neutralen Stelle, die mit dem Fall befasst wird, verbindlich beigelegt werden können. Die Möglichkeit, ein Schiedsverfahren durchzuführen, sehen bislang nur wenige DBA tatsächlich vor, da es bes. Vertrauen vonseiten der beteiligten Staaten erfordert, sich dem Urteil einer fremden Schiedsinstanz im Vorhinein bedingungslos zu unterwerfen; daher ist die Einleitung eines Schiedsverfahrens, wenn überhaupt vorgesehen, in den DBA meist an die vorige Zustimmung der Behörden im konkreten Fall gebunden. Zwischen den EU-Staaten ist ein Schiedsverfahren allerdings für einen wichtigen Spezialfall durch das → Schiedsabkommen verbindlich vorgeschrieben.

II. Arbeitsrecht: Schlichtung.

schlichte Änderung – 1. *Begriff:* Unter schlichter Änderung ist die Änderung eines Bescheides über Besitz- und Verkehrsteuern zugunsten des Steuerpflichtigen zu verstehen, soweit er vor Ablauf der

Einspruchs- bzw. Klagefrist eine genau bestimmte Änderung (substantiiert) beantragt oder ihr zustimmt (§ 172 I Satz 1 Nr. 2a und Satz 3 AO). Auch außerhalb der Einspruchsfrist ist ein Antrag auf schlichte Änderung möglich; allerdings nur zuungunsten des Steuerpflichtigen. Die Zustimmung kann nur als ausdrückliche Willenserklärung erfolgen, die aber nicht vonseiten der Finanzverwaltung unterstellt oder gegen den Willen des Steuerpflichtigen eingefordert werden kann. – Der Steuerpflichtige hat ein Wahlrecht, ob er gegen einen fehlerhaften Steuerbescheid einen → Einspruch bzw. gegen die Einspruchsentscheidung eine Klage erheben oder einen Antrag auf schlichte Änderung stellen will. Bei unklarer Formulierung ist sein Begehren zur Rechtswahrung grundsätzlich als förmlicher Rechtsbehelf auszulegen, da der Antrag auf schlichte Änderung den Rechtsschutz eingrenzt. So kann der Antrag nach Ablauf der Einspruchs- bzw. Klagefrist nicht mehr erweitert werden. – 2. *Form:* Der Antrag auf schlichte Änderung ist formfrei. – 3. *Folgen:* Es kommt zu keiner Gesamtaufrollung des Steuerfalls (sog. Punktberichtigung). Eine → Verböserung ist nicht möglich. – Aussetzung der Vollziehung kann nicht gewährt werden, weil es an einem angefochtenen Verwaltungsakt fehlt. Ggf. kommt eine → Stundung in Betracht. Bei nicht fristgerechter Zahlung der festgesetzten Abgabenschuld verwirken → Säumniszuschläge (AEAO zu § 172 Nr. 2).

Schlussbesprechung – 1. *Der mündliche Bericht des Abschlussprüfers* gegenüber der Geschäftsleitung des geprüften Unternehmens dient der Erläuterung von Prüfungsergebnissen der → Pflichtprüfung und gibt der Unternehmensleitung die Möglichkeit, zu einzelnen Feststellungen oder noch offenen Fragen Stellung zu nehmen. – 2. *Abschließende Verhandlung nach einer* → Außenprüfung zwischen Unternehmer, Gesellschaftern und Vertretern der zuständigen Finanzbehörden (§ 201 AO): Bei der Schlussbesprechung sind bes. strittige Sachverhalte sowie die rechtliche Beurteilung der Prüfungsfeststellungen und ihre steuerlichen Auswirkungen zu erörtern. Gegenstand der Schlussbesprechung sind dabei Beanstandungen der Buchführung und Erklärungen zu einzelnen fraglichen Punkten anhand des Entwurfs des Betriebsprüfungsberichtes. Angestrebt wird Einigung über die Behandlung der aufgeworfenen Fragen bzw. klare Herausarbeitung und Trennung der Punkte, über die Einigung erzielt und nicht erzielt worden ist; der Sache nach ein gegenseitiges Nachgeben. Rechtsirrtümer, die die Finanzbehörde nach der Schlussbesprechung erkennt, kann sie bei der Auswertung der Prüfungsfeststellungen auch dann richtig stellen, wenn an der Schlussbesprechung der für die Steuerfestsetzung zuständige Beamte teilgenommen hat. Zusagen im Rahmen einer Schlussbesprechung, die im Betriebsprüfungsbericht (vgl. → Außenprüfung) nicht aufrechterhalten werden, erzeugen schon aus diesem Grund keine Bindung der Finanzbehörde nach Treu

und Glauben. Die letztlich verbindliche Entscheidung wird danach erst im Betriebsprüfungsbericht und dem darauf folgenden Steuerfestsetzungsverfahren getroffen.

Schmiergelder – Geldbeträge, die vom Geber aufgewendet werden, um den zur Wahrnehmung der Interessen einer anderen Person verpflichteten Empfänger zu einem bestimmten Verhalten zu veranlassen oder sich ihm erkenntlich zu zeigen, und deren Hingabe nach den Anschauungen der beteiligten Kreise ein unlauteres Verhalten darstellt. – *Nicht* als Schmiergelder gelten harmlose Geschenke, übliche Trinkgelder oder die Annahme von Einladungen in angemessenem Rahmen.

I. Zivilrecht: Die Hingabe von Schmiergeld stellt ein sittenwidriges, nichtiges Rechtsgeschäft dar; doch können Schmiergelder nicht zurückgefordert werden (§ 817 Satz 2 BGB). – Nichtig ist i.d.R. auch das *infolge* Hingabe von Schmiergeld zustande gekommene Rechtsgeschäft, jedenfalls dann, wenn der Bestochene den Geschäftsherren beim Abschluss vertreten hat. Im Streitfall darüber, ob die Hingabe des Schmiergeldes für den Vertragsschluss ursächlich war, trägt der die Schmiergeld Gebende die Beweislast für Nichtursächlichkeit.

II. Wettbewerbsrecht: → Bestechung.

III. Arbeitsrecht: Die Pflicht, keine Schmiergelder anzunehmen oder zu zahlen, ist eine sich aus dem Arbeitsvertrag ergebende Nebenpflicht (Treuepflicht des Arbeitnehmers). Schmiergelder sind nach § 687 II BGB an den Arbeitgeber herauszugeben. – Nach den Umständen des Einzelfalls ist bei Annahme oder Zahlung von Schmiergeld *außerordentliche Kündigung* gerechtfertigt. Häufig wird das Verbot, Schmiergelder anzunehmen oder zu zahlen, in Ethikrichtlinien präzisiert.

IV. Ertragsteuerrecht: Schmiergelder sind nach § 4 V Satz 1 Nr. 10 EStG nicht als Betriebsausgaben abzugsfähig, wenn die Zuwendung eine rechtswidrige Handlung darstellt, die den Tatbestand eines Strafgesetzes verwirklicht oder nach sich ziehen kann. – Vgl. auch → Bestechung.

Schmuggel – Form der → Steuerstraftat. – 1. *Tatbestand:* Gewerbsmäßigen, gewaltsamen und bandenmäßigen Schmuggel begeht, wer (1) gewerbsmäßig Einfuhr- oder Ausfuhrabgaben hinterzieht; (2) gewerbsmäßig durch Zuwiderhandlungen gegen Monopolvorschriften → Bannbruch begeht; (3) bei (1) und (2) eine Schusswaffe bei sich führt; (4) bei (1) und (2) eine Waffe oder sonst ein Werkzeug oder Mittel bei sich führt, um den Widerstand eines anderen durch Gewalt oder Drohung mit Gewalt zu verhindern oder zu überwinden; (5) als Mitglied einer Bande, die sich zur fortgesetzten Begehung der Hinterziehung von Einfuhr- oder Ausfuhrabgaben oder des Bannbruchs verbunden hat, unter Mitwirkung eines anderen Bandenmitglieds die Tat ausführt (§ 373 AO). – 2. *Strafe:*

Freiheitsstrafe von regelmäßig sechs Monaten bis zu zehn Jahren.

Schonfrist → Säumniszuschlag.

Schreibfehler → offenbare Unrichtigkeit.

Schulden – I. Allgemeines: Begriff des Bilanz- und Steuerrechts. In der bilanzrechtlichen Terminologie umfassen Schulden → Verbindlichkeiten und → Rückstellungen.

II. Erbschaftsteuer: Schulden des Erblassers werden vom Betriebsvermögen abgezogen, wenn sie betrieblich veranlasst sind; private Schulden werden als Nachlassverbindlichkeiten berücksichtigt (§ 10 V Nr. 1 ErbStG). Für Anlass und Bewertung der betrieblichen Schulden gelten die Regeln für die → Steuerbilanz, bei Privatschulden gilt: (1) Kapitalschulden sind zum Nennwert anzusetzen, wenn nicht bes. Umstände vorliegen (§ 12 BewG); (2) Rentenschulden sind mit dem Kapitalwert zu berücksichtigen (§§ 13 ff. BewG; → Rentenbesteuerung); (3) Sachleistungsverpflichtungen sind mit dem gemeinen Wert des geschuldeten Wirtschaftsgutes zu berücksichtigen.

III. Steuerbilanz: 1. *Bilanzierung:* Schulden, die am Bilanzstichtag dem Grunde und der Höhe nach entstanden sind, müssen passiviert werden (Passivierungsgebot). Ein Passivierungsverbot besteht für Schulden aus schwebenden Geschäften, soweit keine Anzahlungen erbracht sind oder Erfüllungsrückstände bestehen. – 2. *Bewertung:* Verbindlichkeiten sind grundsätzlich mit den → Anschaffungskosten (Rückzahlungsbetrag) oder dem höheren → Teilwert zu passivieren. Rentenverbindlichkeiten sind mit dem Barwert anzusetzen. Rückstellungen sind mit dem Betrag zu bewerten, der nach vernünftiger kaufmännischer Beurteilung notwendig ist.

Schuldenüberhang → Schachtelprivileg.

Schuldzinsen – 1. *Begriff:* Zinsen für Fremdkapital. – 2. *Handelsrechtliche Behandlung:* Schuldzinsen eines Betriebes sind Aufwendungen. Eine Aktivierung als Teil der Herstellungskosten eines aktivierungspflichtigen Wirtschaftsgutes kommt nur in seltenen Fällen in Betracht (§ 255 HGB). – 3. *Steuerliche Behandlung:* a) Schuldzinsen, die durch Maßnahmen zur Erzielung steuerpflichtiger Einkünfte verursacht worden sind, sind bei der Einkünfteermittlung als Betriebsausgaben bzw. Werbungskosten abzugsfähig. – b) Grenzen für die Abzugsfähigkeit ergeben sich, wenn die Abgrenzung zwischen betrieblicher und privater Veranlassung der Schuldzinsen schwierig ist (§ 4a IV EStG). Schuldzinsen sind nicht abziehbar, wenn Überentnahmen getätigt worden sind. 6 Prozent der Überentnahmen eines Wirtschaftsjahres sind nicht als Schuldzinsen abzugsfähig. Der so ermittelte Betrag, maximal der um 2.050 Euro verringerte Betrag der im Wirtschaftsjahr berücksichtigten Schuldzinsen, ist zum Gewinn hinzuzuaddieren. – c) Handelt es sich um die *Gewinnermittlung von Kapitalgesellschaften*, so wird eine Beschränkung

des Abzugs der Schuldzinsen vom Einkommen über die Regeln zur Gesellschafterfremdfinanzierung (§ 8a KStG) bzw. ab dem Wirtschaftsjahr 2008 oder 2007/2008 werden Beschränkungen des Abzugs durch die sog. → Zinsschranke (§ 4h EStG) vorgenommen. – d) Bei der Gewerbesteuer sind Schuldzinsen ab dem Erhebungszeitraum 2008 mit 25 Prozent unabhängig von deren Laufzeit und unter Berücksichtigung eines Freibetrags von 100.000 Euro für sämtliche Finanzierungsentgelte bei der Ermittlung des → Gewerbeertrags hinzuzurechnen. Bis zum Erhebungszeitraum 2007 waren Schuldzinsen, die im Zusammenhang mit Dauerschulden standen, zur Hälfte dem Gewinn aus Gewerbebetrieb hinzuzurechnen (§ 8 Nr. 1 GewStG). – e) *Privat veranlasste Schuldzinsen* können i.d.R. weder als Sonderausgaben noch als außergewöhnliche Belastungen ertragsteuerlich geltend gemacht werden.

Schuldzinsenabzug → Schuldzinsen.

Schulgeld – Entgelt, das für den Besuch einer Schule entrichtet wird, z.B. für den Besuch eines Internats. – *Steuerliche Behandlung:* Schulgeld, das ein Steuerpflichtiger für sein Kind entrichtet, ist nicht abzugsfähig, da die Finanzierung des Schulbesuchs zu den Aufwendungen für Kindererziehung gehört, die durch → Kinderfreibetrag und → Betreuungsfreibetrag typisiert und damit komplett abgegolten sind. Durch die Sondervorschrift des § 10 I Nr. 9 EStG werden jedoch von dem Teil des Schulgelds, der nicht auf Beherbergung, Betreuung und Verpflegung entfällt, 30 Prozent als Sonderausgabe zum Abzug zugelassen, falls für das Kind ein Kinderfreibetrag oder Kindergeld gewährt wird. Rückwirkend ab dem Veranlagungszeitraum 2008 wurde die Regelung auf ausländische Schulen im EU- und EWR-Raum ausgedehnt. In allen noch offenen Fällen wird außerdem Schulgeld bei Schulbesuch in EU- und EWR-Staaten unter den folgenden Bedingungen gewährt: (a) wenn eine dt. Schule weltweit besucht wird, (b) wenn die Schulen zu einem anerkannten allgemeinbildenden Schulabschluss führen. *Höchstbetrag:* Ab dem Veranlagungszeitraum 2008 gilt ein Höchstbetrag von 5.000 Euro insgesamt je Kind und je Veranlagungszeitraum sowie pro Elternpaar. Zu beachten ist, dass ein Abzug auch zulässig ist, wenn die Eltern bei einem volljährigen Kind nicht Vertragspartner der Schule sind, jedoch das Schulgeld wirtschaftlich von ihnen getragen wird.

Schutzzoll – Einfuhrzoll (→ Zoll) auf Auslandsgüter (in der EU für Einfuhren aus Staaten außerhalb des → Zollgebietes der EU, die eine Zollunion ist) zum Schutz der inländischen Produktion vor ausländischer Konkurrenz. – Vgl. auch → Finanzzoll, Erziehungszoll.

Schwankungsrückstellungen – *Schwankungsreserven;* → Rückstellungen im Versicherungswesen zum Ausgleich erheblicher Schwankungen im Schadenverlauf. – 1. Zur *Bildung* von

Schwankungsrückstellungen sind alle Versicherungsunternehmen verpflichtet, ausgenommen solche mit geringerer wirtschaftlicher Bedeutung und Lebensversicherungsunternehmen. – 2. *Voraussetzungen* (z.B. erhebliche Schwankungen während des Beobachtungszeitraumes, mind. ein Überschadensjahr), *Berechnungsverfahren* und *Auflösung* (Entnahmezwang bei technischem Verlust) werden durch bes. Anordnungen der Versicherungsaufsichtsbehörden geregelt. – 3. *Steuerliche Anerkennung* durch das Körperschaftsteuergesetz 1977 erstmals gesetzlich geregelt (§ 20 II KStG). Sie setzt voraus, dass (1) nach den Erfahrungen in dem betreffenden Versicherungszweig mit erheblichen Schwankungen des Jahresbedarfs zu rechnen ist und (2) diese Schwankungen nicht durch Prämien ausgeglichen werden. Die Schwankungen des Jahresbedarfs müssen aus den am Bilanzstichtag bestehenden Versicherungsverträgen herrühren und dürfen nicht durch Rückversicherungen gedeckt sein. Die Summe der sich nach Einzelbewertung ergebenden Rückstellungsbeträge muss um den Betrag gemindert werden, der voraussichtlich bei einer Gesamtwürdigung der Risiken nicht benötigt wird (§ 20 II KStG).

schwerbehinderte Menschen – Schwerbehindert nach dem Schwerbehindertenrecht ist gemäß der Gesetzesdefinition des § 2 II SGB IX der Mensch, dessen Grad der Behinderung (GdB) mit hoher Wahrscheinlichkeit länger als sechs Monate wenigstens 50 Prozent beträgt und der seinen Wohnsitz, gewöhnlichen Aufenthalt oder seine Beschäftigung auf einem Arbeitsplatz im Sinn des § 73 SGB IX (Arbeitsplätze, auf denen Personen gegen Lohn oder Entgelt beschäftigt werden) rechtmäßig im Geltungsbereich des SGB IX hat. Die Schwerbehinderteneigenschaft, die Behinderung und der GdB sowie die Voraussetzungen zur Inanspruchnahme von Nachteilsausgleichen werden auf Antrag des behinderten Menschen vom zuständigen Versorgungsamt festgestellt, das hierüber auch einen Ausweis ausstellt (§ 69 SGB IX). Die Gestaltung der Ausweise richtet sich nach der Schwerbehindertenausweisverordnung i.d.F. vom 25.7.1991 (BGBl. I 1739) m.spät.Änd. Schwerbehinderte Menschen in oben genanntem Sinn werden behinderten Menschen gleichgestellt, deren GdB weniger als 50, aber mind. 30 Prozent beträgt, wenn sie andernfalls infolge ihrer Behinderung einen geeigneten Arbeitsplatz nicht erlangen oder behalten können (Gleichstellung). Die Schwerbehinderteneigenschaft berechtigt zu einer Reihe von Vergünstigungen. Schwerbehinderte Menschen haben z.B. Anspruch auf einen Teilzeitarbeitsplatz, wenn wegen der Art oder Schwere der Behinderung eine kürzere Arbeitszeit erforderlich ist, sie müssen keine Mehrarbeit leisten, sie haben Anspruch auf zusätzlichen Urlaub von fünf Arbeitstagen im Urlaubsjahr, sie unterliegen einem bes. Kündigungsschutz (§§ 85 ff. SGB IX), sie werden durch eine eigene Schwerbehindertenvertretung am Arbeitsplatz gefördert (§§ 93 ff. SGB IX), sie erhalten

Hilfen zum Ausgleich behinderungsbedingter Nachteile oder Mehraufwendungen (Nachteilsausgleiche), unentgeltliche Beförderung im öffentlichen Nahverkehr, ggf. auch für Begleitpersonen (§§ 145 ff. SGB IX). – *Steuerliche Behandlung:* → Pauschbeträge.

seewärtige Begrenzung des Zollgebiets der Gemeinschaft – Seeseitige Begrenzungen sind die Küstenmeere. Sie und die innerhalb der Küstenlinie gelegenen Meeresgewässer sowie der Luftraum der Mitgliedsstaaten gehören zum Zollgebiet der Gemeinschaft. Grundlage für die Einteilung des Meeresraums ist das Internationale Seerechtsübereinkommen von 1982 (SRK), dem Deutschland erst 1994 beigetreten ist (Vertragsgesetz zur Seerechtskonvention vom 2.9.1994, BGBl. II 1994, 1798, nebst Durchführungsverordnung, BGBl. II 1994, 2565, und Ausführungsverordnung, BGBl. I 1994, 3744). – Die Küstenmeereliegen seeseits der Küstenlinie und dürfen sich bis zu 12 Seemeilen, gemessen von der Basislinie, ausdehnen. Die Küstenlinie (Basislinie) wird durch die Niedrigwasserlinie (normale Basislinie) und/oder eine gedachte Linie bei Einschnitten, Einbuchtungen, Inselketten usw. (gerade Basislinie) bestimmt. Zum → Zollgebiet gehören auch der Meeresboden und Meeresuntergrund. Der genaue Grenzverlauf der dt. Küstenmeeres ist in den Seekarten 2920 (Nordsee) und 2921 (Ostsee) eingetragen.

Seezollgrenze → seewärtige Begrenzung des Zollgebiets der Gemeinschaft.

selbständige Arbeit – steuerrechtlicher Begriff: Selbständige nachhaltige Betätigung, die mit der Absicht, → Gewinn zu erzielen unternommen wird und sich als Beteiligung am allg. wirtschaftlichen Verkehr, aber nicht als gewerbliche oder land- und forstwirtschaftliche Betätigung oder Vermögensverwaltung darstellt. Zu Einkünften aus selbständigen Arbeiten zählen bes. die Einkünfte aus freiberuflicher Tätigkeit (→ freier Beruf). Die Einkünfte aus selbständigen Arbeiten unterliegen nicht der → Gewerbesteuer. – Vgl. auch → Einkünfte.

Selbstanzeige – im Steuerstraf- und Steuerordnungswidrigkeitenrecht vorgesehene Möglichkeit, bei → Steuerhinterziehung Straffreiheit und bei leichtfertiger → Steuerverkürzung die Nichtfestsetzung einer Geldbuße zu erlangen (§§ 371, 378 III AO). – 1. *Voraussetzungen:* a) Der Täter muss die unrichtigen oder unvollständigen Angaben bei der Steuerbehörde berichtigen oder ergänzen oder die unterlassenen Angaben nachholen. – b) Die Selbstanzeige muss erfolgen, bevor dem Täter oder seinem Vertreter die Einleitung eines Straf- oder Bußgeldverfahrens eröffnet worden ist, bevor die Steuerhinterziehung auch, bevor ein Prüfer der Finanzbehörde zur steuerlichen oder steuerstrafrechtlichen Prüfung erschienen ist. – c) Um Straffreiheit zu erhalten, darf der Täter bei der Selbstanzeige nicht wissen, dass die Tat im Zeitpunkt der Berichtigung, Ergänzung oder Nachholung ganz oder teilweise bereits entdeckt war und musste bei verständiger Würdigung der Sachlage auch nicht damit rechnen. – d) Sind Steuerverkürzungen bereits eingetreten oder Steuervorteile gewährt oder belassen, muss der Täter die festzusetzende geschuldete Summe innerhalb der ihm bestimmten Frist entrichten. – 2. *Folgen:* Der Täter bleibt bei Steuerhinterziehung straffrei. Es werden jedoch → Hinterziehungszinsen festgesetzt. Bei Steuerverkürzung wird von der Festsetzung einer Geldbuße abgesehen. Erstattet der Steuerpflichtige vor Ablauf der fünf- bzw. zehnjährigen Festsetzungsfrist (§ 169 II Satz 2 AO) eine Selbstanzeige, so endet diese nicht vor Ablauf eines Jahres nach Eingang der Anzeige bei der zuständigen Finanzbehörde (§ 171 IX AO).

Selbstverbrauch – früherer Begriff des Umsatzsteuerrechts. Selbstverbrauch lag vor, wenn ein Unternehmer abnutzbare Wirtschaftsgüter, deren Anschaffungs- oder Herstellungskosten nach einkommensteuerrechtlichen Vorschriften im Jahr der Anschaffung oder Herstellung nicht in voller Höhe als → Betriebsausgaben abgesetzt werden konnten, im Inland der Verwendung oder Nutzung als Anlagevermögen zuführte. Besteuerung des Selbstverbrauchs erfolgte in Deutschland von 1968 bis 1972.

SEStEG – 1. *Begriff:* SEStEG steht für „Gesetz über steuerliche Begleitmaßnahmen zur Einführung der Europäischen Gesellschaft und zur Änderung weiterer steuerrechtlicher Vorschriften". Mit der Einführung des SEStEG wurde u.a. die Umsetzung der EU-Verschmelzungsrichtlinie verfolgt und die steuerlichen Begleitmaßnahmen zur Einführung der Europäischen Gesellschaft geregelt. In diesem Zusammenhang wurde das Umwandlungssteuergesetz umfassend reformiert sowie eine Reihe von anderen steuerrechtlichen Vorschriften geändert. – 2. *Ziel* des SEStEG waren u.a. die Verbesserung der Standortattraktivität Deutschlands, die Erweiterung des dt. Besteuerungsrechts, die Begrenzung von Verlustübertragungen bei grenzüberschreitenden Umwandlungen sowie die Anpassung an rechtliche Entwicklungen innerhalb der EU.

Sicherheitsleistung – I. Bürgerliches Recht: Vielfach durch Gesetz oder Abrede der Parteien vorgesehenes Mittel, v.a. zur Abwendung bestimmter Rechtsnachteile, z.B. bei vorläufiger Vollstreckbarkeit eines Urteils; verschiedene Arten der Sicherheitsleistung in §§ 232–240 BGB; zur Abwendung des Vermieterpfandrechts § 562c BGB; in der Praxis kommt die Sicherheitsleistung hauptsächlich in Form der Bankbürgschaft vor.

II. Steuerrecht: Entsprechendes gilt im Steuerrecht (§§ 241–248 AO), wenn Sicherheitsleistung gefordert werden kann, z.B. bei Aussetzung der Steuerfestsetzung oder Vollziehung (§ 361 AO), Stundung (§ 222 AO).

III. Zollrecht: (Art. 189 ff. ZK): Forderung der Leistung einer vollen oder teilweisen Sicherheit für auf den betreffenden Waren ruhende → Einfuhrabgaben,

z.B. bei der Gewährung von → Zahlungsaufschub, im gemeinschaftlichen und → gemeinsamen Versandverfahren, bei Erteilung von → Carnets TIR, bei → Zolllagern, in der → vorübergehenden Verwendung und anderen → Nichterhebungsverfahren.

Sicherungstreuhandschaft → Treuhandschaft.

Signaturkarte – Bei der qualifizierten elektronischen Signatur wird der private Schlüssel (Kpriv), der zur Signaturerzeugung verwendet wird, zum Schutz in einer sog. sicheren Signaturerstellungseinheit (§ 2 Nr. 10 SigG) – z.B. einer bes. gesicherten Chipkarte (Signaturkarte) gespeichert. – Der Chipkartenhersteller muss in einem Prüf- und Bestätigungsverfahren nachweisen, dass ein Auslesen aus der Chipkarte unmöglich sowie der Signaturalgorithmus auf der Chipkarte sicher implementiert ist. – Die Signaturkarte gilt heute als das sicherste Instrument zur Onlinelegitimation. Sie findet ihren Einsatz u.a. sowohl bei Bankgeschäften, bei virtuellen Behördengängen oder als Internetausweis.

Sittenwidrigkeit – 1. *Begriff:* Verstoß gegen das Anstandsgefühl aller billig und gerecht Denkenden. Dabei ist bes. die Wertordnung des Grundgesetzes zu berücksichtigen. – 2. *Rechtsfolgen:* a) Rechtsgeschäft, das gegen die guten Sitten verstößt (sittenwidrige Rechtsgeschäft), ist nichtig (§ 138 BGB), z.B. Knebelungsverträge, Kredittäuschungsverträge, Wucher. Ein Vertrag kann auch wegen der Art seines Zustandekommens (z.B. → Schmiergeld) sittenwidrig sein. Wegen der Abstraktionsprinzips ist eine auf einem sittenwidrigen Geschäft beruhende Verfügung grundsätzlich wirksam. – b) Sittenwidrigkeit eines Geschäftes schließt die *Besteuerung* nicht aus (§ 40 AO). – c) Wer einem anderen in sittenwidriger Weise *Schaden* zufügt, ist zum → Schadenersatz verpflichtet (§ 826 BGB). – Vgl. auch sittenwidrige Werbung.

Situationsprüfung → Prüfung.

Sitz – 1. *Begriff:* Bezeichnung für den Betriebsmittelpunkt (Hauptniederlassung) von Handelsgesellschaften; i.Allg. im Gesellschaftsvertrag festgelegt (zwingend für Kapitalgesellschaften und Genossenschaften). Sitz der Gesellschaft ist der Ort, den der Gesellschaftsvertrag bestimmt. Als Sitz der AG oder der GmbH hatte der Gesellschaftsvertrag nach altem Recht (§ 5 II AktG a.F., § 4a II GmbHG a.F.) i.d.R. den Ort zu wählen, wo die AG bzw. die GmbH einen Betrieb hat, oder der Ort, wo sich die Geschäftsleitung befindet oder die Verwaltung geführt wird. Nach einhelliger Auffassung musste dieser Ort im Inland gelegen haben. Durch das Gesetz zur Modernisierung des GmbH-Rechts und zur Bekämpfung von Missbräuchen (MoMiG) und die erfolgte Streichung der genannten Vorschriften erfolgte eine Deregulierung. AGs und GmbHs können nun einen Verwaltungssitz haben, der nicht notwendig mit dem Satzungssitz übereinstimmen muss. Dieser Verwaltungssitz soll auch im Ausland liegen können, was sich ebenfalls aus den genannten Streichungen ergeben soll. Dt. Konzernmuttergesellschaften sollen so ihre Auslandstöchter als Kapitalgesellschaften dt. Rechts führen können. Zweigniederlassungen sind ebenfalls weiter zulässig. – 2. *Bedeutung:* Der Sitz ist v.a. maßgebend für die Bestimmung des Erfüllungsorts, des Gerichtsstandes und des für die Führung des Handelsregisters zuständigen Registergerichts sowie des Insolvenzgerichts (§§ 3, 4 InsO). – 3. Für die international-privatrechtliche Anknüpfung ist zwischen dem satzungsmäßigem Sitz und dem tatsächlichen Hauptsitz der Verwaltung der Gesellschaft zu unterscheiden. Nach dt. internationalen Privatrecht bestimmt sich das für eine Handelsgesellschaft maßgebliche Recht nach ihrem tatsächlichen Sitz, d.h. Ort der Hauptverwaltung, sog. Sitztheorie. Die Rechtsverhältnisse der Gesellschaft, die Fragen der Rechtsfähigkeit, der Haftung etc. richten sich nach dem Sitz. Im Unterschied dazu sieht die Gründungstheorie (es geht also um *Sitztheorie vs. Gründungstheorie*) als maßgeblich an, wo die Gesellschaft gegründet worden ist. Dies bedeutet, dass eine z.B. in England gegründete Gesellschaft, die ihren Unternehmensschwerpunkt in Deutschland hat, als Gesellschaft ausländischen Rechts anerkannt werden müsste. Für die Mitgliedstaaten der EU hat der EuGH aus dem Gesichtspunkt der Niederlassungsfreiheit der Gründungstheorie den Vorzug gegeben. Dies bedeutet in Fällen des Zuzugs, dass eine in einem anderen Mitgliedstaat gegründete Gesellschaft in jedem anderen Mitgliedstaat eine Zweigniederlassung errichten, dort zum Register anmelden und mit dieser wirtschaftlich tätig werden darf (*Centros-, Überseering- und Inspire Art-Vorteile* des EuGH). – 4. *Steuerlich* hat eine Körperschaft, Personenvereinigung oder Vermögensmasse ihren Sitz an dem Ort, der durch Gesetz, Gesellschaftsvertrag, Satzung, Stiftungsgeschäft oder dergleichen bestimmt ist (§ 11 AO). Von Bedeutung ist der Sitz z.B. zur Begründung der Steuerpflicht (§ 1 I KStG). – Gewerbesteuerrechtlich wird der Sitz nur dann als → Betriebsstätte angesehen, wenn zugleich auch die geschäftsleitende Tätigkeit am Ort des Sitzes dauernd ausgeübt wird. – Vgl. auch → Stätte der Geschäftsleitung, Wohnsitz.

Sitzverlegung – 1. *Begriff:* a) die Verlegung des satzungsmäßigen Sitzes (statutarischer Sitz; Satzungssitz) einer Kapitalgesellschaft von einem Land in ein anderes, – b) (bei ungenauem Sprachgebrauch) die Verlegung des Ortes der Geschäftsleitung bzw. der Hauptverwaltung einer Gesellschaft von einem Land in ein anderes. – 2. *Gesellschaftsrechtliche Regelungen:* a) die Verlegung des satzungsmäßigen Sitzes in ein anderes Land ist bisher nach nationalem Recht gegründeten juristischen Personen gar nicht möglich; sie lässt sich höchstens durch Umwegkonstruktionen erreichen, z.B. die Gründung einer zweiten Kapitalgesellschaft nach ausländischem Recht und die anschließende grenzüberschreitende Verschmelzung der „alten" Kapitalgesellschaft

auf die neue („unechte Sitzverlegung"). Bei der genuin europäischen Rechtsform der → Societas Europaea (SE) (Europäische Gesellschaft) ist eine Verlegung des satzungsmäßigen Sitzes in ein anderes Land der EU oder des EWR dagegen nach einer Wartezeit von mind. zwei Jahren nach deren Gründung möglich. – b) die Verlegung des Ortes der Geschäftsleitung in ein anderes Land bei Gesellschaften, die ihren satzungsmäßigen Sitz im Land ihrer Gründung beibehalten, ist dagegen bei zahlreichen Rechtsformen nationalen Rechts möglich. Bspw. ermöglichen Großbritannien oder die Niederlande ihren Gesellschaftsformen (z.B. Ltd, B.V) schon seit langem die Verlegung der Geschäftsleitung in ein anderes Land; Deutschland hat dies dagegen erst wesentlich später eingeführt (dt. GmbH dürfen heutzutage ihre Hauptverwaltung/Geschäftsleitung in anderen Ländern unterhalten, ohne deswegen aufgelöst zu werden). – 3. *Steuerliche Problematik:* a) *laufende Besteuerung der Gesellschaft:* Durch die Verlegung des Sitzes und/oder Geschäftsleitung aus Deutschland heraus kann eine bislang unbeschränkt steuerpflichtige Kapitalgesellschaft zu einer möglicherweise nur noch beschränkt steuerpflichtigen Gesellschaft werden. Damit ändern sich die Regeln, denen sie steuerlich unterliegt, umfassend, und ihr grundsätzlich ausgelöst werden. – 3. *Steuerliche Problematik:* a) *laufende Besteuerung der Gesellschaft:* Durch die Verlegung des Sitzes und/oder Geschäftsleitung aus Deutschland heraus kann eine bislang unbeschränkt steuerpflichtige Kapitalgesellschaft zu einer möglicherweise nur noch beschränkt steuerpflichtigen Gesellschaft werden. Damit ändern sich die Regeln, denen sie steuerlich unterliegt, umfassend, und ihr grundsätzlich scheidet aus der dt. Besteuerung aus. In den → Doppelbesteuerungsabkommen (DBA) verändert sich durch die Verschiebung des Geschäftsleitungsortes die DBA-rechtliche Ansässigkeit, was gravierende Konsequenzen auf die Verteilung der Besteuerungsrechte auf die einzelnen Staaten haben kann. – b) *Besteuerung der Anteilseigner:* Scheidet eine Gesellschaft aus der dt. Besteuerung aus, so halten die Anteilseigner anschließend nicht mehr Anteile an einer „dt." Gesellschaft. Bei ausländischen (beschränkt steuerpflichtigen) Gesellschaftern könnte das dazu führen, dass bisher in Deutschland steuerpflichtige Anteile in Zukunft in Deutschland nicht mehr steuerpflichtig wären (weil die Steuerpflicht normalerweise nur Vermögensteile mit Bezug zu Deutschland betrifft). – 4. *Lösungsansätze des Gesetzes:* a) Wegzugsbesteuerung mit kompletter Aufdeckung aller vorhandenen stillen Reserven und sofortiger Versteuerung bei Wegzug einer Gesellschaft in ein Drittland (nicht EU, nicht EWR), § 12 III KStG. – b) beim Umzug innerhalb der EU/des EWR lediglich Aufdeckung und Versteuerung solcher stiller Reserven, für die Deutschland durch den Umzug das Besteuerungsrecht tatsächlich verliert. – c) Behandlung der Anteile: Versteuerung der stillen Reserven so, als ob die Anteile verkauft worden wären, wenn sie später nicht mehr besteuert werden könnten; anders nur bei Anteilen an einer SE oder SCE, da in diesen Fällen das Europarecht eine solche Vorgehensweise verbietet. – 5. *Wirtschaftliche Beurteilung:* Wegen der gravierenden potenziellen steuerlichen Folgen ist eine Sitzverlegung (sei es in Hinblick auf den Satzungssitz, sei es in Hinblick auf den Geschäftsleitungsort) hoch riskant und in der Praxis selten.

Skonto – 1. *Charakterisierung:* prozentualer Nachlass, der vom Kaufpreis entsprechend den Zahlungsbedingungen auf den Rechnungsbetrag bei Zahlung binnen einer bestimmten Frist gewährt wird, oft auch gestaffelt z.B. „Zahlbar in drei Monaten netto, binnen einem Monat 2 Prozent, binnen zehn Tagen 3 Prozent Skonto". Wirtschaftlich gesehen ist Skonto der Preis für die Kreditnutzung bzw. Vorfinanzierung, die bei der Warenlieferung dem Abnehmer eingeräumt wurde. Außer den anteiligen Zins- und Verwaltungskosten enthält der dem Barpreis zugeschlagene Skonto kalkulatorisch noch eine Prämie für das Kreditrisiko, sodass dem Käufer ein Anreiz für die Zahlung gegeben ist. – *Sonderform:* Warenskonto (Nachlass in Form von Waren). – 2. *Buchung:* Da *Lieferer*-Skonti als Anschaffungspreisminderungen zu behandeln sind (§ 255 I HGB), sind sie bei den entsprechenden Positionen der Vorräte bzw. Anlagen direkt abzusetzen. *Kunden*-Skonti sind als Erlösschmälerungen von den Umsatzerlösen abzuziehen (§ 277 I HGB). Eine gesonderte Buchung als Aufwand (nach IKR in Klasse 6) bzw. Ertrag (Klasse 5) kommt nur dann infrage, wenn die Skonti den Umsatzerlösen als Erlösberichtigungen bzw. den Aufwendungen als Aufwandsberichtigungen nicht direkt zurechenbar sind. Ein gesonderter Ausweis in der Gewinn- und Verlustrechnung (GuV) ist nicht vorgesehen, aber zur Verbesserung des Einblicks durch offenes Absetzen bei den Materialaufwendungen und den Umsatzerlösen möglich (§ 265 V HGB). – 3. *Umsatzsteuerliche Behandlung:* a) beim Lieferer: → Entgelt und damit auch die darauf zu berechnende USt wird gemindert;b) beim Abnehmer: Kürzung des → Vorsteuerabzugs.

SLIM – Eine Initiative der EG/EU, im Zuge derer zahlreiche grundlegende Rechtstexte des Gemeinschaftsrechts, die durch zahlreiche Änderungen unübersichtlich geworden waren, übersichtlicher gefasst und modernisiert worden sind bzw. werden. So wurde bspw. die alte Sechste EG-Richtlinie über die Umsatzsteuern (1977) durch einen neuen, ca. 400 Artikel umfassenden Text, die → Mehrwertsteuersystemrichtlinie, ersetzt.

Smithsche Steuerregeln → Besteuerungsprinzipien.

Societas Europaea (SE) – I. Begriff: 1. *Allgemeines:* Durch Verordnung (EG) Nr. 2157/2001 des Rates der Europäischen Union vom 8.10.2001 über das Statut der Europäischen Gesellschaft (ABl. L 294/1 vom 10.11.2001) geschaffene europarechtliche (transnationale) Rechtsform einer Aktiengesellschaft, mit der in erster Linie erreicht werden soll, dass mit der Gründung einer Societas Europaea die Möglichkeit eröffnet wird, dass a) Gesellschaften verschiedener Mitgliedstaaten fusionieren oder eine Holding errichten; b) Gesellschaften u.a. juristische Personen aus verschiedenen Mitgliedstaaten, die wirtschaftlich tätig sind, gemeinsame Tochtergesellschaften gründen. In Kraft getreten am 8.10.2004 (Art.

70). – 2. *Gründungsformen:* Im Gebiet der EU können Handelsgesellschaften in der Form der Europäischen Aktiengesellschaft nach den Vorschriften der oben genannten VO gegründet werden. – a) Die im Anhang der VO genannten nach dem jeweiligen Recht des Mitgliedsstaats zulässigen Aktiengesellschaften, die ihren Sitz und ihre Hauptverwaltung in der EU haben, können eine Societas Europaea durch Verschmelzung gründen, sofern mind. zwei von ihnen dem Recht verschiedener Mitgliedsstaaten unterliegen. – b) Aktiengesellschaften und GmbHs können unter den genannten Voraussetzungen eine Holding-Societas Europaea gründen, sofern mind. zwei von ihnen dem Recht verschiedener Mitgliedsstaaten unterliegen oder seit mind. zwei Jahren eine dem Recht eines anderen Mitgliedsstaates unterliegende Tochtergesellschaft oder eine Zweigniederlassung in einem anderen Mitgliedstaat haben. – c) Gesellschaften und juristische Personen des öffentlichen oder privaten Rechts können eine Tochter-Societas Europaea durch Zeichnung ihrer Aktien gründen, sofern die Voraussetzungen wie bei c) vorliegen. – d) Eine Aktiengesellschaft, die nach dem Recht eines Mitgliedsstaates gegründet worden ist, kann in eine Societas Europaea umgewandelt werden, wenn sie seit mind. zwei Jahren eine dem Recht eines anderen Mitgliedsstaates unterliegende Tochtergesellschaft hat (Art. 2). – 3. *Merkmale der Societas Europaea:* Die Societas Europaea besitzt eine eigene Rechtspersönlichkeit. Vorbehaltlich der Bestimmungen der VO findet das Recht des Sitzstaats der Societas Europaea Anwendung. Das gezeichnete Kapital muss mind. 120.000 Euro betragen (Art. 4). Der Sitz der Societas Europaea muss in dem Mitgliedsstaat liegen, in dem sich die Hauptverwaltung befindet (Art. 7). Der Sitz kann in einen anderen Mitgliedsstaat verlegt werden (Art. 8). Die Societas Europaea muss ihrer Firma den Zusatz „SE" voran- oder nachstellen (Art. 11). Die Societas Europaea kann in das Handelsregister eingetragen werden, wenn eine Vereinbarung über die Beteiligung der Arbeitnehmer entsprechend der Richtlinie 2001/86/EG des Rats vom 8.10.2001 zur Ergänzung des Status der Europäischen Gesellschaft hinsichtlich der Beteiligung der Arbeitnehmer (ABl. L 294/22 vom 10.11.2001) geschlossen worden ist. Die Eintragung und Löschung der Eintragung einer Societas Europaea werden nach dem Recht des Mitgliedsstaates und zu Informationszwecken im Amtsblatt der Europäischen Gemeinschaft veröffentlicht (Art. 13, 14). – 4. *Verfassung der Societas Europaea:* Die Societas Europaea verfügt über eine Hauptversammlung der Aktionäre und entweder über ein Aufsichtsorgan und ein Leitungsorgan (dualistisches System) oder nur ein Verwaltungsorgan (monistisches System). Das dualistische System hat die Struktur der dt. Aufsichtsratsverfassung, während das monistische System dem angloamerikanischen Board System folgt (Art. 38-45). Für beide Systeme gilt, dass sie Mitglieder der Organe für höchstens sechs Jahre mit der Möglichkeit der Wiederbestellung berufen können

(Art. 46). – 5. *Rechnungslegung:* Für die Societas Europaea gilt hinsichtlich des Jahresabschlusses und ggf. des konsolidierten Abschlusses einschließlich des Lageberichts und der Prüfung der Abschlüsse das Recht des Mitgliedsstaates für Aktiengesellschaften (Art. 61), Sonderregelungen für Kreditinstitute, Finanzinstitute und Versicherungsunternehmen in Art. 62. – 6. Für die *Auflösung* und *Liquidation* gilt das Recht des Sitzstaats (Art. 62 ff.). – 7. Als *deutsches Ausführungsgesetz* zu VO und Richtlinie wurde das SE-Ausführungsgesetz (SEAG) vom 22.12.2004 (BGBl. I S. 3675) m.spät.Änd. geschaffen. Die Beteiligung der Arbeitnehmer ist im SE-Beteiligungsgesetz (SEBG) vom 22.12.2004 (BGBl. I 3675,3686) geregelt

II. Besteuerung: 1. *Körperschaftsteuer:* Die Besteuerung der Societas Europaea entspricht den Regelungen zur Besteuerung von Kapitalgesellschaften. – Nach der Doppelbesteuerungsabkommen unterliegt der Gewinn aus jeder Betriebsstätte im Staat der Betriebsstätte der Besteuerung. Die Ausschüttung der erwirtschafteten Gewinne an die Aktionäre in Form von Dividenden kann mit einer Pflicht zur Einbehaltung von Kapitalertragsteuer belegt werden, allerdings ist dies nur dem Staat erlaubt, in dem die Societas Europaea ihren Sitz hat. Die von der Societas Europaea empfangenen Dividenden sind beim Anteilseigner steuerpflichtige Einkünfte (aus Kapitalvermögen oder, bei einem Mutterunternehmen, aus Gewerbebetrieb) und unterliegen in Deutschland der Besteuerung nach dem → Teileinkünfteverfahren oder der → Abgeltungsteuer. – 2. *Umwandlungssteuerrecht:* Die Gründung der Societas Europaea wie auch ihre Verschmelzung, Spaltung oder Sitzverlegung in ein anderes Land ist hinsichtlich der steuerrechtlichen Behandlung in der → Fusionsrichtlinie der EG geregelt. In Deutschland sind die Vorgaben dieser Richtlinie vorwiegend im Umwandlungssteuergesetz geregelt worden. Demnach löst die Gründung einer Societas Europaea durch grenzüberschreitende Fusion soweit wie möglich keine akute Steuerbelastung auf der Ebene der Gesellschaft oder bei den Gesellschaftern aus; allerdings muss sichergestellt werden, dass die bei den beteiligten Unternehmen oder den Anteilseignern schon vorhandenen stillen Reserven dem Fiskus für eine spätere Besteuerung noch zur Verfügung stehen können und nicht etwa endgültig verloren gehen (Steuerneutralität). Nach denselben Grundsätzen wird auch eine Sitzverlegung der Societas Europaea behandelt. – 3. *Verkehrsteuern* wie z.B. Grunderwerbsteuer dürfen bei der Gründung oder Sitzverlegung einer Societas Europaea erhoben werden, einen steuerneutralen Steueraufschub wie bei den Einkommensteuern gibt es hierbei nicht. – 4. *Grenzüberschreitende Besonderheiten:* Da die Societas Europaea v.a. grenzüberschreitend aktiv sein wird (sei es als Holding, sei es mit mehreren Betriebsstätten), wird für die Besteuerung im laufenden Geschäft die → Doppelbesteuerungsabkommen (DBA) bes. wichtig; verfügt sie über

mehrere rechtlich unselbständige Zweigniederlassungen, so wird demnach jede Zweigniederlassung ihren Gewinn im betreffenden Land zu versteuern haben (→ Betriebsstättenprinzip).

Solidaritätszuschlag – I. Finanzwissenschaft: 1. *Begriff:* Steuer, die als Ergänzungsabgabe zur Einkommensteuer und zur Körperschaftsteuer nach Art. 106, 1, Nr. 6 GG als Bundessteuer erhoben werden darf. → Bemessungsgrundlage ist die Einkommen- und Körperschaftsteuerschuld. – 2. *Begründung:* Einkommen- und Körperschaftsteuer bedürfen als Gemeinschaftsteuern der Zustimmung des Bundesrates. Der Bund besitzt seit der Finanzreform von 1969 ein Zuschlagsrecht zu diesen Steuern, das er selbstständig wahrnehmen kann. Dies war bisher zweimal erfolgt, von 1968 bis (auslaufend) in die 1980er-Jahre und seit dem 1.1.1995 mit dem Solidaritätszuschlag. Dieser wurde eingeführt, um die Kosten der dt. Wiedervereinigung zu finanzieren. Er wird in West- und Ostdeutschland erhoben. Das Aufkommen aus dem Zuschlag steht dem Bund zu, nicht wie die Einkommensteuer Bund und Ländern gemeinsam.

II. Einkommensteuer: Ergänzungsabgabe in Höhe von 5,5 Prozent der geschuldeten Einkommen- oder Körperschaftsteuer. Darüber hinaus wird sie auf Lohnsteuer, Kapitalertrag- oder Zinsabschlagsteuer erhoben. Die Erhebung wird nur vorgenommen, wenn die Bemessungsgrundlage über 972 bzw. 1.944 Euro liegt. Darüber hinaus kann der Zuschlag höchstens 20 Prozent des Unterschiedsbetrags zwischen Bemessungsgrundlage und Freigrenze betragen. Der Solidaritätszuschlag ist als → Personensteuer weder bei der Ermittlung der Einkünfte (→ Einkünfteermittlung) noch als → Sonderausgabe oder → außergewöhnliche Belastung abzugsfähig. Ab dem Veranlagungszeitraum 2011 erfolgt die Erhebung des Solidaritätszuschlags unabhängig von der Bemessungsgrenze von 972 oder 1.944 Euro. Er beläuft sich auf 5,5 Prozent ohne der Beschränkung von 20 Prozent. Zugunsten des Steuerpflichtigen wird diese Regelung auch für die Jahre 2009 und 2010 angewendet.

III. Verfassungsmäßigkeit: Der siebte Senat des Niedersächsischen Finanzgerichts hält die Erhebung des Solidaritätszuschlags für nicht verfassungsgemäß. Daher wurde dem Bundesverfassungsgericht der Klage vorgelegt (AZ 7 K 143/08). Spätestens ab dem Jahr 2007 wird die verfassungsrechtliche Berechtigung zur Erhebung des Solidaritätszuschlags infrage gestellt. Das BVerfG (Beschluss vom 8.9.2010, 2 BvL 3/10, BFH/NV 2010 S. 2217) weist die vom Niedersächsischen Finanzgericht vorgelegte Frage als unzulässig ab. Beim BFH sind noch die Verfahren II R 50/09, II R 20/10 und I R 22/10 anhängig, in denen die Vereinbarkeit der Festsetzung des Solidaritätszuschlags in den Veranlagungszeiträumen 2005 und 2007 mit dem Verfassungsrecht bezweifelt wird.

IV. Aufkommen: 13,1 Mrd. (2008), 12,3 Mrd. Euro (2007), 11,3 Mrd. Euro (2006), 10,3 Mrd. Euro (2005),

10.288,1 Mio. Euro (2003), 10.403,3 Mio. Euro (2002), 11.068,6 Mio. Euro (2001), 11.841,2 Mio. Euro (2000), 13.430,4 Mio. Euro (1995).

Soll-Ist-Vergleich – I. Kostenrechnung: Gegenüberstellung von Sollkosten und wirklich entstandenen Kosten eines bestimmten Zeitabschnittes (Istkosten) in der Betriebsabrechnung. Aufgabe der Plankostenrechnung. Bei Verwendung gleicher Planpreise im Soll und Ist entspricht der Soll-Ist-Vergleich einer Gegenüberstellung der vorgegebenen und der verbrauchten Mengen, die dadurch erst addierbar werden. – Die errechneten *Kostenabweichungen* (Abweichungen) werden ermittelt und über Berücksichtigung der Kosteneinflussgrößen bzw. -bestimmungsfaktoren analysiert, d.h. auf ihre Ursachen zurückgeführt. Dadurch wird ein zwischenzeitlicher (Zeitvergleich; vgl. Betriebsvergleich) und zwischenbetrieblicher Vergleich (Betriebsvergleich) ermöglicht.

II. Prüfungswesen: → Prüfung.

Sollversteuerung – Besteuerungsart bei der → Umsatzsteuer (Regelfall). Versteuerung nach den vereinbarten Entgelten, d.h. ohne Rücksicht auf die Vereinnahmung. Umsatzsteuerschuld entsteht mit Ablauf des → Voranmeldungszeitraums, in dem die entsprechende → Lieferung oder → sonstige Leistung ausgeführt wurde. Wird dadurch ein Umsatz versteuert, dem später keine Bezahlung folgt, kann der entsprechende Steuerbetrag wieder abgesetzt werden. – Wird das → Entgelt oder ein Teilentgelt vereinnahmt, bevor die Leistung erbracht wird, entsteht insoweit die Steuer mit Ablauf des Voranmeldungszeitraumes, in dem das Entgelt oder das Teilentgelt vereinnahmt wurde *(→ Mindest-Ist-Besteuerung).* – Wechsel zur → Istversteuerung: Der → Unternehmer kann die Entgelte, die er nach dem Zeitpunkt des Wechsels der Besteuerungsart für bereits versteuerte Lieferungen und sonstige Leistungen noch erhalten hat (Außenstände), nach Vereinnahmung absetzen.

Sonderabschreibung – I. Begriff: Im Gegensatz zu → Absetzung für Abnutzung (AfA), → Absetzung für außergewöhnliche technische oder wirtschaftliche Abnutzung (AfaA) und zur → Teilwertabschreibung steht die Sonderabschreibung in keiner Beziehung zur Wertminderung eines Wirtschaftsguts; ihr Zweck ist die Gewährung einer Steuervergünstigung durch Manipulation der Bemessungsgrundlage „Gewinn". Von Sonderabschreibung i.w.S. spricht man i.Allg. beim abnutzbaren Anlagevermögen; wird die Steuervergünstigung dabei anstelle der AfA nach § 7 EStG gewährt, so spricht das Gesetz i.d.R. von *erhöhten Absetzungen*(z.B. §§ 7 b–d, 7g, 7h, 7i, 7k EStG), während Sonderabschreibungen i.e.S. (Bewertungsfreiheiten) zusätzlich zur linearen AfA nach § 7 EStG in Betracht kommen (z.B. § 7f EStG, § 82f EStDV). Für die Wertherabsetzung beim nicht abnutzbaren Anlagevermögen und beim Umlaufvermögen ist der Begriff „Bewertungsabschlag" üblich. Dem Wesen

nach stellen auch die Abzüge von den Anschaffungs- oder Herstellungskosten nach § 6b EStG (sog. Reinvestitionszulage, → 6b-Rücklage) oder R 6.6 EStR (→ Ersatzbeschaffungsrücklage) Sonderabschreibungen dar. – *Handelsrechtlich* fallen die Sonderabschreibungen unter die Kategorie der steuerrechtlichen Abschreibungen (§§ 254, 279 II HGB). Sie müssen auch in der Handelsbilanz vorgenommen werden, wenn sie steuerlich in Abzug gebracht werden sollen (→ Maßgeblichkeitsprinzip).

II. Sonderabschreibungen zur Förderung der Anschaffung/Herstellung bestimmter Wirtschaftsgüter oder bestimmter Arten von Betrieben: Sonderabschreibungen sind vom Gesetzgeber häufig zur Förderung bestimmter Investitionen gewährt worden, bes. für Immobilieninvestitionen. Diese Regelungen über Sonderabschreibungen haben i.d.R. eine zeitlich begrenzte Laufzeit, weil entweder der Förderzweck erreicht oder die Subvention zu teuer wird. Dementsprechend haben § 7b EStG (erhöhte Absetzungen für Einfamilienhäuser, Zweifamilienhäuser, Eigentumswohnungen), § 7c EStG (erhöhte Absetzungen für Baumaßnahmen an Gebäuden zur Schaffung neuer Mietwohnungen), § 7d EStG (erhöhte Absetzungen für Wirtschaftsgüter, die dem Umweltschutz dienen), § 7e EStG (Bewertungsfreiheit für Fabrikgebäude, Lagerhäuser und landwirtschaftliche Betriebsgebäude), § 7f (Bewertungsfreiheit für abnutzbare Wirtschaftsgüter des Anlagevermögens privater Krankenhäuser), § 7k (erhöhte Absetzung für Wohnungen mit Sozialbindung) daher keine aktuelle Bedeutung mehr. Ihre Stichtage sind abgelaufen oder die Vorschriften sind aufgehoben worden. *Bis zum Veranlagungszeitraum 2007* kann die → Ansparabschreibung für kleinere Betriebe (§ 7g EStG); Rücklagenbildung vor der Anschaffung und spätere Sonderabschreibung bis zu 20 Prozent der geplanten Anschaffungs- oder Herstellungskosten insgesamt in den ersten fünf Jahren geltend gemacht werden. *Ab dem Veranlagungszeitraum 2008* gilt stattdessen der → Investitionsabzugsbetrag (§ 7g EStG n.F.); die erhöhten Absetzungen bei Gebäuden in Sanierungsgebieten und städtebaulichen Entwicklungsbereichen (§ 7h EStG; zu jeweils 9 Prozent in den ersten sieben und 7 Prozent in den nächsten vier Jahren der Modernisierungsaufwendungen) und die erhöhten Absetzungen bei Baudenkmälern (§ 7i EStG; Absetzbarkeit von Herstellungsaufwand, der zur Erhaltung des Gebäudes sinnvoll ist, zu jeweils 9 Prozent in den ersten sieben und 7 Prozent in den nächsten vier Jahren). Für selbstgenutzte Wirtschaftsgüter, die nicht zur Einnahmenerzielung verwendet werden, sind Sonderabschreibungen begrifflich ausgeschlossen.

III. Sonderabschreibungen zur Beeinflussung der Standortwahl: *Zonenrandgebiet:* § 3 ZonenrandFG; *Berlin (West):*§ 14 BerlinFG (→ Förderung der Wirtschaft von Berlin (West)); *neue Bundesländer:* § 4 FördergebietsG. Diese Arten von Sonderabschreibungen sind allesamt wegen Fristablaufs für aktuelle

Neuinvestitionen nicht mehr nutzbar; der Gesetzgeber hat hier die Förderung auf → Investitionszulagen umgestellt.

IV. Gemeinsame Vorschriften für Sonderabschreibungen (einschließlich erhöhter Absetzungen) gemäß § 7a EStg: 1. Fallen im Begünstigungszeitraum *nachträgliche Anschaffungs- oder Herstellungskosten* an, so bemessen sich die Sonderabschreibungen vom Jahr der Entstehung der nachträglichen Anschaffungs-/Herstellungskosten an bis zum Ende des Begünstigungszeitraums nach den erhöhten Anschaffungs-/Herstellungskosten. – 2. Können Sonderabschreibungen bereits für *Anzahlungen* oder *Teilherstellungskosten* geltend gemacht werden, so können nach erfolgter Anschaffung bzw. Herstellung Sonderabschreibungen nur insoweit in Anspruch genommen werden, als sie nicht bereits geltend gemacht wurden. – 3. Bei Wirtschaftsgütern, bei denen *erhöhte Absetzungen* in Anspruch genommen werden, müssen in jedem Jahr des Begünstigungszeitraums mind. Absetzungen in Höhe der AfA nach § 7 I oder IV EStG berücksichtigt werden; Sonderabschreibungen sind grundsätzlich nur neben der linearen AfA nach § 7 I oder IV EStG zulässig, nicht neben der degressiven AfA. – 4. Liegen bei einem Wirtschaftsgut die Voraussetzungen für die Inanspruchnahme von Sonderabschreibungen aufgrund mehrerer Vorschriften vor, so darf nur eine dieser Vorschriften angewandt werden (→ Kumulierungsverbot). – 5. Ist ein Wirtschaftsgut *mehreren Beteiligten* zuzurechnen und erfüllen nur einzelne Beteiligte die Voraussetzungen für die Inanspruchnahme der Sonderabschreibungen, so können diese nur anteilig geltend gemacht werden. – 6. Sonderabschreibungen sind bei Wirtschaftsgütern, die zu einem → Betriebsvermögen gehören, in einem gesonderten Verzeichnis aufzunehmen, es sei denn, die notwendigen Angaben sind aus der Buchführung ersichtlich.

V. Bedeutung: Der Gesetzgeber benutzt die Sonderabschreibungen als wirtschafts- und sozialpolitisches Steuerungsinstrument und räumt dem Steuerpflichten ein Wahlrecht ein, Teile der zu aktivierenden Anschaffungs- bzw. Herstellungskosten, die eigentlich erst in späteren Perioden durch die Leistungserstellung verzehrt werden, sofort in Abzug zu bringen und damit die ertragsteuerliche Bemessungsgrundlage zu mindern. Diese Möglichkeit der Bildung stiller Rücklagen wird auch nicht durch das sog. Wertaufholungsgebot für Kapitalgesellschaften (§ 280 HGB) eingeschränkt, sodass dem Steuerpflichtigen ein wesentliches *bilanzpolitisches Instrumentarium* zur Verfügung steht. Die Vorverlagerung vorhandenen Aufwandspotenzials stellt eine erhebliche *Liquiditätshilfe* für den Betrieb dar, da – unterstellt, die Ertragslage sei so gut, dass durch die Sonderabschreibungen keine buchmäßigen Verluste entstehen – mit der Gewinnverschiebung auf spätere Perioden auch Steuerzahlungen nachverlagert werden. Die vorerst eingesparten Steuerbeträge können damit solange anderweitig zinsbringend angelegt werden, bis sie später infolge der dann konsequenterweise geringeren Periodenabschreibung für Steuermehrzahlungen aufgebracht werden müssen. Durch diesen sog. *Zinseffekt* erhöht sich die *Rentabilität*, wobei der Zinsvorteil umso größer ist, je länger die Nutzungs- und damit die Abschreibungsdauer ist. Allerdings tritt hierbei i.d.R. (d.h. bei durchschnittlich gleichbleibendem Steuersatz) keine echte Steuerersparnis, sondern nur eine Steuerstundung ein, weil *keine zusätzlichen Betriebsausgaben* geltend gemacht werden und die Höhe des zu versteuernden Gesamtgewinns während der Nutzungsdauer des abzuschreibenden Wirtschaftsgutes insgesamt nicht gemindert wird. Bezieht man den *progressiven Steuertarif* in die bilanzpolitischen Überlegungen mit ein, so erreicht man die größtmögliche Steuerminderung dann, wenn das Abschreibungspotenzial entsprechend dem jeweiligen Steuersatz eingesetzt wird, d.h. z.B. bei steigendem Steuersatz die Sonderabschreibungen in späteren Perioden geltend zu machen. Dieser sog. *Steuersatzeffekt,*der mit dem Zinseffekt konkurriert, diesen aber auch ergänzen und damit verstärken kann, übt ebenso wie dieser einen wesentlichen Einfluss auf Liquidität und Rentabilität des Unternehmens aus und ist bei einem gegebenen Abschreibungspotenzial umso stärker, je höher der Steuersatz des Steuerpflichtigen ist. Zu beachten ist ferner, dass sich wegen der gesenkten Steuerbilanzwerte auch erbschaftsteuerlich (und damit endgültige) Steuervorteile ergeben können, wenn es während der Laufzeit der Sonderabschreibungen zu einem Betriebsübergang kommt. Hinsichtlich einer *betrieblichen Steuerplanung* kann man resümierend feststellen, dass die *Vorteilswirkung* von Sonderabschreibungen gegenüber normalen Abschreibungen *umso größer* ist, (1) je mehr die Sonderabschreibungsbeträge an den *Nutzungsdauerbeginn* gelegt werden können, (2) je größer die *zeitlichen Steuersatzunterschiede* bei fallenden Steuersätzen sind, (3) je kleiner die *zeitlichen Steuersatzunterschiede* bei steigenden Steuersätzen sind, (4) je länger die *Abschreibungsdauer,* d.h. Nutzungsdauer des Anlagegutes ist, (5) je höher der *Steuersatz* bei einem *festen Zinssatz* ist, (6) je höher der *Kalkulationszins* (z.B. Zins für alternative Geldanlage) angenommen wird.

Sonderausgaben – 1. *Begriff:* Bestimmte Ausgaben, die weder als Betriebsausgaben oder Werbungskosten abzugsfähig (also i.d.R. privat veranlasst) sind, aber dennoch aufgrund von Sondervorschriften (§§ 10 ff. EStG) von der Bemessungsgrundlage der Einkommensteuer abgezogen werden können. – 2. Der Abzug der Sonderausgaben erfolgt zur Ermittlung des gesamten steuerlichen Einkommens von → Gesamtbetrag der Einkünfte. Den Sonderausgaben gleichgestellt sind bestimmte Abschreibungen (§§ 10f, 10g EStG) und der Verlustabzug nach § 10d EStG. – 3. Es sind zwei *Arten von Sonderausgaben* zu unterscheiden: a) *unbeschränkt abzugsfähige Sonderausgaben,* die in unbegrenzter Höhe abgezogen werden können, und beschränkt abzugsfähige Sonderausgaben, die nur im Rahmen bestimmter Höchstbeträge geltend gemacht werden können. – Zu den *unbeschränkt abzugsfähigen Sonderausgaben* gehören bes.: (1) auf bes. Verpflichtungsgründen beruhende Renten und dauernde Lasten, (2) → Kirchensteuer, (3) → Steuerberatungskosten (seit dem 1.1.2006 nicht mehr als Sonderausgaben abzugsfähig). – b) Nur *beschränkt abzugsfähige Sonderausgaben* sind: (1) → Unterhaltsleistungen an den geschiedenen oder getrennt lebenden Ehegatten (bis zu 13.805 Euro pro Jahr; § 10 Nr. 1 EStG; → Realsplitting), (2) → Vorsorgeaufwendungen, (3) bestimmte Kosten für die Berufsausbildung (→ Berufsausbildungskosten), (4) Teile des → Schulgelds für ein Kind des Steuerpflichtigen, (5) Beiträge für Altersvorsorgeverträge (§ 10a EStG), (6) → Spenden (§ 10b EStG) und (7) seit dem Veranlagungszeitraum 2006 zwei Drittel der Aufwendungen für Kinderbetreuung, maximal jedoch 4.000 Euro je Kind (→ Kinderbetreuungskosten). – 4. *Verfahren:* Zur Berücksichtigung der Sonderausgaben werden bestimmte Mindestbeträge als Pauschalbeträge angesetzt, und zwar der → Sonderausgaben-Pauschbetrag (§ 10c I EStG) und zusätzlich – vom Arbeitslohn – eine Vorsorgepauschale. Im Rahmen der → Veranlagung zur Einkommensteuer können höhere Sonderausgaben berücksichtigt werden, wenn dafür Nachweise beigebracht werden; hierfür kann bei Arbeitnehmern auch schon während des laufenden Jahres ein → Freibetrag auf der Lohnsteuerkarte eingetragen werden (§ 39a I Nr. 2 EStG).

Sonderausgaben-Pauschbetrag – Für bestimmte → Sonderausgaben wird dem Steuerpflichtigen ein Sonderausgaben-Pauschbetrag von 36 Euro (bei Zusammenveranlagung von Ehegatten: 72 Euro) abgezogen, wenn er nicht höhere Aufwendungen nachweist (§ 10c I EStG). Zu den Sonderausgaben zählen: → Unterhaltsleistungen, Rentenverpflichtungen, gezahlte → Kirchensteuer, → Steuerberatungskosten (bis 31.12.2005), → Berufsausbildungskosten, → Schulgeld und → Spenden.

Sonderausweis – 1. *Teil des Nennkapitals einer (unbeschränkt steuerpflichtigen) Kapitalgesellschaft*, der nicht aus Einlagen der Anteilseigner stammt, sondern aus zur Kapitalerhöhung verwendeten Gewinnrücklagen besteht. Der Sonderausweis umfasst also Nennkapital, das aus früheren thesaurierten Gewinnen stammt (und das deshalb, wenn es irgendwann als Dividende ausgeschüttet werden sollte, nicht als Kapitalrückzahlung bei den Anteilseignern steuerfrei bleibt, sondern als Gewinnausschüttung angesehen und als Dividende besteuert wird). – Wird das Nennkapital herabgesetzt und in Rücklagen umgewandelt, gilt zuerst der Sonderausweis als (wieder) in Rücklagen verwandelt; wird Nennkapital herabgesetzt und ausgeschüttet, gelten zunächst die Beträge aus dem Sonderausweis als ausgeschüttet und müssen vom Anteilseigner als Dividendenbezüge versteuert werden (§ 28 KStG). Ein Sonderausweis zum Schluss des Wirtschaftsjahrs vermindert sich um den positiven Bestand des steuerlichen Einlagekontos zu diesem Stichtag; der Bestand des steuerlichen Einlagekontos vermindert sich entsprechend (§ 28 III KStG). – 2. *Führerschein zur Fahrgastbeförderung*, neben dem Führerschein erforderliche bes., von der zuständigen Behörde ausgestellte Urkunde als Nachweis der Berechtigung zur Führung bes. Fahrzeuge zu bestimmten Zwecken, z.B. für Taxis, Kraftomnibusse, Krankenkraftwagen.

Sonderbetriebsausgaben → Sonderbetriebsvermögen.

Sonderbetriebseinnahmen → Sonderbetriebsvermögen.

Sonderbetriebsvermögen – steuerrechtlicher Begriff für Wirtschaftsgüter, die im Eigentum von einem oder mehreren → Mitunternehmern einer Personengesellschaft stehen. Die Wirtschaftsgüter gehören zum Sonderbetriebsvermögen I, wenn sie unmittelbar dem Betrieb der Mitunternehmerschaft dienen. Zum Sonderbetriebsvermögen II gehören Wirtschaftsgüter, die unmittelbar zur Begründung oder Stärkung der Beteiligung des Mitunternehmers an der Personengesellschaft eingesetzt werden und damit die Beteiligung des Gesellschafters fördern. Gewillkürtes Sonderbetriebsvermögen ist möglich, wenn das Wirtschaftsgut geeignet ist, dem Gewerbebetrieb der Mitunternehmerschaft oder der Beteiligung zu dienen. Die Willkürung erfolgt durch Aktivierung in der Sonderbilanz. Die Sonderbilanz weist aktive und passive Wirtschaftsgüter des Sonderbetriebsvermögens I und II aus. Die Sonder-Gewinn- und Verlustrechnung weist Sonderbetriebseinnahmen und Sonderbetriebsausgaben aus. Hierunter fallen bspw. Sondervergütungen der Mitunternehmerschaft an den Mitunternehmer, sonstige Sonderbetriebseinnahmen aus dem Sonderbetriebsvermögen oder Sonderbetriebsausgaben beim Sonderbetriebsvermögen.

Sonderprüfung → Wirtschaftsprüfung.

Sonntagszuschlag → Mehrarbeitszuschlag.

sonstige bebaute Grundstücke → Grundstücksart im Sinn des Bewertungsgesetzes. – 1. *Begriff:* Alle Grundstücke, die nicht → Mietwohngrundstück, → Geschäftsgrundstück, → gemischtgenutztes Grundstück, → Einfamilienhaus oder → Zweifamilienhaus sind, z.B. Altersheime, Kinderheime, Gebäude für sportliche Zwecke. – 2. *Einheitswert:* Ermittlung nach dem Sachwertverfahren (→ Sachwert). – 3. *Bedarfswert:* Ermittlung nach den normalen Regeln für bebaute Grundstücke. – Vgl. auch → Grundstücksbewertung.

sonstige Bezüge – *einmalige Bezüge;* Begriff des Lohnsteuerrechts: bes. einmalige Arbeitslohnzahlungen, die neben dem laufenden Arbeitslohn gezahlt werden. Sonstige Bezüge sind u.a.: Weihnachts- und Neujahrszuwendungen; Tantiemen und

→ Gratifikationen, wenn sie nicht zum laufenden Arbeitslohn gehören; das 13. Monatsgehalt; Urlaubsabfindungen (Entschädigungen für nicht gewährten Urlaub); → Jubiläumsgeschenke(-gaben); einmalige → Abfindungen an ausscheidende Arbeitnehmer; Vergütungen für Arbeitnehmererfindungen. → Pauschalierung der Lohnsteuer für sonstige Bezüge unter bestimmten Voraussetzungen (§ 40 I Nr. 1 EStG); Besteuerung in den anderen Fällen gemäß § 39b III EStG (→ Lohnsteuer).

sonstige Einkünfte – Begriff des Einkommensteuerrechts. Nach § 22 EStG gehören zu den sonstigen Einkünften → Einkünfte aus wiederkehrenden Bezügen (z.B. Renten), Einkünfte aus Unterhaltsleistungen, Einkünfte aus privaten Veräußerungsgeschäften, Einkünfte aus nicht nachhaltigen Leistungen, soweit sie weder zu anderen Einkunftsarten noch zu anderen sonstigen Einkünften gehören; Entschädigungen etc., die an Abgeordnete geleistet werden, Leistungen aus Altersvorsorgeverträgen, Pensionsfonds, Pensionskassen und Direktversicherung. Durch das EStG 2008 wurden die Regelungen zu den privaten Veräußerungsgeschäften (§ 22 EStG i.V. mit § 23 EStG) ab dem Veranlagungszeitraum 2009 neu geregelt. – Vgl. hierzu → private Veräußerungsgeschäfte

sonstige Leistung – 1. *Begriff:* Leistungen, die keine Lieferungen sind. Sonstige Leistungen können auch in einem Dulden oder Unterlassen bestehen (§ 3 IX UStG). – 2. *Abgrenzung zur Lieferung:* → Lieferung. – 3. *Ort der sonstigen Leistungen:* Welcher Staat berechtigt ist, eine sonstige Leistung seiner Umsatzsteuer zu unterwerfen, richtet sich nach den Vorschriften über den Ort der sonstigen Leistung. Die Besteuerung orientiert sich dabei auch bei sonstigen Leistungen, wie bei Lieferungen, grundsätzlich am → Bestimmungslandprinzip. Grundsätzlich ist es aber bei sonstigen Leistungen schwieriger, ein Bestimmungsland der sonstigen Leistungen festzulegen, als bei Lieferungen; daher wird der Ort der sonstigen Leistung gelegentlich auch nach dem Kriterium der Vereinfachung oder gar nach einer bloßen Auffangregel für anders nicht regelbare Fälle festgelegt. – Im Einzelnen ist der Ort der sonstigen Leistung: a) *Weil es sich nach Ansicht des Gesetzgebers typischerweise um das Bestimmungsland der sonstigen Leistung handelt:* (1) bei sonstigen Leistungen in Zusammenhang mit einem Grundstück: der Ort des Grundstücks, (2) bei künstlerischer, wissenschaftlicher, unterrichtender, sportlicher, unterhaltender oder ähnlicher Tätigkeit: der Tätigkeitsort, (3) bei Arbeiten an beweglichen körperlichen Gegenständen und bei der Begutachtung solcher Gegenstände ebenfalls der Tätigkeitsort, (4) bei Vermittlungsleistungen der Ort des vermittelten Umsatzes. – Für die Fälle (3) und (4) gilt aus Vereinfachungsgründen die sonstige Leistung als im Staat des Leistungsempfängers als erbracht, wenn dieser eine Umsatzsteuer-Identifikationsnummer benutzt. – b) *Stammt die sonstige Leistung aus dem Leistungskatalog in § 3a IV UStG und ist der Empfänger*

der sonstigen Leistung ein Unternehmer oder ein Jemand außerhalb der EU, dann gilt aus Vereinfachungsgründen der Wohnort/Sitz/Ort des Unternehmens des Leistungsempfängers als Ort der sonstigen Leistung. (→ Katalogleistungen). – c) Ein Sonderfall ist die auf *elektronischem Weg erbrachte* sonstige Leistung: wenn der Empfänger kein Unternehmer ist und seinen Wohnsitz in der EU hat, dann Besteuerung am Ort seines Wohnsitzes, wenn die Leistung von einem Unternehmer aus dem Drittland ausgeführt wird. – d) Sofern die bisher aufgeführten Regeln nicht eingreifen, findet subsidiär das → Ursprungslandprinzip Anwendung: Ort der sonstigen Leistung ist dann der Ort, an dem das leistende Unternehmen seinen Sitz hat bzw. seine Niederlassung betreibt (§ 3a I UStG). – 3. *Sonderfälle:* Beförderungsleistungen (§ 3b UStG), Lieferungen während einer Beförderung an Bord eines Schiffes, in einem Luftfahrzeug oder in einer Eisenbahn (§ 3e UStG), Ort der sonstigen Leistung bei unentgeltlichen Wertabgaben (§ 3f UStG) und Ort der Leistung von Gas und Elektrizität (§ 3g UStG). – 4. *Bes. Arten von sonstigen Leistungen:* → Werkleistungen. – 5. *Grenzüberschreitende Dienstleistungen:* Im Dezember 2007 einigten sich die EU-Finanzminister einen Systemwechsel bei der Umsatzsteuer von Dienstleistungen vorzunehmen. Künftig sollen grenzüberschreitende Dienstleistungen von 2010 an innerhalb der EU zur Vermeidung von Wettbewerbsverzerrungen nicht mehr im Ursprungsland, sondern im Bestimmungsland mehrwertsteuerpflichtig sein.

sonstiges Vermögen – Begriff des Bewertungsgesetzes; relevant im Rahmen der früher erhobenen Vermögensteuer: Alle Wirtschaftsgüter, die nicht zu den Vermögensarten → land- und forstwirtschaftliches Vermögen, → Grundvermögen und → Betriebsvermögen gehören und nicht unter die Befreiungsvorschrift des § 111 BewG (zum 1.1.1997 aufgehoben) fielen. – *Beispiele:* Spareinlagen, Bankguthaben, Aktien, Geschäftsguthaben, Kapitalwert von Nießbrauchrechten, noch nicht fällige Versicherungsansprüche, Edelmetalle, Schmuck- und Luxusgegenstände.

Souveränitätsprinzip → Internationales Steuerrecht (IStR).

soziale Kassen – steuerrechtlicher Begriff: rechtsfähige Pensions-, Sterbe-, Kranken- und Unterstützungskassen. – *Besteuerung:* von der Körperschaftsteuer befreit gemäß 5 I Nr. 3 KStG i.V. mit §§ 1–3 KStDV, wenn bestimmte Voraussetzungen für die Steuerbefreiung erfüllt werden, vgl. auch → Pensionskasse, → Unterstützungskasse.

Sozialversicherungsentgeltverordnung – 1. *Begriff:* Verordnung über die sozialversicherungsrechtliche Beurteilung von Zuwendungen des Arbeitgebers als Arbeitsentgelt vom 21.12.2006 (BGBl. Teil I 2006, S. 3385), regelt die Bewertung bestimmter Sachleistungen. Nachfolgeregelung zur sog.

Sachbezugsverordnung. Die SvEV dient der Vereinfachung der Berechnung des Wertes solcher Leistungen. – 2. *Ertragsteuerliche Behandlung*: Soweit die SvEV Werte für Sachbezüge festsetzt, sind diese Werte in den dort geregelten Fällen auch bei der Besteuerung maßgeblich (§ 8 II Satz 6 EStG; R 8.1 LStR); das macht Sinn, weil sonst der Vereinfachungszweck nicht zu erreichen wäre.

Spaltung – Teilung in zwei oder mehrere Unternehmen bzw. Gesellschaften, z.B. um bestehende Unternehmenseinheiten nicht zu groß werden zu lassen. Es wird unterschieden zwischen der Spaltung von Personengesellschaften (→ Realteilung) und Spaltung von Kapitalgesellschaften. Zivilrechtliche Möglichkeiten der Spaltung: vgl. → Rechtsträger, Spaltung von.

Sparer-Freibetrag – Begriff des Einkommensteuerrechts. Ein → Freibetrag von 750 Euro bei Einzelveranlagung (1.500 Euro bei Zusammenveranlagung von Ehegatten), der bei der Ermittlung der → Einkünfte aus Kapitalvermögen nach Abzug der → Werbungskosten zu berücksichtigen ist (§ 20 IV EStG). Durch die Einführung der Abgeltungsteuer am 1.1.2009 wurde der Sparer-Freibetrag durch einen → Sparer-Pauschbetrag (§ 20 IX EStG) ersetzt. Dieser beläuft sich auf 801 Euro bei Einzelveranlagung (1.602 bei Zusammenveranlagung von Ehegatten) und wird bei der Ermittlung der Einkünfte aus Kapitalvermögen als Werbungskosten abgezogen; der Abzug der tatsächlichen Werbungskosten ist damit ausgeschlossen. – Betreffend Sparer-Freibetrag vgl. auch → Kapitalertragsteuer.

Sparer-Pauschbetrag – Mit Einführung der Abgeltungsteuer ab dem 1.1.2009 wurde der → Sparer-Freibetrag und die Werbungskostenpauschale durch einen Sparer-Pauschbetrag (§ 20 IX EStG) ersetzt. Bei der Ermittlung der Einkünfte aus Kapitalvermögen werden als Werbungskosten ein Betrag von 801 Euro (1.602 bei Zusammenveranlagung) abgezogen; der Abzug der tatsächlichen Werbungskosten ist ausgeschlossen. Der gemeinsame Sparer-Pauschbetrag ist bei der Einkunftermittlung bei jedem Ehegatten je zur Hälfte abzuziehen; sind die Kapitalerträge eines Ehegatten niedriger als 801 Euro, so ist der anteilige Sparer-Pauschbetrag insoweit, als er die Kapitalerträge dieses Ehegatten übersteigt, bei dem anderen Ehegatten abzuziehen.

Sparkassen – 1. *Begriff*: Kreditinstitute, die unter dem Leitgedanken der Förderung und Pflege des Sparens mit jedermann im Rahmen der satzungsmäßigen Bestimmungen alle Formen von Bankgeschäften betreiben und sich überwiegend in kommunaler Trägerschaft befinden. Daneben existieren noch freie Sparkassen, die privatrechtlich als Verein, Stiftung oder Aktiengesellschaft geführt werden. Obwohl sie rein rechtlich nicht den Maximen des öffentlichen Auftrags und dadurch der Sparkassengesetzgebung der Länder unterliegen, sind sie dennoch

den öffentlichen Sparkassen insofern gleichgestellt, als sie sich gleichfalls dem Gemeinnützigkeitsprinzip verpflichtet haben. – *Zusammenschluss*: Sparkassen sind regional in Sparkassen- und Giroverbänden mit regionalen Girozentralen zusammengeschlossen, die im Deutschen Sparkassen- und Giroverband (DSGV) ihre Spitzenorgane haben. – 2. *Geschäftstätigkeit*: a) *Mittelbeschaffung*: Spareinlagen, Sparbriefe/Sparkassenbriefe und Sparkassenobligationen nehmen eine hervorragende Stellung am gesamten Geschäftsvolumen ein. Dem Sicht- und Termineinlagengeschäft kommt eine wesentlich geringere, aber zunehmende Bedeutung zu. Ihre Eigenkapitalbasis können Sparkassen nur aus Gewinnerzielung durch Bildung von Rücklagen erweitern. Die Haftungsfunktion des Eigenkapitals wird durch die Gewährträgerhaftung ersetzt. – b) *Mittelverwendung*: Wohnungsbau- und Kommunalkredite stehen im Vordergrund; daneben werden in größerem Umfang Anleihen und Schuldverschreibungen gehalten. – c) *Dienstleistungsgeschäft*: Die Angebotspalette der Sparkassen entspricht heute weitgehend der anderer Universalbanken; die Abwicklung des bargeldlosen Zahlungsverkehrs privater Haushalte gilt jedoch weiterhin als traditionelle Domäne der Sparkassen. – 3. *Rechtliche Besonderheiten*: Sparkassen sind in der Bundesrepublik Deutschland überwiegend kommunale juristische Personen öffentlichen Rechts (Anstalten). Seit dem Wegfall der Gewährträgerhaftung/Anstaltslast am 18.7.2005 haftet nicht mehr die betreffende kommunale Körperschaft für die Verbindlichkeiten der Sparkassen, sondern allein der Haftungsverbund der Sparkassen-Finanzgruppe. Die Spareinlagen bei den Sparkassen sind als mündelsicher anerkannt (Mündelsicherheit). Die Bezeichnung Sparkasse darf (auch in Wortzusammensetzung) nur von öffentlich-rechtlichen Sparkassen, die eine Erlaubnis zum Geschäftsbetrieb nach § 32 KWG besitzen, und von anderen Unternehmen, die sich vor Inkrafttreten des KWG als Sparkassen bezeichnen durften, geführt werden (§ 40 KWG). Daneben besteht die Erlaubnis für Spar- und Darlehnskassen und für Kreditinstitute im Sinn von § 1 Gesetz über Bausparkassen. – 4. *Besteuerung*: a) *Umsatzsteuer*: Sparkassen sind umsatzsteuerliche Unternehmer, da sie nachhaltig sonstige Leistungen gegen Entgelt erbringen (§ 2 UStG), ihre Tätigkeit ist der Kreditgewährung ist jedoch steuerfrei (§ 4 Nr. 8 UStG), es sei denn, sie entscheiden sich – was nur bei der Kreditgewährung an andere Unternehmer möglich ist – freiwillig zur Steuerpflicht. Mit ihren Umsätzen aus Depotgeschäft sind die Sparkassen dagegen umsatzsteuerpflichtig. – b) *Körperschaftsteuer*: Auch als juristische Personen unterliegen die Sparkassen der Körperschaftsteuerpflicht, da sie einen Betrieb gewerblicher Art darstellen (§ 4 I, 4 II KStG). Sie haben Einkünfte aus Gewerbebetrieb, deren Höhe nach den üblichen gesetzlichen Regeln durch Bilanzierung festzustellen ist (§§ 4 I, 5 I EStG). – c) *Gewerbesteuer*: Als gewerblich tätige Unternehmen unterliegen Sparkassen auch der Gewerbesteuer (§ 2 GewStG).

Sparprämie → steuerbegünstigtes Sparen.

Sparzulage → Arbeitnehmer-Sparzulage.

Speiseeissteuer – früher in einigen Ländern mit der Getränkesteuer verbundene Verbrauchsteuer auf Speiseeis. Die Speiseeissteuer ist keine Steuer mit „örtlich bedingtem Wirkungskreis" und kann deshalb nach Art. 105 IIa GG von den Ländern nicht eingeführt werden.

Spekulationsfrist – Spekulationsgeschäfte.

Spenden – I. Begriff: Freiwillige Leistungen, die ohne Gegenleistung, aber i.d.R. mit einer gewissen Zweckbestimmung gegeben werden.

II. Besteuerung: 1. *Grundsätzlich* sind Spenden nicht abzugsfähige → Kosten der Lebensführung. – 2. *Ausnahmen:* Spenden zur Förderung steuerbegünstigter Zwecke im Sinne der §§ 52 bis 54 AO (→ gemeinnütziger Zwecke, mildtätige und kirchliche Zwecke) mindern als → Sonderausgaben (§ 10b EStG) die Einkommensteuer und bei der Körperschaftsteuer als abzugsfähige Ausgabe (§ 9 Nr. 3 KStG) das → Einkommen. – 3. *Voraussetzung für die Abzugsfähigkeit:* (1) Empfänger der Zuwendung muss eine inländische juristische Person des öffentlichen Rechts oder eine inländische öffentliche Dienststelle sein, die bestätigt, dass der zugewendete Betrag für die bezeichneten Zwecke verwendet wird. Mit EuGH-Urt. v. 27.1.2009 können auch Spenden an ausländische gemeinnützig anerkannte Einrichtungen abgesetzt werden, wenn die Vergleichbarkeit der Einrichtung mit einer dt. gemeinnützigen Einrichtung, insbesondere hinsichtlich der Zweckverfolgung und Mittelverwendung sowie Betrag und Art der Spende samt konkreter Verwendung der Spende nachgewiesen werden. (2) Empfänger der Zuwendung muss eine nach § 5 I Nr. 9 KStG steuerbefreite Körperschaft, Personenvereinigung oder Vermögensmansse sein, die bestätigt, dass die Spenden für ihre satzungsmäßigen Zwecke verwendet werden. – 4. *Die Höhe der Abzugsfähigkeit* ist begrenzt auf 20 Prozent des → Gesamtbetrags der Einkünfte oder 4 Promille der Summe der gesamten Umsätze und der im Kalenderjahr aufgewendeten Löhne und Gehälter. – 5. *Nicht abziehbar* sind Mitgliedsbeiträge an Körperschaften, die den Sport, kulturelle Betätigungen, die in erster Linie der Freizeitgestaltung dienen, oder die Heimatpflege und Heimatkunde oder Zwecke i.S.d. § 52 II Nr. 23 AO fördern. Rückwirkend ab dem 1.1.2007 sind Mitgliedsbeiträge an Kulturfördervereine als Sonderausgaben abzugsfähig. Dies gilt auch, wenn den Mitgliedern Vergünstigungen gewährt werden. – 6. *Spendenvortrag:* Abziehbare Zuwendungen, die die Höchstbeträge überschreiten oder im Veranlagungszeitraum der Zuwendung nicht berücksichtigt werden können, sind im Rahmen der Höchstbeträge in den folgenden Veranlagungszeiträumen als Sonderausgaben abzuziehen. – 7. *Spenden in einen Vermögensstock einer Stiftung* des öffentlichen Rechts oder einer nach § 5 I Nr. 9 KStG steuerbefreiten Stiftung des Privatrechts können auf Antrag des Steuerpflichtigen im Veranlagungszeitraum der Zuwendung oder in den folgenden neun Veranlagungszeiträumen bis zu einem Gesamtbetrag von einer Mio. Euro zusätzlich zu den Höchstbeträgen nach § 10b EStG abgezogen werden. Dieser bes. Abzugsbetrag kann der Höhe nach innerhalb des Zehnjahreszeitraums nur einmal in Anspruch genommen werden. Seit dem 1.1.2007 muss die Spende nicht mehr im Jahr nach der Gründung erfolgen. Auch Spenden an länger bestehende Stiftungen sind begünstigt. Der jährliche Höchstbetrag von 20.450 Euro für Spenden an Stiftungen ist seit dem 1.1.2007 aufgehoben. – 8. *Sonderregelung für Ausgaben zur Förderung staatspolitischer Zwecke:* Hierzu zählen Spenden und bei der Einkommensteuer zusätzlich Mitgliedsbeiträge an politische Parteien (§§ 10b II EStG, 9 Nr. 3 KStG). Sie sind nicht als → Betriebsausgaben abzugsfähig (§ 4 VI EStG). – a) Natürliche Personen, die Ausgaben zur Förderung staatspolitischer Zwecke leisten, können diese bis zur Höhe von 1.650 Euro bei Einzelveranlagung (3.300 Euro bei zusammenveranlagten Ehegatten) als Sonderausgaben abziehen, soweit für sie nicht eine Steuerermäßigung nach § 34g EStG gewährt worden ist; die Steuerermäßigung beträgt 50 Prozent der Ausgaben, maximal 825 Euro/1.650 Euro. – b) Bei der Körperschaftsteuer sind Spenden an politische Parteien nicht mehr abzugsfähig. – 9. *Haftung:* Wer vorsätzlich oder grob fahrlässig eine unrichtige Spenden- oder Mitgliedsbeitragsbestätigung ausstellt, haftet für die entgangene Steuer. Diese ist mit 30 Prozent des zugewendeten Betrags anzusetzen (§ 10 b IV EStG). – 10. Bei der → Gewerbesteuer sind die Spenden zur Förderung steuerbegünstigter Zwecke (§ 10 b I EStG) zur Ermittlung des → Gewerbeertrags vom Gewinn zu kürzen, soweit sie aus Mitteln des Gewerbebetriebs einer natürlichen Person oder → Personengesellschaft entnommen sind (§ 9 Nr. 5 GewStG). Anerkannt werden analog der einkommensteuerlichen Vorschriften maximal 20 Prozent des Gewinns aus Gewerbebetrieb oder vier Promille der Summe der gesamten Umsätze und der im Kalenderjahr aufgewendeten Löhne und Gehälter.

III. Kostenrechnung: Spenden sind, soweit sie nicht im Rahmen betriebs- und branchenüblicher freiwilliger sozialer Aufwendungen bleiben oder nicht unmittelbar als → Werbekosten angesehen werden können, als betriebsfremde Aufwendungen aus der Umformung von Aufwendungen in Kosten auszuscheiden.

Spendenrücktrag – Rückwirkend ab dem 1.1.2007 entfällt der bisher mögliche Rücktrag in das Vorjahr. – Vgl. → Spendenvortrag.

Spendenvortrag – 1. *Einkommensteuer:* Bis zum Veranlagungszeitraum 2006 war der Abzug von Teilbeträgen von Einzelgroßspenden über 25.565 Euro für wissenschaftliche, mildtätige oder bes. förderungswürdig anerkannte kulturelle Zwecke nicht nur im Jahr der Hingabe der → Spende bis zu den Höchstsätzen begrenzt, sondern der darüber hinausgehende Betrag konnte auf den vorangegangenen

Veranlagungszeitraum zurückgetragen oder aber auf die folgenden fünf Veranlagungszeiträume vorgetragen werden. Ab dem Veranlagungszeitraum 2007 ist der Rücktrag in das Vorjahr durch die Einführung des *Gesetzes zur weiteren Stärkung des bürgerschaftlichen Engagements* nicht mehr zulässig. Darüber hinaus ist ein Spendenvortrag für Zuwendungen für steuerbegünstigte Zwecke über die Höchstgrenzen (20 Prozent des Gesamtbetrags der Einkünfte oder vier Promille der Umsätze, Löhne und Gehälter) nunmehr unbefristet erlaubt. Für das Jahr 2007 ist ein Rücktrag einer Großspende in das Vorjahr wahlweise letztmalig möglich. – 2. *Gewerbesteuer:* Die einkommensteuerlichen Regelungen gelten für die Gewerbesteuer analog, jedoch muss die Spende aus Mitteln des Gewerbebetriebs stammen. Ein Spendenrücktrag ist nicht zulässig. Außerdem ist der Vortrag ab dem Erhebungszeitraum 2007 zeitlich unbefristet möglich und setzt keine Mindesthöhe mehr voraus.

Spielbankabgabe – Steuer auf den Betrieb einer Spielbank. Nach einer Rechtsverordnung vom 27.7.1938 (RGBl. 955) sind Spielbanken von den Steuern vom Einkommen, Vermögen und Umsatz sowie von der Lotterie- und Gesellschaftsteuer befreit. Sämtliche Steuern werden durch die Spielbankabgabe abgegolten. Nach einem Verwaltungsabkommen zwischen Bund und Ländern (nicht veröffentlicht) beträgt die Spielbankabgabe 80 Prozent des Bruttospielertrags. Von steuerrechtlicher Seite Bedenken wegen mangelnder Verfassungsmäßigkeit der Spielbankabgabe.

Spitzentarif → Kurventarif.

Splitting → Einkommensteuer, Versorgungsausgleich, Rentensplitting unter Ehegatten.

Splitting-Tabelle → Einkommensteuer-Splittingtabelle.

Splitting-Verfahren – Eine Form der Besteuerung von → Ehegatten (→ Zusammenveranlagung).

Sprachbarrieren – I. Der Einfluss internationaler Standards: Je stärker inländische Facharbeit von internationalen Standards geprägt wird, desto häufiger sieht sich der dt. Leser vor eine Barriere gestellt. Sie kommt zustande, wenn eine dt. Übersetzung aufgrund der Unkenntnis linguistischer Wurzeln ganz offensichtlich fehlerhaft ist und man sich der Mühe unterziehen muss, durch Rückgriff auf das Original (z.B. auf eine angelsächsische Fassung) den Gehalt des Textes wirklich zu verstehen. Ein Beispiel aus einem Prüfungsstandard: *„Der Abschlussprüfer wird sich im Regelfall auf Prüfungsnachweise verlassen müssen, selbst wenn diese eher überzeugend als zwingend sind."* – Diese Formulierung ist ungenau, weil sie das *eigentliche* Problem nicht trifft. Im Original heißt es: "Ordinarily, the auditor finds it necessary to rely on audit evidence that is persuasive rather than conclusive and often will seek audit evidence from different sources or of a different nature to support the

same assertion." Die richtige Übersetzung müsste lauten: Im Normalfall wird der Abschlussprüfer auf einen Prüfungsnachweis „angewiesen" sein, der mehr *„überredend"* als *„schlüssig"* ist, und wird (aus diesem Bewusstsein heraus) nach Prüfungsnachweisen aus anderen Quellen oder von anderer Art suchen, die die gleiche Aussage stützen. Der eine Prüfungsnachweis bedarf also der *Ergänzung* durch einen anderen. Erst in diesem Zusammenspiel werden beide „zwingend".

II. Linguistische Wurzeln: Das Adjektiv „persuasive" bedeutet u.a. „beredsam" (z.B. bei einem Verkäufer!). Der Satz: „He said persuasively" will zum Ausdruck bringen: „Seine Überredungskunst einsetzend, sagte er". Der Begriff hat nämlich seine Wurzeln im lateinischen Verbum „persuadere", das im Kern „überreden" bedeutet. Und es ist logisch, dass das Substantiv zu „persuadere", das Wort „persuasio" im Langenscheidts Taschenwörterbuch neben Überredung und Überzeugung auch mit „Glaube, Meinung, Vorurteil" übersetzt wird.

III. Der psychologische Hintergrund: Wir bilden uns nur ein, überzeugt zu sein, weil wir etwas als *plausibel* empfinden, und merken nicht, dass wir im Grunde nur „überredet" wurden, uns eine bestimmte Meinung zu eigen zu machen. „Plausibel" beruht auf dem lateinischen Begriff „plausus" (Beifallklatschen) und bedeutet so viel wie „beifallswert". Damit wird also treffend eine Reaktion geschildert, die aus dem Augenblick heraus geboren wurde und die Gefahr mit sich bringt, dass man – von einer Stimmung abhängig – gar nicht merkt, dass ein Prüfungsnachweis nicht die letzte Beweiskraft besitzt. „Rely" charakterisiert eine Situation, die eine gewisse Abhängigkeit und Verlegenheit des Abschlussprüfers zum Ausdruck bringt und aus der er sich im Bewusstsein seiner Eigenverantwortlichkeit und Gewissenhaftigkeit befreien muss.

IV. Globalisierung und Nivellierung: Mit der Globalisierung ist lediglich eine Verbreitung des „Common English" verbunden. Wer sich dieser Sprache bedient, ist im Regelfall mit ihren Geheimnissen nicht vertraut und wird daher nicht in der Lage sein, ihre Bestandteile bis zu ihren Wurzeln zurückzuverfolgen. Darauf hat Hans-Joachim Meyer in treffender Weise hingewiesen: „Von großer Bedeutung ist ... eine weitverbreitete, zuverlässige Kompetenz im Lesen und verstehenden Hören anspruchsvoller Texte in anderen Sprachen, was nicht gelingen kann, ohne dass man deren geistige Hintergründe und Voraussetzungen versteht."

Staffeltarif – Begriff des Gewerbesteuerrechts: Mit der *Unternehmensteuerreform 2008* ist der Staffeltarif für die Gewerbesteuer ab dem Erhebungszeitraum 2008 erstmalig entfallen. Bisher diente der gewerbesteuerliche Staffeltarif zur Begünstigung bei der Gewerbeertragsteuer für Personenunternehmen: Statt einer einheitlichen → Steuermesszahl stieg sie bis zu einem Gewerbeertrag von 48.000 Euro in vier Stufen à 12.000 Euro von ein Prozent auf fünf Prozent an (→ Gewerbesteuer). Seit dem Erhebungszeitraum 2008 beträgt die Steuermesszahl jedoch nunmehr 3,5 Prozent und ist einheitlich unabhängig von der Rechtsform anzuwenden.

Stätte der Geschäftsleitung – gewerbesteuerlicher Begriff für den Ort, an dem sich die Geschäftsleitung eines Unternehmens befindet. Die Stätte der Geschäftsleitung gilt als gewerbesteuerpflichtige → Betriebsstätte (§ 12 Nr. 1 AO). – *Anders:* → Sitz.

Stempelsteuern – Steuern, die durch Aufkleben und Abstempelung oder Beschaffung von Steuermarken auf einer Urkunde entrichtet werden, z.B. die frühere → Wechselsteuer.

Sterbegeld – I. Sozialversicherung: Versicherungsleistung im Todesfall zur Deckung der mit der Beisetzung etc. entstehenden Aufwendungen. – 1. *Gesetzliche Unfallversicherung* (§ 64 SGB VII): Sterbegeld wird gezahlt, wenn der Versicherte infolge eines Versicherungsfalls oder eines gleichbestehenden Sachverhaltes verstorben oder verschollen ist; es beträgt ein Siebtel der im Zeitpunkt des Todes geltenden Bezugsgröße (§ 18 SGB IV). Außerdem hat der Unfallversicherungsträger stets die Kosten für die Überführung des Verstorbenen an den Ort der Bestattung zu bezahlen, bei ausländischen Gastarbeitern auch in den Heimatort. – 2. *Kriegsopferversorgung:* Sterbegeld als Leistung an die Angehörigen eines verstorbenen Beschädigten (neben dem Bestattungsgeld) in Höhe des Dreifachen der ihm für den Sterbemonat zustehenden Versorgungsbezüge. Sterbegeld wird neben den Hinterbliebenenrenten gewährt (§ 37 BVG).

II. Lohnsteuerrecht: 1. *Begriff:* An Angehörige von verstorbenen Arbeitnehmern gezahlte Gelder oder Weiterzahlung von Gehalt oder Lohn im Sterbemonat. – 2. *Steuerliche Behandlung:* Diese Bezüge gelten als → Arbeitslohn der Empfänger und sind entsprechend deren → Lohnsteuerkarte steuerpflichtig. Werden die Bezüge eines Gnadenvierteljahrs in einer Summe ausgezahlt, beträgt der → Lohnzahlungszeitraum auch ein Vierteljahr.

Steuern – I. Begriff: öffentliche → Abgaben, die ein Gemeinwesen kraft Zwangsgewalt in einseitig festgesetzter Höhe und (anders als bei Gebühren und → Beiträgen) ohne Gewährung einer Gegenleistung von natürlichen und juristischen Personen seines Gebietsbereichs erhebt. Entsprechend der heute gültigen → Steuerrechtfertigungslehre werden eine unbeschränkte staatliche Steuerhoheit und steuerliche Unterwerfung als unbestrittene, weil gemeinschaftsbedingte Normen, anerkannt; dementsprechend Begriffsumschreibung in der Finanzwissenschaft als „Zwangsabgaben ohne Anspruch auf Gegenleistung" und in der Abgabenordnung (§ 3 I AO) als „Geldleistungen, die nicht eine Gegenleistung für eine bes. Leistung darstellen und von einem öffentlich-rechtlichen Gemeinwesen zur Erzielung von Einkünften allen auferlegt werden, bei denen der Tatbestand

zutrifft, an den das Gesetz die Leistungspflicht knüpft; die Erzielung von Einnahmen kann Nebenzweck sein."

II. Entwicklung: 1. Steuern waren schon in *antiken Finanzwirtschaften* gebräuchlich. – 2. Im europäischen *Mittelalter und zu Beginn der Neuzeit* standen sie als Geldbeschaffungsmittel noch hinter Erträgen aus Domänen und Regalien zurück. – 3. Mit dem *Absolutismus* begann die ununterbrochene Zunahme ihrer Bedeutung. – 4. In *modernen demokratischen Staatswesen* liegt das Bewilligungsrecht bei dem vom Volk periodisch gewählten Parlamenten, womit gewährleistet sein soll, dass die Steuerlast unter Beachtung von → Steuergerechtigkeit und steuerökonomischen Prinzipien (Steuerwirkungen, Steuereinmaleins, Psychological Breaking Point etc.) auferlegt wird. Durch ständige Erhöhung der Sätze und Einführung immer neuer Steuern ist der Steueraufkommen in vielen Ländern auf 1/3 des Volkseinkommen gestiegen; daraus ergibt sich, dass die → Steuerpolitik ein bedeutsames Mittel zur Lenkung der volkswirtschaftlichen Einkommensströme geworden ist.

III. Grundbegriffe: 1. *Steuersubjekt:* die zur Besteuerung herangezogene Person. *Steuerschuldner:* Der gesetzlich zur Entrichtung Bestimmte; er stimmt i.d.R. mit dem Steuerzahler überein. – *Ausnahme:* Steuererhebung im Quellenabzugsverfahren. Er ist mit dem *Steuerträger,* d.h. dem mit der Steuer wirklich Belasteten nur dann identisch, wenn Steuerüberwälzung unterbleibt. *Steuerdestinatar:* die vom Gesetz nicht als Steuerzahler, aber als Steuerträger vorgesehene Person. – 2. *Steuerobjekt (Steuergegenstand):* Tatbestand, an den die Steuererhebung anknüpft. Gezahlt wird die Steuern aus der Steuerquelle (Einkommen oder Vermögen). – 3. Rechtlich greift die Besteuerung an der *Bemessungsgrundlage* an. Von der Steuereinheit, einem festgelegten Anteil der Steuerbemessungsgrundlage (Maß, Gewicht, Wertziffer), wird der *Steuersatz* oder *Steuerbetrag* erhoben; *Steuertarif* ist ein listenmäßiges Verzeichnis, das den Steuereinheiten bestimmte Sätze oder Beträge zuordnet.

IV. Einteilung: Die Einteilung der Steuern ist nach unterschiedlichen Gesichtspunkten möglich. – Vgl. auch Steuerklassifikation.

V. Kostenrechnung: Steuern werden als Kosten nur verrechnet, soweit sie die betriebliche Tätigkeit an sich (Kauf und Einsatz von Produktionsfaktoren, ihre Kombination und Transformation zu Fertigprodukten und deren Absatz) belasten, nicht dagegen, soweit sie das Ziel der betrieblichen Tätigkeit, den Gewinn, belasten. Diese allg. betriebswirtschaftliche Auffassung deckt sich im Wesentlichen mit den *Leitsätzen für die Preisermittlung aufgrund von Selbstkosten (LSP)*. Danach sind für die Preiskalkulation zu unterscheiden: (1) *Kalkulierbare Steuern,* bes. Gewerbesteuer, Grundsteuer, Kraftfahrzeugsteuer und Beförderungsteuer sowie als Sonderkosten die Umsatzsteuer und bes. auf dem Erzeugnis lastende

Verbrauchsteuern. (2) *Nicht kalkulierbare Steuern* sind v.a. Einkommen-, Körperschaft-, Kirchensteuer, Erbschaft- und Schenkungsteuer; dies sind also keine Kosten.

VI. Handelsbilanz: Steuern sind als Anschaffungsnebenkosten (z.B. Grunderwerbsteuer) oder als Teil der Herstellungskosten (Gewerbesteuer, Grundsteuer; nicht jedoch gewinnabhängige Steuerarten) zu aktivieren, sonst laufender Periodenaufwand. Für Abgrenzungsposten für aktive latente Steuern besteht grundsätzlich ein Aktivierungswahlrecht im Einzelabschluss. – *Ausnahme:* Latente Steuern im Konzernabschluss, die durch Konsolidierungsmaßnahmen entstehen; hier gilt Aktivierungspflicht. Sichere Steuerverbindlichkeiten sind unter den sonstigen Verbindlichkeiten, unsichere unter Steuerrückstellungen zu passivieren. In der *Gewinn- und Verlustrechnung (GuV) von Kapitalgesellschaften* sind Steueraufwendungen getrennt nach Steuern vom Einkommen und vom Ertrag sowie sonstige Steuern auszuweisen. Im Gegensatz zum Gesamtkostenverfahren enthält die Position „sonstige Steuern", beim Umsatzkostenverfahren nur die nicht aktivierten Steuern.

Steuerabwehr – 1. *Begriff:* Sammelbegriff für alle Formen der sich an verschiedenen Stellen des Wirtschaftskreislaufs abspielenden Bemühungen von Steuerpflichtigen, einer ihnen auferlegten Steuer wirksam zu begegnen. – 2. *Formen:* a) *Rechtswidrige Formen:* → Steuerhinterziehung, → Steuerumgehung. – b) *Rechtlich zulässige Formen:* → Steuerausweichung (Steuervermeidung), → Steuereinholung, → Steuerüberwälzung.

Steuerabzug – *Quellenabzug;* bes. Erhebungsform der → Abzugsteuern. Der Steuerabzug ist die steuertechnische Durchsetzung des Quellenprinzips. Die Einkommensteuer ist grundsätzlich eine Veranlagungssteuer. In gewissen Fällen wird statt der → Veranlagung jedoch ein Steuerabzug an der Quelle durchgeführt und zwar bei der → Lohnsteuer durch den Arbeitgeber, bei der → Kapitalertragsteuer durch den Schuldner, bei der Bauabzugsteuer durch den Auftraggeber sowie in bestimmten Fällen der → beschränkten Steuerpflicht. *Mit der Unternehmensteuerreform 2008* wurde zum 1.1.2009 eine sog. Abgeltungsteuer für bestimmte Einkünfte aus Kapitalvermögen eingeführt. Der Steuersatz beträgt einheitlich 25 Prozent. Mit der Einführung der Abgeltungsteuer sind die im Ausland gezahlten Steuern maximal in Höhe von 25 Prozent auf die inländische Einkommensteuer anrechenbar (§ 32d V EStG). Die bisher länderbezogene Anrechnung (per country limitation) kommt in diesen Fällen nicht mehr zu Anwendung.

Steueranmeldung – 1. *Begriff:* Die Steueranmeldung ist eine → Steuererklärung, in der der → Steuerpflichtige die Steuer selbst zu berechnen hat (§ 150 I Satz 3 AO). Steueranmeldungen sind nach den jeweiligen Einzelsteuergesetzen u.a. vorgesehen für (1) die Umsatzsteuer (§ 18 I und III UStG), (2) die Lohnsteuer (§ 41a I EStG), (3) die Kapitalertragsteuer (§ 45a I EStG), (4) die Bauabzugssteuer (§ 48a I EStG), (5) die Aufsichtsratsteuer (§ 50a I-III EStG), (6) die Steuer für Vergütungen an beschränkt Steuerpflichtige nach § 50 a IV-VII EStG, (7) die Versicherungssteuer (§ 8 I 1 VersStG), (8) die Wettsteuer (§ 18 RennwLottAB) und (9) die Feuerschutzsteuer (§ 8 FeuerSchStG). – 2. *Wirkungen:* Eine Steueranmeldung mit einer Zahllast steht einer Steuerfestsetzung unter Vorbehalt der Nachprüfung (→ Vorbehaltsfestsetzung) gleich (§ 168 Satz 1 AO). Führt die Steueranmeldung zu einer Herabsetzung der Steuer oder einer Steuervergütung bzw. einem Erstattungsanspruch, wirkt die Steueranmeldung erst dann als Vorbehaltsfestsetzung, wenn die Finanzbehörde zustimmt (§ 168 Satz 2 AO). Bis dahin ist die Steueranmeldung als Antrag auf Steuerfestsetzung anzusehen. Soweit die Finanzbehörde von den Angaben in der Steueranmeldung abweichen will, ist der Erlass eines Steuerbescheids erforderlich (§ 167 I AO).

Steueranpassungsgesetz → Abgabenordnung (AO).

Steuerarrest → Arrest.

Steuerarten – die einzelnen Steuern, die insgesamt das → Steuersystem bilden. – In der *Bundesrepublik Deutschland* gibt es ca. 30 verschiedene Steuerarten. – Vgl. auch → Steuerartendependenzen, → Steuerarteninterdependenzen.

Steuerartendependenzen – einseitige Beeinflussungen bestimmter → Steuerarten durch andere. Die wichtigsten Beispiele im dt. Steuerrecht sind bzw. waren bei der Gewerbesteuer zu finden: (1) die frühere Abzugsfähigkeit der ehemalig erhobenen Gewerbekapitalsteuer von der Bemessungsgrundlage der Gewerbeertragsteuer. (Dieses Beispiel ist inzwischen durch Abschaffung der Gewerbekapitalsteuer entfallen), (2) die Abhängigkeit der Gewerbeertragsteuer vom Begriff des gewerblichen Gewinns bei der Einkommen- und Körperschaftsteuer (existiert auch heute noch, § 7 GewStG). – *Gegensatz:* → Steuerarteninterdependenzen.

Steuerarteninterdependenzen – gegenseitige Abhängigkeiten und Beeinflussungen der → Steuerarten untereinander, z.B. Einkommen- und Kirchensteuer (die Kirchensteuer ist abhängig von der Einkommensteuer, da sie je nach Land ca. 8–9 Prozent der Einkommensteuerschuld beträgt; die Einkommensteuer wird durch die Kirchensteuer beeinflusst, da die zahlte Kirchensteuer als Sonderausgabe den Gesamtbetrag der Einkünfte mindert). – *Gegensatz:* → Steuerartendependenzen.

Steueraufkommen – 1. *Begriff:* Summe der Einnahmen der öffentlichen Hand aus den einzelnen Steuern in einer bestimmten Periode (Rechnungsjahr, Kalenderjahr etc.). Steueraufkommen in der Bundesrepublik Deutschland: vgl. unter den einzelnen Steuerarten. – 2. *Verteilung des Steueraufkommens:* → Steuerertragshoheit. – 3. *Anteile der Gebietskörperschaften* *am Steueraufkommen:* a) *Bund:* 2007: 42,8 Prozent, 2006: 41,7 Prozent, 2002: 43,5 Prozent, 2000: 42,5 Prozent, 1995: 45,0 Prozent, 1990: 48,7 Prozent, 1985: 47,2 Prozent, 1980: 48,3 Prozent. – b) *Länder:* 2007: 39,6 Prozent, 2006: 39,9 Prozent, 2002: 40,4 Prozent, 2000: 40,6 Prozent, 1995: 38,5 Prozent, 1990: 34,3 Prozent, 1985: 35,3 Prozent, 1980: 34,8 Prozent. – c) *Gemeinden:* 2007: 13,5 Prozent, 2006: 13,8 Prozent, 2002: 11,9 Prozent, 2000: 12,2 Prozent, 1995: 11,7 Prozent, 1990: 13,3 Prozent, 1985: 14,1 Prozent, 1980: 14,0 Prozent. – d) *EU:* 2006: 4,5 Prozent, 2002: 4,2 Prozent, 2000: 4,7 Prozent, 1990: 3,8 Prozent, 1985: 3,5 Prozent, 1980: 2,9 Prozent. – Vgl. auch Finanzausgleich.

Steueraufsicht – zollamtliche Überwachung (1) des Warenverkehrs über die Grenze und in den Freizonen und Freilagern; (2) der Gewinnung und Herstellung, Lagerung, Beförderung und gewerblicher Verwendung verbrauchsteuerpflichtiger Waren; (3) des Handels mit verbrauchsteuerpflichtigen Waren; (4) der Weiterverwendung von Waren in einem Verbrauchsteuerverfahren; (5) der Herstellung und Ausfuhr von Waren, für die ein Erlass, eine Erstattung oder Vergütung von Verbrauchsteuer beansprucht wird (§ 209 AO). Durchführung der Steueraufsicht grundsätzlich durch → Nachschau, bes. Aufsichtsmaßnahmen sind möglich (§ 213 AO).

Steuerausgleichskonto – Konto, auf dem Bewertungsunterschiede zwischen Handelsbilanz und → Steuerbilanz (Mehr- oder Wenigergewinne) gesammelt werden und das in die Passivseite der Steuerbilanz eingestellt wird, solange die steuerlichen Gewinne die Gewinne der Handelsbilanzen übersteigen. Das Steuerausgleichskonto hat Rücklagencharakter (zusätzliches Eigenkapital in der Steuerbilanz) und gleicht sich spätestens bei Auflösung der Unternehmung aus, da es sich bei den Unterschieden zwischen Handels- und Steuerbilanz nur um Gewinnverlagerungen handelt. – Vgl. auch → Mehr- und Wenigerrechnung, latente Steuern.

Steuerausländer – 1. eine nicht amtliche Bezeichnung für einen beschränkt Steuerpflichtigen. Beschränkt Steuerpflichtige haben ihren Wohnsitz und → gewöhnlichen Aufenthalt außerhalb Deutschlands und sind daher zumeist Ausländer. – 2. *Ausländische Arbeitgeber:* Arbeitgeber, die im Inland keinen Wohnsitz, gewöhnlichen Aufenthalt, Geschäftsleitung, Sitz, Betriebstätte oder ständigen Vertreter haben, müssen keine Lohnsteuer einbehalten, wenn ihre Arbeitnehmer im Inland beschäftigt sind (§ 38 I Satz 1 EStG). – *Ausnahme:* ausländische Arbeitgeber, die im Inland gewerbsmäßige → Arbeitnehmerüberlassung betreiben. – 3. *Ausländische Arbeitnehmer:* grundsätzlich im Staat ihrer Tätigkeit steuerpflichtig; Sonderregelung für → Grenzgänger vorhanden. – 4. *Harmonisierung:* Erwägungen zur Harmonisierung der Besteuerung von Grenzgängern haben nach dem sog. Schumacher-Urteil des Europäischen Gerichtshofs (1995) an Bedeutung verloren. – 5. *Deutsche*

Steuerpflichtige als Steuerausländer im Ausland: Besteuerung richtet sich im Ausland nach dortigen Vorschriften. Nach dem sog. Auslandstätigkeitserlass können die obersten Finanzbehörden der Länder die auf ausländische Einkünfte (kein Doppelbesteuerungsabkommen) entfallende dt. Einkommensteuer unter bestimmten Voraussetzungen mit Zustimmung des Bundesministers der Finanzen erlassen, unabhängig davon, ob und inwieweit der ausländische Staat tatsächlich besteuert. Der Arbeitgeber wird insoweit vom Steuerabzug vom Arbeitslohn entbunden. Das ändert dann freilich nichts daran, dass die betreffenden Steuerpflichtigen am ausländischen Einsatzort die dortige Steuer weiter zu zahlen haben werden.

Steueraussetzung – 1. Sammelbezeichnung für Aussetzung der → Steuerfestsetzung, der Vollziehung und der Vollstreckung. – 2. Bei den Verbrauchsteuern schließt die Steueraussetzung auch den Aufschub der Entstehung der Steuer mit ein.

Steuerausweichung – *Steuervermeidung, Steuerevasion;* rechtlich zulässige Form der → Steuerabwehr durch bewusste Unterlassung der Verwirklichung steuerbegründender oder -erhöhender Sachverhalte sowie durch Erfüllung steuermindernder Tatbestände. – 1. *Unternehmer* passen ihr Erzeugnis der Steuerbemessungsgrundlage an (z.B.Hubraum bei der Herstellung von Kraftfahrzeugen), ändern die Unternehmensform (gegen Körperschaft- bzw. Einkommensteuer) oder den Standort (bei erheblichen Unterschieden in der örtlichen Gewerbesteuer), unterlassen mögliche Mehrleistung oder treiben betriebswirtschaftlich nicht gerechtfertigte Aufwendungen, etwa bei der Werbung (gegen übersteigerte Spitzensätze der Einkommensteuer). – 2. *Haushalte* vermeiden Steuern u.a. durch Konsumeinschränkung oder -verlagerung bei exzessiver Verbrauchsteuerung (z.B. von Kaffee, Tabakwaren, Benzin). – 3. *Erwerbstätige mit höherem Einkommen* unterlassen Mehrarbeit, Ehepaare vermeiden Doppelverdienst bei progressiver Einkommensbesteuerung, Kirchenaustritt zur Vermeidung der Kirchensteuer. – *Anders:* → Steuerumgehung.

steuerbefreite Wirtschaftsgüter – Wirtschaftsgüter, die nach den Vorschriften des Vermögensteuergesetzes oder anderer Gesetze von der → Vermögensteuer befreit waren.

Steuerbefreiungen – Ausnahmen von einer grundsätzlich bestehenden → Steuerpflicht. Bestimmte Tatbestände werden aufgrund persönlicher *(subjektive bzw. persönliche Steuerbefreiungen)* oder sachlicher *(objektive bzw. sachliche Steuerbefreiungen)* Voraussetzungen von der Besteuerung ausgenommen. Da die Steuerbefreiungen auf jeweils normierten Tatbeständen basieren, gibt es keine einheitliche Regelung; vgl. bei den einzelnen Steuerarten. – Vgl. auch → steuerbegünstige Zwecke.

steuerbegünstigter Wohnungsbau → Wohnungsbau.

steuerbegünstigtes Sparen – I. Begriff: Freiwilliges Sparen, für das Steuervergünstigungen gewährt werden. Die Vergünstigung besteht in der Abzugsmöglichkeit als → Sonderausgaben, in der Gewährung von Prämien bzw. Zulagen oder in Steuerermäßigungen.

II. Sonderausgabenabzug: Beiträge zu Kapitallebensversicherungen („Altverträge" bis 1.1.2005) sind im Rahmen der Höchstbeträge als Sonderausgaben abzugsfähig (→ Vorsorgeaufwendungen). Darüber hinaus sind die während der mind. zwölfjährigen Laufzeit einer Kapitallebensversicherung auflaufenden außerrechnungsmäßigen und rechnungsmäßigen Zinsen auf die Spareinteile nicht steuerpflichtig (§ 20 I Nr. 6 EStG). Bei „Neuverträgen" – ab dem 1.1.2005 mit Inkrafttreten des Alterseinkünftegesetzes (AltEinkG) – werden die Versicherungserträge über einen bestimmten Zeitraum stufenweise steuerpflichtig gestellt. Analog hierzu wird der Sonderausgabenabzug in der Ansparphase über einen bestimmten Zeitraum stufenweise reduziert.

III. Prämiengewährung: Der Steuerpflichtige kann die Gewährung einer → Wohnungsbauprämie in Höhe von 8,8 Prozent der geleisteten Beiträge (maximal von 512 Euro, bei Ehegatten maximal von 1.024 Euro jährlich) beantragen, wenn er die diesbezüglichen Voraussetzungen erfüllt, bes. die entsprechenden Einkommensgrenzen nicht überschreitet. Geregelt im Wohnungsbau-Prämiengesetz.

IV. Zulagen: Die Anlage vermögenswirksamer Leistungen der Arbeitgeber durch den Arbeitnehmer in bestimmten Anlageformen wird durch eine → Arbeitnehmer-Sparzulage in Höhe von – je nach Anlageform – 18 Prozent oder 9 Prozent der Leistungen (maximal von 400 Euro oder 470 Euro jährlich, wiederum je nach Anlageform) prämiert, wenn die Voraussetzungen des Fünften Vermögensbildungsgesetzes erfüllt sind, bes. gewisse Einkommensgrenzen nicht überschritten werden. – Vgl. auch → Vermögensbildung der Arbeitnehmer.

V. Steuerermäßigungen: Im Rahmen der Berlin-Förderung (→ Förderung der Wirtschaft von Berlin (West)) wurden Darlehen zur Finanzierung von betrieblichen Investitionen und von Baumaßnahmen im Sinn der §§ 16, 17 BerlinFG durch eine Steuerermäßigung gefördert, die 12 Prozent (§ 16 BerlinFG) bzw. 20 Prozent (§ 17 BerlinFG) der hingegebenen Darlehenssumme, höchstens aber (für Darlehen nach §§ 16, 17 BerlinFG insgesamt) 50 Prozent der Einkommensteuer oder Körperschaftsteuer, die sich ohne die Ermäßigung ergeben würde, betrug. Die Steuerermäßigung nach § 16 BerlinFG konnte für vor dem 1.7.1991, die nach § 17 BerlinFG für vor dem 1.1.1992 gewährte Darlehen in Anspruch genommen werden.

steuerbegünstigte Zwecke – Anknüpfungspunkte für die Gewährung bestimmter → Steuervergünstigungen. – 1. Arten: gemeinnützige, mildtätige und kirchliche Zwecke (§§ 51–54 AO; vgl. → gemeinnützige Zwecke). – 2. Voraussetzungen: Gewährung nur, wenn die steuerbegünstigten Zwecke durch eine Körperschaft, Personenvereinigung oder Vermögensmasse im Sinn des KStG ausschließlich und unmittelbar verfolgt werden. – 3. Steuerbefreiungen wegen der ausschließlichen und unmittelbaren Verfolgung steuerbegünstigter Zwecke sind u.a. vorgesehen: (1) bei der → Körperschaftsteuer (§ 5 I Nr. 9 KStG), (2) bei der früher erhobenen → Vermögensteuer (§ 3 I Nr. 12 VStG), (3) bei der → Gewerbesteuer (§ 3 Nr. 6 GewStG), (4) bei der → Grundsteuer (§ 3 I Nr. 3, 4 GrStG) und (5) bei der → Umsatzsteuer (§ 4 Nr. 18 UStG). – Anders: → Steuervergünstigungen.

Steuerbehörden → Finanzverwaltung.

Steuerberater – 1. Begriff/Aufgaben: Steuerberater leisten nach dem Steuerberatungsgesetz (StBerG) vom 16.8.1961 i.d.F. der Bekanntmachung vom 4.11.1975 (BGBl. I 2735) m.spät.Änd. geschäftsmäßige Hilfe in Steuersachen. Sie haben die Aufgabe, im Rahmen ihres Auftrags ihre Auftraggeber in Steuersachen zu beraten, sie zu vertreten und ihnen bei der Bearbeitung ihrer Steuerangelegenheiten und bei der Erfüllung ihrer steuerlichen Pflichten Hilfe zu leisten. Dazu gehören auch die Hilfeleistung in Steuerstrafsachen und in Bußgeldsachen wegen einer → Steuerordnungswidrigkeit sowie die Hilfeleistung bei der Erfüllung von Buchführungspflichten, die aufgrund von Steuergesetzen bestehen, bes. die Aufstellung von → Steuerbilanzen und deren steuerrechtliche Beurteilung. Die Tätigkeit ist → freier Beruf, kein Gewerbe (§ 33 StBerG). Sie wird häufig im Rahmen von → Steuerberatungsgesellschaften ausgeübt. – 2. Voraussetzungen: a) Prüfung: (1) Als Steuerberater kann nur bestellt werden, wer die Prüfung als Steuerberater bestanden hat oder von dieser Prüfung befreit worden ist (§ 35 I StBerG). (2) Fachliche Voraussetzung für die Zulassung zur Prüfung: (a) Erfolgreicher Abschluss eines wirtschaftswissenschaftlichen oder eines rechtswissenschaftlichen Hochschulstudium bzw. Hochschulstudium mit wirtschaftswissenschaftlicher Fachrichtung mit einer Regelstudienzeit von jeweils mind. acht Semestern und eine daran anschließende hauptberufliche praktische Tätigkeit von zwei Jahren auf dem Gebiet der von den Bundes- oder Landesfinanzbehörden verwalteten Steuern; oder (b) erfolgreicher Abschluss eines wirtschaftswissenschaftliches oder rechtswissenschaftliches Hochschulstudium mit Hochschulstudium mti wirtschaftswissenschaftlicher Fachrichtung mit einer Regelstudienzeit von jeweils weniger als acht Semestern und danach eine hauptberufliche praktische Tätigkeit von drei Jahren; (c) eine Abschlussprüfung in einem kaufmännischen Ausbildungsberuf oder eine gleichwertige andere Vorbildung und eine sich daran anschließende zehnjährige praktische hauptberufliche Tätigkeit auf dem Gebiet der von den Bundes- oder Landesfinanzbehörden verwalteten Steuern oder erfolgreiche Prüfung zum geprüften Bilanzbuchhalter oder Steuerfachwirt und anschließende siebenjährige praktische Tätigkeit; (d) siebenjährige Tätigkeit auf dem Gebiet der von Bundes- oder Landesfinanzbehörden verwalteten Steuern als Sachbearbeiter oder in mind. gleichwertiger Stellung als Beamter des gehobenen Dienstes der Finanzverwaltung oder als vergleichbarer Angestellter. (e) Die genannten Tätigkeiten können auch als Teilzeitbeschäftigung ausgeübt werden, diese muss einen Umfang von mind. 16 Wochenstunden haben (§ 36 StBerG). (3) Befreiung von der Prüfung für (a) Professoren, die an einer dt. Hochschule mind. zehn Jahre auf dem Gebiet der von Bundes- oder Landesfinanzbehörden verwalteten Steuern gelehrt haben, (b) ehemalige Finanzrichter mit mind. zehnjähriger Tätigkeit auf dem Gebiet der von Bundes- oder Landesfinanzbehörden verwalteten Steuern, (c) ehemalige Beamte und Angestellte des höheren und gehobenen Dienstes der Finanzverwaltung, der gesetzgebenden Körperschaften, der Gerichte der Finanzgerichtsbarkeit und der obersten Behörden und der Rechnungsprüfungsbehörden von Bund und Ländern bzw. vergleichbare Angestellte mit mind. zehn- bzw. fünfzehnjähriger Tätigkeit auf dem Gebiet der von den Bundes- oder Landesfinanzbehörden verwalteten Steuern (§ 38 StBerG). (4) Die Prüfung erfolgt schriftlich und mündlich. Sie verlangt gründliche Kenntnis des steuerlichen Verfahrensrechts sowie des Steuerstraf- und Steuerordnungswidrigkeitenrechts, der Steuern vom Einkommen und Ertrag, des Bewertungsrechts und einheitswertabhängiger Steuern, der Verbrauch- und Verkehrsteuern, Grundzüge des Zollrechts, Handelsrecht, Grundzüge des Bürgerlichen Rechts, des Gesellschaftsrechts, des Insolvenzrechts und des Rechts der Europäischen Gemeinschaft, Kenntnis von Betriebswirtschaft und Rechnungswesen, Volkswirtschaft und Berufsrecht. Es ist nicht erforderlich, dass sämtliche Gebiete Gegenstand der Prüfung sind (§ 37 StBerG). – 3. *Bestellung* (§§ 40–48 StBerG): a) Die Bestellung erfolgt durch Aushändigung einer Urkunde durch die zuständige → Steuerberaterkammer. Sie ist u.a. zu versagen, wenn der Bewerber(1) nicht in geordneten wirtschaftlichen Verhältnissen lebt; (2) infolge strafgerichtlicher Verurteilung die Fähigkeit zur Bekleidung öffentlicher Ämter nicht besitzt; (3) aus gesundheitlichen Gründen dauernd unfähig ist, den Beruf ordnungsgemäß auszuüben; (4) sich so verhalten hat, dass die Besorgnis begründet ist, er werde den Berufspflichten nicht genügen; (5) eine mit dem Beruf unvereinbare Tätigkeit ausübt; (6) die vorläufige Deckungszusage auf den Antrag zum Abschluss einer Berufshaftpflichtversicherung nicht vorlegt (§ 40 II und III StBerG). – b) Vor der Aushändigung hat der Steuerberater die Versicherung abzugeben, dass er seine Pflichten als Steuerberater gewissenhaft erfüllen werde. – c) Die Bestellung erlischt durch Tod, Verzicht, rechtskräftige Ausschließung aus dem Beruf (§ 45 StBerG) oder durch rechtskräftige Rücknahme der Prüfungsentscheidung oder der Entscheidung über die Befreiung von der Prüfung. Sie kann unter bestimmten Voraussetzungen zurückgenommen oder widerrufen werden (§ 46 StBerG). – 4. *Rechte/ Pflichten:* a) Steuerberater haben ihre *Berufsbezeichnung* im beruflichen Verkehr zu führen. Die Führung weiterer Berufsbezeichnungen ist nur zulässig, wenn sie amtlich verliehen worden sind. Zusätze, die auf einen akademischen Grad oder eine staatlich verliehene Graduierung hinweisen, sind erlaubt (§ 43 StBerG). – b) Steuerberater haben ihren Beruf unabhängig, eigenverantwortlich, gewissenhaft, verschwiegen und unter Verzicht auf berufswidrige Werbung *auszuüben*. Sie haben sich jeder Tätigkeit zu enthalten, die mit ihrem Beruf oder dem Ansehen ihres Berufs nicht vereinbar ist. Unvereinbar ist v.a. grundsätzlich eine gewerbliche Tätigkeit oder eine Tätigkeit als Arbeitnehmer (§ 57 StBerG). Ein Steuerberater darf jedoch als Angestellter von anderen Personen oder Personenvereinigungen, die zur Hilfeleistung in Steuersachen befugt sind, tätig werden (§ 58 StBerG). Eine Berufsausübung ist nicht möglich, wenn ein Steuerberater ein öffentlich-rechtliches Dienstverhältnis als Wahlbeamter auf Zeit oder ein öffentlich-rechtliches Amtsverhältnis nicht ehrenamtlich übernommen hat (§ 59 StBerG). Eigenverantwortlich ist nur eine selbstständige Tätigkeit als zeichnungsberechtigter Vertreter eines Steuerberaters, Steuerbevollmächtigten, einer Steuerberatungsgesellschaft sowie als Angestellter im Sinn des § 58 StBerG, wenn damit das Recht der Zeichnung verbunden ist (§ 60 StBerG). – c) Steuerberater haben ihre *Gehilfen* zur Verschwiegenheit zu verpflichten (§ 62 StBerG). – d) Sie haben die *Ablehnung* eines Auftrags unverzüglich zu erklären (§ 63 StBerG). – e) Die *Vergütung* richtet sich nach der vom Bundesminister der Finanzen erlassenen → Steuerberatergebührenverordnung. Die Höhe der Gebühren darf den Rahmen des Angemessenen nicht übersteigen und hat sich nach Zeitaufwand, Wert des Objekts und Art der Aufgabe zu richten (§ 64 StBerG). – f) Steuerberater haben bei *Prozessvertretung* zu übernehmen, wenn sie einer Partei zur vorläufig unentgeltlichen Wahrnehmung der Rechte aufgrund des § 142 FGO beigeordnet sind (§ 65 StBerG). – g) Der Steuerberater muss die Handakten zehn Jahre nach Beendigung des Auftrags *aufbewahren* (§ 66 StBerG). – h) Er hat sich gegen die aus der Berufstätigkeit ergebenden Haftpflichtgefahren angemessen zu *versichern* (§ 67 StBerG). – i) *Ahndung* (§§ 89–94 StBerG): Gegen denjenigen, der seine Pflichten schuldhaft verletzt, wird eine berufsgerichtliche Maßnahme verhängt. Als berufsgerichtliche Maßnahmen sind vorgesehen: Warnung, Verweis, Geldbuße bis zu 50.000 Euro, Berufsverbot für die Dauer von einem bis zu fünf Jahren, Ausschließung aus dem Beruf. Die Verfolgung einer Pflichtverletzung, die nicht die Ausschließung aus dem Beruf rechtfertigt, verjährt in fünf Jahren. Zuständig für die Ahndung sind die ordentlichen Gerichte (§§ 95–104 StBerG). Für das berufsgerichtliche Verfahren gelten bes. Verfahrensvorschriften (§§ 105–145 StBerG). Gegen den Steuerberater kann u.a. durch Beschluss ein Berufs- oder Vertretungsverbot verhängt werden, wenn dringende Gründe für die Annahme vorhanden sind, dass auf Ausschließung aus dem Beruf erkannt werden wird (§ 134 StBerG). Nach Verkündigung eines solchen Beschlusses darf der Steuerberater seinen Beruf nicht mehr ausüben (§ 139 StBerG), für ihn kann ein Vertreter bestellt werden (§ 145 StBerG). – 5. *Aktuelle Entwicklungen:* Durch das Achte Steuerberatungsänderungsgesetz vom 8.4.2008 (BGBl. I 666) wurde der Berufstand gestärkt, das Berufsrecht der Steuerberater liberalisiert sowie an die Richtlinie über die Anerkennung von Berufsqualifikationen (RL 2005/36/EG) angepasst. Die Novellierung des Steuerberatungsgesetzes sieht insbesondere die Einführung der sog. Syndikus-Steuerberater vor, die neben ihrer Anstellungstätigkeit in Unternehmen nunmehr auch als selbständiger Steuerberater in eigener Praxis tätig sein können (§ 58 Nr. 5a StBerG) Außerdem ermöglicht die Kooperationen mit Angehörigen aller freien Berufe, Bürogemeinschaften mit Lohnsteuerhilfevereinen und die Gründung einer → Steuerberatungsgesellschaft in Form einer → GmbH & Co. KG (§ 56 StBerG). Auch eine gewerbliche Betätigung kann neben der Steuerberatertätigkeit erlaubt werden, soweit durch die gewerbliche Tätigkeit eine Verletzung von Berufspflichten nicht zu erwarten ist (§ 57 IV Nr. 1 StBerG). Die Organisation der Steuerberaterprüfung ist auf die → Steuerberaterkammern verlagert worden (§§ 35 V, 37b StBerG), die rechtliche Abnahme der Prüfung obliegt hingegen den obersten Landesfinanzbehörden, sodass es bei der Staatlichkeit und Bundeseinheitlichkeit der Prüfung bleibt. Aufgenommen in das Steuerberatungsgesetz ist nunmehr auch die schon vorher bestehende Fortbildungspflicht der Steuerberater (§ 57 IIa StBerG).

Steuerberatergebührenordnung → Steuerberatergebührenverordnung.

Steuerberatergebührenverordnung – Gebührenordnung für die Leistungen von → Steuerberatern und → Steuerbevollmächtigten vom 17.12.1981 m.spät.Änd. Für den überwiegenden Teil der beruflichen Tätigkeiten sieht die Steuerberatergebührenordnung eine *Wertgebühr* vor; sie ergibt sich durch Anwendung eines nach oben und unten begrenzten Prozentsatzes (Gebührenrahmen) auf den Gegenstandswert, die tätigkeitsspezifischen Bemessungsgrundlagen. Die Anwendung der *Zeitgebühr* ist auf wenige Tätigkeiten beschränkt. – Eine *Abweichung* von Steuerberatergebührenordnung bedarf der vorherigen schriftlichen Vereinbarung mit dem Mandanten.

Steuerberaterkammer – 1. *Begriff:* Berufskammer der → Steuerberater, → Steuerbevollmächtigten und → Steuerberatungsgesellschaften. Die Steuerberaterkammer ist eine Körperschaft des öffentlichen Rechts, gebildet von denjenigen, die in einem Oberfinanzbezirk oder einem durch die jeweilige Landesregierung bestimmten Kammerbezirk ihre

berufliche Niederlassung haben; Sitz im Kammerbezirk (§ 73 StBerG). Mitglieder sind auch → Steuerberater und → Steuerbevollmächtigte, die bestellt, aber noch keine berufliche Niederlassung begründet haben, oder Mitglieder des Vorstandes, Geschäftsführer oder vertretungsberechtigte persönlich haftende Gesellschafter von Steuerberatergesellschaften (§ 74 StBerG) sind. – 2. *Aufgaben:* a) Berufliche Belange der Steuerberater und -bevollmächtigten zu wahren und zu fördern; Steuerberaterkammern führen die Aufsicht über ihre berufliche Tätigkeit (§ 76 StBerG). – b) Steuerberater und -bevollmächtigte haben in Aufsichts- und Beschwerdesachen vor der Steuerberaterkammer zu erscheinen, wenn sie zur Anhörung geladen werden. Auf Verlangen sind sie Auskunft zu geben und ihre Handakten vorzulegen, wenn sie dadurch ihre Verschwiegenheitspflicht nicht verletzen (§ 80 StBerG). – c) Pflichtverletzungen können durch den Vorstand der Steuerberaterkammer gerügt werden, wenn die Schuld des Mitglieds gering ist und ein Antrag auf Einleitung eines berufsgerichtlichen Verfahrens nicht erforderlich erscheint (§ 81 StBerG). – 3. *Aufsicht:* Landesfinanzminister bzw. Finanzsenator führen die Aufsicht über die Steuerberaterkammern, die ihren Sitz im jeweiligen Land haben (§ 88 StBerG). – 4. *Aktuelle Entwicklungen:* Durch das Achte Steuerberatungsänderungsgesetz vom 8.4.2008 (BGBl. I 666) wurde die Organisation der Steuerberaterprüfung auf die Steuerberaterkammern verlagert. – Vgl. auch → Steuerberater.

Steuerberatungsgesellschaft – 1. *Begriff:* Nach dem Steuerberatungsgesetz (StBerG) vom 16.8.1961 i.d.F. der Bekanntmachung vom 4.11.1975 (BGBl. I 2735) m.spät.Änd. Gesellschaften, die geschäftsmäßig Hilfe in Steuersachen leisten. Sie bedürfen der Anerkennung, die den Nachweis voraussetzt, dass die Gesellschaft von → Steuerberatern verantwortlich geführt wird (§ 50 StBerG). – 2. *Rechtsform:* Als Steuerberatungsgesellschaft können Aktiengesellschaften, Kommanditgesellschaften auf Aktien, Gesellschaften mit beschränkter Haftung, Offene Handelsgesellschaften, Kommanditgesellschaften und Partnergesellschaften anerkannt werden (§ 49 StBerG). – 3. *Voraussetzung für die Anerkennung:* a) Die Mitglieder des Vorstandes, die Geschäftsführer oder die persönlich haftenden Gesellschafter müssen Steuerberater sein. Mind. ein Steuerberater, der Mitglied des Vorstandes, Geschäftsführer oder persönlich haftender Gesellschafter ist, muss seine berufliche Niederlassung am Sitz der Gesellschaft oder in deren Nahbereich haben. Neben Steuerberatern können auch Rechtsanwälte, niedergelassene europäische Rechtsanwälte, Wirtschaftsprüfer, vereidigte Buchprüfer und Steuerbevollmächtigte sowie nach Genehmigung durch die zuständige Steuerberaterkammer bes. befähigte Personen mit einer anderen Ausbildung als in einer der oben in § 36 StBerG genannten Fachrichtungen Mitglieder des Vorstands, Geschäftsführer oder persönlich haftende Gesellschafter einer

Steuerberatungsgesellschaft sein. Die Zahl dieser Vorstandsmitglieder, Geschäftsführer und persönlich haftenden Gesellschafter darf die Zahl der Steuerberater im Vorstand, unter den Geschäftsführern oder unten den persönlich haftenden Gesellschaftern nicht übersteigen (§ 50 II–IV StBerG). – b) Bei Aktiengesellschaften oder Kommanditgesellschaften auf Aktien müssen die Aktien auf Namen lauten; die Übertragung muss an die Zustimmung der Gesellschaft gebunden sein (vinkulierte Aktien); dasselbe gilt für die Übertragung von Geschäftsanteilen bei einer Gesellschaft mit beschränkter Haftung (§ 50 V StBerG). – c) Voraussetzung für die Anerkennung ist ferner, dass die Gesellschafter ausschließlich Steuerberater, Rechtsanwälte, niedergelassene europäische Rechtsanwälte, Wirtschaftsprüfer, vereidigte Buchprüfer, Steuerbevollmächtigte oder in der Gesellschaft tätige Personen sind, deren Tätigkeit als Vorstandsmitglied, Geschäftsführer oder persönlich haftender Gesellschafter nach § 50 III StBerG genehmigt worden ist (§ 50a I StBerG). – 4. Über die Anerkennung als Steuerberatungsgesellschaft stellt die zuständige Steuerberaterkammer eine *Urkunde* aus (§ 52 StBerG). Als Gebühr für die Bearbeitung des Antrags auf Anerkennung sind an die zuständige Steuerberaterkammer 500 Euro zu zahlen (§ 51 StBerG). – 5. *Bezeichnung:* Die Gesellschaft ist verpflichtet, die Bezeichnung „Steuerberatungsgesellschaft" in die Firma oder den Namen aufzunehmen (§ 53 StBerG). – 6. Die Anerkennung *erlischt* (§ 54 StBerG) durch Auflösung der Gesellschaft oder Verzicht auf die Anerkennung; außerdem kann die zuständige Steuerberaterkammer die Anerkennung zurücknehmen (§ 55 StBerG), wenn sich nach der Anerkennung ergibt, dass diese hätte versagt werden müssen. Sie hat die Anerkennung zu widerrufen, wenn die Voraussetzungen für die Anerkennung nachträglich fortfallen oder die Steuerberatungsgesellschaft nicht die vorgeschriebene Haftpflichtversicherung unterhält, es sei denn, dass die Steuerberatungsgesellschaft innerhalb einer von der zuständigen Steuerberaterkammer zu bestimmenden Frist den gesetzmäßigen Zustand herbeiführt. – 7. Die Steuerberatungsgesellschaft haben ihre *Berufstätigkeit* unabhängig, eigenverantwortlich, gewissenhaft, verschwiegen und unter Verzicht auf berufswidrige Werbung auszuüben. Auch für sie gelten die Steuerberatergebührenordnung und die Notwendigkeit der Berufshaftpflichtversicherung (§ 72 StBerG). – 8. Die Steuerberatungsgesellschaft und die Mitglieder des Vorstandes, Geschäftsführer und vertretungsberechtigte persönlich haftende Gesellschafter, die nicht Steuerberater oder Steuerbevollmächtigte sind, sind Mitglieder der *Berufskammer der Steuerberater* (→ Steuerberaterkammer), wenn die Steuerberatungsgesellschaft ihren Sitz im Kammerbezirk hat (§ 74 StBerG). Die Vorschriften der Berufsgerichtsbarkeit gelten auch für diese Vorstandsmitglieder, Geschäftsführer oder persönlich haftenden Gesellschafter. An die Stelle der Ausschließung aus dem Beruf tritt die Aberkennung der Eignung, eine

Steuerberatungsgesellschaft zu vertreten und ihre Geschäfte zu führen (§ 94 StBerG). – 9. Die Steuerberatungsgesellschaft hat ihre Gehilfen, die nicht selbst Steuerberater oder Steuerbevollmächtigte sind, zur *Verschwiegenheit* zu verpflichten (§ 72 StBerG). – 10. *Aktuelle Entwicklungen:* Durch das Achte Steuerberatungsänderungsgesetz vom 8.4.2008 (BGBl. I 666) ist u.a. die Gründung einer Steuerberatungsgesellschaft in Form einer GmbH & Co. KG möglich. – Vgl. auch → Steuerberater.

Steuerberatungskosten – Aufwendungen für die Beratung in Steuerangelegenheiten. Hierzu gehören auch Kosten für Steuerfachliteratur und Kosten für Einsprüchen gegen Steuerbescheide. Steuerberatungskosten waren, soweit sie nicht → Betriebsausgaben oder → Werbungskosten sind, unbeschränkt als → Sonderausgaben abzugsfähig (§ 10 I Nr. 6 EStG). Seit dem 1.1.2006 sind Steuerberatungskosten nur noch abzugsfähig, sofern es sich um Betriebsausgaben oder Werbungskosten handelt. Die verbleibenden Steuerberatungskosten gelten als privat veranlasst, so dass eine Abzug als Sonderausgaben entfällt. Für beschränkt Steuerpflichtige gelten seit dem Veranlagungszeitraum 2006 die gleichen Regeln wie für unbeschränkt Steuerpflichtige.

Steuerbescheid – der nach § 122 I AO bekannt gegebene → Verwaltungsakt, der eine → Steuerfestsetzung bewirkt, voll oder teilweise von einer Steuer freistellt (→ Freistellungsbescheid) oder einen Antrag auf Steuerfestsetzung ablehnt (§ 155 I AO). – 1. *Form und Inhalt:* Steuerbescheide sind grundsätzlich schriftlich zu erteilen und müssen Art und Betrag der festgesetzten Steuersumme, den Steuerschuldner benennen und eine Rechtsbehelfsbelehrung enthalten (§ 157 I AO). – 2. *Aufhebung und Änderung*, solange die → Festsetzungsverjährung nicht eingetreten ist. Durch Aufhebung wird der Steuerbescheid ersatzlos zurückgenommen, durch Änderung in seinem Inhalt partiell verändert. Aufhebung oder Änderung ist bis zur → Festsetzungsverjährung möglich: (1) Bei → offenbarer Unrichtigkeit jederzeit (§ 129 AO); (2) bei einer Steuerfestsetzung unter Vorbehalt, solange der Vorbehalt wirksam ist (§ 164 AO); (3) bei vorläufiger Steuerfestsetzung mit Beseitigung der Ungewissheit (§ 165 AO); (4) bei Verbrauchsteuern ohne Einschränkungen; (5) bei → Besitzsteuern und Verkehrsteuern nur nach Maßgabe der §§ 172 ff. AO. Gesamtaufhebung ist nicht zulässig; für die Aufhebung oder Änderung ist die Rechtslage zum Zeitpunkt der ursprünglichen Steuerfestsetzung maßgebend, soweit die Änderung reicht, können dabei auch Rechtsfehler berichtigt werden. Die Korrekturvorschriften gelten u.a. auch für → Steueranmeldungen, → Feststellungsbescheide , → Steuermessbescheide. – 3. *Rechtsbehelf:* Gegen den Steuerbescheid ist der Einspruch gegeben (§ 347 AO).

Steuerbetragstarif → Stufentarif.

Steuerbevollmächtigter – 1. *Begriff:* Steuerbevollmächtigte leisten nach dem Steuerberatungsgesetz (StBerG) vom 16.8.1961 i.d.F. der Bekanntmachung vom 4.11.1975 (BGBl. I 2735) m.spät.Änd. geschäftsmäßig Hilfe in Steuersachen. Sie haben die Aufgabe, im Rahmen ihres Auftrags ihre Auftraggeber in Steuersachen zu beraten, sie zu vertreten und ihnen bei der Bearbeitung ihrer Steuerangelegenheiten und bei der Erfüllung ihrer steuerlichen Pflichten Hilfe zu leisten; auch Hilfeleistungen in Steuerstrafsachen und in Bußgeldsachen wegen einer → Steuerordnungswidrigkeit sowie Hilfeleistung bei der Erfüllung von Buchführungspflichten, die aufgrund von Steuergesetzen bestehen, bes. die Aufstellung von → Steuerbilanzen und deren steuerrechtliche Beurteilung. Die Tätigkeit ist → freier Beruf, kein Gewerbe (§ 33 StBerG). – 2. *Rechte/Pflichten:* Entsprechend den Vorschriften für → Steuerberater.

Steuerbilanz – I. Grundlagen: 1. *Begriff:* Eine unter Berücksichtigung einkommensteuerlicher Vorschriften aus der Handelsbilanz abgeleitete Vermögensübersicht. – 2. *Zweck:* Die Steuerbilanz dient Gewerbetreibenden, die aufgrund gesetzlicher Vorschriften verpflichtet sind, Bücher zu führen und regelmäßig Abschlüsse zu machen, oder dies freiwillig tun, der periodischen Gewinn- bzw. Verlustermittlung (vgl. § 5 I EStG) und ist damit *ein* Instrument zur Ermittlung der objektiven wirtschaftlichen Leistungsfähigkeit. Sie bildet u.a. eine Grundlage für die Ermittlung der Bemessungsgrundlagen von → Einkommensteuer bzw. → Körperschaftsteuer und → Gewerbesteuer nach dem Gewerbeertrag. – 3. *Notwendigkeit:* Der → Steuererklärung ist eine Vermögensübersicht beizufügen; entspricht diese Übersicht nicht bereits den steuerlichen Vorschriften (Handelsbilanz = Steuerbilanz), so kann die erforderliche Anpassung der Handelsbilanz an die bilanzsteuerrechtlichen Vorschriften, bes. §§ 4–7g EStG durch noch Zusätze oder Anmerkungen, z.B. durch eine → Mehr- und Wenigerrechnung, erfolgen; die Aufstellung einer bes. Vermögensübersicht, der Steuerbilanz, ist nicht erforderlich (§ 60 EStDV). – 4. *Maßgeblichkeitsprinzip:* Für die Steuerbilanz gilt das aus § 5 I EStG abgeleitete → Maßgeblichkeitsprinzip. Danach ist sowohl bei der Bilanzierung (Ansatz dem Grunde nach) als auch bei der Bewertung (Ansatz der Höhe nach) das Betriebsvermögen anzusetzen, das nach den handelsrechtlichen Grundsätzen ordnungsmäßiger Buchführung (GoB) auszuweisen ist. Das Maßgeblichkeitsprinzip gilt jedoch nur insoweit, als nicht zwingende steuerliche Vorschriften entgegenstehen (Durchbrechung des Maßgeblichkeitsprinzips). – Bei steuerlichen Bilanzierungs- und Bewertungswahlrechten ist infolge des Maßgeblichkeitsprinzips der handelsrechtliche Bilanzansatz verbindlich, wenn er steuerrechtlich zulässig ist.

II. Bilanzierung: 1. *Grundsatz:* Dem Maßgeblichkeitsprinzip entsprechend sind in der Steuerbilanz alle Wirtschaftsgüter des *Betriebsvermögens*

auszuweisen, für die handelsrechtlich eine Aktivierungs- oder Passivierungspflicht besteht; handelsrechtliche Aktivierungs- oder Passivierungsverbote sind auch in der Steuerbilanz zu beachten. – 2. *Durchbrechungen:* (1) Nach Auffassung des Großen Senats des Bundesfinanzhofs führen handelsrechtliche Aktivierungswahlrechte zu steuerlichen Aktivierungsgeboten, handelsrechtliche Passivierungswahlrechte hingegen zu steuerlichen Passivierungsverboten. (2) Rückstellungen wegen Patentrechtsverletzungen und Jubiläumsrückstellungen dürfen nur unter einschränkenden Bedingungen in die Steuerbilanz übernommen werden (§ 5 III, IV EStG), Rückstellungen für drohende Verluste aus schwebenden Geschäften dürfen überhaupt nicht angesetzt werden (§ 5 IVa EStG). Darüber hinaus ist es nicht zulässig, Rückstellungen zu bilden für Aufwendungen, die in zukünftigen Jahren einmal zur Aktivierung eines Wirtschaftsgutes führen müssen sowie Aufwendungen in Zusammenhang mit radioaktivem Material (§ 5 IVb EStG).

III. Bewertung: 1. *Bewertungsverfahren:* a) Die Bewertung der Wirtschaftsgüter erfolgt in der Steuerbilanz grundsätzlich durch Einzelbewertung (§ 6 I EStG). Dabei sind steuerrechtliche Wahlrechte bei der Gewinnermittlung in Übereinstimmung mit der handelsrechtlichen Jahresbilanz auszuüben (§ 5 I 2 EStG). – b) Handelsrechtliche Bewertungsvereinfachungen, wie → Durchschnittsbewertung, Festwert, Gruppenbewertung, werden steuerlich anerkannt, soweit sie den Grundsätzen ordnungsmäßiger Buchführung (GoB) entsprechen. – c) Verbrauchsfolgeverfahren: Nur die Lifo-Methode (→ Lifo) wird anerkannt (§ 6 I Nr. 2a EStG). – 2. *Bewertungsmaßstäbe:* Die Bewertung der einzelnen Wirtschaftsgüter erfolgt in der Steuerbilanz mithilfe der → Anschaffungskosten, der → Herstellungskosten oder des → Teilwerts. – 3. *Bilanzsätze:* Unter Verwendung dieser Bewertungsmaßstäbe ergeben sich für die einzelnen Wirtschaftsgüter folgende Wertansätze: a) Abnutzbare Wirtschaftsgüter des → Anlagevermögens sind mit den Anschaffungs- oder Herstellungskosten, vermindert um die → Absetzungen für Abnutzung (AfA), anzusetzen. Der Ansatz des niedrigeren Teilwerts ist bei einer dauernden Wertminderung möglich (und zwingend), bei einer nur vorübergehenden Wertminderung dagegen nicht mehr möglich (§ 6 I Nr. 1 EStG; Durchbrechung des → Maßgeblichkeitsprinzips). Eine Wertaufholung bis maximal zu den fortgeführten Anschaffungs- oder Herstellungskosten ist notwendig, wenn der Wertminderung entfallen ist (§ 6 I Nr. 1 EStG, §§ 253 V, 280 HGB). – b) Nichtabnutzbare Wirtschaftsgüter des Anlagevermögens und Wirtschaftsgüter des Umlaufvermögens sind mit den Anschaffungs- oder Herstellungskosten anzusetzen. Der Ansatz des niedrigeren Teilwerts ist auch hier nur noch bei dauernder Wertminderung möglich, dann aber auch zwingend; Wertaufholung bis maximal zu den Anschaffungskosten ist auch hier erforderlich, wenn die Wertminderung entfallen ist (§ 6 I Nr. 2 EStG). – c) → Pensionsrückstellungen sind höchstens mit dem Teilwert anzusetzen, für dessen Berechnung das Gesetz hier bes. Vorgaben macht (§ 6a EStG). – d) Andere Rückstellungen sind mit den Anschaffungskosten bzw. dem höheren Teilwert anzusetzen, d.h. mit dem Aufwand, der bei vernünftiger kaufmännischer Beurteilung nach den Verhältnissen am Bilanzstichtag wahrscheinlich zur Erfüllung notwendig ist. Zusätzlich gelten für Rückstellungen folgende Grundsätze: (1) Für gleichartige Verpflichtungen ist es auf der Grundlage der Erfahrungen der Vergangenheit zu berücksichtigen, wenn wahrscheinlich nur ein Teil wirklich beansprucht werden wird; (2) Sachleistungsverpflichtungen sind mit Vollkosten anzusetzen; (3) Künftige Vorteile, die mit der Verpflichtung zusammenhängen, sind gegenzurechnen; (4) Rückstellungen für Verpflichtungen, die wirtschaftlich durch den laufenden Betrieb entstehen, sind ratierlich anzusammeln; (5) Rückstellungen sind mit 5,5 Prozent abzuzinsen. – e) Rentenverpflichtungen sind mit dem Rentenbarwert zu bewerten. – f) Verbindlichkeiten sind mit den Anschaffungskosten oder dem höheren Teilwert anzusetzen. Als Anschaffungskosten gilt im Regelfall der Rückzahlungsbetrag. – g) Entnahmen und Einlagen sind i.d.R. mit dem Teilwert zu bewerten (§ 6 I Nr. 4 und 5 EStG; dort auch zu Ausnahmen). – h) Aus betrieblichem Anlass unentgeltlich erworbene Wirtschaftsgüter sind mit dem Betrag zu bewerten, den der Erwerber für das einzelne Wirtschaftsgut im Zeitpunkt des Erwerbs hätte aufwenden müssen (§ 6 IV EStG). Wird ein Betrieb, Teilbetrieb oder ein Mitunternehmeranteil unentgeltlich erworben, so ist der Erwerber an die Buchwerte des Rechtsvorgängers gebunden (§ 6 III EStG). – i) Wird ein Wirtschaftsgut von einem Betrieb in einen anderen Betrieb desselben Steuerpflichtigen überführt, bleibt der Buchwert unverändert; sonst ist der Teilwert anzusetzen.

IV. Steuerbilanzpolitik: Die bestehenden Bilanzierungs- und Bewertungswahlrechte sind Aktionsparameter der Steuerbilanzpolitik, im Rahmen der betriebswirtschaftlichen Steuerpolitik auf die zielentsprechende Beeinflussung des Steuerbilanzgewinns gerichtet ist. In Abhängigkeit von den übergeordneten Zielen der Unternehmenspolitik kann das steuerspezifische Bereichsziel „Minimierung der relativen Steuerbelastung" dabei grundsätzlich durch die Minimierung des Barwerts der Steuerzahlungen (Steuerbarwertminimierung) oder durch die Maximierung des Barwerts des nach Abzug der Ertragsteuern verbleibenden Einkommens (Nettogewinnmaximierung) verfolgt werden. – Vgl. auch → Steuerpolitik.

Steuerbilanzpolitik – Bilanzpolitik, → Steuerbilanz.

Steuercontrolling – Anwendung der Konzepte des Controllings auf die Steuerplanung eines Unternehmens. Sinnvoll ist Steuercontrolling, da die Grundüberlegungen, die von der Unternehmensplanung zum Controlling geführt haben, auch auf die Steuerplanung übertragbar sind; ein spezifisch steuerliches

Prognoseproblem resultiert nicht nur aus der Ungewissheit über die steuerliche Beurteilung eines derzeit geplanten Sachverhalts, sondern auch aus der sich durch die Veränderung der steuerlichen Rechtslage im Zeitablauf ergebenden Ungewissheit. Aufgrund der sich permanent verändernden steuerlichen Rahmenbedingungen ist es nicht mehr möglich, eine steuerlich optimale Lösung zu konzipieren, die dann unverändert dauerhaft Bestand hat. Vielmehr machen die permanenten Änderungen der steuerlichen Rahmenbedingungen stets Prüfungen erforderlich, inwieweit eine Anpassung der einmal gefundenen Lösung an die veränderten Rahmenbedingungen zu erfolgen hat. An die Stelle der einmaligen Steuerplanung kann daher ein Steuercontrolling treten, das einmal gefundene Lösungen unter Berücksichtigung der veränderten Rahmenbedingungen permanent fortentwickelt.

Steuerdaten-Übermittlungsverordnung (StDÜV) –Rechtsverordnung vom 28.1.2003 (BStBl. I 162) m.spät.Änd., regelt u.a. die elektronische Übermittlung von → Steuererklärungen und → Steueranmeldungen.

Steuerdelikte → Steuerordnungswidrigkeit, → Steuerstraftat.

Steuerdestinatar – der nach Absicht des Gesetzgebers wirtschaftliche Träger einer Steuer. – *Beispiel:* Bei der → Umsatzsteuer ist der Unternehmer Steuerschuldner, der Verbraucher Steuerdestinatar. Ob der Wille des Gesetzgebers bez. Steuerschuldner und Steuerdestinatar realisiert wird, hängt von der Möglichkeit zur Steuerüberwälzung am Markt ab (Steuern).

Steuereinholung – rechtlich zulässige Form der → Steuerabwehr: erhöhte Leistung des Steuerbetroffenen, um einen Ausgleich (Einholung) der Belastung aus Steuerzahlungen zu erzielen (A. Lampe). Während Steuern im Sektor Haushalte i.d.R. Konsumeinschränkungen bewirken, kann eine Steuer im Bereich der Unternehmungen auch gewisse „Ansporwirkungen" auslösen, bes. bei Unternehmen, die kurzfristig ihre Steuerbelastung nicht auf die Abnehmer ihrer Erzeugnisse abwälzen können; sie versuchen deshalb, den durch Steuern eingetretenen Verlust auf dem Weg einer anderweitigen Kostensenkung auszugleichen. – *Anders:* → Steuerausweichung.

Steuererfindungsrecht → Steuergesetzgebungshoheit.

Steuererklärung – 1. *Begriff:* Erklärung über steuerlich erhebliche Sachverhalte; mittelbar über die Feststellung der → Besteuerungsgrundlagen oder unmittelbar Grundlage der → Steuerfestsetzung. Die Steuererklärung, in der der Steuerpflichtige die Steuer selbst zu errechnen hat, ist eine sog. → Steueranmeldung. – 2. *Erklärungspflichtige:* Wer zur Abgabe verpflichtet ist, regeln die Einzelsteuergesetze (§ 149 AO). Erklärungspflichten ergeben sich bes. aus § 25 EStG, § 41a EStG, § 56 EStDV, § 31 KStG, § 18 UStG

(→ Umsatzsteuervoranmeldung), § 28 BewG, § 31 ErbStG, § 14a GewStG, § 19 GrEStG. Die Verpflichtung kann sich auch aus einer Aufforderung der Finanzbehörde ergeben. Der Erklärungspflichtige ist regelmäßig der → Steuerpflichtige (§ 33 I AO) sowie die gesetzlichen Vertreter, Vermögensverwalter und Verfügungsberechtigte (§§ 34, 35 AO). – 3. *Form/Inhalt:* Grundsätzlich nach amtlich vorgeschriebenem Vordruck (§ 150 AO), in Ausnahmefällen auch Aufnahme an Amtsstelle (§ 151 AO). Die Steuererklärung ist wahrheitsgemäß nach bestem Wissen und Gewissen abzugeben, nach Maßgabe der Einzelsteuergesetze eigenhändig zu unterschreiben und mit den erforderlichen Unterlagen zu versehen. Unrichtige Steuererklärung ist zu berichtigen (→ Anzeigepflicht). – 4. *Steuererklärung im automatisierten Besteuerungsverfahren:* Zur Erleichterung und Vereinfachung des automatisierten Besteuerungsverfahrens kann das Bundesministerium der Finanzen (BMF) durch Rechtsverordnung mit Zustimmung des Bundesrates bestimmen, dass Steuererklärungen oder sonstige für das Besteuerungsverfahren erforderliche Daten ganz oder teilweise auf maschinell verwertbaren Datenträgern oder durch Datenfernübertragung übermittelt werden können (§ 150 VI AO); vgl. → Steuerdaten-Übermittlungsverordnung (StDÜV). – 5. *Erklärungsfrist:* Wann die Steuererklärung abzugeben ist, richtet sich nach den Einzelsteuergesetzen und § 149 AO. Gegen denjenigen, der seiner Pflicht zur Abgabe nicht fristgemäß nachkommt, kann ein → Verspätungszuschlag festgesetzt werden. Bei Nichtabgabe ist → Schätzung möglich. – 6. Steuererklärung kann durch → Zwangsmittel *erzwungen* werden.

Steuererlass → Erlass von Ansprüchen aus dem Steuerschuldverhältnis. – 1. *Allgemein:* Entsprechend dem Grundsatz der Gesetzmäßigkeit der Verwaltung müssen entstandene Ansprüche aus dem Steuerschuldverhältnis fristgerecht (d.h. bei Fälligkeit) eingezogen werden. Ein Erlass kommt nur in besonderen Ausnahmefällen in Betracht. Er bedarf deshalb gesetzlicher Grundlage. – 2. *Begriff:* Erlass ist der vollständige oder teilweise einseitige Verzicht auf eine Abgabenforderung durch → Verwaltungsakt. Erlass führt zum Erlöschen des betreffenden Anspruchs aus dem Steuerschuldverhältnis (§ 47 AO). Es ist zwischen dem Billigkeits- oder Zahlungserlass im Rahmen des Erhebungsverfahrens und der abweichenden Festsetzung von Steuern im Rahmen des Festsetzungsverfahrens (auch Festsetzungserlass) zu unterscheiden. – 3. *Billigkeitserlass:* Ansprüche aus dem Steuerschuldverhältnis können erlassen oder erstattet werden, wenn ihre Einziehung im Einzelfall unbillig wäre (§ 227 AO). Die Unbilligkeit kann in der Sache selbst (sachliche Unbilligkeit) oder in den persönlichen Verhältnissen des Steuerpflichtigen (persönliche Unbilligkeit) begründet sein. Die Finanzbehörde hat nach pflichtgemäßem Ermessen zu entscheiden. Liegt Unbilligkeit vor, besteht jedoch

ein Rechtsanspruch auf Erlass. Die Entscheidung ist in den Grenzen des § 102 FGO gerichtlich nachprüfbar. – a) *Sachliche Unbilligkeit:* Ist anzunehmen, wenn die Besteuerung eines Sachverhalts, der unter einen gesetzlichen Tatbestand fällt, im Einzelfall mit dem Sinn und Zweck des Steuergesetzes nicht vereinbar ist, wenn also der Sachverhalt zwar den Wortlaut des gesetzlichen Tatbestands erfüllt, die Besteuerung aber den Wertungen des Gesetzgebers zuwiderläuft. Es muss also angenommen werden können, dass der Gesetzgeber die zu entscheidende Frage – hätte er sie geregelt – im Sinn der begehrten Billigkeitsmaßnahme entschieden hätte. Umstände, die der Gesetzgeber bei Fassung des Gesetzestatbestands bewusst in Kauf genommen hat, rechtfertigen keinen Erlass aus sachlichen Billigkeitsgründen. Ebensowenig ist ein unanfechtbar gewordener Verwaltungsakt im Erlassverfahren nachprüf- und änderbar. Dies würde eine unzulässige Aushöhlung der → Bestandskraft bedeuten. – b) *Persönliche Billigkeitsgründe* liegen vor, wenn der Steuerpflichtige eines Erlasses bedürftig und würdig ist. – (1) *Erlassbedürftigkeit* ist u.a. dann gegeben, wenn bei Ablehnung des Erlassbegehrens die Existenz des Steuerpflichtigen bzw. der notwendige Lebensunterhalt ernsthaft gefährdet würde und allein durch einen Erlass ausgeräumt werden könnte. Eine Existenzgefährdung scheidet regelmäßig dann aus, wenn die in der sofortigen Einziehung liegende Unbilligkeit durch die Gewährung einer Ratenzahlung (z.B. durch → Stundung oder → Vollstreckungsaufschub) beseitigt werden kann. – Die Unbilligkeit der Steuereinziehung hat der Steuerpflichtige durch eine aktuell erstellte Gegenüberstellung der flüssigen Mittel bzw. Vermögenswerte und der rückständigen bzw. kurzfristig fällig werdenden Verpflichtungen zu jedem Fälligkeitstag (Liquiditäts- und Vermögensstatus) eindeutig und zweifelsfrei darzulegen. – Für die Berücksichtigung persönlicher Gründe ist bei solchen Steuern, die der Steuerpflichtige nur treuhänderisch vereinnahmt bzw. abwälzen kann (wie Lohn- und Umsatzsteuer) regelmäßig kein Raum. – (2) *Erlasswürdigkeit* ist regelmäßig (nur) anzunehmen, wenn der Steuerpflichtige in der Vergangenheit seinen steuerlichen Pflichten insgesamt und ordnungsgemäß nachgekommen ist und alles unternommen hat, das Entstehen von Steuerrückständen zu verhindern bzw. sie zu vermeiden. Der Steuerpflichtige darf also seine mangelnde Leistungsfähigkeit nicht selbst herbeigeführt oder durch sein Verhalten nicht in eindeutiger Weise gegen die Interessen der Allgemeinheit verstoßen haben. – c) *Weitere Voraussetzungen* für einen Billigkeitserlass sind, dass eine evtl. wirtschaftliche Notlage durch die Festsetzung der Abgaben selbst verursacht worden ist (Kausalzusammenhang) und dass sichergestellt ist, dass die Billigkeitsmaßnahme dem Steuerpflichtigen und nicht evtl. weiteren Gläubigern zugute kommt. – 4. *Abweichende Festsetzung von Steuern aus Billigkeitsgründen:* Voraussetzung für eine abweichende Festsetzung ist, dass die Erhebung der Steuer nach Lage des einzelnen Falles unbillig wäre (§ 163 AO). Wegen des Begriffs der Unbilligkeit vgl. die Ausführungen zu Punkt 3. – Die Steuer kann entweder niedriger festgesetzt werden oder einzelne Besteuerungsgrundlagen, die die Steuer erhöhen, können bei der Festsetzung unberücksichtigt bleiben (§ 163 Satz 1 AO). Bei Steuern vom Einkommen (Einkommen- und Körperschaftsteuer) kann mit Zustimmung des Steuerpflichtigen zugelassen werden, dass einzelne Besteuerungsgrundlagen, die die Steuer erhöhen, erst zu einem späteren Zeitpunkt, Besteuerungsgrundlagen, die die Steuer mindern, schon zu einem früheren Zeitpunkt berücksichtigt werden (§ 163 Satz 2 AO). Die Entscheidung über die Billigkeitsmaßnahme kann mit der Steuerfestsetzung verbunden werden.

Steuererstattung → Steuervergütung.

Steuererstattungsanspruch – öffentlich-rechtlicher Anspruch auf Erstattung des gezahlten oder zurückgezahlten Betrages, wenn eine Steuer, eine → Steuervergütung, ein Haftungsbetrag oder eine → steuerliche Nebenleistung ohne rechtlichen Grund gezahlt oder zurückgezahlt worden ist oder der rechtliche Grund für die Zahlung oder Rückzahlung später wegfällt oder in Sonderfällen nach einem Einzelsteuergesetz eine Steuererstattung vorgesehen ist (§ 37 II AO). Gläubiger des Anspruchs ist derjenige, auf dessen Rechnung die Zahlung bewirkt worden ist. Im Fall der Abtretung, Verpfändung oder Pfändung richtet sich der Anspruch auch gegen den Abtretenden, Verpfänder oder Pfändungsschuldner. Der Erstattungsbetrag ist zu verzinsen (§§ 233a, 236 AO).

Steuerertragshoheit – *Steuerertragskompetenz*; Teil der → Steuerhoheit. – 1. *Begriff*: Recht auf das → Steueraufkommen. Die Steuerertragshoheit ist geteilt. Verteilung des Steueraufkommens auf Bund, Länder und Gemeinden festgelegt in Art. 106 GG. – 2. *Ausprägungen*: a) *Originäre Steuereinnahmen*: (1) des *Bundes*: Finanzmonopol, → Zölle, Verbrauchsteuern (mit Ausnahmen), → Versicherungsteuer, Abgaben im Rahmen der EU (Abschöpfungen); (2) der *Länder*: → Vermögensteuer (gegenwärtig nicht mehr erhoben), → Erbschaftsteuer, → Kraftfahrzeugsteuer, Verkehrsteuern (mit Ausnahmen), → Biersteuer, → Spielbankabgabe; (3) der *Gemeinden* und *Gemeindeverbände*: → Grundsteuer, örtliche Verbrauch- und Aufwandsteuer (z.B. Getränkesteuer, Hundesteuer), → Gewerbesteuer, an der jedoch Bund und Länder durch eine Umlage (Gewerbesteuerumlage) beteiligt werden. – b) → Gemeinschaftsteuern, an denen Bund und Länder unterschiedlich hoch beteiligt sind (→ Einkommensteuer, → Körperschaftsteuer und → Umsatzsteuer). – 3. *Aufbau*: Verteilung des → Steueraufkommens nach einem *Mischsystem*: a) *Trennsystem*: Die einzelnen Steuern fließen entweder ausschließlich dem Bund (Bundessteuern), den Ländern (Landessteuern) oder den Gemeinden (Gemeindesteuern) oder in Form der → Gemeinschaftsteuern dem Bund und den Ländern gemeinsam zu. – b) *Verbundsystem*: Die Gemeinden werden am

Länderanteil der Gemeinschaftsteuern und der Bund und die Länder an den → Realsteuern beteiligt.

Steuerertragskompetenz → Steuerertragshoheit.

Steuerevasion → Steuerausweichung.

Steuerfahndung – *Steuerfahndung (Zollfahndung)*; 1. *Verfahren* der Finanzbehörde zur Erforschung von → Steuerstraftaten und → Steuerordnungswidrigkeiten sowie zur Ermittlung der entsprechenden → Besteuerungsgrundlagen und zur Aufdeckung und Ermittlung unbekannter Steuerfälle (§ 208 I AO). Der Steuerfahndung können innerhalb der Zuständigkeit der Finanzbehörden auch andere Aufgaben einschließlich der → Außenprüfung übertragen werden (§ 208 II AO). – 2. *Beamte der* Steuerfahndung haben aufgrund ihrer Sonderaufgaben *erweiterte Befugnisse* zur Sachaufklärung. Sie haben im Strafverfahren wegen Steuerstraftaten dieselben Rechte und Pflichten wie die Behörden des Polizeidienstes nach den Vorschriften der Strafprozessordnung und können dabei bes. Beschlagnahmen, Notveräußerungen und Durchsuchungen anordnen sowie bei einer Durchsuchung die nach Gesetz aufzubewahrenden Geschäftspapiere durchsehen; sie sind Hilfsbeamte der Staatsanwaltschaft (§ 404 AO). – 3. Der *Steuerpflichtige* hat gegenüber der Steuerfahndung → Mitwirkungspflichten, soweit es um die Feststellung von Besteuerungsgrundlagen geht.

Steuerfestsetzung – 1. *Begriff*: Entscheidung der Finanzbehörde über den kraft Gesetzes (§ 38 AO) entstandenen Steueranspruch durch → Steuerbescheid; Konkretisierung des gesetzlich entstandenen Steueranspruchs durch → Verwaltungsakt. Als Steuerfestsetzung gilt auch die volle oder teilweise Freistellung von einer Steuer sowie die Ablehnung eines Antrags auf Steuerfestsetzung. – 2. *Grundsätze*: Steuern werden von der Finanzbehörde grundsätzlich durch Steuerbescheid festgesetzt (§ 155 I AO). Steuerfestsetzung ist i.d.R. nicht erforderlich, wenn der Steuerpflichtige eine → Steueranmeldung abzugeben hat, bei der Entrichtung der Steuer durch Steuerzeichen oder Steuerstempler (§§ 167, 168 AO) und bei → Fälligkeitsteuern. Steuerfestsetzung ist rechtswidrig, wenn die → Festsetzungsverjährung eingetreten ist (§ 169 I AO). – 3. *Vorbehalt*: Solange der Steuerfall nicht abschließend geprüft ist, können Steuern ohne nähere Begründung unter dem Vorbehalt der Nachprüfung festgesetzt werden (§ 164 AO). Innerhalb der Festsetzungsfrist (→ Festsetzungsverjährung) kann die Steuerfestsetzung aufgehoben oder geändert werden, solange der Vorbehalt wirksam ist. Der Vorbehalt kann jederzeit aufgehoben werden. Die Aufhebung steht einer Steuerfestsetzung ohne Vorbehalt gleich. Er ist aufzuheben, wenn eine → Außenprüfung stattgefunden hat, die zu keiner Änderung der Vorbehaltsfestsetzung geführt hat oder wenn der Steuerfall abschließend geprüft ist. – 4. *Vorläufigkeit*: Wenn objektiv ungewiss ist, ob und inwieweit die Voraussetzungen für die Entstehung einer Steuer eingetreten sind, kann die Steuer insoweit vorläufig festgesetzt oder die Steuerfestsetzung ausgesetzt werden (§ 165 AO), aufgehoben oder geändert werden; bei Beseitigung der Ungewissheit ist die Steuerfestsetzung aufzuheben, zu ändern, für endgültig zu erklären oder nachzuholen (§ 165 II 2 AO). – 5. *Billigkeit:* Wenn die Erhebung der Steuer nach Lage des einzelnen Falles unbillig wäre, können Steuern niedriger festgesetzt werden, einzelne → Besteuerungsgrundlagen unberücksichtigt bleiben oder in andere Besteuerungsperioden verlagert werden (§ 163 AO).

Steuerflucht – Verlegung eines Wohn- oder Unternehmenssitzes ins Ausland mit dem Zweck der Steuerersparnis, eine steuerlich motivierte Kapitalflucht. Maßnahmen gegen die Steuerflucht wurden in Deutschland bereits im Ersten Weltkrieg, später mit der Notverordnung vom 8.12.1931 (Reichsfluchtsteuer) und deren Änderungen von 1934, 1937 und 1942 getroffen. – 1. Die *Reichsfluchtsteuer* bedeutete die grundsätzliche Abkehr vom Prinzip der Freizügigkeit und erfasste alle diejenigen, die zu einem bestimmten Zeitpunkt (31.3.1931) im Reichsgebiet ansässig waren und danach ihren Wohnsitz oder gewöhnlichen Aufenthalt ins Ausland verlegten. – Durch den hohen Steuersatz von 25 Prozent des gesamten steuerpflichtigen Vermögens sollte die Auswanderung steuerkräftiger Personen gestoppt bzw. ein Ausgleich für die künftigen Steuerverluste geschaffen werden. – 2. Heute kommt es zu einer Verlagerung von Einkünften und Vermögen in → Steueroasen, wodurch sich i.d.R. wegen Wegfalls der → unbeschränkten Steuerpflicht in der Bundesrepublik Deutschland und wegen möglicher und erstrebter Ausnutzung des niedrigeren Steuerniveaus in dem ausländischen Staat Vorteile hinsichtlich der Besteuerung ergeben. Diese Vorteile sind allerdings seit 1972 durch das → Außensteuergesetz (AStG) erheblich eingeschränkt und z.T. sogar in ihr Gegenteil verkehrt worden. Durch die Internationalisierung haben sich für die Bekämpfung der Steuerflucht aber auch weitere Probleme ergeben: (1)Die grenzüberschreitende Mobilität von Personen und Kapital ist normaler geworden, das macht es schwerer, eine Abgrenzung zwischen „normalen" Sachverhalten und missbräuchlichem Verhalten, das (nur) der Steuerminimierung dient, zu finden, (2) aufgrund europäischen Rechts, das die Freiheit des Personenverkehrs und auch des Kapitalverkehrs in der EU schützt, können Maßnahmen zur Abwehr der Steuerflucht nicht mehr völlig nach dem Belieben des nationalen Gesetzgebers gestaltet werden, sondern müssen sich vom EuGH auf ihre sachliche Berechtigung überprüfen lassen. – Vgl. auch → Basisgesellschaften, → erweiterte beschränkte Steuerpflicht.

steuerfreie (sonstige) Leistungen → Umsatzsteuer.

steuerfreie Lieferungen → Umsatzsteuer.

steuerfreie RücklagenRücklagen.

steuerfreies Existenzminimum – Betrag des Einkommens, der für die Existenz des Steuerpflichtigen erforderlich ist und bei einer am → Leistungsfähigkeitsprinzip orientierten Besteuerung nicht für Steuerzahlungen zur Verfügung steht (→ Grundfreibetrag bei der → Einkommensteuer). Dass das Existenzminimum des Steuerpflichtigen nicht mit Einkommensteuer belastet werden darf, wird von der Rechtsprechung des Bundesverfassungsgerichts u.a. aus der staatlichen Verpflichtung, die Menschenwürde zu achten, hergeleitet: Es ist demnach nicht nur nicht sinnvoll, wenn der Staat einem Bürger erst einen Teil seines Existenzminimums als Steuer abnehme, um ihm anschließend dieses Geld wieder in Form staatlicher Unterstützungszahlungen zurückgeben zu müssen (Sozialhilfe etc.), sondern auch nicht zulässig, da durch ein solches Vorgehen Menschen, die ökonomisch eigentlich in der Lage seien, unabhängig zu leben, in die Position eines Bittstellers gegenüber staatlichen Stellen hineingezwungen würden.

Steuergefährdung → Steuerordnungswidrigkeit nach § 379 AO. Steuergefährdung begeht: (1) Wer vorsätzlich oder leichtfertig Belege ausstellt, die in tatsächlicher Hinsicht unrichtig sind; (2) wer Belege gegen Entgelt in den Verkehr bringt oder (3) wer nach Gesetz buchungs- oder aufzeichnungspflichtige Geschäftsvorfälle oder Betriebsvorgänge nicht oder in tatsächlicher Hinsicht unrichtig verbucht oder verbuchen lässt und dadurch die Verkürzung von Steuereinnahmen oder die Erlangung ungerechtfertigter Steuervorteile ermöglicht; (4) wenn durch die Ausstellung unrichtiger Belege Einfuhr- oder Ausfuhrabgaben verkürzt werde können, die von einem anderen Mitgliedsstaat der EU verwaltet werden oder die einem Staat zustehen, der für Waren aus der EU aufgrund eines Assoziations- oder Präferenzabkommens eine Vorzugsbehandlung gewährt; das Gleiche gilt, wenn sich die Tat auf Umsatzsteuern bezieht, die von einem anderen EU-Mitgliedsstaat verwaltet werden (5) wer bestimmten Mitteilungspflichten nicht nachkommt; (6) wer die Pflicht zur → Kontenwahrheit (§ 154 I AO) verletzt; (7) wer vorsätzlich oder fahrlässig einer Auflage nach § 120 II Nr. 4 AO zuwider handelt. – *Strafe:* Geldbuße bis zu 5.000 Euro, wenn keine leichtfertige → Steuerverkürzung vorliegt.

Steuergeheimnis – die Amtsträgern, Kirchenamtsträgern und amtlich zugezogenen Sachverständigen obliegende Verpflichtung, Verhältnisse sowie Betriebs- und Geschäftsgeheimnisse eines Steuerpflichtigen, die ihnen im Rahmen ihres Amtes bekannt geworden sind, nicht unbefugt zu offenbaren, zu verwerten oder geschützte Daten im automatisierten Verfahren nicht unbefugt abzurufen (§ 30 AO). – *Verletzung* des Steuergeheimnisses ist strafbar: Geld- oder Freiheitsstrafe bis zu zwei Jahren (§ 355 StGB). – *Verfolgung* nur auf Strafantrag des Steuerpflichtigen, dessen Interesse verletzt ist, oder des Dienstvorgesetzten. – *Ausnahmen:* Die Offenbarung erlangter und dem Steuergeheimnis unterliegender Kenntnisse ist zulässig, wenn (1) sie der Durchführung eines Besteuerungsverfahrens bzw. eines Strafverfahrens wegen einer → Steuerstraftat oder eines Bußgeldverfahrens wegen einer → Steuerordnungswidrigkeit dient, (2) sie durch Gesetz ausdrücklich zugelassen ist, (3) der Betroffene zustimmt, (4) sie der Durchführung eines Strafverfahrens wegen einer Tat dient, die keine Steuerstraftat ist, und die Kenntnisse in einem Verfahren wegen einer Steuerstraftat oder Steuerordnungswidrigkeit bzw. ohne Bestehen einer steuerlichen Verpflichtung oder unter Verzicht auf ein Auskunftsverweigerungsrecht erlangt worden sind, (5) für sie ein zwingendes öffentliches Interesse besteht, namentlich bei der Verfolgung von Verbrechen und vorsätzlich schwerer Vergehen gegen Leib und Leben und gegen den Staat, bei der Verfolgung von Wirtschaftsstraftaten und zur Richtigstellung in der Öffentlichkeit verbreiteter unwahrer Tatsachen, die geeignet sind, das Vertrauen in die Verwaltung erheblich zu erschüttern (§ 30 IV und V AO).

Steuergerechtigkeit – Forderung nach einer gerechten Verteilung der Abgabenlast auf die Gesamtheit der Steuerpflichtigen, die den gesellschaftspolitischen Gerechtigkeitsvorstellungen entspricht. Das Postulat der Steuergerechtigkeit ist in einem Rechtsstaat das systemtragende und -bestimmende Prinzip des → Steuerrechts, das widerspruchslos über den einzelnen konkret formulierten → Besteuerungsprinzipien steht. Eine absolute Steuergerechtigkeit kann es nicht geben, weil dazu der Maßstab fehlt, nach dem das Steuersystem ausgerichtet werden müsste. Steuergerechtigkeit hat dem sozialpolitischen Grundsatz (gerechte Einkommensverteilung) zu entsprechen; auch finanzpolitische (Ergiebigkeit) und wirtschaftspolitische (Konjunktur und Wachstum) Aspekte, die jeglicher Steuergerechtigkeit eine Grenze setzen, sind zu beachten. Der steuertechnische Weg zur Steuergerechtigkeit führt historisch von der → Kopfsteuer über die Proportionalsteuer zur → Steuerprogression; ein progressiver Tarif folgt auch dem der heutigen Gerechtigkeitsvorstellung nächstgelegenen → Leistungsfähigkeitsprinzip.

Steuergerichte → Finanzgerichte.

Steuergesetze – Rechtsnormen des → Steuerrechts, die in einem förmlichen Gesetzgebungsverfahren zustande kommen und nach ordnungsgemäßer Ausfertigung im Bundesgesetzblatt verkündet werden (Gesetze im formellen Sinn). – Nach dem Stufenbau der Rechtsordnung stehen die Normen des Europarechts (Gemeinschaftsrecht) und die dt. Verfassung (Grundgesetz) über den einfachen Gesetzen, während diese über den Rechtsverordnungen (→ Steuerrechtsverordnungen) und Satzungen (→ autonome Satzungen) stehen. Völkerrechtliche Verträge über die Befreiung von Steuern (→ Doppelbesteuerungsabkommen (DBA)) durch Zustimmungsgesetze gemäß Art. 59 II GG in innerstaatliches Recht transformiert; sie gehen als Spezialnormen den anderen Steuergesetzen vor (§ 2 AO), sofern nicht im Einzelfall Abweichungen gesetzlich bestimmt sind.

Steuergesetzgebungshoheit – *Steuergesetzgebungskompetenz;* Teil der → Steuerhoheit. – 1. *Begriff:* Das Recht zur Gesetzgebung im Bereich des → Steuerrechts schließt das *Steuererfindungsrecht* ein. – 2. *Arten:* a) Steuergesetzgebungshoheit des *Bundes:* (1) *ausschließliche Gesetzgebung* für → Zölle und Finanzmonopole (Art. 105 I GG); (2) *konkurrierende Gesetzgebung* für die übrigen Steuern, deren Aufkommen (→ Steueraufkommen) dem Bund ganz oder teilweise zustehen oder für die ein Bedürfnis nach bundesgesetzlicher Regelung besteht (Art. 105 II i.V. mit Art. 72 II GG). – b) Steuergesetzgebungshoheit der *Länder:* (1) *ausschließliche Gesetzgebung* für örtliche Verbrauch- und Aufwandsteuern, solange und soweit sie nicht bundesgesetzlich geregelten Steuern gleichartig sind (Art. 105 IIa GG); Recht, den Steuersatz der Grunderwerbsteuer festzulegen (ausdrückliche Sonderregelung in Art. 105 IIa GG, seit 2006). (2) *konkurrierende Gesetzgebung* solange und soweit der Bund von seinem Gesetzgebungsrecht keinen Gebrauch macht (Art. 105 II i.V. mit Art. 72 I GG).

Steuergesetzgebungskompetenz → Steuergesetzgebungshoheit.

Steuergestaltungsberatung → Steuerberater.

Steuergrenzen – 1. *Begriff:* Bezeichnung für Grenzkontrollen aus steuerlichen Gründen, d.h. für „Grenzen", die aus steuerlichen Gründen aufrecht erhalten werden. – 2. *Gründe für Steuergrenzen:* Bei den indirekten Steuern steht aufgrund des Bestimmungslandprinzips die Steuer für eine exportierte Ware nur dem Staat zu, in dem diese Ware auf den Markt gelangt, während sie in dem Land, in dem sie hergestellt worden ist oder durch das sie transportiert wird, steuerlich unbelastet bleiben soll. Das macht sowohl für das Importland wie das Exportland Grenzkontrollen zwingend erforderlich. Das Importland muss durch Kontrollen an seinen Grenzen jede Ware feststellen, die in sein Gebiet verbracht wird (um diese Waren steuerlich erfassen und mit den für seinen Markt geltenden indirekten Steuern belasten zu können), während das Exportland durch Grenzkontrollen seine Ausfuhren kontrollieren muss. – 3. *Steuergrenzen in der EU:* a) Zwischen den EU-Staaten bestehen aufgrund der Bestimmungen über den Europäischen Binnenmarkt seit dem 1.1.1993 keine Grenzkontrollen mehr. Zwar gilt für die indirekten Steuern innerhalb der EU noch vorrangig das Bestimmungslandprinzip, es muss jedoch auf anderem Wege kontrolliert werden als durch die Errichtung von Steuergrenzen. Dies ist durch EG-Recht zwingend vorgeschrieben (Art. 33 der Sechsten EG-Richtlinie). – b) Gegenüber dem Drittlandsgebiet können (und müssen) die EU-Staaten jedoch Steuergrenzen weiterhin aufrecht erhalten.

Steuergrundsätze → Besteuerungsprinzipien.

Steuerguthaben → Körperschaftsteuerguthaben.

Steuergutscheine – vom Staat begebene kurz- und mittelfristige Inhaberschuldverschreibungen, die nach Fälligkeit vom Fiskus als Steuerzahlung angenommen werden. Steuergutscheine sind nicht verzinslich, jedoch vielfach mit einem je nach der Länge der Besitzzeit steigenden Disagio ausgestattet. – *Zwecke der Steuergutschein-Ausgabe:* (1) Aufgrund der VO vom 4.9.1932 wurden Steuergutscheine für pünktliche Steuerzahlung und Mehreinstellung von Arbeitern, also aus konjunkturpolitischen Gründen, ausgegeben. – (2) Die Ausgabe von Steuergutscheinen nach dem Neuen Finanzplan von 1939 diente u.a. der Kapitalmarktpolitik. Die Steuergutscheine mussten von öffentlichen Kassen (Reich, Ländern, Gemeinden, Reichsbahn, Reichspost, Reichsautobahn u.Ä.) bei der Reichsfinanzverwaltung gegen Bargeld erworben und für gewerbliche Lieferungen und Leistungen in Höhe von 40 Prozent des jeweiligen Rechnungsbetrages in Zahlung gegeben werden. Die Laufzeit dieser Steuergutscheine betrug je zur Hälfte sechs Monate und drei Jahre. Mit ihnen war neben der staatlichen Kreditaufnahme noch eine Einschränkung des Bargeldumlaufs verbunden.

Steuerharmonisierung in der EU – 1. *Grundlagen:* a) *Harmonisierungsbedarf:* Der EG-Binnenmarkt ist unterschiedlichen Steuergesetzen unterworfen, was den Wettbewerb zwischen den Marktteilnehmern (v.a. zwischen Unternehmen der betreffenden Staaten) verzerrt. – b) *Harmonisierungsermächtigung:* Bei der Gründung der E(W)G wurde in Art. 93 (ex-Art. 99) EGV für die indirekten Steuern den Organen der EG eine ausdrückliche Ermächtigung dazu erteilt, die Steuergesetze der Mitgliedsstaaten durch EG-Richtlinien aneinander anzugleichen und auf diesem Wege die Wettbewerbsverzerrungen zu verhindern. Diese Ermächtigung wurde später auf das Funktionieren des Binnenmarktes eingeschränkt. Für die direkten Steuern ergibt sich aus der allg. Regelung des Art. 94 EGV (Harmonisierung aller Rechts- und Verwaltungsvorschriften der Mitgliedsstaaten, soweit sie das Funktionieren des Gemeinsamen Marktes behindern) ebenfalls eine Ermächtigung, Richtlinien zu erlassen. D.h. die Steuerhoheit bei indirekten und direkten Steuern liegt grundsätzlich bei den Mitgliedsstaaten. Der Spielraum, wie diese ihre Möglichkeiten als Gesetzgeber nutzen dürfen, kann von der EG so weit eingeengt werden, wie dies notwendig ist, um den Binnenmarkt von Behinderungen und Wettbewerbsverzerrungen zu befreien. – c) *Voraussetzungen der Harmonisierung:* Sowohl im Bereich der direkten als auch der indirekten Steuern setzt eine Harmonisierung durch Richtlinien voraus, dass ein Richtlinienvorschlag der Europäischen Kommission vom Rat der Wirtschafts- und Finanzminister (ECOFIN-Rat) einstimmig gebilligt wird. Wegen der nationalen Bedeutung ist für die Fälle, die einen weiteren Souveränitätsverzicht bedeuten würden, eine Zustimmung schwierig. Die Steuerharmonisierung in der EU ist daher v.a. von Vorschlägen, die sich auf enge

Detailfragen beschränken, i.d.R. von sehr langen Verhandlungszeiten über Gesetzesinitiativen sowie teilweise auch vom Scheitern von Vorlagen im Gesetzgebungsprozess geprägt. – d) *Abgrenzung zur Abschaffung von Binnenmarkthindernissen durch Rechtsprechung:* In der Praxis spielt neben der Steuerharmonisierung in der EU v.a. die Rechtsfortbildung durch den Europäischen Gerichtshof und die nationalen Gerichte eine große Rolle. In diesem Prozess werden nicht neue Normen geschaffen, sondern schon bestehende Normen, z.B. die europäischen Grundfreiheiten, konsequent angewandt und daraus Vorgaben abgeleitet, die bei der Gestaltung der Steuergesetze im Binnenmarkt einzuhalten sind (z.B. das Diskriminierungsverbot). – Unterschiede zu einer Steuerharmonisierung in der EU: (1) Die Gerichtsentscheidungen lassen den Mitgliedsstaaten grundsätzlich volle Ermessensfreiheit bei der Wahl ihrer nationalen Gesetzgebung; sie zeigen die aufgrund höherrangigen Rechts nicht erlaubten Alternativen auf. Eine Steuerharmonisierung in der EU würde dagegen eine Vereinheitlichung erzwingen. (2) Durch Gerichtsentscheidungen können nationale Regeln nur verworfen werden, wenn sich nachweisen lässt, dass sie als solche schon mit den Grundgedanken des Binnenmarktes unvereinbar sind. In verschiedenen Staaten zwar unterschiedlich ausgestaltete, jede für sich aber bei isolierter Betrachtung rechtlich zulässige nationale Regelung kann nur mittels Steuerharmonisierung in der EU durch Richtlinien beseitigt werden. – e) *Entwicklung:* In den letzten Jahren wird offiziell nicht mehr versucht, eine weitgehende Angleichung zu erreichen; vielmehr beschränkt sich die Europäische Kommission – auch bei ihren Vorschlägen zu einer weiteren Steuerharmonisierung in der EU – nach dem Subsidiaritätsprinzip auf Punkte, die die Mitgliedsstaaten selbst nicht lösen können. – 2. *Bereich der indirekten Steuern:* Im Bereich der indirekten Steuern hat eine Harmonisierung frühzeitig begonnen (Ende der 1960er-Jahre). Praktisch vollständig harmonisiert werden konnten jedoch nur die Kapitalverkehrsteuern (durch die Kapitalverkehrsteuer-Richtlinie von 1969). Als bes. wichtig für den grenzüberschreitenden Handel erwies sich die Umsatzsteuer. Hier konnten Einigungen erzielt werden über die Einführung des Mehrwertsteuer-Systems in der gesamten Gemeinschaft (Erste Umsatzsteuer-Richtlinie) und schließlich auch darüber, dass die Bemessungsgrundlage in allen Mitgliedsstaaten – mit einigen wenigen verbleibenden Ausnahmen – nach gleichen Regeln zu berechnen sei (Sechste Umsatzsteuer-Richtlinie von 1977). Wegen des hohen Aufkommens der Umsatzsteuer und ihrer Relevanz für das Preisniveau war eine Einigung über die Angleichung der Steuersätze jedoch nicht möglich. Mit der Abschaffung der Steuergrenzen im EG-Binnenmarkt war es jedoch in Einzelfällen möglich, dass Waren aus anderen Mitgliedsstaaten auf den Markt eines Landes gelangen konnten, ohne dass die Steuerbelastung an das Niveau dieses Landes angepasst werden musste. Um die daraus resultierenden Wettbewerbsverzerrungen in Grenzen zu halten, wurden daher erstmals auch Vorschriften über einen Mindeststeuersatz auf 15 Prozent in die betreffende Richtlinie aufgenommen. Wofür ein ermäßigter Steuersatz verlangt werden darf, ist ebenfalls strikt durch EG-Vorgaben geregelt; allerdings sind diese infolge zahlreicher Übergangsvorschriften und Wahlrechte in diesem Bereich teilweise von Land zu Land unterschiedlich angewandt und sehr kompliziert. – Ab 2006 wurde außerdem für fast alle bisherigen Schritte im Bereich der Umsatzsteuerharmonisierung eine Zusammenfassung in einem einheitlichen, leichter lesbaren Text verwirklicht: → Mehrwertsteuersystemrichtlinie. Für die Praxis folgt aus der Steuerharmonisierung in der EU im Bereich der Umsatzsteuer, dass fast alle Fragen, die sich bei der Auslegung von Umsatzsteuergesetzen ergeben, in die Zuständigkeit des Europäischen Gerichtshofs fallen. – Im Bereich der speziellen Verbrauchsteuern hat die Gemeinschaft kleinere Fortschritte bei der Steuerharmonisierung erreicht. Diese beschränken sich auf die Angleichung der drei wichtigsten Steuern – Tabaksteuer, Alkoholsteuern und Mineralölsteuer – sowie auf die Vorgabe allg. Grundsätze zur Gestaltung solcher Steuern (Verbrauchsteuer-Systemrichtlinie), die Festlegung der zu besteuernden Gegenstände und nähere technische Regelungen (Mineralölsteuerstruktur-Richtlinie, Alkoholsteuerstruktur-Richtlinie, Tabaksteuerstruktur-Richtlinie) und auf die Vorgabe von Mindeststeuersätzen (zur Verhinderung eines ruinösen Steuersenkungswettbewerb zwischen den Mitgliedstaaten). Für die übrigen Verbrauchsteuern gilt der Grundsatz, dass die Mitgliedsstaaten bei der Gestaltung ihrer Gesetze frei sind, solange sie nicht zur Einführung von Grenzkontrollen oder ähnlichen Formalitäten beim Grenzübertritt innerhalb der EU führen. – 3. *Direkte Steuern:* Weitgehende Pläne zu einer vollständigen Harmonisierung der direkten Steuern sind bereits sehr frühzeitig gescheitert. Die bisherigen Fortschritte beschränken sich auf Detailfragen; im Einzelnen sind zu nennen: (1) Amtshilferichtlinie über die Auskunftserteilung zwischen den Finanzbehörden (1977); (2) Fusionsrichtlinie über die Behandlung grenzüberschreitender Verschmelzungen, Spaltungen, Einbringungen und Anteilstauschvorgänge (1990); (3) Mutter-Tochter-Richtlinie über die Behandlung von grenzüberschreitenden Dividendenzahlungen im europäischen Konzern (1990); (4) Schiedsabkommen zwischen den Mitgliedsstaaten (1990); (5) Zinsrichtlinie über die Besteuerung privater Zinserträge in der EU (2003); (6) Zinsen-und-Lizenzgebühren-Richtlinie (2003 m.spät. Änd.). Von bes. Interesse unter theoretischen Gesichtspunkten ist die Vereinbarung der EU mit der Schweiz (das sog. Zinsabkommen, 2005), da es sich hierbei inhaltliche Betrachtung um ein – wenn auch auf enge Details begrenztes – erstes Doppelbesteuerungsabkommen der EU mit einem anderen Land handelt. – 4. *Die Entwicklungsperspektiven* der

Steuerharmonisierung in der EU sind weiterhin im Bereich der konsequenten Anwendung der EG-Vertragsvorschriften und der bisher zur Steuerharmonisierung in der EU erlassenen Regelungen durch die Gerichte zu erwarten.

Steuerheft → Straßenhandel.

Steuerhehlerei – *Steuerhehlerei (Zollhehlerei);* der Hehlerei des allg. Strafrechts nachgebildeter Tatbestand des Steuerstrafrechts (→ Steuerstraftat). Steuerhehlerei begeht, wer Erzeugnisse oder Waren, hinsichtlich deren Verbrauchsteuern oder Einfuhr- oder Ausfuhrabgaben hinterzogen oder → Bannbruch begangen worden ist, ankauft oder sich oder einem Dritten in anderer Weise verschafft, sie absetzt oder abzusetzen hilft, um sich oder einen Dritten zu bereichern (§ 374 AO). – *Strafe:* Bestrafung wie bei → Steuerhinterziehung, bei gewerbsmäßigem Handeln wie bei → Schmuggel.

Steuerhinterziehung – *Steuerhinterziehung (Zollhinterziehung);* rechtswidrige Form der → Steuerabwehr. Steuerhinterziehung ist eine → Steuerstraftat. – 1. Steuerhinterziehung *begeht,* wer vorsätzlich (1) den Finanzbehörden oder anderen Behörden über steuerlich erhebliche Tatsachen unrichtige oder unvollständige Angaben macht; (2) die Finanzbehörden pflichtwidrig über steuerlich erhebliche Tatsachen in Unkenntnis lässt; (3) pflichtwidrig die Verwendung von Steuerzeichen oder Steuerstemplern unterlässt und dadurch Steuern oder Einfuhr- und Ausfuhrabgaben verkürzt oder für sich oder einen anderen nicht gerechtfertigte Steuervorteile erlangt (§ 370 AO). Versuch ist strafbar. – 2. a) *Steuerverkürzung* liegt vor bei → Veranlagungsteuern bes. dann, wenn Steuern nicht, nicht in voller Höhe oder nicht rechtzeitig festgesetzt werden, bei → Fälligkeitsteuern, wenn im Fälligkeitszeitpunkt ein geringerer Betrag als der durch Tatbestandsverwirklichung geschuldete Betrag entrichtet wird. – b) *Nicht gerechtfertigte Steuervorteile* (einschließlich Steuervergütungen) sind erlangt, soweit sie zu Unrecht gewährt oder belassen werden. Ob die Steuer, auf die sich die Tat bezieht, aus anderen Gründen hätte ermäßigt oder der Steuervorteil aus anderen Gründen hätte beansprucht werden können, ist für die Bestrafung ohne Bedeutung. – 3. *Strafen:* (1) Freiheitsstrafe bis zu fünf Jahren oder Geldstrafe; (2) in bes. schweren Fällen Freiheitsstrafen von sechs Monaten bis zu zehn Jahren; bes. schwerer Fall liegt i.d.R. vor, wenn der Täter in großem Ausmaß Steuern verkürzt oder nicht gerechtfertigte Steuervorteile erlangt, seine Befugnisse oder Stellung als Amtsträger missbraucht, die mithilfe eines Amtsträgers ausnutzt, der seine Befugnisse oder seine Stellung missbraucht, unter Verwendung nachgemachter oder verfälschter Belege fortgesetzt Steuern verkürzt oder nicht gerechtfertigte Steuervorteile erlangt oder als Mitglied einer Bande, die sich zur fortgesetzten Begehung von Straftaten verbunden hat, Umsatz- oder Verbrauchsteuern verkürzt oder nicht gerechtfertigte Umsatz- oder Verbrauchssteuervorteile

Steuerklassifikation

Finanzstatistische Klassifikation (nach Finanzbericht)

Betriebswirtschaftliche Klassifikation (nach Rose) ↓	Steuern auf das Einkommen und Vermögen			Steuern auf den Vermögensverkehr	Steuern auf die Einkommensverwendung			
	Steuern vom Gewerbebetrieb	Steuern vom Vermögensbesitz	Steuern vom Einkommen		Steuern vom Umsatz	KraftfahrzeugSt	MineralölSt	sonstige Steuern
Ertragsteuern			EinkommenSt (KircheneinkommenSt) KörperschaftSt					
Faktorsteuern	GewerbeertragSt, SchankerlaubnisSt, GrundSt							
Substanzsteuern	GewerbekapitalSt	VermögenSt						
Verkehrsteuern				Erbschaft- und SchenkungSt; GrundwerbSt	VersicherungSt; UmsatzSt	KraftfahrzeugSt		
Produktsteuern							MineralölSt	

Finanzwissenschaftliche Klassifikation (nach Nöll v. d. Nahmer):

- Einnahmesteuern
  - sonstige Einnahmesteuern
  - Ertragsteuern
  - Vermögenstandsteuern
- Vermögensteuern
  - Vermögenverkehrsteuern
  - allg. Ausgabesteuer
- Ausgabesteuern
  - spezielle Ausgabesteuern

Steuerrechtliche Klassifikation (nach Tipke):

- Steuern auf das Einkommen (sonstige Steuern auf das Einkommen)
- Steuern auf die Einkommensverwendung
  - spezielle Rechtsverkehrsteuern
  - allgemeine Rechtsverkehrsteuern
  - Realverkehrsteuern
  - Verbrauchsteuern

erlangt. – *Straffreiheit* kann durch rechtzeitige → Selbstanzeige erlangt werden (§ 371 AO). – 4. *Gewerbsmäßige Hinterziehung von Einfuhr- und Ausfuhrabgaben* wird als gewerbsmäßiger, gewaltsamer und bandenmäßiger → Schmuggel nach § 373 AO steuerstrafrechtlich geahndet. – 5. Hinterzogene Steuern sind zu *verzinsen* (→ Hinterziehungszinsen, § 235 AO). – 6. Die *Festsetzungsfrist* verlängert sich auf zehn Jahre (§ 169 II Satz 2 AO).

Steuerhoheit – 1. *Begriff:* das einer öffentlich-rechtlichen Körperschaft zustehende Recht, Steuern zu erheben (originäre Steuerhoheit: Bund, Länder; derivate Steuerhoheit: Gemeinden, Kirchen). Die Steuerhoheit ist Teil der Finanzhoheit, die das gesamte staatliche Finanzwesen mit der Einnahmen- und Ausgabenseite umfasst. – 2. *Bedeutung:* Obwohl sich die Steuerhoheit nur auf einen Teil der Einnahmen, die Steuern, bezieht, wird sie in der Politik häufig als wichtigster Teil der Staatshoheit gesehen, da die staatliche Handlungsfreiheit stets eng mit der Finanzierbarkeit verbunden ist. – 3. *Arten:* → Steuergesetzgebungshoheit (Steuergesetzgebungskompetenz, Objekthoheit), → Steuerertragshoheit (Steuerertragskompetenz), → Steuerverwaltungshoheit (Steuerverwaltungskompetenz) und Steuerrechtsprechungshoheit.

Steuerinländer – eine nicht amtliche Bezeichnung für einen unbeschränkt Steuerpflichtigen. Gemeint sind solche Personen, die aus Sicht der Steuergesetze als Inländer behandelt werden. Das sind v.a. alle diejenigen, die in Deutschland ihren Wohnsitz oder → gewöhnlichen Aufenthalt haben (§ 1 I EStG). Auf die Staatsangehörigkeit kommt es nach dem dt. Steuerrecht nicht an; deshalb sind auch Ausländer mit dt. Wohnsitz aus der Sicht der Fachsprache als Steuerinländer zu bezeichnen.

Steuerkarte → Lohnsteuerkarte.

Steuerklassen → Erbschaftsteuerklassen, → Lohnsteuerklassen.

Steuerklassifikation – Einteilung von Steuern nach bestimmten Gesichtspunkten. Die Wahl der Einteilungskriterien ist von dem Untersuchungszweck abhängig, daher gibt es eine große Zahl mehr oder weniger unterschiedlicher Steuerklassifikationen.

I. *Beispielhafte Steuerklassifikationen:* In der Tabelle „Steuerklassifikation" sind vier Steuerklassifikationen beispielhaft gegenübergestellt: eine betriebswirtschaftliche (Rose), eine steuerrechtliche (Tipke), eine finanzwissenschaftliche (Nöll v.d. Nahmer) und die Gliederung der Steuern im Finanzbericht. Alle Einteilungen knüpfen an das → Steuerobjekt an. Trotzdem ergeben sich zahlreiche Divergenzen aus den unterschiedlichen Zwecksetzungen der einzelnen Gliederungen. Die Divergenz äußert sich u.a. darin, dass einem Begriff *verschiedene Inhalte* zugeordnet werden. So fallen nach dem Verständnis der betriebswirtschaftlichen Steuerlehre unter den Begriff „Ertragsteuern" andere Steuerarten als nach dem hierzu

identischen Auffassungen von Steuerrechts- und Finanzwissenschaft: Eine Überschneidung liegt nur hinsichtlich der Gewerbesteuer vor. Die mangelnde Übereinstimmung der Begriffsinhalte kann dadurch erklärt werden, dass Steuerrechts- und Finanzwissenschaft mit einem historisch begründeten Begriffsverständnis arbeiten, demzufolge mit „Ertragsteuern" die Erträge aus der Kombination der volkswirtschaftlichen Produktionsfaktoren Arbeit, Boden und Kapital besteuert werden sollen, während der betriebswirtschaftliche Klassifikation die Ertragsteuern als Steuern auf das wirtschaftliche Ergebnis der Unternehmung sieht. Das Schema *umfasst nicht* die Sonderfälle Zoll und Spielbankabgabe. „Sonstige Steuern" sind die Salz-, Zucker-, Kaffee-, Tee-, Leuchtmittel-, Tabak-, Bier-, Schaumwein-, Getränke-, Vergnügung-, Hunde-, Jagd-, Luxuspferde-, Motorboot-, Zweitwohnungsteuer u.a. (von denen eine Reihe in Deutschland nicht mehr existieren).

II. *Weitere Steuerklassifikationen:* 1. → Direkte Steuern und → indirekte Steuern: Einteilungsmerkmale sind (1) die Veranlagungs- und Erhebungstechnik, (2) die Überwälzbarkeit, (3) die steuerliche Leistungsfähigkeit. – 2. → Marktsteuern und → Marktsteuern: Auch hier ist die Möglichkeit der Überwälzung ein Gliederungskriterium (Schmölders). – 3. → Personensteuern (bzw. Personal- oder Subjektsteuern) und → Realsteuern (bzw. Objekt- oder Sachsteuern): Gliederungskriterium ist die Berücksichtigung bzw. Nichtberücksichtigung der persönlichen Verhältnisse des Steuerschuldners in der Steuerbemessungsgrundlage. – 4. → Besitzsteuern, Verkehrsteuern, Verbrauchsteuern, → Zölle: abgestellt auf die Besteuerung des Objekts. – 5. → Periodische Steuern und → nicht periodische Steuern: Gliederung erfolgt nach der Regelmäßigkeit der Entstehung der Steuer. – 6. → Veranlagungsteuern und → Fälligkeitsteuern: Unterscheidung ist bes. im Rahmen des → Steuerstrafrechts erheblich. – Vgl. auch → Steuerhinterziehung. – 7. *Steuern der Einkommensentstehung, der Einkommensverwendung und Steuern außerhalb des Leistungskreislaufs:* Gliederung nach der Entstehung im Wirtschaftskreislauf (Haller).

Steuer-Kombinationstarife → Steuertarife, die nicht für alle Steuerbemessungsabschnitte denselben Steuertariftyp anwenden, sondern Struktur und Typ abschnittsweise verändern.

Steuerkurswert – für die steuerliche Bewertung jeweils vom Bundesminister der Finanzen festzulegender amtlicher Wert, mit dem bestimmte Wertpapiere vermögensteuerlich bei der Ermittlung des sonstigen Vermögens oder des → Einheitswerts von → Betriebsvermögen anzusetzen waren. – *Anders:* → Kurswert.

Steuerlager – Lagerstätte, in der eine verbrauchsteuerpflichtige Ware durch Hersteller, Händler oder gewerbliche Lagerhalter gelagert werden darf, ohne dass bereits die Verbrauchsteuer entsteht

(→ Steueraussetzung). Die Bewegung der Ware zwischen zwei Steuerlagern, auch in unterschiedlichen Mitgliedsstaaten der EU, ist zulässig. Erst das Ausscheiden der Ware aus dem System der Steuerlager führt zum Entstehen der Steuerpflicht (Übergang in den freien Verkehr).

Steuerlastquote → Steuerquote.

steuerliche Nebenleistungen – Ansprüche aus dem → Steuerschuldverhältnis, die jedoch nicht wie Steuern der Einnahmeerzielung, sondern bestimmten Nebenzwecken dienen. Steuerliche Nebenleistungen sind ausschließlich Verzögerungsgelder, → Verspätungszuschläge, → Zinsen, Zwangsgelder, → Säumniszuschläge, Kosten (§ 3 IV AO) und Zuschläge im Fall einer → Schätzung bei fehlenden bzw. unbrauchbaren Aufzeichnungen über Geschäftsbeziehungen in grenzüberschreitenden Konzernen (§§ 162 IV, 90 III AO).

steuerlicher Formeltarif → Kurventarif.

steuerliches Einlagekonto – 1. *Begriff:* Bes. Konto, auf dem eine unbeschränkt steuerpflichtige Kapitalgesellschaft diejenigen Einlagen ihrer Anteilseigner auszuweisen hat, die nicht ins Nennkapital geleistet worden sind (z.B. Agio). – 2. *Steuerliche Bedeutung des steuerlichen Einlagekontos:* Das steuerliche Einlagekonto ermöglicht die Feststellung, ob Ausschüttungen einer Kapitalgesellschaft an ihre Anteilseigner aus thesaurierten Gewinnen (die daher steuerlich als Dividendenerträge zu behandeln sind) oder aus früheren Einlagen der Anteilseigner (die daher keine steuerpflichtigen Einkünfte, sondern nur eine Minderung der Anschaffungskosten der jeweiligen Anteile darstellen) stammen. Ausschüttungen werden nur dann aus dem steuerlichen Einlagekonto stammend angesehen, wenn alle übrigen Rücklagen verbraucht sind (vgl. § 27 I KStG). – 3. Die *Höhe des steuerlichen Einlagekontos* ist für das Ende jedes Wirtschaftsjahr gesondert festzustellen, d.h. Streitigkeiten darüber, welche Höhe des steuerlichen Einlagekontos richtig ist und welche nicht, sind, wenn der Bescheid über die entsprechende Feststellung erst einmal bestandskräftig geworden ist und nicht mehr geändert werden kann, nicht mehr möglich. Damit wird vermieden, dass die Historie früherer Einlagen über Jahre und Jahrzehnte in die Vergangenheit hinein ausgeforscht werden muss wenn Unklarheiten entstehen.

Steuermarken → Stempelsteuern.

Steuermessbescheid – förmliche Feststellung des → Steuermessbetrages bei den → Realsteuern. Die Vorschriften über die → Steuerfestsetzung finden sinngemäß Anwendung (§ 184 I AO). Entscheidungen im Steuermessbescheid können nur durch dessen Anfechtung, nicht auch durch Anfechtung des Steuerbescheides angegriffen werden, dessen Grundlage sie sind (§ 42 FGO, § 351 II AO). – *Rechtsbehelf:* → Einspruch (§ 347 I Nr. 1 AO).

Steuermessbetrag – Bemessungsgrundlage bei den → Realsteuern. Der Steuermessbetrag ergibt sich durch Anwendung der → Steuermesszahl auf die → Besteuerungsgrundlage (bei der Gewerbesteuer: → Gewerbeertrag; bei der Grundsteuer: → Einheitswert). Der Steuermessbetrag wird durch → Steuermessbescheid festgesetzt.

Steuermesszahl – der bei den → Realsteuern auf die → Besteuerungsgrundlage anzuwendende Prozentsatz zur Ermittlung des → Steuermessbetrages. Vgl. → Gewerbesteuer (dort seit 2008: 3,5 Prozent), → Grundsteuer.

Steuernachschau → Außenprüfung, → Nachschau.

Steuernummer – *Steuerregisternummer.* 1. *Begriff:* Kennnummer, unter der der Steuerpflichtige bei seinem Finanzamt geführt wird. – 2. Bei der *Umsatzsteuer* müssen Unternehmer entweder ihre Steuernummer oder ihre → Umsatzsteuer-Identifikationsnummer auf der Rechnung angeben; ansonsten wird die Rechnung umsatzsteuerlich nicht anerkannt und ermöglicht dem Leistungsempfänger keinen Vorsteuerabzug. Da dies auch in allen anderen EU-Staaten gilt, können für grenzüberschreitende Lieferungen und Leistungen, mit denen ein Unternehmer in einem anderen Staat steuerpflichtig wird, Rechnungen de facto erst geschrieben werden, wenn der Unternehmer sich dort bei einem Finanzamt amtlich als Steuerpflichtiger registrieren lassen hat.

Steueroasen – Bezeichnung für Länder, die ein niedriges Steuerniveau haben, weil keine oder nur sehr niedrige Steuern oder sonstige → Abgaben erhoben werden, z.B. die Bermuda-Inseln, die Bahamas, sowie – mit gewissen Einschränkungen – Liechtenstein, Monaco, Schweiz. Das niedrige Steuerniveau kann entweder auf einer im allg. niedrigen maximalen Steuerbelastung oder aber auf bes. Steuer- und Abgabenprivilegien für bestimmte Steuersubjekte beruhen. Ein Teil dieser Länder versucht, die fehlenden Steuer- und Abgabeneinnahmen durch andere Einnahmen (Sonderbriefmarken, Konzessionen etc.) auszugleichen. – Das im Verhältnis zu anderen Staaten niedrige Steuerniveau bietet den Anreiz zur *Verlagerung von Einkünften und Vermögen* in diese Länder zum Zwecke der Steuerersparnis. – Die aus der Sicht der Steuerpflichtigen vorhandene Attraktivität der Steueroasen ist durch das → Außensteuergesetz (AStG) erheblich eingeschränkt und z.T. in ihr Gegenteil verkehrt worden. Ähnliche Maßnahmen haben auch zahlreiche andere Länder ergriffen. Darüber hinaus sind seit Mitte der 1990er-Jahre die Steueroasen auch durch koordinierte Abwehrmaßnahmen der OECD-Länder stark unter Druck gesetzt worden, von einem als unfair empfundenen Steuerwettbewerb Abstand zu nehmen. Da infolge all dieser Maßnahmen legale Formen der Steuerverringerung durch Geschäfte mit Steueroasen nur noch geringe Vorteile versprechen, hat sich die Attraktivität von Steueroasen seitdem hauptsächlich auf Aktivitäten verengt, bei denen Steuerpflichtige eines hoch (oder normal hoch) besteuernden Landes Kapital in Steueroasen anlegen und dessen Existenz dem heimatlichen Fiskus verschweigen. In den letzten Jahren (nach 2000) konzentrieren sich die Bemühungen der Finanzverwaltungen daher zunehmend darauf, die Steueroasenländer zu veranlassen, den Heimatstaaten der bei ihnen engagierten Kapitalanleger Auskünfte über die Existenz und die Höhe von Kapitalanlagen und Erträgen in ihrem Land zu geben. Insbesondere die OECD hat Standards für einen grenzüberschreitenden Auskunftsaustausch aufgestellt, deren Einhaltung die Hoch- und Normalsteuerländer auch von den Steueroasen fordern. Insbesondere der Plan, dass gegenüber Staaten, die als Steueroase gelten und die diesen Standards trotzdem auch nicht entsprechen wollen, massive und v.a. koordinierte wirtschaftliche und steuerliche Sanktionen der übrigen Länder verhängt werden sollten, hat in den letzten Jahren zu einem unerwartet weitgehenden Einlenken der Steueroasenländer gegenüber den Industriestaaten geführt, indem zahlreiche Steueroasenländer ihre Bereitschaft bekundet haben, grenzüberschreitend Auskünfte über Kapitalanlagen und Einkünfte zu erteilen, um diesen Sanktionen zu entgehen. Es ist daher durchaus denkbar geworden, dass Steueroasen als Anlageort für dem Fiskus verschwiegene Gelder auf Dauer nicht mehr behaupten können werden; allerdings bleibt abzuwarten, ob die Steueroasenländer ihren gegenüber den übrigen Ländern eingegangenen Verpflichtungen zur fiskalischen Zusammenarbeit im Auskunftsverkehr in der Praxis auch tatsächlich hinreichend Folge leisten werden. – Vgl. auch → Auskunftsaustausch, → Basisgesellschaften, → Steuerabwehr, → Steuerflucht, → Verhaltenskodex.

Steuerobjekt – *Steuergegenstand;* Tatbestand, dessen Vorhandensein Grundlage der Besteuerung (Steuern) ist. Inbegriff der sachlichen Voraussetzungen zur Entstehung der Steuerschuld. Steuerobjekt kann ein Wirtschaftsgut oder ein wirtschaftlicher Vorgang sein. – *Beispiel:* Der Arbeitslohn ist das Steuerobjekt und wird mit der Einkommensteuer besteuert.

Steuerordnung → Steuersystem.

Steuerordnungswidrigkeit – *Steuerordnungswidrigkeit* (Zollordnungswidrigkeit). 1. *Begriff/Arten:* Zuwiderhandlung, die nach den Steuergesetzen mit Geldbuße geahndet werden kann (§ 377 AO). Dazu zählen v.a. leichtfertige → Steuerverkürzung, → Steuergefährdung, → Gefährdung der Abzugsteuern, → Verbrauchsteuergefährdung, → Gefährdung der Einfuhr- und Ausfuhrabgaben, unzulässiger Erwerb von Steuererstattungs- und Vergütungsansprüchen, Zuwiderhandlungen nach dem Steuerberatungsgesetz (StBerG) (§§ 378–383a AO und §§ 160–163 StBerG). – 2. *Strafe:* Geldbuße bis zu 50.000 Euro. – 3. *Verjährungsfrist:* Fünf Jahre (§ 384 AO). – 4. *Verfahren:* a) Es gilt das Gesetz über Ordnungswidrigkeiten i.V. mit §§ 409–412 AO. Sachlich zuständig ist die Finanzbehörde, die die betroffene Steuer verwaltet.

– b) Gegen einen Rechtsanwalt, Steuerberater, Steuerbevollmächtigten, Wirtschaftsprüfer oder vereidigten Buchprüfer kann erst nach Stellungnahme der zuständigen Berufskammer wegen einer Steuerordnungswidrigkeit, die er in Ausübung seines Berufes bei der Beratung in Steuersachen begangen hat, ein Bußgeldbescheid erlassen werden (§ 411 AO).

Steuerpflicht – 1. Die *persönliche Steuerpflicht* bezeichnet bei den → Personensteuern die Personen, die von der Steuer erfasst werden (Steuersubjekt) und den Umfang, in dem diese Erfassung eintritt (→ unbeschränkte Steuerpflicht, → beschränkte Steuerpflicht). – 2. Die *sachliche Steuerpflicht* bezeichnet dagegen das → Steuerobjekt. – Vgl. auch → Steuerpflichtiger.

Steuerpflichtiger – 1. *Steuerrecht allgemein (Abgabenordnung):* derjenige, der eine Steuer schuldet, für eine Steuer haftet, eine Steuer für Rechnung eines Dritten einzubehalten und abzuführen, eine Steuererklärung abzugeben, Sicherheit zu leisten, Bücher und Aufzeichnungen zu führen oder andere ihm durch die Steuergesetze auferlegte Verpflichtungen zu erfüllen hat (§ 33 I AO). Steuerpflichtige sind auch gesetzliche Vertreter, Vermögensverwalter und Verfügungsberechtigte. Steuerpflichtiger ist nicht, wer in fremder Sache Auskunft zu erteilen, Urkunden vorzulegen, ein Sachverständigengutachten zu erstellen oder das Betreten von Grundstücken, Geschäfts- und Betriebsräumen zu gestatten hat (§ 33 II AO). – 2. *Spezielle Steuerarten:* Vom vorstehenden Begriffsverständnis ganz zu unterscheiden sind die speziellen Begriffe → beschränkt Steuerpflichtiger (→ Steuerausländer) und → unbeschränkt Steuerpflichtiger (→ Steuerinländer), die sich auf zwei unterschiedliche Kategorien der subjektiven Steuerpflicht beziehen und festlegen, nach welchen Regeln jemand bei der Einkommen-, Körperschaftsteuer oder Erbschaftsteuer besteuert wird.

Steuerplanung → Steuerpolitik.

Steuerpolitik – I. Finanzwissenschaft/Wirtschaftspolitik: 1. *Begriff:* Einsatz steuerlicher Maßnahmen im Dienste der Finanz- und Wirtschaftspolitik (Finanzpolitik). – 2. *Ziele:* a) *Fiskalische Ziele:* Steigerung des Steueraufkommens. – b) *Nicht fiskalische Ziele:* Die Steuerpolitik kann jegliche staatspolitischen Ziele verfolgen, z.B. allokative Ziele durch differenzierte Umsatzsteuersätze, wachstumspolitische Ziele durch erhöhte Abschreibungen, distributive Ziele durch einen progressiven Einkommensteuertarif und konjunkturpolitische Ziele durch eine Built-in Flexibility. – 3. *Ansätze:* a) *Auswahl der Steuerobjekte,* z.B. Neueinführung oder Abschaffung von Steuern. – b) *Steuertechnik,* diesbezüglich vielfältige Eingriffsmöglichkeiten, z.B. Steuerbefreiungen, Ausdehnung oder Einschränkung der Steuerbemessungsgrundlage, Steuersatzänderungen. – 4. *Wirkungen:* In allen Bereichen der Volkswirtschaft (Einkommensentstehung, -verwendung und -verteilung, bei privaten Haushalten wie bei Unternehmen und auch im Ausland) zeigen sich Wirkungen, wobei die Interdependenzen der Auswirkungen einen hohen Komplexitätsgrad aufweisen und häufig nicht-deterministisch sind. Für staatliche Entscheidungsträger ist die Kenntnis der Wirkungen seiner Maßnahmen unerlässlich, doch nie umfassend erreichbar, sodass man beabsichtigte und unbeabsichtigte Wirkungen unterscheiden muss. – 5. *Grenzen:* Liegen in den ökonomischen und psychischen Grenzen der Besteuerung i.Allg., im Besonderen jedoch in den Vorstellungen vom Sinn und Zweck der einzelnen Steuern. Ferner muss eine aktive Steuerpolitik stets beachten, dass in demokratisch regierten Staaten Variationen im Steuergefüge nur sehr langsam in die Tat umgesetzt werden können, woraus eine strukturelle Schwerfälligkeit der Steuerpolitik resultiert.

II. Betriebswirtschaftslehre: Der auf das Objekt Steuern bezogene Teilbereich der allg. Unternehmenspolitik, mit der die Erreichung der Unternehmensziele gewährleistet werden soll. – 1. *Ziele:* In der sog. betriebswirtschaftlichen Steuerlehre werden zahlreiche steuerpolitische – vornehmlich steuerbilanzpolitische – Ziele diskutiert. In allgemeingültiger Form kann eine *steuerpolitische Zielfunktion* definiert werden als: Minimiere den Barwert der Steuerauszahlung, der sich durch die Wirkungen des Einsatzes steuerpolitischer Mittel auf die Größen Steuerhöhe und Zahlungszeitpunkt erzielen lässt, und beachte hierbei die Gewährleistung des vorgegebenen Erfolgsniveaus. – 2. *Mittel:* Vgl. Abbildung „Steuerpolitisches Instrumentarium". a) *Sachverhaltsgestaltung:* Die über die bloße Ausübung der steuerlichen

Wahlrechte hinausgehende steuerlich motivierte Beeinflussung des verwirklichten Sachverhalts unter den oben genannten Zielsetzungen (z.B. Wahl der Rechtsform, Bestimmung des Standorts, Anschaffung geringwertiger Wirtschaftsgüter). – b) Ein *steuerliches Wahlrecht* folgt immer erst auf einen realisierten Sachverhalt. Ein Wahlrecht liegt dann vor, wenn an den verwirklichten Sachverhalt nicht zwingend eine bestimmte Rechtsfolge anknüpft, sondern der Steuerpflichtige entweder bestimmen kann, welche von mind. zwei alternativen Rechtsfolgen bei ihm Anwendung finden soll, oder er die Wahl hat, ohne weitere Sachverhaltsgestaltung eine bestimmte Rechtsfolge eintreten zu lassen oder jegliche Rechtsfolge zu vermeiden. – *Differenzierung der steuerlichen Wahlrechte:* (1) Die *steuerbilanziellen Wahlrechte* (z.B. Wahl der Abschreibungsmethode, Übertragung stiller Reserven nach § 6b EStG, Bewertung von Vorratsvermögen nach Lifo, etc.) dienen der Beeinflussung der Steuerbilanz. Neben der ordentlichen, regelmäßig jährlich zu erstellenden Ertragsteuerbilanz existieren steuerliche Sonderbilanzen (außerordentliche Steuerbilanzen), die zu bestimmten Anlässen anzufertigen sind (z.B. Umwandlung, Beendigung, Gründung) und ebenfalls durch den Einsatz bestimmter Wahlrechte gestaltet werden können. (2) Wahlrechte, die die → Überschussrechnung nach § 4 III EStG beeinflussen (z.B. § 6c EStG, § 7 EStG). (3) Wahlmöglichkeiten, die es dem Steuerpflichtigen erlauben, auf die *Rechenwerke* einzuwirken, die der Ermittlung der Überschusseinkunftsarten (→ Einkünfte) nach § 2 I Nr. 4–7 EStG dienen (z.B. §§ 82g, 82i EStDV). (4) Außerhalb dieser speziellen Gebiete verbleibt ein großer Bereich, in dem der Steuerpflichtige aufgrund

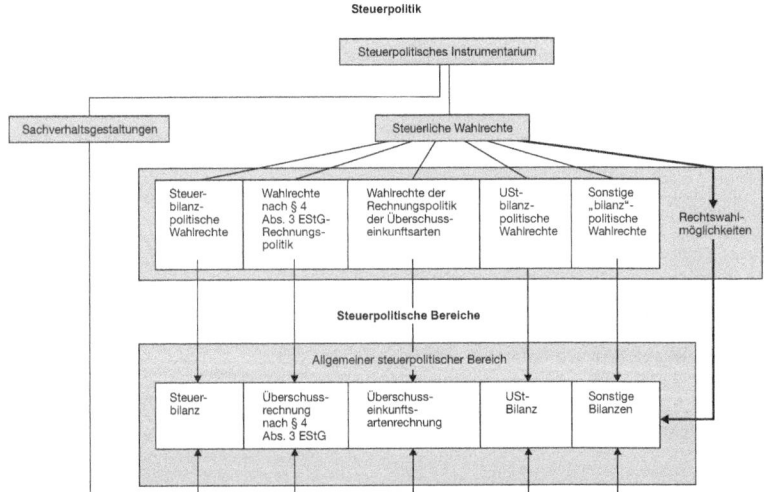

Steuerpolitik

vorhandener Wahlrechte steuerpolitische Aktivitäten entfalten kann. Da diesem Umfeld ein unmittelbarer Bezug zu einer der genannten speziellen Steuerpolitiken fehlt, wird es als *allg. steuerpolitischer Teilbereich* bezeichnet, der die Wahlrechte umfasst, deren Wirkung über die Beeinflussung der zuvor genannten Rechenwerke hinausgeht *(Rechtswahlmöglichkeiten)*. Insgesamt sind über 100 Rechtswahlmöglichkeiten bekannt (z.B. Option nach § 9 UStG). – 3. *Wirkungen:* a) Die *Sachverhaltsgestaltungen* zeigen ihre Wirkungen sowohl im allg. steuerpolitischen Bereich als auch in den einzelnen genannten speziellen Steuerpolitiken – b) *Steuerpolitische Wahlrechte* beeinflussen die Steuerschuld unmittelbar oder mittelbar über eine Beeinflussung der Bemessungsgrundlage, des Steuersatzes oder beider Größen. Weitere Folgen aufgrund der → Steuerartendependenzen und → Steuerarteninterdependenzen. Ferner lassen sich durch die Ausübung von Wahlrechten Steuerbemessungsgrundlagen persönlich (bestimmten Steuerpflichtigen) oder sachlich (unterschiedlichen Einkunftsarten, Vermögensarten) zuordnen. Weitere Konsequenzen durch die Veränderung der mit den Steuerpflichtigen verbundenen Verwaltungsaufgaben. Von entscheidender Bedeutung ist die Möglichkeit, den Zahlungszeitpunkt zu verschieben. – c) Aus dem Zusammenspiel dieser Konsequenzen ergibt sich die vom Steuerpflichtigen zur Erreichung seines steuerpolitischen Ziels angestrebte *Folge*. Bei der Durchführung betriebswirtschaftlicher Steuerpolitik sind die durch sie anfallenden *Kosten* mit in den Vorteilhaftigkeitskalkül einzubeziehen. – 4. *Ungewissheit:* Steuerpolitische Entscheidungen werden von Ungewissheit beeinflusst. – a) Auf der *Sachverhaltsseite* ist zum einen ungewiss, welche Würdigung der bereits realisierte oder zukünftig zu realisierende Sachverhalt durch die Finanzverwaltung erfährt, zum anderen ist die Sachverhaltsentwicklung mit Ungewissheiten behaftet. – b) Die *Steuerrechtsseite* unterliegt der Ungewissheit bes. durch die Risiken, die durch Gesetzgebung, Rechtsprechung und Finanzverwaltung verursacht werden. – c) *Vermeidung der Ungewissheit* ist kaum möglich; allenfalls bezogen auf den Bereich der für den Steuerpflichtigen erkennbaren „eingrenzbaren Ungewissheit" durch verbindliche Zusagen seitens der Finanzverwaltung oder durch Steuerklauseln. Hinsichtlich „uneingrenzbarer Ungewissheiten" (unerwarteter Rechtssprünge) besteht keine Möglichkeit des Steuerpflichtigen, sie im Rahmen seriöser Planungen zu berücksichtigen. Der Steuerpflichtige ist hier bes. auf Übergangsregelungen durch Gesetzgeber und Finanzverwaltung angewiesen, um steuerlich untragbare Ergebnisse für bereits getroffene Dispositionen zu vermeiden.

Steuerprogression – eine der drei möglichen Ausprägungen der → Steuertariftypen, gekennzeichnet durch einen mit steigender Bemessungsgrundlage wachsenden Durchschnittssteuersatz *(progressiver Steuertarif).* Der Grenzsteuersatz ist immer höher als der Durchschnittssteuersatz. Der Durchschnittssteuersatz kann degressiv, linear oder progressiv steigen, was zu verzögerter, linearer oder beschleunigter Progression führt. – *Wirkung* der Steuerprogression: Grenzen der Besteuerung, → Psychological Breaking Point, → Steuerabwehr. – Vgl. auch: → Steuerregression; → Steuerproportionalität, in der praktischen Ausgestaltung des progressiven Steuertarifs außerdem als logische Konsequenz zu beobachten: → Progressionsvorbehalt.

Steuerproportionalität – eine der drei möglichen Ausprägungen der → Steuertariftypen, gekennzeichnet durch einen konstanten durchschnittlichen Steuersatz für jede Höhe der Steuerbemessungsgrundlage *(proportionaler Steuertarif).* Der Grenzsteuersatz entspricht dem Durchschnittssteuersatz.

Steuerquelle – Güter- bzw. Geldstrom oder -bestand, aus dem die Steuer „letztlich" gezahlt wird.

Steuerquote – *Steuerlastquote;* Relation der Steuerschuld oder der tatsächlichen Steuereinnahmen zu einer anderen monetären Größe, um die relative Belastung durch die Besteuerung darzustellen (z.B. Anteil der Steuern am Bruttoinlandsprodukt einer Periode).

Steuerrecht – I. Begriff: Gesamtheit der Rechtsnormen unserer Rechtsordnung, die sich – im weitesten Sinn – auf Steuern beziehen. Diese schaffen und regeln die Rechtsbeziehungen (Rechte und Pflichten) zwischen den Trägern der → Steuerhoheit und den ihnen unterworfenen natürlichen und juristischen Personen.

II. Gliederung: 1. a) *Materielles Steuerrecht:* Dieses regelt Steuersubjekt, Steuerobjekt, Befreiungen, Bemessungsgrundlage und Steuersätze der einzelnen Steuerarten. – b) *Formelles Steuerrecht:* enthält die verfahrensrechtlichen Regelungen des Steuerrechts. – 2. a) *Allgemeines Steuerrecht:* Rechtsnormen, die für alle Steuerarten gelten und die sowohl das Verfahren als auch – teilweise – das materielle Steuerrecht allg. Charakters betreffen, sind mehr oder weniger einheitlich gestaltet. Weitgehend in der → Abgabenordnung (AO) und im → Bewertungsgesetz (BewG) kodifiziert. – b) *Besonderes Steuerrecht:* Dieses regelt für die Vielzahl der verschiedenen Steuern vorwiegend das materielle Steuerrecht der einzelnen Steuerarten, enthält aber auch bes. Verfahrensvorschriften, die nur für die jeweilige einzelne Steuer gelten.

III. Rechtsquellen: Lehre von den Rechtsquellen des Steuerrechts ist – entsprechend der Natur des Steuerrechts – Teilstück der Rechtsquellenlehre der Verwaltungsrechts und damit zugleich Teil der allg. Rechtslehre. Als Quellen des Steuerrechts kommen folgende in Betracht: (1) → Steuergesetze, (2) → Steuerrechtsverordnungen, (3) → autonome Satzungen, (4) → Gewohnheitsrecht, (5) → supranationales Recht, (6) → Doppelbesteuerungsabkommen (DBA).

IV. Rechtsanwendung: Die Rechtsanwendung im Steuerrecht besteht – wie im allg. Recht – darin, einen konkreten Sachverhalt unter den maßgebenden (abstrakten) gesetzlichen Tatbestand zu subsumieren, sodass sich eine konkrete Rechtsfolge bzw. eine gesetzlich zugelassene Wahlmöglichkeit zwischen verschiedenen Rechtsfolgen (steuerliches Wahlrecht, → Steuerpolitik) ergibt. Sie setzt die Feststellung des Sachverhalts (geregelt in der AO (Ermittlungsverfahren) und in der FGO (Erforschung des Sachverhalts und Beweisaufnahme)) und der anzuwendenden Rechtsnorm (Auffinden, Textkritik und Auslegung) voraus.

V. **Rechtsauslegung:** Die Auslegung im Steuerrecht ist gesetzlich nicht mehr geregelt. – 1. Sie folgt den *allg. geltenden Auslegungsregeln:* Die Steuergesetze sind gemäß ihres Sinngehalts unter Berücksichtigung der → wirtschaftlichen Betrachtungsweise und der → Entwicklung der Verhältnisse auszulegen (→ typische Betrachtungsweise). – 2. Dieses Ziel wollen die Anhänger der verschiedenen subjektiven und objektiven *Auslegungstheorien* auf verschiedenen Wegen erreichen: Während die subjektiven Theorien von dem Sinn des Gesetzes ausgehen, den es nach dem Willen des historischen Gesetzgebers haben sollte, stellen die objektiven Theorien auf den Willen des Gesetzes selbst ab (historische Auslegungsmethode). Das Bundesverfassungsgericht hebt den objektivierten Willen des Gesetzgebers hervor, wie er sich aus dem Wortlaut der Gesetzesbestimmung und dem gegebenen Sinnzusammenhang ergibt. Aufgrund dieser Rechtsprechung kann im Steuerrecht die objektive Auslegungstheorie heute als die herrschende angesehen werden. – 3. Die von der allg. Rechtslehre entwickelten verschiedenen *Auslegungsmethoden* gelten auch im Steuerrecht. Sie stehen gleichwertig nebeneinander, ergänzen einander und sind i.d.R. alle miteinander zu verbinden. – *Wichtigste Methoden:* (1) *Grammatische Auslegung:* Sie geht von dem Wortlaut der festgestellten Rechtsnorm aus und soll diesen unter Heranziehung des Sprachgebrauchs und der Grammatik klarstellen. (2) *Historische Auslegung:* Sie berücksichtigt aufgrund der Materialien die Entstehungsgeschichte der Rechtsnorm, wobei die Entwicklung der Verhältnisse zu beachten ist. (3) *Logisch-systematische Auslegung:* Sie ermittelt und stellt ab auf den Sinn der Begriffe und den Sinnzusammenhang der Rechtssätze nach der allg. Rechtsordnung und nach der Systematik des Gesetzes. (4) *Teleologische Auslegung:* Sie geht von dem spezifischen Sinn und Zweck der Steuergesetze aus, der einerseits in der beschreibenden Erfassung steuerpflichtiger, steuerfreier oder steuerbegünstigter Vorgänge, andererseits in der Bestimmung von Art und Umfang der Steuerpflicht, der Steuerbefreiung oder der Steuervergünstigung zu sehen ist.

VI. **Verhältnis zu anderen Rechtsgebieten:** 1. *Zum Bürgerlichen Recht:* Bürgerlich-rechtliche Vertragsfreiheit ist dem Steuerrecht fremd. Wenn auch die Besteuerung i.Allg. an Vorgänge anknüpft, denen bürgerlich-rechtliche Rechtsgeschäfte zugrunde liegen,

so kommt es bei deren steuerrechtlicher Wertung doch mehr auf das an, was (wirtschaftlich betrachtet) ist und durchgeführt wird. – Das Steuerrecht verwendet häufig Rechtsbegriffe des Bürgerlichen Rechts. Diese können im Steuerrecht einen abweichenden (z.B. Wohnsitz) oder den gleichen (z.B. Ehe, Miete) Inhalt haben oder dem Steuerrecht angepasst (z.B. Aufrechnung) sein. Auch bürgerlich-rechtliche Begriffe müssen daher im Steuerrecht stets aus dem steuerrechtlichen Bedeutungszusammenhang heraus interpretiert werden. – 2. *Zum Zivilprozessrecht:* Während die Zivilprozessordnung der Durchsetzung und Sicherung bürgerlich-rechtlicher Ansprüche zwischen Privatpersonen dient, regelt das formelle Steuerrecht die Entstehung, Festsetzung, Erhebung und Vollstreckung hoheitlicher Ansprüche sowie den Rechtsschutz des Bürgers gegen unberechtigte steuerliche Inanspruchnahme. Das Zivilprozessrecht wird deshalb von der Dispositionsmaxime beherrscht, während im Steuerrecht der Untersuchungsgrundsatz gilt. Allerdings greift auch die FGO auf einzelne Vorschriften der ZPO zurück, so z.B. die Bestimmungen für die Ausschließung und Ablehnung von Gerichtspersonen, für die Beweisaufnahme, für die Streitgenossenschaft. Soweit die FGO keine Bestimmungen über das Verfahren trifft, sind – unter Beachtung der grundsätzlichen Unterschiede beider Verfahren – die Vorschriften des GVG und der ZPO sinngemäß anzuwenden. – 3. *Zum Verwaltungsrecht:* Das Steuerrecht ist in seinem Kern – wie heute allg. anerkannt ist – bes. Verwaltungsrecht. Es hat sich jedoch bes. nach Einrichtung des Reichsfinanzhofs und dem Inkrafttreten der AO im Jahre 1919 weitgehend verselbstständigt. Das formelle Steuerrecht lehnt sich – entsprechend der erstrebten Verfahrensvereinheitlichung – i.d.R. an die Verwaltungsgerichtsordnung an, soweit nicht die Besonderheiten und die Eigengesetzlichkeit des Steuerrechts Abweichungen fordern. – 4. *Zum Finanzrecht:* Dieses erfasst die rechtliche Ausgestaltung der öffentlichen Finanzmittel in ihrer Gesamtheit und regelt deren Bestand, Beschaffung und Verwendung ebenso wie die verfahrensmäßigen Einrichtungen, die der Kontrolle und Sicherung einer gesetzmäßigen Verwaltung und Verwendung dieser Mittel dienen. Das Steuerrecht stellt sich als ein wichtiges Teilgebiet des Finanzrechts dar: Es bezieht sich nur auf eine einzelne Art der öffentlichen Einnahmen, die Steuern; es erfasst nicht andere öffentliche Einnahmen sowie die Verausgabung der öffentlichen Finanzmittel.

VII. **Steuerrecht und Rechtsprechung:** 1. Die → Finanzgerichtsbarkeit wird durch unabhängige, von der Verwaltung losgelöste Gerichte ausgeübt, in den Ländern durch die *Finanzgerichte* als untere Landesgerichte und im Bund durch den *Bundesfinanzhof* (§§ 1, 2 FGO). Ziel des Verfahrens ist der Rechtsschutz der einzelnen gegenüber rechtswidrigen Maßnahmen der Verwaltung. Die gerichtlichen Entscheidungen binden die Beteiligten soweit, als über den Streitgegenstand entschieden worden ist (→ Rechtskraft). Zwar wirken sie formell nicht über den entschiedenen Einzelfall hinaus, werden aber i.d.R. von der Finanzverwaltung auch in anderen – gleichgelagerten – Fällen beachtet. – 2. Das *Bundesverfassungsgericht* hatte bisher in einer Vielzahl von Fällen die Verfassungsmäßigkeit steuerrechtlicher Vorschriften zu prüfen. Seine Entscheidungen greifen unmittelbar und gestaltend in das Steuerrecht ein.

Steuerrechtfertigungslehre – Lehre zur Begründung der Erhebung von Steuern. Die Steuerrechtfertigungslehre geht von den Funktionen des Gemeinwesens aus. – *Arten:* (1) Äquivalenztheorie (auf dem → Äquivalenzprinzip aufbauende Steuerrechtfertigungslehre; Interessentheorie); (2) Assekuranztheorie (auf dem → Assekuranzprinzip aufbauende Steuerrechtfertigungslehre); (3) Opfertheorien (→ Leistungsfähigkeitsprinzip; Ability to Pay Principle). – Steuerrechtfertigungslehre und → Steuertheorie werden i.d.R. synonym verwendet.

Steuerrechtsverordnung – Rechtsnorm des → Steuerrechts, die nicht in einem förmlichen Gesetzgebungsverfahren zustande gekommen ist, sondern aufgrund einer gesetzlichen Ermächtigung durch die Bundesregierung oder den Bundesminister der Finanzen ggf. i.V. mit der Zustimmung des Bundesrates erlassen wurde (Art. 80 GG). Die Steuerrechtsverordnung hat bindende Wirkung für den Steuerpflichtigen. – Vgl. auch Rechtsverordnung.

Steuerreform – Umgestaltung einer bestehenden Steuerordnung (→ Steuersystem).

I. Allgemein: Die Steuersysteme fast aller entwickelten Staaten werden von Zeit zu Zeit durch größere Steuerreformen den gesellschaftlichen Anschauungen, den Veränderungen der wirtschaftlichen und sozialen Verhältnisse und den Bedürfnissen des Staatshaushalts angepasst. Meist verfolgt eine Steuerreform auch das Ziel, das Steuersystem durch Verringerung der Zahl der Steuerarten, durch Verbesserung der Verständlichkeit der Steuernormen und durch Erhöhung der Transparenz der Verwaltungsvorgänge zu vereinfachen *(Vereinfachung des Steuerrechts).* Der Realisierung solcher Zielvorstellungen sind jedoch einerseits durch die wachsenden Haushaltsbedürfnisse und die zunehmende Verwendung des Steuerrechts zur Durchsetzung wirtschafts- und sozialpolitischer Ziele und andererseits durch das Bestreben, die Gleichmäßigkeit und Gerechtigkeit der Besteuerung möglichst zu perfektionieren, sehr enge Grenzen gesetzt.

II. Steuerreform in der Bundesrepublik Deutschland: Die Diskussionen um eine *große Steuerreform* begannen mit dem im Jahre 1953 veröffentlichten Gutachten des wissenschaftlichen Beirats beim Bundesfinanzministerium zur organischen Steuerreform. – 1. Am 1.1.1968 wurde die nahezu 50 Jahre alte kumulative Allphasen-Bruttoumsatzsteuer durch die nichtkumulative *Allphasen-Nettoumsatzsteuer* (Mehrwertsteuer, → Umsatzsteuer) ersetzt. – 2.

Auf der Grundlage der Vorschläge der Kommission beim Bundesfinanzministerium (Steuerreformkommission) erfolgte die Ausarbeitung von *drei Gesetzentwürfen,* die in unterschiedlichem Maße realisiert wurden. – a) Das *Erste Steuerreformgesetz* hatte die Reichsabgabenordnung zum Inhalt. Die reformierte Abgabenordnung ist als AO 1977 am 1.1.1977 in Kraft getreten. Ziel war es u.a., die Systematik und Terminologie zu verbessern und den Charakter der AO als Mantelgesetz wiederherzustellen. – b) Im *Zweiten Steuerreformgesetz* sollten die einheitswertabhängigen Steuern, bes. die Vermögensteuer, Erbschaftsteuer, Grundsteuer und Gewerbekapitalsteuer reformiert werden. Die ursprüngliche Zielsetzung des Gesetzgebers, das Gesetz als Ganzes zu verabschieden, ließ sich nicht realisieren; dieser Reformentwurf wurde im Finanzausschuss in drei Gesetze aufgeteilt. Mit Wirkung vom 1.1.1974 sind das Gesetz zur Reform des Grundsteuerrechts vom 7.8.1973 (BGBl. I 965), das Gesetz zur Reform des Erbschaft- und Schenkungsteuerrechts vom 17.4.1974 (BGBl. I 933) sowie das Vermögensteuerreformgesetz (VStRG) vom 17.4.1974 (BGBl. I 949) in Kraft getreten. – c) Der Entwurf des *Dritten Steuerreformgesetzes* befasste sich mit der Neuregelung des Einkommensteuerrechts (Art. 1), des Körperschaftsteuerrechts (Art. 2) und des Sparprämienrechts (Art. 3). Bereits vor der Behandlung des Dritten Steuerreformgesetzes wurden einige zum Reformprogramm der Bundesregierung gehörende Maßnahmen vorgezogen und vorab verwirklicht. (1) Aus diesem Komplex ist bes. das *Außensteuerreformgesetz* von Bedeutung, das als Erstes Gesetz im Rahmen der Steuerreform am 13.9.1972 in Kraft trat (BGBl. I 1713). (2) Da das Dritte Steuerreformgesetz aus verschiedenen Gründen nicht als Ganzes verwirklicht werden konnte, entschloss man sich, die Körperschaftsteuerreform zunächst zurückzustellen und aus den Art. 1 und 3 einige Regelungen vorzuziehen, die als bes. Gesetzentwurf zusammengefasst wurden. Dieser *Entwurf eines Gesetzes zur Reform der Einkommensteuer und der Sparförderung* war heftig umstritten und wurde nach zweimaliger Anrufung des Vermittlungsausschusses in erheblich veränderter Form Gesetz, das erstmals für den Veranlagungszeitraum 1975 Gültigkeit besaß. – Der zunächst zurückgestellte Art. 2 des geplanten Zweiten Steuerreformgesetzes war die Grundlage für das *Körperschaftsteuerreformgesetz,* das sowohl das KStG 1977 umfasst als auch die erforderlichen Änderungen des EStG 1975. Daneben wurde auch ein *Einführungsgesetz* zum Körperschaftsteuerreformgesetz verabschiedet, das die notwendige Anpassung anderer Steuergesetze, bes. das Umwandlungssteuergesetz 1977 (→ Umwandlung) enthält. In den 1990er-Jahren waren die Vorhaben zur Steuerreform durch schrittweise Steuersenkungen unter Verbreiterung der Bemessungsgrundlage gekennzeichnet. Eine weitere inhaltliche größere Steuerreform erfolgte 2001 mit der Abschaffung des geschaffenen Anrechnungsverfahrens bei der Körperschaftsteuer und dem Übergang auf das → Halbeinkünfteverfahren (Definitivsteuer mit niedrigerem Satz, zugleich Halbeinkünfteverfahren für Dividendeneinkünfte und zugleich ein Optionsrecht, nach dem Personengesellschaften für die Körperschaftsteuer – statt Einkommensteuer – ooptieren können sollen). (3) *Nicht verwirklicht* worden ist bisher v.a. eine grundlegende Reform der Gewinnermittlung im Einkommensteuerrecht, die zunächst im Rahmen des Dritten Steuerreformgesetzes vorgesehen war, auch wenn sich das Einkommensteuergesetz Ende der 1990er-Jahre durch Einzelbestimmungen zunehmend vom Handelsgesetzbuch (HGB) gelöst hat. – 3. *Weitere wesentliche Änderungen:* a) Durch das *Steueränderungsgesetz 1979* ist u.a. ab 1980 die *Lohnsummensteuer abgeschafft* worden. – b) Im Zuge der *Harmonisierung der Steuervorschriften* innerhalb der EU (→ Steuerharmonisierung in der EU) wurde das *Umsatzsteuergesetz* reformiert, das am 1.1.1968 in Kraft trat. – c) Weiter ist das *Grunderwerbsteuergesetz 1983* zu nennen, welches die landesrechtlichen Grunderwerbsteuergesetze ablöste, die Zahl der Steuerbefreiungen drastisch einschränkte und den Steuersatz von 7 Prozent auf 2 Prozent (später 3,5 Prozent) senkte. – d) *Steuerreformgesetz 1990:* Absenkung des Einkommensteuerspitzensatzes auf 53 Prozent sowie Einführung eines linear-progressiven Tarifverlaufs im Bereich der Progressionszone; unbeschränkter Verlustvortrag. – e) *Standortsicherungsgesetz 1994:* Begrenzung des ESt-Spitzensteuersatzes für gewerbliche Gewinne auf 47 Prozent; Senkung der KSt-Tarifbehandlung auf 45 Prozent, der Ausschüttungsbelastung auf 30 Prozent. – f) *Jahressteuergesetz 1997:* Abschaffung der Drohverlust-Rückstellung. – g) *Steuerentlastungsgesetz 1999/2000/2002:* Absenkung der Schwelle für „wesentliche" Beteiligungen auf 10 Prozent; Einführung eines Wertaufholungsgebots. – h) *Zahlreiche Gesetze 2002 und 2003* senkten die Beteiligungsschwelle weiter ab auf 1 Prozent, begrenzten den Umfang in dem sich → Verlustvorträge steuermindernd auswirken können, regelten die Gesellschafter-Fremdfinanzierung neu und kürzten zahlreiche Subventionen linear um 12 Prozent ihres bisherigen Volumens. – i) Weitere *Gesetze 2004-2008:* Z.B. ab Veranlagungszeitraum 2007 Senkung des Einkommensteuerspitzensatzes von 45 Prozent auf 42 Prozent und Erhöhung wiederum auf 45 Prozent („*Reichensteuer*") ab einem Einkommen von über 250.000 Euro bzw. 500.000 Euro, Erweiterung des Inlandsbegriffs, Berücksichtigung negativer Einkünfte im Rahmen des Progessionsvorbehalts, Teilwertabschreibung auf Gesellschafterdarlehen, Außensteuergesetz etc. – j) *Unternehmensteuerreform 2008* wurde am 25.5.2007 vom Bundestag verabschiedet. Der Bundesrat hat dem Gesetz am 6.7.2007 zugestimmt. Es trat zum 1.1.2008 bzw. im Fall der Abgeltungsteuer zum 1.1.2009 in Kraft: Senkung des Körperschaftsteuersatzes von 25 Prozent auf 15 Prozent, Einführung einer Zinsschranke, Reform der Gewerbesteuer etc. – k) *Erbschaftsteuerreform:* Neuregelung der Erbschaftsteuer bzw. Schenkungsteuer ab

2009 aufgrund von Vorgaben des Bundesverfassungsgerichts. Ab 2009 darf die Steuer nach dem bisherigen Recht nicht mehr erhoben werden, da sie gegen das Grundgesetz verstößt (Vorwurf: Begünstigungen von Grundvermögen und Betriebsvermögen). Maßgeblicher Inhalt der Neuregelung: bestehende Begünstigungen für Grundvermögen und Betriebvermögen werden lediglich durch neue, technisch jetzt anders gefasste Begünstigungen derselben Vermögensarten ersetzt; da sich zu deren Rechtswidrigkeit das Verfassungsgericht aus technischen Gründen frühestens erst in mehreren Jahren äußern können wird (und dann die Neuregelungen wiederum aus fiskalischen Gründen vermutlich nicht rückwirkend verwerfen wird), ist im Endeffekt der bisherige Zustand nicht entscheidend verändert worden; darauf, ob dieses Vorgehen des Gesetzgebers letztlich als eine Umgehung der verfassungsrechtlichen Vorgaben gesehen werden muss, wird in der öffentlichen Diskussion jedoch kaum eingegangen.

Steuerregression – eine der drei möglichen Ausprägungen der → Steuertariftypen, gekennzeichnet durch einen mit steigender Bemessungsgrundlage sinkenden Durchschnittsteuersatz (*regressiver Steuertarif*). Der Grenzsteuersatz ist niedriger als der Durchschnittsteuersatz. Der Durchschnittsteuersatz kann degressiv, linear oder progressiv fallen, was zu verzögerter, linearer oder beschleunigter Regression führt. – *Auswirkung:* Die Steuerregression wird durch die Eigenschaft der Verbrauchsteuern bewirkt, niedrige Einkommensschichten relativ stärker zu belasten als höhere. Da Wirtschaftssubjekte mit einem geringen Einkommen i.d.R. eine höhere Konsumquote haben als Bezieher größerer Einkommen, werden sie relativ mehr von einer Verbrauchsteuer erfasst als die übrigen Gruppen. Deshalb sind hohe Verbrauchsteuersätze aus sozialpolitischen Gesichtspunkten bedenklich.

Steuersachverständige – Personen und Organisationen, die dem → Steuerpflichtigen beratend und helfend zur Seite stehen, u.a. → Wirtschaftsprüfer (WP), → Wirtschaftsprüfungsgesellschaften, → Steuerberater, → Steuerbevollmächtigte, → Steuerberatungsgesellschaften, Fachanwälte für Steuerrecht.

Steuersatz – Prozent- oder Promillesätze der → Bemessungsgrundlage einer Steuer. Der Steuersatz bestimmt die Höhe der Steuerbelastung. – Im Rahmen der *Harmonisierung der Besteuerung auf EU-Ebene* sind durch → Verbrauchsteuersatzrichtlinien Mindeststeuersätze für einige Steuerarten bestimmt worden. – Vgl. auch → Steuertarif.

Steuerschuld – I. Abgabenordnung: Die vermögensrechtliche Verpflichtung des → Steuerschuldners im → Steuerschuldverhältnis, den Steueranspruch des Steuerberechtigten zu erfüllen. – 1. *Entstehung:* Die Steuerschuld entsteht, sobald der Tatbestand verwirklicht ist, an den das jeweilige Einzelsteuergesetz die Leistungspflicht knüpft (§ 38 AO). – 2. *Erlöschen:*

Die Steuerschuld erlischt durch Zahlung, → Aufrechnung, Billigkeitserlass (→ Steuererlass), → Verjährung oder durch Eintritt der Bedingung bei auflösend bedingten Ansprüchen (§ 47 AO). – 3. *Zurechnungssubjekt:* Wer die Steuerschuld zu erfüllen hat, wer Steuerschuldner ist, richtet sich nach den Einzelsteuergesetzen (§ 43 AO). Der Steuerschuldner muss steuerrechtsfähig sein, d.h. Träger steuerlicher Rechte und Pflichten sein können. Handlungsfähigkeit bzw. steuerliche Geschäftsfähigkeit ist nicht erforderlich.

II. Erbschaftsteuer: Steuerschulden sind abzugsfähig, soweit sie vom Erblasser stammen (Nachlassverbindlichkeiten).

Steuerschuldner – 1. *Begriff:* Wer Steuerschuldner ist, bestimmt grundsätzlich das jeweilige Einzelsteuergesetz (§ 43 AO). Soweit es an einer ausdrücklichen Regelung fehlt, ist Steuerschuldner derjenige, der den Tatbestand verwirklicht, an den das Einzelsteuergesetz die Steuerpflicht knüpft (analog § 38 AO). – 2. *Einzelfälle:* a) *Einkommensteuer:* Steuerschuldner ist die natürliche Person mit Einkommen (§§ 1, 2 EStG). – b) *Körperschaftsteuer:* Steuerschuldner sind die in § 1 KStG aufgezählten Körperschaften etc. – c) *Gewerbesteuer:* Steuerschuldner ist der Unternehmer (§ 5 I GewStG). – d) *Umsatzsteuer:* Steuerschuldner ist der Unternehmer (§ 13a UStG). – e) *Lohnsteuer:* Steuerschuldner ist der Arbeitnehmer (§ 38 II EStG). – f) *Erbschaftsteuer:* Steuerschuldner ist der Erwerber, bei einer Schenkung auch der Schenker (§ 20 I ErbStG). – g) *Grunderwerbsteuer:* Steuerschuldner sind die an dem Erwerbsvorgang beteiligten Personen (§ 13 Nr. 1 GrEStG). – 3. Jeder Steuerschuldner ist zugleich auch → Steuerpflichtiger.

Steuerschuldnerschaft des Leistungsempfänger- amtliche Bezeichnung für das sog. → Reverse-Charge-Verfahren.

Steuerschuldverhältnis – öffentlich-rechtliches Rechtsverhältnis, auf die vermögensrechtlichen Ansprüche des Steuerrechts gerichtet. Dies sind der Steueranspruch, der → Steuervergütungsanspruch, der Haftungsanspruch (→ Haftung), der Anspruch auf eine → steuerliche Nebenleistung und der → Steuererstattungsanspruch sowie die in Einzelsteuergesetzen geregelten Steuererstattungsansprüche (§ 37 I AO). – Vgl. auch → Steuerschuld.

Steuerstrafrecht – die bes., sich auf → Steuerstraftaten beziehenden strafrechtlichen Vorschriften der Abgabenordnung (AO). Das Steuerstrafrecht umfasst die materiellen Strafvorschriften (§§ 369–376 AO), ergänzt durch das Strafgesetzbuch (StGB) und die formellen Vorschriften des Steuerstrafverfahrensrechts (§§ 385–408 AO).

Steuerstraftat – *Steuervergehen.* 1. *Begriff:* Steuerstraftaten sind: a) Taten, die nach den Steuergesetzen strafbar sind, d.h. (1) → Steuerhinterziehung, (2) gewerbsmäßiger, gewaltsamer und bandenmäßiger → Schmuggel, (3) → Steuerhehlerei; b) → Bannbruch; c) → Steuerzeichenfälschung; d)

Begünstigung einer Person, die eine dieser Taten begangen hat (§ 369 AO). – Verletzung des → Steuergeheimnisses ist *keine* Steuerstraftat, sondern Straftat nach § 355 StGB. – 2. *Strafe:* Geldstrafe oder Freiheitsstrafe; Tatwerkzeuge oder -produkte können eingezogen werden. Bei Freiheitsstrafe von mind. einem Jahr kann das Gericht in bestimmten Fällen die Fähigkeit, öffentliche Ämter zu bekleiden und Rechte aus öffentlichen Wahlen zu erlangen, aberkennen (§ 375 I AO). – 3. *Verjährung:* Die Strafverfolgung verjährt in fünf Jahren (§§ 78 StGB), die Verjährungsfrist wird durch die Bekanntgabe eines Bußgeldverfahrens oder deren Anordnung unterbrochen (§ 376 AO).

Steuerstrafverfahrensrecht – die formellen bes. Vorschriften des → Steuerstrafrechts (§§ 385–408 AO), die in Ergänzung der allg. Vorschriften (Strafprozessordnung, Gerichtsverfassungsgesetz und Jugendgerichtsgesetz) gelten. – 1. Die *Finanzbehörden* (Hauptzollamt, Finanzamt, → Bundeszentralamt für Steuern oder Familienkasse) haben bei allen → Steuerstraftaten von Amts wegen den Sachverhalt zu erforschen. Dabei nehmen sie die Rechte und Pflichten der Staatsanwaltschaft im Ermittlungsverfahren wahr. Die Finanzbehörde kann die Sache jedoch jederzeit an die Staatsanwaltschaft abgeben. Diese kann die Sache auch jederzeit an sich ziehen und wieder abgeben (§ 386 AO). Die Einleitung des Strafverfahrens ist dem Beschuldigten mitzuteilen (→ Selbstanzeige). – 2. Bieten die Ermittlungen genügenden Anlass zur Erhebung der öffentlichen Klage, so beantragt die Finanzbehörde beim Amtsgericht den Erlass eines *Strafbefehls,* wenn die Strafsache zur Behandlung im Strafbefehlsverfahren geeignet erscheint; andernfalls legt die Finanzbehörde die Akten der Staatsanwaltschaft vor, die sodann die Entscheidung trifft. An dem weiteren Verfahren ist die Finanzbehörde zu beteiligen. Ihr sind alle Termine und Entscheidungen mitzuteilen. – 3. Zulässig ist auch, die *Einziehung* oder den *Verfall* zu beantragen (§ 401 AO). – 4. Als *Verteidiger* können auch Steuerberater, Steuerbevollmächtigte, Wirtschaftsprüfer und vereidigte Buchprüfer gewählt werden, wenn die Finanzbehörde das Verfahren wegen der Steuerstraftat selbstständig durchführt (§ 392 AO).

Steuerstundungsmodelle – 1. *Begriff des Einkommensteuerrechts:* Ein Steuerstundungsmodell liegt vor, wenn aufgrund einer modellhaften Gestaltung steuerliche Vorteile durch die Verrechnung von Verlusten mit den übrigen Einkünften einer Person erreicht werden sollen. Voraussetzung für die Einstufung einer Gestaltung als Steuerstundungsmodell ist dabei, dass innerhalb der Anfangsphase das Verhältnis der insgesamt prognostizierten Verluste zum eingesetzten Kapital 10 Prozent übersteigt. – 2. *Rechtsfolgen:* Die Verluste aus einer Gestaltung, die als Steuerstundungsmodell eingestuft wird, können nicht mit dem übrigen Einkommen verrechnet werden, sondern lediglich mit zukünftigen Gewinnen aus demselben Modell verrechnet werden (§ 15b EStG). Dadurch wird der angestrebte steuersparende Effekt zunichte gemacht. – 3. *Voraussetzung* für die Anwendung der Regelungen über Steuerstundungsmodelle ist, dass es sich nach den normalen Regeln um „Einkünfte" handelt; dass ist nicht der Fall, wenn durch die Gestaltung nicht insgesamt (über die Totalperiode hinweg) ein Überschuss erzielt werden soll (→ Liebhaberei). Voraussetzung ist ferner, dass es sich um eine modellhafte Gestaltung handeln muss; das schließt es aus, die Regelung auf Verluste von Existenzgründern oder Firmengründern anzuwenden.

Steuersystem – *Steuerordnung.* 1. *Begriff:* Gesamtheit der in einem Land erhobenen bzw. mit einem bestimmten Sinngehalt zu erhebenden Steuern. – a) *I.e.S.:* Darstellung der Vielzahl der gleichzeitig erhobenen Steuern (deskriptiver Aspekt). – b) *I.w.S.:* Forderung nach einem logischen Zusammenhang aller Steuern (gestalterischer Aspekt). – 2. *Arten:* a) Nach der *Art der Entstehung:* → historisches Steuersystem, → rationales Steuersystem. – b) Nach der *Konzeption:* → äußeres Steuersystem, → inneres Steuersystem. – c) Nach der Anzahl der → Steuerarten: → monistisches Steuersystem, → pluralistisches Steuersystem. – 3. *Heutige Steuersysteme* sind so vielgestaltig und komplex, müssen auf die föderalistischen Strukturen (Föderalismus) und verschiedenste politische Ziele Rücksicht nehmen, dass die Gestaltung rationaler Steuersysteme nur als theoretische Aufgabe bzw. – sofern überhaupt möglich – als Maßstab für eine „permanente Steuerreform" denkbar ist.

Steuertabelle – Übersicht in Tabellenform, die i.d.R. den jeweiligen Steuerbemessungsgrundlagen (→ Bemessungsgrundlage) die entsprechenden → Steuersätze bzw. zu entrichtenden Steuerbeträge zuordnet (z.B. Lohnsteuertabellen).

Steuertarif – gesetzlich festgelegte funktionale Beziehung zwischen der Bemessungsgrundlage einer Steuer und der Steuerschuld. – Vgl. auch → Steuertariftypen, → Steuer-Kombinationstarife.

Steuertarifformen – Ausprägungen der verschiedenen → Steuertariftypen: → Stufentarif, → Kurventarif.

Steuertariftypen – Gestaltung des Verlaufs des → Steuertarifs bei steigender Bemessungsgrundlage. – *Arten:* Steuertariftypen mit Proportionalität (proportionaler Steuertarif, → Steuerproportionalität), Progression (progressiver Steuertarif, → Steuerprogression) und Regression (regressiver Steuertarif, → Steuerregression), wobei zwischen beschleunigter, linearer und verzögerter Progression bzw. Regression unterschieden wird. – *Darstellung* von Steuertariftypen in verschiedenen → Steuertarifformen.

Steuertheorie – 1. *I.w.S.:* Sammelbezeichnung für die → Steuerrechtfertigungslehre, die Lehre vom → Steuersystem (Steuersystemtheorie), die Lehre von den Steuerwirkungen, die Lehre von den Steuergrundsätzen (→ Besteuerungsprinzipien) und die Lehre von den Grenzen der Besteuerung. – 2. *I.e.S.:*

Synonyme Bezeichnung für die *Steuerrechtfertigungslehre.*

Steuerträger – der durch eine Steuer tatsächlich wirtschaftlich Belastete; ökonomischer Begriff im Unterschied zum steuerjuristischen Begriff des Steuerschuldners (Steuern). Der Steuerträger trägt die Steuer aus seinem Einkommen oder Vermögen. – *Anders:* → Steuerdestinatar.

Steuerüberwälzung – I. Allgemein: 1. *Begriff:* Rechtlich zulässige Form der → Steuerabwehr. Prozess der Übertragung der Steuerlast vom Steuerpflichtigen (Steuerzahler) auf den Steuerträger. Maßgeblich für die Steuerüberwälzung ist die Elastizität von Angebot und Nachfrage nach einem Gut. Möglichkeit und Grad der Steuerüberwälzung hängen auch vom Einkommen ab, da mit höherem Einkommen die Elastizität der Nachfrage steigt. Am Ende dieses Prozesses der Steuerüberwälzung steht die endgültige Steuerbelastung (Inzidenz). – 2. *Arten:* a) *Fortwälzung:* Ein Anbieter gibt die Steuer in einer Preiserhöhung an den Nachfrager weiter; üblicher, unterstellter Fall bei Umsatz- und Verbrauchsteuern. Für den Anbieter von Arbeitskraft ist eine Fortwälzung über Lohnerhöhungen abhängig von der Verhandlungsmacht der Gewerkschaften. – b) *Schrägwälzung:* Der Anbieter verteuert andere Produkte, da eine Preiserhöhung bei dem belasteten Gut aufgrund der Nachfrageelastizitäten nicht möglich ist. – c) *Rückwälzung:* Der Nachfrager wälzt eine Steuer auf den Anbieter bzw. Lieferanten über. Der Unternehmer versucht die Löhne oder Einkaufspreise, die privaten Haushalte versuchen die Güterpreise zu drücken. – 3. *Umfang:* Die Frage, in welchem Umfang die verschiedenen Steuern überwälzt werden können, versucht die Steuerwirkungslehre (Steuerwirkungen) mit zwei unterschiedlichen *Betrachtungsweisen* zu lösen: a) *Makroökonomische Analyse der Steuerüberwälzung:* Kriterium ist die Veränderung des Einkommens der Besteuerten. Im Rahmen der Kreislauftheorie (Kreislaufanalyse) werden dabei die Auswirkungen von Änderungen bestimmter Steuersätze auf die Einkommen verschiedener Gruppen (Haushalte und Unternehmer) oder verschiedener Branchen untersucht. – b) *Mikroökonomische Analyse der Steuerüberwälzung:* Gegenstand ist die Untersuchung der Auswirkungen verschiedener Steuern im Rahmen der *mikroökonomischen Preistheorie.* Analysiert werden die kurz- und langfristigen Effekte einer Steuer auf die individuelle Kosten- und Preis-Mengen-Struktur. Im Mittelpunkt steht dabei die Frage, wie sich die gewinnmaximalen Preise und Ausbringungsmengen in den verschiedenen Marktformen verändern. Variieren weder der Preis noch die Menge, so hat der Steuerzahler selbst die Steuerlast zu tragen, andernfalls wird diese auf den „Vormann" (Rückwälzung) oder auf den Abnehmer abgewälzt (Fortwälzung).

II. Umsatzsteuerrecht: In dem seit 1.1.1968 geltenden Umsatzsteuerrecht i.d.R. völlige Überwälzung der Steuer auf den Endabnehmer, da für die Unternehmer in der Produktions- und Handelskette die Steuer wegen des → Vorsteuerabzugs nur den Charakter eines → durchlaufenden Postens hat.

Steuerumgehung – eine erfolglose Form der → Steuerabwehr. Steuerumgehung ist der Missbrauch von Formen und Gestaltungsmöglichkeiten des Rechts zur Umgehung oder Minderung öffentlicher Abgaben. – Grundsätzlich darf der Steuerpflichtige die für ihn günstigste rechtliche Form wählen (Grundsatz der Vertrags- und Gestaltungsfreiheit). Es sind zwei Tatbestände zu unterscheiden: (1) Enthält das im Einzelfall anzuwendende Einzelsteuergesetz eine Regelung, deren Ziel die Verhinderung einer Steuerumgehung ist und erfüllt der konkrete Sachverhalt diesen Tatbestand, richtet sich die Rechtsfolge ausschließlich aus dieser einzelsteuergesetzlichen Norm (§ 42 I 2 AO). (2) Ist der Tatbestand indes nicht erfüllt, liegt ein Missbrauch von Gestaltungsmöglichkeiten dann vor, wenn eine unangemessene rechtliche Gestaltung gewählt wird, die beim Steuerpflichtigen oder einem Dritten im Vergleich zu einer angemessenen Gestaltung zu einem gesetzlich nicht vorgesehenen Steuervorteil führt und der Steuerpflichtige keine außersteuerlichen Gründe für die gewählte Gestaltung nachweist, die nach dem Gesamtbild der Verhältnisse beachtlich sind (§ 42 II AO). In diesem Fall sind die Steuern so zu erheben, wie sie bei einer den wirtschaftlichen Vorgängen, Tatsachen und Verhältnissen angemessenen rechtlichen Gestaltung zu erheben wären (§ 42 I 3 AO). – Nur bei *Grenzfällen* kann Steuerumgehung als → Steuerhinterziehung *strafbar* oder als → Steuerordnungswidrigkeit mit Geldbuße geahndet werden, v.a. dann, wenn der Steuerpflichtige das Geschehen gegenüber den Finanzbehörden nicht vollständig offenlegt und dadurch versucht, das Vorliegen einer Gestaltung, die als Steuerumgehung beurteilt werden könnte, zu verschleiern.

Steuer und Versicherungen → Versicherung und Steuer.

Steuervergehen → Steuerstraftat.

Steuervergünstigungen – steuerliche Vorteile, die aus wirtschaftspolitischen, sozialen oder sonstigen Gemeinwohlgründen gewährt werden und daher nicht im → Leistungsfähigkeitsprinzip wurzeln, sondern vorrangig der Verwirklichung wirtschafts- und sozialpolitischer Lenkungsziele dienen; auch die aus Gründen der Gemeinnützigkeit gewährten Steuervorteile (→ steuerbegünstigte Zwecke, §§ 51 ff. AO). – *Arten:* (1) Abschreibungsvergünstigungen, (2) steuerfreie Rücklagen, (3) Investitionszulagen und -zuschüsse, (4) Steuerabzugsbeträge, (5) Aufschub der Gewinnrealisierung oder der Besteuerung von Gewinnen. – Steuervergünstigungen ergeben sich aus Vorschriften der einzelnen Steuergesetze (z.B. steuerfreie Rücklage nach § 6b III EStG, aber auch aufgrund bes. Gesetze (z.B. Fördergebietsgesetz, Investitionszulagengesetz). Steuervergünstigungen müssen mit dem Europarecht vereinbar sein, sie können

insbesondere gegen das Verbot der Diskriminierung von Ausländern gegenüber Inländer oder gegen das EG-rechtliche Beihilfeverbot verstoßen. – *Anders:* → Steuerbefreiungen.

Steuervergütung – *Steuererstattung;* Begriff des Umsatzsteuerrechts. Körperschaften, die ausschließlich und unmittelbar gemeinnützige, mildtätige oder kirchliche Zwecke verfolgen, und juristische Personen des öffentlichen Rechts können unter bestimmten weiteren Voraussetzungen eine Steuervergütung zum Ausgleich der Umsatzsteuer beantragen, die auf der an sie bewirkten Lieferung eines Gegenstandes, seiner Einfuhr oder seinem innergemeinschaftlichem Erwerb lastet, wenn dieser Gegenstand im Drittlandsgebiet verwendet wird (§ 4a UStG). Steuervergütung tritt insoweit an die Stelle des → Vorsteuerabzugs, von dem die genannten Einrichtungen grundsätzlich ausgeschlossen sind.

Steuervergütungsanspruch – Anspruch aus dem → Steuerschuldverhältnis, den derjenige haben kann, der eine Steuer zwar wirtschaftlich getragen hat, aber nicht als Steuerschuldner entrichtet hat (§§ 37 II, 155 IV AO). – *Beispiele:* Vergütung der Vorsteuer an im Ausland ansässige Unternehmer (§ 18 IX UStG i.V. mit §§ 59 ff. UStDV), Vergütungen nach verschiedenen Verbrauchsteuergesetzen (z.B. § 11 MinÖlStG, § 13 TabakStG). – *Anders:* → Steuererstattungsanspruch.

Steuerverjährung → Verjährung, → Festsetzungsverjährung, → Zahlungsverjährung.

Steuerverkürzung – *leichtfertige Steuerverkürzung;* → Steuerordnungswidrigkeit nach § 378 AO. Steuerverkürzung begeht, wer als Steuerpflichtiger oder bei Wahrnehmung der Angelegenheiten eines Steuerpflichtigen leichtfertig (grobfahrlässig) handelt. Steuerverkürzung bewirkt, dass Steuereinnahmen verkürzt oder Steuervorteile zu Unrecht gewährt oder belassen werden. – *Strafe:* Geldbuße bis zu 50.000 Euro; eine Geldbuße wird nicht festgesetzt, soweit der Täter unrichtige oder unvollständige Angaben bei der Finanzbehörde berichtigt, ergänzt oder unterlassene Angaben nachholt, bevor ihm oder seinem Vertreter die Einleitung eines Straf- oder Bußgeldverfahrens bekannt gegeben worden ist (§ 371 I, II AO). Die Festsetzungsfrist verlängert sich auf fünf Jahre (§ 169 II Satz 2 AO). – Vgl. auch → Steuerhinterziehung, → Selbstanzeige.

Steuervermeidung → Steuerausweichung.

Steuerverwaltung – Finanzhoheit, → Finanzverwaltung, → Steuerhoheit.

Steuerverwaltungsakte – 1. *Begriff/Beispiele:* Hoheitliche Maßnahmen, Verfügungen, Entscheidungen oder andere hoheitliche Maßnahmen (→ Verwaltungsakt) der → Finanzverwaltung auf dem Gebiet des Steuerrechts mit unmittelbarer Rechtswirkung nach außen. Abgegrenzt werden muss der Verwaltungsakt von reinen internen Maßnahmen wie z.B. der Niederschlagung (§ 261 AO). Der wichtigste Steuerverwaltungsakt ist der → Steuerbescheid (§ 155 I AO), durch den der Fiskus seinen Steueranspruch gegenüber dem Steuerpflichtigen geltend macht. Weitere Steuerverwaltungsakte sind z.B. Feststellungsbescheide (§ 179 AO), Steuermessbescheide (§ 184 AO), Haftungs- und Duldungsbescheide, verbindliche Zusagen (§ 204 AO), Stundungsverfügungen (§ 222 AO) oder auch die Gewährung einer → Aussetzung der Vollziehung (§ 361 AO). – 2. *Korrekturmöglichkeiten:* Aufhebung oder Änderung von Steuerbescheiden und ihnen gleichgestellten Bescheiden nach §§ 164, 165, 172–177 AO vor Ablauf der → Festsetzungsverjährung; Korrektur sonstiger Steuerverwaltungsakte (z.B. Stundung, Erlass, Buchführungserleichterungen) durch Rücknahme (§ 130 AO) oder Widerruf (§ 131 AO); Korrektur von → offenbaren Unrichtigkeiten (§ 129 AO). Eine Korrektur ist auch während des außergerichtlichen und Einspruchsverfahrens und während eines finanzgerichtlichen Verfahrens möglich (§ 132 AO).

Steuerverwaltungshoheit – Teil der → Steuerhoheit. – 1. *Begriff:* Das Recht zur Verwaltung der Steuern; nach Art. 108 GG festgelegte Kompetenz zum Gesetzesvollzug der Steuergesetze durch die Bundesfinanzbehörden, durch die Landesfinanzbehörden im Auftrage des Bundes (Bundesauftragsverwaltung) oder durch die Landesfinanzbehörden (Bundesaufsichtsverwaltung), wobei die Verwaltung der den Gemeinden zufließenden Steuern, die grundsätzlich bei den Ländern liegt, den Gemeinden übertragen werden kann, wie bei den → Realsteuern und örtlichen Verbrauch- und Aufwandsteuern. – 2. *Ausprägungen:* a) *Verwaltung vom Bund:* Zölle, Finanzmonopol, bundesgesetzlich geregelte Verbrauchsteuern, Einfuhrumsatzsteuer und Abgaben im Rahmen der EU. – b) *Verwaltung vom Land im Auftrage des Bundes:* Steuern, die ganz oder teilweise dem Bund zufließen, wie Versicherung-, Einkommen-, Körperschaft-, Umsatzsteuer. – c) *Verwaltung vom Land:* z.B. Vermögen-, Erbschaft-, Kraftfahrzeug-, Grunderwerb-, Feuerschutz-, Rennwett- und Lotterie-, Gewerbe-, Grundsteuer und Spielbankabgabe.

Steuerwettbewerb – 1. *Begriff:* Wettbewerb der Staaten um Investoren und Steuerquellen mithilfe des Steuerrechts. Ein Steuerwettbewerb ergibt sich daraus, dass Steuern in – je nach Staat – unterschiedlicher Höhe anfallen. Besteuerung und Steuersatz sind ein bei der Standortwahl zu berücksichtigender Faktor (Standortfaktoren). – 2. *Abwehrmaßnahmen gegen Steuerwettbewerbe:* Investitionen, bei denen die Entscheidung für den ausländischen Standort aufgrund der Steuerbelastung getroffen wird, gelten seitens der Staaten für gewöhnlich als „missbräuchlich", die es durch steuerliche Gegenmaßnahmen zu verhindern gilt. Durch „legitime" Erwägungen begründete Entscheidungen für wirtschaftliche Tätigkeiten im Ausland sollen dagegen nicht Ziel von Zusatzbelastungen sein. – *Konzepte:* a) Heraufsetzung der

Steuerbelastung für das Auslandsengagement auf das inländische Steuerniveau. – *Beispiele:* → Hinzurechnungsbesteuerung im dt. Außensteuergesetz; Plan, zur Vermeidung der Doppelbesteuerung bei Auslandseinkommen von der → Anrechnungsmethode auf die → Freistellungsmethode überzugehen, sodass eine Steuerbelastung mind. in Höhe des dt. Steuerniveaus anfällt. – b) Restriktive Maßnahmen gegen ausländische Länder, deren Steuerniveau als zu niedrig angesehen wird. – *Beispiel:* Praktiken von Staaten, die ausländischen Investoren günstigere Steuerbedingungen anbieten als ihren eigenen Steuerpflichtigen, um auf diese Weise Investitionen an sich zu ziehen (Gewährung einer Vorzugsbehandlung). Unfairer Steuerwettbewerb kann auch darin bestehen, dass ein Staat ausländischen Investoren die Sicherheit gibt, dass sein heimischer Fiskus von seinem dortigen Vermögen und seinen dortigen Einkünften nichts erfahren wird (mangelnde Transparenz). Sowohl OECD als auch EU haben Grundsätze erarbeitet, wann von einem unfairen Steuerwettbewerb auszugehen ist (z.B. → Verhaltenskodex); auf nicht-kooperative Länder, die diese Grundsätze fortdauernd verletzen, soll zunehmender politischer und wirtschaftlicher Druck ausgeübt werden, um sie zur Beendigung des unfairen Steuerwettbewerbs zu bewegen. Gegenüber den EU-Staaten wendet zudem die Europäische Kommission das EG-vertragliche Beihilfeverbot an, um eine steuerliche Bevorzugung im Sinne eines unfairen Steuerwettbewerbs auch gerichtlich untersagen zu lassen.

Steuerwiderstand – Gesamtheit der psychologisch bedingten Gegenreaktionen, die die Besteuerung bei den ihr Unterworfenen hervorruft. Je stärker der Steuerwiderstand, desto eher versucht der Steuerpflichtige, der Steuer auszuweichen, sie zu umgehen oder auf die finanzpolitische Willensbildung Einfluss zu nehmen (→ Steuerabwehr). Steuermentalität und Steuermoral sowie das subjektive Belastungsgefühl bestimmen den Steuerwiderstand, der neben negativen fiskalischen Effekten auch zu negativen Auswirkungen auf andere finanzpolitische Ziele und auf die Einstellung zum Staat führen kann.

Steuerwissenschaften – Gesamtheit der rechts-, wirtschafts- und sozialwissenschaftlichen Disziplinen, die sich mit der Besteuerung und ihren Auswirkungen beschäftigen: (1) Steuerrechtswissenschaft (→ Steuerrecht), (2) Staats- bzw. Verfassungsrechtslehre (Verfassung), (3) Finanzwissenschaft und (4) betriebswirtschaftliche Steuerlehre.

Steuerzeichen – → Banderolensteuer, → Tabaksteuer.

Steuerzeichenfälschung – → Steuerstraftat (§ 369 AO). Steuerzeichenfälschung begeht, wer Steuerzeichen (Wertzeichen) nachmacht oder verfälscht, wer sich falsche Steuerzeichen verschafft, falsche Steuerzeichen als echt verwendet, feilhält oder in Verkehr bringt (§ 148 StGB). Verwendung oder Verbreitung falscher Steuerzeichen, Versuch und Vorbereitungshandlungen sind ebenfalls strafbar, bei

Vorbereitungshandlungen kommt Straffreiheit in Betracht (§ 149 StGB). – *Strafe:* Freiheitsstrafe bis zu fünf Jahren oder Geldstrafe; bei Verwendung oder Verbreitung falscher Steuerzeichen Freiheitsstrafe bis zu einem Jahr oder Geldstrafe; bei Vorbereitungshandlungen Freiheitsstrafe bis zu zwei Jahren oder Geldstrafe.

Steuerzinsen → Vollverzinsung.

Steuerzusatztarif → Stufentarif.

Steuerzuschlag – in bestimmten gesetzlich vorgesehenen Fällen auf den Betrag der endgültig geschuldeten Steuer erhobener Zuschlag, z.B. wenn die Abgabefrist der Steuererklärung nicht eingehalten wird, Verspätungszuschlag. Steuerzuschläge sind → steuerliche Nebenleistungen (§ 3 IV AO). – Vgl. auch → Säumniszuschlag. – Im Ergebnis fällt aber auch die Schätzung unter diesen Begriff, insbesondere der Zuschlag nach § 162 IV AO, wenn ein Steuerpflichtiger keine oder im Wesentlichen nicht verwertbare Aufzeichnungen vorlegt. Dann wird ein Zuschlag von 5.000 Euro festgesetzt. Dabei beträgt der Zuschlag mind. 5 Prozent und höchstens 10 Prozent des Mehrbetrags der Einkünfte, der sich nach einer Berichtigung aufgrund der Hinzuschätzung auf Basis der § 162 III AO ergibt, wenn sich ein Zuschlag von mehr als 5 000 Euro ergibt. – Das Absehen von der Festsetzung dieses Zuschlages ist möglich.

Stichprobenprüfung – *Auswahlprüfung.* 1. *Charakterisierung:* Form einer → Prüfung, bei der nur eine Auswahl von Prüfungs-(Ist-)Objekten (Stichprobenelemente) aus der Menge des Prüfungskomplexes (Grundgesamtheit) geprüft wird. Das Gesamturteil wird durch einen Schluss von dem Zustand der geprüften Istobjekte der Stichprobe auf den wahrscheinlichen Zustand sämtlicher Istobjekte des Prüfungskomplexes gewonnen. Eine Stichprobenprüfung ist nur möglich, wenn keine vollkommene Sicherheit über den Prüfungskomplex gefordert ist; unter Wirtschaftlichkeitsgesichtspunkten der Prüfung kann sie dann geboten sein. Ihre Einsetzbarkeit hängt von Vorliegen bestimmter methodischer Bedingungen ab. – 2. *Auswahlprinzipien:* a) *Bewusste Auswahl:* Der Prüfer bestimmt Ansatz und Umfang der Stichprobe nach seinem Ermessen, ausgehend z.B. von persönlichen Berufserfahrungen, Branchen- und Unternehmungskenntnissen. Wichtig sind auch die absolute oder relative Bedeutung des einzelnen Prüfungsgegenstandes und das jeweilige Fehlerrisiko. Entnahmetechniken sind z.B. Auswahl typischer Fälle (Auswahl typischerweise fehlerbehafteter Elemente einer Grundgesamtheit nach allg. oder speziellen Erfahrungen des Prüfers), Auswahl nach dem Konzentrationsprinzip (Cut-off-Verfahren, Auswahl der Elemente nach deren Gewicht, bes. nach der Höhe der Istwerte) und Klumpenauswahl (Auswahl eines Teilbereichs aus einer Grundgesamtheit; dieser Teilbereich wird lückenlos geprüft). Eine Bezifferung von Sicherheit und Genauigkeit der Urteilsaussage ist

nicht möglich. Der erforderliche Stichprobenumfang wird nicht mithilfe von mathematisch-statistischen Verfahren errechnet. Ob die angesetzte Stichprobe repräsentativ ist, lässt sich i.d.R. nicht nachweisen. – b) *Zufallsauswahl:* Mithilfe mathematisch-statistischer Methoden wird aus der Grundgesamtheit eines Prüfungsbereichs eine hinsichtlich des zu prüfenden Merkmals repräsentative Stichprobe ausgewählt (uneingeschränktes Zufallsstichprobenverfahren); im Fall heterogener Grundgesamtheiten (Streuung der Merkmalswerte der Elemente der Grundgesamtheiten in einem weiten Bereich) können komplexe Formen der Auswahl (höhere Zufallsstichprobenverfahren) erforderlich werden. – 3. *Arten von Zufallsstichproben bez. prüferischer Fragestellungen:* a) *Schätzstichproben:* Aus einer Analyse des Fehleranteils oder des Fehlerwertes der Stichprobenelemente wird auf den Zustand des gesamten Prüfungsobjekts (auf dessen Fehleranteil oder dessen Gesamtfehlerwert) geschlossen. – b) *Teststichproben:* Ein Hypothesenpaar über den Zustand der Grundgesamtheit (d.h. deren Ordnungsmäßigkeit/Nichtordnungsmäßigkeit) wird getestet. Bei vorgegebener Höchstgrenze des Anteils fehlerbehafteter Elemente oder des Gesamtfehlerwertes einer Grundgesamtheit und vorgegebenem Sicherheits- und Genauigkeitsgrad wird aufgrund der Zahl der fehlerhaften Elemente einer Stichprobe bzw. aufgrund deren Fehlerwert getestet, ob das Prüfungsobjekt als (noch) ordnungsmäßig gelten kann oder ob es als wesentlich (materiell) fehlerhaft einzustufen ist.

Stiefkinder – leibliche Kinder des anderen Ehegatten (eheliche Stiefkinder). – 1. *Einkommensteuerrecht:* Stiefkinder gehören nicht zu den → Kindern im Sinn des § 32 I EStG. Grundsätzlich erhält daher nur der leibliche Elternteil einen → Kinderfreibetrag sowie die daran anknüpfenden Vergünstigungen. – 2. *Erbschaftsteuer:* Stiefkinder gelten als Kinder bes. hinsichtlich ihrer Zuordnung zu den erbschaftsteuerlichen Steuerklassen (→ Erbschaftsteuerklassen; § 15 ErbStG).

Stiftung – I. Begriff: 1. *Zuwendung von Vermögenswerten* für bestimmte, oft gemeinnützige oder wohltätige Zwecke (Stiftungsgeschäft). Eine Stiftung hat keine mitgliedschaftliche Struktur. Der Stifter setzt ein Kuratorium, einen Stiftungsrat ein, der sich i.d.R. durch Kooptation (Berufung) selbst ergänzt. – 2. Bezeichnung für die *Vermögenswerte* selbst.

II. Arten: 1. *Private Stiftung (Stiftung des Privatrechts):* a) Sonderregelung für die *rechtsfähige Stiftung* in §§ 80–88 BGB: Errichtung durch Rechtsgeschäft, das unter Lebenden der Schriftform bedarf, oder durch letztwillige Verfügung. Rechtsfähigkeit erlangt die Stiftung durch behördliche Anerkennung, auf die ein Anspruch besteht. Voraussetzung ist, dass die dauernde und nachhaltige Erfüllung des Stiftungszwecks gesichert erscheint und der Stiftungszweck das Gemeinwohl nicht gefährdet. Die Verfassung der Stiftung wird durch das Stiftungsgeschäft festgelegt.

Durch das Stiftungsgeschäft muss die Stiftung eine Satzung erhalten und Regelungen über Namen, Sitz, Zurede, Vermögen und Bildung des Vorstands der Stiftung. Als Organ der juristischen Person ist ein Vorstand zu bilden, dem die Vertretung der Stiftung obliegt. – Einzelheiten regelt das Landesrecht. – b) Auf *nicht rechtsfähige Stiftungen* sind die vorgenannten Sonderregeln nicht entsprechend anwendbar. Sie entstehen durch die ggf. an die entsprechenden Formen des Schuld- oder Erbrechts gebundenen Zuwendungen und unterliegen den allg. Vorschriften. – 2. *Öffentliche Stiftung (Stiftung des öffentlichen Rechts):* Diese sind meist zugleich Anstalten des öffentlichen Rechts und haben oft Selbstverwaltung, vielfach als sog. *unselbstständige Stiftung* aber keine Rechtsfähigkeit.

III. Steuerliche Behandlung: 1. *Körperschaftsteuer:* Rechtsfähige Stiftungen unterliegen als juristische Personen, nicht rechtsfähige als → Zweckvermögen grundsätzlich der Körperschaftsteuer, ausgenommen Stiftungen, die ausschließlich und unmittelbar kirchlichen, gemeinnützigen oder mildtätigen Zwecken dienen. – 2. *Gewerbesteuer:* Entsprechende Regelung. – 3. *Erbschaftsteuer:* Das Vermögen von Familien-Stiftungen, d.h. Stiftungen, die im Wesentlichen im Interesse einer Familie errichtet worden sind, unterliegt in Zeitabständen von 30 Jahren der → Erbschaftsteuer (sog. *Erbersatzsteuer*). Der Übergang vom Vermögen vom Stifter auf die Stiftung aufgrund eines Stiftungsgeschäftes unterliegt bei allen Stiftungen der Erbschaftsteuer, da es sich um eine freigiebige Zuwendung handelt, durch die der Stiftung bereichert werden soll; steuerfrei ist der Vorgang nur dann, wenn die Stiftung dient unmittelbar und ausschließlich den oben bezeichneten begünstigten Zwecken dient. – 4. *Besteuerung ausländischer Familien-Stiftungen:* → Außensteuergesetz (AStG). – 5. *Behandlung von Zuwendungen von Spenden in den Vermögensstock einer Stiftung:* Einkommen- und körperschaftsteuerlich sind Spenden in den Vermögensstock einer Stiftung in bestimmten Höchstgrenzen steuerlich abzugsfähig (§ 10b EStG, § 9 KStG), wenn die Stiftung als gemeinnützig i. Institution nach § 5 I Nr. 9 KStG steuerbefreit ist. Die Höchstgrenzen für steuerlich abzugsfähige Spenden liegen gegenwärtig insgesamt bei 20 Prozent des Gesamtbetrags der Einkünfte bzw. alternativ 4 Promille aus der Summe von Umsätzen und der im Kalenderjahr aufgewendeten Löhne und Gehälter; Spenden zur Finanzierung der laufenden Arbeit einer Stiftung sind also maximal bis zu diesen Höchstgrenzen abzugsfähig. Seit dem 1.1.2007 ist darüber hinaus ein Abzug von Spenden in den Vermögensstock einer steuerbegünstigten Stiftung auf Antrag im Veranlagungszeitraum der Zuwendung und in den folgenden neun Veranlagungszeiträumen bis zu einem Gesamtbetrag von einer Million Euro zusätzlich zu den Höchstbeträgen für laufende Spenden zulässig. Der Abzugsbetrag bezieht sich auf den gesamten Zehnjahreszeitraum und kann

der Höhe nach innerhalb des Zeitraums nur einmal in Anspruch genommen werden. Die Spende muss nicht im Jahr der Gründung erfolgen. Auch Spenden an länger bestehende Stiftungen sind begünstigt. Ein früherer jährlicher Höchstbetrag von 20.450 Euro für Spenden an Stiftungen ist seit dem 1.1.2007 entfallen. – Vgl. auch → Spenden. – 6. *Besteuerung anderer ausländischer Stiftungen:* ausländische Stiftungen aus der EU oder dem EWR, die nach den Maßstäben des dt. Rechts gemeinnützig sind, werden vom dt. Staat nach denselben Bedingungen wie inländische Stiftungen behandelt, wenn sie nachweisen können, dass sie die Anforderungen des dt. Steuerrechts ebenso erfüllen wie inländische Stiftungen. In der Praxis dürfte der Nachweis, dass eine ausländische Stiftung nach dt. Maßstäben gemeinnützig ist, jedoch unverhältnismäßig aufwendig sein.

stille Gesellschaft – I. Charakterisierung: 1. Die (typische) stille Gesellschaft ist eine Sonderform der Gesellschaft, bei der sich eine Person (auch eine juristische Person, andere Gesellschaften), der stille Gesellschafter, derart an dem Handelsgewerbe eines anderen (→ Einzelkaufmann oder Handelsgesellschaft) beteiligt, dass ihre Einlage gegen einen Anteil am Gewinn in das Vermögen des Inhabers des Handelsgeschäftes übergeht. Die Einlage des stillen Gesellschafters kann in Geld-, Sach-, Dienstleistungen und Ähnlichem bestehen. Ein Gesellschaftsvermögen entsteht nicht. Der stille Gesellschafter wird durch die Beteiligung nicht zum Kaufmann; der Inhaber muss aber Kaufmann sein und wird aus den mit Dritten abgeschlossenen Geschäften allein berechtigt und verpflichtet. Die stille Gesellschaft ist als solche keine Handelsgesellschaft, sondern eine *Gesellschaft bürgerlichen Rechts (GbR).* – An einem Unternehmen können sich *mehrere stille Gesellschafter* beteiligen. Es bestehen dann ebenso viele voneinander unabhängige stille Gesellschaften, wie stille Gesellschafter vorhanden sind. – 2. *Abgrenzung der typischen stillen Gesellschaft gegen ähnliche Rechtsformen*, z.B. partiarisches Darlehen, ist mitunter schwierig, weil die Gesellschafter im Rahmen der Vertragsfreiheit ihre Verhältnisse beliebig regeln und den stillen Gesellschaftern weit(er)gehenden Einfluss einräumen können. – 3. *Rechtsgrundlage:* §§ 230–236 HGB; ergänzend gelten die §§ 705 ff. BGB über die Gesellschaft bürgerlichen Rechts, aber nur soweit sie das Innenverhältnis die Gesellschaft betreffen.

II. Errichtung: 1. Die stille Gesellschaft wird durch Vertrag begründet, der, soweit nicht die Vorschriften des BGB (z.B. wegen der Einbringung eines Grundstücks) Abweichungen enthalten, keiner Form bedarf. Anders als bei der Kommanditgesellschaft (KG) keine Handelsregistereintragung. – 2. Die Einlage des stillen Gesellschafters wird auf dem Einlagekonto verbucht. – 3. Ein gesetzliches Wettbewerbsverbot besteht nicht, jedoch gilt auch für den stillen Gesellschafter eine abgeschwächte Treuepflicht.

III. Firmenbezeichnung: Eine Firma hat die stille Gesellschaft als solche nicht. Der Inhaber darf und muss, wenn die sonstigen Voraussetzungen vorliegen, eine Firma führen; ist der Inhaber Einzelkaufmann, darf in die Firma kein ein Gesellschaftsverhältnis andeutender Zusatz aufgenommen werden.

IV. Geschäftsführung/Vertretung: Diese stehen ausschließlich dem Inhaber zu. Der Inhaber darf aber ohne Zustimmung des stillen Gesellschafters keine persönlich haftenden Gesellschafter oder Kommanditisten (anders im Fall weiterer stiller Gesellschafter) aufnehmen.

V. Bilanz/Kontrollrecht: 1. Die *Aufstellung der Bilanz* ist Aufgabe des Geschäftsinhabers. – 2. *Kontrollrecht des stillen Gesellschafters:* a) Er ist berechtigt, die abschriftliche Mitteilung des Jahresabschlusses zu verlangen und dessen Richtigkeit unter Einsicht der Bücher und Papiere (ggf. unter Zuziehung eines Sachverständigen) zu prüfen. – b) Bei wichtigem Grund kann das Gericht die Mitteilung eines Jahresabschlusses oder sonstige Aufklärung sowie die Vorlegung der Bücher und Papiere jederzeit anordnen. Eine vertragliche Erweiterung dieser Rechte ist möglich. Einschränkungen können nach Lage des Einzelfalles als gegen die guten Sitten verstoßend angesehen werden oder dazu führen, das Vorliegen einer stillen Gesellschaft überhaupt zu verneinen, weil das Kontrollrecht eine wesentliche Befugnis des stillen Gesellschafters darstellt.

VI. Gewinn- und Verlustverteilung: 1. Der stille Gesellschafter muss zwingend am Gewinn des Unternehmens beteiligt sein; die Beteiligung am Verlust kann ausgeschlossen werden (§ 231 HGB). – 2. Soweit der stille Gesellschafter seine Einlage voll geleistet hat, wird der Gewinn, sofern er nicht bar ausgezahlt wird, einem Konto „sonstige Verbindlichkeiten" gutgeschrieben. Verluste werden auf dem Einlagekonto abgeschrieben, das ggf. auch einen aktiven Stand aufweisen kann. Ist die Einlage durch Verlust gemindert, werden spätere Gewinne zunächst zur Auffüllung des Einlagekontos verwendet. Zuzahlungen über den Betrag der rückständigen Einlage hinaus braucht der stille Gesellschafter nicht zu leisten.

VII. Auflösung: Die Auflösung kann erfolgen durch (1) Vereinbarung, (2) Zeitablauf, (3) soweit nicht vertraglich ausgeschlossen, Tod des Inhabers (nicht Tod des stillen Gesellschafters), (4) Insolvenz des Inhabers oder des stillen Gesellschafters, (5) befristete Kündigung durch einen Gesellschafter oder einen Privatgläubiger des stillen Gesellschafters (§§ 132, 134, 135 HGB über die offene Handelsgesellschaft gelten entsprechend (§ 234 HGB)) sowie (6) außerordentliche Kündigung bei wichtigem Grund. – *Auseinandersetzung* durch Berichtigung des für den Zeitpunkt der Auflösung zu ermittelnden Abfindungsguthabens; der stille Gesellschafter nimmt am Gewinn oder ggf. Verlust aus schwebenden Geschäften noch teil (§ 235 II S. 2 HGB). Soweit Verluste die Einlage gemindert

haben, besteht kein Rückzahlungsanspruch. Sacheinlagen verbleiben dem Unternehmen; lediglich die nur zum Gebrauch überlassenen Sachen sind in Natur zurückzugewähren. Die Auseinandersetzungsbilanz ist keine Vermögens-, sondern eine Erfolgsbilanz; Wertsteigerungen des Anlagevermögens werden nur ausnahmsweise berücksichtigt. Regelung im Gesellschaftsvertrag zweckmäßig.

VIII. Insolvenz: Bei Insolvenz des Inhabers kann der stille Gesellschafter wegen seiner Einlage eine Forderung nur als Insolvenzgläubiger und nur insoweit geltend machen, wie sie den Betrag des auf ihn entfallenden Anteils am Verlust übersteigt. Eine noch nicht erbrachte Einlage muss er zur Insolvenzmasse einzahlen, soweit es zur Deckung seines Anteils am Verlust erforderlich ist. – Ist die Einlage aufgrund einer im letzten Jahr vor der Insolvenzeröffnung getroffenen Vereinbarung zwischen den Gesellschaftern ganz oder teilweise zurückgewährt oder der Anteil aus dem entstandenen Verlust ganz oder teilweise erlassen worden, unterliegen Rückgewähr oder Erlass der Anfechtung durch den Insolvenzverwalter, ausgenommen, wenn die Insolvenz in Umständen seinen Grund hat, die erst nach der Vereinbarung eingetreten sind.

IX. Steuerliche Behandlung: 1. *Einkommensteuer:* a) *Typische stille Gesellschaft:* Der „Stille" ist nur am Geschäftserfolg und nicht an den Wertveränderungen des Vermögens beteiligt. Die Gewinnanteile des stillen Gesellschafters sind beim Inhaber → Betriebsausgaben, der vom Inhaber ermittelte Gewinn → Einkünfte aus Gewerbebetrieb. Der typische stille Gesellschafter versteuert die Gewinnanteile als Einnahmen aus Kapitalvermögen (§ 20 I Nr. 4 EStG) bzw. als → Betriebseinnahme, wenn er die Beteiligung in einem → Betriebsvermögen hält. Aufwendungen des stillen Gesellschafters für zu tragende Verluste bis zur Höhe der Einlage sind steuerlich als → Werbungskosten bzw. Betriebsausgaben abzugsfähig. Bei negativem Einlagenkonto ist § 15a EStG sinngemäß anzuwenden (→ negatives Kapitalkonto). Der Betriebsinhaber hat bei Auszahlung des Gewinnanteils → Kapitalertragsteuer einzubehalten und an das Finanzamt abzuführen (§ 43 I Nr. 3 EStG); s. auch → Steuerabzug. – b) *Atypische stille Gesellschaft:* Der stille Gesellschafter ist an den stillen Reserven beteiligt. Er wird als → Mitunternehmer betrachtet. Beteiligt sich jedoch eine Kapitalgesellschaft an einer anderen Kapitalgesellschaft als atypisch stiller Gesellschafter, so sind die evtl. Verluste aus dieser Beteiligung nur mit späteren Gewinnen aus derselben stillen Beteiligung ausgleichbar (Verhinderung von Quasi- → Organschaften; § 15 V EStG). – 2. *Gewerbesteuer:* Zum → Gewerbeertrag gehören die Gewinnanteile aller Gesellschafter. *Ab dem Erhebungszeitraum 2008* erfolgt die Hinzurechnung in Höhe von 25 Prozent des Gewinnanteils unabhängig von der Gewerbesteuerpflicht beim Empfänger und nur, soweit die Summe des Gewinnanteils sowie weiterer

Finanzierungsentgelte den Betrag von 100.000 Euro übersteigen. – 3. *Bewertungsgesetz:* Der Kapitalanteil des Inhabers gehört zu dessen → Betriebsvermögen. Die Einlage des (typischen) stillen Gesellschafters zählt zum → sonstigen Vermögen. Der Anspruch auf den Gewinnanteil ist als Kapitalforderung mit dem Nennwert anzusetzen (§ 12 BewG), falls nicht bes. Umstände einen höheren (bes. gute, dauernde Gewinnaussichten) oder einen niedrigeren (bes. niedriger Zins) Wert begründen (R 112 ErbStR). – 4. *Umsatzsteuer:* Die (typische und atypische) stille Gesellschaft ist reine Innengesellschaft. Nach außen tritt immer nur ein Unternehmer, der Inhaber in Erscheinung. Der stille Gesellschafter oder die stille Gesellschaft sind nicht Unternehmer im Sinn des Umsatzsteuerrechts.

Strafe – 1. *Begriff:* Schwerste staatliche Sanktion als Reaktion auf eine Straftat. Neben die eigentlichen Kriminalstrafen, der Freiheitsstrafe und der → Geldstrafe, treten Maßregeln der Besserung und Sicherung, die ihrem Zweck nach nicht der Übelszufügung dienen, sondern Schutz- und Besserungszweck haben. Zu den sonstigen Mitteln zur Erzwingung gesetzmäßigen Verhaltens gehören Geldbuße, Beugemittel, Ordnungsmittel u.a. – 2. *Steuerliche Behandlung:* Aufwendungen für Strafen werden steuerrechtlich nicht als abzugsfähig anerkannt (§§ 4 V Nr. 8, 12 Nr. 4 EStG, § 10 Nr. 3 KStG).

Straffreiheit → Selbstanzeige, Rücktritt.

Straßengüterverkehrsteuer – Besteuerung von Güterbeförderungen mit Kraftfahrzeugen nach dem Gesetz über die Besteuerung des Straßengüterverkehrs (StrGüVStG) vom 28.12.1968 (BGBl. I 1461), befristet bis 31.12.1972.

Straßenhandel – Form des ambulanten Handels; Angebot einer begrenzten, spezialisierten Warenauswahl an Straßen, auf bestimmten Plätzen oder in Fußgängerzonen. Zum Straßenhandel zählen auch Eiswagen und Schnellimbissbuden, obwohl Abgrenzung vom Kiosk nur schwer möglich. Gleiches gilt, wenn der stationäre Einzelhandel und die Gastronomie ihr Angebot in den Straßenbereich hinein ausdehnen. – *Umsatzsteuerliche Behandlung* (§ 22 V UStG und § 68 UStDV): Unternehmer, die ohne Begründung einer gewerblichen Niederlassung oder außerhalb ihrer gewerblichen Niederlassung von Haus zu Haus oder auf öffentlichen Straßen, Wegen, Plätzen, Märkten oder an anderen öffentlichen Orten Umsätze ausführen oder Gegenstände erwerben, haben ein sog. Steuerheft zu führen. Ausfertigung auf Antrag des Straßenhandel-Unternehmers durch das zuständige → Wohnsitzfinanzamt bzw. → Betriebsfinanzamt. – *Befreiung* von der Verpflichtung, ein Steuerheft zu führen, für Unternehmer, die den Handel mit Zeitungen und Zeitschriften betreiben, die ihre Umsätze nach den Durchschnittssätzen für land- und forstwirtschaftliche Betriebe versteuern, sowie Unternehmer, die im Inland eine gewerbliche

Niederlassung haben und Aufzeichnungen nach § 22 UStG sowie nach §§ 63–66 UStDV machen. Die freiten Unternehmer haben die Bescheinigung über die Befreiung von der Führung eines Steuerhefts bei sich zu führen.

Streifensteuer → Banderolensteuer.

Streikgelder – *Streikvergütungen;* nicht vom Arbeitgeber, sondern von einem Dritten während eines Streikes an Arbeitnehmer gezahlte Unterstützungen. – *Steuerliche Behandlung:* Streikgelder sind für den Arbeitnehmer zwar Einnahmen, fallen aber nicht unter die steuerpflichtige Einkunftsart „Einkünfte aus nichtselbständige Arbeit", da sie gerade nicht für eine Arbeitsleistung gezahlt werden, sondern als finanzielle Unterstützung während einer Zeit, in der der Arbeitnehmer dem Arbeitsverhältnis gerade nicht nachkommen will; also stammen diese Gelder jedenfalls nicht „aus" der nichtselbständigen Arbeit. Die Rechtsprechung sieht Streikgelder auch nicht als Entschädigung für entgangene Einnahmen aus dem Arbeitsverhältnis an (§ 24 EStG). Somit sind Streikgelder nach der geltenden Rechtsprechung nicht steuerpflichtig. – Da es sich gar nicht erst um „Einkünfte" aus einer der sieben Einkunftsarten handelt, kommt auch die Anwendung des Progressionsvorbehalts auf Streikgelder nicht in Betracht; denn der Progressionsvorbehalt berücksichtigt nach der Konzeption des Gesetzes nur die Existenz von steuerfrei gestellten Einkünften, kann aber wohl von Bezügen, die gar nicht erst „Einkommen" i.S.d. EStG darstellen.

Streikvergütungen → Streikgelder.

Stromsteuer – 1. *Begriff:* Eine Verbrauchsteuer auf Strom, durch die Strom verteuert und somit zum Energiesparen ein Anreiz gegeben werden soll (→ Ökosteuer). – 2. *Rechtsgrundlage:* Stromsteuergesetz (StromStG) vom 24.3.1999 (BGBl. I 378). – 3. *Steuergegenstand:* Besteuert wird elektrischer Strom im Sinn der Position 2716 der Kombinierten Nomenklatur (KN). – 4. *Steuergebiet:* Erhoben wird die Stromsteuer im Gebiet der Bundesrepublik Deutschland ohne die Gebiete von Büsingen und Helgoland. – 5. *Steuertarif:* Die Steuer beträgt 20,50 Euro pro Megawattstunde (Stand: 2009). – 6. *Verfahrensrechtliche Vorschriften:* a) *Erlaubnispflicht:* Wer Letztverbraucher im Erhebungsgebiet der Stromsteuer mit Strom versorgen will, bedarf der Erlaubnis, die beim Hauptzollamt beantragt werden kann. Voraussetzungen für die Erlaubnis sind in § 4 StromStG näher geregelt. – b) *Steuerentstehung:* Die Steuer entsteht, sobald der gelieferte Strom vom Letztverbraucher im Steuergebiet aus dem Versorgungsnetz entnommen wird oder dadurch, dass der Versorger Strom zum Selbstverbrauch entnimmt; bei Eigenerzeugern entsteht die Steuer mit der Entnahme von Strom zum Selbstverbrauch. – c) *Steuerschuldner* ist je nach Konstellation entweder der Stromversorger oder der Eigenerzeuger. Wer widerrechtlich Strom aus einem Versorgungsnetz entnimmt, ist ebenfalls Steuerschuldner.

Bei Bezug von Strom von einem Versorger außerhalb des Steuergebiets ist nicht der ausländische Versorger, sondern der Letztverbraucher Steuerschuldner. – 7. *Steuerberechnung:* Der Steuerschuldner muss die Steuer selbst berechnen und den zu zahlenden Betrag beim Finanzamt in einer Steueranmeldung erklären. Als Anmeldungszeitraum kann der Monat oder das Kalenderjahr gewählt werden; bei jährlicher Anmeldung sind monatliche Vorauszahlungen zu entrichten. – 8. *Steuerbefreiungen* sind vorgesehen: (1) Für Strom aus erneuerbaren Energieträgern, der entweder vom Eigenerzeugern als Letztverbrauchern erzeugt wird oder aus einem nur aus regenerativen Energien gespeisten Netz entnommen wird; (2) Strom zur Verwendung bei der Stromerzeugung ist steuerfrei. Strom aus Anlagen mit einer Nennleistung von bis zu 2 Megawatt ist steuerfrei, wenn er vom Anlagenbetreiber in einem räumlichen Zusammenhang zur Entnahmestelle geleistet wird; (3) Strom, der in Notstromaggregaten und an Bord von Schiffen oder Luftfahrzeugen erzeugt wird – 9. *Ermäßigte Steuersätze nach § 9 StromStG:* (1) Im Verkehr mit Oberleitungsomnibussen oder im Fahrbetrieb im Schienenbahnverkehr mit bestimmten Ausnahmen: 11,42 Euro je Megawattstunde; (2) Strom, der von Unternehmen des Produzierenden Gewerbes und der Land- und Forstwirtschaft zu betrieblichen Zwecken verbraucht wird, unterliegt einem ermäßigten Steuersatz von 12,30 Euro. – 10. *Steuersenkungsmöglichkeiten:* Für Unternehmen des Produzierenden Gewerbes sind Steuererlass, -erstattung oder -vergütung vorgesehen, soweit die Steuer im Kalenderjahr den Betrag von 512,50 Euro übersteigt, wenn bestimmte andere Voraussetzungen erfüllt sind. – 11. *Änderung:* Das Stromsteuergesetz wurde letztmalig 2008 geändert. – 12. *Aufkommen:* 7.247 Mio. Euro (2011), 6,3 Mrd. Euro (2006), 6.531,2 Mio. Euro (2003), 5.096,5 Mio. Euro (2002), 4.322,5 Mio. Euro (2001), 3.355,7 Mio. Euro (2000), 1.815,5 Mio. Euro (1999).

Stromversorger – Begriff des Stromsteuergesetzes für einen Unternehmer, der Strom an Letztverbraucher leistet (§ 2 I Nr.1 StromStG). – Vgl. auch → Eigenerzeuger.

Stückländerei – einzelne land- und forstwirtschaftlich genutzte Flächen, bei denen die Wirtschaftsgebäude oder die Betriebsmittel oder beide Arten von Wirtschaftsgütern nicht dem Eigentümer des Grund und Bodens gehören. Im Sinn des Bewertungsgesetzes ist Stückländerei ein Betrieb der Land- und Forstwirtschaft und damit eine bewertungsfähige → wirtschaftliche Einheit.

Stückzinsen – 1. *Begriff:* Die bei Veräußerung von festverzinslichen Wertpapieren seit dem Fälligkeitstag des letzten eingelösten Coupons bis zum Veräußerungstag aufgelaufenen Zinsen. Stückzinsen werden bei Börsenumsätzen dem → Kurswert hinzugerechnet. – 2. *Steuerliche Behandlung:* a) Die Stückzinsen werden beim *Veräußerer* als → Einkünfte aus Kapitalvermögen berücksichtigt, wenn sie gesondert in Rechnung gestellt werden (§ 20 II Nr. 3 EStG). Die Stückzinsen sind in dem Jahr der Gutschrift zu versteuern. – b) Beim *Erwerber* sind die gezahlten Stückzinsen in dem Veranlagungszeitraum, in dem der Zinsschein eingelöst wird, als negative Einnahmen abzuziehen. Hält der Erwerber die Anleihe im Betriebsvermögen, sind die bezahlten Zinsen als Rechnungsabgrenzungsposten zu aktivieren.

Studienreisen – 1. *Begriff* des Einkommensteuerrechts: Reisen, die ausschließlich oder doch ganz überwiegend zur Förderung des ausgeübten Berufs unternommen werden. Eine Studienreise liegt v.a. vor, wenn die Reise im Rahmen einer lehrgangsmäßigen Organisation, nach Art eines beruflichen Praktikums oder sonst in einer Weise durchgeführt wird, die die Möglichkeit eines anderen (privaten) Reisezwecks so gut wie ausschließt. – 2. Die angefallenen *Aufwendungen für* Studienreisen in diesem Sinn sind → Fortbildungskosten, die als → Werbungskosten abzugsfähig sind; Aufwendungen in diesem Sinn gehören nach § 12 EStG zu den nicht abzugsfähigen Kosten der Lebensführung. Bei Studienreisen, die beruflich und privat veranlasst sind, können einzelne Vorgänge als Werbungskosten anerkannt werden, wenn sie sich anhand objektiver Merkmale und Unterlagen von den nicht abziehbaren Lebenshaltungskosten trennen lassen und außerdem nicht von untergeordneter Bedeutung sind (z.B. Spezialkurse, Sprachlehrgänge).

Stufentarif → Steuertarifform, bei der die Bemessungsgrundlage in Tarifstufen, denen jeweils ein bestimmter Steuersatz (Steuerzusatztarif) oder Steuerbetrag (Steuerbetragstarif) zugeordnet wird, skaliert wird. – *Merkmal:* Innerhalb der Stufengrenzen wird die Progression unterbrochen. – *Arten:* a) *Steuerzusatztarif:* Der Durchschnittssteuersatz ändert sich von Stufe zu Stufe, bleibt aber innerhalb des Bereiches konstant; folglich Abwechslung zwischen Progression und Proportionalität; vgl. Abbildung „Stufentarif (1)". *Problem:* Eine Erhöhung der Steuersätze führt dazu, dass die Besteuerung in sich nicht mehr ausgewogen ist. – b) *Steuerbetragstarif:* Der Steuerbetrag ändert sich von Stufe zu Stufe, bleibt aber innerhalb einer Stufe konstant. Dieser Tarif weist eine „innere

Stufentarif (1)

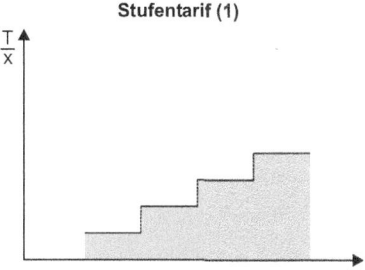

Stufentarif (2)

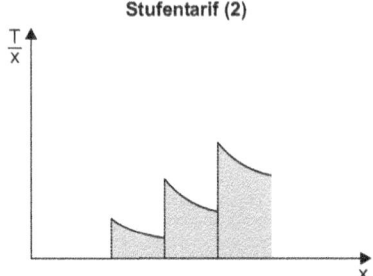

Regression" auf, weil der Durchschnittssteuersatz innerhalb eines Bereichs mit wachsender Bemessungsgrundlage sinkt; vgl. Abbildung „Stufentarif (2)": Bis 1933 galt in Deutschland der Stufentarif in Form des Steuerzusatztarifs für die Einkommensteuer; wurde 1934 durch den Anstoßtarif (→ Kurventarif) ersetzt.

Stundung – 1. *Stundung einer Forderung:* Vertrag zwischen Gläubiger und Schuldner, durch den die Fälligkeit einer Forderung hinausgeschoben wird. Während der Stundung tritt Hemmung der Verjährungsfristen ein (§ 205 BGB). – 2. *Stundung von Ansprüchen aus dem Steuerschuldverhältnis:* a) *Allgemeines und Tatbestand:* Stundung möglich, wenn die Einziehung der Abgabenbeträge bei Fälligkeit eine erhebliche Härte für den Steuerpflichtigen bedeuten würde und der Anspruch durch die Stundung nicht gefährdet erscheint; sie soll i.d.R. nur auf Antrag und gegen → Sicherheitsleistung gewährt werden (§ 222 Sätze 1 und 2 AO). Die Finanzbehörde hat nach pflichtgemäßem Ermessen zu entscheiden. Sofern eine erhebliche Härte vorliegt, besteht ein Rechtsanspruch auf Stundung. Die Entscheidung ist in den Grenzen des § 102 FGO gerichtlich nachprüfbar. – b) *Voraussetzungen* für eine Stundung: Eine erhebliche Härte kann sowohl durch die wirtschaftlichen und persönlichen Verhältnisse des Steuerpflichtigen (persönliche Billigkeitsgründe wie insbesondere Krankheit, Arbeitslosigkeit, bestimmte betriebliche Umstände und auch Narturkatastrophen) als auch durch in der Sache selbst liegende Umstände begründet sein (sachliche Billigkeitsgründe). (1) *Sachliche Billigkeitsgründe* liegen regelmäßig dann vor, wenn die zu fordernde oder eine andere Steuer in kurzer Frist und mit Sicherheit oder zumindest an Sicherheit grenzender Wahrscheinlichkeit zurückzuzahlen sein wird bzw. wenn der Steuerpflichtige nachweist, dass er binnen kurzer Frist eine Erstattung der Beträge erwarten kann, deren Stundung er begehrt. In diesen Fällen kann eine sog. Verrechnungsstundung im Hinblick auf den bestehenden Gegenanspruch gewährt werden. (2) *Persönliche Billigkeitsgründe* liegen vor, wenn der Steuerpflichtige einer Stundung bedürftig und würdig ist. (a) *Stundungsbedürftigkeit* und damit eine erhebliche Härte kann regelmäßig nur dann

angenommen werden, wenn der Steuerpflichtige die erforderlichen Mittel zur fristgerechten Entrichtung der Abgaben ohne eigenes Verschulden nicht zur Verfügung hat und sie auch nicht in zumutbarer Weise (z.B. durch Kreditaufnahme) beschaffen kann. Eine Stundung von Abschlusszahlungen, auf die sich der Steuerpflichtige hätte einstellen können und müssen, scheidet danach regelmäßig aus. – Die erhebliche Härte hat der Steuerpflichtige durch eine aktuell erstellte Gegenüberstellung der flüssigen Mittel bzw. Vermögenswerte und der rückständigen bzw. kurzfristig fällig werdenden Verpflichtungen zu jedem Fälligkeitstag (Liquiditäts- und Vermögensstatus) eindeutig und zweifelsfrei darzulegen. (b) *Stundungswürdigkeit* ist regelmäßig (nur) anzunehmen, wenn der Steuerpflichtige seine mangelnde Leistungsfähigkeit nicht selbst herbeigeführt oder durch sein Verhalten nicht in eindeutiger Weise gegen die steuerlichen Interessen der Allgemeinheit verstoßen hat (z.B. durch Verletzung seiner steuerlichen Erklärungs- und Zahlungspflichten, ungleichmäßige Gläubigerbefriedigung oder unsachgerechte Mittelverwendung). c) *Stundungsverbot:* Steueransprüche gegen den → Steuerschuldner können nicht gestundet werden, soweit ein Dritter (Entrichtungspflichtiger) die Steuer für Rechnung des Steuerschuldners zu entrichten, bes. einzubehalten und abzuführen hat (Verbot der Stundung von Abzugssteuern wie z.B. Lohnsteuer, Kapitalertragsteuer, Bauabzugssteuer nach § 48 EStG; vgl. § 222 Satz 3 AO). Ebenso ist die Stundung eines Haftungsanspruchs gegen den Entrichtungspflichtigen (z.B. den Arbeitgeber im Fall des § 42 EStG) ausgeschlossen, soweit er Steuerabzugsbeträge einbehalten oder Steuerbeträge eingenommen hat (§ 222 Satz 4 AO). – d) *Verzinsung:* Zu zahlen sind ggf. → Stundungszinsen.

Stundungszinsen – 1. *Tatbestand:* Für die Dauer einer gewährten → Stundung von Ansprüchen aus dem Steuerschuldverhältnis sind Zinsen zu erheben, wenn nicht im Einzelfall zinslose Stundung bewilligt ist (§ 234 AO). → Steuerliche Nebenleistungen werden nicht verzinst. – 2. *Berechnungsgrundsätze:* Die Zinsen betragen 0,5 Prozent für jeden vollen Monat des Zinslaufes; angefangene Monate bleiben außer Ansatz. Der zu verzinsende Betrag wird auf volle 50 Euro nach unten abgerundet (§ 238 AO). Eine Bagatellgrenze von zehn Euro ist zu beachten (§ 239 II AO). – Wird die Steuerfestsetzung nach Ablauf der Stundung geändert, aufgehoben oder wegen einer → offenbaren Unrichtigkeit berichtigt, hat dies keinen Einfluss auf die bis dahin entstandenen Stundungszinsen. – 3. *Zinsverzicht:* Soweit die Erhebung der Zinsen im Einzelfall unbillig ist, kann die Finanzbehörde auf eine Zinsfestsetzung ganz oder teilweise verzichten, z.B. in Katastrophenfällen, bei länger dauernder Arbeitslosigkeit bzw. Krankheit des Steuerschuldners, bei Liquiditätsschwierigkeiten aufgrund Forderungsausfällen im Insolvenzverfahren, im Rahmen von Sanierungen, im Rahmen einer sog.

Verrechnungsstundung im Hinblick auf kurzfristig fällig werdende Erstattungsansprüche, gegenüber einem Steuerpflichtigen, der bisher seinen steuerlichen Verpflichtungen pünktlich nachgekommen ist und keine Stundungen begehrt hat.

Stuttgarter Verfahren – 1. *Begriff:* Ein steuerliches Verfahren zur Bewertung nicht notierter Aktien und Anteile an Kapitalgesellschaft. Wo der → gemeine Wert der Anteile unter Berücksichtigung des Vermögens und der Ertragsaussichten zu schätzen ist, wird er durch das Stuttgarter Verfahren ermittelt. – Man geht davon aus, dass der Wert eines Anteils an einer Kapitalgesellschaft grundsätzlich dem Wert der Vermögenssubstanz entspricht, für einen überdurchschnittlichen Gewinn aber ein Aufschlag gezahlt werden würde. Das Stuttgarter Verfahren ist somit ein sog. Übergewinnabgeltungsverfahren. – 2. *Rechtsgrundlagen:* R 97 ff. der ErbStR; § 11 BewG. – 3. *Anwendungsbereich:* Das Stuttgarter Verfahren findet Anwendung, wenn zum Bewertungsstichtag keine Kurse einer dt. Börse, des geregelten Markts oder des Freiverkehrs vorliegen und sich ein gemeiner Wert auch nicht aus Verkäufen ableiten lässt, die weniger als ein Jahr zurückliegen (§ 11 II BewG). Relevant ist das Stuttgarter Verfahren nach Wegfall der Vermögensteuer hauptsächlich für Zwecke der Erbschaftsteuer; ob es auch für ertragsteuerliche Zwecke eine geeignete Basis zur Schätzung des gemeinen Wertes abgeben kann, ist umstritten (z.B. für Wegzugsbesteuerung). – 4. *Arten:* (1) Regelbewertung und (2) Sonderregelungen. – 5. *Vorgehensweise:* a) *Vermögenswertermittlung:* Bei der Regelbewertung bildet der Vermögenswert der Kapitalgesellschaft den Ausgangswert. Dieser ist aus den aktuellsten Steuerbilanzwerten abzuleiten. Dabei sind jedoch Betriebsgrundstücke mit dem Grundbesitzwert (Bedarfswert) und Wertpapiere nach dem für sie geltenden bewertungsrechtlichen Wert (ggf. also dem Wert nach dem Stuttgarter Verfahren) anzusetzen. Vom Ausgangswert sind folgende Korrekturen vorzunehmen: (1) Hinzurechnung des Gewinns (bzw. Abrechnung des Verlustes) zwischen letztem Bilanzstichtag und Bewertungsstichtag. Korrektur dieses Gewinns um die evtl. Abschreibungen auf die Gebäude und Grundstücke, die das Ergebnis beeinflusst haben. (2) Berücksichtigung von Vermögensänderungen infolge von Veräußerung oder Erwerb von Anlagevermögen. (3) Korrekturen wegen zwischenzeitlich erfolgter Gewinnausschüttungen, Kapitalerhöhungen oder -herabsetzungen oder verdeckten Einlagen. – b) *Umrechnung Vermögenswert in Prozentgröße* erfolgt im zweiten Schritt, indem der berechnete Vermögenswert zum Nennkapital der Kapitalgesellschaft im Verhältnis gesetzt wird. – c) *Ermittlung voraussichtlicher künftiger Jahresertrag:* Schätzung ist möglichst aus den Betriebsergebnissen der letzten drei Wirtschaftsjahre abzuleiten. (1) Ausgangspunkt: Auszugehen ist vom jeweiligen zu versteuernden Einkommen. (2) Korrekturen haben zu erfolgen für:

(a) Sonderabschreibungen oder erhöhte Absetzungen, Bewertungsabschläge, Zuführen und Teilwertabschreibungen. Berücksichtigungsfähig sind nur die normalen Abschreibungen; (b) Abschreibungen auf den Firmenwert oder firmenwertähnliche Wirtschaftsgüter sind zu stornieren, ebenso Verlustrückträge und Verlustvorträge, die das Ergebnis beeinflusst haben; (c) einmalige Veräußerungsverluste und -gewinne (da als außerordentliche Vorfälle nicht geeignet, zukünftige Gewinne zu prognostizieren); (d) für steuerfreie Einkünfte bzw. nichtabziehbare Aufwendungen. (3) Abschläge sind evtl. möglich bis zu 30 Prozent bei Gesellschaften, bei denen das Ergebnis in bes. Maße von der persönlichen Tätigkeit des Gesellschafter-Geschäftsführers abhängig ist, ohne dass das Jahresergebnis deswegen bereits um ein entsprechend hohes Gehalt gemindert worden wäre. (4) Gewichtung der Jahresergebnisse ist im nächsten Schritt vorzunehmen; Gewichtungsfaktoren: 3,0 für Ergebnis aus dem letzten Wirtschaftsjahr, 1,0 für vorletztes Wirtschaftsjahr, 1,0 für Ergebnis vorvorletztes Wirtschaftsjahr; dann Division der Gesamtsumme durch 6,0. (5) Umrechnung in einen Prozentsatz: Der so ermittelte gewichtete Jahresertrag ist auf das Nennkapital der Gesellschaft zu beziehen; er muss mind. Null Prozent betragen, außer wenn objektiv ein baldiger Zusammenbruch des Unternehmens zu erwarten ist. (6) Zusammenführung von Vermögenswert und Ertragshundertsatz zum Stuttgarter Verfahren-Wert erfolgt, indem auf den Vermögenswert der Unterschiedsbetrag addiert wird, den ein Erwerber für eine überdurchschnittliche Verzinsung seines investierten Kapitals für die nächsten fünf Jahre noch bezahlen würde. Daraus abgeleitete Formel (bei Regelverzinsung = 9 Prozent): gemeiner Wert = 68 Prozent · (V + 5 E) mit V = Vermögenswerthundertsatz, E = Ertragshundertsatz; ergibt den Prozentsatz, mit dem der Nennbetrag einer Beteiligung an der betreffenden Kapitalgesellschaft zu multiplizieren ist, um ihren gemeinen Wert nach dem Stuttgarter Verfahren zu erhalten. – d) *Bes. Umstände* können durch Zu- oder Abschläge berücksichtigt werden (R 100 III ErbStR); möglich z.B. bei Anteilen ohne Einfluss auf die Geschäftsführung (10-prozentiger Abschlag; Einzelheiten und Voraussetzungen in R 101 ErbStR geregelt). – e) *Sonderregelungen* gelten für neu gegründete Gesellschaften, Holdinggesellschaften, Organgesellschaften, Komplementärgesellschaften einer GmbH & Co. KG, Gesellschaften mit ungleichen Gesellschafterrechten, eigenen Anteilen, gemeinnützigen Gesellschaften. – 6. *Kritik:* Das Stuttgarter Verfahren hat durch die Praxis von Rechtsprechung und Verwaltung quasi-gesetzlichen Charakter erhalten. Da es zu wenig auf die konkreten Gegebenheiten des Einzelfalls abstellt, ist es wegen Verstoßes gegen das Leistungsfähigkeitsprinzip aus steuerrechtlicher Sicht kritisiert worden. Kritik der Betriebswirtschaftslehre u.a. am dem als wissenschaftlich überholt geltenden Verfahren der Übergewinnabgeltung und bes. der Betonung des Vermögenswertes, neuerdings (seit Einführung der verlängerten Maßgeblichkeit) natürlich auch der Messung dieses Vermögenswertes mit von den wirklichen Werten weit entfernten Steuerbilanzwerten. Nach einem Urteil des Bundesverfassungsgerichts (BVerfG, 1 BvL. 10/02 vom 7.11.2006) ist die Anwendung des Stuttgarter Verfahrens im Zusammenhang mit der Erbschaftsteuer mit dem Grundgesetz nicht vereinbar. Im Rahmen der → Erbschaftsteuerreform galt es, eine neue Regelung zur Bewertung von Betriebsvermögen bzw. Beteiligungsbesitz zu finden. – 7. *Bei der Bewertung von Anteilen an Kapitalgesellschaften* ist nach Inkrafttreten der Erbschaftsteuerreform mit Wirkung ab dem 1.1.2009 ist vorrangig der gemeine Wert zugrunde zu legen. Dieser ermittelt sich bei Anteilen an Kapitalgesellschaften grundsätzlich nach dem Börsenkurs. Bei nicht notierten Anteilen soll der gemeine Wert in erster Linie aus Verkäufen unter fremden Dritten abgeleitet werden, die weniger als ein Jahr vor dem Besteuerungszeitpunkt liegen. Andernfalls ist der gemeine Wert zu schätzen (sog. → Ertragswertverfahren).

Subcontractor → Generalunternehmer.

Subject-to-Tax-Klausel → Rückfallklausel.

Subjektsteuern → Personensteuern.

Subsidiarität der Einkunftsarten – Grundsatz, dass ein steuerpflichtiger Vorgang, der unter zwei verschiedenen Einkunftsarten eingestuft werden könnte als „betrieblich" durchgesetzt wird. – *Beispiel*: (1) Mieten, die ein Gewerbebetrieb aus der Vermietung eines leerstehenden Erweiterungsgeländes bezieht, erfüllen sowohl die Voraussetzungen für „Einkünfte aus Vermietung und Verpachtung" als auch – als Teil des Steuerbilanzgewinns – diejenigen für „Einkünfte aus Gewerbebetrieb"; die Einstufung als Teil des gewerblichen Betriebs setzt sich durch (§ 21 III EStG). (2) Zinserträge, die ein Gewerbebetrieb aus einem Bankguthaben bezieht, fallen sowohl unter „Einkünfte aus Kapitalvermögen" als unter „Einkünfte aus Gewerbebetrieb"; die Einkunftsart „Gewerbebetrieb" setzt sich durch (§ 20 III EStG).

Substanzbetrieb – ein auf die Bewirtschaftung des Grund und Bodens gerichteter → Nebenbetrieb eines land- oder forstwirtschaftlichen Betriebs. – *Gegensatz*: → Verarbeitungsbetrieb.

Substanzbewertung – Bewertung für Zwecke der → Substanzsteuern; gesetzlich geregelt im → Bewertungsgesetz (BewG).

Substanzsteuern – I. Betriebswirtschaftliche Steuerlehre: In Abgrenzung zu den → Ertragsteuern knüpfen die Substanzsteuern an Roh- oder Reinvermögensgrößen, d.h. an *Bestands*größen an. Zu den Substanzsteuern zählen die frühere → Vermögensteuer (seit Ende 1996 nicht mehr erhoben), und Gewerbekapitalsteuer (→ Gewerbesteuer), die → Grundsteuer, und → Erbschaftsteuer (bzw. Schenkungsteuer).

II. Finanzwissenschaft: Sollsteuern.

Substanzverringerung – Verbrauch von Substanz bei Bergbaubetrieben, Steinbrüchen und ähnlichen Betrieben. – *Steuerlich* sind Absetzungen nach Maßgabe des Substanzverzehrs zulässig (→ Absetzung für Substanzverringerung (AfS); § 7 VI EStG.

Subunternehmer → Generalunternehmer.

Subventionsverordnung – Verordnung (EG) Nr. 2026/97 des Rates vom 6.10.1997 (ABl. L 288 vom 21.10.1997) m.spät.Änd. Instrument der EU zum Schutz gegen subventionierte Einfuhren aus nicht zur EU gehörenden Ländern. – 1. *Begriffsbestimmung:* Eine Subvention liegt vor, wenn eine Regierung in dem Ursprungs- oder Ausfuhrland eine finanzielle Beihilfe leistet, oder wenn irgendeine Form der Einkommens- und Preisstützung i.S.d. Art. XVI des GATT 1994 besteht und dadurch ein Vorteil entsteht. Subventionen sind jedoch nur dann Gegenstand von Ausgleichsmaßnahmen durch die EU, wenn es sich um spezifische Subventionen handelt. Von spezifischen Subventionen spricht man dann, wenn die gewährende Stelle die Subvention auf ein Unternehmen oder einen Wirtschaftszweig beschränkt. – 2. Nicht anfechtbare Subventionen sind *Subventionen für Forschungstätigkeit*, die von Unternehmen oder Hochschul- sowie Forschungseinrichtungen durchgeführt werden, sofern die Subvention nicht mehr als 75 Prozent der Kosten für industrielle Forschung oder 50 Prozent der Kosten der vorwettbewerblichen Entwicklung decken und sich die Beihilfen ausschließlich auf die Personalkosten, Kosten für Instrumente, Ausrüstung, Grundstücke, Beratungskosten oder andere Betriebskosten beschränken. Ebenfalls nicht angefochten werden Subventionen für benachteiligte Regionen innerhalb des Gebietes des Ursprungs- und/ oder Ausfuhrlandes, die gemäß einem allg. Rahmen für die regionale Entwicklung gewährt werden sowie Subventionen zur Förderung der Anpassung von Einrichtungen an neue Umweltvorschriften. – 3. Ein → Antidumpingzoll kann erhoben werden, um eine Subvention auszugleichen, die mittelbar oder unmittelbar für die Herstellung, die Produktion, die Ausfuhr oder die Beförderung einer Ware gewährt wird, deren Überführung in den zollrechtlich freien Verkehr in die Gemeinschaft eine Schädigung verursacht. – 4. *Bedeutung:* Spielt im Hinblick auf die Zahl der Verfahren, die in der EU eingeleitet werden, kaum eine Rolle.

summarische Anmeldung – bis zum 1.1.2011 Verzeichnis der gestellungspflichtigen Waren, das bei der → Zollstelle bei Importen nach vorgeschriebenem Muster oder elektronisch abzugeben ist, wenn sich die weitere → Zollbehandlung nicht unmittelbar an die → Gestellung anschließt, um den Zollstelle eine Prüfung der Vollständigkeit der Ladung zu ermöglichen. Die summarisch angemeldeten Waren werden dann an den Orten verwahrt, die die Zollstelle festgelegt hat. Während bislang die summarische Anmeldung im Anschluss an die Gestellung abzugeben war, wird im Rahmen der Sicherheitsstrategien eine Verlagerung vor die Einfuhr vorgeschrieben, um bereits vor dem Eintreffen der Waren eine Risikoanalyse durchführen zu können. – Mit der *Zollkodex-Änderung von 2005* ist die summarische Anmeldung ab dem 1.7.2009 freiwillig, ab dem 1.1.2011 zwingend elektronisch abzugeben und zwar bei Im- und Exporten, soweit keine Ausfuhr- oder Wiederausfuhranmeldungen abzugeben sind. Dabei sind bestimmte Fristen für die Vorabanmeldungen zu beachten. Bei Importen ist zusätzlich zur summarischen Eingangsanmeldung vor dem Verbringen eine weitere summarische Anmeldung zur vorübergehenden Verwahrung abzugeben und zwar nach Ankunft der Waren am → Amtsplatz, auf die sich der Gestellende bei der Gestellung beziehen muss.

Summe der Einkünfte – 1. *Begriff*: eine Zwischengröße auf dem Weg zur Berechnung des → zu versteuernden Einkommens bei der Einkommensteuer. Die Summe der Einkünfte ist jener Betrag, der sich ergibt, wenn alle diejenigen Beträge, die sich aus den 7 Einkunftsarten ergeben, einfach addiert werden. – 2. *Berechnung*: Bei der Berechnung der Summe der Einkünfte werden die Ergebnisse aus den 7 Einkunftsarten addiert, jedoch bleiben solche Positionen unberücksichtigt, für die das EStG eine Zusammenrechnung mit anderen Einkunftsarten ausdrücklich ausschließt, z.B. bestimmte Verluste von Kommanditisten oder neuerdings – seit 2009 – im Regelfall auch die gesamten Einkünfte aus Kapitalvermögen. – 3. *Zu unterscheiden* ist die Bezeichnung von dem Ausdruck „Gesamtbetrag der Einkünfte", den obwohl rein sprachlich beide Begriffe eigentlich dasselbe bezeichnen müssten, hat der dt. Gesetzgeber sie für unterschiedliche Zwischensummen als Fachausdruck verwendet; der Grund dürfte darin liegen, dass es notwendig war, für unterschiedliche Zwischensummen unterschiedliche Fachausdrücke zu erfinden und hierfür wenige andere sinnvolle begriffliche Ausdrucksweisen zur Verfügung gestanden hätten; „→ Gesamtbetrag der Einkünfte" bezeichnet also eine *andere* Größe. – 4. *Fundstellen*: Die Reihenfolge der einzelnen Zwischensummen bei der Berechnung des zu versteuernden Einkommens und ihre Bezeichnung ist normiert in § 2 VA EStG, und H2 EStH gibt ein Schema mit einer Übersicht über die nötigen Rechenschritte.

supranationales Recht – 1. *Begriff*: Rechtsnormen, die von supranationalen Organisationen kraft eigener – durch völkerrechtlichen Vertrag übertragener – Rechtsetzungsbefugnis erlassen werden und dem nationalen Recht vorgehen. – 2. *Beispiele* finden sich nur im EG-Recht, da andere Rechtsordnungen nur völkerrechtlichen, aber keinen supranationalen Charakter haben. Aus dem Steuerrecht lassen sich nennen: das Beihilfeverbot im EG-Vertrag, die europäischen Grundfreiheiten, die Richtlinien der EG zum Umsatzsteuerrecht (v.a. die → Mehrwertsteuersystemrichtlinie) und zu einigen wenigen Spezialfragen des Ertragsteuerrechts (→ Fusionsrichtlinie,

→ Mutter-Tochter-Richtlinie, Richtlinie über Zinsen und Lizenzgebühren im Konzern), aber auch die Bestimmungen in den völkerrechtlichen Verträgen der EG mit anderen Staaten, soweit diese unmittelbar geltendes Recht beinhalten. – Sich einseitig über supranationales Recht hinwegzusetzen, ist – anders als bei normalem Völkerrecht, wo es einen erfolgreichen „→ Treaty Override" sehr wohl gibt - nicht mit rechtlicher Wirkung möglich.

Surrogatsteuer – Ausdehnung der Verbrauchsbesteuerung eines Naturprodukts auf dessen künstlichen Ersatz (z.B. Zucker/Süßstoffsteuer). Surrogatsteuer ist aus fiskalischer Sicht erforderlich, wenn Konsumverlagerung auf das Ersatzgut zu erheblichem Steuerrückgang führen würde. – Vgl. auch → Folgesteuern.

Switch-over-Klausel – eine in neueren dt. Doppelbesteuerungsabkommen häufig vereinbarte Klausel, wonach Deutschland für bestimmte von Deutschen im Ausland erzielte ausländische Einkünfte zwar die Anwendung der → Freistellungsmethode zusagt (Befreiung von deutscher Steuer), sich aber vorbehält, diese Zusage für einzelne Fallkonstruktionen durch einseitige Erklärung gegenüber dem anderen Staat auch ohne Vertragsänderung wieder zurückzunehmen und hierfür dann in Zukunft zur Vermeidung einer Doppelbesteuerung nur noch auf die → Anrechnungsmethode zurückzugreifen. Damit entspricht nach der Nutzung der Switch-over-Klausel das Steuerniveau für die entsprechende Tätigkeit/Investition des dt. Steuerpflichtigen im Ausland in der Summe mind. dem dt. Steuerniveau; Steuerersparniseffekte durch Verlagerung einer Tätigkeit von Deutschland ins Ausland sind daher ausgeschlossen, sobald Deutschland von der Switch-over-Klausel Gebrauch macht. – Ein ähnlicher Mechanismus wie eine Switch-over-Klausel ist die im innerstaatlichen Recht der Bundesrepublik enthaltene Vorgabe, dass bei passiven Einkünften aus einem Niedrigsteuergebiet dann, wenn in einem Doppelbesteuerungsabkommen die Freistellungsmethode vorgesehen ist, auch entgegen dem Abkommen stattdessen nur die Anrechnungsmethode angewandt werden soll (§ 20 II AStG). Diese Regelung wird jedoch auch dann angewandt, wenn das maßgebliche DBA eine Switch-over-Klausel nicht enthält, ist also ein stärkerer Eingriff (→ Treaty Override). – Vgl. auch → Rückfallklausel, → Steuerwettbewerb.

Systemprüfung → Prüfung, bei der festgestellt wird, ob und inwieweit sich der → Prüfer auf die zuverlässige und vollständige betriebliche Erfassung und Verarbeitung der Elemente des zu prüfenden Objektes verlassen kann. Vom Ergebnis der Systemprüfung hängt ab, wie weitgehend nachfolgende Prüfungshandlungen durchzuführen sind. Von bes. Bedeutung für eine → Jahresabschlussprüfung sind die Systemprüfungen als Prüfung des → Internen Kontrollsystems (IKS) und die → EDV-Systemprüfung.

Tabaksteuer – eine von der Zollverwaltung des Bundes erhobene und verwaltete Verbrauchsteuer auf Tabakherstellung oder -einfuhr in Form der Banderolensteuer. Die Tabaksteuer fließt dem Bund zu. – 1. *Rechtsgrundlagen:* Tabaksteuergesetz (TabStG) vom 21.12.1992 (BGBl. I 2150) m.spät.Änd. und Durchführungsverordnung vom 14.10.1993 (BGBl. I 1738) m.spät.Änd. – 2. *Steuergegenstand:* Tabakwaren (Zigarren, Zigaretten, fein geschnittener Rauchtabak, Pfeifentabak, Strang). – 3. *Steuerbefreiungen:* u.a. für Warenproben und Arbeitnehmern gewährte Deputate. – 4. *Grundlagen der Steuerberechnung:* Menge und Kleinverkaufspreis; in diesem sind enthalten: Abgaben auf Tabakerzeugnisse, Kosten der vorgeschriebenen Packung, Kosten, die vom Verbraucher zu tragen sind, und Gewinnspanne. – 5. *Wichtigste Steuersätze und -beträge:* (1) Zigaretten: 8,27 Cent/St. und 24,66 Prozent des Kleinverkaufspreises, mind. aber 96 Prozent der Tabaksteuer für Zigaretten der gängigsten Preisklasse; für den Zeitraum vom 15.2.2007 bis 14.2.2008 jedoch 17,11 Cent/St. abzgl. der Umsatzsteuer des Kleinverkaufspreises der zu versteuernden Zigaretten, max. 14,07 Cent/St. (2) Zigarren und Zigarillos: 1,4 Cent/St. und 1,47 Prozent des Kleinverkaufspreises; (3) Rauchtabak: Feinschnitt 34,06 Euro je kg und 18,57 Prozent des Kleinverkaufspreises, mind. 53,28 Euro je kg; Pfeifentabak 15,66 Euro/kg und 13,13 Prozent des Kleinverkaufspreises. – 6. *Steuerschuldner:* Hersteller (Regelfall). *Entstehung* i.d.R. im Zeitpunkt der Entfernung der Tabakwaren und Zigarettenhüllen aus dem Herstellungsbetrieb oder des Verbrauchs innerhalb des Betriebes. – 7. *Verfahren:* a) Für Zigaretten, Zigarillos, Zigarren etc.: Verwendung von *Steuerzeichen* und *Verpackungszwang;* Verwendung umfasst das Entwerten und Anbringen der vorher vom Hersteller durch Steueranmeldung bestellten und bezogenen Steuerzeichen an den Kleinverkaufspackungen. Grundsätzliches Verbot für den Kleinhandel, Tabakerzeugnisse unter oder über dem im Steuerzeichen angegebenen Kleinverkaufspreis abzugeben oder Rabatt zu gewähren. – b) *Fälligkeit* der Tabaksteuer je nach Bezugszeitpunkt der Steuerzeichen und Tabakart spätestens am 10. Tag bzw. am 25. Tag des übernächsten Monats nach dem Monat des Bezugs. Kein Zahlungsaufschub. – 8. *Unversteuert:* u.a. Tabakwarenausfuhr unter Steueraufsicht. – 9. *Steuererstattung* bzw. *-erlass:* in bestimmten Fällen möglich. – 10. *Steueraufsicht* über Hersteller von Tabakwaren, Tabakwaren- und Rohtabakhändler, Inhaber von sog. → Steuerlagern, Tabak- und Tabaksteuerkleinpflanzer. – 11. *Finanzwissenschaftliche Begründung:* a) aus *fiskalischer Sicht:* Die Tabaksteuer ist nach der Energiesteuer die zweitergiebigste der Verbrauchsteuern (Aufkommen ca. 6 Prozent der Bundessteuern i.w.S.). – b) aus *meritorischer Sicht:* Tabaksteuer als Präventivmaßnahme der Gesundheitspolitik, da Erhöhung der Tabaksteuer zu Verbrauchseinschränkungen führt, obwohl Tabak ein eher unelastisches Gut ist (Preiselastizität). Das Ausmaß der Verbrauchseinschränkungen unterscheidet sich zwischen Ländern, in denen die Tabaksteuer erhöht wurde, teilweise erheblich. – 12. *Beurteilung:* Die Kombination von Mengensteuer und Wertsteuer wird als kompliziert und reformbedürftig empfunden; der Europäische Rat hat sich aber gegen eine reine Mengensteuer ausgesprochen. – 13. *Aufkommen:* 14.4 Mrd. Euro (2011), 14,3 Mrd. Euro (2007), 14,4 Mrd. Euro (2006), 14.093,9 Mio. Euro (2003), 13.778 Mio. Euro (2002), 12.071,9 Mio. Euro (2001), 11.442,9 Mio. Euro (2000), 10.529,9 Mio. Euro (1995), 8.897,4 Mio. Euro (1990), 7.389 Mio. Euro (1985), 5.771 Mio. Euro (1980), 4.543 Mio. Euro (1975), 3.342 Mio. Euro (1970), 2.402 Mio. Euro (1965), 1.808 Mio. Euro (1960), 1.309 Mio. Euro (1955), 1.104 Mio. Euro (1950).

Tabakwarensteuerrichtlinie – Richtlinie 95/59/EG *über die anderen Verbrauchsteuern auf Tabakwaren als die Umsatzsteuer;* definiert Zigaretten, Zigarillos, Rauchtabak, Feinschnitttabak und diesen gleichgestellte Waren als Steuergegenstand der → Tabaksteuer in der EU und schreibt den Mitgliedsstaaten die Erhebung einer Tabaksteuer vor. Vorschriften über die Höhe der Steuersätze legt nicht die Tabakwarensteuerrichtlinie fest, sondern entsprechende Maßnahmen sind getrennt kodifiziert in der Zigarettensteuersatzrichtlinie und der Tabakwarensteuersatzrichtlinie (R 92/80/EWG).

Tafelgeschäft – *Schaltergeschäft;* Geschäft im Bankbetrieb, bei dem Leistung und Gegenleistung Zug um Zug erfolgt, z.B. der Kunde am Schalter (d.h. anonym) Effekten gegen Barzahlung erwirbt oder an der Sortenkasse ausländisches Geld einwechselt. – Tafelgeschäfte (Auszahlung von Zinsen gegen Aushändigung von Zinsscheinen) unterliegen der → Abgeltungsteuer.

Tagegelder → Reisekosten.

Tageswert – *Tagespreis, Marktwert, Zeitwert;* Wert, der von Preisen abgeleitet wird, die sich aufgrund von Angebot und Nachfrage am Markt im weitesten Sinn bilden. Handelsrechtlich sind Tageswerte bei der Überprüfung der Werthaltigkeit von Vermögensgegenständen (Niederstwertprinzip) relevant. Dabei werden sie z.B. durch den Börsenkurs oder Marktpreis am Abschlussstichtag konkretisiert (§ 253 III/ IV HGB).

Tantiemesteuer → Aufsichtsratsteuer.

Tarif – listenmäßig, nach einem bestimmten Prinzip (degressiv, progressiv u.a.) aufgestellte Preise, Abgaben etc. je Einheit. – 1. *Bahnverkehr:* Eisenbahn-Tarif. – 2. *Luftverkehr:* Luftverkehr. – 3. *Zollrecht:* → Zolltarif. – 4. *Arbeitsrecht:* die ausgerechneten Ecklöhne laut Tarifvertrag. – 5. die ausgerechneten *Steuertabellen:* → Einkommensteuertarif.

Tarifbelastung – 1. *Begriff* des → körperschaftsteuerlichen Anrechnungsverfahrens (1977 bis 2000). Die Tarifbelastung ergab sich bei Körperschaften durch Anwendung der Tarifvorschriften auf das zu versteuernde Einkommen. Zur Tarifbelastung zählte nur die ab dem 1.1.1977 angefallene inländische Körperschaftsteuer. Die Tarifbelastung unterschied sich von der letztlichen Körperschaftsteuerschuld dadurch, dass noch die Körperschaftsteueränderung zur Herstellung der Ausschüttungsbelastung zu berücksichtigen war. – 2. *Einkommensteuer:* → tarifliche Einkommensteuer.

Tariffreibetrag → Pauschbetrag in Höhe von 600 DM jährlich (1.200 DM jährlich bei Ehegatten, von denen nur einer die Voraussetzungen des § 60 EStG i.V. mit § 32 VIII EStG erfüllen musste) wurde von 1991 bis 1993 Steuerpflichtigen gewährt, die innerhalb des Veranlagungszeitraums an mind. einem Tag ihren ausschließlichen Wohnsitz in den neuen Bundesländern hatten.

tarifliche Einkommensteuer – jene Steuer, die sich ergibt, wenn man auf das zu versteuernde Einkommen den Einkommensteuertarif anwendet. Weil vom Resultat z.B. noch Steuerermäßigungen abgezogen werden (etwa infolge der Anrechnungsmethode, der Gewerbesteueranrechnung oder aus ähnlichen Gründen) stellt die tarifliche Einkommensteuer nur eine Zwischensumme auf dem Weg zur Berechnung der endgültigen Steuerschuld (festzusetzende Einkommensteuer) dar. Die Zusammenhänge sind in § 2 VI EStG normiert.

Tarifsteuern → indirekte Steuern.

tätige Reue – 1. *Strafrecht:* Rücktritt. – 2. *Steuerrecht:* → Selbstanzeige.

Tätigkeitsfinanzamt – bei freiberuflicher Tätigkeit (→ freie Berufe) das → Finanzamt, von dessen Bezirk aus die Berufstätigkeit vorwiegend ausgeübt wird (§ 18 I Nr. 3 AO). Zuständig v.a. für die gesonderte Feststellung nach § 180 AO und die Umsatzsteuer bei freiberuflich Tätigen.

tatsächliche Verständigung – Begriff der Abgabenordnung: Tatsächliche Verständigung ist ausschließlich im Rahmen der Sachverhaltsermittlung während des gesamten Festsetzungsverfahrens zulässig. Sie ist nicht möglich über die rechtliche Würdigung eines Sachverhalts. Bei einem unklaren, schwer zu ermittelnden Sachverhalt können sich die Parteien darüber verständigen, welche Tatsachen sie als gegeben ansehen wollen. Zweck einer tatsächlichen Verständigung ist es, Streitigkeiten zwischen Steuerzahler und Finanzverwaltung um einen schwierig oder gar nicht zuverlässig zu ermittelnden Sachverhalt zu vermeiden und somit den Ermittlungsaufwand im Rahmen des Besteuerungsverfahrens sinnvoll zu begrenzen. Die Maßnahme dient insbesondere dem Rechtsfrieden. Die tatsächliche Verständigung ist nur unter engen Voraussetzungen möglich, ist dann allerdings für beide Seiten im Verlauf des weiteren Besteuerungsverfahrens auch bindend. Sie bezieht sich ausschließlich auf bereits abgeschlossene Sachverhalte. – *Anders:* → verbindliche Auskunft. – Vgl. auch → Außenprüfung.

tauschähnlicher Umsatz – Begriff aus der Umsatzsteuer: ein Geschäft, bei dem die Lieferung oder sonstige Leistung der einen Seite von der anderen Seite auch mit einer Lieferung oder sonstigen Leistung (ggf. mit barer Zuzahlung) bezahlt wird. Wird grundsätzlich behandelt wie ein Tausch.

Tauschgutachten – eine frühere steuerliche Regelung, wonach der Tausch von Anteilen an einer Kapitalgesellschaft gegen andere unter bestimmten Umständen steuerlich ohne unmittelbare Auswirkungen blieb. Seit 1999 nicht mehr gültig; seitdem gilt, dass der Tausch von Anteilen, wie allg. der Tausch eines Wirtschaftsgutes gegen ein anderes, ein Veräußerungsvorgang ist, durch den Gewinne werden, also Steuern aufgedeckt werden. Einzige Möglichkeit zum steuerneutralen Austausch von Anteilen gegen andere ist heutzutage daher nur noch der sog. → Anteilstausch.

Tax-Free Shopping – Verkauft ein im Inland gelegenes Geschäft eine Ware an einen → ausländischen Abnehmer, dann kann dieser Verkauf umsatzsteuerlich als steuerfreie Ausfuhrlieferung behandelt werden, wenn der Abnehmer die erworbenen Waren im Reisegepäck ins Drittland ausführt (§ 6 I Nr.2 UStG). Dies setzt jedoch voraus, dass der liefernde Unternehmer in den Besitz der Ausfuhrdokumente gelangt. Die Ware steuerfrei zu liefern und sich die Dokumente übersenden zu lassen, ist bei Geschäften mit Touristen zu unsicher; sie zunächst steuerpflichtig zu liefern und dann nach Übersendung der Dokumente die Rechnung zu berichtigen (auf steuerfrei) und den Differenzbetrag zu erstatten, erscheint bei dem Volumen der typischen Käufe von Touristen verwaltungstechnisch zu aufwendig. Daher gehen viele Unternehmen den Weg, zunächst unter Ausstellung einer normalen Rechnung steuerpflichtig zu liefern, in die Entgegennahme der Ausfuhrdokumente und die Abwicklung der Erstattungszahlungen dann aber mit Zustimmung der Finanzbehörden eine zentrale Stelle einzuschalten, die für sämtliche angeschlossenen Unternehmen diese Schritte abwickelt und somit Verwaltungsaufwand spart. Diese Unternehmen signalisieren ihren Kunden aus dem Drittlandsgebiet, dass sie dieses Verfahren praktizieren, durch Traufkleber bzw. Schilder mit der Aufschrift „Tax-Free Shopping". – *Anders:* → Duty-free-Shop.

technische Abschreibung → Mengenabschreibung.

Teesteuer – Verbrauchsteuer, die neben Einfuhrzoll und Einfuhrumsatzsteuer erhoben wurde; zum 1.1.1993 abgeschafft. – *Aufkommen 1992:* 30,3 Mio. Euro.

Teilanrechnungssystem – ein Körperschaftsteuersystem, bei dem dem Anteilseigner nach Empfang der Dividende ein Teil der von der Gesellschaft bezahlten Körperschaft auf seine persönliche Einkommensteuer angerechnet bzw. evtl. sogar erstattet wird. – Vgl. → Körperschaftsteuersysteme.

Teilbetrieb – 1. *Begriff:* Teil eines Unternehmens, der in organisatorischer Hinsicht einen selbstständigen Betrieb bildet, d.h. eine aus eigenen Mitteln funktionsfähige Einheit darstellt (ausdrückliche Definition in Art. 2i der → Fusionsrichtlinie; Definition in dt. steuerlichen Vorschriften im Wesentlichen durch Rechtsprechung). – 2. *Einkommensteuerrecht:* Die Veräußerung eines Teilbetriebs durch eine Personengesellschaft oder natürliche Person führt zu → außerordentlichen Einkünften und wird in bestimmten Grenzen auf Antrag mit einem ermäßigten Steuersatz besteuert (§ 34 III EStG; maximal bis zu einem Gewinnbetrag von 5 Mio. Euro, Antrag setzt aber voraus, dass der Steuerpflichtige bestimmte zusätzliche Voraussetzungen erfüllt), ansonsten kommt es aber i.d.R. wenigstens durch eine bes. Regelung zur Berechnung des Steuersatzes zu einer Glättung von Progressionssprüngen, die sich aus der eventuellen massiven Aufdeckung stiller Reserven in einem einzigen Jahr ergeben (§§ 16, 34 I EStG). – 3. *Einkommen- und Körperschaftsteuer:* Unter bestimmten Voraussetzungen ist die Einbringung eines Teilbetriebs in eine Kapital- oder Personengesellschaft gegen Gewährung von Anteilen an dieser Gesellschaft steuerfrei möglich, wenn die neue Gesellschaft die Buchwerte des Teilbetriebes fortführt (→ Buchwertfortführung; → Einbringung in eine Personengesellschaft; → Einbringung in eine Kapitalgesellschaft). – 4. *Körperschaftsteuer:* Die Spaltung von Kapitalgesellschaften in ihre Teilbetriebe ist ebenfalls steuerbegünstigt möglich.

Teileinkünfteverfahren – Seit dem Veranlagungszeitraum 2009 wird das sog. → Halbeinkünfteverfahren durch das Teileinkünfteverfahren abgelöst. Demnach sind Einnahmen aus Dividenden und aus der Veräußerung von Kapitalgesellschaftsanteilen, die im Betriebsvermögen gehalten werden, nicht mehr mir 50 Prozent (Halbeinkünfteverfahren) sondern mit 60 Prozent der Einkommensteuer zu unterwerfen (§ 3 Nr. 40 EStG). Darüber hinaus kommt das Teileinkünfteverfahren zur Anwendung, wenn die Beteiligung innerhalb der letzten fünf Jahre die 1-Prozent-Grenze überschritten hat (gewerbliche Einkünfte nach 17 EStG, → wesentliche Beteiligung). Die mit diesen Einnahmen im Zusammenhang stehenden Ausgaben können in analoger Anwendung nur mit 60 Prozent steuermindernd berücksichtigt werden (§ 3c II EStG). Ab dem Veranlagungszeitraum 2011 gilt das Teilabzugsverbot bereits bei Einkünfteerzielungsabsicht – unabhängig davon, ob tatsächlich ein Einnahmezufluss vorliegt (§ 3c II Satz 2).

Teilhaber – Mitinhaber einer → Personengesellschaft, der mit einem Geschäftsanteil, ausgewiesen auf Kapitalkonto, am Gesellschaftsvermögen und Erfolg (Gewinn oder Verlust) beteiligt ist. – *Steuerliche Behandlung:* → Mitunternehmer.

Teilleistung – I. Bürgerliches Recht: teilweise Erfüllung einer Verbindlichkeit. Gemäß § 266 BGB ist Teilleistung grundsätzlich unzulässig; der Gläubiger kann daher Teilleistung zurückweisen, ohne in Annahmeverzug zu geraten. – *Ausnahmen:* Unzulässige Rechtsausübung. Teilleistungen können auch aufgrund einer Verkehrssitte oder eines Handelsbrauchs zulässig sein. – Der Inhaber eines Wechsels oder Schecks darf Teilzahlungen nicht zurückweisen (Art. 39 II WG, Art. 34 II ScheckG). – *Anrechnung von Teilleistungen auf mehrere Schulden:* Erfüllung.

II. Umsatzsteuerrecht: Eine Teilleistung liegt nur dann vor, wenn für bestimmte Teile einer wirtschaftlich teilbaren Leistung das Entgelt gesondert vereinbart wird (§ 13 UStG). In diesen Fällen entsteht die Umsatzsteuer mit Ablauf des Voranmeldungszeitraums, in dem die Teilleistung ausgeführt wurde (→ Sollversteuerung). Es ist dann über die jeweilige Teilleistung eine → Rechnung zu erteilen, weil die Teilleistungen umsatzsteuerlich eigenständig sind (anders als im Fall der → Anzahlungen).

Teilmengenstaffelung → Kurventarif.

Teilsteuerrechnung – von Rose entwickeltes Verfahren der betriebswirtschaftlichen Steuerlehre zur Quantifizierung von Steuerbelastungsunterschieden. Die Methode der Teilsteuerrechnung besteht darin, wirtschaftlich abgegrenzten Bemessungsgrundlagenteilen die Gesamtsteuerbelastung zuzuordnen, die sich aus mehreren Steuerarten zusammensetzen kann. Dadurch wird es möglich, die Gesamtsteuerbelastung auf ihre verursachenden Komponenten zurückzuführen. Kernelement sind die sog. Teilsteuersätze, Prozentsätze der steuerlichen Be- und Entlastungswirkungen bezogen auf den jeweiligen Bemessungsgrundlagenteil. – *Bedeutung:* Wichtig ist die Erklärungsfunktion der Teilsteuerrechnung, die bes. bei der Herleitung der Teilsteuersätze das Zusammenwirken verschiedener Steuerarten in Bezug auf einzelne wirtschaftlich abgegrenzte Größen transparent macht. – In der Praxis setzt sich mit der vermehrten EDV-Einsatz allerdings eine EDV-gestützte Steuerplanung durch.

Teilwert – I. Begriff: Betrag, den ein Erwerber des ganzen Betriebs (Unternehmens) im Rahmen des Gesamtkaufpreises für das einzelne → Wirtschaftsgut ansetzen würde; dabei ist davon auszugehen, dass der Erwerber den Betrieb (das Unternehmen) fortführt (§ 6 I Nr. 1 EStG, § 10 BewG).

II. Charakterisierung: 1. *Zweck:* Der Teilwert stellt ab auf die Verhältnisse des Betriebs, dem das zu bewertende Wirtschaftsgut dient. Dessen Wert hängt von dem Nutzen ab, den es gerade für diesen Betrieb hat. Der Teilwert bildet im Wesentlichen eine Bewertungsschranke gegen Unterbewertungen; er soll eine Bewertung der einzelnen Wirtschaftsgüter nach objektiven und nachprüfbaren Gesichtspunkten sicherstellen und die Bildung (handelsrechtlich zwar u.U. zulässiger, bilanzsteuerrechtlich aber unzulässiger) ungerechtfertigter stiller Reserven verhindern. – 2. *Bedeutung:* Der Teilwert gilt sowohl bei der Ermittlung des → Einheitswertes des → Betriebsvermögens als auch in der Steuerbilanz. Wertunterschiede dürften sich grundsätzlich bei diesen verschiedenen Zwecken dienenden Bewertungen nicht ergeben: Sind Wirtschaftsgüter bereits in der Steuerbilanz mit dem zutreffenden Teilwert angesetzt, so können diese Werte i.d.R. auch für die Einheitsbewertung, soweit für die einzelnen Wirtschaftsgüter der Teilwert maßgebend ist, übernommen werden.

III. Ermittlung: 1. *Allgemeines:* Der Teilwert der einzelnen Wirtschaftsgüter findet seine obere Grenze in den Wiederbeschaffungs- oder Wiederherstellungskosten für ein entsprechendes Wirtschaftsgut gleicher Art und Güte, seine untere Grenze in dem Einzelveräußerungspreis. In diesem Rahmen hat der Steuerpflichtige nach eigenem nicht willkürlichem Ermessen unter Berücksichtigung objektiver Maßstäbe den Teilwert zu bilden. Da das Gesetz nur von einer fingierten Betriebsveräußerung ausgeht, wird es sich bei dem Wertansatz regelmäßig um eine Schätzung, einen Annäherungswert handeln. Die Ermittlung des Teilwerts gestaltet sich äußerst schwierig. Daher hat die Rechtsprechung die folgenden Teilwertvermutungen erarbeitet. – 2. *Teilwertvermutungen:* a) Die Praxis geht zur Ermittlung des Teilwerts i.Allg. von den Wiederbeschaffungskosten aus, d.h. der Teilwert ist mit dem Preis identisch, den der Erwerber des Betriebs zahlen müsste, wenn gerade dieses Wirtschaftsgut bei der (fingierten) Veräußerung nicht mit übertragen würde oder im Bestand überhaupt nicht vorhanden wäre. Dabei können erhöhte Wiederbeschaffungskosten nicht berücksichtigt werden. – b) Nach kaufmännischen Grundsätzen kann vermutet werden, dass der Teilwert im Zeitpunkt der Anschaffung (Herstellung) den Anschaffungs- oder Herstellungskosten entspricht. Zu späteren Bewertungsstichtagen gilt dies auch für nicht abnutzbare Wirtschaftsgüter des Anlagevermögens. Der Teilwert abnutzbarer Wirtschaftsgüter des Anlagevermögens entspricht dann den Anschaffungs- oder Herstellungskosten, vermindert um den im Rahmen der Nutzungszeitraum zu berücksichtigenden Absetzungen für Abnutzung. Diese Vermutung wird widerlegt, wenn sich die Anschaffung (Herstellung) als eine offensichtliche Fehlmaßnahme erweist oder die Absetzungen (z.B. wegen übermäßigen Wertverzehrs infolge technischer Neuerungen) zu niedrig bemessen waren und

der Teilwert sich nicht aus anderen Gründen mit den Anschaffungs- oder Herstellungskosten deckt. – c) Allg. Geschäfts- und Konjunkturrisiken, bes. die dem Betrieb eigentümlichen Verlustgefahren, stellen keine Tatsachen dar, die den Ansatz des Teilwerts begründen können. – d) Für Wirtschaftsgüter des Umlaufvermögens wird vermutet, dass der Teilwert den Wiederbeschaffungskosten entspricht, sofern nicht die Verkaufserlöse für Erzeugnisse und Waren die Kosten einschließlich eines Unternehmensgewinns nicht decken. Dann ist Teilwert der Wert, der dem für die Erzeuger- oder Handelsstufe bestehenden niedrigeren Börsen- oder Marktpreis entspricht. – e) Negative Wirtschaftsgüter sind wie die Gegenstände des Umlaufvermögens zu bewerten. Dem niedrigeren Teilwert entspricht der Verbindlichkeiten der über dem Nennwert der Schuld liegende Wert. – f) Teilwert bei → Pensionsrückstellungen.

Teilwertabschreibung – gleichbedeutend mit Ansatz des niedrigeren → Teilwertes in der Steuerbilanz (§ 6 I Nr. 1, 2 EStG). Die Teilwertabschreibung entspricht dann der Differenz zwischen Buchwert und Teilwert des Wirtschaftsgutes. Sie darf nur noch vorgenommen werden, wenn der Teilwert voraussichtlich dauerhaft gesunken ist; ist dennoch der Wert später wieder gestiegen, ist eine Zuschreibung vorzunehmen.

Teilzeitbeschäftigte – I. Lohnsteuer: → Pauschalierung der Lohnsteuer.

II. Sozialversicherung: 1. Entgelte von Teilzeitbeschäftigten unterliegen grundsätzlich der *Beitragspflicht.* – 2. *Versicherungsfreiheit* für geringfügig entlohnte und kurzfristige Beschäftigung. – Vgl. auch → geringfügige Beschäftigung.

Territorialitätsprinzip – I. Staatsrecht: Begrenzung der hoheitlichen Wirkungsmöglichkeit auf das Staatsgebiet.

II. Sozialversicherungsrecht: Grundsatz, wonach die Vorschriften über die Versicherungspflicht und die Versicherungsberechtigung nur für Personen gelten, die im Bundesgebiet beschäftigt oder selbstständig tätig sind oder, soweit ihre Beschäftigung oder selbstständige Tätigkeit nicht vorausgesetzt wird, ihren Wohnsitz oder gewöhnlichen Aufenthalt im Bundesgebiet haben.

III. Internationales Steuerrecht: Prinzip, nach dem nur auf die im eigenen Land erwirtschafteten Einkünfte (bzw. auf das im eigenen Land liegende Vermögen) Steuern zu erheben sind. Das Territorialitätsprinzip wird bei den Ertragsteuern im Wesentlichen nur im Rahmen der beschränkten Steuerpflicht, also gegenüber Steuerausländern, verfolgt; gegenüber ihren eigenen Bürgern folgen die meisten Staaten statt dessen dem Welteinkommensprinzip. – *Gegensatz:* Welteinkommensprinzip. – Vgl. auch → Außensteuerrecht (AStR), → Internationales Steuerrecht (IStR).

Testat → Bestätigungsvermerk.

Teststichprobe → Stichprobenprüfung.

Thesaurierungsrücklage – 1. *Begriff*: Mit der Unternehmensteuerreform wurde ab dem Veranlagungszeitraum 2008 die Thesaurierungsrücklage eingeführt. Nach der Neuregelung können Personenunternehmen auf Antrag eine Thesaurierungsrücklage aus einbehaltenen (= nicht entnommenen) Gewinnen bilden. Die Besteuerung dieser nicht entnommenen Gewinne erfolgt mit 28,25 Prozent zzgl. Solidaritätszuschlag (Gesamtbelastung 29,8 Prozent). Werden die begünstigt besteuerten Gewinne später entnommen, erfolgt eine Nachversteuerung in Höhe von 25 Prozent zzgl. Solidaritätszuschlag und ggf. Kirchensteuer. – 2. *Voraussetzung*: Die Rücklage kann für nicht entnommene laufende Gewinne aus Land- und Forstwirtschaft, Gewerbebetrieb und selbständiger Arbeit beantragt werden, wenn es sich um ein Einzelunternehmen handelt oder wenn der Mitunternehmer einen Gewinnanteil über 10 Prozent oder über 10.000 Euro hat je Betrieb oder Mitunternehmeranteil hat. Eine Rücklage kann jedoch nicht für Gewinne gebildet werden, für die der Freibetrag bei Betriebsveräußerung nach § 16 IV EStG oder die Steuerermäßigung nach § 34 EStG bei außerordentlichen Einkünften gewährt wird bzw. bei denen es sich um eine erfolgsabhängige Vergütung einer vermögensverwaltenden Gesellschaft handelt (§ 18 I Nr. 4 EStG). Es kann eine gesonderte Feststellung des Antrags je Betrieb und Mitunternehmerteil (unter Bestimmten Voraussetzungen) für jeden Veranlagungszeitraum erfolgen. – 3. *Antrag*: Der Antrag zur begünstigten Besteuerung nicht entnommener Gewinne ist für jeden Betrieb oder Mitunternehmeranteil einzeln bis zur Unanfechtbarkeit des Einkommensteuerbescheids für das Veranlagungsjahr beim Wohnsitzfinanzamt zu stellen. Der Antrag kann teilweise bis zur Unanfechtbarkeit des Einkommensteuerbescheids für das Folgejahr zurückgenommen werden oder für jeden Betrieb bzw. auf einen Teil des nicht entnommenen Gewinns beschränkt werden. – 4. *Nachversteuerung*: Der Betrag, der nachzuversteuern ist, ergibt sich aus dem Begünstigungsbetrag vermindert um die darauf erhobene Steuer von 28,25 Prozent zzgl. Solidaritätszuschlag und ggf. Kirchensteuer. Der Betrag, der der Nachversteuerung unterliegt, ist jährlich für jeden Betrieb und Mitunternehmeranteil zum Ende des Veranlagungszeitraums gesondert festzustellen. Eine Fortschreibung hat zu erfolgen (§ 34a III EStG). Die Nachversteuerung wird mit dem Steuersatz von 25 Prozent zzgl. Solidaritätszuschlag vorgenommen, wenn der positive Saldo der Entnahmen und Einlagen des Wirtschaftsjahres den Nachversteuerungsbetrag übersteigt. Dies gilt nur, soweit zum Ende des vorangegangenen Veranlagungszeitraums ein nachversteuerungspflichtiger Betrag festgestellt wurde. Bei der Ermittlung des Nachversteuerungsbetrages ist dieser um die Beträge, die für Erbschaft- und Schenkungsteuer entnommen wurden, zu mindern. Eine Nachversteuerung außerdem

auf Antrag des Steuerpflichtigen, bei Betriebsveräußerung oder -aufgabe, bei Wechsel der Gewinnermittlungsart oder bei Formwechsel in eine Kapitalgesellschaft sowie bei Einbringung vorzunehmen. Unschädlich sind unentgeltliche Betriebsübertragungen und Einbringungen in eine Personengesellschaft zu Buchwerten. Die Nachsteuer kann auf Antrag zinslos unter Berücksichtigung gewisser Voraussetzungen gestundet werden (§ 34a VI S. 2 EStG).

Thin Capitalization Rules – 1. *Bezeichnung* für Regeln zur Bekämpfung der „unzureichenden" Kapitalausstattung von Kapitalgesellschaften, d.h. v.a. zur Abwehr der → Gesellschafterfremdfinanzierung. – 2. Die *Problematik* ergibt sich daraus, dass die Erträge von Eigenkapital und Fremdkapital nach den Gepflogenheiten im internationalen Steuerrecht üblicherweise anders behandelt werden: (1) Die Erträge aus Eigenkapital, das man einer Tochterkapitalgesellschaft in einem Land zur Verfügung stellt, sind „Gewinn" und dürfen daher in dem betreffenden Land der Steuer unterworfen werden, (2) die Erträge aus Fremdkapital, das jemand einer Gesellschaft zur Verfügung stellt, stehen steuerlich nach den Doppelbesteuerungsabkommen (DBA) jedoch üblicherweise dem Land des Kapitalgebers zu (Art. 11 OECD-Musterabkommen). Das führt zu der Konsequenz, dass insbesondere Gesellschafter durch die Wahl der Kapitalart, die sie einer Gesellschaft zur Verfügung stellen, indirekt auch wählen dürfen, in welchem Staat der Großteil der erwirtschafteten Gewinne der Steuer unterworfen sein wird. Entscheidet sich der Investor für Eigenkapital, fällt die Steuer im Land der Gesellschaft an, entscheidet er sich für Fremdkapital, fällt sie in seinem eigenen Land an; kombiniert er beides geschickt – z.B. durch Eigenkapitalvergabe an eine Gesellschaft in einem anderen Land, die das Geld dann als Kredit weiterleitet –, kann er die Steuer sogar in einem dritten, am Geschehen wirtschaftlich völlig unbeteiligten Land anfallen lassen. – 3. Diese Zusammenhänge haben die *Konsequenz*, dass die Konzerne oft versuchen, ihre Tochtergesellschaften vor Ort nur minimal mit Eigenkapital auszustatten und den Rest des Ertragspotenzials über Fremdfinanzierung und Abschöpfung im Wege von Zinszahlungen in Länder umzuleiten, in denen die Steuerbelastung geringer ist. Diese „dünne" Ausstattung mit Kapital wird als *thin capitalization* bezeichnet. – 4. *Abwehrmaßnahmen* gegen diese Gestaltungsmöglichkeit entwickeln da, fast alle Staaten von diesem Modell betroffen sind; nahezu alle Staaten der Erde, jedoch mit unterschiedlichen Ansätzen. Gemeinsam ist diesen Maßnahmen jedoch der grundsätzliche gedankliche Ansatz, dass die Zahlung von Zinsen statt der Erzielung von Gewinnen steuerlich unattraktiv gemacht werden soll; dies geschieht i.d.R. dadurch, dass der Betriebsausgabenabzug für zumindest diejenigen Zinsen verneint wird, die auf Fremdkapital entfallen, das aus der Sicht des betreffenden Staates nicht hätte aufgenommen werden sollen. – 5. *Deutschland* hat das Phänomen zunächst mit den Regelungen gegen die Gesellschafter-Fremdfinanzierung (§ 8a KStG a.F., bis 2007) bekämpft, anschließend durch die Einführung einer allg. prozentualen Obergrenze für den Abzug von Zinszahlungen vom steuerpflichtigen Ertrag (Regelungen zur Zinsschranke, § 4h EStG und §8a KStG n.F.). – 6. Eine *internationale Vereinheitlichung* der Regelungen zur Bekämpfung der thin capitalization fehlt bisher; die nationalen Abwehrmaßnahmen unterscheiden sich daher insbesondere hinsichtlich der angewandten Technik, des Umfangs der unbeanstandet geduldeten Kredite und der Frage, ob nur Kredite von Gesellschaftern oder aber sämtliche Kredite von den Abwehrmaßnahmen erfasst werden sollen.

Tierhaltung – steuerliche Behandlung: Im Sinn des Bewertungsgesetzes hängt die Abgrenzung der landwirtschaftlichen Tierhaltung (→ land- und forstwirtschaftliches Vermögen) von der gewerblichen Tierhaltung (→ Betriebsvermögen) vom Verhältnis des Tierbestandes zur landwirtschaftlich genutzten Fläche ab (§§ 51 f. BewG). Diese Abgrenzung hat auch Bedeutung für die Einkommensteuer (§ 13 I Nr. 1 EStG) und die Umsatzsteuer (§ 24 II UStG). – Der Tierbestand wird mithilfe von *Vieheinheiten* berechnet, die auf dem Futtermittelbedarf der verschiedenen Tierarten basieren. – Bes. Regeln für *gemeinschaftliche* Tierhaltung von Landwirten, z.B. im Rahmen von Genossenschaften.

Tobin-Steuer – Der Begriff Tobin-Steuer geht auf einen Vorschlag des US-amerikanischen Wirtschaftswissenschaftler James Tobin (1918-2002) zurück, der 1972 die Einführung einer weltweit einheitlichen Sondersteuer auf spekulative internationale Devisentransaktionen forderte. Erklärtes Ziel sollte sein, nach dem Zusammenbruch des Systems der festen Wechselkurse, kurzfristige Spekulationen auf Devisenmärkten einzudämmen und so Schwankungen an den Börsen zu regulieren. Die Tobin-Steuer wurde jedoch nicht eingeführt, die frühe Forderung Tobins weckte aber immer wieder das Interesse der Politik – insbesondere auch im Zusammenhang mit der Finanzmarktkrise (Bankenkrise) ab 2007- und gehört zu den Gründungsforderungen von Attac.

Tochtergesellschaft – Legaldefinition in § 290 I 1 HGB. Von einer → Muttergesellschaft abhängige Kapitalgesellschaft, überwiegend GmbH oder AG, deren Kapital zum großen Teil, meist 100 Prozent, im Besitz der herrschenden Gesellschaft ist. – *Steuerliche Behandlung:* → Organgesellschaft. – Vgl. auch Auslandstochtergesellschaft, → Mutter-Tochter-Richtlinie.

Todeserklärung – förmliche Erklärung eines Verschollenen für tot in einem bes. gerichtlichen Verfahren. Für die Besteuerung gilt bei Verschollenen, soweit es um ein Entstehung, Umfang und Beendigung der Steuerschuld handelt, der Tag, mit dem der Ablauf der die Todeserklärung aussprechende Beschluss rechtskräftig wird, als Todestag (§ 49 AO).

Tonnagesteuer – eine seit 1999 eingeführte bes. Form der einkommensteuerlichen Gewinnermittlung für Handelsschiffe im internationalen Verkehr (§ 5a EStG). – 1. *Ermittlung des Gewinns:* Pro Tag, an dem das begünstigte Schiff betrieben worden ist, wird der erzielte Gewinn pauschal festgelegt mit: (1) 0,92 Euro pro je 100 Nettotonnen für die ersten 1.000 Nettotonnen der Tonnage; (2) 0,69 Euro pro je 100 Nettotonnen für den Tonnageanteil zwischen 1.000 und 10.000 Nettotonnen; (3) 0,46 Euro für je 100 Nettotonnen für den Tonnageanteil zwischen 10.000 und 25.000 Nettotonnen; (4) 0,23 Euro/100 Nettotonnen für den über 25.000 Nettotonnen hinausgehenden Anteil der Tonnage. Mit diesen Beträgen sind im Wesentlichen alle Gewinne, auch die aus einer Veräußerung des Schiffes, abgegolten. – 2. *Begünstigte Schiffe:* Die Schiffe müssen in der überwiegenden Zeit des Wirtschaftsjahrs in einem inländischen Seeschifffahrtsregister eingetragen gewesen sein. Bei Handelsschiffen müssen diese überwiegend zur Beförderung von Personen oder Gütern im Verkehr mit ausländischen Häfen oder zwischen solchen Häfen eingesetzt worden sein; unter bestimmten Voraussetzungen ist auch die Vercharterung begünstigt. Andere Arten von Seeschiffen außer Handelsschiffen müssen im Wirtschaftsjahr überwiegend außerhalb der dt. Hoheitsgewässer zum Schleppen, Bergen oder Aufsuchen von Bodenschätzen oder der Vermessung von Energielagerstätten unter dem Meeresboden eingesetzt worden sein. – 3. *Begünstigte Steuerpflichtige:* Die Tonnagesteuer ist nur für Steuerpflichtige möglich, die den Gewinn durch Bilanzierung ermitteln, und tritt nur auf Antrag an die Stelle der normalen Besteuerungsregelungen. Es ist jeweils für einen Zeitraum von zehn Jahren einheitlich und unwiderruflich zu entscheiden, ob die normale Gewinnermittlung oder die Anwendung der Tonnagesteuer gewünscht werden; der erste Zehnjahreszeitraum beginnt in dem Jahr, in dem das Schiff in Dienst gestellt wird (Anschaffungsjahr). – 4. *Wechsel von der normalen Gewinnermittlung hin zur Tonnagesteuer oder umgekehrt:* Beim Eintritt in die Tonnagesteuer sind die stillen Reserven in den betroffenen Schiffen festzustellen und über die nächsten fünf Jahre mit mind. einem Fünftel zu versteuern. Scheidet das Schiff vorher aus dem Betriebsvermögen aus oder erfüllt es nicht mehr die Voraussetzungen für die Tonnagesteuer, so sind die stillen Reserven ggf. früher aufzudecken, sofern kein Ersatzwirtschaftsgut beschafft wird. Beim Wechsel zurück zu den normalen Gewinnermittlungsregeln sind die betroffenen Schiffe mit ihrem Teilwert anzusetzen, sodass die in der Zeit der Tonnagesteuer gebildeten stillen Reserven unversteuert (bzw. durch die Pauschalsätze abgegolten) bleiben. – 5. *Beurteilung:* Die Einführung der Tonnagesteuer diente dem Ziel, die entsprechenden dt. Unternehmen international wettbewerbsfähiger zu machen. Die Regelung wird in der Literatur unter verfassungsmäßigen Gesichtspunkten und als versteckte Subvention kritisiert. Europarechtlich soll die Tonnagesteuer trotz ihres Subventionscharakters wegen der Genehmigung durch die EU-Kommission unproblematisch sein. – 6. *Andere Länder* kennen teilweise ebenfalls eine Tonnagesteuer.

Totalitätsprinzip → Außensteuerrecht (AStR), → Internationales Steuerrecht (IStR).

Trabantensteuern – von A. Lampe geprägte Bezeichnung für Steuern, die eine vollkommene Erfassung des Einkommens bezwecken und deshalb neben der Einkommensteuer bestehen. – *Anders:* → Satellitensteuern.

Tragsteuern → direkte Steuern.

Transaktionswert (einer Ware) – 1. *Begriff:* gem. Art. 29 Zollkodex (ZK) der vom Käufer bei Ausfuhr ins → Zollgebiet der EU gezahlte oder zu zahlende Kaufpreis, ggfs. nach Berichtigungen gem. Art. 32 und 33 ZK. – 2. *Merkmale:* Der Zollkodex kennt in Übernahme des GATT-Zollwertrechts sechs Methoden zur Bestimmung des → Zollwerts einer Ware. Die häufigste ist die Transaktionswertmethode. Ausgangspunkt für die Zollwertbestimmung ist der Kaufpreis. Dieser ist zu berichtigen, wenn wichtige Elemente fehlen. – 3. *Andere Methoden:* Fehlt bei einer Ware ein Transaktionswert kommen gem. Art. 30, 31 ZK 5 andere Methoden in strenger Reihenfolge zur Anwendung. Praktisch bedeutsam ist davon allein die Schlussmethode bei der vereinfacht gesagt in flexibler Anwendung der Vormethoden der Wert geschätzt wird. Orientierungsmaßstab kann dabei eine Pro-Forma-Rechnung sein. – 4. *Ziele:* Bei der Bestimmung des Zollwertes geht es nicht um letzte Gerechtigkeit, sondern um Handhabbarkeit. Wie im Umsatzsteuerrecht orientiert man sich deshalb an der Preisabsprache der Parteien. Skonti werden im Rahmen des Handelsüblichen anerkannt. Bezugspunkt für die Bestimmung des Transaktionswertes ist der Ort des Verbringens der Ware ins → Zollgebiet der EU gem. Art. 163 ZK-DVO. Deshalb sind u.a. entsprechend der Incoterms Beförderungskosten hinzu- oder herauszurechnen.

Transferpreis – 1. *Begriff:* Preis, der der Bewertung von grenzüberschreitenden Lieferungen und Leistungen zwischen Konzerngesellschaften dient. Ihrem Wesen nach sind Transferpreise *Verrechnungspreise,* da Konzerngesellschaften im Verhältnis zueinander keine selbstständigen Marktparteien sind; sie werden i.d.R. jedoch in Höhe der *Marktpreise* angesetzt, entsprechend vielfach unternehmensinternen Zielen im Hinblick auf die als Profitcenter agierenden Konzerngesellschaften (Ressourcenlenkung, Erfolgsermittlung) sowie unternehmensexternen, bes. fiskalischen Interessen. – 2. *Steuerliche Reglementierung:* Gemäß § 1 AStG sind Entgelte für grenzüberschreitende Leistungen zwischen verbundenen Gesellschaften so zu bemessen wie zwischen unabhängigen Marktparteien (Fremdvergleichsgrundsatz). – *Zur Überprüfung der Angemessenheit von Transferpreisen angewandte Verfahren* seitens der Finanzverwaltung:

a) *Preisvergleichsmethode* (Comparable Uncontrolled Price Method): (1) Äußerer Preisvergleich (allg. Marktpreise). (2) Innerer Preisvergleich (betriebsindividuelle Preisstellung gegenüber Dritten). – b) *Wiederverkaufspreismethode* (Resale Price Method): Vom Wiederverkaufspreis an einen unabhängigen Dritten wird auf den Preis vorhergehender konzerninterner Lieferungen zurückgerechnet. – c) *Kostenaufschlagsmethode* (Cost Plus Method): Kosten der liefernden Einheit werden betriebs- oder branchenübliche Gewinnzuschläge hinzugerechnet. Entspricht der Transferpreis nicht dem so ermittelten Preis, berichtigt die Finanzverwaltung die Einkünfte des Steuerpflichtigen. Dabei wird zunächst eine Korrektur nach den Grundsätzen über verdeckte Gewinnausschüttungen und verdeckte Einlagen vorgenommen; bleibt der Gewinn auch danach unangemessen niedrig, greift die Korrektur nach § 1 AStG ein.– 3. *Bedeutung:* Trotz steuerlicher Reglementierung verbleibt ein gewisser Spielraum, um finanziell Not leidende Tochtergesellschaften zu subventionieren oder Gewinntransferbeschränkungen zu umgehen; dies gilt bes. für die Bewertung immaterieller Güter wie Lizenzen, Managementleistungen u.Ä. – 4. *In den letzten Jahren* wurden insbesondere auch die Vorschriften zum Berichtigungsbetrag bei unangemessenen Preisen im grenzüberschreitenden Geschäftsverkehr mit nahe stehenden Personen verschärft. Insbesondere § 1 III AStG (Bewertungstechniken) wurde vollständig überarbeitet. – Vgl. auch → Verrechnungspreis.

Transferpreisforum – *Verrechnungspreisforum;* Ein Gremium von Steuerrechtsexperten, das die Kommission der Europäischen Union berät in Fragen der Steuerpolitik bei den Verrechnungspreisen. Das Forum wurde 2002 von der Kommission offiziell eingerichtet, sein Mandat wurde 2006/07 um weitere fünf Jahre verlängert; es arbeitet konsensorientiert Empfehlungen aus zu einzelnen Fragen im Zusammenhang mit der Festlegung von Transferpreisen bei Geschäftsbeziehungen zwischen verbundenen Unternehmen. Das Gremium setzt sich aus je einem Sachverständigen aus der Steuerverwaltung eines jeden Mitgliedsstaats sowie 15 Sachverständigen aus der Privatwirtschaft zusammen, Vertreter der Bewerberländer und des OECD-Sekretariats können als Beobachter teilnehmen. Die Beschlüsse des Forums sind für die Mitgliedsstaaten nicht rechtsverbindlich, sondern haben Empfehlungscharakter. Bisher hat das Forum Leitlinien erarbeitet für die Anwendung des europäischen Schiedsverfahrens, die Dokumentation von Transferpreisen und die Vorabauskunft zur Angemessenheit beabsichtigter Transferpreisen.

Transitlager → Zolllager oder Lager in einer → Freizone (z.B. Freihafen), in dem Waren lagern, die später in ein drittes Land wiederausgeführt werden sollen (Transithandel).

Transparenzprinzip – *Mitunternehmerprinzip;* Prinzip, eine → Personengesellschaft nicht als eigenständiges Gebilde zu behandeln, sondern als

Zusammenschluss gemeinsam handelnder Gesellschafter. Das gesamte Vermögen und Einkommen der Personengesellschaft wird steuerlich jedem Gesellschafter anteilig entsprechend seiner Beteiligungsquote zugerechnet. – Vgl. auch → Europäische Wirtschaftliche Interessenvereinigung (EWIV), → Mitunternehmer.

Treaty Override – 1. *Begriff*: Im internationalen Steuerrecht die gängige Bezeichnung für eine Regelung, mit der ein Steuergesetzgeber sich über die bestehenden völkerrechtlichen Verpflichtungen aus einem → Doppelbesteuerungsabkommen (DBA) oder einem anderweitigen internationalen Vertrag völkerrechtswidrig hinwegsetzt. – 2. *Funktionsweise*: Nach deutscher Rechtslehre ist ein Treaty Override rechtstechnisch möglich, weil völkerrechtliche Verträge der Bundesrepublik innerstaatlich nur dadurch zu verbindlichem Recht werden, weil der Bundestag durch ein Zustimmungsgesetz befiehlt, dem jeweiligen Vertrag zu folgen. Da dieses Zustimmungsgesetz verfassungsrechtlich ein ganz normales Gesetz ist, können die in ihm enthaltenen Regelungen ebenso wie bei den Regelungen eines jeden anderen Gesetzes durch spätere entgegenstehende Anweisungen des Bundesgesetzgebers wieder ganz oder teilweise aufgehoben werden (späteres Gesetz bricht früheres Gesetz, Sonderregelung verdrängt Grundregelung). Da Behörden und Gerichte innerstaatlich an die gültigen dt. Gesetze gebunden sind, ist der Treaty Override also zwar ein Bruch der völkerrechtlichen Verpflichtungen, innerstaatlich aber zwingendes Recht. – 3. *Häufigkeit*: ein Treaty Override stellt auch in der Praxis eine Seltenheit dar. § 2 AO stellt klar, dass völkerrechtliche Verträge, die der Bundestag durch Zustimmungsgesetz für innerstaatlich gültig erklärt hat, im Regelfall als Spezialregelung den Vorrang vor den Steuergesetzen haben sollen. An dieser Anweisung des Gesetzgebers kommt man nur dort vorbei, wo der Gesetzgeber selbst beim Erlass einer Regelung eindeutig kenntlich gemacht hat, dass er sich über die Bestimmungen der Doppelbesteuerungsabkommen hinwegsetzen möchte. – 4. *Beispiele*: die Regelung im → Außensteuergesetz (AStG), wonach gegenüber Betriebsstätten deutscher Steuerpflichtiger in → Niedrigsteuerländern statt der → Freistellungsmethode vertragswidrig die → Anrechnungsmethode angewandt werden soll, soweit die Betriebsstätte passive Einkünfte erzielt (§ 20 II AStG); die Bestimmung, dass die Freistellung von im Ausland erzielte Lohneinkünfte eines Arbeitnehmers verweigert werden soll, wenn dieser nicht die ordnungsgemäße Versteuerung im anderen Vertragsstaat nachweisen kann (§ 50d VIII EStG) und einige andere spezielle Fallkonstellationen, in den der Vorteile aus einem Doppelbesteuerungsabkommen vertragswidrig verweigert werden sollen (§ 50d III EStG, § 50d IX EStG). – 5. *Verhältnis zum EG-Recht*: Gegenüber den Verpflichtungen, die sich aus dem EG-Vertrag und allen abgeleiteten Rechtsakten ergeben (EG-Richtlinien, EG-Verordnungen), ist

ein rechtlich wirksamer Treaty Override unmöglich, da sich alle Mitgliedsstaaten der EU verpflichtet haben, den Anwendungsvorrang des EG-Rechts vor jeder nationalen Vorschrift, selbst vor nationalem Verfassungsrecht, anzuerkennen.

Trennsystem – Regelungsform der → Steuerertragshoheit zwischen öffentlichen Aufgabenträgern im aktiven Finanzausgleich. Beim Trennsystem sind die jedem Aufgabenträger zustehenden Einnahmequellen vorgegeben, sodass ein unkoordinierter (Mehrfach-)Zugriff auf Einnahmequellen vermieden wird. – *Anders:* Konkurrenzsystem. Bei der Konkretisierung von Bemessungsgrundlage, Abgabepflicht, Tarifverlauf und -niveau kann den Aufgabenträgern ein unterschiedlicher Gestaltungsspielraum belassen werden, je nachdem, ob ein hohes Maß an Einnahmeautonomie oder eine Koordination der Einnahmewirkungen der gesamten öffentlichen Hand beabsichtigt sind. – *Gegensatz:* Mischsystem.

Trennung der Entgelte – Vereinfachungsregelung hinsichtlich der → Aufzeichnungspflicht bei der Umsatzsteuer. Bei Inanspruchnahme verschiedener Umsatzsteuersätze bzw. steuerfreier Umsätze müssen die → Entgelte nach Steuersätzen getrennt aufgezeichnet und in den Umsatzsteuer-Voranmeldungen und Steuererklärungen getrennt aufgeführt werden. Grundsätzlich müssen bei den steuerpflichtigen Umsätzen Entgelt und Steuer getrennt aufgezeichnet werden. Eine Aufzeichnung von Bruttoentgelten, getrennt nach Steuersätzen, ist gemäß § 63 UStDV möglich. Die Steuer ist dann am Ende des jeweiligen Voranmeldungszeitraums herauszurechnen.

Trennungsentschädigung – 1. *Begriff*: Bezüge von Personen (v.a. Bediensteten des öffentlichen Dienstes, Trennungsgeld), die aus dienstlichen Gründen nicht am Wohnort ihrer Familie wohnen können, zum Ausgleich der ihnen daraus für ihren Lebensunterhalt entstehenden Mehrkosten. – 2. *Steuerliche Behandlung:* a) *Entschädigungen aus öffentlichen Kassen* sind als Reisekostenvergütungen voll oder als Vergütungen für den Mehraufwand für Verpflegung unter Beachtung von Höchstgrenzen (§ 4 V Nr. 5 EStG) steuerfrei (§ 3 Nr. 13 EStG). – b) *Entschädigungen privater Arbeitgeber* sind → Mehraufwand bei auswärtiger Tätigkeit.

Treugeber – natürliche oder juristische Person, die dem → Treuhänder im Hinblick auf die → Treuhandschaft Sachen oder Rechte überträgt.

Treugut – bewegliche und unbewegliche Sachen, Forderungen und sonstige Rechte, soweit übertragbar (z.B. Rechnungslegungsrechte, Kontrollrechte, Auskunftsrechte), die dem → Treuhänder im Rahmen einer → Treuhandschaft übertragen werden. Das Treugut ist vom Treuhänder gesondert (getrennt von seinem eigenen Gut) zu verwalten.

Treuhand → Treuhandschaft.

Treuhänder – I. Allgemeines: 1. *Begriff:* Natürliche oder juristische Person, der aufgrund von privatrechtlichen Verträgen oder gesetzlichen Bestimmungen Sachen oder Rechte mit der Maßgabe übertragen wurden, hierüber im Rahmen der → Treuhandschaft zu verfügen. – 2. *Persönliche Voraussetzungen:* Der Treuhänder muss vertrauenswürdig und sachkundiger Experte sein und die Gewähr bieten, die ihm anvertrauten Interessen uneigennützig wahrzunehmen. Er muss sein Amt treu und gewissenhaft führen und seine Aufgaben sorgfältig und ordnungsgemäß durchführen. Betriebs- und Geschäftsgeheimnisse darf er nicht für sich oder andere auswerten. Der Treuhänder muss keiner bestimmten Berufsgruppe angehören. Seine Kompetenz kann durch die Zugehörigkeit zu einer bestimmten Berufsgruppe mit sehr hoher fachlicher Qualifikation zum Ausdruck kommen. Die Tätigkeit als Treuhänder gehört z.B. zum Berufsbild des → Wirtschaftsprüfers (WP).

II. **Rechte und Pflichten:** 1. Bei *rechtsgeschäftlich gestalteter Treuhandschaft:* Rechte und Pflichten ergeben sich aus dem → Treuhandvertrag, evtl. in Verbindung mit rechtlichen Rahmenbedingungen. Der Treuhänder hat Anspruch auf ein angemessenes Honorar und auf Auslagenersatz (§§ 669 f. BGB). Der Treuhänder ist zur Anfertigung von ordnungsmäßigen Aufzeichnungen über das Treugut und zur Rechnungslegung verpflichtet (§ 259 BGB). Die gesonderte Verwaltung des Treuguts ist sicherzustellen; die Trennung eigener von fremden Geldmitteln kann z.B. durch die Zahlungsabwicklung über → Anderkonten erleichtert werden. Der Treuhänder haftet gegenüber dem → Treugeber für Vorsatz und Fahrlässigkeit (§ 276 BGB), auch bei Verschulden seiner Erfüllungsgehilfen (§ 278 BGB). – 2. Bei *gesetzlicher Treuhandschaft:* Rechte und Pflichten ergeben sich aus der Bestallungsurkunde, aus allg. gesetzlichen Vorschriften zur gesetzlichen Treuhandschaft und evtl. aus einschlägigen speziellen Gesetzesvorschriften und Weisungen der Aufsicht führenden Behörde. Der Aufgabenbereich des Treuhänders besteht bes. aus der Sicherung und dem Schutz von Vermögenswerten Abwesender oder nicht geschäftsfähiger Personen. Der Treuhänder kann alle Geschäfte eingehen, die im Normalfall bei einer ordentlichen Verwaltung anfallen. Maßnahmen und Entscheidungen, die die wirtschaftliche Zwecksetzung der Treuhandschaft verändern würden, sind untersagt, können jedoch im Einzelfall ausdrücklich genehmigt werden. Rechtsgrundlagen für Aufgaben und Handlungsbefugnisse der Treuhänder sind die Bestimmungen zur Vermögenspflegschaft (§§ 1909–1921 BGB). Die Vergütung wird von der Aufsichtsbehörde festgesetzt. Der gesetzliche Treuhänder haftet dem Eigentümer für Vorsatz und Fahrlässigkeit (§ 276 BGB). Die gesetzlichen Grundlagen zur Haftung ergeben sich aus den Bestimmungen zum Auftrag (§§ 662–674 BGB), zur Geschäftsführung ohne Auftrag (§§ 677–687 BGB) und aus den Vorschriften zur unerlaubten Handlung (§§ 823, 826, 831 und 839 BGB).

III. **Steuerliche Behandlung:** Treuhänder haben, soweit ihre Verwaltung reicht, die gleichen Pflichten wie der → Steuerpflichtige (§ 34 III AO). Sie haften, soweit durch vorsätzliche oder grob fahrlässige Verletzung ihrer Pflichten Steuern verkürzt werden (§ 69 AO). – *Gewerbesteuerrecht:* a) Der Treuhänder eines Betriebes ist i.d.R. in selbstständiger Arbeit tätig, also gewerbesteuerfrei. Auch wenn die treuhänderische Verwaltung im Rahmen einer gewerblichen Tätigkeit ausgeübt wird, pflegt die Treuhändervergütung bei der Ermittlung des → Gewerbeertrags außer Betracht zu bleiben. – b) Eine Treuhänderschaft über mehrere Betriebe kann einen solchen Umfang annehmen, dass zur Bewältigung der Aufgaben ein kaufmännisch eingerichteter Geschäftsbetrieb mit Angestellten notwendig wird. Dann wird die Treuhändertätigkeit zum → Gewerbebetrieb, der der → Gewerbesteuer unterliegt.

Treuhandgeschäfte – alle Rechtsgeschäfte, die ein Treuhandverhältnis begründen, z.B. Sicherungsübereignung, Inkassoabtretung. – Vgl. auch → Treuhandschaft.

Treuhandgesellschaften – Gesellschaften, die im Wesentlichen Buch- und Bilanzprüfungen durchführen und Beratungsaufgaben übernehmen. Die Übernahme von → Treuhandschaften ist heute gegenüber Prüfungs- und Beratungstätigkeit zurückgetreten.

Treuhandkonto → Anderkonto.

Treuhandschaft – I. Begriff: Rechtsverhältnis, bei dem eine natürliche oder juristische Person (→ Treugeber) einer zweiten Person (→ Treuhänder) ein Recht unter der Bedingung überträgt, von diesem Recht nicht zum eigenen Vorteil Gebrauch zu machen. Treuhandschaften sind der Gegenstandsbereich des → Treuhandwesens. Die Erscheinungsformen sind vielfältig; einen einheitlichen Typus von Treuhandschaft gibt es nicht. Gemeinsames Charakteristikum ist die Uneigennützigkeit und Vertrauenswürdigkeit bei der Wahrnehmung fremder Interessen bzw. die uneigennützige Ausübung von amtlichen Befugnissen.

II. **Entstehung:** 1. *Rechtsgeschäftliche Begründung:* privat- oder öffentlich-rechtlicher → Treuhandvertrag zwischen Treugeber und Treuhänder, bei gesetzlich gestalteter Treuhandschaft unter Beachtung zwingender oder dispositiver gesetzlicher Vorschriften. – 2. *Begründung durch staatlichen Hoheitsakt:* zwangsweise aufgrund gesetzlicher Bestimmungen, durch Verwaltungsakte oder gerichtliche Anordnung.

III. **Formen:** 1. *Nach der Rechtszuständigkeit des Treuhänders:* a) Treuhandschaft i.e.S.: (1) *Vollberechtigungs-Treuhandschaft (fiduziarische Treuhandschaft, echte Treuhandschaft):* Der Treuhänder erwirbt Sachen bzw. Rechte zu eigenem Vollrecht. Er soll das → Treugut im eigenen Namen, aber nicht im eigenen

Interesse innehaben. Gegenüber Dritten kann er über sämtliche Rechte aus dem Treugut verfügen; dem Treugeber ist er schuldrechtlich verpflichtet, von diesen Rechten nur auftragsgemäß Gebrauch zu machen. Nach außen ist die Treuhandschaft nicht erkennbar. (2) *Ermächtigungs-Treuhandschaft:* Eigentumsübertragung an den Treuhänder findet nicht statt; der Treugeber bleibt juristischer Eigentümer. Der Treuhänder wird ermächtigt, über die Sache bzw. das Recht im eigenen Namen zu verfügen (§ 185 BGB). Der Treugeber bleibt grundsätzlich konkurrierend mit dem Treuhänder verfügungsberechtigt, was vertraglich abbedungen werden kann. Für Dritte wird die Treuhandschaft nicht erkennbar. – b) Treuhandschaft im wirtschaftlichen Sinn *(Vollmachts-Treuhandschaft):* Gegenüber Dritten kann der Treuhänder kein Vollrecht ausüben. Er tritt nach außen erkennbar in fremdem Namen auf. Es handelt sich um eine Treuhandschaft, die auf einer erteilten Vollmacht beruht. – 2. *Nach Aufgabenstellung und Zweck der Treuhandschaft:* a) *Verwaltungs-Treuhandschaft (uneigennützige Treuhandschaft):* Der Treuhänder nimmt ausschließlich die Treugeberinteressen wahr; die uneigennützige Verwaltung des Treugutes ist charakteristisch. Entgeltlichkeit steht der Uneigennützigkeit nicht entgegen. – b) *Sicherungs-Treuhandschaft (eigennützige Treuhandschaft):* Dem Treuhänder wird eine dingliche pfandrechtsähnliche Stellung zur Sicherung seiner Ansprüche gegen den Treugeber eingeräumt. Ein bedingtes Zugriffsrecht auf das Treugut wird vereinbart. Die Sicherungs-Treuhandschaft wird im Interesse des Treuhänders begründet; sie ist deshalb eigennützig. Bes. bedeutungsvoll ist sie bei Kreditsicherungen (z.B. Sicherungsübereignung). – c) *Doppelseitige Treuhandschaft:* Der Treuhänder nimmt gleichzeitig die Interessen von Gläubiger und Schuldner wahr und wird als unparteiische Vertrauensperson eingeschaltet. Im Verhältnis zum Gläubiger ergibt sich Verwaltungs-Treuhandschaft, im Verhältnis zum Schuldner Sicherungs-Treuhandschaft. Rechtliche Begründung durch einen Dreiecksvertrag bzw. durch einen Vertrag zugunsten Dritter. Wichtige Rolle z.B. bei außergerichtlichen Liquidationsvergleichen, Konsortialkrediten mit Sicherheiten-Pool und für die Wahrnehmung von Interessen Beteiligter an Bauherrengemeinschaften.

IV. Bilanzierung: Bei der Treuhandschaft kann → wirtschaftliches Eigentum und zivilrechtliches Eigentum auseinander fallen (Vermögensgegenstand). – 1. Folge in diesen Fällen für die Bilanzierung in der *Handelsbilanz:* Das Treugut ist grundsätzlich *beim Treugeber* zu aktivieren, wenn dieser wirtschaftlicher Eigentümer ist; hat es der Treuhänder von einem Dritten für den Treugeber erworben, kann letzterer anstelle des Trenngutes auch den gegenüber dem Treuhänder bestehenden Herausgabeanspruch aktivieren (strittig). Behandlung des Treuguts *beim Treuhänder* (überwiegende Auffassung): Ausweis des Treuguts auf der Aktivseite unter dem Strich oder

Aufnahme in die Vorspalte des entsprechenden Aktivpostens. Es wird jedoch auch die Aktivierung bei gleichzeitiger Passivierung der Herausgabeverpflichtung gegenüber dem Treugeber für zulässig angesehen. Zumindest für Kredit- und Finanzdienstleistungsinstitute hat der Verordnungsgeber die zuletzt genannte Bilanzierung in der Verordnung über die Rechnungslegung der Kredit- und Finanzdienstleistungsinstitute vorgeschrieben (§ 6). – 2. Die Behandlung in der *Steuerbilanz* entspricht der handelsrechtlichen mit der Einschränkung, dass das Treugut auch bei Erwerb von Dritten durch den Treuhänder zu aktivieren ist.

Treuhandverhältnis → Treuhandschaft.

Treuhandvertrag – 1. *Begriff:* Vereinbarung zur Begründung einer rechtsgeschäftlich gestalteten → Treuhandschaft. Der Treuhandvertrag regelt Rechte und Pflichten von → Treugeber und → Treuhänder. – 2. *Rechtliche Einordnung:* I.d.R. Auftrag (§ 662 BGB) oder Geschäftsbesorgungsvertrag (§ 675 I BGB). Zu beachten sind die BGB-Bestimmungen des Auftragsrechts (§§ 662–674 BGB) und des allg. Vertragsrechts, bes. § 242 BGB (Treu und Glauben), die regelmäßig aber dispositiv sind. – 3. *Form:* Grundsätzlich keine bestimmte Form vorgeschrieben; anders nur in Ausnahmefällen (z.B. notarielle Beurkundung beim Erwerb von Grundstücken durch den Treuhänder). Schriftform aber auch bei Fehlen spezieller Vorschriften empfehlenswert. – 4. *Inhalt:* Wirtschaftlicher Zweck, Beginn und Ende der Treuhandschaft, Abgrenzung und Verwahrung des → Treuguts, Rechtsstellung des Treuhänders im Innen- und Außenverhältnis, Weisungsrechte des Treugebers, Vergütung und Aufwendungsersatz, Art und Umfang der Rechenschaftslegung, Haftung.

Treuhandwesen – im Überschneidungsbereich von Wirtschafts- und Rechtswissenschaften angesiedeltes Gebiet, das sich mit → Treuhandschaften beschäftigt. Treuhandwesen fußt nicht auf einer geschlossenen Rechtsgrundlage, sondern wurde vielmehr durch die Wirtschaftspraxis, die Rechtslehre und die Rechtsprechung begründet und fortentwickelt. Gegenstandsbereich ist nicht scharf abgegrenzt. – *Wichtigste Inhalte:* Verwaltung von Fremdvermögen, Liquidation, Insolvenzverwaltung, Zwangsverwaltung, Notgeschäftsführung, Schiedsrichter- und Schiedsgutachtertätigkeit, Vormundschaft, Pflegschaft, Pfandhalterschaft, Sicherungsübereignung, Sicherungsabtretung, Grundstückserwerb für Rechnung Dritter.

Trinkgeld – freiwillige Bezahlung an Bedienungspersonal in Hotels, Gasthäusern, Friseurbetrieben etc. – *Steuerliche Behandlung:* Arbeitnehmern gewährte Trinkgelder gelten grundsätzlich als steuerpflichtiger → Arbeitslohn. – (1) Hat der Arbeitnehmer einen *Rechtsanspruch* auf Trinkgeld (z.B. Bedienungszuschlag im Gaststättengewerbe, Metergelder im Möbeltransportgewerbe), dann sind sie vom Arbeitgeber unter Zugrundelegung der selbst vereinnahmten Beträge zu errechnen und der → Lohnsteuer zu unterwerfen. – (2) Freiwillige Trinkgelder, die von einem Dritten einem Arbeitnehmer anlässlich einer Arbeitsleistung zusätzlich gewährt werden, bleiben nach Sondervorschrift (§ 3 Nr. 51 EStG) steuerfrei.

TVA – Abk. für *Tax sur la Valeur Ajoutée,* also die franz. Form der → Umsatzsteuer.

typische Betrachtungsweise → typisierende Betrachtungsweise.

typisierende Betrachtungsweise – umstrittene Auslegungsregel des → Steuerrechts. Typisierende Betrachtungsweise liegt vor, wenn das „Übliche" und „Regelmäßige" über die in Einzelheiten abweichende Regelung des konkreten Falles gestellt wird. Problematisch ist bes., dass hierdurch anstelle des tatsächlichen ein fiktiver Sachverhalt besteuert wird. Die typisierende Betrachtungsweise lässt sich sachlich allenfalls dann steuerlich rechtfertigen, wenn „Lebensverhältnisse in nahezu gleichwertiger Ausgestaltung" (Spitaler) häufig vorkommen. – Vgl. auch → wirtschaftliche Betrachtungsweise, → Entwicklung der Verhältnisse.

U – lohnsteuerlicher Kennbuchstabe für eine zusammenhängende Periode von mind. fünf Arbeitstagen, für die der Arbeitnehmer seinen Lohnanspruch verloren hatte. Für jeden betreffenden Zeitraum während des Dienstverhältnisses ist vom Arbeitgeber der Großbuchstabe „U" einmal in der → Lohnsteuerbescheinigung einzutragen bzw. in der → elektronischen Lohnsteuerbescheinigung zu übermitteln.

Überentnahme – liegt vor, wenn ein Unternehmer im Wirtschaftsjahr per Saldo mehr entnimmt, als der Betrieb erwirtschaften kann. Überentnahmen haben zur Folge, dass ein Teil der für betriebliche Kredite als Betriebsausgaben abziehbaren Zinsen in nicht abziehbare Schuldzinsen umqualifiziert und dem Gewinn wieder hinzugerechnet wird (§ 4 IVa EStG; → Schuldzinsen). § 4 IVa EStG definiert Überentnahmen als den Betrag, um den die Entnahmen die Summe des Gewinns und der Einlagen des Wirtschaftsjahres übersteigen. – *Anders:* → Unterentnahme.

Übergewinnsteuer – Steuer auf den Mehrbetrag gegenüber dem Gewinn einer vorangegangenen Basisperiode, z.B. die Excess Profits Tax während des Ersten und Zweiten Weltkriegs in Großbritannien und USA.

Überlassung – der Ware durch die Zollstelle ist ein Begriff des EU-Zollrechts (Art. 73 ff. ZK). Mit der Überlassung endet die vorübergehende Verwahrung, das → Zollverfahren beginnt. Damit steht die Ware noch nicht automatisch zur freien Verfügung des Anmelders. Das setzt die Überlassung in den freien Verkehr voraus. Die Zollstelle überlässt Waren, wenn sie festgestellt hat, dass ein Zoll oder andere Abgaben nicht zu erheben sind, oder wenn Abgaben zu erheben sind, der geschuldete Abgabenbetrag gezahlt, aufgeschoben oder gestundet ist. Zusätzlich dürfen → Verbote und Beschränkungen nicht entgegenstehen.

Übernahmegewinn (-verlust) – 1. *Begriff:* positiver (negativer) Unterschiedsbetrag zwischen dem Buchwert der (untergehenden) Anteile an einer umgewandelten Körperschaft und dem Wert der übernommenen Wirtschaftsgüter nach der Umwandlungsbilanz. – 2. *Steuerliche Behandlung:* → Umwandlung, → Verschmelzung. – *Anders:* → Übertragungsgewinn: der begriffliche Unterschied liegt darin, dass der Übertragungsgewinn der Gewinn ist, der bei derjenigen Körperschaft eintritt, die das Vermögen abgibt (überträgt), der Übernahmegewinn dagegen derjenige buchhalterische Gewinn, der sich bei der Person/Gesellschaft ergibt, die das Vermögen erhält (übernimmt).

Übernahmeverlust → Übernahmegewinn (-verlust).

Überschusseinkünfte – Überschusseinkünfte sind → Einkünfte, die sich aus dem Überschuss der Einnahmen über die → Werbungskosten ergeben (§ 2 II Nr. 2 EStG). Dazu zählen die Einkünfte aus nichtselbständiger Arbeit (§ 19 EStG), aus Kapitalvermögen (§ 20 EStG), aus Vermietung und Verpachtung (§ 21 EStG) und die sonstigen Einkünfte im Sinne der §§ 22 f. EStG. – *Anders:* → Gewinneinkünfte.

Überschussrechnung – steuerrechtlicher Begriff als Gewinnermittlungsmethode. – 1. Synonym für → Einnahmen-Überschuss-Rechnung (§ 4 III EStG) zur Ermittlung betrieblicher Gewinne. – 2. Ermittlung des Überschusses der Einnahmen über die → Werbungskosten. – Vgl. auch → Einkünfteermittlung.

Übertragungsgewinn – 1. *Begriff:* Unterschiedsbetrag, der sich ergibt aus der Gegenüberstellung der Buchwerte der übertragenen → Wirtschaftsgüter mit deren → Teilwerten bzw. → gemeinen Werten. – 2. *Steuerliche Behandlung:* → Umwandlung, → Verschmelzung. – Anders: Übernahmegewinn.

Überwachung – 1. *Begriff:* Vorgehen, bei dem eventuelle Abweichungen zwischen beobachtbaren Ist-zuständen und vorzugebenden bzw. zu ermittelnden Sollzuständen festgestellt und beurteilt werden sollen. – 2. *Zweck:* Fehlerentdeckung und Fehlervermeidung sowie Erlangung von Informationen, die der Entscheidungsverbesserung all derjenigen dienen können, die über das Ergebnis der Überwachung unterrichtet werden. – 3. *Teilfunktionen:* Unterbegriffe der Überwachung sind → Prüfung (→ Revision) und → Kontrolle. Die Differenzierung erfolgt i.d.R. nach der Beziehung des Überwachenden zum Überwachungsobjekt (→ Prozessabhängigkeit).

Übungsleiter-Freibetrag → Nebeneinkünfte.

Übungsleiterpauschale – 1. *Steuerbefreiung* nach § 3 Nr. 26 EStG: Einnahmen aus nebenberuflichen Tätigkeiten als Übungsleiter, Ausbilder, Erzieher, Betreuer, aus nebenberuflichen künstlerischen Tätigkeiten und aus nebenberuflichen Pflegediensten im Auftrag einer inländischen gemeinnützigen Einrichtung sind bis zu 2.100 Euro steuerfrei (ab. 1.1.2007) gemäß § 3 Nr. 26 EStG. Sofern die Einnahmen den steuerfreien Betrag übersteigen, dürfen die mit der nebenberuflichen Tätigkeit in unmittelbarem wirtschaftlichen Zusammenhang stehenden Ausgaben nur insoweit steuermindernd (als Betriebsausgaben oder Werbungskosten) abgezogen werden, als sie den Betrag der steuerfreien Einnahmen übersteigen. – 2. *Betriebsausgaben-Pauschbetrag nach § 3 Nr. 26a EStG:*

Rückwirkend seit dem 1.1.2007 wird eine steuerfreie Pauschale von 500 Euro für Einnahmen aus nebenberuflichen Tätigkeiten, die im Dienst oder im Auftrag einer inländischen juristischen Person des öffentlichen Rechts bzw. einer Einrichtung zur Förderung gemeinnütziger, mildtätiger und kirchlicher Zwecke (§ 5 I Nr. 9 KStG) erfolgen, im Jahr gewährt. Eine Begünstigung durch die Pauschale ist nicht zulässig, wenn für die Tätigkeit eine Steuerbefreiung nach § 3 Nr. 12 oder 26 EStG gewährt wird. Mit Wirkung zum 1.1.2009 wurde die Begünstigung nach § 3 Nr. 26 und 26a EStG auf Dienste oder Aufträge einer Körperschaft des öffentlichen Rechts eines anderen EU-Mitgliedstaats oder EWR-Staats erweitert. – Vgl. auch → Nebeneinkünfte.

UEC – Abk. für → Union Européenne des Experts Comptables Economiques et Financiers.

UID – eine Abk. für → *Umsatzsteuer-Identifikationsnummer*, verbreitet v.a. in Österreich.

umgekehrte Maßgeblichkeit → Maßgeblichkeitsprinzip.

Umsatz – 1. *Betriebswirtschaftlehre:* Summe der in einer Periode verkauften, mit ihren jeweiligen Verkaufspreisen bewerteten Leistungen; auch als Erlös (v.a. im Rechnungswesen) bezeichnet. – Vgl. auch Absatz. – 2. *Umsatzsteuerrecht:* Oberbegriff für → Lieferungen und → sonstige Leistungen, einschließlich → unentgeltlicher Wertabgaben und → Verbringungen. Nicht mit Umsatz dürfen verwechselt werden: → Einfuhren, Erwerbe.

Umsatzsteuer – *Mehrwertsteuer (MWSt), Value Added Tax (VAT), Tax sur la Valeur Ajoutée (TVA).* 1. *Begriff:* Steuer auf den Umsatz eines Unternehmens, ist vom Unternehmer zu entrichten, wird aber über die Preisbildung auf den Kunden überwälzt (→ indirekte Steuer). Dies entspricht auch der gesetzlichen Zielsetzung, denn getroffen werden soll der Konsum als einer der Indikatoren für die Fähigkeit, Steuern zu zahlen. – 2. *Konzeption:* Eine Umsatzsteuer kann theoretisch auf allen oder nur auf ausgewählten Handelsstufen erhoben werden (→ Allphasenumsatzsteuer, → Mehrphasenumsatzsteuer, → Einphasenumsatzsteuer). Bei einer Erhebung auf allen Produktions- und Handelsstufen hintereinander wird im Laufe des Produktions- und Vertriebsprozesses mehrals Umsatzsteuer auf den Warenwert erhoben, dadurch kann es zu einer Anhäufung (Kumulation) von Umsatzsteuerbelastungen im Laufe der Unternehmerkette kommen. Wirtschaftspolitisch ist eine solche Kumulation von Umsatzsteuer unerwünscht, da sie nur dann minimiert wird, wenn sämtliche Tätigkeiten in einer einzigen Hand konzentriert werden, Arbeitsteilung also nicht stattfindet; kumulative Systeme sind also höchstens bei extrem niedrigen Steuersätzen tolerierbar. Eine Kumulation der Umsatzsteuer im Verlauf der Produktions- bzw. Handelskette kann jedoch durch entsprechende Ausgestaltung der Besteuerung vermieden werden (z.B. durch

Vorsteuerabzug, Vorumsatzabzug); dies ist heutzutage internationaler Standard. International vorherrschend und auch in Deutschland praktiziert ist die nichtkumulative Allphasenumsatzsteuer mit → Vorsteuerabzug; bei diesem System wird innerhalb der Unternehmerkette jedem Unternehmer die Umsatzsteuer, die auf den von ihm eingekauften Leistungen liegt, wieder erstattet. Dadurch wird dann zwar auf jeder Stufe Umsatzsteuer erhoben, sie bleibt aber nur beim Umsatz mit dem Letztverbraucher wirklich endgültig bestehen, eine Kumulation wird vermieden. Die dt. Umsatzsteuer ist wirtschaftlich eine allg. Verbrauchsteuer, technisch aber als Verkehrsteuer ausgestaltet. – 3. *Gesetzgebungshoheit, Rechtsgrundlagen:* Die Gesetzgebungsbefugnis für die Umsatzsteuer liegt in Deutschland formal beim Bund (Art. 105 II GG), der auf die Zustimmung des Bundesrates angewiesen ist (Art. 105 III GG). In der Rechtswirklichkeit sind jedoch diese beiden Institutionen verpflichtet, bei ihrer Gesetzgebungstätigkeit den Vorgaben der Europäischen Union zu folgen, soweit diese entsprechende Vorgaben (durch EG-Richtlinien) gemacht hat. Die Befugnis hierzu ist der EU durch Art. 93 EG-Vertrag übertragen; sie hat von ihr in sehr weitreichendem Umfang Gebrauch gemacht, sodass der Bund faktisch somit nur noch in Restbereichen eine eigene Entscheidungsbefugnis für die Umsatzsteuer besitzt (z.B. in gewissen Grenzen bei der Festlegung der Steuersätze). Die Umsatzsteuer ist dadurch zugleich innerhalb der EU weitgehend angeglichen: Die Umsatzsteuersysteme aller Mitgliedsstaaten müssen sich im Rahmen der Vorgaben der Mehrwertsteuersystemrichtlinie (neu gefasst 2006, zuvor bekannt als „Sechste Richtlinie über die Harmonisierung der Umsatzsteuern", 1977) bewegen, soweit nationale Sonderlösungen nicht ausdrücklich gestattet sind. Demzufolge gelten die folgenden Ausführungen zum dt. Recht sinngemäß auch für das Recht anderer EU-Staaten. Rechtsgrundlagen in Deutschland sind das Umsatzsteuergesetz (UStG) und die dazu ergangene Umsatzsteuerdurchführungsverordnung (UStDV); wichtige Verwaltungsanweisungen sind in den Umsatzsteuerrichtlinien (UStR) des Bundesfinanzministeriums zusammengestellt. – 4. *Grundprinzipien:* Die Umsatzsteuer achtet weitestgehend auf Wettbewerbsneutralität, d.h. die Besteuerung wird weitgehend so konzipiert, dass die Wettbewerbschancen der Unternehmer untereinander durch die Besteuerung nicht verändert werden. Im internationalen Kontext folgt aus diesem Grundsatz zwangsläufig, dass das Recht, Umsätze zu besteuern, letztendlich dem Land zugesprochen wird, in dem letztendlich der Konsum stattfindet (Bestimmungslandprinzip); würde nämlich das Recht zur Besteuerung dem Land zugesprochen, in dem die Leistung produziert wird bzw. der einzelne Unternehmer seinen Sitz hat (Ursprungslandprinzip), könnten Anbieter aus verschiedenen Ländern demselben Kunden Angebote unterbreiten, in denen unterschiedliche Umsatzsteuersätze einkalkuliert sind: z.B. könnte ein Luxemburger eine

Leistung mit einem Aufschlag von nur 15 Prozent anbieten (Steuersatz in Luxemburg), ein Däne aber zu 25 Prozent (Steuersatz in Dänemark); das aber würde den Wettbewerb so stark verfälschen, dass einzelne Anbieter alleine wegen der Besteuerung vom Markt verschwinden müssten. Aus dem Bestimmungslandprinzip folgt zwangsläufig, dass dt. Unternehmer nicht nur dem dt. Umsatzsteuergesetz unterliegen, sondern möglicherweise, wenn sie Leistungen auch im Ausland anbieten, für diese Leistungen statt in Deutschland im Ausland die (dortige) Umsatzsteuer zu entrichten haben. Obwohl Wettbewerbsneutralität und Bestimmungslandprinzip unverzichtbare Grundpfeiler des Umsatzsteuersystems darstellen, lassen sie sich freilich im Einzelfall nicht immer lückenlos verwirklichen; entscheidend bleiben daher für die Beurteilung einzelner Vorgänge immer die konkreten Regelungen im UStG. – 5. *Steuerbare Vorgänge:* a) Erfasst werden von der Umsatzsteuer v.a. → Umsätze (§ 1 I Nr. 1 UStG), die ein → Unternehmer im Rahmen seines Unternehmens gegen → Entgelt erbringt, wenn diese Umsätze als im (umsatzsteuerlichen) → Inland bewirkt gelten. Als Umsätze gelten alle → Lieferungen und → sonstigen Leistungen, die die Unternehmenstätigkeit mit sich bringt, auch gelegentliche → Hilfsgeschäfte. Ob Umsätze als im Inland bewirkt gelten, entscheidet sich nicht nach geografischen Kriterien, sondern nach spezifisch umsatzsteuerlichen Regeln über den „Ort der Lieferung" bzw. „Ort der sonstigen Leistung"; es geht dabei primär nicht um die Frage, wo ein Umsatz ereignet hat, sondern ob der Vorgang nach der im Rahmen der EU erreichten Zuständigkeitsverteilung in Deutschland oder in einem anderen Staat Steuerfolgen auslösen soll. – b) Betroffen sind auch Einfuhren von Gegenständen aus dem → Drittlandsgebiet in einen EU-Staat [für ausführliche Angaben: → Einfuhrumsatzsteuer (EUSt)]. – c) Der Erwerb von Gegenständen unterliegt der Umsatzsteuer, wenn diese von einem Mitgliedsstaat der EU in einen anderen gelangen und der Käufer zu einer bestimmten Personengruppe gehört (die meisten Unternehmer und sog. → Halbunternehmer; für ausführliche Angaben: → Erwerbsteuer). – 6. *Steuerbefreiungen* dürfen die EU-Staaten nur nach Maßgabe eines Ausnahmekatalogs in der Mehrwertsteuersystemrichtlinie vorsehen. Befreiungen von der dt. Umsatzsteuer können unterteilt werden in: a) Solche zur Vermeidung einer Doppelbelastung mit Umsatzsteuer (→ Ausfuhrlieferungen, → Lohnveredelungen), b) zur Vermeidung einer Doppelbelastung mit Umsatzsteuer und einer spezielleren Verkehrsteuer (z.B. → Grunderwerbsteuer) oder c) Befreiungen aus sozialen Motiven (z.B. Umsätze der Theater, Museen, → Blindenumsätze). Außer der ersten Gruppe schließen alle anderen Befreiungen im Gegenzug den Vorsteuerabzug aus; eine Befreiung kann daher je nach Sachverhalt auch nachteilig sein. Daher ist für bestimmte Umsatzarten die → Option zur Steuerpflicht gestattet. – 7. *Bemessungsgrundlage* der Umsatzsteuer ist das → Entgelt, in

bes. Fällen mind. aber der Betrag der Wiederbeschaffungs-/Herstellungskosten (→ Mindestbemessungsgrundlage). – 8. *Steuersatz:* in allen EU-Staaten verschieden; grundsätzlich darf für alle Umsatzarten nur ein einziger einheitlicher Satz (Normalsatz, gegenwärtig mind. 15 Prozent) festgelegt werden. Für bestimmte meist lebenswichtige Waren und Dienstleistungen ist aber die Anwendung eines ermäßigten Steuersatzes gestattet (muss gegenwärtig mind. 5 Prozent betragen); für wiederum andere Umsatzarten dürfen teilweise in einigen Staaten Sondersteuersätze im Rahmen von Ausnahmeregelungen beibehalten werden. In Deutschland beträgt der Normalsatz für Leistungsausführungen ab 2007 19 Prozent, der ermäßigte Satz ist unverändert 7 Prozent. Die Liste der ermäßigt besteuerten Waren und Dienstleistungen ergibt sich aus § 12 II UStG und Anlage 2 zum Umsatzsteuergesetz (hauptsächlich bestimmte Lebensmittel, aber auch Bücher u.Ä.). – 9. *Vorsteuerabzug:* Jeder Unternehmer kann die Umsatzsteuer, die in den von ihm bezogenen Vorprodukten und Vorleistungen enthalten ist, von seiner eigenen Umsatzsteuerschuld als sog. Vorsteuer abziehen, wenn der → Vorsteuerabzug im Einzelfall nicht ausnahmsweise ausgeschlossen ist; dadurch wird erreicht, dass jeder Umsatz letztlich nur einmal mit Umsatzsteuer belastet ist und die Umsatzsteuer nur gegenüber dem Endverbraucher endgültig ist. Voraussetzung für den Vorsteuerabzug ist eine → Rechnung, die allen Formvorschriften der §§ 14–14c UStG genügt. – 10. *Besteuerungsverfahren:* a) *Allgemein:* Die Umsatzsteuer ist eine Jahressteuer, es sind aber während des Jahres mehrmals (monatlich oder quartalsweise) → Umsatzsteuervoranmeldungen abzugeben und Vorauszahlungen zu leisten. Außerdem sind → Aufzeichnungspflichten zu beachten. – b) *Steuerentstehung:* Die Steuerschuld entsteht im Normalfall mit Ablauf des → Voranmeldungszeitraums, in dem die Leistung ausgeführt worden ist (Besteuerung nach vereinbarten Entgelten, → Sollversteuerung), bei kleineren Unternehmen ist jedoch auf Antrag die Versteuerung bei Erhalt der Zahlung (Besteuerung nach vereinnahmten Entgelten, → Istversteuerung) möglich. Anzahlungen sind jedoch generell bereits im Zeitpunkt der Zahlung zu versteuern (sog. → Mindest-Ist-Besteuerung). Weicht bei Sollversteuerung das wirklich erhaltene Entgelt später von dem vereinbarten Entgelt ab, kann die Steuerschuld entsprechend berichtigt werden (§ 17 UStG). – c) *Steuerschuldner* ist im Regelfall der leistende Unternehmer, die Steuer kann jedoch in bestimmten Fällen vom Abnehmer einzubehalten und abzuführen sein (so bei bestimmten grenzüberschreitenden sonstigen Leistungen EU-einheitlich vorgeschrieben, vgl. im dt. Recht § 3a III, IV UStG und das → Reverse-Charge-Verfahren). – d) *Rechnungserstellung:* Über die anfallende Steuer ist vom Unternehmer eine → Rechnung mit gesonderten Umsatzsteuerausweis zu erstellen, um dem Empfänger einen Nachweis darüber an die Hand zu geben, wie viel Vorsteuer auf den von ihm bezogenen Leistungen ruht. Da der Besitz einer Rechnung mit Umsatzsteuerausweis für den Empfänger somit einen finanziellen Anspruch (auf Vorsteuer) gegen die Finanzverwaltung dokumentiert, besteht das Gesetz zur besseren Kontrolle dieser Vorgänge darauf, dass die Rechnung strikten umsatzsteuerlichen Formerfordernissen genügen muss. Diese finden sich in §§ 14,14a UStG normiert; bereits leichte formale Fehler können den Vorsteuerabzug für den Rechnungsempfänger scheitern lassen (§ 15 I Nr. 1 Satz 2 UStG). Daher erklärt sich die (seit der Verschärfung der Vorschriften 2004) in der Praxis verbreitete Sitte, mit Formfehlern behaftete Rechnungen dem Aussteller mit der Bitte um Berichtigung zurückzusenden. – 11. *Bes. Besteuerungsformen:* Durchschnittsbesteuerung, Margenbesteuerung, → Differenzbesteuerung, → Reihengeschäft, → Dreiecksgeschäft, → Abzugsverfahren. – 12. *Aufkommen:* 169,6 Mrd. Euro (2007), 139,7 Mrd. Euro (2005), 103.161,7 Mio. Euro (2003), 105.462,8 Mio. Euro (2002), 104.463 Mio. Euro (2001), 107.139,5 Mio. Euro (2000), 101.489,5 Mio. Euro (1995), 43.275,2 Mio. Euro (1990), 26.295 Mio. Euro (1985), 27.022 Mio. Euro (1980), 18.264 Mio. Euro (1975), 13.698 Mio. Euro (1970), 12.236 Mio. Euro (1965), 8.222 Mio. Euro (1960), 5.684 Mio. Euro (1955), 2.427 Mio. Euro (1950).

Umsatzsteuerbetrug – 1. *Begriff:* Maßnahmen, mit denen der Fiskus geschädigt werden soll durch betrügerische Manipulationen bei der → Umsatzsteuer. – 2. Im *Unterschied zur Steuerhinterziehung* richtet sich der Umsatzsteuerbetrug typischerweise nicht (nur) darauf, dem Fiskus Steuerzahlungen vorzuenthalten, die diesem zustehen, sondern der Umsatzsteuerbetrug zielt meist darauf ab, den Fiskus sogar zur Auszahlung von Geldmitteln – durch Vorsteuer-Erstattungen – zu veranlassen. Insoweit hat Umsatzsteuerbetrug im Vergleich zur Steuerhinterziehung einen weit gravierenderen Schaden zur Folge. – 3. *Gesetzgeberische Maßnahmen:* Da der Umsatzsteuerbetrug in allen Staaten Europas ein erhebliches Problem darstellt, hat es in den letzten Jahren zahlreiche Versuche gegeben, den Umsatzsteuerbetrug durch eine Verschärfung der Rechtsprechung, durch Einführung von Haftungsvorschriften, Erstattung von Vorsteuern nur gegen Sicherheitsleistung. Der Umsatzsteuerbetrug basiert häufig darauf, dass ein Beteiligter einen Vorsteuererstattungsanspruch gegen die Finanzbehörden erwirbt, diese erfüllen muss, während der Steuerschuldner seinerseits aber die geschuldete Umsatzsteuer einfach nicht bezahlt. Es besteht daher eine bes. effektive Maßnahme zu seiner Bekämpfung darin, die Pflicht zur Zahlung der Steuer derselben Person zu übertragen, die auch den Vorsteuerabzug geltend machen darf (→ Reverse-Charge-Verfahren): In diesem Fall gleichen sich nämlich Vorsteuerabzug und Umsatzsteuerschuld im besten Fall aus, und ein Erstattungsanspruch an den Kunden erscheint ausgeschlossen; zugleich wird

ein Untertauchen des leistenden Unternehmers irrelevant, da dieser in die Steuerzahlung nicht mehr involviert ist. – 4. *Langfristige Perspektiven:* Aus diesem Grund ist es aus der Sicht mehrerer europäischer Mitgliedsstaaten wünschenswert, langfristig für alle Umsätze zwischen Unternehmern generell auf das Reverse-Charge-Verfahren überzugehen; hierfür müsste allerdings die grundlegende Systematik der Mehrwertsteuersystemrichtlinie geändert werden, und dies geht nur nach entsprechendem Vorschlag der EU-Kommission und einstimmigen Beschluss im Rat der Finanzminister – eine entsprechende Änderung der Umsatzsteuerregelungen der EG ist aber bislang noch nicht erkennbar.

Umsatzsteuerharmonisierung – 1. *Begriff:* die Angleichung der Umsatzsteuergesetze in der EU. – 2. *Rechtsgrundlage:* Art. 93 EG-Vertrag räumt der EU ausdrücklich die Befugnis ein, die Umsatzsteuergesetze und die Gesetze über andere indirekte Steuern zu harmonisieren, soweit dies für das Funktionieren des Binnenmarktes notwendig erscheint. Entsprechende Richtlinien zur Umsatzsteuerharmonisierung werden demnach vom Ministerrat der EU beschlossen; der Rat darf jedoch nur über Vorschläge beschließen, die die Europäische Kommission (EU-Kommission) ihm offiziell zur Beschlussfassung vorgelegt hat, kann also nicht aus eigener Initiative heraus handeln. Die Zustimmung im Rat (zuständig: die Wirtschafts- und Finanzminister, der sog. „ECOFIN"-Rat) muss einstimmig erfolgen, also mit den Stimmen aller gegenwärtig 27 Mitgliedsstaaten der EU. Das Europäische Parlament ist im Vorfeld der Entscheidungen bislang lediglich ein Anhörungsrecht. – 3. *Notwendigkeit:* Eine vollständige Harmonisierung der gesamten umsatzsteuerlichen Bestimmungen (Vollharmonisierung) ist vom EG-Vertrag nicht zugelassen; der Vertrag erlaubt eine Harmonisierung nur dort, wo eine Angleichung geboten erscheint. Da jedoch aufgrund des Bestimmungslandprinzips Umsätze eines dt. Unternehmers auch in einem anderen Land als Deutschland der Besteuerung unterliegen können (und umgekehrt bestimmte Umsätze eines ausländischen Unternehmers evtl. nicht in seinem Heimatland, sondern in Deutschland zu versteuern sind), müssen Unternehmer nicht nur die Regelungen des heimatlichen Umsatzsteuerrechts, sondern auch die Umsatzsteuerregelungen anderer Staaten kennen. Dies ist nicht zu schaffen, wenn nicht die wesentlichen Strukturen der Gesetze in allen betroffenen Ländern angeglichen sind. – 4. *Historische Entwicklung:* Die Umsatzsteuerharmonisierung in der EU begann mit der Entscheidung (1. umsatzsteuerliche Richtlinie, 1967), in allen Staaten der EU ein Mehrwertsteuersystem mit Vorsteuerabzug einzuführen und somit die bis dahin üblichen pauschalierten Umsatzsteuererstattungen bei der Ausfuhr entbehrlich zu machen. Im weiteren Verlauf der Entwicklung zeigte sich dann aber rasch, dass mit zunehmendem Abbau von Handelshindernissen immer weitere Teilaspekte der Umsatzsteuergesetzgebung als „Bremse" für die weitere wirtschaftliche Integration zu wirken begannen. So wurde, gefördert auch durch die Entscheidung der EU, das Mehrwertsteueraufkommen der Mitgliedsstaaten zu einer der Grundlagen der Beitragszahlung der EU-Mitgliedsländer zu machen, sehr rasch der Schritt getan hin zu einer fast vollständigen Angleichung der Regeln über den Steuertatbestand, die Steuerbefreiungen, die Bemessungsgrundlage und die Steuersätze und viele sonstige Modalitäten der Umsatzsteuer (6. Richtlinie, 1977, mit ständigen späteren Änderungen). Nachdem somit die Inhalte der Steuer bis auf wenige politisch sensible Fragenbereiche weitgehend angeglichen waren (z.b. sind die Steuersätze auch heute noch weitgehend frei wählbar), entpuppten sich im weiteren Verlauf der wirtschaftlichen Integration schließlich dann auch die Komplexität der umsatzsteuerlichen Regelungen und die vielen Unterschiede in den Verwaltungsformalitäten in den einzelnen Ländern zunehmend als Problem für die Praxis. Aus diesem Grund konzentrierten sich die weiteren Bemühungen zur Umsatzsteuerharmonisierung in den letzten Jahren auf die Erstellung einfacher lesbarer Rechtstexte im Gemeinschaftsrecht (v.a.: Zusammenfassung aller wesentlichen bisherigen Umsatzsteuerrichtlinien der EU in einer übersichtlichen, gut lesbaren Neufassung im Jahr 2006, „Mehrwertsteuersystemrichtlinie") und auf Bemühungen, die Schwierigkeiten durch den Kontakt mit für den Unternehmer fremden Steuerbehörden bei ausländischen Umsätzen weiter zu reduzieren. Auf letzterem Gebiet ist in Zukunft der Schwerpunkt der weiteren Arbeiten zur Harmonisierung zu vermuten; eine weitere Angleichung in materieller Hinsicht, z.B. in Hinblick auf die weitere Angleichung der Umsatzsteuersätze oder die Vereinheitlichung der letzten noch verbliebenen Steuerbefreiungen, ist dagegen eher unwahrscheinlich. Auch die EU-weite Einführung der neuen Kategorie der „innergemeinschaftlichen Dienstleistungen" ins Umsatzsteuerrecht aller Mitgliedsstaaten ab 2010 stellt sich nicht als Neugestaltung in der Sache, sondern hauptsächlich als Verbesserung und Vereinfachung der verwaltungstechnischen Abläufe bei bislang schon existierenden Regelungen dar; dasselbe gilt für die ebenfalls ab 2010 einzuführenden Reformen beim Vorsteuervergütungsverfahren und den Abgabemodalitäten für die zusammenfassende Meldung. – 5. *Konsequenzen für die Anwendung und Auslegung dt. Umsatzsteuerrechts:* Die Verpflichtung, bei der Ausgestaltung der Umsatzsteuergesetze den Vorgaben der EU zu folgen, verpflichtet dazu, auch bei der Anwendung der gesetzlichen Regelungen anschließend den von der EU vorgegebenen Rahmen nicht zu verlassen. Denn es wäre sinnlos, wenn die Gesetzestext zwar vereinheitlicht, anschließend aber trotzdem von jedem Mitgliedsstaat weiterhin unterschiedlich ausgelegt und angewandt werden könnten. Aus diesem Grund muss bei der Frage danach, was der Gesetzgeber mit bestimmten

Formulierungen im Gesetz anordnen wollte (Auslegung des Gesetzes), auch danach gefragt werden, was der Gesetzgeber zu dieser Sachfrage nach den Vorgaben der EU denn anzuordnen verpflichtet war. Es ist also in Zweifelsfällen davon auszugehen, dass der Gesetzgeber genau das anordnen wollte, was er nach den europäischen Vorgaben auch anordnen musste (richtlinienkonforme Auslegung des Umsatzsteuergesetzes). Ist im Einzelfall auch unklar, was die europäischen Vorgaben zu einem bestimmten Problem anordnen, muss deshalb vorab durch Anfrage am Europäischen Gerichtshof geklärt werden, wie die europarechtlichen Vorgaben in Hinblick auf den Fall richtig zu verstehen sind (Vorabentscheidungsersuchen). – 6. *Beurteilung des erreichten Zustands:* Aufgrund der bislang erreichten, sehr hohen Regelungsdichte ist die Umsatzsteuerharmonisierung bislang unter den wirtschaftlich wichtigen Steuerarten diejenige Steuerart, bei der die Zentralisierung der Gesetzgebung in der EU am weitesten fortgeschritten ist; eine autonome nationale Gesetzgebung ist hier den Mitgliedsstaaten kaum noch möglich und höchstens noch auf isolierte Detailfragen beschränkt. Dennoch bleibt zu konstatieren, dass in der Praxis die Unternehmen durch die verbleibenden Unterschiede in der nationalen Gesetzgebung oft genug vor entweder unüberwindliche oder aber sehr kostspielige Hindernisse gestellt werden (einfache Anfragen nach der richtigen Versteuerung eines Umsatzes in einem anderen Land können z.B. ohne Weiteres Beratungskosten in Höhe von mehreren 100 Euro verursachen, wenn es denn überhaupt gelingt, im anderen Land einen Berater zu finden, mit dem der ratsuchende Unternehmer sich sprachlich überhaupt in einer gemeinsamen Sprache verständigen kann). Die bisher schon erreichte Intensität der Harmonisierung im Bereich der Umsatzsteuer ist also entwer keineswegs zu weit gehend, sondern scheint von den Sachzwängen her geboten. – Vgl. auch → Umsatzsteuer.

Umsatzsteuer-Identifikationsnummer – *USt-Id-Nr., UID;* 1. *Begriff:* Nummer, die von jedem EU-Staat zur eindeutigen Identifizierung einer umsatzsteuerpflichtigen Person im innergemeinschaftlichen Warenverkehr auf Antrag an Unternehmer und steuerpflichtige Halbunternehmer (→ Erwerbsteuer) vergeben wird. Ab 2010 wird die Umsatzsteuer-Identifikationsnummer außerdem auch an Unternehmer vergeben, die an der grenzüberschreitenden Erbringung von Dienstleistungen innerhalb der EU als Anbieter oder Nachfrager beteiligt sind (→ innergemeinschaftliche Dienstleistungen). Der Steuerpflichtige oder sonstige beteiligte Unternehmer muss bei der Abwicklung eines umsatzsteuerpflichtigen Vorgangs im innergemeinschaftlichen Waren-Verkehr jeweils eine Umsatzsteuer-Identifikationsnummer desjenigen Staates verwenden, in dem er mit dem betreffenden Vorgang steuerpflichtig ist. Dabei können Steuerpflichtige im Extremfall in jedem EU-Staat eine eigene Umsatzsteuer-Identifikationsnummer erhalten;

eine Niederlassung in dem jeweiligen Staat ist nicht Voraussetzung. – 2. *Bedeutung:* a) Die Umsatzsteuer-Identifikationsnummer dient zur *Kontrolle* der korrekten Behandlung von innergemeinschaftlichen Umsätzen durch die beteiligten Personen (korrekte Erwerbsbesteuerung, Steuerbefreiung für die → innergemeinschaftliche Lieferung). Für den innergemeinschaftlichen Handel wird empfohlen, die Umsatzsteuer-Identifikationsnummer von Geschäftspartnern auf ihre Korrektheit überprüfen zu lassen (→ Bestätigungsverfahren), da die Steuerfreiheit für eine innergemeinschaftliche Lieferung entfällt, wenn nicht nachgewiesen werden kann, dass der Abnehmer erwerbsteuerpflichtig ist und der leistende Unternehmer den Irrtum hätte erkennen können. Ab 2010 wird die Umsatzsteuer-Identifikationsnummer auch bei Erbringung und Einkauf von → innergemeinschaftlichen Dienstleistungen verwendet werden müssen. – b) In diesem Zusammenhang besteht auch die *Pflicht zur Angabe* der Umsatzsteuer-Identifikationsnummer der Geschäftspartner und der an diese getätigten Lieferungen in der Zusammenfassenden Meldung und in Rechnungen über innergemeinschaftliche Lieferungen (bzw. demnächst auch auf Rechnungen über innergemeinschaftliche Dienstleistungen). – 3. *Die Vergabe der Umsatzsteuer-Identifikationsnummer* erfolgt in Deutschland durch das Bundeszentralamt für Steuern. Anspruch auf Erteilung einer Umsatzsteuer-Identifikationsnummer haben (1) alle Unternehmer, die zumindest teilweise zum → Vorsteuerabzug berechtigt sind, ferner (2) die sog. → Halbunternehmer dann, wenn sie eine Umsatzsteuer-Identifikationsnummer für innergemeinschaftliche Geschäfte benötigen (§ 27a UStG).

Umsatzsteuerkartei – *USt-Kartei;* Veröffentlichung der Umsatzsteuer-Richtlinien (UStR) sowie aller auf dem Gebiet der → Umsatzsteuer ergehenden Erlasse und Schreiben von allgemeiner Bedeutung, in denen laufend wichtige Zweifelsfragen geklärt werden.

Umsatzsteuerlager – Institution, in der bestimmte Gegenstände (vgl. Anlage 1 zum UStG) unter Aufsicht eines amtlich zugelassenen Lagerhalters umsatzsteuerlich unversteuert gelagert werden können. Die Verwahrung in einem Umsatzsteuerlager hat zum Zweck, den Handel mit diesen Gegenständen zu vereinfachen: Sie bleiben beim Weiterverkauf umsatzsteuerlich unversteuert, wenn sie nicht aus dem Umsatzsteuerlager entnommen werden. Erst die Auslagerung führt dazu, dass die Umsatzsteuer für den Kauf der betreffenden Gegenstände wieder entrichtet werden muss (vgl. § 4 Nr. 4a UStG). Da die Vorschriften über die Auslagerung davon ausgehen, dass die im Umsatzsteuerlager gelagerten Waren sämtlich unversteuert sein sollen, sind auch der Verkauf und die Einfuhr mit anschließender Einlagerung in ein Umsatzsteuerlager steuerfrei (§ 4 Nr. 4a UStG, § 5 I Nr. 4 UStG). Bei Entnahme von Waren aus einem Umsatzsteuerlager werden die regulären Verhältnisse dadurch wiederhergestellt, dass auf den letzten

Kaufpreis vor der Auslagerung rückwirkend die Umsatzsteuer erhoben wird; Steuerschuldner ist derjenige, der die Auslagerung vornimmt. Der Lagerhalter haftet dafür, dass die Umsatzsteuerschuld entrichtet wird, wenn er bei der Auslagerung die dt. Umsatzsteuer-Identifikationsnummer des Auslagerers nicht oder nicht korrekt aufzeichnet und dadurch der Finanzverwaltung die Vereinnahmung des Steuerbetrages erschwert.

Umsatzsteuer-Nachschau → Nachschau.

Umsatzsteuerprüfung – Teil der allg. → Außenprüfung. Grundsätzlich für die Jahre, für die die übrigen Steuerarten geprüft werden. – *Umsatzsteuer-Sonderprüfung* auf Anordnung der zuständigen Finanzbehörde möglich. §§ 5–12 Betriebsprüfungsordnung sind sinngemäß anzuwenden. Ebenso ist als Instrument auch die Umsatzsteuer-Nachschau nutzbar.

Umsatzsteuer-Richtlinien (UStR) – identische Kurzbezeichnung für zwei völlig verschiedene Regelungswerke aus dem Gebiet der Umsatzsteuer: (1) *Umsatzsteuerrichtlinien des Bundesministers der Finanzen (Allgemeine Verwaltungsvorschrift zur Ausführung des Umsatzsteuergesetzes);* Verwaltungsanweisung, mit der sichergestellt werden soll, dass die Angehörigen der Finanzverwaltung bei der Anwendung des Umsatzsteuergesetzes (UStG) in gleichen Situationen möglichst auch gleiche Rechtsansichten vertreten und durchsetzen (Gleichheitsgrundsatz). Die Umsatzsteuer-Richtlinien sind nach Art eines juristischen Kommentars entsprechend der Paragrapheneinteilung des Gesetzes geordnet, aber in fortlaufenden Abschnitten durchnummeriert. Sie sind für Angehörige der Finanzverwaltung bindend, nicht aber für Gerichte und Steuerpflichtige. (2) *EG-Umsatzsteuerrichtlinien:* Richtlinien des Rates der EG bzw. der EU zur Harmonisierung der Umsatzsteuer in den Mitgliedsstaaten. Die Umsatzsteuer-Richtlinien der EG bzw. EU werden vom Rat der EG bzw. EU erlassen und stellen bindende Anweisungen an die Mitgliedsstaaten (Gesetzgeber, Justiz, Verwaltung) dar; diese müssen ihre Umsatzsteuergesetze an die Vorgaben der Umsatzsteuer-Richtlinien anpassen und die dazu ergangene Rechtsprechung des Europäischen Gerichtshofes bei der Besteuerung beachten. Bes. Bedeutung hatte zunächst die Sechste EG-Richtlinie über die Harmonisierung der Umsatzsteuer von 1977 (mit ständigen späteren Änderungen), da sie die Bemessungsgrundlage der Umsatzsteuer fast vollständig harmonisiert hat; sie ist im Jahre 2006 im Rahmen des SLIM-Projekts der EU in wesentlich übersichtlicherer Form neu gefasst worden und trägt seitdem die Bezeichnung → Mehrwertsteuersystemrichtlinie. Die EG-Umsatzsteuer-Richtlinien haben keine Gesetzeskraft gegenüber dem Bürger, missachtet der Gesetzgeber eines EU-Staates aber pflichtwidrig zulasten betroffener Bürger Vorgaben der Umsatzsteuer-Richtlinien, so kann der Betroffene sich gegenüber Gerichten und Verwaltung auf die günstigere Rechtslage nach den EG-Umsatzsteuer-Richtlinien berufen.

Umsatzsteuer-Sonderprüfung → Umsatzsteuerprüfung.

Umsatzsteuersysteme – 1. *Begriff*: die Gesamtheit der Grundsätze und Prinzipien, denen ein Umsatzsteuergesetz folgt. – 2. Die *Bezeichnungen für die verschiedenen denkbaren Spielarten von Umsatzsteuersystemen* unterscheidet man begrifflich danach, welche Entscheidungen der Gesetzgeber zu bestimmten prägenden Grundfragen gefällt hat: a) Danach, ob die Umsatzsteuer während des Produktions- und Handelsprozesses in allen Phasen (also bei jedem Unternehmer innerhalb der Unternehmerkette) erhoben wird oder nicht, trennt man zwischen → Allphasenumsatzsteuer, → Mehrphasenumsatzsteuer, → Einphasenumsatzsteuer, – b) je nachdem, ob eine Kumulation von Umsatzsteuer innerhalb von All- oder Mehrphasenumsatzsteuersystemen vermieden wird oder nicht, wird von kumulativen oder nicht-kumulativen Umsatzsteuersystemen gesprochen, und – c) nach der Art und Weise, wie ggf. eine Kumulation vermieden wird – ob durch Vorsteuerabzug, Vorumsatzabzug oder mit einer anderen Technik – spricht man z.B. von Systemen mit Vorsteuerabzug oder Systemen mit Vorumsatzabzug. – 3. *Das in Deutschland gegenwärtig angewandte System* ist ein nicht-kumulatives Allphasennettoumsatzsteuersystem mit Vorsteuerabzug.

Umsatzsteuervoranmeldung → Steuererklärung des umsatzsteuerpflichtigen Unternehmers nach amtlichem Muster über die der → Umsatzsteuer unterliegenden Tatbestände im → Voranmeldungszeitraum (grundsätzlich Kalendervierteljahr bzw. regelmäßig Kalendermonat, § 18 UStG). – 1. *Frist*: Spätestens zehn Tage nach Ablauf des Voranmeldungszeitraums ist die Umsatzsteuervoranmeldung dem zuständigen Finanzamt einzureichen und die → Umsatzsteuerzahllast zu entrichten, ggf. → Dauerfristverlängerung. – 2. *Inhalt v.a.*: (1) steuerpflichtige Umsätze (einschließlich → unentgeltliche Wertabgaben), getrennt nach Steuersätzen und die jeweils darauf entfallende Umsatzsteuer; (2) steuerfreie Umsätze mit und ohne Recht auf → Vorsteuerabzug; (3) abziehbare Vorsteuerbeträge (einschließlich → Einfuhrumsatzsteuer (EUSt) und → Erwerbsteuer). Aus diesen Angaben hat der Unternehmer die Umsatzsteuererzahllast bzw. -erstattung selbst zu berechnen. – 3. *Besonderheiten*: Werden Land- und Forstwirte nach Durchschnittssätzen (→ Vorsteuerabzug) besteuert, entfällt i.d.R. die Umsatzsteuervoranmeldung. Zur Umrechnung ausländischer Währungen vgl. → ausländische Werte. – 4. *Umsatzsteuerveranlagung nach Ablauf eines Kalenderjahres*: → Umsatzsteuer. – 5. *Verfahren*: Die Umsatzsteuervoranmeldung ist heutzutage im Regelfall auf elektronischem Wege abzugeben („durch Datenfernübertragung", § 18 I UStG), die Abgabe in Papierform kann nur auf Antrag in Härtefällen erlaubt werden.

Umsatzsteuerzahllast – Differenz zwischen der in einem → Voranmeldungszeitraum bzw.

Besteuerungszeitraum entstandenen → Umsatzsteuer (→ Sollversteuerung) und abziehbaren Vorsteuer (→ Vorsteuerabzug). Ist die Umsatzsteuerlast negativ, kommt es zu einer Umsatzsteuererstattung.

Umtauschmüllerei – ein umsatzsteuerlicher Spezialfall im Zusammenhang mit Werkleistung und → Werklieferung.

Umwandlung – 1. *Allgemein:* Bes. steuerliche Bestimmungen bez. der Umwandlung existieren v.a. im Bereich der Ertragsteuern. Ziel dieser Sonderregelungen ist es i.d.R., die Umwandlung durchführen zu können, ohne dass stille Reserven in den Wirtschaftsgütern der betroffenen Gesellschaft(-en) oder in den Anteilsrechten der beteiligten Anteilseigner realisiert und versteuert werden müssen; zugleich soll aber der Fiskus keine latenten Steueransprüche verlieren können (Ideal der Steuerneutralität der Umwandlung). Bei der Umsatzsteuer existieren vergleichbare Probleme nicht, daher sind hier außer der Sondervorschrift zur Geschäftsveräußerung keine weiteren Besonderheiten zu beachten (§ 1 Ia UStG). Für die übrigen Verkehrsteuern sind keine Sonderregelungen vorhanden, d.h. kommt es zivilrechtlich durch die Umwandlung zum Übergang von Vermögen auf eine andere Person, so liegt im Sinn der Verkehrsteuern eine Vermögensübertragung vor, auf die i.d.R. die Steuer im üblichen Umfang zu zahlen ist. – 2. *Buchwertfortführung:* tragendes Grundprinzip zur Herstellung der Steuerneutralität von Umwandlungen im Umwandlungssteuergesetz (UmwStG). Ein Wirtschaftsgut, das vor der Umwandlung zum Unternehmen gehört hat, wird im Zuge der Umwandlung sowohl in der Schlussbilanz des bisherigen Unternehmens(-teils) als auch in der Eröffnungsbilanz des neu organisierten Unternehmens(-teils) nur mit seinem bisherigen steuerlichen Buchwert angesetzt. Hierdurch kommt es in der Schlussbilanz des alten Unternehmens nicht zu einer Gewinnrealisierung. Zugleich aber wird gesichert, dass dieses Wirtschaftsgut auch in dem neu organisierten Unternehmen stille Reserven in genau demselben Umfang wie vorher enthält. – Analoge Vorgehensweise bei Anteilseignern, bei denen aufgrund einer Umwandlung Anteile an einer Kapitalgesellschaft X durch Anteile an einer neuen Kapitalgesellschaft Y ersetzt werden: Der Buchwert (steuerliche Anschaffungskosten) der neu erhaltenen Anteile entspricht dem bisherigen Buchwerten (steuerlichen Anschaffungskosten) der Anteile an der alten Gesellschaft (Steuerneutralität), da nach den gesellschaftsrechtlichen Regelungen über die Umwandlung i.d.R. gesichert ist, dass der gemeine Wert der neuen Anteile des Anteilseigners genau so hoch ist wie derjenige der Anteile an der alten Gesellschaft. – 3. *Wegfall oder Einfügen einer zusätzlichen Ebene und ihre ertragsteuerlichen Konsequenzen (Beispiele):* a) Die Ausgliederung eines Teilbetriebs führt dazu, dass dessen Vermögenswerte sich in Zukunft auf der Ebene der neuen Untergesellschaft (Wirtschaftsgüter selbst) und auf der Ebene des

neuen Gesellschafters (Anteile an der neuen Kapitalgesellschaft) widerspiegeln bzw. die stillen Reserven
auf beiden Ebenen existieren. – b) Im umgekehrten
Fall (Auflösung einer Kapitalgesellschaft und Übertragung ihrer Vermögenswerte nach oben auf deren
Gesellschafter bzw. auf eine von diesen gebildete Personengesellschaft) sind die stillen Reserven zweimal
erfasst (in Anteilen und Wirtschaftsgütern), nach der
Auflösung nur noch einmal (nur noch in den Wirtschaftsgütern selbst). – 4. *Einzelfallregelungen des
Umwandlungssteuergesetzes* zur Vermeidung der genannten ertragsteuerlichen Konsequenzen einer
Buchwertfortführung: a) *Umwandlung einer Kapitalgesellschaft in eine andere Kapitalgesellschaft (Fallgruppe 1):* (1) Bei bloßem Formwechsel (z.B. Änderung einer GmbH in eine AG oder einer dt. AG in
eine Europäische Aktiengesellschaft) kommt es zu
keinen steuerlichen Konsequenzen; da zivilrechtlich
die alte und die neue Gesellschaft identisch sind, hat
in diesem Sinn kein Eigentumstransfer stattgefunden.
(2) Wird durch Fusion (Verschmelzung) das Vermögen der Kapitalgesellschaft auf eine andere Kapitalgesellschaft übertragen, findet zivilrechtlich ein Eigentumstransfer der Wirtschaftsgüter auf die neue Gesellschaft statt; der Anteilseigner erhält für seine

bisherigen Anteile im Tausch die Anteile an der auf-
nehmenden Gesellschaft als Entgelt. Die übertragende Kapitalgesellschaft kann durch eine adäquate
Wahl der Werte in ihrer Schlussbilanz die Aufdeckung der stillen Reserven unter bestimmten Voraussetzungen vermeiden (Buchwertfortführung; § 11
UmwStG); die Anteilseigner müssen ihre Buchwerte
fortführen (§ 13 II UmwStG). Da sich durch eine Fusion die Beteiligungsquoten der Anteilseigner ändern
(vor allem reduzieren) können, ist vorgeschrieben,
dass Beteiligungen, die vor der Fusion wesentlich
(→ wesentliche Beteiligung) waren, dies auch nach
dem Vorgang bleiben (§ 13 UmwStG). Die übernehmende Gesellschaft hat Abschreibungen etc. weiterhin nach dem Abschreibungsplan der übertragenden
Gesellschaft zu berechnen (§ 12 III UmwStG). Ein bestehender Verlustvortrag geht jedoch, anders als früher, nicht auf die übernehmende Gesellschaft über,
sondern verfällt. (3) Wird eine Kapitalgesellschaft
nicht fusioniert, sondern in zwei (oder mehrere) Kapitalgesellschaften aufgespalten (Spaltung von Kapitalgesellschaften), können unter bestimmten Voraussetzungen die bisherigen Wirtschaftsgüter bei den
beiden (bzw. ggf. mehreren) Nachfolgegesellschaften
mit den bisherigen Buchwerten angesetzt werden

Umwandlung

form-wechselnder Rechtsträger	Träger neuer Rechtsform						
	GbR	Personen-handels-gesellschaft	Partner-schafts-gesellschaft	GmbH	AG	KGaA	e. G.
Personen-handels-gesellschaft	§ 190 II	§ 190 II	–	§§ 214–225	§§ 214–225	§§ 214–225	§§ 214–225
Partner-schafts-gesellschaft	–	–	§§ 226, 228–237	§§ 225a–225c	§§ 225a–225c	§§ 225a–225c	§§ 225a–225c
GmbH	§§ 226, 228–237	§§ 226, 228–237	§§ 226, 228–237	–	§§ 226, 238–250	§§ 226, 238–250	§§ 228, 251–257
AG	§§ 226, 228–237	§§ 226, 228–237	§§ 226, 228–237	§§ 226, 238–250	–	§§ 226, 238–250	§§ 226, 251–257
KGaA	§§ 226–237	§§ 226–237	§§ 226, 228–237	§§ 226, 227 238–250	§§ 226, 227 238–250	–	§§ 226, 227 251–257
e. G.	–	–	–	§§ 258–271	§§ 258–271	§§ 258–271	–
e. V./ wirtschafts. Verein	–	–	–	§§ 272–282	§§ 272–282	§§ 272–282	§§ 272, §§ 283–290
VVaG	–	–	–	–	(nur größere VVaG) §§ 291–300	–	–
Körpersch./ Anstalten des öff. Rechts	–	–	–	§§ 301–304	§§ 301–304	§§ 301–304	–

§§ sind solche des Umwandlungsgesetzes

und auf der Ebene der Gesellschafter die bisherigen steuerlichen Buchwerte von deren bisherigen Anteilen auf die jeweils erhaltenen Anteile an den Nachfolgegegesellschaften übertragen werden (Buchwertfortführung; § 15 UmwStG). Ein evtl. vorhandener Verlustvortrag der Altgesellschaft geht unter, soweit er denjenigen Einheiten zuzuordnen ist, die ihren Rechtsträger gewechselt haben; bei einer Abspaltung bleibt der Verlustvortrag also nur insoweit erhalten, wie er der weiterbestehenden ursprünglichen Gesellschaft zuzurechnen ist. Zur Verhinderung von Missbräuchen der gesetzlichen Regelungen existieren bes. Klauseln, wonach eine Steuerneutralität der Umwandlung nicht möglich bzw. annulliert ist, wenn z.B. die neuen Einheiten nicht selbstständige Teilbetriebe oder Mitunternehmeranteile sind. Weitere Einschränkungen sind in § 15 II UmwStG n.F. geregelt. Die Aufteilung des vorhandenen Eigenkapitals auf die Nachfolgegesellschaften regelt § 29 III KStG. – b) *Umwandlung einer Personengesellschaft in eine andere Personengesellschaft (Fallgruppe 2):* Bei Vereinigung zweier Personenunternehmen zu einer neuen Personengesellschaft lassen sich die stillen Reserven im Prinzip fortführen; die subjektive Zuordnung der einzelnen stillen Reserven zu den einzelnen Gesellschaftern kann sich jedoch verschieben. Diese Fälle regeln Sonderbestimmungen (gemäß § 24 UmwStG: Einbringung eines Betriebs, Teilbetriebs oder Mitunternehmeranteils in eine Personengesellschaft) und Rechtsprechung. – c) *Einbringung in eine Kapitalgesellschaft (Fallgruppe 3):* Bei diesem Vorgang gehen die bisherigen Wirtschaftsgüter auf die neue Kapitalgesellschaft über; der bisherige Eigentümer erhält statt dessen Anteilsrechte an der neuen Kapitalgesellschaft. Entscheidungsalternativen für die Kapitalgesellschaft: (1) Sie setzt für die Wirtschaftsgüter die bisherigen Buchwerte des Alteigentümers an (Steuerneutralität unter bestimmten Voraussetzungen). (2) Sie setzt höhere Werte (bis hin zum Teilwert) an. Der von ihr angesetzte Wert gilt beim Einbringenden als Veräußerungspreis der Wirtschaftsgüter (bei Buchwertfortführung ergibt sich daraus ein Veräußerungsgewinn von Null, bei höheren Werten erzielt der Einbringende einen Gewinn) und zugleich als Anschaffungskosten der ihm zugeteilten Anteile an der Kapitalgesellschaft (§ 20 UmwStG). Die Frage der Steuerverhaftung der erlangten Anteile an der Übernehmerin im Inland führt beim Bewertungswahlrecht zu keiner Einschränkung. Werden die durch Einbringung erlangten Anteile innerhalb von sieben Jahren veräußert, kommt es zu einem nachträglichen Einbringungsgewinn; dieser muss dann nachträglich versteuert werden, allerdings wird für jedes volle Jahr, das seit der Einbringung vergangen ist, auf die Besteuerung von 1/7 des Gewinns verzichtet (§ 22 I UmwStG). (3) Es sind jedoch bei Einbringung eines Betriebs, Teilbetriebs oder Mitunternehmeranteils in eine Kapitalgesellschaft zu Buchwerten oder zu Zwischenwerten gesonderte Nachweispflichten zu erbringen. Der Einbringende muss seinem

Wohnsitzfinanzamt sieben Jahre lang jeweils bis zum 31. Mai in schriftlicher Form nachweisen, dass er noch Inhaber der Anteile an der Kapitalgesellschaft ist (§ 22 III UmwStG n. – f). Wird der Nachweis nicht erbracht, gelten die Anteile als veräußert. Der fiktive Veräußerungsgewinn unterliegt dem Teileinkünfteverfahren. – d) *Übertragung von Vermögen von einer Kapitalgesellschaft auf deren Anteilseigner durch Umwandlung (Fallgruppe 4):* z.B. durch Umwandlung einer Kapitalgesellschaft in eine Personengesellschaft: Im rechtlichen Sinn gilt beim Anteilseigner der Untergang der Anteile gegen Übernahme der Wirtschaftsgüter als gewinnrealisierender Tausch, bei dem der Wert der übernommenen Wirtschaftsgüter als Einnahme, die Buchwerte der untergehenden Anteile als zugehörige Betriebsausgabe gesehen werden. Bez. des Gewinns aus der Übernahme der Wirtschaftsgüter der Gesellschaft durch den Gesellschafter (Übernahmegewinn) gilt grundsätzlich, dass er ähnlich wie eine Dividende zu besteuern ist, d.h. ein Übernahmegewinn bleibt zu 95 Prozent außer Ansatz, wenn der Übernehmer eine Kapitalgesellschaft, dagegen nur zu 40 Prozent, wenn das Vermögen auf eine natürliche Person übergeht (analog zum → Teileinkünfteverfahren) (§ 4 VII UmwStG); ein Übernahmeverlust bleibt außer Ansatz, und für bestimmte Konstellationen existieren Sonderregelungen.Um den Übernahmegewinn jedoch möglichst klein zu halten, ist es zulässig, für die Wirtschaftsgüter die Buchwerte fortzuführen, die bei der Gesellschaft angesetzt waren. Zusätzlich zu diesem Übertragungsgewinn muss auch evtl. die noch aus der Zeit des körperschaftsteuerlichen Anrechnungsverfahrens resultierende Körperschaftsteuererhöhung für EK02-Rücklagen der Gesellschaft, die nunmehr auf den Anteilseigner übergehen, berücksichtigt werden (§ 10 UmwStG n.F.). – Gewerbesteuerlich folgt man den selben Regeln, ein Übernahmegewinn bleibt jedoch gewerbesteuerlich unbelastet (§ 18 II UmwStG), wenn kein Missbrauchsfall vorliegt (§ 18 III UmwStG n.F.).

Umwandlungsprüfung → Wirtschaftsprüfung.

Umwandlungsverfahren – Be- oder Verarbeitung von drittländischen Einfuhrwaren, bestimmt zum Verbleib im Inland, die zur Erlangung einer günstigeren Zollbehandlung (Art. 130 ff. ZK, Art. 4 ZK). – *Beispiel:* Umwandlungsverfahren von Gewebe als Meterware in zollfreie Musterabschnitte. – *Verfahren:* analog → aktiver Veredelung.

Umzugskosten – 1. *Begriff:* Wird ein Arbeitnehmer aus dienstlichen Gründen an einen weit entfernten Ort versetzt (Versetzung), hat er Anspruch auf Erstattung der ihm durch einen Umzug entstandenen Kosten. Entstehen Umzugskosten dagegen bei Dienstantritt, brauchen diese vom Arbeitgeber nicht ersetzt zu werden, wenn sich dieser dazu nicht ausdrücklich verpflichtet hat. – 2. *Steuerliche Behandlung:* Die aus öffentlichen Kassen gezahlten Umzugskostenvergütungen sowie die Beträge, die den im privaten Bereich angestellten Personen für dienstlich veranlasste Umzugskosten gezahlt werden, sind einkommensteuerfrei (§ 3 Nr. 13 und Nr. 16 EStG). Dies gilt jedoch nur, soweit die Erstattungen die durch den Umzug entstandenen Mehraufwendungen nicht übersteigen. Umzugskosten im Rahmen von beruflich veranlasstem Wohnungswechsel können als → Werbungskosten steuerlich abgezogen werden, wenn sich durch den Umzug die Entfernung zwischen Wohnung und Arbeitsstätte erheblich verkürzt, d.h. wenn hierdurch eine Wegzeitersparnis von mind. einer Stunde täglich für Hin- und Rückfahrt resultiert, oder bei betrieblichem Interesse des Arbeitgebers. Umzugskosten können in der Höhe geltend gemacht werden, die ein vergleichbarer Bundesbeamter nach dem Bundesumzugskostengesetz (BUKG) bzw. nach der Auslandsumzugsverordnung (AUV) bei Versetzung erhalten würde. Der Pauschbetrag für sonstige Umzugsauslagen beläuft sich für Ledige ab dem 1.8.2011 auf 641 Euro (für Verheiratete 1.238 Euro). Können höhere Umzugskosten nachgewiesen werden, wird je nach Einzelfall geprüft, ob ein Abzug als Werbungskosten erfolgen kann. Zu den abzugsfähigen Umzugskosten zählen: Beförderungskosten des Umzugsgutes, Reisekosten, Mietentschädigungen sowie weitere Auslagen für Beschaffung vom Kochherd, Ofen usw. Im Gegensatz hierzu sind Maklergebühren im Rahmen von Grundstückskäufen sowie Kosten für Anschaffung von klimabedingter Kleidung und Wohnungsausstattung nicht abzugsfähig.

unbebaute Grundstücke – 1. *Begriff:* Grundbesitz, der nicht mit Gebäuden besetzt ist; Baulichkeiten von untergeordneter Bedeutung (z.B. Baubuden) wandeln unbebaute Grundstücke nicht in bebaute Grundstücke (§ 72 BewG). – 2. *Steuerliche Bewertung bis 31.12.2008:* a) *Einheitswert:* → Bodenwert. – b) *Bedarfswert:* mit den um 20 Prozent verminderten Bodenrichtwerten (§ 145 BewG). *Steuerliche Bewertung ab 1.1.2009:* Im Rahmen der → Erbschaftsteuerreform wurden die Vorschriften zur Bewertung von Grundbesitz für Erbschaft- bzw. Schenkungsteuer neu geregelt. Der Wert unbebauter Grundstücke ergibt sich gemäß § 170 ErbStG aus der Fläche und den Bodenrichtwerten.

Unbedenklichkeitsbescheinigung – 1. Von dem Finanzamt aufgrund von Ministerialerlassen zur *Vergebung öffentlicher Aufträge* ausgestellte Bescheinigung. Sie besagt, dass der Steuerpflichtige seinen Steuererklärungs- und Zahlungspflichten nachgekommen ist. Unbedenklichkeitsbescheinigung darf nur dem Steuerpflichtigen selbst oder mit seiner Zustimmung ausgestellt werden (→ Steuergeheimnis). – 2. Im *Grundstücksverkehr* gebräuchliche Bezeichnung für Bescheinigung des Finanzamtes, dass bei Grundstückserwerb der Eintragung des neuen Eigentümers in das Grundbuch steuerliche Bedenken nicht entgegenstehen (§ 22 GrEStG); mangels Vorlage der Unbedenklichkeitsbescheinigung darf das Grundbuchamt nicht eintragen. – Dem Erfordernis

der Unbedenklichkeitsbescheinigung entspricht die → Anzeigepflicht der Gerichte und Notare an das Finanzamt über die Beurkundung steuerpflichtiger Vorgänge, bes. wegen der zu zahlenden Grunderwerbsteuer.

Unbefangenheit → Berufsgrundsätze der Wirtschaftsprüfer.

unbeschränkte Steuerpflicht – die sich auf das gesamte Einkommen und Vermögen, also auch auf Vermögen im Ausland und Einkommen aus dem Ausland erstreckende → Steuerpflicht (Welteinkommen-/Vermögensprinzip). Einschränkung durch entsprechende → Doppelbesteuerungsabkommen (DBA). Regelung im Einzelnen im EStG, KStG und ErbStG.

unbeschränkt Steuerpflichtiger – Bezeichnung des Steuerrechts für natürliche und juristische Personen (→ Steuerpflichtiger), die im Geltungsbereich des Grundgesetzes ihren Wohnsitz oder ihren gewöhnlichen Aufenthalt, Geschäftsleitung oder Sitz haben (§§ 8–11 AO) und nach den dt. Steuergesetzen grundsätzlich mit ihrem Welteinkommen und ihrem Gesamtvermögen der Besteuerung unterliegen (→ unbeschränkte Steuerpflicht).

unbewegliches Vermögen – Grundstücke, Gebäude, technische Anlagen (z.B. Umspannwerke, Hochöfen, fest eingebaute Transportanlagen) und andere Anlagen (also nicht unmittelbar der Produktion dienende Anlagen wie Fernsprech- und Rohrpostanlagen). Unbewegliches Vermögen ist Teil des → Anlagevermögens.

Unbilligkeit – Rechtsbegriff, von Bedeutung u.a. beim → Steuererlass, bei der → Stundung und bei der → Aussetzung der Vollziehung. – Hinter dem Begriff der Billigkeit steckt der Gerechtigkeitsgedanke, der für jeden Einzelfall individuell geprüft werden soll. Ziel der Billigkeit ist es nicht, fehlerhafte Steuerfestsetzungen zu korrigieren. – Die Unbilligkeit kann in der Sache liegen (sachliche Billigkeitsgründe) oder in der Person des Steuerpflichtigen (persönliche Billigkeitsgründe). Persönliche Gründe sind insbesondere wirtschaftliche Gründe. Wird die Billigkeit im Rahmen des Erlassens (§ 227 AO) von Steuern geprüft, wird neben der Bedürftigkeit in Form einer Existenzgefährdung auch die Erlasswürdigkeit des Steuerpflichtigen geprüft.

unechte Fusion – *Anteilstausch;* in den Niederlanden und Großbritannien gebräuchlichste Form der Übernahme eines Unternehmens durch ein anderes. Erwerb der Mehrheit der Anteile an dem zu übernehmenden Unternehmen durch das übernehmende Unternehmen, das dadurch zur Konzernspitze wird und die Leitungsmacht erhält. Die Gesellschafter des übernommenen Unternehmens werden mit Anteilen am übernehmenden Unternehmen abgefunden, sind also dessen Gesellschaftern nach dem Vorgang gleichgestellt. Wirtschaftlich kommt das Verfahren einer Fusion gleich, allerdings bleibt die Rechtsfähigkeit der übernommenen Gesellschaft erhalten. – *Steuerliche Behandlung:* → Anteilstausch.

unentgeltliche Wertabgaben – 1. *Begriff:* neuer Terminus (seit 1999) für die früheren Begriffe Eigenverbrauch und Gesellschafterverbrauch. Unentgeltliche Wertabgaben umfassen bestimmte Vorgänge, bei denen → Lieferungen oder → sonstige Leistungen gegen Entgelt zwar nicht vorliegen, aber dennoch eine Umsatzsteuer erhoben werden soll, um Manipulationen zulasten des Steueraufkommens auszuschließen; daher werden unentgeltliche Wertabgaben fiktiv einer Lieferung/Leistung gegen Entgelt gleichgestellt (§ 3 Ib UStG, § 3 IXa UStG), als Ersatz für das Entgelt dient bei der Steuerberechnung die → Mindestbemessungsgrundlage. – 2. *Konzeption der Besteuerung von unentgeltlichen Wertabgaben:* Da die Besteuerung von unentgeltlichen Wertabgaben in den meisten Fällen daran gebunden ist, dass für die betreffenden Gegenstände oder Vorleistungen zuvor ein → Vorsteuerabzug beansprucht wurde, bezweckt die Besteuerung der unentgeltlichen Wertabgaben materiell v.a. die wirtschaftliche Stornierung des Vorsteuerabzugs für solche Bezüge des Unternehmens, die später nicht für unternehmerische Zwecke verwendet werden. – 3. *Arten von unentgeltlichen Wertabgaben im Einzelnen:* a) Gleichgestellt mit entgeltlichen Lieferungen sind: (1) die Entnahme eines Gegenstands aus dem Unternehmensvermögen für unternehmensfremde Zwecke durch den Unternehmer; (2) die unentgeltliche Zuwendung eines Gegenstands durch einen Unternehmer an sein Personal für dessen privaten Bedarf, sofern keine bloße → Aufmerksamkeit vorliegt; (3) jede andere unentgeltliche Zuwendung eines Gegenstands, außer im Fall von Geschenken mit geringem Wert oder Warenmuster, die aus unternehmerischen Gründen abgegeben werden. Voraussetzung ist in allen diesen Fällen, dass der Gegenstand oder seine Bestandteile vorher zum vollen oder teilweisen Vorsteuerabzug berechtigt haben. – b) Gleichgestellt mit entgeltlichen sonstigen Leitungen sind: (1) die Verwendung eines Gegenstandes aus dem Unternehmensvermögen durch den Unternehmer für unternehmensfremde Zwecke; (2) die Verwendung solcher Gegenstände für den privaten Bedarf des Personals, wenn keine bloße Aufmerksamkeit vorliegt; (3) die unentgeltliche Erbringung anderer sonstiger Leistungen durch den Unternehmer für Zwecke außerhalb des Unternehmens oder für den privaten Bedarf des Personals, sofern es sich nicht um bloße Aufmerksamkeiten handelt. Ein früherer Vorsteuerabzug ist hier nur in den Fällen (1) und (2) Voraussetzung für die Steuerbarkeit der unentgeltlichen Wertabgaben. – 4. *Ort der unentgeltlichen Wertabgaben* (§ 3f UStG): Die Tätigung unentgeltlicher Wertabgaben ist stets in dem Land zu versteuern, in dem sich das Unternehmen oder die Betriebsstätte befindet, die die unentgeltliche Wertabgaben geleistet hat. – 5. *Sonderfall:* Die unentgeltliche Nutzung eines Unternehmens-Kfz durch den Unternehmer ist wichtigster

Anwendungsfall der unentgeltlichen Wertabgaben und weist einige Besonderheiten auf. – Vgl. → Kraftfahrzeugbesteuerung.

unerlaubte Delegation von Vertrauen – Es ist insbesondere der Aufsichtsrat, aber es sind auch die übrigen Personen und Institutionen, die an Entwicklung und Lage eines Unternehmens in höchstem Maße interessiert sind. Sie vertrauen darauf, dass das Urteil des Wirtschaftsprüfers, das letztlich in einem → Bestätigungsvermerk oder auch in einem → Versagungsvermerk zum Ausdruck kommt, auf seinen ureigenen Kenntnissen und Entscheidungen beruht. Ein solches Vertrauen ist im Rahmen handelsrechtlicher Bestimmungen nicht delegierbar. Bedient sich der Wirtschaftsprüfer der Arbeit oder des Wissens fremder Dritter (dies kann auch im Wege der Konsultation geschehen), so hat er sich *selbst* ein Urteil über die fachliche Qualität dieser Personen oder Institutionen zu bilden. Das Ergebnis einer → Konsultation muss aber vor dem Tribunal der Eigenverantwortlichkeit des Wirtschaftsprüfers Bestand haben, denn er muss schließlich selbst wissen und darüber auch den Nachweis führen, warum er sich aus gutem Grund auf einen Anderen verlassen kann.

unfundiertes Einkommen – Begriff der → Steuertheorie. Das nicht auf Vermögen beruhende, sondern aus Arbeit und Dienstleistungen stammende → Einkommen. – *Gegensatz:* → fundiertes Einkommen.

Union Européenne des Experts Comptables Economiques et Financiers (UEC) – älteste der internationalen Berufsorganisationen der → Wirtschaftsprüfer (WP); Sitz in Paris. – *Aufgaben:* Meinungsaustausch über alle Fragen, die den Berufsstand interessieren, über die Weiterentwicklung des betriebswirtschaftlichen Gedankenguts und über den Vergleich national unterschiedlicher Gegebenheiten; außerdem Empfehlungen in fachlichen und berufsrechtlichen Bereichen. – Seit 1987 mit der Groupe d'Etudes des Experts Comptables de la C.E.E. unter dem Dach der → Fédération des Experts Comptables Européens (FEE) mit Sitz in Brüssel vereint.

Unionszollkodex – 1. *Begriff:* Der Unionszollkodex (UZK, genauer Zollkodex der Europäischen Union, ist inhaltlich eine Neufassung des → Modernisierten Zollkodex. Noch vor dessen vollständiger Anwendung hat die EU-Kommison am 20.2.2012 einen Vorschlag zur Neufassung vorgelegt, COM (2012) 64. *2. Hintergrund:* 3 Gründe waren dafür entscheidend. a) Einmal hat sich gezeigt, dass bis zum Juni 2013, dem letzmöglichen Datum der Umsetzung des MZK nur wenige oder teilweise gar keine neuen IT-Systeme eingeführt werden können. b) Zum Zweiten ist die Europäische Kommission mit Inkrafttreten des Vertrages von Lissabon die Verpflichtung eingegangen, noch vor Ende der Legislaturperiode des Europäischen Parlaments Änderungen vorzuschlagen, um Basisrechtsakte in Bezug auf die Befugnisübertragung und die Übertragung von Durchführungsbefugnissen in Einklang damit zu bringen. Gemäß Art. 290 und 291 AEUV werden die Durchführungsvorschriften des MZK in delegierte Rechtsakte und Durchführungsrechtsakte unterteilt. Zudem wird der Zollkodex der Gemeinschaft in Zollkodex der EU umbenannt. c) Schließlich wurden geringfügige Rechtsanpassungen vorgenommen. 3. *Zeitplan*: Der UZK soll Mitte 2013 in Kraft treten und den MZK vollständig ersetzten. Bis 2015 sollen dann die Durchführungsregelungen fertig sein. Alsdann wird der aktuelle Zollkodex ersetzt werden. Für die IT-Umsetzung sind längere Übergangszeiten bis 2020 vorgesehen.

Universalitätsprinzip → Außensteuerrecht (AStR), → Internationales Steuerrecht (IStR), → Welteinkommensprinzip.

Unland – Begriff des Bewertungsgesetzes: land- und forstwirtschaftliche Betriebsflächen, die auch bei geordneter Bewirtschaftung keinen Ertrag abwerfen. Ein Wertansatz für Unland entfällt (§ 45 BewG). – Vgl. auch → land- und forstwirtschaftliches Vermögen.

unselbstständige Arbeit – 1. *Begriff*: der im Rahmen der → Doppelbesteuerungsabkommen (DBA) üblicherweise verwendete Ausdruck für nichtselbstständige Arbeit. Die unterschiedliche Bezeichnung spiegelt wider, dass die Abgrenzung des Begriffs in einem Doppelbesteuerungsabkommen nicht notwendigerweise in allen Punkten dieselbe ist wie im nationalen Einkommensteuergesetz; denn im völkerrechtlichen Vertrag richtet sich die Auslegung des Begriffes danach, was beide Vertragspartner gemeinsam ausdrücken wollten, während das EStG allein vom dt. Gesetzgeber stammt und daher für das richtige Verständnis des Begriffes nichtselbstständige Arbeit im EStG allein entscheidend ist, was der Bundesgesetzgeber ausdrücken wollte. – 2. *Grundregeln*: a) *Tätigkeitsortprinzip*: Üblicherweise wird für unselbstständige Arbeit als Grundregel vereinbart, dass die dafür bezogenen Einkünfte jeweils dort versteuert werden müssen, wo der Arbeitnehmer tätig geworden ist (Beispiel: Ein deutscher Arbeitnehmer arbeitet 8 Monate im Ausland und 4 Monate im Inland; der Lohn für die 8 Monate ist im Ausland zu versteuern, der für die 4 Monate im Inland). – b) *Bagatellregelung für geringfügige Auslandsaufenthalte*: Nach dem Tätigkeitsortprinzip würden prinzipiell auch schon geringfügige Zeiten der Auslandstätigkeiten, z.B. der Aufenthalt eines Piloten im ausländischen Luftraum für 2 Stunden, zu einer Steuerpflicht im betreffenden Ausland führen. Eine solche Steuerpflicht im fremden Land ist für Arbeitnehmer jedoch mit hohen administrativen Belastungen verbunden; dies wäre bei nur kurzfristigen Aufenthalten nicht zumutbar. Daher enthalten die meisten Doppelbesteuerungsabkommen für unselbstständige Arbeit eine Bagatellklausel, wonach Auslandsaufenthalte dann nicht zur Steuerpflicht im anderen Land führen, wenn sie in einem festgelegten Zeitraum von meist 12 Monaten 183 Tage insgesamt nicht überschreiten (sog. 183-Tage-Klausel). Die

Klausel gilt jedoch dann nicht, wenn jemand für einen Arbeitgeber oder eine Betriebsstätte des anderen Landes arbeitet; dem liegt, auch wenn die Regelung ihrem Wortlaut nach auch andere Fälle treffen kann, die Einschätzung zugrunde, dass man jemandem, der eine Arbeitsstelle im fremden Land angetreten hat, auch zumuten kann, das dortige Steuerrecht einzuhalten. – c) *Fundstelle*: Art. 15 OECD-Musterabkommen und die ihm nachgebildeten Klauseln der jeweiligen Doppelbesteuerungsabkommen. – 3. *Besonderheiten*: a) Die Regelung über unselbstständige Arbeit in den Doppelbesteuerungsabkommen regelt nur, ob ein fremder Staat Steuern erheben darf oder nicht; wie hoch diese Steuern jeweils sind, entscheidet dann das nationale Steuerrecht des jeweiligen Landes. – b) Sieht ein Doppelbesteuerungsabkommen vor, dass ein in Deutschland unbeschränkt steuerpflichtiger Arbeitnehmer aufgrund des Tätigkeitsortprinzips Teile seiner Arbeitseinkünfte nur im Ausland versteuern muss, behandelt Deutschland diese Lohnbestandteile dennoch nur dann als steuerfrei, wenn der Arbeitnehmer nachweist, dass er die betreffenden Arbeitseinkünfte im anderen Land ordnungsgemäß der Versteuerung zugeführt hat (vgl. § 50d VIII EStG). – c) Bleiben Arbeitseinkünfte nach einem Doppelbesteuerungsabkommen in Deutschland steuerfrei, wird ihre Existenz bei der Entscheidung über die Frage, wie hoch der Steuersatz für die übrigen, hier noch steuerpflichtigen Einkünfte ausfallen soll, dennoch berücksichtigt (→ Progressionsvorbehalt).

unständig Beschäftigte – Personen, die nicht in einem auf Dauer gerichteten Arbeitsverhältnis stehen. – 1. *Arbeitsrecht*: Befristeter Arbeitsvertrag. – 2. *Sozialrecht* (§ 163 I Satz 2 SGB VI): Personen, deren Beschäftigung der Natur der Sache nach bzw. durch Arbeitsvertrag beschränkt weniger als eine Woche dauert. Unständig Beschäftigte können zu den Pflichtversicherten der gesetzlichen Kranken-, Pflege- und Rentenversicherung gehören. Zu der Arbeitslosenversicherung besteht Beitragsfreiheit (§ 27 III Nr. 1 SGB III). – 3. *Lohnsteuerrecht*: → Teilzeitbeschäftigte.

Unterbeteiligung – Beteiligung eines Dritten an einem Gesellschaftsanteil. – *Rechtlich* i.d.R. eine Gesellschaft bürgerlichen Rechts (GbR) als bloße Innengesellschaft. – *Steuerliche Behandlung*: Es wird danach unterschieden, ob dem Unterbeteiligten bei wirtschaftlicher Betrachtung lediglich eine Gläubigerstellung zusteht oder ob er im Verhältnis zur Hauptgesellschaft als Mitunternehmer anzusehen ist. Die erste Form der Unterbeteiligung wird „typisch" genannt, die letzere „atypisch". (1) *Atypische Unterbeteiligung*: Bei der Unterbeteiligung am Anteil an einer Personenhandelsgesellschaft erzielt der Unterbeteiligte Einkünfte aus Gewerbebetrieb. Bei der Unterbeteiligung an einem Kapitalgesellschaftsanteil wird die Einkunftsquelle des Anteilseigners gesplittet. Die Qualifikation der Einkommensart beim Anteilseigner schlägt deshalb auch auf den Unterbeteiligten durch, der damit i.d.R. Einkünfte aus Kapitalvermögen bezieht. (2) *Typische Unterbeteiligung:* Der Unterbeteiligte erzielt Einkünfte aus Kapitalvermögen.

Unterentnahme – Betrag, um den die Entnahmen eines Betriebsinhabers im Wirtschaftsjahr unter der Summe der in diesem Jahr erzielten Gewinne und der in diesem Wirtschaftsjahr getätigten Einlagen bleiben (§ 4 IVa EStG). – *Anders:* → Überentnahme.

Unterhalt – Natural- oder Geldzuwendungen, die den Lebensbedarf des Berechtigten decken sollen. – 1. *Familienrechtliche* Verpflichtung: Unterhaltspflicht. – Zuwendungen unter Lebenden zum angemessenen Unterhalt unterliegen nicht der → Erbschaftsteuer (§ 13 I Nr. 12 ErbStG). – *Einkommensteuerlich* können Unterhaltsaufwendungen beim Geber unter gewissen Voraussetzungen als → außergewöhnliche Belastung oder → Sonderausgaben berücksichtigt werden (→ Unterhaltsleistungen). – 2. Bestandteil des → Arbeitslohns: → Sachbezüge.

Unterhaltsleistungen – 1. *Unterhaltsleistungen an bedürftige Angehörige:* Aufwendungen für den → Unterhalt sowie eine etwaige Berufsausbildung einer Person, für die kein → Kinderfreibetrag gewährt wird, können bei der Einkommensteuer als → außergewöhnliche Belastungen berücksichtigt werden (§ 33a I EStG). – 2. *Unterhaltsleistungen an den geschiedenen oder dauernd getrennt lebenden Ehegatten* (Unterhaltspflicht): können beim Geber mit Zustimmung des Empfängers auf Antrag (bis zu 13.805 Euro im Kalenderjahr) als → Sonderausgaben vom → Gesamtbetrag der Einkünfte abgezogen werden (§ 10 I Nr. 1 EStG). Insoweit als die Unterhaltsleistungen beim Geber als Sonderausgaben abgezogen werden können, sind sie beim Empfänger als → sonstige Einkünfte zu versteuern (§ 22 Nr. 1a EStG; → Realsplitting). Ist der geschiedene Ehegatte nicht unbeschränkt einkommensteuerpflichtig oder wird ein Antrag nicht gestellt, kommt ein Abzug als → außergewöhnliche Belastung gemäß § 33a I EStG in Betracht. – 3. Unterhaltsleistungen in Form von *Unterhaltsrenten:* Zur steuerlichen Behandlung vgl. → Rentenbesteuerung. – 4. Unterhaltsleistungen an *beschränkt Steuerpflichtige:* Bis zum Jahr 2007 konnten Unterhaltsleistungen an beschränkt Steuerpflichtige unter Berücksichtigung von gewissen Voraussetzungen und gewissen Einkunftsgrenzen abgezogen werden (§ 10 I Nr. 1 EStG a.F.), die ab 2008 entfallen sind (§ 10 I Nr. 1a EStG).

Unternehmensaufspaltung → Betriebsaufspaltung.

Unternehmensbeteiligungsgesellschaft – 1. *Begriff:* Gemäß *Gesetz über Unternehmensbeteiligungsgesellschaften (UBGG)* i.d.F. vom 9.9.1998 (BGBl. I 2765) m.spät.Änd. wurde die „Unternehmensbeteiligungsgesellschaft" geschaffen. Geschäftszweck einer solchen Gesellschaft ist, anderen Unternehmen Kapital zur Verfügung zu stellen durch Erwerb und Halten von Beteiligungen; hiermit soll die Eigenkapitalausstattung der Wirtschaft gefördert werden. – 2.

Voraussetzungen: Eine Unternehmensbeteiligungsgesellschaft darf unter dieser Bezeichnung nur als Aktiengesellschaft, GmbH, KG und KGaA mit einem Mindest-Grundkapital von 1 Mio. Euro betrieben werden. Unternehmensgegenstand muss vorbehaltlich etwaiger Sonderregelungen des zweiten Abschnitts des UBGG ausschließlich Erwerb, das Halten, Verwaltung und Veräußerung von Wagniskapitalbeteiligungen sein. Wagniskapitalbeteiligungen sind Aktien, Geschäftsanteile an einer GmbH, Kommanditanteile, Beteiligungen als Komplementär, als stiller Gesellschafter im Sinn des § 230 HGB und Genussrechte (§ 1a II UBGG). Das Gesetz entscheidet zwischen offenen und integrierten Unternehmensbeteiligungsgesellschaften (§ 1a I UBGG). Eine Unternehmensbeteiligungsgesellschaft bedarf der Anerkennung. – 3. *Steuerliche Behandlung:* Die Dividendenerträge der Gesellschaft sind nach den Grundsätzen des KStG ohnehin steuerfrei (→ Schachtelprivileg), die Gesellschaft ist darüber hinaus aber auch gewerbesteuerbefreit, solange sie anerkannt ist (§ 3 Nr. 23 GewStG): dadurch sind, anders als bei anderen Holdingunternehmen, auch Zinserträge und auch Dividenden aus Minderheitsbeteiligungen (Beteiligungsquote unter 15 Prozent) gewerbesteuerfrei.

Unternehmenseinheit – *Grundsatz der Unternehmenseinheit:* Ein → Unternehmer kann umsatzsteuerlich stets nur ein einziges Unternehmen haben, d.h. alle seine Tätigkeitsbereiche werden als Einheit angesehen (§ 2 UStG). Das gilt selbst dann, wenn einem Unternehmer zwei völlig verschiedene Betriebe (z.B. Brötchenfabrik und Schuhfabrik) gehören. – *Folgen:* Für das gesamte Unternehmen muss eine einheitliche Umsatzsteuererklärung abgegeben werden; Umsätze zwischen den einzelnen Teilen des Unternehmens sind nicht steuerbare Innenumsätze.

Unternehmensspaltung → Betriebsspaltung, Spaltung von Kapitalgesellschaften, → Spaltung von Rechtsträgern.

Unternehmer – 1. *Begriff:* Derjenige, der eine gewerbliche oder berufliche Tätigkeit selbstständig ausübt. Gewerbliche oder berufliche Tätigkeit in diesem Sinn ist jede nachhaltige Tätigkeit zur Erzielung von Einnahmen. – 2. *Unternehmerfähigkeit:* Als Unternehmer kommen nicht nur natürliche oder juristische Personen, sondern auch nicht rechtsfähige Personenvereinigungen jeder Art wie z.B. Gesellschaften oder Gemeinschaften; einzige Bedingung ist, dass es sich um Gebilde handelt, die nach außen hin auftreten (keine bloßen Innengesellschaften ohne Kundenkontakt). Unternehmer kann auch sein, wer nur gegenüber Mitgliedern oder Gesellschaftern tätig wird (Gesellschafterbeiträge, → Mitgliederbeiträge). – 3. *Nachhaltigkeit* der Tätigkeit verlangt zwingend wiederholtes Tätigwerden oder zumindest Wiederholungsabsicht; dies reicht jedoch nicht aus, vielmehr muss eine „→ wirtschaftliche Tätigkeit" vorliegen, d.h. ein Vergleich mit der Stellung eines Produzenten, Händlers oder Dienstleisters (z.B. schon eines

Vermieters von Grundstücken) möglich sein, um Nachhaltigkeit der Tätigkeit als Unternehmer bejahen zu können. – 4. *Einnahmenerzielungsabsicht* reicht für die Unternehmereigenschaft aus, es ist nicht erforderlich, dass Gewinne erzielt werden soll; auch die Einstellung einer aussichtslosen Tätigkeit vor der ersten Erzielung von Einnahmen gefährdet nicht die Unternehmereigenschaft, wenn die Erzielung von Einnahmen ursprünglich nur ernsthaft gewollt war. – 5. *Selbstständigkeit* ist gegeben, wenn die Tätigkeit auf eigene Rechnung und Verantwortung ausgeführt wird, d.h. wenn der Betroffene nicht als Arbeitnehmer handelt und keine unselbstständige, in ganz bestimmter Weise einem Konzernverbund eingegliederte juristische Person ist (→ Organschaft, → Organgesellschaft). – 6. *Allgemeine Bedeutung*: Nur ein Unternehmer kann den Haupttatbestand der Umsatzsteuer realisieren (Umsatzsteuer auf → Umsätze) und einen → Vorsteuerabzug geltend machen oder → Rechnungen mit gesondertem Umsatzsteuerausweis ausstellen; auch → Erwerbsteuer kann i.d.R. nicht ausgelöst werden, wenn an dem Vorgang kein Unternehmer als Lieferer beteiligt ist. Lediglich → Einfuhrumsatzsteuer (EuSt) kann auch ohne Mitwirkung eines Unternehmers ausgelöst werden. – 7. *Andere EU-Staaten*: Wer als Unternehmer angesehen kann und wer nicht, ist durch die Mehrwertsteuersystem-Richtlinie der EG vereinheitlicht. – Vgl. auch → Kleinunternehmer.

Unternehmereinheit – nach Rechtsprechung des Bundesfinanzhofs nicht mehr gebrauchter Begriff des Umsatzsteuerrechts für eine Zusammenfassung einander nebengeordneter Unternehmen zu einem Unternehmen. – *Gegensatz*: Unterordnung bei der → Organschaft. – *Anders*: → Unternehmereinheit.

Unternehmerfähigkeit – Fähigkeit eines Gebildes oder einer Person, umsatzsteuerlich die Unternehmereigenschaft (→ Unternehmer) besitzen zu können. Unternehmerfähig sein kann jedes selbstständig tätige Gebilde, das nachhaltig Leistungen gegen Entgelt ausführt (Abschn. 16 I UStR). Damit können nicht nur natürliche und juristische Personen Unternehmer sein, sondern auch Personengesellschaften und jegliche andere Gebilde, als Vertragspartner nach außen hin in Erscheinung treten kann.

Unternehmergemeinschaft → Arbeitsgemeinschaft.

Unternehmerwechsel → Veräußerung.

Unternehmungsaufspaltung → Betriebsaufspaltung.

Unternehmungsteuer – Besteuerungsform, bei der die Unternehmung als solche einer einheitlichen Abgabe unterliegt. Nicht gegeben in der Bundesrepublik Deutschland und allen anderen marktwirtschaftlichen Industriestaaten.

Unterschlagungsrevision – bes. Form der → Revision, bei der nicht nur die ordnungsmäßige Buchung

bestimmter Vorgänge zu prüfen ist, sondern auch die rechtmäßige oder unrechtmäßige Verwendung entnommener Gelder, Wertpapiere oder sonstiger anvertrauter Gegenstände. Unterschlagungsrevision ist Sammelbegriff für → Prüfungen bei Verfehlungen verschiedener Art, wie Betrug, Diebstahl, Unterschlagung, sowie allg. bei unsolider und unkorrekter Geschäftsführung zum Vorteil des Handelnden, also Arten von Verfehlungen, mit denen häufig auch eine Straftat verbunden ist.

Unterstützungsbeihilfe – *Notstandsbeihilfe*. 1. *Begriff*: dem Arbeitnehmer in Notfällen gewährte Beihilfen. – 2. *Steuerliche Behandlung*: Steuerfrei sind: a) Unterstützungsbeihilfe aus öffentlichen Kassen; b) Unterstützungsbeihilfe von einem privaten Arbeitgeber i.d.R. bis 600 Euro (R 3.11 LStR 2008) unter den folgenden Voraussetzungen, die jedoch bei einem Betrieb mit weniger als fünf Arbeitnehmern nicht vorzuliegen brauchen: (1) aus einer mit seinen Mitteln geschaffenen, von ihm aber unabhängigen Unterstützungs- oder Hilfskasse, (2) von Kassen, auf deren Verwaltung er keinen maßgeblichen Einfluss hat, (3) aus Beträgen, die der Arbeitgeber dem Betriebsrat oder Vertretern der Arbeiternehmer zu dem Zweck überweist, daraus nach eigenem Ermessen Unterstützungen zu zahlen, und (4) nach Anhörung des Betriebsrats oder sonstiger Vertreter der Arbeitnehmer. – Der 600 Euro übersteigende Betrag gehört nur dann nicht zum steuerpflichtigen Arbeitslohn, wenn er aus Anlass eines *bes*. Notfalls gewährt wird. Bei der Beurteilung, ob ein solcher Notfall vorliegt, sind auch die Einkommensverhältnisse und der Familienstand des Arbeitnehmers zu berücksichtigen. – Andere Beihilfen, z.B. Erholungsbeihilfen und Überbrückungsgelder, sind steuerpflichtig.

Unterstützungskasse – 1. *Begriff*: Einrichtung, die aus Gründen der Solidarität und ohne einen Rechtsanspruch zu gewähren Unterstützungsleistungen erbringt. Zu solchen Einrichtungen zählen v.a. Unterstützungsvereine der Berufsverbände. Zugleich Durchführungsweg der betrieblichen Altersversorgung (bAV). Charakteristisch ist auch für die bAV über eine Unterstützungskasse der fehlende Rechtsanspruch auf die in Aussicht gestellten Versorgungsleistungen, vgl. § 1b IV BetrAVG. – 2. *Finanzierungsverfahren und steuerliche Behandlung*: Die steuerliche Dotierung regelt § 4d EStG. Unterstützungskassen können alternativ als „regeldotierte" oder als „rückgedeckte" finanziert werden. – a) Die rückgedeckte Unterstützungskasse finanziert die von ihr zugesagten Leistungen über den Abschluss von Rückdeckungsversicherungen, an die bestimmte Voraussetzungen geknüpft sind. Die Versicherungsprämien werden der Unterstützungskasse vom Arbeitgeber zur Verfügung gestellt und stellen bei diesem Betriebsausgaben dar, vgl. § 4d I 1 c EStG. – b) Ohne eine solche Rückdeckung ist die Unterstützungskasse regeldotiert. Sie kann dann vom Arbeitgeber steuerlich begünstigt während der Anwartschaftsphase nur innerhalb viel engerer Grenzen dotiert werden, mit der Folge einer Nachfinanzierung bei Eintritt des Versorgungsfalls. – 3. *Aufsicht:* Da kein Rechtsanspruch gewährt wird, handelt es sich nicht um Versicherung im rechtlichen Sinn. Unterstützungskassen sind daher auch nicht aufsichtspflichtig; dessen ungeachtet hat der Gesetzgeber noch einmal ausdrücklich die Aufsichtsfreiheit betont (§ 1 III Nr. 1 VAG).

Untersuchungsgrundsatz – 1. *Allgemein:* Die Finanzbehörde ermittelt den Sachverhalt bzw. die für die Besteuerungsgrundlagen relevanten tatsächlichen und rechtlichen Verhältnisse von Amts wegen. Sie bestimmt nach pflichtgemäßem Ermessen Art und Umfang der Ermittlungen und ist an das Vorbringen und die Beweisanträge der Beteiligten nicht gebunden. Sie hat alle bedeutsamen Umstände – sowohl zu deren Gunsten als auch zu ihren Ungunsten – zu berücksichtigen (§ 88 AO). Ermittlungen „ins Blaue hinein" sind nicht zulässig. – 2. *Grenzen:* Die Ermittlungspflicht findet ihre Grenze in den Grundsätzen der Verhältnismäßigkeit der Mittel und der Zumutbarkeit sowie in der → Mitwirkungspflicht der Beteiligten. – 3. *Fürsorgepflicht:* Ausfluss des Untersuchungsgrundsatzes ist eine gewisse Fürsorgepflicht. Danach hat die Finanzbehörde unter bestimmten Voraussetzungen die Abgabe von Erklärungen und die Stellung von Anträgen anzuregen (§ 89 AO). Zugunsten der Beteiligten hat sie eine evtl. Verjährung von Amts wegen zu prüfen (vgl. AEAO zu § 88 Nr. 3, zu § 89 Nr. 1).

Unterunternehmer → Generalunternehmer.

unverzinsliches Darlehen → Arbeitgeberdarlehen.

unvollständige Zollanmeldung (UZA) – 1. *Begriff:* Nach Art. 76 ZK lassen Zollbehörden unter den in Art. 253 ff. ZK-DVO festgelegten Voraussetzungen zu, dass die Zollanmeldung nach Art. 62 ZK einige der Angaben nach Absatz 1 des genannten Artikels nicht enthält oder einige der Unterlagen nach Absatz 2 des genannten Artikels nicht beigefügt sind, um das Verfahren weitgehend zu vereinfachen, ohne dass die Ordnungsmäßigkeit der Vorgänge dadurch beeinträchtigt wird. – 2. *Merkmale:* Es gibt unvollständige Zollanmeldungen im Einzelfall (UZA), vereinfachte Anmeldeverfahren (VAV) und Anschreibeverfahren (ASV) bei denen zu Beginn des Folgemonats ergänzende Anmeldungen in zusammenfassender Form (früher Sammelzollanmeldungen) nachzureichen sind. Unvollständige Zollanmeldungen sind bei fast allen Zollverfahren möglich, also sowohl als unvollständige „Einfuhranmeldung" als auch als unvollständige Ausfuhranmeldung.

Urkundensteuer – bis 1940 erhobene → Stempelsteuer auf Rechtsgeschäfte im Werte von über 150 RM, über die eine Urkunde ausgestellt war; ausgenommen anderer Besteuerung (u.a. Kapitalverkehr- und Wechselsteuer) unterlegene Rechtsgeschäfte.

Urlaubsgeld – 1. *Begriff:* a) An den Arbeitnehmer während des Urlaubs weitergezahltes Arbeitsentgelt; auch *Urlaubslohn* (Urlaubsentgelt). – b) Zusätzlich zum Urlaubsentgelt gewährtes Urlaubsgeld oder eine Urlaubsgratifikation (→ Gratifikation), z.T. tarifvertraglich festgelegt (z.B. die Hälfte eines „13. Gehalts"). – c) Bei Verzicht auf Urlaub dem Arbeitnehmer gewährte Entschädigung. – 2. *Lohnsteuerrecht:* Als Urlaubsgeld im Sinn des EStG werden alle unter 1 a) bis c) genannten Begriffe angesehen. Urlaubsgeld gemäß a) ist als → laufender Arbeitslohn, Urlaubsgeld gemäß b) und c) als → sonstige Bezüge zu versteuern.

Ursprung – I. Zollrecht: 1. *Begriff:* Die Ursprungsregeln des Zollkodex legen fest, wo im- und exportierte Waren ihren Ursprung haben. Es geht stets darum, das Herkunftsland zu bestimmen. – 2. *Merkmale:* Schwerpunkt dabei ist die Regelung des allgemeinen Ursprungs in den Art. 22-26 → Zollkodex (ZK). Daneben gibt es über Art. 27 ZK den sog. Präferenzursprung, der für zolltarifliche Vorzugsbehandlung von Bedeutung ist. – 3. *Unterscheidung von anderen Begriffen:* Der allgemeine Ursprung wird in Abgrenzung zum Präferenzursprung im Zollrecht vereinfacht oft auch nicht präferenzieller Ursprung genannt. Wegen der Bedeutung für andere Rechtsgebiete spricht man auch von *handelspolitischem Ursprung*, wegen des Austellers der Ursprungszeugnisse auch von *IHK-Ursprung oder Kammer-Ursprung*. – 4. *Inhalte:* Die Ursprungsregelungen bestimmen, welches Land als → Ursprungsland einer Ware in Betracht kommt. Oft ist diese Feststellung schwierig, weil mehrere Unternehmen in verschiedenen Ländern an der Herstellung oder Bearbeitung einer solchen Ware beteiligt sind. Für solche Fälle bestimmen Art. 22 ff. ZK Folgendes: „Eine Ware, an deren Herstellung zwei oder mehrere Länder beteiligt waren, ist Ursprungsware des Landes, in dem sie der letzten wesentlichen und wirtschaftlich gerechtfertigten Be- und Verarbeitung unterzogen worden ist, die in einem dazu eingerichteten Unternehmen vorgenommen worden ist und zur Herstellung eines neuen Erzeugnisses geführt hat oder eine bedeutende Herstellungsstufe darstellt. – a) *Nicht präferenzieller Ursprung:* Ob eine Be- oder Verarbeitung einer Ware als wesentlich und wirtschaftlich gerechtfertigt anzusehen ist, ergibt sich i.d.R. aus den Umständen des Einzelfalles. In Zweifelsfällen entscheidet nach Anhören des Ursprungsausschusses die Europäische Kommission. Nach Art. 22-26 ZK besitzen Waren, die vollständig in einem Land gewonnen oder hergestellt worden sind, die Ursprungseigenschaft dieses Landes. Welche Waren oder Warengruppen im Einzelnen hierunter fallen, ergibt sich aus der Auflistung in Art. 23 ZK.Ungeachtet der Vorlage eines Dokuments zum Nachweis des Ursprungs können die Zollbehörden im Fall ernsthafter Zweifel weitere Beweismittel verlangen, um die Angaben über den Ursprung der Waren zu klären. – b) *Präferenzieller Ursprung:* Er ist nach völlig anderen Regeln und mit anderen Dokumenten nachzuweisen, um beim Import von Waren Zollvergünstigungen (Zollpräferenzen) in Anspruch nehmen zu können. Die präferenziellen Ursprungskriterien ergeben sich bei einseitiger Gewährung aus den Regeln der ZK-DVO, im Übrigen aus den vielfältigen Präferenzabkommen. Der Präferenzursprung beurteilt sich nach dem Positionswechsel der Waren, bestimmten Produktionsstufen oder Wertklauseln. – 5. *Welthandelsrecht*: nach dem WTO-Agreement on Rules of Origin sollen die nichtpräferenziellen Ursprungsregeln weltweit harmonisiert werden, sie sind es derzeit jedoch nicht. Es gibt daher Unterscheidungen zwischen EU-Ursprungsregeln und US-Ursprungsregeln (nicht-präferenzieller Ursprung).

II. **Außenwirtschaftsrecht:** Der Ursprung der Ware ist im Rahmen der außenwirtschaftsrechtlichen Einfuhrabwicklung nach den §§ 27 ff. Außenwirtschaftsverordnung (AWV) in der → Zollanmeldung nach Art. 61 ZK anzugeben und ggf. mit bes. Dokumenten (Ursprungserklärung, → Ursprungszeugnis) nachzuweisen. Der Ursprung einer Ware ist für die Anwendung des → Zolltarifs und die Bestimmung des Zollsatzes sowie der ggf. erforderlichen Einfuhrmaßnahmen nach der Einfuhrliste – Anlage zum Außenwirtschaftsgesetz (AWG), die ebenfalls im → Elektronischen Zolltarif (EZT) abgebildet ist – erforderlich. Für bestimmte Ursprungsländer kann das Erfordernis für eine Einfuhrgenehmigung oder eine Einfuhrlizenz bestehen. Der Drittlandszollsatz (MFN-Zollsatz, auch Vertragszollsatz der WTO/ des GATT) wird nur für wenige westliche Industriestaaten (USA, Kanada, Japan, etc.) angewendet, für viele andere Staaten (u.A. Entwicklungsländer) gelten aufgrund von Präferenzabkommen der EU ermäßigte Zollsätze bei Vorlage der Präferenznachweise (bilaterale Präferenzabkommen, Präferenznachweis EUR.1 oder Allgemeines Präferenzsystem [APS] mit dem Präferenzachweis Form A).

Ursprungskumulierung → Kumulation.

Ursprungsland – Land, in dem eine Ware gewonnen oder hergestellt worden ist. – 1. Nach dem in der Europäischen Gemeinschaft und damit auch in der Bundesrepublik Deutschland geltenden → *Zollkodex (ZK)*; vgl. VO EWG 2913/92 vom 12.10.1992, und der Durchführungsverordnung zum ZK (VO EWG 2454/93 vom 2.7.1993) ist der Ursprungsbegriff auf das Land abgestellt, dessen Boden- oder Gewerbeerzeugnis eine Ware ist. Waren, an deren Herstellung mehrere Länder beteiligt sind, haben ihren Ursprung in demjenigen Land, in dem die letzte wesentlich und wirtschaftlich gerechtfertigte Be- oder Verarbeitung stattgefunden hat, die in einem dazu eingerichteten Unternehmen vorgenommen worden ist und zur Herstellung eines neuen Erzeugnisses geführt hat oder eine bedeutende Herstellungsstufe darstellt. – 2. Für den *Warenverkehr* zwischen der EU und denjenigen Ländern, mit denen sie durch Assoziierungs-, Freihandels- oder Präferenzabkommen verbunden ist, sowie für Erzeugnisse bestimmter Entwicklungsländer, für die eine Präferenzbehandlung vorgesehen ist, gilt ein von Punkt 1 abweichender

Ursprungsbegriff. Dieser ist von der EU mit den betroffenen Ländern bzw. im Rahmen der Entwicklungsländerpräferenz einseitig gesondert festgelegt und aufgeteilt nach Zolltarif-Nummern in Listen zusammengefasst. Danach haben die Waren regelmäßig dann Präferenzursprung und damit Präferenzberechtigung, wenn die Be- oder Verarbeitung von aus Drittländern eingeführten Waren einen sog. „Positionswechsel", d.h. einen Wechsel der ersten vier Ziffern des Zolltarifs erfahren haben. Von dieser Grundregel gibt es allerdings zahlreiche Ausnahmen. – 3. *Zollrechtliche, außenwirtschaftsrechtliche und statistische Bedeutung:* Bei der → Einfuhr kann das Ursprungsland Einfluss auf die Zollhöhe (z.B. bei Zollkontingenten) haben, es kann von ihm die Befreiung von der Einfuhrgenehmigungspflicht abhängen. Bei der → Ausfuhr ist das Ursprungsland u.U. für die Zulassung zur Einfuhr oder die Möglichkeit zur Inanspruchnahme von Zollvorteilen im Bestimmungsland sowie als Marktordnungswaren für die Inanspruchnahme von Erstattungen im Ausfuhrland entscheidend. → Ursprungsnachweis durch → Ursprungszeugnis oder Warenverkehrsbescheinigung.

Ursprungslandprinzip – eines der beiden Prinzipien für die Besteuerung grenzüberschreitender Geschäfte bei der → Umsatzsteuer (→ Internationales Steuerrecht [IStR]). Das Ursprungslandprinzip sieht vor, dass die erbrachten grenzüberschreitenden Umsätze mit der Steuer des Landes belastet werden bzw. bleiben, in dem der leistende Unternehmer seinen → Sitz hat bzw. die leistende Niederlassung sich befindet. Das Ursprungslandprinzip ist für die Unternehmen verwaltungstechnisch einfach zu handhaben, aber allg. wenig verbreitet, da es bei Unterschieden in den Umsatzsteuergesetzen der betroffenen Länder international zu Wettbewerbsverzerrungen führt. In der EU wird nach der Harmonisierung der Umsatzsteuer und der Schaffung des Europäischen Binnenmarktes das Ursprungslandprinzip trotz nicht angeglichener Steuersätze im Bereich einiger Umsätze an Privatpersonen praktiziert (v.a. bei → Abhollieferungen, nicht aber bei: → Erwerbsteuer, → Versandhandelsregelung). Auf sehr lange Sicht ist in der EU die Verwirklichung des Ursprungslandprinzips denkbar und als Fernziel bereits beschlossen, die zuvor notwendige nahezu vollständige Angleichung der Steuersätze erscheint jedoch zumindest mittelfristig nicht erreichbar. – *Gegensatz*: → Bestimmungslandprinzip; vgl. auch → Gemeinsamer-Markt-Prinzip.

Ursprungsnachweis – 1. Bei der → *Einfuhr* in das Zollgebiet der EU: a) für verschiedene Waren aufgrund zolltarifrechtlicher oder außenwirtschaftlicher Vorschriften durch ein → Ursprungszeugnis; b) für Waren aus Ländern, die mit der EU durch Assoziierungs-, Freihandels- oder Präferenzabkommen verbunden sind, sowie aus bestimmten Entwicklungsländern – sofern in einem EU-Mitgliedstaat Zollpräferenzen in Anspruch genommen werden – durch Warenverkehrsbescheinigung EUR. 1, EUR. MED oder Formblatt A, für Kleinsendungen durch Ursprungserklärungen. – 2. Bei der → *Ausfuhr* von Waren in Drittländer werden als Ursprungsnachweis Ursprungserzeugnisse i.allg. durch die Industrie- und Handelskammer ausgestellt. Soll die Ausfuhrware in bestimmten Drittländern vereinbarungsgemäß einer Zollpräferenz unterliegen, so dienen Warenverkehrsbescheinigungen bzw. Formblätter als Ursprungsnachweis. – 3. Um eine einheitliche Rechtsanwendung innerhalb der Europäischen Gemeinschaft sicherzustellen, hat die Europäische Kommission hierzu Leitlinien über die Geltungsdauer von Ursprungsnachweisen herausgegeben.

Ursprungsprinzip – I. *Finanzwissenschaften:* finanzwissenschaftliches Prinzip, um eine regionale → Doppelbesteuerung zu vermeiden, wobei die Steuererträge demjenigen Land zufließen, in dem das Steuerobjekt seinen Ursprung (Betriebsstätten, Arbeitgeber) hat (→ Quellenstaatprinzip). – *Gegensatz:* → Wohnsitzprinzip. – *Anders:* → Ursprungslandprinzip, Herkunftsprinzip. – Vgl. auch → Internationales Steuerrecht (IStR).

II. *Umwelt- und Ressourcenökonomik:* Grundsatz der Ressourcen- und Umweltökonomik, nach der Umweltbeeinträchtigungen an der Stelle zu bekämpfen sind, an der sie auftreten. Das Ursprungsprinzip ist eines der Grundprinzipien der europäischen Umweltpolitik. – Vgl. auch Umweltpolitik; Verursacherprinzip; Vorsorgeprinzip; Gemeinlastprinzip.

Ursprungsstaat → Quellenstaat.

Ursprungszeugnis – 1. bei der → *Ausfuhr* eine von einer berechtigten Stelle des Ausstellungslandes (in der Bundesrepublik Deutschland Industrie- und Handelskammer bzw. Handwerkskammer, in Ausnahmefällen Zollamt bzw. Zollstelle) schriftlich abgegebene Bescheinigung über den Ursprung einer Ware mit allen zur Feststellung der Identität der betreffenden Ware erforderlichen Angaben (Bezeichnung der Packstücke, Art und Gewicht) sowie Namen des Absenders und eindeutige Angabe des → Ursprungslandes. Ursprungszeugnisse dienen als → Ursprungsnachweis. – 2. Die bei der → *Einfuhr* aufgrund zolltariflicher oder außenwirtschaftsrechtlicher Vorschriften geforderten Ursprungszeugnisse müssen von einer zuständigen Stelle des Ursprungslandes ausgestellt sein. – 3. Eine Liste der ausländischen Stellen, die zur Ausstellung von nicht präferenziellen Ursprungszeugnissen für die Wareneinfuhr in das Wirtschaftsgebiet berechtigt sind, ist auf der Homepage

der deutschen Zollverwaltung veröffentlicht. Ist das Versendungsland nicht das Ursprungsland, so genügt i.d.R. die Vorlage eines Ursprungszeugnisses einer berechtigten Stelle des Versendungslandes; Ausnahmen hiervon bestehen z.T. bei der genehmigungspflichtigen Einfuhr von Textil- und Bekleidungserzeugnissen. Die zur Ausstellung berechtigten Stellen der Ursprungs- oder Versendungsländer sind meist halbstaatliche Stellen, vergleichbar mit den Industrie- und Handelskammern in Deutschland. – 4. *Die Form* des Ursprungszeugnisses ist dabei grundsätzlich international nicht vorgeschrieben. Das Ursprungszeugnis muss aber im Original der Zollstelle vorgelegt werden. Für Textil- und Bekleidungserzeugnisse des Abschnitts XI der Kombinierten Nomenklatur gelten bes. Ursprungsbestimmungen. Bei diesen Waren ist die Form des Ursprungszeugnisses auch vorgeschrieben und streng reglementiert.

USt – Abk. für → Umsatzsteuer.

UStAE – 1. *Begriff:* Der Umsatzsteuer-Anwendungs-Erlass (UStAE) ist seit 2008 an die Stelle der früheren Umsatzsteuer-Richtlinien (UStR) des Bundesfinanzministeriums getreten; er wird ebenfalls vom BMF herausgegeben. Der Erlass muss aber, anders als die früheren Richtlinien, nicht mehr vom Bundesrat genehmigt werden; dadurch sind Änderungen wesentlich schneller möglich. – 2. *Inhalt und Aufbau:* Der UStAE gibt zu allen Paragrafen des UStG amtliche Erläuterungen der Finanzverwaltung zur Bedeutung der gesetzlichen Formulierungen und zu Zweifelsfällen wieder, folgt man der dort vertretenen Ansicht, ist ein Streit mit dem Finanzamt also unwahrscheinlich. Aufgebaut ist der Erlass entsprechend dem Gesetz, Abschnitt 2.9 ist bspw. der 9. Abschnitt, der zu den Problemen des § 2 UStG Stellung nimmt, Abschnitt 4.8.2 ist der zweite Abschnitt, der § 4 Nr. 8 UStG kommentiert, usw. – 3. *Aktualität:* Die Finanzverwaltung passt den UStAE relativ häufig an neuere Entwicklungen an, die Änderungen werden auf der Homepage des Ministeriums bekannt gegeben; vollständig aktuelle Versionen sind daher kaum noch in gedruckter Form, sondern fast nur noch im Internet zu finden.

UStG – die allg. übliche Abk. für Umsatzsteuergesetz.

USt-ID-Nr. die in Deutschland gebräuchliche Abk. für → Umsatzsteuer-Identifikationsnummer.

USt-Kartei – Abk. für → Umsatzsteuerkartei.

UStR – amtliche Abk. für *Umsatzsteuer-Richtlinien* des Bundesministers der Finanzen.

VAT – Abk. für *Value Added Tax,* also die engl. Form der → Umsatzsteuer.

Veranlagung → Steuerfestsetzung mittels eines gesetzlich festgelegten, förmlichen Verfahrens. Veranlagung ist dort vorzunehmen, wo es nach Art der Steuer einer eingehenden Erforschung des Sachverhalts bedarf, z.B. bei Steuern vom Einkommen und Vermögen. Die Veranlagung erfolgt jeweils für den → Veranlagungszeitraum (VZ).

I. Einkommensteuer: 1. *Begriff:* Veranlagung nach Ablauf des Veranlagungszeitraums (Kalenderjahr) mit dem Einkommen, das der Steuerpflichtige in diesem Zeitraum bezogen hat, soweit nicht eine Veranlagung nach § 46 EStG unterbleibt (§ 25 I EStG). Eine Veranlagung unterbleibt auch dann, wenn ein beschränkt Steuerpflichtiger lediglich dem → Steuerabzug unterliegende Einkünfte außerhalb einer im Inland gelegenen → Betriebsstätte bezieht (§ 50 II EStG 2009). Der Steuerpflichtige ist verpflichtet, an einer Veranlagung mitzuwirken (§ 90 AO) durch Abgabe einer → Steuererklärung (§ 25 III EStG, ausführlich §§ 56 und 60 EStDV). Das Finanzamt ist verpflichtet, die Steuererklärung zu überprüfen und über die durchgeführte Veranlagung einen → Steuerbescheid zu erteilen (§§ 155, 157 AO). – 2. *Formen:* Einzelveranlagung und Veranlagung von Ehegatten. Alle Personen, die nicht die Voraussetzungen der Ehegattenveranlagung erfüllen, werden einzeln veranlagt, d.h. die Einkommensteuer wird für jede einzelne Person aufgrund ihrer individuellen Verhältnisse und ihres → zu versteuernden Einkommens festgesetzt. – 3. *Veranlagung in bestimmten Fällen:* Bei *Lohnsteuerpflichtigen* erfolgt gemäß § 46 EStG Veranlagung nur in bestimmten Fällen (vgl. § 46 II EStG), v.a. bei Antrag auf sog. Lohnsteuer-Jahresausgleich (→ Antragsveranlagung). – 4. *Veranlagung von Ehegatten:* Ehegatten, die beide unbeschränkt einkommensteuerpflichtig sind und nicht dauernd getrennt leben, können wählen zwischen → Zusammenveranlagung und → getrennter Veranlagung; Seit dem VAZ 2011 wird die getrennte Veranlagung in Einzelveranlagung umbenannt. Früher wurde für den Veranlagungszeitraum der Eheschließung → besondere Veranlagung gewährt. Seit 2011 ist diese nicht mehr zulässig, § 26c EStG. – a) Bei der *Zusammenveranlagung* (§ 26b EStG) werden die Einkünfte der Ehegatten getrennt ermittelt, dann addiert und – mit Einschränkungen hinsichtlich der Verrechnung von Verlusten (§ 2 III EStG) – das gemeinsame zu versteuernde Einkommen errechnet (→ Einkünfteermittlung). Besteuerung unter Anwendung des → Splitting-Verfahrens. – b) Bei *getrennter Veranlagung* (§ 26a EStG) getrennte Ermittlung der Einkünfte und gesonderte Berücksichtigung der → Sonderausgaben;

→ außergewöhnliche Belastungen in Höhe des bei einer Zusammenveranlagung in Betracht kommenden Betrags werden bei beiden Veranlagungen jeweils zur Hälfte abgezogen, wenn die Ehegatten nicht gemeinsam eine andere Aufteilung beantragen. Durch das Steuervereinfachungsgesetz 2011 wird die getrennte Veranlagung in Einzelveranlagung umbenannt. Jedem Ehegatten werden wie bisher die von ihm bezogenen Einkünfte zugerechnet. – c) Bei der *bes. Veranlagung* für den Veranlagungszeitraum der Eheschließung werden die Ehegatten so behandelt, als ob sie unverheiratet wären (§ 26c I EStG). – 5. *Veranlagungsantrag:* Dieser ist grundsätzlich bis zum Ablauf des auf den Veranlagungszeitraum folgenden zweiten Kalenderjahres durch Abgabe einer Einkommensteuererklärung zu stellen. Die Möglichkeit einer Lohnsteuer-Nachforderung bleibt bestehen. – d) *Ab dem Veranlagungszeitraum 2013* ist die Wahl der Veranlagungsart mit der Abgabe der Steuererklärung für den entsprechenden Veranlagungszeitraum zu treffen.

II. Körperschaftsteuerrecht: Veranlagung erfolgt gemäß § 31 KStG nach den Vorschriften für die Einkommensteuer. Nicht anwendbar sind die Vorschriften des Einkommensteuergesetzes, die ihrer Natur nach nicht für die Körperschaftsteuer infrage kommen, wie z.B. der Steuerabzug vom Arbeitslohn.

III. Umsatzsteuerrecht: → Umsatzsteuervoranmeldung, → Umsatzsteuer.

IV. Gewerbesteuerrecht: Erhebung aufgrund der → Gewerbesteuererklärung. – Vgl. auch → Gewerbesteuer.

Veranlagungsteuern – *veranlagte Steuern;* Steuern, bei denen die Steuerfestsetzung durch → Veranlagung vorgenommen wird, z.B. → Einkommensteuer, → Körperschaftsteuer. – *Anders:* → Fälligkeitsteuern.

Veranlagungsverfahren – Verfahren zur → Steuerfestsetzung bei periodischen Steuern.

Veranlagungszeitraum (VZ) – Kalenderzeitraum, für den eine steuerliche → Veranlagung vorgenommen wird. – *Beispiel:* Bei der Einkommen-, der Körperschaft- und der Umsatzsteuer wird grundsätzlich ein Kalenderjahr zugrunde gelegt.

Verarbeitungsbetrieb – ein auf die Verarbeitung oder Verwertung der Erzeugnisse eines land- oder forstwirtschaftlichen Betriebs gerichteter → Nebenbetrieb. – *Gegensatz:* → Substanzbetrieb.

Veräußerung – I. Allgemein: Unmittelbar rechtsändernde rechtsgeschäftliche Übertragung (als dinglich wirkende *Verfügung*) von Gegenständen, im Gegensatz zu dem nur eine Verpflichtung zur Veräußerung begründenden schuldrechtlichen Geschäft, z.B. dem Kaufvertrag (Abstraktionsprinzip): (1) *Sachen* werden durch Übereignung; (2) *Forderungen* durch Forderungsabtretung veräußert. – *Sondervorschriften* gelten für die Übertragung von Grundpfandrechten (Hypotheken etc.) und von in Wertpapieren verbrieften Forderungen sowie für die Veräußerung im Wege der Zwangsvollstreckung.

II. Veräußerung eines Unternehmens: Diese erfolgt nach den allg. Vorschriften durch Übertragung der einzelnen zu dem Unternehmen gehörenden Gegenstände. – 1. *Allgemein:* a) Das Unternehmen als Ganzes kann Gegenstand eines einheitlichen *schuldrechtlichen Grundgeschäftes (*Verpflichtungsgeschäft*)* sein, z.B. Kauf, Tausch etc. Es genügt, ein „Geschäft zum Preise von 30.000 Euro zu verkaufen". Bes. Form ist nicht vorgeschrieben, soweit nicht das Verpflichtungsgeschäft aus anderen Gründen bes. Form erfordert, z.B., weil Grundstücke veräußert werden sollen (§ 311b I BGB). Für die Gewährleistung beim Kaufvertrag gelten die Vorschriften für Sach- und Rechtskauf entsprechend. Der Veräußerer haftet für die Betriebsfähigkeit des Unternehmens und ggf. für Zusicherungen über Ertrag, Betriebsvermögen etc. Da auch die Kundschaft auf den Erwerber mit Veräußerung des Unternehmens übergeht, wird eine Unterlassungspflicht des Veräußerers, nicht selbst in unmittelbarer Nähe ein gleichartiges Geschäft zu eröffnen, anzunehmen sein; Schutz jedenfalls bei entsprechender Wettbewerbsklausel. – b) Ein einheitliches *Verfügungsgeschäft* (die eigentliche Veräußerung) über das Unternehmen gibt es nicht. Übertragung der einzelnen Bestandteile ist nur nach den für jeden einzelnen Gegenstand geltenden Vorschriften möglich. Grundstücke bedürfen der Auflassung und Eintragung im Grundbuch (§§ 873, 925 BGB), bewegliche Sachen der Einigung und Übergabe (§ 929 BGB) oder der Übergabesurrogate (§§ 930, 931 BGB), Forderungen der Forderungsabtretung (§ 398 BGB) etc. Ein Unternehmen als Ganzes unterliegt nicht der Zwangsvollstreckung. Pfändung einzelner Gegenstände ist dagegen, soweit nicht Bestimmungen über Unpfändbarkeit entgegenstehen, unbeschränkt möglich. – Vgl. auch Betriebsnachfolge. – 2. *Veräußerung eines Unternehmens eines Kaufmanns i.S.d. § 6 II HGB:* a) Bes. *Rechtsfolgen:* Für die *Schulden* des veräußerten Unternehmens haftet grundsätzlich der Veräußerer weiter, möglich aber wie auch sonst private Schuldübernahme durch den Erwerber, der aber der Gläubiger zustimmen muss (§ 415 BGB). (1) Bei Firmenfortführung, gleichgültig ob mit oder ohne Einwilligung des Veräußerers, haftet der Erwerber neben dem Veräußerer als → Gesamtschuldner. Höchstdauer der → Verjährung gegenüber dem Veräußerer in diesem Fall fünf Jahre (§ 26 HGB). Der Erwerber kann aber die Mithaftung ausschließen, wenn eine dahingehende Vereinbarung mit dem Veräußerer im Handelsregister eingetragen *und* bekannt gemacht dem Dritten mitgeteilt worden ist (§ 25 II HGB). (2) Führt der Erwerber die frühere Firma nicht weiter, kann er trotzdem haften, (a)

wenn er sich zur Übernahme bes. verpflichtet hat, (b) wenn die Übernahme der Verbindlichkeiten in handelsüblicher Weise bekannt gemacht worden ist (§ 25 III HGB). – b) Die im Betrieb begründeten *Forderungen,* die durch Forderungsabtretung übertragen werden können, gelten gegenüber Dritten als übergegangen, wenn der Erwerber die Firma *mit* Einwilligung des Veräußerers oder seiner Erben fortführt (§ 25 I 2 HGB). Zahlt der Schuldner an den Veräußerer, gelten für ihn die Schutzbestimmungen der §§ 406 ff. BGB (Forderungsabtretung), ausgenommen § 410 BGB, *nach* Eintragung und Bekanntmachung der Geschäftsübernahme aber nur bei nachweislich schuldloser Unkenntnis (§ 15 II HGB). Ausschluss des Forderungsübergangs durch Eintragung im Handelsregister *und* Bekanntmachung oder bes. Mitteilung an Schuldner möglich. – 3. Die handelsrechtlichen Vorschriften gelten entsprechend bei der Überlassung des Unternehmens an einen *Pächter,* Nießbraucher etc. – 4. *Steuerliche Behandlung:* Veräußerung eines Unternehmens führt zur Haftung des Erwerbers neben den früheren Unternehmer für die Betriebssteuern und Steuerabzugsbeträge aus der Zeit seit Beginn des letzten vor der Veräußerung liegenden Steuerabschnitts (§ 75 AO; → Haftung). – *Gewerbesteuerrecht:* Veräußerung bedeutet regelmäßig Neugründung des Unternehmens (§ 5 II GewStG). Ein → Gewerbebetrieb, der im Ganzen auf einen anderen Unternehmer übergeht, gilt nämlich als durch den bisherigen Unternehmer eingestellt und durch den anderen Unternehmer neu gegründet. Maßgebend ist der Zeitpunkt des Unternehmerwechsels. Von diesem Zeitpunkt ab ist Steuerschuldner der neue Unternehmer. – Unternehmerwechsel liegt auch dann vor, wenn eine Personengesellschaft in Form eines Einzelunternehmens fortgesetzt wird oder wenn umgekehrt ein Einzelunternehmer einen Teilhaber als → Mitunternehmer aufnimmt. Steuergegenstand ist bei der Gewerbesteuer der Gewerbebetrieb als solcher. Unternehmerwechsel liegt deshalb nicht vor, wenn eine KG in eine OHG umgewandelt wird, oder bei Wechsel im Gesellschafterbestand einer als dann weiter bestehenden Personengesellschaft (Eintritt, Austritt, Veräußerung eines Kapitalanteils an einen Dritten). Durch einen solchen Wechsel ändert sich weder das Unternehmen noch der Unternehmer.

III. Veräußerung von versicherten Gegenständen: Bei versicherten Gegenständen tritt der Erwerber einer versicherten Sache in die Rechte und Pflichten aus dem Versicherungsvertrag ein. Schuldner der Versicherungsprämie sind der Veräußerer und der Erwerber. Für beide besteht die Obliegenheit der unverzüglichen Anzeige der Veräußerung an den Versicherer. Erwerber und Versicherer können den Versicherungsvertrag innerhalb eines Monats kündigen (§§ 95 ff. VVG).

Veräußerungsgewinn – I. Begriff: Der Betrag, um den der Veräußerungspreis nach Abzug der Veräußerungskosten die Anschaffungs-/Herstellungskosten bzw. den Buchwert eines Wirtschaftsguts oder einer Sachgesamtheit übersteigt.

II. Steuerliche Behandlung: 1. *Einkommensteuer:* a) Der aus der Veräußerung einzelner Wirtschaftsgüter des *Betriebsvermögens* erzielte Gewinn ist grundsätzlich steuerpflichtig, u.U. aber nach § 6b EStG begünstigt (→ Reinvestitionsrücklage). Ist Veräußerungsgegenstand ein land- und forstwirtschaftlicher, gewerblicher oder freiberuflicher Betrieb, Teilbetrieb oder Mitunternehmeranteil, so wird der Veräußerungsgewinn, wenn der Steuerpflichtige das 55. Lebensjahr vollendet hat oder dauernd berufsunfähig ist, nur herangezogen, soweit er 45.000 Euro übersteigt. Der Freibetrag ist dem Steuerpflichtigen nur einmal zu gewähren. Dieser ermäßigt sich um den Betrag, um den der Veräußerungsgewinn 136.000 Euro übersteigt (§§ 14, 14a I, 16 IV, 18 III EStG). – Veräußerungsgewinn im Sinn der genannten Vorschriften stellen → außerordentliche Einkünfte dar. Für evtl. Anstieg der Progression sind, weil sich durch den Veräußerungsgewinn ungewöhnlich hohe Einkünfte in einem einzigen Jahr zusammenballen können, Maßnahmen zur → Progressionsglättung vorgesehen; außerdem darf der Steuerpflichtige einmal im Leben für einen Teilbetrag des Veräußerungsgewinns bis zu 5 Mio. Euro einen ermäßigten Steuersatz (56 Prozent des Durchschnittssteuersatzes) nach § 34 III EStG beantragen. – Zum Wahlrecht bei Veräußerung gegen Rente vgl. → Rentenbesteuerung. – b) Gewinne aus der Veräußerung von Wirtschaftsgütern des *Privatvermögens* unterliegen grundsätzlich nicht der Einkommensteuer, aber dieser Grundsatz wird durch weitgehende Ausnahmen zunehmend eingeschränkt. – *Ausnahmen:* (1) → private Veräußerungsgeschäfte; (2) 60 Prozent (vor 2009: die Hälfte) der Gewinne aus der Veräußerung einer → wesentlichen Beteiligung, soweit sie den Teil von 9.060 Euro übersteigen, der dem veräußerten Anteil an der Kapitalgesellschaft entspricht; der Freibetrag ermäßigt sich um den Betrag, um den der Veräußerungsgewinn den Teil von 36.100 Euro übersteigt, der dem veräußerten Anteil an der Kapitalgesellschaft entspricht (§ 17 III EStG). Eine Begünstigung nach § 34 EStG (außerordentliche Einkünfte) wird nicht gewährt; (3) Veräußerungsgewinne aus der Veräußerung von Kapitalanlagen werden seit 2009 generell im Rahmen der Einkunftsart „Einkünfte aus Kapitalvermögen" steuerpflichtig, wenn sie nicht schon im Rahmen einer anderen Einkunftsart steuerpflichtig sind (§ 20 II EStG 2009, § 20 VIII EStG 2009). – 2. *Körperschaftsteuer:* Veräußerungsgewinne sind grundsätzlich nach denselben Regeln zu behandeln wie im Rahmen der Einkommensteuer, allerdings gelten hier zahlreiche Rechtsformen ohnehin alle vorhandenen Einkünfte als Einkünfte aus Gewerbebetrieb; wenn das so ist (z.B. bei AG, GmbH), sind alle Veräußerungsgewinne auch automatisch körperschaftsteuerpflichtig, ggf. begünstigt nach § 6 b EStG. – *Ausnahmen:* Gewinne aus der Veräußerung eines Anteils an

einer anderen Kapitalgesellschaft oder bei deren Auflösung oder Herabsetzung von deren Nennkapital (§ 8b II KStG) sind zu 95 Prozent steuerfrei (→ Halbeinkünfteverfahren). Bei vorangegangener Teilwertabschreibung ist Veräußerungsgewinn allerdings in Höhe des früher steuerwirksam abgeschriebenen Teilbetrags steuerpflichtig. – 3. *Gewerbesteuer:* Veräußerungsgewinne nach § 16 IV EStG unterliegen nicht der → Gewerbesteuer, weil sie nicht mehr im Rahmen eines stehenden Gewerbebetriebes anfallen, eine natürliche Person der Gewerbesteuer aber nur mit einem solchen stehenden, d.h. noch aktiven, Gewerbebetrieb unterliegt.; die gewerbesteuerliche Nichterfassung der Veräußerungsgewinne bei Veräußerung des ganzen Betriebes gilt dagegen nicht für Kapitalgesellschaften, weil diese nicht aufgrund ihrer Tätigkeit, sondern aufgrund ihrer Rechtsform der Gewerbesteuer unterliegen und die Rechtsform „Kapitalgesellschaft" natürlich auch noch besteht, wenn die aktive betriebliche Tätigkeit schon eingestellt, aber der Rechtsträger noch nicht vollständig abgewickelt ist. Veräußerungsgewinne beim land- und forstwirtschaftlichen, freiberuflichen oder privaten Vermögen sind gewerbesteuerpflichtig irrelevant, da diese Einkunftsarten nicht der Gewerbesteuer unterliegen.

verbindliche Auskunft – 1. *Begriff:* Die Finanzämter und das → Bundeszentralamt für Steuern können auf Antrag verbindliche Auskünfte über die steuerliche Beurteilung von genau bestimmten, noch nicht verwirklichten Sachverhalten erteilen, wenn daran im Hinblick auf die erheblichen steuerlichen Auswirkungen ein bes. Interesse besteht (§ 89 II AO). – 2. *Zuständigkeit:* Zuständig ist grundsätzlich die Finanzbehörde, die bei Verwirklichung des dem Antrag zugrunde liegenden Sachverhalts örtlich zuständig sein würde (§ 89 II S. 2 AO); in Ausnahmefällen das Bundeszentralamt für Steuern. – 3. *Gebühren:* Nach § 89 III AO ist die verbindliche Auskunft gebührenpflichtig. Die Gebühren werden dabei nach dem Wert berechnet, den die verbindliche Auskunft für den Antragsteller hat (Gegenstandswert). Ist der Gegenstandswert auch nicht durch Schätzung bestimmbar, ist eine Zeitgebühr zu berechnen. Sie beträgt 50 Euro je angefangene halbe Stunde und mind. 100 Euro. Wenn sich die Gebühren nach dem Gegenstandswert richten, bestimmt sich die Gebühr nach dem Gerichtskostengesetz und ist eine Mindestgebühr von 5.000 Euro zu berücksichtigen (§ 89 IV und V AO). Die Gebühr ist innerhalb von einem Monat nach Bekanntgabe der Festsetzung zu entrichten. Die Finanzbehörde kann jedoch die Entscheidung über den Antrag bis zur Entrichtung der Gebühr zurückstellen. Wird der Antrag vor Bekanntgabe der Entscheidung der Finanzbehörde zurückgenommen, kann die Gebühr ermäßigt werden (§ 89 III AO). – 4. *Verbindliche Zusage:* Über die Fälle der verbindlichen Zusage anlässlich einer → Außenprüfung (§§ 204 ff. AO) und der sog. → Anrufungsauskunft bei der Lohnsteuer (§ 42e EStG) hinaus kann die Finanzbehörde eine verbindliche Auskunft über die steuerliche Beurteilung eines konkreten Sachverhaltes mit erheblicher steuerlicher Auswirkung erteilen. Voraussetzung ist, dass der → Steuerpflichtige im Hinblick auf die erhebliche steuerliche Auswirkung ein berechtigtes Interesse hat, den Sachverhalt zutreffend und erschöpfend dargelegt hat und konkrete Rechtsfragen formuliert hat. Zu Einzelheiten vgl. BMF-Schreiben vom 29.12.2003 (BStBl. I 742). – 5. *Bindungswirkung:* Eine Bindung der Finanzbehörde und des Steuerpflichtigen nach Treu und Glauben entfaltet die Zusage u.a. nur dann, wenn der Sachverhalt umfassend und zweifelsfrei dargelegt ist, die Finanzbehörde ihren Bindungswillen klar dokumentiert und die Zusage schriftlich sowie vom Vorsteher der Behörde bzw. des zuständigen Bediensteten erteilt wird. – 6. *Rechtsbehelfsmöglichkeit:* Gegen die erteilte verbindliche Auskunft ist der → Einspruch statthaft (§ 347 AO). Entsprechendes gilt, wenn die Erteilung einer verbindlichen Auskunft abgelehnt wird. – *Anders:* → tatsächliche Verständigung.

verbindliche Ursprungsauskunft – Zu den aufgrund der Uruguay-Runde eingetretenen Neuerungen im Zollkodex (ZK) gehört die verbindliche Ursprungsauskunft gemäß Art. 12 ZK. Ähnlich der → verbindlichen Zolltarifauskunft erteilen die Zollbehörden verbindliche Auskünfte zum präferenziellen und zum nicht-präferenziellen Ursprung.

verbindliche Zolltarifauskunft – 1. *Begriff:* Die verbindliche Zolltarifauskunft (Art. 12 ZK) wird von bestimmten Zollbehörden der einzelnen Mitgliedsstaaten mit dem Ziel erteilt, dem Antragsteller verbindlich die Einreihung einer Ware in den Zolltarif zuzusichern. – 2. *Merkmale:* Anspruch auf Erteilung einer verbindlichen Zolltarifauskunft hat jede natürliche und juristische Person. Dem Antrag, der sich nur auf die Ware beziehen darf, sind in aller Regel Muster- oder Warenproben beizufügen. Wenn dies nach den Umständen nicht möglich ist (z.B. wegen Größe oder Verderblichkeit einer Ware), so müssen dem Antrag drei Abbildungen oder genaue Beschreibungen beigefügt werden, die die Erteilung einer verbindlichen Zolltarifauskunft ermöglichen. Der nach der verbindlichen Zolltarifauskunft Berechtigte kann bei der Erledigung der Zollformalitäten von der → Zollbehörde verlangen, dass sie die Ware der Auskunft entsprechend behandelt. – 3. *Abgrenzung:* Eine Auskunft tritt außer Kraft, wenn die in ihr angewandten Rechtsvorschriften geändert oder aufgehoben werden, spätestens jedoch sechs Jahre nach ihrer Ausstellung (Art. 12 IV ZK). Ungültig wird eine Auskunft, wenn: (1) die Nomenklatur geändert wird, (2) eine Einreihungs-Verordnung erlassen wird, (3) Erläuterungen oder sonstige nicht rechtsverbindliche Entscheidungen im internationalen oder im Gemeinschaftsbereich erlassen werden, (4) eine Entscheidung des Europäischen Gerichtshofes ergeht oder die Zollbehörde eine Auskunft aus anderen als den stehenden aufgeführten Gründen ändert (Art. 12

IV ZK). Eine Auskunft ist nicht gültig, wenn sie aufgrund unrichtiger oder unvollständiger Angaben des Berechtigten erteilt wird (Art. 12 III ZK). Bei Widerruf oder Änderung der Auskunft kann sich der Berechtigte noch sechs Monate auf diese berufen, wenn er hierüber feste und endgültige Verträge über die in der Auskunft behandelten Waren abgeschlossen hat (Art. 12 VI ZK).

Verbindlichkeiten – Begriff des Bilanz- und Steuerrechts: Verbindlichkeiten zählen zu den → Schulden und sind – im Gegensatz zu → Rückstellungen – prinzipiell dem Grunde und der Höhe nach gewiss. Zu den Verbindlichkeiten gehören Anleihen, Verbindlichkeiten gegenüber Kreditinstituten, Anzahlungen von Kunden, Verbindlichkeiten aus Lieferungen und Leistungen (→ Warenschulden), Schuldwechsel, Verbindlichkeiten gegenüber verbundenen Unternehmen und gegenüber Unternehmen, mit denen ein Beteiligungsverhältnis besteht, sonstige Verbindlichkeiten bes. aus Steuern und im Rahmen der sozialen Sicherheit. – 1. *Handelsbilanz:* Nach §§ 242 und 246 HGB ist eine Passivierung erforderlich. Verrechnung zwischen Warenforderungen und Verbindlichkeiten ist (von Ausnahmen abgesehen) unstatthaft (§ 246 II HGB). Verbindlichkeiten im Schema der Bilanzgliederung von Kapitalgesellschaften (Bilanzgliederung) im § 266 III HGB unter C der Passivseite aufgeführt. Sie sind zu ihrem Erfüllungsbetrag anzusetzen (bei Anleihen dürfen Agio und Disagio, d.h. der Unterschiedsbetrag zwischen Ausgabe und Rückzahlungsbetrag, als Rechnungsabgrenzungsposten aktiviert werden). – *Eventualverbindlichkeiten* (wie Haftungsverhältnisse aus Wechselobligo, Bürgschaften, Gewährleistungen) sind nicht bilanzierungsfähig; sie sind aber „unter dem Strich" (§ 251 HGB) zu vermerken (Eventualforderungen und -verbindlichkeiten). – 2. *Steuerbilanz:* Über das → Maßgeblichkeitsprinzip Behandlung wie in der Handelsbilanz; an die Stelle des beizulegenden Werts tritt der → Teilwert. Eine unverzinsliche Verbindlichkeit ist mit einem Zinssatz von 5,5 Prozent abzuzinsen, sofern sie mehr als zwölf Monate Restlaufzeit hat. – *Ausnahme:* Anzahlungen, Vorauszahlungen.

Verbösung – Begriff des Steuerrechts. Verbösserung bedeutet, dass ein → Verwaltungsakt auch zum Nachteil dessen geändert werden kann, der den → Einspruch eingelegt hat (reformatio in peius). Die Verbösung ist nur im Verfahren über den Einspruch zulässig (§ 367 II AO; sog. Gesamtaufrollung), nicht jedoch im Verfahren vor den Finanzgerichten (§ 96 I FGO). Kann ein Einspruchsverfahren im Endeffekt zu einer Verbösung führen, ist der Einspruchsführer im Rahmen → rechtlichen Gehörs auf die Möglichkeit einer verbösernden Entscheidung unter Angabe der Gründe hinzuweisen und ihm Gelegenheit zur Gegenäußerung zu geben. Der Verbösserung kann der Einspruchsführer grundsätzlich durch Rücknahme seines Einspruchs entgehen (§ 362 AO). – Wirkungslos ist die Rücknahme seines

Einspruchs jedoch dann, wenn das Finanzamt zu einer höheren Steuerfestsetzung aus anderen Gründen berechtigt ist (bei Erfüllung des Tatbestands einer Änderungsnorm). – Der fehlende Hinweis auf die Möglichkeit einer Verböserung führt nicht zur → Nichtigkeit der Einspruchsentscheidung. Diese ist auf die Klage des Steuerpflichtigen hin aufzuheben und vom Finanzgericht an das Finanzamt zur erneuten Entscheidung zurückzuverweisen. – Steht die → Steuerfestsetzung indes (noch) unter dem Vorbehalt der Nachprüfung, kann sie auch nach Rücknahme des Einspruchs zum Nachteil des Steuerpflichtigen geändert werden. Eine höhere Steuerfestsetzung ist nach Rücknahme des Einspruchs auch dann möglich, wenn der Tatbestand einer Berichtigungs- bzw. Änderungsvorschrift (§§ 129, 172 ff. AO) erfüllt ist.

Verbote und Beschränkungen – Der Erhalt jeder zollrechtlichen Bestimmung steht gemäß Art. 58 II ZK unter dem Vorbehalt entgegenstehender absoluter oder relativer Verbote und Beschränkungen für den grenzüberschreitenden Warenverkehr.

Verbrauchsteuergefährdung → Steuerordnungswidrigkeit nach § 381 AO. Verbrauchsteuergefährdung begeht, wer vorsätzlich oder leichtfertig Vorschriften der Verbrauchsteuergesetze oder der dazu erlassenen Rechtsverordnungen zuwiderhandelt, soweit die Verbrauchsteuergesetze oder die dazu erlassenen Rechtsverordnungen für einen bestimmten Tatbestand auf § 381 AO verweisen, und zwar: (1) die zur Vorbereitung, Sicherung oder Nachprüfung der Besteuerung auferlegten Erklärungs- oder Anzeigepflichten; (2) Verpackung und Kennzeichnung verbrauchsteuerpflichtiger Erzeugnisse oder Waren, die solche Erzeugnisse enthalten, oder Verkehrs- oder Verwendungsbeschränkungen für solche Erzeugnisse oder Waren unterliegen; (3) den Verbrauch unversteuerter Waren in den Freihäfen. – *Strafe:* Geldbuße wegen Ordnungswidrigkeit bis zu 5.000 Euro; ggf. liegt leichtfertige → Steuerverkürzung vor.

Verbrauchsteuersatzrichtlinien – Sammelbezeichnung für die Alkoholsteuersatzrichtlinie, Mineralölsteuersatzrichtlinie (→ Mineralölsteuerrichtlinien), Tabaksteuersatzrichtlinie der EU aus dem Jahre 1992 (jeweils m.spät.Änd. und ggf. Neufassungen), die durch die Vorgabe von Mindeststeuersätzen die Gefahr eines ruinösen Steuersenkungswettbewerbs zwischen den Mitgliedsstaaten im Rahmen der Verbrauchsbesteuerung vermeiden helfen.

Verbrauchsteuersystemrichtlinie – *Richtlinie 2008/118/EG des Rates vom 16.12.2008 über das allgemeine Verbrauchsteuersystem und zur Aufhebung der Richtlinie 92/12/EWG*, eine Neufassung der 1992 erlassenen EG-Richtlinie über das allg. System, den Besitz, die Beförderung und die Kontrolle verbrauchsteuerpflichtiger Waren. – 1. *Grundsatz:* Die Verbrauchsteuersystemrichtlinie macht Vorgaben darüber, wie die Steuergesetze über bestimmte Verbrauchsteuern im Binnenmarkt auszugestalten sind;

Vorgaben darüber, auf welche Waren Steuern zu erheben sind und wie hoch diese mind. festgelegt werden müssen, erfolgen in speziellen Richtlinien für die einzelnen Steuerarten. – 2. *Verbrauchsteuerpflichtige Waren*, für die die Richtlinie gilt, sind nur: Tabakwaren, Energieerzeugnisse und elektrischer Strom, Alkohol und alkoholhaltige Erzeugnisse. Die Mitgliedsstaaten wenden die grundlegende Systematik der Richtlinie jedoch gerne auch freiwillig auf weitere, andere Verbrauchsteuern an, Deutschland z.B. folgt ihrem System weitgehend auch für die Kaffeesteuer. – 3. *Entstehung der Steuer:* Nach der Richtlinie werden die Waren mit Abschluss ihrer Herstellung oder mit ihrer Einfuhr verbrauchsteuerpflichtig; die Pflicht zur Zahlung der Steuer kann jedoch durch ein Verfahren der Steueraussetzung hinausgeschoben werden, bis die Waren in den freien Verkehr überführt werden. – 4. *Warenverkehr mit dem Ausland: unterschiedliche Behandlung* für Gewerbetreibende und Privatleute vorgesehen: (1) *Gewerbetreibende* müssen bei Einfuhr verbrauchsteuerpflichtiger Waren diese in ein anerkanntes Steuerlager im Importstaat verbringen, von wo sie dann nach Belastung mit der Verbrauchsteuer des Importstaates in den freien Verkehr gebracht werden dürfen; der Exportstaat gewährt dagegen Steuerbefreiung (→ Bestimmungslandprinzip). – (2) *Privatleute:* Die Verbringung verbrauchsteuerpflichtiger Waren in einen anderen Mitgliedsstaat durch Private löst keinerlei Anpassung der Steuerbelastung dieser Waren mehr aus (→ Ursprungslandprinzip). – 5. *Vorgabe für Verbrauchsteuern auf andere Waren:* Andere Verbrauchsteuern als auf Mineralöle, Alkohol und Tabakwaren dürfen erhoben werden, solange sie nicht mit Formalitäten beim Grenzübertritt verbunden sind. – 6. *Ziel der Richtlinie:* Durch die Verbrauchsteuersystemrichtlinie werden steuerliche Hindernisse für einen Europäischen Binnenmarkt ohne Grenzkontrollen beseitigt. – 7. *Wirtschaftliche Wirkung:* Durch den Einstieg ins Ursprungslandprinzip bei Privatkäufen und die dadurch bes. in Grenzregionen entstehenden Wettbewerbsvorteile für Anbieter aus Niedrigsteuerländern wird ein weiterer Druck zur Angleichung der Steuersätze erwartet. Der Gefahr eines ruinösen Steuersenkungswettbewerbs zwischen den Mitgliedsstaaten wird durch die → Verbrauchsteuersatzrichtlinien begegnet, in denen Mindeststeuersätze festgelegt sind.

Verbringer – 1. *Begriff:* Zollrechtlich ist Verbringer derjenige, der Waren ins → Zollgebiet der EU verbringt. Entscheidend ist die tatsächliche Tun, der Realakt. – 2. *Pflichten:* Der Verbringer hat regelmäßig auch die vorherige summarische Eingangsanmeldung und die summarische Anmeldung zur vorübergehenden Verwahrung abzugeben sowie die Ware gemäß Art. 40 → Zollkodex (ZK) am Amtsplatz zu gestellen. - Vgl. auch → Einführer. – 3. *Verbringerwechsel:* An Flug- und Seekähn kommt es oftmals zu einem Verbringerwechsel gem. Art. 38 II ZK, wenn Waren aus Flugzeugen und Schiffen entladen werden und die Entladegesellschaft die weitere Beförderung zur Zollstelle oder statt derer zugelassenen Orten übernimmt.

Verbringung – I. *Außenwirtschaftsrecht:* Die Verbringung von Waren und Elektrizität aus dem Wirtschaftsgebiet nach fremden Wirtschaftsgebieten wird von § 4 II Nr. 3 Außenwirtschaftsgesetz (AWG) als → Ausfuhr bezeichnet. Die Verbringung in umgekehrte Richtung als → Einfuhr (§ 4 II Nr. 6 AWG). Während es sich bei der Ausfuhr um Exporte aus Deutschland in Drittländer außerhalb der EU handelt (Extra-EU-Handel), ist die Verbringung der Export in andere Mitgliedsstaaten der EU (Intra-EU-Handel). Die Verbringung ist legal definiert in § 4 II Nr. 5 AWG.

II. *Umsatzsteuerrecht:* 1. *Begriff:* Sonderfall im Rahmen der → Erwerbsteuer; bezeichnet das Überführen eines Gegenstandes, der zu einem Unternehmensvermögen gehört, aus dem Gebiet eines Mitgliedsstaates der EU in einen anderen, wenn der Gegenstand dort auf Dauer oder jedenfalls nicht nur kurzfristig bleiben soll (genauere Erläuterungen auf aktuellem Rechtsstand jeweils in den Umsatzsteuerrichtlinien). Verbringung kann also durch sämtliche Unternehmer bewirkt werden, auch wenn sie nur sog. → Halbunternehmer sind, nicht aber durch nicht-unternehmerische juristische Personen. – 2. *Regelung:* Die Verbringung wird behandelt, als ob der Unternehmer den Gegenstand von dem einen Staat aus an sich selbst in den anderen Staat entgeltlich geliefert hätte (Fiktion); mit dieser Maßgabe Anwendung der normalen Regelungen über die Erwerbsteuer. Als Ersatz für das Entgelt dient die Mindest-Besteuerungsgrundlage. In dem Staat, in dem sich der Gegenstand vor der Verbringung befand, muss der Vorgang als innergemeinschaftliche Lieferung gemeldet werden; er ist dort steuerfrei, wenn die korrekte Versteuerung durch Erwerbsteuer im Zielland nachgewiesen werden kann.

III. *Ertragsteuern:* 1. *Begriff:* der Transport eines Wirtschaftsgutes in ein ausländisches Land. Steuerlich wird der Begriff meist nur mit Bezug auf solche Fälle angewandt, bei denen mit dem ausländischen Staat ein → Doppelbesteuerungsabkommen (DBA) besteht, sodass die in ihm enthaltenen stillen Reserven ganz oder teilweise aus der dt. Steuerhoheit ausscheiden. – 2. *Konsequenzen:* Die Verbringung eines Wirtschaftsgutes in einen Bereich, in dem es der dt. Steuerhoheit nicht oder jedenfalls nicht mehr uneingeschränkt unterliegt, wird fiktiv als → Entnahme eingeordnet; die vorhandenen stillen Reserven werden aus diesem Grunde aufgedeckt (§ 4 I Satz 3 EStG, § 6 I Nr. 4 EStG). Eine Sofortversteuerung der betreffenden Beträge kann (nur) unterbleiben, wenn das Wirtschaftsgut in eine → Betriebsstätte in einem anderen Mitgliedsstaat der EU verbracht worden ist und der Steuerpflichtige die Bildung eines Ausgleichspostens beantragt, durch den sich die Versteuerung der aufgedeckten stillen Reserven über maximal 5 Jahre

verteilen lässt (§ 4g EStG, sog. „ → Merkpostenmethode").

Verdachtsnachschau → Nachschau.

verdeckte Einlage – 1. *Begriff des Körperschaftsteuerrechts:* Zuwendung eines einlagefähigen Vermögensvorteils an eine Kapitalgesellschaft durch einen Gesellschafter oder eine ihm nahe stehende Person, wenn diese Zuwendung ihre Ursache im Gesellschaftsverhältnis hat. Der Vermögensanteil kann in einer Vermehrung von Aktiven oder einer Verminderung von Schulden bestehen. Gegenstand einer verdeckten Einlage kann auch ein nichtentgeltlich erworbener Firmenwert sein. Ursächlichkeit ist gegeben, wenn ein Nichtgesellschafter bei Anwendung der Sorgfalt eines ordentlichen Kaufmanns der Gesellschaft diesen Vermögensvorteil nicht eingeräumt hätte (Abschn. 36a I KStR). – 2. *Rechtsfolgen:* Die verdeckte Einlage erhöht wie alle → Einlagen das → Einkommen der Gesellschaft nicht. Gleichzeitig stellt ihre Hingabe für den Gesellschafter auch keinen Aufwand dar, denn das Tätigen einer Einlage ist stets ein erfolgsneutraler Vorgang. – Überlässt der Gesellschafter der Gesellschaft ein → Wirtschaftsgut zur *Nutzung* zum *Gebrauch*, so kann dies *nicht* Gegenstand einer Einlage sein, weil der Gesellschaft dann gerade nicht das Wirtschaftsgut überlassen, sondern nur seine Benutzung gestattet wird, und dies keinen Vorteil darstellt, der eine Einlage sein könnte (als verdeckte Einlage kann aber angesehen werden: Der Gesellschafter verzichtet gegenüber der Kapitalgesellschaft auf Zinsen, die in einer zum Zeitpunkt des Verzichts zu erstellenden Bilanz der Kapitalgesellschaft als Verbindlichkeiten eingestellt werden müssten, weil der Gesellschafter dann bereits rechtswirksam über eine Forderung verfügt, und die Übertragung auf die Gesellschaft bzw. der Verzicht darauf das bilanzierte Vermögen der Gesellschaft zu erhöhen geeignet ist, also eine Einlage darstellen kann). – 3. *Sonderfälle:* Ist eine verdeckte Einlage bei demjenigen, der sie geleistet hat, irrtümlich nicht als solche erkannt worden oder aus anderen Gründen definitiv nicht – wie es richtig wäre – erfolgsneutral, sondern als gewinnmindernder Aufwand behandelt worden, dann wird, um nicht zu gänzlich unsinnigen Gesamtergebnissen zu gelangen, der Vermögensteil, den die Gesellschaft erhalten hat, korrespondierend trotz ihres Charakters als verdeckte Einlage ausnahmsweise wie ein Ertrag behandelt und deswegen besteuert (Korrespondenzprinzip).

verdeckte Gewinnausschüttung – 1. *Begriff des Körperschaftsteuerrechts:* a) Vermögensminderung oder verhinderte Vermögensmehrung, die durch das Gesellschaftsverhältnis veranlasst ist, sich auf die Höhe des Einkommens auswirkt und keine offene Gewinnausschüttung (beruht nicht auf einem den gesellschaftsrechtlichen Vorschriften entsprechenden Gewinnverteilungsbeschluss) ist. Veranlassung durch das Gesellschaftsverhältnis ist gegeben, wenn ein ordentlicher oder gewissenhafter Geschäftsleiter die

Zuwendung einem Nichtgesellschafter nicht gewährt hätte (Abschn. 31 III KStGR). Als verdeckte Gewinnausschüttung können angesehen werden z.b. Hingabe von un- oder unterverzinslichen Darlehen an Gesellschafter (→ Gesellschafterdarlehen), Unterpreislieferung an Gesellschafter. – b) Eine verdeckte Gewinnausschüttung liegt auch vor, wenn im Verhältnis zwischen Gesellschaft und beherrschendem Gesellschafter nicht von vornherein zivilrechtlich wirksame klare und eindeutige Vereinbarungen getroffen wurden (Abschn. 36 KStR). – 2. *Rechtsfolgen:* Verdeckte Gewinnausschüttungen werden im Grundsatz wie offene Gewinnausschüttungen behandelt, da das Verdecken des Vorgangs steuerlich ja gerade keinerlei Vorteile mit sich bringen soll. Daraus folgt: a) Verdeckte Gewinnausschüttungen dürfen das → Einkommen der Gesellschaft nicht mindern und sind diesem daher ggf. hinzuzurechnen (§ 8 III KStG), denn auch offene Gewinnausschüttungen dürfte man nicht als Betriebsausgaben verbuchen. – b) Beim begünstigten Anteilseigner unterliegt die verdeckte Gewinnausschüttung als Einnahme aus Kapitalvermögen (→ Einkünfte) der → Einkommensteuer. – c) Bei der Zahlung der verdeckten Gewinnausschüttung muss → Kapitalertragsteuer einbehalten werden (§ 43 I EStG), ebenso Solidaritätszuschlag, denn auch die Auszahlung einer Dividende unterläge dieser Steuervorauszahlungsverpflichtung. – d) *Ab 2009* kommt für natürliche Personen die „Abgeltungsteuer" (25 Prozent) zur Anwendung, wenn die Anteile im Privatvermögen gehalten werden. Bei Anteilen im Betriebsvermögen gilt das „ → Teileinkünfteverfahren", d.h. Besteuerung mit 60 Prozent der Erträge. Da diese Vergünstigung bei der Besteuerung des Anteilseigners v.a. deswegen gewährt wird, weil zuvor schon die Versteuerung der Gewinne bei der Körperschaftsteuer stattgefunden hat, wäre es sinnwidrig, die günstige Versteuerung für den Anteilseigner auch dann zu gewähren, wenn die verdeckte Gewinnausschüttung auf der Ebene der Gesellschaft nicht als solche erkannt und deswegen der gezahlte Betrag z.B. als Betriebsausgabe anerkannt und unversteuert geblieben ist; daher gilt seit 2007 ein → Korrespondenzprinzip, wonach die Vergünstigungen bei der Besteuerung des Anteilseigners nur greifen, wenn die verdeckte Gewinnausschüttung bei der Gesellschaft als solche erkannt und richtig gewürdigt worden war.

verdecktes Nennkapital – 1. *Begriff* aus dem (früheren) Körperschaftsteuerrecht, ebenso aus dem (früheren) Gesellschaftsteuerrecht: Kapital, das ein Gesellschafter seiner Kapitalgesellschaft in Form von Fremdkapital zur Verfügung gestellt hat, obwohl es eigentlich rechtlich angemessen gewesen wäre, wenn er ihr stattdessen Eigenkapital zur Verfügung gestellt hätte. – 2. *Steuerliche Hintergründe:* Der Ersatz von wirtschaftlich gebotenen Eigenkapitalinvestments durch Gesellschafter-Fremdkapital macht überall dort Sinn, wo Eigenkapital (oder die damit erzielten Gewinne) steuerlich höher besteuert

werden als Fremdkapital (oder die darauf gezahlten Zinsen). Deshalb gab es Tendenzen zur Gewährung von Fremd- statt Eigenkapital bei der früheren Gesellschaftsteuer (die Einlagen in eine Kapitalgesellschaft besteuerte, nicht aber die Aufnahme von Fremdkapital durch eine solche) ebenso wie bei der Einkommen- und Körperschaftsteuer (wo Eigenkapitalerträge, d.h. Gewinne, in Deutschland der Steuer unterliegen, Zinszahlungen dagegen grundsätzlich Betriebsausgaben sind und im Staat des Empfängers der Steuer unterliegen). Es leuchtet unmittelbar ein, dass der Fiskus in allen Fällen versucht hat, eine übermäßige Fremdfinanzierung durch Gesellschafter als missbräuchlich einzustufen und deshalb die Steuern so hoch zu erheben, wie sie bei Eigenkapitalvergabe angefallen wären. – 3. Die *bes.* *Problematik* des verdeckten Nennkapitals lag jedoch darin, dass es keinerlei rationale Maßstäbe dafür gibt, in welchem Maßstab die Gewährung von Eigenkapital „nötig" und die Gewährung von Fremdkapital „unangemessen" wäre. Daher musste der Gesetzgeber in solchen Fällen stets zu – notgedrungen willkürlichen – Grenzziehungen durch gesetzliche Sonderregelungen greifen. – 4. *Momentane Bedeutung des Begriffs:* Bei der Gesellschaftsteuer hat sich die Problematik erledigt durch die Abschaffung dieser Steuer, bei der Einkommen- und Körperschaftsteuer durch die Einführung einer allg. Regelung zur Begrenzung des Abzugs von Zinsen als Betriebsausgabe, der sog. → Zinsschranke.

verdecktes Stammkapital → verdecktes Nennkapital.

Verdoppelung stiller Reserven – Ein Effekt, der in Zusammenhang mit dem gleichzeitigen Zusammentreffen von → Buchwertfortführung und → Buchwertverknüpfung auftreten kann.

Veredeler – Veredeler sind die Personen, die die → Veredelungsvorgänge im Rahmen der → aktiven Veredelung oder der → passiven Veredelung ganz oder teilweise durchführen. Sie sind zu unterscheiden vom Bewilligungsinhaber, Art. 4 Nr. 22 ZK, also der Person, der die Bewilligung der aktiven bzw. passiven Veredelung erteilt worden ist, und dem Inhaber des → Zollverfahrens, für dessen Rechnung die Anmeldung zur aktiven bzw. passiven Veredelung abgegeben worden ist, Art. 4 Nr. 21 ZK.

Veredelung – I. Begriff: Produktveredelung, bewirkt durch eine substanziell meist unerhebliche technische Veränderung, Form- und (oder) Qualitätsverbesserungen, die nicht zu einer eigentlichen Stoffumwandlung führen, die aber für eine zweckmäßigere Weiterverarbeitung oder, bei Fertigerzeugnissen, für einen individuell verfeinerten Geschmack wirtschaftlich bedeutungsvoll sind.

II. Umsatzsteuerrecht: Jede Bearbeitung oder Verarbeitung, die die Wesensart des Gegenstandes ändert.

III. Außenwirtschaftsrecht: → Lohnveredelung.

IV. Zollrecht: aktive und passive Veredelung. – Vgl. auch → Veredelungsverkehr.

Veredelungserzeugnisse – 1. *Begriff:* Gemäß Art. 114 IIId und Art. 145 IIIc → Zollkodex (ZK) sind Veredelungserzeugnisse alle Waren, die aus bewilligten → Veredelungsvorgängen entstanden sind. Dabei ist zu unterscheiden zwischen den Hauptveredelungserzeugnissen, derentwegen die Veredelung bewilligt worden ist, Art. 496k ZK-DVO, und den Nebenveredelungserzeugnissen, die zwangsläufig bei einem → Veredelungsvorgang anfallen, Art. 496i ZK-DVO.

Veredelungsverkehr – 1. *Begriff:* i.S.d. Zollrechts die zollbegünstigte Be- oder Verarbeitung bzw. Ausbesserung von Waren. – 2. *Arten:* a) *Aktive Veredelung:* dient der Veredelung von aus einem Drittland in das → Zollgebiet der EU eingeführten Waren, die in veredeltem Zustand in ein Drittland wiederausgeführt werden sollen. Sie wird bewilligt, wenn der Veredelungsvorgang dazu beiträgt, die günstigsten Voraussetzungen für die Ausfuhr der veredelten Waren zu schaffen, ohne dass wesentliche Interessen der durch den Zoll geschützten Hersteller beeinträchtigt werden. Das ist bei Waren des gewerblichen Sektors regelmäßig der Fall. Die aktive Veredelung in Form des → Nichterhebungsverfahrens ist in der Bundesrepublik Deutschland vorherrschend. In die aktive Veredelung übergeführte Nichtgemeinschaftswaren werden dem Veredeler zollfrei überlassen. Wird der Veredelungsverkehr ordnungsgemäß innerhalb der gesetzten Frist abgewickelt, d.h. werden die gesamten Einfuhrwaren als solche oder in Form von Veredelungserzeugnissen wieder ausgeführt, so entsteht keine → Zollschuld. Verbleiben → Veredelungserzeugnisse, bes. Nebenerzeugnisse und Abfälle, die bei der Veredelung entstehen im Zollgebiet, so entsteht für den in der EU verbliebenen Teil eine Zollschuld, die sich grundsätzlich nach Beschaffenheit und Wert der unveredelten Ware bemisst. Nach der Art des Veredelungsgeschäftes unterscheidet man zwischen Lohnveredelung (Veredelungsarbeiten werden für eine außerhalb des Zollgebiets ansässige Person auf deren Rechnung oder unentgeltlich ausgeführt) oder Eigenveredelung (Durchführung der Arbeiten auf eigene Rechnung). Bei aktivem Veredelungsverkehr werden die Zollvorschriften sinngemäß auf die → Einfuhrumsatzsteuer (EUSt) angewendet. Beim Verfahren der → Zollrückvergütung werden die Einfuhrwaren zunächst verzollt. Bei späterem Export dieser Waren oder der Veredelungserzeugnisse erfolgt eine Rückvergütung der gezahlten Zölle. – Vgl. auch → aktive Veredelung. – b) *Passive Veredelung:* dient der Veredelung von Waren, die ohne Erlass, Erstattung oder Vergütung von Zoll aus dem freien Verkehr des Zollgebiets der EU in das Drittland ausgeführt und veredelt wieder eingeführt werden. Es bedarf der Bewilligung des Verfahrens. Die unveredelten Waren sind beim Export nicht zum Ausfuhrverfahren, sondern zur passiven Veredelung anzumelden. Dabei wird die → Nämlichkeit der Waren festgehalten. Den Waren dürfen im Drittland bei der Veredelung Zutaten zugefügt werden. Für die Einfuhr der Veredelungserzeugnisse werden den Bedürfnissen entsprechende Fristen gesetzt. Bei der Einfuhr und Überführung in den zollrechtlich freien Verkehr wird der für die veredelten Waren normalerweise zu entrichtende Zollbetrag um den Betrag gemindert, der als Zollbetrag für die unveredelten Waren zu erheben wäre, wenn sie unter den gleichen Umständen zum zollrechtlich freien Verkehr abgefertigt würden (Differenzveredelung). Der Bewilligungsinhaber kann auch die Mehrwertmethode wählen. Dann wird der Zollbetrag basierend auf der Wertsteigerung der unveredelten Waren ermittelt. Die Wiedereinfuhr kann auch in ein anderes Mitgliedsland der EU erfolgen. Vorsteuerabzugsberechtigte Veredeler müssen für die wieder eingeführten Waren die volle Einfuhrumsatzsteuer entrichten, sodass sich passiver Veredelungsverkehr für diesen Personenkreis erübrigt, sofern es sich um Waren handelt, die nur der Einfuhrumsatzsteuer unterliegen. – Vgl. auch → passive Veredelung; → Ausbesserungsverkehr.

Veredelungsvorgang – Im Rahmen der → aktiven Veredelung und → passiven Veredelung, Art. 114-129 ZK und Art. 536-550 ZK-DVO, sind verschiedene Veredelungsvorgänge zu unterscheiden: *Bearbeitung, Ausbesserung und Verarbeitung.* Bei der Bearbeitung bleibt die Einfuhrware gegenständlich individuell mit ihren wesentlichen Merkmalen erhalten, z.B. beim Färben von Geweben. Bei der Verarbeitung findet eine weit gehende Umgestaltung der Einfuhrware statt. Sie bleibt nur der Substanz nach erhalten, z.B. beim Herstellen von Bier aus Hopfen und Malz. Ausbesserung einschließlich Instandsetzung und Regulierung als dritter Veredelungsvorgang ist etwa die Reparatur einer Uhr, der Wartungsdienst bei Fahrzeugen, die Reinigung von Geweben. Zusätzlich gibt es als vierten Veredelungsvorgang bei der aktiven Veredelung die *Verwendung von Produktionshilfsmitteln.* Das sind → Nichtgemeinschaftswaren, die nicht in die → Veredelungserzeugnisse eingehen, sondern lediglich deren Herstellung ermöglichen oder erleichtern, selbst wenn sie dabei vollständig verbraucht werden wie etwa Gussformen oder Abdeckfolien.

vereidigter Buchprüfer – 1. *Begriff:* Vereidigter Buchprüfer ist, wer nach den Vorschriften der Wirtschaftsprüferordnung (WPO) als solcher anerkannt oder bestellt ist (§ 128 I 1 WPO). Vereidigter Buchprüfer ist ein freier Beruf. Im beruflichen Verkehr ist die Bezeichnung „vereidigter Buchprüfer" zu führen (§ 128 II 1 WPO). Der *Berufszugang* wurde mit der Verabschiedung der WPO im Jahre 1961 geschlossen, 1986 mit dem Bilanzrichtlinien-Gesetz (BiRiLiG) jedoch neu geöffnet und zuletzt mit der Verabschiedung der Fünften WPO-Novelle (Inkrafttreten am 1.1.2004) erneut geschlossen. Letztere sieht die Wiederherstellung der Einheitlichkeit des Prüferberufes unter Schließung des Berufszugangs zum vereidigten Buchprüfer vor. – 2. *Aufgaben und Tätigkeiten:* Vereidigte Buchprüfer haben gemäß § 129 I WPO die Aufgabe, → Prüfungen auf dem Gebiet des betrieblichen Rechnungswesens, bes. Buch- und Bilanzprüfungen, durchzuführen. Über das Ergebnis ihrer Prüfungen können sie → Prüfungsvermerke erteilen; dazu gehören auch Bestätigungen und Feststellungen, die sie aufgrund gesetzlicher Vorschriften vornehmen. Bes. können vereidigte Buchprüfer Pflichtprüfungen von Jahresabschlüssen von mittelgroßen GmbHs mit den in § 267 II HGB festgelegten Kriterien und Personenhandelsgesellschaften, bei denen kein persönlich haftender Gesellschafter eine natürliche Person ist (§ 264a HGB) nach § 316 I 1 HGB durchführen (→ Jahresabschlussprüfung). Vereidigte Buchprüfer sind außerdem nach § 129 II WPO befugt, ihre Auftraggeber in steuerlichen Angelegenheiten nach Maßgabe der bestehenden Vorschriften zu beraten und zu vertreten. Sie können unter Berufung auf ihren Berufseid auf den Gebieten des betrieblichen Rechnungswesens als Sachverständige auftreten, in wirtschaftlichen Angelegenheiten beraten und fremde Interessen wahren sowie als Treuhänder tätig werden (§ 129 III WPO). – 3. *Zulassungsvoraussetzungen/Prüfung/Bestellung:* Die §§ 131, 131a–d WPO a.F. wurden mit Verabschiedung der Fünften WPO-Novelle aufgehoben, d.h. grundsätzlich können keine neuen vereidigten Buchprüfer mehr bestellt werden. – 4. Vereidigte Buchprüfer sind *Mitglieder in der* → Wirtschaftsprüferkammer (WPK) (§ 128 III 1 WPO) und werden im → Berufsregister geführt. – 5. Auf vereidigte Buchprüfer finden die *Vorschriften* über die freie Berufsausübung, die berufliche Niederlassung, die Eintragung und Löschung im Berufsregister, die Rechte und Pflichten und die Berufsgerichtsbarkeit für Wirtschaftsprüfer sowie die allg. Vorschriften für das Verwaltungsverfahren entsprechende Anwendung (§ 130 I WPO).

Verein – 1. *Charakterisierung:* Im Sinn des BGB ist ein Verein eine auf gewisse Dauer berechnete Personenvereinigung mit körperschaftlicher Verfassung, die als einheitliches Ganzes gedacht wird, daher einen Gesamtnamen führt und im Bestand vom Wechsel der Mitglieder unabhängig ist. Vereine werden von Mitgliedern getragen, von denen „alle Macht ausgeht". Sie bestimmen in Versammlungen über Satzungen und Grundsatzfragen, wählen die nachgeordneten Organe (Vorstand, Präsidium) und kontrollieren deren Aufgabenerfüllung. – 2. Die *Bildung* eines Vereins unterliegt, soweit er keinen verbotenen Zweck verfolgt, keinen Beschränkungen. – 3. *Rechtsfähigkeit* kann ein Verein erlangen: (1) Wenn sein Zweck auf einen wirtschaftlichen Geschäftsbetrieb gerichtet ist, durch staatliche Verleihung (§ 22 BGB, wirtschaftlicher Verein); (2) im Übrigen durch Eintragung im Vereinsregister (§ 21 BGB; eingetragener Verein (e. V.)). – 3. Auf einen Verein *ohne Rechtsfähigkeit* findet das Recht der Gesellschaft bürgerlichen Rechts (GbR) entsprechende Anwendung (§ 54 BGB). – 4.

Besteuerung: Vereine unterliegen ohne Rücksicht auf ihre Rechtsform der → Körperschaftsteuer, wirtschaftliche Vereine auch der → Gewerbesteuer. Vereine unterliegen mit ihrem unternehmerischen Bereich der → Umsatzsteuer; auch die → Mitgliederbeiträge sind dann der Umsatzsteuer zu unterwerfen, wenn sie für ein Leistungsangebot gezahlt werden, dass der Verein seinen Mitgliedern zur Verfügung stellt (z.B. der Fall bei Sportvereinen); allerdings sind dann ggf. auch Steuerbefreiungen zu beachten. Unabhängig davon kann der Erwerb von Gegenständen aus anderen Mitgliedsstaaten der EU für den Verein Umsatzsteuer auslösen (→ Erwerbsteuer, → Halbunternehmer).

vereinbarte Entgelte – Begriff aus dem Umsatzsteuerrecht für die für → Lieferungen und → sonstige Leistungen vertraglich festgelegten Gegenleistungen (→ Entgelte) ohne Rücksicht auf deren Vereinnahmung. Ist Besteuerung nach vereinbarten Entgelten vorgesehen (Regelfall), so bedeutet dies, dass die USt schon nach Ausführung der Leistung zu zahlen ist, nicht erst bei Erhalt des Geldes. – *Gegensatz:* → vereinnahmte Entgelte. – Vgl. auch → Sollversteuerung.

Vereinbarungen im Besteuerungsverfahren – Abreden des Steuerpflichtigen mit der Finanzbehörde über die Höhe der zu entrichtenden Steuer. Vereinbarungen im Besteuerungsverfahren sind grundsätzlich unzulässig. Zulässig und bindend jedoch, sofern sie den Charakter von Zusagen über zukünftige Sachverhalte haben oder Schätzungsgrundlagen betreffen.

vereinfachtes Anmeldeverfahren (VAV) – Zu den Möglichkeiten einer vereinfachten Zollanmeldung gehört das vereinfachte Anmeldeverfahren gemäß Art. 253 II ZK-DVO. Dabei werden nach entsprechender vorheriger Bewilligung bei der Zollstelle nur die notwendigsten Angaben in der Zollanmeldung gemacht und Unterlagen vorgelegt. Am Monatsende werden die notwendigen Ergänzungen in einer früher sog. Sammelzollanmeldung dem Hauptzollamt vorgelegt. – Vgl. auch → vereinfachte Verfahren.

vereinfachte Verfahren – 1. *Definition:* Der Zollkodex (ZK) kennt neben dem normalen Verfahren der → Zollanmeldung vereinfachte Verfahren nach Art. 76 ZK. Für den Importeur bedeutet sie eine spürbare Entlastung bei den Zollformalitäten und eine schnellere Verfügbarkeit über die eingeführten oder auszuführenden Waren. Nicht nur die Wirtschaft, sondern auch die Zollverwaltung profitieren wegen des geringen Arbeits- und Kräfteaufwands von den Verwaltungsvereinfachungen. – 2. *Merkmale:* Die drei einheitlich in der gesamten EU möglichen vereinfachten Verfahren sind: (1) → unvollständige Zollanmeldung (UZA) gemäß Art. 253 I ZK-DVO; (2) → vereinfachtes Anmeldeverfahren (VAV) gemäß Art. 253 II ZK-DVO; (3) Anschreibeverfahren (ASV) gemäß Art. 253 III, ZK-DVO. Bei den genannten Verfahren besteht die Vereinfachung darin, dass die eingeführten Waren in einem bestimmten Zeitraum entweder nur vereinfacht zur Zollabfertigung angemeldet oder nur buchmäßig aufgezeichnet bzw. angeschrieben werden. In gleicher Weise können auch Unterlagen zunächst noch fehlen. Anschließend wird bei der UZA eine einzelne ergänzende Zollanmeldung nachgereicht bzw. die fehlenden Unterlagen. Beim VAV und ASV werden die Waren monatsweise in einer zusammengefassten vollständigen ergänzenden Zollanmeldung erfasst und von der zuständigen Zollstelle abgerechnet. – Die UZA bedarf keiner bes. Zulassung. Das Zollamt entscheidet im Einzelfall, ob die unvollständigen Angaben für die Abfertigung ausreichend sind. Demgegenüber bedürfen das VAV und das ASV der vorherigen Zulassung durch das örtliche zuständige Hauptzollamt, in dessen Bezirk der Antragsteller seine kaufmännischen Bücher oder Aufzeichnungen führt. Wichtige Voraussetzungen hierfür sind, dass: (1) die Waren nicht nur gelegentlich angemeldet werden; (2) der Antragsteller zuverlässig ist, also keine schweren oder wiederholten Zuwiderhandlungen gegen die Zollvorschriften begangen hat; (3) Zollbelange nicht beeinträchtigt werden; (4) gewährleistet ist, dass Ein- und Ausfuhrverbote und -beschränkungen sowie sonstige Vorschriften beachtet werden. Die vereinfachten Verfahren in Form der VAV und ASV können auch solchen Personen bewilligt werden, die regelmäßig als indirekte Vertreter Dritter Zollanmeldungen abgeben (z.B. Spediteure). Als Abrechnungszeitraum wird in der Zulassung i.d.R. der Kalendermonat bestimmt. Bis zum dritten Werktag des Folgemonats (bei Selbstberechnung der Abgaben bis zum zehnten Werktag) ist die ergänzende Anmeldung der Abrechnungszollstelle vorzulegen. – 3. *Unterscheidung:* Das VAV kommt für Zollanmeldungen beim Zollamt in Betracht. Die ASV finden im Unternehmen statt. – *Wichtigster Fall:* Im Anschluss an ein Versandverfahren kann von einem → zugelassenen Empfänger die Zollanmeldung durch Anschreibung abgegeben werden.

vereinnahmte Entgelte – umsatzsteuerlicher Begriff: die dem Unternehmer tatsächlich zugeflossenen → Entgelte. Bei der Besteuerung nach vereinnahmten Entgelten muss der Unternehmer die Umsatzsteuer nicht schon bezahlen, wenn er die Leistung ausgeführt hat, sondern erst dann, wenn er die Entgelte vereinnahmt; diese Vergünstigung wird überwiegend nur für Unternehmer mit geringeren Umsätzen gewährt. – *Gegensatz:* → vereinbarte Entgelte. – Vgl. auch → Istversteuerung.

Verfahrensrevision → Revision.

Verfallszeit – Verfallzeiten (eigentlich nur aus der Atom-Physik durch den Begriff der Halbwertszeit bekannt) gibt es u.a. auch im Wirtschaftsleben, z.B. in der → Wirtschaftsprüfung. Es ist damit ein Zeitrahmen (z.B. zwei bis drei Jahre) gemeint, in dem damit gerechnet werden muss, dass bei früheren Untersuchungen gewonnene Kenntnisse über die Geschäftstätigkeit und das rechtliche und wirtschaftliche Umfeld einer Unternehmung aufgrund nachhaltig

geänderter Bedingungen und Abläufe keine Gültigkeit mehr besitzen. Damit werden dann auch Verfallzeiten zu einem wesentlichen Gegenstand einer soliden Planung z.B. für die Prüfung des → internen Kontrollsystems (IKS).

Vergabeliste – Bauunternehmen haben sich in den vergangenen Jahren mehr und mehr zu Logistik-Unternehmen entwickelt. Sie führen ihre Aufträge, ein Bauwerk zu errichten, häufig zu einem großen Teil durch die Vergabe von Arbeiten an *Subunternehmer* durch. Die Logistik besteht dann hauptsächlich in der Auswahl, vertraglichen Regelung und Überwachung der Vertragspartner. Aus einer Vergabeliste ist dann u.a. ersichtlich: Der mit dem Bauherrn für ein Gewerk „ausgehandelte Preis", der für einen Subunternehmer zunächst „geplante" und dann schließlich „vereinbarte" Vergabepreis. Das voraussichtliche Gesamtergebnis eines Bauauftrages kann durch kontinuierliche *Soll-Ist-Vergleiche* unter bes. Berücksichtigung vertraglicher Modifikationen i.d.R. recht gut abgeschätzt werden. Die Vergabeliste wird damit zu einem wesentlichen Bestandteil des Risikomanagement- bzw. Risikofrüherkennungssystems eines Bauunternehmens.

vergleichendes Verfahren → land- und forstwirtschaftliches Vermögen.

Vergleichsbetriebe → Bewertungsstützpunkte.

Vergleichswert – Begriff des Bewertungsgesetzes: der für landwirtschaftliche, weinbauliche und gärtnerische Nutzungen oder Nutzungsteile in den einzelnen Betrieben mithilfe der → Vergleichszahlen abgeleitete → Ertragswert, der sich unter Berücksichtigung der 100 Vergleichszahlen entsprechenden Ertragswerts ergibt (→ land- und forstwirtschaftliches Vermögen). Letztere werden zu jeder → Hauptfeststellung durch bes. Gesetz festgestellt. – Bei forstwirtschaftlicher Nutzung gelten Besonderheiten (§ 55 BewG), vgl. Forstwirtschaft.

Vergleichswertverfahren – 1. *Begriff:* Das Vergleichswertverfahren wird u.a. bei der Bewertung von Wohnungseigentum, Teileigentum sowie Ein- und Zweifamilienhäuser in Erbfällen nach der Erbschaftsteuerreform herangezogen. Nach der gesetzlichen Regelung gemäß Wertverordnung können hierfür zwei Vergleichswege herangezogen werden (a) auf der einen Seite die Heranziehung von vergleichbaren Kaufpreisen und (b) auf der anderen Seite die Anwendung von Vergleichsfaktoren der Gutachterausschüsse (§§ 182 II f. BewG). – 2. *Vergleichsgrundstücke:* Bei der Anwendung des Vergleichswertverfahrens wird der Kaufpreis von vergleichbaren Grundstücken zugrunde gelegt (§ 183 1 Satz 1 BewG). Hierzu werden Grundstücke herangezogen, die hinsichtlich der ihren Wert beeinflussenden Merkmale mit dem zu bewertenden Grundstück hinreichend übereinstimmen, d.h. vergleichbar sind. Vorrangig sind dabei die von den Gutachterausschüssen mitgeteilten Vergleichspreise anzuwenden; nachrangig können auch Unterlagen zu vergleichbaren Käufen zugrunde gelegt werden, die der Finanzverwaltung vorliegen. – 3. *Vergleichsfaktoren*: Alternativ zu den Preisen für Vergleichsgrundstücke können sog. Vergleichsfaktoren herangezogen werden (§ 183 II Satz 1 BewG). Die Ermittlung und die Mitteilung dieser Vergleichsfaktoren für die geeignete Bezugseinheiten wie beispielsweise Raum- oder Flächeneinheiten des Gebäudes erfolgt durch Gutachterausschüsse. Werden Vergleichsfaktoren verwendet, die sich nur auf das Gebäude und nicht auf den Boden beziehen, ist der Bodenwert nach § 179 BewG gesondert zu berücksichtigen (§ 183 II Satz 2 BewG).

Vergleichszahlen – 1. *Begriff des Bewertungsgesetzes*: Zahlen, die bei der Bewertung des → land- und forstwirtschaftlichen Vermögens die Unterschiede der Ertragsfähigkeit gleicher Nutzungen ausdrücken, beurteilt in den verschiedenen Betrieben durch Vergleich der natürlichen und wirtschaftlichen Ertragsbedingungen (§ 38 BewG). – 2. Zur Sicherung einer gleichmäßigen Bewertung des land- und forstwirtschaftlichen Vermögens werden Vergleichszahlen für typische Betriebe mit gegendüblichen Ertragsbedingungen (Vergleichsbetriebe) als *Haupt-Bewertungsstützpunkte* ermittelt, vom → Bewertungsbeirat vorgeschlagen und durch Rechtsverordnung festgesetzt. – 3. *Ausnahmen*: Für forstwirtschaftliche sowie sonstige land- und forstwirtschaftliche Nutzungen werden keine Vergleichszahlen, sondern unmittelbar → Vergleichswerte ermittelt.

Vergnügungsteuer – 1. *Einordnung in das Steuersystem*: indirekte Steuer; Klassifizierung als örtliche Verbrauchsteuer – Aufwands- oder Verkehrsteuer. – 2. *Rechtfertigung*: einerseits fiskalischer Zweck der Einnahmenbeschaffung, andererseits ordnungspolitisches Lenkungsinstrument zur Eindämmung von bestimmten Vergnügungen (z.B. Spielhallen wegen der städtebaulichen Verschandelung der Innenstädte und der Suchtgefahr bei den Spielern); Einfachheitsprinzip: Besteuerung der Veranstalter und nicht der Teilnehmer. – 3. *Geschichte*: Entstehung im 18. Jh. aus Abgaben, die bereits im Mittelalter auf den Besuch öffentlicher Lustbarkeiten, Schaustellungen und auf die Teilnahme an Glücksspielen erhoben wurden und zur Finanzierung des Armenwesens dienten; im 19. und Anfang des 20. Jh. Besteuerung von Lustbarkeiten aller Art; seit Ende der dreißiger Jahre Schwerpunkt bei der Besteuerung von Filmvorführungen; Ende der siebziger Jahre vielerorts Abschaffung bzw. erhebliche Reduzierung der Erhebung der Vergnügungsteuer (Aufkommen 1980 nur noch 77 Mio. DM); seit Mitte der 1980er-Jahre Wiederaufleben der Vergnügungsteuer in Form der Spielautomatensteuer; ansonsten jedoch Nichtberücksichtigung moderner „Vergnügungen" (Reisen, Fernsehen etc.; Aufkommen 2006: 203,6 Mio. Euro). – 4. *Rechtsquellen*: Vergnügungsteuer-Gesetze der Länder (Berlin, Brandenburg, Bremen, Hamburg, Nordrhein-Westfalen, Rheinland-Pfalz, Saarland); Kommunalabgabengesetze der Länder (Baden-Württemberg, Hessen, Mecklenburg-Vorpommern, Niedersachsen, Sachsen-Anhalt, Schleswig-Holstein, Thüringen); Vergnügungsteuer-Satzungen der Gemeinden; generelles Verbot der Erhebung in Bayern; in Schleswig-Holstein nur als Spielautomatensteuer zulässig. – 5. *Tatbestand*: räumlicher Anwendungstatbestand: Gemeindegebiet; Steuersubjekt: Jedermann; Steuergegenstand: Veranstalten von Vergnügungen (z.B. Tanzveranstaltungen gewerblicher Art, Filmveranstaltungen) bzw. Besitz von Spielautomaten; Steuermaßstab: Entgelt, bes. der Preis der Eintrittskarte (Kartensteuer), oder Räume, Zahl der Mitwirkenden etc., wenn kein Eintrittsgeld erhoben wird bzw. die Ermittlung zu aufwendig ist (Pauschsteuer); bei Spielautomaten Anzahl oder Erstanschaffungspreis. – Steuersatz: Kartensteuer: zwischen 15 und 30 Prozent; Pausch- und Automatensteuer: fester Betrag; bei der Automatensteuer z.T. Differenzierung nach Aufstellungsort und Gerätetyp. – 6. *Verfassungsrechtliche Bedenken*: Die Vergnügungsteuer nach Anzahl der Spielgeräte (auch sog. Automatensteuer oder Pauschsteuer) ist sehr umstritten. Im Jahr 2005 hat das Hamburgische Oberverwaltungsgericht die Frage der Verfassungsmäßigkeit der Pauschsteuer dem Bundesverfassungsgericht zur Entscheidung vorgelegt. Aktuell wird allerdings die Umsatzsteuer für Automatenaufsteller vom Gerichtshof der Europäischen Gemeinschaft für nicht vereinbar mit EU-Recht gehalten.

Vergütung – 1. Synonym für → Arbeitsentgelt. – 2. *Rückgewährung einer gezahlten Steuer* an den Exporteur. – 3. Unternehmer, die ausländische Vorsteuerbeträge gezahlt haben, können sich diese Beträge im Rahmen eines Vorsteuer-Vergütungsverfahrens von der zuständigen Behörde in dem Land erstatten lassen, in dem die Beträge entrichtet wurden. Ein solches Vorsteuer-Vergütungsverfahren haben alle EU-Mitgliedstaaten sowie einige Länder außerhalb der EU, z.B. die Schweiz und Kanada, §§ 18 Absatz 9 UStG, 59 ff UStDV. Seit dem 01.01.2010 gibt es einige Änderungen hinsichtlich des Ablaufs des Vorsteuer-Vergütungsverfahrens innerhalb der EU. Das Verfahren wurde auf die elektronische Antragstellung umgestellt, die im Ansässigkeitsstaat des Antragstellers zu erfolgen hat. In Deutschland nimmt das Bundeszentralamt für Steuern die Anträge entgegen.

Vergütungsverfahren → Vorsteuervergütungsverfahren.

Verhaltenskodex – Begriff aus dem internationalen Steuerrecht: Zur Bekämpfung des unfairen Steuerwettbewerbs haben sich die EU-Staaten im Dezember 1997 auf einen Verhaltenskodex verständigt, nach dem in Zukunft beurteilt werden soll, ob eine steuerliche Maßnahme eines EU-Staates im internationalen Steuerwettbewerb als unfaire Maßnahme angesehen werden kann oder nicht. Ferner wurde im Sinne eines unverbindlichen Gentlemen's Agreement die Selbstverpflichtung übernommen, für die weitere Zukunft von nach dem Verhaltenskodex als unfair eingestuften Steuermaßnahmen abzusehen und bestehende gegen den Verhaltenskodex verstoßende Regelungen allmählich abzubauen. Infolge des Verhaltenskodex sind zahlreiche steuerliche Vergünstigungen in den Mitgliedsstaaten eingeschränkt oder befristet worden (oft bis 2005 oder 2010). – Neben dem Verhaltenskodex hat die EU-Kommission zunehmend auch auf das Beihilfeverbot des EG-Vertrages zurückgegriffen, um die Einführung neuer steuerlicher Vergünstigungen für Unternehmen zu unterbinden.

Verjährung – I. Allgemeines: Der Verjährung unterliegen alle Ansprüche. Ausgenommen sind v.a. bestimmte familienrechtliche Ansprüche (§ 194 II BGB), Ansprüche auf Aufhebung von Gemeinschaften (§§ 758, 2042 II BGB), auf Grundbuchberichtigung oder solche aus eingetragenen oder durch Widerspruch gesicherten Rechten (§§ 898, 902 BGB) und nachbarrechtliche Ansprüche (§ 924 BGB). Mit der Schuldrechtsreform wurde das Recht der Verjährung grundlegend umgestaltet. Mit dem Gesetz zur Änderung des Erb- und Verjährungsrechts vom 24.9.2009 (BGBl. I 3142) wurden im Recht der Verjährung nochmals die Vorschriften des §§ 197, 199, 207 BGB geändert.

II. Fristen und Beginn: 1. *Regelmäßige Verjährungsfrist:* Drei Jahre ab Ende des Jahres (Ultimo-, Silvesterverjährung), a) in dem der Anspruch fällig wird und b) der Gläubiger von den anspruchsbegründenden Umständen und der Person des Schuldners Kenntnis erlangt oder ohne grobe Fahrlässigkeit hätte erlangen müssen (§§ 195, 199 I BGB). Da wegen des Erfordernisses der Kenntniserlangung die Frist von drei Jahren ganz erheblich überschritten werden kann, gelten zusätzliche *Höchstfristen* (§ 199 BGB) von 30 bzw. zehn Jahren. – *Beispiele:* (1) Mängelhaftung bei einem Werkvertrag, der sich nicht auf ein Bauwerk oder die Herstellung, Veränderung einer beweglichen Sache bzw. die dafür erforderlichen Planungs- und Überwachungsleistungen (z.B. Architekt) bezieht (§ 634a I Nr. 3 BGB), z.B. Konzert, Autorenvertrag, Softwareentwicklung. (2) Schadenersatz bei Pflichtverletzung beim Dienst- und Arbeitsvertrag. (3) Schadenersatz aus unerlaubter Handlung, Schadenersatz nach zahlreichen Nebengesetzen wie Straßenverkehrsgesetz (§ 14 StVG), Haftpflichtgesetz (§ 11 HaftPflG), Umwelthaftungsgesetz (UmweltHG), § 17. – 2. *Wichtige bes. Verjährungsfristen:* a) *Drei Monate:* Ab Kenntniserlangung vom Geschäftsabschluss bei Verletzung des Wettbewerbsverbot durch Handlungsgehilfen oder Gesellschafter. Die *Höchstfrist* beträgt fünf Jahre seit Geschäftsabschluss (§§ 61 II HGB, 113 III HGB). – b) *Sechs Monate:* (1) Ersatzansprüche des Vermieters und Verpächters wegen Veränderung oder Verschlechterung der Mietsache (§§ 548 I, 581 II BGB). (2) Ab Einlösung oder klageweiser Geltendmachung des → Wechsels die Ansprüche des Indossanten gegen andere Indossanten und den Aussteller (Art. 70 III WG). (3) Mit

Ablauf der Vorlesungsfrist beim Scheck Rückgriffsansprüche (Art. 52 ScheckG). (4) Ab Kenntnis des Anspruchsberechtigten von der wettbewerbswidriger Handlung und von Person des Verpflichteten im unlauteren Wettbewerb die Ansprüche auf Unterlassung und Schadensersatz (§ 11 UWG). – c) *Ein Jahr:* Ab rechtzeitig erhobenem Protest bzw. ab Verfalltag im Fall des Vermerks „ohne Kosten" bei Wechseln die Ansprüche des Inhabers gegen die Indossanten und den Aussteller (Art. 70 II WG). – d) *Zwei Jahre:* (1) Ab Übergabe bzw. Ablieferung beim Kaufvertrag für bewegliche Sachen die Mängelhaftung (§ 438 I Nr. 3 BGB). (2) Dasselbe gilt ab Abnahme beim Werkvertrag für bewegliche Sachen sowie die dafür erforderlichen Planungs- und Überwachungsleistungen (§ 634a I Nr. 1 BGB). – e) *Drei Jahre:* Ab Verfalltag bei Wechseln Ansprüche gegen den Akzeptanten (Art. 70 I WG). – f) *Fünf Jahre:* (1) Ab Übergabe bzw. Ablieferung beim Kaufvertrag über bewegliche und dort eingebaute bewegliche Sachen die Mängelhaftung (§ 438 I Nr. 2 BGB). (2) Dasselbe gilt ab Abnahme beim Werkvertrag für ein Bauwerk sowie die dafür erforderlichen Planungs- und Überwachungsleistungen (§ 634a I Nr. 2 BGB). (3) Ansprüche gegen einen Gesellschafter aus Verbindlichkeiten einer OHG (§ 159 HGB). (4) Schuldenhaftung des Veräußerers bei Veräußerung eines Unternehmens (§§ 25 f. HGB). – h) *30 Jahre:* (1) Herausgabeansprüche aus Eigentum und anderen dinglichen Rechten. (2) Familien- und erbrechtliche Ansprüche. (3) Rechtskräftig festgestellte Ansprüche. (4) Ansprüche aus vollstreckbaren Vergleichen oder Urkunden. (5) Ansprüche, die durch die im Insolvenzverfahren erfolgte Feststellung vollstreckbar geworden sind (§ 197 BGB). (6) Rechtsmängelhaftung beim Kaufvertrag, wenn einem Dritten ein dingliches Recht an der Kaufsache zusteht (§ 438 I Nr. 1 BGB).

III. Neubeginn/Hemmung der Verjährung: 1. *Neubeginn:* Verjährungsfrist beginnt von Anfang an neu (§ 212 BGB). – *Wichtige Gründe:* Anerkenntnis des Schuldners, Vollstreckungshandlung. – 2. *Fortlaufshemmung:* Innerhalb einer bestimmten Frist läuft die Verjährung nicht weiter (§ 203-209 BGB), z.B. bei einer schwebenden Verhandlungen oder dem Anspruch, bei einer gerichtlichen Geltendmachung, höherer Gewalt. – 3. *Ablaufhemmung:* Verjährungsfrist läuft an sich weiter, doch endet sie nicht vor einem bestimmten Zeitpunkt (§§ 210, 211 BGB), z.B. sechs Monate nach Eintritt der unbeschränkten → Geschäftsfähigkeit.

IV. Vereinbarung über die Verjährung: Vereinbarungen sind grundsätzlich wirksam. Ausnahmen (§ 202 BGB) sind (1) die → Haftung wegen Vorsatzes, (2) die Verlängerung auf mehr als 30 Jahre. Besonderheiten gelten beim Verbrauchsgüterkauf und in Allgemeinen Geschäftsbedingungen (AGB).

V. Rechtsfolgen: Verjährung bewirkt keinen Untergang des Anspruchs. Der Schuldner kann nur die Erfüllung verweigern (Einrede der Verjährung). Eine

Leistung auf einen verjährten Anspruch kann nicht zurückgefordert werden. Ist für die Forderung ein Pfandrecht oder eine → Hypothek bestellt, kann sich der Gläubiger nach Eintritt der Verjährung aus dem Pfandobjekt befriedigen. Auch kann er Herausgabe seines Eigentums bei Eigentumsvorbehalt und Sicherungsübereignung nach Verjährung der gesicherten Forderung verlangen (§ 216 BGB).

VI. Strafrechtliche Verjährung: Diese vernichtet den Strafanspruch des Staates und bildet Verfahrenshindernis. Entsprechendes gilt für die Ahndung der Ordnungswidrigkeiten, Ordnungswidrigkeitengesetz (OWiG). – 1. *Verfolgungsverjährung* (§§ 78 ff. StGB, § 31 OWiG): Die Strafverfolgung mit Ausnahme von Völkermord (§ 220a StGB) und Mord (§ 211 StGB) verjährt mit Ablauf einer bestimmten Zeit nach Begehung der Straftat. Die Verjährungsfristen sind verschieden je nach der Höhe der angedrohten Strafe. Je schwerer die Straftat ist, umso länger ist die Verjährungsfrist (z.B. 30 Jahre bei Taten, die mit lebenslanger Freiheitsstrafe bedroht sind). Ordnungswidrigkeiten verjähren in sechs Monaten. Beträgt die angedrohte Geldbuße mehr als 1.000 Euro, beträgt die Verjährungsfrist ein Jahr, bei mehr als 2.500 Euro zwei Jahre, bei mehr als 15.000 Euro drei Jahre. Durch bestimmte richterliche und nichtrichterliche Handlungen (bei Ordnungswidrigkeiten durch die Handlung eines zur Unterzeichnung des Bußgeldbescheides Befugten) gegen den Täter wird die Verjährungsfrist mit der Wirkung unterbrochen, dass sie neu zu laufen beginnt. Die Verjährung ruht, solange ein Gesetz die Verfolgung der Tat ausschließt (z.B. Immunität). – 2. *Vollstreckungsverjährung* (§§ 79 ff. StGB, § 34 OWiG): Die Vollstreckung bereits erkannter Strafen oder Geldbußen verjährt, mit Ausnahme bei Völkermord und bei lebenslangen Freiheitsstrafen, z.B. wegen Mord, innerhalb von drei bis 25 Jahren je nach Art und Höhe der erkannten Strafe. Jede auf Vollstreckung gerichtete Handlung der Vollstreckungsbehörde unterbricht die Verjährung.

VII. Steuerrechtliche Verjährung: Im Steuerrecht wird in Bezug auf den Steueranspruch zwischen → Festsetzungsverjährung und → Zahlungsverjährung unterschieden. Für die Verfolgung von → Steuerstraftaten und → Steuerordnungswidrigkeiten gilt eine Verjährungsfrist von fünf Jahren (§ 78 StGB, § 384 AO).

Verkehrswert → gemeiner Wert.

verlängerte Maßgeblichkeit – *indirekte Maßgeblichkeit.* Durch das Steueränderungsgesetz 1992 (StÄndG 1992) hat der Gesetzgeber die nahezu vollständige Übernahme der Steuerbilanzwerte in die Vermögensaufstellung aus der dt. Bewertungsrecht eingeführt und somit die Maßgeblichkeit der Handelsbilanz über die → Steuerbilanz hinaus bis in die Vermögensaufstellung verlängert. Dadurch wird der Gesamtkonzeption des Bewertungsrechts entsprechende Eigenständigkeit der Bewertung für den Bereich des Betriebsvermögens weitgehend

aufgegeben; die Substanzbesteuerung des Betriebsvermögens erfolgt vielmehr großenteils nach handels- und ertragsteuerlichen Grundsätzen, womit eine deutliche Steuervereinfachung erreicht wird. Eigenständige bewertungsrechtliche Wertermittlungsregeln verbleiben lediglich für Betriebsgrundstücke, Beteiligungen an Personen- und Kapitalgesellschaften, notierte Wertpapiere, Erbbauzinsansprüche und -verpflichtungen; Ausgleichsposten im Fall der Organschaft, steuerfreie Rücklagen und ausländisches Betriebsvermögen. Durch die Einführung der verlängerten Maßgeblichkeit besteht eine zunehmende Notwendigkeit einer integrierten Rechnungslegungspolitik, welche die Handels- und Steuerbilanz sowie die Vermögensaufstellung umfasst.

Verlustabzug – 1. *Begriff:* Verlustabzug ist der Oberbegriff für alle Möglichkeiten, negative Einkünfte (Verluste) bei der Ermittlung des steuerpflichtigen Einkommens (→ Einkommensteuer) abziehen zu können. – 2. *Wirtschaftliche Bedeutung:* a) *Positiver Effekt:* Durch den Verlustabzug wird erreicht, dass Einkommensteuer nur auf das wirkliche Nettoeinkommen gezahlt werden muss. Dadurch wird verhindert, dass die Steuerpflichtigen Einkommensteuer auf ihre Gewinne aus einer ihrer Tätigkeiten zahlen müssen, wenn sie die entsprechenden Beträge in Wahrheit längst durch eine andere Betätigung verloren haben und deshalb über gar keine wirtschaftliche Leistungsfähigkeit mehr verfügen, die sie zur Steuerzahlung befähigen können. – b) *(Fiskalisch) negativer Effekt:* Die Tatsache, dass anfallende Verluste mit übrigen, positiven Einkünften verrechnet werden können, kann wirtschaftlich zugleich aber auch einen Finanzierungseffekt beinhalten, z.B. bei vorhersehbaren Anlaufverlusten einer Neuinvestition: Wegen des Verlustabzugs sinkt durch die Anlaufverluste das zu versteuernde Einkommen und es müssen weniger Steuern gezahlt werden, als dies ohne Tätigung der Investition der Fall wäre. Dadurch wird faktisch ein Teil der Investitionsausgabe durch eine Steuerersparnis finanziert; dies dauert an, bis die Neuinvestition Gewinne abwirft. Darin kann ein Anreiz liegen, Investitionen vorzunehmen, die ansonsten gar nicht rentabel wären; aus diesem Grund wird der Verlustabzug oftmals Einschränkungen unterworfen. – 3. *Arten des Verlustabzugs:* Im dt. Einkommensteuerrecht sind Verluste aus einer Einkunftsart zunächst vorrangig mit Gewinnen aus derselben Einkunftsart zu saldieren (sog. *horizontaler Verlustausgleich*). Soweit hiernach noch Verluste nicht berücksichtigt worden sind, sind sie mit den Einkünften aus den anderen Einkunftsarten zu verrechnen *(vertikaler Verlustausgleich).* Bleibt auch diesem Verrechnungsschritt noch ein Verlustüberhang übrig, findet ein Ausgleich mit dem Einkommen des vorigen Veranlagungszeitraums statt (→ Verlustrücktrag) und, wenn auch dann noch Verluste noch nicht ausgeglichen werden konnten, kommt es zur Verrechnung mit dem Einkommen folgender Jahre

(→ Verlustvortrag). – 4. *Gegenwärtige Einschränkungen des horizontalen Verlustabzugs:* a) *Verluste aus ausländischen Quellen* (§ 2a EStG) dürfen nicht mit inländischen Einkünften verrechnet werden, sondern nur im selben Veranlagungszeitraum oder später mit Einkünften derselben Art und aus demselben Staat verrechnet werden. Dies gilt nach dem Jahressteuergesetz 2009 nur noch für Staaten außerhalb der EU und außerdem nicht für die EWR-Staaten Island und Norwegen (= sog. Drittstaaten). Bestimmte negative Einkünfte aus Drittstaaten können nur mit positiven Einkünften derselben Art und aus demselben Drittstaat verrechnet werden, unbeachtet davon, ob ein Doppelbesteuerungsabkommen besteht oder nicht. Unter diese Einkünfte fallen bspw. Verluste aus einer nicht produktiven gewerblichen Betriebsstätte im Drittstaat, Verluste aus Vermietung und Verpachtung von Grundvermögen im Drittstaat, Verluste aus einer stillen Beteiligung oder aus einem partiarischen Darlehen gegenüber Schuldnern aus dem Drittstaaten etc. Darüber hinaus dürfen Verluste aus Einkunftsquellen, die nach einem Doppelbesteuerungsabkommen steuerfrei sind, dürfen ebenfalls nicht ausgeglichen werden (auch nicht, wenn sie aus EU oder EWR stammen). Diese werden aber im Rahmen des → Progressionsvorbehalts berücksichtigt, soweit sie nicht aufgrund des § 2a EStG ohnehin nicht zum Einkommen gerechnet werden würden. – b) *Verluste aus Gesellschaften* (→ Verlustzuweisungsgesellschaften) oder Anlagemodellen, die ihr Kapital hauptsächlich mit der Aussicht auf Steuervorteile durch Verlustabzug eingeworben haben oder bei denen die Rendite mehr als zur Hälfte auf Steuervorteilen beruht, dürfen nur mit gegenwärtigen oder zukünftigen Gewinnen des Steuerpflichtigen aus anderen Gesellschaften oder Modellen dieser Art ausgeglichen werden (§ 2b EStG, weiterhin anzuwenden auf Einkunftsquellen in diesem Sinne, die der Steuerpflichtige nach dem 4.3.1999 und vor dem 11.11.2005 rechtwirksam erworben und begründet hat). Die Regelung ist seitdem durch die auf ähnlichen Überlegungen basierende Neuregelung des § 15b EStG ersetzt worden: Verluste aus Steuerstundungsmodellen dürfen nicht mit anderen Einkünften ausgeglichen, sondern lediglich auf zukünftige Einkünfte aus dem Steuerstundungsmodell vorgetragen werden. – c) *Verluste eines Kommanditisten aus Kommanditgesellschaften* oder ähnlichen Gesellschaften dürfen nur soweit ausgeglichen werden, wie der Kommanditist eine Einlage geleistet hat oder für den Verlust haftet; seine übrigen Verluste dürfen nur mit zukünftigen Gewinnen aus derselben KG ausgeglichen werden (sog. „verrechenbare Verluste"). Ab dem Veranlagungszeitraum 2009 können durch Verrechnung nur Verluste des laufenden Jahres, nicht jedoch Altverluste genutzt werden. – d) *Verluste aus bestimmten Tätigkeitsarten,* nämlich aus gewerblicher Tierhaltung (§ 15 IV EStG), aus sog. private Veräußerungsgeschäften (§ 23 EStG) und aus stillen Beteiligungen einer Kapitalgesellschaft an einer anderen (§ 15 IV EStG) dürfen nur mit Gewinnen

derselben Art (im gleichen Veranlagungszeitraum, im Vorjahr oder in späteren Jahren) ausgeglichen werden. – e) Der am Schluss des Veranlagungszeitraums verbleibende Verlustabzug ist gesondert festzustellen. Der verbleibende Verlustvortrag ergibt sich aus dem noch verbleibenden Verlust (nach Verlustverrechnung) vermehrt um den im vorangegangenen Veranlagungszeitraum festgestellten Verlustvortrag. Hierbei sind die Besteuerungsgrundlagen grundsätzlich so zu berücksichtigen, wie sie im Veranlagungszeitraum des Verlustvortrags und des Verlustrücktrags zugrunde gelegt worden sind. – 5. *Einschränkungen des vertikalen Verlustausgleichs:* Von 1999-2003 war der vertikale Verlustausgleich durch die sog. → Mindestbesteuerung eingeschränkt; die Regelung ist 2004 aufgehoben und durch Einschränkungen des Volumens der Verlustvortrags und des Verlustrücktrags ersetzt worden. – 6. *Einschränkungen des Verlustrücktrags:* Der Verlustrücktrag ins Vorjahr ist bis zu einem Betrag von 511.500 Euro (bei Ehegatten 1.023.000 Euro) vorgesehen; der Steuerpflichtige kann ganz oder teilweise auf den Verlustrücktrag verzichten zugunsten des Verlustvortrags. – 7. *Einschränkungen des Verlustvortrags:* Noch nicht ausgeglichene Verluste können bis zu 1 Mio. Euro bei Einzelveranlagung (bis zu 2 Mio. Euro bei Zusammenveranlagung) unbeschränkt vorgetragen werden; der dann verbleibende Rest des Gesamtbetrags der Einkünfte darf dann durch den Verlustabzug um 60 Prozent vermindert werden. Ein noch nicht verbrauchter restlicher Verlust wird über den Verlustvortrag ins nächste Jahr übertragen. – 8. Bei der → Gewerbesteuergelten die Regeln gemäß § 10a GewStG. Ein Verlustrücktrag ist gewerbesteuerlich nicht möglich.

Verlustausgleich – einkommensteuerlicher Begriff für die Verrechnung von Verlusten und Gewinnen innerhalb desselben Veranlagungszeitraums. – Vgl. auch → Verlustabzug.

Verlustrücktrag – I. Einkommen- und Körperschaftsteuerrecht: Verluste, die bei der Ermittlung des Gesamtbetrags der Einkünfte nicht ausgeglichen werden (→ Verlustausgleich), sind bis zu einem Betrag von insgesamt 511.500 Euro (bei Zusammenveranlagung 1.023.000 Euro) vorrangig vor → Sonderausgaben vom → Gesamtbetrag der Einkünfte des dem Veranlagungszeitraum vorangegangenen Veranlagungszeitraums abzuziehen; auf den Verlustrücktrag kann der Steuerpflichtige auf Antrag ganz oder teilweise verzichten, z.B. wenn für ihn ein → Verlustvortrag günstiger ist (§ 10d I EStG). Nicht rücktragsfähige Verluste können im Rahmen des Verlustvortrags berücksichtigt werden. – *Sonderregelung:* bei Mantelkauf (→ Mantel; § 8 IV KStG). – Vgl. auch → Verlustabzug.

II. Gewerbesteuerrecht: Das Gewerbesteuerrecht kennt keinen Verlustrücktrag. – Vgl. auch → Verlustvortrag.

Verlustvortrag – I. Einkommen- und Körperschaftsteuerrecht: Nicht durch → Verlustrücktrag berücksichtigte oder auf Antrag nicht durch Verlustrücktrag berücksichtigte Verluste sind in den dem Verlustentstehungsjahr folgenden Veranlagungszeiträumen vorrangig vor → Sonderausgaben vom → Gesamtbetrag der Einkünfte abzuziehen. Der Abzug ist nur insoweit zulässig, als die Verluste in den vorangegangenen Veranlagungszeiträumen nicht abgezogen wurden (§ 10d II EStG). Außerdem ist der Verlustvortrag unbeschränkt seit 2004 mit 1 Mio. Euro (bei Zusammenveranlagung 2 Mio. Euro) möglich; der dann verbleibende Rest des Gesamtbetrags der Einkünfte darf durch den restlichen Verlustvortrag um 60 Prozent gemindert werden (ein Rest von 40 Prozent des Gesamtbetrags der Einkünfte, soweit er über 1 Mio. Euro – bei Zusammenveranlagung 2 Mio. Euro – reicht, bleibt steuerpflichtig). Ein unverbrauchter Rest des Verlustvortrags wird als Verlustvortrag ins nächste Jahr übertragen. – *Verlustfeststellung:* Der am Schluss des Veranlagungszeitraums verbleibende Verlustvortrag ist gesondert festzustellen. – Vgl. auch → Verlustabzug.

II. Gewerbesteuerrecht: Ein negativer → Gewerbeertrag kann in den nächstfolgenden Erhebungszeitraum vorgetragen werden und im aktuellen Jahr mit einem positivem Gewerbeertrag verrechnet werden. Eine Verrechnung ist jedoch nur möglich, wenn und insoweit der positive und negative Gewerbeertrag vom gleichen Unternehmen und vom gleichen Unternehmer erwirtschaftet wurde. Es gelten dieselben Einschränkungen wie bei der Einkommensteuer. Einen → Verlustrücktrag kennt das Gewerbesteuerrecht nicht (§ 10a GewStG).

Verlustzuweisung → Verlustzuweisungsgesellschaft.

Verlustzuweisungsgesellschaft – 1. *Begriff:* Personenvereinigung, deren Gesellschafter primär beabsichtigen, Vermögensvorteile durch Steuerersparnisse zu erreichen, v.a. ihre Kapitaleinlage ganz oder z.T. aus ersparter → Einkommensteuer zu finanzieren. Verlustzuweisungsgesellschaften wurden seit 1999 steuerlich durch § 2b EStG bekämpft. Dadurch war es u.a. schwierig, für Verlustzuweisungsgesellschaften durch Hinweis auf die möglichen Steuerersparnisse zu werben. – 2. *Konstruktion:* Verlustzuweisungsgesellschaften unterhalten entweder einen Gewerbebetrieb (vornehmlich Beteiligung an gewerblichen Kommanditgesellschaften oder an einer GmbH & Co. KG) oder betreiben private Vermögensverwaltung (Wohnungseigentümergemeinschaft, Wohnungseigentum, Bruchteilsgemeinschaft oder Gesamthandsgemeinschaft in Form einer BGB-Gesellschaft oder der vermögensverwaltenden Kommanditgesellschaft, geschlossene Immobilienfonds). – 3. *Wirkung:* Ziel der Verlustzuweisungsgesellschaft ist es, in die ersten Jahre des Beteiligungsengagements möglichst viele → Betriebsausgaben bzw. → Werbungskosten zu verlagern, die die Einkommensteuer des Anlegers mindern und so zu einer temporären Steuerersparnis

führen. Der Umfang der Steuerminderung ist abhängig von der Höhe des persönlichen Spitzensteuersatzes und der Verlustzuweisungsquote. Letztere wird i.d.R. in Prozent des eingezahlten Eigenkapitals ausgedrückt. Verluste entstehen bei gewerblichen Beteiligungen bes. durch die Inanspruchnahme von erhöhten Abschreibungen, → Sonderabschreibungen und → Bewertungsabschlägen, Bildung steuerfreier Rücklagen (Rücklagen), Erwerb sofort abschreibungsfähiger → geringwertiger Wirtschaftsgüter, bei privaten Vermögensanlagen durch vorweggenommene und laufende Werbungskosten, z.B. Abschreibungsvergünstigungen und Finanzierungskosten. – 4. *Steuerliche Behandlung:* a) Bei *gewerblichen Beteiligungen* ist der Anleger → Mitunternehmer; er erzielt → Einkünfte aus Gewerbebetrieb. Gewinne und Verluste werden den Gesellschaften nach §§ 179, 180 AO anteilig zur Besteuerung zugewiesen. Verluste unterliegen ggf. der Abzugsbeschränkung des § 15a EStG (→ negatives Kapitalkonto). – b) Bei *Vermögensverwaltung der* Verlustzuweisungsgesellschaft erzielt der Anleger → Einkünfte aus Vermietung und Verpachtung. Verluste unterliegen auch hier u.U. der Ausgleichsbeschränkung des § 15a EStG. – c) Für beide genannten Formen gilt, dass ein erzielter Verlust nicht mit anderen Einkünften der Beteiligten, sondern nur mit späteren Einkünften oder mit gleichzeitigen Einkünften des Steuerpflichtigen aus Verlustzuweisungsgesellschaften ausgeglichen werden darf (§ 2b EStG). Verlustzuweisungsgesellschaften in diesem Sinn liegen immer vor, wenn beim Erwerb der Beteiligung der Steuervorteil im Vordergrund steht, z.B. wenn mit Verlustzuweisungen geworben wird oder die Rendite aufgrund steuerlicher Effekte mehr als verdoppelt wird. § 2b EStG wurde durch das Gesetz vom 22.12.2005 aufgehoben. § 2b EStG ist jedoch weiterhin für Einkünfte aus einer Einkunftsquelle im Sinne anzuwenden, die der Steuerpflichtige nach dem 4.3.1999 und vor dem 11.11.2005 rechtswirksam erworben und begründet hat.

Vermächtnis – Begriff des Erbrechts; Zuwendung einzelner Vermögensgegenstände (§§ 2147–2191 BGB). Sie begründet im Gegensatz zur Erbeinsetzung nur ein Forderungsrecht gegen den Erben oder anderen Vermächtnisnehmer, das Vermächtnis durch Zuwendung des vermachten Vermögensvorteils zu vollziehen. – Das Vermächtnis gehört, wenn der Beschwerte Erbe ist, zu den → Nachlassverbindlichkeiten. Es unterliegt als Erwerb von Todes wegen ggf. der → Erbschaftsteuer.

Vermietung und Verpachtung – I. Allgemeines: → Miete, → Pacht.

II. Steuerrecht: 1. *Einkommensteuer:* → Einkünfte. – 2. *Umsatzsteuer:* a) Vermietung und Verpachtung von *Grundstücken* und ihrer Teile, z.B. von Wohnungen und einzelnen Räumen, ist umsatzsteuerfrei. – b) Nach der Rechtsprechung umsatzsteuerpflichtig ist jedoch die Eigennutzung von Wohnungen, die zu einem Unternehmensvermögen gehören

(EuGH-Urteil, 2003), dies soll mittelfristig durch eine Änderung der Mehrwertsteuersystemrichtlinie wieder geändert werden. – c) Umsatzsteuerpflichtig ist auch die Vermietung und Verpachtung von *Maschinen* und Vorrichtungen aller Art, die zu einer Betriebsanlage gehören, auch wenn sie wesentliche Bestandteile eines Grundstücks sind, sodass z.b. das Entgelt für einen einschließlich Bestuhlung und Vorführeinrichtung vermieteten Saal in einen steuerfreien und einen steuerpflichtigen Teil zerlegt wird. – d) Wird *gleichzeitig* mit der Vermietung eines *Grundstücks ein Recht* eingeräumt, z.B. einer Straßenbahn zur Benutzung von Straßen und Plätzen unter Einräumung einer entsprechenden Konzession, so muss das Entgelt ebenfalls zerlegt werden. – e) Räumt der Vertrag *lediglich ein Recht* ein, z.B. Unterstellen eines Wagens in einer Großgarage, dann ist das hierfür gezahlte Entgelt voll umsatzsteuerpflichtig. – f) Die Vermietung und Verpachtung von Wohn- und Schlafräumen zur kurzfristigen *Beherbergung* (z.B. Gaststätten, Hotels) ist umsatzsteuerpflichtig. – g) Entgelte für die Vermietung und Verpachtung von *beweglichen Gegenständen* unterliegen stets der Steuerpflicht. – h) Die kurzfristige (weniger als sechs Monate) Vermietung von *Campingplätzen* ist stets steuerpflichtig sowie seit dem 1.1.1992 generell auch die Vermietung und Verpachtung von Plätzen für das Abstellen von Fahrzeugen (z.B. Parkplätze, Garagen). – i) Umsatzsteuerlich *schließt* die steuerfreie Vermietung und Verpachtung den → Vorsteuerabzug aus. Deshalb kann der Vermieter oder Verpächter gemäß § 9 UStG bei Vermietung und Verpachtung an Unternehmer auf die Steuerfreiheit verzichten und zur Regelbesteuerung wählen. Zusätzliche Voraussetzung hierfür ist, dass das vermietete Grundstück ausschließlich für Umsätze verwendet wird oder werden soll, die den Vorsteuerabzug nicht ausschließen (§ 9 II UStG, vgl. die Übergangsregelungen für Altgebäude nach § 27 II UStG). – 3. *Andere Staaten der EU:* die Rechtslage bez. der Steuerbefreiung ist dort im Grundsatz dieselbe, allerdings dürfen die Einzelheiten für die Option zur Steuerpflicht in jedem Land individuell festgelegt werden.

Vermittlungsleistungen – 1. *Begriff:* → Sonstige Leistungen, jemandem (einem Kunden oder einem Unternehmer) einen Geschäftspartner zu vermitteln. – 2. *Behandlung:* Das Entgelt (z.B. Provision) des eine Vermittlungsleistung ausführenden Unternehmers ist als sonstige Leistung der Umsatzsteuer unterworfen; in welchem Staat die Besteuerung geschieht, bestimmt sich nach den Bestimmungen über den Ort der Vermittlungsleistung. – a) Demnach galt *bis Ende 2009* folgendes: (1) Die Vermittlung von in § 3a III, IV UStG genannten Leistungen gilt (→ Katalogleistungen) als am Wohnsitz, Sitz, Unternehmenssitz bzw. an der Betriebsstätte des *Auftraggebers* der Vermittlungsleistungen ausgeführt (§ 3a IV Nr. 10 UStG). (2) Die Vermittlung einer innergemeinschaftlichen Warenbeförderungsleistung gilt als am

Anfangsort der Beförderung, das Beladen, Entladen, Umschlagen der beförderten Waren, wenn es sich nicht nur um unselbstständige Nebenleistungen zur Beförderung handelt, am jeweiligen Tätigkeitsort als ausgeführt; abweichend davon kann der Leistungsempfänger seine Umsatzsteuer-Identifikationsnummer angeben, um den Ort der Leistung in den Staat zu verlagern, in dem er diese Umsatzsteuer-Identifikationsnummer erhalten hat. (3) Die Vermittlung anderer Leistungen gilt als dort erbracht, wo der vermittelte Umsatz ausgeführt wird. – b) Ab 2010 gilt, dass eine Vermittlungsleistung, deren Auftraggeber ebenfalls ein Unternehmer ist, dort erbracht wird, wo dieser Auftraggeber sein Unternehmen betreibt (§ 3a II UStG 2010), während eine Vermittlungsleistung im Auftrag einer Privatperson dort ihren Ort der sonstigen Leistung hat, wo der vermittelte Umsatz stattfindet; eine Vermittlungsleistung im Zusammenhang mit einem Grundstück ist dagegen generell dort zu versteuern, wo sich das Grundstück befindet (wichtig z.B. für Immobilienmakler). – 3. *Besonderheiten:* In Fällen, in denen ein deutscher Unternehmer für einen ausländischen Auftraggeber tätig wird, der Vermittlermer ist, wird innerhalb der EU meist das → Reverse-Charge-Verfahren anzuwenden sein, d.h. der Vorgang der Vermittlung muss zwar im Land des Auftraggebers versteuert werden, dies übernimmt aber der Auftraggeber selbst, und der inländische Unternehmer kann (und muss) über seine Provision eine Nettorechnung ausstellen. Umgekehrt gilt dasselbe auch für Vermittlungsleistungen eines ausländischen Vermittlers an einen dt. Unternehmer (§ 13b I Nr. 1 UStG).

Vermögensabgabe – einmaliger staatlicher Zugriff auf die Substanz aller Vermögensbesitzer; häufig zur Beseitigung staatlicher Überschuldung (Reichsnotopfer) und sonstiger nationaler Notstands eingesetzt. Verwirklichung problematisch, da Verflüssigung festen Vermögens in Frage steht. Hinzu tritt die Gefahr des volkswirtschaftlichen Substanzverlustes, falls die Leistungen für Vermögensabgaben aus der für Abschreibungen reservierten Mitteln aufgebracht werden müssen. Deshalb meistens Wandlung der Vermögensabgaben in laufende Vermögensbesteuerung.

Vermögensarten – Begriff des Bewertungsgesetzes. Zu unterscheiden sind: (1) → Land- und forstwirtschaftliches Vermögen (§§ 33–67, § 31 BewG), (2) → Grundvermögen (§§ 68–94, § 31 BewG) und (3) → Betriebsvermögen (§§ 95–105, §§ 138 ff., § 31 BewG). – Die Abgrenzung hat *Bedeutung:* (1) für die Frage, ob eine gesonderte Wertfeststellung, d.h. Einheitsbewertung (→ Einheitswert), erforderlich ist oder ob der Wert im Zuge des Steuerveranlagungsverfahrens ermittelt wird; (2) für den Umfang einer → wirtschaftlichen Einheit, wobei Zusammenfassungen nur möglich sind, wenn die zugehörigen Wirtschaftsgüter zu derselben Vermögensart gehören; (3) für die Anwendung der → Bewertungsmaßstäbe, die für die einzelnen Vermögensarten unterschiedlich sind; (4) für den Abzug von Schulden, die mit der Vermögensart im Zusammenhang stehen (→ Betriebsschulden, → Schulden). – Beim → Grundbesitz kommt die Einordnung zur Land- und Forstwirtschaft, zum Grundvermögen oder zum Betriebsvermögen in Betracht; im letzten Fall wird das Grundstück → Betriebsgrundstück und Bewertungsgegenstand im Rahmen der Erfassung des → Betriebsvermögens.

Vermögensaufstellung – Aufstellung über die innerhalb eines Gewerbebetriebs am Stichtag vorhandenen Besitz- und Schuldposten unter Berücksichtigung der Vorschriften des Bewertungsgesetzes. Die Erfassung und Bewertung der Besitz- und Schuldposten erfolgt nach dem Bewertungsgesetz, dabei wird weitgehend auf die ertragsteuerliche Behandlung zurückgegriffen (→ verlängerte Maßgeblichkeit).

Vermögensbildung der Arbeitnehmer – I. Begriff: Vereinbarte vermögenswirksame Leistungen, die der Arbeitgeber für den Arbeitnehmer anlegt, gefördert bis 31.12.1970 durch das Zweite Vermögensbildungsgesetz (VermBG) vom 1.7.1965 (BGBl. I 585), bis 31.12.1983 durch das Dritte VermBG vom 27.6.1970 (BGBl. I 930), bis 31.12.1986 durch das Vierte VermBG vom 6.2.1984 (BGBl. I 201), geändert durch das Steuersenkungsgesetz 1986/1988 vom 26.6.1985 (BGBl. I 1153), und seit 1.1.1990 durch das Fünfte VermBG. Die Gesetze gelten für Arbeiter, Angestellte, zu ihrer Berufsausbildung Beschäftigte, in Heimarbeit Beschäftigte sowie für Beamte, Richter, Soldaten.

II. Arten: Als vermögenswirksame Leistungen sind gesetzlich anerkannt: (1) Sparbeiträge von Arbeitnehmern aufgrund eines Sparvertrages über Wertpapiere oder andere Vermögensbeteiligungen, wenn die gewählten Anlagen in einer Liste in § 2 Nr. 1 a–l genannt werden. (2) Aufwendungen des Arbeitnehmers aufgrund eines Wertpapier-Sparvertrages. (3) Aufwendungen des Arbeitnehmers aufgrund eines Beteiligungs-Vertrags oder eines Beteiligungs-Kaufvertrags. (4) Aufwendungen nach den Vorschriften des Wohnungsbau-Prämiengesetzes. (5) Aufwendungen des Arbeitnehmers zum Erwerb von Wohneigentum unter bestimmten Bedingungen. (6) Sparbeiträge aufgrund eines Sparvertrages. (7) Beiträge des Arbeitnehmers aufgrund eines Kapitallebensversicherungsvertrages. Zur Anerkennung als vermögenswirksame Leistungen werden für jede dieser Anlageformen gesetzlich weitere Auflagen gemacht. Bes. ist für eine Förderung Voraussetzung, dass über die mit den Aufwendungen erworbenen Rechte oder Wertpapiere während einer Sperrfrist nicht durch Rückzahlung, Abtretung, Beleihung oder in anderer Weise verfügt wird; es soll hierdurch erreicht werden, dass die vermögenswirksamen Leistungen nicht laufend verbraucht, sondern tatsächlich zum Aufbau einer Vermögensposition genutzt werden.

III. Vereinbarungsmöglichkeiten: Rechtsgrundlage: §§ 10 f. VermBG. – 1. *Einzelverträge* zwischen

Arbeitgeber und Arbeitnehmer; der Arbeitgeber hat auf schriftliches Verlangen des Arbeitnehmers einen Vertrag über die vermögenswirksame Anlage von Teilen des Arbeitslohnes abzuschließen, wenn monatlich mind. 13 Euro oder bei jährlicher Zahlungsweise mind. 39 Euro angelegt werden sollen. – 2. *Betriebsvereinbarung* zwischen Arbeitgeber und Betriebsrat. – 3. *Tarifverträge* zwischen Arbeitgeberverband und Gewerkschaft, die nicht die Möglichkeit vorsehen dürfen, dass eine Ablösung durch Barleistung erbracht wird; nimmt der Arbeitnehmer eine andere Leistung, bes. eine Barleistung, an, so erlischt sein Anspruch gegen den Arbeitgeber nicht. Betriebliche Sozialleistungen, die dem Arbeitnehmer bisher schon im Kalenderjahr als vermögenswirksame Leistungen erbracht worden sind, können angerechnet werden, es sei denn, der Arbeitnehmer hatte ein Wahlrecht zwischen vermögenswirksamer und Barleistung. – Sofern die vermögenswirksamen Leistungen aufgrund einer Ergebnisbeteiligung erbracht werden sollen, müssen die entsprechenden Verträge schriftlich abgefasst sein und Bestimmungen hinsichtlich der Art der Ergebnisbeteiligung, der Bemessungsgrundlage, der Grundsätze der Berechnung und der Berechnungszeit enthalten.

IV. Voraussetzung: Voraussetzung der Förderung ist, dass der Arbeitnehmer die Art der vermögenswirksamen Anlage und das Unternehmen oder Institut, bei dem sie erfolgen soll, frei wählen kann.

V. Inhalt: 1. Für die meisten vermögenswirksamen Leistungen ist eine staatliche Förderung durch eine Prämie vorgesehen. Diese Förderung, die → Arbeitnehmer-Sparzulage, wird nur gewährt, wenn das Einkommen des Arbeitnehmers im Sinn des EStG den Betrag von 20.000 Euro (teilweise aber, je nach Anlageform, nur bis 17.900, bei Zusammenveranlagung 40.000 Euro bzw. 35.800 Euro) nicht übersteigt. Die Höhe der Prämie ist je nach Anlageform unterschiedlich. Sie beträgt für die Aufwendungen für Wertpapier-Sparen, Wertpapier-Kaufverträge oder Beteiligungsverträge und Beteiligungskaufverträge (§ 2 Nr.1–3 VermBG) 20 Prozent der Beiträge (bis zu einer Beitragshöhe von 400 Euro) und für Aufwendungen nach dem Wohnungsbau-Prämiengesetz oder Aufwendungen zum Erwerb von Wohneigentum (§ 2 Nr. 4–5 VermBG) 9 Prozent (dort bis zu einer Beitragshöhe von 470 Euro). Sparverträge und Kapitallebensversicherungen (§ 2 Nr. 6, 7 VermBG) werden nicht mehr durch eine Prämie gefördert, gelten aber weiterhin als vermögenswirksame Leistungen im Sinn des Fünften Vermögensbildungsgesetzes (VermBG) und berechtigen somit zu den in *Tarifverträgen* vorgesehenen zusätzlichen Vergütungen. – 2. Die vermögenswirksame Leistung selbst ist *steuerpflichtiges Einkommen* und Arbeitsentgelt im Sinn der Sozialversicherung; sie ist Bestandteil des Lohnes oder Gehalts. – 3. Die Einkommensteuerermäßigung für Arbeitgeber nach § 15 VermBG a.F. ist *seit 1990 entfallen.*

Vermögensrückfall – erbschaftsteuerlicher Begriff dafür, dass Vermögen, das Eltern, Großeltern oder entfernte Voreltern ihren Abkömmlingen durch Schenkung oder Übergabevertrag zugewandt hatten, durch Tod dieser Abkömmlinge wieder an diese zurückfällt. Kommt es zu einem solchen Rückfall des Vermögens an diese Personen, ist dieser Rückfall erbschaftsteuerfrei (§ 13 Nr. 10 ErbStG). Die ausdrückliche Befreiungsvorschrift ist nötig, weil der Tod der beschenkten Person die ursprüngliche Schenkung ja nicht annulliert, sondern vielmehr die ursprüngliche Schenkung und der anschließende Rückfall des Vermögens durch Erbfall an den Schenker rechtlich zwei getrennte, unabhängige Vorgänge sind, für die bei normaler Betrachtung zweimal Erbschaftsteuer zu erheben wäre; diese Konsequenz zu ziehen, erscheint dem Gesetzgeber aber zu Recht unangemessen.

Vermögensteuer – 1. *Begriff:* Eine Steuer auf das an einem bestimmten Stichtag vorhandene Vermögen des Steuerpflichtigen. – 2. *Rechtsgrundlage und Rechtslage:* Das Vermögensteuergesetz (VStG; vom 14.11.1990, zuletzt geändert am 24.3.1998) ist in der Bundesrepublik Deutschland zwar formal noch in Kraft, die Vermögensteuer darf aufgrund einer Entscheidung des Bundesverfassungsgerichts für Zeiträume nach Ende 1996 aber nicht mehr erhoben werden, weil die Ermittlung der Bemessungsgrundlage im Vermögensteuergesetz krasse, mit dem verfassungsmäßigen Gleichheitsgrundsatz nicht vereinbare Ungleichbehandlungen unterschiedlicher Vermögensarten enthält (→ Einheitswert). Aus diesem Grund hat die Vermögensteuer (Erfassung aller Vermögen über 120.000 DM pro natürliche Person, über 20.000 DM bei Körperschaften, Steuersatz: 1 Prozent für natürliche Personen, ermäßigt auf 0,5 Prozent für Betriebsvermögen und land- und forstwirtschaftliches Vermögen, 0,6 Prozent für Körperschaften und Vermögensmassen) praktisch keine Bedeutung mehr. – 3. *Hintergründe:* Die Nichtaufhebung des Vermögensteuergesetzes stellte einen Kompromiss dar zwischen der damaligen Regierung, die die Vermögensteuer für die Zukunft abschaffen wollte, und dem politisch seinerzeit anders dominierten Bundesrat, der einer Abschaffung der Vermögensteuer nicht offiziell zustimmen wollte und sich die Option für ihre Wiedereinführung vorbehalten wollte. Das formale Fortbestehen der Vermögensteuer hindert die Länder jedoch daran, auf diesem Gebiet (konkurrierende Gesetzgebung) eigenständige Regelungen zu schaffen. – 4. *Aufkommen:* 4.619,7 Mio. Euro (1996), 4.016,4 Mio. Euro (1995), 3.238,1 Mio. Euro (1990), 2.192 Mio. Euro (1985), 2.385 Mio. Euro (1980), 1.707 Mio. Euro (1975), 1.471 Mio. Euro (1970), 961 Mio Euro (1965), 562 Mio. Euro (1960), 273 Mio. Euro (1955), 66 Mio. Euro (1950).

Vermögensteuer-Richtlinien (VStR) – Verwaltungsanordnung zur Verwaltung der jetzt nicht mehr erhobenen Vermögensteuer, die in der Hauptsache Entscheidungen der Finanzgerichte sowie Erörterungen von Zweifelsfragen zur Auslegung (im Wesentlichen) des → Bewertungsgesetzes (BewG) enthielt. Die Finanzverwaltung war im Gegensatz zu den Finanzgerichten an die Auslegung in den Vermögensteuer-Richtlinien gebunden. – *Letzte Fassung:* Vermögensteuer-Richtlinie 1995 vom 17.1.1995 (BStBl. I SonderNr. 2). – Die noch relevanten Teile der Vermögensteuer-Richtlinien wurden nach dem Auslaufen der → Vermögensteuer in die neu geschaffene → Erbschaftsteuer-Richtlinien (ErbStR) überführt.

Vermögensübergang – auf eine Personengesellschaft oder eine natürliche Person.

I. *Begriff:* Bezeichnung für die Verschmelzung, Spaltung oder den Formwechsel von einer Kapitalgesellschaft in eine Personengesellschaft oder natürliche Person.

II. *Besteuerung:* 1. *Gesetzliche Grundlage:* §§ 3 ff. UmwStG. – 2. *Steuerliche Problematik:* Durch den Übergang von Vermögen (stillen Reserven) von der körperschaftsteuerpflichtigen Sphäre (bisher: Vermögen einer Kapitalgesellschaft!) in die einkommensteuerpflichtige Sphäre (nachher: Vermögen einer natürlichen Person oder Personengesellschaft!) ändern sich die steuerlichen Rahmenbedingungen für die vorhandenen stillen Reserven so grundlegend, dass der Vorgang nicht einfach ohne steuerliche Folgen bleiben darf. Andererseits wäre es verfehlt, den Vorgang ganz generell einer Veräußerung des Vermögens von einer Kapitalgesellschaft an eine natürliche Person gleichzustellen, weil dann so viel Steuern zu zahlen wären (ohne dass Liquidität zu ihrer Zahlung zufließt!), dass der Vorgang in der Praxis nicht mehr durchgeführt werden könnte. Also sieht der Gesetzgeber im UmwStG Sonderregelungen vor, deren Ziel es ist, einen angemessenen Kompromiss zu finden zwischen der Sicherung der eigenen fiskalischen Interessen vor einem endgültigen Steuerausfall und einer zu hohen steuerlichen Belastung des Umwandlungsvorgangs. – 3. *Tatbestandsvoraussetzungen:* Das Vermögen der übertragenden Körperschaft muss bei der Übernehmerin weiterhin Betriebsvermögen bilden. – 4. *Rechtsfolgen:* Die übertragende Körperschaft kann das übergehende Vermögen mit Buchwert, Zwischenwert oder Teilwert ansetzen. Die übernehmende Personengesellschaft hat die auf sie übergehenden Wirtschaftsgüter mit dem Wert, den die Kapitalgesellschaft in ihrer steuerlichen Schlussbilanz gewählt hat, zu übernehmen. Sie tritt bez. Absetzung für Abnutzung etc. in die Rechtsstellung der übertragenden Körperschaft ein (§ 4 II UmwStG). Da die Personengesellschaft (bzw. die einzelne natürliche Person) nunmehr Vermögen unmittelbar besitzt, das ihr früher nicht gehörte (sondern der Kapitalgesellschaft, die untergeht), hat sie insoweit einen Vermögenszugang, also einen Gewinn. Zugleich aber gehen ihre bisherigen Anteile an der Kapitalgesellschaft unter, weil diese aufhört zu existieren; daher tritt zugleich auch ein Vermögensverlust ein. Per

Saldo ergibt sich hieraus ein Gewinn oder Verlust aus der Übernahme des Vermögens der untergehenden Kapitalgesellschaft; dieser „Übernahmegewinn" ist im Einzelnen wie folgt zu zu ermitteln: Wert der übergehenden Wirtschaftsgüter

(Aktiva-Passiva = Rein-Betriebsvermögen)

- Kosten für den Vermögensübergang (Umwandlungskosten)

- Wert der Anteile an der übertragenden Kapitalgesellschaft

+ Sperrbetrag nach § 50c EStG 1999

- Kapitalerträge i.S.d § 7 UmwStG (d.h. die auf den Gesellschafter anteilig entfallenden offenen Rücklagen der übertragenden Kapitalgesellschaft)

= Übernahmegewinn/-verlust

Ein Übernahmegewinn ist nach den Regeln des Halbeinkünfteverfahrens zu behandeln, also zu 95 Prozent steuerfrei, wenn er der Anteilseigner = die übernehmende Person eine Körperschaft ist bzw. zu 40 Prozent steuerfrei nach den Regeln des Teileinkünfteverfahrens, wenn der Anteilseigner = die übernehmende Person eine natürliche Person ist (§ 4 VII UmwStG). Ein Übernahmeverlust ist bei Körperschaften grundsätzlich nicht abzugsfähig (§ 4 VI UmwStG).

Vermögensübertragung – I. *Gesellschaftsrecht:* Es handelt sich um eine Form der → Umwandlung (§ 1 I Nr. 3 UmwG). 1. *Vollübertragung:* Übergang des gesamten Vermögens eines Rechtsträgers im Wege der Gesamtrechtsnachfolge unter Auflösung ohne Abwicklung auf einen anderen Rechtsträger (§ 174 I UmwG). Den Anteilsinhabern des übertragenden Rechtsträgers wird keine Beteiligung an dem übernehmenden Rechtsträger, sondern eine Gegenleistung in anderer Form gewährt (z.B. Entschädigung). – 2. *Teilübertragung:* Übertragung eines Teils des Vermögens oder mehrerer bzw. sämtlicher Vermögensteile als Gesamtheit auf einen bestehenden Rechtsträger (§ 174 II UmwG) unter vorheriger Spaltung des Vermögens. Die Spaltungsvorschriften sind entsprechend anzuwenden (→ Rechtsträger, Spaltung von). – 3. *Gesetzlich geregelte Arten nach dem Umwandlungsgesetz:* Vgl. Tabelle „Vermögensübertragung".

II. **Ertragsteuern:** Wiederkehrende Leistungen im Zusammenhang mit einer Vermögensübertragung können sein: a) *Versorgungsleistungen:* Unter den Voraussetzungen von § 10 I Nr. 1a EStG können die Versorgungsleistungen beim Verpflichteten als → Sonderausgaben geltend gemacht werden. Beim Leistungsempfänger sind diese als „→ Sonstige Einkünfte" nach § 22 Nr. 1b EStG steuerpflichtig. – b) → Unterhaltsleistungen: Diese gelten als Zuwendungen und sind nach § 12 Nr. 2 EStG steuerlich nicht abzugsfähig. – c) *entgeltliche Vermögensübertragung im Austausch mit einer Gegenleistung:* Diese Leistungen beinhalten eine nicht steuerbare oder steuerbare Vermögensumschichtung sowie einen Zinsanteil. – *Versorgungsleistungen:* Voraussetzung hierfür ist die Übertragung von Vermögen kraft einzelvertraglicher Regelung unter Lebenden i.d.R. im Rahmen der → vorweggenommenen Erbfolge. Der Rechtsgrund kann auch in einer Verfügung von Todes wegen sein, wenn die Vermögensübertragung im Wege der vorweggenommenen Erbfolge zu Lebzeiten des Erblassers ebenfalls begünstigt wäre (BFH vom 11.10.2007, BStBl. 2008 II Seite 123). Der Übergeber behält sich die Erträge des Vermögens typischerweise durch Versorgungsleistungen vor. Die Übertragung ist grundsätzlich unter Angehörigen, aber auch unter Fremden möglich. Als Empfänger gelten grundsätzlich Abkömmlinge und auch gesetzlich erbberechtigte entfernte Verwandte des Übergebers. Im Rahmen der Vermögensübertragung soll der Übernehmer (wenigstens teilweise) eine unentgeltliche Zuwendung erhalten. Bei einer Übertragung auf Angehörige gilt die Vermutung, dass die wiederkehrende Leistung unabhängig vom Wert des übertragenden Vermögens nach dem Versorgungsbedürfnis des Berechtigten und nach der wirtschaftlichen Leistungsfähigkeit des Verpflichteten bemessen wird. Diese Vermutung kann widerlegt werden, wenn die Beteiligten Leistung und Gegenleistung nach kaufmännischen Gesichtspunkten gegeneinander abgewogen haben und subjektiv von der Gleichwertigkeit der Leistung ausgehen dürfen, selbst wenn Leistung und Gegenleistung nach objektiven Gesichtspunkten nicht gleichwertig sind. Gegenstand der Vermögensübertragung sind nur Mitunternehmeranteile an einer Personengesellschaft, die eine Tätigkeit i.S.d. § 13, 15 I S. 1 Nr. 1 oder nach § 18 I EStG ausüben, eines Betriebs oder Teilbetriebs und eines Anteils an einer GmbH von mindestens 50 Prozent, wenn der Übergeber als Geschäftsführer tätig war und der Übernehmer diese Tätigkeit nach der Übertragung übernimmt. Wird begünstigtes Vermögen unter Vorbehalt eines → Nießbrauchs übertragen, gelten die vorgenannten Ausführungen, wenn der Nießbrauch lediglich Sicherungszwecken dient und der Vermögensübergeber gleichzeitig mit der Bestellung des Nießbrauchs dessen Ausübung nach § 1059 BGB dem Vermögensübernehmer überlässt. Weiterhin ist Voraussetzung für die Versorgung, dass das Vermögen ausreichend Ertrag bringt, um die Versorgung des Übergebers aus dem übernommenen Vermögen zumindest zu einem Teil zu sichert. Dies wird grundsätzlich angenommen, wenn nach überschlägiger Berechnung die wiederkehrenden Leistungen nicht höher als der langfristig erzielbare Ertrag des übertragenden Vermögens. Keine Begünstigung liegt vor, wenn sich der Übernehmer im Übertragungsvertrag der Verpflichtung nachkommt, das übertragene Vermögen umzuschichten. Darüber hinaus gelten Besonderheiten bei Betriebsaufgabe, Übertragung, Umwandlung und nachträgliche Umschichtungen. – *Entgeltliche Vermögensübertragungen:* Bis zur Grenze der Angemessenheit enthalten wiederkehrende Leistungen im Austausch mit einer Gegenleistung eine nicht steuerbare oder steuerbare Vermögensumschichtung in Höhe des Barwerts und einen Zinsanteil. Ist der Barwert (= Tilgungsanteil) der wiederkehrenden Leistungen jedoch höher als der Wert des übertragenden Vermögens, wird grundsätzlich eine Entgeltlichkeit in Höhe des angemessenen Kaufpreise angenommen. Der darüber hinausgehende Betrag gilt steuerlich als Zuwendung i.S.d. § 12 Nr. 2 EStG. Ist die Höhe des Barwerts doppelt so hoch wie der Wert des übertragenen Vermögens, liegt somit insgesamt eine Zuwendung des § 12 Nr. 2 EStG vor. Eine Teilentgeltlichkeit wird angenommen, wenn der Wert des übertragenen Vermögens höher ist als der Barwert der wiederkehrenden Leistungen. – a) *Übertragung von Betriebsvermögen*: Betreffend der ertragsteuerlichen Behandlung bei Veräußerung von Wirtschaftsgütern des Betriebsvermögens gegen Leibrenten, Veräußerungsrenten oder Kaufpreisraten verweisen wir auf die dort gemachten Ausführungen. – b) *Übertragung von Privatvermögen* gegen wiederkehrende Leistungen auf Lebenszeit: Beim Verpflichteten bemessen sich die Anschaffungskosten nach dem Barwert der wiederkehrenden Leistungen. Dieser wird bei lebenslänglichen Leistungen nach § 14 I BewG oder nach versicherungsmathematischen Grundsätzen ermittelt. Bei einer dauernden Leistung (ungleichmäßig wiederkehrende Leistungen) berechnet sich der Barwert nach dem Jahreswert, der in künftig im Durchschnitt der Jahre voraussichtlich erzielt wird. Bei einem Erwerb eines Wirtschaftsguts, welches zur Einkünfteerzielung dient, ist der errechnete Barwert Grundlage für die Absetzung für Abnutzung, für Sonderabschreibungen oder für höhere Absetzung. Zu beachten ist, dass der in den wiederkehrenden Leistungen enthaltene Tilgungsanteil im Zeitpunkt der Zahlung nicht

Vermögensübertragung

Rechtsträger		übernehmender			
übertragender		Öffentliche Hand	VVaG	öffentl.-rechtl. Versicherungs- unternehmen	Versiche- rungs-AG
GmbH	Voll- übertr.	§§ 175 Nr. 1, 176	–	–	–
	Teil- übertr.	§§ 175 Nr. 1, 177	–	–	–
AG/KGaA	Voll- übertr.	§§ 175 Nr. 1, 176	–	–	–
	Teil- übertr.	§§ 175 Nr. 1, 177	–	–	–
Versiche- rungs-AG	Voll- übertr.	–	§§ 175 Nr. 2 Buchst. a, 178	§§ 175 Nr. 2 Buchst. a, 178	–
	Teil- übertr.	–	§§ 175 Nr. 2, Buchst. a, 179	§§ 175 Nr. 2, Buchst. a, 179	–
VVaG	Voll- übertr.	–	–	§§ 175 Nr. 2 Buchst. b, 180–183 185–187	§§ 175 Nr. 2 Buchst. b, 180–183 185–187
	Teil- übertr.	–	–	§§ 175 Nr. 2 Buchst. b, 184–187	§§ 175 Nr. 2 Buchst. b, 184–187
öff.-rechtl. Versicherungs- unternehmen	Voll- übertr.	–	§§ 175 Nr. 2 Buchst. c, 188	–	§§ 175 Nr. 2 Buchst. c, 188
	Teil- übertr.	–	§§ 175 Nr. 2 Buchst. c, 189	–	§§ 175 Nr. 2 Buchst. c, 189

§§ sind solche des Umwandlungsgesetzes

gesondert im Rahmen von Werbungkosten berücksichtigt werden kann. Der Zinsanteil von Renten und dauernden Lasten ist grundsätzlich nicht abzugsfähig. Wenn hingegen das erworbene Wirtschaftsgut der Einkünfteerzielungsabsicht dient, ist der in den Zahlungen enthaltene Zinsanteil grundsätzlich als → Werbungskosten abzugsfähig. Beim Berechtigten ermittelt sich der Veräußerungspreis in Höhe des Barwerts für die wiederkehrenden Leistungen. Bei privaten Veräußerungsgeschäften ist der Veräußerungspreis bis zur Höhe des Barwerts die Differenz zwischen der Summe der jährlichen Zahlungen und der ermittelte Zinsanteil. In dem Jahr, in dem der in der Summe der jährlichen Zahlungen enthaltene Veräußerungspreis die um die Abschreibung gekürzten Anschaffungskosten und weitere Werbungskosten übersteigt, entsteht erstmals ein Gewinn. Bei Veräußerungsgewinnen von wesentlichen Anteilen i.S.d. § 17 EStG entsteht der Gewinn grundsätzlich im Zeitpunkt der Veräußerung. Bei Veräußerungen gegen → Leibrente und gegen Ratenzahlungen, gelten wiederum Besonderheiten. Bei Veräußerungen von Kapitalvermögen, kann der Gewinn ggf. auch nach § 20 EStG besteuert werden: Hier greift die → Abgeltungsteuer. Der Zinsanteil, der in den wiederkehrenden Leistungen enthalten ist, ist Entgelt für die Stundung des Veräußerungspreises. Dieses ist auf die Laufzeit der wiederkehrenden Leistungen zu verteilen. Bei dauernden Leistungen gilt der Zinsanteil als Einkünfte aus Kapitalvermögen i.S.d. § 20 EStG. Der Ertragsanteil, welcher in Veräußerungsleibrenten enthalten ist, ist nach § 22 EStG zu versteuern. – c) *Übertragung von Privatvermögen* gegen wiederkehrende Leistungen auf bestimmte Zeit: Die Anschaffungskosten und der Veräußerungspreis ermittelt sich nach § 13 I BewG mit dem Barwert. Dies gilt auch bei wiederkehrenden Leistungen für eine Mindestlaufzeit. Der Barwert kann auch auf Basis eines versicherungsmathematischen Gutachtens ermittelt werden. Bei der Ermittlung des Zinsanteils der Rente bei Mindestlaufzeit kommt es darauf an, ob die laufenden Zahlungen eher einer Leibrente oder der Kaufpreisrate zuzuordnen ist. Werden Kaufpreisraten angenommen, ermittelt sich der Zinsanteil grundsätzlich aus der Differenz zwischen der Summe der jährlichen Zahlungen und der jährlichen Minderung des Barwerts der wiederkehrenden Leistungen. Ansonsten ist der Ertragsanteil mittel Ertragswerttabelle des § 22 Nr. 1 S. 3 Buchst. a Doppelbuchst. bb S. 4 EStG zu ermitteln. Betreffen die Besteuerung verweisen wir auf die obigen Ausführungen unter b).

Vermögensverwaltung – 1. *Einkommen- und Körperschaftsteuer:* Verwalter eines Vermögens unterliegen mit den ihnen zuzurechnenden Einkünften der Einkommen- bzw. Körperschaftsteuer. – 2. *Gewerbesteuer:* Die Vermögensverwaltung unterliegt der → Gewerbesteuer nur, wenn sie im Rahmen eines → Gewerbebetriebs erfolgt. – a) Die *Verwaltung eigenen Vermögens* ist i.d.R. keine steuerpflichtige

gewerbliche Tätigkeit. Die Nutzung des Vermögens kann aber als gewerbliche Tätigkeit angesehen werden, wenn mit Gewinnabsicht eine selbstständige, nachhaltige und nach außen hin hervortretende Tätigkeit entfaltet wird, die über das übliche Ausmaß an Tätigkeiten bei einer Vermögensverwaltung hinausgeht. Die Abgrenzung zwischen einer noch nicht als gewerblich einzustufenden Vermögensverwaltung und einem Gewerbebetrieb kann im Einzelfall schwierig sein. Vermögensverwaltung liegt i.d.R. nicht mehr vor, wenn die Nutzung des Vermögens gegenüber der Umschichtung des Vermögens zur Ausnutzung von Wertsteigerungen in den Hintergrund tritt. – b) Die *Vermietung und Verpachtung von Grundbesitz* stellt auch dann noch eine gewerbesteuerfreie Vermögensnutzung dar, wenn der vermietete Grundbesitz sehr umfangreich ist, der Verkehr mit vielen Mietparteien eine erhebliche Verwaltungsarbeit erforderlich macht oder die vermieteten Räume für gewerbliche Zwecke verwendet werden. Um der Tätigkeit des Grundstücksbesitzers gewerblichen Charakter zu geben, müssen noch bes. Umstände hinzutreten, z.B. dass die Verwaltung des Grundbesitzes wegen des ständigen und schnellen Wechsels der Mieter eine *fortgesetzte Tätigkeit* erfordert, die über das Maß der üblichen Vermietertätigkeit hinausgeht, oder dass der Grundstücksbesitzer den Mietern gegenüber Verpflichtungen übernimmt, wie Herrichtung des Gebäudes für die bes. Art der Verwendung und Übernahme der Reinigung der vermieteten Räume. – c) *Ab dem Erhebungszeitraum 2008* erfolgt die Hinzurechnung der → Mieten, Pachten etc. unabhängig von der Gewerbesteuerpflicht des Vermieters. Hinzugerechnet werden 25 Prozent aus der Summe von 20 Prozent der Miet- und Pachtzinsen für die Benutzung von beweglichen Wirtschaftsgütern des Anlagevermögens, die im Eigentum von fremden Dritten stehen sowie von 65 Prozent der Miet- und Pachtzinsen für die Benutzung von unbeweglichen Wirtschaftsgütern des Anlagevermögens, die ebenso im Eigentum von fremden Dritten stehen, und zwar nur, soweit die Summe unter Berücksichtigung von weiteren Finanzierungsentgelten den Betrag von 100.000 Euro übersteigen. Eine Kürzungsvorschrift ist nur noch für solche Grundstücke vorgesehen, die nicht von der Grundsteuer befreit sind. Die Vorschrift nach § 9 Nr. 4 GewStG a.F., die die Kürzung der beim Mieter hinzugerechneten Pachteinnahmen auf Ebene des Verpächters regelt, ist ab 2008 entfallen. Eine Kürzung ist insoweit nicht mehr zulässig.

vermögenswirksame Leistungen – Geldleistungen im Sinne des § 2 VermBG, die der Arbeitgeber für den Arbeitnehmer anlegt. Diese Geldleistungen können auch für den Ehegatten, die Kinder oder die Eltern des Arbeitnehmers angelegt werden (§ 3 VermBG). – Vgl. auch → Vermögensbildung der Arbeitnehmer.

Vermögenszuwachsrechnung → Verprobungsmethoden.

Vermögenszuwachssteuer – Steuer auf die Zunahme einer Bestandsgröße des Vermögens. In Deutschland in der Zeit des Ersten Weltkriegs erhoben.

Vernichtung – 1. *Begriff*: Nach Art. 182 ZK können → Nichtgemeinschaftswaren unter zollamtlicher Überwachung vernichtet oder zerstört werden. Bei der Vernichtung richtet sich die Handlung auf eine substanzielle Beseitigung des Stoffes, dagegen wird bei der Zerstörung einer Ware nur ihre Beschaffenheit verändert. – 2. *Folgen*: Die bei der Zerstörung angefallenen Abfälle und Überreste müssen einem für Nichtgemeinschaftswaren vorgesehenen zollrechtlichen Verfahren zugeführt werden (i.d.R. in den zollrechtlichen freien Verkehr). Die Durchführung der genannten Verfahren darf der Staatskasse keine Kosten verursachen. – 3. → Unionszollkodex: Der UZK kennt nur noch die → Zerstörung als Unterfall der → aktiven Veredelung.

Verpachtung – Landpacht, → Pacht.

Verpackungsteuer – Steuer auf Einwegverpackungen, Einweggeschirr etc. Gegenstände, deren Einführung als Lenkungssteuer im Zuge der Umweltdiskussion (Müllvermeidung) von zahlreichen Gemeinden erwogen wurde; allerdings hat das Bundesverfassungsgericht 1998 entschieden, dass die Einführung einer solchen Steuer als Lenkungssteuer durch die Gemeinden die Wirksamkeit der gesetzgeberischen Konzeption, mit der der Bundesgesetzgeber die Abfallproblematik bewältigen will, beeinträchtigen bzw. unterlaufen könnte und eine solche Steuer daher, soweit sie als Lenkungssteuer erhoben werden soll, untersagt.

Verpfändung von Erstattungsansprüchen – Ansprüche auf Erstattung von Steuern und steuerlichen Nebenleistungen, Steuervergütungen und Haftungsbeträgen können verpfändet werden (§ 46 I AO). Es sind die für die Abtretung dieser Ansprüche geltenden Bestimmungen sinngemäß anzuwenden.

Verprobung – I. Buchführung: Überprüfung der Richtigkeit der Buchführungsergebnisse mithilfe von prüfungstechnischen Formeln (→ Verprobungsmethoden), bes. im Verlauf der handelsrechtlichen → Jahresabschlussprüfung und der steuerlichen → Außenprüfung.

II. Revision: Verprobung kennzeichnet einen Soll-Ist-Vergleich, bei dem einem zu prüfenden Istwert ein aufgrund von Plausibilitätsüberlegungen gewonnener Sollwert gegenübergestellt wird, in der Hoffnung, im Prüfungsstoff vorhandene Auffälligkeiten, ggf. auch potenzielle Fehler, zu entdecken. Die Verprobung dient als Ausgangspunkt für weitere Prüfungsplanungen/-handlungen zur Fehlersuche. Die Sollwerte können sowohl unternehmensinternen (Kennziffern aus anderen Zeiträumen) als auch unternehmensexternen Ursprungs sein (Kennziffern eines anderen Unternehmens; auch (Branchen-)Durchschnittswerte möglich). Methode der indirekten → Prüfung.

Verprobungsmethoden – Im Rahmen der → Jahresabschlussprüfung können Verprobungsmethoden in allen Phasen des Prüfungsprozesses eingesetzt werden (bei der anfänglichen Ausgangsplanung, der Prüfprogrammentwicklung, der Prüfungsdurchführung, der abschließenden Durchsicht). Gemeinsam ist den Verprobungsmethoden, dass nicht einzelne Geschäftsvorfälle als solche betrachtet werden, sondern die Plausibilität aggregierter Größen durch Gegenüberstellung von adäquaten Vergleichswerten hinterfragt wird (→ Verprobung). – *Gebräuchliche Verprobungsmethoden sind u.a.*: (1) Einfache quantitative Verfahren, etwa (a) Zuschreibeformel (Anfangsbestand + Zugänge – Abgänge = Endbestand), anwendbar z.B. bei der Plausibilisierung des für ein Geschäftsjahr ausgewiesenen Wareneinsatzes, (b) Kalkulationsschemen, (c) Kennzahlenrechnungen. – *Beispiele*:

(2) Einfache grafische Verfahren, z.B. Zeitreihenvergleiche. Bei Zeitreihenvergleichen wird die zeitliche Entwicklung konkreter Unternehmensdaten, die über feste Input-Output-Relationen inhaltlich miteinander verbunden sind (z.B. Umsatz, Wareneinsatz) betrachtet. Durch die grafische Aufbereitung von Zeitreihenvergleichen unter Verwendung eines Koordinatensystems mit halblogarithmischer Skalierung lassen sich unerwartete Verlaufsentwicklungen einzelner Daten leichter aufdecken. – *Beispiel*: Bei unveränderten Absatzpreisen ist der Umsatzverlauf eines Produktes we-

a)   Warenanfangsbestand
  +   Warenzugänge
  –   Warenendbestand
  =   Soll-Warenabgang (Soll-Wareneingang)

b)   Wareneinsatz
  +   Rohaufschlag
  =   Soll-Umsatzerlös

niger stark angestiegen als die zugehörige Wareneinsatzmenge; Ursache könnte eine Umsatzverkürzung sein. (3) Höhere (oft multivariate) quantitative Verfahren, z.B. Regressions-, Faktoren-, Korrelationsanalysen, multivariate Diskriminanzanalysen, mathematische Zeitreihenanalysen, einschließlich multivariater Darstellungen von Verprobungsdaten.

Verrechnungspreis – 1. *Begriff*: Der zwischen rechtlich selbständigen, aber miteinander durch Beteiligungsbeziehungen direkt oder indirekt verbundenen Unternehmen vereinbarte Preis für Lieferungen und Leistungen jeder Art. Keine Verrechnungspreise sind folglich innerhalb einer rechtlichen Einheit, d.h. zwischen einem Stammhaus und seiner Betriebsstätte, möglich. – 2. *Grundsatz*: Die verbundenen

Unternehmen müssen ihre Leistungen untereinander so abrechnen, wie dies auch einander fremde Dritte täten (Drittvergleichsgrundsatz; → Fremdvergleichsgrundsatz). Dieser Grundsatz gilt sowohl im nationalen Recht (wo eine Verletzung durch Vereinbarung unangemessener Verrechnungspreise entweder zu einer verdeckten Gewinnausschüttung oder einer verdeckten Einlage führen kann) als auch im grenzüberschreitenden Rahmen (Art. 9 des OECD-Musterabkommens für Doppelbesteuerungsabkommen erlaubt es den Vertragsstaaten, unangemessene Verrechnungspreise auf Konditionen, die dem Fremdvergleichsgrundsatz entsprechen, zu berichtigen). – 3. *Steuerrechtliche Folgen:* Die Finanzverwaltung korrigiert die Gewinnermittlung des betroffenen Unternehmens und berechnet den Gewinn so, als ob die Verrechnungspreise in angemessener Höhe vereinbart worden wären. Die über die angemessene Höhe hinaus gehende Teile der Zahlungen an einen Gesellschafter gelten i.d.R. als verdeckte Gewinnausschüttungen und solche Zahlungen von einem Gesellschafter, wenn auch die übrigen Voraussetzungen dafür gegeben sind, als Einlagen (verdeckte Einlagen). Hilfsweise erlaubt aber § 1 AStG, die Verrechnungspreise auch in allen anderen Fällen zu korrigieren, um den Gewinn so auszuweisen, wie es bei Beziehungen unter fremden Dritten der Fall gewesen wäre. – 4. *Rechtsgrundlagen:* §§ 90, 162 AO; Gewinnaufzeichnungs-Dokumentationsverordnung; Funktionsverlagerungsverordnung; Art. 9 OECD-Musterabkommen; BMF-Schreiben über Verwaltungsgrundsätze zur Kontrolle der Verrechnungspreise („Verwaltungsgrundsätze"). – 5. *Dokumentationspflicht:* In Deutschland werden die Dokumentationspflichten der Unternehmen in § 90 III Abgabenordnung (Mitwirkungspflichten bei Auslandssachverhalten) festgelegt, deren Umfang und Ausgestaltung im Interesse einer einheitlichen Rechtsanwendung durch die „Verordnung zu Art, Inhalt und Umfang von Aufzeichnungen i.S.d. § 90 III der Abgabenordnung (Gewinnabgrenzungsaufzeichnungsverordnung) näher ausgeführt werden. Darüber hinaus hat das Bundesfinanzministerium einige Verwaltungsgrundsätze veröffentlicht, die die Arbeit der Finanzverwaltung binden. Hierbei sind insbesondere die sog. Verfahrensgrundsätze-Verfahren zu nennen (12.4.2005): die Verwaltungsgrundsätze-Kostenumlagen (30.12.1999) und die Verwaltungsgrundsätze-Arbeitnehmerentsendung (9.11.2001). Darüber hinaus hat das Bundesfinanzministerium Merkblätter zu Verständigungs- und Schiedsverfahren (13.7.2006) sowie zu Vorabverständigungsverfahren (Advanced Pricing Agreements) (5.10.2006) veröffentlicht.

Verrechnungspreisforum → Transferpreisforum.

Versandanmeldung → Zollanmeldung, mittels derer der Zollbeteiligte (Hauptverpflichtete) bei der Abgangs(zoll)stelle die Überführung von Waren in ein → Versandverfahren anmeldet. Das daraufhin erstellte Versandbegleitdokument begleitet die Ware und ist bei der erneuten Gestellung der Bestimmungs(zoll)stelle am Empfangsort vorzulegen. Seit dem 1.7.2005 sind in der EU die gemeinsamen/ → gemeinschaftlichen Versandverfahren ausschließlich mit dem NCTS („New Computerized Transit System") als Regelverfahren durchzuführen. Damit ersetzt die elektronische Abwicklung über NCTS das vorher hauptsächlich papiergebundene System der Abwicklung der Versandverfahren.

Versandhandelsregelung – I. Umsatzsteuer: 1. *Begriff:* umsatzsteuerliche Sonderregelung für die Besteuerung von Lieferungen von einem EU-Staat in einen anderen (in Deutschland: § 3c UStG). – 2. *Voraussetzungen:* Die Versandhandelsregelung ist zur → Erwerbsteuer subsidiär und kann daher überhaupt nur dann greifen, wenn der Empfänger der Ware nicht mit dem Vorgang der Erwerbsteuer unterliegt. Sie ist dann einschlägig, wenn der Lieferant die Ware an den Abnehmer versendet oder befördert. – *Gegensatz:* → Abhollieferung. – 3. *Konsequenzen:* Der Lieferant wird mit dem betreffenden Umsatz nicht mehr im eigenen Staat, sondern im Bestimmungsland der Ware steuerbar, die dort gültigen Umsatzsteuersetze finden daher Anwendung, ggf. ist eine → Fiskalvertreter zu bestellen. – 4. *Bagatellgrenzen:* Wegen der administrativen Belastungen findet die Versandhandelsregelung für die Lieferungen in ein Land nur dann Anwendung, wenn die Lieferungen dorthin eine bestimmte Größenordnung pro Jahr überschreiten. Für die Prüfung zählt die von dem jeweiligen Bestimmungsland der Ware festgesetzte Bagatellgrenze; diese sog. → Lieferschwelle liegt i.Allg. bei 100.000 Euro, mind. aber bei ca. 35.000 Euro (aktuelle Liste der genauen Werte aller EU-Staaten jeweils in Abschn. 42j UStR). Es ist dem Lieferanten jedoch möglich, auf die Anwendung der Lieferschwelle zu verzichten; in diesem Fall greift die Versandhandelsregelung bereits auch bei geringfügigeren Jahresumsätzen mit dem betreffenden Land. Auf Abhollieferungen wird die Versandhandelsregelung allerdings niemals angewandt. – 5. *Besonderheiten:* Die Lieferung von verbrauchsteuerpflichtigen Waren unterliegt ohne jede Bagatellgrenze auch bei der Umsatzsteuer stets der Versandhandelsregelung; für die Lieferung → neuer Fahrzeuge kann es dagegen nie zur Anwendung der Versandhandelsregelung kommen (da stets Erwerbsteuerpflicht besteht). – 6. *Verbrauchsteuerrecht:* Im Bereich der Verbrauchsteuern gilt die geschilderte umsatzsteuerliche Regelung analog für die Lieferung von verbrauchsteuerpflichtigen Waren durch Versendung oder Beförderung an den Kunden in einem EU-Staat; allerdings gibt es für verbrauchsteuerliche Zwecke keinerlei Bagatellgrenze (keine Lieferschwelle, Steuerbarkeit im Bestimmungsland schon bei geringfügigsten Umsätzen).

II. Verbrauchsteuern: Bei den Verbrauchsteuern existiert EU-weit (vorgegeben durch die → Verbrauchsteuersystemrichtlinie) eine Versandhandelsregelung ähnlich zu der umsatzsteuerlichen Regelung, allerdings ohne Bagatellgrenzen. Wer als Gewerbetreibender verbrauchsteuerpflichtige Waren an private Kunden in anderen Mitgliedsstaaten versendet, wird mit dieser Lieferung dort sofort steuerpflichtig; eine → Lieferschwelle, bis zu der solche Umsätze nicht zur Steuerpflicht im Bestimmungsland der Waren führen, gibt es nicht.

Versandschein → Versandanmeldung.

Versandverfahren – 1. *Begriff:* regelt unter Berücksichtigung der wirtschaftlichen Interessen der am Außenhandel beteiligten Personen die Beförderung von Waren zwischen zwei innerhalb des Zollgebiets der Gemeinschaft gelegenen Orten. – 2. *Arten:* Das im gesamten → Zollgebiet geltende gemeinschaftliche Versandverfahren (gVV) unterscheidet zwischen dem externen T1-Verfahren für unverzollte → Nichtgemeinschaftswaren und bes. zu überwachende Waren und dem internen T2-Verfahren für verzollte → Gemeinschaftswaren. Letzteres findet grundsätzlich nur Anwendung, wenn zwischenzeitlich das Zollgebiet der Gemeinschaft verlassen wird, etwa beim Warenverkehr nach Italien über die Schweiz. Nach Art. 91 ZK können im externen Versandverfahren Nichtgemeinschaftswaren befördert werden, ohne dass diese Waren Einfuhrabgaben oder handelspolitischen Maßnahmen unterliegen; ferner Gemeinschaftswaren, die bei der Ausfuhr in ein Drittland bestimmten Gemeinschaftsmaßnahmen (z.B. Marktordnung) unterzogen werden und ggf. Ausfuhrförmlichkeiten (nach Außenwirtschaftsrecht) zu erfüllen haben. Daneben treten weitere Versandverfahren. Weitere Versandverfahren sind das nach den gleichen Verfahrensregeln abzuwickelnde gemeinsame Versandverfahren (gemVV) mit den EFTA-Staaten. Ferner ist das → Carnet TIR möglich, sofern nachstehende Voraussetzungen erfüllt sind: (1) eine solche Beförderung außerhalb der Gemeinschaft beginnen oder enden soll oder (2) eine solche Beförderung sowohl Warensendungen betrifft, die im Zollgebiet der Gemeinschaft abgeladen werden sollen, als auch Warensendungen, die in einem Drittland abgeladen werden sollen, oder (3) eine solche Beförderung zwischen zwei innerhalb der Gemeinschaft liegenden Orten über das Gebiet des Drittlandes vorgenommen wird. Schließlich ist eine Beförderung mit → Carnet ATA als Versandschein zugelassen, ebenso aufgrund des Rheinmanifestes, nach dem NATO-Abkommen mit Vordruck 302 und durch die Post. – 3. *Pflichtige:* Die Person, die selbst oder durch einen Vertreter die Anmeldung zum gVV abgibt, ist der Hauptverpflichtete, der für die ordnungsgemäße Durchführung des Verfahrens haftet. Er hat: (1) die Waren innerhalb der vorgeschriebenen Frist unter Beachtung der von den Zollbehörden zur Nämlichkeitssicherung getroffenen Maßnahmen unverändert der Bestimmungszollstelle zu gestellen und die Versandbegleitdokumente vorzulegen; (2) die Vorschriften über das gVV einzuhalten. Warenführer und Warenempfänger haben in Kenntnis der Versandguteigenschaft unter Wahrung

der Nämlichkeitssicherung für eine fristgerechte Gestellung der Waren bei der Bestimmungszollstelle zu sorgen. Im gVV wird i.d.R. die → Nämlichkeit der Ware durch amtlichen Verschluss gesichert. – Der Hauptverpflichtete hat im gVV eine Sicherheit zu leisten, damit die Erfüllung der → Zollschuld und die Zahlung der übrigen Eingangsabgaben gewährleistet ist (Art. 94 ZK).

Verschachtelung – alter Sprachgebrauch für die Verflechtung mehrerer Unternehmen (meist: Kapitalgesellschaften) miteinander durch Beteiligungen, die einen unternehmerischen Einfluss ermöglichen. – *Beispiel:* Mutterunternehmen mit 25-prozentiger oder 50-prozentiger Beteiligung an verschiedenen Tochterunternehmen. – Vgl. auch → Schachtelgesellschaft, → Schachtelprivileg.

Verschmelzung – *Fusion.*

I. Begriff: Übertragung des gesamten Vermögens eines Rechtsträgers auf einen anderen schon bestehenden oder neu gegründeten Rechtsträger im Wege der Gesamtrechtsnachfolge unter Auflösung ohne Abwicklung. Dem Anteilseigner des übertragenden und erlöschenden Rechtsträgers wird eine Beteiligung an dem neuen bzw. übernehmenden Rechtsträger gewährt. Es handelt sich um eine bes. Form der → Umwandlung nach dem UmwG (vgl. §§ 2 ff. UmwG).

II. Zwecke: 1. *Realisierung beschaffungs- oder absatzpolitischer Vorteile:* z.B. Marktbeeinflussung oder -beherrschung durch Ausschaltung des Wettbewerbs, Preisvorteile, Sicherung der Beschaffungsmöglichkeiten, Abbau von Lagerbeständen. Im Zeitalter der Globalisierung besteht nach dem UmwG auch die Möglichkeit der grenzüberschreitenden Verschmelzung (vgl. §§ 122 a ff. UmwG). Daran teilnehmen können Rechtsträger, die dem Recht eines anderen Mitgliedstaats der EU oder eines anderen Vertragsstaats des Abkommens über den Europäischen Wirtschaftsraum unterliegen. – 2. *Realisierung produktions- und personalwirtschaftlicher Vorteile:* z.B. Nutzung der Vorteile einer Verbundwirtschaft durch Arbeitsteilung und Rationalisierung ebenso wie die Zusammenarbeit auf den Gebieten Forschung und Entwicklung sowie der innerbetrieblichen Aus- und Weiterbildung. – 3. *Realisierung finanzwirtschaftlicher Vorteile:* z.B. Erhöhung der Kreditwürdigkeit, Erschließung neuer Kapitalbeschaffungsmöglichkeiten, Sanierung, Erhöhung der Rentabilität durch Ausgleich der Unterschiede in der Kapitalbindung und die Nutzung von Steuervorteilen.

III. Arten: 1. *Fusion durch Aufnahme:* Eines der sich vereinigenden Unternehmen bleibt bestehen. Die übrigen Unternehmen übertragen ihre Vermögen auf dieses eine fortzuführende Unternehmen (§ 2 Nr. 1 UmwG). – 2. *Fusion durch Neubildung:* Die fusionierenden Unternehmen übertragen ihre Vermögen auf ein dazu neu gegründetes Unternehmen (§ 2 Nr. 2 UmwG).

IV. Formen: 1. *Horizontale Verschmelzung:* Vereinigung von Unternehmen mit Leistungserstellung der gleichen Stufe. – 2. *Vertikale Verschmelzung:* Vereinigung von Unternehmen, die auf unterschiedlichen (meist hintereinander geschalteten) Stufen der Leistungserstellung tätig sind (z.B. Zulieferer und Hersteller des Hauptprodukts). – 3. *Mischformen* der horizontalen und der vertikalen Verschmelzung.

V. Wege der Rechtsnachfolge: 1. *Gesamtrechtsnachfolge:* Das übertragende Unternehmen tritt nicht in Liquidation. Die zu übertragenden Vermögensgegenstände und Schulden werden im Ganzen unter Ausschluss der → Abwicklung übertragen. – 2. *Einzelrechtsnachfolge:* Das übertragende Unternehmen tritt in Liquidation. Die Vermögensgegenstände und Schulden werden nach den jeweils in Betracht kommenden Vorschriften des Bürgerlichen Rechts einzeln auf das übernehmende Unternehmen übertragen.

VI. Gesetzlich geregelte Arten nach dem Umwandlungsgesetz: Im Wege der Gesamtrechtsnachfolge vgl. Tabelle „Verschmelzung – Gesetzlich geregelte Arten".

VII. Verfahren: 1. *Gesetzliche Regelung:* §§ 2 ff. UmwG vom 28.10.1994 (BGBl. I 3210) m.spät.Änd. – 2. *Verschmelzungsfähige Rechtsträger:* Personenhandelsgesellschaften, Partnerschaftsgesellschaften, Kapitalgesellschaften, eingetragene Genossenschaften, eingetragene Vereine, genossenschaftliche Prüfungsverbände, Versicherungsvereine auf Gegenseitigkeit, lediglich als übertragender Rechtsträger wirtschaftliche Vereine (§ 22 BGB), lediglich als übernehmender Rechtsträger natürliche Personen, die als Alleingesellschafter einer Kapitalgesellschaft deren Vermögen

übernehmen. – 3. *Allg. Voraussetzungen:* a) *Abschluss eines notariell beurkundeten Verschmelzungsvertrages* (§ 4 ff. UmwG). – b) *Mindestinhalt des Verschmelzungvertrages* (§ 5 UmwG): Name oder Firma und Sitz der beteiligten Rechtsträger; Vereinbarung über die Vermögensübertragung jedes übertragenden Rechtsträgers auf den übernehmenden Rechtsträger; Umtauschverhältnis der Anteile bzw. Angaben über die Mitgliedschaft bei dem übernehmenden Rechtsträger; Zeitpunkt, von dem an diese Anteile oder Mitgliedschaften einen Anspruch auf einen Anteil am Bilanzgewinn gewähren; Zeitpunkt, von dem an die Handlungen des übertragenden Rechtsträgers als für die Rechnung des übernehmenden Rechtsträgers vorgenommen gelten (Verschmelzungs-Stichtag); Rechte, die der übernehmende Rechtsträger einzelnen Anteilsinhabern sowie Inhabern von bes. Rechten des übertragenden Rechtsträgers gewährt; jeden bes. Vorteil, der einem Mitglied des Vertretungsorgans oder einem Aufsichtsratsorgan der beteiligten Rechtsträger gewährt wird; Angaben über die Folgen der Verschmelzung für die Arbeitnehmer und ihre Vertretung. Die Angaben über den Umtausch von Anteilen können entfallen, wenn sich alle Anteile des übertragenden Rechtsträgers in der Hand des übernehmenden Rechtsträgers befinden. Einem Betriebsrat ist spätestens einen Monat vor der Verschmelzung der *Verschmelzungsvertrag* zuzuleiten. – c) *Erstattung eines Verschmelzungsberichts* durch die Vertretungsorgane der beteiligten Rechtsträger (§ 8 I UmwG) ist nicht erforderlich, wenn alle Anteilsinhaber aller beteiligten Rechtsträger hierauf notariell beurkundet verzichten oder sich alle Anteile des übertragenden Rechtsträgers in der Hand des übernehmenden

Verschmelzung – Gesetzlich geregelte Arten

Rechtsträger übertragender	übernehmender oder neuer									
	Personenhandelsgesellschaft	Partnerschaftsgesellschaft	GmbH	AG	KGaA	e.G.	e.V.	Gen. Prüfungsverbände	VVaG	nat. Personen
Personenhandelsgesellschaft	§§ 39–45	§§ 45a–45e, 39–45	§§ 39–45, 46–59	§§ 39–45, 60–77	§§ 39–45, 78	§§ 39–45, 79–98	–	–	–	–
Partnerschaftsgesellschaft	§§ 45a–45d, 39–45	§§ 45a–45e	§§ 45a–45d, 46–59	§§ 45a–45d, 60–77	§§ 45a–45d, 78	§§ 45a–45d, 79–98	–	–	–	–
GmbH	§§ 39–45, 46–59	§§ 45a–45e, 46–59	§§ 46–59	§§ 46–59, 60–77	§§ 46–59, 78	§§ 46–59, 79–98	–	–	–	§§ 120–22 i.V.m. §§ 46–59
AG	§§ 39–45, 60–77	§§ 45a–45e, 60–77	§§ 46–59, 60–77	§§ 60–77	§§ 60–77, 78	§§ 60–77, 79–98	–	–	–	§§ 120–122 i.V.m. §§ 60–77
KGaA	§§ 39–45, 78	§§ 45a–45e, 78	§§ 46–59, 78	§§ 60–77, 78	§ 78	§§ 78, 79–98	–	–	–	§§ 120–122, i.V.m. § 78
e.G.	§§ 39–45, 79–98	§§ 45a–45e, 79–98	§§ 46–59, 79–98	§§ 60–77, 79–98	§§ 78, 79–98	§§ 79–98	–	–	–	–
e.V./wirtschaftl. Vereine	§§ 39–45, 99–104a	§§ 45a–45e, 99–104a	§§ 46–59, 99–104a	§§ 60–77, 99–104a	§§ 78, 99–104a	§§ 79–98, 99–104a	§§ 99–104a	–	–	–
Gen. Prüfungsverbände	–	–	–	–	–	–	–	§§ 105–108	–	–
VVaG	–	–	–	(nur Versicherungs AG) §§ 60–77, 109–119	–	–	–	–	§§ 109–119	–
natürliche Personen	–	–	–	–	–	–	–	–	–	–

§§ sind solche des Umwandlungsgesetzes

Rechtsträgers befinden. – d) *Prüfung der Verschmelzung durch einen Sachverständigen (Verschmelzungsprüfung):* Der Verschmelzungprüfer wird durch das Vertretungsorgan des beteiligten Rechtsträgers oder auf dessen Antrag durch das Gericht bestellt; Verzichtbarkeit wie beim Verschmelzungsbericht. – e) *Zustimmung zum Verschmelzungsvertrag* durch die Anteilsinhaber der beteiligten Rechtsträger durch Beschluss in einer Versammlung der Anteilsinhaber (§ 13 UmwG). – f) Das Grundkapital der übernehmenden Gesellschaft kann zur Gewährung von Anteilen oder Mitgliedsrechten an die Aktionäre bzw. Gesellschafter der übertragenden Gesellschaft zu erhöhen sein. Eine *Erhöhung des Grundkapitals* ist unzulässig, soweit die übernehmende Gesellschaft Anteile eines übertragenden Rechtsträgers innehat, ein übertragender Rechtsträger eigene Anteile innehat oder ein übertragender Rechtsträger noch nicht voll eingezahlte Geschäftsanteile innehat. Aktien dieser Gesellschaft innehat (§§ 54, 68 UmwG). Von einer Erhöhung des Grundkapitals darf abgesehen werden, wenn die übernehmende Gesellschaft eigene Geschäftsanteile innehat bzw. eigene Aktien besitzt oder ein übertragender Rechtsträger voll eingezahlte Geschäftsanteile bzw. Aktien der übernehmenden Gesellschaft innehat. Die Erhöhung des Grundkapitals richtet sich nach den Vorschriften der jeweiligen Rechtsform des übernehmenden Rechtsträgers (§ 55 UmwG i.V. mit §§ 55 ff. GmbHG, § 69 UmwG i.V. mit §§ 182 ff. AktG). Mit dem Dritten Gesetz zur Änderung des Umwandlungsgesetzes (3. UmwGÄndG) vom 14.7.2011 (BGBl I 1338) wurde für „Konzernverschmelzungen" eine bes. Form eines verschmelzungsrechtlichen Squeeze-Out geschaffen, vgl. § 62 UmwG n.F. und bei Squeeze-Out. –g) *Registeranmeldung:* Die Verschmelzung ist zum Register jedes der beteiligten Rechtsträger binnen einer Frist von acht Monaten seit dem Stichtag der der Verschmelzung zugrunde gelegten Bilanz anzumelden (§§ 16– 17 UmwG). – 4. *Verschmelzung unter Beteiligung von Aktiengesellschaften:* a) Der Verschmelzungvertrag ist vor der Einberufung der Hauptversammlung zum Register einzureichen, die die Einreichung bekannt zu machen hat (§ 61 UmwG). – b) Einen Monat vor der Einberufung zur Hauptversammlung sind der Verschmelzungsvertrag und die Jahresabschlüsse und Lageberichte der an der Verschmelzung beteiligten Rechtsträger der letzten drei Geschäftsjahre in den Geschäftsräumen der Gesellschaft auszulegen (§ 63 UmwG). – c) Der Verschmelzungsbeschluss bedarf einer Mehrheit von mind. drei Viertel des bei der Hauptversammlung vertretenen Grundkapitals (§ 65 I UmwG). – 5. *Verschmelzung unter Beteiligung von Gesellschaften mit beschränkter Haftung:* a) Der Verschmelzungsvertrag hat zusätzlich für jeden Anteilsinhaber eines übertragenden Rechtsträgers den *Nennbetrag des Geschäftsanteils* zu bestimmen, den die übertragende GmbH ihm zu gewähren hat (§ 46 UmwG). – b) Der Verschmelzungsvertrag ist den Gesellschaftern spätestens mit der Einberufung

zur Gesellschafterversammlung *zu übersenden.* Die Verschmelzung ist als Gegenstand der Beschlussfassung anzukündigen. – c) Von der Einberufung an sind die Jahresabschlüsse der an der Verschmelzung beteiligten Rechtsträger für die letzten drei Geschäftsjahre in den Geschäftsräumen der Gesellschaft *zur Einsicht auszulegen* (§ 49 UmwG). – d) Der *Verschmelzungsbeschluss der Gesellschafterversammlung* bedarf einer Mehrheit von mind. drei Viertel der abgegebenen Stimmen (§§ 50, 51 UmwG). – 6. *Besonderheiten bei der Verschmelzung unter Beteiligung von Personengesellschaften:* a) Im Verschmelzungsvertrag ist für jeden Anteilsinhaber einer übertragenden Gesellschaft zu bestimmen, ob ihm in der übernehmenden oder neuen Personenhandelsgesellschaft die *Stellung eines persönlich haftenden Gesellschafters oder eines Kommanditisten* zukommt (§ 40 UmwG). – b) Der *Verschmelzungsbeschluss der Gesellschafterversammlung* bedarf der Zustimmung aller Gesellschafter, wenn der Gesellschaftsvertrag nichts anderes bestimmt (§ 43 UmwG). – 7. *Besonderheiten bei der Verschmelzung unter Beteiligung von Partnerschaftsgesellschaften:* a) Im Zeitpunkt des Wirksamwerdens müssen alle Anteilsinhaber übertragene Rechtsträger natürliche Personen sein, die einen freien Beruf ausüben (§ 45a UmwG). – b) Der Verschmelzungsbeschluss der Gesellschafterversammlung bedarf der Zustimmung aller anwesenden und die Zustimmung der nicht erschienenen Partner (§ 45d UmwG). – 8. *Besonderheiten bei der Verschmelzung unter Beteiligung anderer Rechtsformen:* a) Ein *rechtsfähiger Verein* kann im Wege der Verschmelzung nur andere eingetragene Vereine aufnehmen oder mit ihnen einen eingetragenen Verein oder einen Rechtsträger anderer Rechtsformen neu gründen (§§ 99 ff. UmwG). – b) *Genossenschaftliche Prüfungsverbände* können nur im Wege der Aufnahme eines Verbandes durch einen anderen Verband verschmolzen werden (§§ 105 ff. UmwG). – c) *Versicherungsvereine auf Gegenseitigkeit* können nur miteinander verschmolzen werden (§§ 109 ff. UmwG). – d) Kapitalgesellschaften können auch mit dem Vermögen eines Alleingesellschafters verschmolzen werden (§§ 120 ff. UmwG). Der Alleingesellschafter ist in das Handelsregister einzutragen (§ 122 UmwG). – e) Für *Kommanditgesellschaften auf Aktien* gelten die für Aktiengesellschaften geltenden Vorschriften entsprechend (§ 78 UmwG).

VIII. Allgemeine Wirkung: 1. Das *Vermögen der übertragenden Gesellschaft(en)* geht als Ganzes auf die übernehmende Gesellschaft über. Rechtlich wirksam wird die Verschmelzung mit Eintragung im Register der übernehmenden Gesellschaft. – 2. Die übertragenden Gesellschaften *erlöschen.* – 3. Die *Gesellschafter bzw. Aktionäre* der übertragenden Gesellschaft werden Gesellschafter der übernehmenden Gesellschaft. Legt ein Anteilsinhaber der übertragenden Gesellschaft Widerspruch gegen den Verschmelzungsbeschluss ein, hat der übernehmende Rechtsträger diesem eine angemessene Barabfindung anzubieten (§§ 29 ff. UmwG). – 4. Überträgt eine Personenhandelsgesellschaft ihr Vermögen durch Verschmelzung auf einen Rechtsträger mit beschränkter Haftung, so haftet ein Gesellschafter der Personenhandelsgesellschaft für ihre Verbindlichkeiten, wenn innerhalb von fünf Jahren daraus Ansprüche gegen ihn gerichtlich geltend gemacht sind (§ 45 UmwG).

IX. Sonderfragen der aktienrechtlichen Verschmelzung: 1. *Ermittlung des Umtauschverhältnisses:* Vgl. auch Tabelle „Verschmelzung – Ermittlung des Umtauschverhältnisses". – a) Das *Umtauschverhältnis* drückt aus, in welchem Verhältnis die Anteile an einer übertragenden Gesellschaft gegen Aktien der übernehmenden umzutauschen sind. Das Umtauschverhältnis wird von den Unternehmenswerten bestimmt. Diese orientieren sich am Börsenkurs oder an einem meist auf Ertragswertbasis erstellten Bewertungsgutachten. – b) Die Verschmelzungs-Prüfer haben anzugeben, nach welchen *Methoden* das Umtauschverhältnis ermittelt wurde, aus welchen Gründen diese Methoden angemessen sind und welches Umtauschverhältnis sich bei verschiedenen Methoden jeweils ergeben würde. Zugleich ist darzulegen, welches Gewicht den verschiedenen Methoden bei der Bestimmung des Umtauschverhältnisses beigemessen worden ist. Der Gesetzgeber hat auf eine Festlegung zulässiger Methoden verzichtet. – c) *Vorschläge zur Ermittlung des Umtauschverhältnisses:* (1) *Börsenkurse:* Begründungen: Börsenkurse entsprechen dem Objektivierungserfordernis. Der Börsenkurs ist geeigneter Maßstab für die Untergrenze des subjektiven Entscheidungswertes und zur Bewertung des Nutzenentgangs durch die Aufgabe des Dividendenrechts. – *Gegenargumente:* Die Kursentwicklung kann im Hinblick auf die Verschmelzung manipuliert sein. Spekulative und andere Markteinflüsse beeinträchtigen die Funktion des Börsenkurses, die Untergrenze des subjektiven Entscheidungswertes zu markieren. Zur Abfindung einer Vielzahl von Aktionären mit unbekannten Entscheidungswerten bedarf es der Typisierung, der der Börsenkurs nicht zweifelsfrei gerecht werden kann. (2) *Bilanzkurse:* Auch nach Auflösung stiller Rücklagen bieten Bilanzkurse nicht die Gewähr für die Bestimmung eines dem Abfindungsgedanken angemessenen Umtauschverhältnisses; denn der Wert eines Unternehmens (Unternehmungswert, Unternehmungsbewertung) wird nicht durch eine auf Einzelbewertungsgrößen (ggf. zum Wiederbeschaffungswert) basierende Gegenüberstellung von Vermögensgegenständen, Schulden und

bilanziellem Eigenkapital, sondern von den künftigen Ertragsaussichten (Konzept der zukunftsorientierten Gesamtbewertung) bestimmt. (3) *Ertragswertkurse:* Dieser Vorschlag beruht auf der Annahme, dass der Wert eines Unternehmens sich nach dem finanziellen Nutzen bemisst, der künftig aus diesem Unternehmen zu erwarten ist. Der Ansatz entspricht den Erkenntnissen der modernen Unternehmensbewertungslehre zur Ermittlung einer angemessenen Abfindung. Die neue Rechtsprechung verlangt neben dem Ertragswert auch eine am Börsenkurs orientierte „Mindestabfindung". Methodisch kann der Zukunftserfolg entweder durch Schätzung der zukünftigen Erfolge (prognoseorientiert) oder durch Ableitung eines nachhaltigen Reinertrags aus den Ergebnissen der zurückliegenden Geschäftsjahre (vergangenheitsorientiert) ermittelt werden. (4) *Die älteren Verfahren* der Unternehmensbewertung wie das Mittelwertverfahren, das Verfahren der Geschäftsabschreibung, die Methode der Übergewinnkapitalisierung und die Übergewinnabgeltung sind nach den Erkenntnissen der Unternehmensbewertungslehre nicht geeignet, den Wert eines Unternehmens methodisch einwandfrei zu ermitteln. – 2. *Übertragungsbilanz/Fusionsbilanz:* Umwandlungsbilanz.

X. Steuerliche Behandlung: 1. *Grundprinzip:* Bei einer Verschmelzung überträgt die untergehende Kapitalgesellschaft ihr Vermögen auf eine andere Gesellschaft (formal: eine Veräußerung des gesamten Vermögens, da der Eigentümer des Vermögens wechselt). Der Anteilseigner der untergehenden Gesellschaft erhält für die Aufgabe seiner bisherigen Anteile im Gegenzug Anteile an der neuen Gesellschaft (formal also: Tausch, durch den die stillen Reserven in den bisherigen Anteilen gewinnrealisierend aufgedeckt werden). Zur Vermeidung der Steuerlasten auf Gesellschafts- und Gesellschafterebene bei Besteuerung gemäß formaler Vorgangsbetrachtung legt das Umwandlungssteuergesetz fest, dass unter Einhaltung bestimmter Bedingungen die Verschmelzung für alle Beteiligten steuerneutral abgewickelt werden kann. Hier ist zu unterscheiden zwischen den Maßnahmen auf der Ebene der beteiligten Gesellschaften und der Anteilseignerebene. – 2. *Bei der übertragenden Körperschaft:* a) Für die *Besteuerung* der übertragenden Körperschaft maßgeblich ist die Schlussbilanz dieser Gesellschaft. Durch Buchwertfortführung kann die Aufdeckung der stillen Reserven verhindert werden: Die übertragende Körperschaft darf in der Schlussbilanz die bisherigen Buchwerte ansetzen;

Verschmelzung – Ermittlung des Umtauschverhältnisses (Beispiel)

Zugrunde gelegter Wert für die übernehmende Gesellschaft	Zugrunde gelegter Wert für die übertragende Gesellschaft	Kursrelation	Umtausch-verhältnis
200	100	2 : 1	1 : 2
200	400	1 : 2	2 : 1

die übernehmende Gesellschaft muss das Vermögen wiederum mit diesen Werten ansetzen. Nur zulässig, soweit die stillen Reserven bei der übernehmenden Körperschaft später weiter der dt. Körperschaftsteuer unterliegen und soweit eine Gegenleistung für die Vermögensübertragung entweder gar nicht gewährt wird oder nur in Form von Gesellschaftsrechten erfolgt (§ 11 I UmwStG). – b) Hat die übertragende Gesellschaft in ihrer Schlussbilanz nicht Buchwerte angesetzt, sondern Teilwerte, so entsteht ein Gewinn (Übertragungsgewinn = Wert des Vermögens in der Schlussbilanz abzüglich bisherige Buchwerte). Dieser Übertragungsgewinn unterliegt der Körperschaftsteuer und Gewerbesteuer. – 3. *Bei der übernehmenden Körperschaft:* a) Bilanzierung: Liegt eine Verschmelzung durch Neugründung vor, hat die neu entstehende Körperschaft auf den steuerlichen Übertragungsstichtag eine Eröffnungsbilanz aufzustellen, während bei Verschmelzung zur Aufnahme die Übernahme des Vermögens der untergehenden Körperschaft für die Übernehmerin ein laufender Geschäftsvorfall ist. – b) *Gewinnauswirkungen bei der übernehmenden Gesellschaft:* Die übernehmende Gesellschaft hat die auf sie übergehenden Wirtschaftsgüter mit den selben Werten anzusetzen, mit denen diese in der Schlussbilanz der untergehenden Gesellschaft angesetzt worden sind (§ 12 I UmwStG). Entsprechend ist ihr Eigenkapital zu erhöhen. Soweit die übernehmende Gesellschaft selbst Anteile an der übertragenden Gesellschaft hält, kommt es bei ihr auch zu einer Gewinnauswirkung: Ausbuchung der untergehenden Anteile, Zufluss der (anteiligen, auf diese Anteile entfallenden) Wirtschaftsgüter als zugehöriger Erlös (§ 12 II UmwStG, § 4 IV UmwStG). Dieser Gewinn (Übernahmegewinn = Gewinn der übernehmenden Gesellschaft aus Differenz Gegenleistung für untergehende Gesellschaft – Buchwert untergehender Anteile) ist zu 95 Prozent steuerfrei (§ 12 II UmwStG 2007), wird also genauso behandelt, als ob die übernehmende Gesellschaft von der untergehenden Gesellschaft Vermögenswerte im Wege der Dividendenausschüttung oder Liquidation erhalten hätte. Ein Verschmelzungsverlust ist steuerlich nicht abzugsfähig. Übersteigen die tatsächlichen früheren Anschaffungskosten der Anteile den aktuellen Buchwert der Anteile (z.B. weil früher eine Teilwertabschreibung vorgenommen worden war), so ist dieser Unterschiedsbetrag zu versteuern (§ 12 II UmwStG i.V. m. § 8b KStG). – 4. *Folgen auf Gesellschafterebene:* Erhalten die Gesellschafter der übertragenden Gesellschaft für ihre untergehenden Anteile an der alten Gesellschaft Anteile an der übernehmenden Gesellschaft, so sollen deren Status und deren steuerlich relevante Bewertung möglichst unverändert bleiben. Daraus folgt: a) Gehörten die Anteile zu einem Betriebsvermögen, so gelten sie als zum Buchwert veräußert (ohne Gewinnrealisierung) und die neuen Anteile werden mit dem Buchwert der alten (fiktive Anschaffungskosten) bewertet. – b) Waren die Anteile Privatvermögen und gehörten sie zu einer wesentlichen Beteiligung (§ 17

EStG, ab 1 Prozent), so werden die neuen Anteile mit den Anschaffungskosten der bisherigen Anteile bewertet. – c) Wird infolge der Verschmelzung aus einer unwesentlichen Beteiligung an der übertragenden Gesellschaft eine wesentliche Beteiligung an der übernehmenden, dann bleiben die in den Anteilen vorhandenen steuerfreien stillen Reserven unversteuert; nur die nach der Verschmelzung entstehenden Wertsteigerungen sind nach § 17 EStG zu versteuern. Aus diesem Grund werden solche Anteile daher am Tag der Verschmelzung mit ihrem gemeinen Wert angesetzt. – 5. *Weitere Einzelheiten* sind im Umwandlungssteuergesetz geregelt. Da es regelmäßig um erhebliche Summen geht und dann, wenn die Voraussetzungen der Sonderregelungen des UmwStG nicht eingehalten werden, Vorgänge auch entsprechend den üblichen Grundregeln (s.oben) als Veräußerung des gesamten Vermögens begriffen werden könnten, besteht regelmäßig Bedarf nach erfahrener Beratung, um das Risiko steuerlicher Fehler gering zu halten.

Verschonungsabschlag – 1. *Begriff:* Begünstigung von Betriebsvermögen, land- und forstwirtschaftlichen Betrieben und Anteilen an Kapitalgesellschaften, welche im Rahmen der Erbschaftsteuerreform, wirksam ab dem 1.1.2009, eingeführt wurden. Auf Antrag wird der Verschonungsabschlag in Erbfällen bereits ab dem 1.1.2007 anstelle der früheren Begünstigungen gewährt. Die neue Begünstigungsvorschrift ersetzt die bisherigen Begünstigungsvorschriften für Betriebsvermögen (§§ 13a und 19a ErbStG) und sieht eine Begünstigung von Betriebsvermögen im Umfang von 85 Prozent bzw. 100 Prozent vor. Zur Gewährung muss grundsätzlich eine bestimmte Mindestlohnsumme und eine Mindestbehaltefrist eingehalten werden. – 2. *Begünstigungsvoraussetzungen:* Der Verschonungsabschlag beträgt 85 Prozent, wenn die maßgeblichen jährlichen Lohnsummen innerhalb von sieben Jahren nach dem Erwerb 650 Prozent der Ausgangslohnsummen nicht unterschreitet (= Mindestlohnsumme). Das Verwaltungsvermögen darf im Zeitpunkt des Betriebsübergangs nicht mehr als 50 Prozent betragen. Alternativ kann auf Antrag ein Abschlag von 100 Prozent gewährt werden, wenn die maßgeblichen jährlichen Lohnsummen innerhalb von zehn Jahren nach dem Erwerb 1.000 Prozent der Ausgangslohnsummen nicht unterschreitet. In diesem Falle darf das Verwaltungsvermögen im Zeitpunkt des Betriebsübergangs nicht mehr als 10 Prozent betragen. Die Ausgangslohnsumme ermittelt sich im Durchschnitt der Lohnsummen innerhalb der letzten fünf Jahre. Verallgemeinernd gilt also, dass die Gewährung des Verschonungsabschlags an zwei Bedingungen geknüpft ist: - (a) an die Einhaltung der Lohnsumme und (b) an die Einhaltung der Behaltensfrist, die bei der Regelverschonung fünf Jahre und bei der Verschonungsoption sieben Jahre beträgt. Hierzu ist ein entsprechender Nachweis zu erbringen. Andernfalls kommt es zu einer Nachversteuerung. – 3. *Abzugsbetrag:* Soweit der steuerpflichtige

Vermögensteil die Freigrenze von 150.000 Euro nicht übersteigt, bleibt er für die Berechnung der Erbschaftsteuer außer Ansatz (Abzugsbetrag). Dieser Abzugsbetrag verringert sich, wenn der Wert dieses Vermögens insgesamt 150.000 Euro übersteigt. Er vermindert sich dann um 50 Prozent des 150.000 Euro übersteigenden Betrages, sodass sich der Abzugsbetrag bei 450.000 Euro auf null Euro beläuft. – 4. *Entlastungsbetrag*: Der bisherige Entlastungsbetrag für Steuerpflichtige der Steuerklassen II und III bleibt weiterhin erhalten. Der Entlastungsbetrag führt dazu, dass für den Teil des begünstigten Betriebsvermögens, welcher der Erbschaftsteuer unterliegt, der günstigere Erbschaftsteuersatz der Steuerklasse I zur Anwendung kommt. Der Entlastungsbetrag ist dabei ebenfalls an gewisse Behaltensvoraussetzungen geknüpft, d.h. er fällt bspw. weg, wenn der Betrieb innerhalb von fünf bzw. sieben Jahren veräußert wird (§ 19a ErbStG).

Versicherungsgesellschaft – I. Versicherungswesen: Unternehmen, die Versicherungsgeschäfte betreiben und nicht Träger der Sozialversicherung sind (§ 341 I HGB bzw. § 1 I VAG). Nach dt. Aufsichtsrecht dürfen Erstversicherungsgeschäfte nur von Unternehmen in den Rechtsformen der AG, der Europäischen Gesellschaft (SE), des VVaG und der öffentlich-rechtlichen Körperschaft oder Anstalt betrieben werden (§ 7 I VAG); die nicht zulässigen Rechtsformen gelten als ungeeignet, da sie keine hinreichenden Möglichkeiten für einen wirksamen Schutz der Versicherungsnehmer bieten. Das Prinzip der Spartentrennung gestattet es rechtlich selbstständigen Erstversicherungsunternehmen nicht, neben dem Geschäftsfeld → Lebensversicherung oder Krankenversicherung Produkte aus anderen Versicherungszweigen anzubieten (vgl. § 8 Ia VAG).

II. Steuerliche Behandlung: 1. *Besteuerung des Einkommens*: Versicherungsunternehmen unterliegen, da in der Rechtsform der juristischen Person zu betreiben, der Körperschaftsteuer. Aufgrund der gewählten Rechtsformen gelten bei ihnen, sofern Sitz und/oder Geschäftsleitung im Inland liegen, außerdem sämtliche Einkünfte als Einkünfte aus Gewerbebetrieb (§ 8 II KStG). Die Gewinnermittlung geschieht durch Bilanzierung, dabei sind für bestimmte versicherungsspezifische Sonderprobleme Sonderregelungen zu beachten (z.B. für Schadensrückstellungen, Beitragsrückgewähr). Aufgrund ihrer Rechtsform unterliegen die Versicherungsunternehmen außerdem mit ihrem gesamten Gewinn der Gewerbesteuer (§ 2 GewStG); hierbei sind die Hinzurechnungen und Kürzungen von bes. Interesse. – 2. *Besteuerung der Umsätze*: Versicherungsunternehmen sind Unternehmer im umsatzsteuerlichen Sinne und erbringen dadurch, dass sie jemandem Versicherungsschutz verschaffen, typischerweise sonstige Leistungen, die steuerbar sind, wenn – Regelfall! – der → Ort der sonstigen Leistung im Inland liegt. Jedoch ist die Erbringung von Versicherungsschutz europaweit von

der Umsatzsteuer befreit (§ 4 Nr. 11 UStG; aufgrund zwingender EU-rechtlicher Vorgabe in der → Mehrwertsteuersystemrichtlinie), weil die Einnahmen der Versicherungsunternehmen traditionell bereits einer spezielleren Verbrauchsteuer, der sog. → Versicherungsteuer, unterliegen. Wegen dieser Umsatzsteuerbefreiung haben Versicherungsunternehmen konsequenterweise kein Recht auf Vorsteuerabzug (§ 15 II UStG). – 3. *Grenzüberschreitende Aktivitäten*: Wie andere Unternehmen auch, müssen Versicherungen Steuern auf ihr Einkommen dann, wenn Doppelbesteuerungsabkommen vorhanden sind, nur dort bezahlen, wo sie eine Betriebsstätte unterhalten (und zwar dann auch nur auf den Teil des Gewinns, der dieser Betriebsstätte zuzurechnen ist; → Betriebsstättenprinzip); Tochtergesellschaften versteuern ihren Gewinn im jeweiligen Sitzland.

Versicherungsteuer – 1. *Charakterisierung*: Aufwand- bzw. Verbrauchsteuer (finanzwissenschaftliche Sicht) bzw. Verkehrsteuer (steuerrechtswissenschaftliche Sicht) auf die entgeltliche Einräumung von Versicherungsschutz. Die Versicherungsteuer wird zusammen mit der Prämie im Wesentlichen in allen Zweigen der Sachversicherung von den Versicherungsgesellschaften im Abrechnungsverfahren erhoben und an die Bundeszollverwaltung, die sie verwaltet, abgeführt. – 2. *Rechtsgrundlagen*: Versicherungsteuergesetz i.d.F. vom 10.10.1996 (BGBl. I 22) m.spät.Änd. und Versicherungsteuerdurchführungsverordnung i.d.F. vom 10.10.1996 (BGBl. I 28) m.spät.Änd. – 3. *Steuergegenstand*: Die Entgegennahme von Versicherungsentgelten (bes. Prämien), wenn der Versicherungsnehmer Wohnsitz (Sitz) oder gewöhnlichen Aufenthalt im Inland hat oder ein Gegenstand im Inland versichert wird. – 4. *Steuerbefreiungen*: u.a. Rückversicherungen, Kranken-, Renten- und Arbeitslosenversicherungen sowie Unfallversicherungen nach RVO. Haftpflicht- und sonstige Sachversicherungen sowie (freiwillige) private Unfallversicherungen sind *steuerpflichtig*. – 5. *Steuerberechnung*: a) *Bemessungsgrundlage* ist i.d.R. das Versicherungsentgelt. – b) *Steuersatz*: (1) Regelsatz: 19 Prozent (bis 2006: 16 Prozent) (§ 6 VersStG); (2) bei Feuerversicherung: 14 Prozent (bis 2006: 11 Prozent); (3) auf den Feueranteil der Gebäude- bzw. Hausratversicherung unter bestimmten Voraussetzungen: 17,75 Prozent (bis 2006: 14,75 Prozent) bzw. 18 Prozent (bis 2006: 15 Prozent); (4) weitere Sätze für Hagelversicherungen, Seekaskoversicherungen und Unfallversicherungen mit Prämienrückgewähr. – 6. *Steuerschuldner*: Versicherungsnehmer. Der Versicherer haftet und hat die Steuer für Rechnung des Versicherungsnehmers zu entrichten. – 7. *Verfahren*: Der Versicherer hat i.d.R. am 15. eines Monats dem Finanzamt die auf Basis der im Vormonat eingenommenen Entgelte (Isteinnahmen; auf Antrag Solleinnahmen) berechnete Steuer *anzumelden* und zu *entrichten*; Überwälzung auf den Versicherungsnehmer über die Versicherungsprämie auf den Versicherungsnehmer. – 8. *Finanzwissenschaftliche Beurteilung*: Die

Beibehaltung der Versicherungsteuer hat fiskalische Gründe, da sie mit ihrem Aufkommen einen erheblichen Anteil an den Bundessteuern i.w.S. hat. Die ursprüngliche Begründung und die Kritik daran sind im Ganzen wenig erheblich; die Begründung lag in der Vermutung einer bes. Leistungs- oder Ertragsfähigkeit derer, die ihre Kapital- und Vermögenswerte sicherten durch die Risikoabwälzung auf Versicherungsträger. Soweit dies das Vermögen der einkommensschwachen Gruppen betrifft (bes. Hausrat), kann die Begründung nicht überzeugen; jedoch wird die Belastung gemildert durch zahlreiche sozial- und wirtschaftspolitisch motivierte Befreiungen und dadurch, dass Umsätze aus Versicherungen von der Umsatzsteuer befreit sind. – 9. *Aufkommen:* 10.755 Mio. Euro (2011), 8.8 Mrd Euro (2006), 8.787,5 Mio. Euro (2005), 8.869,6 Mio. Euro (2003), 8.326,5 Mio. Euro (2002), 7.427,4 Mio. Euro (2001), 7.243,2 Mio. Euro (2000), 7.211,2 Mio. Euro (1995), 2.266,3 Mio. Euro (1990), 1.266 (1985), 908 Mio. Euro (1980), 586 Mio. Euro (1975), 315 Mio. Euro (1970), 197 Mio. Euro (1965), 111 Mio. Euro (1960), 72 Mio. Euro (1955), 33 Mio. Euro (1950).

Versicherungsverein auf Gegenseitigkeit (VVaG) – 1. *Charakterisierung:* Mit eigener Rechtspersönlichkeit ausgestattete private → Versicherungsgesellschaft zum Zweck der Befriedigung von Versicherungsbedürfnissen unter den Mitgliedern, die zugleich Versicherungsnehmer sind (bei großen VVaG nur z.T.). Basiert auf dem Genossenschaftsgedanken. – *Rechtliche Grundlage:* Das Versicherungsaufsichtsgesetz (VAG), §§ 15–53b VAG, dort Unterscheidung von großen und kleinen VVaG. In der Geschäftspraxis unterscheiden sich die großen VVaG nur unwesentlich von den Versicherungs-AG und den öffentlich-rechtlichen Versicherungsunternehmen. – 2. *Steuerliche Behandlung:* a) *Körperschaftsteuer:* Ein inländischer VVaG ist unbeschränkt körperschaftsteuerpflichtig (§ 1 I Nr. 3 KStG). Für kleinere VVaG Steuerbefreiung, wenn die Betragseinnahmen im Durchschnitt der drei letzten Wirtschaftsjahre bestimmte Höchstgrenzen (§ 4 KStDV) nicht überschritten haben oder sich der Geschäftsbetrieb auf die Sterbegeldversicherung beschränkt und die VVaG soziale Einrichtungen sind (§ 5 I Nr. 4 KStG). Ist der VVaG körperschaftsteuerpflichtig, so gelten alle seine Einkünfte automatisch als Einkünfte aus Gewerbebetrieb. – b) VVaG unterliegen ebenfalls der Gewerbesteuer.

Versicherungsvertreter – 1. *Begriff:*Nach §§ 84, 92 HGB ist der Versicherungsvertreter ein → Handelsvertreter, der von einem oder mehreren Versicherungsunternehmen damit betraut ist, Versicherungsverträge zu vermitteln oder abzuschließen. Für das durch den Vertretervertrag begründete Rechtsverhältnis zum Versicherer gelten die §§ 84 ff. HGB (auch dann, wenn der Vertreter kein Kaufmann ist). – 2. *Abgrenzung:* Der selbstständige Versicherungsvertreter grenzt sich vom angestellten Versicherungsvermittler dadurch ab, dass er in der Tätigkeitsgestaltung und Bestimmung seiner Arbeitszeit im Wesentlichen frei ist und insoweit keinem Direktionsrecht des Versicherers unterliegt. Im Gegensatz zum Versicherungsmakler, der vom Versicherungsnehmer in einem Maklerauftrag mit der Beschaffung von Versicherungsschutz betraut wird und Sachwalter des Versicherungsnehmers ist, wird der Versicherungsvertreter im Auftrag eines oder mehrerer Versicherungsunternehmen tätig. Er fungiert bei der Vermittlung und bei sonstigen Verrichtungen im Rahmen des Versicherungsverhältnisses als „Auge und Ohr" des Versicherers und wird bei der Beratung der Kunden als Erfüllungsgehilfe des Versicherers (§ 278 BGB) tätig. Der Versicherer muss sich daher dienstlich erlangtes Wissen und schuldhaft begangene Pflichtverletzungen des Versicherungsvertreters zurechnen lassen und ggf. hierfür einstehen. Den Versicherungsvertreter trifft gegenüber dem Interessenten bzw. Versicherungsnehmer allerdings auch eine eigene Beratungs- und Dokumentationspflicht, deren Verletzung eine persönliche Haftung auf Schadenersatz auslösen kann. – 3. *Typen:* Versicherungsvertreter kommen in verschiedenen Ausprägungen vor: a) nach dem Umfang der Tätigkeit und den hieraus bezogenen Einkünften: Vertreter im Hauptberuf und Vertreter im Nebenberuf,b) nach der Anzahl von vertretenen Versicherern: Einfirmenvertreter und Mehrfirmenvertreter,c) nach der rechtlichen Stellung des Versicherungsvertreters zum Versicherer einerseits und zu einem anderen Versicherungsvertreter andererseits: Hauptvertreter des Versicherers und (echte) Untervertreter. Letztere unterhalten im Gegensatz zum Hauptvertreter keinen unmittelbaren Vertretervertrag zum Versicherer, sondern (nur) einen Vertretervertrag zu einem anderen (Haupt-) Vertreter. Gewerberechtlich handelt es sich bei der selbstständigen Vertretertätigkeit grundsätzlich um ein erlaubnis- und registrierungspflichtiges Gewerbe (§ 34d GewO). Allerdings ist die ausschließliche Vermittlungstätigkeit für einen Versicherer bzw. Versicherungskonzern, der/die uneingeschränkte Haftung übernimmt, erlaubnisfrei. Gleiches gilt nach § 34d IX GewO für bestimmte Vertreter im Nebenberuf sowie für sog. produktakzessorische Vertreter, die nach § 34d III GewO von der Erlaubnis befreit werden können.

Versicherung und Steuer – I. Prämien: 1. *Feuerversicherung* (analog auch die *sonstigen Sachversicherungen):* a) Beim Betrieb als → Betriebsausgaben absetzbar, soweit Wirtschaftsgüter des → Betriebsvermögens versichert sind. – b) Als → Werbungskosten absetzbar, soweit sie mit einer bestimmten Einkunftsart im Zusammenhang stehen (z.B. die Prämien für die Gebäudeversicherung beim Hausbesitzer). – c) Abgesehen von den Fällen a) und b) sind Versicherungsprämien → Kosten der → Lebensführung; entsprechend nicht absetzbar. – 2. *Haftpflichtversicherung:* Als → Betriebsausgaben bzw.

→ Werbungskosten absetzbar, falls betriebliche bzw. berufliche Risiken abgedeckt werden, ansonsten als → Sonderausgaben im Rahmen der Höchstbeträge. - 3. *Unfallversicherung*: a) *Betriebsausgaben*: (1) Betriebliche Unfallversicherung der Geschäftsinhaber, der Teilhaber bei → Personengesellschaften, der freiberuflich Tätigen etc. können als Betriebsausgaben behandelt werden, falls für sie erhöhte Berufsgefahren bestehen (z.b. bei Bauunternehmern). (2) Unfallversicherung der Arbeitnehmer: die vom Arbeitgeber gezahlten Prämien sind als Betriebsausgaben abzugsfähig und vom Arbeitnehmer als Einkünfte aus nichtselbstständiger Arbeit zu versteuern; die Beiträge können vom Arbeitgeber jedoch auch mit einem Pauschsteuersatz ab 1.1.1996 von 20 Prozent versteuert werden, wenn die anteilige Prämie pro Arbeitnehmer 62 Euro nicht übersteigt (§ 40b III EStG). - b) *Werbungskosten*: Wenn der Beruf des Steuerpflichtigen mit erheblichen Unfallgefahren verbunden ist, können die Prämien als Werbungskosten behandelt werden. - c) *Sonderausgaben*: Beiträge zu Unfallversicherungen sind als → Vorsorgeaufwendungen im Rahmen der Höchstbeträge abziehbar. - 4. *Lebensversicherung* und *Rentenversicherung*: Alters- und Hinterbliebenenversorgung sowie Alterseinkünftegesetz, nachgelagerte Besteuerung. - 5. *Höhe des Abzugs*: Jeweils die Gesamtzahlung ist absetzbar, also die Prämie zzgl. Nebengebühren und → Versicherungsteuer.

II. Versicherungsleistungen: 1. *Feuerversicherung* (analog auch die sonstigen *Sachversicherungen*): a) Wenn der beschädigte Gegenstand dem → Betriebsvermögen zuzurechnen ist: Die Versicherungsleistungen sind → Betriebseinnahmen, der Buchwert des beschädigten (vernichteten) Gegenstandes ist Betriebsausgabe. Dabei brauchen die stillen Reserven nicht realisiert zu werden, soweit Ersatz beschafft wird. - Vgl. auch → Ersatzbeschaffungsrücklage. Der Empfang der Versicherungsleistung ist in keinem Fall umsatzsteuerpflichtig. - b) Wenn der beschädigte Gegenstand dem Privatvermögen zuzurechnen ist, keine Einkommensteuerpflicht. - 2. *Unfallversicherung*: a) Wenn Prämien als Betriebsausgaben behandelt werden, sind Versicherungsleistungen Betriebseinnahmen. Soweit die Versicherungsleistungen unmittelbar oder mittelbar an den versicherten Arbeitnehmer oder dessen Hinterbliebenen fließen, wird das Betriebsvermögen des Unternehmens nicht berührt. - b) Wenn Prämien als Werbungskosten behandelt werden, sind Versicherungsleistungen steuerpflichtige Einnahmen. - c) Wenn Prämien als Sonderausgaben behandelt werden, sind Kapitalzahlungen im Todes- oder Invaliditätsfall, Tagegelder und Heilkostenersatz einkommen- bzw. lohnsteuerfrei. - 3. → Lebensversicherung.

III. Steuerbilanzrecht: Aufgrund der Tatsache, dass die Schadenhäufigkeit und -summe über die Wirtschaftsjahre schwankt, müssen in der Steuerbilanz Schwankungsrückstellungen zum Ausgleich des schwankenden Jahresbedarfs gebildet werden.

Welche Voraussetzungen hierfür gegeben sein müssen, regelt § 20 I KStG.

IV. Andere Steuern: Bei der Umsatzsteuer stellt das Erbringen von Versicherungsschutz gegen Prämie zwar eine sonstige Leistung dar, sie ist jedoch steuerbefreit (§ 4 Nr. 11 UStG). Diese Befreiung ist allen EU-Mitgliedsstaaten vorgeschrieben (Steuerharmonisierung). Allerdings erhebt die Bundesrepublik Deutschland auf die Versicherungsprämien eine Sondersteuer.

Versorgungsbetriebe - *Versorgungsunternehmen*. 1. *Charakterisierung*: Betriebe, die die Infrastruktur zur öffentlichen Daseinsvorsorge und zur Aufrechterhaltung des Lebens in modernen Gesellschaften vorhalten und die damit verbundenen Dienstleistungen erbringen wie z.B. Betriebe der Wasser-, Elektrizitäts-, Fernwärme- und Gasversorgung. Häufig werden auch Einrichtungen der Gesundheitsversorgung wie Krankenhäuser in Versorgungsbetriebe einbezogen. Grundsätzlich können sich Versorgungsbetriebe in Privatbesitz oder in öffentlichem Besitz befinden. In Deutschland befindet sich die überwiegende Mehrzahl in öffentlicher, v.a. kommunaler Trägerschaft. - Es besteht Anschluss- und Versorgungspflicht. - Die kommunalen Versorgungsbetriebe werden als Eigenbetrieb oder Eigengesellschaft geführt. Häufig bilden sie mit den kommunalen Verkehrsbetrieben einen Querverbund und tragen die Bezeichnung „Stadtwerke". - 2. *Steuerliche Behandlung*: Versorgungsbetriebe unterliegen als Betriebe gewerblicher Art der Körperschaftsteuer und mit ihren Umsätzen der Umsatzsteuer; der Gewerbesteuer nur, sofern Gewinnerzielungsabsicht vorliegt. - 3. *Interessenvertretung der Versorgungsbetriebe*: Verband kommunaler Unternehmen e.V. (VKU) sowie Bundesverband der Energie- und Wasserwirtschaft (BDEW). - Es gibt in Deutschland vier überregionale Versorgungsunternehmen.

Versorgungsbezüge - Begriff des Einkommensteuerrechts für Bezüge und Vorteile aus früheren Dienstleistungen, die als Ruhegehalt, Witwen- oder Waisengeld, Unterhaltsbeitrag oder als gleichartiger Bezug aufgrund beamtenrechtlicher oder entsprechender gesetzlicher Vorschriften oder in anderen Fällen wegen Erreichens einer Altersgrenze, voller oder teilweiser Erwerbsminderung oder als Hinterbliebenenbezüge gewährt werden (§ 19 II EStG). Versorgungsbezüge sind grundsätzlich steuerpflichtiger → Arbeitslohn (§ 2 LStDV). Steuerfrei in Höhe des → Versorgungsfreibetrags, welcher bis einschließlich 2004 40 Prozent der Versorgungsbezüge und maximal 3.072 Euro beträgt. Ab dem 1.1.2005 beträgt der Versorgungsfreibetrag maximal 3.000 Euro. Darüber hinaus wird zzgl. ein Zuschlag zum Versorgungsfreibetrag bis maximal 900 Euro (§ 19 II EStG) gewährt. Im Rahmen der Umsetzung der → nachgelagerten Besteuerung erhöht sich ab dem Veranlagungszeitraum 2005 die Besteuerung der Versorgungsbezüge bis zum Jahr 2040. Der Versorgungsfreibetrag nimmt daher stufenweise hinsichtlich der Prozentzahl und des Höchstbetrages ab; ebenso sinkt der Zuschlag zum Versorgungsfreibetrag stufenweise. Bestimmte Versorgungsbezüge sind vollständig steuerfrei (s. etwa § 3 Nr. 1, 2, 2a, 3, 6 EStG). Soweit es sich um bestimmte Hinterbliebenenbezüge handelt, wird auf Antrag ein → Pauschbetrag von 370 Euro als → außergewöhnliche Belastung berücksichtigt (§ 33b IV EStG).

Versorgungsfreibetrag – 1. *Erbschaftsteuer:* Im Fall des Todes eines Ehegatten steht dem überlebenden Ehegatten und den Kindern im Sinn der Steuerklasse I Nr. 2 ein bes. Versorgungsfreibetrag zu (§ 17 ErbStG). – Vgl. auch → Erbschaftsteuer. – 2. *Einkommensteuer:* → Versorgungsbezüge bleiben in Höhe des Versorgungsfreibetrags steuerfrei. Der Versorgungsfreibetrag betrug bis zum 31.12.2004 40 Prozent der Bezüge, höchstens jedoch 3.072 Euro im Kalenderjahr (§ 19 II EStG). Seit dem 1.1.2005 verringern sich der Versorgungsfreibetrag sowie ein Zuschlag hierzu jährlich stufenweise bis 2040. Bei Versorgungsbeginn im 2011 beträgt der Freibetrag beispielsweise 30,4 Prozent der Bemessungsgrundlage, höchstens 2.280 Euro plus Zuschlag von 684 Euro. Bei Versorgungsbeginn im Jahr 2040 werden weder ein Versorgungsfreibetrag noch ein Zuschlag hierauf mehr gewährt.

Verspätungszuschlag – Druckmittel zur Sicherung des rechtzeitigen Eingangs der → Steuererklärung (§ 152 AO). – 1. *Tatbestand:* Gegen denjenigen, der seiner Verpflichtung zur Abgabe einer Steuererklärung nicht oder nicht fristgemäß nachkommt, kann ein Verspätungszuschlag festgesetzt werden. Verspätungszuschlag ist eine → steuerliche Nebenleistung. – 2. *Höhe:* Die Verspätungszuschläge dürfen 10 Prozent der festgesetzten Steuer oder des festgesetzten Messbetrages nicht übersteigen und höchstens 25.000 Euro betragen. – 3. *Festsetzung:* Verspätungszuschläge entstehen durch die bekannt gegebene Ermessensentscheidung der Finanzbehörde; die Festsetzung schließt → Zwangsmittel und (spätere) → Schätzung der Besteuerungsgrundlagen nicht aus. – 4. *Fälligkeit:* Verspätungszuschlag wird mit Ablauf der vom Finanzamt gesetzten Frist fällig (§ 220 II). I.d.R. ist dies die Zahlungsfrist für die Steuer.

Verständigungsverfahren – 1. *Begriff:* ein Verfahren, mit dem Streitigkeiten hinsichtlich der korrekten Anwendung von → Doppelbesteuerungsabkommen (DBA) auf einen oder mehrere Einzelfälle beigelegt werden können. – 2. *Problematik*: Die Doppelbesteuerungsabkommen (DBA) sehen zwar Regeln darüber vor, welchem Staat welche Einkünfte zur Besteuerung zustehen, sie schließen aber nicht aus, dass sie diese Regeln im Einzelfall unterschiedlich verstehen oder – viel wichtiger – beide betroffenen Staaten bei der Besteuerung des Geschehens möglicherweise von unterschiedlichen Annahmen über den Sachverhalt

ausgehen. Da jeder der beiden Staaten souverän ist, also nicht gezwungen ist, fremden Vorgaben zu folgen, kann eine einheitliche Sichtweise in diesen Fällen nicht zwangsweise durchgesetzt werden – auch auf dem Rechtsweg kann eine einheitliche Sicht der Dinge nicht durchgesetzt werden, da es kein Gericht gibt, an dessen Entscheidung die Behörden beider Staaten gleichzeitig gebunden wären. – 3. *Verständigungsverfahren als Lösungsansatz für diese Problematik:* Um es möglich zu machen, dass die Würdigung des steuerlichen Falles dennoch nicht widersprüchlich (und/oder: nicht im Widerspruch zu dem, was das DBA anstrebt) erfolgt, erlauben die Doppelbesteuerungsabkommen normalerweise den betroffenen Behörden, miteinander direkte Gespräche zu führen mit dem Ziel, zu einer einheitlichen Sichtweise des Geschehens zu finden bzw. unterschiedliche Auffassungen so aufeinander abzustimmen, dass die Behandlung der Einzelfälle schlussendlich den Zielen, die das Abkommen anstrebt (v.a.: Beseitigung einer doppelten Besteuerung) auch tatsächlich entspricht. – 4. *Antrag, Vorgehensweise, Einigungsnotwendigkeit, Fristen:* Die Steuerpflichtigen, die glauben, dass das DBA im konkreten Einzelfall insgesamt nicht korrekt angewandt worden ist, können ein Verständigungsverfahren anregen, haben aber kein unbedingtes Recht darauf, dass es auch durchgeführt wird. Es gibt außerdem für das Verständigungsverfahren weder einen Einigungszwang noch eine Einigungsfrist, d.h. in der Praxis ist das Verständigungsverfahren ein Verfahren, mit dem die Finanzbehörden einem Steuerpflichtigen helfen können, aber nicht helfen müssen; sie werden von diesem Instrument vor allen Dingen dann Gebrauch machen wollen, wenn sie der Überzeugung sind, dass der Steuerpflichtige guten Glaubens vorgegangen ist, seine steuerlichen Verpflichtungen in beiden Staaten nach bestem Wissen erfüllt hat und nun quasi ohne Verschulden Opfer der nicht abgestimmten Ansichten beider Staaten zu werden droht. – 5. *Schiedsklauseln:* Das Manko des Verständigungsverfahrens, dass eine Einigung nicht erzwungen werden kann, wird neuerdings in einigen wenigen Doppelbesteuerungsabkommen durch zusätzliche Vereinbarungen abgemildert, die es ermöglichen, einen Schiedsrichter anzurufen, wenn die Finanzbehörden sich nicht auf eine abgestimmte Behandlung des Geschehens einigen können. Solche Klauseln sind jedoch selten und gehören bislang nicht einmal zu dem Standard an Regelungen, den die OECD für ein Doppelbesteuerungsabkommen vorschlägt (→ OECD-Musterabkommen zur Vermeidung der Doppelbesteuerung). Im Rahmen der EU findet sich eine zwingende Regelung für eine Detailfrage im Gestalt des → Schiedsabkommens. – 6. *Fundstelle:* Im OECD-Musterabkommen finden sich die Bestimmungen über das Verständigungsverfahren in Art. 25; in den meisten Abkommenstexten Deutschlands mit anderen Ländern stehen die Bestimmungen über ein Verständigungsverfahren daher ebenfalls in Art. 25.

versteckte Progression – *kalte Progression.* Die versteckte Progression tritt bei progressivem Tarifverlauf (→ Steuerprogression) einer Steuer dann ein, wenn die steuerliche → Bemessungsgrundlage aufgrund inflationärer Tendenzen im Zeitablauf ansteigt, ohne dass der Steuertarif entsprechend angepasst wird. Trotz gleichbleibenden realen Wertes der steuerlichen Bemessungsgrundlage steigt die Steuerlast überproportional an.

vertikaler Verlustausgleich → Verlustabzug.

Vertretene – Personen, für die kraft Gesetzes oder Rechtsgeschäfts andere Personen mit verbindlicher Wirkung zu handeln befugt sind (z.B. gesetzliche Vertreter, Bevollmächtigte). – *Haftung:* Vertretene haften für → Steuerhinterziehungen oder → Steuerverkürzungen, die ihre Vertreter bei Ausübung ihrer Obliegenheiten begehen (70 AO); daneben haften i.d.R. die Vertreter.

Vertriebsgesellschaft – 1. *Begriff:* Gesellschaft, deren Gegenstand nur der Vertrieb von Waren oder Dienstleistungen ist, nicht aber deren Produktion. – 2. Eine Vertriebsgesellschaft wird häufig von Konzernen *gegründet,* um (1) die Haftung, soweit sie aus Verträgen mit der Kundschaft herrührt, auf das Vermögen der Vertriebsgesellschaft zu begrenzen, (2) den Vertrieb aller Produkte des Konzerns zentral zu koordinieren oder (3) durch eine Vertriebsgesellschaft in einem anderen Land (Auslands-Vertriebsgesellschaft) den Kunden im dortigen Markt eine Anlaufstelle im eigenen Land anbieten zu können. – 3. *Steuerliche Behandlung:* Die Vertriebsgesellschaft muss ihre Geschäfte mit den übrigen Gesellschaften des eigenen Konzerns zu Konditionen wie mit fremden Dritten abwickeln; ansonsten besteht innerstaatlich die Gefahr verdeckter Gewinnausschüttungen, grenzüberschreitend die Gefahr von Verrechnungspreiskorrekturen (Verrechnungspreis). – 4. *Spezialfall:* Für Unternehmensstrukturen, bei denen innerstaatlich eine Vertriebsgesellschaft und eine Produktionsgesellschaft voneinander getrennt sind. – Vgl. auch → Betriebsaufspaltung.

Verwaltungsakt – 1. *Begriff:* jede Verfügung, Entscheidung oder andere hoheitliche Maßnahme, die eine Behörde zur Regelung eines Einzelfalles auf dem Gebiet des öffentlichen Rechts trifft und die auf unmittelbare Rechtswirkung nach außen gerichtet ist, sowie eine Allgemeinverfügung, die sich an einen nach allg. Merkmalen bestimmten oder bestimmbaren Personenkreis richtet oder die öffentlich-rechtliche Eigenschaft einer Sache oder ihre Benutzung durch die Allgemeinheit betrifft (§ 35 VwVfG, § 118 AO). Ein Verwaltungsakt kann mündlich, schriftlich oder elektronisch bekannt gegeben werden. – 2. Im Unterschied zu den Rechtsgeschäften des zivilen Rechts wird bei einem Verwaltungsakt *Rechtsgültigkeit* grundsätzlich vermutet. Nichtig ist ein Verwaltungsakt nur, soweit er an einem bes. schwerwiegenden Fehler leidet und dies bei verständiger

Würdigung aller in Betracht kommenden Umstände offenkundig ist (§ 44 VwVfG, § 125 I AO). – Verwaltungsakte sind nur *anfechtbar;* sie gelten also als rechtswirksam, bis sie aufgrund eines Widerspruchs, einer → Beschwerde oder eines → Einspruchs durch eine Verwaltungsbehörde oder aufgrund einer → Anfechtungsklage durch eine verwaltungsgerichtliche Entscheidung aufgehoben werden. Sonderregelung für die Anfechtung von Justizverwaltungsakten. – 3. Für Verwaltungsakte im Bereich des *Steuerrechts* enthält die → Abgabenordnung (AO) spezielle Regelungen zur Wirksamkeit und Bestandskraft, v.a. zur Korrektur von → Steuerbescheiden (§§ 118 ff. AO), die den Vorschriften des Verwaltungsverfahrensgesetz (VwVfG) als lex specialis vorgehen, soweit sie ihnen nicht entsprechen.

Verwaltungsfinanzamt → Finanzamt, von dessen Bezirk aus die Verwaltung gemeinsamer Einkünfte ausgeht. Zuständig für die gesonderte Feststellung von Besteuerungsgrundlagen bei einer Beteiligung mehrerer Personen an anderen Einkünften als den Einkünften aus Land- und Forstwirtschaft, aus Gewerbebetrieb oder aus freiberuflicher Tätigkeit, bes. also bei Einkünften aus Kapitalvermögen und Einkünften aus Vermietung und Verpachtung (§ 18 I 4 AO). Ist die Verwaltung dieser Einkünfte im Geltungsbereich der Abgabenordnung nicht feststellbar, ist das Verwaltungsfinanzamt das Finanzamt, in dessen Bezirk sich der wertvollste Teil des Vermögens, aus dem die gemeinsamen Einkünfte fließen, befindet.

Verwaltungsrichtlinien → Richtlinie (R).

verwendbares Eigenkapital – Synonym zu *„für Ausschüttungen verwendbares Eigenkapital";* Begriff aus des körperschaftsteuerlichen Anrechnungsverfahrens; angewendet von 1977–2000. In einem Anrechnungsverfahren musste genau festgestellt werden können, wie hoch die Beträge, aus denen eine Dividende ausgeschüttet wird, bereits mit Körperschaftsteuer belastet worden waren; so ließ sich der Anrechnungsanspruch des Anteilseigners für die gezahlte Körperschaftsteuer bestimmen bzw. die bisherige Belastung so verändern, dass eine standardisierte Ausschüttungsbelastung erreicht wurde. Zu diesem Zweck wurden im Anrechnungsverfahren die Rücklagen einer Gesellschaft nach Maßgabe ihrer körperschaftsteuerlichen Vorbelastung in Teilpositionen untergliedert (EK 40, EK 30, EK 02 etc.); die speziellen Rücklagenpositionen waren das „verwendbare Eigenkapital". Durch den Übergang zum → Halbeinkünfteverfahren bzw. → Teileinkünfteverfahren ist das verwendbare Eigenkapital überflüssig geworden und wurde daher abgeschafft, die Abwicklung letzter Guthabenbestände wurde im Zuge der Systemumstellung über das → Körperschaftsteuerguthaben abgewickelt.

Verwendungseigenverbrauch – bei korrekter Betrachtung veraltete Bezeichnung für die Verwendung eines Gegenstands, der dem umsatzsteuerlichen Unternehmensvermögen angehört, durch den Unternehmer zu unternehmensfremden Zwecken. Verwendungseigenverbrauch ist eine Form der → unentgeltlichen Wertabgaben.

Verzicht auf Steuerbefreiungen – Begriff des Umsatzsteuerrechts. Die in § 4 Nr. 8 ff. UStG aufgeführten umsatzsteuerbaren Umsätze sind steuerfrei; sie schließen jedoch den → Vorsteuerabzug aus. Die somit zum Kostenbestandteil gewordene Vorsteuer wird i.d.R. im Nettopreis auf den Abnehmer überwälzt. Ist dieser ein Unternehmer, wird die Steuerfreiheit des Vorunternehmers zu einem Nachteil für beide. – 1. § 9 I UStG: Deshalb sieht § 9 I UStG die Möglichkeit vor, auf die Steuerfreiheit zu verzichten, um dadurch Vorsteuern abziehen zu können. Der Verzicht ist nur möglich für folgende Umsätze, die an andere Unternehmer für deren Unternehmen getätigt werden: die meisten → Bankumsätze (§ 4 Nr. 8a–g UStG), die Umsätze, die unter das Grundsteuergesetz fallen (§ 4 Nr. 9a UStG), die → Vermietung und Verpachtung von Grundstücken (§ 4 Nr. 12 UStG), die Leistungen der Wohnungseigentümergemeinschaften (§ 4 Nr. 13 UStG) und die → Blindenumsätze (§ 4 Nr. 19 UStG). – 2. § 9 II UStG: Ausschluss der Option zur Steuerpflicht nach § 9 II UStG bes. bei der Vermietung und Verpachtung von Grundstücken, soweit der Leistungsempfänger das Grundstück nicht ausschließlich für Umsätze verwendet oder zu verwenden beabsichtigt, die den Vorsteuerabzug nicht ausschließen (Nachweis durch den Vermieter erforderlich). Keine bzw. weniger starke Einschränkungen des Optionsrechts für die Vermietung und Verpachtung von Grundstücken mit aufstehenden Altgebäuden (Beginn der Baumaßnahme vor 11.11.1993 und Fertigstellung vor 1.1.1998) gemäß Übergangsvorschrift des § 27 II UStG.

Verzögerungsgeld – Die Regelung des Verzögerungsgeldes (§ 146 IIb AO) wurde durch das Jahressteuergesetz 2009 (JStG 2009) vom 19.12.2008 (BGBl. I S. 2794) eingefügt und ist ab dem 25.12.2008 (Tag nach der Verkündung) anzuwenden. – Ein Verzögerungsgeld kann u.a. dann festgesetzt werden, wenn der Steuerpflichtige seinen Mitwirkungspflichten (§ 90 AO, § 200 I AO) während einer Außenprüfung zur Erteilung von Auskünften oder zur Vorlage angeforderter Unterlagen und/oder der Einräumung des Datenzugriffs (§ 147 VI AO) nicht oder nur verzögert nachkommt. Aber auch die Verlegung der elektronischen Buchhaltung ins Ausland ohne Genehmigung (§ 146 IIa AO) oder das Nichtnachkommen der Aufforderung zur Rückverlagerung der elektronischen Buchführung können unter diese Vorschrift fallen. – Das Verzögerungsgeld kann zwischen 2.500 EUR und 250.000 EUR betragen. Es wird mittels Verwaltungsakt unter Berücksichtigung des Ermessens (§ 5 AO) festgesetzt.

Verzollung – Erhebung des Zollbetrages durch elektronischen oder schriftlichen bzw. mündlichen Zollbescheid. Die Zollzahlung kann auf Antrag des Zollschuldners bei Sicherheitsleistung bis zum 16. des auf die Entstehung der → Zollschuld folgenden Monats aufgeschoben werden (→ Zahlungsaufschub). Verzollung kommt in Betracht bei der Abfertigung von Nichtgemeinschaftswaren zum zoll- und steuerrechtlich freien Verkehr, bei der Abfertigung zur vorübergehenden Verwendung mit ermäßigtem Zollbetrag oder bei der Zollerhebung bei Unregelmäßigkeiten, etwa wegen Schmuggels von Waren oder sonstiger Nichtbeachtung von Zollvorschriften.

Vieheinheit → Tierhaltung.

Vielsteuer-System → pluralistisches Steuersystem.

volkswirtschaftliche Steuerquote → Steuerquote.

Vollanrechnungssystem → Körperschaftsteuersystem.

Vollberechtigungs-Treuhandschaft → Treuhandschaft.

Vollmachts-Treuhandschaft → Treuhandschaft.

Vollständigkeitserklärung – vom → Abschlussprüfer i.d.R. gegen Ende der Prüfung eingeholte Versicherung der geprüften Unternehmung über die Vollständigkeit der erteilten Auskünfte und Nachweise; dient der Ergänzung der → Jahresabschlussprüfung, ist kein Ersatz für Prüfungshandlungen.

Vollstreckungsaufschub – 1. *Tatbestand:* Die Vollstreckungsbehörde kann die Vollstreckung einstweilen einstellen oder beschränken oder eine Vollstreckungsmaßnahme (→ Vollstreckungsverfahren) aufheben, wenn die Vollstreckung im Einzelfall unbillig ist (§ 258 AO). Die Entscheidung trifft die Vollstreckungsbehörde nach pflichtgemäßem Ermessen. – 2. *Voraussetzungen:* a) *Unbilligkeit* ist anzunehmen, wenn die Vollstreckung oder eine einzelne Vollstreckungsmaßnahme dem → Vollstreckungsschuldner einen unangemessenen Nachteil bringen würde, der durch kurzfristiges Zuwarten vermieden werden könnte. Nachteile, die üblicherweise mit der Vollstreckung oder einer einzelnen Pfändungsmaßnahme verbunden sind und die Schuldner in vergleichbarer Lage ebenso treffen, begründen keine Unbilligkeit (vgl. Abschn. 7 VollstrA). Andernfalls würden sich Vollstreckungsmaßnahmen von selbst verbieten, weil ihnen stets gewisse Härten innewohnen. – b) Unter *Kurzfristigkeit* des Zuwartens ist nach der Rechtsprechung regelmäßig ein Zeitraum von bis zu sechs Monaten (in Ausnahmefällen bis zu 12 Monaten) zu verstehen. Die Gewährung eines Vollstreckungsaufschubs lässt die Verwirkung von → Säumniszuschlägen unberührt.

Vollstreckungsschuldner – im Steuerrecht derjenige, gegen den sich ein → Vollstreckungsverfahren richtet (§ 253 AO). Vollstreckt werden können Verwaltungsakte, mit denen die Finanzbehörde eine Geldleistung, eine sonstige Handlung, Duldung oder Unterlassung vom Vollstreckungsschuldner fordert (§ 249 I AO). Vollstreckungsschuldner ist somit regelmäßig der → Steuerschuldner, der → Haftungsschuldner oder der → Duldungsschuldner. Zur

Vorbereitung der Vollstreckung kann die Finanzbehörde die Einkommens- und Vermögensverhältnisse des Vollstreckungsschuldners ermitteln.

Vollstreckungsverfahren – 1. *Begriff:* Staatliches Verfahren zur Durchsetzung eines Anspruchs des Gläubigers gegen einen Schuldner unter Inanspruchnahme staatlichen Zwanges. – 2. *Vollstreckungsbehörde:* Die Finanzbehörden vollstrecken Verwaltungsakte, mit denen eine Geldleistung, eine sonstige Handlung, eine Duldung oder Unterlassung gefordert wird, im Verwaltungsweg grundsätzlich selbst (§ 249 I AO). – 3. *Vollstreckung wegen Geldforderungen:* Sie erfolgt sowohl in das bewegliche Vermögen des Vollstreckungsschuldners – regelmäßig durch Sach- und Forderungspfändung (→ Pfändungsverfügung, → Einziehungsverfügung) – als auch in sein unbewegliches Vermögen – regelmäßig durch Eintragung von Sicherungs- bzw. Zwangshypotheken und Zwangsversteigerung bzw. -verwaltung. Daneben kann die → eidesstattliche Versicherung abgenommen werden. Als Sicherungsmaßnahme kommt die Anordnung eines → Arrestes in Betracht. Schließlich kann die Vollstreckungsbehörde sog. → rückstandsunterbindende Maßnahmen ergreifen. – 4. *Vollstreckung wegen anderer Leistungen* als Geldforderungen: → Zwangsmittel.

Vollverzinsung – 1. *Allgemeines:* Die Verzinsung von Steuernachforderungen und -erstattungen (§ 233a AO) soll im Interesse der Gleichmäßigkeit der Besteuerung und zur Vermeidung von Wettbewerbsverzerrungen einen Ausgleich dafür schaffen, dass Steuern – obwohl sie zum gleichen Zeitpunkt entstehen – zu unterschiedlichen Zeitpunkten festgesetzt und erhoben werden. Die Verzinsung ist gesetzlich vorgeschrieben; sie steht nicht im Ermessen der Finanzbehörde. Die Zinsen werden grundsätzlich im automatisierten Verfahren berechnet und festgesetzt. Die Festsetzung wird regelmäßig mit dem → Steuerbescheid oder der Abrechnungsmitteilung verbunden (vgl. AEAO zu § 233a AO Nr. 1). – 2. *Geltungsbereich:* Die Verzinsung erstreckt sich nur auf Nachforderungen und Erstattungen von Einkommen-, Körperschaft-, Vermögen- Umsatz- und Gewerbesteuer. Sie gilt erstmals für Steuern, die nach dem 31.12.1988 (bzw. in den neuen Bundesländern nach dem 31.12.1990) entstehen. – 3. *Zinsschuldner/-gläubiger:* Zinsschuldner ist der → Steuerschuldner. Zinsgläubiger ist der Gläubiger des Erstattungsanspruchs. – 4. *Zinslauf:* Die Verzinsung beginnt regelmäßig 15 Monate nach Ablauf des Kalenderjahrs, in dem die Steuer entstanden ist (sog. Karenzzeit). Sie endet mit Ablauf des Tages, an dem die Steuerfestsetzung wirksam wird, d.h. mit → Bekanntgabe des Steuerbescheides bzw. im Fall der → Steueranmeldung mit ihrem Eingang bei der Finanzbehörde bzw. mit deren Zustimmung. – 5. *Berechnungsgrundsätze:* Die Zinsberechnung erfolgt auf Grundlage der sog. Sollverzinsung. Berechnungsgrundlage ist der Unterschiedsbetrag zwischen dem festgesetzten Soll und dem vorher festgesetzten

Soll (z.B: Vorauszahlungen). Die Zinsen betragen 0,5 Prozent für jeden vollen Monat des Zinslaufes; angefangene Monate bleiben außer Ansatz. Der zu verzinsende Betrag wird auf volle 50 Euro nach unten abgerundet (§ 238 AO). Eine Bagatellgrenze von 10 Euro ist zu beachten (§ 239 II AO). – 6. *Verhältnis zu anderen* → steuerlichen Nebenleistungen: Die Verwirkung von → Säumniszuschlägen bleibt durch die Vollverzinsung unberührt. Soweit sich im Einzelfall Überschneidungen der Steuerzinsen nach § 233a AO mit → Stundungszinsen, → Aussetzungszinsen, → Hinterziehungszinsen sowie → Prozesszinsen auf Erstattungsbeträge ergeben, werden die Steuerzinsen nach § 233a AO auf die jeweilige Zinsfestsetzung angerechnet.

Vollziehungsbeamter – mit der Durchführung von Vollstreckungsmaßnahmen in bewegliche Sachen im Verwaltungswege betrauter Beamter, entsprechend dem Gerichtsvollzieher, z.B. der Vollziehungsbeamte des Finanzamts (§ 285 AO).

Voranmeldung → Umsatzsteuervoranmeldung.

Voranmeldungszeitraum – 1. *Begriff:* bei der → Umsatzsteuer der Zeitraum, für den ein Unternehmer seine neu entstandene Umsatzsteuerschuld jeweils dem Finanzamt hat durch Abgabe der → Umsatzsteuervoranmeldung anzumelden hat. Jede Umsatzsteuervoranmeldung bezieht sich auf einen Voranmeldungszeitraum; nach Abschluss des Kalenderjahres folgt dann eine Endabrechnung über die Umsatzsteuer für das gesamte Jahr durch Abgabe der USt.-Jahreserklärung. – 2. *Relevanter Zeitraum:* Der Voranmeldungszeitraum ist wie folgt festgelegt: (1) grundsätzlich *Kalendervierteljahr* (§ 18 I UStG); (2) *Kalendermonat*, wenn die Steuer für das vorangegangene Kalenderjahr mehr als 7.500 Euro beträgt; außerdem ist auch im Erstjahr der unternehmerischen Betätigung, also bei neu eröffneten Unternehmen, der Voranmeldungszeitraum stets der Kalendermonat; (3) Befreiung von der Voranmeldungsabgabe und der damit verbundenen Vorauszahlungspflicht (§ 18 II UStG) ist möglich, wenn die Steuer im vorangegangenen Kalenderjahr nicht mehr als 1.000 Euro betragen hat; in diesem Fall müssen gar keine Umsatzsteuervoranmeldungen, sondern nur noch ihre USt.-Jahreserklärung abgegeben werden.

Vorauszahlung – I. *Versicherungswesen:* 1. *Begriff:* Vorauszahlung ist die teilweise Leistung der Versicherungssumme vor Eintritt des Versicherungsfalls in der → Lebensversicherung. Eine Rückzahlung der Vorauszahlung an den Versicherer ist jederzeit möglich. Zu unterscheiden von der Gewährung eines zinspflichtigen Darlehens durch den Versicherer. Auch als *Policendarlehen* und *Beleihung eigener Versicherungsscheine* bezeichnet. – 2. *Voraussetzungen:* Rückkaufsfähige Lebensversicherung (Rückkauf von Versicherungen) oder Unfallversicherung. – 3. *Höhe:* *Der Betrag* der möglichen Vorauszahlung ist vom Deckungskapital abhängig und oft auf einen Prozentsatz, z.B. 95 Prozent, des Deckungskapitals (Rückkaufs-wert) begrenzt.

II. Steuerrecht: Zahlung, die der Steuerpflichtige vor der → Steuerfestsetzung auf die voraussichtliche Steuerschuld leistet. Die Festsetzung einer Voraus-zahlung ist stets eine Steuerfestsetzung unter Vorbe-halt der Nachprüfung (§ 164 I AO). – 1. *Einkommen-steuer-Vorauszahlung:* Am 10. März, 10. Juni, 10. September und 10. Dezember eines Jahres in Höhe von jeweils einem Viertel der voraussichtlichen Jahres-steuer, festgesetzt durch Vorauszahlungsbescheid. Sie bemessen sich grundsätzlich nach der → Einkom-mensteuer, die sich nach Abzug der Steuerabzugs-beträge bei der letzten → Veranlagung ergeben hat. Vorauszahlungen können an die Einkommensteuer angepasst werden, die sich für den Veranlagungszeit-raum voraussichtlich ergeben wird (§ 37 EStG). – 2. *Körperschaftsteuer-Vorauszahlung:* Grundsätzlich nach gleicher Regelung. Bei vom Kalenderjahr ab-weichendem Wirtschaftsjahr sind die Vorauszahlun-gen auf die Körperschaftsteuer während des Wirt-schaftsjahres zu entrichten, das im Veranlagungs-zeitraum endet (§ 31 II KStG; i.V. mit § 37 EStG). – 3. *Gewerbesteuer-Vorauszahlung:* Am 15. Februar, 15. Mai, 15. August und 15. November nach dem letzten Steuerbescheid zu entrichten. Auch hier Anpassung bei Änderung des Gewerbeertrags möglich (§ 19 GewStG). – 4. *Umsatzsteuer-Vorauszahlung:* Auf-grund der → Umsatzsteuervoranmeldung i.d.R. am zehnten jeden Monats oder bei Vierteljahreszahlern am zehnten des auf das abgelaufene Quartal folgen-den Monats zu entrichten (§ 18 UStG).

Vorbehaltsfestsetzung → Steuerfestsetzung unter dem Vorbehalt der Nachprüfung (§ 164 AO). Es han-delt sich um eine Nebenbestimmung (§ 120 AO), die bis zur Aufhebung oder Wegfall (§ 164 IV AO) des Vorbehalts, bzw. bis zum Eintritt der Verjährung des Bescheides eine jederzeitige und vollumfängliche Korrektur des Steuer- oder Feststellungsbescheides ermöglicht. Daher stellt die nachträgliche Aufnahme des Vorbehalts eine Verböserung dar. Der Vorbehalt der Nachprüfung kann mit der Vorläufigkeit (§ 165 AO) verbunden werden. – Unter dem Vorbehalt der Nachprüfung stehen kraft Gesetz die Steueranmel-dungen (Umsatz-, Lohnsteuer, § 168 AO) und die Vorauszahlungsbescheide (§ 164 I AO), sodass eine Korrektur ohne Probleme möglich ist. – Die Aufhe-bung des Vorbehalts steht einer Steuerfestsetzung gleich (§ 164 III 3 AO). Dies hat eine zweite vollum-fängliche Einspruchs- und nachfolgende Klagemög-lichkeit gegen diesen Bescheid zur Folge, während bei der Korrektur von bestandskräftigen Bescheiden eine Einspruchsmöglichkeit nur im Rahmen der Än-derung (§ 351 AO) möglich ist. – Nach einer Außen-prüfung ist der Vorbehalt stets aufzuheben (§ 164 III 2 AO). – Wird eine Steuerfestsetzung unter dem Vor-behalt der Nachprüfung geändert, so ist in dem neuen Steuerbescheid zu vermerken, ob dieser weiterhin unter Vorbehalt der Nachprüfung steht oder ob der

Vorbehalt aufgehoben wird. Fehlt ein derartiger Ver-merk, bleibt der Vorbehalt bestehen (AEAO zu § 164 Tz. 6). – Wird dagegen eine vorläufige Steuerfestset-zung (§ 165 AO) geändert, so ist in dem neuen Steu-erbescheid zu vermerken, ob und inwieweit die-ser weiterhin vorläufig ist oder für endgültig erklärt wird. Durch einen Vorläufigkeitsvermerk im Ände-rungsbescheid wird der Umfang der Vorläufigkeit neu bestimmt (AEAO zu § 165 Tz. 7). Wird dieser nicht erneut aufgenommen, ist automatisch die Vor-läufigkeit entfallen.

Vorbescheid – Nach der Finanzgerichtsordnung kann das Gericht ohne mündliche Verhandlung durch Vorbescheid entscheiden. Jeder der Beteilig-ten kann innerhalb eines Monats nach Zustellung des Vorbescheids mündliche Verhandlung beantragen (§ 90 FGO).

Vorbesichtigung – Mit Zustimmung der Zollbehör-den können → Nichtgemeinschaftswaren vom Zeit-punkt ihrer Gestellung an zum Zwecke der Vorberei-tung der → Zollanmeldung geprüft werden. Die Vor-prüfung kann jedermann gestattet werden. Muster und Proben dürfen dabei in dem erforderlichen Um-fang entnommen werden.

vorgeschobene Zollstellen – Abfertigungsplätze außerhalb des → Zollgebiets der EU (im Drittland auf fremdem Staatsgebiet), auf denen dazu befugte dt. oder ausländische Zollorgane Amtshandlungen nach EU-Zollrecht vornehmen. Die Abfertigungs-plätze und ihre Verbindungswege mit dem Zollgebiet, soweit auf ihnen einzuführende oder auszuführende Waren befördert werden, gelten insoweit als Zollge-biet der EU. Bekanntes Beispiel ist das Zollamt Basel/ badischer Bahnhof.

Vorgesellschaft – *Gründergesellschaft, Gründungs-gesellschaft;* ein nach Abschluss des Gesellschaftsver-trages entstandenes Rechtsgebilde, das bis zur han-delsrechtlichen Errichtung einer Kapitalgesellschaft durch Eintragung in das Handelsregister besteht (§ 41 AktG, § 11 GmbHG). Sie tritt im Rechtsverkehr mit einem Zusatz zur Firmierung *i.Gr.* auf. – *Buchfüh-rungspflicht:* Die Vorgesellschaft ist buchführungs-pflichtig. – *Steuerrecht:* Die Vorgesellschaft bildet mit der später eingetragenen Kapitalgesellschaft das-selbe Rechtssubjekt, wird also mit Abschluss des Ge-sellschaftsvertrages zur Körperschafts-, Vermögens-und Gewerbesteuer herangezogen, sofern auch die übrigen Voraussetzungen (Entfaltung einer nach au-ßen hin in Erscheinung tretenden Geschäftigkeit bzw. Erwerb von Vermögen) erfüllt sind. – Unterscheidet sich von der Vorgründungsgesellschaft dadurch, dass die Vorgründungsgesellschaft der Zusammenschluss der Gründer vor der Gründung der Gesellschaft, d.h. in der Zeitspanne, in der noch kein Gesellschafts-vertrag geschlossen ist, während die Vorgesellschaft ab der Zeit besteht, in der bereits ein Gesellschafts-vertrag besteht, aber mangels Eintragung noch keine Rechtsfähigkeit vorliegt.

Vorgriff – überholter Begriff für die → vorzeitige Ausfuhr der ersatzweise hergestellten → Veredelungserzeugnisse in einem aktiven → Veredelungsverkehr. Von zollamtlicher Seite zugelassen, um einem Bewilligungsinhaber die Erfüllung termingebundener Ausfuhrgeschäfte zu ermöglichen. Die erst nachträglich eingeführten drittländischen Vorerzeugnisse bleiben in dem Ausmaß zollfrei, in dem für sie bei einer normalen Durchführung des Veredelungsverkehrs kein Zoll erhoben würde. Sie werden mit Überführung in die aktive Veredelung zugleich Waren des freien Verkehrs.

Vorkosten – 1. Kosten, die vor dem Beginn der Nutzung einer (eigenen) Wohnung zu eigenen Wohnzwecken, v.a. Erhaltungsaufwendungen, die vor Bezug der Wohnung oder – unter bestimmten Umständen – bis zum Ablauf des Jahres nach dem Anschaffungsjahr anfallen. – 2. Die Möglichkeit, für Vorkosten eine allg. Pauschale von 1.790 Euro und für Erhaltungsaufwendungen darüber hinaus nach Einzelnachweis zusätzlich bis zu 11.504 Euro als → Sonderausgaben einkommensteuerlich geltend zu machen (§ 10i EStG), steht für Objekte, die seit 1999 angeschafft oder hergestellt wurden, nicht mehr offen.

Vorlagen – Pläne, Techniken, Entwicklungen, Entwürfe, Zeichnungen, Skizzen, Modelle, Manuskripte u.Ä., die als Produktionsunterlage dienen. – *Zollrechtliche Behandlung:* Der in Vorlagen, nach denen im Drittland Waren angefertigt werden, verkörperte Wert geistiger Leistungen wird bei der → Verzollung der eingeführten Waren nur berücksichtigt, wenn sie außerhalb der Gemeinschaft erarbeitet worden sind (Art. 32 ZK).

vorläufige Steuererklärung – Begriff der Praxis für eine → Steuererklärung, wenn die Besteuerungsgrundlagen bis zum Ablauf der Erklärungsfrist noch nicht vollständig ermittelt werden konnten. Falls die vorläufige Steuererklärung hinreichende Angaben enthält, wird sie als Anregung des Steuerpflichtigen aufgefasst, eine → vorläufige Steuerfestsetzung durchzuführen.

vorläufige Steuerfestsetzung – in Ausnahmefällen mögliche Maßnahme des Finanzamts. – *Zulässig,* wenn (1) Ungewissheit über die tatsächlichen Voraussetzungen der Entstehung eines Steueranspruchs besteht, d.h. es müssen Tatsachen oder Sachverhalt ungewiss sein. Ungewissheit über Rechtsfragen führt nicht zur vorläufigen Steuerfestsetzung. (2) Vorläufige Steuerfestsetzung ist möglich, wenn ungewiss ist, ob und wann Verträge mit anderen Staaten über die Besteuerung (§ 2 AO), die sich zugunsten des Steuerpflichtigen auswirken, für die Steuerfestsetzung wirksam werden; (3) das Bundesverfassungsgericht die Unvereinbarkeit eines Steuergesetzes mit dem Grundgesetz festgestellt hat und der Gesetzgeber zu einer Neuregelung verpflichtet ist; (4) die Vereinbarkeit eines Steuergesetzes mit höherrangigem Recht Gegenstand eines Verfahrens vor dem Gerichtshof

der EU, dem Bundesverfassungsgericht oder einem obersten Bundesgericht ist (§ 165 AO). – *Umfang:* Die vorläufige Steuerfestsetzung erstreckt sich nur auf den ungewissen Punkt (insoweit vorläufig)., daher sind Art und Umfang anzugeben. – Bei *nicht nur vorübergehender Ungewissheit:* → Schätzung der Besteuerungsgrundlagen (§ 162 AO). – Folgen der vorläufigen Steuerfestsetzung: erleichterte Korrekturmöglichkeiten. Insoweit tritt die Verjährung unabhängig von der Dauer des Verfahrens nicht ein, bevor über diesen Punkt endgültig Klarheit herrscht. Ab diesem Zeitpunkt, bzw. ab Kenntnis der Finanzbehörde hat diese dann ein bis zwei Jahre in Abhängigkeit von der Art der Vorläufigkeit Zeit, die steuerlichen Folgen zu ziehen (§ 171 VIII).

Vorlegung von Urkunden – Im steuerlichen Ermittlungsverfahren soll die Finanzbehörde vom Beteiligten und anderen Personen die Vorlage von Büchern, Aufzeichnungen, Geschäftspapieren und anderen Urkunden zur Einsicht und Prüfung regelmäßig (erst) dann verlangen, wenn die genannten Personen zuvor ihrer → Auskunftspflicht nicht oder nicht angemessen nachgekommen sind bzw. wenn Zweifel an der Richtigkeit der erteilten Auskünfte bestehen. Die Finanzbehörde kann die Vorlage der genannten Unterlagen unmittelbar verlangen, wenn der Steuerpflichtige eine steuerliche Vergünstigung geltend macht, eine → Außenprüfung nicht durchgeführt werden soll oder wenn wegen erheblicher steuerlicher Auswirkung des Sachverhalts eine kurzfristige Klärung angebracht erscheint (§ 97 AO).

Vorprüfung – amtliche Bezeichnung für die der turnusmäßigen → Außenprüfung der Finanzbehörde vorausgegangene Prüfung.

Vorruhestandsleistung – Leistung aus einer Vereinbarung über Vorruhestand. Vorruhestandsleistungen unterliegen grundsätzlich dem Lohnsteuerabzug durch den Arbeitgeber. Früher zeichnen Vorruhestandsleistungen, wenn sie als → Abfindungen anzusehen waren, in bestimmten Grenzen einkommensteuerfrei gezahlt werden. Heute sind Vorruhestandsleistungen in vollem Umfang als Entschädigungen als Ersatz für entstehende Einnahmen im Sinn des § 24 EStG steuerpflichtig als Einkünfte aus nichtselbständiger Arbeit.

Vorsorgeaufwendungen – 1. *Begriff* des Einkommensteuerrechts für diejenigen → Sonderausgaben, die sich als Versicherungsbeiträge oder Bausparbeiträge darstellen. – 2. Seit 2005 ist zwischen der Basisversorgung und den sonstigen Vorsorgeaufwendungen zu unterscheiden. a) *Die Basisversorgung* beinhaltet Beiträge an die gesetzliche Rentenversicherung, die landwirtschaftliche Alterskasse, das berufsständige Versorgungswerk und für kapitalgedeckte Leibrentenversicherung. – b) *Die sonstigen Vorsorgeaufwendungen* umfassen (§ 10 I Nr. 2a EStG) Beiträge zur Kranken-, Pflege-, Unfall- und Haftpflichtversicherung, Arbeitslosenversicherung,

Erwerbsminderungs- und Berufsunfähigkeitsversicherung sowie Risikoversicherungen, die nur für den Todesfall eine Leistung vorsehen und Leibrentenversicherung und Kapitallebensversicherung mit Vertragsabschluss und 1. Beitragszahlung bis 31.12.2004. – 3. *Sonderausgabenabzug:* (1) Für die sonstigen Vorsorgeaufwendungen gilt der Höchstbetrag (§ 10 IV EStG) von 2.800 Euro bzw. 1.900 Euro. Bis 2019 wird von Amts wegen eine Günstigerprüfung vorgenommen, falls die Neuregelung ab 2005 niedriger ist als die Höchstbeträge von 2004. Ab 2011 wird der Vorwegabzug schrittweise gekürzt. (2) Für die Basisversorgung gilt folgende Regelung: 60 Prozent der Beiträge, höchstens 60 Prozent von 20 Prozent aus 20.000 Euro (bei Zusammenveranlagung 40.000 Euro) abzgl. des steuerfreien Arbeitgeberanteils zur Rentenversicherung sind abzugsfähig. Der abzugsfähige Prozentsatz steigt seit 2005 gleichmäßig an (62 Prozent in 2006, 64 Prozent in 2007 usw., 100 Prozent in 2025). Für nicht rentenversicherungspflichtige Arbeitnehmer gelten gesonderte Vorschriften. (3) Grundsätzlich nicht als Sonderausgaben abziehbar sind Beiträge zu Lebensversicherungen, wenn die Ansprüche aus Versicherungsverträgen während deren Dauer im Erlebensfall der Tilgung oder Sicherung eines Darlehens dienen, dessen Finanzierungskosten Betriebsausgaben oder Werbungskosten sind (sog. Policendarlehen). – 4. → Bausparkassenbeiträge sind seit 1996 nicht mehr als Vorsorgeaufwendungen eingestuft. – 5. *Altfälle:* a) Versicherungsbeiträge können im Rahmen eines bes. Höchstbetrages *(Vorwegabzug)* von 3.068 Euro (bei Zusammenveranlagung von Ehegatten 6.136 Euro) berücksichtigt werden. Diese Beträge vermindern sich im Regelfall um 16 Prozent der Einnahmen aus nichtselbständiger Tätigkeit nach § 19 EStG (ohne Versorgungsbezüge) und aus Mandatsausübung nach § 22 Nr. 4 EStG (§ 10 IV a EStG). – b) Bis zum Jahr 2019 wird von Amts wegen eine Günstigerprüfung vorgenommen und die ungünstigere Methode (alt bzw. neue Regelung) berücksichtigt. – 6. *Pauschbeträge:* Für Vorsorgeaufwendungen wird Arbeitnehmern eine → Vorsorgepauschale gewährt, wenn keine höheren Aufwendungen nachgewiesen werden (§ 10c II ff. EStG). Auch hier erfolgt von Amts wegen eine Günstigerprüfung. Demnach wird die Vorsorgepauschale nach der Altregelung (bis 2004 geltende Gesetzeslage) angesetzt, soweit sie für die Jahre von 2005 bis 2019 günstiger ist. Eine stufenweise Minderung der Höchstbeträge ab dem Jahr 2011 bis im Jahr 2020 auf null Euro ist dabei z.T. zu berücksichtigen. – 7. *Riester-Rente:* Die Riester-Rente ist eine Form der privaten → Altersvorsorge mit staatlicher Förderung. Nach § 10a EStG sind der Eigenbeitrag sowie die Zulagen als Sonderausgaben abzugsfähig, wenn die Steuerersparnis höher ist als die Zulage. Eine Günstigerprüfung wird im Rahmen der Einkommensteuerfestsetzung auf Antrag vorgenommen. Der Sonderausgabenabzug ist in 2005 auf 1.050 Euro, in 2006 und 2007 auf 1.575 Euro und ab 2008 auf 2.100 Euro begrenzt. Der

Abzug erfolgt zusätzlich zu den Vorsorgeaufwendungen. Der nicht ausgeschöpfte Höchstbetrag eines Ehegatten kann nicht auf den anderen Ehegatten übertragen werden.

Vorsorgepauschale – 1. *Begriff* des Einkommensteuerrechts für den festgesetzten Mindestbetrag, mit dem → Vorsorgeaufwendungen von Arbeitnehmern bei der → Einkommensermittlung abgezogen werden. Die Vorsorgepauschale kommt zur Anwendung, wenn keine höheren Aufwendungen nachgewiesen werden (§ 10c II EStG). Die Vorsorgepauschale ist in der → Lohnsteuertabelle bereits berücksichtigt, in der allg. Lohnsteuertabelle der allg. Pauschale, in der bes. die Sonderpauschale. – 2. *Höhe (ab 1.1.2005):* (1) Die Vorsorgepauschale für rentenversicherungspflichtige Arbeitnehmer beträgt 20 Prozent aus der Hälfte des Beitrags der allg. Rentenversicherung bezogen auf den Arbeitslohn zzgl. 11 Prozent des Arbeitslohns, maximal jedoch 1.500 Euro. Der 20 Prozent-Satz erhöht sich jährlich um 4 Prozent-Punkte ab 2006, bis der Prozentsatz im Jahr 2025 100 Prozent beträgt. (2) Für nicht rentenversicherungspflichtige Arbeitnehmer beträgt die Vorsorgepauschale 11 Prozent des Arbeitslohns, höchstens jedoch 1.500 Euro (§ 10c EStG). (3) Bemessungsgrundlage dabei ist der steuerpflichtige → Arbeitslohn abzüglich des Versorgungsfreibetrags sowie abzüglich des → Altersentlastungsbetrags. (4) Für Ehegatten ist eine bes. Berechnung vorzunehmen, wenn beide berufstätig sind. Grundsätzlich erhöht sich der maximale Abzugsbetrag auf 3.000 Euro. – 3. *Günstigerprüfung:* Die Günstigerprüfung erfolgt von Amts wegen. Demnach wird die Vorsorgepauschale nach der Altregelung gemäß der bis 2004 geltenden Gesetzeslage angesetzt, soweit sie für die Jahre von 2005 bis 2019 günstiger ist. Die Höchstbeträge belaufen sich nach der alten Regelung auf 3.068 Euro bzw. 1.334 Euro und 667 Euro. Der Höchstbetrag von 3.068 Euro vermindert sich ab dem Jahr 2011 stufenweise, bis er im Jahr 2020 null Euro betragen wird.

Vorsteuer → Vorsteuerabzug.

Vorsteuerabzug – 1. *Begriff* des Umsatzsteuergesetzes (§§ 15, 15a UStG) für das Recht eines Unternehmers, von seiner Umsatzsteuerschuld die an Vorunternehmer oder Eingangszollstellen bzw. Finanzämter entrichtete Umsatzsteuer (sog. Vorsteuer) abzuziehen. Der Vorsteuerabzug bewirkt, dass Wirtschaftsgüter und Leistungen im Unternehmensbereich grundsätzlich von einem anderen Unternehmer frei von einer Umsatzsteuerbelastung erworben werden können und somit nur die Umsatzsteuer die Leistungsabgabe an den Verbraucher endgültig bleibt. Alternativ kann man, da jeder Unternehmer für die von ihm erbrachten Leistungen → Umsatzsteuer zu entrichten hat, aber durch den Vorsteuerabzug die auf den Vorleistungen ruhende Umsatzsteuer von seiner Zahllast abziehen kann, den Vorsteuerabzug auch so interpretieren, dass im Ergebnis nur seine eigene, zusätzliche Wertschöpfung der Umsatzsteuer

Vorsteuerabzug

Staat	Zentrale Erstattungsbehörde
Belgien	Bureau Central de T.V.A. pour assujettis etrangers Bankvard Bisschoffsheim 38, 38A B- 1000 Bruxelles
Dänemark	Told-og Skatteregion Sønderborg Hilmar Finsens Gade 18 DK- 6400 Sonderborg
Bundesrepublik Deutschland	Bundesamt für Finanzen Friedhofstraße 1 D- 53221 Bonn
Finnland	Uudenmaan lääninverovirasto Arvonlisäverotoimisto PL 5 00052 Verotus Finnland/Suomi
Frankreich	Direction Générale des Impôts Centre des Non-Résidents 9, rue d'Uzès F- 75084 Paris Cedex 02
Griechenland	Ministere des Finances Service de T.V.A. 14 th Directorate of VAT and Indirect Taxes rue Sina 2 – 4 GR- 10672 Athenes
Großbritannien und Nordirland	HM Customs and Excise VAT Overseas Repayment Unit Custom House PO Box 34 Londonderry BT487AE Northern Ireland
Irland	The Revenue Comissioners VAT Repayment Section Government Offices ENNIS County Clare Ireland
Italien	2° Ufficio IVA di Roma IV Reparto Rimborsi Via Canton 10 I- 00144 Roma
Luxemburg	Administration de l'Enregis- trement et des Domaines Bureau d'imposition 11 Service de Remboursement TVA 1 – 3 Avenue Guillaume B.P. 31 L- 2010 Luxembourg
Niederlande	Belastingdienst/ Particulieren/Ondernemingen buitenland Schakelweg 5 Postbus 2865 NL- 6401 DJ Heerlen
Norwegen	Oestfold Sylkesskattekontor Postboks 430 N- 1502 Moss
Österreich	Finanzamt Graz-Stadt Referat für ausländische Unternehmer Conrad von Hötzendorfstraße 14 – 18 A- 8018 Graz

unterliegt. Auf diese Betrachtungsweise geht die Bezeichnung „Mehrwertsteuer" für die Umsatzsteuer zurück. – 2. *Voraussetzungen:* a) Zum Vorsteuerabzug sind nur → Unternehmer berechtigt. Bestimmte Körperschaften und juristische Personen des öffentlichen Rechts, die aus bes. Gründen steuerfrei Leistungen beziehen können sollen, aber keine Unternehmer sind, erhalten auf Antrag eine → Steuervergütung. Ohne eine Rechnung, die allen Anforderungen der §§ 14 ff. UStG genügt, ist ein Vorsteuerabzug nicht möglich (§15 I Nr. 1 UStG). – b) *Abzugsfähig:* (1) Die in → Rechnungen ausgewiesene Steuer für → Lieferungen und → sonstige Leistungen, die von einem anderen Unternehmer für das Unternehmen des vorsteuerabzugsberechtigten Unternehmers ausgeführt worden sind; (2) die entrichtete → Einfuhrumsatzsteuer (EUSt) für Gegenstände, die für das Unternehmen des Empfängers eingeführt worden sind; (3) die → Erwerbsteuer für den innergemeinschaftlichen Erwerb von Gegenständen für das Unternehmen des Erwerbs; (4) die Umsatzsteuer, die der Unternehmer als Leistungsempfänger aufgrund des → Reverse-Charge-Verfahrens selbst bezahlen musste (§13b UStG), und die Umsatzsteuer, die er bei Auslagerung einer Ware aus einem → Umsatzsteuerlager zu entrichten hatte. – c) *Zeitpunkt:* Der Vorsteuerabzug ist mit Ablauf des → Voranmeldungszeitraums vorzunehmen, in dem die vorstehenden Voraussetzungen erstmals erfüllt sind, d.h. (1) die Leistung ist erfolgt und eine Rechnung erteilt worden. – *Ausnahme:* Anzahlungen (hierfür Abzug in dem Zeitpunkt, in dem die Rechnung vorliegt und die Zahlung geleistet ist). (2) Die Einfuhrumsatzsteuer ist entrichtet worden; (3) der innergemeinschaftliche Erwerb ist für das Unternehmen des Erwerbes erfolgt. – 3. *Ausschluss:* a) *Vollständig* ausgeschlossen sind die nach 2. abziehbaren Vorsteuern, wenn die zugrunde liegenden Lieferungen, die Einfuhr und der innergemeinschaftliche Erwerb von Gegenständen sowie die sonstigen Leistungen zur Ausführung folgender Umsätze verwendet werden: (1) Bestimmte steuerfreier Umsätze; (2) (nicht steuerbarer) Umsätze im → Ausland, die steuerbar, aber steuerfrei wären, wenn sie im → Inland ausgeführt würden. – b) *Teilweise* ausgeschlossen ist der Vorsteuerabzug, wenn der Unternehmer einen für sein Unternehmen gelieferten oder eingeführten Gegenstand oder eine bezogene sonstige Leistung z.T. zu den unter a) genannten Umsätzen verwendet. Ausgeschlossen ist der Teil, der auf die vom Vorsteuerabzug ausgeschlossenen Umsätze entfällt. Dies bestimmt sich grundsätzlich nach der wirtschaftlichen Zurechnung zu diesen Umsätzen. – c) *Vorsteuerberichtigung:* Stimmt der bei Anschaffung eines Wirtschaftsguts bzw. Bezug einer sonstigen Leistung vorgenommene Vorsteuerabzug nicht mit den späteren Verhältnissen überein, z.B. weil eine bezogene Leistung in höherem/geringerem Ausmaß für steuerfreie Zwecke verwendet wird, als dies beim Bezug der Leistung und damit bei Vornahme des ursprünglichen Vorsteuerabzugs angenommen worden war, so ist der

Vorsteuerabzug (Fortsetzung)

Staat	Zentrale Erstattungsbehörde
Portugal	Direcção - Geral das Contibuiçôes e Importos Serviço de Administraço do IVA Avinado Joâo XXi Apartado 8220 P- 1802 Lisboa Codex
Schweden	Särskilda Skattekontoret Carlavägen 21 S- 77183 Ludvika
Schweiz	Eidgenössische Steuerverwaltung Hauptabteilung Mehrwertsteuer Schwarztorstraße 50 CH- 3003 Bern
Spanien	Delegación Especial de Madrid Seccion de Regimenes Especiales c/ Guzman el Bueno 139 Planta 1 E- 28071 Madrid
Ungarn	Fövarosi Adolfelügycloseg Haamaan Katoo ut. 3 – 5 Postafióle 39 H- 1435 Budapest IX

ursprüngliche Vorsteuerabzug während einer Periode von fünf Jahren (bei → Grundstücken, ihren wesentlichen Bestandteilen etc. zehn Jahre) zu korrigieren. Diese Anpassung des ursprünglichen Vorsteuerabzugs an die tatsächlich zutreffenden Verhältnisse geschieht dann in der Art, dass die tatsächliche Verwendung für jedes Kalenderjahr mit den Verhältnissen zu vergleichen ist, die bei der ursprünglichen Geltendmachung der Vorsteuer prognostiziert worden waren. Da dies außerordentlich aufwendig werden kann, gilt die Verpflichtung zur Vorsteuerberichtigung nur dann, wenn bestimmte Mindestbeträge (§ 44 UStDV) überschritten werden. Hervorzuheben ist jedoch insbesondere, dass, anders als früher üblich, die Vorsteuerberichtigung seit 2005 nicht mehr nur für den Bezug langlebiger Wirtschaftsgüter, sondern umfassend vorgesehen ist. Sie ist also auch für Umlaufvermögen (Wirtschaftsgüter, die nur einmal verwendet werden), für nachträgliche Einbauten und sonstige Leistungen an Wirtschaftsgütern, z.B. Erhaltungsaufwand bei Gebäuden, sowie für andere sonstige Leistungen (z.B. Software oder Mietvorauszahlungen) zu beachten. Eine Vereinfachung der Vorsteuerberichtigung ist allerdings bei Erhaltungsaufwand vorgesehen: Demnach können mehrere Einbauten oder sonstige Leistungen an einem Wirtschaftsgut als ein Berichtigungsobjekt zusammengefasst werden, falls es sich um eine einheitliche Maßnahme handelt. – 4. *Besonderheiten:* a) *Pauschalierter Vorsteuerabzug nach Durchschnittssätzen:* (1) für Land- und Forstwirte (→ land- und forstwirtschaftliche Umsätze); (2) für bestimmte Gruppen nicht buchführungspflichtiger Unternehmer, deren Vorjahresumsatz nicht über 61.356 Euro betrug (bestimmte Handwerker, Einzelhändler,

Freiberufler); Voll- oder Teilpauschalierung des Vorsteuerabzugs (§ 23 UStG, §§ 69, 70 UStDV); (3) für nicht buchführungspflichtige gemeinnützige Körperschaften, Personenvereinigungen und Vermögensmassen, deren Vorjahresumsatz 35.000 Euro nicht überstiegen hat (§ 23a UStG). – b) Bei *Fahrausweisen* und → Kleinbetragsrechnungen ist der Vorsteuerabzug unter erleichterten Anforderungen möglich (§ 35 UStDV). – c) Weitere *Besonderheiten:* Vgl. §§ 40 und 43 UStDV. – 5. *Verfahren:* → Umsatzsteuer. – 6. *Erstattung von Vorsteuerabzügen in EU-Staaten:* Aufgrund der Achten Richtlinie zur Harmonisierung der Umsatzsteuern vom 6.12.1979 (ab 2010 Inkrafttreten einer Neufassung unter dem Titel „Mehrwertsteuererstattungsrichtlinie") sind die EU-Mitgliedsstaaten verpflichtet, den in einem anderen Mitgliedsstaat ansässigen Unternehmern die Vorsteuerabzüge zu erstatten. – *Zentrale Erstattungsbehörden:* Vgl. Tabelle „Vorsteuerabzug".

Vorsteuerberichtigung → Vorsteuerabzug.

Vorsteuererstattung → Vorsteuerabzug, → Vorsteuervergütungsverfahren.

Vorsteuervergütungsverfahren – *Vergütungsverfahren;* ein Verfahren aus dem Umsatzsteuerrecht. – 1. *Grundprinzip:* Da der → Vorsteuerabzug jedem Unternehmer zusteht, können auch ausländische Unternehmer die Erstattung von Vorsteuern beantragen. Das Vorsteuervergütungsverfahren ist subsidiär gegenüber dem → Veranlagungsverfahren, d.h. sobald ein Unternehmer steuerpflichtige Umsätze im Inland ausführt, für die die Steuer nicht bereits abgegolten ist (z.B. durch das → Reverse-Charge-Verfahren), scheidet ein Vorsteuervergütungsverfahren aus. – 2. *Voraussetzungen:* a) *Regelung bis Ende 2009:* Der einzelne Antrag auf Vergütung von Vorsteuern muss mind. einen Zeitraum von drei Monaten und darf höchstens ein Kalenderjahr betragen; ein Antrag für einen kürzeren Zeitraum ist zulässig, wenn es sich um den Rest des Kalenderjahres handelt (§ 60 UStDV). Der Antrag ist für Zeiträume, die sich nicht bis zum Ende des Kalenderjahrs erstrecken, nur zulässig für Ansprüche über mind. 200 Euro, ansonsten für mind. 25 Euro (Nicht-EU-Unternehmer: 500 Euro bzw. 250 Euro). Das Vorsteuergütungsverfahren ist auf amtlichem Vordruck beim Bundesamt für Finanzen oder beim zuständigen Finanzamt zu beantragen. Der ausländische Unternehmer muss durch eine Bescheinigung seiner heimatlichen Finanzbehörde seine Unternehmereigenschaft (Unternehmer) nachweisen (§ 61 UStDV). – b) *Regelung ab 2010:* Ab 2010 muss der Unternehmer das Vorsteuererstattungsverfahren elektronisch durchführen. Der elektronische Vergütungsantrag ist vom Unternehmer in seinem Heimatstaat zu stellen; dieser muss ein Internetportal einrichten, wo er die Vergütungsanträge entgegennimmt, die Unternehmereigenschaft des Antragstellers prüft und anschließend die Antragsdaten zur Bearbeitung an den zuständigen Mitgliedsstaat (= den, der die Vorsteuer vereinnahmt hatte) weiterleitet. Im Internetantrag sind die zu seiner Bearbeitung erforderlichen Daten, z.B. die Umsatzsteuer-Identifikationsnummer des Rechnungsausstellers und die fortlaufende Rechnungsnummer, anzugeben, hierdurch wird eine ausreichende Kontrolle der angegebenen Informationen auch ohne Vorlage der schriftlichen Originalrechnungen möglich (diese soll daher nur noch im Ausnahmefall verlangt werden können). Auch in Zukunft bleiben bestimmte Bagatellgrenzen Voraussetzung für die Einreichung des Antrags. – 3. *Andere EU-Staaten:* Das Vorsteuervergütungsverfahren wird in den anderen EU-Staaten nach ähnlichen Grundsätzen durchgeführt (Vereinheitlichung durch Achte Richtlinie zur Harmonisierung der Umsatzsteuer, 1979; ab 2010: Mehrwertsteuererstattungsrichtlinie; bzw. für Nicht-EU-Unternehmer 13. Richtlinie, 1986). – *Anders:* → Steuervergütung nach § 4a UStG. – Vgl. auch → Vorsteuerabzug.

Vorteilsbegünstigung → Steuerstraftat (§ 369 I 4 AO). Wegen Vorteilsbegünstigung wird bestraft, wer einem anderen, der eine Steuerstraftat begangen hat, in der Absicht Hilfe leistet, ihm die Vorteile der Tat zu sichern. – *Strafe:* Freiheitsstrafe bis zu fünf Jahren oder Geldstrafe (§ 257 StGB).

vorübergehende Verwahrung – 1. *Begriff:* Ins → Zollgebiet der EU verbrachte und alsdann gestellte → Nichtgemeinschaftsware bleiben bis zur → Überlassung durch die Zollstellen in der sog. vorübergehenden Verwahrung, Art. 50 ZK. Dabei handelt es sich nicht um ein → Zollverfahren oder eine sonstige zollrechtliche Bestimmung, sondern um den vorgeschalteten Zeitraum. – 2. *Folgen:* Während der vorübergehenden Verwahrung unterliegen die Waren erheblichen Beschränkungen. Vereinfacht gesagt, dürfen nur notwendige Erhaltungsmaßnahmen durchgeführt werden, Art. 52 ZK. Die Verwahrung kann beim Zollamt, einem Dritten oder dem Empfänger durchgeführt werden. Dazu kann auch die Einlagerung in ein Verwahrungslager vorgeschrieben werden. – 3. → Unionszollkodex: Künftig wird die vorübergehende Verwahrung ein Unterfall der Lagerung.

vorübergehende Verwendung → Zollverfahren in dem die zollfreie Verwendung von eingeführten Waren im Zollgebiet der EU möglich ist, wenn sie wieder ausgeführt werden sollen. Sie erfolgt unter zollamtlicher → Überwachung. Sie kommt in Betracht, soweit sie wesentliche Vorteile für den Verwender erwarten lässt und Nachteile für andere durch den Zoll geschützte Wirtschaftskreise, auch nach Dauer der Verwendung, nicht zu befürchten sind, oder soweit die Vorteile gegenüber den Nachteilen erheblich überwiegen. Die speziellen Rechtsgrundlagen zur vorübergehenden Verwendung findet man in den Artikeln 137-144 ZK sowie in den Artikeln 553-584 ZK-DVO. – *Beispiele:* Beförderungsmittel, Ausstellungsgut, Berufsausrüstung, persönliche Habe. In einigen Fällen wird ein ermäßigter Zoll entsprechend der Verwendungsdauer von 3 Prozent pro Monat des normalen Zollbetrages erhoben.

Vorverfahren – Vor Erhebung einer Klage vor dem Verwaltungsgericht ist nach § 68 VwGO grundsätzlich ein Vorverfahren durchzuführen (Widerspruch, Widerspruchsbescheid). In vielen Bundesländern ist das Widerspruchsverfahren im Zuge des Bürokratieabbaus jedoch eingeschränkt oder ganz abgeschafft worden. – Vgl. auch Verwaltungsgerichtsbarkeit, → Finanzgerichtsbarkeit.

Vorwegabzug → Vorsorgeaufwendungen.

vorweggenommene Erbfolge – die Übertragung von Vermögen auf die (mutmaßlichen) Erben schon zu Lebzeiten des Erblassers. Im Rahmen der *Erbschaftsteuer* wurde die vorweggenommene Erbfolge bisher dadurch gefördert, dass für die Übergabe von Betriebsvermögen und bestimmten Beteiligungen an Kapitalgesellschaften ein Betriebsvermögensfreibetrag sowie ein Bewertungsabschlag von 60 Prozent gewährt wurden; zudem dadurch, dass für eine solche Schenkung die Steuer nur nach Steuerklasse I erhoben wird. Im Rahmen der *Einkommensteuer* führt die unentgeltliche Übertragung eines Betriebes oder Teilbetriebs auf den Erben oder die unentgeltliche Aufnahme eines Erben als Mitgesellschafter in eine Einzelunternehmung oder eine Personengesellschaft nicht zu einer Gewinnrealisierung, obwohl es sich um eine Entnahme bzw. Veräußerung des Vermögens handelt. Jedoch muss der Erbe die Buchwerte aus der Bilanz seines Vorgängers fortführen (§ 6 III EStG), sodass die vorhandenen stillen Reserven zu einem späteren Zeitpunkt, nämlich zur Zeit ihrer Realisierung im regulären Geschäftsgang, weiterhin steuerlich erfasst werden. – Mit den *neuen erbschaftsteuerlichen Regelungen*, welche zum 1.1.2009 in Kraft getreten sind, wird insbesondere die Besteuerung von Unternehmensübertragungen geändert. Für Erbschaftsteuerzwecke können die neuen Regelungen auf Antrag bereits ab dem 1.1.2007 angewendet werden. Die Bewertung von Unternehmen wie Personenunternehmen und Kapitalgesellschaften wird künftig wie folgt vorgenommen: a) Vorrangig ist der Unternehmenswert aus Verkäufen unter fremden Dritten, die weniger als ein Jahr vor dem Besteuerungszeitpunkt zurückliegen, herzuleiten. – b) Liegen keine zeitnahen Verkäufe vor, hat eine Schätzung des gemeinen Wertes unter Berücksichtigung der Ertragsaussichten (→ Ertragswertverfahren) oder einer anderen anerkannten Methode zu erfolgen. – c) Als Mindestwert ist dabei eine Summe der gemeinen Werte aller Einzelwirtschaftsgüter abzüglich der Schulden anzusetzen (Substanzwert). – d) → Verschonungsabschlag: Soweit die entsprechenden Voraussetzungen erfüllt sind, wird auf das „begünstigte Betriebsvermögen" ein sog. „Verschonungsabschlag" gewährt, welcher an folgende Bedingungen geknüpft ist: (1) Einhaltung der Lohnsummen und (2) an die Einhaltung der Behaltensfrist über einen Zeitraum von sieben („Regelverschonung") bzw. zehn Jahren

("Verschonungsoption"). Soweit der steuerpflichtige Vermögensteil nicht mehr als die Freigrenze von 150.000 Euro beträgt, bleibt er für die Berechnung der Erbschaftsteuer außer Ansatz (= „Abzugsbetrag"). Wenn der Wert dieses Vermögens insgesamt 150.000 Euro übersteigt, vermindert sich der Abzugsbetrag. Für Steuerpflichtige der Steuerklassen II und III bleibt der Entlastungsbetrag erhalten. Hierbei gelten die o.g. Behaltensvoraussetzungen. – Die Gewährung des Verschonungsabschlags ist an zwei Bedingungen geknüpft: – (a) an die Einhaltung der Lohnsumme über einen Zeitraum von sieben (Regelverschonung) bzw. zehn Jahren (Verschonungsoption) und – (b) an die Einhaltung der Behaltensfrist die bei der Regelverschonung sieben Jahre und bei der Verschonungsoption zehn Jahre beträgt.

vorzeitige Ausfuhr – Art. 115 Ib ZK trägt dem Erfordernis moderner Produktions- und Dispositionsmethoden Rechnung und erlaubt bei der → aktiven Veredelung im → Nichterhebungsverfahren, die aus Ersatzwaren hergestellten → Veredelungserzeugnisse schon vor Einfuhr der Nichtgemeinschaftswaren und Überführung in die aktive Veredelung aus dem Zollgebiet der Gemeinschaft auszuführen. Dieses im früheren dt. Recht „Vorgriff" genannte Recht ermöglicht die abgabenfreie Wiederbeschaffung (Duty Free Replacement) der beim → Veredelungsvorgang eingesetzten Vorprodukte.

Vorzugsbehandlung – Gemäß Art. 184 ZK gehören dazu die Befreiungen von Ein- und Ausfuhrabgaben nach der ZollbefreiungsVO sowie die Einfuhrabgabenbefreiheit für → Rückwaren gemäß Art. 185 ff. ZK und Erzeugnisse der Seefischerei gemäß Art. 188 ZK.

V-Steuern → Veranlagungsteuern.

VZ – im Steuerrecht gebräuchliche Abk. für → Veranlagungszeitraum oder → Vorauszahlung.

W

Wahlrecht – Bes. Befugnis des *Erben eines OHG-Gesellschafters:* Die Möglichkeit, anstelle der in dem Gesellschaftsvertrag für ihn vorgesehenen Stellung eines vollhaftenden Gesellschafters binnen drei Monaten die Einräumung der Stellung eines → Kommanditisten zu verlangen (§ 139 HGB). Bei *Ablehnung* kann der Erbe ohne Einhaltung einer Kündigungsfrist sein Ausscheiden aus der Gesellschaft erklären → Steuerpolitik.

Wandergewerbesteuer – jetzt: → Reisegewerbesteuer.

Ware – I. Handelsrecht: bewegliche Sache, die Gegenstand des Handelsverkehrs ist oder die nach der Anschauung des Verkehrs als Gegenstand des Warenumsatzes in Betracht kommen könnte (weite Auslegung; auch z.B. Elektrizität, nicht aber → Grundstücke). – *Irreführende Angaben* über Beschaffenheit, Ursprung, Herstellungsart oder Preisbemessung, Art des Bezugs oder der Bezugsquelle von Waren können als unlauterer Wettbewerb (irreführende Werbung) Unterlassungs- und Schadensersatzansprüche auslösen (§ 5 UWG).

II. Zollrecht: alle beweglichen Sachen sowie elektrische Energie. Keine Ware sind Menschen und mit dem Körper fest verbundene Sache wie Herzschrittmacher oder Implantate. Das Zollrecht unterscheidet zwischen → Gemeinschaftsware und → Nichtgemeinschaftsware.

III. Außenwirtschaftsrecht: alle beweglichen Sachen, die Gegenstand des Handelsverkehrs sein können und Elektrizität; ausgenommen sind Wertpapiere und Zahlungsmittel (§ 4 AWG).

IV. Wirtschaftstheorie: 1. *Allgemein:* Gut, das auf dem Markt angeboten und nachgefragt wird. – 2. *Wirtschaftstheorie des Marxismus:* Güter, die für den Verkauf über Märkte zur Fremdbedarfsdeckung erzeugt werden. Ihr Preis entspreche dem Tauschwert.

Warenausfuhr → Ausfuhr, → Wiederausfuhr, → passive Veredelung, Exportkontrolle, → Ware.

Warenausgangsbuch – durch § 144 AO für Hersteller, Großhändler und für buchführungspflichtige Land- und Forstwirte vorgeschriebenes Nebenbuch der Buchführung. – *Zweck:* Bessere Überprüfbarkeit der vollständigen Erfassung des Wareneingangs und damit des Umsatzes des Wiederverkäufers. – In einzelnen Fällen oder für bestimmte Gruppen kann von der Führung eines Warenausgangsbuches *abgesehen* werden (§ 148 AO), z.B. dann, wenn sich die geforderten Angaben bereits aus der Buchführung ergeben. – *Einzutragen* sind Waren, die die vorgenannten Personen an einen andern gewerblichen Unternehmer zur gewerblichen Weiterveräußerung liefern,

wenn die Lieferung auf Rechnung (Ziel, Kredit, Abrechnung, Gegenrechnung), als Tauschware oder unentgeltlich oder gegen Barzahlung bei Gewährung eines Preisnachlasses erfolgt, sodass der Verkaufspreis niedriger ist als der Preis für Verbraucher, also fast alle Großhandelsverkäufe. – *Nicht einzutragen* sind Warenlieferungen, die erkennbar nicht zur gewerblichen Weiterverwendung bestimmt sind. – *Aufzuzeichnende Daten:* Tag der Lieferung oder Datum der Rechnung, Name (Firma) und Anschrift des Abnehmers, Art des Warenpostens, Preis und Hinweis auf den Beleg. – Warenausgangsbücher sind zehn Jahre *aufzubewahren* (§ 147 AO). – Vgl. auch → Wareneingangsbuch.

Warendurchfuhr – Transitverkehr durch das Zollgebiet der EU im → Versandverfahren.

Wareneinfuhr → Einfuhr, → Ware.

Wareneingangsbestätigung – Bundesamt für Wirtschaft und Ausfuhrkontrolle (BAFA).

Wareneingangsbuch – für gewerbliche Unternehmer obligatorisch für steuerliche Zwecke durch § 143 AO vorgeschriebenes Nebenbuch der Buchführung. Bei buchführungspflichtigen Unternehmen ist die Führung eines Wareneingangsbuchs entbehrlich, wenn sich die geforderten Angaben bereits aus der Buchführung ergeben. Es gelten sinngemäß die Vorschriften für das → Warenausgangsbuch.

Warenexport → Ausfuhr, Exportkontrolle, → passive Veredelung, → Ware, → Wiederausfuhr.

Warenführer – im Sinn des Zollrechts derjenige, dem der Hauptverpflichtete zum → Versandverfahren abgefertigte Ware zur Beförderung übergeben hat, und jeder weitere, der diese Ware zur Beförderung übernimmt. Der Warenführer ist wie der Hauptverpflichtete verpflichtet, die Waren zur Bestimmungs(-zoll)stelle zu befördern.

Warenhausbesteuerung – zum Schutz mittlerer und kleiner Einzelhändler am 1900 eingeführte Sonderbelastung der Warenhäuser und sonstigen Großbetriebe des Einzelhandels. 1951 in der Bundesrepublik Deutschland abgeschafft.

Warenmuster – 1. *Begriff:* in Form, Art, Aussehen (also im Gesamtcharakter), selten aber in der Größe der angebotenen Ware entsprechende Gegenstände, die mögliche Käufer von der Beschaffenheit etc. der Ware überzeugen sollen. – Vgl. auch Warenprobe. – 2. Warenmuster sind gewöhnlich so teuer, dass man sie als *Werbemittel* nur in sorgfältiger Streuung, also dort verwenden kann, wo starkes Kaufinteresse vermutet wird. Warenmuster von Stoffen, Papier, Leder und ähnlich folienartigen Stoffen lassen sich auch in Werbedrucke und Fachzeitschriften mit bestimmtem Leserkreis einkleben oder einheften. – 3. Der *grenzüberschreitende Verkehr* von Warenmustern und Warenproben wird in allen Ländern begünstigt: a) In der Bundesrepublik Deutschland entfallen bei der *Ausfuhr* von Warenmustern Ausfuhrgenehmigung und → Ausfuhrabfertigung, wenn die Warenmuster auf ein → Carnet ATA abgefertigt worden sind (§ 19 I, 28 AWV). – b) Bei der *Einfuhr* sind Warenmuster von Waren der gewerblichen Wirtschaft im Wert bis zu 250 Euro und von Agrarerzeugnissen (ausgenommen Saatgut) bis zu 50 Euro genehmigungsfrei (§ 32 I 4 AWV). Zollfrei sind Warenmuster, die so beschaffen sind oder unter Zollaufsicht so hergerichtet werden, dass sie erkennbar nur zum Gebrauch als Muster oder Probe geeignet sind, und wenn sie nur in Mengen eingeführt werden, die für die Kennzeichnung oder Prüfung erforderlich sind. Die Zollfreiheit für Warenmuster von Rohkaffee, Tee und alkoholischen Getränken ist auf bestimmte Mengen begrenzt. Für gerösteten Kaffee, Auszüge oder Essenzen aus Kaffee oder Tee, Spirituosen, Tabakwaren und Zigarettenpapier ist Zollfreiheit ausgeschlossen. – 4. Wird ein *Kaufvertrag* nach dem Warenmuster abgeschlossen (Kauf nach Probe), so gelten die Eigenschaften des Warenmusters als zugesichert (§ 494 BGB). Die Beweislast für Probewidrigkeit trifft den Käufer, wenn er die Ware als Erfüllung angenommen hat (Sachmängelhaftung). Zur Aufbewahrung des Warenmusters sind die Vertragsschließenden nicht verpflichtet, ggf. aber der → Handelsmakler (§ 96 HGB).

Warenschulden – *Lieferantenkredit*. 1. *Begriff:* → Verbindlichkeiten einer Unternehmung gegenüber ihren Lieferanten; in der Praxis weit verbreitete Form eines kurzfristigen Kredits (i.d.R. ein bis drei Monate); teuer, wenn → Skonto nicht wahrgenommen wird (Zahlungsbedingung: 2 Prozent Skonto bei Zahlung innerhalb von zehn Tagen, 30 Tage netto Kasse, bedeutet 36,73 Prozent Zinsen p.a.). – 2. *Bilanzierung:* nach dem für Kapitalgesellschaften nach Handelsrecht geltenden Gliederungsschema (§ 266 HGB; Bilanzgliederung) auszuweisen als „Verbindlichkeiten aus Lieferungen und Leistungen". – 3. *Gewerbesteuer:* Laufende Warenschulden und Bankschulden, die zur Bezahlung von Warenschulden aufgenommen werden, sind regelmäßig laufende Schulden (→ laufende Verbindlichkeiten) und deshalb keine → Dauerschulden im Sinn der §§ 8 Nr. 1, 12 II Nr. 1 GewStG. *Mit der Unternehmensteuerreform 2008* wurde die Gewerbesteuer umfassend geändert. Ab dem Erhebungszeitraum 2008 werden Finanzierungsentgelte nun unabhängig von der Laufzeit der Verbindlichkeiten anteilig mit 25 Prozent und unter Berücksichtigung eines Freibetrags von 100.000 Euro hinzugerechnet, sodass nunmehr eine Unterscheidung in Dauerschulden und laufende Verbindlichkeiten entfällt.

Warenumschließung – 1. umsatzsteuerlicher *Begriff* für Verpackung. – 2. *Umsatzsteuerliche Behandlung:* a) *Grundsatz:* Dass mit dem Verkauf einer Ware auch die Verfügungsmacht über die Warenumschließung übergeht, ist keine zweite Lieferung, weil die Übergabe auch der Warenumschließung nur eine Nebenleistung ist, die die Ausführung der hauptsächlich gewollten Lieferung leichter durchführbar macht (keine Lieferung des Getränks ohne Lieferung der Flasche möglich!). Es wird, da umsatzsteuerlich Nebenleistungen ignoriert werden, der gesamte Kaufpreis nach den Regeln für die Hauptleistung behandelt (im Beispiel etwa: der gesamte Kaufpreis ist als Kaufpreis für das Getränk zu behandeln, ggf. also mit 7 Prozent; es ist demnach nicht etwa ein Teil der Zahlung als Kaufpreis für die Flasche mit 19 Prozent zu versteuern). – b) *Pfandproblematik:* Pfand für Flaschen oder andere Warenumschließungen sind daher zunächst ein steuerpflichtiger Teil des Entgelts für die gelieferte Ware; werden sie zurückerstattet, mindert sich insoweit aber der Kaufpreis rückwirkend, daher ist jener Teil des → Entgelts als Entgeltminderung (§ 17 UStG) abzugsfähig. – Vgl. auch → Flaschenpfand.

Warenursprung – Präferenzabkommen, → Ursprung, → Ursprungsland.

Wassernutzungsrechte – die in einem förmlichen Verfahren erteilte Erlaubnis, stehende oder fließende Gewässer oder Grundwasser durch Wasserkraftnutzung (z.B. Ausnutzung von Gefälle durch Wasserkraftmaschinen), durch Wasserversorgung (z.B. Entnahme von Trink- oder Nutzwasser) oder durch sonstige Wassernutzung (z.B. Einleitung gebrauchten Wassers) zu nutzen. – Vgl. auch Wasserhaushaltsgesetz (Wasserrecht). – Das Wassernutzungsrecht ist nach *Bürgerlichem Recht* als subjektiv-dingliches Recht Bestandteil des Grundstücks. – *Steuerrechtliche Behandlung:* → immaterielle Wirtschaftsgüter.

Wechsel – 1. *Begriff und Bedeutung:* Wertpapier, das die unbedingte Anweisung des Wechselausstellers an einen Bezogenen enthält, eine bestimmte Geldsumme zu einem festgelegten Zeitpunkt an ihn oder eine im Wechsel genannte Person oder deren Order zu zahlen. Der Wechsel ist eine Urkunde, dessen Form durch das Wechselgesetz vorgeschrieben ist. Als geborenes Orderpapier wird der Wechsel durch Indossament übertragen. Das verbriefte Recht kann nur bei Vorlage der Wechselurkunde geltend gemacht werden. – Die Wechselforderungen bzw. Verpflichtungen aus dem Wechsel sind abstrakt, d.h. sie bestehen unabhängig von dem zugrunde liegenden Rechtsgeschäft (abstraktes Forderungspapier). Jeder, der auf einem Wechsel unterschreibt, kann für die Annahme und Einlösung des Wechsels haftbar gemacht werden. – Der Wechsel gehörte früher zu den gängigen Instrumenten der Mittelstandsfinanzierung. Heute hat der Wechsel erheblich an Bedeutung verloren. Ein wichtiger Grund hierfür ist darin zu sehen, dass seit der Übertragung der geldpolitischen Befugnisse auf die Europäische Zentralbank (EZB) zum 1.1.1999 die Deutsche Bundesbank kein Diskontgeschäft mehr betreibt und daher die früher günstigen Refinanzierungsmöglichkeiten nicht mehr bestehen.

Hinzu kommt, dass der Wechsel als nicht maschinenlesbare Urkunde einen hohen Bearbeitungsaufwand mit sich bringt, sodass eine elektronische Abwicklung nicht möglich ist. – 2. *Funktionen des Wechsels:* Der Wechsel erfüllt im Wesentlichen drei Funktionen: (1) Zahlungsmittelfunktion: Die Weitergabe eines Wechsels kann anstelle einer Zahlung erfolgen. Dabei erfolgt die Zahlung „erfüllungshalber", denn die ursprüngliche Schuld erlischt erst mit der Einlösung des Wechsels. (2) Kreditfunktion: Eine Kreditgewährung ergibt sich insbesondere daraus, dass durch das Akzept die effektive Zahlung des Bezogenen um die Laufzeit des Wechsels hinausgeschoben wird. (3) Sicherungsfunktion: Durch die im Wechselgesetz festgelegten strengen Vorschriften (Wechselstrenge) und durch die Loslösung vom Grundgeschäft können Wechselforderungen auch bei Nichteinlösung schneller als Buchforderungen durchgesetzt werden. – 3. *Formen des Wechsels:* Wechselrechtlich unterscheidet man zwei Arten von Wechseln: den gezogenen Wechsel, auch Tratte genannt (Art. 1 ff. WG) und den eigenen Wechsel, auch Solawechsel genannt (Art. 75 ff. WG). Der gezogene Wechsel ist eine Anweisung des Wechselausstellers (Gläubiger) an den Bezogenen (Schuldner), den im Wechsel festgelegten Betrag zu einem bestimmten Zeitpunkt an den Begünstigten zu zahlen („Gegen diesen Wechsel zahlen Sie..."). Wenn der Bezogene diese Forderung durch Unterschrift akzeptiert hat, nennt man diesen Wechsel auch Akzept. Der gezogene Wechsel kann an die eigene Order, d.h. des Ausstellers, lauten (üblich, wenn der erste Wechselnehmer noch nicht feststeht) oder auch auf den Aussteller selbst gezogen werden (trassiert-eigener Wechsel). Gemäß Art. 1 WG muss der gezogene Wechsel acht Bestandteile aufweisen. Fehlt eine dieser Angaben (z.B. der Verfalltag), handelt es sich um einen Blankowechsel. Bei einem Solawechsel verspricht der Aussteller, an einem bestimmten Tag oder bei Sicht eine bestimmte Summe zu zahlen („Gegen diesen Wechsel zahle ich..."). Der Solawechsel hat nur sieben gesetzliche Bestandteile, da die Angabe des Bezogenen entfällt (Art. 75 WG). – Wechsel lassen sich nach verschiedenen Kriterien einteilen, bspw. nach der Art des Grundgeschäfts (Handelswechsel oder Finanzwechsel), nach der Fälligkeit (Tagwechsel – an einem bestimmten Tag fällig, Datowechsel – eine bestimmte Zeit nach dem Tage der Ausstellung fällig, Sichtwechsel – fällig bei Vorlage oder ein Nachsichtwechsel – fällig eine bestimmte Zeit nach Sicht), nach dem Akzeptanten (Bankakzept oder Debitorenziehung) oder nach der Einlösungsstelle (Zahlstellen- oder Domizilwechsel). – 4. *Ablauf des Wechselgeschäfts:* Wechsel werden überwiegend im Rahmen von Lieferantenkrediten eingesetzt. Dabei stellt der Lieferant den Wechsel aus und lässt diesen von Käufer unterschreiben, d.h. der Lieferant zieht eine Tratte auf den Bezogenen, der den Wechsel akzeptiert. Der Aussteller kann den Wechsel bis zum Einlösetag als Sicherheit aufbewahren und ihn dann dem Käufer zur Bezahlung vorlegen. Der Aussteller kann

aber auch seine eigenen Verbindlichkeiten durch die Weitergabe des Wechsels bezahlen. Die Übertragung erfolgt durch Indossament, das auf der Rückseite des Wechsels angebracht wird und den Namen desjenigen enthält, an den der Wechsel weitergegeben wird. Bei Liquiditätsbedarf kann der Aussteller auch den Wechsel seiner Bank zur Diskontierung anbieten. Kauft die Bank den Wechsel an, erhält der Aussteller einen Diskontkredit. Dabei wird ihm der Wechselbetrag abzüglich Zinsen und Spesen ausgezahlt. – Am Fälligkeitstag wird der Wechsel dem Hauptschuldner (Bezogener) zur Zahlung vorgelegt. Bei Zahlung erlischt die Wechselschuld. Wenn der Bezogene die Wechselsumme nicht oder nur teilweise leistet, wird der Wechsel notleidend. Der Inhaber des notleidenden Wechsels kann seine Vormänner Rückgriff nehmen (Art. 43 WG). Voraussetzung dafür ist ein Wechselprotest. Alle, die einen Wechsel ausgestellt, angenommen, indossiert oder aber mit einer Bürgschaftserklärung versehen haben, haften gegenüber dem Wechselinhaber als Gesamtschuldner (Art. 47 WG). Dabei braucht sich der Wechselinhaber nicht an die Reihenfolge halten, sondern kann bei jedem beliebigen Indossanten oder dem Aussteller Rückgriff nehmen (Wechselrückgriff). Ggf. kann ein Ehreneintritt durch Ehrenzahlung eines Dritten zugunsten eines Wechselverpflichteten erfolgen (Art. 55 ff. WG). Im Fall eines erfolglosen Rückgriffs kann Wechselklage gegenüber dem Bezogenen erhoben werden. Aufgrund der Wechselstrenge lassen sich Wechselforderungen schnell durchsetzen. – 5. *Umsatzsteuerliche Besonderheiten:* Wird der Wechsel zur Diskontierung weitergegeben, ist im Rahmen dieses Diskontkredits neben Spesen Wechseldiskont zu zahlen. Der Wechseldiskont unterliegt grundsätzlich der → Umsatzsteuer. Da der Ankauf von Wechseln durch ein Kreditinstitut nicht umsatzsteuerpflichtig ist (gemäß § 4 Nr. 8a UStG sind Kreditgeschäfte umsatzsteuerbefreit), betrifft das nur einen Diskontkredit zwischen Unternehmen anderer Bereiche. Allerdings wirkt sich der Diskont für den Wechselaussteller umsatzsmindernd aus, denn der Aussteller erhält nicht die gesamte Forderung aus seinem Warengeschäft gutgeschrieben. Deshalb kann der Wechselaussteller seine Umsatzsteuerschuld anteilig kürzen (im Sinne von § 17 I UStG). Der Bezogene ist davon zu benachrichtigen, da dieser wiederum seine Vorsteuer berichtigen muss. Wechselspesen dagegen zählen zu den umsatzpflichtigen Entgelten und reduzieren nicht die Umsatzsteuerhöhe.

Wechselsteuer – eine von der Landesfinanzverwaltung verwaltete Steuer auf den Kapital- und Zahlungsverkehr (Verkehrsteuer), die dem Bund zufließt. Sie besteuerte gezogene und eigene → Wechsel und gewisse wechselähnliche Urkunden. Im Zuge der Einführung des Binnenmarktes in Deutschland zum 1.1.1992 abgeschafft. Das Aufkommen der Wechselsteuer betrug 1991 (umgerechnet) 167,6 Mio. Euro.

Wehrsteuer – in einer Reihe von Staaten mit allgemeiner Dienstpflicht erhobene → Abgabe der wehrpflichtigen Männer, die ihre Dienstpflicht nicht oder nicht voll ableisten. – a) In Deutschland gab es eine Wehrsteuer kurzzeitig ab September 1937. – b) In der *Schweiz* eine seit 1940 auf Bundesebene erhobene Steuer von Einkommen der natürlichen und juristischen Personen, die bei letzteren auch von der Rendite und von der Höhe des Kapitals abhängig ist, später umbenannt in „Direkte Bundessteuer". Daneben existiert in der Schweiz auch eine Wehrsteuer im eigentlichen Sinne, bezeichnet als Militärpflichtersatzabgabe.

Weihnachtszuwendung – *Weihnachtsgratifikation.* 1. *Allgemein:* → Gratifikation. – 2. *Lohnsteuer:* Steuerpflichtiger → Arbeitslohn; zu versteuern als → sonstige Bezüge. – 3. *Sozialversicherung:* Weihnachtszuwendungen gehören zum → Arbeitsentgelt und sind beitragspflichtig. Die darauf entfallenden Beiträge sind im Monat ihrer Auszahlung zu entrichten. Sie sind dem Lohnabrechnungszeitraum zuzuordnen, in dem sie ausgezahlt werden; d.h. die Weihnachtszuwendungen sind ggf. über die monatliche Beitragsbemessungsgrenze hinaus beitragspflichtig, da für die Beitragsberechnung nicht nur die Gesamteinnahme dieses einen Monats von Bedeutung ist, sondern alle bis zu diesem Monat beim gleichen Arbeitgeber erzielten Entgelte dieses Jahres. Beitragspflicht besteht, soweit die Beitragsbemessungsgrenze bei der Summe aller Einnahmen im Gesamtzeitraum nicht überschritten wird. Beitragspflicht besteht entsprechend auch bei Zahlung der Weihnachtszuwendung in an sich beitragsfreier Zeit oder bei Zahlung nach Beendigung des Beschäftigungsverhältnisses. Zuordnung erfolgt zu dem letzten Lohnabrechnungszeitraum im Kalenderjahr. – 4. Für *Beamte:* Besoldung.

Weilsches Verfahren – Bewertungsverfahren zur Ermittlung der → Einheitswerte für Fabrik-, Hotel- und Warenhausgrundstücke gemäß RdF-Erlass vom 23.3.1935 (RStBl 350 ff.). Das sog. Weilsche Verfahren ist durch die Änderung und Neufassung des → Bewertungsgesetzes (BewG) durch das im Wesentlichen gleiche Sachwertverfahren (→ Sachwert) ersetzt und gesetzlich geregelt worden.

Weinsteuer – 1. *Allgemeines:* Die EU-rechtlichen Vorschriften der → Verbrauchsteuersystemrichtlinie sehen die Einführung einer Weinsteuer in allen Mitgliedsstaaten vor, erlauben jedoch die Festsetzung eines Nullsatzes. – 2. *Rechtsgrundlage in der Bundesrepublik Deutschland:* Schaumweinsteuergesetz i.d.F. vom 21.12.1992 (§ 26 ff.). – 3. *Steuergegenstand:* Wein; definiert in Anlehnung an bestimmte Positionen der kombinierten Nomenklatur. – 4. *Steuersatz:* In Deutschland keine Steuererhebung (Nullsatz). – 5. *Verfahren:* Der gewerbliche Verkehr mit Wein unterliegt im Verhältnis zu anderen Mitgliedsstaaten einer Erlaubnispflicht und der Steueraufsicht; Ziel ist es, die korrekte Besteuerung von Wein in den andern Mitgliedsstaaten zu unterstützen.

Weiterbildungskosten – Kosten für die Weiterbildung in einem nicht ausgeübten Beruf. Weiterbildungskosten sind wie → Berufsausbildungskosten in beschränktem Umfang als → Sonderausgaben abzugsfähig.

Welteinkommensprinzip – *Universalitätsprinzip.* 1. *Begriff:* Prinzip, dass im Rahmen der unbeschränkten Steuerpflicht alle Einkünfte, unabhängig davon, ob sie aus dem Inland oder Ausland stammen, steuerlich erfasst werden. Das Welteinkommensprinzip ist notwendig, weil die Erfassung nur der inländischen Einkünfte (Territorialitätsprinzip) einen Anreiz darstellen würde, Kapital und wirtschaftliche Aktivitäten ins steuerlich günstigere Ausland zu verlagern. – 2. *Bedeutung:* Das Welteinkommensprinzip wird nicht uneingeschränkt verfolgt; im Rahmen der Maßnahmen zur Vermeidung der Doppelbesteuerung werden große Teile der aus dem Ausland stammenden Einkünfte im Inland steuerfrei gestellt (→ Freistellungsmethode). Der Gesetzgeber möchte diese Ausnahmen vom Welteinkommensprinzip jedoch auf die Fälle beschränken, in denen Kapitalflucht oder Standortverlagerung aus rein steuerlichen Gründen nicht anzunehmen ist. – Relevant bleibt das Welteinkommensprinzip jedoch, wenn für einen Steuerinländer der angemessene Einkommensteuersatz festgelegt werden soll. Selbst dann, wenn Teile des Welteinkommensprinzips nach einem Doppelbesteuerungsabkommen oder aus anderen Gründen steuerfrei sind, behält sich das EStG vor, den steuerpflichtigen Rest des Welteinkommens mit dem Steuersatz zu belegen, der für das gesamte Welteinkommen des Steuerpflichtigen in diesem Jahr der angemessene Steuersatz wäre (→ Progressionsvorbehalt). – *Gegensatz:* → Territorialitätsprinzip.

Weltzollorganisation (WZO) – *World Customs Organization (WCO)*; intergouvernementale Organisation mit Sitz in Brüssel, wurde 1994 durch Umbenennung des Rates zur Zusammenarbeit auf dem Gebiet des Zollwesens (RZZ) gegründet. Ziele sind die Vereinheitlichung und Vereinfachung des internationalen Zollrechts sowie die Erhöhung der Sicherheit der Lieferkette. Wichtigste völkervertragliche Instrumente der WZO sind die Kyoto-Konvention zur Vereinfachung und Vereinheitlichung des Zollrechts sowie das Harmonisierte System (Convention on the Harmonized Commodity Description and Coding System), mit welchem seit 1988 die Zolltarife weltweit harmonisiert und vereinheitlicht werden.

Werbekosten – *Werbeaufwand.* 1. *Begriff:* Aufwendungen für Planung, Einsatz und Kontrolle der Werbung einschließlich der Personalkosten; Aufwendungen einer Unternehmung für werbliche Zwecke. Abgrenzung zu anderen Vertriebskosten mitunter schwierig und nicht exakt durchführbar. In vielen Fällen werden nur die im Werbebudget enthaltenen

Aufwendungen als Werbekosten definiert. – Werbekosten sind nicht zu verwechseln mit → Werbungskosten im Sinn des Einkommensteuerrechts. – 2. *Behandlung in der Gewinn- und Verlustrechnung:* Werbekosten sind (abgesehen von den Personalaufwendungen und Abschreibungen des Vertriebsbereiches) als sonstige betriebliche Aufwendungen (bei Anwendung des Gesamtkostenverfahrens) oder als Vertriebskosten (bei Anwendung des Umsatzkostenverfahrens) auszuweisen. Werbekosten können als Vertriebskosten nicht Bestandteil der → Herstellungskosten sein. – 3. *Erfassung in der Kostenrechnung:* zumeist auf speziellen Vertriebskostenstellen. Im Fall von Produktwerbung erfolgt eine direkte Kostenverrechnung auf das entsprechende Erzeugnis (Sondereinzelkosten des Vertriebs), ansonsten (im Fall der Vollkostenrechnung) eine Verrechnung im Rahmen der Vertriebsgemeinkosten. – 4. *Steuerliche Behandlung:* Werbekosten sind grundsätzlich → Betriebsausgaben. Aufwendungen für Geschenke mit einem Wert von mehr als 35 Euro stellen allerdings → nicht abzugsfähige Betriebsausgaben dar (§ 4 V EStG) und berechtigen daher nicht zum Vorsteuerabzug (§ 15 Ia UStG).

Werbungskosten – 1. *Begriff des Einkommensteuerrechts* für Aufwendungen zur Erwerbung, Sicherung und Erhaltung der Einnahmen (§ 9 I EStG). Sie umfassen die Aufwendungen, die bei Ermittlung der sog. Überschusseinkünfte (Einkünfte aus nichtselbständiger Arbeit, aus Kapitalvermögen, aus Vermietung und Verpachtung und sonstige Einkünfte) unmittelbar von den Einnahmen abgezogen werden können (→ Einkünfteermittlung). Werbungskosten entsprechen somit den → Betriebsausgaben bei Gewinneinkünften (Einkünfte aus Land- und Forstwirtschaft, aus Gewerbebetrieb und aus selbständiger Arbeit). Aufwendungen zur Sicherung von steuerfreien Einnahmen können nicht Werbungskosten sein (§ 3c EStG). – 2. Als Werbungskosten werden u.a. anerkannt (§ 9 EStG): (1) → Schuldzinsen und → Renten (bei Leibrenten nur Ertragsanteil nach § 22 Nr. 1 S. 3a bb) EStG), (2) Beiträge zu Berufsständen und Berufsverbänden, (3) Mehraufwendungen für → doppelte Haushaltsführung, (4) Aufwendungen für Arbeitsmittel, (5) → Absetzung für Abnutzung (AfA), etwa für ein vermietetes Gebäude. – 3. Werbungskosten sind in tatsächlicher Höhe bei entsprechendem Nachweis *abzugsfähig* oder in Höhe der → Pauschbeträge für Werbungskosten, wenn keine höheren Werbungskosten nachgewiesen werden. – 4. *Lohnsteuer:* Im Lohnsteuertarif ist ein Werbungskosten-Pauschbetrag von 1.000 Euro eingearbeitet. Die diesen überschießenden Werbungskosten können, bei Vorliegen der übrigen Voraussetzungen, als lohnsteuerfreie Beträge auf der → Lohnsteuerkarte eingetragen (→ Lohnsteuer-Ermäßigungsverfahren) oder im Rahmen der Einkommensteuer-Veranlagung (→ Veranlagung) geltend gemacht werden. – 5. → Abgeltungsteuer: Mit der Einführung der

Abgeltungsteuer ab dem Veranlagungszeitraum 2009 entfällt der Abzug der tatsächlichen Werbungskosten für Kapitalerträge. Es wird nunmehr bei der Ermittlung der Kapitaleinkünfte ein sog. → Sparer-Pauschbetrag in Höhe von 801 Euro bzw. von 1.602 Euro bei Zusammenveranlagung gewährt. Bis einschließlich 2008 wurden ein Werbungskostenpauschbetrag von 51 Euro bzw. 102 Euro sowie ein Sparerfreibetrag von 750 Euro bzw. 1.500 Euro gewährt.

Werbungskosten-Pauschbeträge → Pauschbeträge für → Werbungskosten, die für bestimmte Berufsgruppen neben dem ggf. anzuwendenden → Arbeitnehmer-Pauschbetrag zur Vereinfachung bei der Errechnung der Lohn- bzw. Einkommensteuer angesetzt werden konnten, sofern keine höheren Werbungskosten im Einzelnen nachgewiesen oder glaubhaft gemacht werden.

Werbungskosten-Pauschsätze – Pauschsätze für → Werbungskosten, die für bestimmte Berufsgruppen zur Vereinfachung bei der Errechnung der Lohn- bzw. Einkommensteuer angesetzt werden konnten, sofern keine höheren Werbungskosten im Einzelnen nachgewiesen oder glaubhaft gemacht werden.

Werkleistung – Abk. für einen Werkvertrag oder ähnlichen Vertrag, dessen Erfüllung umsatzsteuerlich als sonstige Leistung eingestuft wird. Alternative: → Werklieferung, weitere Einzelheiten und Abgrenzung vgl. dort.

Werklieferung – Begriff aus dem Bereich der Umsatzsteuer: Bei der Behandlung von Werkverträgen stellt sich das Problem, ob die Erfüllung des Werkvertrags als → Lieferung (Werklieferung) oder als → sonstige Leistung (Werkleistung) zu behandeln ist. Die Frage ist von Bedeutung für die Bestimmung des Ortes der Leistung, die Anwendung von Befreiungen und dem Steuersatz. – 1. *Werklieferung:* Nach der gesetzlichen Definition der Lieferung ist ein Vorgang immer dann als Lieferung einzuordnen, wenn bei ihm (auch) die Verfügungsmacht über einen Gegenstand auf den Abnehmer übertragen wird (§ 3 I UStG), eine Einstufung als sonstige Leistung ist nur möglich, wenn die Einordnung als Lieferung nicht möglich ist (§ 3 IX UStG). Entsprechend dieser allg. Regelung ist ein Werkvertrag immer dann als Lieferung einzustufen, wenn der Werkunternehmer eine Sache bearbeitet oder verarbeitet und im Endprodukt mind. ein Stoff enthalten ist, den der Werkunternehmer selbst beschafft hat und der nicht nur von untergeordneter Bedeutung für das Endprodukt ist (Hauptstoff); auf den gesamten Werkvertrag finden dann die Regeln über eine Lieferung Anwendung. – 2. *Werkleistung:* Liegt keine Werklieferung vor, ist die Erfüllung des Werkvertrags als Werkleistung zu behandeln, d.h. die Regelungen über die Behandlung sonstiger Leistungen finden Anwendung. Diese Definition ist für den Begriff der Werkleistung ist gesetzlich nicht näher festgelegt, sondern ergibt sich nur aus der allg. Definition der sonstigen

Leistung; die Erwähnung des Begriffs in § 3 X UStG bezieht sich auf den nachfolgend beschriebenen, seltenen Sonderfall. – 3. *Sonderfall:* Ein gesetzlich geregelter Spezialfall der Werkleistung ist die sog. *Umtauschmüllerei* (§ 3 X UStG). Stellt ein Kunde einem Unternehmer einen Stoff zur Verfügung, damit dieser ihn bei der Ausführung des Werkvertrages verarbeitet, bearbeitet der Auftragnehmer aber stattdessen einen gleichartigen Stoff, oder gibt der Unternehmer dem Kunden von vornherein ein Fertigprodukt, das aus dem betreffenden Stoff hergestellt zu werden pflegt, dann liegt kein → tauschähnlicher Umsatz vor, sondern eine Werkleistung. Voraussetzung ist allerdings, dass die Zahlung des Kunden nicht als Differenz zwischen den Marktpreisen der beiden ausgetauschten Gegenstände, sondern nach Art eines Lohns für die Bearbeitung berechnet wird. Früher häufigstes Anwendungsbeispiel der Regelung war die Abgabe von Getreide bei einem Müller im sofortigen Austausch gegen fertiges Mehl aus gleichartigem Getreide.

Werkswohnung – *Betriebswohnung, Dienstwohnung;* Wohnung in werkseigenem Gebäude. – Zu *unterscheiden:* Werkdienstwohnung und Werkmietwohnung. – *Steuerliche Behandlung:* Die Gewährung von freier oder verbilligter Wohnung ist steuerpflichtiger → Arbeitslohn, da es sich um einen geldwerten Vorteil handelt, der dem Arbeitnehmer zufällt, weil er einer Arbeitstätigkeit nachgeht. Die Möglichkeit, die Werkswohnung nutzen zu dürfen, ist mit der ortsüblichen Miete zu bewerten (§ 8 II EStG); muss der Arbeitnehmer eine Miete zahlen, ist nur die Verbilligung (Differenz übliche Miete zur gezahlten Miete) als Vorteil steuerpflichtig. Wie hoch die ortsübliche Miete in Zweifelsfällen anzusetzen ist, regelt die → Sachbezugsverordnung (SachBezV) (offizielle Bezeichnung heute: → Sozialversicherungsentgeltverordnung, SvEv, lohnsteuerlich relevant gemäß § 8 II Satz 6 EStG und R 8.1 V LStR 2008).

Werkzeug – 1. *Begriff:* Gegenstand, der in der menschlichen Hand oder in der Maschine unmittelbar auf ein mechanisch zu bearbeitendes Werkstück formend einwirkt. Wichtiges Hilfsmittel der Produktion, mit kürzerer Lebensdauer als Maschinen und verhältnismäßig geringerem Wert. – *Anders:* Werkzeugmaschine. – 2. *Handelsrecht:* Betriebsausstattung. Werkzeuge können in der Bilanz häufig mit einem Festwert angesetzt werden. – 3. *Steuerrecht:* Werkzeuge sind meist Anlagevermögen und fallen oft unter die Regelung für → geringwertige Wirtschaftsgüter. – Vgl. auch → Steuerbilanz, → Bewertung. – 4. *Kostenrechnung:* Werkzeugkosten.

Wertfortschreibung – steuerliche → Fortschreibung bei Änderung des Wertes eines Gegenstands, für den ein → Einheitswert festgestellt ist (§ 22 I BewG). Wertfortschreibung ist an die Überschreitung bestimmter Wertabweichungen vom letzten festgestellten Einheitswert gebunden. Die Grenzen werden, da die Einheitswerte sich auf Verhältnisse früherer Jahre

beziehen, immer noch in DM ausgedrückt. – Bei → Grundbesitz: Wertsteigerung um mehr als $^1/_{10}$ (aber mind. 5.000 DM) oder um mehr als 100.000 DM; Wertsenkung um mehr als $^1/_{10}$ (aber mind. 500 DM) oder um mehr als 5.000 DM. Wertfortschreibung kann auch im Rahmen einer → Berichtigungsfortschreibung vorgenommen werden.

Wertlehre – 1. *Volkswirtschaftslehre:* Wert. – 2. *Betriebswirtschaftslehre:* → Bewertung. – 3. *Wirtschaftsethik:* Werte.

Wertpapiersteuer – neben der Börsenumsatzsteuer und der Gesellschaftsteuer eine dritte → Kapitalverkehrsteuer, die bis Ende 1964 auf den Ersterwerb von Schuldverschreibungen (Anleihe) erhoben wurde. Ihre Aufhebung durch Gesetz vom 25.3.1965 erfolgte aus währungs- und kapitalmarktpolitischen Gründen.

wesentliche Beteiligung – 1. *Begriff:* Bezeichnung für eine Beteiligung an einer Kapitalgesellschaft, die die Voraussetzungen des § 17 EStG erfüllt. – 2. *Voraussetzungen:* ist gegeben, wenn der Steuerpflichtige an einer Kapitalgesellschaft zu irgendeinem Zeitpunkt innerhalb der letzten fünf Jahre zu mindestens einem Prozent unmittelbar oder mittelbar beteiligt war (§ 17 EStG). Der → Veräußerungsgewinn einer wesentlichen Beteiligung i.S.d. § 17 EStG unterlag bisher mit 50 Prozent der Besteuerung in Form des → Halbeinkünfteverfahrens. Seit 2009 erfolgt die Besteuerung durch das → Teileinkünfteverfahren. Damit sind nunmehr 60 Prozent des Gewinns steuerpflichtig. In analoger Anwendung sind mit der Veräußerung verbundene Aufwendungen ebenso nur mit 60 Prozent abzugsfähig. – 3. *Besteuerung beim Wegzug ins Ausland:* Bei Umzug des Steuerpflichtigen, der eine wesentliche Beteiligung i.S.d. § 17 EStG inne hat, ins Ausland, führt dies zur Auslösung der Wegzugsbesteuerung. Hierdurch unterliegen die stillen Reserven in den Anteilen der Besteuerung, und zwar ungeachtet dessen, dass die Anteile gar nicht verkauft worden sind. Allerdings besteht unter bestimmten Umständen die Möglichkeit der Steuerstundung, bis später der tatsächliche Verkauf erfolgt; beim Umzug in einen anderen Staat der EU oder des EWR ist dies der Regelfall (vgl. § 6 AStG). Für einen Umzug mit Anteilen, deren Veräußerung lediglich unter § 20 II EStG fallen, ist eine solche Steuerpflicht beim Wegzug – selbst wenn es sich um z.B. 0,5 Prozent eines Weltkonzerns, also erhebliche Vermögenswerte, handeln würde – bislang dagegen nicht vorgesehen.

Wesentlichkeit – Nach der Terminologie des Prüfungsstandards Nr. 250 des Instituts der Wirtschaftsprüfer, „besagt der Grundsatz der Wesentlichkeit in der Abschlussprüfung, dass die Prüfung des Jahresabschlusses und des Lageberichtes…darauf auszurichten ist, mit hinreichender Sicherheit falsche Angaben aufzudecken, die auf Unrichtigkeiten oder Verstöße zurückzuführen sind und die wegen ihrer Größenordnung oder Bedeutung einen Einfluss auf den Aussagewert der Rechnungslegung für die Abschlussadressaten haben. Durch die Berücksichtigung des Kriteriums der Wesentlichkeit in der Abschlussprüfung erfolgt die Konzentration auf → entscheidungserhebliche Sachverhalte." – Um den Grundsatz richtig zu verstehen, muss man wissen, dass das Management, wenn es einen ungeprüften Jahresabschluss vorlegt, erklärt, dass *alle Positionen* erfasst wurden, dem Unternehmen unter rechtlichen oder wirtschaftlichen Gesichtspunkten gehören, tatsächlich existieren, den gesetzlichen Bestimmungen entsprechend richtig bewertet, korrekt ausgewiesen und genau ermittelt wurden. Den Erklärungen des Managements, die für den kritischen Wirtschaftsprüfer zunächst nur Behauptungen sind, stehen dessen (gleichnamige) Prüfungsziele gegenüber, denn er muss den *Nachweis* führen, dass die einzelnen Aussagen zur Vollständigkeit, zum Eigentum, zum Bestand, zur Bewertung, zum Ausweis und zur Genauigkeit stimmen. Wesentlichkeit bedeutet dann, dass die → Prüfungsziele nach Lage des Unternehmens richtig *gewichtet* sind und mit sachgerechten Methoden (Vergleich, Augenscheinnahme, Befragung, Beobachtung, Bestätigung, Einsichtnahme und Nachrechnen) *verfolgt* werden (→ Prüfungstechnik). So werden z.B. bei einem unter Ertragsdruck stehenden Unternehmen Fragen nach dem *Bestand* der Forderungen eine größere Rolle spielen als Fragen nach der mathematisch korrekten Ermittlung von Abschreibungen auf den Fuhrpark.

widerstreitende Steuerfestsetzung – 1. *Allgemein:* Widerstreitende Steuerfestsetzungen sind Steuerfestsetzungen, die einander inhaltlich widersprechen. Dies ist regelmäßig der Fall, wenn aus einem Sachverhalt, der steuerlich nur einmal zu berücksichtigen ist, unterschiedliche steuerliche Schlussfolgerungen gezogen werden, die sich denkgesetzlich (logisch) ausschließen (sog. Kollisionsfälle). – 2. *Änderungsmöglichkeit:* Die → Bestandskraft des fehlerhaften Bescheids kann durch die Änderungsvorschrift des § 174 AO durchbrochen werden. Die Vorschrift enthält eigene Regelungen zur Ablaufhemmung, um die Kollision auch nach eingetretener → Festsetzungsverjährung noch beseitigen zu können. Die Beseitigung der Kollision kann sich sowohl zugunsten als auch zuungunsten des → Steuerpflichtigen auswirken. Auf ein evtl. Verschulden des Steuerpflichtigen oder der Finanzbehörde kommt es nicht an. – 3. *Regelungsbereich:* Im Einzelnen erfasst § 174 AO die folgenden Fallgestaltungen: a) mehrfache Berücksichtigung eines Sachverhalts zuungunsten eines oder mehrerer Steuerpflichtiger, b) mehrfache Berücksichtigung eines Sachverhalts zugunsten eines oder mehrerer Steuerpflichtiger, c) irrtümliche Nichtberücksichtigung eines Sachverhalts in der erkennbaren Annahme, er sei in einem anderen Bescheid zu erfassen (sog. negativer Widerstreit), d) Änderung eines Steuerbescheids (ergangen aufgrund irriger Beurteilung eines Sachverhalts) auf Rechtsbehelf/

Antrag des Steuerpflichtigen zu seinen Gunsten, e) Spezialtatbestand für am Verfahren nach d) beteiligte Dritte. – Entsprechend der neuesten Rechtsprechung des Bundesfinanzhofs kann ein Steuerbescheid bei Doppelberücksichtigung eines Sachverhalts auch dann nach Maßgabe von § 174 Abs. 1 AO geändert werden, wenn der widerstreitende Steuerbescheid von einer Behörde eines EU-Mitgliedstaats stammt, BFH Urteil vom 9.5.2012, I R 73/10.

Wiederausfuhr – 1. *Begriff:* Export von zuvor in das Zollgebiet der EU verbrachten Waren, die noch nicht durch Überführung in den zollrechtlich freien Verkehr zu Gemeinschaftswaren geworden sind. – 2. *Abgrenzung:* Gemeinschaftswaren sind zum Export ins regelmäßig zweistufige elektronisch abzuwickelnde Ausfuhrverfahren zu überführen. – 3. *Inhalt und Abwicklung:* Bei der Wiederausfuhr von Nichtgemeinschaften aus dem Zollgebiet werden Verbote und Beschränkungen sowie handelspolitische Maßnahmen angewendet. Verfahrensmäßig bedarf es dazu im Normalfall der vorherigen, elektronisch abzugebenden summarischen Ausgangsanmeldung (Art. 841a ZK-DVO). Geht dem Export ein Zollverfahren mit wirtschaftlicher Bedeutung voraus, so ist eine Wiederausfuhrzollanmeldung nach den Regeln des Ausfuhrverfahrens elektronisch abzugeben (Art. 182 ZK).

Wiedereinfuhr → Rückwaren, → passive Veredelung.

Wiedereinsetzung in den vorigen Stand – die Beseitigung eines durch Versäumnis eines Fristablaufs entstandenen Rechtsnachteils durch richterliche Entscheidung, etwa im Zivilprozess (§§ 233–238 ZPO). – Zulässig nur bei Notfristen und Fristen zur Begründung der Berufung und → Revision. – *Voraussetzung* ist, dass die → Partei ohne ihr *Verschulden* an der Einhaltung der Frist gehindert war. – Das Verschulden des *Prozessbevollmächtigten* gilt als eigenes Verschulden der Partei. Zukünftig (ab dem 1.1.2014) wird ein Fehlen des Verschuldens vermutet, wenn eine Rechtsbehelfsbelehrung nach § 232 ZPO n.F. unterblieben oder fehlerhaft ist (vgl. § 233 S. 2 ZPO n. F.; §§ 26 Abs. 2, 28 EGGVG, § 11 Rechtspflegergesetz, § 68 Abs. 2 Gerichtskostengesetz, § 31 Abs.4 Kostenordnung, § 33 Abs. 5 S. 1 Rechtsanwaltsvergütungsgesetz. – Wiedereinsetzung in den vorigen Stand wird nur auf *Antrag* der säumigen Partei gewährt, der binnen zwei Wochen nach Beseitigung des Hindernisses gestellt werden muss. Er muss Glaubhaftmachung der Tatsachen enthalten, auf die die Wiedereinsetzung in den vorigen Stand gestützt wird. Gleichzeitig muss die versäumte Prozesshandlung, z.B. Rechtsmitteleinlegung, nachgeholt werden. – Über den Antrag wird grundsätzlich zusammen mit der Hauptsache *entschieden;* gewährt das Gericht die Wiedereinsetzung in den vorigen Stand, so gilt die Prozesshandlung als rechtzeitig vorgenommen. – Ähnliche Grundsätze gelten in *anderen Verfahren*, z.B. im Verwaltungsverfahren (§ 32 VwVfG), in der Verwaltungsgerichtsbarkeit (§ 60 VwGO), in der Sozialgerichtsbarkeit (§ 67 SGG) und der → Finanzgerichtsbarkeit (§ 56 FGO, § 110 AO). – Nach der AO ist der Antrag auf Wiedereinsetzung in den vorigen Stand binnen eines Monats nach Wegfall des Hindernisses zu stellen. Die versäumte Handlung ist innerhalb der Auftragsfrist nachzuholen. Der Antrag ist durch Darlegung der Tatsachen glaubhaft zu machen. Antrag auf Wiedereinsetzung in den vorigen Stand oder Nachholung der versäumten Handlung ist nicht mehr möglich, wenn seit dem Ende der Frist ein Jahr verstrichen ist (Ausnahme im Fall höherer Gewalt). – Im Strafprozess gilt das Verschulden des Beschuldigten. Unverschuldet ist die Fristversäumung immer, wenn gesetzlich vorgeschriebene Rechtsmittelbelehrungen unterblieben sind (§ 44 StPO). Der Antrag ist binnen einer Woche nach Wegfall des Hindernisses zu stellen (§ 45 StPO).

wiederkehrende Bezüge – 1. *Begriff:* Einnahmen in Geld oder Geldeswert einschließlich Zuschüssen und sonstigen Vorteilen, die aufgrund eines einheitlichen Entschlusses oder eines einheitlichen Rechtsgrundes wiederholt mit einer gewissen Regelmäßigkeit erbracht werden. – 2. *Steuerliche Behandlung:* Wiederkehrende Bezüge zählen zu den → sonstigen Einkünften (§ 22 Nr. 1 EStG), soweit sie nicht einer anderen Einkunftsart zugeordnet werden können.

Wiederverkaufspreismethode – Eine der Standardmethoden zur Bestimmung angemessener → Verrechnungspreise zwischen verbundenen Unternehmen: Die Methode basiert auf dem Gedanken, dass ein Händler seine Vorstellung von dem Endverkaufspreis, den er verlangen möchte, üblicherweise dadurch entwickelt, dass er einen bestimmten Gewinnaufschlag auf seinen Einkaufspreis aufschlägt; daraus ergibt sich im Umkehrschluss, dass man glaubt, aus einem gegebenen Endverkaufspreis und der Kenntnis der in einer bestimmten Branche üblichen Handelsspanne darauf rückschließen zu können, wie viel in dieser Branche ein Händler einem Produzenten als Einkaufspreis zugestanden hätte. Auf diesem Gedanken beruhend, schließt man bei der Wiederverkaufspreismethode ausgehend von dem Preis, den eine Vertriebsgesellschaft des Konzerns vom Endverbraucher erhält, auf den Preis, den diese Gesellschaft der Produktionsgesellschaft gezahlt hätte, wenn die beiden Gesellschaften nicht zum selben Konzern gehören würden, sondern einander als fremde Dritte gegenüber gestanden hätten.

wirtschaftliche Betrachtungsweise – 1. Grundsatz hinsichtlich der *Auslegung und Anwendung der Steuergesetze*, Unterfall der teleologischen Auslegung (→ Steuerrecht): a) *Begriff:* Die wirtschaftliche Betrachtungsweise fordert die Berücksichtigung des Sinn und Zwecks der Steuergesetze, wirtschaftliches Geschehen der Besteuerung zu unterwerfen. – b) *Gesetzliche Grundlagen:* Früher in der AO bzw. im StAnpG explizit geregelt; in der AO 1977 keine Aussage mehr. Der Grundsatz der wirtschaftlichen

Betrachtungsweise wird heute als selbstverständlich angesehen, sodass kein Bedarf an einer bes. gesetzlichen Regelung besteht. In der Begründung zu § 4 AO 1977 wird die Auffassung vertreten, dass es sich um eine allg. geltende Auslegungsregel handelt, die im Steuerrecht ebenso wenig der Kodifikation bedarf wie im übrigen Recht. – c) *Praktische Bedeutung:* Die wirtschaftliche Betrachtungsweise kommt bes. dann zur Anwendung, wenn ein Steuergesetz zwar bestimmte rechtliche Sachverhalte nennt, dabei aber nicht deren spezielle rechtstechnische Einkleidung, sondern ihre rechtlichen und wirtschaftlichen Wirkungen meint. – 2. Prinzip zur *Beurteilung von Sachverhalten:* a) Es ist umstritten, ob außerhalb der gesetzlichen Norm des § 42 AO der Besteuerung fiktive Sachverhalte unterworfen werden dürfen, (→ Steuerumgehung, → typische Betrachtungsweise). Zulässig ist es jedoch zweifellos, wenn der verwirklichte Sachverhalt in seinen wirtschaftlichen Wirkungen gewürdigt und diesen wirtschaftlichen Wirkungen entsprechend unter eine Steuernorm subsumiert wird. – b) *Anwendungsfälle:* (1) Besteuerung von unwirksamen Rechtsgeschäften, soweit und solange die Beteiligten das wirtschaftliche Ergebnis eintreten und bestehen lassen. Dies gilt nicht, soweit sich aus den Steuergesetzen etwas anderes ergibt. (2) Besteuerung von gesetz- oder sittenwidrigen Rechtsgeschäften. (3) Wirtschaftliche statt bürgerlich-rechtliche Zurechnung (→ wirtschaftliches Eigentum). (4) Besteuerung bei „Vertragsbündeln".

wirtschaftliche Doppelbelastung – körperschaftsteuerlicher Begriff für die doppelte Belastung des Gewinns aus einer Kapitalgesellschaft mit der → Körperschaftsteuer auf der Ebene der Gesellschaft und mit der → Einkommensteuer auf der Ebene des Gesellschafters (nach der Ausschüttung als Dividende). Die wirtschaftliche Doppelbelastung stellt eine erhebliche Verzerrung der Rechtsformwahl dar, da Personenunternehmen mit gleicher Tätigkeit nur mit der Einkommensteuer belastet werden würden. Daher ist die Entscheidung über Art und Ausmaß einer Milderung der wirtschaftlichen Doppelbelastung eine Konzeption des Steuersystems in allen Staaten eine wichtige Grundsatzentscheidung (→ Körperschaftsteuersystem). – *Anders:* → Doppelbesteuerung.

wirtschaftliche Einheit – 1. *Begriff:* des Steuerrechts für wirtschaftlich zusammengehörige Gegenstände, die bei der Wertermittlung nach dem BewG einer einheitlichen Bewertung unterliegen (§ 2 BewG). – 2. In einigen Fällen bestimmt das → Bewertungsgesetz (BewG) selbst, welche Wirtschaftsgüter zu einer wirtschaftlichen Einheit zugehören. Wirtschaftliche Einheiten sind (1) beim → land- und forstwirtschaftlichen Vermögen: der Betrieb der Land- und Forstwirtschaft (§ 33 BewG); (2) beim → Grundvermögen: jedes Grundstück (§ 70 BewG). – 3. Entscheidend ist maßgebend in erster Linie die *Verkehrsanschauung.* Weitere Merkmale sind die örtliche Gewohnheit, die tatsächliche Übung, die Zweckbestimmung und die wirtschaftliche Zusammengehörigkeit der einzelnen Wirtschaftsgüter. Eine wirtschaftliche Einheit entsteht, wenn mehrere Wirtschaftsgüter zu einem einheitlichen wirtschaftlichen Zweck zusammengefasst und ihm gewidmet werden. Sie kann weder durch nur vorübergehende Verbindung mehrerer Wirtschaftsgüter begründet, noch durch vorübergehende Trennung mehrerer zusammengehöriger Wirtschaftsgüter ausgelöst werden. – Zu einer wirtschaftlichen Einheit können nur Wirtschaftsgüter derselben Vermögensart (→ Vermögensarten) zusammengefasst werden, die demselben Eigentümer gehören. – *Besonderheiten:* Sicherungsübereignete Wirtschaftsgüter sind dem Sicherungsgeber, treuhänderisch gehaltene Wirtschaftsgüter dem Treugeber, Wirtschaftsgüter im Eigenbesitz dem Eigenbesitzer zuzurechnen (§ 39 II AO). – *Ausnahmen:* Wirtschaftsgüter bilden i.d.R. auch dann eine wirtschaftliche Einheit, wenn sie teils dem einen, teils dem anderen Ehegatten gehören oder wenn sie z.T. zum Gesamtgut einer fortgesetzten Gütergemeinschaft, z.T. dem überlebenden Ehegatten gehören (§ 26 BewG). – Ein Eigentümer kann mehrere wirtschaftliche Einheiten haben. – 4. *Bedeutung:* Jede wirtschaftliche Einheit ist für sich zu bewerten und ihr Wert im Ganzen festzustellen (Grundsatz der Gesamtbewertung). Der (Gesamt-)Wert umfasst alle Wirtschaftsgüter, die die wirtschaftliche Einheit bilden.

wirtschaftlicher Eigentümer → wirtschaftliches Eigentum.

wirtschaftlicher Geschäftsbetrieb – Der Begriff ist definiert als selbständige und nachhaltige Tätigkeit, durch die Einnahmen oder andere wirtschaftliche Vorteile erzielt werden und die über den Rahmen einer reinen Vermögensverwaltung hinausgeht (§ 14 AO). Es ist nicht notwendig, dass eine Gewinnerzielungsabsicht vorliegt. Der Begriff des wirtschaftlichen Geschäftsbetriebs hat v.a. Relevanz für die Abgrenzung zwischen der privaten Vermögensverwaltung und einer gewerblichen oder freiberuflichen Tätigkeit. Spezialformen sind der Betrieb gewerblicher Art (BgA) als wirtschaftlicher Geschäftsbetrieb der juristischen Personen des öffentlichen Rechts und zudem definiert der wirtschaftliche Geschäftsbetrieb den Teilbereich einer gemeinnützigen Organisation, die einen wirtschaftlich tätigen Zweig bildet. In Deutschland bildet der Zweckbetrieb einen steuerbefreiten Spezialfall des wirtschaftlichen Geschäftsbetriebes.

wirtschaftliches Eigentum – steuerrechtlicher Begriff für Gegenstände, die nicht im (zivil)rechtlichen → Eigentum eines Steuerpflichtigen stehen, hinsichtlich derer er aber eine eigentumsähnliche wirtschaftliche Sachherrschaft über ein Wirtschaftsgut besitzt, sodass er bei der Besteuerung als Eigentümer behandelt wird. Kennzeichnend ist, dass die tatsächliche Herrschaft über ein Wirtschaftsgut in der Weise ausgeübt wird, dass der rechtliche Eigentümer im Regelfall für die gewöhnliche Nutzungsdauer von der Einwirkung auf das Wirtschaftsgut wirtschaftlich

ausgeschlossen ist. Auch die bilanzielle Zurechnung von Wirtschaftsgütern richtet sich nach dem wirtschaftlichen Eigentum. Gemäß § 39 AO ist, soweit nicht Sondervorschriften bestehen, wie folgt zu verfahren: (1) Wirtschaftsgüter, die zum Zweck der *Sicherung übereignet* worden sind, werden dem Sicherungsgeber zugerechnet; (2) Wirtschaftsgüter, die unter *Eigentumsvorbehalt* geliefert werden, sind dem Lieferungsempfänger (Eigenbesitzer) zuzurechnen; (3) Wirtschaftsgüter, die *zu treuen Händen* (entgeltlich oder unentgeltlich) *übereignet* worden sind, werden dem Treugeber zugerechnet; (4) Wirtschaftsgüter, die durch einen Treuhänder zu treuen Händen *für einen Treugeber erworben* worden sind, werden dem Treugeber zugerechnet. (5) Wirtschaftsgüter, die mehreren zur gesamten Hand zustehen, werden den Beteiligten anteilig zugerechnet, soweit eine getrennte Zurechnung für die Besteuerung erforderlich ist. (6) Im Fall des Leasings wird das Leasinggut regelmäßig dem Leasingnehmer zugerechnet, soweit der Leasinggeber keine Einwirkungsmöglichkeit auf das Leasinggut (mehr) hat. (7) Mieter und Pächter sind keine wirtschaftlichen Eigentümer über die von ihnen gemieteten bzw. gepachteten Sachen. (8) Ebenso wenig wird im Fall des Nießbrauchs wirtschaftliches Eigentum begründet.

wirtschaftliche Tätigkeit – Begriff in der → Mehrwertsteuersystemrichtlinie der EG: diejenigen Tätigkeiten, die jemanden zum → Unternehmer i.S.d. Umsatzsteuerrechts in den Mitgliedstaaten machen können (und: machen müssen, weil die Mitgliedstaaten insoweit kein Wahlrecht haben). Die Richtlinie gibt als Regelbeispiele für die wirtschaftliche Tätigkeit die Fälle des Produzenten, Händlers, Dienstleisters oder Vermieter von Gegenständen an (Art. 9 II MWSt-System-Richtlinie).

wirtschaftliche Verprobung → Verprobung.

Wirtschaftsgut – Nicht im Gesetz definierter *Begriff* des Einkommensteuer- und Bewertungsrechts (vgl. §§ 5 II, 6 I EStG; §§ 2, 98a BewG). Das steuerliche Synonym für Vermögensgegenstand. Nach der Rechtsprechung sind Wirtschaftsgüter sowohl Sachen (§ 90 BGB), Tiere (§ 90a BGB) und nicht körperliche Gegenstände i.S.d. BGB, sofern sie am Bilanzstichtag bereits als realisierbarer Vermögenswert angesehen werden können, als auch bloße vermögenswerte Vorteile einschließlich tatsächlicher Zustände und konkreter Möglichkeiten, soweit diese derart sind, dass sich der Kaufmann ihre Erlangung etwas kosten lässt, sie nach der Verkehrsauffassung einer selbstständigen Bewertung zugänglich sind und i.d.R. einen Nutzen für mehrere Wirtschaftsjahre erbringen. – 1. *Einkommensteuerlich* zählen auch Schulden zu den (dann negativen) Wirtschaftsgütern. Nur (positive und negative) Wirtschaftsgüter (und Rechnungsabgrenzungsposten) können in die Steuerbilanz aufgenommen werden; die Erfüllung der Wirtschaftsgüter-Eigenschaften ist folglich im Regelfall Grundvoraussetzung für die Bilanzierung eines Objekts oder Vorgangs. – 2.

Bewertungsrechtlich gibt es nur positive Wirtschaftsgüter; sie stellen die kleinste Bewertungseinheit dar (§ 2 III BewG).

Wirtschafts-Identifikationsnummer → Identifikationsmerkmal.

Wirtschaftsprüfer (WP) – I. Begriff: Wirtschaftsprüfer sind nach § 1 I 1 des Gesetzes über eine Berufsordnung der Wirtschaftsprüfer (→ Wirtschaftsprüferordnung (WPO)) Personen, die als solche öffentlich bestellt sind.

II. Berufsstellung: Freier Beruf (§ 1 II WPO). Bestellung nur bei Nachweis der persönlichen und fachlichen Eignung im staatlichen Zulassungs- und Prüfungsverfahren (§ 1 I 2 WPO). Berufliche Niederlassung (Berufssitz; § 3 I WPO) im In- oder Ausland; berufliche Leistungen auch im Ausland möglich, sofern Recht des Gastlandes nicht entgegensteht. Zweigniederlassungen im In- und Ausland, fachliche Leitung durch einen ortsansässigen Wirtschaftsprüfer erforderlich (§§ 3 III, 43a, 47 WPO). Beruf kann sowohl selbstständig als auch im Anstellungsverhältnis ausgeübt werden. Im beruflichen Verkehr ist die gesetzlich geschützte Bezeichnung „Wirtschaftsprüfer" zu führen; akademische Grade, Titel und Zusätze, die auf eine staatliche Graduierung hinweisen, daneben möglich (§ 18 WPO).

III. Aufgaben und Tätigkeiten: Gemäß § 2 WPO haben Wirtschaftsprüfer die berufliche Aufgabe, betriebswirtschaftliche *Prüfungen*, v.a. → Jahresabschlussprüfungen wirtschaftlicher Unternehmen durchzuführen und → Bestätigungsvermerke über deren Vornahme und Ergebnis zu erteilen. Außerdem sind sie befugt, ihre Auftraggeber in steuerlichen Angelegenheiten nach Maßgabe der bestehenden Vorschriften zu beraten und zu vertreten, unter Berufung auf ihren Berufseid auf den Gebieten der wirtschaftlichen Betriebsführung als Sachverständige aufzutreten, in wirtschaftlichen Angelegenheiten zu beraten und fremde Interessen zu wahren sowie zur treuhänderischen Verwaltung (→ Treuhandschaft). Zusätzlich sind mit dem Beruf des Wirtschaftsprüfers nach § 43a IV WPO weitere Tätigkeiten vereinbar, wie z.B. freie Berufsausübung auf dem Gebiet der Technik und des Rechtswesens, Tätigkeit an wissenschaftlichen Instituten und lehrende Tätigkeit an Hochschulen, freie schriftstellerische und künstlerische Tätigkeit und freie Vertragstätigkeit.

IV. Pflichten: 1. *Beachtung der* → Berufsgrundsätze für Wirtschaftsprüfer (Grundsätze der Ausübung des Wirtschaftsprüfer-Berufs). – 2. *Nichtausübung unvereinbarer Tätigkeiten:* Keine Tätigkeit, die die Einhaltung der Berufspflichten gefährden oder das Ansehen oder die Würde des Berufes verletzen kann (§ 43 III WPO). Keine gewerblichen Tätigkeiten; keine Tätigkeiten aufgrund eines berufsfremden Anstellungsvertrages mit wenigen Ausnahmen (§ 43a III WPO). – 3. *Verhalten bei Bekanntmachung und Auftragsschutz:* Bei der Bekanntmachung seiner Tätigkeit und bei der

Auftragsübernahme ist der Wirtschaftsprüfer zu berufswürdigem Verhalten verpflichtet; unlautere Werbung ist nicht gestattet (§ 52 WPO). Der Wirtschaftsprüfer darf in einer Sache, in der er oder eine Person oder eine Personengesellschaft, mit der er seinen Beruf gemeinsam ausübt, bereits tätig war, bei einem Auftraggeberwechsel nur tätig werden, wenn sowohl der bisherige als auch der neue Auftraggeber einverstanden sind (§ 53 WPO). Bei gleichzeitigem Tätigwerden soll eine Zusammenarbeit angestrebt werden. – 4. *Siegelführung:* Wirtschaftsprüfer sind nach § 48 I WPO verpflichtet, ein Siegel zu benutzen, wenn sie in ihrer Berufseigenschaft aufgrund gesetzlicher Vorschriften Erklärungen abgeben. Sie können ein Siegel führen, wenn sie in ihrer Berufseigenschaft Erklärungen über Prüfungsergebnisse abgeben oder Gutachten erstatten. – 5. *Teilnahme an der* → externen Qualitätskontrolle (§ 57a WPO): Wirtschaftsprüfer, die gesetzlich vorgeschriebene Abschlussprüfungen durchführen, müssen sich alle drei Jahre einer Qualitätskontrolle unterziehen. Durch das Inkrafttreten des Berufsaufsichtsreformgesetzes (BARefG) am 6.9.2007 wurde dieser Zyklus für Wirtschaftsprüfer, die keine Abschlussprüfungen von Unternehmen des öffentlichen Interesses i.S.d. § 319a HGB durchführen, auf sechs Jahre verlängert. – 6. *Sonstige Pflichten:* (1) Der Wirtschaftsprüfer muss seine Tätigkeit versagen, wenn sie für eine pflichtwidrige Handlung in Anspruch genommen werden soll oder wenn die Besorgnis der Befangenheit bei der Durchführung eines Auftrages besteht (§ 49 WPO). (2) Will ein Wirtschaftsprüfer einen Auftrag nicht annehmen, so hat er dies unverzüglich zu erklären. Bei schuldhafter Verzögerung ist er schadensersatzpflichtig (§ 51 WPO). (3) Selbstständige Wirtschaftsprüfer und Wirtschaftsprüfungsgesellschaften sind verpflichtet, sich gegen Haftpflichtgefahren zu versichern, die sich aus ihrer Tätigkeit ergeben (§ 54 I WPO).

V. Voraussetzungen für Bestellung: Öffentliche Bestellung des Wirtschaftsprüfers auf Antrag nach bestandenem Fachexamen. Zulassung zur Prüfung bei Nachweis der fachlichen und persönlichen Eignung. Zulassungs- und Prüfungsverfahren sind in der WPO und der Prüfungsordnung für Wirtschaftsprüfer (PrüfO WP) geregelt. Für das Normalexamen gibt es allg. Vorschriften; außerdem ist der Zugang zum Wirtschaftsprüfer-Beruf für Sonderfälle geregelt (erleichterter Zugang) für bestimmte Bewerber mit → Steuerberater- bzw. Rechtsanwalt-Qualifikationen und bes. Eignungsprüfung für Angehörige vergleichbarer Prüferberufe aus anderen EU- und EWR-Staaten. – 1. *Allg. Zulassungs- und Prüfungsvorschriften (bisher):* a) *Antragstellung:* Über Zulassung zur Prüfung entscheidet die „Prüfungsstelle für das Wirtschaftsprüferexamen bei der Wirtschaftsprüferkammer" (Prüfungsstelle; § 5 WPO). Schriftlicher Antrag auf Zulassung zur Prüfung an die Prüfungsstelle (§ 7 WPO). – b) *Fachliche Zulassungsvoraussetzungen:* (1) *Vorbildung* (§ 8 WPO): Voraussetzung ist die abgeschlossene Hochschulausbildung; hierauf kann bei langjähriger Praxiserfahrung verzichtet werden. Voraussetzung ist eine mind. zehnjährige Tätigkeit als Mitarbeiter eines Wirtschaftsprüfers, einer → Wirtschaftsprüfungsgesellschaft, eines → vereidigten Buchprüfers, einer → Buchprüfungsgesellschaft, eines genossenschaftlichen → Prüfungsverbandes, der → Prüfungsstelle eines Sparkassen- und Giroverbandes oder einer überörtlichen Prüfungseinrichtung für Körperschaften und Anstalten des öffentlichen Rechts. Außerdem kann eine nicht vorhandene Hochschulausbildung ersetzt werden durch eine mind. fünfjährige Tätigkeit als vereidigter Buchprüfer oder Steuerberater. Seit Inkrafttreten der Fünften WPO-Novelle besteht zudem die Möglichkeit der Anerkennung berufsspezifischer Ausbildungsgänge (§ 8a WPO). (2) *Praktische Zulassungsvoraussetzungen (§ 9 WPO):* Die Zulassung setzt voraus, dass der Bewerber eine hinreichende praktische Ausbildung erhalten hat. Wenigstens drei Jahre Prüfungstätigkeit sind bei einer Hochschulsemesterzahl von mind. acht Semestern nachzuweisen; vier Jahre bei einer Hochschulsemesterzahl von weniger als acht Semestern (§ 9 I WPO). Von der gesamten Tätigkeit hat der Bewerber wenigstens zwei Jahre an (bes. gesetzlich vorgeschriebenen) Abschlussprüfungen teilzunehmen und bei der Abfassung der Prüfungsberichte mitzuwirken. – Die Prüfungstätigkeit ist von Mitarbeitern ohne Hochschulausbildung und mit mind. zehnjähriger Praxis nach dem fünften Jahr der Mitarbeit abzuleisten. Bewerber, die mind. fünf Jahre als vereidigte Buchprüfer oder als Steuerberater tätig sind, haben die Prüfungstätigkeit während dieser Zeit oder in ihrer für die Zulassung erforderlichen dreijährigen Praxiszeit abzuleisten. – Das Erfordernis der Prüfungstätigkeit ist von allen Bewerbern erfüllt, wenn sie in fremden Unternehmen materielle Buch- und Bilanzprüfungen nach betriebswirtschaftlichen Grundsätzen durchgeführt haben (§ 9 II WPO). – Die Prüfungstätigkeit muss in Mitarbeit bei Berufsangehörigen, einer Wirtschaftsprüfungsgesellschaft, bei vereidigten Buchprüfern, einer Buchprüfungsgesellschaft, einem genossenschaftlichen Prüfungsverband, einer Prüfungsstelle eines Sparkassen- und Giroverbandes oder einer überörtlichen Prüfungseinrichtung für Körperschaften und Anstalten des öffentlichen Rechts, in denen ein Berufsangehöriger tätig ist, ausgeübt worden sein (§ 9 III WPO). – Der Nachweis der Prüfungstätigkeit entfällt für Bewerber, die seit mind. 15 Jahren den Beruf als Steuerberater oder vereidigter Buchprüfer ausgeübt haben; bis zu vier Jahre kann eine Tätigkeit als Steuerbevollmächtigter angerechnet werden (§ 9 IV WPO). – Eine Revisionstätigkeit (→ interne Revision) sowie weitere fachlich relevante Betätigungen können gemäß § 9 V WPO bis zu einem Jahr auf die Prüfungstätigkeit angerechnet werden. – Innerhalb anerkannter berufsspezifischer Ausbildungsgänge (§ 8a WPO) erbrachte berufspraktische Tätigkeiten können bis zu einer Höchstdauer von einem Jahr angerechnet werden (§ 9 VI

WPO). – c) *Prüfung:* Vor der Prüfungskommission abzulegende Prüfung mit schriftlichem und mündlichem Teil (§ 12 WPO). Steuerberater und Bewerber, die die Prüfung als Steuerberater bestanden haben, benötigen keine Prüfung im Steuerrecht (§ 13 WPO). Für vereidigte Buchprüfer Prüfung in verkürzter Form. Vereidigte Buchprüfer, die Steuerberater sind, benötigen keine Prüfung im Steuerrecht und in Angewandter Betriebswirtschaftslehre und Volkswirtschaftslehre; vereidigte Buchprüfer, die Rechtsanwälte sind, benötigen keine Prüfung im Wirtschaftsrecht und in Angewandter Betriebswirtschaftslehre und Volkswirtschaftslehre (§ 13a WPO). – Prüfungsleistungen, die im Rahmen einer Hochschulausbildung erbracht werden, sind anzurechnen, wenn ihre Gleichwertigkeit in Inhalt, Form und Umfang mit den in § 4 PrüfO Wirtschaftsprüfer aufgeführten Anforderungen der Prüfungsgebiete Angewandte Betriebswirtschaftslehre, Volkswirtschaftslehre oder Wirtschaftsrecht im Zulassungsverfahren durch die Prüfungsstelle festgestellt wird (§ 13b WPO). – 2. *Zugang zum Wirtschaftsprüfer-Beruf in Sonderfällen:* Erleichterungen für Angehörige vergleichbarer Berufe aus den Mitgliedstaaten der EU und des EWR (§§ 131g ff. WPO) resultieren aus der Umsetzung der Hochschuldiplomrichtlinie, die auch die wechselseitige Anerkennung entsprechender Berufsqualifikationen vorsieht. Bei Vorlage eines Diploms eines Staatsangehörigen eines Mitgliedstaats der EU und des EWR, aus dem hervorgeht, dass der Inhaber über die notwendigen beruflichen Voraussetzungen für die unmittelbare Zulassung zur Pflichtprüfung von Jahresabschlüssen und anderer Rechnungsunterlagen in dem Mitgliedstaat verfügt, kann er nach Bestehen einer Eignungsprüfung als Wirtschaftsprüfer bestellt werden. Eignungsprüfung ist in erster Linie Rechtsprüfung, beinhaltet z.B. Rechnungslegungsvorschriften des HGB, steuer- und wirtschaftsrechtliche Vorschriften und Berufsrecht (§ 131h III WPO). Zulassungsentscheidung durch die Prüfungsstelle (§ 131g III WPO).

VI. Bestellung: Nach bestandener Prüfung wird der Bewerber auf Antrag durch Aushändigung einer von der → Wirtschaftsprüferkammer (WPK) ausgestellten Urkunde als Wirtschaftsprüfer bestellt (§ 15 WPO). Bestellung *muss versagt* werden, wenn (1) in der Person des Bewerbers Gründe eingetreten sind, aus denen seine Zulassung zur Prüfung hätte versagt werden müssen; (2) die vorläufige Deckungszusage auf den Antrag zum Abschluss einer Berufshaftpflichtversicherung nicht vorliegt. – *Ausnahme:* Ausschließliche Anstellung nach § 43a I WPO. (3) Wenn eine mit dem Wirtschaftsprüferberuf unvereinbare Tätigkeit ausgeübt wird; (4) wenn sich der Bewerber oder die Bewerberin eines Verhaltens schuldig gemacht hat, das die Ausschließung aus dem Beruf rechtfertigen würde; (5) wenn nicht die Berufshaftpflichtversicherung besteht; (6) wenn der Bewerber oder die Bewerberin aus gesundheitlichen oder anderen Gründen nicht nur vorübergehend nicht in der Lage ist, den Beruf ordnungsgemäß auszuüben; (6) wenn sich der Bewerber oder die Bewerberin in nicht geordneten wirtschaftlichen Verhältnissen, insbesondere in Vermögensverfall befindet; (7) unmittelbar nach der Bestellung keine berufliche Niederlassung zum → Berufsregister angegeben wird. Bestellung *kann versagt* werden, wenn das Verhalten des Bewerbers die Besorgnis begründet, den Berufspflichten als Wirtschaftsprüfer nicht zu genügen (§ 16 II WPO). Vor Aushändigung der Urkunde hat der Bewerber einen Berufseid zu leisten. Bestellung *erlischt* durch Tod, Verzicht oder rechtskräftige Ausschließung aus dem Beruf (§ 19 WPO). Bestellung muss nach § 20 I WPO *zurückgenommen* werden, wenn nachträgliche Tatsachen bekannt werden, bei deren Kenntnis die Bestellung hätte versagt werden müssen. Bestellung muss nach § 20 II WPO *widerrufen* werden, wenn die Tätigkeit nicht eigenverantwortlich ausgeübt wird oder mit dem Wirtschaftsprüferberuf unvereinbare Tätigkeit ausgeübt wird, die Fähigkeit der Bekleidung öffentlicher Ämter nicht mehr gegeben ist, der ordnungsgemäße Berufsausübung aus gesundheitlichen Gründen dauerhaft nicht möglich ist, die vorgeschriebene Haftpflichtversicherung nicht unterhalten wird oder diese innerhalb der letzten fünf Jahre wiederholt mit nennenswerter Dauer nicht aufrecht erhalten wurde und diese Unterlassung auch zukünftig zu befürchten ist, ferner bei ungeordneten wirtschaftlichen Verhältnissen oder wenn eine berufliche Niederlassung (§ 3 I WPO) nicht unterhalten wird. – *Wiederbestellung* eines ehemaligen Wirtschaftsprüfers ist möglich (§ 23 WPO).

VII. Berufsorganisation: Wirtschaftsprüferkammer, deren Vorstand auch die Berufsaufsicht obliegt. – Vgl. auch → Institut der Wirtschaftsprüfer in Deutschland e. V. (IDW).

VIII. Berufsgerichtsbarkeit: 1. *Pflichtverletzung* (§§ 67–71 WPO): Gegen einen Wirtschaftsprüfer, der seine Pflichten schuldhaft verletzt, wird eine berufsgerichtliche Maßnahme verhängt. Zu diesen zählen Geldbußen bis zu 500.000 Euro, Verbot, auf bestimmten Tätigkeitsgebieten für die Dauer von einem Jahr bis zu fünf Jahren tätig zu werden, Berufsverbot von einem Jahr bis zu fünf Jahren und Ausschließung aus dem Beruf. Die Verfolgung einer Pflichtverletzung, die keine schwerere berufsgerichtliche Strafe als Warnung, Verweis oder Geldbuße bis 500.000 Euro gerechtfertigt hätte, verjährt nach fünf Jahren. Ein wegen desselben Sachverhalts eingeleitetes Strafverfahren hemmt den Ablauf der Verjährungsfrist. – 2. *Berufsgerichte (§§ 72–80 WPO):* a) Im ersten Rechtszug entscheidet eine Kammer beim LG Berlin (Kammer für Wirtschaftsprüfersachen) außerhalb der Hauptverhandlung in der Besetzung von drei Mitgliedern; in der Hauptverhandlung mit dem Vorsitzenden und zwei Wirtschaftsprüfern als Beisitzer. – b) Im zweiten Rechtszug entscheidet ein Senat beim Kammergericht Berlin (Senat für Wirtschaftsprüfersachen) außerhalb der Hauptverhandlung in

der Besetzung von drei Mitgliedern; in der Hauptverhandlung wirken außerdem als Beisitzer zwei Wirtschaftsprüfer mit. – c) Im dritten Rechtszug entscheidet ein Senat des Bundesgerichtshofs (Senat für Wirtschaftsprüfersachen), der sich aus einem Vorsitzenden, zwei Mitgliedern des Bundesgerichtshofs und zwei Wirtschaftsprüfern als Beisitzer zusammensetzt.– Das Amt eines *Beisitzers* aus den Reihen der Wirtschaftsprüfer ist ein *Ehrenamt.* Die ehrenamtlichen Beisitzer werden für die Gerichte des ersten und zweiten Rechtszuges von der Landesjustizverwaltung, für den Bundesgerichtshof vom Bundesminister der Justiz für fünf Jahre berufen; Berufung erfolgt aufgrund von Vorschlagslisten, die der Vorstand der Wirtschaftsprüferkammer einreicht (§ 75 WPO). Berufen werden kann nur ein Wirtschaftsprüfer, der in den Vorstand der Wirtschaftsprüferkammer gewählt werden kann. Ehrenamtliche Beisitzer dürfen nicht gleichzeitig dem Vorstand oder dem Beirat der Wirtschaftsprüferkammer angehören oder bei der Wirtschaftsprüferkammer im Haupt- oder Nebenberuf tätig sein. Recht zur Ablehnung unter bestimmten Voraussetzungen (§ 76 WPO). – 3. *Verfahren:* Der Strafprozessordnung nachgebildet, aber kein Vorrang des strafgerichtlichen Verfahrens gegenüber dem berufsgerichtlichen Verfahren. Der Beschuldigte darf zur Durchführung weder vorläufig festgenommen noch verhaftet oder vorgeführt werden; er kann nicht zur Vorbereitung eines Gutachtens über seinen psychischen Zustand in ein psychiatrisches Krankenhaus gebracht werden (§ 82 WPO). Verteidiger in berufsgerichtlichen Verfahren vor dem Landgericht und vor dem Oberlandesgericht können auch Wirtschaftsprüfer sein (§ 82a WPO). Der Vorstand der Wirtschaftsprüferkammer, von ihm beauftragte Personen sowie Berufsangehörige, die einer Verletzung ihrer Pflichten beschuldigt werden, haben das Recht auf Akteneinsicht (§ 82b WPO). Für die Entscheidung im berufsgerichtlichen Verfahren sind die tatsächlichen Feststellungen des Urteils im Straf- oder Bußgeldverfahren bindend (§ 83 WPO). Die Aussetzung des berufsgerichtlichen Verfahrens ist unter bestimmten Voraussetzungen zulässig (§ 83b WPO), ebenso die Wiederaufnahme eines bereits rechtskräftig abgeschlossenen Verfahrens (§ 83c WPO). Die Aufgaben der Staatsanwaltschaft werden von der Staatsanwaltschaft beim Kammergericht Berlin wahrgenommen (§ 84 WPO). Die Wirtschaftsprüferkammer, Gerichte oder Behörden sind verpflichtet, berufs- bzw. strafrechtliche Pflichtverletzungen der zuständigen Staatsanwaltschaft mitzuteilen. Erhält die Staatsanwaltschaft Kenntnis von möglicherweise schuldhaften berufsrechtlichen Pflichtverletzungen eines Mitglieds der Wirtschaftsprüferkammer, teilt sie dies der Wirtschaftsprüferkammer mit und gibt ihr vor Einleitung eines berufsgerichtlichen Verfahrens Gelegenheit zur Stellungnahme (§ 84a WPO). – *Einleitung* des Verfahrens dadurch, dass die Staatsanwaltschaft beim LG Berlin eine Anschuldigungsschrift einreicht (§ 85 WPO). Das der Berufsgerichtsbarkeit unterliegende Mitglied der Wirtschaftsprüferkammer kann sich vom Verdacht einer Pflichtverletzung befreien, indem es bei der Staatsanwaltschaft beantragt, das berufsgerichtliche Verfahren gegen sich einzuleiten (§ 87 WPO). – Das Gericht entscheidet aufgrund der Anschuldigungsschrift, ob ein *Hauptverfahren* zu eröffnen ist; dieses ist nicht öffentlich. Auf Antrag der Staatsanwaltschaft *kann* bzw. auf Antrag der betroffenen Berufsangehörigen *muss* die Öffentlichkeit hergestellt werden (§ 99 WPO). Hauptverhandlung schließt mit der auf die Beratung folgenden Verkündung des *Urteils,* das auf Freisprechung, Verurteilung oder Einstellung des Verfahrens (§ 103 WPO) lautet. – 4. *Rechtsmittel (§§ 104–108 WPO):* a) Gegen das Urteil der Kammer für Wirtschaftsprüfersachen Berufung an den Senat für Wirtschaftsprüfersachen binnen einer Woche nach Verkündigung des Urteils (§ 105 WPO). – b) Gegen ein Urteil des Senats für Wirtschaftsprüfersachen beim Oberlandesgericht Revision an den Bundesgerichtshof, u.a. wenn das Urteil auf Ausschließung aus dem Beruf lautet oder wenn der Senat für Wirtschaftsprüfersachen die Revision im Urteil zugelassen hat (§ 107 WPO). – 5. *Berufsverbot:* Sind dringende Gründe für die Annahme vorhanden, dass gegen den Wirtschaftsprüfer auf Ausschließung aus dem Beruf erkannt werden wird, so kann gegen ihn durch Beschluss ein vorläufiges Berufsverbot verhängt werden (§ 111 WPO). Handelt der Wirtschaftsprüfer diesem Verbot wissentlich zuwider, wird er grundsätzlich mit der Ausschließung aus dem Beruf bestraft (§ 117 WPO).

Wirtschaftsprüferkammer (WPK) – 1. Institution der *beruflichen Selbstverwaltung* gemäß Gesetz über eine Berufsordnung der Wirtschaftsprüfer, → Wirtschaftsprüferordnung (WPO). Die Wirtschaftsprüferkammer ist eine Körperschaft des öffentlichen Rechts (§ 4 WPO); Sitz in Berlin. – 2. *Mitgliedschaft:* Pflichtmitglieder sind gemäß § 58 I 1 WPO die bestellten bzw. anerkannten → Wirtschaftsprüfer (WP), die Mitglieder des Vorstandes von → Wirtschaftsprüfungsgesellschaften, nach dem Partnerschaftsgesellschaftsgesetz verbundene Personen, Geschäftsführer oder vertretungsberechtigte persönlich haftende Gesellschafter von Wirtschaftsprüfungsgesellschaften, die nicht Wirtschaftsprüfer sind, sowie die anerkannten Wirtschaftsprüfungsgesellschaften; außerdem gemäß § 128 III WPO → vereidigte Buchprüfer und → Buchprüfungsgesellschaften. – *Freiwillige Mitgliedschaft* können gemäß § 58 II WPO die genossenschaftlichen → Prüfungsverbände, die Sparkassen und Giroverbände für ihre Prüfungsstellen (→ Prüfungsstellen der Sparkassen- und Giroverbände) sowie die überörtlichen Prüfungseinrichtungen für öffentliche Körperschaften erwerben. – 3. *Organe* (§ 59 WPO): (1) *Wirtschaftsprüferversammlung:* Versammlung der Mitglieder der Wirtschaftsprüferkammer. (2) *Beirat:* Berufsgruppe der Wirtschaftsprüfer und Wirtschaftsprüfungsgesellschaften wählt Mitglieder aus ihrer Gruppe. Gruppe der anderen

stimmberechtigten Mitglieder wählt ihre Vertreter. Zahlenmäßige Vertretung ergibt sich aus § 59 III WPO und der Organisationssatzung der Wirtschaftsprüferkammer. Gruppe der Wirtschaftsprüfer und Wirtschaftsprüfungsgesellschaften muss Mehrzahl der Beiratssitze haben. (3) *Vorstand:* Wird aus der Mitte des Beirats gewählt. Eines der Vorstandsmitglieder ist *Präsident* der Wirtschaftsprüferkammer. (4) *Kommission für Qualitätskontrolle:* Die berufsangehörigen Mitglieder werden durch den Beirat der Wirtschaftsprüferkammer auf Vorschlag des Vorstandes der Wirtschaftsprüferkammer gewählt (→ externe Qualitätskontrolle). – 4. *Aufsicht:* Rechtsaufsicht durch Bundesministerium für Wirtschaft und Technologie (§ 66 WPO); es wacht darüber, dass die Wirtschaftsprüferkammer ihre Aufgaben im Rahmen der geltenden Gesetze und Satzungen erfüllt. – Fachaufsicht durch die Abschlussprüferaufsichtskommission. – 5. *Aufgaben:* Die Wirtschaftsprüferkammer hat gemäß § 57 WPO die Aufgabe, die beruflichen Belange der Gesamtheit ihrer Mitglieder zu wahren und die Erfüllung der beruflichen Pflichten zu überwachen; ihr obliegen v.a. die Beratung und Belehrung von Mitgliedern in Fragen der Berufspflichten; auf Antrag Vermittlung bei Streitigkeiten unter den Mitgliedern und zwischen den Mitgliedern und ihren Auftraggebern; Überwachung der Erfüllung der Mitgliedern obliegenden Pflichten; Handhabung des Rügerechtes; Feststellung der allg. Auffassung über Fragen der Ausübung des Berufes des Wirtschaftsprüfers und des vereidigten Buchprüfers in Richtlinien nach Anhörung der → Arbeitsgemeinschaft für das wirtschaftliche Prüfungswesen; in allen die Gesamtheit der Mitglieder berührenden Angelegenheiten Verlautbarung der Auffassung der Wirtschaftsprüferkammer den zuständigen Gerichten, Behörden und Organisationen gegenüber; Erstattung von durch Gerichte, Behörden oder Parlamente angeforderten Gutachten; Wahrnehmung der durch Gesetz zugewiesenen Aufgaben im Bereich der Berufsbildung; Vorschlag der berufsständischen Mitglieder der Zulassungs- und Prüfungsausschüsse; Förderung der beruflichen Fortbildung der Mitglieder und der Ausbildung des Berufsnachwuchses; Einreichung der Vorschlagsliste der ehrenamtlichen Beisitzer bei den Berufsgerichten bei Landesjustizverwaltungen und beim Bundesminister der Justiz; Führung des Berufsregisters; Schaffung von Fürsorgeeinrichtungen für Wirtschaftsprüfer, vereidigte Buchprüfer sowie deren Hinterbliebene; Durchführung des Qualitätskontrollverfahrens (externe Qualitätskontrolle); Bestellung von Wirtschaftsprüfern und vereidigten Buchprüfern; Anerkennung von Wirtschaftsprüfungsgesellschaften; Zurücknahme oder Widerruf von Bestellungen oder Anerkennungen; Einrichtung und Unterhaltung einer selbstständigen Prüfungsstelle; Wahrnehmung der ihr als Bundesberufskammer gesetzlich eingeräumten Befugnisse im Rahmen der Geldwäschebekämpfung. Außerdem hat die Wirtschaftsprüferkammer Aufgaben im Rahmen der Arbeitsgemeinschaft für das wirtschaftliche Prüfungswesen. Bestimmte Aufgaben kann die Wirtschaftsprüferkammer einzelnen Mitgliedern oder Abteilungen des Vorstandes (§ 59a WPO) übertragen (§ 57 V WPO). – Die Wirtschaftsprüferkammer ist Mitglied der International Federation of Accountants (IFAC). – In Mitteilungen informiert die Wirtschaftsprüferkammer über den Stand der einschlägigen Gesetzgebung, Verlautbarungen des Vorstandes, berufsständische Hinweise, Rechtsprechung zu berufsständischen Fragen und zu Honorar- und Haftungsfragen. – 6. *Pflichten der Mitglieder:* Beachtung der von den Organen der Wirtschaftsprüferkammer gefassten Beschlüsse; für persönlich stimmberechtigte Mitglieder besteht die Pflicht, Ehrenämter zu übernehmen. Beiträge regelt eine vom Beirat beschlossene und vom Bundesministerium für Wirtschaft und Arbeit genehmigte Beitragsordnung (§ 61 I WPO).

Wirtschaftsprüferordnung (WPO) – gebräuchliche Kurzbezeichnung für das Gesetz über eine Berufsordnung der Wirtschaftsprüfer i.d.F. vom 5.11.1975 (BGBl. I 2803) m.spät.Änd. Geschlossene berufsgesetzliche Regelung des wirtschaftsprüfenden Berufs [→ Wirtschaftsprüfer (WP), → Wirtschaftsprüfungsgesellschaften, → vereidigte Buchprüfer, → Buchprüfungsgesellschaften]. Bes. wurde durch die Wirtschaftsprüferordnung die Selbstverwaltung auf den Berufsstand im Rahmen der → Wirtschaftsprüferkammer (WPK) übertragen und eine Berufsgerichtsbarkeit mit drei Instanzen bei den ordentlichen Gerichten (Kammer für Wirtschaftsprüfersachen beim Landgericht, Senat für Wirtschaftsprüfersachen beim Oberlandesgericht, Senat für Wirtschaftsprüfersachen beim Bundesgerichtshof) unter Beteiligung von berufsangehörigen Beisitzern eingeführt. Außerdem regelt die Wirtschaftsprüferordnung die Zulassungs-, Prüfungs- und Bestellungsverfahren.

Wirtschaftsprüfung – I. Begriff: In der Literatur zum betriebswirtschaftlichen Prüfungswesen unterschiedlich gesehen. Unter *institutionellen* Gesichtspunkten ist der gesamte Tätigkeitsbereich des → Wirtschaftsprüfers (WP), der keineswegs auf → Prüfungen beschränkt ist, als Wirtschaftsprüfung zu betrachten. *Funktional* gesehen umfasst Wirtschaftsprüfung alle Prüfungen (und nur diese) im wirtschaftlichen Bereich. Diese Sichtweise lässt sich weiter einengen, wenn nur dann von Wirtschaftsprüfung gesprochen wird, wenn der → Prüfer mit der Unternehmung nicht durch einen Arbeitsvertrag verbunden (also extern) ist; andere betriebswirtschaftliche Prüfungsaufgaben fallen danach der → internen Revision zu (→ Revision, → Prüfung). Diese *enge Vorstellung* wird hier zugrunde gelegt. Wirtschaftsprüfung ist danach gekennzeichnet durch Prüfungen im prüfungstheoretischen Sinn, die von Personen ohne arbeitsvertragliche Bindungen an die Unternehmung, bei der die Prüfung durchzuführen ist, vorgenommen werden.

II. Gründe für Wirtschaftsprüfung: 1. *Interessenkonflikte:* Sind „Sender" (z.B. Ersteller von Jahresabschlüssen = Geschäftsführung) und „Empfänger" (Informationsadressaten, z.B. Anteilseigner oder Gläubiger der Unternehmung) von Informationen (z.B. Jahresabschluss) nicht identisch, besteht die Gefahr von Informationsverzerrungen, weil die Interessen der Beteiligten divergieren können. Zur Beurteilung der Informationsqualität wird ein neutraler Dritter (Prüfer) beauftragt. – 2. *Entscheidungskonsequenzen:* Prüfung wird erst sinnvoll, wenn Entscheidungen der Informationsempfänger beeinflusst werden. – 3. *Ausgleich mangelnden Sachverstands:* Ist die Überprüfung der Informationsqualität durch den Empfänger wegen mangelnden Sachverstands schwierig oder unmöglich, kann das vertrauenswürdige Urteil eines sachverständigen Dritten notwendig werden. – *Weitere Gründe:* Räumliche Trennung von Informationsersteller und -empfänger, gesetzliche und andere institutionelle Barrieren, zeitliche Begrenzungen und weitere Kostenträchtigkeit selbstdurchgeführter Prüfung.

III. Grundlagen: 1. *Prüfungsaufträge:* Auftrag richtet sich an einen bestimmten Prüfer bzw. ein bestimmtes Prüfungsorgan; er muss den Prüfungsgegenstand und die heranzuziehenden Normen spezifizieren. Rechtlich liegt ein Werkvertrag (§§ 631 ff. BGB) vor. Für freie Prüfungen sind Prüfungsaufträge die wichtigste Grundlage. – 2. *Gesetze und Verordnungen:* Werden Prüfungspflichten für bestimmte Unternehmungen durch den Gesetz- bzw. Verordnungsgeber auferlegt, ist der Mindestinhalt dieser Prüfungen durch die betreffenden Vorschriften determiniert. Sind Prüfungsrechte bestimmter Personen oder Personenmehrheiten vorgesehen, ist Grundlage der Prüfung der Prüfungsauftrag, für den Gesetze und Verordnungen lediglich den Rahmen darstellen. – 3. *Grundsätze ordnungsmäßiger Prüfung:* Ein System von Normen, mit dessen Hilfe die Ableitung vertrauenswürdiger Urteile gesichert werden soll. Diese Normen können prinzipiell induktiv (aus Berufsübung und Gewohnheitsrecht) oder deduktiv (durch logische Ableitung aus Zwecken) ermittelt werden; sie sind ergänzend zu den sonstigen Grundlagen der Wirtschaftsprüfung heranzuziehen.

IV. Arten: 1. *Prüfungen, für die keine gesetzlichen Pflichten bestehen,* beziehen sich auf die verschiedensten Bereiche (→ Prüfung). – 2. *Gesetzliche Pflichtprüfungen:* a) *Periodisch wiederkehrende Prüfungen:* Bes. die → Jahresabschlussprüfungen aufgrund allg. gesetzlicher Bestimmungen (§ 316 HGB, § 6 PublG) und für Unternehmungen einzelner Branchen (bes. → Depotprüfung nach dem Kreditwesengesetz) und einzelner Rechtsformen (z.B. weiterreichende Prüfungspflichten bei Genossenschaften, → genossenschaftliche Pflichtprüfung). – b) Wichtige *aperiodisch wiederkehrende Pflichtprüfungen (Sonderprüfungen):* (1) *Gründungsprüfung* nach §§ 33–35 AktG; sie muss nur dann durch einen Gründungsprüfer vorgenommen werden, wenn die Kriterien des § 33 II AktG vorliegen (ein Mitglied des Vorstands oder des Aufsichtsrats gehört zu den Gründern, Aktienübernahme bei Gründung für Rechnung eines Mitglieds des Vorstands oder des Aufsichtsrats, Ausbedingung eines bes. Vorteils oder einer Entschädigung oder Belohnung für die Gründung oder ihre Vorbereitung durch ein Mitglied des Vorstands oder des Aufsichtsrats, Gründung mit Sacheinlagen oder Sachübernahmen). Nach GenG ist eine Gründungsprüfung durch den → Prüfungsverband vorgesehen (§ 11 II Nr. 3 GenG). (2) Allg. (aktienrechtliche) Sonderprüfung: Prüfung von einzelnen Vorgängen bei der Gründung oder der Geschäftsführung; kann sich auch auf Maßnahmen der Kapitalbeschaffung und -herabsetzung erstrecken: Hauptversammlung kann mit einfacher Mehrheit einen Sonderprüfer bestellen (§§ 142–146 AktG). (3) Prüfung der Sacheinlagen bei Kapitalerhöhung nach § 183 III AktG. (4) Sonderprüfung wegen unzulässiger Unterbewertung (§§ 258 f. AktG): Sonderprüfer werden durch das Gericht auf Antrag bestellt, wenn die Voraussetzungen des § 258 I AktG erfüllt sind (nicht unwesentlich unterbewertete Posten in einem festgestellten Jahresabschluss oder Nichtvollständigkeit oder Nichtvorhandensein der vorgeschriebenen Angaben im Anhang und Nichtbeantwortung der Frage hierzu durch den Vorstand in der Hauptversammlung bei verlangter Aufnahme der Frage in die Niederschrift, mit Einschränkungen bei Kredit- und Finanzdienstleistungsinstituten). (5) Sonderprüfung der geschäftlichen Beziehungen einer abhängigen Gesellschaft zu der herrschenden Unternehmung gemäß § 315 AktG, sofern die dort genannten Voraussetzungen vorliegen (Einschränkung oder Versagung des → Bestätigungsvermerks des Abschlussprüfers zum Bericht über die Beziehungen zu verbundenen Unternehmen; Erklärung des Aufsichtsrats, dass Einwendungen gegen die Erklärung des Vorstands am Schluss des Berichts über die Beziehungen zu verbundenen Unternehmen zu erheben sind; Erklärung des Vorstands, dass die Gesellschaft durch bestimmte Rechtsgeschäfte oder Maßnahmen benachteiligt worden ist, ohne dass die Nachteile ausgeglichen worden sind). (6) Prüfung des Jahresabschlusses bei Abwicklung: Gemäß § 270 II, III AktG muss eine Prüfung des Jahresabschlusses i.d.R. auch bei Abwicklung einer aufgelösten Gesellschaft erfolgen. (7) Umwandlungsprüfung: Bei Umwandlung gelten die jeweils einschlägigen Bestimmungen des Umwandlungsgesetzes, z.B. über Prüfung der Verschmelzung (§§ 9 ff. UmwG) oder bei Spaltungen (§ 125 UmwG). (8) Prüfung der Schlussbilanz der übertragenden Gesellschaft bei Verschmelzung (§ 17 II 1, 2 UmwG): Prüfung ist Voraussetzung für die Eintragung der Verschmelzung durch das Registergericht. – Vgl. auch Wirtschaftsprüfungsmethoden.

Wirtschaftsprüfungsgesellschaft – 1. Begriff: Prüfungsgesellschaft, die als Wirtschaftsprüfungsgesellschaft anerkannt ist (§ 1 III WPO). – 2. Rechtsform:

Nach § 27 WPO kann eine Wirtschaftsprüfungsgesellschaft AG, SE, KGaA, GmbH, OHG, KG oder Partnerschaftsgesellschaft sein. Bei der AG und der KGaA sind vinkulierte Namensaktien vorgeschrieben. Bei der GmbH muss das Stammkapital mind. 25.000 Euro betragen. Die AG, KGaA und GmbH haben bei Antragstellung den Nachweis zu erbringen, dass der Wert der einzelnen Vermögensgegenstände abzüglich der Schulden mind. dem gesetzlichen Mindestbetrag des Grund- oder Stammkapitals entspricht. – 3. Anerkennungsvoraussetzungen: Nach § 28 I WPO müssen die Mitglieder des Vorstands, die Geschäftsführer, die persönlich haftenden Gesellschafter oder Partner → Wirtschaftsprüfer (WP) sein; mind. einer dieser Personen muss seine berufliche Niederlassung (§ 3 I 2, 3 WPO) am Sitz der Gesellschaft haben. Auch → vereidigte Buchprüfer, → Steuerberater und → Rechtsanwälte dürfen Vorstandsmitglieder, Geschäftsführer, persönlich haftende Gesellschafter oder Partner von Wirtschaftsprüfungsgesellschaften sein (§ 28 I 1 WPO). Die → Wirtschaftsprüferkammer (WPK) kann genehmigen, dass auch bes. befähigte Kräfte anderer Fachrichtungen neben WP Vertreter von Wirtschaftsprüfungsgesellschaften werden. Die Zahl dieser Vorstandsmitglieder, Geschäftsführer, persönlich haftender Gesellschafter oder Partner darf die Zahl der WP im Vorstand, unter den Geschäftsführern, unter den persönlich haftenden Gesellschaftern oder unter den Partnern nicht erreichen; bei nur zwei Vorstandsmitgliedern, Geschäftsführern, persönlich haftenden Gesellschaftern oder Partnern muss einer von ihnen WP sein (§ 28 I 3 WPO). Bei Vorliegen bestimmter Voraussetzungen kann genehmigt werden, dass auch sachverständige Personen, die im Ausland ermächtigt oder bestellt sind, neben WP Vorstandsmitglieder, Geschäftsführer, persönlich haftende Gesellschafter oder Partner von Wirtschaftsprüfungsgesellschaften werden. Weitere Voraussetzungen für die Anerkennung (§ 28 IV WPO): Gesellschafter müssen ausschließlich sein (1) WP, (2) Wirtschaftsprüfungsgesellschaft, (3) vereidigte Buchprüfer, (4) Steuerberater, (5) Steuerbevollmächtigte, (6) Rechtsanwälte, (7) Personen, mit denen eine gemeinsame Berufsausübung nach § 44b II WPO zulässig ist oder (8) Personen, deren Tätigkeit als Vorstandsmitglied, Geschäftsführer, Partner, persönlich haftender Gesellschafter genehmigt wurde. Zur Anerkennung ist es erforderlich, dass mind. die Hälfte aller Gesellschafter in der Gesellschaft tätig sind. – Ausnahme: Gesellschafter, die WP und Wirtschaftsprüfungsgesellschaft sind. Die Anteile an der Wirtschaftsprüfungsgesellschaft dürfen nicht für Rechnung eines Dritten gehalten werden. Bei Kapitalgesellschaften, Kommanditgesellschaften und Kommanditgesellschaften auf Aktien darf den nicht in der Gesellschaft tätigen Gesellschaftern nur eine Beteiligung von weniger als ein Viertel der Anteile am Nennkapital oder der im Handelsregister eingetragenen Einlagen der Kommanditisten gehören (einfache Minderheitenbeteiligung);

dies gilt nicht für Gesellschafter, die WP und Wirtschaftsprüfungsgesellschafter sind. Bei der KG muss die Mehrheit der Anteile einem WP oder einer Wirtschaftsprüfungsgesellschaft gehören. Der WP oder die Wirtschaftsprüfungsgesellschaft muss zusammen die Mehrheit der Stimmrechte der Aktionäre, Kommanditaktionäre, Gesellschafter einer GmbH oder Kommanditisten zustehen. Im Gesellschaftsvertrag muss bestimmt sein, dass zur Ausübung von Gesellschafterrechten nur Gesellschafter bevollmächtigt werden können, die WP sind. Diese Voraussetzungen gelten analog für in anderen EU-Mitgliedsstaaten zugelassene Prüfungsgesellschaften. – 4. *Anerkennungsverfahren:* Die Wirtschaftsprüferkammer ist für die Anerkennung als Wirtschaftsprüfungsgesellschaft zuständig (§ 29 I WPO). Antrag mit Ausfertigung des Gesellschaftsvertrages oder dessen öffentlich beglaubigter Abschrift oder der Satzung sowie Nachweise zum Vorliegen der Anerkennungsvoraussetzungen (§ 29 II WPO). Änderungen des Gesellschaftsvertrages, der Satzung oder der Person des gesetzlichen Vertreters sind der Wirtschaftsprüferkammer unverzüglich anzuzeigen (§ 30 WPO). Über die Anerkennung wird eine Urkunde ausgestellt (§ 29 III WPO). – 5. *Firmierung:* Die anerkannte Gesellschaft ist verpflichtet, die Bezeichnung „Wirtschaftsprüfungsgesellschaft" in die Firma oder den Namen aufzunehmen (§ 31 Satz 1 WPO); bei einer Partnerschaftsgesellschaft müssen in den Namen nicht zusätzlich die Berufsbezeichnungen aller Partner aufgenommen werden. – 6. *Beendigung der Anerkennung:* Anerkennung als Wirtschaftsprüfungsgesellschaft *erlischt* durch Auflösung oder Verzicht (§ 33 WPO). – Die Anerkennung kann *zurückgenommen* oder *widerrufen* werden: (1) Wenn für die Person eines Vorstandsmitgliedes, Geschäftsführers etc. die Bestellung als WP zurückgenommen oder widerrufen wird, es sei denn, dass jede Vertretungs- und Geschäftsführungsbefugnis dieser Person unverzüglich widerrufen oder entzogen ist; (2) wenn sich nach der Anerkennung ergibt, dass sie hätte versagt werden müssen, oder wenn die Voraussetzungen für die Gesellschaft nachträglich fortfallen, es sei denn, dass die Gesellschaft innerhalb einer bestimmten Frist den dem Gesetz entsprechenden Zustand herbeiführt; (3) wenn ein Mitglied des Vorstandes, ein Geschäftsführer, ein persönlich haftender Gesellschafter oder ein Partner durch rechtskräftiges berufsgerichtliches Urteil aus dem Beruf ausgeschlossen wird; (4) wenn die Wirtschaftsprüfungsgesellschaft in Vermögensverfall geraten ist, es sei denn, dass dadurch die Interessen der Auftraggeber oder anderer Personen nicht gefährdet sind (§ 34 WPO). – 7. *Erteilung von Bestätigungsvermerken:* Bei Erteilung gesetzlich vorgeschriebener Bestätigungsvermerke durch Wirtschaftsprüfungsgesellschaften dürfen nur WP oder vereidigte Buchprüfer unterzeichnen (§ 32 WPO). – 8. Die Wirtschaftsprüfungsgesellschaft ist *Mitglied* der Wirtschaftsprüferkammer, die ein → Berufsregister für Wirtschaftsprüfungsgesellschaften führt. – 9. *Rechte und Pflichten:* Es

gelten die Regeln der Berufsausübung, die Vorschriften über allg. Berufspflichten, gemeinsame Berufsausübung, Versagung der Tätigkeit, Verschwiegenheitspflicht der Gehilfen, Ablehnung eines Auftrags, Verjährung, Handakten, Werbung, Wechsel des Auftraggebers und Vergütung (§§ 43, 43a III und IV, 44b, 49–53, 54a 55a, 55b WPO) wie für WP (§ 56 I WPO).

Wirtschaftstreuhänder – früherer, z.T. derzeit noch gebräuchlicher Begriff für → Wirtschaftsprüfer (WP) in Österreich. Heute bes. üblich als Oberbegriff für die der Kammer der Wirtschaftstreuhänder (Österreich) zugeordneten Berufsgruppen Wirtschaftsprüfer, Steuerberater, Buchprüfer.

Wirtschaftswert – Begriff des Steuerrechts für den bei der Bewertung des → land- und forstwirtschaftlichen Vermögens festzustellenden Wert des Wirtschaftsteils eines land- und forstwirtschaftlichen Betriebs.

Wohneigentumsförderung – Förderung der selbstbewohnten und unentgeltlich überlassenen Wohnung.

Wohnsitzfinanzamt – das → Finanzamt, in dessen Bezirk der Steuerpflichtige seinen Wohnsitz oder in Ermangelung eines Wohsitzes seinen → gewöhnlichen Aufenthalt hat (§ 9 I Satz 1 AO). Das Wohnsitzfinanzamt ist örtlich zuständig für die Veranlagung zur Einkommensteuer. – Vgl. auch → Betriebsfinanzamt, → Tätigkeitsfinanzamt und → Verwaltungsfinanzamt.

Wohnsitzprinzip – finanzwissenschaftliches Prinzip, eine regionale → Doppelbesteuerung zu vermeiden, wobei die Steuererträge demjenigen Land oder derjenigen Region zufließen, in dem der Steuerpflichtige seinen Wohnsitz hat. – *Gegensatz:* → Ursprungsprinzip, Herkunftprinzip. – Vgl. auch → Internationales Steuerrecht (IStR).

Wohnsitzstaat – 1. Begriff des Außensteuerrechts für den Staat, in dem der Steuerpflichtige seinen Wohnsitz oder gewöhnlichen Aufenthalt hat. Im Wohnsitzstaat unterliegt der Steuerpflichtige i.d.R. der → unbeschränkten Steuerpflicht. – *Gegensatz:* → Quellenstaat. – 2. Im internationalen Steuerrecht manchmal, v.a. im Sprachgebrauch der älteren Literatur, unkorrekt (vereinfachend) verwendet für: → Ansässigkeitsstaat.

Wohnsitzstaatprinzip – 1. *Begriff* des Internationalen Steuerrechts: das Prinzip, dass das Recht zur Besteuerung von Einkünften dem Wohnsitzstaat (korrekt: Ansässigkeitsstaat) des Steuerpflichtigen zugesprochen werden sollte. Das gegenteilige Prinzip ist das → Quellenstaatprinzip. – 2. Die geltenden Regelungen der Doppelbesteuerungsabkommen folgen keinem der beiden Prinzipien durchgängig, sondern stellen einen Kompromiss dar. Zahllose Regelungen folgen dem Quellenstaatprinzip, jedoch ist das Wohnsitzstaatprinzip als Auffangregelung für alle diejenigen Einkünfte üblich, für die keine anderweitige

Regelung getroffen wurde (Art. 21 des OECD-Musterabkommens). – Vgl. auch → Internationales Steuerrecht (IStR).

Wohnungsbau – *Wohnungswirtschaft.*

I. **Wesen:** Erstellung, Verwaltung und Vermietung von Wohnungen durch private Bauherren, gemeinnützige Wohnungs- und Siedlungsunternehmungen, durch Betriebe und den Staat, ferner gemeinnützige oder privatwirtschaftliche Wohnungsbauträgerunternehmen und Wohnungsbaufinanzierungsunternehmen (Heimstätte, Bausparkassen).

II. **Soziale Wohnraumförderung:** geregelt im Wohnraumförderungsgesetz.

III. **Steuerliche Wohnungsbauförderung:** 1. erhöhte *Abschreibungssätze für Wohngebäude:* → Absetzung für Abnutzung (AfA). – 2. Eigenheimzulage wurde bis zum 1.1.2006 nach dem Eigenheimzulagengesetz i.d.F. vom 15.12.1995 (BGBl. I 1783) für die zu eigenen Wohnzwecken genutzte oder einem Angehörigen im Sinn von § 15 AO unentgeltlich zu Wohnzwecken überlassene Wohnung im eigenen Haus gewährt, es sei denn, es wurde vor dem 1.1.2006 der notarielle Kaufvertrag beurkundet oder der Bauantrag für eine neu zu errichtende Wohnung gestellt. – 3. → Wohnungsbauprämien oder *Wohnungssparbeträge* als → Sonderausgaben (bis 1995). – 4. *Wohnungsgenossenschaften* sind gemäß § 5 I Nr. 10 KStG von der Körperschaftsteuer befreit.

IV. **Betrieblicher Wohnungsbau:** 1. *Maßnahmen* zur Schaffung von Wohnraum für die Mitarbeiter eines Unternehmens aus Gründen der Schaffung und Erhaltung einer Stammbelegschaft. Kommt bes. dann in Frage, wenn die Lage des Unternehmens dies verlangt, oder wenn die lokale Wohnsituation angespannt ist. – 2. *Formen* der Inanspruchnahme der Unternehmung zum Wohnungsbau ihrer Belegschaftsangehörigen i.w.S. (d.h. zur Ermietung oder zum Bau von Mietwohnungen, Werkswohnungen, Ledigenheimen, Eigenheimen, Kleinsiedlungen etc.): Gewährung von Instandsetzungsbeihilfen, Baudarlehen an Bauwillige, Zuschüsse und Darlehen an Hausbesitzer aus der Belegschaft, Zuschüsse und Darlehen an werksfremde Hausbesitzer, Zuschüsse und Darlehen an gemeinnützige Wohnungsbaugesellschaften. – 3. *Finanzierung* durch (1) Mittel der Unternehmung; (2) Mittel betrieblicher Versorgungseinrichtungen (Pensionskasse etc.); (3) fremde, v.a. auch öffentliche Fördermittel. – 4. Problematisch ist die *Verteilung* des Wohnraums an die Bewerber. Dauer der Werkszugehörigkeit sowie die „echte Dringlichkeit" sind i.d.R. zu berücksichtigen. – 5. *Mitbestimmungsrecht* des Betriebsrats besteht nach § 87 I 8 BetrVG, soweit es sich um „Sozialeinrichtungen" des Betriebes handelt (d.h. Errichtung der Werkswohnungen aus sozialen Gründen) sowie bei werkseigenen Wohnungsbaugesellschaften, soweit den solchen mit eigener Rechtspersönlichkeit, weiter hinsichtlich Zuweisung,

Kündigung und Nutzungsbedingungen (§ 87 I 9 BetrVG).

V. **Amtliche Statistik:** Erfassung von Daten über Hochbauten in der Bautätigkeitsstatistik.

Wohnungsbauprämie – Prämie für unbeschränkt steuerpflichtige Personen zur Förderung des → Wohnungsbaus. Gefördert werden v.a. Beiträge zu Bausparverträgen. Voraussetzung ist, dass die Aufwendungen nicht → vermögenswirksame Leistungen sind. Ferner wird die Wohnungsbauprämie gewährt, wenn das → zu versteuernde Einkommen des Antragstellers eine bestimmte Einkommensgrenze nicht überschreitet (25.600 Euro bzw. bei Zusammenveranlagung 51.200 Euro). Die Prämie beträgt 8,8 Prozent der Aufwendungen; begünstigt sind allerdings nur Aufwendungen bis zu 512 Euro (bei Zusammenveranlagung 1.024 Euro). – Anträge auf Wohnungsbauprämie sind an das Institut zu richten, an das prämienbegünstigte Aufwendungen geleistet wurden; dieses fordert die Prämien von dem zuständigen Finanzamt an. Auf Antrag hat das Finanzamt die Prämie durch Bescheid festzusetzen. Die Wohnungsbauprämie ist einkommensteuerfrei.

Wohnungseigentum – 1. *Begriff:* Sondereigentum (Sonderart des → Eigentums) an der Wohnung in Verbindung mit Miteigentum an einem Grundstück. Nicht zu Wohnzwecken dienende Räume (z.B. die Waschküche im Keller) stehen im *Teileigentum.* – 2. *Gesetzliche Grundlage:* Wohnungseigentumsgesetz vom 15.3.1951 (BGBl. I 175) m.spät. Änd. – 3. *Begründung, Übertragung und Aufhebung* des Wohnungseigentums durch Auflassung und Eintragung im Grundbuch; der schuldrechtliche Vertrag bedarf öffentlicher Beurkundung. Die Übertragung des Wohnungseigentums ist nur zusammen mit dem Miteigentumsanteil möglich und kann von einer nur aus wichtigem Grund zu versagenden Zustimmung Dritter (z.B. anderer Wohnungseigentümer) abhängig gemacht werden. – 4. *Inhalt:* Der Wohnungseigentümer darf die im Sondereigentum stehenden Gebäudeteile i.Allg. nach Belieben nutzen (z.B. vermieten), muss sie instandhalten und ist zum Mitgebrauch der gemeinschaftlichen Einrichtungen (z.B. Speicher) berechtigt. – 5. Regelung des *Innenverhältnisses* der Wohnungseigentümer untereinander ähnlich wie bei der Gemeinschaft. Die Gemeinschaft ist aber i.d.R. unauflösbar. Wenn den anderen Wohnungseigentümern die Fortsetzung der Gemeinschaft wegen schwerer Verletzung der einem der Wohnungseigentümer obliegenden Pflichten nicht mehr zugemutet werden kann, dürfen sie die Veräußerung des betreffenden Wohnungseigentums verlangen und dort Klage erzwingen. – Über die notwendigen Verwaltungsmaßnahmen entscheidet die Wohnungseigentümerversammlung. Die gemeinsamen Kosten bzw. Überschüsse sind anteilig zu verteilen. – 6. *Verwaltung* durch einen mit Mehrheitsbeschluss zu bestellenden Verwalter, der kraft Gesetzes die Beschlüsse der Wohnungseigentümer durchzuführen

hat und bes. zu allen üblichen mit dem gemeinschaftlichen Eigentum zusammenhängenden Ver-
waltungshandlungen berechtigt und verpflichtet ist.
Daneben können die Wohnungseigentümer die Bestellung eines Verwaltungsbeirats zur Unterstützung
und Überwachung des Verwalters beschließen. – Vgl.
auch → Dauerwohnrecht. – 7. *Steuerliche Behandlung:* Wohnungseigentum gilt für Substanzsteuern
(→ Grundsteuer) als selbstständiger Steuergegenstand, da für Wohnungseigentum auch nach dem Bewertungsgesetz wie für selbstständige Grundstücke
→ Einheitswerte (Grundsteuer) bzw. → Bedarfswerte (Erbschaftsteuer) festzustellen sind. – Vgl. auch
→ Grundstücksbewertung.

Wohnungswert – Begriff des Steuerrechts für den
bei der Bewertung des → land- und forstwirtschaftlichen Vermögens festzustellenden Wert des Wohnteils
eines land- und forstwirtschaftlichen Betriebs.

WP – Abk. für → Wirtschaftsprüfer.

WPK – Abk. für → Wirtschaftsprüferkammer.

Z

Zählgeld → Fehlgeldentschädigung.

Zahlungsaufschub – Möglichkeit, die Zahlung geschuldeter Abgabenbeträge gegen Sicherheitsleistung auf einen späteren Zeitpunkt hinauszuschieben. Bei Einfuhr- und Ausfuhrabgaben und Verbrauchsteuern kann die Zahlung fälliger Beträge auf Antrag des Steuerschuldners gegen Sicherheitsleistung hinausgeschoben werden, soweit die Steuergesetze dies bestimmen (§ 223 AO). Im Zollrecht ist diese Möglichkeit in Art. 224 -228 Zollkodex (ZK) vorgesehen. Die Aufschubfrist endet im Regelfall am 16. Tag des auf die Zollschuldenstehung folgenden Monats. Ein Unternehmer kann einem Verbraucher einen entgeltlichen Zahlungsaufschub von mehr als drei Monaten oder eine sonstige entgeltliche Finanzierungshilfe gewähren (§ 499 BGB).

Zahlungsmeldungen → Meldepflicht.

Zahlungsverjährung – 1. *Gegenstand:* Festgesetzte Ansprüche aus dem → Steuerschuldverhältnis unterliegen der Zahlungsverjährung (§ 228 AO). – *Gegensatz:* → Festsetzungsverjährung. – 2. *Die Verjährungsfrist* beträgt fünf Jahre. Sie beginnt mit Ablauf des Kalenderjahres, in dem der Anspruch erstmals fällig geworden ist, jedoch nicht vor Ablauf des Kalenderjahres, in dem die Festsetzung, Aufhebung, Änderung oder Berichtigung wegen einer → offenbaren Unrichtigkeit des Anspruchs wirksam geworden ist (§ 229 AO). – Die Zahlungsverjährung ist *gehemmt*, solange der Anspruch wegen höherer Gewalt innerhalb der letzten sechs Monate der Verjährungsfrist nicht verfolgt werden kann (§ 230 AO). Dieser Zeitraum wird bei der Berechnung des Laufs der Verjährungsfrist nicht berücksichtigt. – *Unterbrochen* wird die Zahlungsverjährung regelmäßig durch schriftliche Geltendmachung des Anspruchs, → Zahlungsaufschub → Stundung, → Aussetzung der Vollziehung, → Sicherheitsleistung, → Vollstreckungsaufschub, eine Vollstreckungsmaßnahme, Anmeldung im Insolvenzverfahren, Aufnahme in einen Insolvenz- oder gerichtlichen Schuldenbereinigungsplan, Einbeziehung in ein Verfahren, das die Restschuldbefreiung des Schuldners zum Ziel hat sowie durch Ermittlungen der Finanzbehörde nach dem Wohnsitz oder dem Aufenthaltsort des Zahlungspflichtigen. Bei Unterbrechung beginnt mit Ablauf des Kalenderjahres, in dem die Unterbrechung geendet hat, neue Verjährungsfrist für den Betrag, auf den sich die Unterbrechungshandlung bezieht (§ 231 AO). – 3. *Wirkung:* Durch die Zahlungsverjährung erlöschen der Anspruch aus dem Steuerschuldverhältnis und die von ihm abhängenden Zinsen (§ 232 AO). Der Fristablauf ist von Amts wegen zu beachten.

Zeichensteuer → Banderolensteuer.

Zeitrente → Rentenbesteuerung.

Zerlegung – 1. *Gewerbesteuer:* Unterhält ein Gewerbebetrieb → Betriebsstätten in verschiedenen Gemeinden oder erstreckt sich eine Betriebsstätte über mehrere Gemeinden, so ist die Bemessungsgrundlage der Gewerbesteuer, der → Gewerbesteuermessbetrag, in die auf die einzelnen Gemeinden entfallenden Anteile (Zerlegungsanteile) zu zerlegen (§ 28 I GewStG). Zerlegungsmaßstab ist i.d.R. das Verhältnis, in dem die Summe der Arbeitslöhne, die an die bei allen Betriebsstätten beschäftigten Arbeitnehmer gezahlt worden sind, zu den Arbeitslöhnen steht, die an die bei den Betriebsstätten der einzelnen Gemeinden beschäftigten Arbeitnehmern gezahlt worden sind (§ 29 I 1 GewStG). – Die Zerlegung wird durch das Finanzamt durchgeführt. In diesem Fall wird an das Unternehmen und an die betroffenen Gemeinden ein *Zerlegungsbescheid* erteilt. – 2. *Grundsteuer:* Erstreckt sich der Steuergegenstand (Grundbesitz i.S.d. Bewertungsgesetzes) über mehrere Gemeinden, so ist der Steuermessbetrag grundsätzlich in die auf die einzelnen Gemeinden entfallenden Anteile (Zerlegungsanteile) zu zerlegen (§ 22 I GrStG). Bei Betrieben der Land- und Forstwirtschaft ist der auf den Wohnungswert entfallende Teil des Steuermessbetrags der Gemeinde zuzuweisen, in der sich der Wohnteil oder dessen wertvollster Teil befindet. Der auf den Wirtschaftswert entfallende Teil des Steuermessbetrags ist in dem Verhältnis zu zerlegen, in dem die auf die einzelnen Gemeinden entfallenden Flächengrößen zueinander stehen. Bei Grundstücken ist der Steuermessbetrag regelmäßig in dem Verhältnis zu zerlegen, in dem die auf die einzelnen Gemeinden entfallenden Flächengrößen zueinander stehen. – 3. Die Zerlegung wird durch das Finanzamt durchgeführt. In diesem Fall wird an den Steuerpflichtigen und an die betroffenen Gemeinden ein Zerlegungsbescheid erteilt (§ 188 AO). Den beteiligten Gemeinden steht ein Akteneinsichtsrecht zu (§ 187 AO). Der Zerlegungsbescheid ist → Folgebescheid des Steuermessbescheids und → Grundlagenbescheid für den Gewerbe- bzw. Grundsteuerbescheid. – *Rechtsbehelf:* → Einspruch (§ 347 I 1 AO; sowohl für den Steuerpflichtigen als auch die betroffenen Gemeinden). – 4. Kein Fall der Zerlegung ist die Zuteilung eines Steuermessbetrages. Die Finanzbehörde entscheidet durch Zuteilungsbescheid, wenn ein Steuermessbetrag einer Gemeinde in voller Höhe zuzuteilen ist; welcher Gemeinde der Steuermessbetrag zusteht ist nicht immer einwandfrei zu begründen (§ 190 AO). Der Erlass eines Zuteilungsbescheides ist antragsgebunden. Antragsberechtigt sind sowohl die Gemeinden als auch der Steuerpflichtige. – *Rechtsbehelf:* → Einspruch (§ 347 I 1 AO).

Zerlegungsbescheid → Zerlegung.

Zerlegungsgesetz – Gesetz über die Steuerberechtigung und die Zerlegung bei der Einkommensteuer und der Körperschaftsteuer vom 6.8.1998 (BGBl. I 1998) und späteren Änderungen. Bei Körperschaften, Personenvereinigungen und Vermögensmassen im Sinn der §§ 1, 2 I 1 KStG mit einer nach Anrechnung von anrechenbaren Steuerabzugsbeträgen und anzurechnender Körperschaftsteuer verbleibende, auf gewerbliche Einkünfte entfallende Körperschaftsteuer von mind. 500.000 Euro, ist die Körperschaftsteuer von dem Erhebungsfinanzamt auf die Länder zu zerlegen, in denen die Körperschaften eine oder mehrere → Betriebsstätten oder Teile von Betriebsstätten unterhalten haben. Der Zerlegungsmaßstab entspricht sinngemäß dem bei der *Gewerbesteuer* (§ 2 I ZerlegungsG; → Zerlegung). Bei der *Lohnsteuer* erfolgt eine Zerlegung insoweit, als Lohnsteuer von den Bezügen der in anderen Ländern ansässigen unbeschränkt steuerpflichtigen Arbeitnehmer insgesamt einbehalten worden ist (§ 7 ZerlegungsG).

Zerstörung – gehört zu den zollrechtlichen Bestimmungen gemäß Art. 4 Nr. 15d ZK. Zerstört ist eine Ware, deren Beschaffenheit verändert worden ist. Selbst bei intensivster Einwirkung bleiben jedoch verwertbare Reste oder Abfälle. – *Beispiele:* Verschrottung von Maschinen, Zerschlagen von Glas zu Scherben.

Zigarettensteuer → Tabaksteuer.

Zinsabkommen EU-Schweiz – Ein Abkommen zwischen der Europäischen Union (EU) einerseits und der Schweizerischen Eidgenossenschaft andererseits, in Kraft seit 1.7.2005. Das Abkommen regelt einerseits die Verpflichtung der Schweiz, für Zinseinkünfte von Bürgern der EU entweder eine Kontrollmitteilung an den Heimatstaat zu ermöglichen oder aber für eine Belastung der Zinseinkünfte mit einer → Quellensteuer zu sorgen, deren Höhe allmählich ansteigt und ab 2011 mind. 35 Prozent betragen muss; von den Einnahmen aus dieser Quellensteuer muss die Schweiz einen Großteil den jeweiligen Heimatstaaten der Anleger weiterleiten, auch wenn sie nicht verpflichtet ist, die Identität dieser Personen preiszugeben. Im Gegenzug verpflichtete sich die EU, Schweizerischen Kapitalgesellschaften für Geschäfte mit deren europäischen Mutter- oder Tochterkapitalgesellschaften Vergünstigungen analog zu den Regelungen der Mutter-Tochter-Richtlinie (keine Quellensteuer auf Dividendenzahlungen ab einer Mindestbeteiligung von 25 Prozent) und der Zins-und-Lizenzgebühren-Richtlinie (keine Quellensteuer auf Zinszahlungen im Quellenstaat bei Zahlung an direkte Mutter- oder direkte Schwesterkapitalgesellschaften) zu gewähren. Das Abkommen ist insoweit von weiterreichender Bedeutung, als es sich um den ersten Fall handelt, in dem eine Art → Doppelbesteuerungsabkommen (DBA) von der EU anstatt von den Mitgliedstaaten abgeschlossen wurde.

Zinsbesteuerung → Zinsen.

Zinsen – I. Volkswirtschaftslehre: 1. *Begriff:* Preis für die Überlassung von Kapital bzw. Geld. In diesem Sinn werden auch → Mieten und Pacht gelegentlich als Zinsen angesehen. – 2. *Höhe:*Der Zinssatz bildet sich nach marktmäßigen Gesetzen von Angebot und Nachfrage. Die Höhe variiert je nach der Länge der Leihfristen; dadurch unterschiedliche Zinssätze am Geld- und Kapitalmarkt. Durch geldpolitische Maßnahmen kann die Höhe des Zinssatzes beeinflusst werden (Offenmarktgeschäfte, Angebote ständiger Fazilitäten). Es können auch Zinsgrenzen vorgeschrieben sein. – 3. *Wirtschaftstheoretische Behandlung des Zinsproblems:* Zinstheorie.

II. Bankwesen: 1. Zu unterscheiden: a) *Aktiv- oder Sollzinsen:* Zinsen, die die Bank erhält, also der Kunde zu zahlen hat. – b) *Passiv- oder Habenzinsen:* Zinsen, die die Bank für die → Einlagen an die Kunden zu vergüten hat. – 2. Die *Höhe* der Zinsen ist grundsätzlich vertraglich zu vereinbaren. Sie können je nach Marktlage und Fristigkeit der Einlage schwanken.

III. Bürgerliches Recht, Handelsrecht: Rechtlich unterscheidet man vertraglich vereinbarte und gesetzliche Zinsen (vgl. §§246, 247 BGB). Ohne Vereinbarung sind u.a. Vertragszinsen und → Prozesszinsen zu zahlen. Kaufleute untereinander sind berechtigt, für ihre Forderungen aus beiderseitigen Handelsgeschäftenvom Tage der Fälligkeit an Zinsen zu fordern (§ 353 HGB). – Für Darlehen, Vorschüsse, Auslagen u.a. Verwendungen können sie vom Tage der Leistung an Zinsen berechnen (§ 354 HGB).

IV. Finanzbuchhaltung: Posten der Gewinn- und Verlustrechnung (GuV). – 1. *Aufwandszinsen* sind zinsähnliche Aufwendungen (§ 275 II Nr. 13, III Nr. 12 HGB). – 2. *Ertragszinsen*(§ 275 II Nr. 9–11, III Nr. 8–10 HGB). – 3. *Fremdkapitalzinsen*sind im Regelfall weder Anschaffungs- noch Herstellungskosten; sie können als → Anschaffungskosten(aber nur bei Neuanlagen mit längerer Bauzeit und entsprechenden Vorauszahlungen, strittig) oder als → Herstellungskosten(§ 255 III HGB) nur ausnahmsweise aktiviert werden. – 4. *Skonti* sind keine Aufwands- oder Ertragszinsen, sie sind Anschaffungspreisminderungen bzw. Erlösschmälerungen.

V. Kostenrechnung: 1. *Begriff/Charakterisierung:*Entgelt für die Inanspruchnahme des Produktionsfaktors Kapital (Finanzmittel), unabhängig vom verwendeten Kostenbegriff (wertmäßiger Kostenbegriff, pagatorischer Kostenbegriff, entscheidungsorientierter Kostenbegriff). – 2. *Erfassung und Verrechnung:* a) *Vollkostenrechnung:*Ansatz von kalkulatorischen Zinsen für das gesamte im Betrieb eingesetzte Kapital anstelle tatsächlich gezahlter Zinsen. Die Höhe des einheitlichen Zinssatzes leitet sich dabei zumeist aus den Kosten einer langfristigen Fremdfinanzierung ab, wird in vielen Unternehmen jedoch unter unternehmenspolitischen Erwägungen festgesetzt. Aktuell gewinnt die Ableitung der Zinshöhe aus kapitalmarktbezogener Sicht – gemäß dem Capital Asset Pricing Model (CAPM) – im Rahmen der Wertorientierung des Unternehmens (Shareholder Value) eine immer größere Bedeutung. – b) *Entscheidungsorientierte* Zinsen sind ihrem Wesen nach eine spezielle Kategorie variabler Gemeinkosten (variable Kosten, Gemeinkosten). Ihre genaue Höhe lässt sich für eine bestimmte kapitalbindende Entscheidung nicht bestimmen, zusätzlich benötigte Finanzmittel ziehen jedoch stets zusätzliche Finanzierungskosten nach sich. Für die Fundierung und Kontrolle von Entscheidungen muss deshalb (nach einer detaillierten Bestimmung der Höhe des gebundenen Kapitals) der Wertansatz prinzipiell offen bleiben, kann nur in seiner möglichen Bandbreite (unterschiedliche Zinssätze für unterschiedliche Finanzierungsquellen) vorgegeben werden. Erforderlich sind darauf aufbauend entscheidungsbezogene Sensitivitätsüberlegungen mit alternativen Zinssätzen innerhalb dieser Bandbreite.

VI. Steuerrecht: 1. *Abgabenordnung:* Führt die Festsetzung der Einkommen-, Körperschaft-, Vermögen-, Umsatz- oder Gewerbesteuer zu einer Steuernachforderung oder Steuererstattung, ist diese gemäß § 233 a AO zu verzinsen. Der Zinslauf beginnt grundsätzlich 15 Monate nach Ablauf des Kalenderjahres, in dem die Steuer entstanden ist. – 2. *Einkommensteuer:* Vereinnahmte Zinsen fallen in die Einkunftsart → Einkünfte aus Kapitalvermögen, wenn sie keine → Betriebseinnahmen darstellen. – Vgl. auch → Schuldzinsen. – 3. *Gewerbesteuer:* Zinsen sind ab dem Erhebungszeitraum 2008 als Finanzierungsentgelte unabhängig von ihrer Laufzeit der gewerbeertragsteuerlichen Bemessungsgrundlage (→ Gewerbeertrag) hinzuzurechnen. Der Hinzurechnungsbetrag beläuft sich auf 25 Prozent (und unter Berücksichtigung eines Freibetrags von 100.000 Euro über sämtliche Finanzierungsentgelte).

Zinsen-und-Lizenzgebühren-Richtlinie – Richtlinie 2003/49/EG des Rates vom 3.6.2003 über eine gemeinsame Steuerregelung für Zahlungen von Zinsen und Lizenzgebühren zwischen verbundenen Unternehmen verschiedener Mitgliedsstaaten. 1. *Begriff:* EG-Richtlinie zur (partiellen) Steuerharmonisierung der Unternehmensbesteuerung. – 2. *Inhalt:* Die Richtlinie schreibt vor, dass seit dem 1.1.2004 für Zinszahlungen und Lizenzgebühren, die innerhalb eines europäischen Konzerns grenzüberschreitend geleistet werden, im Herkunftsland der Zahlung keinerlei Steuern, bes. keine Quellensteuern, mehr erhoben werden dürfen. Dadurch wird im Grundsatz das in den Doppelbesteuerungsabkommen übliche Prinzip, dass Zinsen und Lizenzgebühren nur im Ansässigkeitsstaat des Empfängers besteuert werden dürfen, zu einem Grundsatz des europäischen Gemeinschaftsrechts erhoben. – Problematische Aspekte: (1) Regelung gilt nur für Zahlungen zwischen verbundenen Unternehmen, nicht aber zwischen einander fremden Unternehmen. (2) Zum Konzern (bzw.

zum Bereich der verbundenen Unternehmen) werden nur die unmittelbar verbundenen Mutter-, Tochter- und Schwestergesellschaften, nicht jedoch Enkelgesellschaften derselben Obergesellschaft gezählt. – 3. Eine *Umsetzung in deutsches Recht* ist nur in wenigen Punkten erforderlich, da die Nichtbesteuerung von Zinsen und Lizenzgebühren in den genannten Fällen in Deutschland i.d.R. schon durch entsprechende Bestimmungen in Doppelbesteuerungsabkommen gesichert ist. Die Umsetzung in deutsches Recht erfolgte durch § 50g EStG, der gemäß dem Art. 1 Nr. 3 EG-Amtshilfe-Anpassungsgesetz vom 2.12.2004 (BGBl. I 3112) eingefügt wurde.

Zinsersparnis → Arbeitgeberdarlehen.

Zinsinformationsverordnung – 1. *Begriff:* Die Zinsinformationsverordnung dient der Umsetzung der Zinsrichtlinie der Europäischen Union, welche die effektive Besteuerung von Zinserträgen natürlicher Personen innerhalb der Europäischen Union (EU) sicherstellen soll. Die Regelung beschränkt sich auf die Mitteilung grenzüberschreitender Zinszahlungen und lässt die innerstaatlichen Regelungen über die Besteuerung von Zinserträgen unberührt. Die Zinsinformationsverordnung ist am 26.1.2004 veröffentlicht worden (BGBl. I S. 128). – 2. *Mitteilungen:* Mit der Einführung der Zinsinformationsverordnung wurden die Banken in Deutschland verpflichtet, bestimmte Daten über Zinszahlungen durch eine inländische Zahlstelle an wirtschaftliche Eigentümer, die ihren Wohnsitz in einem EU-Mitgliedsstaat haben, an das Bundeszentralamt für Steuern zu übermitteln. Das Bundeszentralamt für Steuern sichert die Daten und übermittelt diese für Zwecke der Besteuerung einmal jährlich an die zuständigen Behörden des Wohnsitzstaates des wirtschaftlichen Eigentümers. In den Mitteilungen werden bspw. Angaben wie Name und Wohnort des Kapitalanlegers, Name und Anschrift des auszahlenden Bankinstituts, Kontonummer oder Kennzeichen der Kapitalforderung, Gesamtbetrag der Zinsen oder der zinsähnlichen Erträge übermittelt. Die Mitteilungen wurden erstmals im Mai 2006 für die Zeit vom 1.7.2005 bis 31.12.2005 erstellt.

Zinsrichtlinie – Richtlinie 2003/48/EG des Rates vom 3.6.2003 im Bereich der Besteuerung von Zinserträgen m.spät.Änd. – 1. *Inhalt:* Die Zinsrichtlinie sieht vor, dass die Banken in der EU über private Sparzinsen eines Ausländers Kontrollmitteilungen an die Finanzbehörden liefern müssen oder – für einige Staaten (Belgien, Luxemburg, Österreich; übergangsweise vorgesehen) – stattdessen eine Quellensteuer auf die Zinszahlung erheben müssen, die in den nächsten Jahren allmählich auf bis zu 35 Prozent der Erträge erhöht werden. – 2. *Inkrafttreten:* Die Zinsrichtlinie ist formal seit 1.1.2004 in Kraft. Ihre Regelungen wurden jedoch erst rechtsverbindlich, als der Rat der Europäischen Union – einstimmig – formal feststellte, dass auch die wichtigsten Nicht-EU-Staaten, die als Kapitalanlageorte für EU-Bürger in Frage kommen, durch vergleichbare Mechanismen sicherstellen, dass EU-Bürger durch Kapitalanlage in diesen Staaten die private Einkommensteuer auf ihre Zinserträge nicht mehr hinterziehen können; dies geschah mit Wirkung zum 1.7.2005. Dem liegt die Erwägung zugrunde, dass private unversteuerte Kapitalanlagen in Drittstaaten „abwandern" könnten, wenn Anlagemöglichkeiten in Drittstaaten vor dem Fiskus verschleiert werden können. Zu diesem Zweck war durch die Zinsrichtlinie die EU beauftragt worden, entsprechende Abkommen mit Drittstaaten über die Besteuerung zu schließen; zum 1.7.2007 war durch Abkommen mit der Schweiz, Monaco, Liechtenstein und Andorra eine hinreichende Regelungsdichte im Verhältnis zu den für Europäer wichtigsten Steueroasen geschaffen, um die Richtlinie in Kraft setzen zu können. – 3. *Zielsetzung:* Die Richtlinie sollte erreichen, dass Zinseinnahmen von EU-Bürgern unabhängig davon, wo das Kapital angelegt war, nicht mehr der korrekten Besteuerung im Wohnsitzstaat entzogen werden können sollte. Diesem Ziel diente auch die Ausnahmeregelung für die Staaten, die keine Kontrollmitteilungen vornehmen wollten, sondern stattdessen eine Zinsquellensteuer erheben; deren Höhe von ab 2011 schließlich 35 Prozent soll nämlich ein Hinterziehen der Zinserträge bei der heimatlichen Besteuerung unattraktiv machen. – 4. *Funktionsweise, verbleibende Lücken:* Die Regelung ist nicht auf Vermögensverwaltung oder Einkünften von Kapitalgesellschaften oder Unternehmen anzuwenden, auch bezieht sie sich nur auf „Zinsen". Es wird angestrebt, die dadurch noch bestehenden Lücken in der Erfassung von Zinseinkünften langfristig ebenfalls zu schließen. – *Ähnlich:* Zinsabkommen EU-Schweiz. – *Anders:* → Zinsen-und Lizenzengebühren-Richtlinie.

Zinsschranke – 1. *Begriff:* Ab dem Veranlagungszeitraum 2008 ist der Betriebsausgabenabzug von Zinsen durch die Einführung der sog. Zinsschranke eingeschränkt worden (§ 4h EStG 2008). Die Zinsschranken-Regelung ist erstmals anwendbar für Wirtschaftsjahre, die nach dem 25.5.2007 begonnen haben und nicht vor dem 1.1.2008 enden. Zusatzregelungen gelten für Körperschaften (→ Gesellschafterdarlehen). – 2. *Steuerliche Regelung:* Zinsaufwendungen eines Betriebs sind weiterhin in voller Höhe *abziehbar* (a) wenn die Zinsaufwendungen die Zinserträge nicht übersteigen, (b) wenn der negative Zinssaldo bis zu 30 Prozent des maßgeblichen steuerlichen Gewinns beträgt. Dabei ermittelt sich der maßgebende Gewinn aus dem steuerlichen Gewinn vor Steuern, Zinsen und Abschreibungen (= verrechenbares EBITDA). – 3. *Zinsvortrag:* Nicht abziehbare Zinsaufwendungen können in den folgenden Wirtschaftsjahren steuermindernd berücksichtigt werden (sog. → Zinsvortrag). Die vorgetragenen Zinsen erhöhen die Zinsaufwendungen dieser Wirtschaftsjahre, aber nicht dem maßgebenden Gewinn zur Ermittlung der Zinsschranke. Der Zinsvortrag ist

gesondert festzustellen. Ein nicht verbrauchter Zinsvortrag geht bei Aufgabe oder Übertragung verloren. Bei Ausscheiden eines Mitunternehmers geht er quotal unter. – 4. *EBITDA-Vortrag:* Rückwirkend ab dem Jahr 2007 wird gemäß § 4h I EStG ein EBITDA-Vortrag für einen Zeitraum von fünf Jahren eingeführt. Der EBITDA-Vortrag ist gesondert festzustellen. Ein nicht verbrauchter EBITDA-Vortrag geht bei Aufgabe oder Übertragung verloren. Bei Ausscheiden eines Mitunternehmers geht er quotal unter. – 5. *Ausnahmen von der Zinsschranken-Regelung:* Die Beschränkungen der Zinsschranke greifen nicht (a) wenn der negative Zinssaldo weniger als 3 Mio. Euro beträgt, (b) wenn der Betrieb nicht oder nur anteilig zu einem Konzern gehört (→ Konzern-Klausel) bzw. (c) wenn der Betrieb zu einem Konzern gehört und seine Eigenkapitalquote am Ende des vorangegangenen Abschlussstichtages mindestens der des Konzerns entspricht. Ein Unterschreiten der Eigenkapitalquote um zwei Prozentpunkte ist unbeachtlich (Escape-Klausel).

zinsverbilligte Darlehen → Arbeitgeberdarlehen.

Zinsvortrag – *Begriff* im Rahmen der Zinsschranken-Regelung: Können Zinsaufwendungen eines Betriebs aufgrund der Beschränkungen der → Zinsschranke nicht abgezogen werden, sind diese in die folgenden Wirtschaftsjahre vorzutragen (sog. „Zinsvortrag", § 4h I S. 2 EStG). Die vorgetragenen Zinsaufwendungen erhöhen die Zinsaufwendungen dieser Wirtschaftsjahre, nicht aber den maßgeblichen Gewinn im Sinne der Zinsschranken-Regelung. Dies führt dazu, dass Zinsvorträge aus vorhergehenden Wirtschaftsjahren nicht das Abzugsvolumen des laufenden Wirtschaftsjahres erhöhen. Der Zinsvortrag ist gesondert festzustellen. Die Vorschriften zum Verlustabzug i.S.d. § 10d EStG sind analog anzuwenden. – *Untergang des Zinsvortrages:* Der Zinsvortrag geht unter bestimmten Voraussetzungen ganz oder teilweise verloren: a) bei Aufgabe oder Übertragung des Betriebs, b) bei Ausscheiden eines Mitunternehmers aus der Mitunternehmerschaft, c) bei Übertragung von Anteilen an Kapitalgesellschaften, d) bei Umstrukturierungsmaßnahmen wie Verschmelzungen, Unternehmenseinbringungen, Anwachsungen oder auch bei Umstrukturierungen innerhalb des Konzerns.

Zinszuschuss → Arbeitgeberdarlehen.

ZKA – Abk. für → Zollkriminalamt sowie für *Zentraler Kreditausschuss.*

Zoll – 1. *Begriff:* Zölle sind Abgaben die beim unmittelbaren Eingang von Waren in den Wirtschaftskreislauf (→ Einfuhrzoll) oder beim Verlassen des Wirtschaftskreislaufs (→ Ausfuhrzoll) erhoben werden. Vereinzelt werden auch Durchfuhrzölle erhoben, die allein an das Passieren einer Zollstelle oder einer Wirtschaftsgebietes anknüpfen. Ganz überwiegend werden heute Einfuhrzölle erhoben. Sie entstehen nicht bereits mit dem körperlichen Verbringen von Waren ins Zollgebiet, sondern erst dann, wenn die Waren ordnungsgemäß etwa durch Überführung in den zollrechtlich freien Verkehr, unmittelbar am Wirtschaftsleben teilnehmen oder vorschriftswidrig in den Wirtschaftskreislauf gelangen, etwa durch Einfuhrschmuggel oder Entziehen aus der zollamtlichen Überwachung. Zölle sind tarifäre Handelshemmnis (engl. *tariff*), da sie den freien Warenverkehr behindern. Zölle sind nach der Abgabenordnung Steuern, aber nicht zu verwechseln mit der bei Entstehung von Einfuhrzöllen fast immer zugleich entstehenden Einfuhrumsatzsteuer. Sie entspricht der Umsatzsteuer im Inland. – 2. *Arten:* Es gibt entsprechend der Zielrichtung und des Zweckes von Zöllen verschiedene Arten: *Fiskal- oder* → *Finanzzölle* dienen der Einnahmeerzielung. → *Schutzzölle* sollen den heimischen Markt vor ausländischer Konkurrenz oder bei Ausfuhrzöllen vor Warenabfluss schützen. → *Antidumpingzölle* reagieren auf Subventionierung von Waren aus Drittländern. – 3. *Berechnung:* spezifische Zölle, → Gleitzölle und Wertzölle. Ein Wertzollbemisst sich in einem bestimmten Prozentsatz des Zollwertes (*Ad-valorem-*Zoll, auch: proportionaler Zoll), ein spezifischer Zoll(auch *Stückzoll* oder → *Gewichtszoll*) bemisst sich pro quantifizierbarer Einheit (z.B. Gewicht, Volumen, Länge, Alkoholanteil). Als Variante gibt es gemischte Zölle (den Gleitzoll), die Wertzölle und spezifische Zölle kombiniert. – 4. *Aufkommen* (Deutschland): 4,6 Mrd. Euro (2011), 4,4 Mrd. Euro (2010), 3,67 Mrd. Euro (2009), 4.002 Mio. Euro (2008), 3.983 Mio. Euro (2007), 3.880 Mio. Euro (2006), 3.378 Mio. Euro (2005), 3.059 Mio. Euro (2004), 2.877 Mio. Euro (2003), 2.896,2 Mio. Euro (2002), 3.191,2 Mio. Euro (2001), 3.394 Mio. Euro (2000), 3.639,1 Mio. Euro (1995), 3.670,3 Mio. Euro (1990), 2.767 Mio. Euro (1985), 2.353 Mio. Euro (1980), 1.663 Mio. Euro (1975), 1.468 Mio. Euro (1970), 1.294 Mio. Euro (1965), 1.345 Mio. Euro (1960), 916 Mio. Euro (1955), 315 Mio. Euro (1950). – 5. *Europäische Union:* Innerhalb der EU werden keine Zölle mehr erhoben. Die Mitgliedsstaaten bilden eine Zollunion. Seit 1968 werden Zölle gegenüber Drittländern nach dem → Gemeinsamen Zolltarif der Europäischen Gemeinschaften (GZT) erhoben. Die Zölle stehen als traditionelle Eigenmittel der EU zu (EU-Haushalt), dem erhebenden Mitgliedsstaat stehen allerdings 25 Prozent des Erhebungsbetrags als sog. Verwaltungskostenpauschale zu.

Zollabfertigung – alle Amtshandlungen, die aufgrund der → Zollanmeldung des Zollbeteiligten zur Überführung in das beantragte → Zollverfahren vorgenommen werden. Dazu zählen etwa die Annnahme der Zollanmeldung, die Beschau der Ware, alle Prüfungen der Unterlagen, das Erstellen des Abgabenbescheides und die Überlassung.

Zollabkommen – 1. *Bi- oder multilaterale Zollabkommen:* zwei- oder mehrseitige zwischenstaatliche Abkommen regelmäßig zum Zwecke der Senkung der Zölle. – 2. *Internationale Zollabkommen:* Abkommen zur Vereinfachung und Vereinheitlichung der Zollförmlichkeiten auf weltweiter Ebene. Hierzu gehören: (1) das im Rahmen des Völkerbundes zustande gekommene Internationale Abkommen zur Vereinfachung der Zollförmlichkeiten vom 3.11.1923, dessen Bestimmungen über die Zollbehandlung von Warenmustern, Ursprungszeugnissen und Gewerbelegitimationskarten für Handelsreisende noch immer eine praktische Bedeutung haben; (2) das Allgemeine Zoll- und Handels-Abkommen (GATT) vom 30.10.1947 und das im GATT ausgearbeitete „Internationale Abkommen zur Erleichterung der Einfuhr von Warenmustern und Werbematerial" vom 7.11.1952 sowie die von der UN bzw. UNESCO ausgearbeiteten Abkommen über Zollerleichterungen im Touristenverkehr, über die vorübergehende Einfuhr von Gegenständen erzieherischen, wissenschaftlichen oder kulturellen Charakters, über den internationalen Warentransport mit → Carnets TIR, über Behälter und die Zollbehandlung von Paletten u.a.; (3) Weitere Abkommen beziehen sich auf die Einreihung von Waren, die vorübergehende zollfreie Einfuhr von Berufsausrüstung, Ausstellungsgut und Messegut, Umschließungen, wissenschaftliches Gerät, Lehrmaterial und auf die Vereinfachung und Harmonisierung der Zollverfahren.

Zollamt – als Sachgebiet geführte Dienststelle des → Hauptzollamtes, die grundsätzlich in die Bereiche Einfuhr- und Ausfuhrabfertigung eingeteilt ist.

Zollanmeldung – 1. *Begriff:* Eine Handlung, mit der eine Person (Zollanmelder) in der vorgeschriebenen Form und nach den anzuwendenden Bestimmungen die Absicht bekundet, eine Ware in ein bestimmtes → Zollverfahren überführen zu lassen (Art. 4 Nr. 17 ZK). Nach Art. 61 ZK können Zollanmeldungen abgegeben werden: (1) schriftlich, (2) mit Mitteln der Datenverarbeitung oder (3) mündlich oder (4) durch eine Handlung, mit der der Wareninhaber den Willen bekundet, die Waren in ein Zollverfahren überführen zu lassen (u.a. die Benutzung des grünen Ausgangs an Flughäfen). – 2. Die *schriftliche Zollanmeldung* ist grundsätzlich auf dem vorgeschriebenen amtlichen Muster abzugeben, das ist das Einheitspapier. Sie muss unter Beifügung der erforderlichen Unterlagen alle Angaben enthalten, die für das betreffende Verfahren vorgeschrieben sind. – 3. Die elektronische Zollanmeldung erfolgt in Deutschland mittels → ATLAS. Sie ist momentan verpflichtend für das → Ausfuhrverfahren, die → passive Veredelung und die → Wiederausfuhr, falls sie nach den Regeln des Ausfuhrverfahrens abgefertigt wird sowie das gemeinschaftliche und gemeinsame Versandverfahren und das → Carnet TIR in der EU. Im Rahmen der Modernisierung des ZK soll insbesondere der Einführung des elektronischen Datenaustauschs Rechnung getragen werden. Demnach wird die elektronische Vorlage der Zollanmeldung und der Begleitpapiere zur Regel werden und das → Einheitspapier in den

Hintergrund gestellt. – 4. *Merkmale:* Die Zollanmeldung ist innerhalb der Öffnungszeiten bei der zuständigen Zollstelle abzugeben; diese entscheidet über die Annahme oder Nichtannahme. Gründe für eine Nichtannahme sind u.a. Unzuständigkeit der Zollstelle, unvollständige Angaben, Fehlen der Voraussetzungen für das beantragte Zollverfahren, bestehende Verbote und Beschränkungen für den Warenverkehr über die Grenze. Die für die Anmeldung geforderten Angaben sind gemäß Art. 216 ZK-DVO in dem gemeinschaftlichen Merkblatt zu den Vordrucken des Einheitspapiers erörtert (Anhang 37, 38 ZK-DVO). Das daraus unter Beachtung weiterer Rechtsnormen entwickelte dt. Merkblatt zu Zollanmeldungen, summarischen Anmeldungen und Wiederausfuhrmitteilungen (früher Merkblatt zum Einheitspapier) ist im Internet abrufbar. Die Unterlagen, die der Anmeldung beizufügen sind (etwa Rechnungen, die Zollwertanmeldung, Präferenznachweise und Genehmigungen) sind in den Art. 216 bis 221 ZK-DVO zusammenfassend und bei den einzelnen Verfahren bes. aufgeführt. Der Anmelder darf die Anmeldung nur mit Einwilligung der Zollstelle berichtigen. Die Berichtigung ist nicht mehr zugelassen, wenn die Zollstelle eine Zollbeschau angekündigt oder festgestellt hat, dass die Anmeldung fehlerhaft ist, das Gleiche gilt nach Überlassung der Ware.

Zollanschlüsse – ausländische Hoheitsgebiete, die (meist aus geografischen oder verkehrstechnischen Gründen) einem anderen → Zollgebiet angeschlossen sind und der dortigen Zollhoheit im Rahmen der mit dem ausländischen Staat getroffenen Vereinbarungen unterliegen.

Zollantrag → Zollanmeldung.

Zollauskunft → verbindliche Zolltarifauskunft, → Auskunft, → verbindliche Ursprungsauskunft.

Zollausland – Drittland, → Zollgebiet.

Zollausschlüsse – 1. *Begriff:* nach dem früheren, bis 1993 geltenden dt. Zollgesetz (ZG) ging es um dt. Hoheitsgebiete, die einem ausländischen Zollgebiet angeschlossen sind. In Zollausschlüssen ist das dt. Zollrecht nicht wirksam (§ 2 ZG).

Zollbefreiung → Vorzugsbehandlung.

Zollbefund – amtliche Beurkundung der → Zollbehandlung. Dazu gehört v.a. die Dokumentation der Beschauergebnisse.

Zollbehandlung – zusammenfassende Bezeichnung für diejenigen Maßnahmen der → Zollbehörde, die der → Gestellung der eingeführten → Ware folgen.

Zollbehörde – Nach Art. 4 ZK gehören zu den Zollbehörden die für die Anwendung des Zollrechts zuständigen Behörden. Dabei genügt es, dass neben anderen Aufgaben auch das Zollrecht angewendet wird. So sind die Industrie- und Handelskammer (IHK) Zollbehörden, weil sie → Ursprungszeugnisse ausstellen. In der Bundesrepublik Deutschland wendet v.a. die Bundeszollverwaltung (Art. 108 GG)

Zollrecht an. Die Bundesfinanzdirektionen und das Zollkriminalamt überwachen als Mittelbehörden die Gleichmäßigkeit der Gesetzanwendung und beaufsichtigen die Geschäftsführung der nachgeordneten Dienststellen. Zu den örtlichen Behörden zählen die Hauptzollämter einschließlich ihrer Dienststellen (wie Grenz- und Binnenzollstellen) und die Zollfahndungsämter.

Zollbeschau – Ermittlung von Menge und Beschaffenheit der angemeldeten Waren durch die Zollstelle in dem für die beantragte → Zollabfertigung erforderlichen Umfang. Die Zollbeschau muss nicht in jedem Fall, sondern kann von der Zollstelle nach Ermessen durchgeführt werden (Art. 68–70 ZK und Art. 239, 240 ZK-DVO), es kann eine vollständige Gesamtbeschau angeordnet werden, aber auch eine stichprobenweise oder Teilbeschau.

Zollbescheid – die – entweder per Datenverarbeitung, schriftlich oder mündlich – mitgeteilte → Überlassung einer Ware zu einem Zollverfahren. Häufig ist im Zollbescheid zugleich die Aufforderung der Zollstelle an den Zollschuldner zur Zahlung der Einfuhrabgaben in der ermittelten Höhe enthalten. Der Zollbescheid ist ein → Steuerbescheid im Sinn des § 155 AO.

Zollerlass – Entscheidung auf die Erhebung der Gesamtschuld oder eines Teils einer Ein- oder Ausfuhrzollschuld zu verzichten. Die Fallgruppen ergeben sich aus den Art. 236-241 ZK. Bereits entrichtete Abgaben können erstattet werden.

Zollfahndung → Steuerfahndung.

Zollfahndungsamt – Behörde zur Mitwirkung bei der Erforschung und bei der Verfolgung von Zoll- und Steuervergehen. Ihre Beamten haben die Befugnisse des Polizeivollzugsdienstes; sie sind Ermittlungspersonen (früher Hilfsbeamte genannt) der Staatsanwaltschaft im Sinn von § 152 GVG und § 404 AO.

Zollfaktura – Eine Zollfaktura ist eine Rechnung, die mit einem Ursprungsvermerk versehen ist. Es wird also ersichtlich, aus welchem Land die Ware kommt. Sie dient als Grundlage für die Verzollung einer Ware im Empfängerland, also den ausländischen Zollbehörden. Die zollrechtlichen Vorschriften bestimmter Länder erfordern die Ausstellung derartiger Rechnungen. – *Customs Invoice;* für eine ausländische Zollbehörde von einem Lieferanten auf meist vorgeschriebenem Formblatt ausgefertigte Handelsrechnung mit Ursprungsvermerk, die der Verzollung im Käuferland zugrunde gelegt wird. Zollfakturen dienen der korrekten Verzollung und enthalten im Wesentlichen die Bestandteile der Handelsrechnung. Zollfakturen werden v.a. für Exporte in die USA benötigt.

Zollfreiheit – 1. *Tarifliche Zollfreiheit* für Waren, für die im → Zolltarif eine solche vorgesehen ist. – 2. *Außertarifliche Zollfreiheit* aufgrund zollrechtlicher

Bestimmungen wegen außerhalb der mit dem Zolltarif verfolgten Zwecke (z.b. für Gegenstände wissenschaftlichen, erzieherischen oder kulturellen Charakters, Geschenksendungen, Rückwaren, Muster, Vorlagen, Waren zu Erprobungs- oder Untersuchungszwecken etc.).

Zollfreistellung – überholte Bezeichnung für die Überführung von → Nichtgemeinschaftswaren in den zollrechtlich freien Verkehr oder die vorübergehende Verwendung ohne Erhebung von Zöllen. Zollfreistellung ist dabei die Mitteilung an den Zollanmelder, dass ein Zoll nicht zu erheben ist, weil die Ware nach dem Zolltarif oder aus anderen Gründen zollfrei ist. Das kann ausdrücklich geschehen, sich aber auch mittelbar aus dem Zollbescheid ergeben. Die Zollfreistellung schließt jedoch nicht aus, dass bei unberechtigter Überlassung der Zollbetrag nachgefordert wird, weil die Zollschuld stets in der gesetzlichen Höhe entsteht.

Zollgebiet – 1. *Begriff:* Das Zollgebiet der EU ist im Art. 3 ZK festgelegt und hat eine entscheidende Bedeutung für den Geltungsbereich der Zollvorschriften: die Überwachung des Warenverkehrs, die zollamtliche Behandlung der Waren und die Zollbemessung. Wie sich aus Art. 28 AEUV ergibt, erfordert eine Zollunion ein einheitliches Zollgebiet, auf das auch in verschiedenen Rechtsakten der Union ausdrücklich Bezug genommen wird. 2. *Einzelheiten:* Das EU-Zollgebiet ist nicht identisch mit dem Staatsgebiet. Es ist entsprechend dem Beitritt neuer Staaten zur EU mehrfach erweitert worden und umfasst nachstehende Gebiete: das Gebiet des Königreichs Belgien; das Gebiet der Republik Bulgarien; das Gebiet des Königreichs Dänemark, mit Ausnahme der Färöer und Grönlands; das Gebiet der Bundesrepublik Deutschland, mit Ausnahme der Insel Helgoland sowie des Gebiets von Büsingen (Vertrag vom 23.11.1964 zwischen der Bundesrepublik Deutschland und der Schweizerischen Eidgenossenschaft); das Gebiet des Königreichs Spanien, mit Ausnahme von Ceuta und Melilla; das Gebiet der Französischen Republik, mit Ausnahme der überseeischen Gebiete sowie von Saint-Pierre und Miquelon und von Mayotte; das Gebiet der Griechischen Republik; das Gebiet Irland; das Gebiet der Italienischen Republik, mit Ausnahme der Gemeinden Livigno und Campione d' Italia sowie das zum italienischen Gebiet gehörenden Teils des Luganersees zwischen dem Ufer und der politischen Grenze der zwischen Lavena Ponte Tresa und Porto Ceresio gelegenen Zone; das Gebiet des Großherzogtums Luxemburg; das Gebiet des Königreichs der Niederlande in Europa; das Gebiet der Republik Österreich; das Gebiet der Portugiesischen Republik; das Gebiet der Republik Finnland; das Gebiet des Königreichs Schweden; das Gebiet des Vereinten Königreichs Großbritannien und Nordirland sowie die Kanalinseln und die Insel Man; das Gebiet der Tschechischen Republik; das Gebiet der Republik Estland; das Gebiet der Republik Zypern; das

Gebiet der Republik Lettland; das Gebiet der Republik Litauen; das Gebiet der Republik Ungarn; das Gebiet der Republik Malta; das Gebiet der Republik Polen; das Gebiet Rumäniens; das Gebiet der Republik Slowenien; das Gebiet der Slowakischen Republik. – Zum 1.7.2013 soll *Kroatien* hinzukommen. Trotz seiner Lage außerhalb des Gebiets der Französischen Republik gilt auch das Gebiet des Fürstentums *Monaco* zum Zollgebiet der EU gehörend. Zusätzlich gehören zum Zollgebiet der EU die Küstenmeere, die innerhalb der Küstenlinie gelegenen Meeresgewässer und der Luftraum der Mitgliedsstaaten und Gebiete, mit Ausnahme der Küstenmeere, der innerhalb der Küstenlinie gelegenen Meeresgewässer und des Luftraums, die zu Gebieten gehören, die nicht Teil des Zollgebiets der EU sind.

Zollgrenzbezirk – jetzt: → grenznaher Raum.

Zollgrenze → Zollgebiet.

Zollgut → Nichtgemeinschaftswaren.

Zollgutversand → Versandverfahren.

Zollgutverwendung → vorübergehende Verwendung.

Zollhehlerei → Steuerhehlerei.

Zollhinterziehung → Steuerhinterziehung.

Zollhoheit – Recht des Bundes bzw. der EU zu Zollgesetzgebung, Zollverwaltung und Zollrechtsprechung. Die Zollhoheit erstreckt sich auf das Hoheitsgebiet des Bundes, nach zwischenstaatlichen Vereinbarungen auch auf fremdes Staatsgebiet insbesondere für vorgeschobene dt. Zollstellen einschließlich ihrer Verbindungswege zum Zollgebiet.

Zollland → Zollgebiet.

Zollkodex (ZK) – 1. *Begriff:* Verordnung (2913/92/EWG) des Rates zur Festlegung des Zollkodexes der Gemeinschaften vom 12.10.1992 (ABl. EG Nr. L 302, S. 1 ff.), Grundlage des Zollrechts der EU, in Kraft seit 1.1.1994. Mit dem Zollkodex und der zugehörigen Zollkodex-Durchführungsverordnung und der Zollbefreiungsverordnung ist das Zollrecht der EU nahezu vollständig auf eine einheitliche Basis gestellt worden. – 2. *Inhalt:* Der Zollkodex beinhaltet neben allg. Regelungen das Verfahrensrecht (formelles Zollrecht), das Abgabenrecht (materielles Zollrecht) und einem allg. Teil. Zu den bes. Errungenschaften des Zollkodexes gehört die Schaffung eines Rechtsbehelfsverfahrens in Zollsachen in der gesamten EU (Titel VIII des Zollkodexes). Der Zollkodex geht eventuellen nationalen Vorschriften als höherrangiges Recht vor (Anwendungsvorrang), sofern er nicht ausdrücklich abweichende Regelungen der einzelnen Mitgliedsstaaten gestattet. – *Zollkodex-Änderungen 2005:* Mit den 2005 vorgenommenen Änderungen sind die Anforderungen hinsichtlich der Sicherheit des internationalen Warenverkehrs erhöht worden. Zu diesem Zweck sollen die Wirtschaftsbeteiligten den Zollbehörden ab dem 1.7.2009, spätestens aber ab dem 1.1.2011, Informationen über die Waren vorlegen, bevor sie in die EU eingeführt oder aus ihr ausgeführt werden. Die Einführung des Status des „zugelassenen Wirtschaftsbeteiligten" erleichtert den Handelsverkehr. Die Mitgliedsstaaten können diesen Status jedem Wirtschaftsbeteiligten gewähren, der gemeinsamen Kriterien entspricht. Diese Kriterien betreffen die Kontrollsysteme, die Zahlungsfähigkeit sowie die Einhaltung der Vorschriften durch den Wirtschaftsbeteiligten. Die Mitgliedsstaaten sind verpflichtet, Risikoanalysetechniken anzuwenden. Im Hinblick auf die Kontrollen wurde ein Mechanismus zur Festlegung einheitlicher Gemeinschaftskriterien für die Auswahl der Risiken eingeführt, der sich auf computergesteuerte Systeme stützt. – 3. → Modernisierter Zollkodex: VO (EG) Nr. 450/2008 des Europäischen Parlaments und des Rates vom 23.4.2008 zur Festlegung des Zollkodexes der Gemeinschaft (Modernisierter Zollkodex), (ABl. EU Nr. L 145/1 v. 4.6.2008). Die Neufassung beinhaltet im Wesentlichen die folgenden Änderungen: (1) Die elektronische Vorlage der Zollanmeldungen und Begleitpapiere wird zur Regel; (2) künftig können die nationalen Zollbehörden mit den anderen zuständigen Behörden elektronisch Daten austauschen; (3) die „zentrale Zollabwicklung" wird gefördert, d.h. zugelassene Wirtschaftsbeteiligte können ihre Waren elektronisch anmelden und Zölle am Ort ihrer Niederlassung entrichten, unabhängig von dem Mitgliedsstaat, in dem die Waren vom Zollgebiet der EU ausgeführt, in das Gebiet eingeführt oder in dem sie verbraucht werden; (4) es werden Voraussetzungen für die Entwicklung eines „einzigen Schalters" ("single window") und einer „→ einzigen Anlaufstelle" ("onestop shop") geschaffen, bei denen die Marktteilnehmer die Auskünfte über die Waren nur noch einer Kontaktstelle erteilen, auch wenn die Daten für unterschiedliche Verwaltungen oder Behörden bestimmt sind, sodass die Prüfungen für verschiedene Zwecke (Zoll-, Hygienevorschriften usw.) zur selben Zeit und am selben Ort vorgenommen werden können (Konzept der „einzigen Anlaufstelle"). – *Inkrafttreten der Neuerungen*: Die Neufassung soll den Veränderungen im Umfeld von Zollbehörden und Wirtschaft insbesondere mit der Einführung des elektronischen Datenaustauschs Rechnung tragen. Der Modernisierte Zollkodex ist am 24.6.2008 in Kraft getreten, in vollem Umfang anwendbar wird er jedoch erst, wenn auch die Durchführungsvorschriften in Kraft treten. Spätester Zeitpunkt soll der 24.6.2013 sein. Inzwischen liegt aber eine Vorschlag der Europäischen Kommissin über einen → Unionszollkodex vor, der den MZK völlig neufasst und aufhebt.

Zollkontrollen – Vielfältige Möglichkeiten der Zollbehörden zur Überprüfung des grenzüberschreitenden Warenverkehrs.

Zollkriminalamt (ZKA) – 1. *Begriff*: Mittelbehörde der Bundeszollverwaltung im Bereich des Bundesministeriums für Finanzen (BMF) mit Sitz in Köln.

Zentralstelle des Zollfahndungsdienstes und eine der Zentralstellen für das Auskunfts- und Nachrichtenwesen der Zollverwaltung. – 2.*Aufgaben*: u.a. Unterstützung und Beaufsichtigung der untergeordneten Zollfahndungsämter bei der Verfolgung und Verhütung von Straftaten und Ordnungswidrigkeiten nach der AO; Sammlung von Informationen für den Zollfahndungsdienst; Mitwirkung bei der Überwachung des Wirtschaftsverkehrs und der Bekämpfung illegalen Technologietransfers; fachliche Fortbildung der Zollfahndungsbeamten.

Zolllager – 1. *Begriff*: Zolllager sind Orte an denen Waren, die zuvor in ein → Zolllagerverfahren übergeführt worden sind, zollfrei gelagert werden können. Das Zolllager und das Zolllagerverfahren erfüllen im modernen Wirtschaftszollrecht eine bedeutende Aufgabe, denn sie ermöglichen, dass eingeführte Waren unter bestimmten Voraussetzungen ohne Zollbelastung gelagert werden können. Dieser Suspensiveffekt verschafft dem einzelnen Unternehmen erhebliche Wettbewerbsvorteile und Kosteneinsparungen bei einer unbegrenzten Lagerdauer. So wird für Nichtgemeinschaftswaren, die zum Inlandssatz bestimmt sind, die Abgabenschuld erst im Zeitpunkt ihrer Auslagerung fällig. Für Transitgut ergibt sich eine abgabenneutrale Situation. – 2. *Merkmale*: Die Bewilligung eines Zolllagers setzt einen formlosen, inhaltlich jedoch genau in Anhang 67 ZK-DVO festgelegten Antrag an das zuständige Hauptzollamt voraus. Die Zuständigkeit ergibt sich aus der Firmenbuchhaltung. Die Bewilligung kann nur in der Gemeinschaft ansässigen Personen erteilt werden, die ein wirtschaftliches Bedürfnis nachgewiesen haben (Art. 100 ZK). – Als Einstieg in die Systematik des Zolllagers kennt Art. 99 ZK i.V. mit Art. 525 ZK-DVO die → öffentlichen Zolllager und → privaten Zolllager (Anhang 15). Die öffentlichen Zolllager stehen jedermann für die Lagerung von Waren zur Verfügung und sind entweder unter der Regie der Zollbehörde (Lagertyp F) oder unter privater Regie des Lagerhalters, mit unterschiedlichen Verantwortungen je nach Lagertyp A, B. Sie werden praktisch immer als offene Lager bewilligt. – Bei den privaten Zolllagern, die auf die Einlagerung durch den Lagerhalter beschränkt sind, gibt es die Lagertypen C, D und E. Lagertyp C ist der Grundfall. Die Bemessung der → Zollschuld erfolgt bei Auslagerung. Bei Lagertyp D (entspricht dem bisherigen offenen Zolllager) ist die Feststellung der Bemessungsgrundlage (Menge, Beschaffenheit und Zollwert) bei der Einlagerung der Ware erforderlich, da sie vereinfacht in den zollrechtlich freien Verkehr übergeführt werden können. Für die bei allen anderen Lagertypen anzuwendenden Zollsätze gilt grundsätzlich der Zeitpunkt der Auslagerung der Waren. Beim Lagertyp E, der mit D kombinierbar ist, gibt es keine festen, genau bezeichneten Lagerorte. – Nach Art. 98 ZK können folgende Ware in der Gemeinschaft gelagert werden: (1) → Nichtgemeinschaftswaren, die in diesem Fall keinen

Einfuhrangaben und sofern nicht etwas Gegenteiliges bestimmt ist, keinen handelspolitischen Maßnahmen unterliegen; (2) → Gemeinschaftswaren, für die in einer bes. Gemeinschaftsregelung vorgesehen ist, dass bei ihrer Überführung in das Verfahren Maßnahmen anwendbar sind, die grundsätzlich an die Ausfuhr anknüpfen. – Die von der Zollbehörde bezeichnete Person hat über alle in das Zolllager aufgenommenen Waren, zugelassene Bestandsaufzeichnungen zu führen. Einfuhrwaren können üblichen Behandlungen unterzogen werden, wenn sie der Erhaltung, der Verbesserung ihrer Aufmachung und Handelsgüte oder der Vorbereitung ihres Vertriebs oder Weiterverkaufs dienen. – Für Marktordnungswaren gelten bes. Bestimmungen (Art. 109 ZK).

Zolllagergut – überholte Bezeichnung für Waren, die zu einem → Zolllagerverfahren abgefertigt wurden.

Zolllagerverfahren – Beim Zolllagerverfahren wird die Ware zollrechtlich noch nicht in den zollrechtlich freien Verkehr übergeführt, sondern abgabenfrei zunächst bis zum Erhalt einer weiteren zollrechtlichen Bestimmung in einem → Zolllager zwischengelagert. Durch diesen Vorgang bildet sich eine abgabenfreie Vorratshaltung von → Nichtgemeinschaftswaren.

Zolllandungsplätze – im Bundesanzeiger bekannt gegebene Plätze, an denen einfahrende Schiffe anlegen und von denen ausfahrende Schiffe ablegen dürfen. Die Schiffe dürfen auf → Zollstraßen, also auf dem Wege zu oder von Zolllandungsplätzen, mit anderen Fahrzeugen oder dem Land nicht in Verbindung treten. Ausnahmen hiervon sind nur zugelassen in Fällen höherer Gewalt oder dringender Gefahr oder soweit es nötig ist, Verpflichtungen gegenüber Behörden zu erfüllen, Lotsen an Bord zu nehmen oder abzusetzen, anderen Personen oder Fahrzeugen Hilfe zu leisten, die Ladung in unvorhergesehenen Fällen zu sichern oder zu löschen bzw. andere dringende Angelegenheiten des Schiffsbetriebs wahrzunehmen (Art. 38 ZK, §§ 2, 3 ZollVG).

Zollmitverschluss – Mittel der zollamtlichen Überwachung von Orten und Lagern. Sie können von dem Berechtigten und den beauftragten Zollbediensteten nur gemeinsam betreten werden. Findet heute praktisch keine Anwendung mehr.

Zollniederlage → öffentliches Zolllager, → Zolllagerverfahren.

Zollnomenklatur – zollrechtliches Instrument der EU; systematisch aufgebaute Warenliste, die auf einem internationalen Schema zur Klassifizierung der Waren, dem Harmonisierten System zur Bezeichnung und Codierung der Waren (HS), basiert. Die Zollnomenklatur wird von den meisten Handelsnationen für eine Vielzahl von Zwecken verwendet. Sie dient als Grundlage für internationale Handelsverhandlungen und eine Beilegung von Zollstreitigkeiten sowie für die Erstellung von Handelsstatistiken. – Waren müssen bei Einfuhr oder Ausfuhr vielfach zu

Zollverfahren angemeldet werden. Dabei ist regelmäßig anzugeben, unter welche Codenummer der Nomenklatur sie fallen, um den geltenden Zollsatz ermitteln und die Waren statistisch erfassen zu können. Häufig knüpfen auch weitere Maßnahmen an der Zollnomenklatur an. In vielen Verbrauchsteuergesetzen ist der Steuergegenstand unter Bezugnahme auf die Zollnomenklatur definiert. Nicht tarifäre Maßnahmen beim grenzüberschreitenden Warenverkehr, Kontingente oder Überwachungsmaßnahmen nehmen auf die Zollnomenklatur Bezug. Die präferenziellen Ursprungsregeln gehen weitgehend davon aus, dass die Fertigerzeugnisse einer anderen Codenummer zugewiesen werden als die eingeführten Vormaterialien, aus denen sie hergestellt wurden.

Zollordnungswidrigkeit – Steuerordnungswidrigkeit gemäß § 31 ZollVG; vorsätzlicher oder fahrlässiger Verstoß gegen Bestimmungen des Zollrechts (§ 382 I AO). Mit Geldbuße sind z.B. bedroht: Einführen von Waren ohne Benutzung einer Zollstraße, Zuwiderhandeln gegen die Gestellungspflicht, Nichtbeachtung der Anordnungen der Zollbehörde, Verletzung der Anzeige- und Meldepflichten. – Z.B. ist die Verletzung der Anmeldepflicht eine Ordnungswidrigkeit mit Geldbußen bis zu 1 Mio. Euro. Bei Verdacht auf Geldwäsche ist Beschlagnahme möglich (§§ 31b, 12b ZollVG, § 94 StPO), vgl. auch → Steuerhinterziehung.

Zollpassierscheine → Carnet ATA, → Carnet TIR, Triptik.

Zollpräferenzen → Präferenzzoll.

Zollrecht → Gemeinschaftszollrecht, → nationales Zollrecht.

Zollrückvergütung – System der Rückzahlung der → Einfuhrabgaben auf eingeführte für die → aktive Veredelung (ein → Zollverfahren) bestimmte → Nichtgemeinschaftswaren (Einfuhrwaren), wenn die Waren in Form von Veredelungserzeugnissen aus dem → Zollgebiet der EU ausgeführt werden.

Zollsätze – ergeben sich aus dem → Zolltarif. – Vgl. → Zoll

Zollschuld – gemäß Art. 4 Nr. 9 ZK ist die Zollschuld die persönliche Zahlungspflicht von Ein- oder Ausfuhrabgaben der als → Zollschuldner (Art. 4 Nr. 12 ZK) zur Erfüllung verpflichteten Person. Sie wird als → Einfuhrzollschuld definiert, wenn Einfuhrabgaben im Sinn des Art. 4 Nr. 10 ZK geschuldet werden, als Ausfuhrzollschuld, wenn die Ausfuhrabgaben gemäß Art. 4 Nr. 11 ZK geht. Die Zollschuld ist zu unterscheiden von der dinglichen Haftung der Waren nach den in den einzelnen Mitgliedsstaaten geltenden Regelungen. Die Haftung gemäß § 76 AO steht neben der Zollschuld. Daraus ergibt sich jedoch nur die Möglichkeit, eine Ware mit Beschlag zu belegen und zu verwerten, wenn die Zollschuld nicht beglichen wird. Die Zollschuld ist zu unterscheiden von → Ausgleichszinsen gemäß Art. 214 III ZK, die auf

Zollschuld erhoben werden können, und vom nationalen → Zuschlag gemäß § 32 III ZollVG.

Zollschuldner – gemäß Art. 4 Nr. 12 ZK die zur Erfüllung der → Zollschuld verpflichtete Person. Wer Zollschuldner wird, regelt der Zollkodex (ZK) bei den einzelnen Zollschuldentstehungstatbeständen.

Zollstelle – Jede Dienststelle, bei der im Zollrecht vorgesehene Förmlichkeiten erledigt werden können, ist gemäß Art. 4 Nr. 4 ZK Zollstelle. Dazu gehören in Deutschland die Hauptzollämter mit ihren Dienststellen, den Zollstellen, so ausdrücklich § 17 III 2 ZollVG. Es kommt jedoch nicht darauf an, ob eine Einbindung in die → Zollverwaltung vorliegt oder die Anwendung des Zollrechts Hauptaufgabe der Zollstelle ist. Nicht zu den Zollstellen gehören private Personen, etwa der zugelassene Empfänger im → Versandverfahren. Zollstellen sind immer auch zugleich → Zollbehörde.

Zollstelle für die Beendigung des Verfahrens – Art. 496 g ZK-DVO definiert die Zollstelle für die Beendigung des Verfahrens. Bei → Zollverfahren mit wirtschaftlicher Bedeutung wird regelmäßig in der Bewilligung festgelegt, welche Zollstelle zuständig ist, um das Zollverfahren entsprechend Art. 89 ZK durch den Erhalt einer neuen zollrechtlichen Bestimmung zu beenden. Ausdrücklich wird in Art. 496 g ZK-DVO nur von der Ermächtigung zur Annahme von Zollanmeldungen gesprochen, mit denen Waren nach ihrer Überführung in ein Zollverfahren mit wirtschaftlicher Bedeutung eine neue zulässige zollrechtliche Bestimmung erhalten oder bei → passiver Veredelung in den zollrechtlich freien Verkehr übergeführt werden. Die Beschränkung auf → Zollanmeldungen ist jedoch wenig plausibel. Auch wenn eine Mitteilung zum Erhalt der neuen zollrechtlichen Bestimmung ausreicht, wie bei der Vernichtung und/oder Zerstörung, ist die Zollstelle für die Beendigung des Verfahrens zuständig.

Zollstelle für die Überführung in das Verfahren – Art. 496 f ZK-DVO definiert für alle → Zollverfahren mit wirtschaftlicher Bedeutung die Zollstelle für die Überführung in das Verfahren als diejenige, bei der die → Zollanmeldungen angenommen werden können. Zumeist wird in der Bewilligung der → Zollverfahren vorab festgelegt, welche Zollstelle oder Zollstellen zur Annahme der Zollanmeldungen und Überführung in das Verfahren ermächtigt sind.

Zollstraßen – diejenigen Landstraßen, Wasserstraßen, Rohrleitungen (v.a. für Rohöl) und anderen Beförderungswege, die als Zollstraßen im Bundesanzeiger bekannt gegeben sind. Zollstraßen beginnen an der Zollgrenze (→ Zollgebiet) und enden jeweils bei einer Zollstelle (Art. 38 ZK, §§ 2, 3 ZollVG). – Vgl. auch → Zollstraßenzwang.

Zollstraßenzwang – Verpflichtung, Waren bei der Einfuhr nur auf → Zollstraßen zu befördern. Die Beförderung darf nicht willkürlich verzögert, und die Waren dürfen nicht willkürlich verändert werden.

Von der Zollstraße darf nur wegen höherer Gewalt oder dringender Gefahr in dem gebotenen Umfang abgewichen werden. Der Zollstraßenzwang ist ein wichtiges Mittel der zollamtlichen Überwachung. Obwohl nur Einfuhrzölle erhoben werden und daher zollrechtlich nur die Einfuhr von Interesse ist, ist der Zollstraßenzwang auch auf die Warenausfuhr ausgedehnt, weil er für das Außenhandelsrecht, die Embargobestimmungen und die Statistik unentbehrlich ist. – Vom Zollstraßenzwang *befreit* ist die Ein- und Ausfuhr im öffentlichen Eisenbahn- und Luftverkehr sowie die Einfuhr von Waren, die nicht Zollgut werden (Art. 38 ZK, §§ 2, 3 ZollVG).

Zollstunden – nach den örtlichen Verhältnissen, den Verkehrsbedürfnissen, der Personallage der Zollverwaltung und i.d.R. im Benehmen mit der Nachbarzollverwaltung festgelegte Zeiten, in denen Waren, die auf → Zollstraßen zu befördern sind, eingeführt oder ausgeführt werden dürfen. Die Zollstunden werden durch Aushang bei den betreffenden Zollstellen bekannt gegeben. Sie umfassen i.Allg. die helle Tageszeit. – Vgl. auch → Zollstundenzwang.

Zollstundenzwang – nach dem Zollrecht die Verpflichtung, Waren, die auf → Zollstraßen zu befördern sind, nur zu den jeweils festgelegten Zeiten (→ Zollstunden) einzuführen oder auszuführen. – Vom Zollstundenzwang *befreit* sind der See-, Post- und Reiseverkehr, der fahrplanmäßige Personenschiffsverkehr auf Binnengewässern und der öffentliche fahrplanmäßige Kraftfahrzeugverkehr. Die zuständige Zollstelle kann außerdem in einzelnen Fällen Befreiungen zulassen.

Zolltarif – I. Allgemein: Wichtigstes Instrument der Zollpolitik. Dem Zolltarif liegt jeweils ein *Tarifschema* zugrunde. Erst wenn die Nummern des Schemas mit Zollsätzen versehen sind, handelt es sich um einen Zolltarif. – *Unterteilung:* In einem Zolltarif sind die Waren abschnittsweise entweder nach den Produktionszweigen, zu denen sie gehören, geordnet (Produktionsprinzip) oder nach dem Prinzip des Verwendungszwecks (z.B. Zusammenfassung aller Maschinen oder Spielwaren ohne Rücksicht auf den Stoff, aus dem sie bestehen, jeweils in einem Kapitel). Länder mit einer großen Breitenstreuung der Produktion haben i.d.R. Zolltarife, die nach Warenarten und -unterarten weitgehend unterteilt sind. – *Arten:* (1) *Einheits-Zolltarife,* die nur *eine* Zollsatzspalte aufweisen; (2) *Doppel-Zolltarife,* die zwei Spalten enthalten, z.B. einen General-Zolltarif mit einem höheren Niveau und einen Minimal-Zolltarif mit Sätzen, die die untere Grenze von Zollzugeständnissen an andere Länder bilden. Zolltarife mit zwei Spalten besitzen auch Länder, die bestimmten Ländern niedrigere (z.B. → Präferenzzoll) als die normalen vertragsmäßigen Zölle (Drittlandszoll nach dem Prinzip der Meistbegünstigung) einräumen. Der → Gemeinsame Zolltarif der Europäischen Gemeinschaft (GZT) weist je eine Spalte für autonome und für vertragsmäßige Zollsätze auf.

II. Abfrage im Internet: Seit Januar 2006 ist dieses Auskunftssystem auch für Wirtschaftsbeteiligte kostenlos im Internet verfügbar: a) *Abfrage des Integrierten Zolltarifs der EG (TARIC)*, dessen 10-stellige Codierungen EG-weite Gültigkeit besitzen, b) *Abfrage des Elektronischen Zolltarifs der dt. Zollverwaltung (EZT-online)* dessen 11-stellige Codenummern nur in Deutschland gelten. – Vgl. auch → elektronischer Zolltarif (EZ).

III. Geschichte: Zolltarife gibt es, seit Steuern auf Warenbewegungen (der sog. → Zoll) erhoben werden. Mit Gründung des *Deutschen Zollvereins* 1834 wurden die Zolltarife der dt. Staaten im sog. *Vereinszolltarif* vereinigt, der aus 43 alphabetisch geordneten Warenkategorien bestand und auf dem preußischen Zolltarif basierte. 1902 wurde der sog. *Bülow-Zolltarif* geschaffen, der bereits 946 Warennummern enthielt. Der Bülow-Zolltarif trat 1906 in Kraft und galt mit jährlichen Änderungen bis 1950. Die internationale Einigung nach dem zweiten Weltkrieg, die auch zur Gründung des Rates für die Zusammenarbeit auf dem Gebiet des Zollwesens (RZZ) führte, resultierte in der Harmonisierung der weltweiten Zolltarifschemata mit der Nomenklatur der RZZ (NRZZ), welche aus etwa 8.000 Tariflinien in 21 römisch bezifferten Abschnitten und 99 arabisch bezifferten Kapiteln bestand. Der Deutsche Zolltarif 1951 bestand bereits aus einem ersten Entwurf der NRZZ. Die NRZZ wurde 1955 in vielen Staaten eingeführt. Mit Gründung der EWG durch sechs Westeuropäische Staaten (BENELUX, Frankreich, Italien und Deutschland) am 1.1.1958 wurde das Ziel der Schaffung einer Zollunion im EWGV vereinbart. Innerhalb von zehn Jahren wurden die innerhalb der EWG geltenden Zollsätze abgebaut und die nach außen geltenden Zollsätze angeglichen – die Zollsätze der vier Zolltarife (für die BENELUX-Staaten galt ein einziger Zolltarif), wurden bis zum 30.6.1968 angeglichen (die Zollsätze für landwirtschaftliche Waren wurden zum 1.1.1970 angeglichen). Mit Wirkung vom 1.7.1968 wurde der Gemeinsame Zolltarif der Europäischen Gemeinschaft (GZT) geschaffen. Die NRZZ wurde am 1.1.1988 durch das Harmonisierte System zur Bezeichnung und Codierung von Waren (HS) (sog. Harmonisiertes System, engl. *Convention on the Harmonized Commodity Description and Coding System*) ersetzt (abgekürzt HS 1988). Das weltweit angewandte Zolltarifschema besteht seitdem aus 21 römisch bezifferten Abschnitten und 96 arabisch bezifferten Kapiteln mit mehr als 10.000 Tariflinien. Die Nomenklatur des HS wird alle vier bis sechs Jahre an technische und wirtschaftliche Entwicklungen angepasst. Überarbeitungen (sog. Revisionen) gab es bislang mit HS 1992, HS 1996, HS 2002, HS 2007 sowie dem derzeit geltenden HS 2012. Die Nomenklatur des HS wird in mehr als 200 Ländern, Wirtschaftsgebieten und Freihandelszonen angewendet und damit werden mehr als 98 Prozent des grenzüberschreitenden Warenhandels erfasst. Daher lassen sich die erfassten Handelsdaten aus verschiedenen Ländern und Regionen vergleichen.

Zolltarifauskunft → verbindliche Zolltarifauskunft.

Zollveredelungsverkehr → aktive Veredelung, → passive Veredelung, → Veredelungsverkehr.

Zollverfahren – 1. *Begriff:* Der → Zollkodex (ZK) kennt acht Zollverfahren: (1) Überführung in den zollrechtlichen freien Verkehr; (2) → Versandverfahren; (3) → Zolllagerverfahren; (4) → aktive Veredelung; (5) → Umwandlungsverfahren; (6) → vorübergehende Verwendung; –(7) → passive Veredelung; (8) → Ausfuhrverfahren. – Vgl. auch → Zollbehandlung. – 2. *Künftige Begriffe:* Mit dem → Unionszollkodex wird die Anzahl auf drei reduziert: (1) Überlassung zum zollrechtlich freien Verkehr; (2) bes. Verfahren; (3) Ausfuhr; (vgl. Art. 4 Nr. 12 MZK). Allerdings werden unter bes. Verfahren gem. Art. 135 MZK vier Arten mit jeweils mehreren Unterarten zusammengefasst: (a) Versand – umfasst externen und internen Versand; (b) Lagerung – umfasst die vorübergehende Verwahrung, das Zolllager und die Freizone; (c) Verwendung – umfasst die vorübergehende Verwendung und die Endverwendung; (d) Veredelung – umfasst die aktive und die passive Veredelung.

Zollverfahren mit wirtschaftlicher Bedeutung – Im → Zollkodex (ZK) gibt es immer wieder gemeinsame Vorschriften mit zentralen Begriffen für mehrere Verfahren. Bes. Bedeutung haben dabei die Regelungen für Zollverfahren mit wirtschaftlicher Bedeutung. Das sind gemäß Art. 84 Ib ZK: das → Zolllagerverfahren, die → aktive Veredelung, das → Umwandlungsverfahren (→ Umwandlung), die → vorübergehende Verwendung und die → passive Veredelung. Die Inanspruchnahme dieser Verfahren bedarf der Bewilligung, Art. 85 ZK. Sie enden gemäß Art. 89 ZK, sobald die darin übergeführten Waren bzw. die gewonnenen Veredelungs- oder Umwandlungserzeugnisse eine neue zulässige zollrechtliche Bestimmung erhalten haben. Endpunkt ist nicht, wie ausdrücklich in Art. 92 ZK für das externe Versandverfahren vorgesehen, die Gestellung bei einer Zollstelle. Vielmehr kommt es ohne ein Zwischenstadium auf den Beginn eines neuen Zollverfahrens oder einer sonstigen zollrechtlichen Bestimmung an. Im → Unionszollkodex entfällt dieser Begriff.

Zollverkehr → Zollverfahren.

Zollverschluss – Mittel der zollamtlichen Überwachung zur Sicherung der Zollbelange. Der Wirtschaftsbeteiligte hat Räume, Beförderungsmittel und Behältnisse, die zollamtlich verschlossen werden sollen, auf seine Kosten so herzurichten, dass Zollverschlüsse auf einfache und wirksame Weise angebracht, Waren weder entnommen noch hineingebracht werden können, ohne sichtbare Spuren des Aufbrechens zu hinterlassen oder den Zollverschluss zu verletzen. Für den Zollverschluss werden meist Zollplomben und auch Zollschlösser verwendet. In einzelnen Fällen kann etwa bei

→ Versandverfahren ein Wirtschaftsbeteiligter berechtigt sein, Zollverschlüsse selbst anzulegen. – Vgl. auch → Zollmitverschluss.

Zollverwaltung – 1. *Begriff:* Die Zollverwaltung ist ein Teil der → Finanzverwaltung. – 2. *Aufbau:* Ihr Aufbau hat sich ab dem 1.1.2008 aufgrund einer umfassenden Strukturreform geändert. Oberste Bundesbehörde ist das Bundesministerium der Finanzen (BMF), dessen Abteilung III in Bonn für die Zollbelange zuständig ist. Obere Bundesbehörde ist die Bundesmonopolverwaltung für Branntwein mit dem Sitz in Offenbach. Neu ist die Einteilung der Mittelbehörden und die damit verbundene Aufgabenzuweisung. Fünf Bundesfinanzdirektionen und zwar Nord (Hamburg), Mitte (Potsdam), West (Köln), Südwest (Neustadt an der Weinstraße) und Südost (Nürnberg) mit fünf zentralen Facheinheiten sind zentral zuständig für das operative Umsetzung des Zollrecht, des Verbrauchsteuerrechts und der anderen der Zollverwaltung zugeordneten Aufgaben. Zugleich obliegt ihnen die Rechts- und Fachaufsicht über die in ihrem jeweiligen Bezirk liegenden insgesamt mehr als 40 Hauptzollämter. Diese wiederum sind die örtlichen Ansprechpartner für die Wirtschaftsbeteiligten. Bestandteile der → Hauptzollämter sind die für die Zollabfertigung zuständigen → Zollämter. Die genauen Zuständigkeiten sind der Homepage der dt. Zollverwaltung zu entnehmen. Als Mittelbehörden fungieren weiterhin das Zollkriminalamt in Köln mit den nachgeordneten Zollfahndungsämtern und das Bildungs- und Wissenschaftszentrum der Bundesfinanzverwaltung in Münster mit über 20 Dienstsitzen und Zuständigkeiten für Aus- und Fortbildung und Wissenschaft und Technik.

Zollverwaltungsgesetz (ZollVG) – Der → Zollkodex (ZK) und die Durchführungsverordnungen regeln das Zollverfahrensrecht in der Europäischen Gemeinschaft materiell und formell, aber die einzelnen Zollverwaltungen der Mitgliedsstaaten müssen sich bez. der Organisation und des Einsatzes wegen des Fehlens einer einheitliche EU-Zollverwaltung national selbst bestimmen. Deswegen wurde zum 21.12.1992 das Zollverwaltungsgesetz (m.spät. Änd.) geschaffen. Es passt die Aufgaben der → Zollverwaltung den Erfordernissen der Gemeinschaft an, legt die dafür erforderlichen Befugnisse fest und enthält die Bestimmungen, die nach Gemeinschaftsrecht weiterhin der nationalen Regelungskompetenz unterliegen. Weitere Einzelheiten ergeben sich aus der ergänzenden Zollverordnung (ZollV).

Zollwert – wichtigster Verzollungsmaßstab, der sich weltweit durchgesetzt hat. Nur noch wenige Staaten verzollen nach spezifischen Maßstäben, etwa Gewicht oder Menge. Im Gemeinsamen Zolltarif sind nur noch einzelne wenige Waren aufgeführt, die nach spezifischen Zollsätzen zu verzollen sind (u.a. Tabak, Schaumwein). – Der heutige Zollwert beruht auf den Zielvorstellungen des GATT. Weltweit soll eine gleichmäßige Zollwertbemessung

eingeführt werden. Die Einzelheiten ergeben sich aus dem → GATT-Zollwert-Kodex, der vom Rat der Gemeinschaft angenommen und in unmittelbar geltendes EU-Recht zum 1.7.1980 umgesetzt wurde. – Seitdem steht der Transaktionswert als Zollwert im Mittelpunkt des Zollwertrechts, wie auch in den entsprechenden Bestimmungen des Zollkodexes (Art. 29 ff. ZK). Er ist in Art. 29 I ZK definiert und geht vom Kaufpreis der Waren aus, nicht von einem irgendwie ermittelten richtigen Wert. Die Art. 32 und 33 ZK legen Hinzurechnungen und mögliche Abzüge fest. Der Transaktionswert wird in ca. 90 Prozent aller Einfuhrfälle in der Gemeinschaft der Zollwertbemessung zugrunde gelegt.

Zollzaun – zollsichere Umfriedung des Freihafens (→ Freizone des Kontrolltyps I) zur Sicherung der Freihafengrenze gegenüber dem Lande. Der Zollzaun ist von der Freihafenverwaltung zu errichten und zu unterhalten. Er soll aus einem mind. drei Meter hohen eisernen Zaun aus starkem Drahtnetz mit Maschen von höchstens vier Zentimeter Länge und Breite bestehen.

Zollzuschlag – 1. *Begriff:* nunmehr nur noch Zuschlag genannte, bes. Abgabe zu den nach den Zollvorschriften zu erhebenden → Einfuhrabgaben, wenn → Nichtgemeinschaftswaren im Reiseverkehr im Zusammenhang mit der Zollbehandlung der zollamtlichen Überwachung vorenthalten oder entzogen werden (z.B. durch Verbergen oder durch falsche Beantwortung entsprechender Fragen der Zollabfertigungsbeamten). – 2. *Rechtliche Charakterisierung:* Er ist rechtlich weder Strafe noch Bußgeld noch Säumniszuschlag, sondern ein Zoll eigener Art, der als „abgabenrechtliche Sanktion" erhoben werden kann (§ 32 ZollVG). Das Zuschlag genannte Institut erlaubt Steuerstraftaten und Steuerordnungswidrigkeiten, die im Reiseverkehr über die Grenze im Zusammenhang mit der Zollbehandlung begangen worden sind, bei Abgabenverkürzung bis 130 Euro durch einen Zuschlag bis zur Höhe der Einfuhrabgaben, höchstens jedoch 130 Euro zu ahnden.

Zollzweckgemeinschaft – 1. *Begriff:* Zweckgemeinschaft zur Abwicklung von Zollangelegenheiten auch Inanspruchnahme von → Zollverfahren. Mehrere Firmen schließen sich zusammen, um gegenüber den Zollbehörden als gemeinschaftlicher Partner aufzutreten. Das Interesse einer Zollzweckgemeinschaft ist darauf gerichtet, die Abwicklung des grenzüberschreitenden Warenverkehrs in Zusammenarbeit mit Zollbehörden möglichst unkompliziert sicherzustellen, wenn es darum geht, Zollverfahren abzuwickeln, Zollvergünstigungen oder Zollbefreiungen oder auch normale Veredelungsverfahren durchzuführen. Bewilligungsinhaber von → Zollverfahren mit wirtschaftlicher Bedeutung können Zollzweckgemeinschaften nur eingeschränkt sein, etwa beim → Zolllager. Da es bei der aktiven Veredelung, der passiven Veredelung und dem → Umwandlungsverfahren auf die wirtschaftliche Sachherrschaft ankommt, muss Inhaber der Bewilligung die konkrete betroffene Firma sein. – Zollzweckgemeinschaften sind bei Großprogrammen üblich; sie spielen im Schiffbau, Flugzeugbau, in der Raumfahrtindustrie sowie im Baugewerbe und in sonstigen internationalen Projekten eine zunehmende Rolle. – 2. *Vertragsgrundlage:* Für die Bildung einer Zollzweckgemeinschaft besteht kein Formzwang. Eine vertragliche Vereinbarung zur BGB-Gesellschaft ist erforderlich; soweit kein Vertrag vorliegt, ist eine einfache, von allen Gesellschaftern unterschriebene Erklärung, die Teilnehmer, Art des Zollverfahrens, Ziel, Vertretung nach außen sowie Haftung enthält, gegenüber der bewilligenden Zollstelle abzugeben. – 3. *Haftung:* Alle Mitglieder sind zur Schaffung der erforderlichen Voraussetzungen zur Wahrung der zoll- und steuerrechtlichen Belange verpflichtet. Die Zollzweckgemeinschaft ist Abgabenschuldner, soweit Ansprüche aus rechtmäßiger oder unrechtmäßiger Zollbehandlung entstehen: Die Gesellschafter haften für alle in Frage kommenden Eingangsabgaben gesamtschuldnerisch, können aber interne Haftungsabgrenzung sicherstellen. – 4. *Genehmigungsverfahren nach Außenwirtschaftsrecht:* Einer Zollzweckgemeinschaft kann zollrechtlich eine Bewilligung für Zollverfahren erteilt werden, soweit sie die dabei erforderlichen Voraussetzungen erfüllt. Ansonsten ist einem der beteiligten Partner das Verfahren zu bewilligen. Nach Außenwirtschaftsrecht besteht jedoch für jeden der beteiligten Partner weiterhin die Verpflichtung, den Forderungen des Außenwirtschaftsrechtes hinsichtlich Einfuhr- und Ausfuhrgenehmigungs- sowie -kontrollverfahren nachzukommen. Unter Hinweis auf die Zollzweckgemeinschaft, ggf. auf bes. begünstigte Programme, können Genehmigungs- und Kontrollverfahren vereinfacht geregelt werden. – 5. *Warenverkehr:* Der Warenverkehr innerhalb der Zollzweckgemeinschaft (d.h. zwischen den einzelnen Partnern, Werken, Lagerstätten, Produktionsbetrieben etc.) kann nach entsprechender Bewilligung ohne bes. Einschaltung der Zollbehörden mit werksinternen Lieferscheinen abgewickelt werden. Für die Sicherstellung der Überwachung des Warenverkehrs ist jede einzelne zur Zollzweckgemeinschaft gehörende Firma (Partner) selbst verantwortlich. Sie kann sich hierbei nach vorheriger Abstimmung mit den Zollbehörden der betrieblichen Aufzeichnungen oder Materialbewirtschaftungssysteme bedienen.

Zonenrandgebiet – 1. *Begriff:* Das Zonenrandgebiet war ein etwa 40 km breiter Streifen am Strand des alten Bundesgebiets von der Ostsee bis zur Donau entlang der Grenze zur ehemaligen DDR; bestimmte Stadt- und Landkreise in den Ländern Schleswig-Holstein, Niedersachsen, Hessen und Bayern umfassend. – 2. *Steuerliche Behandlung:* Das Zonenrandgebiet wurde durch regionale Wirtschaftsförderung, Sonderabschreibungen und weitere Maßnahmen gefördert, um die Nachteile des Zonenrandgebiets aus der Grenzlage zur ehemaligen DDR

auszugleichen. Nach der Wiedervereinigung ist die Förderung des Zonenrandgebiets ausgelaufen.

Zuckersteuer – Die Zuckersteuer ist eine Verbrauchsteuer auf Zuckerherstellung oder -einfuhr; ursprünglich in der Form einer Materialsteuer auf rohe Rüben. Sie ist im Hinblick auf den EG-Binnenmarkt zur Vermeidung von Wettbewerbsverzerrungen zum 1.1.1993 abgeschafft worden. – *Aufkommen 1992:* 93,7 Mio. Euro.

Zuflussprinzip – Prinzip, dass eine Zahlung (Einnahme) dem Kalenderjahr steuerlich zuzuordnen ist, in dem die Zahlung erfolgt/zufließt. Die Zahlung gilt als in dem Zeitpunkt zugeflossen, in dem der Steuerpflichtige über den Betrag Verfügungsmacht erhält. Bspw. ist dies bei Banküberweisung am Tag der Gutschrift und bei Schecks im Zeitpunkt der Entgegennahme. Regelmäßig wiederkehrende Zahlungen, die dem Steuerpflichtigen kurze Zeit (10 Tage) vor oder nach dem Kalenderjahr zufließen, werden in dem Kalenderjahr steuerlich berücksichtigt, in dem sie wirtschaftlich verursacht sind (§ 11 EStG). Für die Zuordnung von Ausgaben zu den Kalenderjahren gilt in analoger Anwendung das „Abflussprinzip".

zugelassener Empfänger – Zur Beendigung eines → Versandverfahrens bedarf es regelmäßig der → Gestellung bei der Bestimmungsstelle. Als Vereinfachung kann gemäß Art. 406 ZK-DVO bewilligt werden, die Waren direkt zum Betrieb des Empfängers zu befördern und von dort aus die Bestimmungsstelle einzuschalten. Der zugelassene Empfänger muss an das NCTS (*New Computerized Transit System*) angeschlossen sein und im Versandverfahren mit Mitteln der Datenverarbeitung mit den Zollbehörden kommunizieren.

zugelassener Versender – Die Überführung von Waren in ein → Versandverfahren bei der → Abgangsstelle kann derart vereinfacht werden, dass die Ware nicht dorthin verbracht werden muss, Art. 398 ZK-DVO. Die Zollanmeldung ist zum NCTS (*New Computerized Transit System*) mittels Datenverarbeitung abzugeben. Das Versandverfahren kann nach elektronischer Überlassung im Betrieb des Wirtschaftsbeteiligten gestartet werden.

Zugriffsbesteuerung → Zwischengesellschaft.

Zukunftssicherung des Arbeitnehmers – 1. *Begriff:* Aufwendungen des Arbeitgebers zur Sicherung des Arbeitnehmer oder diesen nahe stehende Personen für Fälle von Krankheit, Unfall, Invalidität, Alter und Tod. – 2. *Formen:* (1) Ausgaben, die aufgrund einer gesetzlichen Verpflichtung geleistet werden (z.B. Beiträge zur Sozialversicherung und Bundesagentur für Arbeit); (2) Zuschüsse zu den Aufwendungen des Arbeitnehmers für eine mit einer Pensionskasse abgeschlossene Versicherung); (3) Zuschüsse für die freiwillige Weiterversicherung in der gesetzlichen Rentenversicherung; (4) Zuschüsse zu den Aufwendungen des Arbeitnehmers für eine öffentlich-rechtliche

Versicherungs- oder Versorgungseinrichtung seiner Berufsgruppe; (5) Ausgaben des Arbeitgebers ohne gesetzliche Verpflichtung, die den Pflichtbeiträgen nicht gleichgestellt sind. – 3. *Steuerliche Behandlung:* a) *Aufwendungen* in Form (1) sind steuerfrei (§ 3 Nr. 62 EStG). – b) *Zuschüsse* in Form (2) bis (4) sind steuerfrei: (1) Wenn der Arbeitnehmer von der Versicherungspflicht in der gesetzlichen Rentenversicherung (ab 1.1.2005 allg. Rentenversicherung) befreit ist; (2) soweit die Zuschüsse bei Befreiung von der gesetzlichen Rentenversicherung (ab 1.1.2005 allg. Rentenversicherung)der Angestellten die Hälfte, bei Befreiung von der knappschaftlichen Rentenversicherung 2/3 der Gesamtaufwendungen des Arbeitnehmers nicht übersteigen; (3) soweit die Zuschüsse nicht höher sind als der Betrag, der als Arbeitgeberanteil bei einer jeweiligen Versicherungspflicht zu zahlen wäre. – c) *Ausgaben* in Form (5) gehören grundsätzlich zum → Arbeitslohn; sie sind steuerpflichtig (der sog. Zukunftssicherungsfreibetrag in Höhe von 312 DM jährlich wird seit 1990 nicht mehr gewährt). – d) *Besteuerungsverfahren:* Sind die Ausgaben des Arbeitgebers für die Zukunftssicherung des Arbeitnehmers nicht steuerfrei, so sind sie als → laufender Arbeitslohn (§ 39b EStG) oder als → sonstige Bezüge zu versteuern. Bei Beiträgen für eine → Direktversicherung des Arbeitnehmers oder bei Zuwendungen an eine → Pensionskasse kann der Arbeitgeber die Lohnsteuer mit einem Pauschsatz von 20 Prozent (→ Pauschalierung der Lohnsteuer) erheben soweit: (1) Die zu besteuernden Beiträge und Zuwendungen des Arbeitgebers 1.752 Euro pro Arbeitnehmer im Kalenderjahr nicht übersteigen; (2) wenn sie aus dem ersten Dienstverhältnis bezogen werden; (3) wenn im Fall von Beiträgen für eine Direktversicherung die Versicherung nicht auf den Erlebensfall eines früheren als des 60. Lebensjahrs abgeschlossen und eine vorzeitige Kündigung des Versicherungsvertrags durch den Arbeitnehmer ausgeschlossen worden ist. – 4. Durch das Alterseinkünftegesetz sind Beiträge des Arbeitgebers (dazu gehören auch Beiträge aus einer Entgeltumwandlung des Arbeitnehmers) aus dem ersten Dienstverhältnis für eine Direktversicherung zum Aufbau einer kapitalgedeckten betrieblichen Altersversorgung steuerfrei, wenn eine Auszahlung der zugesagten Alters-, Invaliditäts- oder Hinterbliebenenversorgung in Form einer Rente oder eines Auszahlungsplans vorgesehen ist und soweit die Beiträge im Kalenderjahr 4 Prozent der Beitragsbemessungsgrenze in der Rentenversicherung der Arbeiter und Angestellten (West) nicht übersteigen. Der Höchstbetrag erhöht sich um 1.800 Euro, wenn die Beiträge aufgrund einer Versorgungszusage geleistet werden, die nach dem 31.12.2004 erteilt wurde. Die späteren Rentenzahlungen sind in diesem Fall in voller Höhe als sonstige Einkünfte zu versteuern.

zumutbare Belastung – 1. *Einkommensteuerrechtlicher Begriff:* Teil der → außergewöhnlichen Belastungen, den von dem Steuerpflichtigen selbst zu tragen

ist. Nur der die zumutbare Belastung übersteigende Teil der Aufwendungen mindert auf Antrag den → Gesamtbetrag der Einkünfte (§ 33 I EStG). Keine Anrechnung der zumutbaren Belastung bei außergewöhnlichen Belastungen in bes. Fällen (§§ 33a, 33b EStG). – 2. *Höhe:* Die zumutbare Belastung wird bestimmt durch einen gesetzlich vorgegebenen Prozentsatz des Gesamtbetrags der Einkünfte. Dieser wiederum richtet sich nach der Höhe des Gesamtbetrags der Einkünfte, der Anzahl der Kinder und der Veranlagungsart (→ Veranlagung), § 33 III EStG.

Zurechnung – Bestimmung der Person des Steuerpflichtigen für bestimmte Wirtschaftsgüter; Regelung in § 39 AO. – Vgl. auch → wirtschaftliches Eigentum.

Zurechnungsfortschreibung – steuerliche → Fortschreibung bei Änderung in der Zurechnung eines Gegenstandes (z.B. Eigentumswechsel), für den ein → Einheitswert festgestellt ist; auch im Rahmen einer → Berichtigungsfortschreibung. Die Zurechnungsfortschreibung wird durchgeführt, wenn nach dem → Feststellungszeitpunkt für die Besteuerung bedeutsame Änderungen eingetreten sind; sie ist im Gegensatz zur → Wertfortschreibung von bestimmten Wertgrenzen unabhängig.

Zusammenarbeits-Verordnung(en) – 1. *Begriff:* a) Verordnung Nr. 2073/2004 des Rates der EG über die Zusammenarbeit der Verwaltungsbehörden auf dem Gebiet der Verbrauchsteuern vom 16.11.2004 (EG-Amtsblatt 2004, Nr. L 349 S. 1 ff.) und b) Verordnung Nr. 1798/2003 des Rates über die Zusammenarbeit der Verwaltungsbehörden auf dem Gebiet der Mehrwertsteuer und zur Aufhebung der Verordnung 218/92. – 2. *Inhalt:* Die beiden Verordnungen stellen unmittelbar geltende EG-rechtliche Vorschriften dar und regeln, in welcher Weise die Verwaltungsbehörden der Mitgliedsstaaten zur gegenseitigen Zusammenarbeit verpflichtet sind, um einander bei der Kontrolle der korrekten Versteuerung bei innergemeinschaftlichen Lieferungen (und demnächst auch: Dienstleistungen) und verbrauchsteuerpflichtigen Waren zu unterstützen. Vorgesehen sind z.B. Regelungen über gegenseitige Auskunftserteilung, koordinierte gleichzeitige Prüfung von Steuerfällen in mehreren Ländern, Unterstützung bei der offiziellen Zustellung von Dokumenten, Unterhaltung einer elektronischen Datenbank mit Angaben über die Umsatzsteuer-Identifikationsnummern aller Unternehmer, elektronischen Informationsaustausch.

zusammenfassende Meldung – 1. *Begriff* aus der Umsatzsteuer: eine Meldung, in der ein Unternehmer regelmäßig der Finanzverwaltung Angaben zu machen hat darüber, an welche Unternehmer in anderen Mitgliedsstaaten er in welchem Umfang innergemeinschaftliche Lieferungen und innergemeinschaftliche Dienstleistungen ausgeführt hat; diese beiden Vorgänge sind dabei in getrennten Summen zu melden, sodass der Unternehmer in seiner Buchführung beide Leistungsarten getrennt zu verbuchen hat, um diese Meldepflicht erfüllen zu können. Diese Zusammenfassende Meldung dient dazu, zu kontrollieren, ob die vom Inland aus an ausländische Kunden erbrachten Lieferungen oder Dienstleistungen von diesen korrekt versteuert worden sind (→ Erwerbsteuer, → Reverse-Charge-Verfahren bei innergemeinschaftlichen Dienstleistungen). – 2. *Funktionsweise:* Zwischen den Mitgliedsstaaten werden die Daten aus zusammenfassenden Meldungen automatisch übermittelt und im Land des Kunden in ausgewählten Fällen mit den Angaben des Kunden in dessen Steuererklärung abgeglichen. – 3. *Rechtsquellen:* § 18a UStG.

Zusammenveranlagung – Begriff der Finanzwissenschaft und des Steuerrechts für eine bes. Form der → Veranlagung, bei der für mehrere Personen eine gemeinsame Bemessungsgrundlage und Steuerschuld festgesetzt wird. Das dt. Steuerrecht kennt eine Zusammenveranlagung von Ehegatten in der Einkommensteuer (→ Haushaltsbesteuerung, → Einkommensteuer-Splittingtabelle). – *Rechtliche Wirkung:* Zusammenveranlagung bewirkt gesamtschuldnerische Haftung der zusammen veranlagten Personen für die betreffenden Steuerschulden; auf Antrag wird jedoch eine Aufteilung bei der Zwangsvollstreckung (§§ 268 ff. AO) vorgenommen.

Zuschlag – I. Zuschlag bei einer Versteigerung: (§§ 79 ff. ZVG): Bei der Zwangsversteigerung wird das Grundstück oder Schiff vom Vollstreckungsgericht dem Meistbietenden durch sog. Zuschlagsbeschluss zugeschlagen mit der Wirkung, dass der *Ersteher* Eigentümer wird. Zugleich erlöschen alle Rechte an dem Grundstück oder Schiff, ausgenommen die aufgrund ihres Vorranges vor dem Recht des betreibenden Gläubigers bestehen bleibenden Rechte. An die Stelle der erlöschenden Rechte tritt der Anspruch auf Befriedigung aus dem Versteigerungserlös im Verteilungsverfahren. – Der Zuschlagsbeschluss ist rechtsbegründender Staatsakt, der Eigentum nimmt und überträgt und zugleich Vollstreckungstitel, mit dem der Ersteher vom Voreigentümer und anderen Besitzern Räumung und Herausgabe verlangen kann.

II. Zuschlag bei einer privaten Versteigerung: Der Zuschlag stellt die Annahme des durch das Gebot abgegebenen Angebots dar (§ 156 BGB). – Vgl. auch Versteigerung, Vertrag.

III. Zuschlag zum Arbeitsentgelt: *Begriff/Arten:* zusätzlich zum tariflichen Satz für Arbeiten außerhalb der gewöhnlichen Arbeitszeit gezahltes → Arbeitsentgelt: Überstunden-, Sonn- und Feiertags- (→ Feiertagszuschlag, → Mehrarbeitszuschlag), Nachtarbeitszuschläge. – *Lohnsteuerliche Behandlung:* → Mehrarbeitszuschlag.

IV. Bewertungsgesetz: Zuschläge sind auf den Vergleichswert (wie auch → Abschläge) wegen werterhöhender Umstände möglich, z.B. bei Bewertung von Mietwohngrundstücken, von Häusern mit maximal

zwei Wohnungen (§ 146 BewG), in der Land- und Forstwirtschaft bei Abweichung der tatsächlichen von den regelmäßigen Verhältnissen, Paketzuschlag bei der Bewertung von Aktienpaketen.

V. Zollwesen: → Zollzuschlag.

Zuschlagsteuern – *Annexsteuern*; Steuern, die an die Höhe einer anderen Steuer anknüpfen, z.B. → Kirchensteuer und → Solidaritätszuschlag. – Vgl. auch → Einkommensteuer. Auf die Körperschaftsteuer wird ebenfalls Solidaritätszuschlag erhoben.

Zuständigkeit – Im Steuerverfahren entscheidet die *behördliche Zuständigkeit* über Wirksamkeit und Bestandskraft der Verwaltungsakte, die *gerichtliche Zuständigkeit* über die Zulässigkeit der Klage. – 1. *Sachliche Zuständigkeit* der Finanzbehörden ist im Gesetz über die Finanzverwaltung vom 30.8.1971 (BStBl. I 1426), die der Finanzgerichte in den §§ 35–36 FGO geregelt. – 2. *Örtliche Zuständigkeit* der Finanzbehörden ergibt sich aus den §§ 17 ff. AO, die der Finanzgerichte aus den §§ 38 f. FGO.

Zuteilungsbescheid – → Zerlegung.

zu versteuerndes Einkommen – Begriff des Einkommensteuerrechts (§ 2 V 1 EStG): Formel zur Berechnung des zu versteuernden Einkommens vgl. → Einkommensteuer-Richtlinien (EStR). – Das zu versteuernde Einkommen einer Kapitalgesellschaft ergibt sich aus § 7 II EStG und R 29 KStR. – Vgl. → Einkommensermittlung.

Zuwachssteuern – Steuern, bei denen der Zuwachs eines Steuergegenstands Bemessungsgrundlage ist. Man kann dabei unterscheiden zwischen Mehreinkommen- (→ Übergewinnsteuern) und → Vermögenszuwachssteuer. – Vgl. auch Wertzuwachssteuer. – Zuwachssteuern in der *Bundesrepublik Deutschland:* Hypothekenabgabe (bis 1979), Kreditgewinnabgabe (bis 1974).

Zwangsmittel – 1. *Begriff:* Maßnahmen der Finanzbehörden zur Durchsetzung von → Verwaltungsakten, die auf Vornahme einer Handlung, auf Duldung oder Unterlassung gerichtet sind (§ 328 AO). – 2. *Arten:* (1) Zwangsgeld, jeweils bis zu 25.000 Euro (§ 329 AO); ist ein Zwangsgeld gegen eine natürliche Person uneinbringlich, kann → Ersatzzwangshaft angeordnet werden (§ 334 AO); (2) Ersatzvornahme auf Kosten des Verpflichteten, wenn die Verpflichtung zur Vornahme einer vertretbaren Handlung nicht erfüllt wird (§ 330 AO); (3) unmittelbarer Zwang, wenn Zwangsgeld oder Ersatzvornahme zum Ziele führen oder untauglich erscheinen (§ 331 AO). – 3. *Verfahren:* Zwangsmittel müssen schriftlich angedroht werden. Dabei ist eine angemessene Frist zur Erfüllung der Verpflichtung zu bestimmen. Das Zwangsmittel muss in angemess-enem Verhältnis zu seinem Zweck stehen. Es ist festzusetzen, wenn die Verpflichtung nicht innerhalb der bestimmten Frist erfüllt oder der Verpflichtung zuwider gehandelt wurde (§ 333 AO). – 4. *Einstellung des Vollzugs:* Wird die Verpflichtung nach der Festsetzung erbracht, ist der Vollzug einzustellen (§ 335 AO).

Zwangsverfahren – Zwangsvollstreckung, (→ Vollstreckungsverfahren.

Zweckvermögen – Begriff im Sinn des Körperschaftsteuerrechts: selbstständige, einem bestimmten Zweck gewidmete Vermögensmasse, die aus dem Vermögen des Widmenden ausgeschieden ist und eigene → Einkünfte besitzt. Als Zweckvermögen gilt auch das Wertpapier-Sondervermögen der → Kapitalanlagegesellschaften. – *Besteuerung:* Nicht rechtsfähige Zweckvermögen (→ Anstalten und → Stiftungen) sind i.d.R. unbeschränkt steuerpflichtig, wenn sie wirtschaftlich selbstständig sind.

Zweckzuwendung – Begriff des Erbschaftsteuerrechts: eine freigebige Zuwendung unter Lebenden oder von Todes wegen, die nicht einer bestimmten natürlichen oder juristischen Person zugewendet wird, sondern zur Verwirklichung eines bestimmten Zweckes verwendet werden soll (z.B. für die Armen einer Gemeinde, ein Sammelvermögen). – Zweckzuwendungen unterliegen der → Erbschaftsteuer; sie ist von dem durch die Zweckzuwendung Belasteten (nicht den Begünstigten) zu tragen (§ 10 I 5 ErbStG), maßgebliche Steuerklasse ist die Steuerklasse III.

Zweidrittelwert – Begriff des Bewertungsgesetzes: Noch nicht fällige Ansprüche aus Lebens-, Kapitaloder Rentenversicherungen werden mit eingezahlten Prämien oder Kapitalbeiträgen (Zweidrittelwert) bewertet (§ 12 IV BewG). Dies gilt nicht, wenn der Steuerpflichtige den (niedrigeren) Rückkaufswert nachweist.

Zweifamilienhaus → Grundstücksart im Sinn des Bewertungsgesetzes; relevant bei der Grundsteuer (→ Einheitswert). – 1. *Begriff:* Wohngrundstück, das nur zwei Wohnungen enthält, auch wenn die zweite Wohnung von untergeordneter Bedeutung ist. Wohnungen des Hauspersonals sind nicht mitzurechnen. Die Eigenschaft als Zweifamilienhaus geht nicht verloren, wenn das Grundstück zu eigenen oder fremden gewerblichen oder zu öffentlichen Zwecken mitbenutzt wird und dadurch die Eigenart als Zweifamilienhaus nicht wesentlich beeinträchtigt wird. – 2. *Bewertung:* Für die Bewertung bebauter Grundstücke stehen nach der → Erbschaftsteuerreform drei verschiedene Verfahren zur Verfügung: – a) Mithilfe des Vergleichswertverfahrens werden in der Regel Wohnungseigentum, Teileigentum und Ein- und Zweifamilienhäuser bewertet.–b) Die Bewertung von Mietwohngrundstücken sowie von Geschäftsgrundstücken und gemischt genutzten Grundstücken, für die sich eine übliche Miete ermitteln lässt, erfolgt nach dem Ertragswertverfahren (→ Ertragswert). – c) Fehlt der erforderliche Vergleichswert, ist das Sachwertverfahren anzuwenden (→ Sachwert). Dieses ist auch bei Geschäftsgrundstücke und gemischt genutzte Grundstücke ohne ermittelbare

übliche Miete sowie für sonstige bebaute Grundstücke anzuwenden. Das Ergebnis der Bewertung wird in einem Einheitswert festgestellt. – Vgl. auch → Einheitswertzuschlag, → Grundstücksbewertung.

Zweigstellensteuer – früher erhobene Form der → Gewerbesteuer für Bank- und Kreditunternehmen sowie für Wareneinzelhandelsunternehmen auf Zweigstellen (Betriebsstätten der genannten Unternehmen, die sich an einem anderen Ort als die Geschäftsleitung der Unternehmen befanden). 1967 für verfassungswidrig erklärt.

Zweitwohnungsteuer – 1. *Einordnung in das Steuersystem:* direkte Steuer, Personalsteuer, örtliche Aufwandsteuer. – 2. *Rechtfertigung:* (1) Innehaben einer Zweitwohnung als Ausdruck bes. wirtschaftlicher Leistungsfähigkeit (→ Leistungsfähigkeitsprinzip). (2) Auswärtige Inhaber von Zweitwohnungen, für die die Gemeinde Aufwendungen erbringt, von denen ihr aber nicht in gleicher Weise wie von den einheimischen Dauerbewohnern Einnahmen zufließen, werden zum Ausgleich zur Zweitwohnungsteuer herangezogen (→ Äquivalenzprinzip). – 3. *Geschichte:* Einführung am 1.1.1973 in Überlingen; Übernahme des „Überlinger Modells" von anderen baden-württembergischen Fremdenverkehrsgemeinden, später auch an der schleswig-holsteinischen Nord- und Ostseeküste sowie im niedersächsischen Teil des Harzes. 1974–1979 widersprüchliche verwaltungsgerichtliche Entscheidungen zur Erhebung der Zweitwohnungsteuer; „Überlingen-Beschluss" des BVerfG vom 6.12.1983: Die Zweitwohnungsteuersatzung der Gemeinde Überlingen wird für unvereinbar mit Art. 3 I GG und damit für verfassungsmäßig erklärt. Daraufhin Entwicklung entsprechender Reformmodelle in den Gemeinden; aktuell Erhebung in Baden-Württemberg, Brandenburg, Hessen, Mecklenburg-Vorpommern, Niedersachsen, Nordrhein-Westfalen, Rheinland-Pfalz, Schleswig-Holstein; dann auch Ausweitung auf Gemeinden mit Großstadtcharakter (z.B. Hannover, Kiel) und auf die „Zweitwohnung" Campingwagen (sog. Campingsteuer). – 4. *Rechtsquellen:* Kommunalabgabengesetze der Länder (In Bayern war die Zweitwohnungsteuer bis zum 1.8.2004 nicht zulässig. Das Kommunalabgabegesetz (KAG) enthielt ein Verbot, nach dem für eine Wohnung keine kommunale Aufwandsteuer erhoben werden konnte. Seit der Aufhebung des Verbots nutzen zahlreiche Städte und Gemeinden diese Möglichkeit.); Zweitwohnungsteuergesetze der Stadtstaaten; Zweitwohnungsteuersatzungen der Gemeinden. – 5. *Tatbestand:* (1) räumlicher Anwendungstatbestand: Gemeindegebiet; (2) Steuersubjekt: natürliche Person; (3) Steuergegenstand: Innehaben einer Zweitwohnung zur Eigennutzung im Gemeindegebiet (zu Erholungszwecken, zu beruflichen Zwecken oder zu Zwecken des sonstigen persönlichen Lebensbedarfs, nicht aber als Kapitalanlage); (4) Steuermaßstab: (indexierter) Mietwert; (5) Steuersatz: Staffel fester Euro-Beträge je nach Mietwert, ansonsten Prozentsatz (i.d.R. 10 Prozent);

Steuerermäßigung auf Antrag für Wohnungsinhaber mit mehr als zwei Kindern.

Zwischenerzeugnissteuer – Besteuerung von sog. Zwischenerzeugnissen (Getränke der Positionen 2204, 2205 und 2206 des Zolltarifs mit einem Alkoholgehalt von mehr als 1,2 Volumenprozent bis 22 Volumenprozent, die nicht als Schaumwein oder Bier zu besteuern sind) wie z.B. Sherry, Portwein und Madeira. Der Steuertarif beträgt 153 Euro/hl bzw. 102 Euro/hl bei Zwischenerzeugnissen mit einem Alkoholgehalt von nicht mehr als 15 Volumenprozent. Gesetzlich geregelt gemeinsam mit der → Schaumweinsteuer. – *Aufkommen:* 26 Mio. Euro (2006), 28,3 Mio. Euro (2003), 30,2 Mio. Euro (2002), 31,0 Mio. Euro (2001), 34,2 Mio. Euro (2000), 21,7 Mio. Euro (1995), 14,7 Mio. Euro (1994).

Zwischengesellschaft – 1. *Begriff:* eine Gesellschaft in einem → Niedrigsteuerland, deren Gründung der dt. Gesetzgeber als möglicherweise durch Steuerumgehungsmotive motiviert ansieht und die daher für ihre in Deutschland unbeschränkt steuerpflichtigen Anteilseigner bestimmte steuerliche Folgen (→ Hinzurechnungsbesteuerung) auslösen kann. Der Begriff kommt daher, dass das Gesetz davon ausgeht, dass der Anteilseigner die Gesellschaft pro forma „zwischen" sich und seine Einkunftsquellen geschoben hat, um zu erreichen, dass es sich zivilrechtlich nicht mehr um „sein" Vermögen und „seine" Einkünfte handelt. – 2. *Voraussetzungen:* Das → Außensteuergesetz (AStG) geht von der Einschaltung (Benutzung) einer Zwischengesellschaft (ausländischen Gesellschaft) aus, wenn mehrere Voraussetzungen gegeben sind: – a) ausreichende Beteiligungsquote: Die Gesellschaft muss sich direkt oder indirekt im Mehrheitsbesitz von Steuerinländern befinden; allerdings reicht beim einzelnen Anteilseigner dann bereits schon der Besitz eines einzelnen Anteils aus, um die Hinzurechnungsbesteuerung auszulösen (§ 7 I EStG), wenn nur insgesamt die Mehrheit im Besitz unbeschränkt steuerpflichtiger Personen liegt. Tätigt die ausländische Gesellschaft dagegen Kapitalanlagen, so werden insoweit sogar auch Engagements ohne dt. Mehrheitsbeteiligung erfasst, wenn die eigene Beteiligung des Steuerpflichtigen 1 Prozent beträgt; in Extremfällen auch hier bereits ab einem einzigen Anteil (§ 7 VI AStG; Ausnahme nur bei bestimmten börsennotierten Gesellschaften). – b) Die Gesellschaft wird nur insoweit als Zwischengesellschaft angesehen, wie sie nicht aktive Tätigkeiten ausführt. Somit unterliegen nur Einkünfte der Zwischengesellschaft aus passiven Quellen der Hinzurechnungsbesteuerung; auch diese können in Bagatellfällen (§ 9 AStG) von dieser Besteuerung ausgenommen werden. – c) Als Zwischengesellschaft kann eine Gesellschaft außerdem nur in Bezug auf diejenigen Einkünfte angesehen werden, die einer niedrigen Besteuerung unterliegen. Denn nur dann macht die Annahme Sinn, die Gesellschaft sei zwischen Eigentümer und Einkommensquelle eingeschoben worden, um dt. Steuern zu sparen.

Von einer niedrigen Besteuerung geht man in diesem Zusammenhang dann aus, wenn die Steuerbelastung im Ausland weniger als 25 Prozent beträgt (§ 8 III AStG). Eine niedrige Besteuerung liegt für nach dem 31.12.2007 beginnende Wirtschaftsjahre auch dann vor, wenn Ertragsteuern von mind. 25 Prozent zwar rechtlich geschuldet, jedoch nicht tatsächlich erhoben werden. – 3. *Charakterisierung:* Überträgt ein in Deutschland unbeschränkt Steuerpflichtiger eine Einkommensquelle auf eine ausländische Gesellschaft, hat nicht mehr er, sondern nur noch die Gesellschaft steuerpflichtige Einkünfte (solange keine Ausschüttungen vorgenommen werden). Das kann, v.a. wenn es sich um Einkommen aus dem Ausland handelt, dazu führen, dass diese Einkommensquelle dann vom dt. Steueranspruch nicht mehr erfasst wird. Der Steuerpflichtige fügt also das Kapitalgesellschaft zwischen sich und die Einkommensquelle ein, um nicht der dt. Besteuerung zu unterliegen (daher die Bezeichnung Zwischengesellschaft). – 4. *Fiskalische Gegenmaßnahmen:* Liegt eine Zwischengesellschaft vor, so führen die Einkünfte, für die die ausländische Gesellschaft als Zwischengesellschaft fungiert, beim inländischen Anteilseigner zu einer Zusatzbesteuerung, die den erzielten Vorteil aus der Steuergestaltung wieder ausgleicht (sog. Hinzurechnungsbesteuerung; §§ 7 ff. AStG). Mit dem Jahressteuergesetz 2008 wurde § 9 AStG geändert. Es ist keine Hinzurechnungsbesteuerung vorzunehmen, wenn die passiven Einkünfte nicht mehr als 10 Prozent der Bruttoerträge betragen und 80.000 Euro (bisher 62.000 Euro) nicht übersteigen. Außerdem wurde auf die übergeordneten Vorgaben des EG-Rechts (v.a. auf die Niederlassungsfreiheit) insoweit Rücksicht genommen, als die Hinzurechnungsbesteuerung bei Anteilen an einer Gesellschaft in einem anderen EU-Staat dann unterbleibt, wenn der Steuerpflichtige nachweisen kann, dass die Gesellschaft einer echten wirtschaftlichen Tätigkeit nachgeht (genaue Voraussetzungen dieses Nachweises sind kompliziert, vgl. § 8 II AStG).

Zwischenmietverhältnis – *gewerbliche Weitervermietung.* Sonderfall der Untermiete. Der Zwischenmieter, etwa ein Bauträger-, Immobilien- oder Hausverwaltungsunternehmen, mietet vom Vermieter (Eigentümer) Wohnraum an, der zu gewerblichen Zwecken an einen Dritten (Endmieter) weitervermietet wird. Um die bei der Untermiete normale Folge, dass bei Beendigung des Mietverhältnisses zwischen Vermieter und Zwischenmieter der Vermieter auch vom Untermieter die Rückgabe der Mietsache verlangen kann (§ 546 II BGB), bei der gewerblichen Zwischenmiete von Wohnraum zu vermeiden, tritt nach § 565 I 1 BGB der Vermieter bei Beendigung des Mietverhältnisses in die Rechte und Pflichten aus dem Mietvertrag zwischen Zwischenmieter und Endmieter ein. Schließt der Vermieter in einem solchen Fall erneut einen gewerblichen Zwischenmietvertrag ab, tritt der neue Zwischenmieter in den Mietvertrag zwischen (altem) Zwischenmieter und dem

Endmieter ein. Diese Regelungen sind nicht abdingbar (§ 565 I 2 BGB). – *Umsatzsteuerliche Behandlung:* Die Möglichkeit zur Einschaltung eines Zwischenmieters, um die Option zur umsatzsteuerpflichtigen Vermietung nutzen können und so den → Vorsteuerabzug nutzen zu können, bildete früher einen wesentlichen Aspekt des → Bauherrenmodells; die Optionsmöglichkeiten wurden daher zunehmend eingeschränkt. Da eine Option heute nur noch möglich ist, soweit der Leistungsempfänger das Grundstück ausschließlich für Umsätze verwendet, die den Vorsteuerabzug nicht ausschließen, ist ein Zwischenmietverhältnis heute unter umsatzsteuerlichen Gesichtspunkten nicht mehr attraktiv.

The manufacturer's authorised representative in the EU is Springer
Nature Customer Service Centre GmbH, Europaplatz 3, 69115 Heidelberg,
Germany. If you have any concerns regarding our products, please
contact ProductSafety@springernature.com

Printed and bound by CPI Group (UK) Ltd, Croydon, CR0 4YY
30/04/2026
02100592-0001